DIE REDEN GOTAMO BUDDHOS
MITTLERE SAMMLUNG

EDITION
LEMPERTZ

KARL EUGEN NEUMANNS ÜBERTRAGUNGEN
AUS DEM PĀLI-KANON

Buddha

Die Reden Gotamo Buddhos

AUS DER MITTLEREN SAMMLUNG
MAJJHIMANIKĀYO DES PĀLI-KANONS

ZUM ERSTEN MAL ÜBERSETZT VON
KARL EUGEN NEUMANN

EDITION
LEMPERTZ

Impressum:

Umschlaggestaltung:
Grafikbüro Schumacher, Königswinter

Printed in Germany 2006

ISBN-10: 3-933070-86-4
ISBN-13: 978-3-933070-86-9

INHALT

DIE MITTLERE SAMMLUNG
DER REDEN GOTAMO BUDDHOS

ERSTES HALBHUNDERT

ERSTER TEIL
BUCH DER URART

ZWEITER TEIL

BUCH DES LÖWENRUFS

DRITTER TEIL

BUCH DER GLEICHNISSE

VIERTER TEIL

ERSTES BUCH DER PAARE

FÜNFTER TEIL

ZWEITES BUCH DER PAARE

MITTLERES HALBHUNDERT

SECHSTER TEIL

BUCH DER HAUSVÄTER

SIEBENTER TEIL

BUCH DER MÖNCHE

ACHTER TEIL

BUCH DER PILGER

NEUNTER TEIL

BUCH DER KÖNIGE

ZEHNTER TEIL

BUCH DER PRIESTER

OBERES HALBHUNDERT

ELFTER TEIL

BUCH DER GÖTTERLACHE

ZWÖLFTER TEIL

BUCH DER REIHE

DREIZEHNTER TEIL

BUCH DER ARMUT

VIERZEHNTER TEIL

BUCH DER ABZEICHEN

FÜNFZEHNTER TEIL

BUCH DES SECHSFACHEN GEBIETES

ZUR AUSSPRACHE:

Die Betonung hält sich, der lateinischen ähnlich, möglichst am Anfang. Verbundene Worte haben, wie im Deutschen, zwei Hebungen. Es heißt also: Gótamo, Pasénadi, Sā́vatthī́, Aggivéssano, Kápilavátthu usw.

ā, ī, ū sind lang auszusprechen, ebenso e, o, ausgenommen vor Doppelkonsonanz; c = tsch, j = dsch, y = j, v = w, s ist stets scharf, h in Verbindung mit Konsonanten oder Doppelkonsonanten stets hörbar zu sprechen. Punktierte Lettern sind lingual.

Alle Namen haben nominative Endung.

Die Zahlen am Rande geben die Seiten des Trencknerschen Textes an, nach der sechsundsiebzigsten Rede, S. 562, die Seiten der siamesischen Ausgabe.

VORREDEN

VORREDEN KARL EUGEN NEUMANNS

ZUM ERSTEN HALBHUNDERT
1.–50. REDE

DER KANON

Die Mittlere Sammlung, *Majjhimanikāyo*, der uns überlieferten Lehrdarstellungen Gotamo Buddhos besteht aus 152 Reden. Diese Reden halten zwischen den 34 längeren Darlegungen des *Dīghanikāyo* und den zahlreichen kürzeren Mitteilungen, oft nur einzelnen Aussprüchen des *Khuddakanikāyo* in Hinsicht auf die Dauer des Vortrags gleichsam die Mitte. Nur dieses äußere Merkmal hat die Namen bestimmt. *Aṅguttaranikāyo* und *Saṃyuttakanikāyo*, mehr oder weniger vom selben Gesichtspunkte aus geordnet, schließen sich als vierte und fünfte Sammlung an. Das Ganze dieser fünf großen Tage- und Lehrbücher wird unter dem Begriffe *Suttapiṭakam*, Kanon der Reden, zusammengefaßt, als Gegenstück zum Kanon der Zucht, dem *Vinayapiṭakam.* Das sind die beiden Hauptstücke des Vermächtnisses. In der Folge hat man diesem *Dvipiṭakam*, dem Zweifachen Kanon, das *Abhidhammapiṭakam* angefügt, den Kanon der Scholastik, und also das *Tipiṭakam* geschaffen, den Dreifachen Kanon, die buddhistischen Biblia Sacra. Wahrscheinlich aber war bis zum Tode Gotamo Buddhos, um 480 v. Chr., nur eine Satzung bekannt, eben der Kanon der Reden, das *Suttapiṭakam* als *Ekapiṭakam*, woraus dann allmählich das *Vinayapiṭakam*, später das *Abhidhammapiṭakam* teils ausgeschieden, teils weitergebildet wurde.

Der Name *Ekapiṭakam* und *Dvipiṭakam* kommt nicht vor, *Tipiṭakam* erst in scholastischer Zeit. Wohl wird das Simplex *piṭakam* von alters her gelegentlich gebraucht, doch nur in seiner eigentlichen Bedeutung, als Korb: so z.B. in unserer 21. Rede, wo gesagt wird, den Weisen erschüttern wollen sei gerade so wie wenn man, «mit Spaten und Korb versehn», daranginge den Erdball abzugraben. Zweifelhaft freilich scheint mir, im Gegensatz zu Trenckner, ob nicht in Äußerungen wie *piṭakasampadānena* (*AN* vol. I. p. 189, vol. II. p. 191, vgl. Trenckner, Pāli Miscellany, London 1879, p. 67ff.) schon eine deutliche Anspielung auf den übertragenen Begriff, auf schriftlich gepflegte brāhmanische Überlieferung vorliegt; wie vielleicht auch in der bitteren Klage des brāhmanischen Büßers Māgandiyo, *MN* vol. I. p. 502f.: *Bhūnahu samaṇo Gotamo ti me bhāsitaṃ: taṃ kissa hetu? Evam hi no sutte ocarati:* «Ein Kernbeißer ist der Asket Gotamo, sag' ich: und warum sag' ich das? Weil er als solcher gegen unsere Satzungen vorgeht.» Die erste Erwähnung von *piṭakam* als Gesamtbegriff der Lehre geschieht, meines Wissens, im 3. Jahrhundert nach Gotamo Buddho, ungefähr 200 Jahre nach Fixierung seiner Reden, auf einer asokischen Topenstele zu Barāhat (s. Bühler, Indian Studies Nr. III, Wien 1895, p. 17 und 87). Da finden wir nämlich auf einem der gestifteten steinernen Gitterbalken als Geber den ehrwürdigen Jāto, der sich *peṭaki* nennt, «Kenner des *Piṭakam*». Gleichzeitige Inschriften auf dem Sāñci-Hügel führen aber, wie Barāhat *sutantiko*, *sutātiko*, «Kenner der Reden» (cf. *Vinayapiṭ.* vol. I. p. 169 usw.), und, mit Barāhat, *pacanekāyiko*, «Kenner der fünf Sammlungen», an. *Pacanekāyiko*, *sutātiko* ∾ *sutantiko* und *peṭaki* sind jedoch homologe Bezeichnungen desselben Begriffes, der in Sāñci noch einmal, alle drei zusammenfassend, als echt kanonischer *dhamakaṭhīko*, «Sprecher der Lehre» (*MN* I. 218, *SN* II. 18, 114, 156, *AN* I. 23, passim), auftritt. Was also damals, wenn wir diesen steinernen Zeugen trauen dürfen, noch immer eigentlich als Wort der Lehre gegolten hat, liegt vor Augen: es war der Kanon der Reden, das *Suttapiṭakam*, und da man ein anderes *Piṭakam* nicht kannte, reichte das Synonym *peṭaki* vollkommen aus für *sutantiko*, *sutātiko* und *pacanekāyiko*, während der Brāhmane sich nach wie vor des Titels *traividyas*, *cāturvaidyakas* bedienen mußte, um den Kenner der drei, den Kenner der vier Veden zu bezeichnen, ja, dementsprechend, auch bei uns der *pacanekāyiko* keineswegs zu einem pentakryphen *nekāyiko* wurde. Literarisch beglaubigt zeigte sich *Piṭakattayam* erst im *Milindapañho*, p. 348 (cf. p. 1 u. 18), welcher Stelle vor der quasi historischen Autorität des *Dīpavaṃso*, p. 103, und *Mahāvaṃso*, p. 19, 207, 251/2, 256, der Vorrang gebührt. Kaccāyanos, des Grammatikers, «Einführung in das Studium des *Piṭakam*» *Peṭakopadesagantho* (s. Minayeffs Ausgabe des *Ganthavaṃso* in den Recherches sur le Bouddhisme, Paris 1894, p. 239 u. 244) beschäftigt sich offenbar nur mit dem *Suttapiṭakam**, was selbstverständlich

* Wie aus der, durch die Güte und Beharrlichkeit M. Hugh Nevills, G. A. C. S., Ceylon, mir zugegangenen Abschrift (15 folios = 4 Kapiteln, das letzte unvollständig) hervorgeht, erwähnt das, nebenbei gesagt, äußerst seltene Werk *Vinayapiṭakam* und *Abhidhammapiṭakam* mit keinem Worte, sondern gibt eine kurzgefaßte, natürlich scholastische, doch sehr gute Hermenie zu den Lehren des Buddhismus, das ist des *Suttapiṭakam*, auf Grund zahlreicher Zitate aus demselben. Die Belegstellen sind verständig und sorgfältig gewählt, etwa je ein Dutzend wohlbekannter Stücke aus dem *AN*, *SN* und *MN*, auch etwas aus dem *DN*, insbesondere aber sind es Verse, gegen dreißig, drei Viertel davon solche des *Dhammapadam*. Bei der Darstellung der Vier heiligen Wahrheiten wird erklärt, wie bei genauer Prüfung «durchgängig im *Pañcanikāyo*» das Wort den Sinn und der Sinn das Wort erhelle. Das Werk war für Vorgeschrittenere

nicht ausschließt, daß der Verfasser alle drei *Piṭakas* genügend gekannt habe. So spricht z. B. Asoko auf einer jüngst entdeckten nepalischen Felseninschrift von seiner Verehrung des Buddho Koṇāgamano: aber schwerlich dürfte es jemandem einfallen, den gangbaren volkstümlichen Buddhismus jener Zeit, der sich zumal in Barāhat schon völlig entwickelt darstellt, mit der aristokratisch gesicherten Lehre eines *peṭaki* deshalb gleich identifizieren zu wollen. Daß man das *Suttapiṭakam* wirklich bis spät in das vierte Jahrhundert n. Chr. als den Kanon schlechthin angesehn hat, sagt uns sogar der *Mahāvaṃso*, p. 247, deutlich genug. Unter der Regierung Buddhadāsos, heißt es da, habe ein hochgelehrter *dhammakathī* (vgl. oben Sāñci) die Texte in die Landessprache übertragen: was für Texte? Eben die *Suttas*.

Tass' eva rañño rajjamhi
Mahādhammakathīyati
Suttāni parivaṭṭesi
Sīhalāya niruttiyā.

Eine nachdrücklichere Bekräftigung des Tenors der Inschriften, wenn eine solche überhaupt vonnöten wäre, könnte man sich kaum wünschen. Wie so oft in Indien zeigt sich auch hier eine vorerst bedenkliche Tradition durch unbezweifelbare Urkunden in ihrem ererbten Rechte bestätigt. Das Wort des Mönchs und der Meißel des Königs ergänzen einander.

Der innere Wert des *Vinayapiṭakam* wird durch unser Ergebnis nicht geschmälert, vielmehr läßt sich jetzt deutlich absehn, warum der Kanon der Zucht neben unverkennbar Echtem allerhand sagenhaftes Beiwerk aufweist: das Echte, zwar oft fragmentarisch und interpoliert wiedergegeben, ist aus dem Urkanon geschöpft, aus dem *Suttapiṭakam*, die hundert Geschichten und Legenden haben sich, nebst einer erdrückenden abgeschmackten Kasuistik, nach und nach mit eingestellt. Dies geschah, wie oben gesagt, verhältnismäßig früh und mochte so lange geschehn, bis auch diese Sammlung, in nachasokischer Zeit, zum selbständigen Kanon erhoben wurde. Noch unter Asoko war das Ordensrecht nur eine Art Auszug* aus dem einen anerkannten *Piṭakam*. Auf dem vielgenannten zweiten Bairāter Felsenedikt spricht der König den Wunsch aus, man möge vor allem die *vinayasamukase* der *dhaṃmapaliyāyāni* beobachten, «die Zuchtverordnungen der Lehrreden», womit eben diejeni-

---

bestimmt und setzt viel als bekannt voraus. Aus allem geht klar hervor, daß Kaccāyano, oder wer der Verfasser sonst gewesen sein mag, *Peṭakopadeso* im Sinne von *Suttapiṭakopadeso* gebraucht hat.

* Cf. den Schluß des *Vinayapiṭakam*, vol. IV. p. 207 und 351: *Ettakaṃ tassa bhagavato suttāgataṃ suttapariyāpannam anvaddhamāsam uddesam āgacchati* – womit also dieser Kanon sich selbst schlank und schlicht als Auszug aus dem *Suttapiṭakam* vorstellt.

gen Teile der Satzung gemeint sind, die auf die Disziplin Bezug haben. Hiermit stimmt es völlig überein, daß sich unter den Hunderten von Inschriften bisher noch kein einziger «Kenner des *Vinayapiṭakam*» gefunden hat, weil ein solcher im Begriffe eines «Kenners des *Suttapiṭakam*» implicite lag. Schon Oldenberg hat (*Vinayapiṭakam*, vol. I., London 1879, p. XIV) im Bairāter Wunsche die Unterordnung des *vinayo* unter den *dhammo* scharfsinnig erkannt, eine Unterordnung, deren Allgemeinheit seit Bühlers umfassenden Forschungen mehr und mehr durchblickt.

Allerdings sind uns bisher erst wenige Urkunden indischer Geschichte zugänglich geworden und gar manches ruht noch unter der Erde. Für die Kenntnis des authentischen Buddhismus trifft es sich recht glücklich, daß wir auf Grund der Denkmäler Asokos und seiner Nachfolger schon heute die Entwicklung des Kanons mit annähernder Genauigkeit verfolgen können. Künftige Ausgrabungen lassen vielleicht vorasokische Bestätigungen unserer Urteile und Schlüsse erwarten.

Die Stellung der Mittleren Sammlung im Kanon der Reden ist eingangs angegeben worden. Engere Beziehungen zu ihren vier Stammverwandten zeigen sich in bestimmter Weise. Zunächst sei hervorgehoben, daß die fünf Sammlungen im allgemeinen wie im besonderen durchaus harmonieren und Widersprüche ernster Natur schlechterdings unauffindbar scheinen. Inhalt und Form sind überall gleichgeartet, wenn auch nicht überall gleichwertig. So tritt das Element des Wunderbaren in unserer Sammlung fast ganz zurück; aber in diesem oder in jenem Abschnitte des *Khuddakanikāyo* (auch in den anapokryphen) und *Saṃyuttakanikāyo* macht es sich, obzwar spärlich, bemerkbar. So wird in vielen Reden unserer Sammlung der Hauptgedanke ebenso unnachsichtlich entwickelt und zu Ende gedacht, wie es häufig im *Dīghanikāyo* der Fall ist: aber bei den zahlreichen, unterschiedlichen Paragraphen, welche diese Sammlung einschaltet, kommen die scharfen logischen Umrisse der Darstellung nicht immer ebenso leicht zur Geltung. So begegnen wir derselben Anordnung des Stoffes, wie sie der *Aṅguttaranikāyo* liebt, aber keine auserlesene Reihenfolge, wechselnde Schilderung wird geboten.

Diese gröberen Züge mögen zur Kennzeichnung genügen. Aufmerksame, wiederholte Durchnahme des Textes diene als beste Ausführung.

DIE KOMMENTARE

Wie bei den Schriften der Alten ist bei denen der Inder das Verständnis der ursprünglichen, naiven Gedanken der Meister früh verlorengegangen, und die große Masse der Gelehrten hat das Bedürfnis gefühlt, Erklärungen zu geben. Wenn wir der einheimischen Tradition in irgendeinem Punkte Glauben schenken dürfen, so gewiß in diesem, daß die Interpretation des *Suttapiṭakam*, das ist die halb gelehrte, halb volkstümliche Zergliederung der Längeren, Mittleren, Kürzeren, Angereihten und Zusammengestellten Sammlung, bald nach dem Tode Gotamo Buddhos begonnen und seither stetig die Rezitation des Kanons begleitet hat. Diese Schulweisheit hat nun ohne Zweifel ihr Gutes, ja in einem Betracht ist sie nicht hoch genug zu preisen: ihr allein verdanken wir die reine Erhaltung der Texte. Mit unermüdlicher Akribie hat sie dritthalb Jahrtausende eifersüchtig darüber gewacht, daß womöglich auch nicht ein Jota, auch nicht ein *akkharam* der echten Überlieferung verlorengehe, eingedenk des schönen Spruches:

Attho akkharasaññāto,
Durch Silben wird der Sinn erkannt.

Solche, in ihrer Art einzige Gewissenhaftigkeit, die eben nur in Indien möglich war und ist, verdient innige Anerkennung und Bewunderung. Ihr ist es ferner zu danken, daß die alten Lehren bis auf den heutigen Tag im Volke lebendig geblieben sind und, mutatis mutandis, ebenso wirken wie einst. Mit ihr im Bunde endlich ist es den standhaften buddhistischen Missionaren gelungen, die eine Hälfte der Erde, wie Sir William Hunter sagt, zu erobern und den Glauben der anderen zu modifizieren. Ihr wird man es vielleicht einmal nachzurühmen haben, wenn eine, soweit es eben möglich ist, menschenwürdige Religion auf dem Erdball allgemeine Verbreitung gewinnt. Viel, sehr viel Achtung verdient also die indische Schwester Schulweisheit.

Auf mächtigen Glanz folgt naturgemäß Nacht. Sobald die buddhistischen Patres ecclesiae und Doctores profundi darangehn dunkle, tiefe Stellen des Kanons aufhellen zu wollen, reden sie wie Blinde von der Farbe. Sie meinen's ja grundehrlich, die Wackeren, versteht sich; doch was hilft guter Wille in der Kunst? Kunst kommt von Können, auch im Indischen, ihr Können aber beschränkte sich auf schwaches philologisches und reiches volkstümliches Wissen. Damit konnten sie freilich zur Erklärung der Reden Gotamo Buddhos nicht auslangen.

Es sei hier gestattet ein paar Beispiele anzuführen. Ich entnehme dieselben den allgemein zugänglichen Kommentaren oder gebe sie genau nach den mündlichen Belehrungen, welche mir die höchst achtbaren, vortrefflichen Mönche Zeilons während eines dortigen Aufenthalts in reicher Fülle zuteil werden ließen. Unterschiede zwischen den Erklärungen der Mönche von Colombo und Kalutara, vom Daladamaligawa- und Asgiriyavihāre, am Alufelsen und in Anurādhapura und an anderen Orten haben sich, bei wiederholter Besprechung derselben Punkte, nicht ergeben, da nur eine Autorität für alle gilt: die ὅσαι μυριαδες ἐπων Mahābuddhaghosos. – *DN* I., Nr. 11, Schlußverse des *Kevaṭṭasuttantam:* Zweierlei *viññāṇam* gibt's, das erste, *viññāṇam anidassanam*, ist gleich *nibbānam*, ja; das zweite, *viññāṇassa nirodhena etth' etam uparujjhati*, ist das gewöhnliche. *MN* I., Nr. 8 wird *sallekho* von *likhati* ∾ *chindati* abgeleitet. *KhN*, *Dhp.* v. 227 ist *Atula* statt *atulam* zu lesen, als Eigenname im Voc. – *KhN*, *Itiv.* 1 seqq.: *Ayaṃ vo pāṭibhogo anāgāmitāya* wird ersetzt durch *Ahaṃ vo pāṭi*°, ganz wie beim Herausgeber der editio princeps. *KhN*, *Thīg.* v. 267 (cf. *MN* I., 134,21): *nāgabhogasadisopamā* ‖ *ti hatthināgassa hatthena samasamā; hatthī hi idha bhuñjati etenā ti bhogo ti vutto – tā ti ūruyo.* Es ist eine Reminiszenz an Stellen wie *nāganāsasamūpamā.* *AN* IV., Nr. 159 ist *setughāto* = *hetughāto.* Die *dosinā ratti*, passim, erklärt als *dosāpagatā ratti.* *Sotāpanno*, *sotāpatti* gehört zu $\sqrt{sru}$, *savati*, usw. – Wenn nun auch derartige Originalerklärungen, die man zu Hunderten häufen könnte, kaum mehr als einen Einblick in den scholastischen Volksbuddhismus gewähren, so dürfen wir uns anderseits der vielen sekundären Bemerkungen des Scholiasten gelegentlich herzlich freuen. Diese bringen uns das Verständnis zuweilen wirklich näher und erleichtern die Denkarbeit, dienen gewissermaßen als Eselsbrücke. Einige hübsche Beispiele dafür sind: *MN* I., Nr. 36, p. 245 *ajaddhukam* ∾ *abhojanam;* ibid. Nr. 15, p. 96 *apadānam* ∾ *pubbe apuññakatam;* die zu *DN*, *Mahāparin.* p. 22 gelungene Erklärung der *ācaryamuṭṭhi**; *KhN*, *Thag.* v. 986 *adda* = *addakkhi; KhN*, *Thīg.* v. 122; *vidhavā ti; dhavo vuccati sāmiko, tad abhāvā vidhavā, matapatikā ti attho;* passim: *anacchariyam* ∾ *thokam abbhutam*, *pag' eva* ∾ *paṭhamam eva*, u. a. m. – Seien wir also billig und gestehn zu, daß Buddhaghoso, Dhammapālo, Ñāṇasāgaro und wie die *Aggācariyos* alle heißen, bis herab auf den ebenso gelehrten als edlen Subhūti Mahānāyaka von Kalutara, in ihrer Art Vorzügliches geleistet haben, daß wir aber diese Braven nicht nach modernem Wissen und Können schätzen und nützen dürfen. Uns ziemt es nun unser altes Erbe zurückzuerobern und den ursprünglichen Gehalt rein darzustellen. Die Geistesspuren jenes großen Mannes, der wohl überall gepriesen doch nicht genug gekannt ist, liegen in den auf uns gekommenen Reden treu erhalten vor: wir sind allmählich mündig geworden, die echte Elefantenfährte, wie es in der 27. Rede heißt, von der falschen unterscheiden zu lernen.

Die Brüder in Zeilon sollen uns jedoch nicht undankbar schelten. Wir werden sie noch oft um ihren Rat angehn, wenn es wichtige Bestätigungen gilt. Wie erfreulich war mir z. B. Subhūtis Denkweise, als er auf meine Bitte, *Māro* zu erklären, mit dem schönen Zitate aus dem *SN* antwortete: *Rūpam māro, vedanā māro, saññā māro, saṅkhārā māro, viññāṇam māro, pañc' upādānakkhandhā*

*Zu den von Rhys Davids, SBE XI. 36[2], beigebrachten Stellen zur *ācariyamuṭṭ* cf. die ausgezeichnete Bestätigung Burnells, *Vaṃśabrāhmaṇam*, Mangalore 1873, p. XIV. s.v. *upadeśas*.

māro ti, und mir so gleichsam die offizielle Berechtigung gab, in jenem Begriffe die Natur, oder richtiger, im Einklang mit Schopenhauer, die Mortur wiederzuerkennen. Solche und manche ähnliche, recht unphantastische Offenbarung darf man heute gewiß nur mehr auf Zeilon oder allenfalls noch in Barma und Siam erwarten; in China und Tibet kann man mitunter etwas andere Dinge zu hören bekommen. Hat mir doch ein sehr intelligenter Lama, wenige Tagereisen von der Heimat des Buddhismus entfernt, im Kloster Bhutia Basti bei Dārjiling, am Schlusse einer langen gelehrten Unterredung die Versicherung gegeben, ein vollkommener Weiser mag sich ausgesucht nette und geprüfte Jungfrauen, *varalakṣaṇopetās*, ad libitum zulegen, zur Erfrischung seiner Lebensgeister. Ein derartiges Ideal hat nun freilich der südliche Buddhist niemals aufgestellt, und die *lakṣaṇas*, die ihm, auch als vollkommenem Weisen, einzig nahegehn, sind immer dieselben geblieben, nämlich *aniccam*, *dukkham*, *anattam*. Darum wollen wir die gute buddhistische Volksmetaphysik und ihre Meister hochhalten. Bei der Lehre Gotamo Buddhos, die erst in den letzten fünfzig Jahren durch Gogerlys, Spence Hardys und Childers' vertrauten Umgang mit den Mönchen Zeilons neu entdeckt wurde, ist das Wort des Richard Wagnerschen Hans Sachs wundersam am Platze:

Daß uns're Meister sie gepflegt,
Grad' recht nach ihrer Art,
Nach ihrem Sinne treu gehegt,
Das hat sie echt bewahrt. –

Eine wenig bekannte Einzelheit mag hier noch, als Exkurs, behandelt werden. Man hat bis vor kurzem allgemein angenommen, das letzte Mahl Gotamo Buddhos, von einem jungen Schmiede namens Cundo gespendet, sei Wildbraten gewesen, und zwar verdorbener, dessen Genuß Erkrankung und Tod des Buddho zur Folge hatte. Die betreffende Stelle findet sich in der 16. Rede *DN*, *Mahāparinibbānasuttam*, p. 41–42*. Dort wird erzählt, der junge Schmied Cundo habe die Mönche in sein Haus geladen und feste und flüssige Speise und ein reichliches Gericht von *sūkaramaddavam* für sie bestellt; letzteres habe sich der Buddho vorsetzen lassen, den Schmied aber ermahnt, die Jünger mit der anderen Speise zu bewirten und den Rest seines Gerichtes in die Gosse zu schütten, da es von keinem verdaut werden könne, den Vollendeten ausgenommen. Nach dem Genusse dieser Speise sei dann der Buddho krank geworden, schwer krank, und heftige Schmerzen hätten sich eingestellt.

Bhuttassa ca sūkaramaddavena
Vyādhippabāḷhā udapādi satthuno.

---

* *Seite 270–271 des zweiten Bandes dieser Gesamtausgabe.*

Was ist nun *sūkaramaddavam?* Ist es Wildbratensülze, wie es auf den ersten Blick scheint? Die einheimische Tradition hat es meist dafür gehalten, und die europäische Forschung hat es unbesehens übernommen. Zu vertrauensvoll: denn wir haben zu *sūkaramaddavam* Parallelen, die einen anderen Begriff vermuten lassen. Unter den Arzeneipflanzen, die der *Rājanighaṇṭus* aufzählt, finden wir u. a. das fem. simpl. *sūkarī*, von *sūkaras* Eber, Schwein, als Batate, dann *sūkarakandas* Eberbirne (Erdbirne), *sūkarapādikā* Eberklaue = *kolaśimbī* Eberschote, dann aber, und dies ist wichtiger, den *sūkareṣṭas*, eine Erdmandel, welche die Wildschweine mit Leidenschaft auswühlen, wörtlich Ebergier; daher z.B. der Ort *Sūkarakhatā* Eberswühl, *MN* I., 497. *Suśrutas* gibt *vārāhī*, von *varāhas* Eber, für die Yamwurzel an, dann *varāhakandas* Ebertrüffel, *varāhamūlam* Eberwurz usw. Vgl. noch Bezeichnungen wie *gostanī* Weintraube, wörtlich Kuheuter, *hastikarṇas* Rizinus, w. Elefantenohr, *urāṇakṣas* eine Zimtpflanze, w. Schafauge, *kukkuṭamastakas* ein Pfeffer, w. Hahnenkamm, *vānarapriyas* ein gemeinsamer Name der indischen Feigenbäume, w. Affenlieb, *ajamodā* für Kümmel, Sellerie, Liguster, w. Ziegenlab, *mṛgabhojanī* Koloquintenfrüchte, w. Wildspeise, nämlich der Rehe, Hirsche etc. u. v. m. *Sūkaramaddavam*, von $\sqrt{mṛl}$ gaudere (s. *AN* vol. I. p. 94, XV, 2 = *Suttanipāto*, vv. 250, 292, *Jāt.* vol. V. p. 378, v. 176, *Dhammasaṅg*, s. v. *maddavatā*, Asokos Delhi-Sivālik-Säulenedikt VII β, 1. 7 *madave*), wird daher Eberlust bedeuten und der Name irgendeiner eßbaren Pilzart sein. Auch wir haben ja derlei Gewächse mit ähnlichen Namen bedacht, ex jure primi possidentis, und sagen Saubrot (eine Erdnuß), Hirschtrüffel, Hirschschwamm, Bärwurz, Bärenklee, Hasenampfer; vgl. auch Benennungen wie Eberesche, Kuhbaum, Wolfsmilch, Schlangenkraut, Schafgarbe, Geißblatt. Cundo der Schmied gehörte nun offenbar nicht der Jägerkaste an und war als wohlhabender indischer Handwerker gewiß nicht gewohnt Saubraten zu essen oder darzureichen. Am Markt gekaufte Wurzeln, Kräuter und Schwämme dürfte er zubereiten lassen und zum täglichen Reis mit angeboten haben. Unter die letzteren werden unglücklicherweise auch giftige geraten sein und der Buddho hat es alsbald gemerkt. – Das Verdienst, die Sache ans Licht gezogen zu haben, gebührt dem Verfasser des trefflich ausgearbeiteten «Buddhistischen Katechismus», Friedrich Zimmermann (Subhadra Bhikschu), s. 4. Aufl., Braunschweig 1894, p. 26f. Dieser wieder verdankt, nach persönlicher Mitteilung, die erste Anregung einem Artikel im Journal of the Mahā-Bodhi-Society, vol. I., Nr. VIII, p. 2–3, Kalkutta 1892, wo der Hauspaṇḍit der Zeitschrift unsere Stelle nach dem Kommentare Dhammapālācariyos zu *KhN*, *Udānam* VIII., 5. (p. 81) erörtert und Äußerungen Rhys Davids', Bigandets, Rockhills und Colonel Olcotts, der nachdrücklich auf die richtige Bedeutung hinweist, wiedergibt. Aus dem Kommentare geht hervor, daß der Irrtum schon in den Scholien der

Mahā Aṭṭhakathā aufgetischt, aber von 'anderen', d. h. besseren Beobachtern, erkannt worden ist. Die heutigen Mönche Zeilons lassen sich über diese Frage mit der ihnen bei solchen ἀδιαφοροις eigenen Indifferenz aus und stellen die einander widersprechenden Erklärungen der Kommentatoren als gleich möglich hin; doch neigen sie seit einigen Jahren, wie sie sagen, mehr zu der eben dargelegten Ansicht. Einer der berühmtesten Nāyakas, der ehrwürdige Terunnānse des Maligakandapariveṇa in Colombo Hikkaḍuwe Sumaṉgala, meinte mit verächtlichem Lächeln: Ob der Buddho vor seinem Ende Pilze oder Fleisch, eine Brühe oder was sonst zu sich genommen habe, sei dem Buddhisten sehr gleichgültig; er wisse, alle Nahrung ist Elend. *Na hi āhārena suddhī ti.* Daß diese Worte keine hohle Phrase waren konnte ich täglich beobachten. Wie einst so schreitet auch heute noch der Mönch am Vormittag durch das Dorf hin, alter wie junger, niemals ein Wanst, fast immer eine schlanke, asketische Gestalt, gemessenen Ganges, barhäuptig, kahlgeschoren wie Scipio, gesenkten Blickes, unter der langen gelben Toga die Almosenschale halb verborgen im Arme, und tritt von Hütte zu Hütte, eine kleine Weile unbeweglich wartend, ob ihm eine milde Hand einen Bissen Speise in die Schale senken werde; und stumm zieht er weiter, ohne ein Wort des Grußes, ohne ein Wort des Dankes, ohne aufzublicken, ohne eine Miene zu verziehen. Ist seine Schale, ein halbkugelförmiger glatter Napf von 20 bis 25 cm Durchmesser, nach Gutdünken voll geworden, dann kehrt er in seine blühende Einsiedelei oder, an größeren Orten, in sein luftiges Kloster zurück und nimmt langsam und reinlich das Mahl ein, ohne auszuwählen, Flüssiges und Festes vermischt, wie's eben im Napfe sich vorfindet. Um 12¹/₂ muß er gespeist und sich Mund und Hände gewaschen haben und braucht nun bis zum nächsten Vormittag nicht mehr ans Essen zu denken. Und strenge wird Zucht gehalten, eine Observanz, die in günstigem Lichte erscheint, in entschieden günstigerem als Berichterstatter mit gemächlichen Ohren und eiligen Augen es gelegentlich schildern.

DIE ÜBERSETZUNG

Wer Pāli kann braucht kein geborgtes Licht; wenn die Sonne scheint vermissen wir nicht den Mond. Um Pāli wirklich zu verstehn sind aber, meines Erachtens, vorerst zwei Dinge unerläßlich: 1. eine möglichst gründliche Kenntnis der besten Saṃskṛt-Texte und wiederholte Beschäftigung mit ihnen, und 2. jahrelang geübtes Studium der Pāli-Urkunden. Den Kampf mit dem spröden Stoffe ohne dieses notwendigste Rüstzeug aufnehmen verspricht geringen Erfolg, wie viele, oft redlich beflissene Übersetzungen intra et extra muros deutlich dartun. Man ist nur allzu geneigt die verhältnismäßig leichte Zugänglichkeit der Pāli-Texte sogleich auch für leichte Schmelzbarkeit zu halten. Man zerlegt ein Dutzend Perioden, gibt den ungefähren Inhalt an und glaubt schon, dies wäre, im großen und ganzen, alles. Ein ehrenwerter Rechtsanwalt in Kandy, Siṇhalo-Holländer, der mich einmal mit einem Mönche reden gehört hatte, meinte nachher: 'Wenn ich nur die Zeit hätte! In drei Monaten würd' ich das ganze Pāli bemeistert haben.' Er ließ sich von gelegentlichen Anklängen ans Siṇhalesische bestechen. Wie mancher Biedermann bei uns gleicht mit seinem bißchen Saṃskṛt diesem würdigen Holländer: nur mit dem Unterschied, daß er sich keine drei Monate Zeit nimmt, zur «Meisterung». Er betreibt sie sein ganzes Leben lang, so nebenher.

Schön und gut sind nun wohl die zwei genannten unerläßlichen Eigenschaften, doch reichen sie zu einer Übersetzung keineswegs hin. Am Schlusse der Anmerkungen zum West-östlichen Diwan stellt Goethe drei Arten von Übersetzungen auf, die prosaische, die parodistische und die identische. Die beiden ersten seien in ihrem Sinne recht brauchbar und verdienstlich, wahre Befriedigung könne nur die letzte gewähren. «Eine Übersetzung, die sich mit dem Original zu identifizieren strebt, nähert sich zuletzt der Interlinearversion und erleichtert höchlich das Verständnis des Originals; hiedurch werden wir an den Grundtext hinangeführt, ja getrieben, und so ist denn zuletzt der ganze Zirkel abgeschlossen, in welchem sich die Annäherung des Fremden und Einheimischen, des Bekannten und Unbekannten bewegt.» Sollte in den folgenden Blättern jene Identität auch nur hier und da zum kleinsten Teile sichtbar werden, dann wäre das Verständnis des Grundtextes allerdings wesentlich leichter, obgleich nicht mühelos geworden. Die Reden stammen zwar aus dem 6. Jahrhundert vor Christus: aber sie machen zuweilen den Eindruck als gehörten sie ins 6. Jahrhundert nach Schopenhauer.

Wien, im Herbst 1895. K. E. N.

ZUM MITTLEREN HALBHUNDERT
51.–100. REDE

Wie schon in der Einführung zum ersten Bande, Seite XXV–XXVII, aus Inschriften des dritten vorchristlichen Jahrhunderts nachgewiesen, ist die älteste Gestalt des Kanons nicht in einem *Tipiṭakam* oder *Dvipiṭakam*, sondern im *Piṭakam* schlechthin, nämlich im *Suttapiṭakam*, erhalten. Hieraus darf man schließen, wie dort begründet, auch das *Vinayapiṭakam*, wie später das *Abhidhammapiṭakam*, sei aus dem einen Kanon teils ausgeschieden, teils weiterentwickelt worden. Das vorliegende Mittlere Halbhundert bestätigt diese Folgerungen noch genauer. Wir finden hier eine ganze Reihe von Reden, die reinen *vinayo* darlegen, sich bis zu den letzten Verzweigungen mit der Ordenszucht befassen, und zwar in echter, ursprünglicher Weise, die dem wirklichen Leben entspricht, nicht mit jenen kasuistischen Erfindungen, die dem *Vinayapiṭakam* eignen und dessen überwiegend fingierten Charakter ausmachen. Gleich die Eröffnungsrede liefert ein klassisches Muster: klassisch, weil sie wiederum zunächst die Tugendsatzung mit aller Ausführlichkeit vorträgt, was auch im ersten Bande bei passender Gelegenheit immer geschieht. In diesem Betracht sind ja die zahlreichen Wiederholungen der Reden erklärlich, da fast jede, wie sie eben gesprochen wurde, *dhammo* und *vinayo*, Lehre und Zucht, als untrennbares Ganzes gibt. Hier läßt sich nichts kürzen oder beschränken oder zusammenziehn, ohne den gehörigen Zusammenhang zu verlieren: die Rede ist an eine oder an mehrere bestimmte Personen gerichtet gewesen, auf einen besonderen Anlaß hin, doch im höheren Sinne allgemein gültig, hat weder zuviel noch zuwenig gesagt, sondern ihren Gang gerade eingehalten. Der Orden hatte daher bei Lebzeiten des Meisters wohl keinerlei andere Regel als die in den Reden verkündete, und diese Regel, gar verschieden von den später lawinenartig angewachsenen Korollarien, war eine ungemein einfache; so einfach, daß der Meister nicht selten einem Aufnahmesuchenden, im Gegensatze zu den nachmaligen umständlichen Vorbereitungen, sogleich und bloß mit den Worten «Komm', o Mönch!» die Ordensweihe verlieh: sogar einem berüchtigten Mörder, nach dessen plötzlicher Umkehr, in der sechsundachtzigsten Rede. Gotamo selbst hat diese ursprüngliche Einfachheit vollkommen klar zugestanden, gegen Ende der fünfundsechzigsten Rede. Da fragt ein Mönch, woher es nur komme, daß es früher weniger Ordensregeln gegeben als jetzt, worauf ihm der greise Meister antwortet, Ordensregeln seien eben erst dann vonnöten, wann die wahre Lehre untergehe, wann der Orden Größe und Ansehn und späte Jahre erreicht habe.

Vernehmen wir also in den Reden oft und oft des Meisters eigene Worte, rein erhalten wie sie gesprochen, so ist auch Fremdes zu merken und gibt sich meist unverhohlen kund; so schon die Umrahmung, die allerdings nur die Namen der Orte, der Personen und sonstige sachgemäße Mitteilungen bietet. Es hat aber doch hie und da Sagenhaftes Eingang gefunden, spätere Zutat, z.B. in die dreiundachtzigste Rede. Dann sind es zuweilen upanischadartige und yogaverwandte Darlegungen, die uns begegnen, wie etwa in der siebenundsiebzigsten, bzw. dreiundsiebzigsten. Gewisse Gleichnisse aus den alten Upanischaden, e.g. das in der achtundsechzigsten Rede, gewisse Übungen des alten Yogas, besonders in der zweiundsechzigsten und zehnten behandelt, hat freilich schon Gotamo, wohlbewußt, übernommen, ausgebildet, vertieft. Der Meister behauptet ja niemals, seine Lehre widerspreche allem bisher Dagewesenen, sondern: «Wovon die Weisen erklären 'Es ist nicht in der Welt', davon sage auch ich 'Es ist nicht'; wovon die Weisen erklären 'Es ist in der Welt', davon sage auch ich 'Es ist'.*» Wie großartig der Meister zumal vedische Lehren vollendet hat, zeigt u. a. die fünfundfünfzigste Rede. Weil es aber bei mündlicher Überlieferung kaum anders möglich, wird auch der oder jener Jünger, nach des Meisters Tode, diesen oder jenen fremden Satz wissentlich oder unwissentlich mit überliefert haben, aus vedischen oder yogischen Kreisen, je nach dem gewohnten Schwergewichte. Sehr lehrreich sind hiefür die Lieder der Mönche, deren Gedanken durchaus nach dem Meister weisen, im einzelnen aber noch subjektive Züge bewahren. Wenn sich nun, trotz der wachsenden Größe des Ordens, bis etwa in die Zeit Asokos des Großen kein tiefergehender Verfall entwickelt hat, was bei den anderen indischen Geistesdenkmalen in der Regel eher geschah, so ist das erstaunlich und kein geringer Beweis für die ungewöhnliche, andauernde Wirkung einer Persönlichkeit wie es die Gotamos war**. Diese Wirkung hat übrigens nicht

---

* *Saṃyuttakanikāyo*, vol. III, p. 138 (übers. Buddhist. Anthol., [1]S. 188). Ähnlich in der hundertsten Rede der vorliegenden Sammlung, gegen Ende, sowie an anderen Orten.

** Eine nicht unwillkommene Beglaubigung der einheimischen Urkunden haben jene vortrefflichen Griechen geliefert, die nach dem ALEXANDER-Zuge sich längere Zeit in Indien aufhielten und indische Dinge eifrig und liebevoll studierten: so namentlich MEGASTHENES, der zu Beginn des dritten Jahrhunderts wiederholt in der Residenz des Großvaters Asokos, im Mittelpunkte des damaligen buddhistischen Lebens, zu *Pāṭaliputtam* weilte. Mit scharfem Blicke hat dieser Forscher beobachtet und geschildert was er gesehn und erfahren, und die wenigen uns erhaltenen Bruchstücke seiner Aufzeichnungen hören sich manchmal wie wörtliche Quellenberichte an. Ich

bloß die Jüngerschaft gewaltig ergriffen, sie hat sich, wie bekannt, auf ganz Indien und weiter erstreckt; und insbesondere ist sie den Verfassern der späteren Upanischaden, des *Yoga-* und des *Sāṃkhyaśāstram*, und Barden und Dichtern, bis auf des Tul'sīdās* noch heute in Palast und Hütte, von Fürst und Bettler gesungenes *Rāmcaritmānas* herab**, ausgiebig zustatten gekommen, ob sie es selber zwar nicht recht wissen, gleichwohl durch, oft wörtliche, Paraphrase der Meisterworte unschwer erraten lassen. Hat also Gotamo, und dann mancher der Jünger, vom Geiste der Zeit einiges benutzt, so haben die Späteren erheblich mehr von Gotamo und den Seinen gelernt, sich zu eigen gemacht und weitergegeben, bis es allmählich indisches Gemeingut geworden.

Nur indisches? Es hat den Anschein als ob jene Gedanken auch bei uns langsam, langsam merkbar würden, zu wirken begännen, kraft ihres unzer-

---

habe mich ihrer gelegentlich bedient und möchte hier nur, als Beispiel, die 79. Anmerkung erwähnen.

* Proben aus den Werken dieses außerordentlichen Mannes hat uns GRIERSON in sehr schöner Übersetzung gegeben, Indian Antiquary, August–Oktober 1893; man wird schon da viele Gleichnisparallelen finden, die teils dem Genius des Dichters, teils aber auch der großen indischen Vergangenheit angehören.

** Nach der *Smṛti*, e.g. *Mahābhāratam* XIII, 108, 3 ff., *śuddhe* satyatoye *dhṛtihrade snātavyaṃ mānase tīrthe ... sa bāhyābhyantaraḥ śuciḥ*, i.q. *Majjhimanikāyo*, 7. Rede, p. 39, *antaraṃ sinānam*. Eine offenbare Blütezeit des neogenen Buddhismus in Mittelindien noch vierzehnhundert Jahre nach seiner Entstehung hat BUEHLER aus Inschriften des achten bis zehnten Jahrhunderts, die sich an jene des vorhergehenden Jahrtausends folgerecht anschließen, Epigraphia Indica, vol. II, p. 366 ff., nachgewiesen. Ein von mir erworbenes Granitbildnis des Buddho im rein indischen *Jina*-Stil vom Tempel bei Gayā trägt die Inschrift

[ye dharmā he]tuprabhavā hetuṃ tathāgata āha (sic)
[te]ṣāñca yo nirodha evamvādī mahā
[śrama]ṇaḥ

in Lettern des zehnten bis elften Jahrhunderts. Eine etwa zweihundert Jahre spätere Inschrift, «Nach des Erhabenen Vollendung Jahr 1813» datiert, vom heutigen Sonnentempel zu Gayā, hat CUNNINGHAM im Archaeological Survey of India, vol. I, p. 1, mitgeteilt und BHAGWĀNLĀL INDRĀJĪ im Indian Antiquary, vol. X, p. 341–347, mit einem vorzüglichen Faksimile erklärt, ib. vol. XVII, p. 61 ff. KIELHORN eine noch spätere buddhistische Inschrift vom *Jetavanam* bei *Sāvatthī* veröffentlicht. So ist auch von außen, schon für die gröbere Wahrnehmung, durch eine ununterbrochene Reihe sprechender Ruinen, von Asoko bis in die neueren Zeiten der muhammedanischen Wütensherrschaft, das Bestehn des Buddhismus in Indien verbürgt. Vereinzelt haben sich in Bengālen buddhistische Herrscher bis in das sechzehnte Jahrhundert – die Epoche des TUL'SIDĀS – gehalten; von KERN in BUEHLERS Grundriß III. 8, p. 134, historisch belegt.

störbaren Gehaltes. Eine gesamte Umwandlung altererbter Überzeugungen und Ansichten wird nun sicherlich kein Teleolog von ihnen erwarten, so wenig wie etwa unsere Missionare dergleichen beim braven Chinesen gewärtigen dürfen. Tausendjährigen Kulturen, und wären sie noch so morsch und überlebt, kann man nicht so leicht mit geistigen Mitteln beikommen, nicht von einem Jahrhundert zum anderen, wie dem Papste, schon den Untergang voraussagen: sie altern gern und wohlgemut weiter. Aber die Gedanken haben keine Eile, langsam, langsam wirken sie durch unermeßliche Zeiten und Räume, in ewiger Jugend. – Einst fragte mich der Gesandte von Siam am Berliner Hofe, Seine Exzellenz Phya Nond Buri, ob sich denn wirklich, wie man ihm erzählt habe, bereits buddhistische Einflüsse in Europa wahrnehmen ließen: ich entgegnete, ich hätte nicht eben viel davon gemerkt; da lächelte er in seiner feinen Weise und sagte, auf ein buddhistisches Volkswort anspielend: «Nun, wir haben ja Zeit, noch fünftausend Jahre.» – Wir haben mehr Zeit, und weniger. Mehr, weil uns die Erde geduldig trägt; weniger, weil wir heute den Worten eines Meisters lauschen können, die aus der Welt des Unschönen und Schönen hinübergeleiten, wo es keinen Schein gibt. «Willkommen sei mir ein verständiger Mann», sagt Gotamo, gegen Ende der achtzigsten Rede, «kein Heuchler, kein Gleisner, ein gerader Mensch; ich führ' ihn ein, ich lege die Satzung dar. Der Führung folgend wird er in gar kurzer Zeit eben selber merken, selber sehn, daß man also ganz von der Fessel befreit wird, nämlich von der Fessel des Nichtwissens.»

Ohne einen Strich hinzu- oder hinwegzutun, mit wohlgeprüften, -verglichenen, -gesicherten Lesarten, ist auch dieses Mittlere Halbhundert, das *Majjhimapaṇṇāsam*, schlicht und unangetastet übersetzt worden, bis auf den Titel und Punkt: so mag der Text in genauester Form, wenn es etwa noch weiter gelungen, in identischem Ausdrucke Zeuge sein. Die Zahlen am Rande geben die Seiten der Trencknerschen Lesung an, so weit diese reicht: nach der sechsundsiebzigsten Rede die Seiten der siamesischen Ausgabe.

Wien, Ende 1899. K. E. N.

ZUM OBEREN HALBHUNDERT
101.–152. REDE

Der dritte Band der Mittleren Sammlung ergänzt in mehrfacher Hinsicht die ersten beiden, und diese ihn. Er bestätigt zunächst noch genauer was in den früheren Vorreden über die Ordenszucht gesagt worden: daß nämlich eine solche ursprünglich nicht als eigener Kanon zusammengefaßt sondern in den Reden inbegriffen war; Ansprachen wie z. B. die hundertdritte und hundertvierte lösen wohl jeden billigen Zweifel. Freilich wird man eine Aufzählung der einzelnen Punkte vermissen: aber die war, etwa nach dem Muster der siebenundzwanzigsten oder einundfünfzigsten Rede u. a. m., als *ekantaparipuṇṇam ekantaparisuddhaṃ saṅkhalikhitam brahmacariyam* längst gegeben und allbekannte Basis, bedurfte keiner weiteren Entwickelung.

Ferner mag bemerkt sein, wie gerade in das Obere Halbhundert manche feinere geistige Beobachtungen und Erläuterungen aufgenommen wurden, namentlich in die letzten beiden Dekaden: als ob die alten Ordner der Texte das Zartere und zugleich gern Schwierigere erst gegen Ende hätten darbieten wollen, nachdem man eine gute Vorschule bereits durchgemacht hatte. In diesem Sinne könnte man vielleicht mit einiger Berechtigung sagen, die drei Bände der Mittleren Sammlung stellten der Reihe nach *vinayo*, *suttam* und *abhidhammo* dar: indem das Untere Halbhundert *Mūlapaṇṇāsam* gleichsam den Grund legt, das Mittlere Halbhundert *Majjhimapaṇṇāsam*, meist in Zwiegesprächen, die Säulen emporführt, das Obere Halbhundert *Uparipaṇṇāsam* endlich die Kuppel aufsetzt. Doch darf man so eine mehr bildlich und schematisch geplante Einteilung nicht zu ernst nehmen: weil, wie oft betont, jede der Reden als für sich bestehendes Ganze sich gibt; was die Ordner sehr wohl erkannt und daher einen systematischen Aufbau nicht beabsichtigt haben.

Es wäre lohnend nun auf wichtigere Einzelheiten von Form und Gehalt auch dieser letzten fünf Bücher näher einzugehn: etwa auf die vedischen Grundlagen, wie sie z. B. in der hundertzwanzigsten und hundertvierzigsten Rede offen zutage treten; oder auf die unverkennbare geistige Verwandtschaft mit dem ewigen Griechentume; oder auf die zahlreichen Urbilder zu unseren eigenen Kunstwerken aus tüchtiger Zeit, dann zur transzendentalen Philosophie, also recht eigentlich zu Schopenhauer, dessen Gedanken in den Hauptzügen wirklich erst die letzte Vollendung erfahren, e. g. in der Lehre vom vollkommenen Wohlbefinden bei Lebzeiten, und wieder über den klassischen Selbstmord, hundertvierzigste Rede, passim, bzw. hundertvierundvierzigste in fine; oder auf die so tiefe Einmütigkeit mit unseren besten Illuministen, die keine Mystiker sind, insbesondere mit San Francesco und Meister Eckhart, wie etwa im hundertfünfundvierzigsten Gespräch; oder auf den donquijoteschen Humor gar mancher Gleichnisse, wie zumal im hundertsechsundzwanzigsten Bericht; oder auch auf nebensächliche Ergebnisse, wie zum Teil die geschichtliche Ableitung der Christologie aus dem hundertdreiundzwanzigsten, der Thebais aus dem hundertvierundzwanzigsten Stücke, ferner auf beiläufig entdeckbare *Śruti*-Spuren im Lao: alles Dinge von ziemlichem Gewichte zwar, deren Fechsung aber dem bloßen Übersetzer kaum zukommen, vielmehr den Berufenen als reiche Mahd hinterlassen bleiben kann. Sind doch über die Blüte und Frucht einiger Jahrzehnte nahezu dritthalb Jahrtausende des Verfalls, der Zerstörung und üppig aufschießender Verwilderung dahingegangen bis aus dem Schutte die verborgen fortkeimenden ungewöhnlichen Gedanken unserer Texte nach und nach wieder dem entgegenreifenden Verständnisse erschlossen werden. Dieses Verständnis leise fördern und anbauen und nur gelegentlich obenhin, wie von den Trümmern der Zinne, auch auf historische Kuriositäten, Paritäten, Quidditäten etc. herabdeuten wird noch lange Zeiten hindurch der bescheidene Zweck philologischer Arbeit sein.

Nicht als ob es gälte späterhin Sendboten heranzubilden, den Erdball rings zu bekehren und, wenn es hoch kommt, noch ein paar Planeten dazu. Es müßte ja für die meisten empfindsamen Gemüter eine arge Aussicht sein, wenn this goodly frame, the earth, wie Hamlet bewundernd sagt, veröden und – o Graus – aussterben, etwa in ein far niente der Ewigkeit, um einen Ausdruck Jean Pauls zu gebrauchen, einmünden sollte, so da alle Menschen veritable Buddhisten, d. h. leibhaftige Heilige, würden: ein schnackischer Angstschrei, den man hin und wieder, nicht in Indien, vernimmt; oder wie unser Poeta poetarum mit lächelndem Auge spricht:

> If all were minded so, the times should cease,
> And threescore years would make the world away.

Davor brauchen wir, verehrte Anwesende, keine Furcht zu haben. Die buddhistische Lehre wird ihrer außerordentlichen Dichte wegen in Wirklichkeit immer doch nur einer kleinen Schar, immer nur einem oder dem anderen abseit gegründeten, ungeselligen, beharrlichen Erzgrübler nicht undurchdringlich erscheinen, nicht lästig und beschwerlich fallen. Die Hunderte und die Tausende werden sich nach wie vor zu eigener und fremder Aufklärung mit den astralen Weltproblemen weiterbeschäftigen, die himmlischen Progressionen zu berechnen suchen, das Ewige und das Zeitliche trennen und versöhnen, Freiheit und Notwendigkeit scheiden und verbinden, Geheimwissenschaft und Gemeinnützigkeit enträtseln und verhäkeln, ganze Realität und halbe Evolution oder umgekehrte Ethik und Ästhetik sowie Kulturpragmatik und Religionsphilosophie sub specie professoritatis und verwandte allerangelegentlichste Fragen, *sabbasāmukkaṃsikā pañhā*, behandeln und festzustellen hoffen «Dies nur ist Wahrheit, Unsinn anderes», wie eben die gewöhnlichen Meister und Altmeister, Büßer und Pilger, Asketen und Priester schon zu Gotamos Zeiten je nach ihrer Art behauptet, gelehrt, bewiesen, erläutert und ausgelegt haben; von den Hunderttausenden nicht zu reden, denen die heiligen Fußspuren, Knochen, Zähne, Nägel, Hostien, Fetische, Inkarnationen, Folklorisierungen usw. ungekränkt überlassen seien: und auch nicht von den Dutzenden, denen Abrakadabrahuitzilopochtligelehrsamkeit und Beckmesserpoesie, oder blaublumige Düfte und faselnde Flöten schon genügen. An einzelne wenige aber, die mit den mehr oder minder spröden oder mürben Allotria nicht recht umzugehn wissen, denen unsere eigenartige Dichte allmählich ohne Beschwer vertrauter wird, sogar anziehend, einladend, wie beim gediegenen Golde von selbst verständlich erscheint, oder wie dem Grafen Russell seine dreißig Jahre inniger Lauterkeit an den höchsten Gipfeln der Pyrenäen, ist heute wie einst ein oft wiederholter Nachhall im vorletzten Buche, der Spruch vom «Stillen Denker» gerichtet.

Wien, Anfang April 1901. K. E. N.

ERSTES HALBHUNDERT DER REDEN

ERSTER TEIL

BUCH DER URART

I

ERSTER TEIL · ERSTE REDE

URART

DAS HAB' ICH GEHÖRT. Zu einer Zeit weilte der Erhabene bei Ukkaṭṭhā, 1
im Lustwalde, am Fuße eines Königsbaumes. Dort nun wandte sich der Erhabene an die Mönche: «Ihr Mönche!» – «Erlauchter!» antworteten da jene Mönche dem Erhabenen aufmerksam. Der Erhabene sprach also:

«Aller Dinge Urart will ich euch weisen, ihr Mönche: höret es und achtet wohl auf meine Rede.»

«Ja, o Herr!» antworteten da jene Mönche dem Erhabenen aufmerksam. Der Erhabene sprach also:

«Da hat einer, ihr Mönche, nichts erfahren, ist ein gewöhnlicher Mensch, ohne Sinn für das Heilige, der heiligen Lehre unkundig, der heiligen Lehre unzugänglich, ohne Sinn für das Edle, der Lehre der Edlen unkundig, der Lehre der Edlen unzugänglich und nimmt die Erde als Erde, und hat er die Erde als Erde genommen, so denkt er Erde, denkt an die Erde, denkt über die Erde, denkt ‹Mein ist die Erde› und freut sich der Erde: und warum? Weil er sie nicht kennt, sage ich. Er nimmt das Wasser als Wasser, und hat er das Wasser als Wasser genommen, so denkt er Wasser, denkt an das Wasser, denkt über das Wasser, denkt ‹Mein ist das Wasser› und freut sich des Wassers: und warum? Weil er es nicht kennt, sage ich. Er nimmt das Feuer als Feuer, und hat er das Feuer als Feuer genommen, so denkt er Feuer, denkt an das Feuer, denkt über das Feuer, denkt ‹Mein ist das Feuer› und freut sich des Feuers: und warum? Weil er es nicht kennt, sage ich. Er nimmt die Luft als Luft, und hat er die Luft als Luft genommen, so denkt er Luft, denkt an die Luft, denkt über die Luft, denkt ‹Mein ist die Luft› und freut sich der
Luft: und warum? Weil er sie nicht kennt, sage ich. Er nimmt die Natur als 2
Natur, und hat er die Natur als Natur genommen, so denkt er Natur, denkt an die Natur, denkt über die Natur, denkt ‹Mein ist die Natur› und freut sich der Natur: und warum? Weil er sie nicht kennt, sage ich. Er nimmt die Götter als Götter, und hat er die Götter als Götter genommen, so denkt er Götter, denkt an die Götter, denkt über die Götter, denkt ‹Mein sind die Götter› und freut sich der Götter: und warum? Weil er sie nicht kennt, sage ich. Er nimmt den Herrn der Zeugung als Herrn der Zeugung, und hat er den Herrn der Zeugung als Herrn der Zeugung genommen, so denkt er den

Herrn der Zeugung, denkt an den Herrn der Zeugung, denkt über den Herrn der Zeugung, denkt ‹Mein ist der Herr der Zeugung› und freut sich des Herrn der Zeugung: und warum? Weil er ihn nicht kennt, sage ich. Er nimmt den Brahmā als Brahmā, und hat er den Brahmā als Brahmā genommen, so denkt er den Brahmā, denkt an den Brahmā, denkt über den Brahmā, denkt ‹Mein ist Brahmā› und freut sich des Brahmā: und warum? Weil er ihn nicht kennt, sage ich. Er nimmt die Leuchtenden als Leuchtende, und hat er die Leuchtenden als Leuchtende genommen, so denkt er die Leuchtenden, denkt an die Leuchtenden, denkt über die Leuchtenden, denkt ‹Mein sind die Leuchtenden› und freut sich der Leuchtenden: und warum? Weil er sie nicht kennt, sage ich. Er nimmt die Strahlenden als Strahlende, und hat er die Strahlenden als Strahlende genommen, so denkt er die Strahlenden, denkt an die Strahlenden, denkt über die Strahlenden, denkt ‹Mein sind die Strahlenden› und freut sich der Strahlenden: und warum? Weil er sie nicht kennt, sage ich. Er nimmt die Gewaltigen als Gewaltige, und hat er die Gewaltigen als Gewaltige genommen, so denkt er die Gewaltigen, denkt an die Gewaltigen, denkt über die Gewaltigen, denkt ‹Mein sind die Gewaltigen› und freut sich der Gewaltigen: und warum? Weil er sie nicht kennt, sage ich. Er nimmt den Übermächtigen[1] als Übermächtigen, und hat er den Übermächtigen als Übermächtigen genommen, so denkt er den Übermächtigen, denkt an den Übermächtigen, denkt über den Übermächtigen, denkt ‹Mein ist der Übermächtige› und freut sich des Übermächtigen: und warum? Weil er ihn nicht kennt, sage ich. Er nimmt die unbegrenzte Raumsphäre als unbegrenzte Raumsphäre, und hat er die unbegrenzte Raumsphäre als unbegrenzte Raumsphäre genommen, so denkt er unbegrenzte Raumsphäre, denkt an die unbegrenzte Raumsphäre, denkt über die unbegrenzte Raumsphäre, denkt ‹Mein ist die unbegrenzte Raumsphäre› und freut sich der unbegrenzten Raumsphäre: und warum? Weil er sie nicht kennt, sage ich. Er nimmt die unbegrenzte Bewußtseinsphäre als unbegrenzte Bewußtseinsphäre, und hat er die unbe-
3 grenzte Bewußtseinsphäre als unbegrenzte Bewußtseinsphäre genommen, so denkt er unbegrenzte Bewußtseinsphäre, denkt an die unbegrenzte Bewußtseinsphäre, denkt über die unbegrenzte Bewußtseinsphäre, denkt ‹Mein ist die unbegrenzte Bewußtseinsphäre› und freut sich der unbegrenzten Bewußtseinsphäre: und warum? Weil er sie nicht kennt, sage ich. Er nimmt die Nichtdaseinsphäre als Nichtdaseinsphäre, und hat er die Nichtdaseinsphäre als Nichtdaseinsphäre genommen, so denkt er die Nichtdaseinsphäre, denkt an die Nichtdaseinsphäre, denkt über die Nichtdaseinsphäre, denkt ‹Mein ist die Nichtdaseinsphäre› und freut sich der Nichtdaseinsphäre: und warum? Weil er sie nicht kennt, sage ich. Er nimmt die Grenzscheide möglicher Wahrnehmung als Grenzscheide möglicher Wahrnehmung, und hat er die Grenz-

scheide möglicher Wahrnehmung als Grenzscheide möglicher Wahrnehmung
genommen, so denkt er die Grenzscheide möglicher Wahrnehmung, denkt an
die Grenzscheide möglicher Wahrnehmung, denkt über die Grenzscheide
möglicher Wahrnehmung, denkt ‹Mein ist die Grenzscheide möglicher Wahr-
nehmung› und freut sich der Grenzscheide möglicher Wahrnehmung: und
warum? Weil er sie nicht kennt, sage ich. Er nimmt das Gesehene als gesehn,
und hat er das Gesehene als gesehn genommen, so denkt er Gesehenes, denkt an
das Gesehene, denkt über das Gesehene, denkt ‹Mein ist das Gesehene› und
freut sich des Gesehenen: und warum? Weil er es nicht kennt, sage ich. Er
nimmt das Gehörte als gehört, und hat er das Gehörte als gehört genommen,
so denkt er Gehörtes, denkt an das Gehörte, denkt über das Gehörte, denkt
‹Mein ist das Gehörte› und freut sich des Gehörten: und warum? Weil er es
nicht kennt, sage ich. Er nimmt das Gedachte als gedacht, und hat er das
Gedachte als gedacht genommen, so denkt er Gedachtes, denkt an das Ge-
dachte, denkt über das Gedachte, denkt ‹Mein ist das Gedachte› und freut
sich des Gedachten: und warum? Weil er es nicht kennt, sage ich. Er nimmt
das Erkannte als erkannt, und hat er das Erkannte als erkannt genommen, so
denkt er Erkanntes, denkt an das Erkannte, denkt über das Erkannte, denkt
‹Mein ist das Erkannte› und freut sich des Erkannten: und warum? Weil er
es nicht kennt, sage ich. Er nimmt die Einheit als Einheit, und hat er die Ein-
heit als Einheit genommen, so denkt er die Einheit, denkt an die Einheit,
denkt über die Einheit, denkt ‹Mein ist die Einheit› und freut sich der Ein-
heit: und warum? Weil er sie nicht kennt, sage ich. Er nimmt die Vielheit als
Vielheit, und hat er die Vielheit als Vielheit genommen, so denkt er die Viel-
heit, denkt an die Vielheit, denkt über die Vielheit, denkt ‹Mein ist die Viel-
heit› und freut sich der Vielheit: und warum? Weil er sie nicht kennt, sage
ich. Er nimmt das All als All, und hat er das All als All genommen, so denkt
er das All, denkt an das All, denkt über das All, denkt ‹Mein ist das All› und 4
freut sich des Alls: und warum? Weil er es nicht kennt, sage ich. Er nimmt die
Wahnerlöschung als Wahnerlöschung[2], und hat er die Wahnerlöschung als
Wahnerlöschung genommen, so denkt er die Wahnerlöschung, denkt an die
Wahnerlöschung, denkt über die Wahnerlöschung, denkt ‹Mein ist die Wahn-
erlöschung› und freut sich der Wahnerlöschung: und warum? Weil er sie
nicht kennt, sage ich.

«Wer aber, Mönche, als kämpfender Mönch, mit streitendem Busen die unvergleichliche Sicherheit zu erringen trachtet, auch dem gilt die Erde als Erde, und hat ihm die Erde als Erde gegolten, dann soll er nicht Erde denken, nicht an die Erde denken, nicht über die Erde denken, nicht denken ‹Mein ist die Erde›, sich der Erde nicht freuen: und warum nicht? Damit er sie kennenlerne, sage ich. Wasser, Feuer, Luft, Natur und Götter, Einheit und Vielheit, das All gilt ihm als All, und hat ihm das All als All gegolten, dann soll er nicht das All denken, nicht an das All denken, nicht über das All denken, nicht denken ‹Mein ist das All›, sich des Alls nicht freuen: und warum nicht? Damit er es kennenlerne, sage ich. Die Wahnerlöschung gilt ihm als Wahnerlöschung, und hat ihm die Wahnerlöschung als Wahnerlöschung gegolten, dann soll er nicht die Wahnerlöschung denken, nicht an die Wahnerlöschung denken, nicht über die Wahnerlöschung denken, nicht denken ‹Mein ist die Wahnerlöschung›, sich der Wahnerlöschung nicht freuen: und warum nicht? Damit er sie kennenlerne, sage ich.

«Wer aber, Mönche, als heiliger Mönch, als Wahnversieger, Endiger, gewirkten Werkes, lastentledigt, sein Ziel vollbracht, die Daseinsfesseln zerstört hat, in vollkommener Weisheit erlöst ist, auch dem gilt die Erde als Erde, und hat ihm die Erde als Erde gegolten, dann denkt er nicht Erde, denkt nicht an die Erde, denkt nicht über die Erde, denkt nicht ‹Mein ist die Erde› und freut sich nicht der Erde: und warum nicht? Weil er sie kennt, sage ich. Wasser, Feuer, Luft, Natur und Götter, Einheit und Vielheit, das All gilt ihm als All, und hat ihm das All als All gegolten, dann denkt er nicht das All, denkt nicht an das All, denkt nicht über das All, denkt nicht ‹Mein ist das All› und freut sich nicht des Alls: und warum nicht? Weil er es kennt, sage ich. Die Wahnerlöschung gilt ihm als Wahnerlöschung, und hat ihm die Wahnerlöschung als Wahnerlöschung gegolten, dann denkt er nicht die Wahnerlöschung, denkt nicht an die Wahnerlöschung, denkt nicht über die Wahnerlöschung, denkt nicht ‹Mein ist die Wahnerlöschung› und freut sich nicht der Wahnerlöschung: und warum nicht? Weil er sie kennt, sage ich.

«Wer aber, Mönche, als heiliger Mönch, als Wahnversieger, Endiger, gewirkten Werkes, lastentledigt, sein Ziel vollbracht, die Daseinsfesseln zerstört hat, in vollkommener Weisheit erlöst ist, auch dem gilt die Erde als Erde, und hat ihm die Erde als Erde gegolten, dann denkt er nicht Erde, denkt nicht an die Erde, denkt nicht über die Erde, denkt nicht ‹Mein ist die Erde› und freut sich nicht der Erde: und warum nicht? Weil er gierversiegt gierlos ist. Wasser, Feuer, Luft, Natur und Götter, Einheit und Vielheit, das All gilt ihm als All, und hat ihm das All als All gegolten, dann denkt er nicht das All, denkt nicht an das All, denkt nicht über das All, denkt nicht ‹Mein ist das All› und freut sich nicht des Alls: und warum nicht? Weil er gierversiegt gierlos ist. Die Wahnerlöschung gilt ihm als Wahnerlöschung, und hat ihm die Wahnerlöschung als Wahnerlöschung gegolten, dann denkt er nicht die Wahnerlöschung, denkt nicht an die Wahnerlöschung, denkt nicht über die Wahnerlöschung, denkt nicht ‹Mein ist die Wahnerlöschung› und freut sich nicht der Wahnerlöschung: und warum nicht? Weil er gierversiegt gierlos ist.

«Wer aber, Mönche, als heiliger Mönch, als Wahnversieger, Endiger, gewirkten Werkes, lastentledigt, sein Ziel vollbracht, die Daseinsfesseln zerstört hat, in vollkommener Weisheit erlöst ist, auch dem gilt die Erde als Erde, und hat ihm die Erde als Erde gegolten, dann denkt er nicht Erde, denkt nicht an die Erde, denkt nicht über die Erde, denkt nicht ‹Mein ist die Erde› und freut sich nicht der Erde: und warum nicht? Weil er haßversiegt haßlos ist. Wasser, Feuer, Luft, Natur und Götter, Einheit und Vielheit, das All gilt ihm als All, und hat ihm das All als All gegolten, dann denkt er nicht das All, denkt nicht an das All, denkt nicht über das All, denkt nicht ‹Mein ist das All› und freut sich nicht des Alls: und warum nicht? Weil er haßversiegt haßlos ist. Die Wahnerlöschung gilt ihm als Wahnerlöschung, und hat ihm die Wahnerlöschung als ·Wahnerlöschung gegolten, dann denkt er nicht die Wahnerlöschung, denkt nicht an die Wahnerlöschung, denkt nicht über die Wahnerlöschung, denkt nicht ‹Mein ist die Wahnerlöschung› und freut sich nicht der Wahnerlöschung: und warum nicht? Weil er haßversiegt haßlos ist.

«Wer aber, Mönche, als heiliger Mönch, als Wahnversieger, Endiger, gewirkten Werkes, lastentledigt, sein Ziel vollbracht, die Daseinsfesseln zerstört hat, in vollkommener Weisheit erlöst ist, auch dem gilt die Erde als Erde, und hat ihm die Erde als Erde gegolten, dann denkt er nicht Erde, denkt nicht an die Erde, denkt nicht über die Erde, denkt nicht ‹Mein ist die Erde› und freut sich nicht der Erde: und warum nicht? Weil er irreversiegt irrlos ist. Wasser, Feuer, Luft, Natur und Götter, Einheit und Vielheit, das All gilt ihm als All, und hat ihm das All als All gegolten, dann denkt er nicht das All, denkt nicht an das All, denkt nicht über das All, denkt nicht ‹Mein ist das All› und freut sich nicht des Alls: und warum nicht? Weil er irreversiegt irrlos ist. Die Wahnerlöschung gilt ihm als Wahnerlöschung, und hat ihm die Wahnerlöschung als Wahnerlöschung gegolten, dann denkt er nicht die Wahnerlöschung, denkt nicht an die Wahnerlöschung, denkt nicht über die Wahnerlöschung, denkt nicht ‹Mein ist die Wahnerlöschung› und freut sich nicht der Wahnerlöschung: und warum nicht? Weil er irreversiegt irrlos ist.

«Und dem Vollendeten, ihr Mönche, dem Heiligen, vollkommen Erwach-
ten[3], gilt die Erde als Erde, und hat ihm die Erde als Erde gegolten, dann
denkt er nicht Erde, denkt nicht an die Erde, denkt nicht über die Erde, denkt
nicht ‹Mein ist die Erde› und freut sich nicht der Erde: und warum nicht? Weil 6
der Vollendete sie kennt, sage ich. Wasser, Feuer, Luft, Natur und Götter, Ein-
heit und Vielheit, das All gilt dem Vollendeten als All, und hat ihm das All als
All gegolten, dann denkt er nicht das All, denkt nicht an das All, denkt nicht
über das All, denkt nicht ‹Mein ist das All› und freut sich nicht des Alls: und
warum nicht? Weil der Vollendete es kennt, sage ich. Die Wahnerlöschung gilt

dem Vollendeten als Wahnerlöschung, und hat ihm die Wahnerlöschung als Wahnerlöschung gegolten, dann denkt er nicht die Wahnerlöschung, denkt nicht an die Wahnerlöschung, denkt nicht über die Wahnerlöschung, denkt nicht ‹Mein ist die Wahnerlöschung› und freut sich nicht der Wahnerlöschung: und warum nicht? Weil der Vollendete sie kennt, sage ich.

«Und dem Vollendeten, ihr Mönche, dem Heiligen, vollkommen Erwachten, gilt die Erde als Erde, und hat ihm die Erde als Erde gegolten, dann denkt er nicht Erde, denkt nicht an die Erde, denkt nicht über die Erde, denkt nicht ‹Mein ist die Erde› und freut sich nicht der Erde: und warum nicht? ‹Genügen ist des Leidens Wurzel›, das hat er entdeckt, ‹Werden gebiert, Gewordenes altert und stirbt.› Darum also, ihr Mönche, sage ich, daß der Vollendete, allem Lebensdurst erstorben, entwöhnt, entrodet, entgangen, entwunden, in der unvergleichlichen vollkommenen Erwachung auferwacht ist. Wasser, Feuer, Luft, Natur und Götter, Einheit und Vielheit, das All gilt dem Vollendeten als All, und hat ihm das All als All gegolten, dann denkt er nicht das All, denkt nicht an das All, denkt nicht über das All, denkt nicht ‹Mein ist das All› und freut sich nicht des Alls: und warum nicht? ‹Genügen ist des Leidens Wurzel›, das hat er entdeckt, ‹Werden gebiert, Gewordenes altert und stirbt.› Darum also, ihr Mönche, sage ich, daß der Vollendete, allem Lebensdurst erstorben, entwöhnt, entrodet, entgangen, entwunden, in der unvergleichlichen vollkommenen Erwachung auferwacht ist. Die Wahnerlöschung gilt dem Vollendeten als Wahnerlöschung, und hat ihm die Wahnerlöschung als Wahnerlöschung gegolten, dann denkt er nicht die Wahnerlöschung, denkt nicht an die Wahnerlöschung, denkt nicht über die Wahnerlöschung, denkt nicht ‹Mein ist die Wahnerlöschung› und freut sich nicht der Wahnerlöschung: und warum nicht? ‹Genügen ist des Leidens Wurzel›, das hat er entdeckt, ‹Werden gebiert, Gewordenes altert und stirbt.› Darum also, ihr Mönche, sage ich, daß der Vollendete, allem Lebensdurst erstorben, entwöhnt, entrodet, entgangen, entwunden, in der unvergleichlichen vollkommenen Erwachung auferwacht ist.»

Also sprach der Erhabene. Zufrieden freuten sich jene Mönche über das Wort des Erhabenen.

2

ERSTER TEIL · ZWEITE REDE

ALLES WÄHNEN

Das hab' ich gehört. Zu einer Zeit weilte der Erhabene bei Sāvatthī, im Siegerwalde, im Garten Anāthapiṇḍikos. Dort nun wandte sich der Erhabene an die Mönche: «Ihr Mönche!» – «Erlauchter!» antworteten da jene Mönche dem Erhabenen aufmerksam. Der Erhabene sprach also:

«Wie allem Wähnen gewehrt wird, Mönche, das will ich euch weisen: höret es und achtet wohl auf meine Rede.» 7

«Ja, o Herr!» antworteten da jene Mönche dem Erhabenen aufmerksam. Der Erhabene sprach also:

«Dem Kenner, ihr Mönche, dem Kundigen verheiße ich Wahnversiegung, keinem Unbekannten, keinem Unkundigen. Was soll aber, Mönche, gekannt, was erkundet sein zur Wahnversiegung? Gründliche Achtsamkeit und seichte Achtsamkeit. Seichte Achtsamkeit, ihr Mönche, zeitigt neues Wähnen und läßt das alte erstarken, gründliche Achtsamkeit, ihr Mönche, läßt neues Wähnen nicht aufkommen und zerstört das alte.

«Es gibt, Mönche, ein Wähnen, das wissend überwunden werden muß. Es gibt ein Wähnen, das wehrend überwunden werden muß. Es gibt ein Wähnen, das pflegend überwunden werden muß. Es gibt ein Wähnen, das duldend überwunden werden muß. Es gibt ein Wähnen, das fliehend überwunden werden muß. Es gibt ein Wähnen, das kämpfend überwunden werden muß. Es gibt ein Wähnen, das wirkend überwunden werden muß.

«Was ist das aber, ihr Mönche, für ein Wähnen, das wissend überwunden werden muß? Da hat einer, ihr Mönche, nichts erfahren, ist ein gewöhnlicher Mensch, ohne Sinn für das Heilige, der heiligen Lehre unkundig, der heiligen Lehre unzugänglich, ohne Sinn für das Edle, der Lehre der Edlen unkundig, der Lehre der Edlen unzugänglich und erkennt nicht was der Achtsamkeit wert ist und erkennt nicht was der Achtsamkeit unwert ist. Ohne Kenntnis der würdigen Dinge, ohne Kenntnis der unwürdigen Dinge achtet er auf das Unwürdige und nicht auf das Würdige. Was ist aber, Mönche, das Unwürdige, das er würdigt? Durch dessen Würdigung, ihr Mönche, neuer Wunscheswahn gezeitigt wird und alter erstarkt, neuer Daseinswahn gezeitigt wird und alter erstarkt, neuer Irrwahn gezeitigt wird und alter erstarkt, das ist das Unwürdige, das er würdigt. Und was ist, ihr Mönche, das Würdige,

das er nicht würdigt? Durch dessen Würdigung, ihr Mönche, neuer Wunscheswahn nicht aufkommen kann und alter zerstört wird, neuer Daseinswahn nicht aufkommen kann und alter zerstört wird, neuer Irrwahn nicht aufkommen kann und alter zerstört wird, das ist das Würdige, das er nicht
8 würdigt. Und indem er unwürdige Dinge würdigt und würdige Dinge nicht
würdigt erhebt sich neues Wähnen in ihm und das alte erstarkt.

«Und seicht erwägt er also: ‹Bin ich wohl in den vergangenen Zeiten gewesen? Oder bin ich nicht gewesen? Was bin ich wohl in den vergangenen Zeiten gewesen? Wie bin ich wohl in den vergangenen Zeiten gewesen? Was geworden bin ich dann was gewesen? Werd' ich wohl in den zukünftigen Zeiten sein? Oder werde ich nicht sein? Was werd' ich wohl in den zukünftigen Zeiten sein? Wie werd' ich wohl in den zukünftigen Zeiten sein? Was geworden werd' ich dann was sein?› Und auch die Gegenwart erfüllt ihn mit Zweifeln: ‹Bin ich denn? Oder bin ich nicht? Was bin ich? Und wie bin ich? Dieses Wesen da, woher ist das wohl gekommen? Und wohin wird es gehn?›

«Und bei solchen seichten Erwägungen kommt er zu dieser oder zu jener der sechs Ansichten: die Ansicht ‹Ich habe eine Seele› wird ihm zur festen Überzeugung, oder die Ansicht ‹Ich habe keine Seele› wird ihm zur festen Überzeugung, oder die Ansicht ‹Beseelt ahn' ich Beseelung› wird ihm zur festen Überzeugung, oder die Ansicht ‹Beseelt ahn' ich Entseelung› wird ihm zur festen Überzeugung, oder die Ansicht ‹Entseelt ahn' ich Beseelung› wird ihm zur festen Überzeugung, oder aber er kommt zur folgenden Ansicht: ‹Mein selbiges Selbst, sag' ich, findet sich wieder, wenn es da und dort den Lohn guter und böser Werke genießt, und dieses mein Selbst ist dauernd, beharrend, ewig, unwandelbar, wird sich ewiglich also gleich bleiben.› Das nennt man, ihr Mönche, Gasse der Ansichten, Höhle der Ansichten, Schlucht der Ansichten, Dorn der Ansichten, Hag der Ansichten, Garn der Ansichten. Ins Garn der Ansichten geraten, ihr Mönche, wird der unerfahrene Erdensohn nicht frei vom Geborenwerden, Altern und Sterben, von Kummer, Jammer, Schmerz, Gram und Verzweiflung, er wird nicht frei, sag' ich, vom Leiden.

«Doch der erfahrene heilige Jünger, ihr Mönche, merkt das Heilige, ist der heiligen Lehre kundig, der heiligen Lehre wohlzugänglich, merkt das Edle, ist der Lehre der Edlen kundig, der Lehre der Edlen wohlzugänglich und erkennt was der Achtsamkeit wert ist und erkennt was der Achtsamkeit unwert ist. Bekannt mit den würdigen Dingen, bekannt mit den unwürdigen
9 Dingen achtet er nicht des Unwürdigen sondern des Würdigen. Was ist
aber, Mönche, das Unwürdige, das er nicht würdigt? Durch dessen Würdigung, ihr Mönche, neuer Wunscheswahn gezeitigt wird und alter erstarkt, neuer Daseinswahn gezeitigt wird und alter erstarkt, neuer Irrwahn gezeitigt

wird und alter erstarkt, das ist das Unwürdige, das er nicht würdigt. Und was ist, ihr Mönche, das Würdige, das er würdigt? Durch dessen Würdigung, ihr Mönche, neuer Wunscheswahn nicht aufkommen kann und alter zerstört wird, neuer Daseinswahn nicht aufkommen kann und alter zerstört wird, neuer Irrwahn nicht aufkommen kann und alter zerstört wird, das ist das Würdige, das er würdigt. Und indem er unwürdige Dinge nicht würdigt und würdige Dinge würdigt kommt neues Wähnen nicht auf und das alte vergeht.

«‹Das ist das Leiden› erwägt er gründlich. ‹Das ist die Leidensentwicklung› erwägt er gründlich. ‹Das ist die Leidensauflösung› erwägt er gründlich. ‹Das ist der zur Leidensauflösung führende Pfad› erwägt er gründlich.

«Und bei solcher gründlicher Erwägung lösen sich ihm drei Umgarnungen auf: der Glaube an Persönlichkeit, Zweifelsucht, sich klammern an Tugendwerk.

«Das nennt man, ihr Mönche, Wähnen, das wissend überwunden werden muß.

«Was ist das aber, ihr Mönche, für ein Wähnen, das wehrend überwunden werden muß? Da wahrt sich, ihr Mönche, ein Mönch Besonnenheit als gründliche Wehr und Waffe des Gesichts. Denn ließ' er, ihr Mönche, sein Gesicht wehrlos gewähren, so käme verstörendes, sehrendes Wähnen über ihn; doch das wehrlich gewahrte Gesicht hält das verstörende, sehrende Wähnen von ihm ab. Besonnenheit wahrt er sich als gründliche Wehr und Waffe des Gehörs. Denn ließ' er, ihr Mönche, sein Gehör wehrlos gewähren, so käme verstörendes, sehrendes Wähnen über ihn; doch das wehrlich gewahrte Gehör hält das verstörende, sehrende Wähnen von ihm ab. Besonnenheit wahrt er sich als gründliche Wehr und Waffe des Geruchs. Denn ließ' er, ihr Mönche, seinen Geruch wehrlos gewähren, so käme verstörendes, sehrendes Wähnen über ihn; doch der wehrlich gewahrte Geruch hält das verstörende, sehrende Wähnen von ihm ab. Besonnenheit wahrt er sich als gründliche Wehr und Waffe des Geschmacks. Denn ließ' er, ihr Mönche, seinen Geschmack wehrlos gewähren, so käme verstörendes, sehrendes Wähnen über ihn; doch der wehrlich gewahrte Geschmack hält das verstörende, sehrende Wähnen von ihm ab. Besonnenheit wahrt er sich als gründliche Wehr und Waffe des Getasts. Denn ließ' er, ihr Mönche, sein Getast wehrlos gewähren, so käme verstörendes, sehrendes Wähnen über ihn; doch das wehrlich gewahrte Getast hält das verstörende, sehrende Wähnen von ihm ab. Besonnenheit wahrt er sich als gründliche Wehr und Waffe des Gedenkens. Denn ließ' er, ihr Mönche, sein Gedenken wehrlos gewähren, so käme verstörendes, sehrendes Wähnen über ihn; doch das wehrlich gewahrte Gedenken hält das verstörende, sehrende Wähnen von ihm ab. Ließ' er sich also, ihr Mönche, wehrlos gehn,

10 so käme verstörendes, sehrendes Wähnen über ihn; doch wehrlich gewahrt hält er das verstörende, sehrende Wähnen von sich ab.

«Das nennt man, ihr Mönche, Wähnen, das wehrend überwunden werden muß.

«Was ist das aber, ihr Mönche, für ein Wähnen, das pflegend überwunden werden muß? Da pflegt, ihr Mönche, ein Mönch gründlich besonnen der Kutte, nur um sich vor Kälte zu schützen, vor Hitze zu schützen, nur um sich vor Wind und Wetter, vor Mücken und Wespen und plagenden Kriechtieren zu schützen, nur um die Scham und Schande bedecken zu können. Gründlich besonnen pflegt er der Almosenspeise, nicht etwa zur Letzung und Ergetzung, nicht zur Schmuckheit und Zier, sondern nur um diesen Körper zu erhalten, zu fristen, um Schaden zu verhüten, um ein heiliges Leben führen zu können: ‹So werd' ich das frühere Gefühl abtöten und ein neues Gefühl nicht aufkommen lassen, und ich werde ein Fortkommen haben, ohne Tadel bestehn, mich wohl befinden.› Gründlich besonnen pflegt er der Lagerstatt, nur um sich vor Kälte zu schützen, vor Hitze zu schützen, nur um sich vor Wind und Wetter, vor Mücken und Wespen und plagenden Kriechtieren zu schützen, nur um den Unbilden der Jahreszeit auszuweichen, um Ruhe genießen zu können. Gründlich besonnen pflegt er der Arzeneien im Fall einer Krankheit, nur um anfällige niederzerrrende Gefühle zu beschwichtigen, mit der Unabhängigkeit als letztem Ziel. Weil ihn also, ihr Mönche, ohne Pflege verstörendes, sehrendes Wähnen ergriffe, nimmt er der Pflege wahr und hält das verstörende, sehrende Wähnen von sich ab.

«Das nennt man, ihr Mönche, Wähnen, das pflegend überwunden werden muß.

«Was ist das aber, ihr Mönche, für ein Wähnen, das duldend überwunden werden muß? Da erträgt, ihr Mönche, ein Mönch gründlich besonnen Kälte und Hitze, Hunger und Durst, Wind und Wetter, Mücken und Wespen und plagende Kriechtiere, boshafte, böswillige Redeweisen, körperliche Schmerzgefühle, die ihn treffen, heftige, schneidende, stechende, unangenehme, leidige, lebensgefährliche dauert er duldend aus. Denn würde er ungeduldig, ihr Mönche, so käme verstörendes, sehrendes Wähnen über ihn: darum bleibt er geduldig und entgeht dem verstörenden, sehrenden Wähnen.

«Das nennt man, ihr Mönche, Wähnen, das duldend überwunden werden muß.

«Was ist das aber, ihr Mönche, für ein Wähnen, das fliehend überwunden werden muß? Da flieht, ihr Mönche, ein Mönch gründlich besonnen einen wütenden Elefanten, ein wütendes Pferd, einen wütenden Stier, einen wütenden Hund, er flieht Schlangen, meidet abgeholzten Grund, Dornenge-
11 strüpp, Klinzen und Klüfte, Pfützen und Sümpfe. Orte, die zum Weilen nicht

taugen, Plätze, die zum Wandeln nicht taugen, Freunde, die zum Verkehr nicht taugen, von erfahrenen Ordensbrüdern entsprechend mißbilligt würden, solche Orte, solche Plätze, solche Freunde flieht er, gründlich besonnen. Denn wollte er nicht fliehn, ihr Mönche, so käme verstörendes, sehrendes Wähnen über ihn: darum flieht er und entgeht dem verstörenden, sehrenden Wähnen.

«Das nennt man, ihr Mönche, Wähnen, das fliehend überwunden werden muß.

«Was ist das aber, ihr Mönche, für ein Wähnen, das kämpfend überwunden werden muß? Da gönnt, ihr Mönche, ein Mönch gründlich besonnen einem aufgestiegenen Wunschgedanken keinen Raum, verleugnet ihn, vertreibt ihn, vertilgt ihn, erstickt ihn im Keime; gönnt einem aufgestiegenen Haßgedanken keinen Raum, verleugnet ihn, vertreibt ihn, vertilgt ihn, erstickt ihn im Keime; gönnt einem aufgestiegenen Wutgedanken keinen Raum, verleugnet ihn, vertreibt ihn, vertilgt ihn, erstickt ihn im Keime; gönnt diesen und jenen schlechten, verderblichen Gedanken, die aufsteigen, keinen Raum, verleugnet sie, vertreibt sie, vertilgt sie, erstickt sie im Keime. Gäbe er aber nach, ihr Mönche, so käme verstörendes, sehrendes Wähnen über ihn: darum kämpft er und bleibt frei vom verstörenden, sehrenden Wähnen.

«Das nennt man, ihr Mönche, Wähnen, das kämpfend überwunden werden muß.

«Was ist das aber, ihr Mönche, für ein Wähnen, das wirkend überwunden werden muß? Da wirkt, ihr Mönche, ein Mönch, gründlich besonnen der Einsicht Erweckung, die abgeschieden gezeugte, abgelöst gezeugte, ausgerodet gezeugte, die in Endsal übergeht. Gründlich besonnen wirkt er des Tiefsinns Erweckung, die abgeschieden gezeugte, abgelöst gezeugte, ausgerodet gezeugte, die in Endsal übergeht. Gründlich besonnen wirkt er der Kraft Erweckung, die abgeschieden gezeugte, abgelöst gezeugte, ausgerodet gezeugte, die in Endsal übergeht. Gründlich besonnen wirkt er der Heiterkeit Erweckung, die abgeschieden gezeugte, abgelöst gezeugte, ausgerodet gezeugte, die in Endsal übergeht. Gründlich besonnen wirkt er der Lindheit Erweckung, die abgeschieden gezeugte, abgelöst gezeugte, ausgerodet gezeugte, die in Endsal übergeht. Gründlich besonnen wirkt er der Innigkeit Erweckung, die abgeschieden gezeugte, abgelöst gezeugte, ausgerodet gezeugte, die in Endsal übergeht. Gründlich besonnen wirkt er des Gleichmuts Erweckung, die abgeschieden gezeugte, abgelöst gezeugte, ausgerodet gezeugte, die in Endsal übergeht. Weil er also, ihr Mönche, ohne Wirken verstörendem, sehrendem Wähnen erläge, wirkt er, und kein verstörendes, sehrendes Wähnen kommt ihn an.

«Das nennt man, ihr Mönche, Wähnen, das wirkend überwunden werden muß.

«Hat nun, ihr Mönche, ein Mönch, das Wähnen, das wissend überwunden
werden muß, wissend überwunden, das Wähnen, das wehrend überwun-
den werden muß, wehrend überwunden, das Wähnen, das pflegend über-
wunden werden muß, pflegend überwunden, das Wähnen, das duldend
überwunden werden muß, duldend überwunden, das Wähnen, das flie-
12 hend überwunden werden muß, fliehend überwunden, das Wähnen, das
kämpfend überwunden werden muß, kämpfend überwunden, das Wähnen,
das wirkend überwunden werden muß, wirkend überwunden: so nennt man
ihn, Mönche, einen Mönch, der gegen alles Wähnen gefeit ist. Abgeschnitten
hat er den Lebensdurst, weggeworfen die Fessel, durch vollständige Dünkel-
eroberung ein Ende gemacht dem Leiden.»

Also sprach der Erhabene. Zufrieden freuten sich jene Mönche über das Wort des Erhabenen.

3

ERSTER TEIL · DRITTE REDE

ERBEN DER LEHRE

Das hab' ich gehört. Zu einer Zeit weilte der Erhabene bei Sāvatthī, im Siegerwalde, im Garten Anāthapiṇḍikos. Dort nun wandte sich der Erhabene an die Mönche: «Ihr Mönche!» – «Erlauchter!» antworteten da jene Mönche dem Erhabenen aufmerksam. Der Erhabene sprach also:

«Erben der Lehre seid mir, Mönche, nicht Erben der Notdurft! Aus Mitleid red' ich also zu euch: O daß meine Jünger Erben der Lehre seien und nicht Erben der Notdurft.

«Wäret ihr, meine Mönche, Erben der Notdurft, nicht Erben der Lehre, so zeigte man auf euch und spräche: ‹Erben der Notdurft sind sie, die Jünger des Meisters, nicht Erben der Lehre›, und auch auf mich deutete man: ‹Erben der Notdurft sind sie, die Jünger des Meisters, nicht Erben der Lehre.› Wollt ihr nun, meine Mönche, Erben der Lehre sein, nicht Erben der Notdurft, dann zeiht euch wohl keiner: ‹Erben der Lehre sind sie, die Jünger des Meisters, nicht Erben der Notdurft›, und keiner wird mich zeihen: ‹Erben der Lehre sind sie, die Jünger des Meisters, nicht Erben der Notdurft.› Daher sollt ihr euch, meine Mönche, als Erben der Lehre erweisen, nicht als Erben der Notdurft. Aus Mitleid red' ich also zu euch: O daß meine Jünger Erben der Lehre seien und nicht Erben der Notdurft.

«Wenn ich da, Mönche, zu Mittag die genügende, vollgemessene Mahlzeit beendet habe, hinreichend satt geworden bin, und es bleibt mir vom Almosen ein Rest übrig, den ich nicht mehr einnehme, der nun aus der Schale entleert werden muß, und es kommen zwei Mönche heran, aufgerieben von Hunger und Schwäche: da werd' ich sie einladen: ‹Ich habe, ihr Mönche, zu Mittag 13
die genügende, vollgemessene Mahlzeit beendet, bin hinreichend satt geworden, und es bleibt mir vom Almosen ein Rest übrig, den ich nicht mehr einnehme, der nun aus der Schale entleert werden muß; wollt ihr, so nehmt ihn, wo nicht, so werd' ich ihn jetzt auf grasfreien Grund ausleeren oder in fließendes Wasser schütten.› Da gedächte der eine der Mönche: ‹Der Erhabene hat zu Mittag die genügende, vollgemessene Mahlzeit beendet, ist hinreichend satt geworden, und dieser Rest da ist vom Almosen übrig geblieben, muß vertilgt werden; nehmen wir ihn nicht an, so leert ihn der Erhabene auf grasfreien Grund oder in fließendes Wasser aus. Aber ich kenne ja das Wort des Erhabenen: 'Erben der Lehre seid mir, Mönche, nicht Erben der Notdurft!' Zur Notdurft gehört auch ein Almosenbissen; wie, wenn ich nun diesen Bissen verschmähte und hungrig und schwach, wie ich bin, bis morgen mittag aushielte?› Und er verschmähte den Bissen und beschiede sich trotz seines Hungers, trotz seiner Schwäche bis zum Mahle des folgenden Tages. Doch der andere Mönch gedächte: ‹Der Erhabene hat zu Mittag die genügende, vollgemessene Mahlzeit beendet, ist hinreichend satt geworden, und dieser Rest da ist vom Almosen übrig geblieben, muß vertilgt werden; wie, wenn ich nun diesen Bissen annähme, mich von Hunger und Schwäche erholte und also den Tag zubrächte?› Und er nähme den Bissen an, erholte sich von Hunger und Schwäche und brächte den Tag also zu. Immerhin mag, ihr Mönche, dieser Mönch den Bissen annehmen, sich von Hunger und Schwäche erholen und also den Tag zubringen: aber jener andere, mein erster Mönch, ist würdiger und vorzüglicher. Und warum? Weil es ihn eben, ihr Mönche, lange Zeit fördern wird in seiner Genugsamkeit, Zufriedenheit, Ledigkeit, Leichtigkeit, Beharrlichkeit[4]. Daher sollt ihr euch, meine Mönche, als Erben der Lehre erweisen, nicht als Erben der Notdurft. Aus Mitleid red' ich also zu euch: O daß meine Jünger Erben der Lehre seien und nicht Erben der Notdurft.»

Also sprach der Erhabene. Nach diesen Worten stand der Willkommene vom Sitze auf und zog sich in das Wohnhaus zurück.

Da wandte sich denn der ehrwürdige Sāriputto, bald nachdem der Erhabene fortgegangen war, an die Mönche: «Brüder Mönche!» – «Bruder!» ant-

14 worteten da jene Mönche dem ehrwürdigen Sāriputto aufmerksam. Der ehrwürdige Sāriputto sprach also:

«Hat sich der Meister, ihr Brüder, zurückgezogen, wie pflegen dann die Jünger der Einsamkeit nicht? Und hat sich der Meister, ihr Brüder, zurückgezogen, wie pflegen dann die Jünger der Einsamkeit?»

«Selbst von weit her, Bruder, würden wir kommen, gält' es beim ehrwürdigen Sāriputto darüber Aufschluß zu erhalten, gut wär' es wohl, wenn sich doch der ehrwürdige Sāriputto in dieser Sache vernehmen ließe! Das Wort des ehrwürdigen Sāriputto werden wir bewahren.»

«Wohlan denn, Brüder, so höret und achtet wohl auf meine Rede.»

«Freilich, Bruder!» antworteten da jene Mönche dem ehrwürdigen Sāriputto aufmerksam. Der ehrwürdige Sāriputto sprach also:

«Da pflegen, ihr Brüder, die Jünger des einsam weilenden Meisters der Einsamkeit nicht; und was der Meister als verwerflich bezeichnet hat, das verwerfen sie nicht; und anspruchsvoll werden sie und aufdringlich, suchen vor allem Gesellschaft, fliehen die Einsamkeit als lästige Last. Somit, ihr Brüder, gereichen drei Fälle den älteren Mönchen zur Schande: ‹Der Meister weilt einsam zurückgezogen, aber die Jünger pflegen der Einsamkeit nicht›, das ist der erste Fall, der den älteren Mönchen zur Schande gereicht; ‹und was der Meister als verwerflich bezeichnet hat, das verwerfen sie nicht›, das ist der zweite Fall, der den älteren Mönchen zur Schande gereicht; ‹und anspruchsvoll sind sie und aufdringlich, suchen vor allem Gesellschaft, fliehen die Einsamkeit als lästige Last›, das ist der dritte Fall, der den älteren Mönchen zur Schande gereicht. Den älteren Mönchen also, Brüder, gereichen diese drei Fälle zur Schande. Und den mittleren Mönchen, Brüder, und den neuen Mönchen, Brüder, gereichen drei Fälle zur Schande: ‹Der Meister weilt einsam zurückgezogen, aber die Jünger pflegen der Einsamkeit nicht›, das ist der erste Fall, der den mittleren Mönchen, der den neuen Mönchen zur Schande gereicht; ‹und was der Meister als verwerflich bezeichnet hat, das verwerfen sie nicht›, das ist der zweite Fall, der den mittleren Mönchen, der den neuen Mönchen zur Schande gereicht; ‹und anspruchsvoll sind sie und aufdringlich, suchen vor allem Gesellschaft, fliehen die Einsamkeit als lästige Last›, das ist der dritte Fall, der den mittleren Mönchen, der den neuen Mönchen zur Schande gereicht. Den mittleren Mönchen also, Brüder, den neuen Mönchen also, Brüder, gereichen diese drei Fälle zur Schande. Das ist die Art, ihr Brüder, wie die Jünger des einsam weilenden Meisters Einsamkeit scheuen.

«Wie wird nun, ihr Brüder, von den Jüngern des einsam weilenden
15 Meisters Einsamkeit geübt? Da pflegen, ihr Brüder, die Jünger des einsam weilenden Meisters der Einsamkeit; und was der Meister als verwerflich bezeichnet hat, das verwerfen sie; und sie werden nicht anspruchsvoll, nicht

aufdringlich, fliehen Gesellschaft als lästige Last, suchen vor allem Einsamkeit. Somit, ihr Brüder, gereichen drei Fälle den älteren Mönchen zur Ehre: ‹Der Meister weilt einsam zurückgezogen und die Jünger pflegen der Einsamkeit›, das ist der erste Fall, der den älteren Mönchen zur Ehre gereicht; ‹und was der Meister als verwerflich bezeichnet hat, das verwerfen sie›, das ist der zweite Fall, der den älteren Mönchen zur Ehre gereicht; ‹und sie sind nicht anspruchsvoll, nicht aufdringlich, fliehen Gesellschaft als lästige Last, suchen vor allem Einsamkeit›, das ist der dritte Fall, der den älteren Mönchen zur Ehre gereicht. Den älteren Mönchen also, Brüder, gereichen diese drei Fälle zur Ehre. Und den mittleren Mönchen, Brüder, und den neuen Mönchen, Brüder, gereichen drei Fälle zur Ehre: ‹Der Meister weilt einsam zurückgezogen und die Jünger pflegen der Einsamkeit›, das ist der erste Fall, der den mittleren Mönchen, der den neuen Mönchen zur Ehre gereicht; ‹und was der Meister als verwerflich bezeichnet hat, das verwerfen sie›, das ist der zweite Fall, der den mittleren Mönchen, der den neuen Mönchen zur Ehre gereicht; ‹und sie sind nicht anspruchsvoll, nicht aufdringlich, fliehen Gesellschaft als lästige Last, suchen vor allem Einsamkeit›, das ist der dritte Fall, der den mittleren Mönchen, der den neuen Mönchen zur Ehre gereicht. Den mittleren Mönchen also, Brüder, den neuen Mönchen also, Brüder, gereichen diese drei Fälle zur Ehre. Das ist die Art, ihr Brüder, wie die Jünger des einsam weilenden Meisters Einsamkeit üben.

«Nun merket, Brüder: Gier ist vom Übel und Haß ist vom Übel und es
gibt einen Mittelweg um der Gier zu entgehn und dem Haß zu entgehn,
einen Weg, der sehend und wissend macht, zur Ebbung, Durchschauung, Er-
wachung, Erlöschung führt. Was ist das aber, Brüder, für ein Mittelweg, der
sehend und wissend macht, zur Ebbung, Durchschauung, Erwachung, Er-
löschung führt? Dieser heilige achtfältige Pfad ist es eben, und zwar: rechte
Erkenntnis, rechte Gesinnung, rechte Rede, rechtes Handeln, rechtes Wan-
deln, rechtes Mühn, rechte Einsicht, rechte Einigung. Das, ihr Brüder, ist der
Mittelweg, der sehend und wissend macht, zur Ebbung, Durchschauung, Er-
wachung, Erlöschung führt. Und Zorn, Brüder, und Zwietracht ist vom Übel,
und Heuchelei und Neid ist vom Übel, und Eiferung und Eigensucht ist vom
Übel, und Trug und List ist vom Übel, und Starrsinn und Ungestüm ist vom
Übel, und Stolz und Dünkel ist vom Übel, und Lauheit und Lässigkeit ist 16
vom Übel und es gibt einen Mittelweg um der Lauheit zu entgehn und der
Lässigkeit zu entgehn, einen Weg, der sehend und wissend macht, zur Eb-
bung, Durchschauung, Erwachung, Erlöschung führt. Was ist das aber, Brü-
der, für ein Mittelweg, der sehend und wissend macht, zur Ebbung, Durch-
schauung, Erwachung, Erlöschung führt? Dieser heilige achtfältige Pfad ist es
eben, und zwar: rechte Erkenntnis, rechte Gesinnung, rechte Rede, rechtes

Handeln, rechtes Wandeln, rechtes Mühn, rechte Einsicht, rechte Einigung. Das, ihr Brüder, ist der Mittelweg, der sehend und wissend macht, zur Ebbung, Durchschauung, Erwachung, Erlöschung führt.»

Also sprach der ehrwürdige Sāriputto. Zufrieden freuten sich jene Mönche über das Wort des ehrwürdigen Sāriputto.

4

ERSTER TEIL · VIERTE REDE

FURCHT UND ANGST

DAS HAB' ICH GEHÖRT. Zu einer Zeit weilte der Erhabene bei Sāvatthī, im Siegerwalde, im Garten Anāthapiṇḍikos. Da kam nun Jāṇussoṇi, ein Brāhmane, zum Erhabenen hin, begrüßte den Erhabenen ehrerbietig, wechselte freundliche, denkwürdige Worte mit dem Erhabenen und setzte sich zur Seite nieder. Zur Seite sitzend wandte sich nun der Brāhmane Jāṇussoṇi also an den Erhabenen:

«Die edlen Söhne hier, o Gotamo, die um des verehrten Gotamo willen, aus Zuversicht vom Hause fort in die Hauslosigkeit gezogen sind, die folgen dem verehrten Gotamo nach, halten den verehrten Gotamo hoch, haben den verehrten Gotamo zum Lenker erkoren, und des verehrten Gotamo Lebensansicht und Lebensführung wird diesen Leuten zur eigenen.»

«So ist es, Brāhmane, so ist es, Brāhmane. Die edlen Söhne hier, Brāhmane, die um meinetwillen, aus Zuversicht vom Hause fort in die Hauslosigkeit gezogen sind, die folgen mir nach, halten mich hoch, haben mich zum Lenker erkoren, und meine Lebensansicht und Lebensführung wird diesen Leuten zur eigenen.»

«Schwer lebt es sich aber, o Gotamo, im tiefen Walde, an abgelegenen Orten, schwer ist es Einsamkeit zu pflegen, schwer Alleinsein genießen; die Waldschluchten müssen wohl einem Mönche, der keine Fassung gewinnen kann, das Herz im Leibe stocken lassen.»

17 «So ist es, Brāhmane, so ist es, Brāhmane. Schwer lebt es sich freilich, Brāhmane, im tiefen Walde, an abgelegenen Orten, schwer ist es Einsamkeit zu

pflegen, schwer Alleinsein genießen; die Waldschluchten müssen wohl einem Mönche, der keine Fassung gewinnen kann, das Herz im Leibe stocken lassen.

«Auch mir, Brāhmane, ist es, noch vor der vollen Erwachung, dem unvollkommen Erwachten, Erwachung erst Erringenden[5], also ergangen: ‹Schwer lebt es sich, ach, im tiefen Walde, an abgelegenen Orten, schwer ist es Einsamkeit zu pflegen, schwer Alleinsein genießen; die Waldschluchten müssen ja einem Mönche, der keine Fassung gewinnen kann, das Herz im Leibe stocken lassen.›

«Da sagte ich mir, Brāhmane: ‹Alle die lieben Asketen oder Brāhmanen, die, an Taten ungeläutert, tief im Walde abgelegene Orte aufsuchen, die erfahren, eben weil ihr Tun nicht geläutert ist, schuldige Furcht und Angst; ich aber, der ich, an Taten nicht ungeläutert, tief im Walde abgelegene Orte aufsuche, übe lauteres Tun: habt ihr Heilige, die, lauter an Taten, tief im Walde abgelegene Orte aufsuchen, so bin ich einer von ihnen.› Als ich, Brāhmane, merkte, diese Lauterkeit des Tuns eigne mir, nahm mein Wohlgefallen am Waldleben zu.

«Und ich sagte mir, Brāhmane: ‹Alle die lieben Asketen oder Brāhmanen, die, an Worten ungeläutert, tief im Walde abgelegene Orte aufsuchen, die erfahren, eben weil ihre Rede nicht geläutert ist, schuldige Furcht und Angst; ich aber, der ich, an Worten nicht ungeläutert, tief im Walde abgelegene Orte aufsuche, übe lautere Rede: habt ihr Heilige, die, lauter an Worten, tief im Walde abgelegene Orte aufsuchen, so bin ich einer von ihnen.› Als ich, Brāhmane, merkte, diese Lauterkeit der Rede eigne mir, nahm mein Wohlgefallen am Waldleben zu.

«Und ich sagte mir, Brāhmane: ‹Alle die lieben Asketen oder Brāhmanen, die, an Gedanken ungeläutert, tief im Walde abgelegene Orte aufsuchen, die erfahren, eben weil ihr Denken nicht geläutert ist, schuldige Furcht und Angst; ich aber, der ich, an Gedanken nicht ungeläutert, tief im Walde abgelegene Orte aufsuche, übe lauteres Denken: habt ihr Heilige, die, lauter an Gedanken, tief im Walde abgelegene Orte aufsuchen, so bin ich einer von ihnen.› Als ich, Brāhmane, merkte, diese Lauterkeit des Denkens eigne mir, nahm mein Wohlgefallen am Waldleben zu.

«Und ich sagte mir, Brāhmane: ‹Alle die lieben Asketen oder Brāhmanen, die ungeläuterten Wesens tief im Walde abgelegene Orte aufsuchen, die erfahren, eben weil ihr Wesen nicht geläutert ist, schuldige Furcht und Angst; ich aber, der ich nicht ungeläuterten Wesens tief im Walde abgelegene Orte aufsuche, übe lauteres Wesen: habt ihr Heilige, die lauteren Wesens tief im Walde abgelegene Orte aufsuchen, so bin ich einer von ihnen.› Als ich, Brāhmane, merkte, diese Lauterkeit des Wesens eigne mir, nahm mein Wohlgefallen am Waldleben zu.

«Und ich sagte mir, Brāhmane: ‹Alle die lieben Asketen oder Brāhmanen,
die begierig, voller heftiger Wünsche tief im Walde abgelegene Orte aufsu-
chen, die erfahren, eben weil sie begierig, von heftigen Wünschen erfüllt sind,
schuldige Furcht und Angst; ich aber, der ich nicht begierig, nicht voller
heftiger Wünsche tief im Walde abgelegene Orte aufsuche, bin ohne Begier:
18 habt ihr Heilige, die ohne Begier tief im Walde abgelegene Orte aufsuchen, so
bin ich einer von ihnen.› Als ich, Brāhmane, merkte, diese Begierlosigkeit
eigne mir, nahm mein Wohlgefallen am Waldleben zu.

«Und ich sagte mir, Brāhmane: ‹Alle die lieben Asketen oder Brāhmanen, die gehässig, verbitterten Sinnes tief im Walde abgelegene Orte aufsuchen, die erfahren, eben weil sie gehässig, verbitterten Sinnes sind, schuldige Furcht und Angst; ich aber, der ich ohne Haß, ohne Verbitterung tief im Walde abgelegene Orte aufsuche, fühle Mitleid: habt ihr Heilige, die mitleidig tief im Walde abgelegene Orte aufsuchen, so bin ich einer von ihnen.› Als ich, Brāhmane, merkte, dieses Mitleid eigne mir, nahm mein Wohlgefallen am Waldleben zu.

«Und ich sagte mir, Brāhmane: ‹Alle die lieben Asketen oder Brāhmanen, die matt und müde tief im Walde abgelegene Orte aufsuchen, die erfahren, eben weil sie sich von matter Müde beschleichen lassen, schuldige Furcht und Angst; ich aber, der ich matter Müde wehrend tief im Walde abgelegene Orte aufsuche, bin frei von matter Müde: habt ihr Heilige, die frei von matter Müde tief im Walde abgelegene Orte aufsuchen, so bin ich einer von ihnen.› Als ich, Brāhmane, merkte, diese matte Müde sei mir fremd, nahm mein Wohlgefallen am Waldleben zu.

«Und ich sagte mir, Brāhmane: ‹Alle die lieben Asketen oder Brāhmanen, die aufgeregt, unruhigen Geistes tief im Walde abgelegene Orte aufsuchen, die erfahren, eben weil sie aufgeregt, unruhigen Geistes sind, schuldige Furcht und Angst; ich aber, der ich ohne Erregung, ohne Unruhe tief im Walde abgelegene Orte aufsuche, weile ruhigen Gemütes: habt ihr Heilige, die ruhigen Gemütes tief im Walde abgelegene Orte aufsuchen, so bin ich einer von ihnen.› Als ich, Brāhmane, merkte, diese Ruhe eigne mir, nahm mein Wohlgefallen am Waldleben zu.

«Und ich sagte mir, Brāhmane: «Alle die lieben Asketen oder Brāhmanen,
die schwankend und zweifelnd tief im Walde abgelegene Orte aufsuchen, die
erfahren, eben weil sie schwankenden, unsicheren Geistes sind, schuldige
Furcht und Angst; ich aber, der ich sicher und zweifellos tief im Walde ab-
gelegene Orte aufsuche, bin meiner Sache gewiß: habt ihr Heilige, die ihrer
Sache gewiß tief im Walde abgelegene Orte aufsuchen, so bin ich einer von
19 ihnen.› Als ich, Brāhmane, merkte, diese Gewißheit eigne mir, nahm mein
Wohlgefallen am Waldleben zu.

«Und ich sagte mir, Brāhmane: ‹Alle die lieben Asketen oder Brāhmanen, die mit Selbstlob und Nächstentadel tief im Walde abgelegene Orte aufsuchen, die erfahren, eben weil sie sich brüsten und andere verachten, schuldige Furcht und Angst; ich aber, der ich ohne mich zu brüsten, ohne andere zu verachten tief im Walde abgelegene Orte aufsuche, bin frei von Selbstlob und Nächstentadel: habt ihr Heilige, die frei von Selbstlob und Nächstentadel tief im Walde abgelegene Orte aufsuchen, so bin ich einer von ihnen.› Als ich, Brāhmane, merkte, Selbstlob und Nächstentadel sei mir fremd, nahm mein Wohlgefallen am Waldleben zu.

«Und ich sagte mir, Brāhmane: ‹Alle die lieben Asketen oder Brāhmanen, die zitternd und zagend tief im Walde abgelegene Orte aufsuchen, die erfahren, eben weil sie zittern und zagen, schuldige Furcht und Angst; ich aber, der ich ohne Zittern, ohne Zagen tief im Walde abgelegene Orte aufsuche, bin frei von Zittern und Zagen: habt ihr Heilige, die frei von Zittern und Zagen tief im Walde abgelegene Orte aufsuchen, so bin ich einer von ihnen.› Als ich, Brāhmane, merkte, Zittern und Zagen sei mir fremd, nahm mein Wohlgefallen am Waldleben zu.

«Und ich sagte mir, Brāhmane: ‹Alle die lieben Asketen oder Brāhmanen, die nach Gaben, Ehre und Ansehn geizend tief im Walde abgelegene Orte aufsuchen, die erfahren, eben weil sie Gaben, Ehre und Ansehn erhoffen, schuldige Furcht und Angst; ich aber, der ich Gaben, Ehre und Ansehn verschmähend tief im Walde abgelegene Orte aufsuche, bescheide mich: habt ihr Heilige, die sich bescheidend tief im Walde abgelegene Orte aufsuchen, so bin ich einer von ihnen.› Als ich, Brāhmane, merkte, diese Bescheidenheit eigne mir, nahm mein Wohlgefallen am Waldleben zu.

«Und ich sagte mir, Brāhmane: ‹Alle die lieben Asketen oder Brāhmanen, die gebrochen und mutlos tief im Walde abgelegene Orte aufsuchen, die erfahren, eben weil sie gebrochen und mutlos sind, schuldige Furcht und Angst; ich aber, der ich ungebrochen, nicht mutlos tief im Walde abgelegene Orte aufsuche, bin standhaft: habt ihr Heilige, die standhaft tief im Walde abgelegene Orte aufsuchen, so bin ich einer von ihnen.› Als ich, Brāhmane, merkte, diese Standhaftigkeit eigne mir, nahm mein Wohlgefallen am Waldleben zu.

«Und ich sagte mir, Brāhmane: ‹Alle die lieben Asketen oder Brāhmanen, 20
die mit verstörter, trüber Vernunft tief im Walde abgelegene Orte aufsuchen, die erfahren, eben weil sie verstörter, trüber Vernunft sind, schuldige Furcht und Angst; ich aber, der ich ohne Verstörung, ohne Trübung tief im Walde abgelegene Orte aufsuche, bin bei klarer Vernunft: habt ihr Heilige, die bei klarer Vernunft tief im Walde abgelegene Orte aufsuchen, so bin ich einer von ihnen.› Als ich, Brāhmane, merkte, diese klare Vernunft eigne mir, nahm mein Wohlgefallen am Waldleben zu.

«Und ich sagte mir, Brāhmane: ‹Alle die lieben Asketen oder Brāhmanen, die unsteten, zerstreuten Sinnes tief im Walde abgelegene Orte aufsuchen, die erfahren, eben weil sie unstet und zerstreut sind, schuldige Furcht und Angst; ich aber, der ich nicht unstet, nicht zerstreut tief im Walde abgelegene Orte aufsuche, bin gefaßt: habt ihr Heilige, die gefaßt tief im Walde abgelegene Orte aufsuchen, so bin ich einer von ihnen.› Als ich, Brāhmane, merkte, diese Fassung eigne mir, nahm mein Wohlgefallen am Waldleben zu.

«Und ich sagte mir, Brāhmane: ‹Alle die lieben Asketen oder Brāhmanen, die törig und stumpf tief im Walde abgelegene Orte aufsuchen, die erfahren, eben weil sie törig und stumpf sind, schuldige Furcht und Angst; ich aber, der ich nicht törig, nicht stumpf tief im Walde abgelegene Orte aufuche, bin weise: habt ihr Heilige, die weise tief im Walde abgelegene Orte aufsuchen, so bin ich einer von ihnen.› Als ich, Brāhmane, merkte, diese Weisheit eigne mir, nahm mein Wohlgefallen am Waldleben zu.

«Da sagte ich mir, Brāhmane: ‹Wie, wenn ich nun in gewissen, verrufenen Nächten, bei Vollmond und bei Neumond, bei zunehmendem und bei abnehmendem Viertel Grabhügel in Hainen, in Wäldern, unter Bäumen aufsuchte, an Stätten des Grauens und Entsetzens weilte, damit ich doch erführe, was es mit jener Furcht und Angst sei?› Und im Laufe der Zeit, Brāhmane, suchte ich in gewissen, verrufenen Nächten, bei Vollmond und bei Neumond, beim ersten und beim letzten Viertel Grabhügel auf, in Hainen, in Wäldern, unter Bäumen, weilte an Stätten des Grauens und Entsetzens. Da saß ich nun, Brāhmane, und ein Reh kam herbei, oder ein Waldhuhn
21 knickte einen Ast, oder Wind schüttelte das Laubwerk. Ich aber dachte: ‹Hier wird sich wohl jene Furcht und Angst einstellen.› Und ich sagte mir, Brāhmane: ‹Was wart' ich denn unverwandt auf das Erscheinen der Furcht? Wie, wenn ich nun, sobald sich jene Furcht und Angst irgend zeigen sollte, auch schon alsbald jener Furcht und Angst begegnete?› Und jene Furcht und Angst, Brāhmane, kam über mich, als ich auf und ab ging. Aber weder stand ich da, Brāhmane, still, noch setzte ich mich nieder, noch legte ich mich hin, bis ich auf und ab gehend jener Furcht und Angst begegnet hatte. Und jene Furcht und Angst, Brāhmane, fand sich ein als ich stille stand. Aber weder ging ich da, Brāhmane, auf und ab, noch setzte ich mich nieder, noch legte ich mich hin, bis ich stille stehend jener Furcht und Angst begegnet hatte. Und jene Furcht und Angst, Brāhmane, nahte mir als ich saß. Aber weder legte ich mich da, Brāhmane, hin, noch stand ich auf, noch ging ich umher, bis ich sitzend jener Furcht und Angst begegnet hatte. Und jene Furcht und Angst, Brāhmane, kam heran als ich lag. Aber weder hob ich mich da, Brāhmane, empor, noch stand ich auf, noch ging ich hin und her, bis ich liegend jener Furcht und Angst begegnet hatte.

«Doch gibt es, Brāhmane, manche Asketen und Brāhmanen, die halten die Nacht für Tag und den Tag für Nacht. Das nenn' ich, Brāhmane, einen Wahn jener Asketen und Brāhmanen. Ich aber, Brāhmane, halte die Nacht für Nacht und den Tag für Tag. Wer nun, Brāhmane, mit Recht von einem Manne sagen kann: ‹Ein wahnloses Wesen ist in der Welt erschienen, vielen zum Wohle, vielen zum Heile, aus Erbarmen zur Welt, zum Nutzen, Wohle und Heile für Götter und Menschen›, der kann eben von mir mit Recht sagen: ‹Ein wahnloses Wesen ist in der Welt erschienen, vielen zum Wohle, vielen zum Heile, aus Erbarmen zur Welt, zum Nutzen, Wohle und Heile für Götter und Menschen.›

«Standhaft aber, Brāhmane, hielt ich aus, ohne zu wanken, bei klarer Vernunft, ohne Verstörung, gestillten Körpers, ohne Regung, gefaßten Gemütes, einig. Gar fern von Begierden, fern von unheilsamen Dingen weilte ich da, Brāhmane, in sinnend gedenkender ruhegeborener seliger Heiterkeit, erwirkte die Weihe der ersten Schauung.

«Nach Vollendung des Sinnens und Gedenkens gewann ich die innere Meeresstille, die Einheit des Gemütes, die von sinnen, von gedenken freie, in der Einigung geborene selige Heiterkeit, die Weihe der zweiten Schauung. 22

«In heiterer Ruhe verweilte ich gleichmütig, einsichtig, klar bewußt, ein Glück empfand ich im Körper, von dem die Heiligen sagen: ‹Der gleichmütig Einsichtige lebt beglückt›; so erwirkte ich die Weihe der dritten Schauung.

«Nach Verwerfung der Freuden und Leiden, nach Vernichtung des einstigen Frohsinns und Trübsinns erwirkte ich die Weihe der leidlosen, freudlosen, gleichmütig einsichtigen vollkommenen Reine, die vierte Schauung.

«Solchen Gemütes, innig, geläutert, gesäubert, gediegen, schlackengeklärt, geschmeidig, biegsam, fest, unversehrbar, richtete ich das Gemüt auf die erinnernde Erkenntnis früherer Daseinsformen. Ich erinnerte mich an manche verschiedene frühere Daseinsform, als wie an ein Leben, dann an zwei Leben, dann an drei Leben, dann an vier Leben, dann an fünf Leben, dann an zehn Leben, dann an zwanzig Leben, dann an dreißig Leben, dann an vierzig Leben, dann an fünfzig Leben, dann an hundert Leben, dann an tausend Leben, dann an hunderttausend Leben, dann an die Zeiten während mancher Weltenentstehungen, dann an die Zeiten während mancher Weltenvergehungen, dann an die Zeiten während mancher Weltenentstehungen-Weltenvergehungen. ‹Dort war ich, jenen Namen hatte ich, jener Familie gehörte ich an, das war mein Stand, das mein Beruf, solches Wohl und Wehe habe ich erfahren, so war mein Lebensende; dort verschieden trat ich anderswo wieder ins Dasein: da war ich nun, diesen Namen hatte ich, dieser Familie gehörte ich an, dies war mein Stand, dies mein Beruf, solches Wohl und Wehe habe ich erfahren, so war mein Lebensende; da verschieden trat ich hier wieder ins Dasein.› So erinnerte ich mich mancher verschiedenen früheren Daseinsform, mit je den eigentümlichen Merkmalen, mit je den eigenartigen Beziehungen. Dieses Wissen, Brāhmane, hatte ich nun in den ersten Stunden der Nacht als erstes errungen, das Nichtwissen zerteilt, das Wissen gewonnen, das Dunkel zerteilt, das Licht gewonnen, wie ich da ernsten Sinnes, eifrig, unermüdlich weilte.

«Solchen Gemütes, innig, geläutert, gesäubert, gediegen, schlackengeklärt, geschmeidig, biegsam, fest, unversehrbar, richtete ich das Gemüt auf die Erkenntnis des Verschwindens-Erscheinens der Wesen. Mit dem himmlischen Auge, dem geläuterten, über menschliche Grenzen hinausreichenden, sah ich die Wesen dahinschwinden und wiedererscheinen, gemeine und edle, schöne und unschöne, glückliche und unglückliche, ich erkannte wie die Wesen je nach den Taten wiederkehren. ‹Diese lieben Wesen sind freilich in Taten dem Schlechten zugetan, in Worten dem Schlechten zugetan, in Gedanken dem Schlechten zugetan, tadeln Heiliges, achten Verkehrtes, tun Verkehrtes; bei der Auflösung des Leibes, nach dem Tode, gelangen sie auf den
Abweg, auf schlechte Fährte, zur Tiefe hinab, in untere Welt. Jene lieben
23 Wesen sind aber in Taten dem Guten zugetan, in Worten dem Guten zugetan, in Gedanken dem Guten zugetan, tadeln nicht Heiliges, achten Rechtes, tun Rechtes; bei der Auflösung des Leibes, nach dem Tode, gelangen sie auf gute Fährte, in selige Welt.› So sah ich mit dem himmlischen Auge, dem geläuterten, über menschliche Grenzen hinausreichenden, die Wesen dahinschwinden und wiedererscheinen, gemeine und edle, schöne und unschöne, glückliche und unglückliche, ich erkannte wie die Wesen je nach den Taten wiederkehren. Dieses Wissen, Brāhmane, hatte ich nun in den mittleren Stunden der Nacht als zweites errungen, das Nichtwissen zerteilt, das Wissen gewonnen, das Dunkel zerteilt, das Licht gewonnen, wie ich da ernsten Sinnes, eifrig, unermüdlich weilte.

«Solchen Gemütes, innig, geläutert, gesäubert, gediegen, schlackengeklärt, geschmeidig, biegsam, fest, unversehrbar, richtete ich das Gemüt auf die Erkenntnis der Wahnversiegung. ‹Das ist das Leiden› verstand ich der Wahrheit gemäß. ‹Das ist die Leidensentwicklung› verstand ich der Wahrheit gemäß. ‹Das ist die Leidensauflösung› verstand ich der Wahrheit gemäß. ‹Das ist der zur Leidensauflösung führende Pfad› verstand ich der Wahrheit gemäß. ‹Das ist der Wahn› verstand ich der Wahrheit gemäß. ‹Das ist die Wahnentwicklung› verstand ich der Wahrheit gemäß. ‹Das ist die Wahnauflösung› verstand ich der Wahrheit gemäß. ‹Das ist der zur Wahnauflösung führende Pfad› verstand ich der Wahrheit gemäß. Also erkennend, also sehend ward da mein Gemüt erlöst vom Wunscheswahn, erlöst vom Daseinswahn, erlöst vom Nichtwissenswahn. ‹Im Erlösten ist die Erlösung›, diese Erkenntnis ging auf. ‹Versiegt ist die Geburt, vollendet das Asketentum, gewirkt das Werk, nicht mehr ist diese Welt› verstand ich da. Dieses Wissen, Brāhmane, hatte ich nun in den letzten Stunden der Nacht als drittes errungen, das Nichtwissen zerteilt, das Wissen gewonnen, das Dunkel zerteilt, das Licht gewonnen, wie ich da ernsten Sinnes, eifrig, unermüdlich weilte.

«Aber nun möchtest du, Brāhmane, vielleicht meinen: ‹Auch heute wohl ist der Asket Gotamo noch nicht ganz lauter von Gier, Haß und Wahn: darum sucht er tief im Walde abgelegene Orte auf.› Doch also, Brāhmane, sollst du es nicht verstehn. Zwei Gründe sind es, Brāhmane, die mich tief im Walde abgelegene Orte aufsuchen lassen: mein eigenes Wohlbefinden in dieser Zeitlichkeit und das Mitleid zu denen, die mir nachfolgen.›

«Mitleid geschenkt hat wahrlich Herr Gotamo denen, die ihm nachfolgen,
wie's eben dem Heiligen, vollkommen Erwachten geziemt. – Vortrefflich, o 24
Gotamo, vortrefflich, o Gotamo! Gleichwie etwa, o Gotamo, als ob einer Umgestürztes aufstellte, oder Verdecktes enthüllte, oder Verirrten den Weg wiese, oder Licht in die Finsternis brächte: ‹Wer Augen hat wird die Dinge sehn›: ebenso auch hat Herr Gotamo die Lehre gar mannigfach dargelegt. Und so nehm' ich bei Herrn Gotamo Zuflucht, bei der Lehre und bei der Jüngerschaft: als Anhänger soll mich Herr Gotamo betrachten, von heute an zeitlebens getreu.»

5

ERSTER TEIL · FÜNFTE REDE

UNSCHULD

Das hab' ich gehört. Zu einer Zeit weilte der Erhabene bei Sāvatthī, im Siegerwalde, im Garten Anāthapiṇḍikos. Dort nun wandte sich der ehrwürdige Sāriputto an die Mönche: «Brüder Mönche!» – «Bruder!» antworteten da jene Mönche dem ehrwürdigen Sāriputto aufmerksam. Der ehrwürdige Sāriputto sprach also:

«Viererlei Arten von Menschen, Brüder, findet man da in der Welt: und was für welche? Da ist einer, Brüder, schuldig und erkennt nicht der Wahrheit gemäß ‹In mir ist Schuld›, und da ist einer, Brüder, schuldig und erkennt der Wahrheit gemäß ‹In mir ist Schuld›; da ist einer, Brüder, unschuldig und erkennt nicht der Wahrheit gemäß ‹In mir ist keine Schuld›, und da ist einer, Brüder, unschuldig und erkennt der Wahrheit gemäß ‹In mir ist keine Schuld›. Einen Mann aber, Brüder, der schuldig ist und nicht der Wahrheit gemäß erkennt ‹In mir ist Schuld›, den bezeichnet man als den Schlechteren von den beiden, die gleiche Schuld haben. Einen Mann aber, Brüder, der schuldig ist und der Wahrheit gemäß erkennt ‹In mir ist Schuld›, den bezeichnet man als den Besseren von den beiden, die gleiche Schuld haben. Einen Mann aber, Brüder, der unschuldig ist und nicht der Wahrheit gemäß erkennt ‹In mir ist keine Schuld›, den bezeichnet man als den Schlechteren von den beiden, die gleiche Unschuld haben. Einen Mann aber, Brüder, der unschuldig ist und der Wahrheit gemäß erkennt ‹In mir ist keine Schuld›, den bezeichnet man als den Besseren von den beiden, die gleiche Unschuld haben.»

Auf diese Worte wandte sich der ehrwürdige Mahāmoggallāno an den ehrwürdigen Sāriputto und sprach:

«Was ist nun der Grund, Bruder Sāriputto, was ist die Ursache, daß man den einen der beiden gleich Schuldigen als den Schlechteren und den anderen als den Besseren bezeichnet? Und was ist der Grund, Bruder Sāriputto, was ist die Ursache, daß man den einen der beiden gleich Unschuldigen als den Schlechteren und den anderen als den Besseren bezeichnet?»

«Wenn da, Bruder, einer schuldig ist und nicht der Wahrheit gemäß erkennt ‹In mir ist Schuld›, so darf man von ihm erwarten, daß er den Willen nicht beugen wird, nicht kämpfen wird, nicht die Kraft besitzen wird, seiner Schuld zu entsagen, daß er mit Gier, mit Haß, mit Irre, mit Schuld beladen unlauteren Herzens sterben wird. Gleichwie etwa, Bruder, wenn da eine messingerne Schüssel wäre, am Markte oder beim Kupferschmiede erstanden, voller Schmutz und Flecken, und die Eigner würden sie weder brauchen noch säubern, sondern in einen Winkel werfen: da würde wohl, Bruder, diese messingerne Schüssel nach einiger Zeit noch schmutziger und noch fleckiger geworden sein.»

«Allerdings, Bruder.»

«Ebenso nun auch, o Bruder, darf man von einem Manne, der schuldig ist und nicht der Wahrheit gemäß erkennt ‹In mir ist Schuld›, erwarten, er werde den Willen nicht beugen, werde nicht kämpfen, nicht die Kraft besitzen, seiner Schuld zu entsagen, er werde mit Gier, mit Haß, mit Irre, mit Schuld beladen unlauteren Herzens sterben. – Wenn da, Bruder, einer schuldig ist und der Wahrheit gemäß erkennt ‹In mir ist Schuld›, so darf man von ihm erwarten, daß er den Willen beugen wird, kämpfen, die Kraft besitzen wird, seiner Schuld zu entsagen, daß er ohne Gier, ohne Haß, ohne Irre, ohne Schuld lauteren Herzens sterben wird. Gleichwie etwa, Bruder, wenn da eine messingerne Schüssel wäre, am Markte oder beim Kupferschmiede erstanden, voller Schmutz und Flecken, aber die Eigner würden sie brauchen und säubern, nicht in den Winkel werfen: da würde wohl, Bruder, diese messingerne Schüssel nach einiger Zeit blank und rein geworden sein.» 26

«Gewiß, Bruder.»

«Ebenso nun auch, o Bruder, darf man von einem Manne, der schuldig ist und der Wahrheit gemäß erkennt ‹In mir ist Schuld›, erwarten, er werde den Willen beugen, werde kämpfen, die Kraft besitzen, seiner Schuld zu entsagen, er werde ohne Gier, ohne Haß, ohne Irre, ohne Schuld lauteren Herzens sterben. – Wenn da, Bruder, einer unschuldig ist und nicht der Wahrheit gemäß erkennt ‹In mir ist keine Schuld›, so darf man von ihm erwarten, daß ihn das Blenden der Erscheinung bewegen wird, und er vom Blenden der Erscheinung bewogen sein Herz von der Gier wird aufwühlen lassen, daß er mit Gier, mit Haß, mit Irre, mit Schuld beladen unlauteren Herzens sterben wird. Gleichwie etwa, Bruder, wenn da eine messingerne Schüssel wäre, am Markte oder beim Kupferschmiede erstanden, blank und rein, aber die Eigner würden sie weder brauchen noch säubern, sondern in einen Winkel werfen: da würde wohl, Bruder, diese messingerne Schüssel nach einiger Zeit schmutzig und fleckig geworden sein.»

«Freilich, Bruder.»

«Ebenso nun auch, o Bruder, darf man von einem Manne, der unschuldig ist und nicht der Wahrheit gemäß erkennt ‹In mir ist keine Schuld›, erwarten, das Blenden der Erscheinung werde ihn bewegen, vom Blenden der Erscheinung bewogen werde er sein Herz von der Gier aufwühlen lassen, er werde mit Gier, mit Haß, mit Irre, mit Schuld beladen unlauteren Herzens sterben. – Wenn da, Bruder, einer unschuldig ist und der Wahrheit gemäß erkennt ‹In mir ist keine Schuld›, so darf man von ihm erwarten, daß ihn das Blenden der Erscheinung nicht bewegen wird, und er vom Blenden der Erscheinung nicht bewogen sein Herz von der Gier nicht wird aufwühlen lassen, daß er ohne Gier, ohne Haß, ohne Irre, ohne Schuld lauteren Herzens sterben wird. Gleichwie etwa, Bruder, wenn da eine messingerne Schüssel wäre, am Markte oder beim Kupferschmiede erstanden, blank und rein, und die Eigner würden sie brauchen und säubern, nicht in den Winkel werfen: da würde wohl, Bruder, diese messingerne Schüssel späterhin noch blanker und reiner geworden sein.»

«Ohne Zweifel, Bruder.»

«Ebenso nun auch, o Bruder, darf man von einem Manne, der unschuldig ist und der Wahrheit gemäß erkennt ‹In mir ist keine Schuld›, erwarten, das Blenden der Erscheinung werde ihn nicht bewegen, vom Blenden der Erscheinung nicht bewogen werde er sein Herz von der Gier nicht aufwühlen lassen, er werde ohne Gier, ohne Haß, ohne Irre, ohne Schuld lauteren Herzens sterben.

27 «'Das aber, Bruder Mogallāno, ist der Grund, das ist die Ursache, warum man den einen der beiden gleich Schuldigen als den Schlechteren und den anderen als den Besseren bezeichnet; und das, Bruder Moggallāno, ist der Grund, das ist die Ursache, warum man den einen der beiden gleich Unschuldigen als den Schlechteren und den anderen als den Besseren bezeichnet.»

«'Die Schuld, die Schuld', so heißt es, Bruder; was versteht man aber eigentlich, Bruder, unter dem Begriffe der Schuld?»

«Die bösen, verderblichen Sinnesrichtungen, Bruder, die versteht man unter dem Begriffe der Schuld. – Möglich, Bruder, daß da einem Mönche in den Sinn kommt: ‹Wenn ich mich vergangen habe, so brauchen die anderen nicht zu wissen: 'Er hat sich vergangen'›. Möglich, Bruder, daß sie erfahren: ‹Er hat sich vergangen.› Da wird er erbittert und mißvergnügt: ‹Sie wissen es, daß ich mich vergangen habe!› Diese Erbitterung, Bruder, und dieses Mißvergnügen: beides ist Schuld. – Möglich, Bruder, daß da einem Mönche in den Sinn kommt: ‹Wenn ich mich vergangen habe, so sollen mir's die Brüder im geheimen verweisen, nicht vor den anderen Mönchen.› Möglich, Bruder, daß sie ihn öffentlich zurechtweisen, nicht im geheimen. Da wird er erbittert und mißvergnügt: ‹Öffentlich weisen sie mich zurecht, nicht vertraulich!› Diese Erbitterung, Bruder, und dieses Mißvergnügen: beides ist Schuld. – Möglich, Bruder, daß da einem Mönche in den Sinn kommt: ‹Wenn ich mich vergangen habe, so mag mich ein Freund zurechtweisen, kein anderer Mönch.› Möglich, Bruder, daß ihn ein anderer Mönch zurechtweist, kein Freund. Da wird er erbittert und mißvergnügt: ‹Ein anderer Mönch weist mich zurecht, der mir ferne steht!› Diese Erbitterung, Bruder, und dieses Mißvergnügen: beides ist Schuld. – Möglich, Bruder, daß da einem Mönche in den Sinn kommt: ‹Ach möchte doch der Meister in Wechselrede mit mir den Mönchen die Lehre darlegen, nicht in Wechselrede mit einem anderen Mönche!› Möglich, Bruder, daß der Meister mit einem anderen Mönch in Wechselrede die Lehre darlegt, nicht mit diesem Mönche. Da wird er erbit-
28 tert und mißvergnügt: ‹Mit einem anderen Mönch in Wechselrede legt der Meister den Mönchen die Lehre dar, nicht mit mir!› Diese Erbitterung, Bruder, und dieses Mißvergnügen: beides ist Schuld. – Möglich, Bruder, daß da einem Mönche in den Sinn kommt: ‹Die Mönche sollten beim Gang nach dem Dorfe um Almosenspeise mich an die Spitze stellen, keinen anderen!› Möglich, Bruder, daß sie einen anderen Mönch vorangehn lassen, nicht diesen. Da wird er erbittert und mißvergnügt: ‹Einen anderen stellen sie voran, nicht mich!› Diese Erbitterung, Bruder, und dieses Mißvergnügen: beides

ist Schuld. – Möglich, Bruder, daß da einem Mönche in den Sinn kommt:
‹Wenn doch bei der Mahlzeit der beste Sitz, das beste Wasser, der beste Bissen
keinem anderen zufiele als mir!› Möglich, Bruder, daß der beste Sitz, das
beste Wasser, der beste Bissen einem anderen Mönche zufällt und nicht die-
sem. Da wird er erbittert und mißvergnügt: ‹Ein anderer hat den besten
Sitz, das beste Wasser, den besten Bissen erhalten, nicht ich!› Diese Erbitte-
rung, Bruder, und dieses Mißvergnügen: beides ist Schuld. – Möglich, Bru-
der, daß da einem Mönche in den Sinn kommt: ‹Wenn nur ich und kein an-
derer bei der Mahlzeit satt werden kann!› Möglich, Bruder, daß ein anderer
und nicht er bei der Mahlzeit satt werde. Da wird er erbittert und mißver-
gnügt: ‹Ein anderer wird satt und ich nicht!› Diese Erbitterung, Bruder, und
dieses Mißvergnügen: beides ist Schuld. – Möglich, Bruder, daß da einem
Mönche in den Sinn kommt: ‹Wenn die Mönche den Garten besuchen, soll
es nur meine Sache und nicht die eines anderen sein, ihnen die Lehre darzu-
legen.› Möglich, Bruder, daß ein anderer Mönch den im Garten versammel-
ten Mönchen die Lehre vorträgt, nicht dieser Mönch. Da wird er erbittert
und mißvergnügt: ‹Ein anderer trägt den Mönchen die Lehre vor, nicht 29
ich!› Diese Erbitterung, Bruder, und dieses Mißvergnügen: beides ist Schuld.
– Möglich, Bruder, daß da einem Mönche in den Sinn kommt: ‹Wenn die
Nonnen den Garten besuchen, soll es nur meine Sache und nicht die eines
anderen sein, ihnen die Lehre darzulegen.› Möglich, Bruder, daß ein anderer
Mönch den im Garten versammelten Nonnen die Lehre vorträgt, nicht die-
ser Mönch. Da wird er erbittert und mißvergnügt: ‹Ein anderer trägt den
Nonnen die Lehre vor, nicht ich!› Diese Erbitterung, Bruder, und dieses Miß-
vergnügen: beides ist Schuld. – Möglich, Bruder, daß da einem Mönche in
den Sinn kommt: ‹Wenn Anhänger und Anhängerinnen den Garten besu-
chen, soll es nur meine Sache und nicht die eines anderen sein, ihnen die Lehre
darzulegen.› Möglich, Bruder, daß ein anderer Mönch den im Garten versam-
melten Anhängern und Anhängerinnen die Lehre vorträgt, nicht dieser
Mönch. Da wird er erbittert und mißvergnügt: ‹Ein anderer trägt den An-
hängern und Anhängerinnen die Lehre vor, nicht ich!› Diese Erbitterung,
Bruder, und dieses Mißvergnügen: beides ist Schuld. – Möglich, Bruder, daß
da einem Mönche in den Sinn kommt: ‹Mich, wahrlich, sollten die Mönche
hochschätzen, werthalten, achten und ehren, nicht einen anderen!› Möglich,
Bruder, daß die Mönche einen anderen Mönch hochschätzen, werthalten,
achten und ehren, nicht diesen Mönch. Da wird er erbittert und mißver-
gnügt: ‹Einen anderen schätzen die Mönche hoch, halten ihn wert, achten
und ehren ihn, mich aber nicht!› Diese Erbitterung, Bruder, und dieses Miß-
vergnügen: beides ist Schuld. – Möglich, Bruder, daß da einem Mönche in
den Sinn kommt: ‹Mich, wahrlich, sollten die Nonnen hochschätzen, wert-

halten, achten und ehren, nicht einen anderen!› Möglich, Bruder, daß die Nonnen einen anderen Mönch hochschätzen, werthalten, achten und ehren, nicht diesen Mönch. Da wird er erbittert und mißvergnügt: ‹Einen anderen schätzen die Nonnen hoch, halten ihn wert, achten und ehren ihn, mich aber nicht!› Diese Erbitterung, Bruder, und dieses Mißvergnügen: beides ist Schuld. – Möglich, Bruder, daß da einem Mönche in den Sinn kommt: ‹Mich, wahrlich, sollten die Anhänger und Anhängerinnen hochschätzen, werthalten, achten und ehren, nicht einen anderen!› Möglich, Bruder, daß die Anhänger und Anhängerinnen einen anderen Mönch hochschätzen, werthalten, achten und ehren, nicht diesen Mönch. Da wird er erbittert und mißvergnügt: ‹Einen anderen schätzen die Anhänger und Anhängerinnen hoch, halten ihn wert, achten und ehren ihn, mich aber nicht!› Diese Erbitterung, Bruder, und dieses Mißvergnügen: beides ist Schuld. – Möglich, Bruder, daß da einem Mönche in den Sinn kommt: ‹Man sollte doch mir eine auserlesene Kutte zukommen lassen, nicht einem anderen!› Möglich, Bruder, daß ein anderer Mönch eine auserlesene Kutte erhält, nicht dieser. Da wird er erbittert und mißvergnügt: ‹Einem anderen geben sie auserlesene Kleidung und mir nicht!› Diese Erbitterung, Bruder, und dieses Mißvergnügen: beides ist Schuld. – Möglich, Bruder, daß da einem Mönche in den Sinn kommt: ‹Man sollte doch mir auserlesene Bissen, auserlesene Lagerstatt, auserlesene Arzeneien für den Fall einer Krankheit zukommen lassen, nicht einem anderen!› Möglich, Bruder, daß ein anderer Mönch auserlesene Bissen, auserlesene Lagerstatt, auserlesene Arzeneien für den Fall einer Krankheit erhält, nicht dieser Mönch. Da wird er erbittert und mißvergnügt: ‹Einem anderen geben sie auserlesene Bissen, auserlesene Lagerstatt, auserlesene Arzeneien für den Fall einer Krankheit, mir aber nicht!› Diese Erbitterung, Bruder, und dieses Mißvergnügen: beides ist Schuld. – Das aber, Bruder, sind die bösen, verderblichen Sinnesrichtungen, die man unter dem Begriffe der Schuld versteht.

«Ein Mönch, Bruder, bei dem sich diese bösen, verderblichen Sinnesrichtungen ungeschwächt zeigen und äußern, und wäre er auch ein abgeschiedener Waldeinsiedler, ein stummer Brockenbettler, bekleidet mit der selbstgeflickten Fetzenkutte, der wird von seinen Ordensbrüdern nicht hochgeschätzt, nicht wertgehalten, nicht geachtet, nicht geehrt: und warum nicht? Weil sich ja bei dem Ehrwürdigen jene bösen, verderblichen Sinnesrichtungen ungeschwächt zeigen und äußern. Gleichwie etwa, Bruder, wenn da eine messingerne Schüssel wäre, am Markte oder beim Kupferschmiede erstanden, blank und rein, und die Eigner füllten sie mit Schlangenaas oder mit Hundeaas oder mit Menschenaas, deckten eine andere Schüssel darüber und gingen damit auf den Markt. Diese Schüssel sähe einer und sagte: ‹Freund, was birgst du darin und entziehst es dem Auge?› Und er höbe den Deckel ab,

legte die Schüssel bloß, spähte hinein: und bei dem Anblicke stiege ihm Widerwille, Ekel und Abscheu auf, und selbst Hungrigen verginge die Eßlust, geschweige Gesättigten: ebenso nun auch, Bruder, wird da ein Mönch, bei dem sich jene bösen, verderblichen Sinnesrichtungen ungeschwächt zeigen und äußern, und wäre er auch ein abgeschiedener Waldeinsiedler, ein stummer Brockenbettler, bekleidet mit der selbstgeflickten Fetzenkutte, von seinen Ordensbrüdern nicht hochgeschätzt, nicht wertgehalten, nicht geachtet, 31
nicht geehrt: und warum nicht? Weil sich eben bei dem Ehrwürdigen jene bösen, verderblichen Sinnesrichtungen ungeschwächt zeigen und äußern.

«Ein Mönch, Bruder, bei dem sich jene bösen, verderblichen Sinnesrichtungen nicht mehr zeigen, nicht mehr äußern, und wäre er auch ein Landpilger, ein Ausgespeister, bekleidet mit einer geschenkten Kutte, der wird von seinen Ordensbrüdern hochgeschätzt, wertgehalten, geachtet und geehrt: und warum das? Weil sich ja bei dem Ehrwürdigen jene bösen, verderblichen Sinnesrichtungen nicht mehr zeigen, nicht mehr äußern. Gleichwie etwa, Bruder, wenn da eine messingerne Schüssel wäre, am Markte oder beim Kupferschmiede erstanden, blank und rein, und die Eigner füllten sie mit einem saftigen, würzigen Gerichte aus gekochtem gesichtetem Reis, deckten eine andere Schüssel darüber und gingen damit auf den Markt. Diese Schüssel sähe einer und sagte: ‹Freund, was birgst du darin und entziehst es dem Auge?› Und er höbe den Deckel ab, legte die Schüssel bloß, spähte hinein: und bei dem Anblicke stiege ihm Behagen auf, kein Ekel, kein Abscheu, und selbst bei Gesättigten regte sich Eßlust, geschweige bei Hungrigen: ebenso nun auch, Bruder, wird da ein Mönch, bei dem sich jene bösen, verderblichen Sinnesrichtungen nicht mehr zeigen, nicht mehr äußern, und wäre er auch ein Landpilger, ein Ausgespeister, bekleidet mit einer geschenkten Kutte, von seinen Ordensbrüdern hochgeschätzt, wertgehalten, geachtet und geehrt: und warum das? Weil sich eben bei dem Ehrwürdigen jene bösen, verderblichen Sinnesrichtungen nicht mehr zeigen, nicht mehr äußern.›

Auf diese Worte wandte sich der ehrwürdige Mahāmoggallāno an den ehrwürdigen Sāriputto und sprach:

«Ein Gleichnis, Bruder Sāriputto, leuchtet mir auf.»

«Es leuchte dir auf, Bruder Moggallāno.»

«Einst weilte ich, Bruder, auf der Bergeshalde bei Rājagaham. Und ich erhob mich frühmorgens, nahm Mantel und Schale und ging zur Stadt um Almosenspeise. Zu jener Zeit aber war Samiti, der Sohn eines Wagenbauers, damit beschäftigt eine Radscheibe abzuhobeln, und Paṇḍuputto, ein Nackter Büßer, der vorher Wagner gewesen, stand dabei. Da kam nun der ehemalige Wagner, der Nackte Büßer Paṇḍuputto auf folgende Gedanken: ‹O daß doch der Wagnersohn Samiti seinem Rade diese Rille und diesen Bug und diesen

Knoten abhobeln möchte: dann würde das Rad, befreit von Rillen, Bügen
32 und Knoten, aus reinem Kernholz bestehn.› Und während, Bruder, dem Nackten Büßer Paṇḍuputto, dem früheren Wagner, Gedanke um Gedanke erschien, hobelte der Wagnersohn Samiti seinem Rade Rille um Rille, Bug um Bug, Knoten um Knoten ab. Da ließ der Nackte Büßer Paṇḍuputto, der frühere Wagner, freudig bewegt den frohen Ruf ertönen: ‹Wie aus dem Herzen heraus hobelt er mir!› –: Ebenso nun auch, Bruder, gibt es da Leute, die unwillig, aus Notdurft, nicht aus Zuversicht vom Hause fort in die Hauslosigkeit gezogen sind, Heuchler, Gleisner, Scheinheilige, aufgeblasene Windbeutel, geschäftige Schwätzer und Plauderer, schlechte Hüter der Sinnestore, ohne Rückhalt beim Mahle, der Wachsamkeit abgeneigt, gleichgültig gegen das Asketentum, lässig in der Ordenspflicht, anspruchsvoll, aufdringlich, vor allem Gesellschaft suchend, Einsamkeit als lästige Last fliehend, matte, schwache Herzen, verworrene, unklare Köpfe, unbeständige, zerstreute Geister, Beschränkte und Stumpfe: diesen hat der ehrwürdige Sāriputto mit seiner Darstellung wie aus dem Herzen heraus gehobelt. Es gibt aber auch edle Söhne, die aus Zuversicht vom Hause fort in die Hauslosigkeit gezogen sind, keine Heuchler, keine Gleisner, keine Scheinheiligen, keine aufgeblasenen Windbeutel, keine geschäftigen Schwätzer und Plauderer, strenge Hüter der Sinnestore, mäßig beim Mahle, der Wachsamkeit ergeben, dem Asketentum zugetan, eifrig in der Ordenspflicht, anspruchslos, nicht aufdringlich, vor allem Einsamkeit suchend, Gesellschaft als lästige Last fliehend, mutige, starke Herzen, einsichtige, klare Köpfe, beständige, einige Geister, Weise und Witzige: diesen war des ehrwürdigen Sāriputto Darstellung gleichsam Speise und Trank für Herz und Ohr. Trefflich, fürwahr, hast du die Ordensbrüder vor dem Unrecht gewarnt und im Recht bestärkt. Gleichwie etwa, Bruder, ein Weib oder ein Mann, jung, blühend, gefallsam, sich den Kopf wäscht, Lilien, Gelsaminen oder Windlinge pflückt, zum Kranze bindet und damit den Scheitel schmückt: ebenso nun auch, Bruder, gibt es da edle Söhne, Asketen der Zuversicht, die du trefflich, fürwahr, vor dem Unrecht gewarnt und im Recht bestärkt hast.»

So, wahrlich, ergetzten sich jene beiden Großen an gegenseitiger trefflicher Rede.

6

ERSTER TEIL · SECHSTE REDE

WUNSCH UM WÜNSCHE

DAS HAB' ICH GEHÖRT. Zu einer Zeit weilte der Erhabene bei Sāvatthī, im 33
Siegerwalde, im Garten Anāthapiṇḍikos. Dort nun wandte sich der Erhabene an die Mönche: «Ihr Mönche!» – «Erlauchter!» antworteten da jene Mönche dem Erhabenen aufmerksam. Der Erhabene sprach also:

«Bewahret Tugend, Mönche, bewahret Reinheit: Reinheit hegend und pflegend bewahret im Handel und Wandel; vor geringstem Fehl auf der Hut schreitet beharrlich weiter Schritt um Schritt.

«Wünscht sich, ihr Mönche, ein Mönch: ‹Wär' ich doch den Ordensbrüdern lieb und genehm, wert und gewichtig›, dann soll er nur vollkommene Tugend üben, innige Geistesruhe erkämpfen, der Schauung nicht widerstreben, durchdringenden Blick gewinnen, ein Freund leerer Klausen sein. – Wünscht sich, ihr Mönche, ein Mönch: ‹Hätt' ich nur Kleidung, Nahrung, Lagerstatt und Arzeneien für den Fall einer Krankheit›, dann soll er nur vollkommene Tugend üben, innige Geistesruhe erkämpfen, der Schauung nicht widerstreben, durchdringenden Blick gewinnen, ein Freund leerer Klausen sein. – Wünscht sich, ihr Mönche, ein Mönch: ‹Denen, die mir da Kleidung, Nahrung, Lagerstatt und Arzeneien für den Fall einer Krankheit spenden, sollen diese Gaben hohes Verdienst bringen, hohe Förderung›, dann soll er nur vollkommene Tugend üben, innige Geistesruhe erkämpfen, der Schauung nicht widerstreben, durchdringenden Blick gewinnen, ein Freund leerer Klausen sein. – Wünscht sich, ihr Mönche, ein Mönch: ‹Die dahingegangenen, verstorbenen Blutsverwandten, die meiner in Liebe gedachten[6], sollen hohes Verdienst darum haben, hohe Förderung›, dann soll er nur vollkommene Tugend üben, innige Geistesruhe erkämpfen, der Schauung nicht widerstreben, durchdringenden Blick gewinnen, ein Freund leerer Klausen sein. – Wünscht sich, ihr Mönche, ein Mönch: ‹Der Unmutslust will ich Herr sein, mich soll Unmut nicht beherrschen, aufgestiegenen Unmut werd' ich siegreich überwinden›, dann soll er nur vollkommene Tugend üben, innige Geistesruhe erkämpfen, der Schauung nicht widerstreben, durchdringenden Blick gewinnen, ein Freund leerer Klausen sein. – Wünscht sich, ihr Mönche, ein Mönch: ‹Der Furcht und Angst will ich Herr sein, mich soll Angst und Furcht nicht beherrschen, aufgestiegene Furcht und Angst werd' ich siegreich über-

winden›, dann soll er nur vollkommene Tugend üben, innige Geistesruhe er-
kämpfen, der Schauung nicht widerstreben, durchdringenden Blick gewin-
nen, ein Freund leerer Klausen sein. – Wünscht sich, ihr Mönche, ein Mönch:
‹Die vier Schauungen, die das Herz erquicken, schon im Leben beseligen,
könnt' ich doch diese sehnend erlangen, in ihrer Fülle und Weite›, dann soll
er nur vollkommene Tugend üben, innige Geistesruhe erkämpfen, der Schau-
ung nicht widerstreben, durchdringenden Blick gewinnen, ein Freund leerer
Klausen sein. – Wünscht sich, ihr Mönche, ein Mönch: ‹Jene heiligen Erlö-
sungen, die, jenseit der Formen, keinerlei Form behalten, die will ich leib-
haftig erfahren und finden›, dann soll er nur vollkommene Tugend üben,
innige Geistesruhe erkämpfen, der Schauung nicht widerstreben, durchdrin-
34 genden Blick gewinnen, ein Freund leerer Klausen sein. – Wünscht sich, ihr
Mönche, ein Mönch: ‹Könnt' ich doch nach Vernichtung der drei Fesseln zur
Hörerschaft gelangen, dem Verderben entronnen zielbewußt der vollen Er-
wachung entgegeneilen›, dann soll er nur vollkommene Tugend üben, in-
nige Geistesruhe erkämpfen, der Schauung nicht widerstreben, durchdrin-
genden Blick gewinnen, ein Freund leerer Klausen sein. – Wünscht sich, ihr
Mönche, ein Mönch: ‹Möcht' ich doch nach Vernichtung der drei Fesseln,
von Gier, Haß und Irre erleichtert, fast schon geläutert, nur einmal wieder-
kehren, nur einmal noch zu dieser Welt gekommen dem Leiden ein Ende
machen›, dann soll er nur vollkommene Tugend üben, innige Geistesruhe
erkämpfen, der Schauung nicht widerstreben, durchdringenden Blick ge-
winnen, ein Freund leerer Klausen sein. – Wünscht sich, ihr Mönche, ein
Mönch: ‹Würd' ich doch nach Vernichtung der fünf niederzerrenden Fesseln
emporsteigen, um von dort aus zu erlöschen, nicht mehr zurückkehren nach
jener Welt›, dann soll er nur vollkommene Tugend üben, innige Geistesruhe
erkämpfen, der Schauung nicht widerstreben, durchdringenden Blick gewin-
nen, ein Freund leerer Klausen sein. – Wünscht sich, ihr Mönche, ein Mönch:
‹Geläng' es mir doch, auf mannigfaltige Weise Machtentfaltung zu erfahren:
als nur einer etwa vielfach zu werden, und vielfach geworden wieder einer zu
sein; oder sichtbar und unsichtbar zu werden; auch durch Mauern, Wälle,
Felsen hindurchzuschweben wie durch die Luft; oder auf der Erde auf- und
unterzutauchen wie im Wasser; auch auf dem Wasser zu wandeln ohne unter-
zusinken wie auf der Erde; oder auch durch die Luft sitzend dahinzufahren
wie der Vogel mit seinen Fittichen; auch etwa diesen Mond und diese Sonne,
die so mächtigen, so gewaltigen, mit der Hand zu befühlen und zu berühren,
etwa gar bis zu den Brahmawelten den Körper in meiner Gewalt zu haben›,
wünscht er sich das, ihr Mönche, dann soll er nur vollkommene Tugend
üben, innige Geistesruhe erkämpfen, der Schauung nicht widerstreben, durch-
dringenden Blick gewinnen, ein Freund leerer Klausen sein. – Wünscht sich,

ihr Mönche, ein Mönch: ‹Wenn ich doch mit dem himmlischen Gehör, dem
geläuterten, über menschliche Grenzen hinausreichenden, beide Arten der
Töne hörte, die himmlischen und die irdischen, die fernen und die nahen›,
dann soll er nur vollkommene Tugend üben, innige Geistesruhe erkämpfen,
der Schauung nicht widerstreben, durchdringenden Blick gewinnen, ein
Freund leerer Klausen sein. – Wünscht sich, ihr Mönche, ein Mönch: ‹Wär'
es mir doch gegeben, der anderen Wesen, der anderen Personen Herz im
Herzen zu schauen und zu erkennen, das begehrliche Herz als begehr-
lich und das begehrlose Herz als begehrlos, das gehässige Herz als gehässig
und das haßlose Herz als haßlos, das irrende Herz als irrend und das irrlose
Herz als irrlos, das gesammelte Herz als gesammelt und das zerstreute Herz
als zerstreut, das hochstrebende Herz als hochstrebend und das niedrig ge-
sinnte Herz als niedrig gesinnt, das edle Herz als edel und das gemeine Herz
als gemein, das beruhigte Herz als beruhigt und das ruhelose Herz als ruhe- 35
los, das erlöste Herz als erlöst und das gefesselte Herz als gefesselt›, wünscht
er sich das, ihr Mönche, dann soll er nur vollkommene Tugend üben, innige
Geistesruhe erkämpfen, der Schauung nicht widerstreben, durchdringenden
Blick gewinnen, ein Freund leerer Klausen sein. – Wünscht sich, ihr Mönche,
ein Mönch: ‹Wär' ich doch imstande, mich an manche verschiedene frühere
Daseinsform zu erinnern, als wie an ein Leben, dann an zwei Leben, dann an
drei Leben, dann an vier Leben, dann an fünf Leben, dann an zehn Leben,
dann an zwanzig Leben, dann an dreißig Leben, dann an vierzig Leben, dann
an fünfzig Leben, dann an hundert Leben, dann an tausend Leben, dann an
hunderttausend Leben, dann an die Zeiten während mancher Weltenent-
stehungen, dann an die Zeiten während mancher Weltenvergehungen, dann
an die Zeiten während mancher Weltenentstehungen-Weltenvergehungen,
'Dort war ich, jenen Namen hatte ich, jener Familie gehörte ich an, das war
mein Stand, das mein Beruf, solches Wohl und Wehe habe ich erfahren, so
war mein Lebensende, dort verschieden trat ich anderswo wieder ins Dasein,
da war ich nun, diesen Namen hatte ich, dieser Familie gehörte ich an, dies
war mein Stand, dies mein Beruf, solches Wohl und Wehe habe ich erfahren,
so war mein Lebensende, da verschieden trat ich hier wieder ins Dasein', wär'
ich doch also imstande, mich an manche verschiedene frühere Daseinsform
zu erinnern, mit je den eigentümlichen Merkmalen, mit je den eigenartigen
Beziehungen›, wünscht er sich das, ihr Mönche, dann soll er nur vollkom-
mene Tugend üben, innige Geistesruhe erkämpfen, der Schauung nicht wi-
derstreben, durchdringenden Blick gewinnen, ein Freund leerer Klausen sein. –
Wünscht sich, ihr Mönche, ein Mönch: ‹Hätt' ich doch das himmlische Auge,
das geläuterte, über menschliche Grenzen hinausreichende, die Wesen zu
sehn, wie sie dahinschwinden und wiedererscheinen, gemeine und edle,

schöne und unschöne, glückliche und unglückliche, säh' ich doch wie die
Wesen je nach den Taten wiederkehren, 'Diese lieben Wesen sind freilich in
Taten dem Schlechten zugetan, in Worten dem Schlechten zugetan, in Ge-
danken dem Schlechten zugetan, tadeln Heiliges, achten Verkehrtes, tun Ver-
kehrtes, bei der Auflösung des Leibes, nach dem Tode, gelangen sie auf den
Abweg, auf schlechte Fährte, zur Tiefe hinab, in untere Welt, jene lieben We-
sen sind aber in Taten dem Guten zugetan, in Worten dem Guten zugetan,
in Gedanken dem Guten zugetan, tadeln nicht Heiliges, achten Rechtes, tun
Rechtes, bei der Auflösung des Leibes, nach dem Tode, gelangen sie auf gute
Fährte, in selige Welt', könnt' ich doch also mit dem himmlischen Auge, dem
geläuterten, über menschliche Grenzen hinausreichenden, die Wesen erken-
nen, wie sie dahinschwinden und wiedererscheinen, gemeine und edle, schöne
und unschöne, glückliche und unglückliche, säh' ich doch wie die Wesen je
nach den Taten wiederkehren›, wünscht er sich das, ihr Mönche, dann soll
er nur vollkommene Tugend üben, innige Geistesruhe erkämpfen, der Schau-
ung nicht widerstreben, durchdringenden Blick gewinnen, ein Freund leerer
Klausen sein. – Wünscht sich, ihr Mönche, ein Mönch: ‹Könnt' ich doch den
Wahn versiegen und die wahnlose Gemüterlösung, Weisheiterlösung noch
36 bei Lebzeiten mir offenbar machen, verwirklichen und erringen›, dann soll
er nur vollkommene Tugend üben, innige Geistesruhe erkämpfen, der Schau-
ung nicht widerstreben, durchdringenden Blick gewinnen, ein Freund leerer
Klausen sein.

«'Bewahret Tugend, Mönche, bewahret Reinheit: Reinheit hegend und pflegend bewahret im Handel und Wandel; vor geringstem Fehl auf der Hut schreitet beharrlich weiter Schritt um Schritt': wurde das gesagt, so war es darum gesagt.»

Also sprach der Erhabene. Zufrieden freuten sich jene Mönche über das Wort des Erhabenen.

7

ERSTER TEIL · SIEBENTE REDE

DAS GLEICHNIS VOM KLEIDE

DAS HAB' ICH GEHÖRT. Zu einer Zeit weilte der Erhabene bei Sāvatthī, im Siegerwalde, im Garten Anāthapiṇḍikos. Dort nun wandte sich der Erhabene an die Mönche: «Ihr Mönche!» – «Erlauchter!» antworteten da jene Mönche dem Erhabenen aufmerksam. Der Erhabene sprach also:

«Gleichwie etwa, Mönche, wenn der Färber ein Kleid nähme, das besudelt und voller Flecken ist, und tauchte es in eine Farbenlösung, in diese oder in jene, in eine blaue oder in eine gelbe, in eine rote oder in eine violette, da könnt' es nur schlechte, nur unreine Färbung gewinnen, und warum? Weil das Kleid, ihr Mönche, nicht rein ist: – Ebenso nun auch, ihr Mönche, ist bei besudeltem Herzen ein schlechter Ausgang zu erwarten.

«Gleichwie etwa, Mönche, wenn der Färber ein Kleid nähme, das sauber und rein ist, und tauchte es in eine Farbenlösung, in diese oder in jene, in eine blaue oder in eine gelbe, in eine rote oder in eine violette, da könnt' es nur gute, nur reine Färbung gewinnen, und warum? Weil das Kleid, ihr Mönche, rein ist: – Ebenso nun auch, ihr Mönche, ist bei unbesudeltem Herzen ein guter Ausgang zu erwarten.

«Was ist nun, ihr Mönche, Trübung des Herzens? Verderbte Selbstsucht ist Trübung des Herzens, Bosheit ist Trübung des Herzens, Zorn ist Trübung des Herzens, Niedertracht ist Trübung des Herzens, Heuchelei ist Trübung des Herzens, Neid ist Trübung des Herzens, Eiferung ist Trübung des Herzens, Eigensucht ist Trübung des Herzens, Trug ist Trübung des Herzens, Tücke ist Trübung des Herzens, Starrsinn ist Trübung des Herzens, Ungestüm ist Trübung des Herzens, Dünkel ist Trübung des Herzens, Übermut ist Trübung des Herzens, Lässigkeit ist Trübung des Herzens, Leichtsinn ist Trübung des Herzens.

«Ein Mönch nun, ihr Mönche, der eingesehn hat, daß verderbte Selbstsucht Trübung des Herzens sei, der verleugnet die verderbte Selbstsucht, die Trübung des Herzens; der eingesehn hat, daß Bosheit Trübung des Herzens sei, der verleugnet die Bosheit, die Trübung des Herzens; der eingesehn hat, daß Zorn Trübung des Herzens sei, der verleugnet den Zorn, die Trübung des Herzens; der eingesehn hat, daß Niedertracht Trübung des Herzens sei, der verleugnet die Niedertracht, die Trübung des Herzens; der eingesehn hat, daß Heuchelei Trübung des Herzens sei, der verleugnet die Heuchelei, die Trübung des Herzens; der eingesehn hat, daß Neid Trübung des Herzens sei, der verleugnet den Neid, die Trübung des Herzens; der eingesehn hat, daß Eiferung Trübung des Herzens sei, der verleugnet die Eiferung, die Trübung des Herzens; der eingesehn hat, daß Eigensucht Trübung des Herzens sei, der verleugnet die Eigensucht, die Trübung des Herzens; der eingesehn hat, daß Trug Trübung des Herzens sei, der verleugnet den Trug, die Trübung des Herzens; der eingesehn hat, daß Tücke Trübung des Herzens sei, der verleugnet die Tücke, die Trübung des Herzens; der eingesehn hat, daß Starrsinn Trübung des Herzens sei, der verleugnet den Starrsinn, die Trübung des Herzens; der eingesehn hat, daß Ungestüm Trübung des Herzens sei, der verleugnet den Ungestüm, die Trübung des Herzens; der eingesehn hat, daß Dünkel Trübung des Herzens sei, der verleugnet den Dünkel, die Trübung des Herzens; der eingesehn hat, daß Übermut Trübung des Herzens sei, der verleugnet den Übermut, die Trübung des Herzens; der eingesehn hat, daß Lässigkeit Trübung des Herzens sei, der verleugnet die Lässigkeit, die Trübung des Herzens; der eingesehn hat, daß Leichtsinn Trübung des Herzens sei, der verleugnet den Leichtsinn, die Trübung des Herzens.

«Hat nun, ihr Mönche, ein Mönch, die verderbte Selbstsucht als Trübung des Herzens erkannt und verleugnet, die Bosheit als Trübung des Herzens erkannt und verleugnet, den Zorn als Trübung des Herzens erkannt und verleugnet, die Niedertracht als Trübung des Herzens erkannt und verleugnet, die Heuchelei als Trübung des Herzens erkannt und verleugnet, den Neid als Trübung des Herzens erkannt und verleugnet, die Eiferung als Trübung des Herzens erkannt und verleugnet, die Eigensucht als Trübung des Herzens erkannt und verleugnet, den Trug als Trübung des Herzens erkannt und verleugnet, die Tücke als Trübung des Herzens erkannt und verleugnet, den Starrsinn als Trübung des Herzens erkannt und verleugnet, den Ungestüm als Trübung des Herzens erkannt und verleugnet, den Dünkel als Trübung des Herzens erkannt und verleugnet, den Übermut als Trübung des Herzens erkannt und verleugnet, die Lässigkeit als Trübung des Herzens erkannt und verleugnet, den Leichtsinn als Trübung des Herzens erkannt und verleugnet; so ist seine Liebe zum Erwachten erprobt, derart zwar: ‹Das ist der Erhabene, Heilige, vollkommen Erwachte, der Wissens- und Wandelsbewährte, der Willkommene, der Welt Kenner, der unvergleichliche Leiter der Männerherde, der Meister der Götter und Menschen, der Erwachte, der Erhabene›; ist seine Liebe zur Wahrheit erprobt: ‹Wohl kundgetan ist vom Erhabenen die Wahrheit, die ersichtliche, zeitlose, anregende, einladende, den Verständigen von selbst verständlich›; ist seine Liebe zu den Jüngern erprobt: ‹Wohl vertraut ist beim Erhabenen die Jüngerschar, ehrlich vertraut ist beim Erhabenen die Jüngerschar, recht vertraut ist beim Erhabenen die Jüngerschar, geziemend vertraut ist beim Erhabenen die Jüngerschar, und zwar vier Paare der Menschen, nach acht Arten von Menschen: das ist des Erhabenen Jüngerschar, die Opfer und Spende, Gabe und Gruß verdient, heiligste Stätte der Welt ist›. Die Rücksicht aber hat er abgetan, abgelegt, abgelöst, verleugnet, verworfen.

«‘Meine Liebe zum Erwachten ist erprobt’: also gewinnt er Verständnis des Sinnes, Verständnis der Wahrheit, verständnisreife Wahrheitwonne. Diese Wonne beseligt ihn. Des Beseligten Körper wird still. Der Körpergestillte fühlt Heiterkeit. Des Heiteren Herz wird einig.

«‘Meine Liebe zur Wahrheit ist erprobt’: also gewinnt er Verständnis des Sinnes, Verständnis der Wahrheit, verständnisreife Wahrheitwonne. Diese Wonne beseligt ihn. Des Beseligten Körper wird still. Der Körpergestillte fühlt Heiterkeit. Des Heiteren Herz wird einig.

«‘Meine Liebe zu den Jüngern ist erprobt’: also gewinnt er Verständnis des 38
Sinnes, Verständnis der Wahrheit, verständnisreife Wahrheitwonne. Diese Wonne beseligt ihn. Des Beseligten Körper wird still. Der Körpergestillte fühlt Heiterkeit. Des Heiteren Herz wird einig.

«‘Und die Rücksicht, die hab’ ich abgetan, abgelegt, abgelöst, verleugnet, verworfen’: also gewinnt er Verständnis des Sinnes, Verständnis der Wahrheit, verständnisreife Wahrheitwonne. Diese Wonne beseligt ihn. Des Beseligten Körper wird still. Der Körpergestillte fühlt Heiterkeit. Des Heiteren Herz wird einig.

«Ein Mönch nun, ihr Mönche, dem solche Tugend, solche Wahrheit, solche Weisheit eignet, mag auch Almosenspeise genießen, die aus gesichtetem Reis schmackhaft und würzig bereitet ist, und es schadet ihm nicht. Gleichwie etwa, Mönche, ein Kleid, das besudelt und voller Flecken ist, in klarem Wasser gewaschen sauber und rein wird, oder im Schmelztiegel gesottenes Gold gediegen und lauter wird: ebenso nun auch, ihr Mönche, mag ein Mönch, dem solche Tugend, solche Wahrheit, solche Weisheit eignet, auch Almosenspeise genießen, die aus gesichtetem Reis schmackhaft und würzig bereitet ist, und es schadet ihm nicht.

«Liebevollen Gemütes weilend strahlt er nach einer Richtung, dann nach einer zweiten, dann nach der dritten, dann nach der vierten, ebenso nach oben und nach unten: überall in allem sich wiedererkennend durchstrahlt er die ganze Welt mit liebevollem Gemüte, mit weitem, tiefem, unbeschränktem, von Grimm und Groll geklärtem.

«Erbarmenden Gemütes weilend strahlt er nach einer Richtung, dann nach einer zweiten, dann nach der dritten, dann nach der vierten, ebenso nach oben und nach unten: überall in allem sich wiedererkennend durchstrahlt er die ganze Welt mit erbarmendem Gemüte, mit weitem, tiefem, unbeschränktem, von Grimm und Groll geklärtem.

«Freudevollen Gemütes weilend strahlt er nach einer Richtung, dann nach einer zweiten, dann nach der dritten, dann nach der vierten, ebenso nach oben und nach unten: überall in allem sich wiedererkennend durchstrahlt er die ganze Welt mit freudevollem Gemüte, mit weitem, tiefem, unbeschränktem, von Grimm und Groll geklärtem.

«Unbewegten Gemütes weilend strahlt er nach einer Richtung, dann nach einer zweiten, dann nach der dritten, dann nach der vierten, ebenso nach oben und nach unten: überall in allem sich wiedererkennend durchstrahlt er die ganze Welt mit unbewegtem Gemüte, mit weitem, tiefem, unbeschränktem, von Grimm und Groll geklärtem.

«'So ist es', versteht er, 'Gemeines ist da und Edles ist da, und es gibt eine Freiheit, höher als diese sinnliche Wahrnehmung'. Und in solchem Schauen, in solchem Anblicke wird sein Herz erlöst vom Wunscheswahn, erlöst vom Daseinswahn, erlöst vom Nichtwissenswahn. ‹Im Erlösten ist die Erlösung›, diese Erkenntnis geht auf. ‹Versiegt ist die Geburt, vollendet das Asketen-
39 tum, gewirkt das Werk, nicht mehr ist diese Welt› versteht er da. Den nennt man, ihr Mönche, einen Mönch, gebadet im inneren Bade.»

Zu jener Zeit aber hatte der Brāhmane Sundariko Bhāradvājo in der Nähe des Erhabenen Platz genommen. Da wandte sich nun der Brāhmane Sundariko Bhāradvājo an den Erhabenen und sprach:

«Geht wohl Herr Gotamo in die Bāhukā baden?»

«Was ist's mit der Bāhukā, Brāhmane, was soll die Bāhukā?»

«Läuterung glaubt man, o Gotamo, wirke die Bāhukā, Heilung glaubt man, o Gotamo, wirke die Bāhukā, in den Wellen der Bāhukā wasche man seine Schuld ab.»

Da wandte sich nun der Erhabene an den Brāhmanen Sundariko Bhāradvājo und sagte in Sprüchen:

«Die Bāhukā, die Adhikā,
Die Gayā, selbst die Sundarī,
Sarasvatī, Payāgos Strom
Und Bāhumatīs rasche Flut
Spült nimmer weg gewirkte Schuld,
Und wüsch' auch einer ewig sich.

«Was frommte da wohl die Sundarī,
Des Payāgos Woge, die Bāhukā?

Den argen, verruchten Frevelmann
Wäscht die Welle nicht rein von der Sündentat.

«Dem Reinen lächelt steter Mai,
Dem Reinen steter Feiertag,
Dem Reinen, der nur Reines wirkt,
Ist allezeit der Wunsch gewährt.

«So bade nur hier dich, Geistlicher:
Alles Lebendige lass' dir behütet sein.

«Hast abgesagt dem Lügenwort,
Verletzest keine Wesenheit
Und nimmst nichts Ungeschenktes du,
Der Selbstverleugnung standhaft treu,
Was willst du dann zur Gayā gehn?
Nur Wasser gilt die Gayā dir.»

Nach diesen Worten sprach der Brāhmane Sundariko Bhāradvājo zum Erhabenen also:

«Vortrefflich, o Gotamo, vortrefflich, o Gotamo! Gleichwie etwa, o Gotamo, als ob man Umgestürztes aufstellte, oder Verdecktes enthüllte, oder Verirrten den Weg wiese, oder Licht in die Finsternis brächte: ‹Wer Augen hat wird die Dinge sehn›: ebenso auch hat Herr Gotamo die Lehre von vielen Seiten beleuchtet. Und so nehm' ich bei Herrn Gotamo Zuflucht, bei der Lehre und bei der Jüngerschaft: möge mir Herr Gotamo Aufnahme gewähren, die Ordensweihe erteilen!»

Es wurde der Brāhmane Sundariko Bhāradvājo vom Erhabenen aufgenommen, wurde mit der Ordensweihe belehnt.

Nicht lange aber war der ehrwürdige Bhāradvājo in den Orden aufgenom- 40
men, da hatte er, einsam, abgesondert, unermüdlich, in heißem, innigem Ernste gar bald was edle Söhne gänzlich vom Hause fort in die Hauslosigkeit lockt, jenes höchste Ziel des Asketentums noch bei Lebzeiten sich offenbar gemacht, verwirklicht und errungen. ‹Versiegt ist die Geburt, vollendet das Asketentum, gewirkt das Werk, nicht mehr ist diese Welt› verstand er da. Auch einer war nun der ehrwürdige Bhāradvājo der Heiligen geworden.

8

ERSTER TEIL · ACHTE REDE

LEDIGUNG

DAS HAB' ICH GEHÖRT. Zu einer Zeit weilte der Erhabene bei Sāvatthī, im Siegerwalde, im Garten Anāthapiṇḍikos.

Als nun der ehrwürdige Mahācundo gegen Abend die Gedenkensruhe beendet hatte, begab er sich zum Erhabenen, begrüßte den Erhabenen ehrerbietig und setzte sich zur Seite nieder. Zur Seite sitzend sprach nun der ehrwürdige Mahācundo zum Erhabenen also:

«Von den vielen verschiedenen Lehren, o Herr, die da in der Welt auftauchen und sich bald mit der Betrachtung des Selbst, bald mit der Betrachtung der Welt befassen, braucht ein Mönch wohl nur den Anfang, o Herr, zu kennen, um sie zu verwerfen, um sie zu verleugnen?»

«Von den vielen verschiedenen Lehren, Cundo, die da in der Welt auftauchen und sich bald mit der Betrachtung des Selbst, bald mit der Betrachtung der Welt befassen, gilt überall wo sie auftauchen, aufsteigen, auftreten das wahrheitgemäße, vollkommen weise Urteil: ‹Das gehört mir nicht, das bin ich nicht, das ist nicht mein Selbst›: so werden sie verworfen, so werden sie verleugnet.

«Es mag schon sein, Cundo, daß da ein Mönch, gar fern von Begierden, fern von unheilsamen Dingen, die sinnend gedenkende ruhegeborene selige Heiterkeit, die Weihe der ersten Schauung erwirkt habe und nun denke: ‹Ledigung wirk' ich.› Doch das wird, Cundo, im Orden des Heiligen nicht Ledigung genannt, sichtbares Wohl wird das im Orden des Heiligen genannt.

41 «Es mag schon sein, Cundo, daß da ein Mönch nach Vollendung des Sinnens und Gedenkens die innere Meeresstille, die Einheit des Gemütes, die von sinnen, von gedenken freie, in der Einigung geborene selige Heiterkeit, die Weihe der zweiten Schauung erwirkt habe und nun denke: ‹Ledigung wirk' ich.› Doch das wird, Cundo, im Orden des Heiligen nicht Ledigung genannt, sichtbares Wohl wird das im Orden des Heiligen genannt.

«Es mag schon sein, Cundo, daß da ein Mönch in heiterer Ruhe verweile, gleichmütig, einsichtig, klar bewußt, und ein Glück im Körper empfinde, von dem die Heiligen sagen: ‹Der gleichmütig Einsichtige lebt beglückt›; so habe er die Weihe der dritten Schauung erwirkt und denke nun: ‹Ledigung wirk' ich.› Doch das wird, Cundo, im Orden des Heiligen nicht Ledigung genannt, sichtbares Wohl wird das im Orden des Heiligen genannt.

«Es mag schon sein, Cundo, daß da ein Mönch nach Verwerfung der Freuden und Leiden, nach Vernichtung des einstigen Frohsinns und Trübsinns die Weihe der leidlosen, freudlosen, gleichmütig einsichtigen vollkommen reinen vierten Schauung erwirkt habe und nun denke: ‹Ledigung wirk' ich.› Doch das wird, Cundo, im Orden des Heiligen nicht Ledigung genannt, sichtbares Wohl wird das im Orden des Heiligen genannt.

«Es mag schon sein, Cundo, daß da ein Mönch nach völliger Überwindung der Formwahrnehmungen, Vernichtung der Gegenwahrnehmungen, Verwerfung der Vielheitwahrnehmungen in dem Gedanken ‹Grenzenlos ist der Raum› das Reich des unbegrenzten Raumes gewonnen habe und nun denke: ‹Ledigung wirk' ich.› Doch das wird, Cundo, im Orden des Heiligen nicht Ledigung genannt, selige Ruhe wird das im Orden des Heiligen genannt.

«Es mag schon sein, Cundo, daß da ein Mönch nach völliger Überwindung der unbegrenzten Raumsphäre in dem Gedanken ‹Grenzenlos ist das Bewußtsein› das Reich des unbegrenzten Bewußtseins gewonnen habe und nun denke: ‹Ledigung wirk' ich.› Doch das wird, Cundo, im Orden des Heiligen nicht Ledigung genannt, selige Ruhe wird das im Orden des Heiligen genannt.

«Es mag schon sein, Cundo, daß da ein Mönch nach völliger Überwindung der unbegrenzten Bewußtseinsphäre in dem Gedanken ‹Nichts ist da› das Reich des Nichtdaseins gewonnen habe und nun denke: ‹Ledigung wirk' ich.› Doch das wird, Cundo, im Orden des Heiligen nicht Ledigung genannt, selige Ruhe wird das im Orden des Heiligen genannt.

«Es mag schon sein, Cundo, daß da ein Mönch nach völliger Überwindung
der Nichtdaseinsphäre die Grenzscheide möglicher Wahrnehmung gewonnen
habe und nun denke: ‹Ledigung wirk' ich.› Doch das wird, Cundo, im Orden 42
des Heiligen nicht Ledigung genannt, selige Ruhe wird das im Orden des
Heiligen genannt.

«Aber hier, Cundo, sollt ihr Ledigung üben: ‹Die anderen werden in Wut geraten, wir nicht›, so ist Ledigung zu üben. ‹Die anderen werden das Leben rauben, wir nicht›, so ist Ledigung zu üben. ‹Die anderen werden Nichtgegebenes nehmen, wir nicht›, so ist Ledigung zu üben. ‹Die anderen werden unkeusch leben, wir keusch›, so ist Ledigung zu üben. ‹Die anderen werden lügen, wir nicht›, so ist Ledigung zu üben. ‹Die anderen werden heimliche Rede führen, wir nicht›, so ist Ledigung zu üben. ‹Die anderen werden rohe Rede gebrauchen, wir nicht›, so ist Ledigung zu üben. ‹Die anderen werden Geschwätze pflegen, wir nicht›, so ist Ledigung zu üben. ‹Die anderen werden selbstsüchtig sein, wir nicht›, so ist Ledigung zu üben. ‹Die anderen

werden gehässig sein, wir nicht›, so ist Ledigung zu üben. ‹Die anderen wer-
den falsche Erkenntnis pflegen, wir rechte Erkenntnis›, so ist Ledigung zu
üben. ‹Die anderen werden falsche Gesinnung pflegen, wir rechte Gesinnung›,
so ist Ledigung zu üben. ‹Die anderen werden falsche Rede pflegen, wir
rechte Rede›, so ist Ledigung zu üben. ‹Die anderen werden falschen Handel
pflegen, wir rechten Handel›, so ist Ledigung zu üben. ‹Die anderen werden
falschen Wandel pflegen, wir rechten Wandel›, so ist Ledigung zu üben. ‹Die
anderen werden falsches Mühn pflegen, wir rechtes Mühn›, so ist Ledigung
zu üben. ‹Die anderen werden falsche Einsicht pflegen, wir rechte Einsicht›,
so ist Ledigung zu üben. ‹Die anderen werden falsche Vertiefung pflegen, wir
rechte Vertiefung›, so ist Ledigung zu üben. ‹Die anderen werden falsches
Wissen pflegen, wir rechtes Wissen›, so ist Ledigung zu üben. ‹Die anderen
werden falsche Erlösung pflegen, wir rechte Erlösung›, so ist Ledigung zu
üben. ‹Die anderen werden sich von matter Müde beschleichen lassen, wir
aber werden matte Müde verscheuchen›, so ist Ledigung zu üben. ‹Die ande-
ren werden sich brüsten, wir aber werden demütig bleiben›, so ist Ledigung
zu üben. ‹Die anderen werden hin und her schwanken, wir aber werden un-
serer Sache gewiß sein›, so ist Ledigung zu üben. ‹Die anderen werden zür-
nen, wir aber werden nicht zürnen›, so ist Ledigung zu üben. ‹Die anderen
werden zwieträchtig sein, wir aber werden einträchtig sein›, so ist Ledigung
43 zu üben. ‹Die anderen werden heucheln, wir aber werden nicht heucheln›,
so ist Ledigung zu üben. ‹Die anderen werden neiden, wir aber werden nicht
neiden›, so ist Ledigung zu üben. ‹Die anderen werden eifern, wir aber wer-
den nicht eifern›, so ist Ledigung zu üben. ‹Die anderen werden eigennützig
sein, wir aber werden nicht eigennützig sein›, so ist Ledigung zu üben. ‹Die
anderen werden listig sein, wir aber werden nicht listig sein›, so ist Ledigung
zu üben. ‹Die anderen werden gleisnerisch sein, wir aber werden nicht gleis-
nerisch sein›, so ist Ledigung zu üben. ‹Die anderen werden störrisch sein,
wir aber werden nicht störrisch sein», so ist Ledigung zu üben. ‹Die anderen
werden eitel sein, wir aber werden nicht eitel sein›, so ist Ledigung zu üben.
‹Die anderen werden ungestüm sein, wir aber werden sanft bleiben›, so ist
Ledigung zu üben. ‹Die anderen werden Freunde des Schlechten sein, wir
aber werden Freunde des Guten sein›, so ist Ledigung zu üben. ‹Die anderen
werden sich gehn lassen, wir aber werden unermüdlich sein›, so ist Ledigung
zu üben. ‹Die anderen werden Mißtrauen hegen, wir aber werden Vertrauen
hegen›, so ist Ledigung zu üben. ‹Die anderen werden unverschämt sein, wir
aber werden uns schämen›, so ist Ledigung zu üben. ‹Die anderen werden ge-
wissenlos sein, wir aber werden gewissenhaft sein›, so ist Ledigung zu üben.
‹Die anderen werden unerfahren sein, wir aber werden vielerfahren sein›, so
ist Ledigung zu üben. ‹Die anderen werden nachgeben, wir aber werden aus-

harren›, so ist Ledigung zu üben. ‹Den anderen wird sich die Einsicht trüben, uns aber wird die Einsicht klar bleiben›, so ist Ledigung zu üben. ‹Die anderen werden töricht sein, wir aber weise›, so ist Ledigung zu üben. ‹Die anderen werden nur für das vor Augen Liegende Sinn haben, mit beiden Händen zugreifen, sich schwer abweisen lassen, wir aber werden nicht nur für das vor Augen Liegende Sinn haben, nicht mit beiden Händen zugreifen, uns leicht abweisen lassen›, so ist Ledigung zu üben.

«Die Herzensentschließung zum Guten nenn' ich ja, Cundo, wichtig: was soll da erst von Geboten des Tuns und Redens gesagt werden! Darum also, Cundo: ‹Die anderen werden in Wut geraten, wir aber wollen nicht in Wut geraten›: dieser Herzensentschluß ist zu erzeugen. ‹Die anderen werden übel fahren, wir aber wollen wohl fahren›: dieser Herzensentschluß ist zu erzeugen. ‹Die anderen werden nur für das vor Augen Liegende Sinn haben, mit beiden Händen zugreifen, sich schwer abweisen lassen, wir aber wollen nicht nur für das vor Augen Liegende Sinn haben, nicht mit beiden Händen zugreifen, uns leicht abweisen lassen›: dieser Herzensentschluß ist zu erzeugen.

«Gleichwie etwa, Cundo, wenn da ein ungangbarer Weg wäre und ein
gangbarer Weg führte um ihn herum; oder gleichwie etwa, Cundo, wenn da
eine ungangbare Furt wäre und eine gangbare Furt führte um sie herum:
ebenso nun auch, Cundo, kann wer zur Heftigkeit neigt auf dem Pfade der 44
Milde herumkommen, wer zur Übelfahrt neigt auf dem Pfade der Wohlfahrt
herumkommen, wer niederen Sinn hegt, mit beiden Händen zugreift, sich
schwer abweisen läßt, auf dem Pfade des höheren Sinnes, des Anstandes und
der Gelassenheit herumkommen.

«Gleichwie da, Cundo, jedwedes Schlechte wieder zu niederer Wesenheit
führt, jedwedes Gute wieder zu höherer Wesenheit führt: ebenso nun auch,
Cundo, kann wer zur Heftigkeit neigt durch Milde höhere Wesenheit ge-
winnen, wer zur Übelfahrt neigt durch Wohlfahrt höhere Wesenheit gewin-
nen, wer niederen Sinn hegt, mit beiden Händen zugreift, sich schwer ab-
weisen läßt, durch höheren Sinn, Anstand und Gelassenheit höhere Wesen- 45
heit gewinnen.

«Daß aber, Cundo, einer, der selber sumpfversunken ist, einen anderen Sumpfversunkenen herausziehn kann, ein solcher Fall findet sich nicht. Daß aber, Cundo, einer, der selber nicht sumpfversunken ist, einen anderen Sumpfversunkenen herausziehn kann, ein solcher Fall findet sich. Und daß, Cundo, einer, der selber nicht bezwungen, nicht verneint, nicht wahnerloschen ist, einen anderen zur Bezwingung, zur Verneinung, zur Wahnerlöschung bringen kann, ein solcher Fall findet sich nicht. Und daß, Cundo, einer, der selber bezwungen, verneint, wahnerloschen ist, einen anderen zur

Bezwingung, zur Verneinung, zur Wahnerlöschung bringen kann, ein solcher Fall findet sich:

«Ebenso nun auch, Cundo, kann der Heftige durch Milde zur Wahnerlöschung gelangen, kann der Blutdürstige durch Überwindung des Blutdurstes zur Wahnerlöschung gelangen, kann der Diebische durch Überwindung des Diebstahls zur Wahnerlöschung gelangen, kann der Unkeusche durch Keuschheit zur Wahnerlöschung gelangen, kann der Lügner durch Überwindung der Lüge zur Wahnerlöschung gelangen, kann der Tückische durch Überwindung der Tücke zur Wahnerlöschung gelangen, kann der Rohe durch Überwindung der Roheit zur Wahnerlöschung gelangen, kann der Geschwätzige durch Überwindung der Schwatzhaftigkeit zur Wahnerlöschung gelangen, kann der Selbstsüchtige durch Überwindung der Selbstsucht zur Wahnerlöschung gelangen, kann der Gehässige durch Überwindung des Hasses zur Wahnerlöschung gelangen, kann der falsch Erkennende durch rechte Erkenntnis zur Wahnerlöschung gelangen, kann der falsch Gesonnene durch rechte Gesinnung zur Wahnerlöschung gelangen, kann der falsch Redende durch rechte Rede zur Wahnerlöschung gelangen, kann der falsch Handelnde durch rechten Handel zur Wahnerlöschung gelangen, kann der falsch Wandelnde durch rechten Wandel zur Wahnerlöschung gelangen, kann der falsch sich Mühende durch rechtes Mühn zur Wahnerlöschung gelangen, kann der falsch sich Bedenkende durch rechtes Bedenken zur Wahnerlöschung gelangen, kann der falsch sich Vertiefende durch rechte Vertiefung zur Wahnerlöschung gelangen, kann der falsch Wissende durch rechtes Wissen zur Wahnerlöschung gelangen, kann der falsch Erlöste durch rechte Erlösung zur Wahnerlöschung gelangen, kann der von matter Müde Gefesselte durch Überwindung der matten Müde zur Wahnerlöschung gelangen, kann der Stolze durch Demut zur Wahnerlöschung gelangen, kann der Schwankende durch Festigkeit zur Wahnerlöschung gelangen, kann der Zornige durch Zornlosigkeit zur Wahnerlöschung gelangen, kann der Zwieträchtige durch Eintracht zur Wahnerlöschung gelangen, kann der Heuchler durch Offenheit zur Wahnerlöschung gelangen, kann der Neidige durch Neidlosigkeit zur Wahnerlöschung gelangen, kann der Eifernde durch Begehrlosigkeit zur Wahnerlöschung gelangen, kann der Eigennützige durch Eigenentsagung zur Wahnerlöschung gelangen, kann der Listige durch Geradheit zur Wahnerlöschung gelangen, kann der Gleisner durch Ehrlichkeit zur Wahnerlöschung gelangen, kann der Störrische durch Willigkeit zur Wahnerlöschung gelangen, kann der Eitle durch Schlichtheit zur Wahnerlöschung gelangen, kann der Ungestüme durch Lindheit zur Wahnerlöschung gelangen, kann der Übelgeneigte durch Wohlgeneigtheit zur Wahnerlöschung gelangen, kann der Laue durch Unermüdlichkeit zur Wahnerlöschung gelangen, kann der Miß-

trauische durch Vertrauen zur Wahnerlöschung gelangen, kann der Unver-
schämte durch Scham zur Wahnerlöschung gelangen, kann der Gewissenlose
durch Gewissenhaftigkeit zur Wahnerlöschung gelangen, kann der Unerfah-
rene durch Erfahrung zur Wahnerlöschung gelangen, kann der Nachgiebige
durch Beharrlichkeit zur Wahnerlöschung gelangen, kann der Einsichtge-
trübte durch Klärung der Einsicht zur Wahnerlöschung gelangen, kann der
Tor durch Weisheit zur Wahnerlöschung gelangen, kann wer niederen Sinn 46
hegt, mit beiden Händen zugreift, sich schwer abweisen läßt, durch höheren
Sinn, Anstand und Gelassenheit zur Wahnerlöschung gelangen.

«Und so habe ich, Cundo, die Art der Ledigung gezeigt, die Art der Herzensentschließung gezeigt, die Art des Herumkommens gezeigt, die Art höherer Wesenheit gezeigt, die Art der Wahnerlöschung gezeigt. Was ein Meister, Cundo, den Jüngern aus Liebe und Teilnahme, von Mitleid bewogen, schuldet, das habt ihr von mir empfangen. Da laden, Cundo, Bäume ein, und dort leere Klausen. Wirket Schauung, Cundo, auf daß ihr nicht lässig werdet, später nicht Reue empfindet: das haltet als unser Gebot.»

Also sprach der Erhabene. Zufrieden freute sich der ehrwürdige Mahācundo über das Wort des Erhabenen.

9

ERSTER TEIL · NEUNTE REDE

DIE RECHTE ERKENNTNIS

DAS HAB' ICH GEHÖRT. Zu einer Zeit weilte der Erhabene bei Sāvatthī, im Siegerwalde, im Garten Anāthapiṇḍikos. Dort nun wandte sich der ehrwürdige Sāriputto an die Mönche: «Ihr Mönche!» – «Bruder!» antworteten da jene Mönche dem ehrwürdigen Sāriputto aufmerksam. Der ehrwürdige Sāriputto sprach also:

«'Die rechte Erkenntnis, die rechte Erkenntnis', so sagt man, ihr Brüder. Inwiefern nun aber, ihr Brüder, hat ein heiliger Jünger die rechte Erkenntnis, ist seine Erkenntnis eine ehrliche, seine Liebe zur Lehre erprobt, gehört er dieser edlen Lehre an?»

«Selbst von weit her, o Bruder, würden wir zum ehrwürdigen Sāriputto kommen, um Aufklärung hierüber zu erhalten; wohl wär' es gut, wenn eben der ehrwürdige Sāriputto diesen Gegenstand erläutern möchte: die Worte des ehrwürdigen Sāriputto werden die Mönche bewahren.»

«So höret denn, Brüder, und achtet wohl auf meine Rede.»

«Gewiß, Bruder!» antworteten da jene Mönche dem ehrwürdigen Sāriputto aufmerksam. Der ehrwürdige Sāriputto sprach also:

«Wenn, ihr Brüder, der heilige Jünger das Böse erkennt und die Wurzel des Bösen erkennt, das Gute erkennt und die Wurzel des Guten erkennt, hat
47 er insofern, ihr Brüder, die rechte Erkenntnis, ist seine Erkenntnis eine ehrliche, seine Liebe zur Lehre erprobt, gehört er dieser edlen Lehre an. Was ist nun, Brüder, das Böse, was ist die Wurzel des Bösen, was ist das Gute, was ist die Wurzel des Guten? Töten, ihr Brüder, ist das Böse, Stehlen ist das Böse, den Wünschen Frönen ist das Böse, Lüge ist das Böse, Verleumdung ist das Böse, barsche Rede ist das Böse, geschwätzige Rede ist das Böse, Gier ist das Böse, Wut ist das Böse, falsche Erkenntnis ist das Böse. Das nennt man, Brüder, das Böse. Und was, Brüder, ist die Wurzel des Bösen? Sucht ist die Wurzel des Bösen, Haß ist die Wurzel des Bösen, Irre ist die Wurzel des Bösen. Das nennt man, Brüder, die Wurzel des Bösen. Und was, Brüder, ist das Gute? Überwindung des Tötens ist das Gute, Überwindung des Stehlens ist das Gute, Überwindung der Wünsche ist das Gute, Überwindung der Lüge ist das Gute, Überwindung der Verleumdung ist das Gute, Überwindung barscher Rede ist das Gute, Überwindung geschwätziger Rede ist das Gute, Gierlosigkeit ist das Gute, Wutlosigkeit ist das Gute, rechte Erkenntnis ist das Gute. Das nennt man, Brüder, das Gute. Und was, Brüder, ist die Wurzel des Guten? Suchtlosigkeit ist die Wurzel des Guten, Haßlosigkeit ist die Wurzel des Guten, Irrlosigkeit ist die Wurzel des Guten. Das nennt man, Brüder, die Wurzel des Guten.

«Erkennt nun, ihr Brüder, der heilige Jünger also das Böse, also die Wurzel des Bösen, also das Gute, also die Wurzel des Guten, und er hat die Regung des Wollens völlig verleugnet, die Regung des Scheuens verscheucht, die Regung der Ichheit vertilgt, das Nichtwissen verloren, das Wissen erworben, so macht er dem Leiden noch in diesem Leben ein Ende. Insofern, ihr Brüder, hat da ein heiliger Jünger die rechte Erkenntnis, ist seine Erkenntnis eine ehrliche, seine Liebe zur Lehre erprobt, gehört er dieser edlen Lehre an.»

«Wohl, Bruder!» sagten da jene Mönche, erfreut und befriedigt durch des ehrwürdigen Sāriputto Rede, und stellten nun eine fernere Frage: «Gibt es vielleicht, o Bruder, noch eine andere Art, wie der heilige Jünger die rechte Erkenntnis besitzt, seine Erkenntnis ehrlich, seine Liebe zur Lehre erprobt ist, er dieser edlen Lehre angehört?»

«Freilich, Brüder. Wenn, ihr Brüder, der heilige Jünger die Nahrung erkennt und der Nahrung Entwicklung, der Nahrung Auflösung erkennt und den zu der Nahrung Auflösung führenden Pfad, hat er insofern, ihr Brüder, die rechte Erkenntnis, ist seine Erkenntnis eine ehrliche, seine Liebe zur Lehre erprobt, gehört er dieser edlen Lehre an. Was ist nun, Brüder, die Nahrung, 48
was ist der Nahrung Entwicklung, was ist der Nahrung Auflösung, was ist der zu der Nahrung Auflösung führende Pfad? Vier Arten der Nahrung, ihr Brüder, sind für die Wesen vorhanden, den entstandenen zur Erhaltung, den entstehenden zur Entwickelung[7]; welche vier? Körperbildende Nahrung, grob oder fein, zweitens Berührung, drittens geistiges Innewerden, viertens Bewußtsein. Die Entwicklung des Durstes bedingt die Entwicklung der Nahrung, die Auflösung des Durstes bedingt die Auflösung der Nahrung. Das aber ist der heilige achtfältige Weg, der zu der Nahrung Auflösung führende Pfad, nämlich: rechte Erkenntnis, rechte Gesinnung, rechte Rede, rechtes Handeln, rechtes Wandeln, rechtes Mühn, rechte Einsicht, rechte Einigung.

«Erkennt nun, ihr Brüder, der heilige Jünger also die Nahrung, also die Entwicklung der Nahrung, also die Auflösung der Nahrung, also den zur Auflösung der Nahrung führenden Pfad, und er hat die Regung des Wollens völlig verleugnet, die Regung des Scheuens verscheucht, die Regung der Ichheit vertilgt, das Nichtwissen verloren, das Wissen erworben, so macht er dem Leiden noch in diesem Leben ein Ende. Insofern, ihr Brüder, hat da ein heiliger Jünger die rechte Erkenntnis, ist seine Erkenntnis eine ehrliche, seine Liebe zur Lehre erprobt, gehört er dieser edlen Lehre an.»

«Wohl, Bruder!» sagten da jene Mönche, erfreut und befriedigt durch des ehrwürdigen Sāriputto Rede, und stellten nun eine fernere Frage: «Gibt es vielleicht, o Bruder, noch eine andere Art, wie der heilige Jünger die rechte Erkenntnis besitzt, seine Erkenntnis ehrlich, seine Liebe zur Lehre erprobt ist, er dieser edlen Lehre angehört?»

«Freilich, Brüder. Wenn, ihr Brüder, der heilige Jünger das Leiden erkennt und die Leidensentwicklung, die Leidensauflösung erkennt und den zur Leidensauflösung führenden Pfad, hat er insofern, ihr Brüder, die rechte Erkenntnis, ist seine Erkenntnis eine ehrliche, seine Liebe zur Lehre erprobt, gehört er dieser edlen Lehre an. Was ist nun, Brüder, das Leiden, was ist die Leidensentwicklung, was ist die Leidensauflösung, was ist der zur Leidensauflösung führende Pfad? Geburt ist Leiden, Alter ist Leiden, Krankheit ist Leiden, Sterben ist Leiden, Kummer, Jammer, Schmerz, Gram und Verzweiflung sind Leiden, was man begehrt nicht erlangen, das ist Leiden, kurz gesagt: die fünf Stücke des Anhangens sind Leiden. Das nennt man, Brüder, Leiden. Was ist aber, Brüder, die Leidensentwicklung? Es ist dieser Durst, der Wiederdasein säende, gnügensgierverbundene, bald da bald dort sich ergetzende, ist der

49 Geschlechtsdurst, der Daseinsdurst, der Wohlseinsdurst. Das nennt man, Brüder, Leidensentwicklung. Was ist aber, Brüder, die Leidensauflösung? Es ist ebendieses Durstes vollkommen restlose Auflösung, ihn abstoßen, austreiben, fällen, vertilgen. Das nennt man, Brüder, Leidensauflösung. Was ist aber, Brüder, der zur Leidensauflösung führende Pfad? Dieser heilige achtfältige Weg ist es, der zur Leidensauflösung führende Pfad, nämlich: rechte Erkenntnis, rechte Gesinnung, rechte Rede, rechtes Handeln, rechtes Wandeln, rechtes Mühn, rechte Einsicht, rechte Einigung.

«Erkennt nun, ihr Brüder, der heilige Jünger also das Leiden, also die Entwicklung des Leidens, also die Auflösung des Leidens, also den zur Auflösung des Leidens führenden Pfad, und er hat die Regung des Wollens völlig verleugnet, die Regung des Scheuens verscheucht, die Regung der Ichheit vertilgt, das Nichtwissen verloren, das Wissen erworben, so macht er dem Leiden noch in diesem Leben ein Ende. Insofern, ihr Brüder, hat da ein heiliger Jünger die rechte Erkenntnis, ist seine Erkenntnis eine ehrliche, seine Liebe zur Lehre erprobt, gehört er dieser edlen Lehre an.»

«Wohl, Bruder!» sagten da jene Mönche, erfreut und befriedigt durch des ehrwürdigen Sāriputto Rede, und stellten nun eine fernere Frage: «Gibt es vielleicht, o Bruder, noch eine andere Art, wie der heilige Jünger die rechte Erkenntnis besitzt, seine Erkenntnis ehrlich, seine Liebe zur Lehre erprobt ist, er dieser edlen Lehre angehört?»

«Freilich, Brüder. Wenn, ihr Brüder, der heilige Jünger das Altern und Sterben erkennt und die Entwicklung des Alterns und Sterbens, die Auflösung des Alterns und Sterbens erkennt und den zur Auflösung des Alterns und Sterbens führenden Pfad, hat er insofern, ihr Brüder, die rechte Erkenntnis, ist seine Erkenntnis eine ehrliche, seine Liebe zur Lehre erprobt, gehört er dieser edlen Lehre an. Was ist nun, Brüder, das Altern und Sterben, was ist die Entwicklung des Alterns und Sterbens, was ist die Auflösung des Alterns und Sterbens, was ist der zur Auflösung des Alterns und Sterbens führende Pfad? Der jeweiligen Wesen in jeweilig wesender Gattung altern und abnutzen, gebrechlich, grau und runzelig werden, der Kräfteverfall, das Abreifen der Sinne, das nennt man, Brüder, Altern. Der jeweiligen Wesen in jeweilig wesender Gattung Hinschwund, Auflösung, Zersetzung, Untergang, Todessterben, Zeiterfüllung, das Zerfallen der Teile, das Verwesen der Leiche, das nennt man, Brüder, Sterben. Und so ist dies das Altern und dies das Sterben. Das nennt man, Brüder, Altern und Sterben. Die Entwicklung der Geburt bedingt die Entwicklung des Alterns und Sterbens, die Auflösung der Geburt bedingt die Auflösung des Alterns und Sterbens. Das aber ist der heilige achtfältige Weg, der zur Auflösung des Alterns und Sterbens führende Pfad, nämlich: rechte Erkenntnis, rechte Gesinnung, rechte Rede, rechtes Handeln, rechtes Wandeln, rechtes Mühn, rechte Einsicht, rechte Einigung.

«Erkennt nun, ihr Brüder, der heilige Jünger also das Altern und Sterben, also die Entwicklung des Alterns und Sterbens, also die Auflösung des Alterns und Sterbens, also den zur Auflösung des Alterns und Sterbens führenden Pfad, und er hat die Regung des Wollens völlig verleugnet, die Regung des Scheuens verscheucht, die Regung der Ichheit vertilgt, das Nichtwissen verloren, das Wissen erworben, so macht er dem Leiden noch in diesem Leben ein Ende. Insofern, ihr Brüder, hat da ein heiliger Jünger die rechte Erkenntnis, ist seine Erkenntnis eine ehrliche, seine Liebe zur Lehre erprobt, gehört er dieser edlen Lehre an.

«Weiter sodann, ihr Brüder: wenn der heilige Jünger die Geburt erkennt 50
und die Entwicklung der Geburt, die Auflösung der Geburt erkennt und den zur Auflösung der Geburt führenden Pfad, hat er insofern, ihr Brüder, die rechte Erkenntnis, ist seine Erkenntnis eine ehrliche, seine Liebe zur Lehre erprobt, gehört er dieser edlen Lehre an. Was ist nun, Brüder, die Geburt, was ist die Entwicklung der Geburt, was ist die Auflösung der Geburt, was ist der zur Auflösung der Geburt führende Pfad? Der jeweiligen Wesen in jeweilig wesender Gattung Geburt, Gebärung, Bildung, Keimung, Empfängnis, das Erscheinen der Teile, das Ergreifen der Gebiete, das nennt man, Brüder, Geburt. Die Entwicklung des Werdens bedingt die Entwicklung der Geburt, die Auflösung des Werdens bedingt die Auflösung der Geburt. Das aber ist der heilige achtfältige Weg, der zur Auflösung der Geburt führende Pfad, nämlich: rechte Erkenntnis, rechte Gesinnung, rechte Rede, rechtes Handeln, rechtes Wandeln, rechtes Mühn, rechte Einsicht, rechte Einigung.

«Erkennt nun, ihr Brüder, der heilige Jünger also die Geburt, also die Entwicklung der Geburt, also die Auflösung der Geburt, also den zur Auflösung der Geburt führenden Pfad, und er hat die Regung des Wollens völlig verleugnet, die Regung des Scheuens verscheucht, die Regung der Ichheit vertilgt, das Nichtwissen verloren, das Wissen erworben, so macht er dem Leiden noch in diesem Leben ein Ende. Insofern, ihr Brüder, hat da ein heiliger Jünger die rechte Erkenntnis, ist seine Erkenntnis eine ehrliche, seine Liebe zur Lehre erprobt, gehört er dieser edlen Lehre an.

«Weiter sodann, ihr Brüder: wenn der heilige Jünger das Werden erkennt und die Entwicklung des Werdens, die Auflösung des Werdens erkennt und den zur Auflösung des Werdens führenden Pfad, hat er insofern, ihr Brüder, die rechte Erkenntnis, ist seine Erkenntnis eine ehrliche, seine Liebe zur Lehre erprobt, gehört er dieser edlen Lehre an. Was ist nun, Brüder, das Werden, was ist die Entwicklung des Werdens, was ist die Auflösung des Werdens, was ist der zur Auflösung des Werdens führende Pfad? Drei Arten des Werdens, ihr Brüder, gibt es: geschlechtliches Werden, formhaftes Werden, formloses Werden. Die Entwicklung des Anhangens bedingt die Entwicklung des Werdens, die Auflösung des Anhangens bedingt die Auflösung des Werdens. Das aber ist der heilige achtfältige Weg, der zur Auflösung des Werdens führende Pfad, nämlich: rechte Erkenntnis, rechte Gesinnung, rechte Rede, rechtes Handeln, rechtes Wandeln, rechtes Mühn, rechte Einsicht, rechte Einigung.

«Erkennt nun, ihr Brüder, der heilige Jünger also das Werden, also die Entwicklung des Werdens, also die Auflösung des Werdens, also den zur Auflösung des Werdens führenden Pfad, und er hat die Regung des Wollens völlig verleugnet, die Regung des Scheuens verscheucht, die Regung der Ichheit vertilgt, das Nichtwissen verloren, das Wissen erworben, so macht er dem Leiden noch in diesem Leben ein Ende. Insofern, ihr Brüder, hat da ein heiliger Jünger die rechte Erkenntnis, ist seine Erkenntnis eine ehrliche, seine Liebe zur Lehre erprobt, gehört er dieser edlen Lehre an.

«Weiter sodann, ihr Brüder: wenn der heilige Jünger das Anhangen erkennt und die Entwicklung des Anhangens, die Auflösung des Anhangens erkennt und den zur Auflösung des Anhangens führenden Pfad, hat er insofern, ihr Brüder, die rechte Erkenntnis, ist seine Erkenntnis eine ehrliche, seine Liebe zur Lehre erprobt, gehört er dieser edlen Lehre an. Was ist nun, Brüder, das Anhangen, was ist die Entwicklung des Anhangens, was ist die Auflösung des Anhangens, was ist der zur Auflösung des Anhangens führende Pfad? Vier Arten des Anhangens, ihr Brüder, gibt es: den Hang zur
51 Lust, den Hang zur Ansicht, den Hang zu Tugendwerk, den Hang zur Selbstbehauptung. Die Entwicklung des Durstes bedingt die Entwicklung des Anhangens, die Auflösung des Durstes bedingt die Auflösung des Anhangens. Das aber ist der heilige achtfältige Weg, der zur Auflösung des Anhangens führende Pfad, nämlich: rechte Erkenntnis, rechte Gesinnung, rechte Rede, rechtes Handeln, rechtes Wandeln, rechtes Mühn, rechte Einsicht, rechte Einigung.

«Erkennt nun, ihr Brüder, der heilige Jünger also das Anhangen, also die Entwicklung des Anhangens, also die Auflösung des Anhangens, also den zur Auflösung des Anhangens führenden Pfad, und er hat die Regung des Wollens völlig verleugnet, die Regung des Scheuens verscheucht, die Regung der Ichheit vertilgt, das Nichtwissen verloren, das Wissen erworben, so macht er dem Leiden noch in diesem Leben ein Ende. Insofern, ihr Brüder, hat da ein heiliger Jünger die rechte Erkenntnis, ist seine Erkenntnis eine ehrliche, seine Liebe zur Lehre erprobt, gehört er dieser edlen Lehre an.

«Weiter sodann, ihr Brüder: wenn der heilige Jünger den Durst erkennt und die Entwicklung des Durstes, die Auflösung des Durstes erkennt und den zur Auflösung des Durstes führenden Pfad, hat er insofern, ihr Brüder, die rechte Erkenntnis, ist seine Erkenntnis eine ehrliche, seine Liebe zur Lehre erprobt, gehört er dieser edlen Lehre an. Was ist nun, Brüder, der Durst, was ist die Entwicklung des Durstes, was ist die Auflösung des Durstes, was ist der zur Auflösung des Durstes führende Pfad? Sechs Arten des Durstes, ihr ihr Brüder, gibt es: Durst nach Formen, Durst nach Tönen, Durst nach Düften, Durst nach Säften, Durst nach Tastungen, Durst nach Gedanken. Die Entwicklung des Gefühls bedingt die Entwicklung des Durstes, die Auflösung des Gefühls bedingt die Auflösung des Durstes. Das aber ist der heilige achtfältige Weg, der zur Auflösung des Durstes führende Pfad, nämlich: rechte Erkenntnis, rechte Gesinnung, rechte Rede, rechtes Handeln, rechtes Wandeln, rechtes Mühn, rechte Einsicht, rechte Einigung.

«Erkennt nun, ihr Brüder, der heilige Jünger also den Durst, also die Entwicklung des Durstes, also die Auflösung des Durstes, also den zur Auflösung des Durstes führenden Pfad, und er hat die Regung des Wollens völlig verleugnet, die Regung des Scheuens verscheucht, die Regung der Ichheit vertilgt, das Nichtwissen verloren, das Wissen erworben, so macht er dem Leiden noch in diesem Leben ein Ende. Insofern, ihr Brüder, hat da ein heiliger Jünger die rechte Erkenntnis, ist seine Erkenntnis eine ehrliche, seine Liebe zur Lehre erprobt, gehört er dieser edlen Lehre an.

«Weiter sodann, ihr Brüder: wenn der heilige Jünger das Gefühl erkennt und die Entwicklung des Gefühls, die Auflösung des Gefühls erkennt und den zur Auflösung des Gefühls führenden Pfad, hat er insofern, ihr Brüder, die rechte Erkenntnis, ist seine Erkenntnis eine ehrliche, seine Liebe zur Lehre erprobt, gehört er dieser edlen Lehre an. Was ist nun, Brüder, das Gefühl, was ist die Entwicklung des Gefühls, was ist die Auflösung des Gefühls, was ist der zur Auflösung des Gefühls führende Pfad? Sechs Arten des Gefühls, ihr Brüder, gibt es: durch Sehberührung entstandenes Gefühl, durch Hörberührung entstandenes Gefühl, durch Riechberührung entstandenes Gefühl, durch Schmeckberührung entstandenes Gefühl, durch Tastberührung entstandenes Gefühl, durch Denkberührung entstandenes Gefühl. Die Entwicklung der Berührung bedingt die Entwicklung des Gefühls, die Auflösung der Berührung bedingt die Auflösung des Gefühls. Das aber ist der heilige achtfältige Weg, der zur Auflösung des Gefühls führende Pfad, nämlich: rechte Erkenntnis, rechte Gesinnung, rechte Rede, rechtes Handeln, rechtes Wandeln, rechtes Mühn, rechte Einsicht, rechte Einigung.

«Erkennt nun, ihr Brüder, der heilige Jünger also das Gefühl, also die Ent- 52
wicklung des Gefühls, also die Auflösung des Gefühls, also den zur Auflösung des Gefühls führenden Pfad, und er hat die Regung des Wollens völlig verleugnet, die Regung des Scheuens verscheucht, die Regung der Ichheit vertilgt, das Nichtwissen verloren, das Wissen erworben, so macht er dem Lei-

den noch in diesem Leben ein Ende. Insofern, ihr Brüder, hat da ein heiliger Jünger die rechte Erkenntnis, ist seine Erkenntnis eine ehrliche, seine Liebe zur Lehre erprobt, gehört er dieser edlen Lehre an.

«Weiter sodann, ihr Brüder: wenn der heilige Jünger die Berührung erkennt und die Entwicklung der Berührung, die Auflösung der Berührung erkennt und den zur Auflösung der Berührung führenden Pfad, hat er insofern, ihr Brüder, die rechte Erkenntnis, ist seine Erkenntnis eine ehrliche, seine Liebe zur Lehre erprobt, gehört er dieser edlen Lehre an. Was ist nun, Brüder, die Berührung, was ist die Entwicklung der Berührung, was ist die Auflösung der Berührung, was ist der zur Auflösung der Berührung führende Pfad? Sechs Arten der Berührung, ihr Brüder, gibt es: Sehberührung, Hörberührung, Riechberührung, Schmeckberührung, Tastberührung, Denkberührung. Die Entwicklung des sechsfachen Reiches bedingt die Entwicklung der Berührung, die Auflösung des sechsfachen Reiches bedingt die Auflösung der Berührung. Das aber ist der heilige achtfältige Weg, der zur Auflösung der Berührung führende Pfad, nämlich: rechte Erkenntnis, rechte Gesinnung, rechte Rede, rechtes Handeln, rechtes Wandeln, rechtes Mühn, rechte Einsicht, rechte Einigung.

«Erkennt nun, ihr Brüder, der heilige Jünger, also die Berührung, also die Entwicklung der Berührung, also die Auflösung der Berührung, also den zur Auflösung der Berührung führenden Pfad, und er hat die Regung des Wollens völlig verleugnet, die Regung des Scheuens verscheucht, die Regung der Ichheit vertilgt, das Nichtwissen verloren, das Wissen erworben, so macht er dem Leiden noch in diesem Leben ein Ende. Insofern, ihr Brüder, hat da ein heiliger Jünger die rechte Erkenntnis, ist seine Erkenntnis eine ehrliche, seine Liebe zur Lehre erprobt, gehört er dieser edlen Lehre an.

«Weiter sodann, ihr Brüder: wenn der heilige Jünger das sechsfache Reich
erkennt und die Entwicklung des sechsfachen Reiches, die Auflösung des
53 sechsfachen Reiches erkennt und den zur Auflösung des sechsfachen Reiches
führenden Pfad, hat er insofern, ihr Brüder, die rechte Erkenntnis, ist seine Erkenntnis eine ehrliche, seine Liebe zur Lehre erprobt, gehört er dieser edlen Lehre an. Was ist nun, Brüder, das sechsfache Reich, was ist die Entwicklung des sechsfachen Reiches, was ist die Auflösung des sechsfachen Reiches, was ist der zur Auflösung des sechsfachen Reiches führende Pfad? Sechs Bereiche, ihr Brüder, gibt es: Gesichtbereich, Gehörbereich, Geruchbereich, Geschmackbereich, Getastbereich, Gedenkbereich. Die Entwicklung von Bild und Begriff bedingt die Entwicklung des sechsfachen Reiches, die Auflösung von Bild und Begriff bedingt die Auflösung des sechsfachen Reiches. Das aber ist der heilige achtfältige Weg, der zur Auflösung des sechsfachen Reiches führende Pfad, nämlich: rechte Erkenntnis, rechte Gesinnung, rechte Rede,

rechtes Handeln, rechtes Wandeln, rechtes Mühn, rechte Einsicht, rechte Einigung.

«Erkennt nun, ihr Brüder, der heilige Jünger also das sechsfache Reich, also die Entwicklung des sechsfachen Reiches, also die Auflösung des sechsfachen Reiches, also den zur Auflösung des sechsfachen Reiches führenden Pfad, und er hat die Regung des Wollens völlig verleugnet, die Regung des Scheuens verscheucht, die Regung der Ichheit vertilgt, das Nichtwissen verloren, das Wissen erworben, so macht er dem Leiden noch in diesem Leben ein Ende. Insofern, ihr Brüder hat da ein heiliger Jünger die rechte Erkenntnis, ist seine Erkenntnis eine ehrliche, seine Liebe zur Lehre erprobt, gehört er dieser edlen Lehre an.

«Weiter sodann, ihr Brüder: wenn der heilige Jünger Bild und Begriff erkennt und die Entwicklung von Bild und Begriff, die Auflösung von Bild und Begriff erkennt und den zur Auflösung von Bild und Begriff führenden Pfad, hat er insofern, ihr Brüder, die rechte Erkenntnis, ist seine Erkenntnis eine ehrliche, seine Liebe zur Lehre erprobt, gehört er dieser edlen Lehre an. Was ist nun, Brüder, Bild und Begriff, was ist die Entwicklung von Bild und Begriff, was ist die Auflösung von Bild und Begriff, was ist der zur Auflösung von Bild und Begriff führende Pfad? Gefühl, Wahrnehmung, Denken, Berührung, Aufmerksamkeit, das nennt man, Brüder, Begriff. Die vier Hauptstoffe und was durch die vier Hauptstoffe gebildet besteht, das nennt man, Brüder, Bild. Und so ist dies das Bild und dies der Begriff. Das nennt man, Brüder, Bild und Begriff. Die Entwicklung des Bewußtseins bedingt die Entwicklung von Bild und Begriff, die Auflösung des Bewußtseins bedingt die Auflösung von Bild und Begriff. Das aber ist der heilige achtfältige Weg, der zur Auflösung von Bild und Begriff führende Pfad, nämlich: rechte Erkenntnis, rechte Gesinnung, rechte Rede, rechtes Handeln, rechtes Wandeln, rechtes Mühn, rechte Einsicht, rechte Einigung.

«Erkennt nun, ihr Brüder, der heilige Jünger also Bild und Begriff, also die Entwicklung von Bild und Begriff, also die Auflösung von Bild und Begriff, also den zur Auflösung von Bild und Begriff führenden Pfad, und er hat die Regung des Wollens völlig verleugnet, die Regung des Scheuens verscheucht, die Regung der Ichheit vertilgt, das Nichtwissen verloren, das Wissen erworben, so macht er dem Leiden noch in diesem Leben ein Ende. Insofern, ihr Brüder, hat da ein heiliger Jünger die rechte Erkenntnis, ist seine Erkenntnis eine ehrliche, seine Liebe zur Lehre erprobt, gehört er dieser edlen Lehre an.

«Weiter sodann, ihr Brüder: wenn der heilige Jünger das Bewußtsein erkennt und die Entwicklung des Bewußtseins, die Auflösung des Bewußtseins erkennt und den zur Auflösung des Bewußtseins führenden Pfad, hat er insofern, ihr Brüder, die rechte Erkenntnis, ist seine Erkenntnis eine ehrliche, seine Liebe zur Lehre erprobt, gehört er dieser edlen Lehre an. Was ist nun, Brüder, das Bewußtsein, was ist die Entwicklung des Bewußtseins, was ist die Auflösung des Bewußtseins, was ist der zur Auflösung des Bewußtseins führende Pfad? Sechs Arten des Bewußtseins, ihr Brüder, gibt es: Sehbewußtsein, Hörbewußtsein, Riechbewußtsein, Schmeckbewußtsein, Tastbewußtsein, Denkbewußtsein. Die Entwicklung der Unterscheidung bedingt die Entwicklung des Bewußtseins, die Auflösung der Unterscheidung bedingt die Auflösung des Bewußtseins. Das aber ist der heilige achtfältige Weg, der zur Auflösung des Bewußtseins führende Pfad, nämlich: rechte Erkenntnis, rechte Gesinnung, rechte Rede, rechtes Handeln, rechtes Wandeln, rechtes Mühn, rechte Einsicht, rechte Einigung.

«Erkennt nun, ihr Brüder, der heilige Jünger also das Bewußtsein, also die
Entwicklung des Bewußtseins, also die Auflösung des Bewußtseins, also den
54 zur Auflösung des Bewußtseins führenden Pfad, und er hat die Regung des
Wollens völlig verleugnet, die Regung des Scheuens verscheucht, die Regung der Ichheit vertilgt, das Nichtwissen verloren, das Wissen erworben, so macht er dem Leiden noch in diesem Leben ein Ende. Insofern, ihr Brüder, hat da ein heiliger Jünger die rechte Erkenntnis, ist seine Erkenntnis eine ehrliche, seine Liebe zur Lehre erprobt, gehört er dieser edlen Lehre an.

«Weiter sodann, ihr Brüder: wenn der heilige Jünger die Unterscheidung erkennt und die Entwicklung der Unterscheidung, die Auflösung der Unterscheidung erkennt und den zur Auflösung der Unterscheidung führenden Pfad, hat er insofern, ihr Brüder, die rechte Erkenntnis, ist seine Erkenntnis eine ehrliche, seine Liebe zur Lehre erprobt, gehört er dieser edlen Lehre an. Was ist nun, Brüder, die Unterscheidung, was ist die Entwicklung der Unterscheidung, was ist die Auflösung der Unterscheidung, was ist der zur Auflösung der Unterscheidung führende Pfad? Drei Arten der Unterscheidung, ihr Brüder, gibt es: körperliche Unterscheidung, sprachliche Unterscheidung, geistige Unterscheidung. Die Entwicklung des Nichtwissens bedingt die Entwicklung der Unterscheidung, die Auflösung des Nichtwissens bedingt die Auflösung der Unterscheidung. Das aber ist der heilige achtfältige Weg, der zur Auflösung der Unterscheidung führende Pfad, nämlich: rechte Erkenntnis, rechte Gesinnung, rechte Rede, rechtes Handeln, rechtes Wandeln, rechtes Mühn, rechte Einsicht, rechte Einigung.

«Erkennt nun, ihr Brüder, der heilige Jünger also die Unterscheidung, also die Entwicklung der Unterscheidung, also die Auflösung der Unterscheidung, also den zur Auflösung der Unterscheidung führenden Pfad, und er hat die Regung des Wollens völlig verleugnet, die Regung des Scheuens verscheucht, die Regung der Ichheit vertilgt, das Nichtwissen verloren, das Wissen erworben, so macht er dem Leiden noch in diesem Leben ein Ende.

Insofern, ihr Brüder, hat da ein heiliger Jünger die rechte Erkenntnis, ist seine Erkenntnis eine ehrliche, seine Liebe zur Lehre erprobt, gehört er dieser edlen Lehre an.

«Weiter sodann, ihr Brüder: wenn der heilige Jünger das Nichtwissen erkennt und die Entwicklung des Nichtwissens, die Auflösung des Nichtwissens erkennt und den zur Auflösung des Nichtwissens führenden Pfad, hat er insofern, ihr Brüder, die rechte Erkenntnis, ist seine Erkenntnis eine ehrliche, seine Liebe zur Lehre erprobt, gehört er dieser edlen Lehre an. Was ist nun, Brüder, das Nichtwissen, was ist die Entwicklung des Nichtwissens, was ist die Auflösung des Nichtwissens, was ist der zur Auflösung des Nichtwissens führende Pfad? Das Leiden, ihr Brüder, nicht kennen, die Leidensentwicklung nicht kennen, die Leidensauflösung nicht kennen, den zur Leidensauflösung führenden Pfad nicht kennen, das nennt man, Brüder, Nichtwissen. Die Entwicklung des Wahns bedingt die Entwicklung des Nichtwissens, die Auflösung des Wahns bedingt die Auflösung des Nichtwissens. Das aber ist der heilige achtfältige Weg, der zur Auflösung des Nichtwissens führende Pfad, nämlich: rechte Erkenntnis, rechte Gesinnung, rechte Rede, rechtes Handeln, rechtes Wandeln, rechtes Mühn, rechte Einsicht, rechte Einigung.

«Erkennt nun, ihr Brüder, der heilige Jünger also das Nichtwissen, also die Entwicklung des Nichtwissens, also die Auflösung des Nichtwissens, also den zur Auflösung des Nichtwissens führenden Pfad, und er hat die Regung des Wollens völlig verleugnet, die Regung des Scheuens verscheucht, die Regung der Ichheit vertilgt, das Nichtwissen verloren, das Wissen erworben, so macht er dem Leiden noch in diesem Leben ein Ende. Insofern, ihr Brüder, hat da ein heiliger Jünger die rechte Erkenntnis, ist seine Erkenntnis eine ehrliche, seine Liebe zur Lehre erprobt, gehört er dieser edlen Lehre an.

«Weiter sodann, ihr Brüder: wenn der heilige Jünger den Wahn erkennt 55
und die Wahnentwicklung, die Wahnauflösung erkennt und den zur Wahnauflösung führenden Pfad, hat er insofern, ihr Brüder, die rechte Erkenntnis, ist seine Erkenntnis eine ehrliche, seine Liebe zur Lehre erprobt, gehört er dieser edlen Lehre an. Was ist nun, Brüder, der Wahn, was ist die Wahnentwicklung, was ist die Wahnauflösung, was ist der zur Wahnauflösung führende Pfad? Drei Arten des Wahns, ihr Brüder, gibt es: Wunscheswahn, Daseinswahn, Nichtwissenswahn. Die Entwicklung des Nichtwissens bedingt die Entwicklung des Wahns, die Auflösung des Nichtwissens bedingt die Auflösung des Wahns. Das aber ist der heilige achtfältige Weg, der zur Wahnauflösung führende Pfad, nämlich: rechte Erkenntnis, rechte Gesinnung, rechte Rede, rechtes Handeln, rechtes Wandeln, rechtes Mühn, rechte Einsicht, rechte Einigung.

«Erkennt nun, ihr Brüder, der heilige Jünger also den Wahn, also die Wahnentwicklung, also die Wahnauflösung, also den zur Wahnauflösung führenden Pfad, und er hat die Regung des Wollens völlig verleugnet, die Regung des Scheuens verscheucht, die Regung der Ichheit vertilgt, das Nichtwissen verloren, das Wissen erworben, so macht er dem Leiden noch in diesem Leben ein Ende. Insofern, ihr Brüder, hat da ein heiliger Jünger die rechte Erkenntnis, ist seine Erkenntnis eine ehrliche, seine Liebe zur Lehre erprobt, gehört er dieser edlen Lehre an.»

Also sprach der ehrwürdige Sāriputto. Zufrieden freuten sich jene Mönche über das Wort des ehrwürdigen Sāriputto.

10

ERSTER TEIL · ZEHNTE REDE

DIE PFEILER DER EINSICHT

Das hab' ich gehört. Zu einer Zeit weilte der Erhabene im Kurū-Lande, bei einer Stadt der Kurūner Namens Kammāsadammann. Dort nun wandte sich der Erhabene an die Mönche: «Ihr Mönche!» – «Erlauchter!» antworteten da jene Mönche dem Erhabenen aufmerksam. Der Erhabene sprach also:

«Der gerade Weg, ihr Mönche, der zur Läuterung der Wesen, zur Über-
56 wältigung des Schmerzes und Jammers, zur Zerstörung des Leidens und der Trübsal, zur Gewinnung des Rechten, zur Verwirklichung der Erlöschung führt, das sind die vier Pfeiler der Einsicht. Welche vier? Da wacht, ihr Mönche, ein Mönch beim Körper über den Körper, unermüdlich, klaren Sinnes, einsichtig, nach Verwindung weltlichen Begehrens und Bekümmerns; wacht bei den Gefühlen über die Gefühle, unermüdlich, klaren Sinnes, einsichtig, nach Verwindung weltlichen Begehrens und Bekümmerns; wacht beim Gemüte über das Gemüt, unermüdlich, klaren Sinnes, einsichtig, nach Verwindung weltlichen Begehrens und Bekümmerns; wacht bei den Erscheinungen über die Erscheinungen, unermüdlich, klaren Sinnes, einsichtig, nach Verwindung weltlichen Begehrens und Bekümmerns.

«Wie aber, ihr Mönche, wacht ein Mönch beim Körper über den Körper?

Da begibt sich, ihr Mönche, der Mönch ins Innere des Waldes oder unter einen großen Baum oder in eine leere Klause, setzt sich mit verschränkten Beinen nieder, den Körper gerade aufgerichtet, und pflegt der Einsicht. Bedächtig atmet er ein, bedächtig atmet er aus. Atmet er tief ein, so weiß er ‹Ich atme tief ein›, atmet er tief aus, so weiß er ‹Ich atme tief aus›; atmet er kurz ein, so weiß er ‹Ich atme kurz ein›, atmet er kurz aus, so weiß er ‹Ich atme kurz aus›. ‹Den ganzen Körper empfindend will ich einatmen›, ‹Den ganzen Körper empfindend will ich ausatmen›, so übt er sich. ‹Diese Körperverbindung besänftigend will ich einatmen›, ‹Diese Körperverbindung besänftigend will ich ausatmen›, so übt er sich.

«Gleichwie etwa, ihr Mönche, ein geschickter Drechsler oder Drechslergeselle tief anziehend weiß ‹Ich ziehe tief an›, kurz anziehend weiß ‹Ich ziehe kurz an›: ebenso nun auch, ihr Mönche, weiß der Mönch tief einatmend ‹Ich atme tief ein›, tief ausatmend ‹Ich atme tief aus›; kurz einatmend ‹Ich atme kurz ein›, kurz ausatmend ‹Ich atme kurz aus›; übt er sich ‹Den ganzen Körper empfindend will ich einatmen›, ‹Den ganzen Körper empfindend will ich ausatmen›; übt er sich ‹Diese Körperverbindung besänftigend will ich einatmen›, ‹Diese Körperverbindung besänftigend will ich ausatmen›.

«So wacht er nach innen beim Körper über den Körper, so wacht er nach außen beim Körper über den Körper, nach innen und außen wacht er beim Körper über den Körper. Er beobachtet wie der Körper entsteht, beobachtet wie der Körper vergeht, beobachtet wie der Körper entsteht und vergeht. ‹Der Körper ist da›: diese Einsicht ist ihm nun gegenwärtig, soweit sie eben zum Wissen taugt, zur Besinnung taugt; und uneingepflanzt verharrt er, und nirgend in der Welt ist er angehangen. So aber, ihr Mönche, wacht der Mönch beim Körper über den Körper.

«Weiter sodann, ihr Mönche: der Mönch weiß wenn er geht ‹Ich gehe›,
weiß wenn er steht ‹Ich stehe›, weiß wenn er sitzt ‹Ich sitze›, weiß wenn er 57
liegt ‹Ich liege›, er weiß wenn sich sein Körper in dieser oder jener Stellung
befindet, daß es diese oder jene Stellung ist.

«So wacht er nach innen beim Körper über den Körper, so wacht er nach außen beim Körper über den Körper, nach innen und außen wacht er beim Körper über den Körper. Er beobachtet wie der Körper entsteht, beobachtet wie der Körper vergeht, beobachtet wie der Körper entsteht und vergeht. ‹Der Körper ist da›: diese Einsicht ist ihm nun gegenwärtig, soweit sie eben zum Wissen taugt, zur Besinnung taugt; und uneingepflanzt verharrt er, und nirgend in der Welt ist er angehangen. So aber, ihr Mönche, wacht der Mönch beim Körper über den Körper.

«Weiter sodann, ihr Mönche: der Mönch ist klar bewußt beim Kommen und Gehn, klar bewußt beim Hinblicken und Wegblicken, klar bewußt beim

Neigen und Erheben, klar bewußt beim Tragen des Gewandes und der Almosenschale des Ordens, klar bewußt beim Essen und Trinken, Kauen und Schmecken, klar bewußt beim Entleeren von Kot und Harn, klar bewußt beim Gehn und Stehn und Sitzen, beim Einschlafen und Erwachen, beim Sprechen und Schweigen.

«So wacht er nach innen beim Körper über den Körper, so wacht er nach außen beim Körper über den Körper, nach innen und außen wacht er beim Körper über den Körper. Er beobachtet wie der Körper entsteht, beobachtet wie der Körper vergeht, beobachtet wie der Körper entsteht und vergeht. ‹Der Körper ist da›: diese Einsicht ist ihm nun gegenwärtig, soweit sie eben zum Wissen taugt, zur Besinnung taugt; und uneingepflanzt verharrt er, und nirgend in der Welt ist er angehangen. So aber, ihr Mönche, wacht der Mönch beim Körper über den Körper.

«Weiter sodann, ihr Mönche: der Mönch betrachtet sich diesen Körper da von der Sohle bis zum Scheitel, den hautüberzogenen, den unterschiedliches Unreine ausfüllt: ‹Dieser Körper trägt einen Schopf, ist behaart, hat Nägel und Zähne, Haut und Fleisch, Sehnen und Knochen und Knochenmark, Nieren, Herz und Leber, Zwerchfell, Milz, Lungen, Magen[8], Eingeweide, Weichteile und Kot, hat Galle, Schleim, Eiter, Blut, Schweiß, Lymphe, Tränen, Serum, Speichel, Rotz, Gelenköl, Urin.›

«Gleichwie etwa, ihr Mönche, wenn da ein Sack, an beiden Enden zugebunden, mit verschiedenem Korne gefüllt wäre, als wie etwa mit Reis, mit Bohnen, mit Sesam, und ein scharfsehender Mann bände ihn auf und untersuchte den Inhalt: ‹Das ist Reis, das sind Bohnen, das ist Sesam›: ebenso nun auch, ihr Mönche, betrachtet sich der Mönch diesen Körper da von der Sohle bis zum Scheitel, den hautüberzogenen, den unterschiedliches Unreine ausfüllt.

«So wacht er nach innen beim Körper über den Körper, so wacht er nach außen beim Körper über den Körper, nach innen und außen wacht er beim Körper über den Körper. Er beobachtet wie der Körper entsteht, beobachtet wie der Körper vergeht, beobachtet wie der Körper entsteht und vergeht. ‹Der Körper ist da›: diese Einsicht ist ihm nun gegenwärtig, soweit sie eben zum Wissen taugt, zur Besinnung taugt; und uneingepflanzt verharrt er, und nirgend in der Welt ist er angehangen. So aber, ihr Mönche, wacht der Mönch beim Körper über den Körper.

«Weiter sodann, ihr Mönche: der Mönch schaut sich diesen Körper da wie er geht und steht als Artung an: ‹Dieser Körper ist von Erdenart, von Wasserart, von Feuerart, von Luftart.›

58 «Gleichwie etwa, ihr Mönche, ein geschickter Metzger oder Metzgergeselle eine Kuh schlachtet, auf den Markt bringt, Stück vor Stück zerlegt

und sich dann hinsetzen mag: ebenso nun auch, ihr Mönche, schaut sich der Mönch diesen Körper da wie er geht und steht als Artung an: ‹Dieser Körper ist von Erdenart, von Wasserart, von Feuerart, von Luftart.›

«So wacht er nach innen beim Körper über den Körper, so wacht er nach außen beim Körper über den Körper, nach innen und außen wacht er beim Körper über den Körper. Er beobachtet wie der Körper entsteht, beobachtet wie der Körper vergeht, beobachtet wie der Körper entsteht und vergeht. ‹Der Körper ist da›: diese Einsicht ist ihm nun gegenwärtig, soweit sie eben zum Wissen taugt, zur Besinnung taugt; und uneingepflanzt verharrt er, und nirgend in der Welt ist er angehangen. So aber, ihr Mönche, wacht der Mönch beim Körper über den Körper.

«Weiter sodann, ihr Mönche: als hätte der Mönch einen Leib auf der Lei-
chenstätte liegen sehn, einen Tag nach dem Tode oder zwei oder drei Tage
nach dem Tode, aufgedunsen, blauschwarz gefärbt, in Fäulnis übergegangen,
zieht er den Schluß auf sich selbst: ‹Und auch dieser Körper ist so beschaffen,
wird das werden, kann dem nicht entgehn.› Weiter sodann, ihr Mönche: als
hätte der Mönch einen Leib auf der Leichenstätte liegen sehn, von Krähen
oder Raben oder Geiern zerfressen, von Hunden oder Schakalen zerfleischt,
oder von vielerlei Würmern zernagt, zieht er den Schluß auf sich selbst: ‹Und
auch dieser Körper ist so beschaffen, wird das werden, kann dem nicht ent-
gehn.› Weiter sodann, ihr Mönche: als hätte der Mönch einen Leib auf der
Leichenstätte liegen sehn, ein Knochengerippe, fleischbehangen, blutbesu-
delt, von den Sehnen zusammengehalten; ein Knochengerippe, fleischent-
blößt, blutbefleckt, von den Sehnen zusammengehalten; ein Knochengerippe,
ohne Fleisch, ohne Blut, von den Sehnen zusammengehalten; die Gebeine,
ohne die Sehnen, hierher und dorthin verstreut, da ein Handknochen, dort
ein Fußknochen, da ein Schienbein, dort ein Schenkel, da das Becken, dort
Wirbel, da der Schädel; als hätte er das gesehn, zieht er den Schluß auf sich
selbst: ‹Und auch dieser Körper ist so beschaffen, wird das werden, kann dem
nicht entgehn.› Weiter sodann, ihr Mönche: als hätte der Mönch einen Leib
auf der Leichenstätte liegen sehn, Gebeine, blank, muschelfarbig; Gebeine,
zuhauf geschichtet, nach Verlauf eines Jahres; Gebeine, verwest, in Staub zer-
fallen; als hätte er das gesehn, zieht er den Schluß auf sich selbst: ‹Und auch 59
dieser Körper ist so beschaffen, wird das werden, kann dem nicht entgehn.›

«So wacht er nach innen beim Körper über den Körper, so wacht er nach außen beim Körper über den Körper, nach innen und außen wacht er beim Körper über den Körper. Er beobachtet wie der Körper entsteht, beobachtet wie der Körper vergeht, beobachtet wie der Körper entsteht und vergeht. ‹Der Körper ist da›: diese Einsicht ist ihm nun gegenwärtig, soweit sie eben zum Wissen taugt, zur Besinnung taugt; und uneingepflanzt verharrt er, und nirgend in der Welt ist er angehangen. So aber, ihr Mönche, wacht der Mönch beim Körper über den Körper.

«Wie aber, ihr Mönche, wacht der Mönch bei den Gefühlen über das Gefühl? Da weiß, ihr Mönche, der Mönch wenn er ein Wohlgefühl empfindet ‹Ich empfinde ein Wohlgefühl›, weiß wenn er ein Wehgefühl empfindet ‹Ich empfinde ein Wehgefühl›, weiß wenn er kein Wohl- und kein Wehgefühl empfindet ‹Ich empfinde kein Wohl- und kein Wehgefühl›. Er weiß wenn er ein weltliches Wohlgefühl empfindet ‹Ich empfinde ein weltliches Wohlgefühl›, und weiß wenn er ein überweltliches Wohlgefühl empfindet ‹Ich empfinde ein überweltliches Wohlgefühl›, weiß wenn er ein weltliches Wehgefühl empfindet ‹Ich empfinde ein weltliches Wehgefühl›, und weiß wenn er ein überweltliches Wehgefühl empfindet ‹Ich empfinde ein überweltliches Wehgefühl›, weiß wenn er ein weltliches Gefühl ohne Wohl und Weh empfindet ‹Ich empfinde ein weltliches Gefühl ohne Wohl und Weh›, und weiß wenn er ein überweltliches Gefühl ohne Wohl und Weh empfindet ‹Ich empfinde ein überweltliches Gefühl ohne Wohl und Weh›.

«So wacht er nach innen bei den Gefühlen über das Gefühl, so wacht er nach außen bei den Gefühlen über das Gefühl, nach innen und außen wacht er bei den Gefühlen über das Gefühl. Er beobachtet wie die Gefühle entstehn, beobachtet wie die Gefühle vergehn, beobachtet wie die Gefühle entstehn und vergehn. ‹Das Gefühl ist da›: diese Einsicht ist ihm nun gegenwärtig, soweit sie eben zum Wissen taugt, zur Besinnung taugt; und uneingepflanzt verharrt er, und nirgend in der Welt ist er angehangen. So aber, ihr Mönche, wacht der Mönch bei den Gefühlen über das Gefühl.

«Wie aber, ihr Mönche, wacht der Mönch beim Gemüte über das Gemüt? Da kennt, ihr Mönche, der Mönch das begehrliche Gemüt als begehrlich und das begehrlose Gemüt als begehrlos, das gehässige Gemüt als gehässig und das haßlose Gemüt als haßlos, das irrende Gemüt als irrend und das irrlose Gemüt als irrlos, das gesammelte Gemüt als gesammelt und das zerstreute Gemüt als zerstreut, das hochstrebende Gemüt als hochstrebend und das niedrig gesinnte Gemüt als niedrig gesinnt, das edle Gemüt als edel und das gemeine Gemüt als gemein, das beruhigte Gemüt als beruhigt und das ruhelose Gemüt als ruhelos, das erlöste Gemüt kennt er als erlöst und das gefesselte Gemüt als gefesselt.

«So wacht er nach innen beim Gemüte über das Gemüt, so wacht er nach außen beim Gemüte über das Gemüt, nach innen und außen wacht er beim
60 Gemüte über das Gemüt. Er beobachtet wie das Gemüt entsteht, beobachtet wie das Gemüt vergeht, beobachtet wie das Gemüt entsteht und vergeht.

‹Das Gemüt ist da›: diese Einsicht ist ihm nun gegenwärtig, soweit sie eben zum Wissen taugt, zur Besinnung taugt; und uneingepflanzt verharrt er, und nirgend in der Welt ist er angehangen. So aber, ihr Mönche, wacht der Mönch beim Gemüte über das Gemüt.

«Wie aber, ihr Mönche, wacht der Mönch bei den Erscheinungen über die Erscheinungen? Da wacht, ihr Mönche, der Mönch bei den Erscheinungen über das Erscheinen der fünf Hemmungen. Wie aber, ihr Mönche, wacht der Mönch bei den Erscheinungen über das Erscheinen der fünf Hemmungen? Da merkt, ihr Mönche, der Mönch wenn Wunscheswille in ihm ist ‹In mir ist Wunscheswille›, merkt wenn kein Wunscheswille in ihm ist ‹In mir ist kein Wunscheswille›. Er merkt es wenn Wunscheswille sich eben erst entwickelt, merkt es wenn der deutlich gewordene Wunscheswille aufgehoben wird, und merkt es wenn der aufgehobene Wunscheswille künftig nicht mehr erscheint. Er merkt wenn Hassensgroll in ihm ist ‹In mir ist Hassensgroll›, merkt wenn kein Hassensgroll in ihm ist ‹In mir ist kein Hassensgroll›. Er merkt es wenn Hassensgroll sich eben erst entwickelt, merkt es wenn der deutlich gewordene Hassensgroll aufgehoben wird, und merkt es wenn der aufgehobene Hassensgroll künftig nicht mehr erscheint. Er merkt wenn matte Müde in ihm ist ‹In mir ist matte Müde›, merkt wenn keine matte Müde in ihm ist ‹In mir ist keine matte Müde›. Er merkt es wenn matte Müde sich eben erst entwickelt, merkt es wenn die deutlich gewordene matte Müde aufgehoben wird, und merkt es wenn die aufgehobene matte Müde künftig nicht mehr erscheint. Er merkt wenn stolzer Unmut in ihm ist ‹In mir ist stolzer Unmut›, merkt wenn kein stolzer Unmut in ihm ist ‹In mir ist kein stolzer Unmut›. Er merkt es wenn stolzer Unmut sich eben erst entwickelt, merkt es wenn der deutlich gewordene stolze Unmut aufgehoben wird, und merkt es wenn der aufgehobene stolze Unmut künftig nicht mehr erscheint. Er merkt wenn Schwanken in ihm ist ‹In mir ist Schwanken›, merkt wenn kein Schwanken in ihm ist ‹In mir ist kein Schwanken›. Er merkt es wenn Schwanken sich eben erst entwickelt, merkt es wenn das deutlich gewordene Schwanken aufgehoben wird, und merkt es wenn das aufgehobene Schwanken künftig nicht mehr erscheint.

«So wacht er nach innen bei den Erscheinungen über die Erscheinungen, so wacht er nach außen bei den Erscheinungen über die Erscheinungen, nach innen und außen wacht er bei den Erscheinungen über die Erscheinungen. Er beobachtet wie die Erscheinungen entstehn, beobachtet wie die Erscheinungen vergehn, beobachtet wie die Erscheinungen entstehn und vergehn. ‹Die Erscheinungen sind da›: diese Einsicht ist ihm nun gegenwärtig, soweit sie eben zum Wissen taugt, zur Besinnung taugt; und uneingepflanzt verharrt er, und nirgend in der Welt ist er angehangen. So aber, ihr Mönche, wacht der Mönch bei den Erscheinungen über das Erscheinen der fünf Hemmungen.

«Weiter sodann, ihr Mönche, wacht der Mönch bei den Erscheinungen
61 über das Erscheinen der fünf Stücke des Anhangens. Wie aber, ihr Mönche, wacht der Mönch bei den Erscheinungen über das Erscheinen der fünf Stücke des Anhangens? Da sagt sich, ihr Mönche, der Mönch: ‹So ist die Form, so entsteht sie, so löst sie sich auf; so ist das Gefühl, so entsteht es, so löst es sich auf; so ist die Wahrnehmung, so entsteht sie, so löst sie sich auf; so sind die Unterscheidungen, so entstehn sie, so lösen sie sich auf; so ist das Bewußtsein, so entsteht es, so löst es sich auf.›

«So wacht er nach innen bei den Erscheinungen über die Erscheinungen, so wacht er nach außen bei den Erscheinungen über die Erscheinungen, nach innen und außen wacht er bei den Erscheinungen über die Erscheinungen. Er beobachtet wie die Erscheinungen entstehn, beobachtet wie die Erscheinungen vergehn, beobachtet wie die Erscheinungen entstehn und vergehn. ‹Die Erscheinungen sind da›: diese Einsicht ist ihm nun gegenwärtig, soweit sie eben zum Wissen taugt, zur Besinnung taugt; und uneingepflanzt verharrt er, und nirgend in der Welt ist er angehangen. So aber, ihr Mönche, wacht der Mönch bei den Erscheinungen über das Erscheinen der fünf Stücke des Anhangens.

«Weiter sodann, ihr Mönche, wacht der Mönch bei den Erscheinungen über das Erscheinen der sechs Innen- und Außenreiche. Wie aber, ihr Mönche, wacht der Mönch bei den Erscheinungen über das Erscheinen der sechs Innen- und Außenreiche? Da kennt, ihr Mönche, der Mönch das Auge und kennt die Formen, und die Verbindung, die sich aus beiden ergibt, auch diese kennt er. Er kennt es wenn die Verbindung eben erst erfolgt, kennt es wenn die erfolgte Verbindung aufgehoben wird, und kennt es wenn die aufgehobene Verbindung künftig nicht mehr erscheint. Er kennt das Ohr und kennt die Töne, und die Verbindung, die sich aus beiden ergibt, auch diese kennt er. Er kennt es wenn die Verbindung eben erst erfolgt, kennt es wenn die erfolgte Verbindung aufgehoben wird, und kennt es wenn die aufgehobene Verbindung künftig nicht mehr erscheint. Er kennt die Nase und kennt die Düfte, und die Verbindung, die sich aus beiden ergibt, auch diese kennt er. Er kennt es wenn die Verbindung eben erst erfolgt, kennt es wenn die erfolgte Verbindung aufgehoben wird, und kennt es wenn die aufgehobene Verbindung künftig nicht mehr erscheint. Er kennt die Zunge und kennt die Säfte, und die Verbindung, die sich aus beiden ergibt, auch diese kennt er. Er kennt es wenn die Verbindung eben erst erfolgt, kennt es wenn die erfolgte Verbindung aufgehoben wird, und kennt es wenn die aufgehobene Verbindung künftig nicht mehr erscheint. Er kennt den Leib und kennt die Tastungen, und die Verbindung, die sich aus beiden ergibt, auch diese kennt er. Er kennt es wenn die Verbindung eben erst erfolgt, kennt es wenn die erfolgte Verbindung aufgehoben wird, und kennt es wenn die aufgehobene Verbindung künftig nicht mehr erscheint. Er kennt das Denken und kennt die Dinge, und die Verbindung, die sich aus beiden ergibt, auch diese kennt er. Er kennt es wenn die Verbindung eben erst erfolgt, kennt es wenn die erfolgte Verbindung aufgehoben wird, und kennt es wenn die aufgehobene Verbindung künftig nicht mehr erscheint.

«So wacht er nach innen bei den Erscheinungen über die Erscheinungen, so wacht er nach außen bei den Erscheinungen über die Erscheinungen, nach innen und außen wacht er bei den Erscheinungen über die Erscheinungen. Er beobachtet wie die Erscheinungen entstehn, beobachtet wie die Erscheinungen vergehn, beobachtet wie die Erscheinungen entstehn und vergehn. ‹Die Erscheinungen sind da›: diese Einsicht ist ihm nun gegenwärtig, soweit sie eben zum Wissen taugt, zur Besinnung taugt; und uneingepflanzt verharrt er, und nirgend in der Welt ist er angehangen. So aber, ihr Mönche, wacht der Mönch bei den Erscheinungen über das Erscheinen der sechs Innen- und Außenreiche.

«Weiter sodann, ihr Mönche, wacht der Mönch bei den Erscheinungen über das Erscheinen der sieben Erweckungen. Wie aber, ihr Mönche, wacht der Mönch bei den Erscheinungen über das Erscheinen der sieben Erweckungen? Da gewahrt, ihr Mönche, der Mönch wenn Einsicht in ihm munter wird ‹In mir wird Einsicht munter›, und gewahrt wenn Einsicht in ihm nicht munter wird ‹In mir wird Einsicht nicht munter›; er gewahrt es wenn Ein- 62
sicht eben erst munter wird, und gewahrt es wenn die munter gewordene Einsicht völlig aufgeht. Er gewahrt wenn Tiefsinn in ihm munter wird ‹In mir wird Tiefsinn munter›, und gewahrt wenn Tiefsinn in ihm nicht munter wird ‹In mir wird Tiefsinn nicht munter›; er gewahrt es wenn Tiefsinn eben erst munter wird, und gewahrt es wenn der munter gewordene Tiefsinn völlig aufgeht. Er gewahrt wenn Kraft in ihm munter wird ‹In mir wird Kraft munter›, und gewahrt wenn Kraft in ihm nicht munter wird ‹In mir wird Kraft nicht munter›; er gewahrt es wenn Kraft eben erst munter wird, und gewahrt es wenn die munter gewordene Kraft völlig aufgeht. Er gewahrt wenn Heiterkeit in ihm munter wird ‹In mir wird Heiterkeit munter›, und gewahrt wenn Heiterkeit in ihm nicht munter wird ‹In mir wird Heiterkeit nicht munter›; er gewahrt es wenn Heiterkeit eben erst munter wird, und gewahrt es wenn die munter gewordene Heiterkeit völlig aufgeht. Er gewahrt wenn Lindheit in ihm munter wird ‹In mir wird Lindheit munter›, und gewahrt wenn Lindheit in ihm nicht munter wird ‹In mir wird Lindheit

nicht munter›; er gewahrt es wenn Lindheit eben erst munter wird, und gewahrt es wenn die munter gewordene Lindheit völlig aufgeht. Er gewahrt wenn Innigkeit in ihm munter wird ‹In mir wird Innigkeit munter›, und gewahrt wenn Innigkeit in ihm nicht munter wird ‹In mir wird Innigkeit nicht munter›; er gewahrt es wenn Innigkeit eben erst munter wird, und gewahrt es wenn die munter gewordene Innigkeit völlig aufgeht. Er gewahrt wenn Gleichmut in ihm munter wird ‹In mir wird Gleichmut munter›, und gewahrt wenn Gleichmut in ihm nicht munter wird ‹In mir wird Gleichmut nicht munter›; er gewahrt es wenn Gleichmut eben erst munter wird, und gewahrt es wenn der munter gewordene Gleichmut völlig aufgeht.

«So wacht er nach innen bei den Erscheinungen über die Erscheinungen, so wacht er nach außen bei den Erscheinungen über die Erscheinungen, nach innen und außen wacht er bei den Erscheinungen über die Erscheinungen. Er beobachtet wie die Erscheinungen entstehn, beobachtet wie die Erscheinungen vergehn, beobachtet wie die Erscheinungen entstehn und vergehn. ‹Die Erscheinungen sind da›: diese Einsicht ist ihm nun gegenwärtig, soweit sie eben zum Wissen taugt, zur Besinnung taugt; und uneingepflanzt verharrt er, und nirgend in der Welt ist er angehangen. So aber, ihr Mönche, wacht der Mönch bei den Erscheinungen über das Erscheinen der sieben Erweckungen.

«Weiter sodann, ihr Mönche, wacht der Mönch bei den Erscheinungen über das Erscheinen der vier heiligen Wahrheiten. Wie aber, ihr Mönche, wacht der Mönch bei den Erscheinungen über das Erscheinen der vier heiligen Wahrheiten? Da versteht, ihr Mönche, der Mönch der Wahrheit gemäß ‹Das ist das Leiden›, versteht der Wahrheit gemäß ‹Das ist die Leidensentwicklung›, versteht der Wahrheit gemäß ‹Das ist die Leidensauflösung›, versteht der Wahrheit gemäß ‹Das ist der zur Leidensauflösung führende Pfad›.

«So wacht er nach innen bei den Erscheinungen über die Erscheinungen, so wacht er nach außen bei den Erscheinungen über die Erscheinungen, nach innen und außen wacht er bei den Erscheinungen über die Erscheinungen. Er beobachtet wie die Erscheinungen entstehn, beobachtet wie die Erscheinungen vergehn, beobachtet wie die Erscheinungen entstehn und vergehn. ‹Die Erscheinungen sind da›: diese Einsicht ist ihm nun gegenwärtig, soweit sie eben zum Wissen taugt, zur Besinnung taugt; und uneingepflanzt verharrt er, und nirgend in der Welt ist er angehangen. So aber, ihr Mönche, wacht der Mönch bei den Erscheinungen über das Erscheinen der vier heiligen Wahrheiten.

«Wer auch immer, ihr Mönche, diese vier Pfeiler der Einsicht sieben Jahre also behaupten kann, dem mag eins von beiden zur Reife gedeihen: Gewißheit bei Lebzeiten oder, ist ein Rest Hangen da, Nichtwiederkehr. Sei es, ihr

Mönche, um die sieben Jahre: wer auch immer, ihr Mönche, diese vier Pfeiler 63
der Einsicht sechs Jahre, fünf Jahre, vier Jahre, drei Jahre, zwei Jahre, ein Jahr also behaupten kann, dem mag eins von beiden zur Reife gedeihen: Gewißheit bei Lebzeiten oder, ist ein Rest Hangen da, Nichtwiederkehr. Sei es, ihr Mönche, um das eine Jahr: wer da, ihr Mönche, diese vier Pfeiler der Einsicht sieben Monate also behaupten kann, dem mag eins von beiden zur Reife gedeihen: Gewißheit bei Lebzeiten oder, ist ein Rest Hangen da, Nichtwiederkehr. Sei es, ihr Mönche, um die sieben Monate: wer auch immer, ihr Mönche, diese vier Pfeiler der Einsicht sechs Monate, fünf Monate, vier Monate, drei Monate, zwei Monate, einen Monat, einen halben Monat also behaupten kann, dem mag eins von beiden zur Reife gedeihen: Gewißheit bei Lebzeiten oder, ist ein Rest Hangen da, Nichtwiederkehr. Sei es, ihr Mönche, um den halben Monat: wer auch immer, ihr Mönche, diese vier Pfeiler der Einsicht sieben Tage also behaupten kann, dem mag eins von beiden zur Reife gedeihen: Gewißheit bei Lebzeiten oder, ist ein Rest Hangen da, Nichtwiederkehr.

«'Der gerade Weg, ihr Mönche, der zur Läuterung der Wesen, zur Überwältigung des Schmerzes und Jammers, zur Zerstörung des Leidens und der Trübsal, zur Gewinnung des Rechten, zur Verwirklichung der Erlöschung führt, das sind die vier Pfeiler der Einsicht': wurde das gesagt, so war es darum gesagt.»

Also sprach der Erhabene. Zufrieden freuten sich jene Mönche über das Wort des Erhabenen.

ZWEITER TEIL

BUCH DES LÖWENRUFS

11

ZWEITER TEIL · ERSTE REDE

DER LÖWENRUF

DAS HAB' ICH GEHÖRT. Zu einer Zeit weilte der Erhabene bei Sāvatthī, im
Siegerwalde, im Garten Anāthapiṇḍikos. Dort nun wandte sich der Er-
habene an die Mönche: «Ihr Mönche!» – «Erlauchter!» antworteten da jene
Mönche dem Erhabenen aufmerksam. Der Erhabene sprach also:

«'Hier endlich, Mönche, findet man den Asketen, findet man den zweiten
Asketen, den dritten Asketen und den vierten Asketen, ohne Verlangen nach
Zank und Streit mit anderen Asketen': diesen echtesten Löwenruf, Mönche, 64
lasset erschallen. Aber es könnte wohl sein, ihr Mönche, daß da andersfähr-
tige Pilger also sprächen: ‹Mit welchem Fug und Recht, ihr Ehrwürdigen,
sprechet ihr also: 'Hier endlich findet man den Asketen, findet man den zwei-
ten Asketen, den dritten Asketen und den vierten Asketen, ohne Verlangen
nach Zank und Streit mit anderen Asketen'?› Auf solche Rede andersfähr-
tiger Pilger, ihr Mönche, wäre dies die Antwort: ‹Es hat uns, Brüder, der Er-
habene, der Kenner, der Seher, der Heilige, vollkommen Erwachte vier Dinge
erklärt, die wir nun innig verstehn, und darum sprechen wir also. Welche
vier Dinge? Wir lieben, o Brüder, den Meister, wir lieben die Lehre, wir er-
füllen die Regel des Ordens, und Rechtschaffene sind uns wert und genehm,
sowohl weltliche als geistliche. Das, ihr Brüder, sind die vier Dinge, die uns
der Erhabene, der Kenner, der Seher, der Heilige, vollkommen Erwachte er-
klärt hat und die wir nun innig verstehn, und darum sprechen wir also: 'Hier
endlich findet man den Asketen, findet man den zweiten Asketen, den dritten
Asketen und den vierten Asketen, ohne Verlangen nach Zank und Streit mit
anderen Asketen'.› Aber es könnte wohl sein, ihr Mönche, daß da anders-
fährtige Pilger also sprächen: ‹Auch wir, o Brüder, lieben den Meister, und
der ist unser Meister, auch wir lieben die Lehre, und das ist unsere Lehre,
auch wir erfüllen die Regel des Ordens, und das ist unsere Regel, auch uns
sind Rechtschaffene wert und genehm, sowohl weltliche als geistliche; was
für eine Beschränkung, ihr Brüder, was für Eigenart und Verschiedenheit be-
steht da wohl zwischen euch und uns?› Auf solche Rede andersfährtiger Pil-
ger, ihr Mönche, wäre dies zu erwidern: ‹Was meint ihr, Brüder: ist die Voll-
kommenheit einzeln oder ist sie allgemein?› Und die rechte Antwort anders-
fährtiger Pilger, ihr Mönche, wäre: ‹Einzeln, ihr Brüder, ist die Vollkommen-

65 heit, nicht ist die Vollkommenheit allgemein.› ‹Und diese Vollkommenheit, Brüder: hat die der Gierige oder der Gierlose?› Und die rechte Antwort andersfährtiger Pilger, ihr Mönche, wäre: ‹Der Gierlose, Brüder, nicht der Gierige.› ‹Und diese Vollkommenheit, Brüder: hat die der Hassende oder der Haßlose?› Und die rechte Antwort andersfährtiger Pilger, ihr Mönche, wäre: ‹Der Haßlose, Brüder, nicht der Hassende.› ‹Und diese Vollkommenheit, Brüder: hat die der Irrende oder der Irrlose?› Und die rechte Antwort andersfährtiger Pilger, ihr Mönche, wäre: ‹Der Irrlose, Brüder, nicht der Irrende.› ‹Und diese Vollkommenheit, Brüder: hat die der noch Durstige oder der nicht mehr Durstige?› Und die rechte Antwort andersfährtiger Pilger, ihr Mönche, wäre: ‹Der nicht mehr Durstige, Brüder, nicht der noch Durstige.› ‹Und diese Vollkommenheit, Brüder: hat die der noch Anhangende oder der nicht mehr Anhangende?› Und die rechte Antwort andersfährtiger Pilger, ihr Mönche, wäre: ‹Der nicht mehr Anhangende, Brüder, nicht der noch Anhangende.› ‹Und diese Vollkommenheit, Brüder: hat die der Wissende oder der Unwissende?› Und die rechte Antwort andersfährtiger Pilger, ihr Mönche, wäre: ‹Der Wissende, Brüder, nicht der Unwissende.› ‹Und diese Vollkommenheit, Brüder: hat die ein bald Verzückter bald Verstimmter oder ein weder Verzückter noch Verstimmter?› Und die rechte Antwort andersfährtiger Pilger, ihr Mönche, wäre: ‹Der weder Verzückte noch Verstimmte, Brüder, kein bald Verzückter bald Verstimmter.› ‹Und ist einer vollkommen, Brüder, dem Sonderheit behagt und Sonderheit gefällt, oder ist es der, dem keine Sonderheit behagt, keine Sonderheit gefällt?› Und die rechte Antwort andersfährtiger Pilger, ihr Mönche, wäre: ‹Dem keine Sonderheit behagt, ihr Brüder, keine Sonderheit gefällt, der ist vollkommen, und nicht ist es der, dem Sonderheit behagt und Sonderheit gefällt.›

«Zweierlei Ansichten sind das, ihr Mönche: die Ansicht vom Dasein und die Ansicht vom Nichtsein. Alle die Asketen oder Priester, ihr Mönche, die der Ansicht vom Dasein zugetan sind, der Ansicht vom Dasein huldigen, der Ansicht vom Dasein anhängen, die werden durch die Ansicht des Nichtseins verstimmt. Alle die Asketen oder Priester, ihr Mönche, die der Ansicht vom Nichtsein zugetan sind, der Ansicht vom Nichtsein huldigen, der Ansicht vom Nichtsein anhängen, die werden durch die Ansicht des Daseins verstimmt. Alle die Asketen oder Priester, ihr Mönche, die dieser zwei Ansichten Anfang und Ende, Lust und Leid und Überwindung nicht der Wirklichkeit gemäß verstehn, die gierigen, hassenden, irrenden, noch durstigen, noch anhangenden, unwissenden, bald verzückten bald verstimmten, denen Sonderheit behagt und Sonderheit gefällt: die werden nicht erlöst von Geburt, Altern und Sterben, von Sorge, Kummer und Schmerz, Gram und Verzweiflung, werden nicht erlöst, sag' ich, vom Leiden. Aber alle die Asketen oder Priester, ihr Mönche, die dieser zwei Ansichten Anfang und Ende, Lust und Leid und Überwindung der Wirklichkeit gemäß verstehn, die gierlosen, haßlosen, irrlosen, die nicht mehr durstigen, nicht mehr anhangenden, wissenden, weder verzückten noch verstimmten, denen keine Sonderheit behagt, keine Sonderheit gefällt: die werden erlöst von Geburt, Altern und Sterben, von Sorge, Kummer und Schmerz, Gram und Verzweiflung, werden erlöst, sag' ich, vom Leiden.

«Vier Arten des Anhangens sind das, ihr Mönche: der Hang zur Lust, der 66
Hang zur Ansicht, der Hang zu Tugendwerk, der Hang zur Selbstbehauptung. Es gibt manche Asketen und Priester, ihr Mönche, die sich fähig erklären, alles Anhangen von Grund aus darzulegen; doch eine solche Darlegung liefern sie nicht: sie untersuchen den Hang zur Lust, aber nicht den Hang zur Ansicht, aber nicht den Hang zu Tugendwerk, aber nicht den Hang zur Selbstbehauptung, und warum nicht? Jene lieben Asketen und Priester haben eben diese drei Fälle nicht gebührend bedacht und können daher, wenn sie auch meinen, alles Anhangen von Grund aus zu verstehn, eine solche Untersuchung nicht führen. Es gibt manche Asketen und Priester, ihr Mönche, die sich fähig erklären, alles Anhangen von Grund aus darzulegen; doch eine solche Darlegung liefern sie nicht: sie untersuchen den Hang zur Lust, untersuchen den Hang zur Ansicht, aber nicht den Hang zu Tugendwerk, aber nicht den Hang zur Selbstbehauptung, und warum nicht? Jene lieben Asketen und Priester haben eben diese zwei Fälle nicht gebührend bedacht und können daher, wenn sie auch meinen, alles Anhangen von Grund aus zu verstehn, eine solche Untersuchung nicht führen. Es gibt manche Asketen und Priester, ihr Mönche, die sich fähig erklären, alles Anhangen von Grund aus darzulegen; doch eine solche Darlegung liefern sie nicht: sie untersuchen den Hang zur Lust, untersuchen den Hang zur Ansicht, untersuchen den Hang zu Tugendwerk, aber nicht den Hang zur Selbstbehauptung, und warum nicht? Jene lieben Asketen und Priester haben eben diesen einen Fall nicht gebührend bedacht und können daher, wenn sie auch meinen, alles Anhangen von Grund aus zu verstehn, eine solche Untersuchung nicht führen.

«In einer solchen Heilsordnung, ihr Mönche, kann die Liebe zum Meister nicht vollkommen sein, kann die Liebe zur Lehre nicht vollkommen sein, kann die Erfüllung der Regel nicht vollkommen sein, kann die Wert- und Genehmhaltung Rechtschaffener nicht vollkommen sein, und warum nicht? Die Sache, ihr Mönche, verhält sich eben so, wie's zu erwarten ist bei einer
schlechtverkündeten Heilsordnung, bei einer schlechtdargelegten, abstoßen- 67
den, Unruhe schaffenden, die kein vollkommen Erwachter kundgetan hat.

«Doch der Vollendete, Mönche, der Heilige, vollkommen Erwachte erklärt sich fähig, alles Anhangen von Grund aus darzulegen, und er gibt eine solche

Darlegung: er untersucht den Hang zur Lust, er untersucht den Hang zur Ansicht, er untersucht den Hang zu Tugendwerk, er untersucht den Hang zur Selbstbehauptung.

«In einer solchen Heilsordnung, ihr Mönche, kann die Liebe zum Meister vollkommen sein, kann die Liebe zur Lehre vollkommen sein, kann die Erfüllung der Regel vollkommen sein, kann die Wert- und Genehmhaltung Rechtschaffener vollkommen sein, und warum das? Die Sache, ihr Mönche, verhält sich eben so, wie's zu erwarten ist bei einer wohlverkündeten Heilsordnung, bei einer wohldargelegten, anziehenden, Ruhe schaffenden, die ein vollkommen Erwachter kundgetan hat.

«Aber dieses vierfache Anhangen, ihr Mönche, wo wurzelt das, woraus entspringt es, woraus entsteht es, woraus erwächst es? Dieses vierfache Anhangen wurzelt im Durst, entspringt aus dem Durst, entsteht aus dem Durst, erwächst aus dem Durst. Und dieser Durst, ihr Mönche, wo wurzelt der, woraus entspringt er, woraus entsteht er, woraus erwächst er? Der Durst wurzelt im Gefühl, entspringt aus dem Gefühl, entsteht aus dem Gefühl, erwächst aus dem Gefühl. Und dieses Gefühl, ihr Mönche, wo wurzelt das, woraus entspringt es, woraus entsteht es, woraus erwächst es? Das Gefühl wurzelt in der Berührung, entspringt aus der Berührung, entsteht aus der Berührung, erwächst aus der Berührung. Und diese Berührung, ihr Mönche, wo wurzelt die, woraus entspringt sie, woraus entsteht sie, woraus erwächst sie? Die Berührung wurzelt im sechsfachen Reich, entspringt aus dem sechsfachen Reich, entsteht aus dem sechsfachen Reich, erwächst aus dem sechsfachen Reich. Und dieses sechsfache Reich, ihr Mönche, wo wurzelt das, woraus entspringt es, woraus entsteht es, woraus erwächst es? Das sechsfache Reich wurzelt in Bild und Begriff, entspringt aus Bild und Begriff, entsteht aus Bild und Begriff, erwächst aus Bild und Begriff. Und dieses Bild und Begriff, ihr Mönche, wo wurzelt das, woraus entspringt es, woraus entsteht es, woraus erwächst es? Bild und Begriff wurzelt im Bewußtsein, entspringt aus dem Bewußtsein, entsteht aus dem Bewußtsein, erwächst aus dem Bewußtsein. Und dieses Bewußtsein, ihr Mönche, wo wurzelt das, woraus entspringt es, woraus entsteht es, woraus erwächst es? Das Bewußtsein wurzelt in den Unterscheidungen, entspringt aus den Unterscheidungen, entsteht aus den Unterscheidungen, erwächst aus den Unterscheidungen. Und diese Unterscheidungen, ihr Mönche, wo wurzeln die, woraus entspringen sie, woraus entstehn sie, woraus erwachsen sie? Die Unterscheidungen wurzeln im Nichtwissen, entspringen aus dem Nichtwissen, entstehn aus dem Nichtwissen, erwachsen aus dem Nichtwissen.

«Hat nun, ihr Mönche, ein Mönch das Nichtwissen verleugnet und das Wissen erworben: nichtwissensentfremdet und wissensvertraut haftet er nicht mehr am Hang zur Lust, nicht am Hang zur Ansicht, nicht am Hang zu Tugendwerk, nicht am Hang zur Selbstbehauptung. Ohne anzuhangen wird er nicht erschüttert. Unerschütterlich gelangt er eben bei sich selbst zur Erlöschung. ‹Versiegt ist die Geburt, vollendet das Asketentum, gewirkt das Werk, nicht mehr ist diese Welt› versteht er da.»

Also sprach der Erhabene. Zufrieden freuten sich jene Mönche über das 68
Wort des Erhabenen.

12

ZWEITER TEIL · ZWEITE REDE

DAS HAARSTRÄUBEN

Das hab' ich gehört. Zu einer Zeit weilte der Erhabene bei Vesālī, außerhalb der Stadt, in der Umgebung, am Saume des Waldes. Eben damals nun war Sunakkhatto der junge Licchavier erst vor kurzem aus dieser Heilsordnung ausgetreten. Der ließ sich überall in Vesālī also vernehmen: «Der Asket Gotamo besitzt nicht das überirdische reiche Heiltum der Wissensklarheit: eine grüblerisch vernagelte Lehre trägt der Asket Gotamo vor, die er selbst ersonnen und ausgedacht hat; und der Zweck, warum er seine Lehre darlegt, ist einfach der, daß sie dem Grübler zur gänzlichen Leidensversiegung ausreicht.»

Da nun begab sich der ehrwürdige Sāriputto, zeitig gerüstet, mit Mantel und Schale versehn, auf den Almosengang nach Vesālī. Und es hörte der ehrwürdige Sāriputto, wie Sunakkhatto der junge Licchavier in ganz Vesālī erzählte: «Der Asket Gotamo besitzt nicht das überirdische reiche Heiltum der Wissensklarheit: eine grüblerisch vernagelte Lehre trägt der Asket Gotamo vor, die er selbst ersonnen und ausgedacht hat; und der Zweck, warum er seine Lehre darlegt, ist einfach der, daß sie dem Grübler zur gänzlichen Leidensversiegung ausreicht.»

Nachdem nun der ehrwürdige Sāriputto in Vesālī von Haus zu Haus getreten war, kehrte er zurück, verzehrte sein Almosenmahl und ging hierauf zu der Stätte, wo der Erhabene weilte. Dort angelangt begrüßte er den Erhabenen ehrerbietig und setzte sich zur Seite nieder. Zur Seite sitzend sprach nun der ehrwürdige Sāriputto zum Erhabenen also:

«Sunakkhatto, o Herr, der junge Licchavier, der vor kurzem aus dieser Heilsordnung ausgetreten ist, der führt in ganz Vesālī solche Rede: ‘Der Asket Gotamo besitzt nicht das überirdische reiche Heiltum der Wissensklarheit: eine grüblerisch vernagelte Lehre trägt der Asket Gotamo vor, die er selbst ersonnen und ausgedacht hat; und der Zweck, warum er seine Lehre darlegt, ist einfach der, daß sie dem Grübler zur gänzlichen Leidensversiegung ausreicht.’»

«Zornig, Sāriputto, ist Sunakkhatto, der eitle Mann: und nur im Zorn hat
er diese Worte gesprochen. ‹Tadeln will ich› meint, Sāriputto, jener Sunak-
69 khatto, der eitle Mann, und lobt gerade damit den Vollendeten. Ein Lob ja
ist es, Sāriputto, des Vollendeten, wenn einer sagt: ‹Und der Zweck, warum
er seine Lehre darlegt, ist einfach der, daß sie dem Grübler zur gänzlichen
Leidensversiegung ausreicht.›

«Aber freilich wird da, Sāriputto, Sunakkhatto, dem eitlen Mann, jene Ahnung der Wahrheit bei mir nicht aufgehn, derart zwar: ‹Das ist der Erhabene, der Heilige, vollkommen Erwachte, der Wissens- und Wandelsbewährte, der Willkommene, der Welt Kenner, der unvergleichliche Leiter der Männerherde, der Meister der Götter und Menschen, der Erwachte, der Erhabene.› Und freilich wird da, Sāriputto, Sunakkhatto, dem eitlen Mann, auch jene Ahnung der Wahrheit bei mir nicht aufgehn, derart zwar: ‹Das ist der Erhabene, der auf mannigfaltige Weise Machtentfaltung an sich erfahren mag: als nur einer etwa vielfach zu werden, und vielfach geworden wieder einer zu sein; oder sichtbar und unsichtbar zu werden; auch durch Mauern, Wälle, Felsen hindurchzuschweben wie durch die Luft; oder auf der Erde auf- und unterzutauchen wie im Wasser; auch auf dem Wasser zu wandeln ohne unterzusinken wie auf der Erde; oder auch durch die Luft sitzend dahinzufahren wie der Vogel mit seinen Fittichen; auch etwa diesen Mond und diese Sonne, die so mächtigen, so gewaltigen, mit der Hand zu befühlen und zu berühren; etwa gar bis zu den Brahmawelten den Körper in seiner Gewalt zu haben.› Und freilich wird da, Sāriputto, Sunakkhatto, dem eitlen Mann, auch jene Ahnung der Wahrheit bei mir nicht aufgehn, derart zwar: ‹Das ist der Erhabene, der mit dem himmlischen Gehör, dem geläuterten, über menschliche Grenzen hinausreichenden, beide Arten der Töne hört, die himmlischen und die irdischen, die fernen und die nahen.› Und freilich wird da, Sāriputto, Sunakkhatto, dem eitlen Mann, auch jene Ahnung der Wahrheit bei mir nicht aufgehn, derart zwar: ‹Das ist der Erhabene, der der anderen Wesen, der anderen Personen Herz und Gemüt durchschaut und erkennt: das begehrliche Herz erkennt er als begehrlich und das begehrlose Herz als begehrlos, das gehässige

Herz als gehässig und das haßlose Herz als haßlos, das irrende Herz als irrend und das irrlose Herz als irrlos, das gesammelte Herz als gesammelt und das zerstreute Herz als zerstreut, das hochstrebende Herz als hochstrebend und das niedrig gesinnte Herz als niedrig gesinnt, das edle Herz als edel und das gemeine Herz als gemein, das beruhigte Herz als beruhigt und das ruhelose Herz als ruhelos, das erlöste Herz erkennt er als erlöst und das gefesselte Herz als gefesselt.›

«Zehn Tugenden sind es, Sāriputto, die dem Vollendeten taugen, die dem Vollendeten eignen, um das Auffallende zu verstehn, um unter den Leuten den Löwenruf erschallen zu lassen, um das Reich der Heiligkeit zu begründen: welche zehn? Da versteht, Sāriputto, der Vollendete das Echte als echt und das Falsche als falsch der Wahrheit gemäß. Was da, Sāriputto, der Vollendete Echtes als echt und Falsches als falsch der Wahrheit gemäß versteht,
das eben, Sāriputto, taugt dem Vollendeten als Tugend, eignet dem Vollende- 70
ten als Tugend, um das Auffallende zu verstehn, um unter den Leuten den Löwenruf erschallen zu lassen, um das Reich der Heiligkeit zu begründen. Weiter sodann, Sāriputto, kennt der Vollendete vergangener, zukünftiger und gegenwärtiger Handlungen echte und wirkliche Folgen der Wahrheit gemäß. Was da, Sāriputto, der Vollendete als echte und wirkliche Folgen vergangener, zukünftiger und gegenwärtiger Handlungen der Wahrheit gemäß kennt, das eben, Sāriputto, taugt dem Vollendeten als Tugend, eignet dem Vollendeten als Tugend, um das Auffallende zu verstehn, um unter den Leuten den Löwenruf erschallen zu lassen, um das Reich der Heiligkeit zu begründen. Weiter sodann, Sāriputto, kennt der Vollendete den Pfad, der überallhin führt, der Wahrheit gemäß. Was da, Sāriputto, der Vollendete als überallhin führenden Pfad der Wahrheit gemäß kennt, das eben, Sāriputto, taugt dem Vollendeten als Tugend, eignet dem Vollendeten als Tugend, um das Auffallende zu verstehn, um unter den Leuten den Löwenruf erschallen zu lassen, um das Reich der Heiligkeit zu begründen. Weiter sodann, Sāriputto, weiß der Vollendete der Wahrheit gemäß, wie die Welt aus einzelnen Artungen, aus verschiedenen Artungen besteht. Was da, Sāriputto, der Vollendete als Bestehn der Welt aus einzelnen Artungen, aus verschiedenen Artungen der Wahrheit gemäß weiß, das eben, Sāriputto, taugt dem Vollendeten als Tugend, eignet dem Vollendeten als Tugend, um das Auffallende zu verstehn, um unter den Leuten den Löwenruf erschallen zu lassen, um das Reich der Heiligkeit zu begründen. Weiter sodann, Sāriputto, kennt der Vollendete der Wesen verschieden geartete Neigungen der Wahrheit gemäß. Was da, Sāriputto, der Vollendete als der Wesen verschieden geartete Neigungen der Wahrheit gemäß kennt, das eben, Sāriputto, taugt dem Vollendeten als Tugend, eignet dem Vollendeten als Tugend, um das Auffallende zu verstehn,

um unter den Leuten den Löwenruf erschallen zu lassen, um das Reich der Heiligkeit zu begründen. Weiter sodann, Sāriputto, kennt der Vollendete das durch die Sinne gesetzte Maß der anderen Wesen, der anderen Personen der Wahrheit gemäß. Was da, Sāriputto, der Vollendete als durch die Sinne gesetztes Maß der anderen Wesen, der anderen Personen der Wahrheit gemäß kennt, das eben, Sāriputto, taugt dem Vollendeten als Tugend, eignet dem Vollendeten als Tugend, um das Auffallende zu verstehn, um unter den Leuten den Löwenruf erschallen zu lassen, um das Reich der Heiligkeit zu begründen. Weiter sodann, Sāriputto, kennt der Vollendete Schuld, Reinheit und Mündung der Schauenden, Abgelösten, Vertieften der Wahrheit gemäß. Was da, Sāriputto, der Vollendete als Schuld, Reinheit und Mündung der Schauenden, Abgelösten, Vertieften der Wahrheit gemäß kennt, das eben, Sāriputto, taugt dem Vollendeten als Tugend, eignet dem Vollendeten als Tugend, um das Auffallende zu verstehn, um unter den Leuten den Löwenruf erschallen zu lassen, um das Reich der Heiligkeit zu begründen. Weiter sodann, Sāriputto, erinnert sich der Vollendete an manche verschiedene frühere Daseinsform, als wie an ein Leben, dann an zwei Leben, dann an drei Leben, dann an vier Leben, dann an fünf Leben, dann an zehn Leben, dann an zwanzig Leben, dann an dreißig Leben, dann an vierzig Leben, dann an fünfzig Leben, dann an hundert Leben, dann an tausend Leben, dann an hunderttausend Leben, dann an die Zeiten während mancher Weltenentstehungen, dann an die Zeiten während mancher Weltenvergehungen, dann an die Zeiten während mancher Weltenentstehungen-Weltenvergehungen. ‹Dort war ich, jenen Namen hatte ich, jener Familie gehörte ich an, das war mein Stand, das mein Beruf, solches Wohl und Wehe habe ich erfahren, so war mein Lebensende; dort verschieden trat ich anderswo wieder ins Dasein: da war ich nun, diesen Namen hatte ich, dieser Familie gehörte ich an, dies war mein Stand, dies mein Beruf, solches Wohl und Wehe habe ich erfahren, so war mein Lebensende; da verschieden trat ich hier wieder ins Dasein.› So erinnert er sich an manche verschiedene frühere Daseinsform, mit je den eigentümlichen Merkmalen, mit je den eigenartigen Beziehungen. Was da, Sāriputto, der Vollendete als manche verschiedene frühere Daseinsform der Wahrheit gemäß wiedersieht, das eben, Sāriputto, taugt dem Vollendeten als Tugend, eignet dem Vollendeten als Tugend, um das Auffallende zu verstehn, um unter den Leuten den Löwenruf erschallen zu lassen, um das Reich der Heiligkeit zu begründen. Weiter sodann, Sāriputto, sieht der Vollendete mit dem himmlischen Auge, dem geläuterten, über menschliche Grenzen hinausreichenden, die Wesen dahinschwinden und wiedererscheinen, gemeine und edle, schöne und unschöne, glückliche und unglückliche, er erkennt wie die Wesen je nach den Taten wiederkehren. ‹Diese lieben Wesen sind freilich in

Taten dem Schlechten zugetan, in Worten dem Schlechten zugetan, in Gedanken dem Schlechten zugetan, tadeln Heiliges, achten Verkehrtes, tun Verkehrtes; bei der Auflösung des Körpers, nach dem Tode, gelangen sie auf den 71
Abweg, auf schlechte Fährte, zur Tiefe hinab, in untere Welt. Jene lieben Wesen sind aber in Taten dem Guten zugetan, in Worten dem Guten zugetan, in Gedanken dem Guten zugetan, tadeln nicht Heiliges, achten Rechtes, tun Rechtes; bei der Auflösung des Körpers, nach dem Tode, gelangen sie auf gute Fährte, in selige Welt.› So sieht er mit dem himmlischen Auge, dem geläuterten, über menschliche Grenzen hinausreichenden, die Wesen dahinschwinden und wiedererscheinen, gemeine und edle, schöne und unschöne, glückliche und unglückliche, er erkennt wie die Wesen je nach den Taten wiederkehren. Was da, Sāriputto, der Vollendete als Wiedererscheinen der Wesen je nach den Taten der Wahrheit gemäß sieht, das eben, Sāriputto, taugt dem Vollendeten als Tugend, eignet dem Vollendeten als Tugend, um das Auffallende zu verstehn, um unter den Leuten den Löwenruf erschallen zu lassen, um das Reich der Heiligkeit zu begründen. Weiter sodann, Sāriputto, hat der Vollendete durch die Wahnversiegung die wahnlose Gemüterlösung, Weisheiterlösung noch bei Lebzeiten sich offenbar gemacht, verwirklicht und errungen. Was da, Sāriputto, der Vollendete durch die Wahnversiegung als wahnlose Gemüterlösung, Weisheiterlösung noch bei Lebzeiten sich offenbar gemacht, verwirklicht und errungen hat, das eben, Sāriputto, taugt dem Vollendeten als Tugend, eignet dem Vollendeten als Tugend, um das Auffallende zu verstehn, um unter den Leuten den Löwenruf erschallen zu lassen, um das Reich der Heiligkeit zu begründen.

«Das, Sāriputto, sind die zehn Tugenden, die dem Vollendeten taugen, die dem Vollendeten eignen, um das Auffallende zu verstehn, um unter den Leuten den Löwenruf erschallen zu lassen, um das Reich der Heiligkeit zu begründen.

«Wer nun zu mir, Sāriputto, dem also Erkennenden, also Erschauenden also spräche: ‹Der Asket Gotamo besitzt nicht das überirdische reiche Heiltum der Wissensklarheit: eine grüblerisch vernagelte Lehre trägt der Asket Gotamo vor, die er selbst ersonnen und ausgedacht hat, und er bereute, Sāriputto, diese Rede nicht, verwürfe nicht diese Gedanken, gäbe diese Ansicht nicht auf, der möchte, wie er's gefügt, dem Abweg verfallen. Gleichwie etwa, Sāriputto, ein Mönch, der Selbstbeherrschung, Vertiefung und Weisheit gewonnen hat, noch bei Lebzeiten zur Erkenntnis gelangen kann: so, sag' ich, Sāriputto, mag wer diese Rede nicht bereut, diese Gedanken nicht verworfen, diese Ansicht nicht aufgegeben hat, wie er's gefügt, dem Abweg verfallen.

«Vier Arten der Zuversicht sind es, Sāriputto, die dem Vollendeten taugen, die dem Vollendeten eignen, um das Auffallende zu verstehn, um unter den

Leuten den Löwenruf erschallen zu lassen, um das Reich der Heiligkeit zu begründen: welche vier? ‹Vollkommen erwacht nennst du dich zwar, aber diese Dinge hast du nicht erkannt›: daß mich da ein Asket oder ein Brāhmane, ein Gott oder ein Teufel, ein Brahmā oder irgend wer in der Welt mit
72 Recht also abweisen könnte, eine solche Möglichkeit, Sāriputto, sehe ich nicht. Und weil ich, Sāriputto, keine solche Möglichkeit kenne, bleibe ich ruhig, unverstört, zuversichtlich. – ‹Wahnversiegt nennst du dich zwar, aber dieser Wahn ist nicht versiegt›: daß mich da ein Asket oder ein Brāhmane, ein Gott oder ein Teufel, ein Brahmā oder irgend wer in der Welt mit Recht also abweisen könnte, eine solche Möglichkeit, Sāriputto, sehe ich nicht. Und weil ich, Sāriputto, keine solche Möglichkeit kenne, bleibe ich ruhig, unverstört, zuversichtlich. – ‹Was du nun gar als verderblich bezeichnest, das muß nicht dem Täter verderblich sein›: daß mich da ein Asket oder ein Brāhmane, ein Gott oder ein Teufel, ein Brahmā oder irgend wer in der Welt mit Recht also abweisen könnte, eine solche Möglichkeit, Sāriputto, sehe ich nicht. Und weil ich, Sāriputto, keine solche Möglichkeit kenne, bleibe ich ruhig, unverstört, zuversichtlich. – ‹Und trägst du gleich in gewisser Absicht deine Lehre vor, so reicht sie doch nicht dem Grübler zur gänzlichen Leidensversiegung aus›: daß mich da ein Asket oder ein Brāhmane, ein Gott oder ein Teufel, ein Brahmā oder irgend wer in der Welt mit Recht also abweisen könnte, eine solche Möglichkeit, Sāriputto, sehe ich nicht. Und weil ich, Sāriputto, keine solche Möglichkeit kenne, bleibe ich ruhig, unverstört, zuversichtlich.

«Das, Sāriputto, sind die vier Arten der Zuversicht, die dem Vollendeten taugen, die dem Vollendeten eignen, um das Auffallende zu verstehn, um unter den Leuten den Löwenruf erschallen zu lassen, um das Reich der Heiligkeit zu begründen.

«Wer nun zu mir, Sāriputto, dem also Erkennenden, also Erschauenden also spräche: ‹Der Asket Gotamo besitzt nicht das überirdische reiche Heiltum der Wissensklarheit: eine grüblerisch vernagelte Lehre trägt der Asket Gotamo vor, die er selbst ersonnen und ausgedacht hat›, und er bereute, Sāriputto, diese Rede nicht, verwürfe nicht diese Gedanken, gäbe diese Ansicht nicht auf, der möchte, wie er's gefügt, dem Abweg verfallen.

«Acht Versammlungen gibt es, Sāriputto: was für acht? Die Versammlung der Krieger, die Versammlung der Priester, die Versammlung der Bürger, die Versammlung der Asketen, die Versammlung der Götter der vier Gegenden, die Versammlung der Götter der Dreiunddreißig, die Versammlung der sinnlichen Götter und die Versammlung der heiligen Götter. Das, Sāriputto, sind die acht Versammlungen. Mit jener vierfachen Zuversicht ausgerüstet, Sāriputto, geht der Vollendete hin zu den acht Versammlungen, begibt sich unter sie. Und ich bekenne, Sāriputto, unter vielen Hunderten von Kriegern gewesen zu sein: vor mir saßen sie da und ich sprach mit ihnen und wir wechselten also Rede und Gegenrede. Daß ich nun da in Bestürzung oder Verlegenheit geraten könnte, eine solche Möglichkeit, Sāriputto, ist nicht vorhanden. Und weil ich, Sāriputto, keine solche Möglichkeit kenne, bleibe ich ruhig, unverstört, zuversichtlich. Und ich bekenne, Sāriputto, unter vielen Hunderten von Priestern – von Bürgern – von Asketen – unter vielen Hunderten von Göttern der vier Gegenden – von Göttern der Dreiunddreißig – von sinnlichen Göttern und von heiligen Göttern gewesen zu sein: vor mir saßen sie da und ich sprach mit ihnen und wir wechselten also Rede und Gegenrede. Daß ich nun da in Bestürzung oder Verlegenheit geraten könnte, eine solche Möglichkeit, Sāriputto, ist nicht vorhanden. Und weil ich, Sāriputto, keine solche Möglichkeit kenne, bleibe ich ruhig, unverstört, zuversichtlich.

«Wer nun zu mir, Sāriputto, dem also Erkennenden, also Erschauenden 73
also spräche: ‹Der Asket Gotamo besitzt nicht das überirdische reiche Heiltum der Wissensklarheit: eine grüblerisch vernagelte Lehre trägt der Asket Gotamo vor, die er selbst ersonnen und ausgedacht hat›, und er bereute, Sāriputto, diese Rede nicht, verwürfe nicht diese Gedanken, gäbe diese Ansicht nicht auf, der möchte, wie er's gefügt, dem Abweg verfallen.

«Viererlei Schoße gibt es, Sāriputto: und welche sind es? Der Schoß des Eies, der Schoß des Leibes, der Schoß der Gärung, der Schoß der Erscheinung. Was ist aber, Sāriputto, der Schoß des Eies? Wenn da Wesen, Sāriputto, die Schale des Eies durchbrechend zur Welt kommen, so nennt man das, Sāriputto, den Schoß des Eies. Was ist aber, Sāriputto, der Schoß des Leibes? Wenn da Wesen, Sāriputto, aus der Hülle des Leibes hervortretend zur Welt kommen, so nennt man das, Sāriputto, den Schoß des Leibes. Was ist aber, Sāriputto, der Schoß der Gärung? Wenn da Wesen, Sāriputto, in faulendem Fische entstehn oder in faulendem Fleische oder in faulender Speise, oder in Pfuhl oder Pfütze zur Welt kommen, so nennt man das, Sāriputto, den Schoß der Gärung. Was ist aber, Sāriputto, der Schoß der Erscheinung? Wenn da Götter in die Tiefe sinken, und manche Menschen und manche Geister, so nennt man das, Sāriputto, den Schoß der Erscheinung. Das, Sāriputto, sind die vier Schoße.

«Wer nun zu mir, Sāriputto, dem also Erkennenden, also Erschauenden also spräche: ‹Der Asket Gotamo besitzt nicht das überirdische reiche Heiltum der Wissensklarheit: eine grüblerisch vernagelte Lehre trägt der Asket Gotamo vor, die er selbst ersonnen und ausgedacht hat›, und er bereute, Sāriputto, diese Rede nicht, verwürfe nicht diese Gedanken, gäbe diese Ansicht nicht auf, der möchte, wie er's gefügt, dem Abweg verfallen.

«Fünf Fährten gibt es, Sāriputto: und was für welche? Den Abweg, den tierischen Schoß, das Gespensterreich, die Menschen und die Götter. Den

Abweg kenn' ich, Sāriputto, und den abwärts führenden Pfad und den abwärts führenden Wandel, durch dessen Pflege man bei der Auflösung des Körpers, nach dem Tode, zu Verderben und Unheil gelangt, an Orte der Qual und des Jammers: diesen Weg kenne ich. Den tierischen Schoß kenn' ich, Sāriputto, und den zum tierischen Schoße führenden Pfad und den zum tierischen Schoße führenden Wandel, durch dessen Pflege man bei der Auflösung des Körpers, nach dem Tode, zum tierischen Schoße gelangt: auch diesen Weg kenne ich. Das Gespensterreich kenn' ich, Sāriputto, und den zum Gespensterreich führenden Pfad und den zum Gespensterreich führenden Wandel, durch dessen Pflege man bei der Auflösung des Körpers, nach dem Tode, zum Gespensterreich gelangt: auch diesen Weg kenne ich. Die Menschen kenn' ich, Sāriputto, und den zur Menschenwelt führenden Pfad und den zur Menschenwelt führenden Wandel, durch dessen Pflege man bei der Auflösung des Körpers, nach dem Tode, zur Menschheit gelangt: auch diesen Weg kenne ich. Die Götter kenn' ich, Sāriputto, und den zur Götterwelt führenden Pfad und den zur Götterwelt führenden Wandel, durch dessen Pflege man bei der Auflösung des Körpers, nach dem Tode, an Orte himmlischer Freude gelangt: auch diesen Weg kenne ich. – Und die Wahnerlöschung kenn' ich, Sāriputto, und den zur Wahnerlöschung führenden Pfad und den zur Wahnerlöschung führenden Wandel, durch dessen Pflege man
74 nach Versiegung des Wahnes die wahnlose Gemüterlösung, Weisheiterlösung noch bei Lebzeiten sich offenbar macht, verwirklicht, erringt und besitzt: auch diesen Weg kenne ich.

«Und ich durchschau' und erkenne Herz und Gemüt eines Menschen also, Sāriputto: ‹Derart handelt dieser Mensch, darauf arbeitet er hin, einen solchen Weg hat er genommen, daß er bei der Auflösung des Körpers, nach dem Tode, abwärts, auf schlechte Fährte, in Verderben und Unheil geraten wird›; und ich seh' ihn dann später mit dem himmlischen Auge, dem geläuterten, über menschliche Grenzen hinausreichenden, bei der Auflösung des Körpers, nach dem Tode, abwärts geraten, auf schlechter Fährte, in Verderben und Unheil, einzig von schmerzlichen, stechenden, brennenden Gefühlen erfüllt. Gleichwie etwa, Sāriputto, wenn da eine Grube wäre, tiefer als Manneshöhe, voller glühender Kohlen, ohne Flammen, ohne Rauch; und es käme einer heran, vom Sonnenbrande gebraten, vom Sonnenbrande verzehrt, erschöpft, zitternd, dürstend, und schritte geraden Weges auf eben diese Grube zu; den habe ein scharfsehender Mann erblickt und spräche nun: ‹Derart handelt jener liebe Mann, darauf arbeitet er hin, einen solchen Weg hat er genommen, daß er mitten in die glühenden Kohlen hineinfallen wird›; und er sähe ihn dann später in der Kohlengrube drinnen, einzig von schmerzlichen, stechenden, brennenden Gefühlen erfüllt: ebenso nun auch, Sāriputto, durchschau' und erkenn' ich da Herz und Gemüt eines Menschen: ‹Derart handelt dieser Mensch, darauf arbeitet er hin, einen solchen Weg hat er genommen, daß er bei der Auflösung des Körpers, nach dem Tode, abwärts, auf schlechte Fährte, in Verderben und Unheil geraten wird›; und ich seh' ihn dann später mit dem himmlischen Auge, dem geläuterten, über menschliche Grenzen hinausreichenden, bei der Auflösung des Körpers, nach dem Tode, abwärts geraten, auf schlechter Fährte, in Verderben und Unheil, einzig von schmerzlichen, stechenden, brennenden Gefühlen erfüllt.

«Und ferner, Sāriputto, durchschau' und erkenn' ich Herz und Gemüt eines Menschen also: ‹Derart handelt dieser Mensch, darauf arbeitet er hin, einen solchen Weg hat er genommen, daß er bei der Auflösung des Körpers, nach dem Tode, in tierischen Schoß geraten wird›; und ich seh' ihn dann später mit dem himmlischen Auge, dem geläuterten, über menschliche Grenzen hinausreichenden, bei der Auflösung des Körpers, nach dem Tode, in tierischen Schoß geraten, von schmerzlichen, stechenden, brennenden Gefühlen erfüllt. Gleichwie etwa, Sāriputto, wenn da eine Senkgrube wäre, tiefer als Manneshöhe, voller Unrat; und es käme einer heran, vom Sonnenbrande gebraten, vom Sonnenbrande verzehrt, erschöpft, zitternd, dürstend, und 75
schritte geraden Weges auf eben diese Senkgrube zu; den habe ein scharfsehender Mann erblickt und spräche nun: ‹Derart handelt jener liebe Mann, darauf arbeitet er hin, einen solchen Weg hat er genommen, daß er mitten in den Kot hineinfallen wird›; und er sähe ihn dann später in der Jauche drinnen, von schmerzlichen, stechenden, brennenden Gefühlen erfüllt: ebenso nun auch, Sāriputto, durchschau' und erkenn' ich da Herz und Gemüt eines Menschen: ‹Derart handelt dieser Mensch, darauf arbeitet er hin, einen solchen Weg hat er genommen, daß er bei der Auflösung des Körpers, nach dem Tode, in tierischen Schoß geraten wird›; und ich seh' ihn dann später mit dem himmlischen Auge, dem geläuterten, über menschliche Grenzen hinausreichenden, bei der Auflösung des Körpers, nach dem Tode, in tierischen Schoß geraten, von schmerzlichen, stechenden, brennenden Gefühlen erfüllt.

«Und ich durchschau' und erkenne Herz und Gemüt eines Menschen also, Sāriputto: ‹Derart handelt dieser Mensch, darauf arbeitet er hin, einen solchen Weg hat er genommen, daß er bei der Auflösung des Körpers, nach dem Tode, ins Gespensterreich geraten wird›; und ich seh' ihn dann später mit dem himmlischen Auge, dem geläuterten, über menschliche Grenzen hinausreichenden, bei der Auflösung des Körpers, nach dem Tode, ins Gespensterreich geraten, von manchem Schmerzgefühle erfüllt. Gleichwie etwa, Sāriputto, wenn da auf schlechtem Erdreich ein Baum gewachsen wäre, mit verkümmertem Laube, spärlichem Grün, gesprenkeltem Schatten; und es käme einer heran, vom Sonnenbrande gebraten, vom Sonnenbrande verzehrt, erschöpft, zitternd, dürstend, und schritte geraden Weges auf eben diesen Baum zu; den habe ein scharfsehender Mann erblickt und spräche nun: ‹Derart handelt jener liebe Mann, darauf arbeitet er hin, einen solchen Weg hat er genommen, daß er gerade zu diesem Baume gelangen wird›; und er sähe ihn dann später im Schatten dieses Baumes sitzen oder liegen, von manchem Schmerzgefühle erfüllt: ebenso nun auch, Sāriputto, durchschau' und erkenn' ich da Herz und Gemüt eines Menschen: ‹Derart handelt dieser Mensch, darauf arbeitet er hin, einen solchen Weg hat er genommen, daß er bei der Auflösung des Körpers, nach dem Tode, ins Gespensterreich geraten wird›; und ich seh' ihn dann später mit dem himmlischen Auge, dem geläuterten, über menschliche Grenzen hinausreichenden, bei der Auflösung des Körpers, nach dem Tode, ins Gespensterreich geraten, von manchem Schmerzgefühle erfüllt.

«Und ferner, Sāriputto, durchschau' und erkenn' ich Herz und Gemüt eines Menschen also: ‹Derart handelt dieser Mensch, darauf arbeitet er hin, einen solchen Weg hat er genommen, daß er bei der Auflösung des Körpers, nach dem Tode, als Mensch wiedererscheinen wird›; und ich seh' ihn dann später, mit dem himmlischen Auge, dem geläuterten, über menschliche Grenzen hinausreichenden, bei der Auflösung des Körpers, nach dem Tode, als Mensch wiedererscheinen, von manchem Wohlgefühle erfüllt. Gleichwie etwa, Sāriputto, wenn da auf gutem Erdreich ein Baum gewachsen wäre, mit breitem Laubdach, dichtem Grün, tiefem Schatten; und es käme einer heran, vom Sonnenbrande gebraten, vom Sonnenbrande verzehrt, erschöpft, zitternd, dürstend, und schritte geraden Weges auf eben diesen Baum zu; den habe ein scharfsehender Mann erblickt und spräche nun: ‹Derart handelt jener liebe Mann, darauf arbeitet er hin, einen solchen Weg hat er genommen, daß er gerade zu diesem Baume gelangen wird›; und er sähe ihn dann später im Schatten dieses Baumes sitzen oder liegen, von manchem Wohlgefühle erfüllt: ebenso nun auch, Sāriputto, durchschau' und erkenn' ich da Herz und Gemüt eines Menschen: ‹Derart handelt dieser Mensch, darauf arbeitet er hin, einen solchen Weg hat er genommen, daß er bei der Auflösung des Körpers, nach dem Tode, als Mensch wiedererscheinen wird›; und ich seh' ihn dann später mit dem himmlischen Auge, dem geläuterten, über menschliche Grenzen hinausreichenden, bei der Auflösung des Körpers, nach dem Tode, als Mensch wiedererscheinen, von manchem Wohlgefühle erfüllt.

76 «Und ich durchschau' und erkenne Herz und Gemüt eines Menschen also, Sāriputto: ‹Derart handelt dieser Mensch, darauf arbeitet er hin, einen solchen Weg hat er genommen, daß er bei der Auflösung des Körpers, nach dem Tode, an Orte himmlischer Freude gelangen wird›; und ich seh' ihn dann

später mit dem himmlischen Auge, dem geläuterten, über menschliche Grenzen hinausreichenden, bei der Auflösung des Körpers, nach dem Tode, an Orten himmlischer Freude, nur von Wohlgefühlen erfüllt. Gleichwie etwa, Sāriputto, wenn da ein Landhaus stände, mit luftiger Terrasse, zierlich gebohnt und geglättet, mit gefälligem Geländer versehn, vor den Fensterbogen duftige Matten, und ein Lager befände sich dort, aus flockigen, wollenen Decken gepolstert, mit zartesten Antilopenfellen behangen, zu beiden Seiten purpurne Kissen; und es käme einer heran, vom Sonnenbrande gebraten, vom Sonnenbrande verzehrt, erschöpft, zitternd, dürstend, und schritte geraden Weges auf eben dieses Landhaus zu; den habe ein scharfsehender Mann erblickt und spräche nun: ‹Derart handelt jener liebe Mann, darauf arbeitet er hin, einen solchen Weg hat er genommen, daß er gerade zu diesem Landhaus herankommen wird›; und er sähe ihn dann später in diesem Landhause, auf der Terrasse, auf dem Lager sitzen oder liegen, nur von Wohlgefühlen erfüllt: ebenso nun auch, Sāriputto, durchschau' und erkenn' ich da Herz und Gemüt eines Menschen: ‹Derart handelt dieser Mensch, darauf arbeitet er hin, einen solchen Weg hat er genommen, daß er bei der Auflösung des Körpers, nach dem Tode, an Orte himmlischer Freude gelangen wird›; und ich seh' ihn dann später mit dem himmlischen Auge, dem geläuterten, über menschliche Grenzen hinausreichenden, bei der Auflösung des Körpers, nach dem Tode, an Orten himmlischer Freude, nur von Wohlgefühlen erfüllt.

«Und ferner, Sāriputto, durchschau' und erkenn' ich Herz und Gemüt eines Menschen also: ‹Derart handelt dieser Mensch, darauf arbeitet er hin, einen solchen Weg hat er genommen, daß er nach Versiegung des Wahnes die wahnlose Gemüterlösung, Weisheiterlösung noch bei Lebzeiten sich offenbar machen, verwirklichen und erringen wird›; und ich seh' ihn dann später nach Versiegung des Wahnes die wahnlose Gemüterlösung, Weisheiterlösung noch bei Lebzeiten sich offenbar gemacht, verwirklicht und errungen haben, einzig von Wohlgefühlen erfüllt. Gleichwie etwa, Sāriputto, wenn da ein Lotusweiher läge, mit klarem Spiegel, mild, kühl, glitzernd, leicht zugänglich, erquickend, und nahe am Wasser tiefe Waldesgründe; und es käme einer heran, vom Sonnenbrande gebraten, vom Sonnenbrande verzehrt, erschöpft, zitternd, dürstend, und schritte geraden Weges auf eben diesen Lotusweiher zu; den habe ein scharfsehender Mann erblickt und spräche nun: ‹Derart handelt jener liebe Mann, darauf arbeitet er hin, einen solchen Weg hat er genommen, daß er gerade an diesen Lotusweiher gelangen wird›; und er sähe ihn dann später, nach dem er im See gebadet, getrunken und alle Qual und Pein der Erschöpfung beschwichtigt hat, im Waldeshaine sitzen oder liegen, einzig von Wohl- 77
gefühlen erfüllt: ebenso nun auch, Sāriputto, durchschau' und erkenn' ich da

Herz und Gemüt eines Menschen: ‹Derart handelt dieser Mensch, darauf arbeitet er hin, einen solchen Weg hat er genommen, daß er nach Versiegung des Wahnes die wahnlose Gemüterlösung, Weisheiterlösung noch bei Lebzeiten sich offenbar machen, verwirklichen und erringen wird›; und ich seh' ihn dann später nach Versiegung des Wahnes die wahnlose Gemüterlösung, Weisheiterlösung noch bei Lebzeiten sich offenbar gemacht, verwirklicht und errungen haben, einzig von Wohlgefühlen erfüllt.

«Das, Sāriputto, sind die fünf Fährten. Wer nun zu mir, Sāriputto, dem also Erkennenden, also Erschauenden also spräche: ‹Der Asket Gotamo besitzt nicht das überirdische reiche Heiltum der Wissensklarheit: eine grüblerisch vernagelte Lehre trägt der Asket Gotamo vor, die er selbst ersonnen und ausgedacht hat›, und er bereute, Sāriputto, diese Rede nicht, verwürfe nicht diese Gedanken, gäbe diese Ansicht nicht auf, der möchte, wie er's gefügt, dem Abweg verfallen. Gleichwie etwa, Sāriputto, ein Mönch, der Selbstbeherrschung, Vertiefung und Weisheit gewonnen hat, noch bei Lebzeiten zur Erkenntnis gelangen kann: so, sag' ich, Sāriputto, mag wer diese Rede nicht bereut, diese Gedanken nicht verworfen, diese Ansicht nicht aufgegeben hat, wie er's gefügt, dem Abweg verfallen.

«Und ferner bekenn' ich, Sāriputto, die Zeiten der vierfach geübten Askese:

Inbrünstig bin ich gewesen,
Inbrünstig wie noch kein andrer;

Rauhsinnig bin ich gewesen,
Rauhsinnig wie noch kein andrer;

Wehmütig bin ich gewesen,
Wehmütig wie noch kein andrer;

Abgelöst bin ich gewesen,
Abgelöst wie noch kein andrer.

«Da hab' ich denn, Sāriputto, also Inbrunst geübt; ein Unbekleideter war ich, ein Ungebundener, ein Handverköster, kein Ankömmling, kein Abwärtling, gestattete keine Darreichung, keine Vergünstigung, keine Einladung, spähte beim Empfangen des Almosens nicht nach dem Topfe, nicht nach der Schüssel, nicht über die Schwelle, nicht über das Gitter, nicht in den Kessel hinein, nahm nicht von zu zweit Speisenden an, nicht von einer Schwangeren, nicht von einer Säugenden, nicht von einer, die vom Manne kommt, nicht von Beschmutzten, nicht wo ein Hund dabei steht, nicht wo Fliegen hin und her schwärmen, aß keinen Fisch, kein Fleisch, trank keinen Wein, kein ge-

branntes Wasser, keinen gegorenen Haferschleim. Ich ging zu einem Hause und begnügte mich mit einer Handvoll Almosenspeise; ging zu zwei Häusern und begnügte mich mit zwei Handvoll Almosenspeise; ging zu sieben 78
Häusern und begnügte mich mit sieben Handvoll Almosenspeise. Ich fristete mein Leben durch die Mildtätigkeit von nur einer Spenderin, von nur zwei Spenderinnen, von nur sieben Spenderinnen. Ich nahm nur jeden ersten Tag Nahrung ein, nur jeden zweiten Tag, nur jeden siebenten Tag. Solcherart wechselnd beobachtet' ich streng diese bis auf einen halben Monat ausgedehnte Fastenübung.

«Und ich lebte von Kräutern und Pilzen, von wildem Reis und Korn, von Samen und Kernen, von Pflanzenmilch und Baumharz, von Gräsern, von Kuhmist, fristete mich von Wurzeln und Früchten des Waldes, lebte von abgefallenen Früchten.

«Und ich trug das hänfene Hemd, trug das härene Hemd, trug einen Rock, geflickt aus den im Leichenhof und auf der Straße gefundenen Fetzen, hüllte mich in Lumpen, in Felle, in Häute, gürtete mich mit Flechten aus Gras, mit Flechten aus Rinde, mit Flechten aus Laub, barg die Blöße unter pelzigem Schurze, unter borstigem Schurze, unter einem Eulenflügel.

«Und ich raufte mir Haupt- und Barthaar aus, die Regel der Haar- und Bartausraufer befolgend; war ein Stetigsteher, verwarf Sitz und Lager; war ein Fersensitzer, übte die Zucht der Fersensitzer; war ein Dornenseitiger und legte mich zur Seite auf ein Dornenlager; stieg allabendlich zum dritten Mal herab ins Büßerbad. So übte ich mich gar vielfach in des Körpers inbrünstiger Schmerzensaskese. Und das, Sāriputto, ist meine Inbrunst gewesen.

«Und ich habe da, Sāriputto, also Rauhsinn gepflegt: vieljährigen Schmutz und Staub ließ ich am Körper ansammeln, bis zum herabfallen. Gleichwie etwa, Sāriputto, am Stumpfe des Ebenholzbaumes die Staubschicht sich von Jahr zu Jahr verdichtet, bis zum herabfallen: ebenso nun auch, Sāriputto, hatte sich an meinem Körper vieljähriger Schmutz und Staub angesammelt, bis zum herabfallen. Und es kam mir da, Sāriputto, kein solcher Gedanke: ‹Ach könnte ich mich doch endlich von diesem Staub und Schmutze säubern, oder möchten es andere tun!› Ein solcher Gedanke, Sāriputto, kam mir nicht. Und das, Sāriputto, ist mein Rauhsinn gewesen.

«Und ich habe da, Sāriputto, also Wehmut gehegt: jeder meiner Schritte, Sāriputto, war von klarem Bewußtsein geleitet, von klarem Bewußtsein gelenkt, und selbst ein Tropfen Wassers erregte in mir das Mitleid: ‹O daß ich den kleinen verirrten Wesen ja nicht Schaden zufüge!› Und das, Sāriputto, ist meine Wehmut gewesen.

«Und ich habe da, Sāriputto, also Ablösung gelernt: ich ging in irgendeinen Wald hinein und verweilte dort; bemerkt' ich aber einen Rinderhirten 79 oder Viehtreiber, einen Kräutersucher oder Reisigsammler oder einen Holzknecht, so floh ich von Forst zu Forst, von Hain zu Hain, von Tal zu Tal, von Berg zu Berg: und warum das? Jene sollten mich nicht sehn, und ich mochte sie nicht sehn. Gleichwie etwa, Sāriputto, ein Wild des Waldes, wenn es Menschen gesehn hat, von Forst zu Forst, von Hain zu Hain, von Tal zu Tal, von Berg zu Berg flieht: ebenso nun, Sāriputto, floh auch ich, wenn ich da einen Rinderhirten oder Viehtreiber, einen Kräutersucher oder Reisigsammler oder einen Holzknecht bemerkt hatte, von Forst zu Forst, von Hain zu Hain, von Tal zu Tal, von Berg zu Berg: und warum das? Jene sollten mich nicht sehn, und ich mochte sie nicht sehn. Und das, Sāriputto, ist meine Ablösung gewesen.

«Und ich ging dann, Sāriputto, wenn die Knechte fort waren, zu den Hürden hinab, zu den angebundenen Kühen, und sammelte in meinem irdenen Topfe Mist von den jungen, säugenden Kälbern und lebte davon. Und was da, Sāriputto, als mein eigener Kot und Harn unverdaut blieb, auch das nahm ich ein. Und das, Sāriputto, ist mein großer Hefekelch gewesen.

«Und ich habe mich dann, Sāriputto, in einen anderen, in grauenvollen Wald begeben, dort zu verweilen. In jener gräßlichen Wildnis, Sāriputto, herrschte solches Entsetzen, daß jedem ungeheiligten Wanderer alsbald die Haare sich sträubten. Und während der kalten, eisigen Nächte im Winter, zur Zeit des Frostes, hielt ich mich nachts in einer Lichtung auf und tags im Dickicht; und im Sommer, zur Zeit der Hitze, hielt ich mich tags in einer Lichtung auf und nachts im Dickicht. Und es leuchtete mir, Sāriputto, dieser naturgemäße Spruch auf, der nie zuvor gehörte:

‹Im Sommerbrand, im Wintersturm
Allein im wilden Schreckensforst
Sinnt ohne Feuer, ohne Herd
Ein nackter Dulder selbstvertieft.›

«Und ich wanderte, Sāriputto, zu einer Leichenstätte hin und lagerte mich auf einem Haufen fauler Gebeine. Und da kamen, Sāriputto, Hirtenkinder herbei, spieen auf mich und benäßten mich und bewarfen mich mit Unrat und fuhren mir mit spitzigen Halmen in die Ohren. Doch erinnere ich mich nicht, Sāriputto, daß mir ein böser Gedanke gegen sie aufgestiegen wäre. Und das, Sāriputto, ist mein Gleichmut gewesen.

80 «Manche Asketen und Brāhmanen, Sāriputto, sagen und lehren: ‹Die Nahrung läutert.› Und sie ermahnen: ‹Laßt uns von Steinäpfeln leben.› Und sie verzehren Steinäpfel, essen Steinäpfelmus, trinken Steinäpfelsaft, genießen allerlei Gerichte aus Steinäpfeln. Ich erinnere mich, Sāriputto, nur einen Steinapfel als tägliche Nahrung genossen zu haben. Nun möchtest du wohl, Sāri-

putto, meinen, es habe damals auch größere Steinäpfel gegeben. Doch wäre eine solche Meinung, Sāriputto, unrichtig: auch damals wurden Steinäpfel nur ebenso groß wie heute. Und indem ich, Sāriputto, nur einen Steinapfel als tägliche Nahrung zu mir nahm wurde mein Körper außerordentlich mager.

«Manche Asketen und Brāhmanen, Sāriputto, sagen und lehren: ‹Die Nahrung läutert.› Und sie ermahnen: ‹Laßt uns von Bohnen leben›, ‹Laßt uns von Sesam leben›, ‹Laßt uns von Reis leben.› Und sie verzehren Reis, essen
Reisbrei, trinken Reiswasser, genießen allerlei Gerichte aus Reis. Ich erinnere 81
mich, Sāriputto, nur ein Reiskorn als tägliche Nahrung genossen zu haben. Nun möchtest du wohl, Sāriputto, meinen, es habe damals auch größeren Reis gegeben. Doch wäre eine solche Meinung, Sāriputto, unrichtig: auch damals wurde der Reis nur ebenso groß wie heute. Und indem ich, Sāriputto, nur ein Reiskorn als tägliche Nahrung zu mir nahm wurde mein Körper außerordentlich mager.

«Wie dürres, welkes Rohr wurden da meine Arme und Beine durch diese äußerst geringe Nahrungaufnahme, wie ein Kamelhuf wurde da mein Gesäß durch diese äußerst geringe Nahrungaufnahme, wie eine Kugelkette wurde da mein Rückgrat mit den hervor- und zurücktretenden Wirbeln durch diese äußerst geringe Nahrungaufnahme, wie sich die Dachsparren eines alten Hauses querkantig abheben, hoben sich da meine Rippen querkantig ab durch diese äußerst geringe Nahrungaufnahme, wie in einem tiefen Brunnen die unten liegenden Wasserspiegel verschwindend klein erscheinen, so erschienen da in meinen Augenhöhlen die tiefliegenden Augensterne verschwindend klein durch diese äußerst geringe Nahrungaufnahme, wie ein Bitterkürbis, frisch angeschnitten, in heißer Sonne hohl und schrumpf wird, so wurde da meine Kopfhaut hohl und schrumpf durch diese äußerst geringe Nahrungaufnahme. Und indem ich, Sāriputto, die Bauchdecke befühlen wollte traf ich auf das Rückgrat, und indem ich das Rückgrat befühlen wollte traf ich wieder auf die Bauchdecke. So nahe war mir, Sāriputto, die Bauchdecke ans Rückgrat gekommen durch diese äußerst geringe Nahrungaufnahme. Und ich wollte, Sāriputto, Kot und Harn entleeren, da fiel ich vornüber hin durch diese äußerst geringe Nahrungaufnahme. Um nun diesen Körper da zu stärken, Sāriputto, rieb ich mit der Hand die Glieder. Und indem ich also, Sāriputto, mit der Hand die Glieder rieb, fielen die wurzelfaulen Körperhaare aus durch diese äußerst geringe Nahrungaufnahme.

«Und auch dieser Pfad, diese Zucht, diese harte Askese, Sāriputto, brachte mich dem überirdischen, reichen Heiltum der Wissensklarheit nicht näher: und warum nicht? Weil ich eben jene heilige Weisheit nicht errungen hatte, jene heilige Weisheit, deren Errungenschaft sich als heilige Weihe erweist, dem Grübler zur gänzlichen Leidensversiegung.

«Manche Asketen und Brāhmanen, Sāriputto, sagen und lehren: ‹Der
Kreislauf läutert.› Doch ist der Kreislauf, Sāriputto, durchaus kein leichter,
82 den ich auf dieser langen Fahrt nirgends gefunden habe als etwa bei den Rei-
nen Göttern. Und sollt' ich auch, Sāriputto, nur unter Reinen Göttern krei-
sen: ich mag in diese Welt nicht wiederkehren.

«Manche Asketen und Brāhmanen, Sāriputto, sagen und lehren: ‹Die Geburt läutert.› Doch ist die Geburt, Sāriputto, durchaus keine leichte, die ich auf dieser langen Fahrt nirgends gefunden habe als etwa bei den Reinen Göttern. Und sollt' ich auch, Sāriputto, nur unter Reinen Göttern geboren werden: ich mag in diese Welt nicht wiederkehren.

«Manche Asketen und Brāhmanen, Sāriputto, sagen und lehren: ‹Das Leben läutert.› Doch ist das Leben, Sāriputto, durchaus kein leichtes, das ich auf dieser langen Fahrt nirgends gefunden habe als etwa bei den Reinen Göttern. Und sollt' ich auch, Sāriputto, nur unter Reinen Göttern leben: ich mag in diese Welt nicht wiederkehren.

«Manche Asketen und Brāhmanen, Sāriputto, sagen und lehren: ‹Die Spende läutert.› Doch ist die Spende, Sāriputto, durchaus keine leichte, die ich auf dieser langen Fahrt nicht geben konnte, es sei denn als gesalbter Kriegerkönig oder als mächtiger Brāhmane.

«Manche Asketen und Brāhmanen, Sāriputto, sagen und lehren: ‹Das Feueropfer läutert.› Doch ist das Feueropfer, Sāriputto, durchaus kein leichtes, das ich auf dieser langen Fahrt nicht darbringen konnte, es sei denn als gesalbter Kriegerkönig oder als mächtiger Brāhmane.

«Manche Asketen und Brāhmanen, Sāriputto, sagen und lehren: ‹Solange
dieser liebe Mann da frisch und kräftig ist, glänzend dunkelhaarig, im Ge-
nusse der glücklichen Jugend, im ersten Mannesalter, solange besitzt er auch
die höchsten Geisteskräfte. Ist aber dieser liebe Mann alt und greis geworden,
hochbetagt, dem Ende nahe, ausgelebt, ein Achtziger oder Neunziger oder
Hundertjähriger, dann schwinden ihm jene Geisteskräfte.› Doch ist das, Sāri-
putto, nicht schlechthin gültig. Ich bin ja, Sāriputto, jetzt alt geworden und
greis und hochbetagt, dem Ende nahe, ausgelebt, stehe im achtzigsten Jahre.
Gesetzt aber, Sāriputto, ich hätte da vier Jünger, die hundert Jahre alt wür-
den, hundert Jahre lebten, höchst innig, tugendhaft und stark, mit den höch-
sten Geisteskräften begabt. Gleichwie etwa, Sāriputto, ein sehniger Bogen-
schütze, wohl geschult, geübt und erprobt, einen leichten Pfeil mit geringer
Mühe über den Schatten einer Palme hinausschießen könnte: ebenso wären
83 diese gar sehr innig, tugendhaft und stark und mit den höchsten Geistes-
kräften begabt. Und sie stellten mir Frage auf Frage, von den Vier Pfeilern
der Einsicht an, und ich gäbe ihnen Erklärung auf Erklärung, und sie bewahr-
ten was ich erklärt hätte als erklärt und fragten mich keine Frage zum zwei-

tenmal, nur rastend beim Essen und Trinken, Kauen und Schlürfen, beim Entleeren von Kot und Harn und während der Pausen des Schlafes und der Müdigkeit. Unausgeführt bliebe da wohl, Sāriputto, des Vollendeten Zeugnis der Wahrheit, unausgeführt bliebe da wohl des Vollendeten Zeichnung des Wahrheitpfades, unausgeführt bliebe da wohl des Vollendeten Klärung der Fragen: denn jene vier Jünger, die hundert Jahre alt geworden wären, hundert Jahre gelebt hätten, stürben mir dann weg. Und wenn ihr mich auf dem Bette herbeitragen werdet, Sāriputto: die Geisteskraft des Vollendeten wird unverändert sein.

«Wer nun, Sāriputto, mit Recht von einem Manne sagen kann: ‹Ein wahnloses Wesen ist in der Welt erschienen, vielen zum Wohle, vielen zum Heile, aus Erbarmen zur Welt, zum Nutzen, Wohle und Heile für Götter und Menschen›, der kann eben von mir mit Recht sagen: ‹Ein wahnloses Wesen ist in der Welt erschienen, vielen zum Wohle, vielen zum Heile, aus Erbarmen zur Welt, zum Nutzen, Wohle und Heile für Götter und Menschen.›»

Während dieser Zeit nun hatte der ehrwürdige Nāgasamālo hinter dem Erhabenen gestanden und dem Erhabenen Kühlung gefächelt. Da wandte sich der ehrwürdige Nāgasamālo an den Erhabenen und sprach:

«Wunderbar ist es, o Herr, außerordentlich: denn während ich da, o Herr, dieser Darlegung lauschte, haben sich mir die Haare gesträubt. Wie soll, o Herr, diese Rede heißen?»

«Wohlan denn, Nāgasamālo, so bewahre sie unter dem Namen der Rede des Haarsträubens.»

Also sprach der Erhabene. Zufrieden freute sich der ehrwürdige Nāgasamālo über das Wort des Erhabenen.

13

ZWEITER TEIL · DRITTE REDE

DIE LEIDENSVERKETTUNG

I

Das hab' ich gehört. Zu einer Zeit weilte der Erhabene bei Sāvatthī, im Siegerwalde, im Garten Anāthapiṇḍikos. Da nun begaben sich viele Mönche,
84 zeitig gerüstet, mit Mantel und Schale versehn, auf den Weg zur Stadt, um Almosenspeise. Aber jene Mönche überlegten alsbald: ‹Zu früh ist's noch, in die Stadt um Almosenspeise zu gehn; wie, wenn wir jetzt den Garten der andersfährtigen Pilger aufsuchten?› Und jene Mönche begaben sich zum Garten der andersfährtigen Pilger, wechselten höflichen Gruß und freundliche, denkwürdige Worte mit ihnen und setzten sich seitwärts hin. Hierauf wandten sich die andersfährtigen Pilger an die Mönche und sprachen:

«Der Asket Gotamo, Brüder, untersucht das Begehren von Grund aus, auch wir untersuchen das Begehren von Grund aus; der Asket Gotamo, Brüder, untersucht das Körperliche von Grund aus, auch wir untersuchen das Körperliche von Grund aus; der Asket Gotamo, Brüder, untersucht das Gefühl von Grund aus, auch wir untersuchen das Gefühl von Grund aus: was für eine Beschränkung, ihr Brüder, was für Eigenart und Verschiedenheit besteht da wohl zwischen dem Asketen Gotamo und uns, sei es nun in Beziehung auf Vortrag oder Gebot?»

Doch die Mönche wurden durch diese Worte der andersfährtigen Pilger weder befriedigt noch verstimmt; ohne Befriedigung, ohne Verstimmung erhoben sie sich und gingen fort: ‹Beim Erhabenen werden wir den Sinn dieser Worte verstehn.›

Und sie wanderten nach Sāvatthī, traten von Haus zu Haus um Almosenspeise, kehrten zurück, nahmen ihr Mahl ein und begaben sich alsdann zum Erhabenen. Dort angelangt begrüßten sie den Erhabenen ehrerbietig und setzten sich seitwärts hin. Seitwärts sitzend sprachen nun jene Mönche zum Erhabenen also:

«Wir waren da heute früh, o Herr, mit Mantel und Schale versehn, nach Sāvatthī aufgebrochen, um Almosenspeise. Da kam uns, o Herr, der Gedanke: ‹Es ist noch zu zeitig, in die Stadt um Almosenspeise zu gehn; laßt uns einstweilen den Garten der andersfährtigen Pilger aufsuchen.› Und wir begaben uns, o Herr, in den Garten der andersfährtigen Pilger, wechselten

höflichen Gruß und freundliche, denkwürdige Worte mit ihnen und setzten uns seitwärts hin. Hierauf wandten sich die andersfährtigen Pilger, o Herr, mit folgender Rede an uns: ‹Der Asket Gotamo, Brüder, untersucht das Begehren von Grund aus, auch wir untersuchen das Begehren von Grund aus; der Asket Gotamo, Brüder, untersucht das Körperliche von Grund aus, auch 85
wir untersuchen das Körperliche von Grund aus; der Asket Gotamo, Brüder, untersucht das Gefühl von Grund aus, auch wir untersuchen das Gefühl von Grund aus: was für eine Beschränkung, ihr Brüder, was für Eigenart und Verschiedenheit besteht da wohl zwischen dem Asketen Gotamo und uns, sei es nun in Beziehung auf Vortrag oder Gebot?› Diese Worte der andersfährtigen Pilger, o Herr, befriedigten uns nicht und verstimmten uns nicht; ohne Befriedigung, ohne Verstimmung erhoben wir uns und gingen fort: ‹Beim Erhabenen werden wir den Sinn dieser Worte verstehn.›»

«Auf diese Worte, ihr Mönche, wäre den andersfährtigen Pilgern zu erwidern gewesen: ‹Was ist also, Brüder, Labsal des Begehrens, Elend des Begehrens, Überwindung des Begehrens? Was ist Labsal des Körperlichen, Elend des Körperlichen, Überwindung des Körperlichen? Was ist Labsal des Gefühls, Elend des Gefühls, Überwindung des Gefühls?› Also gefragt, ihr Mönche, würden die andersfährtigen Pilger genügende Antwort nicht gefunden haben, sogar recht in Verlegenheit geraten sein: und warum? Weil das, ihr Mönche, fremdes Gebiet für sie ist. Keinen seh' ich, ihr Mönche, in der Welt mit ihren Göttern, ihren bösen und heiligen Geistern, mit ihrer Schar von Büßern und Priestern, Göttern und Menschen, der durch eine Erklärung dieser Fragen das Herz gewinnen könnte, den Vollendeten ausgenommen, oder einen Jünger des Vollendeten, und die es von da gehört haben.

«Was ist nun, ihr Mönche, Labsal des Begehrens? Fünf Begehrungen gibt es, ihr Mönche, und welche fünf? Die durch das Gesicht ins Bewußtsein tretenden Formen, die ersehnten, geliebten, entzückenden, angenehmen, dem Begehren entsprechenden, reizenden; die durch das Gehör ins Bewußtsein tretenden Töne, die ersehnten, geliebten, entzückenden, angenehmen, dem Begehren entsprechenden, reizenden; die durch den Geruch ins Bewußtsein tretenden Düfte, die ersehnten, geliebten, entzückenden, angenehmen, dem Begehren entsprechenden, reizenden; die durch den Geschmack ins Bewußtsein tretenden Säfte, die ersehnten, geliebten, entzückenden, angenehmen, dem Begehren entsprechenden, reizenden; die durch das Getast ins Bewußtsein tretenden Tastungen, die ersehnten, geliebten, entzückenden, angenehmen, dem Begehren entsprechenden, reizenden. Das sind, ihr Mönche, die fünf Begehrungen. Was da Wohl und Erwünschtes diesen fünf Begehrungen gemäß geht ist Labsal des Begehrens.

«Was ist nun, ihr Mönche, Elend des Begehrens? Da erwirbt sich, ihr Mönche, ein Sohn des Hauses seinen Unterhalt durch ein Amt, sei es als Schreiber oder als Rechner oder Verwalter, als Landwirt oder als Kaufmann oder als Herdenzüchter, als Soldat oder Minister des Königs, oder durch irgendeinen anderen Dienst, ist der Hitze ausgesetzt, ist der Kälte ausgesetzt, muß Sonne und Wind Trotz bieten, sich mit Mücken, Wespen und Kriechtieren herumschlagen, wird von Hunger und Durst aufgerieben. Das aber, Mönche, ist Elend des Begehrens, ist die offenbare Leidensverkettung, durch Begehren entstanden, durch Begehren gefügt, durch Begehren erhalten, durch Begehren schlechthin bedingt.

86 «Wenn diesem Sohne des Hauses, ihr Mönche, der sich also abmüht, plagt und quält, kein Reichtum erblüht, so wird er bekümmert und schwermütig, klagt, schlägt sich stöhnend die Brust, gerät in Verzweiflung: ‹Vergeblich, ach, ist mein Streben, meine Mühe hat keinen Zweck!› Das aber, Mönche, ist Elend des Begehrens, ist die offenbare Leidensverkettung, durch Begehren entstanden, durch Begehren gefügt, durch Begehren erhalten, durch Begehren schlechthin bedingt.

«Wenn diesem Sohne des Hauses, ihr Mönche, der sich also abmüht, plagt und quält, Reichtum erblüht, so nagt ihn sorgende Pein um die Erhaltung dieses Reichtums: ‹Daß mir meine Güter nur nicht von Königen eingezogen, oder von Räubern geplündert, oder vom Feuer verzehrt, oder vom Wasser weggespült, oder von feindlichen Verwandten entrissen werden!› Und indem er seine Güter wahrt und schützt werden sie ihm von Königen eingezogen, oder von Räubern geplündert, oder vom Feuer verzehrt, oder vom Wasser weggespült, oder von feindlichen Verwandten entrissen. Da wird er bekümmert und schwermütig, klagt, schlägt sich stöhnend die Brust, gerät in Verzweiflung: ‹Meinen Besitz, den haben wir nicht mehr!› Das aber, Mönche, ist Elend des Begehrens, ist die offenbare Leidensverkettung, durch Begehren entstanden, durch Begehren gefügt, durch Begehren erhalten, durch Begehren schlechthin bedingt.

«Weiter sodann, ihr Mönche: von Begehren getrieben, von Begehren gereizt, von Begehren bewogen, eben nur aus eitel Begehren streiten Könige mit Königen, Fürsten mit Fürsten, Priester mit Priestern, Bürger mit Bürgern, streitet die Mutter mit dem Sohne, der Sohn mit der Mutter, der Vater mit dem Sohne, der Sohn mit dem Vater, streitet Bruder mit Bruder, Bruder mit Schwester, Schwester mit Bruder, Freund mit Freund. Also in Zwist, Zank und Streit geraten gehn sie mit Fäusten aufeinander los, mit Steinen, Stöcken und Schwertern. Und so eilen sie dem Tode entgegen oder tödlichem Schmerze. Das aber, Mönche, ist Elend des Begehrens, ist die offenbare Leidensverkettung, durch Begehren entstanden, durch Begehren gefügt, durch Begehren erhalten, durch Begehren schlechthin bedingt.

«Weiter sodann, ihr Mönche: von Begehren getrieben, von Begehren gereizt, von Begehren bewogen, eben nur aus eitel Begehren stürzen sie sich, Schild und Schwert in den Händen, gegürtet mit Köcher und Bogen, von beiden Seiten der Schlachtordnung in den Kampf, und die Pfeile schwirren und die Speere sausen und die Schwerter blitzen. Und sie durchbohren sich mit Pfeilen, durchbohren sich mit Speeren, spalten sich mit den Schwertern die Köpfe. Und so eilen sie dem Tode entgegen oder tödlichem Schmerze. Das aber, Mönche, ist Elend des Begehrens, ist die offenbare Leidensverkettung, durch Begehren entstanden, durch Begehren gefügt, durch Begehren erhalten, durch Begehren schlechthin bedingt.

«Weiter sodann, ihr Mönche: von Begehren getrieben, von Begehren ge-
reizt, von Begehren bewogen, eben nur aus eitel Begehren stürzen sie sich,
Schild und Schwert in den Händen, gegürtet mit Köcher und Bogen, auf die
schlüpfrig getünchten Wälle, und die Pfeile schwirren und die Speere sausen
und die Schwerter blitzen. Und sie durchbohren sich mit Pfeilen, durchboh- 87
ren sich mit Speeren, schütten glühenden Sand herunter, schleudern zer-
schmetternde Blöcke herab, spalten sich mit den Schwertern die Köpfe. Und
so eilen sie dem Tode entgegen oder tödlichem Schmerze. Das aber, Mönche,
ist Elend des Begehrens, ist die offenbare Leidensverkettung, durch Begehren
entstanden, durch Begehren gefügt, durch Begehren erhalten, durch Begeh-
ren schlechthin bedingt.

«Weiter sodann, ihr Mönche: von Begehren getrieben, von Begehren gereizt, von Begehren bewogen, eben nur aus eitel Begehren brechen sie Verträge, rauben fremdes Gut, stehlen, betrügen, verführen Ehefrauen. Da lassen die Könige einen solchen ergreifen und verhängen mancherlei Strafen, als wie Peitschen-, Stock- und Rutenhiebe; Handverstümmlung, Fußverstümmlung oder Verstümmlung der Hände und Füße; Ohrenverstümmlung, Nasenverstümmlung, Verstümmlung der Ohren und der Nase; den Breikessel, die Muschelrasur, das Drachenmaul; den Pechkranz, die Fackelhand; das Spießrutenlaufen, das Rindenliegen, den Marterbock; das Angelfleisch, den Münzengriff, die Laugenätze; den Schraubstock, das Bastgeflecht; die siedende Ölbeträufelung, das Zerreißen durch Hunde, die lebendige Pfählung, die Enthauptung. Und so eilen sie dem Tode entgegen oder tödlichem Schmerze. Das aber, Mönche, ist Elend des Begehrens, ist die offenbare Leidensverkettung, durch Begehren entstanden, durch Begehren gefügt, durch Begehren erhalten, durch Begehren schlechthin bedingt.

«Weiter sodann, ihr Mönche: von Begehren getrieben, von Begehren gereizt, von Begehren bewogen, eben nur aus eitel Begehren wandeln sie in Taten den Weg des Unrechts, wandeln sie in Worten den Weg des Unrechts, wandeln sie in Gedanken den Weg des Unrechts. Und in Taten auf dem Wege des Unrechts, in Worten auf dem Wege des Unrechts, in Gedanken auf dem Wege des Unrechts gelangen sie bei der Auflösung des Körpers, nach dem Tode, abwärts, auf schlechte Fährte, in Verderben und Unheil. Das aber, Mönche, ist Elend des Begehrens, ist die verborgene Leidensverkettung, durch Begehren entstanden, durch Begehren gefügt, durch Begehren erhalten, durch Begehren schlechthin bedingt.

«Und was, ihr Mönche, ist des Begehrens Überwindung? Was beim Begehren, ihr Mönche, Verneinung des Willensreizes ist, Verleugnung des Willensreizes, ist des Begehrens Überwindung.

«Daß aber Asketen oder Priester, ihr Mönche, die nicht also der Wahrheit gemäß des Begehrens Labsal als Labsal, Elend als Elend, Überwindung als Überwindung erkennen, vielleicht selbst das Begehren verstehn oder einen anderen dazu bringen werden, durch ihre Belehrung zum Verständnisse des Begehrens zu gelangen: das ist unmöglich. Daß nun aber Asketen oder Prie-
88 ster, ihr Mönche, die also der Wahrheit gemäß des Begehrens Labsal als Labsal, Elend als Elend, Überwindung als Überwindung erkennen, vielleicht selbst das Begehren verstehn oder einen anderen dazu bringen werden, durch ihre Belehrung zum Verständnisse des Begehrens zu gelangen: das ist möglich.

«Was ist nun, ihr Mönche, Labsal des Körperlichen? Zum Beispiel, ihr Mönche, eine Königstochter, oder eine priesterliche Jungfrau, oder ein Bürgermädchen, in der Blüte des fünfzehnten oder sechzehnten Jahres, nicht zu groß nicht zu klein, nicht zu schlank nicht zu voll, nicht zu dunkel nicht zu hell: erscheint nicht eine solche schimmernde Schönheit, ihr Mönche, zu dieser Zeit am prächtigsten?»

«Freilich, o Herr!»

«Was da Wohl und Erwünschtes schimmernder Schönheit gemäß geht ist Labsal des Körperlichen.

«Was ist nun, ihr Mönche, Elend des Körperlichen? Da sehe man nur diese Schwester, ihr Mönche, zu anderer Zeit, im achtzigsten oder neunzigsten oder hundertsten Lebensjahre, gebrochen, giebelförmig geknickt, abgezehrt, auf Krücken gestützt schlotternd dahinschleichen, siech, welk, zahnlos, mit gebleichten Strähnen, kahlem, wackelndem Kopfe, verrunzelt, die Haut voller Flecken: was meint ihr wohl, Mönche? Ist, was einst schimmernde Schönheit war, verschwunden und Elend ruchbar geworden?»

«Freilich, o Herr!»

«Das aber, Mönche, ist Elend des Körperlichen. Weiter sodann, ihr Mönche: man sehe nur diese Schwester unwohl, leidend, schwerkrank, mit Kot und Harn beschmutzt daliegen, von anderen gehoben, von anderen bedient: was meint ihr wohl, Mönche? Ist, was einst schimmernde Schönheit war, verschwunden und Elend ruchbar geworden?»

«Freilich, o Herr!»

«Das aber, Mönche, ist Elend des Körperlichen. Weiter sodann, ihr Mönche: man sehe nur diese Schwester, den Leib auf der Leichenstätte, einen Tag oder zwei Tage oder drei Tage nach dem Verscheiden, aufgedunsen, blauschwarz gefärbt, in Fäulnis übergegangen: was meint ihr wohl, Mönche? Ist, was einst schimmernde Schönheit war, verschwunden und Elend ruchbar geworden?»

«Freilich, o Herr!»

«Das aber, Mönche, ist Elend des Körperlichen. Weiter sodann, ihr Mönche: man sehe nur diese Schwester, den Leib auf der Leichenstätte, von Krähen oder Raben oder Geiern zerfressen, von Hunden oder Schakalen zerfleischt, oder von vielerlei Würmern zernagt: was meint ihr wohl, Mönche? 89
Ist, was einst schimmernde Schönheit war, verschwunden und Elend ruchbar geworden?»

«Freilich, o Herr!»

«Das aber, Mönche, ist Elend des Körperlichen. Weiter sodann, ihr Mönche: man sehe nur diese Schwester, den Leib auf der Leichenstätte, das Knochengerippe, fleischbehangen, blutbesudelt, von den Sehnen zusammengehalten; das Knochengerippe, fleischentblößt, blutbefleckt, von den Sehnen zusammengehalten; das Knochengerippe, ohne Fleisch, ohne Blut, von den Sehnen zusammengehalten; die Gebeine, ohne die Sehnen, hierher und dorthin verstreut, da ein Handknochen, dort ein Fußknochen, da ein Schienbein, dort ein Schenkel, da das Becken, dort Wirbel, da der Schädel: was meint ihr wohl, Mönche? Ist, was einst schimmernde Schönheit war, verschwunden und Elend ruchbar geworden?»

«Freilich, o Herr!»

«Das aber, Mönche, ist Elend des Körperlichen. Weiter sodann, ihr Mönche: man sehe nur diese Schwester, den Leib auf der Leichenstätte, die Gebeine, bleich, muschelfarben anzusehn; die Gebeine, zuhauf geschichtet, nach Verlauf eines Jahres; die Gebeine, verwest, in Staub zerfallen: was meint ihr wohl, Mönche? Ist, was einst schimmernde Schönheit war, verschwunden und Elend ruchbar geworden?»

«Freilich, o Herr!»

«Das aber, Mönche, ist Elend des Körperlichen.

«Und was, ihr Mönche, ist des Körperlichen Überwindung? Was beim Körperlichen, ihr Mönche, Verneinung des Willensreizes ist, Verleugnung des Willensreizes, ist des Körperlichen Überwindung.

«Daß aber Asketen oder Priester, ihr Mönche, die nicht also der Wahrheit gemäß des Körperlichen Labsal als Labsal, Elend als Elend, Überwindung als Überwindung erkennen, vielleicht selbst das Körperliche verstehn oder einen anderen dazu bringen werden, durch ihre Belehrung zum Verständnisse des Körperlichen zu gelangen: das ist unmöglich. Daß nun aber Asketen oder Priester, ihr Mönche, die also der Wahrheit gemäß des Körperlichen Labsal als Labsal, Elend als Elend, Überwindung als Überwindung erkennen, vielleicht selbst das Körperliche verstehn oder einen anderen dazu bringen werden, durch ihre Belehrung zum Verständnisse des Körperlichen zu gelangen: das ist möglich.

«Was ist nun, ihr Mönche, Labsal der Gefühle? Da erwirkt, ihr Mönche, ein Mönch, gar fern von Begierden, fern von unheilsamen Dingen, in sinnend gedenkender ruhegeborener seliger Heiterkeit die Weihe der ersten Schauung. Zu einer Zeit, ihr Mönche, wo der Mönch die Weihe der ersten Schauung erwirkt hat, zu einer solchen Zeit ist er weder von sich abhängig noch von anderen, weder von sich noch von anderen abhängig empfindet er zu die-
90 ser Zeit nur ein Gefühl der Unabhängigkeit. Unabhängigkeit, sag' ich, ihr
Mönche, ist höchstes Labsal der Gefühle.

«Weiter sodann, ihr Mönche: nach Vollendung des Sinnens und Gedenkens erwirkt ein Mönch die innere Meeresstille, die Einheit des Gemütes, die von sinnen, von gedenken freie, in der Einigung geborene selige Heiterkeit, die Weihe der zweiten Schauung. Zu einer Zeit, ihr Mönche, wo der Mönch die Weihe der zweiten Schauung erwirkt hat, zu einer solchen Zeit ist er weder von sich abhängig noch von anderen, weder von sich noch von anderen abhängig empfindet er zu dieser Zeit nur ein Gefühl der Unabhängigkeit. Unabhängigkeit, sag' ich, ihr Mönche, ist höchstes Labsal der Gefühle.

«Weiter sodann, ihr Mönche: in heiterer Ruhe verweilt ein Mönch gleichmütig, einsichtig, klar bewußt, ein Glück empfindet er im Körper, von dem die Heiligen sagen: ‹Der gleichmütig Einsichtige lebt beglückt›: so erwirkt er die Weihe der dritten Schauung. Zu einer Zeit, ihr Mönche, wo der Mönch die Weihe der dritten Schauung erwirkt hat, zu einer solchen Zeit ist er weder von sich abhängig noch von anderen, weder von sich noch von anderen abhängig empfindet er zu dieser Zeit nur ein Gefühl der Unabhängigkeit. Unabhängigkeit, sag' ich, ihr Mönche, ist höchstes Labsal der Gefühle.

«Weiter sodann, ihr Mönche: nach Verwerfung der Freuden und Leiden, nach Vernichtung des einstigen Frohsinns und Trübsinns erwirkt ein Mönch die Weihe der leidlosen, freudlosen, gleichmütig einsichtigen vollkommenen Reine, die vierte Schauung. Zu einer Zeit, ihr Mönche, wo der Mönch die Weihe der vierten Schauung erwirkt hat, zu einer solchen Zeit ist er weder von sich abhängig noch von anderen, weder von sich noch von anderen abhängig empfindet er zu dieser Zeit nur ein Gefühl der Unabhängigkeit. Unabhängigkeit, sag' ich, ihr Mönche, ist höchstes Labsal der Gefühle.

«Was ist nun, ihr Mönche, Elend der Gefühle? Was vergängliches, schmerzliches, wechselndes Gefühl ist, ihr Mönche, das ist Elend der Gefühle.

«Und was, ihr Mönche, ist der Gefühle Überwindung? Was bei den Gefühlen, ihr Mönche, Verneinung des Willensreizes ist, Verleugnung des Willensreizes, ist der Gefühle Überwindung.

«Daß aber Asketen oder Priester, ihr Mönche, die nicht also der Wahrheit gemäß der Gefühle Labsal als Labsal, Elend als Elend, Überwindung als Überwindung erkennen, vielleicht selbst die Gefühle verstehn oder einen anderen dazu bringen werden, durch ihre Belehrung zum Verständnisse der Gefühle zu gelangen: das ist unmöglich. Daß nun aber Asketen oder Priester, ihr Mönche, die also der Wahrheit gemäß der Gefühle Labsal als Labsal, Elend als Elend, Überwindung als Überwindung erkennen, vielleicht selbst die Gefühle verstehn oder einen anderen dazu bringen werden, durch ihre Belehrung zum Verständnisse der Gefühle zu gelangen: das ist möglich.»

Also sprach der Erhabene. Zufrieden freuten sich jene Mönche über das Wort des Erhabenen.

14

ZWEITER TEIL · VIERTE REDE

DIE LEIDENSVERKETTUNG

II

DAS HAB' ICH GEHÖRT. Zu einer Zeit weilte der Erhabene im Lande der Sakker, 91
bei Kapilavatthu, im Park der Feigenbäume. Da nun begab sich ein Sakkerfürst, Mahānāmo, dorthin wo der Erhabene weilte, begrüßte den Erhabenen ehrerbietig und setzte sich seitwärts nieder. Seitwärts sitzend sprach nun Mahānāmo der Sakker zum Erhabenen also:

«Lange Zeit schon, o Herr, scheint mir die Lehre des Erhabenen folgende zu sein: ‹Gier ist Herzenstrübung, Haß ist Herzenstrübung, Irre ist Herzenstrübung.› So kenne ich zwar, o Herr, die Lehre des Erhabenen von der Gier als Herzenstrübung, vom Hasse als Herzenstrübung, von der Irre als Herzenstrübung, trotzdem aber läßt sich mein Herz zuweilen von Regungen der Gier beeinflussen, von Regungen des Hasses beeinflussen, von Regungen der Irre beeinflussen. Da frag' ich mich nun, o Herr: was für ein Ding haust wohl noch in mir, daß sich mein Herz zuweilen von Regungen der Gier, von Regungen des Hasses, von Regungen der Irre beeinflussen läßt?»

«Eben das Ding, Māhānamo, haust noch in dir, daß sich dein Herz zuweilen von Regungen der Gier, von Regungen des Hasses, von Regungen der Irre beeinflussen läßt. Denn würde, Mahānāmo, dieses Ding nicht mehr in dir hausen, so wolltest du nicht in der Familie bleiben, keine Begierden genießen. Weil nun aber, Mahānāmo, eben dieses Ding noch in dir haust, deshalb bleibst du in der Familie, genießest Begierden.

«'Unbefriedigend sind die Begierden, voller Leiden, voller Qualen, das Elend überwiegt': wenn der heilige Jünger, Mahānāmo, diesen Satz der Wahrheit gemäß mit vollkommener Weisheit erkannt hat, aber er findet außer den Begierden, außer dem Schlechten keine Glückseligkeit und nichts Besseres, so tanzt er eben immer noch um die Begierden herum. Sobald aber, Mahānāmo, der heilige Jünger den Satz ‹Unbefriedigend sind die Begierden, voller Leiden, voller Qualen, das Elend überwiegt› der Wahrheit gemäß mit vollkommener Weisheit erkannt hat, und er findet außer den Begierden, außer dem Schlechten Glückseligkeit und Besseres, so tanzt er nicht mehr um die Begierden herum.

92 «Auch ich, Mahānāmo, hatte schon vor der vollen Erwachung, als unvollkommen Erwachter, Erwachung erst Erringender den Satz ‹Unbefriedigend sind die Begierden, voller Leiden, voller Qualen, das Elend überwiegt› der Wahrheit gemäß mit vollkommener Weisheit erkannt, doch außer den Begierden, außer dem Schlechten fand ich keine Glückseligkeit und nichts Besseres, und so gewahrte ich denn, daß ich eben immer noch um die Begierden herumtanzte. Sobald ich aber, Mahānāmo, den Satz ‹Unbefriedigend sind die Begierden, voller Leiden, voller Qualen, das Elend überwiegt› der Wahrheit gemäß mit vollkommener Weisheit erkannt und außer den Begierden, außer dem Schlechten Glückseligkeit gefunden hatte und Besseres, da gewahrte ich, daß ich nicht mehr um die Begierden herumtanzte.

«Was ist nun, Mahānāmo, Befriedigung des Begehrens? Fünf Begehrungen gibt es, Mahānāmo, und welche fünf? Die durch das Gesicht ins Bewußtsein tretenden Formen, die ersehnten, geliebten, entzückenden, angenehmen, dem Begehren entsprechenden, reizenden; die durch das Gehör ins Bewußtsein tretenden Töne, die ersehnten, geliebten, entzückenden, angenehmen, dem Begehren entsprechenden, reizenden; die durch den Geruch ins Bewußtsein tretenden Düfte, die ersehnten, geliebten, entzückenden, angenehmen, dem Begehren entsprechenden, reizenden; die durch den Geschmack ins Bewußtsein tretenden Säfte, die ersehnten, geliebten, entzückenden, angenehmen, dem Begehren entsprechenden, reizenden; die durch das Getast ins Bewußtsein tretenden Tastungen, die ersehnten, geliebten, entzückenden, angenehmen, dem Begehren entsprechenden, reizenden. Das sind, Mahānāmo, die fünf Begehrungen. Was da Wohl und Erwünschtes diesen fünf Begehrungen gemäß geht ist Befriedigung des Begehrens.

«Was ist nun, Mahānāmo, Elend des Begehrens? Da erwirbt sich, Mahānāmo, ein Sohn des Hauses seinen Unterhalt durch ein Amt, sei es als Schreiber oder als Rechner oder Verwalter, als Landwirt oder als Kaufmann oder als Herdenzüchter, als Soldat oder Minister des Königs, oder durch irgendeinen anderen Dienst, ist der Hitze ausgesetzt, ist der Kälte ausgesetzt, muß Sonne und Wind Trotz bieten, sich mit Mücken, Wespen und Kriechtieren herumschlagen, wird von Hunger und Durst aufgerieben. Das aber, Mahānāmo, ist Elend des Begehrens, ist die offenbare Leidensverkettung, durch Begehren entstanden, durch Begehren gefügt, durch Begehren erhalten, durch Begehren schlechthin bedingt.

«Wenn diesem Sohne des Hauses, Mahānāmo, der sich also abmüht, plagt 86
und quält, kein Reichtum erblüht, so wird er bekümmert und schwermütig, klagt, schlägt sich stöhnend die Brust, gerät in Verzweiflung: ‹Vergeblich, ach, ist mein Streben, meine Mühe hat keinen Zweck!› Das aber, Mahānāmo, ist Elend des Begehrens, ist die offenbare Leidensverkettung, durch Begehren entstanden, durch Begehren gefügt, durch Begehren erhalten, durch Begehren schlechthin bedingt.

«Wenn diesem Sohne des Hauses, Mahānāmo, der sich also abmüht, plagt und quält, Reichtum erblüht, so nagt ihn sorgende Pein um die Erhaltung dieses Reichtums: ‹Daß mir meine Güter nur nicht von Königen eingezogen, oder von Räubern geplündert, oder vom Feuer verzehrt, oder vom Wasser weggespült, oder von feindlichen Verwandten entrissen werden!› Und indem er seine Güter wahrt und schützt werden sie ihm von Königen eingezogen, oder von Räubern geplündert, oder vom Feuer verzehrt, oder vom Wasser weggespült, oder von feindlichen Verwandten entrissen. Da wird er bekümmert und schwermütig, klagt, schlägt sich stöhnend die Brust, gerät in Verzweiflung: ‹Meinen Besitz, den haben wir nicht mehr!› Das aber, Mahānāmo, ist Elend des Begehrens, ist die offenbare Leidensverkettung, durch Begehren entstanden, durch Begehren gefügt, durch Begehren erhalten, durch Begehren schlechthin bedingt.

«Weiter sodann, Mahānāmo: von Begehren getrieben, von Begehren gereizt, von Begehren bewogen, eben nur aus eitel Begehren streiten Könige mit Königen, Fürsten mit Fürsten, Priester mit Priestern, Bürger mit Bürgern, streitet die Mutter mit dem Sohne, der Sohn mit der Mutter, der Vater mit dem Sohne, der Sohn mit dem Vater, streitet Bruder mit Bruder, Bruder mit Schwester, Schwester mit Bruder, Freund mit Freund. Also in Zwist, Zank und Streit geraten gehn sie mit Fäusten aufeinander los, mit Steinen, Stöcken und Schwertern. Und so eilen sie dem Tode entgegen oder tödlichem Schmerze. Das aber, Mahānāmo, ist Elend des Begehrens, ist die offenbare Leidensverkettung, durch Begehren entstanden, durch Begehren gefügt, durch Begehren erhalten, durch Begehren schlechthin bedingt.

«Weiter sodann, Mahānāmo: von Begehren getrieben, von Begehren gereizt, von Begehren bewogen, eben nur aus eitel Begehren stürzen sie sich, Schild und Schwert in den Händen, gegürtet mit Köcher und Bogen, von beiden Seiten der Schlachtordnung in den Kampf, und die Pfeile schwirren und die Speere sausen und die Schwerter blitzen. Und sie durchbohren sich mit Pfeilen, durchbohren sich mit Speeren, spalten sich mit den Schwertern die Köpfe. Und so eilen sie dem Tode entgegen oder tödlichem Schmerze. Das aber, Mahānāmo, ist Elend des Begehrens, ist die offenbare Leidensverkettung, durch Begehren entstanden, durch Begehren gefügt, durch Begehren erhalten, durch Begehren schlechthin bedingt.

«Weiter sodann, Mahānāmo: von Begehren getrieben, von Begehren gereizt, von Begehren bewogen, eben nur aus eitel Begehren stürzen sie sich, Schild und Schwert in den Händen, gegürtet mit Köcher und Bogen, auf
87 die schlüpfrig getünchten Wälle, und die Pfeile schwirren und die Speere sausen und die Schwerter blitzen. Und sie durchbohren sich mit Pfeilen, durchbohren sich mit Speeren, schütten glühenden Sand herunter, schleudern zerschmetternde Blöcke herab, spalten sich mit den Schwertern die Köpfe. Und so eilen sie dem Tode entgegen oder tödlichem Schmerze. Das aber, Mahānāmo, ist Elend des Begehrens, ist die offenbare Leidensverkettung, durch Begehren entstanden, durch Begehren gefügt, durch Begehren erhalten, durch Begehren schlechthin bedingt.

«Weiter sodann, Mahānāmo: von Begehren getrieben, von Begehren gereizt, von Begehren bewogen, eben nur aus eitel Begehren brechen sie Verträge, rauben fremdes Gut, stehlen, betrügen, verführen Ehefrauen. Da lassen die Könige einen solchen ergreifen und verhängen mancherlei Strafen, als wie Peitschen-, Stock- oder Rutenhiebe; Handverstümmlung, Fußverstümmlung oder Verstümmlung der Hände und Füße; Ohrenverstümmlung, Nasenverstümmlung, Verstümmlung der Ohren und der Nase; den Breikessel, die Muschelrasur, das Drachenmaul; den Pechkranz, die Fackelhand; das Spießrutenlaufen, das Rindenliegen, den Marterbock; das Angelfleisch, den Münzengriff, die Laugenätze; den Schraubstock, das Bastgeflecht; die siedende Ölbeträufelung, das Zerreißen durch Hunde, die lebendige Pfählung, die Enthauptung. Und so eilen sie dem Tode entgegen oder tödlichem Schmerze. Das aber, Mahānāmo, ist Elend des Begehrens, ist die offenbare

Leidensverkettung, durch Begehren entstanden, durch Begehren gefügt, durch Begehren erhalten, durch Begehren schlechthin bedingt.

«Weiter sodann, Mahānāmo: von Begehren getrieben, von Begehren gereizt, von Begehren bewogen, eben nur aus eitel Begehren wandeln sie in Taten den Weg des Unrechts, wandeln sie in Worten den Weg des Unrechts, wandeln sie in Gedanken den Weg des Unrechts. Und in Taten auf dem Wege des Unrechts, in Worten auf dem Wege des Unrechts, in Gedanken auf dem Wege des Unrechts gelangen sie bei der Auflösung des Körpers, nach dem Tode, abwärts, auf schlechte Fährte, in Verderben und Unheil. Das aber, Mahānāmo, ist Elend des Begehrens, ist die verborgene Leidensverkettung, durch Begehren entstanden, durch Begehren gefügt, durch Begehren erhalten, durch Begehren schlechthin bedingt.

«Einstmals weilte ich da, Mahānāmo, zu Rājagaham, am Geierkulm, im Gebirge. Zu jener Zeit nun lebten viele Freie Brüder[9] am Abhange des Sehergipfels, am Schwarzenfels, und übten Askese als Stetigsteher, verwarfen Sitz und Lager, und schmerzliche, stechende, brennende Gefühle bemächtigten sich ihrer. Da begab ich mich eines Abends, Mahānāmo, nach Aufhebung der Gedenkensruhe an den Abhang des Sehergipfels, auf den Schwarzenfels, zu den Freien Brüdern und sprach also zu ihnen:

‹Warum, liebe Freie Brüder, übt ihr denn die Askese als Stetigsteher, verwerft Sitz und Lager, erduldet überwältigenden Schmerz, stechende, brennende Gefühle?›

«Auf diese Frage, Mahānāmo, erwiderten mir die Freien Brüder folgendes:

‹Der Freie Bruder Nāthaputto, Lieber, weiß alles, versteht alles, bekennt unbeschränkte Wissensklarheit: ‘Ob ich geh’ oder stehe, schlaf’ oder wache,
jederzeit hab’ ich die gesamte Wissensklarheit gegenwärtig’. Und er sagt: 93
‘Ihr habt da, Freie Brüder, ehedem Böses getan; das büßt ihr durch diese bittere Schmerzensaskese ab. Denn weil ihr jetzt in dieser Zeit Taten, Worte und Gedanken bezwinget, lasset ihr Böses ferner nicht mehr aufkommen. So findet durch Büßung und Tilgung alter und Vermeidung neuer Taten ferner kein Zufluß mehr statt. Weil ferner kein Zufluß mehr stattfindet, kommt es zur Tatenversiegung, durch die Tatenversiegung zur Leidenversiegung, durch die Leidenversiegung zur Gefühlversiegung, und mit der Gefühlversiegung wird alles Leid überstanden sein.’ Das aber leuchtet uns ein, und wir billigen es und geben uns damit zufrieden.›

«Auf diese Worte, Mahānāmo, sagte ich zu den Freien Brüdern:

‹So wisset ihr wohl, liebe Freie Brüder: ‘Wir sind schon ehedem gewesen, nicht sind wir nicht gewesen’?›

‹Wir wissen's nicht, Bruder.›

‹Oder wisset ihr wohl, liebe Freie Brüder: 'Wir haben schon ehedem Böses getan, wir sind nicht schuldlos geblieben'?›

‹Wir wissen's nicht, Bruder.›

‹Oder wisset ihr wohl, liebe Freie Brüder: 'Diese und jene böse Tat haben wir begangen'?›

‹Wir wissen's nicht, Bruder.›

‹Oder wisset ihr etwa, liebe Freie Brüder: 'Ein Stück Leiden ist überstanden, ein anderes noch zu überstehn; ist aber ein Stück Leiden überstanden, so wird alles Leid überstanden werden'?›

‹Wir wissen's nicht, Bruder.›

‹Oder wisset ihr vielleicht, liebe Freie Brüder, wie man noch bei Lebzeiten das Falsche verleugnen und das Rechte gewinnen kann?›

‹Wir wissen's nicht, Bruder.›

‹So gesteht ihr, liebe Freie Brüder, ihr wißt nicht 'Wir sind schon ehedem gewesen, nicht sind wir nicht gewesen', wißt nicht 'Wir haben schon ehedem Böses getan, wir sind nicht schuldlos geblieben', wißt nicht 'Diese und jene böse Tat haben wir begangen', wißt nicht 'Ein Stück Leiden ist überstanden, ein anderes noch zu überstehn; ist aber ein Stück Leiden überstanden, so wird alles Leid überstanden werden', wißt nicht, wie man noch bei Lebzeiten das Falsche verleugnen und das Rechte gewinnen kann. Dann also, liebe Freie Brüder, gehn Weltverfluchte, Blutbefleckte, als Verbrecher geborene Menschen unter die Freien Brüder.›

‹Man kann eben nicht, Bruder Gotamo, Wohl um Wohl gewinnen: um
94 Wehe läßt sich Wohl gewinnen. Wär' es möglich, Bruder Gotamo, Wohl um Wohl zu gewinnen, so könnte der König von Magadhā, Seniyo Bimbisāro das Wohl gewinnen; dem König von Magadhā, Seniyo Bimbisāro ist wohler als dem Mönche Gotamo.›

‹Ohne Zweifel haben jetzt die ehrwürdigen Freien Brüder voreilig und unüberlegt gesprochen. Denn nun muß ich eben fragen: welchem der beiden Ehrwürdigen ist wohler, dem König von Magadhā oder dem Mönche Gotamo?›

‹Vielleicht haben wir, Bruder Gotamo, voreilig und unüberlegt gesprochen. Aber sei es drum, jetzt bitten wir den ehrwürdigen Gotamo um Antwort: welchem von beiden Ehrwürdigen ist wohler, dem König von Magadhā oder dem Mönche Gotamo?›

‹Da will ich nun an euch, liebe Freie Brüder, eine Frage richten, die ihr nach euerem Ermessen beantworten sollt. Was meint ihr wohl, liebe Freie Brüder: kann der König von Magadhā ohne körperliche Bewegung, ohne ein Wort zu reden sieben Tage und Nächte sich vollkommen wohl fühlen?›

‹Das kann er nicht, Bruder.›

‹Was meint ihr wohl, liebe Freie Brüder: kann der König von Magadhā ohne körperliche Bewegung, ohne ein Wort zu reden, sechs Tage und Nächte, fünf Tage und Nächte, vier Tage und Nächte, drei Tage und Nächte, zwei Tage und Nächte, einen Tag und Nacht sich vollkommen wohl fühlen?›

‹Er kann es nicht, Bruder.›

‹Ich aber, liebe Freie Brüder, kann ohne körperliche Bewegung, ohne ein Wort zu reden einen Tag und Nacht mich vollkommen wohl fühlen. Ich aber, liebe Freie Brüder, kann ohne körperliche Bewegung, ohne ein Wort zu reden, zwei Tage und Nächte, drei Tage und Nächte, vier Tage und Nächte, fünf Tage und Nächte, sechs Tage und Nächte, sieben Tage und Nächte mich vollkommen wohl fühlen. Was meint ihr wohl, liebe Freie Brüder: wem ist da wohler, dem König von Magadhā oder mir?›

‹Da ist freilich dem ehrwürdigen Gotamo wohler als dem König von Ma- 95
gadhā.›»

Also sprach der Erhabene. Zufrieden freute sich Mahānāmo der Sakker über das Wort des Erhabenen.

15

ZWEITER TEIL · FÜNFTE REDE

DAS MASS

DAS HAB' ICH GEHÖRT. Zu einer Zeit weilte der ehrwürdige Mahāmoggallāno im Lande der Bhagger, bei der Stadt Suṃsumāragiram, im Forste des Bhesakaḷā-Waldes. Dort nun wandte sich der ehrwürdige Mahāmoggallāno an die Mönche: «Brüder Mönche!» – «Bruder!» erwiderten da aufmerksam jene Mönche dem ehrwürdigen Mahāmoggallāno. Der ehrwürdige Mahāmoggallāno sprach also:

«Fordert, ihr Brüder, ein Mönch auf: ‹Warnen mögen mich die Ehrwürdigen, ich bedarf ihrer Verwarnung›, und es steht mißlich um ihn, mißliche Dinge machen sich geltend, er ist ungeduldig und nimmt eine Belehrung ungeziemend auf, so können ihn eben die Ordensbrüder kaum einer Warnung oder Belehrung wert halten, können eine solche Person vertrauten Umgangs nicht würdig erachten.

«Welche Dinge nun, Brüder, machen sich mißlich geltend? Da ist, Brüder, ein Mönch boshaft und folgt dem Triebe böser Regungen. Wenn aber, Brüder, ein Mönch boshaft ist und dem Triebe böser Regungen folgt, so ist das eben ein Ding, das sich mißlich geltend macht. Weiter sodann, Brüder: ein Mönch brüstet sich und verachtet die anderen. Wenn aber, Brüder, ein Mönch sich brüstet und die anderen verachtet, so ist das eben ein Ding, das sich mißlich geltend macht. Weiter sodann, Brüder: ein Mönch ist zornig und zornverzehrt. Wenn aber, Brüder, ein Mönch zornig ist und zornverzehrt, so ist das eben ein Ding, das sich mißlich geltend macht. Weiter sodann, Brüder: ein Mönch ist zornig und aus Zorn feindselig. Wenn aber, Brüder, ein Mönch zornig ist und aus Zorn feindselig, so ist das eben ein Ding, das sich mißlich geltend macht. Weiter sodann, Brüder: ein Mönch ist zornig und flucht aus Zorn. Wenn aber, Brüder, ein Mönch zornig ist und aus Zorn flucht, so ist das eben ein Ding, das sich mißlich geltend macht. Weiter sodann, Brüder: ein Mönch ist zornig und läßt zornverwandte Worte hören. Wenn aber, Brüder, ein Mönch zornig ist und zornverwandte Worte hören läßt, so ist das eben ein Ding, das sich mißlich geltend macht. Weiter sodann, Brüder: ein Mönch fährt auf eine Ermahnung gegen den Ermahner los. Wenn aber, Brüder, ein Mönch auf eine Ermahnung gegen den Ermahner losfährt, so ist das eben ein Ding, das sich mißlich geltend macht. Weiter sodann, Brüder: ein Mönch beleidigt auf eine Ermahnung den Ermahner. Wenn aber, Brüder, ein Mönch auf eine Ermahnung den Ermahner beleidigt, so ist das eben ein Ding, das sich mißlich geltend macht. Weiter sodann, Brüder: ein
96 Mönch widerspricht auf eine Ermahnung dem Ermahner. Wenn aber, Brüder, ein Mönch auf eine Ermahnung dem Ermahner widerspricht, so ist das eben ein Ding, das sich mißlich geltend macht. Weiter sodann, Brüder: ein Mönch zieht den Ermahner von einem ins andere, schweift vom Gegenstande ab und legt Verdrossenheit, Haß und Mißtrauen an den Tag. Wenn aber, Brüder, ein Mönch den Ermahner von einem ins andere zieht, vom Gegenstande abschweift und Verdrossenheit, Haß und Mißtrauen an den Tag legt, so ist das eben ein Ding, das sich mißlich geltend macht. Weiter sodann, Brüder: ein Mönch gibt auf eine Ermahnung Verstöße nicht zu. Wenn aber, Brüder, ein Mönch auf eine Ermahnung Verstöße nicht zugibt, so ist das eben ein Ding, das sich mißlich geltend macht. Weiter sodann, Brüder: ein Mönch ist heuchlerisch und neidisch. Wenn aber, Brüder, ein Mönch heuchlerisch ist und neidisch, so ist das eben ein Ding, das sich mißlich geltend macht. Weiter sodann, Brüder: ein Mönch ist eifernd und selbstsüchtig. Wenn aber, Brüder, ein Mönch eifernd ist und selbstsüchtig, so ist das eben ein Ding, das

sich mißlich geltend macht. Weiter sodann, Brüder: ein Mönch ist listig und gleisnerisch. Wenn aber, Brüder, ein Mönch listig ist und gleisnerisch, so ist das eben ein Ding, das sich mißlich geltend macht. Weiter sodann, Brüder: ein Mönch ist störrisch und eitel. Wenn aber, Brüder, ein Mönch störrisch ist und eitel, so ist das eben ein Ding, das sich mißlich geltend macht. Weiter sodann, Brüder: ein Mönch hat nur für das vor Augen Liegende Sinn, greift mit beiden Händen zu, läßt sich schwer abweisen. Wenn aber, Brüder, ein Mönch nur für das vor Augen Liegende Sinn hat, mit beiden Händen zugreift, sich schwer abweisen läßt, so ist das eben ein Ding, das sich mißlich geltend macht. Das nennt man, Brüder, Dinge, die sich mißlich geltend machen.

«Fordert aber, ihr Brüder, ein Mönch nicht auf[10]: ‹Warnen mögen mich die Ehrwürdigen, ich bedarf ihrer Verwarnung›, und es steht günstig um ihn, günstige Dinge machen sich geltend, er ist geduldig und nimmt eine Belehrung geziemend auf, so können ihn eben die Ordensbrüder wohl einer Warnung oder Belehrung wert halten, können eine solche Person vertrauten Umgangs würdig erachten.

«Welche Dinge nun, Brüder, machen sich günstig geltend? Da ist, Brüder, ein Mönch nicht boshaft, folgt nicht dem Triebe böser Regungen. Wenn aber, Brüder, ein Mönch nicht boshaft ist, dem Triebe böser Regungen nicht folgt, so ist das eben ein Ding, das sich günstig geltend macht. Weiter sodann, Brüder: ein Mönch brüstet sich nicht, verachtet nicht die anderen. Wenn aber, Brüder, ein Mönch sich nicht brüstet und die anderen nicht verachtet, so ist das eben ein Ding, das sich günstig geltend macht. Weiter sodann, Brüder: ein Mönch ist nicht zornig, nicht zornverzehrt. Wenn aber, Brüder, ein Mönch nicht zornig ist und nicht zornverzehrt, so ist das eben ein Ding, das sich günstig geltend macht. Weiter sodann, Brüder: ein Mönch ist nicht zornig, nicht feindselig aus Zorn. Wenn aber, Brüder, ein Mönch nicht zornig ist und nicht feindselig aus Zorn, so ist das eben ein Ding, das sich günstig geltend macht. Weiter sodann, Brüder: ein Mönch ist nicht zornig, flucht nicht aus Zorn. Wenn aber, Brüder, ein Mönch nicht zornig ist und nicht flucht aus Zorn, so ist das eben ein Ding, das sich günstig geltend macht. Weiter sodann, Brüder: ein Mönch ist nicht zornig, läßt keine zornverwandten Worte hören. Wenn aber, Brüder, ein Mönch nicht zornig ist und keine zornverwandten Worte hören läßt, so ist das eben ein Ding, das sich günstig geltend macht. Weiter sodann, Brüder: ein Mönch fährt nicht auf eine Ermahnung gegen den Ermahner los. Wenn aber, Brüder, ein Mönch auf eine Ermahnung nicht gegen den Ermahner losfährt, so ist das eben ein Ding, das sich günstig geltend macht. Weiter sodann, Brüder: ein Mönch beleidigt nicht auf eine Ermahnung den Ermahner. Wenn aber, Brüder, ein Mönch auf eine Ermahnung den Ermahner nicht beleidigt, so ist das eben

97 ein Ding, das sich günstig geltend macht. Weiter sodann, Brüder: ein Mönch widerspricht nicht auf eine Ermahnung dem Ermahner. Wenn aber, Brüder, ein Mönch auf eine Ermahnung dem Ermahner nicht widerspricht, so ist das eben ein Ding, das sich günstig geltend macht. Weiter sodann, Brüder: ein Mönch zieht den Ermahner nicht von einem ins andere, schweift nicht vom Gegenstande ab und legt nicht Verdrossenheit, Haß und Mißtrauen an den Tag. Wenn aber, Brüder, ein Mönch den Ermahner nicht von einem ins andere zieht, vom Gegenstande nicht abschweift, keine Verdrossenheit, keinen Haß und kein Mißtrauen an den Tag legt, so ist das eben ein Ding, das sich günstig geltend macht. Weiter sodann, Brüder: ein Mönch leugnet nicht auf eine Ermahnung Verstöße. Wenn aber, Brüder, ein Mönch auf eine Ermahnung Verstöße nicht leugnet, so ist das eben ein Ding, das sich günstig geltend macht. Weiter sodann, Brüder: ein Mönch ist frei von Heuchelei und Neid. Wenn aber, Brüder, ein Mönch frei ist von Heuchelei und Neid, so ist das eben ein Ding, das sich günstig geltend macht. Weiter sodann, Brüder: ein Mönch ist frei von Eiferung und Selbstsucht. Wenn aber, Brüder, ein Mönch frei ist von Eiferung und Selbstsucht, so ist das eben ein Ding, das sich günstig geltend macht. Weiter sodann, Brüder: ein Mönch ist frei von Listigkeit und Gleisnerei. Wenn aber, Brüder, ein Mönch frei ist von Listigkeit und Gleisnerei, so ist das eben ein Ding, das sich günstig geltend macht. Weiter sodann, Brüder: ein Mönch ist frei von Starrsinn und Eitelkeit. Wenn aber, Brüder, ein Mönch frei ist von Starrsinn und Eitelkeit, so ist das eben ein Ding, das sich günstig geltend macht. Weiter sodann, Brüder: ein Mönch hat nicht nur für das vor Augen Liegende Sinn, greift nicht mit beiden Händen zu, läßt sich leicht abweisen. Wenn aber, Brüder, ein Mönch nicht nur für das vor Augen Liegende Sinn hat, nicht mit beiden Händen zugreift, sich leicht abweisen läßt, so ist das eben ein Ding, das sich günstig geltend macht. Das nennt man, Brüder, Dinge, die sich günstig geltend machen.

«Nun, Brüder, hat ein Mönch mit folgendem Maße sich selber zu messen: ‹Eine Person, welche boshaft ist und dem Triebe böser Regungen folgt, die ist mir unliebsam, unangenehm; wenn ich nun aber boshaft wäre und dem Triebe böser Regungen folgte, so würde ja ich den anderen unliebsam, unangenehm werden.› Ein also erkennender Mönch, ihr Brüder, hat den Herzensentschluß zu erzeugen: ‹Ich will nicht boshaft sein, nicht dem Triebe böser Regungen folgen. – Eine Person, welche sich brüstet und die anderen verachtet, die ist mir unliebsam, unangenehm; wenn ich nun aber mich brüstete und die anderen verachtete, so würde ja ich den anderen unliebsam, unangenehm werden.› Ein also erkennender Mönch, ihr Brüder, hat den Herzensentschluß zu erzeugen: ‹Ich will mich nicht brüsten, die anderen nicht verachten. – Eine Person, welche zornig ist und zornverzehrt, die ist mir un-

liebsam, unangenehm; wenn ich nun aber zornig wäre und zornverzehrt, so würde ja ich den anderen unliebsam, unangenehm werden.› Ein also erkennender Mönch, ihr Brüder, hat den Herzensentschluß zu erzeugen: ‹Ich will nicht zornig sein, nicht zornverzehrt. – Eine Person, welche zornig ist und aus Zorn feindselig, die ist mir unliebsam, unangenehm; wenn ich nun aber zornig wäre und aus Zorn feindselig, so würde ja ich den anderen unliebsam, unangenehm werden.› Ein also erkennender Mönch, ihr Brüder, hat den Herzensentschluß zu erzeugen: ‹Ich will nicht zornig sein, nicht feindselig aus Zorn. – Eine Person, welche zornig ist und aus Zorn flucht, die ist mir unliebsam, unangenehm; wenn ich nun aber zornig wäre und aus Zorn fluchte, so würde ja ich den anderen unliebsam, unangenehm werden.› Ein also erkennender Mönch, ihr Brüder, hat den Herzensentschluß zu erzeugen: ‹Ich will nicht zornig sein, nicht fluchen aus Zorn. – Eine Person, welche zornig ist und zornverwandte Worte hören läßt, die ist mir unliebsam, unangenehm; wenn ich nun aber zornig wäre und zornverwandte Worte hören ließe, so würde ja ich den anderen unliebsam, unangenehm werden.› Ein also erkennender Mönch, ihr Brüder, hat den Herzensentschluß zu erzeugen: ‹Ich will nicht zornig sein, keine zornverwandten Worte hören lassen. – Eine Person, welche auf eine Ermahnung gegen den Ermahner losfährt, die ist mir unliebsam, unangenehm; wenn ich nun aber auf eine Ermahnung gegen den Ermahner losführe, so würde ja ich den anderen unliebsam, unangenehm werden.› Ein also erkennender Mönch, ihr Brüder, hat den Herzensentschluß zu
erzeugen: ‹Ich will nicht auf eine Ermahnung gegen den Ermahner losfahren. 98
– Eine Person, welche auf eine Ermahnung den Ermahner beleidigt, die ist mir unliebsam, unangenehm; wenn ich nun aber auf eine Ermahnung den Ermahner beleidigte, so würde ja ich den anderen unliebsam, unangenehm werden.› Ein also erkennender Mönch, ihr Brüder, hat den Herzensentschluß zu erzeugen: ‹Ich will nicht auf eine Ermahnung den Ermahner beleidigen. – Eine Person, welche auf eine Ermahnung dem Ermahner widerspricht, die ist mir unliebsam, unangenehm; wenn ich nun aber auf eine Ermahnung dem Ermahner widerspräche, so würde ja ich den anderen unliebsam, unangenehm werden.› Ein also erkennender Mönch, ihr Brüder, hat den Herzensentschluß zu erzeugen: ‹Ich will nicht auf eine Ermahnung dem Ermahner widersprechen. – Eine Person, welche den Ermahner von einem ins andere zieht, vom Gegenstande abschweift und Verdrossenheit, Haß und Mißtrauen an den Tag legt, die ist mir unliebsam, unangenehm; wenn ich nun aber den Ermahner von einem ins andere zöge, vom Gegenstande abschweifte und Verdrossenheit, Haß und Mißtrauen an den Tag legte, so würde ja ich den anderen unliebsam, unangenehm werden.› Ein also erkennender Mönch, ihr Brüder, hat den Herzensentschluß zu erzeugen: ‹Ich will den Ermahner nicht von einem

ins andere ziehn, nicht vom Gegenstande abschweifen, keine Verdrossenheit, keinen Haß, kein Mißtrauen an den Tag legen. – Eine Person, welche auf eine Ermahnung Verstöße nicht zugibt, die ist mir unliebsam, unangenehm; wenn ich nun aber auf eine Ermahnung Verstöße nicht zugäbe, so würde ja ich den anderen unliebsam, unangenehm werden.› Ein also erkennender Mönch, ihr Brüder, hat den Herzensentschluß zu erzeugen: ‹Ich will auf eine Ermahnung Verstöße nicht leugnen. – Eine Person, welche heuchlerisch ist und neidisch, die ist mir unliebsam, unangenehm; wenn ich nun aber heuchlerisch wäre und neidisch, so würde ja ich den anderen unliebsam, unangenehm werden.› Ein also erkennender Mönch, ihr Brüder, hat den Herzensentschluß zu erzeugen: ‹Ich will nicht heuchlerisch sein, nicht neidisch. – Eine Person, welche eifernd ist und selbstsüchtig, die ist mir unliebsam, unangenehm; wenn ich nun aber eifernd wäre und selbstsüchtig, so würde ja ich den anderen unliebsam, unangenehm werden.› Ein also erkennender Mönch, ihr Brüder, hat den Herzensentschluß zu erzeugen: ‹Ich will nicht eifernd sein, nicht selbstsüchtig. – Eine Person, welche listig ist und gleisnerisch, die ist mir unliebsam, unangenehm; wenn ich nun aber listig wäre und gleisnerisch, so würde ja ich den anderen unliebsam, unangenehm werden.› Ein also erkennender Mönch, ihr Brüder, hat den Herzensentschluß zu erzeugen: ‹Ich will nicht listig sein, nicht gleisnerisch. – Eine Person, welche störrisch ist und eitel, die ist mir unliebsam, unangenehm; wenn ich nun aber störrisch wäre und eitel, so würde ja ich den anderen unliebsam, unangenehm werden.› Ein also erkennender Mönch, ihr Brüder, hat den Herzensentschluß zu erzeugen: ‹Ich will nicht störrisch sein, nicht eitel. – Eine Person, welche nur für das vor Augen Liegende Sinn hat, mit beiden Händen zugreift, sich schwer abweisen läßt, die ist mir unliebsam, unangenehm; wenn ich nun aber nur für das vor Augen Liegende Sinn hätte, mit beiden Händen zugriffe, mich schwer abweisen ließe, so würde ja ich den anderen unliebsam, unangenehm werden.› Ein also erkennender Mönch, ihr Brüder, hat den Herzensentschluß zu erzeugen: ‹Ich will nicht nur für das vor Augen Liegende Sinn haben, nicht mit beiden Händen zugreifen, mich leicht abweisen lassen.›

«Nun, Brüder, hat ein Mönch sich selber also zu erforschen: ‹Bin ich etwa boshaft und folge dem Triebe böser Regungen?› Wenn da der Mönch, ihr Brüder, bei seiner Erforschung erkennt: ‹Freilich bin ich boshaft und folge dem Triebe böser Regungen›, so hat ein solcher Mönch, ihr Brüder, um Befreiung von ebendiesen bösen, schlechten Dingen zu kämpfen. Wenn aber, Brüder, der Mönch bei seiner Erforschung erkennt: ‹Nein, ich bin nicht boshaft, folge nicht dem Triebe böser Regungen›, so hat ein solcher Mönch, ihr Brüder, ebendiese selig heitere Übung im Guten Tag und Nacht zu pflegen.

«Weiter sodann, ihr Brüder: ein Mönch hat sich selber also zu erforschen:
‹Brüste ich mich etwa und verachte die anderen?› Wenn da der Mönch, ihr
Brüder, bei seiner Erforschung erkennt: ‹Freilich brüste ich mich und ver-
achte die anderen›, so hat ein solcher Mönch, ihr Brüder, um Befreiung von
ebendiesen bösen, schlechten Dingen zu kämpfen. Wenn aber, Brüder, der
Mönch bei seiner Erforschung erkennt: ‹Nein, ich brüste mich nicht, ver- 99
achte nicht die anderen›, so hat ein solcher Mönch, ihr Brüder, ebendiese
selig heitere Übung im Guten Tag und Nacht zu pflegen.

«Weiter sodann, ihr Brüder: ein Mönch hat sich selber also zu erforschen: ‹Bin ich etwa zornig und zornverzehrt?› Wenn da der Mönch, ihr Brüder, bei seiner Erforschung erkennt: ‹Freilich bin ich zornig und zornverzehrt›, so hat ein solcher Mönch, ihr Brüder, um Befreiung von ebendiesen bösen, schlechten Dingen zu kämpfen. Wenn aber, Brüder, der Mönch bei seiner Erforschung erkennt: ‹Nein, ich bin nicht zornig und zornverzehrt›, so hat ein solcher Mönch, ihr Brüder, ebendiese selig heitere Übung im Guten Tag und Nacht zu pflegen.

«Weiter sodann, ihr Brüder: ein Mönch hat sich selber also zu erforschen: ‹Bin ich etwa zornig und aus Zorn feindselig?› Wenn da der Mönch, ihr Brüder, bei seiner Erforschung erkennt: ‹Freilich bin ich zornig und aus Zorn feindselig›, so hat ein solcher Mönch, ihr Brüder, um Befreiung von ebendiesen bösen, schlechten Dingen zu kämpfen. Wenn aber, Brüder, der Mönch bei seiner Erforschung erkennt: ‹Nein, ich bin nicht zornig und feindselig aus Zorn›, so hat ein solcher Mönch, ihr Brüder, ebendiese selig heitere Übung im Guten Tag und Nacht zu pflegen.

«Weiter sodann, ihr Brüder: ein Mönch hat sich selber also zu erforschen: ‹Bin ich etwa zornig und fluche aus Zorn?› Wenn da der Mönch, ihr Brüder, bei seiner Erforschung erkennt: ‹Freilich bin ich zornig und fluche aus Zorn›, so hat ein solcher Mönch, ihr Brüder, um Befreiung von ebendiesen bösen, schlechten Dingen zu kämpfen. Wenn aber, Brüder, der Mönch bei seiner Erforschung erkennt: ‹Nein, ich bin nicht zornig, fluche nicht aus Zorn›, so hat ein solcher Mönch, ihr Brüder, ebendiese selig heitere Übung im Guten Tag und Nacht zu pflegen.

«Weiter sodann, ihr Brüder: ein Mönch hat sich selber also zu erforschen: ‹Bin ich etwa zornig und lasse zornverwandte Worte hören?› Wenn da der Mönch, ihr Brüder, bei seiner Erforschung erkennt: ‹Freilich bin ich zornig und lasse zornverwandte Worte hören›, so hat ein solcher Mönch, ihr Brüder, um Befreiung von ebendiesen bösen, schlechten Dingen zu kämpfen. Wenn aber, Brüder, der Mönch bei seiner Erforschung erkennt: ‹Nein, ich bin nicht zornig, lasse keine zornverwandten Worte hören›, so hat ein solcher Mönch, ihr Brüder, ebendiese selig heitere Übung im Guten Tag und Nacht zu pflegen.

«Weiter sodann, ihr Brüder: ein Mönch hat sich selber also zu erforschen: ‹Fahr' ich etwa auf eine Ermahnung gegen den Ermahner los?› Wenn da der Mönch, ihr Brüder, bei seiner Erforschung erkennt: ‹Freilich fahr' ich auf eine Ermahnung gegen den Ermahner los›, so hat ein solcher Mönch, ihr Brüder, um Befreiung von ebendiesen bösen, schlechten Dingen zu kämpfen. Wenn aber, Brüder, der Mönch bei seiner Erforschung erkennt: ‹Nein, ich fahre nicht auf eine Ermahnung gegen den Ermahner los›, so hat ein solcher Mönch, ihr Brüder, ebendiese selig heitere Übung im Guten Tag und Nacht zu pflegen.

«Weiter sodann, ihr Brüder: ein Mönch hat sich selber also zu erforschen: ‹Beleidige ich etwa auf eine Ermahnung den Ermahner?› Wenn da der Mönch, ihr Brüder, bei seiner Erforschung erkennt: ‹Freilich beleidige ich auf eine Ermahnung den Ermahner›, so hat ein solcher Mönch, ihr Brüder, um Befreiung von ebendiesen bösen, schlechten Dingen zu kämpfen. Wenn aber, Brüder, der Mönch bei seiner Erforschung erkennt: ‹Nein, ich beleidige den Ermahner nicht auf eine Ermahnung›, so hat ein solcher Mönch, ihr Brüder, ebendiese selig heitere Übung im Guten Tag und Nacht zu pflegen.

«Weiter sodann, ihr Brüder: ein Mönch hat sich selber also zu erforschen: ‹Widerspreche ich etwa auf eine Ermahnung dem Ermahner?› Wenn da der Mönch, ihr Brüder, bei seiner Erforschung erkennt: ‹Freilich widerspreche ich dem Ermahner auf eine Ermahnung›, so hat ein solcher Mönch, ihr Brüder, um Befreiung von ebendiesen bösen, schlechten Dingen zu kämpfen. Wenn aber, Brüder, der Mönch bei seiner Erforschung erkennt: ‹Nein, ich widerspreche nicht dem Ermahner auf eine Ermahnung›, so hat ein solcher Mönch, ihr Brüder, ebendiese selig heitere Übung im Guten Tag und Nacht zu pflegen.

«Weiter sodann, ihr Brüder: ein Mönch hat sich selber also zu erforschen: ‹Ziehe ich etwa den Ermahner von einem ins andere, schweife vom Gegenstande ab und lege Verdrossenheit, Haß und Mißtrauen an den Tag?› Wenn da der Mönch, ihr Brüder, bei seiner Erforschung erkennt: ‹Freilich zieh' ich den Ermahner von einem ins andere, schweife vom Gegenstande ab und lege Verdrossenheit, Haß und Mißtrauen an den Tag›, so hat ein solcher Mönch, ihr Brüder, um Befreiung von ebendiesen bösen, schlechten Dingen zu kämpfen. Wenn aber, Brüder, der Mönch bei seiner Erforschung erkennt: ‹Nein, ich ziehe den Ermahner nicht von einem ins andere, schweife vom Gegenstand nicht ab, lege keine Verdrossenheit, keinen Haß, kein Mißtrauen an den Tag›, so hat ein solcher Mönch, ihr Brüder, ebendiese selig heitere Übung im Guten Tag und Nacht zu pflegen.

«Weiter sodann, ihr Brüder: ein Mönch hat sich selber also zu erforschen: ‹Geb' ich etwa auf eine Ermahnung Verstöße nicht zu?› Wenn da der Mönch, ihr Brüder, bei seiner Erforschung erkennt: ‹Freilich geb' ich auf eine Ermahnung Verstöße nicht zu›, so hat ein solcher Mönch, ihr Brüder, um Befreiung von ebendiesen bösen, schlechten Dingen zu kämpfen. Wenn aber, Brüder, der Mönch bei seiner Erforschung erkennt: ‹Nein, auf eine Ermahnung leugne ich Verstöße nicht›, so hat ein solcher Mönch, ihr Brüder, ebendiese selig heitere Übung im Guten Tag und Nacht zu pflegen.

«Weiter sodann, ihr Brüder: ein Mönch hat sich selber also zu erforschen: ‹Bin ich etwa heuchlerisch und neidisch?› Wenn da der Mönch, ihr Brüder, bei seiner Erforschung erkennt: ‹Freilich bin ich heuchlerisch und neidisch›, so hat ein solcher Mönch, ihr Brüder, um Befreiung von ebendiesen bösen, schlechten Dingen zu kämpfen. Wenn aber, Brüder, der Mönch bei seiner Erforschung erkennt: ‹Nein, ich bin ohne Heuchelei, ohne Neid›, so hat ein solcher Mönch, ihr Brüder, ebendiese selig heitere Übung im Guten Tag und Nacht zu pflegen.

«Weiter sodann, ihr Brüder: ein Mönch hat sich selber also zu erforschen: ‹Bin ich etwa eifernd und selbstsüchtig?› Wenn da der Mönch, ihr Brüder, bei seiner Erforschung erkennt: ‹Freilich bin ich eifernd und selbstsüchtig›, so hat ein solcher Mönch, ihr Brüder, um Befreiung von ebendiesen bösen, schlechten Dingen zu kämpfen. Wenn aber, Brüder, der Mönch bei seiner Erforschung erkennt: ‹Nein, ich bin ohne Eiferung, ohne Selbstsucht›, so hat ein solcher Mönch, ihr Brüder, ebendiese selig heitere Übung im Guten Tag und Nacht zu pflegen.

«Weiter sodann, ihr Brüder: ein Mönch hat sich selber also zu erforschen: ‹Bin ich etwa listig und gleisnerisch?› Wenn da der Mönch, ihr Brüder, bei seiner Erforschung erkennt: ‹Freilich bin ich listig und gleisnerisch›, so hat ein solcher Mönch, ihr Brüder, um Befreiung von ebendiesen bösen, schlechten Dingen zu kämpfen. Wenn aber, Brüder, der Mönch bei seiner Erforschung erkennt: ‹Nein, ich bin ohne List, ohne Gleisnerei›, so hat ein solcher Mönch, ihr Brüder, ebendiese selig heitere Übung im Guten Tag und Nacht zu pflegen.

«Weiter sodann, ihr Brüder: ein Mönch hat sich selber also zu erforschen: ‹Bin ich etwa störrisch und eitel?› Wenn da der Mönch, ihr Brüder, bei seiner Erforschung erkennt: ‹Freilich bin ich störrisch und eitel›, so hat ein solcher Mönch, ihr Brüder, um Befreiung von ebendiesen bösen, schlechten Dingen zu kämpfen. Wenn aber, Brüder, der Mönch bei seiner Erforschung erkennt: ‹Nein, ich bin ohne Starrsinn, ohne Eitelkeit›, so hat ein solcher Mönch, ihr Brüder, ebendiese selig heitere Übung im Guten Tag und Nacht zu pflegen.

«Weiter sodann, ihr Brüder: ein Mönch hat sich selber also zu erforschen: ‹Hab' ich etwa nur für das vor Augen Liegende Sinn, greif' ich mit beiden

Händen zu, lass' ich mich schwer abweisen?› Wenn da der Mönch, ihr Brüder, bei seiner Erforschung erkennt: ‹Freilich hab' ich nur für das vor Augen Liegende Sinn, greife mit beiden Händen zu, lasse mich schwer abweisen›, so
100 hat ein solcher Mönch, ihr Brüder, um Befreiung von ebendiesen bösen, schlechten Dingen zu kämpfen. Wenn aber, Brüder, der Mönch bei seiner Erforschung erkennt: ‹Nein, ich habe nicht nur für das vor Augen Liegende Sinn, greife nicht mit beiden Händen zu, lasse mich leicht abweisen›, so hat ein solcher Mönch, ihr Brüder, ebendiese selig heitere Übung im Guten Tag und Nacht zu pflegen.

«Wenn da der Mönch, ihr Brüder, bei seiner Erforschung etwa alle diese bösen, schlechten Dinge an sich merkt, so hat ein solcher Mönch, ihr Brüder, um Befreiung von eben allen diesen bösen, schlechten Dingen zu kämpfen. Wenn aber, Brüder, der Mönch bei seiner Erforschung etwa keines von allen diesen bösen, schlechten Dingen mehr finden kann, so hat ein solcher Mönch, ihr Brüder, ebendiese selig heitere Übung im Guten Tag und Nacht zu pflegen.

«Gleichwie etwa, Brüder, ein Weib oder ein Mann, jung, frisch, gefallsam, in einem Spiegel oder in einer reinen, lauteren, hellen Wasserfläche das Bild des eigenen Antlitzes prüfend betrachtet, und wenn sich da irgendein Fleck oder Schmutz zeigt, ebendiesen Fleck oder Schmutz zu beseitigen sucht; doch wenn sich da kein Fleck oder Schmutz zeigt, eben darum erfreut ist, ‹Heil mir, ich bin rein›: also nun auch, ihr Brüder, hat da ein Mönch, der bei seiner Erforschung etwa alle diese bösen, schlechten Dinge an sich merkt, um Befreiung von eben allen diesen bösen, schlechten Dingen zu kämpfen. Wenn aber, Brüder, der Mönch bei seiner Erforschung etwa keines von allen diesen bösen, schlechten Dingen mehr finden kann, so hat ein solcher Mönch, ihr Brüder, ebendiese selig heitere Übung im Guten Tag und Nacht zu pflegen.»

Also sprach der ehrwürdige Mahāmoggallāno. Zufrieden freuten sich jene Mönche über das Wort des ehrwürdigen Mahāmoggallāno.

16

ZWEITER TEIL · SECHSTE REDE

DIE HERZBEKLEMMUNGEN

DAS HAB' ICH GEHÖRT. Zu einer Zeit weilte der Erhabene bei Sāvatthī, im 101
Siegerwalde, im Garten Anāthapiṇḍikos. Dort nun wandte sich der Erhabene an die Mönche: «Ihr Mönche!» – «Erlauchter!» antworteten da jene Mönche dem Erhabenen aufmerksam. Der Erhabene sprach also:

«Wer da von euch, ihr Mönche, die fünf Herzbeklemmungen nicht verloren und die fünf Fesseln des Herzens nicht durchschnitten hat, kann freilich in diesem Orden der Wahrheit zum Gedeihen, zur Reife und Entfaltung nicht gelangen. Welche fünf Herzbeklemmungen sind das, die ein solcher nicht verloren hat? Da schwankt und zweifelt, ihr Mönche, ein Mönch am Meister, hegt Mißtrauen und Mißgunst. Ein Mönch, ihr Mönche, der am Meister schwankt und zweifelt, Mißtrauen und Mißgunst hegt, dessen Gemüt ist der Anstrengung und Mühe, Beharrlichkeit und Ausdauer abgeneigt. Wessen Gemüt der Anstrengung und Mühe, Beharrlichkeit und Ausdauer abgeneigt ist, der hat also diese erste Herzbeklemmung nicht verloren.

«Weiter sodann, ihr Mönche: ein Mönch schwankt und zweifelt an der Satzung, hegt Mißtrauen und Mißgunst. Ein Mönch, ihr Mönche, der an der Satzung schwankt und zweifelt, Mißtrauen und Mißgunst hegt, dessen Gemüt ist der Anstrengung und Mühe, Beharrlichkeit und Ausdauer abgeneigt. Wessen Gemüt der Anstrengung und Mühe, Beharrlichkeit und Ausdauer abgeneigt ist, der hat also diese zweite Herzbeklemmung nicht verloren.

«Weiter sodann, ihr Mönche: ein Mönch schwankt und zweifelt an der Jüngerschaft, hegt Mißtrauen und Mißgunst. Ein Mönch, ihr Mönche, der an der Jüngerschaft schwankt und zweifelt, Mißtrauen und Mißgunst hegt, dessen Gemüt ist der Anstrengung und Mühe, Beharrlichkeit und Ausdauer abgeneigt. Wessen Gemüt der Anstrengung und Mühe, Beharrlichkeit und Ausdauer abgeneigt ist, der hat also diese dritte Herzbeklemmung nicht verloren.

«Weiter sodann, ihr Mönche: ein Mönch schwankt und zweifelt an der Ordensregel, hegt Mißtrauen und Mißgunst. Ein Mönch, ihr Mönche, der an der Ordensregel schwankt und zweifelt, Mißtrauen und Mißgunst hegt, dessen Gemüt ist der Anstrengung und Mühe, Beharrlichkeit und Ausdauer abgeneigt. Wessen Gemüt der Anstrengung und Mühe, Beharrlichkeit und

Ausdauer abgeneigt ist, der hat also diese vierte Herzbeklemmung nicht verloren.

«Weiter sodann, ihr Mönche: ein Mönch ärgert und kränkt sich über seine Ordensbrüder, ist niedergeschlagen und beklommen. Ein Mönch, ihr Mönche, der sich über seine Ordensbrüder ärgert und kränkt, niedergeschlagen und beklommen ist, dessen Gemüt ist der Anstrengung und Mühe, Beharrlichkeit und Ausdauer abgeneigt. Wessen Gemüt der Anstrengung und Mühe, Beharrlichkeit und Ausdauer abgeneigt ist, der hat also diese fünfte Herzbeklemmung nicht verloren. Das sind die fünf Herzbeklemmungen, die ein solcher nicht verloren hat.

«Welche fünf Fesseln des Herzens sind das, die ein solcher nicht durchschnitten hat? Da hat sich, ihr Mönche, ein Mönch beim Wünschen nicht der Begierde entäußert, nicht des Verlangens entäußert, nicht der Sehnsucht entäußert, nicht des Gelüstens entäußert, nicht des Fieberns entäußert, nicht des Dürstens entäußert. Ein Mönch, ihr Mönche, der sich beim Wünschen nicht der Begierde, nicht des Verlangens, nicht der Sehnsucht, nicht des Gelüstens, nicht des Fieberns, nicht des Dürstens entäußert hat, dessen Gemüt ist der Anstrengung und Mühe, Beharrlichkeit und Ausdauer abgeneigt. Wessen Gemüt der Anstrengung und Mühe, Beharrlichkeit und Ausdauer abgeneigt ist, der hat also diese erste Fessel des Herzens nicht durchschnitten.

«Weiter sodann, ihr Mönche: ein Mönch hat sich beim Fühlen nicht der Begierde entäußert, nicht des Verlangens entäußert, nicht der Sehnsucht entäußert, nicht des Gelüstens entäußert, nicht des Fieberns entäußert, nicht des Dürstens entäußert. Ein Mönch, ihr Mönche, der sich beim Fühlen nicht der Begierde, nicht des Verlangens, nicht der Sehnsucht, nicht des Gelüstens, nicht des Fieberns, nicht des Dürstens entäußert hat, dessen Gemüt ist der Anstrengung und Mühe, Beharrlichkeit und Ausdauer abgeneigt. Wessen Gemüt der Anstrengung und Mühe, Beharrlichkeit und Ausdauer abgeneigt ist, der hat also diese zweite Fessel des Herzens nicht durchschnitten.

102 «Weiter sodann, ihr Mönche: ein Mönch hat sich beim Sehn nicht der Begierde entäußert, nicht des Verlangens entäußert, nicht der Sehnsucht entäußert, nicht des Gelüstens entäußert, nicht des Fieberns entäußert, nicht des Dürstens entäußert. Ein Mönch, ihr Mönche, der sich beim Sehn nicht der Begierde, nicht des Verlangens, nicht der Sehnsucht, nicht des Gelüstens, nicht des Fieberns, nicht des Dürstens entäußert hat, dessen Gemüt ist der Anstrengung und Mühe, Beharrlichkeit und Ausdauer abgeneigt. Wessen Gemüt der Anstrengung und Mühe, Beharrlichkeit und Ausdauer abgeneigt ist, der hat also diese dritte Fessel des Herzens nicht durchschnitten.

«Weiter sodann, ihr Mönche: ein Mönch hat zur Mahlzeit so viel gegessen, als seinem Magen wohlbekommt, und gefällt sich in behaglichem Sitzen, behaglichem Liegen, behaglichem Schlummern. Ein Mönch, ihr Mönche, der zur Mahlzeit so viel gegessen hat, als seinem Magen wohlbekommt, und sich in behaglichem Sitzen, behaglichem Liegen, behaglichem Schlummern gefällt, dessen Gemüt ist der Anstrengung und Mühe, Beharrlichkeit und Ausdauer abgeneigt. Wessen Gemüt der Anstrengung und Mühe, Beharrlichkeit und Ausdauer abgeneigt ist, der hat also diese vierte Fessel des Herzens nicht durchschnitten.

«Weiter sodann, ihr Mönche: ein Mönch führt in der Absicht etwelche göttliche Verkörperung zu erlangen ein heiliges Leben: ‹Durch diese Übungen oder Gelübde, Kasteiung oder Entsagung will ich ein Gott werden oder ein Göttlicher!› Ein Mönch, ihr Mönche, der in der Absicht etwelche göttliche Verkörperung zu erlangen ein heiliges Leben führt: ‹Durch diese Übungen oder Gelübde, Kasteiung oder Entsagung will ich ein Gott werden oder ein Göttlicher!›, dessen Gemüt ist der Anstrengung und Mühe, Beharrlichkeit und Ausdauer abgeneigt. Wessen Gemüt der Anstrengung und Mühe, Beharrlichkeit und Ausdauer abgeneigt ist, der hat also diese fünfte Fessel des Herzens nicht durchschnitten. Das sind die fünf Fesseln des Herzens, die ein solcher nicht durchschnitten hat. Wer da von euch, ihr Mönche, diese fünf Herzbeklemmungen nicht verloren und diese fünf Fesseln des Herzens nicht durchschnitten hat, kann freilich in diesem Orden der Wahrheit zum Gedeihen, zur Reife und Entfaltung nicht gelangen.

«Wer da von euch, ihr Mönche, die fünf Herzbeklemmungen verloren und die fünf Fesseln des Herzens glatt durchschnitten hat, kann wohl in diesem Orden der Wahrheit zum Gedeihen, zur Reife und Entfaltung gelangen. Welche fünf Herzbeklemmungen sind das, die ein solcher verloren hat? Da schwankt nicht und zweifelt nicht, ihr Mönche, ein Mönch am Meister, hegt Vertrauen und Gunst. Ein Mönch, ihr Mönche, der am Meister nicht schwankt und nicht zweifelt, Vertrauen und Gunst hegt, dessen Gemüt ist der Anstrengung und Mühe, Beharrlichkeit und Ausdauer geneigt. Wessen Gemüt der Anstrengung und Mühe, Beharrlichkeit und Ausdauer geneigt ist, der hat also diese erste Herzbeklemmung verloren.

«Weiter sodann, ihr Mönche: ein Mönch schwankt nicht und zweifelt nicht an der Satzung, hegt Vertrauen und Gunst. Ein Mönch, ihr Mönche, der an der Satzung nicht schwankt und nicht zweifelt, Vertrauen und Gunst hegt, dessen Gemüt ist der Anstrengung und Mühe, Beharrlichkeit und Ausdauer geneigt. Wessen Gemüt der Anstrengung und Mühe, Beharrlichkeit und Ausdauer geneigt ist, der hat also diese zweite Herzbeklemmung verloren.

«Weiter sodann, ihr Mönche: ein Mönch schwankt nicht und zweifelt nicht an der Jüngerschaft, hegt Vertrauen und Gunst. Ein Mönch, ihr Mönche, der an der Jüngerschaft nicht schwankt und nicht zweifelt, Vertrauen und Gunst hegt, dessen Gemüt ist der Anstrengung und Mühe, Beharrlichkeit und Ausdauer geneigt. Wessen Gemüt der Anstrengung und Mühe, Beharrlichkeit und Ausdauer geneigt ist, der hat also diese dritte Herzbeklemmung verloren.

«Weiter sodann, ihr Mönche: ein Mönch schwankt nicht und zweifelt nicht an der Ordensregel, hegt Vertrauen und Gunst. Ein Mönch, ihr Mönche, der an der Ordensregel nicht schwankt und nicht zweifelt, Vertrauen und Gunst hegt, dessen Gemüt ist der Anstrengung und Mühe, Beharrlichkeit und Ausdauer geneigt. Wessen Gemüt der Anstrengung und Mühe, Beharrlichkeit und Ausdauer geneigt ist, der hat also diese vierte Herzbeklemmung verloren.

«Weiter sodann, ihr Mönche: ein Mönch ärgert sich nicht, kränkt sich nicht über seine Ordensbrüder, ist nicht niedergeschlagen, nicht beklommen. Ein Mönch, ihr Mönche, der sich über seine Ordensbrüder nicht ärgert und kränkt, nicht niedergeschlagen und beklommen ist, dessen Gemüt ist der Anstrengung und Mühe, Beharrlichkeit und Ausdauer geneigt. Wessen
103 Gemüt der Anstrengung und Mühe, Beharrlichkeit und Ausdauer geneigt ist, der hat also diese fünfte Herzbeklemmung verloren. Das sind die fünf Herzbeklemmungen, die ein solcher verloren hat.

«Welche fünf Fesseln des Herzens sind das, die ein solcher glatt durchschnitten hat? Da hat sich, ihr Mönche, ein Mönch beim Wünschen der Begierde entäußert, des Verlangens entäußert, der Sehnsucht entäußert, des Gelüstens entäußert, des Fieberns entäußert, des Dürstens entäußert. Ein Mönch, ihr Mönche, der sich beim Wünschen der Begierde, des Verlangens, der Sehnsucht, des Gelüstens, des Fieberns, des Dürstens entäußert hat, dessen Gemüt ist der Anstrengung und Mühe, Beharrlichkeit und Ausdauer geneigt. Wessen Gemüt der Anstrengung und Mühe, Beharrlichkeit und Ausdauer geneigt ist, der hat also diese erste Fessel des Herzens glatt durchschnitten.

«Weiter sodann, ihr Mönche: ein Mönch hat sich beim Fühlen der Begierde entäußert, des Verlangens entäußert, der Sehnsucht entäußert, des Gelüstens entäußert, des Fieberns entäußert, des Dürstens entäußert. Ein Mönch, ihr Mönche, der sich beim Fühlen der Begierde, des Verlangens, der Sehnsucht, des Gelüstens, des Fieberns, des Dürstens entäußert hat, dessen Gemüt ist der Anstrengung und Mühe, Beharrlichkeit und Ausdauer geneigt. Wessen Gemüt der Anstrengung und Mühe, Beharrlichkeit und Ausdauer geneigt ist, der hat also diese zweite Fessel des Herzens glatt durchschnitten.

«Weiter sodann, ihr Mönche: ein Mönch hat sich beim Sehn der Begierde entäußert, des Verlangens entäußert, der Sehnsucht entäußert, des Gelüstens entäußert, des Fieberns entäußert, des Dürstens entäußert. Ein Mönch, ihr

Mönche, der sich beim Sehn der Begierde, des Verlangens, der Sehnsucht, des Gelüstens, des Fieberns, des Dürstens entäußert hat, dessen Gemüt ist der Anstrengung und Mühe, Beharrlichkeit und Ausdauer geneigt. Wessen Gemüt der Anstrengung und Mühe, Beharrlichkeit und Ausdauer geneigt ist, der hat also diese dritte Fessel des Herzens glatt durchschnitten.

«Weiter sodann, ihr Mönche: ein Mönch hat zur Mahlzeit nicht so viel gegessen, als seinem Magen wohlbekommt, gefällt sich nicht in behaglichem Sitzen, behaglichem Liegen, behaglichem Schlummern. Ein Mönch, ihr Mönche, der zur Mahlzeit nicht so viel gegessen hat, als seinem Magen wohlbekommt, sich nicht in behaglichem Sitzen, behaglichem Liegen, behaglichem Schlummern gefällt, dessen Gemüt ist der Anstrengung und Mühe, Beharrlichkeit und Ausdauer geneigt. Wessen Gemüt der Anstrengung und Mühe, Beharrlichkeit und Ausdauer geneigt ist, der hat also diese vierte Fessel des Herzens glatt durchschnitten.

«Weiter sodann, ihr Mönche: ein Mönch führt nicht in der Absicht etwelche göttliche Verkörperung zu erlangen ein heiliges Leben: ‹Durch diese Übungen oder Gelübde, Kasteiung oder Entsagung will ich ein Gott werden oder ein Göttlicher!› Ein Mönch, ihr Mönche, der nicht in der Absicht etwelche göttliche Verkörperung zu erlangen ein heiliges Leben führt: ‹Durch diese Übungen oder Gelübde, Kasteiung oder Entsagung will ich ein Gott werden oder ein Göttlicher!›, dessen Gemüt ist der Anstrengung und Mühe, Beharrlichkeit und Ausdauer geneigt. Wessen Gemüt der Anstrengung und Mühe, Beharrlichkeit und Ausdauer geneigt ist, der hat also diese fünfte Fessel des Herzens glatt durchschnitten. Das sind die fünf Fesseln des Herzens, die ein solcher glatt durchschnitten hat. Wer da von euch, ihr Mönche, diese fünf Herzbeklemmungen verloren und diese fünf Fesseln des Herzens glatt durchschnitten hat, kann wohl in diesem Orden der Wahrheit zum Gedeihen, zur Reife und Entfaltung gelangen.

«Er gewinnt das durch Innigkeit, Ausdauer und Sammlung des Willens erworbene Machtgebiet, gewinnt das durch Innigkeit, Ausdauer und Sammlung der Kraft erworbene Machtgebiet, gewinnt das durch Innigkeit, Ausdauer und Sammlung des Geistes erworbene Machtgebiet, gewinnt das durch Innigkeit, Ausdauer und Sammlung des Prüfens erworbene Machtgebiet, Heldenmut aber zum fünften. Und dieser also fünfzehnfach heldenmütig gewordene Mönch, ihr Mönche, ist fähig zur Durchbrechung, fähig 104
zur Erwachung, fähig die unvergleichliche Sicherheit zu finden. Gleichwie etwa, Mönche, wenn eine Henne ihre Eier, acht oder zehn oder zwölf Stück, wohl bebrütet, gänzlich ausgebrütet, völlig gar gebrütet hat: wie sollte da nicht jener Henne der Wunsch kommen: ‹Ach möchten doch meine Küch-

lein mit den Krallen oder dem Schnabel die Schale aufhacken, möchten sie doch heil durchbrechen!›, und jene Küchlein sind fähig geworden mit den Krallen oder dem Schnabel die Schale aufzuhacken und heil durchzubrechen: ebenso nun auch, ihr Mönche, ist ein also fünfzehnfach heldenmütig gewordener Mönch fähig zur Durchbrechung, fähig zur Erwachung, fähig die unvergleichliche Sicherheit zu finden.»

Also sprach der Erhabene. Zufrieden freuten sich jene Mönche über das Wort des Erhabenen.

17

ZWEITER TEIL · SIEBENTE REDE

WALDEINSAMKEIT

Das hab' ich gehört. Zu einer Zeit weilte der Erhabene bei Sāvatthī, im Siegerwalde, im Garten Anāthapiṇḍikos. Dort nun wandte sich der Erhabene an die Mönche: «Ihr Mönche!» – «Erlauchter!» antworteten da jene Mönche dem Erhabenen aufmerksam. Der Erhabene sprach also:

«Die Arten der Waldeinsamkeit will ich euch Mönchen erklären; höret es und achtet wohl auf meine Rede.»

«Ja, o Herr!» antworteten da jene Mönche dem Erhabenen aufmerksam. Der Erhabene sprach also:

«Da lebt, ihr Mönche, ein Mönch in einer Waldeinsamkeit: und während er in dieser Waldeinsamkeit, noch ohne Einsicht, lebt, gewinnt er keine, das zerstreute Gemüt sammelt sich nicht, der unversiegte Wahn versiegt nicht, die unerreichte unvergleichliche Sicherheit erreicht er nicht, und was ein Asket zur Fristung des Lebens braucht, an Kleidung, Nahrung, Lagerstatt und Arzeneien für den Fall einer Krankheit, das fließt ihm kümmerlich zu.
105 Dieser Mönch, ihr Mönche, soll also erwägen: ‹Ich lebe da in dieser Waldeinsamkeit: und während ich in dieser Waldeinsamkeit, noch ohne Einsicht, lebe, gewinne ich keine, das zerstreute Gemüt sammelt sich nicht, der unversiegte Wahn versiegt nicht, die unerreichte unvergleichliche Sicherheit erreiche ich nicht, und was ein Asket zur Fristung des Lebens braucht, an

Kleidung, Nahrung, Lagerstatt und Arzeneien für den Fall einer Krankheit, das fließt mir kümmerlich zu.› Dieser Mönch, ihr Mönche, soll bei Tag oder bei Nacht diese Waldeinsamkeit verlassen, nicht bleiben.

«Da lebt nun, ihr Mönche, der Mönch in einer anderen Waldeinsamkeit: und während er in dieser Waldeinsamkeit, noch ohne Einsicht, lebt, gewinnt er keine, das zerstreute Gemüt sammelt sich nicht, der unversiegte Wahn versiegt nicht, die unerreichte unvergleichliche Sicherheit erreicht er nicht, was aber ein Asket zur Fristung des Lebens braucht, an Kleidung, Nahrung, Lagerstatt und Arzeneien für den Fall einer Krankheit, das fließt ihm reichlich zu. Dieser Mönch, ihr Mönche, soll also erwägen: ‹Ich lebe da in dieser Waldeinsamkeit: und während ich in dieser Waldeinsamkeit, noch ohne Einsicht, lebe, gewinne ich keine, das zerstreute Gemüt sammelt sich nicht, der unversiegte Wahn versiegt nicht, die unerreichte unvergleichliche Sicherheit erreiche ich nicht, was aber ein Asket zur Fristung des Lebens braucht, an Kleidung, Nahrung, Lagerstatt und Arzeneien für den Fall einer Krankheit, das fließt mir reichlich zu; aber ich bin ja nicht der Kleidung halber aus dem Hause in die Hauslosigkeit gewandert, nicht der Nahrung, nicht der Lagerstatt, nicht der Arzeneien halber bin ich aus dem Hause in die Hauslosigkeit gewandert. Doch während ich da in dieser Waldeinsamkeit, noch ohne Einsicht, lebe, gewinne ich keine, das zerstreute Gemüt sammelt sich nicht, der unversiegte Wahn versiegt nicht, die unerreichte unvergleichliche Sicherheit erreiche ich nicht.› Dieser Mönch, ihr Mönche, soll dann nach einiger Zeit diese Waldeinsamkeit verlassen, nicht bleiben.

«Da lebt, ihr Mönche, ein Mönch in einer Waldeinsamkeit: und während er in dieser Waldeinsamkeit, noch ohne Einsicht, lebt, gewinnt er sie, das zerstreute Gemüt sammelt sich, der unversiegte Wahn versiegt, die unerreichte unvergleichliche Sicherheit erreicht er, was aber ein Asket zur Fristung des Lebens braucht, an Kleidung, Nahrung, Lagerstatt und Arzeneien für den Fall einer Krankheit, das fließt ihm kümmerlich zu. Dieser Mönch, ihr Mönche,
soll also erwägen: ‹Ich lebe da in dieser Waldeinsamkeit: und während ich 106
in dieser Waldeinsamkeit, noch ohne Einsicht, lebe, gewinne ich sie, das zerstreute Gemüt sammelt sich, der unversiegte Wahn versiegt, die unerreichte unvergleichliche Sicherheit erreiche ich, was aber ein Asket zur Fristung des Lebens braucht, an Kleidung, Nahrung, Lagerstatt und Arzeneien für den Fall einer Krankheit, das fließt mir kümmerlich zu; aber ich bin ja nicht der Kleidung halber aus dem Hause in die Hauslosigkeit gewandert, nicht der Nahrung, nicht der Lagerstatt, nicht der Arzeneien halber bin ich aus dem Hause in die Hauslosigkeit gewandert. Doch während ich da in dieser Waldeinsamkeit, noch ohne Einsicht, lebe, gewinne ich sie, das zerstreute Gemüt sammelt sich, der unversiegte Wahn versiegt, die unerreichte unvergleich-

liche Sicherheit erreiche ich.› Dieser Mönch, ihr Mönche, soll dann eine Zeitlang in dieser Waldeinsamkeit bleiben, nicht fortgehn.

«Da lebt nun, ihr Mönche, ein Mönch in einer anderen Waldeinsamkeit: und während er in dieser Waldeinsamkeit, noch ohne Einsicht, lebt, gewinnt er sie, das zerstreute Gemüt sammelt sich, der unversiegte Wahn versiegt, die unerreichte unvergleichliche Sicherheit erreicht er, und was ein Asket zur Fristung des Lebens braucht, an Kleidung, Nahrung, Lagerstatt und Arzeneien für den Fall einer Krankheit, das fließt ihm reichlich zu. Dieser Mönch, ihr Mönche, soll also erwägen: ‹Ich lebe da in dieser Waldeinsamkeit: und während ich in dieser Waldeinsamkeit, noch ohne Einsicht, lebe, gewinne ich sie, das zerstreute Gemüt sammelt sich, der unversiegte Wahn versiegt, die unerreichte unvergleichliche Sicherheit erreiche ich, und was ein Asket zur Fristung des Lebens braucht, an Kleidung, Nahrung, Lagerstatt und Arzeneien für den Fall einer Krankheit, das fließt mir reichlich zu.› Dieser Mönch, ihr Mönche, soll dann zeitlebens in dieser Waldeinsamkeit bleiben, nicht fortgehn.

«Da lebt, ihr Mönche, ein Mönch in der Umgebung eines Dorfes oder einer Burg oder einer Stadt, in diesem oder in jenem Lande, in Gesellschaft dieser oder jener Person: und während er in solcher Gesellschaft, noch ohne Einsicht, lebt, gewinnt er keine, das zerstreute Gemüt sammelt sich nicht, der unversiegte Wahn versiegt nicht, die unerreichte unvergleichliche Sicherheit erreicht er nicht, und was ein Asket zur Fristung des Lebens braucht, an Kleidung, Nahrung, Lagerstatt und Arzeneien für den Fall einer Krankheit, das fließt ihm kümmerlich zu. Dieser Mönch, ihr Mönche, soll also erwägen: ‹Ich lebe da in Gesellschaft dieser Person: und während ich in solcher Gesellschaft, noch ohne Einsicht, lebe, gewinne ich keine, das zerstreute Gemüt sammelt sich nicht, der unversiegte Wahn versiegt nicht, die unerreichte unvergleichliche Sicherheit erreiche ich nicht, und was ein Asket zur Fristung des Lebens braucht, an Kleidung, Nahrung, Lagerstatt und Arzeneien für den Fall einer Krankheit, das fließt mir kümmerlich zu.› Dieser Mönch, ihr Mönche, soll bei Tag oder bei Nacht jene Person ohne Abschied verlassen, nicht bleiben.

«Da lebt nun, ihr Mönche, der Mönch in Gesellschaft einer anderen Per-
107 son: und während er in dieser Gesellschaft, noch ohne Einsicht, lebt, gewinnt er keine, das zerstreute Gemüt sammelt sich nicht, der unversiegte Wahn versiegt nicht, die unerreichte unvergleichliche Sicherheit erreicht er nicht, was aber ein Asket zur Fristung des Lebens braucht, an Kleidung, Nahrung, Lagerstatt und Arzeneien für den Fall einer Krankheit, das fließt ihm reichlich zu. Dieser Mönch, ihr Mönche, soll also erwägen: ‹Ich lebe da in Gesellschaft dieser Person: und während ich in dieser Gesellschaft, noch ohne Einsicht,

lebe, gewinne ich keine, das zerstreute Gemüt sammelt sich nicht, der unversiegte Wahn versiegt nicht, die unerreichte unvergleichliche Sicherheit erreiche ich nicht, was aber ein Asket zur Fristung des Lebens braucht, an Kleidung, Nahrung, Lagerstatt und Arzeneien für den Fall einer Krankheit, das fließt mir reichlich zu; aber ich bin ja nicht der Kleidung halber aus dem Hause in die Hauslosigkeit gewandert, nicht der Nahrung, nicht der Lagerstatt, nicht der Arzeneien halber bin ich aus dem Hause in die Hauslosigkeit gewandert. Doch während ich da in dieser Gesellschaft, noch ohne Einsicht, lebe, gewinne ich keine, das zerstreute Gemüt sammelt sich nicht, der unversiegte Wahn versiegt nicht, die unerreichte unvergleichliche Sicherheit erreiche ich nicht.› Dieser Mönch, ihr Mönche, soll dann nach einiger Zeit jene Person ohne Abschied verlassen, nicht bleiben.

«Da lebt, ihr Mönche, ein Mönch in Gesellschaft dieser oder jener Person: und während er in solcher Gesellschaft, noch ohne Einsicht, lebt, gewinnt er sie, das zerstreute Gemüt sammelt sich, der unversiegte Wahn versiegt, die unerreichte unvergleichliche Sicherheit erreicht er, was aber ein Asket zur Fristung des Lebens braucht, an Kleidung, Nahrung, Lagerstatt und Arzeneien für den Fall einer Krankheit, das fließt ihm kümmerlich zu. Dieser Mönch, ihr Mönche, soll also erwägen: ‹Ich lebe da in Gesellschaft dieser Person: und während ich in solcher Gesellschaft, noch ohne Einsicht, lebe, gewinne ich sie, das zerstreute Gemüt sammelt sich, der unversiegte Wahn versiegt, die unerreichte unvergleichliche Sicherheit erreiche ich, was aber ein Asket zur Fristung des Lebens braucht, an Kleidung, Nahrung, Lagerstatt und Arzeneien für den Fall einer Krankheit, das fließt mir kümmerlich zu; aber ich bin ja nicht der Kleidung halber aus dem Hause in die Hauslosigkeit gewandert, nicht der Nahrung, nicht der Lagerstatt, nicht der Arzeneien halber bin ich aus dem Hause in die Hauslosigkeit gewandert. Doch während ich da in solcher Gesellschaft, noch ohne Einsicht, lebe, gewinne ich sie, das zerstreute Gemüt sammelt sich, der unversiegte Wahn versiegt, die unerreichte unvergleichliche Sicherheit erreiche ich.› Dieser Mönch, ihr Mönche, soll dann eine Zeitlang bei jener Person bleiben, nicht fortgehn.

«Da lebt nun, ihr Mönche, ein Mönch in Gesellschaft einer anderen Person: und während er in dieser Gesellschaft, noch ohne Einsicht, lebt, gewinnt er sie, das zerstreute Gemüt sammelt sich, der unversiegte Wahn versiegt, die unerreichte unvergleichliche Sicherheit erreicht er, und was ein Asket zur Fristung des Lebens braucht, an Kleidung, Nahrung, Lagerstatt und Arzeneien für den Fall einer Krankheit, das fließt ihm reichlich zu. Dieser Mönch, ihr Mönche, soll also erwägen: ‹Ich lebe da in Gesellschaft dieser Person: und
während ich in dieser Gesellschaft, noch ohne Einsicht, lebe, gewinne ich sie, 108
das zerstreute Gemüt sammelt sich, der unversiegte Wahn versiegt, die un-

erreichte unvergleichliche Sicherheit erreiche ich, und was ein Asket zur Fristung des Lebens braucht, an Kleidung, Nahrung, Lagerstatt und Arzeneien für den Fall einer Krankheit, das fließt mir reichlich zu.› Dieser Mönch, ihr Mönche, soll dann zeitlebens bei jener Person bleiben und nicht fortgehn, wenn er nicht fortgejagt wird.»

Also sprach der Erhabene. Zufrieden freuten sich jene Mönche über das Wort des Erhabenen.

18

ZWEITER TEIL · ACHTE REDE

DER GUTE BISSEN

DAS HAB' ICH GEHÖRT. Zu einer Zeit weilte der Erhabene im Lande der Sakker, bei Kapilavatthu, im Park der Feigenbäume. Und der Erhabene, zeitig gerüstet, nahm Mantel und Schale und ging nach der Stadt um Almosenspeise. Und als der Erhabene, von Haus zu Haus tretend, Almosen erhalten hatte, kehrte er zurück, nahm das Mahl ein und begab sich in den Großen Wald, für den Tag. Im Inneren des Großen Waldes setzte sich der Erhabene unter eine Gruppe von Zitronenapfelbäumen[11], um hier bis gegen Sonnenuntergang zu verweilen.

Daṇḍapāṇi nun aber, ein Sakyerprinz, erging sich lustwandelnd dahin und dorthin und kam in den Großen Wald. Im Inneren des Großen Waldes gelangte er zur Gruppe der Zitronenapfelbäume, zum Erhabenen. Da tauschte er mit dem Erhabenen höflichen Gruß und freundliche, denkwürdige Worte und stellte sich, auf seinen Spazierstock gestützt, seitwärts hin. Hierauf nun sprach Daṇḍapāṇi der Sakker zum Erhabenen also:

«Was bekennt und verkündet der Asket?»

«Daß der Bekenner, Bruder, in der Welt mit ihren Göttern, ihren bösen und heiligen Geistern, mit ihrer Schar von Priestern und Büßern, Göttern und Menschen durch nichts in der Welt außer Fassung gerät, und daß dem wunschentwunden Verweilenden, dem Heiligen, der keine Frage mehr stellt, jeden Unmut vertilgt hat, weder Dasein noch Nichtsein begehrt[12], Wahrnehmungen nicht anhaften: das bekenne ich, Bruder, das verkünde ich.»

Auf diese Worte senkte der Sakker Daṇḍapāṇi den Kopf, ließ die Zunge 109
sehn, zog die Brauen mit drei Stirnfalten in die Höhe und ging, auf seinen Spazierstock gestützt, von dannen.

Nachdem nun der Erhabene gegen Abend die Gedenkensruhe beendet hatte, begab er sich in den Park der Feigenbäume. Dort angelangt setzte sich der Erhabene auf den dargebotenen Sitz. Hierauf nun wandte sich der Erhabene an die Mönche:

«Als ich da, Mönche, heute früh gerüstet war, begab ich mich, mit Mantel und Schale versehn, auf den Almosengang nach Kapilavatthu. Nach Empfang der Almosenspeise kehrte ich von der Stadt zurück und ging nach dem Mahle zum Großen Wald, für den Tag. Im Inneren des Großen Waldes setzte ich mich unter eine Gruppe von Zitronenapfelbäumen, bis gegen Sonnenuntergang dort zu verweilen. Daṇḍapāṇi nun aber, ihr Mönche, ein Sakyerprinz, kam lustwandelnd in den Großen Wald, zur Gruppe der Bäume, unter der ich saß. Da tauschte er mit mir höflichen Gruß und freundliche, denkwürdige Worte und stellte sich, auf seinen Spazierstock gestützt, seitwärts hin. Und nun, ihr Mönche, sprach Daṇḍapāṇi der Sakker also zu mir: ‹Was bekennt und verkündet der Asket?› Hierauf erwiderte ich, ihr Mönche, dem Sakker Daṇḍapāṇi: ‹Daß der Bekenner, Bruder, in der Welt mit ihren Göttern, ihren bösen und heiligen Geistern, mit ihrer Schar von Priestern und Büßern, Göttern und Menschen durch nichts in der Welt außer Fassung gerät, und daß dem wunschentwunden Verweilenden, dem Heiligen, der keine Frage mehr stellt, jeden Unmut vertilgt hat, weder Dasein noch Nichtsein begehrt, Wahrnehmungen nicht anhaften: das bekenne ich, Bruder, das verkünde ich.› Auf diese Worte, ihr Mönche, senkte der Sakker Daṇḍapāṇi den Kopf, ließ die Zunge sehn, zog die Brauen mit drei Stirnfalten in die Höhe und ging, auf seinen Spazierstock gestützt, von dannen.»

Auf diese Worte wandte sich einer der Mönche an den Erhabenen und sprach:

«Und was bekennt, o Herr, der Erhabene und gerät in der Welt mit ihren Göttern, ihren bösen und heiligen Geistern, mit ihrer Schar von Priestern und Büßern, Göttern und Menschen durch nichts in der Welt außer Fassung, und wie haften, o Herr, dem Erhabenen, dem wunschentwunden Verweilenden, dem Heiligen, der keine Frage mehr stellt, jeden Unmut vertilgt hat, weder Dasein noch Nichtsein begehrt, Wahrnehmungen nicht an?»

«Wenn der Sonderheit Wahrnehmungen, Mönch, wodurch auch immer bedingt, an den Menschen der Reihe nach herantreten und da kein Entzücken, kein Entsprechen, keinen Halt finden, so ist das eben das Ende der

Lustanhaftungen, so ist das eben das Ende der Ekelanhaftungen, so ist das
110 eben das Ende der Glaubensanhaftungen, so ist das eben das Ende der Zweifelanhaftungen, so ist das eben das Ende der Dünkelanhaftungen, so ist das eben das Ende der Anhaftungen der Daseinslust, so ist das eben das Ende der Anhaftungen des Nichtwissens, so ist das eben das Ende vom Wüten und Blutvergießen, von Krieg und Zwietracht, Zank und Streit, Lug und Trug: da werden diese bösen, schlechten Dinge restlos aufgelöst.»

Also sprach der Erhabene. Als der Willkommene das gesagt hatte, stand er auf und zog sich in das Wohnhaus zurück.

Da gedachten denn die Mönche, bald nachdem der Erhabene fortgegangen war, unter sich: ‹Diese Lehre, Brüder, hat uns der Erhabene in kurzer Fassung gegeben, ohne den Inhalt ausführlich zu erläutern, ist aufgestanden und hat sich in das Wohnhaus zurückgezogen. Wer könnte nun wohl dieser kurzgefaßten Lehre Inhalt ausführlich begründen?› Da sagten sich nun jene Mönche: ‹Der ehrwürdige Mahākaccāno wird selbst vom Meister gepriesen, von den verständigen Ordensbrüdern aber verehrt: wohl wäre der ehrwürdige Mahākaccāno imstande, den Inhalt dieser kurzgefaßten Lehre ausführlich zu begründen; wie, wenn wir uns nun zum ehrwürdigen Mahākaccāno begeben und ihn bitten würden, uns den Inhalt darzulegen?›

Und jene Mönche begaben sich zum ehrwürdigen Mahākaccāno, wechselten höflichen Gruß und freundliche, denkwürdige Worte mit ihm und setzten sich seitwärts nieder. Seitwärts sitzend sprachen nun jene Mönche zum ehrwürdigen Mahākaccāno also:

«Folgende Lehre, Bruder Kaccāno, hat uns der Erhabene in kurzer Fassung gegeben, ohne den Inhalt ausführlich zu erläutern, ist aufgestanden und hat sich in das Wohnhaus zurückgezogen: ‹Wenn der Sonderheit Wahrnehmungen, Mönch, wodurch auch immer bedingt, an den Menschen der Reihe nach herantreten und da kein Entzücken, kein Entsprechen, keinen Halt finden, so ist das eben das Ende der Lustanhaftungen, so ist das eben das Ende der Ekelanhaftungen, so ist das eben das Ende der Glaubensanhaftungen, so ist das eben das Ende der Zweifelanhaftungen, so ist das eben das Ende der Dünkelanhaftungen, so ist das eben das Ende der Anhaftungen der Daseinslust, so ist das eben das Ende der Anhaftungen des Nichtwissens, so ist das eben das Ende vom Wüten und Blutvergießen, von Krieg und Zwietracht, Zank und Streit, Lug und Trug: da werden diese bösen, schlechten Dinge restlos aufgelöst.› Da kam uns, Bruder Kaccāno, bald nachdem der Erhabene fortgegangen war, der Gedanke: ‹Diese Lehre, Brüder, hat uns der Erhabene in kurzer Fassung gegeben, ohne den Inhalt ausführlich zu erläutern, ist aufgestanden und hat sich in das Wohnhaus zurückgezogen. Wer könnte nun wohl dieser kurzgefaßten Lehre Inhalt ausführlich begründen?› Da kam uns,

Bruder Kaccāno, der Gedanke: ‹Der ehrwürdige Mahākaccāno wird selbst
vom Meister gepriesen, von den verständigen Ordensbrüdern aber verehrt:
wohl wäre der ehrwürdige Mahākaccāno imstande, den Inhalt dieser kurz- 111
gefaßten Lehre ausführlich zu begründen; wie, wenn wir uns nun zum ehr-
würdigen Mahākaccāno begeben und ihn bitten würden, uns den Inhalt dar-
zulegen?› Mög' es der ehrwürdige Mahākaccāno tun!»

«Gleichwie etwa, Brüder, wenn ein Mann, der Kernholz begehrt, Kernholz sucht, auf Kernholz ausgeht, über Wurzel und Stamm eines großen kernig dastehenden Baumes hinaufkletterte und im Laubgezweige Kernholz finden wollte: so ergeht es nun hier euch Ehrwürdigen, die ihr vor dem Meister gewesen seid, den Herrn übergangen habt und von mir die Lösung der Frage erwartet. Doch der Erhabene, ihr Brüder, ist der kennende Kenner und der sehende Seher, der Auggewordene, Erkenntnisgewordene, Wahrheitgewordene, Heiligkeitgewordene, der Künder und Verkünder, der Eröffner des Inhalts, der Spender der Unsterblichkeit, der Herr der Wahrheit, der Vollendete. Und es war ja wohl noch an der Zeit gewesen, daß ihr den Erhabenen selbst befragen und diesen Gegenstand der Erklärung des Erhabenen gemäß bewahren konntet.»

«Freilich, Bruder Kaccāno, ist der Erhabene der kennende Kenner und der sehende Seher, der Auggewordene, Erkenntnisgewordene, Wahrheitgewordene, Heiligkeitgewordene, der Künder und Verkünder, der Eröffner des Inhalts, der Spender der Unsterblichkeit, der Herr der Wahrheit, der Vollendete. Und es war ja wohl noch an der Zeit gewesen, daß wir den Erhabenen selbst befragen und diesen Gegenstand der Erklärung des Erhabenen gemäß bewahren konnten. Aber der ehrwürdige Mahākaccāno wird ja selbst vom Meister gepriesen und von den verständigen Ordensbrüdern verehrt: wohl wäre der ehrwürdige Mahākaccāno imstande, den Inhalt jener vom Erhabenen in der Kürze gegebenen Lehre ausführlich darzulegen. Mög' es der ehrwürdige Mahākaccāno tun und es nicht übelnehmen!»

«Wohlan denn, ihr Brüder, so höret und achtet wohl auf meine Rede!»

«Gewiß, o Bruder!» antworteten da aufmerksam jene Mönche dem ehrwürdigen Mahākaccāno. Der ehrwürdige Mahākaccāno sprach also:

«Die Lehre, Brüder, die uns der Erhabene in der Kürze gegeben hat: ‹Wenn der Sonderheit Wahrnehmungen, Mönch, wodurch auch immer bedingt, an den Menschen der Reihe nach herantreten und da kein Entzücken, kein Entsprechen, keinen Halt finden, so ist das eben das Ende der Lustanhaftungen, so ist das eben das Ende der Ekelanhaftungen, so ist das eben das Ende der Glaubensanhaftungen, so ist das eben das Ende der Zweifelanhaftungen, so ist das eben das Ende der Dünkelanhaftungen, so ist das eben das Ende der Anhaftungen der Daseinslust, so ist das eben das Ende der Anhaftungen des

Nichtwissens, so ist das eben das Ende vom Wüten und Blutvergießen, von
Krieg und Zwietracht, Zank und Streit, Lug und Trug: da werden diese
bösen, schlechten Dinge restlos aufgelöst›: diese kurzgefaßte Lehre, ihr Brü-
der, stelle ich ihrem Inhalt gemäß in folgender Weise ausführlich dar. Durch
das Gesicht, Brüder, und die Formen entsteht das Sehbewußtsein, der Ein-
schlag der drei gibt Berührung, durch die Berührung ist das Gefühl bedingt,
112 was man fühlt nimmt man wahr, was man wahrnimmt unterscheidet man,
was man unterscheidet sondert man ab, was man absondert tritt, dadurch be-
dingt, der Reihe nach als der Sonderheit Wahrnehmungen in den durch das
Sehbewußtsein gehenden Formen vergangener, gegenwärtiger und zukünf-
tiger Zeiten an den Menschen heran. Durch das Gehör, Brüder, und die Töne
entsteht das Hörbewußtsein, der Einschlag der drei gibt Berührung, durch
die Berührung ist das Gefühl bedingt, was man fühlt nimmt man wahr, was
man wahrnimmt unterscheidet man, was man unterscheidet sondert man ab,
was man absondert tritt, dadurch bedingt, der Reihe nach als der Sonderheit
Wahrnehmungen in den durch das Hörbewußtsein gehenden Tönen ver-
gangener, gegenwärtiger und zukünftiger Zeiten an den Menschen heran.
Durch den Geruch, Brüder, und die Düfte entsteht das Riechbewußtsein, der
Einschlag der drei gibt Berührung, durch die Berührung ist das Gefühl be-
dingt, was man fühlt nimmt man wahr, was man wahrnimmt unterscheidet
man, was man unterscheidet sondert man ab, was man absondert tritt, da-
durch bedingt, der Reihe nach als der Sonderheit Wahrnehmungen in den
durch das Riechbewußtsein gehenden Düften vergangener, gegenwärtiger
und zukünftiger Zeiten an den Menschen heran. Durch den Geschmack,
Brüder, und die Säfte entsteht das Schmeckbewußtsein, der Einschlag der drei
gibt Berührung, durch die Berührung ist das Gefühl bedingt, was man fühlt
nimmt man wahr, was man wahrnimmt unterscheidet man, was man unter-
scheidet sondert man ab, was man absondert tritt, dadurch bedingt, der
Reihe nach als der Sonderheit Wahrnehmungen in den durch das Schmeck-
bewußtsein gehenden Säften vergangener, gegenwärtiger und zukünftiger
Zeiten an den Menschen heran. Durch das Getast, Brüder, und die Tastun-
gen entsteht das Tastbewußtsein, der Einschlag der drei gibt Berührung,
durch die Berührung ist das Gefühl bedingt, was man fühlt nimmt man wahr,
was man wahrnimmt unterscheidet man, was man unterscheidet sondert man
ab, was man absondert tritt, dadurch bedingt, der Reihe nach als der Sonder-
heit Wahrnehmungen in den durch das Tastbewußtsein gehenden Tastungen
vergangener, gegenwärtiger und zukünftiger Zeiten an den Menschen her-
an. Durch das Gedenken, Brüder, und die Dinge entsteht das Denkbewußt-
sein, der Einschlag der drei gibt Berührung, durch die Berührung ist das Ge-
fühl bedingt, was man fühlt nimmt man wahr, was man wahrnimmt unter-

scheidet man, was man unterscheidet sondert man ab, was man absondert tritt, dadurch bedingt, der Reihe nach als der Sonderheit Wahrnehmungen in den durch das Denkbewußtsein gehenden Dingen vergangener, gegenwärtiger und zukünftiger Zeiten an den Menschen heran.

«Ist nun, Brüder, Gesicht, Form und Sehbewußtsein da, so darf man auf das Erscheinen der Berührung schließen, ist die Berührung erschienen, so darf man auf das Erscheinen des Gefühls schließen, ist das Gefühl erschienen, so darf man auf das Erscheinen der Wahrnehmung schließen, ist die Wahrnehmung erschienen, so darf man auf das Erscheinen der Unterscheidung schließen, ist die Unterscheidung erschienen, so darf man schließen, daß die der Reihe nach herantretenden Wahrnehmungen der Sonderheit erscheinen werden.

«Ist nun, Brüder, Gehör, Ton und Hörbewußtsein da,

«Ist nun, Brüder, Geruch, Duft und Riechbewußtsein da,

«Ist nun, Brüder, Geschmack, Saft und Schmeckbewußtsein da,

«Ist nun, Brüder, Getast, Tastung und Tastbewußtsein da,

«Ist nun, Brüder, Gedenken, Ding und Denkbewußtsein da, so darf man auf das Erscheinen der Berührung schließen, ist die Berührung erschienen, so darf man auf das Erscheinen des Gefühls schließen, ist das Gefühl erschienen, so darf man auf das Erscheinen der Wahrnehmung schließen, ist die Wahrnehmung erschienen, so darf man auf das Erscheinen der Unterscheidung schließen, ist die Unterscheidung erschienen, so darf man schließen, daß die der Reihe nach herantretenden Wahrnehmungen der Sonderheit erscheinen werden.

«Ist nun, Brüder, Gesicht, Form und Sehbewußtsein nicht da, so darf man auf das Nichterscheinen der Berührung schließen, ist die Berührung nicht erschienen, so darf man auf das Nichterscheinen des Gefühls schließen, ist das Gefühl nicht erschienen, so darf man auf das Nichterscheinen der Wahrnehmung schließen, ist die Wahrnehmung nicht erschienen, so darf man auf das Nichterscheinen der Unterscheidung schließen, ist die Unterscheidung nicht erschienen, so darf man schließen, daß die der Reihe nach herantretenden Wahrnehmungen der Sonderheit nicht erscheinen werden.

«Ist nun, Brüder, Gehör, Ton und Hörbewußtsein nicht da,

«Ist nun, Brüder, Geruch, Duft und Riechbewußtsein nicht da,

«Ist nun, Brüder, Geschmack, Saft und Schmeckbewußtsein nicht da,

«Ist nun, Brüder, Getast, Tastung und Tastbewußtsein nicht da,

«Ist nun, Brüder, Gedenken, Ding und Denkbewußtsein nicht da, so darf man auf das Nichterscheinen der Berührung schließen, ist die Berührung nicht erschienen, so darf man auf das Nichterscheinen des Gefühls schließen, ist das Gefühl nicht erschienen, so darf man auf das Nichterscheinen der

Wahrnehmung schließen, ist die Wahrnehmung nicht erschienen, so darf man auf das Nichterscheinen der Unterscheidung schließen, ist die Unterscheidung nicht erschienen, so darf man schließen, daß die der Reihe nach herantretenden Wahrnehmungen der Sonderheit nicht erscheinen werden.

113 «Das, ihr Brüder, betrachte ich als die ausführliche Darlegung jener Lehre, die uns der Erhabene in kurzer Fassung gegeben hat. Wenn es euch Ehrwürdigen nun recht ist, so gehet hin und befragt den Erhabenen selbst hierüber: wie es uns der Erhabene erklärt wollet es behalten.»

Da waren denn jene Mönche über des ehrwürdigen Mahākaccāno Rede erfreut, erhoben sich befriedigt von ihren Sitzen und begaben sich dorthin wo der Erhabene weilte, begrüßten den Erhabenen ehrerbietig und setzten sich seitwärts nieder. Seitwärts sitzend sprachen nun jene Mönche zum Erhabenen also:

«Folgende Lehre, o Herr, hat uns der Erhabene in kurzer Fassung gegeben und ist, ohne den Inhalt ausführlich erläutert zu haben, aufgestanden und hat sich in das Wohnhaus zurückgezogen: ‹Wenn der Sonderheit Wahrnehmungen, Mönch, wodurch auch immer bedingt, an den Menschen der Reihe nach herantreten und da kein Entzücken, kein Entsprechen, keinen Halt finden, so ist das eben das Ende der Lustanhaftungen, so ist das eben das Ende der Ekelanhaftungen, so ist das eben das Ende der Glaubensanhaftungen, so ist das eben das Ende der Zweifelanhaftungen, so ist das eben das Ende der Dünkelanhaftungen, so ist das eben das Ende der Anhaftungen der Daseinslust, so ist das eben das Ende der Anhaftungen des Nichtwissens, so ist das eben das Ende vom Wüten und Blutvergießen, von Krieg und Zwietracht, Zank und Streit, Lug und Trug: da werden diese bösen, schlechten Dinge restlos aufgelöst.› Da kam uns, o Herr, bald nachdem der Erhabene fortgegangen war, der Gedanke: ‹Diese Lehre, Brüder, hat uns der Erhabene in kurzer Fassung, ohne ausführliche Erläuterung gegeben, ist aufgestanden und hat sich in das Wohnhaus zurückgezogen. Wer könnte nun wohl dieser kurzgefaßten Lehre Inhalt ausführlich begründen? Da kam uns, o Herr, der Gedanke: ‹Der ehrwürdige Mahākaccāno wird selbst vom Meister gepriesen, von den verständigen Ordensbrüdern aber verehrt: wohl wäre der ehrwürdige Mahākaccāno imstande, den Inhalt dieser kurzgefaßten Lehre ausführlich zu begründen; wie, wenn wir uns nun zum ehrwürdigen Mahākaccāno begeben und ihn bitten würden, uns den Inhalt darzulegen?› Und wir begaben uns, o
114 Herr, zum ehrwürdigen Mahākaccāno und baten ihn um Aufklärung. Da hat uns, o Herr, der ehrwürdige Mahākaccāno auf solche Weise, in solcher Art, mit solchen Bestimmungen den Inhalt dargestellt.»

«Weise, ihr Mönche, ist Mahākaccāno, wissensmächtig, ihr Mönche, ist Mahākaccāno. Wolltet ihr mich, ihr Mönche, um Aufklärung angehn, ich würde den Gegenstand genau so erläutern, wie ihn Mahākaccāno erläutert hat: denn eben das ist der Inhalt, und den sollt ihr derart bewahren.»

Auf diese Worte wandte sich der ehrwürdige Ānando an den Erhabenen und sagte:

«Gleichwie etwa, o Herr, wenn ein Mann, der von Hunger und Schwäche gepeinigt wird, einen guten Bissen fände; wie er ihn da nach und nach genösse, empfände er angenehmen Geschmack, Genugtuung: ebenso nun auch, o Herr, mag ein Mönch, dem seine Geistesbildung angelegen ist, wie er sich da nach und nach mit dem Gang dieser Lehre weise vertraut macht, wohl Befriedigung empfinden, Geistesruhe erlangen. Welchen Namen, o Herr, soll der Gang dieser Lehre haben?»

«Wohlan denn, Ānando, so behalte den Gang dieser Lehre unter dem Namen des Guten Bissens.»

Also sprach der Erhabene. Zufrieden freute sich der ehrwürdige Ānando über das Wort des Erhabenen.

19

ZWEITER TEIL · NEUNTE REDE

ZWEIERLEI ERWÄGUNGEN

Das hab' ich gehört. Zu einer Zeit weilte der Erhabene bei Sāvatthī, im Siegerwalde, im Garten Anāthapiṇḍikos. Dort nun wandte sich der Erhabene an die Mönche: «Ihr Mönche!» – «Erlauchter!» antworteten da jene Mönche dem Erhabenen aufmerksam. Der Erhabene sprach also:

«Früher, ihr Mönche, noch vor der vollen Erwachung, kam mir, dem unvollkommen Erwachten, Erwachung erst Erringenden, dieser Gedanke: ‹Wie, wenn ich nun die Erwägungen nach der einen und nach der anderen Seite sonderte?› Und ich sonderte nun, ihr Mönche, die Erwägungen des Begehrens, Schadens und Wütens nach der einen Seite, und sonderte die Erwägungen des Entsagens, Nichtschadens, Nichtwütens nach der anderen Seite. Als mir nun, Mönche, bei diesem ernsten, eifrigen, heißen Mühn eine Erwägung des Begehrens aufstieg, sagte ich mir: ‹Aufgestiegen ist mir da diese 115

Erwägung des Begehrens; und sie führt zu eigener Beschränkung und führt zu fremder Beschränkung, sie führt zu beider Beschränkung, rodet die Weisheit aus, bringt Verstörung mit sich, führt nicht zur Wahnerlöschung, führt zu eigener Beschränkung›: da ich also sann, ihr Mönche, löste sie sich auf. ‹Führt zu fremder Beschränkung›: da ich also sann, ihr Mönche, löste sie sich auf. ‹Führt zu beider Beschränkung›: da ich also sann, ihr Mönche, löste sie sich auf. ‹Rodet die Weisheit aus, bringt Verstörung mit sich, führt nicht zur Wahnerlöschung›: da ich also sann, ihr Mönche, löste sie sich auf. Und so oft nun, ihr Mönche, eine Erwägung des Begehrens in mir aufstieg, da verleugnete, vertrieb, vertilgte ich sie eben.

«Als mir nun, Mönche, bei diesem ernsten, eifrigen, heißen Mühn eine Erwägung des Schadens, eine Erwägung des Wütens aufstieg, sagte ich mir: ‹Aufgestiegen ist mir da diese Erwägung des Schadens, diese Erwägung des Wütens; und sie führt zu eigener Beschränkung und führt zu fremder Beschränkung, sie führt zu beider Beschränkung, rodet die Weisheit aus, bringt Verstörung mit sich, führt nicht zur Wahnerlöschung, führt zu eigener Beschränkung›: da ich also sann, ihr Mönche, löste sie sich auf. ‹Führt zu fremder Beschränkung›: da ich also sann, ihr Mönche, löste sie sich auf. ‹Führt zu beider Beschränkung›: da ich also sann, ihr Mönche, löste sie sich auf. ‹Rodet die Weisheit aus, bringt Verstörung mit sich, führt nicht zur Wahnerlöschung›: da ich also sann, ihr Mönche, löste sie sich auf. Und so oft nun, ihr Mönche, eine Erwägung des Schadens, eine Erwägung des Wütens in mir aufstieg, da verleugnete, vertrieb, vertilgte ich sie eben.

«Was da, ihr Mönche, ein Mönch lange erwägt und überlegt, dahin neigt sich der Sinn. Wenn der Mönch, ihr Mönche, eine Erwägung des Begehrens lange erwägt und überlegt, so hat er die Erwägung des Entsagens verleugnet, die Erwägung des Begehrens großgezogen, und sein Herz neigt sich zur Erwägung des Begehrens. Wenn der Mönch, ihr Mönche, eine Erwägung des Schadens, eine Erwägung des Wütens lange erwägt und überlegt, so hat er die Erwägung des Nichtschadens, die Erwägung des Nichtwütens verleugnet, die Erwägung des Schadens, die Erwägung des Wütens großgezogen, und sein Herz neigt sich zur Erwägung des Schadens, zur Erwägung des Wütens.

«Gleichwie etwa, ihr Mönche, ein Rinderhirt im letzten Monat der Regenzeit, im Herbste, wenn die Ernte eingebracht ist, seine Herde sammelt, die Rinder von da und von dort herantreibt, herzutreibt und in die Hürden und Ställe bringt, und warum das? Weil ja sonst, ihr Mönche, der Hirt gewissen Verlust oder Nachteil, Unglück oder Unbill gewärtigen müßte: ebenso nun auch, ihr Mönche, merkte ich da des Schlechten Elend, Erbärmlichkeit und Besudelung und des Guten heilsamen Einfluß in der Entsagung.

«Als mir nun, Mönche, bei diesem ernsten, eifrigen, heißen Mühn eine 116
Erwägung des Entsagens aufstieg, sagte ich mir: ‹Aufgestiegen ist mir da diese Erwägung des Entsagens; und sie führt wahrlich nicht zu eigener Beschränkung, nicht zu fremder Beschränkung, führt zu keines Beschränkung, fördert die Weisheit, bringt keine Verstörung mit sich, führt zur Wahnerlöschung. Ob ich sie nun, ihr Mönche, bei Nacht erwäge und überlege, ob ich sie nun, ihr Mönche, bei Tag erwäge und überlege, ich kann in ihr nichts Schreckliches finden: ob ich sie gleich, ihr Mönche, Tag und Nacht erwäge und überlege, ich kann in ihr nichts Schreckliches finden. Aber gäbe ich mich dem Erwägen und Überlegen zu lange hin, so würde mein Körper ermüden, bei müdem Körper das Herz matt werden, und das matte Herz ist fern von der Selbstvertiefung.› Da faßte ich denn, ihr Mönche, mein Herz innig zusammen, beruhigte es, einigte es, festigte es, und warum das? Damit mein Herz nicht matt werde.

«Als mir nun, ihr Mönche, bei diesem ernsten, eifrigen, heißen Mühn eine Erwägung des Nichtschadens, eine Erwägung des Nichtwütens aufstieg, sagte ich mir: ‹Aufgestiegen ist mir da diese Erwägung des Nichtschadens, diese Erwägung des Nichtwütens; und sie führt wahrlich nicht zu eigener Beschränkung, nicht zu fremder Beschränkung, führt zu keines Beschränkung, fördert die Weisheit, bringt keine Verstörung mit sich, führt zur Wahnerlöschung. Ob ich sie nun, ihr Mönche, bei Nacht erwäge und überlege, ob ich sie nun, ihr Mönche, bei Tag erwäge und überlege, ich kann in ihr nichts Schreckliches finden: ob ich sie gleich, ihr Mönche, Tag und Nacht erwäge und überlege, ich kann in ihr nichts Schreckliches finden. Aber gäbe ich mich dem Erwägen und Überlegen zu lange hin, so würde mein Körper ermüden, bei müdem Körper das Herz matt werden, und das matte Herz ist fern von der Selbstvertiefung.› Da faßte ich denn, ihr Mönche, mein Herz innig zusammen, beruhigte es, einigte es, festigte es, und warum das? Damit mein Herz nicht matt werde.

«Was da, ihr Mönche, ein Mönch lange erwägt und überlegt, dahin neigt sich der Sinn. Wenn der Mönch, ihr Mönche, eine Erwägung des Entsagens lange erwägt und überlegt, so hat er die Erwägung des Begehrens verleugnet, die Erwägung des Entsagens großgezogen, und sein Herz neigt sich zur Erwägung des Entsagens. Wenn der Mönch, ihr Mönche, eine Erwägung des Nichtschadens, eine Erwägung des Nichtwütens lange erwägt und überlegt, so hat er die Erwägung des Schadens, die Erwägung des Wütens verleugnet, die Erwägung des Nichtschadens, die Erwägung des Nichtwütens großgezogen, und sein Herz neigt sich zur Erwägung des Nichtschadens, zur Erwägung des Nichtwütens.

«Gleichwie etwa, ihr Mönche, ein Rinderhirt im letzten Monat des Som-

mers, wenn das Korn auf den Feldern ringsum in voller Reife steht, seine
117 Herde hüten und im Walde wie auf der Wiese wohl achthaben muß: ‹Die Rinder sind da›: ebenso nun auch, ihr Mönche, mußte ich da wohl achthaben: ‹Die Dinge sind da.›

«Gestählt war aber, ihr Mönche, meine Kraft, unbeugsam, gewärtig die Einsicht, unverrückbar, beruhigt der Körper, ohne Regung, vertieft das Gemüt, einig. Und ich weilte nun, ihr Mönche, gar fern von Begierden, fern von unheilsamen Dingen, in sinnend erwägender ruhegeborener seliger Heiterkeit, in der Weihe der ersten Schauung. Nach Vollendung des Sinnens und Erwägens erwirkte ich innere Meeresstille, Einheit des Gemütes, sinnens- und erwägensfreie, in Einigung geborene selige Heiterkeit, die Weihe der zweiten Schauung. In heiterer Ruhe weilte ich gleichmütig, einsichtig, klar bewußt, ein Glück empfand ich im Körper, von dem die Heiligen sagen: ‹Der gleichmütig Einsichtige lebt beglückt›; so erwirkte ich die Weihe der dritten Schauung. Nach Verwerfung der Freuden und Leiden, nach Vernichtung des einstigen Frohsinns und Trübsinns erwirkte ich die Weihe der leidlosen, freudlosen, gleichmütig einsichtigen vollkommenen Reine, die vierte Schauung.

22 «Solchen Gemütes, innig, geläutert, gesäubert, gediegen, schlackengeklärt, geschmeidig, biegsam, fest, unversehrbar, richtete ich das Gemüt auf die erinnernde Erkenntnis früherer Daseinsformen. Ich erinnerte mich an manche verschiedene frühere Daseinsform, als wie an ein Leben, dann an zwei Leben, dann an drei Leben, dann an vier Leben, dann an fünf Leben, dann an zehn Leben, dann an zwanzig Leben, dann an dreißig Leben, dann an vierzig Leben, dann an fünfzig Leben, dann an hundert Leben, dann an tausend Leben, dann an hunderttausend Leben, dann an die Zeiten während mancher Weltenentstehungen, dann an die Zeiten während mancher Weltenvergehungen, dann an die Zeiten während mancher Weltenentstehungen-Weltenvergehungen. ‹Dort war ich, jenen Namen hatte ich, jener Familie gehörte ich an, das war mein Stand, das mein Beruf, solches Wohl und Wehe habe ich erfahren, so war mein Lebensende; dort verschieden trat ich anderswo wieder ins Dasein: da war ich nun, diesen Namen hatte ich, dieser Familie gehörte ich an, dies war mein Stand, dies mein Beruf, solches Wohl und Wehe habe ich erfahren, so war mein Lebensende; da verschieden trat ich hier wieder ins Dasein.› So erinnerte ich mich mancher verschiedenen früheren Daseinsform, mit je den eigentümlichen Merkmalen, mit je den eigenartigen Beziehungen. Dieses Wissen, ihr Mönche, hatte ich da in den ersten Stunden der Nacht als erstes errungen, das Nichtwissen zerteilt, das Wissen gewonnen, das Dunkel zerteilt, das Licht gewonnen, als ich in so ernstem, eifrigem, heißem Mühn verweilte.

«Solchen Gemütes, innig, geläutert, gesäubert, gediegen, schlackengeklärt, geschmeidig, biegsam, fest, unversehrbar, richtete ich das Gemüt auf die Erkenntnis des Verschwindens-Erscheinens der Wesen. Mit dem himmlischen Auge, dem geläuterten, über menschliche Grenzen hinausreichenden, sah ich die Wesen dahinschwinden und wiedererscheinen, gemeine und edle, schöne und unschöne, glückliche und unglückliche, ich erkannte wie die Wesen je nach den Taten wiederkehren. ‹Diese lieben Wesen sind freilich in Taten dem Schlechten zugetan, in Worten dem Schlechten zugetan, in Gedanken dem Schlechten zugetan, tadeln Heiliges, achten Verkehrtes, tun Verkehrtes; bei der Auflösung des Leibes, nach dem Tode, gelangen sie auf den Abweg, auf schlechte Fährte, zur Tiefe hinab, in untere Welt. Jene lieben Wesen sind aber in Taten dem Guten zugetan, in Worten dem Guten zugetan, in Ge- 23
danken dem Guten zugetan, tadeln nicht Heiliges, achten Rechtes, tun Rechtes; bei der Auflösung des Leibes, nach dem Tode, gelangen sie auf gute Fährte, in selige Welt.› So sah ich mit dem himmlischen Auge, dem geläuterten, über menschliche Grenzen hinausreichenden, die Wesen dahinschwinden und wiedererscheinen, gemeine und edle, schöne und unschöne, glückliche und unglückliche, ich erkannte wie die Wesen je nach den Taten wiederkehren. Dieses Wissen, ihr Mönche, hatte ich da in den mittleren Stunden der Nacht als zweites errungen, das Nichtwissen zerteilt, das Wissen gewonnen, das Dunkel zerteilt, das Licht gewonnen, als ich in so ernstem, eifrigem, heißem Mühn verweilte.

«Solchen Gemütes, innig, geläutert, gesäubert, gediegen, schlackengeklärt, geschmeidig, biegsam, fest, unversehrbar, richtete ich das Gemüt auf die Erkenntnis der Wahnversiegung. ‹Das ist das Leiden› verstand ich der Wahrheit gemäß. ‹Das ist die Leidensentwicklung› verstand ich der Wahrheit gemäß. ‹Das ist die Leidensauflösung› verstand ich der Wahrheit gemäß. ‹Das ist der zur Leidensauflösung führende Pfad› verstand ich der Wahrheit gemäß. ‹Das ist der Wahn› verstand ich der Wahrheit gemäß. ‹Das ist die Wahnentwicklung› verstand ich der Wahrheit gemäß. ‹Das ist die Wahnauflösung› verstand ich der Wahrheit gemäß. ‹Das ist der zur Wahnauflösung führende Pfad› verstand ich der Wahrheit gemäß. Also erkennend, also sehend ward da mein Gemüt erlöst vom Wunscheswahn, erlöst vom Daseinswahn, erlöst vom Nichtwissenswahn. ‹Im Erlösten ist die Erlösung›, diese Erkenntnis ging auf. ‹Versiegt ist die Geburt, vollendet das Asketentum, gewirkt das Werk, nicht mehr ist diese Welt› verstand ich da. Dieses Wissen, ihr Mönche, hatte ich nun in den letzten Stunden der Nacht als drittes errungen, das Nichtwissen zerteilt, das Wissen gewonnen, das Dunkel zerteilt, das Licht gewonnen, als ich in so ernstem, eifrigem, heißem Mühn verweilte.

«Gleichwie etwa, ihr Mönche, wenn eine große Herde Wildes in waldigem Tale auf weiten sumpfigen Moorgrund geraten wäre, und irgendein Mensch wollte ihr übel, sänne auf ihr Verderben und Unheil; da versperrte er den Weg, der sicher, günstig, fröhlich zu wandeln ist, und ließe den Abweg offen, der zum Sumpfe führt, triebe sie hin: so würde nun, Mönche, diese große Herde Wildes bald schwinden und abnehmen. Doch wenn sich, ihr Mönche, irgendein Mensch dieser großen Herde Wildes erbarmte, auf ihr Wohl und Heil sänne, möchte er den Weg, der sicher, günstig, fröhlich zu wandeln ist, offenbar machen, den Abweg versperren, die sumpfige Fährte verrammeln, die Tiere von dort verscheuchen: so würde nun, Mönche, diese große Herde Wildes bald zunehmen, blühn und gedeihen.

118 «Ein Gleichnis habe ich da, meine Mönche, gegeben, um den Sinn zu erklären. Das aber ist nun der Sinn. Der weite sumpfige Moorgrund: das ist, ihr Mönche, eine Bezeichnung der Begierden. Die große Herde Wildes: das ist, ihr Mönche, eine Bezeichnung der Lebendigen. Der Mensch, der übelwill, auf Verderben und Unheil sinnt: das ist, ihr Mönche, eine Bezeichnung der Natur, der bösen[13]. Der Abweg: das ist, ihr Mönche, eine Bezeichnung des achtfältigen falschen Weges, nämlich falscher Erkenntnis, falscher Gesinnung, falscher Rede, falschen Handelns, falschen Wandelns, falschen Mühns, falscher Einsicht, falscher Einigung. Die sumpfige Fährte: das ist, ihr Mönche, eine Bezeichnung der Genügenslust. Der Gang in den Sumpf: das ist, ihr Mönche, eine Bezeichnung des Nichtwissens. Der Mensch aber, der sich erbarmt, auf Wohl und Heil sinnt: das ist, ihr Mönche, eine Bezeichnung des Vollendeten, des Heiligen, vollkommen Erwachten. Und der sichere Weg, der günstig und fröhlich zu wandeln ist: das ist, ihr Mönche, eine Bezeichnung des heiligen achtfältigen Weges, nämlich rechter Erkenntnis, rechter Gesinnung, rechter Rede, rechten Handelns, rechten Wandelns, rechten Mühns, rechter Einsicht, rechter Einigung.

«Und so habe ich, Mönche, den sicheren Weg, der günstig und fröhlich zu wandeln ist, offenbar gemacht, den Abweg versperrt, die sumpfige Fährte verrammelt, den Gang in den Sumpf verleidet. Was ein Meister, ihr Mönche, den Jüngern aus Liebe und Teilnahme, von Mitleid bewogen, schuldet, das habt ihr von mir empfangen. Da laden, ihr Mönche, Bäume ein, und dort leere Klausen. Wirket Schauung, Mönche, auf daß ihr nicht lässig werdet, später nicht Reue empfindet: das haltet als unser Gebot.»

Also sprach der Erhabene. Zufrieden freuten sich jene Mönche über das Wort des Erhabenen.

20

ZWEITER TEIL · ZEHNTE REDE

DER ERWÄGUNGEN EINGEHN

Das hab' ich gehört. Zu einer Zeit weilte der Erhabene bei Sāvatthī, im Siegerwalde, im Garten Anāthapiṇḍikos. Dort nun wandte sich der Erhabene an die Mönche: «Ihr Mönche!» – «Erlauchter!» antworteten da jene Mönche dem Erhabenen aufmerksam. Der Erhabene sprach also: 119

«Wer nach Hohem strebt, Mönche, soll sich von Zeit zu Zeit fünf Arten von Vorstellungen gegenwärtig halten: welche fünf? Da faßt, ihr Mönche, ein Mönch eine Vorstellung, vergegenwärtigt sich eine Vorstellung, und dabei steigen ihm böse, unwürdige Erwägungen auf, Bilder der Gier, des Hasses und der Verblendung: da soll, ihr Mönche, der Mönch aus dieser Vorstellung eine andere gewinnen, ein würdiges Bild. Während er aus dieser Vorstellung eine andere gewinnt, ein würdiges Bild, schwinden die bösen, unwürdigen Erwägungen, die Bilder der Gier, des Hasses und der Verblendung, lösen sich auf; und weil es sie überwunden hat, festigt sich eben das innige Herz, beruhigt sich, wird einig und stark. Gleichwie etwa, ihr Mönche, ein geschickter Maurer oder Maurergeselle mit einem feinen Keil einen groben heraustreiben, herausschlagen, herausstoßen kann, ebenso nun auch, ihr Mönche, soll ein Mönch, wenn er eine Vorstellung faßt, eine Vorstellung sich vergegenwärtigt, und ihm dabei böse, unwürdige Erwägungen aufsteigen, Bilder der Gier, des Hasses und der Verblendung, aus dieser Vorstellung eine andere gewinnen, ein würdiges Bild. Während er aus dieser Vorstellung eine andere gewinnt, ein würdiges Bild, schwinden die bösen, unwürdigen Erwägungen, die Bilder der Gier, des Hasses und der Verblendung, lösen sich auf; und weil es sie überwunden hat, festigt sich eben das innige Herz, beruhigt sich, wird einig und stark.

«Wenn einem solchen, ihr Mönche, bei seinem Bemühn aus der einen Vorstellung eine andere zu gewinnen, ein würdiges Bild, noch böse, unwürdige Erwägungen aufsteigen, Bilder der Gier, des Hasses und der Verblendung, so soll er, ihr Mönche, das Elend derartiger Erwägungen betrachten: ‹Da sind sie ja, diese unwürdigen Erwägungen, da sind sie ja, diese unlauteren Erwägungen, da sind sie ja, diese Leiden ausbrütenden Erwägungen!› Während er das Elend derartiger Erwägungen betrachtet, schwinden die bösen, unwürdigen Erwägungen, die Bilder der Gier, des Hasses und der Verblendung,

lösen sich auf; und weil es sie überwunden hat, festigt sich eben das innige Herz, beruhigt sich, wird einig und stark. Gleichwie etwa, ihr Mönche, ein Weib oder ein Mann, jung, frisch, gefallsam, dem ein Schlangenaas oder ein
120 Hundeaas oder ein Menschenaas an den Hals gebunden würde, sich entsetzen, empören und sträuben möchte: ebenso nun auch, ihr Mönche, soll ein Mönch, wenn ihm bei seinem Bemühn aus der einen Vorstellung eine andere zu gewinnen, ein würdiges Bild, noch böse, unwürdige Erwägungen aufsteigen, Bilder der Gier, des Hasses und der Verblendung, das Elend derartiger Erwägungen betrachten. Während er das Elend derartiger Erwägungen betrachtet, schwinden die bösen, unwürdigen Erwägungen, die Bilder der Gier, des Hasses und der Verblendung, lösen sich auf; und weil es sie überwunden hat, festigt sich eben das innige Herz, beruhigt sich, wird einig und stark.

«Wenn einem solchen, ihr Mönche, bei seiner Betrachtung des Elends jener Erwägungen noch böse, unwürdige Erwägungen aufsteigen, Bilder der Gier, des Hasses und der Verblendung, so soll er, ihr Mönche, jenen Erwägungen keinen Sinn, keine Beachtung schenken. Während er jenen Erwägungen keinen Sinn, keine Beachtung schenkt, schwinden die bösen, unwürdigen Erwägungen, die Bilder der Gier, des Hasses und der Verblendung, lösen sich auf; und weil es sie überwunden hat, festigt sich eben das innige Herz, beruhigt sich, wird einig und stark. Gleichwie etwa, ihr Mönche, ein scharfsehender Mann, der in seinen Gesichtskreis getretene Erscheinungen nicht verfolgen will, die Augen schließen oder anderswo hinblicken mag: ebenso nun auch, ihr Mönche, soll ein Mönch, wenn ihm bei seiner Betrachtung des Elends jener Erwägungen noch böse, unwürdige Erwägungen aufsteigen, Bilder der Gier, des Hasses und der Verblendung, solchen Erwägungen keinen Sinn, keine Beachtung schenken. Während er solchen Erwägungen keinen Sinn, keine Beachtung schenkt, schwinden die bösen, unwürdigen Erwägungen, die Bilder der Gier, des Hasses und der Verblendung, lösen sich auf; und weil es sie überwunden hat, festigt sich eben das innige Herz, beruhigt sich, wird einig und stark.

«Wenn einem solchen, ihr Mönche, ob er gleich jenen Erwägungen keinen Sinn, keine Beachtung schenkt, noch böse, unwürdige Erwägungen aufsteigen, Bilder der Gier, des Hasses und der Verblendung, so soll er, ihr Mönche, jene Erwägungen der Reihe nach einzeln eingehn lassen. Während er jene Erwägungen der Reihe nach einzeln eingehn läßt, schwinden die bösen, unwürdigen Erwägungen, die Bilder der Gier, des Hasses und der Verblendung, lösen sich auf; und weil es sie überwunden hat, festigt sich eben das innige Herz, beruhigt sich, wird einig und stark. Gleichwie etwa, ihr Mönche, wenn da ein Mann eilig dahinschritte und es käme ihm der Gedanke ‹Was schreite ich denn so eilig dahin? Ich will etwas langsamer gehn›, und er ginge langsamer und es käme ihm der Gedanke ‹Doch warum geh' ich überhaupt? Ich will nun stehn bleiben›, und er bliebe stehn und es käme ihm der Gedanke ‹Aber weshalb steh' ich? Ich werde mich setzen›, und er setzte sich nieder und es käme ihm der Gedanke ‹Warum sollt' ich nur sitzen? Ich will mich da hinlegen›, und er legte sich hin; und so hätte dieser Mann, ihr Mönche, die gröberen Bewegungen eingestellt und sich den feineren hingegeben: ebenso nun auch, ihr Mönche, soll ein Mönch, wenn ihm trotz seiner Verachtung und Verwerfung jener Erwägungen noch böse, unwürdige Erwägungen aufsteigen, Bilder der Gier, des Hasses und der Verblendung, jene Erwägungen der Reihe nach einzeln eingehn lassen. Während er jene Erwägungen der Reihe nach einzeln eingehn läßt, schwinden die bösen, unwürdigen Erwägungen, die Bilder der Gier, des Hasses und der Verblendung, lösen sich auf; und weil es sie überwunden hat, festigt sich eben das innige Herz, beruhigt sich, wird einig und stark.

«Wenn einem solchen, ihr Mönche, während er jene Erwägungen der Reihe nach einzeln eingehn läßt, noch böse, unwürdige Erwägungen aufsteigen, Bilder der Gier, des Hasses und der Verblendung, so soll er, ihr Mönche, mit aufeinandergepreßten Zähnen und an den Gaumen gehefteter Zunge durch den Willen das Gemüt niederzwingen, niederdrücken, niederquälen. Während er mit aufeinandergepreßten Zähnen und an den Gaumen gehefteter 121
Zunge durch den Willen das Gemüt niederzwingt, niederdrückt, niederquält, schwinden die bösen, unwürdigen Erwägungen, die Bilder der Gier, des Hasses und der Verblendung, lösen sich auf; und weil es sie überwunden hat, festigt sich eben das innige Herz, beruhigt sich, wird einig und stark. Gleichwie etwa, ihr Mönche, wenn ein starker Mann einen schwächeren beim Kopf oder bei der Schulter ergreifend niederzwingt, niederdrückt, niederquält: ebenso nun auch, ihr Mönche, soll ein Mönch, wenn ihm beim Eingehnlassen der Reihe jener Erwägungen noch böse, unwürdige Erwägungen aufsteigen, Bilder der Gier, des Hasses und der Verblendung, mit aufeinandergepreßten Zähnen und an den Gaumen gehefteter Zunge durch den Willen das Gemüt niederzwingen, niederdrücken, niederquälen. Während er mit aufeinandergepreßten Zähnen und an den Gaumen gehefteter Zunge durch den Willen das Gemüt niederzwingt, niederdrückt, niederquält, schwinden die bösen, unwürdigen Erwägungen, die Bilder der Gier, des Hasses und der Verblendung, lösen sich auf; und weil es sie überwunden hat, festigt sich eben das innige Herz, beruhigt sich, wird einig und stark.

«Wenn also, ihr Mönche, einem von euch beim Fassen einer Vorstellung, beim Vergegenwärtigen einer Vorstellung böse, unwürdige Erwägungen aufsteigen, Bilder der Gier, des Hasses und der Verblendung, und er aus dieser Vorstellung eine andere gewinnt, ein würdiges Bild, so schwinden die bösen, unwürdigen Erwägungen, die Bilder der Gier, des Hasses und der Verblendung, lösen sich auf; und weil es sie überwunden hat, festigt sich eben das innige Herz, beruhigt sich, wird einig und stark. Und er betrachtet das Elend jener Erwägungen, und die bösen, unwürdigen Erwägungen, die Bilder der Gier, des Hasses und der Verblendung, schwinden, lösen sich auf; und weil es sie überwunden hat, festigt sich eben das innige Herz, beruhigt sich, wird einig und stark. Und er schenkt jenen Erwägungen keinen Sinn, keine Beachtung, und die bösen, unwürdigen Erwägungen, die Bilder der Gier, des Hasses und der Verblendung, schwinden, lösen sich auf; und weil es sie überwunden hat, festigt sich eben das innige Herz, beruhigt sich, wird einig und stark. Und er läßt jene Erwägungen der Reihe nach einzeln eingehn, und die bösen, unwürdigen Erwägungen, die Bilder der Gier, des Hasses und der Verblendung, schwinden, lösen sich auf; und weil es sie überwunden hat, festigt sich eben das innige Herz, beruhigt sich, wird einig und stark. Und mit aufeinandergepreßten Zähnen und an den Gaumen gehefteter Zunge zwingt er durch den Willen das Gemüt nieder, drückt es nieder, quält es nieder, und die bösen, unwürdigen Erwägungen, die Bilder der Gier, des Hasses und der Verblendung, schwinden, lösen sich auf; und weil es sie überwunden hat, festigt sich eben das innige Herz, beruhigt sich, wird einig und stark.

122 «Ein solcher, ihr Mönche, wird Mönch Herrscher über der Erwägungen Arten genannt. Welche Erwägung er will, die wird er erwägen, welche Erwägung er nicht will, die wird er nicht erwägen. Abgeschnitten hat er den Lebensdurst, weggeworfen die Fessel, durch vollständige Dünkeleroberung ein Ende gemacht dem Leiden.»

Also sprach der Erhabene. Zufrieden freuten sich jene Mönche über das Wort des Erhabenen.

DRITTER TEIL

BUCH DER GLEICHNISSE

21

DRITTER TEIL · ERSTE REDE

DAS GLEICHNIS VON DER SÄGE

DAS HAB' ICH GEHÖRT. Zu einer Zeit weilte der Erhabene bei Sāvatthī, im Siegerwalde, im Garten Anāthapiṇḍikos. Damals nun weilte der ehrwürdige Moliyaphagguṇo zu ungehöriger Zeit in Gesellschaft der Nonnen. Also weilte der ehrwürdige Moliyaphagguṇo in Gesellschaft der Nonnen, daß er, wenn irgendeiner der Mönche ihm gegenüber jene Nonnen tadelte, darob entrüstet und verstimmt schlechthin einen Verweis erteilte; und wenn irgendeiner der Mönche jenen Nonnen gegenüber den ehrwürdigen Moliyaphagguṇo tadelte, diese darob entrüstet und verstimmt schlechthin einen Verweis erteilten. Also weilte der ehrwürdige Moliyaphagguṇo in Gesellschaft der Nonnen.

Da nun begab sich ein Mönch zum Erhabenen, begrüßte den Erhabenen ehrerbietig und setzte sich zur Seite hin. Zur Seite sitzend sprach nun jener Mönch zum Erhabenen also:

«Der ehrwürdige Moliyaphagguṇo, o Herr, weilt zu ungehöriger Zeit in Gesellschaft der Nonnen. Also, o Herr, weilt der ehrwürdige Moliyaphagguṇo in Gesellschaft der Nonnen, daß er, wenn irgendeiner der Mönche ihm gegenüber jene Nonnen tadelt, darob entrüstet und verstimmt schlechthin einen Verweis erteilt; und wenn irgendeiner der Mönche jenen Nonnen gegenüber den ehrwürdigen Moliyaphagguṇo tadelt, diese darob entrüstet und verstimmt schlechthin einen Verweis erteilen. Also, o Herr, weilt der ehrwürdige Moliyaphagguṇo in Gesellschaft der Nonnen.»

Da nun wandte sich der Erhabene an einen der Mönche:

«Gehe, o Mönch, und sage in meinem Namen dem Mönche Moliyaphag- 123
guṇo: der Meister ruft dich, Bruder Phagguṇo.»

«Wohl, o Herr!» erwiderte jener Mönch, dem Erhabenen gehorchend, begab sich dorthin wo der ehrwürdige Moliyaphagguṇo weilte, und sprach hierauf also zu ihm:

«Der Meister ruft dich, Bruder Phagguṇo.»

«Gut, o Bruder, ich komme!» erwiderte der ehrwürdige Moliyaphagguṇo jenem Mönche, begab sich dorthin wo der Erhabene weilte, begrüßte den Erhabenen ehrerbietig und setzte sich zur Seite nieder. Hierauf nun sprach zum ehrwürdigen Moliyaphagguṇo der Erhabene also:

«Ist es wahr, wie man sagt, Phagguṇo, daß du zu ungehöriger Zeit in Gesellschaft der Nonnen weilst? Also weilst du, heißt es, Phagguṇo, in Gesellschaft der Nonnen, daß, wenn irgendeiner der Mönche dir gegenüber jene Nonnen tadelt, du darob entrüstet und verstimmt schlechthin einen Verweis erteilst; und wenn irgendeiner der Mönche jenen Nonnen gegenüber dich tadelt, jene Nonnen darob entrüstet und verstimmt schlechthin einen Verweis erteilen: weilst du wirklich also, Phagguṇo, in Gesellschaft der Nonnen?»

«Ja, o Herr!»

«Bist du denn nicht, Phagguṇo, als edler Sohn von Zuversicht bewogen aus dem Hause in die Hauslosigkeit gewandert?»

«Ja, o Herr!»

«Das steht dir nicht wohl, Phagguṇo, der du als edler Sohn von Zuversicht bewogen aus dem Hause in die Hauslosigkeit gewandert bist, daß du zu ungehöriger Zeit in Gesellschaft der Nonnen weilst. Darum also, Phagguṇo: wenn auch irgendeiner dir gegenüber jene Nonnen tadeln mag, so magst du, Phagguṇo, alle gemeinen Regungen, alle gemeinen Erwägungen verleugnen, so hast du dich, Phagguṇo, solcherart wohl zu üben: ‹Nicht soll mein Gemüt verstört werden, kein böser Laut meinem Munde entfahren, freundlich und mitleidig will ich bleiben, liebevollen Gemütes, ohne heimliche Tücke›: solcherart hast du dich, Phagguṇo, wohl zu üben. Darum also, Phagguṇo: wenn auch irgendeiner in deiner Gegenwart jene Nonnen mit Fäusten schlüge, mit Steinen würfe, mit Stöcken prügelte, mit Schwertern träfe, so magst du, Phagguṇo, alle gemeinen Regungen, alle gemeinen Erwägungen verleugnen, so hast du dich, Phagguṇo, solcherart wohl zu üben: ‹Nicht soll mein Gemüt verstört werden, kein böser Laut meinem Munde entfahren, freundlich und mitleidig will ich bleiben, liebevollen Gemütes, ohne heimliche Tücke›: solcherart hast du dich, Phagguṇo, wohl zu üben. Darum also, Phagguṇo: wenn auch irgendeiner dir gegenüber Tadel aussprechen mag, so magst du, Phagguṇo, alle gemeinen Regungen, alle gemeinen Erwägungen verleugnen, so hast du dich, Phagguṇo, solcherart wohl zu üben: ‹Nicht soll mein Gemüt verstört werden, kein böser Laut meinem Munde entfahren, freundlich und mitleidig will ich bleiben, liebevollen Gemütes, ohne heimliche Tücke›: solcherart hast du dich, Phagguṇo, wohl zu üben. Darum also, Phagguṇo: wenn auch irgendeiner dich mit Fäusten schlüge, mit Steinen würfe, mit Stöcken
124 prügelte, mit Schwertern träfe, so magst du, Phagguṇo, alle gemeinen Regungen, alle gemeinen Erwägungen verleugnen, so hast du dich, Phagguṇo, solcherart wohl zu üben: ‹Nicht soll mein Gemüt verstört werden, kein böser Laut meinem Munde entfahren, freundlich und mitleidig will ich bleiben, liebevollen Gemütes, ohne heimliche Tücke›: solcherart hast du dich, Phagguṇo, wohl zu üben.»

Und der Erhabene wandte sich nun an die Mönche:

«Willigen Sinnes kamen mir wahrlich, ihr Mönche, die Mönche einmal entgegen. Da wandte ich mich zu ihnen: ‹Ich nehme, ihr Mönche, einsames Mahl zu mir: einsames Mahl, ihr Mönche, zu mir nehmend wahre ich Gesundheit und Frische, Munterkeit, Stärke und Wohlsein. So nehmet auch ihr, meine Mönche, einsames Mahl zu euch: einsames Mahl, ihr Mönche, zu euch nehmend werdet auch ihr Gesundheit und Frische, Munterkeit, Stärke und Wohlsein wahren.› Und jene Mönche bedurften, ihr Mönche, keiner Ermahnung von mir: nur ihre Einsicht war zu erwecken.

«Gleichwie etwa, ihr Mönche, wenn da auf gutem Boden, am Ausgangsplatze vierer Straßen, ein treffliches Wagengespann in Bereitschaft stände, mit dem zugehörigen Treibstock versehn; diesen Wagen bestiege ein Meister der Fahrkunst, ein gewandter Rosselenker, nähme die Zügel in die linke Hand, den Treibstock in die rechte, und führe nach Wunsch und Willen hin und her: ebenso nun auch, ihr Mönche, bedurften jene Mönche keiner Ermahnung von mir: nur ihre Einsicht war zu erwecken. Darum also, ihr Mönche: verleugnet das Schlechte, seid stetig im Guten; denn also werdet auch ihr in diesem Orden der Wahrheit zum Gedeihen, zur Reife und Entfaltung gelangen.

«Gleichwie etwa, ihr Mönche, wenn sich da in der Nähe eines Dorfes oder einer Stadt ein dichtes Gehölz befände, von Rizinusstauden umwuchert; und es erbarmte sich einer der Bäume, um sie zu hegen und zu sichern: da ginge er hin und holzte die krummen, entsäfteten Stämme ab, schaffte sie fort und hielte den wohlgesäuberten Forst sauber instand; die geraden, gutgewachsenen Stämme aber, die pflegte er sorgsam; und so käme wohl diese Waldung, ihr Mönche, beizeiten zum Gedeihen, zur Reife und Entfaltung: ebenso nun auch verleugnet, ihr Mönche, das Schlechte, seid stetig im Guten; denn also
werdet auch ihr in diesem Orden der Wahrheit zum Gedeihen, zur Reife und 125
Entfaltung gelangen.

«Einst lebte hier in Sāvatthī, ihr Mönche, eine Hausfrau namens Vedehikā. Die Hausfrau Vedehikā, ihr Mönche, stand in dem erfreulichen Rufe: ‘Sanft ist die Hausfrau Vedehikā, mild ist die Hausfrau Vedehikā, friedsam ist die Hausfrau Vedehikā!’ Diese Hausfrau nun, ihr Mönche, hatte eine Magd namens Kāḷī, die flink und fleißig ihre verschiedenen Obliegenheiten wohl besorgte. Da kam, ihr Mönche, der Magd Kāḷī dieser Gedanke: ‹Meine Gnädige steht ja in dem erfreulichen Rufe: ‘Sanft ist die Hausfrau Vedehikā, mild ist die Hausfrau Vedehikā, friedsam ist die Hausfrau Vedehikā!’ Wie nun: verbirgt mir nur die Gnädige ihre innere Galle, oder hat sie überhaupt keine? Oder besorg’ ich vielleicht alles so gut, daß mir die Gnädige die innere Galle, die sie hat, nicht zeigen kann? Ich will doch einmal die Gnädige auf die Probe

stellen!› Und die Magd Kāḷī, ihr Mönche, stand bei hell lichtem Tage auf. Und die Hausfrau Vedehikā, ihr Mönche, rief nach ihr: ‹He da, Kāḷī!› – ‹Was, Gnädige?› – ‹Warum stehst du bei hell lichtem Tage auf?› – ‹Das tut nichts, Gnädige!› – ‹Uns aber tut's was, du schlechte Magd, daß du bei hell lichtem Tage aufstehst!› sagte die Hausfrau erzürnt und verstimmt mit gerunzelten Brauen. Da kam, ihr Mönche, der Magd Kāḷī dieser Gedanke: ‹Die innere Galle, die sie hat, verbirgt mir die Gnädige, und ich besorge alles so gut, daß mir die Gnädige die innere Galle, die sie hat, nicht zeigen mag; ich will nun die Gnädige noch stärker auf die Probe stellen!› Und die Magd Kāḷī, ihr Mönche, stand noch später auf. Und die Hausfrau Vedehikā, ihr Mönche, rief nach ihr: ‹He da, Kāḷī!› – ‹Was, Gnädige?› – ‹Warum stehst du bei hell lichtem Tage auf?› – ‹Das tut nichts, Gnädige!› – ‹Uns aber tut's was, du schlechte Magd, daß du bei hell lichtem Tage aufstehst!› sagte die Hausfrau erzürnt und verstimmt und verstimmte Worte entfuhren ihrem Munde. Da kam, ihr Mönche, der Magd Kāḷī dieser Gedanke: ‹Die innere Galle, die sie hat, verbirgt mir die Gnädige, und ich besorge alles so gut, daß mir die Gnädige die innere Galle, die sie hat, nicht zeigen mag; ich will nun die Gnädige noch stärker auf die Probe stellen!› Und die Magd Kāḷī, ihr Mönche, stand noch später auf. Und die Hausfrau Vedehikā, ihr Mönche, rief nach ihr: ‹He da,
126 Kāḷī!› – ‹Was, Gnädige?› – ‹Warum stehst du bei hell lichtem Tage auf?› – ‹Das tut nichts, Gnädige!› – ‹Uns aber tut's was, du schlechte Magd, daß du bei hell lichtem Tage aufstehst!› sagte die Hausfrau erzürnt und verstimmt, ergriff den spitzigen Torriegel, warf ihn ihr an den Kopf, verwundete ihr den Kopf. Und die Magd Kāḷī, ihr Mönche, lief nun mit verwundetem Kopfe triefenden Blutes zu den Nachbarn und klagte jammernd: ‹Seht, Beste, das Werk der Sanften, seht, Beste, das Werk der Milden, seht, Beste, das Werk der Friedsamen, wie's da zugeht bei einer Frau, die nur eine Magd hält: 'Bei Tag stehst du auf' sagt sie und wird euch zornig und wild den spitzigen Torriegel an den Kopf werfen, den Kopf verwunden!› Und die Hausfrau, Vedehikā, ihr Mönche, kam nun in den üblen Ruf: 'Heftig ist die Hausfrau Vedehikā, ungestüm ist die Hausfrau Vedehikā, unfriedsam ist die Hausfrau Vedehikā!' –:

«Ebenso nun auch, ihr Mönche, ist da gar mancher Mönch nur so lange einer der sanften, einer der milden, einer der friedsamen, als ihn angenehme Redeweisen berühren; wenn aber dann, ihr Mönche, den Mönch unangenehme Redeweisen berühren, dann soll ein Mönch sanft erfunden, mild erfunden, friedsam erfunden werden. Nicht den Mönch, ihr Mönche, nenne ich lind, der durch Darreichung von Kleidung, Almosenspeise, Lagerstatt und Arzeneien für den Fall einer Krankheit lind wird, lindes Wesen gewinnt; und warum nicht? Weil ja, ihr Mönche, ein solcher Mönch, wird ihm Kleidung,

Almosenspeise, Lagerstatt und Arzenei für den Fall einer Krankheit nicht dargereicht, nicht lind wird, lindes Wesen nicht gewinnt. Einen Mönch, aber, der, ihr Mönche, die Satzung nur achtend, die Satzung ehrend, die Satzung schätzend lind wird, lindes Wesen gewinnt, den nenne ich lind. Darum also, ihr Mönche: ‹Die Satzung nur achtend, die Satzung ehrend, die Satzung schätzend wollen wir lind werden, lindes Wesen gewinnen›: also habt ihr euch, meine Mönche, wohl zu üben.

«Fünferlei Redeweisen gibt es, ihr Mönche, deren die Leute sich euch gegenüber bedienen können: rechtzeitiger oder unzeitiger, sinniger oder unsinniger, höflicher oder grober, zweckmäßiger oder unzweckmäßiger, liebevoller oder heimtückischer. Zur rechten Zeit, ihr Mönche, können sich die Leute der Rede bedienen, oder zur unrechten Zeit. Den Tatsachen entsprechend, ihr Mönche, können sich die Leute der Rede bedienen, oder den Tatsachen nicht entsprechend. Höflicher Rede, ihr Mönche, können sich die Leute bedienen, oder grober. Zweckmäßiger Rede, ihr Mönche, können sich die Leute bedienen, oder unzweckmäßiger. Liebevoller Rede, ihr Mönche, 127
können sich die Leute bedienen, oder heimtückischer. Da habt ihr euch nun, meine Mönche, wohl zu üben: ‹Nicht soll unser Gemüt verstört werden, kein böser Laut unserem Munde entfahren, freundlich und mitleidig wollen wir bleiben, liebevollen Gemütes, ohne heimliche Tücke; und jene Person werden wir mit liebevollem Gemüte durchstrahlen: von ihr ausgehend werden wir dann die ganze Welt mit liebevollem Gemüte, mit weitem, tiefem, unbeschränktem, von Grimm und Groll geklärtem, durchstrahlen›: also habt ihr euch, meine Mönche, wohl zu üben.

«Gleichwie etwa, ihr Mönche, wenn da ein Mann herkäme, mit Spaten und Korb versehn, und spräche also: ‹Ich werde den Erdball erdlos machen›, und er grübe da und dort, würfe da auf und dort auf, lockerte da auf und dort auf, löste da ab und dort ab, ‹Erdlos sollst du werden, erdlos sollst du werden›; was meint ihr nun, Mönche: könnte wohl dieser Mann den Erdball erdlos machen?»

«Gewiß nicht, o Herr!»

«Und warum nicht?»

«Der Erdball, o Herr, ist ja tief, unermeßlich, den kann man nicht wohl erdlos machen, so viel Mühe und Plage auch immer jener Mann haben mag.»

«Ebenso nun auch, ihr Mönche, gibt es da fünferlei Redeweisen, deren die Leute sich euch gegenüber bedienen können: rechtzeitiger oder unzeitiger, sinniger oder unsinniger, höflicher oder grober, zweckmäßiger oder unzweckmäßiger, liebevoller oder heimtückischer. Zur rechten Zeit, ihr Mönche, können sich die Leute der Rede bedienen, oder zur unrechten Zeit. Den Tatsachen entsprechend, ihr Mönche, können sich die Leute der Rede bedienen, oder den Tatsachen nicht entsprechend. Höflicher Rede, ihr Mönche, können sich die Leute bedienen, oder grober. Zweckmäßiger Rede, ihr Mönche, können sich die Leute bedienen, oder unzweckmäßiger. Liebevoller Rede, ihr Mönche, können sich die Leute bedienen, oder heimtückischer. Da habt ihr euch nun, meine Mönche, wohl zu üben: ‹Nicht soll unser Gemüt verstört werden, kein böser Laut unserem Munde entfahren, freundlich und mitleidig wollen wir bleiben, liebevollen Gemütes, ohne heimliche Tücke; und jene Person werden wir mit liebevollem Gemüte durchstrahlen: von ihr ausgehend werden wir dann die ganze Welt mit erdballgleichem Gemüte, mit weitem, tiefem, unbeschränktem, von Grimm und Groll geklärtem, durchstrahlen›: also habt ihr euch, meine Mönche, wohl zu üben.

«Gleichwie etwa, ihr Mönche, wenn da ein Mann herkäme, mit Lack oder Gelbwurz, Indigo oder Karmin versehn, und spräche also: ‹Ich werde hier im Himmelsraume Gestalten zeichnen, werde ein Bild entwerfen›; was meint ihr nun, Mönche: könnte wohl dieser Mann im Himmelsraume eine Gestalt zeichnen, ein Bild zuwege bringen?»

«Gewiß, nicht, o Herr!»

«Und warum nicht?»

«Der Himmelsraum, o Herr, ist ja gestaltlos, unsichtbar, da kann man nicht
128 wohl eine Gestalt zeichnen, ein Bild erscheinen lassen, so viel Mühe und Plage auch immer jener Mann haben mag.»

«Ebenso nun auch, ihr Mönche, gibt es da fünferlei Redeweisen, deren die Leute sich euch gegenüber bedienen können: rechtzeitiger oder unzeitiger, sinniger oder unsinniger, höflicher oder grober, zweckmäßiger oder unzweckmäßiger, liebevoller oder heimtückischer. Zur rechten Zeit, ihr Mönche, können sich die Leute der Rede bedienen, oder zur unrechten Zeit. Den Tatsachen entsprechend, ihr Mönche, können sich die Leute der Rede bedienen, oder den Tatsachen nicht entsprechend. Höflicher Rede, ihr Mönche, können sich die Leute bedienen, oder grober. Zweckmäßiger Rede, ihr Mönche, können sich die Leute bedienen, oder unzweckmäßiger. Liebevoller Rede, ihr Mönche, können sich die Leute bedienen, oder heimtückischer. Da habt ihr euch nun, meine Mönche, wohl zu üben: ‹Nicht soll unser Gemüt verstört werden, kein böser Laut unserem Munde entfahren, freundlich und mitleidig wollen wir bleiben, liebevollen Gemütes, ohne heimliche Tücke; und jene Person werden wir mit liebevollem Gemüte durchstrahlen: von ihr ausgehend werden wir dann die ganze Welt mit himmelsraumgleichem Gemüte, mit weitem, tiefem, unbeschränktem, von Grimm und Groll geklärtem, durchstrahlen›: also habt ihr euch, meine Mönche, wohl zu üben.

«Gleichwie etwa, ihr Mönche, wenn da ein Mann herkäme, mit einem lodernden Strohwisch versehn, und spräche also: ‹Ich werde mit diesem lodernden Strohwisch den Ganges ausdünsten, gänzlich ausdünsten›; was meint ihr nun, Mönche: könnte wohl dieser Mann mit dem lodernden Strohwisch den Ganges ausdünsten, gänzlich ausdünsten?›

«Gewiß nicht, o Herr!»

«Und warum nicht?»

«Der Ganges, o Herr, ist ja tief, unermeßlich, den kann man nicht wohl mit einem lodernden Strohwisch ausdünsten, gänzlich ausdünsten, so viel Mühe und Plage auch immer jener Mann haben mag.»

«Ebenso nun auch, ihr Mönche, gibt es da fünferlei Redeweisen, deren die Leute sich euch gegenüber bedienen können: rechtzeitiger oder unzeitiger, sinniger oder unsinniger, höflicher oder grober, zweckmäßiger oder unzweckmäßiger, liebevoller oder heimtückischer. Zur rechten Zeit, ihr Mönche, können sich die Leute der Rede bedienen, oder zur unrechten Zeit. Den Tatsachen entsprechend, ihr Mönche, können sich die Leute der Rede bedienen, oder den Tatsachen nicht entsprechend. Höflicher Rede, ihr Mönche, können sich die Leute bedienen, oder grober. Zweckmäßiger Rede, ihr Mönche, können sich die Leute bedienen, oder unzweckmäßiger. Liebevoller Rede, ihr Mönche, können sich die Leute bedienen, oder heimtückischer. Da habt ihr euch nun, meine Mönche, wohl zu üben: ‹Nicht soll unser Gemüt verstört werden, kein böser Laut unserem Munde entfahren, freundlich und mitleidig wollen wir bleiben, liebevollen Gemütes, ohne heimliche Tücke; und jene Person werden wir mit liebevollem Gemüte durchstrahlen: von ihr ausgehend werden wir dann die ganze Welt mit gangesgleichem Gemüte, mit weitem, tiefem, unbeschränktem, von Grimm und Groll geklärtem, durchstrahlen›: also habt ihr euch, meine Mönche, wohl zu üben.

«Gleichwie etwa, ihr Mönche, wenn da ein Katzenfell wäre, gegerbt, gut gegerbt, wohl ausgegerbt, weich und wollig, saftlos und kraftlos; und es käme ein Mann her, mit einem Scheit oder Scherben versehn, und spräche also: ‹Ich werde dieses Katzenfell, das gegerbt worden ist, gut gegerbt, wohl ausgegerbt, das weiche und wollige, saftlose und kraftlose, mit dem Scheite oder dem Scherben zu Säften und Kräften bringen›; was meint ihr nun, Mönche: könnte wohl dieser Mann das Katzenfell, das gegerbte, gut gegerbte, wohl ausgegerbte, das weiche, wollige, saft- und kraftlose, mit dem Scheite oder dem Scherben zu Säften und Kräften bringen?»

«Gewiß nicht, o Herr!»

«Und warum nicht?»

«Das Katzenfell, o Herr, ist ja gegerbt, gut gegerbt, wohl ausgegerbt worden, weich und wollig, saftlos und kraftlos, das kann man nicht wohl mit einem Scheit oder Scherben zu Säften und Kräften bringen, so viel Mühe und Plage auch immer jener Mann haben mag.»

«Ebenso nun auch, ihr Mönche, gibt es da fünferlei Redeweisen, deren die
129 Leute sich euch gegenüber bedienen können: rechtzeitiger oder unzeitiger, sinniger oder unsinniger, höflicher oder grober, zweckmäßiger oder unzweckmäßiger, liebevoller oder heimtückischer. Zur rechten Zeit, ihr Mönche, können sich die Leute der Rede bedienen, oder zur unrechten Zeit. Den Tatsachen entsprechend, ihr Mönche, können sich die Leute der Rede bedienen, oder den Tatsachen nicht entsprechend. Höflicher Rede, ihr Mönche, können sich die Leute bedienen, oder grober. Zweckmäßiger Rede, ihr Mönche, können sich die Leute bedienen, oder unzweckmäßiger. Liebevoller Rede, ihr Mönche, können sich die Leute bedienen, oder heimtückischer. Da habt ihr euch nun, meine Mönche, wohl zu üben: ‹Nicht soll unser Gemüt verstört werden, kein böser Laut unserem Munde entfahren, freundlich und mitleidig wollen wir bleiben, liebevollen Gemütes, ohne heimliche Tücke; und jene Person werden wir mit liebevollem Gemüte durchstrahlen: von ihr ausgehend werden wir dann die ganze Welt mit katzenfellgleichem Gemüte, mit weitem, tiefem, unbeschränktem, von Grimm und Groll geklärtem, durchstrahlen›: also habt ihr euch, meine Mönche, wohl zu üben.

«Wenn auch, ihr Mönche, Räuber und Mörder mit einer Baumsäge Gelenke und Glieder abtrennten, so würde wer da in Wut geriete nicht meine Weisung erfüllen. Da habt ihr euch nun, meine Mönche, wohl zu üben: ‹Nicht soll unser Gemüt verstört werden, kein böser Laut unserem Munde entfahren, freundlich und mitleidig wollen wir bleiben, liebevollen Gemütes, ohne heimliche Tücke; und jene Person werden wir mit liebevollem Gemüte durchstrahlen: von ihr ausgehend werden wir dann die ganze Welt mit liebevollem Gemüte, mit weitem, tiefem, unbeschränktem, von Grimm und Groll geklärtem, durchstrahlen›: also habt ihr euch, meine Mönche, wohl zu üben.

«Dieser Belehrung aber, ihr Mönche, durch das Gleichnis der Säge mögt ihr euch oftmals erinnern. Wißt ihr, meine Mönche, von einer Redeweise, ob fein oder gemein, die ihr nicht ertragen könntet?»

«Gewiß nicht, o Herr!»

«Darum also, ihr Mönche: dieser Belehrung durch das Gleichnis der Säge erinnert euch oftmals; es wird euch lange zum Wohle, zum Heile gereichen.»

Also sprach der Erhabene. Zufrieden freuten sich jene Mönche über das Wort des Erhabenen.

22

DRITTER TEIL · ZWEITE REDE

DAS SCHLANGENGLEICHNIS

DAS HAB' ICH GEHÖRT. Zu einer Zeit weilte der Erhabene bei Sāvatthī, im 130
Siegerwalde, im Garten Anāthapiṇḍikos. Zu jener Zeit nun hatte ein Mönch namens Ariṭṭho, ehemals ein Geierjäger, folgende verkehrte Meinung geäußert: ‹Also fasse ich die vom Erhabenen verkündete Lehre auf, daß jene vom Erhabenen als verderblich bezeichneten Handlungen dem Täter nicht notwendig zum Verderben gereichen.› Es kam nun vielen Mönchen zu Ohren, daß ein Mönch Namens Ariṭṭho, ein früherer Geierjäger, diese verkehrte Meinung gefaßt habe. Da begaben sich nun jene Mönche dorthin wo Ariṭṭho der Mönch, der frühere Geierjäger, weilte, und sprachen hierauf also zu ihm:

«Ist es wahr, wie man sagt, Bruder Ariṭṭho, du habest diese verkehrte Meinung gefaßt: ‹Also verstehe ich die vom Erhabenen verkündete Lehre, daß jene vom Erhabenen als verderblich bezeichneten Handlungen dem Täter nicht notwendig zum Verderben gereichen›?»

«So ist es, ihr Brüder, allerdings fass' ich die vom Erhabenen verkündete Lehre also auf, daß jene vom Erhabenen als verderblich bezeichneten Handlungen dem Täter nicht notwendig zum Verderben gereichen.»

Da nun wollten jene Mönche Ariṭṭho den Mönch, den früheren Geierjäger, von seiner verkehrten Meinung abbringen, wandten sich zu ihm, sprachen zu ihm, belehrten ihn: «Nicht also rede, Bruder Ariṭṭho, den Erhabenen verbessere nicht, nicht ist es gut den Erhabenen verbessern, nicht kann der Erhabene solches gesagt haben. Auf mannigfaltige Weise, Bruder Ariṭṭho, wurden die verderblichen Handlungen vom Erhabenen erklärt, und sie gereichen dem Täter notwendig zum Verderben. Unbefriedigend sind die Begierden, hat der Erhabene gesagt, voller Leiden, voller Qualen, das Elend überwiegt. Kahlen Knochen verglichen hat der Erhabene die Begierden, Fleischfetzen verglichen hat der Erhabene die Begierden, flammendem Stroh verglichen hat der Erhabene die Begierden, glühenden Kohlen verglichen hat der Erhabene die Begierden, Träumereien verglichen hat der Erhabene die Begierden, Betteleien verglichen hat der Erhabene die Begierden, Baumfrüchten verglichen hat der Erhabene die Begierden, Schwerterschneiden verglichen hat der Erhabene die Begierden, Lanzenspitzen verglichen hat der Erhabene die Begierden, Schlangenrachen gleich sind die Begierden, hat der Erhabene gesagt, voller Leiden, voller Qualen, das Elend überwiegt.[14]»

Ariṭṭho der Mönch aber, der frühere Geierjäger, obzwar von jenen Mönchen also angegangen, angesprochen und belehrt, hielt an dieser seiner verkehrten Meinung zähe fest: «Ich, fürwahr, ihr Brüder, verstehe die vom Erhabenen verkündete Lehre also, daß jene vom Erhabenen als verderblich bezeichneten Handlungen dem Täter nicht notwendig zum Verderben gereichen müssen.»

Als nun jene Mönche Ariṭṭho den Mönch, den früheren Geierjäger, von
131 dieser verkehrten Meinung nicht abbringen konnten, begaben sie sich dorthin wo der Erhabene weilte, begrüßten den Erhabenen ehrerbietig und setzten sich zur Seite nieder. Hierauf nun sprachen jene Mönche zum Erhabenen also:

«Ein Mönch namens Ariṭṭho, o Herr, ein ehemaliger Geierjäger, hat folgende verkehrte Meinung geäußert: ‹Also verstehe ich die vom Erhabenen verkündete Lehre, daß jene vom Erhabenen als verderblich bezeichneten Handlungen dem Täter nicht notwendig zum Verderben gereichen.› Hiervon erhielten wir Kunde, o Herr, begaben uns zu Ariṭṭho und fragten ihn, ob das Gerücht wahr sei. Auf unsere Frage, o Herr, erwiderte uns Ariṭṭho der Mönch, der frühere Geierjäger: ‹So ist es, ihr Brüder, allerdings fasse ich die vom Erhabenen verkündete Lehre also auf, daß jene vom Erhabenen als verderblich bezeichneten Handlungen dem Täter nicht notwendig zum Verderben gereichen.› Da nun wollten wir, o Herr, Ariṭṭho den Mönch, den früheren Geierjäger, von seiner verkehrten Meinung abbringen, wandten uns zu ihm, sprachen zu ihm, belehrten ihn: Nicht also rede, Bruder Ariṭṭho, den Erhabenen verbessere nicht, nicht ist es gut den Erhabenen verbessern, nicht kann der Erhabene solches gesagt haben. Auf mannigfaltige Weise, Bruder Ariṭṭho, wurden die verderblichen Handlungen vom Erhabenen erklärt, und sie gereichen dem Täter notwendig zum Verderben. Unbefriedigend sind die Begierden, hat der Erhabene gesagt, voller Leiden, voller Qualen, das Elend überwiegt. Kahlen Knochen verglichen hat der Erhabene die Begierden, Fleischfetzen verglichen hat der Erhabene die Begierden, flammendem Stroh verglichen hat der Erhabene die Begierden, glühenden Kohlen verglichen hat der Erhabene die Begierden, Träumereien verglichen hat der Erhabene die Begierden, Betteleien verglichen hat der Erhabene die Begierden, Baumfrüchten verglichen hat der Erhabene die Begierden, Schwerterschneiden verglichen hat der Erhabene die Begierden, Lanzenspitzen verglichen hat der Erhabene die Begierden, Schlangenrachen gleich sind die Begierden, hat der Erhabene gesagt, voller Leiden, voller Qualen, das Elend überwiegt. Obzwar nun, o Herr, solcherart von uns angegangen, angesprochen und belehrt, hielt Ariṭṭho der Mönch, der frühere Geierjäger, an dieser seiner verkehrten Meinung zähe fest: ‹Ich, fürwahr, ihr Brüder, fasse die vom Erhabenen verkündete Lehre also auf, daß jene vom Erhabenen als verderblich bezeichneten Handlungen dem Täter nicht notwendig zum Verderben gereichen.› Da wir nun, o Herr, Ariṭṭho den Mönch, den früheren Geierjäger, von dieser verkehrten Meinung nicht abbringen konnten, beschlossen wir, die Sache dem Erhabenen zu berichten.»

Da nun wandte sich der Erhabene an einen der Mönche:

«Gehe, o Mönch, und sage in meinem Namen Ariṭṭho dem Mönche, dem früheren Geierjäger: der Meister ruft dich, Bruder Ariṭṭho.»

«Wohl, o Herr!» erwiderte jener Mönch, dem Erhabenen gehorchend, be- 132
gab sich dorthin wo Ariṭṭho der Mönch, der frühere Geierjäger, weilte, und sprach hierauf also zu ihm:

«Der Meister ruft dich, Bruder Ariṭṭho.»

«Gut, o Bruder, ich komme!» erwiderte Ariṭṭho der Mönch, der frühere Geierjäger, jenem Mönche, begab sich dorthin wo der Erhabene weilte, begrüßte den Erhabenen ehrerbietig und setzte sich zur Seite nieder. Hierauf nun sprach zu Ariṭṭho dem Mönche, dem früheren Geierjäger, der Erhabene also:

«Ist es wahr, wie man sagt, Ariṭṭho, du habest diese verkehrte Meinung gefaßt: ‹Also verstehe ich die vom Erhabenen verkündete Lehre, daß jene vom Erhabenen als verderblich bezeichneten Handlungen dem Täter nicht notwendig zum Verderben gereichen›?»

«So ist es allerdings: ich, o Herr, fasse die vom Erhabenen verkündete Lehre dahin auf, daß jene vom Erhabenen als verderblich bezeichneten Handlungen dem Täter nicht notwendig zum Verderben gereichen.»

«Von wem hast du denn, du betörter Mann, gehört, daß ich eine solche Lehre verkündet hätte? Habe ich nicht, o Tor, auf mannigfaltige Weise die verderblichen Handlungen erklärt und dargelegt, daß sie dem Täter notwendig zum Verderben gereichen? Unbefriedigend sind die Begierden, hab' ich gesagt, voller Leiden, voller Qualen, das Elend überwiegt. Kahlen Knochen verglichen habe ich die Begierden, Fleischfetzen verglichen habe ich die Begierden, flammendem Stroh verglichen habe ich die Begierden, glühenden Kohlen verglichen habe ich die Begierden, Träumereien verglichen habe ich die Begierden, Betteleien verglichen habe ich die Begierden, Baumfrüchten verglichen habe ich die Begierden, Schwerterschneiden verglichen habe ich die Begierden, Lanzenspitzen verglichen habe ich die Begierden, Schlangenrachen gleich, habe ich gesagt, sind die Begierden, voller Leiden, voller Qualen, das Elend überwiegt. Aber mißverständigen Sinnes, o Tor, willst du uns verbessern und gräbst dir selbst das Grab und schaffst dir schwere Schuld. Das wird dir, o Tor, lange zum Unheil, zum Leiden gereichen.»

Und der Erhabene wandte sich an die Mönche:

«Was meint ihr wohl, Mönche? Hat dieser Mönch Ariṭṭho, der frühere Geierjäger, in unserer Heilsordnung nicht etwa Brand gestiftet?»

«Wie wäre das möglich, o Herr, nein, wahrlich nicht, o Herr!»

Auf diese Worte setzte sich Ariṭṭho der Mönch, der frühere Geierjäger, verstummt und verstört, gebeugten Rumpfes, gesenkten Hauptes, das Antlitz von brennender Röte übergossen, wortlos nieder. Als nun der Erhabene sah, wie Ariṭṭho der Mönch, der frühere Geierjäger, verstummt und verstört dasaß, gebeugten Rumpfes, gesenkten Hauptes, das Antlitz von brennender Röte übergossen, wortlos, sprach er also zu ihm: «Dies wird sich als deine eigene verkehrte Meinung erweisen, o du Betörter; ich werde nun die Mönche befragen.»

Und der Erhabene wandte sich an die Mönche:

133 «Versteht auch ihr, meine Mönche, die verkündete Lehre also, wie dieser Mönch Ariṭṭho, der frühere Geierjäger, der mißverständigen Sinnes uns verbessert und sich selbst das Grab gräbt und schwere Schuld schafft?»

«Nicht so, o Herr! Auf mannigfaltige Weise hat uns ja, o Herr, der Erhabene die verderblichen Handlungen erklärt und dargelegt, daß sie dem Täter notwendig zum Verderben gereichen. Unbefriedigend sind die Begierden, hat der Erhabene gesagt, voller Leiden, voller Qualen, das Elend überwiegt. Kahlen Knochen verglichen hat der Erhabene die Begierden, Fleischfetzen verglichen hat der Erhabene die Begierden, flammendem Stroh verglichen hat der Erhabene die Begierden, glühenden Kohlen verglichen hat der Erhabene die Begierden, Träumereien verglichen hat der Erhabene die Begierden, Betteleien verglichen hat der Erhabene die Begierden, Baumfrüchten verglichen hat der Erhabene die Begierden, Schwerterschneiden verglichen hat der Erhabene die Begierden, Lanzenspitzen verglichen hat der Erhabene die Begierden, Schlangenrachen gleich sind die Begierden, hat der Erhabene gesagt, voller Leiden, voller Qualen, das Elend überwiegt.»

«Wohl, ihr Mönche, wohl, daß ihr, meine Mönche, die verkündete Lehre also versteht. Freilich habe ich euch, ihr Mönche, auf mannigfaltige Weise die verderblichen Handlungen erklärt und dargelegt, daß sie dem Täter notwendig zum Verderben gereichen. Unbefriedigend sind die Begierden, habe ich gesagt, voller Leiden, voller Qualen, das Elend überwiegt. Kahlen Knochen verglichen habe ich die Begierden, Fleischfetzen verglichen habe ich die Begierden, flammendem Stroh verglichen habe ich die Begierden, glühenden Kohlen verglichen habe ich die Begierden, Träumereien verglichen habe ich die Begierden, Betteleien verglichen habe ich die Begierden, Baumfrüchten verglichen habe ich die Begierden, Schwerterschneiden verglichen habe ich die Begierden, Lanzenspitzen verglichen habe ich die Begierden, Schlangenrachen gleich, habe ich gesagt, sind die Begierden, voller Leiden, voller Qualen, das Elend überwiegt. Aber dieser Mönch Ariṭṭho, der frühere Geierjäger, will uns mißverständigen Sinnes verbessern und gräbt sich selbst das Grab und schafft sich schwere Schuld. Das wird diesem betörten Manne lange zum Unheil, zum Leiden gereichen. Daß er aber, ihr Mönche, außer diesen Begierden da, außer den wahrgenommenen Begierden, außer dem, was unter Begierden gedacht wird, etwa andere Begierden finden könnte, ist schlechterdings unmöglich.

«Wohl gibt es, ihr Mönche, Toren, die sich die Lehre[15] aneignen. Obzwar sie diese Lehre sich angeeignet haben, untersuchen sie nicht mit Weisheit den Sinn der Lehren. Da sie den Sinn nicht mit Weisheit untersuchen, gewähren ihnen die Lehren keine Einsicht. Sie lernen die Lehre nur, um Reden und Meinungen über sie äußern zu können. Den Zweck, um dessen willen sie die Lehre lernen, den merken sie nicht. Ihnen gereichen die unrecht angefaßten Lehren lange zum Unheil und Leiden. Und warum das? Weil sie die Lehren, ihr Mönche, unrecht angefaßt haben. Es ist, ihr Mönche, als wie wenn ein Mann, der Schlangen begehrt, Schlangen sucht, auf Schlangen ausgeht, eine gewaltige Schlange fände und sie am Leibe oder am Schwanze anfaßte: da schösse die Schlange auf ihn zu und bisse ihn in die Hand, in den Arm oder in andere Glieder, so daß er in der Folge den Tod oder tödlichen 134
Schmerz erlitte. Und warum das? Weil er die Schlange, ihr Mönche, unrecht angefaßt hätte. Ebenso nun auch, ihr Mönche, gibt es Toren, denen die unrecht angefaßten Lehren lange zum Unheil und Leiden gereichen. Und warum das? Weil sie die Lehren, ihr Mönche, unrecht angefaßt haben.

«Wohl gibt es aber, ihr Mönche, auch edle Söhne, die sich die Lehre aneignen. Nachdem sie diese Lehre sich angeeignet haben, untersuchen sie mit Weisheit den Sinn der Lehren. Da sie den Sinn mit Weisheit untersuchen, gewähren ihnen die Lehren Einsicht. Sie lernen die Lehre nicht etwa nur, um Reden und Meinungen über sie äußern zu können. Den Zweck, um dessen willen sie die Lehre lernen, den merken sie. Ihnen gereichen die recht angefaßten Lehren lange zum Wohle, zum Heile. Und warum das? Weil sie die Lehren, ihr Mönche, recht angefaßt haben. Es ist, ihr Mönche, als wie wenn ein Mann, der Schlangen begehrt, Schlangen sucht, auf Schlangen ausgeht, eine gewaltige Schlange fände und sie mit einem gabelförmigen Stocke, recht angefaßt, niederzwänge und, nachdem er sie mit dem gabelförmigen Stocke, recht angefaßt, niedergezwungen hätte, am Halse wohl gepackt hielte: wenn nun auch, ihr Mönche, die Schlange Hand oder Arm oder andere Glieder jenes Mannes mit ihrem Leibe umringelte, so brauchte er darum weder Tod zu befürchten noch tödlichen Schmerz. Und warum nicht? Weil er die Schlange, ihr Mönche, recht angefaßt hätte. Ebenso nun auch, ihr Mönche, gibt es auch edle Söhne, denen die recht angefaßten Lehren lange zum Wohle, zum Heile gereichen. Und warum das? Weil sie die Lehren, ihr Mönche, recht angefaßt haben.

«Darum also, ihr Mönche: was ihr vom Sinn meiner Rede verstehet, das bewahret getreu; was ihr aber vom Sinn meiner Rede nicht verstehet, das muß ich mit euch besprechen, auf daß es wohlbelehrte Mönche gebe.

«Als Floß, ihr Mönche, will ich euch die Lehre weisen, zum Entrinnen tauglich, nicht zum Festhalten. Das höret und achtet wohl auf meine Rede.»

«Ja, o Herr!» antworteten da jene Mönche dem Erhabenen aufmerksam. Der Erhabene sprach also:

«Gleichwie, ihr Mönche, wenn ein Mann, auf der Reise, an ein ungeheueres Wasser käme, das diesseitige Ufer voller Gefahren und Schrecken, das jenseitige Ufer sicher, frei von Schrecken, und es wäre kein Schiff da zur Überfuhr, keine Brücke diesseits um das jenseitige Ufer zu erreichen. Da würde
135 dieser Mann denken: ‹Das ist ja ein ungeheueres Wasser, das diesseitige Ufer voller Gefahren und Schrecken, das jenseitige Ufer sicher, frei von Schrekken, und kein Schiff ist da zur Überfuhr, keine Brücke diesseits um jenseits hinüberzugelangen. Wie, wenn ich nun Röhricht und Stämme, Reisig und Blätter sammelte, ein Floß zusammenfügte und mittels dieses Floßes, mit Händen und Füßen arbeitend, heil zum jenseitigen Ufer hinübersetzte?!› Und der Mann, ihr Mönche, sammelte nun Röhricht und Stämme, Reisig und Blätter, fügte ein Floß zusammen und setzte mittels dieses Floßes, mit Händen und Füßen arbeitend, heil ans jenseitige Ufer hinüber. Und, gerettet, hinübergelangt, würde er also denken: ‹Hochteuer ist mir wahrlich dieses Floß, mittels dieses Floßes bin ich, mit Händen und Füßen arbeitend, heil ans jenseitige Ufer gelangt. Wie, wenn ich nun dieses Floß auf den Kopf heben oder auf die Schultern laden würde und hinginge, wohin ich will?› Was haltet ihr davon, Mönche? Würde wohl dieser Mann durch solches Tun das Floß richtig behandeln?»

«Gewiß nicht, o Herr!»

«Was hätte also, ihr Mönche, der Mann zu tun, damit er das Floß richtig behandelte? Da würde, ihr Mönche, dieser Mann, gerettet, hinübergelangt, also erwägen: ‹Hochteuer ist mir wahrlich dieses Floß, mittels dieses Floßes bin ich, mit Händen und Füßen arbeitend, heil an das jenseitige Ufer hinübergelangt. Wie, wenn ich nun dieses Floß ans Ufer legte oder in die Flut senkte und hinginge, wohin ich will?› Durch solches Tun, wahrlich, ihr Mönche, würde dieser Mann das Floß richtig behandeln. Ebenso nun auch, ihr Mönche, habe ich die Lehre als Floß dargestellt, zum Entrinnen tauglich, nicht zum Festhalten.

«Die ihr das Gleichnis vom Floße, ihr Mönche, verstehet,
Ihr habt auch das Rechte zu lassen, geschweige das Unrecht.

«Sechs verkehrte Lehren, ihr Mönche, sind das; welche sechs? Da betrachtet, ihr Mönche, der unerfahrene gewöhnliche Mensch, der Heiligen ungewärtig, der heiligen Lehre unkundig, der heiligen Lehre fremd – der Edlen ungewärtig, der Lehre der Edlen unkundig, der Lehre der Edlen fremd, den Körper: ‹Der gehört mir, das bin ich, das ist mein Selbst›; er betrachtet das Gefühl: ‹Das gehört mir, das bin ich, das ist mein Selbst›; er betrachtet die Wahrnehmung: ‹Die gehört mir, das bin ich, das ist mein Selbst›; er betrachtet die Unterscheidungen: ‹Die gehören mir, das bin ich, das ist mein Selbst›; und was da gesehn, gehört, gedacht, erkannt, erreicht, erforscht, im Geiste untersucht wird, auch davon hält er: ‹Das gehört mir, das bin ich, das ist mein Selbst›; und auch den Glaubenssatz, welcher da lehrt: ‹Das ist die Welt, das ist die Seele, das werde ich nach meinem Tode werden, unvergänglich, beharrend, ewig, unwandelbar, ewig gleich, ja, werde ich so verbleiben›, auch 136
davon hält er: ‹Das gehört mir, das bin ich, das ist mein Selbst.›

«Der erfahrene heilige Jünger aber, ihr Mönche, der Heiligen gewärtig, der heiligen Lehre kundig, der heiligen Lehre vertraut – der Edlen gewärtig, der Lehre der Edlen kundig, der Lehre der Edlen vertraut, betrachtet den Körper: ‹Der gehört mir nicht, das bin ich nicht, das ist nicht mein Selbst›; er betrachtet das Gefühl: ‹Das gehört mir nicht, das bin ich nicht, das ist nicht mein Selbst›; er betrachtet die Wahrnehmung: ‹Die gehört mir nicht, das bin ich nicht, das ist nicht mein Selbst›; er betrachtet die Unterscheidungen: ‹Die gehören mir nicht, das bin ich nicht, das ist nicht mein Selbst›; und was da gesehn, gehört, gedacht, erkannt, erreicht, erforscht, im Geiste untersucht wird, auch davon hält er: ‹Das gehört mir nicht, das bin ich nicht, das ist nicht mein Selbst›; und auch den Glaubenssatz, welcher da lehrt: ‹Das ist die Welt, das ist die Seele, das werde ich nach meinem Tode werden, unvergänglich, beharrend, ewig, unwandelbar, ewig gleich, ja, werde ich so verbleiben›, auch davon hält er: ‹Das gehört mir nicht, das bin ich nicht, das ist nicht mein Selbst.› Also die Dinge betrachtend kennt er kein unverständiges Zittern.»

Auf diese Worte wandte sich einer der Mönche an den Erhabenen: «Kann wohl, o Herr, unverständiges Zittern aus äußeren Gründen eintreten?»

«Kann sein, o Mönch», sprach der Erhabene. «Es wird, zum Beispiel, o Mönch, einem Menschen also zumute: ‹Verloren hab' ich's, ach, ich besitze es nimmer! Oh, hätt' ich's doch wieder! Ach, nimmermehr werd' ich's erlangen!› Er ist traurig, gebrochen, er jammert, schlägt sich stöhnend die Brust und gerät in Verzweiflung. Also, o Mönch, tritt unverständiges Zittern aus äußeren Gründen ein.»

«Und kann wohl, o Herr, unverständiges Zittern aus äußeren Gründen unterbleiben?»

«Kann sein, o Mönch», sprach der Erhabene. «Da wird, o Mönch, einem Menschen nicht also zumute: ‹Verloren hab' ich's, ach, ich besitze es nimmer! Oh, hätt' ich's doch wieder! Ach, nimmermehr werd' ich's erlangen!› Er ist nicht traurig, nicht gebrochen, er jammert nicht, schlägt sich nicht stöhnend die Brust und gerät nicht in Verzweiflung. Also, o Mönch, unterbleibt unverständiges Zittern aus äußeren Gründen.»

«Kann aber, o Herr, unverständiges Zittern aus inneren Gründen eintreten?»

«Kann sein, o Mönch», sprach der Erhabene. «Es hat, zum Beispiel, o Mönch, einer den Glauben: ‹Das ist die Welt, das ist die Seele, das werde ich nach meinem Tode werden, unvergänglich, beharrend, ewig, unwandelbar, ewig gleich, ja, werde ich so verbleiben.› Der hört vom Vollendeten oder von einem Jünger des Vollendeten die Verkündung der Wahrheit, die alles Anhängen und Genügen an falschen Lehren, Dogmen und Systemen von Grund aus zerstört, die zum Aufgehn aller Unterscheidung führt[16], zur Abwehr aller Anhaftung, zum Versiegen des Durstes, zur Wendung, zur Auflösung, zur
137 Erlöschung. Da wird ihm also zumute: ‹Vernichtet werde ich sein, oh, zugrunde gegangen, ach! Nicht mehr werde ich sein!› Er ist traurig, gebrochen, er jammert, schlägt sich stöhnend die Brust und gerät in Verzweiflung. Also, o Mönch, tritt unverständiges Zittern aus inneren Gründen ein.»

«Und kann wohl, o Herr, unverständiges Zittern aus inneren Gründen unterbleiben?»

«Kann sein, o Mönch», sprach der Erhabene. «Da hat, o Mönch, einer nicht den Glauben: ‹Das ist die Welt, das ist die Seele, das werde ich nach meinem Tode werden, unvergänglich, beharrend, ewig, unwandelbar, ewig gleich, ja, werde ich so verbleiben.› Der hört vom Vollendeten oder von einem Jünger des Vollendeten die Verkündung der Wahrheit, die alles Anhängen und Genügen an falschen Lehren, Dogmen und Systemen von Grund aus zerstört, die zum Aufgehn aller Unterscheidung führt, zur Abwehr aller Anhaftung, zum Versiegen des Durstes, zur Wendung, zur Auflösung, zur Erlöschung. Da wird ihm nicht also zumute: ‹Vernichtet werde ich sein, oh, zugrunde gegangen, ach! Nicht mehr werde ich sein!› Er ist nicht traurig, nicht gebrochen, er jammert nicht, schlägt sich nicht stöhnend die Brust, gerät nicht in Verzweiflung. Also, o Mönch, unterbleibt unverständiges Zittern aus inneren Gründen.

«Könntet ihr wohl, Mönche, ein Gut erlangen, dessen Besitz unvergänglich, beharrend, ewig, unwandelbar, ewig gleich derselbe nur bliebe? Kennt ihr, Mönche, ein solches Gut?»

«Gewiß nicht, o Herr!»

«Wohl, ihr Mönche: auch ich, ihr Mönche, kenne ein solches Gut nicht, dessen Besitz unvergänglich, beharrend, ewig, unwandelbar, ewig gleich derselbe nur bliebe.

«Seid ihr wohl, Mönche, einem Glauben an Unsterblichkeit ergeben, nach welchem der Gläubige von Wehe, Jammer, Leiden, Gram und Verzweiflung erlöst würde? Kennt ihr, Mönche, einen Glauben an Unsterblichkeit, der dem Gläubigen Erlösung brächte von Wehe, Jammer, Leiden, Gram und Verzweiflung!»

«Gewiß nicht, o Herr!»

«Wohl, ihr Mönche: auch ich, ihr Mönche, kenne keinen Glauben an Unsterblichkeit, der dem Gläubigen Erlösung brächte von Wehe, Jammer, Leiden, Gram und Verzweiflung.

«Hängt ihr wohl, Mönche, einer Schule an, durch welche der Anhänger vor Wehe, Jammer, Leiden, Gram und Verzweiflung bewahrt bliebe? Kennt ihr, Mönche, eine Schule, die den Anhänger vor Wehe, Jammer, Leiden, Gram und Verzweiflung schützen könnte?»

«Gewiß nicht, o Herr!»

«Wohl, ihr Mönche: auch ich, ihr Mönche, kenne eine solche Schule nicht,
die den Anhänger schützen könnte vor Wehe, Jammer, Leiden, Gram und 138
Verzweiflung.

«Wenn das Ichselbst, ihr Mönche, vorhanden wäre, könnt' es dann auch ein ‹Mir eigen› geben?»

«Ja, o Herr!»

«Wenn das Eigen, ihr Mönche, vorhanden wäre, könnt' es dann auch ein ‹Mir selbst› geben?»

«Freilich, o Herr!»

«Da nun weder das Ich noch das Eigen, ihr Mönche, wahrhaft und wirklich erlangt werden kann, wie steht's um das Dogma, welches da lehrt: ‹Das ist die Welt, das ist die Seele, das werd' ich nach meinem Tode werden, unvergänglich, beharrend, ewig, unwandelbar, ewig gleich, ja, werde ich so verbleiben›? Ist das nicht, ihr Mönche, eine völlig ausgereifte Narrenlehre?»

«Was wär' es denn anderes, o Herr, als eine völlig ausgereifte Narrenlehre!»

«Was meint ihr wohl, Mönche: ist der Körper unvergänglich oder vergänglich?»

«Vergänglich, o Herr!»

«Was aber vergänglich, ist das weh' oder wohl?»

«Weh', o Herr!»

«Was aber vergänglich, wehe, wandelbar ist, kann man etwa davon behaupten: ‹Das gehört mir, das bin ich, das ist mein Selbst›?»

«Gewiß, nicht, o Herr!»

«Was meint ihr wohl, Mönche: ist das Gefühl unvergänglich oder vergänglich?»

«Vergänglich, o Herr!»

«Was aber vergänglich, ist das weh' oder wohl?»

«Weh', o Herr!»

«Was aber vergänglich, wehe, wandelbar ist, kann man etwa davon behaupten: ‹Das gehört mir, das bin ich, das ist mein Selbst›?»

«Gewiß nicht, o Herr!»

«Was meint ihr wohl, Mönche: ist die Wahrnehmung unvergänglich oder vergänglich?»

«Vergänglich, o Herr!»

«Was aber vergänglich, ist das weh' oder wohl?»

«Weh', o Herr!»

«Was aber vergänglich, wehe, wandelbar ist, kann man etwa davon behaupten: ‹Das gehört mir, das bin ich, das ist mein Selbst›?»

«Gewiß nicht, o Herr!»

«Was meint ihr wohl, Mönche: sind die Unterscheidungen unvergänglich oder vergänglich?»

«Vergänglich, o Herr!»

«Was aber vergänglich, ist das weh' oder wohl?»

«Weh', o Herr!»

«Was aber vergänglich, wehe, wandelbar ist, kann man etwa davon behaupten: ‹Das gehört mir, das bin ich, das ist mein Selbst›?»

«Gewiß nicht, o Herr!»

«Was meint ihr wohl, Mönche: ist das Bewußtsein unvergänglich oder vergänglich?»

«Vergänglich, o Herr!»

«Was aber vergänglich, ist das weh' oder wohl?»

«Weh', o Herr!»

«Was aber vergänglich, wehe, wandelbar ist, kann man etwa davon behaupten: ‹Das gehört mir, das bin ich, das ist mein Selbst›?»

«Gewiß nicht, o Herr!»

«Darum also, ihr Mönche: was es auch an Körperlichem gibt, vergangenes,
139 zukünftiges, gegenwärtiges, eigenes oder fremdes, grobes oder feines, ge-

meines oder edles, fernes oder nahes: alles Körperliche ist, der Wahrheit gemäß, mit vollkommener Weisheit also anzusehn: ‹Das gehört mir nicht, das bin ich nicht, das ist nicht mein Selbst.› Was es auch an Gefühl gibt, vergangenes, zukünftiges, gegenwärtiges, eigenes oder fremdes, grobes oder feines, gemeines oder edles, fernes oder nahes: alles Gefühl ist, der Wahrheit gemäß, mit vollkommener Weisheit also anzusehn: ‹Das gehört mir nicht, das bin ich nicht, das ist nicht mein Selbst.› Was es auch an Wahrnehmung gibt, vergangene, zukünftige, gegenwärtige, eigene oder fremde, grobe oder feine, gemeine oder edle, ferne oder nahe: alle Wahrnehmung ist, der Wahrheit gemäß, mit vollkommener Weisheit also anzusehn: ‹Die gehört mir nicht, die bin ich nicht, die ist nicht mein Selbst.› Was es auch an Unterscheidungen gibt, vergangene, zukünftige, gegenwärtige, eigene oder fremde, grobe oder feine, gemeine oder edle, ferne oder nahe: alle Unterscheidungen sind, der Wahrheit gemäß, mit vollkommener Weisheit also anzusehn: ‹Die gehören mir nicht, die bin ich nicht, die sind nicht mein Selbst.› Was es auch an Bewußtsein gibt, vergangenes, zukünftiges, gegenwärtiges, eigenes oder fremdes, grobes oder feines, gemeines oder edles, fernes oder nahes: alles Bewußtsein ist, der Wahrheit gemäß, mit vollkommener Weisheit also anzusehn: ‹Das gehört mir nicht, das bin ich nicht, das ist nicht mein Selbst.›

«In solchem Anblick, ihr Mönche, wird der erfahrene heilige Jünger des Körpers überdrüssig und wird des Gefühles überdrüssig und wird der Wahrnehmung überdrüssig und wird der Unterscheidungen überdrüssig und wird des Bewußtseins überdrüssig. Überdrüssig wendet er sich ab. Abgewandt löst er sich los. ‹Im Erlösten ist die Erlösung›, diese Erkenntnis geht auf. ‹Versiegt ist die Geburt, vollendet das Asketentum, gewirkt das Werk, nicht mehr ist diese Welt›, versteht er da.

«Ein solcher Mönch, ihr Mönche, wird ‹Riegelheber› genannt, wird ‹Grabenfüller› genannt, wird ‹Pfeilentledigter› genannt, wird ‹Hakenloser› genannt, wird ‹Heiliger, Fahnenloser, Bürdeloser, Abgeschiedener› genannt.

«Wie aber, ihr Mönche, wird der Mönch zum Riegelheber? Da wird, ihr Mönche, von dem Mönch das Nichtwissen verneint, an der Wurzel abgeschnitten, einem Palmstumpf gleichgemacht, so daß es nicht mehr keimen, nicht mehr sich entwickeln kann. Also, ihr Mönche, wird der Mönch zum Riegelheber.

«Wie aber, ihr Mönche, wird der Mönch zum Grabenfüller? Da wird, ihr Mönche, von dem Mönch die daseinsschwangere Wandelwelt der Geburten verneint, an der Wurzel abgeschnitten, einem Palmstumpf gleichgemacht, so daß sie nicht mehr keimen, nicht mehr sich entwickeln kann. Also, ihr Mönche, wird der Mönch zum Grabenfüller.

«Wie aber, ihr Mönche, wird der Mönch zum Pfeilentledigten? Da wird, ihr Mönche, von dem Mönch der Lebensdurst verneint, an der Wurzel abgeschnitten, einem Palmstumpf gleichgemacht, so daß er nicht mehr keimen, nicht mehr sich entwickeln kann. Also, ihr Mönche, wird der Mönch zum Pfeilentledigten.

«Wie aber, ihr Mönche, wird der Mönch zum Hakenlosen? Da werden, ihr Mönche, von dem Mönch die fünf niederzerrenden Fesseln verneint, an der Wurzel abgeschnitten, einem Palmstumpf gleichgemacht, so daß sie nicht mehr keimen, nicht mehr sich entwickeln können. Also, ihr Mönche, wird der Mönch zum Hakenlosen.

«Und wie, ihr Mönche, wird der Mönch zum Heiligen, zum Fahnenlosen, Bürdelosen, Abgeschiedenen? Da wird, ihr Mönche, von dem Mönch der Ichheit Dünkel verneint, an der Wurzel abgeschnitten, einem Palmstumpf gleichgemacht, so daß er nicht mehr keimen, nicht mehr sich entwickeln
140 kann. Also, ihr Mönche, wird der Mönch zum Heiligen, zum Fahnenlosen, Bürdelosen, Abgeschiedenen.

«Den also gemüterlösten Mönch, ihr Mönche, lauernd zu versuchen wagen selbst die Indo-, Brahmā- und Pajāpati-Götter nicht: ‹Gefestigt ist dieses Vollendeten Bewußtsein.› Und warum nicht? Schon bei Lebzeiten nenn' ich den Vollendeten, ihr Mönche, unerfaßbar.

«Der ich also rede, also lehre, ihr Mönche, mich bezichtigen einige Asketen und Brāhmanen, grundloser, nichtiger Weise, fälschlich, mit Unrecht: ‹Ein Verneiner ist der Asket Gotamo, des lebendigen Wesens Zerstörung, Vernichtung, Aufhebung verkündigt er.› Was ich nicht bin, ihr Mönche, nicht rede, dessen bezichtigen mich jene lieben Asketen und Brāhmanen, grundloser, nichtiger Weise, fälschlich, mit Unrecht: ‹Ein Verneiner ist der Asket Gotamo, des lebendigen Wesens Zerstörung, Vernichtung, Aufhebung verkündigt er.› Nur eines, ihr Mönche, verkündige ich, heute wie früher: das Leiden und des Leidens Ausrodung.

«Wenn da, ihr Mönche, die Menschen den Vollendeten tadeln, verurteilen, verfolgen und angreifen, da wird der Vollendete, ihr Mönche, nicht unwillig, nicht mißmutig, nicht gedrückten Gemütes. Wenn da, ihr Mönche, die Menschen den Vollendeten werthalten, hochschätzen, achten und ehren, da wird der Vollendete, ihr Mönche, nicht froh, nicht freudig, nicht geschwellten Gemütes. Wenn da, ihr Mönche, die Menschen den Vollendeten werthalten, hochschätzen, achten und ehren, da gedenkt, ihr Mönche, der Vollendete also: ‹Weil dies früher durchdacht worden ist, erweisen sie mir hierin solche Ehren.›

«Darum also, ihr Mönche: wenn auch die Menschen euch tadeln, verurteilen, verfolgen und angreifen, werdet da nicht unwillig, nicht mißmutig, nicht gedrückten Gemütes. Darum also, ihr Mönche: wenn auch die Menschen euch werthalten, hochschätzen, achten und ehren, werdet da nicht froh, nicht freudig, nicht geschwellten Gemütes. Darum also, ihr Mönche: wenn auch die Menschen euch werthalten, hochschätzen, achten und ehren, so gedenket dabei: ‹Weil dies früher durchdacht worden ist, erweisen sie uns hierin solche Ehren.›

«Darum also, ihr Mönche: was euch nicht angehört, das gebet auf. Das von euch Aufgegebene wird euch lange zum Wohle, zum Heile gereichen.

«Was aber, ihr Mönche, gehört euch nicht an? Der Körper, ihr Mönche, gehört euch nicht an: ihn gebet auf. Der von euch aufgegebene wird euch lange zum Wohle, zum Heile gereichen. Das Gefühl, ihr Mönche, gehört euch
nicht an: das gebet auf. Das von euch aufgegebene wird euch lange zum 141
Wohle, zum Heile gereichen. Die Wahrnehmung, ihr Mönche, gehört euch nicht an: sie gebet auf. Die von euch aufgegebene wird euch lange zum Wohle, zum Heile gereichen. Die Unterscheidungen, ihr Mönche, gehören euch nicht an: sie gebet auf. Die von euch aufgegebenen werden euch lange zum Wohle, zum Heile gereichen. Das Bewußtsein, ihr Mönche, gehört euch nicht an: das gebet auf. Das von euch aufgegebene wird euch lange zum Wohle, zum Heile gereichen.

«Was meint ihr wohl, Mönche: wenn ein Mann das, was an Gräsern und Reisig, Zweiglein und Blättern in diesem Siegerwalde daliegt, wegtrüge, oder verbrennte, oder sonst nach Belieben damit schaltete, würdet ihr da etwa denken: ‹Uns trägt der Mann weg, oder verbrennt er, oder schaltet sonst nach Belieben›?»

«Gewiß nicht, o Herr!»

«Und warum nicht?»

«Nicht das ist ja, o Herr, unser Ich oder Eigen!»

«Ebenso nun auch, ihr Mönche, gebet auf, was euch nicht angehört. Das von euch Aufgegebene wird euch lange zum Wohle, zum Heile gereichen. Und was, ihr Mönche, gehört euch nicht an? Der Körper, ihr Mönche, gehört euch nicht an: ihn gebet auf. Der von euch aufgegebene wird euch lange zum Wohle, zum Heile gereichen. Das Gefühl, ihr Mönche, gehört euch nicht an: das gebet auf. Das von euch aufgegebene wird euch lange zum Wohle, zum Heile gereichen. Die Wahrnehmung, ihr Mönche, gehört euch nicht an: sie gebet auf. Die von euch aufgegebene wird euch lange zum Wohle, zum Heile gereichen. Die Unterscheidungen, ihr Mönche, gehören euch nicht an: sie gebet auf. Die von euch aufgegebenen werden euch lange zum Wohle, zum Heile gereichen. Das Bewußtsein, ihr Mönche, gehört euch nicht an: das gebet auf. Das von euch aufgegebene wird euch lange zum Wohle, zum Heile gereichen.

«So hab' ich, ihr Mönche, die Wahrheit wohlverkündet, gezeigt, aufgedeckt, dargelegt, entschleiert.

«So ist die Wahrheit, ihr Mönche, von mir wohlverkündet, gezeigt, aufgedeckt, dargelegt, entschleiert worden, und jene Mönche, welche Heilige, Wahnversieger, Endiger sind, die das Werk gewirkt, die Bürde abgelegt, das Heil errungen, die Daseinsfesseln vernichtet haben, die in vollkommener Weisheit Erlösten: ein Wandeln gibt es für diese nimmer.

«So hab' ich, ihr Mönche, die Wahrheit wohlverkündet, gezeigt, aufgedeckt, dargelegt, entschleiert.

«So ist die Wahrheit, ihr Mönche, von mir wohlverkündet, gezeigt, aufgedeckt, dargelegt, entschleiert worden, und jene Mönche, welche die fünf niederzerrenden Fesseln abgestreift haben, alle diese gelangen empor, um von dort aus zu erlöschen, nicht mehr kehren sie zurück nach jener Welt.

«So hab' ich, ihr Mönche, die Wahrheit wohlverkündet, gezeigt, aufgedeckt, dargelegt, entschleiert.

«So ist die Wahrheit, ihr Mönche, von mir wohlverkündet, gezeigt, aufgedeckt, dargelegt, entschleiert worden, und jene Mönche, welche die drei Fesseln abgestreift haben, die von Gier, Haß und Irre Erleichterten, fast schon Geläuterten, alle diese kehren nur einmal wieder, nur einmal noch zu dieser Welt gekommen werden sie dem Leiden ein Ende machen.

«So hab' ich, ihr Mönche, die Wahrheit wohlverkündet, gezeigt, aufgedeckt, dargelegt, entschleiert.

«So ist die Wahrheit, ihr Mönche, von mir wohlverkündet, gezeigt, aufgedeckt, dargelegt, entschleiert worden, und jene Mönche, welche die drei Fesseln abgestreift haben, alle diese sind Hörer der Botschaft geworden, dem
142 Verderben entronnen, eilen zielbewußt der vollen Erwachung entgegen.

«So hab' ich, ihr Mönche, die Wahrheit wohlverkündet, gezeigt, aufgedeckt, dargelegt, entschleiert.

«So ist die Wahrheit, ihr Mönche, von mir wohlverkündet, gezeigt, aufgedeckt, dargelegt, entschleiert worden, und jene Mönche, welche der Wahrheit ergeben, der Lehre ergeben sind, alle diese eilen der vollen Erwachung entgegen.

«So hab' ich, ihr Mönche, die Wahrheit wohlverkündet, gezeigt, aufgedeckt, dargelegt, entschleiert.

«So ist die Wahrheit, ihr Mönche, von mir wohlverkündet, gezeigt, aufgedeckt, dargelegt, entschleiert worden, und jene, die Vertrauen, die Liebe zu mir empfinden, alle diese steigen himmelwärts auf.»

Also sprach der Erhabene. Zufrieden freuten sich jene Mönche über das Wort des Erhabenen.

23

DRITTER TEIL · DRITTE REDE

DER AMEISENHÜGEL

DAS HAB' ICH GEHÖRT. Zu einer Zeit weilte der Erhabene bei Sāvatthī, im Siegerwalde, im Garten Anāthapiṇḍikos. Zu jener Zeit nun weilte der ehrwürdige Kumārakassapo im Dunkeln Walde. Als nun die Nacht eingetreten war, erleuchtete eine gewisse Gottheit den ganzen großen Dunkeln Wald mit ihrem Glanze, begab sich dorthin wo der ehrwürdige Kumārakassapo weilte, und stellte sich seitwärts hin. Seitwärts stehend sprach nun jene Gottheit zum ehrwürdigen Kumārakassapo also:

«Mönch, o Mönch! Dieser Ameisenhügel raucht bei Nacht und flammt bei Tage. Der Geistliche sagte: Grab' auf, o Weiser, mit scharfer Waffe. Der Weise grub auf mit scharfer Waffe und fand einen Keil: Ein Keil, o Herr! Der Geistliche sagte: Weg mit dem Keil, grab' auf, o Weiser, mit scharfer Waffe. Der Weise grub auf mit scharfer Waffe und fand eine Blase: Eine Blase, o Herr! Der Geistliche sagte: Weg mit der Blase, grab' auf, o Weiser, mit scharfer Waffe. Der Weise grub auf mit scharfer Waffe und fand einen Zweizack: Ein Zweizack, o Herr! Der Geistliche sagte: Weg mit dem Zweizack, grab' auf, o Weiser, mit scharfer Waffe. Der Weise grub auf mit scharfer Waffe und
fand ein Geflecht: Ein Geflecht, o Herr! Der Geistliche sagte: Weg mit dem 143
Geflecht, grab' auf, o Weiser, mit scharfer Waffe. Der Weise grub auf mit scharfer Waffe und fand eine Schildkröte: Eine Schildkröte, o Herr! Der Geistliche sagte: Weg mit der Schildkröte, grab' auf, o Weiser, mit scharfer Waffe. Der Weise grub auf mit scharfer Waffe und fand ein Schlachtbeil: Ein Schlachtbeil, o Herr! Der Geistliche sagte: Weg mit dem Schlachtbeil, grab' auf, o Weiser, mit scharfer Waffe. Der Weise grub auf mit scharfer Waffe und fand einen Fleischfetzen: Ein Fleischfetzen, o Herr! Der Geistliche sagte: Weg mit dem Fleischfetzen, grab' auf, o Weiser, mit scharfer Waffe. Der Weise grub auf mit scharfer Waffe und fand eine Kobra: Eine Kobra, o Herr! Der Geistliche sagte: Halt, es bleibe die Kobra, die Kobra rühre nicht an, Verehrung erweise der Kobra! – Diese Rätsel, o Mönch, wolle vor dem Erhabenen berichten und der Erklärung des Erhabenen gemäß bewahren. Keinen seh' ich, o Mönch, in der Welt mit ihren Göttern, ihren bösen und heiligen Geistern, mit ihrer Schar von Büßern und Priestern, Göttern und Menschen, der durch eine Erklärung dieser Fragen das Herz gewinnen könnte, den Voll-

endeten ausgenommen, oder einen Jünger des Vollendeten, und die es von da gehört haben.»

Das sprach jene Gottheit und verschwand hierauf von dort.

Nachdem nun die Nacht verflossen war, begab sich der ehrwürdige Kumārakassapo zum Erhabenen, begrüßte den Erhabenen ehrerbietig und setzte sich zur Seite nieder. Hierauf nun sprach der ehrwürdige Kumārakassapo zum Erhabenen also:

«Diese Nacht, o Herr, beim Eintritt der Dämmerung, erleuchtete eine gewisse Gottheit den ganzen großen Dunkeln Wald mit ihrem Glanze, kam zu mir heran und stellte sich seitwärts hin. Seitwärts stehend sprach nun, o Herr, jene Gottheit also zu mir: ‹Mönch, o Mönch! Dieser Ameisenhügel raucht bei Nacht und flammt bei Tage. Der Geistliche sagte: Grab' auf, o Weiser, mit scharfer Waffe. Der Weise grub auf mit scharfer Waffe und fand einen Keil: Ein Keil, o Herr! Der Geistliche sagte: Weg mit dem Keil, grab' auf, o Weiser, mit scharfer Waffe. Der Weise grub auf mit scharfer Waffe und fand eine Blase: Eine Blase, o Herr! Der Geistliche sagte: Weg mit der Blase, grab' auf, o Weiser, mit scharfer Waffe. Der Weise grub auf mit scharfer Waffe und fand einen Zweizack: Ein Zweizack, o Herr! Der Geistliche sagte: Weg mit dem Zweizack, grab' auf, o Weiser, mit scharfer Waffe. Der Weise grub auf mit scharfer Waffe und fand ein Geflecht: Ein Geflecht, o Herr! Der Geistliche sagte: Weg mit dem Geflecht, grab' auf, o Weiser, mit scharfer Waffe. Der Weise grub auf mit scharfer Waffe und fand eine Schildkröte: Eine Schildkröte, o Herr! Der Geistliche sagte: Weg mit der Schildkröte, grab' auf, o Weiser, mit scharfer Waffe. Der Weise grub auf mit scharfer Waffe und fand ein Schlachtbeil: Ein Schlachtbeil, o Herr! Der Geistliche sagte: Weg mit dem Schlachtbeil, grab' auf, o Weiser, mit scharfer Waffe. Der Weise grub auf mit scharfer Waffe und fand einen Fleischfetzen: Ein Fleischfetzen, o Herr! Der Geistliche sagte: Weg mit dem Fleischfetzen, grab' auf, o Weiser, mit scharfer Waffe. Der Weise grub auf mit scharfer Waffe und fand eine Kobra: Eine Kobra, o Herr! Der Geistliche sagte: Halt, es bleibe die Kobra, die Kobra rühre nicht an, Verehrung erweise der Kobra! – Diese Rätsel, o Mönch, wolle vor dem Erhabenen berichten und der Erklärung des Erhabenen gemäß bewahren. Keinen seh' ich, o Mönch, in der Welt mit ihren Göttern, ihren bösen und heiligen Geistern, mit ihrer Schar von Büßern und Priestern, Göttern und Menschen, der durch eine Erklärung dieser Fragen das Herz gewinnen könnte, den Vollendeten ausgenommen, oder einen Jünger des Vollendeten, und die es von da gehört haben.› So sprach, o Herr, jene Gottheit, und verschwand hierauf von dort. Was ist nun, o Herr, der Ameisenhügel, was das Rauchen bei Nacht und das Flammen bei Tage, wer der Geistliche, wer der Weise, was die scharfe Waffe, was das Aufgraben, was der Keil, was die Blase, was der Zweizack, was das Geflecht, was die Schildkröte, was das Schlachtbeil, was der Fleischfetzen, was ist die Kobra?»

«Ameisenhügel: das ist, o Mönch, eine Bezeichnung für diesen Körper, der 144
aus den vier Hauptstoffen entstanden, von Vater und Mutter gezeugt, durch Speise und Trank entwickelt, dem Vergehn, dem Untergang, der Aufreibung, Auflösung, der Zerstörung verfallen ist. Was er, o Mönch, für das Tagewerk in der Nacht überlegt und erwägt, das ist das Rauchen bei Nacht. Was er, o Mönch, nach der nächtlichen Überlegung und Erwägung am Tage in Taten, Worten und Gedanken wirkt, das ist das Flammen bei Tage. Der Geistliche: das ist, o Mönch, eine Bezeichnung für den Vollendeten, den Heiligen, vollkommen Erwachten. Der Weise: das ist, o Mönch, eine Bezeichnung für den kämpfenden Mönch. Die scharfe Waffe: das ist, o Mönch, eine Bezeichnung der heiligen Weisheit. Das Aufgraben: das ist, o Mönch, eine Bezeichnung der standhaften Ausdauer. Der Keil: das ist, o Mönch, eine Bezeichnung des Nichtwissens. Weg mit dem Keil: fort mit dem Nichtwissen. Grab' auf, o Weiser, mit scharfer Waffe. Das ist der Sinn. Die Blase: das ist, o Mönch, eine Bezeichnung für Zorn und Verzweiflung. Weg mit der Blase: fort mit Zorn und Verzweiflung. Grab' auf, o Weiser, mit scharfer Waffe. Das ist der Sinn. Der Zweizack: das ist, o Mönch, eine Bezeichnung des Zweifels. Weg mit dem Zweizack: fort mit dem Zweifel. Grab' auf, o Weiser, mit scharfer Waffe. Das ist der Sinn. Das Geflecht: das ist, o Mönch, eine Bezeichnung der fünf Hemmungen: der Hemmung durch Wunscheswillen, der Hemmung durch Hassensgroll, der Hemmung durch matte Müde, der Hemmung durch stolzen Unmut, der Hemmung durch Schwanken. Weg mit dem Geflecht: fort mit den fünf Hemmungen. Grab' auf, o Weiser, mit scharfer Waffe. Das ist der Sinn. Die Schildkröte: das ist, o Mönch, eine Bezeichnung der fünf Stücke des Anhangens, als da ist ein Stück Anhangen an der Form, ein Stück Anhangen am Gefühl, ein Stück Anhangen an der Wahrnehmung, ein Stück Anhangen an der Unterscheidung, ein Stück Anhangen am Bewußtsein. Weg mit der Schildkröte: fort mit den fünf Stücken des Anhangens. Grab' auf, o Weiser, mit scharfer Waffe. Das ist der Sinn. Das Schlachtbeil: das ist, o Mönch, eine Bezeichnung der fünf Begehrungen: der durch das Gesicht ins Bewußtsein tretenden Formen, der ersehnten, geliebten, entzückenden, angenehmen, dem Begehren entsprechenden, reizenden; der durch das Gehör ins Bewußtsein tretenden Töne, der ersehnten, geliebten, entzückenden, angenehmen, dem Begehren entsprechenden, reizenden; der durch den Geruch ins Bewußtsein tretenden Düfte, der ersehnten, geliebten, entzückenden, angenehmen, dem Begehren entsprechenden, reizenden; der durch den Geschmack ins Bewußtsein tretenden Säfte, der ersehnten, geliebten, entzükkenden, angenehmen, dem Begehren entsprechenden, reizenden; der durch

das Getast ins Bewußtsein tretenden Tastungen, der ersehnten, geliebten, entzückenden, angenehmen, dem Begehren entsprechenden, reizenden. Weg mit dem Schlachtbeil: fort mit den fünf Begehrungen. Grab' auf, o Weiser, mit scharfer Waffe. Das ist der Sinn. Der Fleischfetzen: das ist, o Mönch, eine Bezeichnung der Genügenslust. Weg mit dem Fleischfetzen: fort mit der Genügenslust. Grab' auf, o Weiser, mit scharfer Waffe. Das ist der Sinn. Die Kobra: das ist, o Mönch, eine Bezeichnung des wahnversiegten Mönchs. Halt, es bleibe die Kobra, die Kobra rühre nicht an, Verehrung erweise der Kobra. Das ist der Sinn.»

Also sprach der Erhabene. Zufrieden freute sich der ehrwürdige Kumārakassapo über das Wort des Erhabenen.

24

DRITTER TEIL · VIERTE REDE

DIE EILPOST

DAS HAB' ICH GEHÖRT. Zu einer Zeit weilte der Erhabene bei Rājagaham, im Bambusparke, am Hügel der Eichhörnchen. Da nun begaben sich viele Mönche aus ihrer Heimat, wo sie die Regenzeit zugebracht hatten, zum Erhabenen, begrüßten den Erhabenen ehrerbietig und setzten sich zur Seite nieder. An diese Mönche, die da zur Seite saßen, wandte sich nun der Erhabene und sprach:

«Wer von den Mönchen, den Ordensgetreuen, ihr Mönche, hat sich daheim wohl also erwiesen: selbst wenig bedürfend die Bedürfnislosigkeit mit den Mönchen besprechend, selbstzufrieden die Zufriedenheit mit den Mönchen besprechend, selbst zurückgezogen die Zurückgezogenheit mit den Mönchen besprechend, selbst weltflüchtig die Weltflucht mit den Mönchen besprechend, selbst ausdauernd standhaft die standhafte Ausdauer mit den Mönchen besprechend, selbst ordenstüchtig die Ordenstugend mit den Mönchen besprechend, selbst vertieft das Heil der Vertiefung mit den Mönchen besprechend, selbst weise das Heil der Weisheit mit den Mönchen besprechend, selbst erlöst das Heil der Erlösung mit den Mönchen besprechend, selbst die Erlösung klar kennend das Heil klarer Kenntnis der Erlösung mit den Mönchen besprechend: ein Belehrer, Aufklärer, Verkünder, ein Ermunterer, Ermutiger, Erheiterer der Ordensgetreuen?» 146

«Ein Ehrwürdiger namens Puṇṇo, o Herr, der Sohn der Mantāṇī, hat sich daheim unter den Mönchen, den Ordensgetreuen, also erwiesen: selbst wenig bedürfend die Bedürfnislosigkeit mit den Mönchen besprechend, selbst zufrieden die Zufriedenheit mit den Mönchen besprechend, selbst zurückgezogen die Zurückgezogenheit mit den Mönchen besprechend, selbst weltflüchtig die Weltflucht mit den Mönchen besprechend, selbst ausdauernd standhaft die standhafte Ausdauer mit den Mönchen besprechend, selbst ordenstüchtig die Ordenstugend mit den Mönchen besprechend, selbst vertieft das Heil der Vertiefung mit den Mönchen besprechend, selbst weise das Heil der Weisheit mit den Mönchen besprechend, selbst erlöst das Heil der Erlösung mit den Mönchen besprechend, selbst die Erlösung klar kennend das Heil klarer Kenntnis der Erlösung mit den Mönchen besprechend: ein Belehrer, Aufklärer, Verkünder, ein Ermunterer, Ermutiger, Erheiterer der Ordensgetreuen.»

Zu jener Zeit nun hatte der ehrwürdige Sāriputto nicht fern vom Erhabenen Platz genommen. Da kam nun dem ehrwürdigen Sāriputto der Gedanke: ‹Gesegnet ist der ehrwürdige Puṇṇo Mantāṇiputto, dessen vielseitiges Verdienst verständige Ordensbrüder vor dem Meister preisen, und der Meister freut sich darüber. O daß wir doch gelegentlich einmal mit dem ehrwürdigen Puṇṇo Mantāṇiputto zusammenträfen, daß wir uns über irgend etwas besprächen!›

Nachdem nun der Erhabene in Rājagaham nach Belieben geweilt hatte, begab er sich auf die Wanderung nach Sāvatthī, von Ort zu Ort wandernd näherte er sich der Stadt.

In Sāvatthī weilte nun der Erhabene, im Siegerwalde, im Garten Anāthapiṇḍikos. Da kam es dem ehrwürdigen Puṇṇo Mantāṇiputto zu Ohren: ‹Der Erhabene ist in Sāvatthī angekommen, weilt in Sāvatthī, im Siegerwalde, im Garten Anāthapiṇḍikos!› Und der ehrwürdige Puṇṇo Mantāṇiputto räumte sein Lager zurecht, nahm Mantel und Almosenschale und begab sich auf die Wanderung nach Sāvatthī. Von Ort zu Ort wandernd gelangte er zu der Stadt, zum Siegerwalde, zum Garten Anāthapiṇḍikos, wo der Erhabene weilte. Als er zum Erhabenen gelangt war, begrüßte er den Erhabenen ehrerbietig und setzte sich zur Seite nieder. Diesen Ehrwürdigen, der da zur Seite saß, stärkte nun der Erhabene, ermunterte, ermutigte, erheiterte ihn in lehrreichem Gespräche. Und nachdem der ehrwürdige Puṇṇo Mantāṇiputto vom Erhabenen in lehrreichem Gespräche gestärkt, ermuntert, ermutigt, erheitert worden war, erhob er sich, erfreut und befriedigt durch des Erhabenen

Rede, von seinem Sitze, begrüßte den Erhabenen ehrerbietig, ging rechts herum und begab sich zum Dunkeln Walde, für den Rest des Tages.

Aber es ging ein Mönch zum ehrwürdigen Sāriputto und meldete ihm: «Jener Mönch, o Bruder Sāriputto, der Puṇṇo heißt, der Sohn der Mantāṇī,
147 den du oft gerühmt hast, der hat sich, vom Erhabenen in lehrreichem Gespräche gestärkt, ermuntert, ermutigt, erheitert, durch des Erhabenen Rede erfreut und befriedigt, von seinem Sitze erhoben, den Erhabenen ehrerbietig begrüßt und ist gegen den Dunkeln Wald zu gegangen, wo er bis Abend verweilen dürfte.»

Da nahm der ehrwürdige Sāriputto unverzüglich seine Strohmatte und folgte dem ehrwürdigen Puṇṇo Mantāṇiputto Schritt vor Schritt, den Kopf nicht aus den Augen verlierend. Und der ehrwürdige Puṇṇo Mantāṇiputto wandte sich ins Innere des Dunkeln Waldes und setzte sich am Fuß eines Baumes nieder, für den Tag. Und auch der ehrwürdige Sāriputto wandte sich ins Innere des Dunkeln Waldes und setzte sich am Fuß eines Baumes nieder, für den Tag.

Als nun der ehrwürdige Sāriputto gegen Abend die Gedenkensruhe beendet hatte, begab er sich zum ehrwürdigen Puṇṇo Mantāṇiputto, wechselte höflichen Gruß und freundliche, denkwürdige Worte mit ihm und setzte sich zur Seite nieder. Zur Seite sitzend sprach nun der ehrwürdige Sāriputto zum ehrwürdigen Puṇṇo Mantāṇiputto also:

«Wird denn beim Erhabenen, o Bruder, heiliges Leben gepflegt?»

«Freilich, o Bruder.»

«Wie nun, o Bruder: wird beim Erhabenen um reiner Tugend willen heiliges Leben gepflegt?»

«Das nicht, o Bruder.»

«Oder wird, o Bruder, um reinen Herzens willen beim Erhabenen heiliges Leben gepflegt?»

«Das nicht, o Bruder.»

«Oder wird vielleicht, o Bruder, um reiner Erkenntnis willen beim Erhabenen heiliges Leben gepflegt?»

«Das nicht, o Bruder.»

«Oder wird etwa, o Bruder, um reiner Gewißheit willen beim Erhabenen heiliges Leben gepflegt?»

«Das nicht, o Bruder.»

«Wird also vielleicht, o Bruder, um reiner Wissenschaft der Wege willen beim Erhabenen heiliges Leben gepflegt?»

«Das nicht, o Bruder.»

«So wird also, o Bruder, um reiner Wissenschaft des Pfades willen beim Erhabenen heiliges Leben gepflegt?»

«Das nicht, o Bruder.»

«Wird dann vielleicht, o Bruder, um reiner Wissenschaft willen beim Erhabenen heiliges Leben gepflegt?»

«Das nicht, o Bruder.»

«Wie nun, o Bruder: auf die Frage ‹Wird beim Erhabenen um reiner Tugend willen heiliges Leben gepflegt› antwortest du ‹Das nicht, o Bruder›; auf die Frage ‹Oder wird, o Bruder, um reinen Herzens willen beim Erhabenen heiliges Leben gepflegt› antwortest du ‹Das nicht, o Bruder›; auf die Frage ‹Oder wird vielleicht, o Bruder, um reiner Erkenntnis willen beim Erhabenen heiliges Leben gepflegt› antwortest du ‹Das nicht, o Bruder›; auf die Frage ‹Oder wird etwa, o Bruder, um reiner Gewißheit willen beim Erhabenen heiliges Leben gepflegt› antwortest du ‹Das nicht, o Bruder›; auf die Frage ‹Wird also vielleicht, o Bruder, um reiner Wissenschaft der Wege willen beim Erhabenen heiliges Leben gepflegt› antwortest du ‹Das nicht, o Bruder›; auf die Frage ‹So wird also, o Bruder, um reiner Wissenschaft des Pfades willen beim Erhabenen heiliges Leben gepflegt› antwortest du ‹Das nicht, o Bruder›; auf die Frage ‹Wird dann vielleicht, o Bruder, um reiner Wissenschaft willen beim Erhabenen heiliges Leben gepflegt› antwortest du ‹Das nicht, o Bruder›. Um wessen willen, sag' an, o Bruder, wird beim Erhabenen heiliges Leben gepflegt?»

«Um hangloser Wahnerlöschung willen, o Bruder, wird beim Erhabenen 148
heiliges Leben gepflegt.»

«Ist da wohl, o Bruder, reine Tugend hanglose Wahnerlöschung?»

«Das nicht, o Bruder.»

«So ist vielleicht, o Bruder, reines Herz hanglose Wahnerlöschung?»

«Das nicht, o Bruder.»

«So ist wohl, o Bruder, reine Erkenntnis hanglose Wahnerlöschung?»

«Das nicht, o Bruder.»

«Ist nun etwa, o Bruder, reine Gewißheit hanglose Wahnerlöschung?»

«Das nicht, o Bruder.»

«Oder ist da, o Bruder, reine Wissenschaft der Wege hanglose Wahnerlöschung?»

«Das nicht, o Bruder.»

«Oder ist, o Bruder, reine Wissenschaft des Pfades hanglose Wahnerlöschung?»

«Das nicht, o Bruder.»

«Oder ist dann, o Bruder, reine Wissenschaft hanglose Wahnerlöschung?»

«Das nicht, o Bruder.»

«So liegt also, o Bruder, hanglose Wahnerlöschung außerhalb dieser Dinge?»

«Das nicht, o Bruder.»

«Wie nun, o Bruder: auf die Frage ‹Ist da wohl reine Tugend hanglose Wahnerlöschung› antwortest du ‹Das nicht, o Bruder›; auf die Frage ‹So ist vielleicht, o Bruder, reines Herz hanglose Wahnerlöschung› antwortest du ‹Das nicht, o Bruder›; auf die Frage ‹So ist wohl, o Bruder, reine Erkenntnis hanglose Wahnerlöschung› antwortest du ‹Das nicht, o Bruder›; auf die Frage ‹Ist nun etwa, o Bruder, reine Gewißheit hanglose Wahnerlöschung› antwortest du ‹Das nicht, o Bruder›; auf die Frage ‹Oder ist da, o Bruder, reine Wissenschaft der Wege hanglose Wahnerlöschung› antwortest du ‹Das nicht, o Bruder›; auf die Frage ‹Oder ist, o Bruder, reine Wissenschaft des Pfades hanglose Wahnerlöschung› antwortest du ‹Das nicht, o Bruder›; auf die Frage ‹Oder ist dann, o Bruder, reine Wissenschaft hanglose Wahnerlöschung› antwortest du ‹Das nicht, o Bruder›; auf die Frage ‹So liegt also, o Bruder, hanglose Wahnerlöschung außerhalb dieser Dinge› antwortest du ‹Das nicht, o Bruder›. Wie soll da wohl, o Bruder, dieser Rede Sinn verstanden werden?»

«Hätte der Erhabene, o Bruder, reine Tugend als hanglose Wahnerlöschung bezeichnet, so würde ja der Erhabene Hanghaftes als hanglose Wahnerlöschung bezeichnet haben. Hätte der Erhabene, o Bruder, reines Herz als hanglose Wahnerlöschung bezeichnet, so würde ja der Erhabene Hanghaftes als hanglose Wahnerlöschung bezeichnet haben. Hätte der Erhabene, o Bruder, reine Erkenntnis als hanglose Wahnerlöschung bezeichnet, so würde ja der Erhabene Hanghaftes als hanglose Wahnerlöschung bezeichnet haben. Hätte der Erhabene, o Bruder, reine Gewißheit als hanglose Wahnerlöschung bezeichnet, so würde ja der Erhabene Hanghaftes als hanglose Wahnerlöschung bezeichnet haben. Hätte der Erhabene, o Bruder, reine Wissenschaft der Wege als hanglose Wahnerlöschung bezeichnet, so würde ja der Erhabene Hanghaftes als hanglose Wahnerlöschung bezeichnet haben. Hätte der Erhabene, o Bruder, reine Wissenschaft des Pfades als hanglose Wahnerlöschung bezeichnet, so würde ja der Erhabene Hanghaftes als hanglose Wahnerlöschung bezeichnet haben. Hätte der Erhabene, o Bruder, reine Wissenschaft als hanglose Wahnerlöschung bezeichnet, so würde ja der Erhabene Hanghaftes als hanglose Wahnerlöschung bezeichnet haben. Wäre aber, o Bruder, hanglose Wahnerlöschung ohne diese Dinge möglich, so erlangte der gemeine Mensch die Wahnerlöschung: denn der gemeine Mensch, o Bruder, ist ohne diese Dinge. Deshalb will ich dir nun, o Bruder, ein Gleichnis geben: auch durch Gleichnisse wird da manchem verständigen Manne der Sinn einer Rede klar. – Gleichwie etwa, o Bruder, wenn den König Pasenadi Kosalo, während
149 er in Sāvatthī residiert, irgendein dringendes Geschäft nach Sāketam riefe: da würden für ihn zwischen Sāvatthī und Sāketam sieben Eilposten eingestellt

werden. Und der König Pasenadi Kosalo, o Bruder, verließe seine Burg zu Sāvatthī, bestiege vor dem Tore die erste Eilpost und führe mit dieser ersten bis zur zweiten. Dann stiege er aus der ersten in die zweite ein und führe mit dieser zweiten bis zur dritten. Dann stiege er aus der zweiten in die dritte ein und führe mit dieser dritten bis zur vierten. Dann stiege er aus der dritten in die vierte ein und führe mit dieser vierten bis zur fünften. Dann stiege er aus der vierten in die fünfte ein und führe mit dieser fünften bis zur sechsten. Dann stiege er aus der fünften in die sechste ein und führe mit dieser sechsten bis zur siebenten. Dann stiege er aus der sechsten in die siebente ein und führe mit der siebenten Eilpost bis nach Sāketam, vor das Tor seiner Burg. Dort angekommen frügen ihn Brüder und Vettern, Minister und Räte: ‹Mit dieser Eilpost, großer König, bist du von Sāvatthī nach Sāketam gefahren, bis zum Burgtor?› Wie möchte da wohl, o Bruder, der König Pasenadi Kosalo rechten Bescheid erteilen?»

«Also, o Bruder, möchte der König Pasenadi Kosalo rechten Bescheid erteilen: ‹Während meiner Anwesenheit in Sāvatthī hat mich ein bestimmtes wichtiges Ereignis nach Sāketam gerufen. Da befahl ich, sieben Eilposten zwischen Sāvatthī und Sāketam für mich einzustellen. Und ich verließ meine Burg zu Sāvatthī, bestieg vor dem Tore die erste Eilpost und fuhr mit dieser ersten bis zur zweiten. Dann stieg ich aus der ersten in die zweite ein und fuhr mit dieser zweiten bis zur dritten. Dann stieg ich aus der zweiten in die dritte ein und fuhr mit dieser dritten bis zur vierten. Dann stieg ich aus der dritten in die vierte ein und fuhr mit dieser vierten bis zur fünften. Dann stieg ich aus der vierten in die fünfte ein und fuhr mit dieser fünften bis zur sechsten. Dann stieg ich aus der fünften in die sechste ein und fuhr mit dieser sechsten bis zur siebenten. Dann stieg ich aus der sechsten in die siebente ein und bin mit der siebenten Eilpost in Sāketam angekommen, hier vor dem Burgtor.› Also, o Bruder, möchte der König Pasenadi Kosalo rechten Bescheid erteilen.»

«Ebenso nun auch, o Bruder, führt reine Tugend zu reinem Herzen, reines Herz zu reiner Erkenntnis, reine Erkenntnis zu reiner Gewißheit, reine Ge-
wißheit zu reiner Wissenschaft der Wege, reine Wissenschaft der Wege zu 150
reiner Wissenschaft des Pfades, reine Wissenschaft des Pfades zu reiner Wissenschaft, reine Wissenschaft zu hangloser Wahnerlöschung. Um hangloser Wahnerlöschung willen, o Bruder, wird beim Erhabenen heiliges Leben gepflegt.»

Nach diesen Worten sagte der ehrwürdige Sāriputto zum ehrwürdigen Puṇṇo Mantāṇiputto:

«Wie heißt der Ehrwürdige und unter welchem Namen kennen den Ehrwürdigen die Ordensbrüder?»

«Puṇṇo heiße ich, o Bruder, und als Mantāṇiputto kennen mich die Ordensbrüder.»

«Wunderbar, o Bruder, außerordentlich ist es, wie erschöpfend ein so erfahrener Jünger, ein so gründlicher Kenner des Meisterwortes, der ehrwürdige Puṇṇo Mantāṇiputto, diese überaus tiefsinnigen Fragen beantwortet hat. Gesegnet sind die Ordensbrüder, hochgesegnet sind die Ordensbrüder, denen der Anblick, denen die Gesellschaft des ehrwürdigen Puṇṇo Mantāṇiputto gegönnt ist! Und wenn den Ordensbrüdern Anblick und Gesellschaft des ehrwürdigen Puṇṇo Mantāṇiputto nur verhüllten Hauptes gegönnt wäre, so wären sie auch dann noch gesegnet, hochgesegnet. Gesegnet, hochgesegnet sind auch wir, die wir den Anblick und die Gesellschaft des ehrwürdigen Puṇṇo Mantāṇiputto genießen!»

Auf diese Worte sagte der ehrwürdige Puṇṇo Mantāṇiputto zum ehrwürdigen Sāriputto:

«Wie heißt der Ehrwürdige und unter welchem Namen kennen den Ehrwürdigen die Ordensbrüder?»

«Upatisso heiße ich, o Bruder, und als Sāriputto kennen mich die Ordensbrüder.»

«Als wir uns mit euch, dem Jünger, der dem Meister gleicht, wie man sagt, unterhielten, wußten wir nicht: das ist der ehrwürdige Sāriputto. Hätten wir das gewußt, wären wir nicht so ausführlich gewesen. Wunderbar, o Bruder, außerordentlich ist es, wie erschöpfend ein so erfahrener Jünger, ein so gründlicher Kenner des Meisterwortes, der ehrwürdige Sāriputto, diese überaus tiefsinnigen Fragen gestellt hat. Gesegnet sind die Ordensbrüder, hochgesegnet sind die Ordensbrüder, denen der Anblick, denen die Gesellschaft des ehrwürdigen Sāriputto gegönnt ist! Und wenn den Ordensbrüdern Anblick und Gesellschaft des ehrwürdigen Sāriputto nur verhüllten
151 Hauptes gegönnt wäre, so wären sie auch dann noch gesegnet, hochgesegnet. Gesegnet, hochgesegnet sind auch wir, die wir den Anblick und die Gesellschaft des ehrwürdigen Sāriputto genießen!»

So, wahrlich, ergetzten sich jene beiden Großen an gegenseitiger trefflicher Rede.

25

DRITTER TEIL · FÜNFTE REDE

DAS FUTTER

DAS HAB' ICH GEHÖRT. Zu einer Zeit weilte der Erhabene bei Sāvatthī, im Siegerwalde, im Garten Anāthapiṇḍikos. Dort nun wandte sich der Erhabene an die Mönche: «Ihr Mönche!» – «Erlauchter!» antworteten da jene Mönche dem Erhabenen aufmerksam. Der Erhabene sprach also:

«Nicht streut der Wildsteller, ihr Mönche, dem Wilde Futter aus in dem Gedanken: ‹Von dem Futter, das ich hier ausstreue, möge das Wild genießen, um gesund zu bleiben und alt zu werden, lange Zeit hindurch soll es sich davon ernähren›, sondern, ihr Mönche, er denkt dabei: ‹Von dem Futter, das ich hier ausstreue, angelockt wird sich das Wild blindem Genusse ergeben; angelockt, blindem Genusse ergeben wird es behaglich werden; behaglich geworden wird es sich gehn lassen; und wenn es sich gehn läßt, wird es in diesem Gehege meinem Gefallen überliefert sein.›

«Da kam, ihr Mönche, die erste Herde Wildes heran, angelockt von dem Futter, das der Wildsteller ausgestreut hatte, und ergab sich blindem Genusse; angelockt, blindem Genusse ergeben wurden die Tiere behaglich; behaglich geworden ließen sie sich gehn; und als sie sich gehn ließen, waren sie in jenem Gehege dem Gefallen des Wildstellers überliefert. Und so konnte, ihr Mönche, die erste Herde Wildes aus dem Machtbereich des Wildstellers nicht entkommen.

«Da gedachte, ihr Mönche, die zweite Herde Wildes: ‹Jene Ersten sind von
dem ausgestreuten Futter des Wildstellers angelockt worden, haben sich blin-
dem Genusse ergeben; angelockt, blindem Genusse ergeben wurden sie be-
haglich; behaglich geworden ließen sie sich gehn; und als sie sich gehn ließen,
waren sie in jenem Gehege dem Gefallen des Wildstellers überliefert. Und 152
so konnten jene Ersten aus des Wildstellers Machtbereich nicht entkommen.
Wir aber wollen uns von allem ausgestreuten Futter fern halten, fern von der
Unglückspeise tief in den Wald zurückziehn.› Und sie hielten sich fern von
allem ausgestreuten Futter, fern von der Unglückspeise zogen sie sich tief in
den Wald zurück. Und im letzten Monat des Sommers, als Gras und Wasser
versiegte, wurden sie außerordentlich mager; außerordentlich mager gewor-
den verloren sie die Kraft; entkräftet gingen sie nun zu jenem Futter heran,
das der Wildsteller ausgestreut hatte. Angelockt ergaben sie sich blindem

Genusse; angelockt, blindem Genusse ergeben wurden sie behaglich; behaglich geworden ließen sie sich gehn; und als sie sich gehn ließen, waren sie in jenem Gehege dem Gefallen des Wildstellers überliefert. Und so konnte, ihr Mönche, auch die zweite Herde Wildes aus dem Machtbereich des Wildstellers nicht entkommen.

«Da gedachte, ihr Mönche, die dritte Herde Wildes: ‹Jene Ersten und
auch jene Zweiten konnten also aus des Wildstellers Machtbereich nicht ent-
153 kommen. Wie, wenn wir uns nun in der Nähe jenes Platzes aufhielten, wo der
Wildsteller Futter ausstreut? Dort weilend werden wir nicht angelockt und nicht blindlings die Nahrung genießen; nicht angelockt und nicht blindlings die Nahrung genießend werden wir nicht behaglich werden; nicht behaglich geworden werden wir uns nicht gehn lassen; und wenn wir uns nicht gehn lassen, werden wir in jenem Gehege dem Gefallen des Wildstellers nicht überliefert sein.› Und sie hielten sich in der Nähe jenes Platzes auf, wo der Wildsteller Futter ausstreute; dort weilend genossen sie nicht angelockt und nicht blindlings die Nahrung; nicht angelockt und nicht blindlings die Nahrung genießend wurden sie nicht behaglich; nicht behaglich geworden ließen sie sich nicht gehn; und da sie sich nicht gehn ließen, waren sie in jenem Gehege dem Gefallen des Wildstellers nicht überliefert. Da sagten sich, ihr Mönche, der Wildsteller und seine Gesellen: ‹Schlau ist wahrhaftig dieses dritte, gewitzigte Rudel, magische Macht muß dieses dritte, fremde Rudel besitzen, da es ja hier das ausgestreute Futter verzehrt und keiner von uns entdecken kann, woher es kommt oder wohin es geht! Wir wollen jetzt den Futterplatz mit großen Pfählen rings umstecken, von allen Seiten, damit wir vielleicht auf solche Weise auskundschaften, wo sich das dritte Rudel aufhält, wo es sich verbirgt.› Und sie säumten den Futterplatz ringsumher, von allen Seiten, mit großen Pfählen ein. Und der Wildsteller und seine Gesellen, ihr Mönche, sahn nun, wo sich die dritte Herde Wildes aufhielt, wo sie sich verbarg. Und so konnte, ihr Mönche, auch die dritte Herde Wildes aus dem Machtbereich des Wildstellers nicht entkommen.

«Da gedachte, ihr Mönche, die vierte Herde Wildes: ‹Jene Ersten und auch
154 jene Zweiten und selbst jene Dritten konnten also aus des Wildstellers Macht-
bereich nicht entkommen. Wie, wenn nun wir eine Stätte aufsuchten, die
dem Wildsteller und seinen Gesellen unzugänglich wäre? Von dort aus mögen
wir kommen und nicht angelockt und nicht blindlings die Nahrung genie-
ßen; nicht angelockt und nicht blindlings die Nahrung genießend werden wir
nicht behaglich werden; nicht behaglich geworden werden wir uns nicht gehn
lassen; und wenn wir uns nicht gehn lassen, werden wir in jenem Gehege
155 dem Gefallen des Wildstellers nicht überliefert sein.› Und sie suchten eine
Stätte auf, die dem Wildsteller und seinen Gesellen unzugänglich blieb; von

dort aus kamen sie und genossen nicht angelockt und nicht blindlings die Nahrung; nicht angelockt und nicht blindlings die Nahrung genießend wurden sie nicht behaglich; nicht behaglich geworden ließen sie sich nicht gehn; und da sie sich nicht gehn ließen, waren sie in jenem Gehege dem Gefallen des Wildstellers nicht überliefert. Da sagten sich, ihr Mönche, der Wildsteller und seine Gesellen: ‹Schlau ist wahrlich dieses vierte, gewitzigte Rudel, magische Macht muß dieses vierte, fremde Rudel besitzen, da es ja hier das ausgestreute Futter verzehrt und keiner von uns entdecken kann, woher es kommt oder wohin es geht! Wir wollen diesen Futterplatz mit großen Pfählen rings umstecken, von allen Seiten, und glücklich erspähen, wo sich das vierte Rudel aufhält, wo es sich verbirgt.› Und sie säumten den Futterplatz von allen Seiten mit großen Pfählen ringsumher ein. Aber der Wildsteller und seine Gesellen, ihr Mönche, fanden keine Spur zu dem Orte, wo sich die vierte Herde Wildes aufhielt, wo sie sich verbarg. Da sagten sich, ihr Mönche, der Wildsteller und seine Gesellen: ‹Wenn wir nun das vierte Rudel verscheuchen wollten, so würde dieses, verscheucht, andere verscheuchen, diese anderen wieder andere, und so möchte das Futter, das wir hier ausstreuen, von allem Wilde gemieden werden: lasset uns doch über das vierte Rudel hinwegsehn!› Und der Wildsteller und seine Gesellen, ihr Mönche, sahn über die vierte Herde Wildes hinweg. Und so konnte, ihr Mönche, die vierte Herde Wildes aus dem Machtbereich des Wildstellers entkommen.

«Ein Gleichnis habe ich da, meine Mönche, gegeben, um den Sinn zu erklären. Das aber ist nun der Sinn. Das Futter: das ist, ihr Mönche, eine Bezeichnung der fünf Begehrungen. Der Wildsteller: das ist, ihr Mönche, eine Bezeichnung der Natur, der bösen[17]. Die Gesellen des Wildstellers: das ist, ihr Mönche, eine Bezeichnung der Gesellen der Natur. Die Herde Wildes: das ist, ihr Mönche, eine Bezeichnung der Asketen und Büßer.

«Da haben sich, ihr Mönche, die ersten Asketen und Büßer, angelockt von
dem Futter, das die Natur ausstreut, von der Lust an der Welt, blindem Ge- 156
nusse ergeben; angelockt, blindem Genusse ergeben wurden sie behaglich; behaglich geworden ließen sie sich gehn; und als sie sich gehn ließen, waren sie in jenem Gehege, in jener Lust an der Welt, dem Gefallen der Natur überliefert. Und so konnten, ihr Mönche, die ersten Asketen und Büßer aus dem Machtbereich der Natur nicht entkommen. Wie die erste Herde Wildes, ihr Mönche, erscheinen mir diese ersten Asketen und Büßer.

«Da gedachten, ihr Mönche, die zweiten Asketen und Büßer: ‹Jene ersten Asketen und Büßer sind von dem Futter, das die Natur ausstreut, von der Lust an der Welt, angelockt worden, haben sich blindem Genusse ergeben; angelockt, blindem Genusse ergeben wurden sie behaglich; behaglich ge-

worden ließen sie sich gehn; und als sie sich gehn ließen, waren sie in jenem Gehege, in jener Lust an der Welt, dem Gefallen der Natur überliefert. Und so konnten jene ersten Asketen und Büßer aus dem Machtbereich der Natur nicht entkommen. Wir aber wollen uns von allem Futtergenusse, von aller Weltlust, fern halten, fern von der Unglückspeise tief in den Wald zurückziehn.› Und sie hielten sich fern von allem Futtergenusse, von aller Weltlust, fern von der Unglückspeise zogen sie sich tief in den Wald zurück. Und sie lebten von Kräutern und Pilzen, von wildem Reis und Korn, von Samen und Kernen, von Pflanzenmilch und Baumharz, von Gräsern, von Kuhmist, fristeten sich von Wurzeln und Früchten des Waldes, lebten von abgefallenen Früchten. Und im letzten Monat des Sommers, als Gras und Wasser versiegte, wurden sie außerordentlich mager; außerordentlich mager geworden verloren sie die Kraft; entkräftet verloren sie die Geistesruhe; verstört gingen sie nun zu jenem Futter heran, das die Natur ausstreut, zu jener Lust an der Welt. Angelockt ergaben sie sich blindem Genusse; angelockt, blindem Genusse ergeben wurden sie behaglich; behaglich geworden ließen sie sich gehn; und als sie sich gehn ließen, waren sie in jenem Gehege, in jener Lust an der Welt, dem Gefallen der Natur überliefert. Und so konnten, ihr Mönche, auch die zweiten Asketen und Büßer aus dem Machtbereich der Natur nicht ent-
157 kommen. Wie die zweite Herde Wildes, ihr Mönche, erscheinen mir diese zweiten Asketen und Büßer.

«Da gedachten, ihr Mönche, die dritten Asketen und Büßer: ‹Jene Ersten und auch jene Zweiten konnten also aus dem Machtbereich der Natur nicht entkommen. Wie, wenn wir uns nun in der Nähe des Futters aufhielten, das die Natur ausstreut, in der Nähe der weltlichen Lust? Dort weilend werden wir nicht angelockt und nicht blindlings die Nahrung genießen; nicht angelockt und nicht blindlings die Nahrung genießend werden wir nicht behaglich werden; nicht behaglich geworden werden wir uns nicht gehn lassen; und wenn wir uns nicht gehn lassen, werden wir in jenem Gehege, in jener Lust an der Welt, dem Gefallen der Natur nicht überliefert sein.› Und sie hielten sich in der Nähe des Futters auf, das die Natur ausstreut, in der Nähe der weltlichen Lust; dort weilend genossen sie nicht angelockt und nicht blindlings die Nahrung; nicht angelockt und nicht blindlings die Nahrung genießend wurden sie nicht behaglich; nicht behaglich geworden ließen sie sich nicht gehn; und da sie sich nicht gehn ließen, waren sie in jenem Gehege, in jener Lust an der Welt, dem Gefallen der Natur nicht überliefert. Aber sie bekamen nun Ansichten wie: ‹Ewig ist die Welt› oder ‹Zeitlich ist die Welt›, ‹Endlich ist die Welt› oder ‹Unendlich ist die Welt›, ‹Seele und Leib sind ein und dasselbe› oder ‹Anders ist die Seele, anders der Leib›, ‹Der Vollendete besteht nach dem Tode› oder ‹Der Vollendete besteht nicht nach dem Tode›

oder ‹Der Vollendete besteht und besteht nicht nach dem Tode› oder ‹Weder
besteht noch besteht nicht der Vollendete nach dem Tode›. Und so konnten,
ihr Mönche, auch die dritten Asketen und Büßer aus dem Machtbereich der 158
Natur nicht entkommen. Wie die dritte Herde Wildes, ihr Mönche, erschei-
nen mir diese dritten Asketen und Büßer.

«Da gedachten, ihr Mönche, die vierten Asketen und Büßer: ‹Jene Ersten
und auch jene Zweiten und selbst jene Dritten konnten also aus dem Macht-
bereich der Natur nicht entkommen. Wie, wenn nun wir eine Stätte auf-
suchten, die der Natur und ihren Gesellen unzugänglich wäre? Von dort aus
mögen wir herantreten zu dem Futter, das die Natur ausstreut, zu der welt- 159
lichen Lust, und nicht angelockt und nicht blindlings die Nahrung genießen;
nicht angelockt und nicht blindlings die Nahrung genießend werden wir
nicht behaglich werden; nicht behaglich geworden werden wir uns nicht
gehn lassen; und wenn wir uns nicht gehn lassen, werden wir in jenem Ge-
hege, in jener Lust an der Welt, dem Gefallen der Natur nicht überliefert
sein.› Und sie suchten eine Stätte auf, die der Natur und ihren Gesellen un-
zugänglich blieb; von dort aus traten sie heran zu dem Futter, das die Natur
ausstreut, zu der weltlichen Lust, und genossen nicht angelockt und nicht
blindlings die Nahrung; nicht angelockt und nicht blindlings die Nahrung
genießend wurden sie nicht behaglich; nicht behaglich geworden ließen sie
sich nicht gehn; und da sie sich nicht gehn ließen, waren sie in jenem Gehege,
in jener Lust an der Welt, dem Gefallen der Natur nicht überliefert. Und so
konnten, ihr Mönche, die vierten Asketen und Büßer aus dem Machtbereich
der Natur entkommen. Wie die vierte Herde Wildes, ihr Mönche, erscheinen
mir diese vierten Asketen und Büßer.

«Wie aber, ihr Mönche, ist der Natur und ihren Gesellen der Zugang verwehrt? Da weilt, ihr Mönche, ein Mönch, gar fern von Begierden, fern von unheilsamen Dingen, in sinnend gedenkender ruhegeborener seliger Heiterkeit, in der Weihe der ersten Schauung. Ein solcher, ihr Mönche, wird Mönch genannt: geblendet hat er die Natur, spurlos vertilgt ihr Auge, entschwunden ist er der bösen.

«Weiter sodann, ihr Mönche: nach Vollendung des Sinnens und Gedenkens erreicht der Mönch die innere Meeresstille, die Einheit des Gemütes, die von sinnen, von gedenken freie, in der Einigung geborene selige Heiterkeit, die Weihe der zweiten Schauung. Ein solcher, ihr Mönche, wird Mönch genannt: geblendet hat er die Natur, spurlos vertilgt ihr Auge, entschwunden ist er der bösen.

«Weiter sodann, ihr Mönche: in heiterer Ruhe verweilt der Mönch gleichmütig, einsichtig, klar bewußt, ein Glück empfindet er im Körper, von dem die Heiligen sagen: ‹Der gleichmütig Einsichtige lebt beglückt›; so erwirkt er die Weihe der dritten Schauung. Ein solcher, ihr Mönche, wird Mönch genannt: geblendet hat er die Natur, spurlos vertilgt ihr Auge, entschwunden ist er der bösen.

«Weiter sodann, ihr Mönche: nach Verwerfung der Freuden und Leiden, nach Vernichtung des einstigen Frohsinns und Trübsinns erwirkt der Mönch die Weihe der leidlosen, freudlosen, gleichmütig einsichtigen vollkommenen Reine, die vierte Schauung. Ein solcher, ihr Mönche, wird Mönch genannt: geblendet hat er die Natur, spurlos vertilgt ihr Auge, entschwunden ist er der bösen.

«Weiter sodann, ihr Mönche: nach völliger Überwindung der Formwahrnehmungen, Vernichtung der Gegenwahrnehmungen, Verwerfung der Vielheitwahrnehmungen gewinnt der Mönch in dem Gedanken ‹Grenzenlos ist der Raum› das Reich des unbegrenzten Raumes. Ein solcher, ihr Mönche, wird Mönch genannt: geblendet hat er die Natur, spurlos vertilgt ihr Auge, entschwunden ist er der bösen.

«Weiter sodann, ihr Mönche: nach völliger Überwindung der unbegrenzten Raumsphäre gewinnt der Mönch in dem Gedanken ‹Grenzenlos ist das Bewußtsein› das Reich des unbegrenzten Bewußtseins[18]. Ein solcher, ihr Mönche, wird Mönch genannt: geblendet hat er die Natur, spurlos vertilgt ihr Auge, entschwunden ist er der bösen.

«Weiter sodann, ihr Mönche: nach völliger Überwindung der unbegrenz-
160 ten Bewußtseinsphäre gewinnt der Mönch in dem Gedanken ‹Nichts ist da› das Reich des Nichtdaseins. Ein solcher, ihr Mönche, wird Mönch genannt: geblendet hat er die Natur, spurlos vertilgt ihr Auge, entschwunden ist er der bösen.

«Weiter sodann, ihr Mönche: nach völliger Überwindung der Nichtdaseinsphäre erreicht der Mönch die Grenzscheide möglicher Wahrnehmung. Ein solcher, ihr Mönche, wird Mönch genannt: geblendet hat er die Natur, spurlos vertilgt ihr Auge, entschwunden ist er der bösen.

«Weiter sodann, ihr Mönche: nach völliger Überwindung der Grenzscheide möglicher Wahrnehmung erreicht der Mönch die Auflösung der Wahrnehmbarkeit, und des weise Sehenden Wahn ist aufgehoben. Ein solcher, ihr Mönche, wird Mönch genannt: geblendet hat er die Natur, spurlos vertilgt ihr Auge, entschwunden ist er der bösen, entronnen der Weltlichkeit.»

Also sprach der Erhabene. Zufrieden freuten sich jene Mönche über das Wort des Erhabenen.

26

DRITTER TEIL · SECHSTE REDE

DAS HEILIGE ZIEL

Das hab' ich gehört. Zu einer Zeit weilte der Erhabene bei Sāvatthī, im Siegerwalde, im Garten Anāthapiṇḍikos. Und der Erhabene, zeitig gerüstet, nahm Mantel und Schale und ging nach der Stadt um Almosenspeise. Da nun begaben sich viele Mönche zum ehrwürdigen Ānando und sagten zu ihm:

«Lang' ist es her, Bruder Ānando, seitdem wir vom Munde des Erhabenen ein lehrreiches Gespräch gehört haben: gut wär' es, Bruder Ānando, wenn wir vom Munde des Erhabenen ein lehrreiches Gespräch zu hören bekämen.»

«Wohlan, Ehrwürdige, so begebt euch zur Klause des Brāhmanen Rammako, vielleicht werdet ihr vom Munde des Erhabenen ein lehrreiches Gespräch zu hören bekommen.»

«Das wollen wir tun, Bruder!» erwiderten da jene Mönche dem ehrwürdigen Ānando.

Nachdem nun der Erhabene in Sāvatthī von Haus zu Haus getreten und vom Almosengange zurückgekehrt war, wandte er sich nach dem Mahle an den ehrwürdigen Ānando:

«Laß uns, Ānando, in den Osthain gehn, zu Mutter Migāros Terrasse, und bis gegen Abend dort verweilen.»

«Wohl, o Herr!» erwiderte der ehrwürdige Ānando dem Erhabenen.

Und der Erhabene begab sich nun mit dem ehrwürdigen Ānando in den 161
Osthain, zu Mutter Migāros Terrasse, über den Tag dort zu verweilen.

Als nun der Erhabene gegen Abend die Gedenkensruhe beendet hatte, wandte er sich zum ehrwürdigen Ānando:

«Laß uns, Ānando, ins Alte Bad gehn, die Glieder erfrischen.»

«Wohl, o Herr!» erwiderte der ehrwürdige Ānando dem Erhabenen.

Und der Erhabene ging nun mit dem ehrwürdigen Ānando ins Alte Bad, die Glieder erfrischen. Nachdem der Erhabene seine Glieder im Alten Bade besprengt und bespült hatte, nahm er eines seiner drei Kleidungstücke um und ließ die Glieder vorerst trocknen[19]. Da nun sprach der ehrwürdige Ānando zum Erhabenen also:

«Jene Klause des Brāhmanen Rammako, o Herr, ist nicht weit von hier, entzückend gelegen, o Herr, in heiterer Ruhe. Gut wär' es, o Herr, wenn der Erhabene sich dorthin begeben möchte, von Mitleid bewogen!»

Schweigend gewährte der Erhabene die Bitte. Und der Erhabene begab sich nun zur Klause des Brāhmanen Rammako.

Um diese Zeit aber waren dort viele Mönche in lehrreichem Gespräche versammelt. Da blieb der Erhabene vor dem Tore der Klause stehn und wartete das Ende des Gespräches ab. Als nun der Erhabene merkte, das Gespräch sei zu Ende, räusperte er sich und schlug mit dem Klopfer an; jene Mönche aber öffneten dem Erhabenen die Pforte. Und der Erhabene betrat nun die Klause des Brāhmanen Rammako und setzte sich auf den dargebotenen Sitz. Hierauf wandte sich der Erhabene an die Mönche:

«Zu welchem Gespräch, ihr Mönche, seid ihr jetzt hier zusammengekommen, und wobei habt ihr euch eben unterbrochen?»

«Um des Erhabenen willen, o Herr, haben wir ein lehrreiches Gespräch unterbrochen: denn der Erhabene ist gekommen!»

«Gut, meine Mönche, das steht euch an, meine Mönche, die ihr als edle Söhne von Zuversicht bewogen aus dem Hause in die Hauslosigkeit gewandert seid, daß ihr zu lehrreichem Gespräche zusammenkommet. Trefft ihr euch, meine Mönche, so geziemt euch zweierlei: lehrreiches Gespräch oder heiliges Schweigen.

«Zwei Ziele, ihr Mönche, gibt es: das heilige Ziel und das unheilige Ziel. Was ist aber, ihr Mönche, das unheilige Ziel? Da sucht, ihr Mönche, einer, selber der Geburt unterworfen, was auch der Geburt unterworfen ist; selber
162 dem Altern unterworfen sucht er was auch dem Altern unterworfen ist; selber der Krankheit unterworfen sucht er was auch der Krankheit unterworfen ist; selber dem Sterben unterworfen sucht er was auch dem Sterben unterworfen ist; selber dem Schmerz unterworfen sucht er was auch dem Schmerze unterworfen ist; selber dem Schmutz unterworfen sucht er was auch dem Schmutze unterworfen ist. Was aber, ihr Mönche, nennet ihr der Geburt unterworfen? Weib und Kind, ihr Mönche, ist der Geburt unterworfen, Knecht und Magd ist der Geburt unterworfen, Lamm und Ziege ist der Geburt unterworfen, Schwein und Hahn ist der Geburt unterworfen, Elefant und Rind, Hengst und Stute ist der Geburt unterworfen, Gold und Silber ist der Geburt unterworfen. Der Geburt unterworfen sind diese Gebilde, ihr Mönche; und da sucht man verlockt, geblendet, hingerissen, selber der Geburt unterworfen was auch der Geburt unterworfen ist. Was aber, ihr Mönche, nennet ihr dem Altern, der Krankheit, dem Sterben, dem Schmerze, dem Schmutze unterworfen? Weib und Kind, ihr Mönche, Knecht und Magd, Lamm und Ziege, Schwein und Hahn, Elefant und Rind, Hengst und Stute, Gold und Silber ist dem Altern, der Krankheit, dem Sterben, dem Schmerze, dem Schmutze unterworfen. Dem Altern, der Krankheit, dem Sterben, dem

Schmerze, dem Schmutze unterworfen sind diese Gebilde, ihr Mönche; und da sucht man verlockt, geblendet, hingerissen, selber dem Altern, der Krankheit, dem Sterben, dem Schmerze, dem Schmutze unterworfen was auch dem Altern, der Krankheit, dem Sterben, dem Schmerze, dem Schmutze unterworfen ist. Das ist, ihr Mönche, das unheilige Ziel.

«Was ist aber, ihr Mönche, das heilige Ziel? Da sucht, ihr Mönche, einer, selber der Geburt unterworfen, das Elend dieses Naturgesetzes merkend, die ge- 163
burtlose unvergleichliche Sicherheit, die Wahnerlöschung; selber dem Altern unterworfen, das Elend dieses Naturgesetzes merkend, sucht er die alterlose unvergleichliche Sicherheit, die Wahnerlöschung; selber der Krankheit unterworfen, das Elend dieses Naturgesetzes merkend, sucht er die krankheitlose unvergleichliche Sicherheit, die Wahnerlöschung; selber dem Sterben unterworfen, das Elend dieses Naturgesetzes merkend, sucht er die unsterbliche unvergleichliche Sicherheit, die Wahnerlöschung; selber dem Schmerze unterworfen, das Elend dieses Naturgesetzes merkend, sucht er die unbeschmerzte unvergleichliche Sicherheit, die Wahnerlöschung; selber dem Schmutze unterworfen, das Elend dieses Naturgesetzes merkend, sucht er die unbeschmutzte unvergleichliche Sicherheit, die Wahnerlöschung. Das ist, ihr Mönche, das heilige Ziel.

«Auch ich habe einst, ihr Mönche, noch vor der vollen Erwachung, als unvollkommen Erwachter, Erwachung erst Erringender, selber der Geburt unterworfen, gesucht was auch der Geburt unterworfen ist; selber dem Altern unterworfen, gesucht was auch dem Altern unterworfen ist; selber der Krankheit unterworfen, gesucht was auch der Krankheit unterworfen ist; selber dem Sterben unterworfen, gesucht was auch dem Sterben unterworfen ist; selber dem Schmerz unterworfen, gesucht was auch dem Schmerze unterworfen ist; selber dem Schmutz unterworfen, gesucht was auch dem Schmutze unterworfen ist.

«Da kam mir, ihr Mönche, der Gedanke: ‹Was suche ich denn, selber der Geburt, dem Altern, der Krankheit, dem Sterben, dem Schmerze, dem Schmutze unterworfen, was auch der Geburt, dem Altern, der Krankheit, dem Sterben, dem Schmerze, dem Schmutze unterworfen ist? Wie, wenn ich nun, selber der Geburt unterworfen, das Elend dieses Naturgesetzes merkend, die geburtlose unvergleichliche Sicherheit, die Wahnerlöschung suchte? Selber dem Altern unterworfen, das Elend dieses Naturgesetzes merkend, die alterlose unvergleichliche Sicherheit, die Wahnerlöschung suchte? Selber der Krankheit unterworfen, das Elend dieses Naturgesetzes merkend, die krankheitlose unvergleichliche Sicherheit, die Wahnerlöschung suchte? Selber dem Sterben unterworfen, das Elend dieses Naturgesetzes merkend, die unsterbliche unvergleichliche Sicherheit, die Wahnerlöschung suchte? Selber dem

Schmerz unterworfen, das Elend dieses Naturgesetzes merkend, die unbeschmerzte unvergleichliche Sicherheit, die Wahnerlöschung suchte? Selber dem Schmutze unterworfen, das Elend dieses Naturgesetzes merkend, die unbeschmutzte unvergleichliche Sicherheit, die Wahnerlöschung suchte?›

«Und ich zog, ihr Mönche, nach einiger Zeit, noch in frischer Blüte, glänzend dunkelhaarig, im Genusse glücklicher Jugend, im ersten Mannesalter, gegen den Wunsch meiner weinenden und klagenden Eltern, mit geschorenem Haar und Barte, mit fahlem Gewande bekleidet, vom Hause fort in die Hauslosigkeit hinaus.

«Also Pilger geworden, das wahre Gut suchend, nach dem unvergleichlichen höchsten Friedenspfade forschend, begab ich mich zu Āḷāro Kālāmo und
sprach zu ihm: ‹Ich möchte, Bruder Kālāmo, in dieser Lehre und Ordnung
das Asketenleben führen.› Hierauf, ihr Mönche, erwiderte mir Āḷāro Kālāmo:
‹Bleibt, Ehrwürdiger! Solcherart ist diese Lehre, daß ein verständiger Mann,
164 sogar binnen kurzem, sich die eigene Meisterschaft begreiflich und offenbar
machen und ihren Besitz erlangen kann.› Und ich begriff, ihr Mönche, binnen kurzem, sehr bald diese Lehre. Ich lernte nun soviel, ihr Mönche, als Lippen und Laute mitzuteilen vermögen, das Wort des Wissens und das Wort der älteren Jünger, und ich und die anderen wußten: ‹Wir kennen und verstehn es.› Da kam mir, ihr Mönche, der Gedanke: ‹Āḷāro Kālāmo verkündet nicht die ganze Lehre nach seinem Glauben ‘Mir selbst begreiflich und offenbar gemacht verweil’ ich in ihrem Besitze’, sicher kennt Āḷāro Kālāmo diese Lehre genau.› Ich ging nun, ihr Mönche, zu Āḷāro Kālāmo hin und sprach also: ‹Inwiefern, Bruder Kālāmo, erklärst du, daß wir diese Lehre begriffen, uns offenbar gemacht und ihren Besitz erlangt haben?› Hierauf, ihr Mönche, stellte Āḷāro Kālāmo das Reich des Nichtdaseins dar. Da kam mir, ihr Mönche, der Gedanke: ‹Nicht einmal Āḷāro Kālāmo hat Zuversicht, ich aber habe Zuversicht; nicht einmal Āḷāro Kālāmo hat Standhaftigkeit, ich aber habe Standhaftigkeit; nicht einmal Āḷāro Kālāmo hat Einsicht, ich aber habe Einsicht; nicht einmal Āḷāro Kālāmo hat Selbstvertiefung, ich aber habe Selbstvertiefung; nicht einmal Āḷāro Kālāmo hat Weisheit, ich aber habe Weisheit. Wie, wenn ich nun diese Lehre, von welcher Āḷāro Kālāmo sagt ‘Mir selbst begreiflich und offenbar gemacht verweil’ ich in ihrem Besitze’, mir anzueignen suchte, damit sie mir völlig klar würde?› Und binnen kurzem, sehr bald, ihr Mönche, hatte ich diese Lehre begriffen, mir offenbar gemacht und ihren Besitz erlangt. Ich ging nun, ihr Mönche, wieder zu Āḷāro Kālāmo hin und sprach also: ‹Ist diese Lehre, Bruder Kālāmo, insofern von uns begriffen, offenbar gemacht und erlangt worden?› – ‹Insofern, o Bruder, ist diese Lehre begriffen, offenbar gemacht und erlangt worden.› – ‹Ich habe nun, Bruder Kālāmo, diese Lehre insofern begriffen, mir offenbar gemacht und erlangt.› –

Beglückt sind wir, o Bruder, hoch begünstigt, die wir einen solchen Ehr-
würdigen als echten Asketen erblicken! So wie ich die Lehre verkünde, so
hast du sie erlangt; so wie du sie erlangt hast, so verkünde ich die Lehre. So 165
wie ich die Lehre kenne, so kennst du die Lehre; so wie du die Lehre kennst,
so kenne ich die Lehre. So wie ich bin, so bist du; so wie du bist, so bin ich.
Komm' denn, Bruder: selbander wollen wir diese Jüngerschar lenken.› So,
ihr Mönche, erklärte Āḷāro Kālāmo, mein Lehrer, mich, seinen Schüler, als
ihm ebenbürtig und ehrte mich mit hoher Ehre. Da kam mir, ihr Mönche,
der Gedanke: ‹Nicht diese Lehre führt zur Abkehr, zur Wendung, zur Auf-
lösung, zur Aufhebung, zur Durchschauung, zur Erwachung, zur Erlöschung,
sondern nur zur Einkehr in das Reich des Nichtdaseins.› Und ich fand diese
Lehre ungenügend, ihr Mönche, und unbefriedigt von ihr zog ich fort.

«Ich begab mich nun, ihr Mönche, das wahre Gut suchend, nach dem un-
vergleichlichen höchsten Friedenspfade forschend, zu Uddako, dem Sohne
Rāmos, und sprach zu ihm: ‹Ich möchte, Bruder Rāmo, in dieser Lehre und
Ordnung das Asketenleben führen.› Hierauf, ihr Mönche, erwiderte mir Ud-
dako Rāmaputto: ‹Bleibt, Ehrwürdiger! Solcherart ist diese Lehre, daß ein
verständiger Mann, sogar binnen kurzem, sich die eigene Meisterschaft be-
greiflich und offenbar machen und ihren Besitz erlangen kann.› Und ich be-
griff, ihr Mönche, binnen kurzem, sehr bald diese Lehre. Ich lernte nun soviel,
ihr Mönche, als Lippen und Laute mitzuteilen vermögen, das Wort des Wis-
sens und das Wort der älteren Jünger, und ich und die anderen wußten: ‹Wir
kennen und verstehn es.› Da kam mir, ihr Mönche, der Gedanke: ‹Rāmo hat
nicht die ganze Lehre nach seinem Glauben 'Mir selbst begreiflich und offen-
bar gemacht verweil' ich in ihrem Besitze' verkündet, sicher hat Rāmo diese
Lehre genau gekannt.› Ich ging nun, ihr Mönche, zu Uddako, dem Sohne Rā-
mos, hin und sprach also: ‹Inwiefern, Bruder, hat Rāmo diese Lehre also von
uns begriffen, offenbar gemacht und erlangt erklärt?› Hierauf, ihr Mönche,
stellte Uddako, der Sohn Rāmos, die Grenzscheide möglicher Wahrnehmung
dar. Da kam mir, ihr Mönche, der Gedanke: ‹Nicht einmal Rāmo hatte Zu-
versicht, ich aber habe Zuversicht; nicht einmal Rāmo hatte Standhaftigkeit,
ich aber habe Standhaftigkeit; nicht einmal Rāmo hatte Einsicht, ich aber 166
habe Einsicht; nicht einmal Rāmo hatte Selbstvertiefung, ich aber habe
Selbstvertiefung; nicht einmal Rāmo hatte Weisheit, ich aber habe Weisheit.
Wie, wenn ich nun diese Lehre, von welcher Rāmo sagte 'Mir selbst begreif-
lich und offenbar gemacht, verweil' ich in ihrem Besitze', mir anzueignen
suchte, damit sie mir völlig klar würde?› Und binnen kurzem, sehr bald, ihr
Mönche, hatte ich diese Lehre begriffen, mir offenbar gemacht und ihren Be-
sitz erlangt. Ich ging nun, ihr Mönche, wieder zu Uddako Rāmaputto hin
und sprach also: ‹Ist diese Lehre, Bruder, der Darlegung Rāmos gemäß inso-

fern von uns begriffen, offenbar gemacht und erlangt worden?› – ‹Insofern, Bruder, hat Rāmo diese Lehre als begriffen, offenbar gemacht und erlangt dargestellt.› – ‹Ich habe nun, Bruder, diese Lehre insofern begriffen, mir offenbar gemacht und erlangt.› – ‹Beglückt sind wir, o Bruder, hoch begünstigt, die wir einen solchen Ehrwürdigen als echten Asketen erblicken! So wie Rāmo die Lehre verkündet hat, so hast du die Lehre erlangt; so wie du sie erlangt hast, so hat Rāmo die Lehre verkündet. So wie Rāmo die Lehre gekannt hat, so kennst du die Lehre; so wie du die Lehre kennst, so hat Rāmo die Lehre gekannt. So wie Rāmo war, so bist du; so wie du bist, so war Rāmo. Komm' denn, o Bruder: sei du das Haupt dieser Jüngerschar.› So, ihr Mönche, belehnte Uddako Rāmaputto, mein Ordensbruder, mich mit der Meisterschaft und ehrte mich mit hoher Ehre. Da kam mir, ihr Mönche, der Gedanke: ‹Nicht diese Lehre führt zur Abkehr, zur Wendung, zur Auflösung, zur Aufhebung, zur Durchschauung, zur Erwachung, zur Erlöschung, sondern nur zur Einkehr in das Reich der Grenze möglicher Wahrnehmung.› Und ich fand diese Lehre ungenügend, ihr Mönche, und unbefriedigt von ihr zog ich fort.

«Ich wanderte nun, ihr Mönche, das wahre Gut suchend, nach dem unvergleichlichen höchsten Friedenspfade forschend, im Magadhā-Lande von Ort
167 zu Ort und kam in die Nähe der Burg Uruvelā. Dort sah ich einen entzückenden Fleck Erde: einen heiteren Waldesgrund, einen hell strömenden Fluß, zum Baden geeignet, erfreulich, und rings umher Wiesen und Felder. Da kam mir, ihr Mönche, der Gedanke: ‹Entzückend, wahrlich, ist dieser Fleck Erde! Heiter ist der Waldesgrund, der Fluß strömt hell dahin, zum Baden geeignet, erfreulich, und rings umher liegen Wiesen und Felder. Das genügt wohl einem Askese begehrenden edlen Sohne zur Askese.› Und ich setzte mich nun, ihr Mönche, dort nieder: ‹Das genügt zur Askese.›

«Und der ich, ihr Mönche, selber der Geburt unterworfen, das Elend dieses Naturgesetzes merkend, die geburtlose unvergleichliche Sicherheit, die Wahnerlöschung suchte, fand die geburtlose unvergleichliche Sicherheit, die Wahnerlöschung; der ich, selber dem Altern unterworfen, das Elend dieses Naturgesetzes merkend, die alterlose unvergleichliche Sicherheit, die Wahnerlöschung suchte, fand die alterlose unvergleichliche Sicherheit, die Wahnerlöschung; der ich, selber der Krankheit unterworfen, das Elend dieses Naturgesetzes merkend, die krankheitlose unvergleichliche Sicherheit, die Wahnerlöschung suchte, fand die krankheitlose unvergleichliche Sicherheit, die Wahnerlöschung; der ich, selber dem Sterben unterworfen, das Elend dieses Naturgesetzes merkend, die unsterbliche unvergleichliche Sicherheit, die Wahnerlöschung suchte, fand die unsterbliche unvergleichliche Sicherheit, die Wahnerlöschung; der ich selber dem Schmerze unterworfen, das Elend dieses Naturgesetzes merkend, die unbeschmerzte unvergleichliche Sicherheit, die Wahnerlöschung suchte, fand die unbeschmerzte unvergleichliche Sicherheit, die Wahnerlöschung; der ich, selber dem Schmutze unterworfen, das Elend dieses Naturgesetzes merkend, die unbeschmutzte unvergleichliche Sicherheit, die Wahnerlöschung suchte, fand die unbeschmutzte unvergleichliche Sicherheit, die Wahnerlöschung. Die klare Gewißheit ging mir nun auf:

‹Für ewig bin erlöst ich,
Das ist das letzte Leben,
Und nicht mehr gibt es Wiedersein.›

«Da kam mir, ihr Mönche, der Gedanke: ‹Entdeckt hab' ich diese tiefe Satzung, die schwer zu gewahren, schwer zu erkunden ist, die stille, erlesene, unbekrittelbare, feine, Weisen erfindliche. Vergnügen aber sucht ja dieses Geschlecht, Vergnügen liebt es, Vergnügen schätzt es. Dem Vergnügen suchenden Geschlechte nun aber, Vergnügen liebenden, Vergnügen schätzenden ist ein solches Ding kaum verständlich: als wie das auf gewisse Weise bedingt sein, die bedingte Entstehung; und auch ein solches Ding wird es kaum verstehn: eben dieses Aufgehn aller Unterscheidung, die Abwehr aller Anhaftung, das Versiegen des Durstes, die Wendung, Auflösung, Erlöschung.
Wenn ich also die Satzung darlege und die anderen mich doch nicht begrei- 168
fen, so ist mir Plage gewiß und Anstoß.› Und es sind da, ihr Mönche, diese naturgemäßen Sprüche mir aufgeleuchtet, die vorher nie gehörten:

‹Mit heißer Mühe, was ich fand
Nun offenbaren wär' umsonst:
Das gier- und haßverzehrte Volk
Ist solcher Satzung nicht geneigt.

‹Die stromentgegen gehende
Tief innig zart verborgene
Bleibt Gierergetzten unsichtbar
In dichter Finsternis verhüllt.›

«Also erwägend, ihr Mönche, neigte sich mein Gemüt zur Verschlossenheit, nicht zur Darlegung der Lehre. Da nun gewahrte, ihr Mönche, Brahmā Sahampati[20] meines Herzens Bedenken und klagte: ‹Verderben, ach, wird ja die Welt, elend verderben, wenn des Vollendeten, Heiligen, vollkommen Erwachten Gemüt sich zur Verschlossenheit neigt und nicht zur Darlegung der Lehre!› Da verschwand nun, ihr Mönche, Brahmā Sahampati, so schnell wie etwa ein kräftiger Mann den eingezogenen Arm ausstrecken oder den ausgestreckten Arm einziehn mag, aus der Brahmawelt und erschien vor mir.

Da nun entblößte, ihr Mönche, Brahmā Sahampati eine Schulter, faltete die Hände zu mir und sprach hierauf also:

‹O daß doch der Erhabene, o Herr, die Lehre darlege, o daß doch der Willkommene die Lehre darlege! Es gibt Wesen edlerer Art: ohne Gehör der Lehre verlieren sie sich; sie werden die Lehre verstehn.›

«Das sagte, ihr Mönche, Brahmā Sahampati; und hierauf sprach er fernerhin also:

‹Verkündet ward in Magadhā Verkehrtes,
Vertrübte Lehre von Unreinen ausgedacht:
Eröffne du jetzt dieses Tor des Lebens,
Der Reine weise zur entdeckten Wahrheit uns.

‹Wie einer, der am Gipfel hoher Berge steht
Und in die Lande blickt nach allen Seiten hin,
So blick', Allauge du, vom Turm der Wahrheit
In dieses Schmerzenreich, du Schmerzenlöser!
Sieh' hin, o Weiser, auf das Sein:
Entstehn-Vergehn ist seine Pein.

169 ‹Wohlan, o Helde, siegreicher Kampfesherr,
Geh' hin zur Welt, entsühnt, o Meisterführer du!
Die Lehre mögest, Herr, verkünden:
Es werden sich Verständige finden.›

«Auf das Anliegen Brahmās nun, ihr Mönche, und aus Erbarmen zu den Wesen blickte ich mit dem erwachten Auge in die Welt. Und ich sah, ihr Mönche, mit dem erwachten Auge in die Welt blickend, Wesen edlerer Art und gemeinerer Art, scharfsinnige und stumpfsinnige, gut begabte und schlecht begabte, leicht begreifende und schwer begreifende und auch manche, die das Anpreisen einer anderen Welt für arg erachten. Gleichwie etwa, ihr Mönche, in einem Lotusweiher einzelne blaue oder rote oder weiße Lotusrosen im Wasser entstehn, im Wasser sich entwickeln, unter dem Wasserspiegel bleiben, aus der Wassertiefe Nahrung aufsaugen; einzelne blaue oder rote oder weiße Lotusrosen im Wasser entstehn, im Wasser sich entwickeln, bis zum Wasserspiegel dringen; einzelne blaue oder rote oder weiße Lotusrosen im Wasser entstehn, im Wasser sich entwickeln, über das Wasser emporsteigen und dastehn unbenetzt von Wasser: ebenso nun auch, ihr Mönche, sah ich, mit dem erwachten Auge in die Welt blickend, Wesen edlerer Art und gemeinerer Art, scharfsinnige und stumpfsinnige, gut begabte und schlecht begabte, leicht begreifende und schwer begreifende und auch manche, die das Anpreisen einer anderen Welt für arg erachten.

«Und ich erwiderte nun, ihr Mönche, Brahmā Sahampati'n mit dem Spruche:

‹Erschlossen sind zur Ewigkeit die Tore:
Wer Ohren hat zu hören komm' und höre.
Den Anstoß ahnend wahrt' ich unberedsam
Das köstlich Edle vor den Menschen, Brahmā.›

«Da nun, ihr Mönche, sagte Brahmā Sahampati: ‹Gewährung hat mir der Erhabene verheißen, die Lehre darzulegen›, begrüßte mich ehrerbietig, ging rechts herum und war alsbald verschwunden.

«Da kam mir, ihr Mönche, der Gedanke: ‹Wem könnt' ich nun wohl zuerst die Lehre darlegen, wer wird diese Lehre gar bald begreifen?› Da kam mir, ihr Mönche, der Gedanke: ‹Jener Āḷāro Kālāmo ist weise, entfremdet, tiefsinnig, lebt seit langer Zeit der Entsagung; wenn ich nun ihm zuerst die 170
Lehre darlege, wird er diese Lehre gar bald begreifen.› Da nun kamen, ihr Mönche, Gottheiten zu mir und sagten: ‹Vor sieben Tagen, o Herr, ist Āḷāro Kālāmo gestorben.› Die klare Gewißheit ging mir nun auf: ‹Vor sieben Tagen ist Āḷāro Kālāmo gestorben.› Da kam mir, ihr Mönche, der Gedanke: ‹Ein großer Geist war Āḷāro Kālāmo: hätte er diese Lehre vernommen, er hätte sie gar bald begriffen.› Da kam mir, ihr Mönche, der Gedanke: ‹Wem könnt' ich nun wohl zuerst die Lehre darlegen, wer wird diese Lehre gar bald begreifen?› Da kam mir, ihr Mönche, der Gedanke: ‹Jener Uddako Rāmaputto ist weise, entfremdet, tiefsinnig, lebt seit langer Zeit der Entsagung; wenn ich nun ihm zuerst die Lehre darlege, wird er diese Lehre gar bald begreifen.› Da nun kamen, ihr Mönche, Gottheiten zu mir und sagten: ‹Am Abend, o Herr, ist Uddako Rāmaputto gestorben.› Die klare Gewißheit ging mir nun auf: ‹Am Abend ist Uddako Rāmaputto gestorben.› Da kam mir, ihr Mönche, der Gedanke: ‹Ein großer Geist war Uddako Rāmaputto: hätte er diese Lehre vernommen, er hätte sie gar bald begriffen.› Da kam mir, ihr Mönche, der Gedanke: ‹Wem könnt' ich nun wohl zuerst die Lehre darlegen, wer wird diese Lehre gar bald begreifen?› Da kam mir, ihr Mönche, der Gedanke: ‹Zugetan sind mir ja die Fünf verbündeten Mönche, die meiner warteten, als ich mich der Askese hingab; wie, wenn ich nun zuerst den Fünf verbündeten Mönchen die Lehre darlegen möchte?› Da kam mir, ihr Mönche, der Gedanke: ‹Wo weilen wohl jetzt die Fünf verbündeten Mönche?› Und ich sah, ihr Mönche, mit dem himmlischen Auge, dem geläuterten, über menschliche Grenzen hinausreichenden, den Aufenthalt der Fünf verbündeten Mönche bei Benāres, am Sehersteine, im Wildparke[21]. Und ich begab mich nun, ihr Mönche, da ich in Uruvelā nach Belieben geweilt hatte, auf die Wanderung nach Benāres.

«Da begegnete mir, ihr Mönche, Upako, ein Nackter Büßer, auf dem Wege vom Baum der Erwachung nach Gayā, und als er mich gesehn hatte sprach er also zu mir:

‹Heiter, o Bruder, ist dein Angesicht, hell die Hautfarbe und rein! Um wessen willen, o Bruder, bist du hinausgezogen? Wer ist wohl dein Meister? Oder zu wessen Lehre bekennst du dich?›

171 «Auf diese Worte, ihr Mönche, sprach ich zu Upako, dem Nackten Büßer, die Sprüche:

«Allüberwinder, Allerkenner bin ich,
Von allen Dingen ewig abgeschieden,
Verlassend alles, lebenswahngeläutert,
Durch mich allein belehrt, wen kann ich nennen?

«Kein Lehrer hat mich aufgeklärt,
Kein Wesen gibt es, das mir gleicht,
Die Welt mit ihren Göttern hat
Nicht Einen Ebenbürtigen.

«Denn ich bin ja der Herr der Welt,
Der höchste Meister, der bin ich,
Ein einzig Allvollendeter,
Vollkommen Wahnerloschener.

«Der Wahrheit Reich erricht' ich nun
Und wandre zur Benāresstadt:
Erdröhnen soll in finstrer Welt
Die Trommel der Unsterblichkeit.»

‹So glaubst du also, Bruder, daß du der Heilige bist, der Unumschränkte Sieger?›

«Mir gleich, ja, werden Siegende,
Ist Wahnvertilgung ausgeübt:
Besiegt hab' ich das Sündige,
Bin darum Sieger, Upako.»

«Auf diese Worte, ihr Mönche, erwiderte Upako, der Nackte Büßer: ‹Wenn's nur wäre, Bruder!› schüttelte das Haupt, schlug einen Seitenweg ein und entfernte sich.

«Und ich zog nun, ihr Mönche, von Ort zu Ort nach Benāres, kam zum Seherstein, in den Wildpark, wo die Fünf verbündeten Mönche weilten. Da erblickten mich, ihr Mönche, die Fünf verbündeten Mönche von ferne, und als sie mich gesehn, bestärkte einer den anderen: ‹Da kommt, Bruder, jener

Asket Gotamo heran, der Üppige, der von der Askese abgefallen ist und sich der Üppigkeit ergeben hat: wir wollen ihn weder begrüßen, noch uns erheben um ihm Mantel und Schale abzunehmen, aber ein Sitz sei zugewiesen; wenn er will, mag er sich setzen.› Je mehr ich mich aber, ihr Mönche, näherte, desto weniger vermochten die Fünf verbündeten Mönche bei ihrem Entschluß zu verharren: einige kamen entgegen und nahmen mir Mantel und Schale ab, einige baten mich Platz zu nehmen, einige machten ein Fußbad zurecht, und sie gingen mich mit dem Namen und dem Bruderworte an. Da sagte ich, ihr Mönche, zu den Fünf verbündeten Mönchen:

‹Nicht gehet, ihr Mönche, den Vollendeten mit dem Namen und dem Bruderworte an: heilig, ihr Mönche, ist der Vollendete, der vollkommen Er-
wachte. Leihet Gehör, ihr Mönche, die Unsterblichkeit ist gefunden. Ich 172
führe ein, ich lege die Lehre dar. Der Führung folgend werdet ihr in gar kurzer Zeit jenes Ziel, um dessen willen edle Söhne gänzlich vom Hause fort in die Hauslosigkeit ziehn, die höchste Vollendung der Heiligkeit noch bei Lebzeiten euch offenbar machen, verwirklichen und erringen.› Auf diese Worte, ihr Mönche, erwiderten mir die Fünf verbündeten Mönche: ‹Selbst durch deine so harte Buße, o Bruder Gotamo, durch deine Kasteiung, durch deine Schmerzensaskese hast du das überirdische, reiche Heiltum der Wissensklarheit nicht errungen: wie magst du nun jetzt, wo du üppig geworden, von der Askese abgefallen bist, der Üppigkeit dich ergeben hast, das überirdische, reiche Heiltum der Wissensklarheit besitzen?› Auf diese Worte, ihr Mönche, erwiderte ich den Fünf verbündeten Mönchen: ‹Nicht ist, ihr Mönche, der Vollendete üppig geworden, von der Askese abgefallen, der Üppigkeit ergeben: heilig, ihr Mönche, ist der Vollendete, der vollkommen Erwachte. Leihet Gehör, ihr Mönche, die Unsterblichkeit ist gefunden. Ich führe ein, ich lege die Lehre dar. Der Führung folgend werdet ihr in gar kurzer Zeit jenes Ziel, um dessen willen edle Söhne gänzlich vom Hause fort in die Hauslosigkeit ziehn, die höchste Vollendung der Heiligkeit noch bei Lebzeiten euch offenbar machen, verwirklichen und erringen.› Und zum zweitenmal nun, ihr Mönche, erwiderten mir die Fünf verbündeten Mönche: ‹Selbst durch deine so harte Buße, o Bruder Gotamo, durch deine Kasteiung, durch deine Schmerzensaskese hast du das überirdische, reiche Heiltum der Wissensklarheit nicht errungen: wie magst du nun jetzt, wo du üppig geworden, von der Askese abgefallen bist, der Üppigkeit dich ergeben hast, das überirdische, reiche Heiltum der Wissensklarheit besitzen?› Und zum zweitenmal nun, ihr Mönche, erwiderte ich den Fünf verbündeten Mönchen: ‹Nicht ist, ihr Mönche, der Vollendete üppig geworden, von der Askese abgefallen, der Üppigkeit ergeben: heilig, ihr Mönche, ist der Vollendete, der vollkommen Erwachte. Leihet Gehör, ihr Mönche, die Unsterblichkeit ist gefunden. Ich

führe ein, ich lege die Lehre dar. Der Führung folgend werdet ihr in gar kurzer Zeit jenes Ziel, um dessen willen edle Söhne gänzlich vom Hause fort in die Hauslosigkeit ziehn, die höchste Vollendung der Heiligkeit noch bei Lebzeiten euch offenbar machen, verwirklichen und erringen.› Und zum drittenmal nun, ihr Mönche, erwiderten mir die Fünf verbündeten Mönche: ‹Selbst durch deine so harte Buße, o Bruder Gotamo, durch deine Kasteiung, durch deine Schmerzensaskese hast du das überirdische, reiche Heiltum der Wissensklarheit nicht errungen: wie magst du nun jetzt, wo du üppig geworden, von der Askese abgefallen bist, der Üppigkeit dich ergeben hast, das überirdische, reiche Heiltum der Wissensklarheit besitzen?› Auf diese Worte, ihr Mönche, sagte ich zu den Fünf verbündeten Mönchen:

‹Entsinnet ihr euch, ihr Mönche, daß ich je zuvor also gesprochen hätte?›

‹Nein, o Herr!›

‹Heilig, ihr Mönche, ist der Vollendete, der vollkommen Erwachte. Leihet Gehör, ihr Mönche, die Unsterblichkeit ist gefunden. Ich führe ein, ich lege die Lehre dar. Der Führung folgend werdet ihr in gar kurzer Zeit jenes Ziel, um dessen willen edle Söhne gänzlich vom Hause fort in die Hauslosigkeit ziehn, die höchste Vollendung der Heiligkeit noch bei Lebzeiten euch offen-
173 bar machen, verwirklichen und erringen.› Und es gelang mir, ihr Mönche, den Fünf verbündeten Mönchen meine Erkenntnis mitzuteilen. Erst trug ich, ihr Mönche, zweien Mönchen die Lehre vor, drei Mönche gingen um Almosenspeise, und was die drei Mönche an Almosenspeise brachten, das teilten wir in sechs Teile und lebten davon. Dann trug ich, ihr Mönche, dreien Mönchen die Lehre vor, zwei Mönche gingen um Almosenspeise, und was die zwei Mönche an Almosenspeise brachten, das teilten wir in sechs Teile und lebten davon.

«Und die Fünf verbündeten Mönche, ihr Mönche, von mir also belehrt, also eingeführt, selber der Geburt unterworfen, das Elend dieses Naturgesetzes merkend, die geburtlose unvergleichliche Sicherheit, die Wahnerlöschung suchend, fanden die geburtlose unvergleichliche Sicherheit, die Wahnerlöschung; selber dem Altern unterworfen, das Elend dieses Naturgesetzes merkend, die alterlose unvergleichliche Sicherheit, die Wahnerlöschung suchend, fanden die alterlose unvergleichliche Sicherheit, die Wahnerlöschung; selber der Krankheit unterworfen, das Elend dieses Naturgesetzes merkend, die krankheitlose unvergleichliche Sicherheit, die Wahnerlöschung suchend, fanden die krankheitlose unvergleichliche Sicherheit, die Wahnerlöschung; selber dem Sterben unterworfen, das Elend dieses Naturgesetzes merkend, die unsterbliche unvergleichliche Sicherheit, die Wahnerlöschung suchend, fanden die unsterbliche unvergleichliche Sicherheit, die Wahnerlöschung; selber dem Schmerze unterworfen, das Elend dieses Naturgesetzes merkend, die unbeschmerzte unvergleichliche Sicherheit, die Wahnerlöschung suchend, fanden die unbeschmerzte unvergleichliche Sicherheit, die Wahnerlöschung; selber dem Schmutze unterworfen, das Elend dieses Naturgesetzes merkend, die unbeschmutzte unvergleichliche Sicherheit, die Wahnerlöschung suchend, fanden die unbeschmutzte unvergleichliche Sicherheit, die Wahnerlöschung. Die klare Gewißheit ging ihnen nun auf:

‹Für ewig sind erlöst wir,
Das ist das letzte Leben,
Und nicht mehr gibt es Wiedersein.›

«Fünf Begehrungen, ihr Mönche, gibt es: welche fünf? Die durch das Gesicht ins Bewußtsein tretenden Formen, die ersehnten, geliebten, entzückenden, angenehmen, dem Begehren entsprechenden, reizenden; die durch das Gehör ins Bewußtsein tretenden Töne, die ersehnten, geliebten, entzückenden, angenehmen, dem Begehren entsprechenden, reizenden; die durch den Geruch ins Bewußtsein tretenden Düfte, die ersehnten, geliebten, entzückenden, angenehmen, dem Begehren entsprechenden, reizenden; die durch den Geschmack ins Bewußtsein tretenden Säfte, die ersehnten, geliebten, entzückenden, angenehmen, dem Begehren entsprechenden, reizenden; die durch das Getast ins Bewußtsein tretenden Tastungen, die ersehnten, geliebten, entzückenden, angenehmen, dem Begehren entsprechenden, reizenden. Das sind, ihr Mönche, die fünf Begehrungen.

«Von allen den Asketen oder Priestern, ihr Mönche, die sich da der fünf Begehrungen verlockt, geblendet, hingerissen bedienen, ohne das Elend zu sehn, ohne an Entrinnung zu denken, von denen gelte das Wort: verloren, verdorben, dem Gefallen des Bösen überliefert. Gleichwie etwa, ihr Mönche, wenn sich ein Wild des Waldes auf eine Fallschlinge, verstrickt, hinlegte; da gälte von ihm das Wort: verloren, verdorben, dem Gefallen des Jägers überliefert, kommt nun der Jäger heran, wird es nicht hinwegeilen können, wohin es will: ebenso nun auch, ihr Mönche, gelte das Wort von allen den Asketen oder Priestern, die sich da der fünf Begehrungen verlockt, geblendet, hingerissen bedienen, ohne das Elend zu sehn, ohne an Entrinnung zu denken: verloren, verdorben, dem Gefallen des Bösen überliefert. Von allen den Asketen oder Priestern aber, ihr Mönche, die sich da der fünf Begehrungen nicht verlockt, nicht geblendet, nicht hingerissen bedienen, das Elend sehend, der
Entrinnung eingedenk, von denen gelte das Wort: nicht verloren, nicht ver- 174
dorben, dem Gefallen des Bösen nicht überliefert. Gleichwie etwa, ihr Mönche, wenn sich ein Wild des Waldes auf eine Fallschlinge, unverstrickt, hinlegte; da gälte von ihm das Wort: nicht verloren, nicht verdorben, dem Gefal-

len des Jägers nicht überliefert, und kommt nun der Jäger heran, wird es hinwegeilen können, wohin es will: ebenso nun auch, ihr Mönche, gelte das Wort von allen den Asketen oder Priestern, die sich da der fünf Begehrungen nicht verlockt, nicht geblendet, nicht hingerissen bedienen, das Elend sehend, der Entrinnung eingedenk: nicht verloren, nicht verdorben, dem Gefallen des Bösen nicht überliefert.

«Gleichwie etwa, ihr Mönche, ein Wild des Waldes, in fernen Waldesgründen schweifend, gesichert geht, gesichert steht, gesichert sitzt, gesichert liegt, und deshalb zwar, weil es sich außer dem Bereich des Jägers hält: ebenso nun auch, ihr Mönche, verweilt da ein Mönch, gar fern von Begierden, fern von unheilsamen Dingen, in sinnend gedenkender ruhegeborener seliger Heiterkeit, in der Weihe der ersten Schauung. Ein solcher, ihr Mönche, wird Mönch genannt: geblendet hat er die Natur, spurlos vertilgt ihr Auge, entschwunden ist er der bösen.

«Weiter sodann, ihr Mönche: nach Vollendung des Sinnens und Gedenkens erwirkt der Mönch die innere Meeresstille, die Einheit des Gemütes, die von sinnen, von gedenken freie, in der Einigung geborene selige Heiterkeit, die Weihe der zweiten Schauung. Ein solcher, ihr Mönche, wird Mönch genannt: geblendet hat er die Natur, spurlos vertilgt ihr Auge, entschwunden ist er der bösen.

«Weiter sodann, ihr Mönche: in heiterer Ruhe verweilt der Mönch gleichmütig, einsichtig, klar bewußt, ein Glück empfindet er im Körper, von dem die Heiligen sagen: ‹Der gleichmütig Einsichtige lebt beglückt›: so erwirkt er die Weihe der dritten Schauung. Ein solcher, ihr Mönche, wird Mönch genannt: geblendet hat er die Natur, spurlos vertilgt ihr Auge, entschwunden ist er der bösen.

«Weiter sodann, ihr Mönche: nach Verwerfung der Freuden und Leiden, nach Vernichtung des einstigen Frohsinns und Trübsinns erwirkt der Mönch die Weihe der leidlosen, freudlosen, gleichmütig einsichtigen vollkommenen Reine, die vierte Schauung. Ein solcher, ihr Mönche, wird Mönch genannt: geblendet hat er die Natur, spurlos vertilgt ihr Auge, entschwunden ist er der bösen.

«Weiter sodann, ihr Mönche: nach völliger Überwindung der Formwahrnehmungen, Vernichtung der Gegenwahrnehmungen, Verwerfung der Vielheitwahrnehmungen gewinnt der Mönch in dem Gedanken ‹Grenzenlos ist der Raum› das Reich des unbegrenzten Raumes. Ein solcher, ihr Mönche, wird Mönch genannt; geblendet hat er die Natur, spurlos vertilgt ihr Auge, entschwunden ist er der bösen.

«Weiter sodann, ihr Mönche: nach völliger Überwindung der unbegrenzten Raumsphäre gewinnt der Mönch in dem Gedanken ‹Grenzenlos ist das

Bewußtsein› das Reich des unbegrenzten Bewußtseins. Ein solcher, ihr Mönche, wird Mönch genannt: geblendet hat er die Natur, spurlos vertilgt ihr Auge, entschwunden ist er der bösen.

«Weiter sodann, ihr Mönche: nach völliger Überwindung der unbegrenzten Bewußtseinsphäre gewinnt der Mönch in dem Gedanken ‹Nichts ist da› das Reich des Nichtdaseins. Ein solcher, ihr Mönche, wird Mönch genannt: geblendet hat er die Natur, spurlos vertilgt ihr Auge, entschwunden ist er der bösen.

«Weiter sodann, ihr Mönche: nach völliger Überwindung der Nichtdasein-
sphäre erreicht der Mönch die Grenzscheide möglicher Wahrnehmung. Ein 175
solcher, ihr Mönche, wird Mönch genannt: geblendet hat er die Natur, spurlos vertilgt ihr Auge, entschwunden ist er der bösen.

«Weiter sodann, ihr Mönche: nach völliger Überwindung der Grenzscheide möglicher Wahrnehmung erreicht der Mönch die Auflösung der Wahrnehmbarkeit, und des weise Sehenden Wahn ist aufgehoben. Ein solcher, ihr Mönche, wird Mönch genannt: geblendet hat er die Natur, spurlos vertilgt ihr Auge, entschwunden ist er der bösen, entronnen der Weltlichkeit. Gesichert geht er, gesichert steht er, gesichert sitzt er, gesichert liegt er, und deshalb zwar, weil er sich außer dem Bereich des Bösen hält.»

Also sprach der Erhabene. Zufrieden freuten sich jene Mönche über das Wort des Erhabenen.

27

DRITTER TEIL · SIEBENTE REDE

DIE ELEFANTENSPUR

I

Das hab' ich gehört. Zu einer Zeit weilte der Erhabene bei Sāvatthī, im Siegerwalde, im Garten Anāthapiṇḍikos. Zu jener Zeit nun fuhr der Brāhmane Jāṇussoṇi eines Nachmittags in einem weißen Zeltwagen aus der Stadt hinaus. Da sah der Brāhmane Jāṇussoṇi den Pilger Pilotikā von ferne herankommen, und nachdem er ihn gesehn sprach er also zu ihm:

«Sieh' da, wo kommt denn der verehrte Vacchāyano her, mitten am Tage?»

«Von dort, Lieber, vom Asketen Gotamo komme ich.»

«Was meint wohl Herr Vacchāyano: hat der Asket Gotamo große Geisteskraft? Man hält ihn für weise.»

«Wer bin ich, Lieber, daß ich über die große Geisteskraft des Asketen Gotamo urteilen sollte? Der müßte ihm wohl gleichen, der die große Geisteskraft des Asketen Gotamo kennte!»

«Gewaltig, fürwahr, preist Herr Vacchāyano das Lob des Asketen Gotamo!»

«Wer bin ich, Lieber, daß ich den Asketen Gotamo preisen sollte? Von Gepriesenen gepriesen wird Herr Gotamo, der Höchste der Götter und Menschen.»

«Welche Eigenschaft hat doch Herr Vacchāyano wahrgenommen, um dem Asketen Gotamo so hingegeben zu sein?»

«Gleichwie etwa, Lieber, wenn ein kundiger Elefantensteller einen Ele-
176 fantenwald aufsuchte; dort fände er die mächtige Fußspur eines Elefanten, groß in der Länge, breit in der Quere; da käme er zu dem Schlusse: ‹Welch ein mächtiger Elefant muß das sein!› –: ebenso nun auch habe ich, Lieber, da ich des Asketen Gotamo vier Fußspuren gesehn, alsbald geschlossen: ‹Vollkommen erwacht ist der Erhabene, wohlkundgetan vom Erhabenen die Satzung, wohlvertraut die Jüngerschaft!› – Welche vier?

«Da habe ich, Lieber, manche gelehrte Adelige gesehn, feine, erprobte Gegenredner, die Haare zu spalten schienen, die mit ihrem Scharfsinn die schönsten Ansichten, so zu sagen, entzweischnitten. Denen war zu Ohren gekommen: ‹Der Asket Gotamo selbst wird auf der Wanderung dieses Dorf oder jene Stadt besuchen!› Da stellten sie eine Frage zusammen: ‹Diese Frage wollen wir dem Asketen Gotamo vorlegen; gibt er uns auf diese Frage diese Antwort, so werden wir ihm auf diese Weise das Wort verdrehn: gibt er uns aber auf diese Frage jene Antwort, so werden wir ihm auf jene Weise das Wort verdrehn.› Und sie hörten: ‹Der Asket Gotamo selbst ist auf der Wanderung in diesem Dorfe oder in jener Stadt angekommen!› Und sie begaben sich hin. Und der Asket Gotamo ermunterte, ermutigte, erregte und erheiterte sie in lehrreichem Gespräche. Und vom Asketen Gotamo in lehrreichem Gespräche ermuntert, ermutigt, erregt und erheitert stellten sie dem Asketen Gotamo weder eine Frage, geschweige daß sie ihm das Wort verdrehn wollten, wurden vielmehr Anhänger[22] des Asketen Gotamo.

«Als ich, Lieber, diese erste Fußspur des Asketen Gotamo gesehn hatte, da bin ich zu dem Schlusse gekommen: ‹Vollkommen erwacht ist der Erhabene, wohlkundgetan vom Erhabenen die Satzung, wohlvertraut die Jüngerschaft!›

«Weiter sodann, Lieber, habe ich da manche gelehrte Priester gesehn, feine, erprobte Gegenredner, die Haare zu spalten schienen, die mit ihrem Scharfsinn die schönsten Ansichten, so zu sagen, entzweischnitten. Denen war zu Ohren gekommen: ‹Der Asket Gotamo selbst wird auf der Wanderung dieses Dorf oder jene Stadt besuchen!› Da stellten sie eine Frage zusammen: ‹Diese Frage wollen wir dem Asketen Gotamo vorlegen; gibt er uns auf diese Frage diese Antwort, so werden wir ihm auf diese Weise das Wort verdrehn; gibt er uns aber auf diese Frage jene Antwort, so werden wir ihm auf jene Weise das Wort verdrehn.› Und sie hörten: ‹Der Asket Gotamo selbst ist auf der Wanderung in diesem Dorfe oder in jener Stadt angekommen!› Und sie begaben sich hin. Und der Asket Gotamo ermunterte, ermutigte, erregte und erheiterte sie in lehrreichem Gespräche. Und vom Asketen Gotamo in lehrreichem Gespräche ermuntert, ermutigt, erregt und erheitert stellten sie dem Asketen Gotamo weder eine Frage, geschweige daß sie ihm das Wort verdrehn wollten, wurden vielmehr Anhänger des Asketen Gotamo.

«Als ich, Lieber, diese zweite Fußspur des Asketen Gotamo gesehn hatte, da bin ich zu dem Schlusse gekommen: ‹Vollkommen erwacht ist der Erhabene, wohlkundgetan vom Erhabenen die Satzung, wohlvertraut die Jüngerschaft!›

«Weiter sodann, Lieber, habe ich da manche gelehrte Bürger gesehn, feine, erprobte Gegenredner, die Haare zu spalten schienen, die mit ihrem Scharfsinn die schönsten Ansichten, so zu sagen, entzweischnitten. Denen war zu Ohren gekommen: ‹Der Asket Gotamo selbst wird auf der Wanderung dieses Dorf oder jene Stadt besuchen!› Da stellten sie eine Frage zusammen: ‹Diese Frage wollen wir dem Asketen Gotamo vorlegen; gibt er uns auf diese Frage diese Antwort, so werden wir ihm auf diese Weise das Wort verdrehn: gibt er uns aber auf diese Frage jene Antwort, so werden wir ihm auf jene Weise das Wort verdrehn.› Und sie hörten: ‹Der Asket Gotamo selbst ist auf der Wanderung in diesem Dorfe oder in jener Stadt angekommen!› Und sie begaben sich hin. Und der Asket Gotamo ermunterte, ermutigte, erregte und erheiterte sie in lehrreichem Gespräche. Und vom Asketen Gotamo in lehrreichem Gespräche ermuntert, ermutigt, erregt und erheitert stellten sie dem Asketen Gotamo weder eine Frage, geschweige daß sie ihm das Wort verdrehn wollten, wurden vielmehr Anhänger des Asketen Gotamo.

«Als ich, Lieber, diese dritte Fußspur des Asketen Gotamo gesehn hatte, da bin ich zu dem Schlusse gekommen: ‹Vollkommen erwacht ist der Erhabene, wohlkundgetan vom Erhabenen die Satzung, wohlvertraut die Jüngerschaft!›

«Weiter sodann, Lieber, habe ich da manche gelehrte Asketen gesehn, feine, erprobte Gegenredner, die Haare zu spalten schienen, die mit ihrem Scharfsinn die schönsten Ansichten, so zu sagen, entzweischnitten. Denen war zu Ohren gekommen: ‹Der Asket Gotamo selbst wird auf der Wanderung

177 dieses Dorf oder jene Stadt besuchen!› Da stellten sie eine Frage zusammen: ‹Diese Frage wollen wir dem Asketen Gotamo vorlegen; gibt er uns auf diese Frage diese Antwort, so werden wir ihm auf diese Weise das Wort verdrehn: gibt er uns aber auf diese Frage jene Antwort, so werden wir ihm auf jene Weise das Wort verdrehn.› Und sie hörten: ‹Der Asket Gotamo selbst ist auf der Wanderung in diesem Dorfe oder in jener Stadt angekommen!› Und sie begaben sich hin. Und der Asket Gotamo ermunterte, ermutigte, erregte und erheiterte sie in lehrreichem Gespräche. Und vom Asketen Gotamo in lehrreichem Gespräche ermuntert, ermutigt, erregt und erheitert stellten sie dem Asketen Gotamo weder eine Frage, geschweige daß sie ihm das Wort verdrehn wollten, flehten vielmehr den Asketen Gotamo an, sie in den Orden aufzunehmen. Und der Asket Gotamo nahm sie auf. Und in diesen Orden aufgenommen lebten sie einzeln, abgesondert, ernsten Sinnes, eifrig, unermüdlich. Und in gar kurzer Zeit hatten sie jenes Ziel, um dessen willen edle Söhne gänzlich vom Hause fort in die Hauslosigkeit ziehn, die höchste Vollendung der Heiligkeit noch bei Lebzeiten sich offenbar gemacht, verwirklicht und errungen. Und sie sprachen: ‹Den Verstand mußten wir verloren haben, den Verstand müssen wir wiedergefunden haben! Die wir früher nichts weniger als Asketen waren glaubten 'Wir sind Asketen', die wir nichts weniger als Heilige waren glaubten 'Wir sind Heilige', die wir nichts weniger als Sieger waren glaubten 'Wir sind Sieger': jetzt sind wir Asketen, jetzt sind wir Heilige, jetzt sind wir Sieger.›

«Als ich, Lieber, diese vierte Fußspur des Asketen Gotamo gesehn hatte, da bin ich zu dem Schlusse gekommen: ‹Vollkommen erwacht ist der Erhabene, wohlkundgetan vom Erhabenen die Satzung, wohlvertraut die Jüngerschaft!› Weil ich nun, Lieber, diese vier Fußspuren des Asketen Gotamo gesehn habe, darum bin ich zu dem Schlusse gekommen: ‹Vollkommen erwacht ist der Erhabene, wohlkundgetan vom Erhabenen die Satzung, wohlvertraut die Jüngerschaft!›»

Auf diese Worte stieg der Brāhmane Jāṇussoṇi von seinem weißen Zeltwagen herab, entblößte eine Schulter, verneigte sich ehrerbietig nach der Richtung, wo der Erhabene weilte, und ließ dann dreimal den Gruß ertönen:

«Verehrung dem Erhabenen,
Dem heilig auferwachten Herrn!

«Verehrung dem Erhabenen,
Dem heilig auferwachten Herrn!

«Verehrung dem Erhabenen,
Dem heilig auferwachten Herrn!

«O daß wir doch einmal Gelegenheit hätten mit jenem Herrn Gotamo zusammenzutreffen, daß doch irgendeine Unterredung zwischen uns stattfände!» 178

Und der Brāhmane Jāṇussoṇi begab sich nun dorthin wo der Erhabene weilte, wechselte höflichen Gruß und freundliche, denkwürdige Worte mit dem Erhabenen und setzte sich zur Seite nieder. Zur Seite sitzend berichtete nun der Brāhmane Jāṇussoṇi dem Erhabenen von seiner Begegnung mit dem Pilger Pilotikā und erzählte das ganze Gespräch. Hierauf wandte sich der Erhabene an den Brāhmanen Jāṇussoṇi und sprach:

«Bis dahin, Brāhmane, ist der Vergleich mit der Elefantenspur nur unvollständig ausgeführt; wie aber, Brāhmane, dieser Vergleich vollständig wird, das höre und achte wohl auf meine Rede.»

«Ja, o Herr!» erwiderte aufmerksam der Brāhmane Jāṇussoṇi dem Erhabenen. Der Erhabene sprach also:

«Wenn da, Brāhmane, ein Elefantensteller einen Elefantenwald aufsucht und dort die mächtige Fußspur eines Elefanten findet, groß in der Länge, breit in der Quere, und er ist ein kundiger Elefantensteller, so kommt er nicht alsogleich zu dem Schlusse: ‹Welch ein mächtiger Elefant muß das sein!› Und warum nicht? Es gibt ja, Brāhmane, im Elefantenwalde Zwerginen genannte Elefantenweibchen mit großen Füßen, und ihre Spur könnte es sein. Er verfolgt diese Spur und indem er sie weiter verfolgt findet er im Walde eine mächtige Elefantenspur, groß in der Länge, breit in der Quere, mit niedergetretenem Röhricht. Ist er ein kundiger Elefantensteller, so kommt er auch jetzt noch nicht zu dem Schlusse: ‹Welch ein mächtiger Elefant muß das sein!› Und warum nicht? Es gibt ja, Brāhmane, im Elefantenwalde Röhrichtzertreter genannte Elefantenweibchen mit großen Füßen, und ihre Spur könnte es sein. Er verfolgt diese Spur und indem er sie weiter verfolgt findet er im Walde eine mächtige Elefantenspur, groß in der Länge, breit in der Quere, mit niedergetretenem Röhricht, mit darauf gefallenem, von den Hauern zerkerbten Röhricht. Ist er ein kundiger Elefantensteller, so kommt er auch jetzt noch nicht zu dem Schlusse: ‹Welch ein mächtiger Elefant muß das sein!› Und warum nicht? Es gibt ja, Brāhmane, im Elefantenwalde Röhrichtzerreiber genannte Elefantenweibchen mit großen Füßen, und ihre Spur könnte es sein. Er verfolgt diese Spur und indem er sie weiter verfolgt findet er im Walde eine mächtige Elefantenspur, groß in der Länge, breit in der Quere, mit niedergetretenem Röhricht, mit darauf gefallenem von den Hauern zerkerbten Röhricht, mit darauf gefallenem abgebrochenen Geäst. Und er erblickt den Elefanten am Fuß eines Baumes, oder in einer Lichtung, wie er eben geht oder steht, sitzt oder liegt. Da kommt er zu dem Schlusse: ‹Das ist er, der mächtige Elefant!› –:

179 «Ebenso nun auch, Brāhmane, erscheint da der Vollendete in der Welt, der Heilige, vollkommen Erwachte, der Wissens- und Wandelsbewährte, der Willkommene, der Welt Kenner, der unvergleichliche Leiter der Männerherde, der Meister der Götter und Menschen, der Erwachte, der Erhabene. Er zeigt diese Welt mit ihren Göttern, ihren bösen und heiligen Geistern, mit ihrer Schar von Priestern und Büßern, Göttern und Menschen, nachdem er sie selbst verstanden und durchdrungen hat. Er verkündet die Lehre, deren Anfang begütigt, deren Mitte begütigt, deren Ende begütigt, die sinn- und wortgetreue, er legt das vollkommen geläuterte, geklärte Asketentum dar.

«Diese Lehre hört ein Hausvater, oder der Sohn eines Hausvaters, oder einer, der in anderem Stande neugeboren ward. Nachdem er diese Lehre gehört hat, faßt er Vertrauen zum Vollendeten. Von diesem Vertrauen erfüllt denkt und überlegt er also: ‹Ein Gefängnis ist die Häuslichkeit, ein Schmutzwinkel; der freie Himmelsraum die Pilgerschaft. Nicht wohl geht es, wenn man im Hause bleibt, das völlig geläuterte, völlig geklärte Asketentum Punkt für Punkt zu erfüllen. Wie, wenn ich nun, mit geschorenem Haar und Barte, mit fahlem Gewande bekleidet, aus dem Hause in die Hauslosigkeit hinauszöge?› So gibt er denn später einen kleinen Besitz oder einen großen Besitz auf, hat einen kleinen Verwandtenkreis oder einen großen Verwandtenkreis verlassen und ist mit geschorenem Haar und Barte, im fahlen Gewande von Hause fort in die Hauslosigkeit gezogen.

«Er ist nun Pilger geworden und hat die Ordenspflichten der Mönche auf sich genommen. Lebendiges umzubringen hat er verworfen, Lebendiges umzubringen liegt ihm fern: ohne Stock, ohne Schwert, fühlsam, voll Teilnahme, hegt er zu allen lebenden Wesen Liebe und Mitleid. Nichtgegebenes zu nehmen hat er verworfen, vom Nehmen des Nichtgegebenen hält er sich fern: Gegebenes nimmt er, Gegebenes wartet er ab, nicht diebisch gesinnt, rein gewordenen Herzens. Die Unkeuschheit hat er verworfen, keusch lebt er, fern zieht er hin, entraten der Paarung, dem gemeinen Gesetze. Lüge hat er verworfen, von Lüge hält er sich fern: die Wahrheit spricht er, der Wahrheit ist er ergeben, standhaft, vertrauenswürdig, kein Heuchler und Schmeichler der Welt. Das Ausrichten hat er verworfen, vom Ausrichten hält er sich fern: was er hier gehört hat erzählt er dort nicht wieder, um jene zu entzweien, und was er dort gehört hat erzählt er hier nicht wieder, um diese zu entzweien; so einigt er Entzweite, festigt Verbundene, Eintracht macht ihn froh, Eintracht freut ihn, Eintracht beglückt ihn, Eintracht fördernde Worte spricht er. Barsche Worte hat er verworfen, von barschen Worten hält er sich fern: Worte, die frei von Schimpf sind, dem Ohre wohltuend, liebreich, zum Herzen dringend, höflich, viele erfreuend, viele erhebend, solche Worte
180 spricht er. Plappern und Plaudern hat er verworfen, von Plappern und Plau-

dern hält er sich fern: zur rechten Zeit spricht er, den Tatsachen gemäß, auf den Sinn bedacht, der Lehre und Ordnung getreu, seine Rede ist reich an Inhalt, gelegentlich mit Gleichnissen geschmückt, klar und bestimmt, ihrem Gegenstande angemessen.

«Sämereien und Pflanzungen anzulegen hat er verschmäht. Einmal des Tags nimmt er Nahrung zu sich, nachts ist er nüchtern, fern liegt es ihm zur Unzeit zu essen. Von Tanz, Gesang, Spiel, Schaustellungen hält er sich fern. Kränze, Wohlgerüche, Salben, Schmuck, Zierat, Putz weist er ab. Hohe, prächtige Lagerstätten verschmäht er. Gold und Silber nimmt er nicht an. Rohes Getreide nimmt er nicht an. Rohes Fleisch nimmt er nicht an. Frauen und Mädchen nimmt er nicht an. Diener und Dienerinnen nimmt er nicht an. Ziegen und Schafe nimmt er nicht an. Hühner und Schweine nimmt er nicht an. Elefanten, Rinder und Rosse nimmt er nicht an. Haus und Feld nimmt er nicht an. Botschaften, Sendungen, Aufträge übernimmt er nicht. Von Kauf und Verkauf hält er sich fern. Von falschem Maß und Gewicht hält er sich fern. Von den schiefen Wegen der Bestechung, Täuschung, Niedertracht hält er sich fern. Von Raufereien, Schlägereien, Händeln, vom Rauben, Plündern und Zwingen hält er sich fern.

«Er ist zufrieden mit dem Gewande, das seinen Leib deckt, mit der Almosenspeise, die sein Leben fristet. Wohin er auch pilgert, nur mit dem Gewande und der Almosenschale versehn pilgert er. Gleichwie da etwa ein beschwingter Vogel, wohin er auch fliegt, nur mit der Last seiner Federn fliegt, ebenso auch ist ein Mönch zufrieden mit dem Gewande, das seinen Leib deckt, mit der Almosenspeise, die sein Leben fristet. Wohin er auch wandert, nur damit versehn wandert er.

«Durch die Erfüllung dieser heiligen Tugendsatzung empfindet er ein inneres fleckenloses Glück.

«Erblickt er nun mit dem Gesichte eine Form, so faßt er keine Neigung, faßt keine Absicht. Da Begierde und Mißmut, böse und schlechte Gedanken gar bald den überwältigen, der unbewachten Gesichtes verweilt, befleißigt er sich dieser Bewachung, er hütet das Gesicht, er wacht eifrig über das Gesicht.

«Hört er nun mit dem Gehöre einen Ton,

«Riecht er nun mit dem Geruche einen Duft,

«Schmeckt er nun mit dem Geschmacke einen Saft,

«Tastet er nun mit dem Getaste eine Tastung,

«Erkennt er nun mit dem Gedenken ein Ding, so faßt er keine Neigung, faßt keine Absicht. Da Begierde und Mißmut, böse und schlechte Gedanken gar bald den überwältigen, der unbewachten Gedenkens verweilt, befleißigt
er sich dieser Bewachung, er hütet das Gedenken, er wacht eifrig über das 181
Gedenken.

«Durch die Erfüllung dieser heiligen Sinnenzügelung empfindet er ein inneres ungetrübtes Glück.

«Klar bewußt kommt er und geht er, klar bewußt blickt er hin, blickt er weg, klar bewußt regt und bewegt er sich, klar bewußt trägt er des Ordens Gewand und Almosenschale, klar bewußt ißt und trinkt, kaut und schmeckt er, klar bewußt entleert er Kot und Harn, klar bewußt geht und steht und sitzt er, schläft er ein, wacht er auf, spricht er und schweigt er.

«Treu dieser heiligen Tugendsatzung, treu dieser heiligen Sinnenzügelung, treu dieser heiligen klaren Einsicht sucht er einen abgelegenen Ruheplatz auf, einen Hain, den Fuß eines Baumes, eine Felsengrotte, eine Bergesgruft, einen Friedhof, die Waldesmitte, ein Streulager in der offenen Ebene. Nach dem Mahle, wenn er vom Almosengange zurückgekehrt ist, setzt er sich mit verschränkten Beinen nieder, den Körper gerade aufgerichtet, und pflegt der Einsicht. Er hat weltliche Begierde verworfen und verweilt begierdelosen Gemütes, von Begierde läutert er sein Herz. Gehässigkeit hat er verworfen, haßlosen Gemütes verweilt er, voll Liebe und Mitleid zu allen lebenden Wesen läutert er sein Herz von Gehässigkeit. Matte Müde hat er verworfen, von matter Müde ist er frei; das Licht liebend, einsichtig, klar bewußt, läutert er sein Herz von matter Müde. Stolzen Unmut hat er verworfen, er ist frei von Stolz; innig beruhigten Gemütes läutert er sein Herz von stolzem Unmut. Das Schwanken hat er verworfen, der Ungewißheit ist er entronnen; er zweifelt nicht am Guten, vom Schwanken läutert er sein Herz.

«Er hat nun diese fünf Hemmungen aufgehoben, hat die Schlacken des Gemütes kennengelernt, die lähmenden; gar fern von Begierden, fern von unheilsamen Dingen lebt er in sinnend gedenkender ruhegeborener seliger Heiterkeit, in der Weihe der ersten Schauung.

«Das aber wird, Brāhmane, die Spur des Vollendeten[23] genannt, wird die Fährte des Vollendeten genannt, wird die Kerbe des Vollendeten genannt.

182 «Doch hier kommt wahrlich der heilige Jünger noch nicht zu dem Schlusse: ‹Vollkommen erwacht ist der Erhabene, wohlkundgetan vom Erhabenen die Satzung, wohlvertraut die Jüngerschaft.› Denn ferner noch, Brāhmane: nach Vollendung des Sinnens und Gedenkens erwirkt der Mönch die innere Meeresstille, die Einheit des Gemütes, die von sinnen, von gedenken freie, in der Einigung geborene selige Heiterkeit, die Weihe der zweiten Schauung.

«Das aber wird, Brāhmane, die Spur des Vollendeten genannt, wird die Fährte des Vollendeten genannt, wird die Kerbe des Vollendeten genannt.

«Doch hier kommt wahrlich der heilige Jünger noch nicht zu dem Schlusse: ‹Vollkommen erwacht ist der Erhabene, wohlkundgetan vom Erhabenen die Satzung, wohlvertraut die Jüngerschaft.› Denn ferner noch, Brāhmane: in heiterer Ruhe verweilt der Mönch gleichmütig, einsichtig, klar bewußt, ein

Glück empfindet er im Körper, von dem die Heiligen sagen: ‹Der gleichmütig Einsichtige lebt beglückt›; so gewinnt er die Weihe der dritten Schauung.

«Das aber wird, Brāhmane, die Spur des Vollendeten genannt, wird die Fährte des Vollendeten genannt, wird die Kerbe des Vollendeten genannt.

«Doch hier kommt wahrlich der heilige Jünger noch nicht zu dem Schlusse: ‹Vollkommen erwacht ist der Erhabene, wohlkundgetan vom Erhabenen die Satzung, wohlvertraut die Jüngerschaft.› Denn ferner noch, Brāhmane: nach Verwerfung der Freuden und Leiden, nach Vernichtung des einstigen Frohsinns und Trübsinns erreicht der Mönch die Weihe der leidlosen, freudlosen, gleichmütig einsichtigen vollkommenen Reine, die vierte Schauung.

«Das aber wird, Brāhmane, die Spur des Vollendeten genannt, wird die Fährte des Vollendeten genannt, wird die Kerbe des Vollendeten genannt.

«Doch hier kommt wahrlich der heilige Jünger noch nicht zu dem Schlusse: ‹Vollkommen erwacht ist der Erhabene, wohlkundgetan vom Erhabenen die Satzung, wohlvertraut die Jüngerschaft›. Solchen Gemütes, innig, geläutert, gesäubert, gediegen, schlackengeklärt, geschmeidig, biegsam, fest, unversehrbar, richtet er das Gemüt auf die erinnernde Erkenntnis früherer Daseinsformen. Er erinnert sich an manche verschiedene frühere Daseinsform, als wie an ein Leben, dann an zwei Leben, dann an drei Leben, dann an vier Leben, dann an fünf Leben, dann an zehn Leben, dann an zwanzig Leben, dann an dreißig Leben, dann an vierzig Leben, dann an fünfzig Leben, dann an hundert Leben, dann an tausend Leben, dann an hunderttausend Leben, dann an die Zeiten während mancher Weltenentstehungen, dann an die Zeiten während mancher Weltenvergehungen, dann an die Zeiten während mancher Weltenentstehungen-Weltenvergehungen. ‹Dort war ich, jenen Namen hatte ich, jener Familie gehörte ich an, das war mein Stand, das mein Beruf, solches Wohl und Wehe habe ich erfahren, so war mein Lebensende; dort verschieden trat ich anderswo wieder ins Dasein: da war ich nun, diesen Namen hatte ich, dieser Familie gehörte ich an, dies war mein Stand, dies mein Beruf, solches Wohl und Wehe habe ich erfahren, so war mein Lebensende; da verschieden trat ich hier wieder ins Dasein.› So erinnert er sich mancher verschiedenen früheren Daseinsform, mit je den eigentümlichen Merkmalen, mit je den eigenartigen Beziehungen.

«Das aber wird, Brāhmane, die Spur des Vollendeten genannt, wird die Fährte des Vollendeten genannt, wird die Kerbe des Vollendeten genannt.

«Doch hier kommt wahrlich der heilige Jünger noch nicht zu dem Schlusse:
‹Vollkommen erwacht ist der Erhabene, wohlkundgetan vom Erhabenen die
Satzung, wohlvertraut die Jüngerschaft.› Solchen Gemütes, innig, geläu- 183
tert, gesäubert, gediegen, schlackengeklärt, geschmeidig, biegsam, fest, un-
versehrbar, richtet er das Gemüt auf die Erkenntnis des Verschwindens-Er-

scheinens der Wesen. Mit dem himmlischen Auge, dem geläuterten, über menschliche Grenzen hinausreichenden, sieht er die Wesen dahinschwinden und wiedererscheinen, gemeine und edle, schöne und unschöne, glückliche und unglückliche, er kann erkennen wie die Wesen je nach den Taten wiederkehren. ‹Diese lieben Wesen sind freilich in Taten dem Schlechten zugetan, in Worten dem Schlechten zugetan, in Gedanken dem Schlechten zugetan, tadeln Heiliges, achten Verkehrtes, tun Verkehrtes; bei der Auflösung des Leibes, nach dem Tode, gelangen sie auf den Abweg, auf schlechte Fährte, zur Tiefe hinab, in untere Welt. Jene lieben Wesen sind aber in Taten dem Guten zugetan, in Worten dem Guten zugetan, in Gedanken dem Guten zugetan, tadeln nicht Heiliges, achten Rechtes, tun Rechtes; bei der Auflösung des Leibes, nach dem Tode, gelangen sie auf gute Fährte, in selige Welt.› So sieht er mit dem himmlischen Auge, dem geläuterten, über menschliche Grenzen hinausreichenden, die Wesen dahinschwinden und wiedererscheinen, gemeine und edle, schöne und unschöne, glückliche und unglückliche, er kann erkennen wie die Wesen je nach den Taten wiederkehren.

«Das aber wird, Brāhmane, die Spur des Vollendeten genannt, wird die Fährte des Vollendeten genannt, wird die Kerbe des Vollendeten genannt.

«Doch hier kommt wahrlich der heilige Jünger noch nicht zu dem Schlusse: ‹Vollkommen erwacht ist der Erhabene, wohlkundgetan vom Erhabenen die Satzung, wohlvertraut die Jüngerschaft.› Solchen Gemütes, innig, geläutert, gesäubert, gediegen, schlackengeklärt, geschmeidig, biegsam, fest, unversehrbar, richtet er das Gemüt auf die Erkenntnis der Wahnversiegung. ‹Das ist das Leiden› erkennt er der Wahrheit gemäß. ‹Das ist die Leidensentwicklung› erkennt er der Wahrheit gemäß. ‹Das ist die Leidensauflösung› erkennt er der Wahrheit gemäß. ‹Das ist der zur Leidensauflösung führende Pfad› erkennt er der Wahrheit gemäß. ‹Das ist der Wahn› erkennt er der Wahrheit gemäß. ‹Das ist die Wahnentwicklung› erkennt er der Wahrheit gemäß. ‹Das ist die Wahnauflösung› erkennt er der Wahrheit gemäß. ‹Das ist der zur Wahnauflösung führende Pfad› erkennt er der Wahrheit gemäß.

«Das aber wird, Brāhmane, die Spur des Vollendeten genannt, wird die Fährte des Vollendeten genannt, wird die Kerbe des Vollendeten genannt.

«Und auch hier ist der heilige Jünger noch nicht zu dem Schlusse gekommen: ‹Vollkommen erwacht ist der Erhabene, wohlkundgetan vom Erhabenen die Satzung, wohlvertraut die Jüngerschaft›, aber er kommt nun zum Schlusse. Denn also erkennend, also sehend wird da sein Gemüt erlöst vom
184 Wunscheswahn, erlöst vom Daseinswahn, erlöst vom Nichtwissenswahn. ‹Im Erlösten ist die Erlösung›, diese Erkenntnis geht auf. ‹Versiegt ist die Geburt, vollendet das Asketentum, gewirkt das Werk, nicht mehr ist diese Welt› versteht er da.

«Das wird, Brāhmane, die Spur des Vollendeten genannt, wird die Fährte des Vollendeten genannt, wird die Kerbe des Vollendeten genannt.

«Und hier ist nun, Brāhmane, der heilige Jünger zum Schlusse gekommen: ‹Vollkommen erwacht ist der Erhabene, wohlkundgetan vom Erhabenen die Satzung, wohlvertraut die Jüngerschaft.› Und hier ist nun, Brāhmane, der Vergleich mit der Elefantenspur vollständig ausgeführt.»

Nach diesen Worten sprach der Brāhmane Jāṇussoṇi zum Erhabenen also: «Vortrefflich, o Gotamo, vortrefflich, o Gotamo! Gleichwie etwa, o Gotamo, als ob einer Umgestürztes aufstellte, oder Verdecktes enthüllte, oder Verirrten den Weg wiese, oder Licht in die Finsternis brächte: ‹Wer Augen hat wird die Dinge sehn›: ebenso auch hat Herr Gotamo die Lehre auf mannigfaltige Weise dargelegt. Und so nehm' ich bei Herrn Gotamo Zuflucht, bei der Lehre und bei der Jüngerschaft, als Anhänger möge mich Herr Gotamo betrachten, von heute an zeitlebens getreu.»

28

DRITTER TEIL · ACHTE REDE

DIE ELEFANTENSPUR

II

Das hab' ich gehört. Zu einer Zeit weilte der Erhabene bei Sāvatthī, im Siegerwalde, im Garten Anāthapiṇḍikos. Dort nun wandte sich der ehrwürdige Sāriputto an die Mönche: «Brüder Mönche!» – «Bruder!» antworteten da jene Mönche dem ehrwürdigen Sāriputto aufmerksam. Der ehrwürdige Sāriputto sprach also:

«Gleichwie etwa, ihr Brüder, alles Lebendige, Bewegliche, Fußbegabte in der Elefantenspur mit fortkommt, die Elefantenspur ist ja der Größe wegen als die vornehmste ihrer Art bekannt: ebenso nun auch, ihr Brüder, stellt sich alles Gute in den vier heiligen Wahrheiten ein; in welchen vier? In der heiligen Wahrheit vom Leiden, in der heiligen Wahrheit von der Lei- 185
densentwicklung, in der heiligen Wahrheit von der Leidensauflösung, in der heiligen Wahrheit von dem zur Leidensauflösung führenden Pfade.

«Was ist aber, Brüder, die heilige Wahrheit vom Leiden? Geburt ist Leiden, Alter ist Leiden, Sterben ist Leiden, Kummer, Jammer, Schmerz, Gram und Verzweiflung sind Leiden, was man begehrt nicht erlangen, das ist Leiden, kurz gesagt: die fünf Stücke des Anhangens sind Leiden. Was sind aber, Brüder, die fünf Stücke des Anhangens? Es ist da ein Stück Anhangen an der Form, ein Stück Anhangen am Gefühl, ein Stück Anhangen an der Wahrnehmung, ein Stück Anhangen an der Unterscheidung, ein Stück Anhangen am Bewußtsein. Was ist aber, Brüder, das Stück Anhangen an der Form? Die vier Hauptstoffe und was durch die vier Hauptstoffe als Form besteht. Was sind aber, Brüder, die vier Hauptstoffe? Die Erdenart, die Wasserart, die Feuerart, die Luftart.

«Was ist nun, Brüder, die Erdenart? Die Erdenart mag innerlich sein oder äußerlich. Was ist aber, Brüder, die innerliche Erdenart? Was sich innerlich einzeln fest und hart dargestellt hat, als wie Kopfhaare, Körperhaare, Nägel, Zähne, Haut, Fleisch, Sehnen, Knochen, Mark, Nieren, Herz, Leber, Zwerchfell, Milz, Lunge, Magen, Eingeweide, Weichteile, Kot, oder was sich irgend sonst noch innerlich einzeln fest und hart dargestellt hat: das nennt man, Brüder, innerliche Erdenart. Was es nun da an innerlicher Erdenart und was es an äußerlicher Erdenart gibt, ist Erdenart. Und: ‹Das gehört mir nicht, das bin ich nicht, das ist nicht mein Selbst›: so ist das, der Wahrheit gemäß, mit vollkommener Weisheit anzusehn. Hat man das also, der Wahrheit gemäß, mit vollkommener Weisheit erkannt, wird man der Edenart satt, löst den Sinn von der Erdenart ab.

«Es gibt, ihr Brüder, eine Zeit, wo die äußeren Wasser rasen, und verschwunden ist dann die äußere Erde. Dieser äußerlichen Erdenart, der so ungeheueren, Vergänglichkeit wird sich also, ihr Brüder, zeigen, zeigen wird es sich, daß sie den Gesetzen der Zerstörung, der Auflösung, der Veränderung unterworfen ist: und von diesem Körper da, der acht Spannen hoch ist, ein Gemächte des Durstes, von dem gälte vielleicht ‹Ich› oder ‹Mein› oder ‹Bin›? Vielmehr ‹Nichts ist sein› gilt in Wirklichkeit.

«Wenn die Leute, ihr Brüder, einen solchen Mönch tadeln, verurteilen, verfolgen, angreifen, so denkt er dabei: ‹Entstanden ist mir da dieses Wehegefühl, durch Gehörberührung hervorgerufen, und es ist bedingt, nicht un-
186 bedingt; wodurch bedingt? Durch Berührung bedingt.› Und: ‹Die Berührung ist vergänglich› merkt er, ‹Das Gefühl ist vergänglich› merkt er, ‹Die Wahrnehmung ist vergänglich› merkt er, ‹Die Unterscheidungen sind vergänglich› merkt er, ‹Das Bewußtsein ist vergänglich› merkt er. Sein Gemüt, das die Elemente also zerlegt, erhebt sich, erheitert sich, wird stark und standhaft.

«Wenn die Leute, ihr Brüder, einem solchen Mönche unhöflich, lieblos, rauh begegnen, ihn mit Fäusten schlagen, mit Steinen werfen, mit Stöcken prügeln, mit Schwertern treffen, so denkt er dabei: ‹So beschaffen ist ja dieser Körper, daß man ihn mit Fäusten schlagen, mit Steinen werfen, mit Stöcken prügeln, mit Schwertern treffen kann! Und das Wort des Erhabenen im Gleichnis von der Säge lautet: 'Wenn auch, ihr Mönche, Räuber und Mörder mit einer Baumsäge Gelenke und Glieder abtrennten, so würde wer da in Wut geriete nicht meine Weisung erfüllen.' Gestählt aber wird meine Kraft sein, unbeugsam, gewärtig die Einsicht, unverrückbar, beruhigt der Körper, unregsam, vertieft das Gemüt, einig. Wollen sie, nun so sollen sie diesen Körper mit Fäusten schlagen, mit Steinen werfen, mit Stöcken prügeln, mit Schwertern treffen: erfüllt werde jene Weisung der Erwachten.›

«Wenn diesem Mönche, ihr Brüder, der also des Erwachten, also der Lehre, also der Jünger gedenkt, der Gleichmut edler Standhaftigkeit versagt, so wird er befangen, gerät in Aufregung: ‹Unmöglich ist's mir, es ist mir ja nicht möglich! Kaum kann ich's ertragen, wie schwer ist es, ach, daß mir, der ich also des Erwachten, also der Lehre, also der Jünger gedenke, der Gleichmut edler Standhaftigkeit versagt!› Gleichwie etwa, ihr Brüder, die Schwiegertochter, dem Schwiegervater begegnend, befangen wird, in Aufregung gerät: ebenso nun auch, ihr Brüder, wird da ein Mönch befangen, gerät in Aufregung, wenn ihm, der also des Erwachten, also der Lehre, also der Jünger gedenkt, der Gleichmut edler Standhaftigkeit versagt.

«Wenn diesem Mönche, ihr Brüder, der also des Erwachten, also der Lehre, also der Jünger gedenkt, der Gleichmut edler Standhaftigkeit ausdauert, so ist er beglückt. Insofern aber, ihr Brüder, hat ein Mönch viel geleistet. 187

«Was ist nun, Brüder, die Wasserart? Die Wasserart mag innerlich sein oder äußerlich. Was ist aber, Brüder, die innerliche Wasserart? Was sich innerlich einzeln flüssig und wässerig dargestellt hat, als wie Galle, Schleim, Eiter, Blut, Schweiß, Lymphe, Tränen, Serum, Speichel, Rotz, Gelenköl, Urin, oder was sich irgend sonst noch innerlich einzeln flüssig und wässerig dargestellt hat: das nennt man, Brüder, innerliche Wasserart. Was es nun da an innerlicher Wasserart und was es an äußerlicher Wasserart gibt, ist Wasserart. Und: ‹Das gehört mir nicht, das bin ich nicht, das ist nicht mein Selbst›: so ist das, der Wahrheit gemäß, mit vollkommener Weisheit anzusehn. Hat man das also, der Wahrheit gemäß, mit vollkommener Weisheit erkannt, wird man der Wasserart satt, löst den Sinn von der Wasserart ab.

«Es gibt, ihr Brüder, eine Zeit, wo die äußeren Wasser rasen, wo sie ein Dorf fortreißen, eine Stadt fortreißen, eine Residenz fortreißen, ein Land wegspülen, Länder und Reiche wegspülen. Es gibt, ihr Brüder, eine Zeit, wo die Gewässer des großen Meeres Hunderte von Meilen tief sind, wo sie sechshundert Meilen, neunhundert Meilen, zwölfhundert Meilen, fünfzehnhundert Meilen, achtzehnhundert Meilen tief sind. Es gibt, ihr Brüder, eine Zeit,

wo das Wasser des großen Meeres sieben Palmen hoch steht, wo es sechs Palmen, wo es fünf Palmen, wo es vier Palmen, wo es drei Palmen, wo es zwei Palmen, wo es eine Palme hoch steht. Es gibt, ihr Brüder, eine Zeit, wo das Wasser des großen Meeres sieben Mannestiefen hat, wo es sechs Mannestiefen, wo es fünf Mannestiefen, wo es vier Mannestiefen, wo es drei Mannestiefen, wo es zwei Mannestiefen, wo es eine Mannestiefe hat. Es gibt, ihr Brüder, eine Zeit, wo das Wasser des großen Meeres halbe Manneshöhe erreicht, wo es bis zur Hüfte, wo es bis zum Knie, wo es bis zum Knöchel reicht. Es gibt, ihr Brüder, eine Zeit, wo das Wasser des großen Meeres kein Naß von der Höhe eines Fingergliedes besitzt. Dieser äußerlichen Wasserart, der
188 so ungeheueren, Vergänglichkeit wird sich also, ihr Brüder, zeigen, zeigen wird es sich, daß sie den Gesetzen der Zerstörung, der Auflösung, der Veränderung unterworfen ist: und von diesem Körper da, der acht Spannen hoch ist, ein Gemächte des Durstes, von dem gälte vielleicht ‹Ich› oder ‹Mein› oder ‹Bin›? Vielmehr ‹Nichts ist sein› gilt in Wirklichkeit.

«Wenn da dem Mönche, ihr Brüder, der also des Erwachten, also der Lehre, also der Jünger gedenkt, der Gleichmut edler Standhaftigkeit ausdauert, so ist er beglückt. Insofern aber, ihr Brüder, hat ein Mönch viel geleistet.

«Was ist nun, ihr Brüder, die Feuerart? Die Feuerart mag innerlich sein oder äußerlich. Was ist aber, Brüder, die innerliche Feuerart? Was sich innerlich einzeln flammig und feurig dargestellt hat, als wie wodurch Wärme erzeugt wird, wodurch man verdaut, wodurch man sich erhitzt, wodurch gekaute Speise und geschlürfter Trank einer vollkommenen Umwandlung erliegen, oder was sich irgend sonst noch innerlich einzeln flammig und feurig dargestellt hat: das nennt man, Brüder, innerliche Feuerart. Was es nun da an innerlicher Feuerart und was es an äußerlicher Feuerart gibt, ist Feuerart. Und: ‹Das gehört mir nicht, das bin ich nicht, das ist nicht mein Selbst›: so ist das, der Wahrheit gemäß, mit vollkommener Weisheit anzusehn. Hat man das also, der Wahrheit gemäß, mit vollkommener Weisheit erkannt, wird man der Feuerart satt, löst den Sinn von der Feuerart ab.

«Es gibt, ihr Brüder, eine Zeit, wo die äußeren Feuer rasen, wo sie ein Dorf verzehren, eine Stadt verzehren, eine Residenz verzehren, ein Land verzehren, Länder und Reiche verzehren, wo sie Wiesen und Anger, Wälder und Auen und blühende Gefilde ergreifen und erst erlöschen, wenn alles ausgebrannt ist. Es gibt, ihr Brüder, eine Zeit, wo man mit einer Hahnenfeder oder mit einem Bindfaden Feuer anzuglimmen sucht. Dieser äußerlichen Feuerart, der so ungeheueren, Vergänglichkeit wird sich also, ihr Brüder, zeigen, zeigen wird es sich, daß sie den Gesetzen der Zerstörung, der Auflösung, der Veränderung unterworfen ist: und von diesem Körper da, der acht Spannen hoch ist, ein Gemächte des Durstes, von dem gälte vielleicht

‹Ich› oder ‹Mein› oder ‹Bin›? Vielmehr ‹Nichts ist sein› gilt in Wirklichkeit.

«Wenn da dem Mönche, ihr Brüder, der also des Erwachten, also der Lehre, also der Jünger gedenkt, der Gleichmut edler Standhaftigkeit ausdauert, so ist er beglückt. Insofern aber, ihr Brüder, hat ein Mönch viel geleistet.

«Was ist nun, Brüder, die Luftart? Die Luftart mag innerlich sein oder äußerlich. Was ist aber, Brüder, die innerliche Luftart? Was sich innerlich einzeln flüchtig und luftig dargestellt hat, als wie die aufsteigenden und die absteigenden Winde, die Winde des Bauches und Darmes, die Winde, die jedes Glied durchströmen, die Einatmung und die Ausatmung: dies, oder was sich irgend sonst noch innerlich einzeln flüchtig und luftig dargestellt hat, das nennt man, Brüder, innerliche Luftart. Was es nun da an innerlicher Luftart und was es an äußerlicher Luftart gibt, ist Luftart. Und: ‹Das gehört mir nicht, das bin ich nicht, das ist nicht mein Selbst›: so ist das, der Wahrheit gemäß, mit vollkommener Weisheit anzusehn. Hat man das also, der Wahrheit gemäß, mit vollkommener Weisheit erkannt, wird man der Luftart satt, löst den Sinn von der Luftart ab.

«Es gibt, ihr Brüder, eine Zeit, wo die äußeren Lüfte rasen, wo sie ein Dorf 189
fortreißen, eine Stadt fortreißen, eine Residenz fortreißen, ein Land verwehen, Länder und Reiche verwehen. Es gibt, ihr Brüder, eine Zeit, im letzten Monat des Sommers, wo man mit einem Palmenwedel, mit einem Fächer Wind anwehen muß, wo selbst an fließendem Wasser kein Halm sich regt. Dieser äußerlichen Luftart, der so ungeheueren, Vergänglichkeit wird sich also, ihr Brüder, zeigen, zeigen wird es sich, daß sie den Gesetzen der Zerstörung, der Auflösung, der Veränderung unterworfen ist: und von diesem Körper da, der acht Spannen hoch ist, ein Gemächte des Durstes, von dem gälte vielleicht ‹Ich› oder ‹Mein› oder ‹Bin›? Vielmehr ‹Nichts ist sein› gilt in Wirklichkeit.

«Wenn die Leute, ihr Brüder, einen solchen Mönch tadeln, verurteilen, verfolgen, angreifen, so denkt er dabei: ‹Entstanden ist mir da dieses Wehegefühl, durch Gehörberührung hervorgerufen, und es ist bedingt, nicht unbedingt, wodurch bedingt? Durch Berührung bedingt.› Und: ‹Die Berührung ist vergänglich› merkt er, ‹Das Gefühl ist vergänglich› merkt er, ‹Die Wahrnehmung ist vergänglich› merkt er, ‹Die Unterscheidungen sind vergänglich› merkt er, ‹Das Bewußtsein ist vergänglich› merkt er. Sein Gemüt, das die Elemente also zerlegt, erhebt sich, erheitert sich, wird stark und standhaft.

«Wenn die Leute, ihr Brüder, einem solchen Mönche unhöflich, lieblos, rauh begegnen, ihn mit Fäusten schlagen, mit Steinen werfen, mit Stöcken prügeln, mit Schwertern treffen, so denkt er dabei: ‹So beschaffen ist ja dieser Körper, daß man ihn mit Fäusten schlagen, mit Steinen werfen, mit Stökken prügeln, mit Schwertern treffen kann! Und das Wort des Erhabenen im Gleichnis von der Säge lautet: 'Wenn auch, ihr Mönche, Räuber und Mörder mit einer Baumsäge Gelenke und Glieder abtrennten, so würde wer da in Wut geriete nicht meine Weisung erfüllen.' Gestählt aber wird meine Kraft sein, unbeugsam, gewärtig die Einsicht, unverrückbar, beruhigt der Körper, unregsam, vertieft das Gemüt, einig. Wollen sie, nun so sollen sie diesen Körper mit Fäusten schlagen, mit Steinen werfen, mit Stöcken prügeln, mit Schwertern treffen: erfüllt werde jene Weisung der Erwachten.›

«Wenn diesem Mönche, ihr Brüder, der also des Erwachten, also der Lehre, also der Jünger gedenkt, der Gleichmut edler Standhaftigkeit versagt, so wird er befangen, gerät in Aufregung: ‹Unmöglich ist's mir, es ist mir ja nicht möglich! Kaum kann ich's ertragen, wie schwer ist es, ach, daß mir, der ich
190 also des Erwachten, also der Lehre, also der Jünger gedenke, der Gleichmut edler Standhaftigkeit versagt!› Gleichwie etwa, ihr Brüder, die Schwiegertochter, dem Schwiegervater begegnend, befangen wird, in Aufregung gerät: ebenso nun auch, ihr Brüder, wird da ein Mönch befangen, gerät in Aufregung, wenn ihm, der also des Erwachten, also der Lehre, also der Jünger gedenkt, der Gleichmut edler Standhaftigkeit versagt.

«Wenn diesem Mönche, ihr Brüder, der also des Erwachten, also der Lehre, also der Jünger gedenkt, der Gleichmut edler Standhaftigkeit ausdauert, so ist er beglückt. Insofern aber, ihr Brüder, hat ein Mönch viel geleistet.

«Gleichwie etwa, ihr Brüder, vermittelst der Balken und Binsen, des Strohs und Lehms ein begrenzter Raum, eben ‹das Haus› zustande kommt: geradeso nun, ihr Brüder, kommt vermittelst der Knochen und Sehnen, des Fleisches und der Haut ein begrenzter Raum, eben ‹die Form› zustande.

«Ist von innen das Gesicht, ihr Brüder, ungebrochen, und treten von außen die Formen nicht in den Gesichtskreis, so findet auch kein entsprechendes Ineinandergreifen statt, und es kommt zu keiner Bildung des entsprechenden Teiles Bewußtseins.

«Ist von innen das Gesicht, ihr Brüder, ungebrochen, und treten von außen die Formen in den Gesichtskreis, und es findet kein entsprechendes Ineinandergreifen statt, so kommt es auch zu keiner Bildung des entsprechenden Teiles Bewußtseins.

«Sobald aber, ihr Brüder, von innen das Gesicht ungebrochen ist, und von außen die Formen in den Gesichtskreis treten, und es findet ein entsprechendes Ineinandergreifen statt, so kommt es also zur Bildung des entsprechenden Teiles Bewußtseins. Die Form, die dem so gebildeten eignet, stellt sich im Stück Anhangen an der Form ein, das Gefühl, das dem so gebildeten eignet,

stellt sich im Stück Anhangen am Gefühl ein, die Wahrnehmung, die dem so gebildeten eignet, stellt sich im Stück Anhangen an der Wahrnehmung ein, die Unterscheidungen, die dem so gebildeten eignen, stellen sich im Stück Anhangen an der Unterscheidung ein, das Bewußtsein, das dem so gebildeten eignet, stellt sich im Stück Anhangen am Bewußtsein ein. Man versteht jetzt: ‹Das also ist die Einstellung, die Vereinigung, die Verbindung dieser fünf Stücke des Anhangens!› Und das Wort des Erhabenen lautet: 'Wer die bedingte Entstehung merkt, der merkt die Satzung: wer die Satzung merkt, 191
der merkt die bedingte Entstehung.' Bedingt sind sie aber entstanden, diese fünf Stücke des Anhangens. Was bei diesen fünf Stücken des Anhangens Wille, Vergnügen, Bejahung, Behagen ist, das ist die Leidensentwicklung; was bei diesen fünf Stücken des Anhangens Verneinung des Willensreizes, Verleugnung des Willensreizes ist, das ist die Leidensauflösung. Insofern aber, ihr Brüder, hat ein Mönch viel geleistet.

«Ist von innen das Gehör, ihr Brüder, ungebrochen,

«Ist von innen der Geruch, ihr Brüder, ungebrochen,

«Ist von innen der Geschmack, ihr Brüder, ungebrochen,

«Ist von innen das Getast, ihr Brüder, ungebrochen,

«Ist von innen das Gedenken, ihr Brüder, ungebrochen, und treten von außen die Dinge nicht in den Denkkreis, so findet auch kein entsprechendes Ineinandergreifen statt, und es kommt zu keiner Bildung des entsprechenden Teiles Bewußtseins.

«Ist von innen das Gedenken, ihr Brüder, ungebrochen, und treten von außen die Dinge in den Denkkreis, und es findet kein entsprechendes Ineinandergreifen statt, so kommt es auch zu keiner Bildung des entsprechenden Teiles Bewußtseins.

«Sobald aber, ihr Brüder, von innen das Gedenken ungebrochen ist, und von außen die Dinge in den Denkkreis treten, und es findet ein entsprechendes Ineinandergreifen statt, so kommt es also zur Bildung des entsprechenden Teiles Bewußtseins. Die Form, die dem so gebildeten eignet, stellt sich im Stück Anhangen an der Form ein, das Gefühl, das dem so gebildeten eignet, stellt sich im Stück Anhangen am Gefühl ein, die Wahrnehmung, die dem so gebildeten eignet, stellt sich im Stück Anhangen an der Wahrnehmung ein, die Unterscheidungen, die dem so gebildeten eignen, stellen sich im Stück Anhangen an der Unterscheidung ein, das Bewußtsein, das dem so gebildeten eignet, stellt sich im Stück Anhangen am Bewußtsein ein. Man versteht jetzt: ‹Das also ist die Einstellung, die Vereinigung, die Verbindung dieser fünf Stücke des Anhangens!› Und das Wort des Erhabenen lautet: 'Wer die bedingte Entstehung merkt, der merkt die Satzung: wer die Satzung merkt, der merkt die bedingte Entstehung.' Bedingt sind sie aber entstanden, diese fünf Stücke des Anhangens. Was bei diesen fünf Stücken des Anhangens Wille, Vergnügen, Bejahung, Behagen ist, das ist die Leidensentwicklung; was bei diesen fünf Stücken des Anhangens Verneinung des Willensreizes, Verleugnung des Willensreizes ist, das ist die Leidensauflösung. Insofern aber, ihr Brüder, hat ein Mönch viel geleistet.»

Also sprach der ehrwürdige Sāriputto. Zufrieden freuten sich jene Mönche über das Wort des ehrwürdigen Sāriputto.

29

DRITTER TEIL · NEUNTE REDE

DAS GLEICHNIS VOM KERNHOLZ

I

192 DAS HAB' ICH GEHÖRT. Zu einer Zeit weilte der Erhabene bei Rājagaham, am Geierkulm, im Gebirge, kurz nachdem Devadatto sich losgesagt hatte. Dort nun wandte sich der Erhabene, in Beziehung auf Devadatto, an die Mönche:

«Da ist, ihr Mönche, ein edler Sohn von Zuversicht bewogen aus dem Hause in die Hauslosigkeit gewandert: ‹Versunken bin ich in Geburt, in Altern und Sterben, in Wehe, Jammer und Leiden, in Gram und Verzweiflung, in Leiden versunken, in Leiden verloren! O daß es doch etwa möglich wäre dieser ganzen Leidensfülle ein Ende zu machen!› Mit solcher Gesinnung hat er der Welt entsagt und erlangt Almosen, Ehre und Ruhm. Diese Erlangung von Almosen, Ehre und Ruhm erfreut ihn, und er wird voller Willensregungen. Durch diese Erlangung von Almosen, Ehre und Ruhm wird er hochfahrend, verachtet die anderen: ‹Ich bin beliebt und berühmt, diese anderen Mönche aber sind unbekannt, unbedeutend.› Durch diese Erlangung von Almosen, Ehre und Ruhm wird er berauscht, wird nachlässig, wird leichtsinnig, und den Leichtsinnigen trifft Leiden.

«Gleichwie etwa, ihr Mönche, wenn ein Mann, der Kernholz begehrt, Kernholz sucht, auf Kernholz ausgeht, gerade über das Kernholz eines großen, kernig dastehenden Baumes hinaufkletterte, über das Grünholz hinaufkletterte, über die Rinde hinaufkletterte, über das Geäst hinaufkletterte, einen Blätterzweig abschnitte, mitnähme und in dem Gedanken ‹Das ist Kernholz› fortginge; den habe ein scharfsehender Mann beobachtet: ‹Dieser liebe Mann kennt wahrlich weder das Kernholz, noch das Grünholz, weder die Rinde, noch das Geäst, noch das Laubgezweig; daher ist nun dieser liebe Mann, der Kernholz begehrt, Kernholz sucht, auf Kernholz ausgeht, gerade über das Kernholz des großen, kernig dastehenden Baumes hinaufgeklettert, über das Grünholz hinaufgeklettert, über die Rinde hinaufgeklettert, über das Geäst hinaufgeklettert, hat einen Blätterzweig abgeschnitten, mitgenommen und ist in der Meinung, dies wäre Kernholz, fortgegangen; was aber aus dessen Kerne als Kern gewinnbar ist, das wird seinem Zwecke nicht entsprechen›:

«Ebenso nun auch, ihr Mönche, ist da ein edler Sohn von Zuversicht bewogen aus dem Hause in die Hauslosigkeit gewandert: ‹Versunken bin ich in Geburt, in Altern und Sterben, in Wehe, Jammer und Leiden, in Gram und Verzweiflung, in Leiden versunken, in Leiden verloren! O daß es doch etwa möglich wäre dieser ganzen Leidensfülle ein Ende zu machen!› Mit solcher Gesinnung hat er der Welt entsagt und erlangt Almosen, Ehre und Ruhm. Diese Erlangung von Almosen, Ehre und Ruhm erfreut ihn, und er wird voller Willensregungen. Durch diese Erlangung von Almosen, Ehre und Ruhm wird er hochfahrend, verachtet die anderen: ‹Ich bin beliebt und berühmt, 193
diese anderen Mönche aber sind unbekannt, unbedeutend.› Durch diese Erlangung von Almosen, Ehre und Ruhm wird er berauscht, wird nachlässig, wird leichtsinnig, und den Leichtsinnigen trifft Leiden.

«Ein solcher, ihr Mönche, wird ein Mönch genannt, der das Laubgezweig des Asketentums an sich genommen hat und sich damit begnügt.

«Da ist ferner, ihr Mönche, ein edler Sohn von Zuversicht bewogen aus dem Hause in die Hauslosigkeit gewandert: ‹Versunken bin ich in Geburt, in Altern und Sterben, in Wehe, Jammer und Leiden, in Gram und Verzweiflung, in Leiden versunken, in Leiden verloren! O daß es doch etwa möglich wäre dieser ganzen Leidensfülle ein Ende zu machen!› Mit solcher Gesinnung hat er der Welt entsagt und erlangt Almosen, Ehre und Ruhm. Diese Erlangung von Almosen, Ehre und Ruhm erfreut ihn nicht, macht ihn nicht voller Willensregungen. Durch diese Erlangung von Almosen, Ehre und Ruhm wird er nicht hochfahrend, verachtet nicht die anderen. Durch diese Erlangung von Almosen, Ehre und Ruhm wird er nicht berauscht, wird nicht nachlässig, wird nicht leichtsinnig, und der ernsten Sinnes Strebende erkämpft sich die Ordenstugenden. Durch diese Ordenstugenden wird er erfreut und voller Willensregungen. Diese Ordenstugenden machen ihn hochfahrend, lassen ihn die anderen verachten: ‹Ich bin tüchtig, bin rechtschaffen, diese anderen Mönche aber sind untüchtig, sind Sünder.› Diese Ordenstugenden berauschen ihn, machen ihn nachlässig, leichtsinnig, und den Leichtsinnigen trifft Leiden.

«Gleichwie, ihr Mönche, wenn ein Mann, der Kernholz begehrt, Kernholz sucht, auf Kernholz ausgeht, gerade über das Kernholz eines großen, kernig dastehenden Baumes hinaufkletterte, über das Grünholz hinaufkletterte, über die Rinde hinaufkletterte, einen Ast abschnitte, mitnähme und in dem Gedanken ‹Das ist Kernholz› fortginge; den habe ein scharfsehender Mann beobachtet: ‹Dieser liebe Mann kennt wahrlich weder das Kernholz, noch das Grünholz, weder die Rinde, noch das Geäst, noch das Laubgezweig; daher ist nun dieser liebe Mann, der Kernholz begehrt, Kernholz sucht, auf Kernholz ausgeht, gerade über das Kernholz des großen, kernig dastehenden Baumes hinaufgeklettert, über das Grünholz hinaufgeklettert, über die Rinde hinaufgeklettert, hat einen Ast abgeschnitten, mitgenommen und ist in der Meinung, dies wäre Kernholz, fortgegangen; was aber aus dessen Kerne als Kern gewinnbar ist, das wird seinem Zwecke nicht entsprechen›:

«Ebenso nun auch, ihr Mönche, ist da ein edler Sohn von Zuversicht bewogen aus dem Hause in die Hauslosigkeit gewandert: ‹Versunken bin ich in Geburt, in Altern und Sterben, in Wehe, Jammer und Leiden, in Gram und Verzweiflung, in Leiden versunken, in Leiden verloren! O daß es doch etwa möglich wäre dieser ganzen Leidensfülle ein Ende zu machen!› Mit solcher Gesinnung hat er der Welt entsagt und erlangt Almosen, Ehre und Ruhm. Diese Erlangung von Almosen, Ehre und Ruhm erfreut ihn nicht, macht ihn nicht voller Willensregungen. Durch diese Erlangung von Almosen, Ehre und Ruhm wird er nicht hochfahrend, verachtet nicht die anderen. Durch diese Erlangung von Almosen, Ehre und Ruhm wird er nicht berauscht, wird nicht nachlässig, wird nicht leichtsinnig, und der ernsten Sinnes Strebende erkämpft sich die Ordenstugenden. Durch diese Ordenstugenden wird er erfreut und voller Willensregungen. Diese Ordenstugenden machen ihn hochfahrend, lassen ihn die anderen verachten: ‹Ich bin tüchtig, bin rechtschaffen, diese anderen Mönche aber sind untüchtig, sind Sünder.› Diese Ordenstugenden berauschen ihn, machen ihn nachlässig, leichtsinnig, und den Leichtsinnigen trifft Leiden.

194 «Ein solcher, ihr Mönche, wird ein Mönch genannt, der das Geäst des Asketentums an sich genommen hat und sich damit begnügt.

«Da ist ferner, ihr Mönche, ein edler Sohn von Zuversicht bewogen aus dem Hause in die Hauslosigkeit gewandert: ‹Versunken bin ich in Geburt, in Altern und Sterben, in Wehe, Jammer und Leiden, in Gram und Verzweiflung, in Leiden versunken, in Leiden verloren! O daß es doch etwa möglich wäre dieser ganzen Leidensfülle ein Ende zu machen!› Mit solcher Gesinnung hat er der Welt entsagt und erlangt Almosen, Ehre und Ruhm. Diese Erlangung von Almosen, Ehre und Ruhm erfreut ihn nicht, macht ihn nicht voller Willensregungen. Durch diese Erlangung von Almosen, Ehre und Ruhm wird er nicht hochfahrend, verachtet nicht die anderen. Durch diese Erlangung von Almosen, Ehre und Ruhm wird er nicht berauscht, wird nicht nachlässig, wird nicht leichtsinnig, und der ernsten Sinnes Strebende erkämpft sich die Ordenstugenden. Durch diese Ordenstugenden wird er erfreut, aber nicht voller Willensregungen. Diese Ordenstugenden machen ihn nicht hochfahrend, lassen ihn die anderen nicht verachten. Diese Ordenstugenden berauschen ihn nicht, machen ihn nicht nachlässig, nicht leichtsinnig, und der ernsten Sinnes Strebende erkämpft sich das Glück der Selbstvertiefung. Durch dieses Glück der Selbstvertiefung wird er erfreut und voller Willensregungen. Dieses Glück der Selbstvertiefung macht ihn hochfahrend, läßt ihn die anderen verachten: ‹Ich bin vertieft, geeinten Gemütes, diese anderen Mönche aber sind nicht vertieft, sind zerfahrenen Gemütes.› Dieses Glück der Selbstvertiefung berauscht ihn, macht ihn nachlässig, leichtsinnig, und den Leichtsinnigen trifft Leiden.

«Gleichwie, ihr Mönche, wenn ein Mann, der Kernholz begehrt, Kernholz sucht, auf Kernholz ausgeht, gerade über das Kernholz eines großen, kernig dastehenden Baumes hinaufkletterte, über das Grünholz hinaufkletterte, Rinde wegschnitte, mitnähme und in dem Gedanken ‹Das ist Kernholz› fortginge; den habe ein scharfsehender Mann beobachtet: ‹Dieser liebe Mann kennt wahrlich weder das Kernholz, noch das Grünholz, weder die Rinde, noch das Geäst, noch das Laubgezweig; daher ist nun dieser liebe Mann, der Kernholz begehrt, Kernholz sucht, auf Kernholz ausgeht, gerade über das Kernholz des großen, kernig dastehenden Baumes hinaufgeklettert, über das Grünholz hinaufgeklettert, hat Rinde weggeschnitten, mitgenommen und ist in der Meinung, dies wäre Kernholz, fortgegangen; was aber aus deren Kerne als Kern gewinnbar ist, das wird seinem Zwecke nicht entsprechen›:

«Ebenso nun auch, ihr Mönche, ist da ein edler Sohn von Zuversicht bewogen aus dem Hause in die Hauslosigkeit gewandert: ‹Versunken bin ich in Geburt, in Altern und Sterben, in Wehe, Jammer und Leiden, in Gram und Verzweiflung, in Leiden versunken, in Leiden verloren! O daß es doch etwa möglich wäre dieser ganzen Leidensfülle ein Ende zu machen!› Mit solcher Gesinnung hat er der Welt entsagt und erlangt Almosen, Ehre und Ruhm. Diese Erlangung von Almosen, Ehre und Ruhm erfreut ihn nicht, macht ihn nicht voller Willensregungen. Durch diese Erlangung von Almosen, Ehre und Ruhm wird er nicht hochfahrend, verachtet nicht die anderen. Durch diese Erlangung von Almosen, Ehre und Ruhm wird er nicht berauscht, wird nicht nachlässig, wird nicht leichtsinnig, und der ernsten Sinnes Strebende erkämpft sich die Ordenstugenden. Durch diese Ordenstugenden wird er erfreut, aber nicht voller Willensregungen. Diese Ordenstugenden machen ihn nicht hochfahrend, lassen ihn die anderen nicht verachten. Diese Ordenstugenden berauschen ihn nicht, machen ihn nicht nachlässig, nicht leichtsinnig, und der ernsten Sinnes Strebende erkämpft sich das Glück der Selbstvertiefung. Durch dieses Glück der Selbstvertiefung wird er erfreut und voller Willensregungen. Dieses Glück der Selbstvertiefung macht ihn hochfahrend, läßt ihn die anderen verachten: ‹Ich bin vertieft, geeinten Gemütes, jene anderen Mönche aber sind nicht vertieft, sind zerfahrenen Gemütes.› Dieses Glück der Selbstvertiefung berauscht ihn, macht ihn nachlässig, leichtsinnig, und den Leichtsinnigen trifft Leiden.

195 «Ein solcher, ihr Mönche, wird ein Mönch genannt, der die Rinde des Asketentums an sich genommen hat und sich damit begnügt.

«Da ist ferner, ihr Mönche, ein edler Sohn von Zuversicht bewogen aus dem Hause in die Hauslosigkeit gewandert: ‹Versunken bin ich in Geburt, in Altern und Sterben, in Wehe, Jammer und Leiden, in Gram und Verzweiflung, in Leiden versunken, in Leiden verloren! O daß es doch etwa möglich wäre dieser ganzen Leidensfülle ein Ende zu machen!› Mit solcher Gesinnung hat er der Welt entsagt und erlangt Almosen, Ehre und Ruhm. Diese Erlangung von Almosen, Ehre und Ruhm erfreut ihn nicht, macht ihn nicht voller Willensregungen. Durch diese Erlangung von Almosen, Ehre und Ruhm wird er nicht hochfahrend, verachtet nicht die anderen. Durch diese Erlangung von Almosen, Ehre und Ruhm wird er nicht berauscht, wird nicht nachlässig, wird nicht leichtsinnig, und der ernsten Sinnes Strebende erkämpft sich die Ordenstugenden. Durch diese Ordenstugenden wird er erfreut, aber nicht voller Willensregungen. Diese Ordenstugenden machen ihn nicht hochfahrend, lassen ihn die anderen nicht verachten. Diese Ordenstugenden berauschen ihn nicht, machen ihn nicht nachlässig, nicht leichtsinnig, und der ernsten Sinnes Strebende erkämpft sich das Glück der Selbstvertiefung. Durch dieses Glück der Selbstvertiefung wird er erfreut, aber nicht voller Willensregungen. Dieses Glück der Selbstvertiefung macht ihn nicht hochfahrend, läßt ihn die anderen nicht verachten. Dieses Glück der Selbstvertiefung berauscht ihn nicht, macht ihn nicht nachlässig, nicht leichtsinnig, und der ernsten Sinnes Strebende erkämpft sich die Wissensklarheit. Diese Wissensklarheit erfreut ihn, und er wird voller Willensregungen. Diese Wissensklarheit macht ihn hochfahrend, läßt ihn die anderen verachten: ‹Ich bin klarwissend, diese anderen Mönche aber sind unwissend, unklar.› Diese Wissensklarheit berauscht ihn, macht ihn nachlässig, leichtsinnig, und den Leichtsinnigen trifft Leiden.

«Gleichwie, ihr Mönche, wenn ein Mann, der Kernholz begehrt, Kernholz sucht, auf Kernholz ausgeht, gerade über das Kernholz eines großen, kernig dastehenden Baumes hinaufkletterte, Grünholz absägte, mitnähme und in dem Gedanken ‹Das ist Kernholz› fortginge; den habe ein scharfsehender Mann beobachtet: ‹Dieser liebe Mann kennt wahrlich weder das Kernholz, noch das Grünholz, weder die Rinde, noch das Geäst, noch das Laubgezweig; daher ist nun dieser liebe Mann, der Kernholz begehrt, Kernholz sucht, auf Kernholz ausgeht, gerade über das Kernholz des großen, kernig dastehenden Baumes hinaufgeklettert, hat Grünholz abgesägt, mitgenommen und ist in der Meinung, dies wäre Kernholz, fortgegangen; was aber aus dessen Kerne als Kern gewinnbar ist, das wird seinem Zwecke nicht entsprechen›:

«Ebenso nun auch, ihr Mönche, ist da ein edler Sohn von Zuversicht be- 196
wogen aus dem Hause in die Hauslosigkeit gewandert: ‹Versunken bin ich in Geburt, in Altern und Sterben, in Wehe, Jammer und Leiden, in Gram und Verzweiflung, in Leiden versunken, in Leiden verloren! O daß es doch etwa möglich wäre dieser ganzen Leidensfülle ein Ende zu machen!› Mit solcher Gesinnung hat er der Welt entsagt und erlangt Almosen, Ehre und Ruhm. Diese Erlangung von Almosen, Ehre und Ruhm erfreut ihn nicht, macht ihn nicht voller Willensregungen. Durch diese Erlangung von Almosen, Ehre und Ruhm wird er nicht hochfahrend, verachtet nicht die anderen. Durch diese Erlangung von Almosen, Ehre und Ruhm wird er nicht berauscht, wird nicht nachlässig, wird nicht leichtsinnig, und der ernsten Sinnes Strebende erkämpft sich die Ordenstugenden. Durch diese Ordenstugenden wird er erfreut, aber nicht voller Willensregungen. Diese Ordenstugenden machen ihn nicht hochfahrend, lassen ihn die anderen nicht verachten. Diese Ordenstugenden berauschen ihn nicht, machen ihn nicht nachlässig, nicht leichtsinnig und der ernsten Sinnes Strebende erkämpft sich das Glück der Selbstvertiefung. Durch dieses Glück der Selbstvertiefung wird er erfreut, aber nicht voller Willensregungen. Dieses Glück der Selbstvertiefung macht ihn nicht hochfahrend, läßt ihn die anderen nicht verachten. Dieses Glück der Selbstvertiefung berauscht ihn nicht, macht ihn nicht nachlässig, nicht leichtsinnig, und der ernsten Sinnes Strebende erkämpft sich die Wissensklarheit. Diese Wissensklarheit erfreut ihn, und er wird voller Willensregungen. Diese Wissensklarheit macht ihn hochfahrend, läßt ihn die anderen verachten: ‹Ich bin klarwissend, diese anderen Mönche aber sind unwissend, unklar.› Diese Wissensklarheit berauscht ihn, macht ihn nachlässig, leichtsinnig, und den Leichtsinnigen trifft Leiden.

«Ein solcher, ihr Mönche, wird ein Mönch genannt, der das Grünholz des Asketentums an sich genommen hat und sich damit begnügt.

«Da ist ferner, ihr Mönche, ein edler Sohn von Zuversicht bewogen aus dem Hause in die Hauslosigkeit gewandert: ‹Versunken bin ich in Geburt, in Altern und Sterben, in Wehe, Jammer und Leiden, in Gram und Verzweiflung, in Leiden versunken, in Leiden verloren! O daß es doch etwa möglich wäre dieser ganzen Leidensfülle ein Ende zu machen!› Mit solcher Gesinnung hat er der Welt entsagt und erlangt Almosen, Ehre und Ruhm. Diese Erlangung von Almosen, Ehre und Ruhm erfreut ihn nicht, macht ihn nicht voller Willensregungen. Durch diese Erlangung von Almosen, Ehre und Ruhm wird er nicht hochfahrend, verachtet nicht die anderen. Durch diese Erlangung von Almosen, Ehre und Ruhm wird er nicht berauscht, wird nicht nachlässig, wird nicht leichtsinnig, und der ernsten Sinnes Strebende erkämpft sich die Ordenstugenden. Durch diese Ordenstugenden wird er erfreut, aber nicht voller Willensregungen. Diese Ordenstugenden machen ihn nicht hochfahrend, lassen ihn die anderen nicht verachten. Diese Ordenstugenden berauschen ihn nicht, machen ihn nicht nachlässig, nicht leichtsinnig, und der ernsten Sinnes Strebende erkämpft sich das Glück der Selbstvertiefung. Durch dieses Glück der Selbstvertiefung wird er erfreut, aber nicht voller Willensregungen. Dieses Glück der Selbstvertiefung macht ihn nicht hochfahrend, läßt ihn die anderen nicht verachten. Dieses Glück der Selbstvertiefung berauscht ihn nicht, macht ihn nicht nachlässig, nicht leichtsinnig, und der ernsten Sinnes Strebende erkämpft sich die Wissensklarheit. Durch diese Wissensklarheit wird er erfreut, aber nicht voller Willensregungen. Diese Wissensklarheit macht ihn nicht hochfahrend, läßt ihn die anderen nicht verachten. Diese Wissensklarheit berauscht ihn nicht, macht ihn nicht nachlässig, nicht leichtsinnig, und der ernsten Sinnes Strebende erkämpft sich eine zeitliche Erlösung. Aber es ist möglich, ihr Mönche, daß dieser Mönch der zeitlichen Erlösung verlustig gehe.

«Gleichwie, ihr Mönche, wenn ein Mann, der Kernholz begehrt, Kernholz sucht, auf Kernholz ausgeht, gerade das Kernholz eines großen, kernig dastehenden Baumes heraussägte, mitnähme und in der Erkenntnis ‹Das ist Kernholz› fortginge; den habe ein scharfsehender Mann beobachtet: ‹Dieser liebe Mann kennt wahrlich das Kernholz, kennt das Grünholz, kennt die Rinde, kennt das Geäst, kennt das Laubgezweig; daher hat nun dieser liebe Mann, der Kernholz begehrt, Kernholz sucht, auf Kernholz ausgeht, gerade
197 das Kernholz des großen, kernig dastehenden Baumes herausgesägt, mitgenommen und ist in der Erkenntnis, daß dies Kernholz sei, fortgegangen; und was aus dessen Kerne als Kern gewinnbar ist, das wird seinem Zwecke entsprechen›:

«Ebenso nun auch, ihr Mönche, ist da ein edler Sohn von Zuversicht bewogen aus dem Hause in die Hauslosigkeit gewandert: ‹Versunken bin ich in Geburt, in Altern und Sterben, in Wehe, Jammer und Leiden, in Gram und Verzweiflung, in Leiden versunken, in Leiden verloren! O daß es doch etwa möglich wäre dieser ganzen Leidensfülle ein Ende zu machen!› Mit solcher Gesinnung hat er der Welt entsagt und erlangt Almosen, Ehre und Ruhm. Diese Erlangung von Almosen, Ehre und Ruhm erfreut ihn nicht, macht ihn nicht voller Willensregungen. Durch diese Erlangung von Almosen, Ehre und Ruhm wird er nicht hochfahrend, verachtet nicht die anderen. Durch diese Erlangung von Almosen, Ehre und Ruhm wird er nicht berauscht, wird nicht nachlässig, wird nicht leichtsinnig, und der ernsten Sinnes Strebende erkämpft sich die Ordenstugenden. Durch diese Ordenstugenden wird er erfreut, aber nicht voller Willensregungen. Diese Ordenstugenden machen ihn nicht hochfahrend, lassen ihn die anderen nicht verachten. Diese Ordenstugenden berauschen ihn nicht, machen ihn nicht nachlässig, nicht leichtsinnig, und der ernsten Sinnes Strebende erkämpft sich das Glück der Selbstvertiefung. Durch dieses Glück der Selbstvertiefung wird er erfreut, aber nicht voller Willensregungen. Dieses Glück der Selbstvertiefung macht ihn nicht hochfahrend, läßt ihn die anderen nicht verachten. Dieses Glück der Selbstvertiefung berauscht ihn nicht, macht ihn nicht nachlässig, nicht leichtsinnig, und der ernsten Sinnes Strebende erkämpft sich die Wissensklarheit. Durch diese Wissensklarheit wird er erfreut, aber nicht voller Willensregungen. Diese Wissensklarheit macht ihn nicht hochfahrend, läßt ihn die anderen nicht verachten. Diese Wissensklarheit berauscht ihn nicht, macht ihn nicht nachlässig, nicht leichtsinnig, und der ernsten Sinnes Strebende erkämpft sich die ewige Erlösung. Und es ist unmöglich, ihr Mönche, es kann nicht sein, daß dieser Mönch der ewigen Erlösung verlustig gehe.

«Und so ist der Gewinn des Asketentums, ihr Mönche, nicht Almosen, Ehre und Ruhm, nicht Ordenstugend, nicht Glück der Selbstvertiefung, nicht Wissensklarheit. Jene unerschütterliche Gemüterlösung aber, ihr Mönche, das ist der Zweck, dies, ihr Mönche, ist das Asketentum, das ist der Kern, das ist das Ziel.»

Also sprach der Erhabene. Zufrieden freuten sich jene Mönche über das Wort des Erhabenen.

30

DRITTER TEIL · ZEHNTE REDE

DAS GLEICHNIS VOM KERNHOLZ

II

198 DAS HAB' ICH GEHÖRT. Zu einer Zeit weilte der Erhabene bei Sāvatthī, im Siegerwalde, im Garten Anāthapiṇḍikos. Da nun begab sich der Brāhmane Piṉgalakoccho dorthin wo der Erhabene weilte, wechselte höflichen Gruß und freundliche, denkwürdige Worte mit dem Erhabenen und setzte sich zur Seite nieder. Hierauf nun sprach der Brāhmane Piṉgalakoccho zum Erhabenen also:

«Die da, o Gotamo, Asketen und Priester sind, von zahlreichen Jüngern und Anhängern umschart, Häupter der Schulen, bekannte, gefeierte Bahnbrecher, die viel bei den Leuten gelten, als wie Pūraṇo Kassapo, Makkhali Gosālo, Ajito Kesakambalo, Pakudho Kaccāyano, Sañjayo Belaṭṭhaputto, Nigaṇṭho Nāthaputto[24], haben alle die, wie ein jeder versichert, verstanden, oder haben alle eben nichts verstanden? Oder aber haben die einen verstanden, und die anderen nichts verstanden?»

«Genug, Brāhmane: laß' es gut sein, ob alle die, wie ein jeder versichert, verstanden haben, oder ob alle eben nichts verstanden haben, oder ob etwa die einen verstanden haben, und die anderen nichts verstanden haben. Die Satzung, Brāhmane, werd' ich dir aufweisen; höre zu und achte wohl auf meine Rede.»

«Gewiß, o Herr!» sagte da aufmerksam der Brāhmane Piṉgalakoccho zum Erhabenen. Der Erhabene sprach also:

«Gleichwie etwa, Brāhmane, wenn ein Mann, der Kernholz begehrt, Kernholz sucht, auf Kernholz ausgeht, gerade über das Kernholz eines großen, kernig dastehenden Baumes hinaufkletterte, über das Grünholz hinaufkletterte, über die Rinde hinaufkletterte, über das Geäst hinaufkletterte, einen Blätterzweig abschnitte, mitnähme und in dem Gedanken ‹Das ist Kernholz› fortginge: den habe ein scharfsehender Mann beobachtet: ‹Dieser liebe Mann kennt wahrlich weder das Kernholz, noch das Grünholz, weder die Rinde, noch das Geäst, noch das Laubgezweig; daher ist nun dieser liebe Mann, der Kernholz begehrt, Kernholz sucht, auf Kernholz ausgeht, gerade über das Kernholz des großen, kernig dastehenden Baumes hinaufgeklettert, über das Grünholz hinaufgeklettert, über die Rinde hinaufgeklettert, über das Geäst hinaufgeklettert, hat einen Blätterzweig abgeschnitten, mitgenommen und ist in der Meinung, dies wäre Kernholz, fortgegangen; was aber aus dessen Kerne als Kern gewinnbar ist, das wird seinem Zwecke nicht entsprechen›:

«Gleichwie, ferner noch, Brāhmane, wenn ein Mann, der Kernholz begehrt, Kernholz sucht, auf Kernholz ausgeht, gerade über das Kernholz eines großen, kernig dastehenden Baumes hinaufkletterte, über das Grünholz hinaufkletterte, über die Rinde hinaufkletterte, einen Ast abschnitte, mitnähme 199
und in dem Gedanken ‹Das ist Kernholz› fortginge; den habe ein scharfsehender Mann beobachtet: ‹Dieser liebe Mann kennt wahrlich weder das Kernholz, noch das Grünholz, weder die Rinde, noch das Geäst, noch das Laubgezweig; daher ist nun dieser liebe Mann, der Kernholz begehrt, Kernholz sucht, auf Kernholz ausgeht, gerade über das Kernholz des großen, kernig dastehenden Baumes hinaufgeklettert, über das Grünholz hinaufgeklettert, über die Rinde hinaufgeklettert, hat einen Ast abgeschnitten, mitgenommen und ist in der Meinung, dies wäre Kernholz, fortgegangen; was aber aus dessen Kerne als Kern gewinnbar ist, das wird seinem Zwecke nicht entsprechen›:

«Gleichwie, ferner noch, Brāhmane, wenn ein Mann, der Kernholz begehrt, Kernholz sucht, auf Kernholz ausgeht, gerade über das Kernholz eines großen, kernig dastehenden Baumes hinaufkletterte, über das Grünholz hinaufkletterte, Rinde wegschnitte, mitnähme und in dem Gedanken ‹Das ist Kernholz› fortginge; den habe ein scharfsehender Mann beobachtet: ‹Dieser liebe Mann kennt wahrlich weder das Kernholz, noch das Grünholz, weder die Rinde, noch das Geäst, noch das Laubgezweig; daher ist nun dieser liebe Mann, der Kernholz begehrt, Kernholz sucht, auf Kernholz ausgeht, gerade über das Kernholz des großen, kernig dastehenden Baumes hinaufgeklettert, über das Grünholz hinaufgeklettert, hat Rinde weggeschnitten, mitgenommen und ist in der Meinung, dies wäre Kernholz, fortgegangen; was aber aus deren Kerne als Kern gewinnbar ist, das wird seinem Zwecke nicht entsprechen›:

«Gleichwie, ferner noch, Brāhmane, wenn ein Mann, der Kernholz begehrt, Kernholz sucht, auf Kernholz ausgeht, gerade über das Kernholz eines großen, kernig dastehenden Baumes hinaufkletterte, Grünholz absägte, mitnähme und in dem Gedanken: ‹Das ist Kernholz› fortginge; den habe ein scharfsehender Mann beobachtet: ‹Dieser liebe Mann kennt wahrlich weder das Kernholz, noch das Grünholz, weder die Rinde, noch das Geäst, noch das Laubgezweig; daher ist nun dieser liebe Mann, der Kernholz begehrt, Kernholz sucht, auf Kernholz ausgeht, gerade über das Kernholz des großen, kernig dastehenden Baumes hinaufgeklettert, hat Grünholz abgesägt, mitgenommen und ist in der Meinung, dies wäre Kernholz, fortgegangen; was aber aus dessen Kerne als Kern gewinnbar ist, das wird seinem Zwecke nicht entsprechen›:

«Gleichwie, ferner noch, Brāhmane, wenn ein Mann, der Kernholz begehrt, Kernholz sucht, auf Kernholz ausgeht, gerade das Kernholz eines großen, kernig dastehenden Baumes heraussägte, mitnähme und in der Erkenntnis ‹Das ist Kernholz› fortginge; den habe ein scharfsehender Mann beobachtet: ‹Dieser liebe Mann kennt wahrlich das Kernholz, kennt das Grünholz, kennt die Rinde, kennt das Geäst, kennt das Laubgezweig; daher hat nun dieser liebe Mann, der Kernholz begehrt, Kernholz sucht, auf Kernholz ausgeht, gerade das Kernholz des großen, kernig dastehenden Baumes herausgesägt, mit-
200 genommen und ist in der Erkenntnis, daß dies Kernholz sei, fortgegangen; und was aus dessen Kerne als Kern gewinnbar ist, das wird seinem Zwecke entsprechen›:

«Ebenso nun auch, Brāhmane, ist da einer von Zuversicht bewogen aus dem Hause in die Hauslosigkeit gewandert: ‹Versunken bin ich in Geburt, in Altern und Sterben, in Wehe, Jammer und Leiden, in Gram und Verzweiflung, in Leiden versunken, in Leiden verloren! O daß es doch etwa möglich wäre dieser ganzen Leidensfülle ein Ende zu machen!› Mit solcher Gesinnung hat er der Welt entsagt und erlangt Almosen, Ehre und Ruhm. Diese Erlangung von Almosen, Ehre und Ruhm erfreut ihn und er wird voller Willensregungen. Er brüstet sich dieser Erlangung von Almosen, Ehre und Ruhm und verachtet die anderen: ‹Ich bin beliebt und berühmt, diese anderen Mönche aber sind unbekannt, unbedeutend.› Jene ferneren Dinge aber, die höher und herrlicher sind als die Erlangung von Almosen, Ehre und Ruhm, die Verwirklichung dieser Dinge ersehnt und erkämpft er nicht, ist bequemlich und schlaff.

«Wie jener Mann, Brāhmane, der Kernholz begehrt, Kernholz sucht, auf Kernholz ausgeht, aber gerade über das Kernholz eines großen, kernig dastehenden Baumes hinaufklettert, über das Grünholz hinaufklettert, über die Rinde hinaufklettert, über das Geäst hinaufklettert, einen Blätterzweig abschneidet, mitnimmt und in dem Gedanken ‹Das ist Kernholz› fortgeht – doch was aus dessen Kerne als Kern gewinnbar ist, das kann seinem Zwecke nicht entsprechen –: so erscheint mir, Brāhmane, ein solcher.

«Da ist ferner, Brāhmane, einer von Zuversicht bewogen aus dem Hause in die Hauslosigkeit gewandert: ‹Versunken bin ich in Geburt, in Altern und Sterben, in Wehe, Jammer und Leiden, in Gram und Verzweiflung, in Leiden versunken, in Leiden verloren! O daß es doch etwa möglich wäre dieser ganzen Leidensfülle ein Ende zu machen!› Mit solcher Gesinnung hat er der Welt entsagt und erlangt Almosen, Ehre und Ruhm. Diese Erlangung von Almosen, Ehre und Ruhm erfreut ihn nicht, macht ihn nicht voller Willensregun-

gen. Er brüstet sich nicht dieser Erlangung von Almosen, Ehre und Ruhm, verachtet nicht die anderen. Und jene ferneren Dinge, die höher und herrlicher sind als die Erlangung von Almosen, Ehre und Ruhm, die Verwirklichung dieser Dinge ersehnt und erkämpft er, ist nicht bequemlich, nicht schlaff. Er erkämpft sich die Ordenstugenden. Durch diese Ordenstugenden wird er erfreut und voller Willensregungen. Dieser Ordenstugenden brüstet er sich und verachtet die anderen: ‹Ich bin tüchtig, bin rechtschaffen, diese anderen Mönche aber sind untüchtig, sind Sünder.› Jene ferneren Dinge aber, die höher und herrlicher sind als die Ordenstugenden, die Verwirklichung 201
dieser Dinge ersehnt und erkämpft er nicht, ist bequemlich und schlaff.

«Wie jener Mann, Brāhmane, der Kernholz begehrt, Kernholz sucht, auf Kernholz ausgeht, aber gerade über das Kernholz eines großen, kernig dastehenden Baumes hinaufklettert, über das Grünholz hinaufklettert, über die Rinde hinaufklettert, einen Ast abschneidet, mitnimmt und in dem Gedanken ‹Das ist Kernholz› fortgeht – doch was aus dessen Kerne als Kern gewinnbar ist, das kann seinem Zwecke nicht entsprechen –: so erscheint mir, Brāhmane, ein solcher.

«Da ist ferner, Brāhmane, einer von Zuversicht bewogen aus dem Hause in die Hauslosigkeit gewandert: ‹Versunken bin ich in Geburt, in Altern und Sterben, in Wehe, Jammer und Leiden, in Gram und Verzweiflung, in Leiden versunken, in Leiden verloren! O daß es doch etwa möglich wäre dieser ganzen Leidensfülle ein Ende zu machen!› Mit solcher Gesinnung hat er der Welt entsagt und erlangt Almosen, Ehre und Ruhm. Diese Erlangung von Almosen, Ehre und Ruhm erfreut ihn nicht, macht ihn nicht voller Willensregungen. Er brüstet sich nicht dieser Erlangung von Almosen, Ehre und Ruhm, verachtet nicht die anderen. Und jene ferneren Dinge, die höher und herrlicher sind als die Erlangung von Almosen, Ehre und Ruhm, die Verwirklichung dieser Dinge ersehnt und erkämpft er, ist nicht bequemlich, nicht schlaff. Er erkämpft sich die Ordenstugenden. Durch diese Ordenstugenden wird er erfreut, aber nicht voller Willensregungen. Er brüstet sich nicht dieser Ordenstugenden, verachtet nicht die anderen. Und jene ferneren Dinge, die höher und herrlicher sind als die Ordenstugenden, die Verwirklichung dieser Dinge ersehnt und erkämpft er, ist nicht bequemlich, nicht schlaff. Er erkämpft sich das Glück der Selbstvertiefung. Durch dieses Glück der Selbstvertiefung wird er erfreut und voller Willensregungen. Er brüstet sich dieses Glücks der Selbstvertiefung, verachtet die anderen: ‹Ich bin vertieft, geeinten Gemütes, diese anderen Mönche aber sind nicht vertieft, sind zerfahrenen Gemütes.› Jene ferneren Dinge aber, die höher und herrlicher sind als das Glück der Selbstvertiefung, die Verwirklichung dieser Dinge ersehnt und erkämpft er nicht, ist bequemlich und schlaff.

«Wie jener Mann, Brāhmane, der Kernholz begehrt, Kernholz sucht, auf Kernholz ausgeht, aber gerade über das Kernholz eines großen, kernig dastehenden Baumes hinaufklettert, über das Grünholz hinaufklettert, Rinde abschneidet, mitnimmt und in dem Gedanken ‹Das ist Kernholz› fortgeht – doch was aus deren Kerne als Kern gewinnbar ist, das kann seinem Zwecke nicht entsprechen –: so erscheint mir, Brāhmane, ein solcher.

«Da ist ferner, Brāhmane, einer von Zuversicht bewogen aus dem Hause in die Hauslosigkeit gewandert: ‹Versunken bin ich in Geburt, in Altern und
202 Sterben, in Wehe, Jammer und Leiden, in Gram und Verzweiflung, in Leiden versunken, in Leiden verloren! O daß es doch etwa möglich wäre dieser ganzen Leidensfülle ein Ende zu machen!› Mit solcher Gesinnung hat er der Welt entsagt und erlangt Almosen, Ehre und Ruhm. Diese Erlangung von Almosen, Ehre und Ruhm erfreut ihn nicht, macht ihn nicht voller Willensregungen. Er brüstet sich nicht dieser Erlangung von Almosen, Ehre und Ruhm, verachtet nicht die anderen. Und jene ferneren Dinge, die höher und herrlicher sind als die Erlangung von Almosen, Ehre und Ruhm, die Verwirklichung dieser Dinge ersehnt und erkämpft er, ist nicht bequemlich, nicht schlaff. Er erkämpft sich die Ordenstugenden. Durch diese Ordenstugenden wird er erfreut, aber nicht voller Willensregungen. Er brüstet sich nicht dieser Ordenstugenden, verachtet nicht die anderen. Und jene ferneren Dinge, die höher und herrlicher sind als die Ordenstugenden, die Verwirklichung dieser Dinge ersehnt und erkämpft er, ist nicht bequemlich, nicht schlaff. Er erkämpft sich das Glück der Selbstvertiefung. Durch dieses Glück der Selbstvertiefung wird er erfreut, aber nicht voller Willensregungen. Er brüstet sich nicht dieses Glücks der Selbstvertiefung, verachtet nicht die anderen. Und jene ferneren Dinge, die höher und herrlicher sind als das Glück der Selbstvertiefung, die Verwirklichung dieser Dinge ersehnt und erkämpft er, ist nicht bequemlich, nicht schlaff. Er erkämpft sich die Wissensklarheit. Diese Wissensklarheit erfreut ihn, und er wird voller Willensregungen. Er brüstet sich dieser Wissensklarheit, verachtet die anderen: ‹Ich bin klarwissend, diese anderen Mönche aber sind unwissend, unklar.› Jene ferneren Dinge aber, die höher und herrlicher sind als die Wissensklarheit, die Verwirklichung dieser Dinge ersehnt und erkämpft er nicht, ist bequemlich und schlaff.

«Wie jener Mann, Brāhmane, der Kernholz begehrt, Kernholz sucht, auf Kernholz ausgeht, aber gerade über das Kernholz eines großen, kernig dastehenden Baumes hinaufklettert, Grünholz absägt, mitnimmt und in dem Gedanken ‹Das ist Kernholz› fortgeht – doch was aus dessen Kerne als Kern gewinnbar ist, das wird seinem Zwecke nicht entsprechen –: so erscheint mir, Brāhmane, ein solcher.

«Da ist ferner, Brāhmane, einer von Zuversicht bewogen aus dem Hause
in die Hauslosigkeit gewandert: ‹Versunken bin ich in Geburt, in Altern und
Sterben, in Wehe, Jammer und Leiden, in Gram und Verzweiflung, in Leiden
versunken, in Leiden verloren! O daß es doch etwa möglich wäre dieser gan-
zen Leidensfülle ein Ende zu machen!› Mit solcher Gesinnung hat er der Welt
entsagt und erlangt Almosen, Ehre und Ruhm. Diese Erlangung von Almo- 203
sen, Ehre und Ruhm erfreut ihn nicht, macht ihn nicht voller Willensregungen. Er brüstet sich nicht dieser Erlangung von Almosen, Ehre und Ruhm, verachtet nicht die anderen. Und jene ferneren Dinge, die höher und herrlicher sind als die Erlangung von Almosen, Ehre und Ruhm, die Verwirklichung dieser Dinge ersehnt und erkämpft er, ist nicht bequemlich, nicht schlaff. Er erkämpft sich die Ordenstugenden. Durch diese Ordenstugenden wird er erfreut, aber nicht voller Willensregungen. Er brüstet sich nicht dieser Ordenstugenden, verachtet nicht die anderen. Und jene ferneren Dinge, die höher und herrlicher sind als die Ordenstugenden, die Verwirklichung dieser Dinge ersehnt und erkämpft er, ist nicht bequemlich, nicht schlaff. Er erkämpft sich das Glück der Selbstvertiefung. Durch dieses Glück der Selbstvertiefung wird er erfreut, aber nicht voller Willensregungen. Er brüstet sich nicht dieses Glücks der Selbstvertiefung, verachtet nicht die anderen. Und jene ferneren Dinge, die höher und herrlicher sind als das Glück der Selbstvertiefung, die Verwirklichung dieser Dinge ersehnt und erkämpft er, ist nicht bequemlich, nicht schlaff. Er erkämpft sich die Wissensklarheit. Durch diese Wissensklarheit wird er erfreut, aber nicht voller Willensregungen. Er brüstet sich nicht dieser Wissensklarheit, verachtet nicht die anderen. Und jene ferneren Dinge, die höher und herrlicher sind als die Wissensklarheit, die Verwirklichung dieser Dinge ersehnt und erkämpft er, ist nicht bequemlich, nicht schlaff.

«Und welche Dinge, Brāhmane, sind höher und herrlicher als die Wissensklarheit?

«Da erwirkt, Brāhmane, der Mönch, gar fern von Begierden, fern von unheilsamen Dingen, in sinnend gedenkender ruhegeborener seliger Heiterkeit die Weihe der ersten Schauung.

«Das aber, Brāhmane, ist ein Ding höher und herrlicher als die Wissensklarheit.

«Weiter sodann, Brāhmane: nach Vollendung des Sinnens und Gedenkens erreicht der Mönch die innere Meeresstille, die Einheit des Gemütes, die von sinnen, von gedenken freie, in der Einigung geborene selige Heiterkeit, die Weihe der zweiten Schauung.

«Das aber, Brāhmane, ist ein Ding höher und herrlicher als die Wissensklarheit.

«Weiter sodann, Brāhmane: in heiterer Ruhe verweilt der Mönch gleichmütig, einsichtig, klar bewußt, ein Glück empfindet er im Körper, von dem die Heiligen sagen: ‹Der gleichmütig Einsichtige lebt beglückt›; so erwirkt er die Weihe der dritten Schauung.

204 «Das aber, Brāhmane, ist ein Ding höher und herrlicher als die Wissensklarheit.

«Weiter sodann, Brāhmane: nach Verwerfung der Freuden und Leiden, nach Vernichtung des einstigen Frohsinns und Trübsinns erreicht der Mönch die Weihe der leidlosen, freudlosen, gleichmütig einsichtigen vollkommenen Reine, die vierte Schauung.

«Das aber, Brāhmane, ist ein Ding höher und herrlicher als die Wissensklarheit.

«Weiter sodann, Brāhmane: nach völliger Überwindung der Formwahrnehmungen, Vernichtung der Gegenwahrnehmungen, Verwerfung der Vielheitwahrnehmungen gewinnt der Mönch in dem Gedanken ‹Grenzenlos ist der Raum› das Reich des unbegrenzten Raumes.

«Das aber, Brāhmane, ist ein Ding höher und herrlicher als die Wissensklarheit.

«Weiter sodann, Brāhmane: nach völliger Überwindung der unbegrenzten Raumsphäre gewinnt der Mönch in dem Gedanken ‹Grenzenlos ist das Bewußtsein› das Reich des unbegrenzten Bewußtseins.

«Das aber, Brāhmane, ist ein Ding höher und herrlicher als die Wissensklarheit.

«Weiter sodann, Brāhmane: nach völliger Überwindung der unbegrenzten Bewußtseinsphäre gewinnt der Mönch in dem Gedanken ‹Nichts ist da› das Reich des Nichtdaseins.

«Das aber, Brāhmane, ist ein Ding höher und herrlicher als die Wissensklarheit.

«Weiter sodann, Brāhmane: nach völliger Überwindung der Nichtdaseinsphäre erreicht der Mönch die Grenzscheide möglicher Wahrnehmung.

«Das aber, Brāhmane, ist ein Ding höher und herrlicher als die Wissensklarheit.

«Weiter sodann, Brāhmane: nach völliger Überwindung der Grenzscheide möglicher Wahrnehmung erreicht der Mönch die Auflösung der Wahrnehmbarkeit, und des weise Sehenden Wahn ist aufgehoben.

«Das aber, Brāhmane, ist ein Ding höher und herrlicher als die Wissensklarheit.

«Das sind die Dinge, Brāhmane, die höher und herrlicher sind als die Wissensklarheit[25].

«Wie jener Mann, Brāhmane, der Kernholz begehrt, Kernholz sucht, auf Kernholz ausgeht und gerade das Kernholz eines großen, kernig dastehenden Baumes heraussägt, mitnimmt und in der Erkenntnis ‹Das ist Kernholz› fortgeht – und was aus dessen Kerne als Kern gewinnbar ist, das wird seinem Zwecke entsprechen –: so erscheint mir, Brāhmane, ein solcher.

«Und so ist der Gewinn des Asketentums, Brāhmane, nicht Almosen, Ehre
und Ruhm, nicht Ordenstugend, nicht Glück der Selbstvertiefung, nicht
Wissensklarheit. Jene unerschütterliche Gemüterlösung aber, Brāhmane, das 205
ist der Zweck, dies, Brāhmane, ist das Asketentum, das ist der Kern, das ist
das Ziel.»

Nach diesen Worten sprach der Brāhmane Pingalakoccho zum Erhabenen also:

«Vortrefflich, o Gotamo, vortrefflich, o Gotamo! Gleichwie etwa, o Gotamo, als ob einer Umgestürztes aufstellte, oder Verdecktes enthüllte, oder Verirrten den Weg wiese, oder Licht in die Finsternis brächte: ‹Wer Augen hat wird die Dinge sehn›: ebenso auch hat Herr Gotamo die Lehre auf mannigfaltige Weise dargelegt. Und so nehm' ich bei Herrn Gotamo Zuflucht, bei der Lehre und bei der Jüngerschaft, als Anhänger soll mich Herr Gotamo betrachten, von heute an zeitlebens getreu.»

VIERTER TEIL

ERSTES BUCH
DER PAARE

31

VIERTER TEIL · ERSTE REDE

IM GOSIN̲GAM-WALDE

I

Das hab' ich gehört. Zu einer Zeit weilte der Erhabene bei Nādikā, in der Steinernen Einsiedelei. Um diese Zeit aber weilte der ehrwürdige Anuruddho, der ehrwürdige Nandiyo und der ehrwürdige Kimbilo im Forste des Gosin̲gam-Waldes. Als nun der Erhabene gegen Abend die Gedenkensruhe beendet hatte, begab er sich zum Forste des Gosin̲gam-Waldes. Da sah ein Waldhüter den Erhabenen von ferne herankommen, und als er den Erhabenen gesehn sprach er also zu ihm:

«Gehe nicht in diesen Forst, o Asket: drei edle Jünglinge weilen hier, die selbstzufrieden scheinen, störe sie nicht!»

Der ehrwürdige Anuruddho hörte aber des Waldhüters Gespräch mit dem Erhabenen, und als er es gehört sprach er also zum Waldhüter:

«Wehre nicht, Bruder Waldhüter, dem Erhabenen: unser Meister, der Erhabene ist gekommen.»

Und der ehrwürdige Anuruddho begab sich nun zum ehrwürdigen Nandiyo und zum ehrwürdigen Kimbilo und sprach also zu ihnen:

«Kommt herbei, ihr Brüder, kommt herbei, ihr Brüder: unser Meister, der Erhabene ist da.»

Und der ehrwürdige Anuruddho, der ehrwürdige Nandiyo und der ehr- 206
würdige Kimbilo gingen nun dem Erhabenen entgegen. Einer nahm dem Erhabenen Mantel und Schale ab, einer machte einen Sitz zurecht, einer brachte Wasser zur Fußwaschung herbei. Es setzte sich der Erhabene auf den dargebotenen Sitz, und als er saß spülte er sich die Füße ab. Jene Ehrwürdigen aber setzten sich, nach des Erhabenen Begrüßung, zur Seite nieder. Und der Erhabene wandte sich nun an den ehrwürdigen Anuruddho, der zur Seite saß, und sprach also:

«Geht es euch, Anuruddher, leidlich, kommt ihr wohl aus, ohne Mangel an Nahrung?»

«Leidlich, Erhabener, geht es uns, wohl, Erhabener, kommen wir aus, wir ermangeln, o Herr, nicht der Nahrung.»

«Vertragt ihr euch aber, Anuruddher, einig, ohne Zwist, mild geworden, und seht euch sanften Auges an?»

«Freilich, o Herr, vertragen wir uns, einig, ohne Zwist, mild geworden, und sehn uns sanften Auges an.»

«Inwiefern aber, Anuruddher, vertragt ihr euch, einig, ohne Zwist, mild geworden, und seht euch sanften Auges an?»

«Da gedenk' ich, o Herr, also: ‹Erreicht habe ich's, wohl getroffen, fürwahr, der ich mit solchen wahren Asketen vereint lebe.› Und ich Glücklicher, o Herr, diene diesen Ehrwürdigen mit liebevoller Tat, so offen als verborgen, mit liebevollem Wort, so offen als verborgen, mit liebevoller Gesinnung, so offen als verborgen. Und also verweilend, o Herr, denke ich: ‹Wenn ich nun meinen eigenen Willen aufgäbe und mich nur dem Willen dieser Ehrwürdigen unterwürfe?› Und ich habe, o Herr, meinen eigenen Willen aufgegeben und mich dem Willen dieser Ehrwürdigen unterworfen. Verschieden, o Herr, sind zwar unsere Körper, aber ich glaube wir haben nur einen Willen.»

Und der ehrwürdige Nandiyo, und der ehrwürdige Kimbilo sprach zum Erhabenen:

«Auch ich, o Herr, gedenke also: ‹Erreicht habe ich's, wohl getroffen, fürwahr, der ich mit solchen wahren Asketen vereint lebe.› Und ich Glücklicher, o Herr, diene diesen Ehrwürdigen mit liebevoller Tat, so offen als verborgen, mit liebevollem Wort, so offen als verborgen, mit liebevoller Gesinnung, so offen als verborgen. Und also verweilend, o Herr, denke ich: ‹Wenn ich nun
207 meinen eigenen Willen aufgäbe und mich nur dem Willen dieser Ehrwürdigen unterwürfe?› Und ich habe, o Herr, meinen eigenen Willen aufgegeben und mich dem Willen dieser Ehrwürdigen unterworfen. Verschieden, o Herr, sind zwar unsere Körper, aber ich glaube, wir haben nur einen Willen.

«Also, o Herr, verweilen wir verträglich, einig, ohne Zwist, mild geworden, und sehn uns sanften Auges an.»

«Recht so, recht so, Anuruddher. Und verweilt ihr auch ernsten Sinnes, Anuruddher, eifrig, unermüdlich?»

«Freilich, o Herr, verweilen wir ernsten Sinnes, eifrig, unermüdlich.»

«Inwiefern aber, Anuruddher, verweilt ihr ernsten Sinnes, eifrig, unermüdlich?»

«Wer da zuerst von uns, o Herr, vom Almosengang aus dem Dorfe zurückkehrt, der bereitet die Plätze und setzt Trinkwasser, Waschwasser und den Spülnapf vor. Wer zuletzt vom Almosengang aus dem Dorfe zurückkehrt, und es ist noch Speise übrig, und er verlangt danach, so nimmt er davon; wo nicht, so wirft er sie fort, auf grasfreien Grund oder in fließendes Wasser. Dann ordnet er die Sitze, räumt Trinkwasser, Waschwasser und Spülnapf weg und fegt den Speiseplatz rein. Wer bemerkt, daß man den Trinknapf oder den Waschkrug oder den Mistkübel nicht mehr braucht[26], der stellt ihn gesäubert auf. Wenn er es allein nicht kann, so winkt er einen zweiten herbei, und wir kommen und helfen, ohne daß wir, o Herr, aus solchem Grunde das Schweigen brächen. Und jeden fünften Tag, o Herr, sitzen wir die ganze Nacht hindurch in Gesprächen über die Lehre beisammen. Also, o Herr, verweilen wir ernsten Sinnes, eifrig, unermüdlich.»

«Recht so, recht so, Anuruddher. Habt ihr aber, Anuruddher, die ihr also ernsten Sinnes, eifrig, unermüdlich verweilet, ein überirdisches, reiches Heiltum errungen, selige Ruhe?»

«Wie denn nicht, o Herr! Da verweilen wir nach Belieben, o Herr, gar fern von Begierden, fern von unheilsamen Dingen, in sinnend gedenkender ruhegeborener seliger Heiterkeit, in der Weihe der ersten Schauung. Dies, o Herr, ist von uns, den ernsten Sinnes, eifrig, unermüdlich Verweilenden, errungen worden, ein überirdisches, reiches Heiltum, selige Ruhe.»

«Recht so, recht so, Anuruddher. Habt ihr aber, Anuruddher, nach Ersteigung und Überwindung dieser Warte noch ein anderes überirdisches, reiches 208
Heiltum errungen, selige Ruhe?»

«Wie denn nicht, o Herr! Da erwirken wir nach Belieben, o Herr, nach Vollendung des Sinnens und Gedenkens die innere Meeresstille, die Einheit des Gemütes, die von sinnen, von gedenken freie, in der Einigung geborene selige Heiterkeit, die Weihe der zweiten Schauung. Nach Ersteigung und Überwindung jener Warte, o Herr, erscheint dieses andere überirdische, reiche Heiltum, selige Ruhe.»

«Recht so, recht so, Anuruddher. Habt ihr aber, Anuruddher, nach Ersteigung und Überwindung dieser Warte noch ein anderes überirdisches, reiches Heiltum errungen, selige Ruhe?»

«Wie denn nicht, o Herr! Da verweilen wir nach Belieben, o Herr, in heiterer Ruhe gleichmütig, einsichtig, klar bewußt, ein Glück empfinden wir im Körper, von dem die Heiligen sagen: ‹Der gleichmütig Einsichtige lebt beglückt›; so erwirken wir die Weihe der dritten Schauung. Nach Ersteigung und Überwindung jener Warte, o Herr, erscheint dieses andere überirdische, reiche Heiltum, selige Ruhe.»

«Recht so, recht so, Anuruddher. Habt ihr aber, Anuruddher, nach Ersteigung und Überwindung dieser Warte noch ein anderes überirdisches, reiches Heiltum errungen, selige Ruhe?»

«Wie denn nicht, o Herr! Da erreichen wir nach Belieben, o Herr, nach Verwerfung der Freuden und Leiden, nach Vernichtung des einstigen Frohsinns und Trübsinns die Weihe der leidlosen, freudlosen, gleichmütig einsichtigen vollkommenen Reine, die vierte Schauung. Nach Ersteigung und Überwindung jener Warte, o Herr, erscheint dieses andere überirdische, reiche Heiltum, selige Ruhe.»

«Recht so, recht so, Anuruddher. Habt ihr aber, Anuruddher, nach Ersteigung und Überwindung dieser Warte noch ein anderes überirdisches, reiches Heiltum errungen, selige Ruhe?»

«Wie denn nicht, o Herr! Da gewinnen wir nach Belieben, o Herr, nach völliger Überwindung der Formwahrnehmungen, Vernichtung der Gegenwahrnehmungen, Verwerfung der Vielheitwahrnehmungen in dem Gedanken ‹Grenzenlos ist der Raum› das Reich des unbegrenzten Raumes. Nach
209 Ersteigung und Überwindung jener Warte, o Herr, erscheint dieses andere überirdische, reiche Heiltum, selige Ruhe.»

«Recht so, recht so, Anuruddher. Habt ihr aber, Anuruddher, nach Ersteigung und Überwindung dieser Warte noch ein anderes überirdisches, reiches Heiltum errungen, selige Ruhe?»

«Wie denn nicht, o Herr! Da gewinnen wir nach Belieben, o Herr, nach völliger Überwindung der unbegrenzten Raumsphäre in dem Gedanken ‹Grenzenlos ist das Bewußtsein› das Reich des unbegrenzten Bewußtseins. Nach Ersteigung und Überwindung jener Warte, o Herr, erscheint dieses andere überirdische, reiche Heiltum, selige Ruhe.»

«Recht so, recht so, Anuruddher. Habt ihr aber, Anuruddher, nach Ersteigung und Überwindung dieser Warte noch ein anderes überirdisches, reiches Heiltum errungen, selige Ruhe?»

«Wie denn nicht, o Herr! Da gewinnen wir nach Belieben, o Herr, nach völliger Überwindung der unbegrenzten Bewußtseinsphäre in dem Gedanken ‹Nichts ist da› das Reich des Nichtdaseins. Nach Ersteigung und Überwindung jener Warte, o Herr, erscheint dieses andere überirdische, reiche Heiltum, selige Ruhe.»

«Recht so, recht so, Anuruddher. Habt ihr aber, Anuruddher, nach Ersteigung und Überwindung dieser Warte noch ein anderes überirdisches, reiches Heiltum errungen, selige Ruhe?»

«Wie denn nicht, o Herr! Da erreichen wir nach Belieben, o Herr, nach völliger Überwindung der Nichtdaseinsphäre, die Grenzscheide möglicher Wahrnehmung. Nach Ersteigung und Überwindung jener Warte, o Herr, erscheint dieses andere überirdische, reiche Heiltum, selige Ruhe.»

«Recht so, recht so, Anuruddher. Habt ihr aber, Anuruddher, nach Ersteigung und Überwindung dieser Warte noch ein anderes überirdisches, reiches Heiltum der Wissensklarheit errungen, selige Ruhe?»

«Wie denn nicht, o Herr! Da erreichen wir nach Belieben, o Herr, nach völliger Überwindung der Grenzscheide möglicher Wahrnehmung die Auflösung der Wahrnehmbarkeit, und der weise Sehenden Wahn ist aufgehoben. Nach Ersteigung und Überwindung jener Warte, o Herr, erscheint dieses andere überirdische, reiche Heiltum der Wissensklarheit, selige Ruhe. Und eine andere selige Ruhe, höher oder herrlicher als diese, o Herr, kennen wir nicht.»

«Recht so, recht so, Anuruddher. Eine andere selige Ruhe, höher oder herrlicher als diese, Anuruddher, gibt es nicht.»

Als nun der Erhabene den ehrwürdigen Anuruddho, den ehrwürdigen Nandiyo und den ehrwürdigen Kimbilo in lehrreichem Gespräche ermuntert, ermutigt, erregt und erheitert hatte, stand er von seinem Sitze auf und ging fort. Der ehrwürdige Anuruddho, der ehrwürdige Nandiyo und der ehrwürdige Kimbilo gaben nun dem Erhabenen das Geleite und kehrten dann wieder zurück. Da wandte sich der ehrwürdige Nandiyo und der ehrwürdige Kimbilo an den ehrwürdigen Anuruddho: 210

«Wie ist es doch? Haben wir dem ehrwürdigen Anuruddho gesagt: ‹Dieser und jener Heilstufen erfreuen wir uns›, da uns der ehrwürdige Anuruddho vor dem Erhabenen als bis zur Wahnversiegung gelangt dargestellt hat?»

«Nein, wahrlich, die Ehrwürdigen haben mir nicht gesagt: ‹Dieser und jener Heilstufen erfreuen wir uns›, aber ich habe es im Herzen der Ehrwürdigen gelesen und gesehn: ‹Dieser und jener Heilstufen erfreuen sich diese Ehrwürdigen.› Und auch Gottheiten haben es mir gesagt: ‹Dieser und jener Heilstufen erfreuen sich diese Ehrwürdigen.› Den Fragen des Erhabenen gemäß hab' ich geantwortet.»

Da nun begab sich Dīgho, ein Fremder, ein Geist, dorthin wo der Erhabene weilte, begrüßte den Erhabenen ehrerbietig und stellte sich seitwärts hin. Seitwärts stehend sprach nun Dīgho, der Fremde, der Geist, zum Erhabenen also:

«Gesegnet sind die Vajjīner, o Herr, hochgesegnet das Vajjī-Volk, wo der Vollendete weilt, der Heilige, vollkommen Erwachte, und diese drei edlen Söhne, der ehrwürdige Anuruddho, der ehrwürdige Nandiyo, der ehrwürdige Kimbilo!»

Die Stimme Dīghos, des Fremden, des Geistes, vernehmend hallten die Stimmen der Erdgötter wieder:

«Gesegnet sind die Vajjīner, fürwahr, hochgesegnet das Vajjī-Volk, wo der Vollendete weilt, der Heilige, vollkommen Erwachte, und diese drei edlen Söhne, der ehrwürdige Anuruddho, der ehrwürdige Nandiyo, der ehrwürdige Kimbilo!»

Die Stimmen der Erdgötter vernehmend hallten die Stimmen der Götter der Vier großen Könige wieder:

«Gesegnet sind die Vajjīner, fürwahr, hochgesegnet das Vajjī-Volk, wo der Vollendete weilt, der Heilige, vollkommen Erwachte, und diese drei edlen Söhne, der ehrwürdige Anuruddho, der ehrwürdige Nandiyo, der ehrwürdige Kimbilo!»

Die Stimmen der Götter der Vier großen Könige vernehmend hallten die Stimmen der Dreiunddreißig Götter wieder:

«Gesegnet sind die Vajjīner, fürwahr, hochgesegnet das Vajjī-Volk, wo der Vollendete weilt, der Heilige, vollkommen Erwachte, und diese drei edlen Söhne, der ehrwürdige Anuruddho, der ehrwürdige Nandiyo, der ehrwürdige Kimbilo!»

Die Stimmen der Dreiunddreißig Götter vernehmend hallten die Stimmen der Schattengötter wieder:

«Gesegnet sind die Vajjīner, fürwahr, hochgesegnet das Vajjī-Volk, wo der Vollendete weilt, der Heilige, vollkommen Erwachte, und diese drei edlen Söhne, der ehrwürdige Anuruddho, der ehrwürdige Nandiyo, der ehrwürdige Kimbilo!»

Die Stimmen der Schattengötter vernehmend hallten die Stimmen der Seligen Götter wieder:

«Gesegnet sind die Vajjīner, fürwahr, hochgesegnet das Vajjī-Volk, wo der Vollendete weilt, der Heilige, vollkommen Erwachte, und diese drei edlen Söhne, der ehrwürdige Anuruddho, der ehrwürdige Nandiyo, der ehrwürdige Kimbilo!»

Die Stimmen der Seligen Götter vernehmend hallten die Stimmen der Götter der unbeschränkten Freude wieder:

«Gesegnet sind die Vajjīner, fürwahr, hochgesegnet das Vajjī-Volk, wo der Vollendete weilt, der Heilige, vollkommen Erwachte, und diese drei edlen Söhne, der ehrwürdige Anuruddho, der ehrwürdige Nandiyo, der ehrwürdige Kimbilo!»

Die Stimmen der Götter der unbeschränkten Freude vernehmend hallten die Stimmen der jenseit der unbeschränkten Freude weilenden Götter wieder:

«Gesegnet sind die Vajjīner, fürwahr, hochgesegnet das Vajjī-Volk, wo der Vollendete weilt, der Heilige, vollkommen Erwachte, und diese drei edlen Söhne, der ehrwürdige Anuruddho, der ehrwürdige Nandiyo, der ehrwürdige Kimbilo!»

Die Stimmen der jenseit der unbeschränkten Freude weilenden Götter vernehmend hallten die Stimmen der Götter der Brahmawelt wieder:

«Gesegnet sind die Vajjīner, fürwahr, hochgesegnet das Vajjī-Volk, wo der Vollendete weilt, der Heilige, vollkommen Erwachte, und diese drei edlen Söhne, der ehrwürdige Anuruddho, der ehrwürdige Nandiyo, der ehrwürdige Kimbilo!»

So waren da jene Ehrwürdigen in einem Augenblick, in einem Nu bis in die Brahmawelt wahrgenommen worden.

«So ist es, Dīgho, so ist es, Dīgho. Wenn die Familie, Dīgho, aus der jene edlen drei Söhne vom Hause fort in die Hauslosigkeit hinausgezogen sind, jener edlen drei Söhne in Liebe gedächte, so gereicht' es auch ihr lange zum Wohle, zum Heile. Wenn der Familienkreis, Dīgho, aus dem jene edlen drei Söhne vom Hause fort in die Hauslosigkeit hinausgezogen sind, jener edlen 211
drei Söhne in Liebe gedächte, so gereicht' es auch ihm lange zum Wohle, zum Heile. Wenn das Dorf, Dīgho, aus dem jene edlen drei Söhne vom Hause fort in die Hauslosigkeit hinausgezogen sind, jener edlen drei Söhne in Liebe gedächte, so gereicht' es auch ihm lange zum Wohle, zum Heile. Wenn die Stadt, Dīgho, aus der jene edlen drei Söhne vom Hause fort in die Hauslosigkeit hinausgezogen sind, jener edlen drei Söhne in Liebe gedächte, so gereicht' es auch ihr lange zum Wohle, zum Heile. Wenn die Hauptstadt, Dīgho, aus der jene edlen drei Söhne vom Hause fort in die Hauslosigkeit hinausgezogen sind, jener edlen drei Söhne in Liebe gedächte, so gereicht' es auch ihr lange zum Wohle, zum Heile. Wenn das Land, Dīgho, aus dem jene edlen drei Söhne vom Hause fort in die Hauslosigkeit hinausgezogen sind, jener edlen drei Söhne in Liebe gedächte, so gereicht' es auch ihm lange zum Wohle, zum Heile. Wenn auch alle Adeligen, Dīgho, jener edlen drei Söhne in Liebe gedächten, so gereicht' es jedem von ihnen lange zum Wohle, zum Heile. Wenn auch alle Geistlichen, Dīgho, jener edlen drei Söhne in Liebe gedächten, so gereicht' es jedem von ihnen lange zum Wohle, zum Heile. Wenn auch alle Bürgerlichen, Dīgho, jener edlen drei Söhne in Liebe gedächten, so gereicht' es jedem von ihnen lange zum Wohle, zum Heile. Wenn auch alle Dienenden, Dīgho, jener edlen drei Söhne in Liebe gedächten, so gereicht' es jedem von ihnen lange zum Wohle, zum Heile. Wenn selbst die Welt, Dīgho, mit ihren Göttern, ihren bösen und heiligen Geistern, mit ihrer Schar von Büßern und Priestern, Göttern und Menschen, jener edlen drei Söhne in Liebe gedächte, so gereicht' es selbst der Welt mit ihren Göttern, ihren bösen und heiligen Geistern, mit ihrer Schar von Büßern und Priestern, Göttern und Menschen, lange zum Wohle, zum Heile.

«Siehe, Dīgho, wie weit jene edlen drei Söhne vielen zum Wohle, vielen zum Heile wirken, aus Erbarmen zur Welt, zum Nutzen, Wohle und Heile für Götter und Menschen.»

Also sprach der Erhabene. Zufrieden freute sich Dīgho, der Fremde, der Geist, über das Wort des Erhabenen.

32

VIERTER TEIL · ZWEITE REDE

IM GOSIṈGAM-WALDE

II

212 DAS HAB' ICH GEHÖRT. Zu einer Zeit weilte der Erhabene im Forste des Gosiṉgam-Waldes, mit gar manchen wohlbekannten Oberen, wohlbekannten Jüngern, mit dem ehrwürdigen Sāriputto und dem ehrwürdigen Mahāmoggallāno, mit dem ehrwürdigen Mahākassapo und dem ehrwürdigen Anuruddho, mit dem ehrwürdigen Revato und dem ehrwürdigen Ānando und mit anderen wohlbekannten Oberen, wohlbekannten Jüngern zusammen.

Als nun der ehrwürdige Mahāmoggallāno gegen Abend die Gedenkensruhe beendet hatte, begab er sich dorthin wo der ehrwürdige Mahākassapo weilte, und sprach zum ehrwürdigen Mahākassapo also:

«Komm', Bruder Kassapo, laß' uns zum ehrwürdigen Sāriputto gehn, die Lehre zu hören.»

«Gern, Bruder», erwiderte der ehrwürdige Mahākassapo dem ehrwürdigen Mahāmoggallāno.

Und der ehrwürdige Mahāmoggallāno und der ehrwürdige Mahākassapo wie auch der ehrwürdige Anuruddho begaben sich nun dorthin wo der ehrwürdige Sāriputto weilte, die Lehre zu hören. Der ehrwürdige Ānando aber erblickte diese Ehrwürdigen, wie sie sich zum ehrwürdigen Sāriputto begaben, die Lehre zu hören, und nachdem er sie gesehn ging er zum ehrwürdigen Revato und sprach also zu ihm:

«Es begeben sich, Bruder Revato, jene Edlen dorthin wo der ehrwürdige Sāriputto weilt, die Lehre zu hören; komm', Bruder Revato, laß uns zum ehrwürdigen Sāriputto gehn, die Lehre zu hören.»

«Gern, Bruder», erwiderte der ehrwürdige Revato dem ehrwürdigen Ānando.

Und der ehrwürdige Revato und der ehrwürdige Ānando begaben sich nun dorthin wo der ehrwürdige Sāriputto weilte, die Lehre zu hören.

Da sah der ehrwürdige Sāriputto den ehrwürdigen Revato und den ehrwürdigen Ānando von ferne herankommen, und nachdem er sie gesehn sprach er zum ehrwürdigen Ānando also:

«Willkommen sei der ehrwürdige Ānando, gegrüßt der ehrwürdige Ānando, der des Erhabenen wartet, dem Erhabenen nahe ist. Entzückend, Bruder

Ānando, ist der Gosiṉgam-Wald, herrlich die klare Mondnacht, die Bäume stehn in voller Blüte, himmlische Düfte, meint man, wehn umher. Was für ein Mönch, Bruder Ānando, mag dem Gosiṉgam-Walde Glanz verleihen?»

«Da hat, Bruder Sāriputto, ein Mönch viel gehört, ist Behälter des Wortes, 213
Hort des Wortes der Lehre; und was da am Anfang begütigt, in der Mitte begütigt, am Ende begütigt und sinn- und wortgetreu das vollkommen geläuterte, geklärte Asketentum überliefert: das kennt er, behält er, beherrscht er mit der Rede, bewahrt es im Gedächtnis, hat es von Grund aus verstanden. Er legt den vier Arten von Hörern[27] die Lehre dar, im Ganzen, im Einzelnen und im Zusammenhang, zur völligen Wunschesvertilgung. Ein solcher Mönch, Bruder Sāriputto, mag dem Gosiṉgam-Walde Glanz verleihen.»

Nach diesen Worten wandte sich der ehrwürdige Sāriputto an den ehrwürdigen Revato:

«Der ehrwürdige Ānando, Bruder Revato, hat nach seinem Begriffe geantwortet. Jetzt fragen wir den ehrwürdigen Revato: Entzückend, Bruder Revato, ist der Gosiṉgam-Wald, herrlich die klare Mondnacht, die Bäume stehn in voller Blüte, himmlische Düfte, meint man, wehn umher. Was für ein Mönch, Bruder Revato, mag dem Gosiṉgam-Walde Glanz verleihen?»

«Da wird, Bruder Sāriputto, ein Mönch durch die Gedenkensruhe erquickt und beglückt, erkämpft innigen Geistesfrieden, widerstrebt nicht der Schauung, gewinnt durchdringenden Blick, ist ein Freund leerer Klausen. Ein solcher Mönch, Bruder Sāriputto, mag dem Gosiṉgam-Walde Glanz verleihen.»

Nach diesen Worten wandte sich der ehrwürdige Sāriputto an den ehrwürdigen Anuruddho:

«Der ehrwürdige Revato, Bruder Anuruddho, hat nach seinem Begriffe geantwortet. Jetzt fragen wir den ehrwürdigen Anuruddho: Entzückend, Bruder Anuruddho, ist der Gosiṉgam-Wald, herrlich die klare Mondnacht, die Bäume stehn in voller Blüte, himmlische Düfte, meint man, wehn umher. Was für ein Mönch, Bruder Anuruddho, mag dem Gosiṉgam-Walde Glanz verleihen?»

«Da blickt, Bruder Sāriputto, ein Mönch mit dem himmlischen Auge, dem geläuterten, über menschliche Grenzen hinausreichenden, über tausend Welten hin. Gleichwie etwa, Bruder Sāriputto, ein scharfsehender Mann von der Zinne eines hohen Turmes tausend Gehöfte im Kreise überblicken mag: ebenso auch, Bruder Sāriputto, blickt ein Mönch mit dem himmlischen Auge, dem geläuterten, über menschliche Grenzen hinausreichenden, über tausend Welten hin. Ein solcher Mönch, Bruder Sāriputto, mag dem Gosiṉgam-Walde Glanz verleihen.»

Nach diesen Worten wandte sich der ehrwürdige Sāriputto an den ehrwürdigen Mahākassapo:

«Der ehrwürdige Anuruddho, Bruder Kassapo, hat nach seinem Begriffe geantwortet. Jetzt fragen wir den ehrwürdigen Mahākassapo: Entzückend, Bruder Kassapo, ist der Gosiṉgam-Wald, herrlich die klare Mondnacht, die Bäume stehn in voller Blüte, himmlische Düfte, meint man, wehn umher. Was für ein Mönch, Bruder Kassapo, mag dem Gosiṉgam-Walde Glanz verleihen?»

214 «Da ist, Bruder Sāriputto, ein Mönch selbst Waldeinsiedler und preist das Waldeinsiedlertum, lebt selbst von Almosenspeise und preist das Leben von Almosenspeise, trägt selbst die geflickte Fetzenkutte und preist das Tragen der geflickten Fetzenkutte, besitzt nur drei Kleidungstücke und preist das bloße Besitztum dreier Kleidungstücke[28], hat selbst wenig Bedürfnisse und preist die Bedürfnislosigkeit, ist selbst zufrieden und preist die Zufriedenheit, ist selbst zurückgezogen und preist die Zurückgezogenheit, flieht selbst die Welt und preist die Weltflucht, ist selbst standhaft und preist die Standhaftigkeit, ist selbst ordenstüchtig und preist die Ordenstugend, hat selbst das Glück der Vertiefung erfahren und preist das Glück der Vertiefung, hat selbst die Weisheit errungen und preist die Errungenschaft der Weisheit, hat selbst die Erlösung errungen und preist die Errungenschaft der Erlösung, hat selbst die Wissensklarheit der Erlösung errungen und preist die Errungenschaft der wissensklaren Erlösung. Ein solcher Mönch, Bruder Sāriputto, mag dem Gosiṉgam-Walde Glanz verleihen.»

Nach diesen Worten wandte sich der ehrwürdige Sāriputto an den ehrwürdigen Mahāmoggallāno:

«Der ehrwürdige Mahākassapo, Bruder Moggallāno, hat nach seinem Begriffe geantwortet. Jetzt fragen wir den ehrwürdigen Mahāmoggallāno: Entzückend, Bruder Moggallāno, ist der Gosiṉgam-Wald, herrlich die klare Mondnacht, die Bäume stehn in voller Blüte, himmlische Düfte, meint man, wehn umher. Was für ein Mönch, Bruder Moggallāno, mag dem Gosiṉgam-Walde Glanz verleihen?»

«Da halten, Bruder Sāriputto, zwei Mönche ein Gespräch über die Lehre, stellen sich Fragen, und nachdem sie die Fragen gegenseitig beantwortet haben, gehn sie auseinander, jeder für sich, und lehrreich war ihr Gespräch und anregend. Ein solcher Mönch, Bruder Sāriputto, mag dem Gosiṉgam-Walde Glanz verleihen.»

Und nun wandte sich der ehrwürdige Mahāmoggallāno also an den ehrwürdigen Sāriputto:

«Jeder von uns, Bruder Sāriputto, hat nach seinem Begriffe geantwortet. Jetzt fragen wir den ehrwürdigen Sāriputto: Entzückend, Bruder Sāriputto, ist der Gosiṉgam-Wald, herrlich die klare Mondnacht, die Bäume stehn in voller Blüte, himmlische Düfte, meint man, wehn umher. Was für ein Mönch, Bruder Sāriputto, mag dem Gosiṉgam-Walde Glanz verleihen?»

«Da hat, Bruder Moggallāno, ein Mönch das Herz in seiner Gewalt und
nicht ist er in der Gewalt des Herzens. Welcher Vertiefung er sich morgens 215
erfreuen will, dieser Vertiefung erfreut er sich morgens, welcher Vertiefung
er sich mittags erfreuen will, dieser Vertiefung erfreut er sich mittags, wel-
cher Vertiefung er sich abends erfreuen will, dieser Vertiefung erfreut er sich
abends. Gleichwie etwa, Bruder Mogallāno, ein König oder ein Fürst aus
einer Truhe voller verschiedenfarbiger Gewänder gerade das Gewand für
den Morgen auswählen würde, das er morgens tragen will, gerade das Ge-
wand für den Mittag auswählen würde, das er mittags tragen will, gerade das
Gewand für den Abend auswählen würde, das er abends tragen will: ebenso
auch, Bruder Mogallāno, hat ein Mönch das Herz in seiner Gewalt und nicht
ist er in der Gewalt des Herzens. Welcher Vertiefung er sich morgens er-
freuen will, dieser Vertiefung erfreut er sich morgens, welcher Vertiefung er
sich mittags erfreuen will, dieser Vertiefung erfreut er sich mittags, welcher
Vertiefung er sich abends erfreuen will, dieser Vertiefung erfreut er sich
abends. Ein solcher Mönch, Bruder Moggallāno, mag dem Gosiṉgam-Walde
Glanz verleihen.»

Und der ehrwürdige Sāriputto wandte sich nun zu jenen Ehrwürdigen und sprach also:

«Jeder von uns, ihr Brüder, hat nach seinem Begriffe geantwortet. Kommt, ihr Brüder, laßt uns zum Erhabenen gehn und die Sache dem Erhabenen berichten: wie uns der Erhabene antworten wird, so wollen wir es halten.»

«So sei es, Bruder», erwiderten da jene Ehrwürdigen dem ehrwürdigen Sāriputto.

Und jene Mönche begaben sich dorthin wo der Erhabene weilte, begrüßten den Erhabenen ehrerbietig und setzten sich zur Seite nieder. Zur Seite sitzend sprach nun der ehrwürdige Sāriputto zum Erhabenen also:

«Da hatten sich, o Herr, der ehrwürdige Revato und der ehrwürdige Ānan-
do dorthin begeben wo ich weilte, die Lehre zu hören. Ich sah den ehrwürdi-
gen Revato und den ehrwürdigen Ānando von ferne herankommen, und
nachdem ich sie gesehn sprach ich zum ehrwürdigen Ānando also: ‹Willkom- 216
men sei der ehrwürdige Ānando, gegrüßt der ehrwürdige Ānando, der des
Erhabenen wartet, dem Erhabenen nahe ist. Entzückend, Bruder Ānando, ist
der Gosiṉgam-Wald, herrlich die klare Mondnacht, die Bäume stehn in voller
Blüte, himmlische Düfte, meint man, wehn umher. Was für ein Mönch, Bru-
der Ānando, mag dem Gosiṉgam-Walde Glanz verleihen?› – Hierauf, o Herr,
erwiderte mir der ehrwürdige Ānando: ‘Da hat Bruder Sāriputto, ein Mönch
viel gehört, ist Behälter des Wortes, Hort des Wortes der Lehre; und was da
am Anfang begütigt, in der Mitte begütigt, am Ende begütigt und sinn- und
wortgetreu das vollkommen geläuterte, geklärte Asketentum überliefert: das

kennt er, behält er, beherrscht er mit der Rede, bewahrt es im Gedächtnis, hat es von Grund aus verstanden. Er legt den vier Arten von Hörern die Lehre dar, im Ganzen, im Einzelnen und im Zusammenhang, zur völligen Wunschesvertilgung. Ein solcher Mönch, Bruder Sāriputto, mag dem Gosiṉgam-Walde Glanz verleihen.'»

«Gut, gut, Sāriputto, wie es eben Ānando recht beantworten kann. Denn Ānando, Sāriputto, hat viel gehört, ist Behälter des Wortes, Hort des Wortes der Lehre: und was da am Anfang begütigt, in der Mitte begütigt, am Ende begütigt und sinn- und wortgetreu das vollkommen geläuterte, geklärte Asketentum überliefert: das kennt er, behält er, beherrscht er mit der Rede, bewahrt es im Gedächtnis, hat es von Grund aus verstanden. Er legt den vier Arten von Hörern die Lehre dar, im Ganzen, im Einzelnen und im Zusammenhang, zur völligen Wunschesvertilgung.»

«Hierauf, o Herr, wandte ich mich an den ehrwürdigen Revato: ‹Der ehrwürdige Ānando, Bruder Revato, hat nach seinem Begriffe geantwortet. Jetzt fragen wir den ehrwürdigen Revato: Entzückend, Bruder Revato, ist der Gosiṉgam-Wald, herrlich die klare Mondnacht, die Bäume stehn in voller Blüte, himmlische Düfte, meint man, wehn umher. Was für ein Mönch, Bruder Revato, mag dem Gosiṉgam-Walde Glanz verleihen?› – Hierauf, o Herr, erwiderte mir der ehrwürdige Revato: 'Da wird, Bruder Sāriputto, ein Mönch durch die Gedenkensruhe erquickt und beglückt, erkämpft innigen Geistesfrieden, widerstrebt nicht der Schauung, gewinnt durchdringenden Blick, ist ein Freund leerer Klausen. Ein solcher Mönch, Bruder Sāriputto, mag dem Gosiṉgam-Walde Glanz verleihen.'»

«Gut, gut, Sāriputto, wie es eben Revato recht beantworten kann. Denn Revato, Sāriputto, wird durch die Gedenkensruhe erquickt und beglückt, erkämpft innigen Geistesfrieden, widerstrebt nicht der Schauung, besitzt durchdringenden Blick, ist ein Freund leerer Klausen.»

217 «Hierauf, o Herr, wandte ich mich an den ehrwürdigen Anuruddho: ‹Der ehrwürdige Revato, Bruder Anuruddho, hat nach seinem Begriffe geantwortet. Jetzt fragen wir den ehrwürdigen Anuruddho: Entzückend, Bruder Anuruddho, ist der Gosiṉgam-Wald, herrlich die klare Mondnacht, die Bäume stehn in voller Blüte, himmlische Düfte, meint man, wehn umher. Was für ein Mönch, Bruder Anuruddho, mag dem Gosiṉgam-Walde Glanz verleihen?› – Hierauf, o Herr, erwiderte mir der ehrwürdige Anuruddho: 'Da blickt, Bruder Sāriputto, ein Mönch mit dem himmlischen Auge, dem geläuterten, über menschliche Grenzen hinausreichenden, über tausend Welten hin. Gleichwie etwa, Bruder Sāriputto, ein scharfsehender Mann von der Zinne eines hohen Turmes tausend Gehöfte im Kreise überblicken mag: ebenso auch, Bruder Sāriputto, blickt ein Mönch mit dem himmlischen Auge, dem

geläuterten, über menschliche Grenzen hinausreichenden, über tausend Welten hin. Ein solcher Mönch, Bruder Sāriputto, mag dem Gosiṉgam-Walde Glanz verleihen.'»

«Gut, gut, Sāriputto, wie es eben Anuruddho recht beantworten kann. Denn Anuruddho, Sāriputto, blickt mit dem himmlischen Auge, dem geläuterten, über menschliche Grenzen hinausreichenden, über tausend Welten hin.»

«Hierauf, o Herr, wandte ich mich an den ehrwürdigen Mahākassapo: ‹Der ehrwürdige Anuruddho, Bruder Kassapo, hat nach seinem Begriffe geantwortet. Jetzt fragen wir den ehrwürdigen Mahākassapo: Entzückend, Bruder Kassapo, ist der Gosiṉgam-Wald, herrlich die klare Mondnacht, die Bäume stehn in voller Blüte, himmlische Düfte, meint man, wehn umher. Was für ein Mönch, Bruder Kassapo, mag dem Gosiṉgam-Walde Glanz verleihen?› – Hierauf, o Herr, erwiderte mir der ehrwürdige Mahākassapo: 'Da ist, Bruder Sāriputto, ein Mönch selbst Waldeinsiedler und preist das Waldeinsiedlertum, lebt selbst von Almosenspeise und preist das Leben von Almosenspeise, trägt selbst die geflickte Fetzenkutte und preist das Tragen der geflickten Fetzenkutte, besitzt selbst nur drei Kleidungstücke und preist das bloße Besitztum dreier Kleidungstücke, hat selbst wenig Bedürfnisse und preist die Bedürfnislosigkeit, ist selbst zufrieden und preist die Zufriedenheit, ist selbst zurückgezogen und preist die Zurückgezogenheit, flieht selbst die Welt und preist die Weltflucht, ist selbst standhaft und preist die Standhaftigkeit, ist selbst ordenstüchtig und preist die Ordenstugend, hat selbst das Glück der Vertiefung errungen und preist das Glück der Vertiefung, hat selbst die Weisheit errungen und preist die Errungenschaft der Weisheit, hat selbst die Erlösung errungen und preist die Errungenschaft der Erlösung, hat selbst die Wissensklarheit der Erlösung errungen und preist die Errungenschaft der wissensklaren Erlösung. Ein solcher Mönch, Bruder Sāriputto, mag dem Gosiṉgam-Walde Glanz verleihen.'»

«Gut, gut, Sāriputto, wie es eben Kassapo recht beantworten kann. Denn 218
Kassapo, Sāriputto, ist selbst Waldeinsiedler und preist das Waldeinsiedlertum, lebt selbst von Almosenspeise und preist das Leben von Almosenspeise, trägt selbst die geflickte Fetzenkutte und preist das Tragen der geflickten Fetzenkutte, besitzt selbst nur drei Kleidungstücke und preist das bloße Besitztum dreier Kleidungstücke, hat selbst wenig Bedürfnisse und preist die Bedürfnislosigkeit, ist selbst zufrieden und preist die Zufriedenheit, ist selbst zurückgezogen und preist die Zurückgezogenheit, flieht selbst die Welt und preist die Weltflucht, ist selbst standhaft und preist die Standhaftigkeit, ist selbst ordenstüchtig und preist die Ordenstugend, hat selbst das Glück der Vertiefung errungen und preist das Glück der Vertiefung, hat selbst die

Weisheit errungen und preist die Errungenschaft der Weisheit, hat selbst die Erlösung errungen und preist die Errungenschaft der Erlösung, hat selbst die Wissensklarheit der Erlösung errungen und preist die Errungenschaft der wissensklaren Erlösung.»

«Hierauf, o Herr, wandte ich mich an den ehrwürdigen Mahāmoggallāno: ‹Der ehrwürdige Mahākassapo, Bruder Moggallāno, hat nach seinem Begriffe geantwortet. Jetzt fragen wir den ehrwürdigen Mahāmoggallāno: Entzükkend, Bruder Moggallāno, ist der Gosiṉgam-Wald, herrlich die klare Mondnacht, die Bäume stehn in voller Blüte, himmlische Düfte, meint man, wehn umher. Was für ein Mönch, Bruder Moggallāno, mag dem Gosiṉgam-Wald Glanz verleihen?› – Hierauf, o Herr, erwiderte mir der ehrwürdige Mahāmoggallāno: ‘Da halten, Bruder Sāriputto, zwei Mönche ein Gespräch über die Lehre, stellen sich Fragen, und nachdem sie die Fragen gegenseitig beantwortet haben, gehn sie auseinander, jeder für sich, und lehrreich war ihr Gespräch und anregend. Ein solcher Mönch, Bruder Sāriputto, mag dem Gosiṉgam-Walde Glanz verleihen.’»

«Gut, gut, Sāriputto, wie es eben Moggallāno recht beantworten kann. Denn Moggallāno, Sāriputto, ist der Lehre Sprecher.»

Nach diesen Worten wandte sich der ehrwürdige Mahāmoggallāno an den Erhabenen und sagte:

«Und nun, o Herr, sprach ich zum ehrwürdigen Sāriputto: ‹Jeder von uns, Bruder Sāriputto, hat nach seinem Begriffe geantwortet. Jetzt fragen wir den ehrwürdigen Sāriputto: Entzückend, Bruder Sāriputto, ist der Gosiṉgam-Wald, herrlich die klare Mondnacht, die Bäume stehn in voller Blüte, himmlische Düfte, meint man, wehn umher. Was für ein Mönch, Bruder Sāriputto, mag dem Gosiṉgam-Walde Glanz verleihen?› – Hierauf, o Herr, erwiderte mir der ehrwürdige Sāriputto: ‘Da hat, Bruder Moggallāno, ein Mönch das Herz in seiner Gewalt und nicht ist er in der Gewalt des Herzens. Welcher Vertiefung er sich morgens erfreuen will, dieser Vertiefung erfreut er sich morgens, welcher Vertiefung er sich mittags erfreuen will, dieser Vertiefung erfreut er sich mittags, welcher Vertiefung er sich abends erfreuen will, dieser Vertiefung erfreut er sich abends. Gleichwie etwa, Bruder Mogallāno, ein König oder ein Fürst aus einer Truhe voller verschiedenfarbiger Gewänder
219 gerade das Gewand für den Morgen auswählen würde, das er morgens tragen will, gerade das Gewand für den Mittag auswählen würde, das er mittags tragen will, gerade das Gewand für den Abend auswählen würde, das er abends tragen will: ebenso auch, Bruder Moggallāno, hat ein Mönch das Herz in seiner Gewalt und nicht ist er in der Gewalt des Herzens. Welcher Vertiefung er sich morgens erfreuen will, dieser Vertiefung erfreut er sich morgens, welcher Vertiefung er sich mittags erfreuen will, dieser Vertiefung erfreut er sich

mittags, welcher Vertiefung er sich abends erfreuen will, dieser Vertiefung erfreut er sich abends. Ein solcher Mönch, Bruder Mogallāno, mag dem Gosiṉgam-Walde Glanz verleihen.'»

«Gut, gut, Moggallāno, wie es eben Sāriputto recht beantworten kann. Denn Sāriputto, Moggallāno, hat das Herz in seiner Gewalt und nicht ist er in der Gewalt des Herzens. Welcher Vertiefung er sich morgens erfreuen will, dieser Vertiefung erfreut er sich morgens, welcher Vertiefung er sich mittags erfreuen will, dieser Vertiefung erfreut er sich mittags, welcher Vertiefung er sich abends erfreuen will, dieser Vertiefung erfreut er sich abends.»

Nach diesen Worten sprach der ehrwürdige Sāriputto zum Erhabenen also:

«Wer hat nun wohlgesprochen, o Herr?»

«Alle habt ihr wohlgesprochen, Sāriputto, der Reihe nach. Und nun hört auch von mir, was für ein Mönch dem Gosiṉgam-Walde Glanz verleihen mag. Da setzt sich, Sāriputto, ein Mönch nach dem Mahle, wenn er vom Almosengange zurückgekehrt ist, mit verschränkten Beinen nieder, den Körper gerade aufgerichtet, und pflegt der Einsicht: ‹Nicht eher will ich von hier aufstehn, als bis ich ohne anzuhangen das Herz vom Wahn erlöst habe.› Ein solcher Mönch, Sāriputto, mag dem Gosiṉgam-Walde Glanz verleihen.»

Also sprach der Erhabene. Zufrieden freuten sich jene Ehrwürdigen über das Wort des Erhabenen.

33

VIERTER TEIL · DRITTE REDE

DER RINDERHIRT

I

Das hab' ich gehört. Zu einer Zeit weilte der Erhabene bei Sāvatthī, im 220
Siegerwalde, im Garten Anāthapinḍikos. Dort nun wandte sich der Erhabene an die Mönche: «Ihr Mönche!» – «Erlauchter!» antworteten da jene Mönche dem Erhabenen aufmerksam. Der Erhabene sprach also:

«Elf Eigenschaften, ihr Mönche, machen es einem Rinderhirten unmöglich seine Herde zu hüten, zum Gedeihen zu bringen; welche elf? Da ist, ihr

Mönche, ein Rinderhirt der Leibesart unkundig, versteht nicht die Lebensweise, verscheucht nicht das Schädliche, verbindet nicht Wunden, macht kein Feuer an, kennt keine Furt, kennt keine Quelle, kennt keinen Steig, kennt keine Weide, er melkt übermäßig, und den Stieren, den Vätern der Herde, den Führern der Herde, denen schenkt er keine besondere Aufmerksamkeit.

«Diese elf Eigenschaften, ihr Mönche, machen es einem Rinderhirten unmöglich, seine Herde zu hüten, zum Gedeihen zu bringen.

«Ebenso nun auch, ihr Mönche, machen es elf Eigenschaften einem Mönch unmöglich in dieser Lehre und Zucht zum Gedeihen, zur Reife und Entfaltung zu gelangen; welche elf? Da ist, ihr Mönche, ein Mönch der Leibesart unkundig, versteht nicht die Lebensweise, verscheucht nicht das Schädliche, verbindet nicht Wunden, macht kein Feuer an, kennt keine Furt, kennt keine Quelle, kennt keinen Steig, kennt keine Weide, er melkt übermäßig, und den Mönchen, den Oberen, den Bejahrten, den im Asketentume Ergrauten, den Vätern des Ordens, den Führern des Ordens, denen schenkt er keine besondere Aufmerksamkeit.

«Wie aber, ihr Mönche, ist ein Mönch der Leibesart unkundig? Da betrachtet, ihr Mönche, ein Mönch alles Körperliche, die gesamte Körperlichkeit, die vier Hauptstoffe und was durch die vier Hauptstoffe besteht, nicht der Wahrheit gemäß als körperlich. Also, ihr Mönche, ist ein Mönch der Leibesart unkundig. Und wie, ihr Mönche, versteht ein Mönch nicht die Lebensweise? Da erkennt, ihr Mönche, ein Mönch nicht der Wahrheit gemäß: die Tat zeigt mir den Toren, die Tat zeigt mir den Weisen. Also, ihr Mönche, versteht ein Mönch nicht die Lebensweise. Und wie, ihr Mönche, verscheucht ein Mönch nicht das Schädliche? Da gönnt, ihr Mönche, ein Mönch einem aufgestiegenen Wunschgedanken Raum, verleugnet ihn nicht, vertreibt ihn nicht, vertilgt ihn nicht, erstickt ihn nicht im Keime; einem aufgestiegenen Haßgedanken, einem aufgestiegenen Wutgedanken und anderen aufgestie-
221 genen bösen, schlechten Gedanken gönnt er Raum, verleugnet sie nicht, vertreibt sie nicht, vertilgt sie nicht, erstickt sie nicht im Keime. Also, ihr Mönche, verscheucht ein Mönch nicht das Schädliche. Und wie, ihr Mönche, verbindet ein Mönch nicht Wunden? Wenn da, ihr Mönche, ein Mönch mit dem Gesicht eine Form erblickt hat, faßt er Neigung, faßt er Absicht. Obgleich Begierde und Mißmut, böse und schlechte Gedanken gar bald den überwältigen, der unbewachten Gesichtes verweilt, befleißigt er sich dieser Bewachung nicht, hütet nicht das Gesicht, wacht nicht eifrig über das Gesicht. Wenn er mit dem Gehör einen Ton gehört, mit dem Geruch einen Duft gerochen, mit dem Geschmack einen Saft geschmeckt, mit dem Getast eine Tastung getastet, mit dem Gedenken ein Ding gedacht hat, faßt er Neigung, faßt er Absicht. Ob-

gleich Begierde und Mißmut, böse und schlechte Gedanken gar bald den überwältigen, der unbewachten Gedenkens verweilt, befleißigt er sich dieser Bewachung nicht, hütet nicht das Gedenken, wacht nicht eifrig über das Gedenken. Also, ihr Mönche, verbindet ein Mönch nicht Wunden. Und wie, ihr Mönche, macht ein Mönch kein Feuer an? Da zeigt, ihr Mönche, ein Mönch nicht den anderen die Lehre, weithin sichtbar, wie er sie gehört und aufgefaßt hat. Also, ihr Mönche, macht ein Mönch kein Feuer an. Und wie, ihr Mönche, kennt ein Mönch keine Furt? Da sucht, ihr Mönche, ein Mönch nicht von Zeit zu Zeit jene Mönche auf, die viel gehört haben und wissen, die Hüter der Lehre, die Hüter der Ordnung, die Hüter der Regel, fragt nicht, erkundigt sich nicht: ‹Wie ist das, o Herr, was ist der Sinn davon?› Und so eröffnen ihm jene Ehrwürdigen nicht das Uneröffnete, klären das Unaufgeklärte nicht auf, lösen nicht den Zweifel über Dinge, die vielfach bezweifelbar sind. Also, ihr Mönche, kennt ein Mönch keine Furt. Und wie, ihr Mönche, kennt ein Mönch keine Quelle? Da gelangt, ihr Mönche, ein Mönch bei der Darlegung der Lehre und Zucht des Vollendeten nicht zum Verständnis des Sinnes, nicht zum Verständnis der Lehre, nicht zum Genusse der Lehre. Also, ihr Mönche, kennt ein Mönch keine Quelle. Und wie, ihr Mönche, kennt ein Mönch keinen Steig? Da erkennt, ihr Mönche, ein Mönch den heiligen achtfältigen Weg nicht der Wahrheit gemäß. Also, ihr Mönche, kennt ein Mönch keinen Steig. Und wie, ihr Mönche, kennt ein Mönch keine Weide? Da kennt, ihr Mönche, ein Mönch die Vier Pfeiler der Einsicht nicht der Wahrheit gemäß. Also, ihr Mönche, kennt ein Mönch keine Weide. Und wie, 222
ihr Mönche, melkt ein Mönch übermäßig? Da laden, ihr Mönche, gläubige Hausväter einen Mönch ein, sich Kleidung, Almosenspeise, Lagerstatt und Arzeneien für den Fall einer Krankheit auszuwählen, und der Mönch kennt kein Maß im Annehmen. Also, ihr Mönche, melkt ein Mönch übermäßig. Und wie, ihr Mönche, schenkt ein Mönch jenen Mönchen, den Oberen, den Bejahrten, den im Asketentume Ergrauten, den Vätern des Ordens, den Führern des Ordens, keine besondere Aufmerksamkeit? Da dient, ihr Mönche, ein Mönch jenen Mönchen, den Oberen, den Bejahrten, den im Asketentume Ergrauten, den Vätern des Ordens, den Führern des Ordens, weder mit liebevoller Tat, so offen als verborgen, noch mit liebevollem Wort, so offen als verborgen, noch mit liebevoller Gesinnung, so offen als verborgen. Also, ihr Mönche, schenkt ein Mönch jenen Mönchen, den Oberen, den Bejahrten, den im Asketentume Ergrauten, den Vätern des Ordens, den Führern des Ordens, keine besondere Aufmerksamkeit.

«Diese elf Eigenschaften, ihr Mönche, machen es einem Mönch unmöglich in dieser Lehre und Zucht zum Gedeihen, zur Reife und Entfaltung zu gelangen.

«Elf Eigenschaften, ihr Mönche, machen es einem Rinderhirten möglich seine Herde zu hüten, zum Gedeihen zu bringen; welche elf? Da ist, ihr Mönche, ein Rinderhirt der Leibesart kundig, versteht die Lebensweise, verscheucht das Schädliche, verbindet Wunden, macht Feuer an, kennt die Furt, kennt die Quelle, kennt den Steig, kennt die Weide, er läßt noch Milch im Euter, und den Stieren, den Vätern der Herde, den Führern der Herde, denen schenkt er besondere Aufmerksamkeit.

«Diese elf Eigenschaften, ihr Mönche, machen es einem Rinderhirten möglich seine Herde zu hüten, zum Gedeihen zu bringen.

«Ebenso nun auch, ihr Mönche, machen es elf Eigenschaften einem Mönch möglich in dieser Lehre und Zucht zum Gedeihen, zur Reife und Entfaltung zu gelangen; welche elf? Da ist, ihr Mönche, ein Mönch der Leibesart kundig, versteht die Lebensweise, verscheucht das Schädliche, verbindet Wunden, macht Feuer an, kennt die Furt, kennt die Quelle, kennt den Steig, kennt die Weide, er läßt noch Milch im Euter, und den Mönchen, den Oberen, den Bejahrten, den im Asketentume Ergrauten, den Vätern des Ordens, den Führern des Ordens, denen schenkt er besondere Aufmerksamkeit.

«Wie aber, ihr Mönche, ist ein Mönch der Leibesart kundig? Da betrachtet, ihr Mönche, ein Mönch alles Körperliche, die gesamte Körperlichkeit,
223 die vier Hauptstoffe und was durch die vier Hauptstoffe besteht, der Wahrheit gemäß als körperlich. Also, ihr Mönche, ist ein Mönch der Leibesart kundig. Und wie, ihr Mönche, versteht ein Mönch die Lebensweise? Da erkennt, ihr Mönche, ein Mönch der Wahrheit gemäß: die Tat zeigt mir den Toren, die Tat zeigt mir den Weisen. Also, ihr Mönche, versteht ein Mönch die Lebensweise. Und wie, ihr Mönche, verscheucht ein Mönch das Schädliche? Da gönnt, ihr Mönche, ein Mönch einem aufgestiegenen Wunschgedanken keinen Raum, verleugnet ihn, vertreibt ihn, vertilgt ihn, erstickt ihn im Keime; einem aufgestiegenen Haßgedanken, einem aufgestiegenen Wutgedanken und anderen aufgestiegenen bösen, schlechten Gedanken gönnt er keinen Raum, verleugnet sie, vertreibt sie, vertilgt sie, erstickt sie im Keime. Also, ihr Mönche, verscheucht ein Mönch das Schädliche. Und wie, ihr Mönche, verbindet ein Mönch Wunden? Wenn da, ihr Mönche, ein Mönch mit dem Gesicht eine Form erblickt hat, faßt er keine Neigung, faßt keine Absicht. Da Begierde und Mißmut, böse und schlechte Gedanken gar bald den überwältigen, der unbewachten Gesichtes verweilt, befleißigt er sich dieser Bewachung, er hütet das Gesicht, er wacht eifrig über das Gesicht. Wenn er mit dem Gehör einen Ton gehört, mit dem Geruch einen Duft gerochen, mit dem Geschmack einen Saft geschmeckt, mit dem Getast eine Tastung getastet, mit dem Gedenken ein Ding gedacht hat, faßt er keine Neigung, faßt keine Absicht. Da Begierde und Mißmut, böse und schlechte Gedanken gar bald den überwäl-

tigen, der unbewachten Gedenkens verweilt, befleißigt er sich dieser Bewachung, er hütet das Gedenken, er wacht eifrig über das Gedenken. Also, ihr Mönche, verbindet ein Mönch Wunden. Und wie, ihr Mönche, macht ein Mönch Feuer an? Da zeigt, ihr Mönche, ein Mönch den anderen die Lehre, weithin sichtbar, wie er sie gehört und aufgefaßt hat. Also, ihr Mönche, macht ein Mönch Feuer an. Und wie, ihr Mönche, kennt ein Mönch die Furt? Da sucht, ihr Mönche, ein Mönch von Zeit zu Zeit jene Mönche auf, die viel gehört haben und wissen, die Hüter der Lehre, die Hüter der Ordnung, die Hüter der Regel, fragt und erkundigt sich: ‹Wie ist das, o Herr, was ist der Sinn davon?› Und so eröffnen ihm jene Ehrwürdigen das Uneröffnete, klären das Unaufgeklärte auf, lösen den Zweifel über Dinge, die vielfach bezweifelbar sind. Also, ihr Mönche, kennt ein Mönch die Furt. Und
wie, ihr Mönche, kennt ein Mönch die Quelle? Da gelangt, ihr Mönche, ein 224
Mönch bei der Darlegung der Lehre und Zucht des Vollendeten zum Verständnis des Sinnes, zum Verständnis der Lehre, zum Genusse der Lehre. Also, ihr Mönche, kennt ein Mönch die Quelle. Und wie, ihr Mönche, kennt ein Mönch den Steig? Da erkennt, ihr Mönche, ein Mönch den heiligen achtfältigen Weg der Wahrheit gemäß. Also, ihr Mönche, kennt ein Mönch den Steig. Und wie, ihr Mönche, kennt ein Mönch die Weide? Da kennt, ihr Mönche, ein Mönch die Vier Pfeiler der Einsicht der Wahrheit gemäß. Also, ihr Mönche, kennt ein Mönch die Weide. Und wie, ihr Mönche, läßt ein Mönch noch Milch im Euter? Da laden, ihr Mönche, gläubige Hausväter einen Mönch ein, sich Kleidung, Almosenspeise, Lagerstatt und Arzeneien für den Fall einer Krankheit auszuwählen, und der Mönch kennt Maß im Annehmen. Also, ihr Mönche, läßt ein Mönch noch Milch im Euter. Und wie, ihr Mönche, schenkt ein Mönch jenen Mönchen, den Oberen, den Bejahrten, den im Asketentume Ergrauten, den Vätern des Ordens, den Führern des Ordens, besondere Aufmerksamkeit? Da dient, ihr Mönche, ein Mönch jenen Mönchen, den Oberen, den Bejahrten, den im Asketentume Ergrauten, den Vätern des Ordens, den Führern des Ordens, diesen dient er mit liebevoller Tat, so offen als verborgen, dient er mit liebevollem Wort, so offen als verborgen, dient er mit liebevoller Gesinnung, so offen als verborgen. Also, ihr Mönche, schenkt ein Mönch jenen Mönchen, den Oberen, den Bejahrten, den im Asketentume Ergrauten, den Vätern des Ordens, den Führern des Ordens, besondere Aufmerksamkeit.

«Diese elf Eigenschaften, ihr Mönche, machen es einem Mönch möglich in dieser Lehre und Zucht zum Gedeihen, zur Reife und Entfaltung zu gelangen.»

Also sprach der Erhabene. Zufrieden freuten sich jene Mönche über das Wort des Erhabenen.

34

VIERTER TEIL · VIERTE REDE

DER RINDERHIRT

II

225 DAS HAB' ICH GEHÖRT. Zu einer Zeit weilte der Erhabene im Vajjī-Lande, bei Ukkācelā, am Gestade des Ganges. Dort nun wandte sich der Erhabene an die Mönche: «Ihr Mönche!» – «Erlauchter!» antworteten da jene Mönche dem Erhabenen aufmerksam. Der Erhabene sprach also:

«Es war einmal, ihr Mönche, in Magadhā ein Rinderhirt von trübem Verstande, der im letzten Monat der Regenzeit, im Herbste, ohne Untersuchung des diesseitigen Ufers, ohne Untersuchung des jenseitigen Ufers des Ganges seine Herde aufs Geratewohl in den Strom trieb, hinüber zum Ufer von Suvidehā. Als nun, ihr Mönche, die Rinder in die Mitte des Ganges, in die Strömung gelangt waren, da überschlugen sie sich und gingen elend zugrunde. Und warum das? Weil ja, ihr Mönche, jener unverständige Rinderhirt aus Magadhā im letzten Monat der Regenzeit, im Herbste, ohne Untersuchung des diesseitigen Ufers, ohne Untersuchung des jenseitigen Ufers des Ganges seine Herde aufs Geratewohl in den Strom trieb, hinüber zum Ufer von Suvidehā.

«Ebenso nun auch, ihr Mönche, ist es mit jenen Asketen oder Priestern, die diese Welt nicht verstehn und jene Welt nicht verstehn, das Reich der Natur nicht verstehn und das Reich der Freiheit nicht verstehn, die Zeitlichkeit nicht verstehn und die Ewigkeit nicht verstehn[29]: wer der Schwimmkunst jener trauen will, dem wird es zu langem Unheil und Leiden gereichen.

«Es war einmal, ihr Mönche, in Magadhā ein Rinderhirt von hellem Verstande, der im letzten Monat der Regenzeit, im Herbste, nach genauer Untersuchung des diesseitigen Ufers, nach genauer Untersuchung des jenseitigen Ufers des Ganges seine Herde in eine richtige Furt trieb, hinüber zum Ufer von Sudivehā. Zuerst trieb er die Stiere hinein, die Väter der Herde, die Führer der Herde; diese durchkreuzten die Strömung des Ganges und gelangten heil an das andere Ufer. Hierauf trieb er die starken Kühe und Ochsen hinein, und auch diese durchkreuzten die Strömung des Ganges und gelangten heil an das andere Ufer. Hierauf trieb er die Farren und Färsen hinein, und auch diese durchkreuzten die Strömung des Ganges und gelangten heil an das andere Ufer. Hierauf trieb er die schwächlichen Kälbchen hinein, und auch

diese durchkreuzten die Strömung des Ganges und gelangten heil an das andere Ufer. Zuletzt, ihr Mönche, war noch ein zartes Kälblein da, eben erst geboren, der Mutter mit Wehegebrüll entrissen, und auch dieses durchkreuzte die Strömung des Ganges und gelangte heil an das andere Ufer. Und warum das? Weil ja, ihr Mönche, jener verständige Rinderhirt aus Magadhā im letzten Monat der Regenzeit, im Herbste, nach genauer Untersuchung des diesseitigen Ufers, nach genauer Untersuchung des jenseitigen Ufers 226
des Ganges seine Herde in eine richtige Furt trieb, hinüber zum Ufer von Suvidehā.

«Ebenso nun auch, ihr Mönche, ist es mit jenen Asketen oder Priestern, die diese Welt verstehn und jene Welt verstehn, das Reich der Natur verstehn und das Reich der Freiheit verstehn, die Zeitlichkeit verstehn und die Ewigkeit verstehn: wer der Schwimmkunst jener trauen will, dem wird es zu langem Wohle und Heile gereichen.

«Gleichwie nun, ihr Mönche, jene Stiere, die Väter der Herde, die Führer der Herde, die Strömung des Ganges durchkreuzten und heil an das andere Ufer gelangten: ebenso nun auch, ihr Mönche, haben jene Mönche, die Heilige, Wahnversieger, Endiger sind, die das Werk gewirkt, die Bürde abgelegt, das Heil errungen, die Daseinsfesseln vernichtet haben, die in vollkommener Weisheit Erlösten, haben diese die Strömung der Natur durchkreuzt und sind heil an das andere Ufer gelangt.

«Gleichwie nun, ihr Mönche, jene starken Kühe und Ochsen die Strömung des Ganges durchkreuzten und heil an das andere Ufer gelangten: ebenso nun auch, ihr Mönche, werden jene Mönche, welche nach Vernichtung der fünf niederzerrenden Fesseln emporsteigen, um von dort aus zu erlöschen, die nicht mehr zurückkehren nach jener Welt, werden auch sie die Strömung der Natur durchkreuzen und heil an das andere Ufer gelangen.

«Gleichwie nun, ihr Mönche, jene Farren und Färsen die Strömung des Ganges durchkreuzten und heil an das andere Ufer gelangten: ebenso nun auch, ihr Mönche, werden jene Mönche, welche die drei Fesseln vernichtet haben, die von Gier, Haß und Irre Erleichterten, fast schon Geläuterten, die nur einmal wiederkehren, nur einmal noch zu dieser Welt gekommen dem Leiden ein Ende machen, werden auch sie die Strömung der Natur durchkreuzen und heil an das andere Ufer gelangen.

«Gleichwie nun, ihr Mönche, jene schwächlichen Kälbchen die Strömung des Ganges durchkreuzten und heil an das andere Ufer gelangten: ebenso nun auch, ihr Mönche, werden jene Mönche, welche nach Vernichtung der drei Fesseln Hörer der Botschaft geworden, dem Verderben entronnen sind, zielbewußt der vollen Erwachung entgegeneilen, werden auch diese die Strömung der Natur durchkreuzen und heil an das andere Ufer gelangen.

«Gleichwie nun, ihr Mönche, jenes zarte Kälblein, das eben erst geboren, der Mutter mit Wehegebrüll entrissen ward, die Strömung des Ganges durchkreuzte und heil an das andere Ufer gelangte: ebenso nun auch, ihr Mönche, werden jene Mönche, welche der Wahrheit ergeben, der Lehre ergeben sind, werden auch diese die Strömung der Natur durchkreuzen und heil an das andere Ufer gelangen.

227 «Ich aber, ihr Mönche, verstehe diese Welt und verstehe jene Welt, verstehe das Reich der Natur und verstehe das Reich der Freiheit, verstehe die Zeitlichkeit und verstehe die Ewigkeit. Und die meiner Schwimmkunst trauen wollen, ihr Mönche, denen wird es zu langem Wohle und Heile gereichen.»

Also sprach der Erhabene. Als der Willkommene das gesagt hatte, sprach fernerhin also der Meister:

«So diese Welt wie jene Welt
Hat klar der Kenner aufgehellt:
Naturgebiet, Naturgebot,
Und Freiheit, Ende aller Not.

«Verstanden hat der wache Mann
Das ganze Dasein, weit und breit,
Und sichres Tor zur Ewigkeit,
Zur Wahnesruhe aufgetan.

«Des Bösen Strömung ist zerkriegt,
Zerstört, zerstoben und versiegt.
Seid heiter, Jünger, euer Teil
Ist sichrer Toderlösung Heil.»

35

VIERTER TEIL · FÜNFTE REDE

SACCAKO

I

Das hab' ich gehört. Zu einer Zeit weilte der Erhabene bei Vesālī, im Großen Walde, in der Halle der Einsiedelei. Zur selben Zeit nun lebte der junge Nigaṇṭher Saccako in Vesālī, ein geübter Dialektiker, ein trefflicher Redner, hoch angesehn bei vielen. Der kündigte nun in ganz Vesālī an: «Den Asketen oder Priester möchte ich kennen, sei er auch ein Meister mit zahlreichen Jüngern und Anhängern, und hielt' er sich gleich für den Heiligen, vollkommen Erwachten, der im Redekampfe mit mir nicht wankte, bebte, erzitterte, dem nicht der Angstschweiß aus den Achselhöhlen rieselte! Ja, wenn ich eine leblose Säule mit meiner Rede anginge, würde selbst diese, von der Rede getroffen, wanken, beben, erzittern – geschweige ein Menschlein!»

Da nun begab sich der ehrwürdige Assaji, zeitig gerüstet, mit Mantel und Schale versehn, auf den Almosengang nach Vesālī. Saccako aber, der junge Nigaṇṭher, spazierte gerade in den Straßen Vesālīs auf und ab, hin und her, und sah den ehrwürdigen Assaji von ferne herankommen. Als er den ehrwür- 228
digen Assaji gesehn ging er auf ihn zu, wechselte höflichen Gruß und freundliche, denkwürdige Worte mit ihm und trat an seine Seite. Hierauf nun sprach Saccako der junge Nigaṇṭher zum ehrwürdigen Assaji also:

«Wie unterweist denn, verehrter Assaji, der Asket Gotamo seine Jünger, und welcherart ist die Belehrung, die bei den Jüngern des Asketen Gotamo am meisten gilt?»

«So, Aggivessano, unterweist der Erhabene seine Jünger, und solcherart ist die Belehrung, die bei den Jüngern des Erhabenen am meisten gilt: ‹Der Körper, ihr Mönche, ist vergänglich, das Gefühl ist vergänglich, die Wahrnehmung ist vergänglich, die Unterscheidungen sind vergänglich, das Bewußtsein ist vergänglich. Der Körper, ihr Mönche, ist wesenlos, das Gefühl ist wesenlos, die Wahrnehmung ist wesenlos, die Unterscheidungen sind wesenlos, das Bewußtsein ist wesenlos. Alle Unterscheidungen sind vergänglich, alle Dinge sind wesenlos.› So, Aggivessano, unterweist der Erhabene seine Jünger, und solcherart ist die Belehrung, die bei den Jüngern des Erhabenen am meisten gilt.»

«Schlechtes, wahrlich, haben wir gehört, Assaji, die wir solche Rede des

Asketen Gotamo gehört haben! O daß wir doch gelegentlich einmal mit jenem verehrten Gotamo zusammenträfen, daß doch irgendeine Unterredung stattfände, damit wir diese verderbliche Ansicht erledigten!»

Zu jener Zeit nun waren die licchavischen Fürsten mit ihrem Gefolge, fünfhundert Mann stark, im städtischen Herrenhause zusammengekommen, irgendeine Angelegenheit zu beratschlagen. Da nun begab sich Saccako der junge Nigaṇṭher dorthin wo die Licchavier weilten, und sprach hierauf also zu ihnen:

«Mögen die erlauchten Licchavier zugegen sein, mögen die erlauchten Licchavier zugegen sein! Heute wird zwischen mir und dem Asketen Gotamo eine Disputation stattfinden. Wenn mir da der Asket Gotamo ebenso entgegentritt, wie einer seiner bekannten Jünger, der Mönch Assaji, mir entgegengetreten ist, so werde ich den Asketen Gotamo, gleichwie etwa ein starker Mann einen langhaarigen Widder bei den Haaren ergreifen, heranziehn, herumziehn, rings herumziehn mag, mit der Rede heranziehn, herumziehn, rings herumziehn; oder gleichwie etwa der starke Knecht eines Branntweinbrenners das große Filtriergeflecht in einen tiefen Wasserpfuhl werfen, am einen Ende festhalten, heranziehn, herumziehn, rings herumziehn mag, so werde auch ich den Asketen Gotamo mit der Rede heranziehn, herumziehn, rings herumziehn; oder gleichwie etwa ein rüstiger Branntwein-
229 säuberer das Destilliersieb am Henkel packen, hinschwenken, herschwenken, ausseihen mag, so werde auch ich den Asketen Gotamo mit der Rede hinschwenken, herschwenken, ausseihen; oder gleichwie etwa ein sechzigjähriger Elefant in einen tiefen Lotusweiher steigt und ein sogenanntes Spritzbad zur Erholung vornimmt, so gedenke auch ich mit dem Asketen Gotamo eine Art Spritzbad zur Erholung vorzunehmen. Mögen die erlauchten Licchavier zugegen sein, mögen die erlauchten Licchavier zugegen sein! Heute wird zwischen mir und dem Asketen Gotamo eine Disputation stattfinden.»

Da sagten einige der Licchavier: «Wie nun? Wird der Asket Gotamo das Wort Saccakos, des Nigaṇṭhersohns, aufheben, oder wird Saccako, der Nigaṇṭhersohn, das Wort des Asketen Gotamo aufheben?» Andere der Licchavier sagten: «Wie nun? Wird dieser Prahler Saccako, der Nigaṇṭhersohn, das Wort des Erhabenen aufheben, oder wird der Erhabene das Wort Saccakos, des Nigaṇṭhersohns, aufheben?» Und Saccako Nigaṇṭhaputto begab sich nun, von den fünfhundert Licchaviern begleitet, zum Großen Walde, zur Halle der Einsiedelei.

Um diese Zeit nun erging sich eine Schar Mönche im Freien. Da trat Saccako der junge Nigaṇṭher zu den Mönchen heran und sprach also zu ihnen:

«Wo weilt denn, Liebe, der verehrte Gotamo jetzt? Wir möchten gern jenen verehrten Gotamo sehn!»

«Der Erhabene, Aggivessano, hat sich in den Großen Wald begeben und weilt bis gegen Abend unter einem Baume sitzend.»

Da nun wandte sich Saccako der junge Nigaṇṭher mit der zahlreichen Schar der Licchavier in das Innere des Großen Waldes, suchte den Erhabenen auf, wechselte höflichen Gruß und freundliche, denkwürdige Worte mit dem Erhabenen und setzte sich zur Seite nieder. Von jenen Licchaviern aber verneigten sich einige ehrerbietig vor dem Erhabenen und setzten sich zur Seite nieder; andere wechselten höflichen Gruß und freundliche, denkwürdige Worte mit dem Erhabenen und setzten sich zur Seite nieder; einige wieder falteten die Hände zum Erhabenen und setzten sich zur Seite nieder; andere wieder gaben beim Erhabenen Namen und Stand zu erkennen und setzten sich zur Seite nieder; und andere setzten sich still zur Seite nieder. Hierauf nun sprach Saccako der junge Nigaṇṭher zum Erhabenen also:

«Darf ich den verehrten Gotamo über irgend etwas befragen, wenn mir der verehrte Gotamo der Frage Beantwortung gewähren will?»

«Frag', Aggivessano, nach Belieben.»

«Wie unterweist denn der verehrte Gotamo seine Jünger, und welcherart ist 230
die Belehrung, die bei den Jüngern des verehrten Gotamo am meisten gilt?»

«So, Aggivessano, unterweise ich die Jünger, und solcherart ist die Belehrung, die bei meinen Jüngern am meisten gilt: ‹Der Körper, ihr Mönche, ist vergänglich, das Gefühl ist vergänglich, die Wahrnehmung ist vergänglich, die Unterscheidungen sind vergänglich, das Bewußtsein ist vergänglich. Der Körper, ihr Mönche, ist wesenlos, das Gefühl ist wesenlos, die Wahrnehmung ist wesenlos, die Unterscheidungen sind wesenlos, das Bewußtsein ist wesenlos. Alle Unterscheidungen sind vergänglich, alle Dinge sind wesenlos.› So, Aggivessano, unterweise ich die Jünger, und solcherart ist die Belehrung, die bei meinen Jüngern am meisten gilt.»

«Ein Gleichnis, o Gotamo, leuchtet mir auf!»

«Es leuchte dir auf, Aggivessano», sprach der Erhabene.

«Gleichwie etwa, o Gotamo, alle die Samen und Pflanzen, die zum Gedeihen, zur Reife und Entfaltung gelangen, durch die Erde bedingt sind, auf die Erde sich stützen und also zum Gedeihen, zur Reife und Entfaltung gelangen; oder gleichwie etwa ferner, o Gotamo, alle die Kraft erfordernden Werke durch die Erde bedingt sind, auf die Erde sich stützen und also ausgeführt werden: ebenso nun auch, o Gotamo, lebt und webt der Mensch in der Körperlichkeit[30], auf den Körper sich stützend erzeugt er Gutes oder Böses; lebt und webt der Mensch in der Fühlbarkeit, auf das Gefühl sich stützend erzeugt er Gutes oder Böses; lebt und webt der Mensch in der Wahrnehmbarkeit, auf die Wahrnehmung sich stützend erzeugt er Gutes oder Böses; lebt und webt der Mensch in der Unterscheidbarkeit, auf die Unterscheidungen sich stützend erzeugt er Gutes oder Böses; lebt und webt der Mensch in der Bewußtbarkeit, auf das Bewußtsein sich stützend erzeugt er Gutes oder Böses.»

«So ist wohl das, Aggivessano, deine Meinung: 'Der Körper ist mein Selbst, das Gefühl ist mein Selbst, die Wahrnehmung ist mein Selbst, die Unterscheidungen sind mein Selbst, das Bewußtsein ist mein Selbst'?»

«Gewiß, o Gotamo! Ich sage: ‹Der Körper ist mein Selbst, das Gefühl ist mein Selbst, die Wahrnehmung ist mein Selbst, die Unterscheidungen sind mein Selbst, das Bewußtsein ist mein Selbst›, und diese große Menge sagt es auch!»

«Was geht dich denn, Aggivessano, die große Menge an? Laß' es nur, Aggivessano, bei deinem eigenen Worte bewenden.»

«Wohlan denn, o Gotamo, ich sage: ‹Der Körper ist mein Selbst, das Gefühl ist mein Selbst, die Wahrnehmung ist mein Selbst, die Unterscheidungen sind mein Selbst, das Bewußtsein ist mein Selbst!›»

«So will ich dir nun, Aggivessano, hierüber Fragen stellen: wie's dir gut-
231 dünkt, magst du sie beantworten. Was meinst du wohl, Aggivessano: erfüllte sich einem gesalbten Kriegerkönige, wie zum Beispiel dem König Pasenadi von Kosalo oder dem König Ajātasattu Vedehiputto von Magadhā, der Wunsch, in seinem Reiche einen zum Tode Verurteilten hinrichten, oder einen in die Acht zu Erklärenden ächten, oder einen Bannwürdigen bannen zu lassen?»

«Gewiß, o Gotamo, erfüllte sich dieser Wunsch einem gesalbten Kriegerkönige, wie etwa dem König Pasenadi von Kosalo oder dem König von Magadhā Ajātasattu, dem Sohne der Videherin. Ja sogar diesen zahlreich versammelten Fürsten hier, o Gotamo, wie zum Beispiel den Vajjīnern, den Mallern, erfüllt sich der Wunsch, im eigenen Gebiete hinrichten, ächten und bannen zu lassen – wie also erst einem gesalbten Kriegerkönige, als wie dem König Pasenadi von Kosalo oder dem König Ajātasattu Vedehiputto von Magadhā! Er mag sich erfüllen, o Gotamo, und es ist Recht so!»

«Was meinst du nun, Aggivessano, der du also sprichst, 'Der Körper ist mein Selbst', erfüllt sich dir bei diesem Körper der Wunsch: 'So soll mein Körper sein, so soll mein Körper nicht sein'?»

Auf diese Worte blieb Saccako Nigaṇṭhaputto stumm. Und zum zweitenmal sprach der Erhabene zu Saccako Nigaṇṭhaputto also:

«Was meinst du wohl, Aggivessano, der du also sprichst, 'Der Körper ist mein Selbst', erfüllt sich dir bei diesem Körper der Wunsch: 'So soll mein Körper sein, so soll mein Körper nicht sein'?»

Und zum zweitenmal blieb Saccako Nigaṇṭhaputto stumm. Da nun sprach der Erhabene zu Saccako Nigaṇṭhaputto also:

«Antworte jetzt, Aggivessano, jetzt geziemt es dir nicht zu schweigen. Wer da zum drittenmal, Aggivessano, nach Rechtens vom Vollendeten gefragt keine Antwort gibt, dessen Haupt zerspringt alsbald in sieben Teile.»

Zu jener Zeit nun stand ein blitzhändiger Geist mit blitzendem glühendem sprühendem flammendem Strahle oberhalb des Saccako Nigaṇṭhaputto in der Luft: «Wenn dieser Saccako Nigaṇṭhaputto, vom Erhabenen zum drittenmal nach Rechtens gefragt, keine Antwort geben will, so werde ich ihm alsbald das Haupt in sieben Teile zersprengen.» Dieser blitzhändige Geist war aber nur dem Erhabenen sichtbar und dem Saccako Nigaṇṭhaputto. Da suchte nun Saccako der junge Nigaṇṭher entsetzt, erschüttert, gesträubten Haares, beim Erhabenen Rettung, beim Erhabenen Schutz, beim Erhabenen Zuflucht und 232
sprach zum Erhabenen also:

«Möge mich der verehrte Gotamo befragen, ich werde antworten!»

«Was meinst du wohl, Aggivessano, der du also sprichst, ‘Der Körper ist mein Selbst’, erfüllt sich dir bei diesem Körper der Wunsch: ‘So soll mein Körper sein, so soll mein Körper nicht sein’?»

«Das nicht, o Gotamo!»

«Merk’ es dir, Aggivessano, und wenn du es dir gemerkt hast, Aggivessano, antworte; denn du verbindest nicht das Letzte mit dem Ersten, oder das Erste mit dem Letzten. Was meinst du wohl, Aggivessano, der du also sprichst, ‘Das Gefühl ist mein Selbst’, erfüllt sich dir bei diesem Gefühle der Wunsch: ‘So soll mein Gefühl sein, so soll mein Gefühl nicht sein’?»

«Das nicht, o Gotamo!»

«Merk’ es dir, Aggivessano, und wenn du es dir gemerkt hast, Aggivessano, antworte; denn du verbindest nicht das Letzte mit dem Ersten, oder das Erste mit dem Letzten. Was meinst du wohl, Aggivessano, der du also sprichst, ‘Die Wahrnehmung ist mein Selbst’, erfüllt sich dir bei dieser Wahrnehmung der Wunsch: ‘So soll meine Wahrnehmung sein, so soll meine Wahrnehmung nicht sein’?»

«Das nicht, o Gotamo!»

«Merk’ es dir, Aggivessano, und wenn du es dir gemerkt hast, Aggivessano, antworte; denn du verbindest nicht das Letzte mit dem Ersten, oder das Erste mit dem Letzten. Was meinst du wohl, Aggivessano, der du also sprichst, ‘Die Unterscheidungen sind mein Selbst’, erfüllt sich dir bei diesen Unterscheidungen der Wunsch: ‘So sollen meine Unterscheidungen sein, so sollen meine Unterscheidungen nicht sein’?»

«Das nicht, o Gotamo!»

«Merk’ es dir, Aggivessano, und wenn du es dir gemerkt hast, Aggivessano, antworte; denn du verbindest nicht das Letzte mit dem Ersten, oder das Erste mit dem Letzten. Was meinst du wohl, Aggivessano, der du also sprichst,

'Das Bewußtsein ist mein Selbst', erfüllt sich dir bei diesem Bewußtsein der Wunsch: 'So soll mein Bewußtsein sein, so soll mein Bewußtsein nicht sein'?»

«Das nicht, o Gotamo!»

«Merk' es dir, Aggivessano, und wenn du es dir gemerkt hast, Aggivessano, antworte; denn du verbindest nicht das Letzte mit dem Ersten, oder das Erste mit dem Letzten. Was meinst du wohl, Aggivessano: ist der Körper unvergänglich oder vergänglich?»

«Vergänglich, o Gotamo!»

«Was aber vergänglich, ist das weh' oder wohl?»

«Weh', o Gotamo!»

«Was aber vergänglich, wehe, wandelbar ist, kann man etwa davon behaupten: 'Das gehört mir, das bin ich, das ist mein Selbst'?»

«Freilich nicht, o Gotamo!»

«Was meinst du wohl, Aggivessano: sind Gefühl, Wahrnehmung, Unterscheidungen, Bewußtsein unvergänglich oder vergänglich?»

«Vergänglich, o Gotamo!»

«Was aber vergänglich, ist das weh' oder wohl?»

«Weh', o Gotamo!»

«Was aber vergänglich, wehe, wandelbar ist, kann man etwa davon behaupten:
233 'Das gehört mir, das bin ich, das ist mein Selbst'?»

«Gewiß nicht, o Gotamo!»

«Was meinst du nun, Aggivessano: wer da Wehem anhängt, Wehem nachfolgt, Wehem verbunden ist, Wehes also betrachtet: 'Das gehört mir, das bin ich, das ist mein Selbst', kann etwa der das Wehe wirklich begreifen, kann der das Wehe ringsum von sich abhalten?»

«Wie wär' es möglich, o Gotamo, das nicht, o Gotamo!»

«Gleichwie etwa, Aggivessano, wenn ein Mann, der Kernholz begehrt, Kernholz sucht, auf Kernholz ausgeht, mit einem scharfen Beile versehn in den Wald ginge; dort erblickte er eine Gruppe zahlreicher Bananenpalmen, gerade, jung, schön gewachsen; eine derselben fällte er an der Wurzel, schnitte die Krone ab und rollte hierauf den aus Blattscheiden gebildeten Stamm auf; indem er da diese Blattscheidenröhre auseinanderrollte fände er nicht einmal Grünholz, geschweige Kernholz: ebenso hast du dich nun, Aggivessano, in deinem Gespräche mit mir hohl, leer, nichtig erwiesen. Denn du hast ja, Aggivessano, zu den Vesāliern also gesprochen: ‹Den Asketen oder Priester möchte ich kennen, sei er auch ein Meister mit zahlreichen Jüngern und Anhängern, und hielt' er sich gleich für den Heiligen, vollkommen Erwachten, der im Redekampfe mit mir nicht wankte, bebte, erzitterte, dem nicht der Angstschweiß aus den Achselhöhlen rieselte! Ja, wenn ich eine leblose Säule mit meiner Rede anginge, würde selbst diese, von der Rede getroffen, wanken, beben, erzittern – geschweige ein Menschlein!› Dir jedoch, Aggivessano, haben sich Schweißtropfen von der Stirne gelöst, sind über den Mantel herab auf die Erde gefallen. Mein Körper aber, Aggivessano, ist gegenwärtig frei von Schweiß.»

So bot der Erhabene in dieser Versammlung einen Anblick dar rein wie Gold.

Auf diese Worte setzte sich Saccako der junge Nigaṇṭher verstummt und 234
verstört, gebeugten Rumpfes, gesenkten Hauptes, das Antlitz von brennender Röte übergossen, wortlos nieder.

Als nun Dummukho, einer der Licchavier, sah, wie Saccako der junge Nigaṇṭher verstummt und verstört, gebeugten Rumpfes, gesenkten Hauptes, das Antlitz von brennender Röte übergossen, wortlos dasaß, sprach er zum Erhabenen also:

«Ein Gleichnis, Erhabener, leuchtet mir auf!»

«Es leuchte dir auf, Dummukho», sprach der Erhabene.

«Gleichwie, o Herr, wenn da in der Nähe eines Dorfes oder einer Stadt ein Teich wäre, und darin befände sich eine Krabbe; aus diesem Dorfe oder dieser Stadt, o Herr, zöge nun eine Schar von Knaben oder Mädchen hinaus, zu jenem Teiche hin. Dort badeten sie, fänden die Krabbe und würfen sie aus dem Wasser heraus, an das Ufer. So oft nun, o Herr, die Krabbe eine Schere ausstreckte, so oft würfen die Knaben oder Mädchen mit Holz oder mit Kies und Steinen danach. Und so wäre, o Herr, diese Krabbe an allen Gliedern zertroffen, zerbrochen, zerstört, außerstande wieder ins Wasser zu krabbeln wie früher: ebenso nun auch, o Herr, sind dem Saccako Nigaṇṭhaputto alle seine Stacheln, Dornen und Zacken vom Erhabenen zertroffen, zerbrochen, zerstört worden, und nunmehr, o Herr, ist Saccako Nigaṇṭhaputto außerstande wiederum an den Erhabenen heranzutreten, zu einer freislichen Unterredung.»

Auf diese Worte sprach Saccako Nigaṇṭthaputto zum Licchavier Dummukho also:

«Geh' du nur, Dummukho, geh' du nur, Dummukho! Nicht mit dir reden wir, wir reden hier mit dem verehrten Gotamo. – Dahingestellt sei, o Gotamo, jene Dialektik, wie sie zwischen mir und den anderen, gewöhnlichen Asketen und Priestern im Schwange ist: sie dünkt mich eitles Geschwätz! Inwiefern aber ist nun ein Jünger des verehrten Gotamo ordensgetreu, der Belehrung zugänglich, zweifelentronnen, ohne Schwanken und verweilt, in sich selber gewiß, auf keinen anderen gestützt im Orden des Meisters?»

«Da betrachtet, Aggivessano, ein Jünger von mir was es auch an Körperlichem gibt, vergangenes, zukünftiges, gegenwärtiges, eigenes oder fremdes,

grobes oder feines, gemeines oder edles, fernes oder nahes: alles Körperliche betrachtet er, der Wahrheit gemäß, mit vollkommener Weisheit also: ‹Das gehört mir nicht, das bin ich nicht, das ist nicht mein Selbst.› Was es auch
235 an Gefühl gibt, vergangenes, zukünftiges, gegenwärtiges, eigenes oder fremdes, grobes oder feines, gemeines oder edles, fernes oder nahes: alles Gefühl betrachtet er, der Wahrheit gemäß, mit vollkommener Weisheit also: ‹Das gehört mir nicht, das bin ich nicht, das ist nicht mein Selbst.› Was es auch an Wahrnehmung gibt, vergangene, zukünftige, gegenwärtige, eigene oder fremde, grobe oder feine, gemeine oder edle, ferne oder nahe: alle Wahrnehmung betrachtet er, der Wahrheit gemäß, mit vollkommener Weisheit also: ‹Die gehört mir nicht, die bin ich nicht, die ist nicht mein Selbst.› Was es auch an Unterscheidungen gibt, vergangene, zukünftige, gegenwärtige, eigene oder fremde, grobe oder feine, gemeine oder edle, ferne oder nahe: alle Unterscheidungen betrachtet er, der Wahrheit gemäß, mit vollkommener Weisheit also: ‹Die gehören mir nicht, die bin ich nicht, die sind nicht mein Selbst.› Was es auch an Bewußtsein gibt, vergangenes, zukünftiges, gegenwärtiges, eigenes oder fremdes, grobes oder feines, gemeines oder edles, fernes oder nahes: alles Bewußtsein betrachtet er, der Wahrheit gemäß, mit vollkommener Weisheit also: ‹Das gehört mir nicht, das bin ich nicht, das ist nicht mein Selbst.› Insofern, Aggivessano, ist ein Jünger von mir ordensgetreu, der Belehrung zugänglich, zweifelentronnen, ohne Schwanken und verweilt, in sich selber gewiß, auf keinen anderen gestützt im Orden des Meisters.»

«Und inwiefern, o Gotamo, ist ein Mönch Heiliger, Wahnversieger, Endiger, hat er das Werk gewirkt, die Last abgelegt, das Heil errungen, die Daseinsfesseln vernichtet, ist er in vollkommener Weisheit erlöst?»

«Da hat, Aggivessano, ein Mönch was es auch an Körperlichem gibt, vergangenes, zukünftiges, gegenwärtiges, eigenes oder fremdes, grobes oder feines, gemeines oder edles, fernes oder nahes: alles Körperliche hat er, der Wahrheit gemäß, mit vollkommener Weisheit also erkannt: ‹Das gehört mir nicht, das bin ich nicht, das ist nicht mein Selbst›, und ist restlos erlöst. Was es auch an Gefühl gibt, vergangenes, zukünftiges, gegenwärtiges, eigenes oder fremdes, grobes oder feines, gemeines oder edles, fernes oder nahes: alles Gefühl hat er, der Wahrheit gemäß, mit vollkommener Weisheit also erkannt: ‹Das gehört mir nicht, das bin ich nicht, das ist nicht mein Selbst›, und ist restlos erlöst. Was es auch an Wahrnehmung gibt, vergangene, zukünftige, gegenwärtige, eigene oder fremde, grobe oder feine, gemeine oder edle, ferne oder nahe: alle Wahrnehmung hat er, der Wahrheit gemäß, mit vollkommener Weisheit also erkannt: ‹Die gehört mir nicht, die bin ich nicht, die ist nicht mein Selbst›, und ist restlos erlöst. Was es auch an Unterscheidungen gibt, vergangene, zukünftige, gegenwärtige, eigene oder fremde, grobe oder feine, gemeine oder edle, ferne oder nahe: alle Unterscheidungen hat er, der Wahrheit gemäß, mit vollkommener Weisheit also erkannt: ‹Die gehören mir nicht, die bin ich nicht, die sind nicht mein Selbst›, und ist restlos erlöst. Was es auch an Bewußtsein gibt, vergangenes, zukünftiges, gegenwärtiges, eigenes oder fremdes, grobes oder feines, gemeines oder edles, fernes oder nahes: alles Bewußtsein hat er, der Wahrheit gemäß, mit vollkommener Weisheit also erkannt: ‹Das gehört mir nicht, das bin ich nicht, das ist nicht mein Selbst›, und ist restlos erlöst. Insofern, Aggivessano, ist ein Mönch Heiliger, Wahnversieger, Endiger, hat er das Werk gewirkt, die Last abgelegt, das Heil errungen, die Daseinsfesseln vernichtet, ist er in vollkommener Weisheit erlöst. Der also gemüterlöste Mönch, Aggivessano, hat drei Unvergleichlichkeiten erlangt: unvergleichliches Wissen, unvergleichliche Fährte, unvergleichliche Erlösung. Der also erlöste Mönch, Aggivessano, hält den Vollendeten wert, schätzt ihn hoch, achtet und ehrt ihn: 'Erwacht ist der Erhabene, zur Erwachung zeigt er die Lehre, beruhigt ist der Erhabene, zur Beruhigung zeigt er die Lehre, gestillt ist der Erhabene, zur Stillung zeigt er die Lehre, entronnen ist der Erhabene, zur Entrinnung zeigt er die Lehre, zur Erlöschung gekommen ist der Erhabene, zur Erlöschung kommen zu lassen zeigt er die Lehre'.»

Nach diesen Worten sprach Saccako der junge Nigaṇṭher zum Erhabenen also:

«Ich war freilich verwegen, o Gotamo, ich war vermessen, der ich glaubte, 236
dem verehrten Gotamo könnte im Redekampf entgegengetreten werden! Man mag vielleicht, o Gotamo, einem wütenden Elefanten entgegentreten ohne Schaden zu nehmen, aber nicht also dem verehrten Gotamo. Man mag vielleicht, o Gotamo, einer fauchenden Giftschlange entgegentreten ohne Schaden zu nehmen, aber nicht also dem verehrten Gotamo. Man mag vielleicht, o Gotamo, einem flammenden Scheiterhaufen entgegentreten ohne Schaden zu nehmen, aber nicht also dem verehrten Gotamo. Ich war freilich verwegen, o Gotamo, ich war vermessen, der ich glaubte, dem verehrten Gotamo könnte im Redekampf entgegengetreten werden! – Gewähre mir der verehrte Gotamo die Bitte, morgen mit den Mönchen bei mir zu speisen!»

Schweigend gewährte der Erhabene die Bitte.

Als nun Saccako Nigaṇṭhaputto der Zustimmung des Erhabenen sicher war, wandte er sich an die Licchavier:

«Hört mich, erlauchte Licchavier! Der Asket Gotamo ist für morgen mit den Mönchen zum Mahle geladen: verseht mich, bitte, mit dem, was euch hierzu gebührend erscheint.»

Da nun brachten jene Licchavier am nächsten Morgen zu Saccako Nigaṇṭhaputto ein Mahl von fünfhundert Schüsseln, fertig angerichtet. Saccako Nigaṇṭhaputto aber ließ ausgewählte feste und flüssige Speise in seiner Behausung auftragen und sandte einen Boten an den Erhabenen mit der Meldung: ‹Es ist Zeit, o Gotamo, das Mahl ist bereit.› Und der Erhabene rüstete sich beizeiten, nahm Mantel und Almosenschale und begab sich zur Wohnung des Saccako Nigaṇṭhaputto. Dort angekommen nahm der Erhabene mit den Mönchen auf den dargebotenen Sitzen Platz. Und Saccako Nigaṇṭhaputto bediente und versorgte eigenhändig den Erwachten und seine Jünger mit ausgewählter fester und flüssiger Speise.

Nachdem nun der Erhabene gespeist und das Mahl beendet hatte, nahm Saccako Nigaṇṭhaputto einen von den niederen Stühlen zur Hand und setzte sich zur Seite hin. Zur Seite sitzend sprach nun Saccako Nigaṇṭhaputto zum Erhabenen also:

«Was da, o Gotamo, an dieser Gabe Gutes und Gutgemeintes ist, das möge den Gebern zum Wohle gereichen!»

«Was da, Aggivessano, dir zur Ehre geschehn, der Gier, dem Haß, der Irre
237 untertan, das gilt den Gebern; was da, Aggivessano, mir zur Ehre geschehn,
der Gier, dem Haß, der Irre nicht untertan, das gilt dir.»

36

VIERTER TEIL · SECHSTE REDE

SACCAKO

II

DAS HAB' ICH GEHÖRT. Zu einer Zeit weilte der Erhabene bei Vesālī, im Großen Walde, in der Halle der Einsiedelei. Eines Morgens nun, als der Erhabene wohlgerüstet, mit Mantel und Schale versehn, eben im Begriffe war nach der Stadt um Almosenspeise zu gehn, kam Saccako der junge Nigaṇṭher auf einem Spaziergange lustwandelnd, in den Großen Wald, zur Halle der Einsiedelei heran. Der ehrwürdige Ānando aber sah den Nigaṇṭhaputto Saccako von ferne herankommen und nachdem er ihn gesehn sprach er zum Erhabenen also:

«Da kommt, o Herr, jener Saccako der junge Nigaṇṭher heran, ein geübter Dialektiker, ein trefflicher Redner, der bei vielen hoch angesehn ist. Dieser Mann nun, o Herr, sucht Schwächen des Erwachten, Schwächen der Lehre, Schwächen des Ordens. Gut wär' es, o Herr, wenn sich der Erhabene einen Augenblick niedersetzte, von Mitleid bewogen!»

Es setzte sich der Erhabene auf den dargebotenen Sitz.

Da nun kam Saccako Nigaṇṭhaputto dorthin wo der Erhabene weilte, wechselte höflichen Gruß und freundliche, denkwürdige Worte mit dem Erhabenen und setzte sich zur Seite nieder. Hierauf nun sprach Saccako der junge Nigaṇṭher zum Erhabenen also:

«Es gibt, o Gotamo, einige Asketen und Priester, die den Körper in der Gewalt haben, aber nicht das Gemüt. Sie empfinden ja, o Gotamo, körperliches Wehgefühl. Zuweilen, o Gotamo, von körperlichem Wehgefühl getroffen, wird da einer vom Schlage gerührt, oder das Herz zerspringt, oder heißes Blut quillt aus dem Munde, oder er fällt dem Wahnsinn anheim, der Geistesverwirrung. Bei einem solchen, o Gotamo, ist also das Gemüt dem Körper unterworfen, richtet sich nach dem Willen des Körpers. Und was ist der Grund hierfür? Die Ohnmacht des Gemütes. Anderseits wieder, o Go- 238
tamo, gibt es einige Asketen und Priester, die das Gemüt in der Gewalt haben, aber nicht den Körper. Sie empfinden ja, o Gotamo, geistiges Wehgefühl. Zuweilen, o Gotamo, von geistigem Wehgefühl getroffen, wird da einer vom Schlage gerührt, oder das Herz zerspringt, oder heißes Blut quillt aus dem Munde, oder er fällt dem Wahnsinn anheim, der Geistesverwirrung. Bei einem solchen, o Gotamo, ist also der Körper dem Gemüte unterworfen, richtet sich nach dem Willen des Gemütes. Und was ist der Grund hierfür? Die Ohnmacht des Körpers. Da kann ich mich nun, o Gotamo, des Gedankens nicht erwehren: offenbar haben die Jünger des verehrten Gotamo das Gemüt in der Gewalt, aber nicht den Körper.»

«Was hast du denn, Aggivessano, Gewalthaben über den Körper nennen hören?»

«Da ist zum Beispiel Nando Vaccho, Kiso Saṉkicco, Makkhali Gosālo[31]: das sind Unbekleidete, o Gotamo, Ungebundene, Handverköster, keine Ankömmlinge, keine Abwärtlinge, die gestatten keine Darreichung, keine Vergünstigung, keine Einladung, spähen beim Empfangen des Almosens nicht nach dem Topfe, nicht nach der Schüssel, nicht über die Schwelle, nicht über das Gitter, nicht in den Kessel hinein, nehmen nicht von zu zweit Speisenden an, nicht von einer Schwangeren, nicht von einer Säugenden, nicht von einer, die vom Manne kommt, nicht von Beschmutzten, nicht wo ein Hund dabei steht, nicht wo Fliegen hin und her schwärmen, essen keinen Fisch, kein Fleisch, trinken keinen Wein, kein gebranntes Wasser, keinen gegorenen

Haferschleim. Sie gehn zu einem Hause und begnügen sich mit einer Handvoll Almosenspeise; gehn zu zwei Häusern und begnügen sich mit zwei Handvoll Almosenspeise; gehn zu sieben Häusern und begnügen sich mit sieben Handvoll Almosenspeise. Sie fristen ihr Leben durch die Mildtätigkeit von nur einer Spenderin, von nur zwei Spenderinnen, von nur sieben Spenderinnen. Sie nehmen nur jeden ersten Tag Nahrung ein, nur jeden zweiten Tag, nur jeden siebenten Tag. Solcherart wechselnd beobachten sie streng diese bis auf einen halben Monat ausgedehnte Fastenübung.»

«Wie nun, Aggivessano: fristen sie ihr Leben einzig auf diese Weise?»

«Das wohl nicht, o Gotamo! Sondern späterhin, o Gotamo, verzehren sie reichlich feste Speise, genießen reichlich flüssige Speise, schmecken vorzügliche Gerichte, schlürfen vorzügliche Getränke. Dadurch gewinnen sie natürlich wieder Körperkraft, gehn in die Breite, werden wohlbeleibt, wie bekannt.»

«Was sie also, Aggivessano, vorher verworfen haben übertreiben sie nachher, und so entsteht dieses Schwellen und Schwinden des Leibes. Und was hast du, Aggivessano, Gewalthaben über das Gemüt nennen hören?»

239 Auf diese Frage des Erhabenen wußte Saccako Nigaṇṭhaputto keinen Bescheid.

Da sprach nun der Erhabene zu Saccako Nigaṇṭhaputto also:

«Was du da früher, Aggivessano, als Gewalthaben über den Körper bezeichnet hast, das gilt im Orden des Heiligen nicht als echtes Gewalthaben über den Körper. Das Gewalthaben über den Körper kennst du wahrlich nicht, Aggivessano; wie solltest du erst das Gewalthaben über das Gemüt kennen! Doch merke, Aggivessano: wenn man den Körper nicht in der Gewalt hat, so hat man auch das Gemüt nicht in der Gewalt; hat man aber den Körper in der Gewalt, so hat man auch das Gemüt in der Gewalt. Das höre und achte wohl auf meine Rede.»

«Ja, Herr!» erwiderte da aufmerksam Saccako Nigaṇṭhaputto dem Erhabenen. Der Erhabene sprach also:

«Wie also, Aggivessano, hat man keine Gewalt über den Körper, keine Gewalt über das Gemüt? Da entsteht, Aggivessano, einem unerfahrenen gewöhnlichen Menschen ein Wohlgefühl. Vom Wohlgefühl getroffen wird er wohlbegierig, fällt der Wohlbegier anheim. Dieses Wohlgefühl vergeht ihm. Durch das Vergehn des Wohlgefühls entsteht Wehgefühl. Vom Wehgefühl getroffen wird er traurig, gebrochen, er jammert, schlägt sich stöhnend die Brust, fällt der Verzweiflung anheim. Jenes ihm entstandene Wohlgefühl nun, Aggivessano, fesselt das Gemüt infolge der Ohnmacht des Körpers, das entstandene Wehgefühl aber fesselt das Gemüt infolge der Ohnmacht des Gemütes. Wenn das Gemüt solcherart doppelseitig gefesselt wird, Aggives-

sano, vom entstandenen Wohlgefühle durch die Ohnmacht des Körpers, vom entstandenen Wehgefühle durch die Ohnmacht des Gemütes, hat man solcherart, Aggivessano, keine Gewalt über den Körper, keine Gewalt über das Gemüt. Wie aber, Aggivessano, hat man Gewalt über den Körper, Gewalt über das Gemüt? Da entsteht, Aggivessano, einem erfahrenen heiligen Jünger ein Wohlgefühl. Vom Wohlgefühl getroffen wird er nicht wohlbegierig, fällt nicht der Wohlbegier anheim. Dieses Wohlgefühl vergeht ihm. Durch das Vergehn des Wohlgefühls entsteht Wehgefühl. Vom Wehgefühle getroffen wird er nicht traurig, nicht gebrochen, er jammert nicht, schlägt sich nicht stöhnend die Brust, fällt nicht der Verzweiflung anheim. Jenes ihm entstandene Wohlgefühl nun, Aggivessano, kann das Gemüt infolge der Gewalt über den Körper nicht fesseln, und das entstandene Wehgefühl kann das Gemüt infolge der Gewalt über das Gemüt nicht fesseln. Wenn das Gemüt solcherart von keiner Seite gefesselt werden kann, Aggivessano, durch die Gewalt über den Körper nicht vom entstandenen Wohlgefühle, durch die Gewalt 240
über das Gemüt nicht vom entstandenen Wehgefühle, hat man solcherart, Aggivessano, Gewalt über den Körper, Gewalt über das Gemüt.»

«So darf ich dem verehrten Gotamo zutrauen: der verehrte Gotamo hat Gewalt über den Körper und hat Gewalt über das Gemüt?»

«Gewiß hast du mir, Aggivessano, diese Frage nur deshalb gestellt, um mich weiter zu locken: aber ich will dir Antwort geben. Seitdem ich, Aggivessano, Haar und Bart geschoren, das fahle Gewand angelegt habe, vom Hause fort in die Hauslosigkeit gezogen bin, kann wahrlich kein mir entstandenes Wohlgefühl, kein mir entstandenes Wehgefühl mein Gemüt fesseln.»

«Dann kennt wohl der verehrte Gotamo kein solches Wohlgefühl, welches Gegenwart genug besäße das Gemüt zu fesseln? Dann kennt wohl der verehrte Gotamo kein solches Wehgefühl, welches Gegenwart genug besäße das Gemüt zu fesseln?»

«Wie denn nicht, Aggivessano! – Da ist mir, Aggivessano, noch vor der vollen Erwachung, dem unvollkommen Erwachten, Erwachung erst Erringenden, dieser Gedanke gekommen: ‹Ein Gefängnis ist die Häuslichkeit, ein Schmutzwinkel; der freie Himmelsraum die Pilgerschaft. Nicht wohl geht es, wenn man im Hause bleibt, das völlig geläuterte, völlig geklärte Asketentum Punkt für Punkt zu erfüllen. Wie, wenn ich nun, mit geschorenem Haar und Barte, mit fahlem Gewande bekleidet, aus dem Hause in die Hauslosigkeit hinauszöge?›

«Und ich zog, Aggivessano, nach einiger Zeit, noch in frischer Blüte, glän- 163
zend dunkelhaarig, im Genusse glücklicher Jugend, im ersten Mannesalter, gegen den Wunsch meiner weinenden und klagenden Eltern, mit geschore-

nem Haar und Barte, mit fahlem Gewande bekleidet, vom Hause fort in die Hauslosigkeit hinaus.

«Also Pilger geworden, das wahre Gut suchend, nach dem unvergleichlichen höchsten Friedenspfade forschend, begab ich mich zu Āḷāro Kālāmo und sprach zu ihm: ‹Ich möchte, Bruder Kālāmo, in dieser Lehre und Ordnung das Asketenleben führen.› Hierauf, Aggivessano, erwiderte mir Āḷāro Kālāmo: ‹Bleibt, Ehrwürdiger! Solcherart ist diese Lehre, daß ein verständiger
164 Mann, sogar binnen kurzem, sich die eigene Meisterschaft begreiflich und offenbar machen, und ihren Besitz erlangen kann.› Und ich begriff, Aggivessano, binnen kurzem, sehr bald diese Lehre. Ich lernte nun soviel, Aggivessano, als Lippen und Laute mitzuteilen vermögen, das Wort des Wissens und das Wort der älteren Jünger, und ich und die anderen wußten: ‹Wir kennen und verstehn es.› Da kam mir, Aggivessano, der Gedanke: ‹Āḷāro Kālāmo verkündet nicht die ganze Lehre nach seinem Glauben 'Mir selbst begreiflich und offenbar gemacht verweil' ich in ihrem Besitze', sicher kennt Āḷāro Kālāmo diese Lehre genau.› Ich ging nun, Aggivessano, zu Āḷāro Kālāmo hin und sprach also: ‹Inwiefern, Bruder Kālāmo, erklärst du, daß wir diese Lehre begriffen, uns offenbar gemacht und ihren Besitz erlangt haben?› Hierauf, Aggivessano, stellte Āḷāro Kālāmo das Reich des Nichtdaseins dar. Da kam mir, Aggivessano, der Gedanke: ‹Nicht einmal Āḷāro Kālāmo hat Zuversicht, ich aber habe Zuversicht; nicht einmal Āḷāro Kālāmo hat Standhaftigkeit, ich aber habe Standhaftigkeit; nicht einmal Āḷāro Kālāmo hat Einsicht, ich aber habe Einsicht; nicht einmal Āḷāro Kālāmo hat Selbstvertiefung, ich aber habe Selbstvertiefung; nicht einmal Āḷāro Kālāmo hat Weisheit, ich aber habe Weisheit. Wie, wenn ich nun diese Lehre, von welcher Āḷāro Kālāmo sagt 'Mir selbst begreiflich und offenbar gemacht verweil' ich in ihrem Besitze', mir anzueignen suchte, damit sie mir völlig klar würde?› Und binnen kurzem, sehr bald, Aggivessano, hatte ich diese Lehre begriffen, mir offenbar gemacht und ihren Besitz erlangt. Ich ging nun, Aggivessano, wieder zu Āḷāro Kālāmo hin und sprach also: ‹Ist diese Lehre, Bruder Kālāmo, insofern von uns begriffen, offenbar gemacht und erlangt worden?› – ‹Insofern, o Bruder, ist diese Lehre begriffen, offenbar gemacht und erlangt worden.› – ‹Ich habe nun, Bruder Kālāmo, diese Lehre insofern begriffen, mir offenbar gemacht und erlangt.› – ‹Beglückt sind wir, o Bruder, hoch begünstigt, die wir einen solchen Ehrwürdigen als echten Asketen erblicken! So wie ich die Lehre verkünde, so hast du sie erlangt; so wie du sie erlangt hast, so verkünde ich die
165 Lehre. So wie ich die Lehre kenne, so kennst du die Lehre; so wie du die Lehre kennst, so kenne ich die Lehre. So wie ich bin, so bist du; so wie du bist, so bin ich. Komm' denn, Bruder: selbander wollen wir diese Jüngerschar lenken.› So, Aggivessano, erklärte Āḷāro Kālāmo, mein Lehrer, mich, seinen

Schüler, als ihm selbst ebenbürtig, und ehrte mich mit hoher Ehre. Da kam mir, Aggivessano, der Gedanke: ‹Nicht diese Lehre führt zur Abkehr, zur Wendung, zur Auflösung, zur Aufhebung, zur Durchschauung, zur Erwachung, zur Erlöschung, sondern nur zur Einkehr in das Reich des Nichtdaseins.› Und ich fand diese Lehre ungenügend, Aggivessano, und unbefriedigt von ihr zog ich fort.

«Ich begab mich nun, Aggivessano, das wahre Gut suchend, nach dem un-
vergleichlichen höchsten Friedenspfade forschend, zu Uddako, dem Sohne des
Rāmo, und sprach zu ihm: ‹Ich möchte, Bruder Rāmo, in dieser Lehre und
Ordnung das Asketenleben führen.› Hierauf, Aggivessano, erwiderte mir
Uddako Rāmaputto: ‹Bleibt, Ehrwürdiger! Solcherart ist diese Lehre, daß
ein verständiger Mann, sogar binnen kurzem, sich die eigene Meisterschaft
begreiflich und offenbar machen und ihren Besitz erlangen kann.› Und ich
begriff, Aggivessano, binnen kurzem, sehr bald diese Lehre. Ich lernte nun
soviel, Aggivessano, als Lippen und Laute mitzuteilen vermögen, das Wort
des Wissens und das Wort der älteren Jünger, und ich und die anderen wuß-
ten: ‹Wir kennen und verstehn es.› Da kam mir, Aggivessano, der Gedanke:
Rāmo hat nicht die ganze Lehre nach seinem Glauben 'Mir selbst begreif-
lich und offenbar gemacht verweil' ich in ihrem Besitze' verkündet, sicher
hat Rāmo diese Lehre genau gekannt.› Ich ging nun, Aggivessano, zu Ud-
dako, dem Sohne Rāmos, hin und sprach also: ‹Inwiefern, Bruder, hat Rāmo
diese Lehre als von uns begriffen, offenbar gemacht und erlangt erklärt?›
Hierauf, Aggivessano, stellte Uddako, der Sohn Rāmos, die Grenzscheide
möglicher Wahrnehmung dar. Da kam mir, Aggivessano, der Gedanke:
‹Nicht einmal Rāmo hatte Zuversicht, ich aber habe Zuversicht; nicht ein-
mal Rāmo hatte Standhaftigkeit, ich aber habe Standhaftigkeit; nicht ein- 166
mal Rāmo hatte Einsicht, ich aber habe Einsicht; nicht einmal Rāmo hatte
Selbstvertiefung, ich aber habe Selbstvertiefung; nicht einmal Rāmo hatte
Weisheit, ich aber habe Weisheit. Wie, wenn ich nun diese Lehre, von wel-
cher Rāmo sagte 'Mir selbst begreiflich und offenbar gemacht verweil' ich
in ihrem Besitze', mir anzueignen suchte, damit sie mir völlig klar würde?›
Und binnen kurzem, sehr bald, Aggivessano, hatte ich diese Lehre begriffen,
mir offenbar gemacht und ihren Besitz erlangt. Ich ging nun, Aggivessano,
wieder zu Uddako, dem Sohne Rāmos, und sprach also: ‹Ist diese Lehre, Bru-
der, der Darlegung Rāmos gemäß insofern von uns begriffen, offenbar ge-
macht und erlangt worden?› – ‹Insofern, Bruder, hat Rāmo diese Lehre als
begriffen, offenbar gemacht und erlangt dargestellt.› – ‹Ich habe nun, Bru-
der, diese Lehre insofern begriffen, mir offenbar gemacht und erlangt.› – ‹Be-
glückt sind wir, o Bruder, hoch begünstigt, die wir einen solchen Ehrwür-
digen als echten Asketen erblicken! So wie Rāmo die Lehre verkündet hat,

so hast du die Lehre erlangt; so wie du sie erlangt hast, so hat Rāmo die Lehre verkündet. So wie Rāmo die Lehre gekannt hat, so kennst du die Lehre; so wie du die Lehre kennst, so hat Rāmo die Lehre gekannt. So wie Rāmo war, so bist du; so wie du bist, so war Rāmo. Komm' denn, o Bruder: sei du das Haupt dieser Jüngerschar.› So, Aggivessano, belehnte Uddako Rāmaputto, mein Ordensbruder, mich mit der Meisterschaft und ehrte mich mit hoher Ehre. Da kam mir, Aggivessano, der Gedanke: ‹Nicht diese Lehre führt zur Abkehr, zur Wendung, zur Auflösung, zur Aufhebung, zur Durchschauung, zur Erwachung, zur Erlöschung, sondern nur zur Einkehr in das Reich der Grenze möglicher Wahrnehmung.› Und ich fand diese Lehre ungenügend, Aggivessano, und unbefriedigt von ihr zog ich fort.

«Ich wanderte nun, Aggivessano, das wahre Gut suchend, nach dem unvergleichlichen höchsten Friedenspfade forschend, im Magadhā-Lande von
167 Ort zu Ort und kam in die Nähe der Burg Uruvelā. Dort sah ich einen entzückenden Fleck Erde: einen heiteren Waldesgrund, einen hell strömenden Fluß, zum Baden geeignet, erfreulich, und rings umher Wiesen und Felder. Da kam mir, Aggivessano, der Gedanke: ‹Entzückend, wahrlich, ist dieser Fleck Erde! Heiter ist der Waldesgrund, der Fluß strömt hell dahin, zum Baden geeignet, erfreulich, und rings umher liegen Wiesen und Felder. Das genügt wohl einem Askese begehrenden edlen Sohne zur Askese.› Und ich setzte mich nun, Aggivessano, dort nieder: ‹Das genügt zur Askese.›

240 «Da leuchteten mir, Aggivessano, drei Gleichnisse auf, naturgemäße, nie zuvor gehörte.

«Gleichwie, Aggivessano, wenn ein feuchtes, leimiges Holzscheit ins Wasser geworfen würde; da träte ein Mann hinzu, mit einem Reibholz versehn: ‹Ich will Feuer erwecken, Licht hervorbringen.› Was meinst du nun, Aggivessano: könnte wohl dieser Mann, mit dem Reibholz das feuchte, leimige, ins Wasser geworfene Holzscheit reibend, Feuer erwecken, Licht hervorbringen?»

«Gewiß nicht, o Gotamo!»

«Und warum nicht?»

«Jenes Holzscheit, o Gotamo, ist ja feucht, leimig und überdies noch ins
241 Wasser geworfen! Alle Plage und Mühe des Mannes wäre vergeblich.»

«Ebenso nun auch, Aggivessano, steht es mit jenen Asketen oder Priestern, die des Körpers nicht, nicht der Wünsche entwöhnt sind, die was bei ihren Wünschen Wunscheswille, Wunschesleim, Wunschestaumel, Wunschesdurst, Wunschesfieber ist, die das nicht innerlich ausgetrieben, ausgeglüht haben: wenn da jene lieben Asketen und Priester herantretende schmerzliche, brennende, stechende Gefühle erfahren, so sind sie unfähig zum Wissen, zur Klarsicht, zur unvergleichlichen Erwachung; und auch wenn jene lieben

Asketen und Priester keine herantretenden schmerzlichen, brennenden, stechenden Gefühle erfahren, so sind sie auch dann unfähig zum Wissen, zur Klarsicht, zur unvergleichlichen Erwachung. Dieses Gleichnis nun, Aggivessano, war das erste mir aufleuchtende, das naturgemäße, nie zuvor gehörte.

«Und hierauf, Aggivessano, leuchtete mir nun ein zweites Gleichnis auf, ein naturgemäßes, nie zuvor gehörtes. Gleichwie, Aggivessano, wenn ein feuchtes, leimiges Holzscheit fern vom Wasser ans Land geworfen würde; da träte ein Mann hinzu, mit einem Reibholz versehn: ‹Ich will Feuer erwekken, Licht hervorbringen.› Was meinst du nun, Aggivessano: könnte wohl dieser Mann, mit dem Reibholz das feuchte, leimige, fern vom Wasser ans Land geworfene Holzscheit reibend, Feuer erwecken, Licht hervorbringen?»

«Gewiß nicht, o Gotamo!»

«Und warum nicht?»

«Jenes Holzscheit, o Gotamo, ist ja feucht, leimig, und wenn es auch außerhalb des Wassers am Lande liegt, alle Plage und Mühe des Mannes wäre vergeblich.»

«Ebenso nun auch, Aggivessano, steht es mit jenen Asketen oder Priestern, die des Körpers, die auch der Wünsche entwöhnt sind, die aber was bei ihren Wünschen Wunscheswille, Wunschesleim, Wunschestaumel, Wunschesdurst, Wunschesfieber ist, die das nicht innerlich ausgetrieben, ausgeglüht haben: wenn da jene lieben Asketen und Priester herantretende schmerzliche, brennende, stechende Gefühle erfahren, so sind sie unfähig zum Wissen, zur Klarsicht, zur unvergleichlichen Erwachung; und auch wenn jene lieben Asketen und Priester keine herantretenden schmerzlichen, brennenden, stechenden Gefühle erfahren, so sind sie auch dann unfähig zum Wissen, zur Klarsicht, zur unvergleichlichen Erwachung. Dieses Gleichnis nun, Aggivessano, war das zweite mir aufleuchtende, das naturgemäße, nie zuvor gehörte.

«Und hierauf, Aggivessano, leuchtete mir nun ein drittes Gleichnis auf, ein 242
naturgemäßes, nie zuvor gehörtes. Gleichwie, Aggivessano, wenn ein trockenes, ausgedörrtes Holzscheit fern vom Wasser ans Land geworfen würde; da träte ein Mann hinzu, mit einem Reibholz versehn: ‹Ich will Feuer erwekken, Licht hervorbringen.› Was meinst du nun, Aggivessano: könnte wohl dieser Mann, mit dem Reibholz das trockene, ausgedörrte, fern vom Wasser ans Land geworfene Holzscheit reibend, Feuer erwecken, Licht hervorbringen?»

«Freilich, o Gotamo!»

«Und warum das?»

«Jenes Holzscheit, o Gotamo, ist ja trocken und ausgedörrt und liegt fern vom Wasser am Lande.»

«Ebenso nun auch, Aggivessano, steht es mit jenen Asketen oder Priestern, die des Körpers, die auch der Wünsche entwöhnt sind, die was bei ihren Wünschen Wunscheswille, Wunschesleim, Wunschestaumel, Wunschesdurst, Wunschesfieber ist, die das innerlich ausgetrieben, ausgeglüht haben: wenn da jene lieben Asketen und Priester herantretende schmerzliche, brennende, stechende Gefühle erfahren, so sind sie fähig zum Wissen, zur Klarsicht, zur unvergleichlichen Erwachung; und auch wenn jene lieben Asketen und Priester keine herantretenden schmerzlichen, brennenden, stechenden Gefühle erfahren, so sind sie auch dann fähig zum Wissen, zur Klarsicht, zur unvergleichlichen Erwachung. Dieses Gleichnis nun, Aggivessano, war das dritte mir aufleuchtende, das naturgemäße, nie zuvor gehörte.

«Diese drei Gleichnisse, Aggivessano, leuchteten mir auf, naturgemäße, nie zuvor gehörte.

«Da kam mir, Aggivessano, der Gedanke: ‹Wie, wenn ich nun mit aufeinandergepreßten Zähnen und an den Gaumen gehefteter Zunge durch den Willen das Gemüt niederzwänge, niederdrückte, niederquälte?› Und ich zwang nun, Aggivessano, mit aufeinandergepreßten Zähnen und an den Gaumen gehefteter Zunge durch den Willen das Gemüt nieder, drückte es nieder, quälte es nieder. Und indem ich also, Aggivessano, mit aufeinandergepreßten Zähnen und an den Gaumen gehefteter Zunge durch den Willen das Gemüt niederzwang, niederdrückte, niederquälte, rieselte mir der Schweiß aus den Achselhöhlen. Gleichwie etwa, Aggivessano, wenn ein starker Mann einen schwächeren, beim Kopf oder bei der Schulter ergreifend, niederzwingt, niederdrückt, niederquält, ebenso rieselte mir da, Aggivessano, indem ich also mit aufeinandergepreßten Zähnen und an den Gaumen gehefteter Zunge durch den Willen das Gemüt niederzwang, niederdrückte, niederquälte, der Schweiß aus den Achselhöhlen. Gestählt war zwar, Aggivessano, meine Kraft, unbeugsam, gewärtig die Einsicht, unverrückbar, aber
243 regsam war da mein Körper, nicht ruhig geworden durch diese so schmerzliche Askese, die mich antrieb. Und das solcherart mir entstandene Wehgefühl, Aggivessano, konnte mein Gemüt nicht fesseln.

«Da kam mir, Aggivessano, der Gedanke: ‹Wie, wenn ich mich nun in atemlose Selbstverlierung verlöre?› Und ich hielt nun, Aggivessano, die Ein- und Ausatmungen von Mund und Nase an. Und indem ich also, Aggivessano, die Ein- und Ausatmungen von Mund und Nase anhielt, wurde mir das überlaute Geräusch der Blutströmungen im Ohre vernehmbar. Gleichwie etwa, Aggivessano, der geblähte Blasebalg einer Schmiede überlautes Geräusch erzeugt, ebenso wurde mir da, Aggivessano, indem ich also die Ein- und Ausatmungen von Mund und Nase anhielt, das überlaute Geräusch der Blutströmungen im Ohre vernehmbar. Gestählt war zwar, Aggivessano, meine Kraft, unbeugsam, gewärtig die Einsicht, unverrückbar, aber regsam war da mein Körper, nicht ruhig geworden durch diese so schmerzliche Askese, die mich antrieb. Und das solcherart mir entstandene Wehgefühl, Aggivessano, konnte mein Gemüt nicht fesseln.

«Da kam mir, Aggivessano, der Gedanke: ‹Wie, wenn ich mich nun noch weiter in atemlose Selbstverlierung verlöre?› Und ich hielt nun, Aggivessano, die Ein- und Ausatmungen von Mund, Nase und Ohr an. Und indem ich also, Aggivessano, die Ein- und Ausatmungen von Mund, Nase und Ohr anhielt, schlugen mir überheftige Strömungen auf die Schädeldecke auf. Gleichwie etwa, Aggivessano, wenn ein starker Mann mit scharfer Dolchspitze die Schädeldecke zerhämmerte, ebenso schlugen mir da, Aggivessano, indem ich also die Ein- und Ausatmungen von Mund, Nase und Ohr anhielt, überheftige Strömungen auf die Schädeldecke auf. Gestählt war zwar, Aggivessano, meine Kraft, unbeugsam, gewärtig die Einsicht, unverrückbar, aber regsam war da mein Körper, nicht ruhig geworden durch diese so schmerzliche Askese, die mich antrieb. Und das solcherart mir entstandene Wehgefühl, Aggivessano, konnte mein Gemüt nicht fesseln.

«Da kam mir, Aggivessano, der Gedanke: ‹Wie, wenn ich mich nun noch
weiter in atemlose Selbstverlierung verlöre?› Und ich hielt nun, Aggivessano,
die Ein- und Ausatmungen von Mund, Nase und Ohr an. Und indem ich
also, Aggivessano, die Ein- und Ausatmungen von Mund, Nase und Ohr
anhielt, hatte ich im Kopfe betäubende Kopfgefühle. Gleichwie etwa, Aggi-
vessano, wenn ein starker Mann feste Riemenstränge auf dem Kopfe peit- 244
schend tanzen ließe, ebenso hatte ich da, Aggivessano, indem ich also die
Ein- und Ausatmungen von Mund, Nase und Ohr anhielt, im Kopfe betäu-
bende Kopfgefühle. Gestählt war zwar, Aggivessano, meine Kraft, unbeug-
sam, gewärtig die Einsicht, unverrückbar, aber regsam war da mein Körper,
nicht ruhig geworden durch diese so schmerzliche Askese, die mich antrieb.
Und das solcherart mir entstandene Wehgefühl, Aggivessano, konnte mein
Gemüt nicht fesseln.

«Da kam mir, Aggivessano, der Gedanke: ‹Wie, wenn ich mich nun noch weiter in atemlose Selbstverlierung verlöre?› Und ich hielt nun, Aggivessano, die Ein- und Ausatmungen von Mund, Nase und Ohr an. Und indem ich also, Aggivessano, die Ein- und Ausatmungen von Mund, Nase und Ohr anhielt, schnitten mir überheftige Strömungen durch den Bauch. Gleichwie etwa, Aggivessano, wenn ein geschickter Schlächter oder Schlächtergeselle mit scharfem Schlachtmesser den Bauch durchschlitzte, ebenso schnitten mir da, Aggivessano, indem ich also die Ein- und Ausatmungen von Mund, Nase und Ohr anhielt, überheftige Strömungen durch den Bauch. Gestählt war zwar, Aggivessano, meine Kraft, unbeugsam, gewärtig die Einsicht, unverrückbar, aber regsam war da mein Körper, nicht ruhig geworden durch diese so schmerzliche Askese, die mich antrieb. Und das solcherart mir entstandene Wehgefühl, Aggivessano, konnte mein Gemüt nicht fesseln.

«Da kam mir, Aggivessano, der Gedanke: ‹Wie, wenn ich mich nun noch weiter in atemlose Selbstverlierung verlöre?› Und ich hielt nun, Aggivessano, die Ein- und Ausatmungen von Mund, Nase und Ohr an. Und indem ich also, Aggivessano, die Ein- und Ausatmungen von Mund, Nase und Ohr anhielt, hatte ich im Körper überheftig glühende Qual. Gleichwie etwa, Aggivessano, wenn zwei starke Männer einen schwächeren Mann an beiden Armen ergriffen und in eine Grube voll glühender Kohlen hineinquälten, hineinrollten, ebenso hatte ich da, Aggivessano, indem ich also die Ein- und Ausatmungen von Mund, Nase und Ohr anhielt, im Körper überheftig glühende Qual. Gestählt war zwar, Aggivessano, meine Kraft, unbeugsam, gewärtig die Einsicht, unverrückbar, aber regsam war da mein Körper, nicht ruhig geworden durch diese so schmerzliche Askese, die mich antrieb. Und das solcherart mir entstandene Wehgefühl, Aggivessano, konnte mein Gemüt nicht fesseln.

245 «Da sahn mich nun, Aggivessano, Gottheiten und sagten: ‹Gestorben ist der Asket Gotamo.› Andere Gottheiten sagten: ‹Nicht gestorben ist der Asket Gotamo, aber er stirbt.› Und andere Gottheiten sagten: ‹Nicht gestorben ist der Asket Gotamo und nicht stirbt er, heilig ist der Asket Gotamo, ein Zustand ist es nur des Heiligen, von solcher Art.›

«Da kam mir, Aggivessano, der Gedanke: ‹Wie, wenn ich mich nun gänzlich der Nahrung enthielte?› Da traten, Aggivessano, Gottheiten zu mir heran und sprachen: ‹Wolle nicht, Würdiger, dich gänzlich der Nahrung enthalten! Wenn du dich, Würdiger, gänzlich der Nahrung enthalten willst, so werden wir dir himmlischen Tau durch die Poren einflößen: dadurch wirst du am Leben bleiben.› Da kam mir, Aggivessano, der Gedanke: ‹Wenn ich nun auch gänzliches Fasten hielte, diese Gottheiten mir aber himmlischen Tau durch die Poren einflößten und ich also gefristet würde, so wär' es bloßer Schein.› Und ich wies, Aggivessano, die Gottheiten zurück und sagte: ‹Schon gut!›

«Da kam mir, Aggivessano, der Gedanke: ‹Wie, wenn ich nun wenig, wenig Nahrung zu mir nähme, eine hohle Hand voll und noch eine, als wie Bohnenbrühe oder Erbsenbrühe oder Linsenbrühe?› Und ich nahm, Aggivessano, wenig, wenig Nahrung zu mir, eine hohle Hand voll und noch eine, als wie Bohnenbrühe oder Erbsenbrühe oder Linsenbrühe. Und indem ich also, Aggivessano, wenig, wenig Nahrung zu mir nahm, eine hohle Hand voll und noch eine, als wie Bohnenbrühe oder Erbsenbrühe oder Linsenbrühe, wurde mein Körper außerordentlich mager. Wie dürres, welkes Rohr wurden da meine Arme und Beine durch diese äußerst geringe Nahrungaufnahme, wie

ein Kamelhuf wurde da mein Gesäß durch diese äußerst geringe Nahrungaufnahme, wie eine Kugelkette wurde da mein Rückgrat mit den hervor- und zurücktretenden Wirbeln durch diese äußerst geringe Nahrungaufnahme, wie sich die Dachsparren eines alten Hauses querkantig abheben, hoben sich da meine Rippen querkantig ab durch diese äußerst geringe Nahrungaufnahme, wie in einem tiefen Brunnen die unten liegenden Wasserspiegel verschwindend klein erscheinen, so erschienen da in meinen Augenhöhlen die tiefliegenden Augensterne verschwindend klein durch diese äußerst geringe Nahrungaufnahme, wie ein Bitterkürbis, frisch angeschnitten, in heißer Sonne hohl und schrumpf wird, so wurde da meine Kopfhaut hohl und 246
schrumpf durch diese äußerst geringe Nahrungaufnahme. Und indem ich, Aggivessano, die Bauchdecke befühlen wollte traf ich auf das Rückgrat, und indem ich das Rückgrat befühlen wollte traf ich wieder auf die Bauchdecke. So nahe war mir, Aggivessano, die Bauchdecke ans Rückgrat gekommen durch diese äußerst geringe Nahrungaufnahme. Und ich wollte, Aggivessano, Kot und Harn entleeren, da fiel ich vornüber hin durch diese äußerst geringe Nahrungaufnahme. Um nun diesen Körper da zu stärken, Aggivessano, rieb ich mit der Hand die Glieder. Und indem ich also, Aggivessano, mit der Hand die Glieder rieb, fielen die wurzelfaulen Körperhaare aus durch diese äußerst geringe Nahrungaufnahme.

«Da sahn mich nun, Aggivessano, Menschen und sagten: ‹Blau ist der Asket Gotamo!› Andere Menschen sagten: ‹Nicht blau ist der Asket Gotamo, braun ist der Asket Gotamo!› Und andere Menschen sagten: ‹Nicht blau ist der Asket Gotamo und nicht braun ist der Asket Gotamo, gelbhäutig ist der Asket Gotamo!› So sehr war nun, Aggivessano, meine helle, reine Hautfarbe angegriffen worden durch diese äußerst geringe Nahrungaufnahme.

«Da kam mir, Aggivessano, der Gedanke: ‹Was für Asketen oder Priester auch je in der Vergangenheit herangetretene schmerzliche, brennende, bittere Gefühle erfahren haben: das ist das höchste, weiter geht es nicht. Was für Asketen oder Priester auch je in der Zukunft herantretende schmerzliche, brennende, bittere Gefühle erfahren werden: das ist das höchste, weiter geht es nicht. Was für Asketen oder Priester auch jetzt in der Gegenwart herantretende schmerzliche, brennende, bittere Gefühle erfahren: das ist das höchste, weiter geht es nicht. Und doch erreiche ich durch diese bittere Schmerzensaskese kein überirdisches, reiches Heiltum der Wissensklarheit! Es gibt wohl einen anderen Weg zur Erwachung.›

«Da kam mir, Aggivessano, der Gedanke: ‹Ich erinnere mich, einst, während der Feldarbeiten bei meinem Vater Sakko, im kühlen Schatten eines Rosenapfelbaumes sitzend, den Wünschen erstorben, dem Unheil entronnen, in sinnend gedenkender ruhegeborener seliger Heiterkeit die Weihe der ersten Schauung errungen zu haben: das mag wohl der Weg sein zur Erwachung.›

«Da kam mir, Aggivessano, das einsichtgemäße Bewußtsein: ‹Das ist der Weg zur Erwachung.›

247 «Da kam mir, Aggivessano, der Gedanke: ‹Wie, sollt' ich etwa jenes Glück fürchten, jenes Glück jenseit der Wünsche, jenseit des Schlechten?›

«Da kam mir, Aggivessano, der Gedanke: ‹Nein, ich fürchte jenes Glück nicht, jenes Glück jenseit der Wünsche, jenseit des Schlechten.›

«Da kam mir, Aggivessano, der Gedanke: ‹Nicht leicht kann wohl jenes Glück erreicht werden mit so außerordentlich entkräftetem Körper; wie, wenn ich nun feste Nahrung zu mir nähme, gekochten Reisbrei?› Und ich nahm, Aggivessano, feste Nahrung zu mir, gekochten Reisbrei.

«Zu jener Zeit aber, Aggivessano, lebten fünf Mönche um mich herum: ‹Wenn uns der Asket Gotamo die Wahrheit erkämpft haben wird, wird er sie uns mitteilen!› Als ich nun, Aggivessano, feste Nahrung zu mir nahm, gekochten Reisbrei, da wandten sich jene Mönche von mir ab und gingen fort: ‹Üppig wird der Asket Gotamo, der Askese untreu, geneigt der Üppigkeit.›

«Und ich nahm nun, Aggivessano, feste Nahrung zu mir, gewann Kraft und erwirkte, gar fern von Begierden, fern von unheilsamen Dingen, in sinnend gedenkender ruhegeborener seliger Heiterkeit die Weihe der ersten Schauung. Und das solcherart mir entstandene Wohlgefühl, Aggivessano, konnte mein Gemüt nicht fesseln.

«Nach Vollendung des Sinnens und Gedenkens, Aggivessano, erwirkte ich die innere Meeresstille, die Einheit des Gemütes, die von sinnen, von gedenken freie, in der Einigung geborene selige Heiterkeit, die Weihe der zweiten Schauung. Und das solcherart mir entstandene Wohlgefühl, Aggivessano, konnte mein Gemüt nicht fesseln.

«In heiterer Ruhe, Aggivessano, weilte ich gleichmütig, einsichtig, klar bewußt, ein Glück empfand ich im Körper, von dem die Heiligen sagen: ‹Der gleichmütig Einsichtige lebt beglückt›; so erwirkte ich die Weihe der dritten Schauung. Und das solcherart mir entstandene Wohlgefühl, Aggivessano, konnte mein Gemüt nicht fesseln.

«Nach Verwerfung der Freuden und Leiden, Aggivessano, nach Vernichtung des einstigen Frohsinns und Trübsinns erwirkte ich die Weihe der leidlosen, freudlosen, gleichmütig einsichtigen vollkommenen Reine, die vierte Schauung. Und das solcherart mir entstandene Wohlgefühl, Aggivessano, konnte mein Gemüt nicht fesseln.

«Solchen Gemütes, innig, geläutert, gesäubert, gediegen, schlackengeklärt, geschmeidig, biegsam, fest, unversehrbar, richtete ich das Gemüt auf
248 die erinnernde Erkenntnis früherer Daseinsformen. Ich erinnerte mich an

manche verschiedene frühere Daseinsform, als wie an ein Leben, dann an zwei Leben, dann an drei Leben, dann an vier Leben, dann an fünf Leben, dann an zehn Leben, dann an zwanzig Leben, dann an dreißig Leben, dann an vierzig Leben, dann an fünfzig Leben, dann an hundert Leben, dann an tausend Leben, dann an hunderttausend Leben, dann an die Zeiten während mancher Weltenentstehungen, dann an die Zeiten während mancher Weltenvergehungen, dann an die Zeiten während mancher Weltenentstehungen-Weltenvergehungen. ‹Dort war ich, jenen Namen hatte ich, jener Familie gehörte ich an, das war mein Stand, das mein Beruf, solches Wohl und Wehe habe ich erfahren, so war mein Lebensende; dort verschieden trat ich anderswo wieder ins Dasein: da war ich nun, diesen Namen hatte ich, dieser Familie gehörte ich an, dies war mein Stand, dies mein Beruf, solches Wohl und Wehe habe ich erfahren, so war mein Lebensende; da verschieden trat ich hier wieder ins Dasein.› So erinnerte ich mich mancher verschiedenen früheren Daseinsform, mit je den eigentümlichen Merkmalen, mit je den eigenartigen Beziehungen. Dieses Wissen, Aggivessano, hatte ich nun in den ersten Stunden der Nacht als erstes errungen, das Nichtwissen zerteilt, das Wissen gewonnen, das Dunkel zerteilt, das Licht gewonnen, wie ich da ernsten Sinnes, eifrig, unermüdlich verweilte. Und das solcherart mir entstandene Wohlgefühl, Aggivessano, konnte mein Gemüt nicht fesseln.

«Solchen Gemütes, innig, geläutert, gesäubert, gediegen, schlackengeklärt, geschmeidig, biegsam, fest, unversehrbar, richtete ich das Gemüt auf die Erkenntnis des Verschwindens-Erscheinens der Wesen. Mit dem himmlischen Auge, dem geläuterten, über menschliche Grenzen hinausreichenden, sah ich die Wesen dahinschwinden und wiedererscheinen, gemeine und edle, schöne und unschöne, glückliche und unglückliche, ich erkannte wie die Wesen je nach den Taten wiederkehren. ‹Diese lieben Wesen sind freilich in Taten dem Schlechten zugetan, in Worten dem Schlechten zugetan, in Gedanken dem Schlechten zugetan, tadeln Heiliges, achten Verkehrtes, tun Verkehrtes; bei der Auflösung des Leibes, nach dem Tode, gelangen sie auf den Abweg, auf schlechte Fährte, zur Tiefe hinab, in untere Welt. Jene lieben Wesen sind aber in Taten dem Guten zugetan, in Worten dem Guten zugetan, in Gedanken dem Guten zugetan, tadeln nicht Heiliges, achten Rechtes, tun Rechtes; bei der Auflösung des Leibes, nach dem Tode, gelangen sie auf gute Fährte, in selige Welt.› So sah ich mit dem himmlischen Auge, dem geläuterten, über menschliche Grenzen hinausreichenden, die Wesen dahinschwinden und wiedererscheinen, gemeine und edle, schöne und unschöne, glückliche und unglückliche, ich erkannte wie die Wesen je nach den Taten wiederkehren. Dieses Wissen, Aggivessano, hatte ich nun in den mittleren Stunden der Nacht als zweites errungen, das Nichtwissen zerteilt, das Wissen ge-

249 wonnen, das Dunkel zerteilt, das Licht gewonnen, wie ich da ernsten Sinnes, eifrig, unermüdlich verweilte. Und das solcherart mir entstandene Wohlgefühl, Aggivessano, konnte mein Gemüt nicht fesseln.

«Solchen Gemütes, innig, geläutert, gesäubert, gediegen, schlackengeklärt, geschmeidig, biegsam, fest, unversehrbar, richtete ich das Gemüt auf die Erkenntnis der Wahnversiegung. ‹Das ist das Leiden› verstand ich der Wahrheit gemäß. ‹Das ist die Leidensentwicklung› verstand ich der Wahrheit gemäß. ‹Das ist die Leidensauflösung› verstand ich der Wahrheit gemäß. ‹Das ist der zur Leidensauflösung führende Pfad› verstand ich der Wahrheit gemäß. ‹Das ist der Wahn› verstand ich der Wahrheit gemäß. ‹Das ist die Wahnentwicklung› verstand ich der Wahrheit gemäß. ‹Das ist die Wahnauflösung› verstand ich der Wahrheit gemäß. ‹Das ist der zur Wahnauflösung führende Pfad› verstand ich der Wahrheit gemäß. Also erkennend, also sehend ward da mein Gemüt erlöst vom Wunscheswahn, erlöst vom Daseinswahn, erlöst vom Nichtwissenswahn. ‹Im Erlösten ist die Erlösung›, diese Erkenntnis ging auf. ‹Versiegt ist die Geburt, vollendet das Asketentum, gewirkt das Werk, nicht mehr ist diese Welt› verstand ich da. Dieses Wissen, Aggivessano, hatte ich nun in den letzten Stunden der Nacht als drittes errungen, das Nichtwissen zerteilt, das Wissen gewonnen, das Dunkel zerteilt, das Licht gewonnen, wie ich da ernsten Sinnes, eifrig, unermüdlich verweilte. Und das solcherart mir entstandene Wohlgefühl, Aggivessano, konnte mein Gemüt nicht fesseln.

«Ich weiß wohl, Aggivessano: wenn ich da einer Schar von vielen hunderten die Lehre verkündet habe, so meint einer um den anderen von mir: ‹Nur für mich hat der Asket Gotamo die Lehre verkündet!› Doch ist das nicht also zu verstehn, Aggivessano, weil ja der Vollendete den anderen die Lehre zur Aufklärung verkündet. Aber wenn eine solche Darlegung zu Ende ist, Aggivessano, dann richte ich auch das einzelne Gemüt eines jeden Friedesuchenden auf, bring' es zur Ruhe, einige es, füge es zusammen. Und so halte ich es allezeit, allezeit.»

«Also geziemt es dem verehrten Gotamo, als dem Heiligen, vollkommen Erwachten. – Gibt der verehrte Gotamo wohl zu, bei Tage zu schlafen?»

«Ich geb' es zu, Aggivessano, im letzten Monat des Sommers, nach dem Mahle, wenn man vom Almosengange zurückgekehrt ist, den Mantel vierfach gefaltet auszuspreiten und auf der rechten Seite liegend gesammelten Sinnes einzuschlafen.»

«Das wird aber, o Gotamo, von manchen Asketen und Priestern als betörendes Sichgehnlassen bezeichnet!»

«Nicht insofern, Aggivessano, ist man betört oder nicht betört. Aber, 250
Aggivessano, wie man betört und wie man nicht betört ist, das höre und
achte wohl auf meine Rede.»

«Ja, Herr!» erwiderte Saccako der junge Nigaṇṭher, dem Erhabenen zustimmend. Der Erhabene sprach also:

«Wer da, Aggivessano, den Wahn, den besudelnden, Wiederdasein säenden, entsetzlichen, Leiden ausbrütenden, wiederum Leben, Altern und Sterben erzeugenden, nicht verleugnet hat, den nenne ich betört. Denn durch des Wahnes Nichtverleugnung, Aggivessano, wird man betört. Wer da, Aggivessano, den Wahn, den besudelnden, Wiederdasein säenden, entsetzlichen, Leiden ausbrütenden, wiederum Leben, Altern und Sterben erzeugenden, verleugnet hat, den nenne ich unbetört. Denn durch des Wahnes Verleugnung, Aggivessano, wird man unbetört. Der Vollendete, Aggivessano, hat den Wahn, den besudelnden, Wiederdasein säenden, entsetzlichen, Leiden ausbrütenden, wiederum Leben, Altern und Sterben erzeugenden, verleugnet, an der Wurzel abgeschnitten, einem Palmstumpf gleichgemacht, so daß er nicht mehr keimen, nicht mehr sich entwickeln kann. Gleichwie etwa, Aggivessano, eine Palme, der man die Krone abgeschnitten hat, nicht wieder emporwachsen kann, ebenso auch, Aggivessano, hat der Vollendete den Wahn, den besudelnden, Wiederdasein säenden, entsetzlichen, Leiden ausbrütenden, wiederum Leben, Altern und Sterben erzeugenden, verleugnet, an der Wurzel abgeschnitten, einem Palmstumpf gleichgemacht, so daß er nicht mehr keimen, nicht mehr sich entwickeln kann.»

Nach diesen Worten sprach Saccako der junge Nigaṇṭher zum Erhabenen also:

«Wunderbar, o Gotamo, außerordentlich ist es, o Gotamo, wie da, nach
der sanft und sicher hinleitenden Behandlung gar mancher Frage, des ver-
ehrten Gotamo Hautfarbe so hell und das Antlitz so heiter geblieben ist, wie
das dem Heiligen, vollkommen Erwachten eignet! Ich bekenne, o Gotamo,
mich mit Pūraṇo Kassapo in ein Gespräch eingelassen zu haben: der aber kam
im Gespräche mit mir von einem ins andere, schweifte vom Gegenstand ab
und legte Zorn, Haß und Verdrossenheit an den Tag. Beim verehrten Go-
tamo dagegen ist nach der sanft und sicher hinleitenden Behandlung gar
mancher Frage die Hautfarbe so hell und das Antlitz so heiter geblieben, wie
es dem Heiligen, vollkommen Erwachten eignet. Ich bekenne, o Gotamo,
mich mit Makkhali Gosālo, Ajito Kesakambalo, Pakudho Kaccāyano, Sañ-
jayo Belaṭṭhaputto, Nigaṇṭho Nāthaputto in Gespräche eingelassen zu ha-
ben: die aber kamen im Gespräche mit mir von einem ins andere, schweiften 251
vom Gegenstand ab und legten Zorn, Haß und Verdrossenheit an den Tag.

Beim verehrten Gotamo dagegen ist nach der sanft und sicher hinleitenden Behandlung gar mancher Frage die Hautfarbe so hell und das Antlitz so heiter geblieben, wie es dem Heiligen, vollkommen Erwachten eignet. – Wohlan denn, jetzt wollen wir gehn, o Gotamo, manche Pflicht und Obliegenheit wartet auf uns.»

«Wie es dir nun, Aggivessano, belieben mag.»

Da nun erhob sich Saccako Nigaṇṭhaputto, erfreut und befriedigt durch des Erhabenen Rede, von seinem Sitze und ging fort.

37

VIERTER TEIL · SIEBENTE REDE

VERSIEGUNG DES DURSTES

I

DAS HAB' ICH GEHÖRT. Zu einer Zeit weilte der Erhabene bei Sāvatthī, im Osthaine, auf Mutter Migāros Terrasse. Da nun begab sich Sakko der Götterkönig dorthin wo der Erhabene weilte, begrüßte den Erhabenen ehrerbietig und stellte sich seitwärts hin. Seitwärts stehend sprach nun Sakko der Götterkönig zum Erhabenen also:

«Inwiefern ist wohl, o Herr, ein Mönch, kurz gesagt, durch Versiegung des Durstes erlöst, durchaus gefeit, durchaus gesichert, durchaus geheiligt, durchaus vollendet, Höchster der Götter und Menschen?»

«Da hat, König der Götter, ein Mönch gehört: ‹Kein Ding ist der Mühe wert.› Wenn der Mönch, König der Götter, dies gehört hat ‹Kein Ding ist der Mühe wert›, so betrachtet er jedes Ding; und wenn er jedes Ding betrachtet hat, durchschaut er jedes Ding; und wenn er jedes Ding durchschaut hat und nun irgendein Gefühl empfindet, ein freudiges oder leidiges oder weder freudig noch leidiges, so beobachtet er bei diesen Gefühlen die Gesetze der Vergänglichkeit, der Aufhebung, der Auflösung, der Entäußerung; und indem er bei diesen Gefühlen die Gesetze der Vergänglichkeit, der Aufhebung, der Auflösung, der Entäußerung beobachtet, hangt er nirgend in der Welt an; ohne anzuhangen wird er nicht erschüttert, unerschütterlich gelangt er eben bei sich selbst zur Erlöschung: ‹Versiegt ist die Geburt, vollendet das Asketentum, gewirkt das Werk, nicht mehr ist diese Welt› versteht er da. Insofern, König der Götter, ist ein Mönch, kurz gesagt, durch Versiegung des Durstes erlöst, durchaus gefeit, durchaus gesichert, durchaus geheiligt, durchaus vollendet, Höchster der Götter und Menschen.» 252

Da war nun Sakko der Götterkönig durch des Erhabenen Rede erfreut und befriedigt, begrüßte den Erhabenen ehrerbietig, ging rechts herum und verschwand von diesem Orte.

Zu jener Zeit nun hatte der ehrwürdige Mahāmoggallāno nicht fern vom Erhabenen Platz genommen. Da nun kam dem ehrwürdigen Mahāmoggallāno der Gedanke: ‹Ist wohl dieser Geist durch des Erhabenen Rede vollauf befriedigt worden, oder nicht? Wie, wenn ich nun diesen Geist prüfte, ob er durch des Erhabenen Rede vollauf befriedigt wurde, oder aber nicht?› Da verschwand nun der ehrwürdige Mahāmoggallāno, so schnell wie etwa ein kräftiger Mann den eingezogenen Arm ausstrecken oder den ausgestreckten Arm einziehn mag, von Mutter Migāros Terrasse im Osthain und erschien bei den Dreiunddreißig Göttern.

Zu jener Zeit nun erging sich Sakko der Götterkönig im Garten der weißen Lotusblüte, dem Genusse der fünfhundertstimmigen Himmelsmusik hingegeben. Da erblickte Sakko der Götterkönig den ehrwürdigen Mahāmoggallāno wie von ferne herankommen. Als er ihn gesehn winkte er jener fünfhundertstimmigen Himmelsmusik ab, ging dem ehrwürdigen Mahāmoggallāno entgegen und sprach also zu ihm:

«Komm', o würdiger Moggallāno, sei gegrüßt, würdiger Moggallāno! Lange schon, würdiger Moggallāno, habe ich auf die Gunst dieses Besuches gehofft! Setze dich, würdiger Mogallāno, nimm hier Platz.»

Es setzte sich der ehrwürdige Mahāmoggallāno auf den angebotenen Sitz. Sakko aber, der Götterkönig, nahm einen anderen, niederen Stuhl und setzte sich zur Seite. Den zur Seite sitzenden Sakko, den König der Götter, sprach nun der ehrwürdige Mahāmoggallāno also an:

«Auf welche Weise hat dir denn, Kosiyo, der Erhabene die Erlösung durch Versiegung des Durstes kurz dargelegt? Gut wär' es, wenn auch wir dieser Rede teilhaftig würden und sie hörten.»

«Wir haben, o würdiger Moggallāno, viele Pflichten, wir haben viele Obliegenheiten zu erfüllen, sowohl in eigener Sache als auch in Beziehung auf die Dreiunddreißig Götter. Aber, würdiger Moggallāno, es ist gar wohl verstanden, wohl begriffen, wohl gemerkt, wohl aufbewahrt, so daß es nicht so 253
bald vergessen sein wird. – Es war einmal, würdiger Moggallāno, ein Kampf zwischen Göttern und Unholden zum Ausbruch gekommen. In jenem Kampfe nun, würdiger Moggallāno, siegten die Götter und verloren die Unholde.

Nachdem ich nun, würdiger Mogallāno, jenen Kampf glücklich beendet hatte und siegreich wieder zurückgekehrt war, erbaute ich ein Schloß und nannte es Siegesbanner. Und das Siegesbanner-Schloß, o würdiger Moggallāno, hat hundert Tore: auf jedem der Tore sind siebenmal siebenhundert Terrassen, auf jeder der Terrassen befinden sich siebenmal sieben Nymphen, und jede der Nymphen hat ein Gefolge von siebenmal sieben Gespielinnen. Wünschest du nicht, würdiger Moggallāno, die Wonnen des Siegesbanner-Schlosses zu sehn?»

Schweigend gewährte der ehrwürdige Mahāmoggallāno die Bitte.

Da nun begaben sich Sakko der Götterkönig und Vessavaṇo der Große Herrscher unter dem Vortritt des ehrwürdigen Mahāmoggallāno zum Siegesbanner-Schlosse. Und es sahn des Götterkönigs Sakko Trabanten, wie der ehrwürdige Mahāmoggallāno von ferne herankam, und als sie ihn gesehn erröteten sie, schämten sich und zogen sich in ihre Gemächer zurück. Gleichwie etwa eine Schwiegertochter, den Schwiegervater erblickend, errötet und sich schämt, so auch erröteten da des Götterkönigs Sakko Trabanten als sie den ehrwürdigen Mahāmoggallāno gesehn, schämten sich und zogen sich in ihre Gemächer zurück. Da nun führten Sakko der Götterkönig und Vessavaṇo der Große Herrscher den ehrwürdigen Mahāmoggallāno im Siegesbanner-Schlosse umher, geleiteten ihn dahin und dorthin: «Sieh' nur, würdiger Moggallāno, diese Wonne des Siegesbanner-Schlosses, sieh' nur, würdiger Moggallāno, jene Wonne des Siegesbanner-Schlosses!»

«Dieses Glück glänzt dem ehrwürdigen Kosiyo, weil er früher Gutes getan. Die Menschen sagen ja, wenn sie irgend etwas Entzückendes sehn: ‹Ach das glänzt wie bei den Dreiunddreißig Göttern!› Dieses Glück glänzt dem ehrwürdigen Kosiyo, weil er früher Gutes getan.»

Da kam dem ehrwürdigen Mahāmoggallāno der Gedanke: ‹Allzu leicht lebt wohl dieser Geist dahin; wie, wenn ich ihn nun erschütterte?› Da ließ nun der ehrwürdige Mahāmoggallāno eine magische Erscheinung von solcher Art erscheinen, als ob er mit der großen Zehe das Siegesbanner-Schloß zum
254 Wanken, zum Beben, zum Erzittern brächte. Da wurden Sakko der Götterkönig und Vessavaṇo der Große Herrscher und die Dreiunddreißig Götter durch den außerordentlichen, wunderbaren Vorgang im Innersten getroffen: ‹Ach wie erstaunlich, wie doch so wunderbar ist des Asketen hohe Macht, hohe Gewalt! Sogar Himmelspaläste kann er da mit der großen Zehe zum Wanken, zum Beben, zum Erzittern bringen!› Als nun der ehrwürdige Mahāmoggallāno Sakko, den König der Götter, erschüttert und gesträubten Haares dastehn sah, sprach er also zu ihm:

«Auf welche Weise hat dir denn, Kosiyo, der Erhabene die Erlösung durch Versiegung des Durstes kurz dargelegt? Gut wär' es, wenn auch wir dieser Rede teilhaftig würden und sie hörten.»

«Ich hatte mich, würdiger Moggallāno, zum Erhabenen begeben, den Erhabenen ehrerbietig begrüßt und seitwärts hingestellt. Seitwärts stehend sprach ich nun, würdiger Moggallāno, zum Erhabenen also: ‹Inwiefern ist wohl, o Herr, ein Mönch, kurz gesagt, durch Versiegung des Durstes erlöst, durchaus gefeit, durchaus gesichert, durchaus geheiligt, durchaus vollendet, Höchster der Götter und Menschen?› – Hierauf, würdiger Moggallāno, erwiderte mir der Erhabene: ‹Da hat, König der Götter, ein Mönch gehört: ‹Kein Ding ist der Mühe wert.' Wenn der Mönch, König der Götter, dies gehört hat 'Kein Ding ist der Mühe wert', so betrachtet er jedes Ding; und wenn er jedes Ding betrachtet hat, durchschaut er jedes Ding; und wenn er jedes Ding durchschaut hat und nun irgendein Gefühl empfindet, ein freudiges oder leidiges oder weder freudig noch leidiges, so beobachtet er bei diesen Gefühlen die Gesetze der Vergänglichkeit, der Aufhebung, der Auflösung, der Entäußerung; und indem er bei diesen Gefühlen die Gesetze der Vergänglichkeit, der Aufhebung, der Auflösung, der Entäußerung beobachtet, hangt er nirgend in der Welt an; ohne anzuhangen wird er nicht erschüttert, unerschütterlich gelangt er eben bei sich selbst zur Erlöschung: 'Versiegt ist die Geburt, vollendet das Asketentum, gewirkt das Werk, nicht mehr ist diese Welt' versteht er da. Insofern, König der Götter, ist ein Mönch, kurz gesagt, durch Versiegung des Durstes erlöst, durchaus gefeit, durchaus gesichert, durchaus geheiligt, durchaus vollendet, Höchster der Götter und Menschen.› Auf solche Weise hat mir, würdiger Moggallāno, der Erhabene die Erlösung durch Versiegung des Durstes kurz dargelegt.»

Da war nun der ehrwürdige Mahāmoggallāno durch Sakkos des Götterkönigs Rede erfreut und befriedigt. Und so schnell wie etwa ein kräftiger 255
Mann den eingezogenen Arm ausstrecken oder den ausgestreckten Arm einziehn mag, verschwand er da von den Dreiunddreißig Göttern und erschien auf der Terrasse Mutter Migāros im Osthain.

Da nun sagten die Trabanten des Götterkönigs Sakko, kurz nachdem sich der ehrwürdige Mahāmoggallāno entfernt hatte, zu Sakko, dem König der Götter:

«Der bei dir war, Würdiger, das war wohl Er, der Erhabene, der Meister?»

«Nein, ihr Würdigen, nicht Er, der Erhabene, der Meister war bei mir, sondern ein Jünger, der ehrwürdige Mahāmoggallāno.»

«Heil dir, Würdiger, der du einen Jünger von so hoher Macht, von so hoher Gewalt kennst: ach, wie mag dir erst Er, der Erhabene, der Meister erschienen sein!»

Da begab sich nun der ehrwürdige Mahāmoggallāno zum Erhabenen, begrüßte den Erhabenen ehrerbietig und setzte sich zur Seite hin. Zur Seite sitzend wandte sich nun der ehrwürdige Mahāmoggallāno an den Erhabenen:

«Bestätigt wohl, o Herr, der Erhabene eben zuvor einem gewissen großmächtigen Geiste die Erlösung durch Versiegung des Durstes kurz dargelegt zu haben?»

«Ich bestätige es, Mogallāno. Sakko der Götterkönig kam da zu mir, begrüßte mich ehrerbietig und stellte sich seitwärts hin. Seitwärts stehend, Moggallāno, sprach nun Sakko der Götterkönig also zu mir: ‹Inwiefern ist wohl, o Herr, ein Mönch, kurz gesagt, durch Versiegung des Durstes erlöst, durchaus gefeit, durchaus gesichert, durchaus geheiligt, durchaus vollendet, Höchster der Götter und Menschen?› – Hierauf, Moggallāno, erwiderte ich dem Götterkönige Sakko: ‹Da hat, König der Götter, ein Mönch gehört: 'Kein Ding ist der Mühe wert.' Wenn der Mönch, König der Götter, dies gehört hat 'Kein Ding ist der Mühe wert', so betrachtet er jedes Ding; und wenn er jedes Ding betrachtet hat, durchschaut er jedes Ding; und wenn er jedes Ding durchschaut hat und nun irgendein Gefühl empfindet, ein freudiges oder leidiges oder weder freudig noch leidiges, so beobachtet er bei diesen Gefühlen die Gesetze der Vergänglichkeit, der Aufhebung, der Auflösung, der Entäußerung; und indem er bei diesen Gefühlen die Gesetze der Vergänglichkeit, der Aufhebung, der Auflösung, der Entäußerung beobachtet, hangt er nirgend in der Welt an; ohne anzuhangen wird er nicht erschüttert, unerschütterlich gelangt er eben bei sich selbst zur Erlöschung: 'Versiegt ist
256 die Geburt, vollendet das Asketentum, gewirkt das Werk, nicht mehr ist diese Welt' versteht er da. Insofern, König der Götter, ist ein Mönch, kurz gesagt, durch Versiegung des Durstes erlöst, durchaus gefeit, durchaus gesichert, durchaus geheiligt, durchaus vollendet, Höchster der Götter und Menschen.› Auf solche Weise bestätige ich, Moggallāno, dem Götterkönige Sakko kurzgefaßt die Erlösung durch Versiegung des Durstes dargelegt zu haben.»

Also sprach der Erhabene. Zufrieden freute sich der ehrwürdige Mahāmoggallāno über das Wort des Erhabenen.

38

VIERTER TEIL · ACHTE REDE

VERSIEGUNG DES DURSTES

II

Das hab' ich gehört. Zu einer Zeit weilte der Erhabene bei Sāvatthī, im Siegerwalde, im Garten Anāthapiṇḍikos. Zu jener Zeit nun hatte ein Mönch Namens Sāti, der Sohn eines Fischers, folgende verkehrte Meinung gefaßt: ‹Also verstehe ich die vom Erhabenen verkündete Lehre, daß nämlich dieses unser Bewußtsein im Kreislauf des Wandelseins beharrt, unveränderlich.› Es kam nun vielen Mönchen zu Ohren, daß ein Mönch Namens Sāti, der Sohn eines Fischers, diese verkehrte Meinung gefaßt habe. Da begaben sich nun jene Mönche dorthin, wo sich Sāti der Mönch, der Fischersohn, aufhielt, und sprachen hierauf also zu ihm:

«Ist es wahr, wie man sagt, Bruder Sāti, du habest diese verkehrte Meinung gefaßt: ‹Also verstehe ich die vom Erhabenen verkündete Lehre, daß nämlich dieses unser Bewußtsein im Kreislauf des Wandelseins beharre, unveränderlich›?»

«So ist es, ihr Brüder, allerdings fasse ich die vom Erhabenen verkündete Lehre dahin auf, daß es dieses unser Bewußtsein ist, welches im Kreislauf des Wandelseins beharrt, unveränderlich.»

Da nun wollten jene Mönche Sāti den Mönch, den Sohn eines Fischers, von seiner verkehrten Meinung abbringen, wandten sich zu ihm, sprachen zu ihm, belehrten ihn: «Nicht also rede, Bruder Sāti, den Erhabenen verbessere nicht, nicht ist es gut den Erhabenen verbessern, nicht kann der Erhabene solches gesagt haben. Auf mannigfaltige Weise, Bruder Sāti, wurde die bedingte Natur des Bewußtseins vom Erhabenen erklärt: 'Ohne zureichenden 257
Grund entsteht kein Bewußtsein.'»

Sāti der Mönch aber, der Sohn eines Fischers, obzwar von jenen Mönchen also angegangen, angesprochen und belehrt, hielt an dieser seiner verkehrten Meinung zähe fest: «Ich, fürwahr, ihr Brüder, fasse die vom Erhabenen verkündete Lehre also auf, daß es dieses unser Bewußtsein ist, welches im Kreislauf des Wandelseins beharrt, unveränderlich.»

Als nun jene Mönche Sāti den Mönch, den Sohn eines Fischers, von dieser verkehrten Meinung nicht abbringen konnten, begaben sie sich dorthin wo der Erhabene weilte, begrüßten den Erhabenen ehrerbietig und setzten sich zur Seite nieder. Hierauf nun sprachen jene Mönche zum Erhabenen also:

«Ein Mönch namens Sāti, o Herr, der Sohn eines Fischers, hat folgende verkehrte Meinung gefaßt: ‹Also verstehe ich die vom Erhabenen verkündete Lehre, daß nämlich dieses unser Bewußtsein im Kreislauf des Wandelseins beharrt, unveränderlich.› Hiervon erhielten wir Kunde, o Herr, begaben uns zu Sāti und fragten ihn, ob das Gerücht wahr sei. Auf unsere Frage, o Herr, erwiderte uns Sāti der Mönch, der Fischersohn: ‹So ist es, ihr Brüder, allerdings fasse ich die vom Erhabenen verkündete Lehre dahin auf, daß es dieses unser Bewußtsein ist, welches im Kreislauf des Wandelseins beharrt, unveränderlich.› Da nun wollten wir, o Herr, Sāti den Mönch, den Sohn eines Fischers, von seiner verkehrten Meinung abbringen, wandten uns zu ihm, sprachen zu ihm, belehrten ihn: Nicht also rede, Bruder Sāti, den Erhabenen verbessere nicht, nicht ist es gut den Erhabenen verbessern, nicht kann der Erhabene solches gesagt haben. Auf mannigfaltige Weise, Bruder Sāti, wurde die bedingte Natur des Bewußtseins vom Erhabenen erklärt: 'Ohne zureichenden Grund entsteht kein Bewußtsein.' Obzwar nun, o Herr, solcherart von uns angegangen, angesprochen und belehrt, hielt Sāti der Mönch, der Sohn eines Fischers, an dieser seiner verkehrten Meinung zähe fest: ‹Ich aber, Brüder, fasse die vom Erhabenen verkündete Lehre also auf, daß es dieses unser Bewußtsein ist, welches im Kreislauf des Wandelseins beharrt, unveränderlich.› Da wir nun, o Herr, Sāti den Mönch, den Sohn eines Fischers, von dieser verkehrten Meinung nicht abbringen konnten, beschlossen wir, die Sache dem Erhabenen vorzutragen.»

Da nun wandte sich der Erhabene an einen der Mönche:

258 «Gehe, o Mönch, und sage in meinem Namen Sāti dem Mönche, dem Sohn eines Fischers: der Meister ruft dich, Bruder Sāti.»

«Wohl, o Herr!» erwiderte jener Mönch, dem Erhabenen gehorchend, begab sich dorthin, wo Sāti der Mönch, der Fischersohn, weilte, und sprach hierauf also zu ihm:

«Der Meister ruft dich, Bruder Sāti.»

«Gut, o Bruder, ich komme!» erwiderte Sāti der Mönch, der Fischersohn, jenem Mönche, begab sich dorthin wo der Erhabene weilte, begrüßte den Erhabenen ehrerbietig und setzte sich zur Seite nieder. Hierauf nun sprach zu Sāti dem Mönche, dem Sohn eines Fischers, der Erhabene also:

«Ist es wahr, wie man sagt, Sāti, du habest diese verkehrte Meinung gefaßt: ‹Also verstehe ich die vom Erhabenen verkündete Lehre, daß nämlich dieses unser Bewußtsein im Kreislauf des Wandelseins beharre, unveränderlich›?»

«So ist es allerdings, o Herr: ich fasse die vom Erhabenen verkündete Lehre also auf, daß es dieses unser Bewußtsein ist, welches im Kreislauf des Wandelseins beharrt, unveränderlich.»

«Was ist das für ein Bewußtsein, Sāti?»

«Was da wieder als selbes, sag' ich, o Herr, da und dort den Lohn guter und böser Werke genießt.»

«Von wem hast du denn, du betörter Mann, gehört, daß ich eine solche Lehre verkündet hätte? Habe ich nicht, o Tor, auf mannigfaltige Weise die bedingte Natur des Bewußtseins erklärt: ‹Ohne zureichenden Grund entsteht kein Bewußtsein›? Aber mißverständigen Sinnes, o Tor, willst du uns verbessern und gräbst dir selbst das Grab und schaffst dir schwere Schuld. Das wird dir, o Tor, lange zum Unheil, zum Leiden gereichen.»

Und der Erhabene wandte sich an die Mönche:

«Was meinet ihr wohl, Mönche? Hat dieser Mönch Sāti, der Fischersohn, in unserer Heilsordnung nicht etwa Brand gestiftet?»

«Wie wäre das möglich, o Herr, nein, wahrlich nicht, o Herr!»

Auf diese Worte setzte sich Sāti der Mönch, der Sohn eines Fischers, verstummt und verstört, gebeugten Rumpfes, gesenkten Hauptes, das Antlitz von brennender Röte übergossen, wortlos nieder. Als nun der Erhabene sah, wie Sāti der Mönch, der Sohn eines Fischers, verstummt und verstört dasaß, gebeugten Rumpfes, gesenkten Hauptes, das Antlitz von brennender Röte übergossen, wortlos, sprach er also zu ihm: «Dies wird sich als deine eigene verkehrte Meinung erweisen, o du Betörter; ich werde nun die Mönche befragen.»

Und der Erhabene wandte sich an die Mönche:

«Versteht auch ihr, meine Mönche, die verkündete Lehre also, wie dieser
Mönch Sāti, der Fischersohn, der mißverständigen Sinnes uns verbessert und 259
sich selbst das Grab gräbt und schwere Schuld schafft?»

«Nicht so, o Herr! Auf mannigfaltige Weise hat uns ja, o Herr, der Erhabene die bedingte Natur des Bewußtseins erklärt: 'Ohne zureichenden Grund entsteht kein Bewußtsein.'»

«Wohl, ihr Mönche, wohl, daß ihr, meine Mönche, die verkündete Lehre also verstehet. Freilich habe ich euch, ihr Mönche, auf mannigfaltige Weise die bedingte Natur des Bewußtseins erklärt: ‹Ohne zureichenden Grund entsteht kein Bewußtsein.› Aber dieser Mönch Sāti, der Sohn eines Fischers, will uns mißverständigen Sinnes verbessern und gräbt sich selbst das Grab und schafft sich schwere Schuld. Das wird diesem betörten Manne lange zum Unheil, zum Leiden gereichen.

«Aus was für einem Grunde, ihr Mönche, Bewußtsein entsteht, gerade durch diesen und nur durch diesen kommt es zustande. Durch das Gesicht

und die Formen entsteht Bewußtsein: gerade ‹Sehbewußtsein› kommt da zustande. Durch das Gehör und die Töne entsteht Bewußtsein: gerade ‹Hörbewußtsein› kommt da zustande. Durch den Geruch und die Düfte entsteht Bewußtsein: gerade ‹Riechbewußtsein› kommt da zustande. Durch den Geschmack und die Säfte entsteht Bewußtsein: gerade ‹Schmeckbewußtsein› kommt da zustande. Durch das Getast und die Tastungen entsteht Bewußtsein: gerade ‹Tastbewußtsein› kommt da zustande. Durch das Gedenken und die Dinge entsteht Bewußtsein: gerade ‹Denkbewußtsein› kommt da zustande. Gleichwie etwa Feuer, ihr Mönche, aus was für einem Grund es brennt, gerade durch diesen und nur durch diesen zustande kommt: durch Holz wird es genährt und gerade ‹Holzfeuer› kommt da zustande, durch Reisig wird es genährt und gerade ‹Reisigfeuer› kommt da zustande, durch Heu wird es genährt und gerade ‹Heufeuer› kommt da zustande, durch Dünger wird es genährt und gerade ‹Dungfeuer› kommt da zustande, durch Spreu wird es genährt und gerade ‹Spreufeuer› kommt da zustande, durch Kehricht wird es genährt und gerade ‹Kehrichtfeuer› kommt da zustande: ebenso nun auch, ihr Mönche, kommt Bewußtsein, aus was für einem Grund es entsteht, gerade durch diesen und nur durch diesen zustande. Durch das Gesicht und die Formen entsteht Bewußtsein: gerade ‹Sehbewußtsein› kommt da zustande. Durch das Gehör und die Töne entsteht Bewußtsein: gerade ‹Hörbewußtsein› kommt da zustande. Durch den Geruch und die Düfte ent-
260 steht Bewußtsein: gerade ‹Riechbewußtsein› kommt da zustande. Durch den Geschmack und die Säfte entsteht Bewußtsein: gerade ‹Schmeckbewußtsein› kommt da zustande. Durch das Getast und die Tastungen entsteht Bewußtsein: gerade ‹Tastbewußtsein› kommt da zustande. Durch das Gedenken und die Dinge entsteht Bewußtsein: gerade ‹Denkbewußtsein› kommt da zustande.

«‘Entstanden ist dieses’: begreift ihr das, Mönche?»

«Ja, o Herr!»

«‘Durch solche Nahrung gebildet’: begreift ihr das, Mönche?»

«Ja, o Herr!»

«‘Durch die Auflösung solcher Nahrung ist, was entstanden, dem Gesetze der Auflösung verfallen’: begreift ihr das, Mönche?»

«Freilich, o Herr!»

«‘Vielleicht ist dieses nicht entstanden’: wer also schwankt, ihr Mönche, beginnt zu zweifeln.»

«Gewiß, o Herr!»

«‘Vielleicht nicht durch solche Nahrung gebildet’: wer also schwankt, ihr Mönche, beginnt zu zweifeln.»

«Gewiß, o Herr!»

«'Vielleicht ist durch die Auflösung solcher Nahrung, was entstanden, dem Gesetze der Auflösung doch nicht verfallen': wer also schwankt, ihr Mönche, beginnt zu zweifeln.»

«Gewiß, o Herr!»

«'Entstanden ist dieses': wenn man das, ihr Mönche, der Wahrheit gemäß, mit vollkommener Weisheit begreift, schwindet dann jeder Zweifel?»

«Freilich, o Herr!»

«'Durch solche Nahrung gebildet': wenn man das, ihr Mönche, der Wahrheit gemäß, mit vollkommener Weisheit begreift, schwindet dann jeder Zweifel?»

«Freilich, o Herr!»

«'Durch die Auflösung solcher Nahrung ist, was entstanden, dem Gesetze der Auflösung verfallen': wenn man das, ihr Mönche, der Wahrheit gemäß, mit vollkommener Weisheit begreift, schwindet dann jeder Zweifel?»

«Freilich, o Herr!»

«'Entstanden ist dieses': hegt ihr hierüber, ihr Mönche, den leisesten Zweifel?»

«Nein, o Herr!»

«'Durch solche Nahrung gebildet': hegt ihr hierüber, ihr Mönche, den leisesten Zweifel?»

«Nein, o Herr!»

«'Durch die Auflösung solcher Nahrung ist, was entstanden, dem Gesetze der Auflösung verfallen': hegt ihr hierüber, ihr Mönche, den leisesten Zweifel?»

«Nein, o Herr!»

«'Entstanden ist dieses': habt ihr das, ihr Mönche, der Wahrheit gemäß, mit vollkommener Weisheit klar erkannt?»

«Ja, o Herr!»

«'Durch solche Nahrung gebildet': habt ihr das, ihr Mönche, der Wahrheit gemäß, mit vollkommener Weisheit klar erkannt?»

«Ja, o Herr!»

«'Durch die Auflösung solcher Nahrung ist, was entstanden, dem Gesetze der Auflösung verfallen': habt ihr das, ihr Mönche, der Wahrheit gemäß, mit vollkommener Weisheit klar erkannt?»

«Ja, o Herr!»

«Wenn ihr euch nun, ihr Mönche, an diese Erkenntnis, die also geläuterte, also geklärte, anklammern, an ihr ergetzen, sie liebgewinnen und als eigen schätzen wolltet: würdet ihr da wohl, ihr Mönche, die verkündete Lehre wie ein Floß betrachten, zum Entrinnen tauglich, nicht zum Festhalten?»

«Gewiß nicht, o Herr!»

«Wenn ihr euch aber, ihr Mönche, an diese Erkenntnis, die also geläuterte,
261 also geklärte, nicht anklammern, nicht an ihr ergetzen, sie nicht liebgewinnen, nicht als eigen schätzen wolltet: würdet ihr da wohl, ihr Mönche, die verkündete Lehre wie ein Floß betrachten, zum Entrinnen tauglich, nicht zum Festhalten?»

«Gewiß, o Herr!»

«Vier Arten der Nahrung, ihr Mönche, sind für die Wesen vorhanden, den entstandenen zur Erhaltung, den entstehenden zur Entwickelung; welche vier? Körperbildende Nahrung, grob oder fein, zweitens Berührung, drittens geistiges Innewerden, viertens Bewußtsein. Und wo, ihr Mönche, wurzeln diese vier Arten der Nahrung, woraus entspringen sie, woraus entstehn sie, woraus erwachsen sie? Diese vier Arten der Nahrung wurzeln im Durst, entspringen aus dem Durst, entstehn aus dem Durst, erwachsen aus dem Durst. Und wo, ihr Mönche, wurzelt dieser Durst, woraus entspringt er, woraus entsteht er, woraus erwächst er? Der Durst wurzelt im Gefühl, entspringt aus dem Gefühl, entsteht aus dem Gefühl, erwächst aus dem Gefühl. Und wo, ihr Mönche, wurzelt dieses Gefühl, woraus entspringt es, woraus entsteht es, woraus erwächst es? Das Gefühl wurzelt in der Berührung, entspringt aus der Berührung, entsteht aus der Berührung, erwächst aus der Berührung. Und wo, ihr Mönche, wurzelt diese Berührung, woraus entspringt sie, woraus entsteht sie, woraus erwächst sie? Die Berührung wurzelt im sechsfachen Reich[32], entspringt aus dem sechsfachen Reich, entsteht aus dem sechsfachen Reich, erwächst aus dem sechsfachen Reich. Und wo, ihr Mönche, wurzelt dieses sechsfache Reich, woraus entspringt es, woraus entsteht es, woraus erwächst es? Das sechsfache Reich wurzelt in Bild und Begriff, entspringt aus Bild und Begriff, entsteht aus Bild und Begriff, erwächst aus Bild und Begriff. Und wo, ihr Mönche, wurzelt dies Bild und Begriff, woraus entspringt es, woraus entsteht es, woraus erwächst es? Bild und Begriff wurzelt im Bewußtsein, entspringt aus dem Bewußtsein, entsteht aus dem Bewußtsein, erwächst aus dem Bewußtsein. Und wo, ihr Mönche, wurzelt dieses Bewußtsein, woraus entspringt es, woraus entsteht es, woraus erwächst es? Das Bewußtsein wurzelt in den Unterscheidungen, entspringt aus den Unterscheidungen, entsteht aus den Unterscheidungen, erwächst aus den Unterscheidungen. Und wo, ihr Mönche, wurzeln diese Unterscheidungen, woraus entspringen sie, woraus entstehn sie, woraus erwachsen sie? Die Unterscheidungen wurzeln im Unwissen, entspringen aus dem Unwissen, entstehn aus dem Unwissen, erwachsen aus dem Unwissen. So sind denn, ihr Mönche, durch Unwissen bedingt Unterscheidungen, ist durch Unterscheidungen bedingt Bewußtsein, durch Bewußtsein bedingt Bild und Begriff, durch Bild und Begriff bedingt sechsfaches Reich, durch sechsfaches Reich bedingt Berührung, durch Berührung bedingt Gefühl, durch Gefühl bedingt Durst, durch Durst bedingt Anhangen, durch Anhangen bedingt Werden, durch Werden bedingt Geburt, durch Geburt bedingt gehn Alter und Tod, Schmerz und Jammer, Leiden, Trübsal, Verzweiflung hervor: also kommt dieses gesamten Leidensstückes Entwicklung zustande.

«'Durch Geburt bedingt ist Alter und Tod', das ist da wohl gesagt worden; sind wir nun, ihr Mönche, durch Geburt dem Alter und Tod verfallen, oder wie verhält es sich hiermit?»

«Durch Geburt, o Herr, bedingt ist Alter und Tod: so verhält es sich mit uns. Durch Geburt bedingt ist Alter und Tod.»

«'Durch Werden bedingt ist Geburt', das ist da wohl gesagt worden; sind wir nun, ihr Mönche, durch Werden der Geburt verfallen, oder wie verhält es sich hiermit?»

«Durch Werden, o Herr, bedingt ist Geburt: so verhält es sich mit uns.
Durch Werden bedingt ist Geburt.» 262

«'Durch Anhangen bedingt ist Werden', das ist da wohl gesagt worden; sind wir nun, ihr Mönche, durch Anhangen dem Werden verfallen, oder wie verhält es sich hiermit?»

«Durch Anhangen, o Herr, bedingt ist Werden: so verhält es sich mit uns. Durch Anhangen bedingt ist Werden.»

«'Durch Durst bedingt ist Anhangen', das ist da wohl gesagt worden; sind wir nun, ihr Mönche, durch Durst dem Anhangen verfallen, oder wie verhält es sich hiermit?»

«Durch Durst, o Herr, bedingt ist Anhangen: so verhält es sich mit uns. Durch Durst bedingt ist Anhangen.»

«'Durch Gefühl bedingt ist Durst', das ist da wohl gesagt worden; sind wir nun, ihr Mönche, durch Gefühl dem Durst verfallen, oder wie verhält es sich hiermit?»

«Durch Gefühl, o Herr, bedingt ist Durst: so verhält es sich mit uns. Durch Gefühl bedingt ist Durst.»

«'Durch Berührung bedingt ist Gefühl', das ist da wohl gesagt worden; sind wir nun, ihr Mönche, durch Berührung dem Gefühl verfallen, oder wie verhält es sich hiermit?»

«Durch Berührung, o Herr, bedingt ist Gefühl: so verhält es sich mit uns. Durch Berührung bedingt ist Gefühl.»

«'Durch sechsfaches Reich bedingt ist Berührung', das ist da wohl gesagt worden; sind wir nun, ihr Mönche, durch sechsfaches Reich der Berührung verfallen, oder wie verhält es sich hiermit?»

«Durch sechsfaches Reich, o Herr, bedingt ist Berührung: so verhält es sich mit uns. Durch sechsfaches Reich bedingt ist Berührung.»

«'Durch Bild und Begriff bedingt ist sechsfaches Reich', das ist da wohl gesagt worden; sind wir nun, ihr Mönche, durch Bild und Begriff dem sechsfachen Reich verfallen, oder wie verhält es sich hiermit?»

«Durch Bild und Begriff, o Herr, bedingt ist sechsfaches Reich: so verhält es sich mit uns. Durch Bild und Begriff bedingt ist sechsfaches Reich.»

«'Durch Bewußtsein bedingt ist Bild und Begriff', das ist da wohl gesagt worden; sind wir nun, ihr Mönche, durch Bewußtsein dem Bild und Begriff verfallen, oder wie verhält es sich hiermit?»

«Durch Bewußtsein, o Herr, bedingt ist Bild und Begriff: so verhält es sich mit uns. Durch Bewußtsein bedingt ist Bild und Begriff.»

«'Durch Unterscheidungen bedingt ist Bewußtsein', das ist da wohl gesagt worden; sind wir nun, ihr Mönche, durch Unterscheidungen dem Bewußtsein verfallen, oder wie verhält es sich hiermit?»

«Durch Unterscheidungen, o Herr, bedingt ist Bewußtsein: so verhält es sich mit uns. Durch Unterscheidungen bedingt ist Bewußtsein.»

«'Durch Unwissen bedingt sind Unterscheidungen', das ist da wohl gesagt worden; sind wir nun, ihr Mönche, durch Unwissen den Unterscheidungen verfallen, oder wie verhält es sich hiermit?»

«Durch Unwissen, o Herr, bedingt sind Unterscheidungen: so verhält es sich mit uns. Durch Unwissen bedingt sind Unterscheidungen.»

«Wohl, ihr Mönche. Und somit, ihr Mönche, sprecht ihr es aus, und spre-
263 che ich es aus: Wenn Jenes ist, wird Dieses, durch die Entstehung von Jenem entsteht Dieses, und zwar sind durch Unwissen bedingt Unterscheidungen, ist durch Unterscheidungen bedingt Bewußtsein, durch Bewußtsein bedingt Bild und Begriff, durch Bild und Begriff bedingt sechsfaches Reich, durch sechsfaches Reich bedingt Berührung, durch Berührung bedingt Gefühl, durch Gefühl bedingt Durst, durch Durst bedingt Anhangen, durch Anhangen bedingt Werden, durch Werden bedingt Geburt, durch Geburt bedingt gehn Alter und Tod, Schmerz und Jammer, Leiden, Trübsal, Verzweiflung hervor: also kommt dieses gesamten Leidensstückes Entwicklung zustande. Ist aber eben Unwissen ohne Reiz, ohne Überrest aufgelöst, werden Unterscheidungen aufgelöst, durch Auflösung der Unterscheidungen wird Bewußtsein aufgelöst, durch Auflösung des Bewußtseins wird Bild und Begriff aufgelöst, durch Auflösung von Bild und Begriff wird sechsfaches Reich aufgelöst, durch Auflösung des sechsfachen Reichs wird Berührung aufgelöst, durch Auflösung der Berührung wird Gefühl aufgelöst, durch Auflösung des Gefühls wird Durst aufgelöst, durch Auflösung des Durstes wird Anhangen aufgelöst, durch Auflösung des Anhangens wird Werden aufgelöst, durch

Auflösung des Werdens wird Geburt aufgelöst, durch Auflösung der Geburt wird Alter und Tod aufgelöst, Schmerz und Jammer, Leiden, Trübsal, Verzweiflung gehn zugrunde: also kommt dieses gesamten Leidensstückes Auflösung zustande.

«'Durch Auflösung der Geburt wird Alter und Tod aufgelöst', das ist da wohl gesagt worden; erreichen wir nun, ihr Mönche, durch Auflösung der Geburt die Auflösung von Alter und Tod, oder wie verhält es sich hiermit?»

«Durch Auflösung der Geburt, o Herr, wird Alter und Tod aufgelöst: so verhält es sich mit uns. Durch Auflösung der Geburt wird Alter und Tod aufgelöst.»

«'Durch Auflösung des Werdens wird Geburt aufgelöst', das ist da wohl gesagt worden; erreichen wir nun, ihr Mönche, durch Auflösung des Werdens die Auflösung der Geburt, oder wie verhält es sich hiermit?»

«Durch Auflösung des Werdens, o Herr, wird Geburt aufgelöst: so verhält es sich mit uns. Durch Auflösung des Werdens wird Geburt aufgelöst.»

«'Durch Auflösung des Anhangens wird Werden aufgelöst', das ist da wohl gesagt worden; erreichen wir nun, ihr Mönche, durch Auflösung des Anhangens die Auflösung des Werdens, oder wie verhält es sich hiermit?»

«Durch Auflösung des Anhangens, o Herr, wird Werden aufgelöst: so verhält es sich mit uns. Durch Auflösung des Anhangens wird Werden aufgelöst.»

«'Durch Auflösung des Durstes wird Anhangen aufgelöst', das ist da wohl gesagt worden; erreichen wir nun, ihr Mönche, durch Auflösung des Durstes die Auflösung des Anhangens, oder wie verhält es sich hiermit?»

«Durch Auflösung des Durstes, o Herr, wird Anhangen aufgelöst: so verhält es sich mit uns. Durch Auflösung des Durstes wird Anhangen aufgelöst.»

«'Durch Auflösung des Gefühls wird Durst aufgelöst', das ist da wohl gesagt worden; erreichen wir nun, ihr Mönche, durch Auflösung des Gefühls die Auflösung des Durstes, oder wie verhält es sich hiermit?»

«Durch Auflösung des Gefühls, o Herr, wird Durst aufgelöst: so verhält es sich mit uns. Durch Auflösung des Gefühls wird Durst aufgelöst.»

«'Durch Auflösung der Berührung wird Gefühl aufgelöst', das ist da wohl
gesagt worden; erreichen wir nun, ihr Mönche, durch Auflösung der Berüh- 264
rung die Auflösung des Gefühls, oder wie verhält es sich hiermit?»

«Durch Auflösung der Berührung, o Herr, wird Gefühl aufgelöst: so verhält es sich mit uns. Durch Auflösung der Berührung wird Gefühl aufgelöst.»

«'Durch Auflösung des sechsfachen Reichs wird Berührung aufgelöst', das ist da wohl gesagt worden; erreichen wir nun, ihr Mönche, durch Auflösung des sechsfachen Reichs die Auflösung der Berührung, oder wie verhält es sich hiermit?»

«Durch Auflösung des sechsfachen Reichs, o Herr, wird Berührung aufgelöst: so verhält es sich mit uns. Durch Auflösung des sechsfachen Reichs wird Berührung aufgelöst.»

«'Durch Auflösung von Bild und Begriff wird sechsfaches Reich aufgelöst', das ist da wohl gesagt worden; erreichen wir nun, ihr Mönche, durch Auflösung von Bild und Begriff die Auflösung des sechsfachen Reichs, oder wie verhält es sich hiermit?»

«Durch Auflösung von Bild und Begriff, o Herr, wird sechsfaches Reich aufgelöst: so verhält es sich mit uns. Durch Auflösung von Bild und Begriff wird sechsfaches Reich aufgelöst.»

«'Durch Auflösung des Bewußtseins wird Bild und Begriff aufgelöst', das ist da wohl gesagt worden; erreichen wir nun, ihr Mönche, durch Auflösung des Bewußtseins die Auflösung von Bild und Begriff, oder wie verhält es sich hiermit?»

«Durch Auflösung des Bewußtseins, o Herr, wird Bild und Begriff aufgelöst: so verhält es sich mit uns. Durch Auflösung des Bewußtseins wird Bild und Begriff aufgelöst.»

«'Durch Auflösung der Unterscheidungen wird Bewußtsein aufgelöst', das ist da wohl gesagt worden; erreichen wir nun, ihr Mönche, durch Auflösung der Unterscheidungen die Auflösung des Bewußtseins, oder wie verhält es sich hiermit?»

«Durch Auflösung der Unterscheidungen, o Herr, wird Bewußtsein aufgelöst: so verhält es sich mit uns. Durch Auflösung der Unterscheidungen wird Bewußtsein aufgelöst.»

«'Durch Auflösung des Unwissens werden Unterscheidungen aufgelöst', das ist da wohl gesagt worden; erreichen wir nun, ihr Mönche, durch Auflösung des Unwissens die Auflösung der Unterscheidungen, oder wie verhält es sich hiermit?»

«Durch Auflösung des Unwissens, o Herr, werden Unterscheidungen aufgelöst: so verhält es sich mit uns. Durch Auflösung des Unwissens werden Unterscheidungen aufgelöst.»

«Wohl, ihr Mönche. Und somit, ihr Mönche, sprecht ihr es aus, und spreche ich es aus: Wenn Jenes nicht ist, wird Dieses nicht, durch die Auflösung von Jenem wird Dieses aufgelöst, und zwar: durch Auflösung des Unwissens werden Unterscheidungen aufgelöst, durch Auflösung der Unterscheidungen wird Bewußtsein aufgelöst, durch Auflösung des Bewußtseins wird Bild und Begriff aufgelöst, durch Auflösung von Bild und Begriff wird sechsfaches Reich aufgelöst, durch Auflösung des sechsfachen Reichs wird Berührung aufgelöst, durch Auflösung der Berührung wird Gefühl aufgelöst, durch Auflösung des Gefühls wird Durst aufgelöst, durch Auflösung des Durstes wird Anhangen aufgelöst, durch Auflösung des Anhangens wird Werden aufgelöst, durch Auflösung des Werdens wird Geburt aufgelöst, durch Auflösung der Geburt wird Alter und Tod aufgelöst, Schmerz und Jammer, Leiden, Trübsal, Verzweiflung gehn zugrunde: also kommt dieses gesamten Leidensstückes Auflösung zustande.

«Werdet ihr nun, ihr Mönche, also erkennend, also verstehend, in die Ver-
gangenheit zurückforschen: 'Waren wir in den vergangenen Zeiten – waren 265
wir nicht in den vergangenen Zeiten – was waren wir wohl in den vergangenen Zeiten – wie waren wir wohl in den vergangenen Zeiten – was waren wir wohl während der vergangenen Zeiten gewesen –'?»

«Gewiß nicht, o Herr!»

«Werdet ihr nun, ihr Mönche, also erkennend, also verstehend, in die Zukunft hinein forschen: 'Werden wir in den zukünftigen Zeiten sein – werden wir in den zukünftigen Zeiten nicht sein – was werden wir wohl in den zukünftigen Zeiten sein – wie werden wir wohl in den zukünftigen Zeiten sein – was werden wir wohl die zukünftigen Zeiten hindurch geworden sein –'?»

«Gewiß nicht, o Herr!»

«Werdet ihr nun, ihr Mönche, also erkennend, also verstehend, euch jetzt über die Gegenwart bald diese bald jene Frage stellen: 'Bin ich – bin ich nicht – was bin ich – wie bin ich – woher ist wohl dieses mein Wesen gekommen, wohin wird es gehn –'?»

«Gewiß nicht, o Herr!»

«Werdet ihr nun, ihr Mönche, also erkennend, also verstehend, vielleicht sagen: 'Dem Meister zollen wir Verehrung, aus Verehrung vor dem Meister reden wir also'?»

«Gewiß nicht, o Herr!»

«Werdet ihr nun, ihr Mönche, also erkennend, also verstehend, vielleicht sagen: 'Ein Asket hat also zu uns gesprochen und Asketen, wir aber reden nicht also'?»

«Gewiß nicht, o Herr!»

«Möchtet ihr nun, ihr Mönche, also erkennend, also verstehend, vielleicht einen anderen Meister erwählen?»

«Gewiß nicht, o Herr!»

«Oder wolltet ihr etwa, ihr Mönche, also erkennend, also verstehend, zu den Gelübden, Schwärmereien und Feierlichkeiten der gewöhnlichen Asketen und Priester als zum Heile zurückkehren?»

«Gewiß nicht, o Herr!»

«Wie nun, ihr Mönche: so sagt ihr einzig das, was ihr selbst durchdacht, selbst erkannt, selbst verstanden habt?»

«Gewiß, o Herr!»

«Wohl, ihr Mönche. Belehnt seid ihr, meine Mönche, mit dieser klar sichtbaren Lehre, der zeitlosen, anregenden, einladenden, die Verständigen von selbst verständlich wird. ‹Klar sichtbar, ihr Mönche, ist diese Lehre, zeitlos, anregend, einladend, jedem Verständigen von selbst verständlich›: wurde das gesagt, so war es darum gesagt.

«Wenn Drei sich vereinen, ihr Mönche, bildet sich eine Leibesfrucht. Da sind Vater und Mutter vereint, aber die Mutter hat nicht ihre Zeit, aber der Keimling ist nicht bereit, und so bildet sich keine Leibesfrucht. Da sind Vater
266 und Mutter vereint und die Mutter hat ihre Zeit, aber der Keimling ist nicht bereit, und so bildet sich keine Leibesfrucht. Sind aber, ihr Mönche, Vater und Mutter vereint, und die Mutter hat ihre Zeit, und der Keimling ist bereit, so bildet sich durch der Drei Vereinigung eine Leibesfrucht. Eine solche Frucht, ihr Mönche, hegt die Mutter neun bis zehn Monate im Leibe, mit großer Angst, eine schwere Last. Eine solche Frucht, ihr Mönche, gebiert die Mutter nach Verlauf von neun bis zehn Monaten, in großen Ängsten, die schwere Last. Und wann dieser Sprößling geboren ist, ernährt sie ihn mit ihrem eigenen Blute. Blut sagt man, ihr Mönche, im Orden des Heiligen für Muttermilch. Dieses Kind nun, ihr Mönche, entwickelt sich nach und nach, reift nach und nach heran und pflegt alle die Spiele und Übungen seiner Genossen, als wie Verstecken und Fangen, Klettern und Springen, Schleudern, Wagenlenken, Bogenschießen. Dieser Knabe nun, ihr Mönche, hat sich allmählich entwickelt, ist allmählich reif geworden und lebt und webt im Genusse der fünf Begehrungen: der durch das Gesicht ins Bewußtsein tretenden Formen, der ersehnten, geliebten, entzückenden, angenehmen, dem Begehren entsprechenden, reizenden; der durch das Gehör ins Bewußtsein tretenden Töne, der ersehnten, geliebten, entzückenden, angenehmen, dem Begehren entsprechenden, reizenden; der durch den Geruch ins Bewußtsein tretenden Düfte, der ersehnten, geliebten, entzückenden, angenehmen, dem Begehren entsprechenden, reizenden; der durch den Geschmack ins Bewußtsein tretenden Säfte, der ersehnten, geliebten, entzückenden, angenehmen, dem Begehren entsprechenden, reizenden; der durch das Getast ins Bewußtsein tretenden Tastungen, der ersehnten, geliebten, entzückenden, angenehmen, dem Begehren entsprechenden, reizenden.

267 «Erblickt er nun mit dem Gesichte eine Form, so verfolgt er die angenehmen Formen und verabscheut die unangenehmen, ohne Einsicht in das Wesen der Körperlichkeit verweilt er beschränkten Gemütes, und nicht gedenkt er, der Wahrheit gemäß, jener Gemüterlösung, Weisheiterlösung, wo seine bösen, schlechten Eigenschaften sich restlos auflösen. So fällt er der Befriedi-

gung und Unbefriedigung anheim, und was für ein Gefühl er auch fühlt, ein freudiges oder leidiges oder weder freudig noch leidiges, dieses Gefühl hegt er und pflegt er und klammert sich daran. Während er das Gefühl hegt und pflegt und sich daran klammert erhebt sich in ihm Genügen: dieses Genügehaben bei den Gefühlen, das ist Anhangen. Durch dieses Anhangen bedingt ist Werden, durch Werden bedingt Geburt, durch Geburt bedingt gehn Alter und Tod, Schmerz und Jammer, Leiden, Trübsal, Verzweiflung hervor, also kommt dieses gesamten Leidensstückes Entwicklung zustande.

«Hört er nun mit dem Gehöre einen Ton,

«Riecht er nun mit dem Geruche einen Duft,

«Schmeckt er nun mit dem Geschmacke einen Saft,

«Tastet er nun mit dem Getaste eine Tastung,

«Erkennt er nun mit dem Gedenken ein Ding, so verfolgt er die angenehmen Dinge und verabscheut die unangenehmen, ohne Einsicht in das Wesen der Körperlichkeit verweilt er beschränkten Gemütes, und nicht gedenkt er, der Wahrheit gemäß, jener Gemüterlösung, Weisheiterlösung, wo seine bösen, schlechten Eigenschaften sich restlos auflösen. So fällt er der Befriedigung und Unbefriedigung anheim, und was für ein Gefühl er auch fühlt, ein freudiges oder leidiges oder weder freudig noch leidiges, dieses Gefühl hegt er und pflegt er und klammert sich daran. Während er das Gefühl hegt und pflegt und sich daran klammert erhebt sich in ihm Genügen: dieses Genügehaben bei den Gefühlen, das ist Anhangen. Durch dieses Anhangen bedingt ist Werden, durch Werden bedingt Geburt, durch Geburt bedingt gehn Alter und Tod, Schmerz und Jammer, Leiden, Trübsal, Verzweiflung hervor: also kommt dieses gesamten Leidensstückes Entwicklung zustande.

«Da erscheint, ihr Mönche, der Vollendete in der Welt, der Heilige, vollkommen Erwachte, der Wissens- und Wandelsbewährte, der Willkommene, der Welt Kenner, der unvergleichliche Leiter der Männerherde, der Meister der Götter und Menschen, der Erwachte, der Erhabene. Er zeigt diese Welt mit ihren Göttern, ihren bösen und heiligen Geistern, mit ihrer Schar von Priestern und Büßern, Göttern und Menschen, nachdem er sie selbst verstanden und durchdrungen hat. Er verkündet die Lehre, deren Anfang begütigt, deren Mitte begütigt, deren Ende begütigt, die sinn- und wortgetreue, er legt das vollkommen geläuterte, geklärte Asketentum dar.

«Diese Lehre hört ein Hausvater, oder der Sohn eines Hausvaters, oder einer, der in anderem Stande neugeboren ward. Nachdem er diese Lehre gehört hat, faßt er Vertrauen zum Vollendeten. Von diesem Vertrauen erfüllt denkt und überlegt er also: ‹Ein Gefängnis ist die Häuslichkeit, ein Schmutzwinkel; der freie Himmelsraum die Pilgerschaft. Nicht wohl geht es, wenn man im Hause bleibt, das völlig geläuterte, völlig geklärte Asketentum Punkt für Punkt zu erfüllen. Wie, wenn ich nun, mit geschorenem Haar und Barte, mit fahlem Gewande bekleidet, aus dem Hause in die Hauslosigkeit hinauszöge?› So gibt er denn später einen kleinen Besitz oder einen großen Besitz auf, hat einen kleinen Verwandtenkreis oder einen großen Verwandtenkreis verlassen, und ist mit geschorenem Haar und Barte, im fahlen Gewande von Hause fort in die Hauslosigkeit gezogen.

«Er ist nun Pilger geworden und hat die Ordenspflichten der Mönche auf sich genommen. Lebendiges umzubringen hat er verworfen, Lebendiges umzubringen liegt ihm fern: ohne Stock, ohne Schwert, fühlsam, voll Teilnahme, hegt er zu allen lebenden Wesen Liebe und Mitleid. Nichtgegebenes zu nehmen hat er verworfen, vom Nehmen des Nichtgegebenen hält er sich
268 fern: Gegebenes nimmt er, Gegebenes wartet er ab, nicht diebisch gesinnt, rein gewordenen Herzens. Die Unkeuschheit hat er verworfen, keusch lebt er: fern zieht er hin, entraten der Paarung, dem gemeinen Gesetze. Lüge hat er verworfen, von Lüge hält er sich fern: die Wahrheit spricht er, der Wahrheit ist er ergeben, standhaft, vertrauenswürdig, kein Heuchler und Schmeichler der Welt. Das Ausrichten hat er verworfen, vom Ausrichten hält er sich fern: was er hier gehört hat erzählt er dort nicht wieder, um jene zu entzweien, und was er dort gehört hat erzählt er hier nicht wieder, um diese zu entzweien: so einigt er Entzweite, festigt Verbundene, Eintracht macht ihn froh, Eintracht freut ihn, Eintracht beglückt ihn, Eintracht fördernde Worte spricht er. Barsche Worte hat er verworfen, von barschen Worten hält er sich fern: Worte, die frei von Schimpf sind, dem Ohre wohltuend, liebreich, zum Herzen dringend, höflich, viele erfreuend, viele erhebend, solche Worte spricht er. Plappern und Plaudern hat er verworfen, von Plappern und Plaudern hält er sich fern: zur rechten Zeit spricht er, den Tatsachen gemäß, auf den Sinn bedacht, der Lehre und Ordnung getreu, seine Rede ist reich an Inhalt, gelegentlich mit Gleichnissen geschmückt, klar und bestimmt, ihrem Gegenstande angemessen.

«Sämereien und Pflanzungen anzulegen hat er verschmäht. Einmal des Tags nimmt er Nahrung zu sich, nachts ist er nüchtern, fern liegt es ihm zur Unzeit zu essen. Von Tanz, Gesang, Spiel, Schaustellungen hält er sich fern. Kränze, Wohlgerüche, Salben, Schmuck, Zierat, Putz weist er ab. Hohe, prächtige Lagerstätten verschmäht er. Gold und Silber nimmt er nicht an. Rohes Getreide nimmt er nicht an. Rohes Fleisch nimmt er nicht an. Frauen und Mädchen nimmt er nicht an. Diener und Dienerinnen nimmt er nicht an. Ziegen und Schafe nimmt er nicht an. Hühner und Schweine nimmt er nicht an. Elefanten, Rinder und Rosse nimmt er nicht an. Haus und Feld nimmt er nicht an. Botschaften, Sendungen, Aufträge übernimmt er nicht. Von Kauf und Verkauf hält er sich fern. Von falschem Maß und Gewicht hält er sich fern. Von den schiefen Wegen der Bestechung, Täuschung, Niedertracht hält er sich fern. Von Raufereien, Schlägereien, Händeln, vom Rauben, Plündern und Zwingen hält er sich fern.

«Er ist zufrieden mit dem Gewande, das seinen Leib deckt, mit der Almosenspeise, die sein Leben fristet. Wohin er auch pilgert, nur mit dem Gewande und der Almosenschale versehn pilgert er. Gleichwie da etwa ein beschwingter Vogel, wohin er auch fliegt, nur mit der Last seiner Federn fliegt, ebenso auch ist der Mönch mit dem Gewande zufrieden, das seinen Leib deckt, mit der Almosenspeise, die sein Leben fristet. Wohin er auch wandert, nur damit versehn wandert er.

«Durch die Erfüllung dieser heiligen Tugendsatzung empfindet er ein in- 269
neres fleckenloses Glück.

«Erblickt er nun mit dem Gesichte eine Form, so faßt er keine Neigung, faßt keine Absicht. Da Begierde und Mißmut, böse und schlechte Gedanken gar bald den überwältigen, der unbewachten Gesichtes verweilt, befleißigt er sich dieser Bewachung, er hütet das Gesicht, er wacht eifrig über das Gesicht.

«Hört er nun mit dem Gehöre einen Ton,

«Riecht er nun mit dem Geruche einen Duft,

«Schmeckt er nun mit dem Geschmacke einen Saft,

«Tastet er nun mit dem Getaste eine Tastung,

«Erkennt er nun mit dem Gedenken ein Ding, so faßt er keine Neigung, faßt keine Absicht. Da Begierde und Mißmut, böse und schlechte Gedanken gar bald den überwältigen, der unbewachten Gedenkens verweilt, befleißigt er sich dieser Bewachung, er hütet das Gedenken, er wacht eifrig über das Gedenken.

«Durch die Erfüllung dieser heiligen Sinnenzügelung empfindet er ein inneres ungetrübtes Glück.

«Klar bewußt kommt er und geht er, klar bewußt blickt er hin, blickt er weg, klar bewußt regt und bewegt er sich, klar bewußt trägt er des Ordens Gewand und Almosenschale, klar bewußt ißt und trinkt, kaut und schmeckt er, klar bewußt entleert er Kot und Harn, klar bewußt geht und steht und sitzt er, schläft er ein, wacht er auf, spricht er und schweigt er.

«Treu dieser heiligen Tugendsatzung, treu dieser heiligen Sinnenzügelung, treu dieser heiligen klaren Einsicht sucht er einen abgelegenen Ruheplatz auf, einen Hain, den Fuß eines Baumes, eine Felsengrotte, eine Bergesgruft, einen Friedhof, die Waldesmitte, ein Streulager in der offenen Ebene. Nach dem Mahle, wenn er vom Almosengange zurückgekehrt ist, setzt er sich mit verschränkten Beinen nieder, den Körper gerade aufgerichtet, und pflegt der Einsicht. Er hat weltliche Begierde verworfen und verweilt begierdelosen Gemütes, von Begierde läutert er sein Herz. Gehässigkeit hat er verworfen, haßlosen Gemütes verweilt er, voll Liebe und Mitleid zu allen lebenden Wesen läutert er sein Herz von Gehässigkeit. Matte Müde hat er verworfen, von matter Müde ist er frei; das Licht liebend, einsichtig, klar bewußt, läutert er sein Herz von matter Müde. Stolzen Unmut hat er verworfen, er ist frei von Stolz; innig beruhigten Gemütes läutert er sein Herz von stolzem Unmut. Das Schwanken hat er verworfen, der Ungewißheit ist er entronnen; er zweifelt nicht am Guten, vom Schwanken läutert er sein Herz.

270 «Er hat nun diese fünf Hemmungen aufgehoben, hat die Schlacken des Gemütes kennengelernt, die lähmenden; gar fern von Begierden, fern von unheilsamen Dingen lebt er in sinnend gedenkender ruhegeborener seliger Heiterkeit, in der Weihe der ersten Schauung.

«Weiter sodann, ihr Mönche: nach Vollendung des Sinnens und Gedenkens erwirkt der Mönch die innere Meeresstille, die Einheit des Gemütes, die von sinnen, von gedenken freie, in der Einigung geborene selige Heiterkeit, die Weihe der zweiten Schauung.

«Weiter sodann, ihr Mönche: in heiterer Ruhe verweilt der Mönch gleichmütig, einsichtig, klar bewußt, ein Glück empfindet er im Körper, von dem die Heiligen sagen: ‹Der gleichmütig Einsichtige lebt beglückt›; so erwirkt er die Weihe der dritten Schauung.

«Weiter sodann, ihr Mönche: nach Verwerfung der Freuden und Leiden, nach Vernichtung des einstigen Frohsinns und Trübsinns erwirkt der Mönch die Weihe der leidlosen, freudlosen, gleichmütig einsichtigen vollkommenen Reine, die vierte Schauung.

«Erblickt er nun mit dem Gesichte eine Form, so verfolgt er nicht die angenehmen Formen und verabscheut nicht die unangenehmen, gewärtig des Wesens der Körperlichkeit verweilt er unbeschränkten Gemütes und gedenkt, der Wahrheit gemäß, jener Gemüterlösung, Weisheiterlösung, wo seine bösen, schlechten Eigenschaften sich restlos auflösen. So hat er sich von Befriedigung und Unbefriedigung losgelöst, und was für ein Gefühl er auch fühlt, ein freudiges oder leidiges oder weder freudig noch leidiges, dieses Gefühl hegt er nicht und pflegt er nicht und klammert sich nicht daran. Während er das Gefühl nicht hegt und nicht pflegt und sich nicht daran klammert löst jenes Genügehaben bei den Gefühlen sich auf. Durch Auflösung jenes Genügens wird Anhangen aufgelöst, durch Auflösung des Anhangens wird Werden aufgelöst, durch Auflösung des Werdens wird Geburt aufgelöst, durch Auflösung der Geburt wird Alter und Tod aufgelöst, Schmerz und Jammer, Leiden, Trübsal, Verzweiflung gehn zugrunde: also kommt dieses gesamten Leidensstückes Auflösung zustande.

«Hört er nun mit dem Gehöre einen Ton,
«Riecht er nun mit dem Geruche einen Duft,
«Schmeckt er nun mit dem Geschmacke einen Saft,
«Tastet er nun mit dem Getaste eine Tastung,
«Erkennt er nun mit dem Gedenken ein Ding, so verfolgt er nicht die angenehmen Dinge und verabscheut nicht die unangenehmen, gewärtig des Wesens der Körperlichkeit verweilt er unbeschränkten Gemütes und gedenkt, der Wahrheit gemäß, jener Gemüterlösung, Weisheiterlösung, wo seine bösen, schlechten Eigenschaften sich restlos auflösen. So hat er sich von Befriedigung und Unbefriedigung losgelöst, und was für ein Gefühl er auch fühlt, ein freudiges oder leidiges oder weder freudig noch leidiges, dieses Gefühl hegt er nicht und pflegt er nicht und klammert sich nicht daran. Während er das Gefühl nicht hegt und nicht pflegt und sich nicht daran klammert löst jenes Genügehaben bei den Gefühlen sich auf. Durch Auflösung jenes Genügens wird Anhangen aufgelöst, durch Auflösung des Anhangens wird Werden aufgelöst, durch Auflösung des Werdens wird Geburt aufgelöst, durch Auflösung der Geburt wird Alter und Tod aufgelöst, Schmerz und Jammer, Leiden, Trübsal, Verzweiflung gehn zugrunde: also kommt dieses gesamten Leidensstückes Auflösung zustande.

«Dies, meine Mönche, bewahret, kurzgefaßt, unter dem Namen Erlösung
durch Versiegung des Durstes. Den Mönch Sāti aber, den Fischersohn, be- 271
trachtet als in des Durstes gewaltiges Netz, in des Durstes Koppel ver-
strickt.»

Also sprach der Erhabene. Zufrieden freuten sich jene Mönche über das Wort des Erhabenen.

39

VIERTER TEIL · NEUNTE REDE

VOR ASSAPURAM

I

Das hab' ich gehört. Zu einer Zeit weilte der Erhabene in Bengalen, bei einer Stadt der Bengalier namens Assapuram. Dort nun wandte sich der Erhabene an die Mönche: «Ihr Mönche!» – «Erlauchter!» antworteten da jene Mönche dem Erhabenen aufmerksam. Der Erhabene sprach also:

«'Büßer, Büßer sind's': so denken, ihr Mönche, von euch die Leute. Ihr aber, wenn ihr gefragt werdet: ‹Was seid ihr?›, bekennet: ‹Wir sind Büßer.› Die ihr also bekannt seid, ihr Mönche, die ihr euch also bekennet, ihr habt auch die Pflichten zu üben: ‹Was den Büßern, was den Heiligen obliegt, das haben wir auf uns genommen und werden es erfüllen. Und so soll dieser Name, den man uns gibt, wahr und unser Bekenntnis wirklich sein. Und für das Almosen von Kleidung, Speise, Obdach und Arzenei, dafür sollen die Geber bei uns hohen Lohn erlangen, hohe Förderung. Unsere Pilgerschaft aber soll nicht unfruchtbar bleiben, sondern Zweck und Ziel erwirken.›

«Was aber, ihr Mönche, obliegt den Büßern, obliegt den Heiligen? ‹Schamhaft und demütig wollen wir sein›: also habt ihr euch, meine Mönche, wohl zu üben. Nun mag euch vielleicht, ihr Mönche, der Gedanke kommen: ‹Wir sind schamhaft, sind demütig: genug ist's, getan ist's, erreicht haben wir das Ziel des Asketentums, nichts weiter haben wir zu tun›, und ihr möchtet euch damit schon zufrieden geben. Ich mache euch kund, ihr Mönche, ich mache euch aufmerksam: möge euch, die ihr nach dem Ziel des Asketentums trachtet, das Ziel nicht entgehn, da noch mehr zu tun ist.

«Was ist aber, ihr Mönche, noch mehr zu tun? ‹Geläutert sei unser Wan-
272 del, offen und ehrlich, nicht heimlich und verhohlen; und dieses geläuterten Wandels halber werden wir uns nicht überheben, noch die anderen geringschätzen›: also habt ihr euch, meine Mönche, wohl zu üben. Nun mag euch vielleicht, ihr Mönche, der Gedanke kommen: ‹Wir sind schamhaft, sind demütig, geläutert ist unser Wandel: genug ist's, getan ist's, erreicht haben wir das Ziel des Asketentums, nichts weiter haben wir zu tun›, und ihr möchtet euch damit schon zufrieden geben. Ich mache euch kund, ihr Mönche, ich mache euch aufmerksam: möge euch, die ihr nach dem Ziel des Asketentums trachtet, das Ziel nicht entgehn, da noch mehr zu tun ist.

«Was ist aber, ihr Mönche, noch mehr zu tun? ‹Geläutert sei unsere Rede, offen und ehrlich, nicht heimlich und verhohlen; und dieser geläuterten Rede halber werden wir uns nicht überheben, noch die anderen geringschätzen›: also habt ihr euch, meine Mönche, wohl zu üben. Nun mag euch vielleicht, ihr Mönche, der Gedanke kommen: ‹Wir sind schamhaft, sind demütig, geläutert ist unser Wandel, geläutert die Rede: genug ist's, getan ist's, erreicht haben wir das Ziel des Asketentums, nichts weiter haben wir zu tun›, und ihr möchtet euch damit schon zufrieden geben. Ich mache euch kund, ihr Mönche, ich mache euch aufmerksam: möge euch, die ihr nach dem Ziel des Asketentums trachtet, das Ziel nicht entgehn, da noch mehr zu tun ist.

«Was ist aber, ihr Mönche, noch mehr zu tun? ‹Geläutert sei unser Sinn, offen und ehrlich, nicht heimlich und verhohlen; und dieses geläuterten Sinnes halber werden wir uns nicht überheben, noch die anderen geringschätzen›: also habt ihr euch, meine Mönche, wohl zu üben. Nun mag euch vielleicht, ihr Mönche, der Gedanke kommen: ‹Wir sind schamhaft, sind demütig, geläutert ist unser Wandel, geläutert die Rede, geläutert der Sinn: genug ist's, getan ist's, erreicht haben wir das Ziel des Asketentums, nichts weiter haben wir zu tun›, und ihr möchtet euch damit schon zufrieden geben. Ich mache euch kund, ihr Mönche, ich mache euch aufmerksam: möge euch, die ihr nach dem Ziel des Asketentums trachtet, das Ziel nicht entgehn, da noch mehr zu tun ist.

«Was ist aber, ihr Mönche, noch mehr zu tun? ‹Geläutert sei unser Leben, offen und ehrlich, nicht heimlich und verhohlen; und dieses geläuterten Lebens halber werden wir uns nicht überheben, noch die anderen geringschätzen›: also habt ihr euch, meine Mönche, wohl zu üben. Nun mag euch vielleicht, ihr Mönche, der Gedanke kommen: ‹Wir sind schamhaft, sind demütig, geläutert ist unser Wandel, geläutert die Rede, geläutert der Sinn, geläutert das Leben: genug ist's, getan ist's, erreicht haben wir das Ziel des 273
Asketentums, nichts weiter haben wir zu tun›, und ihr möchtet euch damit schon zufrieden geben. Ich mache euch kund, ihr Mönche, ich mache euch aufmerksam: möge euch, die ihr nach dem Ziel des Asketentums trachtet, das Ziel nicht entgehn, da noch mehr zu tun ist.

«Was ist aber, ihr Mönche, noch mehr zu tun? ‹Die Tore der Sinne lasset uns hüten. Erblicken wir mit dem Gesichte eine Form, so fassen wir keine Neigung, keine Absicht. Da Begierde und Mißmut, böse und schlechte Gedanken gar bald den überwältigen, der unbewachten Gesichtes verweilt, befleißigen wir uns dieser Bewachung, hüten wir das Gesicht, wachen wir eifrig über das Gesicht. Hören wir mit dem Gehöre einen Ton – riechen wir mit dem Geruche einen Duft – schmecken wir mit dem Geschmacke einen Saft – tasten wir mit dem Getaste eine Tastung – erkennen wir mit dem Gedenken ein Ding, so fassen wir keine Neigung, fassen keine Absicht. Da Begierde und Mißmut, böse und schlechte Gedanken gar bald den überwältigen, der unbewachten Gedenkens verweilt, befleißigen wir uns dieser Bewachung, hüten wir das Gedenken, wachen wir eifrig über das Gedenken›: also habt ihr euch, meine Mönche, wohl zu üben. Nun mag euch vielleicht, ihr Mönche, der Gedanke kommen: ‹Wir sind schamhaft, sind demütig, geläutert ist unser Wandel, geläutert die Rede, geläutert der Sinn, geläutert das Leben, die Tore der Sinne hüten wir: genug ist's, getan ist's, erreicht haben wir das Ziel des Asketentums, nichts weiter haben wir zu tun›, und ihr möchtet euch damit schon zufrieden geben. Ich mache euch kund, ihr Mönche, ich mache euch aufmerksam: möge euch, die ihr nach dem Ziel des Asketentums trachtet, das Ziel nicht entgehn, da noch mehr zu tun ist.

«Was ist aber, ihr Mönche, noch mehr zu tun? ‹Beim Essen lasset uns Maß halten, jeden Bissen gründlich betrachten, nicht etwa zur Letzung und Ergetzung, nicht zur Schmuckheit und Zier, sondern nur um diesen Körper zu erhalten, zu fristen, um Schaden zu verhüten, um ein heiliges Leben führen zu können: 'So werd' ich das frühere Gefühl abtöten und ein neues Gefühl nicht aufkommen lassen, und ich werde ein Fortkommen haben, ohne Tadel bestehn, mich wohl befinden'›: also habt ihr euch, meine Mönche, wohl zu üben. Nun mag euch vielleicht, ihr Mönche, der Gedanke kommen: ‹Wir sind schamhaft, sind demütig, geläutert ist unser Wandel, geläutert die Rede, geläutert der Sinn, geläutert das Leben, die Tore der Sinne hüten wir, beim Essen halten wir Maß: genug ist's, getan ist's, erreicht haben wir das Ziel des Asketentums, nichts weiter haben wir zu tun›, und ihr möchtet euch damit schon zufrieden geben. Ich mache euch kund, ihr Mönche, ich mache euch aufmerksam: möge euch, die ihr nach dem Ziel des Asketentums trachtet, das Ziel nicht entgehn, da noch mehr zu tun ist.

«Was ist aber, ihr Mönche, noch mehr zu tun? ‹Der Wachsamkeit wollen wir uns weihen. Bei Tage werden wir, gehend und sitzend, das Gemüt von
274 trübenden Dingen läutern; in den ersten Stunden der Nacht werden wir, gehend und sitzend, das Gemüt von trübenden Dingen läutern; in den mittleren Stunden der Nacht werden wir uns dann wie der Löwe auf die rechte Seite hinlegen, einen Fuß über dem anderen, gesammelten Sinnes, der Zeit des Aufstehens gedenkend; in den letzten Stunden der Nacht werden wir uns wieder erheben und, gehend und sitzend, das Gemüt von trübenden Dingen läutern›: also habt ihr euch, meine Mönche, wohl zu üben. Nun mag euch vielleicht, ihr Mönche, der Gedanke kommen: ‹Wir sind schamhaft, sind demütig, geläutert ist unser Wandel, geläutert die Rede, geläutert der Sinn, geläutert das Leben, die Tore der Sinne hüten wir, beim Essen halten wir Maß, haben uns der Wachsamkeit geweiht: genug ist's, getan ist's, erreicht

haben wir das Ziel des Asketentums, nichts weiter haben wir zu tun›, und ihr möchtet euch damit schon zufrieden geben. Ich mache euch kund, ihr Mönche, ich mache euch aufmerksam: möge euch, die ihr nach dem Ziel des Asketentums trachtet, das Ziel nicht entgehn, da noch mehr zu tun ist.

«Was ist aber, ihr Mönche, noch mehr zu tun? ‹Mit klarem Bewußtsein wollen wir uns wappnen. Klar bewußt beim Kommen und Gehn, klar bewußt beim Hinblicken und Wegblicken, klar bewußt beim Neigen und Erheben, klar bewußt beim Tragen des Gewandes und der Almosenschale des Ordens, klar bewußt beim Essen und Trinken, Kauen und Schmecken, klar bewußt beim Entleeren von Kot und Harn, klar bewußt beim Gehn und Stehn und Sitzen, beim Einschlafen und Erwachen, beim Sprechen und Schweigen›: also habt ihr euch, meine Mönche, wohl zu üben. Nun mag euch vielleicht, ihr Mönche, der Gedanke kommen: ‹Wir sind schamhaft, sind demütig, geläutert ist unser Wandel, geläutert die Rede, geläutert der Sinn, geläutert das Leben, die Tore der Sinne hüten wir, beim Essen halten wir Maß, haben uns der Wachsamkeit geweiht, sind mit klarem Bewußtsein gewappnet: genug ist's, getan ist's, erreicht haben wir das Ziel des Asketentums, nichts weiter haben wir zu tun›, und ihr möchtet euch damit schon zufrieden geben. Ich mache euch kund, ihr Mönche, ich mache euch aufmerksam: möge euch, die ihr nach dem Ziel des Asketentums trachtet, das Ziel nicht entgehn, da noch mehr zu tun ist.

«Was ist aber, ihr Mönche, noch mehr zu tun? Da sucht, ihr Mönche, der
Mönch einen abgelegenen Ruheplatz auf, einen Hain, den Fuß eines Baumes,
eine Felsengrotte, eine Bergesgruft, einen Friedhof, die Waldesmitte, ein
Streulager in der offenen Ebene. Nach dem Mahle, wenn er vom Almosen-
gange zurückgekehrt ist, setzt er sich mit verschränkten Beinen nieder, den
Körper gerade aufgerichtet, und pflegt der Einsicht. Er hat weltliche Begierde
verworfen und verweilt begierdelosen Gemütes, von Begierde läutert er sein
Herz. Gehässigkeit hat er verworfen, haßlosen Gemütes verweilt er, voll
Liebe und Mitleid zu allen lebenden Wesen läutert er sein Herz von Gehäs- 275
sigkeit. Matte Müde hat er verworfen, von matter Müde ist er frei; das Licht
liebend, einsichtig, klar bewußt, läutert er sein Herz von matter Müde. Stol-
zen Unmut hat er verworfen, er ist frei von Stolz; innig beruhigten Gemütes
läutert er sein Herz von stolzem Unmut. Das Schwanken hat er verworfen,
der Ungewißheit ist er entronnen; er zweifelt nicht am Guten, vom Schwan-
ken läutert er sein Herz.

«Gleichwie etwa, ihr Mönche, wenn ein Mann, von Schulden bedrückt, sich in Geschäfte einließe; diese Geschäfte aber nähmen einen gedeihlichen Ausgang für ihn, so daß er seine alte Schuldenlast tilgen könnte und ihm sogar noch ein Übriges bliebe um ein Weib auszuhalten; der sagte sich nun:

‹Ich habe mich früher, von Schulden bedrückt, in Geschäfte eingelassen, und diese sind mir nun gediehen; jetzt hab' ich meine alte Schuldenlast getilgt und besitze sogar noch ein Übriges um ein Weib aushalten zu können›: darüber freute er sich, wäre fröhlich gestimmt;

gleichwie etwa, ihr Mönche, wenn ein Mann siech wäre, leidend, von schwerer Krankheit betroffen, keine Nahrung vertrüge, keine Kraft mehr im Leibe hätte; später dann wiche aber das Gebresten von ihm, die Nahrung bekäme ihm wohl, er fühlte sich wieder kräftig im Leibe; der sagte sich nun: ‹Ich war früher siech, leidend, schwerkrank, die Nahrung bekam mir nicht, mein Leib war kraftlos; jetzt aber bin ich von dieser Krankheit genesen, die Nahrung schlägt mir an, ich fühle mich wieder leibeskräftig›: darüber freute er sich, wäre fröhlich gestimmt;

gleichwie etwa, ihr Mönche, wenn ein Mann im Kerker schmachtete; später dann würde er aber aus dem Kerker befreit, heil und sicher, und nicht den geringsten Verlust an seinem Vermögen erleiden; der sagte sich nun: ‹Ich habe früher im Kerker geschmachtet; jetzt aber bin ich aus dem Kerker erlöst, heil und sicher, und habe nicht den geringsten Verlust an meinem Vermögen erlitten›: darüber freute er sich, wäre fröhlich gestimmt;

gleichwie etwa, ihr Mönche, wenn ein Mann Knecht wäre, nicht sein eigener Herr, von anderen abhängig, nicht gehn könnte wohin er wollte; später dann würde er aber dieser Knechtschaft enthoben, wäre sein eigener Herr, unabhängig von anderen, ein freier Mann, könnte gehn wohin er wollte: der sagte sich nun: ‹Ich war früher Knecht, nicht mein eigener Herr, von anderen abhängig, konnte nicht gehn wohin ich wollte; jetzt aber bin ich dieser Knecht-
276 schaft enthoben, mein eigener Herr, unabhängig von anderen, ein freier Mann, wo ich will kann ich hingehn›: darüber freute er sich, wäre fröhlich gestimmt;

gleichwie etwa, ihr Mönche, wenn ein Mann mit Hab und Gut auf einer öden, langen Landstraße dahinzöge; später dann gelangte er aber aus dieser Öde heraus, heil und sicher, ohne irgend etwas von seiner Habe eingebüßt zu haben; der sagte sich nun: ‹Ich bin früher mit Hab und Gut auf einer öden langen Landstraße dahingezogen; jetzt aber bin ich dieser Öde entronnen, heil und sicher, und habe von meinem Besitze nichts verloren›: darüber freute er sich, wäre fröhlich gestimmt:

Ebenso nun auch, ihr Mönche, betrachtet der Mönch als Schuldenlast, als Krankheit, als Kerker, als Knechtschaft, als öde lange Landstraße jene fünf ihn ihm hausenden Hemmungen; gleichwie aber, ihr Mönche, die Schuldentilgung, wie die Gesundheit, wie die Befreiung aus dem Kerker, wie den Herrenstand, wie die sicher umgrenzte Stätte: ebenso auch betrachtet der Mönch jene fünf von ihm aufgehobenen Hemmungen.

«Er hat nun jene fünf Hemmungen aufgehoben, hat die Schlacken des Gemütes kennengelernt, die lähmenden; gar fern von Begierden, fern von unheilsamen Dingen erwirkt er in sinnend gedenkender ruhegeborener seliger Heiterkeit die Weihe der ersten Schauung. Diesen Körper da durchdringt und durchtränkt er nun, erfüllt ihn und sättigt ihn mit ruhegeborener seliger Heiterkeit, so daß nicht der kleinste Teil seines Körpers von ruhegeborener seliger Heiterkeit ungesättigt bleibt.

«Gleichwie etwa, ihr Mönche, ein gewandter Bader oder Badergeselle auf ein erzernes Becken Seifenpulver streut und mit Wasser versetzt, verreibt und vermischt, so daß sein Schaumball völlig durchfeuchtigt, innen und außen mit Feuchtigkeit gesättigt ist und nichts herabträufelt: ebenso nun auch, ihr Mönche, durchdringt und durchtränkt, erfüllt und sättigt der Mönch diesen Körper da mit ruhegeborener seliger Heiterkeit, so daß nicht der kleinste Teil seines Körpers von ruhegeborener seliger Heiterkeit ungesättigt bleibt.›

«Weiter sodann, ihr Mönche: nach Vollendung des Sinnens und Gedenkens erreicht der Mönch die innere Meeresstille, die Einheit des Gemütes, die von sinnen, von gedenken freie, in der Einigung geborene selige Heiterkeit, die Weihe der zweiten Schauung. Diesen Körper da durchdringt und durchtränkt er nun, erfüllt ihn und sättigt ihn mit der in der Einigung geborenen seligen Heiterkeit, so daß nicht der kleinste Teil seines Körpers von der in der Einigung geborenen seligen Heiterkeit ungesättigt bleibt.

«Gleichwie etwa, ihr Mönche, ein See mit unterirdischer Quelle, in den sich 277
kein Bach von Osten oder Westen, von Norden oder Süden ergösse, keine Wolke von Zeit zu Zeit mit tüchtigem Gusse darüber hinwegzöge, in welchem nur die kühle Quelle des Grundes emporwellte und diesen See völlig durchdränge, durchtränkte, erfüllte und sättigte, so daß nicht der kleinste Teil des Sees von kühlem Wasser ungesättigt bliebe: ebenso nun auch, ihr Mönche, durchdringt und durchtränkt, erfüllt und sättigt der Mönch diesen Körper da mit der in der Einigung geborenen seligen Heiterkeit, so daß nicht der kleinste Teil seines Körpers von der in der Einigung geborenen seligen Heiterkeit ungesättigt bleibt.

«Weiter sodann, ihr Mönche: in heiterer Ruhe verweilt der Mönch gleichmütig, einsichtig, klar bewußt, ein Glück empfindet er im Körper, von dem die Heiligen sagen: ‹Der gleichmütig Einsichtige lebt beglückt›; so erwirkt er die Weihe der dritten Schauung. Diesen Körper da durchdringt und durchtränkt er nun, erfüllt ihn und sättigt ihn mit entseligter Heiterkeit, so daß nicht der kleinste Teil seines Körpers von entseligter Heiterkeit ungesättigt bleibt.

«Gleichwie etwa, ihr Mönche, in einem Lotusweiher einzelne blaue oder rote oder weiße Lotusrosen im Wasser entstehn, im Wasser sich entwickeln, unter dem Wasserspiegel bleiben, aus der Wassertiefe Nahrung aufsaugen und ihre Blüten und ihre Wurzeln von kühlem Wasser durchdrungen, durchtränkt, erfüllt und gesättigt sind, so daß nicht der kleinste Teil jeder blauen oder roten oder weißen Lotusrose von kühlem Naß ungesättigt bleibt: ebenso nun auch, ihr Mönche, durchdringt und durchtränkt, erfüllt und sättigt der Mönch diesen Körper da mit entseligter Heiterkeit, so daß nicht der kleinste Teil seines Körpers von entseligter Heiterkeit ungesättigt bleibt.

«Weiter sodann, ihr Mönche: nach Verwerfung der Freuden und Leiden, nach Vernichtung des einstigen Frohsinns und Trübsinns erwirkt der Mönch die Weihe der leidlosen, freudlosen, gleichmütig einsichtigen vollkommenen Reine, die vierte Schauung. Er setzt sich hin und bedeckt diesen Körper da mit geläutertem Gemüte, geklärtem, so daß nicht der kleinste Teil seines Körpers von dem geläuterten Gemüte, dem geklärten, unbedeckt bleibt.

«Gleichwie etwa, ihr Mönche, wenn ein Mann vom Scheitel bis zur Sohle in einen weißen Mantel eingehüllt sich niedersetzte, so daß nicht der kleinste
278 Teil seines Körpers von dem weißen Mantel unbedeckt bliebe: ebenso nun auch, ihr Mönche, setzt sich der Mönch nieder und hat nun diesen Körper mit geläutertem Gemüte, mit geklärtem, überzogen, so daß nicht der kleinste Teil seines Körpers von dem geläuterten Gemüte, dem geklärten, unbedeckt bleibt.

«Solchen Gemütes, innig, geläutert, gesäubert, gediegen, schlackengeklärt, geschmeidig, biegsam, fest, unversehrbar, richtet er das Gemüt auf die erinnernde Erkenntnis früherer Daseinsformen. Er erinnert sich an manche verschiedene frühere Daseinsform, als wie an ein Leben, dann an zwei Leben, dann an drei Leben, dann an vier Leben, dann an fünf Leben, dann an zehn Leben, dann an zwanzig Leben, dann an dreißig Leben, dann an vierzig Leben, dann an fünfzig Leben, dann an hundert Leben, dann an tausend Leben, dann an hunderttausend Leben, dann an die Zeiten während mancher Weltenentstehungen, dann an die Zeiten während mancher Weltenvergehungen, dann an die Zeiten während mancher Weltenentstehungen-Weltenvergehungen. ‹Dort war ich, jenen Namen hatte ich, jener Familie gehörte ich an, das war mein Stand, das mein Beruf, solches Wohl und Wehe habe ich erfahren, so war mein Lebensende; dort verschieden trat ich anderswo wieder ins Dasein: da war ich nun, diesen Namen hatte ich, dieser Familie gehörte ich an, dies war mein Stand, dies mein Beruf, solches Wohl und Wehe habe ich erfahren, so war mein Lebensende; da verschieden trat ich hier wieder ins Dasein›: so erinnert er sich mancher verschiedenen früheren Daseinsform, mit je den eigentümlichen Merkmalen, mit je den eigenartigen Beziehungen.

«Gleichwie etwa, ihr Mönche, wenn ein Mann von seinem Orte nach einem anderen Orte ginge und von diesem Orte wieder nach einem anderen Orte und von diesem Orte nach seinem eigenen Orte zurückkehrte; der sagte sich nun: ‹Ich bin von meinem Orte nach jenem Orte gegangen, dort bin ich also gestanden, also gesessen, habe also gesprochen, also geschwiegen; von jenem Orte bin ich aber nach diesem Orte gegangen, da bin ich nun also gestanden, also gesessen, habe also gesprochen, also geschwiegen; dann bin ich von diesem Orte nach meinem eigenen Orte wieder zurückgegangen›: ebenso nun auch, ihr Mönche, erinnert sich der Mönch an manche verschiedene frühere Daseinsform, mit je den eigentümlichen Merkmalen, mit je den eigenartigen Beziehungen.

«Solchen Gemütes, innig, geläutert, gesäubert, gediegen, schlackengeklärt, geschmeidig, biegsam, fest, unversehrbar, richtet er das Gemüt auf die Erkenntnis des Verschwindens-Erscheinens der Wesen. Mit dem himmlischen Auge, dem geläuterten, über menschliche Grenzen hinausreichenden, sieht er die Wesen dahinschwinden und wiedererscheinen, gemeine und edle, schöne und unschöne, glückliche und unglückliche, er kann erkennen wie die
Wesen je nach den Taten wiederkehren. ‹Diese lieben Wesen sind freilich in Ta- 279
ten dem Schlechten zugetan, in Worten dem Schlechten zugetan, in Gedanken dem Schlechten zugetan, tadeln Heiliges, achten Verkehrtes, tun Verkehrtes; bei der Auflösung des Leibes, nach dem Tode, gelangen sie auf den Abweg, auf schlechte Fährte, zur Tiefe hinab, in untere Welt. Jene lieben Wesen sind aber in Taten dem Guten zugetan, in Worten dem Guten zugetan, in Gedanken dem Guten zugetan, tadeln nicht Heiliges, achten Rechtes, tun Rechtes; bei der Auflösung des Leibes, nach dem Tode, gelangen sie auf gute Fährte, in selige Welt.› So sieht er mit dem himmlischen Auge, dem geläuterten, über menschliche Grenzen hinausreichenden, die Wesen dahinschwinden und wiedererscheinen, gemeine und edle, schöne und unschöne, glückliche und unglückliche, er kann erkennen wie die Wesen je nach den Taten wiederkehren.

«Gleichwie etwa, ihr Mönche, wenn da zwei Häuser wären, mit Türen, und es betrachtete ein scharfsehender Mann, in der Mitte stehend, die Menschen, wie sie das Haus betreten und verlassen, kommen und gehn: ebenso nun auch, ihr Mönche, sieht der Mönch mit dem himmlischen Auge, dem geläuterten, über menschliche Grenzen hinausreichenden, die Wesen dahinschwinden und wiedererscheinen, gemeine und edle, schöne und unschöne, glückliche und unglückliche, er kann erkennen wie die Wesen je nach den Taten wiederkehren.

«Solchen Gemütes, innig, geläutert, gesäubert, gediegen, schlackengeklärt, geschmeidig, biegsam, fest, unversehrbar, richtet er das Gemüt auf die Erkenntnis der Wahnversiegung. ‹Das ist das Leiden› versteht er der Wahrheit gemäß. ‹Das ist die Leidensentwicklung› versteht er der Wahrheit gemäß. ‹Das ist die Leidensauflösung› versteht er der Wahrheit gemäß. ‹Das ist der zur Leidensauflösung führende Pfad› versteht er der Wahrheit gemäß. ‹Das ist der Wahn› versteht er der Wahrheit gemäß. ‹Das ist die Wahnentwicklung› versteht er der Wahrheit gemäß. ‹Das ist die Wahnauflösung› versteht er der Wahrheit gemäß. ‹Das ist der zur Wahnauflösung führende Pfad› versteht er der Wahrheit gemäß. Also erkennend, also sehend wird da sein Gemüt erlöst vom Wunscheswahn, erlöst vom Daseinswahn, erlöst vom Nichtwissenswahn. ‹Im Erlösten ist die Erlösung›, diese Erkenntnis geht auf. ‹Versiegt ist die Geburt, vollendet das Asketentum, gewirkt das Werk, nicht mehr ist diese Welt› versteht er da.

«Gleichwie etwa, ihr Mönche, wenn da am Ufer eines Alpensees von klarem, durchsichtigem, ungetrübtem Wasser ein scharfsehender Mann stände und hineinblickte auf die Muscheln und Schnecken, auf den Kies und Sand und die Fische, wie sie dahingleiten und stillestehn; der sagte sich nun: ‹Klar ist diese Wasserfläche, durchsichtig, ungetrübt; ich sehe darunter die Mu-
280 scheln und Schnecken, den Kies und Sand und die Fische, die dahingleiten oder ruhn›: ebenso nun auch, ihr Mönche, versteht da der Mönch der Wahrheit gemäß: ‹Das ist das Leiden.› Er versteht der Wahrheit gemäß: ‹Das ist die Leidensentwicklung.› Er versteht der Wahrheit gemäß: ‹Das ist die Leidensauflösung.› Er versteht der Wahrheit gemäß: ‹Das ist der zur Leidensauflösung führende Pfad.› Er versteht der Wahrheit gemäß: ‹Das ist der Wahn.› Er versteht der Wahrheit gemäß: ‹Das ist die Wahnentwicklung.› Er versteht der Wahrheit gemäß: ‹Das ist die Wahnauflösung.› Er versteht der Wahrheit gemäß: ‹Das ist der zur Wahnauflösung führende Pfad.› Also erkennend, also sehend wird da sein Gemüt erlöst vom Wunscheswahn, erlöst vom Daseinswahn, erlöst vom Nichtwissenswahn. ‹Im Erlösten ist die Erlösung›, diese Erkenntnis geht auf. ‹Versiegt ist die Geburt, vollendet das Asketentum, gewirkt das Werk, nicht mehr ist diese Welt›, versteht er da.

«Ein solcher Mönch, ihr Mönche, wird ‹Büßer› genannt, wird ‹Heiliger› genannt, wird ‹Reiner› genannt, wird ‹Kenner› genannt, wird ‹Fertiger› genannt, wird ‹Herr› genannt, wird ‹Hehrer› genannt.

«Wie aber, ihr Mönche, wird der Mönch ein Büßer? Abgebüßt hat er die bösen, die schlechten Dinge, die besudelnden, Wiederdasein säenden, entsetzlichen, Leiden ausbrütenden, wiederum Leben, Altern und Sterben erzeugenden. Also, ihr Mönche, wird der Mönch ein Büßer.

«Wie aber, ihr Mönche, wird der Mönch ein Heiliger? Geheilt hat er sich von den bösen, den schlechten Dingen, den besudelnden, Wiederdasein säenden, entsetzlichen, Leiden ausbrütenden, wiederum Leben, Altern und Sterben erzeugenden. Also, ihr Mönche, wird der Mönch ein Heiliger.

«Wie aber, ihr Mönche, wird der Mönch ein Reiner? Gereinigt hat er sich von den bösen, den schlechten Dingen, den besudelnden, Wiederdasein säenden, entsetzlichen, Leiden ausbrütenden, wiederum Leben, Altern und Sterben erzeugenden. Also, ihr Mönche, wird der Mönch ein Reiner.

«Wie aber, ihr Mönche, wird der Mönch ein Kenner? Er kennt die bösen, die schlechten Dinge, die besudelnden, Wiederdasein säenden, entsetzlichen, Leiden ausbrütenden, wiederum Leben, Altern und Sterben erzeugenden. Also, ihr Mönche, wird der Mönch ein Kenner.

«Wie aber, ihr Mönche, wird der Mönch ein Fertiger? Fertig ist er mit den bösen, den schlechten Dingen, den besudelnden, Wiederdasein säenden, entsetzlichen, Leiden ausbrütenden, wiederum Leben, Altern und Sterben erzeugenden. Also, ihr Mönche, wird der Mönch ein Fertiger.

«Wie aber, ihr Mönche, wird der Mönch ein Herr? Herausgetrieben hat er die bösen, die schlechten Dinge, die besudelnden, Wiederdasein säenden, entsetzlichen, Leiden ausbrütenden, wiederum Leben, Altern und Sterben erzeugenden. Also, ihr Mönche, wird der Mönch ein Herr.

«Wie aber, ihr Mönche, wird der Mönch ein Hehrer? Herausgetrieben hat er die bösen, die schlechten Dinge, die besudelnden, Wiederdasein säenden, entsetzlichen, Leiden ausbrütenden, wiederum Leben, Altern und Sterben erzeugenden. Also, ihr Mönche, wird der Mönch ein Hehrer[33].»

Also sprach der Erhabene. Zufrieden freuten sich jene Mönche über das Wort des Erhabenen.

40

VIERTER TEIL · ZEHNTE REDE

VOR ASSAPURAM

II

DAS HAB' ICH GEHÖRT. Zu einer Zeit weilte der Erhabene in Bengalen, bei einer Stadt der Bengalier namens Assapuram. Dort nun wandte sich der Erhabene an die Mönche: «Ihr Mönche!» – «Erlauchter!» antworteten da jene Mönche dem Erhabenen aufmerksam. Der Erhabene sprach also: 281

«'Asketen, Asketen sind's: so denken, ihr Mönche, von euch die Leute. Ihr aber, wenn ihr gefragt werdet: ‹Was seid ihr?›, bekennet: ‹Wir sind Asketen.›

Die ihr also bekannt seid, ihr Mönche, die ihr euch also bekennet, ihr habt auch die Pflichten zu üben: ‹Den geraden Weg des Asketentums, den werden wir wandeln. Und so soll dieser Name, den man uns gibt, wahr und unser Bekenntnis wirklich sein. Und für das Almosen von Kleidung, Speise, Obdach und Arzenei, dafür sollen die Geber bei uns hohen Lohn haben, hohe Förderung. Unsere Pilgerschaft aber soll nicht unfruchtbar bleiben, sondern Zweck und Ziel erwirken.›

«Wie aber, ihr Mönche, wandelt der Mönch den geraden Weg des Asketentums nicht? Ein Mönch, der da gierig die Gier nicht verleugnet hat, gehässig den Haß nicht verleugnet hat, zornig den Zorn nicht verleugnet hat, feindselig die Feindschaft nicht verleugnet hat, heuchlerisch die Heuchelei nicht verleugnet hat, neidisch den Neid nicht verleugnet hat, eifernd die Eifersucht nicht verleugnet hat, selbstsüchtig die Selbstsucht nicht verleugnet hat, listig die List nicht verleugnet hat, gleisnerisch die Gleisnerei nicht verleugnet hat, boshaft die Bosheit nicht verleugnet hat, falsch die Falschheit nicht verleugnet hat: der wandelt, sage ich, ihr Mönche, weil er diese Flekken, Schäden und Schwären des Asketentums, diese abwärts, zum Verderben führenden Eigenschaften nicht verleugnet hat, den geraden Weg des Asketentums nicht. Wie eine Mordwaffe, ihr Mönche, zur Schlacht geeignet, zweischneidig, blinkend geschliffen, und mit einer Kutte umhangen, umhüllt: so erscheint mir, ihr Mönche, eines solchen Mönches Pilgerschaft.

«Nicht spreche ich, ihr Mönche, einem Kuttenträger, weil er die Kutte trägt, das Asketentum zu. Nicht spreche ich, ihr Mönche, einem Unbekleideten, weil er unbekleidet ist, das Asketentum zu. Nicht spreche ich, ihr Mönche, einem Schmutzbeschmierten, weil er schmutzbeschmiert ist, das Asketentum zu. Nicht spreche ich, ihr Mönche, einem Wasserbesprenger, weil er sich mit Wasser besprengt, das Asketentum zu. Nicht spreche ich, ihr
282 Mönche, einem Waldeinsiedler, weil er im Walde wohnt, das Asketentum zu. Nicht spreche ich, ihr Mönche, einem Feldeinsiedler, weil er auf dem Felde wohnt, das Asketentum zu. Nicht spreche ich, ihr Mönche, einem Stetigsteher, weil er sich nicht setzt, das Asketentum zu. Nicht spreche ich, ihr Mönche, einem Fastenpfleger, weil er Fasten pflegt, das Asketentum zu. Nicht spreche ich, ihr Mönche, einem Spruchgewaltigen, weil er Sprüche in seiner Gewalt hat, das Asketentum zu. Nicht spreche ich, ihr Mönche, einem Flechtenträger, weil er Flechten trägt, das Asketentum zu.

«Wenn durch das Tragen der Kutte, ihr Mönche, des gierigen Kuttenträgers Gier verschwinden könnte, des gehässigen Haß verschwinden könnte, des zornigen Zorn verschwinden könnte, des feindseligen Feindschaft verschwinden könnte, des heuchlerischen Heuchelei verschwinden könnte, des neidischen Neid verschwinden könnte, des eifernden Eifersucht verschwin-

den könnte, des selbstsüchtigen Selbstsucht verschwinden könnte, des listi-
gen List verschwinden könnte, des gleisnerischen Gleisnerei verschwinden
könnte, des boshaften Bosheit verschwinden könnte, des falschen Falschheit
verschwinden könnte, würden Blutsverwandte und Freunde einem Neuge-
borenen die Kutte bringen, nur die Kutte verleihen: ‹Komm', du Glücks-
kind, sei Kuttenträger! Als Kuttenträger wird dir, dem Gierigen, durch das
Tragen der Kutte die Gier schwinden, dem Gehässigen der Haß schwinden,
dem Zornigen der Zorn schwinden, dem Feindseligen die Feindschaft schwin-
den, dem Heuchlerischen die Heuchelei schwinden, dem Neidischen der Neid
schwinden, dem Eifernden die Eifersucht schwinden, dem Selbstsüchtigen die
Selbstsucht schwinden, dem Listigen die List schwinden, dem Gleisnerischen
die Gleisnerei schwinden, dem Boshaften die Bosheit schwinden, dem Fal-
schen die Falschheit schwinden!› Da ich nun aber, ihr Mönche, auch man-
chen Träger der Kutte hier sehe, der gierig, gehässig, zornig, feindselig,
heuchlerisch, neidisch, eifersüchtig, selbstsüchtig, listig, gleisnerisch, bos-
haft, falsch ist, so spreche ich keinem Träger der Kutte, weil er die Kutte
trägt, das Asketentum zu.

«Wenn durch Unbekleidetsein, ihr Mönche, durch Schmutzbeschmierung,
durch Wasserbesprengen, durch Waldeinsiedlertum, durch Feldeinsiedler-
tum, durch Stetigstehn, durch Fastenpflege, durch Spruchgewalt, durch
Flechtentragen des gierigen Unbekleideten, des gierigen Schmutzbeschmier-
ten, des gierigen Wasserbesprengers, des gierigen Waldeinsiedlers, des gieri-
gen Feldeinsiedlers, des gierigen Stetigstehers, des gierigen Fastenpflegers,
des gierigen Spruchgewaltigen, des gierigen Flechtenträgers Gier verschwin-
den könnte, des gehässigen Haß, des zornigen Zorn, des feindseligen Feind-
schaft, des heuchlerischen Heuchelei, des neidischen Neid, des eifernden Eifer-
sucht, des selbstsüchtigen Selbstsucht, des listigen List, des gleisnerischen
Gleisnerei, des boshaften Bosheit, des falschen Falschheit verschwinden
könnte, würden Blutsverwandte und Freunde dem Neugeborenen Unbeklei-
detsein vorschreiben, Schmutzbeschmierung, Wasserbesprengung, Waldein-
siedlertum, Feldeinsiedlertum, Stetigstehn, Fastenpflege, Spruchgewalt,
Flechtentragen, würden ihn damit belehnen: ‹Komm', du Glückskind, sei un-
bekleidet, sei schmutzbeschmiert, sei wasserbesprengt, werde Waldeinsied-
ler, werde Feldeinsiedler, werde ein Stetigsteher, werde ein Fastenpfleger,
werde Spruchgewaltiger, werde Flechtenträger! Also wird dir, dem Gierigen, 283
die Gier schwinden, dem Gehässigen der Haß, dem Zornigen der Zorn, dem
Feindseligen die Feindschaft, dem Heuchlerischen die Heuchelei, dem Nei-
dischen der Neid, dem Eifernden die Eifersucht, dem Selbstsüchtigen die
Selbstsucht, dem Listigen die List, dem Gleisnerischen die Gleisnerei, dem
Boshaften die Bosheit, dem Falschen die Falschheit schwinden!› Da ich nun

aber, ihr Mönche, auch manchen Unbekleideten, Schmutzbeschmierten, Wasserbesprenger, Waldeinsiedler, Feldeinsiedler, Stetigsteher, Fastenpfleger, Spruchgewaltigen, Flechtenträger hier sehe, der gierig, gehässig, zornig, feindselig, heuchlerisch, neidisch, eifersüchtig, selbstsüchtig, listig, gleisnerisch, boshaft, falsch ist, so spreche ich keinem solchen aus solchem Grunde das Asketentum zu.

«Wie aber, ihr Mönche, wandelt der Mönch den geraden Weg des Asketentums? Ein Mönch, der da gierig die Gier verleugnet hat, gehässig den Haß verleugnet hat, zornig den Zorn verleugnet hat, feindselig die Feindschaft verleugnet hat, heuchlerisch die Heuchelei verleugnet hat, neidisch den Neid verleugnet hat, eifernd die Eifersucht verleugnet hat, selbstsüchtig die Selbstsucht verleugnet hat, listig die List verleugnet hat, gleisnerisch die Gleisnerei verleugnet hat, boshaft die Bosheit verleugnet hat, falsch die Falschheit verleugnet hat: der wandelt, sage ich, ihr Mönche, weil er diese Flecken, Schäden und Schwären des Asketentums, diese abwärts, zum Verderben führenden Eigenschaften verleugnet hat, den geraden Weg des Asketentums. Er merkt, daß er von all diesen bösen, schlechten Dingen geläutert ist, daß er befreit ist. Dieses Merken durchwonnigt ihn. Der Durchwonnigte wird beseligt. Des Beseligten Körper wird still. Der Körpergestillte fühlt Heiterkeit. Des Heiteren Herz wird einig.

«Liebevollen Gemütes weilend strahlt er nach einer Richtung, dann nach einer zweiten, dann nach der dritten, dann nach der vierten, ebenso nach oben und nach unten: überall in allem sich wiedererkennend durchstrahlt er die ganze Welt mit liebevollem Gemüte, mit weitem, tiefem, unbeschränktem, von Grimm und Groll geklärtem.

«Erbarmenden Gemütes weilend strahlt er nach einer Richtung, dann nach einer zweiten, dann nach der dritten, dann nach der vierten, ebenso nach oben und nach unten: überall in allem sich wiedererkennend durchstrahlt er die ganze Welt mit erbarmendem Gemüte, mit weitem, tiefem, unbeschränktem, von Grimm und Groll geklärtem.

«Freudevollen Gemütes weilend strahlt er nach einer Richtung, dann nach einer zweiten, dann nach der dritten, dann nach der vierten, ebenso nach oben und nach unten: überall in allem sich wiedererkennend durchstrahlt er die ganze Welt mit freudevollem Gemüte, mit weitem, tiefem, unbeschränktem, von Grimm und Groll geklärtem.

«Unbewegten Gemütes weilend strahlt er nach einer Richtung, dann nach einer zweiten, dann nach der dritten, dann nach der vierten, ebenso nach oben und nach unten: überall in allem sich wiedererkennend durchstrahlt er die ganze Welt mit unbewegtem Gemüte, mit weitem, tiefem, unbeschränktem, von Grimm und Groll geklärtem.

«Gleichwie etwa, ihr Mönche, ein Lotusweiher mit klarem, süßem, küh-
lem Wasser, hell spiegelnd, leicht zugänglich, entzückend gelegen: wenn da
von Osten ein Mann herankäme, vom Sonnenbrande gebraten, vom Sonnen- 284
brande verzehrt, erschöpft, zitternd, dürstend; der gelangte nun zu dem Lotusweiher und löschte den Durst, löschte die quälende Glut; wenn da von Westen oder von Norden oder von Süden ein Mann herankäme, vom Sonnenbrande gebraten, vom Sonnenbrande verzehrt, erschöpft, zitternd, dürstend; der gelangte nun zu dem Lotusweiher und löschte den Durst, löschte die quälende Glut: ebenso nun auch, ihr Mönche, erlangt, wer da aus einem Kriegergeschlechte vom Hause fort in die Hauslosigkeit gezogen und zu des Vollendeten dargelegter Lehre und Ordnung gekommen ist und also die Liebe, das Erbarmen, die Freude, den Gleichmut gezeugt hat, die eigene Ebbung. Weil er die eigene Ebbung erlangt hat, sage ich, wandelt er den geraden Weg des Asketentums. Wer da aus einem Priestergeschlechte oder Bürgergeschlechte oder Dienergeschlechte oder aus was immer für einem Geschlechte vom Hause fort in die Hauslosigkeit gezogen und zu des Vollendeten dargelegter Lehre und Ordnung gekommen ist und also die Liebe, das Erbarmen, die Freude, den Gleichmut gezeugt hat, erlangt die eigene Ebbung. Weil er die eigene Ebbung erlangt hat, sage ich, wandelt er den geraden Weg des Asketentums.

«Wenn da einer aus einem Kriegergeschlechte vom Hause fort in die Hauslosigkeit gezogen ist und durch die Wahnversiegung die wahnlose Gemüterlösung, Weisheiterlösung noch bei Lebzeiten sich offenbar gemacht, verwirklicht und errungen hat, so wird er durch die Wahnversiegung Asket. Wenn da einer aus einem Priestergeschlechte oder Bürgergeschlechte oder Dienergeschlechte oder aus was immer für einem Geschlechte vom Hause fort in die Hauslosigkeit gezogen ist und durch die Wahnversiegung die wahnlose Gemüterlösung, Weisheiterlösung noch bei Lebzeiten sich offenbar gemacht, verwirklicht und errungen hat, so wird er durch die Wahnversiegung Asket.»

Also sprach der Erhabene. Zufrieden freuten sich jene Mönche über das Wort des Erhabenen.

FÜNFTER TEIL

ZWEITES BUCH DER PAARE

41

FÜNFTER TEIL · ERSTE REDE

DIE BRĀHMANEN VON SĀLĀ

DAS HAB' ICH GEHÖRT. Zu einer Zeit wanderte der Erhabene im Lande 285
Kosalo von Ort zu Ort und kam, von vielen Mönchen begleitet, in die Nähe eines kosalischen Brāhmanendorfes namens Sālā. Und es hörten die brāhmanischen Bürger in Sālā reden: ‹Der Asket, wahrlich, Herr Gotamo, der Sakyersohn, der dem Erbe der Sakyer entsagt hat, wandert in unserem Lande von Ort zu Ort und ist mit vielen Mönchen in Sālā angekommen. Diesen Herrn Gotamo aber begrüßt man allenthalben mit dem frohen Ruhmesrufe: so zwar: 'Das ist der Erhabene, der Heilige, vollkommen Erwachte, der Wissens- und Wandelsbewährte, der Willkommene, der Welt Kenner, der unvergleichliche Leiter der Männerherde, der Meister der Götter und Menschen, der Erwachte, der Erhabene. Er zeigt diese Welt mit ihren Göttern, ihren bösen und heiligen Geistern, mit ihrer Schar von Priestern und Büßern, Göttern und Menschen, nachdem er sie selbst verstanden und durchdrungen hat. Er verkündet die Lehre, deren Anfang begütigt, deren Mitte begütigt, deren Ende begütigt, die sinn- und wortgetreue, er legt das vollkommen geläuterte, geklärte Asketentum dar. Glücklich wer da nun solche Heilige sehn kann!'›

Und jene brāhmanischen Bürger von Sālā begaben sich nun dorthin wo der Erhabene weilte. Dort angelangt verneigten sich einige vor dem Erhabenen ehrerbietig und setzten sich zur Seite nieder, andere wechselten höflichen Gruß und freundliche, denkwürdige Worte mit dem Erhabenen und setzten sich zur Seite nieder, einige wieder falteten die Hände gegen den Erhabenen und setzten sich zur Seite nieder, andere wieder gaben beim Erhabenen Namen und Stand zu erkennen und setzten sich zur Seite nieder, und andere setzten sich still zur Seite nieder. Hierauf nun sprachen jene brāhmanischen Bürger von Sālā zum Erhabenen also:

«Was ist wohl, o Gotamo, der Anlaß, was ist der Grund, daß da manche Wesen bei der Auflösung des Körpers, nach dem Tode, auf einen Abweg, auf schlechte Fährte, in Verderben und Unheil geraten? Und was ist wiederum, o Gotamo, der Anlaß, was ist der Grund, daß da manche Wesen bei der Auflösung des Körpers, nach dem Tode, auf gute Fährte, in selige Welt gelangen?»

«Weil sie falsch und unrecht leben, ihr Bürger, deshalb gelangen da manche Wesen bei der Auflösung des Körpers, nach dem Tode, auf einen Abweg, auf schlechte Fährte, in Verderben und Unheil. Weil sie wahr und recht leben, ihr Bürger, deshalb gelangen da manche Wesen bei der Auflösung des Körpers, nach dem Tode, auf gute Fährte, in selige Welt.»

286 «Den ganzen Sinn dieser kurzgefaßten Worte des verehrten Gotamo, den verstehn wir nicht; gut wär' es, wenn uns der verehrte Gotamo die Satzung dergestalt zeigen wollte, daß wir den ganzen Sinn dieser kurzgefaßten Worte verstehn könnten.»

«Wohlan denn, Bürger, so höret und achtet wohl auf meine Rede.»

«Ja, o Herr!» antworteten da die brāhmanischen Bürger von Sālā dem Erhabenen aufmerksam. Der Erhabene sprach also:

«Dreifach verschieden in Taten, ihr Bürger, ist das falsche, unrechte Leben, vierfach verschieden in Worten ist das falsche, unrechte Leben, dreifach verschieden in Gedanken ist das falsche, unrechte Leben. Wie aber, Bürger, ist das falsche, unrechte Leben in Taten dreifach verschieden? Da ist einer, ihr Bürger, ein Mörder, grausam und blutgierig, der Gewalt und dem Totschlag ergeben, ohne Erbarmen gegen seine Mitwesen. Dann nimmt er was man ihm nicht gegeben hat; was ein anderer in Dorf oder Wald an Hab und Gut besitzt, das macht er sich ungeschenkt, in diebischer Absicht, zu eigen. Und er begeht Ausschweifung; mit einem Mädchen, das unter der Obhut der Mutter oder des Vaters, unter der Obhut von Bruder oder von Schwester, unter der Obhut von Verwandten steht, mit einer Gattenbefohlenen oder einer Dienstergebenen, bis herab zu der blumengeschmückten Tänzerin, mit solchen pflegt er Verkehr. Also, ihr Bürger, ist das falsche, unrechte Leben in Taten dreifach verschieden.

«Wie aber, Bürger, ist das falsche, unrechte Leben in Worten vierfach verschieden? Da ist einer, ihr Bürger, ein Lügner. Vor Gericht, oder von den Leuten, oder unter Verwandten, oder in der Gesellschaft, oder von königlichen Beamten als Augenzeuge vernommen und befragt: ‹Wohl denn, lieber Mann, was du weißt, das sage›, antwortet er, wenn er nichts weiß: ‹Ich weiß es›, und wenn er es weiß: ‹Ich weiß nichts›, wenn er nichts gesehn hat: ‹Ich hab' es gesehn›, und wenn er es gesehn hat: ‹Ich habe nichts gesehn.› So legt er um seinetwillen oder um eines anderen willen oder von irgendeiner sonstigen Absicht bewogen wissentlich falsches Zeugnis ab. Dann liebt er das Ausrichten. Was er hier gehört hat erzählt er dort wieder, um jene zu entzweien; oder was er dort gehört hat erzählt er hier wieder, um diese zu entzweien. So stiftet er Zwietracht unter Verbundenen und hetzt die Entzweiten auf. Hader erfreut ihn, Hader macht ihn froh, Hader befriedigt ihn, Hader erregende Worte spricht er. Dann gebraucht er barsche Worte, Reden, die spitzig und

stechend sind, andere beleidigen, andere verletzen, Äußerungen des Zornes, die zu keiner Einigung führen: solche Worte spricht er. Und er treibt müßi- 287
ges Geplauder, spricht zur Unzeit, ohne Sinn, ohne Zweck, nicht der Lehre und Ordnung gemäß; seine Rede ist nicht wert, daß man ihrer gedenke, sie ist ungehörig, ungebildet, unangemessen, unverständlich. Also, ihr Bürger, ist das falsche, unrechte Leben in Worten vierfach verschieden.

«Und wie, Bürger, ist das falsche, unrechte Leben in Gedanken dreifach verschieden? Da ist einer, ihr Bürger, lüstern. Was ein anderer an Hab und Gut besitzt, danach giert er: ‹Ach wenn doch sein Eigen das meine wäre!› Dann ist er gehässig, übelgesinnten Herzens: ‹Diese Wesen sollen getötet werden, sollen umgebracht werden, sollen zerstört werden, sollen vertilgt werden, sie sollen so nicht bleiben!› Und er hegt verkehrte Ansichten, verfehlte Meinungen: ‹Almosengeben, Verzichtleisten, Spenden – es ist alles eitel; es gibt keine Saat und Ernte guter und böser Werke; Diesseits und Jenseits sind leere Worte; Vater und Mutter und auch geistige Geburt sind hohle Namen; die Welt hat keine Asketen und Priester, die vollkommen und vollendet sind, die sich den Sinn dieser und jener Welt begreiflich machen, anschaulich vorstellen und erklären können.› Also, ihr Bürger, ist das falsche, unrechte Leben in Gedanken dreifach verschieden. Weil sie also falsch und unrecht leben, ihr Bürger, deshalb gelangen da manche Wesen bei der Auflösung des Körpers, nach dem Tode, auf einen Abweg, auf schlechte Fährte, in Verderben und Unheil.

«Dreifach verschieden in Taten, ihr Bürger, ist das wahre, rechte Leben, vierfach verschieden in Worten ist das wahre, rechte Leben, dreifach verschieden in Gedanken ist das wahre, rechte Leben. Wie aber, Bürger, ist das wahre, rechte Leben in Taten dreifach verschieden? Da hat einer, ihr Bürger, das Morden verworfen, vom Töten hält er sich fern; Stock und Schwert hat er abgelegt, er ist mild und teilnehmend, voll Liebe und Mitleid zu allem, was da lebt und atmet. Nichtgegebenes zu nehmen hat er verworfen, vom Stehlen hält er sich fern; was ein anderer in Dorf oder Wald an Hab und Gut besitzt, das macht er sich ungeschenkt, in diebischer Absicht, nicht zu eigen. Ausschweifung hat er verworfen, von Ausschweifung hält er sich fern; mit einem Mädchen, das unter der Obhut der Mutter oder des Vaters, unter der Obhut von Bruder oder von Schwester, unter der Obhut von Verwandten steht, mit einer Gattenbefohlenen oder einer Dienstergebenen, bis herab zu der blumengeschmückten Tänzerin, mit solchen pflegt er keinen Verkehr. Also , ihr Bürger, ist das wahre, rechte Leben in Taten dreifach verschieden.

«Wie aber, Bürger, ist das wahre, rechte Leben in Worten vierfach verschie- 288
den? Da hat einer, ihr Bürger, das Lügen verworfen, vom Lügen hält er sich fern. Vor Gericht, oder von den Leuten, oder unter Verwandten, oder in der

Gesellschaft, oder von königlichen Beamten als Augenzeuge vernommen und befragt: ‹Wohl denn, lieber Mann, was du weißt, das sage›, antwortet er, wenn er nichts weiß: ‹Ich weiß nichts›, und wenn er es weiß: ‹Ich weiß es›, wenn er nichts gesehn hat: ‹Ich habe nichts gesehn›, und wenn er es gesehn hat: ‹Ich hab' es gesehn.› So legt er um seinetwillen oder um eines anderen willen oder von irgendeiner sonstigen Absicht bewogen wissentlich kein falsches Zeugnis ab. Das Ausrichten hat er verworfen, vom Ausrichten hält er sich fern. Was er hier gehört hat erzählt er dort nicht wieder, um jene zu entzweien; oder was er dort gehört hat erzählt er hier nicht wieder, um diese zu entzweien. So einigt er Entzweite, festigt Verbundene, Eintracht erfreut ihn, Eintracht macht ihn froh, Eintracht befriedigt ihn, Eintracht fördernde Worte spricht er. Barsche Worte hat er verworfen, von barschen Worten hält er sich fern. Worte, die lauter sind, dem Ohre wohltuend, liebevoll, zum Herzen dringend, höflich, viele ansprechend, vielen angenehm, solche Worte gebraucht er. Plappern und Plaudern hat er verworfen, von Plappern und Plaudern hält er sich fern. Zur rechten Zeit spricht er, den Tatsachen gemäß, gehaltvoll, der Lehre und Ordnung getreu; seine Rede ist wert, daß man ihrer gedenke, gelegentlich mit Gleichnissen geschmückt, klar und bestimmt, dem Gegenstande angemessen. Also, ihr Bürger, ist das wahre, rechte Leben in Worten vierfach verschieden.

«Und wie, Bürger, ist das wahre, rechte Leben in Gedanken dreifach verschieden? Da ist einer, ihr Bürger, nicht lüstern. Was ein anderer an Hab und Gut besitzt, danach giert er nicht: ‹Ach wenn doch sein Eigen das meine wäre!› Dann ist er frei von Gehässigkeit, frei von Übelwollen: ‹Mögen diese Wesen ohne Haß, ohne Schmerz, ohne Qual glücklich ihr Dasein bewahren!› Und er hat rechte Ansichten, hegt keine verkehrten Meinungen: ‹Almosengeben, Verzichtleisten, Spenden ist kein Unsinn; es gibt eine Saat und Ernte guter und böser Werke; das Diesseits ist vorhanden und das Jenseits ist vorhanden; Eltern gibt es und geistige Geburt gibt es; die Welt hat Asketen und Priester, die vollkommen und vollendet sind, die sich den Sinn dieser und jener Welt begreiflich machen, anschaulich vorstellen und erklären können.› Also, ihr Bürger, ist das wahre, rechte Leben in Gedanken dreifach verschieden. Weil sie also wahr und recht leben, ihr Bürger, deshalb gelangen da manche Wesen bei der Auflösung des Körpers, nach dem Tode, auf gute Fährte, in selige Welt.

289 «Wünscht sich aber, ihr Bürger, ein Wahrhaftiger und Gerechter: ‹O daß ich doch bei der Auflösung des Körpers, nach dem Tode, in der Familie eines reichen Adelsgeschlechtes wiedererscheinen möchte›, so mag es wohl sein, daß er bei der Auflösung des Körpers, nach dem Tode, in der Familie eines

reichen Adelsgeschlechtes wiedererscheine. Und warum das? Um seiner Wahrhaftigkeit und Gerechtigkeit willen.

«Wünscht sich aber, ihr Bürger, ein Wahrhaftiger und Gerechter: ‹O daß ich doch bei der Auflösung des Körpers, nach dem Tode, in der Familie eines reichen Priestergeschlechtes wiedererscheinen möchte›, so mag es wohl sein, daß er bei der Auflösung des Körpers, nach dem Tode, in der Familie eines reichen Priestergeschlechtes wiedererscheine. Und warum das? Um seiner Wahrhaftigkeit und Gerechtigkeit willen.

«Wünscht sich aber, ihr Bürger, ein Wahrhaftiger und Gerechter: ‹O daß ich doch bei der Auflösung des Körpers, nach dem Tode, in der Familie eines reichen Bürgergeschlechtes wiedererscheinen möchte›, so mag es wohl sein, daß er bei der Auflösung des Körpers, nach dem Tode, in der Familie eines reichen Bürgergeschlechtes wiedererscheine. Und warum das? Um seiner Wahrhaftigkeit und Gerechtigkeit willen.

«Wünscht sich aber, ihr Bürger, ein Wahrhaftiger und Gerechter: ‹O daß ich doch bei der Auflösung des Körpers, nach dem Tode, unter den Göttern der Vier großen Könige – unter den Dreiunddreißig Göttern – unter den Schattengöttern – unter den Seligen Göttern – unter den Göttern der unbeschränkten Freude – unter den Jenseits der unbeschränkten Freude weilenden Göttern – unter den Göttern der Brahmawelt – unter den Glänzenden Göttern – unter den Hellerglänzenden Göttern – unter den Unermeßlichglänzenden Göttern – unter den Leuchtenden Göttern – unter den Strahlenden Göttern – unter den Hellerstrahlenden Göttern – unter den Unermeßlichstrahlenden Göttern – unter den Strahlengewordenen Göttern – unter den Gewaltigen Göttern – unter den Wonnigen Göttern – unter den Sonnigen Göttern – unter den Hehren Göttern – unter den Herrlichen Göttern – unter den Erhabenen Göttern – unter den Raumunendlichkeit genießenden Göttern – unter den Bewußtseinunendlichkeit genießenden Göttern – unter den Nichtdasein genießenden Göttern – unter den weder Wahrnehmung noch Nichtwahrnehmung genießenden Göttern wiedererscheinen möchte›, so mag dies wohl sein. Und warum? Um seiner Wahrhaftigkeit und Gerechtigkeit willen.

«Wünscht sich aber, ihr Bürger, ein Wahrhaftiger und Gerechter: ‹O daß ich doch den Wahn versiegen und die wahnlose Gemüterlösung, Weisheiterlösung noch bei Lebzeiten mir offenbar machen, verwirklichen und erringen könnte›, so mag es wohl sein, daß er den Wahn versiegen und die wahnlose Gemüterlösung, Weisheiterlösung noch bei Lebzeiten sich offenbar machen, verwirklichen und erringen kann. Und warum das? Um seiner Wahrhaftigkeit und Gerechtigkeit willen.»

290 Nach diesen Worten sprachen die brāhmanischen Bürger von Sālā zum Erhabenen also:

«Vortrefflich, o Gotamo, vortrefflich, o Gotamo! Gleichwie etwa, o Gotamo, als ob einer Umgestürztes aufstellte, oder Verdecktes enthüllte, oder Verirrten den Weg wiese, oder in die Finsternis ein Licht hielte, ‹Wer Augen hat wird die Dinge sehn›: ebenso auch hat Herr Gotamo die Lehre auf mannigfaltige Weise dargelegt. Und so nehmen wir bei Herrn Gotamo Zuflucht, bei der Lehre und bei der Jüngerschaft: als Anhänger möge uns Herr Gotamo betrachten, von heute an zeitlebens getreu.»

42

FÜNFTER TEIL · ZWEITE REDE

DIE BRĀHMANEN VON VERAÑJAM

DAS HAB' ICH GEHÖRT. Zu einer Zeit weilte der Erhabene bei Sāvatthī, im Siegerwalde, im Garten Anāthapiṇḍikos. Zu dieser Zeit nun befanden sich brāhmanische Bürger aus Verañjam wegen irgendeiner Angelegenheit in Sāvatthī. Und es hörten die brāhmanischen Bürger von Verañjam reden:

291 *[Das Folgende stimmt wörtlich mit dem Vorhergehenden überein*[34]*.]*

43

FÜNFTER TEIL · DRITTE REDE

DIE ERKLÄRUNGEN

I

DAS HAB' ICH GEHÖRT. Zu einer Zeit weilte der Erhabene bei Sāvatthī, im Siegerwalde, im Garten Anāthapiṇḍikos. Als nun der ehrwürdige Mahākoṭṭhito gegen Abend die Gedenkensruhe beendet hatte, begab er sich dorthin wo der ehrwürdige Sāriputto weilte, wechselte höflichen Gruß und freundliche, denkwürdige Worte mit dem ehrwürdigen Sāriputto und setzte sich zur Seite nieder. Zur Seite sitzend sprach nun der ehrwürdige Mahākoṭṭhito zum ehrwürdigen Sāriputto also: 292

«'Unverständig, unverständig' heißt es, o Bruder; inwiefern denn, o Bruder, wird einer unverständig genannt?»

«Er versteht nicht, er versteht nicht, o Bruder: deshalb wird er unverständig genannt: was versteht er nicht? ‹Das ist das Leiden› versteht er nicht, ‹Das ist die Leidensentwicklung› versteht er nicht, ‹Das ist die Leidensauflösung› versteht er nicht, ‹Das ist der zur Leidensauflösung führende Pfad› versteht er nicht. Er versteht nicht, er versteht nicht, o Bruder: deshalb wird er unverständig genannt.»

«Wohl, Bruder!» erwiderte der ehrwürdige Mahākoṭṭhito erfreut und befriedigt dem ehrwürdigen Sāriputto und stellte nun eine fernere Frage: «'Verständig, verständig' heißt es, o Bruder; inwiefern denn, o Bruder, wird einer verständig genannt?»

«Er versteht, er versteht, o Bruder: deshalb wird er verständig genannt: und was versteht er? ‹Das ist das Leiden›, versteht er, ‹Das ist die Leidensentwicklung› versteht er, ‹Das ist die Leidensauflösung› versteht er, ‹Das ist der zur Leidensauflösung führende Pfad› versteht er. Er versteht, er versteht, o Bruder: deshalb wird er verständig genannt.»

«'Bewußt, bewußt' heißt es, o Bruder; inwiefern denn, o Bruder, wird einer bewußt genannt?»

«Er ist bewußt, er ist bewußt, o Bruder: deshalb wird er bewußt genannt; und wessen ist er bewußt? Er ist der Freude bewußt und er ist des Leides bewußt und er ist der Abwesenheit beider bewußt. Er ist bewußt, er ist bewußt, o Bruder: deshalb wird er bewußt genannt.»

«Dieses Verständnis nun, o Bruder, und dieses Bewußtsein: sind diese beiden verbunden, oder sind sie getrennt, und kann man sie sondern und ihren Unterschied angeben?»

«Dieses Verständnis, o Bruder, und dieses Bewußtsein: diese beiden sind verbunden, nicht getrennt, und es ist unmöglich sie zu sondern und ihren Unterschied anzugeben. Denn was einer versteht, Bruder, dessen ist er be-
293 wußt, und wessen er bewußt ist, das versteht er; darum sind diese beiden verbunden, nicht getrennt, und es ist unmöglich sie zu sondern und ihren Unterschied anzugeben.»

«Was für ein Unterschied besteht dann, o Bruder, zwischen diesen beiden verbundenen, nicht getrennten, dem Verständnis und dem Bewußtsein?»

«Zwischen dem Verständnis und dem Bewußtsein, o Bruder, die verbunden und nicht getrennt erscheinen, besteht der Unterschied, daß das Verständnis auszubilden, das Bewußtsein aber zu durchschauen ist.»

«‘Gefühl, Gefühl’ heißt es, o Bruder; inwiefern denn, o Bruder, spricht man von Gefühl?»

«Man fühlt, man fühlt, o Bruder: deshalb spricht man von Gefühl; und was fühlt man? Freude fühlt man und Leid fühlt man und die Abwesenheit beider fühlt man. Man fühlt, man fühlt, o Bruder: deshalb spricht man von Gefühl.»

«‘Wahrnehmung, Wahrnehmung’ heißt es, o Bruder; inwiefern denn, o Bruder, spricht man von Wahrnehmung?»

«Man nimmt wahr, man nimmt wahr, o Bruder: deshalb spricht man von Wahrnehmung; und was nimmt man wahr? Blaues nimmt man wahr und Gelbes nimmt man wahr und Rotes nimmt man wahr und Weißes nimmt man wahr. Man nimmt wahr, man nimmt wahr, o Bruder: deshalb spricht man von Wahrnehmung.»

«Dieses Gefühl nun, o Bruder, und diese Wahrnehmung und dieses Bewußtsein: erscheinen diese verbunden oder getrennt, und ist es möglich sie zu sondern und ihren Unterschied anzugeben?»

«Dieses Gefühl, o Bruder, diese Wahrnehmung und dieses Bewußtsein: diese drei erscheinen verbunden, nicht getrennt, und es ist unmöglich, sie zu sondern und ihren Unterschied anzugeben. Denn was einer fühlt, Bruder, das nimmt er wahr, und was er wahrnimmt, dessen ist er bewußt; darum erscheinen diese Dinge verbunden, nicht getrennt, und es ist unmöglich sie zu sondern und ihren Unterschied anzugeben.»

«Und wer sich, Bruder, von fünf Sinnen losgelöst hat, was kann der mit dem geläuterten Denkbewußtsein erkennen?»

«Wer sich da, Bruder, von fünf Sinnen losgelöst hat, kann mit dem geläuterten Denkbewußtsein in dem Gedanken ‹Grenzenlos ist der Raum› das Reich des unbegrenzten Raumes erkennen, in dem Gedanken ‹Grenzenlos ist das Bewußtsein› das Reich des unbegrenzten Bewußtseins erkennen, in dem Gedanken ‹Nichts ist da› das Reich des Nichtdaseins erkennen.»

«Und das Erkennbare, Bruder, wie kann man das begreifen?»

«Das Erkennbare, Bruder, kann man durch das Auge der Weisheit begreifen.»

«Und die Weisheit, Bruder, wozu dient die?»

«Die Weisheit, Bruder, dient zur Durchschauung, dient zur Durchdringung, dient zur Entsagung.»

«Welche Bedingungen liegen nun, o Bruder, der rechten Erkenntnis zu- 294
grunde?»

«Zwei Bedingungen, o Bruder, liegen der rechten Erkenntnis zugrunde: die Stimme eines anderen und tiefes Nachdenken. Das sind die zwei Bedingungen, o Bruder, die der rechten Erkenntnis zugrunde liegen.»

«Was für Eigenschaften muß aber, Bruder, die rechte Erkenntnis besitzen, um die Frucht der Gemüterlösung zu bringen und den Gewinn dieser Frucht, um die Frucht der Weisheiterlösung zu bringen und den Gewinn dieser Frucht?»

«Fünf Eigenschaften, Bruder, muß die rechte Erkenntnis besitzen, um die Frucht der Gemüterlösung zu bringen und den Gewinn dieser Frucht, um die Frucht der Weisheiterlösung zu bringen und den Gewinn dieser Frucht: da besitzt, o Bruder, die rechte Erkenntnis die Eigenschaft der Tugend, die Eigenschaft der Erfahrung, die Eigenschaft des Mitteilens, die Eigenschaft der Ruhe und die Eigenschaft der Klarsicht. Diese fünf Eigenschaften, Bruder, muß die rechte Erkenntnis besitzen, soll sie die Frucht der Gemüterlösung bringen und den Gewinn dieser Frucht, soll sie die Frucht der Weisheiterlösung bringen und den Gewinn dieser Frucht.»

«Wie viele Arten des Daseins, o Bruder, gibt es?»

«Drei Arten des Daseins, Bruder, gibt es: geschlechtliches Dasein, formhaftes Dasein, formloses Dasein.»

«Und wie ist es möglich, o Bruder, daß immer wieder ein neuer Keim entsteht?»

«Weil die Wesen, o Bruder, versunken im Nichtwissen, vom Lebensdurst geködert, bald da und bald dort sich ergetzen, deshalb kommt immer wieder ein neuer Keim zustande.»

«Und wie ist es möglich, o Bruder, daß nie wieder ein neuer Keim entstehe?»

«Durch den Nichtwissensekel, o Bruder, durch die Wissensgewinnung, durch die Auflösung des Durstes wird jede weitere Keimbildung aufgehoben.»

«Was ist nun, Bruder, die erste Schauung?»

«Da weilt, o Bruder, ein Mönch, gar fern von Begierden, fern von unheilsamen Dingen, in sinnend gedenkender ruhegeborener seliger Heiterkeit, in der Weihe der ersten Schauung. Das nennt man, Bruder, die erste Schauung.»

«Und was für Eigenschaften, Bruder, besitzt die erste Schauung?»

«Die erste Schauung, Bruder, besitzt fünf Eigenschaften: da ist, o Bruder, ein Mönch, der die erste Schauung erwirkt hat, dem Sinnen und Gedenken hingegeben, der Heiterkeit, Seligkeit und Einheit des Gemütes. Solcher Art, Bruder, sind die fünf Eigenschaften der ersten Schauung.»

«Und von welchen Eigenschaften, Bruder, muß die erste Schauung frei sein, und von welchen erfüllt?»

«Die erste Schauung, Bruder, muß von fünf Eigenschaften frei und von fünf Eigenschaften erfüllt sein: da ist, o Bruder, ein Mönch, der die erste Schauung erwirkt hat, lauter von Wunscheswillen, lauter von Gehässigkeit,
295 lauter von matter Müde, lauter von stolzem Unmut, lauter von schwankender Ungewißheit; und er ist dem Sinnen und Gedenken hingegeben, der Heiterkeit, Seligkeit und Einheit des Gemütes. Solcher Art, Bruder, ist die erste Schauung von fünf Eigenschaften frei und von fünf Eigenschaften erfüllt.»

«Fünf Sinnen, o Bruder, eignet verschiedenes Gebiet, verschiedener Wirkungskreis, und keiner hat am Gebiet und Wirkungskreis des anderen teil. Es ist das Gesicht, das Gehör, der Geruch, der Geschmack, das Getast. Diese fünf Sinne, Bruder, denen verschiedenes Gebiet, verschiedener Wirkungskreis eignet, so daß keiner am Gebiet und Wirkungskreis des anderen teilhat, haben die nicht einen Hort, nimmt nicht etwas an ihrem Gebiet und Wirkungskreis teil?»

«Fünf Sinnen, o Bruder, eignet verschiedenes Gebiet, verschiedener Wirkungskreis, und keiner hat am Gebiet und Wirkungskreis des anderen teil. Es ist das Gesicht, das Gehör, der Geruch, der Geschmack, das Getast. Diese fünf Sinne, Bruder, denen verschiedenes Gebiet, verschiedener Wirkungskreis eignet, so daß keiner am Gebiet und Wirkungskreis des anderen teilhat, die haben das Herz zum Hort, das Herz hat an ihrem Gebiet und Wirkungskreis teil.»

«Fünf Sinne haben wir da, Bruder: Gesicht, Gehör, Geruch, Geschmack, Getast. Wodurch bestehn nun, o Bruder, diese fünf Sinne?»

«Fünf Sinne haben wir da, Bruder: Gesicht, Gehör, Geruch, Geschmack, Getast. Diese fünf Sinne, o Bruder, bestehn durch die Lebenskraft.»

«Wodurch besteht aber die Lebenskraft, o Bruder?»

«Die Lebenskraft besteht durch die Wärme.»

«Und wodurch, o Bruder, besteht die Wärme?»

«Die Wärme besteht durch die Lebenskraft.»

«So verstehn wir nun jetzt die Rede des ehrwürdigen Sāriputto also: ‹Die Lebenskraft besteht durch die Wärme›, und: ‹Die Wärme besteht durch die Lebenskraft›; wie soll man, o Bruder, den Sinn solcher Rede deuten?»

«So will ich dir denn, o Bruder, ein Gleichnis geben: auch durch Gleichnisse wird da manchem verständigen Manne der Sinn einer Rede klar. Gleichwie etwa, Bruder, bei einer brennenden Öllampe durch die Flamme das Licht erscheint und durch das Licht die Flamme: ebenso nun auch, o Bruder, besteht die Lebenskraft durch die Wärme und die Wärme durch die Lebenskraft.»

«Sind wohl, o Bruder, die Elemente der Lebenskraft mit den intelligiblen Dingen identisch, oder sind sie von ihnen verschieden?»

«Nicht sind die Elemente der Lebenskraft, o Bruder, mit den intelligiblen 296
Dingen identisch. Sind aber, Bruder, die Elemente der Lebenskraft intelligibel geworden, so ist das nicht als das letzte Ziel eines Mönchs zu betrachten, der die Auflösung der Wahrnehmbarkeit erwirkt hat. Wenn aber, Bruder, die Elemente der Lebenskraft eines, und die intelligiblen Dinge etwas anderes sind, so betrachtet man dies als das letzte Ziel eines Mönchs, der die Auflösung der Wahrnehmbarkeit erwirkt hat.»

«Welche Eigenschaften haben nun, o Bruder, diesen Körper verlassen, wenn er niedergestürzt, hingefallen daliegt, wie ein totes Stück Holz?»

«Wenn drei Eigenschaften, Bruder, diesen Körper verlassen haben: die Lebenskraft, die Wärme und das Bewußtsein, dann liegt dieser Körper niedergestürzt, hingefallen da, wie ein totes Stück Holz.»

«Welcher Unterschied besteht nun, Bruder, zwischen einem Toten, Abgestorbenen und einem Mönche, der die Auflösung der Wahrnehmbarkeit erwirkt hat?»

«Wer da tot und abgestorben ist, o Bruder, dessen körperliche Elemente sind aufgelöst und erloschen, dessen sprachliche Elemente sind aufgelöst und erloschen, dessen geistige Elemente sind aufgelöst und erloschen, die Lebenskraft ist aufgezehrt, die Wärme verflogen, die Sinne zerstoben; der Mönch aber, der die Auflösung der Wahrnehmbarkeit erwirkt hat, dessen körperliche, sprachliche und geistige Elemente sind zwar aufgelöst und erloschen, doch die Lebenskraft ist nicht aufgezehrt, die Wärme nicht verflogen, und die Sinne sind gestillt. Das ist der Unterschied, Bruder, zwischen einem Toten und Abgestorbenen und einem Mönche, der die Auflösung der Wahrnehmbarkeit erwirkt hat.»

«Und welche Bedingungen, Bruder, ermöglichen die leidlose, freudlose Gemüterlösung?»

«Vier Bedingungen, Bruder, ermöglichen die leidlose, freudlose Gemüterlösung: da erwirkt, o Bruder, ein Mönch, nach Verwerfung der Freuden und Leiden, nach Vernichtung des einstigen Frohsinns und Trübsinns, die Weihe der leidlosen, freudlosen, gleichmütig einsichtigen vollkommenen Reine, die vierte Schauung. Das sind die vier Bedingungen, Bruder, um der leidlosen, freudlosen Gemüterlösung teilhaftig zu werden.»

«Und welche Bedingungen, Bruder, ermöglichen den Eintritt der vorstellungslosen Gemüterlösung?»

«Zwei Bedingungen, Bruder, ermöglichen den Eintritt der vorstellungslosen Gemüterlösung: keiner Vorstellung Raum gewähren und sich in die Vorstellungslosigkeit verlieren. Das, o Bruder, sind die zwei Bedingungen, welche den Eintritt der vorstellungslosen Gemüterlösung ermöglichen.»

«Und welche Bedingungen, Bruder, ermöglichen die Dauer der vorstellungslosen Gemüterlösung?»

«Drei Bedingungen, Bruder, ermöglichen die Dauer der vorstellungslosen
297 Gemüterlösung: keiner Vorstellung Raum gewähren, sich in die Vorstellungslosigkeit verlieren und vorhergegangener Willensentschluß. Das, o Bruder, sind die drei Bedingungen, welche die Dauer der vorstellungslosen Gemüterlösung ermöglichen.»

«Und welche Bedingungen, Bruder, ermöglichen das Ende der vorstellungslosen Gemüterlösung?»

«Zwei Bedingungen, Bruder, ermöglichen das Ende der vorstellungslosen Gemüterlösung: sich in die Vorstellungen verlieren, der Vorstellungslosigkeit keinen Raum gewähren. Das, o Bruder, sind die zwei Bedingungen, welche das Ende der vorstellungslosen Gemüterlösung ermöglichen.»

«Und nun, o Bruder: die unbeschränkte Gemüterlösung, die unbeschwerte Gemüterlösung, die ledige Gemüterlösung, die vorstellungslose Gemüterlösung, sind das voneinander verschiedene Begriffe, die auch eine verschiedene Bezeichnung haben? Oder sind sie einander gleich und ist nur die Bezeichnung verschieden?»

«Die unbeschränkte Gemüterlösung, die unbeschwerte Gemüterlösung, die ledige Gemüterlösung, die vorstellungslose Gemüterlösung, das sind Begriffe, o Bruder, die nach der einen Betrachtungsart verschieden sind und verschiedene Bezeichnung haben, nach der anderen Betrachtungsart aber gleich sind, doch verschieden bezeichnet. Nach welcher Betrachtungsart nun, o Bruder, sind diese Begriffe verschieden und haben verschiedene Bezeichnung? Da strahlt, o Bruder, ein Mönch liebevollen Gemütes weilend nach einer Richtung, dann nach einer zweiten, dann nach der dritten, dann nach der vierten, ebenso nach oben und nach unten: überall in allem sich wiedererkennend durchstrahlt er die ganze Welt mit liebevollem Gemüte, mit weitem, tiefem, unbeschränktem, von Grimm und Groll geklärtem. Erbarmen-

den Gemütes – freudevollen Gemütes – unbewegten Gemütes weilend strahlt
er nach einer Richtung, dann nach einer zweiten, dann nach der dritten, dann
nach der vierten, ebenso nach oben und nach unten: überall in allem sich wie-
dererkennend durchstrahlt er die ganze Welt mit liebevollem Gemüte, mit
erbarmendem Gemüte, mit freudevollem Gemüte, mit unbewegtem Gemüte,
mit weitem, tiefem, unbeschränktem, von Grimm und Groll geklärtem. Das
nennt man, o Bruder, die unbeschränkte Gemüterlösung. Und was, Bruder,
ist die unbeschwerte Gemüterlösung? Da erwirkt, o Bruder, der Mönch nach
völliger Überwindung der unbegrenzten Bewußtseinsphäre in dem Gedan-
ken ‹Nichts ist da› das Reich des Nichtdaseins. Das nennt man, o Bruder,
die unbeschwerte Gemüterlösung. Und was, Bruder, ist die ledige Gemüt-
erlösung? Da weilt, o Bruder, der Mönch im Walde, oder am Fuß eines Bau-
mes, oder in leerer Klause und überlegt also: ‹Leer ist das von Mir und Mein.›
Das nennt man, o Bruder, die ledige Gemüterlösung. Und was, Bruder, ist 298
die vorstellungslose Gemüterlösung? Da erwirkt, o Bruder, der Mönch, in-
dem er keiner Vorstellung Raum gibt, die vorstellungslose Gemütvertiefung.
Das nennt man, Bruder, die vorstellungslose Gemüterlösung. Das ist die Be-
trachtungsart, Bruder, nach welcher diese Begriffe verschieden sind und ver-
schiedene Bezeichnung haben. Nach welcher Betrachtungsart nun, o Bruder,
sind diese Begriffe einander gleich, und haben nur eine verschiedene Bezeich-
nung? Die Gier, o Bruder, beschränkt, der Haß beschränkt, die Irre be-
schränkt: die hat der wahnversiegte Mönch verleugnet, an der Wurzel ab-
geschnitten, einem Palmstumpf gleichgemacht, so daß sie nicht mehr keimen,
nicht mehr sich entwickeln können. Sind nun, o Bruder, die unbeschränkten
Gemüterlösungen unerschütterlich geworden, so gilt die Gemüterlösung von
ihnen als das Letzte; und diese unerschütterliche Gemüterlösung ist dann
ledig der Gier, ledig des Hasses, ledig der Irre. Die Gier, o Bruder, beschwert,
der Haß beschwert, die Irre beschwert: die hat der wahnversiegte Mönch
verleugnet, an der Wurzel abgeschnitten, einem Palmstumpf gleichgemacht,
so daß sie nicht mehr keimen, nicht mehr sich entwickeln können. Sind nun,
o Bruder, die unbeschwerten Gemüterlösungen unerschütterlich geworden,
so gilt die Gemüterlösung von ihnen als das Letzte; und diese unerschütter-
liche Gemüterlösung ist dann ledig der Gier, ledig des Hasses, ledig der Irre.
Die Gier, o Bruder, schafft Vorstellungen, der Haß schafft Vorstellungen, die
Irre schafft Vorstellungen: die hat der wahnversiegte Mönch verleugnet, an
der Wurzel abgeschnitten, einem Palmstumpf gleichgemacht, so daß sie nicht
mehr keimen, nicht mehr sich entwickeln können. Sind nun, o Bruder, die
vorstellungslosen Gemüterlösungen unerschütterlich geworden, so gilt die
Gemüterlösung von ihnen als das Letzte; und diese unerschütterliche Ge-
müterlösung ist dann ledig der Gier, ledig des Hasses, ledig der Irre. Das, o

Bruder, ist die Betrachtungsart, nach welcher diese Begriffe einander gleich sind und nur die Bezeichnung eine verschiedene ist.»

Also sprach der ehrwürdige Sāriputto. Zufrieden freute sich der ehrwürdige Mahākoṭṭhito über das Wort des ehrwürdigen Sāriputto.

44

FÜNFTER TEIL · VIERTE REDE

DIE ERKLÄRUNGEN

II

299 DAS HAB' ICH GEHÖRT. Zu einer Zeit weilte der Erhabene bei Rājagaham, im Bambusparke, am Hügel der Eichhörnchen. Da nun begab sich Visākho, ein Anhänger, zur Nonne Dhammadinnā, begrüßte sie höflich und setzte sich seitwärts nieder. Seitwärts sitzend sprach nun der Anhänger Visākho zur Nonne Dhammadinnā also:

«'Die Persönlichkeit, die Persönlichkeit' heißt es, Ehrwürdige; was hat denn wohl der Erhabene gesagt, Ehrwürdige, daß die Persönlichkeit sei?»

«Die fünf Stücke des Anhangens sind die Persönlichkeit, hat der Erhabene gesagt, Bruder Visākho, als da ist ein Stück Anhangen an der Form, ein Stück Anhangen am Gefühl, ein Stück Anhangen an der Wahrnehmung, ein Stück Anhangen an der Unterscheidung, ein Stück Anhangen am Bewußtsein. Diese fünf Stücke des Anhangens, Bruder Visākho, sind die Persönlichkeit, hat der Erhabene gesagt.»

«Wohl, Ehrwürdige!» erwiderte Visākho der Nonne Dhammadinnā erfreut und befriedigt und stellte nun eine fernere Frage: «'Die Entstehung der Persönlichkeit, die Entstehung der Persönlichkeit' heißt es, Ehrwürdige; was hat denn nun, Ehrwürdige, der Erhabene über die Entstehung der Persönlichkeit gesagt?»

«Dieser Durst da, Bruder Visākho, der Wiederdasein säende, gnügensgierverbundene, bald da bald dort sich ergetzende, als da ist der Geschlechtsdurst, der Daseinsdurst, der Wohlseinsdurst[35], das, Bruder Visākho, hat der Erhabene gesagt, ist die Entstehung der Persönlichkeit.»

«'Die Auflösung der Persönlichkeit, die Auflösung der Persönlichkeit' heißt es, Ehrwürdige; was hat nun wohl, Ehrwürdige, der Erhabene über die Auflösung der Persönlichkeit gesagt?»

«Ebendieses Durstes vollkommen restlose Auflösung, Abstoßung, Austreibung, Aufhebung, Vertilgung, Bruder Visākho, das ist die Auflösung der Persönlichkeit, hat der Erhabene gesagt.»

«'Der zur Auflösung der Persönlichkeit führende Pfad, der zur Auflösung der Persönlichkeit führende Pfad' heißt es, Ehrwürdige; was hat da wohl, Ehrwürdige, der Erhabene über diesen Pfad gesagt?»

«Es ist dieser heilige achtfältige Weg, Bruder Visākho, von dem der Erhabene gesagt hat, daß er zur Auflösung der Persönlichkeit führe, nämlich: rechte Erkenntnis, rechte Gesinnung, rechte Rede, rechtes Handeln, rechtes Wandeln, rechtes Mühn, rechte Einsicht, rechte Vertiefung.»

«Ist nun, Ehrwürdige, Anhangen und die fünf Stücke des Anhangens ein und dasselbe, oder gibt es ein Anhangen außer den fünf Stücken des Anhangens?»

«Nicht ist, Bruder Visākho, Anhangen und die fünf Stücke des Anhangens
ein und dasselbe, doch gibt es kein Anhangen außer den fünf Stücken des An- 300
hangens: was da, Bruder Visākho, bei den fünf Stücken des Anhangens Willensreiz ist, das ist dabei Anhangen.»

«Wie aber kann, Ehrwürdige, der Glaube an Persönlichkeit aufkommen?»

«Da hat einer, Bruder Visākho, nichts erfahren, ist ein gewöhnlicher Mensch, ohne Sinn für das Heilige, der heiligen Lehre unkundig, der heiligen Lehre unzugänglich, ohne Sinn für das Edle, der Lehre der Edlen unkundig, der Lehre der Edlen unzugänglich und betrachtet die Form als sich selbst, oder sich selbst als formähnlich, oder in sich selbst die Form, oder in der Form sich selbst; er betrachtet das Gefühl, die Wahrnehmung, die Unterscheidungen, das Bewußtsein als sich selbst, oder sich selbst als diesen ähnlich, oder in sich selbst diese, oder in diesen sich selbst. So kann, Bruder Visākho, der Glaube an Persönlichkeit aufkommen.»

«Und wie, Ehrwürdige, kann der Glaube an Persönlichkeit nicht aufkommen?»

«Da hat einer, Bruder Visākho, als erfahrener heiliger Jünger das Heilige gemerkt, ist der heiligen Lehre kundig, der heiligen Lehre wohlzugänglich, hat das Edle gemerkt, ist der Lehre der Edlen kundig, der Lehre der Edlen wohlzugänglich und betrachtet die Form nicht als sich selbst, noch sich selbst als formähnlich, noch in sich selbst die Form, noch in der Form sich selbst; er betrachtet das Gefühl, die Wahrnehmung, die Unterscheidungen, das Bewußtsein nicht als sich selbst, noch sich selbst als diesen ähnlich, noch in sich selbst diese, noch in diesen sich selbst. So kann, Bruder Visākho, der Glaube an Persönlichkeit nicht aufkommen.»

«Welcher Art ist nun, Ehrwürdige, der heilige achtfältige Weg?»

«Solcher Art, Bruder Visākho, ist der heilige achtfältige Weg, nämlich: rechte Erkenntnis, rechte Gesinnung, rechte Rede, rechtes Handeln, rechtes Wandeln, rechtes Mühn, rechte Einsicht, rechte Vertiefung.»

«Ist nun der heilige achtfältige Weg, Ehrwürdige, ein Zusammengefügtes oder ein Einiges?»

«Der heilige achtfältige Weg, Bruder Visākho, ist ein Zusammengefügtes.»

301 «Hat sich nun etwa, Ehrwürdige, der heilige achtfältige Weg aus drei Teilen zusammengestellt, oder ist er aus drei Teilen zusammengestellt worden?»

«Der heilige achtfältige Weg, Bruder Visākho, hat sich nicht aus drei Teilen zusammengestellt, sondern ist aus drei Teilen zusammengestellt worden. Rechte Rede, rechtes Handeln, rechtes Wandeln bilden den Teil der Tugend; rechtes Mühn, rechte Einsicht, rechte Vertiefung bilden den Teil der Vertiefung; rechte Erkenntnis und rechte Gesinnung bilden den Teil der Weisheit.»

«Und wie erklärt man, Ehrwürdige, die Vertiefung, die Vorstellungen in der Vertiefung, das Rüstzeug bei der Vertiefung und die Pflege der Vertiefung?»

«Die Einheit des Gemütes, Bruder Visākho, das ist die Vertiefung, die vier Pfeiler der Einsicht sind die Vorstellungen in der Vertiefung, die vier gewaltigen Kämpfe sind das Rüstzeug bei der Vertiefung, und die Übung, Pflege und Ausbildung in ebendiesen Dingen, das ist die Pflege der Vertiefung.»

«Wieviel Unterscheidungen gibt es, Ehrwürdige?»

«Drei Unterscheidungen gibt es, Bruder Visākho: körperliche Unterscheidung, sprachliche Unterscheidung und geistige Unterscheidung.»

«Und was ist, Ehrwürdige, körperliche Unterscheidung, sprachliche Unterscheidung und geistige Unterscheidung?»

«Einatmung und Ausatmung, Bruder Visākho, ist körperliche Unterscheidung, Erwägung und Überlegung sprachliche Unterscheidung, Wahrnehmung und Gefühl geistige Unterscheidung.»

«Und warum, Ehrwürdige, ist Einatmung und Ausatmung körperliche Unterscheidung, Erwägung und Überlegung sprachliche Unterscheidung, und Wahrnehmung und Gefühl geistige Unterscheidung?»

«Einatmung und Ausatmung, Bruder Visākho, sind körperliche Eigenschaften, sind an den Körper gebunden: darum ist Einatmung und Ausatmung die körperliche Unterscheidung. Was man vorher in Erwägung und Überlegung gezogen hat, Bruder Visākho, spricht man nachher aus: darum ist Erwägung und Überlegung die sprachliche Unterscheidung. Wahrnehmung und Gefühl sind geistige Eigenschaften, sind an den Geist gebunden: darum ist Wahrnehmung und Gefühl die geistige Unterscheidung.»

«Und wie kann man, Ehrwürdige, die Auflösung der Wahrnehmbarkeit erlangen?»

«Das ist nicht so, Bruder Visākho, als ob ein Mönch, dem die Auflösung der Wahrnehmbarkeit zuteil wird, sagen könnte: ‹Ich werde die Auflösung der Wahrnehmbarkeit erlangen›, oder: ‹Ich erlange die Auflösung der Wahrnehmbarkeit›, oder: ‹Ich habe die Auflösung der Wahrnehmbarkeit erlangt›; sondern er hat sein Gemüt vorher soweit ausgebildet, daß es dafür empfänglich wird.»

«Und wenn einem Mönche, Ehrwürdige, die Auflösung der Wahrnehmbar- 302
keit zuteil wird, was löst sich da zuerst auf, die körperliche Unterscheidung, oder die sprachliche Unterscheidung, oder die geistige Unterscheidung?»

«Wenn einem Mönche, Bruder Visākho, die Auflösung der Wahrnehmbarkeit zuteil wird, löst sich zuerst die sprachliche Unterscheidung auf, dann die körperliche und dann die geistige.»

«Und wie kann man, Ehrwürdige, die Auflösung der Wahrnehmbarkeit aufheben?»

«Das ist nicht so, Bruder Visākho, als ob ein Mönch, der die Auflösung der Wahrnehmbarkeit aufhebt, sagen könnte: ‹Ich werde die Auflösung der Wahrnehmbarkeit aufheben›, oder: ‹Ich hebe die Auflösung der Wahrnehmbarkeit auf›, oder: ‹Ich habe die Auflösung der Wahrnehmbarkeit aufgehoben›; sondern er hat sein Gemüt vorher soweit ausgebildet, daß es dafür empfänglich wird.»

«Und wenn ein Mönch die Auflösung der Wahrnehmbarkeit aufhebt, Ehrwürdige, was erscheint da zuerst wieder, die körperliche Unterscheidung, oder die sprachliche Unterscheidung, oder die geistige Unterscheidung?»

«Wenn ein Mönch, Bruder Visākho, die Auflösung der Wahrnehmbarkeit aufhebt, erscheint zuerst die geistige Unterscheidung wieder, dann die körperliche und dann die sprachliche.»

«Und was für Empfindungen, Ehrwürdige, kommen den Mönch an, wenn er die Auflösung der Wahrnehmbarkeit aufgehoben hat?»

«Drei Empfindungen, Bruder Visākho, kommen den Mönch an, der die Auflösung der Wahrnehmbarkeit aufgehoben hat: die Empfindung der Leerheit, die Empfindung der Vorstellungslosigkeit, die Empfindung der Reglosigkeit.»

«Und wohin neigt sich, wohin beugt sich, wohin senkt sich, Ehrwürdige, das Gemüt eines Mönchs, der die Auflösung der Wahrnehmbarkeit aufgehoben hat?»

«Das Gemüt eines Mönchs, der die Auflösung der Wahrnehmbarkeit aufgehoben hat, Bruder Visākho, neigt sich zur Einsamkeit, beugt sich zur Einsamkeit, senkt sich zur Einsamkeit.»

«Was für Gefühle gibt es, Ehrwürdige?»

«Es gibt drei Arten von Gefühlen, Bruder Visākho: das freudige Gefühl, das leidige Gefühl und das weder freudig noch leidige Gefühl.»

«Und wie erklärt man, Ehrwürdige, das freudige Gefühl, wie das leidige Gefühl und wie das weder freudig noch leidige Gefühl?»

«Körperliche oder geistige Freude, Bruder Visākho, die sich angenehm
fühlbar macht, ist das freudige Gefühl; körperliches oder geistiges Leid, Bru-
der Visākho, das sich unangenehm fühlbar macht, ist das leidige Gefühl; und
körperliche oder geistige Empfindung, Bruder Visākho, die sich weder an-
303 genehm noch unangenehm fühlbar macht, ist das weder freudig noch leidige
Gefühl.»

«Und was ist beim freudigen Gefühl, Ehrwürdige, Freude und was ist Leid, was ist beim leidigen Gefühl Leid und was ist Freude, und was ist beim weder freudig noch leidigen Gefühl Freude und was ist Leid?»

«Beim freudigen Gefühl, Bruder Visākho, ist die Dauer Freude und der Wechsel Leid, beim leidigen Gefühl ist die Dauer Leid und der Wechsel Freude, und beim weder freudig noch leidigen Gefühl ist das Verstehn Freude und das Nichtverstehn Leid.»

«Und was für ein Trieb, Ehrwürdige, haftet dem freudigen Gefühle an, was für ein Trieb haftet dem leidigen Gefühle an, was für ein Trieb haftet dem weder freudig noch leidigen Gefühle an?»

«Dem freudigen Gefühle, Bruder Visākho, haftet der Trieb der Gier an, dem leidigen Gefühle haftet der Trieb des Hassens an, dem weder freudig noch leidigen Gefühle haftet der Trieb des Nichtwissens an.»

«Und haftet der Trieb der Gier, Ehrwürdige, jedem freudigen Gefühle an, haftet der Trieb des Hassens jedem leidigen Gefühle an, haftet der Trieb des Nichtwissens jedem weder freudig noch leidigen Gefühle an?»

«Nicht jedem freudigen Gefühle, Bruder Visākho, haftet der Trieb der Gier an, nicht jedem leidigen Gefühle haftet der Trieb des Hassens an, nicht jedem weder freudig noch leidigem Gefühle haftet der Trieb des Nichtwissens an.»

«Was ist nun, Ehrwürdige, beim freudigen Gefühle verwerflich, was ist beim leidigen Gefühle verwerflich, was ist beim weder freudig noch leidigen Gefühle verwerflich?»

«Beim freudigen Gefühl, Bruder Visākho, ist der Trieb der Gier verwerflich, beim leidigen Gefühl ist der Trieb des Hassens verwerflich, beim weder freudig noch leidigen Gefühl ist der Trieb des Nichtwissens verwerflich.»

«Ist nun, Ehrwürdige, der Trieb der Gier bei jedem freudigen Gefühl zu verwerfen, ist der Trieb des Hassens bei jedem leidigen Gefühl zu verwerfen, ist der Trieb des Nichtwissens bei jedem weder freudig noch leidigen Gefühl zu verwerfen?»

«Nicht bei jedem freudigen Gefühle, Bruder Visākho, ist der Trieb der Gier zu verwerfen, nicht bei jedem leidigen Gefühle ist der Trieb des Hassens zu verwerfen, nicht bei jedem weder freudig noch leidigen Gefühle ist der Trieb des Nichtwissens zu verwerfen. Da weilt, Bruder Visākho, ein Mönch, gar fern von Begierden, fern von unheilsamen Dingen, in sinnend gedenkender ruhegeborener seliger Heiterkeit, in der Weihe der ersten Schauung; und so verwirft er die Gier, und kein Giertrieb haftet ihm an. Und ein Mönch, Bruder Visākho, sagt zu sich selbst: ‹Wann doch nur werde ich das Gebiet erobert haben, das die Heiligen schon besitzen?› Und indem er also voll Sehnsucht der höchsten Erlösungen gedenkt, fühlt er sich schmerzlich bewegt; 304
und so verwirft er das Hassen, und kein Hassenstrieb haftet ihm an. Und ein Mönch, Bruder Visākho, erwirkt nach Verwerfung der Freuden und Leiden, nach Vernichtung des einstigen Frohsinns und Trübsinns die Weihe der leidlosen, freudlosen, gleichmütig einsichtigen vollkommenen Reine, die vierte Schauung; und so verwirft er das Nichtwissen, und kein Nichtwissenstrieb haftet ihm an.»

«Was erfolgt, Ehrwürdige, aus dem freudigen Gefühle?»

«Aus dem freudigen Gefühle, Bruder Visākho, erfolgt das leidige Gefühl.»

«Und was erfolgt, Ehrwürdige, aus dem leidigen Gefühle?»

«Aus dem leidigen Gefühle, Bruder Visākho, erfolgt das freudige Gefühl.»

«Und was erfolgt, Ehrwürdige, aus dem weder freudig noch leidigen Gefühle?»

«Aus dem weder freudig noch leidigen Gefühle, Bruder Visākho, erfolgt das Nichtwissen.»

«Und was erfolgt, Ehrwürdige, aus dem Nichtwissen?»

«Aus dem Nichtwissen, Bruder Visākho, erfolgt das Wissen.»

«Und was erfolgt, Ehrwürdige, aus dem Wissen?»

«Aus dem Wissen, Bruder Visākho, erfolgt die Erlösung.»

«Und was erfolgt, Ehrwürdige, aus der Erlösung?»

«Aus der Erlösung, Bruder Visākho, erfolgt die Erlöschung.»

«Und was erfolgt, Ehrwürdige, aus der Erlöschung?»

«Überschritten hast du, Bruder Visākho, das Fragen, man kann den Begriff der Frage nicht fassen. Denn um in die Erlöschung zu münden, Bruder Visākho, wird das Asketenleben geführt, in die Erlöschung geht es ein, in der Erlöschung geht es auf. Wenn es dir recht ist, Bruder Visākho, so gehe nun und bitte den Erhabenen um Aufklärung: wie es dir der Erhabene darstellen wird bewahre es.»

Da war nun Visākho, der Anhänger, durch die Rede der Nonne Dhammadinnā erfreut und befriedigt, erhob sich von seinem Sitze, begrüßte die Nonne

Dhammadinnā ehrerbietig, ging rechts herum und begab sich dorthin wo der Erhabene weilte. Dort angelangt begrüßte er den Erhabenen ehrerbietig und setzte sich seitwärts nieder. Zur Seite sitzend erzählte nun der Anhänger Visākho dem Erhabenen Wort für Wort das Gespräch mit der Nonne Dhammadinnā. Nach diesem Berichte wandte sich der Erhabene an Visākho den Anhänger also:

«Weise, Visākho, ist die Nonne Dhammadinnā, wissensmächtig, Visākho,
ist die Nonne Dhammadinnā. Wolltest du mich um Aufklärung bitten, Vi-
305 sākho, ich würde dir genau dieselbe Antwort geben, wie sie dir die Nonne
Dhammadinnā gegeben hat: denn das ist der Sinn, und also bewahre ihn.»

So sprach der Erhabene. Zufrieden freute sich der Anhänger Visākho über das Wort des Erhabenen.

45

FÜNFTER TEIL · FÜNFTE REDE

DIE LEBENSFÜHRUNG

I

Das hab' ich gehört. Zu einer Zeit weilte der Erhabene bei Sāvatthī, im Siegerwalde, im Garten Anāthapiṇḍikos. Dort nun wandte sich der Erhabene an die Mönche: «Ihr Mönche!» – «Erlauchter!» antworteten da jene Mönche dem Erhabenen aufmerksam. Der Erhabene sprach also:

«Vier Arten der Lebensführung gibt es, ihr Mönche: welche vier? Die Lebensführung, die gegenwärtiges Wohl und künftiges Wehe bringt, die Lebensführung, die gegenwärtiges Wehe sowie künftiges Wehe bringt, die Lebensführung, die gegenwärtiges Wehe und künftiges Wohl bringt, und die Lebensführung, die gegenwärtiges Wohl sowie künftiges Wohl bringt.

«Was ist das aber, ihr Mönche, für eine Lebensführung, die gegenwärtiges Wohl und künftiges Wehe bringt? Manche Asketen und Brāhmanen, ihr Mönche, sagen und lehren: ‹Wir finden kein Arg an der Lust.› Sie lassen der Lust freien Lauf, pflegen Umgang mit lockigen Nonnen und sagen: ‹Warum haben doch jene lieben Asketen und Brāhmanen aus Vorsicht vor kommen-

der Schrecknis Verleugnung der Lust gepredigt, Überwindung der Lust gelehrt? Süß ist die Umarmung mit dieser jungen, geschmeidigen, flaumigen Nonne!› So reden sie und lassen die Lust gewähren. Haben sie die Lust gewähren lassen, so gelangen sie bei der Auflösung des Körpers, nach dem Tode, abwärts, auf schlechte Fährte, in Verderben und Unheil, und empfinden schmerzliche, brennende, stechende Gefühle. Dann sagen sie: ‹Dieses Schreckliche da haben jene lieben Asketen und Brāhmanen vorausgesehn und Verleugnung der Lust gepredigt, Überwindung der Lust gelehrt: denn Lust ist der Grund, Lust ist die Ursache, daß wir jetzt schmerzliche, brennende, ste- 306
chende Gefühle empfinden!›

«Gleichwie etwa, ihr Mönche, wenn gegen Ende des Sommers ein kriechendes Schlinggewächs Frucht trüge, und es fiele ein Samenkorn an die Wurzel eines Prachtbaumes. Da würde, ihr Mönche, die Gottheit die in dem Baume lebt, erschreckt und bestürzt, in Aufregung geraten. Aber nun kämen, ihr Mönche, Freunde und Verwandte der Gottheit herbei, die Haingottheiten, die Waldgottheiten, die Baumgottheiten, alle die Götter die Kräuter, Gräser und Wipfel beleben versammelten sich und sprächen tröstend im Chore: ‹Fürchte dich nicht, Lieber! Fürchte dich nicht, Lieber! Ganz sicher wird ja dieses Samenkorn von einem Fasan verschlungen oder von einem Reh zerkaut oder bei einem Forstbrand vernichtet oder von Waldarbeitern aufgelesen oder von Termiten fortgeschleppt werden, oder es wird überhaupt nicht keimen.› Doch dieses Samenkorn, ihr Mönche, würde weder von einem Fasan verschlungen noch von einem Reh zerkaut noch bei einem Forstbrand vernichtet noch von Waldarbeitern aufgelesen noch von Termiten fortgeschleppt werden, sondern würde keimen. Während der Regenzeit wände es sich empor, wüchse sich völlig aus, wäre Liane geworden, jung, geschmeidig, flaumig, Ranken treibend, und süchtig umklammerte diese den Prachtbaum. Da wäre nun, ihr Mönche, der Gottheit die in diesem Baume lebt also zumute: ‹Warum haben doch meine lieben Freunde und Verwandten, die Haingottheiten, die Waldgottheiten, die Baumgottheiten, die Götter der Kräuter, Gräser und Wipfel kommende Schrecknis vom Samenkorne befürchtet und insgesamt also mir zugesprochen: 'Fürchte dich nicht, Lieber! Fürchte dich nicht, Lieber! Ganz sicher wird ja dieses Samenkorn von einem Fasan verschlungen oder von einem Reh zerkaut oder bei einem Forstbrand vernichtet oder von Waldarbeitern aufgelesen oder von Termiten fortgeschleppt werden, oder es wird überhaupt nicht keimen': süß ist es ja, von dieser jungen, geschmeidigen, flaumigen Liane umrankt zu werden!› Und sie schlängelte sich um den Prachtbaum herum, um den Prachtbaum herumgeschlängelt, verzweigte sie sich oben, oben verzweigt wirkte sie einen Rankenschleier herab, und mit diesem Rankenschleier erstickte sie dann die mächtigen, mächtigen

Stämme des Prachtbaumes. Da wäre nun, ihr Mönche, der Gottheit die in
diesem Baume lebt also zumute: ‹Das ist das Schreckliche, das meine lieben
Freunde und Verwandten, die Haingottheiten, die Waldgottheiten, die
Baumgottheiten, die Götter der Kräuter, Gräser und Wipfel vorausgesehn
307 haben, und deshalb haben sie mich alle zusammen trösten wollen: denn jenes
Samenkorn ist die Ursache, daß ich schmerzliche, brennende, stechende Ge-
fühle empfinde!› –: Ebenso nun auch, ihr Mönche, sagen und lehren da man-
che Asketen und Brāhmanen: ‹Wir finden kein Arg an der Lust.› Sie lassen
der Lust freien Lauf, pflegen Umgang mit lockigen Nonnen und sagen: ‹War-
um haben doch jene lieben Asketen und Brāhmanen aus Vorsicht vor kom-
mender Schrecknis Verleugnung der Lust gepredigt, Überwindung der Lust
gelehrt? Süß ist die Umarmung mit dieser jungen, geschmeidigen, flaumigen
Nonne!› So reden sie und lassen die Lust gewähren. Haben sie die Lust ge-
währen lassen, so gelangen sie bei der Auflösung des Körpers, nach dem
Tode, abwärts, auf schlechte Fährte, in Verderben und Unheil, und empfin-
den schmerzliche, brennende, stechende Gefühle. Dann sagen sie: ‹Dieses
Schreckliche da haben jene lieben Asketen und Brāhmanen vorausgesehn und
Verleugnung der Lust gepredigt, Überwindung der Lust gelehrt: denn Lust
ist der Grund, Lust ist die Ursache, daß wir jetzt schmerzliche, brennende,
stechende Gefühle empfinden!› Das nennt man, ihr Mönche, eine Lebens-
führung, die gegenwärtiges Wohl und künftiges Wehe bringt.

«Was ist das aber, ihr Mönche, für eine Lebensführung, die gegenwärtiges
Wehe sowie künftiges Wehe bringt? Da ist einer, ihr Mönche, ein Unbeklei-
deter, ein Ungebundener, ein Handverköster[36], kein Ankömmling, kein Ab-
wärtling, gestattet keine Darreichung, keine Vergünstigung, keine Einladung,
späht beim Empfangen des Almosens nicht nach dem Topfe, nicht nach der
Schüssel, nicht über die Schwelle, nicht über das Gitter, nicht in den Kessel
hinein, nimmt nicht von zu zweit Speisenden an, nicht von einer Schwange-
ren, nicht von einer Säugenden, nicht von einer, die vom Manne kommt,
nicht von Beschmutzten, nicht wo ein Hund dabeisteht, nicht wo Fliegen
hin und her schwärmen, ißt keinen Fisch, kein Fleisch, trinkt keinen Wein,
kein gebranntes Wasser, keinen gegorenen Haferschleim. Er geht zu einem
Hause und begnügt sich mit einer Handvoll Almosenspeise; geht zu zwei
Häusern und begnügt sich mit zwei Handvoll Almosenspeise; geht zu sieben
Häusern und begnügt sich mit sieben Handvoll Almosenspeise. Er fristet sein
Leben durch die Mildtätigkeit von nur einer Spenderin, von nur zwei Spen-
derinnen, von nur sieben Spenderinnen. Er nimmt nur jeden ersten Tag Nah-
rung ein, nur jeden zweiten Tag, nur jeden siebenten Tag. Solcherart wech-
selnd beobachtet er streng diese bis auf einen halben Monat ausgedehnte
308 Fastenübung. Oder er lebt von Kräutern und Pilzen, von wildem Reis und

Korn, von Samen und Kernen, von Pflanzenmilch und Baumharz, von Gräsern, von Kuhmist, fristet sich von Wurzeln und Früchten des Waldes, lebt von abgefallenen Früchten. Auch trägt er das hänfene Hemd, trägt das härene Hemd, trägt einen Rock, geflickt aus den im Leichenhof und auf der Straße gefundenen Fetzen, hüllt sich in Lumpen, in Felle, in Häute, gürtet sich mit Flechten aus Gras, mit Flechten aus Rinde, mit Flechten aus Laub, birgt die Blöße unter pelzigem Schurze, unter borstigem Schurze, unter einem Eulenflügel. Und er rauft sich Haupt- und Barthaar aus, die Regel der Haar- und Bartausraufer befolgend; ist ein Stetigsteher, verwirft Sitz und Lager; ist ein Fersensitzer, übt die Zucht der Fersensitzer; ist Dornenseitiger und legt sich zur Seite auf ein Dornenlager; steigt allabendlich zum drittenmal herab ins Büßerbad. So übt er sich gar vielfach in des Körpers inbrünstiger Schmerzensaskese. Der gelangt bei der Auflösung des Körpers ,nach dem Tode, abwärts, auf schlechte Fährte, in Verderben und Unheil. Das nennt man, ihr Mönche, eine Lebensführung, die gegenwärtiges Wehe sowie künftiges Wehe bringt.

«Was ist das aber, ihr Mönche, für eine Lebensführung, die gegenwärtiges Wehe und künftiges Wohl bringt? Da ist einer, ihr Mönche, von Natur aus heftigem Begehren geneigt, und das Begehren läßt ihn oft Schmerz und Qual empfinden; ist von Natur aus heftigem Hasse geneigt, und der Hass läßt ihn oft Schmerz und Qual empfinden; ist von Natur aus heftigem Wahne geneigt, und der Wahn läßt ihn oft Schmerz und Qual empfinden. Und nur mit Schmerzen, nur mit Qualen, nur unter bitteren Tränen kann er das lautere, reine Leben der Heiligkeit führen. Der gelangt bei der Auflösung des Körpers, nach dem Tode, auf gute Fährte, in selige Welt. Das nennt man, ihr Mönche, eine Lebensführung, die gegenwärtiges Wehe und künftiges Wohl bringt.

«Und was für eine Lebensführung ist es, ihr Mönche, die gegenwärtiges
Wohl sowie künftiges Wohl bringt? Da ist einer, ihr Mönche, von Natur aus
heftigem Begehren nicht geneigt, und das Begehren läßt ihn selten Schmerz
und Qual empfinden; ist von Natur aus heftigem Hasse nicht geneigt, und
der Haß läßt ihn selten Schmerz und Qual empfinden; ist von Natur aus hef-
tigem Wahne nicht geneigt, und der Wahn läßt ihn selten Schmerz und Qual 309
empfinden. Gar fern von Begierden, fern von unheilsamen Dingen, weilt er in sinnend gedenkender ruhegeborener seliger Heiterkeit, in der Weihe der ersten Schauung. Nach Vollendung des Sinnens und Gedenkens erwirkt er die innere Meeresstille, die Einheit des Gemütes, die von sinnen, von gedenken freie, in der Einigung geborene selige Heiterkeit, die Weihe der zweiten Schauung. In heiterer Ruhe verweilt er gleichmütig, einsichtig, klar bewußt, ein Glück empfindet er im Körper, von dem die Heiligen sagen: ‹Der gleichmütig Einsichtige lebt beglückt›; so erwirkt er die Weihe der dritten Schauung. Nach Verwerfung der Freuden und Leiden, nach Vernichtung des ein-

stigen Frohsinns und Trübsinns erwirkt er die Weihe der leidlosen, freudlosen, gleichmütig einsichtigen vollkommenen Reine, die vierte Schauung. Der gelangt bei der Auflösung des Körpers, nach dem Tode, auf gute Fährte, in selige Welt. Das nennt man, ihr Mönche, eine Lebensführung, die gegenwärtiges Wohl sowie künftiges Wohl bringt. Das sind, ihr Mönche, die vier Arten der Lebensführung.»

Also sprach der Erhabene. Zufrieden freuten sich jene Mönche über das Wort des Erhabenen.

46

FÜNFTER TEIL · SECHSTE REDE

DIE LEBENSFÜHRUNG

II

DAS HAB’ ICH GEHÖRT. Zu einer Zeit weilte der Erhabene bei Sāvatthī, im Siegerwalde, im Garten Anāthapiṇḍikos. Dort nun wandte sich der Erhabene an die Mönche: «Ihr Mönche!» – «Erlauchter!» antworteten da jene Mönche dem Erhabenen aufmerksam. Der Erhabene sprach also:

«Die meisten Menschen, ihr Mönche, hegen das Verlangen, hegen den Wunsch, hegen die Absicht: ‹Ach, möchte sich doch das Unersehnte, Unerwünschte, Unerfreuliche mindern und das Ersehnte, Erwünschte, Erfreuliche mehren!› Und diesen Menschen, ihr Mönche, die solches Verlangen, solchen Wunsch, solche Absicht hegen, mehrt sich das Unersehnte, Unerwünschte, Unerfreuliche, mindert sich das Ersehnte, Erwünschte, Erfreuliche. Was gebt ihr da, Mönche, als Grund an?»

310 «Vom Erhabenen stammt unser Wissen, o Herr, vom Erhabenen geht es aus, auf den Erhabenen geht es zurück. Gut wär’ es, o Herr, wenn nur der Erhabene jenen eigentümlichen Umstand erklären wollte! Das Wort des Erhabenen werden wir bewahren.»

«Wohlan denn, ihr Mönche, so höret und achtet wohl auf meine Rede.»

«Gewiß, o Herr!» antworteten da jene Mönche dem Erhabenen aufmerksam. Der Erhabene sprach also:

«Da ist einer, ihr Mönche, ein unerfahrener gewöhnlicher Mensch, ohne Sinn für das Heilige, der heiligen Lehre unkundig, der heiligen Lehre unzugänglich, ohne Sinn für das Edle, der Lehre der Edlen unkundig, der Lehre der Edlen unzugänglich, kennt weder die zu pflegenden Dinge noch die nicht zu pflegenden Dinge, kennt weder die würdigen Dinge noch die nichtswürdigen Dinge. Unbekannt mit den zu pflegenden Dingen, unbekannt mit den nicht zu pflegenden Dingen, unbekannt mit den würdigen Dingen, unbekannt mit den nichtswürdigen Dingen pflegt er die nicht zu pflegenden Dinge und pflegt die zu pflegenden Dinge nicht, würdigt er die nichtswürdigen Dinge und würdigt die würdigen Dinge nicht. Und indem er nicht zu pflegende Dinge pflegt und zu pflegende Dinge nicht pflegt, nichtswürdige Dinge würdigt und würdige Dinge nicht würdigt mehrt sich das Unersehnte, Unerwünschte, Unerfreuliche und mindert sich das Ersehnte, Erwünschte, Erfreuliche, und warum? Weil es eben also, ihr Mönche, geschehn muß, wenn einer unwissend ist.

«Doch der erfahrene heilige Jünger, ihr Mönche, das Heilige verstehend, der heiligen Lehre kundig, der heiligen Lehre wohlzugänglich, das Edle verstehend, der Lehre der Edlen kundig, der Lehre der Edlen wohlzugänglich, kennt die zu pflegenden Dinge und kennt die nicht zu pflegenden Dinge, kennt die würdigen Dinge und kennt die nichtswürdigen Dinge. Bekannt mit den zu pflegenden Dingen, bekannt mit den nicht zu pflegenden Dingen, bekannt mit den würdigen Dingen, bekannt mit den nichtswürdigen Dingen pflegt er die nicht zu pflegenden Dinge nicht und pflegt die zu pflegenden Dinge, würdigt er die nichtswürdigen Dinge nicht und würdigt die würdigen Dinge. Und indem er nicht zu pflegende Dinge nicht pflegt und zu pflegende Dinge pflegt, nichtswürdige Dinge nicht würdigt und würdige Dinge würdigt, mindert sich das Unersehnte, Unerwünschte, Unerfreuliche und mehrt sich das Ersehnte, Erwünschte, Erfreuliche, und warum? Weil es eben also, ihr Mönche, geschehn muß, wenn einer wissend ist.

«Vier Arten der Lebensführung gibt es, ihr Mönche: welche vier? Die Lebensführung, die gegenwärtiges Wehe sowie künftiges Wehe bringt,
die Lebensführung, die gegenwärtiges Wohl und künftiges Wehe bringt, die 311
Lebensführung, die gegenwärtiges Wehe und künftiges Wohl bringt, und die Lebensführung, die gegenwärtiges Wohl sowie künftiges Wohl bringt.

«Was nun, ihr Mönche, die Lebensführung anlangt, die gegenwärtiges Wehe sowie künftiges Wehe bringt, so begreift diese der Unverständige nicht, erkennt nicht der Wahrheit gemäß: ‹Das ist eine Lebensführung, die gegenwärtiges Wehe sowie künftiges Wehe bringt.› Da er sie nicht begreift, nicht versteht, nicht der Wahrheit gemäß erkennt, pflegt er sie, entsagt ihr nicht. Und indem er sie pflegt und ihr nicht entsagt mehrt sich das Unersehnte, Unerwünschte, Unerfreuliche und mindert sich das Ersehnte, Erwünschte, Erfreuliche, und warum? Weil es eben also, ihr Mönche, geschehn muß, wenn einer unwissend ist.

«Was nun, ihr Mönche, die Lebensführung anlangt, die gegenwärtiges Wohl und künftiges Wehe bringt, so begreift diese der Unverständige nicht, erkennt nicht der Wahrheit gemäß: ‹Das ist eine Lebensführung, die gegenwärtiges Wohl und künftiges Wehe bringt.› Da er sie nicht begreift, nicht versteht, nicht der Wahrheit gemäß erkennt, pflegt er sie, entsagt ihr nicht. Und indem er sie pflegt und ihr nicht entsagt mehrt sich das Unersehnte, Unerwünschte, Unerfreuliche und mindert sich das Ersehnte, Erwünschte, Erfreuliche, und warum? Weil es eben also, ihr Mönche, geschehn muß, wenn einer unwissend ist.

«Was nun, ihr Mönche, die Lebensführung anlangt, die gegenwärtiges Wehe und künftiges Wohl bringt, so begreift diese der Unverständige nicht, erkennt nicht der Wahrheit gemäß: ‹Das ist eine Lebensführung, die gegenwärtiges Wehe und künftiges Wohl bringt.› Da er sie nicht begreift, nicht versteht, nicht der Wahrheit gemäß erkennt, pflegt er sie nicht, entsagt ihr. Und indem er sie nicht pflegt und ihr entsagt mehrt sich das Unersehnte, Unerwünschte, Unerfreuliche und mindert sich das Ersehnte, Erwünschte, Erfreuliche, und warum? Weil es eben also, ihr Mönche, geschehn muß, wenn einer unwissend ist.

«Was nun, ihr Mönche, die Lebensführung anlangt, die gegenwärtiges Wohl sowie künftiges Wohl bringt, so begreift diese der Unverständige nicht, erkennt nicht der Wahrheit gemäß: ‹Das ist eine Lebensführung, die gegenwärtiges Wohl sowie künftiges Wohl bringt.› Da er sie nicht begreift, nicht versteht, nicht der Wahrheit gemäß erkennt, pflegt er sie nicht, entsagt ihr.
312 Und indem er sie nicht pflegt und ihr entsagt mehrt sich das Unersehnte, Unerwünschte, Unerfreuliche und mindert sich das Ersehnte, Erwünschte, Erfreuliche, und warum? Weil es eben also, ihr Mönche, geschehn muß, wenn einer unwissend ist.

«Was nun, ihr Mönche, die Lebensführung anlangt, die gegenwärtiges Wehe sowie künftiges Wehe bringt, so begreift diese der Verständige, erkennt der Wahrheit gemäß: ‹Das ist eine Lebensführung, die gegenwärtiges Wehe sowie künftiges Wehe bringt.› Da er sie begreift, versteht, der Wahrheit gemäß erkennt, pflegt er sie nicht, entsagt ihr. Und indem er sie nicht pflegt und ihr entsagt mindert sich das Unersehnte, Unerwünschte, Unerfreuliche und mehrt sich das Ersehnte, Erwünschte, Erfreuliche, und warum? Weil es eben also, ihr Mönche, geschehn muß, wenn einer wissend ist.

«Was nun, ihr Mönche, die Lebensführung anlangt, die gegenwärtiges Wohl und künftiges Wehe bringt, so begreift diese der Verständige, erkennt der Wahrheit gemäß: ‹Das ist eine Lebensführung, die gegenwärtiges Wohl und künftiges Wehe bringt.› Da er sie begreift, versteht, der Wahrheit gemäß erkennt, pflegt er sie nicht, entsagt ihr. Und indem er sie nicht pflegt und ihr entsagt mindert sich das Unersehnte, Unerwünschte, Unerfreuliche und mehrt sich das Ersehnte, Erwünschte, Erfreuliche, und warum? Weil es eben also, ihr Mönche, geschehn muß, wenn einer wissend ist.

«Was nun, ihr Mönche, die Lebensführung anlangt, die gegenwärtiges Wehe und künftiges Wohl bringt, so begreift diese der Verständige, erkennt der Wahrheit gemäß: ‹Das ist eine Lebensführung, die gegenwärtiges Wehe und künftiges Wohl bringt.› Da er sie begreift, versteht, der Wahrheit gemäß erkennt, pflegt er sie, entsagt ihr nicht. Und indem er sie pflegt und ihr nicht entsagt mindert sich das Unersehnte, Unerwünschte, Unerfreuliche und mehrt sich das Ersehnte, Erwünschte, Erfreuliche, und warum? Weil es eben also, ihr Mönche, geschehn muß, wenn einer wissend ist.

«Was nun, ihr Mönche, die Lebensführung anlangt, die gegenwärtiges Wohl sowie künftiges Wohl bringt, so begreift diese der Verständige, erkennt der Wahrheit gemäß: ‹Das ist eine Lebensführung, die gegenwärtiges Wohl sowie künftiges Wohl bringt.› Da er sie begreift, versteht, der Wahrheit gemäß erkennt, pflegt er sie, entsagt ihr nicht. Und indem er sie pflegt und ihr nicht entsagt mindert sich das Unersehnte, Unerwünschte, Unerfreuliche und mehrt sich das Ersehnte, Erwünschte, Erfreuliche, und warum? Weil es eben also, ihr Mönche, geschehn muß, wenn einer wissend ist.

«Wie ist aber, Mönche, die Lebensführung, die gegenwärtiges Wehe sowie 313
künftiges Wehe bringt? Da ist einer, ihr Mönche, unter Schmerzen und Qualen ein Mörder und empfindet seines Mordes wegen Schmerzen und Qualen, ist unter Schmerzen und Qualen ein Dieb und empfindet seines Diebstahls wegen Schmerzen und Qualen, ist unter Schmerzen und Qualen ein Wüstling und empfindet seines Wüstens wegen Schmerzen und Qualen, ist unter Schmerzen und Qualen ein Lügner und empfindet seiner Lüge wegen Schmerzen und Qualen, ist unter Schmerzen und Qualen ein Verleumder und empfindet seiner Verleumdung wegen Schmerzen und Qualen, ist unter Schmerzen und Qualen barsch und empfindet seiner Barschheit wegen Schmerzen und Qualen, ist unter Schmerzen und Qualen geschwätzig und empfindet seiner Geschwätzigkeit wegen Schmerzen und Qualen, ist unter Schmerzen und Qualen selbstsüchtig und empfindet seiner Selbstsucht wegen Schmerzen und Qualen, ist unter Schmerzen und Qualen boshaft und empfindet seiner Bosheit wegen Schmerzen und Qualen, ist unter Schmerzen und Qualen falsch und empfindet seiner Falschheit wegen Schmerzen und Qualen. Der gelangt bei der Auflösung des Körpers, nach dem Tode, abwärts, auf

schlechte Fährte, in Verderben und Unheil. Das nennt man, ihr Mönche, eine Lebensführung, die gegenwärtiges Wehe sowie künftiges Wehe bringt.

«Wie ist aber, Mönche, die Lebensführung, die gegenwärtiges Wohl und
künftiges Wehe bringt? Da ist einer, ihr Mönche, mit Lust und Genügen ein
Mörder und genießt seinen Mord mit Lust und Genügen, ist mit Lust und
Genügen ein Dieb und genießt seinen Diebstahl mit Lust und Genügen, ist
mit Lust und Genügen ein Wüstling und genießt sein Wüsten mit Lust und
Genügen, ist mit Lust und Genügen ein Lügner und genießt seine Lüge mit
Lust und Genügen, ist mit Lust und Genügen ein Verleumder und genießt
314 seine Verleumdung mit Lust und Genügen, ist mit Lust und Genügen barsch
und genießt seine Barschheit mit Lust und Genügen, ist mit Lust und Genügen geschwätzig und genießt seine Geschwätzigkeit mit Lust und Genügen, ist mit Lust und Genügen selbstsüchtig und genießt seine Selbstsucht mit Lust und Genügen, ist mit Lust und Genügen boshaft und genießt seine Bosheit mit Lust und Genügen, ist mit Lust und Genügen falsch und genießt seine Falschheit mit Lust und Genügen. Der gelangt bei der Auflösung des Körpers, nach dem Tode, abwärts, auf schlechte Fährte, in Verderben und Unheil. Das nennt man, ihr Mönche, eine Lebensführung, die gegenwärtiges Wohl und künftiges Wehe bringt.

«Wie ist aber, Mönche, die Lebensführung, die gegenwärtiges Wehe und künftiges Wohl bringt? Da hält sich einer, ihr Mönche, unter Schmerzen und Qualen vom Morde zurück und seine Verwerfung des Mordes kostet ihn Schmerzen und Qualen, hält sich unter Schmerzen und Qualen vom Diebstahl zurück und seine Verwerfung des Diebstahls kostet ihn Schmerzen und Qualen, hält sich unter Schmerzen und Qualen vom Wüsten zurück und seine Verwerfung des Wüstens kostet ihn Schmerzen und Qualen, hält sich unter Schmerzen und Qualen vom Lügen zurück und seine Verwerfung des Lügens kostet ihn Schmerzen und Qualen, hält sich unter Schmerzen und Qualen vom Verleumden zurück und seine Verwerfung des Verleumdens kostet ihn Schmerzen und Qualen, hält sich unter Schmerzen und Qualen vom Barschsein zurück und seine Verwerfung der Barschheit kostet ihn Schmerzen und Qualen, hält sich unter Schmerzen und Qualen vom Schwatzen zurück und seine Verwerfung des Schwatzens kostet ihn Schmerzen und Qualen, hält sich unter Schmerzen und Qualen von der Selbstsucht zurück und seine Verwerfung der Selbstsucht kostet ihn Schmerzen und Qualen, hält sich unter
Schmerzen und Qualen von der Bosheit zurück und seine Verwerfung der
315 Bosheit kostet ihn Schmerzen und Qualen, ist unter Schmerzen und Qualen
wahrhaft und seine Wahrhaftigkeit kostet ihn Schmerzen und Qualen. Der
gelangt bei der Auflösung des Körpers, nach dem Tode, auf gute Fährte, in

selige Welt. Das nennt man, ihr Mönche, eine Lebensführung, die gegenwärtiges Wehe und künftiges Wohl bringt.

«Und wie ist, ihr Mönche, die Lebensführung, die gegenwärtiges Wohl sowie künftiges Wohl bringt? Da hält sich einer, ihr Mönche, mit Lust und Genügen vom Morde zurück und seine Verwerfung des Mordes gewährt ihm Lust und Genügen, hält sich mit Lust und Genügen vom Diebstahl zurück und seine Verwerfung des Diebstahls gewährt ihm Lust und Genügen, hält sich mit Lust und Genügen vom Wüsten zurück und seine Verwerfung des Wüstens gewährt ihm Lust und Genügen, hält sich mit Lust und Genügen von der Lüge zurück und seine Verwerfung der Lüge gewährt ihm Lust und Genügen, hält sich mit Lust und Genügen vom Verleumden zurück und seine Verwerfung des Verleumdens gewährt ihm Lust und Genügen, hält sich mit Lust und Genügen vom Barschsein zurück und seine Verwerfung der Barschheit gewährt ihm Lust und Genügen, hält sich mit Lust und Genügen vom Schwatzen zurück und seine Verwerfung des Schwatzens gewährt ihm Lust und Genügen, hält sich mit Lust und Genügen von der Selbstsucht zurück und seine Verwerfung der Selbstsucht gewährt ihm Lust und Genügen, hält sich mit Lust und Genügen von der Bosheit zurück und seine Verwerfung der Bosheit gewährt ihm Lust und Genügen, ist mit Lust und Genügen wahrhaft und seine Wahrhaftigkeit gewährt ihm Lust und Genügen. Der gelangt bei der Auflösung des Körpers, nach dem Tode, auf gute Fährte, in selige Welt. Das nennt man, ihr Mönche, eine Lebensführung, die gegenwärtiges Wohl sowie künftiges Wohl bringt. Das sind, ihr Mönche, die vier Arten der Lebensführung.

«Gleichwie etwa, ihr Mönche, wenn man eine Kürbisflasche da hätte, mit Gift versetzt, und es käme ein Mann herbei, der leben, nicht sterben will, der Wohlsein wünscht und Wehe verabscheut, und man spräche also zu ihm: ‹Lieber Mann, diese Kürbisflasche ist mit Gift versetzt: wenn du willst, so
trinke. Aber dieser Trank wird dir nicht behagen, weder an Farbe noch an 316
Geruch und Geschmack, und nach dem Genusse wirst du sterben oder tödliche Schmerzen erleiden.› Doch unbesonnen tränke er ihn, wiese ihn nicht zurück. Und der Trank behagte ihm weder an Farbe noch an Geruch und Geschmack, und nachdem er ihn getrunken, stürbe er oder erlitte tödliche Schmerzen: – Dem zu vergleichen, sag' ich, ihr Mönche, ist eine Lebensführung, die gegenwärtiges Wehe sowie künftiges Wehe bringt.

«Gleichwie etwa, ihr Mönche, wenn man eine Trinkschale da hätte, mit schönem, duftendem, wohlschmeckendem Inhalte, aber mit Gift versetzt, und es käme ein Mann herbei, der leben, nicht sterben will, der Wohlsein wünscht und Wehe verabscheut, und man spräche also zu ihm: ‹Lieber Mann, diese Trinkschale birgt schönes, duftendes, wohlschmeckendes Naß, ist aber mit Gift versetzt: wenn du willst, so trinke. Zwar wird dir der Trank behagen, an Farbe, Duft und Wohlgeschmack, aber nach dem Genusse wirst du sterben oder tödliche Schmerzen erleiden.› Doch unbesonnen tränke er ihn, wiese ihn nicht zurück. Und der Trank behagte ihm zwar an Farbe, Duft und Wohlgeschmack, nachdem er ihn aber getrunken, stürbe er oder erlitte tödliche Schmerzen: – Dem zu vergleichen, sag' ich, ihr Mönche, ist eine Lebensführung, die gegenwärtiges Wohl und künftiges Wehe bringt.

«Gleichwie etwa, ihr Mönche, wenn man faulen Urin da hätte, mit mancherlei Heilkräutern versetzt, und es käme ein Mann herbei, der die Gelbsucht hat, und man spräche also zu ihm: ‹Lieber Mann, dieser faule Urin ist mit mancherlei Heilkräutern versetzt: wenn du willst, so trinke. Der Trank wird dir freilich nicht behagen, weder an Farbe noch an Geruch und Geschmack, aber der Genuß wird dir wohlbekommen.› Und besonnen tränke er ihn, wiese ihn nicht zurück. Und der Trank behagte ihm freilich weder an Farbe noch an Geruch und Geschmack, nachdem er ihn aber getrunken, würde ihm wohl: – Dem zu vergleichen, sag' ich, ihr Mönche, ist eine Lebensführung, die gegenwärtiges Wehe und künftiges Wohl bringt.

«Gleichwie etwa, ihr Mönche, wenn man Rahm und Honig, Butteröl und Zucker da hätte, innig vermischt, und es käme ein Mann herbei, der an Blut-
317 brechen litte, und man spräche also zu ihm: ‹Lieber Mann, hier ist Rahm und Honig, Butteröl und Zucker, innig vermischt: wenn du willst, so trinke. Dieser Trank wird dir an Farbe, Duft und Geschmack eben recht sein, und der Genuß wird dir wohltun.› Und besonnen tränke er ihn, wiese ihn nicht zurück. Und der Trank wär' ihm eben recht an Farbe, Duft und Geschmack, und nachdem er ihn getrunken, würde ihm wohl: – Dem zu vergleichen, sag' ich, ihr Mönche, ist eine Lebensführung, die gegenwärtiges Wohl sowie künftiges Wohl bringt.

«Gleichwie etwa, ihr Mönche, wenn im letzten Monat der Regenzeit, im Herbste, nach Zerstreuung und Vertreibung der wasserschwangeren Wolken die Sonne am Himmel aufgeht und alle Nebel der Lüfte strahlend verscheucht und flammt und leuchtet: ebenso nun auch, ihr Mönche, erscheint da diese Lebensführung, die gegenwärtiges Wohl sowie künftiges Wohl bringt, und verscheucht strahlend die Redereien gewöhnlicher Büßer und Priester und flammt und leuchtet.»

Also sprach der Erhabene. Zufrieden freuten sich jene Mönche über das Wort des Erhabenen.

47

FÜNFTER TEIL · SIEBENTE REDE

DER FORSCHER

Das hab' ich gehört. Zu einer Zeit weilte der Erhabene bei Sāvatthī, im Siegerwalde, im Garten Anāthapiṇḍikos. Dort nun wandte sich der Erhabene an die Mönche: «Ihr Mönche!» – «Erlauchter!» antworteten da jene Mönche dem Erhabenen aufmerksam. Der Erhabene sprach also:

«Ein forschender Mönch, ihr Mönche, der seines Nächsten Gemütsart versteht, soll beim Vollendeten die Prüfung anstellen: ‹Ist er der vollkommen Erwachte, oder ist er es nicht?› Darüber muß er sich klar werden.»

«Vom Erhabenen stammt unser Wissen, o Herr, vom Erhabenen geht es aus, auf den Erhabenen geht es zurück. Gut wär' es, o Herr, wenn doch der Erhabene den Sinn dieser Rede erläutern wollte! Das Wort des Erhabenen werden wir bewahren.»

«Wohlan denn, ihr Mönche, so höret und achtet wohl auf meine Rede.»

«Gern, o Herr!» erwiderten da aufmerksam jene Mönche dem Erhabenen. 318
Der Erhabene sprach also:

«Ein forschender Mönch, ihr Mönche, der seines Nächsten Gemütsart versteht, soll bei zwei Dingen den Vollendeten prüfen, bei den sichtbaren und bei den hörbaren Dingen: ‹Die unsauberen Dinge, die sichtbar und hörbar sind, finden sich die beim Vollendeten, oder finden sie sich nicht?› Und indem er ihn prüft erkennt er: ‹Die unsauberen Dinge, die sichtbar und hörbar sind, die finden sich nicht beim Vollendeten.› Und wenn er ihn prüfend also erkannt hat, dann prüft er ihn weiter: ‹Die wechselvollen Dinge, die sichtbar und hörbar sind, finden sich die beim Vollendeten, oder finden sie sich nicht?› Und indem er ihn prüft erkennt er: ‹Die wechselvollen Dinge, die sichtbar und hörbar sind, die finden sich nicht beim Vollendeten.› Und wenn er ihn prüfend also erkannt hat, dann prüft er ihn weiter: ‹Die abgeklärten Dinge, die sichtbar und hörbar sind, finden sich die beim Vollendeten, oder finden sie sich nicht?› Und indem er ihn prüft erkennt er: ‹Die abgeklärten Dinge, die sichtbar und hörbar sind, die finden sich beim Vollendeten.› Und wenn er ihn prüfend also erkannt hat, dann prüft er ihn weiter: ‹Ist es schon lange her, daß der Ehrwürdige diese treffliche Satzung entdeckt hat, oder ist es eben erst geschehn?› Und indem er ihn prüft erkennt er: ‹Lang' ist es her, daß der Ehrwürdige diese treffliche Satzung entdeckt hat, nicht ist der Ehr-

würdige eben erst dazu gekommen.› Und wenn er ihn prüfend also erkannt hat, dann prüft er ihn weiter: ‹Zu Ansehn ist der Ehrwürdige gelangt, ist ein berühmter Mönch geworden: da wird sich manches Elend bei ihm finden.› Denn deshalb kann man nicht bei einem Mönch, ihr Mönche, Elend finden, weil er kein Ansehn, keinen Ruhm gewonnen hat: ist aber erst ein Mönch, ihr Mönche, angesehn, berühmt geworden, dann stellt sich manches Elend
319 bei ihm ein. Und indem er ihn prüft erkennt er: ‹Zu Ansehn ist der Ehrwürdige gelangt, ist ein berühmter Mönch geworden, doch läßt sich da kein Elend bei ihm finden.› Und wenn er ihn prüfend also erkannt hat, dann prüft er ihn weiter: ‹Ist der Ehrwürdige ohne Fürchten beschwichtigt, ist der Ehrwürdige nicht aus Fürchten beschwichtigt? Pflegt der Ehrwürdige, verlangensledig, keiner Lust, versiegten Verlangens?› Und indem er ihn prüft erkennt er: ‹Ohne Fürchten beschwichtigt ist der Ehrwürdige, nicht ist der Ehrwürdige aus Fürchten beschwichtigt: verlangensledig pflegt er keiner Lust, versiegten Verlangens.› Wenn man nun diesen Mönch, ihr Mönche, fragte: ‹Was für Anhalt, was für Anlaß hat wohl der ehrwürdige Bruder, also zu sprechen 'Ohne Fürchten beschwichtigt ist jener Ehrwürdige, nicht ist jener Ehrwürdige aus Fürchten beschwichtigt: verlangensledig pflegt er keiner Lust, versiegten Verlangens'›, so würde der Mönch, ihr Mönche, rechten Bescheid also geben: ‹Der Gleiche ist jener Ehrwürdige, ob er unter den Jüngern weilt oder allein, und sanfte Gesellen und rauhe Gesellen, wie sie da sind, die Häupter des Ordens, Erdensöhne und Erdenüberwinder: keinen schätzt jener Ehrwürdige darum gering. Und vom Munde des Erhabenen hab' ich es gehört, von seinem Munde vernommen:

'Beschwichtigt bin ich ohne Fürchten,
Nicht bin aus Fürchten ich beschwichtigt:
Verlangensledig lustentpflegt
Ist was Verlangen war versiegt.'›

«Und nun, ihr Mönche, ist noch der Vollendete selbst zu befragen: ‹Die unsauberen Dinge, die sichtbar und hörbar sind, finden sich die beim Vollendeten, oder finden sie sich nicht?› Der Bescheid, ihr Mönche, den der Vollendete gäbe, wäre dieser: ‹Die unsauberen Dinge, die sichtbar und hörbar sind, die finden sich nicht beim Vollendeten.› ‹Die wechselvollen Dinge, die sichtbar und hörbar sind, finden sich die beim Vollendeten, oder finden sie sich nicht?› Der Bescheid, ihr Mönche, den der Vollendete gäbe, wäre dieser: ‹Die wechselvollen Dinge, die sichtbar und hörbar sind, die finden sich nicht beim Vollendeten.› ‹Die abgeklärten Dinge, die sichtbar und hörbar sind, finden sich die beim Vollendeten, oder finden sie sich nicht?› Der Bescheid, ihr Mönche, den der Vollendete gäbe, wäre dieser: ‹Die abgeklärten Dinge, die sichtbar und hörbar sind, die finden sich beim Vollendeten,

Meine Spuren sind es nur,
Meine Bahnen nur,
Aber ich bin andrer Art.›

«Einen Meister, ihr Mönche, der also spricht, mag der Jünger wohl aufsuchen, seine Satzung zu hören. Und der Meister legt ihm die Satzung dar, weit und weiter, innig und inniger, mit ihren Teilen von dunkel und licht. Wie nun der Meister die Satzung darlegt, weit und weiter, innig und inniger, mit ihren Teilen von dunkel und licht, wird sie dem Jünger klarer und klarer, und Satz um Satz erschließt sich ihm, und er erkennt den Meister: ‹Vollkom- 320
men erwacht ist der Erhabene, wohlkundgetan vom Erhabenen die Satzung, wohlvertraut die Jüngerschaft.› Wenn man nun diesen Mönch, ihr Mönche, fragte: ‹Was für Anhalt, was für Anlaß hat aber der Ehrwürdige, zu sagen 'Vollkommen erwacht ist der Erhabene, wohlkundgetan vom Erhabenen die Satzung, wohlvertraut die Jüngerschaft'›, so würde der Mönch, ihr Mönche, rechten Bescheid also geben: ‹Ich war da, Brüder, zum Erhabenen gegangen, seine Satzung zu hören. Und der Erhabene legte mir die Satzung dar, weit und weiter, innig und inniger, mit ihren Teilen von dunkel und licht. Wie mir nun da der Erhabene die Satzung darlegte, weit und weiter, innig und inniger, mit ihren Teilen von dunkel und licht, ward sie mir klarer und klarer, und Satz um Satz erschloß sich mir, und ich erkannte den Meister: Vollkommen erwacht ist der Erhabene, wohlkundgetan vom Erhabenen die Satzung, wohlvertraut die Jüngerschaft.›

«Bei wem da, ihr Mönche, Zuversicht zum Vollendeten mit solchem Anhalt, auf solche Weise, unter solchen Umständen Boden gefunden, Wurzel geschlagen, standgehalten hat: die wird, ihr Mönche, Zuversicht des Anhalts genannt, in der Anschauung wurzelnd, stark, und kein Büßer oder Priester, kein Gott und kein Teufel, kein Brahmā noch irgendeiner in der Welt kann sie ausroden.

«Das ist die Art, ihr Mönche, wie man beim Vollendeten die Satzung prüft, und das ist die Art, wie der Vollendete der Satzung gemäß wohl geprüft wird.»

Also sprach der Erhabene. Zufrieden freuten sich jene Mönche über das Wort des Erhabenen.

48

FÜNFTER TEIL · ACHTE REDE

VOR KOSAMBĪ

DAS HAB’ ICH GEHÖRT. Zu einer Zeit weilte der Erhabene bei Kosambī, in der Gartenstiftung. Zu jener Zeit nun war unter den Mönchen von Kosambī Zank und Streit ausgebrochen, sie haderten miteinander und scharfe Wortgefechte fanden statt. Sie konnten sich nicht versöhnen und wiesen eine Versöhnung ab, sie konnten sich nicht verständigen und blieben der Verständigung unzugänglich.

321 Da begab sich nun einer der Mönche zum Erhabenen, begrüßte den Erhabenen ehrerbietig und setzte sich zur Seite nieder. Zur Seite sitzend sprach jener Mönch zum Erhabenen also:

«Es ist da, o Herr, unter den Kosambiyer Mönchen Zank und Streit ausgebrochen, sie hadern miteinander und scharfe Wortgefechte finden statt. Sie können sich nicht versöhnen und weisen eine Versöhnung ab, sie können sich nicht verständigen und bleiben der Verständigung unzugänglich.»

Da gab nun der Erhabene einem Mönche den Auftrag:

«Geh’, lieber Mönch, und sag’ in meinem Namen jenen Mönchen: Der Meister läßt euch Ehrwürdige rufen.»

«Gut, o Herr!» erwiderte der Mönch dem Erhabenen und begab sich zu jenen Mönchen. Dort angelangt sprach er also zu ihnen:

«Der Meister läßt euch Ehrwürdige rufen.»

«Wohl, Bruder, wir kommen!» sagten jene Mönche und begaben sich dorthin wo der Erhabene weilte, begrüßten den Erhabenen ehrerbietig und setzten sich zur Seite nieder. Zu den dort Sitzenden sprach nun der Erhabene also:

«Ist es wahr, wie man sagt, daß unter euch Mönchen Zank und Streit ausgebrochen sei, daß ihr miteinander hadert und scharfe Wortgefechte führt? Daß ihr euch nicht versöhnen könnt und eine Versöhnung zurückweist, daß ihr euch nicht verständigen könnt und der Verständigung unzugänglich bleibt?»

«Allerdings, o Herr!»

«Was meint ihr nun, Mönche: zu einer Zeit wo ihr untereinander in Zank, Streit und Hader liegt und euch mit scharfer Rede angreift, dient ihr wohl zu einer solchen Zeit eueren Ordensbrüdern mit liebevoller Tat, so offen als verborgen, mit liebevollem Wort, so offen als verborgen, mit liebevollem Herzen, so offen als verborgen?»

«Freilich nicht, o Herr!»

«So ist es klar, Mönche, daß ihr zu einer solchen Zeit eueren Ordensbrüdern weder mit liebevoller Tat dienet, so offen als verborgen, noch mit liebevollem Worte, so offen als verborgen, noch mit liebevollem Herzen, so offen als verborgen. Was wollt ihr also, Betörte, was bezweckt ihr, was beabsichtigt ihr mit euerem Zanken, Streiten und Hadern, mit eurer scharfen Rede, mit eurer Unversöhnlichkeit und Unverständigkeit? Das wird euch Betörten 322
lange zum Unheil, zum Leiden gereichen.»

Und der Erhabene wandte sich nun an die Mönche:

«Sechs Dinge gibt es, ihr Mönche, nicht zu vergessende, hoch und hehr gehaltene, die zum allgemeinen Verträgnis, zum Frieden, zur Eintracht führen: und welche sind das? Da dient, ihr Mönche, ein Mönch seinen Ordensbrüdern mit liebevoller Tat, so offen als verborgen. Das ist eines der nicht zu vergessenden, hoch und hehr gehaltenen Dinge, das zum allgemeinen Verträgnis, zum Frieden, zur Eintracht führt. Weiter sodann, ihr Mönche: der Mönch dient seinen Ordensbrüdern mit liebevollem Worte, so offen als verborgen. Auch das ist eines der nicht zu vergessenden, hoch und hehr gehaltenen Dinge, das zum allgemeinen Verträgnis, zum Frieden, zur Eintracht führt. Weiter sodann, ihr Mönche: der Mönch dient seinen Ordensbrüdern mit liebevollem Herzen, so offen als verborgen. Auch das ist eines der nicht zu vergessenden, hoch und hehr gehaltenen Dinge, das zum allgemeinen Verträgnis, zum Frieden, zur Eintracht führt. Weiter sodann, ihr Mönche: wenn der Mönch Gaben empfängt, Ordenspenden, so teilt er sie nicht nach Belieben, sondern bis auf die Brocken in seiner Almosenschale nach dem Maße der bewährten Brüder des Ordens. Auch das ist eines der nicht zu vergessenden, hoch und hehr gehaltenen Dinge, das zum allgemeinen Verträgnis, zum Frieden, zur Eintracht führt. Weiter sodann, ihr Mönche: der Mönch bewahrt die Ordenspflichten, ungebrochen, unverletzt, ungemustert, ungesprenkelt, aus freiem Entschlusse, als von Verständigen gepriesen, nicht angetastet, zur Vertiefung tauglich, er übt diese Pflichten gleich seinen Ordensbrüdern, so offen als verborgen. Auch das ist eines der nicht zu vergessenden, hoch und hehr gehaltenen Dinge, das zum allgemeinen Verträgnis, zum Frieden, zur Eintracht führt. Weiter sodann, ihr Mönche: der Mönch hat jene Ansicht, die heilige, ausreichende, die dem Grübler zur völligen Leidensversiegung ausreicht, jene Ansicht hat er mit seinen Ordensbrüdern gemeinsam bewahrt, so offen als verborgen. Auch das ist eines der nicht zu vergessenden, hoch und hehr gehaltenen Dinge, das zum allgemeinen Verträgnis, zum Frieden, zur Eintracht führt.

«Das aber, Mönche, sind die sechs Dinge, nicht zu vergessende, hoch und hehr gehaltene, die zum allgemeinen Verträgnis, zum Frieden, zur Eintracht führen. Und von diesen sechs Dingen, ihr Mönche, die nicht zu vergessen sind, ist eines das beste, eines der Inbegriff, eines alles zusammen: es ist jene Ansicht, die heilige, ausreichende, die dem Grübler zur völligen Leidensversiegung ausreicht. Gleichwie etwa, Mönche, bei einem Turme eines das beste, eines der Inbegriff, eines alles zusammen ist, nämlich die Zinne: ebenso nun
323 auch, ihr Mönche, ist bei diesen sechs Dingen, den nicht zu vergessenden, eines das beste, eines der Inbegriff, eines alles zusammen: jene Ansicht, die heilige, ausreichende, die dem Grübler zur völligen Leidensversiegung ausreicht.

«Wie reicht nun, ihr Mönche, jene Ansicht, die heilige, ausreichende, dem Grübler zur völligen Leidensversiegung aus? Da geht, ihr Mönche, der Mönch in den Wald, oder an einen Baum, oder in leere Klause, und erforscht sich also: ‹Ist wohl in mir noch eine Umspinnung, die mein Herz derart umsponnen hat, daß ich nicht klar und richtig denken und sehn kann?› Wenn ein Mönch, ihr Mönche, gierumsponnen ist, so ist sein Herz eben umsponnen. Wenn ein Mönch, ihr Mönche, haßumsponnen ist, so ist sein Herz eben umsponnen. Wenn ein Mönch, ihr Mönche, trägheitumsponnen ist, so ist sein Herz eben umsponnen. Wenn ein Mönch, ihr Mönche, stolzumsponnen ist, so ist sein Herz eben umsponnen. Wenn ein Mönch, ihr Mönche, zweifelumsponnen ist, so ist sein Herz eben umsponnen. Wenn ein Mönch, ihr Mönche, dieser Welt nachhängt, so ist sein Herz eben umsponnen. Wenn ein Mönch, ihr Mönche, jener Welt nachhängt, so ist sein Herz eben umsponnen. Wenn ein Mönch, ihr Mönche, Zank und Streit liebt, hadert, sich in scharfe Reden einläßt, so ist sein Herz eben umsponnen. Er aber erkennt: ‹Es ist keine Umspinnung in mir, die mein Herz derart umsponnen hätte, daß ich nicht klar und richtig denken und sehn könnte. Wohl empfänglich ist mein Sinn, die Wahrheiten zu fassen.› Das ist die erste Wissenschaft, die er gewonnen hat, eine heilige, überweltliche, mit gewöhnlichen Begriffen unvereinbare.

«Weiter sodann, ihr Mönche: der heilige Jünger erforscht sich also: ‹Weil ich nun jene Ansicht hege und pflege und ausbilde, gelang' ich da zur eigenen Ebbung, gelang' ich da zur eigenen Erlöschung?› Und er erkennt: ‹Weil ich jene Ansicht hege und pflege und ausbilde gelang' ich zur eigenen Ebbung, gelang' ich zur eigenen Erlöschung.› Das ist die zweite Wissenschaft, die er gewonnen hat, eine heilige, überweltliche, mit gewöhnlichen Begriffen unvereinbare.

«Weiter sodann, ihr Mönche: der heilige Jünger erforscht sich also: ‹Jene Ansicht, die ich mir angeeignet habe, kann die wohl auch außerhalb dieser

Regel von einem anderen Asketen oder Priester ganz ebenso gefunden werden?› Und er erkennt: ‹Jene Ansicht, die ich mir angeeignet habe, die kann nicht außerhalb dieser Regel von einem anderen Asketen oder Priester ganz ebenso gefunden werden.› Das ist die dritte Wissenschaft, die er gewonnen 324
hat, eine heilige, überweltliche, mit gewöhnlichen Begriffen unvereinbare.

«Weiter sodann, ihr Mönche: der heilige Jünger erforscht sich also: ‹Jene Art, die der Ansichtvertraute erworben hat, habe auch ich sie mir erworben?› Was für eine Art aber ist es, ihr Mönche, die der Ansichtvertraute erworben hat? Die Art des Ansichtvertrauten, ihr Mönche, ist diese: hat er irgendwie eine Übertretung begangen, die gesühnt werden muß, so geht er alsbald zum Meister oder zu erfahrenen Ordensbrüdern, bekennt seine Schuld, deckt sie auf, legt sie dar, und hat er sie bekannt gemacht, aufgedeckt, dargelegt, so hütet er sich künftighin. Gleichwie etwa, ihr Mönche, ein zarter Knabe, ein unvernünftiger Säugling, mit der Hand oder mit dem Fuße von ungefähr auf glühende Kohlen stoßend rasch zurückfährt: ebenso nun auch, ihr Mönche, ist es die Art des Ansichtvertrauten, daß er eine irgendwie begangene Übertretung, die er sühnen muß, alsbald dem Meister oder erfahrenen Ordensbrüdern bekannt gibt, aufdeckt, darlegt und sich künftighin hütet. Und er erkennt: ‹Jene Art, die der Ansichtvertraute erworben hat, die habe auch ich mir erworben.› Das ist die vierte Wissenschaft, die er gewonnen hat, eine heilige, überweltliche, mit gewöhnlichen Begriffen unvereinbare.

«Weiter sodann, ihr Mönche: der heilige Jünger erforscht sich also: ‹Jene Art, die der Ansichtvertraute erworben hat, habe auch ich sie mir erworben?› Was für eine Art aber ist es, ihr Mönche, die der Ansichtvertraute erworben hat? Die Art des Ansichtvertrauten, ihr Mönche, ist diese: haben die Ordensbrüder irgendwie da oder dort Obliegenheiten auf sich zu nehmen, so ist er mit Eifer dabei, und innig ist er bemüht hohe Tugend zu pflegen, hohen Sinn zu pflegen, hohe Weisheit zu pflegen. Gleichwie etwa, ihr Mönche, eine junge Mutterkuh die Hürde durchbricht und ihr Kälblein aufsucht: ebenso nun auch, ihr Mönche, ist es die Art des Ansichtvertrauten, daß er mit Eifer an allen Obliegenheiten der Ordensbrüder teilnimmt und innig bemüht ist hohe Tugend zu pflegen, hohen Sinn zu pflegen, hohe Weisheit zu pflegen. Und er erkennt: ‹Jene Art, die der Ansichtvertraute erworben hat, die habe auch ich mir erworben.› Das ist die fünfte Wissenschaft, die er gewonnen hat, eine heilige, überweltliche, mit gewöhnlichen Begriffen unvereinbare.

«Weiter sodann, ihr Mönche: der heilige Jünger erforscht sich also: ‹Jene 325
Kraft, die der Ansichtvertraute erworben hat, habe auch ich sie mir erworben?› Was für eine Kraft aber ist es, ihr Mönche, die der Ansichtvertraute erworben hat? Das ist die Kraft, ihr Mönche, des Ansichtvertrauten, daß er bei der Darlegung der Lehre und Ordnung des Vollendeten achtsam, auf-

merksam, mit ganzem Gemüte hingegeben, offenen Ohres die Lehre hört. Und er erkennt: ‹Jene Kraft, die der Ansichtvertraute erworben hat, die habe auch ich mir erworben.› Das ist die sechste Wissenschaft, die er gewonnen hat, eine heilige, überweltliche, mit gewöhnlichen Begriffen unvereinbare.

«Weiter sodann, ihr Mönche: der heilige Jünger erforscht sich also: ‹Jene Kraft, die der Ansichtvertraute erworben hat, habe auch ich sie mir erworben?› Was für eine Kraft aber ist es, ihr Mönche, die der Ansichtvertraute erworben hat? Das ist die Kraft, ihr Mönche, des Ansichtvertrauten, daß er bei der Darlegung der Lehre und Ordnung des Vollendeten zum Verständnis des Sinnes, zum Verständnis der Lehre, zum verständnisvollen Genusse der Lehre gelangt. Und er erkennt: ‹Jene Kraft, die der Ansichtvertraute erworben hat, die habe auch ich mir erworben.› Das ist die siebente Wissenschaft, die er gewonnen hat, eine heilige, überweltliche, mit gewöhnlichen Begriffen unvereinbare.

«Der also siebenfach gefeite heilige Jünger, ihr Mönche, hat seine Art genugsam geprüft, um das Ziel seiner Hörerschaft zu erwirken. Der also siebenfach gefeite heilige Jünger, ihr Mönche, hat das Ziel seiner Hörerschaft gefunden[37].»

Also sprach der Erhabene. Zufrieden freuten sich jene Mönche über das Wort des Erhabenen.

49

FÜNFTER TEIL · NEUNTE REDE

BRAHMĀS HEIMSUCHUNG

326 DAS HAB' ICH GEHÖRT. Zu einer Zeit weilte der Erhabene bei Sāvatthī, im Siegerwalde, im Garten Anāthapiṇḍikos. Dort nun wandte sich der Erhabene an die Mönche: «Ihr Mönche!» – «Erlauchter!» antworteten da jene Mönche dem Erhabenen aufmerksam. Der Erhabene sprach also:

«Eines Tages, ihr Mönche, weilte ich da bei Ukkaṭṭhā, im Lustwalde, am Fuße eines Königsbaumes. Damals aber, ihr Mönche, war der Brahmā Bako[38] zu der falschen Ansicht gekommen: ‹Hier ist das Ewige, hier das Beharrende,

Immerwährende, hier ist Unauflösbarkeit und Unvergänglichkeit: denn hier herrscht kein Geborenwerden und Altern, kein Sterben und Vergehn und Wiedererscheinen; und es gibt keine andere, höhere Freiheit als diese.›

«Und ich erkannte, ihr Mönche, des Brahmās Bako Gedanken, und gleichwie etwa ein kräftiger Mann den eingezogenen Arm ausstrecken oder den ausgestreckten Arm einziehn mag, ebenso verschwand ich da von Ukkaṭṭhā, aus dem Lustwalde, vom Fuße des Königsbaumes, und erschien in jener Brahmawelt. Da sah mich, ihr Mönche, der Brahmā Bako wie von ferne herankommen, und nachdem er mich gesehn sprach er also zu mir: ‹Heil, o Würdiger, willkommen, Würdiger! Lange schon hab' ich die Hoffnung gehegt, der Würdige werde hierherkommen. Denn hier, Würdiger, ist das Ewige, hier das Beharrende, Immerwährende, hier ist Unauflösbarkeit und Unvergänglichkeit: hier herrscht kein Geborenwerden und Altern, kein Sterben und Vergehn und Wiedererscheinen; und eine andere, höhere Freiheit als diese gibt es nicht.›

«Hierauf, ihr Mönche, erwiderte ich dem Brahmā Bako: ‹Verblendet, wahrlich, ist der liebe Brahmā Bako, verblendet, wahrlich, ist der liebe Brahmā Bako, da er ja was eben nicht ewig ist als ewig bezeichnen will, was eben nicht beharrend ist als beharrend bezeichnen will, was eben dauerlos ist als immerwährend bezeichnen will, was eben auflösbar ist als unauflösbar bezeichnen will, was eben vergänglich ist als unvergänglich bezeichnen will, und nun von dem, was da geboren wird und altert, stirbt und vergeht und wiedererscheint, behauptet, daß es nicht geboren werde, nicht altere, nicht sterbe und vergehe und wiedererscheine, dann aber jene andere, höhere Freiheit, die es gibt, leugnet.›

«Da fuhr nun, ihr Mönche, Māro der Böse in einen der Götter vom Gefolge Brahmās und sprach also aus ihm: ‹Mönchlein, Mönchlein! Hüte dich vor diesem, hüte dich vor diesem: das ist ja Brahmā, o Mönch, der Große Brahmā, 327
der Übermächtige, der Unübermächtigte, der Allsehende, der Selbstgewaltige, der Herr, der Schöpfer, der Erschaffer, der Höchste, der Erzeuger, der Erhalter, der Vater von allem was da war und sein wird. Schon vor dir, o Mönch, gab es in der Welt Asketen und Priester, die Erdenfeinde waren, Erdenverächter, die Wasserfeinde waren, Wasserverächter, die Feuerfeinde waren, Feuerverächter, die Luftfeinde waren, Luftverächter, die Naturfeinde waren, Naturverächter, die Götterfeinde waren, Götterverächter, die Feinde des Herrn der Zeugung waren, Verächter des Herrn der Zeugung, die Feinde Brahmās waren, Verächter Brahmās: diese gelangten bei der Auflösung des Körpers, nach verbrauchter Lebenskraft, zu verstoßenen Daseinsarten. Und es gab vor dir, o Mönch, Asketen und Priester in der Welt, die Erdenfreunde

waren, Erdenliebhaber, die Wasserfreunde waren, Wasserliebhaber, die Feuerfreunde waren, Feuerliebhaber, die Luftfreunde waren, Luftliebhaber, die Naturfreunde waren, Naturliebhaber, die Götterfreunde waren, Götterliebhaber, die Freunde des Herrn der Zeugung waren, Liebhaber des Herrn der Zeugung, die Freunde Brahmās waren, Liebhaber Brahmās: diese gelangten bei der Auflösung des Körpers, nach verbrauchter Lebenskraft, zu erlesenen Daseinsarten. Und so rat' ich dir denn, o Mönch: hab' Acht, Würdiger! Was dir Brahmā gesagt hat, das lass' dir gesagt sein, auf daß du nicht dem Worte Brahmās widersprechest! Wenn du, o Mönch, dem Worte Brahmās widersprechen wolltest, so wär' es als ob ein Mann an einen Felsen träte und mit einem Stabe dagegen schlüge, oder als ob, o Mönch, ein Mann, in einen Höllenabgrund stürzend, mit Händen und Füßen Boden zu fassen suchte: ganz ebenso, o Mönch, würd' es dir hier ergehn. Hab' Acht, Würdiger! Was dir Brahmā gesagt hat, das lass' dir gesagt sein, auf daß du nicht dem Worte Brahmās widersprechest!

Siehst, Mönchlein, du nicht rings umher
Den Götterkreis der Brahmawelt?›

«Mit diesen Worten, ihr Mönche, führte mich Māro der Böse in den Kreis der Brahmagötter. Ich aber, ihr Mönche, sprach also zu Māro dem Bösen: ‹Wohl kenn' ich dich, Böser, lass' die Hoffnung fahren: 'Er kennt mich nicht', Māro bist du, der Böse. Und dieser Brahmā da, Böser, und diese Brahmagötter, und diese Brahmascharen: alle sind sie in deiner Hand, alle sind sie in deiner Willkür. Du freilich, Böser, denkst nun: 'Auch der soll in meiner Hand sein, auch der soll in meiner Willkür sein!' Ich aber, Böser, stehe nicht in deiner Hand und stehe nicht in deiner Willkür.›

«Auf diese Worte, ihr Mönche, sprach der Brahmā Bako also zu mir: ‹Ich
328 nun, Würdiger, halte für ewig was eben ewig ist, halte für beharrend was eben beharrend ist, halte für immerwährend was eben immerwährend ist, halte für unauflösbar was eben unauflösbar ist, halte für unvergänglich was eben unvergänglich ist; und wo kein Geborenwerden und Altern, kein Sterben und Vergehn und Wiedererscheinen ist, da sag' ich eben: hier, wahrlich, herrscht kein Geborenwerden und Altern, kein Sterben und Vergehn und Wiedererscheinen; und weil es keine andere, höhere Freiheit gibt, deshalb sag' ich: es gibt keine andere, höhere Freiheit. Vor dir, o Mönch, waren schon Asketen und Priester in der Welt, die sich die ganze Spanne Zeit eueres Lebens einzig der Kasteiung hingegeben hatten: die mochten vielleicht wissen, ob es eine andere, höhere Freiheit gibt oder nicht gibt. Darum lass' dir, o Mönch, bedeutet sein: du wirst eine andere, höhere Freiheit gewiß nicht

entdecken, und wenn du dir auch noch so viel Mühe und Qual gäbest. Nimmst du, o Mönch, die Erde zum Stützpunkt, so hast du mich zum Stützpunkt genommen, zum Schwerpunkt genommen, mußt mir gehorchen, mußt mir weichen; nimmst du, o Mönch, das Wasser zum Stützpunkt, so hast du mich zum Stützpunkt genommen, zum Schwerpunkt genommen, mußt mir gehorchen, mußt mir weichen; nimmst du, o Mönch, das Feuer zum Stützpunkt, so hast du mich zum Stützpunkt genommen, zum Schwerpunkt genommen, mußt mir gehorchen, mußt mir weichen; nimmst du, o Mönch, die Luft zum Stützpunkt, so hast du mich zum Stützpunkt genommen, zum Schwerpunkt genommen, mußt mir gehorchen, mußt mir weichen; nimmst du, o Mönch, die Natur zum Stützpunkt, so hast du mich zum Stützpunkt genommen, zum Schwerpunkt genommen, mußt mir gehorchen, mußt mir weichen; nimmst du, o Mönch, die Götter zum Stützpunkt, so hast du mich zum Stützpunkt genommen, zum Schwerpunkt genommen, mußt mir gehorchen, mußt mir weichen; nimmst du, o Mönch, den Herrn der Zeugung zum Stützpunkt, so hast du mich zum Stützpunkt genommen, zum Schwerpunkt genommen, mußt mir gehorchen, mußt mir weichen; nimmst du, o Mönch, den Brahmā zum Stützpunkt, so hast du mich zum Stützpunkt genommen, zum Schwerpunkt genommen, mußt mir gehorchen, mußt mir weichen.›

‹Wohl weiß auch ich es, Brahmā: nehm' ich die Erde zum Stützpunkt, so hab' ich dich zum Stützpunkt genommen, zum Schwerpunkt genommen, muß dir gehorchen, muß dir weichen; nehm' ich das Wasser zum Stützpunkt, so hab' ich dich zum Stützpunkt genommen, zum Schwerpunkt genommen, muß dir gehorchen, muß dir weichen; nehm' ich das Feuer zum Stützpunkt, so hab' ich dich zum Stützpunkt genommen, zum Schwerpunkt genommen, muß dir gehorchen, muß dir weichen; nehm' ich die Luft zum Stützpunkt, so hab' ich dich zum Stützpunkt genommen, zum Schwerpunkt genommen, muß dir gehorchen, muß dir weichen; nehm' ich die Natur zum Stützpunkt, so hab' ich dich zum Stützpunkt genommen, zum Schwerpunkt genommen, muß dir gehorchen, muß dir weichen; nehm' ich die Götter zum Stützpunkt, so hab' ich dich zum Stützpunkt genommen, zum Schwerpunkt genommen, muß dir gehorchen, muß dir weichen; nehm' ich den Herrn der Zeugung zum Stützpunkt, so hab' ich dich zum Stützpunkt genommen, zum Schwerpunkt genommen, muß dir gehorchen, muß dir weichen; nehm' ich den Brahmā zum Stützpunkt, so hab' ich dich zum Stützpunkt genommen, zum Schwerpunkt genommen, muß dir gehorchen, muß dir weichen. Wohl kenn' ich, Brahmā, deine Art, kenne deine Herrlichkeit: hochmächtig ist der Brahmā Bako, hochgewaltig ist der Brahmā Bako, hochangesehn ist der Brahmā Bako.›

‹Inwiefern denn, Würdiger, kennst du meine Art, kennst meine Herrlichkeit: hochmächtig ist der Brahmā Bako, hochgewaltig ist der Brahmā Bako, hochangesehn ist der Brahmā Bako?›

‹Soweit die Sonne strahlt, der Mond
In voller Pracht die Räume durch,
Ist tausendfach die reiche Welt
In deinen Willen eingewiegt.

‹Die Höh'n und Tiefen kennest du,
Du kennst den Freien und den Knecht,
So dieses Sein wie jenes Sein,
Der Wesen Kommen, Wesen Gehn.

‹Also kenn' ich, Brahmā, deine Art, kenne deine Herrlichkeit: hochmäch-
329 tig ist der Brahmā Bako, hochgewaltig ist der Brahmā Bako, hochangesehn ist der Brahmā Bako. Nun gibt es, Brahmā, drei fernere Daseinsarten, wohin dein Kennen und Sehn nicht reicht, die ich kenne und sehe. Es gibt, Brahmā, eine leuchtende Art des Daseins: aus dieser verschieden bist du hier erschienen, wo dir im Laufe deines ungemein langen Verweilens die Erinnerung daran entschwunden ist; daher kennst du und siehst sie nicht, die ich kenne und sehe. Und somit bin ich dir, Brahmā, nicht nur nicht gleich an Erkenntnis, geschweige daß ich unter dir stände, sondern bin dir weit überlegen. Und es gibt, Brahmā, eine strahlende Art des Daseins, und es gibt, Brahmā, eine gewaltige Art des Daseins: die kennst du nicht und siehst sie nicht, die ich kenne und sehe. Und somit bin ich dir, Brahmā, nicht nur nicht gleich an Erkenntnis, geschweige daß ich unter dir stände, sondern bin dir weit überlegen. – Die Erde hab' ich, Brahmā, als Erde erkannt, wie unbefriedigend der Erde Erdheit ist, das hab' ich erkannt und der Erde entsagt, der Erde abgesagt, von der Erde mich losgesagt, die Erde verleugnet, die Erde verachtet. Und somit bin ich dir, Brahmā, nicht nur nicht gleich an Erkenntnis, geschweige daß ich unter dir stände, sondern bin dir weit überlegen. Das Wasser hab' ich, Brahmā, als Wasser erkannt, wie unbefriedigend des Wassers Wasserheit ist, das hab' ich erkannt und dem Wasser entsagt, dem Wasser abgesagt, vom Wasser mich losgesagt, das Wasser verleugnet, das Wasser verachtet. Und somit bin ich dir, Brahmā, nicht nur nicht gleich an Erkenntnis, geschweige daß ich unter dir stände, sondern bin dir weit überlegen. Das Feuer hab' ich, Brahmā, als Feuer erkannt, wie unbefriedigend des Feuers Feuerheit ist, das hab' ich erkannt und dem Feuer entsagt, dem Feuer abgesagt, vom Feuer mich losgesagt, das Feuer verleugnet, das Feuer verachtet. Und somit bin ich dir, Brahmā, nicht nur nicht gleich an Erkenntnis, ge-

schweige daß ich unter dir stände, sondern bin dir weit überlegen. Die Luft hab' ich, Brahmā, als Luft erkannt, wie unbefriedigend der Luft Luftheit ist, das hab' ich erkannt und der Luft entsagt, der Luft abgesagt, von der Luft mich losgesagt, die Luft verleugnet, die Luft verachtet. Und somit bin ich dir, Brahmā, nicht nur nicht gleich an Erkenntnis, geschweige daß ich unter dir stände, sondern bin dir weit überlegen. Die Natur, Brahmā, die Götter, den Herrn der Zeugung, den Brahmā, die Leuchtenden, die Strahlenden, die Gewaltigen, den Übermächtigen – das All hab' ich, Brahmā, als All erkannt, wie unbefriedigend des Alls Allheit ist, das hab' ich erkannt und dem All entsagt, dem All abgesagt, vom All mich losgesagt, das All verleugnet, das All verachtet. Und somit bin ich dir, Brahmā, nicht nur nicht gleich an Erkenntnis, geschweige daß ich unter dir stände, sondern bin dir weit überlegen.›

‹Wenn dir, Würdiger, die Allheit des Alls keine Befriedigung gewährt hat, so mag eben vielleicht bei dir hohl sein, leer sein

Was Leuchtkraft des Bewußtseins war
Und ganz und gar erloschen ist:[39]

da bleibt man von der Erde Erdheit unbefriedigt, von des Wassers Wasserheit unbefriedigt, von des Feuers Feuerheit unbefriedigt, von der Luft Luftheit unbefriedigt, von der Natur, den Göttern, dem Herrn der Zeugung, dem Brahmā, von den Leuchtenden, den Strahlenden, den Gewaltigen, vom 330
Übermächtigen, bleibt von des Alls Allheit unbefriedigt. – Wohlan denn, Würdiger, ich werde dir jetzt entschwinden.›

‹Wohlan denn, Brahmā, so entschwinde mir, wenn du es vermagst.› Und nun, ihr Mönche, sagte der Brahmā Bako: 'Entschwinden will ich dem Asketen Gotamo, entschwinden will ich dem Asketen Gotamo!', aber er konnte mir nicht entschwinden. Darauf sagte ich, ihr Mönche, zum Brahmā Bako:

‹Wohlan denn, Brahmā, so werde ich dir entschwinden.›

‹Wohlan denn, Würdiger, so entschwinde mir, wenn du es vermagst.›

«Und ich ließ nun, ihr Mönche, eine magische Erscheinung folgender Art sich fügen: ‹Sei es daß der Brahmā und die Brahmagötter und die Brahmascharen meine Stimme hören aber mich nicht sehn!›, also unsichtbar geworden sprach ich den Spruch:

‹Das Leben acht' als Leiden ich:
Und allerhöchstes Leben selbst,
Kein Leben lieb' ich irgendwo,
Kein Gnügen kann genügen mir.›

«Da waren nun, ihr Mönche, Brahmā und die Brahmagötter und die Brahmascharen über das Außerordentliche, Wunderbare dieses Vorgangs erstaunt und bestürzt: ‹Außerordentlich, wahrlich, wunderbar, wahrlich, ist des Asketen Gotamo hohe Macht, hohe Gewalt! Niemals noch, fürwahr, haben wir einen Asketen oder Priester gesehn oder von einem gehört, der so hochmächtig, so hochgewaltig gewesen wäre, wie dieser Asket Gotamo, der Sakyersohn, der dem Erbe der Sakyer entsagt hat. Dem lebensfrohen Geschlechte, o Wunder, dem lebensfreudigen, lebenslustigen hat er das Leben mit der Wurzel ausgezogen!›

«Aber Māro der Böse, ihr Mönche, fuhr nun in einen der Götter vom Gefolge Brahmās und sprach zu mir: ‹Bist du, o Würdiger, also weise und wach, so ziehe dir keine Jünger heran, keine Nachfolger, so zeige nicht Jüngern die Wahrheit, nicht Nachfolgern, so ersehne nicht Jünger und Nachfolger. Schon vor dir, o Mönch, waren Asketen und Priester in der Welt, die sich für Heilige, vollkommen Erwachte ausgaben. Und sie zogen sich Jünger heran, Nachfolger, zeigten Jüngern die Wahrheit, Nachfolgern, ersehnten Jünger und Nachfolger. Und nachdem sie sich Jünger herangezogen hatten, Nachfolger, Jüngern die Wahrheit gezeigt hatten, Nachfolgern, Jünger ersehnt hatten, Nachfolger, starben sie und gelangten nach der Auflösung des Körpers zu verstoßenen Daseinsarten. Und schon vor dir, o Mönch, gab es Asketen und
331 Priester in der Welt, die sich für Heilige, vollkommen Erwachte hielten, aber keine Jünger und Nachfolger heranzogen, keine Wahrheit zeigten, keine Nachfolge ersehnten. Ohne Jünger und Nachfolger zu hinterlassen, ohne die Wahrheit gezeigt und Nachfolge ersehnt zu haben, starben sie und gelangten nach der Auflösung des Körpers zu erlesenen Daseinsarten. Darum laß' dir, o Mönch, geraten sein: höre, o Würdiger! Gib dir keine Mühe, verweile so lange du noch lebst im ungetrübten Genusse deiner Heiterkeit, behalte das Echte nur für dich, Würdiger, belehre keinen anderen!›

«Auf diese Worte, ihr Mönche, sprach ich also zu Māro dem Bösen: ‹Wohl kenn' ich dich, Böser, laß' die Hoffnung fahren: 'Er kennt mich nicht', Māro bist du, der Böse. Und nicht aus liebevoller Teilnahme redest du, Böser, also zu mir, sondern aus gehässiger Teilnahme; denn das, Böser, sind deine Gedanken: 'Denen der Asket Gotamo die Wahrheit zeigen wird, die werden sich gegen meine Herrschaft auflehnen.' Doch unvollkommen erwacht, Böser, waren die Asketen und Priester, die dir erklärt haben: 'Wir sind vollkommen erwacht.' Ich aber, Böser, der eben vollkommen erwacht bin, erkläre dir: ich bin vollkommen erwacht. Zeigt aber nun, Böser, der Vollendete Jüngern die Wahrheit: immer bleibt er derselbe. Zeigt aber nun, Böser, der Vollendete Jüngern die Wahrheit nicht: immer bleibt er derselbe. Zieht aber nun, Böser, der Vollendete Jünger heran: immer bleibt er derselbe. Zieht aber nun, Böser, der Vollendete Jünger nicht heran: immer bleibt er derselbe. Wie ist das möglich? Der Vollendete, Böser, hat den Wahn, den besudelnden, Wiederdasein säenden, entsetzlichen, Leiden ausbrütenden, wiederum Leben, Altern und Sterben erzeugenden, verleugnet, an der Wurzel abgeschnitten, einem Palmstumpf gleichgemacht, so daß er nicht mehr keimen, nicht mehr sich entwickeln kann. Gleichwie etwa, Böser, eine Palme, der man die Krone abgeschnitten hat, nicht mehr emporwachsen kann: ebenso nun auch, Böser, hat der Vollendete den Wahn, den besudelnden, Wiederdasein säenden, entsetzlichen, Leiden ausbrütenden, wiederum Leben, Altern und Sterben erzeugenden, verleugnet, an der Wurzel abgeschnitten, einem Palmstumpf gleichgemacht, so daß er nicht mehr keimen, nicht mehr sich entwickeln kann.»

So ist da Māro zum Schweigen gebracht und Brahmā heimgesucht worden; darum eben hat man diesen Bericht Brahmās Heimsuchung genannt.

50

FÜNFTER TEIL · ZEHNTE REDE

MĀROS VERWEISUNG

DAS HAB' ICH GEHÖRT. Zu einer Zeit weilte der ehrwürdige Mahāmoggallāno 332
im Lande der Bhagger, bei der Stadt Suṃsumāragiram, im Forste des Bhesakaḷā-Waldes. Damals nun erging sich der ehrwürdige Mahāmoggallāno in einer Lichtung. Aber Māro der Böse war dem ehrwürdigen Mahāmoggallāno in den Bauch gefahren und hatte sich im Darm festgesetzt. Da kam nun dem ehrwürdigen Mahāmoggallāno der Gedanke: ‹Was ist denn nur mein Bauch so schwer, wie etwa ein Sack voll Bohnen?› Und der ehrwürdige Mahāmoggallāno hielt seine Schritte an, ging in das Wohnhaus und setzte sich auf seinem Sitze nieder. Dort sitzend beobachtete sich der ehrwürdige Mahāmoggallāno aufmerksam. Und der ehrwürdige Mahāmoggallāno sah Māro den Bösen in seinem Bauche, im Darme sitzen, und nachdem er ihn gesehn sprach er also zu ihm:

«Weiche von hinnen, Böser, weiche von hinnen, Böser! Nicht den Vollendeten plage, nicht des Vollendeten Jünger, auf daß es nicht dir zu langem Leiden und Unheil gereiche.»

Doch Māro der Böse dachte bei sich: ‹Ohne mich wirklich zu kennen oder zu sehn spricht dieser Asket also zu mir; denn selbst Er, der sein Meister ist, hätte mich nicht so schnell erkannt: woher sollte mich erst dieser Jünger kennen!› Aber der ehrwürdige Mahāmoggallāno sprach also zu Māro dem Bösen:

«Allerdings kenn' ich dich, Böser, laß' die Hoffnung fahren: ‹Er kennt mich nicht›, Māro bist du, der Böse. Du aber, Böser, denkst bei dir: ‹Ohne mich wirklich zu kennen oder zu sehn spricht dieser Asket also zu mir: denn selbst Er, der sein Meister ist, hätte mich nicht so schnell erkannt: woher sollte mich erst dieser Jünger kennen!›»

Da gedachte nun Māro der Böse: ‹Er hat mich wirklich erkannt und gesehn, dieser Asket, der da also zu mir spricht.› Und Māro der Böse fuhr aus
333 dem Munde des ehrwürdigen Mahāmoggallāno hervor und stellte sich an den Türbalken hin. Und der ehrwürdige Mahāmoggallāno sah Māro den Bösen gegenüber stehn, und bei diesem Anblick sprach er also zu ihm:

«So seh' ich dich denn hier, Böser! Laß' die Hoffnung fahren: ‹Er sieht mich nicht›, dort stehst du, Böser, an den Türbalken gelehnt. – Vor langen Zeiten, Böser, war ich einst Māro gewesen und hieß Dūsī, hatte eine Schwester, die hieß Kāḷī; deren Sohn warst du, bist damals mein Neffe gewesen. Zu jener Zeit nun, Böser, war Kakusandho der Erhabene, der Heilige, vollkommen Erwachte in der Welt erschienen. Kakusandho nun aber, Böser, der Erhabene, der Heilige, vollkommen Erwachte, hatte ein Jüngerpaar, das unter dem Namen Wissenswalt und Lebenswalt bekannt war, ein hohes, erlauchtes Paar. Denn so viel Jünger auch, Böser, Kakusandho der Erhabene, der Heilige, vollkommen Erwachte besaß: keiner reichte da wohl an den ehrwürdigen Wissenswalt heran, wenn es galt die Satzung darzulegen. Und so geschah es, Böser, daß der ehrwürdige Wissenswalt nach und nach eben als ‹Wissenswalt, Wissenswalt› bekannt wurde. Der ehrwürdige Lebenswalt dagegen, Böser, pflegte im Inneren des Waldes zu weilen, oder unter einem großen Baume, oder in leerer Klause, und versenkte sich gar leicht in die Auflösung der Wahrnehmbarkeit. Eines Tages, Böser, hatte sich der ehrwürdige Lebenswalt, unter einem großen Baume sitzend, in die Auflösung der Wahrnehmbarkeit versenkt. Da sahn nun, Böser, Hirten und Landleute den ehrwürdigen Lebenswalt, in die Auflösung der Wahrnehmbarkeit verloren, am Fuße eines großen Baumes sitzen, und wie sie ihn da fanden riefen sie erstaunt und bestürzt aus: ‹Seht nur, welch ein Wunder! Sitzend ist dieser Asket da gestorben! Laßt ihn uns bestatten.› Und jene Hirten und Landleute, Böser, trugen Stroh und Reisig und trockenen Dünger herbei, bedeckten damit den Körper des Ehrwürdigen, legten Feuer an und gingen fort. Am nächsten Morgen nun, Böser, kam der ehrwürdige Lebenswalt aus seiner Vertiefung zurück, erhob sich, schüttelte sein Gewand, nahm Mantel und Schale und begab sich ins Dorf

um Almosenspeise. Da sahn nun, Böser, jene Hirten und Landleute den ehr-
würdigen Lebenswalt von Haus zu Haus schreiten, und als sie ihn gesehn
riefen sie erschreckt und entsetzt aus: ‹Seht, o seht nur! Der Asket, der da
sitzend gestorben ist, der ist nun wieder lebendig geworden!› Und so geschah
es, Böser, daß der ehrwürdige Lebenswalt nach und nach eben als ‹Lebens- 334
walt, Lebenswalt› bekannt wurde. – Aber Dūsī der Māro, Böser, gedachte
nun also: ‹Ich weiß wahrhaftig nicht, woher diese tugendreinen, edelgearte-
ten Mönche kommen und wohin sie gehn; wie, wenn ich nun Priester und
Hausväter aufzureizen suchte: Geht mir mit eueren tugendreinen, edel-
gearteten Mönchen! Beschimpft sie, beleidigt sie, verjagt sie, verfolgt sie –
da wird sich bei solcher Behandlung ihr Sinn schon ändern und Māro Dūsī
Eingang finden.› Und Māro Dūsī, Böser, fuhr in die Priester und Hausväter
hinein: ‹Geht mir mit eueren tugendreinen, edelgearteten Mönchen! Be-
schimpft sie, beleidigt sie, verjagt sie, verfolgt sie – da wird sich bei solcher
Behandlung ihr Sinn schon ändern und Māro Dūsī Eingang finden.› Und jene
Priester und Hausväter, Böser, aufgehetzt von Dūsī dem Māro, beschimpften
und beleidigten die tugendreinen, edelgearteten Mönche, verjagten und ver-
folgten sie: ‹Da kommen sie ja, die Kahlköpfe, die Pfaffen, dieses dreiste Ge-
sindel, einer dem anderen auf den Fersen! Beschaulichkeit, Beschaulichkeit
atmen sie aus, mit ihren gebeugten Schultern und gesenkten Blicken, wie
süßen Mostes trunken, die schauen und hinschauen und herschauen und
nachschauen. Gleichwie etwa die Eule am Ast eine Maus erspäht und schaut
und hinschaut und herschaut und nachschaut, oder gleichwie etwa der Scha-
kal am Bache nach Fischen auslugt und schaut und hinschaut und herschaut
und nachschaut, oder gleichwie etwa die Katze im Kehrichtwinkel des Hofes
der Ratte auflauert und schaut und hinschaut und herschaut und nachschaut,
oder gleichwie etwa der Esel, vom Karren losgeschnallt, in den Hof, zum
Kehrichthaufen geht und schaut und hinschaut und herschaut und nach-
schaut: ebenso kommen sie da, diese Kahlköpfe von Pfaffen, das dreiste Ge-
sindel, einer dem anderen auf den Fersen! Beschaulichkeit, Beschaulichkeit
atmen sie aus, mit ihren gebeugten Schultern und gesenkten Blicken, wie
süßen Mostes trunken, die schauen und hinschauen und herschauen und
nachschauen.› Und die Menschen, Böser, die damals starben, die gelangten
bei der Auflösung des Körpers, nach dem Tode, zumeist abwärts, auf schlechte
Fährte, in Verderben und Unheil. – Aber Kakusandho, Böser, der Erhabene, 335
der Heilige, vollkommen Erwachte, ermahnte die Mönche: ‹Angestiftet, ihr
Mönche, sind Priester und Hausväter von Dūsī dem Māro: ‘Geht mir mit
eueren tugendreinen, edelgearteten Mönchen! Beschimpft sie, beleidigt sie,
verjagt sie, verfolgt sie: da wird sich bei solcher Behandlung ihr Sinn schon
ändern und Māro Dūsī Eingang finden.’ Gehet, ihr Mönche: liebevollen Ge-

mütes weilend strahlet nach einer Richtung, dann nach einer zweiten, dann nach der dritten, dann nach der vierten, ebenso nach oben und nach unten: überall in allem euch wiedererkennend durchstrahlt die ganze Welt mit liebevollem Gemüte, mit weitem, tiefem, unbeschränktem, von Grimm und Groll geklärtem. Erbarmenden Gemütes weilend strahlet nach einer Richtung, dann nach einer zweiten, dann nach der dritten, dann nach der vierten, ebenso nach oben und nach unten: überall in allem euch wiedererkennend durchstrahlet die ganze Welt mit erbarmendem Gemüte, mit weitem, tiefem, unbeschränktem, von Grimm und Groll geklärtem. Freudevollen Gemütes weilend strahlet nach einer Richtung, dann nach einer zweiten, dann nach der dritten, dann nach der vierten, ebenso nach oben und nach unten: überall in allem euch wiedererkennend durchstrahlet die ganze Welt mit freudevollem Gemüte, mit weitem, tiefem, unbeschränktem, von Grimm und Groll geklärtem. Unbewegten Gemütes weilend strahlet nach einer Richtung, dann nach einer zweiten, dann nach der dritten, dann nach der vierten, ebenso nach oben und nach unten: überall in allem euch wiedererkennend durchstrahlet die ganze Welt mit unbewegtem Gemüte, mit weitem, tiefem, unbeschränktem, von Grimm und Groll geklärtem.› Und jene Mönche, Böser, von Kakusandho dem Erhabenen, dem Heiligen, vollkommen Erwachten also belehrt, also gewiesen, zogen sich ins Innere des Waldes zurück, oder unter große Bäume, oder in leere Klausen: liebevollen Gemütes, erbarmenden Gemütes, freudevollen Gemütes und unbewegten Gemütes weilend strahlten sie nach einer Richtung, dann nach einer zweiten, dann nach der dritten, dann nach der vierten, ebenso nach oben und nach unten: überall in allem sich wiedererkennend durchstrahlten sie die ganze Welt mit liebevollem Gemüte, mit erbarmendem Gemüte, mit freudevollem Gemüte und mit unbewegtem Gemüte, mit weitem, tiefem, unbeschränktem, von Grimm und Groll geklärtem. – Aber Dūsī der Māro, Böser, besann sich nun also: ‹Auf diese Weise komm' ich nicht weiter und kann nicht erfahren woher die Mönche, die tugendreinen, edelgearteten, kommen und wohin sie gehn: wie, wenn ich nun Priester und Hausväter antriebe: Seht doch die tugendreinen, edelgearteten Mönche! Haltet sie hoch, schätzt sie gebührend, achtet und ehrt sie –
336 da wird sich bei solcher Behandlung ihr Sinn gewiß ändern und Māro Dūsī Eingang finden.› Und Māro Dūsī, Böser, fuhr in die Priester und Hausväter hinein: ‹Seht doch die tugendreinen, edelgearteten Mönche! Haltet sie hoch, schätzt sie gebührend, achtet und ehrt sie – da wird sich bei solcher Behandlung ihr Sinn gewiß ändern und Māro Dūsī Eingang finden.› Und jene Priester und Hausväter, Böser, bewogen von Dūsī dem Māro, hielten die tugendreinen, edelgearteten Mönche hoch, schätzten sie nach Gebühr, achteten und ehrten sie. Und die Menschen, Böser, die damals starben, die gelangten bei

der Auflösung des Körpers, nach dem Tode, zumeist auf gute Fährte, in himmlische Welt. – Aber Kakusandho, Böser, der Erhabene, der Heilige, vollkommen Erwachte ermahnte die Mönche: ‹Angestiftet, ihr Mönche, sind Priester und Hausväter von Dūsī dem Māro: ‘Seht doch die tugendreinen, edelgearteten Mönche! Haltet sie hoch, schätzt sie gebührend, achtet und ehrt sie – da wird sich bei solcher Behandlung ihr Sinn gewiß ändern und Māro Dūsī Eingang finden.’ Gehet, ihr Mönche: betrachtet die Erbärmlichkeit des Körpers, gedenket des Ekels der Nahrung, gedenket der Freudlosigkeit an der ganzen Welt, gedenket der Flüchtigkeit aller Erscheinungen.› Und jene Mönche, Böser, von Kakusandho dem Erhabenen, dem Heiligen, vollkommen Erwachten also belehrt, also gewiesen, zogen sich ins Innere des Waldes zurück, oder unter große Bäume, oder in leere Klausen: dort weilend betrachteten sie die Erbärmlichkeit des Körpers, waren eingedenk des Ekels der Nahrung, eingedenk der Freudlosigkeit an der ganzen Welt, hielten sich die Flüchtigkeit aller Erscheinungen vor. – Und Kakusandho, Böser, der Erhabene, der Heilige, vollkommen Erwachte stand rüstig auf, nahm Mantel und Schale und ging, gefolgt vom ehrwürdigen Wissenswalt, nach dem Dorfe um Almosenspeise. Und Dūsī der Māro, Böser, fuhr in einen Knaben, ergriff einen Scherben und warf ihn dem ehrwürdigen Wissenswalt an den Kopf, verletzte den Kopf. Und der ehrwürdige Wissenswalt, Böser, folgte nun mit zerschnittenem Kopfe und strömendem Blute Kakusandho dem Erhabenen, dem Heiligen, vollkommen Erwachten Schritt um Schritt nach. Und Kaku- 337
sandho, Böser, der Erhabene, der Heilige, vollkommen Erwachte blickte sich mit dem Blicke des Elefanten um:

‹Wahrlich kein Maß hat Māro gekannt hier.›

Bei jenem Blicke, Böser, zerging aber Dūsī der Māro auf der Stelle und erschien in einer Erzhölle wieder; in einer Hölle, Böser, die mit dreierlei Namen genannt wird: als Hölle der Sechs Sinne[40], als Hölle der Lanzenstarre, als Hölle der Innigen Pein. Da traten nun, Böser, Höllenwächter zu mir heran und sprachen: ‹So oft sich, Würdiger, zwei Lanzen in deinem Herzen kreuzen, wisse, daß tausend Jahre deiner Höllenqual um sind.› Und so litt ich denn, Böser, viele Jahre, viele Jahrhunderte, viele Jahrtausende in jener Erzhölle: zehn Jahrtausende litt ich allein im Höllenpfuhle, das äußerste der Gefühle, wie man es nennt, empfindend. Und mein Leib war da, Böser, wie etwa der eines Menschen, und mein Kopf wie etwa der eines Fisches.

«Was war es für ein Höllenort
Wo Māro Dūsī Qualen litt

Als Frevel er an Wissenwalt
Und seinem hehren Herrn getan?

«Es blitzten hundert Lanzen blank
Und jede stach mit eignem Stich:
Das war des Ortes arge Pein
Wo Māro Dūsī Qualen litt
Als Frevel er an Wissenswalt
Und seinem hehren Herrn getan.

«Wer dessen sich erinnern kann,
Des Auferwachten treuer Sohn,
Den lasse, Frevler, unversucht,
Willst selber Leid nicht leiden du.

«Im Meere liegen Inseln hold,
Ein Weltenalter stehn sie stand,
Wie Edelsteine hell und rein,
Ein funkelnd Feuer, glänzend klar:
Und Nixen tanzen Tänze dort,
Und jede lacht in eignem Licht.

«Wer dessen sich erinnern kann,
Des Auferwachten treuer Sohn,
Den lasse, Frevler, unversucht,
Willst selber Leid nicht leiden du.

«Wer auf Geheiß des wachen Herrn
Im Angesicht der Jüngerschar
Den Quadergrund am Hirschenstein
Mit seiner Zeh' erzittern ließ:

«Wer dessen sich erinnern kann,
Des Auferwachten treuer Sohn,
Den lasse, Frevler, unversucht,
Willst selber Leid nicht leiden du.

«Wer Sakkos Siegesbanner-Schloß
Mit seiner Zeh' erzittern ließ,
Magiegewaltig witzbegabt
Ein Götterbeben einst gebot:

338 «Wer dessen sich erinnern kann,
Des Auferwachten treuer Sohn,

Den lasse, Frevler, unversucht,
Willst selber Leid nicht leiden du.

«Wer dann im Siegesbanner-Saal
Den Götterfürsten Sakko frug:
‹Doch kennst du, lieber Vāsu, wohl
Das Heil versiegter Lebenslust?›
Und dem der Gott nun Punkt für Punkt
Bescheid auf seine Frage gab:

«Wer dessen sich erinnern kann,
Des Auferwachten treuer Sohn,
Den lasse, Frevler, unversucht,
Willst selber Leid nicht leiden du.

«Wer fragend vor den Brahmā trat,
Im Saal der Seligen also sprach:
‹Wähnst, Bruder, du hier immer noch
Den Wahn, den du vorher gewähnt?
Merkst nicht, daß auch der Glitterglanz
Der Brahmawelt verwesen muß?›

«Und dem nun Brahmā Punkt für Punkt,
Wie sich's gebühret, Antwort gab:
'Nein, Würdiger, ich wähne nicht
Den Wahn mehr, den ich einst gewähnt.

«'Wohl merk' ich, daß der Glitterglanz
Der Brahmawelt verwesen muß;
Wie achtlos hab' ich doch geirrt,
Zu wähnen, daß ich ewig sei!'

«Wer dessen sich erinnern kann,
Des Auferwachten treuer Sohn,
Den lasse, Frevler, unversucht,
Willst selber Leid nicht leiden du.

«Wer höchsten Berges Gipfelgrat
Als Heiliger erobert hielt,
Den östlichen Videher-Wald,
Der Erde tiefste Höllen fand:

«Wer dessen sich erinnern kann,
Des Auferwachten treuer Sohn,

Den lasse, Frevler, unversucht,
Willst selber Leid nicht leiden du.

«Hat wohl das Feuer je gedacht:
‹Versengen will den Toren ich?›
Der Tor, der flacke Feuersglut
Erfassen will, versengt sich selbst.

«So willst nun, Māro, fassen du,
Willst sehren den Vollendeten,
Wirst aber sengen nur dich selbst,
Ein Tor, der Feuer fassen will.

«Verderben schürst dir, Māro, an:
Willst fassen den Vollendeten,
Und hoffest, Frevler, hoffensfroh,
Dein Frevel werde frommen dir?

«Des Frevlers Frevel schichten sich
Zu langem Leid, Verworfener!
Verzweifle, Tod, am wachen Herrn,
Heb' von den Jüngern dich hinweg.»

So hat im wilden Schreckenswald
Ein Mönch dem Māro einst gewehrt:
Und plötzlich war der wirre Geist
Am selben Ort verschwunden da.

ENDE DES ERSTEN HALBHUNDERTS

MITTLERES HALBHUNDERT DER REDEN

SECHSTER TEIL

BUCH DER HAUSVÄTER

51

SECHSTER TEIL · ERSTE REDE

KANDARAKO

Das hab' ich gehört. Zu einer Zeit weilte der Erhabene bei Campā, am 339
Gestade des Gaggarā-Sees, mit einer großen Schar von Mönchen. Da nun begab sich Pesso, der Sohn eines Elefantenlenkers, und Kandarako, ein Pilger, dorthin wo der Erhabene weilte. Dort angelangt begrüßte Pesso, der Sohn des Elefantenlenkers, den Erhabenen ehrerbietig und setzte sich seitwärts nieder; während Kandarako, der Pilger, mit dem Erhabenen höflichen Gruß und freundliche, denkwürdige Worte tauschte und sich dann seitwärts hinstellte. Seitwärts stehend blickte da Kandarako der Pilger über die lautlose, stille Schar der Mönche hin und sprach nun zum Erhabenen also:

«Wunderbar, o Gotamo, außerordentlich ist es, o Gotamo, wie da Herr Gotamo so richtig die Jüngerschaft gewiesen hat! Die da früher, o Gotamo, in vergangenen Zeiten Heilige, vollkommen Erwachte waren, haben auch diese Erhabenen ebenso richtig ein solches Ziel den Jüngern gewiesen, gleichwie da jetzt Herr Gotamo die Jünger richtig gewiesen hat? Und die da später, o Gotamo, in künftigen Zeiten Heilige, vollkommen Erwachte sein werden, werden auch diese Erhabenen ebenso richtig ein solches Ziel den Jüngern weisen, gleichwie da jetzt Herr Gotamo die Jünger richtig gewiesen hat?»

«So ist es, Kandarako, so ist es, Kandarako. Die da früher, Kandarako, in vergangenen Zeiten Heilige, vollkommen Erwachte waren, auch diese Erhabenen haben ebenso richtig ein solches Ziel den Jüngern gewiesen, gleichwie da jetzt von mir die Jünger richtig gewiesen sind; und die da später, Kandarako, in künftigen Zeiten Heilige, vollkommen Erwachte sein werden, auch diese Erhabenen werden ebenso richtig ein solches Ziel den Jüngern weisen, gleichwie da jetzt von mir die Jünger richtig gewiesen sind.

«Denn es gibt, Kandarako, Mönche unter diesen Jüngern, die Heilige, Wahnversieger, Endiger sind, die das Werk gewirkt, die Last abgelegt, das Heil sich errungen, die Daseinsfesseln vernichtet, sich durch vollkommene Erkenntnis erlöst haben. Und es gibt, Kandarako, Mönche unter diesen Jüngern, die Kämpfer sind, tapfer in Tugend, tapfer im Wandel, gewitzigt sind, witzig im Wandel; die haben ihr Gemüt auf die vier Pfeiler der Einsicht ge-
gründet; auf welche vier? Da wacht, Kandarako, ein Mönch beim Körper über 340
den Körper, unermüdlich, klaren Sinnes, einsichtig, nach Verwindung welt-

lichen Begehrens und Bekümmerns; wacht bei den Gefühlen über die Gefühle, unermüdlich, klaren Sinnes, einsichtig, nach Verwindung weltlichen Begehrens und Bekümmerns; wacht beim Gemüte über das Gemüt, unermüdlich, klaren Sinnes, einsichtig, nach Verwindung weltlichen Begehrens und Bekümmerns; wacht bei den Erscheinungen über die Erscheinungen, unermüdlich, klaren Sinnes, einsichtig, nach Verwindung weltlichen Begehrens und Bekümmerns.»

Auf diese Worte wandte sich Pesso, der Sohn des Elefantenlenkers, also an den Erhabenen:

«Wunderbar, o Herr, außerordentlich ist es, o Herr, wie so deutlich, o Herr, der Erhabene die vier Pfeiler der Einsicht gezeigt hat, die da zur Läuterung der Wesen, zur Überwältigung des Schmerzes und Jammers, zur Zerstörung des Leidens und der Trübsal, zur Gewinnung des Rechten, zur Verwirklichung der Erlöschung führen! Denn auch wir, o Herr, als Hausleute, weiß gekleidet, haben von Zeit zu Zeit unser Gemüt auf die vier Pfeiler der Einsicht gegründet: da wachen wir, o Herr, beim Körper über den Körper, unermüdlich, klaren Sinnes, einsichtig, nach Verwindung weltlichen Begehrens und Bekümmerns; wachen bei den Gefühlen über die Gefühle, unermüdlich, klaren Sinnes, einsichtig, nach Verwindung weltlichen Begehrens und Bekümmerns; wachen beim Gemüte über das Gemüt, unermüdlich, klaren Sinnes, einsichtig, nach Verwindung weltlichen Begehrens und Bekümmerns; wachen bei den Erscheinungen über die Erscheinungen, unermüdlich, klaren Sinnes, einsichtig, nach Verwindung weltlichen Begehrens und Bekümmerns. Wunderbar, o Herr, außerordentlich ist es, o Herr, wie genau, o Herr, der Erhabene, wo die Menschen so heimlich, wo die Menschen so verhohlen[41], wo die Menschen so heuchlerisch sind, weiß, was den Wesen frommt und was ihnen nicht frommt! Denn heimlich wie die Höhle, o Herr, ist der Mensch, und offen wie die Ebene, o Herr, ist das Tier. Ja, ich kann mich, o Herr, an einen Elefantenhengst erinnern: so oft der auch durch die Straßen von Campā gehn und kommen mag, wird er jedesmal all seine List und Tücke, Launen und Ränke offenbaren. Was da aber, o Herr, unsere Knechte und Söldner und Werkleute sind, die gehn anders an die Arbeit, und anders reden sie, und wiederum anders denken sie. Wunderbar, o Herr, außerordentlich ist es, o Herr, wie genau, o Herr, der Erhabene, wo die Menschen so heimlich, wo die Menschen so verhohlen, wo die Menschen so heuchlerisch sind, weiß, was den Wesen frommt und was ihnen nicht frommt. Denn heimlich wie die Höhle, o Herr, ist der Mensch, und offen wie die Ebene, o Herr, ist das Tier.»

341 «So ist es, Pesso, so ist es, Pesso: heimlich wie die Höhle, Pesso, ist ja der Mensch, und offen wie die Ebene, Pesso, ist ja das Tier. – Vier Arten von Menschen, Pesso, finden sich hier in der Welt vor: welche vier? Da ist, Pesso,

einer ein Selbstquäler, ist der Übung der Selbstqual eifrig ergeben; da ist wieder, Pesso, einer ein Nächstenquäler, ist der Übung der Nächstenqual eifrig ergeben; da ist, Pesso, einer ein Selbstquäler, ist der Übung der Selbstqual eifrig ergeben, und er ist ein Nächstenquäler, ist der Übung der Nächstenqual eifrig ergeben; und da ist, Pesso, einer weder ein Selbstquäler, ist nicht der Übung der Selbstqual eifrig ergeben, noch ist er ein Nächstenquäler, ist nicht der Übung der Nächstenqual eifrig ergeben: ohne Selbstqual, ohne Nächstenqual ist er schon bei Lebzeiten ausgeglüht, erloschen, kühl geworden, fühlt sich wohl, heilig geworden im Herzen. Welcher ist es, Pesso, von diesen vier Menschen, der deinem Sinne zusagt?»

«Jener Mensch, o Herr, der ein Selbstquäler, der Übung der Selbstqual eifrig ergeben ist, der sagt meinem Sinne nicht zu; und auch jener Mensch, o Herr, der ein Nächstenquäler, der Übung der Nächstenqual eifrig ergeben ist, auch der sagt meinem Sinne nicht zu; und auch jener Mensch, o Herr, der ein Selbstquäler, der Übung der Selbstqual eifrig ergeben ist, und ein Nächstenquäler, der Übung der Nächstenqual eifrig ergeben ist, auch der sagt meinem Sinne nicht zu; aber jener Mensch, o Herr, der weder ein Selbstquäler, nicht der Übung der Selbstqual eifrig ergeben ist, noch ein Nächstenquäler, nicht der Übung der Nächstenqual eifrig ergeben ist: der ohne Selbstqual, ohne Nächstenqual schon bei Lebzeiten ausgeglüht, erloschen, kühl geworden ist, sich wohlfühlt, heilig geworden im Herzen: der sagt meinem Sinne zu.»

«Warum aber, Pesso, sagen jene drei Menschen deinem Sinne nicht zu?»

«Jener Mensch, o Herr, der ein Selbstquäler, der Übung der Selbstqual eifrig ergeben ist, der läßt sich selber, der Wohl begehrt und Wehe verabscheut, Qual und Pein erleiden: darum sagt jener Mensch meinem Sinne nicht zu; und jener Mensch, o Herr, der ein Nächstenquäler, der Übung der Nächstenqual eifrig ergeben ist, der läßt den Nächsten, der Wohl begehrt und Wehe verabscheut, Qual und Pein erleiden: darum sagt jener Mensch meinem Sinne nicht zu; und jener Mensch, o Herr, der ein Selbstquäler, der Übung der Selbstqual eifrig ergeben ist, und ein Nächstenquäler, der Übung der Nächstenqual eifrig ergeben ist, der läßt sich wie den Nächsten, die Wohl begehren und Wehe verabscheuen, Qual und Pein erleiden: darum sagt jener
Mensch meinem Sinne nicht zu; aber jener Mensch, o Herr, der weder ein 342
Selbstquäler, nicht der Übung der Selbstqual eifrig ergeben ist, noch ein Nächstenquäler, nicht der Übung der Nächstenqual eifrig ergeben ist: der ohne Selbstqual, ohne Nächstenqual schon bei Lebzeiten ausgeglüht, erloschen, kühl geworden ist, sich wohlfühlt, heilig geworden im Herzen: dieser Mensch sagt meinem Sinne darum zu. – Wohlan denn, jetzt, o Herr, wollen wir gehn: manche Pflicht wartet unser, manche Obliegenheit.»

«Wie es dir nun, Pesso, belieben mag.»

Und Pesso, der Sohn des Elefantenlenkers, durch des Erhabenen Rede erfreut und befriedigt, stand von seinem Sitze auf, begrüßte den Erhabenen ehrerbietig, schritt rechts herum und ging fort.

Da wandte sich nun der Erhabene, bald nachdem Pesso, der Sohn des Elefantenlenkers, fortgegangen war, also an die Mönche:

«Weise, ihr Mönche, ist Pesso, der Sohn des Elefantenlenkers, wissensmächtig, ihr Mönche, ist Pesso, der Sohn des Elefantenlenkers. Wäre Pesso, ihr Mönche, der Sohn des Elefantenlenkers, noch eine Weile geblieben, bis ich ihm diese vier Arten von Menschen ausführlich erklärt hätte, großen Gewinn hätt' er mit sich genommen. Aber, ihr Mönche, auch so schon hat Pesso, der Sohn des Elefantenlenkers, viel gewonnen.»

«Da ist es, Erhabener, Zeit, da ist es, Willkommener, Zeit, daß der Erhabene diese vier Arten von Menschen ausführlich erkläre: des Erhabenen Wort werden die Mönche bewahren.»

«Wohlan denn, ihr Mönche, so höret und achtet wohl auf meine Rede.»

«Gewiß, o Herr!» antworteten da jene Mönche dem Erhabenen aufmerksam. Der Erhabene sprach also:

«Was ist das nun, ihr Mönche, für ein Mensch, der ein Selbstquäler, der Übung der Selbstqual eifrig ergeben ist? Da ist, ihr Mönche, einer ein Unbekleideter, ein Ungebundener, ein Handverköster, kein Ankömmling, kein Abwärtling, gestattet keine Darreichung, keine Vergünstigung, keine Einladung, späht beim Empfangen des Almosens nicht nach dem Topfe, nicht nach der Schüssel, nicht über die Schwelle, nicht über das Gitter, nicht in den Kessel hinein, nimmt nicht von zu zweit Speisenden an, nicht von einer Schwangeren, nicht von einer Säugenden, nicht von einer, die vom Manne kommt, nicht von Beschmutzten, nicht wo ein Hund dabeisteht, nicht wo Fliegen hin und her schwärmen, ißt keinen Fisch, kein Fleisch, trinkt keinen Wein, kein gebranntes Wasser, keinen gegorenen Haferschleim. Er geht zu einem Hause und begnügt sich mit einer Handvoll Almosenspeise; geht zu zwei Häusern und begnügt sich mit zwei Handvoll Almosenspeise; geht zu sieben Häusern und begnügt sich mit sieben Handvoll Almosenspeise. Er fristet sein Leben durch die Mildtätigkeit von nur einer Spenderin, von nur zwei Spenderinnen, von nur sieben Spenderinnen. Er nimmt nur jeden ersten
343 Tag Nahrung ein, nur jeden zweiten Tag, nur jeden siebenten Tag. Solcherart wechselnd beobachtet er streng diese bis auf einen halben Monat ausgedehnte Fastenübung. Oder er lebt von Kräutern und Pilzen, von wildem Reis und Korn, von Samen und Kernen, von Pflanzenmilch und Baumharz, von Gräsern, von Kuhmist, fristet sich von Wurzeln und Früchten des Waldes, lebt von abgefallenen Früchten. Auch trägt er das hänfene Hemd, trägt

das härene Hemd, trägt einen Rock, geflickt aus den im Leichenhof und auf der Straße gefundenen Fetzen, hüllt sich in Lumpen, in Felle, in Häute, gürtet sich mit Flechten aus Gras, mit Flechten aus Rinde, mit Flechten aus Laub, birgt die Blöße unter pelzigem Schurze, unter borstigem Schurze, unter einem Eulenflügel. Und er rauft sich Haupt- und Barthaar aus, die Regel der Haar- und Bartausraufer befolgend; ist ein Stetigsteher, verwirft Sitz und Lager; ist ein Fersensitzer, übt die Zucht der Fersensitzer; ist Dornenseitiger und legt sich zur Seite auf ein Dornenlager; steigt allabendlich zum drittenmal herab ins Büßerbad. So übt er sich gar vielfach in des Körpers inbrünstiger Schmerzensaskese. Den heißt man, ihr Mönche, einen Menschen, der ein Selbstquäler, der Übung der Selbstqual eifrig ergeben ist.

«Was ist das aber, ihr Mönche, für ein Mensch, der ein Nächstenquäler, der Übung der Nächstenqual eifrig ergeben ist? Da ist, ihr Mönche, einer ein Schlächter, der Schafe und Schweine schlachtet, ist ein Vogelfänger, ein Wildsteller, ein Jäger, ein Fischer, ein Räuber, ein Henker, ein Kerkermeister, oder was man da sonst noch anderes als grausames Handwerk betreibt. Den heißt man, ihr Mönche, einen Menschen, der ein Nächstenquäler, der Übung der Nächstenqual eifrig ergeben ist.

«Was ist das aber, ihr Mönche, für ein Mensch, der ein Selbstquäler, der Übung der Selbstqual eifrig ergeben ist, und der ein Nächstenquäler, der Übung der Nächstenqual eifrig ergeben ist? Da ist, ihr Mönche, einer ein König, ein Herrscher, dessen Scheitel gesalbt ist, oder ein hochmögender Priester. Der hat im Osten der Stadt ein neues Herrenhaus errichten lassen. Und mit geschorenem Haar und Barte, mit rauhem Felle gegürtet, mit Butteröl am Körper bestrichen, den Rücken mit einem Hirschhorne reibend tritt er in das Herrenhaus ein, begleitet von der ersten Gemahlin und dem Oberpriester. Dort nimmt er im offenen Hofe, von wo man das Gras entfernt hat, Platz. Einer Kuh, die ein ihr gleichendes Kalb bei sich hat, wird an dem einen Euter
die Milch ausgemolken, und damit der König bedient; wird an dem zweiten 344
Euter die Milch ausgemolken, und damit die Königin bedient; wird an dem dritten Euter die Milch ausgemolken, und damit der Oberpriester bedient; wird an dem vierten Euter die Milch ausgemolken, und damit dem Feuer geopfert. Was noch bleibt, wird dem Kalbe gelassen. Und er gebietet: ‹So viele Stiere sollen erschlagen werden um des Opfers willen, so viele Farren sollen erschlagen werden um des Opfers willen, so viele Färsen sollen erschlagen werden um des Opfers willen, so viele Ziegen sollen erschlagen werden um des Opfers willen, so viele Schafe sollen erschlagen werden um des Opfers willen, so viele Bäume sollen gefällt werden, als Pfosten zu dienen, so viel Gras soll gemäht werden, als Streu zu dienen!› Und seine Knechte und Söldner und Werkleute gehn aus Furcht vor Strafe, von Angst eingeschüchtert, mit

tränenden Augen klagend daran, den Befehl auszuführen. Den heißt man, ihr Mönche, einen Menschen, der ein Selbstquäler, der Übung der Selbstqual eifrig ergeben ist, und der ein Nächstenquäler, der Übung der Nächstenqual eifrig ergeben ist[42].

«Was ist das aber, ihr Mönche, für ein Mensch, der weder ein Selbstquäler, nicht der Übung der Selbstqual eifrig ergeben ist, noch ein Nächstenquäler, nicht der Übung der Nächstenqual eifrig ergeben ist: der ohne Selbstqual, ohne Nächstenqual schon bei Lebzeiten ausgeglüht, erloschen, kühl geworden ist, sich wohlfühlt, heilig geworden im Herzen? Da erscheint, ihr Mönche, der Vollendete in der Welt, der Heilige, vollkommen Erwachte, der Wissens- und Wandelsbewährte, der Willkommene, der Welt Kenner, der unvergleichliche Leiter der Männerherde, der Meister der Götter und Menschen, der Erwachte, der Erhabene. Er zeigt diese Welt mit ihren Göttern, ihren bösen und heiligen Geistern, mit ihrer Schar von Priestern und Büßern, Göttern und Menschen, nachdem er sie selbst verstanden und durchdrungen hat. Er verkündet die Lehre, deren Anfang begütigt, deren Mitte begütigt, deren Ende begütigt, die sinn- und wortgetreue, er legt das vollkommen geläuterte, geklärte Asketentum dar.

«Diese Lehre hört ein Hausvater, oder der Sohn eines Hausvaters, oder einer, der in anderem Stande neugeboren ward. Nachdem er diese Lehre gehört hat, faßt er Vertrauen zum Vollendeten. Von diesem Vertrauen erfüllt denkt und überlegt er also: ‹Ein Gefängnis ist die Häuslichkeit, ein Schmutzwinkel; der freie Himmelsraum die Pilgerschaft. Nicht wohl geht es, wenn man im Hause bleibt, das völlig geläuterte, völlig geklärte Asketentum Punkt für Punkt zu erfüllen[43]. Wie, wenn ich nun, mit geschorenem Haar und Barte, mit fahlem Gewande bekleidet, aus dem Hause in die Hauslosigkeit hinauszöge?› So gibt er denn später einen kleinen Besitz oder einen großen Besitz
345 auf, hat einen kleinen Verwandtenkreis oder einen großen Verwandtenkreis verlassen und ist mit geschorenem Haar und Barte, im fahlen Gewande von Hause fort in die Hauslosigkeit gezogen.

«Er ist nun Pilger geworden und hat die Ordenspflichten der Mönche auf sich genommen. Lebendiges umzubringen hat er verworfen, Lebendiges umzubringen liegt ihm fern: ohne Stock, ohne Schwert, fühlsam, voll Teilnahme, hegt er zu allen lebenden Wesen Liebe und Mitleid. Nichtgegebenes zu nehmen hat er verworfen, vom Nehmen des Nichtgegebenen hält er sich fern: Gegebenes nimmt er, Gegebenes wartet er ab, nicht diebisch gesinnt, rein gewordenen Herzens. Die Unkeuschheit hat er verworfen, keusch lebt er: fern zieht er hin, entraten der Paarung, dem gemeinen Gesetze. Lüge hat er verworfen, von Lüge hält er sich fern: die Wahrheit spricht er, der Wahrheit ist er ergeben, standhaft, vertrauenswürdig, kein Heuchler und Schmeichler der Welt. Das Ausrichten hat er verworfen, vom Ausrichten hält er sich fern: was er hier gehört hat erzählt er dort nicht wieder, um jene zu entzweien, und was er dort gehört hat erzählt er hier nicht wieder, um diese zu entzweien; so einigt er Entzweite, festigt Verbundene, Eintracht macht ihn froh, Eintracht freut ihn, Eintracht beglückt ihn, Eintracht fördernde Worte spricht er. Barsche Worte hat er verworfen, von barschen Worten hält er sich fern: Worte, die frei von Schimpf sind, dem Ohre wohltuend, liebreich, zum Herzen dringend, höflich, viele erfreuend, viele erhebend, solche Worte spricht er. Plappern und Plaudern hat er verworfen, von Plappern und Plaudern hält er sich fern: zur rechten Zeit spricht er, den Tatsachen gemäß, auf den Sinn bedacht, der Lehre und Ordnung getreu, seine Rede ist reich an Inhalt, gelegentlich mit Gleichnissen geschmückt, klar und bestimmt, ihrem Gegenstande angemessen.

«Sämereien und Pflanzungen anzulegen hat er verschmäht. Einmal des Tags nimmt er Nahrung zu sich, nachts ist er nüchtern, fern liegt es ihm zur Unzeit zu essen. Von Tanz, Gesang, Spiel, Schaustellungen hält er sich fern. Kränze, Wohlgerüche, Salben, Schmuck, Zierat, Putz weist er ab. Hohe, prächtige Lagerstätten verschmäht er. Gold und Silber nimmt er nicht an. Rohes Getreide nimmt er nicht an. Rohes Fleisch nimmt er nicht an. Frauen und Mädchen nimmt er nicht an. Diener und Dienerinnen nimmt er nicht an. Ziegen und Schafe nimmt er nicht an. Hühner und Schweine nimmt er nicht an. Elefanten, Rinder und Rosse nimmt er nicht an. Haus und Feld nimmt er nicht an. Botschaften, Sendungen, Aufträge übernimmt er nicht. Von Kauf und Verkauf hält er sich fern. Von falschem Maß und Gewicht hält
er sich fern. Von den schiefen Wegen der Bestechung, Täuschung, Nieder- 346
tracht hält er sich fern. Von Raufereien, Schlägereien, Händeln, vom Rauben, Plündern und Zwingen hält er sich fern.

«Er ist zufrieden mit dem Gewande, das seinen Leib deckt, mit der Almosenspeise, die sein Leben fristet. Wohin er auch pilgert, nur mit dem Gewande und der Almosenschale versehn pilgert er. Gleichwie da etwa ein beschwingter Vogel, wohin er auch fliegt, nur mit der Last seiner Federn fliegt, ebenso auch ist der Mönch mit dem Gewande zufrieden, das seinen Leib deckt, mit der Almosenspeise, die sein Leben fristet. Wohin er auch wandert, nur damit versehn wandert er.

«Durch die Erfüllung dieser heiligen Tugendsatzung empfindet er ein inneres fleckenloses Glück.

«Erblickt er nun mit dem Gesichte eine Form, so faßt er keine Neigung, faßt keine Absicht. Da Begierde und Mißmut, böse und schlechte Gedanken gar bald den überwältigen, der unbewachten Gesichtes verweilt, befleißigt er sich dieser Bewachung, er hütet das Gesicht, er wacht eifrig über das Gesicht.

«Hört er nun mit dem Gehöre einen Ton,

«Riecht er nun mit dem Geruche einen Duft,

«Schmeckt er nun mit dem Geschmacke einen Saft,

«Tastet er nun mit dem Getaste eine Tastung,

«Erkennt er nun mit dem Gedenken ein Ding, so faßt er keine Neigung, faßt keine Absicht. Da Begierde und Mißmut, böse und schlechte Gedanken gar bald den überwältigen, der unbewachten Gedenkens verweilt, befleißigt er sich dieser Bewachung, er hütet das Gedenken, er wacht eifrig über das Gedenken.

«Durch die Erfüllung dieser heiligen Sinnenzügelung empfindet er ein inneres ungetrübtes Glück.

«Klar bewußt kommt er und geht er, klar bewußt blickt er hin, blickt er weg, klar bewußt regt und bewegt er sich, klar bewußt trägt er des Ordens Gewand und Almosenschale, klar bewußt ißt und trinkt, kaut und schmeckt er, klar bewußt entleert er Kot und Harn, klar bewußt geht und steht und sitzt er, schläft er ein, wacht er auf, spricht er und schweigt er.

«Treu dieser heiligen Tugendsatzung, treu dieser heiligen Sinnenzügelung, treu dieser heiligen klaren Einsicht sucht er einen abgelegenen Ruheplatz auf, einen Hain, den Fuß eines Baumes, eine Felsengrotte, eine Bergesgruft, einen Friedhof, die Waldesmitte, ein Streulager in der offenen Ebene. Nach dem Mahle, wenn er vom Almosengange zurückgekehrt ist, setzt er sich mit verschränkten Beinen nieder, den Körper gerade aufgerichtet, und
347 pflegt der Einsicht. Er hat weltliche Begierde verworfen und verweilt begierdelosen Gemütes, von Begierde läutert er sein Herz. Gehässigkeit hat er verworfen, haßlosen Gemütes verweilt er, voll Liebe und Mitleid zu allen lebenden Wesen läutert er sein Herz von Gehässigkeit. Matte Müde hat er verworfen, von matter Müde ist er frei; das Licht liebend, einsichtig, klar bewußt, läutert er sein Herz von matter Müde. Stolzen Unmut hat er verworfen, er ist frei von Stolz; innig beruhigten Gemütes läutert er sein Herz von stolzem Unmut. Das Schwanken hat er verworfen, der Ungewißheit ist er entronnen; er zweifelt nicht am Guten, vom Schwanken läutert er sein Herz.

«Er hat nun diese fünf Hemmungen aufgehoben, hat die Schlacken des Gemütes kennengelernt, die lähmenden; gar fern von Begierden, fern von unheilsamen Dingen lebt er in sinnend gedenkender ruhegeborener seliger Heiterkeit, in der Weihe der ersten Schauung.

«Weiter sodann, ihr Mönche: nach Vollendung des Sinnens und Gedenkens gewinnt der Mönch die innere Meeresstille[44], die Einheit des Gemütes, die von sinnen, von gedenken freie, in der Einigung geborene selige Heiterkeit, die Weihe der zweiten Schauung.

«Weiter sodann, ihr Mönche: in heiterer Ruhe verweilt der Mönch gleichmütig, einsichtig, klar bewußt, ein Glück empfindet er im Körper, von dem die Heiligen sagen: ‹Der gleichmütig Einsichtige lebt beglückt›; so gewinnt er die Weihe der dritten Schauung.

«Weiter sodann, ihr Mönche: nach Verwerfung der Freuden und Leiden, nach Vernichtung des einstigen Frohsinns und Trübsinns erreicht der Mönch die Weihe der leidlosen, freudlosen, gleichmütig einsichtigen vollkommenen Reine, die vierte Schauung.

«Solchen Gemütes, innig, geläutert, gesäubert, gediegen, schlackengeklärt, geschmeidig, biegsam, fest, unversehrbar, richtet er das Gemüt auf die erinnernde Erkenntnis früherer Daseinsformen. So kann er sich an manche verschiedene frühere Daseinsform erinnern, als wie an ein Leben, dann an zwei Leben, dann an drei Leben, dann an vier Leben, dann an fünf Leben, dann an zehn Leben, dann an zwanzig Leben, dann an dreißig Leben, dann an vierzig Leben, dann an fünfzig Leben, dann an hundert Leben, dann an tausend Leben, dann an hunderttausend Leben, dann an die Zeiten während mancher Weltenentstehungen, dann an die Zeiten während mancher Weltenvergehungen, dann an die Zeiten während mancher Weltenentstehungen-Weltenvergehungen. ‹Dort war ich, jenen Namen hatte ich, jener Familie gehörte ich an, das war mein Stand, das mein Beruf, solches Wohl und Wehe habe ich erfahren, so war mein Lebensende; dort verschieden trat ich anderswo wieder ins Dasein: da war ich nun, diesen Namen hatte ich, dieser Familie gehörte ich an, dies war mein Stand, dies mein Beruf, solches Wohl
und Wehe habe ich erfahren, so war mein Lebensende; da verschieden trat 348
ich hier wieder ins Dasein›: so erinnert er sich mancher verschiedenen früheren Daseinsform, mit je den eigentümlichen Merkmalen, mit je den eigenartigen Beziehungen.

«Solchen Gemütes, innig, geläutert, gesäubert, gediegen, schlackengeklärt, geschmeidig, biegsam, fest, unversehrbar, richtet er das Gemüt auf die Erkenntnis des Verschwindens-Erscheinens der Wesen. So kann er mit dem himmlischen Auge, dem geläuterten, über menschliche Grenzen hinausreichenden, die Wesen dahinschwinden und wiedererscheinen sehn, gemeine und edle, schöne und unschöne, glückliche und unglückliche, er kann erkennen wie die Wesen je nach den Taten wiederkehren.› Diese lieben Wesen sind freilich in Taten dem Schlechten zugetan, in Worten dem Schlechten zugetan, in Gedanken dem Schlechten zugetan, tadeln Heiliges, achten Verkehrtes, tun Verkehrtes; bei der Auflösung des Leibes, nach dem Tode, gelangen sie auf den Abweg, auf schlechte Fährte, zur Tiefe hinab, in untere Welt. Jene lieben Wesen sind aber in Taten dem Guten zugetan, in Worten dem Guten zugetan, in Gedanken dem Guten zugetan, tadeln nicht Heiliges, achten Rechtes, tun Rechtes; bei der Auflösung des Leibes, nach dem Tode, gelangen sie auf gute Fährte, in selige Welt›: so kann er mit dem himmlischen Auge, dem geläuterten, über menschliche Grenzen hinausreichenden, die Wesen dahinschwinden und wiedererscheinen sehn, gemeine und edle, schöne und unschöne, glückliche und unglückliche, er kann erkennen wie die Wesen je nach den Taten wiederkehren.

«Solchen Gemütes, innig, geläutert, gesäubert, gediegen, schlackengeklärt, geschmeidig, biegsam, fest, unversehrbar, richtet er das Gemüt auf die Erkenntnis der Wahnversiegung. ‹Das ist das Leiden› erkennt er der Wahrheit gemäß. ‹Das ist die Leidensentwicklung› erkennt er der Wahrheit gemäß. ‹Das ist die Leidensauflösung› erkennt er der Wahrheit gemäß. ‹Das ist der zur Leidensauflösung führende Pfad› erkennt er der Wahrheit gemäß. ‹Das ist der Wahn› erkennt er der Wahrheit gemäß. ‹Das ist die Wahnentwicklung› erkennt er der Wahrheit gemäß. ‹Das ist die Wahnauflösung› erkennt er der Wahrheit gemäß. ‹Das ist der zur Wahnauflösung führende Pfad› erkennt er der Wahrheit gemäß.

«Also erkennend, also sehend wird da sein Gemüt erlöst vom Wunscheswahn, erlöst vom Daseinswahn, erlöst vom Nichtwissenswahn. ‹Im Erlösten ist die Erlösung›, diese Erkenntnis geht auf. ‹Versiegt ist die Geburt, vollendet das Asketentum, gewirkt das Werk, nicht mehr ist diese Welt› versteht er da.

«Den heißt man, ihr Mönche, einen Menschen, der weder ein Selbstquäler, nicht der Übung der Selbstqual eifrig ergeben ist, noch ein Nächstenquäler,
349 nicht der Übung der Nächstenqual eifrig ergeben ist: der ohne Selbstqual, ohne Nächstenqual schon bei Lebzeiten ausgeglüht, erloschen, kühl geworden ist, sich wohlfühlt, heilig geworden im Herzen[45].»

Also sprach der Erhabene. Zufrieden freuten sich jene Mönche über das Wort des Erhabenen.

52

SECHSTER TEIL · ZWEITE REDE

DER BÜRGER VON AṬṬHAKAM

Das hab' ich gehört. Zu einer Zeit weilte der ehrwürdige Ānando bei Vesālī, nahe dem Bilva-Weiler. Um diese Zeit nun war Dasamo der Hausvater, ein Bürger von Aṭṭhakam, in Pāṭaliputtam angekommen, irgendein Geschäft zu erledigen.

Und Dasamo der Hausvater, der Bürger von Aṭṭhakam, begab sich nach dem Hahnenhaine, wo einer der Mönche weilte, begrüßte diesen ehrerbietig und setzte sich zur Seite hin. Zur Seite sitzend sprach nun Dasamo der Hausvater, der Bürger von Aṭṭhakam, also zu dem Mönche:

«Wo hält sich denn, o Herr, der ehrwürdige Ānando jetzt auf? Wir möchten jenen ehrwürdigen Ānando gerne sehn.»

«Der ehrwürdige Ānando, Hausvater, der hält sich bei Vesālī auf, nahe dem Bilva-Weiler.»

Als nun Dasamo der Hausvater, der Bürger von Aṭṭhakam, sein Geschäft in Pāṭaliputtam erledigt hatte, begab er sich nach Vesālī, zum Bilva-Weiler, dorthin wo der ehrwürdige Ānando weilte, begrüßte ihn ehrerbietig und setzte sich zur Seite hin. Zur Seite sitzend sprach nun Dasamo der Hausvater, der Bürger von Aṭṭhakam, also zum ehrwürdigen Ānando:

«Ist wohl, Herr Ānando, von Ihm, dem Erhabenen, dem Kenner, dem Seher, dem Heiligen, vollkommen Erwachten, eine Weise angegeben worden, wobei dem Mönche, der unermüdlich, in heißem, innigem Ernste beharrt, das unerlöste Gemüt sich löst, der unversiegte Wahn zur Versiegung kommt, wo man die unerreichte unvergleichliche Sicherheit erreicht?»

«Es ist, Hausvater, von Ihm, dem Erhabenen, dem Kenner, dem Seher, dem Heiligen, vollkommen Erwachten, eine Weise angegeben worden, wobei dem
Mönche, der unermüdlich, in heißem, innigem Ernste beharrt, das unerlöste 350
Gemüt sich löst, und der unversiegte Wahn zur Versiegung kommt, und wo man die unerreichte unvergleichliche Sicherheit erreicht.»

«Was ist das aber, Herr Ānando, für eine Weise, die von Ihm, dem Erhabenen, dem Kenner, dem Seher, dem Heiligen, vollkommen Erwachten angegeben wurde, wobei dem Mönche, der unermüdlich, in heißem, innigem Ernste beharrt, das unerlöste Gemüt sich löst, und der unversiegte Wahn zur Versiegung kommt, und wo man die unerreichte unvergleichliche Sicherheit erreicht?»

«Da weilt, Hausvater, ein Mönch, gar fern von Begierden, fern von unheilsamen Dingen, in sinnend gedenkender ruhegeborener seliger Heiterkeit, in der Weihe der ersten Schauung. Und er überlegt also: ‹Auch diese erste Schauung ist zusammengesetzt, zusammengesonnen: was aber irgend zusammengesetzt, zusammengesonnen ist, das ist wandelbar, muß untergehn›, so erkennt er. Und dahin gekommen, erlangt er die Wahnversiegung. Erlangt er aber die Wahnversiegung nicht, so wird er eben bei seiner Begier nach Wahrheit, bei seinem Genusse der Wahrheit die fünf niederzerrenden Fesseln vernichten und emporsteigen, um von dort aus zu erlöschen, nicht mehr zurückzukehren nach jener Welt. Das aber, Hausvater, ist von ihm, dem Erhabenen, dem Kenner, dem Seher, dem Heiligen, vollkommen Erwachten, als eine Weise angegeben worden, wobei dem Mönche, der unermüdlich, in heißem, innigem Ernste beharrt, das unerlöste Gemüt sich löst, und der unversiegte Wahn zur Versiegung kommt, und wo man die unerreichte unvergleichliche Sicherheit erreicht.

«Weiter sodann, Hausvater: nach Vollendung des Sinnens und Gedenkens gewinnt der Mönch die innere Meeresstille, die Einheit des Gemütes, die von sinnen, von gedenken freie, in der Einigung geborene selige Heiterkeit, die Weihe der zweiten Schauung – die Weihe der dritten Schauung – die Weihe der vierten Schauung. Und er überlegt also: ‹Auch diese vierte Schauung ist zusammengesetzt, zusammengesonnen: was aber irgend zusammengesetzt, zusammengesonnen ist, das ist wandelbar, muß untergehn›: so erkennt er. Und dahin gekommen erlangt er die Wahnversiegung. Erlangt er aber die Wahnversiegung nicht, so wird er eben bei seiner Begier nach Wahrheit, bei seinem Genusse der Wahrheit die fünf niederzerrenden Fesseln vernichten und emporsteigen, um von dort aus zu erlöschen, nicht mehr zurückzukehren nach jener Welt. Das aber, Hausvater, ist von Ihm, dem Erhabenen, dem Ken-
351 ner, dem Seher, dem Heiligen, vollkommen Erwachten, als eine Weise angegeben worden, wobei dem Mönche, der unermüdlich, in heißem, innigem Ernste beharrt, das unerlöste Gemüt sich löst, und der unversiegte Wahn zur Versiegung kommt, und wo man die unerreichte unvergleichliche Sicherheit erreicht.

«Weiter sodann, Hausvater: liebevollen Gemütes – erbarmenden Gemütes – freudevollen Gemütes – unbewegten Gemütes weilend strahlt der Mönch nach einer Richtung, dann nach einer zweiten, dann nach der dritten, dann nach der vierten, ebenso nach oben und nach unten: überall in allem sich wiedererkennend durchstrahlt er die ganze Welt mit unbewegtem Gemüte, mit weitem, tiefem, unbeschränktem, von Grimm und Groll geklärtem. Und er überlegt also: ‹Auch diese unbewegte Gemüterlösung ist zusammengesetzt, zusammengesonnen: was aber irgend zusammengesetzt, zusammen-

gesonnen ist, das ist wandelbar, muß untergehn›: so erkennt er. Und dahin 352
gekommen erlangt er die Wahnversiegung. Erlangt er aber die Wahnversiegung nicht, so wird er eben bei seiner Begier nach Wahrheit, bei seinem Genusse der Wahrheit die fünf niederzerrenden Fesseln vernichten und emporsteigen, um von dort aus zu erlöschen, nicht mehr zurückzukehren nach jener Welt. Das aber, Hausvater, ist von Ihm, dem Erhabenen, dem Kenner, dem Seher, dem Heiligen, vollkommen Erwachten, als eine Weise angegeben worden, wobei dem Mönche, der unermüdlich, in heißem, innigem Ernste beharrt, das unerlöste Gemüt sich löst, und der unversiegte Wahn zur Versiegung kommt, und wo man die unerreichte unvergleichliche Sicherheit erreicht.

«Weiter sodann, Hausvater: nach völliger Überwindung der Formwahrnehmungen, Vernichtung der Gegenwahrnehmungen, Verwerfung der Vielheitwahrnehmungen gewinnt der Mönch in dem Gedanken ‹Grenzenlos ist der Raum› das Reich des unbegrenzten Raumes – gewinnt der Mönch nach völliger Überwindung der unbegrenzten Raumsphäre in dem Gedanken ‹Grenzenlos ist das Bewußtsein› das Reich des unbegrenzten Bewußtseins – gewinnt der Mönch nach völliger Überwindung der unbegrenzten Bewußtseinsphäre in dem Gedanken ‹Nichts ist da› das Reich des Nichtdaseins. Und er überlegt also: ‹Auch dies Erfassen der Nichtdaseinsphäre ist zusammengesetzt, zusammengesonnen: was aber irgend zusammengesetzt, zusammengesonnen ist, das ist wandelbar, muß untergehn›: so erkennt er. Und dahin gekommen erlangt er die Wahnversiegung. Erlangt er aber die Wahnversiegung nicht, so wird er eben bei seiner Begier nach Wahrheit, bei seinem Genusse der Wahrheit die fünf niederzerrenden Fesseln vernichten und emporsteigen, um von dort aus zu erlöschen, nicht mehr zurückzukehren nach jener Welt. Das aber, Hausvater, ist von Ihm, dem Erhabenen, dem Kenner, dem Seher, dem Heiligen, vollkommen Erwachten, als eine Weise angegeben worden, wobei dem Mönche, der unermüdlich in heißem, innigem Ernste beharrt, das unerlöste Gemüt sich löst, und der unversiegte Wahn zur Versiegung kommt, und wo man die unerreichte unvergleichliche Sicherheit erreicht.»

Nach dieser Rede wandte sich Dasamo der Hausvater, der Bürger von Aṭṭhakam, also an den ehrwürdigen Ānando:

«Gleichwie etwa, Herr Ānando, wenn ein Mann, der eine Schatzmulde
sucht, auf einmal elf Schatzmulden fände: ebenso nun auch habe ich, o Herr, 353
der eine Pforte der Ewigkeit suchte, auf einmal von elf Pforten der Ewigkeit erfahren. Gleichwie etwa, o Herr, ein Mann, der ein Haus mit elf Pforten hat, bei einer Feuersbrunst durch eine jede der Pforten sich zu retten vermöchte: ebenso nun auch könnte ich, o Herr, durch eine jede dieser elf Pforten der

Ewigkeit mich retten. – Da nun, o Herr, die anderen Geistlichen gewiß nicht ausbleiben werden, für ihren Lehrer das Lehrgeld einzusammeln[46], warum sollt' ich nicht auch dem ehrwürdigen Ānando meine Ehrfurcht bezeugen?»

Und Dasamo, der Hausvater, der Bürger von Aṭṭhakam, bat die Mönche von Pāṭaliputtam und von Vesālī zu Gast und bediente und versorgte sie eigenhändig mit ausgewählter fester und flüssiger Speise; und er gab jedem der Mönche ein neues Paar Kleider, dem ehrwürdigen Ānando den Mantel dazu. Und er ließ dem ehrwürdigen Ānando ein Wohnhaus für fünfhundert Mönche erbauen[47].

53

SECHSTER TEIL · DRITTE REDE

DIE SCHRITTE DES KÄMPFERS

DAS HAB' ICH GEHÖRT. Zu einer Zeit weilte der Erhabene im Lande der Sakker, bei Kapilavatthu, im Park der Feigenbäume. Damals aber hatten die Sakyer von Kapilavatthu eben erst ein neues Herrenhaus erbauen lassen, und niemand noch hatte darin gewohnt, kein Asket und kein Priester noch irgendein menschliches Wesen.

Da begaben sich denn die Sakyer von Kapilavatthu dorthin wo der Erhabene weilte, begrüßten den Erhabenen ehrerbietig und setzten sich seitwärts nieder. Seitwärts sitzend sprachen nun die Sakyer von Kapilavatthu zum Erhabenen also:

«Es ist da, o Herr, von den Sakyern in Kapilavatthu ein neues Herrenhaus errichtet worden, und niemand noch hat es bewohnt, kein Asket und kein Priester, noch irgendein menschliches Wesen. Das möge, o Herr, der Erhabene zuerst benutzen: vom Erhabenen zuerst benutzt, werden es dann die Sakyer von Kapilavatthu benutzen. So soll es den Sakyern von Kapilavatthu
354 lange zum Wohle, zum Heile gereichen![48]»

Schweigend gewährte der Erhabene die Bitte.

Als nun die Sakyer von Kapilavatthu der Zustimmung des Erhabenen sicher waren, standen sie auf, begrüßten den Erhabenen ehrerbietig, gingen rechts herum und begaben sich nach dem Herrenhause. Dort ließen sie den

Boden ganz mit Matten bedecken[49], die Stühle bereitrichten, einen Eimer mit Wasser aufstellen und eine Öllampe zurecht machen. Dann kehrten sie wieder zum Erhabenen zurück, verneigten sich ehrerbietig vor dem Erhabenen und standen seitwärts. Seitwärts stehend sprachen nun die Sakyer von Kapilavatthu zum Erhabenen also:

«Ganz mit Matten bedeckt, o Herr, ist der Boden des Hauses, die Stühle stehn bereit, ein Eimer mit Wasser ist aufgestellt, eine Öllampe zurecht gemacht: wie es nun, o Herr, dem Erhabenen belieben mag.»

Da hat denn der Erhabene sich gerüstet, Mantel und Schale genommen und ist in Begleitung der Jüngerschar zum Herrenhause hingeschritten. Dort angelangt spülte der Erhabene die Füße ab, trat in den Saal ein und setzte sich nahe dem mittleren Pfeiler, gegen Osten gewendet, nieder. Und auch die begleitenden Mönche spülten die Füße ab, traten in den Saal ein und setzten sich nahe der westlichen Wand, gegen Osten gewendet, nieder, so daß der Erhabene ihnen voransaß. Und auch die Sakyer von Kapilavatthu spülten die Füße ab, traten in den Saal ein und setzten sich nahe der östlichen Wand, gegen Westen gewendet, nieder, so daß der Erhabene ihnen voransaß.

Nachdem nun der Erhabene die Sakker von Kapilavatthu bis tief in die Nacht in lehrreichem Gespräche ermuntert, ermutigt, erregt und erheitert hatte, wandte er sich an den ehrwürdigen Ānando:

«Besinne dich, Ānando, den Sakyern von Kapilavatthu zuliebe auf die ‹Schritte des Kämpfers›; der Rücken ist mir ermüdet: den will ich ausstrecken.»

«Gern, o Herr!» erwiderte da der ehrwürdige Ānando, dem Erhabenen gehorchend.

Und der Erhabene spreitete den Mantel, vierfach gefaltet, aus und legte sich auf die rechte Seite wie der Löwe hin, einen Fuß über dem anderen, gesammelten Sinnes, der Zeit des Aufstehns gedenkend.

Und der ehrwürdige Ānando wandte sich nun also an Mahānāmo den Sakyer:

«Da ist, Mahānāmo, der heilige Jünger tüchtig in Tugend, die Tore der Sinne hütet er, beim Essen weiß er Maß zu halten, er weiht sich der Wachsamkeit, sieben rechte Eigenschaften eignen ihm, und die vier Schauungen, die das Herz erquicken, schon im Leben beseligen, die kann er nach Wunsch gewinnen, in ihrer Fülle und Weite.

«Wie aber ist, Mahānāmo, der heilige Jünger tüchtig in Tugend? Da ist, 355
Mahānāmo, der heilige Jünger tugendhaft, in reiner Zucht richtig gezügelt bleibt er lauter im Handel und Wandel: vor geringstem Fehl auf der Hut kämpft er beharrlich weiter, Schritt um Schritt. Also ist, Mahānāmo, der heilige Jünger tugendhaft.

«Wie aber hütet, Mahānāmo, der heilige Jünger die Tore der Sinne? Hat da, Mahānāmo, der heilige Jünger mit dem Gesichte eine Form erblickt, so faßt er keine Neigung, faßt keine Absicht. Da Begierde und Mißmut, böse und schlechte Gedanken gar bald den überwältigen, der unbewachten Gesichtes verweilt, befleißigt er sich dieser Bewachung, er hütet das Gesicht, er wacht eifrig über das Gesicht. Hat er mit dem Gehöre einen Ton gehört – hat er mit dem Geruche einen Duft gerochen – hat er mit dem Geschmacke einen Saft geschmeckt – hat er mit dem Getaste eine Tastung getastet – hat er mit dem Gedenken ein Ding erkannt, so faßt er keine Neigung, faßt keine Absicht. Da Begierde und Mißmut, böse und schlechte Gedanken gar bald den überwältigen, der unbewachten Gedenkens verweilt, befleißigt er sich dieser Bewachung, er hütet das Gedenken, er wacht eifrig über das Gedenken. Also hütet, Mahānāmo, der heilige Jünger die Tore der Sinne.

«Wie aber weiß, Mahānāmo, der heilige Jünger beim Essen Maß zu halten? Da nimmt, Mahānāmo, der heilige Jünger gründlich besonnen die Nahrung ein, nicht etwa zur Letzung und Ergetzung, nicht zur Schmuckheit und Zier, sondern nur um diesen Körper zu erhalten, zu fristen, um Schaden zu verhüten, um ein heiliges Leben führen zu können: ‹So werd' ich das frühere Gefühl abtöten und ein neues Gefühl nicht aufkommen lassen, und ich werde ein Fortkommen haben, ohne Tadel bestehn, mich wohl befinden.› Also weiß, Mahānāmo, der heilige Jünger beim Essen Maß zu halten.

«Wie aber weiht sich, Mahānāmo, der heilige Jünger der Wachsamkeit? Da läutert, Mahānāmo, der heilige Jünger bei Tage, gehend und sitzend, das Gemüt von trübenden Dingen; läutert in den ersten Stunden der Nacht, gehend und sitzend, das Gemüt von trübenden Dingen; legt sich in den mittleren Stunden der Nacht auf die rechte Seite wie der Löwe hin, einen Fuß über dem anderen, gesammelten Sinnes, der Zeit des Aufstehns gedenkend; läutert in den letzten Stunden der Nacht, wieder aufgestanden, gehend und sitzend, das Gemüt von trübenden Dingen. Also weiht sich, Mahānāmo, der heilige Jünger der Wachsamkeit.

356 «Wie aber eignen, Mahānāmo, dem heiligen Jünger sieben rechte Eigenschaften? Da hat, Mahānāmo, der heilige Jünger Zutrauen, er traut der Wachheit des Vollendeten, so zwar: ‹Das ist der Erhabene, der Heilige, vollkommen Erwachte, der Wissens- und Wandelsbewährte, der Willkommene, der Welt Kenner, der unvergleichliche Leiter der Männerherde, der Meister der Götter und Menschen, der Erwachte, der Erhabene.› Und er ist schamhaft, er schämt sich Schlechtes in Werken, Worten und Gedanken zu begehn, er wahrt sich, daß er nicht in böse, unheilsame Dinge gerate. Und er ist schüchtern, er scheut sich Schlechtes in Werken, Worten und Gedanken zu begehn, er sorgt, daß er nicht in böse, unheilsame Dinge gerate. Und er hat viel ge-

hört, ist Behälter des Wortes, Hort des Wortes der Lehre; und was da am Anfang begütigt, in der Mitte begütigt, am Ende begütigt und sinn- und wortgetreu das vollkommen geläuterte, geklärte Asketentum überliefert: das kennt er, behält er, beherrscht er mit der Rede, bewahrt es im Gedächtnis, hat es von Grund aus verstanden. Und er hat den Mut und die Kraft unheilsame Dinge zu verleugnen und heilsame Dinge zu erringen, er dauert stark und standhaft aus, gibt den heilsamen Kampf nicht auf. Und er hat Einsicht, ist mit höchster Geistesgegenwart begabt: was da einst getan, einst gesagt wurde, daran denkt er, daran erinnert er sich. Und er ist witzig, mit der Weisheit begabt, die Aufgang und Untergang sieht, mit der heiligen, durchdringenden, die zur völligen Leidensversiegung führt. Also eignen, Mahānāmo, dem heiligen Jünger sieben rechte Eigenschaften.

«Und wie, Mahānāmo, kann der heilige Jünger die vier Schauungen, die das Herz erquicken, schon im Leben beseligen, nach Wunsch gewinnen, in ihrer Fülle und Weite? Da weilt, Mahānāmo, der heilige Jünger, gar fern von Begierden, fern von unheilsamen Dingen, in sinnend gedenkender ruhegeborener seliger Heiterkeit, in der Weihe der ersten Schauung. Nach Vollendung des Sinnens und Gedenkens erreicht er die innere Meeresstille, die Einheit des Gemütes, die von sinnen, von gedenken freie, in der Einigung geborene selige Heiterkeit, die Weihe der zweiten Schauung. In heiterer Ruhe, gleichmütig, einsichtig, klar bewußt weilt er, ein Glück empfindet er im Körper, von dem die Heiligen sagen: ‹Der gleichmütig Einsichtige lebt beglückt›; so erwirkt er die Weihe der dritten Schauung. Nach Verwerfung der Freuden und Leiden, nach Vernichtung des einstigen Frohsinns und Trübsinns erwirkt er die Weihe der leidlosen, freudlosen, gleichmütig einsichtigen vollkommenen Reine, die vierte Schauung. Also kann, Mahānāmo, der heilige Jünger die vier Schauungen, die das Herz erquicken, schon im Leben beseligen, nach Wunsch gewinnen, in ihrer Fülle und Weite.

«Ist nun, Mahānāmo, der heilige Jünger also tüchtig in Tugend, hütet er
also die Tore der Sinne, weiß er also beim Essen Maß zu halten, weiht er sich
also der Wachsamkeit, eignen ihm also sieben rechte Eigenschaften, und kann
er die vier Schauungen, die das Herz erquicken, schon im Leben beseligen, 357
also nach Wunsch gewinnen, in ihrer Fülle und Weite, so heißt man ihn, Mahānāmo, den heiligen Jünger, der die Schritte des Kämpfers gegangen, ja bis oben an die Verschalung gelangt ist, fähig zur Durchbrechung, fähig zur Erwachung, fähig die unvergleichliche Sicherheit zu finden.

«Gleichwie etwa, Mahānāmo, wenn eine Henne ihre Eier, acht oder zehn oder zwölf Stück, wohl bebrütet, gänzlich ausgebrütet, völlig gar gebrütet hat; wie sollte da nicht jener Henne der Wunsch kommen: ‹Ach möchten doch meine Küchlein mit den Krallen oder dem Schnabel die Eischale aufhacken, möchten sie doch heil durchbrechen!›, und jene Küchlein sind fähig geworden mit den Krallen oder dem Schnabel die Eischale aufzuhacken und heil durchzubrechen: ebenso nun auch, Mahānāmo, wird der heilige Jünger, sobald er also tüchtig in Tugend ist, also die Tore der Sinne hütet, also beim Essen Maß zu halten weiß, also der Wachsamkeit sich weiht, also sieben rechte Eigenschaften ihm eignen, und er also die vier Schauungen, die das Herz erquicken, schon im Leben beseligen, nach Wunsch gewinnen kann, in ihrer Fülle und Weite, als solcher, Mahānāmo, der heilige Jünger geheißen, der die Schritte des Kämpfers gegangen, ja bis oben an die Verschalung gelangt ist, fähig zur Durchbrechung, fähig zur Erwachung, fähig die unvergleichliche Sicherheit zu finden.

«Hat nun, Mahānāmo, ein solcher heiliger Jünger eben diese letzte, gleichmütig einsichtige vollkommene Reine erreicht, so erinnert er sich mancher verschiedenen früheren Daseinsform, mit je den eigentümlichen Merkmalen, mit je den eigenartigen Beziehungen. So ist er zum erstenmal hervorgebrochen, wie das junge Huhn aus der Eischale.

«Hat nun, Mahānāmo, ein solcher heiliger Jünger eben diese letzte, gleichmütig einsichtige vollkommene Reine erreicht, so sieht er mit dem himmlischen Auge, dem geläuterten, über menschliche Grenzen hinausreichenden, die Wesen dahinschwinden und wiedererscheinen, gemeine und edle, schöne und unschöne, glückliche und unglückliche, er erkennt wie die Wesen je nach den Taten wiederkehren. So ist er zum zweitenmal hervorgebrochen, wie das junge Huhn aus der Eischale.

«Hat nun, Mahānāmo, ein solcher heiliger Jünger eben diese letzte, gleichmütig einsichtige vollkommene Reine erreicht, so läßt er den Wahn versiegen und macht sich die wahnlose Gemüterlösung, Weisheiterlösung noch bei
358 Lebzeiten offenbar, verwirklicht und erringt sie. So ist er zum drittenmal hervorgebrochen, wie das junge Huhn aus der Eischale.

«Wenn da, Mahānāmo, der heilige Jünger tüchtig in Tugend ist, so gilt ihm das als Wandel. Wenn da, Mahānāmo, der heilige Jünger die Tore der Sinne hütet, so gilt ihm das als Wandel. Wenn da, Mahānāmo, der heilige Jünger beim Essen Maß zu halten weiß, so gilt ihm das als Wandel. Wenn da, Mahānāmo, der heilige Jünger sich der Wachsamkeit weiht, so gilt ihm das als Wandel. Wenn da, Mahānāmo, dem heiligen Jünger sieben rechte Eigenschaften eignen, so gilt ihm das als Wandel. Wenn da, Mahānāmo, der heilige Jünger die vier Schauungen, die das Herz erquicken, schon im Leben beseligen, nach Wunsch gewinnen kann, in ihrer Fülle und Weite, so gilt ihm das als Wandel.

«Und wenn sich da, Mahānāmo, der heilige Jünger mancher verschiedenen früheren Daseinsform erinnert, so gilt ihm das als Wissen. Und wenn da,

Mahānāmo, der heilige Jünger die Wesen dahinschwinden und wiedererscheinen sieht, so gilt ihm das als Wissen. Und wenn da, Mahānāmo, der heilige Jünger mit der Wahnversiegung sich die wahnlose Gemüterlösung, Weisheiterlösung noch bei Lebzeiten offenbar macht, verwirklicht und erringt, so gilt ihm das als Wissen.

«Den heißt man, Mahānāmo, den heiligen Jünger, der wissend bewährt ist, der wandelnd bewährt ist, der wissend und wandelnd bewährt ist. – Auch Brahmā hat da, Mahānāmo, Der ewige Jüngling, den Spruch gesagt:

‹Der Krieger ist der höchste Herr
Von allen, die von Adel sind;
Der wissend, wandelnd ist bewährt
Ist höchster Herr bei Gott und Mensch.›

Das aber ist da, Mahānāmo, ein Spruch, den Brahmā, Der ewige Jüngling, recht gesungen, nicht unrecht gesungen, recht gesprochen, nicht unrecht gesprochen hat, der sinnig ist, nicht unsinnig, dem der Erhabene zugestimmt hat.»

Und der Erhabene stand nun auf und wandte sich also an den ehrwürdigen Ānando:

«Gut, gut, Ānando, gut hast du, Ānando, den Sakyern von Kapilavatthu die ‹Schritte des Kämpfers› gezeigt.»

Also hatte der ehrwürdige Ānando gesprochen, und der Meister es gebil- 359
ligt. Zufrieden freuten sich jene Sakyer von Kapilavatthu über das Wort des ehrwürdigen Ānando[50].

54

SECHSTER TEIL · VIERTE REDE

POTALIYO

DAS HAB' ICH GEHÖRT. Zu einer Zeit weilte der Erhabene im Lande der Aṉguttarāper, bei Āpaṇam, einer Burg im Gebiete der Aṉguttarāper. Und der Erhabene, zeitig gerüstet, nahm Mantel und Schale und ging nach Āpaṇam um Almosenspeise. Und als der Erhabene, von Haus zu Haus tretend, Almosen erhalten, kehrte er zurück, nahm das Mahl ein und begab sich dann in ein nahegelegenes Waldgehölz, für den Tag. Im Inneren dieses Waldgehölzes setzte sich der Erhabene am Fuß eines Baumes nieder, bis gegen Sonnenuntergang da zu verweilen.

Und auch Potaliyo der Hausvater kam, in einen weiten Obermantel gehüllt, versehn mit Schirm und Sandalen, auf einem Spaziergange lustwandelnd, nach dem Waldgehölze. Und er trat in das Waldgehölz ein und kam dorthin wo der Erhabene weilte. Dort angelangt tauschte er mit dem Erhabenen höflichen Gruß und freundliche, denkwürdige Worte und stellte sich seitwärts hin. Und an Potaliyo den Hausvater, der seitwärts stand, wandte sich der Erhabene also:

«Man kann sich da, Hausvater, hinsetzen: wenn du willst sitz' nieder.»

Also angeredet dachte Potaliyo der Hausvater bei sich: ‹Hausvater hat mich der Asket Gotamo genannt!› Und verstimmt und mißmutig schwieg er still.

Und zum zweitenmal wandte sich der Erhabene also an Potaliyo den Hausvater:

«Man kann sich da, Hausvater, hinsetzen: wenn du willst sitz' nieder.»

Und zum zweitenmal dachte Potaliyo der Hausvater bei sich: ‹Hausvater hat mich der Asket Gotamo genannt!› Und verstimmt und mißmutig schwieg er still.

Und zum drittenmal wandte sich der Erhabene also an Potaliyo den Hausvater:

«Man kann sich da, Hausvater, hinsetzen: wenn du willst sitz' nieder.»

Und zum drittenmal dachte Potaliyo der Hausvater bei sich: ‹Hausvater hat mich der Asket Gotamo genannt!› Und verstimmt und mißmutig sprach er also zum Erhabenen:

360 «Das kommt dir, o Gotamo, nicht zu, das steht dir nicht zu, daß du mich mit dem Worte Hausvater angehst!»

«Du hast ja, Hausvater, Mienen, Merkmale, Kennzeichen wie sie dem Hausvater eignen.»

«Gleichwohl hab' ich, o Gotamo, jeder Tätigkeit entsagt, jeden Verkehr abgeschnitten.»

«Wie denn aber hast du, Hausvater, jeder Tätigkeit entsagt, jeden Verkehr abgeschnitten?»

«Was ich da, o Gotamo, an Geld und Gut, an Silber und Gold besessen habe, das hab' ich alles meinen Kindern zum Erbe gegeben: und ich rate da keinem zu, keinem ab, hab' mir nur Kost und Gewand bedungen. Also hab' ich, o Gotamo, jeder Tätigkeit entsagt, jeden Verkehr abgeschnitten.»

«Anders redest, Hausvater, du vom Verkehrabschneiden, und wieder anders wird im Orden des Heiligen der Verkehr abgeschnitten.»

«Wie denn aber, o Herr, wird im Orden des Heiligen der Verkehr abgeschnitten? Gut wär' es, o Herr, wenn mir der Erhabene die Lehre so darlegen wollte, wie der Verkehr im Orden des Heiligen abgeschnitten wird.»

«Wohlan denn, Hausvater, so höre und achte wohl auf meine Rede.»

«Ja, o Herr!» erwiderte da aufmerksam Potaliyo der Hausvater dem Erhabenen. Der Erhabene sprach also:

«Acht Dinge sind es, Hausvater, die hier im Orden des Heiligen den Verkehr abschneiden lassen: welche acht? Kein Wesen töten läßt vom Töten der Wesen abstehn, Gegebenes nehmen läßt vom Nehmen des Nichtgegebenen abstehn, die Wahrheit reden läßt von der Lüge abstehn, nicht verleumden läßt von Verleumdung abstehn, nicht begehrlich süchten läßt von begehrlicher Sucht abstehn, nicht rügen und schelten läßt von Rügen und Schelten abstehn, nicht wüten und verzweifeln läßt von Wut und Verzweiflung abstehn, nicht anmaßen läßt von Anmaßung abstehn. Das sind, Hausvater, kurz gesagt, nicht ausführlich unterschieden, die acht Dinge, die hier im Orden des Heiligen den Verkehr abschneiden lassen.»

«Diese acht Dinge, o Herr, vom Erhabenen kurz angegeben, nicht ausführlich unterschieden, die hier im Orden des Heiligen den Verkehr abschneiden lassen: möchte mir doch, o Herr, der Erhabene diese acht Dinge ausführlich darlegen, von Mitleid bewogen!»

«So höre denn, Hausvater, und achte wohl auf meine Rede!»

«Gewiß, o Herr!» erwiderte da aufmerksam Potaliyo der Hausvater dem Erhabenen. Der Erhabene sprach also:

«'Kein Wesen töten läßt vom Töten der Wesen abstehn': das ist gesagt 361
worden; und warum ist das gesagt worden? Da überlegt, Hausvater, der heilige Jünger bei sich: ‹Jene Fesseln, die mich zum Mörder machen könnten, die beginn' ich zu lösen, abzuschneiden: denn wenn ich zum Mörder würde, so möcht' ich gar mich selber verachten, wegen des Mordes, und, wohlüberlegt, möchten Verständige mich tadeln, wegen des Mordes, und bei der Auflösung des Körpers, nach dem Tode, stände mir üble Fährte bevor, wegen des Mordes. Das ist ja eben die Fessel, das ist die Hemmung, nämlich der Mord. Wenn aber durch Mord verstörendes, sehrendes Wähnen entsteht, kann es den, der sich vom Morde fernhält, also nicht ankommen.› 'Kein Wesen töten läßt vom Töten der Wesen abstehn': wurde das gesagt, so war es darum gesagt.

«'Gegebenes nehmen läßt vom Nehmen des Nichtgegebenen abstehn': das ist gesagt worden; und warum ist das gesagt worden? Da überlegt, Hausvater, der heilige Jünger bei sich: ‹Jene Fesseln, die mich zum Diebe machen könnten, die beginn' ich zu lösen, abzuschneiden: denn wenn ich zum Diebe würde, so möcht' ich gar mich selber verachten, wegen des Diebstahls, und, wohlüberlegt, möchten Verständige mich tadeln, wegen des Diebstahls, und bei der Auflösung des Körpers, nach dem Tode, stände mir üble Fährte bevor, wegen des Diebstahls. Das ist ja eben die Fessel, das ist die Hemmung, nämlich der Diebstahl. Wenn aber durch Diebstahl verstörendes, sehrendes Wähnen entsteht, kann es den, der sich vom Diebstahl fernhält, also nicht ankommen.› 'Gegebenes nehmen läßt vom Nehmen des Nichtgegebenen abstehn': wurde das gesagt, so war es darum gesagt.

«'Die Wahrheit reden läßt von der Lüge abstehn': das ist gesagt worden; und warum ist das gesagt worden? Da überlegt, Hausvater, der heilige Jünger bei sich: ‹Jene Fesseln, die mich zum Lügner machen könnten, die beginn' ich zu lösen, abzuschneiden: denn wenn ich zum Lügner würde, so möcht' ich gar mich selber verachten, wegen der Lüge, und, wohlüberlegt, möchten Verständige mich tadeln, wegen der Lüge, und bei der Auflösung des Körpers, nach dem Tode, stände mir üble Fährte bevor, wegen der Lüge. Das ist ja eben die Fessel, das ist die Hemmung, nämlich die Lüge. Wenn aber durch
362 Lüge verstörendes, sehrendes Wähnen entsteht, kann es den, der sich von der Lüge fernhält, also nicht ankommen.› 'Die Wahrheit reden läßt von der Lüge abstehn': wurde das gesagt, so war es darum gesagt.

«'Nicht verleumden läßt von Verleumdung abstehn': das ist gesagt worden; und warum ist das gesagt worden? Da überlegt, Hausvater, der heilige Jünger bei sich: ‹Jene Fesseln, die mich zum Verleumder machen könnten, die beginn' ich zu lösen, abzuschneiden: denn wenn ich zum Verleumder würde, so möcht' ich gar mich selber verachten, wegen der Verleumdung, und, wohlüberlegt, möchten Verständige mich tadeln, wegen der Verleumdung, und bei der Auflösung des Körpers, nach dem Tode, stände mir üble Fährte bevor, wegen der Verleumdung. Das ist ja eben die Fessel, das ist die Hemmung, nämlich Verleumden. Wenn aber durch Verleumden verstörendes, sehrendes Wähnen entsteht, kann es den, der sich von Verleumden fernhält, also nicht ankommen.› 'Nicht verleumden läßt von Verleumdung abstehn': wurde das gesagt, so war es darum gesagt.

«'Nicht begehrlich süchten läßt von begehrlicher Sucht abstehn': das ist gesagt worden; und warum ist das gesagt worden? Da überlegt, Hausvater, der heilige Jünger bei sich: ‹Jene Fesseln, die mich begehrlich süchten ließen, die beginn' ich zu lösen, abzuschneiden: denn wenn ich begehrlicher Sucht frönte, so möcht' ich gar mich selber verachten, wegen begehrlicher Sucht, und, wohlüberlegt, möchten Verständige mich tadeln, wegen begehrlicher Sucht, und bei der Auflösung des Körpers, nach dem Tode, stände mir üble Fährte bevor, wegen begehrlicher Sucht. Das ist ja eben die Fessel, das ist die Hemmung, nämlich begehrliche Sucht. Wenn aber durch begehrliche Sucht verstörendes, sehrendes Wähnen entsteht, kann es den, der sich von begehrlicher Sucht fernhält, also nicht ankommen.› 'Nicht begehrlich süchten läßt von begehrlicher Sucht abstehn': wurde das gesagt, so war es darum gesagt.

«'Nicht rügen und schelten läßt von Rügen und Schelten abstehn': das ist gesagt worden, und warum ist das gesagt worden? Da überlegt, Hausvater, der heilige Jünger bei sich: ‹Jene Fesseln, die mich rügen und schelten ließen, die beginn' ich zu lösen, abzuschneiden: denn wenn ich rügte und schölte, so 363
möcht' ich gar mich selber verachten, wegen des Rügens und Scheltens, und, wohlüberlegt, möchten Verständige mich tadeln, wegen des Rügens und Scheltens, und bei der Auflösung des Körpers, nach dem Tode, stände mir üble Fährte bevor, wegen des Rügens und Scheltens. Das ist ja eben die Fessel, das ist die Hemmung, nämlich Rügen und Schelten. Wenn aber durch Rügen und Schelten verstörendes, sehrendes Wähnen entsteht, kann es den, der sich von Rügen und Schelten fernhält, also nicht ankommen.› 'Nicht rügen und schelten läßt von Rügen und Schelten abstehn': wurde das gesagt, so war es darum gesagt.

«'Nicht wüten und verzweifeln läßt von Wut und Verzweiflung abstehn': das ist gesagt worden; und warum ist das gesagt worden? Da überlegt, Hausvater, der heilige Jünger bei sich: ‹Jene Fesseln, die mich wüten und verzweifeln ließen, die beginn' ich zu lösen, abzuschneiden: denn wenn ich in Wut und Verzweiflung geriete, so möcht' ich gar mich selber verachten, wegen der Wut und Verzweiflung, und, wohlüberlegt, möchten Verständige mich tadeln, wegen der Wut und Verzweiflung, und bei der Auflösung des Körpers, nach dem Tode, stände mir üble Fährte bevor, wegen der Wut und Verzweiflung. Das ist ja eben die Fessel, das ist die Hemmung, nämlich Wut und Verzweiflung. Wenn aber durch Wut und Verzweiflung verstörendes, sehrendes Wähnen entsteht, kann es den, der sich von Wut und Verzweiflung fernhält, also nicht ankommen.› 'Nicht wüten und verzweifeln läßt von Wut und Verzweiflung abstehn': wurde das gesagt, so war es darum gesagt.

«'Nicht anmaßen läßt von Anmaßung abstehn': das ist gesagt worden; und warum ist das gesagt worden? Da überlegt, Hausvater, der heilige Jünger bei sich: ‹Jene Fesseln, die mir Anmaßung schüfen, die beginn' ich zu lösen, abzuschneiden: denn wenn ich anmaßend würde, so möcht' ich gar mich selber verachten, wegen der Anmaßung, und, wohlüberlegt, möchten Verständige mich tadeln, wegen der Anmaßung, und bei der Auflösung des Körpers, nach dem Tode, stände mir üble Fährte bevor, wegen der Anmaßung. Das ist ja eben die Fessel, das ist die Hemmung, nämlich Anmaßen. Wenn aber durch Anmaßen verstörendes, sehrendes Wähnen entsteht, kann es den, der sich von Anmaßen fernhält, also nicht ankommen.› 'Nicht anmaßen läßt von Anmaßung abstehn': wurde das gesagt, so war es darum gesagt.

364 «Das sind, Hausvater, kurz gesagt und ausführlich unterschieden, die acht Dinge, die hier im Orden des Heiligen den Verkehr abschneiden lassen. Doch nicht nur soweit wird im Orden des Heiligen ganz und gar überall aller Verkehr abgeschnitten.»

«Wie aber wird dann, o Herr, im Orden des Heiligen ganz und gar überall aller Verkehr abgeschnitten? O daß mir, o Herr, der Erhabene die Lehre derart zeigen möchte, wie da im Orden des Heiligen ganz und gar überall aller Verkehr abgeschnitten wird!»

«So höre denn, Hausvater, und achte wohl auf meine Rede.»

«Gewiß, o Herr!» erwiderte da aufmerksam Potaliyo der Hausvater dem Erhabenen. Der Erhabene sprach also:

«Gleichwie etwa, Hausvater, wenn ein Hund, von Hunger und Schwäche gepeinigt, sich vor der Bank eines Rindschlächters aufstellte, und es würfe ihm ein geschickter Schlächter oder Schlächtergeselle ein Knochenstück zu, kahl, abgeschabt, ohne Fleisch, blutbefleckt; was meinst du wohl, Hausvater: könnte da dieser Hund, indem er das Knochenstück, das kahle, abgeschabte, fleischlose, blutbefleckte, rings herum benagt, Hunger und Schwäche vertreiben?»

«Gewiß nicht, o Herr!»

«Und warum nicht?»

«Das Knochenstück, o Herr, ist ja kahl, abgeschabt, ohne Fleisch, blutbefleckt, so viel Mühe und Plage auch immer der Hund sich geben mag.»

«Ebenso nun auch, Hausvater, überlegt der heilige Jünger bei sich: ‹Kahlen Knochen gleich sind die Begierden, hat der Erhabene gesagt, voller Leiden, voller Qualen, das Elend überwiegt›: und er sieht es also, der Wahrheit gemäß, mit vollkommener Weisheit an: und den Anblick, der vielfältig Vielheit sucht, diesen verleugnet er, und den Anblick, der einfältig Einheit sucht, wo jedes Hangen an weltlichem Köder gänzlich vereitelt wird, ja diesen Anblick verwirklicht er.

«Gleichwie etwa, Hausvater, wenn ein Geier oder ein Reiher oder ein Rabe einen Fleischfetzen packte und fortrisse, und es stürzten auf ihn andere Geier oder Reiher oder Raben in Scharen hernieder und rauften darum; was meinst du wohl, Hausvater: wenn dieser Geier oder Reiher oder Rabe den Fleischfetzen nicht alsbald fahren ließe, wär' ihm da Tod gewiß oder tödlicher Schmerz?»

«Freilich, o Herr!»

«Ebenso nun auch, Hausvater, überlegt der heilige Jünger bei sich: ‹Fleischfetzen gleich sind die Begierden, hat der Erhabene gesagt, voller Leiden, voller Qualen, das Elend überwiegt›; und er sieht es also, der Wahrheit
365 gemäß, mit vollkommener Weisheit an: und den Anblick, der vielfältig Viel-

heit sucht, diesen verleugnet er, und den Anblick, der einfältig Einheit sucht, wo jedes Hangen an weltlichem Köder gänzlich vereitelt wird, ja diesen Anblick verwirklicht er.

«Gleichwie etwa, Hausvater, wenn ein Mann mit einer flammenden Strohfackel gegen den Wind ginge; was meinst du wohl, Hausvater: wenn dieser Mann die flammende Strohfackel nicht gar eilig von sich fortwürfe, würde sie da seine Hand versengen, seinen Arm versengen oder andere Glieder des Leibes, und er also Tod erleiden oder tödlichen Schmerz?»

«Freilich, o Herr!»

«Ebenso nun auch, Hausvater, überlegt der heilige Jünger bei sich: ‹Flammendem Stroh gleich sind die Begierden, hat der Erhabene gesagt, voller Leiden, voller Qualen, das Elend überwiegt›: und er sieht es also, der Wahrheit gemäß, mit vollkommener Weisheit an: und den Anblick, der vielfältig Vielheit sucht, diesen verleugnet er, und den Anblick, der einfältig Einheit sucht, wo jedes Hangen an weltlichem Köder gänzlich vereitelt wird, ja diesen Anblick verwirklicht er.

«Gleichwie etwa, Hausvater, wenn da eine Grube wäre, tiefer als Mannes-höhe, voll glühender Kohlen, ohne Flammen, ohne Rauch; und es käme ein Mann herbei, der leben, nicht sterben will, der Wohlsein wünscht und Wehe verabscheut, und zwei kräftige Männer ergriffen ihn unter den Armen und schleppten ihn zu der glühenden Kohlengrube hin; was meinst du wohl, Hausvater: würde da nun dieser Mann auf jede nur mögliche Weise den Leib zurückziehn?»

«Gewiß, o Herr!»

«Und warum das?»

«Gar wohl, o Herr, wüßte der Mann: ‹Fall' ich in diese glühenden Kohlen hinein, so muß ich sterben oder tödlichen Schmerz erleiden!›»

«Ebenso nun auch, Hausvater, überlegt der heilige Jünger bei sich: ‹Glühenden Kohlen gleich sind die Begierden, hat der Erhabene gesagt, voller Leiden, voller Qualen, das Elend überwiegt›; und er sieht es also, der Wahrheit gemäß, mit vollkommener Weisheit an: und den Anblick, der vielfältig Vielheit sucht, diesen verleugnet er, und den Anblick, der einfältig Einheit sucht, wo jedes Hangen an weltlichem Köder gänzlich vereitelt wird, ja diesen Anblick verwirklicht er.

«Gleichwie etwa, Hausvater, wenn ein Mann ein Traumbild sähe, einen schönen Garten, einen freundlichen Hain, eine heitere Landschaft, einen lichten See, und, wieder erwacht, nichts mehr erblickte: ebenso nun auch, Hausvater, überlegt der heilige Jünger bei sich: ‹Traumbilden gleich sind die Begierden, hat der Erhabene gesagt, voller Leiden, voller Qualen, das Elend überwiegt›; und er sieht es also, der Wahrheit gemäß, mit vollkommener

Weisheit an: und den Anblick, der vielfältig Vielheit sucht, diesen verleugnet er, und den Anblick, der einfältig Einheit sucht, wo jedes Hangen an weltlichem Köder gänzlich vereitelt wird, ja diesen Anblick verwirklicht er.

«Gleichwie etwa, Hausvater, wenn ein Mann dargeliehenes Gut entliehe
366 und einen Wagen mit kostbarem Schmuck und Edelgestein belüde[51], und er führe, mit diesem geborgten Schatze versehn und versorgt, über den Marktplatz hin; und die Leute sähen ihn und sprächen: ‹Reich, wahrlich, ist der Mann, so können Reiche den Reichtum genießen!› Und wo ihn eben etwa die Eigner träfen, da zögen sie eben etwa das Eigen zurück. Was meinst du wohl, Hausvater: genügte das, um diesen Mann zu verstören?»

«Allerdings, o Herr!»

«Und warum das?»

«Die Eigner, o Herr, ziehn ja das Eigen zurück.»

«Ebenso nun auch, Hausvater, überlegt der heilige Jünger bei sich: ‹Darlehen gleich sind die Begierden, hat der Erhabene gesagt, voller Leiden, voller Qualen, das Elend überwiegt›; und er sieht es also, der Wahrheit gemäß, mit vollkommener Weisheit an: und den Anblick, der vielfältig Vielheit sucht, diesen verleugnet er, und den Anblick, der einfältig Einheit sucht, wo jedes Hangen an weltlichem Köder gänzlich vereitelt wird, ja diesen Anblick verwirklicht er.

«Gleichwie etwa, Hausvater, wenn sich unfern eines Dorfes oder einer Stadt ein dichter Forst befände, und ein Baum stände darin, der reifende Früchte trägt, und keine der Früchte wäre herabgefallen. Und es käme ein Mann herbei, der Früchte begehrt, Früchte sucht, nach Früchten ausspäht; und er gelangte ins Innere des Forstes und gewahrte den Baum, der reifende Früchte trägt; da gedächte er: ‹Dieser Baum ist mit reifenden Früchten behangen, und keine der Früchte zu Boden gefallen: aber ich kann ja Bäume erklettern! Wie, wenn ich nun da hinaufkletterte und mich daran satt äße und den Rockschurz voll davon pflückte?› Und er kletterte hinauf und äße sich satt und pflückte den Rockschurz voll. Aber ein zweiter Mann käme herbei, der Früchte begehrt, Früchte sucht, nach Früchten ausspäht, mit einem scharfen Beile versehn; und er gelangte ins Innere des Forstes und gewahrte den Baum mit den reifenden Früchten; da gedächte er: ‹Dieser Baum trägt reifende Früchte, und keine der Früchte liegt auf der Erde, und Bäume erklettern, das kann ich nicht: wie, wenn ich nun diesen Baum an der Wurzel fällte und mich dann satt äße und den Rockschurz vollpflückte?› Und er fällte den Baum an der Wurzel. Was meinst du wohl, Hausvater: wenn da jener Mann, der zuerst hinaufgestiegen, nicht gar eilig herabkletterte, möchte ihm da durch den Sturz des Baumes die Hand zerschmettert oder der Fuß zerschmettert oder andere Glieder des Leibes zerschmettert werden, so daß er Tod oder tödlichen Schmerz erlitte?» 367

«Freilich, o Herr!»

«Ebenso nun auch, Hausvater, überlegt der heilige Jünger bei sich: ‹Baumfrüchten gleich sind die Begierden, hat der Erhabene gesagt, voller Leiden, voller Qualen, das Elend überwiegt›; und er sieht es also, der Wahrheit gemäß, mit vollkommener Weisheit an: und den Anblick, der vielfältig Vielheit sucht, diesen verleugnet er, und den Anblick, der einfältig Einheit sucht, wo jedes Hangen an weltlichem Köder gänzlich vereitelt wird, ja diesen Anblick verwirklicht er.

«Hat nun, Hausvater, ein solcher heiliger Jünger eben diese letzte, gleichmütig einsichtige vollkommene Reine erreicht, so erinnert er sich mancher verschiedenen früheren Daseinsform, mit je den eigentümlichen Merkmalen, mit je den eigenartigen Beziehungen.

«Hat nun, Hausvater, ein solcher heiliger Jünger eben diese letzte, gleichmütig einsichtige vollkommene Reine erreicht, so sieht er mit dem himmlischen Auge, dem geläuterten, über menschliche Grenzen hinausreichenden, die Wesen dahinschwinden und wiedererscheinen, gemeine und edle, schöne und unschöne, glückliche und unglückliche, er erkennt wie die Wesen je nach den Taten wiederkehren.

«Hat nun, Hausvater, ein solcher heiliger Jünger eben diese letzte, gleichmütig einsichtige vollkommene Reine erreicht, so läßt er den Wahn versiegen und macht sich die wahnlose Gemüterlösung, Weisheiterlösung noch bei Lebzeiten offenbar, verwirklicht und erringt sie.

«Soweit nun, Hausvater, wird im Orden des Heiligen ganz und gar überall aller Verkehr abgeschnitten. Was meinst du wohl, Hausvater: wie ganz und gar überall aller Verkehr im Orden des Heiligen abgeschnitten wird, findest du, daß auch ebenso bei dir der Verkehr abgeschnitten sei?»

«Was bin ich, o Herr, und was ist der Orden des Heiligen, wo ganz und gar überall aller Verkehr abgeschnitten wird! Fern bin ich, o Herr, davon, daß ich ganz und gar überall allen Verkehr, dem Orden des Heiligen gemäß, abgeschnitten hätte. – Ja, wir haben früher, o Herr, die anderen Büßer und Pilger, die so gewöhnlich sind, für erlesen gehalten, die so gewöhnlich sind, mit erlesener Speise gespeist, die so gewöhnlich sind, mit erlesener Ehre geehrt: doch haben wir, o Herr, die Mönche, die so erlesen sind, für gewöhnlich gehalten, die so erlesen sind, mit gewöhnlicher Speise gespeist, die so erlesen sind, mit gewöhnlicher Ehre geehrt. Jetzt aber wollen wir, o Herr, die anderen Büßer und Pilger, die so gewöhnlich sind, als gewöhnlich erkennen, die 368
so gewöhnlich sind, mit gewöhnlicher Speise speisen, die so gewöhnlich sind, mit gewöhnlicher Ehre ehren: doch wollen wir, o Herr, die Mönche, die so

erlesen sind, als erlesen erkennen, die so erlesen sind, mit erlesener Speise speisen, die so erlesen sind, mit erlesener Ehre ehren. Erzeugt hat mir, wahrlich, o Herr, der Erhabene Asketenliebe zu den Asketen, Asketenfreude an den Asketen, Asketenehrfurcht vor den Asketen. – Vortrefflich, o Herr, vortrefflich, o Herr! Gleichwie etwa, o Herr, wenn man Umgestürztes aufstellte, oder Verdecktes enthüllte, oder Verirrten den Weg wiese, oder Licht in die Finsternis brächte: ‹Wer Augen hat wird die Dinge sehn›: ebenso auch ist vom Erhabenen die Lehre gar vielfach gezeigt worden. Und so nehm' ich, o Herr, beim Erhabenen Zuflucht, bei der Lehre und bei der Jüngerschaft: als Anhänger möge mich der Erhabene betrachten, von heute an zeitlebens getreu[52].»

55

SECHSTER TEIL · FÜNFTE REDE

JĪVAKO

Das hab' ich gehört. Zu einer Zeit weilte der Erhabene bei Rājagaham, im Mangohaine Jīvakos, des Hofarztes[53].

Da nun begab sich Jīvako der Hofarzt zum Erhabenen hin, begrüßte den Erhabenen ehrerbietig und setzte sich seitwärts nieder. Seitwärts sitzend sprach nun Jīvako der Hofarzt also zum Erhabenen:

«Gehört hab' ich solches, o Herr: ‹Um des Asketen Gotamo willen rauben sie das Leben, und der Asket Gotamo nimmt wissentlich das eigens für ihn bereitete Fleisch an!› Die da solches, o Herr, gesagt haben, haben die wirklich, o Herr, des Erhabenen Worte gebraucht und den Erhabenen nicht mit Unrecht angeführt und der Lehre gemäß geredet, so daß sich kein entsprechender Folgesatz als ungehörig erweisen kann?»

369 «Die da, Jīvako, solches gesagt haben: ‹Um des Asketen Gotamo willen rauben sie das Leben, und der Asket Gotamo nimmt wissentlich das eigens für ihn bereitete Fleisch an›, die haben nicht meine Worte gebraucht und haben mich also ohne Grund und mit Unrecht angeführt. Drei Fälle gibt es, Jīvako, wo ich sage, Fleisch ist nicht zu nehmen: besehn, gehört, vermutet. Das sind, Jīvako, die drei Fälle, wo ich sage, Fleisch ist nicht zu nehmen. Drei

Fälle gibt es, Jīvako, wo ich sage, Fleisch ist zu nehmen: unbesehn, ungehört, unvermutet. Das sind, Jīvako, die drei Fälle, wo ich sage, Fleisch ist zu nehmen.

«Da lebt, Jīvako, ein Mönch in der Umgebung eines Dorfes oder einer Stadt. Liebevollen Gemütes weilend strahlt er nach einer Richtung, dann nach einer zweiten, dann nach der dritten, dann nach der vierten, ebenso nach oben und nach unten: überall in allem sich wiedererkennend durchstrahlt er die ganze Welt mit liebevollem Gemüte, mit weitem, tiefem, unbeschränktem, von Grimm und Groll geklärtem. Und es sucht ihn ein Hausvater auf, oder der Sohn eines Hausvaters, und bittet ihn, am nächsten Tage bei ihm zu speisen. Mag eben der Mönch es, Jīvako, annehmen, so sagt er zu. Und am nächsten Morgen, zeitig gerüstet, nimmt er Mantel und Schale und begibt sich dorthin wo jener Hausvater, oder Sohn eines Hausvaters, wohnt. Dort angekommen nimmt er auf dem dargebotenen Sitze Platz. Und es bedient ihn der Hausvater, oder Sohn eines Hausvaters, mit ausgewählter Almosenspeise. Da denkt er nicht: ‹Schön, wahrlich, ist es von diesem Hausvater, oder Sohn eines Hausvaters, mich mit ausgewählter Almosenspeise zu bewirten: ach wenn mich doch dieser Hausvater, oder Sohn eines Hausvaters, auch fernerhin mit ebensolcher ausgewählter Almosenspeise bewirten möchte!›: also etwa denkt er nicht. Er nimmt diese Almosenbissen unverlockt, unverblendet, nicht hingerissen, das Elend sehend, der Entrinnung eingedenk, ein. Was meinst du wohl, Hausvater: hat etwa da der Mönch bei dieser Gelegenheit eigene Verletzung im Sinne, oder hat er anderer Verletzung im Sinne, oder hat er beider Verletzung im Sinne?»

«Das nicht, o Herr!»

«Nimmt also, Jīvako, nicht der Mönch bei dieser Gelegenheit eben untadelhafte Nahrung ein?»

«Allerdings, o Herr! – Reden hab' ich gehört, o Herr: ‹Brahmā ist liebevoll.› Dafür hab' ich, o Herr, den Erhabenen bürgen sehn: denn der Erhabene, o Herr, ist liebevoll.»

«Jene Gier, Jīvako, jener Haß, jener Wahn, wo Verderben in den Sinn 370
käme, solche Gier, solcher Haß, solcher Wahn ist vom Vollendeten verleugnet, an der Wurzel abgeschnitten, einem Palmstumpf gleichgemacht, ausgerodet worden, kann sich ferner nicht mehr entwickeln. Wenn deine Worte, Jīvako, das gemeint haben, geb' ich es dir zu.»

«Eben das, freilich, o Herr, haben meine Worte gemeint.»

«Da lebt, Jīvako, ein Mönch in der Umgebung eines Dorfes oder einer Stadt. Erbarmenden Gemütes, freudevollen Gemütes, unbewegten Gemütes weilend strahlt er nach einer Richtung, dann nach einer zweiten, dann nach der dritten, dann nach der vierten, ebenso nach oben und nach unten: überall in allem sich wiedererkennend durchstrahlt er die ganze Welt mit erbarmendem Gemüte, mit freudevollem Gemüte, mit unbewegtem Gemüte, mit weitem, tiefem, unbeschränktem, von Grimm und Groll geklärtem. Und es sucht ihn ein Hausvater auf, oder der Sohn eines Hausvaters, und bittet ihn, am nächsten Tage bei ihm zu speisen. Mag eben der Mönch es, Jīvako, annehmen, so sagt er zu. Und am nächsten Morgen, zeitig gerüstet, nimmt er Mantel und Schale und begibt sich dorthin wo jener Hausvater, oder Sohn eines Hausvaters, wohnt. Dort angekommen nimmt er auf dem dargebotenen Sitze Platz. Und es bedient ihn der Hausvater, oder Sohn eines Hausvaters, mit ausgewählter Almosenspeise. Da denkt er nicht: ‹Schön, wahrlich, ist es von diesem Hausvater, oder Sohn eines Hausvaters, mich mit ausgewählter Almosenspeise zu bewirten: ach wenn mich doch dieser Hausvater, oder Sohn eines Hausvaters, auch fernerhin mit ebensolcher ausgewählter Almosenspeise bewirten möchte!›: also etwa denkt er nicht. Er nimmt diese Almosenbissen unverlockt, unverblendet, nicht hingerissen, das Elend sehend, der Entrinnung eingedenk, ein. Was meinst du wohl, Hausvater: hat etwa da der Mönch bei dieser Gelegenheit eigene Verletzung im Sinne, oder hat er anderer Verletzung im Sinne, oder hat er beider Verletzung im Sinne?»

«Das nicht, o Herr!»

«Nimmt also, Jīvako, nicht der Mönch bei dieser Gelegenheit eben untadelhafte Nahrung ein?»

«Allerdings, o Herr! – Reden hab' ich gehört, o Herr: ‹Brahmā ist unbewegt.› Dafür hab' ich, o Herr, den Erhabenen bürgen sehn: denn der Erhabene, o Herr, ist unbewegt.»

«Jene Gier, Jīvako, jener Haß, jener Wahn, wo Wut, wo Unlust, wo Widerstreit in den Sinn käme, solche Gier, solcher Haß, solcher Wahn ist vom Vollendeten verleugnet, an der Wurzel abgeschnitten, einem Palmstumpf gleichgemacht, ausgerodet worden, kann sich ferner nicht mehr entwickeln. Wenn deine Worte, Jīvako, das gemeint haben, geb' ich es dir zu.»

371 «Eben das, freilich, o Herr, haben meine Worte gemeint.»

«Wer da, Jīvako, um des Vollendeten oder Vollendeten Jüngers willen das Leben raubt, der erwirbt zu fünf Malen schwere Schuld. Weil er da also befiehlt: ‹Geht hin und bringt jenes Tier dort herbei!›, darum erwirbt er zum erstenmal schwere Schuld. Weil dann das Tier, zitternd und zagend herbeigeführt, Schmerz und Qual empfindet, darum erwirbt er zum zweitenmal schwere Schuld. Weil er dann spricht: ‹Geht hin und tötet dieses Tier!›, darum erwirbt er zum drittenmal schwere Schuld. Weil dann das Tier im Tode Schmerz und Qual empfindet, darum erwirbt er zum viertenmal schwere Schuld. Weil er dann den Vollendeten oder des Vollendeten Jünger ungebührend laben läßt, darum erwirbt er zum fünftenmal schwere Schuld. Wer da,

Jīvako, um des Vollendeten oder Vollendeten Jüngers willen das Leben raubt, der erwirbt zu diesen fünf Malen schwere Schuld.»

Nach diesen Worten sprach Jīvako, der Hofarzt, also zum Erhabenen:

«Wunderbar, o Herr, außerordentlich, o Herr! Gebührende Nahrung, wahrlich, o Herr, nehmen die Mönche ein, untadelhafte Nahrung, wahrlich, o Herr, nehmen die Mönche ein. – Vortrefflich, o Herr, vortrefflich, o Herr! Als Anhänger möge mich der Erhabene betrachten, von heute an zeitlebens getreu[54].»

56

SECHSTER TEIL · SECHSTE REDE

UPĀLI

Das hab' ich gehört. Zu einer Zeit weilte der Erhabene bei Nāḷandā, im Mangohaine Pāvārikos. Um diese Zeit nun hielt sich der Freie Bruder Nāthaputto[55] bei Nāḷandā auf, mit einer großen Schar Freier Brüder.

Da begab sich nun Dīghatapassī, ein Freier Bruder, nach Nāḷandā um Almosenspeise, kehrte wieder zurück, nahm das Mahl ein, und suchte dann den Mangohain Pāvārikos auf, ging dorthin wo der Erhabene weilte, tauschte
höflichen Gruß und freundliche, denkwürdige Worte mit dem Erhabenen und 372
stellte sich seitwärts hin. Und an Dīghatapassī den Freien Bruder, der seitwärts stand, wandte sich der Erhabene also:

«Es sind hier, Tapassī, Sitze bereit: wenn du willst setze dich.»

Also angeredet nahm Dīghatapassī der Freie Bruder einen von den niederen Stühlen zur Hand und setzte sich beiseite nieder. Und zu Dīghatapassī dem Freien Bruder, der beiseite saß, sprach der Erhabene also:

«Wieviel Arten, Tapassī, von Taten gibt wohl der Freie Bruder Nāthaputto als möglich an, um böse Tat zu tun, um böse Tat zu begehn?»

«Nicht steht es, Bruder Gotamo, dem Freien Bruder Nāthaputto an, eine Handlung schlechthin als Tat zu bezeichnen: als Streich schlechthin, Bruder Gotamo, steht es dem Freien Bruder Nāthaputto, an, eine Handlung zu bezeichnen.»

«Wieviel Arten, Tapassī, von Streichen gibt also der Freie Bruder Nāthaputto als möglich an, um böse Tat zu tun, um böse Tat zu begehn?»

«Drei Arten, Bruder Gotamo, von Streichen gibt der Freie Bruder Nāthaputto als möglich an, um böse Tat zu tun, um böse Tat zu begehn: nämlich Streiche in Werken, Streiche in Worten, Streiche in Gedanken.»

«Wie denn, Tapassī: sind Streiche in Werken Eines, und Streiche in Worten ein Anderes, und Streiche in Gedanken wieder ein Anderes?»

«Eines, Bruder Gotamo, sind Streiche in Werken, und ein Anderes Streiche in Worten, und wieder ein Anderes Streiche in Gedanken[56].»

«Welche dieser drei Arten aber, Tapassī, von Streichen, die also eingeteilt, also unterschieden werden, gibt der Freie Bruder Nāthaputto als übelste an, um böse Tat zu tun, um böse Tat zu begehn: die Streiche in Werken, oder die Streiche in Worten, oder die Streiche in Gedanken?»

«Von diesen drei Arten, Bruder Gotamo, der Streiche, die also eingeteilt, also unterschieden werden, gibt der Freie Bruder Nāthaputto die Streiche in Werken als übelste an, um böse Tat zu tun, um böse Tat zu begehn: nicht so sehr die Streiche in Worten, nicht so sehr die Streiche in Gedanken.»

«Die Streiche in Werken, sagst du, Tapassī?»

«Die Streiche in Werken, sag' ich, Bruder Gotamo.»

«Die Streiche in Werken, sagst du, Tapassī?»

«Die Streiche in Werken, sag' ich, Bruder Gotamo.»

«Die Streiche in Werken, sagst du, Tapassī?»

«Die Streiche in Werken, sag' ich, Bruder Gotamo.»

Also ließ da der Erhabene Dīghatapassī den Freien Bruder diese Frage des
373 Gesprächs dreimal bestimmt beantworten. Und nun wandte sich Dīghatapassī der Freie Bruder an den Erhabenen und fragte:

«Du aber, Bruder Gotamo: wieviel Arten von Streichen gibst du als möglich an, um böse Tat zu tun, um böse Tat zu begehn?»

«Nicht steht es, Tapassī, dem Vollendeten an, eine Handlung schlechthin als Streich zu bezeichnen: als Tat schlechthin, Tapassī, steht es dem Vollendeten an, eine Handlung zu bezeichnen.»

«Wieviel Arten, Bruder Gotamo, von Taten gibst du also als möglich an, um böse Tat zu tun, um böse Tat zu begehn?»

«Drei Arten, Tapassī, von Taten gebe ich als möglich an, um böse Tat zu tun, um böse Tat zu begehn: nämlich Taten in Werken, Taten in Worten, Taten in Gedanken.»

«Wie denn, Bruder Gotamo: sind Taten in Werken Eines, und Taten in Worten ein Anderes, und Taten in Gedanken wieder ein Anderes?»

«Eines, Tapassī, sind Taten in Werken, und ein Anderes Taten in Worten, und wieder ein Anderes Taten in Gedanken.»

«Welche dieser drei Arten aber, Bruder Gotamo, von Taten, die also eingeteilt, also unterschieden werden, gibst du als übelste an, um böse Tat zu tun, um böse Tat zu begehn: die Taten in Werken, oder die Taten in Worten, oder die Taten in Gedanken?»

«Von diesen drei Arten, Tapassī, der Taten, die also eingeteilt, also unterschieden werden, gebe ich die Taten in Gedanken als übelste an, um böse Tat zu tun, um böse Tat zu begehn: nicht so sehr die Taten in Werken, nicht so sehr die Taten in Worten.»

«Die Taten in Gedanken, sagst du, Bruder Gotamo?»

«Die Taten in Gedanken, sag' ich, Tapassī.»

«Die Taten in Gedanken, sagst du, Bruder Gotamo?»

«Die Taten in Gedanken, sag' ich, Tapassī.»

«Die Taten in Gedanken, sagst du, Bruder Gotamo?»

«Die Taten in Gedanken, sag' ich, Tapassī.»

Also ließ da Dīghatapassī der Freie Bruder den Erhabenen diese Frage des Gesprächs dreimal bestimmt beantworten. Dann stand er von seinem Stuhle auf und begab sich zu Nāthaputto dem Freien Bruder.

Zu dieser Zeit nun saß der Freie Bruder Nāthaputto inmitten einer großen Schar von Hausleuten, die ihm töricht zugetan waren, Upāli zuvörderst. Und der Freie Bruder Nāthaputto sah Dīghatapassī den Freien Bruder von ferne herankommen, und als er ihn gesehn rief er ihm zu:

«Ei, wo kommst du denn her, Tapassī, so zeitig am Nachmittag?»

«Von dort, o Herr, vom Asketen Gotamo komme ich.»

«Hast du wohl, Tapassī, mit dem Asketen Gotamo irgendeine Unterredung gehabt?»

«Allerdings hab' ich, o Herr, mit dem Asketen Gotamo eine Unterredung 374
gehabt.»

«Was war denn das, Tapassī, für eine Unterredung, die du mit dem Asketen Gotamo gehabt hast?»

Da berichtete nun Dīghatapassī der Freie Bruder Wort für Wort das ganze Gespräch, das er mit dem Erhabenen geführt hatte, dem Freien Bruder Nāthaputto. Hierauf sprach der Freie Bruder Nāthaputto also zu Dīghatapassī dem Freien Bruder:

«Gut, gut, Tapassī: wie ein erfahrener Jünger, der des Meisters Lehre von Grund aus versteht, hat eben da Tapassī der Freie Bruder dem Asketen Gotamo Bescheid gegeben. Was gilt wohl ein erbärmlicher Gedankenstreich im Vergleiche zu dem so gewichtigen Werkstreich? Vielmehr ist ein Werkstreich bei weitem der üblere, um böse Tat zu tun, um böse Tat zu begehn, und nicht so sehr der Wortstreich, und nicht so sehr der Gedankenstreich.»

Auf diese Worte wandte sich Upāli der Hausvater also an den Freien Bruder Nāthaputto:

«Gut, gut ist, o Herr, Tapassī: wie ein erfahrener Jünger, der des Meisters Lehre von Grund aus versteht, hat eben da der erlauchte Tapassī dem Asketen Gotamo Bescheid gegeben. Was gilt wohl ein erbärmlicher Gedankenstreich im Vergleiche zu dem so gewichtigen Werkstreich? Vielmehr ist ein Werkstreich bei weitem der üblere, um böse Tat zu tun, um böse Tat zu begehn, und nicht so sehr der Wortstreich, und nicht so sehr der Gedankenstreich. Wohlan, o Herr, auch ich will gehn und den Asketen Gotamo in einem solchen Gespräche beim Wort nehmen. Wenn mir da der Asket Gotamo ebenso entgegentritt, wie er dem erlauchten Tapassī entgegengetreten ist, so werde ich den Asketen Gotamo, gleichwie etwa ein starker Mann einen langhaarigen Widder bei den Haaren ergreifen, heranziehn, herumziehn, rings herumziehn mag, mit der Rede heranziehn, herumziehn, rings herumziehn; oder gleichwie etwa der starke Knecht eines Branntweinbrenners das große Filtriergeflecht in einen tiefen Wasserpfuhl werfen, am einen Ende festhalten, heranziehn, herumziehn, rings herumziehn mag, so werde auch ich den Asketen Gotamo mit der Rede heranziehn, herumziehn, rings herumziehn; oder gleichwie etwa ein rüstiger Branntweinsäuberer das Destilliersieb am Henkel packen, hinschwenken, herschwenken, ausseihen mag, so werde auch ich den
375 Asketen Gotamo mit der Rede hinschwenken, herschwenken, ausseihen; oder gleichwie etwa ein sechzigjähriger Elefant in einen tiefen Lotusweiher steigt und ein sogenanntes Spritzbad zur Erholung vornimmt, so gedenke auch ich mit dem Asketen Gotamo eine Art Spritzbad zur Erholung vorzunehmen. Wohlan, o Herr, auch ich will gehn und den Asketen Gotamo in einem solchen Gespräche beim Wort nehmen.»

«Gehe du, Hausvater, und nimm den Asketen Gotamo in einem solchen Gespräche beim Wort: sei es ich eben, Hausvater, der den Asketen Gotamo beim Wort nimmt, sei es Dīghatapassī der Freie Bruder, sei es du.»

Auf diese Worte des Freien Bruders Nāthaputto erwiderte Dīghatapassī der Freie Bruder:

«Das gefällt mir wahrlich nicht, o Herr, daß Upāli der Hausvater den Asketen Gotamo beim Wort nehmen soll. Denn der Asket Gotamo, o Herr, ist listig, versteht verlockende List, wodurch er die Jünger anderer Asketen anlockt.»

«Unmöglich ist es, wahrlich, Tapassī, es kann nicht sein, daß sich Upāli der Hausvater zum Jüngertum des Asketen Gotamo bekehre: möglich aber ist es wohl, daß sich der Asket Gotamo zum Jüngertum des Hausvaters Upāli bekehre. Gehe du, Hausvater, und nimm den Asketen Gotamo in einem solchen Gespräche beim Wort: sei es ich eben, Hausvater, der den Asketen Gotamo beim Wort nimmt, sei es Dīghatapassī der Freie Bruder, sei es du.»

Und ein zweites Mal, und ein drittes Mal sprach Dīghatapassī der Freie Bruder also zum Freien Bruder Nāthaputto:

«Es gefällt mir durchaus nicht, o Herr, daß Upāli der Hausvater den Asketen Gotamo beim Wort nehmen soll. Der Asket Gotamo, o Herr, ist ja listig, versteht verlockende List, wodurch er die Jünger anderer Asketen anlockt.»

«Unmöglich ist es, wahrlich, Tapassī, es kann nicht sein, daß sich Upāli der Hausvater zum Jüngertum der Asketen Gotamo bekehre: möglich aber ist es wohl, daß sich der Asket Gotamo zum Jüngertum des Hausvaters Upāli bekehre. Gehe du, Hausvater, und nimm den Asketen Gotamo in einem solchen Gespräche beim Wort: sei es ich eben, Hausvater, der den Asketen Gotamo beim Wort nimmt, sei es Dīghatapassī der Freie Bruder, sei es du.»

«Recht so, Herr!» entgegnete da Upāli der Hausvater dem Freien Bruder Nāthaputto. Dann stand er von seinem Stuhle auf, begrüßte den Freien Bruder Nāthaputto ehrerbietig, ging rechts herum und begab sich nach dem Mangohaine Pāvārikos, dorthin wo der Erhabene weilte. Dort angelangt be- 376
grüßte er den Erhabenen ehrerbietig und setzte sich seitwärts nieder. Seitwärts sitzend wandte sich nun Upāli der Hausvater also an den Erhabenen:

«Ist wohl, o Herr, Dīghatapassī der Freie Bruder hiergewesen?»

«Hiergewesen ist, Hausvater, Dīghatapassī der Freie Bruder.»

«Und hast du, o Herr, mit Dīghatapassī dem Freien Bruder ein Gespräch geführt?»

«Ich habe, Hausvater, mit Dīghatapassī dem Freien Bruder ein Gespräch geführt.»

«Und was war das, o Herr, für ein Gespräch, das du mit Dīghatapassī dem Freien Bruder geführt hast?»

Da berichtete nun der Erhabene dem Hausvater Upāli Wort für Wort das ganze Gespräch mit Dīghatapassī dem Freien Bruder. Also berichtet erwiderte Upāli der Hausvater dem Erhabenen:

«Gut, gut ist, o Herr, Tapassī: wie ein erfahrener Jünger, der des Meisters Lehre von Grund aus versteht, hat eben da Dīghatapassī der Freie Bruder dem Erhabenen Bescheid gegeben. Was gilt wohl ein erbärmlicher Gedankenstreich im Vergleiche zu dem so gewichtigen Werkstreich? Vielmehr ist ein Werkstreich bei weitem der üblere, um böse Tat zu tun, um böse Tat zu begehn, und nicht so sehr der Wortstreich, und nicht so sehr der Gedankenstreich.»

«Wenn du dich, Hausvater, bei der Rede an die Wahrheit halten willst, so mag da unter uns ein Gespräch statthaben.»

«An die Wahrheit, o Herr, werde ich mich bei der Rede halten: möge da unter uns ein Gespräch statthaben!»

«Was meinst du wohl, Hausvater: es sei da ein Freier Bruder, der unwohl, leidend, schwerkrank ist und frisches Wasser abweist, nur warmes Wasser gebraucht[57]; und weil er kein frisches Wasser erhielte stürbe er. Wo aber,

Hausvater, sagt da der Freie Bruder Nāthaputto, erscheine ein solcher wieder?»

«Es gibt, o Herr, Götter, die heißen ‹gedankenhaft›: da erscheint ein solcher wieder[58].»

«Und warum das?»

«Weil er ja, o Herr, gedankenergeben gestorben ist.»

«Hausvater, Hausvater, denke wohl nach, und dann, Hausvater, antworte: denn es geht dir mit dem Ersten das Letzte nicht zusammen, oder mit dem Letzten nicht das Erste. Doch hast du, Hausvater, also gesprochen: ‹An die Wahrheit, o Herr, werde ich mich bei der Rede halten: möge da unter uns ein Gespräch statthaben!›»

«Wenn auch, o Herr, der Erhabene solches sagt, so ist gleichwohl der Werkstreich bei weitem der üblere, um böse Tat zu tun, um böse Tat zu begehn, und nicht so sehr der Wortstreich, und nicht so sehr der Gedankenstreich.»

377 «Was meinst du wohl, Hausvater: es sei da ein Freier Bruder, vierfach gezügelt in fester Zucht, der sich jeden Born verbietet, jeden Born verwehrt, jeden Born verweist, jeden Born versagt; und während er kommt und geht tritt er da viele kleine Wesen zu Tode. Was aber, Hausvater, sagt da der Freie Bruder Nāthaputto, sei die Folge davon?»

«Was ohne Absicht geschieht, o Herr, sagt der Freie Bruder Nāthaputto, ist nicht so sehr von Übel.»

«Wenn es aber, Hausvater, mit Absicht geschieht?»

«Dann, o Herr, ist es sehr von Übel.»

«Die Absicht aber, Hausvater, gibt der Freie Bruder Nāthaputto als was an?»

«Als Gedankenstreich, o Herr!»

«Hausvater, Hausvater, denke wohl nach, und dann, Hausvater, antworte: denn es geht dir mit dem Ersten das Letzte nicht zusammen, oder mit dem Letzten nicht das Erste. Doch hast du, Hausvater, also gesprochen: ‹An die Wahrheit, o Herr, werde ich mich bei der Rede halten: möge da unter uns ein Gespräch statthaben!›»

«Wenn auch, o Herr, der Erhabene solches sagt, so ist gleichwohl der Werkstreich bei weitem der üblere, um böse Tat zu tun, um böse Tat zu begehn, und nicht so sehr der Wortstreich, und nicht so sehr der Gedankenstreich.»

«Was meinst du wohl, Hausvater: dieses Nāḷandā blüht und gedeiht, ist volkreich, von vielen Menschen bewohnt?»

«Gewiß, o Herr: dieses Nāḷandā blüht und gedeiht, ist volkreich, von vielen Menschen bewohnt.»

«Was meinst du wohl, Hausvater: wenn da ein Mann herankäme, mit einem gezückten Schwerte in der Hand, und spräche also: ‹Ich werde was es auch an Lebendigen hier in Nāḷandā gibt in einem Augenblick, in einem Nu zu einer einzigen Masse Mus, zu einer einzigen Masse Brei machen›; was meinst du wohl, Hausvater: vermöchte nun etwa dieser Mann was es auch an Lebendigen hier in Nāḷandā gibt in einem Augenblick, in einem Nu zu einer einzigen Masse Mus, zu einer einzigen Masse Brei zu machen?»

«Selbst zehn Mann, o Herr, selbst zwanzig Mann, selbst dreißig Mann, selbst vierzig Mann, selbst fünfzig Mann reichten nicht hin was es hier in Nāḷandā an Lebendigen gibt in einem Augenblick, in einem Nu zu einer einzigen Masse Mus, zu einer einzigen Masse Brei zu machen: was gälte da nur ein erbärmlicher Mann?»

«Was meinst du wohl, Hausvater: wenn da ein Asket oder ein Priester herankäme, machtbegabt, geistesgewaltig, und spräche also: ‹Ich werde dieses Nāḷandā mit einem einzigen Zorngedanken zu Asche machen›; was meinst du wohl, Hausvater: vermöchte nun etwa ein solcher Asket oder Priester dieses Nāḷandā mit einem einzigen Zorngedanken zu Asche zu machen?»

«Selbst zehn Nāḷandā, o Herr, selbst zwanzig Nāḷandā, selbst dreißig Nā- 378
ḷandā, selbst vierzig Nāḷandā, selbst fünfzig Nāḷandā vermöchte ein solcher Asket oder Priester mit einem einzigen Zorngedanken zu Asche zu machen: was gälte da nur ein erbärmliches Nāḷandā?[59]»

«Hausvater, Hausvater, denke wohl nach, und dann, Hausvater, antworte: denn es geht dir mit dem Ersten das Letzte nicht zusammen, oder mit dem Letzten nicht das Erste. Doch hast du, Hausvater, also gesprochen: ‹An die Wahrheit, o Herr, werde ich mich bei der Rede halten: möge da unter uns ein Gespräch statthaben!›»

«Wenn auch, o Herr, der Erhabene solches sagt, so ist gleichwohl der Werkstreich bei weitem der üblere, um böse Tat zu tun, um böse Tat zu begehn, und nicht so sehr der Wortstreich, und nicht so sehr der Gedankenstreich.»

«Was meinst du wohl, Hausvater: hast du reden hören: ‹Der Daṇḍaker-Wald, der Mejjher-Wald, der Kāliṉger-Wald, der Mātaṉger-Wald ist öder Urwald geworden›?»

«Gewiß, o Herr: ich habe reden hören: ‹Der Daṇḍaker-Wald, der Mejjher-Wald, der Kāliṉger-Wald, der Mātaṉger-Wald ist öder Urwald geworden›.»

«Was meinst du wohl, Hausvater: hast du vielleicht reden hören, wodurch der Daṇḍaker-Wald, der Mejjher-Wald, der Kāliṉger-Wald, der Mātaṉger-Wald öder Urwald geworden ist?»

«Ich habe reden hören, o Herr: ‹Durch der Seher Zorngedanken ist der Daṇḍaker-Wald, der Mejjher-Wald, der Kālinger-Wald, der Mātaṉger-Wald öder Urwald geworden›.»

«Hausvater, Hausvater, denke wohl nach, und dann, Hausvater, antworte: denn es geht dir mit dem Ersten das Letzte nicht zusammen, oder mit dem

Letzten nicht das Erste. Doch hast du, Hausvater, also gesprochen: ‹An die Wahrheit, o Herr, werde ich mich bei der Rede halten: möge da unter uns ein Gespräch statthaben!›»

«Schon durch das erste Gleichnis, o Herr, hat mich der Erhabene zufrieden und froh gemacht: aber ich wollte noch diese reichlichen Fragen und Erklärungen vom Erhabenen hören; und so dacht' ich mir, ich dürfte dem Erhabenen Gegenrede geben[60]. – Vortrefflich, o Herr, vortrefflich, o Herr! Gleichwie etwa, o Herr, als ob man Umgestürztes aufstellte, oder Verdecktes enthüllte, oder Verirrten den Weg wiese, oder Licht in die Finsternis brächte. ‹Wer Augen hat wird die Dinge sehn›: ebenso auch hat der Erhabene die Lehre von vielen Seiten beleuchtet. Und so nehm' ich, o Herr, beim Erhabenen Zuflucht
379 bei der Lehre und bei der Jüngerschaft: als Anhänger möge mich der Erhabene betrachten, von heute an zeitlebens getreu.»

«Überleg' es dir, Hausvater, gehörig: Überlegung ist bei wohlbekannten Leuten eueresgleichen ratsam[61].»

«Dadurch hat mich, o Herr, der Erhabene nur noch viel mehr zufrieden und froh gemacht, daß der Erhabene also zu mir spricht: ‹Überleg' es dir, Hausvater, gehörig: Überlegung ist bei wohlbekannten Leuten eueresgleichen ratsam.› Denn als mich, o Herr, die anderen Asketen zum Jünger gewonnen, da mochten sie mich in ganz Nāḷandā als Fahne herumtragen: ‹Upāli der Hausvater hat sich zu unserem Jüngertum bekehrt!› Doch der Erhabene spricht nun also zu mir: ‹Überleg' es dir, Hausvater, gehörig: Überlegung ist bei wohlbekannten Leuten eueresgleichen ratsam.› Und so nehm' ich denn, o Herr, zum zweitenmal beim Erhabenen Zuflucht, bei der Lehre und bei der Jüngerschaft: als Anhänger möge mich der Erhabene betrachten, von heute an zeitlebens getreu.»

«Lange Zeit ist, Hausvater, dein Tor den Freien Brüdern gastlich offen gewesen, so daß du ihrer, die um Almosen zu dir kommen, milde gedenken mögst.»

«Auch dadurch hat mich, o Herr, der Erhabene noch viel mehr zufrieden und froh gemacht, daß der Erhabene also zu mir spricht: ‹Lange Zeit ist, Hausvater, dein Tor den Freien Brüdern gastlich offen gewesen, so daß du ihrer, die um Almosen zu dir kommen, milde gedenken mögst.› Ich habe mir sagen lassen, o Herr: ‹Der Asket Gotamo spricht also: 'Mir nur ist Gabe darzubringen, nicht den anderen; nur meinen Jüngern ist Gabe darzubringen, nicht den Jüngern anderer; nur die mir dargebrachte Gabe läßt hohen Lohn erlangen, nicht die den anderen dargebrachte Gabe; nur die meinen Jüngern dargebrachte Gabe läßt hohen Lohn erlangen, nicht die den Jüngern anderer dargebrachte Gabe.'› Doch der Erhabene ermahnt mich nun, auch den Freien Brüdern Gabe zu geben. Gewiß, o Herr: wir werden da schon der Zeit achthaben. Und so nehm' ich denn, o Herr, zum drittenmal beim Erhabenen Zuflucht, bei der Lehre und bei der Jüngerschaft: als Anhänger möge mich der Erhabene betrachten, von heute an zeitlebens getreu.»

Da hat denn der Erhabene Upāli den Hausvater allmählich in das Gespräch eingeführt, sprach erst mit ihm vom Geben, von der Tugend, von seliger Welt, machte des Begehrens Elend, Ungemach, Trübsal, und der Entsagung Vorzüglichkeit offenbar. Als der Erhabene merkte, daß Upāli der Hausvater im Herzen bereitsam, geschmeidig, unbehindert, aufgerichtet, heiter ge- 380
worden war, da gab er die Darlegung jener Lehre, die den Erwachten eigentümlich ist: das Leiden, die Entwicklung, die Auflösung, den Weg.

Gleichwie etwa ein reines Kleid, von Flecken gesäubert, vollkommen die Färbung annehmen mag, ebenso auch ging da Upāli dem Hausvater, während er noch da saß, das abgeklärte, abgespülte Auge der Wahrheit auf:

‹Was irgend auch entstanden ist
Muß alles wieder untergehn.›

Und Upāli der Hausvater, der die Wahrheit gesehn, die Wahrheit gefaßt, die Wahrheit erkannt, die Wahrheit ergründet hatte, zweifelentronnen, ohne Schwanken, in sich selber gewiß, auf keinen anderen gestützt im Orden des Meisters, der wandte sich nun an den Erhabenen also:

«Wohlan, denn, jetzt, o Herr, wollen wir gehn: manche Pflicht wartet unser, manche Obliegenheit.»

«Wie es dir nun, Hausvater, belieben mag.»

Und Upāli der Hausvater, durch des Erhabenen Rede erfreut und befriedigt, stand auf von seinem Stuhle, begrüßte den Erhabenen ehrerbietig, ging rechts herum und begab sich nach Hause. Zu Hause angekommen befahl er dem Pförtner:

«Von heute an, guter Pförtner, ist meine Pforte den Freien Brüdern und Freien Schwestern verschlossen: unverschlossen ist sie den Jüngern des Erhabenen, den Mönchen und Nonnen, den Anhängern und Anhängerinnen[62]. Wenn da ein Freier Bruder herankommt, so hast du einem solchen zu sagen: ‹Bleibe, o Herr, wolle nicht eintreten: von heute an hat sich Upāli der Hausvater zum Jüngertum des Asketen Gotamo bekehrt. Verschlossen ist die Pforte den Freien Brüdern und Freien Schwestern: unverschlossen ist sie den Jüngern des Erhabenen, den Mönchen und Nonnen, den Anhängern und Anhängerinnen. Wenn du, o Herr, Almosen bedarfst, so bleibe nur hier: man wird es dir hierher bringen.›»

«Jawohl, Herr!» erwiderte da gehorsam der Pförtner Upāli dem Hausvater.

Es hörte nun Dīghatapassī der Freie Bruder das Gerede: ‹Upāli, sagt man, der Hausvater, soll sich zum Jüngertum des Asketen Gotamo bekehrt haben!› Und Dīghatapassī der Freie Bruder begab sich zum Freien Bruder Nāthaputto und sprach also zu ihm:

«Das Gerücht, o Herr, ist mir zu Ohren gekommen, Upāli der Hausvater habe sich zum Jüngertum des Asketen Gotamo bekehrt.»

«Unmöglich ist es, wahrlich, Tapassī, es kann nicht sein, daß sich Upāli der Hausvater zum Jüngertum des Asketen Gotamo bekehrt habe: möglich aber ist es wohl, daß sich der Asket Gotamo zum Jüngertum des Hausvaters Upāli bekehrt habe.»

381 Und zum zweitenmal, und zum drittenmal sprach Dīghatapassī der Freie Bruder zum Freien Bruder Nāthaputto also:

«Das Gerücht, o Herr, ist mir zu Ohren gekommen, Upāli der Hausvater habe sich zum Jüngertum des Asketen Gotamo bekehrt.»

«Unmöglich ist es, wahrlich, Tapassī, es kann nicht sein, daß sich Upāli der Hausvater zum Jüngertum des Asketen Gotamo bekehrt habe: möglich aber ist es wohl, daß sich der Asket Gotamo zum Jüngertum des Hausvaters Upāli bekehrt habe.»

«So will ich denn hingehn, o Herr, um zu erfahren, ob sich Upāli der Hausvater zum Jüngertum des Asketen Gotamo bekehrt oder nicht bekehrt hat.»

«Gehe hin, Tapassī, und überzeuge dich, ob sich Upāli der Hausvater zum Jüngertum des Asketen Gotamo bekehrt oder nicht bekehrt hat.»

Und Dīghatapassī der Freie Bruder machte sich nun auf den Weg zur Wohnung des Hausvaters Upāli. Es sah aber der Pförtner Dīghatapassī den Freien Bruder von ferne herankommen, und als er ihn gesehn sprach er also zu ihm:

«Bleibe, o Herr, wolle nicht eintreten: von heute an hat sich Upāli der Hausvater zum Jüngertum des Asketen Gotamo bekehrt. Verschlossen ist die Pforte den Freien Brüdern und Freien Schwestern; unverschlossen ist sie den Jüngern des Erhabenen, den Mönchen und Nonnen, den Anhängern und Anhängerinnen. Wenn du, o Herr, Almosen bedarfst, so bleibe nur hier: man wird es dir hierher bringen.»

«Ich brauche, o Freund, kein Almosen» sagte er, kehrte um, begab sich zum Freien Bruder Nāthaputto zurück und sprach also zu ihm:

«Wahr ist es wirklich, o Herr, daß sich Upāli der Hausvater zum Jüngertum des Asketen Gotamo bekehrt hat. Und du hast es mir, o Herr, nicht zugestanden, als ich sagte: ‹Es gefällt mir durchaus nicht, o Herr, daß Upāli der Hausvater den Asketen Gotamo beim Wort nehmen soll. Denn der Asket Gotamo, o Herr, ist listig, versteht verlockende List, wodurch er die Jünger anderer Asketen anlockt.› Und weggelockt ist dir, o Herr, Upāli der Hausvater worden vom Asketen Gotamo durch verlockende List!»

«Unmöglich ist es, wahrlich, Tapassī, es kann nicht sein, daß sich Upāli der Hausvater zum Jüngertum des Asketen Gotamo bekehrt habe: möglich aber ist es wohl, daß sich der Asket Gotamo zum Jüngertum des Hausvaters Upāli bekehrt habe.»

Und zum zweitenmal, und zum drittenmal sprach Dīghatapassī der Freie Bruder zum Freien Bruder Nāthaputto also:

«Es ist wirklich war, o Herr, Upāli der Hausvater hat sich zum Jüngertum des Asketen Gotamo bekehrt. Und du hast es mir, o Herr, nicht zugestanden, 382
als ich sagte: ‹Es gefällt mir durchaus nicht, o Herr, daß Upāli der Hausvater den Asketen Gotamo beim Wort nehmen soll. Denn der Asket Gotamo, o Herr, ist listig, versteht verlockende List, wodurch er die Jünger anderer Asketen anlockt.› Und weggelockt ist dir, o Herr, Upāli der Hausvater worden vom Asketen Gotamo durch verlockende List!»

«Unmöglich ist es, wahrlich, Tapassī, es kann nicht sein, daß sich Upāli der Hausvater zum Jüngertum des Asketen Gotamo bekehrt habe: möglich aber ist es wohl, daß sich der Asket Gotamo zum Jüngertum des Hausvaters Upāli bekehrt habe. So will ich denn hingehn, Tapassī, und mich selbst überzeugen, ob sich Upāli der Hausvater zum Jüngertum des Asketen Gotamo bekehrt oder nicht bekehrt hat.»

Und der Freie Bruder Nāthaputto zog nun in Begleitung einer großen Schar Freier Brüder zur Wohnung des Hausvaters Upāli hin. Und es sah der Pförtner den Freien Bruder Nāthaputto von ferne herankommen, und als er ihn gesehn sprach er also zu ihm:

«Bleibe, o Herr, wolle nicht eintreten: von heute an hat sich Upāli der Hausvater zum Jüngertum des Asketen Gotamo bekehrt. Verschlossen ist die Pforte den Freien Brüdern und Freien Schwestern: unverschlossen ist sie den Jüngern des Erhabenen, den Mönchen und Nonnen, den Anhängern und Anhängerinnen. Wenn du, o Herr, Almosen bedarfst, so bleibe nur hier: man wird es dir hierher bringen.»

«Wohlan denn, guter Pförtner, geh' zu Upāli dem Hausvater und melde ihm: ‹Der Freie Bruder, o Herr, Nāthaputto steht mit einer großen Schar Freier Brüder vor dem Tore draußen: er möchte dich sehn.›»

«Jawohl, Herr!» erwiderte da gehorsam der Pförtner dem Freien Bruder Nāthaputto; und er ging zu Upāli dem Hausvater und meldete ihm:

«Der Freie Bruder, o Herr, Nāthaputto, steht mit einer großen Schar Freier Brüder vor dem Tore draußen: er möchte dich sehn.»

«So stelle denn, guter Pförtner, in der mittleren Torhalle die Stühle zurecht.»

«Jawohl, Herr!» erwiderte da gehorsam der Pförtner Upāli dem Hausvater; und er stellte in der mittleren Torhalle die Stühle zurecht, und ging dann zu Upāli dem Hausvater und meldete ihm:

«Zurechtgestellt, o Herr, sind dir in der mittleren Torhalle die Stühle, wie es dir beliebt.»

383 Und Upāli der Hausvater trat nun in die mittlere Torhalle ein, nahm dort auf dem ersten und besten, höchsten und vornehmsten Sitze Platz, und befahl dann dem Pförtner:

«So geh' denn, guter Pförtner, zum Freien Bruder Nāthaputto und melde ihm: ‹Upāli, Herr, der Hausvater, läßt sagen: 'Wolle nähertreten, o Herr, wenn es dir genehm ist.'›»

«Jawohl, Herr!» erwiderte da gehorsam der Pförtner Upāli dem Hausvater; und er ging zum Freien Bruder Nāthaputto und meldete ihm: ‹Upāli, Herr, der Hausvater, läßt sagen: 'Wolle nähertreten, o Herr, wenn es dir genehm ist.'›

Und der Freie Bruder Nāthaputto trat nun mit seiner großen Schar Freier Brüder in die mittlere Torhalle ein. Und Upāli der Hausvater, der da früher, sobald er den Freien Bruder Nāthaputto von ferne herankommen sehn, ihm alsbald entgegengegangen und den ersten und besten, höchsten und vornehmsten Sitz dort eingeräumt, mit dem Mantel abgestäubt und angeboten hatte, der saß nun selbst dort auf dem ersten und besten, höchsten und vornehmsten Sitze; und er sprach also zum Freien Bruder Nāthaputto:

«Es sind hier, o Herr, Sitze bereit: wenn du willst setze dich.»

Also angesprochen entgegenete der Freie Bruder Nāthaputto Upāli dem Hausvater:

«Von Sinnen bist du, Hausvater, verloren hast du, Hausvater! Du hast ja gesagt: ‹Hingehn will ich, o Herr, und den Asketen Gotamo beim Wort nehmen›, und bist ausgezogen und mit einer gewaltigen Niederlage deiner Redekunst heimgekehrt. Gleichwie etwa, Hausvater, wenn ein Mann auszöge, Hoden auszureißen, und mit ausgerissenen Hoden heimkehrte; oder gleichwie etwa, Hausvater, wenn ein Mann auszöge, Augen auszureißen, und mit ausgerissenen Augen heimkehrte: ebenso nun auch, Hausvater, hast du gesagt: ‹Hingehn will ich, o Herr, und den Asketen Gotamo beim Wort nehmen›, und bist ausgezogen und mit einer gewaltigen Niederlage deiner Redekunst heimgekehrt. Weggelockt worden bist du nun, Hausvater, vom Asketen Gotamo durch verlockende List.»

«Beglückend, o Herr, ist diese verlockende List, beseligend, o Herr, ist diese verlockende List! Wenn sich, o Herr, meine lieben Leute und Hausgenossen durch solche Verlockung verleiten ließen, so würd' es auch meinen lieben Leuten und Hausgenossen lange zum Wohle, zum Heile gereichen. Wenn sich auch, o Herr, alle Adeligen durch solche Verlockung verleiten lie-
384 ßen, so würd' es einem jeden von ihnen lange zum Wohle, zum Heile gereichen. Wenn sich auch, o Herr, alle Priester und alle Bürger und alle Diener

durch solche Verlockung verleiten ließen, so würd' es einem jeden von ihnen lange zum Wohle, zum Heile gereichen. Wenn sich auch, o Herr, die Welt mit ihren Göttern, ihren bösen und heiligen Geistern, mit ihrer Schar von Büßern und Priestern, Göttern und Menschen durch solche Verlockung verleiten ließe, so würd' es auch der Welt mit ihren Göttern, ihren bösen und heiligen Geistern, mit ihrer Schar von Büßern und Priestern, Göttern und Menschen lange zum Wohle, zum Heile gereichen. Und so will ich dir nun, o Herr, ein Gleichnis geben: auch durch Gleichnisse wird da manchem verständigen Manne der Sinn einer Rede klar.

«Es war einmal, o Herr, ein Brāhmane, der war alt und greis und hochbetagt, und hatte eine junge Brāhmanin zur Frau, die war schwanger, der Entbindung nahe. Und diese Brāhmanin, o Herr, sprach also zu ihrem Gemahl: ‹Gehe, Brāhmane, auf den Markt, kaufe einen jungen Affen und bring' ihn heim, auf daß er meinem Knäblein ein Spielgenosse werde.› Auf diese Worte, o Herr, erwiderte der Brāhmane seiner Gemahlin: ‹Warte so lange, liebe Frau, bis du geboren hast: wenn du, liebe Frau, ein Knäblein gebären wirst, so werd' ich auf den Markt gehn und dir einen jungen Affen kaufen und heimbringen, auf daß er deinem Knäblein ein Spielgenosse werde; wenn du aber, liebe Frau, ein Mägdlein gebären wirst, so werd' ich auf den Markt gehn und dir eine junge Äffin kaufen und heimbringen, auf daß sie deinem Mägdlein eine Spielgenossin werde.› Und ein zweites Mal, und ein drittes Mal, o Herr, sprach die Brāhmanin also zu ihrem Gemahl. Da ging nun endlich, o Herr, der Brāhmane, der seine Gemahlin sehr liebte, ihr innig zugetan war, auf den Markt, kaufte einen jungen Affen, brachte ihn heim und sprach also zu seiner Gemahlin: ‹Da hast du, liebe Frau, den jungen Affen: ich hab' 385
ihn am Markte gekauft und dir nun heimgebracht, auf daß er deinem Knäblein ein Spielgenosse werde.› Auf diese Worte, o Herr, erwiderte die Brāhmanin ihrem Gemahle: ‹Gehe, Brāhmane, mit diesem jungen Affen zu Rattapāṇi dem Färber und sag' ihm: 'Ich wünsche, guter Rattapāṇi, daß dieser junge Affe mit gelber Farbe gefärbt, aufgewalzt, durchgewalzt, auf beiden Seiten geglättet werde.' Und der Brāhmane, o Herr, der seine Gemahlin sehr liebte, ihr innig zugetan war, ging nun zu Rattapāṇi dem Färber und sprach also zu ihm: ‹Ich wünsche, guter Rattapāṇi, daß dieser junge Affe mit gelber Farbe gefärbt, aufgewalzt, durchgewalzt, auf beiden Seiten geglättet werde.› Auf diese Worte, o Herr, erwiderte Rattapāṇi der Färber dem Brāhmanen: ‹Dieser junge Affe, o Herr, nimmt dir wohl Farbe an, aber läßt sich nicht aufwalzen, läßt sich nicht glatt machen.› Ebenso nun auch, o Herr, nimmt der törigen Freien Brüder Rede wohl Farbe an, für Toren, nicht für Weise, aber läßt sich nicht zurichten, läßt sich nicht glatt machen. – Und jener Brāhmane, o Herr, ging nun ein anderes Mal mit einem neuen Stück Tuch zu Rattapāṇi

dem Färber und sprach also zu ihm: ‹Ich wünsche, guter Rattapāṇi, daß dieses neue Stück Tuch mit gelber Farbe gefärbt, aufgewalzt, durchgewalzt, auf beiden Seiten geglättet werde.› Auf diese Worte, o Herr, erwiderte Rattapāṇi der Färber dem Brāhmanen: ‹Dieses neue Stück Tuch, o Herr, das nimmt dir Farbe an und läßt sich aufwalzen und läßt sich glatt machen.› Ebenso nun auch, o Herr, nimmt des Erhabenen Rede, des Heiligen, vollkommen Erwachten, Farbe an, für Weise, nicht für Toren, und läßt sich zurichten und läßt sich glatt machen.»

«Der König, o Hausvater, und das Hofgesinde weiß von dir: ‹Upāli der Hausvater ist ein Jünger des Freien Bruders Nāthaputto›; für wessen Jünger, Hausvater, sollen wir dich halten?»

Also befragt erhob sich Upāli der Hausvater von seinem Sitze, entblößte
386 die eine Schulter, verneigte sich ehrerbietig nach der Richtung wo der Erhabene weilte, und gab nun dem Freien Bruder Nāthaputto diese Antwort:

«So vernimm denn, o Herr, wessen Jünger ich bin.

«Des Weisen, den kein Wahn betört,
Kein Unmut ankommt und kein Sieg versucht,
Kein Übel peinigt, keine Regung reizt,
Gereifte Tugend, rechter Witz berät,
Erhaben über alle Welt kein Flecken fleckt:
Ja, dessen Jünger, der bin ich.

«Des Frohen, der da nimmer fragt,
Zufrieden, weltgenußgenesen weilt,
Asketenkunst gemeistert hat als Mensch,
Den letzten Leib als Mann zu Ende trägt,
Erhaben ohnegleichen heiter glänzt:
Ja, dessen Jünger, der bin ich.

«Des Kühnen, der kein Zagen kennt,
Gewisser Führer, bester Lenker ist,
So lieblich, wie kein Zweiter Wahrheit lehrt,
Von Sehnsucht lauter, hell wie Sonnenlicht,
Erhaben ohne Hoffart, heldensam:
Ja, dessen Jünger, der bin ich.

«Des Echten, der alleinig west[68]
Und unermeßlich tief Gedanken denkt,
Gar wohl uns raten, helfen kann,
In rechter Ordnung unverstörbar steht,

Erhaben kehrt aus Fesseln frei hervor:
Ja, dessen Jünger, der bin ich.

«Des Großen, der entfremdet lebt,
Von jedem Band entbunden, freigelöst,
Besonnen keinem Frone frönt,
Und ohne Absicht, ohne Wunscheshang
Erhaben abgewendet in sich ruht:
Ja, dessen Jünger, der bin ich.

«Des hehrsten Sehers, der uns taugt,
Vollendet heilig, dreifach aufgeklärt,
Gewitzigt, weil das Wort er weiß,
Beschwichtigt, weil den Sinn er sieht,
Erhaben, wie der Götterkönig hold:
Ja, dessen Jünger, der bin ich.

«Des Wackern, der sich selbst bewacht,
Getreu im Tritte, gern uns Kunde gibt,
Der in sich schaut und um sich schaut,
Geneigt ist keinem, keinem abgeneigt,
Erhaben herzensmächtig, unbewegt:
Ja, dessen Jünger, der bin ich.

«Des Fürsten, der da Schauung übt,
Unhemmbar abgeschieden, rein entrückt,
Enthaftet keine Furcht erfährt[64],
Entwesen ledig, bis zum letzten Ziel,
Erhaben und errettet Retter ist:
Ja, dessen Jünger, der bin ich.

«Des Sanften, der da reichlich weiß,
Gewaltig weiß, und keiner Sucht begehrt,
Vollkommen hier, willkommen hier,
Nicht Einem ebenbürtig, ebenbild,
Erhaben weit hinausblickt, fein versteht:
Ja, dessen Jünger, der bin ich.

«Des Wachen, den kein Durst mehr quält,
Kein Rauch umdüstert, nimmer Nebel netzt,
Des Geistes, den das Opfer ehrt,
Der wie kein andrer herrlich ragt empor,

Erhaben Erstgerühmter, riesenhoch:
Ja, dessen Jünger, der bin ich.»

«Wann hast du dir nur, Hausvater, diese Lobpreisungen des Asketen Gotamo zusammengesucht?»

«Gleichwie etwa, o Herr, wenn da ein großer Haufe verschiedener Blumen
387 läge, und es bände ihn ein geschickter Gärtner oder Gärtnergeselle zu einem bunten Strauße zusammen, ebenso nun auch, o Herr, eignet Ihm, dem Erhabenen, vielfaches Lob, vielhundertfaches Lob: und wer wird, o Herr, einen, der Lob verdient, nicht loben?»

Aber dem Freien Bruder Nāthaputto, der des Erhabenen Ehrung nicht länger zu ertragen vermochte, quoll da warmes Blut aus dem Munde hervor[65].

57

SECHSTER TEIL · SIEBENTE REDE

DER HUNDELEHRLING

Das hab' ich gehört. Zu einer Zeit weilte der Erhabene im Lande der Koḷiyer, zu Haliddavasanam, einer Burg im Koḷiyergebiete.

Da nun begab sich der Koḷiyer Puṇṇo, ein Kuhlehrling, und Seniyo der Unbekleidete, ein Hundelehrling, dorthin wo der Erhabene weilte. Dort angelangt begrüßte der Koḷiyer Puṇṇo, der Kuhlehrling, den Erhabenen ehrerbietig und setzte sich seitwärts nieder; während Seniyo der Unbekleidete, der Hundelehrling, mit dem Erhabenen höflichen Gruß und freundliche, denkwürdige Worte wechselte und sich dann wie ein Hund eingerollt seitwärts hinsetzte.

Seitwärts sitzend sprach nun der Koḷiyer Puṇṇo, der Kuhlehrling, zum Erhabenen also:

«Dieser Unbekleidete, o Herr, Seniyo der Hundelehrling, übt schwere Buße: auf die Erde geworfene Nahrung nimmt er zu sich. Er hat das Hundegelübde lange Zeit hindurch befolgt und bewahrt: wohin wird er gelangen, was darf er erwarten?»

«Genug, Puṇṇo, laß' es gut sein, frage mich das nicht!»

Und zum zweitenmal, und zum drittenmal sprach der Koḷiyer Puṇṇo, der Kuhlehrling, zum Erhabenen also:

«Dieser Unbekleidete, o Herr, Seniyo der Hundelehrling, übt schwere Buße: auf die Erde geworfene Nahrung nimmt er zu sich. Er hat das Hundegelübde lange Zeit hindurch befolgt und bewahrt: wohin wird er gelangen, was darf er erwarten?»

«Wohlan denn, Puṇṇo, du gibst mir nicht nach: genug, Puṇṇo, laß' es gut sein, frage mich das nicht; so will ich dir nun Rede stehn. Da verwirklicht, Puṇṇo, einer das Hundegelübde, kommt ihm ganz und gar nach, verwirklicht die Hundegewohnheit, kommt ihr ganz und gar nach, verwirklicht das
Hundegemüt, kommt ihm ganz und gar nach, verwirklicht das Hundegeha- 388
ben, kommt ihm ganz und gar nach. Und hat er das Hundegelübde verwirklicht, ist ihm ganz und gar nachgekommen, hat er die Hundegewohnheit verwirklicht, ist ihr ganz und gar nachgekommen, hat er das Hundegemüt verwirklicht, ist ihm ganz und gar nachgekommen, hat er das Hundegehaben verwirklicht, ist ihm ganz und gar nachgekommen, so gelangt er bei der Auflösung des Körpers, nach dem Tode, unter Hunden wieder zum Dasein. Wenn er aber die Meinung hegt: ‹Durch diese Übungen oder Gelübde, Kasteiung oder Entsagung, werd' ich ein Gott werden oder ein Göttlicher!›, so ist es eine falsche Meinung. Und seine falsche Meinung, sag' ich, Puṇṇo, läßt ihn nach der einen oder nach der anderen Seite gelangen: in höllische Welt oder in tierischen Schoß. So führt also, Puṇṇo, das Hundegelübde, wenn es gelingt, zu den Hunden hin, und wenn es mißlingt, in höllische Welt.»

Auf diese Worte brach Seniyo der Unbekleidete, der Hundelehrling, in Wehklagen und Tränen aus. Und der Erhabene sprach nun zum Koḷiyer Puṇṇo, dem Kuhlehrling, also:

«Du hast mir ja, Puṇṇo, nicht nachgeben wollen: genug, Puṇṇo, laß' es gut sein, frage mich das nicht!»

«Nicht klage ich, o Herr, weil der Erhabene solches über mich ausgesagt hat, sondern weil ich, o Herr, dieses Hundegelübde lange Zeit hindurch befolgt und bewahrt habe! – Dieser Koḷiyer Puṇṇo, o Herr, der Kuhlehrling, hat das Kuhgelübde lange Zeit hindurch befolgt und bewahrt: wohin wird er gelangen, was darf er erwarten?»

«Genug, Seniyo, laß' es gut sein, frage mich das nicht!»

Und zum zweitenmal, und zum drittenmal sprach Seniyo der Unbekleidete, der Hundelehrling, zum Erhabenen also:

«Dieser Koḷiyer Puṇṇo, o Herr, der Kuhlehrling, hat das Kuhgelübde lange Zeit hindurch befolgt und bewahrt: wohin wird er gelangen, was darf er erwarten?»

«Wohlan denn, Seniyo, du gibst mir nicht nach: genug, Seniyo, laß' es gut sein, frage mich das nicht; so will ich dir nun Rede stehn. Da verwirklicht, Seniyo, einer das Kuhgelübde, kommt ihm ganz und gar nach, verwirklicht die Kuhgewohnheit, kommt ihr ganz und gar nach, verwirklicht das Kuhgemüt, kommt ihm ganz und gar nach, verwirklicht das Kuhgehaben, kommt ihm ganz und gar nach. Und hat er das Kuhgelübde verwirklicht, ist ihm ganz und gar nachgekommen, hat er die Kuhgewohnheit verwirklicht, ist ihr ganz und gar nachgekommen, hat er das Kuhgemüt verwirklicht, ist ihm ganz und gar nachgekommen, hat er das Kuhgehaben verwirklicht, ist ihm ganz und gar nachgekommen, so gelangt er bei der Auflösung des Körpers, nach dem
389 Tode, unter Kühen wieder zum Dasein. Wenn er aber die Meinung hegt: ‹Durch diese Übungen oder Gelübde, Kasteiung oder Entsagung werd' ich ein Gott werden oder ein Göttlicher!›, so ist es eine falsche Meinung. Und seine falsche Meinung, sag' ich, Seniyo, läßt ihn nach der einen oder nach der anderen Seite gelangen: in höllische Welt oder in tierischen Schoß. So führt also, Seniyo, das Kuhgelübde, wenn es gelingt, zu den Kühen hin, und wenn es mißlingt, in höllische Welt.»

Auf diese Worte brach der Koḷiyer Puṇṇo, der Kuhlehrling, in Wehklagen und Tränen aus. Und der Erhabene sprach nun zu Seniyo dem Unbekleideten, dem Hundelehrling, also:

«Du hast mir ja, Seniyo, nicht nachgeben wollen: genug, Seniyo, laß' es gut sein, frage mich das nicht!»

«Nicht klage ich, o Herr, weil der Erhabene solches über mich ausgesagt hat, sondern weil ich, o Herr, dieses Kuhgelübde lange Zeit hindurch befolgt und bewahrt habe. – So viel trau' ich, o Herr, dem Erhabenen zu und glaube, der Erhabene kann die Lehre derart zeigen, daß ich eben von diesem Kuhgelübde, Seniyo aber der Unbekleidete, der Hundelehrling, von dem Hundegelübde abstehn mag!»

«So höre denn, Puṇṇo, und achte wohl auf meine Rede.»

«Gewiß, o Herr!» erwiderte da aufmerksam der Koḷiyer Puṇṇo, der Kuhlehrling, dem Erhabenen. Der Erhabene sprach also:

«Vier Arten von Taten, Puṇṇo, hab' ich mir offenbar gemacht, verwirklicht und erklärt: welche vier sind das? Es gibt, Puṇṇo, dunkle Tat, die dunkle Folge hat; es gibt, Puṇṇo, lichte Tat, die lichte Folge hat; es gibt, Puṇṇo, dunkel-lichte Tat, die dunkel-lichte Folge hat; es gibt, Puṇṇo, weder dunkle noch lichte Tat, die weder dunkle noch lichte Folge hat, Tat, die zur Tatenversiegung führt. Was ist das aber, Puṇṇo, für eine Tat, die dunkel ist und dunkle Folge hat? Da begeht einer, Puṇṇo, in Werken beschwerhafte Handlung, begeht in Worten beschwerhafte Handlung, begeht in Gedanken beschwerhafte Handlung. Und hat er in Werken beschwerhafte Handlung begangen, in Wor-

ten beschwerhafte Handlung begangen, in Gedanken beschwerhafte Handlung begangen, so gelangt er in beschwerhafter Welt wieder zum Dasein. Und ist er in beschwerhafter Welt wieder zum Dasein gelangt, so empfangen ihn beschwerhafte Empfindungen. Und von beschwerhaften Empfindungen empfangen fühlt er ein beschwerhaftes Gefühl, einzig leidvoll, gleichwie etwa höl- 390
lische Wesen. Also kommt, Puṇṇo, nach dem Wirken des Wesens Wiedersein zustande. Was einer wirkt läßt ihn wiedersein; wiedergeworden empfangen ihn Empfindungen. Darum aber, Puṇṇo, sag' ich: Erben der Werke sind die Wesen. Das heißt man, Puṇṇo, dunkle Tat, die dunkle Folge hat.

«Und was ist das, Puṇṇo, für eine Tat, die licht ist und lichte Folge hat? Da begeht einer, Puṇṇo, in Werken beschwerlose Handlung, begeht in Worten beschwerlose Handlung, begeht in Gedanken beschwerlose Handlung. Und hat er in Werken beschwerlose Handlung begangen, in Worten beschwerlose Handlung begangen, in Gedanken beschwerlose Handlung begangen, so gelangt er in beschwerloser Welt wieder zum Dasein. Und ist er in beschwerloser Welt wieder zum Dasein gelangt, so empfangen ihn beschwerlose Empfindungen. Und von beschwerlosen Empfindungen empfangen fühlt er ein beschwerloses Gefühl, einzig freudvoll, gleichwie etwa strahlende Götter. Also kommt, Puṇṇo, nach dem Wirken des Wesens Wiedersein zustande. Was einer wirkt läßt ihn wiedersein; wiedergeworden empfangen ihn Empfindungen. Darum aber, Puṇṇo, sag' ich: Erben der Werke sind die Wesen. Das heißt man, Puṇṇo, lichte Tat, die lichte Folge hat.

«Und was ist das, Puṇṇo, für eine Tat, die dunkel-licht ist und dunkel-lichte Folge hat? Da begeht einer, Puṇṇo, in Werken beschwerhafte Handlung und beschwerlose Handlung, begeht in Worten beschwerhafte Handlung und beschwerlose Handlung, begeht in Gedanken beschwerhafte Handlung und beschwerlose Handlung. Und hat er in Werken beschwerhafte Handlung und beschwerlose Handlung begangen, in Worten beschwerhafte Handlung und beschwerlose Handlung begangen, in Gedanken beschwerhafte Handlung und beschwerlose Handlung begangen, so gelangt er in beschwerhafter und beschwerloser Welt wieder zum Dasein. Und ist er in beschwerhafter und beschwerloser Welt wieder zum Dasein gelangt, so empfangen ihn beschwerhafte und beschwerlose Empfindungen. Und von beschwerhaften und beschwerlosen Empfindungen empfangen fühlt er ein beschwerhaftes und beschwerloses Gefühl, freudvoll und leidvoll gemischt, gleichwie etwa Menschen, und manche Götter und manche Geister[66]. Also kommt, Puṇṇo, nach dem Wirken des Wesens Wiedersein zustande. Was einer wirkt läßt ihn wiedersein; wiedergeworden empfangen ihn Empfindungen. Darum aber, Puṇṇo, sag' ich: Erben der Werke sind die Wesen. Das heißt man, Puṇṇo, dunkel-lichte Tat, die dunkel-lichte Folge hat.

391 «Und was ist das, Puṇṇo, für eine Tat, die weder dunkel noch licht ist und weder dunkle noch lichte Folge hat, Tat, die zur Tatenversiegung führt? Es ist da, Puṇṇo, was dunkle Tat anlangt, die dunkle Folge hat, deren Verleugnung, die gedacht wird; und ist was lichte Tat anlangt, die lichte Folge hat, deren Verleugnung, die gedacht wird; und ist was dunkel-lichte Tat anlangt, die dunkel-lichte Folge hat, deren Verleugnung, die gedacht wird. Das heißt man, Puṇṇo, weder dunkle noch lichte Tat, die weder dunkle noch lichte Folge hat, Tat, die zur Tatenversiegung führt.

«Das aber, Puṇṇo, sind die vier Arten von Taten, die ich mir offenbar gemacht, verwirklicht und erklärt habe.»

Nach diesen Worten wandte sich der Koḷiyer Puṇṇo, der Kuhlehrling, also an den Erhabenen:

«Vortrefflich, o Herr, vortrefflich, o Herr! Gleichwie etwa, o Herr, als ob man Umgestürztes aufstellte, oder Verdecktes enthüllte, oder Verirrten den Weg wiese, oder ein Licht in die Finsternis hielte: ‹Wer Augen hat wird die Dinge sehn›: ebenso auch hat der Erhabene die Lehre gar mannigfach gezeigt. Und so nehm' ich, o Herr, beim Erhabenen Zuflucht, bei der Lehre und bei der Jüngerschaft: als Anhänger möge mich der Erhabene betrachten, von heute an zeitlebens getreu.»

Seniyo aber der Unbekleidete, der Hundelehrling, sprach zum Erhabenen also:

«Vortrefflich, o Herr, vortrefflich, o Herr! Gleichwie etwa, o Herr, als ob man Umgestürztes aufstellte, oder Verdecktes enthüllte, oder Verirrten den Weg wiese, oder ein Licht in die Finsternis hielte: ‹Wer Augen hat wird die Dinge sehn›: ebenso auch hat der Erhabene die Lehre gar mannigfach gezeigt. Und so nehm' ich, o Herr, beim Erhabenen Zuflucht, bei der Lehre und bei der Jüngerschaft: möge mir, o Herr, der Erhabene Aufnahme gewähren, die Ordensweihe erteilen!»

«Wer da, Seniyo, erst einem anderen Orden angehörte und in diese Lehre und Zucht aufgenommen werden, die Weihe erhalten will, der bleibt vier Monate bei uns; und nach Verlauf von vier Monaten wird er, wenn er also verblieben ist, von innig erfahrenen Mönchen aufgenommen und eingeweiht in das Mönchtum: denn ich habe hier manche Veränderlichkeit erfahren.»

«Wenn, o Herr, die früheren Anhänger anderer Orden, welche in diese Lehre und Zucht aufgenommen werden, die Weihe erhalten wollen, vier Monate bleiben, und nach Verlauf von vier Monaten, wenn sie also verblieben sind, von innig erfahrenen Mönchen aufgenommen und eingeweiht werden in das Mönchtum, so will ich vier Jahre bleiben[67]: und nach Verlauf von vier Jahren sollen mich, wenn ich also verblieben bin, innig erfahrene Mönche aufnehmen und einweihen in das Mönchtum.»

Es wurde Seniyo der Unbekleidete, der Hundelehrling, vom Erhabenen aufgenommen, wurde mit der Ordensweihe belehnt.

Nicht lange aber war der ehrwürdige Seniyo in den Orden aufgenommen, da hatte er, einsam, abgesondert, unermüdlich, in heißem, innigem Ernste gar 392
bald was edle Söhne gänzlich vom Hause fort in die Hauslosigkeit lockt, jenes höchste Ziel des Asketentums noch bei Lebzeiten sich offenbar gemacht, verwirklicht und errungen. ‹Versiegt ist die Geburt, vollendet das Asketentum, gewirkt das Werk, nicht mehr ist diese Welt› verstand er da. Auch einer war nun der ehrwürdige Seniyo der Heiligen geworden[68].

58

SECHSTER TEIL · ACHTE REDE

ABHAYO DER KÖNIGSOHN

Das hab' ich gehört. Zu einer Zeit weilte der Erhabene bei Rājagaham, im Bambusparke, am Hügel[69] der Eichhörnchen.

Da nun begab sich Abhayo der Königsohn dorthin wo der Freie Bruder Nāthaputto weilte, begrüßte den Freien Bruder Nāthaputto ehrerbietig und setzte sich seitwärts nieder. Und zu Abhayo dem Königsohn, der zur Seite saß, sprach der Freie Bruder Nāthaputto also:

«Gehe, du Königsohn, und nimm den Asketen Gotamo beim Worte: dann wird man dir mit dem frohen Ruhmesrufe begegnen: ‹Abhayo der Königsohn hat den Asketen Gotamo, den so mächtigen, so gewaltigen, beim Worte genommen!›»

«Wie aber, o Herr, soll ich den Asketen Gotamo, den so mächtigen, so gewaltigen, beim Worte nehmen?»

«Gehe, du Königsohn, hin wo der Asket Gotamo weilt, und sprich dann also zu ihm: ‹Mag wohl, o Herr, der Vollendete Dinge sagen, die den anderen unlieb und unangenehm sind?› Wenn dir der Asket Gotamo auf diese Frage also antwortet: ‹Sagen mag, o Königsohn, der Vollendete Dinge, die den anderen unlieb und unangenehm sind›, so hast du also zu ihm zu reden: ‹Aber was ist dann nur, o Herr, für ein Unterschied zwischen dir und einem ge-

wöhnlichen Menschen? Denn auch der gewöhnliche Mensch mag Dinge sagen, die den anderen unlieb und unangenehm sind.› Doch wenn dir der Asket Gotamo auf deine Frage also antwortet: ‹Nicht mag, o Königsohn, der
393 Vollendete Dinge sagen, die den anderen unlieb und unangenehm sind›, so hast du also zu ihm zu reden: ‹Aber hast du denn nicht, o Herr, von Devadatto gesagt: 'Unselig ist Devadatto, unrettbar ist Devadatto, Zwecke sucht Devadatto[70], unheilbar ist Devadatto'? Und diese deine Worte haben Devadatto zornig und unzufrieden gemacht!› Legst du, o Königsohn, dem Asketen Gotamo diese doppeldeutige Frage vor, so wird er weder ausschlingen noch einschlingen können. Gleichwie etwa ein Mann, dem ein eiserner Ring um den Hals gelegt ist, nicht ausschlingen kann und nicht einschlingen, ebenso nun auch, o Königsohn, wird der Asket Gotamo auf diese doppeldeutige Frage weder ausschlingen noch einschlingen können.»

«Gut, o Herr!» erwiderte da gehorsam Abhayo der Königsohn dem Freien Bruder Nāthaputto. Und er stand von seinem Sitze auf, begrüßte den Freien Bruder Nāthaputto ehrerbietig, ging rechts herum und begab sich dorthin wo der Erhabene weilte, begrüßte den Erhabenen ehrerbietig und setzte sich seitwärts nieder. Als nun Abhayo der Königsohn zur Seite saß, da sah er nach der Sonne und gedachte: ‹Es ist heute nicht an der Zeit, den Erhabenen beim Worte zu nehmen; morgen dann will ich in meinem Hause den Erhabenen beim Worte nehmen›: und er sprach zum Erhabenen also:

«Gewähre mir, o Herr, der Erhabene die Bitte, morgen selbviert bei mir zu speisen!»

Schweigend gewährte der Erhabene die Bitte.

Als nun Abhayo der Königsohn der Zustimmung des Erhabenen sicher war, stand er von seinem Sitze auf, begrüßte den Erhabenen ehrerbietig, ging rechts herum und entfernte sich.

Und der Erhabene begab sich am am nächsten Morgen, zeitig gerüstet, mit Mantel und Schale versehn, nach dem Hause Abhayo des Königsohns. Dort angelangt nahm der Erhabene auf dem dargebotenen Sitze Platz. Und Abhayo der Königsohn bediente und versorgte eigenhändig den Erhabenen mit ausgewählter fester und flüssiger Speise.

Nachdem nun der Erhabene gespeist und das Mahl beendet hatte, nahm Abhayo der Königsohn einen von den niederen Stühlen zur Hand und setzte sich zur Seite hin. Zur Seite sitzend sprach dann Abhayo der Königsohn zum Erhabenen also:

«Mag wohl, o Herr, der Vollendete Dinge sagen, die den anderen unlieb und unangenehm sind?»

«Nicht wohl, Königsohn, einzig das.»

«Das haben, o Herr, die Freien Brüder vorgebracht.»

«Warum denn, Königsohn, sprichst du also: ‹Das haben, o Herr, die Freien 394
Brüder vorgebracht›?»

«Da war ich, o Herr, zum Freien Bruder Nāthaputto hingegangen, hatte ihn ehrerbietig begrüßt und mich seitwärts niedergesetzt. Und als ich dasaß, sprach der Freie Bruder Nāthaputto also zu mir: ‹Gehe, du Königsohn, und nimm den Asketen Gotamo beim Worte: dann wird man dir mit dem frohen Ruhmesrufe begegnen: 'Abhayo der Königsohn hat den Asketen Gotamo, den so mächtigen, so gewaltigen, beim Worte genommen!'› Auf diesen Rat, o Herr, erwiderte ich dem Freien Bruder Nāthaputto: ‹Wie soll ich aber, o Herr, den Asketen Gotamo, den so mächtigen, so gewaltigen, beim Worte nehmen?› – ‹Gehe, du Königsohn, hin wo der Asket Gotamo weilt, und sprich dann also zu ihm: 'Mag wohl, o Herr, der Vollendete Dinge sagen, die den anderen unlieb und unangenehm sind?' Wenn dir der Asket Gotamo auf diese Frage also antwortet: 'Sagen mag, o Königsohn, der Vollendete Dinge, die den anderen unlieb und unangenehm sind', so hast du also zu ihm zu reden: 'Aber was ist dann nur, o Herr, für ein Unterschied zwischen dir und einem gewöhnlichen Menschen? Denn auch der gewöhnliche Mensch mag Dinge sagen, die den anderen unlieb und unangenehm sind.' Doch wenn dir der Asket Gotamo auf deine Frage also antwortet: 'Nicht mag, o Königsohn, der Vollendete Dinge sagen, die den anderen unlieb und unangenehm sind', so hast du also zu ihm zu reden: 'Aber hast du denn nicht, o Herr, von Devadatto gesagt: "Unselig ist Devadatto, unrettbar ist Devadatto, Zwecke sucht Devadatto, unheilbar ist Devadatto"? Und diese deine Worte haben Devadatto zornig und unzufrieden gemacht!' Legst du, o Königsohn, dem Asketen Gotamo diese doppeldeutige Frage vor, so wird er weder ausschlingen noch einschlingen können. Gleichwie etwa ein Mann, dem ein eiserner Ring um den Hals gelegt ist, nicht ausschlingen kann und nicht einschlingen, ebenso nun auch, o Königsohn, wird der Asket Gotamo auf diese doppeldeutige Frage weder ausschlingen noch einschlingen können.›»

Während dieses Gespräches nun hatte Abhayo der Königsohn einen zarten Knaben, einen unvernünftigen Säugling auf dem Schoße sitzen. Da sprach nun der Erhabene zu Abhayo dem Königsohn also:

«Was meinst du wohl, Königsohn: wenn dieser Knabe infolge deiner Nach- 395
lässigkeit oder der Nachlässigkeit seiner Amme ein Holzstück oder einen Scherben in den Mund nähme, was würdest du mit ihm machen?»

«Ich würd' es ihm wegnehmen, o Herr! Wenn ich es, o Herr, nicht gleich von Anfang an wegnehmen könnte, so würd' ich mit der linken Hand seinen Kopf halten und mit der rechten einen Finger krümmen und es ihm, selbst blutig, herausziehen. Und warum das? Weil mich, o Herr, der Knabe erbarmt.»

«Ebenso nun auch, Königsohn, kennt der Vollendete Worte, von denen er weiß, daß sie unwahr, unecht, unheilsam und den anderen unlieb und unangenehm sind, und mag der Vollendete solche Worte nicht sagen; und kennt der Vollendete Worte, von denen er weiß, daß sie wahr und echt und unheilsam und den anderen unlieb und unangenehm sind, und mag der Vollendete auch solche Worte nicht sagen; doch kennt der Vollendete Worte, von denen er weiß, daß sie wahr und echt und heilsam und den anderen unlieb und unangenehm sind, und mag da der Vollendete die Zeit ermessen, solche Worte zu reden. Es kennt der Vollendete Worte, von denen er weiß, daß sie unwahr, unecht, unheilsam und den anderen lieb und angenehm sind, und mag der Vollendete solche Worte nicht sagen; und kennt der Vollendete Worte, von denen er weiß, daß sie wahr und echt und unheilsam und den anderen lieb und angenehm sind, und mag der Vollendete auch solche Worte nicht sagen; doch kennt der Vollendete Worte, von denen er weiß, daß sie wahr und echt und heilsam und den anderen lieb und angenehm sind, und mag da der Vollendete die Zeit ermessen, solche Worte zu reden. Und warum das? Weil, Königsohn, den Vollendeten die Wesen erbarmen.»

«Wenn da, o Herr, gelehrte Fürsten und gelehrte Priester, gelehrte Bürger und gelehrte Asketen eine Frage zusammenstellen und den Vollendeten aufsuchen und sie vorlegen, hat da wohl, o Herr, der Erhabene schon vorher im Geiste daran gedacht: ‹Wer mich aufsuchen und befragen wird, dem werd' ich auf solche Frage solche Antwort geben›; oder kommt es eben erst im Augenblick dem Vollendeten in den Sinn?»

«Da will ich dir nun, Königsohn, eben hierüber eine Frage stellen: wie's dir gutdünkt, magst du sie beantworten. Was meinst du wohl, Königsohn: sind dir die Teile und Stücke des Wagens genau bekannt?»

«Gewiß, o Herr, genau sind mir die Teile und Stücke des Wagens bekannt.»

«Was meinst du wohl, Königsohn: wenn man zu dir käme und dich fragte: ‹Was ist denn das für ein Teil und Stück vom Wagen›, würdest du etwa
396 schon vorher im Geiste daran gedacht haben: ‹Wer mich aufsuchen und befragen wird, dem werd' ich auf solche Frage solche Antwort geben›; oder käm' es dir eben erst im Augenblick in den Sinn?»

«Ich bin ja, o Herr, ein erfahrener Wagenlenker, genau sind mir die Teile und Stücke des Wagens bekannt, alle Teile und Stücke des Wagens hab' ich wohl erprobt: eben erst im Augenblicke käm' es mir in den Sinn.»

«Ebenso nun auch, Königsohn, gehn da gelehrte Fürsten und gelehrte Priester, gelehrte Bürger und gelehrte Asketen den Vollendeten mit einer Frage an, und es kommt dem Vollendeten eben erst im Augenblick in den Sinn. Und warum das? Jene Eigenart der Dinge hat ja, Königsohn, der Vollendete von Grund aus erkannt, so daß es durch die gründliche Erkenntnis der Eigenart der Dinge dem Vollendeten eben erst im Augenblick in den Sinn kommt.»

Nach diesen Worten wandte sich Abhayo der Königsohn also an den Erhabenen:

«Vortrefflich, o Herr, vortrefflich, o Herr! Gleichwie etwa, o Herr, als ob man Umgestürztes aufstellte, oder Verdecktes enthüllte, oder Verirrten den Weg wiese, oder ein Licht in die Finsternis hielte: ‹Wer Augen hat wird die Dinge sehn›: ebenso auch hat der Erhabene die Lehre gar mannigfach gezeigt. Und so nehm' ich, o Herr, beim Erhabenen Zuflucht, bei der Lehre und bei der Jüngerschaft: als Anhänger möge mich der Erhabene betrachten, von heute an zeitlebens getreu[71].

59

SECHSTER TEIL · NEUNTE REDE

VIEL DER GEFÜHLE

DAS HAB' ICH GEHÖRT. Zu einer Zeit weilte der Erhabene bei Sāvatthī, im Siegerwalde, im Garten Anāthapiṇḍikos.

Da nun begab sich Pañcakaṉgo der Baumeister dorthin wo der ehrwürdige Udāyī weilte. Dort angelangt begrüßte er den ehrwürdigen Udāyī ehrerbietig und setzte sich zur Seite hin. Zur Seite sitzend sprach nun Pañcakaṉgo der Baumeister also zum ehrwürdigen Udāyī:

«Wieviel Gefühle hat wohl, Herr Udāyī, der Erhabene angegeben?»

«Drei Gefühle, Hausvater, hat der Erhabene angegeben: das wohlige Gefühl, das wehe Gefühl und das weder wohlig noch wehe Gefühl. Das, o Hausvater, sind die drei Gefühle, die der Erhabene angegeben hat.» 397

«Nicht drei Gefühle, Herr Udāyī, hat der Erhabene angegeben, zwei Gefühle hat der Erhabene angegeben: das wohlige Gefühl und das wehe Gefühl. Was das weder wohlig noch wehe Gefühl anlangt, o Herr, das hat der Erhabene beim Tüchtigen als auserlesenes Wohl bezeichnet.»

Und zum zweitenmal, und zum drittenmal sprach der ehrwürdige Udāyī also zu Pañcakaṉgo dem Baumeister:

«Nicht zwei Gefühle, Hausvater, hat der Erhabene angegeben, drei Gefühle hat der Erhabene angegeben: das wohlige Gefühl, das wehe Gefühl und das weder wohlig noch wehe Gefühl. Das, o Hausvater, sind die drei Gefühle, die der Erhabene angegeben hat.»

Und zum zweitenmal, und zum drittenmal sprach Pañcakaṅgo der Baumeister also zum ehrwürdigen Udāyī:

«Nicht drei Gefühle, Herr Udāyī, hat der Erhabene angegeben, zwei Gefühle hat der Erhabene angegeben: das wohlige Gefühl und das wehe Gefühl. Was das weder wohlig noch wehe Gefühl anlangt, o Herr, das hat der Erhabene beim Tüchtigen als auserlesenes Wohl bezeichnet.»

Und weder vermochte der ehrwürdige Udāyī Pañcakaṅgo den Baumeister zu überzeugen, noch auch vermochte Pañcakaṅgo der Baumeister den ehrwürdigen Udāyī zu überzeugen.

Es erfuhr aber der ehrwürdige Ānando das Gespräch, das zwischen dem ehrwürdigen Udāyī und Pañcakaṅgo dem Baumeister stattgefunden. Und der ehrwürdige Ānando begab sich dorthin wo der Erhabene weilte, begrüßte den Erhabenen ehrerbietig und setzte sich seitwärts nieder. Seitwärts sitzend erzählte nun der ehrwürdige Ānando dem Erhabenen das ganze Gespräch des ehrwürdigen Udāyī mit Pañcakaṅgo dem Baumeister. Nach diesem Berichte sprach der Erhabene also zum ehrwürdigen Ānando:

«Einen tauglichen Standpunkt, wahrlich, Ānando, hat Pañcakaṅgo der Baumeister Udāyī dem Mönche streitig gemacht: und einen tauglichen Standpunkt, wahrlich, Ānando, hat auch Udāyī der Mönch Pañcakaṅgo dem Baumeister streitig gemacht. Zwei Gefühle hab' ich, Ānando, angegeben je
398 nach dem Standpunkte, und drei Gefühle hab' ich angegeben je nach dem Standpunkte, und fünf Gefühle hab' ich angegeben je nach dem Standpunkte, und sechs Gefühle hab' ich angegeben je nach dem Standpunkte, und achtzehn Gefühle hab' ich angegeben, je nach dem Standpunkte, und sechsunddreißig Gefühle hab' ich angegeben je nach dem Standpunkte, und hundertacht Gefühle hab' ich angegeben je nach dem Standpunkte[72]. Also hab' ich, Ānando, je nach dem Standpunkte die Lehre dargelegt. Wenn sie nun, Ānando, bei also von mir je nach dem Standpunkte dargelegter Lehre dem rechten Worte, der rechten Rede nicht gegenseitig zustimmen, beistimmen, beipflichten wollen, so ist von ihnen zu erwarten, daß sie zanken und streiten, miteinander hadern, und scharfe Wortgefechte führen werden. Also hab' ich, Ānando, je nach dem Standpunkte die Lehre dargelegt. Wenn sie nun, Ānando, bei also von mir je nach dem Standpunkte dargelegter Lehre dem rechten Worte, der rechten Rede gegenseitig zustimmen, beistimmen, beipflichten wollen, so ist von ihnen zu erwarten, daß sie sich vertragen, einig, ohne Zwist, mild geworden, einander sanften Auges ansehn werden.

«Fünf Begehrungen, Ānando, gibt es da: und welche fünf? Die durch das Gesicht ins Bewußtsein tretenden Formen, die ersehnten, geliebten, entzückenden, angenehmen, dem Begehren entsprechenden, reizenden; die durch das Gehör ins Bewußtsein tretenden Töne, die ersehnten, geliebten, entzückenden, angenehmen, dem Begehren entsprechenden, reizenden; die durch den Geruch ins Bewußtsein tretenden Düfte, die ersehnten, geliebten, entzückenden, angenehmen, dem Begehren entsprechenden, reizenden; die durch den Geschmack ins Bewußtsein tretenden Säfte, die ersehnten, geliebten, entzückenden, angenehmen, dem Begehren entsprechenden, reizenden; die durch das Getast ins Bewußtsein tretenden Tastungen, die ersehnten, geliebten, entzückenden, angenehmen, dem Begehren entsprechenden, reizenden. Das sind, Ānando, die fünf Begehrungen. Was da Wohl und Glück, Ānando, diesen fünf Begehrungen gemäß geht nennt man Wohl des Begehrens.

«Wenn da nun, Ānando, einer behauptet: ‹Das ist das höchste Wohl und Glück, das die Wesen genießen können›, so gesteh' ich ihm das nicht zu: und warum nicht? Es gibt, Ānando, ein Wohl, das besser und erlesener ist als jenes Wohl. Was ist das aber, Ānando, für ein Wohl, das besser und erlesener als jenes Wohl ist? Da weilt, Ānando, ein Mönch, gar fern von Begierden, fern von unheilsamen Dingen, in sinnend gedenkender ruhegeborener seliger Heiterkeit, in der Weihe der ersten Schauung. Das ist, Ānando, ein Wohl, das besser und erlesener ist als jenes Wohl.

«Wenn da nun, Ānando, einer behauptet: ‹Das ist das höchste Wohl und Glück, das die Wesen genießen können‹, so gesteh' ich ihm das nicht zu: und warum nicht? Es gibt, Ānando, ein Wohl, das besser und erlesener ist 399
als jenes Wohl. Was ist das aber, Ānando, für ein Wohl, das besser und erlesener als jenes Wohl ist? Da gewinnt, Ānando, ein Mönch nach Vollendung des Sinnens und Gedenkens die innere Meeresstille, die Einheit des Gemütes, die von sinnen, von gedenken freie, in der Einigung geborene selige Heiterkeit, die Weihe der zweiten Schauung. Das ist, Ānando, ein Wohl, das besser und erlesener ist als jenes Wohl.

«Wenn da nun, Ānando, einer behauptet: ‹Das ist das höchste Wohl und Glück, das die Wesen genießen können›, so gesteh' ich ihm das nicht zu: und warum nicht? Es gibt, Ānando, ein Wohl, das besser und erlesener ist als jenes Wohl. Was ist das aber, Ānando, für ein Wohl, das besser und erlesener als jenes Wohl ist? Da verweilt, Ānando, ein Mönch in heiterer Ruhe, gleichmütig, einsichtig, klar bewußt, ein Glück empfindet er im Körper, von dem die Heiligen sagen: ‹Der gleichmütig Einsichtige lebt beglückt›; so erwirkt er die Weihe der dritten Schauung. Das ist, Ānando, ein Wohl, das besser und erlesener ist als jenes Wohl.

«Wenn da nun, Ānando, einer behauptet: ‹Das ist das höchste Wohl und

Glück, das die Wesen genießen können›, so gesteh' ich ihm das nicht zu: und warum nicht? Es gibt, Ānando, ein Wohl, das besser und erlesener ist als jenes Wohl. Was ist das aber, Ānando, für ein Wohl, das besser und erlesener als jenes Wohl ist? Da erwirkt, Ānando, ein Mönch nach Verwerfung der Freuden und Leiden, nach Vernichtung des einstigen Frohsinns und Trübsinns die Weihe der leidlosen, freudlosen, gleichmütig einsichtigen vollkommenen Reine, die vierte Schauung. Das ist, Ānando, ein Wohl, das besser und erlesener ist als jenes Wohl.

«Wenn da nun, Ānando, einer behauptet: ‹Das ist das höchste Wohl und Glück, das die Wesen genießen können›, so gesteh' ich ihm das nicht zu: und warum nicht? Es gibt, Ānando, ein Wohl, das besser und erlesener ist als jenes Wohl. Was ist das aber, Ānando, für ein Wohl, das besser und erlesener als jenes Wohl ist? Da gewinnt, Ānando, ein Mönch nach völliger Überwindung der Formwahrnehmungen, Vernichtung der Gegenwahrnehmungen, Verwerfung der Vielheitwahrnehmungen in dem Gedanken ‹Grenzenlos ist der Raum› das Reich des unbegrenzten Raumes. Das ist, Ānando, ein Wohl, das besser und erlesener ist als jenes Wohl.

«Wenn da nun, Ānando, einer behauptet: ‹Das ist das höchste Wohl und Glück, das die Wesen genießen können›, so gesteh' ich ihm das nicht zu: und warum nicht? Es gibt, Ānando, ein Wohl, das besser und erlesener ist als jenes Wohl. Was ist das aber, Ānando, für ein Wohl, das besser und erlesener als jenes Wohl ist? Da gewinnt, Ānando, ein Mönch nach völliger Überwindung der unbegrenzten Raumsphäre in dem Gedanken ‹Grenzenlos ist das Bewußtsein› das Reich des unbegrenzten Bewußtseins. Das ist, Ānando, ein Wohl, das besser und erlesener ist als jenes Wohl.

«Wenn da nun, Ānando, einer behauptet: ‹Das ist das höchste Wohl und Glück, das die Wesen genießen können›, so gesteh' ich ihm das nicht zu: und warum nicht? Es gibt, Ānando, ein Wohl, das besser und erlesener ist als jenes Wohl. Was ist das aber, Ānando, für ein Wohl, das besser und erlesener als jenes Wohl ist? Da gewinnt, Ānando, ein Mönch nach völliger Überwindung der unbegrenzten Bewußtseinsphäre in dem Gedanken ‹Nichts ist da› das Reich des Nichtdaseins. Das ist, Ānando, ein Wohl, das besser und erlesener ist als jenes Wohl.

«Wenn da nun, Ānando, einer behauptet: ‹Das ist das höchste Wohl und Glück, das die Wesen genießen können›, so gesteh' ich ihm das nicht zu: und warum nicht? Es gibt, Ānando, ein Wohl, das besser und erlesener ist als jenes Wohl. Was ist das aber, Ānando, für ein Wohl, das besser und erlesener als jenes Wohl ist? Da erreicht, Ānando, ein Mönch nach völliger Überwindung der Nichtdaseinsphäre die Grenzscheide möglicher Wahrnehmung. Das ist, Ānando, ein Wohl, das besser und erlesener ist als jenes Wohl.

«Wenn da nun, Ānando, einer behauptet: ‹Das ist das höchste Wohl und 400
Glück, das die Wesen genießen können›, so gesteh' ich ihm das nicht zu: und warum nicht? Es gibt, Ānando, ein Wohl, das besser und erlesener ist als jenes Wohl. Was ist das aber, Ānando, für ein Wohl, das besser und erlesener als jenes Wohl ist? Da erreicht, Ānando, ein Mönch nach völliger Überwindung der Grenzscheide möglicher Wahrnehmung die Auflösung der Wahrnehmbarkeit. Das ist, Ānando, ein Wohl, das besser und erlesener ist als jenes Wohl.

«Möglich aber, Ānando, wär' es, daß da die Pilger anderer Orden sagten: ‹Die Auflösung der Wahrnehmbarkeit verkündet der Asket Gotamo, und er bezeichnet sie als Wohl: was ist es damit, wie verhält es sich damit?› Auf solche Rede, Ānando, wäre den Pilgern anderer Orden solches zu erwidern: ‹Nicht, ihr Brüder, bezeichnet es der Erhabene in Beziehung auf das wohlige Gefühl als Wohl; sondern, ihr Brüder: wo eben immerhin Wohl empfunden wird, das bezeichnet da der Vollendete eben immerhin als Wohl.»

Also sprach der Erhabene. Zufrieden freute sich der ehrwürdige Ānando über das Wort des Erhabenen[73].

60

SECHSTER TEIL · ZEHNTE REDE

FRAGLOSIGKEIT

DAS HAB' ICH GEHÖRT. Zu einer Zeit wanderte der Erhabene im Lande Kosalo von Ort zu Ort und kam, von vielen Mönchen begleitet, in die Nähe eines kosalischen Brāhmanendorfes namens Sālā. Und es hörten die brāhmanischen Hausleute in Sālā reden: ‹Der Asket, wahrlich, Herr Gotamo, der Sakyersohn, der dem Erbe der Sakyer entsagt hat, wandert in unserem Lande von Ort zu
Ort und ist mit vielen Mönchen in Sālā angekommen. Diesen Herrn Gotamo 401
aber begrüßt man allenthalben mit dem frohen Ruhmesrufe, so zwar: 'Das ist der Erhabene, der Heilige, vollkommen Erwachte, der Wissens- und Wandelsbewährte, der Willkommene, der Welt Kenner, der unvergleichliche Leiter der Männerherde, der Meister der Götter und Menschen, der Erwachte, der Erhabene. Er zeigt diese Welt mit ihren Göttern, ihren bösen und heiligen

Geistern, mit ihrer Schar von Priestern und Büßern, Göttern und Menschen, nachdem er sie selbst verstanden und durchdrungen hat. Er verkündet die Lehre, deren Anfang begütigt, deren Mitte begütigt, deren Ende begütigt, die sinn- und wortgetreue, er legt das vollkommen geläuterte, geklärte Asketentum dar. Glücklich wer da nun solche Heilige sehn kann!'›

Und die brāhmanischen Hausleute von Sālā begaben sich nun dorthin wo der Erhabene weilte. Dort angelangt verneigten sich einige vor dem Erhabenen ehrerbietig und setzten sich zur Seite nieder, andere wechselten höflichen Gruß und freundliche, denkwürdige Worte mit dem Erhabenen und setzten sich zur Seite nieder, einige wieder falteten die Hände gegen den Erhabenen und setzten sich zur Seite nieder, andere wieder gaben beim Erhabenen Namen und Stand zu erkennen und setzten sich zur Seite nieder, und andere setzten sich still zur Seite nieder. Zu den brāhmanischen Hausleuten von Sālā nun, die da zur Seite saßen, sprach der Erhabene also:

«Habt ihr wohl, Hausväter, einen lieben Meister unter euch, zu dem ihr gegründetes Vertrauen hegen könnt?»

«Nein, o Herr, wir haben keinen lieben Meister unter uns, zu dem wir gegründetes Vertrauen hegen können.»

«Habt ihr, Hausväter, keinen lieben Meister gefunden, so mag euch diese fraglose Lehre zur Weisung dienen. Denn die fraglose Lehre, Hausväter, befolgt und bewahrt, die wird euch lange zum Wohle, zum Heile gereichen. Was ist das aber, Hausväter, für eine fraglose Lehre?

«Es gibt, Hausväter, manche Asketen und Priester, die sagen und lehren: ‹Almosengeben, Verzichtleisten, Spenden – es ist alles eitel; es gibt keine Saat und Ernte guter und böser Werke; Diesseits und Jenseits sind leere Worte; Vater und Mutter und auch geistige Geburt sind hohle Namen; die Welt hat keine Asketen und Priester, die vollkommen und vollendet sind, die sich den Sinn dieser und jener Welt begreiflich machen, anschaulich vorstellen und erklären können.› Nun sagen aber, Hausväter, manche Asketen und
402 Priester gerade das Gegenteil davon und behaupten: ‹Almosengeben, Verzichtleisten, Spenden ist kein Unsinn; es gibt eine Saat und Ernte guter und böser Werke; das Diesseits ist vorhanden und das Jenseits ist vorhanden; Eltern gibt es und geistige Geburt gibt es; die Welt hat Asketen und Priester, die vollkommen und vollendet sind, die sich den Sinn dieser und jener Welt begreiflich machen, anschaulich vorstellen und erklären können.› Was meint ihr wohl, Hausväter: sagen da nicht die einen Asketen und Priester gerade das Gegenteil von dem, was die anderen sagen?»

«Allerdings, o Herr!»

«Da ist nun, Hausväter, von den einen Asketen und Priestern zu erwarten, daß sie den guten Wandel in Werken, Worten und Gedanken, diese drei heilsamen Dinge, aufgeben und den schlechten Wandel in Werken, Worten und Gedanken, diese drei unheilsamen Dinge, annehmen werden: und warum das? Weil ja jene lieben Asketen und Priester der unheilsamen Dinge Elend, Ungemach, Trübsal, und der heilsamen Dinge, der Entsagung vorzüglichen, läuternden Einfluß nicht merken. Denn obzwar es ein Jenseits gibt, erkennt ein solcher: ‹Es gibt kein Jenseits›; das ist seine falsche Erkenntnis. Denn obzwar es ein Jenseits gibt, sinnt er: ‹Es gibt kein Jenseits›; das ist seine falsche Gesinnung. Denn obzwar es ein Jenseits gibt, redet er: ‹Es gibt kein Jenseits›; das ist seine falsche Rede. Denn obzwar es ein Jenseits gibt, behauptet er: ‹Es gibt kein Jenseits›; und den Heiligen, die vom Jenseits wissen, denen stellt er sich entgegen. Denn obzwar es ein Jenseits gibt, belehrt er die anderen: ‹Es gibt kein Jenseits›; das ist seine unrichtige Belehrung. Und um dieser unrichtigen Belehrung willen brüstet er sich noch und verachtet[74] die anderen. So hat er was da früher etwa Gutes an ihm war verleugnet und Schlechtes angenommen: das ist falsche Erkenntnis, falsche Gesinnung, falsche Rede, Widerstand gegen Heilige, unrichtige Belehrung, Eigenlob und Nächstentadel. Also entwickeln sich an ihm diese verschiedenen bösen, unheilsamen Dinge aus falscher Erkenntnis.

«Da überlegt nun, Hausväter, ein verständiger Mann: ‹Wenn es kein Jen- 403
seits gibt, so wird dieser liebe Mann bei der Auflösung des Körpers, nach dem Tode, heil ausgehn; wenn es aber ein Jenseits gibt, so wird dieser liebe Mann bei der Auflösung des Körpers, nach dem Tode, abwärts, auf schlechte Fährte, zur Tiefe hinab, in höllische Welt gelangen. Mag es nun immerhin kein Jenseits geben, wahr soll das Wort jener lieben Asketen und Priester sein: aber dieser liebe Mann zieht sich ja schon bei Lebzeiten den Tadel Verständiger zu: 'Es ist ein gewissenloser Mensch, der die Dinge falsch ansieht, an nichts glaubt.' Wenn es aber doch ein Jenseits gibt, so hat dieser liebe Mann auf beiden Seiten das Spiel verloren: erst, weil er sich schon bei Lebzeiten den Tadel Verständiger zuzieht; und dann, weil er bei der Auflösung des Körpers, nach dem Tode, abwärts, auf schlechte Fährte, zur Tiefe hinab, in höllische Welt gelangen wird. Also hat er diese fraglose Lehre übel befolgt und bewahrt, nur ein Ziel gelten und das Gute verkümmern lassen.›

«Da ist nun, Hausväter, von den anderen Asketen und Priestern zu erwarten, daß sie den schlechten Wandel in Werken, Worten und Gedanken, diese drei unheilsamen Dinge, aufgeben und den guten Wandel in Werken, Worten und Gedanken, diese drei heilsamen Dinge, annehmen werden: und warum das? Weil ja jene lieben Asketen und Priester der unheilsamen Dinge Elend, Ungemach, Trübsal, und der heilsamen Dinge, der Entsagung vorzüglichen, läuternden Einfluß merken. Und weil es eben ein Jenseits gibt, erkennt ein solcher: ‹Es gibt ein Jenseits›; das ist seine rechte Erkenntnis. Und weil es

eben ein Jenseits gibt, sinnt er: ‹Es gibt ein Jenseits›; das ist seine rechte Gesinnung. Und weil es eben ein Jenseits gibt, redet er: ‹Es gibt ein Jenseits›; das ist seine rechte Rede. Und weil es eben ein Jenseits gibt, behauptet er: ‹Es gibt ein Jenseits›; und den Heiligen, die vom Jenseits wissen, denen stellt er sich nicht entgegen. Und weil es eben ein Jenseits gibt, belehrt er die an-
404 deren: ‹Es gibt ein Jenseits›; das ist seine richtige Belehrung. Und um dieser richtigen Belehrung willen brüstet er sich nicht, verachtet nicht die anderen. So hat er was da früher etwa Schlechtes an ihm war verleugnet und Gutes angenommen: das ist rechte Erkenntnis, rechte Gesinnung, rechte Rede, kein Widerstand gegen Heilige, richtige Belehrung, kein Eigenlob und kein Nächstentadel. Also entwickeln sich an ihm diese verschiedenen heilsamen Dinge aus rechter Erkenntnis.

«Da überlegt nun, Hausväter, ein verständiger Mann: ‹Wenn es ein Jenseits gibt, so wird dieser liebe Mann bei der Auflösung des Körpers, nach dem Tode, auf gute Fährte, in himmlische Welt gelangen. Mag es nun immerhin kein Jenseits geben, wahr soll das Wort jener lieben Asketen und Priester sein: aber dieser liebe Mann wird ja schon bei Lebzeiten von Verständigen gepriesen: 'Es ist ein gewissenhafter Mensch, der die Dinge recht ansieht, an etwas glaubt.' Wenn es aber doch ein Jenseits gibt, so hat dieser liebe Mann auf beiden Seiten das Spiel gewonnen: erst, weil er schon bei Lebzeiten den Preis Verständiger erwirbt; und dann, weil er bei der Auflösung des Körpers, nach dem Tode, auf gute Fährte, in himmlische Welt gelangen wird. Also hat er diese fraglose Lehre wohl befolgt und bewahrt, beide Ziele gelten und das Schlechte verkümmern lassen.›

«Es gibt, Hausväter, manche Asketen und Priester, die sagen und lehren: ‹Was einer begeht und begehn läßt: wer zerstört und zerstören läßt, wer quält und quälen läßt, wer Kummer und Plage schafft, wer schlägt und schlagen heißt, wer Lebendiges umbringt, Nichtgegebenes nimmt, in Häuser einbricht, fremdes Gut raubt, wer stiehlt, betrügt, Ehefrauen verführt, Lügen spricht: was einer begeht, er begeht keine Schuld. Und wer da gleich mit einer scharfgeschliffenen Schlachtscheibe alles Lebendige auf dieser Erde zu einer einzigen Masse Mus, zu einer einzigen Masse Brei machte, so hat er darum keine Schuld, begeht kein Unrecht. Und wer auch am südlichen Ufer des Ganges verheerend und mordend dahinzöge, zerstörte und zerstören ließe, quälte und quälen ließe, so hat er darum keine Schuld, begeht kein Unrecht: und wer auch am nördlichen Ufer des Ganges spendend und schenkend dahinzöge, Almosen gäbe und geben ließe, so hat er darum kein Verdienst, begeht nichts Gutes. Durch Milde, Sanftmut, Selbstverzicht, Wahrhaftigkeit erwirbt man kein Verdienst, begeht nichts Gutes.› Nun sagen aber, Hausväter, manche Asketen und Priester gerade das Gegenteil davon und behaup-

ten: ‹Was einer begeht und begehn läßt: wer zerstört und zerstören läßt, wer 405
quält und quälen läßt, wer Kummer und Plage schafft, wer schlägt und schlagen heißt, wer Lebendiges umbringt, Nichtgegebenes nimmt, in Häuser einbricht, fremdes Gut raubt, wer stiehlt, betrügt, Ehefrauen verführt, Lügen spricht: was einer begeht, er begeht Schuld. Und wer da etwa mit einer scharfgeschliffenen Schlachtscheibe alles Lebendige auf dieser Erde zu einer einzigen Masse Mus, zu einer einzigen Masse Brei machte, der hat darum Schuld, begeht Unrecht. Und wer etwa am südlichen Ufer des Ganges verheerend und mordend dahinzöge, zerstörte und zerstören ließe, quälte und quälen ließe, der hat darum Schuld, begeht Unrecht: und wer etwa am nördlichen Ufer des Ganges spendend und schenkend dahinzöge, Almosen gäbe und geben ließe, der hat Verdienst, begeht Gutes. Durch Milde, Sanftmut, Selbstverzicht, Wahrhaftigkeit erwirbt man Verdienst, begeht Gutes.› Was meint ihr wohl, Hausväter: sagen da nicht die einen Asketen und Priester gerade das Gegenteil von dem, was die anderen sagen?»

«Freilich, o Herr!»

«Da ist nun, Hausväter, von den einen Asketen und Priestern zu erwarten, daß sie den guten Wandel in Werken, Worten und Gedanken, diese drei heilsamen Dinge, aufgeben und den schlechten Wandel in Werken, Worten und Gedanken, diese drei unheilsamen Dinge, annehmen werden: und warum das? Weil ja jene lieben Asketen und Priester der unheilsamen Dinge Elend, Ungemach, Trübsal, und der heilsamen Dinge, der Entsagung vorzüglichen, läuternden Einfluß nicht merken. Denn obzwar es ein Handeln gibt, erkennt ein solcher: ‹Es gibt kein Handeln›; das ist seine falsche Erkenntnis. Denn obzwar es ein Handeln gibt, sinnt er: ‹Es gibt kein Handeln›; das ist seine falsche Gesinnung. Denn obzwar es ein Handeln gibt, redet er: ‹Es gibt kein Handeln›; das ist seine falsche Rede. Denn obzwar es ein Handeln gibt, behauptet er: ‹Es gibt kein Handeln›; und den Heiligen, die vom Handeln aussagen, denen stellt er sich entgegen. Denn obzwar es ein Handeln gibt, belehrt er die anderen: ‹Es gibt kein Handeln›; das ist seine unrichtige Belehrung. Und um dieser unrichtigen Belehrung willen brüstet er sich noch und verachtet die anderen. So hat er was da früher etwa Gutes an ihm war verleugnet und Schlechtes angenommen: das ist falsche Erkenntnis, falsche Ge- 406
sinnung, falsche Rede, Widerstand gegen Heilige, unrichtige Belehrung, Eigenlob und Nächstentadel. Also entwickeln sich an ihm diese verschiedenen bösen, unheilsamen Dinge aus falscher Erkenntnis.

«Da überlegt nun, Hausväter, ein verständiger Mann. ‹Wenn es kein Handeln gibt, so wird dieser liebe Mann bei der Auflösung des Körpers, nach dem Tode, heil ausgehn; wenn es aber ein Handeln gibt, so wird dieser liebe Mann bei der Auflösung des Körpers, nach dem Tode, abwärts, auf schlechte

Fährte, zur Tiefe hinab, in höllische Welt gelangen. Mag es nun immerhin kein Handeln geben, wahr soll das Wort jener lieben Asketen und Priester sein: aber dieser liebe Mann zieht sich ja schon bei Lebzeiten den Tadel Verständiger zu: 'Es ist ein gewissenloser Mensch, der die Dinge falsch ansieht, an kein Handeln glaubt.' Wenn es aber doch ein Handeln gibt, so hat dieser liebe Mann auf beiden Seiten das Spiel verloren: erst, weil er sich schon bei Lebzeiten den Tadel Verständiger zuzieht; und dann, weil er bei der Auflösung des Körpers, nach dem Tode, abwärts, auf schlechte Fährte, zur Tiefe hinab, in höllische Welt gelangen wird. Also hat er diese fraglose Lehre übel befolgt und bewahrt, nur ein Ziel gelten und das Gute verkümmern lassen.›

«Da ist nun, Hausväter, von den anderen Asketen und Priestern zu erwarten, daß sie den schlechten Wandel in Werken, Worten und Gedanken, diese drei unheilsamen Dinge, aufgeben und den guten Wandel in Werken, Worten und Gedanken, diese drei heilsamen Dinge, annehmen werden: und warum das? Weil ja jene lieben Asketen und Priester der unheilsamen Dinge Elend, Ungemach, Trübsal, und der heilsamen Dinge, der Entsagung vorzüglichen, läuternden Einfluß merken. Und weil es eben ein Handeln gibt, erkennt ein solcher: ‹Es gibt ein Handeln›; das ist seine rechte Erkenntnis. Und weil es eben ein Handeln gibt, sinnt er: ‹Es gibt ein Handeln›; das ist seine rechte Gesinnung. Und weil es eben ein Handeln gibt, redet er: ‹Es gibt ein Handeln›; das ist seine rechte Rede. Und weil es eben ein Handeln gibt, behauptet er: ‹Es gibt ein Handeln›; und den Heiligen, die vom Handeln aussagen, denen stellt er sich nicht entgegen. Und weil es eben ein Handeln gibt, belehrt er die anderen: ‹Es gibt ein Handeln›; das ist seine richtige
407 Belehrung. Und um dieser richtigen Belehrung willen brüstet er sich nicht, verachtet nicht die anderen. So hat er was da früher etwa Schlechtes an ihm war verleugnet und Gutes angenommen: das ist rechte Erkenntnis, rechte Gesinnung, rechte Rede, kein Widerstand gegen Heilige, richtige Belehrung, kein Eigenlob und kein Nächstentadel. Also entwickeln sich an ihm diese verschiedenen heilsamen Dinge aus rechter Erkenntnis[75].

«Da überlegt nun, Hausväter, ein verständiger Mann: ‹Wenn es ein Handeln gibt, so wird dieser liebe Mann bei der Auflösung des Körpers, nach dem Tode, auf gute Fährte, in himmlische Welt gelangen. Mag es nun immerhin kein Handeln geben, wahr soll das Wort jener lieben Asketen und Priester sein: aber dieser liebe Mann wird ja schon bei Lebzeiten von Verständigen gepriesen: 'Es ist ein gewissenhafter Mensch, der die Dinge recht ansieht, an das Handeln glaubt.' Wenn es aber doch ein Handeln gibt, so hat dieser liebe Mann auf beiden Seiten das Spiel gewonnen: erst, weil er schon bei Lebzeiten den Preis Verständiger erwirbt; und dann, weil er bei der Auflösung des Körpers, nach dem Tode, auf gute Fährte, in himmlische Welt gelangen wird.

Also hat er diese fraglose Lehre wohl befolgt und bewahrt, beide Ziele gelten und das Schlechte verkümmern lassen.›

«Es gibt, Hausväter, manche Asketen und Priester, die sagen und lehren: ‹Es gibt keinen Grund, es gibt keine Ursache der Verderbnis der Wesen; ohne Grund, ohne Ursache werden die Wesen verderbt. Es gibt keinen Grund, es gibt keine Ursache der Läuterung der Wesen; ohne Grund, ohne Ursache werden die Wesen lauter. Es gibt keine Macht und keine Kraft, es gibt keine Mannesgewalt und keine Mannestapferkeit. Alle Wesen, alle Lebendigen, alle Gewordenen, alle Geborenen sind willenlos, machtlos, kraftlos. Notwendig kommen sie zustande und entwickeln sich zur Reife und empfinden je nach den sechs Arten von Dasein Wohl und Wehe.› Nun sagen aber, Hausväter, manche Asketen und Priester gerade das Gegenteil davon und behaupten: ‹Es gibt einen Grund, es gibt eine Ursache der Verderbnis der Wesen; aus Grund und Ursache werden die Wesen verderbt. Es gibt einen Grund, es gibt eine Ursache der Läuterung der Wesen; aus Grund und Ursache werden die Wesen lauter. Es gibt Macht und Kraft, es gibt Mannesgewalt und Mannestapferkeit. Kein Wesen, kein Lebendiges, kein Gewordenes, kein Geborenes ist willenlos, machtlos, kraftlos. Nicht Notwendigkeit ist es, wodurch die Wesen zustandekommen, sich zur Reife entwickeln und je nach den sechs Arten von Dasein Wohl und Wehe empfinden.› Was meint ihr wohl, Hausväter: sagen da nicht die einen Asketen und Priester gerade 408
das Gegenteil von dem, was die anderen sagen?»

«Gewiß, o Herr!»

«Da ist nun, Hausväter, von den einen Asketen und Priestern zu erwarten, daß sie den guten Wandel in Werken, Worten und Gedanken, diese drei heilsamen Dinge, aufgeben und den schlechten Wandel in Werken, Worten und Gedanken, diese drei unheilsamen Dinge, annehmen werden: und warum das? Weil ja jene lieben Asketen und Priester der unheilsamen Dinge Elend, Ungemach, Trübsal, und der heilsamen Dinge, der Entsagung vorzüglichen, läuternden Einfluß nicht merken. Denn obzwar es einen Grund gibt, erkennt ein solcher: ‹Es gibt keinen Grund›; das ist seine falsche Erkenntnis. Denn obzwar es einen Grund gibt, sinnt er: ‹Es gibt keinen Grund›; das ist seine falsche Gesinnung. Denn obzwar es einen Grund gibt, redet er: ‹Es gibt keinen Grund›; das ist seine falsche Rede. Denn obzwar es einen Grund gibt, behauptet er: ‹Es gibt keinen Grund›; und den Heiligen, die vom Grunde aussagen, denen stellt er sich entgegen. Denn obzwar es einen Grund gibt, belehrt er die anderen: ‹Es gibt keinen Grund›; das ist seine unrichtige Belehrung. Und um dieser unrichtigen Belehrung willen brüstet er sich noch und verachtet die anderen. So hat er was da früher etwa Gutes an ihm war verleugnet und Schlechtes angenommen: das ist falsche Erkenntnis, falsche

Gesinnung, falsche Rede, Widerstand gegen Heilige, unrichtige Belehrung, Eigenlob und Nächstentadel. Also entwickeln sich an ihm diese verschiedenen bösen, unheilsamen Dinge aus falscher Erkenntnis.

«Da überlegt nun, Hausväter, ein verständiger Mann: ‹Wenn es keinen Grund gibt, so wird dieser liebe Mann bei der Auflösung des Körpers, nach dem Tode, heil ausgehn; wenn es aber einen Grund gibt, so wird dieser liebe Mann bei der Auflösung des Körpers, nach dem Tode, abwärts, auf schlechte Fährte, zur Tiefe hinab, in höllische Welt gelangen. Mag es nun immerhin keinen Grund geben, wahr soll das Wort jener lieben Asketen und Priester sein: aber dieser liebe Mann zieht sich ja schon bei Lebzeiten den Tadel Verständiger zu: 'Es ist ein gewissenloser Mensch, der die Dinge falsch ansieht, an keinen Grund glaubt.' Wenn es aber doch einen Grund gibt, so hat dieser liebe Mann auf beiden Seiten das Spiel verloren: erst, weil er sich schon bei
409 Lebzeiten den Tadel Verständiger zuzieht; und dann, weil er bei der Auflösung des Körpers, nach dem Tode, abwärts, auf schlechte Fährte, zur Tiefe hinab, in höllische Welt gelangen wird. Also hat er diese fraglose Lehre übel befolgt und bewahrt, nur ein Ziel gelten und das Gute verkümmern lassen.›

«Da ist nun, Hausväter, von den anderen Asketen und Priestern zu erwarten, daß sie den schlechten Wandel in Werken, Worten und Gedanken, diese drei unheilsamen Dinge, aufgeben und den guten Wandel in Werken, Worten und Gedanken, diese drei heilsamen Dinge, annehmen werden: und warum das? Weil ja jene lieben Asketen und Priester der unheilsamen Dinge Elend, Ungemach, Trübsal, und der heilsamen Dinge, der Entsagung vorzüglichen, läuternden Einfluß merken. Und weil es eben einen Grund gibt, erkennt ein solcher: ‹Es gibt einen Grund›; das ist seine rechte Erkenntnis. Und weil es eben einen Grund gibt, sinnt er: ‹Es gibt einen Grund›; das ist seine rechte Gesinnung. Und weil es eben einen Grund gibt, redet er: ‹Es gibt einen Grund›; das ist seine rechte Rede. Und weil es eben einen Grund gibt, behauptet er: ‹Es gibt einen Grund›; und den Heiligen, die vom Grunde aussagen, denen stellt er sich nicht entgegen. Und weil es eben einen Grund gibt, belehrt er die anderen: ‹Es gibt einen Grund›; das ist seine richtige Belehrung. Und um dieser richtigen Belehrung willen brüstet er sich nicht, verachtet nicht die anderen. So hat er was da früher etwa Schlechtes an ihm war verleugnet und Gutes angenommen: das ist rechte Erkenntnis, rechte Gesinnung, rechte Rede, kein Widerstand gegen Heilige, richtige Belehrung, kein Eigenlob und kein Nächstentadel. Also entwickeln sich an ihm diese verschiedenen heilsamen Dinge aus rechter Erkenntnis.

«Da überlegt nun, Hausväter, ein verständiger Mann: ‹Wenn es einen Grund gibt, so wird dieser liebe Mann bei der Auflösung des Körpers, nach dem Tode, auf gute Fährte, in himmlische Welt gelangen. Mag es nun im-

merhin keinen Grund geben, wahr soll das Wort jener lieben Asketen und Priester sein: aber dieser liebe Mann wird ja schon bei Lebzeiten von Verständigen gepriesen: ‘Es ist ein gewissenhafter Mensch, der die Dinge recht ansieht, an den Grund glaubt.’ Wenn es aber doch einen Grund gibt, so hat dieser liebe Mann auf beiden Seiten das Spiel gewonnen: erst, weil er schon 410
bei Lebzeiten den Preis Verständiger erwirbt; und dann, weil er bei der Auflösung des Körpers, nach dem Tode, auf gute Fährte, in himmlische Welt gelangen wird. Also hat er diese fraglose Lehre wohl befolgt und bewahrt, beide Ziele gelten und das Schlechte verkümmern lassen.›

«Es gibt, Hausväter, manche Asketen und Priester, die sagen und lehren: ‹Es gibt keine gänzlich formlosen Welten.› Nun sagen aber, Hausväter, manche Asketen und Priester gerade das Gegenteil davon und behaupten: ‹Es gibt gänzlich formlose Welten.› Was meint ihr wohl, Hausväter: sagen da nicht die einen Asketen und Priester gerade das Gegenteil von dem, was die anderen sagen?»

«Freilich, o Herr!»

«Da überlegt nun, Hausväter, ein verständiger Mann: ‹Wenn da die einen lieben Asketen und Priester sagen und lehren ‘Es gibt keine gänzlich formlosen Welten’, so hab’ ich das nicht gesehn; und wenn da die anderen lieben Asketen und Priester sagen und lehren ‘Es gibt gänzlich formlose Welten’, so hab’ ich das nicht erfahren. Doch wenn ich mich nun, ohne es erfahren, ohne es gesehn zu haben, einzig für eines entschiede, ‘Dies nur ist Wahrheit, Unsinn anderes’, so stände mir das übel an. Ist es nun wahr, was da die einen lieben Asketen und Priester sagen und lehren ‘Es gibt keine gänzlich formlosen Welten’, so kann es wohl sein, daß mir unter den Göttern, die formhaft sinnlich bestehn, ein Wiederdasein fraglos erreichbar sei; ist aber das wahr, was da die anderen lieben Asketen und Priester sagen und lehren ‘Es gibt gänzlich formlose Welten’, so kann es wohl sein, daß mir unter den Göttern, die formlos wahrnehmbar bestehn, ein Wiederdasein fraglos erreichbar sei. Wo es nun Form gibt, da gibt es Wüten und Blutvergießen, Krieg und Zwietracht, Zank und Streit, Lug und Trug: das aber gibt es ganz und gar nicht in formloser Welt.› Also überlegend wird er eben der Formen überdrüssig, wendet sich ab, löst sich los.

«Es gibt, Hausväter, manche Asketen und Priester, die sagen und lehren: ‹Es gibt keine gänzliche Auflösung des Daseins.› Nun sagen aber, Hausväter, manche Asketen und Priester gerade das Gegenteil davon und behaupten: ‹Es gibt eine gänzliche Auflösung des Daseins.› Was meint ihr wohl, Haus- 411
väter: sagen da nicht die einen Asketen und Priester gerade das Gegenteil von dem, was die anderen sagen?»

«Allerdings, o Herr!»

«Da überlegt nun, Hausväter, ein verständiger Mann: ‹Wenn da die einen lieben Asketen und Priester sagen und lehren 'Es gibt keine gänzliche Auflösung des Daseins', so hab' ich das nicht gesehn; und wenn da die anderen lieben Asketen und Priester sagen und lehren 'Es gibt eine gänzliche Auflösung des Daseins', so hab' ich das nicht erfahren. Doch wenn ich mich nun, ohne es erfahren, ohne es gesehn zu haben, einzig für eines entschiede, 'Dies nur ist Wahrheit, Unsinn anderes', so stände mir das übel an. Ist es nun wahr, was da die einen lieben Asketen und Priester sagen und lehren 'Es gibt keine gänzliche Auflösung des Daseins', so kann es wohl sein, daß mir unter den Göttern, die formlos wahrnehmbar bestehn, ein Wiederdasein fraglos erreichbar sei; ist aber das wahr, was da die anderen lieben Asketen und Priester sagen und lehren 'Es gibt eine gänzliche Auflösung des Daseins', so kann es wohl sein, daß mir noch bei Lebzeiten Wahnerlöschung erreichbar sei. Den Asketen und Priestern nun, die da sagen und lehren 'Es gibt keine gänzliche Auflösung des Daseins', denen gereicht diese Lehre zum Reize, zur Lokkung, zur Freude, zum Behagen, zum Anhalt: den Asketen und Priestern aber, die da sagen und lehren 'Es gibt eine gänzliche Auflösung des Daseins', denen gereicht diese Lehre nicht zum Reize, nicht zur Lockung, nicht zur Freude, nicht zum Behagen, nicht zum Anhalt.› Also überlegend wird er eben des Daseins überdrüssig, wendet sich ab, löst sich los.

«Vier Arten von Menschen, Hausväter, finden sich hier in der Welt vor: welche vier? Da ist, Hausväter, einer ein Selbstquäler, ist der Übung der Selbstqual eifrig ergeben; da ist, Hausväter, einer ein Nächstenquäler, ist der Übung der Nächstenqual eifrig ergeben; da ist, Hausväter, einer ein Selbstquäler, ist der Übung der Selbstqual eifrig ergeben, und er ist ein Nächstenquäler, ist der Übung der Nächstenqual eifrig ergeben; da ist, Hausväter, einer weder ein Selbstquäler, ist nicht der Übung der Selbstqual eifrig ergeben, noch ist er ein Nächstenquäler, ist nicht der Übung der Nächstenqual eifrig er-
412 geben: ohne Selbstqual, ohne Nächstenqual ist er schon bei Lebzeiten ausgeglüht, erloschen, kühl geworden, fühlt sich wohl, heilig geworden im Herzen.

«Was ist das aber, Hausväter, für ein Mensch, der ein Selbstquäler, der
342 Übung der Selbstqual eifrig ergeben ist? Da ist, Hausväter, einer ein Unbekleideter, ein Ungebundener, ein Handverköster, kein Ankömmling, kein Abwärtling, gestattet keine Darreichung, keine Vergünstigung, keine Einladung, späht beim Empfangen des Almosens nicht nach dem Topfe, nicht nach der Schüssel, nicht über die Schwelle, nicht über das Gitter, nicht in den Kessel hinein, nimmt nicht von zu zweit Speisenden an, nicht von einer

Schwangeren, nicht von einer Säugenden, nicht von einer, die vom Manne
kommt, nicht von Beschmutzten, nicht wo ein Hund dabeisteht, nicht wo
Fliegen hin und her schwärmen, ißt keinen Fisch, kein Fleisch, trinkt keinen
Wein, kein gebranntes Wasser, keinen gegorenen Haferschleim. Er geht zu
einem Hause und begnügt sich mit einer Handvoll Almosenspeise; geht zu
zwei Häusern und begnügt sich mit zwei Handvoll Almosenspeise; geht zu
sieben Häusern und begnügt sich mit sieben Handvoll Almosenspeise. Er fri-
stet sein Leben durch die Mildtätigkeit von nur einer Spenderin, von nur
zwei Spenderinnen, von nur sieben Spenderinnen. Er nimmt nur jeden ersten
Tag Nahrung ein, nur jeden zweiten Tag, nur jeden siebenten Tag. Solcher- 343
art wechselnd beobachtet er streng diese bis auf einen halben Monat ausge-
dehnte Fastenübung. Oder er lebt von Kräutern und Pilzen, von wildem Reis
und Korn, von Samen und Kernen, von Pflanzenmilch und Baumharz, von
Gräsern, von Kuhmist, fristet sich von Wurzeln und Früchten des Waldes,
lebt von abgefallenen Früchten. Auch trägt er das hänfene Hemd, trägt das
härene Hemd, trägt einen Rock, geflickt aus den im Leichenhof und auf der
Straße gefundenen Fetzen, hüllt sich in Lumpen, in Felle, in Häute, gürtet
sich mit Flechten aus Gras, mit Flechten aus Rinde, mit Flechten aus Laub,
birgt die Blöße unter pelzigem Schurze, unter borstigem Schurze, unter
einem Eulenflügel. Und er rauft sich Haupt- und Barthaar aus, die Regel der
Haar- und Bartausraufer befolgend; ist ein Stetigsteher, verwirft Sitz und La-
ger; ist ein Fersensitzer, übt die Zucht der Fersensitzer; ist Dornenseitiger
und legt sich zur Seite auf ein Dornenlager; steigt allabendlich zum dritten-
mal herab ins Büßerbad. So übt er sich gar vielfach in des Körpers inbrünsti-
ger Schmerzensaskese. Den heißt man, Hausväter, einen Menschen, der ein
Selbstquäler, der Übung der Selbstqual eifrig ergeben ist.

«Was ist das aber, Hausväter, für ein Mensch, der ein Nächstenquäler, der Übung der Nächstenqual eifrig ergeben ist? Da ist, Hausväter, einer ein Schlächter, der Schafe und Schweine schlachtet, ist ein Vogelfänger, ein Wildsteller, ein Jäger, ein Fischer, ein Räuber, ein Henker, ein Kerkermeister, oder was man da sonst noch anderes als grausames Handwerk betreibt. Den heißt man, Hausväter, einen Menschen, der ein Nächstenquäler, der Übung der Nächstenqual eifrig ergeben ist.

«Was ist das aber, Hausväter, für ein Mensch, der ein Selbstquäler, der Übung der Selbstqual eifrig ergeben ist, und der ein Nächstenquäler, der Übung der Nächstenqual eifrig ergeben ist? Da ist, Hausväter, einer ein König, ein Herrscher, dessen Scheitel gesalbt ist, oder ein hochmögender Priester. Der hat im Osten der Stadt ein neues Herrenhaus errichten lassen. Und mit geschorenem Haar und Barte, mit rauhem Felle gegürtet, mit Butteröl am Körper bestrichen, den Rücken mit einem Hirschhorne reibend tritt er

in das Herrenhaus ein, begleitet von der ersten Gemahlin und dem Oberpriester. Dort nimmt er im offenen Hofe, von wo man das Gras entfernt hat, Platz. Einer Kuh, die ein ihr gleichendes Kalb bei sich hat, wird an dem einen Euter
344 die Milch ausgemolken, und damit der König bedient; wird an dem zweiten Euter die Milch ausgemolken, und damit die Königin bedient; wird an dem dritten Euter die Milch ausgemolken, und damit der Oberpriester bedient; wird an dem vierten Euter die Milch ausgemolken, und damit dem Feuer geopfert. Was noch bleibt wird dem Kalbe gelassen. Und er gebietet: ‹So viele Stiere sollen erschlagen werden um des Opfers willen, so viele Farren sollen erschlagen werden um des Opfers willen, so viele Färsen sollen erschlagen werden um des Opfers willen, so viele Ziegen sollen erschlagen werden um des Opfers willen, so viele Schafe sollen erschlagen werden um des Opfers willen, so viele Bäume sollen gefällt werden, als Pfosten zu dienen, soviel Gras soll gemäht werden, als Streu zu dienen!› Und seine Knechte und Söldner und Werkleute gehn aus Furcht vor Strafe, von Angst eingeschüchtert, mit tränenden Augen klagend daran, den Befehl auszuführen. Den heißt man, Hausväter, einen Menschen, der ein Selbstquäler, der Übung der Selbstqual eifrig ergeben ist, und der ein Nächstenquäler, der Übung der Nächstenqual eifrig ergeben ist.

«Was ist das aber, Hausväter, für ein Mensch, der weder ein Selbstquäler, nicht der Übung der Selbstqual eifrig ergeben ist, noch ein Nächstenquäler, nicht der Übung der Nächstenqual eifrig ergeben ist: der ohne Selbstqual, ohne Nächstenqual schon bei Lebzeiten ausgeglüht, erloschen, kühl geworden ist, sich wohlfühlt, heilig geworden im Herzen? Da erscheint, Hausväter, der Vollendete in der Welt, der Heilige, vollkommen Erwachte, der Wissens- und Wandelsbewährte, der Willkommene, der Welt Kenner, der unvergleichliche Leiter der Männerherde, der Meister der Götter und Menschen, der Erwachte, der Erhabene. Er zeigt diese Welt mit ihren Göttern, ihren bösen und heiligen Geistern, mit ihrer Schar von Priestern und Büßern, Göttern und Menschen, nachdem er sie selbst verstanden und durchdrungen hat. Er verkündet die Lehre, deren Anfang begütigt, deren Mitte begütigt, deren Ende begütigt, die sinn- und wortgetreue, er legt das vollkommen geläuterte, geklärte Asketentum dar.

«Diese Lehre hört ein Hausvater, oder der Sohn eines Hausvaters, oder einer, der in anderem Stande neugeboren ward. Nachdem er diese Lehre gehört hat, faßt er Vertrauen zum Vollendeten. Von diesem Vertrauen erfüllt denkt und überlegt er also: ‹Ein Gefängnis ist die Häuslichkeit, ein Schmutzwinkel; der freie Himmelsraum die Pilgerschaft. Nicht wohl geht es, wenn man im Hause bleibt, das völlig geläuterte, völlig geklärte Asketentum Punkt für Punkt zu erfüllen. Wie, wenn ich nun, mit geschorenem Haar und Barte,

mit fahlem Gewande bekleidet, aus dem Hause in die Hauslosigkeit hinauszöge?› So gibt er denn später einen kleinen Besitz oder einen großen Besitz
auf, hat einen kleinen Verwandtenkreis oder einen großen Verwandtenkreis 345
verlassen und ist mit geschorenem Haar und Barte, im fahlen Gewande von Hause fort in die Hauslosigkeit gezogen.

«Er ist nun Pilger geworden und hat die Ordenspflichten der Mönche auf sich genommen. Lebendiges umzubringen hat er verworfen, Lebendiges umzubringen liegt ihm fern: ohne Stock, ohne Schwert, fühlsam, voll Teilnahme, hegt er zu allen lebenden Wesen Liebe und Mitleid. Nichtgegebenes zu nehmen hat er verworfen, vom Nehmen des Nichtgegebenen hält er sich fern: Gegebenes nimmt er, Gegebenes wartet er ab, nicht diebisch gesinnt, rein gewordenen Herzens. Die Unkeuschheit hat er verworfen, keusch lebt er: fern zieht er hin, entraten der Paarung, dem gemeinen Gesetze. Lüge hat er verworfen, von Lüge hält er sich fern: die Wahrheit spricht er, der Wahrheit ist er ergeben, standhaft, vertrauenswürdig, kein Heuchler und Schmeichler der Welt. Das Ausrichten hat er verworfen, vom Ausrichten hält er sich fern: was er hier gehört hat erzählt er dort nicht wieder, um jene zu entzweien, und was er dort gehört hat erzählt er hier nicht wieder, um diese zu entzweien; so einigt er Entzweite, festigt Verbundene, Eintracht macht ihn froh, Eintracht freut ihn, Eintracht beglückt ihn, Eintracht fördernde Worte spricht er. Barsche Worte hat er verworfen, von barschen Worten hält er sich fern: Worte, die frei von Schimpf sind, dem Ohre wohltuend, liebreich, zum Herzen dringend, höflich, viele erfreuend, viele erhebend, solche Worte spricht er. Plappern und Plaudern hat er verworfen, von Plappern und Plaudern hält er sich fern: zur rechten Zeit spricht er, den Tatsachen gemäß, auf den Sinn bedacht, der Lehre und Ordnung getreu, seine Rede ist reich an Inhalt, gelegentlich mit Gleichnissen geschmückt, klar und bestimmt, ihrem Gegenstande angemessen.

«Sämereien und Pflanzungen anzulegen hat er verschmäht. Einmal des Tags nimmt er Nahrung zu sich, nachts ist er nüchtern, fern liegt es ihm zur Unzeit zu essen. Von Tanz, Gesang, Spiel, Schaustellungen hält er sich fern. Kränze, Wohlgerüche, Salben, Schmuck, Zierat, Putz weist er ab. Hohe, prächtige Lagerstätten verschmäht er. Gold und Silber nimmt er nicht an. Rohes Getreide nimmt er nicht an. Rohes Fleisch nimmt er nicht an. Frauen und Mädchen nimmt er nicht an. Diener und Dienerinnen nimmt er nicht an. Ziegen und Schafe nimmt er nicht an. Hühner und Schweine nimmt er nicht an. Elefanten, Rinder und Rosse nimmt er nicht an. Haus und Feld nimmt er nicht an. Botschaften, Sendungen, Aufträge übernimmt er nicht. Von Kauf und Verkauf hält er sich fern. Von falschem Maß und Gewicht hält er sich
fern. Von den schiefen Wegen der Bestechung, Täuschung, Niedertracht hält 346

er sich fern. Von Raufereien, Schlägereien, Händeln, vom Rauben, Plündern und Zwingen hält er sich fern.

«Er ist zufrieden mit dem Gewande, das seinen Leib deckt, mit der Almosenspeise, die sein Leben fristet. Wohin er auch pilgert, nur mit dem Gewande und der Almosenschale versehn pilgert er. Gleichwie da etwa ein beschwingter Vogel, wohin er auch fliegt, nur mit der Last seiner Federn fliegt, ebenso auch ist der Mönch mit dem Gewande zufrieden, das seinen Leib deckt, mit der Almosenspeise, die sein Leben fristet. Wohin er auch wandert, nur damit versehn wandert er.

«Durch die Erfüllung dieser heiligen Tugendsatzung empfindet er ein inneres fleckenloses Glück.

«Erblickt er nun mit dem Gesichte eine Form, so faßt er keine Neigung, faßt keine Absicht. Da Begierde und Mißmut, böse und schlechte Gedanken gar bald den überwältigen, der unbewachten Gesichtes verweilt, befleißigt er sich dieser Bewachung, er hütet das Gesicht, er wacht eifrig über das Gesicht.

«Hört er nun mit dem Gehöre einen Ton,

«Riecht er nun mit dem Geruche einen Duft,

«Schmeckt er nun mit dem Geschmacke einen Saft,

«Tastet er nun mit dem Getaste eine Tastung,

«Erkennt er nun mit dem Gedenken ein Ding, so faßt er keine Neigung, faßt keine Absicht. Da Begierde und Mißmut, böse und schlechte Gedanken gar bald den überwältigen, der unbewachten Gedenkens verweilt, befleißigt er sich dieser Bewachung, er hütet das Gedenken, er wacht eifrig über das Gedenken.

«Durch die Erfüllung dieser heiligen Sinnenzügelung empfindet er ein inneres ungetrübtes Glück.

«Klar bewußt kommt er und geht er, klar bewußt blickt er hin, blickt er weg, klar bewußt regt und bewegt er sich, klar bewußt trägt er des Ordens Gewand und Almosenschale, klar bewußt ißt und trinkt, kaut und schmeckt er, klar bewußt entleert er Kot und Harn, klar bewußt geht und steht und sitzt er, schläft er ein, wacht er auf, spricht er und schweigt er.

«Treu dieser heiligen Tugendsatzung, treu dieser heiligen Sinnenzügelung, treu dieser heiligen klaren Einsicht sucht er einen abgelegenen Ruheplatz auf, einen Hain, den Fuß eines Baumes, eine Felsengrotte, eine Bergesgruft, einen Friedhof, die Waldesmitte, ein Streulager in der offenen Ebene. Nach dem Mahle, wenn er vom Almosengange zurückgekehrt ist, setzt er sich mit ver-
347 schränkten Beinen nieder, den Körper gerade aufgerichtet, und pflegt der Einsicht. Er hat weltliche Begierde verworfen und verweilt begierdelosen Gemütes, von Begierde läutert er sein Herz. Gehässigkeit hat er verworfen, haßlosen Gemütes verweilt er, voll Liebe und Mitleid zu allen lebenden Wesen

läutert er sein Herz von Gehässigkeit. Matte Müde hat er verworfen, von matter Müde ist er frei; das Licht liebend, einsichtig, klar bewußt, läutert er sein Herz von matter Müde. Stolzen Unmut hat er verworfen, er ist frei von Stolz; innig beruhigten Gemütes läutert er sein Herz von stolzem Unmut. Das Schwanken hat er verworfen, der Ungewißheit ist er entronnen; er zweifelt nicht am Guten, vom Schwanken läutert er sein Herz.

«Er hat nun diese fünf Hemmungen aufgehoben, hat die Schlacken des Gemütes kennengelernt, die lähmenden; gar fern von Begierden, fern von unheilsamen Dingen lebt er in sinnend gedenkender ruhegeborener seliger Heiterkeit, in der Weihe der ersten Schauung.

«Weiter sodann, Hausväter: nach Vollendung des Sinnens und Gedenkens gewinnt der Mönch die innere Meeresstille, die Einheit des Gemütes, die von sinnen, von gedenken freie, in der Einigung geborene selige Heiterkeit, die Weihe der zweiten Schauung.

«Weiter sodann, Hausväter: in heiterer Ruhe verweilt der Mönch gleichmütig, einsichtig, klar bewußt, ein Glück empfindet er im Körper, von dem die Heiligen sagen: ‹Der gleichmütig Einsichtige lebt beglückt›: so gewinnt er die Weihe der dritten Schauung.

«Weiter sodann, Hausväter: nach Verwerfung der Freuden und Leiden, nach Vernichtung des einstigen Frohsinns und Trübsinns erreicht der Mönch die Weihe der leidlosen, freudlosen, gleichmütig einsichtigen vollkommenen Reine, die vierte Schauung.

«Solchen Gemütes, innig, geläutert, gesäubert, gediegen, schlackengeklärt, geschmeidig, biegsam, fest, unversehrbar, richtet er das Gemüt auf die erinnernde Erkenntnis früherer Daseinsformen. Er erinnert sich an manche verschiedene frühere Daseinsform, als wie an ein Leben, dann an zwei Leben, dann an drei Leben, dann an vier Leben, dann an fünf Leben, dann an zehn Leben, dann an zwanzig Leben, dann an dreißig Leben, dann an vierzig Leben, dann an fünfzig Leben, dann an hundert Leben, dann an tausend Leben, dann an hunderttausend Leben, dann an die Zeiten während mancher Weltenentstehungen, dann an die Zeiten während mancher Weltenvergehungen, dann an die Zeiten während mancher Weltenentstehungen-Weltenvergehungen. ‹Dort war ich, jenen Namen hatte ich, jener Familie gehörte ich an, das war mein Stand, das mein Beruf, solches Wohl und Wehe habe ich erfahren, so war mein Lebensende; dort verschieden trat ich anderswo wieder ins Dasein: da war ich nun, diesen Namen hatte ich, dieser Familie gehörte ich an, dies war mein Stand, dies mein Beruf, solches Wohl und Wehe habe ich erfahren, so war
mein Lebensende; da verschieden trat ich hier wieder ins Dasein.› So erin- 348
nert er sich mancher verschiedenen früheren Daseinsform, mit je den eigentümlichen Merkmalen, mit je den eigenartigen Beziehungen.

«Solchen Gemütes, innig, geläutert, gesäubert, gediegen, schlackengeklärt, geschmeidig, biegsam, fest, unversehrbar, richtet er das Gemüt auf die Erkenntnis des Verschwindens-Erscheinens der Wesen. Mit dem himmlischen Auge, dem geläuterten, über menschliche Grenzen hinausreichenden, kann er die Wesen dahinschwinden und wiedererscheinen sehn, gemeine und edle, schöne und unschöne, glückliche und unglückliche, er kann erkennen wie die Wesen je nach den Taten wiederkehren. ‹Diese lieben Wesen sind freilich in Taten dem Schlechten zugetan, in Worten dem Schlechten zugetan, in Gedanken dem Schlechten zugetan, tadeln Heiliges, achten Verkehrtes, tun Verkehrtes; bei der Auflösung des Leibes, nach dem Tode, gelangen sie auf den Abweg, auf schlechte Fährte, zur Tiefe hinab, in höllische Welt. Jene lieben Wesen sind aber in Taten dem Guten zugetan, in Worten dem Guten zugetan, in Gedanken dem Guten zugetan, tadeln nicht Heiliges, achten Rechtes, tun Rechtes; bei der Auflösung des Leibes, nach dem Tode, gelangen sie auf gute Fährte, in himmlische Welt.› So kann er mit dem himmlischen Auge, dem geläuterten, über menschliche Grenzen hinausreichenden, die Wesen dahinschwinden und wiedererscheinen sehn, gemeine und edle, schöne und unschöne, glückliche und unglückliche, er kann erkennen wie die Wesen je nach den Taten wiederkehren.

«Solchen Gemütes, innig, geläutert, gesäubert, gediegen, schlackengeklärt, geschmeidig, biegsam, fest, unversehrbar, richtet er das Gemüt auf die Erkenntnis der Wahnversiegung. ‹Das ist das Leiden› erkennt er der Wahrheit gemäß. ‹Das ist die Leidensentwicklung› erkennt er der Wahrheit gemäß. ‹Das ist die Leidensauflösung› erkennt er der Wahrheit gemäß. ‹Das ist der zur Leidensauflösung führende Pfad› erkennt er der Wahrheit gemäß. ‹Das ist der Wahn› erkennt er der Wahrheit gemäß. ‹Das ist die Wahnentwicklung› erkennt er der Wahrheit gemäß. ‹Das ist die Wahnauflösung› erkennt er der Wahrheit gemäß. ‹Das ist der zur Wahnauflösung führende Pfad› erkennt er der Wahrheit gemäß.

«Also erkennend, also sehend wird da sein Gemüt erlöst vom Wunscheswahn, erlöst vom Daseinswahn, erlöst vom Nichtwissenswahn. ‹Im Erlösten ist die Erlösung›, diese Erkenntnis geht auf. ‹Versiegt ist die Geburt, vollendet das Asketentum, gewirkt das Werk, nicht mehr ist diese Welt› versteht er da.

«Den heißt man, Hausväter, einen Menschen, der weder ein Selbstquäler, nicht der Übung der Selbstqual eifrig ergeben ist, noch ein Nächstenquäler,
413 nicht der Übung der Nächstenqual eifrig ergeben ist: der ohne Selbstqual, ohne Nächstenqual schon bei Lebzeiten ausgeglüht, erloschen, kühl geworden ist, sich wohlfühlt, heilig geworden im Herzen.»

Nach dieser Rede sprachen die brāhmanischen Hausleute von Sālā also zum Erhabenen:

«Vortrefflich, Herr Gotamo, vortrefflich, Herr Gotamo! Gleichwie etwa, Herr Gotamo, als ob man Umgestürztes aufstellte, oder Verborgenes enthüllte, oder Verirrten den Weg wiese, oder ein Licht in die Finsternis hielte: ‹Wer Augen hat wird die Dinge sehn›: ebenso auch ist von Herrn Gotamo die Lehre gar vielfach gezeigt worden. Und so nehmen wir bei Herrn Gotamo unsere Zuflucht, bei der Lehre und bei der Jüngerschaft: als Anhänger möge uns Herr Gotamo betrachten, von heute an zeitlebens getreu.»

SIEBENTER TEIL

BUCH DER MÖNCHE

61

SIEBENTER TEIL · ERSTE REDE

RĀHULOS ERMAHNUNG

I

DAS HAB' ICH GEHÖRT. Zu einer Zeit weilte der Erhabene bei Rājagaham, 414
im Bambusparke, am Hügel der Eichhörnchen. Um diese Zeit aber weilte der ehrwürdige Rāhulo im Mangohage[76].

Als nun der Erhabene gegen Abend die Gedenkensruhe beendet hatte, begab er sich nach dem Mangohage, dorthin wo der ehrwürdige Rāhulo sich aufhielt. Und es sah der ehrwürdige Rāhulo den Erhabenen von ferne herankommen, und als er ihn gesehn stellte er einen Stuhl zurecht und Wasser für die Füße. Es setzte sich der Erhabene auf den dargebotenen Sitz, und als er saß spülte er sich die Füße ab. Und auch der ehrwürdige Rāhulo setzte sich, nach des Erhabenen Begrüßung, zur Seite nieder.

Und der Erhabene ließ einen geringen Rest von Wasser im Becken zurück und wandte sich an den ehrwürdigen Rāhulo:

«Siehst du wohl, Rāhulo, diesen geringen Rest von Wasser da im Becken?»

«Ja, o Herr!»

«Ebenso gering ist, Rāhulo, das Asketentum derer, die sich vor bewußter Lüge nicht scheuen.»

Und der Erhabene goß diesen geringen Rest von Wasser aus und sprach zum ehrwürdigen Rāhulo:

«Siehst du wohl, Rāhulo, daß dieser geringe Rest von Wasser ausgegossen ist?»

«Ja, o Herr!»

«Ebenso ausgegossen ist, Rāhulo, das Asketentum derer, die sich vor bewußter Lüge nicht scheuen.»

Und der Erhabene kehrte das Wasserbecken um und sagte zum ehrwürdigen Rāhulo:

«Siehst du wohl, Rāhulo, daß dieses Wasserbecken umgekehrt ist?»

«Ja, o Herr!»

«Ebenso umgekehrt ist, Rāhulo, das Asketentum derer, die sich vor bewußter Lüge nicht scheuen.»

Und der Erhabene kehrte das Wasserbecken auf und fragte den ehrwürdigen Rāhulo:

«Siehst du wohl, Rāhulo, daß dieses Wasserbecken hohl und leer ist?»

«Ja, o Herr!»

«Ebenso hohl und leer ist, Rāhulo, das Asketentum derer, die sich vor bewußter Lüge nicht scheuen.

«Gleichwie etwa, Rāhulo, wenn ein Königselefant, mit Doppelhauern, zum Angriff geeignet, zum Kampf erzogen, in den Kampf geraten mit den Vorderfüßen sein Werk verrichtet und mit den Hinterfüßen sein Werk verrichtet, mit dem Vorderleibe sein Werk verrichtet und mit dem Hinterleibe sein Werk verrichtet, mit dem Kopfe sein Werk verrichtet, mit den Ohren sein Werk verrichtet, mit den Hauern sein Werk verrichtet, mit dem
415 Schwanze sein Werk verrichtet und nur den Rüssel zurückhält; da weiß der Elefantenlenker: ‹Nicht hat der Königselefant das Leben preisgegeben.› Wenn aber, Rāhulo, ein Königselefant, mit Doppelhauern, zum Angriff geeignet, zum Kampf erzogen, in den Kampf geraten mit den Vorderfüßen sein Werk verrichtet und mit den Hinterfüßen sein Werk verrichtet, mit dem Vorderleibe sein Werk verrichtet und mit dem Hinterleibe sein Werk verrichtet, mit dem Kopfe sein Werk verrichtet, mit den Ohren sein Werk verrichtet, mit den Hauern sein Werk verrichtet, mit dem Schwanze sein Werk verrichtet und mit dem Rüssel sein Werk verrichtet; da weiß der Elefantenlenker: ‹Preisgegeben hat der Königselefant das Leben, alles ist jetzt der Königselefant imstande zu tun.› Ebenso nun auch, Rāhulo, sag' ich, daß wer sich da vor bewußter Lüge nicht scheut alles Böse zu tun imstande ist. Darum merke dir, Rāhulo: ‹Nicht einmal im Scherze will ich Lüge reden›: also hast du dich, Rāhulo, wohl zu üben.

«Was meinst du wohl, Rāhulo: wozu taugt ein Spiegel?»

«Um sich zu betrachten, o Herr!»

«Ebenso nun auch soll man sich, Rāhulo, betrachten und betrachten bevor man Taten begeht, betrachten und betrachten bevor man Worte spricht, betrachten und betrachten bevor man Gedanken hegt.

«Was immer du, Rāhulo, für eine Tat begehn willst, eben diese Tat sollst du dir betrachten: ‹Wie, wenn diese Tat, die ich da begehn will, mich selber beschwerte, oder andere beschwerte, oder alle beide beschwerte? Das wär' eine unheilsame Tat, die Leiden aufzieht, Leiden züchtet.› Wenn du, Rāhulo, bei der Betrachtung merkst: ‹Diese Tat, die ich da begehn will, die kann mich selber beschweren, kann andere beschweren, kann alle beide beschweren: es ist eine unheilsame Tat, die Leiden aufzieht, Leiden züchtet›, so hast du, Rā-
416 hulo, eine derartige Tat sicherlich zu lassen. Wenn du aber, Rāhulo, bei der Betrachtung merkst: ‹Diese Tat, die ich da begehn will, die kann weder mich beschweren, noch kann sie andere beschweren, kann keinen von beiden

beschweren: es ist eine heilsame Tat, die Wohl aufzieht, Wohl züchtet›, so hast du, Rāhulo, eine derartige Tat zu tun.

«Und während du, Rāhulo, eine Tat begehst, sollst du dir eben diese Tat betrachten: ‹Weil ich nun diese Tat begehe, beschwert sie mich da selber, oder beschwert sie etwa andere, oder beschwert sie alle beide? Ist es eine unheilsame Tat, die Leiden aufzieht, Leiden züchtet?› Wenn du, Rāhulo, bei der Betrachtung merkst: ‹Diese Tat, die ich da begehe, die beschwert mich selber, oder sie beschwert andere, oder beschwert alle beide: es ist eine unheilsame Tat, die Leiden aufzieht, Leiden züchtet›, so hast du, Rāhulo, einer derartigen Tat Einhalt zu tun. Wenn du aber, Rāhulo, bei der Betrachtung merkst: ‹Diese Tat, die ich da begehe, die beschwert weder mich selber, noch beschwert sie andere, beschwert keinen von beiden: es ist eine heilsame Tat, die Wohl aufzieht, Wohl züchtet›, so hast du, Rāhulo, eine derartige Tat zu fördern.

«Und hast du, Rāhulo, eine Tat begangen, so sollst du dir eben diese Tat
betrachten: ‹Weil ich nun diese Tat begangen habe, beschwert sie mich da
selber, oder beschwert sie etwa andere, oder beschwert sie alle beide? Ist es
eine unheilsame Tat, die Leiden aufzieht, Leiden züchtet?› Wenn du, Rā-
hulo, bei der Betrachtung merkst: ‹Diese Tat, die ich da begangen habe, die
beschwert mich selber, oder sie beschwert andere, oder beschwert alle beide:
es ist eine unheilsame Tat, die Leiden aufzieht, Leiden züchtet›, so hast du,
Rāhulo, eine derartige Tat dem Meister oder erfahrenen Ordensbrüdern an-
zugeben, aufzudecken, darzulegen; und hast du sie angegeben, aufgedeckt,
dargelegt, dich künftighin zu hüten. Wenn du aber, Rāhulo, bei der Betrach- 417
tung merkst: ‹Diese Tat, die ich da begangen habe, die beschwert weder mich
selber, noch beschwert sie andere, beschwert keinen von beiden: es ist eine
heilsame Tat, die Wohl aufzieht, Wohl züchtet›, so hast du, Rāhulo, eben
diese selig heitere Übung im Guten Tag und Nacht zu pflegen.

«Was immer du, Rāhulo, für ein Wort sprechen willst, eben dieses Wort sollst du dir betrachten: ‹Wie, wenn dieses Wort, das ich da sprechen will, mich selber beschwerte, oder andere beschwerte, oder alle beide beschwerte? Das wär' ein unheilsames Wort, das Leiden aufzieht, Leiden züchtet.› Wenn du, Rāhulo, bei der Betrachtung merkst: ‹Dieses Wort, das ich da sprechen will, das kann mich selber beschweren, kann andere beschweren, kann alle beide beschweren: es ist ein unheilsames Wort, das Leiden aufzieht, Leiden züchtet›, so hast du, Rāhulo, ein derartiges Wort sicherlich zu lassen. Wenn du aber, Rāhulo, bei der Betrachtung merkst: ‹Dieses Wort, das ich da sprechen will, das kann weder mich beschweren, noch kann es andere beschweren, kann keinen von beiden beschweren: es ist ein heilsames Wort, das Wohl aufzieht, Wohl züchtet›, so hast du, Rāhulo, ein derartiges Wort zu sprechen.

«Und während du, Rāhulo, ein Wort sprichst, sollst du dir eben dieses Wort betrachten: ‹Weil ich nun dieses Wort spreche, beschwert es mich da selber, oder beschwert es etwa andere, oder beschwert es alle beide? Ist es ein unheilsames Wort, das Leiden aufzieht, Leiden züchtet?› Wenn du, Rāhulo, bei der Betrachtung merkst: ‹Dieses Wort, das ich da spreche, das beschwert mich selber, oder es beschwert andere, oder beschwert alle beide: es ist ein unheilsames Wort, das Leiden aufzieht, Leiden züchtet›, so hast du, Rāhulo, einem derartigen Worte Einhalt zu tun. Wenn du aber, Rāhulo, bei der Betrachtung merkst: ‹Dieses Wort, das ich da spreche, das beschwert weder mich selber, noch beschwert es andere, beschwert keinen von beiden: es ist
418 ein heilsames Wort, das Wohl aufzieht, Wohl züchtet›, so hast du, Rāhulo, ein derartiges Wort zu fördern.

«Und hast du, Rāhulo, ein Wort gesprochen, so sollst du dir eben dieses Wort betrachten: ‹Weil ich nun dieses Wort gesprochen habe, beschwert es mich da selber, oder beschwert es etwa andere, oder beschwert es alle beide? Ist es ein unheilsames Wort, das Leiden aufzieht, Leiden züchtet?› Wenn du, Rāhulo, bei der Betrachtung merkst: ‹Dieses Wort, das ich da gesprochen habe, das beschwert mich selber, oder es beschwert andere, oder beschwert alle beide: es ist ein unheilsames Wort, das Leiden aufzieht, Leiden züchtet›, so hast du, Rāhulo, ein derartiges Wort dem Meister oder erfahrenen Ordensbrüdern anzugeben, aufzudecken, darzulegen; und hast du es angegeben, aufgedeckt, dargelegt, dich künftighin zu hüten. Wenn du aber, Rāhulo, bei der Betrachtung merkst: ‹Dieses Wort, das ich da gesprochen habe, das beschwert weder mich selber, noch beschwert es andere, beschwert keinen von beiden: es ist ein heilsames Wort, das Wohl aufzieht, Wohl züchtet›, so hast du, Rāhulo, eben diese selig heitere Übung im Guten Tag und Nacht zu pflegen.

«Was immer du, Rāhulo, für einen Gedanken hegen willst, eben diesen Gedanken sollst du dir betrachten: ‹Wie, wenn dieser Gedanke, den ich da hegen will, mich selber beschwerte, oder andere beschwerte, oder alle beide beschwerte? Das wär' ein unheilsamer Gedanke, der Leiden aufzieht, Leiden züchtet.› Wenn du, Rāhulo, bei der Betrachtung merkst: ‹Dieser Gedanke, den ich da hegen will, der kann mich selber beschweren, kann andere beschweren, kann alle beide beschweren: es ist ein unheilsamer Gedanke, der Leiden aufzieht, Leiden züchtet›, so hast du, Rāhulo, einen derartigen Gedanken sicherlich zu lassen. Wenn du aber, Rāhulo, bei der Betrachtung merkst: ‹Dieser Gedanke, den ich da hegen will, der kann weder mich beschweren, noch kann er andere beschweren, kann keinen von beiden be-
419 schweren: es ist ein heilsamer Gedanke, der Wohl aufzieht, Wohl züchtet›, so hast du, Rāhulo, einen derartigen Gedanken zu hegen.

«Und während du, Rāhulo, einen Gedanken hegst, sollst du dir eben diesen Gedanken betrachten: ‹Weil ich nun diesen Gedanken hege, beschwert er mich da selber, oder beschwert er etwa andere, oder beschwert er alle beide? Ist es ein unheilsamer Gedanke, der Leiden aufzieht, Leiden züchtet?› Wenn du, Rāhulo, bei der Betrachtung merkst: ‹Dieser Gedanke, den ich da hege, der beschwert mich selber, oder er beschwert andere, oder beschwert alle beide: es ist ein unheilsamer Gedanke, der Leiden aufzieht, Leiden züchtet›, so hast du, Rāhulo, einem derartigen Gedanken Einhalt zu tun. Wenn du aber, Rāhulo, bei der Betrachtung merkst: ‹Dieser Gedanke, den ich da hege, der beschwert weder mich selber, noch beschwert er andere, beschwert keinen von beiden: es ist ein heilsamer Gedanke, der Wohl aufzieht, Wohl züchtet›, so hast du, Rāhulo, einen derartigen Gedanken zu fördern.

«Und hast du, Rāhulo, einen Gedanken gehegt, so sollst du dir eben diesen Gedanken betrachten: ‹Weil ich nun diesen Gedanken gehegt habe, beschwert er mich da selber, oder beschwert er etwa andere, oder beschwert er alle beide? Ist es ein unheilsamer Gedanke, der Leiden aufzieht, Leiden züchtet?› Wenn du, Rāhulo, bei der Betrachtung merkst: ‹Dieser Gedanke, den ich da gehegt habe, der beschwert mich selber, oder er beschwert andere, oder beschwert alle beide: es ist ein unheilsamer Gedanke, der Leiden aufzieht, Leiden züchtet›, so hast du dann, Rāhulo, vor diesem Gedanken Grauen, Entsetzen, Abscheu zu fassen; und hast du Grauen, Entsetzen, Abscheu gefaßt, dich künftighin zu hüten. Wenn du aber, Rāhulo, bei der Betrachtung merkst: ‹Dieser Gedanke, den ich da gehegt habe, der beschwert weder mich selber, noch beschwert er andere, beschwert keinen von beiden: es ist ein heilsamer Gedanke, der Wohl aufzieht, Wohl züchtet›, so hast du, Rāhulo, eben diese selig heitere Übung im Guten Tag und Nacht zu pflegen.

«Denn wer immer auch, Rāhulo, von den Asketen oder den Priestern in 420
vergangenen Zeiten seine Taten geläutert, seine Worte geläutert, seine Gedanken geläutert hat, ein jeder hat also und also betrachtend und betrachtend seine Taten geläutert, betrachtend und betrachtend seine Worte geläutert, betrachtend und betrachtend seine Gedanken geläutert. Und wer immer auch, Rāhulo, von den Asketen oder den Priestern in künftigen Zeiten seine Taten läutern, seine Worte läutern, seine Gedanken läutern wird, ein jeder wird also und also betrachtend und betrachtend seine Taten läutern, betrachtend und betrachtend seine Worte läutern, betrachtend und betrachtend seine Gedanken läutern. Und wer immer auch, Rāhulo, von den Asketen oder den Priestern in der Gegenwart seine Taten läutert, seine Worte läutert, seine Gedanken läutert, ein jeder läutert also und also betrachtend und betrachtend seine Taten, betrachtend und betrachtend läutert er seine Worte, betrachtend und betrachtend läutert er seine Gedanken.

«Darum merke hier, Rāhulo: ‹Betrachtend und betrachtend wollen wir unsere Taten läutern, betrachtend und betrachtend wollen wir unsere Worte läutern, betrachtend und betrachtend wollen wir unsere Gedanken läutern›: so habt ihr euch, Rāhulo, wohl zu üben.»

Also sprach der Erhabene. Zufrieden freute sich der ehrwürdige Rāhulo über das Wort des Erhabenen[77].

62

SIEBENTER TEIL · ZWEITE REDE

RĀHULOS ERMAHNUNG

II

DAS HAB' ICH GEHÖRT. Zu einer Zeit weilte der Erhabene bei Sāvatthī, im Siegerwalde, im Garten Anāthapiṇḍikos. Und der Erhabene, zeitig gerüstet, nahm Mantel und Schale und ging nach Sāvatthī um Almosenspeise. Und
421 auch der ehrwürdige Rāhulo nahm, zeitig gerüstet, Mantel und Schale und folgte dem Erhabenen Schritt um Schritt nach. Und der Erhabene wandte den Blick und sprach den ehrwürdigen Rāhulo an:

«Was es auch, Rāhulo, für eine Form sei, vergangene, zukünftige, gegenwärtige, eigene oder fremde, grobe oder feine, gemeine oder edle, ferne oder nahe: alle Form ist, der Wahrheit gemäß, mit vollkommener Weisheit also anzusehn: ‹Das gehört mir nicht, das bin ich nicht, das ist nicht mein Selbst.›»

«Nur etwa die Form, Erhabener, nur etwa die Form, Willkommener?»

«Die Form, Rāhulo, und das Gefühl, Rāhulo, und die Wahrnehmung, Rāhulo, und die Unterscheidungen, Rāhulo, und das Bewußtsein, Rāhulo.»

Und der ehrwürdige Rāhulo sagte sich nun: ‹Wer wird wohl heute, vom Erhabenen selbst mit einer Ansprache angeredet, unter die Leute um Almosen gehn?› Und er kehrte um und ging zurück und setzte sich am Fuß eines Baumes nieder, mit verschränkten Beinen, den Körper gerade aufgerichtet, und pflegte der Einsicht.

Es sah aber der ehrwürdige Sāriputto, wie der ehrwürdige Rāhulo dort saß, am Fuß eines Baumes, mit verschränkten Beinen, den Körper gerade aufgerichtet, der Einsicht pflegend, und als er ihn gesehn wandte er sich zu ihm:

«Bedachtsam übe, Rāhulo, Ein- und Ausatmung: Ein- und Ausatmung, bedachtsam geübt und gepflegt, Rāhulo, läßt hohen Lohn erlangen, hohe Förderung[78].»

Als nun der ehrwürdige Rāhulo gegen Abend die Gedenkensruhe beendet hatte, begab er sich dorthin wo der Erhabene weilte. Dort angelangt begrüßte er den Erhabenen ehrerbietig und setzte sich zur Seite nieder. Zur Seite sitzend sprach nun der ehrwürdige Rāhulo also zum Erhabenen:

«Wie muß da bedachtsam, o Herr, Ein- und Ausatmung geübt, wie gepflegt werden, auf daß sie hohen Lohn, hohe Förderung verleihe?»

«Was sich irgend, Rāhulo, innerlich einzeln fest und hart dargestellt hat,
als wie Kopfhaare, Körperhaare, Nägel, Zähne, Haut, Fleisch, Sehnen, Kno-
chen, Mark, Nieren, Herz, Leber, Zwerchfell, Milz, Lunge, Magen, Ein-
geweide, Weichteile, Kot, oder was sich irgend sonst noch innerlich einzeln
fest und hart dargestellt hat: das nennt man, Rāhulo, innerliche Erdenart.
Was es nun da an innerlicher Erdenart und was es an äußerlicher Erdenart
gibt, ist Erdenart. Und: ‹Das gehört mir nicht, das bin ich nicht, das ist nicht
mein Selbst›: so ist das, der Wahrheit gemäß, mit vollkommener Weisheit
anzusehn. Hat man das also, der Wahrheit gemäß, mit vollkommener Weis- 422
heit erkannt, wird man der Erdenart satt, löst den Sinn von der Erdenart ab.

«Was ist nun, Rāhulo, die Wasserart? Die Wasserart mag innerlich sein oder äußerlich. Was ist aber, Rāhulo, die innerliche Wasserart? Was sich innerlich einzeln flüssig und wässerig dargestellt hat, als wie Galle, Schleim, Eiter, Blut, Schweiß, Lymphe, Tränen, Serum, Speichel, Rotz, Gelenköl, Harn, oder was sich irgend sonst noch innerlich einzeln flüssig und wässerig dargestellt hat: das nennt man, Rāhulo, innerliche Wasserart. Was es nun da an innerlicher Wasserart und was es an äußerlicher Wasserart gibt, ist Wasserart. Und: ‹Das gehört mir nicht, das bin ich nicht, das ist nicht mein Selbst›: so ist das, der Wahrheit gemäß, mit vollkommener Weisheit anzusehn. Hat man das also, der Wahrheit gemäß, mit vollkommener Weisheit erkannt, wird man der Wasserart satt, löst den Sinn von der Wasserart ab.

«Was ist nun, Rāhulo, die Feuerart? Die Feuerart mag innerlich sein oder äußerlich. Was ist aber, Rāhulo, die innerliche Feuerart? Was sich innerlich einzeln flammig und feurig dargestellt hat, als wie wodurch Wärme erzeugt wird, wodurch man verdaut, wodurch man sich erhitzt, wodurch gekaute Speise und geschlürfter Trank einer vollkommenen Umwandlung erliegen, oder was sich irgend sonst noch innerlich einzeln flammig und feurig dargestellt hat: das nennt man, Rāhulo, innerliche Feuerart. Was es nun da an innerlicher Feuerart und was es an äußerlicher Feuerart gibt, ist Feuerart. Und: ‹Das gehört mir nicht, das bin ich nicht, das ist nicht mein Selbst›: so ist das, der Wahrheit gemäß, mit vollkommener Weisheit anzusehn. Hat man das also, der Wahrheit gemäß, mit vollkommener Weisheit erkannt, wird man der Feuerart satt, löst den Sinn von der Feuerart ab.

«Was ist nun, Rāhulo, die Luftart? Die Luftart mag innerlich sein oder äußerlich. Was ist aber, Rāhulo, die innerliche Luftart? Was sich innerlich einzeln flüchtig und luftig dargestellt hat, als wie die aufsteigenden und die absteigenden Winde, die Winde des Bauches und Darmes, die Winde, die jedes Glied durchströmen, die Einatmung und die Ausatmung: dies, oder was sich irgend sonst noch innerlich einzeln flüchtig und luftig dargestellt hat, das nennt man, Rāhulo, innerliche Luftart. Was es nun da an innerlicher Luftart und was es an äußerlicher Luftart gibt, ist Luftart. Und: ‹Das gehört mir nicht, das bin ich nicht, das ist nicht mein Selbst›: so ist das, der Wahrheit
423 gemäß, mit vollkommener Weisheit anzusehn. Hat man das also, der Wahrheit gemäß, mit vollkommener Weisheit erkannt, wird man der Luftart satt, löst den Sinn von der Luftart ab.

«Was ist nun, Rāhulo, die Raumart? Die Raumart mag innerlich sein oder äußerlich. Was ist aber, Rāhulo, die innerliche Raumart? Was sich innerlich einzeln räumlich und örtlich dargestellt hat, als wie die Ohrhöhle, die Nasenhöhle, die Mundöffnung, wodurch man gekaute Speise und geschlürften Trank einnimmt, wo gekaute Speise und geschlürfter Trank sich aufhält, wodurch gekaute Speise und geschlürfter Trank unten abgeht, oder was sich irgend sonst noch innerlich einzeln räumlich und örtlich dargestellt hat, das nennt man, Rāhulo, innerliche Raumart. Was es nun da an innerlicher Raumart und was es an äußerlicher Raumart gibt, ist Raumart. Und: ‹Das gehört mir nicht, das bin ich nicht, das ist nicht mein Selbst›: so ist das, der Wahrheit gemäß, mit vollkommener Weisheit anzusehn. Hat man das also, der Wahrheit gemäß, mit vollkommener Weisheit erkannt, wird man der Raumart satt, löst den Sinn von der Raumart ab.

«Der Erde gleich, Rāhulo, sollst du Übung üben: denn übst du, Rāhulo, der Erde gleich Übung, so kann dein Gemüt, angenehm oder unangenehm berührt, nicht erregt werden. Gleichwie man da, Rāhulo, auf die Erde Reines hinwirft und Unreines hinwirft, Kotiges hinwirft und Harniges hinwirft, Schleimiges hinwirft und Eiteriges hinwirft und Blutiges hinwirft, aber die Erde sich davor nicht entsetzt, empört oder sträubt: ebenso nun auch, Rāhulo, sollst du der Erde gleich Übung üben: denn übst du, Rāhulo, der Erde gleich Übung, so kann dein Gemüt, angenehm oder unangenehm berührt, nicht erregt werden.

«Dem Wasser gleich, Rāhulo, sollst du Übung üben: denn übst du, Rāhulo, dem Wasser gleich Übung, so kann dein Gemüt, angenehm oder unangenehm berührt, nicht erregt werden. Gleichwie man da, Rāhulo, im Wasser Reines wäscht und Unreines wäscht, Kotiges wäscht und Harniges wäscht,

Schleimiges wäscht und Eiteriges wäscht und Blutiges wäscht, aber das Wasser sich davor nicht entsetzt, empört oder sträubt, ebenso nun auch, Rāhulo, sollst du dem Wasser gleich Übung üben: denn übst du, Rāhulo, dem Wasser 424 gleich Übung, so kann dein Gemüt, angenehm oder unangenehm berührt, nicht erregt werden.

«Dem Feuer gleich, Rāhulo, sollst du Übung üben: denn übst du, Rāhulo, dem Feuer gleich Übung, so kann dein Gemüt, angenehm oder unangenehm berührt, nicht erregt werden. Gleichwie da, Rāhulo, das Feuer Reines brennt und Unreines brennt, Kotiges brennt und Harniges brennt, Schleimiges brennt und Eiteriges brennt und Blutiges brennt, aber das Feuer sich davor nicht entsetzt, empört oder sträubt: ebenso nun auch, Rāhulo, sollst du dem Feuer gleich Übung üben: denn übst du, Rāhulo, dem Feuer gleich Übung, so kann dein Gemüt, angenehm oder unangenehm berührt, nicht erregt werden.

«Der Luft gleich, Rāhulo, sollst du Übung üben: denn übst du, Rāhulo, der Luft gleich Übung, so kann dein Gemüt, angenehm oder unangenehm berührt, nicht erregt werden. Gleichwie da, Rāhulo, die Luft Reines anweht und Unreines anweht, Kotiges anweht und Harniges anweht, Schleimiges anweht und Eiteriges anweht und Blutiges anweht, aber die Luft sich davor nicht entsetzt, empört oder sträubt: ebenso nun auch, Rāhulo, sollst du der Luft gleich Übung üben: denn übst du, Rāhulo, der Luft gleich Übung, so kann dein Gemüt, angenehm oder unangenehm berührt, nicht erregt werden.

«Dem Raume gleich, Rāhulo, sollst du Übung üben: denn übst du, Rāhulo, dem Raume gleich Übung, so kann dein Gemüt, angenehm oder unangenehm berührt, nicht erregt werden. Gleichwie da, Rāhulo, der Raum durch nichts begrenzt wird, ebenso nun auch, Rāhulo, sollst du dem Raume gleich Übung üben: denn übst du, Rāhulo, dem Raume gleich Übung, so kann dein Gemüt, angenehm oder unangenehm berührt, nicht erregt werden.

«Liebreich, Rāhulo, sollst du Übung üben: denn übst du, Rāhulo, liebreich Übung, so wird was da Haß ist vergehn. Erbarmend, Rāhulo, sollst du Übung üben: denn übst du, Rāhulo, erbarmend Übung, so wird was da Wut ist vergehn. Freudig, Rāhulo, sollst du Übung üben: denn übst du, Rāhulo, freudig Übung, so wird was da Unlust ist vergehn. Gleichmütig, Rāhulo, sollst du Übung üben: denn übst du, Rāhulo, gleichmütig Übung, so wird was da Widerstreit ist vergehn.

«Des Ekels eingedenk, Rāhulo, sollst du Übung üben: denn übst du, Rāhulo, des Ekels eingedenk Übung, so wird was da Reiz ist vergehn.

«Der Vergänglichkeit eingedenk, Rāhulo, sollst du Übung üben: denn übst du, Rāhulo, der Vergänglichkeit eingedenk Übung, so wird was da Dün- 425
kel der Ichheit ist vergehn.

«Bedachtsam übe, Rāhulo, Ein- und Ausatmung: Ein- und Ausatmung, bedachtsam geübt und gepflegt, Rāhulo, läßt hohen Lohn erlangen, hohe Förderung. Wie muß aber bedachtsam, Rāhulo, Ein- und Ausatmung geübt, wie gepflegt werden, auf daß sie hohen Lohn, hohe Förderung verleihe? Da begibt sich, Rāhulo, der Mönch ins Innere des Waldes oder unter einen großen Baum oder in eine leere Klause, setzt sich mit verschränkten Beinen nieder, den Körper gerade aufgerichtet, und pflegt der Einsicht. Bedächtig atmet er ein, bedächtig atmet er aus. Atmet er tief ein, so weiß er ‹Ich atme tief ein›, atmet er tief aus, so weiß er ‹Ich atme tief aus›; atmet er kurz ein, so weiß er ‹Ich atme kurz ein›, atmet er kurz aus, so weiß er ‹Ich atme kurz aus›. ‹Den ganzen Körper empfindend will ich einatmen›, ‹Den ganzen Körper empfindend will ich ausatmen›, so übt er sich. ‹Diese Körperverbindung besänftigend will ich einatmen›, ‹Diese Körperverbindung besänftigend will ich ausatmen›, so übt er sich. ‹Heiter empfindend will ich einatmen›, ‹Heiter empfindend will ich ausatmen›, so übt er sich. ‹Selig empfindend will ich einatmen›, ‹Selig empfindend will ich ausatmen›, so übt er sich. ‹Die Gedankenverbindung empfindend will ich einatmen›, ‹Die Gedankenverbindung empfindend will ich ausatmen›, so übt er sich. ‹Diese Gedankenverbindung besänftigend will ich einatmen›, ‹Diese Gedankenverbindung besänftigend will ich ausatmen›, so übt er sich. ‹Die Gedanken empfindend will ich einatmen›, ‹Die Gedanken empfindend will ich ausatmen›, so übt er sich. ‹Die Gedanken ermunternd will ich einatmen›, ‹Die Gedanken ermunternd will ich ausatmen›, so übt er sich. ‹Die Gedanken einigend will ich einatmen›, ‹Die Gedanken einigend will ich ausatmen›, so übt er sich. ‹Die Gedanken lösend will ich einatmen›, ‹Die Gedanken lösend will ich ausatmen›, so übt er sich. ‹Die Vergänglichkeit wahrnehmend will ich einatmen›, ‹Die Vergänglichkeit wahrnehmend will ich ausatmen›, so übt er sich. ‹Die Reizlosigkeit wahrnehmend will ich einatmen›, ‹Die Reizlosigkeit wahrnehmend will ich ausatmen›, so übt er sich. ‹Die Ausrodung wahrnehmend will ich einatmen›, ‹Die Ausrodung wahrnehmend will ich ausatmen›, so übt er sich. ‹Die Entfremdung wahrnehmend will ich einatmen›, ‹Die Entfremdung wahrnehmend will ich ausatmen›, so übt er sich.

«Also muß da, Rāhulo, Ein- und Ausatmung geübt, also gepflegt werden, auf daß sie hohen Lohn, hohe Förderung verleihe. Bei also geübter, Rāhulo,
426 also gepflegter Ein- und Ausatmung gehn auch die letzten Atemzüge bewußt aus, nicht unbewußt.»

Also sprach der Erhabene. Zufrieden freute sich der ehrwürdige Rāhulo über das Wort des Erhabenen[79].

63

SIEBENTER TEIL · DRITTE REDE

DER SOHN DER MĀLUN̠KYĀ

I

DAS HAB' ICH GEHÖRT. Zu einer Zeit weilte der Erhabene bei Sāvatthī, im Siegerwalde, im Garten Anāthapiṇḍikos.

Da kam nun dem ehrwürdigen Māluṉkyāputto, während er einsam zurückgezogen sann, folgender Gedanke in den Sinn: ‹Es gibt da manche Ansichten, die der Erhabene nicht mitgeteilt, gemieden, zurückgewiesen hat, als wie 'Ewig ist die Welt' oder 'Zeitlich ist die Welt', 'Endlich ist die Welt' oder 'Unendlich ist die Welt', 'Leben und Leib ist ein und dasselbe' oder 'Anders ist das Leben und anders der Leib', 'Der Vollendete besteht nach dem Tode' oder 'Der Vollendete besteht nicht nach dem Tode' oder 'Der Vollendete besteht und besteht nicht nach dem Tode' oder 'Weder besteht noch besteht nicht der Vollendete nach dem Tode'[80]. Das hat mir der Erhabene nicht mitgeteilt. Und daß es mir der Erhabene nicht mitgeteilt hat, das gefällt mir nicht, das behagt mir nicht. So will ich denn zum Erhabenen gehn und ihn darum befragen. Wenn es mir der Erhabene mitteilen kann, so will ich beim Erhabenen das Asketenleben führen: wenn es mir aber der Erhabene nicht mitteilen kann, so werd' ich die Askese aufgeben und zur Gewohnheit zurückkehren.›

Als nun der ehrwürdige Māluṉkyāputto gegen Abend die Gedenkensruhe 427
beendet hatte, begab er sich dorthin wo der Erhabene weilte. Dort angelangt begrüßte er den Erhabenen ehrerbietig und setzte sich zur Seite nieder. Zur Seite sitzend sprach nun der ehrwürdige Māluṉkyāputto also zum Erhabenen:

«Während ich da, o Herr, einsam zurückgezogen sann, kam mir folgender Gedanke in den Sinn: ‹Es gibt da manche Ansichten, die der Erhabene nicht mitgeteilt, gemieden, zurückgewiesen hat, als wie 'Ewig ist die Welt' oder 'Zeitlich ist die Welt', 'Endlich ist die Welt' oder 'Unendlich ist die Welt', 'Leben und Leib ist ein und dasselbe' oder 'Anders ist das Leben und anders der Leib', 'Der Vollendete besteht nach dem Tode' oder 'Der Vollendete besteht nicht nach dem Tode' oder 'Der Vollendete besteht und besteht nicht nach dem Tode' oder 'Weder besteht noch besteht nicht der Vollendete nach dem Tode'. Das hat mir der Erhabene nicht mitgeteilt. Und daß es mir der Erhabene nicht mitgeteilt hat, das gefällt mir nicht. So will ich denn zum Er-

habenen gehn und ihn darum befragen. Wenn es mir der Erhabene mitteilen
kann, so will ich beim Erhabenen das Asketenleben führen: wenn es mir aber
der Erhabene nicht mitteilen kann, so werd' ich die Askese aufgeben und zur
Gewohnheit zurückkehren.› Wenn der Erhabene weiß 'Ewig ist die Welt', so
soll mir der Erhabene mitteilen 'Ewig ist die Welt'; wenn der Erhabene weiß
'Zeitlich ist die Welt', so soll mir der Erhabene mitteilen 'Zeitlich ist die
Welt': wenn aber der Erhabene nicht weiß, ob die Welt ewig ist oder zeitlich
ist, so geziemt es eben einem, der das nicht weiß und nicht sieht, nur ehrlich
zu sagen: 'Ich weiß es nicht, ich seh' es nicht'. Wenn der Erhabene weiß
'Endlich ist die Welt', so soll mir der Erhabene mitteilen 'Endlich ist die
Welt'; wenn der Erhabene weiß 'Unendlich ist die Welt,' so soll mir der Er-
habene mitteilen 'Unendlich ist die Welt': wenn aber der Erhabene nicht
weiß, ob die Welt endlich ist oder unendlich ist, so geziemt es eben einem,
der das nicht weiß und nicht sieht, nur ehrlich zu sagen: 'Ich weiß es nicht,
ich seh' es nicht.' Wenn der Erhabene weiß 'Leben und Leib ist ein und das-
selbe', so soll mir der Erhabene mitteilen 'Leben und Leib ist ein und das-
selbe'; wenn der Erhabene weiß 'Anders ist das Leben und anders der Leib',
so soll mir der Erhabene mitteilen 'Anders ist das Leben und anders der Leib':
wenn aber der Erhabene nicht weiß, ob Leben und Leib ein und dasselbe
oder das Leben anders und anders der Leib ist, so geziemt es eben einem, der
das nicht weiß und nicht sieht, nur ehrlich zu sagen: 'Ich weiß es nicht, ich
seh' es nicht.' Wenn der Erhabene weiß 'Der Vollendete besteht nach dem
Tode', so soll mir der Erhabene mitteilen 'Der Vollendete besteht nach dem
428 Tode'; wenn der Erhabene weiß 'Der Vollendete besteht nicht nach dem
Tode', so soll mir der Erhabene mitteilen 'Der Vollendete besteht nicht nach
dem Tode': wenn aber der Erhabene nicht weiß, ob der Vollendete nach dem
Tode besteht oder nicht besteht, so geziemt es eben einem, der das nicht
weiß und nicht sieht, nur ehrlich zu sagen: 'Ich weiß es nicht, ich seh' es
nicht.' Wenn der Erhabene weiß 'Der Vollendete besteht und besteht nicht
nach dem Tode', so soll mir der Erhabene mitteilen 'Der Vollendete besteht
und besteht nicht nach dem Tode'; wenn der Erhabene weiß 'Weder besteht
noch besteht nicht der Vollendete nach dem Tode', so soll mir der Erhabene
mitteilen 'Weder besteht noch besteht nicht der Vollendete nach dem Tode':
wenn aber der Erhabene nicht weiß, ob der Vollendete nach dem Tode be-
steht und nicht besteht oder weder besteht noch nicht besteht, so geziemt
es eben einem, der das nicht weiß und nicht sieht, nur ehrlich zu sagen: 'Ich
weiß es nicht, ich seh' es nicht.'»

«Wie, hab' ich denn, Māluṉkyāputto, also zu dir gesprochen: ‹Komm', o Māluṉkyāputto, führe bei mir das Asketenleben: ich will dir mitteilen, ob die Welt ewig ist oder zeitlich ist, ob die Welt endlich ist oder unendlich ist, ob

Leben und Leib ein und dasselbe oder anders das Leben und anders der Leib ist, ob der Vollendete nach dem Tode besteht oder nicht besteht oder besteht und nicht besteht oder weder besteht noch nicht besteht›?»

«Das nicht, o Herr!»

«Oder hast etwa du also zu mir gesprochen: ‹Ich will, o Herr, beim Erhabenen das Asketenleben führen: der Erhabene wird mir mitteilen, ob die Welt ewig ist oder zeitlich ist, ob die Welt endlich ist oder unendlich ist, ob Leben und Leib ein und dasselbe oder anders das Leben und anders der Leib ist, ob der Vollendete nach dem Tode besteht oder nicht besteht oder besteht und nicht besteht oder weder besteht noch nicht besteht›?»

«Das nicht, o Herr!»

«So ist klar, Māluṉkyāputto, daß weder ich dergleichen zu dir gesagt habe, noch auch du dergleichen zu mir gesagt hast. Ist es also, eitler Mann, wer bist du und wen bezichtigst du? – Wer da, Māluṉkyāputto, also spräche: ‹Nicht eher will ich beim Erhabenen das Asketenleben führen, bis mir der Erhabene mitgeteilt haben wird, ob die Welt ewig ist oder zeitlich ist, ob die Welt endlich ist oder unendlich ist, ob Leben und Leib ein und dasselbe, oder anders das Leben und anders der Leib ist, ob der Vollendete nach dem Tode besteht oder nicht besteht oder besteht und nicht besteht oder weder besteht noch
nicht besteht›, dem könnte, Māluṉkyāputto, der Vollendete nicht genug mit- 429
teilen: denn jener stürbe hinweg[81].

«Gleichwie etwa, Māluṉkyāputto, wenn ein Mann von einem Pfeile getroffen wäre, dessen Spitze mit Gift bestrichen wurde, und seine Freunde und Genossen, Verwandte und Vettern bestellten ihm einen heilkundigen Arzt; er aber spräche: ‹Nicht eher will ich diesen Pfeil herausziehn bevor ich nicht weiß, wer jener Mann ist, der mich getroffen hat, ob es ein Krieger oder ein Priester, ein Bürger oder ein Bauer ist›; er aber spräche: ‹Nicht eher will ich diesen Pfeil herausziehn bevor ich nicht weiß, wer jener Mann ist, der mich getroffen hat, wie er heißt, woher er stammt oder hingehört›: er aber spräche: ‹Nicht eher will ich diesen Pfeil herausziehn bevor ich nicht weiß, wer jener Mann ist, der mich getroffen hat, ob es ein großer oder ein kleiner oder ein mittlerer Mensch ist›; er aber spräche: ‹Nicht eher will ich diesen Pfeil herausziehn bevor ich nicht weiß, wer jener Mann ist, der mich getroffen hat, ob seine Hautfarbe schwarz oder braun oder gelb ist›; er aber spräche: ‹Nicht eher will ich diesen Pfeil herausziehn bevor ich nicht weiß, wer jener Mann ist, der mich getroffen hat, in welchem Dorf oder welcher Burg oder welcher Stadt er zu Hause ist›; er aber spräche: ‹Nicht eher will ich diesen Pfeil herausziehn bevor ich den Bogen nicht kenne, der mich getroffen hat, ob es der kurze oder der lange gewesen›; er aber spräche: ‹Nicht eher will ich diesen Pfeil herausziehn bevor ich die Sehne nicht kenne, die mich getroffen hat, ob

es eine Saite, ein Draht oder eine Flechse, ob es Schnur oder Bast war›; er aber spräche: ‹Nicht eher will ich diesen Pfeil herausziehn bevor ich den Schaft nicht kenne, der mich getroffen hat, ob er aus Rohr oder Binsen ist›; er aber spräche: ‹Nicht eher will ich diesen Pfeil herausziehn bevor ich den Schaft nicht kenne, der mich getroffen hat, mit was für Federn er versehn ist, ob mit Geierfedern oder Reiherfedern, mit Rabenfedern, Pfauenfedern oder Schnepfenfedern›; er aber spräche: ‹Nicht eher will ich diesen Pfeil herausziehn bevor ich den Schaft nicht kenne, der mich getroffen hat, mit was für Leder er umwickelt ist, mit Rindleder oder Büffelleder, mit Hirschleder oder Löwenleder›; er aber spräche: ‹Nicht eher will ich diesen Pfeil herausziehn bevor ich die Spitze nicht kenne, die mich getroffen hat, ob sie gerade oder krumm oder hakenförmig ist[82], oder ob sie wie ein Kalbzahn oder wie ein
430 Oleanderblatt aussieht›: nicht genug könnte, Māluṉkyāputto, dieser Mann erfahren: denn er stürbe hinweg.

«Ebenso nun auch, Māluṉkyāputto, ist es wenn einer da spricht: ‹Nicht eher will ich beim Erhabenen das Asketenleben führen, bis mir der Erhabene mitgeteilt haben wird, ob die Welt ewig ist oder zeitlich ist, ob die Welt endlich ist oder unendlich ist, ob Leben und Leib ein und dasselbe oder anders das Leben und anders der Leib ist, ob der Vollendete nach dem Tode besteht oder nicht besteht oder besteht und nicht besteht oder weder besteht noch nicht besteht›; nicht genug könnte, Māluṉkyāputto, der Vollendete einem solchen mitteilen: denn er stürbe hinweg.

«‹Wenn die Ansicht 'Ewig ist die Welt'›, Māluṉkyāputto, ‹besteht, kann Asketentum bestehn›: das gilt nicht. ‹Wenn die Ansicht 'Zeitlich ist die Welt'›, Māluṉkyāputto, ‹besteht, kann Asketentum bestehn›, auch das gilt nicht. Ob die Ansicht 'Ewig ist die Welt', Māluṉkyāputto, besteht oder die Ansicht 'Zeitlich ist die Welt': sicher besteht Geburt, besteht Alter und Tod, besteht Wehe, Jammer, Leiden, Gram und Verzweiflung, deren Zerstörung ich schon bei Lebzeiten kennen lehre.

«‹Wenn die Ansicht 'Endlich ist die Welt'›, Mālunkyāputto, ‹besteht, kann Asketentum bestehn›: das gilt nicht. ‹Wenn die Ansicht 'Unendlich ist die Welt'›, Māluṉkyāputto, ‹besteht, kann Asketentum bestehn›: auch das gilt nicht. Ob die Ansicht 'Endlich ist die Welt', Māluṉkyāputto, besteht oder die Ansicht 'Unendlich ist die Welt': sicher besteht Geburt, besteht Alter und Tod, besteht Wehe, Jammer, Leiden, Gram und Verzweiflung, deren Zerstörung ich schon bei Lebzeiten kennen lehre.

«‹Wenn die Ansicht 'Leben und Leib ist ein und dasselbe'›, Māluṉkyāputto, ‹besteht, kann Asketentum bestehn›: das gilt nicht. ‹Wenn die Ansicht 'Anders ist das Leben und anders der Leib'›, Māluṉkyāputto, ‹besteht, kann Asketentum bestehn›: auch das gilt nicht. Ob die Ansicht 'Leben und

Leib ist ein und dasselbe', Māluṉkyāputto, besteht oder die Ansicht 'Anders ist das Leben und anders der Leib': sicher besteht Geburt, besteht Alter und Tod, besteht Wehe, Jammer, Leiden, Gram und Verzweiflung, deren Zerstörung ich schon bei Lebzeiten kennen lehre.

«‹Wenn die Ansicht 'Der Vollendete besteht nach dem Tode'›, Māluṉkyāputto, ‹besteht, kann Asketentum bestehn›: das gilt nicht. ‹Wenn die Ansicht 'Der Vollendete besteht nicht nach dem Tode'›, Māluṉkyāputto, ‹besteht, kann Asketentum bestehn›: auch das gilt nicht. Ob die Ansicht 'Der Vollendete besteht nach dem Tode', Māluṉkyāputto, besteht oder die Ansicht 'Der Vollendete besteht nicht nach dem Tode': sicher besteht Geburt,
besteht Alter und Tod, besteht Wehe, Jammer, Leiden, Gram und Verzweif- 431
lung, deren Zerstörung ich schon bei Lebzeiten kennen lehre.

«‹Wenn die Ansicht 'Der Vollendete besteht und besteht nicht nach dem Tode'›, Māluṉkyāputto, ‹besteht, kann Asketentum bestehn›: das gilt nicht. ‹Wenn die Ansicht 'Weder besteht noch besteht nicht der Vollendete nach dem Tode'›, Māluṉkyāputto, ‹besteht, kann Asketentum bestehn›: auch das gilt nicht. Ob die Ansicht 'Der Vollendete besteht und besteht nicht nach dem Tode', Māluṉkyāputto, besteht oder die Ansicht 'Weder besteht noch besteht nicht der Vollendete nach dem Tode': sicher besteht Geburt, besteht Alter und Tod, besteht Wehe, Jammer, Leiden, Gram und Verzweiflung, deren Zerstörung ich schon bei Lebzeiten kennen lehre.

«Darum also, Māluṉkyāputto, mögt ihr was ich nicht mitgeteilt als nicht mitgeteilt, und was ich mitgeteilt als mitgeteilt halten.

«Was aber, Māluṉkyāputto, hab' ich nicht mitgeteilt? ‹Ewig ist die Welt›, Māluṉkyāputto, hab' ich nicht mitgeteilt, ‹Zeitlich ist die Welt› hab' ich nicht mitgeteilt, ‹Endlich ist die Welt› hab' ich nicht mitgeteilt, ‹Unendlich ist die Welt› hab' ich nicht mitgeteilt, ‹Leben und Leib ist ein und dasselbe› hab' ich nicht mitgeteilt, ‹Anders ist das Leben und anders der Leib› hab' ich nicht mitgeteilt, ‹Der Vollendete besteht nach dem Tode› hab' ich nicht mitgeteilt, ‹Der Vollendete besteht nicht nach dem Tode› hab' ich nicht mitgeteilt, ‹Der Vollendete besteht und besteht nicht nach dem Tode› hab' ich nicht mitgeteilt, ‹Weder besteht noch besteht nicht der Vollendete nach dem Tode› hab' ich nicht mitgeteilt. Und warum hab' ich das, Māluṉkyāputto, nicht mitgeteilt? Weil es, Māluṉkyāputto, nicht heilsam, nicht urasketentümlich ist, nicht zur Abkehr, nicht zur Wendung, nicht zur Auflösung, nicht zur Aufhebung, nicht zur Durchschauung, nicht zur Erwachung, nicht zur Erlöschung führt: darum hab' ich das nicht mitgeteilt.

«Was aber, Māluṉkyāputto, hab' ich mitgeteilt? ‹Das ist das Leiden›, Māluṉkyāputto, hab' ich mitgeteilt, ‹Das ist die Leidensentwicklung› hab' ich mitgeteilt, ‹Das ist die Leidensauflösung› hab' ich mitgeteilt, ‹Das ist der zur

Leidensauflösung führende Pfad›, hab' ich mitgeteilt. Und warum hab' ich das, Māluṉkyāputto, mitgeteilt? Weil es, Māluṉkyāputto, heilsam, weil es urasketentümlich ist, weil es zur Abkehr, Wendung, Auflösung, Aufhebung, Durchschauung, Erwachung, zur Erlöschung führt: darum hab' ich das mitgeteilt.

432 «Darum also, Māluṉkyāputto, mögt ihr was ich nicht mitgeteilt als nicht mitgeteilt, und was ich mitgeteilt als mitgeteilt halten.»

Also sprach der Erhabene. Zufrieden freute sich der ehrwürdige Māluṉkyāputto über das Wort des Erhabenen.

64

SIEBENTER TEIL · VIERTE REDE

DER SOHN DER MĀLUṈKYĀ

II

DAS HAB' ICH GEHÖRT. Zu einer Zeit weilte der Erhabene bei Sāvatthī, im Siegerwalde, im Garten Anāthapiṇḍikos. Dort nun wandte sich der Erhabene an die Mönche: «Ihr Mönche!» – «Erlauchter!» antworteten da jene Mönche dem Erhabenen aufmerksam. Der Erhabene sprach also:

«Wißt ihr noch, Mönche, was ich euch als die fünf niederzerrenden Fesseln gezeigt habe?»

Auf diese Worte sprach der ehrwürdige Māluṉkyāputto zum Erhabenen also:

«Ich weiß, o Herr, was der Erhabene als die fünf niederzerrenden Fesseln gezeigt hat.»

«Inwiefern aber weißt du, Māluṉkyāputto, was ich als die fünf niederzerrenden Fesseln gezeigt habe?»

«Den Glauben an Persönlichkeit, o Herr, weiß ich, hat der Erhabene als niederzerrende Fessel gezeigt; den Zweifel, o Herr, weiß ich, hat der Erhabene als niederzerrende Fessel gezeigt; das Klammern an Tugendwerk, o Herr, weiß ich, hat der Erhabene als niederzerrende Fessel gezeigt; die Begehrlichkeit, o Herr, weiß ich, hat der Erhabene als niederzerrende Fessel gezeigt; die Gehässigkeit, o Herr, weiß ich, hat der Erhabene als niederzerrende Fessel gezeigt. Also weiß ich, o Herr, wie der Erhabene die fünf niederzerrenden Fesseln gezeigt hat.»

«Wer hat dir nur, Māluṉkyāputto, weisgemacht, daß ich die fünf niederzerrenden Fesseln also gezeigt hätte? Könnten da nicht, Māluṉkyāputto, andersfährtige Pilger mit einem Gleichnisse vom Kindlein als Gegner entgegentreten? Denn ein zarter Knabe, Māluṉkyāputto, ein unvernünftiger Säugling, weiß ja nichts von Persönlichkeit: woher sollte ihn gar der Glaube an Persön- 433
lichkeit versehren? Aber es haftet ihm eben der Hang an, Persönlichkeit zu glauben. Denn ein zarter Knabe, Māluṉkyāputto, ein unvernünftiger Säugling, weiß ja nichts von den Dingen: woher sollte ihn gar der Zweifel an den Dingen versehren? Aber es haftet ihm eben der Hang an, zu zweifeln. Denn ein zarter Knabe, Māluṉkyāputto, ein unvernünftiger Säugling, weiß ja nichts von Tugend: woher sollte ihn gar das Klammern an Tugendwerk versehren? Aber es haftet ihm eben der Hang an, an Tugendwerk sich zu klammern. Denn ein zarter Knabe, Māluṉkyāputto, ein unvernünftiger Säugling, weiß ja nichts von Begierden: woher sollte ihn gar die Begehrlichkeit der Begierden versehren? Aber es haftet ihm eben der Hang an, Begierden zu frönen. Denn ein zarter Knabe, Māluṉkyāputto, ein unvernünftiger Säugling, weiß ja nichts von Mitwesen: woher sollte ihn gar die Gehässigkeit gegen Mitwesen versehren? Aber es haftet ihm eben der Hang an, zu hassen. Könnten da nicht, Māluṉkyāputto, andersfährtige Pilger mit diesem Gleichnisse vom Kindlein als Gegner entgegentreten?[83]»

Auf diese Worte sprach der ehrwürdige Ānando zum Erhabenen also:

«Da ist es, Erhabener, Zeit, da ist es, Willkommener, Zeit, daß der Erhabene die fünf niederzerrenden Fesseln zeige: des Erhabenen Wort werden die Mönche bewahren.»

«Wohlan denn, Ānando, so höre und achte wohl auf meine Rede.»

«Gewiß, o Herr!» erwiderte da aufmerksam der ehrwürdige Ānando dem Erhabenen. Der Erhabene sprach also:

«Da hat einer, Ānando, nichts erfahren, ist ein gewöhnlicher Mensch, ohne Sinn für das Heilige, der heiligen Lehre unkundig, der heiligen Lehre unzugänglich, ohne Sinn für das Edle, der Lehre der Edlen unkundig, der Lehre der Edlen unzugänglich. Der Glaube an Persönlichkeit hat sein Herz umsponnen, hat sein Herz umzogen, und wie man dem sehrenden Glauben an Persönlichkeit entgehn könne, daran denkt er nicht der Wahrheit gemäß; dem ist dieser Glaube an Persönlichkeit, weil er ihn erstarken lassen, nicht aufgelöst hat, zur niederzerrenden Fessel geworden. Der Zweifel hat sein Herz umsponnen, hat sein Herz umzogen, und wie man dem sehrenden Zweifel entgehn könne, daran denkt er nicht der Wahrheit gemäß; dem ist dieser

Zweifel, weil er ihn erstarken lassen, nicht aufgelöst hat, zur niederzerrenden Fessel geworden. Das Klammern an Tugendwerk hat sein Herz umsponnen, hat sein Herz umzogen, und wie man dem sehrenden Klammern an Tugendwerk entgehn könne, daran denkt er nicht der Wahrheit gemäß; dem ist dieses Klammern an Tugendwerk, weil er es erstarken lassen, nicht aufgelöst hat, zur niederzerrenden Fessel geworden. Die Begehrsucht hat sein Herz
434 umsponnen, hat sein Herz umzogen, und wie man der sehrenden Begehrsucht entgehn könne, daran denkt er nicht der Wahrheit gemäß; dem ist diese Begehrsucht, weil er sie erstarken lassen, nicht aufgelöst hat, zur niederzerrenden Fessel geworden. Die Gehässigkeit hat sein Herz umsponnen, hat sein Herz umzogen, und wie man der sehrenden Gehässigkeit entgehn könne, daran denkt er nicht der Wahrheit gemäß; dem ist diese Gehässigkeit, weil er sie erstarken lassen, nicht aufgelöst hat, zur niederzerrenden Fessel geworden.

«Doch der erfahrene heilige Jünger, Ānando, merkt das Heilige, ist der heiligen Lehre kundig, der heiligen Lehre wohlzugänglich, merkt das Edle, ist der Lehre der Edlen kundig, der Lehre der Edlen wohlzugänglich. Der Glaube an Persönlichkeit hat sein Herz nicht umsponnen, hat sein Herz nicht umzogen, und wie man dem sehrenden Glauben an Persönlichkeit entgehn könne, daran denkt er der Wahrheit gemäß; dem schwindet dieser Glaube an Persönlichkeit haltlos hinweg. Der Zweifel hat sein Herz nicht umsponnen, hat sein Herz nicht umzogen, und wie man dem sehrenden Zweifel entgehn könne, daran denkt er der Wahrheit gemäß; dem schwindet dieser Zweifel haltlos hinweg. Das Klammern an Tugendwerk hat sein Herz nicht umsponnen, hat sein Herz nicht umzogen, und wie man dem sehrenden Klammern an Tugendwerk entgehn könne, daran denkt er der Wahrheit gemäß; dem schwindet dieses Klammern an Tugendwerk haltlos hinweg. Die Begehrsucht hat sein Herz nicht umsponnen, hat sein Herz nicht umzogen, und wie man der sehrenden Begehrsucht entgehn könne, daran denkt er der Wahrheit gemäß; dem schwindet diese Begehrsucht haltlos hinweg. Die Gehässigkeit hat sein Herz nicht umsponnen, hat sein Herz nicht umzogen, und wie man der sehrenden Gehässigkeit entgehn könne, daran denkt er der Wahrheit gemäß; dem schwindet diese Gehässigkeit haltlos hinweg.

«Daß einer, Ānando, hat er den Weg, hat er den Pfad nicht betreten, der aus den fünf niederzerrenden Fesseln entführt, diese kennen oder sehn oder ihnen entgehn kann: das ist unmöglich. Gleichwie man etwa, Ānando, bei einem großen, kernig dastehenden Baume, hat man die Rinde, hat man das Grünholz nicht weggeschnitten, unmöglich das Kernholz ausschneiden kann: ebenso nun auch, Ānando, ist es unmöglich, daß einer, hat er den Weg, hat er den Pfad nicht betreten, der aus den fünf niederzerrenden Fesseln entführt, diese kennen oder sehn oder ihnen entgehn kann.

«Daß aber einer, Ānando, hat er den Weg, hat er den Pfad betreten, der aus den fünf niederzerrenden Fesseln entführt, diese kennen oder sehn oder ihnen entgehn kann: das ist möglich. Gleichwie man etwa, Ānando, bei einem großen, kernig dastehenden Baume, hat man die Rinde, hat man das Grünholz weggeschnitten, wohl das Kernholz ausschneiden kann: ebenso nun auch, Ānando, ist es möglich, daß einer, hat er den Weg, hat er den Pfad betreten, der aus den fünf niederzerrenden Fesseln entführt, diese kennen oder sehn oder ihnen entgehn kann. 435

«Gleichwie etwa, Ānando, wenn der Gangesstrom, voll von Wasser, bis zum Rande reicht, Krähen schlürfbar; und es käme ein schwächlicher Mann herbei: ‹Ich werde diesen Gangesstrom quer mit dem Arme durchkreuzen und heil an das andere Ufer gelangen›; der könnte nicht den Gangesstrom quer mit dem Arme durchkreuzen und heil an das andere Ufer gelangen: ebenso nun auch, Ānando, ist da ein jeder, dessen Gemüt sich beim Darlegen der Auflösung der Persönlichkeit nicht angeregt, nicht erheitert, nicht beruhigt, nicht erleichtert fühlt, etwa jenem schwächlichen Manne zu vergleichen.

«Gleichwie etwa, Ānando, wenn der Gangesstrom, voll von Wasser, bis zum Rande reicht, Krähen schlürfbar; und es käme ein kräftiger Mann herbei: ‹Ich werde diesen Gangesstrom quer mit dem Arme durchkreuzen und heil an das andere Ufer gelangen›; der könnte den Gangesstrom quer mit dem Arme durchkreuzen und heil an das andere Ufer gelangen: ebenso nun auch, Ānando, ist da ein jeder, dessen Gemüt sich beim Darlegen der Auflösung der Persönlichkeit angeregt, erheitert, beruhigt, erleichtert fühlt, etwa jenem kräftigen Manne zu vergleichen[84].

«Was ist das aber, Ānando, für ein Weg, was für ein Pfad, der aus den fünf niederzerrenden Fesseln entführt? Da gewinnt, Ānando, ein Mönch, weil er dem Anhaften ausweicht, weil er die unheilsamen Dinge meidet, weil er die groben körperlichen Regungen gänzlich beschwichtigt hat, gar fern von Begierden, fern von unheilsamen Dingen, die sinnend gedenkende ruhegeborene selige Heiterkeit, die Weihe der ersten Schauung. Und was dabei noch formbar, fühlbar, wahrnehmbar, unterscheidbar, bewußtbar ist, solche Dinge sieht er als wandelbar, wehe, siech, bresthaft, schmerzhaft, übel, gebrechlich, ohnmächtig, hinfällig, eitel, als nichtig an. Und von solchen Dingen säubert er sein Herz. Und hat er sein Herz von solchen Dingen gesäubert, so lenkt er es
zu ewiger Artung hin: ‹Das ist die Ruhe, das ist das Ziel: dieses Aufgehn 436
aller Unterscheidung, die Abwehr aller Anhaftung, das Versiegen des Durstes, die Wendung, Auflösung, Erlöschung.› Und dahin gekommen erlangt er die Wahnversiegung. Erlangt er aber die Wahnversiegung nicht, so wird er eben bei seiner Begier nach Wahrheit, bei seinem Genusse der Wahrheit die

fünf niederzerrenden Fesseln vernichten und emporsteigen, um von dort aus zu erlöschen, nicht mehr zurückzukehren nach jener Welt. Das ist aber, Ānando, der Weg, das ist der Pfad, der aus den fünf niederzerrenden Fesseln entführt.

«Weiter sodann, Ānando: nach Vollendung des Sinnens und Gedenkens gewinnt der Mönch die innere Meeresstille, die Einheit des Gemütes, die von sinnen, von gedenken freie, in der Einigung geborene selige Heiterkeit, die Weihe der zweiten Schauung – die Weihe der dritten Schauung – die Weihe der vierten Schauung. Und was dabei noch formbar, fühlbar, wahrnehmbar, unterscheidbar, bewußtbar ist, solche Dinge sieht er als wandelbar, wehe, siech, bresthaft, schmerzhaft, übel, gebrechlich, ohnmächtig, hinfällig, eitel, als nichtig an. Und von solchen Dingen säubert er sein Herz. Und hat er sein Herz von solchen Dingen gesäubert, so lenkt er es zu ewiger Artung hin: ‹Das ist die Ruhe, das ist das Ziel: dieses Aufgehn aller Unterscheidung, die Abwehr aller Anhaftung, das Versiegen des Durstes, die Wendung, Auflösung, Erlöschung.› Und dahin gekommen erlangt er die Wahnversiegung. Erlangt er aber die Wahnversiegung nicht, so wird er eben bei seiner Begier nach Wahrheit, bei seinem Genusse der Wahrheit die fünf niederzerrenden Fesseln vernichten und emporsteigen, um von dort aus zu erlöschen, nicht mehr zurückzukehren nach jener Welt. Das ist aber, Ānando, der Weg, das ist der Pfad, der aus den fünf niederzerrenden Fesseln entführt.

«Weiter sodann, Ānando: nach völliger Überwindung der Formwahrnehmungen, Vernichtung der Gegenwahrnehmungen, Verwerfung der Vielheitwahrnehmungen gewinnt der Mönch in dem Gedanken ‹Grenzenlos ist der Raum› das Reich des unbegrenzten Raumes – gewinnt der Mönch nach völliger Überwindung der unbegrenzten Raumsphäre in dem Gedanken ‹Grenzenlos ist das Bewußtsein› das Reich des unbegrenzten Bewußtseins – gewinnt der Mönch nach völliger Überwindung der unbegrenzten Bewußtseinsphäre in dem Gedanken ‹Nichts ist da› das Reich des Nichtdaseins. Und was dabei noch fühlbar, wahrnehmbar, unterscheidbar, bewußtbar ist, solche Dinge sieht er als wandelbar, wehe, siech, bresthaft, schmerzhaft, übel, gebrechlich, ohnmächtig, hinfällig, eitel, als nichtig an. Und von solchen Dingen säubert er sein Herz. Und hat er sein Herz von solchen Dingen gesäubert, so lenkt er es zu ewiger Artung hin: ‹Das ist die Ruhe, das ist das Ziel: dieses Aufgehn aller Unterscheidung, die Abwehr aller Anhaftung, das Versiegen des Durstes, die Wendung, Auflösung, Erlöschung.› Und dahin gekommen
437 erlangt er die Wahnversiegung. Erlangt er aber die Wahnversiegung nicht, so wird er eben bei seiner Begier nach Wahrheit, bei seinem Genusse der Wahrheit die fünf niederzerrenden Fesseln vernichten und emporsteigen, um von dort aus zu erlöschen, nicht mehr zurückzukehren nach jener Welt.

«Das ist nun, Ānando, der Weg, das ist der Pfad, der aus den fünf niederzerrenden Fesseln entführt.»

«Ist dieses, o Herr, der Weg, dieses der Pfad, der aus den fünf niederzerrenden Fesseln entführt, woher kommt es dann, daß da manche Mönche gemüterlöst und manche weisheiterlöst sind?»

«Das kommt nun, sag' ich, Ānando, von der Verschiedenheit ihrer Anlagen her.»

Also sprach der Erhabene. Zufrieden freute sich der ehrwürdige Ānando über das Wort des Erhabenen[85].

65

SIEBENTER TEIL · FÜNFTE REDE

BHADDĀLI

Das hab' ich gehört. Zu einer Zeit weilte der Erhabene bei Sāvatthī, im Siegerwalde, im Garten Anāthapiṇḍikos. Dort nun wandte sich der Erhabene an die Mönche: «Ihr Mönche!» – «Erlauchter!» antworteten da jene Mönche dem Erhabenen aufmerksam. Der Erhabene sprach also:

«Ich nehme, ihr Mönche, einmal des Tages Nahrung zu mir: einmal des Tages Nahrung, ihr Mönche, zu mir nehmend wahr' ich mir Gesundheit und Frische, Munterkeit, Stärke und Wohlsein. So nehmet auch ihr denn, Mönche, einmal des Tages Nahrung zu euch: einmal des Tages Nahrung, ihr Mönche, zu euch nehmend werdet auch ihr Gesundheit und Frische, Munterkeit, Stärke und Wohlsein euch wahren[86].

Auf diese Worte sprach der ehrwürdige Bhaddāli zum Erhabenen also:

«Ich, o Herr, vermag es nicht, einmal des Tages Nahrung zu mir zu nehmen: nur einmal des Tages Nahrung zu mir zu nehmen möchte mich verdrießen, möchte mich gereuen!»

«Dann also, Bhaddāli, magst du. wo man dir Speise gibt einen Teil dort
verzehren und einen Teil mitnehmen und später verzehren: auch also, Bhad- 438
dāli, darf Speise dich fristen.»

«Auch also kann mich, o Herr, Speise nicht fristen: denn auch diese Fristung möchte mich verdrießen, möchte mich gereuen.»

Und der ehrwürdige Bhaddāli sprach da, wo der Erhabene ein Regelmaß angab, wo die Jüngerschaft die Regel annahm, von seinem Unvermögen. Und der ehrwürdige Bhaddāli ließ sich diese ganzen drei Monate nicht vor dem Erhabenen sehn, weil er da im Meisterorden der Regel nicht vollkommen nachkam.

Um diese Zeit nun war eine Anzahl Mönche damit beschäftigt, die Kleidung des Erhabenen auszubessern: «Ist die Kleidung fertig, so wird der Erhabene, da drei Monate um sind, wieder die Wanderschaft antreten.»

Da ging nun der ehrwürdige Bhaddāli zu jenen Mönchen hin, wechselte höflichen Gruß und freundliche, denkwürdige Worte mit ihnen und setzte sich zur Seite nieder. Und den ehrwürdigen Bhaddāli, der zur Seite saß, sprachen nun jene Mönche also an:

«Wir machen hier, Bruder Bhaddāli, die Kleidung des Erhabenen zurecht: ist die Kleidung fertig, so wird der Erhabene, da drei Monate um sind, wieder die Wanderschaft antreten. Sieh' wohl zu, Bruder Bhaddāli, und laß' dir diesen Wink gegeben sein, auf daß es dir später nicht schwerer falle.»

«Freilich, Brüder!» erwiderte da zustimmend der ehrwürdige Bhaddāli jenen Mönchen. Und er begab sich dorthin wo der Erhabene weilte. Dort angelangt begrüßte er den Erhabenen ehrerbietig und setzte sich zur Seite nieder. Zur Seite sitzend sprach nun der ehrwürdige Bhaddāli zum Erhabenen also:

«Ein Vergehn, o Herr, hat mich überkommen, wie einen Toren, wie einen Irren, wie einen Mißratenen, der ich, wo der Erhabene ein Regelmaß angegeben, wo die Jüngerschaft die Regel angenommen, von meinem Unvermögen gesprochen habe! So möge mich, o Herr, der Erhabene das Vergehn als Vergehn bekennen lassen, um in Zukunft an mich zu halten.»

«In der Tat hat dich, Bhaddāli, ein Vergehn überkommen, wie einen Toren, wie einen Irren, wie einen Mißratenen, der du, wo ich ein Regelmaß angegeben, wo die Jüngerschaft die Regel angenommen, von deinem Unvermögen gesprochen hast. Den Umstand aber, Bhaddāli, hast du wohl nicht beachtet: ‹Der Erhabene weilt in Sāvatthī, und der Erhabene wird von mir erfahren: 'Bhaddāli, heißt es, der Mönch, kommt im Meisterorden der Regel nicht vollkommen nach.'› Diesen Umstand nun hast du, Bhaddāli, wohl nicht beachtet. Den Umstand aber, Bhaddāli, hast du wohl nicht beachtet: ‹Gar viele
439 Mönche bringen die Regenzeit in Sāvatthī zu, und auch diese werden von mir erfahren: 'Bhaddāli, heißt es, der Mönch, kommt im Meisterorden der Regel nicht vollkommen nach.'› Auch diesen Umstand hast du, Bhaddāli, wohl nicht beachtet. Den Umstand aber, Bhaddāli, hast du wohl nicht beachtet: ‹Gar viele Nonnen bringen die Regenzeit in Sāvatthī zu, und auch diese werden von mir erfahren: 'Bhaddāli, heißt es, der Mönch, kommt im Meister-

orden der Regel nicht vollkommen nach.'› Auch diesen Umstand hast du, Bhaddāli, wohl nicht beachtet. Den Umstand aber, Bhaddāli, hast du wohl nicht beachtet: ‹Gar viele Anhänger, gar viele Anhängerinnen befinden sich in Sāvatthī, und auch diese werden von mir erfahren: 'Bhaddāli, heißt es, der Mönch, kommt im Meisterorden der Regel nicht vollkommen nach.'› Auch diesen Umstand hast du, Bhaddāli, wohl nicht beachtet. Den Umstand aber, Bhaddāli, hast du wohl nicht beachtet: ‹Gar viele und verschiedene Büßer, Asketen und Priester, bringen die Regenzeit in Sāvatthī zu, und auch diese werden von mir erfahren: 'Bhaddāli, heißt es, der Mönch, ein Jünger des Asketen Gotamo, einer der Oberen, kommt im Meisterorden der Regel nicht vollkommen nach.'› Auch diesen Umstand hast du, Bhaddāli, wohl nicht beachtet.»

«Ein Vergehn, o Herr, hat mich überkommen, wie einen Toren, wie einen Irren, wie einen Mißratenen, der ich, wo der Erhabene ein Regelmaß angegeben, wo die Jüngerschaft die Regel angenommen, von meinem Unvermögen gesprochen habe! So möge mich, o Herr, der Erhabene das Vergehn als Vergehn bekennen lassen, um in Zukunft an mich zu halten.»

«In der Tat hat dich, Bhaddāli, ein Vergehn überkommen, wie einen Toren, wie einen Irren, wie einen Mißratenen, der du, wo ich ein Regelmaß angegeben, wo die Jüngerschaft die Regel angenommen, von deinem Unvermögen gesprochen hast. Was meinst du wohl, Bhaddāli: es sei hier ein Mönch ein Beiderseiterlöster, und ich spräche also zu ihm: ‹Geh' mir, du Mönch, und steige in Staub hinein›: würde der nun hineinsteigen, oder aber seine Schritte anderswo hinlenken oder ‹Nein› sagen?»

«Das nicht, o Herr!»

«Was meinst du wohl, Bhaddāli: es sei hier ein Mönch ein Weisheiterlöster, sei ein Körperzeuge, ein Aufgeklärter, ein Gläubigerlöster, ein Wissendergebener, sei ein Gläubigergebener[87], und ich spräche also zu ihm: ‹Geh' mir, du Mönch, und steige in Staub hinein›: würde der nun hineinsteigen, oder aber seine Schritte anderswo hinlenken oder ‹Nein› sagen?»

«Das nicht, o Herr!»

«Was meinst du wohl, Bhaddāli: bist du etwa damals ein Beiderseiterlöster
gewesen, oder ein Weisheiterlöster, oder ein Körperzeuge, oder ein Aufgeklär- 440
ter, oder ein Gläubigerlöster, oder ein Wissendergebener, oder ein Gläubigergebener?»

«Freilich nicht, o Herr!»

«Bist du, Bhaddāli, damals nicht hohl und leer und verlassen gewesen?»

«So ist es, o Herr! Ein Vergehn, o Herr, hat mich überkommen, wie einen Toren, wie einen Irren, wie einen Mißratenen, der ich, wo der Erhabene die Regel des Ordens angegeben, wo die Jüngerschaft die Regel angenommen, von meinem Unvermögen gesprochen habe! So möge mich, o Herr, der Erhabene das Vergehn als Vergehn bekennen lassen, um in Zukunft an mich zu halten.»

«In der Tat hat dich, Bhaddāli, ein Vergehn überkommen, wie einen Toren, wie einen Irren, wie einen Mißratenen, der du, wo ich ein Regelmaß angegeben, wo die Jüngerschaft die Regel angenommen, von deinem Unvermögen gesprochen hast. Weil du nun aber, Bhaddāli, das Vergehn als Vergehn eingesehn und nach Gebühr bekannt hast, erkennen wir das von dir an. Denn ein Fortschritt ist es, Bhaddāli, im Orden des Heiligen, ein Vergehn als Vergehn einzusehn, nach Gebühr zu bekennen, in Zukunft an sich zu halten.

«Da kommt, Bhaddāli, ein Mönch im Meisterorden der Regel nicht vollkommen nach. Und er gedenkt bei sich: ‹Wie, wenn ich nun einen abgelegenen Ruheplatz aufsuchte, einen Hain, den Fuß eines Baumes, eine Felsen-
441 grotte, eine Bergesgruft, einen Friedhof, die Waldesmitte, ein Streulager in der offenen Ebene, auf daß es mir doch etwa möglich wäre das überirdische, reiche Heiltum der Wissensklarheit zu verwirklichen!› Und er sucht einen abgelegenen Ruheplatz auf, einen Hain, den Fuß eines Baumes, eine Felsengrotte, eine Bergesgruft, einen Friedhof, die Waldesmitte, ein Streulager in der offenen Ebene. Und wie er dort abgesondert lebt rügt ihn der Meister, oder es rügen ihn, wohlüberlegt, verständige Ordensbrüder, oder es rügen ihn Gottheiten, oder er selber rügt sich. Und vom Meister gerügt, oder, wohlüberlegt, von verständigen Ordensbrüdern gerügt, oder von Gottheiten gerügt, oder von sich selber gerügt kann er das überirdische, reiche Heiltum der Wissensklarheit nicht verwirklichen. Und warum nicht? Weil es also, Bhaddāli, billig ist für einen, der im Meisterorden der Regel nicht vollkommen genügt.

«Da kommt nun, Bhaddāli, ein Mönch im Meisterorden der Regel vollkommen nach. Und er gedenkt bei sich: ‹Wie, wenn ich nun einen abgelegenen Ruheplatz aufsuchte, einen Hain, den Fuß eines Baumes, eine Felsengrotte, eine Bergesgruft, einen Friedhof, die Waldesmitte, ein Streulager in der offenen Ebene, auf daß es mir doch etwa möglich wäre das überirdische, reiche Heiltum der Wissensklarheit zu verwirklichen!› Und er sucht einen abgelegenen Ruheplatz auf, einen Hain, den Fuß eines Baumes, eine Felsengrotte, eine Bergesgruft, einen Friedhof, die Waldesmitte, ein Streulager in der offenen Ebene. Und wie er dort abgesondert lebt rügt ihn der Meister nicht, und es rügen ihn, wohlüberlegt, verständige Ordensbrüder nicht, und es rügen ihn keine Gottheiten, und er selber rügt sich nicht. Und vom Meister ungerügt, und, wohlüberlegt von verständigen Ordensbrüdern ungerügt, und von Gottheiten ungerügt, und ungerügt von sich selber kann er das überirdische, reiche Heiltum der Wissensklarheit verwirklichen. Gar fern von Begierden, fern von unheilsamen Dingen lebt er in sinnend gedenkender ruhegeborener seliger Heiterkeit, in der Weihe der ersten Schauung. Und warum das? Weil es also, Bhaddāli, billig ist für einen, der im Meisterorden der Regel vollkommen genügt.

«Weiter sodann, Bhaddāli: nach Vollendung des Sinnens und Gedenkens gewinnt der Mönch die innere Meeresstille, die Einheit des Gemütes, die von sinnen, von gedenken freie, in der Einigung geborene selige Heiterkeit, die Weihe der zweiten Schauung. Und warum das? Weil es also, Bhaddāli, billig ist für einen, der im Meisterorden der Regel vollkommen genügt.

«Weiter sodann, Bhaddāli: in heiterer Ruhe verweilt der Mönch gleichmütig, einsichtig, klar bewußt, ein Glück empfindet er im Körper, von dem die Heiligen sagen: ‹Der gleichmütig Einsichtige lebt beglückt›; so gewinnt er die Weihe der dritten Schauung. Und warum das? Weil es also, Bhaddāli, billig ist für einen, der im Meisterorden der Regel vollkommen genügt.

«Weiter sodann, Bhaddāli: nach Verwerfung der Freuden und Leiden, nach Vernichtung des einstigen Frohsinns und Trübsinns erreicht der Mönch die Weihe der leidlosen, freudlosen, gleichmütig einsichtigen vollkommenen Reine, die vierte Schauung. Und warum das? Weil es also, Bhaddāli, billig ist für einen, der im Meisterorden der Regel vollkommen genügt.

«Solchen Gemütes, innig, geläutert, gesäubert, gediegen, schlackengeklärt, geschmeidig, biegsam, fest, unversehrbar, richtet er das Gemüt auf die erinnernde Erkenntnis früherer Daseinsformen. Er erinnert sich mancher verschiedenen früheren Daseinsform, mit je den eigentümlichen Merkmalen, mit
je den eigenartigen Beziehungen. Und warum das? Weil es also, Bhaddāli, bil- 442
lig ist für einen, der im Meisterorden der Regel vollkommen genügt.

«Solchen Gemütes, innig, geläutert, gesäubert, gediegen, schlackengeklärt, geschmeidig, biegsam, fest, unversehrbar, richtet er das Gemüt auf die Erkenntnis des Verschwindens-Erscheinens der Wesen. Mit dem himmlischen Auge, dem geläuterten, über menschliche Grenzen hinausreichenden, kann er die Wesen dahinschwinden und wiedererscheinen sehn, gemeine und edle, schöne und unschöne, glückliche und unglückliche, er kann erkennen wie die Wesen je nach den Taten wiederkehren. Und warum das? Weil es also, Bhaddāli, billig ist für einen, der im Meisterorden der Regel vollkommen genügt.

«Solchen Gemütes, innig, geläutert, gesäubert, gediegen, schlackengeklärt, geschmeidig, biegsam, fest, unversehrbar, richtet er das Gemüt auf die Erkenntnis der Wahnversiegung. ‹Das ist das Leiden› erkennt er der Wahrheit gemäß. ‹Das ist die Leidensentwicklung› erkennt er der Wahrheit gemäß. ‹Das ist die Leidensauflösung› erkennt er der Wahrheit gemäß. ‹Das ist der zur Leidensauflösung führende Pfad› erkennt er der Wahrheit gemäß. ‹Das ist der Wahn› erkennt er der Wahrheit gemäß. ‹Das ist die Wahnentwicklung› erkennt er der Wahrheit gemäß. ‹Das ist die Wahnauflösung› erkennt er der Wahrheit gemäß. ‹Das ist der zur Wahnauflösung führende Pfad› erkennt er der Wahrheit gemäß. Also erkennend, also sehend wird da sein Gemüt erlöst vom Wunscheswahn, erlöst vom Daseinswahn, erlöst vom Nichtwissenswahn. ‹Im Erlösten ist die Erlösung›, diese Erkenntnis geht auf. ‹Versiegt ist die Geburt, vollendet das Asketentum, gewirkt das Werk, nicht mehr ist diese Welt› versteht er da. Und warum das? Weil es also, Bhaddāli, billig ist für einen, der im Meisterorden der Regel vollkommen genügt.»

Nach dieser Rede sprach der ehrwürdige Bhaddāli zum Erhabenen also:

«Was ist wohl, o Herr, der Anlaß, was ist der Grund, daß man da manchem Mönche oft und oft eine Bemerkung zu machen hat? Und was ist wiederum, o Herr, der Anlaß, was ist der Grund, daß man da manchem Mönche nicht so oft und oft eine Bemerkung zu machen hat?»

«Da hat sich, Bhaddāli, ein Mönch wiederholt vergangen, sich vielfach vergangen: und von den Mönchen ermahnt geht er von einem auf ein anderes über, schweift vom Gegenstande ab und legt Verdrossenheit, Haß und Mißtrauen an den Tag, er wendet sich nicht zum Guten, gibt nicht nach, lenkt nicht versöhnlich ein, 'Was den Brüdern recht und billig ist, das will ich tun', so spricht er nicht. Da beraten, Bhaddāli, die Mönche sich also: ‹Dieser Mönch, ihr Brüder, hat sich wiederholt vergangen, vielfach vergangen: und von den Mönchen ermahnt geht er von einem auf ein anderes über, schweift vom Gegenstande ab und legt Verdrossenheit, Haß und Mißtrauen an den Tag, er wendet sich nicht zum Guten, gibt nicht nach, lenkt nicht ver-
443 söhnlich ein, 'Was den Brüdern recht und billig ist, das will ich tun', so
spricht er nicht. Gut wär' es, wolltet ihr, Ehrwürdige, bei diesem Mönch darauf achten, daß ihm unser Vermerk nicht alsbald wieder entschwunden sei.› Und derart, Bhaddāli, achten die Mönche bei diesem Mönche darauf, daß ihm ihr Vermerk nicht alsbald wieder entschwunden ist. – Da hat sich nun, Bhaddāli, ein Mönch wiederholt vergangen, sich vielfach vergangen: und von den Mönchen ermahnt geht er von einem nicht auf ein anderes über, schweift vom Gegenstande nicht ab, legt keine Verdrossenheit, keinen Haß, kein Mißtrauen an den Tag, er wendet sich zum Guten, gibt nach, lenkt versöhnlich ein, 'Was den Brüdern recht und billig ist, das will ich tun', so spricht er. Da beraten, Bhaddāli, die Mönche sich also: ‹Dieser Mönch, ihr Brüder, hat sich wiederholt vergangen, vielfach vergangen: und von den Mönchen ermahnt geht er von einem nicht auf ein anderes über, schweift vom Gegenstande nicht ab, legt keine Verdrossenheit, keinen Haß, kein Mißtrauen an den Tag, er wendet sich zum Guten, gibt nach, lenkt versöhnlich ein, 'Was den Brüdern recht und billig ist, das will ich tun', so spricht er. Gut wär' es,

wolltet ihr, Ehrwürdige, bei diesem Mönch darauf achten, daß ihm unser Vermerk alsbald wieder entschwunden sei.› Und derart, Bhaddāli, achten die Mönche bei diesem Mönche darauf, daß ihm ihr Vermerk alsbald wieder entschwunden ist.

«Da hat sich, Bhaddāli, ein Mönch nur selten[88] vergangen, nur wenig vergangen: und von den Mönchen ermahnt geht er von einem auf ein anderes über, schweift vom Gegenstande ab und legt Verdrossenheit, Haß und Mißtrauen an den Tag, er wendet sich nicht zum Guten, gibt nicht nach, lenkt nicht versöhnlich ein, 'Was den Brüdern recht und billig ist, das will ich tun', so spricht er nicht. Da beraten, Bhaddāli, die Mönche sich also: ‹Dieser Mönch, ihr Brüder, hat sich nur selten vergangen, nur wenig vergangen: und von den Mönchen ermahnt geht er von einem auf ein anderes über, schweift vom Gegenstande ab und legt Verdrossenheit, Haß und Mißtrauen an den Tag, er wendet sich nicht zum Guten, gibt nicht nach, lenkt nicht versöhnlich ein, 'Was den Brüdern recht und billig ist, das will ich tun', so spricht er nicht. Gut wär' es, wolltet ihr, Ehrwürdige, bei diesem Mönch darauf achten, daß ihm unser Vermerk nicht alsbald wieder entschwunden sei.› Und derart, Bhaddāli, achten die Mönche bei diesem Mönche darauf, daß ihm ihr Vermerk nicht alsbald wieder entschwunden ist. – Da hat sich nun, Bhaddāli, ein 444
Mönch nur selten vergangen, nur wenig vergangen: und von den Mönchen ermahnt geht er von einem nicht auf ein anderes über, schweift vom Gegenstande nicht ab, legt keine Verdrossenheit, keinen Haß, kein Mißtrauen an den Tag, er wendet sich zum Guten, gibt nach, lenkt versöhnlich ein, 'Was den Brüdern recht und billig ist, das will ich tun', so spricht er. Da beraten, Bhaddāli, die Mönche sich also: ‹Dieser Mönch, ihr Brüder, hat sich nur selten vergangen, nur wenig vergangen: und von den Mönchen ermahnt geht er von einem nicht auf ein anderes über, schweift vom Gegenstande nicht ab, legt keine Verdrossenheit, keinen Haß, kein Mißtrauen an den Tag, er wendet sich zum Guten, gibt nach, lenkt versöhnlich ein, 'Was den Brüdern recht und billig ist, das will ich tun', so spricht er. Gut wär' es, wolltet ihr, Ehrwürdige, bei diesem Mönch darauf achten, daß ihm unser Vermerk alsbald wieder entschwunden sei.› Und derart, Bhaddāli, achten die Mönche bei diesem Mönche darauf, daß ihm ihr Vermerk alsbald wieder entschwunden ist.

«Da hat sich, Bhaddāli, ein Mönch aus gewissem Vertrauen zu uns gesellt, aus gewisser Neigung: und die Mönche, Bhaddāli, beraten sich also: ‹Dieser Mönch, ihr Brüder, hat sich aus gewissem Vertrauen zu uns gesellt, aus gewisser Neigung; wenn wir diesem Mönche oft und oft eine Bemerkung zu machen haben, soll ihm, weil er nur ein gewisses Vertrauen, eine gewisse Neigung besitzt, nicht auch diese verloren gehn.› Gleichwie etwa, Bhaddāli, bei einem Manne, der ein Auge hat, seine Freunde und Verwandten dieses eine

Auge hüten mögen: ‹Nicht soll ihm, weil er nur dieses eine Auge besitzt, auch dieses verloren gehn›: ebenso nun auch, Bhaddāli, hat sich da ein Mönch aus gewissem Vertrauen zu uns gesellt, aus gewisser Neigung: und die Mönche, Bhaddāli, beraten sich also: ‹Dieser Mönch, ihr Brüder, hat sich aus gewissem Vertrauen zu uns gesellt, aus gewisser Neigung; wenn wir diesem Mönche oft und oft eine Bemerkung zu machen haben, soll ihm, weil er nur ein gewisses Vertrauen, eine gewisse Neigung besitzt, nicht auch diese verloren gehn.›

«Das ist, Bhaddāli, der Anlaß, das ist der Grund, daß man da manchem Mönche oft und oft eine Bemerkung zu machen hat; und das ist wiederum, Bhaddāli, der Anlaß, das ist der Grund, daß man da manchem Mönche nicht so oft und oft eine Bemerkung zu machen hat.»

«Was ist wohl, o Herr, der Anlaß, was ist der Grund, daß es früher weniger
445 Ordensregeln gab, aber mehr der Mönche gewiß bestanden? Und was ist wiederum, o Herr, der Anlaß, was ist der Grund, daß es heute mehr der Ordensregeln gibt, aber weniger Mönche gewiß bestehn?»

«Also ist es eben, Bhaddāli, wann die Wesen sich verschlechtern, wann die wahre Lehre untergeht, daß es mehr der Ordensregeln gibt, aber weniger Mönche gewiß bestehn. Nicht eher, Bhaddāli, gibt der Meister den Jüngern die Regel an, bis da nicht manche auf Wahn beruhende Dinge im Orden offenbar werden. Sobald nun, Bhaddāli, da manche auf Wahn beruhende Dinge im Orden offenbar werden, dann gibt der Meister den Jüngern die Regel an, um eben diese auf Wahn beruhenden Dinge zurückzuweisen. Nicht eher, Bhaddāli, werden da manche auf Wahn beruhende Dinge im Orden offenbar, bis nicht der Orden Größe erreicht hat. Sobald nun, Bhaddāli, der Orden Größe erreicht hat, dann werden da manche auf Wahn beruhende Dinge im Orden offenbar, dann gibt der Meister den Jüngern die Regel an, um eben diese auf Wahn beruhenden Dinge zurückzuweisen. Nicht eher, Bhaddāli, werden da manche auf Wahn beruhende Dinge im Orden offenbar, bis nicht der Orden hohe Gabe, hohen Ruhm, reiches Wissen, späte Jahre erreicht hat. Sobald nun, Bhaddāli, der Orden hohe Gabe, hohen Ruhm, reiches Wissen, späte Jahre erreicht hat, dann werden da manche auf Wahn beruhende Dinge im Orden offenbar, dann gibt der Meister den Jüngern die Regel an, um eben diese auf Wahn beruhenden Dinge zurückzuweisen[89].

«Nicht viele seid ihr, Bhaddāli, damals gewesen, als ich euch im Gleichnis vom jungen Rosse die Lehre dargelegt habe; erinnerst du dich, Bhaddāli?»

«Nein, o Herr!»

«Und kannst du, Bhaddāli, den Grund angeben?»

«Doch wohl darum, o Herr, weil ich lange Zeit im Meisterorden der Regel nicht vollkommen genügt habe.»

«Nicht allein das, Bhaddāli, ist der Anlaß, ist der Grund: denn ich habe dich, Bhaddāli, schon lange, im Geiste geistig erfassend, erkannt: ‹Nicht mag dieser Tor, wann ich die Lehre darlege, achtsam, aufmerksam, mit ganzem Gemüte hingegeben, offenen Ohres die Lehre hören.› Aber ich will dir, Bhaddāli, im Gleichnis vom jungen Rosse die Lehre darlegen: das höre du und achte wohl auf meine Rede.» 446

«Ja, o Herr!» sagte da der ehrwürdige Bhaddāli aufmerksam zum Erhabenen. Der Erhabene sprach also:

«Gleichwie etwa, Bhaddāli, ein gewandter Rossebändiger, wann er ein schönes edles Roß erhalten hat, zu allererst am Gebisse Übungen ausführen läßt; und während es am Gebisse Übungen ausführt, zeigt es eben allerlei Ungebührlichkeit, Ungebärdigkeit, Unbändigkeit, weil es nie zuvor solche Übungen ausgeführt hat: aber durch wiederholtes Üben, durch allmähliches Üben gibt es sich damit zufrieden. Sobald nun, Bhaddāli, das schöne edle Roß durch wiederholtes Üben, durch allmähliches Üben sich damit zufriedengegeben hat, dann läßt es der Rossebändiger weitere Übungen ausführen und schirrt es an; und während es angeschirrt Übungen ausführt, zeigt es eben allerlei Ungebührlichkeit, Ungebärdigkeit, Unbändigkeit, weil es nie zuvor solche Übungen ausgeführt hat: aber durch wiederholtes Üben, durch allmähliches Üben gibt es sich damit zufrieden. Sobald nun, Bhaddāli, das schöne edle Roß durch wiederholtes Üben, durch allmähliches Üben sich damit zufriedengegeben hat, dann läßt es der Rossebändiger weitere Übungen ausführen und im Schritt gehn, im Trab gehn, Galopp laufen[90], er läßt es rennen und springen, bringt ihm königlichen Gang und königliche Haltung bei, er macht es zum schnellsten und flüchtigsten und verläßlichsten der Pferde; und während es also Übungen ausführt zeigt es eben allerlei Ungebührlichkeit, Ungebärdigkeit, Unbändigkeit, weil es nie zuvor solche Übungen ausgeführt hat: aber durch wiederholtes Üben, durch allmähliches Üben gibt es sich damit zufrieden. Sobald nun, Bhaddāli, das schöne edle Roß durch wiederholtes Üben, durch allmähliches Üben sich damit zufriedengegeben hat, dann läßt ihm der Rossebändiger noch die letzte Strählung und Striegelung angedeihen. Das sind, Bhaddāli, die zehn Eigenschaften, die ein schönes edles Roß dem Könige schicklich, dem Könige tauglich, eben als ‹Königsgut› erscheinen lassen. Ebenso nun auch, Bhaddāli, sind es zehn Dinge, die einen Mönch Opfer und Spende, Gabe und Gruß verdienen, heiligste Stätte der Welt sein lassen: und welche zehn? Da eignet, Bhaddāli, einem Mönche untrüglich rechte Erkenntnis, untrüglich rechte Gesinnung, untrüglich rechte Rede, untrüglich rechtes Handeln, untrüglich rechtes Wandeln, untrüglich rechtes Mühn, untrüglich rechte Einsicht, untrüglich rechte Einigung, untrüglich rechte Weisheit, untrüglich rechte Erlösung. Das sind, Bhaddāli, die 447 zehn Dinge, die einen Mönch Opfer und Spende, Gabe und Gruß verdienen, heiligste Stätte der Welt sein lassen.»

Also sprach der Erhabene. Zufrieden freute sich der ehrwürdige Bhaddāli über das Wort des Erhabenen[91].

66

SIEBENTER TEIL · SECHSTE REDE

DAS GLEICHNIS VON DER WACHTEL

DAS HAB' ICH GEHÖRT. Zu einer Zeit weilte der Erhabene im Lande der Aṉguttarāper, bei einer Burg der Aṉguttarāper namens Āpaṇam. Und der Erhabene, zeitig gerüstet, nahm Mantel und Schale und ging nach Āpaṇam um Almosenspeise. Und als der Erhabene, von Haus zu Haus tretend, Almosen erhalten, kehrte er zurück, nahm das Mahl ein und begab sich dann in ein nahegelegenes Waldgehölz, für den Tag. Im Inneren dieses Waldgehölzes setzte sich der Erhabene am Fuß eines Baumes nieder, bis gegen Sonnenuntergang da zu verweilen.

Und auch der ehrwürdige Udāyī ging, zeitig gerüstet, mit Mantel und Schale versehn, nach Āpaṇam um Almosenspeise. Und als er, von Haus zu Haus tretend, Almosen erhalten, kehrte er zurück, nahm das Mahl ein und begab sich dann in dieses Waldgehölz, für den Tag. Und er setzte sich im Inneren des Waldgehölzes am Fuß eines Baumes nieder, bis gegen Sonnenuntergang da zu verweilen.

Da kam nun dem ehrwürdigen Udāyī, während er einsam zurückgezogen sann, folgender Gedanke in den Sinn: ‹Viel unselige Dinge, wahrlich, hat uns der Erhabene genommen, viel selige Dinge, wahrlich, hat uns der Erhabene gegeben! Viel unheilsame Dinge, wahrlich, hat uns der Erhabene genommen, viel heilsame Dinge, wahrlich, hat uns der Erhabene gegeben!›

Als nun der ehrwürdige Udāyī gegen Abend die Gedenkensruhe beendet hatte, begab er sich dorthin wo der Erhabene weilte, begrüßte den Erhabenen
448 ehrerbietig und setzte sich seitwärts nieder. Seitwärts sitzend sprach nun der ehrwürdige Udāyī also zum Erhabenen:

«Während ich da, o Herr, einsam zurückgezogen sann, kam mir folgender Gedanke in den Sinn: ‹Viel unselige Dinge, wahrlich, hat uns der Erhabene genommen, viel selige Dinge, wahrlich, hat uns der Erhabene gegeben! Viel unheilsame Dinge, wahrlich, hat uns der Erhabene genommen, viel heilsame Dinge, wahrlich, hat uns der Erhabene gegeben! Denn wir haben früher, o Herr, sowohl am Abend als am Morgen und zu Mittag, außer der Zeit, gegessen. Es war einmal, o Herr, ein Anlaß, wo der Erhabene die Mönche ermahnte: ‹Wohlan, ihr Mönche, jenes Mittagessen, außer der Zeit, sollt ihr lassen.› Da wurden wir nur betrübt, o Herr, wurden traurig: ‹Was uns gläubige Hausleute mittags, außer der Zeit, an Speise und Trank Gutes darreichen, das hat uns der Erhabene zu lassen geheißen, das hat uns der Willkommene verleugnen geheißen.› Weil wir nun, o Herr, zum Erhabenen Liebe und Zutrauen hegten, schamhaft und demütig waren, so ließen wir davon ab, mittags, außer der Zeit, zu essen. Und so aßen wir denn, o Herr, abends und morgens. Es war aber einst ein Anlaß, o Herr, wo der Erhabene die Mönche ermahnte: ‹Wohlan, ihr Mönche, jenes Abendessen, außer der Zeit, sollt ihr lassen.› Da wurden wir wieder betrübt, o Herr, wurden traurig: ‹Was für Mahlzeit von den beiden uns als die bessere gilt, die hat uns der Erhabene zu lassen geheißen, die hat uns der Willkommene verleugnen geheißen.› Einst hatte, o Herr, ein Mann zu Mittag ein Gericht erhalten, und er sprach also: ‹Hebt es mir doch auf, abends wollen wir alle gemeinsam speisen.› Alles, o Herr, wird für den Abend bereitet, wenig für den Tag. Weil wir aber, o Herr, zum Erhabenen Liebe und Zutrauen hegten, schamhaft und demütig waren, so ließen wir davon ab, abends, außer der Zeit, zu essen. Einst gingen die Mönche, o Herr, im Dunkel der Dämmerung auf Almosen aus und gerieten in Pfützen, fielen in Tümpel, verstiegen sich in Dickicht, traten auf eine schlafende Kuh, kamen mit Menschen zusammen, mit feiernden oder beschäftigten, oder Weiber luden sie auf ungehörige Weise ein. Einst ging ich, o Herr, im Dunkel der Dämmerung auf Almosen aus. Da sah mich, o Herr, eine Frau, die im Rinnstein Geschirr wusch, und als sie mich gesehn rief sie entsetzt aus: ‹Ha, weh' mir, ein Gespenst!› Ich aber, o Herr, sprach also zur Frau: ‹Kein Gespenst, o Schwester, ein Mönch steht um Almosen.› – ‹So bringt 449
wohl ein Mönch den Leib um, so bringt wohl ein Mönch ein Weib um![92] Besser wär' es dir, o Mönch, mit scharfem Schlachtmesser den Bauch aufschlitzen und nicht im Dunkel der Dämmerung um des Bauches willen auf Almosen ausgehn!› – Und weil ich, o Herr, mich dessen erinnerte, gedacht' ich bei mir: ‹Viel unselige Dinge, wahrlich, hat uns der Erhabene genommen, viel selige Dinge, wahrlich, hat uns der Erhabene gegeben! Viel unheilsame Dinge, wahrlich, hat uns der Erhabene genommen, viel heilsame Dinge, wahrlich, hat uns der Erhabene gegeben!›»

«Ebenso nun aber, Udāyī, haben da gar manche Toren, von mir ermahnt ‹Das mögt ihr lassen›, dann also gesprochen: ‹Was wird es auf solche Kleinigkeit, Winzigkeit ankommen? Allzu peinlich genau ist doch dieser Asket![93]› Und sie lassen nicht davon ab und setzen in Mißtrauen zu mir die Mönche, die sich eifrig üben. Denen wird das, Udāyī, eine feste Fessel, eine tüchtige Fessel, eine zähe Fessel, keine faule Fessel, ein schwerer Block. Gleichwie etwa, Udāyī, eine Wachtel, mit einem Bande aus faulem Baste gebunden, eben dadurch in Verderben, in Not oder Tod gerät: wer nun da, Udāyī, also spräche, ‹Das Band aus faulem Baste, womit diese Wachtel gebunden ist und wodurch sie in Verderben, in Not oder Tod gerät, das ist ja für sie kein festes Band, ist ein schwaches Band, ein faules Band, ein haltloses Band›, würde der also, Udāyī, recht reden?»

«Gewiß nicht, o Herr! Das Band aus faulem Baste, o Herr, womit diese Wachtel gebunden ist und wodurch sie in Verderben, in Not oder Tod gerät, das ist ja für sie ein festes Band, ein tüchtiges Band, ein zähes Band, kein faules Band, ein schwerer Block.»

«Ebenso nun auch, Udāyī, haben da gar manche Toren, von mir ermahnt ‹Das mögt ihr lassen›, dann also gesprochen: ‹Was wird es auf solche Kleinigkeit, Winzigkeit ankommen? Allzu peinlich genau ist doch dieser Asket!› Und sie lassen nicht davon ab und setzen in Mißtrauen zu mir die Mönche, die sich eifrig üben. Denen wird das, Udāyī, eine feste Fessel, eine tüchtige Fessel, eine zähe Fessel, keine faule Fessel, ein schwerer Block.

450 «Und wieder haben da, Udāyī, gar manche edle Söhne, von mir ermahnt ‹Das mögt ihr lassen›, dann also gesprochen: ‹Was wird es auf solche Kleinigkeit, Winzigkeit ankommen, die zu lassen ist, die uns der Erhabene zu lassen geheißen, die uns der Willkommene verleugnen geheißen hat!› Und sie lassen eben davon ab und setzen nicht in Mißtrauen zu mir die Mönche, die sich eifrig üben. Und weil sie das gelassen, verweilen sie gestillt, ohne Widerstand, ohne Widerrede, mild geworden im Gemüte. Denen wird das, Udāyī, keine feste Fessel, eine schwache Fessel, eine faule Fessel, eine haltlose Fessel.

«Gleichwie etwa, Udāyī, ein Königselefant, mit Doppelhauern, zum Angriff geeignet, zum Kampf erzogen, der mit starken Riemen und Seilen gefesselt ist, nur gering den Körper bewegend diese Fesseln zerreißt und zertritt und hingeht wohin er will: wer nun da, Udāyī, also spräche, ‹Die starken Riemen und Seile, womit dieser Königselefant mit Doppelhauern, zum Angriff geeignet, zum Kampf erzogen, gefesselt ist, und die er, nur gering den Körper bewegend, zerreißt und zertritt, um hinzugehn wohin er will, das sind ja feste Fesseln für ihn, tüchtige Fesseln, keine faulen Fesseln, ein schwerer Block›, würde der also, Udāyī, recht reden?»

«Gewiß nicht, o Herr! Die starken Riemen und Seile, o Herr, womit dieser Königselefant mit Doppelhauern, zum Angriff geeignet, zum Kampf erzogen, gefesselt ist, nur gering den Körper bewegend zerreißt und zertritt er diese und geht hin wohin er will: das sind ihm wahrlich keine festen Fesseln, sind schwache Fesseln, faule Fesseln, haltlose Fesseln.»

«Ebenso nun auch, Udāyī, haben da gar manche edle Söhne, von mir ermahnt ‹Das mögt ihr lassen›, dann also gesprochen: ‹Was wird es auf solche Kleinigkeit, Winzigkeit ankommen, die zu lassen ist, die uns der Erhabene zu lassen geheißen, die uns der Willkommene verleugnen geheißen hat!› Und sie lassen eben davon ab und setzen nicht in Mißtrauen zu mir die Mönche, die sich eifrig üben. Und weil sie das gelassen, verweilen sie gestillt, ohne Widerstand, ohne Widerrede, mild geworden im Gemüte. Denen wird das, Udāyī, keine feste Fessel, eine schwache Fessel, eine faule Fessel, eine haltlose Fessel.

«Gleichwie etwa, Udāyī, wenn da ein Mann wäre, arm, unfrei, unselbständig; und er besäße ein einziges Häuschen, verfallen und zerfallen, den Krähen gar sehr zugänglich, durchaus nicht schön, eine einzige Lagerstatt[94], verfallen und zerfallen, durchaus nicht schön, einen einzigen Scheffel voll Getreide- 451
samen, durchaus nicht schön, ein einziges Weib, durchaus nicht schön: und er sähe in einem Haine einen Mönch, mit rein gewaschenen Händen und Füßen, heiter blickend, nach eingenommenem Mahle, in kühlem Schatten sitzen, hohem Gedenken hingegeben. Und es würd' ihm also zumute: ‹Selig ist, wahrlich, Asketenschaft, leidlos ist, wahrlich, Asketenschaft! O wär' ich doch ein solcher, daß ich mit geschorenem Haar und Barte, mit fahlem Gewande bekleidet, aus dem Hause in die Hauslosigkeit hinauszöge!› Und er vermöchte nicht das eine Häuschen, verfallen und zerfallen, den Krähen gar sehr zugänglich, durchaus nicht schön, zu lassen, die eine Lagerstatt, verfallen und zerfallen, durchaus nicht schön, zu lassen, den einen Scheffel voll Getreidesamen, durchaus nicht schön, zu lassen, das eine Weib, durchaus nicht schön, zu lassen und, mit geschorenem Haar und Barte, mit fahlem Gewande bekleidet, aus dem Hause in die Hauslosigkeit hinauszuziehn. Wer nun da, Udāyī, also spräche, ‹Die Bande, womit dieser Mann gebunden nicht vermag das eine Häuschen, verfallen und zerfallen, den Krähen gar sehr zugänglich, durchaus nicht schön, zu lassen, die eine Lagerstatt, verfallen und zerfallen, durchaus nicht schön, zu lassen, den einen Scheffel voll Getreidesamen, durchaus nicht schön, zu lassen, das eine Weib, durchaus nicht schön, zu lassen und, mit geschorenem Haar und Barte, mit fahlem Gewande bekleidet, aus dem Hause in die Hauslosigkeit hinauszuziehn, das sind ja für ihn keine festen Bande, sind schwache Bande, faule Bande, haltlose Bande›, würde der also, Udāyī, recht reden?»

«Gewiß nicht, o Herr! Die Bande, o Herr, womit dieser Mann gebunden nicht vermag das eine Häuschen, verfallen und zerfallen, den Krähen gar sehr zugänglich, durchaus nicht schön, zu lassen, die eine Lagerstatt, verfallen und zerfallen, durchaus nicht schön, zu lassen, den einen Scheffel voll Getreidesamen, durchaus nicht schön, zu lassen, das eine Weib, durchaus nicht schön, zu lassen und, mit geschorenem Haar und Barte, mit fahlem Gewande bekleidet, aus dem Hause in die Hauslosigkeit hinauszuziehn, das sind ja für ihn feste Bande, tüchtige Bande, zähe Bande, keine faulen Bande, ein schwerer Block.»

«Ebenso nun auch, Udāyī, haben da gar manche Toren, von mir ermahnt ‹Das mögt ihr lassen›, dann also gesprochen: ‹Was wird es auf solche Kleinigkeit, Winzigkeit ankommen? Allzu peinlich genau ist doch dieser Asket!› Und sie lassen nicht davon ab und setzen in Mißtrauen zu mir die Mönche, die sich eifrig üben. Denen wird das, Udāyī, eine feste Fessel, eine tüchtige Fessel, eine zähe Fessel, keine faule Fessel, ein schwerer Block.

«Gleichwie etwa, Udāyī, wenn da ein Hausvater wäre, oder der Sohn eines
452 Hausvaters, reich, mit Geld und Gut mächtig begabt, im Besitze vieler Haufen Goldes, im Besitze vieler Massen Getreides, im Besitze vieler Felder und Wiesen, im Besitze vieler Häuser und Höfe, im Besitze vieler Scharen von Frauen, im Besitze vieler Scharen von Dienern, im Besitze vieler Scharen von Dienerinnen: und er sähe in einem Haine einen Mönch, mit rein gewaschenen Händen und Füßen, heiter blickend, nach eingenommenem Mahle, in kühlem Schatten sitzen, hohem Gedenken hingegeben. Und es würd' ihm also zumute: ‹Selig ist, wahrlich, Asketenschaft, leidlos ist, wahrlich, Asketenschaft! O wär' ich doch ein solcher, daß ich, mit geschorenem Haar und Barte, mit fahlem Gewande bekleidet, aus dem Hause in die Hauslosigkeit hinauszöge!› Und er vermöchte die vielen Haufen Goldes zu lassen, die vielen Massen Getreides zu lassen, die vielen Felder und Wiesen zu lassen, die vielen Häuser und Höfe zu lassen, die vielen Scharen von Frauen zu lassen, die vielen Scharen von Dienern zu lassen, die vielen Scharen von Dienerinnen zu lassen und, mit geschorenem Haar und Barte, mit fahlem Gewande bekleidet, aus dem Hause in die Hauslosigkeit hinauszuziehn. Wer nun da, Udāyī, also spräche, ‹Die Bande, womit dieser Mann gebunden vermag viele Haufen Goldes zu lassen, viele Massen Getreides zu lassen, viele Felder und Wiesen zu lassen, viele Häuser und Höfe zu lassen, viele Scharen von Frauen zu lassen, viele Scharen von Dienern zu lassen, viele Scharen von Dienerinnen zu lassen und, mit geschorenem Haar und Barte, mit fahlem Gewande bekleidet, aus dem Hause in die Hauslosigkeit hinauszuziehn, das sind ja für ihn feste Bande, tüchtige Bande, zähe Bande, keine faulen Bande, ein schwerer Block›, würde der also, Udāyī, recht reden?»

«Gewiß nicht, o Herr! Die Bande, o Herr, womit dieser Mann gebunden vermag viele Haufen Goldes zu lassen, viele Massen Getreides zu lassen, viele Felder und Wiesen zu lassen, viele Häuser und Höfe zu lassen, viele Scharen von Frauen zu lassen, viele Scharen von Dienern zu lassen, viele Scharen von Dienerinnen zu lassen und, mit geschorenem Haar und Barte, mit fahlem Gewande bekleidet, aus dem Hause in die Hauslosigkeit hinauszuziehn, das sind ja für ihn keine festen Bande, sind schwache Bande, faule Bande, haltlose Bande.»

«Ebenso nun auch, Udāyī, haben da gar manche edle Söhne, von mir ermahnt ‹Das mögt ihr lassen›, dann also gesprochen: ‹Was wird es auf solche Kleinigkeit, Winzigkeit ankommen, die zu lassen ist, die uns der Erhabene zu lassen geheißen, die uns der Willkommene verleugnen geheißen hat!› Und sie lassen eben davon ab und setzen nicht in Mißtrauen zu mir die Mönche, die sich eifrig üben. Und weil sie das gelassen, verweilen sie gestillt, ohne 453
Widerstand, ohne Widerrede, mild geworden im Gemüte. Denen wird das, Udāyī, keine feste Fessel, eine schwache Fessel, eine faule Fessel, eine haltlose Fessel.

«Vier Arten von Menschen, Udāyī, finden sich hier in der Welt vor: welche vier? Da ist, Udāyī, ein Mensch auf dem Wege das Anhaften zu lassen, das Anhaften zu verleugnen; und während er auf dem Wege ist das Anhaften zu lassen, das Anhaften zu verleugnen, kommen ihn mit Anhaften verbundene Erinnerungen an: und er gönnt ihnen Raum, verleugnet sie nicht, vertreibt sie nicht, vertilgt sie nicht, erstickt sie nicht im Keime. Einen solchen Menschen, Udāyī, nenn' ich gefesselt, nicht entfesselt: und warum das? Weil ich die Sinnesart, Udāyī, bei diesem Menschen gemerkt habe. Da ist ferner, Udāyī, ein Mensch auf dem Wege das Anhaften zu lassen, das Anhaften zu verleugnen; und während er auf dem Wege ist das Anhaften zu lassen, das Anhaften zu verleugnen, kommen ihn mit Anhaften verbundene Erinnerungen an: und er gönnt ihnen keinen Raum, verleugnet sie, vertreibt sie, vertilgt sie, erstickt sie im Keime. Auch einen solchen Menschen, Udāyī, nenn' ich gefesselt, nicht entfesselt: und warum das? Weil ich die Sinnesart, Udāyī, bei diesem Menschen gemerkt habe. Da ist ferner, Udāyī, ein Mensch auf dem Wege das Anhaften zu lassen, das Anhaften zu verleugnen; und während er auf dem Wege ist das Anhaften zu lassen, das Anhaften zu verleugnen, kommen ihn gelegentlich hie und da wirre Gedanken, mit Anhaften verbundene Erinnerungen an. Langsam, Udāyī, treten die Gedanken auf, aber gar eilig verleugnet er sie, vertreibt sie, vertilgt sie, erstickt sie im Keime. Gleichwie etwa, Udāyī, wenn ein Mann auf eine tagüber am Feuer glühende eiserne Pfanne zwei oder drei Wassertropfen herabträufeln ließe – langsam, Udāyī, wäre der Fall der Tropfen, aber gar eilig würden sie aufgelöst und verschwun-

den sein –: ebenso nun auch, Udāyī, ist da ein Mensch auf dem Wege das Anhaften zu lassen, das Anhaften zu verleugnen; und während er auf dem Wege ist das Anhaften zu lassen, das Anhaften zu verleugnen, kommen ihn gelegentlich hie und da wirre Gedanken, mit Anhaften verbundene Erinnerungen an. Langsam, Udāyī, treten die Gedanken auf, aber gar eilig verleugnet er sie, vertreibt sie, vertilgt sie, erstickt sie im Keime. Auch einen solchen Menschen, Udāyī, nenn' ich gefesselt, nicht entfesselt: und warum das? Weil
454 ich die Sinnesart, Udāyī, bei diesem Menschen gemerkt habe. Und ferner, Udāyī, hat da ein Mensch gemerkt ‹Anhaften ist des Leidens Wurzel›, und er haftet nirgend an und ist im Versiegen des Anhaftens erlöst. Einen solchen Menschen, Udāyī, nenn' ich entfesselt, nicht gefesselt: und warum das? Weil ich die Sinnesart, Udāyī, bei diesem Menschen gemerkt habe.

«Fünf Begehrungen, Udāyī, gibt es: welche fünf? Die durch das Gesicht ins Bewußtsein tretenden Formen, die ersehnten, geliebten, entzückenden, angenehmen, dem Begehren entsprechenden, reizenden; die durch das Gehör ins Bewußtsein tretenden Töne, die ersehnten, geliebten, entzückenden, angenehmen, dem Begehren entsprechenden, reizenden; die durch den Geruch ins Bewußtsein tretenden Düfte, die ersehnten, geliebten, entzückenden, angenehmen, dem Begehren entsprechenden, reizenden; die durch den Geschmack ins Bewußtsein tretenden Säfte, die ersehnten, geliebten, entzükkenden, angenehmen, dem Begehren entsprechenden, reizenden; die durch das Getast ins Bewußtsein tretenden Tastungen, die ersehnten, geliebten, entzückenden, angenehmen, dem Begehren entsprechenden, reizenden. Das sind, Udāyī, die fünf Begehrungen. Was da, Udāyī, Wohl und Erwünschtes diesen fünf Begehrungen gemäß geht, das nennt man Begierdenwohl, kotiges Wohl, gemeines Menschenwohl, unheiliges Wohl. Nicht zu pflegen, nicht zu hegen, nicht zu mehren ist es: zu hüten hat man sich vor solchem Wohle, sag' ich.

«Da weilt, Udāyī, ein Mönch, gar fern von Begierden, fern von unheilsamen Dingen, in sinnend gedenkender ruhegeborener seliger Heiterkeit, in der Weihe der ersten Schauung. Nach Vollendung des Sinnens und Gedenkens erwirkt er die innere Meeresstille, die Einheit des Gemütes, die von sinnen, von gedenken freie, in der Einigung geborene selige Heiterkeit, die Weihe der zweiten Schauung. In heiterer Ruhe verweilt er gleichmütig, einsichtig, klar bewußt, ein Glück empfindet er im Körper, von dem die Heiligen sagen: ‹Der gleichmütig Einsichtige lebt beglückt›; so erwirkt er die Weihe der dritten Schauung. Nach Verwerfung der Freuden und Leiden, nach Vernichtung des einstigen Frohsinns und Trübsinns erwirkt er die Weihe der leidlosen, freudlosen, gleichmütig einsichtigen vollkommenen Reine, die vierte Schauung. Das nennt man Wohl der Entsagung, Wohl der

Einsamkeit, Wohl der Beruhigung, Wohl der Erwachung. Zu pflegen und zu hegen und zu mehren ist es: nicht zu hüten hat man sich vor solchem Wohle, sag' ich.

«Da weilt, Udāyī, ein Mönch, gar fern von Begierden, fern von unheilsamen Dingen, in sinnend gedenkender ruhegeborener seliger Heiterkeit, in der Weihe der ersten Schauung. Das aber nenn' ich, Udāyī, der Regung unterworfen: und was ist da der Regung unterworfen? Was eben dabei als Sinnen und Gedenken nicht ausgerodet ist, das gilt hier als Regung. Da gewinnt, Udāyī, ein Mönch nach Vollendung des Sinnens und Gedenkens die innere Meeresstille, die Einheit des Gemütes, die von sinnen, von gedenken freie, in der Einigung geborene selige Heiterkeit, die Weihe der zweiten Schauung. Auch das nenn' ich, Udāyī, der Regung unterworfen: und was ist da der Regung unterworfen? Was eben dabei als selige Heiterkeit nicht ausgerodet ist, das gilt hier als Regung. Da verweilt, Udāyī, ein Mönch in heiterer Ruhe, gleichmütig, einsichtig, klar bewußt, ein Glück empfindet er im Körper, von dem die Heiligen sagen: ‹Der gleichmütig Einsichtige lebt beglückt›; so erwirkt er die Weihe der dritten Schauung. Auch das nenn' ich, Udāyī, der Regung unterworfen: und was ist da der Regung unterworfen? Was eben dabei als seliger Gleichmut nicht ausgerodet ist, das gilt hier als Regung. Da 455
erwirkt, Udāyī, ein Mönch nach Verwerfung der Freuden und Leiden, nach Vernichtung des einstigen Frohsinns und Trübsinns die Weihe der leidlosen, freudlosen, gleichmütig einsichtigen vollkommenen Reine, die vierte Schauung. Und das nenn' ich, Udāyī, keiner Regung unterworfen.

«Da weilt, Udāyī, ein Mönch, gar fern von Begierden, fern von unheilsamen Dingen, in sinnend gedenkender ruhegeborener seliger Heiterkeit, in der Weihe der ersten Schauung. Das aber nenn' ich, Udāyī, unzulänglich, und sage ‹Verwerft es›, sage ‹Überwindet es›: und was ist hier die Überwindung? Da gewinnt, Udāyī, ein Mönch nach Vollendung des Sinnens und Gedenkens die innere Meeresstille, die Einheit des Gemütes, die von sinnen, von gedenken freie, in der Einigung geborene selige Heiterkeit, die Weihe der zweiten Schauung. Das ist hier die Überwindung. Auch das nenn' ich, Udāyī, unzulänglich, und sage ‹Verwerft es›, sage ‹Überwindet es›: und was ist hier die Überwindung? Da verweilt, Udāyī, ein Mönch in heiterer Ruhe, gleichmütig, einsichtig, klar bewußt, ein Glück empfindet er im Körper, von dem die Heiligen sagen: ‹Der gleichmütig Einsichtige lebt beglückt›; so erwirkt er die Weihe der dritten Schauung. Das ist hier die Überwindung. Auch das nenn' ich, Udāyī, unzulänglich, und sage ‹Verwerft es›, sage ‹Überwindet es›: und was ist hier die Überwindung? Da erwirkt, Udāyī, ein Mönch nach Verwerfung der Freuden und Leiden, nach Vernichtung des einstigen Frohsinns und Trübsinns die Weihe der leidlosen, freudlosen, gleichmütig einsichtigen voll-

kommenen Reine, die vierte Schauung. Das ist hier die Überwindung. Auch
das nenn' ich, Udāyī, unzulänglich, und sage ‹Verwerft es›, sage ‹Überwindet
es›: und was ist hier die Überwindung? Da gewinnt, Udāyī, ein Mönch nach
völliger Überwindung der Formwahrnehmungen, Vernichtung der Gegen-
wahrnehmungen, Verwerfung der Vielheitwahrnehmungen in dem Gedan-
ken ‹Grenzenlos ist der Raum› das Reich des unbegrenzten Raumes. Das ist
hier die Überwindung[95]. Auch das nenn' ich, Udāyī, unzulänglich, und sage
‹Verwerft es›, sage ‹Überwindet es›: und was ist hier die Überwindung? Da
gewinnt, Udāyī, ein Mönch nach völliger Überwindung der unbegrenzten
Raumsphäre in dem Gedanken ‹Grenzenlos ist das Bewußtsein› das Reich
des unbegrenzten Bewußtseins. Das ist hier die Überwindung. Auch das
nenn' ich, Udāyī, unzulänglich, und sage ‹Verwerft es›, sage ‹Überwindet
es›: und was ist hier die Überwindung? Da gewinnt, Udāyī, ein Mönch nach
völliger Überwindung der unbegrenzten Bewußtseinsphäre in dem Gedan-
ken ‹Nichts ist da› das Reich des Nichtdaseins. Das ist hier die Überwindung.
Auch das nenn' ich, Udāyī, unzulänglich, und sage ‹Verwerft es›, sage ‹Über-
windet es›: und was ist hier die Überwindung? Da erreicht, Udāyī, ein Mönch
nach völliger Überwindung der Nichtdaseinsphäre die Grenzscheide mögli-
456 cher Wahrnehmung. Das ist hier die Überwindung. Auch das nenn' ich,
Udāyī, unzulänglich, und sage ‹Verwerft es›, sage ‹Überwindet es›: und was
ist hier die Überwindung? Da erreicht, Udāyī, ein Mönch nach völliger Über-
windung der Grenzscheide möglicher Wahrnehmung die Auflösung der Wahr-
nehmbarkeit. Das ist hier die Überwindung. Und so sag' ich denn, Udāyī,
daß auch die Grenzscheide möglicher Wahrnehmung zu überschreiten sei.
Siehst du etwa, Udāyī, eine Fessel, fein oder gemein, die zu lassen ich nicht
geheißen habe?»

«Gewiß nicht, o Herr!»

Also sprach der Erhabene. Zufrieden freute sich der ehrwürdige Udāyī über das Wort des Erhabenen[96].

67

SIEBENTER TEIL · SIEBENTE REDE

VOR CĀTUMĀ

Das hab' ich gehört. Zu einer Zeit weilte der Erhabene bei Cātumā, im Āmalakīwalde[97]. Zu dieser Zeit nun waren mit Sāriputto und Moggallāno gegen fünfhundert Mönche in Cātumā angekommen, den Erhabenen zu sehn. Und diese ankommenden Mönche, die sich mit den anwesenden Mönchen freundlich begrüßten und denen Sitz und Lagerstatt angewiesen und Mantel und Schale abgenommen wurde, machten lauten Lärm, großen Lärm. Da nun wandte sich der Erhabene an den ehrwürdigen Ānando:

«Was ist das nur, Ānando, für lauter Lärm, großer Lärm? Als ob Fischer um die Beute rauften.»

«Es sind da, o Herr, mit Sāriputto und Moggallāno gegen fünfhundert Mönche in Cātumā angekommen, den Erhabenen zu sehn. Und diese ankommenden Mönche, die sich mit den anwesenden Mönchen freundlich begrüßen und denen Sitz und Lagerstatt angewiesen und Mantel und Schale abgenommen wird, machen lauten Lärm, großen Lärm.»

«So geh' denn, Ānando, und sage den Mönchen in meinem Namen: Der Meister läßt euch Ehrwürdige rufen.»

«Wohl, o Herr!» erwiderte der ehrwürdige Ānando, dem Erhabenen gehorchend, und begab sich dorthin wo jene Mönche weilten. Dort angelangt sprach er also zu ihnen: «Der Meister läßt euch Ehrwürdige rufen.»

«Gut, o Bruder, wir kommen!» erwiderten jene Mönche dem ehrwürdigen 457
Ānando und begaben sich dorthin wo der Erhabene weilte. Dort angelangt begrüßten sie den Erhabenen ehrerbietig und setzten sich seitwärts nieder. Und zu den Mönchen, die da seitwärts saßen, sprach der Erhabene also:

«Was macht ihr nur, Mönche, für lauten Lärm, großen Lärm? Als ob Fischer um die Beute rauften.»

«Es sind hier, o Herr, mit Sāriputto und Moggallāno gegen fünfhundert Mönche in Cātumā angekommen, den Erhabenen zu sehn. Und eben diese ankommenden Mönche, die sich mit den anwesenden Mönchen freundlich begrüßen und denen Sitz und Lagerstatt angewiesen und Mantel und Schale abgenommen wird, machen lauten Lärm, großen Lärm.»

«Geht weiter, Mönche, ich entlass' euch: nicht sollt ihr bei mir sein.»

«Also, Herr!» erwiderten jene Mönche, dem Erhabenen gehorchend, standen von ihren Sitzen auf, begrüßten den Erhabenen ehrerbietig, schritten rechts herum, brachten ihr Lager in Ordnung, nahmen Mantel und Schale und zogen von dannen.

Um diese Zeit nun waren die Sakyerfürsten von Cātumā im städtischen Herrenhause zusammengekommen, irgendeine Angelegenheit zu beraten. Es sahn aber die Sakyerfürsten von Cātumā jene Mönche wie sie von ferne heranzogen, und als sie die Mönche gesehn gingen sie ihnen entgegen und sprachen sie also an:

«Ei, wo geht ihr denn, Ehrwürdige, wieder hin?»

«Der Erhabene, ihr Lieben, hat die Mönchgemeinde entlassen.»

«So nehmt doch, Ehrwürdige, eine Weile hier Platz: vielleicht gelingt es uns den Erhabenen zu versöhnen.»

«Gern, ihr Lieben!» erwiderten jene Mönche den Sakyerfürsten von Cātumā.

Und die Sakyerfürsten von Cātumā begaben sich dorthin wo der Erhabene weilte. Dort angelangt begrüßten sie den Erhabenen ehrerbietig und setzten sich seitwärts nieder. Seitwärts sitzend sprachen nun die Sakyerfürsten von Cātumā zum Erhabenen also:

«Annehmen möge, o Herr, der Erhabene die Mönchgemeinde, aufnehmen möge, o Herr, der Erhabene die Mönchgemeinde! Gleichwie da, o Herr, der Erhabene früher die Mönchgemeinde begnadet hat, ebenso nun auch möge der Erhabene jetzt die Mönchgemeinde begnaden! Es sind hier, o Herr, neue Mönche, erst seit kurzem Asketen, eben erst in diese Lehre und Ordnung eingetreten: und wenn diese den Erhabenen nicht zu sehn bekämen, so möchten sie verkümmern, möchten verderben. Gleichwie etwa, o Herr, zarte Schößlinge ohne Wasser zu bekommen verkümmern und verderben möch-
458 ten, ebenso nun auch, o Herr, gibt es hier neue Mönche, die erst seit kurzem Asketen, eben erst in diese Lehre und Ordnung eingetreten sind: und wenn diese den Erhabenen nicht zu sehn bekämen, so möchten sie verkümmern, möchten verderben. Gleichwie etwa, o Herr, ein zartes Kalb von der Mutter getrennt verkümmern und verderben möchte, ebenso nun auch, o Herr, gibt es hier neue Mönche, die erst seit kurzem Asketen, eben erst in diese Lehre und Ordnung eingetreten sind: und wenn diese den Erhabenen nicht zu sehn bekämen, so möchten sie verkümmern, möchten verderben. Annehmen möge, o Herr, der Erhabene die Mönchgemeinde, aufnehmen möge, o Herr, der Erhabene die Mönchgemeinde! Gleichwie da, o Herr, der Erhabene früher die Mönchgemeinde begnadet hat, ebenso nun auch möge der Erhabene jetzt die Mönchgemeinde begnaden!»

Nun aber gewahrte Brahmā Sahampati des Erhabenen Herzenserwägung im Herzen; und so schnell wie etwa ein kräftiger Mann den eingezogenen

Arm ausstrecken oder den ausgestreckten Arm einziehn mag, verschwand er da aus der Brahmawelt und erschien vor dem Erhabenen. Und Brahmā Sahampati entblößte eine Schulter, faltete die Hände zum Erhabenen und sprach zum Erhabenen also:

«Annehmen möge, o Herr, der Erhabene die Mönchgemeinde, aufnehmen möge, o Herr, der Erhabene die Mönchgemeinde! Gleichwie da, o Herr, der Erhabene früher die Mönchgemeinde begnadet hat, ebenso nun auch möge der Erhabene jetzt die Mönchgemeinde begnaden! Es sind hier, o Herr, neue Mönche, erst seit kurzem Asketen, eben erst in diese Lehre und Ordnung eingetreten: und wenn diese den Erhabenen nicht zu sehn bekämen, so möchten sie verkümmern, möchten verderben. Gleichwie etwa, o Herr, zarte Schößlinge ohne Wasser zu bekommen, verkümmern und verderben möchten, ebenso nun auch, o Herr, gibt es hier neue Mönche, die erst seit kurzem Asketen, eben erst in diese Lehre und Ordnung eingetreten sind: und wenn diese den Erhabenen nicht zu sehn bekämen, so möchten sie verkümmern, möchten verderben. Gleichwie etwa, o Herr, ein zartes Kalb von der Mutter getrennt verkümmern und verderben möchte, ebenso nun auch, o Herr, gibt es hier neue Mönche, die erst seit kurzem Asketen, eben erst in diese Lehre und Ordnung eingetreten sind: und wenn diese den Erhabenen nicht zu sehn bekämen, so möchten sie verkümmern, möchten verderben. Annehmen möge, o Herr, der Erhabene die Mönchgemeinde, aufnehmen möge, o Herr, der Erhabene, die Mönchgemeinde! Gleichwie da, o Herr, der Erhabene früher die
Mönchgemeinde begnadet hat, ebenso nun auch möge der Erhabene jetzt die 459
Mönchgemeinde begnaden!»

Und es gelang den Sakyerfürsten von Cātumā und dem Brahmā Sahampati den Erhabenen zu versöhnen, durch das Gleichnis vom Schößling und durch das Gleichnis vom Kalbe[98]. Und der ehrwürdige Mahāmoggallāno wandte sich an die Mönche:

«Steht auf, ihr Brüder, und nehmt Mantel und Schale: versöhnt ist der Erhabene von den Sakyerfürsten aus Cātumā und von Brahmā Sahampati, durch das Gleichnis vom Schößling und durch das Gleichnis vom Kalbe.»

«Wohl, o Bruder!» sagten da jene Mönche, dem ehrwürdigen Mahāmoggallāno willfahrend; und sie standen auf, nahmen Mantel und Schale und begaben sich dorthin wo der Erhabene weilte. Dort angelangt begrüßten sie den Erhabenen ehrerbietig und setzten sich seitwärts nieder. Und zum ehrwürdigen Sāriputto, der an der Seite saß, sprach der Erhabene also:

«Was dachtest du, Sāriputto, da ich die Mönchgemeinde entließ?»

«Also dacht' ich, o Herr, da der Erhabene die Mönchgemeinde entließ: ‹Selbstgenugsam will jetzt der Erhabene seliger Gegenwart genießen, und auch wir wollen jetzt selbstgenugsam seliger Gegenwart genießen.›»

«Gehe du, Sāriputto, gehe du, Sāriputto: und nicht wieder, Sāriputto, sollst du einen solchen Gedanken hegen.»

Und der Erhabene wandte sich an den ehrwürdigen Mahāmoggallāno:

«Was dachtest du, Moggallāno, da ich die Mönchgemeinde entließ?»

«Also dacht' ich, o Herr, da der Erhabene die Mönchgemeinde entließ: ‹Selbstgenugsam will jetzt der Erhabene seliger Gegenwart genießen, ich aber und der ehrwürdige Sāriputto werden uns jetzt der Mönchgemeinde annehmen.›»

«Gut, gut, Moggallāno: sei es eben ich, der sich da der Mönchgemeinde annimmt, sei es eben Sāriputto und Moggāllano.»

Und der Erhabene wandte sich nun an die Mönche:

«Vier Gefahren, ihr Mönche, sind da bei einem Badenden zu gewärtigen: welche vier? Die Gefahr der Woge, die Gefahr des Krokodils, die Gefahr des Strudels, die Gefahr des Haies. Das, ihr Mönche, sind die vier Gefahren, die bei einem Badenden zu gewärtigen sind. Ebenso nun auch, ihr Mönche, sind da vier Gefahren bei manchem Menschen zu gewärtigen, der in diese Lehre und Ordnung, aus dem Hause in die Hauslosigkeit gezogen ist: welche vier?
460 Die Gefahr der Woge, die Gefahr des Krokodils, die Gefahr des Strudels, die Gefahr des Haies.

«Was ist aber, ihr Mönche, die Gefahr der Woge? Da ist, ihr Mönche, ein edler Sohn von Zuversicht bewogen aus dem Hause in die Hauslosigkeit gewandert: ‹Versunken bin ich in Geburt, in Altern und Sterben, in Wehe, Jammer und Leiden, in Gram und Verzweiflung, in Leiden versunken, in Leiden verloren! O daß es doch etwa möglich wäre dieser ganzen Leidensfülle ein Ende zu machen![99]› Mit solcher Gesinnung hat er der Welt entsagt, und seine Ordensbrüder belehren ihn, ermahnen ihn: ‹So sollst du herzugehn, so sollst du hinweggehn, so sollst du aufblicken, so sollst du wegblicken, so sollst du dich neigen, so sollst du dich heben, so sollst du des Ordens Gewand und Almosenschale tragen.› Und es wird ihm also zumute: ‹Wir, die wir früher als Hausleute lebten, haben andere belehrt und ermahnt: und diese, die wohl unsere Kinder, wohl unsere Enkel sein könnten, meinen uns belehren und ermahnen zu müssen!› Und er gibt die Askese auf und kehrt zur Gewohnheit zurück. Ein solcher, ihr Mönche, sagt man, hat aus Furcht vor der Gefahr der Woge die Askese aufgegeben und ist zur Gewohnheit zurückgekehrt. ‹Die Gefahr der Woge›, ihr Mönche: das ist eine Bezeichnung für Zorn und Verzweiflung.

«Was aber, ihr Mönche, ist die Gefahr des Krokodils? Da ist, ihr Mönche, ein edler Sohn von Zuversicht bewogen aus dem Hause in die Hauslosigkeit gewandert: ‹Versunken bin ich in Geburt, in Altern und Sterben, in Wehe, Jammer und Leiden, in Gram und Verzweiflung, in Leiden versunken, in Lei-

den verloren! O daß es doch etwa möglich wäre dieser ganzen Leidensfülle ein Ende zu machen!› Mit solcher Gesinnung hat er der Welt entsagt, und seine Ordensbrüder belehren ihn, ermahnen ihn: ‹Das darfst du kauen, das darfst du nicht kauen, das darfst du essen, das darfst du nicht essen, das darfst du schmecken, das darfst du nicht schmecken, das darfst du trinken, das darfst du nicht trinken; Geziemendes darfst du kauen, Ungeziemendes darfst du nicht kauen, Geziemendes darfst du essen, Ungeziemendes darfst du nicht essen, Geziemendes darfst du schmecken, Ungeziemendes darfst du nicht schmecken, Geziemendes darfst du trinken, Ungeziemendes darfst du nicht trinken; zur Zeit darfst du kauen, zur Unzeit darfst du nicht kauen, zur Zeit darfst du essen, zur Unzeit darfst du nicht essen, zur Zeit darfst du schmecken, zur Unzeit darfst du nicht schmecken, zur Zeit darfst du trinken, zur Unzeit darfst du nicht trinken.› Und es wird ihm also zumute: ‹Wir, 461
die wir früher als Hausleute lebten, haben gekaut was wir wollten, und was wir nicht wollten, das haben wir nicht gekaut, haben gegessen was wir wollten, und was wir nicht wollten, das haben wir nicht gegessen, haben geschmeckt was wir wollten, und was wir nicht wollten, das haben wir nicht geschmeckt, haben getrunken was wir wollten, und was wir nicht wollten, das haben wir nicht getrunken; Geziemendes haben wir gekaut, und Ungeziemendes haben wir gekaut, Geziemendes haben wir gegessen, und Ungeziemendes haben wir gegessen, Geziemendes haben wir geschmeckt, und Ungeziemendes haben wir geschmeckt, Geziemendes haben wir getrunken, und Ungeziemendes haben wir getrunken; zur Zeit haben wir gekaut, und zur Unzeit haben wir gekaut, zur Zeit haben wir gegessen, und zur Unzeit haben wir gegessen, zur Zeit haben wir geschmeckt, und zur Unzeit haben wir geschmeckt, zur Zeit haben wir getrunken, und zur Unzeit haben wir getrunken. Wenn uns gläubige Hausleute mittags zur Unzeit an Speise und Trank Gutes darreichen, so halten uns diese hier gleichsam den Mund zu!› Und er gibt die Askese auf und kehrt zur Gewohnheit zurück. Ein solcher, ihr Mönche, sagt man, hat aus Furcht vor der Gefahr des Krokodils die Askese aufgegeben und ist zur Gewohnheit zurückgekehrt. ‹Die Gefahr des Krokodils›, ihr Mönche: das ist eine Bezeichnung für Gefräßigkeit.

‹Was aber, ihr Mönche, ist die Gefahr des Strudels? Da ist, ihr Mönche, ein edler Sohn von Zuversicht bewogen aus dem Hause in die Hauslosigkeit gewandert: ‹Versunken bin ich in Geburt, in Altern und Sterben, in Wehe, Jammer und Leiden, in Gram und Verzweiflung, in Leiden versunken, in Leiden verloren! O daß es doch etwa möglich wäre dieser ganzen Leidensfülle ein Ende zu machen!› Mit solcher Gesinnung hat er der Welt entsagt, und er geht, zeitig gerüstet, mit Mantel und Schale versehn, nach dem Dorfe oder nach der Stadt um Almosenspeise, aber ohne den Körper zu hüten, ohne die

Rede zu hüten, ohne die Einsicht gewärtig zu halten, ohne die Sinne gezügelt zu haben. Und da erblickt er einen Hausvater, oder den Sohn eines Hausvaters, mit dem Besitz und Genuß der fünf Begehrungen begabt. Und es wird ihm also zumute: ‹Wir, die wir früher als Hausleute lebten, waren mit dem Besitz und Genuß der fünf Begehrungen begabt. Wir sind reich zu Hause: man kann den Reichtum genießen und Gutes tun!› Und er gibt die Askese auf und kehrt zur Gewohnheit zurück. Ein solcher, ihr Mönche, sagt man, hat aus Furcht vor der Gefahr des Strudels die Askese aufgegeben und ist zur Gewohnheit zurückgekehrt. ‹Die Gefahr des Strudels›, ihr Mönche: das ist eine Bezeichnung für die fünf Begehrungen.

«Und was ist, ihr Mönche, die Gefahr des Haies? Da ist, ihr Mönche, ein
462 edler Sohn von Zuversicht bewogen aus dem Hause in die Hauslosigkeit gewandert: ‹Versunken bin ich in Geburt, in Altern und Sterben, in Wehe, Jammer und Leiden, in Gram und Verzweiflung, in Leiden versunken, in Leiden verloren! O daß es doch etwa möglich wäre dieser ganzen Leidensfülle ein Ende zu machen!› Mit solcher Gesinnung hat er der Welt entsagt, und er geht, zeitig gerüstet, mit Mantel und Schale versehn, nach dem Dorfe oder nach der Stadt um Almosenspeise, aber ohne den Körper zu hüten, ohne die Rede zu hüten, ohne die Einsicht gewärtig zu halten, ohne die Sinne gezügelt zu haben. Und da erblickt er ein Weib, halb angekleidet nur oder nur halb verhüllt. Und weil er ein Weib gesehn hat, halb angekleidet nur oder nur halb verhüllt, wird sein Herz von Gier geschwellt. Und weil sein Herz von Gier geschwellt ist, gibt er die Askese auf und kehrt zur Gewohnheit zurück. Ein solcher, ihr Mönche, sagt man, hat aus Furcht vor der Gefahr des Haies die Askese aufgegeben und ist zur Gewohnheit zurückgekehrt. ‹Die Gefahr des Haies›, ihr Mönche: das ist eine Bezeichnung für das Weib.

«Das sind, ihr Mönche, die vier Gefahren, die man da bei manchem Menschen, der in diese Lehre und Ordnung, aus dem Hause in die Hauslosigkeit gezogen ist, zu gewärtigen hat.»

Also sprach der Erhabene. Zufrieden freuten sich jene Mönche über das Wort des Erhabenen.

68

SIEBENTER TEIL · ACHTE REDE

VOR NAḶAKAPĀNAM

DAS HAB' ICH GEHÖRT. Zu einer Zeit weilte der Erhabene im Reiche der Kosaler, bei Naḷakapānam, im Laubwalde[100].

Zu dieser Zeit nun waren gar viele wohlbekannte, wohlangesehne edle Söhne um des Erhabenen willen, von Zutrauen bewogen, aus dem Hause in die Hauslosigkeit gezogen[101], der ehrwürdige Anuruddho, der ehrwürdige Nandiyo und der ehrwürdige Kimbilo, der ehrwürdige Bhagu und der ehrwürdige Kuṇḍadhāno, der ehrwürdige Revato und der ehrwürdige Ānando, und noch andere wohlbekannte, wohlangesehne edle Söhne.

Da saß denn einst der Erhabene, von der Mönchgemeinde umgeben, unter 463
freiem Himmel. Und der Erhabene wandte sich, in Beziehung auf jene edlen Söhne, also an die Mönche:

«Jene edlen Söhne, ihr Mönche, die um meinetwillen, von Zutrauen bewogen, aus dem Hause in die Hauslosigkeit gewandert sind, vielleicht sind, ihr Mönche, diese Mönche mit dem Asketentum wohlzufrieden.»

Auf diese Worte blieben die Mönche schweigsam. Und ein zweites Mal, und ein drittes Mal wandte sich der Erhabene, in Beziehung auf jene edlen Söhne, also an die Mönche:

«Jene edlen Söhne, ihr Mönche, die um meinetwillen, von Zutrauen bewogen, aus dem Hause in die Hauslosigkeit gewandert sind, vielleicht sind, ihr Mönche, diese Mönche mit dem Asketentum wohlzufrieden.»

Und ein zweites Mal, und ein drittes Mal verharrten die Mönche in Schweigen. Und der Erhabene sprach zu sich: ‹Wie, wenn ich nun diese edlen Söhne selbst fragte?› Und der Erhabene wandte sich also an den ehrwürdigen Anuruddho:

«Seid ihr denn, Anuruddher, mit dem Asketentum wohlzufrieden?»

«Freilich, o Herr, sind wir mit dem Asketentum wohlzufrieden.»

«Recht so, recht so, Anuruddher. Das steht euch an, Anuruddher, die ihr als edle Söhne von Zuversicht bewogen aus dem Hause in die Hauslosigkeit gegangen, daß ihr mit dem Asketentum wohlzufrieden seid. Die glückliche Jugend, Anuruddher, die euch in erster Mannesblüte glänzend dunkelhaarig die Welt genießen lassen könnte, diese glückliche Jugend, Anuruddher, hat euch in erster Mannesblüte glänzend dunkelhaarig aus dem Hause in die

Hauslosigkeit hinausziehn heißen. Denn euch, Anuruddher, hat ja kein König gezwungen aus dem Hause in die Hauslosigkeit zu wandern, kein Räuber, keine Schuldenlast, keine Furcht, keine Lebensnotdurft hat euch vermocht aus dem Hause in die Hauslosigkeit fortzuziehn, sondern ihr habt gemerkt: ‹Versunken bin ich in Geburt, in Altern und Sterben, in Wehe, Jammer und Leiden, in Gram und Verzweiflung, in Leiden versunken, in Leiden verloren! O daß es doch etwa möglich wäre dieser ganzen Leidensfülle ein Ende zu machen!› Seid ihr, Anuruddher, nicht also von Zuversicht bewogen aus dem Hause in die Hauslosigkeit gegangen?»

«Ja, o Herr!»

«Und wer also entsagt hat, Anuruddher, als edler Sohn, was mag der zu tun haben? Wer fern, Anuruddher, von Wünschen, fern von Schlechtem, keine heitere Seligkeit findet oder anderes, noch Besseres, dessen Gemüt wird von Gier erfaßt und gefesselt, wird von Haß erfaßt und gefesselt, wird von matter Müde erfaßt und gefesselt, wird von stolzem Unmut erfaßt und gefesselt, wird von schwankender Ungewißheit erfaßt und gefesselt, wird von
464 Unlust erfaßt und gefesselt, wird von Trägheit erfaßt und gefesselt; fern, Anuruddher, von Wünschen, fern von Schlechtem findet er keine heitere Seligkeit oder anderes, noch Besseres: wer fern, Anuruddher, von Wünschen, fern von Schlechtem heitere Seligkeit findet und anderes, noch Besseres, dessen Gemüt wird von keiner Gier erfaßt und gefesselt, wird von keinem Haß erfaßt und gefesselt, wird von keiner matten Müde erfaßt und gefesselt, wird von keinem stolzen Unmut erfaßt und gefesselt, wird von keiner schwankenden Ungewißheit erfaßt und gefesselt, wird von keiner Unlust erfaßt und gefesselt, wird von keiner Trägheit erfaßt und gefesselt; fern, Anuruddher, von Wünschen, fern von Schlechtem findet er heitere Seligkeit und anderes, noch Besseres.

«Vielleicht, Anuruddher, meint ihr von mir: ‹Der Wahn, der besudelnde, Wiederdasein säende, entsetzliche, Leiden ausbrütende, wiederum Leben, Altern und Sterben erzeugende, der ist vom Vollendeten nicht überstanden; darum mag der Vollendete eins mit Bedacht pflegen, und eins mit Bedacht dulden, eins mit Bedacht fliehn, und eins mit Bedacht bekämpfen.»

«Nicht doch, o Herr, denken wir vom Erhabenen also: ‹Der Wahn, der besudelnde, Wiederdasein säende, entsetzliche, Leiden ausbrütende, wiederum Leben, Altern und Sterben erzeugende, der ist vom Vollendeten nicht überstanden; darum mag der Vollendete eins mit Bedacht pflegen, und eins mit Bedacht dulden, eins mit Bedacht fliehn, und eins mit Bedacht bekämpfen›, sondern also denken wir, o Herr, vom Erhabenen: ‹Der Wahn, der besudelnde, Wiederdasein säende, entsetzliche, Leiden ausbrütende, wiederum Leben, Altern und Sterben erzeugende, der ist vom Vollendeten überstanden;

darum mag der Vollendete eins mit Bedacht pflegen, und eins mit Bedacht dulden, eins mit Bedacht fliehn, und eins mit Bedacht bekämpfen.›»

«Recht so, recht so, Anuruddher. Der Vollendete, Anuruddher, hat den Wahn, den besudelnden, Wiederdasein säenden, entsetzlichen, Leiden ausbrütenden, wiederum Leben, Altern und Sterben erzeugenden, überstanden, an der Wurzel abgeschnitten, einem Palmstumpf gleichgemacht, so daß er nicht mehr keimen, nicht mehr sich entwickeln kann. Gleichwie etwa, Anuruddher, eine Palme, der man die Krone abgeschnitten hat, nicht wieder emporwachsen kann, ebenso auch, Anuruddher, hat der Vollendete den Wahn, den besudelnden, Wiederdasein säenden, entsetzlichen, Leiden ausbrütenden, wiederum Leben, Altern und Sterben erzeugenden, überstanden, an der Wurzel abgeschnitten, einem Palmstumpf gleichgemacht, so daß er nicht mehr keimen, nicht mehr sich entwickeln kann; darum mag der Vollendete eins mit Bedacht pflegen, und eins mit Bedacht dulden, eins mit Bedacht fliehn, und eins mit Bedacht bekämpfen[102].

«Was meint ihr wohl, Anuruddher: welcher Umstand veranlaßt den Vollendeten die Jünger, die dahingegangen, gestorben sind, je nach ihrer Auferstehung zu offenbaren: ‹Jener ist da auferstanden, dieser ist dort auferstanden›?»

«Vom Erhabenen stammt unser Wissen, o Herr, vom Erhabenen geht es 465
aus, auf den Erhabenen geht es zurück. Gut wär' es, o Herr, wenn doch der Erhabene den Sinn solcher Rede erklären wollte! Das Wort des Erhabenen werden die Mönche bewahren.»

«Nicht eben, Anuruddher, für die Neugier der Leute, nicht zum Gerede der Leute, nicht um Almosen, Ehre und Ruhm zu erlangen, nicht in der Absicht[103]: ‹Man soll mich erkennen!›, offenbart der Vollendete die Jünger, die dahingegangen, gestorben sind, je nach ihrer Auferstehung: ‹Jener ist da auferstanden, dieser ist dort auferstanden›, sondern weil es, Anuruddher, edle Söhne gibt, die Zuversicht hegen, hohe Begeisterung, hohe Freude; und haben die das gehört, so wenden sie das Herz dahin: denen, Anuruddher, gereicht es lange zum Wohle, zum Heile.

«Da hört, Anuruddher, ein Mönch reden: Der und der Mönch ist gestorben, und der Erhabene hat von ihm offenbart: ‹Gewiß bestanden.› Und er hat jenen Ehrwürdigen selbst gesehn, oder es ist ihm berichtet worden: ‹Also lebte jener Ehrwürdige, so und so, also lehrte jener Ehrwürdige, so und so, also wußte jener Ehrwürdige, so und so, also weilte jener Ehrwürdige, so und so, also löste sich jener Ehrwürdige, so und so.› Und indem er seiner Zuversicht und seiner Tugend, seiner Erfahrung und Entsagung und seiner Weisheit gedenkt, wendet er das Herz dahin. Und auch auf solche Weise, Anuruddher, gewinnt ein Mönch selige Ruhe. – Da hört, Anuruddher, ein Mönch

reden: Der und der Mönch ist gestorben, und der Erhabene hat von ihm offenbart: ‹Nach Vernichtung der fünf niederzerrenden Fesseln emporgestiegen, um von dort aus zu erlöschen, nicht mehr zurückzukehren nach jener Welt.› Und er hat jenen Ehrwürdigen selbst gesehn, oder es ist ihm berichtet worden: ‹Also lebte jener Ehrwürdige, so und so, also lehrte jener Ehrwürdige, so und so, also wußte jener Ehrwürdige, so und so, also weilte jener Ehrwürdige, so und so, also löste sich jener Ehrwürdige, so und so.› Und indem er seiner Zuversicht und seiner Tugend, seiner Erfahrung und Entsagung und seiner Weisheit gedenkt, wendet er das Herz dahin. Und auch auf solche Weise, Anuruddher, gewinnt ein Mönch selige Ruhe. – Da hört, Anuruddher, ein Mönch reden: Der und der Mönch ist gestorben, und der Erhabene hat von ihm offenbart: ‹Nach Vernichtung der drei Fesseln, von Gier, Haß und Irre erleichtert, fast schon geläutert, wird er nur einmal wiederkehren, nur einmal noch zu dieser Welt gekommen dem Leiden ein Ende machen.› Und er hat jenen Ehrwürdigen selbst gesehn, oder es ist ihm berichtet worden: ‹Also lebte jener Ehrwürdige, so und so, also lehrte jener Ehrwürdige, so und so, also weilte jener Ehrwürdige, so und so, also löste sich jener Ehrwürdige, so und so.› Und indem er seiner Zuversicht und seiner Tugend, seiner Erfahrung und Entsagung und seiner Weisheit gedenkt, wendet er das
466 Herz dahin. Und auch auf solche Weise, Anuruddher, gewinnt ein Mönch selige Ruhe. – Da hört, Anuruddher, ein Mönch reden: Der und der Mönch ist gestorben, und der Erhabene hat von ihm offenbart: ‹Nach Vernichtung der drei Fesseln wird er zur Hörerschaft gelangen, dem Verderben entronnen zielbewußt der vollen Erwachung entgegeneilen.› Und er hat jenen Ehrwürdigen selbst gesehn, oder es ist ihm berichtet worden: ‹Also lebte jener Ehrwürdige, so und so, also lehrte jener Ehrwürdige, so und so, also wußte jener Ehrwürdige, so und so, also weilte jener Ehrwürdige, so und so, also löste sich jener Ehrwürdige, so und so.› Und indem er seiner Zuversicht und seiner Tugend, seiner Erfahrung und Entsagung und seiner Weisheit gedenkt, wendet er das Herz dahin. Und auch auf solche Weise, Anuruddher, gewinnt ein Mönch selige Ruhe.

«Da hört, Anuruddher, eine Nonne reden: Die und die Nonne ist gestorben, und der Erhabene hat von ihr offenbart: ‹Gewiß bestanden.› Und sie hat jene Schwester selbst gesehn, oder es ist ihr berichtet worden: ‹Also lebte jene Schwester, so und so, also lehrte jene Schwester, so und so, also wußte jene Schwester, so und so, also weilte jene Schwester, so und so, also löste sich jene Schwester, so und so.› Und indem sie ihrer Zuversicht und ihrer Tugend, ihrer Erfahrung und Entsagung und ihrer Weisheit gedenkt, wendet sie das Herz dahin. Und auch auf solche Weise, Anuruddher, gewinnt eine Nonne selige Ruhe. – Da hört, Anuruddher, eine Nonne reden: Die und die

Nonne ist gestorben, und der Erhabene hat von ihr offenbart: ‹Nach Vernichtung der fünf niederzerrenden Fesseln emporgestiegen, um von dort aus zu erlöschen, nicht mehr zurückzukehren nach jener Welt.› Und sie hat jene Schwester selbst gesehn, oder es ist ihr berichtet worden: ‹Also lebte jene Schwester, so und so, also lehrte jene Schwester, so und so, also wußte jene Schwester, so und so, also weilte jene Schwester, so und so, also löste sich jene Schwester, so und so.› Und indem sie ihrer Zuversicht und ihrer Tugend, ihrer Erfahrung und Entsagung und ihrer Weisheit gedenkt, wendet sie das Herz dahin. Und auch auf solche Weise, Anuruddher, gewinnt eine Nonne selige Ruhe. – Da hört, Anuruddher, eine Nonne reden: Die und die Nonne ist gestorben, und der Erhabene hat von ihr offenbart: ‹Nach Vernichtung der drei Fesseln, von Gier, Haß und Irre erleichtert, fast schon geläutert, wird sie nur einmal wiederkehren, nur einmal noch zu dieser Welt gekommen dem Leiden ein Ende machen.› Und sie hat jene Schwester selbst gesehn, oder es ist ihr berichtet worden: ‹Also lebte jene Schwester, so und so, also lehrte jene Schwester, so und so, also wußte jene Schwester, so und so, also weilte jene Schwester, so und so, also löste sich jene Schwester, so und so.› Und indem sie ihrer Zuversicht und ihrer Tugend, ihrer Erfahrung und Entsagung und ihrer Weisheit gedenkt, wendet sie das Herz dahin. Und auch auf solche Weise, Anuruddher, gewinnt eine Nonne selige Ruhe. – Da hört, Anuruddher, eine Nonne reden: Die und die Nonne ist gestorben, und der Erhabene hat von ihr offenbart: ‹Nach Vernichtung der drei Fesseln wird sie zur Hörerschaft gelangen, dem Verderben entronnen zielbewußt der vollen Erwachung entgegeneilen.› Und sie hat jene Schwester selbst gesehn, 467
oder es ist ihr berichtet worden: ‹Also lebte jene Schwester, so und so, also lehrte jene Schwester, so und so, also wußte jene Schwester, so und so, also weilte jene Schwester, so und so, also löste sich jene Schwester, so und so.› Und indem sie ihrer Zuversicht und ihrer Tugend, ihrer Erfahrung und Entsagung und ihrer Weisheit gedenkt, wendet sie das Herz dahin. Und auch auf solche Weise, Anuruddher, gewinnt eine Nonne selige Ruhe.

«Da hört, Anuruddher, ein Anhänger reden: Der und der Anhänger ist gestorben, und der Erhabene hat von ihm offenbart: ‹Nach Vernichtung der fünf niederzerrenden Fesseln emporgestiegen, um von dort aus zu erlöschen, nicht mehr zurückzukehren nach jener Welt.› Und er hat jenen Ehrwürdigen selbst gesehn, oder es ist ihm berichtet worden: ‹Also lebte jener Ehrwürdige, so und so, also lehrte jener Ehrwürdige, so und so, also wußte jener Ehrwürdige, so und so, also weilte jener Ehrwürdige, so und so, also löste sich jener Ehrwürdige, so und so.› Und indem er seiner Zuversicht und seiner Tugend, seiner Erfahrung und Entsagung und seiner Weisheit gedenkt, wendet er das Herz dahin. Und auch auf solche Weise, Anuruddher, gewinnt ein Anhänger selige Ruhe. – Da hört, Anuruddher, ein Anhänger reden: Der und der Anhänger ist gestorben, und der Erhabene hat von ihm offenbart: ‹Nach Vernichtung der drei Fesseln, von Gier, Haß und Irre erleichtert, fast schon geläutert, wird er nur einmal wiederkehren, nur einmal noch zu dieser Welt gekommen dem Leiden ein Ende machen.› Und er hat jenen Ehrwürdigen selbst gesehn, oder es ist ihm berichtet worden: ‹Also lebte jener Ehrwürdige, so und so, also lehrte jener Ehrwürdige, so und so, also wußte jener Ehrwürdige, so und so, also weilte jener Ehrwürdige, so und so, also löste sich jener Ehrwürdige, so und so.› Und indem er seiner Zuversicht und seiner Tugend, seiner Erfahrung und Entsagung und seiner Weisheit gedenkt, wendet er das Herz dahin. Und auch auf solche Weise, Anuruddher, gewinnt ein Anhänger selige Ruhe. – Da hört, Anuruddher, ein Anhänger reden: Der und der Anhänger ist gestorben, und der Erhabene hat von ihm offenbart: ‹Nach Vernichtung der drei Fesseln wird er zur Hörerschaft gelangen, dem Verderben entronnen zielbewußt der vollen Erwachung entgegeneilen.› Und er hat jenen Ehrwürdigen selbst gesehn, oder es ist ihm berichtet worden: ‹Also lebte jener Ehrwürdige, so und so, also lehrte jener Ehrwürdige, so und so, also wußte jener Ehrwürdige, so und so, also weilte jener Ehrwürdige, so und so, also löste sich jener Ehrwürdige, so und so.› Und indem er seiner Zuversicht und seiner Tugend, seiner Erfahrung und Entsagung und seiner Weisheit gedenkt, wendet er das Herz dahin. Und auch auf solche Weise, Anuruddher, gewinnt ein Anhänger selige Ruhe.

«Da hört, Anuruddher, eine Anhängerin reden: Die und die Anhängerin ist gestorben, und der Erhabene hat von ihr offenbart: ‹Nach Vernichtung der fünf niederzerrenden Fesseln emporgestiegen, um von dort aus zu erlöschen, nicht mehr zurückzukehren nach jener Welt.› Und sie hat jene Schwester selbst gesehn, oder es ist ihr berichtet worden: ‹Also lebte jene Schwester, so und so, also lehrte jene Schwester, so und so, also wußte jene Schwester,
468 so und so, also weilte jene Schwester, so und so, also löste sich jene Schwester, so und so.› Und indem sie ihrer Zuversicht und ihrer Tugend, ihrer Erfahrung und Entsagung und ihrer Weisheit gedenkt, wendet sie das Herz dahin. Und auch auf solche Weise, Anuruddher, gewinnt eine Anhängerin selige Ruhe. – Da hört, Anuruddher, eine Anhängerin reden: Die und die Anhängerin ist gestorben, und der Erhabene hat von ihr offenbart: ‹Nach Vernichtung der drei Fesseln, von Gier, Haß und Irre erleichtert, fast schon geläutert, wird sie nur einmal wiederkehren, nur einmal noch zu dieser Welt gekommen dem Leiden ein Ende machen.› Und sie hat jene Schwester selbst gesehn, oder es ist ihr berichtet worden: ‹Also lebte jene Schwester, so und so, also lehrte jene Schwester, so und so, also wußte jene Schwester, so und so, also weilte jene Schwester, so und so, also löste sich jene Schwester, so und

so.› Und indem sie ihrer Zuversicht und ihrer Tugend, ihrer Erfahrung und Entsagung und ihrer Weisheit gedenkt, wendet sie das Herz dahin. Und auch auf solche Weise, Anuruddher, gewinnt eine Anhängerin selige Ruhe. – Da hört, Anuruddher, eine Anhängerin reden: Die und die Anhängerin ist gestorben, und der Erhabene hat von ihr offenbart: ‹Nach Vernichtung der drei Fesseln wird sie zur Hörerschaft gelangen, dem Verderben entronnen zielbewußt der vollen Erwachung entgegeneilen.› Und sie hat jene Schwester selbst gesehn, oder es ist ihr berichtet worden: ‹Also lebte jene Schwester, so und so, also lehrte jene Schwester, so und so, also wußte jene Schwester, so und so, also weilte jene Schwester, so und so, also löste sich jene Schwester, so und so.› Und indem sie ihrer Zuversicht und ihrer Tugend, ihrer Erfahrung und Entsagung und ihrer Weisheit gedenkt, wendet sie das Herz dahin. Und auch auf solche Weise, Anuruddher, gewinnt eine Anhängerin selige Ruhe.

«Und somit, Anuruddher, ist es nicht für die Neugier der Leute, nicht zum Gerede der Leute, nicht um Almosen, Ehre und Ruhm zu erlangen, nicht in der Absicht: ‹Man soll mich erkennen!›, daß der Vollendete Jünger, die dahingegangen, gestorben sind, je nach ihrer Auferstehung offenbart: ‹Jener ist da auferstanden, dieser ist dort auferstanden›, sondern weil es, Anuruddher, edle Söhne gibt, die Zuversicht hegen, hohe Begeisterung, hohe Freude; und haben die das gehört, so wenden sie das Herz dahin: denen, Anuruddher, gereicht es lange zum Wohle, zum Heile.»

Also sprach der Erhabene. Zufrieden freute sich der ehrwürdige Anuruddho über das Wort des Erhabenen.

69

SIEBENTER TEIL · NEUNTE REDE

GULISSĀNI

DAS HAB' ICH GEHÖRT. Zu einer Zeit weilte der Erhabene bei Rājagaham, 469
im Bambusparke, am Hügel der Eichhörnchen.

Um diese Zeit nun war ein Mönch namens Gulissāni, ein Waldeinsiedler, ein Höhlenasket, zu den Ordensbrüdern auf Besuch gekommen, zu irgendeinem Zwecke. Da nun wandte sich der ehrwürdige Sāriputto, in Beziehung auf den Mönch Gulissāni, also an die Mönche:

«Ein Waldeinsiedler, ihr Brüder, der den Orden aufsucht, im Orden verweilt, hat die Ordensasketen mit Achtung zu behandeln und Ergebenheit. Wenn, ihr Brüder, ein Waldeinsiedler, der den Orden aufsucht, im Orden verweilt, die Ordensasketen ohne Achtung behandelt und ohne Ergebenheit, so sagt man von ihm: ‹Was taugt es wohl diesem ehrwürdigen Waldeinsiedler, daß er allein im Walde für sich lebt, da er seine Ordensbrüder ohne Achtung behandelt und ohne Ergebenheit!›: also spricht man von ihm. Darum hat ein Waldeinsiedler, der den Orden aufsucht, im Orden verweilt, die Ordensasketen mit Achtung zu behandeln und Ergebenheit.

«Ein Waldeinsiedler, ihr Brüder, der den Orden aufsucht, im Orden verweilt, hat zu wissen wie man Platz nimmt, so zwar: ‹Die alten Mönche werd' ich nicht aufstehn lassen um mich zu setzen, die jungen Mönche nicht von ihren Sitzen gehn heißen.› Wenn, ihr Brüder, ein Waldeinsiedler, der den Orden aufsucht, im Orden verweilt, nicht weiß wie man Platz nimmt, so sagt man von ihm: ‹Was taugt es wohl diesem ehrwürdigen Waldeinsiedler, daß er allein im Walde für sich lebt, da er nicht einmal die Regeln des Betragens kennt!›: also spricht man von ihm. Darum hat ein Waldeinsiedler, der den Orden aufsucht, im Orden verweilt, zu wissen wie man Platz nimmt.

«Ein Waldeinsiedler, ihr Brüder, der den Orden aufsucht, im Orden verweilt, hat nicht zur Unzeit nach dem Dorfe zu gehn, nicht bis Mittag auszubleiben. Wenn, ihr Brüder, ein Waldeinsiedler, der den Orden aufsucht, im Orden verweilt, zur Unzeit nach dem Dorfe geht, bis Mittag ausbleibt, so sagt man von ihm: ‹Was taugt es wohl diesem ehrwürdigen Waldeinsiedler, daß er allein im Walde für sich lebt, da er zur Unzeit nach dem Dorfe geht, bis Mittag ausbleibt!›: also spricht man von ihm. Darum hat ein Waldeinsiedler, der den Orden aufsucht, im Orden verweilt, nicht zur Unzeit nach dem Dorfe zu gehn, nicht bis Mittag auszubleiben.

«Ein Waldeinsiedler, ihr Brüder, der den Orden aufsucht, im Orden ver-
470 weilt, hat nicht vor dem Mahl und nach dem Mahl bei den Häusern um Almosen zu stehn. Wenn, ihr Brüder, ein Waldeinsiedler, der den Orden aufsucht, im Orden verweilt, vor dem Mahl und nach dem Mahl bei den Häusern um Almosen steht, so sagt man von ihm: ‹Nun hat sich gar dieser Waldeinsiedler, der allein im Walde für sich lebt, an den Gang zur Unzeit gewöhnt; selbst als Ordensasket läßt er sich verleiten!›: also spricht man von ihm. Darum hat ein Waldeinsiedler, der den Orden aufsucht, im Orden verweilt, nicht vor dem Mahl und nach dem Mahl bei den Häusern um Almosen zu stehn.

«Ein Waldeinsiedler, ihr Brüder, der den Orden aufsucht, im Orden verweilt, hat weder stolz zu sein noch unstet. Wenn, ihr Brüder, ein Waldeinsiedler, der den Orden aufsucht, im Orden verweilt, stolz ist und unstet, so sagt man von ihm: ‹Nun hat sich gar dieser Waldeinsiedler, der allein im Walde für sich lebt, an Stolz und Unstete gewöhnt; selbst als Ordensasket läßt er sich verleiten!›: also spricht man von ihm. Darum hat ein Waldeinsiedler, der den Orden aufsucht, im Orden verweilt, weder stolz zu sein noch unstet.

«Ein Waldeinsiedler, ihr Brüder, der den Orden aufsucht, im Orden verweilt, hat nicht gesprächig zu sein und vielrednerisch. Wenn, ihr Brüder, ein Waldeinsiedler, der den Orden aufsucht, im Orden verweilt, gesprächig ist und vielrednerisch, so sagt man von ihm: ‹Was taugt es wohl diesem ehrwürdigen Waldeinsiedler, daß er allein im Walde für sich lebt, da er gesprächig ist und vielrednerisch!›: also spricht man von ihm. Darum hat ein Waldeinsiedler, der den Orden aufsucht, im Orden verweilt, nicht gesprächig zu sein und vielrednerisch.

«Ein Waldeinsiedler, ihr Brüder, der den Orden aufsucht, im Orden verweilt, hat sanft zu reden und gütig. Wenn, ihr Brüder, ein Waldeinsiedler, der den Orden aufsucht, im Orden verweilt, beißend redet und boshaft, so sagt man von ihm: ‹Was taugt es wohl diesem ehrwürdigen Waldeinsiedler, daß er allein im Walde für sich lebt, da er beißend redet und boshaft!›: also spricht man von ihm. Darum hat ein Waldeinsiedler, der den Orden aufsucht, im Orden verweilt, sanft zu reden und gütig.

«Ein Waldeinsiedler, ihr Brüder, der den Orden aufsucht, im Orden verweilt, hat die Tore der Sinne zu hüten. Wenn, ihr Brüder, ein Waldeinsiedler, der den Orden aufsucht, im Orden verweilt, die Tore der Sinne nicht hütet, so sagt man von ihm: ‹Was taugt es wohl diesem ehrwürdigen Waldeinsiedler, daß er allein im Walde für sich lebt, da er die Tore der Sinne nicht hütet!›: 471
also spricht man von ihm. Darum hat ein Waldeinsiedler die Tore der Sinne zu hüten.

«Ein Waldeinsiedler, ihr Brüder, hat beim Essen Maß zu halten. Wenn, ihr Brüder, ein Waldeinsiedler beim Essen kein Maß kennt, so sagt man von ihm: ‹Was taugt es wohl diesem ehrwürdigen Waldeinsiedler, daß er allein im Walde für sich lebt, da er beim Essen kein Maß kennt!›: also spricht man von ihm. Darum hat ein Waldeinsiedler beim Essen Maß zu halten.

«Ein Waldeinsiedler, ihr Brüder, hat sich der Wachsamkeit zu weihen. Wenn, ihr Brüder, ein Waldeinsiedler die Wachsamkeit versäumt, so sagt man von ihm: ‹Was taugt es wohl diesem ehrwürdigen Waldeinsiedler, daß er allein im Walde für sich lebt, da er die Wachsamkeit versäumt!›: also spricht man von ihm. Darum hat sich ein Waldeinsiedler der Wachsamkeit zu weihen.

«Ein Waldeinsiedler, ihr Brüder, hat sich eifrig zu üben. Wenn, ihr Brüder, ein Waldeinsiedler feige verzagt ist, so sagt man von ihm: ‹Was taugt es wohl diesem ehrwürdigen Waldeinsiedler, daß er allein im Walde für sich lebt, da er feige verzagt ist!›: also spricht man von ihm. Darum hat sich ein Waldeinsiedler eifrig zu üben.

«Ein Waldeinsiedler, ihr Brüder, hat sich die Einsicht gewärtig zu halten. Wenn, ihr Brüder, ein Waldeinsiedler der Einsicht vergißt, so sagt man von ihm: ‹Was taugt es wohl diesem ehrwürdigen Waldeinsiedler, daß er allein im Walde für sich lebt, da er der Einsicht vergißt!›: also spricht man von ihm. Darum hat sich ein Waldeinsiedler die Einsicht gewärtig zu halten.

«Ein Waldeinsiedler, ihr Brüder, hat gesammelt zu sein. Wenn, ihr Brüder, ein Waldeinsiedler zerstreut ist, so sagt man von ihm: ‹Was taugt es wohl diesem ehrwürdigen Waldeinsiedler, daß er allein im Walde für sich lebt, da er zerstreut ist!›: also spricht man von ihm. Darum hat ein Waldeinsiedler gesammelt zu sein.

«Ein Waldeinsiedler, ihr Brüder, hat weise zu sein. Wenn, ihr Brüder, ein
472 Waldeinsiedler törig ist, so sagt man von ihm: ‹Was taugt es wohl diesem ehrwürdigen Waldeinsiedler, daß er allein im Walde für sich lebt, da er törig ist!›: also spricht man von ihm. Darum hat ein Waldeinsiedler weise zu sein.

«Ein Waldeinsiedler, ihr Brüder, hat über die Lehre und über die Regel ernstlich nachzudenken. Es kommt vor, ihr Brüder, daß man einem Waldeinsiedler über die Lehre und über die Regel Fragen stellt. Wenn, ihr Brüder, ein Waldeinsiedler, über die Lehre und über die Regel befragt, nicht zu antworten weiß, so sagt man von ihm: ‹Was taugt es wohl diesem ehrwürdigen Waldeinsiedler, daß er allein im Walde für sich lebt, da er, über die Lehre und über die Regel befragt, nicht zu antworten weiß!›: also spricht man von ihm. Darum hat ein Waldeinsiedler über die Lehre und über die Regel ernstlich nachzudenken.

«Ein Waldeinsiedler, ihr Brüder, hat über jene heiligen Erlösungen, die, jenseit der Formen, keinerlei Form behalten, ernstlich nachzudenken. Es kommt vor, ihr Brüder, daß man einem Waldeinsiedler über jene heiligen Erlösungen, die, jenseit der Formen, keinerlei Form behalten, Fragen stellt. Wenn, ihr Brüder, ein Waldeinsiedler, über jene heiligen Erlösungen, die, jenseit der Formen, keinerlei Form behalten, befragt, nicht zu antworten weiß, so sagt man von ihm: ‹Was taugt es wohl diesem ehrwürdigen Waldeinsiedler, daß er allein im Walde für sich lebt, da er, über jene heiligen Erlösungen, die, jenseit der Formen, keinerlei Form behalten, befragt, nicht zu antworten weiß!›: also spricht man von ihm. Darum hat ein Waldeinsiedler über jene heiligen Erlösungen, die, jenseit der Formen, keinerlei Form behalten, ernstlich nachzudenken.

«Ein Waldeinsiedler, ihr Brüder, hat über die Dinge, die jenseit menschlichen Ermessens liegen, ernstlich nachzudenken. Es kommt vor, ihr Brüder, daß man einem Waldeinsiedler über die Dinge, die jenseit menschlichen Ermessens liegen, Fragen stellt. Wenn, ihr Brüder, ein Waldeinsiedler, über die Dinge, die jenseit menschlichen Ermessens liegen, befragt, nicht zu antworten weiß, so sagt man von ihm: ‹Was taugt es wohl diesem ehrwürdigen Waldeinsiedler, daß er allein im Walde für sich lebt, da er ja das Ziel, warum er hinausgezogen ist, nicht einmal kennt!›: also spricht man von ihm. Darum hat ein Waldeinsiedler über die Dinge, die jenseit menschlichen Ermessens liegen, ernstlich nachzudenken.»

Nach dieser Rede wandte sich der ehrwürdige Mahāmoggallāno an den ehrwürdigen Sāriputto und sprach:

«Und hat wohl nur ein Waldeinsiedler, Bruder Sāriputto, diese Dinge insgesamt zu beobachten, oder auch ein Landpilger?»

«Ein Waldeinsiedler hat wohl, Bruder Moggallāno, diese Dinge insgesamt 473
zu beobachten: wie erst ein Landpilger!»

70

SIEBENTER TEIL · ZEHNTE REDE

VOR KĪṬĀGIRI

DAS HAB' ICH GEHÖRT. Zu einer Zeit wanderte der Erhabene im Lande der Benāreser von Ort zu Ort, von vielen Mönchen begleitet. Da nun wandte sich der Erhabene an die Mönche:

«Ich nehme, ihr Mönche, nur zu anderer Zeit und nicht am Abend Nahrung ein: und weil ich nun, ihr Mönche, nur zu anderer Zeit und nicht am Abend Nahrung einnehme, wahr' ich mir Gesundheit und Frische, Munterkeit, Stärke und Wohlsein. So nehmet auch ihr denn, Mönche, nur zu anderer Zeit und nicht am Abend Nahrung ein: nur zu anderer Zeit, ihr Mönche, und nicht am Abend Nahrung einnehmend werdet auch ihr Gesundheit und Frische, Munterkeit, Stärke und Wohlsein euch wahren.»

«Gern, o Herr!» erwiderten da jene Mönche dem Erhabenen gehorsam.

Und der Erhabene wanderte im Lande der Benāreser von Ort zu Ort weiter und kam in die Nähe von Kīṭāgiri, einer Burg im Gebiete von Benāres.

Vor Kīṭāgiri weilte nun der Erhabene, vor der benāresischen Burg. Und gerade damals hielten sich die Jünger Assaji und Punabbasu mit ihren Mönchen bei Kīṭāgiri auf.

Da nun begaben sich viele Mönche dorthin wo Assaji und Punabbasu mit ihren Mönchen weilten. Dort angelangt sprachen sie also zu ihnen:

«Der Erhabene, ihr Brüder, nimmt nur zu anderer Zeit und nicht am Abend Nahrung ein, und auch die Mönchgemeinde: nur zu anderer Zeit und nicht am Abend, ihr Brüder, Nahrung einnehmend wahren sie sich Gesundheit und Frische, Munterkeit, Stärke und Wohlsein. So nehmet, Brüder, auch ihr nur zu anderer Zeit und nicht am Abend Nahrung ein: nur zu anderer Zeit, ihr Brüder, und nicht am Abend Nahrung einnehmend werdet auch ihr Gesundheit und Frische, Munterkeit, Stärke und Wohlsein euch wahren.»

474 Auf diese Worte sprachen die Mönche Assajis und Punabbasus also zu den Mönchen:

«Und wir, Brüder, nehmen eben abends Nahrung ein und morgens und mittags, außer der Zeit: und weil wir eben abends Nahrung einnehmen und morgens und mittags, außer der Zeit, wahren wir uns Gesundheit und Frische, Munterkeit, Stärke und Wohlsein. Was werden wir da ein Gegenwärtiges aufgeben um einem Künftigen nachzujagen? Sondern abends wollen wir Nahrung einnehmen und morgens und mittags, außer der Zeit.»

Da nun jene Mönche die Mönche Assajis und Punabbasus nicht aufzuklären vermochten, begaben sie sich zum Erhabenen zurück, begrüßten den Erhabenen ehrerbietig und setzten sich zur Seite nieder. Zur Seite sitzend berichteten nun jene Mönche dem Erhabenen Wort um Wort den ganzen Vorgang. Und der Erhabene wandte sich an einen der Mönche:

«Gehe, o Mönch, und sage in meinem Namen den Mönchen Assajis und Punabbasus: Der Meister läßt euch Ehrwürdige rufen.»

«Wohl, o Herr!» erwiderte jener Mönch, dem Erhabenen gehorchend, und begab sich dorthin wo die Mönche Assajis und Punabbasus weilten. Dort angelangt sprach er also zu ihnen: «Der Meister läßt euch Ehrwürdige rufen.»

«Gut, o Bruder, wir kommen!» erwiderten die Mönche Assajis und Punabbasus jenem Mönche und begaben sich dorthin wo der Erhabene weilte. Dort angelangt begrüßten sie den Erhabenen ehrerbietig und setzten sich zur Seite nieder. Und zu den Mönchen Assajis und Punabbasus, die da zur Seite saßen, sprach der Erhabene also:

«Ist es wahr, wie man sagt, ihr Mönche, daß viele Mönche euch besucht und euch zugesprochen haben: ‹Der Erhabene, ihr Brüder, nimmt nur zu anderer Zeit und nicht am Abend Nahrung ein, und auch die Mönchgemeinde: nur zu anderer Zeit und nicht am Abend, ihr Brüder, Nahrung einnehmend wahren sie sich Gesundheit und Frische, Munterkeit, Stärke und Wohlsein.

So nehmet, Brüder, auch ihr nur zu anderer Zeit und nicht am Abend Nahrung ein: nur zu anderer Zeit, ihr Brüder, und nicht am Abend Nahrung einnehmend werdet auch ihr Gesundheit und Frische, Munterkeit, Stärke und 475
Wohlsein euch wahren.› Auf diese Worte, ihr Mönche, sollt ihr dann also zu den Mönchen gesprochen haben: ‹Und wir, Brüder, nehmen eben abends Nahrung ein und morgens und mittags, außer der Zeit: und weil wir eben abends Nahrung einnehmen und morgens und mittags, außer der Zeit, wahren wir uns Gesundheit und Frische, Munterkeit, Stärke und Wohlsein. Was werden wir da ein Gegenwärtiges aufgeben um einem Künftigen nachzujagen? Sondern abends wollen wir Nahrung einnehmen und morgens und mittags, außer der Zeit.›»

«Ja, o Herr!»

«Wie nun, ihr Mönche? Wißt ihr etwa, daß ich also die Lehre gezeigt habe: ‹Was immer auch ein Mensch empfindet, sei es Wohl, oder Wehe, oder weder Wohl noch Wehe, da mindern sich bei ihm die unheilsamen Dinge und mehren sich die heilsamen?»

«Das nicht, o Herr!»

«So wißt ihr denn, Mönche, daß ich also die Lehre gezeigt habe: Da empfindet einer irgendein wohliges Gefühl und ihm mehren sich die unheilsamen Dinge und mindern sich die heilsamen, und wieder einer empfindet irgendein wohliges Gefühl und ihm mindern sich die unheilsamen Dinge und mehren sich die heilsamen; da empfindet einer irgendein wehes Gefühl und ihm mehren sich die unheilsamen Dinge und mindern sich die heilsamen, und wieder einer empfindet irgendein wehes Gefühl und ihm mindern sich die unheilsamen Dinge und mehren sich die heilsamen; da empfindet einer irgendein weder wohlig noch wehes Gefühl und ihm mehren sich die unheilsamen Dinge und mindern sich die heilsamen, und wieder einer empfindet irgendein weder wohlig noch wehes Gefühl und ihm mindern sich die unheilsamen Dinge und mehren sich die heilsamen.»

«Freilich, o Herr!»

«Gut, ihr Mönche. Hätt' ich das, ihr Mönche, nicht erkannt, nicht gesehn, nicht gefunden, nicht offenbar gemacht, nicht weise gefaßt: ‹Da empfindet einer irgendein wohliges Gefühl und ihm mehren sich die unheilsamen Dinge und mindern sich die heilsamen›, wüßt' ich das nicht und spräche: ‹Derartiges wohlige Gefühl sollt ihr lassen›, würde mir denn solches, ihr Mönche, zukommen?»

«Allerdings nicht, o Herr!»

«Weil ich nun aber das, ihr Mönche, erkannt, gesehn, gefunden, offenbar gemacht, weise gefaßt habe: ‹Da empfindet einer irgendein wohliges Gefühl
und ihm mehren sich die unheilsamen Dinge und mindern sich die heilsamen›, 476

darum sag' ich: ‹Derartiges wohlige Gefühl sollt ihr lassen.› – Hätt' ich das, ihr Mönche, nicht erkannt, nicht gesehn, nicht gefunden, nicht offenbar gemacht, nicht weise gefaßt: ‹Da empfindet einer irgendein wohliges Gefühl und ihm mindern sich die unheilsamen Dinge und mehren sich die heilsamen›, wüßt' ich das nicht und spräche: ‹Derartiges wohlige Gefühl sollt ihr gewinnen›, würde mir denn solches, ihr Mönche, zukommen?»

«Gewiß nicht, o Herr!»

«Weil ich nun aber das, ihr Mönche, erkannt, gesehn, gefunden, offenbar gemacht, weise gefaßt habe: ‹Da empfindet einer irgendein wohliges Gefühl und ihm mindern sich die unheilsamen Dinge und mehren sich die heilsamen›, darum sag' ich: ‹Derartiges wohlige Gefühl sollt ihr gewinnen.› – Hätt' ich das, ihr Mönche, nicht erkannt, nicht gesehn, nicht gefunden, nicht offenbar gemacht, nicht weise gefaßt: ‹Da empfindet einer irgendein wehes Gefühl und ihm mehren sich die unheilsamen Dinge und mindern sich die heilsamen›, wüßt' ich das nicht und spräche: ‹Derartiges wehe Gefühl sollt ihr lassen›, würde mir denn solches, ihr Mönche, zukommen?»

«Gewiß nicht, o Herr!»

«Weil ich nun aber das, ihr Mönche, erkannt, gesehn, gefunden, offenbar gemacht, weise gefaßt habe: ‹Da empfindet einer irgendein wehes Gefühl und ihm mehren sich die unheilsamen Dinge und mindern sich die heilsamen›, darum sag' ich: ‹Derartiges wehe Gefühl sollt ihr lassen.› – Hätt' ich das, ihr Mönche, nicht erkannt, nicht gesehn, nicht gefunden, nicht offenbar gemacht, nicht weise gefaßt: ‹Da empfindet einer irgendein wehes Gefühl und ihm mindern sich die unheilsamen Dinge und mehren sich die heilsamen›, wüßt' ich das nicht und spräche: ‹Derartiges wehe Gefühl sollt ihr gewinnen›, würde mir denn solches, ihr Mönche, zukommen?»

«Freilich nicht, o Herr!»

«Weil ich nun aber das, ihr Mönche, erkannt, gesehn, gefunden, offenbar gemacht, weise gefaßt habe: ‹Da empfindet einer irgendein wehes Gefühl und ihm mindern sich die unheilsamen Dinge und mehren sich die heilsamen›, darum sag' ich: ‹Derartiges wehe Gefühl sollt ihr gewinnen.› – Hätt' ich das, ihr Mönche, nicht erkannt, nicht gesehn, nicht gefunden, nicht offenbar gemacht, nicht weise gefaßt: ‹Da empfindet einer irgendein weder wohlig noch wehes Gefühl und ihm mehren sich die unheilsamen Dinge und mindern sich die heilsamen›, wüßt' ich das nicht und spräche: ‹Derartiges weder wohlig noch wehe Gefühl sollt ihr lassen›, würde mir denn solches, ihr Mönche, zukommen?»

«Allerdings nicht, o Herr!»

«Weil ich nun aber das, ihr Mönche, erkannt, gesehn, gefunden, offenbar gemacht, weise gefaßt habe: ‹Da empfindet einer irgendein weder wohlig noch wehes Gefühl und ihm mehren sich die unheilsamen Dinge und mindern sich die heilsamen›, darum sag' ich: ‹Derartiges weder wohlig noch wehe Gefühl sollt ihr lassen.› – Hätt' ich das, ihr Mönche, nicht erkannt, nicht gesehn, nicht gefunden, nicht offenbar gemacht, nicht weise gefaßt: ‹Da empfindet einer irgendein weder wohlig noch wehes Gefühl und ihm mindern sich die unheilsamen Dinge und mehren sich die heilsamen›, wüßt' ich das nicht und spräche: ‹Derartiges weder wohlig noch wehe Gefühl sollt ihr gewinnen›, würde mir denn solches, ihr Mönche, zukommen?»

«Gewiß nicht, o Herr!»

«Weil ich nun aber das, ihr Mönche, erkannt, gesehn, gefunden, offenbar gemacht, weise gefaßt habe.: ‹Da empfindet einer irgendein weder wohlig noch wehes Gefühl und ihm mindern sich die unheilsamen Dinge und mehren
sich die heilsamen›, darum sag' ich: ‹Derartiges weder wohlig noch wehe 477
Gefühl sollt ihr gewinnen.›

«Nicht sag' ich, ihr Mönche: ‹Ein jeder Mönch muß unermüdlich kämpfen›, noch auch sag' ich, ihr Mönche: ‹Ein jeder Mönch muß nicht unermüdlich kämpfen.› Jene Mönche, ihr Mönche, die da Heilige, Wahnversieger, Endiger sind, die das Werk gewirkt, die Bürde abgelegt, das Heil errungen, die Daseinsfesseln vernichtet haben, die in vollkommener Weisheit Erlösten, von solchen Mönchen, ihr Mönche, sag' ich: ‹Nicht müssen sie unermüdlich kämpfen.› Und warum nicht? Gekämpft haben sie unermüdlich, sie können nicht mehr ermüden. Jene Mönche aber, ihr Mönche, die als Kämpfer, mit streitendem Busen die unvergleichliche Sicherheit zu erringen trachten, von solchen Mönchen, ihr Mönche, sag' ich: ‹Unermüdlich müssen sie kämpfen.› Und warum das? ‹Vielleicht werden noch diese Ehrwürdigen, an geeigneten Orten verweilend, im Umgang mit frommenden Freunden, die Sinne sicher hinlenken und jenes Ziel, um dessen willen edle Söhne gänzlich vom Hause fort in die Hauslosigkeit ziehn, die höchste Vollendung des Asketentums noch bei Lebzeiten sich offenbar machen, verwirklichen und erringen›: das ist es, ihr Mönche, was ich bei diesen Mönchen als Lohn der Unermüdlichkeit vorhersehe, und darum sag' ich: ‹Unermüdlich müssen sie kämpfen.›

«Sieben Arten von Menschen, ihr Mönche, finden sich hier in der Welt vor: welche sieben? Der Beiderseiterlöste, der Weisheiterlöste, der Körperzeuge, der Aufgeklärte, der Gläubigerlöste, der Wissendergebene, der Gläubigergebene.

«Was für einer, ihr Mönche, ist aber der Beiderseiterlöste? Da hat, ihr Mönche, einer jene heiligen Erlösungen, die, jenseit der Formen, keinerlei Form behalten, leibhaftig erfahren und gefunden, und des weise Sehenden Wahn ist aufgehoben. Den heißt man, ihr Mönche, einen Beiderseiterlösten. Und von einem solchen Mönche, ihr Mönche, sag' ich: ‹Nicht muß er unermüdlich kämpfen.› Und warum nicht? Gekämpft hat er unermüdlich, er kann nicht mehr ermüden.

«Und was für einer, ihr Mönche, ist der Weisheiterlöste? Da hat, ihr Mönche, einer jene heiligen Erlösungen, die, jenseit der Formen, keinerlei Form behalten, nicht leibhaftig erfahren und gefunden, aber des weise Sehenden
478 Wahn ist aufgehoben. Den heißt man, ihr Mönche, einen Weisheiterlösten. Und auch von einem solchen Mönche, ihr Mönche, sag' ich: ‹Nicht muß er unermüdlich kämpfen.› Und warum nicht? Gekämpft hat er unermüdlich, er kann nicht mehr ermüden.

«Und was für einer, ihr Mönche, ist der Körperzeuge? Da hat, ihr Mönche, einer jene heiligen Erlösungen, die, jenseit der Formen, keinerlei Form behalten, leibhaftig erfahren und gefunden, und des weise Sehenden Wahn ist zum Teil aufgehoben. Den heißt man, ihr Mönche, einen Körperzeugen[104]. Und von einem solchen Mönche, ihr Mönche, sag' ich: ‹Unermüdlich muß er kämpfen.› Und warum das? ‹Vielleicht wird noch dieser Ehrwürdige, an geeigneten Orten verweilend, im Umgang mit frommenden Freunden, die Sinne sicher hinlenken und jenes Ziel, um dessen willen edle Söhne gänzlich vom Hause fort in die Hauslosigkeit ziehn, die höchste Vollendung des Asketentums noch bei Lebzeiten sich offenbar machen, verwirklichen und erringen›: das ist es, ihr Mönche, was ich bei diesem Mönche als Lohn der Unermüdlichkeit vorhersehe, und darum sag' ich: ‹Unermüdlich muß er kämpfen.›

«Und was für einer, ihr Mönche, ist der Aufgeklärte? Da hat, ihr Mönche, einer jene heiligen Erlösungen, die, jenseit der Formen, keinerlei Form behalten, nicht leibhaftig erfahren und gefunden, aber des weise Sehenden Wahn ist zum Teil aufgehoben, und die vom Vollendeten dargelegten Dinge sind ihm weise klar geworden, bis auf den Grund. Den heißt man, ihr Mönche, einen Aufgeklärten. Und auch von einem solchen Mönche, ihr Mönche, sag' ich: ‹Unermüdlich muß er kämpfen.› Und warum das? ‹Vielleicht wird noch dieser Ehrwürdige, an geeigneten Orten verweilend, im Umgang mit frommenden Freunden, die Sinne sicher hinlenken und jenes Ziel, um dessen willen edle Söhne gänzlich vom Hause fort in die Hauslosigkeit ziehn, die höchste Vollendung des Asketentums noch bei Lebzeiten sich offenbar machen, verwirklichen und erringen›: das ist es, ihr Mönche, was ich bei diesem Mönche als Lohn der Unermüdlichkeit vorhersehe, und darum sag' ich: ‹Unermüdlich muß er kämpfen.›

«Und was für einer, ihr Mönche, ist der Gläubigerlöste? Da hat, ihr Mönche, einer jene heiligen Erlösungen, die, jenseit der Formen, keinerlei Form behalten, nicht leibhaftig erfahren und gefunden, aber des weise Sehenden Wahn ist zum Teil aufgehoben, und der Glaube an den Vollendeten hat bei ihm Boden gefunden, Wurzel geschlagen, standgehalten. Den heißt man, ihr

Mönche, einen Gläubigerlösten. Und auch von einem solchen Mönche, ihr
Mönche, sag' ich: ‹Unermüdlich muß er kämpfen.› Und warum das? ‹Viel-
leicht wird noch dieser Ehrwürdige, an geeigneten Orten verweilend, im Um- 479
gang mit frommenden Freunden, die Sinne sicher hinlenken und jenes Ziel,
um dessen willen edle Söhne gänzlich vom Hause fort in die Hauslosigkeit
ziehn, die höchste Vollendung des Asketentums noch bei Lebzeiten sich
offenbar machen, verwirklichen und erringen›: das ist es, ihr Mönche, was
ich bei diesem Mönche als Lohn der Unermüdlichkeit vorhersehe, und darum
sag' ich: ‹Unermüdlich muß er kämpfen.›

«Und was für einer, ihr Mönche, ist der Wissendergebene? Da hat, ihr Mönche, einer jene heiligen Erlösungen, die, jenseit der Formen, keinerlei Form behalten, nicht leibhaftig erfahren und gefunden, und des weise Sehenden Wahn ist nicht aufgehoben, aber die vom Vollendeten dargelegten Dinge kommen ihm allmählich weise zum Bewußtsein, und folgende Sinneskräfte wirken in ihm, als da sind: Glaube, Mut, Einsicht, Sammlung, Weisheit. Den heißt man, ihr Mönche, einen Wissendergebenen. Und auch von einem solchen Mönche, ihr Mönche, sag' ich: ‹Unermüdlich muß er kämpfen.› Und warum das? ‹Vielleicht wird noch dieser Ehrwürdige, an geeigneten Orten verweilend, im Umgang mit frommenden Freunden, die Sinne sicher hinlenken und jenes Ziel, um dessen willen edle Söhne gänzlich vom Hause fort in die Hauslosigkeit ziehn, die höchste Vollendung des Asketentums noch bei Lebzeiten sich offenbar machen, verwirklichen und erringen›: das ist es, ihr Mönche, was ich bei diesem Mönche als Lohn der Unermüdlichkeit vorhersehe, und darum sag' ich: ‹Unermüdlich muß er kämpfen.›

«Und was für einer, ihr Mönche, ist der Gläubigergebene? Da hat, ihr Mönche, einer jene heiligen Erlösungen, die, jenseit der Formen, keinerlei Form behalten, nicht leibhaftig erfahren und gefunden, und des weise Sehenden Wahn ist nicht aufgehoben, aber er hegt Glauben und Liebe zum Vollendeten, und folgende Sinneskräfte wirken in ihm, als da sind: Glaube, Mut, Einsicht, Sammlung, Weisheit. Den heißt man, ihr Mönche, einen Gläubigergebenen. Und auch von einem solchen Mönche, ihr Mönche, sag' ich: ‹Unermüdlich muß er kämpfen.› Und warum das? ‹Vielleicht wird noch dieser Ehrwürdige, an geeigneten Orten verweilend, im Umgang mit frommenden Freunden, die Sinne sicher hinlenken und jenes Ziel, um dessen willen edle Söhne gänzlich vom Hause fort in die Hauslosigkeit ziehn, die höchste Vollendung des Asketentums noch bei Lebzeiten sich offenbar machen, verwirklichen und erringen›: das ist es, ihr Mönche, was ich bei diesem Mönche als Lohn der Unermüdlichkeit vorhersehe, und darum sag' ich: ‹Unermüdlich muß er kämpfen.›

«Nicht kann man, sag' ich, ihr Mönche, gleich im Anfang Gewißheit er-

langen, sondern, ihr Mönche, allmählich sich mühend, allmählich kämpfend,
480 Schritt um Schritt weiterschreitend erlangt man Gewißheit. Wie aber, ihr Mönche, erlangt man allmählich sich mühend, allmählich kämpfend, Schritt um Schritt weiterschreitend Gewißheit? Da kommt, ihr Mönche, ein Gläubigerregter heran. Herangekommen gesellt er sich zu. Zugesellt gibt er Gehör. Offenen Ohres hört er die Lehre. Hat er die Lehre gehört behält er sie. Hat er die Sätze behalten betrachtet er den Inhalt. Hat er den Inhalt betrachtet gewähren ihm die Sätze Einsicht. Indem ihm die Sätze Einsicht gewähren billigt er sie. Indem er sie billigt läßt er sie gelten. Hat er sie gelten lassen wägt er ab. Hat er abgewogen arbeitet er. Und weil er innig arbeitet verwirklicht er eben leibhaftig die höchste Wahrheit, und weise durchbohrend erschaut er sie.

«Nun hat aber, ihr Mönche, jener Glaube gefehlt, nun hat aber, ihr Mönche, jenes Herankommen gefehlt, nun hat aber, ihr Mönche, jenes Zugesellen gefehlt, nun hat aber, ihr Mönche, jenes Gehörgeben gefehlt, nun hat aber, ihr Mönche, jenes Hören der Lehre gefehlt, nun hat aber, ihr Mönche, jenes Behalten der Sätze gefehlt, nun hat aber, ihr Mönche, jenes Betrachten des Inhalts gefehlt, nun hat aber, ihr Mönche, jenes Einsichtgewähren der Sätze gefehlt, nun hat aber, ihr Mönche, jene Billigung gefehlt, nun hat aber, ihr Mönche, jenes Geltenlassen gefehlt, nun hat aber, ihr Mönche, jenes Abwägen gefehlt, nun hat aber, ihr Mönche, jenes Arbeiten gefehlt: in Irre wandelt ihr, Mönche, auf falscher Fährte wandelt ihr, Mönche. Wie fern stehn sie doch, ihr Mönche, die Toren, abseit von dieser Lehre und Ordnung.

«Es gibt, ihr Mönche, eine vierteilige Darlegung, die, wenn man sie gegeben hat, von einem verständigen Manne, sogar binnen kurzem, ihrem Sinne nach weise gefaßt werden kann: ich will sie euch geben, ihr Mönche, ihr werdet mir's fassen.»

«Wer sind wir, o Herr, und wer sind die Erfasser der Wahrheit!»

«Wer da, ihr Mönche, ein Meister ist, der die Welt liebt, der Welt nachgeht, mit weltlichen Dingen sich abgibt, selbst der wird nicht wie ein Krämer und Trödler behandelt: ‹So möchten wir's haben, dann wollen wir uns einlassen: können wir's nicht so haben, wollen wir uns nicht einlassen›; warum denn, ihr Mönche, der Vollendete, der gänzlich von weltlichen Dingen losgelöst ist? Dem gläubigen Jünger, ihr Mönche, der im Orden des Meisters mit ernstem Eifer sich übt, geht die Zuversicht auf: ‹Meister ist der Erhabene, Jünger bin ich: der Erhabene weiß, ich weiß nicht.› Dem gläubigen Jünger, ihr Mönche, der im Orden des Meisters mit ernstem Eifer sich übt, teilt sich der Orden des Meisters erquickend mit und köstlich. Dem gläubigen Jünger, ihr Mönche, der im Orden des Meisters mit ernstem Eifer sich
481 übt, geht die Zuversicht auf: ‹Gern soll Haut und Sehnen und Knochen ein-

schrumpfen an meinem Leibe, auftrocknen Fleisch und Blut: was da durch Mannesgewalt, Manneskraft, Mannestapferkeit erreicht werden kann, nicht bevor es erreicht ist wird die Kraft nachlassen.› Dem gläubigen Jünger, ihr Mönche, der im Orden des Meisters mit ernstem Eifer sich übt, mag eins von beiden zur Reife gedeihen: Gewißheit bei Lebzeiten oder, ist ein Rest Hangen da, Nichtwiederkehr.»

Also sprach der Erhabene. Zufrieden freuten sich jene Mönche über das Wort des Erhabenen[105].

ACHTER TEIL

BUCH DER PILGER

71

ACHTER TEIL · ERSTE REDE

VACCHAGOTTO

I

Das hab' ich gehört. Zu einer Zeit weilte der Erhabene bei Vesālī, im Großen Walde, in der Halle der Einsiedelei. Um diese Zeit nun hielt sich der Pilger Vacchagotto im Pilgergarten der Weißen Lotusrose auf. Und der Erhabene, zeitig gerüstet, nahm Mantel und Schale und wanderte gegen Vesālī, um Almosenspeise. Und es gedachte der Erhabene: ‹Allzu früh ist's noch, in der Stadt um Almosen zu stehn; wie, wenn ich nun in den Pilgergarten der Weißen Lotusrose einträte und den Pilger Vacchagotto besuchte?› Und der Erhabene trat in den Pilgergarten der Weißen Lotusrose ein und begab sich dorthin wo der Pilger Vacchagotto weilte. Da sah der Pilger Vacchagotto den Erhabenen von ferne herankommen, und als er den Erhabenen gesehn sprach er also zu ihm:

«Es komme, o Herr, der Erhabene, gegrüßt sei, o Herr, der Erhabene! Lange schon, o Herr, hat der Erhabene hoffen lassen, mich einmal hier zu besuchen. Möge sich, o Herr, der Erhabene setzen: dieser Sitz ist bereit.»

Es setzte sich der Erhabene auf den dargebotenen Sitz. Vacchagotto aber, der Pilger, nahm einen von den niederen Stühlen zur Hand und setzte sich 482
an die Seite. An der Seite sitzend sprach nun Vacchagotto der Pilger also zum Erhabenen:

«Gehört hab' ich solches, o Herr: ‹Der Asket Gotamo weiß alles, versteht alles, bekennt unbeschränkte Wissensklarheit: 'Ob ich geh' oder stehe, schlaf' oder wache, jederzeit hab' ich die gesamte Wissensklarheit gegenwärtig.'[106]› Die da solches, o Herr, gesagt haben, haben die wirklich, o Herr, des Erhabenen Worte gebraucht und den Erhabenen nicht mit Unrecht angeführt und der Lehre gemäß geredet, so daß sich kein entsprechender Folgesatz als ungehörig erweisen kann?»

«Die da, Vaccho, solches gesagt haben: ‹Der Asket Gotamo weiß alles, versteht alles, bekennt unbeschränkte Wissensklarheit: 'Ob ich geh' oder stehe, schlaf' oder wache, jederzeit hab' ich die gesamte Wissensklarheit gegenwärtig'›, die haben nicht meine Worte gebraucht und haben mich also ohne Grund und mit Unrecht angeführt.»

«Wie dann, o Herr, sollten wir reden, um eben die Worte des Erhabenen zu gebrauchen und den Erhabenen nicht mit Unrecht anzuführen und der Lehre gemäß zu reden, so daß sich kein entsprechender Folgesatz als ungehörig erweisen könnte?»

«'Drei Wissen weiß der Asket Gotamo': also redend, Vaccho, würde man eben meine Worte gebrauchen und mich nicht mit Unrecht anführen und der Lehre gemäß reden, so daß sich kein entsprechender Folgesatz als ungehörig erweisen könnte. Denn nach Belieben, Vaccho, erinnere ich mich an manche verschiedene frühere Daseinsform, als wie an ein Leben, dann an zwei Leben, dann an drei Leben, dann an vier Leben, dann an fünf Leben, dann an zehn Leben, dann an zwanzig Leben, dann an dreißig Leben, dann an vierzig Leben, dann an fünfzig Leben, dann an hundert Leben, dann an tausend Leben, dann an hunderttausend Leben, dann an die Zeiten während mancher Weltenentstehungen, dann an die Zeiten während mancher Weltenvergehungen, dann an die Zeiten während mancher Weltenentstehungen-Weltenvergehungen. ‹Dort war ich, jenen Namen hatte ich, jener Familie gehörte ich an, das war mein Stand, das mein Beruf, solches Wohl und Wehe habe ich erfahren, so war mein Lebensende; dort verschieden trat ich anderswo wieder ins Dasein: da war ich nun, diesen Namen hatte ich, dieser Familie gehörte ich an, dies war mein Stand, dies mein Beruf, solches Wohl und Wehe habe ich erfahren, so war mein Lebensende; da verschieden trat ich hier wieder ins Dasein.› So erinnere ich mich mancher verschiedenen früheren Daseinsform, mit je den eigentümlichen Merkmalen, mit je den eigenartigen Beziehungen. Und nach Belieben, Vaccho, seh' ich mit dem himmlischen Auge, dem geläuterten, über menschliche Grenzen hinausreichenden, die Wesen dahinschwinden und wiedererscheinen, gemeine und edle, schöne und unschöne, glückliche und unglückliche, ich erkenne wie die Wesen je nach den Taten wiederkehren. ‹Diese lieben Wesen sind freilich in Taten dem Schlechten zugetan, in Worten dem Schlechten zugetan, in Gedanken dem Schlechten zugetan, tadeln Heiliges, achten Verkehrtes, tun Verkehrtes; bei der Auflösung des Körpers, nach dem Tode, gelangen sie abwärts, auf schlechte Fährte, zur Tiefe hinab, in höllische Welt. Jene lieben Wesen sind aber in Taten dem Guten zugetan, in Worten dem Guten zugetan, in Gedanken dem Guten zugetan, tadeln nicht Heiliges, achten Rechtes, tun Rechtes; bei der Auflösung des Körpers, nach dem Tode, gelangen sie auf gute Fährte, in himmlische Welt.› So seh' ich mit dem himmlischen Auge, dem geläuterten, über menschliche Grenzen hinausreichenden, die Wesen dahinschwinden und wiedererscheinen, gemeine und edle, schöne und unschöne, glückliche und unglückliche, ich erkenne wie die Wesen je nach den Taten wiederkehren. Und ich habe, Vaccho, den Wahn versiegt und die wahnlose Gemüterlösung, Weisheiterlösung noch bei Lebzeiten mir offenbar gemacht, verwirklicht und errungen. 'Drei Wissen weiß der Asket

Gotamo': also redend, Vaccho, würde man eben meine Worte gebrauchen 483
und mich nicht mit Unrecht anführen und der Lehre gemäß reden, so daß sich kein entsprechender Folgesatz als ungehörig erweisen könnte.»

Nach diesen Worten sprach Vacchagotto der Pilger zum Erhabenen also:

«Gibt es nun wohl, o Gotamo, irgendeinen Hausgewohnten, der, ohne die häuslichen Bande gelassen zu haben, bei der Auflösung des Körpers, dem Leiden ein Ende macht?»

«Nicht gibt es, Vaccho, irgendeinen Hausgewohnten, der, ohne die häuslichen Bande gelassen zu haben, bei der Auflösung des Körpers, dem Leiden ein Ende macht.»

«Gibt es aber, o Gotamo, irgendeinen Hausgewohnten, der, ohne die häuslichen Bande gelassen zu haben, bei der Auflösung des Körpers, in himmlische Welt gelangt?»

«Nicht gibt es, Vaccho, nur etwa hundert oder zweihundert oder dreihundert oder vierhundert oder fünfhundert sondern noch mehr Hausgewohnte, die, ohne die häuslichen Bande gelassen zu haben, bei der Auflösung des Körpers, in himmlische Welt gelangen.»

«Und gibt es, o Gotamo, irgendeinen Nackten Büßer, der, bei der Auflösung des Körpers, dem Leiden ein Ende macht?»

«Nicht gibt es, Vaccho, irgendeinen Nackten Büßer, der, bei der Auflösung des Körpers, dem Leiden ein Ende macht.»

«Doch gibt es, o Gotamo, irgendeinen Nackten Büßer, der, bei der Auflösung des Körpers, in himmlische Welt gelangt?»

«Von heute, Vaccho, zurück bis zum einundneunzigsten Weltalter, dessen ich gedenke, weiß ich von keinem Nackten Büßer, der in himmlische Welt gelangt wäre, einen ausgenommen: der aber glaubte an eigene Tat und eigenes Handeln.»

«So ist freilich, o Gotamo, jenes Büßertum eitel, sogar um in himmlische Welt zu gelangen?»

«So ist freilich, Vaccho, jenes Büßertum eitel, sogar um in himmlische Welt zu gelangen.»

Also sprach der Erhabene. Zufrieden freute sich Vacchagotto der Pilger über das Wort des Erhabenen[107].

72

ACHTER TEIL · ZWEITE REDE

VACCHAGOTTO

II

DAS HAB' ICH GEHÖRT. Zu einer Zeit weilte der Erhabene bei Sāvatthī, im Siegerwalde, im Garten Anāthapiṇḍikos.

484 Da nun begab sich Vacchagotto der Pilger dorthin wo der Erhabene weilte, wechselte höflichen Gruß und freundliche, denkwürdige Worte mit dem Erhabenen und setzte sich zur Seite nieder. Zur Seite sitzend sprach nun Vacchagotto der Pilger also zum Erhabenen:

«Wie doch wohl, o Gotamo: 'Ewig ist die Welt; dies nur ist Wahrheit, Unsinn anderes': hegt Herr Gotamo solche Ansicht?»

«Nicht heg' ich, Vaccho, solche Ansicht: 'Ewig ist die Welt; dies nur ist Wahrheit, Unsinn anderes.'»

«Wie dann, o Gotamo: 'Zeitlich ist die Welt; dies nur ist Wahrheit, Unsinn anderes': hegt Herr Gotamo solche Ansicht?»

«Nicht heg' ich, Vaccho, solche Ansicht: 'Zeitlich ist die Welt; dies nur ist Wahrheit, Unsinn anderes.'»

«Und wie nun, o Gotamo: 'Endlich ist die Welt; dies nur ist Wahrheit, Unsinn anderes': hegt Herr Gotamo solche Ansicht?»

«Nicht heg' ich, Vaccho, solche Ansicht: 'Endlich ist die Welt; dies nur ist Wahrheit, Unsinn anderes.'»

«Wie dann, o Gotamo: 'Unendlich ist die Welt; dies nur ist Wahrheit, Unsinn anderes': hegt Herr Gotamo solche Ansicht?»

«Nicht heg' ich, Vaccho, solche Ansicht: 'Unendlich ist die Welt; dies nur ist Wahrheit, Unsinn anderes.'»

«Und wie nun, o Gotamo: 'Leben und Leib ist ein und dasselbe; dies nur ist Wahrheit, Unsinn anderes': hegt Herr Gotamo solche Ansicht?»

«Nicht heg' ich, Vaccho, solche Ansicht: 'Leben und Leib ist ein und dasselbe; dies nur ist Wahrheit, Unsinn anderes.'»

«Wie dann, o Gotamo: 'Anders ist das Leben und anders der Leib; dies nur ist Wahrheit, Unsinn anderes': hegt Herr Gotamo solche Ansicht?»

«Nicht heg' ich, Vaccho, solche Ansicht: 'Anders ist das Leben und anders der Leib; dies nur ist Wahrheit, Unsinn anderes.'»

«Und wie nun, o Gotamo: 'Der Vollendete besteht nach dem Tode;

dies nur ist Wahrheit, Unsinn anderes': hegt Herr Gotamo solche Ansicht?»

«Nicht heg' ich, Vaccho, solche Ansicht: 'Der Vollendete besteht nach dem Tode; dies nur ist Wahrheit, Unsinn anderes.'»

«Wie dann, o Gotamo: 'Der Vollendete besteht nicht nach dem Tode; dies nur ist Wahrheit, Unsinn anderes': hegt Herr Gotamo solche Ansicht?»

«Nicht heg' ich, Vaccho, solche Ansicht: 'Der Vollendete besteht nicht nach dem Tode; dies nur ist Wahrheit, Unsinn anderes.'»

«Und wie nun, o Gotamo: 'Der Vollendete besteht und besteht nicht nach dem Tode; dies nur ist Wahrheit, Unsinn anderes': hegt Herr Gotamo solche Ansicht?»

«Nicht heg' ich, Vaccho, solche Ansicht: 'Der Vollendete besteht und be- 485
steht nicht nach dem Tode; dies nur ist Wahrheit, Unsinn anderes.'»

«Und wie nun, o Gotamo: 'Weder besteht noch besteht nicht der Vollendete nach dem Tode; dies nur ist Wahrheit, Unsinn anderes': hegt Herr Gotamo solche Ansicht?»

«Nicht heg' ich, Vaccho, solche Ansicht: 'Weder besteht noch besteht nicht der Vollendete nach dem Tode; dies nur ist Wahrheit, Unsinn anderes.'»

«Wie denn nun, o Gotamo: zu keiner dieser Ansichten bekennst du dich! Was findet wohl Herr Gotamo für arg daran, um sich also dieser Anschauungen gänzlich zu begeben?»

«'Ewig ist die Welt': das ist, Vaccho, eine Gasse der Ansichten, Höhle der Ansichten, Schlucht der Ansichten, ein Dorn der Ansichten, Hag der Ansichten, Garn der Ansichten, voll von Leid und Qual, Verzweiflung und Jammer, führt nicht zur Abkehr, nicht zur Wendung, nicht zur Auflösung, nicht zur Aufhebung, nicht zur Durchschauung, nicht zur Erwachung, nicht zur Erlöschung. 'Zeitlich ist die Welt', 'Endlich ist die Welt', 'Unendlich ist die Welt', 'Leben und Leib ist ein und dasselbe', 'Anders ist das Leben und anders der Leib', 'Der Vollendete besteht nach dem Tode', 'Der Vollendete besteht nicht nach dem Tode', 'Der Vollendete besteht und besteht nicht nach
dem Tode', 'Weder besteht noch besteht nicht der Vollendete nach dem 486
Tode': das ist, Vaccho, eine Gasse der Ansichten, Höhle der Ansichten, Schlucht der Ansichten, ein Dorn der Ansichten, Hag der Ansichten, Garn der Ansichten, voll von Leid und Qual, Verzweiflung und Jammer, führt nicht zur Abkehr, nicht zur Wendung, nicht zur Auflösung, nicht zur Aufhebung, nicht zur Durchschauung, nicht zur Erwachung, nicht zur Erlöschung. Das find' ich, Vaccho, für arg daran, um mich also dieser Anschauungen gänzlich zu begeben.»

«Bekennt nun aber Herr Gotamo irgendeine Ansicht?»

«'Eine Ansicht', Vaccho, die kommt dem Vollendeten nicht zu. Denn der

Vollendete, Vaccho, hat es gesehn: ‹So ist die Form, so entsteht sie, so löst sie sich auf; so ist das Gefühl, so entsteht es, so löst es sich auf; so ist die Wahrnehmung, so entsteht sie, so löst sie sich auf; so sind die Unterscheidungen, so entstehn sie, so lösen sie sich auf; so ist das Bewußtsein, so entsteht es, so löst es sich auf.› Darum, sag' ich, ist der Vollendete durch aller Meinungen und aller Vermutungen, durch aller Ichheit und Eigenheit und Dünkelsucht Versiegung, Abweisung, Aufhebung, Ausrodung, Entäußerung ohne Hangen erlöst[108].»

«Und ein also gemüterlöster Mönch, o Gotamo, wo ersteht der auf?»

«'Auferstehn', Vaccho, das trifft nicht zu.»

«Dann also, o Gotamo, ersteht er nicht auf?»

«'Nichtauferstehn', Vaccho, das trifft nicht zu.»

«Dann also, o Gotamo, ersteht er auf und nicht aufersteht er?»

«'Auferstehn und Nichtauferstehn', Vaccho, das trifft nicht zu.»

«Dann also, o Gotamo, ersteht er weder auf, noch ersteht er nicht auf?»

«'Auferstehn so wenig wie Nichtauferstehn', Vaccho, das trifft nicht zu.»

«So gibst du mir nun, o Gotamo, auf meine Fragen immer die Antwort:
487 ‹Das trifft nicht zu.› Jetzt bin ich, o Gotamo, in Unwissenheit geraten, bin jetzt in Verwirrung geraten, und was ich da bei dem früheren Gespräche mit Herrn Gotamo an Vertrauen gewonnen hatte, das ist mir nun wieder verloren gegangen[109].»

«Genug denn, Vaccho, deiner Unwissenheit, genug der Verwirrung! Gar tief ist, Vaccho, diese Lehre, schwer zu entdecken, schwer zu gewahren, still, erlesen, unbekrittelbar, innig, Weisen erfindlich: die wirst du schwer verstehn ohne Deutung, ohne Geduld, ohne Hingabe, ohne Anstrengung, ohne Lenkung. So will ich dir, Vaccho, eben darüber Fragen stellen: wie es dir gutdünkt magst du sie beantworten. Was meinst du wohl, Vaccho: wenn da vor dir ein Feuer brennte, wüßtest du: ‹Hier brennt ein Feuer vor mir›?»

«Wenn da vor mir, o Gotamo, ein Feuer brennte, wüßt' ich: ‹Hier brennt ein Feuer vor mir.›»

«Wenn dich nun, Vaccho, jemand fragte: ‹Dieses Feuer, das da vor dir brennt, wodurch brennt es?› Also gefragt, Vaccho, würdest du was antworten?»

«Wenn mich, o Gotamo, jemand fragte: ‹Dieses Feuer, das da vor dir brennt, wodurch brennt es?›, würd' ich auf solche Frage also antworten: ‹Dieses Feuer, das da vor mir brennt, das brennt indem es durch Heu und Holz unterhalten wird.›»

«Wenn da, Vaccho, dieses Feuer vor dir ausginge, wüßtest du: ‹Dieses Feuer vor mir ist ausgegangen›?»

«Wenn da, o Gotamo, dieses Feuer vor mir ausginge, wüßt' ich: ‹Dieses Feuer vor mir ist ausgegangen.›»

«Wenn dich nun, Vaccho, jemand fragte: ‹Dieses Feuer, das da vor dir ausgegangen ist, wo ist es hingegangen, nach welcher Richtung, nach Osten oder nach Westen, nach Norden oder nach Süden?› Also gefragt, Vaccho, würdest du was antworten?»

«Das trifft nicht zu, o Gotamo, weil ja das Feuer, o Gotamo, das durch Heu und Holz unterhalten brannte, dieses verzehrt hat und, nicht weiter genährt, eben ohne Nahrung ausgegangen heißt.»

«Ebenso nun auch ist, Vaccho, jede Form, durch welche man den Vollendeten bezeichnend bezeichnen wollte, vom Vollendeten überstanden, an der Wurzel abgeschnitten, einem Palmstumpf gleichgemacht worden, so daß sie nicht mehr keimen, nicht mehr sich entwickeln kann: von der Art der Form abgelöst, Vaccho, ist der Vollendete, tief, unermeßlich, schwer zu erforschen, gleichwie etwa der Ozean; 'Auferstehn', das trifft nicht zu, 'Nichtauferstehn', das trifft nicht zu, 'Auferstehn und Nichtauferstehn', das trifft nicht zu, 'Auferstehn so wenig wie Nichtauferstehn', das trifft nicht zu. Jedes 488
Gefühl, durch welches man den Vollendeten bezeichnend bezeichnen wollte, ist vom Vollendeten überstanden, an der Wurzel abgeschnitten, einem Palmstumpf gleichgemacht worden, so daß es nicht mehr keimen, nicht mehr sich entwickeln kann: von der Art des Gefühls abgelöst, Vaccho, ist der Vollendete, tief, unermeßlich, schwer zu erforschen, gleichwie etwa der Ozean; 'Auferstehn', das trifft nicht zu, 'Nichtauferstehn', das trifft nicht zu, 'Auferstehn und Nichtauferstehn', das trifft nicht zu, 'Auferstehn so wenig wie Nichtauferstehn', das trifft nicht zu. Jede Wahrnehmung, durch welche man den Vollendeten bezeichnend bezeichnen wollte, ist vom Vollendeten überstanden, an der Wurzel abgeschnitten, einem Palmstumpf gleichgemacht worden, so daß sie nicht mehr keimen, nicht mehr sich entwickeln kann: von der Art der Wahrnehmung abgelöst, Vaccho, ist der Vollendete, tief, unermeßlich, schwer zu erforschen, gleichwie etwa der Ozean; 'Auferstehn', das trifft nicht zu, 'Nichtauferstehn', das trifft nicht zu, 'Auferstehn und Nichtauferstehn', das trifft nicht zu. 'Auferstehn so wenig wie Nichtauferstehn', das trifft nicht zu. Jede Unterscheidung, durch welche man den Vollendeten bezeichnend bezeichnen wollte, ist vom Vollendeten überstanden, an der Wurzel abgeschnitten, einem Palmstumpf gleichgemacht worden, so daß sie nicht mehr keimen, nicht mehr sich entwickeln kann: von der Art der Unterscheidungen abgelöst, Vaccho, ist der Vollendete, tief, unermeßlich, schwer zu erforschen, gleichwie etwa der Ozean; 'Auferstehn', das trifft nicht zu, 'Nichtauferstehn', das trifft nicht zu, 'Auferstehn und Nichtauferstehn', das trifft nicht zu, 'Auferstehn so wenig wie Nichtauferstehn', das trifft nicht zu. Jedes Bewußtsein, durch welches man den Vollendeten bezeichnend bezeichnen wollte, ist vom Vollendeten überstanden, an der Wurzel abgeschnitten,

einem Palmstumpf gleichgemacht worden, so daß es nicht mehr keimen, nicht mehr sich entwickeln kann: von der Art des Bewußtseins abgelöst, Vaccho, ist der Vollendete, tief, unermeßlich, schwer zu erforschen, gleichwie etwa der Ozean; 'Auferstehn', das trifft nicht zu, 'Nichtauferstehn', das trifft nicht zu, 'Auferstehn und Nichtauferstehn', das trifft nicht zu, 'Auferstehn so wenig wie Nichtauferstehn', das trifft nicht zu.»

Nach dieser Rede sprach Vacchagotto der Pilger zum Erhabenen also:

«Gleichwie etwa, o Gotamo, wenn sich da in der Nähe eines Dorfes oder einer Stadt ein großer Kronbaum befände, und vergänglich wechselnd fielen Blätter und Zweiglein von ihm ab, fiele Geäst und Rinde und Grünholz ab, so daß er späterhin, frei von Blättern und Zweiglein, frei von Geäst und Rinde, frei von Grünholz, rein aus Kernholz bestände: ebenso nun auch ist hier des Herrn Gotamo Darstellung, frei von Blättern und Zweiglein, frei von Geäst und Rinde, frei von Grünholz, rein aus Kernholz bestanden. – Vortrefflich, o Gotamo, vortrefflich, o Gotamo! Gleichwie etwa, o Gotamo, als
489 ob man Umgestürztes aufstellte, oder Verdecktes enthüllte, oder Verirrten den Weg wiese, oder ein Licht in die Finsternis hielte: ‹Wer Augen hat wird die Dinge sehn›: ebenso auch hat Herr Gotamo die Lehre gar vielfach gezeigt. Und so nehm' ich bei Herrn Gotamo Zuflucht, bei der Lehre und bei der Jüngerschaft: als Anhänger möge mich Herr Gotamo betrachten, von heute an zeitlebens getreu.»

73

ACHTER TEIL · DRITTE REDE

VACCHAGOTTO

III

Das hab' ich gehört. Zu einer Zeit weilte der Erhabene bei Rājagaham, im Bambusparke, am Hügel der Eichhörnchen.

Da nun begab sich Vacchagotto der Pilger dorthin wo der Erhabene weilte, wechselte höflichen Gruß und freundliche, denkwürdige Worte mit dem Erhabenen und setzte sich zur Seite nieder. Zur Seite sitzend sprach nun Vacchagotto der Pilger also zum Erhabenen:

«Seit langem pfleg' ich mit Herrn Gotamo Gespräch. O wohl, wenn mir Herr Gotamo in Kürze das Gute und das Böse darlegen möchte!»

«In Kürze kann ich dir, Vaccho, das Gute und das Böse darlegen, und ausführlich kann ich dir, Vaccho, das Gute und das Böse darlegen; aber ich will es dir, Vaccho, in Kürze künden, das Gute und das Böse: das höre und achte wohl auf meine Rede.»

«Ja, Herr!» erwiderte da aufmerksam Vacchagotto der Pilger dem Erhabenen. Der Erhabene sprach also:

«Sucht ist, Vaccho, das Böse: Suchtlosigkeit das Gute. Haß ist, Vaccho, das Böse: Haßlosigkeit das Gute. Irre ist, Vaccho, das Böse: Irrlosigkeit das Gute. So sind hier, Vaccho, drei Dinge bös und drei Dinge gut. Töten ist, Vaccho, das Böse: Überwindung des Tötens das Gute. Stehlen ist, Vaccho, das Böse: Überwindung des Stehlens das Gute. Ausschweifen ist, Vaccho, das Böse: Überwindung des Ausschweifens das Gute. Lüge ist, Vaccho, das Böse: Überwindung der Lüge das Gute. Verleumden ist, Vaccho, das Böse: Überwindung des Verleumdens das Gute. Barsche Rede ist, Vaccho, das Böse: Über- 490
windung barscher Rede das Gute. Schwätzen ist, Vaccho, das Böse: Überwindung des Schwätzens das Gute. Gier ist, Vaccho, das Böse: Gierlosigkeit das Gute. Wut ist, Vaccho, das Böse: Wutlosigkeit das Gute. Falsche Erkenntnis ist, Vaccho, das Böse: rechte Erkenntnis das Gute. So sind hier, Vaccho, zehn Dinge bös und zehn Dinge gut. Wenn da nun, Vaccho, ein Mönch den Lebensdurst verleugnet, an der Wurzel abgeschnitten, einem Palmstumpf gleichgemacht hat, so daß er nicht mehr keimen, nicht mehr sich entwickeln kann, dann ist er ein heiliger Mönch, ein Wahnversieger, Endiger, hat das Werk gewirkt, die Bürde abgelegt, das Heil errungen, die Daseinsfesseln zerstört, ist in vollkommener Weisheit erlöst.»

«Sei es Herr Gotamo: gibt es aber bei Herrn Gotamo auch nur einen Mönch als Jünger, der den Wahn versiegt und die wahnlose Gemüterlösung, Weisheiterlösung noch bei Lebzeiten sich offenbar gemacht, verwirklicht und errungen hat?»

«Nicht gibt es, Vaccho, nur etwa hundert oder zweihundert oder dreihundert oder vierhundert oder fünfhundert sondern noch mehr der Mönche, die als meine Jünger den Wahn versiegt und die wahnlose Gemüterlösung, Weisheiterlösung noch bei Lebzeiten sich offenbar gemacht, verwirklicht und errungen haben.»

«Sei es Herr Gotamo, seien es die Mönche: gibt es aber bei Herrn Gotamo auch nur eine Nonne als Jüngerin, die den Wahn versiegt und die wahnlose Gemüterlösung, Weisheiterlösung noch bei Lebzeiten sich offenbar gemacht, verwirklicht und errungen hat?»

«Nicht gibt es, Vaccho, nur etwa hundert oder zweihundert oder dreihundert oder vierhundert oder fünfhundert sondern noch mehr der Nonnen, die als meine Jüngerinnen den Wahn versiegt und die wahnlose Gemüterlösung, Weisheiterlösung noch bei Lebzeiten sich offenbar gemacht, verwirklicht und errungen haben.»

«Sei es Herr Gotamo, seien es die Mönche, seien es die Nonnen: gibt es aber bei Herrn Gotamo auch nur einen Anhänger als Jünger, der, im Hause lebend, weiß gekleidet, keusch entsagend, nach Vernichtung der fünf niederzerrenden Fesseln emporsteigt, um von dort aus zu erlöschen, nicht mehr zurückzukehren nach jener Welt?»

«Nicht gibt es, Vaccho, nur etwa hundert oder zweihundert oder dreihundert oder vierhundert oder fünfhundert sondern noch mehr der Anhänger, die als meine Jünger, im Hause lebend, weiß gekleidet, keusch entsagend,
491 nach Vernichtung der fünf niederzerrenden Fesseln emporsteigen, um von dort aus zu erlöschen, nicht mehr zurückzukehren nach jener Welt.»

«Sei es Herr Gotamo, seien es die Mönche, seien es die Nonnen, seien es die Anhänger, im Hause lebend, weiß gekleidet, keusch entsagend: gibt es aber bei Herrn Gotamo auch nur einen Anhänger als Jünger, der, im Hause lebend, weiß gekleidet, Wünsche genießend, ordensgetreu ist, der Belehrung zugänglich, zweifelentronnen, ohne Schwanken, keinem anderen trauend, in erfahrener Zuversicht zum Orden des Meisters verweilt?»

«Nicht gibt es, Vaccho, nur etwa hundert oder zweihundert oder dreihundert oder vierhundert oder fünfhundert sondern noch mehr der Anhänger, die als meine Jünger, im Hause lebend, weiß gekleidet, Wünsche genießend, ordensgetreu sind, der Belehrung zugänglich, zweifelentronnen, ohne Schwanken, keinem anderen trauend, in erfahrener Zuversicht zum Orden des Meisters verweilen.»

«Sei es Herr Gotamo, seien es die Mönche, seien es die Nonnen, seien es die Anhänger, im Hause lebend, weiß gekleidet, keusch entsagend, seien es die Anhänger, im Hause lebend, weiß gekleidet, Wünsche genießend: gibt es aber bei Herrn Gotamo auch nur eine Anhängerin als Jüngerin, die, im Hause lebend, weiß gekleidet, keusch entsagend, nach Vernichtung der fünf niederzerrenden Fesseln emporsteigt, um von dort aus zu erlöschen, nicht mehr zurückzukehren nach jener Welt?»

«Nicht gibt es, Vaccho, nur etwa hundert oder zweihundert oder dreihundert oder vierhundert oder fünfhundert sondern noch mehr der Anhängerinnen, die als meine Jüngerinnen, im Hause lebend, weiß gekleidet, keusch entsagend, nach Vernichtung der fünf niederzerrenden Fesseln emporsteigen, um von dort aus zu erlöschen, nicht mehr zurückzukehren nach jener Welt.»

«Sei es Herr Gotamo, seien es die Mönche, seien es die Nonnen, seien es die Anhänger, im Hause lebend, weiß gekleidet, keusch entsagend, seien es die Anhänger, im Hause lebend, weiß gekleidet, Wünsche genießend, seien es die Anhängerinnen, im Hause lebend, weiß gekleidet, keusch entsagend: gibt es aber bei Herrn Gotamo auch nur eine Anhängerin als Jüngerin, die, im Hause lebend, weiß gekleidet, Wünsche genießend, ordensgetreu ist, der Belehrung zugänglich, zweifelentronnen, ohne Schwanken, keinem anderen trauend, in erfahrener Zuversicht zum Orden des Meisters verweilt?»

«Nicht gibt es, Vaccho, nur etwa hundert oder zweihundert oder dreihundert oder vierhundert oder fünfhundert sondern noch mehr der Anhängerinnen, die als meine Jüngerinnen, im Hause lebend, weiß gekleidet, Wünsche genießend, ordensgetreu sind, der Belehrung zugänglich, zweifelentronnen, ohne Schwanken, keinem anderen trauend, in erfahrener Zuversicht zum Orden des Meisters verweilen.»

«Wenn, freilich, o Gotamo, diese Lehre nur von Herrn Gotamo erlangt worden wäre und nicht von den Mönchen, dann wäre dieses Asketentum un- 492
vollkommen, eben insofern; weil nun aber, o Gotamo, diese Lehre von Herrn Gotamo sowohl wie von den Mönchen erlangt worden ist, ist dieses Asketentum vollkommen, eben insofern. Wenn, freilich, o Gotamo, diese Lehre nur von Herrn Gotamo und den Mönchen erlangt worden wäre und nicht von den Nonnen, dann wäre dieses Asketentum unvollkommen, eben insofern; weil nun aber, o Gotamo, diese Lehre von Herrn Gotamo sowohl wie von den Mönchen und den Nonnen erlangt worden ist, ist dieses Asketentum vollkommen, eben insofern. Wenn, freilich, o Gotamo, diese Lehre nur von Herrn Gotamo und den Mönchen und den Nonnen erlangt worden wäre und nicht von den Anhängern, im Hause lebend, weiß gekleidet, keusch entsagend, dann wäre dieses Asketentum unvollkommen, eben insofern; weil nun aber, o Gotamo, diese Lehre von Herrn Gotamo sowohl wie von den Mönchen und den Nonnen und den Anhängern, im Hause lebend, weiß gekleidet, keusch entsagend, erlangt worden ist, ist dieses Asketentum vollkommen, eben insofern. Wenn, freilich, o Gotamo, diese Lehre nur von Herrn Gotamo und den Mönchen und den Nonnen und den Anhängern, im Hause lebend, weiß gekleidet, keusch entsagend, erlangt worden wäre und nicht von den Anhängern, im Hause lebend, weiß gekleidet, Wünsche genießend, dann wäre dieses Asketentum unvollkommen, eben insofern; weil nun aber, o Gotamo, diese Lehre von Herrn Gotamo sowohl wie von den Mönchen und den Nonnen und den Anhängern, im Hause lebend, weiß gekleidet, keusch entsagend, und den Anhängern, im Hause lebend, weiß gekleidet, Wünsche genießend, erlangt worden ist, ist dieses Asketentum vollkommen, eben insofern. Wenn, freilich, o Gotamo, diese Lehre nur von Herrn Gotamo und den Mönchen und den Nonnen und den Anhängern, im Hause lebend, weiß gekleidet, keusch entsagend, und den Anhängern, im Hause lebend, weiß gekleidet, Wünsche

genießend, erlangt worden wäre und nicht von den Anhängerinnen, im Hause
493 lebend, weiß gekleidet, keusch entsagend, dann wäre dieses Asketentum unvollkommen, eben insofern; weil nun aber, o Gotamo, diese Lehre von Herrn Gotamo sowohl wie von den Mönchen und den Nonnen und den Anhängern, im Hause lebend, weiß gekleidet, keusch entsagend, und den Anhängern, im Hause lebend, weiß gekleidet, Wünsche genießend, und den Anhängerinnen, im Hause lebend, weiß gekleidet, keusch entsagend, erlangt worden ist, ist dieses Asketentum vollkommen, eben insofern. Wenn, freilich, o Gotamo, diese Lehre nur von Herrn Gotamo und den Mönchen und den Nonnen und den Anhängern, im Hause lebend, weiß gekleidet, keusch entsagend, und den Anhängern, im Hause lebend, weiß gekleidet, Wünsche genießend, und den Anhängerinnen, im Hause lebend, weiß gekleidet, keusch entsagend, erlangt worden wäre und nicht von den Anhängerinnen, im Hause lebend, weiß gekleidet, Wünsche genießend, dann wäre dieses Asketentum unvollkommen, eben insofern; weil nun aber, o Gotamo, diese Lehre von Herrn Gotamo sowohl wie von den Mönchen und den Nonnen und den Anhängern, im Hause lebend, weiß gekleidet, keusch entsagend, und den Anhängern, im Hause lebend, weiß gekleidet, Wünsche genießend, und den Anhängerinnen, im Hause lebend, weiß gekleidet, keusch entsagend, und den Anhängerinnen, im Hause lebend, weiß gekleidet, Wünsche genießend, erlangt worden ist, ist dieses Asketentum vollkommen, eben insofern.

«Gleichwie etwa, o Gotamo, der Gangesstrom nach dem Meere sich neigt, nach dem Meere sich beugt, nach dem Meere sich hinsenkt und angekommen am Meere stillesteht: ebenso auch ist hier des Herrn Gotamo Gefolge, so Pilger wie Bürger, zur Erlöschung geneigt, zur Erlöschung gebeugt, zur Erlöschung hingesenkt und bleibt angekommen bei ihr stillestehn. – Vortrefflich, o Gotamo, vortrefflich, o Gotamo! Gleichwie etwa, o Gotamo, als ob einer Umgestürztes aufstellte, oder Verdecktes enthüllte, oder Verirrten den Weg wiese, oder ein Licht in die Finsternis hielte: ‹Wer Augen hat wird die Dinge sehn›: ebenso auch hat Herr Gotamo die Lehre gar vielfach gezeigt. Und so nehm' ich bei Herrn Gotamo Zuflucht, bei der Lehre und bei der Jüngerschaft: möge mir Herr Gotamo Aufnahme gewähren, die Ordensweihe erteilen!»

494 «Wer da, Vaccho, erst einem anderen Orden angehörte und in diese Lehre und Zucht aufgenommen werden, die Weihe erhalten will, der bleibt vier Monate bei uns; und nach Verlauf von vier Monaten wird er, wenn er also verblieben ist, von innig erfahrenen Mönchen aufgenommen und eingeweiht in das Mönchtum: denn ich habe hier manche Veränderlichkeit erfahren.»

«Wenn, o Herr, die früheren Anhänger anderer Orden, welche in diese Lehre und Zucht aufgenommen werden, die Weihe erhalten wollen, vier Monate bleiben, und nach Verlauf von vier Monaten, wenn sie also verblieben sind, von innig erfahrenen Mönchen aufgenommen und eingeweiht werden in das Mönchtum, so will ich vier Jahre bleiben: und nach Verlauf von vier Jahren sollen mich, wenn ich also verblieben bin, innig erfahrene Mönche aufnehmen und einweihen in das Mönchtum.»

Es wurde Vacchagotto der Pilger vom Erhabenen aufgenommen, wurde mit der Ordensweihe belehnt.

Nicht lange aber war der ehrwürdige Vacchagotto in den Orden aufgenommen, vierzehn Tage war er in den Orden aufgenommen, da ging er zum Erhabenen hin, begrüßte den Erhabenen ehrerbietig und setzte sich zur Seite nieder. Zur Seite sitzend sprach nun der ehrwürdige Vacchagotto also zum Erhabenen:

«So viel man, o Herr, mit kämpfender Weisheit, mit kämpfendem Wissen gewinnen kann, das hab' ich gewonnen: weiter möge mir der Erhabene die Lehre darlegen!»

«Dann also, Vaccho, erwirb dir noch weiter zwei Dinge: Ruhe und Klarsicht. Und hast du dir, Vaccho, diese zwei Dinge noch weiter erworben, Ruhe und Klarsicht, so werden sie dir zur Zerlegung der einzelnen Artungen taugen.

«Wie du eben, Vaccho, es wünschen magst: ‹Geläng' es mir doch auf mannigfaltige Weise Machtentfaltung zu erfahren: als nur einer etwa vielfach zu werden, und vielfach geworden wieder einer zu sein; oder sichtbar und unsichtbar zu werden[110]; auch durch Mauern, Wälle, Felsen hindurchzuschweben wie durch die Luft; oder auf der Erde auf- und unterzutauchen wie im Wasser; auch auf dem Wasser zu wandeln ohne unterzusinken wie auf der Erde; oder auch durch die Luft sitzend dahinzufahren wie der Vogel mit seinen Fittichen; auch etwa diesen Mond und diese Sonne, die so mächtigen, so gewaltigen, mit der Hand zu befühlen und zu berühren[111]; etwa gar bis zu den Brahmawelten den Körper in meiner Gewalt zu haben›: was da je zu verwirklichen ist wirst du gewinnen, je nach der Wirkensart.

«Wie du eben, Vaccho, es wünschen magst: ‹Wenn ich doch mit dem himmlischen Gehör, dem geläuterten, über menschliche Grenzen hinausreichenden, 495
beide Arten der Töne hörte, die himmlischen und die irdischen, die fernen und die nahen›: was da je zu verwirklichen ist wirst du gewinnen, je nach der Wirkensart.

«Wie du eben, Vaccho, es wünschen magst: ‹Wär' es mir doch gegeben, der anderen Wesen, der anderen Personen Herz im Herzen zu schauen und zu erkennen, das begehrliche Herz als begehrlich und das begehrlose Herz als begehrlos, das gehässige Herz als gehässig und das haßlose Herz als haßlos, das irrende Herz als irrend und das irrlose Herz als irrlos, das gesammelte

Herz als gesammelt und das zerstreute Herz als zerstreut, das hochstrebende Herz als hochstrebend und das niedrig gesinnte Herz als niedrig gesinnt, das edle Herz als edel und das gemeine Herz als gemein, das beruhigte Herz als beruhigt und das ruhelose Herz als ruhelos, das erlöste Herz als erlöst und das gefesselte Herz als gefesselt›: was da je zu verwirklichen ist wirst du gewinnen, je nach der Wirkensart.

«Wie du eben, Vaccho, es wünschen magst: ‹Wär' ich doch imstande, mich an manche verschiedene frühere Daseinsform zu erinnern, als wie an ein Leben, dann an zwei Leben, dann an drei Leben, dann an vier Leben, dann an fünf Leben, dann an zehn Leben, dann an zwanzig Leben, dann an dreißig Leben, dann an vierzig Leben, dann an fünfzig Leben, dann an hundert Leben, dann an tausend Leben, dann an hunderttausend Leben, dann an die Zeiten während mancher Weltenentstehungen, dann an die Zeiten während mancher Weltenvergehungen, dann an die Zeiten während mancher Weltenentstehungen-Weltenvergehungen, 'Dort war ich, jenen Namen hatte ich, jener Familie gehörte ich an, das war mein Stand, das mein Beruf, solches Wohl und Wehe habe ich erfahren, so war mein Lebensende; dort verschieden trat ich anderswo wieder ins Dasein: da war ich nun, diesen Namen hatte ich, dieser Familie gehörte ich an, dies war mein Stand, dies mein Beruf, solches Wohl und Wehe habe ich erfahren, so war mein Lebensende; da verschieden trat ich hier wieder ins Dasein', wär' ich doch also imstande, mich an manche verschiedene frühere Daseinsform zu erinnern, mit je den eigentümlichen Merkmalen, mit je den eigenartigen Beziehungen[112]›: was da je zu verwirklichen ist wirst du gewinnen, je nach der Wirkensart.

496 «Wie du eben, Vaccho, es wünschen magst: ‹Hätt' ich doch das himmlische Auge, das geläuterte, über menschliche Grenzen hinausreichende, die Wesen zu sehn, wie sie dahinschwinden und wiedererscheinen, gemeine und edle, schöne und unschöne, glückliche und unglückliche, säh' ich doch wie die Wesen je nach den Taten wiederkehren, 'Diese lieben Wesen sind freilich in Taten dem Schlechten zugetan, in Worten dem Schlechten zugetan, in Gedanken dem Schlechten zugetan, tadeln Heiliges, achten Verkehrtes, tun Verkehrtes, bei der Auflösung des Leibes, nach dem Tode, gelangen sie auf den Abweg, auf schlechte Fährte, zur Tiefe hinab, in untere Welt; jene lieben Wesen sind aber in Taten dem Guten zugetan, in Worten dem Guten zugetan, in Gedanken dem Guten zugetan, tadeln nicht Heiliges, achten Rechtes, tun Rechtes, bei der Auflösung des Leibes, nach dem Tode, gelangen sie auf gute Fährte, in selige Welt', könnt' ich doch also mit dem himmlischen Auge, dem geläuterten, über menschliche Grenzen hinausreichenden, die Wesen erkennen, wie sie dahinschwinden und wiedererscheinen, gemeine und edle, schöne und unschöne, glückliche und unglückliche, säh' ich doch wie die We-

sen je nach den Taten wiederkehren[113]›: was da je zu verwirklichen ist wirst du gewinnen, je nach der Wirkensart.

«Wie du eben, Vaccho, es wünschen magst: ‹O könnte ich doch den Wahn versiegen und die wahnlose Gemüterlösung, Weisheiterlösung noch bei Lebzeiten mir offenbar machen, verwirklichen und erringen›: was da je zu verwirklichen ist wirst du gewinnen, je nach der Wirkensart.»

Und der ehrwürdige Vacchagotto war durch des Erhabenen Rede erfreut und befriedigt; und er stand von seinem Sitze auf, begrüßte den Erhabenen ehrerbietig, ging rechts herum und entfernte sich.

Und der ehrwürdige Vacchagotto, einsam, abgesondert, unermüdlich, in heißem, innigem Ernste verweilend, hatte gar bald was edle Söhne gänzlich vom Hause fort in die Hauslosigkeit lockt, jenes höchste Ziel des Asketentums noch bei Lebzeiten sich offenbar gemacht, verwirklicht und errungen. ‹Versiegt ist die Geburt, vollendet das Asketentum, gewirkt das Werk, nicht mehr ist diese Welt› verstand er da. Auch einer war nun der ehrwürdige Vacchagotto der Heiligen geworden.

Um diese Zeit nun waren viele Mönche unterwegs, den Erhabenen zu besuchen. Es sah aber der ehrwürdige Vacchagotto jene Mönche wie sie von ferne heranzogen, und als er sie gesehn ging er ihnen entgegen und sprach also zu ihnen:

«Wohlan, wo geht ihr, Ehrwürdige, denn hin?» 497

«Den Erhabenen, o Bruder, wollen wir besuchen.»

«So geht, ihr Brüder, und bringt dem Erhabenen zu Füßen meinen Gruß dar: ‹Vacchagotto, o Herr, der Mönch, bringt dem Erhabenen zu Füßen Gruß dar, und er läßt sagen:

Bedient von mir ist unser Herr,
Bedient von mir der hohe Held.›»

«Gern, o Bruder!» sagten da jene Mönche, dem ehrwürdigen Vacchagotto zustimmend.

Und jene Mönche begaben sich dorthin wo der Erhabene weilte. Dort angelangt begrüßten sie den Erhabenen ehrerbietig und setzten sich zur Seite nieder. Zur Seite sitzend sprachen nun jene Mönche zum Erhabenen also:

«Der ehrwürdige Vacchagotto, o Herr, bringt dem Erhabenen zu Füßen Gruß dar, und er läßt sagen:

‹Bedient von mir ist unser Herr,
Bedient von mir der hohe Held.›»

«Schon hab' ich, ihr Mönche, Vacchagotto den Mönch, im Geiste geistig erfassend, erkannt: ‹Drei Wissen weiß Vacchagotto der Mönch, hat hohe

Macht, hohe Gewalt.› Und auch Gottheiten haben es mir angezeigt: ‹Drei Wissen weiß, o Herr, Vacchagotto der Mönch, hat hohe Macht, hohe Gewalt.›»

Also sprach der Erhabene. Zufrieden freuten sich jene Mönche über das Wort des Erhabenen.

74

ACHTER TEIL · VIERTE REDE

DĪGHANAKHO

DAS HAB' ICH GEHÖRT. Zu einer Zeit weilte der Erhabene bei Rājagaham, am Geierkulm, zu Eberswühl.

Da nun begab sich Dīghanakho, ein Pilger, dorthin wo der Erhabene weilte, wechselte höflichen Gruß und freundliche, denkwürdige Worte mit dem Erhabenen und stellte sich seitwärts hin. Seitwärts stehend sprach nun Dīghanakho der Pilger also zum Erhabenen:

«Ich aber, o Gotamo, sage und lehre: ‹Nichts gefällt mir.›»

«Und auch die Lehre da, Aggivessano[114], die du behauptest, ‹Nichts gefällt mir›, gefällt dir auch diese nicht?»

«Und wenn mir, o Gotamo, diese Lehre gefiele, so wär's doch nur dasselbe, so wär's doch nur dasselbe!»

498 «Nun gibt es freilich, Aggivessano, viel mehr der Menschen in der Welt, die mit dir sagen ‹So wär's doch nur dasselbe, so wär's doch nur dasselbe›, und die zwar diese Lehre nicht lassen und doch eine andere annehmen. Nun gibt es freilich, Aggivessano, viel weniger Menschen in der Welt, die mit dir sagen ‹So wär's doch nur dasselbe, so wär's doch nur dasselbe›, und die eben diese Lehre lassen und eine andere nicht annehmen.

«Manche Asketen und Priester, Aggivessano, sagen und lehren: ‹Alles gefällt mir.› Manche Asketen und Priester, Aggivessano, sagen und lehren: ‹Nichts gefällt mir.› Manche Asketen und Priester, Aggivessano, sagen und lehren: ‹Manches gefällt mir, manches mißfällt mir.› Den Asketen und Priestern nun, Aggivessano, die da sagen und lehren ‹Alles gefällt mir›, denen gereicht diese Lehre zum Reize, zur Lockung, zur Freude, zum Behagen, zum

Anhalt. Den Asketen und Priestern nun, Aggivessano, die da sagen und lehren ‹Nichts gefällt mir›, denen gereicht diese Lehre nicht zum Reize, nicht zur Lockung, nicht zur Freude, nicht zum Behagen, nicht zum Anhalt.»

Auf diese Worte hin wandte sich Dīghanakho der Pilger also an den Erhabenen:

«Meinen Lehrsatz lobt Herr Gotamo, meinen Lehrsatz belobt Herr Gotamo!»

«Den Asketen und Priestern nun, Aggivessano, die da sagen und lehren ‹Manches gefällt mir, manches mißfällt mir›, was denen ihrer Lehre gemäß gefällt gereicht ihnen zum Reize, zur Lockung, zur Freude, zum Behagen, zum Anhalt: und was denen ihrer Lehre gemäß mißfällt gereicht ihnen nicht zum Reize, nicht zur Lockung, nicht zur Freude, nicht zum Behagen, nicht zum Anhalt.

«Bei den Asketen und Priestern, Aggivessano, die da sagen und lehren ‹Alles gefällt mir›, wird ein verständiger Mann also überlegen: ‹Diese Lehre da, ‘Alles gefällt mir’, wenn ich diese beharrlich pflegte, mir aneignete, behauptete ‘Dies nur ist Wahrheit, Unsinn anderes’, so erführ’ ich doppelten Widerspruch, von dem Asketen oder dem Priester, der da sagt und lehrt ‹Nichts gefällt mir›, und von dem Asketen oder dem Priester, der da sagt 499
und lehrt ‹Manches gefällt mir, manches mißfällt mir›, von diesen beiden erführ’ ich Widerspruch, und aus Widerspruch erfolgte Widerstreit, aus Widerstreit Widerstand, aus Widerstand Widerwille›; und weil er Widerspruch und Widerstreit, Widerstand und Widerwillen in sich merkt, läßt er eben diese Lehre und nimmt eine andere nicht an: also werden diese Lehren verworfen, also werden diese Lehren verleugnet. Bei den Asketen und Priestern, Aggivessano, die da sagen und lehren ‹Nichts gefällt mir›, wird ein verständiger Mann also überlegen: ‹Diese Lehre da, ‘Nichts gefällt mir’, wenn ich diese beharrlich pflegte, mir aneignete, behauptete ‘Dies nur ist Wahrheit, Unsinn anderes’, so erführ’ ich doppelten Widerspruch, von dem Asketen oder dem Priester, der da sagt und lehrt ‹Alles gefällt mir›, und von dem Asketen oder dem Priester, der da sagt und lehrt ‹Manches gefällt mir, manches mißfällt mir›, von diesen beiden erführ’ ich Widerspruch, und aus Widerspruch erfolgte Widerstreit, aus Widerstreit Widerstand, aus Widerstand Widerwille›; und weil er Widerspruch und Widerstreit, Widerstand und Widerwillen in sich merkt, läßt er eben diese Lehre und nimmt eine andere nicht an: also werden diese Lehren verworfen, also werden diese Lehren verleugnet. Bei den Asketen und Priestern, Aggivessano, die da sagen und lehren ‹Manches gefällt mir, manches mißfällt mir›, wird ein verständiger Mann also überlegen: ‹Diese Lehre da, ‘Manches gefällt mir, manches mißfällt mir’, wenn ich diese beharrlich pflegte, mir aneignete, behauptete ‘Dies nur ist

Wahrheit, Unsinn anderes', so erführ' ich doppelten Widerspruch, von dem Asketen oder dem Priester, der da sagt und lehrt ‹Alles gefällt mir›, und von dem Asketen oder dem Priester, der da sagt und lehrt ‹Nichts gefällt mir›, von diesen beiden erführ' ich Widerspruch, und aus Widerspruch erfolgte Widerstreit, aus Widerstreit Widerstand, aus Widerstand Widerwille›; und weil er Widerspruch und Widerstreit, Widerstand und Widerwillen in sich merkt, läßt er eben diese Lehre und nimmt eine andere nicht an: also werden diese Lehren verworfen, also werden diese Lehren verleugnet.

500 «Hier aber ist nun, Aggivessano, der Körper, der geformt, aus den vier Hauptstoffen entstanden, von Vater und Mutter gezeugt, durch Speise und Trank entwickelt, dem Vergehn, dem Untergang, der Aufreibung, Auflösung, der Zerstörung verfallen ist, als wandelbar, wehe, siech, bresthaft, schmerzhaft, übel, gebrechlich, ohnmächtig, hinfällig, eitel, als nichtig zu betrachten [115]. Wer diesen Körper als wandelbar, wehe, siech, bresthaft, schmerzhaft, übel, gebrechlich, ohnmächtig, hinfällig, eitel, als nichtig betrachtet, dem vergeht was beim Körper Körperlust, Körperliebe, Körperverlangen ist.

«Drei Arten von Gefühlen, Aggivessano, gibt es: das wohlige Gefühl, das wehe Gefühl und das weder wohlig noch wehe Gefühl. Zu einer Zeit, Aggivessano, wo man ein wohliges Gefühl empfindet, zu dieser Zeit empfindet man kein wehes Gefühl und empfindet kein weder wohlig noch wehes Gefühl, eben ein wohliges Gefühl empfindet man zu dieser Zeit. Zu einer Zeit, Aggivessano, wo man ein wehes Gefühl empfindet, zu dieser Zeit empfindet man kein wohliges Gefühl und empfindet kein weder wohlig noch wehes Gefühl, eben ein wehes Gefühl empfindet man zu dieser Zeit. Zu einer Zeit, Aggivessano, wo man ein weder wohlig noch wehes Gefühl empfindet, zu dieser Zeit empfindet man kein wohliges Gefühl und empfindet kein wehes Gefühl, eben ein weder wohlig noch wehes Gefühl empfindet man zu dieser Zeit. Wohlige Gefühle sind aber, Aggivessano, wandelbar, zusammengesetzt, bedingt entstanden, müssen versiegen und versagen, müssen aufhören und untergehn. Und auch wehe Gefühle sind, Aggivessano, wandelbar, zusammengesetzt, bedingt entstanden, müssen versiegen und versagen, müssen aufhören und untergehn. Und auch weder wohlig noch wehe Gefühle sind, Aggivessano, wandelbar, zusammengesetzt, bedingt entstanden, müssen versiegen und versagen, müssen aufhören und untergehn. In solchem Anblick, Aggivessano, wird der erfahrene heilige Jünger des wohligen Gefühles überdrüssig und wird des wehen Gefühles überdrüssig und wird des weder wohlig noch wehen Gefühles überdrüssig. Überdrüssig wendet er sich ab. Abgewandt löst er sich los. ‹Im Erlösten ist die Erlösung›, diese Erkenntnis geht auf. ‹Versiegt ist die Geburt, vollendet das Asketentum, gewirkt das Werk, nicht mehr ist diese Welt› versteht er da.

«Ein also gemüterlöster Mönch, Aggivessano, spricht keinem zu, spricht keinem ab, und was in der Welt geredet wird läßt er unberührt.»

Um diese Zeit nun hatte der ehrwürdige Sāriputto hinter dem Erhabenen
gestanden und dem Erhabenen Kühlung gefächelt. Und der ehrwürdige Sāri- 501
putto gedachte da: ‹Diese und jene Dinge soll man, sagt der Erhabene, durchschauen und lassen, diese und jene Dinge soll man, sagt der Willkommene, durchschauen und verleugnen!› Und als der ehrwürdige Sāriputto solches im Geiste erwog, löste sich ihm das Herz vom Wahne haftlos ab.

Dīghanakho aber, dem Pilger, ging das abgeklärte, abgespülte Auge der Wahrheit auf:

‹Was irgend auch entstanden ist
Muß alles wieder untergehn.›

Und Dīghanakho der Pilger, der die Wahrheit gesehn, die Wahrheit gefaßt, die Wahrheit erkannt, die Wahrheit ergründet hatte, zweifelentronnen, ohne Schwanken, in sich selber gewiß, auf keinen anderen gestützt im Orden des Meisters, der wandte sich nun an den Erhabenen also:

«Vortrefflich, o Gotamo, vortrefflich, o Gotamo! Gleichwie etwa, o Gotamo, als ob man Umgestürztes aufstellte, oder Verdecktes enthüllte, oder Verirrten den Weg zeigte, oder Licht ins Dunkle hielte: ‹Wer Augen hat wird die Dinge sehn›: ebenso auch hat Herr Gotamo die Lehre gar vielfach dargelegt. Und so nehm' ich bei Herrn Gotamo Zuflucht, bei der Lehre und bei der Jüngerschaft: als Anhänger möge mich Herr Gotamo betrachten, von heute an zeitlebens getreu[116].»

75

ACHTER TEIL · FÜNFTE REDE

MĀGANDIYO

DAS HAB' ICH GEHÖRT. Zu einer Zeit weilte der Erhabene im Kurū-Lande, bei einer Stadt der Kurūner namens Kammāsadammam[117], am Opferherde eines Brāhmanen aus dem Bhāradvājer-Geschlechte, auf einer Strohmatte. Und der Erhabene, zeitig gerüstet, nahm Mantel und Schale und ging nach Kammāsadammam um Almosenspeise. Und als der Erhabene, von Haus zu Haus tretend, Almosen erhalten, kehrte er zurück, nahm das Mahl ein und begab sich dann in ein nahe gelegenes Waldgehölz, für den Tag. Im Inneren dieses Waldgehölzes setzte sich der Erhabene am Fuß eines Baumes nieder, bis gegen Sonnenuntergang da zu verweilen.

502 Da nun kam Māgandiyo, ein Pilger, auf einem Spaziergange lustwandelnd, zum Opferherde des Bhāradvājer-Brāhmanen hin. Und er sah dort die Strohmatte zurechtgelegt, und als er das bemerkt hatte, sprach er also zum Bhāradvājer-Brāhmanen:

«Für wen ist wohl hier am Opferherde des Herrn Bhāradvājo die Strohmatte zurechtgelegt? Sie sieht aus wie ein Asketensitz.»

«Es ist, o Māgandiyo, der Asket Gotamo, der Sakyersohn, der dem Erbe der Sakyer entsagt hat! Diesen Herrn Gotamo aber begrüßt man allenthalben mit dem frohen Ruhmesrufe, so zwar: ‹Das ist der Erhabene, der Heilige, vollkommen Erwachte, der Wissens- und Wandelsbewährte, der Willkommene, der Welt Kenner, der unvergleichliche Leiter der Männerherde, der Meister der Götter und Menschen, der Erwachte, der Erhabene.› Für diesen Herrn Gotamo ist der Sitz hier zurechtgemacht.»

«Schlechtes, wahrlich, o Bhāradvājo, haben wir gesehn, die wir den Sitz jenes Herrn Gotamo, des Kernbeißers, gesehn haben!»

«Lasse, Māgandiyo, solche Rede, lasse, Māgandiyo, solche Rede! Gar viele gelehrte Fürsten und gelehrte Priester, gelehrte Bürger und gelehrte Asketen sind von diesem Herrn Gotamo ganz begeistert, heilig und echt eingeweiht, in heilsames Recht.»

«Und wenn uns gleich, o Bhāradvājo, jener Herr Gotamo zu Gesicht käme, so würden wir es ihm ins Gesicht sagen: ‹Ein Kernbeißer ist der Asket Gotamo, sag' ich: und warum sag' ich das? Weil er als solcher gegen unsere Satzungen vorgeht.›»

«Wenn es Herrn Māgandiyo genehm ist, will ich das dem Asketen Gotamo mitteilen.»

«Nicht wollt' ich Herrn Bhāradvājo damit bemühen, doch mag er's sagen.»

Es vernahm aber der Erhabene mit dem himmlischen Gehör, dem geläuterten, über menschliche Grenzen hinausreichenden, dieses Gespräch des Brāhmanen aus dem Bhāradvājer-Geschlechte mit Māgandiyo dem Pilger.

Als nun der Erhabene gegen Abend die Gedenkensruhe beendet hatte, kehrte er zum Opferherde des Bhāradvājer-Brāhmanen zurück und nahm auf der bereitgelegten Strohmatte Platz. Da kam denn der Bhāradvājer-Brāhmane zum Erhabenen heran, wechselte höflichen Gruß und freundliche, denkwürdige Worte mit dem Erhabenen und setzte sich zur Seite nieder. Und als der Bhāradvājer-Brāhmane zur Seite saß, wandte sich der Erhabene also an ihn:

«Hast du wohl, Bhāradvājo, mit Māgandiyo dem Pilger über diese Stroh- 503
matte hier irgendeine Unterhaltung gehabt?»

Auf diese Worte erwiderte Bhāradvājo der Brāhmane, schauernd ergriffen, dem Erhabenen also:

«Das eben wollten wir jetzt Herrn Gotamo mitteilen: aber Herr Gotamo hat mich ja nun verstummen machen!»

Und kaum hatte diese Unterredung des Erhabenen mit dem Bhāradvājer-Brāhmanen begonnen, da kam Māgandiyo der Pilger, auf seinem Spaziergange lustwandelnd, zum Opferherde des Bhāradvājer-Brāhmanen zurück; und er schritt zum Erhabenen hin, wechselte höflichen Gruß und freundliche, denkwürdige Worte mit dem Erhabenen und setzte sich zur Seite nieder. Und als Māgandiyo der Pilger zur Seite saß, wandte sich der Erhabene also an ihn:

«Das Auge, Māgandiyo, frönt den Formen, freut sich der Formen, ergetzt sich an Formen: das hat der Vollendete gebändigt, gewartet, gezäumt und gezügelt; ihm Zügel anzulegen zeigt er die Lehre. Hast du etwa, Māgandiyo, daran gedacht als du sprachst: ‹Ein Kernbeißer ist der Asket Gotamo›?»

«Daran eben, freilich, o Gotamo, hab' ich gedacht als ich sprach: ‹Ein Kernbeißer ist der Asket Gotamo, sag' ich: und warum sag' ich das? Weil er als solcher gegen unsere Satzungen vorgeht.›»

«Das Ohr, Māgandiyo, frönt den Tönen, die Nase, Māgandiyo, frönt den Düften, die Zunge, Māgandiyo, frönt den Säften, der Leib, Māgandiyo, frönt den Tastungen, der Geist, Māgandiyo, frönt den Gedanken, freut sich der Gedanken, ergetzt sich an Gedanken: den hat der Vollendete gebändigt, gewartet, gezäumt und gezügelt; ihm Zügel anzulegen zeigt er die Lehre. Hast du etwa, Māgandiyo, daran gedacht als du sprachst: ‹Ein Kernbeißer ist der Asket Gotamo›?»

«Daran eben, freilich, o Gotamo, hab' ich gedacht als ich sprach: ‹Ein Kernbeißer ist der Asket Gotamo, sag' ich: und warum sag' ich das? Weil er als solcher gegen unsere Satzungen vorgeht.›»

«Was meinst du wohl, Māgandiyo: es sei da erst einer mit den durch das
Auge ins Bewußtsein tretenden Formen bedient, mit den ersehnten, gelieb- 504
ten, entzückenden, angenehmen, dem Begehren entsprechenden, reizenden; der habe dann später eben der Formen Entstehn und Vergehn, Labsal und Elend und Überwindung der Wahrheit gemäß verstanden und die Lust an den Formen verworfen, das Fieber an den Formen verleugnet, habe den Durst bezwungen und die Ebbung des eigenen Gemütes erlangt: was möchtest du nun, Māgandiyo, gegen einen solchen einwenden?»

«Nichts weiter, o Gotamo!»

«Was meinst du wohl, Māgandiyo: es sei da erst einer mit den durch das Ohr ins Bewußtsein tretenden Tönen, mit den durch die Nase ins Bewußtsein tretenden Düften, mit den durch die Zunge ins Bewußtsein tretenden Säften, mit den durch den Leib ins Bewußtsein tretenden Tastungen bedient, mit den ersehnten, geliebten, entzückenden, angenehmen, dem Begehren entsprechenden, reizenden; der habe dann später eben der Tastungen Entstehn und Vergehn, Labsal und Elend und Überwindung der Wahrheit gemäß verstanden und die Lust an den Tastungen verworfen, das Fieber an den Tastungen verleugnet, habe den Durst bezwungen und die Ebbung des eigenen Gemütes erlangt: was möchtest du nun, Māgandiyo, gegen einen solchen einwenden?»

«Nichts weiter, o Gotamo!»

«Ich habe früher, Māgandiyo, auch im Hause gelebt und war mit dem Besitz und Genuß der fünf Begehrungen begabt: der durch das Auge ins Bewußtsein tretenden Formen, der durch das Ohr ins Bewußtsein tretenden Töne, der durch die Nase ins Bewußtsein tretenden Düfte, der durch die Zunge ins Bewußtsein tretenden Säfte, der durch den Leib ins Bewußtsein tretenden Tastungen, der ersehnten, geliebten, entzückenden, angenehmen, dem Begehren entsprechenden, reizenden. Und ich besaß, Māgandiyo, drei Paläste, einen für den Herbst, einen für den Winter, einen für den Sommer[118]. Und ich brachte, Māgandiyo, die vier herbstlichen Monate im Herbstpalaste zu, von unsichtbarer Musik bedient, und stieg nicht vom Söller herab. Später hab' ich dann eben des Begehrens Entstehn und Vergehn, Labsal und Elend und Überwindung der Wahrheit gemäß verstanden und die begehrende Lust verworfen, das begehrende Fieber verleugnet, habe den Durst bezwungen und die Ebbung des eigenen Gemütes erlangt. Und ich sah wie die anderen Wesen, dem Begehren hingegeben, von begehrendem Dürsten verzehrt, von begehrendem Fieber entzündet, den Begierden frönen; und ich konnte sie nicht beneiden, keine Freude daran finden: und warum nicht? Weil ja, Māgandiyo, meine Freude, gar fern von Begierden, fern von unheilsamen Din-
505 gen, bis an himmlisches Wohl heranreichte: solcher Freude genießend mocht' ich Gemeines entbehren, keine Freude daran finden.

«Gleichwie etwa, Māgandiyo, wenn da ein Hausvater wäre, oder der Sohn eines Hausvaters, reich, mit Geld und Gut mächtig begabt, im Besitz und Genuß der fünf Begehrungen. Der sei in Werken, Worten und Gedanken auf dem rechten Wege gewandelt und bei der Auflösung des Körpers, nach dem Tode, auf gute Fährte, in himmlische Welt gelangt, zu den Dreiunddreißig Göttern empor. Und er lebte dort im Wonnigen Walde, im Reigen von Huldinnen, im Besitz und Genuß der himmlischen fünf Begehrungen. Und er nähme einen Hausvater wahr, oder den Sohn eines Hausvaters, der die fünf Begehrungen besitzt und genießt. Was meinst du wohl, Māgandiyo: würde da etwa dieser Göttersohn, der im Wonnigen Walde im Reigen von Huldinnen die himmlischen fünf Begehrungen besitzt und genießt, jenen Hausvater, oder Sohn eines Hausvaters, beneiden und die menschlichen fünf Begehrungen vermissen, sich menschlichen Begierden zuwenden?»

«Gewiß nicht, o Gotamo!»

«Und warum nicht?»

«Menschlichen Begierden, o Gotamo, sind himmlische Begierden voranzusetzen und vorzuziehn.»

«Ebenso nun auch, Māgandiyo, hab' ich früher im Hause gelebt und war mit dem Besitz und Genuß der fünf Begehrungen begabt. Später hab' ich dann eben des Begehrens Entstehn und Vergehn, Labsal und Elend und Überwindung der Wahrheit gemäß verstanden und die begehrende Lust verworfen, das begehrende Fieber verleugnet, habe den Durst bezwungen und die Ebbung des eigenen Gemütes erlangt. Und ich sah wie die anderen Wesen, dem Begehren hingegeben, von begehrendem Dürsten verzehrt, von begehrendem Fieber entzündet, den Begierden frönen; und ich konnte sie nicht 506
beneiden, keine Freude daran finden: und warum nicht? Weil ja, Māgandiyo, meine Freude, gar fern von Begierden, fern von unheilsamen Dingen, bis an himmlisches Wohl heranreichte: solcher Freude genießend mocht' ich Gemeines entbehren, keine Freude daran finden.

«Gleichwie etwa, Māgandiyo, wenn ein Aussätziger, dessen Glieder mit Geschwüren bedeckt, faulig geworden, von Würmern zerfressen, von den Nägeln wund aufgekratzt sind, Fetzen davon herabreißend an einer Grube voll glühender Kohlen den Leib ausdörren ließe. Und seine Freunde und Genossen, Verwandte und Vettern bestellten ihm einen heilkundigen Arzt, und dieser heilkundige Arzt gäbe ihm ein Heilmittel, und er gebrauchte dieses Heilmittel und würde vom Aussatz befreit und wäre genesen, fühlte sich wohl, unabhängig, selbständig, könnte gehn wohin er wollte. Und er erblickte einen anderen Aussätzigen, dessen Glieder mit Geschwüren bedeckt, faulig geworden, von Würmern zerfressen, von den Nägeln wund aufgekratzt sind, wie er Fetzen davon herabreißend, an einer Grube voll glühender Kohlen den Leib ausdörren läßt. Was meinst du wohl, Māgandiyo: würde da etwa dieser Mann jenen Aussätzigen beneiden und die glühende Kohlengrube und den Gebrauch des Heilmittels vermissen?»

«O nein, o Gotamo!»

«Und warum nicht?»

«Ist man krank, o Gotamo, so braucht man ein Heilmittel: ist man nicht krank, braucht man es nicht.»

«Ebenso nun auch, Māgandiyo, hab' ich früher im Hause gelebt und war mit dem Besitz und Genuß der fünf Begehrungen begabt. Später hab' ich dann eben des Begehrens Entstehn und Vergehn, Labsal und Elend und Überwindung der Wahrheit gemäß verstanden und die begehrende Lust verworfen, das begehrende Fieber verleugnet, habe den Durst bezwungen und die Ebbung des eigenen Gemütes erlangt. Und ich sah wie die anderen Wesen, dem Begehren hingegeben, von begehrendem Dürsten verzehrt, von begehrendem Fieber entzündet, den Begierden frönen; und ich konnte sie nicht beneiden, keine Freude daran finden: und warum nicht? Weil ja, Māgandiyo, meine Freude, gar fern von Begierden, fern von unheilsamen Dingen, bis an himmlisches Wohl heranreichte: solcher Freude genießend mocht' ich Gemeines entbehren, keine Freude daran finden.

507 «Gleichwie etwa, Māgandiyo, wenn ein Aussätziger, dessen Glieder mit Geschwüren bedeckt, faulig geworden, von Würmern zerfressen, von den Nägeln wund aufgekratzt sind, Fetzen davon herabreißend an einer Grube voll glühender Kohlen den Leib ausdörren ließe. Und seine Freunde und Genossen, Verwandte und Vettern bestellten ihm einen heilkundigen Arzt, und dieser heilkundige Arzt gäbe ihm ein Heilmittel, und er gebrauchte dieses Heilmittel und würde vom Aussatz befreit und wäre genesen, fühlte sich wohl, unabhängig, selbständig, könnte gehn wohin er wollte. Und zwei kräftige Männer ergriffen ihn unter den Armen und schleppten ihn zu der glühenden Kohlengrube hin. Was meinst du wohl, Māgandiyo: würde da nun dieser Mann auf jede nur mögliche Weise den Leib zurückziehn?»

«Gewiß, o Gotamo!»

«Und warum das?»

«Jenes Feuer, o Gotamo, ist ja gar schmerzlich zu ertragen und furchtbar versengend und furchtbar versehrend.»

«Was meinst du wohl, Māgandiyo: ist etwa jetzt erst das Feuer schmerzlich zu ertragen und furchtbar versengend und furchtbar versehrend, oder war es schon früher schmerzlich zu ertragen und furchtbar versengend und furchtbar versehrend?»

«Jetzt eben, o Gotamo, ist das Feuer schmerzlich zu ertragen und furchtbar versengend und furchtbar versehrend, und auch früher war das Feuer schmerzlich zu ertragen und furchtbar versengend und furchtbar versehrend. Jener Aussätzige, freilich, o Gotamo, dessen Glieder mit Geschwüren bedeckt, faulig geworden, von Würmern zerfressen, von den Nägeln wund aufgekratzt waren: Fetzen davon herabreißend war er sinnesverwirrt geworden, und indem er das Feuer nur schmerzlich ertrug wähnte er ‹Das tut wohl›.»

«Ebenso nun aber, Māgandiyo, waren auch die Begierden der Vergangenheit gar schmerzlich zu ertragen und furchtbar versengend und furchtbar versehrend, und werden auch die Begierden der Zukunft gar schmerzlich zu ertragen sein und furchtbar versengend und furchtbar versehrend, und sind auch heute die Begierden der Gegenwart gar schmerzlich zu ertragen und furchtbar versengend und furchtbar versehrend. Doch diese Wesen, Māgandiyo, dem Begehren hingegeben, von begehrendem Dürsten verzehrt, von begehrendem Fieber entzündet, sind sinnesverwirrt geworden, und indem sie die Begierden nur schmerzlich ertragen wähnen sie ‹Das tut wohl›.

«Gleichwie etwa, Māgandiyo, wenn ein Aussätziger, dessen Glieder mit Geschwüren bedeckt, faulig geworden, von Würmern zerfressen, von den Nägeln wund aufgekratzt sind, Fetzen davon herabreißend an einer Grube voll glühender Kohlen den Leib ausdörren läßt; je mehr und mehr nun, Māgandiyo, jener Aussätzige den Leib da ausdörren läßt, desto mehr und mehr füllen sich ihm seine offenen Wunden eben nur weiter mit Schmutz, Gestank und Eiter an, und doch empfindet er ein gewisses Behagen, einen gewissen 508
Genuß indem er die offenen Wunden abreibt: ebenso nun auch, Māgandiyo, frönen die Wesen, dem Begehren hingegeben, von begehrendem Dürsten verzehrt, von begehrendem Fieber entzündet, den Begierden; und je mehr und mehr nun, Māgandiyo, die Wesen, dem Begehren hingegeben, von begehrendem Dürsten verzehrt, von begehrendem Fieber entzündet, den Begierden frönen, desto mehr und mehr nur wächst in ihnen die begehrende Lust, werden sie vom begehrenden Fieber entzündet, und doch empfinden sie ein gewisses Behagen, einen gewissen Genuß indem sie den fünf Begehrungen nachgehn.

«Was meinst du wohl, Māgandiyo: hast du etwa einen König oder einen Fürsten gesehn oder von einem solchen gehört, der, mit dem Besitz und Genuß der fünf Begehrungen begabt, ohne die begehrende Lust verworfen, das begehrende Fieber verleugnet zu haben, den Durst bezwungen und die Ebbung des eigenen Gemütes gefunden hat, oder findet, oder finden wird?»

«Das wohl nicht, o Gotamo!»

«Gut, Māgandiyo: auch ich hab' es, Māgandiyo, weder gesehn noch gehört, daß ein König oder ein Fürst, mit dem Besitz und Genuß der fünf Begehrungen begabt, ohne die begehrende Lust verworfen, das begehrende Fieber verleugnet zu haben, den Durst bezwungen und die Ebbung des eigenen Gemütes gefunden hat, oder findet, oder finden wird. Aber wer immer auch, Māgandiyo, von den Asketen oder den Priestern den Durst bezwungen und die Ebbung des eigenen Gemütes gefunden hat, oder findet, oder finden wird, ein jeder hat eben des Begehrens Entstehn und Vergehn, Labsal und Elend und Überwindung der Wahrheit gemäß verstanden und die begehrende Lust verworfen, das begehrende Fieber verleugnet, also den Durst bezwungen und die Ebbung des eigenen Gemütes gefunden, oder findet sie, oder wird sie finden.»

Und der Erhabene ließ bei dieser Gelegenheit folgenden Ausspruch vernehmen:

«Gesundheit ist das höchste Gut,
Die Wahnerlöschung höchstes Heil,
Der achtmal echte bester Pfad
Um ewig sicher auszugehn.»

Auf diese Worte sprach Māgandiyo der Pilger zum Erhabenen also:

«Wunderbar, o Gotamo, außerordentlich ist es, o Gotamo, wie da Herr Gotamo so richtig gesagt hat:

509 ‹Gesundheit ist das höchste Gut,
Die Wahnerlöschung höchstes Heil.›

Auch ich hab' es, o Gotamo, gehört, das Wort der früheren Pilger und ihrer Meister und Altmeister:

‹Gesundheit ist das höchste Gut,
Die Wahnerlöschung höchstes Heil.›

Mit ihnen, o Gotamo, stimmt es überein!»

«Was du aber da, Māgandiyo, gehört hast, das Wort der früheren Pilger und ihrer Meister und Altmeister:

‹Gesundheit ist das höchste Gut,
Die Wahnerlöschung höchstes Heil›,

was bedeutet da Gesundheit, was bedeutet da Wahnerlöschung?»

Also gefragt fuhr sich Māgandiyo der Pilger mit der Hand eben über Augen und Stirne:

«Das, was, o Gotamo, Gesundheit bedeutet, das bedeutet da Wahnerlöschung; so bin ich jetzt, o Gotamo, gesund, fühle mich wohl, nichts gebricht mir.»

«Gleichwie etwa, Māgandiyo, wenn da ein Blindgeborener wäre: der sähe keine schwarzen und keine weißen Gegenstände, keine blauen und keine gelben, keine roten und keine grünen, er sähe nicht was gleich und was ungleich ist, sähe keine Sterne und nicht Mond und nicht Sonne. Und er hörte das Wort eines Sehenden: ‹Schicklich, fürwahr, lieber Mann, ist ein weißes Kleid, gar fein, ohne Flecken und sauber.› Und er suchte sich ein solches zu verschaffen. Und es täuschte ihn ein anderer Mann mit einem ölrußgeschwärzten Schinderhemde[119]: ‹Da hast du, lieber Mann, ein weißes Kleid, gar fein, ohne Flecken und sauber.› Und er nähm' es entgegen und bekleidete sich damit, und damit bekleidet ließ' er zufrieden fröhliche Rede ergehn: ‹Schicklich, fürwahr, ist das weiße Kleid, gar fein, ohne Flecken und sauber.› Was meinst du wohl, Māgandiyo: hätte nun etwa dieser Blindgeborene wissend und se-

hend jenes ölrußgeschwärzte Schinderhemd entgegengenommen, angelegt und zufrieden seine fröhliche Rede ergehn lassen, oder weil er dem Sehenden 510
glaubte?»

«Ohne es zu wissen, freilich, o Gotamo, ohne es zu sehn hätte der Blindgeborene jenes ölrußgeschwärzte Schinderhemd entgegengenommen, angelegt und zufrieden seine fröhliche Rede ergehn lassen, weil er dem Sehenden glaubte.»

«Ebenso nun auch, Māgandiyo, sind die anderen Asketen und Pilger blind und augenlos, wissen nichts von Gesundheit, sehn nichts von Wahnerlöschung, und doch sagen sie den Spruch:

‹Gesundheit ist das höchste Gut,
Die Wahnerlöschung höchstes Heil.›

Die ehedem dagewesen, Māgandiyo, die Heiligen, vollkommen Auferwachten haben den Spruch gesagt:

‹Gesundheit ist das höchste Gut,
Die Wahnerlöschung höchstes Heil,
Der achtmal echte bester Pfad
Um ewig sicher auszugehn.›

Das ist jetzt allmählich im Volke Sprichwort geworden[120]. Aber dieser Leib da, Māgandiyo, ist ein sieches Ding, ein bresthaftes Ding, ein schmerzhaftes Ding, ein übles Ding, ein gebrechliches Ding; und von diesem Leibe, der ein sieches Ding, ein bresthaftes Ding, ein schmerzhaftes Ding, ein übles Ding, ein gebrechliches Ding ist, sagst du: ‹Das, was, o Gotamo, Gesundheit bedeutet, das bedeutet da Wahnerlöschung.› Dir fehlt eben, Māgandiyo, das heilige Auge: mit diesem begabt wüßtest du was Gesundheit ist, sähest die Wahnerlöschung.»

«Soviel trau' ich Herrn Gotamo zu und glaube, Herr Gotamo kann mir die Lehre derart zeigen, daß ich die Gesundheit gewahren, die Wahnerlöschung sehn mag!»

«Gleichwie etwa, Māgandiyo, wenn da ein Blindgeborener wäre: der sähe keine schwarzen und keine weißen Gegenstände, keine blauen und keine gelben, keine roten und keine grünen, er sähe nicht was gleich und was ungleich ist, sähe keine Sterne und nicht Mond und nicht Sonne. Und seine Freunde und Genossen, Verwandte und Vettern bestellten ihm einen heilkundigen Arzt, und dieser heilkundige Arzt gäbe ihm ein Heilmittel, und er gebrauchte dieses Heilmittel und könnte die Augen nicht lösen, könnte die Augen nicht läutern. Was meinst du wohl, Māgandiyo: würde sich da nicht jener Künstler ganz vergeblich geplagt und abgemüht haben?»

«Allerdings, o Gotamo!»

«Ebenso nun auch, Māgandiyo, mag ich dir wohl die Lehre darlegen, was da Gesundheit, was da Wahnerlöschung ist, und du möchtest die Gesundheit nicht wahrnehmen, die Wahnerlöschung nicht sehn: und es wäre mir Plage gewiß und Anstoß.»

511 «So viel trau' ich Herrn Gotamo zu und glaube, Herr Gotamo kann mir die Lehre derart zeigen, daß ich die Gesundheit gewahren, die Wahnerlöschung sehn mag!»

«Gleichwie etwa, Māgandiyo, wenn da ein Blindgeborener wäre: der sähe keine schwarzen und keine weißen Gegenstände, keine blauen und keine gelben, keine roten und keine grünen, er sähe nicht was gleich und was ungleich ist, sähe keine Sterne und nicht Mond und nicht Sonne. Und er hörte das Wort eines Sehenden: ‹Schicklich, fürwahr, lieber Mann, ist ein weißes Kleid, gar fein, ohne Flecken und sauber.› Und er suchte sich ein solches zu verschaffen. Und es täuschte ihn ein anderer Mann mit einem ölrußgeschwärzten Schinderhemde: ‹Da hast du, lieber Mann, ein weißes Kleid, gar fein, ohne Flecken und sauber.› Und er nähm' es entgegen und bekleidete sich damit. Und seine Freunde und Genossen, Verwandte und Vettern bestellten ihm einen heilkundigen Arzt, und dieser heilkundige Arzt gäbe ihm ein Heilmittel, ließ' ihn nach oben und nach unten sich ausleeren, Salbe, Balsam und Niespulver gebrauchen. Und er unterzöge sich dieser Behandlung, und die Augen lösten sich ihm, läuterten sich: und wie er zu sehn begänne verginge ihm die Lust und Freude an dem ölrußgeschwärzten Schinderhemde; und er hielte jenen Mann für seinen Feind, hielt' ihn für seinen Widersacher und dächte wohl gar daran, daß er ihm nach dem Leben trachtete: ‹Lange Zeit hindurch, wahrlich, bin ich von jenem Manne betrogen, getäuscht, hintergangen worden mit dem ölrußgeschwärzten Schinderhemde: 'Da hast du, lieber Mann, ein weißes Kleid, gar fein, ohne Flecken und sauber'›: Ebenso nun auch, Māgandiyo, mag ich dir wohl die Lehre darlegen, was da Gesundheit, was Wahnerlöschung ist, und du möchtest die Gesundheit wahrnehmen, die Wahnerlöschung sehn: und es würde dir wie du zu sehn begännest die Lust und Freude an den fünf Stücken des Anhangens vergehn und du würdest denken: ‹Lange Zeit hindurch, wahrlich, bin ich von diesem Herzen betrogen, getäuscht, hintergangen worden! Denn ich war der Form eben anhänglich angehangen, dem Gefühl eben anhänglich angehangen, der Wahrnehmung eben anhänglich angehangen, den Unterscheidungen eben anhänglich angehangen, dem Bewußtsein eben anhänglich angehangen. So entsteht mir aus Anhangen Werden, aus Werden Geburt, aus Geburt Altern und Sterben, Wehe, Jammer,
512 Leiden, Gram und Verzweiflung: also kommt dieses gesamten Leidensstükkes Entwicklung zustande.›»

«So viel trau' ich Herrn Gotamo zu und glaube, Herr Gotamo kann mir die Lehre derart zeigen, daß ich von diesem Sitze entblindet aufstehe!»

«Wohlan denn, Māgandiyo, sei du den Guten gesellt; und wirst du, Māgandiyo, den Guten gesellt sein, so wirst du, Māgandiyo, gute Lehre hören; und wirst du, Māgandiyo, gute Lehre hören, so wirst du, Māgandiyo, der Lehre gemäß leben; und wirst du, Māgandiyo, der Lehre gemäß leben, so wirst du, Māgandiyo, eben selbst erkennen, selbst sehn: ‹Das ist das Sieche, Bresthafte, Schmerzhafte, da wird das Sieche, Bresthafte, Schmerzhafte ohne Überrest aufgelöst. So löst sich mir durch Auflösung des Anhangens Werden auf, durch Auflösung des Werdens Geburt, durch Auflösung der Geburt Altern und Sterben, Wehe, Jammer, Leiden, Gram und Verzweiflung: also kommt dieses gesamten Leidensstückes Auflösung zustande.›»

Nach diesen Worten wandte sich Māgandiyo der Pilger also an den Erhabenen:

«Vortrefflich, o Gotamo, vortrefflich, o Gotamo! Gleichwie etwa, o Gotamo, als ob man Umgestürztes aufstellte, oder Verdecktes enthüllte, oder Verirrten den Weg zeigte, oder Licht in die Finsternis brächte: ‹Wer Augen hat wird die Dinge sehn›: ebenso auch hat Herr Gotamo die Lehre gar mannigfach dargelegt. Und so nehm' ich bei Herrn Gotamo Zuflucht, bei der Lehre und bei der Jüngerschaft: möge mir Herr Gotamo Aufnahme gewähren, die Ordensweihe erteilen!»

«Wer da, Māgandiyo, erst einem anderen Orden angehörte und in diese Lehre und Zucht aufgenommen werden, die Weihe erhalten will, der bleibt vier Monate bei uns; und nach Verlauf von vier Monaten wird er, wenn er also verblieben ist, von innig erfahrenen Mönchen aufgenommen und eingeweiht in das Mönchtum: denn ich habe hier manche Veränderlichkeit erfahren.»

«Wenn, o Herr, die früheren Anhänger anderer Orden, welche in diese Lehre und Zucht aufgenommen werden, die Weihe erhalten wollen, vier Monate bleiben, und nach Verlauf von vier Monaten, wenn sie also verblieben sind, von innig erfahrenen Mönchen aufgenommen und eingeweiht werden in das Mönchtum, so will ich vier Jahre bleiben: und nach Verlauf von vier Jahren sollen mich, wenn ich also verblieben bin, innig erfahrene Mönche aufnehmen und einweihen in das Mönchtum.»

Es wurde Māgandiyo der Pilger vom Erhabenen aufgenommen, wurde mit 513
der Ordensweihe belehnt.

Nicht lange aber war der ehrwürdige Māgandiyo in den Orden aufgenommen, da hatte er, einsam, abgesondert, unermüdlich, in heißem, innigem Ernste gar bald was edle Söhne gänzlich vom Hause fort in die Hauslosigkeit lockt, jenes höchste Ziel des Asketentums noch bei Lebzeiten sich offenbar gemacht, verwirklicht und errungen. ‹Versiegt ist die Geburt, vollendet das Asketentum, gewirkt das Werk, nicht mehr ist diese Welt› verstand er da. Auch einer war nun der ehrwürdige Māgandiyo der Heiligen geworden.

76

ACHTER TEIL · SECHSTE REDE

SANDAKO

DAS HAB’ ICH GEHÖRT. Zu einer Zeit weilte der Erhabene bei Kosambī[121], im Stiftungsgarten. Zu dieser Zeit nun hielt sich der Pilger Sandako in der Großen Feigenbaumgrotte auf, in Gesellschaft vieler Pilger, von fünfhundert Pilgern umgeben.

Als nun der ehrwürdige Ānando gegen Abend die Gedenkensruhe beendet hatte, wandte er sich an die Mönche und sprach:

«Kommt, ihr Brüder, wir wollen nach der Götterkluft[122] gehn und uns die Grotte betrachten.»

«Gern, Bruder!» erwiderten da jene Mönche, dem ehrwürdigen Ānando zustimmend.

Und der ehrwürdige Ānando begab sich nun, von vielen Mönchen begleitet, nach der Götterkluft.

Um diese Zeit aber war Sandako der Pilger, im weiten Kreise der Pilgerschar sitzend, in lebhaftem Gespräche begriffen; und sie machten lauten Lärm, großen Lärm, und unterhielten sich über allerhand gemeine Dinge, als wie über Könige, über Räuber, über Fürsten und Soldaten, über Krieg und Kampf, über Speise und Trank, über Kleidung und Bett, über Blumen und Düfte, über Verwandte, über Fuhrwerk und Wege, über Dörfer und Burgen, über Städte und Länder, über Weiber und Weine, über Straßen und Märkte, über die Altvorderen und über die Veränderungen, über Volksgeschichten und Seegeschichten, über dies und das und dergleichen mehr.

514 Und Sandako der Pilger sah den ehrwürdigen Ānando von ferne herankommen, und als er ihn gesehn mahnte er die Umsitzenden zur Ruhe:

«Seid nicht so laut, ihr Lieben, macht keinen Lärm, ihr Lieben: da kommt ein Jünger des Asketen Gotamo heran, der Asket Ānando! Von jenen Jüngern des Asketen Gotamo, die sich da in Kosambī aufhalten, ist dieser auch einer, der Asket Ānando. Und sie lieben nicht lauten Lärm, diese Ehrwürdigen, Ruhe ist ihnen recht, Ruhe preisen sie; vielleicht mag ihn der Anblick einer lautlosen Versammlung bewegen seine Schritte hierher zu lenken.»

Und so schwiegen denn diese Pilger still. Und der ehrwürdige Ānando kam näher zu Sandako dem Pilger heran. Und Sandako der Pilger sprach also zum ehrwürdigen Ānando:

«Es komme Herr Ānando, gegrüßt sei Herr Ānando! Lange schon hat Herr Ānando hoffen lassen, mich einmal hier zu besuchen. Möge sich Herr Ānando setzen: dieser Sitz ist bereit.»

Es setzte sich der ehrwürdige Ānando auf den angebotenen Sitz. Sandako aber, der Pilger, nahm einen von den niederen Stühlen zur Hand und setzte sich an die Seite. Und an Sandako, den Pilger, der da beiseite saß, wandte sich nun der ehrwürdige Ānando also:

«Zu welchem Gespräche, Sandako, seid ihr jetzt hier zusammengekommen, und wobei habt ihr euch eben unterbrochen?»

«Sei es, o Ānando, um jenes Gespräch, warum wir hier zusammengekommen: es wird Herrn Ānando schwerlich etwas entgehn, auch wenn er es später vernimmt. Gut wär' es, fürwahr, wenn es eben Herrn Ānando gefiele ein Gespräch über die Lehre seines Meisters zu halten!»

«Wohlan denn, Sandako, so höre und achte wohl auf meine Rede.»

«Gewiß, Herr!» erwiderte da aufmerksam Sandako der Pilger dem ehrwürdigen Ānando. Der ehrwürdige Ānando sprach also:

«Es sind hier, Sandako, von Ihm, dem Erhabenen, dem Kenner, dem Seher, dem Heiligen, vollkommen Erwachten, vier Arten unechter Asketenschaft gekennzeichnet, und vier Arten unerquicklicher Askese gezeigt worden, wo ein verständiger Mann sicherlich keine Askese üben wird, übt er sie aber, nicht Echtes, heilsames Recht erwirken kann.»

«Welche vier Arten, o Ānando, mögen es wohl sein, die von Ihm, dem Erhabenen, dem Kenner, dem Seher, dem Heiligen, vollkommen Erwachten, als unechte Asketenschaft gekennzeichnet worden sind, wo ein verständiger
Mann sicherlich keine Askese üben wird, übt er sie aber, nicht Echtes, heil- 515
sames Recht erwirken kann?»

«Da behauptet, Sandako, ein Meister diese Meinung, diese Ansicht: ‹Almosengeben, Verzichtleisten, Spenden – es ist alles eitel; es gibt keine Saat und Ernte guter und böser Werke; Diesseits und Jenseits sind leere Worte; Vater und Mutter und auch geistige Geburt sind hohle Namen; die Welt hat keine Asketen und Priester, die vollkommen und vollendet sind, die sich den Sinn dieser und jener Welt begreiflich machen, anschaulich vorstellen und erklären können. Aus den vier Hauptstoffen hier ist der Mensch entstanden;

wann er stirbt geht das Erdige in die Erde ein, in die Erde über, geht das Flüssige in das Wasser ein, in das Wasser über, geht das Feurige in das Feuer ein, in das Feuer über, geht das Luftige in die Luft ein, in die Luft über, in den Raum zerstreuen sich die Sinne. Mit der Bahre zufünft schreiten die Leute mit dem Toten hinweg. Bis zur Verbrennung werden Sprüche gesungen. Dann bleichen die Knochen. Opfer werden entflammt, Geschenke ausgeteilt, als Almosen. Unsinn, Lüge, Gefasel bringen sie vor, die da behaupten, es gebe etwas. Seien es Toren, seien es Weise: bei der Auflösung des Körpers zerfallen sie, gehn zugrunde, sind nicht mehr nach dem Tode[123].

«Da überlegt nun, Sandako, ein verständiger Mann: ‹Dieser liebe Meister behauptet eine solche Meinung, eine solche Ansicht. Wenn es wahr ist, was er sagt, so hab' ich hier ohne zu wirken gewirkt, habe hier ohne zu vollbringen vollbracht. Beide sind wir also hier ohne Unterschied eins geworden; obzwar ich nicht behaupte, daß wir, bei der Auflösung des Körpers, zerfallen, zugrunde gehn, nicht mehr sein werden nach dem Tode. Ein Übermaß ist es daher von diesem lieben Meister, nackt zu gehn, den Scheitel zu scheren, auf den Fersen zu sitzen, Haar und Bart auszuraufen, wenn ich, der in einem Hause voller Kinder lebt, der Seide und Sandel gebraucht, Schmuck und duftende Salben verwendet, der an Gold und Silber Gefallen hat, künftighin ganz dasselbe Los wie dieser liebe Meister erfahren werde. Was lehrt er mir, was zeigt er mir, daß ich bei diesem Meister ein Asketenleben führen sollte?› Und er merkt: ‹Es ist unechte Asketenschaft›, und wendet sich unbefriedigt von solchem Asketentum ab.

«Das aber, Sandako, ist von Ihm, dem Erhabenen, dem Kenner, dem Seher, dem Heiligen, vollkommen Erwachten, als erste Art unechter Asketenschaft gekennzeichnet worden, wo ein verständiger Mann sicherlich keine Askese
516 üben wird, übt er sie aber, nicht Echtes, heilsames Recht erwirken kann.

«Und wieder, Sandako, behauptet da ein Meister diese Meinung, diese Ansicht: ‹Was einer begeht und begehn läßt: wer zerstört und zerstören läßt, wer quält und quälen läßt, wer Kummer und Plage schafft, wer schlägt und schlagen heißt, wer Lebendiges umbringt, Nichtgegebenes nimmt, in Häuser einbricht, fremdes Gut raubt, wer stiehlt, betrügt, Ehefrauen verführt[124], Lügen spricht: was einer begeht, er begeht keine Schuld. Und wer da gleich mit einer scharfgeschliffenen Schlachtscheibe alles Lebendige auf dieser Erde zu einer einzigen Masse Mus, zu einer einzigen Masse Brei machte, so hat er darum keine Schuld, begeht kein Unrecht. Und wer auch am südlichen Ufer des Ganges verheerend und mordend dahinzöge, zerstörte und zerstören ließe, quälte und quälen ließe, so hat er darum keine Schuld, begeht kein Unrecht: und wer auch am nördlichen Ufer des Ganges spendend und schenkend dahinzöge, Almosen gäbe und geben ließe, so hat er darum kein Verdienst, begeht nichts Gutes. Durch Milde, Sanftmut, Selbstverzicht, Wahrhaftigkeit erwirbt man kein Verdienst, begeht nichts Gutes[125].›

«Da überlegt nun, Sandako, ein verständiger Mann: ‹Dieser liebe Meister behauptet eine solche Meinung, eine solche Ansicht. Wenn es wahr ist, was er sagt, so hab' ich hier ohne zu wirken gewirkt, habe hier ohne zu vollbringen vollbracht. Beide sind wir also hier ohne Unterschied eins geworden; obzwar ich nicht behaupte, daß wir durch unsere Taten keine Schuld begehn. Ein Übermaß ist es daher von diesem lieben Meister, nackt zu gehn, den Scheitel zu scheren, auf den Fersen zu sitzen, Haar und Bart auszuraufen, wenn ich, der in einem Hause voller Kinder lebt, der Seide und Sandel gebraucht, Schmuck und duftende Salben verwendet, der an Gold und Silber Gefallen hat, künftighin ganz dasselbe Los wie dieser liebe Meister erfahren werde. Was lehrt er mir, was zeigt er mir, daß ich bei diesem Meister ein Asketenleben führen sollte?› Und er merkt: ‹Es ist unechte Asketenschaft›, und wendet sich unbefriedigt von solchem Asketentum ab.

«Das aber, Sandako, ist von Ihm, dem Erhabenen, dem Kenner, dem Seher, dem Heiligen, vollkommen Erwachten, als zweite Art unechter Asketenschaft gekennzeichnet worden, wo ein verständiger Mann sicherlich keine Askese üben wird, übt er sie aber, nicht Echtes, heilsames Recht erwirken kann.

«Und wieder, Sandako, behauptet da ein Meister diese Meinung, diese Ansicht: ‹Es gibt keinen Anlaß, es gibt keinen Grund der Verderbnis der Wesen; ohne Anlaß, ohne Grund werden die Wesen verderbt. Es gibt keinen Anlaß, es gibt keinen Grund der Läuterung der Wesen; ohne Anlaß, ohne Grund werden die Wesen lauter. Es gibt keine Macht und keine Kraft, es gibt
keine Mannesgewalt und keine Mannestapferkeit. Alle Wesen, alle Leben- 517
digen, alle Gewordenen, alle Geborenen sind willenlos, machtlos, kraftlos. Notwendig kommen sie zustande und entwickeln sich zur Reife und empfinden je nach den sechs Arten von Dasein Wohl und Wehe[126].›

«Da überlegt nun, Sandako, ein verständiger Mann: ‹Dieser liebe Meister behauptet eine solche Meinung, eine solche Ansicht. Wenn es wahr ist, was er sagt, so hab' ich hier ohne zu wirken gewirkt, habe hier ohne zu vollbringen vollbracht. Beide sind wir also hier ohne Unterschied eins geworden; obzwar ich nicht behaupte, daß wir ohne Anlaß, ohne Grund lauter werden. Ein Übermaß ist es daher von diesem lieben Meister, nackt zu gehn, den Scheitel zu scheren, auf den Fersen zu sitzen, Haar und Bart auszuraufen, wenn ich, der in einem Hause voller Kinder lebt, der Seide und Sandel gebraucht, Schmuck und duftende Salben verwendet, der an Gold und Silber Gefallen hat, künftighin ganz dasselbe Los wie dieser liebe Meister erfahren werde. Was lehrt er mir, was zeigt er mir, daß ich bei diesem Meister ein Asketenleben führen sollte?› Und er merkt: ‹Es ist unechte Asketenschaft›, und wendet sich unbefriedigt von solchem Asketentum ab.

«Das aber, Sandako, ist von Ihm, dem Erhabenen, dem Kenner, dem Seher, dem Heiligen, vollkommen Erwachten, als dritte Art unechter Asketenschaft gekennzeichnet worden, wo ein verständiger Mann sicherlich keine Askese üben wird, übt er sie aber, nicht Echtes, heilsames Recht erwirken kann.

«Und wieder, Sandako, behauptet da ein Meister diese Meinung, diese Ansicht: ‹Sieben Elemente gibt es, Urstoffe, urstoffartig, ungebildet, ungeformt, starr, giebelständig, grundfest gegründet[127]. Sie regen sich nicht, verändern sich nicht, wirken nicht aufeinander ein, können sich gegenseitig nicht wohltun, nicht wehtun, nicht wohl- und wehtun. Welche sieben sind es? Erde, Wasser, Feuer, Luft, Wohl, Wehe und siebentens Leben. Diese sieben Elemente sind Urstoffe, urstoffartig, ungebildet, ungeformt, starr, giebelständig, grundfest gegründet. Sie regen sich nicht, verändern sich nicht, wirken nicht aufeinander ein, können sich gegenseitig nicht wohltun, nicht wehtun, nicht wohl- und wehtun. Da gibt es keinen der mordet oder töten läßt, keinen der hört oder hören läßt, keinen der weiß oder wissen läßt[128]. Wenn auch einer mit scharfem Schwerte das Haupt abschlägt, so raubt keiner irgendwem das Leben: nur eben zwischen dem Abstande der sieben Elemente fährt das Schwert hindurch. Und es gibt vierzehnmal hunderttausend und sechzigmal hundert und sechsmal hundert besondere Schoße der Entstehung; und der Taten gibt es fünfmal hundert, und fünf Taten, und drei Taten, und eine Tat, und halbe Tat; und zweiundsechzig Pfade gibt es, und zweiundsechzig Zwischenalter der Welt; und sechs Arten von Dasein; und es gibt acht Stätten für Menschen, und fünfzig weniger einmal hundert Lebensweisen, und fünfzig weniger einmal hundert Pilgerorden, und fünfzig weniger einmal hundert
518 Schlangenreiche; und zwanzigmal hundert Sinneskräfte, und dreißigmal hundert Höllenwege gibt es; und sechsunddreißig Leidenschaften, und sieben bewußte Gebiete, sieben unbewußte Gebiete, sieben entbundene Gebiete; sieben der Götter, sieben der Menschen, sieben der Gespenster; sieben Seen, sieben Strudel; sieben Felsen, sieben Abgründe; sieben Träume, siebenmal hundert Träume gibt es. Vierundachtzigmal hunderttausend der großen Weltalter müssen die Toren wie die Weisen durchwandern, durchwandeln, bis sie dem Leiden ein Ende machen werden. Da geht es nicht an: ‹Durch solche Übungen oder Gelübde, Kasteiung oder Entsagung will ich das noch nicht reif gewordene Werk zur Reife bringen, oder das reif gewordene Werk nach und nach zunichte machen›: das geht eben nicht. Nach dem Maße bemessen ist Wohl und Wehe. Die Wandelwelt hat bestimmte Grenzen; und man kann sie nicht mehren und nicht mindern, nicht schwellen und nicht

schwinden lassen. Gleichwie sich etwa ein Fadenknäul unten, den man aufwinden muß, nicht heranziehn läßt, ebenso auch müssen die Toren wie die Weisen die Welt durchwandern und durchwandeln, bis sie dem Leiden ein Ende machen werden[129].›

«Da überlegt nun, Sandako, ein verständiger Mann: ‹Dieser liebe Meister behauptet eine solche Meinung, eine solche Ansicht. Wenn es wahr ist, was er sagt, so hab' ich hier ohne zu wirken gewirkt, habe hier ohne zu vollbringen vollbracht. Beide sind wir also hier ohne Unterschied eins geworden; obzwar ich nicht behaupte, daß wir die Welt durchwandern und durchwandeln müssen, bis wir dem Leiden ein Ende machen werden. Ein Übermaß ist es daher von diesem lieben Meister, nackt zu gehn, den Scheitel zu scheren, auf den Fersen zu sitzen, Haar und Bart auszuraufen, wenn ich, der in einem Hause voller Kinder lebt, der Seide und Sandel gebraucht, Schmuck und duftende Salben verwendet, der an Gold und Silber Gefallen hat, künftighin ganz dasselbe Los wie dieser liebe Meister erfahren werde. Was lehrt er mir, was zeigt er mir, daß ich bei diesem Meister ein Asketenleben führen sollte?› Und er merkt: ‹Es ist unechte Asketenschaft›, und wendet sich unbefriedigt von solchem Asketentum ab.

«Das aber, Sandako, ist von Ihm, dem Erhabenen, dem Kenner, dem Seher, dem Heiligen, vollkommen Erwachten, als vierte Art unechter Asketenschaft gekennzeichnet worden, wo ein verständiger Mann sicherlich keine Askese 519
üben wird, übt er sie aber, nicht Echtes, heilsames Recht erwirken kann. Das sind nun, Sandako, die vier Arten, die von Ihm, dem Erhabenen, dem Kenner, dem Seher, dem Heiligen, vollkommen Erwachten, als unechte Asketenschaft gekennzeichnet worden sind, wo ein verständiger Mann sicherlich keine Askese üben wird, übt er sie aber, nicht Echtes, heilsames Recht erwirken kann.»

«Wunderbar, o Ānando, außerordentlich ist es, o Ānando, wie da von Ihm, dem Erhabenen, dem Kenner, dem Seher, dem Heiligen, vollkommen Erwachten, die vier Arten wirklich unechter Asketenschaft als unechte Asketenschaft gekennzeichnet worden sind, wo ein verständiger Mann sicherlich keine Askese üben wird, übt er sie aber, nicht Echtes, heilsames Recht erwirken kann. Wie aber, o Ānando, mögen die vier Arten beschaffen sein, die von Ihm, dem Erhabenen, dem Kenner, dem Seher, dem Heiligen, vollkommen Erwachten, als unerquickliche Askese gezeigt worden sind, wo ein verständiger Mann sicherlich keine Askese üben wird, übt er sie aber, nicht Echtes, heilsames Recht erwirken kann?»

«Da gibt es, Sandako, einen Meister, der weiß alles, versteht alles, bekennt unbeschränkte Wissensklarheit: ‹Ob ich geh' oder stehe, schlaf' oder wache, jederzeit hab' ich die gesamte Wissensklarheit gegenwärtig[130].› Aber er besucht ein Haus, wo niemand da ist, aber er bekommt keine Almosenspeise, aber er wird von einem Hunde gebissen, aber er begegnet einem rasenden Elefanten, aber ein scheues Roß rennt ihm entgegen, aber ein wütender Stier stürzt auf ihn zu; aber er fragt ein Weib und einen Mann um Namen und Stand, aber er fragt nach dem Namen und dem Wege von Dorf und Stadt. Und wenn ihn einer angeht: ‹Was ist das?›, antwortet er: ‹Ich sollte in das unbewohnte Haus eintreten, darum bin ich eingetreten; ich sollte keine Almosenspeise bekommen, darum hab' ich keine bekommen; ich sollte von einem Hunde gebissen werden, darum bin ich gebissen worden; ich sollte einem rasenden Elefanten begegnen, darum bin ich ihm begegnet; es sollte mir ein scheues Roß entgegenrennen, darum ist es mir entgegengerannt; es sollte ein wütender Stier auf mich zustürzen, darum ist er auf mich zugestürzt; ich sollte ein Weib und einen Mann um Namen und Stand fragen, darum hab' ich gefragt; ich sollte nach dem Namen und dem Wege von Dorf und Stadt fragen, darum hab' ich gefragt.›

«Da überlegt nun, Sandako, ein verständiger Mann: ‹Dieser liebe Meister, der weiß alles, versteht alles, bekennt unbeschränkte Wissensklarheit: 'Ob ich geh' oder stehe, schlaf' oder wache, jederzeit hab' ich die gesamte Wissensklarheit gegenwärtig.' Aber solches begegnet ihm, aber solche Rede geht von ihm aus.› Und er merkt: ‹Es ist unerquickliche Askese›, und wendet sich unbefriedigt von solchem Asketentum ab.

«Das aber, Sandako, ist von Ihm, dem Erhabenen, dem Kenner, dem Seher, dem Heiligen, vollkommen Erwachten, als erste Art unerquicklicher Askese
520 gezeigt worden, wo ein verständiger Mann sicherlich keine Askese üben wird, übt er sie aber, nicht Echtes, heilsames Recht erwirken kann.

«Und wieder, Sandako, gibt es einen Meister, der weiß vom Hörensagen her, hat die Wahrheit vom Hörensagen überkommen; nach dem Hörensagen, auf Treu und Glauben hin, wie ein Korb von Hand zu Hand weitergeht, überliefert er die Lehre[131]. Ein Meister aber, Sandako, der vom Hörensagen her weiß, die Wahrheit vom Hörensagen überkommen hat, der erinnert sich gut und erinnert sich schlecht, berichtet so und berichtet anders.

«Da überlegt nun, Sandako, ein verständiger Mann: ‹Dieser liebe Meister, der weiß vom Hörensagen her, hat die Wahrheit vom Hörensagen überkommen; nach dem Hörensagen, auf Treu und Glauben hin, wie ein Korb von Hand zu Hand weitergeht, überliefert er die Lehre. Ein Meister aber, der vom Hörensagen her weiß, die Wahrheit vom Hörensagen überkommen hat, der erinnert sich gut und erinnert sich schlecht, berichtet so und berichtet anders.› Und er merkt: ‹Es ist unerquickliche Askese›, und wendet sich unbefriedigt von solchem Asketentum ab.

«Das aber, Sandako, ist von Ihm, dem Erhabenen, dem Kenner, dem Seher, dem Heiligen, vollkommen Erwachten, als zweite Art unerquicklicher Askese gezeigt worden, wo ein verständiger Mann sicherlich keine Askese üben wird, übt er sie aber, nicht Echtes, heilsames Recht erwirken kann.

«Und wieder, Sandako, gibt es einen Meister, der ist ein Grübler und Forscher; der trägt eine grüblerisch vernagelte Lehre vor, die er selbst ersonnen und ausgedacht hat. Ein Meister aber, Sandako, der ein Grübler ist und Forscher, der grübelt gut und grübelt schlecht, berichtet so und berichtet anders[132].

«Da überlegt nun, Sandako, ein verständiger Mann: ‹Dieser liebe Meister, der ist ein Grübler und Forscher; der trägt eine grüblerisch vernagelte Lehre vor, die er selbst ersonnen und ausgedacht hat. Ein Meister aber, der ein Grübler ist und Forscher, der grübelt gut und grübelt schlecht, berichtet so und berichtet anders.› Und er merkt: ‹Es ist unerquickliche Askese›, und wendet sich unbefriedigt von solchem Asketentum ab.

«Das aber, Sandako, ist von Ihm, dem Erhabenen, dem Kenner, dem Seher, dem Heiligen, vollkommen Erwachten, als dritte Art unerquicklicher Askese gezeigt worden, wo ein verständiger Mann sicherlich keine Askese üben wird, übt er sie aber, nicht Echtes, heilsames Recht erwirken kann.

«Und wieder, Sandako, gibt es einen Meister, der ist verstockt und ver-
stört; aus Verstocktheit und Verstörtheit bringt er, um dies oder das be-
fragt, verwickelte Worte vor, eine verwickelte Nabelschnur: ‹Dergleichen 521
paßt mir nicht, und auch so paßt es mir nicht, und auch anders paßt es mir
nicht, und auch mit nein paßt es mir nicht, und auch mit nicht nein paßt es
mir nicht[133].›

«Da überlegt nun, Sandako, ein verständiger Mann: ‹Dieser liebe Meister, der ist verstockt und verstört; aus Verstocktheit und Verstörtheit bringt er, um dies oder das befragt, verwickelte Worte vor, eine verwickelte Nabelschnur: ‹Dergleichen paßt mir nicht, und auch so paßt es mir nicht, und auch anders paßt es mir nicht, und auch mit nein paßt es mir nicht, und auch mit nicht nein paßt es mir nicht.› Und er merkt: ‹Es ist unerquickliche Askese›, und wendet sich unbefriedigt von solchem Asketentum ab.

«Das aber, Sandako, ist von Ihm, dem Erhabenen, dem Kenner, dem Seher, dem Heiligen, vollkommen Erwachten, als vierte Art unerquicklicher Askese gezeigt worden, wo ein verständiger Mann sicherlich keine Askese üben wird, übt er sie aber, nicht Echtes, heilsames Recht erwirken kann. Das sind nun, Sandako, die vier Arten, die von Ihm, dem Erhabenen, dem Kenner, dem Seher, dem Heiligen, vollkommen Erwachten, als unerquickliche Askese gezeigt worden sind, wo ein verständiger Mann sicherlich keine Askese üben wird, übt er sie aber, nicht Echtes, heilsames Recht erwirken kann.»

«Wunderbar, o Ānando, außerordentlich ist es, o Ānando, wie da von Ihm, dem Erhabenen, dem Kenner, dem Seher, dem Heiligen, vollkommen Erwachten, die vier Arten der eben unerquicklichen Askese als unerquickliche Askese gezeigt worden sind, wo ein verständiger Mann sicherlich keine Askese üben wird, übt er sie aber, nicht Echtes, heilsames Recht erwirken kann. Was aber, o Ānando, kündigt und zeigt einen Meister an, bei dem ein verständiger Mann sicherlich Askese üben mag, und übt er sie, Echtes, heilsames Recht erwirken kann?»

«Da erscheint, Sandako, der Vollendete in der Welt, der Heilige, vollkommen Erwachte, der Wissens- und Wandelsbewährte, der Willkommene, der Welt Kenner, der unvergleichliche Leiter der Männerherde, der Meister der Götter und Menschen, der Erwachte, der Erhabene. Er zeigt diese Welt mit ihren Göttern, ihren bösen und heiligen Geistern, mit ihrer Schar von Priestern und Büßern, Göttern und Menschen, nachdem er sie selbst verstanden und durchdrungen hat. Er verkündet die Lehre, deren Anfang begütigt, deren Mitte begütigt, deren Ende begütigt, die sinn- und wortgetreue, er legt das vollkommen geläuterte, geklärte Asketentum dar.

«Diese Lehre hört ein Hausvater, oder der Sohn eines Hausvaters, oder einer, der in anderem Stande neugeboren ward. Nachdem er diese Lehre gehört hat, faßt er Vertrauen zum Vollendeten. Von diesem Vertrauen erfüllt denkt und überlegt er also: ‹Ein Gefängnis ist die Häuslichkeit, ein Schmutzwinkel; der freie Himmelsraum die Pilgerschaft. Nicht wohl geht es, wenn man im Hause bleibt, das völlig geläuterte, völlig geklärte Asketentum Punkt für Punkt zu erfüllen. Wie, wenn ich nun, mit geschorenem Haar und Barte, mit fahlem Gewande bekleidet, aus dem Hause in die Hauslosigkeit hinauszöge?› So gibt er denn später einen kleinen Besitz oder einen großen Besitz
345 auf, hat einen kleinen Verwandtenkreis oder einen großen Verwandtenkreis verlassen und ist mit geschorenem Haar und Barte, im fahlen Gewande von Hause fort in die Hauslosigkeit gezogen.

«Er ist nun Pilger geworden und hat die Ordenspflichten der Mönche auf sich genommen. Lebendiges umzubringen hat er verworfen, Lebendiges umzubringen liegt ihm fern: ohne Stock, ohne Schwert, fühlsam, voll Teilnahme, hegt er zu allen lebenden Wesen Liebe und Mitleid. Nichtgegebenes zu nehmen hat er verworfen, vom Nehmen des Nichtgegebenen hält er sich fern: Gegebenes nimmt er, Gegebenes wartet er ab, nicht diebisch gesinnt, rein gewordenen Herzens. Die Unkeuschheit hat er verworfen, keusch lebt er: fern zieht er hin, entraten der Paarung, dem gemeinen Gesetze. Lüge hat er verworfen, von Lüge hält er sich fern: die Wahrheit spricht er, der Wahrheit ist er ergeben, standhaft, vertrauenswürdig, kein Heuchler und Schmeichler der Welt. Das Ausrichten hat er verworfen, vom Ausrichten hält er sich fern: was er hier gehört hat erzählt er dort nicht wieder, um jene zu entzweien, und was er dort gehört hat erzählt er hier nicht wieder, um diese zu entzweien; so einigt er Entzweite, festigt Verbundene, Eintracht macht ihn froh, Eintracht freut ihn, Eintracht beglückt ihn, Eintracht fördernde Worte spricht er. Barsche Worte hat er verworfen, von barschen Worten hält er sich fern: Worte, die frei von Schimpf sind, dem Ohre wohltuend, liebreich, zum Herzen dringend, höflich, viele erfreuend, viele erhebend, solche Worte spricht er. Plappern und Plaudern hat er verworfen, von Plappern und Plaudern hält er sich fern: zur rechten Zeit spricht er, den Tatsachen gemäß, auf den Sinn bedacht, der Lehre und Ordnung getreu, seine Rede ist reich an Inhalt, gelegentlich mit Gleichnissen geschmückt, klar und bestimmt, ihrem Gegenstande angemessen.

«Sämereien und Pflanzungen anzulegen hat er verschmäht. Einmal des
Tags nimmt er Nahrung zu sich, nachts ist er nüchtern, fern liegt es ihm zur
Unzeit zu essen. Von Tanz, Gesang, Spiel, Schaustellungen hält er sich fern.
Kränze, Wohlgerüche, Salben, Schmuck, Zierat, Putz weist er ab. Hohe,
prächtige Lagerstätten verschmäht er. Gold und Silber nimmt er nicht an.
Rohes Getreide nimmt er nicht an. Rohes Fleisch nimmt er nicht an. Frauen
und Mädchen nimmt er nicht an. Diener und Dienerinnen nimmt er nicht
an. Ziegen und Schafe nimmt er nicht an. Hühner und Schweine nimmt er
nicht an. Elefanten, Rinder und Rosse nimmt er nicht an. Haus und Feld
nimmt er nicht an. Botschaften, Sendungen, Aufträge übernimmt er nicht.
Von Kauf und Verkauf hält er sich fern. Von falschem Maß und Gewicht hält
er sich fern. Von den schiefen Wegen der Bestechung, Täuschung, Nieder- 346
tracht hält er sich fern. Von Raufereien, Schlägereien, Händeln, vom Rauben, Plündern und Zwingen hält er sich fern.

«Er ist zufrieden mit dem Gewande, das seinen Leib deckt, mit der Almosenspeise, die sein Leben fristet. Wohin er auch pilgert, nur mit dem Gewande und der Almosenschale versehn pilgert er. Gleichwie da etwa ein beschwingter Vogel, wohin er auch fliegt, nur mit der Last seiner Federn fliegt, ebenso auch ist der Mönch mit dem Gewande zufrieden, das seinen Leib deckt, mit der Almosenspeise, die sein Leben fristet. Wohin er auch wandert, nur damit versehn wandert er.

«Durch die Erfüllung dieser heiligen Tugendsatzung empfindet er ein inneres fleckenloses Glück.

«Erblickt er nun mit dem Gesichte eine Form, so faßt er keine Neigung, faßt keine Absicht. Da Begierde und Mißmut, böse und schlechte Gedanken gar bald den überwältigen, der unbewachten Gesichtes verweilt, befleißigt er sich dieser Bewachung, er hütet das Gesicht, er wacht eifrig über das Gesicht.

«Hört er nun mit dem Gehöre einen Ton,

«Riecht er nun mit dem Geruche einen Duft,

«Schmeckt er nun mit dem Geschmacke einen Saft,

«Tastet er nun mit dem Getaste eine Tastung,

«Erkennt er nun mit dem Gedenken ein Ding, so faßt er keine Neigung, faßt keine Absicht. Da Begierde und Mißmut, böse und schlechte Gedanken gar bald den überwältigen, der unbewachten Gedenkens verweilt, befleißigt er sich dieser Bewachung, er hütet das Gedenken, er wacht eifrig über das Gedenken.

«Durch die Erfüllung dieser heiligen Sinnenzügelung empfindet er ein inneres ungetrübtes Glück[134].

«Klar bewußt kommt er und geht er, klar bewußt blickt er hin, blickt er weg, klar bewußt regt und bewegt er sich, klar bewußt trägt er des Ordens Gewand und Almosenschale, klar bewußt ißt und trinkt, kaut und schmeckt er, klar bewußt entleert er Kot und Harn, klar bewußt geht und steht und sitzt er, schläft er ein, wacht er auf, spricht er und schweigt er.

«Treu dieser heiligen Tugendsatzung, treu dieser heiligen Sinnenzügelung, treu dieser heiligen klaren Einsicht sucht er einen abgelegenen Ruheplatz auf, einen Hain, den Fuß eines Baumes, eine Felsengrotte, eine Bergesgruft, einen Friedhof, die Waldesmitte, ein Streulager in der offenen Ebene. Nach dem Mahle, wenn er vom Almosengange zurückgekehrt ist, setzt er sich mit verschränkten Beinen nieder, den Körper gerade aufgerichtet, und
347 pflegt der Einsicht. Er hat weltliche Begierde verworfen und verweilt begierdelosen Gemütes, von Begierde läutert er sein Herz. Gehässigkeit hat er verworfen, haßlosen Gemütes verweilt er, voll Liebe und Mitleid zu allen lebenden Wesen läutert er sein Herz von Gehässigkeit. Matte Müde hat er verworfen, von matter Müde ist er frei; das Licht liebend, einsichtig, klar bewußt, läutert er sein Herz von matter Müde. Stolzen Unmut hat er verworfen, er ist frei von Stolz; innig beruhigten Gemütes läutert er sein Herz von stolzem Unmut. Das Schwanken hat er verworfen, der Ungewißheit ist er entronnen; er zweifelt nicht am Guten, vom Schwanken läutert er sein Herz[135].

«Er hat nun diese fünf Hemmungen aufgehoben, hat die Schlacken des Gemütes kennengelernt, die lähmenden; gar fern von Begierden, fern von unheilsamen Dingen lebt er in sinnend gedenkender ruhegeborener seliger Heiterkeit, in der Weihe der ersten Schauung.

«Bei einem Meister aber, Sandako, wo der Jünger so ausgezeichnete Eigenschaft erwirbt, da mag ein verständiger Mann sicherlich Askese üben und, übt er sie, Echtes, heilsames Recht erwirken.

«Weiter sodann, Sandako: nach Vollendung des Sinnens und Gedenkens gewinnt der Mönch die innere Meeresstille, die Einheit des Gemütes, die von sinnen, von gedenken freie, in der Einigung geborene selige Heiterkeit, die Weihe der zweiten Schauung.

«Bei einem Meister aber, Sandako, wo der Jünger so ausgezeichnete Eigenschaft erwirbt, da mag ein verständiger Mann sicherlich Askese üben und, übt er sie, Echtes, heilsames Recht erwirken.

«Weiter sodann, Sandako: in heiterer Ruhe verweilt der Mönch gleichmütig, einsichtig, klar bewußt, ein Glück empfindet er im Körper, von dem die Heiligen sagen: ‹Der gleichmütig Einsichtige lebt beglückt›; so gewinnt er die Weihe der dritten Schauung.

«Bei einem Meister aber, Sandako, wo der Jünger so ausgezeichnete Eigenschaft erwirbt, da mag ein verständiger Mann sicherlich Askese üben und, übt er sie, Echtes, heilsames Recht erwirken.

«Weiter sodann, Sandako: nach Verwerfung der Freuden und Leiden, nach Vernichtung des einstigen Frohsinns und Trübsinns erreicht der Mönch die Weihe der leidlosen, freudlosen, gleichmütig einsichtigen vollkommenen Reine, die vierte Schauung.

«Bei einem Meister aber, Sandako, wo der Jünger so ausgezeichnete Eigenschaft erwirbt, da mag ein verständiger Mann sicherlich Askese üben und, übt er sie, Echtes, heilsames Recht erwirken.

«Solchen Gemütes, innig, geläutert, gesäubert, gediegen, schlackengeklärt, geschmeidig, biegsam, fest, unversehrbar, richtet er das Gemüt auf die erinnernde Erkenntnis früherer Daseinsformen. So kann er sich an manche verschiedene frühere Daseinsform erinnern, als wie an ein Leben, dann an zwei Leben, dann an drei Leben, dann an vier Leben, dann an fünf Leben, dann an zehn Leben, dann an zwanzig Leben, dann an dreißig Leben, dann an vierzig Leben, dann an fünfzig Leben, dann an hundert Leben, dann an tausend Leben, dann an hunderttausend Leben, dann an die Zeiten während mancher Weltenentstehungen, dann an die Zeiten während mancher Weltenvergehungen, dann an die Zeiten während mancher Weltenentstehungen-Weltenvergehungen. ‹Dort war ich, jenen Namen hatte ich, jener Familie gehörte ich an, das war mein Stand, das mein Beruf, solches Wohl und Wehe habe ich erfahren, so war mein Lebensende; dort verschieden trat ich anderswo wieder ins Dasein: da war ich nun, diesen Namen hatte ich, dieser Familie gehörte ich an, dies war mein Stand, dies mein Beruf, solches Wohl und Wehe habe ich erfahren, so war mein Lebensende; da verschieden trat ich hier wieder ins 348
Dasein›: so erinnert er sich mancher verschiedenen früheren Daseinsform, mit je den eigentümlichen Merkmalen, mit je den eigenartigen Beziehungen.

«Bei einem Meister aber, Sandako, wo der Jünger so ausgezeichnete Eigenschaft erwirbt, da mag ein verständiger Mann sicherlich Askese üben und, übt er sie, Echtes, heilsames Recht erwirken.

«Solchen Gemütes, innig, geläutert, gesäubert, gediegen, schlackengeklärt, geschmeidig, biegsam, fest, unversehrbar, richtet er das Gemüt auf die

Erkenntnis des Verschwindens-Erscheinens der Wesen. So kann er mit dem himmlischen Auge, dem geläuterten, über menschliche Grenzen hinausreichenden, die Wesen dahinschwinden und wiedererscheinen sehn, gemeine und edle, schöne und unschöne, glückliche und unglückliche, er kann erkennen wie die Wesen je nach den Taten wiederkehren. ‹Diese lieben Wesen sind freilich in Taten dem Schlechten zugetan, in Worten dem Schlechten zugetan, in Gedanken dem Schlechten zugetan, tadeln Heiliges, achten Verkehrtes, tun Verkehrtes; bei der Auflösung des Leibes, nach dem Tode, gelangen sie auf den Abweg, auf schlechte Fährte, zur Tiefe hinab, in untere Welt. Jene lieben Wesen sind aber in Taten dem Guten zugetan, in Worten dem Guten zugetan, in Gedanken dem Guten zugetan, tadeln nicht Heiliges, achten Rechtes, tun Rechtes; bei der Auflösung des Leibes, nach dem Tode, gelangen sie auf gute Fährte, in selige Welt›: so kann er mit dem himmlischen Auge, dem geläuterten, über menschliche Grenzen hinausreichenden, die Wesen dahinschwinden und wiedererscheinen sehn, gemeine und edle, schöne und unschöne, glückliche und unglückliche, er kann erkennen wie die Wesen je nach den Taten wiederkehren.

«Bei einem Meister aber, Sandako, wo der Jünger so ausgezeichnete Eigenschaft erwirbt, da mag ein verständiger Mann sicherlich Askese üben und, übt er sie, Echtes, heilsames Recht erwirken.

«Solchen Gemütes, innig, geläutert, gesäubert, gediegen, schlackengeklärt, geschmeidig, biegsam, fest, unversehrbar, richtet er das Gemüt auf die Erkenntnis der Wahnversiegung. ‹Das ist das Leiden› erkennt er der Wahrheit gemäß. ‹Das ist die Leidensentwicklung› erkennt er der Wahrheit gemäß. ‹Das ist die Leidensauflösung› erkennt er der Wahrheit gemäß. ‹Das ist der zur Leidensauflösung führende Pfad› erkennt er der Wahrheit gemäß. ‹Das ist der Wahn› erkennt er der Wahrheit gemäß. ‹Das ist die Wahnentwicklung› erkennt er der Wahrheit gemäß. ‹Das ist die Wahnauflösung› erkennt er der Wahrheit gemäß. ‹Das ist der zur Wahnauflösung führende Pfad› erkennt er der Wahrheit gemäß.

«Also erkennend, also sehend wird da sein Gemüt erlöst vom Wunscheswahn, erlöst vom Daseinswahn, erlöst vom Nichtwissenswahn. ‹Im Erlösten ist die Erlösung›, diese Erkenntnis geht auf. ‹Versiegt ist die Geburt, vollendet das Asketentum, gewirkt das Werk, nicht mehr ist diese Welt› versteht er da.

«Bei einem Meister aber, Sandako, wo der Jünger so ausgezeichnete Eigenschaft erwirbt, da mag ein verständiger Mann sicherlich Askese üben und, übt er sie, Echtes, heilsames Recht erwirken.»

«Und wer da nun, o Ānando, ein heiliger Mönch ist, ein Wahnversieger, Endiger, der das Werk gewirkt, die Last abgelegt, das Heil sich errungen, die

Daseinsfesseln vernichtet, sich durch vollkommene Erkenntnis erlöst hat: mag der Wünsche genießen?»

«Wer da, Sandako, ein heiliger Mönch ist, ein Wahnversieger, Endiger, der 523
das Werk gewirkt, die Last abgelegt, das Heil sich errungen, die Daseinsfesseln vernichtet, sich durch vollkommene Erkenntnis erlöst hat, der kann nicht mehr in einen der fünf Fälle geraten: es kann nicht der wahnversiegte Mönch wissentlich ein Wesen des Lebens berauben; es kann nicht der wahnversiegte Mönch Ungegebenes, was man Diebstahl nennt, sich nehmen; es kann nicht der wahnversiegte Mönch der Paarung pflegen; es kann nicht der wahnversiegte Mönch wissentlich eine Lüge sagen; es kann nicht der wahnversiegte Mönch gemächlich Wünsche genießen wie etwa einst im Hause. Wer da, Sandako, ein heiliger Mönch ist, ein Wahnversieger, Endiger, der das Werk gewirkt, die Last abgelegt, das Heil sich errungen, die Daseinsfesseln vernichtet, sich durch vollkommene Erkenntnis erlöst hat, der kann nicht mehr in einen dieser fünf Fälle geraten.»

«Und wer da nun, o Ānando, ein heiliger Mönch ist, ein Wahnversieger, Endiger, der das Werk gewirkt, die Last abgelegt, das Heil sich errungen, die Daseinsfesseln vernichtet, sich durch vollkommene Erkenntnis erlöst hat: hat der, ob er eben geht oder steht, schläft oder wacht, jederzeit die gesamte Wissensklarheit gegenwärtig: ‹Versiegt ist mein Wahn›?»

«Da lasse denn, Sandako, ein Gleichnis dir geben: auch durch Gleichnisse wird da manchem verständigen Manne der Sinn einer Rede klar. Gleichwie etwa, Sandako, einem Manne, dem Hand und Fuß abgehauen ist, ob er eben geht oder steht, schläft oder wacht, jederzeit wohl Hand und Fuß gänzlich abgehauen ist, aber weil er es da betrachtet weiß er: ‹Abgehauen ist mir Hand und Fuß›: ebenso nun auch, Sandako, ist einem heiligen Mönche, der Wahnversieger, Endiger ist, der das Werk gewirkt, die Last abgelegt, das Heil sich errungen, die Daseinsfesseln vernichtet, sich durch vollkommene Erkenntnis erlöst hat, ob er eben geht oder steht, schläft oder wacht, jederzeit wohl der Wahn gänzlich versiegt, aber weil er es da betrachtet weiß er: ‹Versiegt ist mein Wahn.›»

«Wie viele Vollender gibt es aber, o Ānando, in dieser Lehre und Ordnung?»

«Nicht gibt es, Sandako, nur etwa hundert oder zweihundert oder dreihundert oder vierhundert oder fünfhundert sondern noch mehr der Vollender in dieser Lehre und Ordnung.»

«Wunderbar, o Ānando, außerordentlich ist es, o Ānando, daß da keiner die eigene Lehre anpreisen und die Lehre anderer schmähen mag, in einem
Orden, wo sich ja so viele Vollender zur Darlegung der Lehre finden lassen, 524
während jene Nackten Büßer sohnloser Mutter Söhne sind[136], sich selber an-

preisen und andere schmähen, und doch nur drei Vollender anführen, nämlich Nando Vaccho, Kiso Saṉkicco und Makkhali Gosālo.»

Und nun wandte sich Sandako der Pilger an seine eigene Schar:

«Gehet, ihr Lieben! Beim Asketen Gotamo ist echte Asketenschaft. Mir selbst will es jetzt nicht leicht fallen, Almosen, Ehre und Ruhm dahinzugeben.»

Also ermunterte da Sandako der Pilger seine eigene Schar, beim Erhabenen in Askese zu treten.

77

ACHTER TEIL · SIEBENTE REDE

SAKULUDĀYĪ

I

S. T.
310 DAS HAB' ICH GEHÖRT. Zu einer Zeit weilte der Erhabene bei Rājagaham, im Bambusparke, am Hügel der Eichhörnchen. Um diese Zeit nun hielten sich gar viele wohlbekannte, wohlangesehne Pilger im Pilgerhaine auf, am Pfauenhügel[137], und zwar Pilger wie Anubhāro[138], Varataro und Sakuludāyī, und
311 noch andere wohlbekannte, wohlangesehne Pilger. Und der Erhabene, zeitig gerüstet, nahm Mantel und Schale und wanderte gegen Rājagaham, um Almosenspeise. Und es gedachte der Erhabene: ‹Allzu früh ist's noch, in der Stadt um Almosenspeise zu stehn; wie, wenn ich nun zum Pilgergarten, nach dem Pfauenhügel ginge, Sakuludāyī den Pilger besuchen?› Und der Erhabene begab sich zum Pilgergarten, nach dem Pfauenhügel hin.

Um diese Zeit aber war Sakuludāyī der Pilger, im weiten Kreise der Pilgerschar sitzend, in lebhaftem Gespräche begriffen; und sie machten lauten Lärm, großen Lärm, und unterhielten sich über allerhand gemeine Dinge, als wie über Könige, über Räuber, über Fürsten und Soldaten, über Krieg und Kampf, über Speise und Trank, über Kleidung und Bett, über Blumen und Düfte, über Verwandte, über Fuhrwerk und Wege, über Dörfer und Burgen, über Städte und Länder, über Weiber und Weine, über Straßen und Märkte, über die Altvorderen und über die Veränderungen, über Volksgeschichten und Seegeschichten, über dies und das und dergleichen mehr.

Und Sakuludāyī der Pilger sah den Erhabenen von ferne herankommen, und als er ihn gesehn mahnte er die Umsitzenden zur Ruhe:

«Seid nicht so laut, ihr Lieben, macht keinen Lärm, ihr Lieben: da kommt der Asket Gotamo heran! Und er liebt nicht lauten Lärm, dieser Ehrwürdige, Ruhe preist er; vielleicht mag ihn der Anblick einer lautlosen Versammlung bewegen seine Schritte hierher zu lenken.»

Und so schwiegen denn diese Pilger still. Und der Erhabene kam näher zu Sakuludāyī dem Pilger heran. Und Sakuludāyī der Pilger sprach also zum Erhabenen:

«Es komme, o Herr, der Erhabene, gegrüßt sei, o Herr, der Erhabene! 312
Lange schon, o Herr, hat der Erhabene hoffen lassen, mich einmal hier zu be-
suchen. Möge sich, o Herr, der Erhabene setzen: dieser Sitz ist bereit.»

Es setzte sich der Erhabene auf den dargebotenen Sitz. Sakuludāyī aber, der Pilger, nahm einen von den niederen Stühlen zur Hand und setzte sich an die Seite. Und zu Sakuludāyī dem Pilger, der an der Seite saß, wandte sich nun der Erhabene mit den Worten:

«Zu welchem Gespräche, Udāyī, seid ihr jetzt hier zusammengekommen, und wobei habt ihr euch eben unterbrochen?»

«Sei es, o Herr, um jenes Gespräch, warum wir hier beisammen sind:
schwerlich, o Herr, wird dem Erhabenen etwas entgehn, wenn es auch später
zur Sprache kommt. – Die vergangenen Tage, o Herr, vor einiger Zeit, haben
sich mancherlei Büßer, Asketen und Priester, in der Volkshalle zu einer Sit-
zung eingefunden und untereinander also zu reden begonnen: ‹Gesegnet,
wahrlich, ist Bengālen und Magadhā, hochgesegnet, wahrlich, sein Volk, da
diese Asketen und Priester, die von zahlreichen Jüngern und Anhängern um-
scharten Häupter der Schulen, die bekannten, gefeierten Bahnbrecher, die
viel bei den Leuten gelten, sich entschlossen haben in Rājagaham über die
Regenzeit zu bleiben! Da ist ja Pūraṇo Kassapo, den zahlreiche Jünger und
Anhänger als Haupt ihrer Schule umscharen, ein bekannter, gefeierter Bahn-
brecher, der viel bei den Leuten gilt: auch der hat sich entschlossen in Rāja-
gaham über die Regenzeit zu bleiben. Da ist auch Makkhali Gosālo, da ist
auch Ajito Kesakambalo, da ist Pakudho Kaccāyano, und Sañjayo Belaṭṭha-
putto, und Nigaṇṭho Nāthaputto, da ist auch der Asket Gotamo: ein jeder 313
von zahlreichen Jüngern und Anhängern als Haupt der Schule umschart, ein
bekannter, gefeierter Bahnbrecher, der viel bei den Leuten gilt, und jeder will
in Rājagaham über die Regenzeit bleiben. Welcher von diesen lieben Asketen
und Priestern wird da im Kreise der Jünger wertgehalten, hochgeschätzt, ge-
achtet und geehrt? Und wen[139], den sie werthalten, hochschätzen, haben sie
ihres Vertrauens gewürdigt?› Da sagten nun einige: ‹Dieser Pūraṇo Kassapo
hat zahlreiche Jünger und Anhänger um sich, ist das Haupt einer Schule, ein

bekannter, gefeierter Bahnbrecher, der viel bei den Leuten gilt: aber er wird von den Jüngern nicht wertgehalten, nicht hochgeschätzt, nicht geachtet, nicht geehrt; nicht Pūrano Kassapo ist es, den die Jünger werthalten, hochschätzen, ihres Vertrauens würdigen. Eines Tages trug Pūrano Kassapo einer vielhundertköpfigen Schar seine Lehre vor. Da ließ sich einer der Jünger Pūrano Kassapos also vernehmen: 'Nicht soll, ihr Lieben, Pūrano Kassapo darum befragt werden: er weiß das nicht. Wir wissen es: uns mögt ihr darum befragen, wir werden es euch Lieben erklären.' Und Pūrano Kassapo rang da vergeblich die Hände und rief: 'Beruhigt euch, ihr Lieben! Redet, ihr Lieben, nicht so laut! Ihr Lieben seid nicht gefragt worden, uns hat man gefragt! Wir wollen es ihnen klar machen.' Und viele der Jünger haben dann Pūrano Kas-
314 sapo das Wort entwunden und sind von ihm abgefallen: 'Nicht du kennst diese Lehre und Ordnung: ich kenne diese Lehre und Ordnung! Was wirst du diese Lehre und Ordnung verstehn? Auf falscher Fährte bist du: ich bin auf rechter Fährte. Mir ist's gelungen: dir mißlungen. Was vorher zu sagen ist hast du nachher gesagt: was nachher zu sagen ist hast du vorher gesagt. Deine Behauptung[140] ist umgestürzt, dein Wort dir entwunden worden: gebändigt bist du, gib deine Rede verloren, oder widersteh' wenn du kannst!' Und so wird Pūrano Kassapo von den Jüngern nicht wertgehalten, nicht hochgeschätzt, nicht geachtet, nicht geehrt; und nicht Pūrano Kassapo ist es, den die Jünger werthalten, hochschätzen, ihres Vertrauens würdigen. Und erzürnt ist Pūrano Kassapo vom Zorn der Lehre.› – Andere wieder sagten: ‹Da ist auch Makkhali Gosālo, auch Ajito Kesakambalo, auch Pakudho Kaccāyano, und Sañjayo Belatthaputto, und Niganṭho Nāthaputto: ein jeder hat zahlreiche Jünger und Anhänger um sich, ist das Haupt einer Schule, ein bekannter, gefeierter Bahnbrecher, der viel bei den Leuten gilt[141]: aber keiner
315 wird von den Jüngern wertgehalten und hochgeschätzt, keiner geachtet und geehrt; und keiner ist es, den die Jünger werthalten, hochschätzen, ihres Vertrauens würdigen. Und erzürnt sind sie alle vom Zorn der Lehre.› – Wieder andere sagten: ‹Dieser Asket Gotamo hat zahlreiche Jünger und Anhänger um sich, ist das Haupt einer Schule, ein bekannter, gefeierter Bahnbrecher, der viel bei den Leuten gilt: und er wird von den Jüngern wertgehalten, hochgeschätzt, geachtet und geehrt; der Asket Gotamo ist es, den die Jünger werthalten, hochschätzen, ihres Vertrauens würdigen. Eines Tages trug der Asket Gotamo einer vielhundertköpfigen Schar seine Lehre vor. Da ließ einer der Jünger des Asketen Gotamo ein Räuspern hören. Und einer der Ordensbrüder streifte ihn mit dem Knie an: 'Nicht so laut, Ehrwürdiger, bitte! Möge der Ehrwürdige sich leise verhalten: unser Meister, der Erhabene legt
316 die Lehre dar.' Zu einer Zeit wo der Asket Gotamo einer vielhundertköpfigen Schar die Lehre darlegt, zu einer solchen Zeit hört man eben bei den Jüngern

des Asketen Gotamo nicht einmal das Geräusch des Niesens oder Sichräusperns, und die ganze Schar blickt erwartungsvoll auf zu ihm: 'Was uns der Erhabene wird lehren, dem wollen wir lauschen[142]'. Gleichwie etwa wenn ein Mann auf dem Hauptplatze Honig, süßen, gereinigten, auspreßte, und es stände eine große Schar Menschen erwartungsvoll rings um ihn her: ebenso nun auch sind sie um den Asketen Gotamo geschart, wann er vielen hunderten die Lehre darlegt; und da hört man bei den Jüngern des Asketen Gotamo nicht einmal das Geräusch des Niesens oder Sichräusperns, und die ganze Schar blickt erwartungsvoll auf zu ihm: 'Was uns der Erhabene wird lehren, dem wollen wir lauschen.' Selbst jene Jünger des Asketen Gotamo, die sich den Ordensbrüdern angeschlossen hatten, dann die Askese aufgaben, um zur Gewohnheit zurückzukehren, auch die preisen das Lob des Meisters, preisen das Lob der Lehre, preisen das Lob der Jüngerschaft, tadeln sich selber nur, tadeln nicht andere: 'Wir nur sind unselig, wir haben Schuld, die wir, in eine also wohlverkündete Lehre und Ordnung eingetreten, nicht imstande waren zeitlebens das vollkommene, vollendete Asketenleben zu führen.' Und sie leben auf dem Lande, oder leben als Anhänger, und halten an ihren fünf Grundsätzen fest[143]. So wird der Asket Gotamo von den Jüngern wertgehalten, hochgeschätzt, geachtet und geehrt; und der Asket Gotamo ist es, den die Jünger werthalten, hochschätzen, ihres Vertrauens würdigen.» 317

«Was für Eigenschaften aber, Udāyī, merkst du an mir, warum mich die Jünger werthalten, hochschätzen, achten und ehren und auch des Vertrauens würdigen?»

«Fünf sind es, o Herr, der Eigenschaften, die der Erhabene aufweist, warum die Jünger den Erhabenen werthalten, hochschätzen, achten und ehren und auch des Vertrauens würdigen: welche fünf? Der Erhabene, o Herr, nimmt karge Nahrung ein und preist das Lob der kargen Ernährung; weil nun, o Herr, der Erhabene karge Nahrung einnimmt und das Lob der kargen Ernährung preist, so ist das, o Herr, die erste Eigenschaft, die der Erhabene aufweist, warum die Jünger den Erhabenen werthalten, hochschätzen, achten und ehren und auch des Vertrauens würdigen[144]. Weiter sodann, o Herr, ist der Erhabene zufrieden mit was immer für einem Gewande und preist das Lob der Zufriedenheit mit jeglichem Gewande; weil nun, o Herr, der Erhabene mit was immer für einem Gewande zufrieden ist und das Lob der Zufriedenheit mit jeglichem Gewande preist, so ist das, o Herr, die zweite Eigenschaft, die der Erhabene aufweist, warum die Jünger den Erhabenen werthalten, hochschätzen, achten und ehren und auch des Vertrauens würdigen. Weiter sodann, o Herr, ist der Erhabene zufrieden mit was immer für Almosenbissen und preist das Lob der Zufriedenheit mit jeglichen Almosenbissen; weil nun, o Herr, der Erhabene mit was immer für Almosenbissen zufrieden

ist und das Lob der Zufriedenheit mit jeglichen Almosenbissen preist, so ist das, o Herr, die dritte Eigenschaft, die der Erhabene aufweist, warum die Jün-
318 ger den Erhabenen werthalten, hochschätzen, achten und ehren und auch des Vertrauens würdigen. Weiter sodann, o Herr, ist der Erhabene zufrieden mit was immer für Sitz und Lager und preist das Lob der Zufriedenheit mit jeglichem Sitz und Lager; weil nun, o Herr, der Erhabene mit was immer für einem Sitz und Lager zufrieden ist und das Lob der Zufriedenheit mit jeglichem Sitz und Lager preist, so ist das, o Herr, die vierte Eigenschaft, die der Erhabene aufweist, warum die Jünger den Erhabenen werthalten, hochschätzen, achten und ehren und auch des Vertrauens würdigen. Weiter sodann, o Herr, ist der Erhabene abgeschieden und preist das Lob der Abgeschiedenheit; weil nun, o Herr, der Erhabene abgeschieden ist und das Lob der Abgeschiedenheit preist, so ist das, o Herr, die fünfte Eigenschaft, die der Erhabene aufweist, warum die Jünger den Erhabenen werthalten, hochschätzen, achten und ehren und auch des Vertrauens würdigen. Das sind, o Herr, die fünf Eigenschaften, die der Erhabene aufweist, warum die Jünger den Erhabenen werthalten, hochschätzen, achten und ehren und auch des Vertrauens würdigen.»

«'Karge Nahrung nimmt der Asket Gotamo ein und preist das Lob der kargen Ernährung': wenn mich also, Udāyī, die Jünger werthielten, hochschätzten, achteten und ehrten und auch des Vertrauens würdigten, so gibt es da Jünger, Udāyī, bei mir, die nur einen Napf, nur einen halben Napf, nur eine Bilva, nur eine halbe Bilva voll Nahrung einnehmen[145]. Ich aber nehme, Udāyī, zuweilen diese Schale bis zum Rande und über den Rand mit Nah-
319 rung gefüllt ein. 'Karge Nahrung nimmt der Asket Gotamo ein und preist das Lob der kargen Ernährung': wenn mich also, Udāyī, die Jünger werthielten, hochschätzten, achteten und ehrten und auch des Vertrauens würdigten, so möchten jene, Udāyī, meiner Jünger, die nur einen Napf, nur einen halben Napf, nur eine Bilva, nur eine halbe Bilva voll Nahrung einnehmen, nicht um solche Eigenschaft mich werthalten, hochschätzen, achten und ehren und auch des Vertrauens würdigen.

«'Zufrieden ist der Asket Gotamo mit was immer für einem Gewande und preist das Lob der Zufriedenheit mit jeglichem Gewande': wenn mich also, Udāyī, die Jünger werthielten, hochschätzten, achteten und ehrten und auch des Vertrauens würdigten, so gibt es da Jünger, Udāyī, bei mir, die sich in Fetzen hüllen, rauhe Gewänder anlegen: vom Leichenplatze, vom Kehrichthaufen, vom Tandelmarkte lesen sie Lumpen[146] auf, stücken den Mantel zurecht und tragen ihn. Ich aber trage, Udāyī, zuweilen bürgerliche Gewänder, aus festem rauhen Gewebe[147], wie Kürbisfäden. 'Zufrieden ist der Asket Gotamo mit was immer für einem Gewande und preist das Lob der Zufriedenheit mit jeglichem Gewande': wenn mich also, Udāyī, die Jünger werthielten, hochschätzten, achteten und ehrten und auch des Vertrauens würdigten, so möchten jene, Udāyī, meiner Jünger, die sich in Fetzen hüllen, rauhe Gewänder anlegen, die vom Leichenplatze, vom Kehrichthaufen, vom Tandelmarkte Lumpen auflesen, den Mantel zurechtstücken und tragen, nicht um solche Eigenschaft mich werthalten, hochschätzen, achten und ehren und auch des Vertrauens würdigen.

«'Zufrieden ist der Asket Gotamo mit was immer für Almosenbissen und 320
preist das Lob der Zufriedenheit mit jeglichen Almosenbissen': wenn mich also, Udāyī, die Jünger werthielten, hochschätzten, achteten und ehrten und auch des Vertrauens würdigten, so gibt es da Jünger, Udāyī, bei mir, die um Almosenbissen ausgehn, von Haus zu Hause hintreten, mit Resten schon befriedigt sind[148], und stehn sie im Hofe des Hauses und werden zum Sitzen eingeladen, nehmen sie es nicht an. Ich aber nehme, Udāyī, zuweilen auch eingeladen Reis zu mir, der gekocht und gesichtet, saftig und würzig bereitet ist. 'Zufrieden ist der Asket Gotamo mit was immer für Almosenbissen und preist das Lob der Zufriedenheit mit jeglichen Almosenbissen': wenn mich also, Udāyī, die Jünger werthielten, hochschätzten, achteten und ehrten und auch des Vertrauens würdigten, so möchten jene, Udāyī, meiner Jünger, die um Almosenbissen ausgehn, von Haus zu Hause hintreten, mit Resten schon befriedigt sind, und, stehn sie im Hofe des Hauses und werden zum Sitzen eingeladen, es nicht annehmen, nicht um solche Eigenschaft mich werthalten, hochschätzen, achten und ehren und auch des Vertrauens würdigen.

«'Zufrieden ist der Asket Gotamo mit was immer für Sitz und Lager und preist das Lob der Zufriedenheit mit jeglichem Sitz und Lager': wenn mich also, Udāyī, die Jünger werthielten, hochschätzten, achteten und ehrten und auch des Vertrauens würdigten, so gibt es da Jünger, Udāyī, bei mir, die unter Bäumen leben, in der offenen Ebene leben, die acht Monde kein Obdach aufsuchen[149]. Ich aber wohne, Udāyī, zuweilen auch in Parkhäusern, wo die Wände, Stürmen zu wehren, mit Kalk bestrichen, mit Kalk verstrichen, die Türen verriegelt, die Fenster verschlossen sind. 'Zufrieden ist der Asket Go- 321
tamo mit was immer für Sitz und Lager und preist das Lob der Zufriedenheit mit jeglichem Sitz und Lager': wenn mich also, Udāyī, die Jünger werthielten, hochschätzten, achteten und ehrten und auch des Vertrauens würdigten, so möchten jene, Udāyī, meiner Jünger, die unter Bäumen leben, in der offenen Ebene leben, die acht Monde kein Obdach aufsuchen, nicht um solche Eigenschaft mich werthalten, hochschätzen, achten und ehren und auch des Vertrauens würdigen.

«'Abgeschieden ist der Asket Gotamo und preist das Lob der Abgeschiedenheit': wenn mich also, Udāyī, die Jünger werthielten, hochschätzten, ach-

teten und ehrten und auch des Vertrauens würdigten, so gibt es da Jünger, Udāyī, bei mir, die Waldeinsiedler, fern abgelegen sind, sich tief im Walde an fern abgelegenen Orten einsam aufhalten, die halbmonatlich hingehn zur Mönchgemeinde, wann die Regel verkündet wird. Ich aber lebe, Udāyī, zuweilen in Gesellschaft der Mönche und Nonnen, der Anhänger und Anhängerinnen, des Königs und königlicher Fürsten, der Büßer und büßender Pilger. 'Abgeschieden ist der Asket Gotamo und preist das Lob der Abgeschiedenheit', wenn mich also, Udāyī, die Jünger werthielten, hochschätzten, achteten und ehrten und auch des Vertrauens würdigten, so möchten jene, Udāyī, meiner Jünger, die Waldeinsiedler, fern abgelegen sind, sich tief im Walde an fern abgelegenen Orten einsam aufhalten, die halbmonatlich hingehn zur
322 Mönchgemeinde, wann die Regel verkündet wird, nicht um solche Eigenschaft mich werthalten, hochschätzen, achten und ehren und auch des Vertrauens würdigen.

«Und also, Udāyī, sind es nicht diese fünf Eigenschaften, warum die Jünger mich werthalten, hochschätzen, achten und ehren und auch des Vertrauens würdigen; vielmehr sind es, Udāyī, fünf andere Eigenschaften, warum die Jünger mich werthalten, hochschätzen, achten und ehren und auch des Vertrauens würdigen: welche fünf?

«Da sind mir, Udāyī, die Jünger um Tugend zugetan: ‹Tugendecht ist der Asket Gotamo, mit der höchsten Tugendheit begabt›; weil mir aber, Udāyī, die Jünger um Tugend zugetan sind: ‹Tugendecht ist der Asket Gotamo, mit der höchsten Tugendheit begabt›, so ist das, Udāyī, die erste Eigenschaft, warum die Jünger mich werthalten, hochschätzen, achten und ehren und auch des Vertrauens würdigen.

«Weiter sodann, Udāyī, sind mir die Jünger um zunehmende Wissensklarheit zugetan: ‹Wissend nur sagt der Asket Gotamo 'Ich weiß es', sehend nur sagt der Asket Gotamo 'Ich seh' es', zum Erkennen legt der Asket Gotamo die Lehre dar, nicht zum Verkennen, begründet legt der Asket Gotamo die Lehre dar, nicht unbegründet, erfaßbar legt der Asket Gotamo die Lehre dar, nicht unerfaßbar[150]›; weil mir aber, Udāyī, die Jünger um zunehmende Wissensklarheit zugetan sind: ‹Wissend nur sagt der Asket Gotamo 'Ich
323 weiß es', sehend nur sagt der Asket Gotamo 'Ich seh' es', zum Erkennen legt der Asket Gotamo die Lehre dar, nicht zum Verkennen, begründet legt der Asket Gotamo die Lehre dar, nicht unbegründet, erfaßbar legt der Asket Gotamo die Lehre dar, nicht unerfaßbar›, so ist das, Udāyī, die zweite Eigenschaft, warum die Jünger mich werthalten, hochschätzen, achten und ehren und auch des Vertrauens würdigen.

«Weiter sodann, Udāyī, sind mir die Jünger um Weistum zugetan: ‹Weise ist der Asket Gotamo, mit der höchsten Weisheit begabt; daß er etwa eine künftige Redeweise nicht vorhersehn, oder eine gegebene Gegenrede nicht mit Recht wohlabgewiesen abweisen könnte, nicht findet sich eine solcher Fall.› Was meinst du wohl, Udāyī: möchten da nun meine Jünger, also wissend, also sehend, sich in Zwischenfragen einlassen?»

«Gewiß nicht, o Herr!»

«Denn ich erwarte, Udāyī, von den Jüngern keine Belehrung, sondern die Jünger erwarten Belehrung von mir. Weil mir aber, Udāyī, die Jünger um Weistum zugetan sind: ‹Weise ist der Asket Gotamo, mit der höchsten Weisheit begabt; daß er etwa eine künftige Redeweise nicht vorhersehn, oder eine gegebene Gegenrede nicht mit Recht wohlabgewiesen abweisen könnte, nicht findet sich ein solcher Fall›, so ist das, Udāyī, die dritte Eigenschaft, warum die Jünger mich werthalten, hochschätzen, achten und ehren und auch des Vertrauens würdigen.

«Weiter sodann, Udāyī, gehn mir die Jünger, um was sie leiden in Leiden
versunken, in Leiden verloren, entgegen und fragen mich um die heilige
Wahrheit vom Leiden; und ich geb' ihnen, um die heilige Wahrheit vom Lei- 324
den befragt, die Antwort: und ich erhebe ihnen das Herz durch der Frage Beantwortung. Und sie fragen mich um die heilige Wahrheit von der Leidensentwicklung, von der Leidensauflösung, von dem Pfade, der zur Leidensauflösung führt; und ich geb' ihnen, also befragt, die Antwort: und ich erhebe ihnen das Herz durch der Frage Beantwortung. Weil mir aber, Udāyī, die Jünger, um was sie leiden in Leiden versunken, in Leiden verloren, entgegengehn und mich um die heilige Wahrheit vom Leiden fragen; und ich geb' ihnen, um die heilige Wahrheit vom Leiden befragt, die Antwort und erhebe ihnen das Herz durch der Frage Beantwortung, und sie fragen mich um die heilige Wahrheit von der Leidensentwicklung, von der Leidensauflösung, von dem Pfade, der zur Leidensauflösung führt, und ich geb' ihnen, also befragt, die Antwort und erhebe ihnen das Herz durch der Frage Beantwortung: so ist das, Udāyī, die vierte Eigenschaft, warum die Jünger mich werthalten, hochschätzen, achten und ehren und auch des Vertrauens würdigen.

«Weiter sodann, Udāyī, hab' ich den Jüngern die Pfade gewiesen, auf deren Stegen meine Jünger zu den vier Pfeilern der Einsicht gelangen: da wacht, Udāyī, der Mönch beim Körper über den Körper, unermüdlich, klaren Sinnes, einsichtig, nach Verwindung weltlichen Begehrens und Bekümmerns; wacht bei den Gefühlen über die Gefühle, unermüdlich, klaren Sinnes, einsichtig, nach Verwindung weltlichen Begehrens und Bekümmerns; wacht beim Gemüte über das Gemüt, unermüdlich, klaren Sinnes, einsichtig, nach Verwindung weltlichen Begehrens und Bekümmerns; wacht bei den Erscheinungen über die Erscheinungen, unermüdlich, klaren Sinnes, einsichtig, nach

Verwindung weltlichen Begehrens und Bekümmerns. Da haben denn meine
325 Jünger der Erkenntnis letzte Vollendung reichlich erreicht.

«Weiter sodann, Udāyī, hab' ich den Jüngern die Pfade gewiesen, auf deren Stegen meine Jünger die vier gewaltigen Kämpfe bestehn: da weckt, Udāyī, der Mönch seinen Willen, daß er unaufgestiegene üble, unheilsame Dinge nicht aufsteigen lasse, er müht sich darum, mutig bestrebt, rüstet das Herz, macht es kampfbereit; weckt seinen Willen, daß er aufgestiegene üble, unheilsame Dinge vertreibe, er müht sich darum, mutig bestrebt, rüstet das Herz, macht es kampfbereit; weckt seinen Willen, daß er unaufgestiegene heilsame Dinge aufsteigen lasse, er müht sich darum, mutig bestrebt, rüstet das Herz, macht es kampfbereit; weckt seinen Willen, daß er aufgestiegene heilsame Dinge sich festigen, nicht lockern, weiterentwickeln, erschließen, entfalten, erfüllen lasse, er müht sich darum, mutig bestrebt, rüstet das Herz, macht es kampfbereit. Da haben denn meine Jünger der Erkenntnis letzte Vollendung reichlich erreicht.

«Weiter sodann, Udāyī, hab' ich den Jüngern die Pfade gewiesen, auf deren Stegen meine Jünger die vier Machtgebiete erobern: da erobert, Udāyī, der Mönch das durch Innigkeit, Ausdauer und Sammlung des Willens gezeugte Machtgebiet; erobert das durch Innigkeit, Ausdauer und Sammlung der Kraft gezeugte Machtgebiet; erobert das durch Innigkeit, Ausdauer und Sammlung des Geistes gezeugte Machtgebiet; erobert das durch Innigkeit, Ausdauer und Sammlung des Prüfens gezeugte Machtgebiet. Da haben denn meine Jünger der Erkenntnis letzte Vollendung reichlich erreicht.

«Weiter sodann, Udāyī, hab' ich den Jüngern die Pfade gewiesen, auf deren Stegen meine Jünger fünf der Fähigkeiten erwerben: da wird, Udāyī, der
Mönch fähig der Zuversicht, die zur Ebbung führt, zur Erwachung führt;
326 fähig der Kraft, die zur Ebbung führt, zur Erwachung führt; fähig der Einsicht, die zur Ebbung führt, zur Erwachung führt; fähig der Innigkeit, die zur Ebbung führt, zur Erwachung führt; fähig der Weisheit, die zur Ebbung führt, zur Erwachung führt. Da haben denn meine Jünger der Erkenntnis letzte Vollendung reichlich erreicht.

«Weiter sodann, Udāyī, hab' ich den Jüngern die Pfade gewiesen, auf deren Stegen meine Jünger fünf der Vermögen erwerben: da wird, Udāyī, der Mönch vermögend an Zuversicht, die zur Ebbung führt, zur Erwachung führt; vermögend an Kraft, die zur Ebbung führt, zur Erwachung führt; vermögend an Einsicht, die zur Ebbung führt, zur Erwachung führt; vermögend an Innigkeit, die zur Ebbung führt, zur Erwachung führt; vermögend an Weisheit, die zur Ebbung führt, zur Erwachung führt. Da haben denn meine Jünger der Erkenntnis letzte Vollendung reichlich erreicht.

«Weiter sodann, Udāyī, hab' ich den Jüngern die Pfade gewiesen, auf deren

Stegen meine Jünger die sieben Erweckungen wirken: da wirkt, Udāyī, der Mönch der Einsicht Erweckung, die abgeschieden gezeugte, abgelöst gezeugte, ausgerodet gezeugte, die in Endsal übergeht; wirkt des Tiefsinns Erweckung, die abgeschieden gezeugte, abgelöst gezeugte, ausgerodet gezeugte, die in Endsal übergeht; wirkt der Kraft Erweckung, die abgeschieden gezeugte, abgelöst gezeugte, ausgerodet gezeugte, die in Endsal übergeht; wirkt der Heiterkeit Erweckung, die abgeschieden gezeugte, abgelöst gezeugte, ausgerodet gezeugte, die in Endsal übergeht; wirkt der Lindheit Erweckung, die abgeschieden gezeugte, abgelöst gezeugte, ausgerodet gezeugte, die in Endsal übergeht; wirkt der Innigkeit Erweckung, die abgeschieden gezeugte, abgelöst gezeugte, ausgerodet gezeugte, die in Endsal übergeht; wirkt des Gleichmuts Erweckung, die abgeschieden gezeugte, abgelöst gezeugte, ausgerodet gezeugte, die in Endsal übergeht. Da haben denn meine Jünger der Erkenntnis letzte Vollendung reichlich erreicht.

«Weiter sodann, Udāyī, hab' ich den Jüngern die Pfade gewiesen, auf deren Stegen meine Jünger den heiligen achtfältigen Weg gewinnen: da gewinnt, Udāyī, der Mönch rechte Erkenntnis, rechte Gesinnung, rechte Rede, rechtes Handeln, rechtes Wandeln, rechtes Mühn, rechte Einsicht, rechte Eini- 327
gung. Da haben denn meine Jünger der Erkenntnis letzte Vollendung reichlich erreicht.

«Weiter sodann, Udāyī, hab' ich den Jüngern die Pfade gewiesen, auf deren Stegen meine Jünger die acht Freiungen finden. Formhaft ist er und sieht die Formen: das ist die erste Freiung. Innen ohne Formwahrnehmung sieht er außen Formen: das ist die zweite Freiung. Schönheit nur hat er im Sinne: das ist die dritte Freiung. Durch völlige Überwindung der Formwahrnehmungen, Vernichtung der Gegenwahrnehmungen, Verwerfung der Vielheitwahrnehmungen gewinnt er in dem Gedanken ‹Grenzenlos ist der Raum› das Reich des unbegrenzten Raumes: das ist die vierte Freiung. Nach völliger Überwindung der unbegrenzten Raumsphäre gewinnt er in dem Gedanken ‹Grenzenlos ist das Bewußtsein› das Reich des unbegrenzten Bewußtseins: das ist die fünfte Freiung. Nach völliger Überwindung der unbegrenzten Bewußtseinsphäre gewinnt er in dem Gedanken ‹Nichts ist da› das Reich des Nichtdaseins: das ist die sechste Freiung. Nach völliger Überwindung der Nichtdaseinsphäre erreicht er die Grenzscheide möglicher Wahrnehmung: das ist die siebente Freiung. Nach völliger Überwindung der Grenzscheide möglicher Wahrnehmung erreicht er die Auflösung der Wahrnehmbarkeit: das ist die achte Freiung. Da haben denn meine Jünger der Erkenntnis letzte Vollendung reichlich erreicht.

«Weiter sodann, Udāyī, hab' ich den Jüngern die Pfade gewiesen, auf deren Stegen meine Jünger acht Grade der Überwindung durchschreiten. Innen

328 nimmt er Formen wahr, einig; außen sieht er Formen, wenig, schöne und unschöne; solche überwindend sagt er sich ‹Ich weiß es, ich seh' es›, nimmt es also wahr: das ist der erste Grad der Überwindung. Innen nimmt er Formen wahr, einig; außen sieht er Formen, unermeßlich, schöne und unschöne; solche überwindend sagt er sich ‹Ich weiß es, ich seh' es›, nimmt es also wahr: das ist der zweite Grad der Überwindung. Innen ohne Formwahrnehmung, einig, sieht er außen Formen, wenig, schöne und unschöne; solche überwindend sagt er sich ‹Ich weiß es, ich seh' es›, nimmt es also wahr: das ist der dritte Grad der Überwindung. Innen ohne Formwahrnehmung, einig, sieht er außen Formen, unermeßlich, schöne und unschöne; solche überwindend sagt er sich ‹Ich weiß es, ich seh' es›, nimmt es also wahr: das ist der vierte Grad der Überwindung. Innen ohne Formwahrnehmung, einig, sieht er außen Formen, blaue, die blau schimmern, blau scheinen, blau aussehn. Gleichwie etwa eine Hanfblüte blau ist, blau schimmert, blau scheint, blau aussieht, oder gleichwie etwa ein Seidenstoff, auf beiden Seiten blaugefärbt[151], blau schimmert, blau scheint, blau aussieht: ebenso auch sieht er, innen ohne Formwahrnehmung, einig, außen Formen, blaue, die blau schimmern, blau scheinen, blau aussehn; solche überwindend sagt er sich ‹Ich weiß es, ich seh' es›, nimmt es also wahr: das ist der fünfte Grad der Überwindung. Innen ohne Formwahrnehmung, einig, sieht er außen Formen, gelbe, die gelb schimmern, gelb scheinen, gelb aussehn. Gleichwie etwa eine Zimtblüte gelb ist, gelb schimmert, gelb scheint, gelb aussieht, oder gleichwie etwa ein Sei-
329 denstoff, auf beiden Seiten gelbgefärbt, gelb schimmert, gelb scheint, gelb aussieht: ebenso auch sieht er, innen ohne Formwahrnehmung, einig, außen Formen, gelbe, die gelb schimmern, gelb scheinen, gelb aussehn; solche überwindend sagt er sich ‹Ich weiß es, ich seh' es›, nimmt es also wahr: das ist der sechste Grad der Überwindung. Innen ohne Formwahrnehmung, einig, sieht er außen Formen, rote, die rot schimmern, rot scheinen, rot aussehn. Gleichwie etwa eine Malvenrose rot ist, rot schimmert, rot scheint, rot aussieht, oder gleichwie etwa ein Seidenstoff, auf beiden Seiten rotgefärbt, rot schimmert, rot scheint, rot aussieht: ebenso auch sieht er, innen ohne Formwahrnehmung, einig, außen Formen, rote, die rot schimmern, rot scheinen, rot aussehn; solche überwindend sagt er sich ‹Ich weiß es, ich seh' es›, nimmt es also wahr: das ist der siebente Grad der Überwindung. Innen ohne Formwahrnehmung, einig, sieht er außen Formen, weiße, die weiß schimmern, weiß scheinen, weiß aussehn. Gleichwie etwa der Morgenstern weiß ist, weiß schimmert, weiß scheint, weiß aussieht, oder gleichwie etwa ein Seidenstoff, auf beiden Seiten weißgebleicht, weiß schimmert, weiß scheint, weiß aussieht; ebenso auch sieht er, innen ohne Formwahrnehmung, einig, außen Formen, weiße, die weiß schimmern, weiß scheinen, weiß aussehn; solche

überwindend sagt er sich ‹Ich weiß es, ich seh' es›, nimmt es also wahr: das ist der achte Grad der Überwindung. Da haben denn meine Jünger der Er- 330
kenntnis letzte Vollendung reichlich erreicht[152].

«Weiter sodann, Udāyī, hab' ich den Jüngern die Pfade gewiesen, auf deren Stegen meine Jünger zehn Orte der Allheit erkunden. Der Erde Allheit erkennt er, einig, durch und durch, ungeteilt, unermeßlich. Des Wassers Allheit erkennt er, einig, durch und durch, ungeteilt, unermeßlich. Des Feuers Allheit erkennt er, einig, durch und durch, ungeteilt, unermeßlich. Der Luft Allheit erkennt er, einig, durch und durch, ungeteilt, unermeßlich. Des Blauen Allheit erkennt er, einig, durch und durch, ungeteilt, unermeßlich. Des Gelben Allheit erkennt er, einig, durch und durch, ungeteilt, unermeßlich. Des Roten Allheit erkennt er, einig, durch und durch, ungeteilt, unermeßlich. Des Weißen Allheit erkennt er, einig, durch und durch, ungeteilt, unermeßlich. Des Raumes Allheit erkennt er, einig, durch und durch, ungeteilt, unermeßlich. Des Bewußtseins Allheit erkennt er, einig, durch und durch, ungeteilt, unermeßlich. Da haben denn meine Jünger der Erkenntnis letzte Vollendung reichlich erreicht.

«Weiter sodann, Udāyī, hab' ich den Jüngern die Pfade gewiesen, auf deren Stegen meine Jünger die vier Schauungen eingehn. Da gewinnt, Udāyī, der Mönch, gar fern von Begierden, fern von unheilsamen Dingen, die sinnend gedenkende ruhegeborene selige Heiterkeit, die Weihe der ersten Schauung. Diesen Körper da durchdringt und durchtränkt er nun, erfüllt ihn und sättigt ihn mit ruhegeborener seliger Heiterkeit, so daß nicht der kleinste Teil seines Körpers von ruhegeborener seliger Heiterkeit ungesättigt bleibt.

«Gleichwie etwa, Udāyī, ein gewandter Bader oder Badergeselle auf ein er-
zernes Becken Seifenpulver streut und mit Wasser versetzt, verreibt und ver- 331
mischt, so daß sein Schaumball völlig durchfeuchtigt, innen und außen mit Feuchtigkeit gesättigt ist und nichts herabträufelt: ebenso nun auch, Udāyī, durchdringt und durchtränkt, erfüllt und sättigt der Mönch diesen Körper da mit ruhegeborener seliger Heiterkeit, so daß nicht der kleinste Teil seines Körpers von ruhegeborener seliger Heiterkeit ungesättigt bleibt[153].

«Weiter sodann, Udāyī: nach Vollendung des Sinnens und Gedenkens erreicht der Mönch die innere Meeresstille, die Einheit des Gemütes, die von sinnen, von gedenken freie, in der Einigung geborene selige Heiterkeit, die Weihe der zweiten Schauung. Diesen Körper da durchdringt und durchtränkt er nun, erfüllt ihn und sättigt ihn mit der in der Einigung geborenen seligen Heiterkeit, so daß nicht der kleinste Teil seines Körpers von der in der Einigung geborenen seligen Heiterkeit ungesättigt bleibt.

«Gleichwie etwa, Udāyī, ein See mit unterirdischer Quelle, in den sich kein Bach von Osten oder Westen, von Norden oder Süden ergösse, keine Wolke von Zeit zu Zeit mit tüchtigem Gusse darüber hinwegzöge, in welchem nur die kühle Quelle des Grundes emporwellte und diesen See völlig durchdränge, durchtränkte, erfüllte und sättigte, so daß nicht der kleinste Teil des Sees von kühlem Wasser ungesättigt bliebe: ebenso nun auch, Udāyī, durchdringt und durchtränkt, erfüllt und sättigt der Mönch diesen Körper da mit der in der Einigung geborenen seligen Heiterkeit, so daß nicht der kleinste Teil seines Körpers von der in der Einigung geborenen seligen Heiterkeit ungesättigt bleibt.

«Weiter sodann, Udāyī: in heiterer Ruhe verweilt der Mönch gleichmütig, einsichtig, klar bewußt, ein Glück empfindet er im Körper, von dem die Heiligen sagen: ‹Der gleichmütig Einsichtige lebt beglückt›; so erwirkt er
332 die Weihe der dritten Schauung. Diesen Körper da durchdringt und durchtränkt er nun, erfüllt ihn und sättigt ihn mit entseligter Heiterkeit, so daß nicht der kleinste Teil seines Körpers von entseligter Heiterkeit ungesättigt bleibt.

«Gleichwie etwa, Udāyī, in einem Lotusweiher einzelne blaue oder rote oder weiße Lotusrosen im Wasser entstehn, im Wasser sich entwickeln, unter dem Wasserspiegel bleiben, aus der Wassertiefe Nahrung aufsaugen und ihre Blüten und ihre Wurzeln von kühlem Wasser durchdrungen, durchtränkt, erfüllt und gesättigt sind, so daß nicht der kleinste Teil jeder blauen oder roten oder weißen Lotusrose von kühlem Naß ungesättigt bleibt: ebenso nun auch, Udāyī, durchdringt und durchtränkt, erfüllt und sättigt der Mönch diesen Körper da mit entseligter Heiterkeit, so daß nicht der kleinste Teil seines Körpers von entseligter Heiterkeit ungesättigt bleibt.

«Weiter sodann, Udāyī: nach Verwerfung der Freuden und Leiden, nach Vernichtung des einstigen Frohsinns und Trübsinns erwirkt der Mönch die Weihe der leidlosen, freudlosen, gleichmütig einsichtigen vollkommenen Reine, die vierte Schauung. Er setzt sich hin und bedeckt diesen Körper da mit geläutertem Gemüte, geklärtem, so daß nicht der kleinste Teil seines Körpers von dem geläuterten Gemüte, dem geklärten, unbedeckt bleibt.

«Gleichwie etwa, Udāyī, wenn sich ein Mann vom Scheitel bis zur Sohle in einen weißen Mantel eingehüllt niedersetzte, so daß nicht der kleinste Teil seines Körpers von dem weißen Mantel unbedeckt bliebe: ebenso nun auch, Udāyī, setzt sich der Mönch nieder und hat diesen Körper da mit geläutertem Gemüte, mit geklärtem, überzogen, so daß nicht der kleinste Teil seines Kör-
333 pers von dem geläuterten Gemüte, dem geklärten, unbedeckt bleibt.

«Da haben denn meine Jünger der Erkenntnis letzte Vollendung reichlich erreicht.

«Weiter sodann, Udāyī, hab' ich den Jüngern die Pfade gewiesen, auf deren Stegen meine Jünger also erkennen: ‹Das ist mein Leib, der gestaltet, aus den vier Hauptstoffen entstanden, von Vater und Mutter gezeugt, durch Speise und Trank entwickelt, dem Vergehn, dem Untergang, der Aufreibung, Auflösung, der Zerstörung verfallen ist; das hingegen ist mein Bewußtsein, daran gebunden, daran geknüpft.›

«Gleichwie etwa, Udāyī, wenn da ein Juwel wäre, ein Edelstein, von reinem Wasser, achteckig, wohlbearbeitet, klar, durchsichtig, mit jeder Eigenschaft begabt; und ein Faden wäre daran befestigt, ein blauer, oder ein gelber, ein roter, oder ein weißer, ein grauer Faden; und es hätte ihn ein scharfsehender Mann um die Hand geschlungen und betrachtete ihn: ‹Das ist ein Juwel, ein Edelstein, von reinem Wasser, achteckig, wohlbearbeitet, klar, durchsichtig, mit jeder Eigenschaft begabt; und ein Faden ist daran befestigt, ein blauer, oder ein gelber, ein roter, oder ein weißer, ein grauer Faden›: ebenso nun auch, Udāyī, hab' ich den Jüngern die Pfade gewiesen, auf deren Stegen meine Jünger also erkennen: ‹Das ist mein Leib, der gestaltet, aus den vier Hauptstoffen entstanden, von Vater und Mutter gezeugt, durch Speise und Trank entwickelt, dem Vergehn, dem Untergang, der Aufreibung, Auflösung, der Zerstörung verfallen ist; das hingegen ist mein Bewußtsein, daran gebunden, daran geknüpft.›

«Da haben denn meine Jünger der Erkenntnis letzte Vollendung reichlich erreicht.

«Weiter sodann, Udāyī, hab' ich den Jüngern die Pfade gewiesen, auf deren
Stegen meine Jünger aus diesem Leibe einen anderen Leib hervorgehn lassen, 334
formhaft, geistig gestaltet, mit allen Gliedern begliedert, sinnenfällig. Gleichwie etwa, Udāyī, wenn ein Mann einem Rohre den Halm auszöge und sich sagte: ‹Das ist das Rohr, das ist der Halm, eins ist das Rohr, eins ist der Halm: aus dem Rohre hab' ich ja den Halm gezogen›; oder gleichwie etwa, Udāyī, wenn ein Mann das Schwert aus der Scheide zöge und sich sagte: ‹Das ist das Schwert, das ist die Scheide, eins ist das Schwert, eins ist die Scheide: aus der Scheide hab' ich ja das Schwert gezogen›; oder gleichwie etwa, Udāyī, wenn ein Mann eine Schlange aus dem Korbe nähme und sich sagte: ‹Das ist die Schlange, das ist der Korb, eins ist die Schlange, eins ist der Korb: aus dem Korbe hab' ich ja die Schlange genommen[154]›: ebenso nun auch, Udāyī, hab' ich den Jüngern die Pfade gewiesen, auf deren Stegen meine Jünger aus diesem Leibe einen anderen Leib hervorgehn lassen, formhaft, geistig gestaltet, mit allen Gliedern begliedert, sinnenfällig.

«Da haben denn meine Jünger der Erkenntnis letzte Vollendung reichlich erreicht.

«Weiter sodann, Udāyī, hab' ich den Jüngern die Pfade gewiesen, auf deren Stegen meine Jünger auf mannigfaltige Weise Machtentfaltung erfahren mögen: als nur einer etwa vielfach zu werden, und vielfach geworden wieder

einer zu sein; oder sichtbar und unsichtbar zu werden; auch durch Mauern, Wälle, Felsen hindurchzuschweben wie durch die Luft; oder auf der Erde auf- und unterzutauchen wie im Wasser; auch auf dem Wasser zu wandeln ohne unterzusinken wie auf der Erde; oder auch durch die Luft sitzend dahinzufahren wie der Vogel mit seinen Fittichen; auch etwa diesen Mond und
335 diese Sonne, die so mächtigen, so gewaltigen, mit der Hand zu befühlen und zu berühren; etwa gar bis zu den Brahmawelten den Körper in ihrer Gewalt zu haben. Gleichwie etwa, Udāyī, ein geschickter Töpfer oder Töpfergeselle was immer auch für Tonsachen er wollte aus wohlbereitetem Tone anfertigen und herstellen könnte; oder gleichwie etwa, Udāyī, ein geschickter Drechsler oder Drechslergeselle was immer auch für Elfenbeinsachen er wollte aus wohlbereitetem Elfenbein anfertigen und herstellen könnte; oder gleichwie etwa, Udāyī, ein geschickter Goldschmied oder Goldschmiedgeselle was immer auch für Goldsachen er wollte aus wohlbereitetem Golde anfertigen und herstellen könnte: ebenso nun auch, Udāyī, hab' ich den Jüngern die Pfade gewiesen, auf deren Stegen meine Jünger auf mannigfaltige Weise Machtentfaltung erfahren mögen[155].

«Da haben denn meine Jünger der Erkenntnis letzte Vollendung reichlich erreicht.

336 «Weiter sodann, Udāyī, hab' ich den Jüngern die Pfade gewiesen, auf deren Stegen meine Jünger mit dem himmlischen Gehör, dem geläuterten, über menschliche Grenzen hinausreichenden, beide Arten der Töne hören, die himmlischen und die irdischen, die fernen und die nahen. Gleichwie etwa, Udāyī, ein kräftiger Trompeter gar mühelos nach den vier Seiten posaunen kann, ebenso nun auch, Udāyī, hab' ich den Jüngern die Pfade gewiesen, auf deren Stegen meine Jünger mit dem himmlischen Gehör, dem geläuterten, über menschliche Grenzen hinausreichenden, beide Arten der Töne hören, die himmlischen und die irdischen, die fernen und die nahen.

«Da haben denn meine Jünger der Erkenntnis letzte Vollendung reichlich erreicht.

«Weiter sodann, Udāyī, hab' ich den Jüngern die Pfade gewiesen, auf deren Stegen meine Jünger der anderen Wesen, der anderen Personen Herz im Herzen schauen und erkennen, das begehrliche Herz als begehrlich und das begehrlose Herz als begehrlos, das gehässige Herz als gehässig und das haßlose Herz als haßlos, das irrende Herz als irrend und das irrlose Herz als irrlos, das gesammelte Herz als gesammelt und das zerstreute Herz als zerstreut, das hochstrebende Herz als hochstrebend und das niedrig gesinnte Herz als niedrig gesinnt, das edle Herz als edel und das gemeine Herz als gemein, das be-
337 ruhigte Herz als beruhigt und das ruhelose Herz als ruhelos, das erlöste Herz als erlöst und das gefesselte Herz als gefesselt. Gleichwie etwa, Udāyī, ein

Weib oder ein Mann, jung, frisch, gefallsam, in einem Spiegel oder in einer reinen, lauteren, hellen Wasserfläche das Bild des eigenen Antlitzes prüfend betrachten und, ist es nicht sauber, als nicht sauber, und ist es sauber, als sauber erkennen kann: ebenso nun auch, Udāyī, hab' ich den Jüngern die Pfade gewiesen, auf deren Stegen meine Jünger der anderen Wesen, der anderen Personen Herz im Herzen schauen und erkennen.

«Da haben denn meine Jünger der Erkenntnis letzte Vollendung reichlich erreicht.

«Weiter sodann, Udāyī, hab' ich den Jüngern die Pfade gewiesen, auf deren Stegen meine Jünger sich an manche verschiedene frühere Daseinsform erinnern, als wie an ein Leben, dann an zwei Leben, dann an drei Leben, dann an
vier Leben, dann an fünf Leben, dann an zehn Leben, dann an zwanzig Leben, 338
dann an dreißig Leben, dann an vierzig Leben, dann an fünfzig Leben, dann an hundert Leben, dann an tausend Leben, dann an hunderttausend Leben, dann an die Zeiten während mancher Weltenentstehungen, dann an die Zeiten während mancher Weltenvergehungen, dann an die Zeiten während mancher Weltenentstehungen-Weltenvergehungen. ‹Dort war ich, jenen Namen hatte ich, jener Familie gehörte ich an, das war mein Stand, das mein Beruf, solches Wohl und Wehe habe ich erfahren, so war mein Lebensende; dort verschieden trat ich anderswo wieder ins Dasein: da war ich nun, diesen Namen hatte ich, dieser Familie gehörte ich an, dies war mein Stand, dies mein Beruf, solches Wohl und Wehe habe ich erfahren, so war mein Lebensende; da verschieden trat ich hier wieder ins Dasein.› So erinnert er sich mancher verschiedenen früheren Daseinsform, mit je den eigentümlichen Merkmalen, mit je den eigenartigen Beziehungen.

«Gleichwie etwa, Udāyī, wenn ein Mann von seinem Orte nach einem anderen Orte ginge und von diesem Orte wieder nach einem anderen Orte und von diesem Orte nach seinem eigenen Orte zurückkehrte; der sagte sich nun: ‹Ich bin von meinem Orte nach jenem Orte gegangen, dort bin ich also gestanden, also gesessen, habe also gesprochen, also geschwiegen; von jenem Orte bin ich aber nach diesem Orte gegangen, da bin ich nun also gestanden, also gesessen, habe also gesprochen, also geschwiegen; dann bin ich von diesem Orte nach meinem eigenen Orte wieder zurückgegangen[156]›: ebenso nun auch, Udāyī, hab' ich den Jüngern die Pfade gewiesen, auf deren Stegen meine Jünger sich an manche verschiedene frühere Daseinsform erinnern.

«Da haben denn meine Jünger der Erkenntnis letzte Vollendung reichlich 339
erreicht.

«Weiter sodann, Udāyī, hab' ich den Jüngern die Pfade gewiesen, auf deren Stegen meine Jünger mit dem himmlischen Auge, dem geläuterten, über menschliche Grenzen hinausreichenden, die Wesen dahinschwinden und wiedererscheinen sehn, gemeine und edle, schöne und unschöne, glückliche und unglückliche, erkennen wie die Wesen je nach den Taten wiederkehren. ‹Diese lieben Wesen sind freilich in Taten dem Schlechten zugetan, in Worten dem Schlechten zugetan, in Gedanken dem Schlechten zugetan, tadeln Heiliges, achten Verkehrtes, tun Verkehrtes; bei der Auflösung des Leibes, nach dem Tode, gelangen sie auf den Abweg, auf schlechte Fährte, zur Tiefe hinab, in untere Welt. Jene lieben Wesen sind aber in Taten dem Guten zugetan, in Worten dem Guten zugetan, in Gedanken dem Guten zugetan, tadeln nicht Heiliges, achten Rechtes, tun Rechtes; bei der Auflösung des Leibes, nach dem Tode, gelangen sie auf gute Fährte, in selige Welt.› So sehn sie mit dem himmlischen Auge, dem geläuterten, über menschliche Grenzen hinausreichenden, die Wesen dahinschwinden und wiedererscheinen, gemeine und edle, schöne und unschöne, glückliche und unglückliche, erkennen wie die Wesen je nach den Taten wiederkehren.

«Gleichwie etwa, Udāyī, wenn da zwei Häuser wären, mit Türen, und es betrachtete ein scharfsehender Mann, in der Mitte stehend, die Menschen, wie sie das Haus betreten und verlassen, kommen und gehn[157]: ebenso nun auch, Udāyī, hab' ich den Jüngern die Pfade gewiesen, auf deren Stegen meine Jünger mit dem himmlischen Auge, dem geläuterten, über menschliche Gren-
340 zen hinausreichenden, die Wesen dahinschwinden und wiedererscheinen sehn, gemeine und edle, schöne und unschöne, glückliche und unglückliche, erkennen wie die Wesen je nach den Taten wiederkehren.

«Da haben denn meine Jünger der Erkenntnis letzte Vollendung reichlich erreicht.

«Weiter sodann, Udāyī, hab' ich den Jüngern die Pfade gewiesen, auf deren Stegen meine Jünger den Wahn versiegen und die wahnlose Gemüterlösung, Weisheiterlösung noch bei Lebzeiten sich offenbar machen, verwirklichen und erringen. Gleichwie etwa, Udāyī, wenn da am Ufer eines Alpensees von klarem, durchsichtigem, ungetrübtem Wasser ein scharfsehender Mann stände und hinblickte auf die Muscheln und Schnecken, auf den Kies und Sand und die Fische, wie sie dahingleiten und stillestehn; der sagte sich nun: ‹Klar ist diese Wasserfläche, durchsichtig, ungetrübt; ich sehe darunter die Muscheln und Schnecken, den Kies und Sand und die Fische, die dahingleiten oder ruhn›: ebenso nun auch, Udāyī, hab' ich den Jüngern die Pfade gewiesen, auf deren Stegen meine Jünger den Wahn versiegen und die wahnlose Gemüterlösung, Weisheiterlösung noch bei Lebzeiten sich offenbar machen, verwirklichen und erringen.

«Da haben denn meine Jünger der Erkenntnis letzte Vollendung reichlich erreicht.

«Das ist, Udāyī, die fünfte Eigenschaft, warum die Jünger mich werthalten, hochschätzen, achten und ehren und auch des Vertrauens würdigen.

«Das sind, Udāyī, die fünf Eigenschaften, warum die Jünger mich werthalten, hochschätzen, achten und ehren und auch des Vertrauens würdigen.»

Also sprach der Erhabene. Zufrieden freute sich Sakuludāyī der Pilger über 341
das Wort des Erhabenen.

78

ACHTER TEIL · ACHTE REDE

DER SOHN DER SAMAṆAMUṆḌIKĀ

DAS HAB' ICH GEHÖRT. Zu einer Zeit weilte der Erhabene bei Sāvatthī, im Siegerwalde, im Garten Anāthapiṇḍikos. Um diese Zeit nun hielt sich der Pilger Uggāhamāno, der Sohn der Samaṇamuṇḍikā, im Redesaal der ebenholzverschalten Großen Halle in Mallikās Garten auf, in Gesellschaft vieler Pilger, von etwa dreihundert Pilgern umgeben[158].

Da ging nun Pañcakaṅgo der Baumeister eines Nachmittags von Sāvatthī hinaus, den Erhabenen besuchen. Doch Pañcakaṅgo der Baumeister gedachte alsbald: ‹Es ist noch nicht Zeit den Erhabenen zu besuchen, zurückgezogen weilt der Erhabene; und auch die geistig tätigen Mönche besuchen ziemt sich jetzt nicht, zurückgezogen wirken die Mönche geistiges Werk. Wie, wenn ich nun den Redesaal aufsuchte, die ebenholzverschalte Große Halle, den Garten Mallikās, wo Uggāhamāno der Pilger, der Sohn der Samaṇamuṇḍikā, weilt?› Und Pañcakaṅgo der Baumeister begab sich zum Garten der Mallikā, zur ebenholzverschalten Großen Halle, zum Redesaal hin.

Um diese Zeit aber war Uggāhamāno der Pilger, der Sohn der Samaṇa-
muṇḍikā, im weiten Kreise der Pilgerschar sitzend, in lebhaftem Gespräche 342
begriffen; und sie machten lauten Lärm, großen Lärm, und unterhielten sich über allerhand gemeine Dinge, als wie über Könige, über Räuber, über Fürsten und Soldaten, über Krieg und Kampf, über Speise und Trank, über Kleidung und Bett, über Blumen und Düfte, über Verwandte, über Fuhrwerk und Wege, über Dörfer und Burgen, über Städte und Länder, über Weiber

und Weine, über Straßen und Märkte, über die Altvorderen und über die Veränderungen, über Volksgeschichten und Seegeschichten, über dies und das und dergleichen mehr.

Und Uggāhamāno der Pilger, der Sohn der Samaṇamuṇḍikā, sah Pañcakaṉgo den Baumeister von ferne herankommen, und als er ihn gesehn mahnte er die Umsitzenden zur Ruhe:

«Seid nicht so laut, ihr Lieben, macht keinen Lärm, ihr Lieben: da kommt ein Jünger des Asketen Gotamo heran, Pañcakaṉgo der Baumeister! Von jenen Jüngern des Asketen Gotamo, die da als Hausleute, weiß gekleidet, in Sāvatthī wohnen, ist dieser auch einer, Pañcakaṉgo der Baumeister. Und sie lieben nicht lauten Lärm, diese Herren, Ruhe ist ihnen recht, Ruhe preisen sie; vielleicht mag ihn der Anblick einer lautlosen Versammlung bewegen, seine Schritte hierher zu lenken.»

Und so schwiegen denn diese Pilger still. Und Pañcakaṉgo der Baumeister kam näher zu Uggāhamāno dem Pilger, dem Sohne der Samaṇamuṇḍikā, heran. Dort angelangt wechselte er höflichen Gruß und freundliche, denkwürdige Worte mit ihm und setzte sich zur Seite nieder. Und zu Pañcakaṉgo dem Baumeister, der da zur Seite saß, sprach nun Uggāhamāno der Pilger, der Sohn der Samaṇamuṇḍikā, also:

343 «Vier Dinge, Baumeister, sag' ich, lassen den Menschen gut begabt sein, höchstes Gut, besten Gewinn gewonnen, den Asketenkampf bestanden haben: welche vier? Da begeht er, Baumeister, keine böse Tat in Werken, redet kein böses Wort, hegt keine böse Gesinnung, lebt kein böses Leben. Diese vier Dinge, Baumeister, sag' ich, lassen den Menschen gut begabt sein, höchstes Gut, besten Gewinn gewonnen, den Asketenkampf bestanden haben.»

Aber Pañcakaṉgo der Baumeister war durch die Worte des Pilgers Uggāhamāno, des Sohnes der Samaṇamuṇḍikā, weder befriedigt noch verstimmt; ohne Befriedigung, ohne Verstimmung stand er von seinem Sitze auf und ging fort: ‹Beim Erhabenen werd' ich den Sinn dieser Worte verstehn.›

Und Pañcakaṉgo der Baumeister begab sich dorthin wo der Erhabene weilte, begrüßte den Erhabenen ehrerbietig und setzte sich zur Seite nieder. Zur Seite sitzend berichtete nun Pañcakaṉgo der Baumeister dem Erhabenen Wort für Wort alles was Uggāhamāno der Pilger, der Sohn der Samaṇamuṇḍikā, gesagt. Als er geendet, wandte sich der Erhabene zu ihm und sprach:

«Ist es also, Baumeister, dann mag ein zarter Knabe, ein unvernünftiger Säugling, gut begabt sein, höchstes Gut, besten Gewinn gewonnen, den Asketenkampf bestanden haben, dem Worte des Pilgers Uggāhamāno, des Sohnes der Samaṇamuṇḍikā, gemäß. Denn ein zarter Knabe, Baumeister, ein unvernünftiger Säugling, weiß ja nichts von Werken: woher sollt' er gar böse Tat in Werken begehn, es sei denn daß er um sich schlägt. Denn ein zarter

Knabe, Baumeister, ein unvernünftiger Säugling, weiß ja nichts von Worten: 344
woher sollt' er gar böses Wort reden, es sei denn daß er schreit. Denn ein zarter Knabe, Baumeister, ein unvernünftiger Säugling, weiß ja nichts von Gesinnung: woher sollt' er gar böse Gesinnung hegen, es sei denn daß er zornig ist[159]. Denn ein zarter Knabe, Baumeister, ein unvernünftiger Säugling, weiß ja nichts von Leben: woher sollt' er gar böses Leben leben, es sei denn daß er Muttermilch nimmt. Ist es also, Baumeister, dann mag ein zarter Knabe, ein unvernünftiger Säugling, gut begabt sein, höchstes Gut, besten Gewinn gewonnen, den Asketenkampf bestanden haben, dem Worte des Pilgers Uggāhamāno, des Sohnes der Samaṇamuṇḍikā, gemäß.

«Vier Dinge, Baumeister, sag' ich, lassen den Menschen noch nicht gut begabt sein, höchstes Gut, besten Gewinn gewonnen, den Asketenkampf bestanden haben, sondern nur bis zu jenem zarten Knaben, dem unvernünftigen Säugling, heranreichen: welche vier? Da begeht er, Baumeister, keine böse Tat in Werken, redet kein böses Wort, hegt keine böse Gesinnung, lebt kein böses Leben. Diese vier Dinge, Baumeister, sag' ich, lassen den Menschen noch nicht gut begabt sein, höchstes Gut, besten Gewinn gewonnen, den Asketenkampf bestanden haben, sondern nur bis zu jenem zarten Knaben, dem unvernünftigen Säugling, heranreichen.

«Zehn Dinge, Baumeister, sag' ich, lassen den Menschen gut begabt sein, höchstes Gut, besten Gewinn gewonnen, den Asketenkampf bestanden haben.

«'So ist üble Gehabung': das, Baumeister, sag' ich, muß man wissen. 'Da- 345
her kommt üble Gehabung': das, Baumeister, sag' ich, muß man wissen. 'Da geht üble Gehabung ohne Überrest unter': das, Baumeister, sag' ich, muß man wissen. 'Also wandelnd, geht man dem Untergang übler Gehabung entgegen': das, Baumeister, sag' ich, muß man wissen. 'So ist gute Gehabung': das, Baumeister, sag' ich, muß man wissen. 'Daher kommt gute Gehabung': das, Baumeister, sag' ich, muß man wissen. 'Da geht gute Gehabung ohne Überrest unter': das, Baumeister, sag' ich, muß man wissen. 'Also wandelnd geht man dem Untergang guter Gehabung entgegen': das, Baumeister, sag' ich, muß man wissen. 'So ist üble Gesinnung': das, Baumeister, sag' ich, muß man wissen. 'Daher kommt üble Gesinnung': das, Baumeister, sag' ich, muß man wissen. 'Da geht üble Gesinnung ohne Überrest unter': das, Baumeister, sag' ich, muß man wissen. 'Also wandelnd geht man dem Untergang übler Gesinnung entgegen': das, Baumeister, sag' ich, muß man wissen. 'So ist gute Gesinnung': das, Baumeister, sag' ich, muß man wissen. 'Daher kommt gute Gesinnung': das, Baumeister, sag' ich, muß man wissen. 'Da geht gute Gesinnung ohne Überrest unter': das, Baumeister, sag' ich, muß man wissen. 'Also wandelnd geht man dem Untergang guter Gesinnung ent-
gegen': das, Baumeister, sag' ich, muß man wissen. 346

«Was ist aber, Baumeister, üble Gehabung? Üble Tat in Werken, üble Tat in Worten, böses Leben: das heißt man, Baumeister, üble Gehabung. Und woher, Baumeister, kommt diese üble Gehabung? Spricht man von ihrer Herkunft, so hat man zu sagen: aus dem Herzen kommt sie her[160]. Welcher Art ist das Herz? Das Herz ist eben gar vielfältig, mannigfach, unterschiedlich; das Herz, das Gier, Haß und Irre birgt[161], da kommt die üble Gehabung her. Und wo, Baumeister, geht diese üble Gehabung ohne Überrest unter? Spricht man von ihrem Untergange, so gilt es, Baumeister, daß der Mönch üblen Wandel in Werken verlasse und guten Wandel in Werken erfülle, üblen Wandel in Worten verlasse und guten Wandel in Worten erfülle, üblen Wandel in Gedanken verlasse und guten Wandel in Gedanken erfülle, falsches Leben verlasse und auf rechte Weise das Leben friste: da geht jene üble Gehabung ohne Überrest unter. Wie aber wandelt man, Baumeister, dem Untergang übler Gehabung entgegenzugehn? Da weckt, Baumeister, der Mönch seinen Willen, daß er unaufgestiegene üble, unheilsame Dinge nicht aufsteigen lasse, er müht sich darum, mutig bestrebt, rüstet das Herz, macht es kampfbereit; weckt seinen Willen, daß er aufgestiegene üble, unheilsame Dinge vertreibe, er müht sich darum, mutig bestrebt, rüstet das Herz, macht es kampfbereit; weckt seinen Willen, daß er unaufgestiegene heilsame Dinge aufsteigen lasse, er müht sich darum, mutig bestrebt, rüstet das Herz, macht es kampfbereit; weckt seinen Willen, daß er aufgestiegene heilsame Dinge sich festigen, nicht lockern, weiterentwickeln, erschließen, entfalten, erfüllen lasse, er müht sich
347 darum, mutig bestrebt, rüstet das Herz, macht es kampfbereit. Also wandelt man, Baumeister, dem Untergang übler Gehabung entgegenzugehn.

«Was ist aber, Baumeister, gute Gehabung? Gute Tat in Werken, gute Tat in Worten, Lauterkeit des Lebens: das, Baumeister, sag' ich, gehört zur Gehabung; und man heißt es, Baumeister, gute Gehabung. Und woher, Baumeister, kommt diese gute Gehabung? Spricht man von ihrer Herkunft, so hat man zu sagen: aus dem Herzen kommt sie her. Welcher Art ist das Herz? Das Herz ist eben gar vielfältig, mannigfach, unterschiedlich; das Herz, das keine Gier, keinen Haß, keine Irre birgt, da kommt die gute Gehabung her. Und wo, Baumeister, geht diese gute Gehabung ohne Überrest unter? Spricht man von ihrem Untergange, so gilt es, Baumeister, daß der Mönch Tugend habe, nicht aber Tugend sei; und daß er jene Gemüterlösung, Weisheiterlösung der Wahrheit gemäß erkenne, wo ihm die gute Gehabung ohne Überrest untergeht. Wie aber wandelt man, Baumeister, dem Untergang guter Gehabung entgegenzugehn? Da weckt, Baumeister, der Mönch seinen Willen, daß er unaufgestiegene üble, unheilsame Dinge nicht aufsteigen lasse, er müht sich darum, mutig bestrebt, rüstet das Herz, macht es kampfbereit; weckt seinen Willen, daß er aufgestiegene üble, unheilsame Dinge vertreibe, er müht sich darum, mutig bestrebt, rüstet das Herz, macht es kampfbereit; weckt seinen Willen, daß er unaufgestiegene heilsame Dinge aufsteigen lasse, er müht sich darum, mutig bestrebt, rüstet das Herz, macht es kampfbereit; weckt seinen Willen, daß er aufgestiegene heilsame Dinge sich festigen, nicht lockern, weiterentwickeln, erschließen, entfalten, erfüllen lasse, er müht sich darum, mutig bestrebt, rüstet das Herz, macht es kampfbereit. Also wandelt man, Baumeister, dem Untergang guter Gehabung entgegenzugehn.

«Was ist aber, Baumeister, üble Gesinnung? Sinnende Lust, sinnender Groll, sinnende Wut: das heißt man, Baumeister, üble Gesinnung. Und woher, Bau- 348
meister, kommt diese üble Gesinnung? Spricht man von ihrer Herkunft, so hat man zu sagen: aus der Wahrnehmung kommt sie her. Welcher Art ist die Wahrnehmung? Die Wahrnehmung ist eben gar vielfältig, mannigfach, unterschiedlich; die Wahrnehmung, die Lust empfindet, Groll empfindet, Wut empfindet, da kommt die üble Gesinnung her. Und wo, Baumeister, geht diese üble Gesinnung ohne Überrest unter? Spricht man von ihrem Untergange, so gilt es, Baumeister, daß der Mönch, gar fern von Begierden, fern von unheilsamen Dingen, in sinnend gedenkender ruhegeborener seliger Heiterkeit, in der Weihe der ersten Schauung weile: da geht jene üble Gesinnung ohne Überrest unter. Wie aber wandelt man, Baumeister, dem Untergang übler Gesinnung entgegenzugehn? Da weckt, Baumeister, der Mönch seinen Willen, daß er unaufgestiegene üble, unheilsame Dinge nicht aufsteigen lasse, er müht sich darum, mutig bestrebt, rüstet das Herz, macht es kampfbereit; weckt seinen Willen, daß er aufgestiegene üble, unheilsame Dinge vertreibe, er müht sich darum, mutig bestrebt, rüstet das Herz, macht es kampfbereit; weckt seinen Willen, daß er unaufgestiegene heilsame Dinge aufsteigen lasse, er müht sich darum, mutig bestrebt, rüstet das Herz, macht es kampfbereit; weckt seinen Willen, daß er aufgestiegene heilsame Dinge sich festigen, nicht lockern, weiterentwickeln, erschließen, entfalten, erfüllen lasse, er müht sich darum, mutig bestrebt, rüstet das Herz, macht es kampfbereit. Also wandelt man, Baumeister, dem Untergang übler Gesinnung entgegenzugehn.

«Was ist aber, Baumeister, gute Gesinnung? Entsagung sinnen, keinen Groll hegen, keine Wut hegen: das heißt man, Baumeister, gute Gesinnung. Und woher, Baumeister, kommt diese gute Gesinnung? Spricht man von ihrer Herkunft, so hat man zu sagen: aus der Wahrnehmung kommt sie her. 349
Welcher Art ist die Wahrnehmung? Die Wahrnehmung ist eben gar vielfältig, mannigfach, unterschiedlich; die Wahrnehmung, die Entsagung sinnt, keinen Groll hegt, keine Wut hegt, da kommt die gute Gesinnung her. Und wo, Baumeister, geht diese gute Gesinnung ohne Überrest unter? Spricht man von ihrem Untergange, so gilt es, Baumeister, daß der Mönch nach Voll-

endung des Sinnens und Gedenkens die innere Meeresstille, die Einheit des Gemütes gewinne, die von sinnen, von gedenken freie, in der Einigung geborene selige Heiterkeit, die Weihe der zweiten Schauung: da geht jene gute Gesinnung ohne Überrest unter. Wie aber wandelt man, Baumeister, dem Untergang guter Gesinnung entgegenzugehn? Da weckt, Baumeister, der Mönch seinen Willen, daß er unaufgestiegene üble, unheilsame Dinge nicht aufsteigen lasse, er müht sich darum, mutig bestrebt, rüstet das Herz, macht es kampfbereit; weckt seinen Willen, daß er aufgestiegene üble, unheilsame Dinge vertreibe, er müht sich darum, mutig bestrebt, rüstet das Herz, macht es kampfbereit; weckt seinen Willen, daß er unaufgestiegene heilsame Dinge aufsteigen lasse, er müht sich darum, mutig bestrebt, rüstet das Herz, macht es kampfbereit; weckt seinen Willen, daß er aufgestiegene heilsame Dinge sich festigen, nicht lockern, weiterentwickeln, erschließen, entfalten, erfüllen lasse, er müht sich darum, mutig bestrebt, rüstet das Herz, macht es kampfbereit. Also wandelt man, Baumeister, dem Untergang guter Gesinnung entgegenzugehn.

«Was für zehn Dinge aber, Baumeister, sag' ich, lassen den Menschen gut begabt sein, höchstes Gut, besten Gewinn gewonnen, den Asketenkampf bestanden haben? Da eignet, Baumeister, einem Mönche untrüglich rechte Erkenntnis, untrüglich rechte Gesinnung, untrüglich rechte Rede, untrüglich
350 rechtes Handeln, untrüglich rechtes Wandeln, untrüglich rechtes Mühn, untrüglich rechte Einsicht, untrüglich rechte Einigung, untrüglich rechte Weisheit, untrüglich rechte Erlösung. Diese zehn Dinge, Baumeister, sag' ich, lassen den Menschen gut begabt sein, höchstes Gut, besten Gewinn gewonnen, den Asketenkampf bestanden haben.»

Also sprach der Erhabene. Zufrieden freute sich Pañcakan̲go der Baumeister über das Wort des Erhabenen.

79

ACHTER TEIL · NEUNTE REDE

SAKULUDĀYĪ

II

DAS HAB' ICH GEHÖRT. Zu einer Zeit weilte der Erhabene bei Rājagaham, im Bambusparke, am Hügel der Eichhörnchen. Um diese Zeit nun hielt sich der Pilger Sakuludāyī im Pilgerhaine auf, am Pfauenhügel, in Gesellschaft vieler Pilger. Und der Erhabene, zeitig gerüstet, nahm Mantel und Schale und wanderte gegen Rājagaham, um Almosenspeise. Und es gedachte der Erhabene: ‹Allzu früh ist's noch, in der Stadt um Almosenspeise zu stehn; wie, wenn ich nun zum Pilgergarten, nach dem Pfauenhügel ginge, Sakuludāyī den Pilger besuchen?› Und der Erhabene begab sich zum Pilgergarten, nach dem Pfauenhügel hin.

Um diese Zeit aber war Sakuludāyī der Pilger, im weiten Kreise der Pilger- 351
schar sitzend, in lebhaftem Gespräche begriffen; und sie machten lauten Lärm, großen Lärm, und unterhielten sich über allerhand gemeine Dinge, als wie über Könige, über Räuber, über Fürsten und Soldaten, über Krieg und Kampf, über Speise und Trank, über Kleidung und Bett, über Blumen und Düfte, über Verwandte, über Fuhrwerk und Wege, über Dörfer und Burgen, über Städte und Länder, über Weiber und Weine, über Straßen und Märkte, über die Altvorderen und über die Veränderungen, über Volksgeschichten und Seegeschichten, über dies und das und dergleichen mehr.

Und Sakuludāyī der Pilger sah den Erhabenen von ferne herankommen, und als er ihn gesehn mahnte er die Umsitzenden zur Ruhe:

«Seid nicht so laut, ihr Lieben, macht keinen Lärm, ihr Lieben: da kommt der Asket Gotamo heran! Und er liebt nicht lauten Lärm, dieser Ehrwürdige, Ruhe preist er; vielleicht mag ihn der Anblick einer lautlosen Versammlung bewegen seine Schritte hierher zu lenken[162].»

Und so schwiegen denn diese Pilger still. Und der Erhabene kam näher zu Sakuludāyī dem Pilger heran. Und Sakuludāyī der Pilger sprach zum Erhabenen also:

«Es komme, o Herr, der Erhabene, gegrüßt sei, o Herr, der Erhabene! Lange schon, o Herr, hat der Erhabene hoffen lassen, mich einmal hier zu besuchen. Möge sich, o Herr, der Erhabene setzen: dieser Sitz ist bereit.»

Es setzte sich der Erhabene auf den dargebotenen Sitz. Sakuludāyī aber, der Pilger, nahm einen von den niederen Stühlen zur Hand und setzte sich an die Seite. Zu Sakuludāyī dem Pilger, der da beiseite saß, wandte sich nun der Erhabene also:

«Zu welchem Gespräche, Udāyī, seid ihr jetzt hier zusammengekommen, und wobei habt ihr euch eben unterbrochen?»

«Sei es, o Herr, um jenes Gespräch, warum wir hier beisammen sind: schwerlich, o Herr, wird dem Erhabenen etwas entgehn, wenn es auch später
352 zur Sprache kommt. Wann ich, o Herr, fern von dieser Gesellschaft weile, dann ist sie zu Gesprächen über allerhand gemeine Dinge versammelt: wann ich aber, o Herr, diese Gesellschaft aufgesucht habe, dann richten sich ihre Blicke zu mir empor: ‹Was uns der Asket Udāyī wird lehren, dem wollen wir lauschen.› Hat nun, o Herr, der Erhabene diese Gesellschaft aufgesucht, dann richten sich ebenso meine Blicke wie die der übrigen zum Erhabenen empor: ‹Was uns der Erhabene wird lehren, dem wollen wir lauschen.›»

«Wohlan denn, Udāyī, da soll eben von dir die Ansprache ausgehn, wie sie von mir ausgehn mag.»

«Die vergangenen Tage, o Herr, vor einiger Zeit, hab' ich ihm, der alles weiß, alles versteht, unbeschränkte Wissensklarheit bekennt – 'Ob ich geh' oder stehe, schlaf' oder wache, jederzeit hab' ich die gesamte Wissensklarheit gegenwärtig' – von Anfang an Fragen gestellt: er aber ist von einem auf ein anderes übergegangen, vom Gegenstande abgeschweift, hat Verdrossenheit, Haß und Mißtrauen an den Tag gelegt. Da hab' ich, o Herr, eben an den Erhabenen mit Freuden gedacht: ‹Ja der Erhabene, ja der Willkommene, der wird gewiß dieser Dinge kundig sein!›»

«Wer ist es denn, Udāyī, der alles weiß, alles versteht, unbeschränkte Wissensklarheit bekennt – 'Ob ich geh' oder stehe, schlaf' oder wache, jederzeit hab' ich die gesamte Wissensklarheit gegenwärtig' – der von dir, von Anfang an befragt, von einem auf ein anderes übergegangen, vom Gegenstande abgeschweift ist, Verdrossenheit, Haß und Mißtrauen an den Tag gelegt hat?»

353 «Nāthaputto, Herr, der Freie Bruder.»

«Wer sich, Udāyī, mancher verschiedenen früheren Daseinsform erinnerte, als wie an ein Leben, dann an zwei Leben, und so weiter; wer sich also an manche verschiedene frühere Daseinsform, mit je den eigentümlichen Merkmalen, mit je den eigenartigen Beziehungen, erinnern kann: mag der von Anfang an mir Fragen stellen, oder mag er von Anfang an mich fragen lassen, so wird er, wie er sich von Anfang an die Fragen lösen läßt, sich zufrieden stellen, oder wird, wie er mich von Anfang an die Fragen lösen läßt, sich zufrieden geben. Wer[163] da, Udāyī, mit dem himmlischen Auge, dem geläuterten, über menschliche Grenzen hinausreichenden, die Wesen dahinschwinden und wiedererscheinen sähe, gemeine und edle, schöne und unschöne, glückliche und unglückliche, erkennen kann wie die Wesen je nach den Taten wiederkehren: mag der vom Ende an mir Fragen stellen, oder mag er vom Ende an mich fragen lassen, so wird er, wie er sich vom Ende an die Fragen lösen läßt, sich zufrieden stellen, oder wird, wie er mich vom Ende an die Fragen lösen läßt, sich zufrieden geben. Aber, Udāyī, sei es um den Anfang, sei es um das Ende: die Satzung werd' ich dir aufweisen. Wenn Jenes ist, wird Dieses, durch die Entstehung von Jenem entsteht Dieses; wenn Jenes nicht ist, wird Dieses nicht, durch die Auflösung von Jenem wird Dieses aufgelöst[164].»

«Ich kann mich dessen, o Herr, was ich nur in meiner gegenwärtigen Erscheinung alles erlebt habe, durchaus nicht je einzeln ganz genau erinnern: woher sollt' ich mich gar an manche verschiedene frühere Daseinsform erin- 354
nern, als wie an ein Leben, dann an zwei Leben, und so weiter, mit je den eigentümlichen Merkmalen, mit je den eigenartigen Beziehungen, gleichwie etwa der Erhabene? Ja, o Herr, nicht einmal ein Irrlicht vermag ich jetzt wahrzunehmen: woher sollt' ich gar mit dem himmlischen Auge, dem geläuterten, über menschliche Grenzen hinausreichenden, die Wesen dahinschwinden und wiedererscheinen sehn, gemeine und edle, schöne und unschöne, glückliche und unglückliche, und erkennen wie die Wesen je nach den Taten wiederkehren, gleichwie etwa der Erhabene? Was mir nun erst, o Herr, der Erhabene da gesagt hat: ‹Aber, Udāyī, sei es um den Anfang, sei es um das Ende: die Satzung werd' ich dir aufweisen. Wenn Jenes ist, wird Dieses, durch die Entstehung von Jenem entsteht Dieses; wenn Jenes nicht ist, wird Dieses nicht, durch die Auflösung von Jenem wird Dieses aufgelöst›, das ist mir noch viel weniger klar geworden. O daß ich nur, o Herr, bei meinem eigenen Lehrsatze dem Erhabenen durch die Lösung der Fragen zustimmen könnte!»

«Was hast du denn, Udāyī, für einen eigenen Lehrsatz?»

«Unser eigener Lehrsatz, o Herr, der lautet: ‹Das ist der höchste Glanz, das ist der höchste Glanz.›»

«Was du aber da, Udāyī, als eigenen Lehrsatz also angibst, ‹Das ist der höchste Glanz, das ist der höchste Glanz›, was ist das für ein höchster Glanz?»

«Ein Glanz, o Herr, über den es keinen größeren und helleren gibt, das ist der höchste Glanz.»

«Und was ist das, Udāyī, für ein höchster Glanz, über den es keinen größeren und helleren gibt?»

«Jener Glanz, o Herr, über den es keinen größeren und helleren gibt, das 355
ist der höchste Glanz.»

«Lange noch kannst du also, Udāyī, fortfahren, wenn du sagst ‹Jener Glanz, o Herr, über den es keinen größeren und helleren gibt, das ist der höchste Glanz›, und diesen Glanz nicht erklärst. Gleichwie etwa, Udāyī, wenn ein Mann also spräche: ‹Ich habe nach ihr, die da im ganzen Lande die Schönste ist, Verlangen, habe Sehnsucht nach ihr›; und man fragte ihn: ‹Lieber Mann, die Schönste des Landes, nach der du verlangst und dich sehnst, kennst du diese, ob es eine Fürstin oder eine Priestertochter, ein Bürgermädchen oder eine Dienerin ist?›; und er gäbe ‹Nein› zur Antwort; und man fragte ihn: ‹Lieber Mann, die Schönste des Landes, nach der du verlangst und dich sehnst, kennst du diese, weißt du wie sie heißt, wo sie herstammt oder hingehört, ob sie von großer oder von kleiner oder von mittlerer Gestalt ist, ob ihre Hautfarbe schwarz oder braun oder gelb ist, in welchem Dorf oder welcher Burg oder welcher Stadt sie zu Hause ist?›; und er gäbe ‹Nein› zur Antwort; und man fragte ihn: ‹Lieber Mann, die du nicht kennst und nicht siehst, nach der verlangst du, sehnst dich nach ihr?›; und er gäbe ‹Ja› zur Antwort; was meinst du wohl, Udāyī: hätte nun nicht, bei solcher Bewandtnis, jener Mann unbegreifliche Antwort gegeben?»

«Allerdings hätte, o Herr, bei solcher Bewandtnis, jener Mann unbegreifliche Antwort gegeben[165].»

356 «Ebenso nun auch, Udāyī, hast du gesagt ‹Jener Glanz, o Herr, über den es keinen größeren und helleren gibt, das ist der höchste Glanz›, und hast diesen Glanz nicht erklärt.»

«Gleichwie etwa, o Herr, ein Juwel, ein Edelstein, von reinem Wasser, achteckig, wohlbearbeitet, auf lichter Decke liegend leuchtet und funkelt und strahlt, ebenso glänzend ist die Seele, nach dem Tode genesen[166].»

«Was meinst du wohl, Udāyī: ein Juwel, ein Edelstein, der von reinem Wasser, achteckig, wohlbearbeitet ist, auf lichter Decke liegend leuchtet und funkelt und strahlt, oder aber ein Glühwurm, ein Leuchtkäfer[167] in dunkler, finsterer Nacht: wer von den beiden hat größeren und helleren Glanz?»

«Ein Glühwurm, o Herr, in dunkler, finsterer Nacht, ein Leuchtkäfer, dieser von beiden hat da größeren und helleren Glanz.»

«Was meinst du wohl, Udāyī: ein Glühwurm in dunkler, finsterer Nacht, ein Leuchtkäfer, oder aber eine Öllampe in dunkler, finsterer Nacht: wer von den beiden hat größeren und helleren Glanz?»

«Eine Öllampe, o Herr, in dunkler, finsterer Nacht, diese von beiden hat da größeren und helleren Glanz.»

«Was meinst du wohl, Udāyī: eine Öllampe in dunkler, finsterer Nacht, oder aber eine mächtige Fackel in dunkler, finsterer Nacht: wer von den beiden hat größeren und helleren Glanz?»

357 «Eine mächtige Fackel, o Herr, in dunkler, finsterer Nacht, diese von beiden hat da größeren und helleren Glanz.»

«Was meinst du wohl, Udāyī: eine mächtige Fackel in dunkler, finsterer Nacht, oder aber der Morgenstern in dämmernder Frühe, wann die Wolken und Nebel verzogen und verschwunden sind: wer von den beiden hat größeren und helleren Glanz?»

«Der Morgenstern, o Herr, in dämmernder Frühe, wann die Wolken und Nebel verzogen und verschwunden sind, dieser von beiden hat da größeren und helleren Glanz.»

«Was meinst du wohl, Udāyī: der Morgenstern in dämmernder Frühe, wann die Wolken und Nebel verzogen und verschwunden sind, oder aber am Feiertage im halben Monat, wann die Wolken und Nebel verzogen und verschwunden sind, unbeschränkt um Mitternacht der Mond: wer von den beiden hat größeren und helleren Glanz?»

«Der Mond, o Herr, am Feiertage im halben Monat, wann die Wolken und Nebel verzogen und verschwunden sind, unbeschränkt um Mitternacht, dieser von beiden hat da größeren und helleren Glanz.»

«Was meinst du wohl, Udāyī: der Mond am Feiertage im halben Monat, wann die Wolken und Nebel verzogen und verschwunden sind, unbeschränkt um Mitternacht, oder aber im letzten Monat der Regenzeit, im Herbste, wann die Wolken und Nebel verzogen und verschwunden sind, unbeschränkt um Mittag die Sonne: wer von den beiden hat größeren und helleren Glanz?»

«Die Sonne, o Herr, im letzten Monat der Regenzeit, im Herbste, wann
die Wolken und Nebel verzogen und verschwunden sind, unbeschränkt um 358
Mittag, diese von beiden hat da größeren und helleren Glanz.»

«Nun sind es zwar, Udāyī, mehr als viele der Götter, deren Licht sich mit dem von Sonne und Mond nicht vergleichen läßt, und ich kenne sie: dennoch aber sag' ich nicht ‹Ein Glanz, über den es keinen größeren und helleren gibt›; während, Udāyī, du dagegen von jenem Glanze, der dem Glühwurm, dem Leuchtkäfer nachsteht, unterlegen ist, sagst ‹Das ist der höchste Glanz›, und diesen Glanz nicht erklärst.»

«Abgeschnitten hat der Erhabene das Gespräch, abgeschnitten hat der Willkommene das Gespräch!»

«Warum denn, Udāyī, sagst du: ‹Abgeschnitten hat der Erhabene das Gespräch, abgeschnitten hat der Willkommene das Gespräch›?»

«Unser eigener Lehrsatz, o Herr, der lautet: ‹Das ist der höchste Glanz, das ist der höchste Glanz›: und da sind wir, o Herr, vom Erhabenen über unseren eigenen Lehrsatz befragt, ausgeforscht, unterrichtet, hohl und leer und eitel befunden worden.»

«Sag' mir, Udāyī: gibt es ein vollkommenes Wohlsein, gibt es einen deutlich bezeichneten Pfad, um das vollkommene Wohlsein zu erreichen?»

«Wir haben, o Herr, einen Lehrsatz, der lautet: ‹Es gibt ein vollkommenes Wohlsein, es gibt einen deutlich bezeichneten Pfad, um das vollkommene Wohlsein zu erreichen.›»

«Und was ist das, Udāyī, für ein deutlich bezeichneter Pfad, um das vollkommene Wohlsein zu erreichen?»

«Da hat einer, o Herr, das Töten verworfen, vom Töten hält er sich fern, Nichtgegebenes zu nehmen hat er verworfen, vom Nehmen des Nichtgegebenen hält er sich fern, Ausschweifung hat er verworfen, von Ausschweifung
359 hält er sich fern, das Lügen hat er verworfen, vom Lügen hält er sich fern; oder er hat noch andere Büßerpflicht auf sich genommen. Das ist, o Herr, der deutlich bezeichnete Pfad, um das vollkommene Wohlsein zu erreichen.»

«Was bedünkt dich, Udāyī: zu einer Zeit, wo man das Töten verworfen hat, sich vom Töten fernhält, fühlt man sich zu einer solchen Zeit vollkommen wohl, oder wohl und weh?»

«Wohl und weh, o Herr!»

«Was bedünkt dich, Udāyī: zu einer Zeit, wo man das Nehmen des Nichtgegebenen, Ausschweifung, Lüge verworfen hat, sich davon fernhält, fühlt man sich zu einer solchen Zeit vollkommen wohl, oder wohl und weh?»

«Wohl und weh, o Herr!»

«Was bedünkt dich, Udāyī: zu einer Zeit wo man noch andere Büßerpflicht auf sich genommen hat, fühlt man sich zu einer solchen Zeit vollkommen wohl, oder wohl und weh?»

«Wohl und weh, o Herr!»

«Was bedünkt dich, Udāyī: hat man nun aber den Pfad betreten, der Wohl und Wehe mit sich bringt, kann man da vollkommenes Wohlsein erreichen?»

«Abgeschnitten hat der Erhabene das Gespräch, abgeschnitten hat der Willkommene das Gespräch!»

«Warum denn, Udāyī, sagst du: ‹Abgeschnitten hat der Erhabene das Gespräch, abgeschnitten hat der Willkommene das Gespräch›?»

360 «Unser eigener Lehrsatz, o Herr, der lautet: ‹Es gibt ein vollkommenes Wohlsein, es gibt einen deutlich bezeichneten Pfad, um das vollkommene Wohlsein zu erreichen›: und da sind wir, o Herr, vom Erhabenen über unseren eigenen Lehrsatz befragt, ausgeforscht, unterrichtet, hohl und leer und eitel befunden worden. Wie nun, o Herr: gibt es ein vollkommenes Wohlsein, gibt es einen deutlich bezeichneten Pfad, um das vollkommene Wohlsein zu erreichen?»

«Es gibt, Udāyī, ein vollkommenes Wohlsein, es gibt einen deutlich bezeichneten Pfad, um das vollkommene Wohlsein zu erreichen.»

«Und was ist das, o Herr, für ein deutlich bezeichneter Pfad, um das vollkommene Wohlsein zu erreichen?»

«Da weilt, Udāyī, ein Mönch, gar fern von Begierden, fern von unheilsamen Dingen, in sinnend gedenkender ruhegeborener seliger Heiterkeit, in der Weihe der ersten Schauung. Nach Vollendung des Sinnens und Gedenkens gewinnt er die innere Meeresstille, die Einheit des Gemütes, die von sinnen, von gedenken freie, in der Einigung geborene selige Heiterkeit, die Weihe der zweiten Schauung. In heiterer Ruhe verweilt er gleichmütig, einsichtig, klar bewußt, ein Glück empfindet er im Körper, von dem die Heiligen sagen: ‹Der gleichmütig Einsichtige lebt beglückt›; so gewinnt er die Weihe der dritten Schauung. Das ist, Udāyī, der deutlich bezeichnete Pfad, um das vollkommene Wohlsein zu erreichen.»

«Wie kann das, o Herr, der deutlich bezeichnete Pfad sein, um das vollkommene Wohlsein zu erreichen? Erreicht hat man ja da schon, o Herr, vollkommenes Wohlsein!»

«Nicht hat man, Udāyī, da schon vollkommenes Wohlsein erreicht: der deutlich bezeichnete Pfad ist es nur, um das vollkommene Wohlsein zu erreichen.»

Auf diese Worte brachen die Jünger Sakuludāyī des Pilgers in lebhafte Rufe aus, in lauten Lärm, in großen Lärm:

«So haben wir unsere Lehrsätze verloren, so haben wir unsere Lehrsätze 361
wiedergefunden[168]! Darüber hinaus begreifen wir nichts Höheres mehr.»

Und Sakuludāyī der Pilger beschwichtigte sie und sprach dann also zum Erhabenen:

«Inwiefern hat man nun, o Herr, vollkommenes Wohlsein erreicht?»

«Da erwirkt, Udāyī, der Mönch nach Verwerfung der Freuden und Leiden, nach Vernichtung des einstigen Frohsinns und Trübsinns die Weihe der leidlosen, freudlosen, gleichmütig einsichtigen vollkommenen Reine, die vierte Schauung. Und so da Geister sich vollkommen wohl befinden, geht er sie an und pflegt Rede und Rat mit ihnen. Insofern hat man, Udāyī, vollkommenes Wohlsein erreicht.»

«Und gewiß, o Herr, führen die Mönche um dieses vollkommene Wohlsein zu erreichen das Asketenleben beim Erhabenen?»

«Nicht doch, Udāyī, um dieses vollkommene Wohlsein zu erreichen führen die Mönche bei mir das Asketenleben; es gibt, Udāyī, noch andere Dinge, die besser und vorzüglicher sind, um deren Erreichung die Mönche bei mir das Asketenleben führen.»

«Was sind das aber, o Herr, für bessere und vorzüglichere Dinge, um deren Erreichung die Mönche das Asketenleben beim Erhabenen führen?»

«Da weilt[169], Udāyī, der Mönch, solchen Gemütes, innig, geläutert, ge- 362
säubert, gediegen, schlackengeklärt, geschmeidig, biegsam, fest, unversehrbar, und richtet das Gemüt auf die erinnernde Erkenntnis früherer Daseinsformen. Er erinnert sich an manche verschiedene frühere Daseinsform, als wie an ein Leben, dann an zwei Leben, und so weiter, mit je den eigentümlichen Merkmalen, mit je den eigenartigen Beziehungen. Das aber ist, Udāyī, ein

besseres und vorzüglicheres Ding, um dessen Erreichung die Mönche bei mir das Asketenleben führen.

«Solchen Gemütes, innig, geläutert, gesäubert, gediegen, schlackengeklärt, geschmeidig, biegsam, fest, unversehrbar, richtet er das Gemüt auf die Erkenntnis des Verschwindens-Erscheinens der Wesen. Mit dem himmlischen Auge, dem geläuterten, über menschliche Grenzen hinausreichenden, kann er die Wesen dahinschwinden und wiedererscheinen sehn, gemeine und edle, schöne und unschöne, glückliche und unglückliche, er kann erkennen wie die Wesen je nach den Taten wiederkehren. Das aber ist, Udāyī, ein besseres und vorzüglicheres Ding, um dessen Erreichung die Mönche bei mir das Asketenleben führen.

363 «Solchen Gemütes, innig, geläutert, gesäubert, gediegen, schlackengeklärt, geschmeidig, biegsam, fest, unversehrbar, richtet er das Gemüt auf die Erkenntnis der Wahnversiegung. ‹Das ist das Leiden› erkennt er der Wahrheit gemäß. ‹Das ist die Leidensentwicklung› erkennt er der Wahrheit gemäß. ‹Das ist die Leidensauflösung› erkennt er der Wahrheit gemäß. ‹Das ist der zur Leidensauflösung führende Pfad› erkennt er der Wahrheit gemäß. ‹Das ist der Wahn› erkennt er der Wahrheit gemäß. ‹Das ist die Wahnentwicklung› erkennt er der Wahrheit gemäß. ‹Das ist die Wahnauflösung› erkennt er der Wahrheit gemäß. ‹Das ist der zur Wahnauflösung führende Pfad› erkennt er der Wahrheit gemäß. Also erkennend, also sehend wird da sein Gemüt erlöst vom Wunscheswahn, erlöst vom Daseinswahn, erlöst vom Nichtwissenswahn. ‹Im Erlösten ist die Erlösung›, diese Erkenntnis geht auf. ‹Versiegt ist die Geburt, vollendet das Asketentum, gewirkt das Werk, nicht mehr ist diese Welt›, versteht er da. Das ist, Udāyī, ein besseres und vorzüglicheres Ding, um dessen Erreichung die Mönche bei mir das Asketenleben führen.

«Das sind, Udāyī, die besseren und vorzüglicheren Dinge, um deren Erreichung die Mönche bei mir das Asketenleben führen.»

Nach diesen Worten wandte sich Sakuludāyī der Pilger also an den Erhabenen:

«Vortrefflich, o Herr, vortrefflich, o Herr! Gleichwie etwa, o Herr, als ob man Umgestürztes aufstellte, oder Verdecktes enthüllte, oder Verirrten den Weg wiese, oder Licht in die Finsternis brächte: ‹Wer Augen hat wird die Dinge sehn›: ebenso auch hat der Erhabene die Lehre gar vielfach gezeigt. Und so nehm' ich, o Herr, beim Erhabenen Zuflucht, bei der Lehre und bei
364 der Jüngerschaft: möge mir, o Herr, der Erhabene Aufnahme gewähren, die Ordensweihe erteilen!»

So sprach Sakuludāyī der Pilger. Aber seine Jünger wandten sich also an ihn:

«Nicht darf Herr Udāyī beim Asketen Gotamo das Asketenleben führen, nicht darf Herr Udāyī, längst ein Lehrer, als Schüler in die Lehre gehn! Gleichwie etwa wenn man, längst geschmückt, einen jeden Schmuck ablegte, ebenso würde das Herrn Udāyī anstehn[170]. Nicht darf Herr Udāyī beim Asketen Gotamo das Asketenleben führen, nicht darf Herr Udāyī, längst ein Lehrer, als Schüler in die Lehre gehn!»

Und so hielten denn Sakuludāyī den Pilger seine Jünger vom Asketenleben beim Erhabenen ab[171].

80

ACHTER TEIL · ZEHNTE REDE

VEKHANASO

DAS HAB' ICH GEHÖRT. Zu einer Zeit weilte der Erhabene bei Sāvatthī, im Siegerwalde, im Garten Anāthapiṇḍikos.

Da nun begab sich Vekhanaso, ein Pilger, dorthin wo der Erhabene weilte, tauschte höflichen Gruß und freundliche, denkwürdige Worte mit dem Erhabenen und stellte sich seitwärts hin. Seitwärts stehend ließ nun Vekhanaso der Pilger vor dem Erhabenen den Ausspruch vernehmen:

«Das ist der höchste Glanz, das ist der höchste Glanz.»

«Warum denn, Kaccāno[172], sagst du: ‹Das ist der höchste Glanz, das ist der höchste Glanz›? Was ist das für ein höchster Glanz?»

«Ein Glanz, o Gotamo, über den es keinen größeren und helleren gibt, das 365
ist der höchste Glanz.»

«Und was ist das, Kaccāno, für ein höchster Glanz, über den es keinen größeren und helleren gibt?»

«Jener Glanz, o Gotamo, über den es keinen größeren und helleren gibt, das ist der höchste Glanz.»

«Lange noch kannst du also, Kaccāno, fortfahren, wenn du sagst ‹Jener Glanz, o Gotamo, über den es keinen größeren und helleren gibt, das ist der höchste Glanz›, und diesen Glanz nicht erklärst. Gleichwie etwa, Kaccāno,

wenn ein Mann also spräche: ‹Ich habe nach ihr, die da im ganzen Lande die Schönste ist, Verlangen, habe Sehnsucht nach ihr›; und man fragte ihn: ‹Lieber Mann, die Schönste des Landes, nach der du verlangst und dich sehnst, kennst du diese, ob es eine Fürstin oder eine Priestertochter, ein Bürgermädchen oder eine Dienerin ist?›; und er gäbe ‹Nein› zur Antwort; und man fragte ihn: ‹Lieber Mann, die Schönste des Landes, nach der du verlangst und dich sehnst, kennst du diese, weißt du wie sie heißt, wo sie herstammt oder hingehört, ob sie von großer oder von kleiner oder von mittlerer Gestalt ist, ob ihre Hautfarbe schwarz oder braun oder gelb ist, in welchem Dorf oder welcher Burg oder welcher Stadt sie zu Hause ist?›; und er gäbe ‹Nein› zur Antwort; und man fragte ihn: ‹Lieber Mann, die du nicht kennst und nicht siehst, nach der verlangst du, sehnst dich nach ihr?›;
366 und er gäbe ‹Ja› zur Antwort; was meinst du wohl, Kaccāno: hätte nun nicht, bei solcher Bewandtnis, jener Mann unbegreifliche Antwort gegeben?»

«Allerdings hätte, o Gotamo, bei solcher Bewandtnis, jener Mann unbegreifliche Antwort gegeben.»

«Ebenso nun auch, Kaccāno, hast du gesagt ‹Jener Glanz, o Gotamo, über den es keinen größeren und helleren gibt, das ist der höchste Glanz›, und hast diesen Glanz nicht erklärt.»

«Gleichwie etwa, o Gotamo, ein Juwel, ein Edelstein, von reinem Wasser, achteckig, wohlbearbeitet, auf lichter Decke liegend leuchtet und funkelt und strahlt, ebenso glänzend ist die Seele, nach dem Tode genesen.»

«Was meinst du wohl, Kaccāno: ein Juwel, ein Edelstein, der von reinem Wasser, achteckig, wohlbearbeitet ist, auf lichter Decke liegend leuchtet und funkelt und strahlt, oder aber ein Glühwurm, ein Leuchtkäfer in dunkler, finsterer Nacht: wer von den beiden hat größeren und helleren Glanz?»

«Ein Glühwurm, o Gotamo, in dunkler, finsterer Nacht, ein Leuchtkäfer, dieser von beiden hat da größeren und helleren Glanz.»

«Was meinst du wohl, Kaccāno: ein Glühwurm in dunkler, finsterer Nacht, ein Leuchtkäfer, oder aber eine Öllampe in dunkler, finsterer Nacht: wer von den beiden hat größeren und helleren Glanz?»

«Eine Öllampe, o Gotamo, in dunkler, finsterer Nacht, diese von beiden hat da größeren und helleren Glanz.»

367 «Was meinst du wohl, Kaccāno: eine Öllampe in dunkler, finsterer Nacht, oder aber eine mächtige Fackel in dunkler, finsterer Nacht: wer von den beiden hat größeren und helleren Glanz?»

«Eine mächtige Fackel, o Gotamo, in dunkler, finsterer Nacht, diese von beiden hat da größeren und helleren Glanz.»

«Was meinst du wohl, Kaccāno: eine mächtige Fackel in dunkler, finsterer Nacht, oder aber der Morgenstern in dämmernder Frühe, wann die Wolken und Nebel verzogen und verschwunden sind: wer von den beiden hat größeren und helleren Glanz?»

«Der Morgenstern, o Gotamo, in dämmernder Frühe, wann die Wolken und Nebel verzogen und verschwunden sind, dieser von beiden hat da größeren und helleren Glanz.»

«Was meinst du wohl, Kaccāno: der Morgenstern in dämmernder Frühe, wann die Wolken und Nebel verzogen und verschwunden sind, oder aber am Feiertage im halben Monat, wann die Wolken und Nebel verzogen und verschwunden sind, unbeschränkt um Mitternacht der Mond: wer von den beiden hat größeren und helleren Glanz?»

«Der Mond, o Gotamo, am Feiertage im halben Monat, wann die Wolken und Nebel verzogen und verschwunden sind, unbeschränkt um Mitternacht, dieser von beiden hat da größeren und helleren Glanz.»

«Was meinst du wohl, Kaccāno: der Mond am Feiertage im halben Monat, wann die Wolken und Nebel verzogen und verschwunden sind, unbeschränkt um Mitternacht, oder aber im letzten Monat der Regenzeit, im Herbste, wann die Wolken und Nebel verzogen und verschwunden sind, unbeschränkt um 368
Mittag die Sonne: wer von den beiden hat größeren und helleren Glanz?»

«Die Sonne, o Gotamo, im letzten Monat der Regenzeit, im Herbste, wann die Wolken und Nebel verzogen und verschwunden sind, unbeschränkt um Mittag, diese von beiden hat da größeren und helleren Glanz.»

«Nun sind es zwar, Kaccāno, mehr als viele der Götter, deren Licht sich mit dem von Sonne und Mond nicht vergleichen läßt, und ich kenne sie: dennoch aber sag' ich nicht ‹Ein Glanz, über den es keinen größeren und helleren gibt›; während, Kaccāṇo, du dagegen von jenem Glanze, der dem Glühwurm, dem Leuchtkäfer nachsteht, unterlegen ist, sagst ‹Das ist der höchste Glanz›, und diesen Glanz nicht erklärst. –

«Fünf Begehrungen, Kaccāno, gibt es: welche fünf? Die durch das Gesicht ins Bewußtsein tretenden Formen, die ersehnten, geliebten, entzückenden, angenehmen, dem Begehren entsprechenden, reizenden; die durch das Gehör ins Bewußtsein tretenden Töne, die ersehnten, geliebten, entzückenden, angenehmen, dem Begehren entsprechenden, reizenden; die durch den Geruch ins Bewußtsein tretenden Düfte, die ersehnten, geliebten, entzückenden, angenehmen, dem Begehren entsprechenden, reizenden; die durch den Geschmack ins Bewußtsein tretenden Säfte, die ersehnten, geliebten, entzückenden, angenehmen, dem Begehren entsprechenden, reizenden; die durch das Getast ins Bewußtsein tretenden Tastungen, die ersehnten, geliebten, entzückenden, angenehmen, dem Begehren entsprechenden, reizenden.

Das sind, Kaccāno, die fünf Begehrungen. Was da, Kaccāno, Wohl und Erwünschtes diesen fünf Begehrungen gemäß geht, das nennt man Begierdengenuß. So kommt von Begierden Begierdengenuß, von Begierdengenuß Begierdenhochgenuß, der da hochgeschätzt wird.»

Auf diese Worte sprach Vekhanaso der Pilger zum Erhabenen also:

«Wunderbar, o Gotamo, außerordentlich ist es, o Gotamo, wie da Herr Gotamo so richtig gesagt hat: ‹Von Begierden kommt Begierdengenuß, von Begierdengenuß Begierdenhochgenuß, der da hochgeschätzt wird.›»

369 «Schwer wirst du, Kaccāno, dieses verstehn, ohne Deutung, ohne Geduld, ohne Hingabe, ohne Anstrengung, ohne Lenkung, was Begierde und Begierdengenuß und Begierdenhochgenuß ist. Die da, Kaccāno, heilige Mönche, Wahnversieger, Endiger sind, das Werk gewirkt, die Bürde abgelegt, das Heil errungen, die Daseinsfesseln zerstört haben, in vollkommener Weisheit erlöst sind, die mögen es verstehn, was Begierde und Begierdengenuß und Begierdenhochgenuß ist.»

So berichtet wurde Vekhanaso der Pilger unwillig und unzufrieden; und den Erhabenen lästernd und den Erhabenen tadelnd und den Erhabenen warnend – ‹Ob wohl der Asket Gotamo vollbracht hat› – sprach er also zum Erhabenen:

«Ebenso auch reden da gar manche Asketen und Priester, die vom Anfang nichts wissen, das Ende nicht sehn, und dabei ‹Versiegt ist die Geburt, vollendet das Asketentum, gewirkt das Werk, nicht mehr ist diese Welt› von sich behaupten: denen gereicht diese Rede nur zum Spotte, zum bloßen Namen, erweist sich ganz eitel und nichtig.»

«Die da, Kaccāno, Asketen und Priester sind, und vom Anfang nichts wissen, das Ende nicht sehn, und dabei ‹Versiegt ist die Geburt, vollendet das Asketentum, gewirkt das Werk, nicht mehr ist diese Welt› von sich behaupten, denen freilich kommt diese Rüge mit Recht zu. Aber, Kaccāno, sei es um den Anfang, sei es um das Ende: willkommen sei mir ein verständiger
370 Mann, kein Heuchler, kein Gleisner, ein gerader Mensch; ich führ' ihn ein, ich lege die Satzung dar. Der Führung folgend wird er in gar kurzer Zeit eben selber merken, selber sehn, daß man also ganz von der Fessel befreit wird, nämlich von der Fessel des Nichtwissens.

«Gleichwie etwa, Kaccāno, wenn ein zarter Knabe, ein unvernünftiger Säugling, mit dem Nacken zufünft in Fesseln eingewickelt, eingeschnürt wäre; und wie er erwüchse und die Sinne sich weiterentwickelten, befreite man ihn von den Fesseln; und ‹Frei bin ich› merkte er da, und keine Fessel: ebenso nun auch, Kaccāno, sei mir ein verständiger Mann willkommen, kein Heuchler, kein Gleisner, ein gerader Mensch. Ich führ' ihn ein, ich lege die Satzung dar. Der Führung folgend wird er in gar kurzer Zeit eben selber merken, selber sehn, daß man also ganz von der Fessel befreit wird, nämlich von der Fessel des Nichtwissens.»

Nach diesen Worten wandte sich Vekhanaso der Pilger also an den Erhabenen:

«Vortrefflich, o Gotamo, vortrefflich, o Gotamo! Als Anhänger möge mich Herr Gotamo betrachten, von heute an zeitlebens getreu[173].»

NEUNTER TEIL

BUCH DER KÖNIGE

81

NEUNTER TEIL · ERSTE REDE

GHAṬĪKĀRO

Das hab' ich gehört. Zu einer Zeit wanderte der Erhabene im Lande 371
Kosalo von Ort zu Ort, von vielen Mönchen begleitet. Und der Erhabene bog ab vom Wege und ließ, an eine bestimmte Stelle gekommen, ein Lächeln sehn. Und der ehrwürdige Ānando gedachte da: ‹Was ist wohl der Grund, was ist die Ursach, daß der Erhabene ein Lächeln gezeigt hat? Nicht ohne Anlaß lächeln Vollendete.› Und der ehrwürdige Ānando schlug den Oberrock um die eine Schulter, faltete die Hände gegen den Erhabenen und sprach also:

«Was ist wohl, o Herr, der Grund, was ist die Ursach, daß der Erhabene ein Lächeln gezeigt hat? Nicht ohne Anlaß lächeln Vollendete.»

«Einst war, Ānando, hier im Umkreis eine Burgstadt gebaut, Vebhaliṉgam genannt, blühend, gedeihend, volkreich, von vielen Menschen bewohnt. Nahe bei dieser Burgstadt aber, Ānando, hielt sich Kassapo auf, der Erhabene, der Heilige, vollkommen Erwachte. Und hier, Ānando, war Kassapos, des Erhabenen, des Heiligen, vollkommen Erwachten, Gartenbereich; und hier, Ānando, pflegte Kassapo, der Erhabene, der Heilige, vollkommen Erwachte, zu sitzen[174] und seine Jünger zu lehren.»

Und der ehrwürdige Ānando legte den Mantel, vierfach gefaltet, zu Boden und wandte sich also an den Erhabenen:

«Wohlan denn, o Herr, möge der Erhabene Platz nehmen: da wird dieser Ort zwei Heiligen, vollkommen Erwachten gedient haben[175].»

Es setzte sich der Erhabene auf den dargebotenen Platz. Und als der Erhabene saß sprach er also zum ehrwürdigen Ānando:

«Einst war, Ānando, hier im Umkreis eine Burgstadt gebaut, Vebhaliṉgam 372
genannt, blühend, gedeihend, volkreich, von vielen Menschen bewohnt. Nahe bei dieser Burgstadt aber, Ānando, hielt sich Kassapo auf, der Erhabene, der Heilige, vollkommen Erwachte. Und hier, Ānando, war Kassapos, des Erhabenen, des Heiligen, vollkommen Erwachten, Gartenbereich; und hier, Ānando, pflegte Kassapo, der Erhabene, der Heilige, vollkommen Erwachte, zu sitzen und seine Jünger zu lehren. Zu Vebhaliṉgam nun, Ānando, der Burgstadt, lebte ein Hafner namens Ghaṭīkāro; der war Kassapo, dem Erhabenen, dem Heiligen, vollkommen Erwachten, zugetan, ganz besonders zugetan. Und Ghaṭīkāro, Ānando, der Hafner, hatte Jotipālo, einen jungen Brāh-

manen, zum Freunde, zum Lieblingsfreunde. Da berief denn, Ānando, Ghaṭikāro der Hafner Jotipālo den jungen Brāhmanen:

‹Gehn wir, bester Jotipālo, wir wollen Kassapo den Erhabenen sehn, den Heiligen, vollkommen Erwachten aufsuchen: glücklich ist ja, denk' ich, wer Ihn, den Erhabenen, den Heiligen, vollkommen Erwachten sehn kann!›

Auf diese Worte, Ānando, erwiderte Jotipālo der junge Brāhmane Ghaṭikāro dem Hafner:

‹Genug, bester Ghaṭikāro: was soll uns der Anblick jenes kahlköpfigen Pfaffen?›

Und ein zweites Mal, Ānando, und ein drittes Mal, Ānando, sprach Ghaṭikāro, der Hafner also zu Jotipālo dem jungen Brāhmanen:

‹Gehn wir, bester Jotipālo, wir wollen Kassapo den Erhabenen sehn, den Heiligen, vollkommen Erwachten aufsuchen: glücklich ist ja, denk' ich, wer Ihn, den Erhabenen, den Heiligen, vollkommen Erwachten sehn kann!›

Und ein zweites Mal, Ānando, und ein drittes Mal, Ānando, erwiderte Jotipālo der junge Brāhmane Ghaṭikāro dem Hafner:

373 ‹Genug, bester Ghaṭikāro: was soll uns der Anblick jenes kahlköpfigen Pfaffen?›

‹Wohlan denn, bester Jotipālo, laß' uns Schwamm und Seife [176] nehmen und nach dem Flusse gehn, zu baden.›

‹Gern, Bester!› entgegnete da, Ānando, Jotipālo der junge Brāhmane Ghāṭikāro dem Hafner. Und sie gingen, Ānando, versehn mit Schwamm und Seife, nach dem Flusse, zu baden. Da wandte sich nun, Ānando, Ghaṭikāro der Hafner also an Jotipālo den jungen Brāhmanen:

‹Ganz in der Nähe, bester Jotipālo, liegt der Garten Kassapos, des Erhabenen, des Heiligen, vollkommen Erwachten; gehn wir, bester Jotipālo, wir wollen Kassapo den Erhabenen sehn, den Heiligen, vollkommen Erwachten aufsuchen: glücklich ist ja, denk' ich, wer Ihn, den Erhabenen, den Heiligen, vollkommen Erwachten sehn kann!›

Auf diese Worte, Ānando, erwiderte Jotipālo der junge Brāhmane Ghaṭikāro dem Hafner:

‹Genug, bester Ghaṭikāro: was soll uns der Anblick jenes kahlköpfigen Pfaffen?›

Und ein zweites Mal, Ānando, und ein drittes Mal, Ānando, sprach Ghaṭikāro der Hafner also zu Jotipālo dem jungen Brāhmanen:

‹Ganz in der Nähe, bester Jotipālo, liegt der Garten Kassapos, des Erhabenen, des Heiligen, vollkommen Erwachten; gehn wir, bester Jotipālo, wir wollen Kassapo den Erhabenen sehn, den Heiligen, vollkommen Erwachten aufsuchen: glücklich ist ja, denk' ich, wer Ihn, den Erhabenen, den Heiligen, vollkommen Erwachten sehn kann!›

Und ein zweites Mal, Ānando, und ein drittes Mal, Ānando, erwiderte Jotipālo der junge Brāhmane Ghaṭīkāro dem Hafner:

‹Genug, bester Ghaṭīkāro: was soll uns der Anblick jenes kahlköpfigen Pfaffen?› 374

Da rieb nun, Ānando, Ghaṭīkāro der Hafner Jotipālo den jungen Brāhmanen mit Seife ein und sprach also zu ihm:

‹Ganz in der Nähe, bester Jotipālo, liegt der Garten Kassapos, des Erhabenen, des Heiligen, vollkommen Erwachten; gehn wir, bester Jotipālo, wir wollen Kassapo den Erhabenen sehn, den Heiligen, vollkommen Erwachten aufsuchen: glücklich ist ja, denk' ich, wer Ihn, den Erhabenen, den Heiligen, vollkommen Erwachten sehn kann!›

Und Jotipālo, Ānando, der junge Brāhmane, wusch die Seife nun ab und sprach also zu Ghaṭīkāro dem Hafner:

‹Genug, bester Ghaṭīkāro: was soll uns der Anblick jenes kahlköpfigen Pfaffen?›

Da streichelte nun, Ānando, Ghaṭīkāro der Hafner Jotipālo dem jungen Brāhmanen das Haar des gebadeten Hauptes und sprach also zu ihm:

‹Ganz in der Nähe, bester Jotipālo, liegt der Garten Kassapos, des Erhabenen, des Heiligen, vollkommen Erwachten; gehn wir, bester Jotipālo, wir wollen Kassapo den Erhabenen sehn, den Heiligen, vollkommen Erwachten aufsuchen: glücklich ist ja, denk' ich, wer Ihn, den Erhabenen, den Heiligen, vollkommen Erwachten sehn kann!›

Da gedachte nun, Ānando, Jotipālo der junge Brāhmane: ‹Wunderbar, wahrlich, außerordentlich ist es, daß da dieser Hafner Ghaṭīkāro, der von minderer Geburt ist[177], vermeint, das Haar unseres gebadeten Hauptes streicheln zu müssen: das kann nichts Gewöhnliches bedeuten!›; und er sprach also zu ihm:

‹Gar so sehr drängt es dich, bester Ghaṭīkāro[178]?›

‹Gar so sehr drängt es mich, bester Jotipālo! Denn ich weiß ja wie glücklich man ist, Ihn sehn zu können, den Erhabenen, den Heiligen, vollkommen Erwachten.› 375

‹Wohlan denn, bester Ghaṭīkāro, rüste dich: wir wollen gehn.›

Und sie gingen, Ānando, dorthin wo Kassapo der Erhabene weilte, der Heilige, vollkommen Erwachte. Dort angelangt begrüßte Ghaṭīkāro der Hafner Kassapo den Erhabenen ehrerbietig, den Heiligen, vollkommen Erwachten, und setzte sich seitwärts nieder; während Jotipālo der junge Brāhmane höflichen Gruß und freundliche, denkwürdige Worte mit Kassapo dem Erhabenen wechselte, dem Heiligen, vollkommen Erwachten, und dann seitwärts niedersaß. Seitwärts sitzend, Ānando, wandte sich nun Ghaṭīkāro der Hafner also an Kassapo den Erhabenen, den Heiligen, vollkommen Erwachten:

‹Das ist, o Herr, Jotipālo, ein junger Brāhmane, mein Freund, mein Lieblingsfreund: ihm möge der Erhabene die Lehre darlegen!›

Und Kassapo, Ānando, der Erhabene, der Heilige, vollkommen Erwachte, ermunterte und ermutigte, erregte und erheiterte Ghaṭīkāro den Hafner und Jotipālo den jungen Brāhmanen in lehrreichem Gespräche. Und Ghaṭīkāro, Ānando, der Hafner, und Jotipālo der junge Brāhmane, von Kassapo dem Erhabenen, dem Heiligen, vollkommen Erwachten, in lehrreichem Gespräche ermuntert, ermutigt, erregt und erheitert, standen von ihren Sitzen auf, erfreut und befriedigt durch des Erhabenen Rede, begrüßten den Erhabenen ehrerbietig, gingen rechts herum und entfernten sich.

Da fragte nun, Ānando, Jotipālo der junge Brāhmane Ghaṭīkāro den Hafner:

376 ‹Diese Lehre, o bester Ghaṭīkāro, hast du vernommen, und du ziehst nicht vom Hause in die Hauslosigkeit hinaus?›

‹Weißt du denn nicht, bester Jotipālo, daß ich meine greisen, erblindeten Eltern ernähre?›

‹Nun, so will ich, bester Ghaṭīkāro, aus dem Hause in die Hauslosigkeit ziehn!

Und Ghaṭīkāro, Ānando, der Hafner, und Jotipālo der junge Brāhmane kehrten zu Kassapo dem Erhabenen zurück, dem Heiligen, vollkommen Erwachten, boten ehrerbietigen Gruß dar, und setzten sich seitwärts nieder. Seitwärts sitzend, Ānando, sprach nun Ghaṭīkāro der Hafner also zu Kassapo dem Erhabenen, dem Heiligen, vollkommen Erwachten:

‹Hier bring' ich, o Herr, Jotipālo den jungen Brāhmanen, meinen Freund, meinen Lieblingsfreund: den möge der Erhabene aufnehmen!›

Und aufgenommen, Ānando, wurde Jotipālo der junge Brāhmane, belehnt mit der Ordensweihe von Kassapo dem Erhabenen, dem Heiligen, vollkommen Erwachten.

Und Kassapo, Ānando, der Erhabene, der Heilige, vollkommen Erwachte, begab sich nun, da er nach Belieben in Vebhaliṉgam geweilt hatte, nicht lange nach der Aufnahme des jungen Brāhmanen Jotipālo, vierzehn Tage nach der Ordensweihe, auf die Wanderung nach Benāres, von Ort zu Ort wandernd näherte er sich der Stadt.

Zu Benāres, Ānando, weilte nun Kassapo der Erhabene, der Heilige, vollkommen Erwachte, am Sehersteine, im Wildparke. Da kam es, Ānando, Kikī, dem König von Benāres[179], zu Ohren: ‹Kassapo, sagt man, der Erhabene, der Heilige, vollkommen Erwachte, ist in Benāres angekommen, weilt zu Benāres, am Sehersteine, im Wildparke!›

377 Und Kikī, Ānando, der König von Benāres, ließ viele prächtige Wagen bespannen, bestieg selbst einen solchen und fuhr also mit überaus reichem kö-

niglichen Gepränge aus der Stadt hinaus, Kassapo den Erhabenen zu besuchen, den Heiligen, vollkommen Erwachten. So weit gefahren als man fahren konnte, stieg er vom Wagen ab und ging dann zu Fuße dorthin wo Kassapo weilte, der Erhabene, der Heilige, vollkommen Erwachte, bot ehrerbietigen Gruß dar und setzte sich seitwärts nieder. Und Kikī, Ānando, der König von Benāres, der da zur Seite saß, wurde von Kassapo dem Erhabenen, dem Heiligen, vollkommen Erwachten, in lehrreichem Gespräche ermuntert, ermutigt, erregt und erheitert; und er sprach also zu ihm:

‹Gewähre mir, o Herr, der Erhabene, die Bitte, morgen mit den Mönchen bei mir zu speisen!›

Schweigend, Ānando, gewährte Kassapo die Bitte, der Erhabene, der Heilige, vollkommen Erwachte.

Als nun Kikī, Ānando, der König von Benāres, der Zustimmung Kassapos, des Erhabenen, sicher war, stand er von seinem Sitze auf, bot ehrerbietigen Gruß dar, ging rechts herum und entfernte sich.

Da ließ nun, Ānando, Kikī der König von Benāres am nächsten Morgen in seiner Behausung ausgewählte feste und flüssige Speise auftragen, ein Gericht
aus frischem, zartem[180], gesichtetem Reis, saftig und würzig bereitet, und 378
sandte einen Boten an den Erhabenen mit der Meldung: ‹Es ist Zeit, o Herr, das Mahl ist bereit.›

Und Kassapo, Ānando, der Erhabene, der Heilige, vollkommen Erwachte, rüstete sich beizeiten, nahm Mantel und Almosenschale und begab sich zum Wohnhause Kikīs, des Königs von Benāres. Dort angekommen nahm der Erhabene mit den Mönchen auf den angebotenen Sitzen Platz. Und Kikī, Ānando, der König von Benāres, bediente und versorgte eigenhändig Kassapo den Erwachten und seine Jünger mit ausgewählter fester und flüssiger Speise.

Nachdem nun, Ānando, Kassapo der Erhabene gespeist und das Mahl beendet hatte, nahm Kikī der König von Benāres einen von den niederen Stühlen zur Hand und setzte sich zur Seite hin. Zur Seite sitzend, Ānando, sprach nun Kikī der König von Benāres also zu Kassapo dem Erhabenen:

‹Möge mir, o Herr, der Erhabene zusagen und über die Regenzeit in Benāres verweilen: so werden die Mönche ihren Unterhalt finden.›

‹Genug, großer König: schon zugesagt hab' ich die Regenzeit.›

Und zum zweitenmal, Ānando, und zum drittenmal, Ānando, wandte sich Kikī der König von Benāres also an Kassapo den Erhabenen:

‹Möge mir, o Herr, der Erhabene zusagen und über die Regenzeit in Benāres verweilen: so werden die Mönche ihren Unterhalt finden.›

‹Genug, großer König: schon zugesagt hab' ich die Regenzeit.›

Da gedachte, Ānando, Kikī der König von Benāres: ‹Nicht mag mir Kassapo der Erhabene, der Heilige, vollkommen Erwachte, zustimmen und über

379 die Regenzeit nach Benāres kommen!›; und er wurde gar betrübt und traurig und sprach also zu Kassapo dem Erhabenen:

‹So ist dir, o Herr, wohl ein anderer mehr zugetan als ich?›

‹Ich kenne, großer König, eine Burgstadt, die heißt Vebhaliṉgam; dort lebt ein Hafner namens Ghaṭīkāro: der ist mir zugetan, ganz besonders zugetan. Du aber, großer König, denkst also: ‘Nicht mag mir Kassapo der Erhabene, der Heilige, vollkommen Erwachte, zustimmen und über die Regenzeit nach Benāres kommen!’ und bist gar betrübt und traurig. Das kennt nun Ghaṭīkāro der Hafner nicht und soll es nicht kennen. Ghaṭīkāro, großer König, der Hafner, hat beim Erwachten Zuflucht genommen, bei der Lehre Zuflucht genommen, bei der Jüngerschaft Zuflucht genommen. Ghaṭīkāro, großer König, der Hafner, hütet sich vor dem Töten, hütet sich vor dem Nehmen des Nichtgegebenen, hütet sich vor Ausschweifung, hütet sich vor der Lüge, hütet sich vor Wein und gebranntem Wasser, vor berauschenden und berückenden Mitteln. Ghaṭīkāro, großer König, der Hafner, hat seine Liebe zum Erwachten erprobt, seine Liebe zur Lehre erprobt, seine Liebe zu den Jüngern erprobt, hat Eigenschaften wie sie Heiligen lieb sind. Ghaṭīkāro, großer König, der Hafner, zweifelt nicht am Leiden, zweifelt nicht an der Leidensentwicklung, zweifelt nicht an der Leidensauflösung, zweifelt nicht am Pfade, der zur Leidensauflösung führt. Ghaṭīkāro, großer König, der Hafner, nimmt einmal des Tages Nahrung zu sich, er lebt keusch, ist tugendhaft, von edler Art. Ghaṭīkāro, großer König, der Hafner, hat Schmuck und Juwelen abgelegt, Gold und Silber von sich getan. Ghaṭīkāro, großer König, der Hafner, gräbt seine Erde mit der Hand, nicht mit dem Spatel, aus[181]. Findet er ein Nesthäkchen oder ein Kaninchen, so hebt er es liebevoll auf, legt es in
380 ein Gefäß und spricht ihm zu: ‘Hier werden nach Wunsch übrig gebliebene[182] Reiskörner und übrig gebliebene Bohnen und übrig gebliebene Erbsen ausgeteilt: nehme sich jeder was er nur will!’ Ghaṭīkāro, großer König, der Hafner, ernährt seine greisen, erblindeten Eltern, Ghaṭīkāro, großer König, der Hafner, hat die fünf niederzerrenden Fesseln vernichtet, steigt empor, um von dort aus zu erlöschen, nicht mehr zurückzukehren nach jener Welt.

‹Es war einmal, großer König, da weilt’ ich zu Vebhaliṉgam der Burgstadt. Und ich nahm, großer König, zeitig gerüstet, Mantel und Schale und begab mich zu den Eltern des Hafners Ghaṭīkāro und sprach also zu ihnen: ‘Sagt mir, wo ist denn der Bhaggaver[183] hingegangen?’ – ‘Er ist nicht daheim, o Herr, dein Fürwalter: aber laß’ dir Reis aus der Schüssel und Brühe aus dem Napfe geben und nimm teil am Mahle!’ – Und ich ließ mir, großer König, Reis aus der Schüssel und Brühe aus dem Napfe geben, nahm teil am Mahle, erhob mich dann und ging fort. Als nun, großer König, Ghaṭīkāro der Hafner nach Hause kam, fragte er seine Eltern: ‘Wer hat hier gespeist und gerastet

und ist wieder gegangen?' – 'Kassapo war es, lieber Sohn, der Erhabene, der
Heilige, vollkommen Erwachte, der hier gespeist und gerastet hat und wieder
gegangen ist.' Da gedachte nun, großer König, Ghaṭīkāro der Hafner: 'Ge-
segnet bin ich, fürwahr, hochgesegnet, fürwahr, daß mich da Kassapo der Er- 381
habene, der Heilige, vollkommen Erwachte, so wert gehalten hat!' – Und
zwei Wochen, großer König, hielt die Freude darüber bei Ghaṭīkāro dem
Hafner an, und eine Woche bei seinen Eltern.

‹Es war einmal, großer König, da weilt' ich wieder zu Vebhaliṉgam der
Burgstadt. Und ich nahm, großer König, zeitig gerüstet, Mantel und Schale
und begab mich zu den Eltern des Hafners Ghaṭīkāro und sprach also zu
ihnen: 'Sagt mir, wo ist denn der Bhaggaver hingegangen?' – 'Er ist nicht
daheim, o Herr, dein Fürwalter: aber laß' dir Grütze aus dem Topf und Brühe
aus dem Napfe geben und nimm teil am Mahle!' – Und ich ließ mir, großer
König, Grütze aus dem Topf und Brühe aus dem Napfe geben, nahm teil am
Mahle, erhob mich dann und ging fort. Als nun, großer König, Ghaṭīkāro der
Hafner nach Hause kam, fragte er seine Eltern: 'Wer hat hier gespeist und ge-
rastet und ist wieder gegangen?' – 'Kassapo war es, lieber Sohn, der Erha-
bene, der Heilige, vollkommen Erwachte, der hier gespeist und gerastet hat
und wieder gegangen ist.' Da gedachte nun, großer König, Ghaṭīkāro der
Hafner: 'Gesegnet bin ich, fürwahr, hochgesegnet, fürwahr, daß mich da
Kassapo der Erhabene, der Heilige, vollkommen Erwachte, so wert gehalten
hat!' – Und zwei Wochen, großer König, hielt die Freude darüber bei Ghaṭī-
kāro dem Hafner an, und eine Woche bei seinen Eltern. 382

‹Es war einmal, großer König, da weilt' ich wieder zu Vebhaliṉgam der
Burgstadt. Um diese Zeit nun goß der Regen auf die Hütten herab. Und ich
mahnte, großer König, die Mönche: 'Geht, ihr Mönche, und bittet im Hause
des Hafners Ghaṭīkāro um Stroh.' Also gemahnt, großer König, sagten die
Mönche zu mir: 'Ghaṭīkāro der Hafner, o Herr, hat im Hause kein Stroh:
aber das Dach vor dem Eingang ist mit Stroh gedeckt.' – 'Geht, ihr Mönche,
und nehmt das Stroh vor dem Eingang bei Ghaṭīkāro dem Hafner weg.' Und
die Mönche, großer König, nahmen das Stroh vor dem Eingang bei Ghaṭīkāro
dem Hafner weg. Da sprachen nun, großer König, die Eltern des Hafners Gha-
ṭīkāro also zu den Mönchen: 'Wer nimmt da das Stroh vor dem Eingange
weg?' – Die Mönche sagten: 'O Schwester, auf die Hütte Kassapos, des Erha-
benen, des Heiligen, vollkommen Erwachten, gießt der Regen herab.' – 'So
nehmt nur, Verehrte, so nehmt nur, Liebwerte!' – Als nun, großer König,
Ghaṭīkāro der Hafner nach Hause kam, fragte er seine Eltern: 'Wer hat da
das Stroh vor dem Eingange weggenommen?' – 'Die Mönche, lieber Sohn,
sagten, auf die Hütte Kassapos, des Erhabenen, des Heiligen, vollkommen Er-
wachten, gieße der Regen herab.' – Da gedachte nun, großer König, Ghaṭī-

kāro der Hafner: 'Gesegnet bin ich, fürwahr, hochgesegnet, fürwahr, daß mich da Kassapo der Erhabene, der Heilige, vollkommen Erwachte, so wert gehalten hat!' – Und zwei Wochen, großer König, hielt die Freude darüber bei Ghaṭīkāro dem Hafner an, und eine Woche bei seinen Eltern. Und das
383 Dach vor dem Hause, großer König, war die ganze Regenzeit hindurch ungedeckt, aber es regnete nicht herẹin[184].

‹Von solcher Art ist, großer König, Ghaṭīkāro der Hafner.›

‹Gesegnet, o Herr, ist Ghaṭīkāro der Hafner, hochgesegnet ist er, o Herr, Ghaṭīkāro der Hafner, der vom Erhabenen so wert gehalten wird!›

Da ließ nun, Ānando, Kikī der König von Benāres Ghaṭīkāro dem Hafner fünfhundert Wagen Reis zustellen, von frischem, zartem Korne, nebst zugehöriger Würze. Und die königlichen Beamten, Ānando, kamen zu Ghaṭīkāro dem Hafner und sprachen zu ihm: ‹Diese fünfhundert Wagen, o Herr, Reis von frischem, zartem Korne, nebst zugehöriger Würze, hat dir Kikī der König von Benāres gesandt: die möge der Herr entgegennehmen!› – ‹Der König hat viel zu tun, viel zu schaffen: genug schon, daß es vom Könige kommt[185].›»

Also sprach der Erhabene. Zufrieden freute sich der ehrwürdige Ānando über das Wort des Erhabenen.

82

NEUNTER TEIL · ZWEITE REDE

RAṬṬHAPĀLO

DAS HAB' ICH GEHÖRT. Zu einer Zeit wanderte der Erhabene im Kurū-Lande von Ort zu Ort und kam, von vielen Mönchen begleitet, in die Nähe einer Burg der Kurūner namens Thūlakoṭṭhitam. Und es hörten die brāhmani-
384 schen Hausleute in Thūlakoṭṭhitam reden: ‹Der Asket, wahrlich, Herr Gotamo, der Sakyersohn, der dem Erbe der Sakyer entsagt hat, wandert in unserem Lande von Ort zu Ort und ist mit vielen Mönchen in Thūlakoṭṭhitam angekommen. Diesen Herrn Gotamo aber begrüßt man allenthalben mit dem frohen Ruhmesrufe, so zwar: 'Das ist der Erhabene, der Heilige, vollkommen Erwachte, der Wissens- und Wandelsbewährte, der Willkommene, der Welt

Kenner, der unvergleichliche Leiter der Männerherde, der Meister der Götter und Menschen, der Erwachte, der Erhabene. Er zeigt diese Welt mit ihren Göttern, ihren bösen und heiligen Geistern, mit ihrer Schar von Priestern und Büßern, Göttern und Menschen, nachdem er sie selbst verstanden und durchdrungen hat. Er verkündet die Lehre, deren Anfang begütigt, deren Mitte begütigt, deren Ende begütigt, die sinn- und wortgetreue, er legt das vollkommen geläuterte, geklärte Asketentum dar. Glücklich wer da nun solche Heilige sehn kann!'›

Und die brāhmanischen Hausleute von Thūlakoṭṭhitam begaben sich dorthin wo der Erhabene weilte. Dort angelangt verneigten sich einige vor dem Erhabenen ehrerbietig und setzten sich zur Seite nieder, andere wechselten höflichen Gruß und freundliche, denkwürdige Worte mit dem Erhabenen und setzten sich zur Seite nieder, einige wieder falteten die Hände gegen den Erhabenen und setzten sich zur Seite nieder, andere wieder gaben beim Erhabenen Namen und Stand zu erkennen und setzten sich zur Seite nieder, und andere setzten sich still zur Seite nieder[186]. Und die brāhmanischen Hausleute von Thūlakoṭṭhitam, die da zur Seite saßen, wurden vom Erhabenen in lehrreichem Gespräche ermuntert und ermutigt, erregt und erheitert.

Damals nun hatte Raṭṭhapālo, ein junger Edelmann, der Erbe eines der 385
ersten Adelsgeschlechter, eben dort zu Thūlakoṭṭhitam in der dreifachen Versammlung[187] Platz genommen. Und Raṭṭhapālo der junge Edelmann gedachte bei sich: ‹So ich da wirklich die vom Erhabenen dargelegte Lehre verstehe, geht es nicht wohl, wenn man im Hause bleibt, das völlig geläuterte, völlig geklärte Asketentum Punkt für Punkt zu erfüllen. Wie, wenn ich nun, mit geschorenem Haar und Barte, mit fahlem Gewande bekleidet, aus dem Hause in die Hauslosigkeit hinauszöge?›

Und die brāhmanischen Hausleute von Thūlakoṭṭhitam, vom Erhabenen in lehrreichem Gespräche ermuntert, ermutigt, erregt und erheitert, standen von ihren Sitzen auf, erfreut und befriedigt durch des Erhabenen Rede, begrüßten den Erhabenen ehrerbietig, gingen rechts herum und entfernten sich.

Da nun begab sich Raṭṭhapālo der junge Edelmann, bald nachdem die brāhmanischen Hausleute von Thūlakoṭṭhitam gegangen waren, zum Erhabenen hin, begrüßte den Erhabenen ehrerbietig und setzte sich seitwärts nieder. Seitwärts sitzend sprach nun Raṭṭhapālo der junge Edelmann also zum Erhabenen:

«So ich da wirklich, o Herr, die vom Erhabenen dargelegte Lehre verstehe, geht es nicht wohl, wenn man im Hause bleibt, das völlig geläuterte, völlig geklärte Asketentum Punkt für Punkt zu erfüllen. Ich wünsche, o Herr, mit geschorenem Haar und Barte, mit fahlem Gewande bekleidet, aus dem Hause in die Hauslosigkeit hinauszuziehn: möge mir, o Herr, der Erhabene Aufnahme gewähren, die Ordensweihe erteilen!»

«Und hast du, Raṭṭhapālo, die Zustimmung deiner Eltern erhalten, aus dem Hause in die Hauslosigkeit zu gehn?»

386 «Nicht hab' ich, o Herr, die Zustimmung meiner Eltern erhalten, aus dem Hause in die Hauslosigkeit zu gehn.»

«Nicht nehmen, Raṭṭhapālo, Vollendete ohne Zustimmung der Eltern den Sohn auf.»

«Dann werd' ich, o Herr, dahin wirken, daß mir die Eltern ihre Zustimmung nicht versagen sollen, aus dem Hause in die Hauslosigkeit zu gehn.»

Und Raṭṭhapālo der junge Edelmann stand von seinem Sitze auf, begrüßte den Erhabenen ehrerbietig, ging rechts herum und begab sich zu seinen Eltern. Dort angelangt sprach er also zu ihnen:

«Mutter, Vater! So ich da wirklich die vom Erhabenen dargelegte Lehre verstehe, geht es nicht wohl, wenn man im Hause bleibt, das völlig geläuterte, völlig geklärte Asketentum Punkt für Punkt zu erfüllen. Ich wünsche, mit geschorenem Haar und Barte, mit fahlem Gewande bekleidet, aus dem Hause in die Hauslosigkeit zu ziehn: gestattet mir, daß ich fort vom Hause in die Hauslosigkeit gehe!»

Auf diese Worte sprachen die Eltern zu Raṭṭhapālo dem jungen Edelmann also:

«Du bist, o Raṭṭhapālo, unser einziges, teures, geliebtes Kind, in Freuden erwachsen, in Freuden auferzogen: du weißt, o Raṭṭhapālo, nichts von Leiden. Komm' denn, lieber Raṭṭhapālo: iß' und trink' und ergetze dich[188]! Du kannst essen und trinken und dich ergetzen und fröhlich genießen und Gutes tun und dich damit zufriedengeben. Wir gestatten dir nicht, aus dem Hause in die Hauslosigkeit zu gehn! Sogar der Tod ließe uns deinen Verlust nicht willig ertragen: wie sollten wir dich erst lebendig aus dem Hause in die Hauslosigkeit ziehn lassen?»

387 Und ein zweites Mal, und ein drittes Mal sprach Raṭṭhapālo der junge Edelmann also zu seinen Eltern:

«Mutter, Vater! So ich da wirklich die vom Erhabenen dargelegte Lehre verstehe, geht es nicht wohl, wenn man im Hause bleibt, das völlig geläuterte, völlig geklärte Asketentum Punkt für Punkt zu erfüllen. Ich wünsche, mit geschorenem Haar und Barte, mit fahlem Gewande bekleidet, aus dem Hause in die Hauslosigkeit zu ziehn: gestattet mir, daß ich fort vom Hause in die Hauslosigkeit gehe!»

Und ein zweites Mal, und ein drittes Mal sprachen die Eltern zu Raṭṭhapālo dem jungen Edelmann also:

«Du bist, o Raṭṭhapālo, unser einziges, teures, geliebtes Kind, in Freuden erwachsen, in Freuden auferzogen: du weißt, o Raṭṭhapālo, nichts von Leiden. Komm' denn, lieber Raṭṭhapālo: iß' und trink' und ergetze dich! Du kannst essen und trinken und dich ergetzen und fröhlich genießen und Gutes tun und dich damit zufriedengeben. Wir gestatten dir nicht, aus dem Hause in die Hauslosigkeit zu gehn! Sogar der Tod ließe uns deinen Verlust nicht willig ertragen: wie sollten wir dich erst lebendig aus dem Hause in die Hauslosigkeit ziehn lassen?»

Da gedachte Raṭṭhapālo der junge Edelmann: ‹Meine Eltern wollen mich nicht aus dem Hause in die Hauslosigkeit ziehn lassen›; und er legte sich auf den bloßen Erdboden hin und sagte:

«Hier will ich den Tod erwarten oder euere Zustimmung.»

Und Raṭṭhapālo der junge Edelmann ließ eine Mahlzeit vorübergehn, und 388
zwei und drei und vier Mahlzeiten vorübergehn, und fünf und sechs und sieben Mahlzeiten vorübergehn[189]. Aber die Eltern sprachen Raṭṭhapālo dem jungen Edelmann also zu:

«Du bist, o Raṭṭhapālo, unser einziges, teures, geliebtes Kind, in Freuden erwachsen, in Freuden auferzogen: du weißt, o Raṭṭhapālo, nichts von Leiden. Erhebe dich, lieber Raṭṭhapālo: iß' und trink' und ergetze dich! Du kannst essen und trinken und dich ergetzen und fröhlich genießen und Gutes tun und dich damit zufriedengeben. Wir gestatten dir nicht, aus dem Hause in die Hauslosigkeit zu gehn! Sogar der Tod ließe uns deinen Verlust nicht willig ertragen: wie sollten wir dich erst lebendig aus dem Hause in die Hauslosigkeit ziehn lassen?»

Also angesprochen gab Raṭṭhapālo der junge Edelmann keine Antwort. Und ein zweites Mal, und ein drittes Mal sprachen die Eltern Raṭṭhapālo dem jungen Edelmann also zu:

«Du bist, o Raṭṭhapālo, unser einziges, teures, geliebtes Kind, in Freuden erwachsen, in Freuden auferzogen: du weißt, o Raṭṭhapālo, nichts von Leiden. Erhebe dich, lieber Raṭṭhapālo: iß' und trink' und ergetze dich! Du kannst essen und trinken und dich ergetzen und fröhlich genießen und Gutes tun
und dich damit zufriedengeben. Wir gestatten dir nicht, aus dem Hause in 389
die Hauslosigkeit zu gehn! Sogar der Tod ließe uns deinen Verlust nicht willig ertragen: wie sollten wir dich erst lebendig aus dem Hause in die Hauslosigkeit ziehn lassen?»

Und ein zweites Mal, und ein drittes Mal gab Raṭṭhapālo der junge Edelmann keine Antwort.

Da begaben sich nun, auf die Bitten der Eltern, seine Freunde zu ihm und sprachen ihm dreimal zu: und dreimal ließ er sie reden und gab ihnen keine Antwort. Und seine Freunde kehrten wieder zu den Eltern zurück und sprachen also zu ihnen:

«Liebe Eltern, euer edler Sohn Raṭṭhapālo liegt auf dem bloßen Erdboden: da will er den Tod erwarten oder euere Zustimmung. Wenn ihr ihm nicht ge-
statten wollt, aus dem Hause in die Hauslosigkeit zu ziehn, so wird er eben
da sterben. Wenn ihr ihm aber gestatten wollt, aus dem Hause in die Haus-
losigkeit zu ziehn, so werdet ihr ihn doch als Pilger sehn. Und wenn euer
edler Sohn Raṭṭhapālo an der Pilgerschaft kein Gefallen findet, wo sollt' er
390 sich anders hinwenden? Er wird eben wieder hierher zurückkehren. Gebt
euerem edlen Sohne Raṭṭhapālo die Zustimmung, aus dem Hause in die Haus-
losigkeit zu gehn.»

«Wir geben, ihr Guten, unserem edlen Sohne Raṭṭhapālo die Zustimmung, aus dem Hause in die Hauslosigkeit zu ziehn, aber er soll seine Eltern als Pilger besuchen!»

Da gingen die Freunde zu Raṭṭhapālo dem jungen Edelmanne zurück und sprachen also zu ihm:

«Deine Eltern gestatten dir, aus dem Hause in die Hauslosigkeit zu gehn: aber du sollst deine Eltern als Pilger besuchen!»

391 Und Raṭṭhapālo der junge Edelmann stand auf, kam zu Kräften und begab sich dorthin wo der Erhabene weilte. Dort angelangt begrüßte er den Erhabenen ehrerbietig und setzte sich seitwärts nieder. Seitwärts sitzend sprach nun Raṭṭhapālo der junge Edelmann zum Erhabenen also:

«Erhalten hab' ich, o Herr, meiner Eltern Zustimmung, aus dem Hause in die Hauslosigkeit zu ziehn: möge der Erhabene mich aufnehmen!»

Und Raṭṭhapālo der junge Edelmann wurde vom Erhabenen aufgenommen, wurde mit der Ordensweihe belehnt.

Und der Erhabene begab sich nun, da er nach Belieben zu Thūlakoṭṭhitam geweilt hatte, nicht lange nach der Aufnahme des ehrwürdigen Raṭṭhapālo, vierzehn Tage nach der Ordensweihe, auf die Wanderung nach Sāvatthī, von Ort zu Ort wandernd näherte er sich der Stadt.

Zu Sāvatthī weilte nun der Erhabene, im Siegerwalde, im Garten Anāthapiṇḍikos.

Und der ehrwürdige Raṭṭhapālo, einsam, abgesondert, unermüdlich, in heißem, innigem Ernste verweilend, hatte gar bald was edle Söhne gänzlich vom Hause fort in die Hauslosigkeit lockt, jenes höchste Ziel des Asketentums noch bei Lebzeiten sich offenbar gemacht, verwirklicht und errungen. ‹Versiegt ist die Geburt, vollendet das Asketentum, gewirkt das Werk, nicht mehr ist diese Welt› verstand er da. Auch einer war nun der ehrwürdige Raṭṭhapālo der Heiligen geworden.

Und der ehrwürdige Raṭṭhapālo begab sich zum Erhabenen hin, begrüßte den Erhabenen ehrerbietig, setzte sich seitwärts nieder und sprach also:

«Ich möchte, o Herr, meine Eltern besuchen, so es der Erhabene mir gestattet.»

Und der Erhabene nahm den Sinn des ehrwürdigen Raṭṭhapālo, im Geiste 392
geistig erkundend, wahr. Und als der Erhabene merkte: ‹Unmöglich kann Raṭṭhapālo der edle Sohn von der Askese abfallen und zur Gewohnheit zurückkehren›, da sagte denn der Erhabene zum ehrwürdigen Raṭṭhapālo:

«Wie es dir nun, Raṭṭhapālo, belieben mag.»

Und der ehrwürdige Raṭṭhapālo stand von seinem Sitze auf, begrüßte den Erhabenen ehrerbietig, ging rechts herum, räumte sein Lager zusammen, nahm Mantel und Schale und begab sich auf die Wanderung nach Thūlakoṭṭhitam, von Ort zu Ort wandernd näherte er sich der Burg.

Zu Thūlakoṭṭhitam weilte nun der ehrwürdige Raṭṭhapālo, an König Koravyos Jagdgelände.

Und der ehrwürdige Raṭṭhapālo, zeitig gerüstet, mit Mantel und Schale versehn, machte sich auf den Almosengang nach Thūlakoṭṭhitam. Dort stand er von Hütte zu Hütte still und gelangte vor das Haus seines Vaters. Um diese Zeit nun ließ der Vater des ehrwürdigen Raṭṭhapālo in der mittleren Torhalle sich rasieren. Und es sah des ehrwürdigen Raṭṭhapālo Vater den ehrwürdigen Raṭṭhapālo von ferne herankommen, und als er ihn gesehn sprach er also:

«Von solchen kahlgeschorenen Pfaffen ist uns unser einziger, vielgeliebter Sohn geraubt worden!»

Und so empfing der ehrwürdige Raṭṭhapālo im Hause seines Vaters weder Gabe noch Absage, sondern nur Schimpf empfing er.

Unterdessen wollte die Kindsmagd des ehrwürdigen Raṭṭhapālo von Abend
übriggebliebene Grütze wegschütten. Da sprach der ehrwürdige Raṭṭhapālo 393
also zu ihr:

«Wenn das, o Schwester, weggeschüttet werden soll, so gieß' es in meine Schale.»

Aber während des ehrwürdigen Raṭṭhapālo Kindsmagd die von Abend übriggebliebene Grütze dem ehrwürdigen Raṭṭhapālo in die Schale goß, erkannte sie ihn an seinen Händen und Füßen und an seiner Stimme. Und sie rannte zur Mutter des ehrwürdigen Raṭṭhapālo und rief ihr entgegen:

«O Herrin, daß du es weißt: der junge Herr, Raṭṭhapālo ist da!»

«Ist das wahr, was du sagst, so sollst du frei sein!»

Und des ehrwürdigen Raṭṭhapālo Mutter eilte zum Vater des ehrwürdigen Raṭṭhapālo und sprach also zu ihm:

«O Hausvater, daß du es weißt: Raṭṭhapālo, heißt es, unser edler Sohn ist hier!»

Inzwischen nahm der ehrwürdige Raṭṭhapālo die von Abend übriggebliebene Grütze, an einer Mauer rastend, ein. Und der Vater des ehrwürdigen Raṭṭhapālo suchte ihn auf, trat an seine Seite und sprach also zu ihm:

«Ist es denn möglich, mein Raṭṭhapālo, daß du von Abend übriggebliebene Grütze einnimmst? Willst du denn nicht, o Raṭṭhapālo, dein eigenes Haus betreten?»

«Woher, o Hausvater, wär' uns ein Haus eigen, die wir aus dem Hause in
394 die Hauslosigkeit gezogen sind? Hauslos sind wir, o Hausvater. Gekommen sind wir, o Hausvater, zu deinem Hause, und haben da weder Gabe empfangen noch Absage, sondern nur Schimpf haben wir empfangen.»

«Komm', o Raṭṭhapālo, wir wollen in den Saal gehn.»

«Genug, Hausvater: fertig bin ich für heute mit dem Mahle.»

«Wohlan denn, o Raṭṭhapālo, so gewähre mir die Bitte, morgen bei mir zu speisen!»

Schweigend gewährte der ehrwürdige Raṭṭhapālo die Bitte.

Als nun der Vater des ehrwürdigen Raṭṭhapālo der Zustimmung sicher war, begab er sich nach Hause zurück. Dort ließ er einen großen Haufen von Gold und Geschmeide aufschichten, ihn mit Matten bedecken und befahl dann den früheren Frauen des ehrwürdigen Raṭṭhapālo:

«Herbei, ihr Gesponsen! Mit was für Schmucke geschmückt ihr ehedem Raṭṭhapālo dem jungen Edelmanne lieblich erschient und reizend, mit diesem Schmucke sollt ihr euch schmücken!»

Am nächsten Morgen nun ließ der Vater des ehrwürdigen Raṭṭhapālo in seiner Behausung ausgewählte feste und flüssige Speise auftragen und sandte
395 einen Boten an den ehrwürdigen Raṭṭhapālo mit der Meldung: ‹Es ist Zeit, o Raṭṭhapālo, das Mahl ist bereit.› Und der ehrwürdige Raṭṭhapālo rüstete sich beizeiten, nahm Mantel und Schale und begab sich zu seines Vaters Wohnung. Dort angekommen nahm er auf dem dargebotenen Sitze Platz. Da ließ nun der Vater jenen Haufen von Gold und Geschmeide enthüllen und sprach also zum ehrwürdigen Raṭṭhapālo:

«Das kommt dir, o Raṭṭhapālo, als Erbteil der Mutter zu, ein anderes vom Vater, ein anderes vom Großvater: man kann, o Raṭṭhapālo, den Reichtum genießen und Gutes tun. Komm', o mein Raṭṭhapālo: gib die Askese auf, kehr' zur Gewohnheit zurück, genieße den Reichtum und tue Gutes!»

«Wenn du, Hausvater, tun wolltest was ich rate, so würdest du diesen Haufen von Gold und Geschmeide auf Wagen laden und hinausfahren und mitten in den Strom der Gangesfluten versenken lassen: und warum das? Du wirst ja, Hausvater, Wehe, Jammer, Leiden, Gram und Verzweiflung daran erfahren.»

Da stürzten des ehrwürdigen Raṭṭhapālo frühere Frauen vor ihm nieder, und jede umfing seine Füße, und sie sprachen zu ihm:

«Was mögen das nur, edler Gemahl, für Huldinnen sein, um die du Kasteiung übst?»

«Nicht üben wir, o Schwestern, Kasteiung um Huldinnen.»

«Schwestern hat uns der edle Gemahl, Raṭṭhapālo genannt!» schrien sie und fielen da bewußtlos zu Boden.

Und nun wandte sich der ehrwürdige Raṭṭhapālo also an seinen Vater:

«Soll, Hausvater, Atzung gereicht werden, so reiche sie: laß uns nicht län- 396
ger quälen.»

«Bediene dich, Raṭṭhapālo, bereit ist das Mahl.»

Und des ehrwürdigen Raṭṭhapālo Vater bediente und versorgte eigenhändig den ehrwürdigen Raṭṭhapālo mit ausgewählter fester und flüssiger Speise.

Nachdem nun der ehrwürdige Raṭṭhapālo gespeist und das Mahl beendet hatte, ließ er, schon erhoben, folgende Weise verlauten:

«Schau' wie der Balg ist aufgeputzt,
Der ganz aus Wunden doch besteht,
Der siech ist, voll von Willensdrang,
Der dauerlos erstirbt, verstiebt.

«Schau' wie der Leib ist aufgeputzt,
Rubinbehangen, goldgeschmückt,
Das hautverbrämte Beingerüst,
Im Glanze seiner Kleiderpracht!

«Das rotbelackte Füßlein da,
Der Lippe Purpur, Lippe Duft:
Verblendet blinzelt schon der Tor,
Doch keiner, der die Küste sucht.

«Das achtgeteilte Haargezöpf,
Die schwanken Wimpern, schwarz gefärbt:
Verblendet blinzelt schon der Tor,
Doch keiner, der die Küste sucht.

«Gleichwie man Wände neu bemalt
Betünchen sie den faulen Leib:
Verblendet blinzelt schon der Tor,
Doch keiner, der die Küste sucht.

«Die Schlinge warf ein Wildrer aus,
Das Wild verbarg sich, floh den Bast,
Genoß das Futter, fing sich nicht
Und ließ den Wildrer lauern nur.»

Als dann der ehrwürdige Raṭṭhapālo, schon erhoben, diese Weise gesagt hatte, ging er hinweg und begab sich zu König Koravyos[190] Jagdgelände. Dort saß er am Fuß eines Baumes nieder, bis Abend zu verweilen.

Aber König Koravyo hatte den Wildmeister zu sich befohlen:

397 «Sorge dafür, guter Wildmeister, daß mein Jagdgelände, der Wildgarten, sauber sei: wir wollen eine Ausfahrt machen, in die schöne Umgebung hinaus.»

«Wohl, o König!» entgegnete da gehorsam der Wildmeister dem Herrscher. Und er ließ das Jagdgelände säubern und sah den ehrwürdigen Raṭṭhapālo am Fuß eines Baumes tagüber sitzen. Und er ging zum Herrscher zurück und sprach also zu ihm:

«Sauber, o König, ist das Jagdgelände; doch weilt Raṭṭhapālo darin, ein junger Edelmann, der Erbe eines der ersten Adelsgeschlechter eben hier von Thūlakoṭṭhitam, den du oft gepriesen hast: der hat sich am Fuß eines Baumes über den Tag hingesetzt.»

«So sei es denn, guter Wildmeister, um die heutige Gartenfahrt: wir wollen dann eben diesen Herrn Raṭṭhapālo aufsuchen.»

Und König Koravyo befahl: «Was an Speise und Trank da vorgesorgt war, das soll alles verteilt werden»; und er ließ viele prächtige Wagen bespannen, bestieg selbst einen solchen und fuhr also mit überaus reichem königlichen Gepränge aus der Stadt hinaus, den ehrwürdigen Raṭṭhapālo zu besuchen. So weit gefahren als man fahren konnte, stieg er vom Wagen ab und ging dann zu Fuße, während er das Gefolge zurückbleiben hieß, dorthin wo der ehrwürdige Raṭṭhapālo weilte. Bei ihm angelangt wechselte er höflichen Gruß und freundliche, denkwürdige Worte und stellte sich seitwärts hin. Seitwärts stehend sprach nun König Koravyo also zum ehrwürdigen Raṭṭhapālo:

«Möge Herr Raṭṭhapālo sich hier auf die Schabracke hinsetzen!»

398 «Schon gut, großer König: du setze dich hin: ich bleibe auf meinem Platze.»

Da setzte sich König Koravyo auf den dargebotenen Sitz. Und er sprach also zum ehrwürdigen Raṭṭhapālo:

«Vier Arten gibt es, o Raṭṭhapālo, von Verderbnis, wo da mancher, davon betroffen, sich Haar und Bart abschert, das fahle Gewand anlegt und aus dem Hause in die Hauslosigkeit zieht: welche vier? Alterverderbnis, Krankheitverderbnis, Besitzverderbnis, Verwandtenverderbnis. Was ist aber, o Raṭṭhapālo, Alterverderbnis? Da ist einer, o Raṭṭhapālo, alt und greis geworden, hochbetagt, dem Ende nahe, ausgelebt. Der überlegt bei sich: ‹Ich bin jetzt alt geworden und greis und hochbetagt, dem Ende nahe, ausgelebt; nicht wohl, freilich, geht es an, daß ich noch nicht erworbenen Besitz mir erwerbe, oder den erworbenen Besitz mehre. Wie, wenn ich nun, mit geschorenem Haar und Barte, mit fahlem Gewande bekleidet, aus dem Hause in die Haus-

losigkeit hinauszöge?› Und weil er also von Alterverderbnis betroffen ist,
schert er sich Haar und Bart ab, legt das fahle Gewand an und zieht aus dem
Hause in die Hauslosigkeit. Das heißt man, o Raṭṭhapālo, Alterverderbnis.
Aber Herr Raṭṭhapālo steht jetzt in frischer Blüte, glänzend dunkelhaarig, im
Genusse glücklicher Jugend, im ersten Mannesalter: fremd ist Herrn Raṭṭha-
pālo jene Alterverderbnis. Was hat Herr Raṭṭhapālo erfahren oder gesehn oder
gehört, und ist aus dem Hause in die Hauslosigkeit gezogen?

«Und was ist, o Raṭṭhapālo, Krankheitverderbnis? Da ist einer, o Raṭṭha- 399
pālo, siech, leidend, schwerkrank. Der überlegt bei sich: ‹Ich bin jetzt siech,
leidend, schwerkrank; nicht wohl, freilich, geht es an, daß ich noch nicht er-
worbenen Besitz mir erwerbe, oder den erworbenen Besitz mehre. Wie, wenn
ich nun, mit geschorenem Haar und Barte, mit fahlem Gewande bekleidet,
aus dem Hause in die Hauslosigkeit hinauszöge?› Und weil er also von Krank-
heitverderbnis betroffen ist, schert er sich Haar und Bart ab, legt das fahle
Gewand an und zieht aus dem Hause in die Hauslosigkeit. Das heißt man, o
Raṭṭhapālo, Krankheitverderbnis. Aber Herr Raṭṭhapālo ist ja gesund und
munter, seine Kräfte sind gleichmäßig gemischt, weder zu kühl noch zu heiß:
fremd ist Herrn Raṭṭhapālo jene Krankheitverderbnis[191]. Was hat Herr Ra-
ṭṭhapālo erfahren oder gesehn oder gehört, und ist aus dem Hause in die Haus-
losigkeit gezogen?

«Und was ist, o Raṭṭhapālo, Besitzverderbnis? Da ist einer, o Raṭṭhapālo,
reich, mit Geld und Gut mächtig begabt; und er büßt seinen Besitz nach und
nach ein. Der überlegt bei sich: ‹Ich bin ehedem reich gewesen, mit Geld und
Gut mächtig begabt; und ich habe meinen Besitz nach und nach eingebüßt.
Nicht wohl, freilich, geht es an, daß ich noch nicht erworbenen Besitz mir er-
werbe, oder den erworbenen Besitz mehre. Wie, wenn ich nun, mit geschore-
nem Haar und Barte, mit fahlem Gewande bekleidet, aus dem Hause in die
Hauslosigkeit hinauszöge?› Und weil er also von Besitzverderbnis betroffen
ist, schert er sich Haar und Bart ab, legt das fahle Gewand an und zieht aus 400
dem Hause in die Hauslosigkeit. Das heißt man, o Raṭṭhapālo, Besitzverderb-
nis. Aber Herr Raṭṭhapālo ist eben hier zu Thūlakoṭṭhitam Erbe eines der
ersten Adelsgeschlechter: fremd ist Herrn Raṭṭhapālo jene Besitzverderbnis.
Was hat Herr Raṭṭhapālo erfahren oder gesehn oder gehört, und ist aus dem
Hause in die Hauslosigkeit gezogen?

«Und was ist, o Raṭṭhapālo, Verwandtenverderbnis? Da hat einer, o Ra-
ṭṭhapālo, viele Freunde und Genossen, Verwandte und Vettern; und diese Sip-
pen sterben ihm nach und nach aus. Der überlegt bei sich: ‹Einst hatte ich
viele Freunde und Genossen, Verwandte und Vettern; und diese Sippen sind
mir nach und nach ausgestorben. Nicht wohl, freilich, geht es an, daß ich
noch nicht erworbenen Besitz mir erwerbe, oder den erworbenen Besitz

mehre. Wie, wenn ich nun, mit geschorenem Haar und Barte, mit fahlem Gewande bekleidet, aus dem Hause in die Hauslosigkeit hinauszöge?› Und weil er also von Verwandtenverderbnis betroffen ist, schert er sich Haar und Bart ab, legt das fahle Gewand an und zieht aus dem Hause in die Hauslosigkeit. Das heißt man, o Raṭṭhapālo, Verwandtenverderbnis. Aber Herr Raṭṭhapālo hat eben hier zu Thūlakoṭṭhitam viele Freunde und Genossen, Verwandte und Vettern: fremd ist Herrn Raṭṭhapālo jene Verwandtenverderbnis. Was hat Herr Raṭṭhapālo erfahren oder gesehn oder gehört, und ist aus dem Hause in die Hauslosigkeit gezogen? – Das sind, o Raṭṭhapālo, die vier Arten von
401 Verderbnis, wo da mancher, davon betroffen, sich Haar und Bart abschert, das fahle Gewand anlegt und aus dem Hause in die Hauslosigkeit zieht: fremd sind diese Herrn Raṭṭhapālo. Was hat Herr Raṭṭhapālo erfahren oder gesehn oder gehört, und ist aus dem Hause in die Hauslosigkeit gezogen?»

«Es sind, großer König, von Ihm, dem Erhabenen, dem Kenner, dem Seher, dem Heiligen, vollkommen Erwachten, vier Lehrsätze dargelegt worden; die hab' ich erfahren und gesehn und gehört, und bin aus dem Hause in die Hauslosigkeit gezogen: welche vier? ‹Aufgerieben wird die Welt, verweslich›: so lautet, großer König, der erste Lehrsatz, der von Ihm, dem Erhabenen, dem Kenner, dem Seher, dem Heiligen, vollkommen Erwachten, dargelegt wurde; den hab' ich erfahren und gesehn und gehört, und bin aus dem Hause in die Hauslosigkeit gezogen. ‹Hilflos ist die Welt, ohnmächtig›: so lautet, großer König, der zweite Lehrsatz, der von Ihm, dem Erhabenen, dem Kenner, dem Seher, dem Heiligen, vollkommen Erwachten, dargelegt wurde; den hab' ich erfahren und gesehn und gehört, und bin aus dem Hause in die Hauslosigkeit gezogen. ‹Uneigen ist die Welt, alles verlassend muß man gehn›: so lautet, großer König, der dritte Lehrsatz, der von Ihm, dem Erhabenen, dem Kenner, dem Seher, dem Heiligen, vollkommen Erwachten, dargelegt wurde; den hab' ich erfahren und gesehn und gehört, und bin aus dem Hause in die Hauslosigkeit gezogen. ‹Bedürftig ist die Welt, nimmersatt, durstverdungen›: so lautet, großer König, der vierte Lehrsatz, der von Ihm, dem Erhabenen, dem
402 Kenner, dem Seher, dem Heiligen, vollkommen Erwachten, dargelegt wurde; den hab' ich erfahren und gesehn und gehört, und bin aus dem Hause in die Hauslosigkeit gezogen. Das sind, großer König, die vier Lehrsätze, die von Ihm, dem Erhabenen, dem Kenner, dem Seher, dem Heiligen, vollkommen Erwachten dargelegt wurden; die hab' ich erfahren und gesehn und gehört, und bin aus dem Hause in die Hauslosigkeit gezogen.»

«'Aufgerieben wird die Welt, verweslich', hat Herr Raṭṭhapālo gesagt: wie aber soll man, o Raṭṭhapālo, den Sinn dieser Worte verstehn?»

«Was meinst du wohl, großer König: bist du mit zwanzig oder mit fünfundzwanzig Jahren imstande gewesen Elefanten zu bändigen, Rosse zu reiten, Wagen zu lenken, Bogen zu spannen, Schwerter zu schwingen? Bist du stark in den Schenkeln, stark in den Armen gewesen, tauglich genug zum Kampfe?»

«Ich bin, o Raṭṭhapālo, mit zwanzig oder mit fünfundzwanzig Jahren imstande gewesen Elefanten zu bändigen, Rosse zu reiten, Wagen zu lenken, Bogen zu spannen, Schwerter zu schwingen, bin stark in den Schenkeln, stark in den Armen gewesen, tauglich genug zum Kampfe. Zuweilen fühlt' ich, o Raṭṭhapālo, fast Überkraft in mir: nicht hab' ich an Stärke meines Gleichen gekannt.»

«Was meinst du wohl, großer König: bist du auch jetzt ebenso stark in den Schenkeln und Armen, tauglich genug zum Kampfe?»

«Das nicht, o Raṭṭhapālo; jetzt bin ich alt und greis geworden, hochbetagt, dem Ende nahe, ausgelebt, stehe im achtzigsten Jahre. Zuweilen will ich, o Raṭṭhapālo, den Fuß dahinsetzen, und setze ihn dorthin.»

«Daran aber, großer König, hat Er gedacht, der Erhabene, der Kenner, der Seher, der Heilige, vollkommen Erwachte, als er gesagt hat: ‹Aufgerieben wird die Welt, verweslich›; das hab' ich erfahren und gesehn und gehört, und bin aus dem Hause in die Hauslosigkeit gezogen.» 403

«Wunderbar, o Raṭṭhapālo, außerordentlich ist es, o Raṭṭhapālo, wie Er da so richtig gesagt hat, der Erhabene, der Kenner, der Seher, der Heilige, vollkommen Erwachte, ‹Aufgerieben wird die Welt, verweslich›: denn aufgerieben wird, o Raṭṭhapālo, die Welt, verweslich. – Versehn ist, o Raṭṭhapālo, meine Königsburg mit Kriegselefanten, mit Reiterei, mit Streitwagen, mit Fußtruppen, die uns in Not und Gefahr zu Schutz und Trutz gereichen. ‹Hilflos ist die Welt, ohnmächtig›, hat Herr Raṭṭhapālo gesagt: wie aber soll man, o Raṭṭhapālo, den Sinn dieser Worte verstehn?»

«Was meinst du wohl, großer König: leidest du an irgendeinem andauernden Übel?»

«Ich leide, o Raṭṭhapālo, an dem Übel der andauernden Gicht. Zuweilen, o Raṭṭhapālo, stehn meine Freunde und Genossen, Verwandte und Vettern um mich herum und reden: ‹Diesmal wird König Koravyo sterben! Diesmal wird König Koravyo sterben!›»

«Was meinst du wohl, großer König: erlangst du das bei deinen Freunden und Genossen, Verwandten und Vettern: ‹Kommt heran, ihr lieben Freunde und Genossen, Verwandte und Vettern! Alle, die ihr da seid, mögt diesen Schmerz unter euch teilen, damit ich den Schmerz minder empfinde!›, oder aber mußt du den Schmerz allein erdulden?»

«Nicht kann ich das, o Raṭṭhapālo, bei meinen Freunden und Genossen, Verwandten und Vettern erlangen: ‹Kommt heran, ihr lieben Freunde und Genossen, Verwandte und Vettern! Alle, die ihr da seid, mögt diesen Schmerz unter euch teilen, damit ich den Schmerz minder empfinde!›, sondern ich muß den Schmerz allein erdulden.»

«Daran aber, großer König, hat Er gedacht, der Erhabene, der Kenner, der Seher, der Heilige, vollkommen Erwachte, als er gesagt hat: ‹Hilflos ist die
404 Welt, ohnmächtig›; das hab' ich erfahren und gesehn und gehört, und bin aus dem Hause in die Hauslosigkeit gezogen.»

«Wunderbar, o Raṭṭhapālo, außerordentlich ist es, o Raṭṭhapālo, wie Er da so richtig gesagt hat, der Erhabene, der Kenner, der Seher, der Heilige, vollkommen Erwachte, ‹Hilflos ist die Welt, ohnmächtig›: denn hilflos ist, o Raṭṭhapālo, die Welt, ohnmächtig. – Es findet sich, o Raṭṭhapālo, in meiner Königsburg reichlich Gold und Geschmeide vor, heimlich vergraben und offen aufgestellt. ‹Uneigen ist die Welt, alles verlassend muß man gehn›, hat Herr Raṭṭhapālo gesagt: wie aber soll man, o Raṭṭhapālo, den Sinn dieser Worte verstehn?»

«Was meinst du wohl, großer König: wie du hienieden mit dem Besitz und Genuß der fünf Begehrungen begabt bist, kannst du auch jenseit erlangen: ‹Ebenso will ich mit eben diesem Besitz und Genuß der fünf Begehrungen begabt sein!›, oder aber wird dieser Reichtum auf andere übergehn, und wirst du je nach den Taten wandeln?»

«Nicht kann ich, o Raṭṭhapālo, wie da hienieden mit dem Besitz und Genuß der fünf Begehrungen begabt, auch jenseit erlangen: ‹Ebenso will ich mit eben diesem Besitz und Genuß der fünf Begehrungen begabt sein!›, sondern auf andere wird dieser Reichtum übergehn, und ich werde je nach den Taten wandeln.»

«Daran aber, großer König, hat Er gedacht, der Erhabene, der Kenner, der Seher, der Heilige, vollkommen Erwachte, als er gesagt hat: ‹Uneigen ist die Welt, alles verlassend muß man gehn›; das hab' ich erfahren und gesehn und gehört, und bin aus dem Hause in die Hauslosigkeit gezogen.»

405 «Wunderbar, o Raṭṭhapālo, außerordentlich ist es, o Raṭṭhapālo, wie Er da so richtig gesagt hat, der Erhabene, der Kenner, der Seher, der Heilige, vollkommen Erwachte, ‹Uneigen ist die Welt, alles verlassend muß man gehn›: denn uneigen ist, o Raṭṭhapālo, die Welt, alles verlassend muß man gehn[192]. – ‹Bedürftig ist die Welt, nimmersatt, durstverdungen›, hat Herr Raṭṭhapālo gesagt: wie aber soll man, o Raṭṭhapālo, den Sinn dieser Worte verstehn?»

«Was meinst du wohl, großer König: gedeiht dir herrlich in Überfluß dein Kurūland?»

«Gewiß, o Raṭṭhapālo, gedeiht mir herrlich in Überfluß mein Kurūland.»

«Was meinst du wohl, großer König: wenn da ein Mann zu dir herkäme, von den östlichen Grenzen, glaubwürdig, vertrauenswürdig; und er träte zu dir und spräche also: ‹O großer König, daß du es weißt: ich komme von den östlichen Grenzen her! Da hab' ich ein mächtiges Reich gesehn, blühend, gedeihend, volkreich, von vielen Menschen bewohnt: da gibt es viel Kriegselefanten und Reiterei, Streitwagen und Fußtruppen, viel Elfenbein und Felle, viel Gold und Geschmeide, roh und bearbeitet, da gibt es viel Weibergesinde! Und man kann es mit einer gewissen Streitmacht erobern: erobere es, großer König!› Was würdest du da tun?»

«Wir würden es, o Raṭṭhapālo, eben erobern und beherrschen.»

«Was meinst du wohl, großer König: wenn da ein Mann zu dir herkäme, von den westlichen Grenzen, und von den nördlichen Grenzen, und von den südlichen Grenzen, und von jenseit des Ozeans, glaubwürdig, vertrauenswürdig; und er träte zu dir und spräche also: ‹O großer König, daß du es weißt: ich komme von jenseit des Ozeans her! Da hab' ich ein mächtiges Reich gesehn, blühend, gedeihend, volkreich, von vielen Menschen bewohnt: da gibt 406
es viel Kriegselefanten und Reiterei, Streitwagen und Fußtruppen, viel Elfenbein und Felle, viel Gold und Geschmeide, roh und bearbeitet, da gibt es viel Weibergesinde! Und man kann es mit einer gewissen Streitmacht erobern: erobere es, großer König!› Was würdest du da tun?»

«Wir würden es, o Raṭṭhapālo, eben auch erobern und beherrschen.»

«Daran aber, großer König, hat Er gedacht, der Erhabene, der Kenner, der Seher, der Heilige, vollkommen Erwachte, als er gesagt hat: ‹Bedürftig ist die Welt, nimmersatt, durstverdungen›; das hab' ich erfahren und gesehn und gehört, und bin aus dem Hause in die Hauslosigkeit gezogen.»

«Wunderbar, o Raṭṭhapālo, außerordentlich ist es, o Raṭṭhapālo, wie Er da so richtig gesagt hat, der Erhabene, der Kenner, der Seher, der Heilige, vollkommen Erwachte, ‹Bedürftig ist die Welt, nimmersatt, durstverdungen›: denn bedürftig ist, o Raṭṭhapālo, die Welt, nimmersatt, durstverdungen.»

Also sprach der ehrwürdige Raṭṭhapālo. Und nachdem er also geredet sprach er ferner noch dies:

«Ich sehe Menschen mächtig sein, gewaltig,
Und reich und törig keine Gabe geben:
Begierig häufen an sie Gut an Güter
Und haschen lüstern nach erneuten Lüsten.

«Und hätt' ersiegt ein König sich die Erde,
Und herrscht' er weithin, bis zum Meere herrlich:
Des Meeres Grenze grämt' ihn ungesättigt,
Nach neuen Siegen sehnt' er sich hinüber.

«Der König und gar viele gehn entgegen
Mit ungestilltem Durste düsterm Tode,
Vergeblich abgenutzt stirbt nur der Leib hin.
Denn keiner in der Welt wird satt an Süchten.

«Verwandte weinen, raufen sich die Locken
Und rufen ‹Wehe, weh' uns, daß wir leben!›
407 In weißes Linnen wickeln sie den Leichnam
Und schichten Scheite, schüren an die Lohe.

«Nun röstet er am Roste, rauh gerüttelt,
Ein einzig Tüchlein deckt ihn, das ist alles:
Der Abgelebte findet keine Zuflucht,
Geliebte, Freunde nicht und nicht Genossen.

«Die Erben reißen sich um seinen Reichtum,
Sein Wesen aber wandelt nach den Werken:
Am Hingeschiednen haftet keine Habe,
Nicht Weib und Kind, nicht Geld und Gut und Lande.

«Um Geld erkauft sich keiner langes Leben,
Und Schätze schützen elend vor dem Alter:
‹Gar kurz ist›, künden Denker, ‹unser Dasein,
Und unbeständig, unstet, ohne Dauer.›

«An Reiche rührt, an Arme rührt Berührung,
Und wie der Tor, berührt wird auch der Weise:
Doch Toren reißt Berührung rasend nieder,
An Weise rührend kann sie nimmer regen.

«So gilt wohl mehr als Geld und Güter Weisheit,
Da sie Vollendung selig uns entbietet:
Unselig stehn ja Wirre starr gebunden
An Sein und Wiedersein und wirken Böses.

«Man keimt in Schoßen, keimt in andern Welten
Und kehrt im Wandelkreise hin und wieder,
Ergibt sich gern dem Wahne der Gewohnheit:
Und keimt in Schoßen, keimt in andern Welten.

«Gleichwie der Räuber, den die Falle festhält,
Durch eigne Tat sich richtet, der Verruchte,
So wird in andern Welten der Verwesne
Durch eigne Tat gerichtet, der Verruchte.

«Wie launisch locken uns Begierden gaukelnd hin,
Das Herz zerhämmernd, heftig, ungeheuer!
Erkannt hab' ich den Kummer der Begehrung,
Bin darum Büßer nun, o König, Bettler.

«Der Mensch fällt, wie die Frucht vom Baume fällt herab,
Noch unreif, oder reif, in raschem Sturze;
So bin ich denn, o König, gern ein Bettler:
Gewisse Pilgerschaft, sie dünkt mich besser[193].»

83

NEUNTER TEIL · DRITTE REDE

MAKHADEVO

Das hab' ich gehört. Zu einer Zeit weilte der Erhabene bei Mithilā, im 408
Mangohaine Makhadevos[194]. Und der Erhabene ließ, an einer bestimmten Stelle weilend, ein Lächeln sehn. Und der ehrwürdige Ānando gedachte da: ‹Was ist wohl der Grund, was ist die Ursach, daß der Erhabene ein Lächeln gezeigt hat? Nicht ohne Anlaß lächeln Vollendete.› Und der ehrwürdige Ānando schlug den Oberrock um die eine Schulter, faltete die Hände gegen den Erhabenen und sprach also:

«Was ist wohl, o Herr, der Grund, was ist die Ursach, daß der Erhabene ein Lächeln gezeigt hat? Nicht ohne Anlaß lächeln Vollendete.»

«Einst war, Ānando, eben hier zu Mithilā, ein König gewesen, Makhadevo mit Namen, ein gerechter und wahrer König, auf dem Rechte ruhend, ein großer König, der das Recht zur Geltung brachte bei Priestern und Hausvätern, bei Bürgern und Bauern, der den Feiertag feierte bei Vollmond und Neumond und beiden Vierteln[195].

«Und König Makhadevo, Ānando, wandte sich einst, als viele Jahre, viele Jahrhunderte, viele Jahrtausende vergangen waren, an seinen Bader:

‹Wann du, bester Bader, auf meinem Haupte graue Haare wahrnimmst, dann sag' es mir[196].›

‹Wohl, o König!› entgegnete da gehorsam der Bader dem Herrscher.

Und der Bader, Ānando, nahm, als viele Jahre, viele Jahrhunderte, viele
409 Jahrtausende vergangen waren, auf dem Haupte des Herrschers graue Haare wahr; und als er sie wahrgenommen sprach er also zu ihm:

‹Gemeldet haben sich beim Könige Götterboten: auf dem Haupte sind graue Haare erschienen.›

‹Wohlan denn, bester Bader, so nimm diese grauen Haare mit einer Zange zart heraus und leg' sie mir auf die Hand.›

‹Wohl, o König!› entgegnete da gehorsam der Bader dem Herrscher, nahm diese grauen Haare mit einer Zange zart heraus und legte sie dem Herrscher auf die Hand. Und König Makhadevo, Ānando, gab dem Bader ein Dorf zu eigen, und er ließ den Kronprinzen, seinen ältesten Sohn, zu sich berufen und sprach also zu ihm:

‹Gemeldet haben sich bei mir, teurer Prinz, Götterboten: auf dem Haupte sind graue Haare erschienen. Genossen hab' ich ja die menschlichen Wonnen: es ist Zeit an himmlische Wonnen zu denken[197]. Komme, teurer Prinz, übernimm du diese Königsmacht: denn ich will mir Haar und Bart abscheren, das fahle Gewand anlegen und aus dem Hause in die Hauslosigkeit wandern. Und so magst auch du, teurer Prinz, wann sich dir auf dem Haupte graue Haare gezeigt haben, deinem Bader ein Dorf zu eigen geben, deinen ältesten Sohn, den Kronprinzen, mit der Königsmacht treulich betrauen, dir Haar und Bart abscheren, das fahle Gewand anlegen und aus dem Hause in die Hauslosigkeit ziehn[198]. Wie dieser gesegnete Wandel von mir gewiesen mögst du ihm nachkommen, auf daß du nicht mein letzter Nachkomme seiest. In
410 einem Weltalter, teurer Prinz, wo der also gesegnete Wandel gebrochen wird, da wird der letzte der Nachkommen sein. Darum hab' ich dir, teurer Prinz, also geraten: Wie dieser gesegnete Wandel von mir gewiesen mögst du ihm nachkommen, auf daß du nicht mein letzter Nachkomme seiest.›

Und König Makhadevo, Ānando, gab seinem Bader ein Dorf zu eigen, betraute treulich seinen ältesten Sohn, den Kronprinzen, mit der Königsmacht; und eben hier, im Mangohaine Makhadevos, schor er sich Haar und Bart ab, legte das fahle Gewand an und zog vom Hause in die Hauslosigkeit hinaus. Liebevollen Gemütes weilend strahlte er nach einer Richtung, dann nach einer zweiten, dann nach der dritten, dann nach der vierten, ebenso nach oben und nach unten: überall in allem sich wiedererkennend durchstrahlte er die ganze Welt mit liebevollem Gemüte, mit weitem, tiefem, unbeschränktem, von Grimm und Groll geklärtem. Erbarmenden Gemütes – freudevollen Gemütes – unbewegten Gemütes weilend strahlte er nach einer Richtung, dann nach einer zweiten, dann nach der dritten, dann nach der vierten, ebenso nach oben und nach unten: überall in allem sich wiedererkennend durchstrahlte er die ganze Welt mit erbarmendem Gemüte, mit freudevollem Gemüte, mit unbewegtem Gemüte, mit weitem, tiefem, unbeschränktem, von Grimm und Groll geklärtem.

König Makhadevo aber, Ānando, hat vierundachtzigtausend Jahre die Spiele der Jugend gespielt, vierundachtzigtausend Jahre ist er Kronprinz gewesen, vierundachtzigtausend Jahre hat er als König geherrscht, und vierundachtzigtausend Jahre hat er, eben hier im Mangohaine Makhadevos als Büßer weilend, das Asketenleben geführt.

Und er harrte auf den vier heiligen Warten aus, und gelangte, bei der Auf- 411
lösung des Körpers, nach dem Tode, in heilige Welt.

Und König Makhadevos Sohn, Ānando, wandte sich einst, als viele Jahre, viele Jahrhunderte, viele Jahrtausende vergangen waren, an seinen Bader:

‹Wann du, bester Bader, auf meinem Haupte graue Haare wahrnimmst, dann sag' es mir.›

‹Wohl o König!› entgegnete da gehorsam der Bader dem Herrscher.

Und der Bader, Ānando, nahm, als viele Jahre, viele Jahrhunderte, viele Jahrtausende vergangen waren, auf dem Haupte des Herrschers graue Haare wahr; und als er sie wahrgenommen, sprach er also zu ihm:

‹Gemeldet haben sich beim Könige Götterboten: auf dem Haupte sind graue Haare erschienen.›

‹Wohlan denn, bester Bader, so nimm diese grauen Haare mit einer Zange zart heraus und leg' sie mir auf die Hand.›

‹Wohl, o König!› entgegnete da gehorsam der Bader dem Herrscher, nahm diese grauen Haare mit einer Zange zart heraus und legte sie dem Herrscher auf die Hand. Und König Makhadevos Sohn, Ānando, gab dem Bader ein Dorf zu eigen, und er ließ den Kronprinzen, seinen ältesten Sohn, zu sich berufen und sprach also zu ihm:

‹Gemeldet haben sich bei mir, teurer Prinz, Götterboten: auf dem Haupte sind graue Haare erschienen. Genossen hab' ich ja die menschlichen Wonnen: es ist Zeit an himmlische Wonnen zu denken. Komme, teurer Prinz, übernimm du diese Königsmacht: denn ich will mir Haar und Bart abscheren, das
fahle Gewand anlegen und aus dem Hause in die Hauslosigkeit wandern. 412
Und so magst auch du, teurer Prinz, wann sich dir auf dem Haupte graue Haare gezeigt haben, deinem Bader ein Dorf zu eigen geben, deinen ältesten Sohn, den Kronprinzen, mit der Königsmacht treulich betrauen, dir Haar und Bart abscheren, das fahle Gewand anlegen und aus dem Hause in die Hauslosigkeit ziehn. Wie dieser gesegnete Wandel von mir gewiesen mögst du ihm nachkommen, auf daß du nicht mein letzter Nachkomme seiest. In einem Weltalter, teurer Prinz, wo der also gesegnete Wandel gebrochen wird, da wird der letzte der Nachkommen sein. Darum hab' ich dir, teurer Prinz,

also geraten: Wie dieser gesegnete Wandel von mir gewiesen mögst du ihm nachkommen, auf daß du nicht mein letzter Nachkomme seiest.›

Und König Makhadevos Sohn, Ānando, gab seinem Bader ein Dorf zu eigen, betraute treulich seinen ältesten Sohn, den Kronprinzen, mit der Königsmacht; und eben hier, im Mangohaine Makhadevos, schor er sich Haar und Bart ab, legte das fahle Gewand an und zog vom Hause in die Hauslosigkeit hinaus. Liebevollen Gemütes weilend strahlte er nach einer Richtung, dann nach einer zweiten, dann nach der dritten, dann nach der vierten, ebenso nach oben und nach unten: überall in allem sich wiedererkennend durchstrahlte er die ganze Welt mit liebevollem Gemüte, mit weitem, tiefem, unbeschränktem, von Grimm und Groll geklärtem. Erbarmenden Gemütes – freudevollen Gemütes – unbewegten Gemütes weilend strahlte er nach einer Richtung, dann nach einer zweiten, dann nach der dritten, dann nach der vierten, ebenso nach oben und nach unten: überall in allem sich wiedererken-
413 nend durchstrahlte er die ganze Welt mit erbarmendem Gemüte, mit freudevollem Gemüte, mit unbewegtem Gemüte, mit weitem, tiefem, unbeschränktem, von Grimm und Groll geklärtem.

König Makhadevos Sohn aber, Ānando, hat vierundachtzigtausend Jahre die Spiele der Jugend gespielt, vierundachtzigtausend Jahre ist er Kronprinz gewesen, vierundachtzigtausend Jahre hat er als König geherrscht, und vierundachtzigtausend Jahre hat er, eben hier im Mangohaine Makhadevos als Büßer weilend, das Asketenleben geführt.

Und er harrte auf den vier heiligen Warten aus, und gelangte, bei der Auflösung des Körpers, nach dem Tode, in heilige Welt.

Und auch König Makhadevos Enkel, Ānando, und Urenkel sind ihm, durch vierundachtzigtausend Geschlechter, nachgefolgt und haben eben hier, im Mangohaine Makhadevos, Haar und Bart sich abgeschoren, das fahle Gewand angelegt und sind vom Hause in die Hauslosigkeit gewandert. Liebevollen Gemütes – erbarmenden Gemütes – freudevollen Gemütes – unbewegten Gemütes weilend strahlten sie nach einer Richtung, dann nach einer zweiten, dann nach der dritten, dann nach der vierten, ebenso nach oben und nach unten: überall in allem sich wiedererkennend durchstrahlten sie die ganze Welt mit liebevollem Gemüte, mit erbarmendem Gemüte, mit freudevollem Gemüte, mit unbewegtem Gemüte, mit weitem, tiefem, unbeschränktem, von Grimm und Groll geklärtem.

Und vierundachtzigtausend Jahre haben sie die Spiele der Jugend gespielt,
414 vierundachtzigtausend Jahre sind sie Kronprinz gewesen, vierundachtzigtausend Jahre haben sie als König geherrscht, und vierundachtzigtausend Jahre haben sie, eben hier im Mangohaine Makhadevos als Büßer weilend, das Asketenleben geführt.

Und sie harrten auf den vier heiligen Warten aus, und gelangten, bei der Auflösung des Körpers, nach dem Tode, in heilige Welt.

Nimi war der letzte von diesen Königen, ein gerechter und wahrer König, auf dem Rechte ruhend, ein großer König, der das Recht zur Geltung brachte bei Priestern und Hausvätern, bei Bürgern und Bauern, der den Feiertag feierte bei Vollmond und Neumond und beiden Vierteln.

Als da einst, Ānando, die Dreiunddreißig Götter im Saal der Seligen zu Rate beisammensaßen, erhob sich unter ihnen die Rede:

‹Gesegnet sind die Videher, hochgesegnet ist das Videherreich, wo Nimi herrscht, als gerechter und wahrer König, auf dem Rechte ruhend, ein großer König, der das Recht zur Geltung bringt bei Priestern und Hausvätern, bei Bürgern und Bauern, der den Feiertag feiert bei Vollmond und Neumond und beiden Vierteln.›

Da wandte sich denn, Ānando, Sakko der Götterherr also an die Dreiunddreißig Götter:

‹Wünschet ihr etwa, Würdige, Nimi den König zu sehn?›

‹Wir wünschen es, Würdiger, Nimi den König zu sehn.›

Um diese Zeit nun, Ānando, hatte Nimi der König – es war ein Feiertag, Vollmond – gebadeten Hauptes, feiernd, oben auf der Zinne seines Palastes Platz genommen. Da verschwand nun, Ānando, Sakko der Götterherr, so schnell wie etwa ein kräftiger Mann den eingezogenen Arm ausstrecken oder
den ausgestreckten Arm einziehn mag, aus dem Himmel der Dreiunddreißig 415
und erschien vor König Nimi. Und er sprach also zu ihm:

‹Segen dir, großer König, hoher Segen dir, großer König! Die Götter, großer König, der Dreiunddreißig sitzen im Saal der Seligen beisammen und singen dein Lob: 'Gesegnet sind die Videher, hochgesegnet ist das Videherreich, wo Nimi herrscht, als gerechter und wahrer König, auf dem Rechte ruhend, ein großer König, der das Recht zur Geltung bringt bei Priestern und Hausvätern, bei Bürgern und Bauern, der den Feiertag feiert bei Vollmond und Neumond und beiden Vierteln.' Die Götter, großer König, der Dreiundddreißig möchten dich sehn! Und so werd' ich dir, großer König, das tausendjochige Rossegespann herabsenden[199]: wolle besteigen, großer König, den himmlischen Wagen, ohne Bangen.›

Schweigend gewährte, Ānando, König Nimi die Bitte.

Als nun, Ānando, Sakko der Götterherr der Zustimmung König Nimis gewiß war, verschwand er, so schnell wie etwa ein kräftiger Mann den eingezogenen Arm ausstrecken oder den ausgestreckten Arm einziehn mag, vor König Nimi und erschien im Himmel der Dreiunddreißig. Und er befahl Mātali dem Rosselenker:

‹Eile dich, bester Mātali, rüste das tausendjochige Rossegespann und fahre zu König Nimi hinab und sprich also zu ihm: 'Hier, großer König, ist das tausendjochige Rossegespann, das dir Sakko der Götterherr schickt: wolle besteigen, großer König, den himmlischen Wagen, ohne Bangen.'›

‹Wohl, Erlauchter, wie du befiehlst!› entgegnete da gehorsam Mātali der
416 Rosselenker Sakko dem Götterherrn. Und er rüstete das tausendjochige Rossegespann und fuhr zu König Nimi hinab und sprach also zu ihm:

‹Hier, großer König, ist das tausendjochige Rossegespann, das dir Sakko der Götterherr schickt: besteige, großer König, den himmlischen Wagen, ohne Bangen. Und sage mir, großer König: über welche Bahn soll ich dich fahren? Wo die Wesen durch böse Tat böser Taten Vergeltung genießen, oder wo die Wesen durch gute Tat guter Taten Vergeltung genießen?›

‹Über die beiden Bahnen, Mātali, fahre mich!›

Und Mātali, Ānando, der Rosselenker, brachte Nimi den König bis vor den Saal der Seligen hin. Da erblickte, Ānando, Sakko der Götterherr Nimi den König von ferne herankommen, und als er ihn gesehn, sprach er also zu ihm:

‹Komm', o großer König, sei gegrüßt, o großer König! Die Götter, großer König, der Dreiunddreißig sitzen im Saal der Seligen beisammen und singen dein Lob: 'Gesegnet sind die Videher, hochgesegnet ist das Videherreich, wo Nimi herrscht, als gerechter und wahrer König, auf dem Rechte ruhend, ein großer König, der das Recht zur Geltung bringt bei Priestern und Hausvätern, bei Bürgern und Bauern, der den Feiertag feiert bei Vollmond und Neumond und beiden Vierteln.' Die Götter, großer König, der Dreiunddreißig möchten dich sehn! Erfreue dich, großer König, bei den Göttern an göttlichem Glanze!›

‹Schon gut, Würdiger! Man soll mich nur wieder nach Mithilā heimfahren: dort will ich sorgen, daß Recht gelte bei Priestern und Hausvätern, bei Bürgern und Bauern, will den Feiertag feiern bei Vollmond und Neumond und beiden Vierteln.›

417 Da wandte sich nun, Ānando, Sakko der Götterherr also an Mātali den Rosselenker:

‹Eile dich, bester Mātali, rüste das tausendjochige Rossegespann und fahre König Nimi wieder hinab nach Mithilā.›

‹Wohl, Erlauchter, wie du befiehlst!› entgegnete da gehorsam Mātali der Rosselenker Sakko dem Götterherrn. Und er rüstete das tausendjochige Rossegespann und fuhr König Nimi wieder hinab nach Mithilā.

Hier sorgte nun, Ānando, König Nimi, daß Recht gelte bei Priestern und Hausvätern, bei Bürgern und Bauern, feierte den Feiertag bei Vollmond und Neumond und beiden Vierteln.

Und König Nimi, Ānando, wandte sich einst, als viele Jahre, viele Jahrhunderte, viele Jahrtausende vergangen waren, an seinen Bader:

‹Wann du, bester Bader, auf meinem Haupte graue Haare wahrnimmst, dann sag' es mir.›

‹Wohl, o König!› entgegnete da gehorsam der Bader dem Herrscher.

Und der Bader, Ānando, nahm, als viele Jahre, viele Jahrhunderte, viele Jahrtausende vergangen waren, auf dem Haupte des Herrschers graue Haare wahr; und als er sie wahrgenommen sprach er also zu ihm:

‹Gemeldet haben sich beim Könige Götterboten: auf dem Haupte sind graue Haare erschienen.›

‹Wohlan denn, bester Bader, so nimm diese grauen Haare mit einer Zange zart heraus und leg' sie mir auf die Hand.›

‹Wohl, o König!› entgegnete da gehorsam der Bader dem Herrscher, nahm
diese grauen Haare mit einer Zange zart heraus und legte sie dem Herrscher 418
auf die Hand. Und König Nimi, Ānando, gab dem Bader ein Dorf zu eigen, und er ließ den Kronprinzen, seinen ältesten Sohn, zu sich berufen und sprach also zu ihm:

‹Gemeldet haben sich bei mir, teurer Prinz, Götterboten: auf dem Haupte sind graue Haare erschienen. Genossen hab' ich ja die menschlichen Wonnen: es ist Zeit an himmlische Wonnen zu denken. Komme, teurer Prinz, übernimm du diese Königsmacht: denn ich will mir Haar und Bart abscheren, das fahle Gewand anlegen und aus dem Hause in die Hauslosigkeit wandern. Und so magst auch du, teurer Prinz, wann sich dir auf dem Haupte graue Haare gezeigt haben, deinem Bader ein Dorf zu eigen geben, deinen ältesten Sohn, den Kronprinzen, mit der Königsmacht treulich betrauen, dir Haar und Bart abscheren, das fahle Gewand anlegen und aus dem Hause in die Hauslosigkeit ziehn. Wie dieser gesegnete Wandel von mir gewiesen mögst du ihm nachkommen, auf daß du nicht mein letzter Nachkomme seiest. In einem Weltalter, teurer Prinz, wo der also gesegnete Wandel gebrochen wird, da wird der letzte der Nachkommen sein. Darum hab' ich dir, teurer Prinz, also geraten: Wie dieser gesegnete Wandel von mir gewiesen mögst du ihm nachkommen, auf daß du nicht mein letzter Nachkomme seiest.›

Und König Nimi, Ānando, gab seinem Bader ein Dorf zu eigen, betraute treulich seinen ältesten Sohn, den Kronprinzen, mit der Königsmacht; und eben hier, im Mangohaine Makhadevos, schor er sich Haar und Bart ab, legte das fahle Gewand an und zog vom Hause in die Hauslosigkeit hinaus. Liebevollen Gemütes – erbarmenden Gemütes – freudevollen Gemütes – unbeweg-
ten Gemütes weilend strahlte er nach einer Richtung, dann nach einer zwei- 419
ten, dann nach der dritten, dann nach der vierten, ebenso nach oben und nach unten: überall in allem sich wiedererkennend durchstrahlte er die ganze Welt mit liebevollem Gemüte, mit erbarmendem Gemüte, mit freudevollem

Gemüte, mit unbewegtem Gemüte, mit weitem, tiefem, unbeschränktem, von Grimm und Groll geklärtem.

König Nimi aber, Ānando, hat vierundachtzigtausend Jahre die Spiele der Jugend gespielt, vierundachtzigtausend Jahre ist er Kronprinz gewesen, vierundachtzigtausend Jahre hat er als König geherrscht, und vierundachtzigtausend Jahre hat er, eben hier im Mangohaine Makhadevos als Büßer weilend, das Asketenleben geführt.

Und er harrte auf den vier heiligen Warten aus, und gelangte, bei der Auflösung des Körpers, nach dem Tode, in heilige Welt.

König Nimi aber, Ānando, hat einen Sohn gehabt, Kaḷārajanako geheißen. Der ist nicht aus dem Hause in die Hauslosigkeit gezogen. Der hat diesen gesegneten Wandel gebrochen. Der ist der letzte der Nachkommen gewesen[200].

«Doch hat, Ānando, jener gesegnete Wandel nicht zur Abkehr, nicht zur
420 Wendung, nicht zur Auflösung, nicht zur Aufhebung, nicht zur Durchschauung, nicht zur Erwachung, nicht zur Erlöschung geführt, sondern nur zur Einkehr in heilige Welt. Aber dieser gesegnete Wandel, Ānando, der heute von mir gewiesen wird, der führt zu vollkommener Abkehr, Wendung, Auflösung, Aufhebung, Durchschauung, Erwachung, zur Erlöschung.

«Was ist das aber, Ānando, für ein gesegneter Wandel, der heute von mir gewiesen wird und zu vollkommener Abkehr, Wendung, Auflösung, Aufhebung, Durchschauung, Erwachung, zur Erlöschung führt? Es ist eben dieser heilige, achtfältige Weg, und zwar: rechte Erkenntnis, rechte Gesinnung, rechte Rede, rechtes Handeln, rechtes Wandeln, rechtes Mühn, rechte Einsicht, rechte Einigung. Das ist, Ānando, der gesegnete Wandel, der heute von mir gewiesen wird und zu vollkommener Abkehr, Wendung, Auflösung, Aufhebung, Durchschauung, Erwachung, zur Erlöschung führt. Darum, Ānando, nehmt meinen Rat an: Wie dieser gesegnete Wandel von mir gewiesen mögt ihr ihm nachkommen, auf daß ihr nicht meine letzten Nachkommen seid. In einem Weltalter, Ānando, wo der also gesegnete Wandel gebrochen wird, da wird der letzte der Nachkommen sein.

«Darum, Ānando, nehmt meinen Rat an: Wie dieser gesegnete Wandel von mir gewiesen mögt ihr ihm nachkommen, auf daß ihr nicht meine letzten Nachkommen seid.»

Also sprach der Erhabene. Zufrieden freute sich der ehrwürdige Ānando über das Wort des Erhabenen[201].

84

NEUNTER TEIL · VIERTE REDE

MADHURO

DAS HAB' ICH GEHÖRT. Zu einer Zeit weilte der ehrwürdige Mahākaccāno 421
bei Madhurā, im Riedmoor.

Und es hörte König Madhuro von Avanti reden: ‹Ein Asket, und zwar der würdige Kaccāno, weilt bei Madhurā, im Riedmoor. Diesem würdigen Kaccāno geht aber allenthalben der frohe Ruhmesruf voran: 'Gelehrt ist er und weise und tiefsinnig, er hat viel erfahren, ist wohlberedt und weiß was frommt, ist alt und ehrwürdig. Glücklich wer da nun solche Heilige sehn kann!'›

Und König Madhuro von Avanti ließ viele prächtige Wagen bespannen, bestieg selbst einen solchen und fuhr also mit überaus reichem königlichen Gepränge aus der Stadt hinaus, den ehrwürdigen Mahākaccāno zu besuchen. So weit gefahren als man fahren konnte, stieg er vom Wagen ab und ging dann zu Fuße dorthin wo der ehrwürdige Mahākaccāno sich aufhielt. Dort angelangt wechselte er höflichen Gruß und freundliche, denkwürdige Worte mit ihm und setzte sich seitwärts nieder. Zur Seite sitzend wandte sich nun König Madhuro von Avanti also an den ehrwürdigen Mahākaccāno:

«Die Priester, o Kaccāno, reden also: ‹Die Priester nur sind höchste Kaste, verworfen andere Kaste; die Priester nur sind helle Kaste, dunkel andere Kaste; die Priester nur können rein werden, nicht Unpriester; die Priester sind Brahmās Söhne, von echter Abstammung, aus dem Munde geboren, in
Brahmā gezeugt, in Brahmā gebildet, Erben Brahmās[202].› Was hält nun Herr 422
Kaccāno davon?»

«Gerede nur, großer König, ist es unter den Leuten. Darum muß man es eben, großer König, je nach dem Umstand beurteilen, ob es bloßes Gerede ist unter den Leuten: ‹Die Priester nur sind höchste Kaste, verworfen andere Kaste; die Priester nur sind helle Kaste, dunkel andere Kaste; die Priester nur können rein werden, nicht Unpriester; die Priester sind Brahmās Söhne, von echter Abstammung, aus dem Munde geboren, in Brahmā gezeugt, in Brahmā gebildet, Erben Brahmās.› Was meinst du wohl, großer König: so da ein Krieger zu Reichtum gelangt, an Geld und Gut, an Silber und Gold, mag da ein Krieger vor ihm aufstehn und nach ihm sich hinlegen, seinen Befehlen gehorchen, tun was ihm angenehm, reden was ihm recht ist? Und mag ein Priester, und mag ein Bürger, und mag ein Diener vor ihm aufstehn und nach ihm sich hinlegen, seinen Befehlen gehorchen, tun was ihm angenehm, reden was ihm recht ist?»

«So da ein Krieger, o Kaccāno, zu Reichtum gelangt, an Geld und Gut, an Silber und Gold, mag wohl ein Krieger vor ihm aufstehn und nach ihm sich hinlegen, seinen Befehlen gehorchen, tun was ihm angenehm, reden was ihm recht ist; und mag ein Priester, und mag ein Bürger, und mag ein Diener vor ihm aufstehn und nach ihm sich hinlegen, seinen Befehlen gehorchen, tun was ihm angenehm, reden was ihm recht ist.»

423 «Was meinst du wohl, großer König: so da ein Priester, so da ein Bürger, so da ein Diener zu Reichtum gelangt, an Geld und Gut, an Silber und Gold, mag da ein Priester vor ihm aufstehn und nach ihm sich hinlegen, seinen Befehlen gehorchen, tun was ihm angenehm, reden was ihm recht ist? Und mag ein Krieger, und mag ein Bürger, und mag ein Diener vor ihm aufstehn und nach ihm sich hinlegen, seinen Befehlen gehorchen, tun was ihm angenehm, reden was ihm recht ist?»

«So da ein Priester, o Kaccāno, so da ein Bürger, so da ein Diener zu Reichtum gelangt, an Geld und Gut, an Silber und Gold, mag wohl ein Priester vor ihm aufstehn und nach ihm sich hinlegen, seinen Befehlen gehorchen, tun was ihm angenehm, reden was ihm recht ist; und mag ein Krieger, und mag ein Bürger, und mag ein Diener vor ihm aufstehn und nach ihm sich hinlegen, seinen Befehlen gehorchen, tun was ihm angenehm, reden was ihm recht ist.»

«Was meinst du wohl, großer König: ist es also, sind da diese vier Kasten einander gleich, oder sind sie es nicht, oder wie denkst du darüber?»

424 «Allerdings, o Kaccāno, ist es also, da sind diese vier Kasten einander gleich, und ich kann hierbei keinerlei Unterschied merken.»

«Darum soll man es eben, großer König, je nach dem Umstand beurteilen, ob es bloßes Gerede ist unter den Leuten: ‹Die Priester nur sind höchste Kaste, verworfen andere Kaste; die Priester nur sind helle Kaste, dunkel andere Kaste; die Priester nur können rein werden, nicht Unpriester; die Priester sind Brahmās Söhne, von echter Abstammung, aus dem Munde geboren, in Brahmā gezeugt, in Brahmā gebildet, Erben Brahmās.› Was meinst du wohl, großer König: es sei da ein Krieger Mörder und Dieb, ein Wüstling, Lügner, Verleumder, ein Zänker und Schwätzer, voll Gier und Haß und Eitelkeit; mag der, bei der Auflösung des Körpers, nach dem Tode, abwärts geraten, auf schlechte Fährte, in Verderben und Unheil, oder nicht so, oder wie denkst du darüber?»

«Ein Krieger, o Kaccāno, der da Mörder und Dieb ist, ein Wüstling, Lügner, Verleumder, ein Zänker und Schwätzer, voll Gier und Haß und Eitelkeit, der mag wohl, bei der Auflösung des Körpers, nach dem Tode, abwärts geraten, auf schlechte Fährte, in Verderben und Unheil: so denk' ich darüber, und so hab' ich es auch von den Heiligen gehört.» 425

«Gut, gut, großer König: es ist gut, großer König, daß du so denkst, und gut auch, daß du es von den Heiligen gehört hast. Was meinst du wohl, großer König: es sei da ein Priester, es sei da ein Bürger, es sei da ein Diener Mörder und Dieb, ein Wüstling, Lügner, Verleumder, ein Zänker und Schwätzer, voll Gier und Haß und Eitelkeit; mag der bei der Auflösung des Körpers, nach dem Tode, abwärts geraten, auf schlechte Fährte, in Verderben und Unheil, oder nicht so, oder wie denkst du darüber?»

«Ein Priester, o Kaccāno, ein Bürger, ein Diener, der da Mörder und Dieb ist, ein Wüstling, Lügner, Verleumder, ein Zänker und Schwätzer, voll Gier und Haß und Eitelkeit, der mag wohl, bei der Auflösung des Körpers, nach dem Tode, abwärts geraten, auf schlechte Fährte, in Verderben und Unheil: so denk' ich darüber, und so hab' ich es auch von den Heiligen gehört.»

«Gut, gut, großer König: es ist gut, großer König, daß du so denkst, und gut auch, daß du es von den Heiligen gehört hast. Was meinst du wohl, großer König: ist es also, sind da diese vier Kasten einander gleich, oder sind sie es nicht, oder wie denkst du darüber?»

«Allerdings, o Kaccāno, ist es also, da sind diese vier Kasten einander gleich, und ich kann hierbei keinerlei Unterschied merken.»

«Darum soll man es eben, großer König, je nach dem Umstand beurteilen,
ob es bloßes Gerede ist unter den Leuten: ‹Die Priester nur sind höchste
Kaste, verworfen andere Kaste; die Priester nur sind helle Kaste, dunkel an-
dere Kaste; die Priester nur können rein werden, nicht Unpriester; die Prie-
ster sind Brahmās Söhne, von echter Abstammung, aus dem Munde geboren,
in Brahmā gezeugt, in Brahmā gebildet, Erben Brahmās.› Was meinst du
wohl, großer König: es sei da ein Krieger kein Mörder und Dieb, kein Wüst-
ling, Lügner, Verleumder, kein Zänker und Schwätzer, nicht begehrlich, 426
nicht gehässig, recht gesinnt; mag der, bei der Auflösung des Körpers, nach
dem Tode, auf gute Fährte geraten, in himmlische Welt, oder nicht so, oder
wie denkst du darüber?»

«Ein Krieger, o Kaccāno, der da kein Mörder und Dieb ist, kein Wüstling, Lügner, Verleumder, kein Zänker und Schwätzer, nicht begehrlich, nicht gehässig, recht gesinnt, der mag wohl, bei der Auflösung des Körpers, nach dem Tode, auf gute Fährte geraten, in himmlische Welt: so denk' ich darüber, und so hab' ich es auch von den Heiligen gehört.»

«Gut, gut, großer König: es ist gut, großer König, daß du so denkst, und gut auch, daß du es von den Heiligen gehört hast. Was meinst du wohl, großer König: es sei da ein Priester, es sei da ein Bürger, es sei da ein Diener kein Mörder und Dieb, kein Wüstling, Lügner, Verleumder, kein Zänker und

Schwätzer, nicht begehrlich, nicht gehässig, recht gesinnt; mag der, bei der Auflösung des Körpers, nach dem Tode, auf gute Fährte geraten, in himmlische Welt, oder nicht so, oder wie denkst du darüber?»

«Ein Priester, o Kaccāno, ein Bürger, ein Diener, der da kein Mörder und Dieb ist, kein Wüstling, Lügner, Verleumder, kein Zänker und Schwätzer, nicht begehrlich, nicht gehässig, recht gesinnt, der mag wohl, bei der Auflösung des Körpers, nach dem Tode, auf gute Fährte geraten, in himmlische Welt: so denk' ich darüber, und so hab' ich es auch von den Heiligen gehört.»

«Gut, gut, großer König: es ist gut, großer König, daß du so denkst, und gut auch, daß du es von den Heiligen gehört hast. Was meinst du wohl, gro-
427 ßer König: ist es also, sind da diese vier Kasten einander gleich, oder sind sie es nicht, oder wie denkst du darüber?»

«Allerdings, o Kaccāno, ist es also, da sind diese vier Kasten einander gleich, und ich kann hierbei keinerlei Unterschied merken[203].»

«Darum soll man es eben, großer König, je nach dem Umstand beurteilen, ob es bloßes Gerede ist unter den Leuten: ‹Die Priester nur sind höchste Kaste, verworfen andere Kaste; die Priester nur sind helle Kaste, dunkel andere Kaste; die Priester nur können rein werden, nicht Unpriester; die Priester sind Brahmās Söhne, von echter Abstammung, aus dem Munde geboren, in Brahmā gezeugt, in Brahmā gebildet, Erben Brahmās.› Was meinst du wohl, großer König: es sei da ein Krieger, der breche in Häuser ein, oder raube fremdes Gut, oder stehle, oder betrüge, oder verführe Ehefrauen; und wenn deine Leute ihn faßten und dir brächten: ‹Hier, o König, ist ein Räuber, ein Verbrecher: was du ihm bestimmst, diese Strafe gebiete!›; was würdest du da mit ihm machen?»

«Wir würden ihn, o Kaccāno, hinrichten, oder ächten, oder bannen, oder je nach dem Falle züchtigen lassen.»

«Und warum das?»

«War er da, o Kaccāno, als Krieger bekannt, so hat er nun diesen Namen verloren: Räuber wird er schlechthin geheißen.»

«Was meinst du wohl, großer König: es sei da ein Priester, sei da ein Bürger, sei da ein Diener, der breche in Häuser ein, oder raube fremdes Gut, oder stehle, oder betrüge, oder verführe Ehefrauen; und wenn deine Leute ihn faßten und dir brächten: ‹Hier, o König, ist ein Räuber, ein Verbrecher: was du ihm bestimmst, diese Strafe gebiete!›; was würdest du da mit ihm machen?»

«Wir würden ihn, o Kaccāno, hinrichten, oder ächten, oder bannen, oder je nach dem Falle züchtigen lassen.»

«Und warum das?»

«War er da, o Kaccāno, als Priester, oder als Bürger, oder als Diener be-

kannt, so hat er nun diesen Namen verloren: Räuber wird er schlechthin ge- 428
heißen.»

«Was meinst du wohl, großer König: ist es also, sind da diese vier Kasten einander gleich, oder sind sie es nicht, oder wie denkst du darüber?»

«Allerdings, o Kaccāno, ist es also, da sind diese vier Kasten einander gleich, und ich kann hierbei keinerlei Unterschied merken.»

«Darum soll man es eben, großer König, je nach dem Umstand beurteilen, ob es bloßes Gerede ist unter den Leuten: ‹Die Priester nur sind höchste Kaste, verworfen andere Kaste; die Priester nur sind helle Kaste, dunkel andere Kaste; die Priester nur können rein werden, nicht Unpriester; die Priester sind Brahmās Söhne, von echter Abstammung, aus dem Munde geboren, in Brahmā gezeugt, in Brahmā gebildet, Erben Brahmās.› Was meinst du wohl, großer König: es sei da ein Krieger, der habe sich Haar und Bart abgeschoren, das fahle Gewand angelegt, sei aus dem Hause in die Hauslosigkeit gezogen, habe das Töten verleugnet, das Stehlen verleugnet, das Lügen verleugnet, zufrieden mit einer Mahlzeit, keusch wandelnd, tugendrein, edelgeartet; was würdest du da mit ihm machen?»

«Wir würden ihn, o Kaccāno, ehrerbietig begrüßen, uns vor ihm erheben und ihn zu sitzen einladen, ihn bitten Kleidung, Speise, Lager und Arzenei für den Fall einer Krankheit anzunehmen, würden ihm wie sich's gebührt Schutz und Schirm und Obhut angedeihen lassen[204].»

«Und warum das?»

«War er da, o Kaccāno, als Krieger bekannt, so hat er nun diesen Namen verloren: Asket wird er schlechthin geheißen.»

«Was meinst du wohl, großer König: es sei da ein Priester, sei da ein Bürger, sei da ein Diener, der habe sich Haar und Bart abgeschoren, das fahle Gewand angelegt, sei aus dem Hause in die Hauslosigkeit gezogen, habe das Töten verleugnet, das Stehlen verleugnet, das Lügen verleugnet, zufrieden mit einer Mahlzeit, keusch wandelnd, tugendrein, edelgeartet: was würdest du da mit ihm machen?»

«Wir würden ihn, o Kaccāno, ehrerbietig begrüßen, uns vor ihm erheben 429
und ihn zu sitzen einladen, ihn bitten Kleidung, Speise, Lager und Arzenei für den Fall einer Krankheit anzunehmen, würden ihm wie sich's gebührt Schutz und Schirm und Obhut angedeihen lassen.»

«Und warum das?»

«War er da, o Kaccāno, als Priester, oder als Bürger, oder als Diener bekannt, so hat er nun diesen Namen verloren: Asket wird er schlechthin geheißen[205].»

«Was meinst du wohl, großer König: ist es also, sind da diese vier Kasten einander gleich, oder sind sie es nicht, oder wie denkst du darüber?»

«Allerdings, o Kaccāno, ist es also, da sind diese vier Kasten einander gleich, und ich kann hierbei keinerlei Unterschied merken.»

«Darum soll man es eben, großer König, je nach dem Umstand beurteilen, ob es bloßes Gerede ist unter den Leuten: ‹Die Priester nur sind höchste Kaste, verworfen andere Kaste; die Priester nur sind helle Kaste, dunkel andere Kaste; die Priester nur können rein werden, nicht Unpriester; die Priester sind Brahmās Söhne, von echter Abstammung, aus dem Munde geboren, in Brahmā gezeugt, in Brahmā gebildet, Erben Brahmās.›»

Nach diesen Worten wandte sich König Madhuro von Avanti also an den ehrwürdigen Mahākaccāno:

«Vortrefflich, o Kaccāno, vortrefflich, o Kaccāno! Gleichwie etwa, o Kaccāno, als ob man Umgestürztes aufstellte, oder Verdecktes enthüllte, oder Verirrten den Weg wiese, oder ein Licht in die Finsternis hielte: ‹Wer Augen hat wird die Dinge sehn›: ebenso auch ist von Herrn Kaccāno die Lehre gar vielfach gezeigt worden. Und so nehm' ich bei Herrn Kaccāno Zuflucht, bei
430 der Lehre und bei der Jüngerschaft: als Anhänger möge mich Herr Kaccāno
betrachten, von heute an zeitlebens getreu.»

«Nicht bei mir, großer König, wolle du Zuflucht nehmen: sondern bei Ihm, dem Erhabenen, nimm Zuflucht, bei dem ich Zuflucht genommen.»

«Wo aber, o Kaccāno, weilt Er jetzt, der Erhabene, der Heilige, vollkommen Erwachte?»

«Erloschen ist Er nun, großer König, der Erhabene, der Heilige, vollkommen Erwachte.»

«Wenn wir da hörten, o Kaccāno, Er, der Erhabene, sei dreißig Meilen fern, so würden wir eben dreißig Meilen wandern, Ihn, den Erhabenen zu sehn, den Heiligen, vollkommen Erwachten. Wenn wir da hörten, o Kaccāno, Er, der Erhabene, sei sechzig Meilen fern, sei neunzig Meilen, hundertzwanzig Meilen, hundertfünfzig Meilen fern, so würden wir eben hundertfünfzig Meilen wandern, Ihn, den Erhabenen zu sehn, den Heiligen, vollkommen Erwachten. Und wenn wir da hörten, o Kaccāno, dreihundert Meilen sei Er, der Erhabene, fern, so würden wir eben dreihundert Meilen wandern, Ihn, den Erhabenen zu sehn, den Heiligen, vollkommen Erwachten. Weil nun aber, o Kaccāno, Er, der Erhabene, erloschen ist, so nehmen wir eben bei Ihm, dem Erhabenen, der erloschen ist, unsere Zuflucht, und bei der Lehre und bei der Jüngerschaft: als Anhänger möge mich Herr Kaccāno betrachten, von heute an zeitlebens getreu[206].»

85

NEUNTER TEIL · FÜNFTE REDE

BODHI DER KÖNIGSOHN

DAS HAB' ICH GEHÖRT. Zu einer Zeit weilte der Erhabene im Lande der Bhagger, bei der Stadt Suṃsumāragiram, im Forste des Bhesakaḷā-Waldes.

Damals nun hatte Bodhi der Königsohn eben erst ein Landhaus, Lotusrose 431
genannt, sich erbauen lassen, und niemand noch hatte darin gewohnt, kein Asket und kein Priester noch irgendein menschliches Wesen.

Da nun wandte sich Bodhi der Königsohn also an Sañjikāputto den jungen Brāhmanen:

«Komm', bester Sañjikāputto, und geh' zum Erhabenen hin und bring' dem Erhabenen zu Füßen meinen Gruß dar und wünsche Gesundheit und Frische, Munterkeit, Stärke und Wohlsein: ‹Bodhi›, sage, ‹o Herr, der Königsohn, bringt dem Erhabenen zu Füßen Gruß dar und wünscht Gesundheit und Frische, Munterkeit, Stärke und Wohlsein›; und füge hinzu: ‹möge, o Herr›, läßt er sagen, ‹der Erhabene Bodhi dem Königsohne die Bitte gewähren, morgen mit den Mönchen bei ihm zu speisen!›»

«Jawohl, Herr!» entgegnete da gehorsam Sañjikāputto der junge Brāhmane Bodhi dem Königsohne. Und er begab sich dorthin wo der Erhabene weilte, tauschte höflichen Gruß und freundliche, denkwürdige Worte mit dem Erhabenen und setzte sich seitwärts nieder. Seitwärts sitzend sprach nun Sañjikāputto der junge Brāhmane zum Erhabenen also:

«Bodhi, o Gotamo, der Königsohn, bringt Herrn Gotamo zu Füßen Gruß dar und wünscht Gesundheit und Frische, Munterkeit, Stärke und Wohlsein; und er läßt sagen: ‹Möge, o Herr›, sprach er, ‹der Erhabene Bodhi dem Königsohne die Bitte gewähren, morgen mit den Mönchen bei ihm zu speisen!›»

Schweigend gewährte der Erhabene die Bitte.

Als nun Sañjikāputto der junge Brāhmane der Zustimmung des Erhabenen gewiß war, stand er auf, begab sich zu Bodhi dem Königsohne zurück und sprach also zu ihm:

«Ausgerichtet haben wir Herrn Gotamo euere Botschaft: und Herr Go- 432
tamo hat angenommen.»

Da ließ nun Bodhi der Königsohn am nächsten Morgen in seiner Behausung ausgewählte feste und flüssige Speise auftragen und den Boden in seinem Landhause Lotusrose mit weißen Geweben bespreiten, bis zur untersten

Treppenstufe herab[207]. Dann befahl er Sañjikāputto dem jungen Brāhmanen:

«Eile dich, bester Sañjikāputto, geh' hin zum Erhabenen und melde: ‹Es ist Zeit, o Herr, das Mahl ist bereit.›»

«Jawohl, Herr!» entgegnete da gehorsam Sañjikāputto der junge Brāhmane Bodhi dem Königsohne. Und er begab sich dorthin wo der Erhabene weilte, und gab dem Erhabenen Meldung:

«Es ist Zeit, o Gotamo, das Mahl ist bereit.»

Und der Erhabene rüstete sich beizeiten, nahm Mantel und Almosenschale und begab sich zur Wohnung Bodhi des Königsohns. Um diese Zeit aber stand Bodhi der Königsohn vor dem Eingange seines Hauses, den Erhabenen erwartend. Und Bodhi der Königsohn sah den Erhabenen von ferne herankommen, und als er ihn gesehn schritt er ihm entgegen, bot ehrerbietigen Gruß dar, ließ den Erhabenen vorangehn und geleitete ihn zu der Lotusrose
433 Landhaus. An die unterste Treppenstufe gelangt blieb der Erhabene stehn. Und Bodhi der Königsohn lud den Erhabenen ein.

«Möge, o Herr, der Erhabene die Gewebe beschreiten, möge der Willkommene die Gewebe beschreiten, auf daß es mir lange zum Wohle, zum Heile gereiche!»

Also eingeladen schwieg der Erhabene still. Und zum zweiten Male sprach Bodhi der Königsohn zum Erhabenen also; und zum zweiten Male schwieg der Erhabene still. Und zum dritten Male wandte sich Bodhi der Königsohn an den Erhabenen:

«Möge, o Herr, der Erhabene die Gewebe beschreiten, möge der Willkommene die Gewebe beschreiten, auf daß es mir lange zum Wohle, zum Heile gereiche!»

Da blickte nun der Erhabene auf den ehrwürdigen Ānando zurück. Und der ehrwürdige Ānando sprach also zu Bodhi dem Königsohne:

«Laß' die Gewebe, Königsohn, fortschaffen; nicht will der Erhabene über Teppiche schreiten: auf die Nachfolger hat der Vollendete zurückgeblickt.»

Und Bodhi der Königsohn ließ die Gewebe fortschaffen und auf dem Söller der Lotusrose die Stühle bereitstellen. Und der Erhabene stieg die Terrasse empor und nahm mit den Mönchen auf den dargebotenen Sitzen Platz. Und Bodhi der Königsohn bediente und versorgte eigenhändig den Erwachten und seine Jünger mit ausgewählter fester und flüssiger Speise.

Nachdem nun der Erhabene gespeist und das Mahl beendet hatte, nahm Bodhi der Königsohn einen von den niederen Stühlen zur Hand und setzte sich zur Seite hin. Zur Seite sitzend sprach nun Bodhi der Königsohn zum Erhabenen also:

«Ich hab' es, o Herr, bei mir bedacht: ‹Man kann nicht Wohl um Wohl ge- 434
winnen: um Wehe läßt sich Wohl gewinnen[208].›»

«Auch ich hab' es, Königsohn, noch vor der vollen Erwachung, als unvollkommen Erwachter, Erwachung erst Erringender, bei mir bedacht: ‹Man kann nicht Wohl um Wohl gewinnen: um Wehe läßt sich Wohl gewinnen.› Und da bin ich, Königsohn, nach einiger Zeit, noch in frischer Blüte, glänzend dunkelhaarig, im Genusse glücklicher Jugend, im ersten Mannesalter[209], gegen den Wunsch meiner weinenden und klagenden Eltern, mit geschorenem Haar und Barte, mit fahlem Gewande bekleidet, vom Hause fort in die Hauslosigkeit gezogen.

«Also Pilger geworden, das wahre Gut suchend, nach dem unvergleichlichen höchsten Friedenspfade forschend, begab ich mich zu Āḷāro Kālāmo und sprach zu ihm: ‹Ich möchte, Bruder Kālāmo, in dieser Lehre und Ordnung das Asketenleben führen.› Hierauf, Königsohn, erwiderte mir Āḷāro Kālāmo: ‹Bleibt, Ehrwürdiger! Solcherart ist diese Lehre, daß ein verständiger Mann, sogar binnen kurzem, sich die eigene Meisterschaft begreiflich und offenbar machen und ihren Besitz erlangen kann.› Und ich begriff, Königsohn, binnen kurzem, sehr bald diese Lehre. Ich lernte nun soviel, Königsohn, als Lippen und Laute mitzuteilen vermögen, das Wort des Wissens und das Wort der älteren Jünger, und ich und die anderen wußten: ‹Wir kennen und verstehn
es.› Da kam mir, Königsohn, der Gedanke: ‹Āḷāro Kālāmo verkündet nicht
die ganze Lehre nach seinem Glauben 'Mir selbst begreiflich und offenbar 435
gemacht verweil' ich in ihrem Besitze', sicher kennt Āḷāro Kālāmo diese Lehre genau.› Ich ging nun, Königsohn, zu Āḷāro Kālāmo hin und sprach also: ‹Inwiefern, Bruder Kālāmo, erklärst du, daß wir diese Lehre begriffen, uns offenbar gemacht und ihren Besitz erlangt haben?› Hierauf, Königsohn, stellte Āḷāro Kālāmo das Reich des Nichtdaseins dar[210]. Da kam mir, Königsohn, der Gedanke: ‹Nicht einmal Āḷāro Kālāmo hat Zuversicht, ich aber habe Zuversicht; nicht einmal Āḷāro Kālāmo hat Standhaftigkeit, ich aber habe Standhaftigkeit; nicht einmal Āḷāro Kālāmo hat Einsicht, ich aber habe Einsicht; nicht einmal Āḷāro Kālāmo hat Selbstvertiefung, ich aber habe Selbstvertiefung; nicht einmal Āḷāro Kālāmo hat Weisheit, ich aber habe Weisheit. Wie, wenn ich nun diese Lehre, von welcher Āḷāro Kālāmo sagt 'Mir selbst begreiflich und offenbar gemacht verweil' ich in ihrem Besitze', mir anzueignen suchte, damit sie mir völlig klar würde?› Und binnen kurzem, sehr bald, Königsohn, hatte ich diese Lehre begriffen, mir offenbar gemacht und ihren Besitz erlangt. Ich ging nun, Königsohn, wieder zu Āḷāro Kālāmo hin und sprach also: ‹Ist diese Lehre, Bruder Kālāmo, insofern von uns begriffen, offenbar gemacht und erlangt worden?› – ‹Insofern, o Bruder, ist diese Lehre begriffen, offenbar gemacht und erlangt worden.› – ‹Ich habe nun, Bruder Kālāmo, diese

436 Lehre insofern begriffen, mir offenbar gemacht und erlangt.› – ‹Beglückt sind wir, o Bruder, hoch begünstigt, die wir einen solchen Ehrwürdigen als echten Asketen erblicken! So wie ich die Lehre verkünde, so hast du sie erlangt; so wie du sie erlangt hast, so verkünde ich die Lehre. So wie ich die Lehre kenne, so kennst du die Lehre; so wie du die Lehre kennst, so kenne ich die Lehre. So wie ich bin, so bist du; so wie du bist, so bin ich. Komm' denn, Bruder, selbander wollen wir diese Jüngerschar lenken.› So, Königsohn, erklärte Āḷāro Kālāmo, mein Lehrer, mich, seinen Schüler, als ihm ebenbürtig und ehrte mich mit hoher Ehre. Da kam mir, Königsohn, der Gedanke: ‹Nicht diese Lehre führt zur Abkehr, zur Wendung, zur Auflösung, zur Aufhebung, zur Durchschauung, zur Erwachung, zur Erlöschung, sondern nur zur Einkehr in das Reich des Nichtdaseins.› Und ich fand diese Lehre, Königsohn, ungenügend; und unbefriedigt von ihr zog ich fort.

«Ich begab mich nun, Königsohn, das wahre Gut suchend, nach dem unvergleichlichen höchsten Friedenspfade forschend, zu Uddako, dem Sohne Rāmos, und sprach zu ihm: ‹Ich möchte, Bruder Rāmo, in dieser Lehre
437 und Ordnung das Asketenleben führen.› Hierauf, Königsohn, erwiderte mir Uddako Rāmaputto: ‹Bleibt, Ehrwürdiger! Solcherart ist diese Lehre, daß ein verständiger Mann, sogar binnen kurzem, sich die eigene Meisterschaft begreiflich und offenbar machen und ihren Besitz erlangen kann.› Und ich begriff, Königsohn, binnen kurzem, sehr bald diese Lehre. Ich lernte nun soviel, Königsohn, als Lippen und Laute mitzuteilen vermögen, das Wort des Wissens und das Wort der älteren Jünger, und ich und die anderen wußten: ‹Wir kennen und verstehn es.› Da kam mir, Königsohn, der Gedanke: ‹Rāmo hat nicht die ganze Lehre nach seinem Glauben ‘Mir selbst begreiflich und offenbar gemacht verweil' ich in ihrem Besitze’ verkündet, sicher hat Rāmo diese Lehre genau gekannt.› Ich ging nun, Königsohn, zu Uddako, dem Sohne Rāmos, hin und sprach also: ‹Inwiefern, Bruder, hat Rāmo diese Lehre als von uns begriffen, offenbar gemacht und erlangt erklärt?› Hierauf, Königsohn, stellte Uddako, der Sohn Rāmos, das Reich der Grenze möglicher Wahrnehmung dar[211]. Da kam mir, Königsohn, der Gedanke: ‹Nicht einmal Rāmo hatte Zuversicht, ich aber habe Zuversicht; nicht einmal Rāmo hatte Standhaftigkeit, ich aber habe Standhaftigkeit; nicht einmal Rāmo hatte Einsicht, ich aber habe Einsicht; nicht einmal Rāmo hatte Selbstvertiefung, ich aber habe Selbstvertiefung; nicht einmal Rāmo hatte Weisheit, ich aber habe Weisheit. Wie, wenn ich nun diese Lehre, von welcher Rāmo sagte ‘Mir selbst begreiflich und offenbar gemacht verweil' ich in ihrem Besitze’, mir anzueignen suchte, damit sie mir völlig klar würde?› Und binnen kurzem, sehr bald, Königsohn, hatte ich diese Lehre begriffen, mir offenbar gemacht und ihren
438 Besitz erlangt. Ich ging nun, Königsohn, wieder zu Uddako, dem Sohne Rā-

mos, und sprach also: ‹Ist diese Lehre, Bruder, der Darlegung Rāmos gemäß insofern von uns begriffen, offenbar gemacht und erlangt worden?› – ‹Insofern, Bruder, hat Rāmo diese Lehre als begriffen, offenbar gemacht und erlangt dargestellt.› – ‹Ich habe nun, Bruder, diese Lehre insofern begriffen, mir offenbar gemacht und erlangt.› – ‹Beglückt sind wir, o Bruder, hoch begünstigt, die wir einen solchen Ehrwürdigen als echten Asketen erblicken! So wie Rāmo die Lehre verkündet hat, so hast du die Lehre erlangt; so wie du sie erlangt hast, so hat Rāmo die Lehre verkündet. So wie Rāmo die Lehre gekannt hat, so kennst du die Lehre; so wie du die Lehre kennst, so hat Rāmo die Lehre gekannt. So wie Rāmo war, so bist du; so wie du bist, so war Rāmo. Komm' denn, o Bruder: sei du das Haupt dieser Jüngerschar.› So, Königsohn, belehnte Uddako Rāmaputto, mein Ordensbruder, mich mit der Meisterschaft und ehrte mich mit hoher Ehre. Da kam mir, Königsohn, der Gedanke: ‹Nicht diese Lehre führt zur Abkehr, zur Wendung, zur Auflösung, zur Aufhebung, zur Durchschauung, zur Erwachung, zur Erlöschung, sondern nur
zur Einkehr in das Reich der Grenze möglicher Wahrnehmung.› Und ich 439
fand diese Lehre, Königsohn, ungenügend; und unbefriedigt von ihr zog ich fort.

«Ich wanderte nun, Königsohn, das wahre Gut suchend, nach dem unvergleichlichen höchsten Friedenspfade forschend, im Magadhā-Lande von Ort zu Ort und kam in die Nähe der Burg Uruvelā. Dort sah ich einen entzückenden Fleck Erde: einen heiteren Waldesgrund, einen hell strömenden Fluß, zum Baden geeignet, erfreulich, und rings umher Wiesen und Felder. Da kam mir, Königsohn, der Gedanke: ‹Entzückend, wahrlich, ist dieser Fleck Erde! Heiter ist der Waldesgrund, der Fluß strömt hell dahin, zum Baden geeignet, erfreulich, und rings umher liegen Wiesen und Felder. Das genügt wohl einem Askese begehrenden edlen Sohne zur Askese.› Und ich setzte mich nun, Königsohn, dort nieder: ‹Das genügt zur Askese.›

«Da sind mir nun, Königsohn, drei Gleichnisse aufgeleuchtet, naturgemäße, nie zuvor gehörte.

«Gleichwie etwa, Königsohn, wenn ein feuchtes, leimiges Holzscheit ins Wasser geworfen würde; da träte ein Mann hinzu, mit einem Reibholz versehn: ‹Ich will Feuer erwecken, Licht hervorbringen.› Was meinst du nun, Königsohn: könnte wohl dieser Mann, mit dem Reibholz das feuchte, leimige, ins Wasser geworfene Holzscheit reibend, Feuer erwecken, Licht hervorbringen?»

«Gewiß nicht, o Herr!»

«Und warum nicht?»

«Jenes Holzscheit, o Herr, ist ja feucht, leimig und überdies noch ins Wasser geworfen! Alle Plage und Mühe des Mannes wäre vergeblich.» 440

«Ebenso nun auch, Königsohn, steht es mit jenen Asketen oder Priestern, die des Körpers nicht, nicht der Wünsche entwöhnt sind, die was bei ihren Wünschen Wunscheswille, Wunschesleim, Wunschestaumel, Wunschesdurst Wunschesfieber ist, die das nicht innerlich ausgetrieben, ausgeglüht haben: wenn da jene lieben Asketen und Priester herantretende schmerzliche, brennende, bittere Gefühle erfahren, so sind sie unfähig zum Wissen, zur Klarsicht, zur unvergleichlichen Erwachung; und auch wenn jene lieben Asketen und Priester keine herantretenden schmerzlichen, brennenden, bitteren Gefühle erfahren, so sind sie auch dann unfähig zum Wissen, zur Klarsicht, zur unvergleichlichen Erwachung. Dieses Gleichnis nun, Königsohn, war das erste mir aufleuchtende, das naturgemäße, nie zuvor gehörte.

«Und hierauf ist mir nun, Königsohn, ein zweites Gleichnis aufgeleuchtet, ein naturgemäßes, nie zuvor gehörtes. Gleichwie etwa, Königsohn, wenn ein feuchtes, leimiges Holzscheit fern vom Wasser ans Land geworfen würde; da träte ein Mann hinzu, mit einem Reibholz versehn: ‹Ich will Feuer erwecken, Licht hervorbringen.› Was meinst du nun, Königsohn: könnte wohl dieser Mann, mit dem Reibholz das feuchte, leimige, fern vom Wasser ans Land geworfene Holzscheit reibend, Feuer erwecken, Licht hervorbringen?»

«Gewiß nicht, o Herr!»

«Und warum nicht?»

«Jenes Holzscheit, o Herr, ist ja feucht, leimig, und wenn es auch außerhalb des Wassers am Lande liegt, alle Plage und Mühe des Mannes wäre vergeblich.»

441 «Ebenso nun auch, Königsohn, steht es mit jenen Asketen oder Priestern, die des Körpers, die auch der Wünsche entwöhnt sind, die aber was bei ihren Wünschen Wunscheswille, Wunschesleim, Wunschestaumel, Wunschesdurst, Wunschesfieber ist, die das nicht innerlich ausgetrieben, ausgeglüht haben: wenn da jene lieben Asketen und Priester herantretende schmerzliche, brennende, bittere Gefühle erfahren, so sind sie unfähig zum Wissen, zur Klarsicht, zur unvergleichlichen Erwachung; und auch wenn jene lieben Asketen und Priester keine herantretenden schmerzlichen, brennenden, bitteren Gefühle erfahren, so sind sie auch dann unfähig zum Wissen, zur Klarsicht, zur unvergleichlichen Erwachung. Dieses Gleichnis nun, Königsohn, war das zweite mir aufleuchtende, das naturgemäße, nie zuvor gehörte.

«Und hierauf ist mir nun, Königsohn, ein drittes Gleichnis aufgeleuchtet, ein naturgemäßes, nie zuvor gehörtes. Gleichwie etwa, Königsohn, wenn ein trockenes, ausgedörrtes Holzscheit fern vom Wasser ans Land geworfen würde; da träte ein Mann hinzu, mit einem Reibholz versehn: ‹Ich will Feuer erwecken, Licht hervorbringen.› Was meinst du nun, Königsohn, könnte wohl dieser Mann, mit dem Reibholz das trockene, ausgedörrte, fern vom

Wasser ans Land geworfene Holzscheit reibend, Feuer erwecken, Licht hervorbringen?»

«Freilich, o Herr!»

«Und warum das?»

«Jenes Holzscheit, o Herr, ist ja trocken und ausgedörrt und liegt fern vom 442
Wasser am Lande.»

«Ebenso nun auch, Königsohn, steht es mit jenen Asketen oder Priestern, die des Körpers, die auch der Wünsche entwöhnt sind, die was bei ihren Wünschen Wunscheswille, Wunschesleim, Wunschestaumel, Wunschesdurst, Wunschesfieber ist, die das innerlich ausgetrieben, ausgeglüht haben: wenn da jene lieben Asketen und Priester herantretende schmerzliche, brennende, bittere Gefühle erfahren, so sind sie fähig zum Wissen, zur Klarsicht, zur unvergleichlichen Erwachung; und auch wenn jene lieben Asketen und Priester keine herantretenden schmerzlichen, brennenden, bitteren Gefühle erfahren, so sind sie auch dann fähig zum Wissen, zur Klarsicht, zur unvergleichlichen Erwachung. Dieses Gleichnis nun, Königsohn, war das dritte mir aufleuchtende, das naturgemäße, nie zuvor gehörte.

«Diese drei Gleichnisse, Königsohn, sind mir aufgeleuchtet, naturgemäße, nie zuvor gehörte.

«Da kam mir, Königsohn, der Gedanke: ‹Wie, wenn ich nun mit aufeinandergepreßten Zähnen und an den Gaumen gehefteter Zunge durch den Willen das Gemüt niederzwänge, niederdrückte, niederquälte?› Und ich zwang nun, Königsohn, mit aufeinandergepreßten Zähnen und an den Gaumen gehefteter Zunge durch den Willen das Gemüt nieder, drückte es nieder, quälte es nieder. Und indem ich also, Königsohn, mit aufeinandergepreßten Zähnen und an den Gaumen gehefteter Zunge durch den Willen das Gemüt nieder-
zwang, niederdrückte, niederquälte, rieselte mir der Schweiß aus den Achsel- 443
höhlen. Gleichwie etwa, Königsohn, wenn ein starker Mann einen schwächeren, beim Kopf oder bei der Schulter ergreifend, niederzwingt, niederdrückt, niederquält, ebenso rieselte mir da, Königsohn, indem ich also mit aufeinandergepreßten Zähnen und an den Gaumen gehefteter Zunge durch den Willen das Gemüt niederzwang, niederdrückte, niederquälte, der Schweiß aus den Achselhöhlen. Gestählt war zwar, Königsohn, meine Kraft, unbeugsam, gewärtig die Einsicht, unverrückbar, aber regsam war da mein Körper, nicht ruhig geworden durch diese so schmerzliche Askese, die mich antrieb.

«Da kam mir, Königsohn, der Gedanke: ‹Wie, wenn ich mich nun in atemlose Selbstverlierung verlöre?› Und ich hielt nun, Königsohn, die Ein- und Ausatmungen von Mund und Nase an. Und indem ich also, Königsohn, die Ein- und Ausatmungen von Mund und Nase anhielt, wurde mir das überlaute Geräusch der Blutströmungen im Ohre vernehmbar. Gleichwie etwa, Königsohn, der geblähte Blasebalg einer Schmiede überlautes Geräusch erzeugt, ebenso wurde mir da, Königsohn, indem ich also die Ein- und Ausatmungen von Mund und Nase anhielt, das überlaute Geräusch der Blutströmungen im Ohre vernehmbar. Gestählt war zwar, Königsohn, meine Kraft, unbeugsam, gewärtig die Einsicht, unverrückbar, aber regsam war da mein Körper, nicht ruhig geworden durch diese so schmerzliche Askese, die mich antrieb.

444 «Da kam mir, Königsohn, der Gedanke: ‹Wie, wenn ich mich nun noch weiter in atemlose Selbstverlierung verlöre?› Und ich hielt nun, Königsohn, die Ein- und Ausatmungen von Mund, Nase und Ohr an. Und indem ich also, Königsohn, die Ein- und Ausatmungen von Mund, Nase und Ohr anhielt, schlugen mir überheftige Strömungen auf die Schädeldecke auf. Gleichwie etwa, Königsohn, wenn ein starker Mann mit scharfer Dolchspitze die Schädeldecke zerhämmerte, ebenso schlugen mir da, Königsohn, indem ich also die Ein- und Ausatmungen von Mund, Nase und Ohr anhielt, überheftige Strömungen auf die Schädeldecke auf. Gestählt war zwar, Königsohn, meine Kraft, unbeugsam, gewärtig die Einsicht, unverrückbar, aber regsam war da mein Körper, nicht ruhig geworden durch diese so schmerzliche Askese, die mich antrieb.

«Da kam mir, Königsohn, der Gedanke: ‹Wie, wenn ich mich nun noch weiter in atemlose Selbstverlierung verlöre?› Und ich hielt nun, Königsohn, die Ein- und Ausatmungen von Mund, Nase und Ohr an. Und indem ich also, Königsohn, die Ein- und Ausatmungen von Mund, Nase und Ohr anhielt, hatte ich im Kopfe betäubende Kopfgefühle. Gleichwie etwa, Königsohn, wenn ein starker Mann feste Riemenstränge auf dem Kopfe peitschend tanzen ließe, ebenso hatte ich da, Königsohn, indem ich also die Ein- und Aus-
445 atmungen von Mund, Nase und Ohr anhielt, im Kopfe betäubende Kopfgefühle. Gestählt war zwar, Königsohn, meine Kraft, unbeugsam, gewärtig die Einsicht, unverrückbar, aber regsam war da mein Körper, nicht ruhig geworden durch diese so schmerzliche Askese, die mich antrieb.

«Da kam mir, Königsohn, der Gedanke: ‹Wie, wenn ich mich nun noch weiter in atemlose Selbstverlierung verlöre?› Und ich hielt nun, Königsohn, die Ein- und Ausatmungen von Mund, Nase und Ohr an. Und indem ich also, Königsohn, die Ein- und Ausatmungen von Mund, Nase und Ohr anhielt, schnitten mir überheftige Strömungen durch den Bauch. Gleichwie etwa, Königsohn, wenn ein geschickter Schlächter oder Schlächtergeselle mit scharfem Schlachtmesser den Bauch durchschlitzte, ebenso schnitten mir da, Königsohn, indem ich also die Ein- und Ausatmungen von Mund, Nase und Ohr anhielt, überheftige Strömungen durch den Bauch. Gestählt war zwar, Königsohn, meine Kraft, unbeugsam, gewärtig die Einsicht, unverrückbar, aber regsam war da mein Körper, nicht ruhig geworden durch diese so schmerzliche Askese, die mich antrieb.

«Da kam mir, Königsohn, der Gedanke: ‹Wie, wenn ich mich nun noch weiter in atemlose Selbstverlierung verlöre?› Und ich hielt nun, Königsohn, die Ein- und Ausatmungen von Mund, Nase und Ohr an. Und indem ich also, Königsohn, die Ein- und Ausatmungen von Mund, Nase und Ohr anhielt, hatte ich im Körper überheftig glühende Qual. Gleichwie etwa, Königsohn, wenn zwei starke Männer einen schwächeren Mann an beiden Armen ergrif- 446
fen und in eine Grube voll glühender Kohlen hineinquälten, hineinrollten, ebenso hatte ich da, Königsohn, indem ich also die Ein- und Ausatmungen von Mund, Nase und Ohr anhielt, im Körper überheftig glühende Qual. Gestählt war zwar, Königsohn, meine Kraft, unbeugsam, gewärtig die Einsicht, unverrückbar, aber regsam war da mein Körper, nicht ruhig geworden durch diese so schmerzliche Askese, die mich antrieb.

«Da sahn mich nun, Königsohn, Gottheiten und sagten: ‹Gestorben ist der Asket Gotamo.› Andere Gottheiten sagten: ‹Nicht gestorben ist der Asket Gotamo, aber er stirbt.› Und andere Gottheiten sagten: ‹Nicht gestorben ist der Asket Gotamo und nicht stirbt er, heilig ist der Asket Gotamo, ein Zustand ist es nur des Heiligen, von solcher Art.›

«Da kam mir, Königsohn, der Gedanke: ‹Wie, wenn ich mich nun gänzlich der Nahrung enthielte?› Da traten, Königsohn, Gottheiten zu mir heran und sprachen: ‹Wolle nicht, Würdiger, dich gänzlich der Nahrung enthalten! Wenn du dich, Würdiger, gänzlich der Nahrung enthalten willst, so werden wir dir himmlischen Tau durch die Poren einflößen: dadurch wirst du am Leben bleiben[212].› Da kam mir, Königsohn, der Gedanke: ‹Wenn ich nun auch gänzliches Fasten hielte, diese Gottheiten mir aber himmlischen Tau durch die Poren einflößten und ich also gefristet würde, so wär' es bloßer Schein.› 447
Und ich wies, Königsohn, die Gottheiten zurück und sagte: ‹Schon gut!›

«Da kam mir, Königsohn, der Gedanke: ‹Wie, wenn ich nun wenig, wenig Nahrung zu mir nähme, eine hohle Hand voll und noch eine, als wie Bohnenbrühe oder Erbsenbrühe oder Linsenbrühe?› Und ich nahm, Königsohn, wenig, wenig Nahrung zu mir, eine hohle Hand voll und noch eine, als wie Bohnenbrühe oder Erbsenbrühe oder Linsenbrühe. Und indem ich also, Königsohn, wenig, wenig Nahrung zu mir nahm, eine hohle Hand voll und noch eine, als wie Bohnenbrühe oder Erbsenbrühe oder Linsenbrühe, wurde mein Körper außerordentlich mager. Wie dürres, welkes Rohr wurden da meine Arme und Beine durch diese äußerst geringe Nahrungaufnahme, wie ein Kamelhuf wurde da mein Gesäß durch diese äußerst geringe Nahrungaufnahme, wie eine Kugelkette wurde da mein Rückgrat mit den hervor- und zurücktretenden Wirbeln durch diese äußerst geringe Nahrungaufnahme[213], wie

sich die Dachsparren eines alten Hauses querkantig abheben, hoben sich da meine Rippen querkantig ab durch diese äußerst geringe Nahrungaufnahme, wie in einem tiefen Brunnen die unten liegenden Wasserspiegel verschwindend klein erscheinen, so erschienen da in meinen Augenhöhlen die tiefliegenden Augensterne verschwindend klein durch diese äußerst geringe Nahrungaufnahme, wie ein Bitterkürbis, frisch angeschnitten, in heißer Sonne hohl
448 und schrumpf wird, so wurde da meine Kopfhaut hohl und schrumpf durch diese äußerst geringe Nahrungaufnahme. Und indem ich, Königsohn, die Bauchdecke befühlen wollte traf ich auf das Rückgrat, und indem ich das Rückgrat befühlen wollte traf ich wieder auf die Bauchdecke. So nahe war mir, Königsohn, die Bauchdecke ans Rückgrat gekommen durch diese äußerst geringe Nahrungaufnahme. Und ich wollte, Königsohn, Kot und Harn entleeren, da fiel ich vornüber hin durch diese äußerst geringe Nahrungaufnahme. Um nun diesen Körper da zu stärken, Königsohn, rieb ich mit der Hand die Glieder. Und indem ich also, Königsohn, mit der Hand die Glieder rieb, fielen die wurzelfaulen Körperhaare aus durch diese äußerst geringe Nahrungaufnahme.

«Da sahn mich nun, Königsohn, Menschen und sagten: ‹Blau ist der Asket Gotamo!› Andere Menschen sagten: ‹Nicht blau ist der Asket Gotamo, braun ist der Asket Gotamo!› Und andere Menschen sagten: ‹Nicht blau ist der Asket Gotamo und nicht braun ist der Asket Gotamo, gelbhäutig ist der Asket Gotamo!› So sehr war nun, Königsohn, meine helle, reine Hautfarbe angegriffen worden durch diese äußerst geringe Nahrungaufnahme.

«Da kam mir, Königsohn, der Gedanke: ‹Was für Asketen oder Priester auch je in der Vergangenheit herangetretene schmerzliche, brennende, bittere Gefühle erfahren haben: das ist das höchste, weiter geht es nicht. Was für Asketen oder Priester auch je in der Zukunft herantretende schmerzliche, brennende, bittere Gefühle erfahren werden: das ist das höchste, weiter geht es
449 nicht. Was für Asketen oder Priester auch jetzt in der Gegenwart herantretende schmerzliche, brennende, bittere Gefühle erfahren: das ist das höchste, weiter geht es nicht. Und doch erreiche ich durch diese bittere Schmerzensaskese kein überirdisches, reiches Heiltum der Wissensklarheit! Es gibt wohl einen anderen Weg zur Erwachung.›

«Da kam mir, Königsohn, der Gedanke: ‹Ich erinnere mich, einst, während der Feldarbeiten bei meinem Vater Sakko, im kühlen Schatten eines Rosenapfelbaumes sitzend, den Wünschen erstorben, dem Unheil entronnen, in sinnend gedenkender ruhegeborener seliger Heiterkeit die Weihe der ersten Schauung errungen zu haben: das mag wohl der Weg sein zur Erwachung.›

«Da kam mir, Königsohn, das einsichtgemäße Bewußtsein: ‹Das ist der Weg zur Erwachung.›

«Da kam mir, Königsohn, der Gedanke: ‹Wie, sollt' ich etwa jenes Glück fürchten, jenes Glück jenseit der Wünsche, jenseit des Schlechten?›

«Da kam mir, Königsohn, der Gedanke: ‹Nein, ich fürchte jenes Glück nicht, jenes Glück jenseit der Wünsche, jenseit des Schlechten.›

«Da kam mir, Königsohn, der Gedanke: ‹Nicht leicht kann wohl jenes Glück erreicht werden mit so außerordentlich entkräftetem Körper; wie, wenn ich nun feste Nahrung zu mir nähme, gekochten Reisbrei?› Und ich nahm, Königsohn, feste Nahrung zu mir, gekochten Reisbrei.

«Zu jener Zeit aber, Königsohn, lebten fünf verbündete Mönche um mich 450
herum: ‹Wenn uns der Asket Gotamo die Wahrheit erkämpft haben wird, wird er sie uns mitteilen!› Als ich nun, Königsohn, feste Nahrung zu mir nahm, gekochten Reisbrei, da wandten sich jene fünf verbündeten Mönche von mir ab und gingen fort: ‹Üppig wird der Asket Gotamo, der Askese untreu, geneigt der Üppigkeit.›

«Und ich nahm nun, Königsohn, feste Nahrung zu mir, gewann Kraft und erwirkte, gar fern von Begierden, fern von unheilsamen Dingen, in sinnend gedenkender ruhegeborener seliger Heiterkeit die Weihe der ersten Schauung.

«Nach Vollendung des Sinnens und Gedenkens, Königsohn, erwirkte ich die innere Meeresstille, die Einheit des Gemütes, die von sinnen, von gedenken freie, in der Einigung geborene selige Heiterkeit, die Weihe der zweiten Schauung.

«In heiterer Ruhe, Königsohn, weilte ich gleichmütig, einsichtig, klar bewußt, ein Glück empfand ich im Körper, von dem die Heiligen sagen: ‹Der gleichmütig Einsichtige lebt beglückt›; so erwirkte ich die Weihe der dritten Schauung.

«Nach Verwerfung der Freuden und Leiden, Königsohn, nach Vernichtung des einstigen Frohsinns und Trübsinns erwirkte ich die Weihe der leidlosen, freudlosen, gleichmütig einsichtigen vollkommenen Reine, die vierte Schauung.

«Solchen Gemütes, innig, geläutert, gesäubert, gediegen, schlackengeklärt, geschmeidig, biegsam, fest, unversehrbar, richtete ich das Gemüt auf die erinnernde Erkenntnis früherer Daseinsformen. Ich erinnerte mich an manche verschiedene frühere Daseinsform, als wie an ein Leben, dann an zwei Leben, dann an drei Leben, dann an vier Leben, dann an fünf Leben, dann an zehn Leben, dann an zwanzig Leben, dann an dreißig Leben, dann an vierzig Leben, dann an fünfzig Leben, dann an hundert Leben, dann an tausend Leben, dann an hunderttausend Leben, dann an die Zeiten während mancher Weltenentstehungen, dann an die Zeiten während mancher Weltenvergehungen, dann an die Zeiten während mancher Weltenentstehungen-Weltenvergehungen. ‹Dort war ich, jenen Namen hatte ich, jener Familie gehörte ich an, das war mein Stand, das mein Beruf, solches Wohl und Wehe habe ich erfahren, so war mein Lebensende; dort verschieden trat ich anderswo wieder ins Dasein: da war ich nun, diesen Namen hatte ich, dieser Familie gehörte ich an, dies war mein Stand, dies mein Beruf, solches Wohl und Wehe habe ich erfahren, so war mein Lebensende; da verschieden trat ich hier wieder ins Dasein.› So erinnerte ich mich mancher verschiedenen früheren Daseinsform, mit je den eigentümlichen Merkmalen, mit je den eigenartigen Beziehungen. Dieses Wissen, Königsohn, hatte ich nun in den ersten Stunden der Nacht als erstes errungen, das Nichtwissen zerteilt, das Wissen gewonnen, das Dunkel zerteilt, das Licht gewonnen, wie ich da ernsten Sinnes, eifrig, unermüdlich verweilte.

«Solchen Gemütes, innig, geläutert, gesäubert, gediegen, schlackengeklärt, geschmeidig, biegsam, fest, unversehrbar, richtete ich das Gemüt auf die Er-
451 kenntnis des Verschwindens-Erscheinens der Wesen. Mit dem himmlischen Auge, dem geläuterten, über menschliche Grenzen hinausreichenden, sah ich die Wesen dahinschwinden und wiedererscheinen, gemeine und edle, schöne und unschöne, glückliche und unglückliche, ich erkannte wie die Wesen je nach den Taten wiederkehren. ‹Diese lieben Wesen sind freilich in Taten dem Schlechten zugetan, in Worten dem Schlechten zugetan, in Gedanken dem Schlechten zugetan, tadeln Heiliges, achten Verkehrtes, tun Verkehrtes; bei der Auflösung des Leibes, nach dem Tode, gelangen sie auf den Abweg, auf schlechte Fährte, zur Tiefe hinab, in untere Welt. Jene lieben Wesen sind aber in Taten dem Guten zugetan, in Worten dem Guten zugetan, in Gedanken dem Guten zugetan, tadeln nicht Heiliges, achten Rechtes, tun Rechtes; bei der Auflösung des Leibes, nach dem Tode, gelangen sie auf gute Fährte, in selige Welt.› So sah ich mit dem himmlischen Auge, dem geläuterten, über menschliche Grenzen hinausreichenden, die Wesen dahinschwinden und wiedererscheinen, gemeine und edle, schöne und unschöne, glückliche und unglückliche, ich erkannte wie die Wesen je nach den Taten wiederkehren. Dieses Wissen, Königsohn, hatte ich nun in den mittleren Stunden der Nacht als zweites errungen, das Nichtwissen zerteilt, das Wissen gewonnen, das Dunkel zerteilt, das Licht gewonnen, wie ich da ernsten Sinnes, eifrig, unermüdlich verweilte.

«Solchen Gemütes, innig, geläutert, gesäubert, gediegen, schlackengeklärt, geschmeidig, biegsam, fest, unversehrbar, richtete ich das Gemüt auf die Erkenntnis der Wahnversiegung. ‹Das ist das Leiden› verstand ich der Wahrheit gemäß. ‹Das ist die Leidensentwicklung› verstand ich der Wahrheit gemäß. ‹Das ist die Leidensauflösung› verstand ich der Wahrheit gemäß. ‹Das ist der zur Leidensauflösung führende Pfad› verstand ich der Wahrheit gemäß. ‹Das ist der Wahn›, verstand ich der Wahrheit gemäß. ‹Das ist die Wahnentwicklung› verstand ich der Wahrheit gemäß. ‹Das ist die Wahnauflösung› verstand ich der Wahrheit gemäß. ‹Das ist der zur Wahnauflösung führende Pfad› verstand ich der Wahrheit gemäß. Also erkennend, also sehend ward da mein Gemüt erlöst vom Wunscheswahn, erlöst vom Daseinswahn, erlöst vom Nichtwissenswahn. ‹Im Erlösten ist die Erlösung›, diese Erkenntnis ging auf. ‹Versiegt ist die Geburt, vollendet das Asketentum, gewirkt das Werk, nicht mehr ist diese Welt› verstand ich da. Dieses Wissen, Königsohn, hatte ich nun in den letzten Stunden der Nacht als drittes errungen, das Nichtwissen zerteilt, das Wissen gewonnen, das Dunkel zerteilt, das Licht gewonnen, wie ich da ernsten Sinnes, eifrig, unermüdlich verweilte.

«Da kam mir, Königsohn, der Gedanke: ‹Entdeckt hab' ich diese tiefe 452
Satzung, die schwer zu gewahren, schwer zu erkunden ist, die stille, erlesene, unbekrittelbare, feine, Weisen erfindliche[214]. Vergnügen aber sucht ja dieses Geschlecht, Vergnügen liebt es, Vergnügen schätzt es. Dem Vergnügen suchenden Geschlechte nun aber, Vergnügen liebenden, Vergnügen schätzenden ist ein solches Ding kaum verständlich: als wie das auf gewisse Weise bedingt sein, die bedingte Entstehung; und auch ein solches Ding wird es kaum verstehn: eben dieses Aufgehn aller Unterscheidung, die Abwehr aller Anhaftung, das Versiegen des Durstes, die Wendung, Auflösung, Erlöschung. Wenn ich also die Satzung darlege und die anderen mich doch nicht begreifen, so ist mir Plage gewiß und Anstoß.› Und es sind mir, Königsohn, diese naturgemäßen Sprüche aufgeleuchtet, die vorher nie gehörten:

‹Mit heißer Mühe was ich fand
Nun offenbaren wär' umsonst:
Das gier- und haßverzehrte Volk
Ist solcher Satzung nicht geneigt.

‹Die stromentgegen gehende
Tief innig zart verborgene
Bleibt Gierergetzten unsichtbar
In dichter Finsternis verhüllt.›

«Also erwägend, Königsohn, neigte sich mein Gemüt zur Verschlossenheit, nicht zur Darlegung der Lehre. Da nun gewahrte, Königsohn, Brahmā Sahampati[215] meines Herzens Bedenken und klagte: ‹Verderben, ach, wird ja die Welt, elend verderben, wenn des Vollendeten, Heiligen, vollkommen Erwachten Gemüt sich zur Verschlossenheit neigt und nicht zur Darlegung der Lehre!› Da verschwand nun, Königsohn, Brahmā Sahampati, so schnell wie etwa ein kräftiger Mann den eingezogenen Arm ausstrecken oder den aus-

453 gestreckten Arm einziehn mag, aus der Brahmawelt und erschien vor mir. Da nun entblößte, Königsohn, Brahmā Sahampati eine Schulter, faltete die Hände zu mir und sprach hierauf also:

‹O daß doch der Erhabene, o Herr, die Lehre darlege, o daß doch der Willkommene die Lehre darlege! Es gibt Wesen edlerer Art: ohne Gehör der Lehre verlieren sie sich; sie werden die Lehre verstehn.›

«Das sagte, Königsohn, Brahmā Sahampati; und hierauf sprach er fernerhin also:

‹Verkündet ward in Magadhā Verkehrtes,
Vertrübte Lehre von Unreinen ausgedacht:
Eröffne du jetzt dieses Tor des Lebens,
Der Reine weise zur entdeckten Wahrheit uns.

‹Wie einer, der am Gipfel hoher Berge steht
Und in die Lande blickt nach allen Seiten hin,
So blick', Allauge du, vom Turm der Wahrheit
In dieses Schmerzenreich, du Schmerzenlöser!
Sieh' hin, o Weiser, auf das Sein:
Entstehn-Vergehn ist seine Pein.

‹Wohlan, o Helde, siegreicher Kampfesherr,
Geh' hin zur Welt, entsühnt, o Meisterführer du!
Die Lehre mögest, Herr, verkünden:
Es werden sich Verständige finden.›

«Auf das Anliegen Brahmās nun, Königsohn, und aus Erbarmen zu den
Wesen blickte ich mit dem erwachten Auge in die Welt. Und ich sah, Kö-
nigsohn, mit dem erwachten Auge in die Welt blickend, Wesen edlerer Art
und gemeinerer Art, scharfsinnige und stumpfsinnige, gut begabte und
schlecht begabte, leicht begreifende und schwer begreifende und manche,
die das Anpreisen einer anderen Welt für arg erachten. Gleich wie etwa, Kö-
454 nigsohn, in einem Lotusweiher einzelne blaue oder rote oder weiße Lotus-
rosen im Wasser entstehn, im Wasser sich entwickeln, unter dem Wasser-
spiegel bleiben, aus der Wassertiefe Nahrung aufsaugen; einzelne blaue oder
rote oder weiße Lotusrosen im Wasser entstehn, im Wasser sich entwickeln,
bis zum Wasserspiegel dringen; einzelne blaue oder rote oder weiße Lotus-
rosen im Wasser entstehn, im Wasser sich entwickeln, über das Wasser em-
porsteigen und dastehn unbenetzt von Wasser[216]: ebenso nun auch, König-
sohn, sah ich, mit dem erwachten Auge in die Welt blickend, Wesen edlerer
Art und gemeinerer Art, scharfsinnige und stumpfsinnige, gut begabte und
schlecht begabte, leicht begreifende und schwer begreifende und manche, die
das Anpreisen einer anderen Welt für arg erachten.

«Und ich erwiderte nun, Königsohn, Brahmā Sahampati'n mit dem Spruche:

«Erschlossen sind zur Ewigkeit die Tore:
Wer Ohren hat zu hören komm' und höre.
Den Anstoß ahnend wahrt' ich unberedsam
Das köstlich Edle vor den Menschen, Brahmā.»

«Da nun, Königsohn, sagte Brahmā Sahampati: ‹Gewährung hat mir der Erhabene verheißen, die Lehre darzulegen›, begrüßte mich ehrerbietig, ging rechts herum und war alsbald verschwunden.

«Da kam mir, Königsohn, der Gedanke: ‹Wem könnt' ich nun wohl zuerst die Lehre darlegen, wer wird diese Lehre gar bald begreifen?› Da kam mir, Königsohn, der Gedanke: ‹Jener Āḷāro Kālāmo ist weise, entfremdet, tiefsinnig, lebt seit langer Zeit der Entsagung; wenn ich nun ihm zuerst die Lehre darlege, wird er diese Lehre gar bald begreifen.› Da nun kamen, König- 455
sohn, Gottheiten zu mir und sagten: ‹Vor sieben Tagen, o Herr, ist Āḷāro Kālāmo gestorben.› Die klare Gewißheit ging mir nun auf: ‹Vor sieben Tagen ist Āḷāro Kālāmo gestorben.› Da kam mir, Königsohn, der Gedanke: ‹Ein großer Geist war Āḷāro Kālāmo: hätte er diese Lehre vernommen, er hätte sie gar bald begriffen.› Da kam mir, Königsohn, der Gedanke: ‹Wem könnt' ich nun wohl zuerst die Lehre darlegen, wer wird diese Lehre gar bald begreifen?› Da kam mir, Königsohn, der Gedanke: ‹Jener Uddako Rāmaputto ist weise, entfremdet, tiefsinnig, lebt seit langer Zeit der Entsagung; wenn ich nun ihm zuerst die Lehre darlege, wird er diese Lehre gar bald begreifen.› Da nun kamen, Königsohn, Gottheiten zu mir und sagten: ‹Am Abend, o Herr, ist Uddako Rāmaputto gestorben.› Die klare Gewißheit ging mir nun auf: ‹Am Abend ist Uddako Rāmaputto gestorben.› Da kam mir, Königsohn, der Gedanke: ‹Ein großer Geist war Uddako Rāmaputto: hätte er diese Lehre vernommen, er hätte sie gar bald begriffen.› Da kam mir, Königsohn, der Gedanke: ‹Wem könnt' ich nun wohl zuerst die Lehre darlegen, wer wird diese Lehre gar bald begreifen?› Da kam mir, Königsohn, der Gedanke: ‹Zugetan sind mir ja die Fünf verbündeten Mönche, die meiner warteten, als ich mich der Askese hingab; wie, wenn ich nun zuerst den Fünf verbündeten Mönchen die Lehre darlegen möchte?› Da kam mir, Königsohn, der Gedanke: ‹Wo weilen wohl jetzt die Fünf verbündeten Mönche?› Und ich sah, 456
Königsohn, mit dem himmlischen Auge, dem geläuterten, über menschliche Grenzen hinausreichenden, den Aufenthalt der Fünf verbündeten Mönche bei Benāres, am Sehersteine, im Wildparke[217]. Und ich begab mich nun, Königsohn, da ich in Uruvelā nach Belieben geweilt hatte, auf die Wanderung nach Benāres.

«Da begegnete mir, Königsohn, Upako, ein Nackter Büßer, auf dem Wege vom Baum der Erwachung nach Gayā, und als er mich gesehn hatte sprach er also zu mir:

‹Heiter, o Bruder, ist dein Angesicht, hell die Hautfarbe und rein! Um wessen willen, o Bruder, bist du hinausgezogen? Wer ist wohl dein Meister? Oder zu wessen Lehre bekennst du dich?›

«Auf diese Worte, Königsohn, sprach ich zu Upako dem Nackten Büßer die Sprüche:

«Allüberwinder, Allerkenner bin ich,
Von allen Dingen ewig abgeschieden,
Verlassend alles, lebenswahngeläutert,
Durch mich allein belehrt, wen kann ich nennen?

«Kein Lehrer hat mich aufgeklärt,
Kein Wesen gibt es, das mir gleicht,
Die Welt mit ihren Göttern hat
Nicht Einen Ebenbürtigen.

«Denn ich bin ja der Herr der Welt,
Der höchste Meister, der bin ich,
Ein einzig Allvollendeter,
Vollkommen Wahnerloschener.

«Der Wahrheit Reich erricht' ich nun
Und wandre zur Benāresstadt:
Erdröhnen soll in finstrer Welt
Die Trommel der Unsterblichkeit.»

‹So glaubst du also, Bruder, daß du der Heilige bist, der Unumschränkte Sieger?›

457 «Mir gleich, ja, werden Siegende,
Ist Wahnvertilgung ausgeübt:
Besiegt hab' ich das Sündige,
Bin darum Sieger, Upako.»

«Auf diese Worte, Königsohn, erwiderte Upako der Nackte Büßer: ‹Wenn's nur wäre, Bruder!› schüttelte das Haupt, schlug einen Seitenweg ein und entfernte sich.

«Und ich zog nun, Königsohn, von Ort zu Ort nach Benāres, kam zum Seherstein, in den Wildpark, wo die Fünf verbündeten Mönche weilten. Da erblickten mich, Königsohn, die Fünf verbündeten Mönche von ferne herankommen, und als sie mich gesehn bestärkte einer den anderen: ‹Da kommt,

Bruder, jener Asket Gotamo heran, der Üppige, der von der Askese abgefallen ist und sich der Üppigkeit ergeben hat: wir wollen ihn weder begrüßen, noch uns erheben um ihm Mantel und Schale abzunehmen, aber ein Sitz sei zugewiesen; wenn er will, mag er sich setzen.› Je mehr ich mich aber, Königsohn, näherte, desto weniger vermochten die Fünf verbündeten Mönche bei ihrem Entschluß zu verharren: einige kamen entgegen und nahmen mir Mantel und Schale ab, einige baten mich Platz zu nehmen, einige machten ein Fußbad zurecht, und sie gingen mich mit dem Namen und dem Bruderworte an. Da sagte ich, Königsohn, zu den Fünf verbündeten Mönchen:

‹Nicht gehet, ihr Mönche, den Vollendeten mit dem Namen und dem Bru- 458
derworte an: heilig, ihr Mönche, ist der Vollendete, der vollkommen Erwachte. Leihet Gehör, ihr Mönche, die Unsterblichkeit ist gefunden. Ich führe ein, ich lege die Lehre dar. Der Führung folgend werdet ihr in gar kurzer Zeit jenes Ziel, um dessen willen edle Söhne gänzlich vom Hause fort in die Hauslosigkeit ziehn, die höchste Vollendung der Heiligkeit noch bei Lebzeiten euch offenbar machen, verwirklichen und erringen.›

«Auf diese Worte, Königsohn, erwiderten mir die Fünf verbündeten Mönche: ‹Selbst durch deine so harte Buße, o Bruder Gotamo, durch deine Kasteiung, durch deine Schmerzensaskese hast du das überirdische, reiche Heiltum der Wissensklarheit nicht errungen; wie magst du nun jetzt, wo du üppig geworden, von der Askese abgefallen bist, der Üppigkeit dich ergeben hast, das überirdische, reiche Heiltum der Wissensklarheit besitzen?› Auf diese Worte, Königsohn, erwiderte ich den Fünf verbündeten Mönchen:

‹Nicht ist, ihr Mönche, der Vollendete üppig geworden, von der Askese abgefallen, der Üppigkeit ergeben: heilig, ihr Mönche, ist der Vollendete, der vollkommen Erwachte. Leihet Gehör, ihr Mönche, die Unsterblichkeit ist gefunden. Ich führe ein, ich lege die Lehre dar. Der Führung folgend werdet ihr in gar kurzer Zeit jenes Ziel, um dessen willen edle Söhne gänzlich vom Hause fort in die Hauslosigkeit ziehn, die höchste Vollendung der Heiligkeit noch bei Lebzeiten euch offenbar machen, verwirklichen und erringen.›

«Und zum zweitenmal nun, Königsohn, erwiderten mir die Fünf verbündeten Mönche: ‹Selbst durch deine so harte Buße, o Bruder Gotamo, durch deine Kasteiung, durch deine Schmerzensaskese hast du das überirdische,
reiche Heiltum der Wissensklarheit nicht errungen: wie magst du nun jetzt, 459
wo du üppig geworden, von der Askese abgefallen bist, der Üppigkeit dich ergeben hast, das überirdische, reiche Heiltum der Wissensklarheit besitzen?› Und zum zweitenmal nun, Königsohn, erwiderte ich den Fünf verbündeten Mönchen:

‹Nicht ist, ihr Mönche, der Vollendete üppig geworden, von der Askese abgefallen, der Üppigkeit ergeben: heilig, ihr Mönche, ist der Vollendete, der vollkommen Erwachte. Leihet Gehör, ihr Mönche, die Unsterblichkeit ist gefunden. Ich führe ein, ich lege die Lehre dar. Der Führung folgend werdet ihr in gar kurzer Zeit jenes Ziel, um dessen willen edle Söhne gänzlich vom Hause fort in die Hauslosigkeit ziehn, die höchste Vollendung der Heiligkeit noch bei Lebzeiten euch offenbar machen, verwirklichen und erringen.›

«Und zum drittenmal nun, Königsohn, erwiderten mir die Fünf verbündeten Mönche: ‹Selbst durch deine so harte Buße, o Bruder Gotamo, durch deine Kasteiung, durch deine Schmerzensaskese hast du das überirdische, reiche Heiltum der Wissensklarheit nicht errungen: wie magst du nun jetzt, wo du üppig geworden, von der Askese abgefallen bist, der Üppigkeit dich ergeben hast, das überirdische, reiche Heiltum der Wissensklarheit besitzen?› Auf diese Worte, Königsohn, sagte ich zu den Fünf verbündeten Mönchen:

‹Entsinnet ihr euch, ihr Mönche, daß ich je zuvor also gesprochen hätte?›

‹Nein, o Herr!›

‹Heilig, ihr Mönche, ist der Vollendete, der vollkommen Erwachte. Leihet Gehör, ihr Mönche, die Unsterblichkeit ist gefunden. Ich führe ein, ich lege die Lehre dar. Der Führung folgend werdet ihr in gar kurzer Zeit jenes Ziel, um dessen willen edle Söhne gänzlich vom Hause fort in die Hauslosigkeit
460 ziehn, die höchste Vollendung der Heiligkeit noch bei Lebzeiten euch offenbar machen, verwirklichen und erringen.›

«Und es gelang mir, Königsohn, den Fünf verbündeten Mönchen meine Erkenntnis mitzuteilen. Erst trug ich, Königsohn, zweien Mönchen die Lehre vor, drei Mönche gingen um Almosenspeise, und was die drei Mönche an Almosenspeise brachten, das teilten wir in sechs Teile und lebten davon. Dann trug ich, Königsohn, dreien Mönchen die Lehre vor, zwei Mönche gingen um Almosenspeise, und was die zwei Mönche an Almosenspeise brachten, das teilten wir in sechs Teile und lebten davon.

«Und die Fünf verbündeten Mönche, Königsohn, von mir also belehrt, also eingeführt, hatten sich da gar bald jenes Ziel, um dessen willen edle Söhne gänzlich vom Hause fort in die Hauslosigkeit ziehn, die höchste Vollendung der Heiligkeit noch bei Lebzeiten offenbar gemacht, verwirklicht und errungen.»

Nach dieser Rede wandte sich Bodhi der Königsohn also an den Erhabenen:

«Wie lange braucht wohl, o Herr, ein Mönch, der den Vollendeten zum Lenker hat, um jenes Ziel, warum edle Söhne gänzlich vom Hause fort in die Hauslosigkeit ziehn, die höchste Vollendung der Heiligkeit noch bei Lebzeiten sich offenbar zu machen, zu verwirklichen und zu erringen?»

«Da will ich dir nun, Königsohn, eben hierüber eine Frage stellen: wie es dir gutdünkt magst du sie beantworten. Was meinst du wohl, Königsohn: ist dir die Kunst Elefanten zu besteigen und zu lenken genau bekannt?»

«Gewiß, o Herr, genau ist mir die Kunst Elefanten zu besteigen und zu lenken bekannt.»

«Was meinst du wohl, Königsohn: da käme ein Mann herbei: ‹Bodhi der Königsohn versteht die Kunst Elefanten zu besteigen und zu lenken; bei
ihm will ich diese Kunst erlernen.› Aber er hätte kein Zutrauen, was man 461
durch Zutrauen erreichen kann, das erreichte er nicht. Aber er wäre kränklich, was man durch Rüstigkeit erreichen kann, das erreichte er nicht. Aber er wäre listig und gleisnerisch, was man durch Ehrlichkeit und Offenheit erreichen kann, das erreichte er nicht. Aber er wäre feig, was man durch Tapferkeit erreichen kann, das erreichte er nicht. Aber er wäre blöde, was man durch Witz erreichen kann, das erreichte er nicht. Was meinst du wohl, Königsohn: könnte da nun dieser Mann die Kunst Elefanten zu besteigen und zu lenken bei dir erlernen?»

«Und hätte, o Herr, dieser Mann auch nur eine solche Eigenschaft, so könnt' er die Kunst Elefanten zu besteigen und zu lenken bei mir nicht erlernen, geschweige mit fünf solchen Eigenschaften!»

«Was meinst du wohl, Königsohn: da käme ein Mann herbei: ‹Bodhi der Königsohn versteht die Kunst Elefanten zu besteigen und zu lenken; bei ihm will ich diese Kunst erlernen.› Aber er hätte Zutrauen, was man durch Zutrauen erreichen kann, das erreichte er. Aber er wäre rüstig, was man durch Rüstigkeit erreichen kann, das erreichte er. Aber er wäre ehrlich und offen, was man durch Ehrlichkeit und Offenheit erreichen kann, das erreichte er. Aber er wäre tapfer, was man durch Tapferkeit erreichen kann, das erreichte er. Aber er wäre witzig, was man durch Witz erreichen kann, das er-
reichte er. Was meinst du wohl, Königsohn: könnte da nun dieser Mann die 462
Kunst Elefanten zu besteigen und zu lenken bei dir erlernen?»

«Und hätte, o Herr, dieser Mann auch nur eine solche Eigenschaft, so könnt' er die Kunst Elefanten zu besteigen und zu lenken bei mir erlernen, geschweige mit fünf solchen Eigenschaften!»

«Ebenso nun, Königsohn, gibt es auch hier fünf Kampfeseigenschaften: welche fünf? Da hat, Königsohn, der Mönch Zutrauen, er traut der Wachheit des Vollendeten, so zwar: ‹Das ist der Erhabene, der Heilige, vollkommen Erwachte, der Wissens- und Wandelsbewährte, der Willkommene, der Welt Kenner, der unvergleichliche Leiter der Männerherde, der Meister der Götter und Menschen, der Erwachte, der Erhabene.› Rüstig ist er und munter, seine Kräfte sind gleichmäßig gemischt, weder zu kühl noch zu heiß, den mittleren Kampf zu bestehn. Ehrlich ist er und offen und gibt sich der Wahrheit gemäß dem Meister oder erfahrenen Ordensbrüdern zu erkennen. Mut hat er und Kraft unheilsame Dinge zu verleugnen und heilsame Dinge zu erringen, er dauert stark und standhaft aus, gibt den heilsamen Kampf nicht auf. Witzig ist er, mit der Weisheit begabt, die Aufgang und Untergang sieht, mit der heiligen, durchdringenden, die zur völligen Leidensversiegung führt. Das sind, Königsohn, die fünf Kampfeseigenschaften. Mit diesen fünf Kampfeseigenschaften begabt, Königsohn, mag ein Mönch, der den Vollendeten zum Lenker hat, um jenes Ziel, warum edle Söhne gänzlich vom Hause fort in die Hauslosigkeit ziehn, die höchste Vollendung der Heiligkeit noch bei Lebzeiten sich offenbar zu machen, zu verwirklichen und zu erringen, sieben Jahre brauchen.

«Sei es, Königsohn, um die sieben Jahre: mit diesen fünf Kampfeseigen-
463 schaften begabt mag ein Mönch, der den Vollendeten zum Lenker hat, um jenes Ziel, warum edle Söhne gänzlich vom Hause fort in die Hauslosigkeit ziehn, die höchste Vollendung der Heiligkeit noch bei Lebzeiten sich offenbar zu machen, zu verwirklichen und zu erringen, sechs Jahre, fünf Jahre, vier Jahre, drei Jahre, zwei Jahre, ein Jahr brauchen.

«Sei es, Königsohn, um das Jahr: mit diesen fünf Kampfeseigenschaften begabt mag ein Mönch, der den Vollendeten zum Lenker hat, um jenes Ziel, warum edle Söhne gänzlich vom Hause fort in die Hauslosigkeit ziehn, die höchste Vollendung der Heiligkeit noch bei Lebzeiten sich offenbar zu machen, zu verwirklichen und zu erringen, sieben Monate, sechs Monate, fünf Monate, vier Monate, drei Monate, zwei Monate, einen Monat brauchen.

464 «Sei es, Königsohn, um den Monat, sei es um den halben Monat, sei es um sieben Tage, um sechs Tage, um fünf Tage, um vier Tage, um drei Tage, sei es, Königsohn, um zwei Tage: mit diesen fünf Kampfeseigenschaften begabt mag ein Mönch, der den Vollendeten zum Lenker hat, um jenes Ziel, warum edle Söhne gänzlich vom Hause fort in die Hauslosigkeit ziehn, die höchste Vollendung der Heiligkeit noch bei Lebzeiten sich offenbar zu machen, zu verwirklichen und zu erringen, einen Tag brauchen.

«Sei es, Königsohn, um einen Tag: mit diesen fünf Kampfeseigenschaften begabt kann ein Mönch, der den Vollendeten zum Lenker hat, am Abend eingeführt am Morgen den Ausgang finden, am Morgen eingeführt am Abend den Ausgang finden.»

Auf diese Worte wandte sich Bodhi der Königsohn also an den Erhabenen:

«O herrlich Erwachter, o herrliche Wahrheit, o herrlich verkündete Wahrheit, wo da einer am Abend eingeführt am Morgen den Ausgang finden kann, am Morgen eingeführt am Abend den Ausgang finden kann!»

Da meinte Sañjikāputto, der es gehört, der junge Brāhmane, sich an Bodhi den Königsohn wendend:

«So hat eben hier Herr Bodhi nur gesagt ‹O herrlich Erwachter, o herrliche Wahrheit, o herrlich verkündete Wahrheit›, aber nicht gesagt, daß er bei Ihm, dem Herrn Gotamo Zuflucht nehme, bei der Lehre und bei der Jüngerschaft.»

«Nicht also rede, bester Sañjikāputto, nicht also rede, bester Sañjikāputto! Von meinem Mütterchen selber, bester Sañjikāputto, hab' ich folgendes erfahren, aus ihrem Munde vernommen. Es war einmal, bester Sañjikāputto, da weilte der Erhabene zu Kosambī, im Stiftungsgarten. Und das Mütterchen, schwanger mit mir, begab sich dorthin wo der Erhabene weilte, begrüßte
den Erhabenen ehrerbietig und setzte sich seitwärts nieder. Seitwärts sitzend 465
sprach nun mein Mütterchen also zum Erhabenen: ‹Was ich da, o Herr, im Leibe trage, das Knäblein oder das Mägdlein, das nimmt beim Erhabenen Zuflucht, bei der Lehre und bei der Jüngerschaft: als Anhänger mög' es der Erhabene betrachten, von heute an zeitlebens getreu.› Es war einmal, bester Sañjikāputto, da weilte der Erhabene eben hier, im Bhagger-Lande, bei Suṃsumāragiram, im Forste des Bhesakaḷā-Waldes. Und meine Amme nahm mich zu Hüften[218], und begab sich dorthin wo der Erhabene weilte, begrüßte den Erhabenen ehrerbietig und stellte sich seitwärts hin. Seitwärts stehend sprach nun meine Amme also zum Erhabenen: ‹Dieser Bodhi, o Herr, der Königsohn, nimmt beim Erhabenen Zuflucht, bei der Lehre und bei den Jüngern: als Anhänger möge ihn der Erhabene betrachten, von heute an zeitlebens getreu.› Und so nehm' ich denn, bester Sañjikāputto, zum drittenmal beim Erhabenen Zuflucht, bei der Lehre und bei der Jüngerschaft: als Anhänger möge mich der Erhabene betrachten, von heute an zeitlebens getreu[219].»

86

NEUNTER TEIL · SECHSTE REDE

AṄGULIMĀLO

ERSTES BRUCHSTÜCK

DAS HAB' ICH GEHÖRT. Zu einer Zeit weilte der Erhabene bei Sāvatthī, im Siegerwalde, im Garten Anāthapiṇḍikos.

Um diese Zeit nun lebte im Reiche König Pasenadis von Kosalo ein Räu-
ber, Aṅgulimālo genannt, grausam und blutgierig, an Mord und Totschlag 466
gewohnt, ohne Mitleid gegen Mensch und Tier. Der machte die Dörfer undörflich, die Städte unstädtlich, die Länder unländlich. Er brachte die Leute um und hing sich die Fingerlein um den Hals[220].

Und der Erhabene, zeitig gerüstet, nahm Mantel und Schale und begab sich nach Sāvatthī um Almosenspeise. Und als der Erhabene, von Haus zu Haus tretend, Almosen erhalten, kehrte er zurück und nahm das Mahl ein; dann brach er das Lager ab und ging, mit Mantel und Schale versehn, des Weges hin, nach der Gegend wo Aṉgulimālo der Räuber hauste.

Es sahn aber Hirten und Landleute den Erhabenen des Weges hingehn, nach der Gegend wo Aṉgulimālo der Räuber hauste; und als sie den Erhabenen gesehn sprachen sie also zu ihm:

«Nicht dahin, Asket, wolle gehn! In jener Gegend, Asket, haust ein Räuber, Aṉgulimālo genannt, grausam und blutgierig, an Mord und Totschlag gewohnt, ohne Mitleid gegen Mensch und Tier. Der macht die Dörfer undörflich, die Städte unstädtlich, die Länder unländlich. Er bringt die Leute um und hängt sich die Fingerlein um den Hals. Nach jener Gegend, Asket, sind ja zehn Mann, und zwanzig Mann, und dreißig Mann, und vierzig Mann vereint ausgezogen, sind aber alle in die Gewalt Aṉgulimālo des Räubers geraten!»

Also angeredet schritt der Erhabene schweigend weiter.

467 Und ein zweites Mal, und ein drittes Mal sprachen Hirten und Landleute den Erhabenen also an: aber schweigend schritt der Erhabene weiter.

Und Aṉgulimālo der Räuber sah den Erhabenen von ferne herankommen, und als er ihn gesehn gedacht' er bei sich: ‹Wunderbar, wahrlich, außerordentlich ist es! Auf diesem Wege sind ja zehn Mann, und zwanzig Mann, und dreißig Mann, und vierzig Mann vereint ausgezogen und sind alle in meine Ge-
468 walt geraten: und dieser Asket da kommt einzeln, allein, wie ein Eroberer heran! Wie, wenn ich nun diesem Asketen den Garaus machte?›

Und Aṉgulimālo der Räuber nahm Schwert und Schild, hing Bogen und Köcher um und ging dem Erhabenen Schritt um Schritt nach.

Da ließ nun der Erhabene eine magische Erscheinung von solcher Art erscheinen, daß Aṉgulimālo der Räuber den Erhabenen, der gelassen dahinschritt, mit aller Macht laufend nicht einholen konnte. Und Aṉgulimālo der Räuber gedachte bei sich: ‹Wunderbar, wahrlich, außerordentlich ist es! Ich habe ja früher einen flüchtigen Elefanten überrascht und erreicht, ein flüchtiges Roß überrascht und erreicht, einen flüchtigen Wagen überrascht und erreicht, ein flüchtiges Reh überrascht und erreicht: aber diesen Asketen da, der gelassen dahingeht, kann ich mit aller Macht laufend nicht einholen!› Und er blieb stehn und rief dem Erhabenen zu:

«Stehe, Asket! Stehe, Asket!»

«Ich stehe, Aṉgulimālo: steh' auch du.»

Da kam nun Aṉgulimālo dem Räuber der Gedanke: ‹Diese Asketen des Sakyersohnes reden die Wahrheit, bekennen die Wahrheit: gleichwohl aber sagt dieser Asket, der da wandelt, 'Ich stehe, Aṉgulimālo: steh' auch du.'

Wie, wenn ich nun diesen Asketen fragte?› Und Aṉgulimālo der Räuber sprach den Erhabenen mit dem Spruche an:

«Du wandelst, Büßer, wähnst dich aber stetig,
Und mich, der stetig ist, mich wähnst du wandelnd;
Ich frage dich, o Büßer, gib mir Kunde:
Wie bist du stetig denn, wie bin ich unstet?»

DER HERR:

«Beständig immerdar, Aṉgulimālo, 469
Bin ich, der keinem Wesen Leides antut;
Doch du hast wild gewütet gegen Wesen:
So bin ich stetig denn, so bist du unstet.»

ZWEITES BRUCHSTÜCK

AṈGULIMĀLO:

Schon lang ist's her, als einst der hohe Meister,
Der Mönch erschienen mir in Waldes Mitte:
Da rief ich aus: «Entsagen tausend Sünden
Will ich um eines Wortes deiner Wahrheit!»

Ein Räuber war ich, ja, war Mord und Marter,
War grausam, gräßlich wie die Höllengründe:
Zu Füßen lag der Räuber dem Willkommnen,
Den Auferwachten fleht' er an um Weihe.

Und Er, der auferwacht ist, mild und heilig,
Der Herr der Welt mit allen ihren Göttern,
«So komm', o Jünger!» sprach zu mir der Meister,
Nahm also auf mich in den Jüngerorden.

DRITTES BRUCHSTÜCK

Und der Erhabene begab sich nun, gefolgt vom ehrwürdigen Aṉgulimālo, auf die Wanderung nach Sāvatthī, von Ort zu Ort wandernd näherte er sich der Stadt.

Zu Sāvatthī weilte nun der Erhabene, im Siegerwalde, im Garten Anāthapiṇḍikos.

Um diese Zeit nun hatte sich vor dem Palaste König Pasenadis von Kosalo eine große Menschenmenge angesammelt, die laut lärmte und schrie:

«Ein Räuber, o König, lebt in deinem Lande, Aṉgulimālo genannt, grausam und blutgierig, an Mord und Totschlag gewohnt, ohne Mitleid gegen Mensch und Tier. Der macht die Dörfer undörflich, die Städte unstädtlich, die Länder unländlich. Er bringt die Leute um und hängt sich die Fingerlein um den Hals. Den soll der König unschädlich machen!»

Da brach denn König Pasenadi von Kosalo mit fünfhundert Reitern von
470 Sāvatthī auf und kam noch am Nachmittag bis an den Garten hin. So weit gefahren als man fahren konnte, stieg er vom Wagen ab und ging dann zu Fuße dorthin wo der Erhabene weilte, bot ehrerbietigen Gruß dar und setzte sich seitwärts nieder. Und an König Pasenadi von Kosalo, der da zur Seite saß, wandte sich nun der Erhabene also:

«Was ist dir, großer König: hat etwa Magadhās König, Seniyo Bimbisāro, gedroht, oder Vesālīs Licchavier-Fürsten, oder andere deiner Mitherrscher?»

«Nicht hat mir, o Herr, Magadhās König, Seniyo Bimbisāro, gedroht, noch auch Vesālīs Licchavier-Fürsten oder andere meiner Mitherrscher: ein Räuber, o Herr, lebt in meinem Lande, Aṉgulimālo genannt, grausam und blutgierig, an Mord und Totschlag gewohnt, ohne Mitleid gegen Mensch und Tier. Der macht die Dörfer undörflich, die Städte unstädtlich, die Länder unländlich. Er bringt die Leute um und hängt sich die Fingerlein um den Hals. Den will ich, o Herr, unschädlich machen.»

«Wenn du aber, großer König, Aṉgulimālo sähest, mit geschorenem Haar und Barte, mit fahlem Gewande bekleidet, aus dem Hause in die Hauslosigkeit gezogen, dem Töten entfremdet, dem Stehlen entfremdet, dem Lügen entfremdet, zufrieden mit einer Mahlzeit, keusch wandelnd, tugendrein, edelgeartet; was würdest du da mit ihm machen?»

«Wir würden ihn, o Herr, ehrerbietig begrüßen, uns vor ihm erheben und ihn zu sitzen einladen, ihn bitten Kleidung, Speise, Lager und Arzenei für den Fall einer Krankheit anzunehmen, würden ihm wie sich's gebührt Schutz und Schirm und Obhut angedeihen lassen: wie aber sollte, o Herr, ein so
471 arger, bösartiger Mensch eine solche Tugendläuterung erfahren?»

Nun saß eben damals der ehrwürdige Aṉgulimālo nicht fern vom Erhabenen. Und der Erhabene wies mit dem rechten Arme hin und sprach also zu König Pasenadi von Kosalo:

«Da ist, großer König, Aṉgulimālo.»

Da kam nun den König Pasenadi von Kosalo Furcht an, Entsetzen an, seine Haare sträubten sich. Und der Erhabene sah den König Pasenadi von Kosalo erschreckt und erschüttert, mit gesträubtem Haar, und sprach also zu ihm:

«Sei unbesorgt, großer König, sei unbesorgt, großer König: da droht dir keine Gefahr.»

Und König Pasenadi von Kosalo wurde wieder beruhigt und beschwichtigt; und er trat an den ehrwürdigen Aṉgulimālo heran und sprach also zu ihm:

«Ist es denn, Herr, Aṉgulimālo?»

«Ja, großer König.»

«Welchem Stamme, Herr, gehörte des Ehrwürdigen Vater, welchem die Mutter an?»

«Gaggo war, großer König, mein Vater, Mantāṇī meine Mutter.»

«Mög' es, Herr, der ehrwürdige Gaggo, der Sohn der Mantāṇī, zufrieden sein: ich will dafür Sorge tragen, daß der ehrwürdige Gaggo, der Sohn der Mantāṇī, mit Kleidung und Speise, Lager und Arzenei für den Fall einer Krankheit versehn sei.»

Aber jetzt war der ehrwürdige Aṉgulimālo Waldeinsiedler geworden, Brockenbettler, Fetzenträger, hatte drei Kleidungstücke. Und der ehrwürdige Aṉgulimālo sprach also zu König Pasenadi von Kosalo:

«Genug, großer König, schon hab' ich mein Dreiwams.»

Da ging denn König Pasenadi von Kosalo wieder zum Erhabenen hin, bot 472
ehrerbietigen Gruß dar und setzte sich seitwärts nieder. Seitwärts sitzend sprach nun König Pasenadi von Kosalo zum Erhabenen also:

«Wunderbar, o Herr, außerordentlich, o Herr, ist es, wie da, o Herr, der Erhabene Unbändige bändigt, Unstillbare stillt, Unaussöhnliche aussöhnt! Denn ihn, o Herr, den wir weder mit Strafe noch Schwert bezwingen konnten, den hat der Erhabene ohne Strafe und Schwert bezwungen. – Wohlan, o Herr, jetzt wollen wir aufbrechen: manche Pflicht wartet unser, manche Obliegenheit.»

«Wie es dir nun, großer König, belieben mag.»

Und König Pasenadi von Kosalo stand von seinem Sitze auf, begrüßte den Erhabenen ehrerbietig, ging rechts herum und entfernte sich.

VIERTES BRUCHSTÜCK

Und der ehrwürdige Aṉgulimālo, zeitig gerüstet, nahm Mantel und Schale und ging nach Sāvatthī um Almosenspeise. Da sah der ehrwürdige Aṉgulimālo, als er auf der Straße von Haus zu Haus um Almosen stand, irgendein Weib: die hatte eine Frühgeburt, eine Fehlgeburt getan. Als er das gesehn gedacht' er bei sich: ‹Übel steht es, wahrlich, um die Wesen, übel steht es, wahrlich, um die Wesen!› – Und als der ehrwürdige Aṉgulimālo, von Haus zu

Haus tretend, Almosen erhalten, kehrte er zurück, nahm das Mahl ein und begab sich dann dorthin wo der Erhabene weilte. Dort angelangt begrüßte er den Erhabenen ehrerbietig und setzte sich seitwärts nieder. Seitwärts sitzend sprach nun der ehrwürdige Aṉgulimālo zum Erhabenen also:

«Ich war da, o Herr, zeitig gerüstet, mit Mantel und Schale versehn, nach
der Stadt gegangen, um Almosenspeise. Da hab' ich, auf der Straße von Haus
zu Haus um Almosen stehend, irgendein Weib gesehn, die eine Frühgeburt,
473 eine Fehlgeburt getan: und als ich es sah gedacht' ich bei mir: ‹Übel steht es,
wahrlich, um die Wesen, übel steht es, wahrlich, um die Wesen!›»

«So gehe denn, Aṉgulimālo, zu jenem Weibe hin und sprich also zu ihr: ‹Seitdem ich, o Schwester, geboren bin weiß ich nicht, daß ich mit Absicht ein Wesen des Lebens beraubt hätte: so wahr ich sage, sei genesen du, genesen deine Frucht!›»

«Würd' ich da nicht, o Herr, bewußte Lüge reden: hab' ich doch, o Herr, mit Absicht vielen Wesen das Leben geraubt!»

«So gehe denn, Aṉgulimālo, zu jenem Weibe hin und sprich also zu ihr: ‹Seitdem ich, o Schwester, in heiliger Geburt geboren bin weiß ich nicht, daß ich mit Absicht ein Wesen des Lebens beraubt hätte: so wahr ich sage, sei genesen du, genesen deine Frucht!›»

«Wohl, o Herr!» erwiderte da der ehrwürdige Aṉgulimālo, dem Erhabenen gehorchend. Und er begab sich zu jenem Weibe hin und sprach also zu ihr:

«Seitdem ich, o Schwester, in heiliger Geburt geboren bin weiß ich nicht, daß ich mit Absicht ein Wesen des Lebens beraubt hätte: so wahr ich sage, sei genesen du, genesen deine Frucht!»

Und das Weib war genesen, genesen ihre Frucht.

Und der ehrwürdige Aṉgulimālo, einsam, abgesondert, unermüdlich, in
heißem, innigem Ernste verweilend, hatte gar bald was edle Söhne gänzlich
vom Hause fort in die Hauslosigkeit lockt, jenes höchste Ziel des Asketen-
tums noch bei Lebzeiten sich offenbar gemacht, verwirklicht und errungen.
474 ‹Versiegt ist die Geburt, vollendet das Asketentum, gewirkt das Werk, nicht
mehr ist diese Welt› verstand er da. Auch einer war nun der ehrwürdige Aṉ-
gulimālo der Heiligen geworden.

FÜNFTES BRUCHSTÜCK

Und der ehrwürdige Aṉgulimālo, zeitig gerüstet, nahm Mantel und Schale und ging nach Sāvatthī um Almosenspeise. Um diese Zeit nun flog ein Stein, den einer geworfen, dem ehrwürdigen Aṉgulimālo an den Leib, flog ein Stock, den einer geworfen, dem ehrwürdigen Aṉgulimālo an den Leib, flog ein Scherben, den einer geworfen, dem ehrwürdigen Aṉgulimālo an den Leib. Da kam nun der ehrwürdige Aṉgulimālo mit zerschnittenem Kopfe und strömendem Blute, mit zerbrochener Schale und zerrissenem Mantel zum Erhabenen hin. Und es sah der Erhabene den ehrwürdigen Aṉgulimālo von ferne herankommen, und als er ihn gesehn sprach er also zu ihm:

«Dulde nur, Heiliger, dulde nur, Heiliger! Um welcher Tat Vergeltung du viele Jahre, viele Jahrhunderte, viele Jahrtausende Höllenqual erlittest, dieser Tat Vergeltung, Heiliger, findest du noch bei Lebzeiten.»

SECHSTES BRUCHSTÜCK

Da ließ der ehrwürdige Aṉgulimālo, während er einsam zurückgezogen sann, das Heil der Erlösung erfahrend, um diese Zeit folgende Weise vernehmen:

«Wer früher törig sorglos war,
Doch endlich seine Schuld erkennt,
Der leuchtet durch die finstre Welt 475
Gleichwie der Mond aus Wolkennacht.

«Wer einst begangne böse Tat
In wahrer Buße tief bereut,
Der leuchtet durch die finstre Welt
Gleichwie der Mond aus Wolkennacht.

«Wer noch in holder Jugendkraft
Als Jünger hier dem Sieger folgt,
Der leuchtet durch die finstre Welt
Gleichwie der Mond aus Wolkennacht.

«Die Lüfte sollen lauschen meinem Sange
Und lieblich wehen um den Auferwachten,
Die Lüfte sollen grüßen mir die Menschen,
Die Großen, die sich nach der Wahrheit sehnen.

«Den Lüften tu' mein Lied ich kund,
Das Lob der Liebe, der Geduld:
O wehet nieder, neigt euch her
Und tragt die Wahrheit weiter dann!

«O sei mir jeder wohlgesinnt
Und allem andern was er sieht:
Den höchsten Frieden findet froh
Wer schützt was atmet, schützt was lebt[221].

«Kanäle schlichten Bauern durch das Feld,
Die Bogner schlichten spitze Pfeile zu,
Die Zimmrer schlichten schlanke Balken ab,
Sich selber, wahrlich, machen Weise schlicht.

«Geschlichtet wird gar mancher Streit
Mit Stock und Stachel, Peitsche, Strick:
Doch ohne Stock, doch ohne Stahl
Hat mich der Meister schlicht gemacht.

«Einst hat man Friedrich[222] mich genannt,
Und Friedensmörder war ich nur:
Den echten Namen führ' ich heut,
Genesen froh als Friedenswalt.

«Berüchtigt war das Räuberhaupt,
Aṉgulimālo war der Mord:
Da brach der Strom die Bresche durch
Und trieb mich hin zum wachen Herrn!

«Mit Blut befleckt' ich meine Hand,
Aṉgulimālo war der Mord:
Gerettet sieh' mich rasten hier,
Die Daseinsader ist verdarrt.

«Der solche Taten ich getan,
Von Unheil schwer, von Unheil schwül,
476 Genieße reichlich reifen Lohn,
Entsündigt nehm' ich Atzung ein.

«Dem leichten Sinn ergeben sich
Erlahmte Männer, ohne Mut;
Den Ernst bewahrt der weise Mann
Als köstlich besten Schatzeshort.

«Ergebt euch nicht dem leichten Sinn,
O folget nicht der Liebeslust!
Der ernst in sich gekehrte Mönch
Ist höchstem Heile selig nah[223].

«Gefunden hab' ich's, nicht verfehlt,
Kein übel Ding bedünkt es mich,
Von allem was die Welt gewährt
Hab' ich das Beste auserwählt.

«Gefunden hab' ich's, nicht verfehlt,
Kein übel Ding bedünkt es mich,
Drei Wissenschaften kenn' ich gut,
Erfüllt ist was der Meister will[224].»

87

NEUNTER TEIL · SIEBENTE REDE

WAS EINEM LIEB IST

Das hab' ich gehört. Zu einer Zeit weilte der Erhabene bei Sāvatthī, im Siegerwalde, im Garten Anāthapiṇḍikos.

Um diese Zeit nun war irgendeinem Hausvater sein einziges, vielgeliebtes Büblein gestorben. Und wie es nun tot war, mocht' er sich weder um Arbeit noch Essen kümmern. Er ging immer wieder zur Leichenstätte und jammerte: ‹Wo bist du, einziges Büblein, wo bist du, einziges Büblein?›

Da nun begab sich jener Hausvater dorthin wo der Erhabene weilte, begrüßte den Erhabenen ehrerbietig und setzte sich seitwärts hin. Und zu jenem Hausvater, der da seitwärts saß, wandte sich nun der Erhabene also:

«Nicht zeigst du, Hausvater, die Züge des geistig Gefaßten: es sind deine Züge verstört.»

«Wie sollten auch, o Herr, meine Züge nicht verstört sein: ist mir doch, 477
o Herr, das einzige, vielgeliebte Büblein gestorben! Und da es nun tot ist, mag ich mich weder um Arbeit noch Essen kümmern. Ich geh' immer wieder zur Leichenstätte und jammere: ‹Wo bist du, einziges Büblein, wo bist du, einziges Büblein?›»

«So ist es, Hausvater, so ist es, Hausvater. Was einem lieb ist, Hausvater, gibt ja Wehe und Jammer, Leiden, Gram und Verzweiflung, was von Liebem kommt[225].»

«Wer wird da nur, o Herr, also denken: ‹Was einem lieb ist gibt Wehe und Jammer, Leiden, Gram und Verzweiflung, was von Liebem kommt›: was einem lieb ist, o Herr, gibt ja Freude und Befriedigung, was von Liebem kommt.»

Und jener Hausvater, ungehalten und verstimmt über das Wort des Erhabenen, stand von seinem Sitze auf und ging fort.

Nun waren gerade damals, nicht gar fern vom Erhabenen, viele Würfelspieler beisammen, die Würfel spielten. Da begab sich denn jener Hausvater zu ihnen hin und sprach also:

«Ich war da, ihr Herren, zum Asketen Gotamo gegangen, hatte ehrerbietigen Gruß dargeboten und mich seitwärts hingesetzt. Und als ich da saß, ihr Herren, wandte sich der Asket Gotamo also an mich: ‹Nicht zeigst du, Hausvater, die Züge des geistig Gefaßten: es sind deine Züge verstört.› Also angeredet, ihr Herren, entgegnete ich dem Asketen Gotamo: ‹Wie sollten auch o Herr, meine Züge nicht verstört sein: ist mir doch, o Herr, das einzige, vielgeliebte Büblein gestorben! Und da es nun tot ist, mag ich mich weder
478 um Arbeit noch Essen kümmern. Ich geh' immer wieder zur Leichenstätte und jammere: 'Wo bist du, einziges Büblein, wo bist du, einziges Büblein?'› – ‹So ist es, Hausvater, so ist es, Hausvater. Was einem lieb ist, Hausvater, gibt ja Wehe und Jammer, Leiden, Gram und Verzweiflung, was von Liebem kommt.› – ‹Wer wird da nur, o Herr, also denken: 'Was einem lieb ist gibt Wehe und Jammer, Leiden, Gram und Verzweiflung, was von Liebem kommt'; was einem lieb ist, o Herr, gibt ja Freude und Befriedigung, was von Liebem kommt.› So sprach ich, ihr Herren, ungehalten und verstimmt über das Wort des Asketen Gotamo, stand von meinem Sitze auf und ging fort.»

«So ist es, Hausvater, so ist es, Hausvater! Was einem lieb ist, Hausvater, gibt ja Freude und Befriedigung, was von Liebem kommt.»

Da sagte jener Hausvater: «So hab' ich recht, mit den Würfelspielern!»; und er ging fort.

Aber dieses Gespräch verbreitete sich allmählich bis an den Hof des Königs. Und König Pasenadi von Kosalo wandte sich an seine Gemahlin Mallikā:

«Höre, Mallikā, dein Asket Gotamo hat gesagt: ‹Was einem lieb ist gibt Wehe und Jammer, Leiden, Gram und Verzweiflung, was von Liebem kommt.›»

«Wenn das, großer König, der Erhabene gesagt hat, dann ist es also.»

«Immer doch also gibt diese Mallikā, was auch da der Asket Gotamo sagen mag, eben aber auch alles zu: ‹Wenn das, großer König, der Erhabene gesagt hat, dann ist es also.› Gleichwie etwa der Lehrer dem Schüler was immer auch sagen mag, und ihm der Schüler eben auf alles zustimmt, ‹So ist es,

Meister, so ist es, Meister›, ebenso auch gibst du, Mallikā, was immer auch
da der Asket Gotamo sagen mag, eben aber auch alles zu: ‹Wenn das, großer
König, der Erhabene gesagt hat, dann ist es also.› Laß' es gut sein, Mallikā, 479
hör' auf!»

Da wandte sich Königin Mallikā an den Brāhmanen Nāḷijaṉgho[226] und bat ihn:

«Begib dich, Brāhmane, zum Erhabenen hin und bring' dem Erhabenen zu Füßen meinen Gruß dar und wünsche Gesundheit und Frische, Munterkeit, Stärke und Wohlsein: ‹Mallikā›, sage, ‹o Herr, die Königin, bringt dem Erhabenen zu Füßen Gruß dar und wünscht Gesundheit und Frische, Munterkeit, Stärke und Wohlsein›; und füge hinzu: ‹hat wohl, o Herr, der Erhabene dieses Wort gesprochen: 'Was einem lieb ist gibt Wehe und Jammer, Leiden, Gram und Verzweiflung, was von Liebem kommt'?› Und wie dir der Erhabene antworten wird, das merke dir gut und melde mir. Denn die Vollendeten reden nicht unvollkommen.»

«Schön, Herrin!» entgegnete da gehorsam Nāḷijaṉgho der Brāhmane Mallikā der Königin. Und er begab sich dorthin wo der Erhabene weilte, tauschte höflichen Gruß und freundliche, denkwürdige Worte mit dem Erhabenen und setzte sich seitwärts nieder. Seitwärts sitzend sprach nun Nāḷijaṉgho der Brāhmane zum Erhabenen also:

«Mallikā, o Gotamo, die Königin, bringt Herrn Gotamo zu Füßen Gruß dar und wünscht Gesundheit und Frische, Munterkeit, Stärke und Wohlsein; und sie fügte hinzu: hat wohl, o Herr, der Erhabene dieses Wort gesprochen: 'Was einem lieb ist gibt Wehe und Jammer, Leiden, Gram und Verzweiflung, was von Liebem kommt'?»

«So ist es, Brāhmane, so ist es, Brāhmane. Was einem lieb ist, Brāhmane,
gibt ja Wehe und Jammer, Leiden, Gram und Verzweiflung, was von Liebem
kommt. Darum muß man es eben, Brāhmane, je nach dem Umstand beur-
teilen, wie da was einem lieb ist Wehe und Jammer gibt, Leiden, Gram und
Verzweiflung, was von Liebem kommt. Eines Tages, Brāhmane, war eben 480
hier zu Sāvatthī irgendeinem Weibe die Mutter gestorben. Durch deren Tod
irrsinnig, geistesverstört geworden lief sie von Straße zu Straße, von Markt
zu Markt und schrie: ‹Habt ihr nicht meine Mutter gesehn, habt ihr nicht
meine Mutter gesehn?› Darum soll man es eben, Brāhmane, je nach dem Um-
stand beurteilen, wie da was einem lieb ist Wehe und Jammer gibt, Leiden,
Gram und Verzweiflung, was von Liebem kommt.

«Eines Tages, Brāhmane, war eben hier zu Sāvatthī irgendeinem Weibe der Vater gestorben – war der Bruder, die Schwester gestorben – war der Sohn, war die Tochter gestorben – war der Gatte gestorben. Durch dessen Tod irrsinnig, geistesverstört geworden lief sie von Straße zu Straße, von

Markt zu Markt und schrie: ‹Habt ihr nicht meinen Gatten gesehn, habt ihr nicht meinen Gatten gesehn?› Darum soll man es eben, Brāhmane, je nach dem Umstand beurteilen, wie da was einem lieb ist Wehe und Jammer gibt, Leiden, Gram und Verzweiflung, was von Liebem kommt.

«Eines Tages, Brāhmane, war eben hier zu Sāvatthī irgendeinem Manne
481 die Mutter gestorben – war der Vater gestorben – war der Bruder, die Schwester gestorben – war der Sohn, war die Tochter gestorben – war die Frau gestorben. Durch deren Tod irrsinnig, geistesverstört geworden, lief er von Straße zu Straße, von Markt zu Markt und schrie: ‹Habt ihr nicht meine Frau gesehn, habt ihr nicht meine Frau gesehn?› Darum soll man es eben, Brāhmane, je nach dem Umstand beurteilen, wie da was einem lieb ist Wehe und Jammer gibt, Leiden, Gram und Verzweiflung, was von Liebem kommt.

«Eines Tages, Brāhmane, war eben hier zu Sāvatthī irgendein Weib zu Verwandten ins Haus gekommen. Und die Verwandten verboten dieser, mit ihrem Gatten zu leben, wollten sie einem anderen vermählen: sie aber mochte den nicht. Und sie beschwor ihren Mann: ‹Diese Verwandten, o Gemahl, reißen mich von dir und wollen mich einem anderen vermählen: ich aber mag den nicht!› Und der Mann gab seinem Weibe den Tod und entleibte sich selbst: ‹Gestorben werden wir beisammen sein!› Darum soll man es eben, Brāhmane, je nach dem Umstand beurteilen, wie da was einem lieb ist Wehe und Jammer gibt, Leiden, Gram und Verzweiflung, was von Liebem kommt.»

Und Nāḷijaṅgho der Brāhmane, durch des Erhabenen Rede erfreut und befriedigt, stand auf und begab sich zu Mallikā der Königin zurück und berichtete Wort für Wort das ganze Gespräch, das der Erhabene mit ihm gepflogen.
482 Und Königin Mallikā ging nun zu König Pasenadi von Kosalo hin und sprach also:

«Was meinst du wohl, großer König: hast du deine Tochter Vajīrī lieb?»

«Gewiß, Mallikā, hab' ich meine Tochter Vajīrī lieb.»

«Was meinst du wohl, großer König: wenn deiner Tochter Vajīrī etwas verschlüge, etwas geschähe, würdest du da Wehe und Jammer, Leiden, Gram und Verzweiflung empfinden?»

«Wenn, Mallikā, meiner Tochter Vajīrī etwas verschlüge, etwas geschähe, könnt' es auch um mein Leben geschehn sein: wie sollt' ich da etwa nicht Wehe und Jammer, Leiden, Gram und Verzweiflung empfinden!»

«Daran aber, großer König, hat Er gedacht, der Erhabene, der Kenner, der Seher, der Heilige, vollkommen Erwachte, als er gesagt hat: ‹Was einem lieb ist gibt Wehe und Jammer, Leiden, Gram und Verzweiflung, was von Liebem kommt.› – Was meinst du wohl, großer König: hast du die Fürstin Vāsabhā lieb?»

«Gewiß, Mallikā, hab' ich die Fürstin Vāsabhā lieb.»

«Was meinst du wohl, großer König: wenn der Fürstin Vāsabhā etwas verschlüge, etwas geschähe, würdest du da Wehe und Jammer, Leiden, Gram und Verzweiflung empfinden?»

«Wenn, Mallikā, der Fürstin Vāsabhā etwas verschlüge, etwas geschähe, könnt' es auch um mein Leben geschehn sein: wie sollt' ich da etwa nicht Wehe und Jammer, Leiden, Gram und Verzweiflung empfinden!»

«Daran aber, großer König, hat Er gedacht, der Erhabene, der Kenner, der Seher, der Heilige, vollkommen Erwachte, als er gesagt hat: ‹Was einem lieb ist gibt Wehe und Jammer, Leiden, Gram und Verzweiflung, was von Liebem kommt.› – Was meinst du wohl, großer König: hast du den Feldherrn Viḍūḍabho lieb?»

«Freilich, Mallikā, hab' ich den Feldherrn Viḍūḍabho lieb.»

«Was meinst du wohl, großer König: wenn dem Feldherrn Viḍūḍabho
etwas verschlüge, etwas geschähe, würdest du da Wehe und Jammer, Leiden 483
Gram und Verzweiflung empfinden?»

«Wenn, Mallikā, dem Feldherrn Viḍūḍabho etwas verschlüge, etwas geschähe, könnt' es auch um mein Leben geschehn sein: wie sollt' ich da etwa nicht Wehe und Jammer, Leiden, Gram und Verzweiflung empfinden!»

«Daran aber, großer König, hat Er gedacht, der Erhabene, der Kenner, der Seher, der Heilige, vollkommen Erwachte, als er gesagt hat: ‹Was einem lieb ist gibt Wehe und Jammer, Leiden, Gram und Verzweiflung, was von Liebem kommt.› – Was meinst du wohl, großer König: hast du mich lieb?»

«Gewiß, Mallikā, hab' ich dich lieb.»

«Was meinst du wohl, großer König: wenn mir etwas verschlüge, etwas geschähe, würdest du da Wehe und Jammer, Leiden, Gram und Verzweiflung empfinden?»

«Wenn, Mallikā, dir etwas verschlüge, etwas geschähe, könnt' es auch um mein Leben geschehn sein: wie sollt' ich da etwa nicht Wehe und Jammer, Leiden, Gram und Verzweiflung empfinden!»

«Daran aber, großer König, hat Er gedacht, der Erhabene, der Kenner, der Seher, der Heilige, vollkommen Erwachte, als er gesagt hat: ‹Was einem lieb ist gibt Wehe und Jammer, Leiden, Gram und Verzweiflung, was von Liebem kommt.› – Was meinst du wohl, großer König: hast du dein Reich Benāres und Kosalo lieb?»

«Sicherlich, Mallikā, hab' ich mein Reich Benāres und Kosalo lieb: durch die Macht meines Reiches Benāres und Kosalo besitzen wir Seide und Sandel, haben Schmuck und duftende Salben.»

«Was meinst du wohl, großer König: wenn deinem Reiche Benāres und Kosalo etwas verschlüge, etwas geschähe, würdest du da Wehe und Jammer, Leiden, Gram und Verzweiflung empfinden?»

«Wenn, Mallikā, meinem Reiche Benāres und Kosalo etwas verschlüge, etwas geschähe, könnt' es auch um mein Leben geschehn sein: wie sollt' ich
484 da etwa nicht Wehe und Jammer, Leiden, Gram und Verzweiflung empfinden!»

«Daran aber, großer König, hat Er gedacht, der Erhabene, der Kenner, der Seher, der Heilige, vollkommen Erwachte, als er gesagt hat: ‹Was einem lieb ist gibt Wehe und Jammer, Leiden, Gram und Verzweiflung, was von Liebem kommt.›»

«Wunderbar, Mallikā, außerordentlich, Mallikā, ist es, wie da Er, der Erhabene, weise durchdringend, weise blickt! Wohl denn, Mallikā: rühme weiter[227]!»

Und König Pasenadi von Kosalo stand auf von seinem Sitze, entblößte eine Schulter, verneigte sich ehrerbietig nach der Richtung wo der Erhabene weilte, und ließ dann dreimal den Gruß ertönen:

«Verehrung dem Erhabenen,
Dem heilig auferwachten Herrn!

«Verehrung dem Erhabenen,
Dem heilig auferwachten Herrn!

«Verehrung dem Erhabenen,
Dem heilig auferwachten Herrn!»

88

NEUNTER TEIL · ACHTE REDE

DER ÜBERWURF

Das hab' ich gehört. Zu einer Zeit weilte der Erhabene bei Sāvatthī, im Siegerwalde, im Garten Anāthapiṇḍikos.

Da nun begab sich der ehrwürdige Ānando, zeitig gerüstet, mit Mantel und Schale versehn, auf den Almosengang nach der Stadt. Als er, von Haus zu Haus tretend, Almosenspeise erhalten, kehrte er zurück, nahm das Mahl ein und machte sich dann auf den Weg nach dem Osthain, zu Mutter Migāros Terrasse, tagüber da zu bleiben.

Um diese Zeit aber zog, früh am Nachmittage, König Pasenadi von Kosalo auf seinem Elefanten Weißer Lotusfürst aus Sāvatthī hinaus. Da sah denn der König den ehrwürdigen Ānando von weitem dahinschreiten, und als er ihn gesehn wandte er sich an seinen Marschall Sirivaḍḍho: 485

«Ist das nicht, bester Sirivaḍḍho, der ehrwürdige Ānando?»

«Ja, großer König, das ist der ehrwürdige Ānando.»

Da befahl denn der König einem seiner Leute:

«Geh' hin, lieber Mann, zum ehrwürdigen Ānando und bring' ihm zu Füßen meinen Gruß dar: ‹Der König›, sage, ‹o Herr, Pasenadi von Kosalo, bringt dem ehrwürdigen Ānando zu Füßen Gruß dar›; und füge hinzu: ‹wenn, o Herr›, läßt er sagen, ‹der ehrwürdige Ānando nicht dringend zu tun hat, möge doch, o Herr, der ehrwürdige Ānando auf eine Weile nähertreten, von Mitleid bewogen.›»

«Wohl, o König!» entgegnete da gehorsam jener Mann dem Herrscher. Und er eilte zum ehrwürdigen Ānando hin, bot ehrerbietigen Gruß dar und stand zur Seite. Zur Seite stehend sprach er dann also zum ehrwürdigen Ānando:

«Der König, o Herr, Pasenadi von Kosalo, bringt dem ehrwürdigen Ānando zu Füßen Gruß dar; und er läßt sagen: wenn, o Herr, der ehrwürdige Ānando nicht dringend zu tun hat, möge doch, o Herr, der ehrwürdige Ānando auf eine Weile nähertreten, von Mitleid bewogen.»

Schweigend gewährte der ehrwürdige Ānando die Bitte.

Und König Pasenadi von Kosalo zog nun, so weit man auf Elefanten reiten kann, heran; dann stieg er ab und ging zu Fuße dem ehrwürdigen Ānando entgegen, begrüßte ihn ehrerbietig und stellte sich seitwärts. Seitwärts stehend sprach nun König Pasenadi von Kosalo also zum ehrwürdigen Ānando: 486

«Wenn, o Herr, der ehrwürdige Ānando nicht dringend zu tun hat, wär' es schön, o Herr, wenn sich der ehrwürdige Ānando an das Gestade der Aciravatī begeben wollte, von Mitleid bewogen.»

Schweigend gewährte der ehrwürdige Ānando die Bitte.

Und der ehrwürdige Ānando begab sich an das Gestade der Aciravatī und nahm unter einem Baume, auf einem tauglichen Sitze, Platz. Und König Pasenadi von Kosalo zog auf seinem Elefanten heran, so weit man reiten kann; dann stieg er ab und ging zu Fuße zum ehrwürdigen Ānando hin, bot ehrerbietigen Gruß dar und stand seitwärts. Seitwärts stehend sprach nun König Pasenadi von Kosalo also zum ehrwürdigen Ānando:

«Hier, o Herr, möge sich der ehrwürdige Ānando auf die Schabracke hinsetzen!»

«Schon gut, großer König: du setze dich hin; ich bleibe auf meinem Platze.»

Da setzte sich König Pasenadi von Kosalo auf den dargebotenen Sitz. Und er sprach also zum ehrwürdigen Ānando:

«Sagt mir, Herr Ānando: mag wohl Er, der Erhabene, einen Wandel in Werken führen, der ein Ärgernis wäre für Asketen und Priester, verständige Leute?»

«Nicht mag Er, großer König, der Erhabene, einen Wandel in Werken führen, der ein Ärgernis wäre für Asketen und Priester, verständige Leute.»

«Und ferner, Herr Ānando: mag wohl Er, der Erhabene, einen Wandel in
487 Worten, einen Wandel in Gedanken führen, der ein Ärgernis wäre für Asketen und Priester, verständige Leute?»

«Nicht mag Er, großer König, der Erhabene, einen Wandel in Worten, einen Wandel in Gedanken führen, der ein Ärgernis wäre für Asketen und Priester, verständige Leute.»

«Wunderbar, o Herr, außerordentlich, o Herr! Denn was wir, o Herr, durch die Frage nicht auszudrücken vermochten, das hat, o Herr, der ehrwürdige Ānando durch der Frage Beantwortung ausgedrückt. Die da, o Herr, törig, unbesonnen, ohne Überlegung, ohne gründliche Prüfung andere loben und andere tadeln, die können wir nicht ernst nehmen: die aber da, o Herr, weise, besonnen, tiefsinnig, nach Überlegung, nach gründlicher Prüfung andere loben und andere tadeln, die können wir ernst nehmen. Was ist das aber, Herr Ānando, für ein Wandel in Werken, der ein Ärgernis ist für Asketen und Priester, verständige Leute?»

«Ein Wandel in Werken, großer König, der unheilsam ist.»

«Was ist aber, o Herr, unheilsamer Wandel in Werken?»

«Ein Wandel in Werken, großer König, der unrecht ist.»

«Was ist aber, o Herr, unrechter Wandel in Werken?»

«Ein Wandel in Werken, großer König, der beschwerhaft ist.»

«Was ist aber, o Herr, beschwerhafter Wandel in Werken?»

«Ein Wandel in Werken, großer König, der Leiden züchtet.»

«Was ist aber, o Herr, ein Wandel in Werken, der Leiden züchtet?»

«Ein Wandel in Werken, großer König, der zu eigener Beschwer, oder zu anderer Beschwer, oder zu beider Beschwer führt, wo da die unheilsamen Dinge sich mehren und die heilsamen Dinge sich mindern: ein Wandel in
488 Werken, großer König, von solcher Art, der ist ein Ärgernis für Asketen und Priester, verständige Leute.»

«Und was ist es, Herr Ānando, für ein Wandel in Worten, Wandel in Gedanken, der ein Ärgernis ist für Asketen und Priester, verständige Leute?»

«Ein Wandel in Worten, in Gedanken, großer König, der unheilsam ist.»

«Was ist aber, o Herr, unheilsamer Wandel in Worten, in Gedanken?»

«Ein Wandel in Worten, in Gedanken, großer König, der unrecht ist.»

«Was ist aber, o Herr, unrechter Wandel in Worten, in Gedanken?»

«Ein Wandel in Worten, in Gedanken, großer König, der beschwerhaft ist.»

«Was ist aber, o Herr, beschwerhafter Wandel in Worten, in Gedanken?»

«Ein Wandel in Worten, in Gedanken, großer König, der Leiden züchtet.»

«Was ist aber, o Herr, ein Wandel in Worten, in Gedanken, der Leiden züchtet?»

«Ein Wandel in Worten, in Gedanken, großer König, der zu eigener Beschwer, oder zu anderer Beschwer, oder zu beider Beschwer führt, wo da die unheilsamen Dinge sich mehren und die heilsamen Dinge sich mindern: ein Wandel in Worten, in Gedanken, großer König, von solcher Art, der ist ein Ärgernis für Asketen und Priester, verständige Leute.»

«Und sagt mir, Herr Ānando: hat Er, der Erhabene, die Verleugnung eben aller unheilsamen Dinge empfohlen?»

«Alle unheilsamen Dinge verleugnet hat, großer König, der Vollendete, die heilsamen Dinge erlangt.»

«Und was ist das, Herr Ānando, für ein Wandel in Werken, der kein Ärgernis ist für Asketen und Priester, verständige Leute?»

«Ein Wandel in Werken, großer König, der heilsam ist.»

«Was ist aber, o Herr, heilsamer Wandel in Werken?»

«Ein Wandel in Werken, großer König, der nicht unrecht ist.»

«Was ist aber, o Herr, nicht unrechter Wandel in Werken?»

«Ein Wandel in Werken, großer König, der beschwerlos ist.»

«Was ist aber, o Herr, beschwerloser Wandel in Werken?» 489

«Ein Wandel in Werken, großer König, der Wohl züchtet.»

«Was ist aber, o Herr, ein Wandel in Werken, der Wohl züchtet?»

«Ein Wandel in Werken, großer König, der weder zu eigener Beschwer, noch zu anderer Beschwer, noch zu beider Beschwer führt, wo da die unheilsamen Dinge sich mindern und die heilsamen Dinge sich mehren: ein Wandel in Werken, großer König, von solcher Art, der ist kein Ärgernis für Asketen und Priester, verständige Leute.»

«Und was ist es, Herr Ānando, für ein Wandel in Worten, Wandel in Gedanken, der kein Ärgernis ist für Asketen und Priester, verständige Leute?»

«Ein Wandel in Worten, in Gedanken, großer König, der heilsam ist.»

«Was ist aber, o Herr, heilsamer Wandel in Worten, in Gedanken?»

«Ein Wandel in Worten, in Gedanken, großer König, der nicht unrecht ist.»

«Was ist aber, o Herr, nicht unrechter Wandel in Worten, in Gedanken?»

«Ein Wandel in Worten, in Gedanken, großer König, der beschwerlos ist.»

«Was ist aber, o Herr, beschwerloser Wandel in Worten, in Gedanken?»

«Ein Wandel in Worten, in Gedanken, großer König, der Wohl züchtet.»

«Was ist aber, o Herr, ein Wandel in Worten, in Gedanken, der Wohl züchtet?»

«Ein Wandel in Worten, in Gedanken, großer König, der weder zu eigener Beschwer, noch zu anderer Beschwer, noch zu beider Beschwer führt, wo da die unheilsamen Dinge sich mindern und die heilsamen Dinge sich mehren: ein Wandel in Worten, in Gedanken, großer König, von solcher Art, der ist kein Ärgernis für Asketen und Priester, verständige Leute.»

«Und sagt mir noch, Herr Ānando: hat Er, der Erhabene, die Erlangung
490 eben aller heilsamen Dinge empfohlen?»

«Alle unheilsamen Dinge verleugnet hat, großer König, der Vollendete, die heilsamen Dinge erlangt.»

«Wunderbar, o Herr, außerordentlich ist es, wie da, o Herr, der ehrwürdige Ānando so wohl gesprochen hat: diese treffliche Rede, o Herr, des ehrwürdigen Ānando hat uns wirklich erfreut und befriedigt. So erfreut und befriedigt, o Herr, hat uns des ehrwürdigen Ānando treffliche Rede, daß wir, o Herr, wenn dem ehrwürdigen Ānando der beste Elefant genehm wäre, eben den besten Elefanten dem ehrwürdigen Ānando geben möchten; daß wir, o Herr, wenn dem ehrwürdigen Ānando das beste Roß genehm wäre, eben das beste Roß dem ehrwürdigen Ānando geben möchten; daß wir, o Herr, wenn dem ehrwürdigen Ānando das reichste Dorf genehm wäre, eben das reichste Dorf dem ehrwürdigen Ānando geben möchten. Aber, o Herr, wir wissen es ja: das ist dem ehrwürdigen Ānando nicht genehm. Da ist mir, o Herr, ein Überwurf von Magadhās König Ajātasattu, dem Sohn der Videherin, in eine Truhe verpackt, zugesandt worden, sechzehn Ellen lang, acht Ellen breit: den möge, o Herr, der ehrwürdige Ānando annehmen, von Mitleid bewogen!»

«Genug, großer König, schon hab' ich mein Dreiwams.»

«Diese Aciravatī, o Herr, liegt dem ehrwürdigen Ānando und uns vor
Augen; und wir wissen, wann es oben im Gebirge gewaltig gewittert hat,
dann fließt diese Aciravatī über beide Ufer aus: ebenso nun auch, o Herr, wird
sich der ehrwürdige Ānando aus diesem Überwurfe ein Dreiwams fertigen,
491 sein bisheriges Dreiwams aber den Ordensbrüdern zuwenden; so wird diese
unsere Ehrung gleichsam ein Überfließen sein. Möge, o Herr, der ehrwürdige
Ānando den Überwurf annehmen!»

Da nahm der ehrwürdige Ānando den Überwurf an. Und nun wandte sich König Pasenadi von Kosalo also an den ehrwürdigen Ānando:

«Wohl denn, Herr Ānando, jetzt wollen wir aufbrechen: manche Pflicht wartet unser, manche Obliegenheit.»

«Wie es dir nun, großer König, belieben mag.»

Und König Pasenadi von Kosalo, erfreut und befriedigt durch des ehrwürdigen Ānando Rede, stand von seinem Sitze auf, bot ehrerbietigen Gruß dar, ging rechts herum und entfernte sich.

Da begab sich denn der ehrwürdige Ānando, bald nachdem König Pasenadi von Kosalo gegangen, zum Erhabenen hin, begrüßte den Erhabenen ehrerbietig und setzte sich seitwärts nieder. Seitwärts sitzend erzählte nun der ehrwürdige Ānando das ganze Gespräch mit König Pasenadi von Kosalo Wort für Wort dem Erhabenen; und er reichte den Überwurf dem Erhabenen dar. Und der Erhabene wandte sich an die Mönche:

«Gesegnet, ihr Mönche, ist König Pasenadi von Kosalo, hochgesegnet, ihr Mönche, ist König Pasenadi von Kosalo, dem der Anblick Ānandos gegönnt war und seine Gesellschaft.»

Also sprach der Erhabene. Zufrieden freuten sich jene Mönche über das Wort des Erhabenen[228].

89.

NEUNTER TEIL · NEUNTE REDE

WAHRE DENKMALE

DAS HAB' ICH GEHÖRT. Zu einer Zeit weilte der Erhabene im Lande der Sakyer, bei Metāḷumpam, einer Burg im Sakyergebiete.

Um diese Zeit nun war König Pasenadi von Kosalo nach Nagarakam ge- 492
kommen, irgendein Geschäft zu erledigen.

Und König Pasenadi von Kosalo befahl Dīgho dem Kanzler:

«Lasse mir, bester Kanzler, prächtige Wagen bespannen: wir wollen eine Ausfahrt machen, in die schöne Umgebung hinaus.»

«Wohl, o König!» entgegnete da gehorsam Dīgho der Kanzler dem Herrscher. Und er ließ prächtige Wagen bespannen und dann melden: ‹Bereit stehn, o König, die prächtigen Wagen: wie es dir nun belieben mag.›

Und König Pasenadi von Kosalo bestieg einen prächtigen Wagen und fuhr, gefolgt von manchen anderen, mit überaus reichem königlichen Gepränge aus der Stadt hinaus, nach einem Garten hin. So weit gefahren als man fahren konnte, stieg er vom Wagen ab und begab sich zu Fuß in den Garten. Da sah denn der König, als er im Garten lustwandelnd umherging, mächtige Bäume, erhebend, erheiternd, lärmentrückt, lärmverloren, von den Leuten gemieden, wo Menschen einsam sitzen und nachdenken können. Und es kam ihm bei diesem Anblick eben der Erhabene in den Sinn: ‹Diese mächtigen Bäume erheben und erheitern mich, die lärmentrückten, lärmverlorenen, die von den Leuten gemieden werden, wo Menschen einsam sitzen und nachdenken können, wo wir da einst Ihn, den Erhabenen, aufgesucht haben, den Heiligen, vollkommen Erwachten[229].› Und König Pasenadi von Kosalo wandte sich also an Dīgho den Kanzler:

493 «Diese mächtigen Bäume, bester Kanzler, erheben und erheitern mich, die lärmentrückt, lärmverloren von den Leuten gemieden werden, wo Menschen einsam sitzen und nachdenken können, wo wir da einst Ihn, den Erhabenen, aufgesucht haben, den Heiligen, vollkommen Erwachten: wo mag Er doch, bester Kanzler, jetzt weilen, der Erhabene, der Heilige, vollkommen Erwachte?»

«Es gibt, großer König, eine Burg im Sakyergebiete, Metāḷumpam genannt: dort weilt Er jetzt, der Erhabene, der Heilige, vollkommen Erwachte.»

«Wie weit ist es wohl, bester Kanzler, von Nagarakam nach Metāḷumpam, der Sakyerburg?»

«Nicht weit, großer König, neun Meilen: man kann noch vor Abend hingelangen.»

«So lasse denn, bester Kanzler, wieder anspannen: wir wollen Ihn, den Erhabenen, besuchen, den Heiligen, vollkommen Erwachten.»

«Wohl, o König!» entgegnete da gehorsam Dīgho der Kanzler dem Herrscher. Und er ließ wieder anspannen und dann melden: ‹Bereit stehn, o König, deine Wagen: wie es dir nun belieben mag.›

Und König Pasenadi von Kosalo bestieg seinen prächtigen Wagen und
fuhr, gefolgt von den anderen, von Nagarakam nach Metāḷumpam der Sa-
kyerburg; und er kam noch vor Abend an und ließ sich zum Garten geleiten.
So weit gefahren als man fahren konnte, stieg er vom Wagen ab und begab
494 sich zu Fuß in den Garten. Um diese Zeit nun erging sich eine Schar Mönche
im Freien. Da trat König Pasenadi von Kosalo zu den Mönchen heran und
sprach also zu ihnen:

«Sagt mir, Verehrte, wo weilt Er, der Erhabene, jetzt, der Heilige, vollkommen Erwachte: denn wir möchten Ihn, den Erhabenen, besuchen, den Heiligen, vollkommen Erwachten.»

«Das Wohnhaus dort, großer König, ist geschlossen; aber geh' leise, ohne zu eilen, die Freitreppe hinauf, räuspere dich und klopfe an: öffnen wird dir der Erhabene das Tor.»

Da gab König Pasenadi von Kosalo Schwert und Krone erst Dīgho dem Kanzler über. Und Dīgho der Kanzler wußte nun: ‹Allein will der König jetzt bleiben, ich aber muß hier warten.› Und König Pasenadi von Kosalo stieg leise, ohne zu eilen, die Freitreppe zum geschlossenen Wohnhaus empor, räusperte sich und klopfte an. Es öffnete der Erhabene das Tor. Und König Pasenadi von Kosalo trat in das Wohnhaus ein. Und er fiel dem Erhabenen zu Füßen und bedeckte des Erhabenen Füße mit Küssen und umschlang sie mit den Händen. Und er gab sich zu erkennen:

«Pasenadi bin ich, o Herr, der König von Kosalo, Pasenadi bin ich, o Herr, der König von Kosalo.»

«Was hast du, großer König, für eine Veranlassung diesem Körper da so hohe Huldigung darzubringen, Liebesbeweise zu bezeigen?»

«Es ist mir, o Herr, beim Erhabenen diese Ahnung der Wahrheit aufgegangen[230]: ‹Vollkommen erwacht ist der Erhabene, wohlkundgetan vom Erhabenen die Satzung, wohlvertraut des Erhabenen Jüngerschaft.› Da hab' ich, o Herr, manche Asketen und Priester gesehn, die eine Zeitlang das Asketen- 495
leben führen, zehn Jahre, oder zwanzig Jahre, oder dreißig Jahre, oder vierzig Jahre. Später dann leben sie wohlgebadet, wohlgesalbt, mit gepflegtem Haar und Barte, haben sich mit dem Besitz und Genuß der fünf Begehrungen umgeben[231]. Und wiederum hab' ich, o Herr, Mönche gesehn, die zeitlebens, bis zum letzten Atemzuge das vollkommene, vollendete Asketenleben führen: und nicht hab' ich, o Herr, noch anderswo als hier ein also vollkommenes, vollendetes Asketenleben kennenlernen. Da ist mir denn, o Herr, beim Erhabenen diese Ahnung der Wahrheit aufgegangen: ‹Vollkommen erwacht ist der Erhabene, wohlkundgetan vom Erhabenen die Satzung, wohlvertraut des Erhabenen Jüngerschaft.›

«Weiter sodann, o Herr: es streiten Könige mit Königen, Fürsten mit Fürsten, Priester mit Priestern, Bürger mit Bürgern, streitet die Mutter mit dem Sohne, der Sohn mit der Mutter, der Vater mit dem Sohne, der Sohn mit dem Vater, streitet Bruder mit Bruder, Bruder mit Schwester, Schwester mit Bruder, Freund mit Freund. Hier aber, o Herr, seh' ich die Mönche einträchtig, einig, ohne Zwist, mild geworden, wie sie einander sanften Auges betrachten: und nicht hab' ich, o Herr, noch anderswo als hier eine also einträchtige Versammlung kennenlernen. Da ist mir denn, o Herr, beim Erhabenen diese Ahnung der Wahrheit aufgegangen: ‹Vollkommen erwacht ist der Erhabene, wohlkundgetan vom Erhabenen die Satzung, wohlvertraut des Erhabenen 496
Jüngerschaft.›

«Weiter sodann, o Herr: ich habe manchen Hain, manchen Garten betreten, besucht. Und ich habe da oft Asketen und Priester bemerkt, elend, abgezehrt, übel anzuschauen, mit gelblichen Flecken auf der Haut, sehnigen, knorrigen Gliedern, die wohl kein Auge, mein' ich, fesselten, sie anzusehn. Da ist mir, o Herr, der Gedanke gekommen: ‹Gewiß führen diese Ehrwürdigen das Asketenleben ungern; oder aber sie haben irgendeine böse Tat be-

gangen, die verborgen ist; darum sind sie elend, abgezehrt, übel anzuschauen, mit gelblichen Flecken auf der Haut, sehnigen, knorrigen Gliedern, und wollen kein Auge fesseln, sie anzusehn.› Und ich trat an sie heran und sprach also: ‹Warum doch seid ihr, Ehrwürdige, elend, abgezehrt, übel anzuschauen, mit gelblichen Flecken auf der Haut, sehnigen, knorrigen Gliedern, so daß ihr wohl kein Auge fesseln mögt, euch anzusehn?› Und sie gaben mir zur Antwort: ‹Fesseln fehlen uns, großer König.› Hier aber, o Herr, seh' ich die Mönche innig angeregt, hoch erheitert, sie scheinen zufrieden, sind frohsinnig, genugsam, nachgiebig, demütig, mild geworden im Herzen. Da ist mir, o Herr, der Gedanke gekommen: ‹Gewiß haben diese Ehrwürdigen, vom Erhabenen gewiesen, ein großes, allmählich gemerktes Ergebnis gefunden; darum sind sie innig angeregt, hoch erheitert, scheinen zufrieden, sind frohsinnig, genugsam, nachgiebig, demütig, mild geworden im Herzen.› Da ist mir denn,
497 o Herr, beim Erhabenen diese Ahnung der Wahrheit aufgegangen: ‹Vollkommen erwacht ist der Erhabene, wohlkundgetan vom Erhabenen die Satzung, wohlvertraut des Erhabenen Jüngerschaft.›

«Weiter sodann, o Herr: ich kann als König, als Herrscher, dessen Scheitel gesalbt ist, einen zum Tode Verurteilten hinrichten, oder einen in die Acht zu Erklärenden ächten, oder einen Bannwürdigen bannen lassen. Und während ich, o Herr, zu Gericht sitze kommt es vor, daß Zwischenrede laut wird. Da bitt' ich vergebens: ‹Wollet, ihr Herren, während ich zu Gericht sitze keine Zwischenrede verlauten lassen: die Beratung, meine Herren, sei geschlossen.› Aber man läßt mich, o Herr, Zwischenrede vernehmen. Hier aber, o Herr, seh' ich die Mönche zu einer Zeit wo der Erhabene einer vielhundertköpfigen Schar die Lehre darlegt; und zu einer solchen Zeit hört man eben bei des Erhabenen Jüngern nicht einmal das Geräusch des Niesens oder Sichräusperns. Eines Tages, o Herr, trug der Erhabene einer vielhundertköpfigen Schar die Lehre vor. Da ließ einer von des Erhabenen Jüngern ein Räuspern hören. Und einer der Ordensbrüder streifte ihn mit dem Knie an: ‹Nicht so laut, Ehrwürdiger, bitte! Möge der Ehrwürdige sich leise verhalten: unser Meister, der Erhabene legt die Lehre dar.› Da hab' ich, o Herr, bei mir gedacht: ‹Wunderbar, wahrlich, außerordentlich ist es, daß man da wirklich ohne Zwang, ohne Gewalt eine Versammlung derart wohlgefügig machen kann!› Und nicht hab' ich, o Herr, noch anderswo als hier eine also wohlgefügige Versammlung kennenlernen. Da ist mir denn, o Herr, beim Erhabenen
498 diese Ahnung der Wahrheit aufgegangen: ‹Vollkommen erwacht ist der Erhabene, wohlkundgetan vom Erhabenen die Satzung, wohlvertraut des Erhabenen Jüngerschaft.›

«Weiter sodann, o Herr: ich habe da manche gelehrte Adelige gesehn, feine, erprobte Gegenredner, die Haare zu spalten schienen, die mit ihrem Scharfsinn die schönsten Ansichten, so zu sagen, entzweischnitten. Denen war zu Ohren gekommen: ‹Der Asket, wahrlich, Herr Gotamo, wird auf der Wanderung dieses Dorf oder jene Stadt besuchen!› Da stellten sie eine Frage zusammen: ‹Diese Frage wollen wir dem Asketen Gotamo vorlegen; gibt er uns auf diese Frage diese Antwort, so werden wir ihm auf diese Weise das Wort verdrehn: gibt er uns aber auf diese Frage jene Antwort, so werden wir ihm auf jene Weise das Wort verdrehn.› Und sie hörten: ‹Der Asket, wahrlich, Herr Gotamo ist auf der Wanderung in diesem Dorfe oder in jener Stadt angekommen!› Und sie begaben sich hin. Und der Erhabene ermunterte, ermutigte, erregte und erheiterte sie in lehrreichem Gespräche. Und vom Erhabenen in lehrreichem Gespräche ermuntert, ermutigt, erregt und erheitert stellten sie dem Erhabenen weder eine Frage, geschweige daß sie ihm das Wort verdrehn wollten, wurden vielmehr des Erhabenen Anhänger. Da ist mir denn, o Herr, beim Erhabenen diese Ahnung der Wahrheit aufgegangen: ‹Vollkommen erwacht ist der Erhabene, wohlkundgetan vom Erhabenen die Satzung, wohlvertraut des Erhabenen Jüngerschaft.›

«Weiter sodann, o Herr: ich habe da manche gelehrte Priester, gelehrte Bürger, gelehrte Asketen gesehn, feine, erprobte Gegenredner, die Haare zu spalten schienen, die mit ihrem Scharfsinn die schönsten Ansichten, so zu 499
sagen, entzweischnitten. Denen war zu Ohren gekommen: ‹Der Asket, wahrlich, Herr Gotamo wird auf der Wanderung dieses Dorf oder jene Stadt besuchen!› Da stellten sie eine Frage zusammen: ‹Diese Frage wollen wir dem Asketen Gotamo vorlegen; gibt er uns auf diese Frage diese Antwort, so werden wir ihm auf diese Weise das Wort verdrehn; gibt er uns aber auf diese Frage jene Antwort, so werden wir ihm auf jene Weise das Wort verdrehn.› Und sie hörten: ‹Der Asket, wahrlich, Herr Gotamo ist auf der Wanderung in diesem Dorfe oder in jener Stadt angekommen!› Und sie begaben sich hin. Und der Erhabene ermunterte, ermutigte, erregte und erheiterte sie in lehrreichem Gespräche. Und vom Erhabenen in lehrreichem Gespräche ermuntert, ermutigt, erregt und erheitert stellten sie dem Erhabenen weder eine Frage, geschweige daß sie ihm das Wort verdrehn wollten, flehten vielmehr den Erhabenen an, sie in den Orden aufzunehmen. Und der Erhabene nahm sie auf. Und in diesen Orden aufgenommen lebten sie einzeln, abgesondert, ernsten Sinnes, eifrig, unermüdlich. Und in gar kurzer Zeit hatten sie jenes Ziel, um dessen willen edle Söhne gänzlich vom Hause fort in die Hauslosigkeit ziehn, die höchste Vollendung der Heiligkeit noch bei Lebzeiten sich offenbar gemacht, verwirklicht und errungen. Und sie sprachen: ‹Den Verstand mußten wir verloren haben, den Verstand müssen wir wiedergefunden haben[232]! Die wir früher nichts weniger als Asketen waren glaubten ‹Wir sind Asketen›, die wir nichts weniger als Heilige waren glaubten ‹Wir sind

Heilige›, die wir nichts weniger als Sieger waren glaubten ‹Wir sind Sieger›:
500 jetzt sind wir Asketen, jetzt sind wir Heilige, jetzt sind wir Sieger.› Da ist
mir denn, o Herr, beim Erhabenen diese Ahnung der Wahrheit aufgegangen: ‹Vollkommen erwacht ist der Erhabene, wohlkundgetan vom Erhabenen die Satzung, wohlvertraut des Erhabenen Jüngerschaft.›

«Weiter sodann, o Herr: Isidatto und Purāṇo, die Kammerherren, die sind meine Diener, meine Werkzeuge: ich geb' ihnen den Unterhalt, ich fördere ihren Ruhm[233]. Gleichwohl aber bringen sie mir keine solche Huldigung dar wie dem Erhabenen. Eines Tages, o Herr, als ich mit dem Heere ausgezogen war, schlug ich mein Lager mit Isidatto und Purāṇo den Kammerherren in einem kleinen Gehöfte auf, um sie zu erforschen. Und sie brachten, o Herr, einen großen Teil der Nacht in lehrreichem Gespräche zu; dann legten sie sich nieder, das Haupt dorthin gewandt, wo sie wußten daß der Erhabene sei, gegen mich die Füße gewandt. Da hab' ich, o Herr, bei mir gedacht: ‹Wunderbar, wahrlich, außerordentlich ist es! Isidatto und Purāṇo die Kammerherren, die sind meine Diener, meine Werkzeuge: ich geb' ihnen den Unterhalt, ich fördere ihren Ruhm. Gleichwohl aber bringen sie mir keine solche Huldigung dar wie dem Erhabenen. Gewiß haben diese Ehrwürdigen, vom Erhabenen gewiesen, ein großes, allmählich gemerktes Ergebnis gefunden. Da ist mir denn, o Herr, beim Erhabenen diese Ahnung der Wahrheit aufgegangen: ‹Vollkommen erwacht ist der Erhabene, wohl-
501 kundgetan vom Erhabenen die Satzung, wohlvertraut des Erhabenen Jüngerschaft.›

«Weiter sodann, o Herr: der Erhabene ist adelig und auch ich bin adelig, der Erhabene ist ein Kosaler und auch ich bin ein Kosaler, der Erhabene ist achtzig Jahre alt und auch ich bin achtzig Jahre alt. Und weil nun[234], o Herr, der Erhabene adelig ist und auch ich adelig bin, der Erhabene ein Kosaler ist und auch ich ein Kosaler bin, der Erhabene achtzig Jahre alt ist und auch ich achtzig Jahre alt bin, darum steht es mir eben an, o Herr, dem Erhabenen so hohe Huldigung darzubringen, Liebesbeweise zu bezeigen. – Wohlan denn, o Herr, jetzt wollen wir gehn: manche Pflicht wartet unser, manche Obliegenheit.»

«Wie es dir nun, großer König, belieben mag.»

Und König Pasenadi von Kosalo stand auf von seinem Sitze, begrüßte den Erhabenen ehrerbietig, ging rechts herum und entfernte sich.

Da wandte sich denn der Erhabene, bald nachdem König Pasenadi von Kosalo gegangen, also an die Mönche:

«Dieser König, ihr Mönche, Pasenadi von Kosalo, hat wahre Denkmale gesprochen. Dann ist er aufgestanden und heimgekehrt. Merkt euch, ihr Mönche, die wahren Denkmale, eignet euch, ihr Mönche, die wahren Denkmale an, hütet, ihr Mönche, die wahren Denkmale: heilsam sind, ihr Mönche, die wahren Denkmale, urasketentümlich.»

Also sprach der Erhabene. Zufrieden freuten sich jene Mönche über das Wort des Erhabenen.

90

NEUNTER TEIL · ZEHNTE REDE

AM ZWIESELSTEIN

DAS HAB' ICH GEHÖRT. Zu einer Zeit weilte der Erhabene bei Uruññā, am Zwieselstein, im Wildgarten.

Um diese Zeit nun war König Pasenadi von Kosalo nach Uruññā gekom- 502
men, irgendein Geschäft zu erledigen.

Und König Pasenadi von Kosalo befahl einem seiner Leute:

«Begib dich, lieber Mann, zum Erhabenen hin und bring' dem Erhabenen zu Füßen meinen Gruß dar und wünsche Gesundheit und Frische, Munterkeit, Stärke und Wohlsein: ‹Der König›, sage, ‹o Herr, Pasenadi von Kosalo, bringt dem Erhabenen zu Füßen Gruß dar und wünscht Gesundheit und Frische, Munterkeit, Stärke und Wohlsein›; und füge hinzu: ‹heute, o Herr›, läßt er sagen, ‹wird sich der König nach der Mahlzeit, wann er den Morgenimbiß eingenommen, hierher begeben, den Erhabenen zu besuchen.›»

«Wohl, o König!» entgegnete da gehorsam jener Mann dem Herrscher. Und er begab sich dorthin wo der Erhabene weilte, bot ehrerbietigen Gruß dar und setzte sich seitwärts nieder. Seitwärts sitzend sprach er dann also zum Erhabenen:

«Der König, o Herr, Pasenadi von Kosalo, bringt dem Erhabenen zu Füßen Gruß dar und wünscht Gesundheit und Frische, Munterkeit, Stärke und Wohlsein; und er läßt sagen: heute, o Herr, wird sich der König nach der Mahlzeit, wann er den Morgenimbiß eingenommen, hierher begeben, den Erhabenen zu besuchen.»

Es hatten aber die Schwestern Somā und Sakulā reden hören: ‹Heute wird, heißt es, König Pasenadi von Kosalo nach der Mahlzeit, wann er den Morgenimbiß eingenommen, sich hinbegeben, den Erhabenen zu besuchen.› Und

Somā und Sakulā, die Schwestern, gingen zum König, als er bei Tische war, und sprachen also zu ihm:

503 «Mögest du, großer König, doch auch unseren Gruß dem Erhabenen zu Füßen darbringen, mit dem Wunsche von Gesundheit und Frische, Munterkeit, Stärke und Wohlsein: ‹Somā›, sage, ‹o Herr, und Sakulā, die Schwestern, bringen dem Erhabenen zu Füßen Gruß dar und wünschen Gesundheit und Frische, Munterkeit, Stärke und Wohlsein.›»

Da begab sich denn König Pasenadi von Kosalo nach der Mahlzeit, als er den Morgenimbiß eingenommen, zum Erhabenen hin, begrüßte den Erhabenen ehrerbietig und setzte sich seitwärts nieder. Seitwärts sitzend sprach nun König Pasenadi von Kosalo zum Erhabenen also:

«Somā, o Herr, und Sakulā, die Schwestern, bringen dem Erhabenen zu Füßen Gruß dar und wünschen Gesundheit und Frische, Munterkeit, Stärke und Wohlsein.»

«Aber sage mir, großer König: haben die Schwestern Somā und Sakulā keinen anderen Boten gefunden?»

«Es hatten, o Herr, die Schwestern Somā und Sakulā reden hören: ‹Heute wird, heißt es, König Pasenadi von Kosalo nach der Mahlzeit, wann er den Morgenimbiß eingenommen, sich hinbegeben, den Erhabenen zu besuchen.› Und Somā, o Herr, und Sakulā, die Schwestern, kamen zu mir, als ich bei Tische war, und sprachen also zu mir: ‹Mögest du, großer König, doch auch unseren Gruß dem Erhabenen zu Füßen darbringen, mit dem Wunsche von Gesundheit und Frische, Munterkeit, Stärke und Wohlsein: ‹Somā›, sage, ‹o Herr, und Sakulā, die Schwestern, bringen dem Erhabenen zu Füßen Gruß dar und wünschen Gesundheit und Frische, Munterkeit, Stärke und Wohlsein.›»

504 «Wohlergehn, großer König, soll es Somā und Sakulā den Schwestern!»

Nun wandte sich König Pasenadi von Kosalo also an den Erhabenen:

«Gehört hab' ich solches, o Herr: ‹Der Asket Gotamo behauptet: 'Es gibt keinen Asketen oder Priester, der alles weiß, alles versteht, unbeschränkte Wissensklarheit bekennen kann: das ist unmöglich.'› Die da solches, o Herr, gesagt haben, haben die wirklich, o Herr, des Erhabenen Worte gebraucht und den Erhabenen nicht mit Unrecht angeführt und der Lehre gemäß geredet, so daß sich kein entsprechender Folgesatz als ungehörig erweisen kann?»

«Die da, großer König, solches gesagt haben: ‹Der Asket Gotamo behauptet: 'Es gibt keinen Asketen oder Priester, der alles weiß, alles versteht, unbeschränkte Wissensklarheit bekennen kann: das ist unmöglich'›, die haben nicht meine Worte gebraucht und haben mich ohne Grund und mit Unrecht angeführt.»

Auf diesen Bescheid wandte sich König Pasenadi von Kosalo nach Viḍūḍabho, dem Feldherrn, um und fragte ihn:

«Wer hat denn wohl, Feldherr, dieses Gerede bei Hof in Umlauf gebracht?»

«Sañjayo, großer König, der Brāhmane, der Ākāser[235].»

Da befahl König Pasenadi von Kosalo einem seiner Leute:

«Geh', lieber Mann, und rufe mir Sañjayo den Brāhmanen, den Ākāser,
her: ‹Der König›, sage, ‹o Herr, Pasenadi von Kosalo, läßt dich rufen.›» 505

«Wohl, o König!» entgegnete da gehorsam jener Mann dem Herrscher. Und er begab sich dorthin wo Sañjayo der Brāhmane, der Ākāser, weilte; und er sprach also zu ihm:

«Der König, o Herr, Pasenadi von Kosalo, läßt dich rufen.»

Nun wandte sich König Pasenadi von Kosalo also an den Erhabenen:

«Vielleicht hat es, o Herr, der Erhabene auf irgendeine andere Weise gemeint, und die Leute haben es wiederum anders aufgenommen. In welchem Sinne gesteht wohl, o Herr, der Erhabene zu, den Ausspruch getan zu haben?»

«Also gesteh' ich, großer König, zu, den Ausspruch getan zu haben: ‹Es gibt keinen Asketen oder Priester, der auf einmal alles wissen, alles verstehn kann: das ist unmöglich.›»

«Begründet ist, o Herr, was der Erhabene gesagt hat, wohlbegründet ist, o Herr, was der Erhabene gesagt hat: ‹Es gibt keinen Asketen oder Priester, der auf einmal alles wissen, alles verstehn kann: das ist unmöglich.› – Vier gibt es, o Herr, der Kasten: Krieger, Priester, Bürger und Diener. Kann man da nun, o Herr, bei diesen vier Kasten eine Besonderheit, einen Unterschied aufstellen?»

«Vier gibt es, großer König, der Kasten: Krieger, Priester, Bürger und Diener. Da sind, großer König, von diesen vier Kasten zwei als die oberen anerkannt, Krieger und Priester, was Begrüßung, Aufmerksamkeit, Ehrfurcht und Achtung angeht.»

«Nicht frag' ich, o Herr, den Erhabenen um das äußere Verhältnis: um
das innere, o Herr, frag' ich den Erhabenen. Vier gibt es, o Herr, der Kasten: 506
Krieger, Priester, Bürger und Diener. Kann man da nun, o Herr, bei diesen
vier Kasten eine Besonderheit, einen Unterschied aufstellen?»

«Fünf gibt es, großer König, der Kampfeseigenschaften: welche fünf? Da hat, großer König, ein Mönch Zutrauen, er traut der Wachheit des Vollendeten, so zwar: ‹Das ist der Erhabene, der Heilige, vollkommen Erwachte, der Wissens- und Wandelsbewährte, der Willkommene, der Welt Kenner, der unvergleichliche Leiter der Männerherde, der Meister der Götter und Menschen, der Erwachte, der Erhabene.› Rüstig ist er und munter, seine Kräfte sind gleichmäßig gemischt, weder zu kühl noch zu heiß, den mittleren Kampf zu bestehn. Ehrlich ist er und offen und gibt sich der Wahrheit gemäß dem

Meister oder erfahrenen Ordensbrüdern zu erkennen. Mut hat er und Kraft unheilsame Dinge zu verleugnen und heilsame Dinge zu erringen, er dauert stark und standhaft aus, gibt den heilsamen Kampf nicht auf. Witzig ist er, mit der Weisheit begabt, die Aufgang und Untergang sieht, mit der heiligen, durchdringenden, die zur völligen Leidensversiegung führt. Das sind, großer König, die fünf Kampfeseigenschaften. Vier gibt es, großer König, der Kasten: Krieger, Priester, Bürger und Diener. Und sind sie, großer König, mit diesen fünf Kampfeseigenschaften begabt, so gereicht es ihnen lange zum Wohle, zum Heile.»

«Vier gibt es, o Herr, der Kasten: Krieger, Priester, Bürger und Diener. Und sind sie, o Herr, mit diesen fünf Kampfeseigenschaften begabt, kann man da noch bei ihnen, o Herr, von einer Besonderheit, von einem Unterschied reden?»

«Das kommt, sag' ich, großer König, auf die Art und Weise an, wie sie
507 kämpfen. Gleichwie etwa, großer König, wenn da zwei Reitelefanten oder Wagenrosse oder Zugstiere wären, wohlgebändigt, wohlabgerichtet, und zwei Reitelefanten oder Wagenrosse oder Zugstiere, ungebändigt, unabgerichtet; was bedünkt dich, großer König: jene zwei Reitelefanten oder Wagenrosse oder Zugstiere, die wohlgebändigten, wohlabgerichteten, würden nun diese als Gebändigte tun was Gebändigten taugt, als Gebändigte ausführen was Gebändigten obliegt?»

«Freilich, o Herr!»

«Aber die anderen beiden Reitelefanten oder Wagenrosse oder Zugstiere, die nicht gebändigt, nicht abgerichtet sind, würden etwa diese als Ungebändigte tun was Gebändigten taugt, als Ungebändigte ausführen was Gebändigten obliegt, gleichwie jene beiden Reitelefanten oder Wagenrosse oder Zugstiere, die wohlgebändigt, wohlabgerichtet sind?»

«Das nicht, o Herr!»

«Ebenso nun auch, großer König, etwa vermeinen, was da einer durch Zutrauen, Rüstigkeit, ehrliche Offenheit, Tapferkeit, Weisheit erreichen kann, kann ein anderer auch ohne Zutrauen, kränklich, listig, gleisnerisch, feig, ungewitzigt erreichen: das ist unmöglich.»

«Begründet ist, o Herr, was der Erhabene gesagt hat, wohlbegründet ist, o Herr, was der Erhabene gesagt hat. – Vier gibt es, o Herr, der Kasten: Krieger, Priester, Bürger und Diener. Und sind sie, o Herr, mit den fünf Kampfeseigenschaften begabt, und bestehn sie die gewaltigen Kämpfe, kann man da noch bei diesen, o Herr, von einer Besonderheit, von einem Unterschied reden?»

«Da kann, sag' ich, großer König, bei ihnen von einem Unterschied nicht mehr die Rede sein, Erlösung gegenüber Erlösung. Gleichwie etwa, großer

König, wenn ein Mann trockenes Eichenholz nähme, Feuer erweckte, Licht 508
hervorbrächte; und ein anderer Mann trockenes Sālholz nähme, Feuer erweckte, Licht hervorbrächte; und ein anderer Mann trockenes Mangoholz nähme, Feuer erweckte, Licht hervorbrächte; und ein anderer Mann trockenes Feigenholz nähme, Feuer erweckte, Licht hervorbrächte; was bedünkt dich, großer König: bestände da wohl unter diesen Feuern, aus verschiedenem Holze erweckt, irgendein Unterschied zwischen Flamme und Flamme, Glanz und Glanz, Schein und Schein?»

«Das nicht, o Herr!»

«Ebenso nun auch, großer König, wie das Licht durch Kraft entzündet, im Kampfe erzeugt wird, sag' ich, gibt es da keinen Unterschied mehr, Erlösung Erlösung gegenüber.»

«Begründet ist, o Herr, was der Erhabene gesagt hat, wohlbegründet ist, o Herr, was der Erhabene gesagt hat. – Wie aber, o Herr: gibt es Götter?»

«Warum denn, großer König, sprichst du also: ‹Wie aber, o Herr: gibt es Götter?›»

«Ich frage, ob die Götter, o Herr, wiederkehren zu dieser Welt, oder ob sie nicht mehr wiederkehren.»

«Götter, großer König, die zugewandt sind, kehren wieder zu dieser Welt: Götter, die abgewandt sind, kehren nicht mehr wieder[236].»

Auf diese Worte wandte sich Viḍūḍabho der Feldherr also an den Erhabenen:

«Und können, o Herr, die Götter, die zugewandt zu dieser Welt wiederkehren, jene abgewandten Götter, die nicht mehr wiederkehren, von ihrem Orte verjagen und verbannen?»

Da kam nun dem ehrwürdigen Ānando der Gedanke in den Sinn: ‹Dieser
Feldherr Viḍūḍabho ist der Sohn König Pasenadis von Kosalo, und ich bin der 509
Sohn des Erhabenen: jetzt schickt es sich, daß der Sohn den Sohn belehre.› Und der ehrwürdige Ānando wandte sich also an Viḍūḍabho den Feldherrn:

«Da will ich dir nun, Feldherr, eben hierüber eine Frage stellen: wie's dir gutdünkt magst du sie beantworten. Was meinst du wohl, Feldherr: soweit das Gebiet König Pasenadis von Kosalo reicht, wo König Pasenadi von Kosalo die Herrschaft und Obermacht königlich ausübt, vermag da der König einen Asketen oder einen Priester, einen guten oder einen schlechten, einen echten oder einen unechten, aus diesem Gebiete zu verjagen, zu verbannen?»

«Soweit, Herr, das Gebiet König Pasenadis von Kosalo reicht, wo König Pasenadi von Kosalo die Herrschaft und Obermacht königlich ausübt, da vermag der König einen Asketen oder einen Priester, einen guten oder einen schlechten, einen echten oder einen unechten, aus diesem Gebiete zu verjagen, zu verbannen.»

«Was meinst du wohl, Feldherr: wo das Gebiet König Pasenadis von Kosalo aufhört, wo König Pasenadi von Kosalo keine Herrschaft und Obermacht königlich ausübt, vermag da der König einen Asketen oder einen Priester, einen guten oder einen schlechten, einen echten oder einen unechten, aus diesem Gebiete zu verjagen, zu verbannen?»

«Wo, Herr, das Gebiet König Pasenadis von Kosalo aufhört, wo König Pasenadi von Kosalo keine Herrschaft und Obermacht königlich ausübt, nicht
510 vermag da der König einen Asketen oder einen Priester, einen guten oder einen schlechten, einen echten oder einen unechten, aus diesem Gebiete zu verjagen, zu verbannen.»

«Was meinst du wohl, Feldherr: hast du von den Dreiunddreißig Göttern gehört?»

«Gewiß, Herr, ich habe von den Dreiunddreißig Göttern gehört; und auch Herr Pasenadi hier, der König von Kosalo, hat von ihnen gehört.»

«Was meinst du wohl, Feldherr: vermag der König die Dreiunddreißig Götter von ihrem Orte zu verjagen, zu verbannen?»

«Nicht einmal sehn, Herr, kann der König die Dreiunddreißig Götter, geschweige denn daß er vermöchte, sie von ihrem Orte zu verjagen, zu verbannen!»

«Ebenso nun auch, Feldherr, können die Götter, die zugewandt zu dieser Welt wiederkehren, jene abgewandten Götter, die nicht mehr wiederkehren, nicht einmal sehn, geschweige denn daß sie vermöchten, sie von ihrem Orte zu verjagen, zu verbannen.»

Da wandte sich nun König Pasenadi von Kosalo an den Erhabenen und sprach:

«Wie heißt, o Herr, dieser Mönch?»

«Ānando heißt er, großer König.»

«Ānando, also: wahrlich wie Ānando sieht er aus[237]! Begründet ist, o Herr, was der ehrwürdige Ānando gesagt hat, wohlbegründet ist, o Herr, was der ehrwürdige Ānando gesagt hat. – Wie aber, o Herr: gibt es einen Brahmā?»

«Warum denn, großer König, sprichst du also: ‹Wie aber, o Herr: gibt es einen Brahmā?›»

«Ich frage, ob ein Brahmā, o Herr, wiederkehrt zu dieser Welt, oder ob er nicht mehr wiederkehrt.»

«Ein Brahmā, großer König, der zugewandt ist, kehrt wieder zu dieser
511 Welt: ein Brahmā, der abgewandt ist, kehrt nicht mehr wieder.»

Da trat einer der Leute an den König heran und sprach also zu ihm:

«Sañjayo, großer König, der Brāhmane, der Ākāser, ist gekommen.»

Und König Pasenadi von Kosalo wandte sich also an Sañjayo den Brāhmanen, den Ākāser:

«Wer hat denn wohl, Brāhmane, jenes Gerede bei Hof in Umlauf gebracht?»

«Viḍūḍabho, großer König, der Feldherr.»

«Viḍūḍabho der Feldherr, der sagte: ‹Sañjayo, großer König, der Brāhmane, der Ākāser.›»

Hier brachte einer der Leute dem König die Meldung:

«Die Wagen stehn bereit, großer König.»

Und König Pasenadi von Kosalo sprach nun zum Erhabenen also:

«Über die Allwissenheit haben wir, o Herr, den Erhabenen befragt: und die Allwissenheit hat uns der Erhabene erklärt; und es hat uns gefallen und behagt und wir sind es zufrieden. Über die Reinheit der vier Kasten haben wir, o Herr, den Erhabenen befragt: und die Reinheit der vier Kasten hat uns der Erhabene erklärt; und es hat uns gefallen und behagt und wir sind es zufrieden. Über die Götter haben wir, o Herr, den Erhabenen befragt: und die Götter hat uns der Erhabene erklärt; und es hat uns gefallen und behagt und wir sind es zufrieden. Über den Brahmā haben wir, o Herr, den Erhabenen befragt: und den Brahmā hat uns der Erhabene erklärt; und es hat uns gefallen und behagt und wir sind es zufrieden. Über was wir eben auch den Erhabenen befragt haben, das hat uns eben auch der Erhabene erklärt; und es hat uns gefallen und behagt und wir sind es zufrieden. – Wohlan denn, o 512
Herr, jetzt wollen wir gehn: manche Pflicht wartet unser, manche Obliegenheit.»

«Wie es dir nun, großer König, belieben mag.»

Und König Pasenadi von Kosalo, durch des Erhabenen Rede erfreut und befriedigt, stand von seinem Sitze auf, begrüßte den Erhabenen ehrerbietig, ging rechts herum und entfernte sich[238].

ZEHNTER TEIL

BUCH DER PRIESTER

91

ZEHNTER TEIL · ERSTE REDE

BRAHMĀYU

DAS HAB' ICH GEHÖRT. Zu einer Zeit wanderte der Erhabene im Videher-Lande von Ort zu Ort, von vielen Mönchen begleitet, einer Schar von fünfhundert Mönchen.

Um diese Zeit nun weilte Brahmāyu der Priester zu Mithilā, alt und greis, hochbetagt, dem Ende nahe, ausgelebt, im hundertzwanzigsten Lebensjahre[239], ein Meister der drei Veden, samt ihrer Auslegung und Deutung, samt ihrer Laut- und Formenlehre, und ihren Sagen zufünft, der Gesänge kundig und ein Erklärer, der die Merkmale eines großen Weltweisen aufwies. Und es hörte Brahmāyu der Priester reden: ‹Der Asket, wahrlich, Herr Go-
tamo, der Sakyersohn, der dem Erbe der Sakyer entsagt hat, wandert im Vi- 513
deher-Lande von Ort zu Ort, von vielen Mönchen begleitet, einer Schar von fünfhundert Mönchen. Diesen Herrn Gotamo aber begrüßt man allenthalben mit dem frohen Ruhmesrufe, so zwar: 'Das ist der Erhabene, der Heilige, vollkommen Erwachte, der Wissens- und Wandelsbewährte, der Willkommene, der Welt Kenner, der unvergleichliche Leiter der Männerherde, der Meister der Götter und Menschen, der Erwachte, der Erhabene. Er zeigt diese Welt mit ihren Göttern, ihren bösen und heiligen Geistern, mit ihrer Schar von Büßern und Priestern, Göttern und Menschen, nachdem er sie selbst verstanden und durchdrungen hat. Er verkündet die Lehre, deren Anfang begütigt, deren Mitte begütigt, deren Ende begütigt, die sinn- und wortgetreue, er legt das vollkommen geläuterte, geklärte Asketentum dar. Glücklich wer da nun solche Heilige sehn kann!'›

Damals nun hatte Brahmāyu der Priester einen jungen Brāhmanen als Schüler bei sich, Uttaro mit Namen, der ebenso gelehrt wie er selbst war. Und Brahmāyu der Priester wandte sich also an Uttaro den jungen Brāhmanen:

«Komm', lieber Uttaro, und geh' zum Asketen Gotamo hin und erforsche 514
den Asketen Gotamo, ob er wirklich so ist, wie ihn der Ruf begrüßt, oder nicht so ist; und ob da Herr Gotamo solche Art hat, oder nicht hat: durch dich wollen wir ihn, den Herrn Gotamo, kennenlernen.»

«Auf welche Weise aber, Herr, soll ich ihn, den Herrn Gotamo, erforschen, ob Herr Gotamo wirklich so ist, wie ihn der Ruf begrüßt, oder nicht so ist; und ob da Herr Gotamo solche Art hat, oder nicht hat?»

«Es werden, lieber Uttaro, in unseren Sprüchen zweiunddreißig Merkmale eines großen Mannes genannt, mit denen begabt ein solcher nur zwei Bahnen betreten kann, keine dritte. Wenn er im Hause bleibt, wird er König werden, Kaiser, ein gerechter und wahrer Herrscher[240], ein Sieger bis zur Mark der See, der seinem Reiche Sicherheit schafft, mit sieben Juwelen begabt ist. Das aber sind seine sieben Juwelen, und zwar: das beste Land, der beste Elefant, das beste Roß, die beste Perle, das beste Weib, der beste Bürger, und siebentens der beste Staatsmann. Und er wird über tausend Söhne haben, tapfer, heldensam, Zerstörer der feindlichen Heere. So wird er diese Erde bis zum Ozean hin, ohne Stock und ohne Stahl gerecht obsiegend, beherrschen. Wenn er aber aus dem Hause in die Hauslosigkeit zieht, wird er heilig werden, vollkommen auferwacht, der Welt den Schleier hinwegneh-
515 men. Wohl hab' ich dir schon, lieber Uttaro, die Sprüche gesagt: und du hast sie bei dir behalten.»

«Ja, Herr!» entgegnete da Uttaro der junge Brāhmane, Brahmāyu dem Priester zustimmend. Und er erhob sich von seinem Sitze, bot ehrerbietigen Gruß dar, ging rechts herum und begab sich nach Videhā, auf die Wanderung zum Erhabenen hin. Von Ort zu Ort wandernd kam er dorthin wo der Erhabene weilte. Und er tauschte höflichen Gruß und freundliche, denkwürdige Worte mit dem Erhabenen und setzte sich seitwärts nieder. Seitwärts sitzend gedachte nun Uttaro der junge Brāhmane bei sich[241]: ‹Begabt ist der Asket Gotamo mit den zweiunddreißig Merkmalen eines großen Mannes; wie, wenn ich nun dem Asketen Gotamo nachfolgte, um sein Betragen ken-
516 nenzulernen?› Und Uttaro der junge Brāhmane folgte dem Erhabenen sieben Monate nach, dem untrennbaren Schatten gleich.

Als nun sieben Monate um waren kehrte Uttaro der junge Brāhmane von Videhā wieder nach Mithilā zurück. Von Ort zu Ort wandernd kam er dorthin wo Brahmāyu der Priester weilte. Dort angelangt bot er ehrerbietigen Gruß dar und setzte sich zur Seite nieder. Und an Uttaro, der da zur Seite saß, wandte sich nun Brahmāyu der Priester also:

«Ist denn, lieber Uttaro, der Herr Gotamo wirklich so, wie ihn der Ruf begrüßt, oder ist er nicht so? Und hat er, der Herr Gotamo, solche Art und keine andere?»

«Wie er eben wirklich ist, Herr, begrüßt Herrn Gotamo der Ruf, nicht anders; und solche Art hat er, der Herr Gotamo und keine andere. Begabt ist Herr Gotamo mit den zweiunddreißig Merkmalen eines großen Mannes. Wohlgefestet sind die Füße des Herrn Gotamo: und das ist eben eines der Merkmale eines großen Mannes, das Herrn Gotamo eignet. Unten sind bei Herrn Gotamo, an den Sohlen der Füße, Räder zu sehn, mit tausend Speichen, mit Felge und Nabe und allen Abzeichen geziert[242]. Schmal ist die Ferse des

Herrn Gotamo, lang sind die Zehen. Sanft und zart sind Hände und Füße des
Herrn Gotamo. Die Bindehaut zwischen Fingern und Zehen ist breit ge-
schweift wie ein Netz. Muschelwölbig ist der Rist. Gazellenbeinig ist Herr
Gotamo[243]; stehend kann Herr Gotamo, ohne sich zu beugen, mit beiden 517
Handflächen die Kniee befühlen und berühren[244]. In der Vorhaut verborgen ist
das Schamglied[245]. Gülden leuchtet der Körper des Herrn Gotamo, wie Gold
erglänzt seine Haut. Sie ist geschmeidig, so geschmeidig, daß kein Staub und
Schmutz daran haften bleibt. Einzelflaumig ist Herr Gotamo, je einzeln ist das
Flaumhaar in der Pore gewachsen. Nach oben gerichtet ist der Flaum des
Herrn Gotamo, die Flaumhaare sind nach oben gewachsen. Schwarz wie Au-
genschminke, wie Ringe geringelt, rechts herum sind sie gedreht. Heilig er-
haben ragt Herr Gotamo empor, ist gar heiter anzuschauen[246]. Wie beim Lö-
wen ist der Vorderleib des Herrn Gotamo, mit der breiten Brust. Eine Klafter
hoch ist Herr Gotamo; seine Körperlänge entspricht seiner Armweite: seine
Armweite entspricht seiner Körperlänge. Gleichgeformte Schultern hat Herr
Gotamo. Mächtige Ohrmuscheln hat Herr Gotamo[247]. Ein Löwenkinn hat
Herr Gotamo. Alle Zähne hat Herr Gotamo[248]; gleichmäßig gefügt, nicht
auseinanderstehend, glänzend weiß ist das Gebiß. Gewaltig ist die Zunge des
Herrn Gotamo. Heilig tönt seine Stimme, wie Waldvogelsang. Tiefschwarz
sind die Augen des Herrn Gotamo; die Wimpern wie beim Rinde. Eine Flocke
ist Herrn Gotamo zwischen den Brauen gewachsen, weiß und weich wie 518
Baumwolle[249]. Einen Scheitelkamm hat Herr Gotamo: und auch das ist eines
der Merkmale eines großen Mannes, das Herrn Gotamo eignet. Das sind,
Herr, die zweiunddreißig Merkmale eines großen Mannes, mit denen Herr
Gotamo begabt ist[250].

«Im Gange schreitet Herr Gotamo mit dem rechten Fuße voran. Er macht keine zu großen, macht keine zu kleinen Schritte. Er geht nicht zu schnell, geht nicht zu langsam. Beim Gehn stößt er nicht mit den Waden[251], nicht mit den Knöcheln aneinander; er dreht die Schenkel nicht nach oben, nicht nach unten, nicht einwärts, nichts auswärts. Während Herr Gotamo hinschreitet ist sein Körper gerade gerichtet, schwankt nicht[252], tritt nicht mit Leibeswucht auf. Beim Umblicken blickt Herr Gotamo mit dem ganzen Körper um. Er schaut nicht hinauf, er schaut nicht herab, läßt die Blicke nicht hin- und herschweifen, er blickt vier Spannen weit vor sich[253]: so hat er höhere, unbehinderte Wissensklarheit gewonnen.

«Beim Betreten eines Hauses dreht er den Körper nicht nach oben, nicht nach unten, nicht einwärts, nicht auswärts. Nicht zu ferne, nicht zu nahe tritt er an den Stuhl heran, ohne ihn mit der Hand anzufassen nimmt er Platz, er läßt sich nicht jählig nieder. Und hat er im Hause Platz genommen, so macht er keine unnütze Handbewegung, keine unnütze Fußbewegung. Er sitzt da

519 und hat nicht Wade über Wade geschlagen, nicht Knöchel über Knöchel geschlagen, nicht das Kinn in die Hand gestützt. Im Hause hat er sich niedergesetzt und bangt und bebt nicht und zittert und zagt nicht: ohne Bangen und Beben, ohne Zittern und Zagen, frei von Angst, mit Einsicht umgetan, nimmt Herr Gotamo Platz im Hause.

«Nimmt er Wasser in der Almosenschale entgegen, so dreht er die Schale nicht nach oben, nicht nach unten, nicht einwärts, nicht auswärts, er läßt sich das Wasser eingießen, nicht zu wenig, nicht zu viel. Er wäscht die Schale aus ohne zu plätschern, ohne sie umzustülpen, er stellt sie nicht auf den Boden um sich die Hände zu waschen; indem er die Schale wäscht wäscht er die Hände: indem er die Hände wäscht wäscht er die Schale. Dann gießt er das Wasser weg, nicht zu ferne, nicht zu nahe, verspritzt es nicht.

«Nimmt er den Reisbrei entgegen, so dreht er die Schale nicht nach oben, nicht nach unten, nicht einwärts, nicht auswärts, er läßt sich den Reisbrei einfüllen, nicht zu wenig, nicht zu viel. Die Brühe aber nimmt Herr Gotamo nur als Brühe hinzu und taucht den Bissen nicht mehr als nötig ein. Zwei- bis dreimal läßt Herr Gotamo den Bissen im Munde herumgehn bevor er ihn verschlingt, so daß kein Reiskorn unzerkaut in den Magen gelangt, so daß kein Reiskorn im Munde zurückbleibt: dann nimmt er den nächsten Bissen auf. Den Geschmack empfindet Herr Gotamo indem er die Nahrung ein-
520 nimmt, aber er genießt ihn nicht. Achtfach ausgezeichnet ist die Nahrung, die Herr Gotamo einnimmt, nicht zur Letzung noch Ergetzung, nicht zur Schmuckheit und Zier, sondern nur um diesen Körper zu erhalten, zu fristen, um Schaden zu verhüten, um ein heiliges Leben führen zu können: ‹So werd' ich das frühere Gefühl abtöten und ein neues Gefühl nicht aufkommen lassen, und ich werde ein Fortkommen haben, ohne Tadel bestehn, mich wohl befinden.›

«Nimmt er, nach dem Mahle, Wasser in der Almosenschale entgegen, so dreht er die Schale nicht nach oben, nicht nach unten, nicht einwärts, nicht auswärts, er läßt sich das Wasser eingießen, nicht zu wenig, nicht zu viel. Er wäscht die Schale aus ohne zu plätschern, ohne sie umzustülpen, er stellt sie nicht auf den Boden um sich die Hände zu waschen; indem er die Schale wäscht wäscht er die Hände: indem er die Hände wäscht wäscht er die Schale. Dann gießt er das Wasser weg, nicht zu ferne, nicht zu nahe, verspritzt es nicht. Er stellt die Schale, wann er gespeist, nicht gleich auf den Boden hin[254], nicht zu ferne, nicht zu nahe, er hebt sie nicht unnötig auf, behält sie auch nicht zu lange.

«Nach dem Mahle sitzt er eine Weile schweigsam da; doch nicht zu lange läßt er sich genügen. Es genügt ihm, daß er gespeist hat; weder tadelt er das Mahl noch verlangt er wiederum: vielmehr ermuntert er nun die Umsitzenden in lehrreichem Gespräche, ermutigt sie, erregt und erheitert sie. Und hat er die Umsitzenden in lehrreichem Gespräche ermuntert, ermutigt, erregt und erheitert, so steht er von seinem Sitze auf und geht fort. Er geht nicht zu schnell, geht nicht zu langsam, und geht nicht als ob er sich fortschleichen wollte.

«Und des Herrn Gotamo Gewand ist nicht zu hoch geschürzt und nicht 521
zu tief geschürzt, es liegt am Körper nicht zu knapp und nicht zu lose an; und es wird Herrn Gotamo vom Wind nicht aufgeweht, und nicht bleibt Herrn Gotamo am Körper Staub und Schmutz haften.

«Er sucht den Waldhain auf und sitzt an einem geeigneten Orte nieder. Dann spült er die Füße ab, nicht aber läßt sich Herr Gotamo der Füße Schmuckheit angelegen sein. Hat er die Füße abgespült, so setzt er sich mit verschränkten Beinen nieder, den Körper gerade aufgerichtet, und pflegt der Einsicht. Er denkt weder zu eigener Beschwer, noch zu des Nächsten Beschwer, noch zu beider Beschwer: sich selber zum Wohle, dem Nächsten zum Wohle, beiden zum Wohle, der ganzen Welt zum Wohle denkend sitzt Herr Gotamo da.

«Er weilt im Waldhaine, und legt den Leuten die Lehre dar, redet ihnen nicht zu, redet ihnen nicht ab, ermuntert sie vielmehr in lehrreichem Gespräche, ermutigt sie, erregt und erheitert sie. Achtfach ausgezeichnet ist die Stimme, die aus dem Munde des Herrn Gotamo hervorgeht: deutlich und verständlich, angenehm und ansprechend, gebunden, nicht gebrochen, tief und volltönig. Wie da Herr Gotamo in einer Versammlung zu sprechen pflegt, geht der Klang seiner Stimme nicht über die Versammlung hinaus. Und sind die Versammelten von Herrn Gotamo in lehrreichem Gespräche ermuntert, ermutigt, erregt und erheitert worden, so stehn sie von ihren Sitzen auf und
entfernen sich indem sie sich umwenden, nur ungern Abschied nehmen[255]. 522

«Gesehn haben wir, Herr, den Herrn Gotamo gehn, gesehn stillestehn, gesehn in das Haus eintreten[256], gesehn im Hause schweigsam sitzen, gesehn im Hause Nahrung einnehmen, gesehn nach dem Mahle schweigsam sitzen, gesehn nach dem Mahle freundlich sein, gesehn zum Waldhaine schreiten, gesehn im Waldhaine schweigsam sitzen, gesehn im Waldhaine den Leuten die Lehre darlegen. Also und also ist er, der Herr Gotamo: und noch mehr als das.»

Als Brahmāyu der Priester diesen Bericht vernommen erhob er sich von seinem Sitze, entblößte eine Schulter, verneigte sich ehrerbietig nach der Richtung wo der Erhabene weilte, und ließ dann dreimal den Gruß ertönen:

«Verehrung dem Erhabenen,
Dem heilig auferwachten Herrn!

«Verehrung dem Erhabenen,
Dem heilig auferwachten Herrn!

«Verehrung dem Erhabenen,
Dem heilig auferwachten Herrn!

«O daß wir doch einmal Gelegenheit hätten, mit Ihm, mit Herrn Gotamo zusammenzutreffen, daß doch irgendeine Unterredung zwischen uns stattfände!»

Und der Erhabene zog im Videher-Lande von Ort zu Ort weiter und kam allmählich nach Mithilā.

Zu Mithilā weilte nun der Erhabene, im Mangohaine Makhadevos.

Und es hörten die brāhmanischen Hausleute in Mithilā reden: ‹Der Asket, wahrlich, Herr Gotamo, der Sakyersohn, der dem Erbe der Sakyer entsagt hat, wandert in unserem Lande von Ort zu Ort und ist mit vielen Mönchen, einer Schar von fünfhundert Mönchen in Mithilā angekommen, weilt bei Mithilā, im Mangohaine Makhadevos. Diesen Herrn Gotamo aber begrüßt man
523 allenthalben mit dem frohen Ruhmesrufe, so zwar: 'Das ist der Erhabene, der Heilige, vollkommen Erwachte, der Wissens- und Wandelsbewährte, der Willkommene, der Welt Kenner, der unvergleichliche Leiter der Männerherde, der Meister der Götter und Menschen, der Erwachte, der Erhabene. Er zeigt diese Welt mit ihren Göttern, ihren bösen und heiligen Geistern, mit ihrer Schar von Büßern und Priestern, Göttern und Menschen, nachdem er sie selbst verstanden und durchdrungen hat. Er verkündet die Lehre, deren Anfang begütigt, deren Mitte begütigt, deren Ende begütigt, die sinn- und wortgetreue, er legt das vollkommen geläuterte, geklärte Asketentum dar. Glücklich wer da nun solche Heilige sehn kann!'›

Und die brāhmanischen Hausleute von Mithilā begaben sich nun dorthin wo der Erhabene weilte. Dort angelangt verneigten sich einige vor dem Erhabenen ehrerbietig und setzten sich zur Seite nieder, andere wechselten höflichen Gruß und freundliche, denkwürdige Worte mit dem Erhabenen und setzten sich zur Seite nieder, einige wieder falteten die Hände gegen den Erhabenen und setzten sich zur Seite nieder, andere wieder gaben beim Erhabenen Namen und Stand zu erkennen und setzten sich zur Seite nieder, und andere setzten sich still zur Seite nieder.

Brahmāyu der Priester aber hörte reden: ‹Der Asket, wahrlich, Herr Gotamo, der Sakyersohn, der dem Erbe der Sakyer entsagt hat, ist in Mithilā angekommen, weilt bei Mithilā, im Mangohaine Makhadevos.› Und Brahmāyu der Priester begab sich mit einer großen Schar seiner Schüler zum Mangohaine Makhadevos hin. Da nun gedachte Brahmāyu der Priester, nicht ferne vom Mangohain: ‹Das steht mir nicht an, daß ich ohne vorher gemeldet zu sein den Asketen Gotamo besuchen ginge.› Und Brahmāyu der Priester wandte sich an einen seiner Jünger:

«Geh', lieber Knabe, und begib dich zum Asketen Gotamo hin und wün- 524
sche in meinem Namen dem Asketen Gotamo Gesundheit und Frische, Munterkeit, Stärke und Wohlsein: ‹Brahmāyu›, sage, ‹o Gotamo, der Priester, wünscht Herrn Gotamo Gesundheit und Frische, Munterkeit, Stärke und Wohlsein›; und füge hinzu: ‹Brahmāyu, o Gotamo, der Priester, ist alt und greis, hochbetagt, dem Ende nahe, ausgelebt, im hundertzwanzigsten Lebensjahre, ein Meister der drei Veden, samt ihrer Auslegung und Deutung, samt ihrer Laut- und Formenlehre, und ihren Sagen zufünft, der Gesänge kundig und ein Erklärer, der die Merkmale eines großen Weltweisen aufweist. So viel auch, Herr, der brāhmanischen Hausleute zu Mithilā wohnen, der Brāhmane Brahmāyu gilt unter ihnen als erster was da Reichtum anlangt, der Brāhmane Brahmāyu gilt unter ihnen als erster was da Wissen anlangt, der Brāhmane Brahmāyu gilt unter ihnen als erster was da Alter und Berühmtheit anlangt. Der möchte Herrn Gotamo aufsuchen.›»

«Schön, Herr!» entgegnete da gehorsam jener Jünger Brahmāyu dem Priester. Und er begab sich dorthin wo der Erhabene weilte, tauschte höflichen Gruß und freundliche, denkwürdige Worte mit dem Erhabenen und stellte sich seitwärts hin. Seitwärts stehend sprach nun jener Jünger zum Erhabenen also:

«Brahmāyu, o Gotamo, der Priester, wünscht Herrn Gotamo Gesundheit und Frische, Munterkeit, Stärke und Wohlsein. Brahmāyu, o Gotamo, der Priester, ist alt und greis, hochbetagt, dem Ende nahe, ausgelebt, im hundertzwanzigsten Lebensjahre, ein Meister der drei Veden, samt ihrer Auslegung
und Deutung, samt ihrer Laut- und Formenlehre, und ihren Sagen zufünft, 525
der Gesänge kundig und ein Erklärer, der die Merkmale eines großen Weltweisen aufweist. So viel auch, Herr, der brāhmanischen Hausleute zu Mithilā wohnen, der Brāhmane Brahmāyu gilt unter ihnen als erster was da Reichtum anlangt, der Brāhmane Brahmāyu gilt unter ihnen als erster was da Wissen anlangt, der Brāhmane Brahmāyu gilt unter ihnen als erster was da Alter und Berühmtheit anlangt. Der möchte Herrn Gotamo aufsuchen.»

«Wie es nun, Knabe, Brahmāyu dem Priester belieben mag.»

Da begab sich denn jener Jünger zu Brahmāyu dem Priester zurück und sprach also zu ihm:

«Angenommen ist der Herr vom Asketen Gotamo: wie es nun dem Herrn belieben mag.»

Und Brahmāyu der Priester begab sich zum Erhabenen hin. Und die Leute dort sahn Brahmāyu den Priester von ferne herankommen, und als sie ihn gesehn machten sie ihm von beiden Seiten Platz, als einem so angesehnen, berühmten Manne. Aber Brahmāyu der Priester sprach also zu ihnen:

«Schon gut, Liebe, bleibt auf eueren Sitzen: ich werde mich hier nahe beim Asketen Gotamo niederlassen.»

Und Brahmāyu der Priester schritt zum Erhabenen hin, wechselte höflichen Gruß und freundliche, denkwürdige Worte mit dem Erhabenen und setzte sich seitwärts nieder. Seitwärts sitzend gedachte nun Brahmāyu der
527 Priester bei sich[257]: ‹Angenommen hat mich der Asket Gotamo: was soll ich wohl den Asketen Gotamo fragen, über ein äußeres Verhältnis oder ein inneres?› Und Brahmāyu der Priester sagte zu sich: ‹Ich kenne die äußeren Verhältnisse, und die Leute fragen mich bei solchen Dingen um Rat; wie, wenn ich nun den Asketen Gotamo eben um ein inneres Verhältnis befragte?› Und Brahmāyu der Priester wandte sich an den Erhabenen mit den Sprüchen:

«Wie kann man wohl ein Priester sein
Und Vedenmeister, sag' es mir,
Drei Wissen, Herr, wie hegt man die,
Und was bedeutet ausgelernt?

«Geheiligt leben, kann man das,
Vollkommensein erkämpfen wie,
Wer ist es, der alleinig west,
Und auferwacht, wen heißt man so?»

Und der Erhabene wandte sich wieder an Brahmāyu den Priester mit den Sprüchen:

«Vergangen Dasein, wer das kennt,
So Unterwelt wie Oberwelt,
528 Und die Geburten hat versiegt,
Alleinig durch die Dinge schaut,

«Und wer das Herz geläutert weiß,
Von allem Hangen abgelöst,
Geburtenheil und grabesheil,
Asketenhaft vollkommen ist,
Als Überwinder aller Art:
Den Auferwachten heißt man ihn.»

Also beschieden erhob sich Brahmāyu der Priester von seinem Sitze, entblößte eine Schulter, fiel dem Erhabenen zu Füßen und bedeckte des Erhabenen Füße mit Küssen und umschlang sie mit den Händen. Und er nannte seinen Namen:

«Brahmāyu bin ich, o Gotamo, der Priester.»

Da wurden die Umsitzenden durch den außerordentlichen, wunderbaren Vorgang im Innersten getroffen: ‹Außerordentlich, o, wunderbar, ach, ist die mächtige Kraft, die mächtige Gewalt des Asketen! Daß da sogar dieser berühmte, gepriesene Priester Brahmāyu eine so hohe Huldigung darbringen mag!› Doch der Erhabene wandte sich also an Brahmāyu den Priester:

«Genug, Brāhmane, steh' auf, setze dich wieder hin, da dein Herz mir so zugetan ist.»

Und Brahmāyu der Priester stand auf und setzte sich wieder hin. Und der Erhabene führte nun Brahmāyu den Priester allmählich in das Gespräch ein, sprach erst mit ihm vom Geben, von der Tugend, von seliger Welt, machte des Begehrens Elend, Ungemach, Trübsal, und der Entsagung Vorzüglichkeit offenbar. Als der Erhabene merkte, daß Brahmāyu der Priester im Herzen bereitsam, geschmeidig, unbehindert, aufgerichtet, heiter geworden war, da gab er die Darlegung jener Lehre, die den Erwachten eigentümlich ist: das Leiden, die Entwicklung, die Auflösung, den Weg.

Gleichwie etwa ein reines Kleid, von Flecken gesäubert, vollkommen die 529
Färbung annehmen mag, ebenso auch ging da Brahmāyu dem Priester, während er noch da saß, das abgeklärte, abgespülte Auge der Wahrheit auf:

‹Was irgend auch entstanden ist
Muß alles wieder untergehn.›

Und Brahmāyu der Priester, der die Wahrheit gesehn, die Wahrheit gefaßt, die Wahrheit erkannt, die Wahrheit ergründet hatte, zweifelentronnen, ohne Schwanken, in sich selber gewiß, auf keinen anderen gestützt im Orden des Meisters, der wandte sich nun an den Erhabenen also:

«Vortrefflich, o Gotamo, vortrefflich, o Gotamo! Gleichwie etwa, o Gotamo, wenn einer Umgestürztes aufstellte, oder Verdecktes enthüllte, oder Verirrten den Weg wiese, oder Licht in die Finsternis brächte: ‹Wer Augen hat wird die Dinge sehn›: ebenso auch hat Herr Gotamo die Lehre gar mannigfach gezeigt. Und so nehm' ich bei Herrn Gotamo Zuflucht, bei der Lehre und bei der Jüngerschaft: als Anhänger möge mich Herr Gotamo betrachten, von heute an zeitlebens getreu. Und möge mir Herr Gotamo die Bitte gewähren, morgen mit den Mönchen bei mir zu speisen!»

Schweigend gewährte der Erhabene die Bitte.

Als nun Brahmāyu der Priester der Zustimmung des Erhabenen sicher war, stand er von seinem Sitze auf, begrüßte den Erhabenen ehrerbietig, ging rechts herum und entfernte sich.

Und Brahmāyu der Priester ließ am nächsten Morgen in seiner Behausung
ausgewählte feste und flüssige Speise auftragen und sandte einen Boten an den
Erhabenen mit der Meldung: ‹Es ist Zeit, o Gotamo, das Mahl ist bereit.›
530 Und der Erhabene rüstete sich beizeiten, nahm Mantel und Almosenschale
und begab sich zur Wohnung Brahmāyu des Priesters. Dort angekommen
nahm der Erhabene mit den Mönchen auf den dargebotenen Sitzen Platz.
Und Brahmāyu der Priester bediente und versorgte eigenhändig den Erwach-
ten und seine Jünger eine Woche lang mit ausgewählter fester und flüssiger
Speise. Und als die Woche um war zog der Erhabene wieder im Videher-
Lande weiter.

Bald aber, nachdem der Erhabene von dannen gezogen, starb Brahmāyu der Priester.

Da begaben sich denn viele Mönche zum Erhabenen hin, begrüßten den Erhabenen ehrerbietig und setzten sich seitwärts nieder. Seitwärts sitzend sprachen nun diese Mönche zum Erhabenen also:

«Brahmāyu, o Herr, der Priester, ist gestorben. Wo ist er jetzt, was ist aus ihm geworden?»

«Weise, ihr Mönche, ist Brahmāyu der Priester gewesen, nachgefolgt ist er der Lehre gelehrig, und nicht hat er an meiner Belehrung Anstoß genommen. Brahmāyu, ihr Mönche, der Priester, ist nach Vernichtung der fünf niederzerrenden Fesseln emporgestiegen, um von dort aus zu erlöschen, nicht mehr zurückzukehren nach jener Welt.»

Also sprach der Erhabene. Zufrieden freuten sich jene Mönche über das Wort des Erhabenen[258].

92

ZEHNTER TEIL · ZWEITE REDE

SELO

Das hab' ich gehört. Zu einer Zeit wanderte der Erhabene im Lande der
Aṉguttarāper von Ort zu Ort, von vielen Mönchen begleitet, mit einer Schar
531 von zwölfhundertfünfzig Mönchen[259], und kam nach Āpaṇam, einer Burg im
Gebiete der Aṉguttarāper. Da hörte denn Keṇiyo der Flechtenträger[260] re-

den: ‹Der Asket, wahrlich, Herr Gotamo, der Sakyersohn, der dem Erbe der Sakyer entsagt hat, wandert in unserem Lande von Ort zu Ort und ist mit vielen Mönchen, mit einer Schar von zwölfhundertfünfzig Mönchen, in Āpaṇam angekommen. Diesen Herrn Gotamo aber begrüßt man allenthalben mit dem frohen Ruhmesrufe, so zwar: ‘Das ist der Erhabene, der Heilige, vollkommen Erwachte, der Wissens- und Wandelsbewährte, der Willkommene, der Welt Kenner, der unvergleichliche Leiter der Männerherde, der Meister der Götter und Menschen, der Erwachte, der Erhabene. Er zeigt diese Welt mit ihren Göttern, ihren bösen und heiligen Geistern, mit ihrer Schar von Büßern und Priestern, Göttern und Menschen, nachdem er sie selbst verstanden und durchdrungen hat. Er verkündet die Lehre, deren Anfang begütigt, deren Mitte begütigt, deren Ende begütigt, die sinn- und wortgetreue, er legt das vollkommen geläuterte, geklärte Asketentum dar. Glücklich wer da nun solche Heilige sehn kann!’› Keṇiyo der Flechtenträger begab sich aber dorthin wo der Erhabene weilte, wechselte höflichen Gruß und freundliche, denkwürdige Worte mit dem Erhabenen und setzte sich seitwärts nieder. Keṇiyo den Flechtenträger, der da seitwärts saß, ermunterte der Erhabene in lehrreichem Gespräche, ermutigte, erregte und erheiterte ihn. Und Keṇiyo der Flechtenträger, vom Erhabenen in lehrreichem Gespräche ermuntert, ermutigt, erregt und erheitert, wandte sich nun an den Erhabenen also:

«Gewähre mir Herr Gotamo die Bitte, morgen mit den Mönchen bei mir zu speisen!»

Also eingeladen sagte der Erhabene zu Keṇiyo dem Flechtenträger:

«Groß ist, Keṇiyo, die Schar der Mönche, zwölfhundertfünfzig Mönche: du aber bist den Priestern ergeben.»

Zum zweiten Male wandte sich da Keṇiyo der Flechtenträger also an den 532
Erhabenen, und zum zweiten Male sprach der Erhabene also zu ihm. Und zum dritten Male wandte sich Keṇiyo der Flechtenträger also an den Erhabenen:

«Wenn auch, o Gotamo, die Schar der Mönche groß ist, es zwölfhundertfünfzig Mönche sind, und ich den Priestern ergeben bin, möge mir dennoch Herr Gotamo die Bitte gewähren und morgen mit den Mönchen bei mir speisen!»

Schweigend gewährte der Erhabene die Bitte.

Als nun Keṇiyo der Flechtenträger der Zustimmung des Erhabenen gewiß war, stand er von seinem Sitze auf und begab sich nach seiner Klause zurück. Dann rief er seine Freunde und Genossen, Verwandte und Vettern herbei:

«Hört mich, liebe Freunde und Genossen, Verwandte und Vettern! Der Asket Gotamo ist von mir geladen, für morgen zum Mahle, mitsamt den Mönchen: wollt mir also eure Dienste leihen!» 533

«Gern, Herr!» erwiderten da Keṇiyo dem Flechtenträger die Freunde und Genossen, Verwandte und Vettern. Und einige bestellten die Feuerherde, andere spalteten Holz, einige wieder wuschen das Geschirr, und wieder andere brachten den Wassereimer herbei, und noch andere rückten die Stühle zurecht. Keṇiyo aber der Flechtenträger ordnete selber die Tafel an.

Um diese Zeit nun lebte der Priester Selo zu Āpaṇam, ein Meister der drei Veden, samt ihrer Auslegung und Deutung, samt ihrer Laut- und Formenlehre, und ihren Sagen zufünft, der Gesäṇge kundig und ein Erklärer, der die Merkmale eines großen Weltweisen aufwies. Der ließ eine Schar von dreihundert Schülern die Sprüche bei sich erlernen. Keṇiyo der Flechtenträger aber war Selo dem Priester damals von Herzen zugetan.

Da begab sich denn Selo der Priester, von den dreihundert Schülern begleitet, auf einem Spaziergange lustwandelnd, zur Klause Keṇiyo des Flechtenträgers hin. Und er sah da wie einige Leute Feuerherde bestellten, andere Holz spalteten, einige wieder Geschirr wuschen, und wieder andere einen Wassereimer herbeibrachten, und noch andere Stühle zurecht rückten, während Keṇiyo selbst, der Flechtenträger, die Tafel anordnete. Wie er das gesehn sprach er also zu ihm:

«Wird da wohl bei Herrn Keṇiyo Tochterhochzeit oder Sohneshochzeit gehalten, oder wird ein großes Opfer vorbereitet, oder ist der König von Maga-
534 dhā, Seniyo Bimbisāro für morgen zum Mahle geladen, mitsamt seinem Heerbann?»

«Nein, o Selo, keine Tochterhochzeit und keine Sohneshochzeit wird bei mir gehalten, und nicht ist der König von Magadhā, Seniyo Bimbisāro für morgen zum Mahle geladen mitsamt seinem Heerbann: aber ein großes Opfer wird von mir vorbereitet. Der Asket Gotamo, der Sakyersohn, der dem Erbe der Sakyer entsagt hat, zieht hierzulande von Ort zu Ort, von vielen Mönchen gefolgt, mit einer Schar von zwölfhundertfünfzig Mönchen, und ist in Āpaṇam angekommen. Diesen Herrn Gotamo aber begrüßt man allenthalben mit dem frohen Ruhmesrufe, so zwar: ‹Das ist der Erhabene, der Heilige, vollkommen Erwachte, der Wissens- und Wandelsbewährte, der Willkommene, der Welt Kenner, der unvergleichliche Leiter der Männerherde, der Meister der Götter und Menschen, der Erwachte, der Erhabene.› Er ist von mir für morgen zum Mahle geladen, mitsamt den Mönchen.»

«Der Erwachte, o Keṇiyo, sagst du?»

«Der Erwachte, o Selo, sag' ich.»

«Der Erwachte, o Keṇiyo, sagst du?»

«Der Erwachte, o Selo, sag' ich.»

Da gedachte nun Selo der Priester: ‹Das ist ein Wort, das man gar selten vernimmt in der Welt, 'Der Erwachte'[261]›. Und er sagte: «Es werden ja wohl

in unseren Sprüchen zweiunddreißig Merkmale eines großen Mannes genannt, mit denen begabt ein solcher nur zwei Bahnen betreten kann, keine dritte. Wenn er im Hause bleibt, wird er König werden, Kaiser, ein gerechter und wahrer Herrscher, ein Sieger bis zur Mark der See, der seinem Reiche Sicherheit schafft, mit sieben Juwelen begabt ist. Das aber sind seine sieben Juwelen, und zwar: das beste Land, der beste Elefant, das beste Roß, die beste Perle, das beste Weib, der beste Bürger, und siebentens der beste Staats-
mann. Und er wird über tausend Söhne haben, tapfer, heldensam, Zerstörer 535
der feindlichen Heere. So wird er diese Erde bis zum Ozean hin, ohne Stock und ohne Stahl gerecht obsiegend, beherrschen. Wenn er aber aus dem Hause in die Hauslosigkeit zieht, wird er heilig werden, vollkommen auferwacht, der Welt den Schleier hinwegnehmen. Wo weilt Er wohl jetzt, o Keṇiyo, Herr Gotamo, der Heilige, vollkommen Erwachte?»

Also befragt streckte Keṇiyo der Flechtenträger den rechten Arm aus und sagte zu Selo dem Priester:

«Wo sich dort, o Selo, der blaue Waldsaum hinzieht.»

Und Selo der Priester begab sich mit den dreihundert Jüngern zum Erhabenen hin. Aber er sprach also zu ihnen:

«Leise, ihr Lieben, wollet hinschreiten, Schritt bei Schritt nebeneinander: denn jene Ehrwürdigen[262] sind schwer zugänglich wie einsam wandernde Löwen. Und wenn ich dann mit dem Asketen, Herrn Gotamo, im Gespräche bin, so mögt ihr Lieben keinen anderen Gegenstand vorbringen, vielmehr sollt ihr Lieben das Ende der Unterredung abwarten.»

So kam denn Selo der Priester zum Erhabenen hin, wechselte höflichen Gruß und freundliche, denkwürdige Worte mit dem Erhabenen und setzte sich seit-
wärts. Seitwärts sitzend gedachte nun Selo der Priester bei sich[263]: ‹Begabt 536
ist der Asket Gotamo mit den zweiunddreißig Merkmalen eines großen Mannes, vollständig, nicht unvollständig: doch ich weiß es nicht, ob er ein Erwachter ist oder nicht ist. Aber ich hab' es ja sagen hören, das Wort der alten, der greisen Priester und ihrer Meister und Altmeister: 'Die da Heilige, vollkommen Erwachte sind, die geben sich, wird ihr Lob gesprochen, zu erkennen.' Wie, wenn ich nun hier den Asketen Gotamo mit geeigneten Sprüchen begrüßte?› Und Selo der Priester begrüßte hier den Erhabenen mit geeigneten Sprüchen:

«Vollkommen ist dein Körper, Herr,
Ist wohlgestaltet, stattlich, schön,
Dein Angesicht so heiter, hell,
Der Zaun der Zähne weiß gewölbt.

«Des Wohlgebornen Eigenart,
Die Unterschiede adelsam,

Ich seh' sie alle offenbar,
Die Zeichen deiner Größe, Herr!

537 «Mit milder Miene, sanftem Blick,
Erhaben, herrlich anzuschaun,
Erstrahlst du in der Jünger Schar,
Gleichwie die Sonne hoch und hehr.

«Ein rechtgekörnter, guter Mönch,
Der glänzt wie Gold und anders nicht:
Was taugt nun dir Asketentum,
Der du im höchsten Glanze gehst?

«Zum König bist erkoren du,
Zum Kaiser aller Königsmacht,
Zum Sieger bis zur Mark der See,
Zum Herrscher über Hinduland!

«Die Königstämme, kühn und stolz,
Sie werden dienen, dir zu Dank:
Als Königskaiser, Menschengott
Regier' das Reich, o Gotamo!»

DER HERR:

«Ich bin ein König, Selo, ja,
Ein wahrer König aller Welt,
Die Wahrheit ist mein Königreich,
Ein Reich, das keiner rauben kann.»

SELO:

«So wärest, Herr, der Wache du,
Der wahre König aller Welt?
‹Die Wahrheit ist mein Königreich›:
Du hast gesagt es, Gotamo.

«Wo ist er, der die Mannen führt,
Der Jünger, der dem Meister folgt?
Wer hilft gerecht es lenken dir,
Das Reich, das du gegründet hast?»

DER HERR:

«Was da gegründet ward von mir,
Das wahre Reich, das höchste Reich,
Nach lenkt es Sāriputto mir,
Der erstgeborne Siegersohn.

«Erkannt hab' ich was kennbar ist,
Vollendet was Vollendung will,
Verlassen was zu lassen ist,
Bin also, Priester, auferwacht.

«An mir nicht magst du zweifeln mehr, 538
Bezwinge, Priester, deinen Stolz:
Gar selten sieht man, findet man
Ein auferwachtes Angesicht.

«Ja, was man hier gar selten sieht,
Nicht oft erscheinen in der Welt:
Ein Auferwachter, der bin ich,
Der beste Künstler, beste Arzt.

«Ich bin das Heil, ich bin der Herr,
Zerstörer aller Sterblichkeit:
Die Feindschaft hab' ich ausgesöhnt
Und lächle heiter, fürchte nichts.»

SELO:

«O hört, ihr Freunde, hört es froh,
Was uns der Seher offenbart,
Der rechte Arzt, der höchste Held:
O lauschet seinem Löwenruf!

«Den heilgewordnen, hehren Herrn,
Zerstörer aller Sterblichkeit:
Wer ist nicht selig ihn zu sehn,
Und wär' er gleich ein Sklave nur!

«Wer bei mir sein will folge mir,
Und wer es nicht will gehe hin:
Denn ich zieh' nun als Jünger fort,
Zum Lehrer, der das Beste lehrt.»

DIE JÜNGER SELOS:

«Wenn unser Meister also wählt,
Des Auferwachten Kunst erkiest,
So gehn auch wir als Jünger gern
Zum Lehrer, der das Beste lehrt.»

Da flehten die Brāhmanen nun,
Dreihundert Häupter blickten auf:
«O laß' uns leben, Herr, bei dir
Das Leben deiner Heiligkeit!»

DER HERR:

«Wohl offenbar ist unser Heil,
Ersichtlich, ohne Zeitgesetz,
Wo keiner hier umsonst entsagt
In ernstem Eifer, zäher Zucht.»

539 Und Selo der Priester wurde mit seiner Schar vom Erhabenen aufgenommen, wurde mit der Ordensweihe belehnt.

Keṇiyo der Flechtenträger aber ließ am nächsten Morgen in seiner Klause ausgewählte feste und flüssige Speise auftragen und sandte einen Boten an den Erhabenen mit der Meldung: ‹Es ist Zeit, o Gotamo, das Mahl ist bereit.› Und der Erhabene rüstete sich beizeiten, nahm Mantel und Almosenschale und begab sich zur Klause Keṇiyo des Flechtenträgers. Dort angekommen nahm der Erhabene mit den Mönchen auf den dargebotenen Sitzen Platz. Und Keṇiyo der Flechtenträger bediente und versorgte eigenhändig den Erwachten und seine Jünger mit ausgewählter fester und flüssiger Speise.

Nachdem nun der Erhabene gespeist und das Mahl beendet hatte, nahm Keṇiyo der Flechtenträger einen von den niederen Stühlen zur Hand und setzte sich zur Seite hin. Und Keṇiyo den Flechtenträger, der da zur Seite saß, erfreute nun der Erhabene mit folgenden Sprüchen:

«Dem Feuer gilt der Opfer Preis,
Der Andacht gilt er beim Gesang,
Der König gilt als Menschenfürst,
Der Flüsse Meister ist das Meer.

«Der Sterne Herr, es ist der Mond,
Die Sonne steht im höchsten Glanz,
Ein gutes Werk ist reicher Lohn,
Den Mönchen opfern bester Dienst.»

Als der Erhabene Keṇiyo den Flechtenträger mit diesen Sprüchen erfreut hatte, stand er von seinem Sitze auf und ging von dannen.

Doch der ehrwürdige Selo[264], einsam, abgesondert, unermüdlich, in heißem, innigem Ernste verweilend, hatte gar bald was edle Söhne gänzlich vom Hause fort in die Hauslosigkeit lockt, jenes höchste Ziel des Asketentums noch bei Lebzeiten sich offenbar gemacht, verwirklicht und errungen. ‹Ver- 540
siegt ist die Geburt, vollendet das Asketentum, gewirkt das Werk, nicht mehr ist diese Welt›, verstand er da. Auch einer war nun der ehrwürdige Selo der Heiligen geworden.

Da begab sich denn der ehrwürdige Selo mit seiner Schar zum Erhabenen hin. Dort angelangt schlug er den Mantel um die eine Schulter, hob die Hände zum Erhabenen empor und sprach den Erhabenen mit den Sprüchen an:

«Die Zuflucht, Herr, erwählt von uns,
Erfleht am letzten Mondestag:
Verwirklicht ist sie heute schon,
Am achten Tag der Jüngerschaft!

«Du bist der Wache, bist der Herr,
Hast überwunden Todesweh,
Hast überwältigt Wunschgewalt:
Errettet rettest andre du.

«Du haftest nimmer irgend an,
Zerborsten ist was Wähnen war,
Alleinig, wie der Löwe lebt,
Bist ledig aller Bangigkeit.

«Dreihundert Jünger beugen sich
Und blicken auf, zu dir empor:
Die Füße biet' uns, Großer, dar,
Den Meister grüßen Helden hier[265].»

93

ZEHNTER TEIL · DRITTE REDE

ASSALĀYANO

DAS HAB' ICH GEHÖRT. Zu einer Zeit weilte der Erhabene bei Sāvatthī, im Siegerwalde, im Garten Anāthapiṇḍikos.

Um diese Zeit nun waren gegen fünfhundert Brāhmanen aus verschiedenen Landen in Sāvatthī zusammengekommen, irgendeine Angelegenheit zu verhandeln. Nun sagten jene Brāhmanen zu sich: ‹Dieser Asket Gotamo behauptet,
541 daß alle vier Kasten rein wären: wer ist da wohl imstande, mit dem Asketen Gotamo über diesen Gegenstand zu reden?›

Damals aber befand sich Assalāyano, ein junger Brāhmane, zu Sāvatthī, eben erst, mit geschorenem Scheitel, vom Lehrer entlassen, im sechzehnten Lebensjahre, ein Meister der drei Veden, samt ihrer Auslegung und Deutung, samt ihrer Laut- und Formenlehre, und ihren Sagen zufünft, der Gesänge kundig und ein Erklärer, der die Merkmale eines großen Weltweisen aufwies. Und jene Brāhmanen besprachen sich: ‹Dieser Assalāyano, der junge Brāhmane, lebt da in Sāvatthī, ist eben erst, mit geschorenem Scheitel, vom Lehrer entlassen worden, im sechzehnten Lebensjahre, als Meister der drei Veden, samt ihrer Auslegung und Deutung, samt ihrer Laut- und Formenlehre, und ihren Sagen zufünft, der Gesänge kundig und ein Erklärer, der die Merkmale eines großen Weltweisen aufweist. Der wird imstande sein, mit dem Asketen Gotamo über diesen Gegenstand zu reden.›

Da begaben sich denn jene Priester zu Assalāyano dem jungen Brāhmanen und sprachen also zu ihm:

«Dieser Asket Gotamo, o Assalāyano, behauptet, alle vier Kasten wären rein: wohlan, möge Herr Assalāyano mit dem Asketen Gotamo über diesen Gegenstand reden!»

Also aufgefordert erwiderte Assalāyano der junge Brāhmane jenen Priestern:

«Der Asket, wahrlich, Herr Gotamo, redet Wahrheit, und denen, die Wahrheit reden, läßt sich schwer standhalten; ich vermag es nicht, mit dem Asketen Gotamo über diesen Gegenstand zu reden.»

Und ein zweites Mal sprachen jene Priester also zum jungen Assalāyano:

«Dieser Asket Gotamo, o Assalāyano, behauptet, alle vier Kasten wären rein: wohlan, möge Herr Assalāyano mit dem Asketen Gotamo über diesen

Gegenstand reden! Vertraut ist ja doch Herr Assalāyano mit dem Pilgertum.»

Und zum zweitenmal erwiderte Assalāyano der junge Brāhmane jenen Prie- 542
stern:

«Der Asket, wahrlich, Herr Gotamo, redet Wahrheit, und denen, die Wahrheit reden, läßt sich schwer standhalten; ich vermag es nicht, mit dem Asketen Gotamo über diesen Gegenstand zu reden.»

Und ein drittes Mal sprachen jene Priester also zum jungen Assalāyano:

«Dieser Asket Gotamo, o Assalāyano, behauptet, alle vier Kasten wären rein: wohlan, möge Herr Assalāyano mit dem Asketen Gotamo über diesen Gegenstand reden! Vertraut ist ja doch Herr Assalāyano mit dem Pilgertum: möchte doch nicht Herr Assalāyano in einem ungekämpften Kampfe unterliegen!»

Auf diese Worte gab Assalāyano der junge Brāhmane jenen Priestern zur Antwort:

«Gut denn, ihr Herren, ihr wollt mir nicht glauben: ‹Der Asket, wahrlich, Herr Gotamo, redet Wahrheit, und denen, die Wahrheit reden, läßt sich schwer standhalten; ich vermag es nicht, mit dem Asketen Gotamo über diesen Gegenstand zu reden.› So will ich denn in euerem Namen hingehn[266].»

Und Assalāyano der junge Brāhmane begab sich mit einer zahlreichen Schar von Priestern zum Erhabenen hin, wechselte höflichen Gruß und freundliche, denkwürdige Worte mit dem Erhabenen und setzte sich seitwärts nieder. Seitwärts sitzend wandte sich nun Assalāyano der junge Brāhmane also an den Erhabenen:

«Die Priester, o Gotamo, reden also: ‹Die Priester nur sind höchste Kaste, verworfen andere Kaste; die Priester nur sind helle Kaste, dunkel andere Kaste; die Priester nur können rein werden, nicht Unpriester; die Priester nur
sind Brahmās Söhne, von echter Abstammung, aus dem Munde geboren, in 543
Brahmā gezeugt, in Brahmā gebildet, Erben Brahmās.› Was hält nun Herr Gotamo davon?»

«Es gibt ja doch, Assalāyano, unter den Priestern Priesterfrauen, die fruchtbar sind, schwanger werden, Kinder gebären, aufsäugen; aber jene Priester, obzwar vom Weibe geboren, reden also: ‹Die Priester nur sind höchste Kaste, verworfen andere Kaste; die Priester nur sind helle Kaste, dunkel andere Kaste; die Priester nur können rein werden, nicht Unpriester; die Priester nur sind Brahmās Söhne, von echter Abstammung, aus dem Munde geboren, in Brahmā gezeugt, in Brahmā gebildet, Erben Brahmās.›»

«Wenn auch Herr Gotamo also spricht, so bleiben die Priester dennoch dabei und sagen: ‹Die Priester nur sind höchste Kaste, verworfen andere Kaste; die Priester nur sind helle Kaste, dunkel andere Kaste; die Priester nur können rein werden, nicht Unpriester; die Priester nur sind Brahmās Söhne, von echter Abstammung, aus dem Munde geboren, in Brahmā gezeugt, in Brahmā gebildet, Erben Brahmās.›»

«Was meinst du wohl, Assalāyano: hast du gehört, daß es bei Ioniern und Kābulern und anderen Grenzvölkern[267] nur zwei Kasten gibt, Herren und Knechte, und der Herr kann Knecht werden, und der Knecht wiederum Herr?»

«Gewiß, Herr, ich habe gehört, daß es bei Ioniern und Kābulern und anderen Grenzvölkern nur zwei Kasten gibt, Herren und Knechte, und der Herr kann Knecht werden, und der Knecht wiederum Herr.»

«Was haben da nun, Assalāyano, die Priester für Anhalt, was für Gewähr, daß sie da sagen: ‹Die Priester nur sind höchste Kaste, verworfen andere Kaste; die Priester nur sind helle Kaste, dunkel andere Kaste; die Priester nur können rein werden, nicht Unpriester; die Priester nur sind Brahmās Söhne, von echter Abstammung, aus dem Munde geboren, in Brahmā gezeugt, in Brahmā gebildet, Erben Brahmās›?»

544 «Wenn auch Herr Gotamo also redet, so bleiben da die Priester dennoch bei ihren Sprüchen.»

«Was meinst du wohl, Assalāyano: ein Krieger, der da Mörder und Dieb ist, ein Wüstling, Lügner, Verleumder, ein Zänker und Schwätzer, voll Gier und Haß und Eitelkeit, mag nur der, bei der Auflösung des Körpers, nach dem Tode, abwärts geraten, auf schlechte Fährte, in Verderben und Unheil, aber nicht so ein Priester? Und ebenso ein Bürger, und ebenso ein Diener, aber nicht so ein Priester?»

«Das wohl nicht, o Gotamo! Denn ein Krieger, o Gotamo, der da Mörder und Dieb ist, ein Wüstling, Lügner, Verleumder, ein Zänker und Schwätzer, voll Gier und Haß und Eitelkeit, der mag wohl, bei der Auflösung des Körpers, nach dem Tode, abwärts geraten, auf schlechte Fährte, in Verderben und Unheil: und ebenso, o Gotamo, ein Priester, und ebenso, o Gotamo, ein Bürger, und ebenso, o Gotamo, ein Diener; ein jeder, o Gotamo, von den vier Kasten, mag also, bei der Auflösung des Körpers, nach dem Tode, abwärts geraten, auf schlechte Fährte, in Verderben und Unheil.»

«Was haben da nun, Assalāyano, die Priester für Anhalt, was für Gewähr,
545 daß sie da sagen: ‹Die Priester nur sind höchste Kaste, verworfen andere Kaste; die Priester nur sind helle Kaste, dunkel andere Kaste; die Priester nur können rein werden, nicht Unpriester; die Priester nur sind Brahmās Söhne, von echter Abstammung, aus dem Munde geboren, in Brahmā gezeugt, in Brahmā gebildet, Erben Brahmās›?»

«Wenn auch Herr Gotamo also redet, so bleiben da die Priester dennoch bei ihren Sprüchen.»

«Was meinst du wohl, Assalāyano: ein Priester, der da kein Mörder und Dieb ist, kein Wüstling, Lügner, Verleumder, kein Zänker und Schwätzer, nicht begehrlich, nicht gehässig, recht gesinnt, mag nur der, bei der Auflösung des Körpers, nach dem Tode, auf gute Fährte geraten, in himmlische Welt? Aber nicht so ein Krieger, aber nicht so ein Bürger, aber nicht so ein Diener?»

«Das wohl nicht, o Gotamo! Denn ein Krieger, o Gotamo, der da kein Mörder und Dieb ist, kein Wüstling, Lügner, Verleumder, kein Zänker und Schwätzer, nicht begehrlich, nicht gehässig, recht gesinnt, der mag wohl, bei der Auflösung des Körpers, nach dem Tode, auf gute Fährte geraten, in himmlische Welt: und ebenso, o Gotamo, ein Priester, und ebenso, o Gotamo, ein Bürger, und ebenso, o Gotamo, ein Diener; ein jeder, o Gotamo, von den vier
Kasten mag also, bei der Auflösung des Körpers, nach dem Tode, auf gute 546
Fährte geraten, in himmlische Welt.»

«Was haben da nun, Assalāyano, die Priester für Anhalt, was für Gewähr, daß sie da sagen: ‹Die Priester nur sind höchste Kaste, verworfen andere Kaste; die Priester nur sind helle Kaste, dunkel andere Kaste; die Priester nur können rein werden, nicht Unpriester; die Priester nur sind Brahmās Söhne, von echter Abstammung, aus dem Munde geboren, in Brahmā gezeugt, in Brahmā gebildet, Erben Brahmās›?»

«Wenn auch Herr Gotamo also redet, so bleiben da die Priester dennoch bei ihren Sprüchen.»

«Was meinst du wohl, Assalāyano: kann da nur ein Priester hierzulande ohne Grimm und ohne Groll sein Herz an Milde gewöhnen? Aber nicht so ein Krieger, aber nicht so ein Bürger, aber nicht so ein Diener?»

«Das wohl nicht, o Gotamo! Denn auch ein Krieger, o Gotamo, kann hierzulande ohne Grimm und ohne Groll sein Herz an Milde gewöhnen: und ebenso, o Gotamo, ein Priester, und ebenso, o Gotamo, ein Bürger, und ebenso, o Gotamo, ein Diener; ein jeder, o Gotamo, von den vier Kasten kann hierzulande ohne Grimm und ohne Groll sein Herz an Milde gewöhnen.»

«Was haben da nun, Assalāyano, die Priester für Anhalt, was für Gewähr, daß sie da sagen: ‹Die Priester nur sind höchste Kaste, verworfen andere Kaste; die Priester nur sind helle Kaste, dunkel andere Kaste; die Priester nur können rein werden, nicht Unpriester; die Priester nur sind Brahmās Söhne, von echter Abstammung, aus dem Munde geboren, in Brahmā gezeugt, in Brahmā gebildet, Erben Brahmās›?»

«Wenn auch Herr Gotamo also redet, so bleiben da die Priester dennoch bei ihren Sprüchen.»

«Was meinst du wohl, Assalāyano: darf da nur ein Priester, mit Schwamm und Seife versehn, zum Flusse baden gehn, um Staub und Schmutz abzuwa-

547 schen? Aber nicht so ein Krieger, aber nicht so ein Bürger, aber nicht so ein Diener?»

«Das wohl nicht, o Gotamo! Denn auch ein Krieger, o Gotamo, darf Schwamm und Seife nehmen und nach dem Flusse baden gehn, um Staub und Schmutz abzuwaschen: und ebenso, o Gotamo, ein Priester, und ebenso, o Gotamo, ein Bürger, und ebenso, o Gotamo, ein Diener; ein jeder, o Gotamo, von den vier Kasten darf Schwamm und Seife nehmen und nach dem Flusse baden gehn, um Staub und Schmutz abzuwaschen.»

«Was haben da nun, Assalāyano, die Priester für Anhalt, was für Gewähr, daß sie da sagen: ‹Die Priester nur sind höchste Kaste, verworfen andere Kaste; die Priester nur sind helle Kaste, dunkel andere Kaste; die Priester nur können rein werden, nicht Unpriester; die Priester nur sind Brahmās Söhne, von echter Abstammung, aus dem Munde geboren, in Brahmā gezeugt, in Brahmā gebildet, Erben Brahmās›?»

«Wenn auch Herr Gotamo also redet, so bleiben da die Priester dennoch bei ihren Sprüchen.»

«Was meinst du wohl, Assalāyano: es ließe da der König, der Herrscher, dessen Scheitel gesalbt ist, eine Schar von hundert Männern verschiedener Geburt zu sich bescheiden: ‹Kommt, ihr Lieben, die ihr da von Kriegern, Priestern, Fürsten abstammt, und nehmt ein Reibholz vom Kronbaum, oder von der Föhre, oder vom Sandel, oder vom Ingwerbaum, und erweckt damit Feuer, bringt Licht hervor! Und kommt auch ihr Lieben, die ihr da von Treibern, Jägern, Korbflechtern, Radmachern, Gärtnern abstammt, und nehmt ein Reibholz von einem Hundetrog, oder von einem Schweinetrog, oder von einem Waschtrog, oder von einem Rizinusbaume, und erweckt damit Feuer,
548 bringt Licht hervor[268]!› Was meinst du wohl, Assalāyano: wenn da von denen, die von Kriegern, Priestern, Fürsten abstammen, mit einem Reibholze vom Kronbaum, oder von der Föhre, oder vom Sandel, oder vom Ingwerbaum, Feuer erweckt, Licht hervorgebracht ward, hat dann wohl dieses Feuer Flamme und Glanz und Leuchtkraft, und kann man dieses Feuer zu Feuerzwecken verwenden? Und wenn da von denen, die von Treibern, Jägern, Korbflechtern, Radmachern, Gärtnern abstammen, mit einem Reibholze von einem Hundetrog, oder von einem Schweinetrog, oder von einem Waschtrog, oder von einem Rizinusbaume, Feuer erweckt, Licht hervorgebracht ward, hat dann wohl dieses Feuer keine Flamme und keinen Glanz und keine Leuchtkraft, und kann man dieses Feuer zu Feuerzwecken nicht verwenden?»

«Das wohl nicht, o Gotamo! Ist da, o Gotamo, von denen, die von Kriegern, Priestern, Fürsten abstammen, mit einem Reibholze vom Kronbaum, oder von der Föhre, oder vom Sandel, oder vom Ingwerbaum, Feuer erweckt, Licht hervorgebracht worden, so hat dieses Feuer Flamme und Glanz und

Leuchtkraft, und man kann dieses Feuer zu Feuerzwecken verwenden. Und ist da von denen, die von Treibern, Jägern, Korbflechtern, Radmachern, Gärtnern abstammen, mit einem Reibholze von einem Hundetrog, oder von einem Schweinetrog, oder von einem Waschtrog, oder von einem Rizinusbaume, Feuer erweckt, Licht hervorgebracht worden, so hat auch dieses Feuer Flamme und Glanz und Leuchtkraft, und man kann auch dieses Feuer zu Feuerzwekken verwenden. Denn ein jedes Feuer, o Gotamo, hat Flamme und Glanz und 549
Leuchtkraft, und man kann ein jedes Feuer zu Feuerzwecken verwenden.»

«Was haben da nun, Assalāyano, die Priester für Anhalt, was für Gewähr, daß sie da sagen: ‹Die Priester nur sind höchste Kaste, verworfen andere Kaste; die Priester nur sind helle Kaste, dunkel andere Kaste; die Priester nur können rein werden, nicht Unpriester; die Priester nur sind Brahmās Söhne, von echter Abstammung, aus dem Munde geboren, in Brahmā gezeugt, in Brahmā gebildet, Erben Brahmās›?»

«Wenn auch Herr Gotamo also redet, so bleiben da die Priester dennoch bei ihren Sprüchen.»

«Was meinst du wohl, Assalāyano: es sei da ein junger Krieger, der wohne der Tochter eines Priesters bei; infolge ihrer Beiwohnung würde ein Sohn geboren. Dieser Sohn, der von einem jungen Krieger und der Tochter eines Priesters abstammte, der Mutter ähnlich und dem Vater ähnlich, kann der Krieger genannt und Priester genannt werden?»

«Dieser Sohn, o Gotamo, der von einem jungen Krieger und der Tochter eines Priesters abstammte, der Mutter ähnlich und dem Vater ähnlich, der kann Krieger genannt und Priester genannt werden.»

«Was meinst du wohl, Assalāyano: es sei da ein junger Priester, der wohne der Tochter eines Kriegers bei; infolge ihrer Beiwohnung würde ein Sohn geboren. Dieser Sohn, der von einem jungen Priester und der Tochter eines Kriegers abstammte, der Mutter ähnlich und dem Vater ähnlich, kann der Krieger genannt und Priester genannt werden?» 550

«Dieser Sohn, o Gotamo, der von einem jungen Priester und der Tochter eines Kriegers abstammte, der Mutter ähnlich und dem Vater ähnlich, der kann Krieger genannt und Priester genannt werden.»

«Was meinst du wohl, Assalāyano: man ließe da eine Stute mit einem Esel zusammenkommen; infolge ihrer Zusammenkunft würde ein Fohlen geboren. Dieses Fohlen, das von einer Stute und einem Esel abstammte, der Mutter ähnlich und dem Vater ähnlich, kann das Pferd genannt und Esel genannt werden?»

«Infolge der Kreuzung[269], o Gotamo, wird ja ein Maultier daraus. Hier, bei diesem, o Gotamo, seh' ich denn auch den Unterschied: aber dort, bei jenen, kann ich keinerlei Unterschied merken.»

«Was meinst du wohl, Assalāyano: es wären da zwei Priesterknaben, leibliche Brüder, der eine gelehrt und eingeweiht, der andere ungelehrt und uneingeweiht; wen würden da die Priester zuerst versorgen, mit frommer Speisegabe oder anderer geeigneter Spende?»

«Den Priesterknaben, o Gotamo, der gelehrt und eingeweiht ist, den würden da die Priester zuerst versorgen, mit frommer Speisegabe oder anderer geeigneter Spende; was möcht' es auch, o Gotamo, viel fruchten, einen Ungelehrten und Uneingeweihten beschenken?»

«Was meinst du wohl, Assalāyano: es wären da zwei Priesterknaben, leibliche Brüder, der eine gelehrt und eingeweiht, sittenlos und übelgeartet, der andere ungelehrt und uneingeweiht, sittenrein und edelgeartet; wen würden da die Priester zuerst versorgen, mit frommer Speisegabe oder anderer geeigneter Spende?»

551 «Den Priesterknaben, o Gotamo, der ungelehrt und uneingeweiht, sittenrein und edelgeartet ist, den würden da die Priester zuerst versorgen, mit frommer Speisegabe oder anderer geeigneter Spende; was möcht' es auch, o Gotamo, viel fruchten, einen Sittenlosen, Übelgearteten beschenken?»

«Erst bist du, Assalāyano, auf die Geburt gekommen, von der Geburt bist du dann auf die Sprüche gekommen, und von den Sprüchen bist du dann zu dieser Reinheit der vier Kasten gekommen, von der ich rede.»

Auf diese Worte blieb Assalāyano der junge Brāhmane verstummt und verstört, gebeugten Rumpfes, gesenkten Hauptes vor sich hinstarrend, wortlos sitzen. Als nun der Erhabene Assalāyano den jungen Brāhmanen verstummt und verstört, gebeugten Rumpfes, gesenkten Hauptes wortlos vor sich hinstarren sah, sprach er also zu ihm:

«In der Vorzeit, Assalāyano, als die Sieben priesterlichen Seher in der Waldeinsamkeit unter Hütten aus Blättern zu Rate saßen, kamen sie einst zu einer solchen verkehrten Ansicht: ‹Die Priester nur sind höchste Kaste, verworfen andere Kaste; die Priester nur sind helle Kaste, dunkel andere Kaste; die Priester nur können rein werden, nicht Unpriester; die Priester nur sind Brahmās Söhne, von echter Abstammung, aus dem Munde geboren, in Brahmā gezeugt, in Brahmā gebildet, Erben Brahmās.› Und es vernahm, Assalāyano, der Seher Asito Devalo, daß die Sieben priesterlichen Seher, in der Waldeinsamkeit unter Hütten aus Blättern zu Rate sitzend, diese verkehrte Ansicht gefaßt hatten. Und Asito Devalo der Seher, Assalāyano, strich Haar und Bart zurecht, warf den grünlichen Mantel herum, zog die rötlichen[270] Sandalen an, nahm den goldigen Stab in die Hand und erschien auf dem Opferplatz vor den Sieben priesterlichen Sehern. Und er wandelte, Assalāyano, auf dem Op-
552 ferplatze einher und sprach also zu ihnen:

‹Sagt mir doch, ihr Lieben, die priesterliche Seher seid, wer vorangeht, sagt mir doch, ihr Lieben, die priesterliche Seher seid, wer vorangeht[271].›

Da fragten sich nun, Assalāyano, die Sieben priesterlichen Seher:

‹Wer ist es nur, der sich als Hirte gebärdend auf dem Opferplatze der Sieben priesterlichen Seher einherschreitet und also spricht: 'Sagt mir doch, ihr Lieben, die priesterliche Seher seid, wer vorangeht, sagt mir doch, ihr Lieben, die priesterliche Seher seid, wer vorangeht'? Wohlan denn, wir wollen ihn verfluchen!›

Und sie fluchten ihm:

‹Asche sei, Elender! Asche sei, Elender! Asche sei, Elender!›

Je mehr und mehr aber, Assalāyano, die Sieben priesterlichen Seher ihm fluchten, desto mehr und mehr nahm Asito Devalo der Seher nur an Pracht und Schönheit und Herrlichkeit zu. Da riefen, Assalāyano, die Sieben priesterlichen Seher aus:

‹Vergeblich ist, ach, unsere Buße, fruchtlos unser Asketentum! Wem wir da früher geflucht hatten 'Asche sei, Elender!', alsogleich war ein jeder zu Asche geworden[272]: je mehr und mehr wir aber diesen verfluchen, desto mehr und mehr nimmt er nur an Pracht und Schönheit und Herrlichkeit zu!›

‹Nicht ist euere Buße vergeblich und nicht fruchtlos das Asketentum; hört, ihr Lieben: die Zorngedanken gegen mich, die lasset fahren.›

‹Unsere Zorngedanken, wir lassen sie fahren! Wer ist wohl der Herr?›

‹Habt ihr Herren von Asito Devalo dem Seher gehört?› 553

‹Ja, Herr!›

‹Der also bin ich.›

Da gingen denn, Assalāyano, die Sieben priesterlichen Seher dem Seher Asito Devalo zur Begrüßung entgegen. Und Asito Devalo der Seher, Assalāyano, wandte sich also an die Sieben priesterlichen Seher:

‹Erfahren hab' ich, ihr Herren, daß die Sieben priesterlichen Seher, in der Waldeinsamkeit unter Hütten aus Blättern zu Rate sitzend, eine solche verkehrte Ansicht gefaßt haben: 'Die Priester nur sind höchste Kaste, verworfen andere Kaste; die Priester nur sind helle Kaste, dunkel andere Kaste; die Priester nur können rein werden, nicht Unpriester; die Priester nur sind Brahmās Söhne, von echter Abstammung, aus dem Munde geboren, in Brahmā gezeugt, in Brahmā gebildet, Erben Brahmās.'›

‹Allerdings, Herr!›

‹Wissen aber die Herren, ob ihre Großmutter nur einem Priester beigewohnt hat und keinem Unpriester?›

‹Das wohl nicht, Herr!›

‹Wissen aber die Herren, ob ihrer Großmutter Mutter und deren Mutter bis zur siebenten Ahnfrau hinauf nur einem Priester beigewohnt hat und keinem Unpriester[273]?›

‹Das wohl nicht, Herr!›

‹Und wissen die Herren, ob ihr Großvater eben der Tochter eines Priesters beigewohnt hat, keiner anderen?›

‹Das wohl nicht, Herr!›

‹Und wissen die Herren, ob ihres Großvaters Vater und dessen Vater bis zum siebenten Ahnherrn hinauf eben der Tochter eines Priesters beigewohnt hat, keiner anderen?›

‹Das wohl nicht, Herr!›

‹Doch wissen die Herren, wie sich eine Leibesfrucht bildet?›

‹Wir wissen, Herr, wie sich eine Leibesfrucht bildet. Da sind Vater und
554 Mutter vereint, und die Mutter hat ihre Zeit, und der Keimling ist bereit: so bildet sich durch der Drei Vereinigung eine Leibesfrucht.›

‹Wissen aber die Herren, ob dieser Keimling etwa ein Krieger sei, oder ein Priester, oder ein Bürger, oder ein Diener?›

‹Nicht wissen wir, Herr, ob dieser Keimling etwa ein Krieger sei, oder ein Priester, oder ein Bürger, oder ein Diener.›

‹Ist es also, wißt ihr dann, wer ihr seid?›

‹Ist es also, wissen wir freilich nicht, wer wir sind.›

Und selbst die Sieben priesterlichen Seher, Assalāyano, vom Seher Asito Devalo über ihre Behauptung von der Geburt befragt, ausgeforscht, unterrichtet, konnten ihm nicht beikommen: wie wirst du da jetzt, von mir über deine Behauptung von der Geburt befragt, ausgeforscht, unterrichtet, mir beikommen wollen, der du von ihrer Weisheit nicht einen Löffel voll hast?»

Auf diese Worte wandte sich Assalāyano der junge Brāhmane also an den Erhabenen:

«Vortrefflich, o Gotamo, vortrefflich, o Gotamo! Als Anhänger möge mich Herr Gotamo betrachten, von heute an zeitlebens getreu[274].»

94

ZEHNTER TEIL · VIERTE REDE

GHOṬAMUKHO

Das hab' ich gehört. Zu einer Zeit weilte der ehrwürdige Udeno bei Benāres, im Mangohaine Khemiyos. Um diese Zeit nun war Ghoṭamukho der Priester in Benāres angekommen, irgendein Geschäft zu erledigen. 555

Und Ghoṭamukho der Priester kam, auf einem Spaziergange lustwandelnd, nach dem Mangohaine Khemiyos. Damals nun erging sich der ehrwürdige Udeno gerade in einer Lichtung. Da trat denn der Priester Ghoṭamukho an den ehrwürdigen Udeno heran und tauschte höflichen Gruß und freundliche, denkwürdige Worte mit ihm, und an seiner Seite einherschreitend sprach er also:

«Lieber Mönch, es gibt keinen echten Asketen: das ist meine Ansicht; und zwar darum, weil ich keine solchen Ehrwürdigen gesehn habe, oder weil es eben so ist.»

Auf diese Worte hielt der ehrwürdige Udeno mit seinem Gang inne; dann begab er sich nach der Klosterhalle und nahm auf seinem Sitze Platz. Und auch Ghoṭamukho der Priester unterbrach seinen Gang und begab sich zur Klosterhalle und stellte sich seitwärts hin. Und an Ghoṭamukho den Priester, der da seitwärts stand, wandte sich nun der ehrwürdige Udeno also:

«Es sind hier, Priester, Sitze bereit: wenn du willst setze dich.»

«Das eben haben wir ja von Herrn Udeno erwartet, bevor wir uns setzen: denn wie könnte wohl meinesgleichen daran denken, uneingeladen Platz zu nehmen?»

Und Ghoṭamukho der Priester nahm einen von den niederen Stühlen zur Hand und setzte sich seitwärts hin. Seitwärts sitzend sprach nun Ghoṭamukho der Priester also zum ehrwürdigen Udeno:

«Lieber Mönch, es gibt keinen echten Asketen: das ist meine Ansicht; und zwar darum, weil ich keine solchen Ehrwürdigen gesehn habe, oder weil es eben so ist.»

«Wenn du mir da, Priester, zugestehn magst was zugegeben werden kann, 556
und abweisen was abgewiesen werden muß, und was du vom Sinn meiner Rede nicht verstehst eben da von mir weiter erfragen wirst, ‹Wie ist das, o Udeno, was ist der Sinn davon›: wenn du das tun willst, so mag da unter uns ein Gespräch statthaben.»

«Was zugegeben werden kann werd' ich Herrn Udeno zugestehn, und abweisen was abgewiesen werden muß, und was ich da vom Sinn der Rede Herrn Udenos nicht verstehe werd' ich eben da von Herrn Udeno weiter erfragen, ‹Wie ist das, o Udeno, was ist der Sinn davon›: das will ich tun, möge da unter uns ein Gespräch statthaben!»

«Vier Arten von Menschen, Priester, finden sich hier in der Welt vor: welche vier? Da ist, Priester, einer ein Selbstquäler, ist der Übung der Selbstqual eifrig ergeben; da ist wieder, Priester, einer ein Nächstenquäler, ist der Übung der Nächstenqual eifrig ergeben; da ist, Priester, einer ein Selbstquäler, ist der Übung der Selbstqual eifrig ergeben, und er ist ein Nächstenquäler, ist der Übung der Nächstenqual eifrig ergeben; und da ist, Priester, einer weder ein Selbstquäler, ist nicht der Übung der Selbstqual eifrig ergeben, noch ist er ein Nächstenquäler, ist nicht der Übung der Nächstenqual eifrig ergeben: ohne Selbstqual, ohne Nächstenqual ist er schon bei Lebzeiten ausgeglüht, erloschen, kühl geworden, fühlt sich wohl, heilig geworden im Herzen. Welcher ist es, Priester, von diesen vier Menschen, der deinem Sinne zusagt?»

557 «Jener Mensch, o Udeno, der ein Selbstquäler, der Übung der Selbstqual eifrig ergeben ist, der sagt meinem Sinne nicht zu; und auch jener Mensch, o Udeno, der ein Nächstenquäler, der Übung der Nächstenqual eifrig ergeben ist, auch der sagt meinem Sinne nicht zu; und auch jener Mensch, o Udeno, der ein Selbstquäler, der Übung der Selbstqual eifrig ergeben ist, und ein Nächstenquäler, der Übung der Nächstenqual eifrig ergeben ist, auch der sagt meinem Sinne nicht zu; aber jener Mensch, o Udeno, der weder ein Selbstquäler, nicht der Übung der Selbstqual eifrig ergeben ist, noch ein Nächstenquäler, nicht der Übung der Nächstenqual eifrig ergeben ist: der ohne Selbstqual, ohne Nächstenqual schon bei Lebzeiten ausgeglüht, erloschen, kühl geworden ist, sich wohlfühlt, heilig geworden im Herzen: der sagt meinem Sinne zu.»

«Warum aber, Priester, sagen jene drei Menschen deinem Sinne nicht zu?»

«Jener Mensch, o Udeno, der ein Selbstquäler, der Übung der Selbstqual eifrig ergeben ist, der läßt sich selber, der Wohl begehrt und Wehe verabscheut, Qual und Pein erleiden: darum sagt jener Mensch meinem Sinne nicht zu; und jener Mensch, o Udeno, der ein Nächstenquäler, der Übung der Nächstenqual eifrig ergeben ist, der läßt den Nächsten, der Wohl begehrt und Wehe verabscheut, Qual und Pein erleiden: darum sagt jener Mensch meinem Sinne nicht zu; und jener Mensch, o Udeno, der ein Selbstquäler, der Übung der Selbstqual eifrig ergeben ist, und ein Nächstenquäler, der Übung der Nächstenqual eifrig ergeben ist, der läßt sich wie den Nächsten, die Wohl begehren und Wehe verabscheuen, Qual und Pein erleiden: darum sagt jener Mensch meinem Sinne nicht zu; aber jener Mensch, o Udeno, der weder ein

Selbstquäler, nicht der Übung der Selbstqual eifrig ergeben ist, noch ein 558
Nächstenquäler, nicht der Übung der Nächstenqual eifrig ergeben ist: der ohne Selbstqual, ohne Nächstenqual schon bei Lebzeiten ausgeglüht, erloschen, kühl geworden ist, sich wohlfühlt, heilig geworden im Herzen: weil der weder sich noch den Nächsten, die Wohl begehren und Wehe verabscheuen, Qual und Pein erleiden läßt, darum sagt dieser Mensch meinem Sinne zu.»

«Zwei Arten gibt es, Priester, von Leuten: welche zwei? Da sind, Priester, die einen Leute gierig ergetzt an Schmuck und Geschmeide, sie begehren Weib und Kind, begehren Knecht und Magd, begehren Haus und Feld, begehren Silber und Gold. Da sind nun, Priester, die anderen Leute nicht gierig ergetzt an Schmuck und Geschmeide, verlassen Weib und Kind, verlassen Knecht und Magd, verlassen Haus und Feld, verlassen Silber und Gold und ziehn aus dem Hause in die Hauslosigkeit hinaus. Was nun, Priester, jenen Menschen anlangt, der weder ein Selbstquäler, nicht der Übung der Selbstqual eifrig ergeben ist, noch ein Nächstenquäler, nicht der Übung der Nächstenqual eifrig ergeben ist, der ohne Selbstqual, ohne Nächstenqual schon bei Lebzeiten ausgeglüht, erloschen, kühl geworden ist, sich wohlfühlt, heilig geworden im Herzen: unter welchen Leuten, Priester, triffst du diesen Menschen zumeist an, unter den Leuten, die gierig ergetzt an Schmuck und Geschmeide sind, Weib und Kind begehren, Knecht und Magd begehren, Haus und Feld begehren, Silber und Gold begehren, oder unter den Leuten, die nicht gierig ergetzt an Schmuck und Geschmeide sind, Weib und Kind verlassen, Knecht und Magd verlassen, Haus und Feld verlassen, Silber und Gold verlassen und aus dem Hause in die Hauslosigkeit ziehn?»

«Was da, o Udeno, jenen Menschen anlangt, der weder ein Selbstquäler, 559
nicht der Übung der Selbstqual eifrig ergeben ist, noch ein Nächstenquäler, nicht der Übung der Nächstenqual eifrig ergeben ist, der ohne Selbstqual, ohne Nächstenqual schon bei Lebzeiten ausgeglüht, erloschen, kühl geworden ist, sich wohlfühlt, heilig geworden im Herzen: diesen Menschen treff' ich zumeist unter den Leuten an, die nicht gierig ergetzt an Schmuck und Geschmeide sind, Weib und Kind verlassen, Knecht und Magd verlassen, Haus und Feld verlassen, Silber und Gold verlassen und aus dem Hause in die Hauslosigkeit ziehn.»

«Eben zuvor aber hast du ja, Priester, gesagt, wir wissen es noch: ‹Lieber Mönch, es gibt keinen echten Asketen: das ist meine Ansicht; und zwar darum, weil ich keine solchen Ehrwürdigen gesehn habe, oder weil es eben so ist.›»

«In der Tat, o Udeno, ich hab' es gesagt, um anzuregen. Es gibt echte Asketen: das ist meine Ansicht, und mög' es mir nur Herr Udeno glauben! – Die vier Arten von Menschen nun, die Herr Udeno in der Kürze bezeichnet, nicht ausführlich dargestellt hat, möchte wohl Herr Udeno so gut sein, mir diese ausführlich darzustellen, von Mitleid bewogen!»

«So höre denn, Priester, und achte wohl auf meine Rede.»

«Gewiß, Herr!» erwiderte da aufmerksam Ghoṭamukho der Priester dem ehrwürdigen Udeno. Der ehrwürdige Udeno sprach also:

«Was ist das nun, Priester, für ein Mensch, der ein Selbstquäler, der Übung der Selbstqual eifrig ergeben ist? Da ist, Priester, einer ein Unbekleideter, ein
560 Ungebundener, ein Handverköster[275], kein Ankömmling, kein Abwärtling, gestattet keine Darreichung, keine Vergünstigung, keine Einladung, späht beim Empfangen des Almosens nicht nach dem Topfe, nicht nach der Schüssel, nicht über die Schwelle, nicht über das Gitter, nicht in den Kessel hinein, nimmt nicht von zu zweit Speisenden an, nicht von einer Schwangeren, nicht von einer Säugenden, nicht von einer, die vom Manne kommt, nicht von Beschmutzten, nicht wo ein Hund dabeisteht, nicht wo Fliegen hin und her schwärmen, ißt keinen Fisch, kein Fleisch, trinkt keinen Wein, kein gebranntes Wasser, keinen gegorenen Haferschleim. Er geht zu einem Hause und begnügt sich mit einer Handvoll Almosenspeise; geht zu zwei Häusern und begnügt sich mit zwei Handvoll Almosenspeise; geht zu sieben Häusern und begnügt sich mit sieben Handvoll Almosenspeise. Er fristet sein Leben durch die Mildtätigkeit von nur einer Spenderin, von nur zwei Spenderinnen, von nur sieben Spenderinnen. Er nimmt nur jeden ersten Tag Nahrung ein, nur jeden zweiten Tag, nur jeden siebenten Tag. Solcherart wechselnd beobachtet er streng diese bis auf einen halben Monat ausgedehnte Fastenübung. Oder er lebt von Kräutern und Pilzen, von wildem Reis und Korn, von Samen und Kernen, von Pflanzenmilch und Baumharz, von Gräsern, von Kuhmist, fristet sich von Wurzeln und Früchten des Waldes, lebt von abgefallenen Früchten. Auch trägt er das hänfene Hemd, trägt das härene Hemd, trägt einen Rock, geflickt aus den im Leichenhof und auf der Straße gefundenen Fetzen, hüllt sich in Lumpen, in Felle, in Häute, gürtet sich mit Flechten aus Gras, mit Flechten aus Rinde, mit Flechten aus Laub, birgt die Blöße unter
561 pelzigem Schurze, unter borstigem Schurze, unter einem Eulenflügel. Und er rauft sich Haupt- und Barthaar aus, die Regel der Haar- und Bartausraufer befolgend; ist ein Stetigsteher, verwirft Sitz und Lager; ist ein Fersensitzer, übt die Zucht der Fersensitzer; ist Dornenseitiger und legt sich zur Seite auf ein Dornenlager; steigt allabendlich zum drittenmal herab ins Büßerbad. So übt er sich gar vielfach in des Körpers inbrünstiger Schmerzensaskese. Den heißt man, Priester, einen Menschen, der ein Selbstquäler, der Übung der Selbstqual eifrig ergeben ist.

«Was ist das aber, Priester, für ein Mensch, der ein Nächstenquäler, der Übung der Nächstenqual eifrig ergeben ist? Da ist, Priester, einer ein Schläch-

ter, der Schafe und Schweine schlachtet, ist ein Vogelfänger, ein Wildsteller,
ein Jäger, ein Fischer, ein Räuber, ein Henker, ein Kerkermeister, oder was
man da sonst noch anderes als grausames Handwerk betreibt. Den heißt man,
Priester, einen Menschen, der ein Nächstenquäler, der Übung der Nächsten-
qual eifrig ergeben ist.

«Was ist das aber, Priester, für ein Mensch, der ein Selbstquäler, der Übung
der Selbstqual eifrig ergeben ist, und der ein Nächstenquäler, der Übung der
Nächstenqual eifrig ergeben ist? Da ist, Priester, einer ein König, ein Herr-
scher, dessen Scheitel gesalbt ist, oder ein hochmögender Priester. Der hat im
Osten der Stadt ein neues Herrenhaus errichten lassen. Und mit geschorenem
Haar und Barte, mit rauhem Felle gegürtet, mit Butteröl am Körper bestri-
chen, den Rücken mit einem Hirschhorne reibend tritt er in das Herrenhaus
ein, begleitet von der ersten Gemahlin und dem Oberpriester. Dort nimmt er
im offenen Hofe, von wo man das Gras entfernt hat, Platz. Einer Kuh, die ein 562
ihr gleichendes Kalb bei sich hat, wird an dem einen Euter die Milch aus-
gemolken, und damit der König bedient; wird an dem zweiten Euter die
Milch ausgemolken, und damit die Königin bedient; wird an dem dritten
Euter die Milch ausgemolken, und damit der Oberpriester bedient; wird an
dem vierten Euter die Milch ausgemolken, und damit dem Feuer geopfert.
Was noch bleibt wird dem Kalbe gelassen. Und er gebietet: ‹So viele Stiere
sollen erschlagen werden um des Opfers willen, so viele Farren sollen erschla-
gen werden um des Opfers willen, so viele Färsen sollen erschlagen werden um
des Opfers willen, so viele Ziegen sollen erschlagen werden um des Opfers
willen, so viele Schafe sollen erschlagen werden um des Opfers willen, so viele
Bäume sollen gefällt werden, als Pfosten zu dienen, so viel Gras soll gemäht
werden, als Streu zu dienen!› Und seine Knechte und Söldner und Werkleute
gehn aus Furcht vor Strafe, von Angst eingeschüchtert, mit tränenden Au-
gen klagend daran, den Befehl auszuführen. Den heißt man, Priester, einen
Menschen, der ein Selbstquäler, der Übung der Selbstqual eifrig ergeben ist,
und der ein Nächstenquäler, der Übung der Nächstenqual eifrig ergeben ist.

«Was ist das aber, Priester, für ein Mensch, der weder ein Selbstquäler,
nicht der Übung der Selbstqual eifrig ergeben ist, noch ein Nächstenquäler,
nicht der Übung der Nächstenqual eifrig ergeben ist: der ohne Selbstqual,
ohne Nächstenqual schon bei Lebzeiten ausgeglüht, erloschen, kühl gewor-
den ist, sich wohlfühlt, heilig geworden im Herzen? Da erscheint, Priester,
der Vollendete in der Welt, der Heilige, vollkommen Erwachte, der Wissens-
und Wandelsbewährte, der Willkommene, der Welt Kenner, der unvergleich-
liche Leiter der Männerherde, der Meister der Götter und Menschen, der Er-
wachte, der Erhabene. Er zeigt diese Welt mit ihren Göttern, ihren bösen und 563
heiligen Geistern, mit ihrer Schar von Priestern und Büßern, Göttern und

Menschen, nachdem er sie selbst verstanden und durchdrungen hat. Er verkündet die Lehre, deren Anfang begütigt, deren Mitte begütigt, deren Ende begütigt, die sinn- und wortgetreue, er legt das vollkommen geläuterte, geklärte Asketentum dar.

«Diese Lehre hört ein Hausvater, oder der Sohn eines Hausvaters, oder einer, der in anderem Stande neugeboren ward. Nachdem er diese Lehre gehört hat, faßt er Vertrauen zum Vollendeten. Von diesem Vertrauen erfüllt denkt und überlegt er also: ‹Ein Gefängnis ist die Häuslichkeit, ein Schmutzwinkel; der freie Himmelsraum die Pilgerschaft. Nicht wohl geht es, wenn man im Hause bleibt, das völlig geläuterte, völlig geklärte Asketentum Punkt für Punkt zu erfüllen. Wie, wenn ich nun, mit geschorenem Haar und Barte, mit fahlem Gewande bekleidet, aus dem Hause in die Hauslosigkeit hinauszöge?› So gibt er denn später einen kleinen Besitz oder einen großen Besitz auf, hat einen kleinen Verwandtenkreis oder einen großen Verwandtenkreis verlassen, und ist mit geschorenem Haar und Barte, im fahlen Gewande von Hause fort in die Hauslosigkeit gezogen.

«Er ist nun Pilger geworden und hat die Ordenspflichten der Mönche auf sich genommen. Lebendiges umzubringen hat er verworfen, Lebendiges umzubringen liegt ihm fern: ohne Stock, ohne Schwert, fühlsam, voll Teilnahme, hegt er zu allen lebenden Wesen Liebe und Mitleid. Nichtgegebenes zu nehmen hat er verworfen, vom Nehmen des Nichtgegebenen hält er sich fern: Gegebenes nimmt er, Gegebenes wartet er ab, nicht diebisch gesinnt, rein gewordenen Herzens. Die Unkeuschheit hat er verworfen, keusch lebt er:
564 fern zieht er hin, entraten der Paarung, dem gemeinen Gesetze. Lüge hat er verworfen, von Lüge hält er sich fern: die Wahrheit spricht er, der Wahrheit ist er ergeben, standhaft, vertrauenswürdig, kein Heuchler und Schmeichler der Welt. Das Ausrichten hat er verworfen, vom Ausrichten hält er sich fern: was er hier gehört hat erzählt er dort nicht wieder, um jene zu entzweien, und was er dort gehört hat erzählt er hier nicht wieder, um diese zu entzweien; so einigt er Entzweite, festigt Verbundene, Eintracht macht ihn froh, Eintracht freut ihn, Eintracht beglückt ihn, Eintracht fördernde Worte spricht er. Barsche Worte hat er verworfen, von barschen Worten hält er sich fern: Worte, die frei von Schimpf sind, dem Ohre wohltuend, liebreich, zum Herzen dringend, höflich, viele erfreuend, viele erhebend, solche Worte spricht er. Plappern und Plaudern hat er verworfen, von Plappern und Plaudern hält er sich fern: zur rechten Zeit spricht er, den Tatsachen gemäß, auf den Sinn bedacht, der Lehre und Ordnung getreu, seine Rede ist reich an Inhalt, gelegentlich mit Gleichnissen geschmückt, klar und bestimmt, ihrem Gegenstande angemessen.

«Sämereien und Pflanzungen anzulegen hat er verschmäht. Einmal des Tags

nimmt er Nahrung zu sich, nachts ist er nüchtern, fern liegt es ihm zur Unzeit zu essen. Von Tanz, Gesang, Spiel, Schaustellungen hält er sich fern. Kränze, Wohlgerüche, Salben, Schmuck, Zierat, Putz weist er ab. Hohe, prächtige Lagerstätten verschmäht er. Gold und Silber nimmt er nicht an. Rohes Getreide nimmt er nicht an. Rohes Fleisch nimmt er nicht an. Frauen und Mädchen nimmt er nicht an. Diener und Dienerinnen nimmt er nicht an. Ziegen und Schafe nimmt er nicht an. Hühner und Schweine nimmt er nicht an. Elefanten, Rinder und Rosse nimmt er nicht an. Haus und Feld 565
nimmt er nicht an. Botschaften, Sendungen, Aufträge übernimmt er nicht. Von Kauf und Verkauf hält er sich fern. Von falschem Maß und Gewicht hält er sich fern. Von den schiefen Wegen der Bestechung, Täuschung, Niedertracht hält er sich fern. Von Raufereien, Schlägereien, Händeln, vom Rauben, Plündern und Zwingen hält er sich fern.

«Er ist zufrieden mit dem Gewande, das seinen Leib deckt, mit der Almosenspeise, die sein Leben fristet. Wohin er auch pilgert, nur mit dem Gewande und der Almosenschale versehn pilgert er. Gleichwie da etwa ein beschwingter Vogel, wohin er auch fliegt, nur mit der Last seiner Federn fliegt, ebenso auch ist der Mönch mit dem Gewande zufrieden, das seinen Leib deckt, mit der Almosenspeise, die sein Leben fristet. Wohin er auch wandert, nur damit versehn wandert er.

«Durch die Erfüllung dieser heiligen Tugendsatzung empfindet er ein inneres fleckenloses Glück.

«Erblickt er nun mit dem Gesichte eine Form, so faßt er keine Neigung, faßt keine Absicht. Da Begierde und Mißmut, böse und schlechte Gedanken gar bald den überwältigen, der unbewachten Gesichtes verweilt, befleißigt er sich dieser Bewachung, er hütet das Gesicht, er wacht eifrig über das Gesicht.

«Hört er nun mit dem Gehöre einen Ton,

«Riecht er nun mit dem Geruche einen Duft,

«Schmeckt er nun mit dem Geschmacke einen Saft,

«Tastet er nun mit dem Getaste eine Tastung,

«Erkennt er nun mit dem Gedenken ein Ding, so faßt er keine Neigung, faßt keine Absicht. Da Begierde und Mißmut, böse und schlechte Gedanken gar bald den überwältigen, der unbewachten Gedenkens verweilt, befleißigt er sich dieser Bewachung, er hütet das Gedenken, er wacht eifrig über das Gedenken.

«Durch die Erfüllung dieser heiligen Sinnenzügelung empfindet er ein 566
inneres ungetrübtes Glück.

«Klar bewußt kommt er und geht er, klar bewußt blickt er hin, blickt er weg, klar bewußt regt und bewegt er sich, klar bewußt trägt er des Ordens Gewand und Almosenschale, klar bewußt ißt und trinkt, kaut und schmeckt er, klar bewußt entleert er Kot und Harn, klar bewußt geht und steht und sitzt er, schläft er ein, wacht er auf, spricht er und schweigt er.

«Treu dieser heiligen Tugendsatzung, treu dieser heiligen Sinnenzügelung, treu dieser heiligen klaren Einsicht sucht er einen abgelegenen Ruheplatz auf, einen Hain, den Fuß eines Baumes, eine Felsengrotte, eine Bergesgruft, einen Friedhof, die Waldesmitte, ein Streulager in der offenen Ebene. Nach dem Mahle, wenn er vom Almosengange zurückgekehrt ist, setzt er sich mit verschränkten Beinen nieder, den Körper gerade aufgerichtet, und pflegt der Einsicht. Er hat weltliche Begierde verworfen und verweilt begierdelosen Gemütes, von Begierde läutert er sein Herz. Gehässigkeit hat er verworfen, haßlosen Gemütes verweilt er, voll Liebe und Mitleid zu allen lebenden Wesen läutert er sein Herz von Gehässigkeit. Matte Müde hat er verworfen, von matter Müde ist er frei; das Licht liebend, einsichtig, klar bewußt, läutert er sein Herz von matter Müde. Stolzen Unmut hat er verworfen, er ist frei von Stolz; innig beruhigten Gemütes läutert er sein Herz von stolzem Unmut. Das Schwanken hat er verworfen, der Ungewißheit ist er entronnen; er zweifelt nicht am Guten, vom Schwanken läutert er sein Herz.

567 «Er hat nun diese fünf Hemmungen aufgehoben, hat die Schlacken des Gemütes kennengelernt, die lähmenden; gar fern von Begierden, fern von unheilsamen Dingen lebt er in sinnend gedenkender ruhegeborener seliger Heiterkeit, in der Weihe der ersten Schauung.

«Weiter sodann, Priester: nach Vollendung des Sinnens und Gedenkens gewinnt der Mönch die innere Meeresstille, die Einheit des Gemütes, die von sinnen, von gedenken freie, in der Einigung geborene selige Heiterkeit, die Weihe der zweiten Schauung.

«Weiter sodann, Priester: in heiterer Ruhe verweilt der Mönch gleichmütig, einsichtig, klar bewußt, ein Glück empfindet er im Körper, von dem die Heiligen sagen: ‹Der gleichmütig Einsichtige lebt beglückt›; so gewinnt er die Weihe der dritten Schauung.

«Weiter sodann, Priester: nach Verwerfung der Freuden und Leiden, nach Vernichtung des einstigen Frohsinns und Trübsinns erreicht der Mönch die Weihe der leidlosen, freudlosen, gleichmütig einsichtigen vollkommenen Reine, die vierte Schauung[276].

«Solchen Gemütes, innig, geläutert, gesäubert, gediegen, schlackengeklärt, geschmeidig, biegsam, fest, unversehrbar, richtet er das Gemüt auf die erinnernde Erkenntnis früherer Daseinsformen. So kann er sich an manche verschiedene frühere Daseinsform erinnern, als wie an ein Leben, dann an zwei Leben, dann an drei Leben, dann an vier Leben, dann an fünf Leben, dann an zehn Leben, dann an zwanzig Leben, dann an dreißig Leben, dann an vierzig Leben, dann an fünfzig Leben, dann an hundert Leben, dann an tausend Le-

ben, dann an hunderttausend Leben, dann an die Zeiten während mancher Weltenentstehungen, dann an die Zeiten während mancher Weltenvergehungen, dann an die Zeiten während mancher Weltenentstehungen-Weltenvergehungen. ‹Dort war ich, jenen Namen hatte ich, jener Familie gehörte ich
an, das war mein Stand, das mein Beruf, solches Wohl und Wehe habe ich er- 568
fahren, so war mein Lebensende; dort verschieden trat ich anderswo wieder ins Dasein: da war ich nun, diesen Namen hatte ich, dieser Familie gehörte ich an, dies war mein Stand, dies mein Beruf, solches Wohl und Wehe habe ich erfahren, so war mein Lebensende; da verschieden trat ich hier wieder ins Dasein›: so erinnert er sich mancher verschiedenen früheren Daseinsform, mit je den eigentümlichen Merkmalen, mit je den eigenartigen Beziehungen.

«Solchen Gemütes, innig, geläutert, gesäubert, gediegen, schlackengeklärt, geschmeidig, biegsam, fest, unversehrbar, richtet er das Gemüt auf die Erkenntnis des Verschwindens-Erscheinens der Wesen. So kann er mit dem himmlischen Auge, dem geläuterten, über menschliche Grenzen hinausreichenden, die Wesen dahinschwinden und wiedererscheinen sehn, gemeine und edle, schöne und unschöne, glückliche und unglückliche, er kann erkennen wie die Wesen je nach den Taten wiederkehren. ‹Diese lieben Wesen sind freilich in Taten dem Schlechten zugetan, in Worten dem Schlechten zugetan, in Gedanken dem Schlechten zugetan, tadeln Heiliges, achten Verkehrtes, tun Verkehrtes; bei der Auflösung des Leibes, nach dem Tode, gelangen sie auf den Abweg, auf schlechte Fährte, zur Tiefe hinab, in untere Welt. Jene lieben Wesen sind aber in Taten dem Guten zugetan, in Worten dem Guten zugetan, in Gedanken dem Guten zugetan, tadeln nicht Heiliges, achten Rechtes, tun Rechtes; bei der Auflösung des Leibes, nach dem Tode, gelangen sie auf gute Fährte, in selige Welt›: so kann er mit dem himmlischen Auge, dem geläuterten, über menschliche Grenzen hinausreichenden, die Wesen dahinschwinden und wiedererscheinen sehn, gemeine und edle, schöne und unschöne, glückliche und unglückliche, er kann erkennen wie die Wesen je nach den Taten wiederkehren.

«Solchen Gemütes, innig, geläutert, gesäubert, gediegen, schlackengeklärt, geschmeidig, biegsam, fest, unversehrbar, richtet er das Gemüt auf die Er-
kenntnis der Wahnversiegung. ‹Das ist das Leiden› erkennt er der Wahrheit 569
gemäß. ‹Das ist die Leidensentwicklung› erkennt er der Wahrheit gemäß. ‹Das ist die Leidensauflösung› erkennt er der Wahrheit gemäß. ‹Das ist der zur Leidensauflösung führende Pfad› erkennt er der Wahrheit gemäß. ‹Das ist der Wahn› erkennt er der Wahrheit gemäß. ‹Das ist die Wahnentwicklung› erkennt er der Wahrheit gemäß. ‹Das ist die Wahnauflösung› erkennt er der Wahrheit gemäß. ‹Das ist der zur Wahnauflösung führende Pfad› erkennt er der Wahrheit gemäß.

«Also erkennend, also sehend wird da sein Gemüt erlöst vom Wunscheswahn, erlöst vom Daseinswahn, erlöst vom Nichtwissenswahn. ‹Im Erlösten ist die Erlösung›, diese Erkenntnis geht auf. ‹Versiegt ist die Geburt, vollendet das Asketentum, gewirkt das Werk, nicht mehr ist diese Welt› versteht er da.

«Den heißt man, Priester, einen Menschen, der weder ein Selbstquäler, nicht der Übung der Selbstqual eifrig ergeben ist, noch ein Nächstenquäler, nicht der Übung der Nächstenqual eifrig ergeben ist: der ohne Selbstqual, ohne Nächstenqual schon bei Lebzeiten ausgeglüht, erloschen, kühl geworden ist, sich wohlfühlt, heilig geworden im Herzen.»

Nach diesen Worten wandte sich Ghoṭamukho der Priester also an den ehrwürdigen Udeno:

«Vortrefflich, o Udeno, vortrefflich, o Udeno! Gleichwie etwa, o Udeno, als ob man Umgestürztes aufstellte, oder Verdecktes enthüllte, oder Verirrten den Weg wiese, oder Licht in die Finsternis brächte: ‹Wer Augen hat, wird die Dinge sehn›: ebenso auch ist von Herrn Udeno die Lehre gar vielfach ge-
570 zeigt worden. Und so nehm' ich bei Herrn Udeno Zuflucht, bei der Lehre und bei der Jüngerschaft: als Anhänger möge mich Herr Udeno betrachten, von heute an zeitlebens getreu.»

«Nicht bei mir, Priester, wolle du Zuflucht nehmen: sondern bei Ihm, dem Erhabenen, nimm Zuflucht, bei dem ich Zuflucht genommen.»

«Wo aber, o Udeno, weilt Er jetzt, der Erhabene, der Heilige, vollkommen Erwachte?»

«Erloschen ist Er nun, Priester, der Erhabene, der Heilige, vollkommen Erwachte.»

«Wenn wir da hörten, o Udeno, Er, der Herr Gotamo, sei dreißig Meilen fern, so würden wir eben dreißig Meilen wandern, Ihn, den Herrn Gotamo zu sehn, den Heiligen, vollkommen Erwachten. Wenn wir da hörten, o Udeno, Er, der Herr Gotamo, sei sechzig Meilen fern, sei neunzig Meilen, hundertzwanzig Meilen, hundertfünfzig Meilen fern, so würden wir eben hundertfünfzig Meilen wandern, Ihn, den Herrn Gotamo zu sehn, den Heiligen, vollkommen Erwachten. Und wenn wir da hörten, o Udeno, dreihundert Meilen sei Er, der Herr Gotamo, fern, so würden wir eben dreihundert Meilen wandern, Ihn, den Herrn Gotamo zu sehn, den Heiligen, vollkommen Erwachten. Weil nun aber, o Udeno, Er, der Herr Gotamo, erloschen ist, so nehmen wir eben bei Ihm, dem Herrn Gotamo, der erloschen ist, unsere Zuflucht, und bei der Lehre und bei der Jüngerschaft: als Anhänger möge mich Herr Udeno betrachten, von heute an zeitlebens getreu. – Es hat mir, o Udeno, der König von Bengālen einen ständigen Tagesunterhalt ausgesetzt: einen davon widme ich Herrn Udeno.»

«Was hat dir denn, Priester, der König von Bengālen als ständigen Tagesunterhalt ausgesetzt?»

«Fünfhundert Gulden, o Udeno[277].»

«Nicht kommt es uns, Priester, zu, Gold und Silber anzunehmen.» 571

«Wenn das Herrn Udeno nicht zukommt, so werd' ich eine Wohnstätte für Herrn Udeno erbauen lassen.»

«Hast du schon, Priester, die Absicht, eine Wohnstätte für mich erbauen zu lassen, so lasse doch der Mönchgemeinde zu Pāṭaliputtam einen Empfangsaal erbauen.»

«Dadurch hat mich Herr Udeno nur noch viel mehr zufrieden und froh gemacht, daß mich Herr Udeno zu einer Gabe an die Mönchgemeinde ermuntert. Und so will ich, o Udeno, mit diesem Tagesunterhalt, und noch einem anderen dazu, der Mönchgemeinde zu Pāṭaliputtam einen Empfangsaal erbauen lassen.»

Und Ghoṭamukho der Priester ließ mit diesem Tagesunterhalt, und noch einem anderen dazu, der Mönchgemeinde zu Pāṭaliputtam einen Empfangsaal erbauen. Dieser wird heute 'Ghoṭamukher' genannt[278].

95

ZEHNTER TEIL · FÜNFTE REDE

CAṈKĪ

DAS HAB' ICH GEHÖRT. Zu einer Zeit wanderte der Erhabene im Lande Kosalo von Ort zu Ort und kam, von vielen Mönchen begleitet, in die Nähe eines Priesterdorfes der Kosaler namens Opāsādam.

Zu Opāsādam weilte nun der Erhabene, nördlich vom Dorfe, im Götterhain am Kronwalde.

Um diese Zeit aber lebte Caṉkī der Priester zu Opāsādam, das, gar heiter anzuschauen, mit Weide-, Wald- und Wasserplätzen, mit Kornkammern, mit königlichem Reichtum begabt, vom König Pasenadi von Kosalo als Königsgabe den Priestern zu eigen gegeben war.

Und es hörten die priesterlichen Hausväter in Opāsādam reden: ‹Der As-

572 ket, wahrlich, Herr Gotamo, der Sakyersohn, der dem Erbe der Sakyer entsagt hat, wandert in unserem Lande von Ort zu Ort und ist mit vielen Mönchen in Opāsādam angekommen. Diesen Herrn Gotamo aber begrüßt man allenthalben mit dem frohen Ruhmesrufe, so zwar: 'Das ist der Erhabene, der Heilige, vollkommen Erwachte, der Wissens- und Wandelsbewährte, der Willkommene, der Welt Kenner, der unvergleichliche Leiter der Männerherde, der Meister der Götter und Menschen, der Erwachte, der Erhabene. Er zeigt diese Welt mit ihren Göttern, ihren bösen und heiligen Geistern, mit ihrer Schar von Priestern und Büßern, Göttern und Menschen, nachdem er sie selbst verstanden und durchdrungen hat. Er verkündet die Lehre, deren Anfang begütigt, deren Mitte begütigt, deren Ende begütigt, die sinn- und wortgetreue, er legt das vollkommen geläuterte, geklärte Asketentum dar. Glücklich wer da nun solche Heilige sehn kann!'»

Und die priesterlichen Hausväter von Opāsādam zogen aus dem Dorfe hinaus, zahlreich, in Scharen zusammengekommen, nach Norden gewandt[279], zum Götterhain am Kronwalde. Damals nun hatte Caṉkī der Priester oben auf der Zinne seines Hauses Tagesrast genommen. Da sah denn Caṉkī der Priester die priesterlichen Hausväter von Opāsādam aus dem Dorfe hinausziehn, zahlreich, in Scharen zusammengekommen, nach Norden gewandt, zum Götterhain am Kronwalde, und als er sie gesehn wandte er sich an seinen Torwart:

«Was gehn denn da, lieber Torwart, die priesterlichen Hausväter von Opāsādam aus dem Dorfe hinaus, zahlreich, in Scharen zusammengekommen, nach Norden gewandt, zum Götterhain am Kronwalde?»

«Es ist, Herr Caṉkī, der Asket Gotamo, der Sakyersohn, der dem Erbe der
573 Sakyer entsagt hat, der hierzulande von Ort zu Ort wandert, von vielen Mönchen gefolgt, bei Opāsādam angekommen, weilt bei Opāsādam, nördlich vom Dorfe, im Götterhain am Kronwalde. Diesen Herrn Gotamo aber begrüßt man allenthalben mit dem frohen Ruhmesrufe, so zwar: ‹Das ist der Erhabene, der Heilige, vollkommen Erwachte, der Wissens- und Wandelsbewährte, der Willkommene, der Welt Kenner, der unvergleichliche Leiter der Männerherde, der Meister der Götter und Menschen, der Erwachte, der Erhabene.› Diesen Herrn Gotamo gehn sie besuchen.»

«So geh' doch, lieber Torwart, zu den priesterlichen Hausvätern dorthin und sprich also zu ihnen: ‹Caṉkī, ihr Herren, der Priester, läßt sagen, es möchten die Herren etwas warten: auch Caṉkī der Priester will den Asketen Gotamo besuchen.›»

«Jawohl, Herr!» entgegnete da gehorsam der Torwart Caṉkī dem Priester. Und er begab sich zu den priesterlichen Hausvätern dorthin und sprach also zu ihnen:

«Caṉkī, ihr Herren, der Priester, läßt sagen, es möchten die Herren etwas warten: auch Caṉkī der Priester will den Asketen Gotamo besuchen.»

Damals nun waren gegen fünfhundert Priester aus verschiedenen Landen in Opāsādam zusammengekommen, irgendeine Angelegenheit zu verhandeln. Und sie hörten, daß Caṉkī der Priester den Asketen Gotamo besuchen wolle.
Da begaben sich denn diese Priester zu Caṉkī dem Priester hin; und sie spra- 574
chen also zu ihm:

«Ist es wahr, wie man sagt, daß Herr Caṉkī den Asketen Gotamo besuchen will?»

«Gewiß, ihr Herren, auch ich denke den Asketen Gotamo zu besuchen.»

«Nicht Herr Caṉkī darf den Asketen Gotamo besuchen; nicht geziemt es Herrn Caṉkī den Asketen Gotamo zu besuchen: dem Asketen Gotamo vielmehr geziemt es Herrn Caṉkī zu besuchen. Denn Herr Caṉkī ist beiderseit wohlgeboren, vom Vater und von der Mutter aus, lauter empfangen, bis zum siebenten Ahnherrn hinauf unbefleckt, untadelhaft von Geburt. Weil aber Herr Caṉkī beiderseit wohlgeboren ist, vom Vater und von der Mutter aus, lauter empfangen, bis zum siebenten Ahnherrn hinauf unbefleckt, untadelhaft von Geburt, so geziemt es eben insofern nicht Herrn Caṉkī den Asketen Gotamo zu besuchen: dem Asketen Gotamo vielmehr geziemt es Herrn Caṉkī zu besuchen. Denn Herr Caṉkī ist reich, mit Geld und Gut mächtig begabt. Denn Herr Caṉkī ist ein Meister der drei Veden, samt ihrer Auslegung und Deutung, samt ihrer Laut- und Formenlehre, und ihren Sagen zufünft, der Gesänge kundig und ein Erklärer, der die Merkmale eines großen Weltweisen aufweist. Denn Herr Caṉkī ist schön, hold, liebenswürdig, mit höchster Anmut begabt, mit heiligem Glanze, heiligem Lichte, es ist keine geringe Gunst ihn anzublicken. Denn Herr Caṉkī ist tugendrein, tugendreif, in Tugend reif geworden. Denn Herr Caṉkī spricht angemessen, redet angemessen, seine Rede ist höflich, deutlich, nicht stammelnd, tauglich den Sinn darzulegen. Denn Herr Caṉkī ist vieler Meister und Altmeister und läßt eine Schar von
dreihundert Schülern die Sprüche bei sich erlernen. Denn Herr Caṉkī wird 575
von König Pasenadi von Kosalo wertgehalten, hochgeschätzt, geachtet, geehrt und ausgezeichnet. Denn Herr Caṉkī wird von Pokkharasāti[280] dem Priester wertgehalten, hochgeschätzt, geachtet, geehrt und ausgezeichnet. Denn Herr Caṉkī lebt zu Opāsādam, das, gar heiter anzuschauen, mit Weide-, Wald- und Wasserplätzen, mit Kornkammern, mit königlichem Reichtum begabt, von König Pasenadi von Kosalo als Königsgabe den Priestern zu eigen gegeben ist. Weil aber Herr Caṉkī zu Opāsādam lebt, das, gar heiter anzuschauen, mit Weide-, Wald- und Wasserplätzen, mit Kornkammern, mit königlichem Reichtum begabt, von König Pasenadi von Kosalo als Königsgabe den Priestern zu eigen gegeben ist, so geziemt es eben insofern nicht

Herrn Caṉkī den Asketen Gotamo zu besuchen: dem Asketen Gotamo vielmehr geziemt es Herrn Caṉkī zu besuchen.»

Auf diese Worte wandte sich Caṉkī der Priester also an jene Priester:

«Wohlan denn, ihr Herren, so hört auch von mir, aus welchem und welchem Grunde[281] es vielmehr uns geziemt den Herrn Gotamo zu besuchen, und es nicht dem Herrn Gotamo geziemt uns zu besuchen. Der Asket Gotamo, ihr Herren, ist ja beiderseit wohlgeboren, vom Vater und von der Mutter aus, lauter empfangen, bis zum siebenten Ahnherrn hinauf unbefleckt, untadelhaft von Geburt. Weil aber, ihr Herren, der Asket Gotamo beiderseit wohlgeboren ist, vom Vater und von der Mutter aus, lauter empfangen, bis zum siebenten Ahnherrn hinauf unbefleckt, untadelhaft von Geburt, so geziemt es eben insofern nicht dem Herrn Gotamo uns zu besuchen, sondern uns geziemt es den Herrn Gotamo zu besuchen. Der Asket Gotamo, ihr Herren, hat ja reichlichem Gold und Geschmeide pilgernd entsagt, so heimlich
576 vergrabenem wie offen aufgestelltem[282]. Der Asket Gotamo, ihr Herren, ist ja, noch in frischer Blüte, glänzend dunkelhaarig, im Genusse glücklicher Jugend, im ersten Mannesalter aus dem Hause in die Hauslosigkeit gezogen. Der Asket Gotamo, ihr Herren, ist ja gegen den Wunsch seiner weinenden, klagenden Eltern, mit geschorenem Haar und Barte, mit fahlem Gewande bekleidet, aus dem Hause in die Hauslosigkeit gezogen. Der Asket Gotamo, ihr Herren, ist ja schön, hold, liebenswürdig, mit höchster Anmut begabt, mit heiligem Glanze, heiligem Lichte, es ist keine geringe Gunst ihn anzublicken. Der Asket Gotamo, ihr Herren, ist ja tugendrein, von herrlicher Tugend, gediegener Tugend, in gediegener Tugend erfahren. Der Asket Gotamo, ihr Herren, spricht ja angemessen, redet angemessen, seine Rede ist höflich, deutlich, nicht stammelnd, tauglich den Sinn darzulegen. Der Asket Gotamo, ihr Herren, ist ja vieler Meister und Altmeister. Der Asket Gotamo, ihr Herren, hat ja Wunschbegier versiegt, ist frei von Unfrieden. Der Asket Gotamo, ihr Herren, lehrt ja eigene Tat und eigenes Handeln, schützt den heilsuchenden Menschen kein Böses vor. Der Asket Gotamo, ihr Herren, ist ja aus hohem Hause hinausgezogen, aus unabhängigem Herrscherhause[283]. Der Asket Gotamo, ihr Herren, ist ja aus reichem Hause hinausgezogen, mit Geld und Gut mächtig begabtem. Zum Asketen Gotamo, ihr Herren, kommen sie ja über Länder und Reiche her Fragen zu stellen. Beim Asketen Gotamo, ihr Herren, haben ja viele tausend Gottheiten zeitlebens Zuflucht genommen[248]. Den Asketen Gotamo, ihr Herren, begrüßt man ja allenthalben mit dem frohen Ruhmesrufe, so zwar: ‹Das ist der Erhabene, der Heilige, vollkommen Erwachte, der Wissens- und Wandelsbewährte, der Willkommene, der Welt Kenner, der unvergleichliche Leiter der Männerherde, der Meister der Götter und Menschen, der Erwachte, der Erhabene.› Der Asket Gotamo, ihr

Herren, ist ja mit den zweiunddreißig Merkmalen eines großen Mannes be- 577
gabt. Beim Asketen Gotamo, ihr Herren, hat ja der König von Magadhā Seniyo Bimbisāro mit seinen Frauen und Kindern zeitlebens Zuflucht genommen[285]. Beim Asketen Gotamo, ihr Herren, hat ja König Pasenadi von Kosalo mit seinen Frauen und Kindern zeitlebens Zuflucht genommen. Beim Asketen Gotamo, ihr Herren, hat ja der Priester Pokkharasāti mit seinen Frauen und Kindern zeitlebens Zuflucht genommen. Der Asket Gotamo, ihr Herren, ist ja zu Opāsādam angekommen, weilt bei Opāsādam, nördlich vom Dorfe, im Götterhain am Kronwalde. Wer aber auch immer von Asketen und Priestern in unser Dorfgebiet kommt ist unser Gast. Und einen Gast müssen wir werthalten, hochschätzen, achten und ehren[286]. Weil nun, ihr Herren, der Asket Gotamo zu Opāsādam angekommen ist, bei Opāsādam weilt, nördlich vom Dorfe, im Götterhain am Kronwalde, so ist der Asket Gotamo unser Gast: und der Gast ist von uns wertzuhalten, hochzuschätzen, zu achten und zu ehren. Auch insofern geziemt es nicht dem Herrn Gotamo uns zu besuchen, sondern uns eben geziemt es den Herrn Gotamo zu besuchen. Soviel weiß ich, ihr Herren, vom Preis des Herrn Gotamo; doch ist der Preis des Herrn Gotamo nicht soviel: unermeßlich ist ja der Preis des Herrn Gotamo. Schon um jeder einzelnen Eigenschaft willen, ihr Herren, geziemt es nicht
dem Herrn Gotamo uns zu besuchen, sondern uns eben geziemt es den Herrn 578
Gotamo zu besuchen. So wollen wir uns denn alle, ihr Herren, zum Asketen Gotamo hinbegeben.»

Und Caṉkī der Priester, begleitet von der zahlreichen Priesterschar, begab sich dorthin wo der Erhabene weilte. Dort angelangt tauschte er höflichen Gruß und freundliche, denkwürdige Worte mit dem Erhabenen und setzte sich seitwärts nieder. Damals nun hatte der Erhabene mit alten, erfahrenen Priestern gerade irgendein denkwürdiges Gespräch zu Ende geführt. Und es befand sich da ein junger Brāhmane in dieser Versammlung namens Kāpaṭhiko, eben erst, mit geschorenem Scheitel, vom Lehrer entlassen, im sechzehnten Lebensjahre, ein Meister der drei Veden, samt ihrer Auslegung und Deutung, samt ihrer Laut- und Formenlehre, und ihren Sagen zufünft, der Gesänge kundig und ein Erklärer, der die Merkmale eines großen Weltweisen aufwies. Der hatte, während der Erhabene sich mit den alten, erfahrenen Priestern besprach, stets einen anderen Gegenstand vorgebracht. Und der Erhabene riet nun Kāpaṭhiko dem jungen Brāhmanen ab:

«Möge der ehrwürdige Bhāradvājo[287], während die alten, erfahrenen Priester sich besprechen, keinen anderen Gegenstand vorbringen: das Ende der Unterredung möge der ehrwürdige Bhāradvājo abwarten.»

Das hörte Caṉkī der Priester, und er sprach also zum Erhabenen:

«Möge Herr Gotamo Kāpaṭhiko dem jungen Brāhmanen nicht abraten:

ein edler Sproß ist Kāpaṭhiko der junge Brāhmane, viel hat Kāpaṭhiko der junge Brāhmane gelernt, ist gelehrt, weiß angemessen zu reden, er vermag
579 wohl mit Herrn Gotamo über einen Gegenstand hier ein Gespräch zu führen.»

Da wußte nun der Erhabene: ‹Gewiß wird Kāpaṭhiko der junge Brāhmane die Kenntnis der drei Veden erworben haben, und deshalb räumen ihm die Priester einen solchen Vorrang ein.› Aber Kāpaṭhiko der junge Brāhmane sagte zu sich: ‹Wann der Asket Gotamo seinen Blick meinem Blicke begegnen läßt, so werd' ich dem Asketen Gotamo eine Frage stellen.› Und der Erhabene, im Geiste den Geist und Gedanken des jungen Brāhmanen Kāpaṭhiko erkennend, lenkte den Blick nach ihm. Da gedachte nun Kāpaṭhiko der junge Brāhmane: ‹Der Blick des Asketen Gotamo ruht auf mir: wie, wenn ich nun dem Asketen Gotamo eine Frage stellte?› Und Kāpaṭhiko der junge Brāhmane sprach zum Erhabenen also:

«Was da, o Gotamo, der Priester uralte Spruchlieder anlangt, die auf Treu und Glauben, einem Korbe gleich von Hand zu Hand weitergehn, kommen dabei die Priester in einem Punkte überein, 'Dies nur ist Wahrheit, Unsinn anderes': was hält Herr Gotamo davon?»

«Was glaubst du, Bhāradvājo: gibt es unter den Priestern auch nur einen Priester, der da gesagt hat: ‹Ich selber weiß es, ich selber seh' es; dies nur ist Wahrheit, Unsinn anderes›?»

«Wohl nicht, o Gotamo!»

«Was glaubst du, Bhāradvājo: gibt es unter den Priestern auch nur einen Meister, oder Meister und Altmeister, bis zum siebenten Großmeisterahnen hinauf, der da gesagt hat: ‹Ich selber weiß es, ich selber seh' es; dies nur ist Wahrheit, Unsinn anderes›?»

«Wohl nicht, o Gotamo!»

«Was glaubst du, Bhāradvājo: die da vormals der Priester Seher waren, die
580 Verfasser der Sprüche, Verkünder der Sprüche, deren uralte Spruchlieder, wie sie gesungen, ausgesprochen, gesammelt wurden, die Priester heute und hier ihnen nachsingen, ihnen nachsagen, das Gesagte weitersagen, das Gelehrte weiterlehren, als da waren Aṭṭhako, Vāmako, Vāmadevo, Vessāmitto, Yamataggi, Aṉgiraso, Bhāradvājo, Vāseṭṭho, Kassapo, Bhagu[288]: haben etwa diese gesagt: ‹Wir selber wissen es, wir selber sehn es; dies nur ist Wahrheit, Unsinn anderes›?»

«Wohl nicht, o Gotamo!»

«So gibt es denn, Bhāradvājo, unter den Priestern auch nicht einen Priester, der da gesagt hat: ‹Ich selber weiß es, ich selber seh' es: dies nur ist Wahrheit, Unsinn anderes›; gibt es unter den Priestern auch nicht einen Meister, oder Meister und Altmeister, bis zum siebenten Großmeisterahnen hinauf, der da gesagt hat: ‹Ich selber weiß es, ich selber seh' es; dies nur ist Wahr-

heit, Unsinn anderes›; und die da vormals der Priester Seher waren, die Verfasser der Sprüche, Verkünder der Sprüche, deren uralte Spruchlieder, wie sie gesungen, ausgesprochen, gesammelt wurden, die Priester heute und hier ihnen nachsingen, ihnen nachsagen, das Gesagte weitersagen, das Gelehrte weiterlehren, als da waren Aṭṭhako, Vāmako, Vāmadevo, Vessāmitto, Yamataggi, Aṅgiraso, Bhāradvājo, Vāseṭṭho, Kassapo, Bhagu: auch diese haben nicht gesagt: ‹Wir selber wissen es, wir selber sehn es; dies nur ist Wahrheit, Unsinn anderes.› Gleichwie etwa, Bhāradvājo, eine Reihe Blinder, einer dem anderen angeschlossen, und kein vorderer sieht, und kein mittlerer sieht, und kein letzterer sieht: ebenso nun auch, Bhāradvājo, als eine Reihe Blinder will mir das Reden der Priester erscheinen, wo kein vorderer sieht, und kein mittlerer sieht, und kein letzterer sieht[289]. Was meinst du wohl, Bhāradvājo: ist 581
also nicht das Vertrauen zu den Priestern grundlos?»

«Man geht ja nicht, o Gotamo, nur aus Vertrauen zu den Priestern, auch um des Hörensagens willen geht man zu ihnen.»

«Erst bist du da, Bhāradvājo, auf das Vertrauen gekommen: vom Hörensagen redest du jetzt. – Fünf Dinge gibt es, Bhāradvājo, die da im Leben zweierlei Ausgang haben: welche fünf? Vertrauen, Hingabe, Hörensagen, prüfendes Urteil, geduldig Einsicht nehmen. Das sind, Bhāradvājo, fünf Dinge, die da im Leben zweierlei Ausgang haben. Denn man kann, Bhāradvājo, einer Sache gar wohl vertrauen, und sie ist hohl und leer und falsch; und man kann ihr auch wohl nicht vertrauen, und sie ist echt und wahr[290] und wirklich. Denn man kann, Bhāradvājo, einer Sache gar wohl sich hingeben, gar wohl sie vom Hörensagen kennen, gar wohl prüfend beurteilen, gar wohl in sie geduldig Einsicht nehmen, und sie ist hohl und leer und falsch; und man kann sich einer Sache auch wohl nicht hingeben, sie vom Hörensagen auch wohl nicht kennen, auch wohl nicht prüfend beurteilen, auch wohl nicht in sie geduldig Einsicht nehmen, und sie ist echt und wahr und wirklich. Wer der Wahrheit nachgeht, Bhāradvājo, ein verständiger Mann, der wird da nicht gleich einseitig den Schluß ziehn: ‹Dies nur ist Wahrheit, Unsinn anderes.›»

«Inwiefern aber, o Gotamo, geht man der Wahrheit nach? Wie kann man der Wahrheit nachgehn? Was der Wahrheit nachgehn sei fragen wir Herrn Gotamo.»

«Wenn da, Bhāradvājo, ein Mann Vertrauen hat, und er sich sagt ‹Also ist mein Vertrauen› und der Wahrheit nachgeht, so wird er da nicht schon einseitig den Schluß ziehn: ‹Dies nur ist Wahrheit, Unsinn anderes.› Wenn da, Bhāradvājo, ein Mann sich einer Sache hingibt, sie vom Hörensagen kennt, prüfend beurteilt, in sie geduldig Einsicht nimmt, und er sich sagt ‹Also nehm' ich in sie geduldig Einsicht› und der Wahrheit nachgeht, so wird er da nicht schon einseitig den Schluß ziehn: ‹Dies nur ist Wahrheit, Unsinn 582 anderes.› Insofern, Bhāradvājo, geht man der Wahrheit nach, so kann man der Wahrheit nachgehn, und insofern erklären wir was der Wahrheit nachgehn sei: doch ist es noch nicht der Wahrheit Nachkunft.»

«Insofern, o Gotamo, geht man der Wahrheit nach, so kann man der Wahrheit nachgehn, und insofern verstehn wir was der Wahrheit nachgehn sei. Inwiefern aber, o Gotamo, kommt man der Wahrheit nach? Wie kann man der Wahrheit nachkommen? Was der Wahrheit Nachkunft sei fragen wir Herrn Gotamo.»

«Es weile da, Bhāradvājo, ein Mönch in der Nähe eines Dorfes oder einer
Burg. Und es sucht ihn ein Hausvater auf, oder der Sohn eines Hausvaters.
Und er forscht ihn auf dreifache Weise aus, über Gier und Haß und Irre: ‹Hat
etwa dieser Ehrwürdige solche Eigenschaften der Gier an sich, daß er, im Her-
zen von ihnen eingenommen, wenn er nichts weiß 'Ich weiß es', wenn er
nichts sieht 'Ich seh' es' sagen, oder andere derart unterweisen mag, daß es
ihnen lange zum Unheil und Leiden gereichen kann?› Und indem er ihn er-
583 forscht erkennt er: ‹Nicht hat dieser Ehrwürdige solche Eigenschaften der
Gier an sich, daß er, im Herzen von ihnen eingenommen, wenn er nichts weiß
'Ich weiß es', wenn er nichts sieht 'Ich seh' es' sagen, oder andere derart un-
terweisen mag, daß es ihnen lange zum Unheil und Leiden gereichen kann.
Denn diesem Ehrwürdigen eignet solches Betragen und solche Rede, wie es
Gierlosen ansteht. Und die Lehre, welche der Ehrwürdige darlegt, diese Lehre
ist tief, schwer zu entdecken, schwer zu gewahren, still, erlesen, unbekrittel-
bar, innig, Weisen erfindlich: nicht wohl kann diese Lehre von Begehrlichen
dargelegt werden.› Und hat er ihn, also erforschend, lauter von Eigenschaften
der Gier befunden, so forscht er ihn weiter aus, über Eigenschaften des Has-
ses: ‹Hat etwa dieser Ehrwürdige solche Eigenschaften des Hasses an sich,
daß er, im Herzen von ihnen eingenommen, wenn er nichts weiß 'Ich weiß
es', wenn er nichts sieht 'Ich seh' es' sagen, oder andere derart unterweisen
mag, daß es ihnen lange zum Unheil und Leiden gereichen kann?› Und indem
er ihn erforscht erkennt er: ‹Nicht hat dieser Ehrwürdige solche Eigenschaf-
ten des Hasses an sich, daß er, im Herzen von ihnen eingenommen, wenn er
nichts weiß 'Ich weiß es', wenn er nichts sieht 'Ich seh' es' sagen, oder andere
derart unterweisen mag, daß es ihnen lange zum Unheil und Leiden gereichen
kann. Denn diesem Ehrwürdigen eignet solches Betragen und solche Rede,
wie es Haßlosen ansteht. Und die Lehre, welche der Ehrwürdige darlegt,
584 diese Lehre ist tief, schwer zu entdecken, schwer zu gewahren, still, erlesen,
unbekrittelbar, innig, Weisen erfindlich: nicht wohl kann diese Lehre von
Gehässigen dargelegt werden.› Und hat er ihn, also erforschend, lauter von
Eigenschaften des Hasses befunden, so forscht er ihn weiter aus, über Eigen-
schaften der Irre: ‹Hat etwa dieser Ehrwürdige solche Eigenschaften der Irre

an sich, daß er, im Herzen von ihnen eingenommen, wenn er nichts weiß 'Ich weiß es', wenn er nichts sieht 'Ich seh' es' sagen, oder andere derart unterweisen mag, daß es ihnen lange zum Unheil und Leiden gereichen kann?› Und indem er ihn erforscht erkennt er: ‹Nicht hat dieser Ehrwürdige solche Eigenschaften der Irre an sich, daß er, im Herzen von ihnen eingenommen, wenn er nichts weiß 'Ich weiß es', wenn er nichts sieht 'Ich seh' es' sagen, oder andere derart unterweisen mag, daß es ihnen lange zum Unheil und Leiden gereichen kann. Denn diesem Ehrwürdigen eignet solches Betragen und solche Rede, wie es Irrlosen ansteht. Und die Lehre, welche der Ehrwürdige darlegt, diese Lehre ist tief, schwer zu entdecken, schwer zu gewahren, still, erlesen, unbekrittelbar, innig, Weisen erfindlich: nicht wohl kann diese Lehre von Irrigen dargelegt werden.› Und hat er ihn, also erforschend, lauter von Eigenschaften der Irre befunden, so faßt er Vertrauen zu ihm. Hat er Vertrauen gefaßt, so kommt er heran. Herangekommen gesellt er sich zu. Zugesellt gibt er Gehör. Offenen Ohres hört er die Lehre. Hat er die Lehre gehört behält er sie. Hat er die Sätze behalten betrachtet er den Inhalt. Hat er 585
den Inhalt betrachtet gewähren ihm die Sätze Einsicht. Indem ihm die Sätze Einsicht gewähren billigt er sie. Indem er sie billigt läßt er sie gelten. Hat er sie gelten lassen wägt er ab. Hat er abgewogen arbeitet er. Und weil er innig arbeitet verwirklicht er eben leibhaftig die höchste Wahrheit, und weise durchbohrend erschaut er sie. Insofern, Bhāradvājo, kommt man der Wahrheit nach, so kann man der Wahrheit nachkommen, und insofern erklären wir was der Wahrheit Nachkunft sei: doch ist es noch nicht der Wahrheit Nachfolge.»

«Insofern, o Gotamo, kommt man der Wahrheit nach, so kann man der Wahrheit nachkommen, und insofern verstehn wir was der Wahrheit Nachkunft sei. Inwiefern aber, o Gotamo, folgt man der Wahrheit nach? Wie kann man der Wahrheit nachfolgen? Was der Wahrheit Nachfolge sei fragen wir Herrn Gotamo.»

«Eben diese Dinge, Bhāradvājo, pflegen und entwickeln und ausbilden ist der Wahrheit Nachfolge. Insofern, Bhāradvājo, folgt man der Wahrheit nach, so kann man der Wahrheit nachfolgen, und insofern erklären wir was der Wahrheit Nachfolge sei.»

«Insofern, o Gotamo, folgt man der Wahrheit nach, so kann man der Wahrheit nachfolgen, und insofern verstehn wir was der Wahrheit Nachfolge sei. Was ist aber wichtig, o Gotamo, um der Wahrheit nachzufolgen? Was um der Wahrheit nachzufolgen wichtig sei fragen wir Herrn Gotamo.»

«Um der Wahrheit nachzufolgen, Bhāradvājo, ist arbeiten wichtig. Wer da nicht arbeitet kann nicht der Wahrheit nachfolgen. Doch weil er arbeitet folgt er der Wahrheit nach. Darum ist um der Wahrheit nachzufolgen arbeiten 586
wichtig.»

«Was ist aber wichtig, o Gotamo, um zu arbeiten? Was um zu arbeiten wichtig sei fragen wir Herrn Gotamo.»

«Um zu arbeiten, Bhāradvājo, ist abwägen wichtig. Wer da nicht abwägt kann nicht arbeiten. Doch weil er abwägt arbeitet er. Darum ist um zu arbeiten abwägen wichtig.»

«Was ist aber wichtig, o Gotamo, um abzuwägen? Was um abzuwägen wichtig sei fragen wir Herrn Gotamo.»

«Um abzuwägen, Bhāradvājo, ist geltenlassen wichtig. Wer da nicht gelten läßt kann nicht abwägen. Doch weil er gelten läßt wägt er ab. Darum ist um abzuwägen geltenlassen wichtig.»

«Was ist aber wichtig, o Gotamo, um geltenzulassen? Was um geltenzulassen wichtig sei fragen wir Herrn Gotamo.»

«Um geltenzulassen, Bhāradvājo, ist billigen wichtig. Wer da nicht billigt kann nicht geltenlassen. Doch weil er billigt läßt er gelten. Darum ist um geltenzulassen billigen wichtig.»

«Was ist aber wichtig, o Gotamo, um zu billigen? Was um zu billigen wichtig sei fragen wir Herrn Gotamo.»

«Um zu billigen, Bhāradvājo, ist es wichtig, daß die Sätze Einsicht gewähren. Wem da die Sätze keine Einsicht gewähren, der kann nicht billigen. Doch weil ihm die Sätze Einsicht gewähren billigt er. Darum ist es um zu billigen wichtig, daß die Sätze Einsicht gewähren[291].»

«Was ist aber wichtig, o Gotamo, auf daß die Sätze Einsicht gewähren? Was um der Sätze Einsichtgewährung wichtig sei fragen wir Herrn Gotamo.»

587 «Auf daß die Sätze Einsicht gewähren, Bhāradvājo, ist es wichtig den Inhalt betrachten. Wer da nicht den Inhalt betrachtet, dem können die Sätze keine Einsicht gewähren. Doch weil er den Inhalt betrachtet gewähren ihm die Sätze Einsicht. Darum ist es um der Sätze Einsichtgewährung wichtig den Inhalt betrachten.»

«Was ist aber wichtig, o Gotamo, um den Inhalt zu betrachten? Was um den Inhalt zu betrachten wichtig sei fragen wir Herrn Gotamo.»

«Um den Inhalt zu betrachten, Bhāradvājo, ist es wichtig die Sätze behalten. Wer da nicht die Sätze behält kann nicht den Inhalt betrachten. Doch weil er die Sätze behält betrachtet er den Inhalt. Darum ist es um den Inhalt zu betrachten wichtig die Sätze behalten.»

«Was ist aber wichtig, o Gotamo, um die Sätze zu behalten? Was um die Sätze zu behalten wichtig sei fragen wir Herrn Gotamo.»

«Um die Sätze zu behalten, Bhāradvājo, ist es wichtig die Lehre hören. Wer da die Lehre nicht hört kann die Sätze nicht behalten. Doch weil er die Lehre hört kann er die Sätze behalten. Darum ist es um die Sätze zu behalten wichtig die Lehre hören.»

«Was ist aber wichtig, o Gotamo, um die Lehre zu hören? Was um die Lehre zu hören wichtig sei fragen wir Herrn Gotamo.»

«Um die Lehre zu hören, Bhāradvājo, ist Gehör geben wichtig. Wer da nicht Gehör gibt kann die Lehre nicht hören. Doch weil er Gehör gibt hört er die Lehre. Darum ist es um die Lehre zu hören wichtig Gehör geben.»

«Was ist aber wichtig, o Gotamo, um Gehör zu geben? Was um Gehör zu 588
geben wichtig sei fragen wir Herrn Gotamo.»

«Um Gehör zu geben, Bhāradvājo, ist zugesellen wichtig. Wer sich da nicht zugesellt kann nicht Gehör geben. Doch weil er sich zugesellt gibt er Gehör. Darum ist es um Gehör zu geben wichtig sich zugesellen.»

«Was ist aber wichtig, o Gotamo, um sich zuzugesellen? Was um sich zuzugesellen wichtig sei fragen wir Herrn Gotamo.»

«Um sich zuzugesellen, Bhāradvājo, ist herankommen wichtig. Wer da nicht herankommt kann sich nicht zugesellen. Doch weil er herankommt gesellt er sich zu. Darum ist um sich zuzugesellen wichtig herankommen.»

«Was ist aber wichtig, o Gotamo, um heranzukommen? Was um heranzukommen wichtig sei fragen wir Herrn Gotamo.»

«Um heranzukommen, Bhāradvājo, ist Vertrauen wichtig. Wer da kein Vertrauen hat kann nicht herankommen. Doch weil er Vertrauen hat kommt er heran. Darum ist um heranzukommen Vertrauen wichtig.»

«Was der Wahrheit Nachgehn sei haben wir Herrn Gotamo gefragt: was der Wahrheit Nachgehn ist hat Herr Gotamo erklärt; und es hat uns gefallen und behagt und wir sind es zufrieden. Was der Wahrheit Nachkunft sei haben wir Herrn Gotamo gefragt: was der Wahrheit Nachkunft ist hat Herr Gotamo erklärt; und es hat uns gefallen und behagt und wir sind es zufrieden. Was der Wahrheit Nachfolge sei haben wir Herrn Gotamo gefragt: was der Wahrheit Nachfolge ist hat Herr Gotamo erklärt: und es hat uns gefallen und behagt und wir sind es zufrieden. Was um der Wahrheit nachzufolgen wichtig sei haben wir Herrn Gotamo gefragt: was um der Wahrheit nachzufolgen 589
wichtig ist hat Herr Gotamo erklärt; und es hat uns gefallen und behagt und wir sind es zufrieden. Was wir eben auch Herrn Gotamo gefragt haben, das hat eben auch Herr Gotamo erklärt; und es hat uns gefallen und behagt und wir sind es zufrieden. – Wir haben ja früher, o Gotamo, also gedacht: ‹Was sind das doch für kahlköpfige Asketen da, ein dreistes Gesindel, einer dem anderen auf den Fersen: was werden die von Wahrheit wissen!› Erzeugt hat mir, wahrlich, Herr Gotamo Asketenliebe zu den Asketen, Asketenfreude an den Asketen, Asketenehrfurcht vor den Asketen. – Vortrefflich, o Gotamo, vortrefflich, o Gotamo! Gleichwie etwa, o Gotamo, als ob man Umgestürztes aufstellte, oder Verdecktes enthüllte, oder Verirrten den Weg wiese, oder

Licht in die Finsternis brächte: ‹Wer Augen hat wird die Dinge sehn›: ebenso auch ist von Herrn Gotamo die Lehre gar vielfach gezeigt worden. Und so nehm' ich bei Herrn Gotamo Zuflucht, bei der Lehre und bei der Jüngerschaft: als Anhänger möge mich Herr Gotamo betrachten, von heute an zeitlebens getreu[292].»

96

ZEHNTER TEIL · SECHSTE REDE

ESUKĀRĪ

Das hab' ich gehört. Zu einer Zeit weilte der Erhabene bei Sāvatthī, im Siegerwalde, im Garten Anāthapiṇḍikos.

Da nun begab sich Esukārī[293] der Priester dorthin wo der Erhabene weilte, wechselte höflichen Gruß und freundliche, denkwürdige Worte mit dem Erhabenen und setzte sich zur Seite nieder. Zur Seite sitzend sprach nun Esukārī der Priester zum Erhabenen also:

«Die Priester, o Gotamo, verkünden die viererlei Pflichten: sie verkünden die Pflichten des Priesters, verkünden die Pflichten des Kriegers, verkünden die Pflichten des Bürgers, verkünden die Pflichten des Dieners. Da geben
590 denn, o Gotamo, die Priester als Pflichten des Priesters an: ‹Der Priester darf dem Priester dienen, der Krieger darf dem Priester dienen, der Bürger darf dem Priester dienen, der Diener darf dem Priester dienen.› Das geben, o Gotamo, die Priester als Pflichten des Priesters an. Da geben denn, o Gotamo, die Priester als Pflichten des Kriegers an: ‹Der Krieger darf dem Krieger dienen, der Bürger darf dem Krieger dienen, der Diener darf dem Krieger dienen.› Das geben, o Gotamo, die Priester als Pflichten des Kriegers an. Da geben denn, o Gotamo, die Priester als Pflichten des Bürgers an: ‹Der Bürger darf dem Bürger dienen, der Diener darf dem Bürger dienen.› Das geben, o Gotamo, die Priester als Pflichten des Bürgers an. Da geben denn, o Gotamo, die Priester als Pflichten des Dieners an: ‹Der Diener nur darf dem Diener dienen: wer wird auch anders einem Diener dienen?› Das geben, o Gotamo, die Priester als Pflichten des Dieners an. Die Priester, o Gotamo, verkünden diese viererlei Pflichten. Was hält nun Herr Gotamo davon?»

«Sag' mir doch, Priester: gibt das die ganze Welt den Priestern zu, daß
diese viererlei Pflichten gelten sollen?»

«Das wohl nicht, o Gotamo!»

«Gleichwie etwa, Priester, wenn da ein Mann wäre, arm, unfrei, unselb-
ständig; und man nötigte ihm gegen seinen Willen einen Bissen auf: ‹Da hast
du, lieber Mann, ein Stück Fleisch zu essen, und das mußt du mit Geld be- 591
zahlen›: ebenso nun auch, Priester, haben sich die Priester mit den anderen
Priestern und Asketen nicht verständigt, sondern sie verkünden eben diese
viererlei Pflichten. Ich sage nicht, Priester, daß man jedem dienen solle; ich
sag' auch nicht, Priester, daß man keinem dienen solle. Denn wer da, Priester,
indem er einem dient, durch den Dienst schlechter würde, nicht besser: dem,
sag' ich, soll man nicht dienen. Doch wer da, Priester, indem er einem dient,
durch den Dienst besser würde, nicht schlechter: dem, sag' ich, soll man die-
nen. Wenn man da, Priester, einen Krieger fragte: ‹In wessen Dienste dienend
du schlechter würdest, nicht besser; und in wessen Dienste dienend du bes-
ser würdest, nicht schlechter: eines wessen Dienst möchtest du da wählen?›,
so würde wohl, Priester, der Krieger rechte Antwort also geben: ‹In wessen
Dienste dienend ich schlechter würde, nicht besser: dem mag ich nicht die-
nen; in wessen Dienste dienend ich aber besser würde, nicht schlechter: dem
mag ich dienen.› Wenn man da, Priester, einen Priester fragte, einen Bürger,
einen Diener fragte: ‹In wessen Dienste dienend du schlechter würdest, nicht
besser; und in wessen Dienste dienend du besser würdest, nicht schlechter:
eines wessen Dienst möchtest du da wählen?›, so würde wohl, Priester, der
Priester und der Bürger und der Diener rechte Antwort also geben: ‹In wes-
sen Dienste dienend ich schlechter würde, nicht besser: dem mag ich nicht
dienen; in wessen Dienste dienend ich aber besser würde, nicht schlechter: 592
dem mag ich dienen.›

«Ich sage nicht, Priester, daß hohe Geburt besser mache; ich sag' auch
nicht, Priester, daß hohe Geburt schlechter mache. Ich sage nicht, Priester,
daß große Schönheit besser mache; ich sag' auch nicht, Priester, daß große
Schönheit schlechter mache. Ich sage nicht, Priester, daß großer Reichtum
besser mache; ich sag' auch nicht, Priester, daß großer Reichtum schlechter
mache[294]. Auch von hoher Geburt ist ja da, Priester, mancher ein Mörder,
ist ein Dieb, ist ein Wüstling, Lügner, Verleumder, ist ein Zänker und Schwät-
zer, voll Gier und Haß und Eitelkeit: darum sag' ich nicht, daß hohe Geburt
besser mache. Auch von hoher Geburt ist ja da, Priester, mancher kein Mör-
der, ist kein Dieb, ist kein Wüstling, Lügner, Verleumder, ist kein Zänker
und Schwätzer, ist nicht begehrlich, nicht gehässig, recht gesinnt: darum sag'
ich nicht, daß hohe Geburt schlechter mache. Auch mit großer Schönheit, 593
Priester, auch mit großem Reichtum ist ja da mancher ein Mörder, ist ein

Dieb, ist ein Wüstling, Lügner, Verleumder, ist ein Zänker und Schwätzer, voll Gier und Haß und Eitelkeit: darum sag' ich nicht, daß große Schönheit, großer Reichtum besser mache. Auch mit großer Schönheit, Priester, auch mit großem Reichtum ist ja da mancher kein Mörder, ist kein Dieb, ist kein Wüstling, Lügner, Verleumder, ist kein Zänker und Schwätzer, ist nicht begehrlich, nicht gehässig, recht gesinnt: darum sag' ich nicht, daß große Schönheit, großer Reichtum schlechter mache. Ich sage nicht, Priester, daß man jedem dienen solle; ich sag' auch nicht, Priester, daß man keinem dienen solle. Denn bei wem da, Priester, indem er einem dient, durch den Dienst das Vertrauen zunimmt, die Tugend zunimmt, die Erfahrung zunimmt, der Op-
594 fermut zunimmt, die Weisheit zunimmt: dem, sag' ich, soll man dienen.»

Nach diesen Worten wandte sich Esukārī der Priester also an den Erhabenen:

«Die Priester, o Gotamo, verkünden vier Arten von Besitz: sie verkünden das Besitztum des Priesters, verkünden das Besitztum des Kriegers, verkünden das Besitztum des Bürgers, verkünden das Besitztum des Dieners. Da geben denn, o Gotamo, die Priester als Besitztum des Priesters Almosenspende an; ein Priester aber, der das Besitztum von Almosenspende verachtet, begeht Unrecht, dem Hüter gleich, der den Hort angreift. Das geben, o Gotamo, die Priester als Besitztum des Priesters an. Da geben denn, o Gotamo, die Priester als Besitztum des Kriegers Bogen und Köcher an; ein Krieger aber, der das Besitztum von Bogen und Köcher verachtet, begeht Unrecht, dem Hüter gleich, der den Hort angreift. Das geben, o Gotamo, die Priester als Besitztum des Kriegers an. Da geben denn, o Gotamo, die Priester als Besitztum des Bürgers Feldbau und Viehzucht an; ein Bürger aber, der das Besitztum von Feldbau und Viehzucht verachtet, begeht Unrecht, dem Hüter gleich, der den Hort angreift. Das geben, o Gotamo, die Priester als Besitztum des Bürgers an. Da geben denn, o Gotamo, die Priester als Besitztum des Dieners Hippe und Tragstock an; ein Diener aber, der das Besitztum von Hippe und Tragstock verachtet, begeht Unrecht, dem Hüter gleich, der den Hort angreift. Das geben, o Gotamo, die Priester als Besitztum des Dieners
595 an. Die Priester, o Gotamo, verkünden diese vier Arten von Besitz. Was hält nun Herr Gotamo davon?»

«Und sag' mir, Priester: gibt das die ganze Welt den Priestern zu, daß diese vier Arten von Besitz gelten sollen?»

«Das wohl nicht, o Gotamo!»

«Gleichwie etwa, Priester, wenn da ein Mann wäre, arm, unfrei, unselbständig; und man nötigte ihm gegen seinen Willen einen Bissen auf: ‹Da hast du, lieber Mann, ein Stück Fleisch zu essen, und das mußt du mit Geld bezahlen›: ebenso nun auch, Priester, haben sich die Priester mit den anderen Priestern und Asketen nicht verständigt, sondern sie verkünden eben diese

vier Arten von Besitz. Ich aber, Priester, verkünde ein heiliges, überweltliches Recht als Besitztum des Menschen; mag sich auch einer seiner einstigen Abstammung von Vater und Mutter erinnern, wo er eben also und also erzeugt und geboren eben diesen und diesen Namen erhalten hat: im Kriegergeschlechte erzeugt und geboren eben 'Krieger' genannt, im Priestergeschlechte erzeugt und geboren eben 'Priester' genannt, im Bürgergeschlechte erzeugt und geboren eben 'Bürger' genannt, im Dienergeschlechte erzeugt und geboren eben 'Diener' genannt. Gleichwie etwa, Priester, woher da eben Feuer entfacht eben danach genannt wird, von Holz entfacht eben 'Holzfeuer' genannt, von Reisig entfacht eben 'Reisigfeuer' genannt, von Heu entfacht eben 'Heufeuer' genannt, von Dung entfacht eben 'Dungfeuer' ge- 596
nannt: ebenso nun auch, Priester, verkünde ich ein heiliges, überweltliches Recht als Besitztum des Menschen; mag sich auch einer seiner einstigen Abstammung von Vater und Mutter erinnern, wo er eben also und also erzeugt und geboren eben diesen und diesen Namen erhalten hat: im Kriegergeschlechte erzeugt und geboren eben 'Krieger' genannt, im Priestergeschlechte erzeugt und geboren eben 'Priester' genannt, im Bürgergeschlechte erzeugt und geboren eben 'Bürger' genannt, im Dienergeschlechte erzeugt und geboren eben 'Diener' genannt. Wer da, Priester, aus einem Kriegergeschlechte vom Hause fort in die Hauslosigkeit gezogen und zu des Vollendeten dargelegter Lehre und Ordnung gekommen ist, von Mord absteht, von Diebstahl absteht, von Unkeuschheit absteht, von Lüge, Verleumdung, Zank und Geschwätz absteht, nicht begehrlich, nicht gehässig, recht gesinnt ist, hat Echtes erwirkt, heilsames Recht. Wer da, Priester, aus einem Priestergeschlechte oder Bürgergeschlechte oder Dienergeschlechte vom Hause fort in 597
die Hauslosigkeit gezogen und zu des Vollendeten dargelegter Lehre und Ordnung gekommen ist, von Mord absteht, von Diebstahl absteht, von Unkeuschheit absteht, von Lüge, Verleumdung, Zank und Geschwätz absteht, nicht begehrlich, nicht gehässig, recht gesinnt ist, hat Echtes erwirkt, heilsames Recht. – Was meinst du wohl, Priester: kann da nur ein Priester hierzulande ohne Grimm und ohne Groll sein Herz an Milde gewöhnen? Aber nicht so ein Krieger, aber nicht so ein Bürger, aber nicht so ein Diener?»

«Das wohl nicht, o Gotamo! Denn auch ein Krieger, o Gotamo, kann hierzulande ohne Grimm und ohne Groll sein Herz an Milde gewöhnen: und ebenso, o Gotamo, ein Priester, und ebenso, o Gotamo, ein Bürger, und ebenso, o Gotamo, ein Diener; ein jeder, o Gotamo, von den vier Kasten kann hierzulande ohne Grimm und ohne Groll sein Herz an Milde gewöhnen.»

«Ebenso nun auch, Priester, kann wer da aus einem Kriegergeschlechte oder Priestergeschlechte oder Bürgergeschlechte oder Dienergeschlechte vom Hause fort in die Hauslosigkeit gezogen und zu des Vollendeten dargelegter 598

Lehre und Ordnung gekommen ist, von Mord absteht, von Diebstahl absteht, von Unkeuschheit absteht, von Lüge, Verleumdung, Zank und Geschwätz absteht, nicht begehrlich, nicht gehässig, recht gesinnt ist, Echtes erwirken, heilsames Recht. – Was meinst du wohl, Priester: darf da nur ein Priester, mit Schwamm und Seife versehn, zum Flusse baden gehn, um Staub und Schmutz abzuwaschen? Aber nicht so ein Krieger, aber nicht so ein Bürger, aber nicht so ein Diener?»

«Das wohl nicht, o Gotamo! Denn auch ein Krieger, o Gotamo, darf Schwamm und Seife nehmen und nach dem Flusse baden gehn, um Staub und Schmutz abzuwaschen: und ebenso, o Gotamo, ein Priester, und ebenso, o Gotamo, ein Bürger, und ebenso, o Gotamo, ein Diener; ein jeder, o Gotamo, von den vier Kasten darf Schwamm und Seife nehmen und nach dem Flusse baden gehn, um Staub und Schmutz abzuwaschen.»

«Ebenso nun auch, Priester, kann wer da aus einem Kriegergeschlechte
599 oder Priestergeschlechte oder Bürgergeschlechte oder Dienergeschlechte vom Hause fort in die Hauslosigkeit gezogen und zu des Vollendeten dargelegter Lehre und Ordnung gekommen ist, von Mord absteht, von Diebstahl absteht, von Unkeuschheit absteht, von Lüge, Verleumdung, Zank und Geschwätz absteht, nicht begehrlich, nicht gehässig, recht gesinnt ist, Echtes erwirken, heilsames Recht. – Was meinst du wohl, Priester: es ließe da der König, der Herrscher, dessen Scheitel gesalbt ist, eine Schar von hundert Männern verschiedener Geburt zu sich bescheiden: ‹Kommt, ihr Lieben, die ihr da von Kriegern, Priestern, Fürsten abstammt, und nehmt ein Reibholz vom Kronbaum, oder von der Föhre oder vom Sandel, oder vom Ingwerbaum, und erweckt damit Feuer, bringt Licht hervor! Und kommt auch ihr Lieben,
600 die ihr da von Treibern, Jägern, Korbflechtern, Radmachern, Gärtnern abstammt, und nehmt ein Reibholz von einem Hundetrog, oder von einem Schweinetrog, oder von einem Waschtrog, oder von einem Rizinusbaume, und erweckt damit Feuer, bringt Licht hervor!› Was meinst du wohl, Priester: wenn da von denen, die von Kriegern, Priestern, Fürsten abstammen, mit einem Reibholze vom Kronbaum, oder von der Föhre, oder vom Sandel, oder vom Ingwerbaum, Feuer erweckt, Licht hervorgebracht ward, hat dann wohl dieses Feuer Flamme und Glanz und Leuchtkraft, und kann man dieses Feuer zu Feuerzwecken verwenden? Und wenn da von denen, die von Treibern, Jägern, Korbflechtern, Radmachern, Gärtnern abstammen, mit einem Reibholze von einem Hundetrog, oder von einem Schweinetrog, oder von einem Waschtrog, oder von einem Rizinusbaume, Feuer erweckt, Licht hervorgebracht ward, hat dann wohl dieses Feuer keine Flamme und keinen Glanz und keine Leuchtkraft, und kann man dieses Feuer zu Feuerzwecken nicht verwenden?»

«Das wohl nicht, o Gotamo! Ist da, o Gotamo, von denen, die von Kriegern, Priestern, Fürsten abstammen, mit einem Reibholze vom Kronbaum, oder von der Föhre, oder vom Sandel, oder vom Ingwerbaum, Feuer erweckt, Licht hervorgebracht worden, so hat dieses Feuer Flamme und Glanz und Leuchtkraft, und man kann dieses Feuer zu Feuerzwecken verwenden. Und ist da von denen, die von Treibern, Jägern, Korbflechtern, Radmachern, Gärtnern abstammen, mit einem Reibholze von einem Hundetrog, oder von einem 601
Schweinetrog, oder von einem Waschtrog, oder von einem Rizinusbaume Feuer erweckt, Licht hervorgebracht worden, so hat auch dieses Feuer Flamme und Glanz und Leuchtkraft, und man kann auch dieses Feuer zu Feuerzwecken verwenden. Denn ein jedes Feuer, o Gotamo, hat Flamme und Glanz und Leuchtkraft, und man kann ein jedes Feuer zu Feuerzwecken verwenden.»

«Ebenso nun auch, Priester, kann wer da aus einem Kriegergeschlechte oder Priestergeschlechte oder Bürgergeschlechte oder Dienergeschlechte vom Hause fort in die Hauslosigkeit gezogen und zu des Vollendeten dargelegter Lehre und Ordnung gekommen ist, von Mord absteht, von Diebstahl absteht, von Unkeuschheit absteht, von Lüge, Verleumdung, Zank und Geschwätz absteht, nicht begehrlich, nicht gehässig, recht gesinnt ist, Echtes 602
erwirken, heilsames Recht.»

Nach diesen Worten sprach Esukārī der Priester also zum Erhabenen:

«Vortrefflich, o Gotamo, vortrefflich, o Gotamo! Als Anhänger möge mich Herr Gotamo betrachten, von heute an zeitlebens getreu[295].»

97

ZEHNTER TEIL · SIEBENTE REDE

DHANAÑJANI

DAS HAB' ICH GEHÖRT. Zu einer Zeit weilte der Erhabene bei Rājagaham, im Bambusparke, am Hügel der Eichhörnchen.

Um diese Zeit nun hielt sich der ehrwürdige Sāriputto, mit vielen Mönchen weiterwandernd, bei Dakkhiṇāgiri auf. Da nun begab sich einer der Mönche, der zu Rājagaham die Regenzeit zugebracht hatte nach Dakkhiṇāgiri, dorthin wo der ehrwürdige Sāriputto weilte. Dort angelangt wechselte er mit dem ehrwürdigen Sāriputto höflichen Gruß und freundliche, denkwürdige Worte und setzte sich seitwärts nieder. Und zu jenem Mönche, der da seitwärts saß, sprach nun der ehrwürdige Sāriputto also:

«Ist wohl, Bruder, der Erhabene rüstig und munter?»

«Rüstig, Bruder, ist der Erhabene und munter.»

«Und ist auch, Bruder, die Jüngerschar rüstig und munter?»

«Auch die Jüngerschar, Bruder, ist rüstig und munter.»

«Da lebt, Bruder, zu Taṇḍulapāladvārā ein Priester Namens Dhanañjani: ist wohl, Bruder, dieser Priester Dhanañjani rüstig und munter?»

603 «Auch Dhanañjani, Bruder, der Priester, ist rüstig und munter.»

«Und ist wohl, Bruder, Dhanañjani der Priester recht beflissen?»

«Und wie gar, Bruder, ist Dhanañjani der Priester recht beflissen! Dhanañjani, Bruder, der Priester, verlästert beim König die priesterlichen Hausväter: und bei den priesterlichen Hausvätern verlästert er den König. Seine Gattin, die fromm war, aus frommem Hause heimgeführt, die ist ihm gestorben, und er hat eine andere Gattin, die unfromm ist, aus unfrommem Hause, geheiratet.»

«Schlechtes, wahrlich, Bruder, haben wir gehört, da wir gehört haben wie unbeflissen Dhanañjani der Priester ist. Möchten wir doch gelegentlich einmal mit Dhanañjani dem Priester zusammentreffen, auf daß da irgendeine Unterredung stattfände.»

Und der ehrwürdige Sāriputto begab sich nun, da er nach Belieben zu Dakkhiṇāgiri geweilt hatte, auf die Wanderung nach Rājagaham, von Ort zu Ort wandernd näherte er sich der Stadt.

Zu Rājagaham weilte nun der ehrwürdige Sāriputto, im Bambusparke, am Hügel der Eichhörnchen.

Und der ehrwürdige Sāriputto, zeitig gerüstet, nahm Mantel und Schale und ging nach Rājagaham um Almosenspeise. Um diese Zeit aber ließ Dhanañjani der Priester nahe der Stadt seine Kühe im Kuhstalle melken.

Nachdem nun der ehrwürdige Sāriputto in der Stadt um Almosenspeise gestanden hatte, kehrte er zurück, nahm das Mahl ein und begab sich dann zu Dhanañjani dem Priester hin. Und Dhanañjani der Priester sah den ehrwürdigen Sāriputto von ferne herankommen; und als er ihn gesehn ging er ihm entgegen und sprach ihn also an:

604 «Nur näher, Herr Sāriputto, Milch zu trinken: schon wird es Zeit zum Mahle sein.»

«Genug, Priester: fertig bin ich für heute mit dem Mahle. Am Fuße jenes Baumes werd' ich bis Abend verweilen; dort magst du hinkommen.»

«Wohl, Herr!» entgegnete da zustimmend Dhanañjani der Priester dem ehrwürdigen Sāriputto.

Und Dhanañjani der Priester begab sich nach dem Mahle, als er den Morgenimbiß eingenommen, dorthin wo der ehrwürdige Sāriputto weilte. Dort angelangt wechselte er höflichen Gruß und freundliche, denkwürdige Worte mit dem ehrwürdigen Sāriputto und setzte sich seitwärts hin. Und zu Dhanañjani dem Priester, der da seitwärts saß, sprach nun der ehrwürdige Sāriputto also:

«Bist du wohl, Dhanañjani, recht beflissen?»

«Und wie, o Sāriputto, sind wir recht beflissen, die wir Vater und Mutter zu ernähren, Weib und Kind zu ernähren, Knecht- und Dienergesinde zu ernähren haben, die wir Freunden und Genossen Freundes- und Genossendienste zu leisten, Verwandten und Vettern Verwandten- und Vetterdienste zu leisten haben, den Gästen Gastfreundschaft gewähren, den Manen Manendienst, den Göttern Gottesdienst, dem König Königsdienst darbringen müssen, und auch den Körper da hegen und pflegen sollen!»

«Was meinst du wohl, Dhanañjani: es habe da einer um Vater und Mutter willen falsch und unrecht gelebt, und wegen seines falschen und unrechten Lebens verfiel' er der Hölle höllischen Wächtern; wär' es dem etwa gegönnt: ‹Ich habe um Vater und Mutter willen falsch und unrecht gelebt: laßt mich von hinnen, höllische Wächter!›, oder wär' es etwa seinen Eltern gegönnt:
‹Er hat unseretwillen falsch und unrecht gelebt: laßt ihn von hinnen, höl- 605
lische Wächter!›?»

«Das wohl nicht, o Sāriputto! Wie er auch jammerte ließen ihn da die höllischen Wächter zur Hölle fahren.»

«Was meinst du wohl, Dhanañjani: es habe da einer um Weib und Kindes willen falsch und unrecht gelebt, und wegen seines falschen und unrechten Lebens verfiel' er der Hölle höllischen Wächtern; wär' es dem etwa gegönnt: ‹Ich habe um Weib und Kindes willen falsch und unrecht gelebt: laßt mich von hinnen, höllische Wächter!›, oder wär' es etwa seinem Weibe und Kinde gegönnt: ‹Er hat unseretwillen falsch und unrecht gelebt: laßt ihn von hinnen, höllische Wächter!›?»

«Das wohl nicht, o Sāriputto! Wie er auch jammerte ließen ihn da die höllischen Wächter zur Hölle fahren.»

«Was meinst du wohl, Dhanañjani: es habe da einer um der Knechte und Diener willen, um der Freunde und Genossen, Verwandten und Vettern, um der Gäste willen, habe um der Manen, um der Götter, um des Königs willen falsch und unrecht gelebt, und wegen seines falschen und unrechten Lebens verfiel' er der Hölle höllischen Wächtern; wär' es dem etwa gegönnt: ‹Ich
habe um jener willen falsch und unrecht gelebt: laßt mich von hinnen, höl- 606
lische Wächter!›, oder wär' es etwa jenen gegönnt: ‹Er hat unseretwillen falsch und unrecht gelebt: laßt ihn von hinnen, höllische Wächter!›?»

«Das wohl nicht, o Sāriputto! Wie er auch jammerte ließen ihn da die höllischen Wächter zur Hölle fahren.»

«Was meinst du wohl, Dhanañjani: es habe da einer um den Körper zu hegen und zu pflegen falsch und unrecht gelebt, und wegen seines falschen und
608 unrechten Lebens verfiel' er der Hölle höllischen Wächtern; wär' es dem etwa gegönnt: ‹Ich habe um den Körper zu hegen und zu pflegen falsch und unrecht gelebt: laßt mich von hinnen, höllische Wächter!›, oder wär' es etwa den anderen für ihn gegönnt: ‹Er hat um den Körper zu hegen und zu pflegen falsch und unrecht gelebt: laßt ihn von hinnen, höllische Wächter!›?»

«Das wohl nicht, o Sāriputto! Wie er auch jammerte ließen ihn da die höllischen Wächter zur Hölle fahren.»

«Was meinst du wohl, Dhanañjani: wer um Vater und Mutter willen falsch und unrecht lebte, oder wer um Vater und Mutter willen wahr und recht lebte: was ist besser?»

«So einer, o Sāriputto, um Vater und Mutter willen falsch und unrecht lebte, ist das nicht besser: doch so einer, o Sāriputto, um Vater und Mutter willen wahr und recht lebte, ist das eben da besser. Denn dem falschen und unrechten Leben, o Sāriputto, ist das wahre und rechte Leben vorzuziehn.»

«Es gibt ja noch, Dhanañjani, ehrliche, wohlgegründete Beschäftigungen, die es ermöglichen Vater und Mutter zu ernähren ohne Unrecht zu tun und ohne vom rechten Pfade zu weichen. – Was meinst du wohl, Dhanañjani: wer um Weib und Kindes willen falsch und unrecht lebte, oder wer um Weib und Kindes willen wahr und recht lebte: was ist besser?»

«So einer, o Sāriputto, um Weib und Kindes willen falsch und unrecht lebte, ist das nicht besser: doch so einer, o Sāriputto, um Weib und Kindes willen
609 wahr und recht lebte, ist das eben da besser. Denn dem falschen und unrechten Leben, o Sāriputto, ist das wahre und rechte Leben vorzuziehn.»

«Es gibt ja noch, Dhanañjani, ehrliche, wohlgegründete Beschäftigungen, die es ermöglichen Weib und Kind zu ernähren ohne Unrecht zu tun und ohne vom rechten Pfade zu weichen. – Was meinst du wohl, Dhanañjani: wer um der Knechte und Diener willen, um der Freunde und Genossen, Verwandten und Vettern, um der Gäste willen, wer um der Manen, um der Götter, um des Königs willen falsch und unrecht lebte, oder wer um ihretwillen wahr und recht lebte: was ist besser?»

«So einer, o Sāriputto, um jener willen falsch und unrecht lebte, ist das
610 nicht besser: doch so einer, o Sāriputto, um jener willen wahr und recht lebte, ist das eben da besser. Denn dem falschen und unrechten Leben, o Sāriputto, ist das wahre und rechte Leben vorzuziehn.»

«Es gibt ja noch, Dhanañjani, ehrliche, wohlgegründete Beschäftigungen, die es ermöglichen jenen gerecht zu werden ohne Unrecht zu tun und ohne vom rechten Pfade zu weichen. – Was meinst du wohl, Dhanañjani: wer um den Körper zu hegen und zu pflegen falsch und unrecht lebte, oder wer um den Körper zu hegen und zu pflegen wahr und recht lebte: was ist besser?»

«So einer, o Sāriputto, um den Körper zu hegen und zu pflegen falsch und unrecht lebte, ist das nicht besser: doch so einer, o Sāriputto, um den Körper zu hegen und zu pflegen wahr und recht lebte, ist das eben da besser. Denn dem falschen und unrechten Leben, o Sāriputto, ist das wahre und rechte Leben vorzuziehn.»

«Es gibt ja noch, Dhanañjani, ehrliche, wohlgegründete Beschäftigungen, die es ermöglichen, den Körper zu hegen und zu pflegen ohne Unrecht zu tun und ohne vom rechten Pfade zu weichen.»

Da war denn Dhanañjani der Priester durch des ehrwürdigen Sāriputto 613
Rede erfreut und befriedigt; und er stand auf und entfernte sich.

Und Dhanañjani der Priester wurde späterhin unwohl, leidend, schwerkrank. Und Dhanañjani der Priester wandte sich an einen seiner Leute:

«Geh', lieber Mann, und begib dich zum Erhabenen hin und bring' dem Erhabenen zu Füßen meinen Gruß dar: ‹Dhanañjani, o Herr, der Priester, ist unwohl, leidend, schwerkrank: er bringt dem Erhabenen zu Füßen Gruß dar›; dann geh' zum ehrwürdigen Sāriputto hin und bring' dem ehrwürdigen Sāriputto zu Füßen meinen Gruß dar: ‹Dhanañjani, o Herr, der Priester, ist unwohl, leidend, schwerkrank: er bringt dem ehrwürdigen Sāriputto zu Füßen Gruß dar›; und füge hinzu: ‹gut wär' es›, sagt' er, o Herr, ‹wenn der ehrwürdige Sāriputto nach dem Hause Dhanañjani des Priesters kommen wollte, von Mitleid bewogen.›»

«Wohl, Herr!» entgegnete da gehorsam jener Mann Dhanañjani dem Priester. Und er begab sich dorthin wo der Erhabene weilte, bot ehrerbietigen Gruß dar und setzte sich seitwärts nieder. Seitwärts sitzend sprach er also zum Erhabenen:

«Dhanañjani, o Herr, der Priester, ist unwohl, leidend, schwerkrank: er bringt dem Erhabenen zu Füßen Gruß dar.»

Dann begab er sich zum ehrwürdigen Sāriputto hin, bot ehrerbietigen Gruß dar und setzte sich seitwärts nieder. Seitwärts sitzend sprach er also zum ehrwürdigen Sāriputto:

«Dhanañjani, o Herr, der Priester, ist unwohl, leidend, schwerkrank: er 614
bringt dem ehrwürdigen Sāriputto zu Füßen Gruß dar; und er läßt sagen, gut wär' es, o Herr, wenn der ehrwürdige Sāriputto nach dem Hause Dhanañjani des Priesters kommen wollte, von Mitleid bewogen.»

Schweigend gewährte der ehrwürdige Sāriputto die Bitte.

Und der ehrwürdige Sāriputto rüstete sich, nahm Mantel und Schale und begab sich nach dem Hause Dhanañjani des Priesters. Dort angelangt nahm er auf dem dargebotenen Sitze Platz. Und er wandte sich also an Dhanañjani den Priester:

«Fühlst du dich, Dhanañjani, schon wohler, geht es dir etwas besser, nehmen die Schmerzen wieder ab und nicht zu, merkt man, daß sie nachlassen und nicht zunehmen?»

«Nicht fühl' ich mich, o Sāriputto, wohler, es geht mir nicht besser, die heftigen Schmerzen nehmen zu und nicht ab, man merkt, daß sie zunehmen und nicht nachlassen. Gleichwie etwa, o Sāriputto, wenn ein starker Mann mit scharfer Dolchspitze die Schädeldecke zerhämmerte, ebenso nun auch, o Sāriputto, schlagen mir überheftige Strömungen auf die Schädeldecke auf: nicht fühl' ich mich, o Sāriputto, wohler, es geht mir nicht besser, die heftigen Schmerzen nehmen zu und nicht ab, man merkt, daß sie zunehmen und nicht nachlassen. Gleichwie etwa, o Sāriputto, wenn ein starker Mann feste Riemenstränge auf dem Kopfe peitschend tanzen ließe, ebenso nun auch, o Sāriputto, hab' ich im Kopfe betäubende Kopfgefühle: nicht fühl' ich mich, o Sāriputto, wohler, es geht mir nicht besser, die heftigen Schmerzen nehmen zu
615 und nicht ab, man merkt, daß sie zunehmen und nicht nachlassen. Gleichwie etwa, o Sāriputto, wenn ein geschickter Schlächter oder Schlächtergeselle mit scharfem Schlachtmesser den Bauch durchschlitzte, ebenso nun auch, o Sāriputto, schneiden mir überheftige Strömungen durch den Bauch: nicht fühl' ich mich, o Sāriputto, wohler, es geht mir nicht besser, die heftigen Schmerzen nehmen zu und nicht ab, man merkt, daß sie zunehmen und nicht nachlassen. Gleichwie etwa, o Sāriputto, wenn zwei starke Männer einen schwächeren Mann an beiden Armen ergriffen und in eine Grube voll glühender Kohlen hineinquälten, hineinrollten, ebenso nun auch, o Sāriputto, hab' ich im Körper überheftig glühende Qual: nicht fühl' ich mich, o Sāriputto, wohler, es geht mir nicht besser, die heftigen Schmerzen nehmen zu und nicht ab, man merkt, daß sie zunehmen und nicht nachlassen.»

«Was meinst du wohl, Dhanañjani: was ist besser, die Hölle oder der tierische Schoß?»

«Vor der Hölle, o Sāriputto, ist der tierische Schoß besser.»

«Was meinst du wohl, Dhanañjani: was ist besser, der tierische Schoß oder das Gespensterreich?»

«Vor dem tierischen Schoße, o Sāriputto, ist das Gespensterreich besser.»

«Was meinst du wohl, Dhanañjani: was ist besser, das Gespensterreich oder die Menschenwelt?»

«Vor dem Gespensterreich, o Sāriputto, ist die Menschenwelt besser.»

«Was meinst du wohl, Dhanañjani: was ist besser, die Menschenwelt oder der Himmel der Vier großen Könige?»

«Vor der Menschenwelt, o Sāriputto, ist der Himmel der Vier großen Könige besser.»

«Was meinst du wohl, Dhanañjani: was ist besser, der Himmel der Vier großen Könige oder der Himmel der Dreiunddreißig Götter[296]?» 616

«Vor dem Himmel der Vier großen Könige, o Sāriputto, ist der Himmel der Dreiunddreißig Götter besser.»

«Was meinst du wohl, Dhanañjani: was ist besser, der Himmel der Dreiunddreißig Götter oder der Himmel der Schattengötter?»

«Vor dem Himmel der Dreiunddreißig Götter, o Sāriputto, ist der Himmel der Schattengötter besser.»

«Was meinst du wohl, Dhanañjani: was ist besser, der Himmel der Schattengötter oder der Himmel der Seligen Götter?»

«Vor dem Himmel der Schattengötter, o Sāriputto, ist der Himmel der Seligen Götter besser.»

«Was meinst du wohl, Dhanañjani: was ist besser, der Himmel der Seligen Götter oder der Himmel der Götter der unbeschränkten Freude?»

«Vor dem Himmel der Seligen Götter, o Sāriputto, ist der Himmel der Götter der unbeschränkten Freude besser.»

«Was meinst du wohl, Dhanañjani: was ist besser, der Himmel der Götter der unbeschränkten Freude oder der Himmel der Jenseit der unbeschränkten Freude weilenden Götter?»

«Vor dem Himmel der Götter der unbeschränkten Freude, o Sāriputto, ist der Himmel der Jenseit der unbeschränkten Freude weilenden Götter besser.»

«Was meinst du wohl, Dhanañjani: was ist besser, der Himmel der Jenseit der unbeschränkten Freude weilenden Götter oder die Brahmawelt?»

«'Brahmawelt' hat Herr Sāriputto gesagt, 'Brahmawelt' hat Herr Sāriputto gesagt!»

Da gedachte nun der ehrwürdige Sāriputto: ‹Diese Priester sind der Brahmawelt zugeneigt[297]: wie, wenn ich nun Dhanañjani dem Priester den Weg zeigte, der zu Brahmā führt?›

«Den Weg, Dhanañjani, der zu Brahmā führt, werd' ich dir zeigen: hör' es und achte wohl auf meine Rede.»

«Ja, Herr!» erwiderte da aufmerksam Dhanañjani der Priester dem ehrwürdigen Sāriputto. Der ehrwürdige Sāriputto sprach also:

«Was ist das also, Dhanañjani, für ein Weg, der zu Brahmā führt? Da strahlt, 617
Dhanañjani, ein Mönch liebevollen Gemütes weilend nach einer Richtung, dann nach einer zweiten, dann nach der dritten, dann nach der vierten, eben-

so nach oben und nach unten: überall in allem sich wiedererkennend durchstrahlt er die ganze Welt mit liebevollem Gemüte, mit weitem, tiefem, unbeschränktem, von Grimm und Groll geklärtem. Das ist, Dhanañjani, der Weg, der zu Brahmā führt. Weiter sodann, Dhanañjani: erbarmenden Gemütes, freudevollen Gemütes, unbewegten Gemütes weilend strahlt ein Mönch nach einer Richtung, dann nach einer zweiten, dann nach der dritten, dann nach der vierten, ebenso nach oben und nach unten: überall in allem sich wiedererkennend durchstrahlt er die ganze Welt mit erbarmendem Gemüte, mit freudevollem Gemüte, mit unbewegtem Gemüte, mit weitem, tiefem, unbeschränktem, von Grimm und Groll geklärtem. Das ist, Dhanañjani, der Weg, der zu Brahmā führt.»

«Wohl denn, o Sāriputto! Und bring' dem Erhabenen zu Füßen meinen Gruß dar: ‹Dhanañjani, o Herr, der Priester, ist unwohl, leidend, schwerkrank: er bringt dem Erhabenen zu Füßen Gruß dar.›»

Und der ehrwürdige Sāriputto, der Dhanañjani den Priester, obzwar noch mehr zu tun war, in hinfällige Brahmawelt eingeführt hatte, erhob sich nun von seinem Sitze und ging fort.

Bald aber, nachdem der ehrwürdige Sāriputto fortgegangen war, starb Dhanañjani der Priester und erschien in der Brahmawelt wieder.

Und der Erhabene wandte sich an die Mönche:

618 «Es hat, ihr Mönche, Sāriputto Dhanañjani den Priester, obzwar noch mehr zu tun war, in hinfällige Brahmawelt eingeführt, ist dann aufgestanden und fortgegangen.»

Und der ehrwürdige Sāriputto kam zum Erhabenen heran, begrüßte den Erhabenen ehrerbietig und setzte sich seitwärts nieder. Seitwärts sitzend sprach nun der ehrwürdige Sāriputto zum Erhabenen also:

«Dhanañjani, o Herr, der Priester, ist unwohl, leidend, schwerkrank: er bringt dem Erhabenen zu Füßen Gruß dar.»

«Warum hast du doch, Sāriputto, Dhanañjani den Priester, obzwar noch mehr zu tun war, in hinfällige Brahmawelt eingeführt, bist dann aufgestanden und fortgegangen?»

«Ich habe, o Herr, gedacht: ‹Diese Priester sind der Brahmawelt zugeneigt: wie, wenn ich nun Dhanañjani dem Priester den Weg zeigte, der zu Brahmā führt?›»

«Gestorben ist, Sāriputto, Dhanañjani der Priester, in der Brahmawelt wiedererschienen[298].»

98

ZEHNTER TEIL · ACHTE REDE

VĀSEṬṬHO

DAS HAB' ICH GEHÖRT. Zu einer Zeit weilte der Erhabene bei Icchānan̲galam, im Waldgehölz von Icchānan̲galam.

Um diese Zeit nun hielten sich viele wohlbekannte, wohlberühmte hochmögende Priester zu Icchānan̲galam auf, als da waren Can̲kī der Priester, Tārukkho der Priester, Pokkharasāti der Priester, Jāṇussoṇi der Priester, Todeyyo der Priester, und noch andere wohlbekannte, wohlberühmte hoch- 619
mögende Priester[299].

Als nun eines Tages Vāseṭṭho und Bhāradvājo, zwei junge Brāhmanen, auf einem Spaziergange lustwandelnd sich ergingen, kam folgende Rede unter ihnen auf:

«Sagt mir, Herr, wie man Priester wird!»

Bhāradvājo der junge Brāhmane gab also Antwort:

«Wenn da, Herr, einer beiderseit wohlgeboren ist, vom Vater und von der Mutter aus, lauter empfangen, bis zum siebenten Ahnherrn hinauf unbefleckt, untadelhaft von Geburt, ist er insofern, Herr, ein Priester.»

Vāseṭṭho der junge Brāhmane gab also Antwort:

«Wer da, Herr, tugendhaft ist und gewissenhaft lebt[300], ist insofern, Herr, ein Priester.»

Aber weder vermochte Bhāradvājo der junge Brāhmane Vāseṭṭho den jungen Brāhmanen zu seiner Ansicht zu bringen, noch auch vermochte Vāseṭṭho der junge Brāhmane Bhāradvājo den jungen Brāhmanen zu sich zu bekehren. Da wandte sich denn der junge Vāseṭṭher also an den jungen Bhāradvājer:

«Es hält sich da, o Bhāradvājo, der Asket Gotamo, der Sakyersohn, der dem Erbe der Sakyer entsagt hat, bei Icchānan̲galam auf, im Waldgehölz bei Icchānan̲galam. Diesen Herrn Gotamo aber begrüßt man allenthalben mit dem frohen Ruhmesrufe, so zwar: ‹Das ist der Erhabene, der Heilige, vollkommen Erwachte, der Wissens- und Wandelsbewährte, der Willkommene, der Welt Kenner, der unvergleichliche Leiter der Männerherde, der Meister der Götter und Menschen, der Erwachte, der Erhabene.› Wir wollen uns, o Bhāradvājo, dorthin begeben wo der Asket Gotamo weilt und den Asketen Gotamo darum befragen: wie es uns der Asket Gotamo erklären wird, so wollen wir es halten.»

620 «Gut, Herr!» sagte da zustimmend der junge Bhāradvājer zum jungen Vāseṭṭher.

Und die beiden jungen Brāhmanen Vāseṭṭho und Bhāradvājo begaben sich dorthin wo der Erhabene weilte. Dort angelangt tauschten sie höflichen Gruß und freundliche, denkwürdige Worte mit dem Erhabenen und setzten sich seitwärts nieder. Seitwärts sitzend sprach nun der junge Vāseṭṭher den Erhabenen mit den Sprüchen an:

«Als Kenner sind wir anerkannt,
In drei der Veden eingeweiht:
Pokkharasāti lehrte mich,
Tārukkho Diesen, meinen Freund.

«Was Vedendeuter kundgetan,
Vollkommen haben wir's gemerkt,
Behalten sinnig Satz um Satz
Und sprechen wie ein Meister spricht.

«Als von Geburt die Rede war
Erstand ein Streit uns, Gotamo:
'Ein Priester ist man durch Geburt'
Behauptet Bhāradvājo hier,
Ich aber sage: durch die Tat;
Du sollst es wissen, Seherfürst!

«Und keiner können beide wir
Zufrieden miteinander sein:
Den Herrn zu fragen sind wir da,
Den Auferwachten hochberühmt.

«Gleichwie der vollgewordne Mond,
Hervorgekommen, fromm begrüßt
Vom Volke, froh gefeiert wird,
So preisen sie auch deinen Preis[301].

«Das Auge, das der Welt erwuchs,
Befragt sei von uns Gotamo:
Ist man ein Priester durch Geburt,
Ist man es durch die Tat allein?
Die Ungewissen weise du,
Auf daß den Priester wir verstehn.»

DER HERR:

«So will ich denn erklären euch
Der Reihe nach und recht genau 621
Der Wesen mancherlei Geburt,
Von einer Art zur andern Art[302].

«Das Gras, ihr kennt es, kennt den Baum,
Doch euch erkennen diese nicht:
Ihr Stamm ist von Geburt bestimmt,
Von einer Art zur andern Art.

«Die Kerfe dann, was kriecht und fliegt,
Ameisen, Asseln insgesamt:
Ihr Stamm ist von Geburt bestimmt,
Von einer Art zur andern Art.

«Vierfüß'ge Tiere, klein und groß,
Auch sind euch diese wohlbekannt:
Ihr Stamm ist von Geburt bestimmt,
Von einer Art zur andern Art.

«Bauchläufer kennt ihr, was da schleicht
Als Schlange hin, als Echse her:
Ihr Stamm ist von Geburt bestimmt,
Von einer Art zur andern Art.

«Und Fische kennt ihr, was da schwimmt
Und schweifend in Gewässern west:
Ihr Stamm ist von Geburt bestimmt,
Von einer Art zur andern Art.

«Die Vögel kennt ihr, was da schwebt,
Auf Schwingen durch die Lüfte zieht:
Ihr Stamm ist von Geburt bestimmt,
Von einer Art zur andern Art.

«Wie nun bei diesen Arten hier
Bestimmt ist einzeln jeder Stamm,
So gilt es bei den Menschen nicht,
Daß einzeln sei der Stamm bestimmt.

«An Haaren nicht, am Haupte nicht,
An Ohren und an Augen nicht,

Am Munde nicht, an Lippen nicht,
An Nase nicht, an Brauen nicht,

«Am Halse nicht, an Schultern nicht,
Am Bauche nicht, am Rücken nicht,
An Brust nicht und an Hüften nicht,
An After nicht und nicht an Scham,

«An Händen und an Füßen nicht,
622 An Fingern und an Nägeln nicht,
An Schienen und an Schenkeln nicht,
Nicht an Gestalt und Stimme nicht
Ist einzeln jeder Stamm bestimmt
Wie bei den andern Arten hier.

«Gemeinsam ist ein jeder Mensch
Mit seinem Leibe so begabt[303]:
Was Menschen unterschieden macht,
Es ist ein Name, den man gibt.

«Wer es von Menschen immer sei,
Der von der Viehzucht sich ernährt,
Verstehe da, Vāseṭṭho, wohl:
Ein Bauer heißt er; Priester nicht.

«Wer es von Menschen immer sei,
Der durch ein Handwerk sich erhält,
Verstehe da, Vāseṭṭho, wohl:
Handwerker heißt er; Priester nicht.

«Wer es von Menschen immer sei,
Der sich durch Handel unterhält,
Verstehe da, Vāseṭṭho, wohl:
Ein Händler heißt er; Priester nicht.

«Wer es von Menschen immer sei,
Der sich in Andrer Dienst erhält,
Verstehe da, Vāseṭṭho, wohl:
Ein Dienstmann heißt er; Priester nicht.

«Wer es von Menschen immer sei,
Der nimmt was ihm nicht angehört,
Verstehe da, Vāseṭṭho, wohl:
Ein Räuber heißt er; Priester nicht.

«Wer es von Menschen immer sei,
Der sich um Sold verdungen hat,
Verstehe da, Vāseṭṭho, wohl:
Ein Söldner heißt er; Priester nicht.

«Wer es von Menschen immer sei,
Der Opferamt bei Hofe hält,
Verstehe da, Vāseṭṭho, wohl:
Ein Opfrer heißt er; Priester nicht.

«Wer es von Menschen immer sei,
Der über Land und Leute herrscht,
Verstehe da, Vāseṭṭho, wohl:
Ein König heißt er; Priester nicht. 623

«Nicht kann als Priester gelten mir
Ein fleischgeborner Muttersohn;
Wohl spricht er andre eifrig an[304]
Und strebt nach diesem, strebt nach dem:
Wer nichts erstrebt, wer nichts mehr nimmt,
Als Priester gelten kann mir der.

«Wer jedes Band durchschnitten hat,
Wer nimmer bange Furcht erfährt,
Der Überwinder, fesselfrei,
Als Priester gelten kann mir der.

«Wer Band und Riemen, Strang und Seil
Mit Macht zerschnitten hat entzwei
Und, auferwacht, den Riegel hebt:
Als Priester gelten kann mir der.

«Wer Schmähung, Schläge, Haft und Tod
Geduldig, ruhig, sanft erträgt,
Der Dulderheld, der herrlich taugt:
Als Priester gelten kann mir der.

«Der unerzürnbar schlichte Mann[305],
Der alles aushält, nichts verwünscht,
Der sanft das letzte Dasein lebt:
Als Priester gelten kann mir der.

«Dem Tropfen gleich am Lotusblatt,
Dem Senfkorn gleich an spitzem Pfriem:

Wer an der Lust nicht hängen bleibt,
Als Priester gelten kann mir der.

«Der Leiden Ende, wer es da
Hienieden noch an sich erfährt,
Von Lasten ledig, Fesseln frei:
Als Priester gelten kann mir der.

«Der tief bedacht ist, weise will,
Den Weg und Abweg deutlich schaut,
Das höchste Gut errungen hat:
Als Priester gelten kann mir der.

«Der Welt entfremdet, Brüdern fremd,
Sich keinen Menschen schließend an,
Zufrieden ohne Heim und Haus:
Als Priester gelten kann mir der.

«Verwerfend jede Waff' und Wehr,
624 Nicht Tieren feind, nicht Pflanzen feind:
Wer weder tötet, weder schlägt,
Als Priester gelten kann mir der.

«Wutlos in dieser Wütenswelt,
Wehrlos in dieser Waffenwelt,
Wunschlos in dieser Wunscheswelt:
Als Priester gelten kann mir der.

«Wer abgeworfen Gier und Haß
Und Hochmut und Scheinheiligkeit,
Senfsamen gleich von spitzem Pfriem:
Als Priester gelten kann mir der.

«Wer ohne Ärger, ohne Grimm
Der Wahrheit klare Sprache spricht,
Wodurch er keinen kränken kann:
Als Priester gelten kann mir der.

«Wer da nicht Großes, Kleines nicht,
Was fein ist, grob, schön, unschön ist.
Wer nichts von allem nehmen mag:
Als Priester gelten kann mir der.

«Wer nichts erhofft von dieser Welt,
Wer nichts erhofft von jener Welt,
Von Hoffnung heil ist, fesselfrei:
Als Priester gelten kann mir der.

«Wer nirgend haften, hangen kann,
In Weisheit nimmer ungewiß,
Am ew'gen Ufer angelangt:
Als Priester gelten kann mir der.

«Wer guter Tat und böser Tat,
Wer beiden Fesseln sich entwand,
Geläutert, ohne Gier und Gram:
Als Priester gelten kann mir der[306].

«Dem reinen vollen Monde gleich,
Der klar und heiter herrlich strahlt:
Wer Gnügelust versiegen ließ,
Als Priester gelten kann mir der.

«Wer diesem Irrweg, diesem Sumpf,
Dem Wahn der Wandelwelt entrann,
Gerettet, welterlöst, vertieft,
Unwandelbar, unzweifelhaft,
Erloschen ohne Überrest:
Als Priester gelten kann mir der.

«Wer da der Liebe Glück verschmäht
Und haus- und heimlos weiterzieht,
Wer Liebeslust versiegen ließ,
Als Priester gelten kann mir der.

«Wer Durst nach Dasein da verschmäht
Und haus- und heimlos weiterzieht,
Wer Durst nach Dasein hat versiegt,
Als Priester gelten kann mir der.

«Entronnen diesem Menschenreich,
Entgangen aller Götterwelt,
Von jedem Joche losgelöst:
Als Priester gelten kann mir der.

«Der Lust und Unlust abgewandt,
Verglommen nirgend haftend an,
Der Überwinder aller Welt:
Als Priester gelten kann mir der.

«Der Wesen Schwinden, wer es merkt,
Und ihr Erscheinen allzumal,
Unhaftbar, selig, auferwacht:
Als Priester gelten kann mir der.

«Von dem nicht Götter, Geister nicht
Und Menschen nicht die Spur erspähn:
Der Wahnversieger, Weiheherr,
Als Priester gelten kann mir der.

«Wem nichts mehr gilt Vergangenheit,
Nichts Zukunft und nichts Gegenwart,
Wer nichts erstrebt, wer nichts mehr nimmt:
Als Priester gelten kann mir der.

«Der Hehre, allerbeste Held,
Der hohe Seher, siegesreich,
Vollendet, ewig, auferwacht:
Als Priester gelten kann mir der.

«Vergangen Dasein, wer das kennt,
So Unterwelt wie Oberwelt,
Und die Geburten hat versiegt:
Als Priester gelten kann mir der.

«Nur Name ist es in der Welt
626 Den Stand und Titel darzutun,
Von alters überkommen uns,
Gegeben weiter fort und fort.

«Was lange Zeiten man geglaubt,
Das Wort Unweiser, ihr Gebot,
Man spricht es also noch uns vor:
'Ein Priester ist man durch Geburt.'

«Geburt macht nicht den Priester aus,
Geburt läßt nicht Unpriester sein:
Die Tat macht einen Priester aus,
Die Tat läßt ihn Unpriester sein.

«Ein Bauer ist man durch die Tat,
Ist durch die Tat ein Handwerksmann,
Ein Händler ist man durch die Tat,
Ist durch die Tat im Dienste Knecht,

«Ein Räuber ist man durch die Tat,
Ist durch die Tat ein Kriegsoldat,
Ein Opfrer ist man durch die Tat,
Ist durch die Tat ein Landesherr.

«Getreu der Wahrheit, wohlbewährt,
Betrachten Denker so die Tat;
Wie eines aus dem andern folgt
Verstehn sie, was die Tat erwirkt.

«Durch Taten ist die Welt bedingt,
Bedingt durch Taten ist das Volk;
Um Taten dreht sich jedes um,
Wie um die Achse rollt das Rad.

«Ein heißer Ernst, ein keuscher Sinn,
Genugsamkeit und Selbstverzicht,
Das macht den Menschen Priester sein,
Ist allerhöchste Priesterschaft.

«Der Wissen dreifach in sich trägt,
Gestillt versiegt hat Wiedersein,
Verstehe da, Vāseṭṭho, wohl,
Ist Brahmā, Sakko, recht erkannt.»

Also belehrt sagten da die jungen Brāhmanen Vāseṭṭho und Bhāradvājo zum Erhabenen:

«Vortrefflich, o Gotamo, vortrefflich, o Gotamo! Als Anhänger möge uns
Herr Gotamo betrachten, von heute an zeitlebens getreu[307].» 627

99

ZEHNTER TEIL · NEUNTE REDE

SUBHO

DAS HAB' ICH GEHÖRT. Zu einer Zeit weilte der Erhabene bei Sāvatthī, im Siegerwalde, im Garten Anāthapiṇḍikos.

Um diese Zeit nun hielt sich Subho, ein junger Brāhmane, der Sohn Todeyyos, zu Sāvatthī auf, in der Wohnung eines gewissen Hausvaters, irgendeines Geschäftes halber.

Wie sich nun Subho der junge Brāhmane, der Sohn Todeyyos, bei jenem Hausvater dort befand sprach er also zu ihm:

«Ich habe, Hausvater, reden hören, viel besucht werde Sāvatthī von Heiligen: was für einen Asketen oder Priester sollen wir da heute aufsuchen?»

«Es weilt da, o Herr, der Erhabene zu Sāvatthī, im Siegerwalde, im Garten Anāthapiṇḍikos: Ihn, o Herr, den Erhabenen sollst du aufsuchen.»

Da begab sich denn Subho der junge Brāhmane, der Sohn Todeyyos, auf den Rat jenes Hausvaters zum Erhabenen hin. Dort angelangt wechselte er höflichen Gruß und freundliche, denkwürdige Worte mit dem Erhabenen und
628 setzte sich seitwärts nieder. Seitwärts sitzend sprach nun Subho der junge Brāhmane, der Sohn Todeyyos, zum Erhabenen also:

«Die Priester, o Gotamo, reden also: ‹Wer im Hause bleibt kann Echtes erwirken, heilsames Recht; wer vom Hause fortzieht kann es nicht.› Was hält nun Herr Gotamo davon?»

«Mancherlei sag' ich, Brāhmane, darüber aus, nicht sag' ich darüber einerlei aus. Ob einer, Brāhmane, im Hause bleibt, oder ob einer vom Hause fortzieht: lebt er falsch, so lob' ich es nicht. Denn wer im Hause bleibt, Brāhmane, und wer vom Hause fortzieht: lebt er falsch, so kann er um seines falschen Lebens willen nicht Echtes erwirken, heilsames Recht. Ob einer, Brāhmane, im Hause bleibt, oder ob einer vom Hause fortzieht: lebt er recht, so lob' ich es. Denn wer im Hause bleibt, Brāhmane, und wer vom Hause fortzieht: lebt er recht, so kann er um seines rechten Lebens willen Echtes erwirken, heilsames Recht.»

«Die Priester, o Gotamo, reden also: ‹Die viel gewichtige, viel geschäftige, viel sorghafte, viel mühsame Tätigkeit des Hauslebens trägt viel ein; die wenig gewichtige, wenig geschäftige, wenig sorghafte, wenig mühsame Tätigkeit des Pilgerlebens trägt wenig ein[308].› Was hält nun Herr Gotamo davon?»

«Auch darüber sag' ich, Brāhmane, mancherlei aus, nicht sag' ich darüber
einerlei aus. Es gibt, Brāhmane, eine Tätigkeit, die viel gewichtig, viel ge-
schäftig, viel sorghaft, viel mühsam mißlingend wenig einträgt. Es gibt, Brāh-
mane, eine Tätigkeit, die viel gewichtig, viel geschäftig, viel sorghaft, viel
mühsam gelingend viel einträgt. Es gibt, Brāhmane, eine Tätigkeit, die wenig
gewichtig, wenig geschäftig, wenig sorghaft, wenig mühsam mißlingend 629
wenig einträgt. Es gibt, Brāhmane, eine Tätigkeit, die wenig gewichtig, we-
nig geschäftig, wenig sorghaft, wenig mühsam gelingend viel einträgt. Was
ist das aber, Brāhmane, für eine Tätigkeit, die viel gewichtig, viel geschäftig,
viel sorghaft, viel mühsam mißlingend wenig einträgt? Der Ackerbau ist,
Brāhmane, eine Tätigkeit, die viel gewichtig, viel geschäftig, viel sorghaft,
viel mühsam mißlingend wenig einträgt. Und was ist es, Brāhmane, für eine
Tätigkeit, die viel gewichtig, viel geschäftig, viel sorghaft, viel mühsam ge-
lingend viel einträgt? Wiederum ist der Ackerbau, Brāhmane, eine Tätigkeit,
die viel gewichtig, viel geschäftig, viel sorghaft, viel mühsam gelingend viel
einträgt. Was ist das aber, Brāhmane, für eine Tätigkeit, die wenig gewich-
tig, wenig geschäftig, wenig sorghaft, wenig mühsam mißlingend wenig ein-
trägt? Der Handel ist, Brāhmane, eine Tätigkeit, die wenig gewichtig, wenig
geschäftig, wenig sorghaft, wenig mühsam mißlingend wenig einträgt. Und
was ist es, Brāhmane, für eine Tätigkeit, die wenig gewichtig, wenig geschäf-
tig, wenig sorghaft, wenig mühsam gelingend viel einträgt? Wiederum ist der
Handel, Brāhmane, eine Tätigkeit, die wenig gewichtig, wenig geschäftig,
wenig sorghaft, wenig mühsam gelingend viel einträgt.

«Gleichwie nun, Brāhmane, der Ackerbau eine Tätigkeit ist, die viel ge-
wichtig, viel geschäftig, viel sorghaft, viel mühsam mißlingend wenig ein-
trägt: ebenso auch, Brāhmane, ist das Hausleben eine Tätigkeit, die viel ge-
wichtig, viel geschäftig, viel sorghaft, viel mühsam mißlingend wenig ein-
trägt. Gleichwie nun, Brāhmane, wiederum der Ackerbau eine Tätigkeit ist,
die viel gewichtig, viel geschäftig, viel sorghaft, viel mühsam gelingend viel
einträgt: ebenso auch, Brāhmane, ist das Hausleben eine Tätigkeit, die viel 630
gewichtig, viel geschäftig, viel sorghaft, viel mühsam gelingend viel ein-
trägt. Gleichwie nun, Brāhmane, der Handel eine Tätigkeit ist, die wenig ge-
wichtig, wenig geschäftig, wenig sorghaft, wenig mühsam mißlingend wenig
einträgt: ebenso auch, Brāhmane, ist das Pilgerleben eine Tätigkeit, die wenig
gewichtig, wenig geschäftig, wenig sorghaft, wenig mühsam mißlingend we-
nig einträgt. Gleichwie nun, Brāhmane, wiederum der Handel eine Tätigkeit
ist, die wenig gewichtig, wenig geschäftig, wenig sorghaft, wenig mühsam
gelingend viel einträgt: ebenso auch, Brāhmane, ist das Pilgerleben eine Tä-
tigkeit, die wenig gewichtig, wenig geschäftig, wenig sorghaft, wenig müh-
sam gelingend viel einträgt.»

«Die Priester, o Gotamo, geben fünf Bedingungen an, um Gutes zu tun, Heilsames zu erwerben.»

«Was da, Brāhmane, die Priester als fünf Bedingungen angeben, um Gutes zu tun, Heilsames zu erwerben: wenn es dir nicht schwer fällt, magst du wohl diese fünf Bedingungen der Versammlung hier mitteilen.»

«Es fällt mir, o Gotamo, nicht schwer, wo so Ehrwürdige versammelt sind, oder ihnen Ähnliche.»

«Wohlan denn, Brāhmane, so rede.»

«Wahrhaftigkeit, o Gotamo, geben die Priester als erste Bedingung an, um Gutes zu tun, Heilsames zu erwerben. Buße, o Gotamo, geben die Priester als zweite Bedingung an, um Gutes zu tun, Heilsames zu erwerben. Keuschen
631 Wandel, o Gotamo, geben die Priester als dritte Bedingung an, um Gutes zu tun, Heilsames zu erwerben. Andacht, o Gotamo, geben die Priester als vierte Bedingung an, um Gutes zu tun, Heilsames zu erwerben. Entsagung, o Gotamo, geben die Priester als fünfte Bedingung an, um Gutes zu tun, Heilsames zu erwerben. Die Priester, o Gotamo, geben diese fünf Bedingungen an, um Gutes zu tun, Heilsames zu erwerben. Was hält nun Herr Gotamo davon?»

«Was glaubst du, Brāhmane: gibt es unter den Priestern auch nur einen Priester, der da gesagt hat: ‹Ich selber kann den Erfolg dieser fünf Bedingungen als erfahren und verwirklicht aufweisen›?»

«Wohl nicht, o Gotamo!»

«Was glaubst du, Brāhmane: gibt es unter den Priestern auch nur einen Meister, oder Meister und Altmeister, bis zum siebenten Großmeisterahnen hinauf, der da gesagt hat: ‹Ich selber kann den Erfolg dieser fünf Bedingungen als erfahren und verwirklicht aufweisen›?»

«Wohl nicht, o Gotamo!»

«Was glaubst du, Brāhmane: die da vormals der Priester Seher waren, die Verfasser der Sprüche, Verkünder der Sprüche, deren uralte Spruchlieder, wie sie gesungen, ausgesprochen, gesammelt wurden, die Priester heute und hier ihnen nachsingen, ihnen nachsagen, das Gesagte weitersagen, das Gelehrte weiterlehren, als da waren Aṭṭhako, Vāmako, Vāmadevo, Vessāmitto, Yamataggi, Aṅgiraso, Bhāradvājo, Vāseṭṭho, Kassapo, Bhagu: haben etwa diese gesagt: ‹Wir selber können den Erfolg dieser fünf Bedingungen als erfahren und verwirklicht aufweisen›?»

«Wohl nicht, o Gotamo!»

632 «So gibt es denn, Brāhmane, unter den Priestern auch nicht einen Priester, der da gesagt hat: ‹Ich selber kann den Erfolg dieser fünf Bedingungen als erfahren und verwirklicht aufweisen›; gibt es unter den Priestern auch nicht einen Meister, oder Meister und Altmeister, bis zum siebenten Großmeisterahnen hinauf, der da gesagt hat: ‹Ich selber kann den Erfolg dieser fünf Be-

dingungen als erfahren und verwirklicht aufweisen›; und die da vormals der Priester Seher waren, die Verfasser der Sprüche, Verkünder der Sprüche, deren uralte Spruchlieder, wie sie gesungen, ausgesprochen, gesammelt wurden, die Priester heute und hier ihnen nachsingen, ihnen nachsagen, das Gesagte weitersagen, das Gelehrte weiterlehren, als da waren Aṭṭhako, Vāmako, Vāmadevo, Vessāmitto, Yamataggi, Aṅgiraso, Bhāradvājo, Vāseṭṭho, Kassapo, Bhagu: auch diese haben nicht gesagt: ‹Wir selber können den Erfolg dieser fünf Bedingungen als erfahren und verwirklicht aufweisen.› Gleichwie etwa, Brāhmane, eine Reihe Blinder, einer dem anderen angeschlossen, und kein vorderer sieht, und kein mittlerer sieht, und kein letzterer sieht: ebenso nun auch, Brāhmane, als eine Reihe Blinder will mir das Reden der Priester erscheinen, wo kein vorderer sieht, und kein mittlerer sieht, und kein letzterer sieht.»

So berichtet wurde Subho der junge Brāhmane, der Sohn Todeyyos – vom Erhabenen mit dem Gleichnisse von der Blindenreihe belehrt – unwillig und unzufrieden; und den Erhabenen lästernd und den Erhabenen tadelnd und den Erhabenen warnend – ‹Ob wohl der Asket Gotamo vollbracht hat› – sprach er also zum Erhabenen[309]:

«Pokkharasāti, o Gotamo, der Priester, der Opamaññer von Subhagavanam, hat gesagt: ‹Ebenso auch behaupten da gar manche Asketen und Priester ein überirdisches, reiches Heiltum der Wissensklarheit zu besitzen: denen 633
gereicht diese Rede nur zum Spotte, zum bloßen Namen, erweist sich ganz eitel und nichtig. Denn wie sollte wohl ein Erdensohn ein überirdisches, reiches Heiltum der Wissensklarheit verstehn oder erkennen oder verwirklichen? Das ist unmöglich.›»

«Wie denn, Brāhmane: kann der Priester Pokkharasāti, der Opamaññer von Subhagavanam, auch aller Asketen und Priester Herz im Herzen schauen und erkennen?»

«Freilich, o Gotamo, nicht einmal bei seiner Magd Puṇṇikā kann der Priester Pokkharasāti, der Opamaññer von Subhagavanam, das Herz im Herzen schauen und erkennen: woher sollt' er denn gar aller Asketen und Priester Herz im Herzen schauen und erkennen?»

«Gleichwie etwa, Brāhmane, wenn da ein Blindgeborener wäre: der sähe keine schwarzen und keine weißen Gegenstände, keine blauen und keine gelben, keine roten und keine grünen, er sähe nicht was gleich und was ungleich ist, sähe keine Sterne und nicht Mond und nicht Sonne. Und er spräche also: ‹Es gibt nichts Schwarzes und Weißes, es gibt keinen, der Schwarzes und Weißes sähe; es gibt nichts Blaues und Gelbes, es gibt keinen, der Blaues und Gelbes sähe; es gibt nichts Rotes und Grünes, es gibt keinen, der Rotes und Grünes sähe; es gibt nichts Gleiches und Ungleiches, es gibt keinen, der Glei- 634 ches und Ungleiches sähe; es gibt keine Sterne, es gibt keinen, der Sterne sähe; es gibt weder Mond noch Sonne, es gibt keinen, der Mond und Sonne sähe. Ich selber weiß nichts davon, ich selber seh' nichts davon: darum ist es nicht.› Würde der wohl, Brāhmane, also redend recht aussagen?»

«Gewiß nicht, o Gotamo! Es gibt Schwarzes und Weißes, und man sieht es; es gibt Blaues und Gelbes, und man sieht es; es gibt Rotes und Grünes, und man sieht es; es gibt Gleiches und Ungleiches, und man sieht es; es gibt Sterne und Mond und Sonne, und man sieht sie. ‹Ich selber weiß nichts davon, ich selber seh' nichts davon: darum ist es nicht›: also redend, o Gotamo, würde jener Mann gewiß nicht recht aussagen.»

«Ebenso nun auch, Brāhmane, ist der Priester Pokkharasāti, der Opamaññer aus Subhagavanam, blind und augenlos. Daß der etwa ein überirdisches, reiches Heiltum der Wissensklarheit verstehn oder erkennen oder verwirklichen würde, ist unmöglich. – Was meinst du wohl, Brāhmane: jene hochmögenden kosalischen Priester, als da sind Caṉkī der Priester, Tārukkho der Priester, Pokkharasāti der Priester, Jāṇussoṇi der Priester, oder dein Vater Todeyyo: welche gelten bei denen als besser, die da mit Zusammenhang re-
635 den können, oder ohne Zusammenhang[310]?»

«Mit Zusammenhang, o Gotamo!»

«Welche gelten ihnen als besser, die da mit Bedacht reden können, oder ohne Bedacht?»

«Mit Bedacht, o Gotamo!»

«Welche gelten ihnen als besser, die da mit Begründung reden können, oder ohne Begründung?»

«Mit Begründung, o Gotamo!»

«Welche gelten ihnen als besser, die da sinnig reden können, oder unsinnig?»

«Sinnig, o Gotamo!»

«Was meinst du wohl, Brāhmane: ist es also, hat dann der Priester Pokkharasāti, der Opamaññer aus Subhagavanam, mit Zusammenhang geredet, oder ohne Zusammenhang?»

«Ohne Zusammenhang, o Gotamo!»

«Mit Bedacht geredet, oder ohne Bedacht?»

«Ohne Bedacht, o Gotamo!»

«Mit Begründung geredet, oder ohne Begründung?»

«Ohne Begründung, o Gotamo!»

«Sinnig geredet, oder unsinnig?»

«Unsinnig, o Gotamo!»

«Fünf gibt es, Brāhmane, der Hemmungen: welche fünf? Die Hemmung durch Wunscheswillen, die Hemmung durch Hassensgroll, die Hemmung

durch matte Müde, die Hemmung durch stolzen Unmut, die Hemmung durch Schwanken. Das sind, Brāhmane, die fünf Hemmungen. In diese fünf Hemmungen, Brāhmane, ist der Priester Pokkharasāti, der Opamaññer aus Subhagavanam, eingeschlossen, eingeschnürt, verzogen und verwickelt. Daß der etwa ein überirdisches, reiches Heiltum der Wissensklarheit verstehn oder erkennen oder verwirklichen würde, ist unmöglich. Fünf gibt es, Brāhmane, der Begehrungen: welche fünf? Die durch das Gesicht ins Bewußtsein tretenden Formen, die ersehnten, geliebten, entzückenden, angenehmen, dem Begehren entsprechenden, reizenden; die durch das Gehör ins Bewußtsein
tretenden Töne, die ersehnten, geliebten, entzückenden, angenehmen, dem 636
Begehren entsprechenden, reizenden; die durch den Geruch ins Bewußtsein tretenden Düfte, die ersehnten, geliebten, entzückenden, angenehmen, dem Begehren entsprechenden, reizenden; die durch den Geschmack ins Bewußtsein tretenden Säfte, die ersehnten, geliebten, entzückenden, angenehmen, dem Begehren entsprechenden, reizenden; die durch das Getast ins Bewußtsein tretenden Tastungen, die ersehnten, geliebten, entzückenden, angenehmen, dem Begehren entsprechenden, reizenden. Das sind, Brāhmane, die fünf Begehrungen. Diesen fünf Begehrungen, Brāhmane, hat sich der Priester Pokkharasāti, der Opamaññer aus Subhagavanam, verlockt, geblendet, anheimgefallen, ohne das Elend zu sehn, ohne an Entrinnung zu denken, hingegeben. Daß der etwa ein überirdisches, reiches Heiltum der Wissensklarheit verstehn oder erkennen oder verwirklichen würde, ist unmöglich. – Was meinst du wohl, Brāhmane: wenn Feuer, durch Heu und Holz genährt, entfacht würde; oder wenn Feuer, durch regengetränktes Heu und Holz genährt, entfacht würde: welches von beiden hätte da Flamme und Glanz und Leuchtkraft?»

«Wär' es möglich, o Gotamo, Feuer, durch regengetränktes Heu und Holz genährt, zu entfachen, so hätte auch dieses Feuer Flamme und Glanz und Leuchtkraft.»

«Unmöglich ist es, Brāhmane, es kann nicht sein, daß Feuer, durch regengetränktes Heu und Holz genährt, entfacht werde, es sei denn durch magische Macht. Gleichwie nun, Brāhmane, als ob man Feuer, durch regengetränktes Heu und Holz genährt, entfachte, erscheint mir, Brāhmane, eine Heiterkeit, durch die fünf Begehrungen genährt[311]. Gleichwie nun, Brāhmane, als ob man Feuer, durch Heu und Holz genährt, entfachte, erscheint mir, Brāhmane, eine Heiterkeit, gar fern von Begierden, fern von unheilsamen Din-
gen. Was ist das aber, Brāhmane, für eine Heiterkeit, gar fern von Begierden, 637
fern von unheilsamen Dingen? Da weilt, Brāhmane, ein Mönch, eben fern von Begierden, fern von unheilsamen Dingen, in sinnend gedenkender ruhegeborener seliger Heiterkeit, in der Weihe der ersten Schauung. Das ist nun, Brāhmane, eine Heiterkeit gar fern von Begierden, fern von unheilsamen Dingen.

«Weiter sodann, Brāhmane: nach Vollendung des Sinnens und Gedenkens erwirkt der Mönch die innere Meeresstille, die Einheit des Gemütes, die von sinnen, von gedenken freie, in der Einigung geborene selige Heiterkeit, die Weihe der zweiten Schauung. Das ist nun, Brāhmane, eine Heiterkeit gar fern von Begierden, fern von unheilsamen Dingen.

«Was da, Brāhmane, die Priester als fünf Bedingungen angeben, um Gutes zu tun, Heilsames zu erwerben: welche davon erklären sie als die wirksamste, um Gutes zu tun, Heilsames zu erwerben?»

«Was da, o Gotamo, die Priester als fünf Bedingungen angeben, um Gutes zu tun, Heilsames zu erwerben: Entsagung erklären sie davon als am wirksamsten, um Gutes zu tun, Heilsames zu erwerben.»

«Was meinst du wohl, Brāhmane: es habe da irgendein Priester eine große Opferfeier vorbereitet, und es kämen zwei andere Priester heran: ‹Wir wollen dem Opferfeste dieses Priesters beiwohnen.› Und der eine der beiden gedächte bei sich: ‹Ach daß mir doch bei dem Mahle der beste Sitz, das beste Wasser, der beste Bissen zufiele, und nicht etwa einem anderen Priester!› Möglich, Brāhmane, daß einem anderen Priester beim Mahle der beste Sitz, das beste Wasser, der beste Bissen zugeteilt werde, und nicht ihm. Und er würde erbit-
638 tert und mißvergnügt: ‹Ein anderer Priester hat beim Mahle den besten Sitz, das beste Wasser, den besten Bissen erhalten, nicht ich!› Was geben nun wohl, Brāhmane, die Priester als Vergeltung dafür an?»

«Nicht reichen ja, o Gotamo, die Priester also Almosen: ‹Dadurch soll der Nächste erbittert und mißvergnügt werden›, sondern sie reichen, o Gotamo, eben aus Mitleid Almosen.»

«Ist es also, Brāhmane, so haben die Priester diesen sechsten Anlaß Gutes zu tun, nämlich aus Mitleid.»

«Also ist es, o Gotamo, daß die Priester diesen sechsten Anlaß haben Gutes zu tun, nämlich aus Mitleid.»

«Was da, Brāhmane, die Priester als fünf Bedingungen angeben, um Gutes zu tun, Heilsames zu erwerben: wo hast du diese zumeist angetroffen, bei Hausleuten oder bei den Pilgern?»

«Was da, o Gotamo, die Priester als fünf Bedingungen angeben, um Gutes zu tun, Heilsames zu erwerben: diese hab' ich zumeist bei den Pilgern angetroffen, wenig bei Hausleuten. Wer im Hause lebt, o Gotamo, ist ja viel betätigt, viel beschäftigt, viel besorgt, viel bemüht, nicht jederzeit ganz und gar der Wahrhaftigkeit zugetan. Wer aber dem Hause fernsteht, o Gotamo, ist wenig betätigt, wenig beschäftigt, wenig besorgt, wenig bemüht, jederzeit ganz und gar der Wahrhaftigkeit zugetan. Wer im Hause lebt, o Gotamo, ist ja viel betätigt, viel beschäftigt, viel besorgt, viel bemüht, nicht jederzeit ganz und gar bußhaft, keusch, andächtig, entsagungsvoll. Wer aber dem

Hause fernsteht, o Gotamo, ist wenig betätigt, wenig beschäftigt, wenig be- 639
sorgt, wenig bemüht, jederzeit ganz und gar der Buße, der Keuschheit, der
Andacht, der Entsagung zugetan. Was da, o Gotamo, die Priester als fünf Be-
dingungen angeben, um Gutes zu tun, Heilsames zu erwerben: diese hab'
ich zumeist bei den Pilgern angetroffen, wenig bei Hausleuten.»

«Was da, Brāhmane, die Priester als fünf Bedingungen angeben, um Gutes zu tun, Heilsames zu erwerben: des Herzens Geräte heiße ich diese, wo das Herz ohne Grimm, ohne Groll darauf hinarbeitet. Da ist, Brāhmane, ein Mönch wahrhaftig, und ‹Ich bin wahrhaftig› weiß er und gewinnt Verständnis des Sinnes, Verständnis der Wahrheit, verständnisreife Wahrheitwonne; und was da heilsame Wonne ist, das heiß' ich des Herzens Gerät, wo das Herz ohne Grimm, ohne Groll darauf hinarbeitet. Da ist, Brāhmane, ein Mönch bußhaft, keusch, andächtig, entsagungsvoll, und er weiß es und gewinnt Verständnis des Sinnes, Verständnis der Wahrheit, verständnisreife Wahrheitwonne; und was da heilsame Wonne ist, das heiß' ich des Herzens Gerät, wo das Herz ohne Grimm, ohne Groll darauf hinarbeitet. Was da, Brāhmane, die Priester als fünf Bedingungen angeben, um Gutes zu tun, Heilsames zu erwerben: des Herzens Geräte heiße ich diese, wo das Herz ohne Grimm, ohne Groll darauf hinarbeitet.»

Nach diesen Worten wandte sich Subho der junge Brāhmane, der Sohn Todeyyos, also an den Erhabenen:

«Reden hab' ich hören, o Gotamo: ‹Der Asket Gotamo kennt den Weg, der 640
zu Brahmā führt.›»

«Was meinst du wohl, Brāhmane: ist Naḷakāram das Dorf nahebei, liegt es unweit von hier?»

«Freilich, Herr, ist Naḷakāram das Dorf nahebei, es liegt unweit von hier.»

«Was meinst du wohl, Brāhmane: es sei da ein Mann, in Naḷakāram von Geburt auferwachsen, und man fragte ihn, wie weit es noch des Weges nach Naḷakāram sei: würde da etwa, Brāhmane, dieser Mann, in Naḷakāram von Geburt auferwachsen, um den Weg nach Naḷakāram gefragt, irgend zögern oder zaudern?»

«Gewiß nicht, o Gotamo!»

«Und warum nicht?»

«Der Mann ist ja, o Gotamo, in Naḷakāram von Geburt auferwachsen: so kennt er denn alle die Wege nach Naḷakāram genau.»

«Doch könnte, Brāhmane, dieser Mann, in Naḷakāram von Geburt auferwachsen, um den Weg nach Naḷakāram gefragt, irgend zögern oder zaudern: nicht aber kann der Vollendete, um die Brahmawelt oder den Pfad, der zur Brahmawelt führt, gefragt, irgend zögern oder zaudern. Den Brahmā kenn' ich, Brāhmane, und die Brahmawelt und den Pfad, der zur Brahmawelt führt, und auf welche Weise man in brahmische Welt gelangt, auch das kenn' ich.»

«Reden hab' ich hören, o Gotamo: ‹Der Asket Gotamo zeigt den Weg, der zu Brahmā führt.› O daß mir doch Herr Gotamo den Weg zeigte, der zu Brahmā führt!»

«Wohlan denn, Brāhmane, so höre und achte wohl auf meine Rede.»

«Ja, Herr!» erwiderte da aufmerksam Subho der junge Brāhmane, der Sohn Todeyyos, dem Erhabenen. Der Erhabene sprach also:

641 «Was ist das also, Brāhmane, für ein Weg, der zu Brahmā führt? Da strahlt, Brāhmane, ein Mönch liebevollen Gemütes weilend nach einer Richtung, dann nach einer zweiten, dann nach der dritten, dann nach der vierten, ebenso nach oben und nach unten: überall in allem sich wiedererkennend durchstrahlt er die ganze Welt mit liebevollem Gemüte, mit weitem, tiefem, unbeschränktem, von Grimm und Groll geklärtem. In also geübter liebevoller Gemüterlösung, Brāhmane, kann beschränktes Werk nicht mehr übrig bleiben, nicht mehr bestehn. Gleichwie etwa, Brāhmane, ein kräftiger Trompeter gar mühelos nach den vier Seiten posaunen kann[312], ebenso nun auch, Brāhmane, kann in also geübter liebevoller Gemüterlösung beschränktes Werk nicht mehr übrig bleiben, nicht mehr bestehn. Das aber ist, Brāhmane, der Weg, der zu Brahmā führt.

«Weiter sodann, Brāhmane: erbarmenden Gemütes, freudevollen Gemütes, unbewegten Gemütes weilend strahlt ein Mönch nach einer Richtung, dann nach einer zweiten, dann nach der dritten, dann nach der vierten, ebenso nach oben und nach unten: überall in allem sich wiedererkennend durchstrahlt er die ganze Welt mit erbarmendem Gemüte, mit freudevollem Gemüte, mit unbewegtem Gemüte, mit weitem, tiefem, unbeschränktem, von Grimm und Groll geklärtem. In also geübter erbarmender, freudevoller, unbewegter Gemüterlösung, Brāhmane, kann beschränktes Werk nicht mehr übrig bleiben, nicht mehr bestehn. Gleichwie etwa, Brāhmane, ein kräftiger Trompeter gar mühelos nach den vier Seiten posaunen kann, ebenso nun auch, Brāhmane, kann in also geübter erbarmender, freudevoller, unbewegter
642 Gemüterlösung beschränktes Werk nicht mehr übrig bleiben, nicht mehr bestehn. Das aber ist, Brāhmane, der Weg, der zu Brahmā führt.»

Nach dieser Rede sprach Subho der junge Brāhmane, der Sohn Todeyyos, zum Erhabenen also:

«Vortrefflich, o Gotamo, vortrefflich, o Gotamo! Gleichwie etwa, o Gotamo, als ob einer Umgestürztes aufstellte, oder Verdecktes enthüllte, oder Verirrten den Weg wiese, oder Licht in die Finsternis brächte: ‹Wer Augen hat wird die Dinge sehn›: ebenso auch ist von Herrn Gotamo die Lehre gar mannigfach dargelegt worden. Und so nehm' ich bei Herrn Gotamo Zuflucht, bei der Lehre und bei der Jüngerschaft: als Anhänger möge mich Herr Gotamo betrachten, von heute an zeitlebens getreu. – Wohlan denn, o Gotamo, jetzt wollen wir aufbrechen: manche Pflicht wartet unser, manche Obliegenheit.»

«Wie es dir nun, Brāhmane, belieben mag.»

Und Subho der junge Brāhmane, der Sohn Todeyyos, durch des Erhabenen Rede erfreut und befriedigt, stand auf von seinem Sitze, begrüßte den Erhabenen ehrerbietig, ging rechts herum und entfernte sich.

Um diese Zeit aber fuhr Jāṇussoṇi der Priester in einem weißen Zeltwagen aus Sāvatthī hinaus, am Nachmittage. Da sah Jāṇussoṇi der Priester den jungen Brāhmanen Subho, den Sohn Todeyyos, von ferne herankommen, und als er ihn gesehn sprach er also zu ihm:

«Sieh' da, wo kommt denn der verehrte Bhāradvājo[313] her, in der Sonne des Nachmittags[314]?»

«Von dort, Lieber, vom Asketen Gotamo komme ich.»

«Was meint wohl Herr Bhāradvājo: hat der Asket Gotamo große Geistes- 643
kraft? Man hält ihn für weise.»

«Wer bin ich, Lieber, daß ich über die große Geisteskraft des Asketen Gotamo urteilen sollte? Der müßte ihm wohl gleichen, der die große Geisteskraft des Asketen Gotamo kennte!»

«Gewaltig, fürwahr, preist Herr Bhāradvājo das Lob des Asketen Gotamo!»

«Wer bin ich, Lieber, daß ich den Asketen Gotamo preisen sollte? Von Gepriesenen gepriesen wird Herr Gotamo, der Höchste der Götter und Menschen. Und was da, Lieber, die Priester als fünf Bedingungen angeben, um Gutes zu tun, Heilsames zu erwerben: nur des Herzens Geräte sind es, hat Herr Gotamo gesagt, wo das Herz ohne Grimm, ohne Groll darauf hinarbeitet.»

Also berichtet stieg Jāṇussoṇi der Priester von seinem weißen Zeltwagen herab, entblößte eine Schulter, verneigte sich ehrerbietig nach der Richtung wo der Erhabene weilte, und ließ dann den Gruß ertönen:

«Gesegnet ist
König Pasenadi von Kosalo,
Hochgesegnet ist
König Pasenadi von Kosalo,
In dessen Reiche
Der Vollendete weilt,
Der Heilige, vollkommen Erwachte[315].»

100

ZEHNTER TEIL · ZEHNTE REDE

SAṈGĀRAVO

644 Das hab' ich gehört. Zu einer Zeit wanderte der Erhabene im Lande Kosalo von Ort zu Ort, von vielen Mönchen begleitet.

Um diese Zeit nun lebte Dhanañjānī, das Weib eines Priesters, zu Paccalakappam, gläubig ergeben dem Meister, der Lehre und den Jüngern[316].»

Da hielt denn Dhanañjānī das Priesterweib mit ihrer Arbeit inne und ließ dreimal den Gruß ertönen:

«Verehrung dem Erhabenen,
Dem heilig auferwachten Herrn!

«Verehrung dem Erhabenen,
Dem heilig auferwachten Herrn!

«Verehrung dem Erhabenen,
Dem heilig auferwachten Herrn!»

Damals aber war Saṉgāravo, ein junger Brāhmane, nach Paccalakappam gezogen, ein Meister der drei Veden, samt ihrer Auslegung und Deutung, samt ihrer Laut- und Formenlehre, und ihren Sagen zufünft, der Gesänge kundig und ein Erklärer, der die Merkmale eines großen Weltweisen aufwies.

Und Saṉgāravo der junge Brāhmane hatte gehört wie Dhanañjānī das Priesterweib also gesprochen, und er wandte sich zu ihr:

«Verkümmert ist dieses Priesterweib Dhanañjānī, verkommen ist dieses Priesterweib Dhanañjānī, das ja da, wo es Priester, Kenner der drei Veden gibt, jenen kahlgeschorenen Asketen preisen mag[317]!»

«Nicht kennst du ja doch, guter Freund, des Erhabenen Tugend und Weisheit: wenn du, guter Freund, des Erhabenen Tugend und Weisheit kenntest, so würdest du, guter Freund, nicht daran denken, Ihn, den Erhabenen zu schmähen und zu schelten.»

«Wohl denn, liebe Frau: wenn einmal der Asket Gotamo nach Paccalakappam kommt, so laß' es mir sagen!»

«Gern, guter Freund!» erwiderte da Dhanañjānī das Priesterweib Saṉgāravo dem jungen Brāhmanen.

Und der Erhabene wanderte im Lande Kosalo von Ort zu Ort weiter und gelangte allmählich nach Paccalakappam.

Zu Paccalakappam weilte nun der Erhabene, im Mangohaine der Todeyyer 645
Priester.

Da hörte Dhanañjānī das Priesterweib reden: ‹Der Erhabene ist in Paccalakappam angekommen, weilt bei Paccalakappam, im Mangohaine der Todeyyer Priester!›

Und Dhanañjānī das Priesterweib begab sich zu Saṅgāravo dem jungen Brāhmanen hin und meldete ihm:

«Er ist hier, guter Freund! In Paccalakappam ist der Erhabene angekommen, weilt bei Paccalakappam, im Mangohaine der Todeyyer Priester: wie es dir nun, guter Freund, belieben mag.»

«Schön, liebe Frau!» sagte da freundlich Saṅgāravo der junge Brāhmane zu Dhanañjānī dem Priesterweib.

Und er begab sich dorthin wo der Erhabene weilte, wechselte höflichen Gruß und freundliche, denkwürdige Worte mit dem Erhabenen und setzte sich seitwärts nieder. Seitwärts sitzend sprach nun Saṅgāravo der junge Brāhmane zum Erhabenen also:

«Es gibt, o Gotamo, manche Asketen und Priester, die der Erkenntnis letzte Vollendung, das Urasketentum hienieden erreicht zu haben glauben. Zu welchen aber, o Gotamo, von diesen Asketen und Priestern, die der Erkenntnis letzte Vollendung, das Urasketentum hienieden erreicht zu haben glauben, gehört da Herr Gotamo?»

«Die der Erkenntnis letzte Vollendung, das Urasketentum hienieden erreicht zu haben glauben sind eben, sag' ich, Bhāradvājo[318], verschieden geartet. Es gibt, Bhāradvājo, manche Asketen und Priester, die wissen vom Hörensagen her und glauben, durch Hörensagen der Erkenntnis letzte Vollendung, das Urasketentum hienieden erreicht zu haben; gleichwie etwa die Dreivedenpriester. Es gibt auch, Bhāradvājo, manche Asketen und Priester,
die ganz aus eigenem Dünken der Erkenntnis letzte Vollendung, das Uraske- 646
tentum hienieden erreicht zu haben glauben; gleichwie etwa die Grübler und Forscher[319]. Es gibt, Bhāradvājo, manche Asketen und Priester, die bei nie zuvor erfahrenen Dingen die Wahrheit eben selbst erkannt und der Erkenntnis letzte Vollendung, das Urasketentum hienieden erreicht zu haben glauben. Zu den Asketen und Priestern, Bhāradvājo, die da bei nie zuvor erfahrenen Dingen die Wahrheit eben selbst erkannt und der Erkenntnis letzte Vollendung, das Urasketentum hienieden erreicht zu haben glauben, zu denen gehör' ich. Darum muß man es nun, Bhāradvājo, dem Verhältnis entsprechend beurteilen, wie zu den Asketen und Priestern, die bei nie zuvor erfah-

renen Dingen die Wahrheit eben selbst erkannt und der Erkenntnis letzte Vollendung, das Urasketentum hienieden erreicht zu haben glauben, auch ich gehöre[320].»

664 «Ernstlich hat sich wohl Herr Gotamo darum bemüht, ehrlich hat sich wohl Herr Gotamo darum bemüht, wie das einem Heiligen, vollkommen Erwachten ansteht. – Sagt mir doch, Herr Gotamo: gibt es Götter?»

«Deutlich merkt man es ja, Bhāradvājo, ob es Götter gibt.»

«Wie denn, o Gotamo: auf die Frage ‹Gibt es Götter› antwortest du ‹Deutlich merkt man es ja, Bhāradvājo, ob es Götter gibt›; dann also ist es, o Gotamo, bloße Lüge?»

«‘Gibt es Götter’, wer also, Bhāradvājo, gefragt, ‹Es gibt Götter› sagte, und wer ‹Deutlich merkt man es ja› sagte: ein verständiger Mann wird da wohl den nämlichen Schluß ziehn, ob es Götter gibt.»

«Warum aber hat mir Herr Gotamo nicht sogleich Bescheid gegeben?»

«Der Edle ist einig geworden, Bhāradvājo, in der Welt, ob es Götter gibt[320*].»

Nach diesen Worten sprach Saṉgāravo der junge Brāhmane zum Erhabenen also:

665 «Vortrefflich, o Gotamo, vortrefflich, o Gotamo! Als Anhänger möge mich Herr Gotamo betrachten, von heute an zeitlebens getreu.»

ENDE DES MITTLEREN HALBHUNDERTS

OBERES
HALBHUNDERT
DER REDEN

ELFTER TEIL

BUCH DER GÖTTERLACHE

101

ELFTER TEIL · ERSTE REDE

VOR DER GÖTTERLACHE

DAS HAB' ICH GEHÖRT. Zu einer Zeit weilte der Erhabene im Lande der 1
Sakker, bei der Götterlache[321], wie eine Burg im Gebiete der Sakker heißt. Dort nun wandte sich der Erhabene an die Mönche: «Ihr Mönche!» – «Erlauchter!» antworteten da jene Mönche dem Erhabenen aufmerksam. Der Erhabene sprach also:

«Es gibt, ihr Mönche, manche Asketen und Priester, die sagen und lehren: ‹Was immer auch ein Mensch empfindet, sei es Wohl, oder Wehe, oder weder Wehe noch Wohl, all das ist vorhergewirkt[322]: so findet durch Büßung und Tilgung alter und Vermeidung neuer Taten ferner kein Zufluß mehr statt; weil ferner kein Zufluß mehr stattfindet, kommt es zur Tatenversiegung, durch die Tatenversiegung zur Leidenversiegung, durch die Leidenversiegung zur Gefühlversiegung, und mit der Gefühlversiegung wird alles Leid
überstanden sein.› Das behaupten, ihr Mönche, die Freien Brüder. Auf diese 2
Behauptung, ihr Mönche, trat ich zu den Freien Brüdern heran und sprach also: ‹Wirklich denn, liebe Freie Brüder, habt ihr die Meinung, habt ihr die Ansicht: 'Was immer auch ein Mensch empfindet, sei es Wohl, oder Wehe, oder weder Wehe noch Wohl, all das ist vorhergewirkt: so findet durch Büßung und Tilgung alter und Vermeidung neuer Taten ferner kein Zufluß mehr statt; weil ferner kein Zufluß mehr stattfindet, kommt es zur Tatenversiegung, durch die Tatenversiegung zur Leidenversiegung, durch die Leidenversiegung zur Gefühlversiegung, und mit der Gefühlversiegung wird alles Leid überstanden sein'?› Da mir nun, Mönche, die Freien Brüder diese Frage mit ‹Ja› beantworteten, sagt' ich ferner zu ihnen: ‹So wisset ihr wohl, liebe Freie Brüder: 'Wir sind schon ehedem gewesen, nicht sind wir nicht gewesen'?›

‹Wir wissen's nicht, Bruder.›

‹Oder wisset ihr wohl, liebe Freie Brüder: 'Wir haben schon ehedem Böses getan, wir sind nicht schuldlos geblieben'?›

‹Wir wissen's nicht, Bruder.›

‹Oder wisset ihr wohl, liebe Freie Brüder: 'Diese und jene böse Tat haben wir begangen'?›

‹Wir wissen's nicht, Bruder.›

‹Oder wisset ihr etwa, liebe Freie Brüder: ‘Ein Stück Leiden ist überstanden, ein anderes noch zu überstehn; ist aber ein Stück Leiden überstanden, so wird alles Leid überstanden werden’?›

‹Wir wissen’s nicht, Bruder.›

‹Oder wisset ihr vielleicht, liebe Freie Brüder, wie man noch bei Lebzeiten das Falsche verleugnen und das Rechte gewinnen kann?›

‹Wir wissen’s nicht, Bruder.›

3 ‹So gesteht ihr, liebe Freie Brüder, ihr wißt nicht ‘Wir sind schon ehedem gewesen, nicht sind wir nicht gewesen’, wißt nicht ‘Wir haben schon ehedem Böses getan, wir sind nicht schuldlos geblieben’, wißt nicht ‘Diese und jene böse Tat haben wir begangen’, wißt nicht ‘Ein Stück Leiden ist überstanden, ein anderes noch zu überstehn; ist aber ein Stück Leiden überstanden, so wird alles Leid überstanden werden’, wißt nicht, wie man noch bei Lebzeiten das Falsche verleugnen und das Rechte gewinnen kann: ist es also, kann es den ehrwürdigen Freien Brüdern nicht geziemen zu erklären ‘Was immer auch ein Mensch empfindet, sei es Wohl, oder Wehe, oder weder Wehe noch Wohl, all das ist vorhergewirkt: so findet durch Büßung und Tilgung alter und Vermeidung neuer Taten ferner kein Zufluß mehr statt; weil ferner kein Zufluß mehr stattfindet, kommt es zur Tatenversiegung, durch die Tatenversiegung zur Leidenversiegung, durch die Leidenversiegung zur Gefühlversiegung, und mit der Gefühlversiegung wird alles Leid überstanden sein’. Wenn ihr freilich, liebe Freie Brüder, wüßtet ‘Wir sind schon ehedem gewesen, nicht sind wir nicht gewesen’, wüßtet ‘Wir haben schon ehedem Böses getan, wir sind nicht schuldlos geblieben’, wüßtet ‘Diese und jene böse Tat haben wir begangen’, wüßtet ‘Ein Stück Leiden ist überstanden, ein anderes noch zu überstehn; ist aber ein Stück Leiden überstanden, so wird alles Leid überstanden werden’, wüßtet, wie man noch bei Lebzeiten das Falsche verleugnen und das Rechte gewinnen kann: wär’ es also, könnt’ es den ehrwürdigen
4 Freien Brüdern geziemen zu erklären ‘Was immer auch ein Mensch empfindet, sei es Wohl, oder Wehe, oder weder Wehe noch Wohl, all das ist vorhergewirkt: so findet durch Büßung und Tilgung alter und Vermeidung neuer Taten ferner kein Zufluß mehr statt; weil ferner kein Zufluß mehr stattfindet, kommt es zur Tatenversiegung, durch die Tatenversiegung zur Leidenversiegung, durch die Leidenversiegung zur Gefühlversiegung, und mit der Gefühlversiegung wird alles Leid überstanden sein’.

‹Gleichwie etwa, liebe Freie Brüder, wenn ein Mann von einem Pfeile getroffen wäre, dessen Spitze mit Gift bestrichen wurde[323]: da empfände er durch die Schärfe des Pfeiles schmerzliche, brennende, stechende Gefühle. Und seine Freunde, Genossen, Verwandte, Gevattern bestellten ihm einen heilkundigen Arzt, und der heilkundige Arzt schnitte ihm mit einem Messer

die Mündung der Wunde auf: da empfände er durch das Aufschneiden der
Mündung der Wunde mit dem Messer schmerzliche, brennende, stechende
Gefühle. Und der heilkundige Arzt suchte mit einer Sonde bei ihm nach der
Spitze: da empfände er durch das Suchen der Spitze mit der Sonde schmerz-
liche, brennende, stechende Gefühle. Und der heilkundige Arzt zöge ihm die
Spitze heraus: da empfände er durch das Herausziehn der Spitze schmerzliche,
brennende, stechende Gefühle. Und der heilkundige Arzt senkte ihm Gegen-
gift und einen glühenden Stahl in die Wunde: da empfände er durch das Ge-
gengift und den glühenden Stahl in der Wunde schmerzliche, brennende, ste-
chende Gefühle. Und nach einiger Zeit wüchse die Wunde zu und vernarbte,
und er wäre genesen, fühlte sich wohl, unabhängig, selbständig, könnte gehn
wohin er wollte. Da gedächte er: 'Ich war früher von einem Pfeile getroffen 5
worden, dessen Spitze mit Gift bestrichen: da empfand ich durch die Schärfe
des Pfeiles schmerzliche, brennende, stechende Gefühle. Und meine Freunde,
Genossen, Verwandte, Gevattern bestellten mir einen heilkundigen Arzt, und
der heilkundige Arzt schnitt mir mit einem Messer die Mündung der Wunde
auf: da empfand ich durch das Aufschneiden der Mündung der Wunde mit
dem Messer schmerzliche, brennende, stechende Gefühle. Und der heilkun-
dige Arzt suchte mit einer Sonde bei mir nach der Spitze: da empfand ich
durch das Suchen der Spitze mit der Sonde schmerzliche, brennende, ste-
chende Gefühle. Und der heilkundige Arzt zog mir die Spitze heraus: da emp-
fand ich durch das Herausziehn der Spitze schmerzliche, brennende, stechen-
de Gefühle. Und der heilkundige Arzt senkte mir Gegengift und einen glü-
henden Stahl in die Wunde: da empfand ich durch das Gegengift und den
glühenden Stahl in der Wunde schmerzliche, brennende, stechende Gefühle.
Jetzt aber ist die Wunde zugewachsen und vernarbt, und ich bin genesen,
fühle mich wohl, unabhängig, selbständig, kann gehn wohin ich will':

‹Ebenso nun auch, liebe Freie Brüder, wenn ihr wüßtet 'Wir sind schon
ehedem gewesen, nicht sind wir nicht gewesen', wüßtet 'Wir haben schon
ehedem Böses getan, wir sind nicht schuldlos geblieben', wüßtet 'Diese und
jene böse Tat haben wir begangen', wüßtet 'Ein Stück Leiden ist über-
standen, ein anderes noch zu überstehn; ist aber ein Stück Leiden überstan-
den, so wird alles Leid überstanden werden', wüßtet, wie man noch bei Leb-
zeiten das Falsche verleugnen und das Rechte gewinnen kann: wär' es also,
könnt' es den ehrwürdigen Freien Brüdern geziemen zu erklären 'Was immer
auch ein Mensch empfindet, sei es Wohl, oder Wehe, oder weder Wehe noch
Wohl, all das ist vorhergewirkt: so findet durch Büßung und Tilgung alter 6
und Vermeidung neuer Taten ferner kein Zufluß mehr statt; weil ferner kein
Zufluß mehr stattfindet, kommt es zur Tatenversiegung, durch die Taten-
versiegung zur Leidenversiegung, durch die Leidenversiegung zur Gefühl-

versiegung, und mit der Gefühlversiegung wird alles Leid überstanden sein.' Weil ihr nun aber, liebe Freie Brüder, nicht wißt 'Wir sind schon ehedem gewesen, nicht sind wir nicht gewesen', nicht wißt 'Wir haben schon ehedem Böses getan, wir sind nicht schuldlos geblieben', nicht wißt 'Diese und jene böse Tat haben wir begangen', nicht wißt 'Ein Stück Leiden ist überstanden, ein anderes noch zu überstehn; ist aber ein Stück Leiden überstanden, so wird alles Leid überstanden werden', nicht wißt, wie man noch bei Lebzeiten das Falsche verleugnen und das Rechte gewinnen kann: darum kann es den ehrwürdigen Freien Brüdern nicht geziemen zu erklären 'Was immer auch ein Mensch empfindet, sei es Wohl, oder Wehe, oder weder Wehe noch Wohl, all das ist vorhergewirkt: so findet durch Büßung und Tilgung alter und Vermeidung neuer Taten ferner kein Zufluß mehr statt; weil ferner kein Zufluß mehr stattfindet, kommt es zur Tatenversiegung, durch die Tatenversiegung zur Leidenversiegung, durch die Leidenversiegung zur Gefühlversiegung, und mit der Gefühlversiegung wird alles Leid überstanden sein'.›

«Also angeredet, ihr Mönche, sprachen die Freien Brüder zu mir:

‹Der Freie Bruder Nāthaputto, Lieber, weiß alles, versteht alles, bekennt unbeschränkte Wissensklarheit: 'Ob ich geh' oder stehe, schlaf' oder wache, jederzeit hab' ich die gesamte Wissensklarheit gegenwärtig.' Und er sagt: 'Ihr habt da, Freie Brüder, ehedem Böses getan; das büßt ihr durch diese bittere Schmerzensaskese ab. Denn weil ihr jetzt in dieser Zeit Taten, Worte und Gedanken bezwinget, lasset ihr Böses ferner nicht mehr aufkommen. So findet durch Büßung und Tilgung alter und Vermeidung neuer Taten ferner kein
7 Zufluß mehr statt; weil ferner kein Zufluß mehr stattfindet, kommt es zur Tatenversiegung, durch die Tatenversiegung zur Leidenversiegung, durch die Leidenversiegung zur Gefühlversiegung, und mit der Gefühlversiegung wird alles Leid überstanden sein.' Das aber leuchtet uns ein, und wir billigen es und geben uns damit zufrieden.›

«Auf diese Worte, ihr Mönche, sagte ich zu den Freien Brüdern:

‹Fünf Dinge gibt es, liebe Freie Brüder, die schon im Leben zweierlei Ausgang haben: welche fünf? Vertrauen, Hingabe, Hörensagen, prüfendes Urteil, geduldig Einsicht nehmen. Das sind, liebe Freie Brüder, fünf Dinge, die schon im Leben zweierlei Ausgang haben. Was haben nun die ehrwürdigen Freien Brüder bisher für Vertrauen zum Meister gehabt, was für Hingabe, was haben sie gehört, was prüfend beurteilt, wie geduldig Einsicht genommen?›

«Auf diese Frage, ihr Mönche, konnte ich von den Freien Brüdern keinerlei entsprechende Antwort erhalten, und ferner nun sprach ich, ihr Mönche, zu den Freien Brüdern also:

‹Was meint ihr wohl, liebe Freie Brüder: zu einer Zeit wo ihr euch heftig anstrengt, heftig abmüht, kommen euch zu einer solchen Zeit heftige, schmerzliche, brennende, stechende Gefühle an? Und wieder zu einer Zeit wo ihr euch nicht heftig anstrengt, nicht heftig abmüht, kommen euch zu einer solchen Zeit keine heftigen, schmerzlichen, brennenden, stechenden Gefühle an?›

‹Zu einer Zeit, Bruder Gotamo, wo wir uns heftig anstrengen, heftig abmühen, zu einer solchen Zeit kommen uns heftige, schmerzliche, brennende, stechende Gefühle an: und wieder zu einer Zeit wo wir uns nicht heftig anstrengen, nicht heftig abmühen, zu einer solchen Zeit kommen uns keine heftigen, schmerzlichen, brennenden, stechenden Gefühle an.›

‹So gesteht ihr, liebe Freie Brüder: zu einer Zeit wo ihr euch heftig an- 8
strengt, heftig abmüht, zu einer solchen Zeit kommen euch heftige, schmerz-
liche, brennende, stechende Gefühle an: und wieder zu einer Zeit wo ihr euch
nicht heftig anstrengt, nicht heftig abmüht, zu einer solchen Zeit kommen
euch keine heftigen, schmerzlichen, brennenden, stechenden Gefühle an; ist
es also, kann es da den ehrwürdigen Freien Brüdern geziemen zu erklären
'Was immer auch ein Mensch empfindet, sei es Wohl, oder Wehe, oder weder
Wehe noch Wohl, all das ist vorhergewirkt: so findet durch Büßung und Til-
gung alter und Vermeidung neuer Taten ferner kein Zufluß mehr statt; weil
ferner kein Zufluß mehr stattfindet, kommt es zur Tatenversiegung, durch
die Tatenversiegung zur Leidenversiegung, durch die Leidenversiegung
zur Gefühlversiegung, und mit der Gefühlversiegung wird alles Leid über-
standen sein'? Wenn da, liebe Freie Brüder, zu einer Zeit wo ihr euch heftig
anstrengt, heftig abmüht, zu einer solchen Zeit die heftigen, schmerzlichen,
brennenden, stechenden Gefühle eben aufhörten: und wieder zu einer Zeit
wo ihr euch nicht heftig anstrengt, nicht heftig abmüht, zu einer solchen Zeit
die heftigen, schmerzlichen, brennenden, stechenden Gefühle eben nicht auf-
hörten; wär' es also, könnt' es den ehrwürdigen Freien Brüdern geziemen zu
erklären 'Was immer auch ein Mensch empfindet, sei es Wohl, oder Wehe,
oder weder Wehe noch Wohl, all das ist vorhergewirkt: so findet durch Bü-
ßung und Tilgung alter und Vermeidung neuer Taten ferner kein Zufluß
mehr statt; weil ferner kein Zufluß mehr stattfindet, kommt es zur Taten-
versiegung, durch die Tatenversiegung zur Leidenversiegung, durch die Lei-
denversiegung zur Gefühlversiegung, und mit der Gefühlversiegung wird 9
alles Leid überstanden sein.' Weil nun aber, liebe Freie Brüder, zu einer Zeit
wo ihr euch heftig anstrengt, heftig abmüht, zu einer solchen Zeit euch hef-
tige, schmerzliche, brennende, stechende Gefühle ankommen: und wieder zu
einer Zeit wo ihr euch nicht heftig anstrengt, nicht heftig abmüht, zu einer
solchen Zeit euch keine heftigen, schmerzlichen, brennenden, stechenden Ge-
fühle ankommen, so bringt ihr da, während euch eben heftige, schmerzliche,
brennende, stechende Gefühle ankommen, ohne es zu wissen, ohne es einzu-

sehn, unsinnig die Behauptung vor 'Was immer auch ein Mensch empfindet, sei es Wohl, oder Wehe, oder weder Wehe noch Wohl, all das ist vorhergewirkt: so findet durch Büßung und Tilgung alter und Vermeidung neuer Taten ferner kein Zufluß mehr statt; weil ferner kein Zufluß mehr stattfindet, kommt es zur Tatenversiegung, durch die Tatenversiegung zur Leidenversiegung, durch die Leidenversiegung zur Gefühlversiegung, und mit der Gefühlversiegung wird alles Leid überstanden sein.'›

«Auch auf diese Worte, ihr Mönche, konnte ich von den Freien Brüdern keinerlei entsprechende Antwort erhalten, und ferner nun sprach ich, ihr Mönche, zu den Freien Brüdern also:

‹Was meint ihr wohl, liebe Freie Brüder: daß da eine Tat, die als diesseitig empfunden wird, durch eifrige Anstrengung als jenseitig empfunden werden soll, kann so etwas gelingen?›

‹Das nicht, o Bruder!›

‹Und wieder, daß da eine Tat, die als jenseitig empfunden wird, durch eifrige Anstrengung als diesseitig empfunden werden soll, kann so etwas gelingen?›

‹Das nicht, o Bruder!›

‹Was meint ihr wohl, liebe Freie Brüder: daß da eine Tat, die als Wohl emp-
10 funden wird, durch eifrige Anstrengung als Wehe empfunden werden soll,
kann so etwas gelingen?›

‹Das nicht, o Bruder!›

‹Und wieder, daß da eine Tat, die als Wehe empfunden wird, durch eifrige Anstrengung als Wohl empfunden werden soll, kann so etwas gelingen?›

‹Das nicht, o Bruder!›

‹Was meint ihr wohl, liebe Freie Brüder: daß da eine Tat, die als ausgereift empfunden wird, durch eifrige Anstrengung als unausgereift empfunden werden soll, kann so etwas gelingen?›

‹Das nicht, o Bruder!›

‹Und wieder, daß da eine Tat, die als unausgereift empfunden wird, durch eifrige Anstrengung als ausgereift empfunden werden soll, kann so etwas gelingen?›

‹Das nicht, o Bruder!›

‹Was meint ihr wohl, liebe Freie Brüder: daß da eine Tat, die als sehr schmerzlich empfunden wird, durch eifrige Anstrengung als wenig schmerzlich empfunden werden soll, kann so etwas gelingen?›

‹Das nicht, o Bruder!›

‹Und wieder, daß da eine Tat, die als wenig schmerzlich empfunden wird, durch eifrige Anstrengung als sehr schmerzlich empfunden werden soll, kann so etwas gelingen?›

‹Das nicht, o Bruder!›

‹Was meint ihr wohl, liebe Freie Brüder: daß da eine Tat, die empfunden wird, durch eifrige Anstrengung nicht empfunden werden soll, kann so etwas gelingen?›

‹Das nicht, o Bruder!›

‹Und wieder, daß da eine Tat, die nicht empfunden wird, durch eifrige Anstrengung empfunden werden soll, kann so etwas gelingen?›

‹Das nicht, o Bruder!›

‹So gesteht ihr, liebe Freie Brüder, daß da eine Tat, die als diesseitig empfunden wird, durch eifrige Anstrengung als jenseitig empfunden werden soll, das kann nicht gelingen; und daß da eine Tat, die als jenseitig empfunden wird, durch eifrige Anstrengung als diesseitig empfunden werden soll, das kann nicht gelingen; daß da eine Tat, die als Wohl empfunden wird, durch eifrige Anstrengung als Wehe empfunden werden soll, das kann nicht gelin-
gen; und daß da eine Tat, die als Wehe empfunden wird, durch eifrige An- 11
strengung als Wohl empfunden werden soll, das kann nicht gelingen; daß da eine Tat, die als ausgereift empfunden wird, durch eifrige Anstrengung als unausgereift empfunden werden soll, das kann nicht gelingen; und daß da eine Tat, die als unausgereift empfunden wird, durch eifrige Anstrengung als ausgereift empfunden werden soll, das kann nicht gelingen; daß da eine Tat, die als sehr schmerzlich empfunden wird, durch eifrige Anstrengung als wenig schmerzlich empfunden werden soll, das kann nicht gelingen; und daß da eine Tat, die als wenig schmerzlich empfunden wird, durch eifrige Anstrengung als sehr schmerzlich empfunden werden soll, das kann nicht gelingen; daß da eine Tat, die empfunden wird, durch eifrige Anstrengung nicht empfunden werden soll, das kann nicht gelingen; und daß da eine Tat, die nicht empfunden wird, durch eifrige Anstrengung empfunden werden soll, das kann nicht gelingen. Ist es also, ist der ehrwürdigen Freien Brüder Anstrengung fruchtlos, fruchtlos die Mühe.›

«Solche Sprache führen, ihr Mönche, die Freien Brüder. Bei solcher Sprache der Freien Brüder, ihr Mönche, erweisen sich zehn entsprechende Begriffe ihrer Annahme nach als unrecht.

«Wenn, ihr Mönche, die Wesen durch vorhergewirktes Werk Wohl und Wehe erfahren, dann, ihr Mönche, haben die Freien Brüder ehedem Missetat getan, da sie jetzt so schmerzliche, brennende, stechende Gefühle erfahren. Wenn, ihr Mönche, die Wesen durch die Schaffung eines Schöpfers Wohl und Wehe erfahren, dann, ihr Mönche, sind die Freien Brüder von einem bösen Schöpfer geschaffen, da sie jetzt so schmerzliche, brennende, stechende Gefühle erfahren. Wenn, ihr Mönche, die Wesen durch Fügung des Zufalls Wohl und Wehe erfahren, dann, ihr Mönche, haben die Freien Brüder einen schlim-

men Zufall getroffen, da sie jetzt so schmerzliche, brennende, stechende Gefühle erfahren. Wenn, ihr Mönche, die Wesen ihrer Geburt nach Wohl und
12 Wehe erfahren, dann, ihr Mönche, sind die Freien Brüder von übler Geburt, da sie jetzt so schmerzliche, brennende, stechende Gefühle erfahren. Wenn, ihr Mönche, die Wesen durch ihre Anstrengung hier im Leben Wohl und Wehe erfahren, dann, ihr Mönche, ist die Anstrengung der Freien Brüder hier im Leben mißlungen, da sie jetzt so schmerzliche, brennende, stechende Gefühle erfahren. Ob nun, ihr Mönche, die Wesen durch vorhergewirktes Werk Wohl und Wehe erfahren oder nicht: die Freien Brüder haben unrecht. Ob nun, ihr Mönche, die Wesen durch die Schaffung eines Schöpfers Wohl und Wehe erfahren oder nicht: die Freien Brüder haben unrecht. Ob nun, ihr Mönche, die Wesen durch Fügung des Zufalls Wohl und Wehe erfahren oder nicht: die Freien Brüder haben unrecht. Ob nun, ihr Mönche, die Wesen ihrer Geburt nach Wohl und Wehe erfahren oder nicht: die Freien Brüder haben unrecht. Ob nun, ihr Mönche, die Wesen durch ihre Anstrengung hier im Leben Wohl und Wehe erfahren oder nicht: die Freien Brüder haben unrecht.

«Solche Sprache führen, ihr Mönche, die Freien Brüder. Bei solcher Sprache der Freien Brüder, ihr Mönche, erweisen sich diese zehn entsprechenden Begriffe ihrer Annahme nach als unrecht. So aber ist, ihr Mönche, die Anstrengung fruchtlos, fruchtlos die Mühe.

«Wie aber ist, ihr Mönche, die Anstrengung fruchtbar, fruchtbar die Mühe?
13 Da läßt, ihr Mönche, ein Mönch sein unüberwältigtes Gemüt eben nicht von Leiden überwältigen, und ein wahrhaftes Wohlbefinden verleugnet er nicht, und er bleibt bei diesem Wohlbefinden unverstört. Er gedenkt bei sich: ‹Indem ich mir jener Leidensursache Vorstellung gegenwärtig halte, wird durch der Vorstellung Gegenwart die Liebe verwunden; indem ich wieder betrachtend die Betrachtung über jene Leidensursache in mir vollende, wird die Liebe verwunden.› So hält er sich denn, wo er beim Gegenwärtighalten der Vorstellung einer Leidensursache durch der Vorstellung Gegenwart die Liebe verwindet, die Vorstellung da gegenwärtig; und wo er wieder betrachtend, die Betrachtung über eine Leidensursache vollendend die Liebe verwindet, da vollendet er die Betrachtung. Weil er dieser und jener Leidensursache Vorstellung sich gegenwärtig hält und durch der Vorstellung Gegenwart die Liebe verwindet, hat er erst also dieses Leiden überstanden; weil er betrachtend, die Betrachtung über diese und jene Leidensursache vollendend die Liebe verwindet, hat er dann also dieses Leiden überstanden.

«Gleichwie etwa, ihr Mönche, wenn ein Mann in eine Frau verliebt, ihr innig zugetan wäre, sie heftig verlangte, heftig ersehnte. Und er sähe die Frau mit einem anderen Manne stehn und reden und scherzen und lachen. Was meint ihr wohl, Mönche: würde da etwa dem Manne, der jene Frau mit einem anderen Manne stehn und reden und scherzen und lachen sehn hätte, Wehe und Jammer, Schmerz, Gram und Verzweiflung aufsteigen?»

«Freilich, o Herr!»

«Und warum das?»

«Der Mann, o Herr, ist ja in jene Frau verliebt, ihr innig zugetan, verlangt
sie heftig, ersehnt sie heftig: hat er nun die Frau mit einem anderen Manne
stehn und reden und scherzen und lachen sehn, so steigt ihm darüber Wehe 14
und Jammer, Schmerz, Gram und Verzweiflung auf.»

«Aber der Mann, ihr Mönche, gedächte bei sich: ‹Ich bin in jene Frau verliebt, ihr innig zugetan, verlange sie heftig, ersehne sie heftig. Und weil ich jene Frau mit einem anderen Manne stehn und reden und scherzen und lachen sehn habe, steigt mir Wehe und Jammer, Schmerz, Gram und Verzweiflung auf. Wie, wenn ich nun was da in mir Verlangen und Liebe zu jener Frau ist verleugnete?› Und was da Verlangen und Liebe zu jener Frau ist, das verleugnete er. Und er sähe die Frau nach einiger Zeit mit einem anderen Manne stehn und reden und scherzen und lachen. Was meint ihr wohl, Mönche: würde da etwa dem Manne, der jene Frau mit einem anderen Manne stehn und reden und scherzen und lachen sehn hätte, Wehe und Jammer, Schmerz, Gram und Verzweiflung aufsteigen?»

«Gewiß nicht, o Herr!»

«Und warum nicht?»

«Der Mann, o Herr, ist ja in jene Frau nicht mehr verliebt: hat er nun die Frau mit einem anderen Manne stehn und reden und scherzen und lachen sehn, so steigt ihm darüber nicht mehr Wehe und Jammer, Schmerz, Gram und Verzweiflung auf.»

«Ebenso nun auch, ihr Mönche, läßt ein Mönch sein unüberwältigtes Ge-
müt eben nicht von Leiden überwältigen, und ein wahrhaftes Wohlbefinden
verleugnet er nicht, und er bleibt bei diesem Wohlbefinden unverstört. Er
gedenkt bei sich: ‹Indem ich mir jener Leidensursache Vorstellung gegen-
wärtig halte, wird durch der Vorstellung Gegenwart die Liebe verwunden;
indem ich wieder betrachtend die Betrachtung über jene Leidensursache in
mir vollende, wird die Liebe verwunden.› So hält er sich denn, wo er beim 15
Gegenwärtighalten der Vorstellung einer Leidensursache durch der Vorstel-
lung Gegenwart die Liebe verwindet, die Vorstellung da gegenwärtig; und
wo er wieder betrachtend, die Betrachtung über eine Leidensursache voll-
endend die Liebe verwindet, da vollendet er die Betrachtung. Weil er dieser
und jener Leidensursache Vorstellung sich gegenwärtig hält und durch der
Vorstellung Gegenwart die Liebe verwindet, hat er erst also dieses Leiden
überstanden; weil er betrachtend, die Betrachtung über diese und jene Lei-
densursache vollendend die Liebe verwindet, hat er dann also dieses Leiden

überstanden. Und so ist, ihr Mönche, die Anstrengung fruchtbar, fruchtbar die Mühe.

«Weiter sodann, ihr Mönche, überlegt der Mönch also: ‹Bin ich da froh zufrieden, so mehren sich mir die unheilsamen Dinge und mindern sich die heilsamen; halt' ich mir aber das Leiden gegenwärtig, so mindern sich mir die unheilsamen Dinge und mehren sich die heilsamen. Wie, wenn ich mir nun das Leiden gegenwärtig hielte?› Und er hält sich das Leiden gegenwärtig. Und indem er sich das Leiden gegenwärtig hält, mindern sich ihm die unheilsamen Dinge und mehren sich die heilsamen. Und späterhin hält er sich das Leiden nicht mehr gegenwärtig. Und warum nicht? Warum da, ihr Mönche, der Mönch sich das Leiden gegenwärtig halten mochte, diesen Zweck hat er erreicht: darum hält er sich späterhin das Leiden nicht mehr gegenwärtig.

«Gleichwie etwa, ihr Mönche, ein Pfeilschmied die Pfeilspitze zwischen
zwei Flammen anglühen und durchglühen läßt und gerade macht zum Ge-
brauche; nachdem nun, ihr Mönche, der Pfeilschmied die Pfeilspitze zwischen
16 zwei Flammen hat anglühen und durchglühen lassen und zum Gebrauche ge-
rade gemacht, so tut er es späterhin nicht mehr: und warum nicht? Warum da, ihr Mönche, der Pfeilschmied die Pfeilspitze zwischen zwei Flammen mochte anglühen und durchglühen lassen und gerade machen zum Gebrauche, diesen Zweck hat er erreicht: darum tut er es späterhin nicht mehr. Ebenso nun auch, ihr Mönche, überlegt der Mönch also: ‹Bin ich da froh zufrieden, so mehren sich mir die unheilsamen Dinge und mindern sich die heilsamen; halt' ich mir aber das Leiden gegenwärtig, so mindern sich mir die unheilsamen Dinge und mehren sich die heilsamen. Wie, wenn ich mir nun das Leiden gegenwärtig hielte?› Und er hält sich das Leiden gegenwärtig. Und indem er sich das Leiden gegenwärtig hält, mindern sich ihm die unheilsamen Dinge und mehren sich die heilsamen. Und späterhin hält er sich das Leiden nicht mehr gegenwärtig. Und warum nicht? Warum da, ihr Mönche, der Mönch sich das Leiden gegenwärtig halten mochte, diesen Zweck hat er erreicht: darum hält er sich späterhin das Leiden nicht mehr gegenwärtig. Und so ist, ihr Mönche, die Anstrengung fruchtbar, fruchtbar die Mühe.

21 «Weiter sodann, ihr Mönche[324]: der Mönch weilt, gar fern von Begierden, fern von unheilsamen Dingen, in sinnend gedenkender ruhegeborener seliger Heiterkeit, in der Weihe der ersten Schauung. Und so ist, ihr Mönche, die Anstrengung fruchtbar, fruchtbar die Mühe.

«Weiter sodann, ihr Mönche: nach Vollendung des Sinnens und Gedenkens gewinnt der Mönch die innere Meeresstille, die Einheit des Gemütes, die von sinnen, von gedenken freie, in der Einigung geborene selige Heiterkeit, die Weihe der zweiten Schauung. Und so ist, ihr Mönche, die Anstrengung fruchtbar, fruchtbar die Mühe.

«Weiter sodann, ihr Mönche: in heiterer Ruhe verweilt der Mönch gleichmütig, einsichtig, klar bewußt, ein Glück empfindet er im Körper, von dem die Heiligen sagen: ‹Der gleichmütig Einsichtige lebt beglückt›; so gewinnt er die Weihe der dritten Schauung. Und so ist, ihr Mönche, die Anstrengung fruchtbar, fruchtbar die Mühe.

«Weiter sodann, ihr Mönche: nach Verwerfung der Freuden und Leiden, nach Vernichtung des einstigen Frohsinns und Trübsinns erreicht der Mönch die Weihe der leidlosen, freudlosen, gleichmütig einsichtigen vollkommenen Reine, die vierte Schauung. Und so ist, ihr Mönche, die Anstrengung fruchtbar, fruchtbar die Mühe.

«Solchen Gemütes, innig, geläutert, gesäubert, gediegen, schlackengeklärt,
geschmeidig, biegsam, fest, unversehrbar, richtet er das Gemüt auf die erin-
nernde Erkenntnis früherer Daseinsformen. So kann er sich an manche ver- 22
schiedene frühere Daseinsform erinnern, als wie an ein Leben, dann an zwei
Leben, und so weiter, mit je den eigentümlichen Merkmalen, mit je den
eigenartigen Beziehungen. Und so ist, ihr Mönche, die Anstrengung frucht-
bar, fruchtbar die Mühe.

«Solchen Gemütes, innig, geläutert, gesäubert, gediegen, schlackenge-
klärt, geschmeidig, biegsam, fest, unversehrbar, richtet er das Gemüt auf die
Erkenntnis des Verschwindens-Erscheinens der Wesen. So kann er mit dem
himmlischen Auge, dem geläuterten, über menschliche Grenzen hinausrei-
chenden, die Wesen dahinschwinden und wiedererscheinen sehn, gemeine
und edle, schöne und unschöne, glückliche und unglückliche, er kann erken-
nen wie die Wesen je nach den Taten wiederkehren. Und so ist, ihr Mönche, 23
die Anstrengung fruchtbar, fruchtbar die Mühe.

«Solchen Gemütes, innig, geläutert, gesäubert, gediegen, schlackengeklärt,
geschmeidig, biegsam, fest, unversehrbar, richtet er das Gemüt auf die Er-
kenntnis der Wahnversiegung. ‹Das ist das Leiden› erkennt er der Wahrheit
gemäß. ‹Das ist die Leidensentwicklung› erkennt er der Wahrheit gemäß.
‹Das ist die Leidensauflösung› erkennt er der Wahrheit gemäß. ‹Das ist der
zur Leidensauflösung führende Pfad› erkennt er der Wahrheit gemäß. ‹Das
ist der Wahn› erkennt er der Wahrheit gemäß. ‹Das ist die Wahnentwick-
lung› erkennt er der Wahrheit gemäß. ‹Das ist die Wahnauflösung› erkennt
er der Wahrheit gemäß. ‹Das ist der zur Wahnauflösung führende Pfad› er-
kennt er der Wahrheit gemäß. Also erkennend, also sehend wird da sein Ge-
müt erlöst vom Wunscheswahn, erlöst vom Daseinswahn, erlöst vom Nicht-
wissenswahn. ‹Im Erlösten ist die Erlösung›, diese Erkenntnis geht auf. ‹Ver-
siegt ist die Geburt, vollendet das Asketentum, gewirkt das Werk, nicht 24
mehr ist diese Welt› versteht er da. So aber ist, ihr Mönche, die Anstrengung
fruchtbar, fruchtbar die Mühe.

«Solche Sprache führt, ihr Mönche, der Vollendete. Bei solcher Sprache des Vollendeten, ihr Mönche, erweisen sich zehn entsprechende Begriffe als recht.

«Wenn, ihr Mönche, die Wesen durch vorhergewirktes Werk Wohl und Wehe erfahren, dann, ihr Mönche, hat der Vollendete ehedem gute Tat getan, da er jetzt so wahnlose Wohlgefühle erfährt. Wenn, ihr Mönche, die Wesen durch die Schaffung eines Schöpfers Wohl und Wehe erfahren, dann, ihr Mönche, ist der Vollendete von einem gütigen Schöpfer geschaffen, da er jetzt so wahnlose Wohlgefühle erfährt. Wenn, ihr Mönche, die Wesen durch Fügung des Zufalls Wohl und Wehe erfahren, dann, ihr Mönche, hat der Vollendete einen glücklichen Zufall getroffen, da er jetzt so wahnlose Wohlgefühle erfährt. Wenn, ihr Mönche, die Wesen ihrer Geburt nach Wohl und Wehe erfahren, dann, ihr Mönche, ist der Vollendete von günstiger Geburt, da er jetzt so wahnlose Wohlgefühle erfährt. Wenn, ihr Mönche, die Wesen durch ihre Anstrengung hier im Leben Wohl und Wehe erfahren, dann, ihr Mönche, ist die Anstrengung des Vollendeten hier im Leben gelungen, da er jetzt so wahnlose Wohlgefühle erfährt. Ob nun, ihr Mönche, die Wesen durch vorhergewirktes Werk Wohl und Wehe erfahren oder nicht: der Vollendete hat recht. Ob nun, ihr Mönche, die Wesen durch die Schaffung eines Schöpfers Wohl und Wehe erfahren oder nicht: der Vollendete hat recht. Ob nun, ihr Mönche, die Wesen durch Fügung des Zufalls Wohl und Wehe erfahren oder nicht: der Vollendete hat recht. Ob nun, ihr Mönche, die Wesen ihrer Geburt nach Wohl und Wehe erfahren oder nicht: der Vollendete hat recht. Ob nun, ihr Mönche, die Wesen durch ihre Anstrengung hier im Leben Wohl und Wehe erfahren oder nicht: der Vollendete hat recht.

«Solche Sprache führt, ihr Mönche, der Vollendete. Bei solcher Sprache des Vollendeten, ihr Mönche, erweisen sich diese zehn entsprechenden Begriffe als recht.»

Also sprach der Erhabene. Zufrieden freuten sich jene Mönche über das Wort des Erhabenen[325].

102

ELFTER TEIL · ZWEITE REDE

DIE FÜNF UND DIE DREI

DAS HAB' ICH GEHÖRT. Zu einer Zeit weilte der Erhabene bei Sāvatthī, im Siegerwalde, im Garten Anāthapiṇḍikos. Dort nun wandte sich der Erhabene an die Mönche: «Ihr Mönche!» – «Erlauchter!» antworteten da jene Mönche dem Erhabenen aufmerksam. Der Erhabene sprach also:

«Es gibt, ihr Mönche, einige Asketen und Priester, die der Zukunft an-
hängen, der Zukunft nachsinnen, über die Zukunft mancherlei Glaubensleh- 26
ren verkünden. ‹Bewußt ist die Seele, genesen nach dem Tode›: das verkünden die einen. ‹Unbewußt ist die Seele, genesen nach dem Tode›: das verkünden die anderen. ‹Weder bewußt noch unbewußt ist die Seele, genesen nach dem Tode›: das verkünden die einen. Des lebendigen Leibes Auflösung, Zerstörung, Vernichtung verkünden wiederum andere und das höchste Glück bei Lebzeiten. Daß die Seele zwar beharre, genesen nach dem Tode, der lebendige Leib aber der Auflösung, Zerstörung, Vernichtung erliege, verkünden wiederum andere und das höchste Glück bei Lebzeiten. So verhalten sich hier die Fünf zu den Dreien wie sich die Drei zu den Fünfen verhalten: das ist die Darstellung der Fünf und der Drei.

«Die Asketen und Priester nun, ihr Mönche, welche die Seele als bewußt darstellen, genesen nach dem Tode, diese lieben Asketen und Priester sagen von ihr aus, daß sie formhaft sei, oder formlos; daß sie formhaft und formlos sei, oder weder formhaft noch formlos; daß ihr Bewußtsein einfach sei, oder
mannigfach; daß ihr Bewußtsein beschränkt sei, oder unermeßlich, genesen 27
nach dem Tode. Da gehn denn ihrer einige über alle Bewußtbarkeit hinaus und verkünden unermeßliche Unverstörung. Aber es erkennt, ihr Mönche, der Vollendete: ‹Wenn diese lieben Asketen und Priester die Seele also als bewußt darstellen, genesen nach dem Tode, und ihnen nun ein Bewußtsein dabei als geläutert, als das beste, herrlichste und höchste gilt, sei es formhaft oder formlos, sei es einfach oder mannigfach: 'Nichts ist da', so verkünden
dann andere das Reich des Nichtdaseins als unermeßliche Unverstörung. 28
Aber das ist unterschiedlich, schwerfällig; und es gibt doch eine Auflösung der Unterscheidungen, das gibt es›: in solcher Gewißheit, eingedenk dieser Entrinnung, geht der Vollendete darüber hinaus.

«Die Asketen und Priester nun, ihr Mönche, welche die Seele als unbewußt

darstellen, genesen nach dem Tode, diese lieben Asketen und Priester sagen
von ihr aus, daß sie formhaft sei, oder formlos; daß sie formhaft und formlos
sei, oder weder formhaft noch formlos, genesen nach dem Tode. Den Asketen
und Priestern nun, ihr Mönche, welche die Seele als bewußt darstellen, gene-
sen nach dem Tode, denen widersprechen diese: und warum das? 'Bewußt
sein ist siech sein, bewußt sein ist bresthaft sein, bewußt sein ist schmerzhaft
sein: das ist die Ruhe, das ist das Ziel, jenes unbewußt sein.' Aber es erkennt,
29 ihr Mönche, der Vollendete: ‹Wenn diese lieben Asketen und Priester die
Seele also als unbewußt darstellen, genesen nach dem Tode, und es wollte da
nun, ihr Mönche, irgendeiner von ihnen behaupten, 'Ich werde jenseit der
Form, jenseit des Gefühls, jenseit der Wahrnehmung, jenseit der Unterschei-
dungen, jenseit des Bewußtseins ein Kommen und Gehn, ein Verschwinden
und Erscheinen, ein Wachstum, eine Entwickelung, eine Entfaltung beweisen',
so ist das unmöglich. Aber das ist unterschiedlich, schwerfällig; und es gibt
doch eine Auflösung der Unterscheidungen, das gibt es›: in solcher Gewiß-
heit, eingedenk dieser Entrinnung, geht der Vollendete darüber hinaus.

«Die Asketen und Priester nun, ihr Mönche, welche die Seele als weder be-
wußt noch unbewußt darstellen, genesen nach dem Tode, diese lieben Aske-
ten und Priester sagen von ihr aus, daß sie formhaft sei, oder formlos; daß sie
formhaft und formlos sei, oder weder formhaft noch formlos, genesen nach
dem Tode. Den Asketen und Priestern nun, ihr Mönche, welche die Seele als
bewußt darstellen, genesen nach dem Tode, denen widersprechen diese; und
auch den lieben Asketen und Priestern, welche die Seele als unbewußt dar-
30 stellen, genesen nach dem Tode, widersprechen sie: und warum das? 'Be-
wußt sein ist siech sein, bewußt sein ist bresthaft sein, bewußt sein ist
schmerzhaft sein; unbewußt sein ist unsinnig sein: das ist die Ruhe, das ist
das Ziel, jenes weder bewußt noch unbewußt sein.' Aber es erkennt, ihr
Mönche, der Vollendete: ‹Wenn diese lieben Asketen und Priester die Seele
also als weder bewußt noch unbewußt darstellen, genesen nach dem Tode,
und es sagen nun, ihr Mönche, dergleichen Asketen und Priester, daß man
da irgend noch durch Unterscheidung des Sichtbaren, Hörbaren, Denkbaren,
Bewußtbaren jenes Ziel erreichen könne, so muß das eben, ihr Mönche, als
eine Vereitelung gelten um jenes Ziel zu erreichen: denn es erscheint nun, ihr
Mönche, jenes Ziel nicht sowohl durch Eingehn in Unterscheidung erreich-
bar als vielmehr durch Eingehn in Überunterscheidung. Aber das ist unter-
schiedlich, schwerfällig; und es gibt doch eine Auflösung der Unterscheidun-
gen, das gibt es›: in solcher Gewißheit, eingedenk dieser Entrinnung, geht
der Vollendete darüber hinaus.

31 «Da finden sich nun, ihr Mönche, Asketen und Priester, die des lebendigen
Leibes Auflösung, Zerstörung, Vernichtung darstellen, und denen, ihr Mön-

che, widersprechen nun die Asketen und Priester, die da behaupten, die Seele sei bewußt, genesen nach dem Tode; und auch manche liebe Asketen und Priester, die da behaupten, die Seele sei unbewußt, genesen nach dem Tode, widersprechen ihnen; und auch manche liebe Asketen und Priester, die da behaupten, die Seele sei weder bewußt noch unbewußt, genesen nach dem Tode, widersprechen ihnen: und warum das? Alle diese lieben Asketen und Priester halten sich an ein Drüben, hängen eben dem Glauben an: 'So werden wir nach dem Tode sein, so werden wir nach dem Tode sein!' Gleichwie etwa ein Händler auf Handel ausgeht: 'Dort werd' ich das erlangen, dafür werd' ich dies bekommen!': ebenso erscheinen mir da diese lieben Asketen und Priester wie die Händler: 'So werden wir nach dem Tode sein, so werden wir nach dem Tode sein![326]' Aber es erkennt, ihr Mönche, der Vollendete: ‹Wenn jene lieben Asketen und Priester des lebendigen Leibes Auflösung, Zerstörung, Vernichtung darstellen, so laufen sie aus Angst vor dem Dasein, aus Abscheu vor dem Dasein eben um das Dasein herum, drehn sich herum. Gleichwie etwa ein Kettenhund[327], an einen festen Pfahl oder Pfosten gefesselt, um eben diesen Pfahl oder Pfosten herumläuft, sich herumdreht, ebenso nun auch laufen jene lieben Asketen und Priester aus Angst vor dem Dasein, aus Abscheu
vor dem Dasein eben um das Dasein herum, drehn sich herum. Aber das ist 32
unterschiedlich, schwerfällig; und es gibt doch eine Auflösung der Unterscheidungen, das gibt es›: in solcher Gewißheit, eingedenk dieser Entrinnung, geht der Vollendete darüber hinaus.

«Wenn da, ihr Mönche, Asketen oder Priester der Zukunft anhängen, der Zukunft nachsinnen, über die Zukunft mancherlei Glaubenslehren aufstellen, so stellen alle solche eben diese fünf Bereiche dar, oder eines derselben.

«Es gibt, ihr Mönche, manche Asketen und Priester, die der Vergangenheit anhängen, der Vergangenheit nachsinnen, über die Vergangenheit mancherlei Glaubenslehren aufstellen, als wie ‹Ewig ist Seele und Welt; dies nur ist Wahrheit, Unsinn anderes›: das verkünden die einen. ‹Zeitlich ist Seele und Welt; dies nur ist Wahrheit, Unsinn anderes›: das verkünden die anderen. ‹Ewig und zeitlich ist Seele und Welt; dies nur ist Wahrheit, Unsinn anderes›: das verkünden die einen. ‹Weder ewig noch zeitlich ist Seele und Welt; dies nur ist Wahrheit, Unsinn anderes›: das verkünden die anderen. ‹Endlich ist Seele und Welt; dies nur ist Wahrheit, Unsinn anderes›: das verkünden die einen. ‹Unendlich ist Seele und Welt; dies nur ist Wahrheit, Unsinn anderes›: das verkünden die anderen. ‹Endlich und unendlich ist Seele und Welt; dies nur ist Wahrheit, Unsinn anderes›: das verkünden die einen. ‹Weder endlich noch unendlich ist Seele und Welt; dies nur ist Wahrheit, Unsinn
anderes›: das verkünden die anderen. ‹Einfach bewußt ist Seele und Welt; 33
dies nur ist Wahrheit, Unsinn anderes›: das verkünden die einen. ‹Mannig-

fach bewußt ist Seele und Welt; dies nur ist Wahrheit, Unsinn anderes›: das verkünden die anderen. ‹Beschränkt bewußt ist Seele und Welt; dies nur ist Wahrheit, Unsinn anderes›: das verkünden die einen. ‹Unermeßlich bewußt ist Seele und Welt; dies nur ist Wahrheit, Unsinn anderes›: das verkünden die anderen. ‹Einzig freudvoll ist Seele und Welt; dies nur ist Wahrheit, Unsinn anderes›: das verkünden die einen. ‹Einzig leidvoll ist Seele und Welt; dies nur ist Wahrheit, Unsinn anderes›: das verkünden die anderen. ‹Freudvoll und leidvoll ist Seele und Welt; dies nur ist Wahrheit, Unsinn anderes›: das verkünden die einen. ‹Weder freudvoll noch leidvoll ist Seele und Welt; dies nur ist Wahrheit, Unsinn anderes›: das verkünden die anderen.

«Daß nun, ihr Mönche, diese Asketen und Priester, die solches meinen, solches glauben, etwa auch ohne Zutrauen, ohne Hingabe, ohne Hörensagen, ohne prüfendes Urteil, ohne geduldig Einsicht zu nehmen eben selber die Erkenntnis erlangten, die geläuterte, die geklärte: das ist unmöglich. Ermangeln sie aber selber, ihr Mönche, der Erkenntnis, der geläuterten, der geklärten, so kann diesen lieben Asketen und Priestern was sie auch hier an einiger Erkenntnis etwa irgend erringen mögen doch nur als Anhangen gelten. ‹Aber das ist unterschiedlich, schwerfällig; und es gibt doch eine Auflösung der Un-
34 terscheidungen, das gibt es›: in solcher Gewißheit, eingedenk dieser Entrinnung, geht der Vollendete darüber hinaus.

35 «Da hat, ihr Mönche, irgendein Asket oder Priester das Erforschen der Vergangenheit aufgegeben, das Erforschen der Zukunft aufgegeben, hat gänzlich die Bande des Begehrens abgestreift und weilt in der Weihe einsamer Freude: 'Das ist die Ruhe, das ist das Ziel, daß ich da in der Weihe einsamer Freude weile.' Und diese einsame Freude vergeht ihm, und wann ihm die einsame Freude vergeht erhebt sich Trübsinn, und wann ihm der Trübsinn vergeht erhebt sich einsame Freude. Gleichwie etwa einen, ihr Mönche, den der Schatten verläßt die Sonne ankommt, und den die Sonne verläßt der Schatten ankommt: ebenso nun auch, ihr Mönche, erhebt sich wann die einsame Freude vergeht Trübsinn, und erhebt sich wann der Trübsinn vergeht einsame Freude. Aber es erkennt, ihr Mönche, der Vollendete: ‹Dieser liebe Asket oder Priester hat das Erforschen der Vergangenheit aufgegeben, hat das Erforschen der Zukunft aufgegeben, hat gänzlich die Bande des Begehrens abgestreift und weilt in der Weihe einsamer Freude: 'Das ist die Ruhe, das ist das Ziel, daß ich da in der Weihe einsamer Freude weile.' Und diese einsame Freude vergeht ihm, und wann ihm die einsame Freude vergeht erhebt sich Trübsinn, und wann ihm der Trübsinn vergeht erhebt sich einsame Freude. Aber das ist unterschiedlich, schwerfällig; und es gibt doch eine Auflösung der Unterscheidungen, das gibt es›: in solcher Gewißheit, eingedenk dieser Entrinnung, geht der Vollendete darüber hinaus.

«Da hat nun, ihr Mönche, irgendein Asket oder Priester das Erforschen der
Vergangenheit aufgegeben, das Erforschen der Zukunft aufgegeben, hat gänz-
lich die Bande des Begehrens abgestreift, hat die einsame Freude überwunden
und weilt in der Weihe überweltlichen Wohles: 'Das ist die Ruhe, das ist das 36
Ziel, daß ich da in der Weihe überweltlichen Wohles weile.' Und dieses über-
weltliche Wohl vergeht ihm, und wann ihm das überweltliche Wohl vergeht
erhebt sich einsame Freude, und wann ihm die einsame Freude vergeht er-
hebt sich überweltliches Wohl. Gleichwie etwa einen, ihr Mönche, den der
Schatten verläßt die Sonne ankommt, und den die Sonne verläßt der Schatten
ankommt: ebenso nun auch, ihr Mönche, erhebt sich wann das überweltliche
Wohl vergeht einsame Freude, und erhebt sich wann die einsame Freude ver-
geht überweltliches Wohl. Aber es erkennt, ihr Mönche, der Vollendete: ‹Die-
ser liebe Asket oder Priester hat das Erforschen der Vergangenheit aufgege-
ben, hat das Erforschen der Zukunft aufgegeben, hat gänzlich die Bande des
Begehrens abgestreift, hat die einsame Freude überwunden und weilt in der
Weihe überweltlichen Wohles: 'Das ist die Ruhe, das ist das Ziel, daß ich da
in der Weihe überweltlichen Wohles weile.' Und dieses überweltliche Wohl
vergeht ihm, und wann ihm das überweltliche Wohl vergeht erhebt sich ein-
same Freude, und wann ihm die einsame Freude vergeht erhebt sich über-
weltliches Wohl. Aber das ist unterschiedlich, schwerfällig; und es gibt doch
eine Auflösung der Unterscheidungen, das gibt es›: in solcher Gewißheit,
eingedenk dieser Entrinnung, geht der Vollendete darüber hinaus.

«Da hat, ihr Mönche, irgendein Asket oder Priester das Erforschen der
Vergangenheit aufgegeben, das Erforschen der Zukunft aufgegeben, hat gänz-
lich die Bande des Begehrens abgestreift, hat die einsame Freude überwun-
den, hat das überweltliche Wohl überwunden und weilt in der Weihe leid-
losen, freudlosen Gefühles: 'Das ist die Ruhe, das ist das Ziel, daß ich da in 37
der Weihe leidlosen, freudlosen Gefühles weile.' Und dieses leidlose, freud-
lose Gefühl vergeht ihm, und wann ihm das leidlose, freudlose Gefühl vergeht
erhebt sich überweltliches Wohl, und wann ihm das überweltliche Wohl ver-
geht erhebt sich leidloses, freudloses Gefühl. Gleichwie etwa einen, ihr Mön-
che, den der Schatten verläßt die Sonne ankommt, und den die Sonne verläßt
der Schatten ankommt: ebenso nun auch, ihr Mönche, erhebt sich wann das
leidlose, freudlose Gefühl vergeht überweltliches Wohl, und erhebt sich wann
das überweltliche Wohl vergeht leidloses, freudloses Gefühl. Aber es erkennt, ihr
Mönche, der Vollendete: ‹Dieser liebe Asket oder Priester hat das Erforschen
der Vergangenheit aufgegeben, hat das Erforschen der Zukunft aufgegeben, hat
gänzlich die Bande des Begehrens abgestreift, hat die einsame Freude überwun-
den, hat das überweltliche Wohl überwunden und weilt in der Weihe leidlosen,
freudlosen Gefühles: 'Das ist die Ruhe, das ist das Ziel, daß ich da in der Weihe

leidlosen, freudlosen Gefühles weile.' Und dieses leidlose, freudlose Gefühl vergeht ihm, und wann ihm das leidlose, freudlose Gefühl vergeht erhebt sich überweltliches Wohl, und wann ihm das überweltliche Wohl vergeht erhebt sich leidloses, freudloses Gefühl. Aber das ist unterschiedlich, schwerfällig; und es gibt doch eine Auflösung der Unterscheidungen, das gibt es›: in solcher Gewißheit, eingedenk dieser Entrinnung, geht der Vollendete darüber hinaus.

«Da hat nun, ihr Mönche, irgendein Asket oder Priester das Erforschen der Vergangenheit aufgegeben, das Erforschen der Zukunft aufgegeben, hat gänzlich die Bande des Begehrens abgestreift, hat die einsame Freude überwun-
38 den, hat das überweltliche Wohl überwunden, hat das leidlose, freudlose Gefühl überwunden und 'Verglommen bin ich, erloschen bin ich, ohne Anhangen in mir' merkt er bei sich. Aber es erkennt, ihr Mönche, der Vollendete: ‹Dieser liebe Asket oder Priester hat das Erforschen der Vergangenheit aufgegeben, hat das Erforschen der Zukunft aufgegeben, hat gänzlich die Bande des Begehrens abgestreift, hat die einsame Freude überwunden, hat das überweltliche Wohl überwunden, hat das leidlose, freudlose Gefühl überwunden und 'Verglommen bin ich, erloschen bin ich, ohne Anhangen in mir' merkt er bei sich. Freilich hat dieser Ehrwürdige von dem Pfade gesprochen, der zur Erlöschung eben hinleitet[328]. Und da ist denn dieser liebe Asket oder Priester der Erforschung der Vergangenheit doch etwa anhänglich angehangen, der Erforschung der Zukunft doch etwa anhänglich angehangen, den Banden des Begehrens doch etwa anhänglich angehangen, der einsamen Freude doch etwa anhänglich angehangen, dem überweltlichen Wohle doch etwa anhänglich angehangen, dem leidlosen, freudlosen Gefühle doch etwa anhänglich angehangen: und daß nun dieser Ehrwürdige 'Verglommen bin ich, erloschen bin ich, ohne Anhangen in mir' bei sich merkt, das eben kann diesem lieben Asketen oder Priester als Anhangen gelten. Aber das ist unterschiedlich, schwerfällig; und es gibt doch eine Auflösung der Unterscheidungen, das gibt es›: in solcher Gewißheit, eingedenk dieser Entrinnung, geht der Vollendete darüber hinaus.

«Da hat nun, ihr Mönche, der Vollendete den unvergleichlichen höchsten Friedenspfad auferschlossen, das heißt der sechs Sinnesgebiete Aufgang und Untergang, Labsal und Elend und Überwindung der Wahrheit gemäß verstehn und ohne Anhangen ledig sein.

39 «So hat denn, ihr Mönche, der Vollendete den unvergleichlichen höchsten Friedenspfad auferschlossen, das heißt der sechs Sinnesgebiete Aufgang und Untergang, Labsal und Elend und Überwindung der Wahrheit gemäß verstehn und ohne Anhangen ledig sein.»

Also sprach der Erhabene. Zufrieden freuten sich jene Mönche über das Wort des Erhabenen[329].

103

ELFTER TEIL · DRITTE REDE

VIELLEICHT

DAS HAB' ICH GEHÖRT. Zu einer Zeit weilte der Erhabene zu Kusinārā, bei Gabenhain, im Waldgehölze. Dort nun wandte sich der Erhabene an die Mönche: «Ihr Mönche!» – «Erlauchter!» antworteten da jene Mönche dem Erhabenen aufmerksam. Der Erhabene sprach also:

«Vielleicht, ihr Mönche, meint ihr von mir: ‹Um der Kleidung willen legt der Asket Gotamo die Lehre dar, um der Almosenbissen willen legt der Asket Gotamo die Lehre dar, um des Obdachs willen legt der Asket Gotamo die Lehre dar, um dieser und anderer Dinge willen legt der Asket Gotamo die Lehre dar›?»

«Nicht doch, o Herr, meinen wir vom Erhabenen: ‹Um der Kleidung willen legt der Asket Gotamo die Lehre dar, um der Almosenbissen willen legt der Asket Gotamo die Lehre dar, um des Obdachs willen legt der Asket Gotamo die Lehre dar, um dieser und anderer Dinge willen legt der Asket Gotamo die Lehre dar.›»

«Wenn ihr denn, Mönche, von mir das nicht meint, was also meint ihr 40
wohl, Mönche, von mir?»

«Das meinen wir, o Herr, vom Erhabenen: mitleidig ist der Erhabene, wohlwollend, von Mitleid bewogen legt er die Lehre dar.»

«Meint ihr nun, Mönche, das von mir, dann habt ihr da, Mönche, was ich euch unterweisend oftmals[330] gezeigt habe, und zwar die vier Pfeiler der Einsicht, die vier gewaltigen Kämpfe, die vier Machtgebiete, die fünf Fähigkeiten, die fünf Vermögen, die sieben Erweckungen, den heiligen achtfältigen Weg eben alle in Eintracht, verträglich, ohne Hader hier eifrig zu üben.

«Und während ihr euch, Mönche, in Eintracht, verträglich, ohne Hader eifrig übt, seien zwei Mönche über die Lehre verschiedener Meinung. Wenn ihr da nun merken solltet, ‹Diese Ehrwürdigen denken anders über den Sinn und anders über das Wort›, so hättet ihr einen Mönch, der euch zutraulicher bedeuchte, aufzusuchen und ihm zu sagen: ‹Die Ehrwürdigen denken anders über den Sinn und anders über das Wort; das mögt ihr Ehrwürdigen eben daran erkennen, wie es dem Sinne nach anders ist und dem Worte nach, auf daß ihr Ehrwürdigen nicht in Hader geratet.› Und auch bei den anderen, gegenüberstehenden Mönchen hättet ihr einen Mönch, der euch zutraulicher be-

deuchte, aufzusuchen und ihm zu sagen: ‹Die Ehrwürdigen denken anders
über den Sinn und anders über das Wort; das mögt ihr Ehrwürdigen eben
daran erkennen, wie es dem Sinne nach anders ist und dem Worte nach, auf
41 daß ihr Ehrwürdigen nicht in Hader geratet.› So hat man falsch Verstandenes
als falsch verstanden festzustellen, und hat man falsch Verstandenes als falsch
verstanden festgestellt, was Lehre ist und was Zucht ist vorzutragen.

«Wenn ihr da nun merken solltet, ‹Diese Ehrwürdigen denken wohl dem Sinne nach anders, dem Worte nach sind sie einig›, so hättet ihr einen Mönch, der euch zutraulicher bedeuchte, aufzusuchen und ihm zu sagen: ‹Die Ehrwürdigen denken wohl dem Sinne nach anders, dem Worte nach sind sie einig; das mögt ihr Ehrwürdigen eben daran erkennen, wie es wohl dem Sinne nach anders, dem Worte nach dasselbe ist, auf daß ihr Ehrwürdigen nicht in Hader geratet.› Und auch bei den anderen, gegenüberstehenden Mönchen hättet ihr einen Mönch, der euch zutraulicher bedeuchte, aufzusuchen und ihm zu sagen: ‹Die Ehrwürdigen denken wohl dem Sinne nach anders, dem Worte nach sind sie einig; das mögt ihr Ehrwürdigen eben daran erkennen, wie es wohl dem Sinne nach anders, dem Worte nach dasselbe ist, auf daß ihr Ehrwürdigen nicht in Hader geratet.› So hat man falsch Verstandenes als falsch verstanden festzustellen, recht Verstandenes als recht verstanden festzustellen, und hat man falsch Verstandenes als falsch verstanden festgestellt, recht Verstandenes als recht verstanden festgestellt, was Lehre ist und was Zucht ist vorzutragen.

«Wenn ihr da nun merken solltet, ‹Diese Ehrwürdigen sind wohl dem Sinne
nach einig, dem Worte nach auseinander›, so hättet ihr einen Mönch, der
euch zutraulicher bedeuchte, aufzusuchen und ihm zu sagen: ‹Die Ehrwürdi-
gen sind wohl dem Sinne nach einig, dem Worte nach auseinander; das mögt
ihr Ehrwürdigen eben daran erkennen, wie es wohl dem Sinne nach dasselbe,
42 dem Worte nach anders ist: aber daran ist wenig gelegen, an dem Worte, auf
daß ihr Ehrwürdigen nicht um Kleinlichkeiten in Hader geratet.› Und auch
bei den anderen, gegenüberstehenden Mönchen hättet ihr einen Mönch, der
euch zutraulicher bedeuchte, aufzusuchen und ihm zu sagen: ‹Die Ehrwürdi-
gen sind wohl dem Sinne nach einig, dem Worte nach auseinander; das mögt
ihr Ehrwürdigen eben daran erkennen, wie es wohl dem Sinne nach dasselbe,
dem Worte nach anders ist: aber daran ist wenig gelegen, an dem Worte, auf
daß ihr Ehrwürdigen nicht um Kleinlichkeiten in Hader geratet.› So hat man
recht Verstandenes als recht verstanden festzustellen, falsch Verstandenes als
falsch verstanden festzustellen, und hat man recht Verstandenes als recht ver-
standen festgestellt, falsch Verstandenes als falsch verstanden festgestellt,
was Lehre ist und was Zucht ist vorzutragen.

«Wenn ihr da nun merken solltet, ‹Diese Ehrwürdigen sind dem Sinne

nach einig und dem Worte nach einig›, so hättet ihr einen Mönch, der euch zutraulicher bedeuchte, aufzusuchen und ihm zu sagen: ‹Die Ehrwürdigen sind dem Sinne nach einig und dem Worte nach einig; das mögt ihr Ehrwürdigen eben daran erkennen, wie es dem Sinne nach dasselbe ist und dem Worte nach, auf daß ihr Ehrwürdigen nicht in Hader geratet.› Und auch bei den anderen, gegenüberstehenden Mönchen hättet ihr einen Mönch, der euch zutraulicher bedeuchte, aufzusuchen und ihm zu sagen: ‹Die Ehrwürdigen sind dem Sinne nach einig und dem Worte nach einig; das mögt ihr Ehrwürdigen eben daran erkennen, wie es dem Sinne nach dasselbe ist und dem Worte nach, auf daß ihr Ehrwürdigen nicht in Hader geratet.› So hat man recht Verstandenes als recht verstanden festzustellen, und hat man recht Verstandenes 43
als recht verstanden festgestellt, was Lehre ist und was Zucht ist vorzutragen.

«Und während ihr euch, Mönche, in Eintracht, verträglich, ohne Hader eifrig übt, habe da ein Mönch gefehlt, habe sich vergangen. Da soll man, ihr Mönche, mit der Ermahnung nicht zaudern, soll auf den Mann sein Augenmerk richten: ‹Das wird mir keine Plage bereiten und dem Nächsten keinen Anstoß: denn dieser Mann ist nicht zornig, nicht feindselig, nicht schwach von Begriffen, läßt sich leicht zurechtweisen, und ich kann ihn vom Unrechten abbringen und im Rechten bestärken›: verhält es sich also, ihr Mönche, dann ist Ansprache schicklich.

«Verhält es sich ferner, ihr Mönche, also: ‹Das wird zwar mir keine Plage, aber dem Nächsten Anstoß bereiten: denn dieser Mann ist zornig, feindselig, schwach von Begriffen, doch läßt er sich leicht zurechtweisen, und ich kann ihn vom Unrechten abbringen und im Rechten bestärken; und so ist wenig daran gelegen, am Anstoß des Nächsten, sondern vielmehr eben daran, daß ich ihn vom Unrechten abbringen und im Rechten bestärken kann›: verhält es sich also, ihr Mönche, dann ist Ansprache schicklich.

«Verhält es sich ferner, ihr Mönche, also: ‹Das wird mir zwar Plage bereiten, aber keinen Anstoß dem Nächsten: denn dieser Mann ist nicht zornig, nicht feindselig, nicht schwach von Begriffen, doch läßt er sich schwer zurechtweisen, aber ich kann ihn vom Unrechten abbringen und im Rechten bestärken; und so ist wenig daran gelegen, an meiner Plage, sondern vielmehr eben daran, daß ich ihn vom Unrechten abbringen und im Rechten bestärken kann›: verhält es sich also, ihr Mönche, dann ist Ansprache schicklich. 44

«Verhält es sich ferner, ihr Mönche, also: ‹Das wird mir Plage bereiten und Anstoß dem Nächsten: denn dieser Mann ist zornig, feindselig, schwach von Begriffen, läßt sich schwer zurechtweisen, doch kann ich ihn vom Unrechten abbringen und im Rechten bestärken; und so ist wenig daran gelegen, an meiner Plage und am Anstoß des Nächsten, sondern vielmehr eben daran, daß ich ihn vom Unrechten abbringen und im Rechten bestärken kann›: verhält es sich also, ihr Mönche, dann ist Ansprache schicklich.

«Verhält es sich ferner, ihr Mönche, also: ‹Das wird mir Plage bereiten und Anstoß dem Nächsten: denn dieser Mann ist zornig, feindselig, schwach von Begriffen, läßt sich schwer zurechtweisen, und ich kann ihn vom Unrechten nicht abbringen und im Rechten bestärken›: bei einem solchen Manne, ihr Mönche, darf man den Gleichmut nicht außer acht lassen.

«Und während ihr euch, Mönche, in Eintracht, verträglich, ohne Hader eifrig übt, habe sich unter euch unterschiedliche Rede erhoben, eigensinniges Behaupten[331], geistiges Erstarren, Mißtrauen, Verdrossenheit. Da hättet ihr bei den einen gegenüberstehenden Mönchen einen Mönch, der euch zutraulicher bedeuchte, aufzusuchen und ihm zu sagen: ‹Während wir, Bruder, in Eintracht, verträglich, ohne Hader eifrig uns übten, hat sich unter uns unterschiedliche Rede erhoben, eigensinniges Behaupten, geistiges Erstarren, Mißtrauen, Verdrossenheit: das prüfe der Asket, um es abzuweisen.› Rechten Be-
45 scheid, ihr Mönche, würde der Mönch also geben: ‹Wenn wir, Brüder, in Eintracht, verträglich, ohne Hader eifrig uns übten, und es hat sich unter uns unterschiedliche Rede erhoben, eigensinniges Behaupten, geistiges Erstarren, Mißtrauen, Verdrossenheit, so prüfe das der Asket, um es abzuweisen.› – ‹Doch kann man, Bruder, ohne davon zu lassen, die Erlöschung verwirklichen?› Rechten Bescheid, ihr Mönche, würde der Mönch also geben: ‹Man kann, Brüder, ohne davon zu lassen, nicht die Erlöschung verwirklichen.› Und auch bei den anderen gegenüberstehenden Mönchen hättet ihr einen Mönch, der euch zutraulicher bedeuchte, aufzusuchen und ihm zu sagen: ‹Während wir, Bruder, in Eintracht, verträglich, ohne Hader eifrig uns übten, hat sich unter uns unterschiedliche Rede erhoben, eigensinniges Behaupten, geistiges Erstarren, Mißtrauen, Verdrossenheit: das prüfe der Asket, um es abzuweisen.› Rechten Bescheid, ihr Mönche, würde der Mönch also geben: ‹Wenn wir, Brüder, in Eintracht, verträglich, ohne Hader eifrig uns übten, und es hat sich unter uns unterschiedliche Rede erhoben, eigensinniges Behaupten, geistiges Erstarren, Mißtrauen, Verdrossenheit, so prüfe das der Asket, um es abzuweisen.› – ‹Doch kann man, Bruder, ohne davon zu lassen, die Erlöschung verwirklichen?› Rechten Bescheid, ihr Mönche, würde der Mönch also geben: ‹Man kann, Brüder, ohne davon zu lassen, nicht die Erlöschung verwirklichen.›

«Wenn nun, ihr Mönche, die anderen diesen Mönch fragten: ‹Hat wohl der Ehrwürdige jene Mönche vom Unrechten abgebracht und im Rechten bestärkt?›, so würde, ihr Mönche, der Mönch rechten Bescheid also geben:
46 ‹Ich war da, Brüder, zum Erhabenen gegangen, und der Erhabene hat mir die Lehre dargelegt; und da ich nun die Lehre vernommen, hab' ich sie jenen

Mönchen vorgetragen: auf diese Lehre haben die Mönche gehorcht und sind vom Unrechten abgekommen, im Rechten erstarkt.› Also bescheidend, ihr Mönche, hebt ein Mönch weder sich selber hervor, noch setzt er den Nächsten herab, und er redet der Lehre gemäß, so daß sich kein entsprechender Folgesatz als ungehörig erweisen kann.»

Also sprach der Erhabene. Zufrieden freuten sich jene Mönche über das Wort des Erhabenen[332].

104

ELFTER TEIL · VIERTE REDE

VOR SĀMAGĀMO

DAS HAB' ICH GEHÖRT. Zu einer Zeit weilte der Erhabene im Lande der Sakker, bei Sāmagāmo[333].

Um diese Zeit nun war der Freie Bruder Nāthaputto zu Pāvā eben erst gestorben. Nach dessen Tode zerfielen die Freien Brüder, entzweiten sich, Zank und Streit brach aus unter ihnen, sie haderten miteinander und scharfe Wortgefechte fanden statt: ‹Nicht du kennst diese Lehre und Ordnung: ich kenne diese Lehre und Ordnung! Was wirst du diese Lehre und Ordnung verstehn? Auf falscher Fährte bist du: ich bin auf rechter Fährte. Mir ist's gelungen: dir mißlungen. Was vorher zu sagen ist hast du nachher gesagt: was nachher zu sagen ist hast du vorher gesagt. Deine Behauptung ist umgestürzt, dein Wort dir entwunden worden: gebändigt bist du, gib deine Rede verloren, oder widersteh' wenn du kannst!›: so trat einer dem anderen entgegen. Wie
ein Mörder schien sich fast jeder von den Freien Brüdern, den Nachfolgern 47
Nāthaputtos, zu gebärden. Die aber da dem Freien Bruder Nāthaputto als Anhänger zugetan waren, im Hause lebend, weiß gekleidet, die schienen vor den Freien Brüdern, den Nachfolgern Nāthaputtos, Unbehagen, Mißfallen, Widerwillen zu empfinden, wie das eintritt bei einer schlechtverkündeten Heilsordnung, bei einer schlechtdargelegten, abstoßenden, Unruhe schaffenden, die kein vollkommen Erwachter kundgetan hat, deren Kuppel geborsten ist, die keine Zuflucht gewährt[334].

Da nun begab sich Cundo, ein Asketenlehrling, der die Regenzeit in Pāvā zugebracht hatte, nach Sāmagāmo, dorthin wo der ehrwürdige Ānando weilte. Dort angelangt begrüßte er den ehrwürdigen Ānando höflich und setzte sich zur Seite nieder. Zur Seite sitzend sprach nun Cundo der Asketenlehrling zum ehrwürdigen Ānando also:

«Der Freie Bruder, o Herr, Nāthaputto ist zu Pāvā vor kurzem gestorben. Nach dessen Tode sind die Freien Brüder zerfallen, haben sich entzweit, Zank und Streit ist unter ihnen ausgebrochen, sie hadern miteinander und scharfe Wortgefechte finden statt. Wie ein Mörder scheint sich fast jeder von den Freien Brüdern, den Nachfolgern Nāthaputtos, zu gebärden. Die aber da dem Freien Bruder Nāthaputto als Anhänger zugetan sind, im Hause lebend, weiß gekleidet, die scheinen vor den Freien Brüdern, den Nachfolgern Nāthaputtos, Unbehagen, Mißfallen, Widerwillen zu empfinden, wie das eintritt bei einer schlechtverkündeten Heilsordnung, bei einer schlechtdargelegten, abstoßenden, Unruhe schaffenden, die kein vollkommen Erwachter kundgetan hat, deren Kuppel geborsten ist, die keine Zuflucht gewährt.»

Auf diese Worte wandte sich der ehrwürdige Ānando also an Cundo den Asketenlehrling:

«Es ist, Bruder Cundo, dieser Mitteilung halber geraten, den Erhabenen aufzusuchen. Wir wollen, Bruder Cundo, zum Erhabenen hingehn und davon berichten.»

«Gern, o Herr!» sagte da Cundo der Asketenlehrling, dem ehrwürdigen Ānando zustimmend.

Und der ehrwürdige Ānando begab sich nun mit Cundo dem Asketenlehrling zum Erhabenen hin. Dort angelangt begrüßten sie den Erhabenen ehrerbietig und setzten sich zur Seite nieder. Zur Seite sitzend sprach nun der ehrwürdige Ānando also zum Erhabenen:

«Dieser Cundo, der Asketenlehrling, o Herr, hat erzählt: ‹Der Freie Bru-
48 der, o Herr, Nāthaputto ist zu Pāvā vor kurzem gestorben. Nach dessen Tode sind die Freien Brüder zerfallen, haben sich entzweit, Zank und Streit ist unter ihnen ausgebrochen, sie hadern miteinander und scharfe Wortgefechte finden statt. Wie ein Mörder scheint sich fast jeder von den Freien Brüdern, den Nachfolgern Nāthaputtos, zu gebärden. Die aber da dem Freien Bruder Nāthaputto als Anhänger zugetan sind, im Hause lebend, weiß gekleidet, die scheinen vor den Freien Brüdern, den Nachfolgern Nāthaputtos, Unbehagen, Mißfallen, Widerwillen zu empfinden, wie das eintritt bei einer schlechtverkündeten Heilsordnung, bei einer schlechtdargelegten, abstoßenden, Unruhe schaffenden, die kein vollkommen Erwachter kundgetan hat, deren Kuppel geborsten ist, die keine Zuflucht gewährt.› Da ist mir, o Herr, der Gedanke gekommen: ‹O daß nicht etwa nach des Erhabenen Hingang unter den Jüngern

Hader entstehe: dieser Hader gereichte gar vielen zum Unheil und Unglücke, gar vielen zum Verderben, zum Unheil und Leiden für Götter und Menschen.›»

«Was bedünkt dich, Ānando: was ich euch unterweisend oftmals gezeigt habe, und zwar die vier Pfeiler der Einsicht, die vier gewaltigen Kämpfe, die vier Machtgebiete, die fünf Fähigkeiten, die fünf Vermögen, die sieben Erweckungen, den heiligen achtfältigen Weg, kennst du da wohl, Ānando, auch nur zwei Mönche, die verschiedener Meinung sind?»

«Was da, o Herr, der Erhabene unterweisend oftmals gezeigt hat, und zwar die vier Pfeiler der Einsicht, die vier gewaltigen Kämpfe, die vier Machtgebiete, die fünf Fähigkeiten, die fünf Vermögen, die sieben Erweckungen, den heiligen achtfältigen Weg, da kenne ich auch nicht zwei Mönche, die verschiedener Meinung sind. Es gibt aber etliche, o Herr, die sich so stellen, als ob sie dem Erhabenen ergeben wären[335], und die nach des Erhabenen Hingang unter den Jüngern Hader anstiften möchten, sei es um der Lebensnotdurft, sei es um der Ordensregel willen: dieser Hader gereichte gar vielen zum Unheil und Unglücke, gar vielen zum Verderben, zum Unheil und Leiden für Götter und Menschen.»

«Wenig läge daran, Ānando, am Hader um die Lebensnotdurft oder um die 49
Ordensregel: doch um den Weg, Ānando, oder den Pfad, wenn darum unter den Jüngern Hader entstehen sollte, so gereichte solcher Hader gar vielen zum Unheil und Unglücke, gar vielen zum Verderben, zum Unheil und Leiden für Götter und Menschen.

«Sechs gibt es, Ānando, der Wurzeln des Haders: und welche sechs? Da ist, Ānando, ein Mönch zornig und feindselig. Ein Mönch, Ānando, der zornig und feindselig ist, der hat vor dem Meister keine Achtung, keine Ergebung, hat vor der Lehre keine Achtung, keine Ergebung, hat vor den Jüngern keine Achtung, keine Ergebung, und der Regel kommt er nicht vollkommen nach. Ein Mönch, Ānando, der vor dem Meister, vor der Lehre, vor den Jüngern keine Achtung hat, keine Ergebung, und der Regel nicht vollkommen nachkommt, der stiftet unter den Jüngern Hader an. Gereicht dieser Hader gar vielen zum Unheil und Unglücke, gar vielen zum Verderben, zum Unheil und Leiden für Götter und Menschen, und ihr nehmt nun, Ānando, eines solchen Haders Wurzel in euch oder außer euch wahr, so mögt ihr, Ānando, darauf hinarbeiten, die Wurzel eben dieses üblen Haders auszujäten. Nehmt ihr nun, Ānando, eines solchen Haders Wurzel in euch oder außer euch nicht wahr, so mögt ihr, Ānando, darauf bedacht sein, die Wurzel eben dieses üblen Haders künftighin nicht erwachsen zu lassen. Also jätet man die
Wurzel dieses üblen Haders aus, also läßt man die Wurzel dieses üblen Haders 50
künftighin nicht erwachsen.

«Weiter sodann, Ānando: ein Mönch ist heuchlerisch und neidisch, er ist eifernd und selbstsüchtig, er ist listig und gleisnerisch, er ist boshaft und falsch, er hat nur für das vor Augen Liegende Sinn, greift mit beiden Händen zu, läßt sich schwer abweisen. Ein solcher Mönch, Ānando, der hat vor dem Meister keine Achtung, keine Ergebung, hat vor der Lehre keine Achtung, keine Ergebung, hat vor den Jüngern keine Achtung, keine Ergebung, und der Regel kommt er nicht vollkommen nach. Ein Mönch, Ānando, der vor dem Meister, vor der Lehre, vor den Jüngern keine Achtung hat, keine Ergebung, und der Regel nicht vollkommen nachkommt, der stiftet unter den Jüngern Hader an. Gereicht dieser Hader gar vielen zum Unheil und Unglücke, gar vielen zum Verderben, zum Unheil und Leiden für Götter und Menschen, und ihr nehmt nun, Ānando, eines solchen Haders Wurzel in euch oder außer euch wahr, so mögt ihr, Ānando, darauf hinarbeiten, die Wurzel eben dieses üblen Haders auszujäten. Nehmt ihr nun, Ānando, eines solchen Haders Wurzel in euch oder außer euch nicht wahr, so mögt ihr, Ānando, darauf bedacht sein, die Wurzel eben dieses üblen Haders künftighin nicht erwachsen zu lassen. Also jätet man die Wurzel dieses üblen Haders aus, also läßt man die Wurzel dieses üblen Haders künftighin nicht erwachsen. Das sind, Ānando, die sechs Wurzeln des Haders.

51 «Vier Arten gibt es, Ānando, der Streitigkeiten: und welche vier? Wegen Haders, wegen Tadels, wegen Schuld, wegen Sühne. Das sind, Ānando, vier Arten von Streitigkeiten. Und sieben der Mittel gibt es, Ānando, um Streitigkeiten aufzulösen, um da manche aufgestiegenen Streitigkeiten aufzulösen, zu schlichten: Abweisung durch Gegenüberstellen, die Mehrheit, Abweisung durch Erinnern, Abweisung durch Entblöden, Annahme des Geständnisses, die schlimmere Weise, Gras darüber streuen.

«Wie aber wird, Ānando, durch Gegenüberstellen abgewiesen? Da hadern, Ānando, die Mönche: ‹So ist die Lehre›, ‹So ist die Lehre nicht›, ‹So ist die Zucht›, ‹So ist die Zucht nicht›. Da haben denn, Ānando, eben alle diese Mönche in Eintracht zusammenzukommen und, zusammengekommen, die Richtschnur der Lehre gemeinsam zu ziehn: und haben sie die Richtschnur der Lehre gemeinsam gezogen, wie sie da übereinstimmt, danach diese Streitigkeit zu schlichten. Also wird, Ānando, durch Gegenüberstellen abgewiesen, und also werden da gar manche Streitigkeiten geschlichtet, eben durch Gegenüberstellen.

«Wie aber kommt, Ānando, die Mehrheit zustande? Wenn nun, Ānando, diese Mönche die Streitigkeit an ihrem Orte nicht zu schlichten vermögen, so haben, Ānando, diese Mönche einen Ort aufzusuchen wo mehr der Mönche verweilen, und dort eben alle in Eintracht zusammenzukommen und, zusammengekommen, die Richtschnur der Lehre gemeinsam zu ziehn: und haben sie die Richtschnur der Lehre gemeinsam gezogen, wie sie da übereinstimmt, danach diese Streitigkeit zu schlichten. Also kommt, Ānando, die Mehrheit zustande, und also werden da gar manche Streitigkeiten geschlichtet, eben durch die Mehrheit.

«Wie aber wird, Ānando, durch Erinnern abgewiesen? Da ermahnen, Ānan- 52
do, die Mönche einen Mönch einer so gewichtigen Schuld wegen, daß Ausschließung folgen oder drohen muß: ‹Erinnert sich der Ehrwürdige, eine so gewichtige Schuld begangen zu haben, daß Ausschließung folgen oder drohen muß?› Er aber sagt: ‹Nein, Brüder, ich erinnere mich nicht, eine so gewichtige Schuld begangen zu haben, daß Ausschließung folgen oder drohen muß.› Einen solchen Mönch, Ānando, hat man also durch Erinnern abzuweisen. Also wird, Ānando, durch Erinnern abgewiesen, und also werden da gar manche Streitigkeiten geschlichtet, eben durch Erinnern.

«Wie aber wird, Ānando, durch Entblöden abgewiesen? Da ermahnen, Ānando, die Mönche einen Mönch einer so gewichtigen Schuld wegen, daß Ausschließung folgen oder drohen muß: ‹Erinnert sich der Ehrwürdige, eine so gewichtige Schuld begangen zu haben, daß Ausschließung folgen oder drohen muß?› Er aber sagt: ‹Nein, Brüder, ich erinnere mich nicht, eine so gewichtige Schuld begangen zu haben, daß Ausschließung folgen oder drohen muß.› Und da er es nicht zugibt, wird er überführt: ‹Sieh' doch, Ehrwürdiger, besinne dich nur genau, ob du dich nicht erinnerst, eine so gewichtige Schuld begangen zu haben, daß Ausschließung folgen oder drohen muß?› Und er sagt: ‹Ich war, Brüder, in Irrsinn geraten, hatte den Verstand verloren, als Irrsinniger hab' ich viel begangen, was Asketen nicht ziemt, habe wirr gesprochen: ich erinnere mich dessen nicht, blöde hab' ich es getan.› Einen solchen Mönch, Ānando, hat man also durch Entblöden abzuweisen. Also wird, Ānando, durch Entblöden abgewiesen, und also werden da gar
manche Streitigkeiten geschlichtet, eben durch Entblöden. 53

«Wie aber wird, Ānando, das Geständnis angenommen? Da erinnert sich, Ānando, ein Mönch, ermahnt oder nicht ermahnt, einer Schuld, er deckt sie auf, legt sie dar. Ein solcher Mönch, Ānando, hat einen älteren Mönch aufzusuchen, den Mantel um die eine Schulter zu schlagen, sich zu verneigen, auf der Erde niederzusitzen, die Hände zu falten und also zu reden: ‹Ich habe, o Herr, eine derartige Schuld begangen: das geb' ich zu erkennen.› Und jener sagt: ‹Siehst du es ein?› – ‹Ich seh' es ein.› – ‹Willst du künftighin dich hüten?› – ‹Ich werde mich hüten.› Also wird, Ānando, das Geständnis angenommen, und also werden da gar manche Streitigkeiten geschlichtet, eben durch Annahme des Geständnisses.

«Was aber ist, Ānando, die schlimmere Weise? Da ermahnen, Ānando, die Mönche einen Mönch einer so gewichtigen Schuld wegen, daß Ausschlie-

ßung folgen oder drohen muß: ‹Erinnert sich der Ehrwürdige, eine so ge-
wichtige Schuld begangen zu haben, daß Ausschließung folgen oder drohen
muß?› Er aber sagt: ‹Nein, Brüder, ich erinnere mich nicht, eine so gewich-
tige Schuld begangen zu haben, daß Ausschließung folgen oder drohen muß.›
Und da er es nicht zugibt, wird er überführt: ‹Sieh' doch, Ehrwürdiger, be-
sinne dich nur genau, ob du dich nicht erinnerst, eine so gewichtige Schuld
begangen zu haben, daß Ausschließung folgen oder drohen muß?› Er aber
sagt: ‹Nein, Brüder, ich erinnere mich nicht, eine so gewichtige Schuld be-
gangen zu haben, daß Ausschließung folgen oder drohen muß: doch erinnere
54 ich mich, Brüder, eine ganz belanglose Schuld begangen zu haben.› Und da
er es nicht zugibt, wird er überführt: ‹Sieh' doch, Ehrwürdiger, besinne dich
nur genau, ob du dich nicht erinnerst, eine so gewichtige Schuld begangen
zu haben, daß Ausschließung folgen oder drohen muß?› Er aber sagt: ‹Ich
mochte ja doch, Brüder, diese belanglose Schuld, die ich begangen, ohne ge-
fragt zu sein bekennen: wie werd' ich da eine so gewichtige Schuld, deren
Begehn von Ausschließung gefolgt oder bedroht sein muß, wo man mich
fragt, nicht bekennen?› Und jener sagt: ‹Du würdest wohl, Bruder, die Be-
gehung dieser belanglosen Schuld ohne gefragt zu sein nicht bekannt haben:
wie hättest du erst die Begehung einer so gewichtigen Schuld, daß Aus-
schließung folgen oder drohen muß, ohne gefragt zu sein bekennen mögen?
Sieh' doch, Ehrwürdiger, besinne dich nur genau, ob du dich nicht erinnerst,
eine solche Schuld begangen zu haben?› Und er sagt: ‹Ich erinnere mich, Brü-
der, eine so gewichtige Schuld begangen zu haben, daß Ausschließung folgen
oder drohen muß: zum Spaße hab' ich gesagt, zum Spotte hab' ich gesagt
'Ich erinnere mich nicht daran'.› Das ist, Ānando, die schlimmere Weise, und
also werden da gar manche Streitigkeiten geschlichtet, eben auf die schlim-
mere Weise.

«Wie aber wird, Ānando, Gras darüber gestreut? Da ist, Ānando, unter den
Mönchen Zank und Streit ausgebrochen, sie sind in Hader geraten und haben
viel begangen, was Asketen nicht ziemt, haben wirr gesprochen. Da haben
denn, Ānando, eben alle die Mönche in Eintracht zusammenzukommen; und
sind sie zusammengekommen, so soll auf der einen Seite der Mönche ein er-
55 fahrenerer Mönch aufstehn, den Mantel um die eine Schulter schlagen, die
Hände emporheben und die Jünger einladen: ‹Hören möge mich die werte
Jüngerschaft: es ist da unter uns Zank und Streit ausgebrochen, wir sind in
Hader geraten und haben viel begangen, was Asketen nicht ziemt, haben wirr
gesprochen. Wenn es der Jüngerschaft angemessen erscheint, so will ich eben
dieser Ehrwürdigen Schuld wie auch meine eigene Schuld, eben diesen Ehr-
würdigen zum Heile wie auch mir zum Heile, inmitten der Jünger bekannt-
geben, um Gras darüber zu streuen; doch ist es kein grobes Vergehn, ist kein

häuslicher Vorgang[336].› Und auch auf der anderen Seite der Mönche soll ein erfahrenerer Mönch aufstehn, den Mantel um die eine Schulter schlagen, die Hände emporheben und die Jünger einladen: ‹Hören möge mich die werte Jüngerschaft: es ist da unter uns Zank und Streit ausgebrochen, wir sind in Hader geraten und haben viel begangen, was Asketen nicht ziemt, haben wirr gesprochen. Wenn es der Jüngerschaft angemessen erscheint, so will ich eben dieser Ehrwürdigen Schuld wie auch meine eigene Schuld, eben diesen Ehrwürdigen zum Heile wie auch mir zum Heile, inmitten der Jünger bekanntgeben, um Gras darüber zu streuen; doch ist es kein grobes Vergehn, ist kein häuslicher Vorgang.› Also wird, Ānando, Gras darüber gestreut, und also werden da gar manche Streitigkeiten geschlichtet, eben durch Gras darüber streuen.

«Sechs Dinge gibt es, Ānando, nicht zu vergessende, hoch und hehr gehaltene, die zum allgemeinen Verträgnis, zum Frieden, zur Eintracht führen: und welche sind das? Da dient, Ānando, ein Mönch seinen Ordensbrüdern
mit liebevoller Tat, so offen als verborgen. Das ist eines der nicht zu verges- 56
senden, hoch und hehr gehaltenen Dinge, das zum allgemeinen Verträgnis, zum Frieden, zur Eintracht führt. Weiter sodann, Ānando: der Mönch dient seinen Ordensbrüdern mit liebevollem Worte, so offen als verborgen. Auch das ist eines der nicht zu vergessenden, hoch und hehr gehaltenen Dinge, das zum allgemeinen Verträgnis, zum Frieden, zur Eintracht führt. Weiter sodann, Ānando: der Mönch dient seinen Ordensbrüdern mit liebevollem Herzen, so offen als verborgen. Auch das ist eines der nicht zu vergessenden, hoch und hehr gehaltenen Dinge, das zum allgemeinen Verträgnis, zum Frieden, zur Eintracht führt. Weiter sodann, Ānando: wenn der Mönch Gaben empfängt, Ordenspenden, so teilt er sie nicht nach Belieben, sondern bis auf die Brocken in seiner Almosenschale nach dem Maße der bewährten Brüder des Ordens. Auch das ist eines der nicht zu vergessenden, hoch und hehr gehaltenen Dinge, das zum allgemeinen Verträgnis, zum Frieden, zur Eintracht führt. Weiter sodann, Ānando: der Mönch bewahrt die Ordenspflichten, ungebrochen, unverletzt, ungemustert, ungesprenkelt, aus freiem Entschlusse, als von Verständigen gepriesen, nicht angetastet, zur Vertiefung tauglich, er übt diese Pflichten gleich seinen Ordensbrüdern, so offen als verborgen. Auch das ist eines der nicht zu vergessenden, hoch und hehr gehaltenen Dinge, das zum allgemeinen Verträgnis, zum Frieden, zur Eintracht führt. Weiter sodann, Ānando: der Mönch hat jene Ansicht, die heilige, ausreichende, die dem Grübler zur gänzlichen Leidensversiegung ausreicht, jene Ansicht hat er mit seinen Ordensbrüdern gemeinsam bewahrt, so offen als verborgen. Auch das ist eines der nicht zu vergessenden, hoch und hehr gehaltenen Dinge, das zum allgemeinen Verträgnis, zum Frieden, zur Eintracht führt.

57 Das aber sind, Ānando, die sechs Dinge, nicht zu vergessende, hoch und hehr gehaltene, die zum allgemeinen Verträgnis, zum Frieden, zur Eintracht führen.

«Und wenn ihr, Ānando, diese sechs nicht zu vergessenden Dinge treulich bewahren wollt, wißt ihr dann, Ānando, von einer Redeweise, ob fein oder gemein, die ihr nicht zu ertragen vermöchtet?»

«Gewiß nicht, o Herr!»

«Darum also, Ānando, mögt ihr diese sechs nicht zu vergessenden Dinge treulich bewahren: das wird euch lange zum Wohle, zum Heile gereichen.»

Also sprach der Erhabene. Zufrieden freute sich der ehrwürdige Ānando über das Wort des Erhabenen[337].

105

ELFTER TEIL · FÜNFTE REDE

SUNAKKHATTO

Das hab' ich gehört. Zu einer Zeit weilte der Erhabene bei Vesālī, im Großen Walde, in der Halle der Einsiedelei.

Um diese Zeit nun war von gar manchem Mönche vor dem Erhabenen die Gewißheit verkündet worden: ‘‹Versiegt ist die Geburt, vollendet das Asketentum, gewirkt das Werk, nicht mehr ist diese Welt› versteh' ich da.’

Es hörte aber Sunakkhatto, der junge Licchavier, reden: «Gar mancher Mönch soll vor dem Erhabenen die Gewißheit kundgetan haben: ‘‹Versiegt ist die Geburt, vollendet das Asketentum, gewirkt das Werk, nicht mehr ist diese Welt› versteh' ich da.’»

Da begab sich denn Sunakkhatto der junge Licchavier dorthin wo der Erhabene weilte, begrüßte den Erhabenen ehrerbietig und setzte sich seitwärts
58 nieder. Seitwärts sitzend sprach nun Sunakkhatto der junge Licchavier zum Erhabenen also:

«Reden hab' ich hören, o Herr: “Gar mancher Mönch, sagt man, hat vor dem Erhabenen die Gewißheit kundgetan: ‘‹Versiegt ist die Geburt, vollendet das Asketentum, gewirkt das Werk, nicht mehr ist diese Welt› versteh' ich da.'" Die Mönche, o Herr, die da solches vor dem Erhabenen ausgesagt, haben wohl diese, o Herr, nur eben die Gewißheit kundgemacht, oder gibt es auch einige Mönche, die es mit Dünkel getan?»

«Die Mönche, Sunakkhatto, die vor mir die Gewißheit verkündet haben: '‹Versiegt ist die Geburt, vollendet das Asketentum, gewirkt das Werk, nicht mehr ist diese Welt›, versteh' ich da': unter diesen sind manche Mönche, die eben nur die Gewißheit kundgemacht, und sind wieder manche Mönche, die es auch mit Dünkel getan. Wenn da, Sunakkhatto, Mönche eben nur die Gewißheit kundgemacht haben, so gilt ihnen das eben dafür; und wiederum wenn da Mönche es mit Dünkel getan, so gedenkt, Sunakkhatto, der Vollendete: ‹Wahrheit will ich sie weisen.› Und wenn da nun, Sunakkhatto, der Vollendete also gedenkt ‹Wahrheit will ich sie weisen›, so kommen da wieder gar manche eitle Menschen heran und richten sich Fragen zurecht und legen sie dem Vollendeten vor. Und weil nun, Sunakkhatto, der Vollendete also gedenkt ‹Wahrheit will ich sie weisen›, so ist das gar manchem ungelegen.»

«Da ist es, Erhabener, Zeit, da ist es, Willkommener, Zeit, daß der Erhabene die Wahrheit weise: des Erhabenen Wort werden die Mönche bewah- 59
ren.»

«Wohlan denn, Sunakkhatto, so höre und achte wohl auf meine Rede.»

«Gewiß, o Herr!» erwiderte da aufmerksam Sunakkhatto der junge Licchavier dem Erhabenen. Der Erhabene sprach also:

«Fünf Begehrungen, Sunakkhatto, gibt es: welche fünf? Die durch das Gesicht ins Bewußtsein tretenden Formen, die ersehnten, geliebten, entzückenden, angenehmen, dem Begehren entsprechenden, reizenden; die durch das Gehör ins Bewußtsein tretenden Töne, die ersehnten, geliebten, entzückenden, angenehmen, dem Begehren entsprechenden, reizenden; die durch den Geruch ins Bewußtsein tretenden Düfte, die ersehnten, geliebten, entzükkenden, angenehmen, dem Begehren entsprechenden, reizenden; die durch den Geschmack ins Bewußtsein tretenden Säfte, die ersehnten, geliebten, entzückenden, angenehmen, dem Begehren entsprechenden, reizenden; die durch das Getast ins Bewußtsein tretenden Tastungen, die ersehnten, geliebten, entzückenden, angenehmen, dem Begehren entsprechenden, reizenden. Das sind, Sunakkhatto, die fünf Begehrungen.

«Wohl findet sich, Sunakkhatto, der Fall, daß da irgendein Mensch vom Köder der Welt angezogen sei. Einem Menschen, Sunakkhatto, der vom Köder der Welt angezogen ist, kommt eben ein demgemäßes Gespräch gelegen, und was sich darauf bezieht überlegt und erwägt er, geht mit dem Manne um, befreundet sich mit ihm; und wird etwa ein Gespräch über Unverstörung geführt, so horcht er nicht auf, leiht kein Gehör, wendet sein Herz der Kunde nicht zu, geht mit dem Manne nicht um, befreundet sich nicht mit ihm.

Gleichwie etwa, Sunakkhatto, wenn da ein Mann von seinem Dorfe oder seiner Stadt seit langem verreist wäre; und er träfe einen anderen Mann, von dort vor kurzem fortgegangen, und fragte ihn um den Zustand, um die Wohlfahrt und das Gedeihen jenes Dorfes oder jener Stadt, und der Mann rühmte ihm den Zustand, die Wohlfahrt und das Gedeihen jenes Dorfes oder jener
60 Stadt; was bedünkt dich nun, Sunakkhatto: würde da wohl jener Mann auf ihn horchen, ihm Gehör leihen, der Kunde sein Herz zuwenden, mit dem Manne umgehn, mit ihm sich befreunden?»

«Gewiß, o Herr!»

«Ebenso nun auch, Sunakkhatto, findet sich wohl der Fall, daß da irgendein Mensch vom Köder der Welt angezogen sei. Einem Menschen, Sunakkhatto, der vom Köder der Welt angezogen ist, kommt eben ein demgemäßes Gespräch gelegen, und was sich darauf bezieht überlegt und erwägt er, geht mit dem Manne um, befreundet sich mit ihm; und wird etwa ein Gespräch über Unverstörung geführt, so horcht er nicht auf, leiht kein Gehör, wendet sein Herz der Kunde nicht zu, geht mit dem Manne nicht um, befreundet sich nicht mit ihm. Bei dem wäre zu merken: Ein Mensch, vom Köder der Welt angezogen.

«Wohl findet sich, Sunakkhatto, der Fall, daß da irgendein Mensch von Unverstörung angezogen sei. Einem Menschen, Sunakkhatto, der von Unverstörung angezogen ist, kommt eben ein demgemäßes Gespräch gelegen, und was sich darauf bezieht überlegt und erwägt er, geht mit dem Manne um, befreundet sich mit ihm; und wird etwa ein Gespräch über weltlichen Köder geführt, so horcht er nicht auf, leiht kein Gehör, wendet sein Herz der Kunde nicht zu, geht mit dem Manne nicht um, befreundet sich nicht mit ihm. Gleichwie etwa, Sunakkhatto, ein welkes Blatt, vom Stengel abgefallen, nicht mehr ergrünen kann, ebenso nun auch, Sunakkhatto, ist von einem Men-
61 schen, angezogen von Unverstörung, was Fessel weltlichen Köders war abgefallen. Bei dem wäre zu merken: Ein Mensch, der da losgelöst ist von der Fessel weltlichen Köders, von Unverstörung angezogen.

«Wohl findet sich, Sunakkhatto, der Fall, daß da irgendein Mensch vom Reich des Nichtdaseins angezogen sei. Einem Menschen, Sunakkhatto, der vom Reich des Nichtdaseins angezogen ist, kommt eben ein demgemäßes Gespräch gelegen, und was sich darauf bezieht überlegt und erwägt er, geht mit dem Manne um, befreundet sich mit ihm; und wird etwa ein Gespräch über Unverstörung geführt, so horcht er nicht auf, leiht kein Gehör, wendet sein Herz der Kunde nicht zu, geht mit dem Manne nicht um, befreundet sich nicht mit ihm. Gleichwie etwa, Sunakkhatto, ein Steinblock, entzweigespalten, sich nicht mehr zusammenfügen läßt, ebenso nun auch, Sunakkhatto, ist bei einem Menschen, angezogen vom Reich des Nichtdaseins, was

Fessel der Unverstörung war gespalten. Bei dem wäre zu merken: Ein Mensch, der da losgelöst ist von der Fessel der Unverstörung, vom Reich des Nichtdaseins angezogen[338].

«Wohl findet sich, Sunakkhatto, der Fall, daß da irgendein Mensch von der Grenze möglicher Wahrnehmung angezogen sei. Einem Menschen, Sunakkhatto, der von der Grenze möglicher Wahrnehmung angezogen ist, kommt eben ein demgemäßes Gespräch gelegen, und was sich darauf bezieht überlegt und erwägt er, geht mit dem Manne um, befreundet sich mit ihm; und wird etwa ein Gespräch über das Reich des Nichtdaseins geführt, so horcht er nicht auf, leiht kein Gehör, wendet sein Herz der Kunde nicht zu,
geht mit dem Manne nicht um, befreundet sich nicht mit ihm. Gleichwie et- 62
wa, Sunakkhatto, wenn ein Mann, an einer einladenden Schüssel gesättigt, diese von sich schöbe; was bedünkt dich nun, Sunakkhatto: würde da wohl dem Manne wiederum Eßlust nach dem Gerichte kommen?»

«Gewiß nicht, o Herr!»

«Und warum nicht?»

«Jenes Gericht, o Herr, würde ihm ja nunmehr widerstehn.»

«Ebenso nun auch, Sunakkhatto, ist von einem Menschen, angezogen von der Grenze möglicher Wahrnehmung, was Fessel vom Reiche des Nichtdaseins war abgetan. Bei dem wäre zu merken: Ein Mensch, der da losgelöst ist von der Fessel vom Reiche des Nichtdaseins, von der Grenze möglicher Wahrnehmung angezogen.

«Wohl findet sich, Sunakkhatto, der Fall, daß da irgendein Mensch von vollkommener Wahnerlöschung angezogen sei. Einem Menschen, Sunakkhatto, der von vollkommener Wahnerlöschung angezogen ist, kommt eben ein demgemäßes Gespräch gelegen, und was sich darauf bezieht, überlegt und erwägt er, geht mit dem Manne um, befreundet sich mit ihm; und wird etwa ein Gespräch über die Grenze möglicher Wahrnehmung geführt, so horcht er nicht auf, leiht kein Gehör, wendet sein Herz der Kunde nicht zu, geht mit dem Manne nicht um, befreundet sich nicht mit ihm. Gleichwie etwa, Sunakkhatto, eine Palme, der man die Krone abgeschnitten hat, nicht wieder emporwachsen kann, ebenso nun auch, Sunakkhatto, ist bei einem Menschen, angezogen von vollkommener Wahnerlöschung, was Fessel der Grenze möglicher Wahrnehmung war abgehauen, an der Wurzel abgeschnitten, einem Palmstumpf gleichgemacht, so daß es nicht mehr keimen, nicht mehr sich entwickeln kann. Bei dem wäre zu merken: Ein Mensch, der da losgelöst ist von der Fessel der Grenze möglicher Wahrnehmung, von vollkommener Wahnerlöschung angezogen.

«Wohl findet sich, Sunakkhatto, der Fall, daß da irgendein Mönch bei sich 63
gedenke: ‹‘Durst’, hat der Asket gesagt, ‘ist der Pfeil, Nichtwissen die Gift-

salbe, Willensgier und -haß reißen auf'; diesen durstigen Pfeil hab' ich entfernt, weggebracht die Giftsalbe aus Nichtwissen, vollkommene Wahnerlöschung hat mich angezogen›: also bedünke ihn dünkendes Heil. Und was einem vollkommener Wahnerlöschung Ergebenen nicht bekommt, das erlaubte er sich: erlaubte sich mit dem Gesichte zu sehn was ihm nicht bekommt, erlaubte sich mit dem Gehöre zu hören was ihm nicht bekommt, erlaubte sich mit dem Geruche zu riechen was ihm nicht bekommt, erlaubte sich mit dem Geschmacke zu schmecken was ihm nicht bekommt, erlaubte sich mit dem Getaste zu tasten was ihm nicht bekommt, erlaubte sich mit dem Gedanken zu denken was ihm nicht bekommt. Und weil er sich erlaubt hat mit dem Gesichte zu sehn was ihm nicht bekommt, sich erlaubt hat mit dem Gehöre zu hören was ihm nicht bekommt, sich erlaubt hat mit dem Geruche zu riechen was ihm nicht bekommt, sich erlaubt hat mit dem Geschmacke zu schmecken was ihm nicht bekommt, sich erlaubt hat mit dem Getaste zu tasten was ihm nicht bekommt, sich erlaubt hat mit dem Gedenken zu denken was ihm nicht bekommt, kann Gier sein Herz anschwellen lassen, kann er mit giergeschwelltem Herzen dem Tode entgegengehn oder tödlichem Schmerze.

«Gleichwie etwa, Sunakkhatto, wenn ein Mann von einem Pfeile getroffen wäre, dessen Spitze mit Gift bestrichen wurde, und seine Freunde, Genossen, Verwandte, Gevattern bestellten ihm einen heilkundigen Arzt, und der heilkundige Arzt schnitte ihm mit einem Messer die Mündung der Wunde auf, dann suchte er mit einer Sonde nach der Spitze, und nachdem er diese gefunden, zöge er sie heraus, brächte die Giftsalbe weg, nicht ohne Überrest, wohl
64 wissend[339], es sei noch ein Rest geblieben, und er spräche also: ‹Lieber Mann, herausgezogen ist dir der Pfeil, weggebracht die giftige Salbe, nicht ohne Überrest, und da kann dir noch Gefahr drohen. Nur was dir bekommt an Nahrung darfst du genießen, auf daß nicht durch den Genuß von Nahrung, die dir nicht bekommt, die Wunde eiterig werde. Von Zeit zu Zeit magst du die Wunde waschen, von Zeit zu Zeit die Mündung der Wunde salben, auf daß nicht, so du es versäumst, die Mündung der Wunde mit Blut und Eiter sich anfülle. Wolle nicht bei Wind und Sonnenglut ausgehn, auf daß dir dabei nicht Staub und Hitze die Mündung der Wunde entzünden. Gib wohl acht, lieber Mann, auf die Wunde, behandle sie recht.› Er aber gedächte: ‹Herausgezogen ist mir der Pfeil, weggebracht die giftige Salbe, nicht ohne Überrest, aber da kann mir keine Gefahr mehr drohen.› Und was ihm eben nicht bekommt an Nahrung genösse er, und durch den Genuß von Nahrung, die ihm nicht bekommt, würde die Wunde eiterig. Nicht wüsche er von Zeit zu Zeit die Wunde, nicht salbte er von Zeit zu Zeit ihre Mündung, so daß sie sich mit Blut und Eiter anfüllte. Bei Wind und Sonnenglut ginge er aus, so

daß ihm dabei Staub und Hitze die Mündung der Wunde entzündeten. Er
gäbe nicht acht auf die Wunde, behandelte sie nicht recht. Und weil er eben
solches getan, was ihm nicht bekommt, mit dem unlauteren, nicht wegge-
brachten Überreste von der Giftsalbe, würde die Wunde doppelt sich weiter-
entwickeln, und mit ihrer weiteren Entwickelung ginge er dem Tode ent- 65
gegen oder tödlichem Schmerze:

«Ebenso nun auch, Sunakkhatto, findet sich wohl der Fall, daß da irgend-
ein Mönch bei sich gedenke: ‹'Durst', hat der Asket gesagt, 'ist der Pfeil,
Nichtwissen die Giftsalbe, Willensgier und -haß reißen auf'; diesen durstigen
Pfeil hab' ich entfernt, weggebracht die Giftsalbe aus Nichtwissen, vollkom-
mene Wahnerlöschung hat mich angezogen›: also bedünke ihn dünkendes
Heil. Und was einem vollkommener Wahnerlöschung Ergebenen nicht be-
kommt, das erlaubte er sich: erlaubte sich mit dem Gesichte zu sehn was
ihm nicht bekommt, erlaubte sich mit dem Gehöre zu hören was ihm nicht
bekommt, erlaubte sich mit dem Geruche zu riechen was ihm nicht bekommt,
erlaubte sich mit dem Geschmacke zu schmecken was ihm nicht bekommt,
erlaubte sich mit dem Getaste zu tasten was ihm nicht bekommt, erlaubte
sich mit dem Gedenken zu denken was ihm nicht bekommt. Und weil er sich
erlaubt hat mit dem Gesichte zu sehn was ihm nicht bekommt, sich erlaubt
hat mit dem Gehöre zu hören was ihm nicht bekommt, sich erlaubt hat mit
dem Geruche zu riechen was ihm nicht bekommt, sich erlaubt hat mit dem
Geschmacke zu schmecken was ihm nicht bekommt, sich erlaubt hat mit dem
Getaste zu tasten was ihm nicht bekommt, sich erlaubt hat mit dem Geden-
ken zu denken was ihm nicht bekommt, kann Gier sein Herz anschwellen
lassen, kann er mit giergeschwelltem Herzen dem Tode entgegengehn oder
tödlichem Schmerze. Tod aber heißt es, Sunakkhatto, im Orden des Heiligen,
wenn einer die Askese aufgibt und zur Gewohnheit zurückkehrt: tödlicher
Schmerz aber, Sunakkhatto, heißt es, wenn einer irgendein unsauberes Ver-
gehn verübt[340].

«Wohl findet sich, Sunakkhatto, der Fall, daß da irgendein Mönch bei sich
gedenke: ‹'Durst', hat der Asket gesagt, 'ist der Pfeil, Nichtwissen die Gift- 66
salbe, Willensgier und -haß reißen auf'; diesen durstigen Pfeil hab' ich ent-
fernt, weggebracht die Giftsalbe aus Nichtwissen, vollkommene Wahnerlö-
schung hat mich angezogen.› Vollkommener Wahnerlöschung einzig erge-
ben erlaubte er sich nicht was einem vollkommener Wahnerlöschung Ergebe-
nen nicht bekommt, erlaubte sich nicht mit dem Gesichte zu sehn was ihm
nicht bekommt, erlaubte sich nicht mit dem Gehöre zu hören was ihm nicht
bekommt, erlaubte sich nicht mit dem Geruche zu riechen was ihm nicht be-
kommt, erlaubte sich nicht mit dem Geschmacke zu schmecken was ihm
nicht bekommt, erlaubte sich nicht mit dem Getaste zu tasten was ihm nicht

bekommt, erlaubte sich nicht mit dem Gedenken zu denken was ihm nicht bekommt. Und weil er sich nicht erlaubt hat mit dem Gesichte zu sehn was ihm nicht bekommt, sich nicht erlaubt hat mit dem Gehöre zu hören was ihm nicht bekommt, sich nicht erlaubt hat mit dem Geruche zu riechen was ihm nicht bekommt, sich nicht erlaubt hat mit dem Geschmacke zu schmecken was ihm nicht bekommt, sich nicht erlaubt hat mit dem Getaste zu tasten was ihm nicht bekommt, sich nicht erlaubt hat mit dem Gedenken zu denken was ihm nicht bekommt, kann Gier sein Herz nicht anschwellen lassen, braucht er nicht mit giergeschwelltem Herzen dem Tode entgegenzugehn oder tödlichem Schmerze.

«Gleichwie etwa, Sunakkhatto, wenn ein Mann von einem Pfeile getroffen wäre, dessen Spitze mit Gift bestrichen wurde, und seine Freunde, Genossen, Verwandte, Gevattern bestellten ihm einen heilkundigen Arzt, und der heilkundige Arzt schnitte ihm mit einem Messer die Mündung der Wunde auf, dann suchte er mit einer Sonde nach der Spitze, und nachdem er diese gefunden, zöge er sie heraus, brächte die Giftsalbe weg, ohne Überrest, wohl wissend, es sei kein Rest mehr geblieben, und er spräche also: ‹Lieber Mann, herausgezogen ist dir der Pfeil, weggebracht die giftige Salbe, ohne Überrest,
67 und da kann dir keine Gefahr mehr drohen. Doch magst du eben was dir bekommt an Nahrung genießen, auf daß nicht durch den Genuß von Nahrung, die dir nicht bekommt, die Wunde eiterig werde. Von Zeit zu Zeit magst du die Wunde waschen, von Zeit zu Zeit die Mündung der Wunde salben, auf daß nicht, so du es versäumst, die Mündung der Wunde mit Blut und Eiter sich anfülle. Wolle nicht bei Wind und Sonnenglut ausgehn, auf daß dir dabei nicht Staub und Hitze die Mündung der Wunde entzünden. Gib wohl acht, lieber Mann, auf die Wunde, behandle sie recht.› Und er gedächte: ‹Herausgezogen ist mir der Pfeil, weggebracht die giftige Salbe, ohne Überrest, aber es kann mir noch Gefahr drohen[341].› Und was ihm eben bekommt an Nahrung genösse er, und weil er Nahrung genösse, die ihm bekommt, würde die Wunde nicht eiterig. Von Zeit zu Zeit wüsche er die Wunde, von Zeit zu Zeit salbte er ihre Mündung, so daß sie sich nicht mit Blut und Eiter anfüllte. Bei Wind und Sonnenglut ging' er nicht aus, so daß ihm Staub und Hitze die Wunde nicht entzündeten. Er gäbe acht auf die Wunde, behandelte sie recht. Und weil er eben solches getan, was ihm bekommt, ohne unlauteren, ohne irgendwelchen Überrest von der Giftsalbe, würde die Wunde doppelt schnell heilen, wüchse zu und vernarbte, so daß er weder dem Tode entgegenginge noch tödlichem Schmerze:

«Ebenso nun auch, Sunakkhatto, findet sich wohl der Fall, daß da irgend-
68 ein Mönch bei sich gedenke: ‹'Durst', hat der Asket gesagt, 'ist der Pfeil, Nichtwissen die Giftsalbe, Willensgier und -haß reißen auf'; diesen durstigen

Pfeil hab' ich entfernt, weggebracht die Giftsalbe aus Nichtwissen, vollkommene Wahnerlöschung hat mich angezogen.› Vollkommener Wahnerlöschung einzig ergeben erlaubte er sich nicht was einem vollkommener Wahnerlöschung Ergebenen nicht bekommt: erlaubte sich nicht mit dem Gesichte zu sehn was ihm nicht bekommt, erlaubte sich nicht mit dem Gehöre zu hören was ihm nicht bekommt, erlaubte sich nicht mit dem Geruche zu riechen was ihm nicht bekommt, erlaubte sich nicht mit dem Geschmacke zu schmekken was ihm nicht bekommt, erlaubte sich nicht mit dem Getaste zu tasten was ihm nicht bekommt, erlaubte sich nicht mit dem Gedenken zu denken was ihm nicht bekommt. Und weil er sich nicht erlaubt hat mit dem Gesichte zu sehn was ihm nicht bekommt, sich nicht erlaubt hat mit dem Gehöre zu hören was ihm nicht bekommt, sich nicht erlaubt hat mit dem Geruche zu riechen was ihm nicht bekommt, sich nicht erlaubt hat mit dem Geschmacke zu schmecken was ihm nicht bekommt, sich nicht erlaubt hat mit dem Getaste zu tasten was ihm nicht bekommt, sich nicht erlaubt hat mit dem Gedenken zu denken was ihm nicht bekommt, kann Gier sein Herz nicht anschwellen lassen, braucht er nicht mit giergeschwelltem Herzen dem Tode entgegenzugehn oder tödlichem Schmerze.

«Ein Gleichnis habe ich da, Sunakkhatto, gegeben, um den Sinn zu erklären. Das aber ist nun der Sinn. Die Wunde: das ist, Sunakkhatto, eine Bezeichnung der sechs inneren Gebiete[342]. Die Giftsalbe: das ist, Sunakkhatto, eine Bezeichnung des Nichtwissens. Der Pfeil: das ist, Sunakkhatto, eine Bezeichnung des Durstes. Die Sonde: das ist, Sunakkhatto, eine Bezeichnung der Einsicht. Das Messer: das ist, Sunakkhatto, eine Bezeichnung der heiligen Weisheit. Der heilkundige Arzt: das ist, Sunakkhatto, eine Bezeichnung des Vollendeten, des Heiligen, vollkommen Erwachten.

«Daß nun, Sunakkhatto, ein Mönch, der vor den sechs Sinnesgebieten sich 69
hütet und ‹Anhaften ist des Leidens Wurzel› entdeckt hat, der ohne anzuhaften im Zergehn des Anhaftens erlöst ist, den Körper etwa dem Anhaften annähern, das Herz etwa anhangen ließe: ein solcher Fall findet sich nicht.

«Gleichwie etwa, Sunakkhatto, wenn man eine Trinkschale da hätte, mit schönem, duftendem, wohlschmeckendem Inhalte, aber mit Gift versetzt, und es käme ein Mann herbei, der leben, nicht sterben will, der Wohlsein wünscht und Wehe verabscheut; was bedünkt dich nun, Sunakkhatto: würde da wohl der Mann den Trinkbecher leeren, von dem er wüßte: ‹Hab' ich das getrunken, so muß ich sterben oder tödlichen Schmerz erleiden›?»

«Gewiß nicht, o Herr!»

«Ebenso nun auch, Sunakkhatto: daß da ein Mönch, der vor den sechs Sinnesgebieten sich hütet und ‹Anhaften ist des Leidens Wurzel› entdeckt hat, der ohne anzuhaften im Zergehn des Anhaftens erlöst ist, den Körper etwa dem Anhaften annähern, das Herz etwa anhangen ließe: ein solcher Fall findet sich nicht.

«Gleichwie etwa, Sunakkhatto, wenn da eine Giftschlange wäre, giftig fauchend, und es käme ein Mann herbei, der leben, nicht sterben will, der Wohlsein wünscht und Wehe verabscheut; was bedünkt dich nun, Sunakkhatto: würde da wohl der Mann nach der Giftschlange, der giftig fauchenden, Hand oder Daumen ausstrecken, wo er wüßte: ‹Hat mich diese gebissen, so muß ich sterben oder tödlichen Schmerz erleiden›?»

«Gewiß nicht, o Herr!»

«Ebenso nun auch, Sunakkhatto: daß da ein Mönch, der vor den sechs Sinnesgebieten sich hütet und ‹Anhaften ist des Leidens Wurzel› entdeckt hat, der ohne anzuhaften im Zergehn des Anhaftens erlöst ist, den Körper etwa dem Anhaften annähern, das Herz etwa anhangen ließe: ein solcher Fall findet sich nicht.»

Also sprach der Erhabene. Zufrieden freute sich Sunakkhatto der junge Licchavier über das Wort des Erhabenen[343].

106

ELFTER TEIL · SECHSTE REDE

ZUR UNVERSTÖRUNG

70 DAS HAB' ICH GEHÖRT. Zu einer Zeit weilte der Erhabene im Kurū-Lande, bei einer Stadt der Kurūner namens Kammāsadammam[344]. Dort nun wandte sich der Erhabene an die Mönche: «Ihr Mönche!» – «Erlauchter!» antworteten da jene Mönche dem Erhabenen aufmerksam. Der Erhabene sprach also:

«'Vergänglich, ihr Mönche, sind die Begierden, leer und falsch und eitel': trügerisch ist, ihr Mönche, solche Rede aus Torenmund. Begierden nach diesseit gerichtet, Begierden nach jenseit gerichtet, Begierden im Diesseit ersehnt, Begierden im Jenseit ersehnt: beides ist es Todesgebiet, ist des Todes Bereich, ist des Todes Futterplatz, ist des Todes Weideland. Da gehn denn diese schlechten, unheilsamen Gesinnungen, als wie Verlangen, als wie Verabscheuen, als wie Verwünschen, hervor; und diese gereichen dem heiligen Jünger, der hier eifrig sich übt, zur Gefahr.

«Aber, ihr Mönche, der heilige Jünger überlegt bei sich: ‹Begierden nach diesseit gerichtet, Begierden nach jenseit gerichtet, Begierden im Diesseit ersehnt, Begierden im Jenseit ersehnt: beides ist es Todesgebiet, ist des Todes Bereich, ist des Todes Futterplatz, ist des Todes Weideland. Da gehn denn diese schlechten, unheilsamen Gesinnungen, als wie Verlangen, als wie Verabscheuen, als wie Verwünschen, hervor; und diese gereichen dem heiligen Jünger, der hier eifrig sich übt, zur Gefahr. Wie, wenn ich nun mit weitem, tiefem Gemüte verweilte und hätte die Welt überwunden, über ihr stehend
im Geiste? Denn verweil' ich mit weitem, tiefem Gemüte und habe die Welt 71
überwunden, über ihr stehend im Geiste, so können die schlechten, unheilsamen Gesinnungen, als wie Verlangen, als wie Verabscheuen, als wie Verwünschen, nicht mehr bestehn; und weil sie fehlen, wird mein Herz unbegrenzt sein, unbeschränkt, wohl ausgebildet.› Und wie er da weiter vorschreitet, emsig also ausharrt in der Übung, wird das Herz gestillt; ist Stille geworden, so erlangt er in dieser Zeit die Unverstörung, oder er wird von der Weisheit angezogen. Bei der Auflösung des Körpers, nach dem Tode, mag es wohl sein, daß ihn das vorwiegende Bewußtsein der Unverstörung zukehre. Das wird, ihr Mönche, die erste Stufe zur Unverstörung genannt.

«Weiter sodann, ihr Mönche, überlegt der heilige Jünger bei sich: ‹Begierden nach diesseit gerichtet, Begierden nach jenseit gerichtet, Begierden im Diesseit ersehnt, Begierden im Jenseit ersehnt: was irgend Form hat, die vier Hauptstoffe und was durch die vier Hauptstoffe besteht, es ist alles Form[345].› Und wie er da weiter vorschreitet, emsig also ausharrt in der Übung, wird das Herz gestillt; ist Stille geworden, so erlangt er in dieser Zeit die Unverstörung, oder er wird von der Weisheit angezogen. Bei der Auflösung des Körpers, nach dem Tode, mag es wohl sein, daß ihn das vorwiegende Bewußtsein der Unverstörung zukehre. Das wird, ihr Mönche, die zweite Stufe zur Unverstörung genannt.

«Weiter sodann, ihr Mönche, überlegt der heilige Jünger bei sich: ‹Begierden nach diesseit gerichtet, Begierden nach jenseit gerichtet, Begierden im Diesseit ersehnt, Begierden im Jenseit ersehnt, Formen nach diesseit gerichtet, Formen nach jenseit gerichtet, Formen im Diesseit ersehnt, Formen im
Jenseit ersehnt: beides ist es vergänglich. Was vergänglich ist lohnt nicht der 72
Liebe, lohnt nicht der Freude, lohnt nicht der Neigung.› Und wie er da weiter vorschreitet, emsig also ausharrt in der Übung, wird das Herz gestillt; ist Stille geworden, so erlangt er in dieser Zeit die Unverstörung, oder er wird von der Weisheit angezogen. Bei der Auflösung des Körpers, nach dem Tode, mag es wohl sein, daß ihn das vorwiegende Bewußtsein der Un-

verstörung zukehre. Das wird, ihr Mönche, die dritte Stufe zur Unverstörung genannt.

«Weiter sodann, ihr Mönche, überlegt der heilige Jünger bei sich: ‹Begierden nach diesseit gerichtet, Begierden nach jenseit gerichtet, Begierden im Diesseit ersehnt, Begierden im Jenseit ersehnt, Formen nach diesseit gerichtet, Formen nach jenseit gerichtet, Formen im Diesseit ersehnt, Formen im Jenseit ersehnt, und Unverstörung ersehnen: es ist alles Ersehnen. Wo dieses ohne Überrest aufgeht: das ist die Ruhe, das ist das Ziel, jenes Reich des Nichtdaseins.› Und wie er da weiter vorschreitet, emsig also ausharrt in der Übung, wird das Herz gestillt; ist Stille geworden, so erlangt er in dieser Zeit das Reich des Nichtdaseins, oder er wird von der Weisheit angezogen. Bei der Auflösung des Körpers, nach dem Tode, mag es wohl sein, daß ihn das vorwiegende Bewußtsein dem Reich des Nichtdaseins zukehre. Das wird, ihr Mönche, die erste Stufe zum Reich des Nichtdaseins genannt.

«Weiter sodann, ihr Mönche, begibt sich der heilige Jünger in den Wald oder unter einen großen Baum oder in eine leere Klause und überlegt bei sich:
73 ‹Leer ist es an sich und in sich.› Und wie er da weiter vorschreitet, emsig also ausharrt in der Übung, wird das Herz gestillt; ist Stille geworden, so erlangt er in dieser Zeit das Reich des Nichtdaseins, oder er wird von der Weisheit angezogen. Bei der Auflösung des Körpers, nach dem Tode, mag es wohl sein, daß ihn das vorwiegende Bewußtsein dem Reich des Nichtdaseins zukehre. Das wird, ihr Mönche, die zweite Stufe zum Reich des Nichtdaseins genannt.

«Weiter sodann, ihr Mönche, überlegt der heilige Jünger bei sich: ‹Nicht gehör' ich irgend wo irgend wem irgend zu, noch gehört mir irgend wo irgend was an: da gibt es nichts[346].› Und wie er da weiter vorschreitet, emsig also ausharrt in der Übung, wird das Herz gestillt; ist Stille geworden, so erlangt er in dieser Zeit das Reich des Nichtdaseins, oder er wird von der Weisheit angezogen. Bei der Auflösung des Körpers, nach dem Tode, mag es wohl sein, daß ihn das vorwiegende Bewußtsein dem Reich des Nichtdaseins zukehre. Das wird, ihr Mönche, die dritte Stufe zum Reich des Nichtdaseins genannt.

«Weiter sodann, ihr Mönche, überlegt der heilige Jünger bei sich: ‹Begierden nach diesseit gerichtet, Begierden nach jenseit gerichtet, Begierden im Diesseit ersehnt, Begierden im Jenseit ersehnt, Formen nach diesseit gerichtet, Formen nach jenseit gerichtet, Formen im Diesseit ersehnt, Formen im Jenseit ersehnt, und Unverstörung ersehnen, und das Reich des Nichtdaseins ersehnen: es ist alles Ersehnen. Wo dieses ohne Überrest aufgeht: das ist die
74 Ruhe, das ist das Ziel, jene Grenze möglicher Wahrnehmung.› Und wie er da weiter vorschreitet, emsig also ausharrt in der Übung, wird das Herz gestillt; ist Stille geworden, so erlangt er in dieser Zeit die Grenze möglicher Wahrnehmung, oder er wird von der Weisheit angezogen. Bei der Auflösung des

Körpers, nach dem Tode, mag es wohl sein, daß ihn das vorwiegende Bewußtsein der Grenze möglicher Wahrnehmung zukehre. Das wird, ihr Mönche, Stufe zur Grenze möglicher Wahrnehmung genannt.»

Nach diesen Worten wandte sich der ehrwürdige Ānando also an den Erhabenen:

«Da ist, o Herr, ein Mönch also vorgeschritten: ‹Nicht sein und nicht mir sein, nicht werden, nicht mir werden soll was ist, was war: ich lasse es fahren›: also gewinnt er Gleichmut. Kann nun wohl ein solcher Mönch, o Herr, vom Wahne erlöschen, oder kann er es nicht?»

«Gar mancher Mönch, Ānando, kann da vom Wahne erlöschen, gar mancher Mönch kann es da nicht.»

«Was ist nun, o Herr, der Anlaß, was ist der Grund, daß da gar mancher Mönch vom Wahne erlöschen kann, gar mancher Mönch es da nicht kann?»

«Da ist, Ānando, ein Mönch also vorgeschritten: ‹Nicht sein und nicht mir sein, nicht werden, nicht mir werden soll was ist, was war: ich lasse es fahren›: also gewinnt er Gleichmut. Diesem Gleichmut ist er in Liebe und Freude und Neigung zugetan. Weil er diesem Gleichmut in Liebe und Freude und Neigung zugetan ist, wird das Bewußtsein daran gewohnt, hangt daran. Hangt er an, Ānando, kann der Mönch nicht vom Wahne erlöschen.»

«Wo aber ist, o Herr, ein solcher Mönch anhänglich angehangen?»

«An der Grenze, Ānando, möglicher Wahrnehmung.»

«Das beste Anhangen, sagt man, o Herr, sei es, wo ein solcher Mönch an- 75
hänglich anhangt.»

«Das beste Anhangen ist es, Ānando, wo ein solcher Mönch anhänglich anhangt. Bestes Anhangen ist ja geheißen, Ānando, jene Grenze möglicher Wahrnehmung. – Da ist, Ānando, ein Mönch also vorgeschritten: ‹Nicht sein und nicht mir sein, nicht werden, nicht mir werden soll was ist, was war: ich lasse es fahren›: also gewinnt er Gleichmut. Diesem Gleichmut ist er in keiner Liebe, keiner Freude, keiner Neigung zugetan. Weil er diesem Gleichmut in keiner Liebe, keiner Freude, keiner Neigung zugetan ist, wird das Bewußtsein nicht daran gewohnt, hangt nicht daran. Hangt er nicht an, Ānando, kann der Mönch vom Wahne erlöschen.»

«Erstaunlich, o Herr, außerordentlich ist es, o Herr: von Staffel zu Staffel, merkt man, hat uns, o Herr, der Erhabene das Entkommen aus dem Flutbereiche dargestellt. – Was aber ist, o Herr, die heilige Freiheit?»

«Da überlegt, Ānando, der heilige Jünger bei sich: ‹Begierden nach diesseit gerichtet, Begierden nach jenseit gerichtet, Begierden im Diesseit ersehnt, Begierden im Jenseit ersehnt, Formen nach diesseit gerichtet, Formen nach jenseit gerichtet, Formen im Diesseit ersehnt, Formen im Jenseit ersehnt, und Unverstörung ersehnen, und das Reich des Nichtdaseins ersehnen, und die Grenze möglicher Wahrnehmung ersehnen: das ist Dasein; so weit Dasein reicht ist ewige Art jene hanglose Herzensfreiheit.

«Und so hab' ich, Ānando, die Stufen zur Unverstörung gezeigt, die Stufen zum Reich des Nichtdaseins gezeigt, die Stufe zur Grenze möglicher Wahrnehmung gezeigt, von Staffel zu Staffel das Entkommen aus dem Flut-
76 bereiche gezeigt, die heilige Freiheit gezeigt. Was ein Meister, Ānando, den Jüngern aus Liebe und Teilnahme, von Mitleid bewogen, schuldet, das habt ihr von mir empfangen. Da laden, Ānando, Bäume ein, und dort leere Klausen. Wirket Schauung, Ānando, auf daß ihr nicht lässig werdet, später nicht Reue empfindet: das haltet als unser Gebot.»

Also sprach der Erhabene. Zufrieden freute sich der ehrwürdige Ānando über das Wort des Erhabenen[347].

107

ELFTER TEIL · SIEBENTE REDE

RECHNER MOGGALLĀNO

77 DAS HAB' ICH GEHÖRT. Zu einer Zeit weilte der Erhabene bei Sāvatthī, im Osthaine, auf der Terrasse Mutter Migāros.

Da nun begab sich ein Priester, Rechner Moggallāno, dorthin wo der Erhabene weilte, tauschte höflichen Gruß und freundliche, denkwürdige Worte mit dem Erhabenen und setzte sich zur Seite nieder. Zur Seite sitzend sprach nun Rechner Moggallāno der Priester zum Erhabenen also:

«Gleichwie man da, o Gotamo, bei dieser Terrasse Mutter Migāros den allmählichen Ansatz, den allmählichen Fortschritt, den allmählichen Aufstieg erkennen kann, und zwar von der untersten Treppenstufe an, kann man gewiß auch, o Gotamo, bei unseren Priestern den allmählichen Ansatz, den allmählichen Fortschritt, den allmählichen Aufstieg erkennen, und zwar bei der Andacht; kann man gewiß auch, o Gotamo, bei unseren Bogenschützen den allmählichen Ansatz, den allmählichen Fortschritt, den allmählichen Aufstieg erkennen, und zwar beim Schießen; kann man gewiß auch, o Gotamo, bei uns Rechnern, die wir von der Rechenkunst leben, den allmählichen Ansatz, den allmählichen Fortschritt, den allmählichen Aufstieg erkennen, und zwar beim Zählen. Denn haben wir, o Gotamo, Schüler angenommen, so lassen wir zuerst zählen: ‹Eins, die Einheit, zwei, die Zweiheit, drei, die Dreiheit, vier, die Vierheit, fünf, die Fünfheit, sechs, die Sechsheit, sieben, die Siebenheit, acht, die Achtheit, neun, die Neunheit, zehn, die Zehnheit›, so lassen wir, o Gotamo, bis hundert zählen. Ist es nun möglich, o Gotamo, auch in dieser Lehre und Ordnung etwa ebenso einen allmählichen Ansatz, einen allmählichen Fortschritt, einen allmählichen Aufstieg nachzuweisen?»

«Es ist möglich, Priester, auch in dieser Lehre und Ordnung einen allmählichen Ansatz, einen allmählichen Fortschritt, einen allmählichen Aufstieg 78
nachzuweisen. Gleichwie etwa, Priester, ein gewandter Rossebändiger, wann er ein schönes edles Roß erhalten hat, eben erst am Gebisse Übungen ausführen läßt und es dann weiteren Übungen zuführt, ebenso nun auch, Priester, weist der Vollendete, wann er einen Menschen zur Bändigung erhalten hat, erst also zurecht: ‹Willkommen, du Mönch, sei tugendhaft, in reiner Zucht richtig gezügelt bleibe lauter im Handel und Wandel: vor geringstem Fehl auf der Hut kämpfe beharrlich weiter, Schritt um Schritt.› Sobald nun, Priester, der Mönch tugendhaft ist, in reiner Zucht richtig gezügelt lauter im Handel und Wandel bleibt, vor geringstem Fehl auf der Hut beharrlich weiterkämpft, Schritt um Schritt, dann weist ihn der Vollendete weiter zurecht: ‹Willkommen, du Mönch, die Tore der Sinne lasse dich hüten: hast du mit dem Gesichte eine Form erblickt, so magst du keine Neigung fassen, keine Absicht fassen; da Begierde und Mißmut, böse und schlechte Gedanken gar bald den überwältigen, der unbewachten Gesichtes verweilt, befleißige dich dieser Bewachung, hüte das Gesicht, wache eifrig über das Gesicht. Hast du mit dem Gehöre einen Ton gehört – hast du mit dem Geruche einen Duft gerochen – hast du mit dem Geschmacke einen Saft geschmeckt – hast du mit dem Getaste eine Tastung getastet – hast du mit dem Gedenken ein Ding erkannt, so magst du keine Neigung fassen, keine Absicht fassen; da Begierde und Mißmut, böse und schlechte Gedanken gar bald den überwältigen, der unbewachten Gedenkens verweilt, befleißige dich dieser Bewachung, hüte das Gedenken, wache eifrig über das Gedenken.› Sobald nun, Priester, der Mönch die Tore der Sinne behütet hält, dann weist ihn der Vollendete weiter zurecht: ‹Willkommen, du Mönch, beim Essen wisse Maß zu halten, 79
gründlich besonnen wolle die Nahrung einnehmen, nicht etwa zur Letzung und Ergetzung, nicht zur Schmuckheit und Zier, sondern nur um diesen Körper zu erhalten, zu fristen, um Schaden zu verhüten, um ein heiliges Leben führen zu können: 'So werd' ich das frühere Gefühl abtöten und ein neues Gefühl nicht aufkommen lassen, und ich werde ein Fortkommen haben, ohne Tadel bestehn, mich wohl befinden[348].' Sobald nun, Priester, der Mönch beim

Essen Maß zu halten weiß, dann weist ihn der Vollendete weiter zurecht: ‹Willkommen, du Mönch, der Wachsamkeit weihe dich: bei Tage sollst du gehend und sitzend das Gemüt von trübenden Dingen läutern; in den ersten Stunden der Nacht gehend und sitzend das Gemüt von trübenden Dingen läutern; in den mittleren Stunden der Nacht magst du auf die rechte Seite wie der Löwe dich hinlegen, einen Fuß über dem anderen, gesammelten Sinnes, der Zeit des Aufstehns gedenkend; sollst in den letzten Stunden der Nacht, wieder aufgestanden, gehend und sitzend das Gemüt von trübenden Dingen läutern.› Sobald nun, Priester, der Mönch sich der Wachsamkeit geweiht hat, dann weist ihn der Vollendete weiter zurecht: ‹Willkommen, du Mönch, mit klarem Bewußtsein wolle dich wappnen: klar bewußt beim Kommen und Gehn, klar bewußt beim Hinblicken und Wegblicken, klar bewußt beim Neigen und Erheben, klar bewußt beim Tragen des Gewandes und der Almosenschale des Ordens, klar bewußt beim Essen und Trinken, Kauen und Schmecken, klar bewußt beim Entleeren von Kot und Harn, klar bewußt beim Gehn und Stehn und Sitzen, beim Einschlafen und Erwachen, beim Sprechen und Schweigen.› Sobald nun, Priester, der Mönch sich mit klarem Be-
80 wußtsein gewappnet hat, dann weist ihn der Vollendete weiter zurecht: ‹Willkommen, du Mönch, suche einen abgelegenen Ruheplatz auf, einen Hain, den Fuß eines Baumes, eine Felsengrotte, eine Bergesgruft, einen Friedhof, die Waldesmitte, ein Streulager in der offenen Ebene.› Und er sucht einen abgelegenen Ruheplatz auf, einen Hain, den Fuß eines Baumes, eine Felsengrotte, eine Bergesgruft, einen Friedhof, die Waldesmitte, ein Streulager in der offenen Ebene. Nach dem Mahle, wenn er vom Almosengange zurückgekehrt ist, setzt er sich mit verschränkten Beinen nieder, den Körper gerade aufgerichtet, und pflegt der Einsicht. Er hat weltliche Begierde verworfen und verweilt begierdelosen Gemütes, von Begierde läutert er sein Herz. Gehässigkeit hat er verworfen, haßlosen Gemütes verweilt er, voll Liebe und Mitleid zu allen lebenden Wesen läutert er sein Herz von Gehässigkeit. Matte Müde hat er verworfen, von matter Müde ist er frei; das Licht liebend, einsichtig, klar bewußt, läutert er sein Herz von matter Müde. Stolzen Unmut hat er verworfen, er ist frei von Stolz; innig beruhigten Gemütes läutert er sein Herz von stolzem Unmut. Das Schwanken hat er verworfen, der Ungewißheit ist er entronnen; er zweifelt nicht am Guten, vom Schwanken läutert er sein Herz. Er hat nun diese fünf Hemmungen aufgehoben, hat die Schlacken des Gemütes kennengelernt, die lähmenden; gar fern von Begierden, fern von unheilsamen Dingen lebt er in sinnend gedenkender ruhegeborener seliger Heiterkeit, in der Weihe der ersten Schauung. Nach Vollendung des Sinnens und Gedenkens gewinnt er die innere Meeresstille, die Einheit des Gemütes, die von sinnen, von gedenken freie, in der Einigung geborene selige Heiterkeit,

die Weihe der zweiten Schauung. In heiterer Ruhe verweilt er gleichmütig, einsichtig, klar bewußt, ein Glück empfindet er im Körper, von dem die Heiligen sagen: ‹Der gleichmütig Einsichtige lebt beglückt›; so gewinnt er die Weihe der dritten Schauung. Nach Verwerfung der Freuden und Leiden, nach Vernichtung des einstigen Frohsinns und Trübsinns erreicht er die Weihe der leidlosen, freudlosen, gleichmütig einsichtigen vollkommenen Reine, die vierte Schauung. – Die da nun, Priester, kämpfende Mönche sind, mit streitendem Busen die unvergleichliche Sicherheit zu erringen trachten, 81
denen gilt bei mir diese also gegebene Weisung; die aber da als Mönche heilig geworden sind, Wahnversieger, Endiger, die das Werk gewirkt, die Last abgelegt, das Heil sich errungen, die Daseinsfesseln vernichtet, sich durch vollkommene Erkenntnis erlöst haben, denen taugen diese Dinge um seliger Gegenwart zu genießen, bei klarem Bewußtsein.»

Nach dieser Rede wandte sich Rechner Moggallāno der Priester also an den Erhabenen:

«Können nun aber des Herrn Gotamo Jünger, von Herrn Gotamo also belehrt, also gewiesen, eben alle die unbezweifelbar sichere Wahnerlöschung gewinnen, oder können es einige nicht?»

«Einige freilich, Priester, meiner Jünger, von mir also belehrt, also gewiesen, können die unbezweifelbar sichere Wahnerlöschung gewinnen, andere können es nicht.»

«Was ist wohl, o Gotamo, der Anlaß, was ist der Grund, daß, wo es doch eine Wahnerlöschung gibt, wo ein Weg dahin führt, wo Herr Gotamo als Lenker da ist, dann einige freilich der Jünger des Herrn Gotamo, von Herrn Gotamo also belehrt, also gewiesen, die unbezweifelbar sichere Wahnerlöschung gewinnen können, und andere es nicht können?»

«Da will ich dir nun, Priester, eben hierüber eine Frage stellen: wie es dir gutdünkt magst du sie beantworten. Was meinst du wohl, Priester: kennst du den Weg, der nach Rājagaham führt?»

«Gewiß, Herr, ich kenne den Weg, der nach Rājagaham führt.»

«Was meinst du wohl, Priester: es käme da ein Mann herbei, der nach Rājagaham gehn wollte, und er träte zu dir heran und spräche also: ‹Ich möchte, 82
o Herr, nach Rājagaham gehn, bezeichne mir doch den Weg dahin.› Und du würdest ihm sagen: ‹Komm', lieber Mann, das ist der Weg nach Rājagaham. Da geh' eine Weile weiter, und bist du da eine Weile weitergegangen, so wirst du ein gewisses Dorf sehn. Da geh' eine Weile weiter, und bist du da eine Weile weitergegangen, so wirst du eine gewisse Burg sehn. Da geh' eine Weile weiter, und bist du da eine Weile weitergegangen, so wirst du einen schönen Garten, einen freundlichen Hain, eine heitere Landschaft, einen lichten Weiher vor Rājagaham erblicken.› Und er schlüge, von dir also belehrt,

also gewiesen, einen Seitenweg ein und schritte umgekehrt weiter. Aber ein anderer Mann käme herbei, der nach Rājagaham gehn wollte, und er träte zu dir heran und spräche also: ‹Ich möchte, o Herr, nach Rājagaham gehn, bezeichne mir doch den Weg dahin.› Und du würdest ihm sagen: ‹Komm', lieber Mann, das ist der Weg nach Rājagaham. Da geh' eine Weile weiter, und bist du da eine Weile weitergegangen, so wirst du ein gewisses Dorf sehn. Da geh' eine Weile weiter, und bist du da eine Weile weitergegangen, so wirst du eine gewisse Burg sehn. Da geh' eine Weile weiter, und bist du da eine Weile weitergegangen, so wirst du einen schönen Garten, einen freundlichen Hain, eine heitere Landschaft, einen lichten Weiher vor Rājagaham erblicken.› Und er langte, von dir also belehrt, also gewiesen, unversehrt in Rājagaham an. Was ist nun, Priester, der Anlaß, was ist der Grund, daß, wo es doch ein Rājagaham gibt, wo ein Weg dahin führt, wo du als Lenker da bist, gleichwohl der eine Mann, von dir also belehrt, also gewiesen, einen Seitenweg einschlagen und umgekehrt weiterschreiten mochte, und
83 der andere unversehrt nach Rājagaham gelangen?»

«Das kann ich, o Gotamo, hierbei tun: Wegweiser bin ich, o Gotamo!»

«Ebenso nun auch, Priester, gibt es zwar eine Wahnerlöschung, führt ein Weg dahin, bin ich als Lenker da, und doch können einige freilich meiner Jünger, von mir also belehrt, also gewiesen, die unbezweifelbar sichere Wahnerlöschung gewinnen, und können andere es nicht. Das kann ich, Priester, hierbei tun: Wegweiser ist, Priester, der Vollendete.»

Auf diese Worte sagte nun Rechner Moggallāno der Priester zum Erhabenen:

«Es gibt da, o Gotamo, Leute, die unwillig, aus Notdurft, nicht aus Zuversicht vom Hause fort in die Hauslosigkeit gezogen sind, Heuchler, Gleisner, Scheinheilige, aufgeblasene Windbeutel[349], geschäftige Schwätzer und Plauderer, schlechte Hüter der Sinnestore, ohne Rückhalt beim Mahle, der Wachsamkeit abgeneigt, gleichgültig gegen das Asketentum, lässig in der Ordenspflicht, anspruchsvoll, aufdringlich, vor allem Gesellschaft suchend, Einsamkeit als lästige Last fliehend, matte, schwache Herzen, verworrene, unklare Köpfe, unbeständige, zerstreute Geister, Beschränkte und Stumpfe: mit diesen hat Herr Gotamo keine Gemeinschaft. Es gibt aber auch edle Söhne, die aus Zuversicht vom Hause fort in die Hauslosigkeit gezogen sind, keine Heuchler, keine Gleisner, keine Scheinheiligen, keine aufgeblasenen Windbeutel, keine geschäftigen Schwätzer und Plauderer, strenge Hüter der Sinnestore[350], mäßig beim Mahle, der Wachsamkeit ergeben, dem Asketentum zugetan, eifrig in der Ordenspflicht, anspruchslos, nicht aufdringlich, vor allem Einsamkeit suchend, Gesellschaft als lästige Last fliehend, mutige,

starke Herzen, einsichtige, klare Köpfe, beständige, einige Geister, Weise und 84
Witzige: mit diesen hat Herr Gotamo Gemeinschaft. – Gleichwie etwa, o Gotamo, unter den Wurzeldüften der schwarze Rosenlauch in seiner Art als vorzüglichster gilt, unter den Kernholzdüften der rote Sandel in seiner Art als vorzüglichster gilt, unter den Blumendüften der weiße Jasmin in seiner Art als vorzüglichster gilt, ebenso nun auch ist des Herrn Gotamo Belehrung die beste in heutiger Zeit. – Vortrefflich, o Gotamo, vortrefflich, o Gotamo! Gleichwie etwa, o Gotamo, wenn man Umgestürztes aufstellte, oder Verdecktes enthüllte, oder Verirrten den Weg wiese, oder Licht in die Finsternis brächte: ‹Wer Augen hat wird die Dinge sehn[351]: ebenso auch hat Herr Gotamo die Lehre gar vielfach beleuchtet. Und so nehm' ich bei Herrn Gotamo Zuflucht, bei der Lehre und bei der Jüngerschaft: als Anhänger möge mich Herr Gotamo betrachten, von heute an zeitlebens getreu[352].»

108

ELFTER TEIL · ACHTE REDE

MEIER MOGGALLĀNO

DAS HAB' ICH GEHÖRT. Zu einer Zeit weilte der ehrwürdige Ānando bei 85
Rājagaham, im Bambusparke, am Hügel der Eichhörnchen, nicht lange nachdem der Erhabene erloschen war.

Um diese Zeit nun ließ der König von Magadhā, Ajātasattu, der Sohn der Videherin, Rājagaham befestigen, aus Besorgnis vor König Pajjoto.

Und der ehrwürdige Ānando, zeitig gerüstet, mit Mantel und Schale versehn, machte sich auf den Almosengang nach Rājagaham. Und es gedachte der ehrwürdige Ānando: ‹Allzu früh ist's noch, in der Stadt um Almosen zu stehn; wie, wenn ich nun die Wirtschaft Meier Moggallāno des Priesters aufsuchte, mich zu Meier Moggallāno dem Priester hinbegäbe?› Und der ehrwürdige Ānando suchte die Wirtschaft Meier Moggallāno des Priesters auf, begab sich zu Meier Moggallāno dem Priester hin. Da sah Meier Moggallāno der Priester den ehrwürdigen Ānando von ferne herankommen, und als er den ehrwürdigen Ānando gesehn sprach er also zu ihm:

«Es komme Herr Ānando, gegrüßt sei Herr Ānando! Lange schon hat Herr

Ānando hoffen lassen, mich einmal hier zu besuchen. Möge sich Herr Ānando setzen: dieser Sitz ist bereit.»

Es setzte sich der ehrwürdige Ānando auf den angebotenen Sitz. Meier Moggallāno aber, der Priester, nahm einen von den niederen Stühlen zur Hand und setzte sich zur Seite. Zur Seite sitzend wandte sich nun Meier Moggallāno der Priester an den ehrwürdigen Ānando also:

86 «Gibt es wohl, Herr Ānando, auch nur einen Mönch ganz und gar überall mit all den Eigenschaften begabt, mit welchen der Herr Gotamo begabt war, der Heilige, vollkommen Erwachte?»

«Nicht gibt es, Priester, auch nur einen Mönch ganz und gar überall mit all den Eigenschaften begabt, mit welchen der Erhabene begabt war, der Heilige, vollkommen Erwachte. Denn Er, Priester, der Erhabene, ist des unentdeckten Weges Entdecker, des unerschaffenen Weges Erschaffer, des unerklärten Weges Erklärer, der Wegeswisser, der Wegeskenner, der Wegeskundige: auf dem Weg aber folgen sie jetzt nach, die Jünger, später nachgekommen.»

Kaum jedoch hatte diese Unterredung des ehrwürdigen Ānando mit Meier Moggallāno dem Priester begonnen, da kam Vassakāro der Priester, ein Māgadher Marschall, der zu Rājagaham Rüstungen ausgerichtet, zu Meier Moggallāno des Priesters Wirtschaft heran, dorthin wo der ehrwürdige Ānando weilte. Dort angelangt wechselte er höflichen Gruß und freundliche, denkwürdige Worte mit dem ehrwürdigen Ānando und setzte sich zur Seite nieder. Zur Seite sitzend wandte sich nun Vassakāro der Priester, der Māgadher Marschall, an den ehrwürdigen Ānando also:

«Zu welchem Gespräche, Herr Ānando, seid ihr jetzt hier zusammengekommen, und wobei habt ihr euch eben unterbrochen?»

«Da hat mich, Priester, Meier Moggallāno der Priester gefragt: ‹Gibt es wohl, Herr Ānando, auch nur einen Mönch ganz und gar überall mit all den Eigenschaften begabt, mit welchen Herr Gotamo begabt war, der Heilige, vollkommen Erwachte?› Auf diese Frage, Priester, hab' ich Meier Mogga-
87 llāno dem Priester geantwortet: ‹Nicht gibt es, Priester, auch nur einen Mönch ganz und gar überall mit all den Eigenschaften begabt, mit welchen der Erhabene begabt war, der Heilige, vollkommen Erwachte. Denn Er, Priester, der Erhabene, ist des unentdeckten Weges Entdecker, des unerschaffenen Weges Erschaffer, des unerklärten Weges Erklärer, der Wegeswisser, der Wegeskenner, der Wegeskundige: auf dem Weg aber folgen sie jetzt nach, die Jünger, später nachgekommen.› Das war, Priester, das Gespräch zwischen mir und Meier Moggallāno dem Priester, das wir unterbrachen als du ankamst.»

«Ist nun wohl, Herr Ānando, etwa einer der Mönche von Ihm, dem Herrn Gotamo, eingesetzt worden, ‹Der soll nach meinem Tode euere Zuflucht sein›, an den ihr jetzt euch wenden mögt?»

«Nicht ist, Priester, etwa einer der Mönche von Ihm, dem Erhabenen, dem Kenner, dem Seher, dem Heiligen, vollkommen Erwachten, eingesetzt worden, ‹Der soll nach meinem Tode euere Zuflucht sein›, an den wir jetzt uns wenden mögen.»

«Doch ist wohl, Herr Ānando, etwa einer der Mönche von den Brüdern erwählt, von der Mehrheit der Ordensältesten eingesetzt worden, ‹Der soll nach des Erhabenen Tode unsere Zuflucht sein›, an den ihr jetzt euch wenden mögt?»

«Nicht ist, Priester, etwa einer der Mönche von den Brüdern erwählt, von der Mehrheit der Ordensältesten eingesetzt worden, ‹Der soll nach des Erhabenen Tode unsere Zuflucht sein›, an den wir jetzt uns wenden mögen.»

«So aber ohne Zuflucht, Herr Ānando, wie kann da einträchtige Lehre bestehn[353]?»

«Nicht sind wir, Priester, ohne Zuflucht, wir haben sie, Priester, die Zuflucht, die Lehre ist unsere Zuflucht.» 88

«Einer solchen Rede Sinn, Herr Ānando, wie soll der wohl ausgelegt werden[354]?»

«Es ist, Priester, von Ihm, dem Erhabenen, dem Kenner, dem Seher, dem Heiligen, vollkommen Erwachten, den Mönchen ein Regelmaß angegeben, die reine Zucht dargestellt worden. Nun kommen wir alle halben Monat, soviel unser, bis auf drei herab, im Umkreise je eines Dorfes wohnen, ebenda zusammen; und sind wir zusammengekommen, so fordern wir den, an dem die Reihe ist, auf. Der hält den Vortrag: und hat ein Mönch gefehlt, hat er sich vergangen, so wird er von uns der Lehre gemäß, der Weisung gemäß behan- 89
delt. Nicht aber, heißt es, behandeln uns die Brüder: die Lehre behandelt uns.»

«Doch ist wohl, Herr Ānando, irgendein Mönch da, den ihr jetzt werthaltet, hochschätzt, achtet und ehrt, und dem ihr also zugetan seid?»

«Es ist wohl, Priester, irgendein Mönch da, den wir jetzt werthalten, hochschätzen, achten und ehren, und dem wir also zugetan sind.»

«Auf meine Frage 'Ist nun wohl, Herr Ānando, etwa einer der Mönche von Ihm, dem Herrn Gotamo, eingesetzt worden, ‹Der soll nach meinem Tode euere Zuflucht sein›, an den ihr jetzt euch wenden mögt', hast du geantwortet 'Nicht ist, Priester, etwa einer der Mönche von Ihm, dem Erhabenen, dem Kenner, dem Seher, dem Heiligen, vollkommen Erwachten, eingesetzt worden, ‹Der soll nach meinem Tode euere Zuflucht sein›, an den wir jetzt uns wenden mögen'; auf meine Frage 'Doch ist wohl, Herr Ānando, etwa einer der Mönche von den Brüdern erwählt, von der Mehrheit der Ordensältesten eingesetzt worden, ‹Der soll nach des Erhabenen Tode unsere Zuflucht sein›, an den ihr jetzt euch wenden mögt', hast du geantwortet

'Nicht ist, Priester, etwa einer der Mönche von den Brüdern erwählt, von
der Mehrheit der Ordensältesten eingesetzt worden, ‹Der soll nach des Er-
habenen Tode unsere Zuflucht sein›, an den wir jetzt uns wenden mögen';
auf meine Frage 'Doch ist wohl, Herr Ānando, irgendein Mönch da, den ihr
90 jetzt werthaltet, hochschätzt, achtet und ehrt, und dem ihr also zugetan seid',
hast du geantwortet 'Es ist wohl, Priester, irgendein Mönch da, den wir jetzt
werthalten, hochschätzen, achten und ehren, und dem wir also zugetan sind':
einer solchen Rede Sinn, Herr Ānando, wie soll der nun ausgelegt werden?»

«Es sind, Priester, von Ihm, dem Erhabenen, dem Kenner, dem Seher, dem
Heiligen, vollkommen Erwachten, zehn huldreiche Eigenschaften angegeben
worden; bei wem von uns diese sich finden, den halten wir jetzt wert, schät-
zen ihn hoch, achten und ehren ihn, sind ihm also zugetan: was für zehn Ei-
genschaften? Da ist, Priester, ein Mönch tugendhaft, in reiner Zucht richtig
gezügelt bleibt er lauter im Handel und Wandel: vor geringstem Fehl auf der
Hut kämpft er beharrlich weiter, Schritt um Schritt. Viel hat er gehört, ist
Behälter des Wortes, Hort des Wortes der Lehre[355]; und was da am Anfang
begütigt, in der Mitte begütigt, am Ende begütigt und sinn- und wortgetreu
das vollkommen geläuterte, geklärte Asketentum überliefert: das kennt er,
behält er, beherrscht er mit der Rede, bewahrt es im Gedächtnis, hat es von
Grund aus verstanden. Zufrieden ist er mit Mantel und Schale, Obdach und
Arzenei für den Fall einer Krankheit. Die vier Schauungen, die das Herz er-
quicken, schon im Leben beseligen, die kann er nach Wunsch gewinnen, in
ihrer Fülle und Weite. Er mag auf mannigfaltige Weise Machtentfaltung an
sich erfahren: als nur einer etwa vielfach zu werden, und vielfach geworden
91 wieder einer zu sein, und so weiter, sogar bis zu den Brahmawelten den Kör-
per in seiner Gewalt zu haben. Mit dem himmlischen Gehör, dem geläuter-
ten, über menschliche Grenzen hinausreichenden, kann er beide Arten der
Töne hören, die himmlischen und die irdischen, die fernen und die nahen[356].
Der anderen Wesen, der anderen Personen Herz kann er im Herzen schauen
und erkennen, das begehrliche Herz als begehrlich und das begehrlose Herz
als begehrlos, das gehässige Herz als gehässig und das haßlose Herz als haß-
los, das irrende Herz als irrend und das irrlose Herz als irrlos, das gesammelte
Herz als gesammelt und das zerstreute Herz als zerstreut, das hochstrebende
Herz als hochstrebend und das niedrig gesinnte Herz als niedrig gesinnt, das
edle Herz als edel und das gemeine Herz als gemein, das beruhigte Herz als
beruhigt und das ruhelose Herz als ruhelos, das erlöste Herz als erlöst und
das gefesselte Herz als gefesselt[357]. An manche verschiedene frühere Daseins-
92 form erinnert er sich: als wie an ein Leben, dann an zwei Leben, dann an drei
Leben, dann an vier Leben, dann an fünf Leben, dann an zehn Leben, dann an
zwanzig Leben, dann an dreißig Leben, dann an vierzig Leben, dann an fünf-

zig Leben, dann an hundert Leben, dann an tausend Leben, dann an hunderttausend Leben, dann an die Zeiten während mancher Weltenentstehungen, dann an die Zeiten während mancher Weltenvergehungen, dann an die Zeiten während mancher Weltenentstehungen-Weltenvergehungen; ‹Dort war ich, jenen Namen hatte ich, jener Familie gehörte ich an, das war mein Stand, das mein Beruf, solches Wohl und Wehe habe ich erfahren, so war mein Lebensende; dort verschieden trat ich anderswo wieder ins Dasein: da war ich nun, diesen Namen hatte ich, dieser Familie gehörte ich an, dies war mein Stand, dies mein Beruf, solches Wohl und Wehe habe ich erfahren, so war mein Lebensende; da verschieden trat ich hier wieder ins Dasein›: so erinnert er sich mancher verschiedenen früheren Daseinsform, mit je den eigentümlichen Merkmalen, mit je den eigenartigen Beziehungen. Mit dem himmlischen Auge, dem geläuterten, über menschliche Grenzen hinausreichenden, sieht er die Wesen dahinschwinden und wiedererscheinen, gemeine und edle, schöne und unschöne, glückliche und unglückliche, er erkennt wie die Wesen je nach den Taten wiederkehren: ‹Diese lieben Wesen sind freilich in Taten dem Schlechten zugetan, in Worten dem Schlechten zugetan, in Gedanken dem Schlechten zugetan, tadeln Heiliges, achten Verkehrtes, tun Verkehrtes; bei der Auflösung des Leibes, nach dem Tode, gelangen sie auf den Abweg, auf schlechte Fährte, zur Tiefe hinab, in untere Welt. Jene lieben Wesen sind aber in Taten dem Guten zugetan, in Worten dem Guten zugetan, in Gedanken dem Guten zugetan, tadeln nicht Heiliges, achten Rechtes, tun Rechtes; bei der Auflösung des Leibes, nach dem Tode, gelangen sie auf gute Fährte, in selige Welt›: so sieht er mit dem himmlischen Auge, dem geläuterten, über menschliche Grenzen hinausreichenden, die Wesen dahinschwinden und wiedererscheinen, gemeine und edle, schöne und unschöne, glückliche und unglückliche, erkennt wie die Wesen je nach den Taten wiederkehren[358]. Er hat den Wahn versiegt und die wahnlose Gemüterlösung, Weisheiterlösung noch bei Lebzeiten sich offenbar gemacht, verwirklicht und errungen. – Das sind, Priester, zehn huldreiche Eigenschaften, die Er, der Erhabene, der Kenner, der Seher, der Heilige, vollkommen Erwachte angegeben hat; bei wem von uns diese sich finden, den halten wir jetzt wert, schätzen ihn hoch, achten und ehren ihn, sind ihm also zugetan.»

Nach dieser Rede wandte sich Vassakāro der Priester, der Māgadher Marschall, an Upanando den Feldherrn und sagte:

«Was meinst du wohl, Feldherr: ob da nun diese Würdigen den werthalten, 93
der wertzuhalten ist, den hochschätzen, der hochzuschätzen ist, den achten, der zu achten ist, den ehren, der zu ehren ist?»

«Will's meinen, daß diese Würdigen den werthalten, der wertzuhalten ist, den hochschätzen, der hochzuschätzen ist, den achten, der zu achten ist, den ehren, der zu ehren ist: denn so diese Würdigen einen solchen nicht werthielten, hochschätzten, achteten und ehrten, wen doch sollten sie dann werthalten, hochschätzen, achten und ehren und ihm also zugetan sein?»

Und nun wandte sich Vassakāro der Priester, der Māgadher Marschall, also an den ehrwürdigen Ānando:

«Wo hat wohl Herr Ānando gegenwärtig seinen Aufenthalt?»

«Im Bambusparke, Priester, hab' ich gegenwärtig meinen Aufenthalt.»

«Und kann einem auch, Herr Ānando, der Bambuspark schon gefallen, der lärmentrückt, lärmverloren, von den Leuten gemieden ist, wo man einsam bleiben und nachdenken mag?»

«Will's meinen, Priester, daß einem der Bambuspark schon gefallen kann, der lärmentrückt, lärmverloren, von den Leuten gemieden ist, wo man einsam bleiben und nachdenken mag, wie das eueren Feldhütern und Hirten eignet.»

«Will's meinen, Herr Ānando, daß einem der Bambuspark schon gefallen kann, der lärmentrückt, lärmverloren, von den Leuten gemieden ist, wo man einsam bleiben und nachdenken mag, wie das euch Schauung liebenden und Schauung übenden eignet: denn Schauung ja liebt ihr und Schauung übt ihr. – Eines Tages, Herr Ānando, weilte Er, der Herr Gotamo, dort bei Vesālī, im Großen Walde, in der Halle der Einsiedelei. Und ich begab mich, Herr Ānando, nach dem Großen Walde, zur Halle der Einsiedelei, dorthin wo ich den Herrn Gotamo antraf. Da führte nun Er, der Herr Gotamo, auf mancher-
94 lei Weise Gespräche über die Schauung: denn Schauung ja liebte Er, der Herr Gotamo, und Schauung übte Er, und eben alle Schauung pflegte Er, der Herr Gotamo, zu preisen.»

«Nicht hat, Priester, Er, der Erhabene, alle Schauung gepriesen, und nicht hat Er, der Erhabene, alle Schauung verwiesen. Was für Schauung hat aber, Priester, Er, der Erhabene, nicht gepriesen? Da hat einer, Priester, sein Gemüt von Wunschbegier umspinnen, von Wunschbegier umziehen lassen; und wie man der aufgestiegenen Wunschbegier entgehn könne, daran denkt er nicht der Wahrheit gemäß, macht vielmehr die Wunschbegier zum Wesen und schaut und schaut hin und schaut her und schaut um. Er hat sein Gemüt von Gehässigkeit umspinnen, von Gehässigkeit umziehen lassen; und wie man der aufgestiegenen Gehässigkeit entgehn könne, daran denkt er nicht der Wahrheit gemäß, macht vielmehr die Gehässigkeit zum Wesen und schaut und schaut hin und schaut her und schaut um. Er hat sein Gemüt von matter Müde umspinnen, von matter Müde umziehen lassen; und wie man der aufgestiegenen matten Müde entgehn könne, daran denkt er nicht der Wahrheit gemäß, macht vielmehr die matte Müde zum Wesen und schaut und schaut hin und schaut her und schaut um. Er hat sein Gemüt von stolzem Unmut umspinnen, von stolzem Unmut umziehen lassen; und wie man dem aufge-

stiegenen stolzen Unmut entgehn könne, daran denkt er nicht der Wahrheit gemäß, macht vielmehr den stolzen Unmut zum Wesen und schaut und schaut hin und schaut her und schaut um. Er hat sein Gemüt von sorgendem Zweifel umspinnen, von sorgendem Zweifel umziehen lassen; und wie man dem aufgestiegenen sorgenden Zweifel entgehn könne, daran denkt er nicht der Wahrheit gemäß, macht vielmehr den sorgenden Zweifel zum Wesen und schaut und schaut hin und schaut her und schaut um. Solche Schauung hat, Priester, Er, der Erhabene, nicht gepriesen. Was für Schauung hat aber, Prie- 95
ster, Er, der Erhabene, gepriesen? Da weilt, Priester, ein Mönch, gar fern von Begierden, fern von unheilsamen Dingen, in sinnend gedenkender ruhegeborener seliger Heiterkeit, in der Weihe der ersten Schauung. Nach Vollendung des Sinnens und Gedenkens erwirkt er die innere Meeresstille, die Einheit des Gemütes, die von sinnen, von gedenken freie, in der Einigung geborene selige Heiterkeit, die Weihe der zweiten Schauung. In heiterer Ruhe weilt er gleichmütig, einsichtig, klar bewußt, ein Glück empfindet er im Körper, von dem die Heiligen sagen: ‹Der gleichmütig Einsichtige lebt beglückt›; so erwirkt er die Weihe der dritten Schauung. Nach Verwerfung der Freuden und Leiden, nach Vernichtung des einstigen Frohsinns und Trübsinns erwirkt er die Weihe der leidlosen, freudlosen, gleichmütig einsichtigen vollkommenen Reine, die vierte Schauung. Solche Schauung hat, Priester, Er, der Erhabene, gepriesen.»

«Verweisliche Schauung hat also, Herr Ānando, Er, der Herr Gotamo, verwiesen, preisliche gepriesen. – Wohlan denn, Herr Ānando, jetzt wollen wir aufbrechen[359]: manche Pflicht wartet unser, manche Obliegenheit.»

«Wie es dir nun, Priester, belieben mag.»

Und Vassakāro der Priester, der Māgadher Marschall, durch des ehrwürdigen Ānando Rede erfreut und befriedigt, stand von seinem Sitze auf und entfernte sich. Da wandte sich denn Meier Moggallāno der Priester, bald nachdem Vassakāro der Priester, der Māgadher Marschall, gegangen, also an den ehrwürdigen Ānando:

«Was wir aber Herrn Ānando gefragt hatten, das hat uns Herr Ānando nicht zu Ende erklärt.»

«Haben wir denn, Priester, dir nicht gesagt: ‹Nicht gibt es, Priester, auch nur einen Mönch ganz und gar überall mit all den Eigenschaften begabt, mit welchen der Erhabene begabt war, der Heilige, vollkommen Erwachte. Denn Er, Priester, der Erhabene, ist des unentdeckten Weges Entdecker, des unerschaffenen Weges Erschaffer, des unerklärten Weges Erklärer, der Wegeswisser, der Wegeskenner, der Wegeskundige: auf dem Weg aber folgen sie 96
jetzt nach, die Jünger, später nachgekommen[360].›»

109

ELFTER TEIL · NEUNTE REDE

VOLLMOND

I

97 DAS HAB' ICH GEHÖRT. Zu einer Zeit weilte der Erhabene bei Sāvatthī, im Osthaine, auf Mutter Migāros Terrasse.

Um diese Zeit nun hatte der Erhabene – es war ein Feiertag, im halben Monat, in der voll aufgegangenen Mondnacht – inmitten der Mönchgemeinde unter freiem Himmel Platz genommen.

Da stand nun einer der Mönche auf, schlug den Mantel um die eine Schulter, verneigte sich ehrerbietig vor dem Erhabenen und sprach also:

«Darf ich, o Herr, den Erhabenen über irgend etwas befragen, wenn mir der Erhabene der Frage Beantwortung gewähren will?»

«Wohlan denn, o Mönch, setze dich auf deinen Platz und frage nach Belieben.»

Und jener Mönch setzte sich auf seinen Platz und sprach also zum Erhabenen:

«Sind das, o Herr, die fünf Stücke des Anhangens, als da ist ein Stück Anhangen an der Form, ein Stück Anhangen am Gefühl, ein Stück Anhangen an der Wahrnehmung, ein Stück Anhangen an der Unterscheidung, ein Stück Anhangen am Bewußtsein?»

«Das sind, Mönch, die fünf Stücke des Anhangens.»

«Gut, o Herr!» sagte da jener Mönch, erfreut und befriedigt durch des Erhabenen Rede, und stellte nun eine fernere Frage:

«Und diese fünf Stücke des Anhangens, o Herr, wo wurzeln die?»

«Diese fünf Stücke des Anhangens, Mönch, wurzeln im Willen.»

98 «Ist nun, o Herr, Anhangen und die fünf Stücke des Anhangens ein und dasselbe, oder gibt es ein Anhangen außer den fünf Stücken des Anhangens?»

«Nicht ist, Mönch, Anhangen und die fünf Stücke des Anhangens ein und dasselbe, doch gibt es kein Anhangen außer den fünf Stücken des Anhangens: was da, Mönch, bei den fünf Stücken des Anhangens Willensreiz ist, das ist dabei Anhangen.»

«Und kann, o Herr, bei den fünf Stücken des Anhangens eine Verschiedenheit des Willensreizes bestehn?»

«Kann sein, Mönch», sagte der Erhabene. «Da hat einer, Mönch, den Wunsch: ‹So sei meine künftige Form, so sei mein künftiges Gefühl, so sei meine künftige Wahrnehmung, so sei meine künftige Unterscheidung, so sei mein künftiges Bewußtsein.› So kann, Mönch, bei den fünf Stücken des Anhangens eine Verschiedenheit des Willensreizes bestehn.»

«Inwiefern aber, o Herr, kommt den Stücken die Bezeichnung Stücke zu?»

«Was es auch, Mönch, an Form gibt, vergangene, zukünftige, gegenwärtige, eigene oder fremde, grobe oder feine, gemeine oder edle, ferne oder nahe, ist ein Stück Form; was es auch an Gefühl gibt, vergangenes, zukünftiges, gegenwärtiges, eigenes oder fremdes, grobes oder feines, gemeines oder edles, fernes oder nahes, ist ein Stück Gefühl; was es auch an Wahrnehmung gibt, vergangene, zukünftige, gegenwärtige, eigene oder fremde, grobe oder feine, gemeine oder edle, ferne oder nahe, ist ein Stück Wahrnehmung; was es auch an Unterscheidungen gibt, vergangene, zukünftige, gegenwärtige, eigene oder fremde, grobe oder feine, gemeine oder edle, ferne oder nahe, ist ein Stück Unterscheidung; was es auch an Bewußtsein gibt, vergangenes, zukünftiges, gegenwärtiges, eigenes oder fremdes, grobes oder feines, gemeines oder edles, fernes oder nahes, ist ein Stück Bewußtsein. Insofern, Mönch, kommt den Stücken die Bezeichnung Stücke zu.»

«Was ist nun, o Herr, der Anlaß, was ist der Grund, daß ein Stück Form erscheinen kann, was ist der Anlaß, was ist der Grund, daß ein Stück Gefühl erscheinen kann, was ist der Anlaß, was ist der Grund, daß ein Stück Wahrnehmung erscheinen kann, was ist der Anlaß, was ist der Grund, daß ein Stück
Unterscheidung erscheinen kann, was ist der Anlaß, was ist der Grund, daß 99
ein Stück Bewußtsein erscheinen kann?»

«Die vier Hauptstoffe, Mönch, sind der Anlaß, die vier Hauptstoffe sind der Grund, daß ein Stück Form erscheinen kann, Berührung ist der Anlaß, Berührung ist der Grund, daß ein Stück Gefühl erscheinen kann, Berührung ist der Anlaß, Berührung ist der Grund, daß ein Stück Wahrnehmung erscheinen kann, Berührung ist der Anlaß, Berührung ist der Grund, daß ein Stück Unterscheidung erscheinen kann, Bild und Begriff ist, Mönch, der Anlaß, Bild und Begriff ist der Grund, daß ein Stück Bewußtsein erscheinen kann.»

«Wie aber kann, o Herr, der Glaube an Persönlichkeit aufkommen?»

«Da hat einer, Mönch, nichts erfahren, ist ein gewöhnlicher Mensch, ohne Sinn für das Heilige, der heiligen Lehre unkundig, der heiligen Lehre unzugänglich, ohne Sinn für das Edle, der Lehre der Edlen unkundig, der Lehre der Edlen unzugänglich und betrachtet die Form als sich selbst, oder sich selbst als formähnlich, oder in sich selbst die Form, oder in der Form sich selbst; er betrachtet das Gefühl, die Wahrnehmung, die Unterscheidungen, das Bewußtsein als sich selbst, oder sich selbst als diesen ähnlich, oder in sich selbst diese, oder in diesen sich selbst. So kann, Mönch, der Glaube an Persönlichkeit aufkommen.»

«Und wie kann, o Herr, der Glaube an Persönlichkeit nicht aufkommen?»

«Da hat einer, Mönch, als erfahrener heiliger Jünger das Heilige gemerkt,
100 ist der heiligen Lehre kundig, der heiligen Lehre wohlzugänglich, hat das
Edle gemerkt, ist der Lehre der Edlen kundig, der Lehre der Edlen wohlzugänglich und betrachtet die Form nicht als sich selbst, noch sich selbst als formähnlich, noch in sich selbst die Form, noch in der Form sich selbst; er betrachtet das Gefühl, die Wahrnehmung, die Unterscheidungen, das Bewußtsein nicht als sich selbst, noch sich selbst als diesen ähnlich, noch in sich selbst diese, noch in diesen sich selbst. So kann, Mönch, der Glaube an Persönlichkeit nicht aufkommen.»

«Was ist nun, o Herr, bei der Form Labsal, was Elend, und was Überwindung? Was ist beim Gefühl, bei der Wahrnehmung, bei den Unterscheidungen, beim Bewußtsein Labsal, was Elend, und was Überwindung?»

«Was da, Mönch, Wohl und Erwünschtes der Form gemäß geht, ist bei der Form Labsal; was als Form vergänglich ist, wehe, wandelbar, ist bei der Form Elend; was bei der Form Verneinung des Willensreizes ist, Verleugnung des
Willensreizes, ist bei der Form Überwindung. Was da, Mönch, Wohl und Er-
101 wünschtes dem Gefühle, der Wahrnehmung, den Unterscheidungen, dem
Bewußtsein gemäß geht, ist dabei Labsal; was als Gefühl, als Wahrnehmung, als Unterscheidung, als Bewußtsein vergänglich ist, wehe, wandelbar, ist dabei Elend; was beim Gefühle, bei der Wahrnehmung, bei den Unterscheidungen, beim Bewußtsein Verneinung des Willensreizes ist, Verleugnung des Willensreizes, ist dabei Überwindung.»

«Wie aber können, o Herr, einen Wissenden, wie einen Sehenden, bei allen äußeren Eindrücken auf diesen mit Bewußtsein behafteten Körper da, der Ichheit und Meinheit Dünkelanwandlungen nicht ankommen?»

«Was es auch, Mönch, für eine Form sei, vergangene, zukünftige, gegenwärtige, eigene oder fremde, grobe oder feine, gemeine oder edle, ferne oder nahe: alle Form ist, der Wahrheit gemäß, mit vollkommener Weisheit also angesehn: ‹Das gehört mir nicht, das bin ich nicht, das ist nicht mein Selbst.› Was es auch für ein Gefühl, was es auch für eine Wahrnehmung, was es auch für eine Unterscheidung, was es auch für ein Bewußtsein sei, vergangenes, zukünftiges, gegenwärtiges, eigenes oder fremdes, grobes oder feines, gemei-
nes oder edles, fernes oder nahes: alles Gefühl, alle Wahrnehmung, alle Unter-
102 scheidung, alles Bewußtsein ist, der Wahrheit gemäß, mit vollkommener
Weisheit also angesehn: ‹Das gehört mir nicht, das bin ich nicht, das ist nicht mein Selbst.› So können, Mönch, einen Wissenden, so einen Sehenden, bei

allen äußeren Eindrücken auf diesen mit Bewußtsein behafteten Körper da, der Ichheit und Meinheit Dünkelanwandlungen nicht ankommen.»

Da stieg nun einem der Mönche folgender Gedanke im Geiste auf: ‹So wäre denn also die Form ohne Selbst, das Gefühl ohne Selbst, die Wahrnehmung ohne Selbst, die Unterscheidung ohne Selbst, das Bewußtsein ohne Selbst, und ohne Selbst getane Taten sollten zur Täterschaft gereichen?› Und der Erhabene, den Gedanken jenes Mönches im Geiste geistig gewahrend, wandte sich an die Mönche:

«Es mag wohl sein, ihr Mönche, daß da irgendein eitler Mensch aus Unwissen, in Unwissenheit geraten, vom Durst im Geiste überwältigt, die Weisung des Meisters überbieten zu müssen vermeine: ‹So wäre denn also die Form ohne Selbst, das Gefühl ohne Selbst, die Wahrnehmung ohne Selbst, die Unterscheidung ohne Selbst, das Bewußtsein ohne Selbst, und ohne Selbst getane Taten sollten zur Täterschaft gereichen?›, fragt er. Unterwiesen seid ihr, Mönche, von mir bei solchen und ähnlichen Fragen. Was meint ihr wohl, Mönche: ist die Form unvergänglich oder vergänglich?»

«Vergänglich, o Herr!»

«Was aber vergänglich, ist das weh' oder wohl?»

«Weh', o Herr!»

«Was aber vergänglich, wehe, wandelbar ist, kann man etwa davon behaupten: ‹Das gehört mir, das bin ich, das ist mein Selbst›?»

«Gewiß nicht, o Herr!»

«Was meint ihr wohl, Mönche: ist das Gefühl, die Wahrnehmung, die Un- 103
terscheidung, das Bewußtsein unvergänglich oder vergänglich?»

«Vergänglich, o Herr!»

«Was aber vergänglich, ist das weh' oder wohl?»

«Weh', o Herr!»

«Was aber vergänglich, wehe, wandelbar ist, kann man etwa davon behaupten: ‹Das gehört mir, das bin ich, das ist mein Selbst›?»

«Gewiß nicht, o Herr!»

«Darum also, ihr Mönche: was es auch für eine Form sei, vergangene, zukünftige, gegenwärtige, eigene oder fremde, grobe oder feine, gemeine oder edle, ferne oder nahe: alle Form ist, der Wahrheit gemäß, mit vollkommener Weisheit also anzusehn: ‹Das gehört mir nicht, das bin ich nicht, das ist nicht mein Selbst.› Was es auch für ein Gefühl, was es auch für eine Wahrnehmung, was es auch für eine Unterscheidung, was es auch für ein Bewußtsein sei, vergangenes, zukünftiges, gegenwärtiges, eigenes oder fremdes, grobes oder feines, gemeines oder edles, fernes oder nahes: alles Gefühl, alle Wahrnehmung, alle Unterscheidung, alles Bewußtsein ist, der Wahrheit gemäß, mit vollkommener Weisheit also anzusehn: ‹Das gehört mir nicht, das bin ich nicht, das ist nicht mein Selbst.› In solchem Anblick, ihr Mönche, wird der erfahrene heilige Jünger der Form überdrüssig und wird des Gefühles überdrüssig und wird der Wahrnehmung überdrüssig und wird der Unterscheidungen überdrüssig und wird des Bewußtseins überdrüssig. Überdrüssig wendet er sich ab. Abgewandt löst er sich los. ‹Im Erlösten ist die Erlösung›, diese Erkenntnis geht auf. ‹Versiegt ist die Geburt, vollendet das Asketentum, gewirkt das Werk, nicht mehr ist diese Welt› versteht er da.»

Also sprach der Erhabene. Zufrieden freuten sich jene Mönche über das Wort des Erhabenen.

Während aber diese Darlegung stattgefunden, hatte sich bei etwa sechzig Mönchen das Herz ohne Hangen vom Wahne abgelöst[361].

110

ELFTER TEIL · ZEHNTE REDE

VOLLMOND

II

104 DAS HAB' ICH GEHÖRT. Zu einer Zeit weilte der Erhabene bei Sāvatthī, im Osthaine, auf Mutter Migāros Terrasse.

Um diese Zeit nun hatte der Erhabene – es war ein Feiertag, im halben Monat, in der voll aufgegangenen Mondnacht – inmitten der Mönchgemeinde unter freiem Himmel Platz genommen. Und der Erhabene blickte über die lautlose, stille Schar der Mönche hin und wandte sich also an sie:

«Kann wohl, ihr Mönche, ein schlechter Mensch einen schlechten Menschen erkennen: ‹Das ist ein schlechter Mensch›?»

«Wohl nicht, o Herr!»

«Recht so, ihr Mönche. Unmöglich ist es, ihr Mönche, es kann nicht sein, daß ein schlechter Mensch einen schlechten Menschen erkenne: ‹Das ist ein schlechter Mensch.› Kann aber, ihr Mönche, ein schlechter Mensch einen guten Menschen erkennen: ‹Das ist ein guter Mensch›?»

«Wohl nicht, o Herr!»

«Recht so, ihr Mönche. Auch das ist, ihr Mönche, unmöglich, es kann nicht sein, daß ein schlechter Mensch einen guten Menschen erkenne: ‹Das ist ein guter Mensch.› Ein schlechter Mensch, ihr Mönche, folgt einer schlechten Weise nach, hat zu schlechten Menschen Neigung, denkt mit schlechten Menschen, berät sich mit schlechten Menschen, bespricht sich mit schlechten Menschen, verkehrt mit schlechten Menschen, liebt die Ansichten schlechter Menschen, gibt die Gabe schlechter Menschen.

«Wie aber folgt, ihr Mönche, ein schlechter Mensch einer schlechten Weise nach? Da hat, ihr Mönche, ein schlechter Mensch kein Zutrauen, er ist schamlos und unbescheiden, er weiß wenig, es kümmert ihn wenig, trübe sieht er, und er versteht nichts. Also folgt, ihr Mönche, ein schlechter Mensch einer schlechten Weise nach.

«Wie aber hat, ihr Mönche, ein schlechter Mensch zu schlechten Menschen 105
Neigung? Da hat, ihr Mönche, ein schlechter Mensch jene Asketen und Priester, die da ohne Zutrauen, schamlos und unbescheiden sind, die wenig wissen, die wenig kümmert, die trübe sehn und nichts verstehn, die hat er zu Freunden, hat sie zu Genossen. Also hat, ihr Mönche, ein schlechter Mensch zu schlechten Menschen Neigung.

«Wie aber denkt, ihr Mönche, ein schlechter Mensch mit schlechten Menschen? Da denkt, ihr Mönche, ein schlechter Mensch zu eigener Beschwer, und er denkt zu fremder Beschwer, und er denkt zu beider Beschwer. Also, ihr Mönche, denkt ein schlechter Mensch mit schlechten Menschen.

«Wie aber berät sich, ihr Mönche, ein schlechter Mensch mit schlechten Menschen? Da berät sich, ihr Mönche, ein schlechter Mensch zu eigener Beschwer, und er berät sich zu fremder Beschwer, und er berät sich zu beider Beschwer. Also, ihr Mönche, berät sich ein schlechter Mensch mit schlechten Menschen.

«Wie aber bespricht sich, ihr Mönche, ein schlechter Mensch mit schlechten Menschen? Da spricht, ihr Mönche, ein schlechter Mensch Lügen, er verleumdet, führt barsche Rede, treibt geschwätzige Rede. Also, ihr Mönche, bespricht sich ein schlechter Mensch mit schlechten Menschen.

«Wie aber verkehrt, ihr Mönche, ein schlechter Mensch mit schlechten Menschen? Da bringt, ihr Mönche, ein schlechter Mensch Lebendiges um, er nimmt Nichtgegebenes, er begeht Ausschweifung. Also, ihr Mönche, verkehrt ein schlechter Mensch mit schlechten Menschen.

«Wie aber liebt, ihr Mönche, ein schlechter Mensch die Ansichten schlechter Menschen? Da bekennt sich, ihr Mönche, ein schlechter Mensch zu dieser Ansicht: ‹Almosengeben, Verzichtleisten, Spenden – es ist alles eitel; es
gibt keine Saat und Ernte guter und böser Werke; Diesseits und Jenseits sind 106
leere Worte; Vater und Mutter und auch geistige Geburt sind hohle Namen; die Welt hat keine Asketen und Priester, die vollkommen und vollendet sind,

die sich den Sinn dieser und jener Welt begreiflich machen, anschaulich vorstellen und erklären können.› Also, ihr Mönche, liebt ein schlechter Mensch die Ansichten schlechter Menschen.

«Wie aber gibt, ihr Mönche, ein schlechter Mensch die Gabe schlechter Menschen? Da teilt, ihr Mönche, ein schlechter Mensch Gaben aus ohne zu würdigen, nicht eigenhändig, unbedacht, wirft sie weg, er glaubt an kein hilfreiches Wirken. Also, ihr Mönche, gibt ein schlechter Mensch die Gabe schlechter Menschen.

«So ein schlechter Mensch nun, ihr Mönche, der also einer schlechten Weise nachgefolgt, also schlechten Menschen zugeneigt war, also mit schlechten Menschen gedacht, also mit schlechten Menschen sich beraten, also mit schlechten Menschen sich besprochen, also mit schlechten Menschen verkehrt, also die Ansichten schlechter Menschen geliebt, also die Gabe schlechter Menschen gegeben hatte, wird bei der Auflösung des Körpers, nach dem Tode, zur Fährte schlechter Menschen hingeraten. Was ist aber, ihr Mönche, die Fährte schlechter Menschen? Hölle oder Tierheit.

«Kann wohl, ihr Mönche, ein guter Mensch einen guten Menschen erkennen: ‹Das ist ein guter Mensch›?»

«Freilich, o Herr!»

«Recht so, ihr Mönche. Es mag schon sein, ihr Mönche, daß ein guter Mensch einen guten Menschen erkenne: ‹Das ist ein guter Mensch.› Kann
107 aber, ihr Mönche, ein guter Mensch einen schlechten Menschen erkennen: ‹Das ist ein schlechter Mensch›?»

«Freilich, o Herr!»

«Recht so, ihr Mönche. Auch das, ihr Mönche, mag schon sein, daß ein guter Mensch einen schlechten Menschen erkenne: ‹Das ist ein schlechter Mensch.› Ein guter Mensch, ihr Mönche, folgt einer guten Weise nach, hat zu guten Menschen Neigung, denkt mit guten Menschen, berät sich mit guten Menschen, bespricht sich mit guten Menschen, verkehrt mit guten Menschen, liebt die Ansichten guter Menschen, gibt die Gabe guter Menschen.

«Wie aber folgt, ihr Mönche, ein guter Mensch einer guten Weise nach? Da hat, ihr Mönche, ein guter Mensch Zutrauen, er ist schamhaft, bescheiden, er weiß viel, tapfer harrt er aus, klar bewußt, witzig erfahren. Also folgt, ihr Mönche, ein guter Mensch einer guten Weise nach.

«Wie aber hat, ihr Mönche, ein guter Mensch zu guten Menschen Neigung? Da hat, ihr Mönche, ein guter Mensch jene Asketen und Priester, die da Zutrauen hegen, schamhaft, bescheiden sind, die viel wissen, tapfer ausharren, klar bewußt, witzig erfahren, die hat er zu Freunden, hat sie zu Genossen. Also hat, ihr Mönche, ein guter Mensch zu guten Menschen Neigung.

«Wie aber denkt, ihr Mönche, ein guter Mensch mit guten Menschen? Da denkt, ihr Mönche, ein guter Mensch weder zu eigener Beschwer, noch denkt er zu fremder Beschwer, noch denkt er zu beider Beschwer. Also, ihr Mönche, denkt ein guter Mensch mit guten Menschen.

«Wie aber berät sich, ihr Mönche, ein guter Mensch mit guten Menschen? Da berät sich, ihr Mönche, ein guter Mensch weder zu eigener Beschwer, noch berät er sich zu fremder Beschwer, noch berät er sich zu beider Beschwer. Also, ihr Mönche, berät sich ein guter Mensch mit guten Menschen.

«Wie aber bespricht sich, ihr Mönche, ein guter Mensch mit guten Men- 108
schen? Da hält sich, ihr Mönche, ein guter Mensch vom Lügen zurück, vom Verleumden zurück, er führt keine barsche Rede, treibt keine geschwätzige Rede. Also, ihr Mönche, bespricht sich ein guter Mensch mit guten Menschen.

«Wie aber verkehrt, ihr Mönche, ein guter Mensch mit guten Menschen? Da hält sich, ihr Mönche, ein guter Mensch von Totschlag zurück, von Diebstahl zurück, von Ausschweifung zurück. Also, ihr Mönche, verkehrt ein guter Mensch mit guten Menschen.

«Wie aber liebt, ihr Mönche, ein guter Mensch die Ansichten guter Menschen? Da bekennt sich, ihr Mönche, ein guter Mensch zu dieser Ansicht: ‹Almosengeben, Verzichtleisten, Spenden ist kein Unsinn; es gibt eine Saat und Ernte guter und böser Werke; das Diesseits ist vorhanden und das Jenseits ist vorhanden; Eltern gibt es und geistige Geburt gibt es[362]; die Welt hat Asketen und Priester, die vollkommen und vollendet sind, die sich den Sinn dieser und jener Welt begreiflich machen, anschaulich vorstellen und erklären können.› Also, ihr Mönche, liebt ein guter Mensch die Ansichten guter Menschen.

«Wie aber gibt, ihr Mönche, ein guter Mensch die Gabe guter Menschen? Da teilt, ihr Mönche, ein guter Mensch Gaben aus indem er würdigt, mit eigener Hand, mit Bedacht, in lauterer Absicht, er glaubt an hilfreiches Wirken. Also, ihr Mönche, gibt ein guter Mensch die Gabe guter Menschen.

«So ein guter Mensch nun, ihr Mönche, der also einer guten Weise nachgefolgt, also guten Menschen zugeneigt war, also mit guten Menschen gedacht, also mit guten Menschen sich beraten, also mit guten Menschen sich besprochen, also mit guten Menschen verkehrt, also die Ansichten guter
Menschen geliebt, also die Gabe guter Menschen gegeben hatte, wird bei der 109
Auflösung des Körpers, nach dem Tode, zur Fährte guter Menschen hingeraten. Was ist aber, ihr Mönche, die Fährte guter Menschen? Göttermacht oder Menschenmacht.»

Also sprach der Erhabene. Zufrieden freuten sich jene Mönche über das Wort des Erhabenen[363].

ZWÖLFTER TEIL

BUCH DER REIHE

III

ZWÖLFTER TEIL · ERSTE REDE

DIE REIHE

DAS HAB' ICH GEHÖRT. Zu einer Zeit weilte der Erhabene bei Sāvatthī, im Siegerwalde, im Garten Anāthapiṇḍikos. Dort nun wandte sich der Erhabene an die Mönche: «Ihr Mönche!» – «Erlauchter!» antworteten da jene Mönche dem Erhabenen aufmerksam. Der Erhabene sprach also:

«Witzig, ihr Mönche, ist Sāriputto, mächtig in Wissen, ihr Mönche, ist Sāriputto, gewaltig in Wissen, ihr Mönche, ist Sāriputto, hell in Wissen, ihr Mönche, ist Sāriputto, flink in Wissen, ihr Mönche, ist Sāriputto, scharf in Wissen, ihr Mönche, ist Sāriputto, schneidig in Wissen, ihr Mönche, ist Sāriputto; Sāriputto, ihr Mönche, hat einen halben Monat der Reihe nach die Dinge mit Klarsicht klar gesehn.

«So aber mag, ihr Mönche, Sāriputto der Reihe nach die Dinge klar sehn: da weilt, ihr Mönche, Sāriputto, gar fern von Begierden, fern von unheilsamen Dingen, in sinnend gedenkender ruhegeborener seliger Heiterkeit, in
der Weihe der ersten Schauung. Und die Dinge der ersten Schauung, Über- 110
legung und Erwägung, Heiterkeit und Seligkeit und Einigung des Herzens, Berührung, Gefühl, Wahrnehmung, Denken, Bewußtsein, Wille, Beschluß, Kraft, Einsicht, Gleichmut, Achtsamkeit, diese Dinge hat er der Reihe nach eingeordnet, diese Dinge läßt er wissentlich aufsteigen, wissentlich standhalten, wissentlich untergehn. Und er erkennt: ‹So kommen denn diese Dinge ungewesen zum Vorschein, und gewesen verschwinden sie wieder.› Und er ist diesen Dingen nicht zugeneigt und nicht abgeneigt, nicht angeschlossen, nicht angeheftet, ist ihnen entgangen, ihnen entronnen, ohne das Gemüt umschränken zu lassen. Denn ‹Es gibt noch eine höhere Freiheit› weiß er. Und indem er sie entwickelt merkt er eben ‹Das gibt es›.

«Denn ferner noch, ihr Mönche, hat Sāriputto nach Vollendung des Sinnens und Gedenkens die innere Meeresstille, die Einheit des Gemütes, die von sinnen, von gedenken freie, in der Einigung geborene selige Heiterkeit, die Weihe der zweiten Schauung gewonnen. Und die Dinge der zweiten Schauung, innere Meeresstille, Heiterkeit und Seligkeit und Einigung des Herzens, Berührung, Gefühl, Wahrnehmung, Denken, Bewußtsein, Wille, Beschluß, Kraft, Einsicht, Gleichmut, Achtsamkeit, diese Dinge hat er der Reihe nach eingeordnet, diese Dinge läßt er wissentlich aufsteigen, wissentlich stand-

halten, wissentlich untergehn. Und er erkennt: ‹So kommen denn diese Dinge ungewesen zum Vorschein, und gewesen verschwinden sie wieder.› Und er ist diesen Dingen nicht zugeneigt und nicht abgeneigt, nicht angeschlossen, nicht angeheftet, ist ihnen entgangen, ihnen entronnen, ohne das Gemüt um-
111 schränken zu lassen. Denn ‹Es gibt noch eine höhere Freiheit› weiß er. Und indem er sie entwickelt merkt er eben ‹Das gibt es›.

«Denn ferner noch, ihr Mönche, hat Sāriputto in heiterer Ruhe, gleichmütig, einsichtig, klar bewußt, ein Glück im Körper empfunden, von dem die Heiligen sagen: ‹Der gleichmütig Einsichtige lebt beglückt›; so hat er die Weihe der dritten Schauung gewonnen. Und die Dinge der dritten Schauung, Gleichmut und Seligkeit, Einsicht und Klarheit und Einigung des Herzens, Berührung, Gefühl, Wahrnehmung, Denken, Bewußtsein, Wille, Beschluß, Kraft, Einsicht, Gleichmut, Achtsamkeit, diese Dinge hat er der Reihe nach eingeordnet, diese Dinge läßt er wissentlich aufsteigen, wissentlich standhalten, wissentlich untergehn. Und er erkennt: ‹So kommen denn diese Dinge ungewesen zum Vorschein, und gewesen verschwinden sie wieder.› Und er ist diesen Dingen nicht zugeneigt und nicht abgeneigt, nicht angeschlossen, nicht angeheftet, ist ihnen entgangen, ihnen entronnen, ohne das Gemüt umschränken zu lassen. Denn ‹Es gibt noch eine höhere Freiheit› weiß er. Und indem er sie entwickelt merkt er eben ‹Das gibt es›.

«Denn ferner noch, ihr Mönche, hat Sāriputto nach Verwerfung der Freuden und Leiden, nach Vernichtung des einstigen Frohsinns und Trübsinns die Weihe der leidlosen, freudlosen, gleichmütig einsichtigen vollkommenen Reine, die vierte Schauung gewonnen. Und die Dinge der vierten Schauung, Gleichmut, ohne Leid-, ohne Freudengefühl, Reinheit, ohne geistigen Genuß, lauter Einsicht und Einigung des Herzens, Berührung, Gefühl, Wahrnehmung, Denken, Bewußtsein, Wille, Beschluß, Kraft, Einsicht, Gleichmut, Achtsamkeit, diese Dinge hat er der Reihe nach eingeordnet, diese Dinge
112 läßt er wissentlich aufsteigen, wissentlich standhalten, wissentlich untergehn. Und er erkennt: ‹So kommen denn diese Dinge ungewesen zum Vorschein, und gewesen verschwinden sie wieder.› Und er ist diesen Dingen nicht zugeneigt und nicht abgeneigt, nicht angeschlossen, nicht angeheftet, ist ihnen entgangen, ihnen entronnen, ohne das Gemüt umschränken zu lassen. Denn ‹Es gibt noch eine höhere Freiheit› weiß er. Und indem er sie entwickelt merkt er eben ‹Das gibt es›.

«Denn ferner noch, ihr Mönche, hat Sāriputto nach völliger Überwindung der Formwahrnehmungen, Vernichtung der Gegenwahrnehmungen, Verwerfung der Vielheitwahrnehmungen in dem Gedanken ‹Grenzenlos ist der Raum› das Reich des unbegrenzten Raumes gewonnen. Und die Dinge der unbegrenzten Raumsphäre, Wahrnehmung der unbegrenzten Raumsphäre und Einigung des Herzens, Berührung, Gefühl, Wahrnehmung, Denken, Bewußtsein, Wille, Beschluß, Kraft, Einsicht, Gleichmut, Achtsamkeit, diese Dinge hat er der Reihe nach eingeordnet, diese Dinge läßt er wissentlich aufsteigen, wissentlich standhalten, wissentlich untergehn. Und er erkennt: ‹So kommen denn diese Dinge ungewesen zum Vorschein, und gewesen verschwinden sie wieder.› Und er ist diesen Dingen nicht zugeneigt und nicht abgeneigt, nicht angeschlossen, nicht angeheftet, ist ihnen entgangen, ihnen entronnen, ohne das Gemüt umschränken zu lassen. Denn ‹Es gibt noch eine höhere Freiheit› weiß er. Und indem er sie entwickelt merkt er eben ‹Das gibt es›.

«Denn ferner noch, ihr Mönche, hat Sāriputto nach völliger Überwindung der unbegrenzten Raumsphäre in dem Gedanken ‹Grenzenlos ist das Bewußtsein› das Reich des unbegrenzten Bewußtseins gewonnen. Und die Dinge der unbegrenzten Bewußtseinsphäre, Wahrnehmung der unbegrenzten Bewußtseinsphäre und Einigung des Herzens, Berührung, Gefühl, Wahr- 113
nehmung, Denken, Bewußtsein, Wille, Beschluß, Kraft, Einsicht, Gleichmut, Achtsamkeit, diese Dinge hat er der Reihe nach eingeordnet, diese Dinge läßt er wissentlich aufsteigen, wissentlich standhalten, wissentlich untergehn. Und er erkennt: ‹So kommen denn diese Dinge ungewesen zum Vorschein, und gewesen verschwinden sie wieder.› Und er ist diesen Dingen nicht zugeneigt und nicht abgeneigt, nicht angeschlossen, nicht angeheftet, ist ihnen entgangen, ihnen entronnen, ohne das Gemüt umschränken zu lassen. Denn ‹Es gibt noch eine höhere Freiheit› weiß er. Und indem er sie entwickelt merkt er eben ‹Das gibt es›.

«Denn ferner noch, ihr Mönche, hat Sāriputto nach völliger Überwindung der unbegrenzten Bewußtseinsphäre in dem Gedanken ‹Nichts ist da› das Reich des Nichtdaseins gewonnen. Und die Dinge der Nichtdaseinsphäre, Wahrnehmung der Nichtdaseinsphäre und Einigung des Herzens, Berührung, Gefühl, Wahrnehmung, Denken, Bewußtsein, Wille, Beschluß, Kraft, Einsicht, Gleichmut, Achtsamkeit, diese Dinge hat er der Reihe nach eingeordnet, diese Dinge läßt er wissentlich aufsteigen, wissentlich standhalten, wissentlich untergehn. Und er erkennt: ‹So kommen denn diese Dinge ungewesen zum Vorschein, und gewesen verschwinden sie wieder.› Und er ist diesen Dingen nicht zugeneigt und nicht abgeneigt, nicht angeschlossen, nicht angeheftet, ist ihnen entgangen, ihnen entronnen, ohne das Gemüt umschränken zu lassen. Denn ‹Es gibt noch eine höhere Freiheit› weiß er. Und indem er sie entwickelt merkt er eben ‹Das gibt es›.

«Denn ferner noch, ihr Mönche, hat Sāriputto nach völliger Überwindung 114
der Nichtdaseinsphäre die Grenzscheide möglicher Wahrnehmung gewonnen. Und aus diesem Erfunde kehrt er besonnen zurück. Und ist er aus die-

sem Erfunde besonnen zurückgekehrt, so nimmt er die Dinge, die überstanden, aufgelöst, umgewandelt sind, wahr: ‹So kommen denn diese Dinge ungewesen zum Vorschein, und gewesen verschwinden sie wieder.› Und er ist diesen Dingen nicht zugeneigt und nicht abgeneigt, nicht angeschlossen, nicht angeheftet, ist ihnen entgangen, ihnen entronnen, ohne das Gemüt umschränken zu lassen. Denn ‹Es gibt noch eine höhere Freiheit› weiß er. Und indem er sie entwickelt merkt er eben ‹Das gibt es›.

«Denn ferner noch, ihr Mönche, hat Sāriputto nach völliger Überwindung der Grenzscheide möglicher Wahrnehmung die Auflösung der Wahrnehmbarkeit gewonnen, und des weise Sehenden Wahn ist aufgehoben. Und aus diesem Erfunde kehrt er besonnen zurück. Und ist er aus diesem Erfunde besonnen zurückgekehrt, so nimmt er die Dinge, die überstanden, aufgelöst, umgewandelt sind, wahr: ‹So kommen denn diese Dinge ungewesen zum Vorschein, und gewesen verschwinden sie wieder.› Und er ist diesen Dingen nicht zugeneigt und nicht abgeneigt, nicht angeschlossen, nicht angeheftet, ist ihnen entgangen, ihnen entronnen, ohne das Gemüt umschränken zu lassen. Denn ‹Es gibt keine höhere Freiheit› weiß er. Und indem er sie entwikkelt merkt er eben ‹Das gibt es nicht›.

«Wer nun einen solchen, ihr Mönche, beim rechten Namen nennen mag: ‹Waltefürst, Oberfürst in heiliger Sitte, Waltefürst, Oberfürst in heiliger Ver-
115 tiefung, Waltefürst, Oberfürst in heiliger Weisheit, Waltefürst, Oberfürst in heiliger Enthaftung›, der mag eben einen Sāriputto beim rechten Namen nennen: ‹Waltefürst, Oberfürst in heiliger Sitte, Waltefürst, Oberfürst in heiliger Vertiefung, Waltefürst, Oberfürst in heiliger Weisheit, Waltefürst, Oberfürst in heiliger Enthaftung.› Wer nun einen solchen, ihr Mönche, beim rechten Namen nennen mag: ‹Sohn des Erhabenen, von echter Abstammung, aus dem Munde geboren, in der Lehre gezeugt, in der Lehre gebildet, Erbe der Lehre, nicht Erbe der Notdurft›, der mag eben einen Sāriputto beim rechten Namen nennen: ‹Sohn des Erhabenen, von echter Abstammung, aus dem Munde geboren, in der Lehre gezeugt, in der Lehre gebildet, Erbe der Lehre, nicht Erbe der Notdurft.› Sāriputto, ihr Mönche, stellt das höchste Reich der Lehre, nachdem es der Vollendete dargestellt hat, ganz ebenso dar.»

Also sprach der Erhabene. Zufrieden freuten sich jene Mönche über das Wort des Erhabenen.

112

ZWÖLFTER TEIL · ZWEITE REDE

SECHS ERLÄUTERN

DAS HAB' ICH GEHÖRT. Zu einer Zeit weilte der Erhabene bei Sāvatthī, im 116
Siegerwalde, im Garten Anāthapiṇḍikos. Dort nun wandte sich der Erhabene an die Mönche: «Ihr Mönche!» – «Erlauchter!» antworteten da jene Mönche dem Erhabenen aufmerksam. Der Erhabene sprach also:

«Da gibt, ihr Mönche, ein Mönch die Gewißheit zu erkennen: '‹Versiegt ist die Geburt, vollendet das Asketentum, gewirkt das Werk, nicht mehr ist diese Welt› versteh' ich da.' Die Rede, ihr Mönche, eines solchen Mönches ist weder zu billigen noch abzuweisen; ohne zu billigen, ohne abzuweisen ist die Frage zu stellen: ‹Vier Arten, Bruder, von Betragen hat Er, der Erhabene, der Kenner, der Seher, der Heilige, vollkommen Erwachte, recht gekennzeichnet: und welche vier? Bei Gesehnem das Gesehne verlautbaren, bei Gehörtem das Gehörte verlautbaren, bei Gedachtem das Gedachte verlautbaren, bei Erkanntem das Erkannte verlautbaren: das sind, Bruder, vier Arten von Betragen, die Er, der Erhabene, der Kenner, der Seher, der Heilige, vollkommen Erwachte, recht gekennzeichnet hat; was für Wissen hat nun der Ehrwürdige, was für Schauen bei diesen vier Arten von Betragen und hat das Herz ohne Hangen vom Wahne abgelöst?› Ein Mönch, ihr Mönche, der Wahnversieger, Endiger ist, der das Werk gewirkt, die Last abgelegt, das Heil sich errungen, die Daseinsfesseln vernichtet, sich durch vollkommene Erkenntnis erlöst hat, kann folgende Rechenschaft ablegen: ‹Bei Gesehnem bin ich, Brüder, nicht zugeneigt und nicht abgeneigt, nicht angeschlossen, nicht angeheftet, bin ihm entgangen, bin ihm entronnen, ohne das Gemüt
umschränken zu lassen; bei Gehörtem – bei Gedachtem – bei Erkanntem bin 117
ich, Brüder, nicht zugeneigt und nicht abgeneigt, nicht angeschlossen, nicht angeheftet, bin ihm entgangen, bin ihm entronnen, ohne das Gemüt umschränken zu lassen. So ein Wissen hab' ich, Brüder, so ein Schauen bei diesen vier Arten von Betragen und habe das Herz ohne Hangen vom Wahne abgelöst.›

«Die Rede, ihr Mönche, eines solchen Mönches ist zu billigen und gutzuheißen; und hat man sie gebilligt und gutgeheißen, so ist eine fernere Frage zu stellen: ‹Fünf sind es, Bruder, der Stücke des Anhangens, die Er, der Erhabene, der Kenner, der Seher, der Heilige, vollkommen Erwachte, recht ge-

kennzeichnet hat: und welche fünf? Als da ist ein Stück Anhangen an der Form, ein Stück Anhangen am Gefühl, ein Stück Anhangen an der Wahrnehmung, ein Stück Anhangen an der Unterscheidung, ein Stück Anhangen am Bewußtsein: das sind, Bruder, die fünf Stücke des Anhangens, die Er, der Erhabene, der Kenner, der Seher, der Heilige, vollkommen Erwachte, recht gekennzeichnet hat; was für Wissen hat nun der Ehrwürdige, was für Schauen bei diesen fünf Stücken des Anhangens und hat das Herz ohne Hangen vom Wahne abgelöst?› Ein Mönch, ihr Mönche, der Wahnversieger, Endiger ist, der das Werk gewirkt, die Last abgelegt, das Heil sich errungen, die Daseinsfesseln vernichtet, sich durch vollkommene Erkenntnis erlöst hat, kann folgende Rechenschaft ablegen: ‹Die Form hab' ich, Brüder, als ohnmächtig, unergetzlich, unerquicklich erkannt, und was bei der Form anhänglich Anhangen ist, geistiges Anlehnen, Anschmiegen, Angewöhnen: weil ich das versiegen und versagen, aufhören, zergehn, entschwinden habe lassen, ist mein Herz abgelöst, versteh' ich da. Das Gefühl, die Wahrnehmung, die Un-
118 terscheidungen, das Bewußtsein hab' ich, Brüder, als ohnmächtig, unergetzlich, unerquicklich erkannt, und was beim Gefühl, bei der Wahrnehmung, bei den Unterscheidungen, beim Bewußtsein anhänglich Anhangen ist, geistiges Anlehnen, Anschmiegen, Angewöhnen: weil ich das versiegen und versagen, aufhören, zergehn, entschwinden habe lassen, ist mein Herz abgelöst, versteh' ich da. So ein Wissen hab' ich, Brüder, so ein Schauen bei diesen fünf Stücken des Anhangens und habe das Herz ohne Hangen vom Wahne abgelöst.›

«Die Rede, ihr Mönche, eines solchen Mönches ist zu billigen und gutzuheißen; und hat man sie gebilligt und gutgeheißen, so ist eine fernere Frage zu stellen: ‹Sechs Artungen sind es, Bruder, die Er, der Erhabene, der Kenner, der Seher, der Heilige, vollkommen Erwachte, recht gekennzeichnet hat: und welche sechs? Art der Erde, Art des Wassers, Art des Feuers, Art der Luft, Art des Raumes, Art des Bewußtseins: das sind, Bruder, sechs Artungen, die Er, der Erhabene, der Kenner, der Seher, der Heilige, vollkommen Erwachte, recht gekennzeichnet hat; was für Wissen hat nun der Ehrwürdige, was für Schauen bei diesen sechs Artungen und hat das Herz ohne Hangen vom Wahne abgelöst?› Ein Mönch, ihr Mönche, der Wahnversieger, Endiger ist, der das Werk gewirkt, die Last abgelegt, das Heil sich errungen, die Daseinsfesseln vernichtet, sich durch vollkommene Erkenntnis erlöst hat, kann folgende Rechenschaft ablegen: ‹Die Art der Erde hab' ich, Brüder, als uneigen begriffen und mich als nicht in der Art der Erde bestanden, und was in der Art der Erde bestanden ist, anhänglich Anhangen, geistiges Anlehnen, Anschmiegen, Angewöhnen: weil ich das versiegen und versagen, aufhören, zergehn, entschwinden habe lassen, ist mein Herz abgelöst, versteh' ich da.

Die Art des Wassers – die Art des Feuers – die Art der Luft – die Art des Raumes – die Art des Bewußtseins hab' ich, Brüder, als uneigen begriffen 119
und mich als nicht in der Art des Bewußtseins bestanden, und was in der Art des Bewußtseins bestanden ist, anhänglich Anhangen, geistiges Anlehnen, Anschmiegen, Angewöhnen: weil ich das versiegen und versagen, aufhören, zergehn, entschwinden habe lassen, ist mein Herz abgelöst, versteh' ich da. So ein Wissen hab' ich, Brüder, so ein Schauen bei diesen sechs Artungen und habe das Herz ohne Hangen vom Wahne abgelöst.›

«Die Rede, ihr Mönche, eines solchen Mönches ist zu billigen und gutzuheißen; und hat man sie gebilligt und gutgeheißen, so ist eine fernere Frage zu stellen: ‹Sechs sind es wiederum, Bruder, der Innen- und Außengebiete, die Er, der Erhabene, der Kenner, der Seher, der Heilige, vollkommen Erwachte, recht gekennzeichnet hat: und welche sechs? Das Auge und die Formen, das Ohr und die Töne, die Nase und die Düfte, die Zunge und die Säfte, der Leib und die Tastungen, das Denken und die Dinge: das sind, Brüder, die sechs Innen- und Außengebiete, die Er, der Erhabene, der Kenner, der Seher, der Heilige, vollkommen Erwachte recht gekennzeichnet hat; was für Wissen hat nun der Ehrwürdige, was für Schauen bei diesen sechs Innen- und Außengebieten und hat das Herz ohne Hangen vom Wahne abgelöst?› Ein Mönch, ihr Mönche, der Wahnversieger, Endiger ist, der das Werk gewirkt, die Last abgelegt, das Heil sich errungen, die Daseinsfesseln vernichtet, sich durch vollkommene Erkenntnis erlöst hat, kann folgende Rechenschaft ablegen: ‹Beim Auge, Brüder, bei der Form, beim Sehbewußtsein, bei den durch das Sehbewußtsein bewußtbaren Dingen, was da Wille und Gier, was da Lust und Durst, was anhänglich Anhangen ist, geistiges Anlehnen, Anschmiegen, 120
Angewöhnen: weil ich das versiegen und versagen, aufhören, zergehn, entschwinden habe lassen, ist mein Herz abgelöst, versteh' ich da. Beim Ohr – bei der Nase – bei der Zunge – beim Leibe – beim Denken, Brüder, bei den Dingen, beim Denkbewußtsein, bei den durch das Denkbewußtsein bewußtbaren Dingen, was da Wille und Gier, was da Lust und Durst, was anhänglich Anhangen ist, geistiges Anlehnen, Anschmiegen, Angewöhnen: weil ich das versiegen und versagen, aufhören, zergehn, entschwinden habe lassen, ist mein Herz abgelöst, versteh' ich da. So ein Wissen hab' ich, Brüder, so ein Schauen bei diesen sechs Innen- und Außengebieten und habe das Herz ohne Hangen vom Wahne abgelöst.›

«Die Rede, ihr Mönche, eines solchen Mönches ist zu billigen und gutzuheißen; und hat man sie gebilligt und gutgeheißen, so ist eine fernere Frage zu stellen: ‹Was für Wissen hat nun der Ehrwürdige, was für Schauen, bei allen äußeren Eindrücken auf diesen mit Bewußtsein behafteten Körper da, und hat der Ichheit und Meinheit Dünkelanwandlungen gänzlich ausgetilgt?›

Ein Mönch, ihr Mönche, der Wahnversieger, Endiger ist, der das Werk gewirkt, die Last abgelegt, das Heil sich errungen, die Daseinsfesseln vernichtet, sich durch vollkommene Erkenntnis erlöst hat, kann folgende Rechenschaft ablegen: ‹Früher war ich, Brüder, in häuslichem Leben erwachsen; ein unwissender Mensch gewesen. Da hat mir der Vollendete, oder ein Jünger des Vollendeten, die Lehre gezeigt. Als ich von ihm die Lehre vernommen, hab' ich Vertrauen zum Vollendeten gefaßt. Von diesem Vertrauen erfüllt
121 hab' ich da bei mir erwogen: 'Ein Gefängnis ist die Häuslichkeit, ein Schmutzwinkel; der freie Himmelsraum die Pilgerschaft. Nicht wohl geht es, wenn man im Hause bleibt, das völlig geläuterte, völlig geklärte Asketentum Punkt für Punkt zu erfüllen[364]. Wie, wenn ich nun, mit geschorenem Haar und Barte, mit fahlem Gewande bekleidet, aus dem Hause in die Hauslosigkeit hinauszöge?' Und ich habe dann, Brüder, nach einiger Zeit, einen kleinen Besitz oder einen großen Besitz verlassen, einen kleinen Verwandtenkreis oder einen großen Verwandtenkreis verlassen, Haar und Bart abgeschoren, die fahlen Gewänder angelegt und bin aus dem Hause in die Hauslosigkeit gezogen.

‹Ich war nun Pilger geworden und hatte die Ordenspflichten der Mönche auf mich genommen. Lebendiges umzubringen hatt' ich verworfen, Lebendiges umzubringen lag mir fern: ohne Stock, ohne Schwert, fühlsam, voll Teilnahme, hegt' ich zu allen lebenden Wesen Liebe und Mitleid. Nichtgegebenes zu nehmen hatt' ich verworfen, vom Nehmen des Nichtgegebenen hielt ich mich fern: Gegebenes nahm ich, Gegebenes wartete ich ab, nicht diebisch gesinnt, rein gewordenen Herzens. Die Unkeuschheit hatt' ich verworfen, keusch lebt' ich: fern zog ich hin, entraten der Paarung, dem gemeinen Gesetze[365]. Lüge hatt' ich verworfen, von Lüge hielt ich mich fern: die Wahrheit sprach ich, der Wahrheit war ich ergeben, standhaft, vertrauenswürdig, kein Heuchler und Schmeichler der Welt. Das Ausrichten hatt' ich verworfen, vom Ausrichten hielt ich mich fern: was ich hier gehört hatte erzählt' ich dort nicht wieder, um jene zu entzweien, und was ich dort gehört hatte erzählt' ich hier nicht wieder, um diese zu entzweien; so einigte ich
122 Entzweite, festigte Verbundene, Eintracht machte mich froh, Eintracht freute mich, Eintracht beglückte mich, Eintracht fördernde Worte sprach ich. Barsche Worte hatt' ich verworfen, von barschen Worten hielt ich mich fern: Worte, die frei von Schimpf sind, dem Ohre wohltuend, liebreich, zum Herzen dringend, höflich[366], viele erfreuend, viele erhebend, solche Worte sprach ich. Plappern und Plaudern hatt' ich verworfen, von Plappern und Plaudern hielt ich mich fern: zur rechten Zeit sprach ich, den Tatsachen gemäß, auf den Sinn bedacht, der Lehre und Ordnung getreu, meine Rede war inhaltreich, gelegentlich mit Gleichnissen geschmückt, klar und bestimmt, ihrem Gegenstande angemessen.

‹Sämereien und Pflanzungen anzulegen hatt' ich verschmäht. Einmal des Tags nahm ich Nahrung zu mir, nachts war ich nüchtern, fern lag es mir zur Unzeit zu essen. Von Tanz, Gesang, Spiel, Schaustellungen hielt ich mich fern. Kränze, Wohlgerüche, Salben, Schmuck, Zierat, Putz wies ich ab. Hohe, prächtige Lagerstätten verschmähte ich. Gold und Silber nahm ich nicht an. Rohes Getreide nahm ich nicht an. Rohes Fleisch nahm ich nicht an. Frauen und Mädchen nahm ich nicht an. Diener und Dienerinnen nahm ich nicht an. Ziegen und Schafe nahm ich nicht an. Hühner und Schweine nahm ich nicht an. Elefanten, Rinder und Rosse nahm ich nicht an. Haus und Feld nahm ich nicht an. Botschaften, Sendungen, Aufträge übernahm ich nicht. Von Kauf und Verkauf hielt ich mich fern. Von falschem Maß und Gewicht hielt ich mich fern. Von den schiefen Wegen der Bestechung, Täuschung, Niedertracht hielt ich mich fern. Von Raufereien, Schlägereien, Händeln, vom Rauben, Plündern und Zwingen hielt ich mich fern.

‹Ich war zufrieden mit dem Gewande, das meinen Leib deckte, mit der Al-
mosenspeise, die mein Leben unterhielt. Wohin ich auch pilgerte, nur mit 123
dem Gewande und der Almosenschale versehn pilgerte ich. Gleichwie da etwa ein beschwingter Vogel, wohin er auch fliegt, nur mit der Last seiner Federn fliegt, ebenso auch war ich, Brüder, mit dem Gewande zufrieden, das meinen Leib deckte, mit der Almosenspeise, die mein Leben unterhielt. Wohin ich auch wanderte, nur damit versehn wanderte ich[367].

‹Durch die Erfüllung dieser heiligen Tugendsatzung empfand ich ein inneres fleckenloses Glück.

‹Erblickte ich nun mit dem Gesichte eine Form, so faßte ich keine Neigung, faßte keine Absicht. Da Begierde und Mißmut, böse und schlechte Gedanken gar bald den überwältigen, der unbewachten Gesichtes verweilt, befleißigte ich mich dieser Bewachung, ich hütete das Gesicht, ich wachte eifrig über das Gesicht.

‹Hörte ich nun mit dem Gehöre einen Ton,

‹Roch ich nun mit dem Geruche einen Duft,

‹Schmeckte ich nun mit dem Geschmacke einen Saft,

‹Tastete ich nun mit dem Getaste eine Tastung,

‹Erkannte ich nun mit dem Gedenken ein Ding, so faßte ich keine Neigung, faßte keine Absicht. Da Begierde und Mißmut, böse und schlechte Gedanken gar bald den überwältigen, der unbewachten Gedenkens verweilt, befleißigte ich mich dieser Bewachung, ich hütete das Gedenken, ich wachte eifrig über das Gedenken.

‹Durch die Erfüllung dieser heiligen Sinnenzügelung empfand ich ein inneres ungetrübtes Glück.

‹Klar bewußt kam ich und ging ich, klar bewußt blickt' ich hin, blickt' ich

weg, klar bewußt regt' und bewegt' ich mich, klar bewußt trug ich des Ordens Gewand und Almosenschale, klar bewußt aß und trank ich, kaut' ich
124 und schmeckt' ich, klar bewußt entleert' ich Kot und Harn, klar bewußt ging und stand und saß ich, schlief ich ein, wacht' ich auf, sprach ich und schwieg ich.

‹Treu dieser heiligen Tugendsatzung, treu dieser heiligen Sinnenzügelung, treu dieser heiligen klaren Einsicht suchte ich einen abgelegenen Ruheplatz auf, einen Hain, den Fuß eines Baumes, eine Felsengrotte, eine Bergesgruft, einen Friedhof, die Waldesmitte, ein Streulager in der offenen Ebene. Nach dem Mahle, wenn ich vom Almosengange zurückgekehrt war, setzte ich mich mit verschränkten Beinen nieder, den Körper gerade aufgerichtet, und pflegte der Einsicht. Ich hatte weltliche Begierde verworfen und verweilte begierdelosen Gemütes, von Begierde läuterte ich mein Herz. Gehässigkeit hatt' ich verworfen, haßlosen Gemütes verweilt' ich, voll Liebe und Mitleid zu allen lebenden Wesen läuterte ich mein Herz von Gehässigkeit. Matte Müde hatt' ich verworfen, von matter Müde war ich frei; das Licht liebend, einsichtig, klar bewußt, läuterte ich mein Herz von matter Müde. Stolzen Unmut hatt' ich verworfen, ich war frei von Stolz; innig beruhigten Gemütes läuterte ich mein Herz von stolzem Unmut[368]. Das Schwanken hatt' ich verworfen, der Ungewißheit war ich entronnen; ich zweifelte nicht am Guten, vom Schwanken läuterte ich mein Herz.

‹Ich hatte nun diese fünf Hemmungen aufgehoben, hatte die Schlacken des Gemütes kennengelernt, die lähmenden; gar fern von Begierden, fern von unheilsamen Dingen lebt' ich in sinnend gedenkender ruhegeborener seliger Heiterkeit, in der Weihe der ersten Schauung.

‹Nach Vollendung des Sinnens und Gedenkens gewann ich die innere Meeresstille[369], die Einheit des Gemütes, die von sinnen, von gedenken freie, in der Einigung geborene selige Heiterkeit, die Weihe der zweiten Schauung.

‹In heiterer Ruhe verweilte ich gleichmütig, einsichtig, klar bewußt, ein Glück empfand ich im Körper, von dem die Heiligen sagen: 'Der gleichmütig Einsichtige lebt beglückt'; so gewann ich die Weihe der dritten Schauung.

‹Nach Verwerfung der Freuden und Leiden, nach Vernichtung des einstigen Frohsinns und Trübsinns gewann ich die Weihe der leidlosen, freudlosen, gleichmütig einsichtigen vollkommenen Reine, die vierte Schauung.

125 ‹Solchen Gemütes, innig, geläutert, gesäubert, gediegen, schlackengeklärt, geschmeidig, biegsam, fest, unversehrbar, richtete ich das Gemüt auf die Erkenntnis der Wahnversiegung. 'Das ist das Leiden' verstand ich der Wahrheit gemäß. 'Das ist die Leidensentwicklung' verstand ich der Wahrheit gemäß. 'Das ist die Leidensauflösung' verstand ich der Wahrheit gemäß. 'Das ist der zur Leidensauflösung führende Pfad' verstand ich der Wahrheit ge-

mäß. ‘Das ist der Wahn’ verstand ich der Wahrheit gemäß. ‘Das ist die Wahnentwicklung’ verstand ich der Wahrheit gemäß. ‘Das ist die Wahnauflösung’ verstand ich der Wahrheit gemäß. ‘Das ist der zur Wahnauflösung führende Pfad’ verstand ich der Wahrheit gemäß.

‹Also erkennend, also sehend ward da mein Gemüt erlöst vom Wunscheswahn, erlöst vom Daseinswahn, erlöst vom Nichtwissenswahn. ‘Im Erlösten ist die Erlösung’, diese Erkenntnis ging auf. ‘Versiegt ist die Geburt, vollendet das Asketentum, gewirkt das Werk, nicht mehr ist diese Welt’ verstand ich da.

‹So ein Wissen hab’ ich, Brüder, so ein Schauen, bei allen äußeren Eindrükken auf diesen mit Bewußtsein behafteten Körper da, und habe der Ichheit und Meinheit Dünkelanwandlungen gänzlich ausgetilgt.›

«Die Rede, ihr Mönche, eines solchen Mönches ist zu billigen und gutzuheißen; und hat man sie gebilligt und gutgeheißen, so hat man ihn also anzureden: ‹Gesegnet sind wir, Bruder, hochgesegnet sind wir, Bruder, die wir den Ehrwürdigen als so echten Asketen gegenwärtig haben[370].›»

Also sprach der Erhabene. Zufrieden freuten sich jene Mönche über das Wort des Erhabenen.

113

ZWÖLFTER TEIL · DRITTE REDE

EIN GUTER MENSCH

DAS HAB’ ICH GEHÖRT. Zu einer Zeit weilte der Erhabene bei Sāvatthī, im 126
Siegerwalde, im Garten Anāthapiṇḍikos. Dort nun wandte sich der Erhabene an die Mönche: «Ihr Mönche!» – «Erlauchter!» antworteten da jene Mönche dem Erhabenen aufmerksam. Der Erhabene sprach also:

«Die Weise guter Menschen will ich euch zeigen, ihr Mönche, und die Weise schlechter Menschen: das höret und achtet wohl auf meine Rede.»

«Gewiß, o Herr!» antworteten da jene Mönche dem Erhabenen aufmerksam. Der Erhabene sprach also:

«Was ist nun, ihr Mönche, die Weise schlechter Menschen? Da ist, ihr Mönche, ein schlechter Mensch aus einem vornehmen Hause hinausgezogen.

Der gedenkt bei sich: ‹Ich bin freilich aus einem vornehmen Hause hinausgezogen, diese anderen Mönche aber, die sind es nicht.› Um seiner vornehmen Abkunft willen brüstet er sich und verachtet die anderen. Das ist, ihr Mönche, die Weise schlechter Menschen.

«Ein guter Mensch aber, ihr Mönche, gedenkt bei sich: ‹Nicht doch um vornehmer Abkunft willen kann man begehrliche Eigenschaften verlieren, kann man gehässige Eigenschaften verlieren, kann man eitle Eigenschaften verlieren. Wenn auch einer nicht aus einem vornehmen Hause hinausgezogen ist, und er wandelt der Lehre gemäß, wandelt auf dem geraden Wege, folgt der Lehre nach, so ist er darum zu ehren, so ist er darum zu preisen.› Der macht eben den Wandel zum Wesen, und um seiner vornehmen Abkunft willen brüstet er sich nicht, noch verachtet er die anderen. Das ist, ihr Mönche, die Weise guter Menschen.

127 «Weiter sodann, ihr Mönche, ist ein schlechter Mensch aus einem reichen Hause hinausgezogen[371]. Der gedenkt bei sich: ‹Ich bin freilich aus einem reichen Hause hinausgezogen, diese anderen Mönche aber, die sind es nicht.› Um seines Reichtums willen brüstet er sich und verachtet die anderen. Auch das ist, ihr Mönche, die Weise schlechter Menschen.

«Ein guter Mensch aber, ihr Mönche, gedenkt bei sich: ‹Nicht doch um des Reichtums willen kann man begehrliche Eigenschaften verlieren, kann man gehässige Eigenschaften verlieren, kann man eitle Eigenschaften verlieren. Wenn auch einer nicht aus einem reichen Hause hinausgezogen ist, und er wandelt der Lehre gemäß, wandelt auf dem geraden Wege, folgt der Lehre nach, so ist er darum zu ehren, so ist er darum zu preisen.› Der macht eben den Wandel zum Wesen, und um seines Reichtums willen brüstet er sich nicht, noch verachtet er die anderen. Auch das ist, ihr Mönche, die Weise guter Menschen.

«Weiter sodann, ihr Mönche, ist ein schlechter Mensch bekannt und berühmt. Der gedenkt bei sich: ‹Ich bin freilich bekannt und berühmt, diese anderen Mönche aber sind unbekannt, unscheinbar.› Um seiner Bekanntheit willen brüstet er sich und verachtet die anderen. Auch das ist, ihr Mönche, die Weise schlechter Menschen.

«Ein guter Mensch aber, ihr Mönche, gedenkt bei sich: ‹Nicht doch um der Bekanntheit willen kann man begehrliche Eigenschaften verlieren, kann man gehässige Eigenschaften verlieren, kann man eitle Eigenschaften verlieren. Wenn auch einer nicht bekannt und berühmt ist, und er wandelt der Lehre gemäß, wandelt auf dem geraden Wege, folgt der Lehre nach, so ist er darum zu ehren, so ist er darum zu preisen.› Der macht eben den Wandel zum
128 Wesen, und um seiner Bekanntheit willen brüstet er sich nicht, noch verachtet er die anderen. Auch das ist, ihr Mönche, die Weise guter Menschen.

«Weiter sodann, ihr Mönche, erlangt ein schlechter Mensch Kleidung, Nahrung, Lagerstatt und Arzenei im Falle der Krankheit. Der gedenkt bei sich: ‹Ich freilich erlange Kleidung, Nahrung, Lagerstatt und Arzenei im Falle der Krankheit, diese anderen Mönche aber, die erlangen es nicht.› Um dieser Erlangung willen brüstet er sich und verachtet die anderen. Auch das ist, ihr Mönche, die Weise schlechter Menschen.

«Ein guter Mensch aber, ihr Mönche, gedenkt bei sich: ‹Nicht doch um der Erlangung willen kann man begehrliche Eigenschaften verlieren, kann man gehässige Eigenschaften verlieren, kann man eitle Eigenschaften verlieren. Wenn auch einer keine Kleidung, Nahrung, Lagerstatt und Arzenei im Falle der Krankheit erlangt, und er wandelt der Lehre gemäß, wandelt auf dem geraden Wege, folgt der Lehre nach, so ist er darum zu ehren, so ist er darum zu preisen.› Der macht eben den Wandel zum Wesen, und weil er etwas erlangt, brüstet er sich nicht, noch verachtet er die anderen. Auch das ist, ihr Mönche, die Weise guter Menschen.

«Weiter sodann, ihr Mönche, weiß ein schlechter Mensch viel. Der gedenkt bei sich: ‹Ich freilich weiß viel, diese anderen Mönche aber, die wissen nicht viel.› Weil er viel weiß, brüstet er sich und verachtet die anderen. Auch das ist, ihr Mönche, die Weise schlechter Menschen[372].

«Ein guter Mensch aber, ihr Mönche, gedenkt bei sich: ‹Nicht doch weil
man viel weiß, kann man begehrliche Eigenschaften verlieren, kann man ge-
hässige Eigenschaften verlieren, kann man eitle Eigenschaften verlieren. Wenn
auch einer nicht viel weiß, und er wandelt der Lehre gemäß, wandelt auf dem 129
geraden Wege, folgt der Lehre nach, so ist er darum zu ehren, so ist er darum
zu preisen.› Der macht eben den Wandel zum Wesen, und weil er viel weiß,
brüstet er sich nicht, noch verachtet er die anderen. Auch das ist, ihr Mön-
che, die Weise guter Menschen.

«Weiter sodann, ihr Mönche, ist ein schlechter Mensch ein Künder der Ordenszucht. Der gedenkt bei sich: ‹Ich bin freilich ein Künder der Ordenszucht, diese anderen Mönche aber, die sind keine Künder der Ordenszucht.› Um seiner Kunde der Ordenszucht willen brüstet er sich und verachtet die anderen. Auch das ist, ihr Mönche, die Weise schlechter Menschen.

«Ein guter Mensch aber, ihr Mönche, gedenkt bei sich: ‹Nicht doch um der Kunde der Ordenszucht willen kann man begehrliche Eigenschaften verlieren, kann man gehässige Eigenschaften verlieren, kann man eitle Eigenschaften verlieren. Wenn auch einer kein Künder der Ordenszucht ist, und er wandelt der Lehre gemäß, wandelt auf dem geraden Wege, folgt der Lehre nach, so ist er darum zu ehren, so ist er darum zu preisen.› Der macht eben den Wandel zum Wesen, und um seiner Kunde der Ordenszucht willen brüstet er sich nicht, noch verachtet er die anderen. Auch das ist, ihr Mönche, die Weise guter Menschen.

«Weiter sodann, ihr Mönche, ist ein schlechter Mensch ein Sprecher der Lehre. Der gedenkt bei sich: ‹Ich bin freilich ein Sprecher der Lehre, diese anderen Mönche aber, die sind keine Sprecher der Lehre.› Weil er über die Lehre spricht, brüstet er sich und verachtet die anderen. Auch das ist, ihr Mönche, die Weise schlechter Menschen.

130 «Ein guter Mensch aber, ihr Mönche, gedenkt bei sich: ‹Nicht doch weil man über die Lehre spricht, kann man begehrliche Eigenschaften verlieren, kann man gehässige Eigenschaften verlieren, kann man eitle Eigenschaften verlieren. Wenn auch einer kein Sprecher der Lehre ist, und er wandelt der Lehre gemäß, wandelt auf dem geraden Wege, folgt der Lehre nach, so ist er darum zu ehren, so ist er darum zu preisen.› Der macht eben den Wandel zum Wesen, und weil er über die Lehre spricht, brüstet er sich nicht, noch verachtet er die anderen. Auch das ist, ihr Mönche, die Weise guter Menschen.

«Weiter sodann, ihr Mönche, ist ein schlechter Mensch ein Waldeinsiedler. Der gedenkt bei sich: Ich bin freilich ein Waldeinsiedler, diese anderen Mönche aber, die sind keine Waldeinsiedler.› Um sein Waldeinsiedlertum brüstet er sich und verachtet die anderen. Auch das ist, ihr Mönche, die Weise schlechter Menschen.

«Ein guter Mensch aber, ihr Mönche, gedenkt bei sich: ‹Nicht doch um Waldeinsiedlertum kann man begehrliche Eigenschaften verlieren, kann man gehässige Eigenschaften verlieren, kann man eitle Eigenschaften verlieren. Wenn auch einer kein Waldeinsiedler ist, und er wandelt der Lehre gemäß, wandelt auf dem geraden Wege, folgt der Lehre nach, so ist er darum zu ehren, so ist er darum zu preisen.› Der macht eben den Wandel zum Wesen, und um sein Waldeinsiedlertum brüstet er sich nicht, noch verachtet er die anderen. Auch das ist, ihr Mönche, die Weise guter Menschen.

«Weiter sodann, ihr Mönche, trägt ein schlechter Mensch die Fetzenkutte. Der gedenkt bei sich: ‹Ich trage freilich die Fetzenkutte, diese anderen Mönche aber, die tragen keine Fetzenkutte.› Weil er die Fetzenkutte trägt, brüstet er sich und verachtet die anderen. Auch das ist, ihr Mönche, die Weise schlechter Menschen.

131 «Ein guter Mensch aber, ihr Mönche, gedenkt bei sich: ‹Nicht doch weil man die Fetzenkutte trägt, kann man begehrliche Eigenschaften verlieren, kann man gehässige Eigenschaften verlieren, kann man eitle Eigenschaften verlieren. Wenn auch einer keine Fetzenkutte trägt, und er wandelt der Lehre gemäß, wandelt auf dem geraden Wege, folgt der Lehre nach, so ist er darum zu ehren, so ist er darum zu preisen.› Der macht eben den Wandel zum We-

sen, und weil er die Fetzenkutte trägt, brüstet er sich nicht, noch verachtet er die anderen. Auch das ist, ihr Mönche, die Weise guter Menschen.

«Weiter sodann, ihr Mönche, ist ein schlechter Mensch ein Brockenbettler[373]. Der gedenkt bei sich: ‹Ich bin freilich ein Brockenbettler, diese anderen Mönche aber, die sind keine Brockenbettler.› Um sein Brockenbettlertum brüstet er sich und verachtet die anderen. Auch das ist, ihr Mönche, die Weise schlechter Menschen.

«Ein guter Mensch aber, ihr Mönche, gedenkt bei sich: ‹Nicht doch um Brockenbettlertum kann man begehrliche Eigenschaften verlieren, kann man gehässige Eigenschaften verlieren, kann man eitle Eigenschaften verlieren. Wenn auch einer kein Brockenbettler ist, und er wandelt der Lehre gemäß, wandelt auf dem geraden Wege, folgt der Lehre nach, so ist er darum zu ehren, so ist er darum zu preisen.› Der macht eben den Wandel zum Wesen, und um sein Brockenbettlertum brüstet er sich nicht, noch verachtet er die anderen. Auch das ist, ihr Mönche, die Weise guter Menschen.

«Weiter sodann, ihr Mönche, lebt ein schlechter Mensch unter einem Baume. Der gedenkt bei sich: ‹Ich freilich lebe unter einem Baume, diese anderen Mönche aber, die leben nicht unter Bäumen.› Weil er unter einem Baume lebt, brüstet er sich und verachtet die anderen. Auch das ist, ihr Mönche, die Weise schlechter Menschen.

«Ein guter Mensch aber, ihr Mönche, gedenkt bei sich: ‹Nicht doch weil 132
man unter einem Baume lebt, kann man begehrliche Eigenschaften verlieren, kann man gehässige Eigenschaften verlieren, kann man eitle Eigenschaften verlieren. Wenn auch einer nicht unter einem Baume lebt, und er wandelt der Lehre gemäß, wandelt auf dem geraden Wege, folgt der Lehre nach, so ist er darum zu ehren, so ist er darum zu preisen.› Der macht eben den Wandel zum Wesen, und weil er unter einem Baume lebt, brüstet er sich nicht, noch verachtet er die anderen. Auch das ist, ihr Mönche, die Weise guter Menschen.

«Weiter sodann, ihr Mönche, lebt ein schlechter Mensch auf einem Leichenhofe. Der gedenkt bei sich: ‹Ich freilich lebe auf einem Leichenhofe, diese anderen Mönche aber, die leben nicht auf Leichenhöfen.› Weil er auf einem Leichenhofe lebt, brüstet er sich und verachtet die anderen. Auch das ist, ihr Mönche, die Weise schlechter Menschen.

«Ein guter Mensch aber, ihr Mönche, gedenkt bei sich: ‹Nicht doch weil man auf einem Leichenhofe lebt, kann man begehrliche Eigenschaften verlieren, kann man gehässige Eigenschaften verlieren, kann man eitle Eigenschaften verlieren. Wenn auch einer nicht auf einem Leichenhofe lebt, und er wandelt der Lehre gemäß, wandelt auf dem geraden Wege, folgt der Lehre nach, so ist er darum zu ehren, so ist er darum zu preisen.› Der macht eben den Wandel zum Wesen, und weil er auf einem Leichenhofe lebt, brüstet er sich nicht, noch verachtet er die anderen. Auch das ist, ihr Mönche, die Weise guter Menschen.

«Weiter sodann, ihr Mönche, lebt ein schlechter Mensch in einer offenen Ebene. Der gedenkt bei sich: ‹Ich freilich lebe in einer offenen Ebene, diese anderen Mönche aber, die leben nicht in offenen Ebenen.› Weil er in einer offenen Ebene lebt, brüstet er sich und verachtet die anderen. Auch das ist, ihr Mönche, die Weise schlechter Menschen.

«Ein guter Mensch aber, ihr Mönche, gedenkt bei sich: ‹Nicht doch weil man in einer offenen Ebene lebt, kann man begehrliche Eigenschaften verlieren, kann man gehässige Eigenschaften verlieren, kann man eitle Eigenschaften verlieren. Wenn auch einer nicht in einer offenen Ebene lebt, und er wandelt der Lehre gemäß, wandelt auf dem geraden Wege, folgt der Lehre nach, so ist er darum zu ehren, so ist er darum zu preisen.› Der macht eben den Wandel zum Wesen, und weil er in einer offenen Ebene lebt, brüstet er sich nicht, noch verachtet er die anderen. Auch das ist, ihr Mönche, die Weise guter Menschen.

«Weiter sodann, ihr Mönche, ruht ein schlechter Mensch nur sitzend aus. Der gedenkt bei sich: ‹Ich freilich ruhe nur sitzend aus, diese anderen Mönche aber, die legen sich hin.› Weil er nur sitzend ausruht, brüstet er sich und verachtet die anderen. Auch das ist, ihr Mönche, die Weise schlechter Menschen.

«Ein guter Mensch aber, ihr Mönche, gedenkt bei sich: ‹Nicht doch weil man nur sitzend ausruht, kann man begehrliche Eigenschaften verlieren, kann man gehässige Eigenschaften verlieren, kann man eitle Eigenschaften verlieren. Wenn auch einer sich hinlegt, und er wandelt der Lehre gemäß, wandelt auf dem geraden Wege, folgt der Lehre nach, so ist er darum zu ehren, so ist er darum zu preisen.› Der macht eben den Wandel zum Wesen, und weil er nur sitzend ausruht, brüstet er sich nicht, noch verachtet er die anderen. Auch das ist, ihr Mönche, die Weise guter Menschen.

«Weiter sodann, ihr Mönche, ist einem schlechten Menschen ein jeder Ort recht. Der gedenkt bei sich: ‹Mir freilich ist ein jeder Ort recht, diesen anderen Mönchen aber, denen ist nicht ein jeder Ort recht.› Weil ihm ein jeder Ort recht ist, brüstet er sich und verachtet die anderen. Auch das ist, ihr Mönche, die Weise schlechter Menschen.

«Ein guter Mensch aber, ihr Mönche, gedenkt bei sich: ‹Nicht doch weil einem ein jeder Ort recht ist, kann man begehrliche Eigenschaften verlieren, kann man gehässige Eigenschaften verlieren, kann man eitle Eigenschaften verlieren. Wenn auch einem nicht ein jeder Ort recht ist, und er wandelt der Lehre gemäß, wandelt auf dem geraden Wege, folgt der Lehre nach, so ist er darum zu ehren, so ist er darum zu preisen.› Der macht eben den Wandel zum Wesen, und weil ihm ein jeder Ort recht ist, brüstet er sich nicht, noch verachtet er die anderen. Auch das ist, ihr Mönche, die Weise guter Menschen.

«Weiter sodann, ihr Mönche, nimmt ein schlechter Mensch nur einmal Nahrung ein[374]. Der gedenkt bei sich: ‹Ich freilich nehme nur einmal Nahrung ein, diese anderen Mönche aber, die nehmen nicht nur einmal Nahrung ein.› Weil er nur einmal Nahrung einnimmt, brüstet er sich und verachtet die anderen. Auch das ist, ihr Mönche, die Weise schlechter Menschen.

«Ein guter Mensch aber, ihr Mönche, gedenkt bei sich: ‹Nicht doch weil man nur einmal Nahrung einnimmt, kann man begehrliche Eigenschaften verlieren, kann man gehässige Eigenschaften verlieren, kann man eitle Eigenschaften verlieren. Wenn auch einer nicht nur einmal Nahrung einnimmt, und er wandelt der Lehre gemäß, wandelt auf dem geraden Wege, folgt der Lehre nach, so ist er darum zu ehren, so ist er darum zu preisen.› Der macht eben den Wandel zum Wesen, und weil er nur einmal Nahrung einnimmt, brüstet er sich nicht, noch verachtet er die anderen. Auch das ist, ihr Mönche, die Weise guter Menschen[375].

«Weiter sodann, ihr Mönche, gewinnt ein schlechter Mensch, gar fern von Begierden, fern von unheilsamen Dingen, in sinnend gedenkender ruhegeborener seliger Heiterkeit die Weihe der ersten Schauung. Der gedenkt bei
sich: ‹Ich habe freilich die Weihe der ersten Schauung gewonnen, diese ande- 133
ren Mönche aber, die haben die Weihe der ersten Schauung nicht gewonnen.› Weil er die Weihe der ersten Schauung gewonnen hat, brüstet er sich und verachtet die anderen. Auch das ist, ihr Mönche, die Weise schlechter Menschen.

«Ein guter Mensch aber, ihr Mönche, gedenkt bei sich: ‹Auch von der Weihe der ersten Schauung hat der Erhabene als Unbestand gesprochen:

Denn je mehr sie mehr vermeinen,
Immer wandelbarer wird es.›

Der macht eben den Unbestand zum Wesen, und weil er die Weihe der ersten Schauung gewonnen hat, brüstet er sich nicht, noch verachtet er die anderen. Auch das ist, ihr Mönche, die Weise guter Menschen[376].

«Weiter sodann, ihr Mönche, gewinnt ein schlechter Mensch, nach Vollendung des Sinnens und Gedenkens die innere Meeresstille, die Einheit des Gemütes, die von sinnen, von gedenken freie, in der Einigung geborene selige Heiterkeit, die Weihe der zweiten Schauung. Der gedenkt bei sich: ‹Ich habe freilich die Weihe der zweiten Schauung gewonnen, diese anderen Mönche aber, die haben die Weihe der zweiten Schauung nicht gewonnen.› Weil er die Weihe der zweiten Schauung gewonnen hat, brüstet er sich und verachtet die anderen. Auch das ist, ihr Mönche, die Weise schlechter Menschen.

«Ein guter Mensch aber, ihr Mönche, gedenkt bei sich: ‹Auch von der Weihe der zweiten Schauung hat der Erhabene als Unbestand gesprochen:

Denn je mehr sie mehr vermeinen,
Immer wandelbarer wird es.›

Der macht eben den Unbestand zum Wesen, und weil er die Weihe der zweiten Schauung gewonnen hat, brüstet er sich nicht, noch verachtet er die anderen. Auch das ist, ihr Mönche, die Weise guter Menschen.

«Weiter sodann, ihr Mönche, empfindet ein schlechter Mensch, in heiterer Ruhe, gleichmütig, einsichtig, klar bewußt, ein Glück im Körper, von dem die Heiligen sagen: ‹Der gleichmütig Einsichtige lebt beglückt›; so gewinnt er die Weihe der dritten Schauung. Der gedenkt bei sich: ‹Ich habe freilich die Weihe der dritten Schauung gewonnen, diese anderen Mönche aber, die haben die Weihe der dritten Schauung nicht gewonnen.› Weil er die Weihe der dritten Schauung gewonnen hat, brüstet er sich und verachtet die anderen. Auch das ist, ihr Mönche, die Weise schlechter Menschen.

«Ein guter Mensch aber, ihr Mönche, gedenkt bei sich: ‹Auch von der Weihe der dritten Schauung hat der Erhabene als Unbestand gesprochen:

Denn je mehr sie mehr vermeinen,
Immer wandelbarer wird es.›

Der macht eben den Unbestand zum Wesen, und weil er die Weihe der dritten Schauung gewonnen hat, brüstet er sich nicht, noch verachtet er die anderen. Auch das ist, ihr Mönche, die Weise guter Menschen.

«Weiter sodann, ihr Mönche, gewinnt ein schlechter Mensch nach Verwerfung der Freuden und Leiden, nach Vernichtung des einstigen Frohsinns und Trübsinns die Weihe der leidlosen, freudlosen, gleichmütig einsichtigen vollkommenen Reine, die vierte Schauung. Der gedenkt bei sich: ‹Ich habe freilich die Weihe der vierten Schauung gewonnen, diese anderen Mönche aber, die haben die Weihe der vierten Schauung nicht gewonnen.› Weil er die Weihe der vierten Schauung gewonnen hat, brüstet er sich und verachtet die anderen. Auch das ist, ihr Mönche, die Weise schlechter Menschen.

«Ein guter Mensch aber, ihr Mönche, gedenkt bei sich: ‹Auch von der Weihe der vierten Schauung hat der Erhabene als Unbestand gesprochen:

Denn je mehr sie mehr vermeinen,
Immer wandelbarer wird es.›

Der macht eben den Unbestand zum Wesen, und weil er die Weihe der vierten Schauung gewonnen hat, brüstet er sich nicht, noch verachtet er die anderen. Auch das ist, ihr Mönche, die Weise guter Menschen.

«Weiter sodann, ihr Mönche, gewinnt ein schlechter Mensch nach völliger 134
Überwindung der Formwahrnehmungen, Vernichtung der Gegenwahrnehmungen[377], Verwerfung der Vielheitwahrnehmungen in dem Gedanken ‹Grenzenlos ist der Raum› das Reich des unbegrenzten Raumes. Der gedenkt bei sich: ‹Ich habe freilich das Reich des unbegrenzten Raumes erworben, diese anderen Mönche aber, die haben das Reich des unbegrenzten Raumes nicht erworben.› Weil er das Reich des unbegrenzten Raumes erworben hat, brüstet er sich und verachtet die anderen. Auch das ist, ihr Mönche, die Weise schlechter Menschen.

«Ein guter Mensch aber, ihr Mönche, gedenkt bei sich: ‹Auch von der Erwerbung der unbegrenzten Raumsphäre hat der Erhabene als Unbestand gesprochen:

Denn je mehr sie mehr vermeinen,
Immer wandelbarer wird es.›

Der macht eben den Unbestand zum Wesen, und weil er das Reich des unbegrenzten Raumes erworben hat, brüstet er sich nicht, noch verachtet er die anderen. Auch das ist, ihr Mönche, die Weise guter Menschen.

«Weiter sodann, ihr Mönche, gewinnt ein schlechter Mensch nach völliger Überwindung der unbegrenzten Raumsphäre in dem Gedanken ‹Grenzenlos ist das Bewußtsein› das Reich des unbegrenzten Bewußtseins. Der gedenkt bei sich: ‹Ich habe freilich das Reich des unbegrenzten Bewußtseins erworben, diese anderen Mönche aber, die haben das Reich des unbegrenzten Bewußtseins nicht erworben.› Weil er das Reich des unbegrenzten Bewußtseins erworben hat, brüstet er sich und verachtet die anderen. Auch das ist, ihr Mönche, die Weise schlechter Menschen.

«Ein guter Mensch aber, ihr Mönche, gedenkt bei sich: ‹Auch von der Erwerbung der unbegrenzten Bewußtseinsphäre hat der Erhabene als Unbestand gesprochen:

Denn je mehr sie mehr vermeinen,
Immer wandelbarer wird es.›

Der macht eben den Unbestand zum Wesen, und weil er das Reich des unbegrenzten Bewußtseins erworben hat, brüstet er sich nicht, noch verachtet
er die anderen. Auch das ist, ihr Mönche, die Weise guter Menschen. 135

«Weiter sodann, ihr Mönche, gewinnt ein schlechter Mensch nach völliger Überwindung der unbegrenzten Bewußtseinsphäre in dem Gedanken ‹Nichts ist da› das Reich des Nichtdaseins. Der gedenkt bei sich: ‹Ich habe freilich das Reich des Nichtdaseins erworben, diese anderen Mönche aber, die haben das Reich des Nichtdaseins nicht erworben.› Weil er das Reich des Nichtdaseins erworben hat, brüstet er sich und verachtet die anderen. Auch das ist, ihr Mönche, die Weise schlechter Menschen.

«Ein guter Mensch aber, ihr Mönche, gedenkt bei sich: ‹Auch von der Erwerbung der Nichtdaseinsphäre hat der Erhabene als Unbestand gesprochen:

Denn je mehr sie mehr vermeinen,
Immer wandelbarer wird es.›

Der macht eben den Unbestand zum Wesen, und weil er das Reich des Nichtdaseins erworben hat, brüstet er sich nicht, noch verachtet er die anderen. Auch das ist, ihr Mönche, die Weise guter Menschen.

«Weiter sodann, ihr Mönche, gewinnt ein schlechter Mensch nach völliger Überwindung der Nichtdaseinsphäre die Grenzscheide möglicher Wahrnehmung. Der gedenkt bei sich: ‹Ich habe freilich die Grenzscheide möglicher Wahrnehmung erworben, diese anderen Mönche aber, die haben die Grenzscheide möglicher Wahrnehmung nicht erworben.› Weil er die Grenzscheide möglicher Wahrnehmung erworben hat, brüstet er sich und verachtet die anderen. Auch das ist, ihr Mönche, die Weise schlechter Menschen.

«Ein guter Mensch aber, ihr Mönche, gedenkt bei sich: ‹Auch von der Erwerbung der Grenzscheide möglicher Wahrnehmung hat der Erhabene als Unbestand gesprochen:

Denn je mehr sie mehr vermeinen,
Immer wandelbarer wird es.›

136 Der macht eben den Unbestand zum Wesen, und weil er die Grenzscheide möglicher Wahrnehmung erworben hat, brüstet er sich nicht, noch verachtet er die anderen. Auch das ist, ihr Mönche, die Weise guter Menschen.

«Weiter sodann, ihr Mönche, gewinnt ein guter Mensch nach völliger Überwindung der Grenzscheide möglicher Wahrnehmung die Auflösung der Wahrnehmbarkeit, und des weise Sehenden Wahn ist aufgehoben. Das ist, ihr Mönche, ein Mönch, der gar nichts vermeint, von gar nichts vermeint, um gar nichts vermeint.»

Also sprach der Erhabene. Zufrieden freuten sich jene Mönche über das Wort des Erhabenen[378].

114

ZWÖLFTER TEIL · VIERTE REDE

ZU BETREIBEN UND NICHT ZU BETREIBEN

DAS HAB' ICH GEHÖRT. Zu einer Zeit weilte der Erhabene bei Sāvatthī, im 137
Siegerwalde, im Garten Anāthapiṇḍikos. Dort nun wandte sich der Erhabene an die Mönche: «Ihr Mönche!» – «Erlauchter!» antworteten da jene Mönche dem Erhabenen aufmerksam. Der Erhabene sprach also:

«Was zu betreiben und was nicht zu betreiben ist, ihr Mönche, werde ich euch der Reihe nach anzeigen: das höret und achtet wohl auf meine Rede.»

«Gewiß, o Herr!» antworteten da jene Mönche dem Erhabenen aufmerksam. Der Erhabene sprach also:

«Betragen in Taten, sag' ich da, Mönche, ist von doppelter Art, als zu betreiben, als nicht zu betreiben: und es ist entgegengesetztes Betragen in Taten. Betragen in Worten, sag' ich da, Mönche, ist von doppelter Art, als zu betreiben, als nicht zu betreiben: und es ist entgegengesetztes Betragen in Worten. Betragen in Gedanken, sag' ich da, Mönche, ist von doppelter Art, als zu betreiben, als nicht zu betreiben: und es ist entgegengesetztes Betragen in Gedanken. Herzensentschließung, sag' ich da, Mönche, ist von doppelter Art, als zu betreiben, als nicht zu betreiben: und es ist entgegengesetzte Herzensentschließung. Verständnis erlangen, sag' ich da, Mönche, ist von doppelter Art, als zu betreiben, als nicht zu betreiben: und es ist entgegengesetztes Verständnis erlangen. Erkenntnis erlangen, sag' ich da, Mönche, ist von doppelter Art, als zu betreiben, als nicht zu betreiben: und es ist entgegengesetzte Erkenntnis erlangen. Eigenschaft erlangen, sag' ich da, Mönche, ist von doppelter Art, als zu betreiben, als nicht zu betreiben: und es ist entgegengesetzte Eigenschaft erlangen.»

Nach diesen Worten wandte sich der ehrwürdige Sāriputto also an den Erhabenen:

«Was da, o Herr, der Erhabene in Kürze gesagt, nicht ausführlich darge- 138
stellt hat, scheint mir, ausgeführt, dies zu bedeuten: ‹Betragen in Taten, sag' ich da, Mönche, ist von doppelter Art, als zu betreiben, als nicht zu betreiben: und es ist entgegengesetztes Betragen in Taten›: das ist da wohl vom Erhabenen gesagt worden; und warum ist es gesagt worden? Ein Betragen, o Herr, in Taten, wobei sich einem, indem man es betreibt, die unheilsamen

Dinge mehren und die heilsamen Dinge sich mindern, ein solches Betragen in Taten ist nicht zu betreiben. Ein Betragen aber, o Herr, in Taten, wobei sich einem, indem man es betreibt, die unheilsamen Dinge mindern und die heilsamen Dinge sich mehren, ein solches Betragen in Taten ist zu betreiben.

«Was ist das nun, o Herr, für ein Betragen in Taten, wobei sich einem, indem man es betreibt, die unheilsamen Dinge mehren und die heilsamen Dinge sich mindern? Da ist einer, o Herr, ein Mörder, grausam und blutgierig, der Gewalt und dem Totschlag ergeben, ohne Erbarmen gegen seine Mitwesen. Dann nimmt er was man ihm nicht gegeben hat; was ein anderer in Dorf oder Wald an Hab und Gut besitzt, das macht er sich ungeschenkt, in diebischer Absicht, zu eigen. Und er begeht Ausschweifung; mit einem Mädchen, das unter der Obhut der Mutter oder des Vaters, unter der Obhut von Bruder oder von Schwester, unter der Obhut von Verwandten steht, mit einer Gattenbefohlenen oder einer Dienstergebenen, bis herab zu der blumengeschmückten Tänzerin, mit solchen pflegt er Verkehr[379]. Das ist, o Herr, ein Betragen in Taten, wobei sich einem, indem man es betreibt, die unheilsamen Dinge mehren und die heilsamen Dinge sich mindern.

«Was ist es aber, o Herr, für ein Betragen in Taten, wobei sich einem, indem man es betreibt, die unheilsamen Dinge mindern und die heilsamen Dinge sich mehren? Da hat einer, o Herr, das Morden verworfen, vom Töten
139 hält er sich fern; Stock und Schwert hat er abgelegt, er ist mild und teilnehmend, voll Liebe und Mitleid zu allem was da lebt und atmet. Nichtgegebenes zu nehmen hat er verworfen, vom Stehlen hält er sich fern; was ein anderer in Dorf oder Wald an Hab und Gut besitzt, das macht er sich ungeschenkt, in diebischer Absicht, nicht zu eigen. Ausschweifung hat er verworfen, von Ausschweifung hält er sich fern; mit einem Mädchen, das unter der Obhut der Mutter oder des Vaters, unter der Obhut von Bruder oder von Schwester, unter der Obhut von Verwandten steht, mit einer Gattenbefohlenen oder einer Dienstergebenen, bis herab zu der blumengeschmückten Tänzerin, mit solchen pflegt er keinen Verkehr. Das ist, o Herr, ein Betragen in Taten, wobei sich einem, indem man es betreibt, die unheilsamen Dinge mindern und die heilsamen Dinge sich mehren. – ‹Betragen in Taten, sag' ich da, Mönche, ist von doppelter Art, als zu betreiben, als nicht zu betreiben: und es ist entgegengesetztes Betragen in Taten›: wurde das vom Erhabenen gesagt, so war es darum gesagt.

«‹Betragen in Worten, sag' ich da, Mönche, ist von doppelter Art, als zu betreiben, als nicht zu betreiben: und es ist entgegengesetztes Betragen in Worten›: das ist da wohl vom Erhabenen gesagt worden; und warum ist es gesagt worden? Ein Betragen, o Herr, in Worten, wobei sich einem, indem man es betreibt, die unheilsamen Dinge mehren und die heilsamen Dinge sich mindern, ein solches Betragen in Worten ist nicht zu betreiben. Ein Betragen aber, o Herr, in Worten, wobei sich einem, indem man es betreibt, die unheilsamen Dinge mindern und die heilsamen Dinge sich mehren, ein solches Betragen in Worten ist zu betreiben.

«Was ist das nun, o Herr, für ein Betragen in Worten, wobei sich einem,
indem man es betreibt, die unheilsamen Dinge mehren und die heilsamen
Dinge sich mindern? Da ist einer, o Herr, ein Lügner. Vor Gericht, oder von 140
den Leuten, oder unter Verwandten, oder in der Gesellschaft, oder von königlichen Beamten als Augenzeuge vernommen und befragt: ‹Wohl denn, lieber Mann, was du weißt, das sage›, antwortet er, wenn er nichts weiß: ‹Ich weiß es›, und wenn er es weiß: ‹Ich weiß nichts›, wenn er nichts gesehn hat: ‹Ich hab' es gesehn›, und wenn er es gesehn hat: ‹Ich habe nichts gesehn[380].› So legt er um seinetwillen oder um eines anderen willen oder von irgendeiner sonstigen Absicht bewogen wissentlich falsches Zeugnis ab. Dann liebt er das Ausrichten. Was er hier gehört hat erzählt er dort wieder, um jene zu entzweien; oder was er dort gehört hat erzählt er hier wieder, um diese zu entzweien. So stiftet er Zwietracht unter Verbundenen und hetzt die Entzweiten auf. Hader erfreut ihn, Hader macht ihn froh, Hader befriedigt ihn, Hader erregende Worte spricht er. Dann gebraucht er barsche Worte, Reden, die spitzig und stechend sind, andere beleidigen, andere verletzen, Äußerungen des Zornes, die zu keiner Einigung führen: solche Worte spricht er. Und er treibt müßiges Geplauder, spricht zur Unzeit, ohne Sinn, ohne Zweck, ohne Wahrheit, ohne Zucht; seine Rede ist nicht wert, daß man ihrer gedenke, sie ist ungehörig, ungebildet, unangemessen, unverständlich. Das ist, o Herr, ein Betragen in Worten, wobei sich einem, indem man es betreibt, die unheilsamen Dinge mehren und die heilsamen Dinge sich mindern.

«Was ist es aber, o Herr, für ein Betragen in Worten, wobei sich einem, in-
dem man es betreibt, die unheilsamen Dinge mindern und die heilsamen
Dinge sich mehren? Da hat einer, o Herr, das Lügen verworfen, vom Lügen
hält er sich fern. Vor Gericht, oder von den Leuten, oder unter Verwandten,
oder in der Gesellschaft, oder von königlichen Beamten als Augenzeuge ver- 141
nommen und befragt: ‹Wohl denn, lieber Mann, was du weißt, das sage›, antwortet er, wenn er nichts weiß: ‹Ich weiß nichts›, und wenn er es weiß: ‹Ich weiß es›, wenn er nichts gesehn hat: ‹Ich habe nichts gesehn›, und wenn er es gesehn hat: ‹Ich hab' es gesehn.› So legt er um seinetwillen oder um eines anderen willen oder von irgendeiner sonstigen Absicht bewogen wissentlich kein falsches Zeugnis ab. Das Ausrichten hat er verworfen, vom Ausrichten hält er sich fern. Was er hier gehört hat erzählt er dort nicht wieder, um jene zu entzweien; oder was er dort gehört hat erzählt er hier nicht wieder, um diese zu entzweien. So einigt er Entzweite, festigt Verbundene, Ein-

tracht erfreut ihn, Eintracht macht ihn froh, Eintracht befriedigt ihn, Eintracht fördernde Worte spricht er[381]. Barsche Worte hat er verworfen, von barschen Worten hält er sich fern. Worte, die frei von Schimpf sind, dem Ohre wohltuend, liebreich, zum Herzen dringend, höflich, viele erfreuend, viele erhebend, solche Worte spricht er. Plappern und Plaudern hat er verworfen, von Plappern und Plaudern hält er sich fern. Zur rechten Zeit spricht er, den Tatsachen gemäß, gehaltvoll, der Satzung getreu, der Zucht getreu; seine Rede ist wert, daß man ihrer gedenke, gelegentlich mit Gleichnissen geschmückt, klar und bestimmt, dem Gegenstande angemessen. Das ist, o Herr, ein Betragen in Worten, wobei sich einem, indem man es betreibt, die unheilsamen Dinge mindern und die heilsamen Dinge sich mehren. – ‹Betragen in Worten, sag' ich da, Mönche, ist von doppelter Art, als zu betreiben, als nicht zu betreiben: und es ist entgegengesetztes Betragen in Worten›: wurde das vom Erhabenen gesagt, so war es darum gesagt.

«‹Betragen in Gedanken, sag' ich da, Mönche, ist von doppelter Art, als zu betreiben, als nicht zu betreiben: und es ist entgegengesetztes Betragen in Gedanken›: das ist da wohl vom Erhabenen gesagt worden; und warum
142 ist es gesagt worden? Ein Betragen, o Herr, in Gedanken, wobei sich einem, indem man es betreibt, die unheilsamen Dinge mehren und die heilsamen Dinge sich mindern, ein solches Betragen in Gedanken ist nicht zu betreiben. Ein Betragen aber, o Herr, in Gedanken, wobei sich einem, indem man es betreibt, die unheilsamen Dinge mindern und die heilsamen Dinge sich mehren, ein solches Betragen in Gedanken ist zu betreiben.

«Was ist das nun, o Herr, für ein Betragen in Gedanken, wobei sich einem, indem man es betreibt, die unheilsamen Dinge mehren und die heilsamen Dinge sich mindern? Da ist einer, o Herr, lüstern. Was ein anderer an Hab und Gut besitzt, danach giert er: ‹Ach wenn doch sein Eigen das meine wäre!› Dann ist er gehässig, übelgesinnten Herzens: ‹Diese Wesen sollen getötet werden, sollen umgebracht werden, sollen zerstört werden, sollen vertilgt werden, sie sollen so nicht bleiben!› Das ist, o Herr, ein Betragen in Gedanken, wobei sich einem, indem man es betreibt, die unheilsamen Dinge mehren und die heilsamen Dinge sich mindern.

«Was ist es aber, o Herr, für ein Betragen in Gedanken, wobei sich einem, indem man es betreibt, die unheilsamen Dinge mindern und die heilsamen Dinge sich mehren? Da ist einer, o Herr, nicht lüstern. Was ein anderer an Hab und Gut besitzt, danach giert er nicht: ‹Ach wenn doch sein Eigen das meine wäre!› Dann ist er frei von Gehässigkeit, frei von Übelwollen: ‹Mögen diese Wesen ohne Haß, ohne Schmerz, ohne Qual glücklich ihr Dasein bewahren!› Das ist, o Herr, ein Betragen in Gedanken, wobei sich einem, indem man es betreibt, die unheilsamen Dinge mindern und die heilsamen Dinge sich

mehren. – ‹Betragen in Gedanken, sag' ich da, Mönche, ist von doppelter Art, 143
als zu betreiben, als nicht zu betreiben: und es ist entgegengesetztes Betragen in Gedanken›: wurde das vom Erhabenen gesagt, so war es darum gesagt[382].

«‹Herzensentschließung, sag' ich da, Mönche, ist von doppelter Art, als zu betreiben, als nicht zu betreiben: und es ist entgegengesetzte Herzensentschließung›: das ist da wohl vom Erhabenen gesagt worden; und warum ist es gesagt worden? Eine Herzensentschließung, o Herr, wobei sich einem, indem man sie betreibt, die unheilsamen Dinge mehren und die heilsamen Dinge sich mindern, eine solche Herzensentschließung ist nicht zu betreiben. Eine Herzensentschließung aber, o Herr, wobei sich einem, indem man sie betreibt, die unheilsamen Dinge mindern und die heilsamen Dinge sich mehren, eine solche Herzensentschließung ist zu betreiben.

«Was ist das nun, o Herr, für eine Herzensentschließung, wobei sich einem, indem man sie betreibt, die unheilsamen Dinge mehren und die heilsamen Dinge sich mindern? Da ist einer, o Herr, lüstern und läßt sein Gemüt von Lüsternheit bewogen sein, ist gehässig und läßt sein Gemüt von Gehässigkeit bewogen sein, ist rachgierig und läßt sein Gemüt von Rachgier bewogen sein. Das ist, o Herr, eine Herzensentschließung, wobei sich einem, indem man sie betreibt, die unheilsamen Dinge mehren und die heilsamen Dinge sich mindern.

«Was ist es aber, o Herr, für eine Herzensentschließung, wobei sich einem, indem man sie betreibt, die unheilsamen Dinge mindern und die heilsamen Dinge sich mehren? Da ist einer, o Herr, nicht lüstern und läßt sein Gemüt nicht von Lüsternheit bewogen sein, ist nicht gehässig und läßt sein Gemüt nicht von Gehässigkeit bewogen sein, ist nicht rachgierig und läßt sein Gemüt nicht von Rachgier bewogen sein. Das ist, o Herr, eine Herzensentschließung, wobei sich einem, indem man sie betreibt, die unheilsamen Dinge mindern und die heilsamen Dinge sich mehren. – ‹Herzensentschließung, sag'
ich da, Mönche, ist von doppelter Art, als zu betreiben, als nicht zu betrei- 144
ben: und es ist entgegengesetzte Herzensentschließung›: wurde das vom Erhabenen gesagt, so war es darum gesagt.

«‹Verständnis erlangen, sag' ich da, Mönche, ist von doppelter Art, als zu betreiben, als nicht zu betreiben: und es ist entgegengesetztes Verständnis erlangen›: das ist da wohl vom Erhabenen gesagt worden; und warum ist es gesagt worden? Ein Verständnis erlangen, o Herr, wobei sich einem, indem man es betreibt, die unheilsamen Dinge mehren und die heilsamen Dinge sich mindern, ein solches Verständnis erlangen ist nicht zu betreiben. Ein Verständnis erlangen aber, o Herr, wobei sich einem, indem man es betreibt, die unheilsamen Dinge mindern und die heilsamen Dinge sich mehren, ein solches Verständnis erlangen ist zu betreiben.

«Was ist das nun, o Herr, für ein Verständnis erlangen, wobei sich einem, indem man es betreibt, die unheilsamen Dinge mehren und die heilsamen Dinge sich mindern? Da ist einer, o Herr, lüstern und läßt seinen Verstand von Lüsternheit bewogen sein, ist gehässig und läßt seinen Verstand von Gehässigkeit bewogen sein, ist rachgierig und läßt seinen Verstand von Rachgier bewogen sein. Das ist, o Herr, ein Verständnis erlangen, wobei sich einem, indem man es betreibt, die unheilsamen Dinge mehren und die heilsamen Dinge sich mindern.

«Was ist es aber, o Herr, für ein Verständnis erlangen, wobei sich einem, indem man es betreibt, die unheilsamen Dinge mindern und die heilsamen Dinge sich mehren? Da ist einer, o Herr, nicht lüstern und läßt seinen Verstand nicht von Lüsternheit bewogen sein, ist nicht gehässig und läßt seinen Verstand nicht von Gehässigkeit bewogen sein, ist nicht rachgierig und läßt seinen Verstand nicht von Rachgier bewogen sein. Das ist, o Herr, ein Ver-
145 ständnis erlangen, wobei sich einem, indem man es betreibt, die unheilsamen Dinge mindern und die heilsamen Dinge sich mehren. – ‹Verständnis erlangen, sag' ich da, Mönche, ist von doppelter Art, als zu betreiben, als nicht zu betreiben: und es ist entgegengesetztes Verständnis erlangen›: wurde das vom Erhabenen gesagt, so war es darum gesagt.

«‹Erkenntnis erlangen, sag' ich da, Mönche, ist von doppelter Art, als zu betreiben, als nicht zu betreiben: und es ist entgegengesetzte Erkenntnis erlangen›: das ist da wohl vom Erhabenen gesagt worden; und warum ist es gesagt worden? Eine Erkenntnis erlangen, o Herr, wobei sich einem, indem man es betreibt, die unheilsamen Dinge mehren und die heilsamen Dinge sich mindern, eine solche Erkenntnis erlangen ist nicht zu betreiben. Eine Erkenntnis erlangen aber, o Herr, wobei sich einem, indem man es betreibt, die unheilsamen Dinge mindern und die heilsamen Dinge sich mehren, eine solche Erkenntnis erlangen ist zu betreiben.

«Was ist das nun, o Herr, für eine Erkenntnis erlangen, wobei sich einem, indem man es betreibt, die unheilsamen Dinge mehren und die heilsamen Dinge sich mindern? Da hat einer, o Herr, diese Erkenntnis: ‹Almosengeben, Verzichtleisten, Spenden – es ist alles eitel; es gibt keine Saat und Ernte guter und böser Werke; Diesseits und Jenseits sind leere Worte; Vater und Mutter und auch geistige Geburt sind hohle Namen; die Welt hat keine Asketen und Priester, die vollkommen und vollendet sind, die sich den Sinn dieser und jener Welt begreiflich machen, anschaulich vorstellen und erklären können.›
146 Das ist, o Herr, eine Erkenntnis erlangen, wobei sich einem, indem man es betreibt, die unheilsamen Dinge mehren und die heilsamen Dinge sich mindern.

«Was ist es aber, o Herr, für eine Erkenntnis erlangen, wobei sich einem, indem man es betreibt, die unheilsamen Dinge mindern und die heilsamen

Dinge sich mehren? Da hat einer, o Herr, diese Erkenntnis: ‹Almosengeben, Verzichtleisten, Spenden ist kein Unsinn[383]; es gibt eine Saat und Ernte guter und böser Werke; das Diesseits ist vorhanden und das Jenseits ist vorhanden; Eltern gibt es und geistige Geburt gibt es; die Welt hat Asketen und Priester, die vollkommen und vollendet sind, die sich den Sinn dieser und jener Welt begreiflich machen, anschaulich vorstellen und erklären können.› Das ist, o Herr, eine Erkenntnis erlangen, wobei sich einem, indem man es betreibt, die unheilsamen Dinge mindern und die heilsamen Dinge sich mehren. – ‹Erkenntnis erlangen, sag' ich da, Mönche, ist von doppelter Art, als zu betreiben, als nicht zu betreiben: und es ist entgegengesetzte Erkenntnis erlangen›: wurde das vom Erhabenen gesagt, so war es darum gesagt.

«‹Eigenschaft erlangen, sag' ich da, Mönche, ist von doppelter Art, als zu betreiben, als nicht zu betreiben: und es ist entgegengesetzte Eigenschaft erlangen›: das ist da wohl vom Erhabenen gesagt worden; und warum ist es gesagt worden? Eine Eigenschaft erlangen, o Herr, wobei sich einem, indem man es betreibt, die unheilsamen Dinge mehren und die heilsamen Dinge sich mindern, eine solche Eigenschaft erlangen ist nicht zu betreiben. Eine Eigenschaft erlangen aber, o Herr, wobei sich einem, indem man es betreibt, die unheilsamen Dinge mindern und die heilsamen Dinge sich mehren, eine solche Eigenschaft erlangen ist zu betreiben.

«Was ist das nun, o Herr, für eine Eigenschaft erlangen, wobei sich einem, indem man es betreibt, die unheilsamen Dinge mehren und die heilsamen
Dinge sich mindern? Während einer, o Herr, beschwerhafte Eigenschaft er- 147
langen zu können bemüht ist, mehren sich ihm in seiner Bedürftigkeit die unheilsamen Dinge und mindern sich die heilsamen Dinge. Das ist, o Herr, eine Eigenschaft erlangen, wobei sich einem, indem man es betreibt, die unheilsamen Dinge mehren und die heilsamen Dinge sich mindern[384].

«Was ist es aber, o Herr, für eine Eigenschaft erlangen, wobei sich einem, indem man es betreibt, die unheilsamen Dinge mindern und die heilsamen Dinge sich mehren? Während einer, o Herr, unbeschwerhafte Eigenschaft erlangen zu können bemüht ist, mindern sich ihm in seiner Unbedürftigkeit die unheilsamen Dinge und mehren sich die heilsamen Dinge. Das ist, o Herr, eine Eigenschaft erlangen, wobei sich einem, indem man es betreibt, die unheilsamen Dinge mindern und die heilsamen Dinge sich mehren. – ‹Eigenschaft erlangen, sag' ich da, Mönche, ist von doppelter Art, als zu betreiben, als nicht zu betreiben: und es ist entgegengesetzte Eigenschaft erlangen›: wurde das vom Erhabenen gesagt, so war es darum gesagt. Was da, o Herr, der Erhabene in Kürze gesagt, nicht ausführlich dargestellt hat, scheint mir, ausgeführt, dies zu bedeuten.»

«Gut, gut, Sāriputto, gut hast du, Sāriputto, den kurzgefaßten, nicht aus-

geführten Sinn meiner Rede also ausführlich verstanden. Denn was ich, Sāri-
150 putto, in Kürze gesagt habe, hat man also dem Inhalte nach ausführlich zu
betrachten. – Durch das Auge wahrnehmbare Form, durch das Ohr wahrnehmbarer Ton, durch die Nase wahrnehmbarer Duft, durch die Zunge wahrnehmbarer Saft, durch den Leib wahrnehmbare Tastung, durch das Denken wahrnehmbares Ding, sag' ich da, Sāriputto, ist von doppelter Art, als zu betreiben, als nicht zu betreiben[385].»

Nach diesen Worten wandte sich der ehrwürdige Sāriputto also an den Erhabenen:

«Was da, o Herr, der Erhabene in Kürze gesagt, nicht ausführlich dargestellt hat, scheint mir, ausgeführt, dies zu bedeuten: ‹Durch das Auge wahrnehmbare Form, durch das Ohr wahrnehmbarer Ton, durch die Nase wahrnehmbarer Duft, durch die Zunge wahrnehmbarer Saft, durch den Leib wahrnehmbare Tastung, durch das Denken wahrnehmbares Ding, sag' ich da, Sāriputto, ist von doppelter Art, als zu betreiben, als nicht zu betreiben›: das ist da wohl vom Erhabenen gesagt worden; und warum ist es gesagt worden? Eine durch das Auge wahrnehmbare Form, o Herr, ein durch das Ohr wahrnehmbarer Ton, ein durch die Nase wahrnehmbarer Duft, ein durch die Zunge wahrnehmbarer Saft, eine durch den Leib wahrnehmbare Tastung, ein durch das Denken wahrnehmbares Ding, wobei sich einem, indem man es betreibt, die unheilsamen Dinge mehren und die heilsamen Dinge sich
mindern, dergleichen ist nicht zu betreiben. Eine durch das Auge wahrnehm-
151 bare Form aber, o Herr, ein durch das Ohr wahrnehmbarer Ton, ein durch
die Nase wahrnehmbarer Duft, ein durch die Zunge wahrnehmbarer Saft, eine durch den Leib wahrnehmbare Tastung, ein durch das Denken wahrnehmbares Ding, wobei sich einem, indem man es betreibt, die unheilsamen Dinge mindern und die heilsamen Dinge sich mehren, dergleichen ist zu betreiben. – ‹Durch das Auge wahrnehmbare Form, durch das Ohr wahrnehmbarer Ton, durch die Nase wahrnehmbarer Duft, durch die Zunge wahrnehmbarer Saft, durch den Leib wahrnehmbare Tastung, durch das Denken wahrnehmbares Ding, sag' ich da, Sāriputto, ist von doppelter Art, als zu betreiben, als nicht zu betreiben›: wurde das vom Erhabenen gesagt, so war es darum gesagt. Was da, o Herr, der Erhabene in Kürze gesagt, nicht ausführlich dargestellt hat, scheint mir, ausgeführt, dies zu bedeuten.»

«Gut, gut, Sāriputto, gut hast du, Sāriputto, den kurzgefaßten, nicht aus-
153 geführten Sinn meiner Rede also ausführlich verstanden. Denn was ich, Sāri-
putto, in Kürze gesagt habe, hat man also dem Inhalte nach ausführlich zu betrachten. – Die Kleidung, die Almosenbissen, der Aufenthalt, ein Dorf, eine Burg, eine Stadt, ein Land, eine Person, sag' ich da, Sāriputto, ist von doppelter Art, als zu betreiben, als nicht zu betreiben.»

Nach diesen Worten wandte sich der ehrwürdige Sāriputto also an den Erhabenen:

«Was da, o Herr, der Erhabene in Kürze gesagt, nicht ausführlich dargestellt hat, scheint mir, ausgeführt, dies zu bedeuten: ‹Die Kleidung, die Almosenbissen, der Aufenthalt, ein Dorf, eine Burg, eine Stadt, ein Land, eine Person, sag' ich da, Sāriputto, ist von doppelter Art, als zu betreiben, als nicht zu betreiben›: das ist da wohl vom Erhabenen gesagt worden: und warum ist es gesagt worden? Eine Kleidung, o Herr, Almosenbissen, Aufenthalt, ein Dorf, eine Burg, eine Stadt, ein Land, eine Person, wobei sich einem, indem man Umgang betreibt, die unheilsamen Dinge mehren und die heilsamen Dinge sich mindern, dergleichen Umgang ist nicht zu betreiben. Eine Kleidung aber, o Herr, 154
Almosenbissen, Aufenthalt, ein Dorf, eine Burg, eine Stadt, ein Land, eine Person, wobei sich einem, indem man Umgang betreibt, die unheilsamen Dinge mindern und die heilsamen Dinge sich mehren, dergleichen Umgang ist zu betreiben. – ‹Die Kleidung, die Almosenbissen, der Aufenthalt, ein Dorf, eine Burg, eine Stadt, ein Land, eine Person, sag' ich da, Sāriputto, ist von doppelter Art, als zu betreiben, als nicht zu betreiben›: wurde das vom Erhabenen gesagt, so war es darum gesagt. Was da, o Herr, der Erhabene in Kürze gesagt, nicht ausführlich dargestellt hat, scheint mir, ausgeführt, dies zu bedeuten.»

«Gut, gut, Sāriputto, gut hast du, Sāriputto, den kurzgefaßten, nicht ausgeführten Sinn meiner Rede also ausführlich verstanden. Denn was ich, Sāriputto, in Kürze gesagt habe, hat man also dem Inhalte nach ausführlich zu 156
betrachten. – Wenn auch alle, Sāriputto, der Fürsten den Sinn meiner kurzgefaßten Rede also ausführlich verständen, so gereicht' es auch allen den Fürsten lange zum Wohle, zum Heile. Wenn auch alle, Sāriputto, der Priester den Sinn meiner kurzgefaßten Rede also ausführlich verständen, so gereicht' es auch allen den Priestern lange zum Wohle, zum Heile. Wenn auch alle, Sāriputto, der Bürger den Sinn meiner kurzgefaßten Rede also ausführlich verständen, so gereicht' es auch allen den Bürgern lange zum Wohle, zum Heile. Wenn auch alle, Sāriputto, der Diener den Sinn meiner kurzgefaßten Rede also ausführlich verständen, so gereicht' es auch allen den Dienern lange zum Wohle, zum Heile. Wenn auch die Welt, Sāriputto, mit ihren Göttern, ihren bösen und heiligen Geistern, mit ihrer Schar von Priestern und Büßern, Göttern und Menschen den Sinn meiner kurzgefaßten Rede also ausführlich verstände, so gereicht' es auch der Welt mit ihren Göttern, ihren bösen und heiligen Geistern, mit ihrer Schar von Priestern und Büßern, Göttern und Menschen lange zum Wohle, zum Heile.»

Also sprach der Erhabene. Zufrieden freute sich der ehrwürdige Sāriputto über das Wort des Erhabenen[386].

115

ZWÖLFTER TEIL · FÜNFTE REDE

VIEL DER ARTUNGEN

157 DAS HAB' ICH GEHÖRT. Zu einer Zeit weilte der Erhabene bei Sāvatthī, im Siegerwalde, im Garten Anāthapiṇḍikos. Dort nun wandte sich der Erhabene an die Mönche: «Ihr Mönche!» – «Erlauchter!» antworteten da jene Mönche dem Erhabenen aufmerksam. Der Erhabene sprach also:

«Jede Furcht, ihr Mönche, die da irgend ausbricht, bricht einzig vom Toren aus und nicht vom Weisen, jede Angst, die da irgend ausbricht, bricht einzig vom Toren aus und nicht vom Weisen, jeder Schreck, der da irgend ausbricht, bricht einzig vom Toren aus und nicht vom Weisen. Gleichwie etwa, ihr Mönche, vom Rohrdach oder vom Strohdach eines Hauses Feuer entflackert und schon den Giebel ergreift und Wand und Mauer und Türbalken und Fenstersparren: ebenso nun auch, ihr Mönche, bricht jede Furcht, die da irgend ausbricht, einzig vom Toren aus und nicht vom Weisen, bricht jede Angst, die da irgend ausbricht, einzig vom Toren aus und nicht vom Weisen, bricht jeder Schreck, der da irgend ausbricht, einzig vom Toren aus und nicht vom Weisen. So ist denn, ihr Mönche, furchtsam der Tor, furchtlos der Weise, ängstlich der Tor, angstlos der Weise, schreckhaft der Tor, schrecklos der Weise. Nicht kann, ihr Mönche, vom Weisen Furcht ausgehn, nicht kann vom Weisen Angst ausgehn, nicht kann vom Weisen Schreck ausgehn. Darum also, ihr Mönche: ‹Weise wollen wir sein und Forscher›: so habt ihr, Mönche, euch wohl zu üben[387].»

158 Nach diesen Worten wandte sich der ehrwürdige Ānando also an den Erhabenen:

«Inwiefern aber kann man, o Herr, als Weisen einen Mönch und Forscher bezeichnen?»

«Sobald sich, Ānando, ein Mönch der Artungen kundig erweist, der Gebiete kundig erweist, der bedingten Entstehung kundig erweist, des Möglichen und Unmöglichen kundig erweist, kann man insofern, Ānando, als Weisen einen Mönch und Forscher bezeichnen.»

«Und inwiefern kann man, o Herr, als der Artungen kundig einen Mönch bezeichnen?»

«Achtzehn sind es, Ānando, der Artungen: Art des Auges, Art der Form, Art des Sehbewußtseins; Art des Ohres, Art des Tones, Art des Hörbewußtseins; Art der Nase, Art des Duftes, Art des Riechbewußtseins; Art der Zunge, Art des Saftes, Art des Schmeckbewußtseins; Art des Leibes, Art der Tastung, Art des Tastbewußtseins; Art des Denkens, Art des Dinges, Art des Denkbewußtseins. Das sind, Ānando, achtzehn Artungen. Um deren Kenntnis und Verständnis kann man wohl insofern, Ānando, als der Artungen kundig einen Mönch bezeichnen.»

«Gibt es aber, o Herr, noch eine andere Weise, wie man als der Artungen kundig einen Mönch bezeichnen kann?»

«Freilich, Ānando. Sechs sind es, Ānando, der Artungen: Art der Erde, Art des Wassers, Art des Feuers, Art der Luft, Art des Raumes, Art des Bewußtseins. Das sind, Ānando, sechs Artungen. Um deren Kenntnis und Verständnis kann man auch insofern, Ānando, als der Artungen kundig einen Mönch bezeichnen.»

«Gibt es aber, o Herr, noch eine andere Weise, wie man als der Artungen kundig einen Mönch bezeichnen kann?»

«Freilich, Ānando. Sechs sind es, Ānando, der Artungen: Art der Freude, Art des Leides, Art des Frohsinns, Art des Trübsinns, Art des Gleichmuts,
Art des Unwissens. Das sind, Ānando, sechs Artungen. Um deren Kenntnis 159
und Verständnis kann man auch insofern, Ānando, als der Artungen kundig einen Mönch bezeichnen.»

«Gibt es aber, o Herr, noch eine andere Weise, wie man als der Artungen kundig einen Mönch bezeichnen kann?»

«Freilich, Ānando. Sechs sind es, Ānando, der Artungen: Art der Begehrung, Art der Entsagung, Art des Verabscheuens, Art des Geduldens, Art des Ingrimms, Art der Milde. Das sind, Ānando, sechs Artungen. Um deren Kenntnis und Verständnis kann man auch insofern, Ānando, als der Artungen kundig einen Mönch bezeichnen.»

«Gibt es aber, o Herr, noch eine andere Weise, wie man als der Artungen kundig einen Mönch bezeichnen kann?»

«Freilich, Ānando. Drei sind es, Ānando, der Artungen: geschlechtliche Art, formhafte Art, formlose Art. Das sind, Ānando, drei Artungen. Um deren Kenntnis und Verständnis kann man auch insofern, Ānando, als der Artungen kundig einen Mönch bezeichnen[388].»

«Gibt es aber, o Herr, noch eine andere Weise, wie man als der Artungen kundig einen Mönch bezeichnen kann?»

«Freilich, Ānando. Zwei sind es, Ānando, der Artungen: zusammengesetzte Art und nicht zusammengesetzte Art. Das sind, Ānando, zwei Artungen. Um deren Kenntnis und Verständnis kann man auch insofern, Ānando, als der Artungen kundig einen Mönch bezeichnen.»

«Inwiefern aber kann man, o Herr, als der Gebiete kundig einen Mönch bezeichnen?»

«Sechs sind es wieder, Ānando, der Innen- und Außengebiete: das Auge und die Formen, das Ohr und die Töne, die Nase und die Düfte, die Zunge und die Säfte, der Leib und die Tastungen, das Denken und die Dinge. Das sind, Ānando, die sechs Innen- und Außengebiete. Um deren Kenntnis und Verständnis kann man wieder insofern, Ānando, als der Gebiete kundig einen Mönch bezeichnen[389].»

«Und inwiefern kann man, o Herr, als der Bedingten Entstehung kundig einen Mönch bezeichnen?»

160 «Da hat, Ānando, ein Mönch diese Kenntnis: ‹Wenn Jenes ist wird Dieses, durch die Entstehung von Jenem entsteht Dieses; wenn Jenes nicht ist wird Dieses nicht, durch die Auflösung von Jenem wird Dieses aufgelöst. Und zwar: aus Unwissen entstehn Unterscheidungen, aus Unterscheidungen entsteht Bewußtsein, aus Bewußtsein entsteht Bild und Begriff[390], aus Bild und Begriff entsteht sechsfaches Gebiet, aus sechsfachem Gebiet entsteht Berührung, aus Berührung entsteht Gefühl, aus Gefühl entsteht Durst, aus Durst entsteht Anhangen, aus Anhangen entsteht Werden, aus Werden entsteht Geburt, aus Geburt gehn Altern und Sterben, Schmerz und Jammer, Leiden, Trübsal, Verzweiflung hervor: also kommt dieses gesamten Leidensstückes Entwicklung zustande. Ist aber eben Unwissen ohne Reiz, ohne Überrest aufgelöst lösen sich Unterscheidungen auf, sind Unterscheidungen aufgelöst löst sich Bewußtsein auf, ist Bewußtsein aufgelöst löst sich Bild und Begriff auf, ist Bild und Begriff aufgelöst löst sich sechsfaches Gebiet auf, ist sechsfaches Gebiet aufgelöst löst sich Berührung auf, ist Berührung aufgelöst löst sich Gefühl auf, ist Gefühl aufgelöst löst sich Durst auf, ist Durst aufgelöst löst sich Anhangen auf, ist Anhangen aufgelöst löst sich Werden auf, ist Werden aufgelöst löst sich Geburt auf, ist Geburt aufgelöst lösen sich Altern und Sterben, Schmerz und Jammer, Leiden, Trübsal, Verzweiflung auf: also kommt dieses gesamten Leidensstückes Auflösung zustande.› Insofern kann man, Ānando, als der Bedingten Entstehung kundig einen Mönch bezeichnen.»

«Und inwiefern kann man, o Herr, als des Möglichen und Unmöglichen kundig einen Mönch bezeichnen?»

«Da weiß, Ānando, ein Mönch: ‹Unmöglich ist es und kann nicht sein,
daß ein erkenntnisbegabter Mensch irgendeine Unterscheidung als unver-
gänglich angehn mag: ein solcher Fall kommt nicht vor[391]›; er weiß: ‹Mög-
161 lich aber ist es wohl, daß der gemeine Mensch irgendeine Unterscheidung als
unvergänglich angehn mag: ein solcher Fall kommt vor.› Er weiß: ‹Unmög-
lich ist es und kann nicht sein, daß ein erkenntnisbegabter Mensch irgend-
eine Unterscheidung als erfreulich angehn mag: ein solcher Fall kommt nicht
vor[392]›; er weiß: ‹Möglich aber ist es wohl, daß der gemeine Mensch irgend-

eine Unterscheidung als erfreulich angehn mag: ein solcher Fall kommt vor.› Er weiß: ‹Unmöglich ist es und kann nicht sein, daß ein erkenntnisbegabter Mensch irgendein Ding als eigen angehn mag: ein solcher Fall kommt nicht vor[393]›; er weiß: ‹Möglich aber ist es wohl, daß der gemeine Mensch irgendein Ding als eigen angehn mag: ein solcher Fall kommt vor.›

«Er weiß: ‹Unmöglich ist es und kann nicht sein, daß ein erkenntnisbegabter Mensch die Mutter oder den Vater des Lebens berauben mag: ein solcher Fall kommt nicht vor›; er weiß: ‹Möglich aber ist es wohl, daß der gemeine Mensch die Mutter oder den Vater des Lebens berauben mag: ein solcher Fall kommt vor.›

«Er weiß: ‹Unmöglich ist es und kann nicht sein, daß ein erkenntnisbegabter Mensch einen Heiligen des Lebens berauben oder in übler Absicht das Blut eines Vollendeten vergießen mag: ein solcher Fall kommt nicht vor›; er weiß: ‹Möglich aber ist es wohl, daß der gemeine Mensch einen Heiligen des Lebens berauben oder in übler Absicht das Blut eines Vollendeten vergießen mag: ein solcher Fall kommt vor.›

«Er weiß: ‹Unmöglich ist es und kann nicht sein, daß ein erkenntnisbegab- 162
ter Mensch unter den Brüdern Zwietracht anstiften oder einen anderen Meister erwählen mag: ein solcher Fall kommt nicht vor›; er weiß: ‹Möglich aber ist es wohl, daß der gemeine Mensch unter den Brüdern Zwietracht anstiften oder einen anderen Meister erwählen mag: ein solcher Fall kommt vor.›

«Er weiß: ‹Unmöglich ist es und kann nicht sein, daß in ein und derselben Weltordnung zwei Heilige, vollkommen Erwachte zugleich auftreten mögen: ein solcher Fall kommt nicht vor›; er weiß: ‹Möglich aber ist es wohl, daß in ein und derselben Weltordnung ein Heiliger, vollkommen Erwachter auftreten mag: ein solcher Fall kommt vor.›

«Er weiß: ‹Unmöglich ist es und kann nicht sein, daß in ein und derselben Weltordnung zwei Könige als Erderoberer zugleich auftreten mögen[394]: ein solcher Fall kommt nicht vor›; er weiß: ‹Möglich aber ist es wohl, daß in ein und derselben Weltordnung ein König als Erderoberer auftreten mag: ein solcher Fall kommt vor.›

«Er weiß: ‹Unmöglich ist es und kann nicht sein, daß das Weib einen Heiligen, vollkommen Erwachten oder einen König Erderoberer darstellen mag: ein solcher Fall kommt nicht vor›; er weiß: ‹Möglich aber ist es wohl, daß der Mann einen Heiligen, vollkommen Erwachten oder einen König Erderoberer darstellen mag: ein solcher Fall kommt vor.›

«Er weiß: ‹Unmöglich ist es und kann nicht sein, daß das Weib Herrschaft über den Himmel, Herrschaft über die Natur, Herrschaft über die Geister erlangen mag[395]: ein solcher Fall kommt nicht vor›; er weiß: ‹Möglich aber

163 ist es wohl, daß der Mann Herrschaft über den Himmel, Herrschaft über die Natur, Herrschaft über die Geister erlangen mag: ein solcher Fall kommt vor.›

«Er weiß: ‹Unmöglich ist es und kann nicht sein, daß aus schlechtem Wandel in Werken, Worten oder Gedanken eine ersehnte, erwünschte, erfreuliche Ernte hervorgehen mag: ein solcher Fall kommt nicht vor›; er weiß: ‹Möglich aber ist es wohl, daß aus schlechtem Wandel in Werken, Worten oder Gedanken eine unersehnte, unerwünschte, unerfreuliche Ernte hervorgehen mag: ein solcher Fall kommt vor.›

«Er weiß: ‹Unmöglich ist es und kann nicht sein, daß aus gutem Wandel in Werken, Worten oder Gedanken eine unersehnte, unerwünschte, unerfreuliche Ernte hervorgehen mag: ein solcher Fall kommt nicht vor›; er weiß: ‹Möglich aber ist es wohl, daß aus gutem Wandel in Werken, Worten oder Gedanken eine ersehnte, erwünschte, erfreuliche Ernte hervorgehen mag: ein solcher Fall kommt vor.›

«Er weiß: ‹Unmöglich ist es und kann nicht sein, daß wer schlechten Wan-
del in Werken, Worten oder Gedanken angenommen eben daher, eben darum
bei der Auflösung des Körpers, nach dem Tode, auf gute Fährte, in himm-
lische Welt geraten mag: ein solcher Fall kommt nicht vor›; er weiß: ‹Mög-
lich aber ist es wohl, daß wer schlechten Wandel in Werken, Worten oder
164 Gedanken angenommen eben daher, eben darum bei der Auflösung des Kör-
pers, nach dem Tode, auf den Abweg, auf schlechte Fährte, zur Tiefe hinab,
in höllische Welt geraten mag: ein solcher Fall kommt vor.›

«Er weiß: ‹Unmöglich ist es und kann nicht sein, daß wer guten Wandel in Werken, Worten oder Gedanken angenommen eben daher, eben darum bei der Auflösung des Körpers, nach dem Tode, auf den Abweg, auf schlechte Fährte, zur Verderbnis, in höllische Welt geraten mag: ein solcher Fall kommt nicht vor›; er weiß: ‹Möglich aber ist es wohl, daß wer guten Wandel in Werken, Worten oder Gedanken angenommen eben daher, eben darum bei der Auflösung des Körpers, nach dem Tode, auf gute Fährte, in himmlische Welt geraten mag: ein solcher Fall kommt vor.›

«Insofern kann man, Ānando, als des Möglichen und Unmöglichen kundig einen Mönch bezeichnen.»

Nach dieser Rede wandte sich der ehrwürdige Ānando also an den Erhabenen:

165 «Erstaunlich, o Herr, außerordentlich, o Herr! Welchen Namen, o Herr, soll diese Darstellung führen?»

«Wohlan denn, Ānando, so bewahre diese Darstellung unter dem Namen Viel der Artungen, oder bewahre sie als die Vierfache Reihe, oder bewahre sie als den Spiegel der Lehre, oder bewahre sie als die Trommel der Ewigkeit, oder bewahre sie als den Unvergleichlichen Siegeskampf[396].»

Also sprach der Erhabene. Zufrieden freute sich der ehrwürdige Ānando über das Wort des Erhabenen.

116

ZWÖLFTER TEIL · SECHSTE REDE

AM SEHERSCHLUNDE

DAS HAB' ICH GEHÖRT. Zu einer Zeit weilte der Erhabene bei Rājagaham, 166
am Seherschlunde, im Gebirge. Dort nun wandte sich der Erhabene an die Mönche: «Ihr Mönche!» – «Erlauchter!» antworteten da jene Mönche dem Erhabenen aufmerksam. Der Erhabene sprach also:

«Seht ihr wohl, Mönche, dort den Brockenstein?»

«Ja, o Herr!»

«Aber jener Brockenstein, ihr Mönche, war noch anders genannt, anders geheißen worden. Seht ihr wohl, Mönche, dort das Graue Horn?»

«Ja, o Herr!»

«Aber jenes Graue Horn, ihr Mönche, war noch anders genannt, anders geheißen worden. Seht ihr wohl, Mönche, dort das Breite Joch?»

«Ja, o Herr!»

«Aber jenes Breite Joch, ihr Mönche, war noch anders genannt, anders geheißen worden. Seht ihr wohl, Mönche, dort den Geierkulm?»

«Ja, o Herr!»

«Aber jener Geierkulm, ihr Mönche, war noch anders genannt, anders geheißen worden. Seht ihr wohl, Mönche, diesen Berg, den Seherschlund?»

«Ja, o Herr!»

«Dieser Berg nun, ihr Mönche, der Seherschlund, ist noch ebenso genannt, ebenso geheißen[397].

«Einst hatten, ihr Mönche, fünf der hunderte einzeln Erwachter[398] an diesem Berge, dem Seherschlunde, lange Zeiten hindurch sich angesiedelt. Diese hatte man zum Berge hinschreiten sehn und nicht mehr wiederkehren. Und

167 die Leute blickten nach ihm und sagten: ‹Der Berg hat die Seher verschlungen› – Seherschlund, Seherschlund wurde er eben da genannt.

«Aufweisen will ich, ihr Mönche, Namen einzeln Erwachter, kundmachen will ich, ihr Mönche, Namen einzeln Erwachter, angeben will ich, ihr Mönche, Namen einzeln Erwachter: höret es und achtet wohl auf meine Rede.»

«Gewiß, o Herr!» antworteten da jene Mönche dem Erhabenen aufmerksam. Der Erhabene sprach also:

«Kämpe war, ihr Mönche, ein einzeln Erwachter geheißen, der auf diesem Berge, dem Seherschlunde, lange Zeiten hindurch ein Siedler gewesen. Oberkämpe war, ihr Mönche, ein einzeln Erwachter geheißen, der auf diesem Berge, dem Seherschlunde, lange Zeiten hindurch ein Siedler gewesen. Kronenscheitel war, ihr Mönche, ein einzeln Erwachter geheißen, der auf diesem Berge, dem Seherschlunde, lange Zeiten hindurch ein Siedler gewesen. Ruhmeswert war, ihr Mönche, ein einzeln Erwachter geheißen, der auf diesem Berge, dem Seherschlunde, lange Zeiten hindurch ein Siedler gewesen. Gerngesehn war, ihr Mönche, ein einzeln Erwachter geheißen, der auf diesem Berge, dem Seherschlunde, lange Zeiten hindurch ein Siedler gewesen. Gnadenreich war, ihr Mönche, ein einzeln Erwachter geheißen, der auf diesem Berge, dem Seherschlunde, lange Zeiten hindurch ein Siedler gewesen. Elfenleicht war, ihr Mönche, ein einzeln Erwachter geheißen, der auf diesem Berge, dem Seherschlunde, lange Zeiten hindurch ein Siedler gewesen. Bettelarm war, ihr Mönche, ein einzeln Erwachter geheißen, der auf diesem Berge, dem Seherschlunde, lange Zeiten hindurch ein Siedler gewesen. Oberheld war, ihr Mönche, ein einzeln Erwachter geheißen, der auf diesem Berge, dem Seherschlunde, lange Zeiten hindurch ein Siedler gewesen. Tieferborn[399] war, ihr Mönche, ein einzeln Erwachter geheißen, der auf diesem Berge, dem Seherschlunde, lange Zeiten hindurch ein Siedler gewesen. Sogewahr war, ihr Mönche, ein einzeln Erwachter geheißen, der auf diesem Berge, dem Seherschlunde,
168 lange Zeiten hindurch ein Siedler gewesen. Ohrenzeuge war, ihr Mönche,
ein einzeln Erwachter geheißen, der auf diesem Berge, dem Seherschlunde, lange Zeiten hindurch ein Siedler gewesen. Eigenwart war, ihr Mönche, ein einzeln Erwachter geheißen, der auf diesem Berge, dem Seherschlunde, lange Zeiten hindurch ein Siedler gewesen.

«Die wahrhaft weilten, ohne Harm und Hoffen,
Je einzeln einst Erwachung sich gewannen,
Das Ziel des Menschen marterlos ermaßen,
Die Namen solcher sollt ihr nun vernehmen.

«Ein Kämpe, Oberkämpe, Kronenscheitelhaupt,
Ein Ruhmeswert, ein Gerngesehn, ein Gnadenreich,

Ein Elfenleicht und Bettelarm und Oberheld,
Ein Tieferborn und Sogewahr,
Ein Ohrenzeuge, Eigenwart.

«Das waren, und noch andre, Machtgebieter, 169
Erwacht je einzeln, Daseinsquellversieger,
Urseher, allen Zwanges Überwinder:
Den Wahnerloschnen Gruß, den Unbegrenzten[400].»

117

ZWÖLFTER TEIL · SIEBENTE REDE

VIERZIGMÄCHTIG

Das hab' ich gehört. Zu einer Zeit weilte der Erhabene bei Sāvatthī, im 170
Siegerwalde, im Garten Anāthapiṇḍikos. Dort nun wandte sich der Erhabene an die Mönche: «Ihr Mönche!» – «Erlauchter!» antworteten da jene Mönche dem Erhabenen aufmerksam. Der Erhabene sprach also:

«Heilige, ihr Mönche, rechte Vertiefung will ich euch weisen, mit ihrem Gefolge, mit ihrer Begleitung: das höret und achtet wohl auf meine Rede.»

«Gewiß, o Herr!» antworteten da jene Mönche dem Erhabenen aufmerksam. Der Erhabene sprach also:

«Was ist also, ihr Mönche, heilige rechte Vertiefung mit ihrem Gefolge, mit ihrer Begleitung? Es ist da rechte Erkenntnis, rechte Gesinnung, rechte Rede, rechtes Handeln, rechtes Wandeln, rechtes Mühn, rechte Einsicht: eine von diesen sieben Gliedern, ihr Mönche, begleitete Einheit des Herzens, die heißt man, ihr Mönche, heilige rechte Vertiefung, und zwar mit ihrem Gefolge, und zwar mit ihrer Begleitung.

«Da geht denn, ihr Mönche, rechte Erkenntnis voran. Wie aber geht, ihr Mönche, rechte Erkenntnis voran? Falsche Erkenntnis gewahrt man als falsche Erkenntnis, rechte Erkenntnis gewahrt man als rechte Erkenntnis: das gilt einem als rechte Erkenntnis. Was ist nun, ihr Mönche, falsche Erkenntnis? ‹Almosengeben, Verzichtleisten, Spenden – es ist alles eitel; es gibt keine Saat und Ernte guter und böser Werke; Diesseits und Jenseits sind leere Worte; Vater und Mutter und auch geistige Geburt sind hohle Namen; die

Welt hat keine Asketen und Priester, die vollkommen und vollendet sind, die
171 sich den Sinn dieser und jener Welt begreiflich machen, anschaulich vorstellen und erklären können›: das ist, ihr Mönche, falsche Erkenntnis. Was ist nun, ihr Mönche, rechte Erkenntnis? Rechte Erkenntnis, sag' ich da, Mönche, ist doppelter Art. Es gibt, ihr Mönche, eine rechte Erkenntnis, die wahnhaft, hilfreich, zuträglich ist; es gibt, ihr Mönche, eine rechte Erkenntnis, die heilig, wahnlos, überweltlich, auf dem Wege zu finden ist. Was ist das nun, ihr Mönche, für eine rechte Erkenntnis, die wahnhaft, hilfreich, zuträglich ist? ‹Almosengeben, Verzichtleisten, Spenden ist kein Unsinn; es gibt eine Saat und Ernte guter und böser Werke; das Diesseits ist vorhanden und das Jenseits ist vorhanden; Eltern gibt es und geistige Geburt gibt es; die Welt hat Asketen und Priester, die vollkommen und vollendet sind, die sich den Sinn dieser und jener Welt begreiflich machen, anschaulich vorstellen und erklären können›: das ist, ihr Mönche, eine rechte Erkenntnis, die wahnhaft, hilfreich, zuträglich ist. Was aber ist es, ihr Mönche, für eine rechte Erkenntnis, die heilig, wahnlos, überweltlich, auf dem Wege zu finden ist? Was da, ihr Mönche, im heiligen Herzen, im wahnlosen Herzen, das sich auf heiligem Wege befindet, heiligen Weg vollendet, Weisheit, fähige Weisheit, vermögende Weisheit ist, Ergründung der Wahrheit, die zur Erwachung führt, eine rechte Erkenntnis, die auf dem Wege zu finden ist: das ist, ihr Mönche, eine rechte Erkenntnis, die heilig, wahnlos, überweltlich, auf dem Wege zu finden ist. Da ist man eifrig bemüht falsche Erkenntnis zu verlieren, rechte Erkenntnis zu gewinnen: das gilt einem als rechtes Mühn. Besonnen läßt man falsche Erkenntnis hinter sich, besonnen gewinnt und erreicht man rechte Erkenntnis: das gilt einem als rechte Einsicht. So haben sich einem diese drei Dinge um die rechte Erkenntnis aneinandergereiht, aneinandergeschlossen, nämlich
172 rechte Erkenntnis, rechtes Mühn, rechte Einsicht.

«Da geht denn, ihr Mönche, rechte Erkenntnis voran. Wie aber geht, ihr Mönche, rechte Erkenntnis voran? Falsche Gesinnung gewahrt man als falsche Gesinnung, rechte Gesinnung gewahrt man als rechte Gesinnung: das gilt einem als rechte Erkenntnis. Was ist nun, ihr Mönche, falsche Gesinnung? Sinnende Lust, sinnender Groll, sinnende Wut: das ist, ihr Mönche, falsche Gesinnung. Was ist nun, ihr Mönche, rechte Gesinnung? Rechte Gesinnung, sag' ich da, Mönche, ist doppelter Art. Es gibt, ihr Mönche, eine rechte Gesinnung, die wahnhaft, hilfreich, zuträglich ist; es gibt, ihr Mönche, eine rechte Gesinnung, die heilig, wahnlos, überweltlich, auf dem Wege zu finden ist. Was ist das nun, ihr Mönche, für eine rechte Gesinnung, die wahnhaft, hilfreich, zuträglich ist? Entsagung sinnen, keinen Groll hegen, keine Wut hegen: das ist, ihr Mönche, eine rechte Gesinnung, die wahnhaft, hilfreich, zuträglich ist. Was aber ist es, ihr Mönche, für eine rechte Gesinnung,

die heilig, wahnlos, überweltlich, auf dem Wege zu finden ist? Was da, ihr
Mönche, im heiligen Herzen, im wahnlosen Herzen, das sich auf heiligem
Wege befindet, heiligen Weg vollendet, Denken und Bedenken, Nachsinnen,
Greifen und Begreifen, geistiges Ausgestalten und Zwiegespräch ist: das ist,
ihr Mönche, eine rechte Gesinnung, die heilig, wahnlos, überweltlich, auf
dem Wege zu finden ist. Da ist man eifrig bemüht falsche Gesinnung zu ver-
lieren, rechte Gesinnung zu gewinnen: das gilt einem als rechtes Mühn. Be-
sonnen läßt man falsche Gesinnung hinter sich, besonnen gewinnt und er-
reicht man rechte Gesinnung: das gilt einem als rechte Einsicht. So haben
sich einem diese drei Dinge um die rechte Gesinnung aneinandergereiht, an- 173
einandergeschlossen, nämlich rechte Erkenntnis, rechtes Mühn, rechte Ein-
sicht.

«Da geht denn, ihr Mönche, rechte Erkenntnis voran. Wie aber geht, ihr
Mönche, rechte Erkenntnis voran? Falsche Rede gewahrt man als falsche
Rede, rechte Rede gewahrt man als rechte Rede: das gilt einem als rechte
Erkenntnis. Was ist nun, ihr Mönche, falsche Rede? Lüge, Verleumdung,
barsche Worte, Geschwätz: das ist, ihr Mönche, falsche Rede. Was ist nun,
ihr Mönche, rechte Rede? Rechte Rede, sag' ich da, Mönche, ist doppelter
Art. Es gibt, ihr Mönche, eine rechte Rede, die wahnhaft, hilfreich, zuträg-
lich ist; es gibt, ihr Mönche, eine rechte Rede, die heilig, wahnlos, überwelt-
lich, auf dem Wege zu finden ist. Was ist das nun, ihr Mönche, für eine rechte
Rede, die wahnhaft, hilfreich, zuträglich ist? Lüge vermeiden, Verleumdung
vermeiden, barsche Worte vermeiden, Geschwätz vermeiden: das ist, ihr
Mönche, eine rechte Rede, die wahnhaft, hilfreich, zuträglich ist. Was aber
ist es, ihr Mönche, für eine rechte Rede, die heilig, wahnlos, überweltlich,
auf dem Wege zu finden ist? Was da, ihr Mönche, im heiligen Herzen, im
wahnlosen Herzen, das sich auf heiligem Wege befindet, heiligen Weg voll-
endet, eben den vier Arten übler Rede gegenüber sich abneigen, wegneigen,
hinwegneigen, abwenden ist: das ist, ihr Mönche, eine rechte Rede, die hei-
lig, wahnlos, überweltlich, auf dem Wege zu finden ist. Da ist man eifrig be- 174
müht falsche Rede zu verlieren, rechte Rede zu gewinnen: das gilt einem als
rechtes Mühn. Besonnen läßt man falsche Rede hinter sich, besonnen gewinnt
und erreicht man rechte Rede: das gilt einem als rechte Einsicht. So haben
sich einem diese drei Dinge um die rechte Rede aneinandergereiht, aneinan-
dergeschlossen, nämlich rechte Erkenntnis, rechtes Mühn, rechte Einsicht.

«Da geht denn, ihr Mönche, rechte Erkenntnis voran. Wie aber geht, ihr
Mönche, rechte Erkenntnis voran? Falsches Handeln gewahrt man als falsches
Handeln, rechtes Handeln gewahrt man als rechtes Handeln: das gilt einem
als rechte Erkenntnis. Was ist nun, ihr Mönche, falsches Handeln? Lebendi-
ges umbringen, Nichtgegebenes nehmen, Ausschweifung begehn: das ist, ihr

Mönche, falsches Handeln. Was ist nun, ihr Mönche, rechtes Handeln? Rechtes Handeln, sag' ich da, Mönche, ist doppelter Art. Es gibt, ihr Mönche, ein rechtes Handeln, das wahnhaft, hilfreich, zuträglich ist; es gibt, ihr Mönche, ein rechtes Handeln, das heilig, wahnlos, überweltlich, auf dem Wege zu finden ist. Was ist das nun, ihr Mönche, für ein rechtes Handeln, das wahnhaft, hilfreich, zuträglich ist? Man kann, ihr Mönche, Lebendiges umzubringen vermeiden, Nichtgegebenes zu nehmen vermeiden, Ausschweifung zu begehn vermeiden: das ist, ihr Mönche, ein rechtes Handeln, das wahnhaft, hilfreich, zuträglich ist. Was aber ist es, ihr Mönche, für ein rechtes Handeln, das heilig, wahnlos, überweltlich, auf dem Wege zu finden ist? Was da, ihr Mönche, im heiligen Herzen, im wahnlosen Herzen, das sich auf heiligem Wege befindet, heiligen Weg vollendet, eben den drei Arten üblen Handelns gegenüber sich abneigen, wegneigen, hinwegneigen, abwenden ist: das ist, ihr Mönche, ein rechtes Handeln, das heilig, wahnlos, überweltlich, auf dem
175 Wege zu finden ist. Da ist man eifrig bemüht falsches Handeln zu verlieren, rechtes Handeln zu gewinnen: das gilt einem als rechtes Mühn. Besonnen läßt man falsches Handeln hinter sich, besonnen gewinnt und erreicht man rechtes Handeln: das gilt einem als rechte Einsicht. So haben sich einem diese drei Dinge um das rechte Handeln aneinandergereiht, aneinandergeschlossen, nämlich rechte Erkenntnis, rechtes Mühn, rechte Einsicht.

«Da geht denn, ihr Mönche, rechte Erkenntnis voran. Wie aber geht, ihr Mönche, rechte Erkenntnis voran? Falsches Wandeln gewahrt man als falsches Wandeln, rechtes Wandeln gewahrt man als rechtes Wandeln: das gilt einem als rechte Erkenntnis. Was ist nun, ihr Mönche, falsches Wandeln? Hintergehn, verraten, bezichtigen, auskundschaften, Vorteil um Vorteil erwuchern: das ist, ihr Mönche, falsches Wandeln. Was ist nun, ihr Mönche, rechtes Wandeln? Rechtes Wandeln, sag' ich da, Mönche, ist doppelter Art. Es gibt, ihr Mönche, ein rechtes Wandeln, das wahnhaft, hilfreich, zuträglich ist; es gibt, ihr Mönche, ein rechtes Wandeln, das heilig, wahnlos, überweltlich, auf dem Wege zu finden ist. Was ist das nun, ihr Mönche, für ein rechtes Wandeln, das wahnhaft, hilfreich, zuträglich ist? Da hat, ihr Mönche, der heilige Jünger falschen Wandel verlassen und fristet sein Leben auf rechte Weise: das ist, ihr Mönche, ein rechtes Wandeln, das wahnhaft, hilfreich, zuträglich ist. Was aber ist es, ihr Mönche, für ein rechtes Wandeln, das heilig, wahnlos, überweltlich, auf dem Wege zu finden ist? Was da, ihr Mönche, im heiligen Herzen, im wahnlosen Herzen, das sich auf heiligem Wege befindet, heiligen Weg vollendet, eben dem falschen Wandeln gegenüber sich abneigen, wegneigen, hinwegneigen, abwenden ist: das ist, ihr Mönche, ein rechtes Wandeln, das heilig, wahnlos, überweltlich, auf dem Wege zu finden ist. Da ist man eifrig bemüht falsches Wandeln zu verlieren, rechtes Wandeln zu gewinnen: das gilt einem als rechtes Mühn. Besonnen läßt man falsches Wandeln hinter sich, besonnen gewinnt und erreicht man rechtes Wandeln: das gilt einem als rechte Einsicht. So haben sich einem diese drei Dinge um das rechte Wandeln aneinandergereiht, aneinandergeschlossen, nämlich rechte Erkenntnis, rechtes Mühn, rechte Einsicht. 176

«Da geht denn, ihr Mönche, rechte Erkenntnis voran. Wie aber geht, ihr Mönche, rechte Erkenntnis voran? Dem recht Erkennenden, ihr Mönche, kommt rechte Gesinnung zu, dem recht Gesinnten kommt rechte Rede zu, dem recht Redenden kommt rechtes Handeln zu, dem recht Handelnden kommt rechtes Wandeln zu, dem recht Wandelnden kommt rechtes Mühn zu, dem recht Bemühten kommt rechte Einsicht zu, dem recht Besonnenen kommt rechte Vertiefung zu, dem recht Vertieften kommt rechtes Wissen zu, dem recht Bewußten kommt rechte Erlösung zu. So wird, ihr Mönche, der achtfach gerüstete Kämpfer zum zehnfach gerüsteten Heiligen.

«Da geht denn, ihr Mönche, rechte Erkenntnis voran. Wie aber geht, ihr Mönche, rechte Erkenntnis voran? Der recht Erkennende, ihr Mönche, hat falsche Erkenntnis überstanden: und was da aus falscher Erkenntnis mancherlei Übles, Unheilsames hervorgehn kann, auch das hat er überstanden; und aus rechter Erkenntnis kann da mancherlei Heilsames zu vollkommener Reife sich entwickeln. Der recht Gesinnte, ihr Mönche, der recht Redende, recht Handelnde, recht Wandelnde, recht Bemühte, recht Besonnene, recht Vertiefte, recht Bewußte, recht Erlöste hat falsche Gesinnung, falsche Rede, falsches Handeln, falsches Wandeln, falsche Mühe, falsche Einsicht, falsche 177
Vertiefung, falsches Wissen, falsche Erlösung überstanden: und was da aus falscher Gesinnung, falscher Rede, falschem Handeln, falschem Wandeln, falschem Mühn, falscher Einsicht, falscher Vertiefung, falschem Wissen, falscher Erlösung mancherlei Übles, Unheilsames hervorgehn kann, auch das hat er überstanden; und aus rechter Gesinnung, rechter Rede, rechtem Handeln, rechtem Wandeln, rechtem Mühn, rechter Einsicht, rechter Vertiefung, rechtem Wissen, rechter Erlösung kann da mancherlei Heilsames zu vollkommener Reife sich entwickeln.

«So ist, ihr Mönche, mit zwanzig Teilen heilsam, mit zwanzig Teilen unheilsam ein vierzigmächtiger Gedankengang dargestellt worden: und darwiderstellen kann sich kein Asket und kein Priester, kein Gott, kein böser und kein heiliger Geist, noch irgendwer in der Welt.

«Denn wer auch, ihr Mönche, von Asketen oder von Priestern diesen vierzigmächtigen Gedankengang tadeln und mißbilligen zu sollen vermeinte, der würde schon bei Lebzeiten zehn entsprechende Begriffe seiner Annahme nach als Tadel erfahren. Tadelt er rechte Erkenntnis, dann sind es falsch erkennende Asketen und Priester, denen er Achtung, denen er Ehre zollt. Tadelt

er rechte Gesinnung, rechte Rede, rechtes Handeln, rechtes Wandeln, rechtes Mühn, rechte Einsicht, rechte Vertiefung, rechtes Wissen, rechte Erlösung, dann sind es falsch gesinnte, falsch redende, falsch handelnde, falsch wandelnde, falsch bemühte, falsch besonnene, falsch vertiefte, falsch bewußte,
178 falsch erlöste Asketen und Priester, denen er Achtung, denen er Ehre zollt. Wer auch, ihr Mönche, von Asketen oder von Priestern diesen vierzigmächtigen Gedankengang tadeln und mißbilligen zu sollen vermeinte, der würde schon bei Lebzeiten diese zehn entsprechenden Begriffe seiner Annahme nach als Tadel erfahren. Sogar jene ungeregelten Pilger, ihr Mönche, Redner der Regenzeit, Leute, die keinen Grund, die keine Handlung gelten ließen, die an nichts glauben, auch diese haben den vierzigmächtigen Gedankengang nicht tadeln und nicht mißbilligen zu sollen vermeint: und warum das? Um nicht Unwillen, Befremden und Ärgernis zu erregen.»

Also sprach der Erhabene. Zufrieden freuten sich jene Mönche über das Wort des Erhabenen[401].

118

ZWÖLFTER TEIL · ACHTE REDE

BEDACHTSAME EIN- UND AUSATMUNG

179 DAS HAB' ICH GEHÖRT. Zu einer Zeit weilte der Erhabene bei Sāvatthī, im Osthaine, auf Mutter Migāros Terrasse, mit gar manchen wohlbekannten Oberen, wohlbekannten Jüngern, mit dem ehrwürdigen Sāriputto und dem ehrwürdigen Mahāmoggallāno, mit dem ehrwürdigen Mahākassapo und dem ehrwürdigen Mahākaccāyano, mit dem ehrwürdigen Mahākoṭṭhito und dem ehrwürdigen Mahākappino, mit dem ehrwürdigen Mahācundo und dem ehrwürdigen Anuruddho, mit dem ehrwürdigen Revato und dem ehrwürdigen Ānando und mit anderen wohlbekannten Oberen, wohlbekannten Jüngern beisammen.

Um diese Zeit nun unterwiesen und belehrten die oberen der Mönche die neu aufgenommenen. Einige der oberen Mönche unterwiesen und belehrten etwa zehn der neuen Mönche, andere der oberen Mönche unterwiesen und belehrten ihrer etwa zwanzig, einige wieder der oberen Mönche unterwiesen und belehrten ihrer etwa dreißig, andere wieder der oberen Mönche unterwiesen und belehrten ihrer etwa vierzig. Und diese neuen Mönche, von den oberen der Mönche unterwiesen und belehrt, erfanden ein großes, allmählich gemerktes Ergebnis.

Damals nun hatte der Erhabene – es war ein Feiertag, im halben Monat, zur Offenbarung, in der voll aufgegangenen Mondnacht – inmitten der Mönchgemeinde unter freiem Himmel Platz genommen[402]. Und der Erhabene blickte über die stillgewordene, lautlose Schar der Mönche hin und wandte sich also an sie:

«Erstarkt bin ich, ihr Mönche, auf also beschrittenem Pfade, erstarkt im Herzen bin ich, ihr Mönche, auf also beschrittenem Pfade: wohlan denn, ihr Mönche, immer noch stärker müßt ihr da werden um das Unerreichte zu erreichen, um das Unerlangte zu erlangen, um das Unverwirklichte zu verwirk- 180
lichen. Ich werde nunmehr Sāvatthī am letzten herbstlichen Vollmonde verlassen.»

Es kam nun den Mönchen im Lande zu Ohren: ‹Der Erhabene, heißt es, wird gar bald von Sāvatthī, am letzten herbstlichen Vollmonde fortziehn.› Da machten sich denn die Mönche im Lande gen Sāvatthī auf, den Erhabenen zu besuchen.

Die oberen der Mönche aber unterwiesen und belehrten die neu hinzugekommenen immer genauer noch. Einige der oberen Mönche unterwiesen und belehrten etwa zehn der neuen Mönche, andere der oberen Mönche unterwiesen und belehrten ihrer etwa zwanzig, einige wieder der oberen Mönche unterwiesen und belehrten ihrer etwa dreißig, andere wieder der oberen Mönche unterwiesen und belehrten ihrer etwa vierzig. Und diese neuen Mönche, von den oberen der Mönche unterwiesen und belehrt, erfanden ein großes, allmählich gemerktes Ergebnis.

Als nun die Zeit angebrochen war, hatte der Erhabene an diesem Feiertage, im halben Monat, am letzten Herbsteswechsel, in der voll aufgegangenen Mondnacht, inmitten der Mönchgemeinde unter freiem Himmel Platz genommen. Und der Erhabene blickte über die stillgewordene, lautlose Schar der Mönche hin und wandte sich also an sie:

«Keine Worte wechselt, ihr Mönche, diese Versammlung, keine Worte äußert, ihr Mönche, diese Versammlung, ist rein aus dem Kerne bestanden. Solcherart ist, ihr Mönche, diese Jüngerschar, solcherart ist, ihr Mönche, diese Versammlung, daß sie Opfer und Spende, Gabe und Gruß verdient, heiligste Stätte der Welt ist. Solcherart ist, ihr Mönche, diese Jüngerschar, solcherart ist, ihr Mönche, diese Versammlung, daß bei ihr geringe Gabe als groß

181 gilt und große Gabe als größer. Solcherart ist, ihr Mönche, diese Jüngerschar, solcherart ist, ihr Mönche, diese Versammlung, wie eine solche schwer zu finden ist in der Welt. Solcherart ist, ihr Mönche, diese Jüngerschar, solcherart ist, ihr Mönche, diese Versammlung, daß man gern etliche Meilen geht um sie zu sehn, und sei es auch nur von rückwärts.

«Solcherart ist, ihr Mönche, diese Jüngerschar, solcherart ist, ihr Mönche, diese Versammlung, daß es da, ihr Mönche, unter diesen Jüngern Mönche gibt, die Heilige, Wahnversieger, Endiger sind, die das Werk gewirkt, die Last abgelegt, das Heil sich errungen, die Daseinsfesseln vernichtet, sich durch vollkommene Erkenntnis erlöst haben: eben solche Mönche gibt es, ihr Mönche, unter diesen Jüngern. Es gibt, ihr Mönche, Mönche unter diesen Jüngern, die nach Vernichtung der fünf niederzerrenden Fesseln emporsteigen um von dort aus zu erlöschen, nicht mehr zurückzukehren nach jener Welt: auch solche Mönche gibt es, ihr Mönche, unter diesen Jüngern. Es gibt, ihr Mönche, Mönche unter diesen Jüngern, die nach Vernichtung der drei Fesseln, von Gier, Haß und Irre erleichtert, fast schon geläutert, nur einmal wiederkehren, nur einmal noch zu dieser Welt gekommen dem Leiden ein Ende machen werden: auch solche Mönche gibt es, ihr Mönche, unter diesen Jüngern. Es gibt, ihr Mönche, Mönche unter diesen Jüngern, die nach Vernichtung der drei Fesseln zur Hörerschaft gelangen, dem Verderben entronnen zielbewußt der vollen Erwachung entgegeneilen: auch solche Mönche gibt es, ihr Mönche, unter diesen Jüngern.

«Es gibt, ihr Mönche, Mönche unter diesen Jüngern, die als Eroberer der vier Pfeiler der Einsicht beharrlich ausharren: auch solche Mönche gibt es, ihr Mönche, unter diesen Jüngern. Es gibt, ihr Mönche, Mönche unter die-
182 sen Jüngern, die als Eroberer der vier gewaltigen Kämpfe beharrlich ausharren: auch solche Mönche gibt es, ihr Mönche, unter diesen Jüngern. Es gibt, ihr Mönche, Mönche unter diesen Jüngern, die als Eroberer der vier Machtgebiete, der fünf Fähigkeiten, der fünf Vermögen, der sieben Erweckungen, des heiligen achtfältigen Weges beharrlich ausharren: auch solche Mönche gibt es, ihr Mönche, unter diesen Jüngern.

«Es gibt, ihr Mönche, Mönche unter diesen Jüngern, die als Eroberer liebevollen Gemütes beharrlich ausharren: auch solche Mönche gibt es, ihr Mönche, unter diesen Jüngern. Es gibt, ihr Mönche, Mönche unter diesen Jüngern, die als Eroberer erbarmenden Gemütes, freudevollen Gemütes, unbewegten Gemütes beharrlich ausharren: auch solche Mönche gibt es, ihr Mönche, unter diesen Jüngern.

«Es gibt, ihr Mönche, Mönche unter diesen Jüngern, die als Eroberer im Schauder beharrlich ausharren[403]: auch solche Mönche gibt es, ihr Mönche, unter diesen Jüngern. Es gibt, ihr Mönche, Mönche unter diesen Jüngern, die als Eroberer im Wahrnehmen der Wandelbarkeit beharrlich ausharren: auch solche Mönche gibt es, ihr Mönche, unter diesen Jüngern.

«Es gibt, ihr Mönche, Mönche unter diesen Jüngern, die als Eroberer in bedachtsam geübter Ein- und Ausatmung beharrlich ausharren. Ein- und Ausatmung, ihr Mönche, bedachtsam geübt und gepflegt, läßt hohen Lohn erlangen, hohe Förderung. Ein- und Ausatmungen, ihr Mönche, bedachtsam geübt und gepflegt, lassen die vier Pfeiler der Einsicht zustande kommen; die vier Pfeiler der Einsicht, bedachtsam geübt und gepflegt, lassen die sieben Erweckungen zustande kommen; die sieben Erweckungen, bedachtsam geübt und gepflegt, lassen die wissende Erlösung zustande kommen.

«Wie aber wird bedachtsam, ihr Mönche, Ein- und Ausatmung geübt, wie gepflegt, auf daß sie hohen Lohn verleihe, hohe Förderung? Da begibt sich, ihr Mönche, der Mönch ins Innere des Waldes oder unter einen großen Baum oder in eine leere Klause, setzt sich mit verschränkten Beinen nieder, den Körper gerade aufgerichtet, und pflegt der Einsicht. Bedächtig atmet er ein, bedächtig atmet er aus. Atmet er tief ein, so weiß er ‹Ich atme tief ein›, atmet er tief aus, so weiß er ‹Ich atme tief aus›; atmet er kurz ein, so weiß er ‹Ich
atme kurz ein›, atmet er kurz aus, so weiß er ‹Ich atme kurz aus›. ‹Den gan- 183
zen Körper empfindend will ich einatmen›, ‹Den ganzen Körper empfindend will ich ausatmen›, so übt er sich. ‹Diese Körperverbindung besänftigend will ich einatmen›, ‹Diese Körperverbindung besänftigend will ich ausatmen›, so übt er sich. ‹Heiter empfindend will ich einatmen›, ‹Heiter empfindend will ich ausatmen›, so übt er sich. ‹Selig empfindend will ich einatmen›, ‹Selig empfindend will ich ausatmen›, so übt er sich. ‹Die Gedankenverbindung empfindend will ich einatmen›, ‹Die Gedankenverbindung empfindend will ich ausatmen›, so übt er sich. ‹Diese Gedankenverbindung besänftigend will ich einatmen›, ‹Diese Gedankenverbindung besänftigend will ich ausatmen›, so übt er sich. ‹Die Gedanken empfindend will ich einatmen›, ‹Die Gedanken empfindend will ich ausatmen›, so übt er sich. ‹Die Gedanken ermunternd will ich einatmen›, ‹Die Gedanken ermunternd will ich ausatmen›, so übt er sich. ‹Die Gedanken einigend will ich einatmen›, ‹Die Gedanken einigend will ich ausatmen›, so übt er sich. ‹Die Gedanken lösend will ich einatmen›, ‹Die Gedanken lösend will ich ausatmen›, so übt er sich. ‹Die Vergänglichkeit wahrnehmend will ich einatmen›, ‹Die Vergänglichkeit wahrnehmend will ich ausatmen›, so übt er sich. ‹Die Reizlosigkeit wahrnehmend will ich einatmen›, ‹Die Reizlosigkeit wahrnehmend will ich ausatmen›, so übt er sich. ‹Die Ausrodung wahrnehmend will ich einatmen›, ‹Die Ausrodung wahrnehmend will ich ausatmen›, so übt er sich. ‹Die Entfremdung wahrnehmend will ich einatmen›, ‹Die Entfremdung wahrnehmend will ich aus-
atmen›, so übt er sich. Also wird bedachtsam, ihr Mönche, Ein- und Aus- 184

atmung geübt, also gepflegt, auf daß sie hohen Lohn verleihe, hohe Förderung.

«Wie aber werden bedachtsam, ihr Mönche, Ein- und Ausatmungen geübt, wie gepflegt, auf daß sie die vier Pfeiler der Einsicht zustande bringen? Zu einer Zeit, ihr Mönche, wo der Mönch, tief einatmend, weiß ‹Ich atme tief ein›, tief ausatmend, weiß ‹Ich atme tief aus›; kurz einatmend, weiß ‹Ich atme kurz ein›, kurz ausatmend, weiß ‹Ich atme kurz aus›; ‹Den ganzen Körper empfindend will ich einatmen›, ‹Den ganzen Körper empfindend will ich ausatmen›, so sich übt; ‹Diese Körperverbindung besänftigend will ich einatmen›, ‹Diese Körperverbindung besänftigend will ich ausatmen›, so sich übt: zu einer solchen Zeit wacht, ihr Mönche, der Mönch beim Körper über den Körper, unermüdlich, klaren Sinnes, einsichtig, nach Verwindung weltlichen Begehrens und Bekümmerns. Bei den Körpern nenne ich es, ihr Mönche, den Körper verändern, nämlich das Einatmen und das Ausatmen: darum aber, ihr Mönche, wacht der Mönch zu einer solchen Zeit beim Körper über den Körper, unermüdlich, klaren Sinnes, einsichtig, nach Verwindung weltlichen Begehrens und Bekümmerns. – Zu einer Zeit, ihr Mönche, wo der Mönch ‹Heiter empfindend will ich einatmen›, ‹Heiter empfindend will ich ausatmen›, so sich übt; ‹Selig empfindend will ich einatmen›, ‹Selig empfindend will ich ausatmen›, so sich übt; ‹Die Gedankenverbindung empfindend will ich einatmen›, ‹Die Gedankenverbindung empfindend will ich ausatmen›, so sich übt; ‹Diese Gedankenverbindung besänftigend will ich einatmen›, ‹Diese Gedankenverbindung besänftigend will ich ausatmen›, so sich übt: zu einer solchen Zeit wacht, ihr Mönche, der Mönch bei den Gefühlen über die Gefühle, unermüdlich, klaren Sinnes, einsichtig, nach Verwindung weltlichen Begehrens und Bekümmerns. Bei den Gefühlen nenne
185 ich es, ihr Mönche, das Gefühl verändern, nämlich beim Einatmen und Ausatmen wohl darauf achthaben: darum aber, ihr Mönche, wacht der Mönch zu einer solchen Zeit bei den Gefühlen über die Gefühle, unermüdlich, klaren Sinnes, einsichtig, nach Verwindung weltlichen Begehrens und Bekümmerns. – Zu einer Zeit, ihr Mönche, wo der Mönch ‹Die Gedanken empfindend will ich einatmen›, ‹Die Gedanken empfindend will ich ausatmen›, so sich übt; ‹Die Gedanken ermunternd will ich einatmen›, ‹Die Gedanken ermunternd will ich ausatmen›, so sich übt; ‹Die Gedanken einigend will ich einatmen›, ‹Die Gedanken einigend will ich ausatmen›, so sich übt; ‹Die Gedanken lösend will ich einatmen›, ‹Die Gedanken lösend will ich ausatmen›, so sich übt: zu einer solchen Zeit wacht, ihr Mönche, der Mönch beim Gemüte über das Gemüt, unermüdlich, klaren Sinnes, einsichtig, nach Verwindung weltlichen Begehrens und Bekümmerns. Nicht kann, ihr Mönche, sag' ich, ein unbesonnener Mensch, der unklar denkt, bedachtsam Ein- und Aus-

atmung üben: darum aber, ihr Mönche, wacht der Mönch zu einer solchen Zeit beim Gemüte über das Gemüt, unermüdlich, klaren Sinnes, einsichtig, nach Verwindung weltlichen Begehrens und Bekümmerns. – Zu einer Zeit, ihr Mönche, wo der Mönch ‹Die Vergänglichkeit wahrnehmend will ich einatmen›, ‹Die Vergänglichkeit wahrnehmend will ich ausatmen›, so sich übt; ‹Die Reizlosigkeit wahrnehmend will ich einatmen›, ‹Die Reizlosigkeit wahrnehmend will ich ausatmen›, so sich übt; ‹Die Ausrodung wahrnehmend will ich einatmen›, ‹Die Ausrodung wahrnehmend will ich ausatmen›, so sich übt; ‹Die Entfremdung wahrnehmend will ich einatmen›, ‹Die Entfremdung wahrnehmend will ich ausatmen›, so sich übt: zu einer solchen Zeit wacht, ihr Mönche, der Mönch bei den Erscheinungen über die Erscheinungen, unermüdlich, klaren Sinnes, einsichtig, nach Verwindung weltlichen Begehrens 186
und Bekümmerns. Und wie da Begehren und Bekümmern überstanden wird hat er weise gemerkt, und wohl hat er es ausgeglichen: darum aber, ihr Mönche, wacht der Mönch zu einer solchen Zeit bei den Erscheinungen über die Erscheinungen, unermüdlich, klaren Sinnes, einsichtig, nach Verwindung weltlichen Begehrens und Bekümmerns. Also werden bedachtsam, ihr Mönche, Ein- und Ausatmungen geübt, also gepflegt, und lassen die vier Pfeiler der Einsicht zustande kommen.

«Wie aber werden, ihr Mönche, die vier Pfeiler der Einsicht geübt, wie gepflegt, auf daß sie die sieben Erweckungen zustande bringen? Zu einer Zeit, ihr Mönche, wo der Mönch beim Körper über den Körper wacht, unermüdlich, klaren Sinnes, einsichtig, nach Verwindung weltlichen Begehrens und Bekümmerns, gewärtig hat er zu einer solchen Zeit die Einsicht, unverrückbar; zu einer Zeit, ihr Mönche, wo der Mönch die Einsicht gewärtig hat, unverrückbar, der Einsicht Erweckung hat er zu dieser Zeit erwirkt, der Einsicht Erweckung vollbringt er da, der Einsicht Erweckung wird da von ihm zur Vollendung gebracht. Also besonnen weilend zerlegt er weise den Sinn, zerteilt ihn, dringt in seine Tiefe ein; zu einer Zeit, ihr Mönche, wo der Mönch also besonnen weilend weise den Sinn zerlegt, ihn zerteilt, in seine Tiefe eindringt, des Tiefsinns Erweckung hat er zu dieser Zeit erwirkt, des Tiefsinns Erweckung vollbringt er da, des Tiefsinns Erweckung wird da von 187
ihm zur Vollendung gebracht. Also den Sinn weise zerlegend, ihn zerteilend, in seine Tiefe eindringend erwirkt er Kraft, unbeugsame; zu einer Zeit, ihr Mönche, wo der Mönch also den Sinn weise zerlegend, ihn zerteilend, in seine Tiefe eindringend Kraft erwirkt, unbeugsame, der Kraft Erweckung hat er zu dieser Zeit erwirkt, der Kraft Erweckung vollbringt er da, der Kraft Erweckung wird da von ihm zur Vollendung gebracht. Hat er Kraft erwirkt, erhebt sich in ihm eine überweltliche Heiterkeit; zu einer Zeit, ihr Mönche, wo der Mönch Kraft erwirkt hat und in ihm eine überweltliche Heiterkeit

aufgeht, der Heiterkeit Erweckung hat er zu dieser Zeit erwirkt, der Heiter-
keit Erweckung vollbringt er da, der Heiterkeit Erweckung wird da von ihm
zur Vollendung gebracht. Hat er Heiterkeit im Herzen, wird er lind im Leibe,
lind im Gemüte; zu einer Zeit, ihr Mönche, wo der Mönch Heiterkeit im
Herzen hat und lind im Leibe, lind im Gemüte wird, der Lindheit Erweckung
hat er zu dieser Zeit erwirkt, der Lindheit Erweckung vollbringt er da, der
Lindheit Erweckung wird da von ihm zur Vollendung gebracht. Hat er selig
den Leib gelindert, wird ihm das Gemüt einig; zu einer Zeit, ihr Mönche,
wo der Mönch selig den Leib gelindert hat und das Gemüt ihm einig wird,
der Innigkeit Erweckung hat er zu dieser Zeit erwirkt, der Innigkeit Erwek-
kung vollbringt er da, der Innigkeit Erweckung wird da von ihm zur Voll-
188 endung gebracht. Also einig geworden im Gemüte hat er es wohl ausgegli-
chen; zu einer Zeit, ihr Mönche, wo der Mönch also einig geworden im Ge-
müte es wohl ausgeglichen hat, des Gleichmuts Erweckung hat er zu dieser
Zeit erwirkt, des Gleichmuts Erweckung vollbringt er da, des Gleichmuts
Erweckung wird da von ihm zur Vollendung gebracht.

«Zu einer Zeit, ihr Mönche, wo der Mönch bei den Gefühlen über die Ge-
fühle wacht, beim Gemüte über das Gemüt wacht, bei den Erscheinungen
über die Erscheinungen wacht, unermüdlich, klaren Sinnes, einsichtig, nach
Verwindung weltlichen Begehrens und Bekümmerns, gewärtig hat er zu
einer solchen Zeit die Einsicht, unverrückbar; zu einer Zeit, ihr Mönche, wo
der Mönch die Einsicht gewärtig hat, unverrückbar, der Einsicht Erweckung
hat er zu dieser Zeit erwirkt, der Einsicht Erweckung vollbringt er da, der
Einsicht Erweckung wird da von ihm zur Vollendung gebracht. Also beson-
nen weilend zerlegt er weise den Sinn, zerteilt ihn, dringt in seine Tiefe ein;
zu einer Zeit, ihr Mönche, wo der Mönch also besonnen weilend weise den
Sinn zerlegt, ihn zerteilt, in seine Tiefe eindringt, des Tiefsinns Erwek-
kung hat er zu dieser Zeit erwirkt, des Tiefsinns Erweckung vollbringt
er da, des Tiefsinns Erweckung wird da von ihm zur Vollendung gebracht.
Also den Sinn weise zerlegend, ihn zerteilend, in seine Tiefe eindringend,
erwirkt er Kraft, unbeugsame; zu einer Zeit, ihr Mönche, wo der Mönch
also den Sinn weise zerlegend, ihn zerteilend, in seine Tiefe eindringend
189 Kraft erwirkt, unbeugsame, der Kraft Erweckung hat er zu dieser Zeit er-
wirkt, der Kraft Erweckung vollbringt er da, der Kraft Erweckung wird da
von ihm zur Vollendung gebracht. Hat er Kraft erwirkt, erhebt sich in ihm
eine überweltliche Heiterkeit; zu einer Zeit, ihr Mönche, wo der Mönch Kraft
erwirkt hat und in ihm eine überweltliche Heiterkeit aufgeht, der Heiterkeit
Erweckung hat er zu dieser Zeit erwirkt, der Heiterkeit Erweckung voll-
bringt er da, der Heiterkeit Erweckung wird da von ihm zur Vollendung ge-
bracht. Hat er Heiterkeit im Herzen, wird er lind im Leibe, lind im Gemüte;

zu einer Zeit, ihr Mönche, wo der Mönch Heiterkeit im Herzen hat und lind im Leibe, lind im Gemüte wird, der Lindheit Erweckung hat er zu dieser Zeit erwirkt, der Lindheit Erweckung vollbringt er da, der Lindheit Erweckung wird da von ihm zur Vollendung gebracht. Hat er selig den Leib gelindert, wird ihm das Gemüt einig; zu einer Zeit, ihr Mönche, wo der Mönch selig den Leib gelindert hat und das Gemüt ihm einig wird, der Innigkeit Erweckung hat er zu dieser Zeit erwirkt, der Innigkeit Erweckung vollbringt er da, der Innigkeit Erweckung wird da von ihm zur Vollendung gebracht. Also einig geworden im Gemüte hat er es wohl ausgeglichen; zu einer Zeit, ihr Mönche, wo der Mönch also einig geworden im Gemüte es wohl ausgeglichen hat, des Gleichmuts Erweckung hat er zu dieser Zeit erwirkt, des Gleichmuts Erweckung vollbringt er da, des Gleichmuts Erweckung wird da von 190
ihm zur Vollendung gebracht.

«Also werden, ihr Mönche, die vier Pfeiler der Einsicht geübt, also gepflegt, und lassen die sieben Erweckungen zustande kommen.

«Wie aber werden, ihr Mönche, die sieben Erweckungen geübt, wie gepflegt, auf daß sie die wissende Erlösung zustande bringen? Da übt, ihr Mönche, der Mönch der Einsicht Erweckung, die abgeschieden gezeugte, abgelöst gezeugte, ausgerodet gezeugte, die in Endsal übergeht; übt des Tiefsinns Erweckung, die abgeschieden gezeugte, abgelöst gezeugte, ausgerodet gezeugte, die in Endsal übergeht; übt der Kraft Erweckung, die abgeschieden gezeugte, abgelöst gezeugte, ausgerodet gezeugte, die in Endsal übergeht; übt der Heiterkeit Erweckung, die abgeschieden gezeugte, abgelöst gezeugte, ausgerodet gezeugte, die in Endsal übergeht; übt der Lindheit Erweckung, die abgeschieden gezeugte, abgelöst gezeugte, ausgerodet gezeugte, die in Endsal übergeht; übt der Innigkeit Erweckung, die abgeschieden gezeugte, abgelöst gezeugte, ausgerodet gezeugte, die in Endsal übergeht; übt des Gleichmuts Erweckung, die abgeschieden gezeugte, abgelöst gezeugte, ausgerodet gezeugte, die in Endsal übergeht. Also werden, ihr Mönche, die sieben Erweckungen geübt, also gepflegt, und lassen die wissende Erlösung zustande kommen.»

Also sprach der Erhabene. Zufrieden freuten sich jene Mönche über das Wort des Erhabenen.

ZWÖLFTER TEIL · NEUNTE REDE

EINSICHT IN DEN KÖRPER

191 DAS HAB' ICH GEHÖRT. Zu einer Zeit weilte der Erhabene bei Sāvatthī, im Siegerwalde, im Garten Anāthapiṇḍikos.

Als nun manche der Mönche nach dem Mahle, vom Almosengange zurückgekehrt, in der Halle des Vorhauses sich eingefunden, versammelt hatten, kam unter ihnen die Rede auf: ‹Erstaunlich, ihr Brüder, außerordentlich ist es, ihr Brüder, wie sehr da von Ihm, dem Erhabenen, dem Kenner, dem Seher, dem Heiligen, vollkommen Erwachten, Einsicht in den Körper, übt man und pflegt man sie, als hochlohnend gepriesen wurde, hochförderlich.›

Bald aber nachdem dieses Gespräch der Mönche untereinander begonnen, kam der Erhabene heran, gegen Abend, nach Aufhebung der Gedenkensruhe, zur Halle hin des Vorhauses, und nahm, dort angelangt, auf dem angebotenen Sitze Platz. Da wandte sich denn der Erhabene an die Mönche:

«Zu welchem Gespräche, ihr Mönche, seid ihr jetzt hier zusammengekommen, und wobei habt ihr euch eben unterbrochen?»

«Als wir uns da, o Herr, nach dem Mahle, vom Almosengange zurückgekehrt, in der Halle des Vorhauses eingefunden, versammelt hatten, war unter uns die Rede aufgekommen: ‹Erstaunlich, ihr Brüder, außerordentlich ist es, ihr Brüder, wie sehr da von Ihm, dem Erhabenen, dem Kenner, dem Seher, dem Heiligen, vollkommen Erwachten, Einsicht in den Körper, übt man und pflegt man sie, als hochlohnend gepriesen wurde, hochförderlich›: das war, o Herr, das Gespräch unter uns, das wir unterbrachen als der Erhabene ankam.»

«Wie aber übt man, ihr Mönche, Einsicht in den Körper, wie pflegt man sie, auf daß sie hohen Lohn verleihe, hohe Förderung? Da begibt sich, ihr Mönche, der Mönch ins Innere des Waldes oder unter einen großen Baum
192 oder in eine leere Klause, setzt sich mit verschränkten Beinen nieder, den Körper gerade aufgerichtet, und pflegt der Einsicht[404]. Bedächtig atmet er ein, bedächtig atmet er aus. Atmet er tief ein, so weiß er ‹Ich atme tief ein›, atmet er tief aus, so weiß er ‹Ich atme tief aus›; atmet er kurz ein, so weiß er ‹Ich atme kurz ein›, atmet er kurz aus, so weiß er ‹Ich atme kurz aus›. ‹Den ganzen Körper empfindend will ich einatmen›, ‹Den ganzen Körper empfindend will ich ausatmen›, so übt er sich. ‹Diese Körperverbindung besänfti-

gend will ich einatmen›, ‹Diese Körperverbindung besänftigend will ich ausatmen›, so übt er sich. Während er also ernsten Sinnes, eifrig, unermüdlich verweilt, schwinden ihm die hausgewohnten Erinnerungen dahin; und weil sie dahingeschwunden, festigt sich eben das innige Herz, beruhigt sich, wird einig und stark. Eben das ist, ihr Mönche, Einsicht in den Körper, wie sie der Mönch übt.

«Weiter sodann, ihr Mönche: der Mönch weiß wenn er geht ‹Ich gehe›, weiß wenn er steht ‹Ich stehe›, weiß wenn er sitzt ‹Ich sitze›, weiß wenn er liegt ‹Ich liege›, er weiß wenn er sich in dieser oder jener Stellung befindet, daß es diese oder jene Stellung ist. Während er also ernsten Sinnes, eifrig, unermüdlich verweilt, schwinden ihm die hausgewohnten Erinnerungen dahin; und weil sie dahingeschwunden, festigt sich eben das innige Herz, beruhigt sich, wird einig und stark. Auch das ist, ihr Mönche, Einsicht in den Körper, wie sie der Mönch übt.

«Weiter sodann, ihr Mönche: der Mönch ist klar bewußt beim Kommen und Gehn, klar bewußt beim Hinblicken und Wegblicken, klar bewußt beim Neigen und Erheben, klar bewußt beim Tragen des Gewandes und der Almo-
senschale des Ordens, klar bewußt beim Essen und Trinken, Kauen und 193
Schmecken, klar bewußt beim Entleeren von Kot und Harn, klar bewußt beim Gehn und Stehn und Sitzen, beim Einschlafen und Erwachen, beim Sprechen und Schweigen. Während er also ernsten Sinnes, eifrig, unermüdlich verweilt, schwinden ihm die hausgewohnten Erinnerungen dahin; und weil sie dahingeschwunden, festigt sich eben das innige Herz, beruhigt sich, wird einig und stark. Auch das ist, ihr Mönche, Einsicht in den Körper, wie sie der Mönch übt.

«Weiter sodann, ihr Mönche: der Mönch betrachtet sich diesen Körper da von der Sohle bis zum Scheitel, den hautüberzogenen, den unterschiedliches Unreine ausfüllt: ‹Dieser Körper trägt einen Schopf, ist behaart, hat Nägel und Zähne, Haut und Fleisch, Sehnen und Knochen und Knochenmark, Nieren, Herz und Leber, Zwerchfell, Milz, Lungen, Magen, Eingeweide, Weichteile und Kot, hat Galle, Schleim, Eiter, Blut, Schweiß, Lymphe, Tränen, Serum, Speichel, Rotz, Gelenköl, Harn.› Gleichwie etwa, ihr Mönche, wenn da ein Sack, an beiden Enden zugebunden, mit verschiedenem Korne gefüllt wäre, als wie etwa mit Reis, mit Bohnen, mit Sesam, und ein scharfsehender Mann bände ihn auf und untersuchte den Inhalt: ‹Das ist Reis, das sind Bohnen, das ist Sesam›: ebenso nun auch, ihr Mönche, betrachtet sich der Mönch diesen Körper da von der Sohle bis zum Scheitel, den hautüberzogenen, den
unterschiedliches Unreine ausfüllt. Während er also ernsten Sinnes, eifrig, 194
unermüdlich verweilt, schwinden ihm die hausgewohnten Erinnerungen dahin; und weil sie dahingeschwunden, festigt sich eben das innige Herz, be-

ruhigt sich, wird einig und stark. Auch das ist, ihr Mönche, Einsicht in den Körper, wie sie der Mönch übt.

«Weiter sodann, ihr Mönche: der Mönch schaut sich diesen Körper da wie er geht und steht als Artung an: ‹Dieser Körper ist von Erdenart, von Wasserart, von Feuerart, von Luftart.› Gleichwie etwa, ihr Mönche, ein geschickter Metzger oder Metzgergeselle eine Kuh schlachtet, auf den Markt bringt, Stück vor Stück zerlegt und sich dann hinsetzen mag: ebenso nun auch, ihr Mönche, schaut sich der Mönch diesen Körper da wie er geht und steht als Artung an. Während er also ernsten Sinnes, eifrig, unermüdlich verweilt, schwinden ihm die hausgewohnten Erinnerungen dahin; und weil sie dahingeschwunden, festigt sich eben das innige Herz, beruhigt sich, wird einig und stark. Auch das ist, ihr Mönche, Einsicht in den Körper, wie sie der Mönch übt.

«Weiter sodann, ihr Mönche: als hätte der Mönch einen Leib auf der Leichenstätte liegen sehn, einen Tag nach dem Tode oder zwei oder drei Tage nach dem Tode, aufgedunsen, blauschwarz gefärbt, in Fäulnis übergegangen,
195 zieht er den Schluß auf sich selbst: ‹Und auch dieser Körper ist so beschaffen, wird das werden, kann dem nicht entgehn[405].› Während er also ernsten Sinnes, eifrig, unermüdlich verweilt, schwinden ihm die hausgewohnten Erinnerungen dahin; und weil sie dahingeschwunden, festigt sich eben das innige Herz, beruhigt sich, wird einig und stark. Auch das ist, ihr Mönche, Einsicht in den Körper, wie sie der Mönch übt.

«Weiter sodann, ihr Mönche: als hätte der Mönch einen Leib auf der Leichenstätte liegen sehn, von Krähen oder Raben oder Geiern zerfressen, von Hunden oder Schakalen zerfleischt, oder von vielerlei Würmern zernagt, zieht er den Schluß auf sich selbst: ‹Und auch dieser Körper ist so beschaffen, wird das werden, kann dem nicht entgehn.› Weiter sodann, ihr Mönche: als hätte der Mönch einen Leib auf der Leichenstätte liegen sehn, ein Knochengerippe, fleischbehangen, blutbesudelt, von den Sehnen zusammengehalten; ein Knochengerippe, fleischentblößt, blutbefleckt, von den Sehnen zusammengehalten; ein Knochengerippe, ohne Fleisch, ohne Blut, von den Sehnen zusammengehalten; die Gebeine, ohne die Sehnen, hierher und dorthin verstreut, da ein Handknochen, dort ein Fußknochen, da ein Schienbein, dort ein Schenkel, da das Becken, dort Wirbel, da der Schädel; als hätte er das gesehn, zieht er den Schluß auf sich selbst: ‹Und auch dieser Körper ist so beschaffen, wird das werden, kann dem nicht entgehn.› Weiter sodann, ihr Mönche: als hätte der Mönch einen Leib auf der Leichenstätte liegen sehn, Gebeine, blank,
196 muschelfarbig; Gebeine, zuhauf geschichtet, nach Verlauf eines Jahres; Gebeine, verwest, in Staub zerfallen; als hätte er das gesehn, zieht er den Schluß auf sich selbst: ‹Und auch dieser Körper ist so beschaffen, wird das werden,

kann dem nicht entgehn[406].› Während er also ernsten Sinnes, eifrig, unermüdlich verweilt, schwinden ihm die hausgewohnten Erinnerungen dahin; und weil sie dahingeschwunden, festigt sich eben das innige Herz, beruhigt sich, wird einig und stark. Auch das ist, ihr Mönche, Einsicht in den Körper, wie sie der Mönch übt.

«Weiter sodann, ihr Mönche: der Mönch, gar fern von Begierden, fern von unheilsamen Dingen, verweilt in sinnend gedenkender ruhegeborener seliger Heiterkeit, in der Weihe der ersten Schauung. Diesen Körper durchdringt und durchtränkt er nun, erfüllt ihn und sättigt ihn mit ruhegeborener seliger Heiterkeit, so daß nicht der kleinste Teil seines Körpers von ruhegeborener seliger Heiterkeit ungesättigt bleibt. Gleichwie etwa, ihr Mönche, ein gewandter Bader oder Badergeselle auf ein erzernes Becken Seifenpulver streut und mit Wasser versetzt, verreibt und vermischt, so daß sein Schaumball völlig durchfeuchtigt, innen und außen mit Feuchtigkeit gesättigt ist und nichts herabträufelt: ebenso nun auch, ihr Mönche, durchdringt und durchtränkt, erfüllt und sättigt der Mönch diesen Körper da mit ruhegeborener seliger Heiterkeit, so daß nicht der kleinste Teil seines Körpers von ruhegeborener seliger Heiterkeit ungesättigt bleibt. Während er also ernsten Sinnes, eifrig, unermüdlich verweilt, schwinden ihm die hausgewohnten Erinnerungen dahin; und weil sie dahingeschwunden, festigt sich eben das innige Herz, beruhigt sich, wird einig und stark. Auch das ist, ihr Mönche, Einsicht in den Körper, wie sie der Mönch übt.

«Weiter sodann, ihr Mönche: der Mönch erreicht nach Vollendung des Sinnens und Gedenkens die innere Meeresstille, die Einheit des Gemütes, die von sinnen, von gedenken freie, in der Einigung geborene selige Heiterkeit, die Weihe der zweiten Schauung. Diesen Körper durchdringt und durchtränkt er nun, erfüllt ihn und sättigt ihn mit der in der Einigung geborenen seligen Heiterkeit, so daß nicht der kleinste Teil seines Körpers von der in der Einigung geborenen seligen Heiterkeit ungesättigt bleibt. Gleichwie etwa, ihr Mönche, ein See mit unterirdischer Quelle, in den sich kein Bach von 197
Osten oder Westen, von Norden oder Süden ergösse, keine Wolke von Zeit zu Zeit mit tüchtigem Gusse darüber hinwegzöge, in welchem nur die kühle Quelle des Grundes emporwellte und diesen See völlig durchdränge, durchtränkte, erfüllte und sättigte, so daß nicht der kleinste Teil des Sees von kühlem Wasser ungesättigt bliebe: ebenso nun auch, ihr Mönche, durchdringt und durchtränkt, erfüllt und sättigt der Mönch diesen Körper da mit der in der Einigung geborenen seligen Heiterkeit, so daß nicht der kleinste Teil seines Körpers von der in der Einigung geborenen seligen Heiterkeit ungesättigt bleibt. Während er also ernsten Sinnes, eifrig, unermüdlich verweilt, schwinden ihm die hausgewohnten Erinnerungen dahin; und weil sie dahin-

geschwunden, festigt sich eben das innige Herz, beruhigt sich, wird einig und stark. Auch das ist, ihr Mönche, Einsicht in den Körper, wie sie der Mönch übt.

«Weiter sodann, ihr Mönche: der Mönch weilt in heiterer Ruhe gleichmütig, einsichtig, klar bewußt, ein Glück empfindet er im Körper, von dem die Heiligen sagen: ‹Der gleichmütig Einsichtige lebt beglückt›; so erwirkt er die Weihe der dritten Schauung. Diesen Körper da durchdringt und durchtränkt er nun, erfüllt ihn und sättigt ihn mit entseligter Heiterkeit, so daß nicht der kleinste Teil seines Körpers von entseligter Heiterkeit ungesättigt bleibt. Gleichwie etwa, ihr Mönche, in einem Lotusweiher einzelne blaue oder rote oder weiße Lotusrosen im Wasser entstehn, im Wasser sich entwickeln, unter dem Wasserspiegel bleiben, aus der Wassertiefe Nahrung aufsaugen und ihre Blüten und ihre Wurzeln von kühlem Wasser durchdrungen, durchtränkt, erfüllt und gesättigt sind, so daß nicht der kleinste Teil jeder blauen
198 oder roten oder weißen Lotusrose von kühlem Naß ungesättigt bleibt: ebenso nun auch, ihr Mönche, durchdringt und durchtränkt, erfüllt und sättigt der Mönch diesen Körper da mit entseligter Heiterkeit, so daß nicht der kleinste Teil seines Körpers von entseligter Heiterkeit ungesättigt bleibt. Während er also ernsten Sinnes, eifrig, unermüdlich verweilt, schwinden ihm die hausgewohnten Erinnerungen dahin; und weil sie dahingeschwunden, festigt sich eben das innige Herz, beruhigt sich, wird einig und stark. Auch das ist, ihr Mönche, Einsicht in den Körper, wie sie der Mönch übt.

«Weiter sodann, ihr Mönche: der Mönch erwirkt nach Verwerfung der Freuden und Leiden, nach Vernichtung des einstigen Frohsinns und Trübsinns die Weihe der leidlosen, freudlosen, gleichmütig einsichtigen vollkommenen Reine, die vierte Schauung. Er setzt sich hin und bedeckt diesen Körper da mit geläutertem Gemüte, mit geklärtem, so daß nicht der kleinste Teil seines Körpers von dem geläuterten Gemüte, dem geklärten, unbedeckt bleibt. Gleichwie etwa, ihr Mönche, wenn sich ein Mann vom Scheitel bis zur Sohle in einen weißen Mantel eingehüllt niedersetzte, so daß nicht der kleinste Teil seines Körpers von dem weißen Mantel unbedeckt bliebe: ebenso nun auch, ihr Mönche, setzt sich der Mönch nieder und hat diesen Körper mit geläutertem Gemüte, mit geklärtem, überzogen, so daß nicht der kleinste Teil seines Körpers von dem geläuterten Gemüte, dem geklärten, unbedeckt bleibt[407]. Während er also ernsten Sinnes, eifrig, unermüdlich verweilt, schwinden ihm die hausgewohnten Erinnerungen dahin; und weil sie dahingeschwunden, festigt sich eben das innige Herz, beruhigt sich, wird einig und stark. Auch das ist, ihr Mönche, Einsicht in den Körper, wie sie der Mönch übt.

«Wer auch immer, ihr Mönche, Einsicht in den Körper geübt und gepflegt hat, einbegriffen hat er die heilsamen Dinge, die nur irgend Wissen einbrin-

gen. Gleichwie da, ihr Mönche, ein jeder, der das große Meer im Geiste ge- 199
faßt hat, einbegriffen die Flüsse hat, die nur irgend ins Meer sich ergießen: ebenso nun auch, ihr Mönche, hat ein jeder, der da Einsicht in den Körper geübt und gepflegt hat, einbegriffen die heilsamen Dinge, die nur irgend Wissen einbringen[408].

«Wer auch immer, ihr Mönche, Einsicht in den Körper nicht geübt, nicht gepflegt hat, in den kann der Tod hineingleiten, in den kann der Tod hinabschleichen. Gleichwie etwa, ihr Mönche, wenn ein Mann eine schwere Steinkugel auf einen feuchten Lehmhaufen hinwürfe; was meint ihr wohl, Mönche: würde da nicht diese schwere Steinkugel in den feuchten Lehmhaufen hineingleiten?»

«Gewiß, o Herr!»

«Ebenso nun auch, ihr Mönche, hat irgendeiner da Einsicht in den Körper nicht geübt, nicht gepflegt, kann der Tod in den hineingleiten, kann der Tod in den hinabschleichen. Gleichwie etwa, ihr Mönche, wenn ein trockenes, ausgedörrtes Holzscheit da wäre, und es käme ein Mann herbei, mit einem Reibholz versehn[409]: ‹Ich will Feuer erwecken, Licht hervorbringen›; was meint ihr wohl, Mönche: könnte da nicht dieser Mann, mit dem Reibholz das trockene, ausgedörrte Holzscheit reibend, Feuer erwecken, Licht hervorbringen?»

«Gewiß, o Herr!»

«Ebenso nun auch, ihr Mönche, hat irgendeiner da Einsicht in den Körper nicht geübt, nicht gepflegt, kann der Tod in den hineingleiten, kann der Tod in den hinabschleichen. Gleichwie etwa, ihr Mönche, wenn ein Wassereimer, ungefüllt, ohne Inhalt, auf der Staffel stände, und es käme ein Mann herbei, mit einer Kufe Wasser; was meint ihr wohl, Mönche: könnte da nicht dieser Mann das Wasser hineinschütten?»

«Gewiß, o Herr!»

«Ebenso nun auch, ihr Mönche, hat irgendeiner da Einsicht in den Körper 200
nicht geübt, nicht gepflegt, kann der Tod in den hineingleiten, kann der Tod in den hinabschleichen. – Wer auch immer, ihr Mönche, Einsicht in den Körper geübt und gepflegt hat, nicht in den kann der Tod hineingleiten, nicht in den kann der Tod hinabschleichen. Gleichwie etwa, ihr Mönche, wenn ein Mann einen leichten Fadenknäul gegen ein ganz aus Kernholz gehobeltes Türbrett schleuderte; was meint ihr wohl, Mönche: könnte da etwa dieser leichte Fadenknäul in das ganz aus Kernholz gehobelte Türbrett hineingleiten?»

«Gewiß nicht, o Herr!»

«Ebenso nun auch, ihr Mönche, hat irgendeiner da Einsicht in den Körper geübt und gepflegt, kann der Tod nicht in den hineingleiten, kann der Tod nicht in den hinabschleichen[410]. Gleichwie etwa, ihr Mönche, wenn ein feuchtes, leimiges Holzscheit da wäre, und es käme ein Mann herbei, mit einem Reibholz versehn: ‹Ich will Feuer erwecken, Licht hervorbringen›; was meint ihr wohl, Mönche: könnte da etwa dieser Mann, mit dem Reibholz das feuchte, leimige Holzscheit reibend, Feuer erwecken, Licht hervorbringen?»

«Gewiß nicht, o Herr!»

«Ebenso nun auch, ihr Mönche, hat irgendeiner da Einsicht in den Körper geübt und gepflegt, kann der Tod nicht in den hineingleiten, kann der Tod nicht in den hinabschleichen. Gleichwie etwa, ihr Mönche, wenn ein Wassereimer, voll von Wasser, bis zum Rande gefüllt, Krähen schlürfbar, auf der Staffel stände, und es käme ein Mann herbei, mit einer Kufe Wasser; was meint ihr wohl, Mönche: könnte da etwa dieser Mann das Wasser hineinschütten?»

«Gewiß nicht, o Herr!»

201 «Ebenso nun auch, ihr Mönche, hat irgendeiner da Einsicht in den Körper geübt und gepflegt, kann der Tod nicht in den hineingleiten, kann der Tod nicht in den hinabschleichen[411]. – Wer auch immer, ihr Mönche, Einsicht in den Körper geübt und gepflegt hat: auf was für ein durch Erkenntnis erwirkbares Ding der sein Herz nur irgend hinlenkt, um es durch Erkenntnis zu erwirken, eben da und da wird ihm Erwirkung zuteil, je und je nach der Wirkensart. Gleichwie etwa, ihr Mönche, wenn ein Wassereimer, voll von Wasser, bis zum Rande gefüllt, Krähen schlürfbar, auf der Staffel stände, und diesen ein kräftiger Mann mehr und mehr tiefte: triefte da Wasser?»

«Gewiß, o Herr!»

«Ebenso nun auch, ihr Mönche, hat irgendeiner da Einsicht in den Körper geübt und gepflegt: auf was für ein durch Erkenntnis erwirkbares Ding der sein Herz nur irgend hinlenkt, um es durch Erkenntnis zu erwirken, eben da und da wird ihm Erwirkung zuteil, je und je nach der Wirkensart[412]. Gleichwie etwa, ihr Mönche, wenn in flacher Landschaft ein Teich läge, an den vier Seiten von einem Damme umfriedet, voll von Wasser, bis zum Rande gefüllt, Krähen schlürfbar, und diesen Damm ein kräftiger Mann mehr und mehr tiefte: triefte da Wasser?»

«Gewiß, o Herr!»

«Ebenso nun auch, ihr Mönche, hat irgendeiner da Einsicht in den Körper geübt und gepflegt: auf was für ein durch Erkenntnis erwirkbares Ding der sein Herz nur irgend hinlenkt, um es durch Erkenntnis zu erwirken, eben da und da wird ihm Erwirkung zuteil, je und je nach der Wirkensart. Gleichwie etwa, ihr Mönche, wenn da auf gutem Boden, am Ausgangsplatze vierer Straßen, ein treffliches Wagengespann in Bereitschaft stände, mit dem zugehörigen Treibstock versehn, und diesen Wagen bestiege ein Meister der Fahr-

kunst, ein gewandter Rosselenker, nähme die Zügel in die linke Hand, den 202
Treibstock in die rechte, und führe nach Wunsch und Willen hin und her: ebenso nun auch, ihr Mönche, hat irgendeiner da Einsicht in den Körper geübt und gepflegt, auf was für ein durch Erkenntnis erwirkbares Ding der sein Herz nur irgend hinlenkt, um es durch Erkenntnis zu erwirken, eben da und da wird ihm Erwirkung zuteil, je und je nach der Wirkensart[413].

«Ist Einsicht, ihr Mönche, in den Körper genommen, geübt, gepflegt, ausgeführt, ausgebildet, angewendet, durchgeprüft, durchaus entrichtet worden, mag man da zehn förderliche Eigenschaften an sich erfahren. Über Unmut hat man Gewalt[414], nicht läßt man sich von Unmut bewältigen, aufgestiegenen Unmut überwindet, übersteht man. Furcht und Angst bewältigt man, nicht läßt man sich von Furcht und Angst bewältigen, aufgestiegene Furcht und Angst überwindet, übersteht man. Man erträgt Kälte und Hitze, Hunger und Durst, Wind und Wetter, Mücken und Wespen und plagende Kriechtiere, boshafte, böswillige Redeweisen, körperliche Schmerzgefühle, die einen treffen, heftige, schneidende, stechende, unangenehme, leidige, lebensgefährliche dauert man duldend aus. Die vier Schauungen, die das Herz erquicken, schon im Leben beseligen, die kann man nach Wunsch gewinnen, in ihrer Fülle und Weite. Auf mannigfaltige Weise mag man Machtentfaltung an sich erfahren, bis zu den Brahmawelten hat man den Körper in seiner Gewalt. Mit dem himmlischen Gehör, dem geläuterten, über menschliche Grenzen hinausreichenden, kann man beide Arten der Töne hören, die himmlischen und die irdischen, die fernen und die nahen. Der anderen Wesen, der
anderen Personen Herz im Herzen schaut und erkennt man je gemäß. An man- 203
che verschiedene frühere Daseinsform erinnert man sich, als wie an ein Leben, dann an zwei Leben, und so weiter, mit je den eigentümlichen Merkmalen, mit je den eigenartigen Beziehungen. Mit dem himmlischen Auge, dem geläuterten, über menschliche Grenzen hinausreichenden, kann man die Wesen dahinschwinden und wiedererscheinen sehn, gemeine und edle, schöne und unschöne, glückliche und unglückliche, man kann erkennen wie die Wesen je nach den Taten wiederkehren. Den Wahn kann man versiegen und die wahnlose Gemüterlösung, Weisheiterlösung noch bei Lebzeiten sich offenbar machen, verwirklichen und erringen. Ist Einsicht, ihr Mönche, in den Körper genommen, geübt, gepflegt, ausgeführt, ausgebildet, angewendet, durchgeprüft, durchaus entrichtet worden, mag man diese zehn förderlichen Eigenschaften an sich erfahren.»

Also sprach der Erhabene. Zufrieden freuten sich jene Mönche über das Wort des Erhabenen[415].

120

ZWÖLFTER TEIL · ZEHNTE REDE

UNTERSCHIEDLICHE WIEDERKEHR

204 DAS HAB' ICH GEHÖRT. Zu einer Zeit weilte der Erhabene bei Sāvatthī, im Siegerwalde, im Garten Anāthapiṇḍikos. Dort nun wandte sich der Erhabene an die Mönche: «Ihr Mönche!» – «Erlauchter!» antworteten da jene Mönche dem Erhabenen aufmerksam. Der Erhabene sprach also:

«Unterschiedliche Wiederkehr werd' ich, ihr Mönche, euch zeigen: das höret und achtet wohl auf meine Rede!»

«Freilich, o Herr!» antworteten da jene Mönche dem Erhabenen aufmerksam. Der Erhabene sprach also:

«Da hat, ihr Mönche, ein Mönch Vertrauen erworben, Tugend erworben, Erfahrung erworben, Entsagung erworben, Weisheit erworben. Der gedenkt bei sich: ‹O daß ich doch bei der Auflösung des Körpers, nach dem Tode, noch zur Gemeinschaft mit mächtigen Fürsten wiederkehrte!› Dahin lenkt er das Herz, darauf richtet er das Herz, dazu erzieht er das Herz. Während er da die unterschiedlichen Gewöhnungen also übt und also pflegt, gedeihen ihm diese zur Wiederkehr dorthin. Das ist, ihr Mönche, der Weg, das ist der Übergang, der zur Wiederkehr dorthin gedeiht.

«Weiter sodann, ihr Mönche, hat ein Mönch Vertrauen erworben, Tugend erworben, Erfahrung erworben, Entsagung erworben, Weisheit erworben. Der gedenkt bei sich: ‹O daß ich doch bei der Auflösung des Körpers, nach dem Tode, noch zur Gemeinschaft mit mächtigen Priestern – mit mächtigen Bürgern wiederkehrte!› Dahin lenkt er das Herz, darauf richtet er das Herz,
205 dazu erzieht er das Herz. Während er da die unterschiedlichen Gewöhnungen also übt und also pflegt, gedeihen ihm diese zur Wiederkehr dorthin. Das ist, ihr Mönche, der Weg, das ist der Übergang, der zur Wiederkehr dorthin gedeiht.

«Weiter sodann, ihr Mönche, hat ein Mönch Vertrauen erworben, Tugend erworben, Erfahrung erworben, Entsagung erworben, Weisheit erworben. Der hat reden hören: ‹Die Dreiunddreißig Götter, die leben lange und herrlich und glückselig[416].› Der gedenkt bei sich: ‹O daß ich doch bei der Auflösung des Körpers, nach dem Tode, noch zur Gemeinschaft mit den Dreiunddreißig Göttern wiederkehrte!› Dahin lenkt er das Herz, darauf richtet er das Herz, dazu erzieht er das Herz. Während er da die unterschiedlichen Gewöhnungen also übt und also pflegt, gedeihen ihm diese zur Wiederkehr dorthin. Das ist, ihr Mönche, der Weg, das ist der Übergang, der zur Wiederkehr dorthin gedeiht.

«Weiter sodann, ihr Mönche, hat ein Mönch Vertrauen erworben, Tugend erworben, Erfahrung erworben, Entsagung erworben, Weisheit erworben. Der hat reden hören: ‹Die Schattengötter – die Seligen Götter – die Götter der unbeschränkten Freude – die jenseit der unbeschränkten Freude weilenden Götter[417], die leben lange und herrlich und glückselig.› Der gedenkt bei sich: ‹O daß ich doch bei der Auflösung des Körpers, nach dem Tode, noch zur Gemeinschaft mit jenen Göttern wiederkehrte!› Dahin lenkt er das Herz, darauf richtet er das Herz, dazu erzieht er das Herz. Während er da die unterschiedlichen Gewöhnungen also übt und also pflegt, gedeihen ihm diese zur Wiederkehr dorthin. Das ist, ihr Mönche, der Weg, das ist der Übergang, der zur Wiederkehr dorthin gedeiht.

«Weiter sodann, ihr Mönche, hat ein Mönch Vertrauen erworben, Tugend erworben, Erfahrung erworben, Entsagung erworben, Weisheit erworben. Der hat reden hören: ‹Der tausendfache Brahmā, der lebt lange und herrlich und glückselig.› Der tausendfache Brahmā, ihr Mönche, strahlt tausend Welten durch und ragt über sie empor; die aber dorthin zu wesen wiederkehren, 206
auch diese durchstrahlt er und ragt über sie empor. Gleichwie etwa, ihr Mönche, wenn ein scharfsehender Mann einen Reif um die Hand legte und betrachtete, ebenso nun auch, ihr Mönche, strahlt der tausendfache Brahmā tausend Welten durch und ragt über sie empor; die aber dorthin zu wesen wiederkehren, auch diese durchstrahlt er und ragt über sie empor. Und jener gedenkt bei sich: ‹O daß ich doch bei der Auflösung des Körpers, nach dem Tode, noch[418] zur Gemeinschaft mit dem tausendfachen Brahmā wiederkehrte!› Dahin lenkt er das Herz, darauf richtet er das Herz, dazu erzieht er das Herz. Während er da die unterschiedlichen Gewöhnungen also übt und also pflegt, gedeihen ihm diese zur Wiederkehr dorthin. Das ist, ihr Mönche, der Weg, das ist der Übergang, der zur Wiederkehr dorthin gedeiht.

«Weiter sodann, ihr Mönche, hat ein Mönch Vertrauen erworben, Tugend erworben, Erfahrung erworben, Entsagung erworben, Weisheit erworben. Der hat reden hören: ‹Der zweitausendfache Brahmā – der dreitausendfache, viertausendfache, der fünftausendfache Brahmā, der lebt lange und herrlich und glückselig.› Der fünftausendfache Brahmā, ihr Mönche, strahlt fünftausend Welten durch und ragt über sie empor; die aber dorthin zu wesen wiederkehren, auch diese durchstrahlt er und ragt über sie empor. Gleichwie etwa, ihr Mönche, wenn ein scharfsehender Mann fünf Reifen um die Hand legte und betrachtete, ebenso nun auch, ihr Mönche, strahlt der fünftausendfache Brahmā fünftausend Welten durch und ragt über sie empor; die aber dorthin zu wesen wiederkehren, auch diese durchstrahlt er und ragt über sie empor. Und jener gedenkt bei sich: ‹O daß ich doch bei der Auflösung des Körpers, nach dem Tode, noch zur Gemeinschaft mit dem fünftausendfachen Brahmā wiederkehrte!› Dahin lenkt er das Herz, darauf richtet er das Herz, dazu erzieht er das Herz. Während er da die unterschiedlichen Gewöhnungen also übt und also pflegt, gedeihen ihm diese zur Wiederkehr dorthin. Das ist, ihr Mönche, der Weg, das ist der Übergang, der zur Wiederkehr dorthin gedeiht.

207 «Weiter sodann, ihr Mönche, hat ein Mönch Vertrauen erworben, Tugend erworben, Erfahrung erworben, Entsagung erworben, Weisheit erworben. Der hat reden hören: ‹Der zehntausendfache Brahmā, der lebt lange und herrlich und glückselig.› Der zehntausendfache Brahmā, ihr Mönche, strahlt zehntausend Welten durch und ragt über sie empor; die aber dorthin zu wesen wiederkehren, auch diese durchstrahlt er und ragt über sie empor. Gleichwie etwa, ihr Mönche, ein Juwel, ein Edelstein, von reinem Wasser[419], achteckig, wohlbearbeitet, auf lichter Decke liegend leuchtet und funkelt und strahlt, ebenso nun auch, ihr Mönche, strahlt der zehntausendfache Brahmā zehntausend Welten durch und ragt über sie empor; die aber dorthin zu wesen wiederkehren, auch diese durchstrahlt er und ragt über sie empor. Und jener gedenkt bei sich: ‹O daß ich doch bei der Auflösung des Körpers, nach dem Tode, noch zur Gemeinschaft mit dem zehntausendfachen Brahmā wiederkehrte!› Dahin lenkt er das Herz, darauf richtet er das Herz, dazu erzieht er das Herz. Während er da die unterschiedlichen Gewöhnungen also übt und also pflegt, gedeihen ihm diese zur Wiederkehr dorthin. Das ist, ihr Mönche, der Weg, das ist der Übergang, der zur Wiederkehr dorthin gedeiht.

«Weiter sodann, ihr Mönche, hat ein Mönch Vertrauen erworben, Tugend erworben, Erfahrung erworben, Entsagung erworben, Weisheit erworben. Der hat reden hören: ‹Der hunderttausendfache Brahmā, der lebt lange und herrlich und glückselig.› Der hunderttausendfache Brahmā, ihr Mönche, strahlt hunderttausend Welten durch und ragt über sie empor; die aber dorthin zu wesen wiederkehren, auch diese durchstrahlt er und ragt über sie em-
208 por. Gleichwie etwa, ihr Mönche, ein Stück gediegenes Gold, von einem geschickten Goldschmiedgesellen im Schmelztiegel mit aller Sorgfalt abgeläutert, auf lichter Decke liegend leuchtet und funkelt und strahlt[420], ebenso nun auch, ihr Mönche, strahlt der hunderttausendfache Brahmā hunderttausend Welten durch und ragt über sie empor; die aber dorthin zu wesen wiederkehren, auch diese durchstrahlt er und ragt über sie empor. Und jener gedenkt bei sich: ‹O daß ich doch bei der Auflösung des Körpers, nach dem Tode, noch zur Gemeinschaft mit dem hunderttausendfachen Brahmā wiederkehrte!› Dahin lenkt er das Herz, darauf richtet er das Herz, dazu erzieht er das Herz. Während er da die unterschiedlichen Gewöhnungen also übt und

also pflegt, gedeihen ihm diese zur Wiederkehr dorthin. Das ist, ihr Mönche, der Weg, das ist der Übergang, der zur Wiederkehr dorthin gedeiht.

«Weiter sodann, ihr Mönche, hat ein Mönch Vertrauen erworben, Tugend erworben, Erfahrung erworben, Entsagung erworben, Weisheit erworben. Der hat reden hören: ‹Die Glänzenden Götter – die Hellerglänzenden Götter 209
– die Unermeßlichglänzenden Götter – die Leuchtenden Götter – die Strahlenden Götter – die Hellerstrahlenden Götter – die Unermeßlichstrahlenden Götter – die Strahlengewordenen Götter – die Gewaltigen Götter – die Wonnigen Götter – die Sonnigen Götter – die Hehren Götter – die Herrlichen Götter – die Erhabenen Götter, die leben lange und herrlich und glückselig.› Und er gedenkt bei sich: ‹O daß ich doch bei der Auflösung des Körpers, nach dem Tode, noch zur Gemeinschaft mit den Erhabenen Göttern wiederkehrte!› Dahin lenkt er das Herz, darauf richtet er das Herz, dazu erzieht er das Herz. Während er da die unterschiedlichen Gewöhnungen also übt und also pflegt, gedeihen ihm diese zur Wiederkehr dorthin. Das ist, ihr Mönche, der Weg, das ist der Übergang, der zur Wiederkehr dorthin gedeiht.

«Weiter sodann, ihr Mönche, hat ein Mönch Vertrauen erworben, Tugend erworben, Erfahrung erworben, Entsagung erworben, Weisheit erworben. Der hat reden hören: ‹Die Raumunendlichkeit genießenden Götter – die Bewußtseinunendlichkeit genießenden Götter – die Nichtdasein genießenden 210
Götter – die weder Wahrnehmung noch Nichtwahrnehmung genießenden Götter, die leben lange, bestehn lange und glückselig.› Und er gedenkt bei sich: ‹O daß ich doch bei der Auflösung des Körpers, nach dem Tode, noch zur Gemeinschaft mit den weder Wahrnehmung noch Nichtwahrnehmung genießenden Göttern wiederkehrte!› Dahin lenkt er das Herz, darauf richtet er das Herz, dazu erzieht er das Herz. Während er da die unterschiedlichen Gewöhnungen also übt und also pflegt, gedeihen ihm diese zur Wiederkehr dorthin. Das ist, ihr Mönche, der Weg, das ist der Übergang, der zur Wiederkehr dorthin gedeiht.

«Weiter sodann, ihr Mönche, hat ein Mönch Vertrauen erworben, Tugend erworben, Erfahrung erworben, Entsagung erworben, Weisheit erworben. Der gedenkt bei sich: ‹O daß ich doch den Wahn versiegen und die wahnlose Gemüterlösung, Weisheiterlösung noch bei Lebzeiten mir offenbar machen, 211
verwirklichen und erringen könnte!› Und er kann den Wahn versiegen und die wahnlose Gemüterlösung, Weisheiterlösung noch bei Lebzeiten sich offenbar machen, verwirklichen und erringen. Ein solcher Mönch, ihr Mönche, kehrt nirgend wieder.»

Also sprach der Erhabene. Zufrieden freuten sich jene Mönche über das Wort des Erhabenen[421].

DREIZEHNTER TEIL

BUCH DER ARMUT

121

DREIZEHNTER TEIL · ERSTE REDE

ARMUT

DAS HAB' ICH GEHÖRT. Zu einer Zeit weilte der Erhabene bei Sāvatthī, 212
im Osthaine, auf Mutter Migāros Terrasse.

Da nun begab sich der ehrwürdige Ānando eines Abends, nach Aufhebung der Gedenkensruhe, dorthin wo der Erhabene weilte, begrüßte den Erhabenen ehrerbietig und setzte sich seitwärts nieder. Seitwärts sitzend sprach nun der ehrwürdige Ānando also zum Erhabenen:

«Es war einmal, o Herr, da weilte der Erhabene im Lande der Sakyer, bei Nagarakam, einer Burg im Sakyergebiete. Damals hab' ich, o Herr, vom Erhabenen selbst es gehört, selbst es vernommen: ‹Armut erfahren hab' ich, Ānando, in dieser Zeit am meisten gemocht.› Hab' ich es wohl, o Herr, recht gehört, recht vernommen, recht gemerkt, recht behalten?»

«Gewiß hast du es, Ānando, recht gehört, recht vernommen, recht gemerkt, recht behalten. So damals, Ānando, wie heute hab' ich Armut erfahren am meisten gemocht. – Gleichwie etwa, Ānando, diese Terrasse Mutter Migāros ohne Elefanten, Rinder und Rosse ist, ohne Gold und Silber, ohne Gesellschaft von Weibern und Männern, und nur einen Reichtum aufweist an einer Schar Mönche als einzigen Gegenstand: ebenso nun auch, Ānando, hat ein Mönch den Gedanken ‹Dorf› entlassen, den Gedanken ‹Mensch› entlassen; den Gedanken ‹Wald› nimmt er auf als einzigen Gegenstand. Im Gedanken ‹Wald› erhebt sich ihm das Herz, erheitert sich, beschwichtigt sich, beruhigt sich. Also erkennt er: ‹Spaltungen, die aus dem Gedanken 'Dorf' entständen, die gibt es da nicht, Spaltungen, die aus dem Gedanken 'Mensch'
entständen, die gibt es da nicht; und nur eine Spaltung ist geblieben, näm- 213
lich der Gedanke 'Wald' als einziger Gegenstand.› Er weiß: ‹Ärmer geworden ist diese Denkart um den Gedanken 'Dorf'›, weiß: ‹Ärmer geworden ist diese Denkart um den Gedanken 'Mensch'; und nur einen Reichtum weist sie auf am Gedanken 'Wald' als einzigen Gegenstand.› Um was denn also weniger da ist, darum ärmer geworden sieht er es an; und was da noch übrig geblieben ist, davon weiß er: ‹Bleibt dieses, bleibt jenes.› Also aber, Ānando, kommt diese wahrhafte, unverbrüchliche, durchaus reine Armut über ihn herab.

«Weiter sodann, Ānando, hat der Mönch den Gedanken ‹Mensch› entlas-

sen, den Gedanken ‹Wald› entlassen; den Gedanken ‹Erde› nimmt er auf als einzigen Gegenstand. Im Gedanken ‹Erde› erhebt sich ihm das Herz, erheitert sich, beschwichtigt sich, beruhigt sich. Gleichwie etwa, Ānando, eine Stierhaut mit dem Falzeisen wohl abgeschabt, von den Falten geglättet wird: ebenso nun auch, Ānando, hat der Mönch was es auf dieser Erde an Erhebungen und Vertiefungen, an Flußläufen, an wüstem und waldigem Gebiet, an Bergen und Tälern gibt, das alles aus seinem Geiste entlassen; den Gedanken ‹Erde› nimmt er auf als einzigen Gegenstand[422]. Im Gedanken ‹Erde› erhebt sich ihm das Herz, erheitert sich, beschwichtigt sich, beruhigt sich. Also erkennt er: ‹Spaltungen, die aus dem Gedanken 'Mensch' entständen, die gibt es da nicht, Spaltungen, die aus dem Gedanken 'Wald' entständen, die gibt es da nicht; und nur eine Spaltung ist geblieben, nämlich der Gedanke 'Erde' als einziger Gegenstand.› Er weiß: ‹Ärmer geworden ist diese Denkart um den Gedanken 'Mensch'›, weiß: ‹Ärmer geworden ist diese Denkart um den Gedanken 'Wald'; und nur einen Reichtum weist sie auf am Gedanken 'Erde' als einzigen Gegenstand.› Um was denn also weniger da ist,
214 darum ärmer geworden sieht er es an; und was da noch übrig geblieben ist, davon weiß er: ‹Bleibt dieses, bleibt jenes.› Also aber, Ānando, kommt diese wahrhafte, unverbrüchliche, durchaus reine Armut über ihn herab.

«Weiter sodann, Ānando, hat der Mönch den Gedanken ‹Wald› entlassen, den Gedanken ‹Erde› entlassen; den Gedanken ‹Unbegrenzte Raumsphäre› nimmt er auf als einzigen Gegenstand. Im Gedanken ‹Unbegrenzte Raumsphäre› erhebt sich ihm das Herz, erheitert sich, beschwichtigt sich, beruhigt sich. Also erkennt er: ‹Spaltungen, die aus dem Gedanken 'Wald' entständen, die gibt es da nicht, Spaltungen, die aus dem Gedanken 'Erde' entständen, die gibt es da nicht; und nur eine Spaltung ist übrig geblieben, nämlich der Gedanke 'Unbegrenzte Raumsphäre' als einziger Gegenstand.› Er weiß: ‹Ärmer geworden ist diese Denkart um den Gedanken 'Wald', weiß: ‹Ärmer geworden ist diese Denkart um den Gedanken 'Erde'; und nur einen Reichtum weist sie auf am Gedanken 'Unbegrenzte Raumsphäre' als einzigen Gegenstand.› Um was denn also weniger da ist, darum ärmer geworden sieht er es an; und was da noch übrig geblieben ist, davon weiß er: ‹Bleibt dieses, bleibt jenes.› Also aber, Ānando, kommt diese wahrhafte, unverbrüchliche, durchaus reine Armut über ihn herab.

«Weiter sodann, Ānando, hat der Mönch den Gedanken ‹Erde› entlassen, den Gedanken ‹Unbegrenzte Raumsphäre› entlassen; den Gedanken ‹Unbegrenzte Bewußtseinsphäre› nimmt er auf als einzigen Gegenstand. Im Gedanken ‹Unbegrenzte Bewußtseinsphäre› erhebt sich ihm das Herz, erheitert sich, beschwichtigt sich, beruhigt sich. Also erkennt er: ‹Spaltungen, die aus
215 dem Gedanken 'Erde' entständen, die gibt es da nicht, Spaltungen, die aus

dem Gedanken ‘Unbegrenzte Raumsphäre’ entständen, die gibt es da nicht; und nur eine Spaltung ist übrig geblieben, nämlich der Gedanke ‘Unbegrenzte Bewußtseinsphäre’ als einziger Gegenstand.› Er weiß: ‹Ärmer geworden ist diese Denkart um den Gedanken ‘Erde’›, weiß: ‹Ärmer geworden ist diese Denkart um den Gedanken ‘Unbegrenzte Raumsphäre’; und nur einen Reichtum weist sie auf am Gedanken ‘Unbegrenzte Bewußtseinsphäre’ als einzigen Gegenstand.› Um was denn also weniger da ist, darum ärmer geworden sieht er es an; und was da noch übrig geblieben ist, davon weiß er: ‹Bleibt dieses, bleibt jenes.› Also aber, Ānando, kommt diese wahrhafte, unverbrüchliche, durchaus reine Armut über ihn herab.

«Weiter sodann, Ānando, hat der Mönch den Gedanken ‹Unbegrenzte Raumsphäre› entlassen, den Gedanken ‹Unbegrenzte Bewußtseinsphäre› entlassen; den Gedanken ‹Nichtdaseinsphäre› nimmt er auf als einzigen Gegenstand. Im Gedanken ‹Nichtdaseinsphäre› erhebt sich ihm das Herz, erheitert sich, beschwichtigt sich, beruhigt sich. Also erkennt er: ‹Spaltungen, die aus dem Gedanken ‘Unbegrenzte Raumsphäre’ entständen, die gibt es da nicht, Spaltungen, die aus dem Gedanken ‘Unbegrenzte Bewußtseinsphäre’ entständen, die gibt es da nicht; und nur eine Spaltung ist übrig geblieben, nämlich der Gedanke ‘Nichtdaseinsphäre’ als einziger Gegenstand.› Er weiß: ‹Ärmer geworden ist diese Denkart um den Gedanken ‘Unbegrenzte Raumsphäre’›, weiß: ‹Ärmer geworden ist diese Denkart um den Gedanken ‘Unbegrenzte Bewußtseinsphäre’; und nur einen Reichtum weist sie auf am Gedanken ‘Nichtdaseinsphäre’ als einzigen Gegenstand.› Um was denn also weniger da ist, darum ärmer geworden sieht er es an; und was da noch übrig ge- 216
blieben ist, davon weiß er: ‹Bleibt dieses, bleibt jenes.› Also aber, Ānando, kommt diese wahrhafte, unverbrüchliche, durchaus reine Armut über ihn herab.

«Weiter sodann, Ānando, hat der Mönch den Gedanken ‹Unbegrenzte Bewußtseinsphäre› entlassen, den Gedanken ‹Nichtdaseinsphäre› entlassen; den Gedanken ‹Grenzscheide möglicher Wahrnehmung› nimmt er auf als einzigen Gegenstand. Im Gedanken ‹Grenzscheide möglicher Wahrnehmung› erhebt sich ihm das Herz, erheitert sich, beschwichtigt sich, beruhigt sich. Also erkennt er: ‹Spaltungen, die aus dem Gedanken ‘Unbegrenzte Bewußtseinsphäre’ entständen, die gibt es da nicht, Spaltungen, die aus dem Gedanken ‘Nichtdaseinsphäre’ entständen, die gibt es da nicht; und nur eine Spaltung ist übrig geblieben, nämlich der Gedanke ‘Grenzscheide möglicher Wahrnehmung’ als einziger Gegenstand.› Er weiß: ‹Ärmer geworden ist diese Denkart um den Gedanken ‘Unbegrenzte Bewußtseinsphäre’›, weiß: ‹Ärmer geworden ist diese Denkart um den Gedanken ‘Nichtdaseinsphäre’; und nur einen Reichtum weist sie auf am Gedanken ‘Grenzscheide möglicher Wahrnehmung' als einzigen Gegenstand.› Um was denn also weniger da ist, darum ärmer geworden sieht er es an; und was da noch übrig geblieben ist, davon weiß er: ‹Bleibt dieses, bleibt jenes.› Also aber, Ānando, kommt diese wahrhafte, unverbrüchliche, durchaus reine Armut über ihn herab.

«Weiter sodann, Ānando, hat der Mönch den Gedanken ‹Nichtdaseinsphäre› entlassen, den Gedanken ‹Grenzscheide möglicher Wahrnehmung› entlassen; geistige Einheit ohne Vorstellung nimmt er auf als einzigen Ge-
217 genstand. In geistiger Einheit ohne Vorstellung erhebt sich ihm das Herz, erheitert sich, beschwichtigt sich, beruhigt sich. Also erkennt er: ‹Spaltungen, die aus dem Gedanken 'Nichtdaseinsphäre' entständen, die gibt es da nicht, Spaltungen, die aus dem Gedanken 'Grenzscheide möglicher Wahrnehmung' entständen, die gibt es da nicht; und nur eine Spaltung ist übrig geblieben, nämlich dieser Körper da, behaftet mit den sechs Sinnen, als Bedingung des Lebens.› Er weiß: ‹Ärmer geworden ist diese Denkart um den Gedanken 'Nichtdaseinsphäre'›, weiß: ‹Ärmer geworden ist diese Denkart um den Gedanken 'Grenzscheide möglicher Wahrnehmung'; und nur einen Reichtum weist sie auf an diesem Körper da, behaftet mit den sechs Sinnen, als Bedingung des Lebens.› Um was denn also weniger da ist, darum ärmer geworden sieht er es an; und was da noch übrig geblieben ist, davon weiß er: ‹Bleibt dieses, bleibt jenes.› Also aber, Ānando, kommt diese wahrhafte, unverbrüchliche, durchaus reine Armut über ihn herab.

«Weiter sodann, Ānando, hat der Mönch den Gedanken ‹Nichtdaseinsphäre› entlassen, den Gedanken ‹Grenzscheide möglicher Wahrnehmung› entlassen; geistige Einheit ohne Vorstellung nimmt er auf als einzigen Gegenstand. In geistiger Einheit ohne Vorstellung erhebt sich ihm das Herz, erheitert sich, beschwichtigt sich, beruhigt sich. Also erkennt er: ‹Auch diese geistige Einheit ohne Vorstellung ist zusammengesetzt, zusammengesonnen: was aber irgend zusammengesetzt, zusammengesonnen ist, das ist wandelbar, muß untergehn›: das erkennt er. In solcher Kunde, solchem Anblicke löst sich ihm das Herz vom Wunscheswahn ab, und löst sich ihm das Herz vom Daseinswahn ab, und löst sich ihm das Herz vom Nichtwissenswahn ab. ‹Im Erlösten ist die Erlösung›, diese Erkenntnis geht auf. ‹Versiegt ist die Geburt, vollendet das Asketentum, gewirkt das Werk, nicht mehr ist diese
218 Welt› versteht er da. Also erkennt er: ‹Spaltungen, die aus Wunscheswahn entständen, die gibt es da nicht, Spaltungen, die aus Daseinswahn entständen, die gibt es da nicht, Spaltungen, die aus Nichtwissenswahn entständen, die gibt es da nicht; und nur eine Spaltung ist übrig geblieben, nämlich dieser Körper da, behaftet mit den sechs Sinnen, als Bedingung des Lebens.› Er weiß: ‹Ärmer geworden ist diese Denkart um Wunscheswahn›, weiß: ‹Ärmer geworden ist diese Denkart um Daseinswahn›, weiß: ‹Ärmer geworden

ist diese Denkart um Nichtwissenswahn; und nur einen Reichtum weist sie auf an diesem Körper da, behaftet mit den sechs Sinnen, als Bedingung des Lebens.› Um was denn also weniger da ist, darum ärmer geworden sieht er es an; und was da noch übrig geblieben ist, davon weiß er: ‹Bleibt dieses, bleibt jenes.› Also, Ānando, kommt diese wahrhafte, unverbrüchliche, durchaus reine, allerhöchste Armut über ihn herab.

«Wer aber auch immer, Ānando, in vergangener Zeit als ein Asket oder Priester durchaus reine, allerhöchste Armut errungen hatte, ein jeder solche hatte eben diese durchaus reine, allerhöchste Armut errungen. Wer aber auch immer, Ānando, in künftiger Zeit als ein Asket oder Priester durchaus reine, allerhöchste Armut erringen wird, ein jeder solche wird eben diese durchaus reine, allerhöchste Armut erringen. Wer aber auch immer, Ānando, in dieser Zeit als ein Asket oder Priester durchaus reine, allerhöchste Armut errungen hat, ein jeder solche hat eben diese durchaus reine, allerhöchste Armut errungen.

«Darum aber, Ānando: ‹Durchaus reine, allerhöchste Armut wollen wir 219
erringen›: so habt ihr, Ānando, euch wohl zu üben[423].»

Also sprach der Erhabene. Zufrieden freute sich der ehrwürdige Ānando über das Wort des Erhabenen.

122

DREIZEHNTER TEIL · ZWEITE REDE

ARMUT

II

Das hab' ich gehört. Zu einer Zeit weilte der Erhabene im Lande der Sakker, bei Kapilavatthu, im Park der Feigenbäume.

Da nun begab sich der Erhabene eines Morgens, zeitig gerüstet, mit Mantel und Schale versehn, auf den Almosengang nach Kapilavatthu, trat in der Stadt von Haus zu Hause um Almosen hin und wandte sich dann, nach dem Mahle, vom Almosengange zurückgekehrt, der Einsiedelei des Sakkers Kāḷakhemako zu, bis gegen Sonnenuntergang da zu verweilen.

Um diese Zeit aber waren in der Einsiedelei des Sakkers Kāḷakhemako viele Sitze bereitgestellt, und der Erhabene sah diese vielen Sitze dort und gedachte bei sich: ‹Viele Sitze sind in der Einsiedelei des Sakkers Kāḷakhemako bereitgestellt: viele Mönche werden wohl hier sich aufhalten.›

Damals nun war der ehrwürdige Ānando in der Einsiedelei des Sakkers Ghaṭāyo in Gemeinschaft vieler Mönche mit dem Ausbessern der Kleidung beschäftigt.

Als nun der Erhabene gegen Abend die Gedenkensruhe aufgehoben hatte, begab er sich nach der Einsiedelei des Sakkers Ghaṭāyo. Dort angelangt nahm der Erhabene auf dem dargebotenen Sitze Platz und wandte sich dann an den ehrwürdigen Ānando:

220 «Viele Sitze, Ānando, sind in der Einsiedelei des Sakkers Kāḷakhemako bereitgestellt: viele Mönche werden wohl dort sich aufhalten.»

«Viele Sitze, o Herr, sind in der Einsiedelei des Sakkers Kāḷakhemako bereitgestellt: viele Mönche halten sich dort auf; die Kleidung herzurichten kommt uns jetzt, o Herr, zu.»

«Nicht kommt, Ānando, Glanz einem Mönche zu, der an Gemeinsamkeit froh wird, an Gemeinsamkeit Freude hat, an Gemeinsamkeit Befriedigung findet, gemeinsam froh, gemeinsam erfreut, gemeinsam zufrieden ist. Daß aber, Ānando, ein Mönch, der an Gemeinsamkeit froh wird, an Gemeinsamkeit Freude hat, an Gemeinsamkeit Befriedigung findet, gemeinsam froh, gemeinsam erfreut, gemeinsam zufrieden ist, was da Wohl der Entsagung, Wohl der Einsamkeit, Wohl der Auflösung, Wohl der Erwachung ist, dieses Wohl nach Wunsch gewinnen werde, in seiner Fülle und Weite: das ist unmöglich. So nun aber, Ānando, ein Mönch, der allein, von Gemeinsamkeit abgeschieden verweilt, ein solcher Mönch es erhoffen mag, was da Wohl der Entsagung, Wohl der Einsamkeit, Wohl der Auflösung, Wohl der Erwachung ist, dieses Wohl werde er nach Wunsch gewinnen, in seiner Fülle und Weite: das ist möglich. Daß aber, Ānando, ein Mönch, der an Gemeinsamkeit froh wird, an Gemeinsamkeit Freude hat, an Gemeinsamkeit Befriedigung findet, gemeinsam froh, gemeinsam erfreut, gemeinsam zufrieden ist, eine zeitlich ersehnte Geisteserlösung erringen werde oder ewige Stille: das ist unmöglich. So nun aber, Ānando, ein Mönch, der allein, von Gemeinsamkeit abgeschieden verweilt, ein solcher Mönch es erhoffen mag, er werde eine zeitlich ersehnte Geisteserlösung erringen oder ewige Stille: das ist möglich. Nicht weiß ich, Ānando, auch nur von einer Form, wobei die Freude, wobei die Befriedigung an der Form, da sie wandelbar, veränderlich ist, nicht in Schmerz überginge und Jammer, Leiden, Trübsinn, Verzweiflung.

221 «Da hat denn, Ānando, der Vollendete hier eine Stätte ausgefunden, und zwar aller Vorstellungen sich begeben und in inniger Armut eine Stätte fas-

sen[424]. Wenn da nun, Ānando, an den Vollendeten, der in solcher Stätte eine Stätte gefaßt hat, Leute herantreten, Mönche und Nonnen, Anhänger und Anhängerinnen, Könige und königliche Fürsten, Büßer und büßende Pilger, so pflegt, Ānando, der Vollendete, gar einsam geneigt im Herzen, einsam gebeugt, einsam gesenkt, abgeschieden, in Entsagung befriedigt, lauter geworden von allen wahnhaften Dingen, einzig nur ein zur Ermunterung taugliches Gespräch zu führen.

«Darum aber, Ānando, mag auch ein Mönch es wünschen, ‹Innige Armut erfassen will ich›, so hat, Ānando, ein solcher Mönch das innige Herz eben zu festigen, zu beruhigen, einig zu machen und stark. Wie aber kann, Ānando, ein Mönch das innige Herz eben festigen, beruhigen, einig machen und stark? Da weilt, Ānando, der Mönch gar fern von Begierden, fern von unheilsamen Dingen in sinnend gedenkender ruhegeborener seliger Heiterkeit, in der Weihe der ersten Schauung. Nach Vollendung des Sinnens und Gedenkens erreicht er die innere Meeresstille, die Einheit des Gemütes, die von sinnen, von gedenken freie, in der Einigung geborene selige Heiterkeit, die Weihe der zweiten Schauung. In heiterer Ruhe gleichmütig, einsichtig, klar bewußt weilt der Mönch, ein Glück empfindet er im Körper, von dem die Heiligen sagen: ‹Der gleichmütig Einsichtige lebt beglückt›; so erwirkt er die Weihe der dritten Schauung. Nach Verwerfung der Freuden und Leiden, nach Vernichtung des einstigen Frohsinns und Trübsinns erwirkt der Mönch die Weihe der leidlosen, freudlosen, gleichmütig einsichtigen vollkommenen Reine, die vierte Schauung. Also kann, Ānando, ein Mönch das innige Herz eben festigen, beruhigen, einig machen und stark.

«Er nimmt innige Armut im Geiste auf. Während er innige Armut im Geiste aufnimmt, will sich ihm das Herz in inniger Armut nicht erheben, nicht erheitern, nicht beschwichtigen, nicht beruhigen. Ist es also, Ānando, so gedenkt der Mönch: ‹Während ich innige Armut im Geiste aufnehme, will sich mir das Herz in inniger Armut nicht erheben, nicht erheitern, nicht beschwichtigen, nicht beruhigen.› So aber bleibt er da klar bewußt. 222

«Er nimmt von außen Armut im Geiste auf, er nimmt von innen und außen Armut im Geiste auf; er nimmt Unverstörung im Geiste auf. Während er Unverstörung im Geiste aufnimmt, will sich ihm das Herz in Unverstörung nicht erheben, nicht erheitern, nicht beschwichtigen, nicht beruhigen. Ist es also, Ānando, so gedenkt der Mönch: ‹Während ich Unverstörung im Geiste aufnehme, will sich mir das Herz in Unverstörung nicht erheben, nicht erheitern, nicht beschwichtigen, nicht beruhigen.› So aber bleibt er da klar bewußt.

«Ein solcher Mönch, Ānando, hat nun in jener ersteren geistigen Vertiefung das innige Herz eben zu festigen, zu beruhigen, einig zu machen und stark. Er nimmt innige Armut im Geiste auf. Während er innige Armut im Geiste aufnimmt, erhebt sich ihm das Herz in inniger Armut, erheitert sich, beschwichtigt sich, beruhigt sich. Ist es also, Ānando, so gedenkt der Mönch: ‹Während ich innige Armut im Geiste aufnehme, erhebt sich mir das Herz in inniger Armut, erheitert sich, beschwichtigt sich, beruhigt sich.› So aber bleibt er da klar bewußt.

«Er nimmt von außen Armut im Geiste auf, er nimmt von innen und außen Armut im Geiste auf; er nimmt Unverstörung im Geiste auf. Während er Unverstörung im Geiste aufnimmt, erhebt sich ihm das Herz in Unverstörung, erheitert sich, beschwichtigt sich, beruhigt sich. Ist es also, Ānando, so gedenkt der Mönch: ‹Während ich Unverstörung im Geiste aufnehme, erhebt sich mir das Herz in Unverstörung, erheitert sich, beschwichtigt sich, beruhigt sich.› So aber bleibt er da klar bewußt[425].

«Wenn nun, Ānando, bei diesem Mönche, der eine solche Stätte gefunden
223 hat, im Herzen die Neigung vorwiegt auf- und abzugehn, so geht er auf und ab: ‹Also auf- und abgehend werd' ich von Begierde und Mißmut, schlechten, unheilsamen Dingen mich nicht überwältigen lassen.› So aber bleibt er da klar bewußt.

«Wenn nun, Ānando, bei diesem Mönche, der eine solche Stätte gefunden hat, im Herzen die Neigung vorwiegt, stehn zu bleiben, so bleibt er stehn: ‹Also stehn bleibend werd' ich von Begierde und Mißmut, schlechten, unheilsamen Dingen mich nicht überwältigen lassen.› So aber bleibt er da klar bewußt.

«Wenn nun, Ānando, bei diesem Mönche, der eine solche Stätte gefunden hat, im Herzen die Neigung vorwiegt niederzusitzen, so setzt er sich nieder: ‹Also niedersitzend werd' ich von Begierde und Mißmut, schlechten, unheilsamen Dingen mich nicht überwältigen lassen.› So aber bleibt er da klar bewußt.

«Wenn nun, Ānando, bei diesem Mönche, der eine solche Stätte gefunden hat, im Herzen die Neigung vorwiegt sich hinzulegen, so legt er sich hin: ‹Also liegend werd' ich von Begierde und Mißmut, schlechten, unheilsamen Dingen mich nicht überwältigen lassen.› So aber bleibt er da klar bewußt.

«Wenn nun, Ānando, bei diesem Mönche, der eine solche Stätte gefunden hat, im Herzen die Neigung vorwiegt zu reden, so gedenkt er: ‹Ein Gespräch, das gewöhnlich, gemein, alltäglich, unheilig, ungeeignet ist, nicht zur Abkehr, nicht zur Wendung, nicht zur Aufhebung, nicht zur Auflösung, nicht zur Durchschauung, nicht zur Erwachung, nicht zur Erlöschung hinlenkt, als da sind Gespräche über Könige, über Räuber, über Fürsten, über Soldaten, über Krieg und Kampf, Gespräche über Speise und Trank, über Kleidung und Lager, über Blumen und Düfte, Gespräche über Verwandte, über Fuhr-

werk und Wege, über Dörfer und Burgen, über Städte und Länder, über Weiber und Weine, über Straßen und Märkte, über die Altvorderen und über die
Veränderungen, über Ereignisse im Reich, Ereignisse zur See, über dies und 224
das und dergleichen mehr: ein solches Gespräch werde ich nicht führen.› So aber bleibt er da klar bewußt.

«Wenn es aber, Ānando, ein Gespräch ist, das zur Ledigung, zur geistigen Befreiung taugt, einzig zur Abkehr, zur Wendung, zur Aufhebung, zur Auflösung, zur Durchschauung, zur Erwachung, zur Erlöschung hinlenkt, als da sind Gespräche über Genugsamkeit, über Zufriedenheit, Gespräche über Einsamkeit, über Abgeschiedenheit, über Beharrlichkeit, über Tugend, Gespräche über Vertiefung, über Weisheit, über Erlösung, über Wissensklarheit der Erlösung: ‹ein solches Gespräch›, gedenkt er, ‹werde ich führen.› So aber bleibt er da klar bewußt.

«Wenn nun, Ānando, bei diesem Mönche, der eine solche Stätte gefunden hat, im Herzen die Neigung vorwiegt zu erwägen, so gedenkt er: ‹Erwägungen, die da gewöhnlich, gemein, alltäglich, unheilig, ungeeignet sind, nicht zur Abkehr, nicht zur Wendung, nicht zur Aufhebung, nicht zur Auflösung, nicht zur Durchschauung, nicht zur Erwachung, nicht zur Erlöschung hinlenken, als da sind Erwägungen des Begehrens, der Gehässigkeit, der Wut: solche Erwägungen will ich nicht erwägen.› So aber bleibt er da klar bewußt.

«Wenn es aber, Ānando, Erwägungen sind, die da heilig, ausreichend ausreichen, dem Grübler zur gänzlichen Leidensversiegung, als da sind Erwägungen des Entsagens, der Duldsamkeit, der Milde: ‹solche Erwägungen›, gedenkt er, ‹will ich erwägen.› So aber bleibt er da klar bewußt.

«Fünf Begehrungen, Ānando, gibt es: welche fünf? Die durch das Gesicht ins Bewußtsein tretenden Formen, die ersehnten, geliebten, entzückenden, angenehmen, dem Begehren entsprechenden, reizenden; die durch das Gehör ins Bewußtsein tretenden Töne, die ersehnten, geliebten, entzückenden, angenehmen, dem Begehren entsprechenden, reizenden; die durch den Geruch ins Bewußtsein tretenden Düfte, die ersehnten, geliebten, entzückenden, angenehmen, dem Begehren entsprechenden, reizenden; die durch den Geschmack ins Bewußtsein tretenden Säfte, die ersehnten, geliebten, entzückenden, angenehmen, dem Begehren entsprechenden, reizenden; die durch das Getast ins Bewußtsein tretenden Tastungen, die ersehnten, geliebten, entzückenden, angenehmen, dem Begehren entsprechenden, reizenden. Das sind,
Ānando, die fünf Begehrungen, wobei der Mönch oft und oft sein Herz er- 225
forschen muß: ‹Kommt es wohl vor, daß mir bei diesen fünf Begehrungen, auf diesem oder auf jenem Gebiete, geistiges Zukehren erwächst?› Sobald, Ānando, der Mönch bei seiner Erforschung merkt: ‹Es kommt vor, daß mir

bei diesen fünf Begehrungen, auf diesem oder auf jenem Gebiete, geistiges Zukehren erwächst›: ist es also, Ānando, so gedenkt der Mönch: ‹Was da bei diesen fünf Begehrungen Willensreiz ist, das hab' ich nicht verloren[426].› So aber bleibt er da klar bewußt. Sobald aber, Ānando, der Mönch bei seiner Erforschung merkt: ‹Nicht kommt es vor, daß mir bei diesen fünf Begehrungen, auf diesem oder auf jenem Gebiete, geistiges Zukehren erwächst›: ist es also, Ānando, so gedenkt der Mönch: ‹Was da bei diesen fünf Begehrungen Willensreiz ist, das hab' ich verloren.› So aber bleibt er da klar bewußt.

«Fünf gibt es, Ānando, der Stücke des Anhangens, wobei der Mönch das Entstehn und Vergehn beobachten muß: ‹So ist die Form, so entsteht sie, so löst sie sich auf; so ist das Gefühl, so entsteht es, so löst es sich auf; so ist die Wahrnehmung, so entsteht sie, so löst sie sich auf; so sind die Unterscheidungen, so entstehn sie, so lösen sie sich auf; so ist das Bewußtsein, so entsteht es, so löst es sich auf.› Während er bei diesen fünf Stücken des Anhangens das Entstehn und Vergehn beobachtet, geht ihm dabei was Dünkel der Ichheit ist verloren. Ist es also, Ānando, so gedenkt der Mönch: ‹Was da bei diesen fünf
226 Stücken des Anhangens Dünkel der Ichheit war, das hab' ich verloren.› So aber bleibt er da klar bewußt. Das nun, Ānando, sind Dinge, die einzig dem Heile zuführen, heilige, überweltliche, unüberkommen vom Bösen. –

«Was bedünkt dich, Ānando: aus welchem zureichenden Grunde darf wohl ein Jünger dem Meister nachfolgen, so lange bis er ihn von sich weist?»

«Vom Erhabenen stammt unser Wissen, o Herr, vom Erhabenen geht es aus, auf den Erhabenen geht es zurück. Gut wär' es, o Herr, wenn doch der Erhabene den Sinn dieser Rede erläutern wollte: das Wort des Erhabenen werden die Mönche bewahren.»

«Nicht wohl, Ānando, darf ein Jünger dem Meister nachfolgen, um nur Reden, Aussprüche, Erklärungen zu hören[427]: und warum nicht? Lange Zeit habt ihr ja, Ānando, die Dinge gehört, gehütet, mit der Rede beherrscht, im Gedächtnis bewahrt, von Grund aus verstanden. Was aber da, Ānando, ein Gespräch ist, das zur Ledigung, zur geistigen Befreiung taugt, einzig zur Abkehr, zur Wendung, zur Aufhebung, zur Auflösung, zur Durchschauung, zur Erwachung, zur Erlöschung hinlenkt, als da sind Gespräche über Genugsamkeit, über Zufriedenheit, Gespräche über Einsamkeit, über Abgeschiedenheit, über Beharrlichkeit, über Tugend, Gespräche über Vertiefung, über Weisheit, über Erlösung, über Wissensklarheit der Erlösung: um eines solchen Gespräches willen, Ānando, darf wohl ein Jünger dem Meister nachfolgen, so lange bis er ihn von sich weist. –

«Daher kommt es, Ānando, daß ein Lehrer Unbill erfährt; daher kommt es, daß ein Schüler Unbill erfährt; daher kommt es, daß ein Asket Unbill er-

fährt. Wie aber, Ānando, erfährt ein Lehrer Unbill? Da sucht, Ānando, irgendein Lehrer einen abgelegenen Ruheplatz auf, einen Hain, den Fuß eines Baumes, eine Felsengrotte, eine Bergesgruft, einen Friedhof, die Waldesmitte,
ein Streulager in der offenen Ebene. Während er also zurückgezogen weilt, 227
gehn in der Umgegend Priester und Hausleute, Bürger wie Bauern, ihren Geschäften nach. Und während in der Umgegend Priester und Hausleute, Bürger wie Bauern, ihren Geschäften nachgehn, wird er aus Ohnmacht begehrlich[428], gerät in Leidenschaft, kehrt sich der Üppigkeit zu. Den heißt man, Ānando, einen Lehrer, der unbillig Unbill des Lehrers erfahren hat: überzogen haben ihn schlechte, unheilsame Dinge, besudelnde, Wiederdasein säende, entsetzliche, Leiden ausbrütende, wiederum Leben, Altern und Sterben erzeugende. Also, Ānando, erfährt ein Lehrer Unbill.

«Wie aber, Ānando, erfährt ein Schüler Unbill? Da ist eben einer, Ānando, eines solchen Meisters Jünger, und der Einsamkeit des Meisters gemäß übt er sich ein und sucht einen abgelegenen Ruheplatz auf, einen Hain, den Fuß eines Baumes, eine Felsengrotte, eine Bergesgruft, einen Friedhof, die Waldesmitte, ein Streulager in der offenen Ebene. Während er also zurückgezogen weilt, gehn in der Umgegend Priester und Hausleute, Bürger wie Bauern, ihren Geschäften nach. Und während in der Umgegend Priester und Hausleute, Bürger wie Bauern, ihren Geschäften nachgehn, wird er aus Ohnmacht begehrlich, gerät in Leidenschaft, kehrt sich der Üppigkeit zu. Den heißt man, Ānando, einen Schüler, der unbillig Unbill des Schülers erfahren hat: überzogen haben ihn schlechte, unheilsame Dinge, besudelnde, Wiederdasein säende, entsetzliche, Leiden ausbrütende, wiederum Leben, Altern und Sterben erzeugende. Also, Ānando, erfährt ein Schüler Unbill.

«Wie aber, Ānando, erfährt ein Asket Unbill? Da erscheint, Ānando, der Vollendete in der Welt, der Heilige, vollkommen Erwachte, der Wissens- und Wandelsbewährte, der Willkommene, der Welt Kenner, der unvergleichliche Leiter der Männerherde, der Meister der Götter und Menschen, der Erwachte, der Erhabene. Er sucht einen abgelegenen Ruheplatz auf, einen Hain, den Fuß eines Baumes, eine Felsengrotte, eine Bergesgruft, einen Friedhof, die
Waldesmitte, ein Streulager in der offenen Ebene. Während er also zurück- 228
gezogen weilt, gehn in der Umgegend Priester und Hausleute, Bürger wie Bauern, ihren Geschäften nach. Und während in der Umgegend Priester und Hausleute, Bürger wie Bauern, ihren Geschäften nachgehn, wird er nicht aus Ohnmacht begehrlich, gerät in keine Leidenschaft, kehrt sich der Üppigkeit nicht zu. Da ist nun einer, Ānando, eines solchen Meisters Jünger, und der Einsamkeit des Meisters gemäß übt er sich ein und sucht einen abgelegenen Ruheplatz auf, einen Hain, den Fuß eines Baumes, eine Felsengrotte, eine Bergesgruft, einen Friedhof, die Waldesmitte, ein Streulager in der offenen

Ebene. Während er also zurückgezogen weilt, gehn in der Umgegend Priester und Hausleute, Bürger wie Bauern, ihren Geschäften nach. Und während in der Umgegend Priester und Hausleute, Bürger wie Bauern, ihren Geschäften nachgehn, wird er aus Ohnmacht begehrlich, gerät in Leidenschaft, kehrt sich der Üppigkeit zu. Den heißt man, Ānando, einen Asketen, der unbillig Unbill des Asketen erfahren hat: überzogen haben ihn schlechte, unheilsame Dinge, besudelnde, Wiederdasein säende, entsetzliche, Leiden ausbrütende, wiederum Leben, Altern und Sterben erzeugende. Also, Ānando, erfährt ein Asket Unbill. Was da nun, Ānando, eine Unbill des Lehrers und Unbill des Schülers anlangt, so ist eine Unbill des Asketen reicher an Leiden als jene, reicher an Bitterkeit, und führt zum Verderben hin. –

«Darum aber, Ānando, mögt ihr mit Liebe mir begegnen und nicht mit Feindschaft; das wird euch lange zum Wohle, zum Heile gereichen.

«Wie aber, Ānando, begegnen einem Meister die Jünger mit Feindschaft und nicht mit Liebe? Da legt, Ānando, ein Meister den Jüngern die Lehre dar, mitleidig, wohlwollend, von Mitleid bewogen: ‹Das dient euch zum
229 Wohle, das dient euch zum Heile.› Und die Jünger horchen nicht auf ihn, leihen ihm kein Gehör, wenden das Herz nicht dem Verständnisse zu, und übertreten in ihrem Betragen die Satzung des Meisters. Also, Ānando, begegnen einem Meister die Jünger mit Feindschaft und nicht mit Liebe.

«Wie aber, Ānando, begegnen einem Meister die Jünger mit Liebe und nicht mit Feindschaft? Da legt, Ānando, ein Meister den Jüngern die Lehre dar, mitleidig, wohlwollend, von Mitleid bewogen: ‹Das dient euch zum Wohle, das dient euch zum Heile.› Und die Jünger horchen auf ihn, leihen ihm Gehör, wenden das Herz dem Verständnisse zu, und nicht übertreten sie in ihrem Betragen die Satzung des Meisters. Also, Ānando, begegnen einem Meister die Jünger mit Liebe und nicht mit Feindschaft.

«Darum aber, Ānando, mögt ihr mit Liebe mir begegnen und nicht mit Feindschaft; das wird euch lange zum Wohle, zum Heile gereichen. Nicht brauch' ich, Ānando, mit euch umzugehn wie der Töpfer mit den ungebrannten Tongefäßen. Einfüllend einfüllen, Ānando, kann meine Rede, ausgießend ausgießen: der Gehalt bleibt derselbe.»

Also sprach der Erhabene. Zufrieden freute sich der ehrwürdige Ānando über das Wort des Erhabenen[429].

123

DREIZEHNTER TEIL · DRITTE REDE

ERSTAUNLICHE, AUSSERORDENTLICHE EIGENSCHAFTEN

Das hab' ich gehört. Zu einer Zeit weilte der Erhabene bei Sāvatthī, im 230
Siegerwalde, im Garten Anāthapiṇḍikos.

Als nun manche der Mönche, nach dem Mahle, vom Almosengange zurückgekehrt, in der Halle des Vorhauses sich eingefunden, versammelt hatten, kam unter ihnen die Rede auf:

«Erstaunlich, ihr Brüder, außerordentlich, ihr Brüder, ist des Vollendeten hohe Macht, hohe Gewalt, wie ja doch der Vollendete die dahingegangenen Erwachten, die zur Erlöschung gelangten, der Sonderheit entrückten, der Wandelheit entrückten, dem Kreislauf entfahrenen, allem Weh entschwundenen, erkennen kann: ‹Also geboren waren jene Erhabenen, so und so, also genannt waren jene Erhabenen, so und so, also abgestammt waren jene Erhabenen, so und so, also gelebt hatten jene Erhabenen, so und so, also gelehrt hatten jene Erhabenen, so und so, also gewußt hatten jene Erhabenen, so und so, also geweilt hatten jene Erhabenen, so und so, also erlöst waren jene Erhabenen, so und so.›»

Auf diese Worte wandte sich der ehrwürdige Ānando also an die Mönche:

«Erstaunlich sind eben, ihr Brüder, Vollendete, und mit erstaunlichen Eigenschaften begabt; außerordentlich sind eben, ihr Brüder, Vollendete, und mit außerordentlichen Eigenschaften begabt.»

Bald aber nachdem dieses Gespräch der Mönche untereinander begonnen, kam der Erhabene heran, gegen Abend, nach Aufhebung der Gedenkensruhe, zur Halle hin des Vorhauses, und nahm, dort angelangt, auf dem angebotenen Sitze Platz. Da wandte sich denn der Erhabene an die Mönche:

«Zu welchem Gespräch, ihr Mönche, seid ihr jetzt hier zusammengekommen, und wobei habt ihr euch eben unterbrochen?»

«Als wir uns da, o Herr, nach dem Mahle, vom Almosengange zurück-
gekehrt, in der Halle des Vorhauses eingefunden, versammelt hatten, war 231
unter uns die Rede aufgekommen: ‹Erstaunlich, ihr Brüder, außerordentlich, ihr Brüder, ist des Vollendeten hohe Macht, hohe Gewalt, wie ja doch der Vollendete die dahingegangenen Erwachten, die zur Erlöschung gelangten, der Sonderheit entrückten, der Wandelheit entrückten, dem Kreislauf ent-

fahrenen, allem Weh entschwundenen, erkennen kann: ‘Also geboren waren jene Erhabenen, so und so, also genannt waren jene Erhabenen, so und so, also abgestammt waren jene Erhabenen, so und so, also gelebt hatten jene Erhabenen, so und so, also gelehrt hatten jene Erhabenen, so und so, also gewußt hatten jene Erhabenen, so und so, also geweilt hatten jene Erhabenen, so und so, also erlöst waren jene Erhabenen, so und so.’› Auf diese Worte, o Herr, wandte sich der ehrwürdige Ānando also an uns: ‹Erstaunlich sind eben, ihr Brüder, Vollendete, und mit erstaunlichen Eigenschaften begabt; außerordentlich sind eben, ihr Brüder, Vollendete, und mit außerordentlichen Eigenschaften begabt.› Das war, o Herr, das Gespräch unter uns, das wir unterbrachen als der Erhabene ankam.»

Da wandte sich nun der Erhabene an den ehrwürdigen Ānando:

«Wohlan denn, Ānando, so magst du noch genauer die erstaunlichen, außerordentlichen Eigenschaften eines Vollendeten darstellen.»

«Von Angesicht hab' ich es, o Herr, vom Erhabenen gehört, von Angesicht vernommen: ‹Klar bewußt, Ānando, ist der Erwachsame in Seliger Gestalt erschienen.› Daß aber, o Herr, der Erwachsame klar bewußt in Seliger Gestalt erschienen ist, eben das hab' ich mir, o Herr, als erstaunliche, außerordentliche Eigenschaft des Erhabenen gemerkt[430].

«Von Angesicht hab' ich es, o Herr, vom Erhabenen gehört, von Angesicht vernommen: ‹Klar bewußt, Ānando, ist der Erwachsame in Seliger Gestalt geblieben.› Daß aber, o Herr, der Erwachsame klar bewußt in Seliger Gestalt geblieben ist, eben das hab' ich mir, o Herr, als erstaunliche, außerordentliche Eigenschaft des Erhabenen gemerkt.

«Von Angesicht hab' ich es, o Herr, vom Erhabenen gehört, von Angesicht
232 vernommen: ‹Ein Leben lang, Ānando, ist der Erwachsame in Seliger Gestalt geblieben.› Daß aber, o Herr, der Erwachsame ein Leben lang in Seliger Gestalt geblieben ist, eben das hab' ich mir, o Herr, als erstaunliche, außerordentliche Eigenschaft des Erhabenen gemerkt.

«Von Angesicht hab' ich es, o Herr, vom Erhabenen gehört, von Angesicht vernommen: ‹Klar bewußt, Ānando, schwindet der Erwachsame aus Seliger Gestalt hinweg und kommt in den Leib der Mutter herab.› Daß aber, o Herr, der Erwachsame klar bewußt aus Seliger Gestalt hinwegschwindet und in den Leib der Mutter herabkommt, eben das hab' ich mir, o Herr, als erstaunliche, außerordentliche Eigenschaft des Erhabenen gemerkt.

«Von Angesicht hab' ich es, o Herr, vom Erhabenen gehört, von Angesicht vernommen: ‹Wann da, Ānando, der Erwachsame aus Seliger Gestalt hinweggeschwunden und in den Leib der Mutter herabkommt, dann erhebt sich in der Welt mit ihren Göttern, mit ihren bösen und heiligen Geistern, mit ihrer Schar von Priestern und Büßern, Göttern und Menschen, ein unermeßlich mächtiger Glanz, überstrahlend sogar der Götter göttliche Pracht. Und auch die Zwischenwelten, die traurigen, trostlosen, finsteren, finster umnachteten[431], wo selbst dieser Mond und diese Sonne, die so mächtigen, so gewaltigen, mit ihrem Scheine nicht hindringen, auch dort erhebt sich ein unermeßlich mächtiger Glanz, überstrahlend sogar der Götter göttliche Pracht. Die aber dort als Wesen weilen, die erschauen in diesem Glanze sich selber und sagen: 'Andere sind es ja noch der Wesen, die hier weilen[432]!' Diese zehntausendfache Welt aber wankt und erbebt und erzittert, und es erhebt sich aus ihr ein unermeßlich mächtiger Glanz, überstrahlend sogar der Götter göttliche Pracht.› Daß aber, o Herr, wann da der Erwachsame aus Seliger Gestalt hinweggeschwunden und in den Leib der Mutter herabkommt, ein solcher Glanz erscheint, eben das hab' ich mir, o Herr, als erstaunliche, außerordentliche Eigenschaft des Erhabenen gemerkt. 233

«Von Angesicht hab' ich es, o Herr, vom Erhabenen gehört, von Angesicht vernommen: ‹Wann da, Ānando, der Erwachsame in den Leib der Mutter herabgekommen ist, dann nahen sich ihm vier Göttersöhne zum Schutze nach den vier Seiten: 'Keiner soll Ihn, den Erwachsamen, oder des Erwachsamen Mutter, versehren, weder Mensch noch Nichtmensch noch irgendwer.'› Daß aber, o Herr, wann der Erwachsame in den Leib der Mutter herabgekommen ist, vier Göttersöhne zum Schutze nach den vier Seiten ihm dann sich nahen, eben das hab' ich mir, o Herr, als erstaunliche, außerordentliche Eigenschaft des Erhabenen gemerkt[433].

«Von Angesicht hab' ich es, o Herr, vom Erhabenen gehört, von Angesicht vernommen: ‹Wann da, Ānando, der Erwachsame in den Leib der Mutter herabgekommen ist, bleibt des Erwachsamen Mutter ihrer Natur nach tugendhaft[434] und hütet sich Lebendiges umzubringen, hütet sich Nichtgegebenes zu nehmen, hütet sich vor Ausschweifung, hütet sich vor Lüge, hütet sich berauschende und berückende Getränke, betäubende und betörende Mittel zu gebrauchen.› Daß aber, o Herr, wann da der Erwachsame in den Leib der Mutter herabgekommen ist, des Erwachsamen Mutter ihrer Natur nach tugendhaft bleibt, eben das hab' ich mir, o Herr, als erstaunliche, außerordentliche Eigenschaft des Erhabenen gemerkt.

«Von Angesicht hab' ich es, o Herr, vom Erhabenen gehört, von Angesicht vernommen: ‹Wann da, Ānando, der Erwachsame in den Leib der Mutter herabgekommen ist, mag des Erwachsamen Mutter nach Männern kein Liebesverlangen mehr anwandeln, und nicht mehr kann des Erwachsamen Mutter von irgendeinem Manne in Leidenschaft umfangen werden.› Daß aber, o Herr, wann da der Erwachsame in den Leib der Mutter herabgekommen ist, des Erwachsamen Mutter nach Männern kein Liebesverlangen mehr anwandeln mag, und des Erwachsamen Mutter nicht mehr von irgendeinem Manne in Leidenschaft umfangen werden kann, eben das hab' ich mir, o Herr, als erstaunliche, außerordentliche Eigenschaft des Erhabenen gemerkt.

«Von Angesicht hab' ich es, o Herr, vom Erhabenen gehört, von Angesicht vernommen: ‹Wann da, Ānando, der Erwachsame in den Leib der Mutter herabgekommen ist, ist des Erwachsamen Mutter mit den fünf Begehrungen
234 begabt und wird in ihrem Gebrauche gehegt und gepflegt.› Daß aber, o Herr, wann da der Erwachsame in den Leib der Mutter herabgekommen ist, des Erwachsamen Mutter mit den fünf Begehrungen begabt ist und in ihrem Gebrauche gehegt und gepflegt wird, eben das hab' ich mir, o Herr, als erstaunliche, außerordentliche Eigenschaft des Erhabenen gemerkt.

«Von Angesicht hab' ich es, o Herr, vom Erhabenen gehört, von Angesicht vernommen: ‹Wann da, Ānando, der Erwachsame in den Leib der Mutter herabgekommen ist, wird des Erwachsamen Mutter von keinerlei Krankheit befallen, wohl befindet sich des Erwachsamen Mutter, ohne körperliche Gebrechen, und erblickt den Erwachsamen in ihrem Leibe liegen, mit allen Gliedern begliedert, sinnenfällig. Gleichwie etwa, Ānando, ein Juwel, ein Edelstein, von reinem Wasser, achteckig, wohlbearbeitet, um den ein Faden geschlungen wäre, ein blauer oder ein gelber, ein roter oder ein weißer oder ein grüner, und ein scharfsehender Mann habe ihn an die Hand gesteckt und betrachtete ihn: 'Das ist ein Juwel, ein Edelstein, von reinem Wasser, achteckig, wohlbearbeitet, und dieser Faden ist herumgeschlungen, der blaue oder der gelbe, der rote oder der weiße oder der grüne': ebenso nun auch, Ānando, erblickt des Erwachsamen Mutter den Erwachsamen in ihrem Leibe liegen, mit allen Gliedern begliedert, sinnenfällig.› Daß aber, o Herr, wann da der Erwachsame in den Leib der Mutter herabgekommen ist, des Erwachsamen Mutter von keinerlei Krankheit befallen wird, sich wohl befindet, ohne körperliche Gebrechen, und den Erwachsamen in ihrem Leibe liegen sieht, mit allen Gliedern begliedert, sinnenfällig, eben das hab' ich mir, o Herr, als erstaunliche, außerordentliche Eigenschaft des Erhabenen gemerkt[435].

«Von Angesicht hab' ich es, o Herr, vom Erhabenen gehört, von Angesicht vernommen: ‹Sieben Tage nach der Geburt, Ānando, des Erwachsamen stirbt des Erwachsamen Mutter und kehrt in Selige Gestalt empor.› Daß aber, o Herr, sieben Tage nach der Geburt des Erwachsamen des Erwachsamen Mutter stirbt und in Selige Gestalt emporkehrt, eben das hab' ich mir, o Herr, als erstaunliche, außerordentliche Eigenschaft des Erhabenen gemerkt.

235 «Von Angesicht hab' ich es, o Herr, vom Erhabenen gehört, von Angesicht vernommen: ‹Wenn auch wohl andere Weiber, Ānando, neun oder zehn Monde die Frucht im Leibe tragen und dann gebären, doch nicht also den Erwachsamen des Erwachsamen Mutter: zehn Monde erst nachdem des Er-

wachsamen Mutter den Erwachsamen im Leibe getragen gebiert sie.› Daß aber, o Herr, zehn Monde erst nachdem des Erwachsamen Mutter den Erwachsamen im Leibe getragen gebiert, eben das hab' ich mir, o Herr, als erstaunliche, außerordentliche Eigenschaft des Erhabenen gemerkt.

«Von Angesicht hab' ich es, o Herr, vom Erhabenen gehört, von Angesicht vernommen: ‹Wenn auch wohl andere Weiber, Ānando, sitzend oder liegend gebären, doch nicht also den Erwachsamen des Erwachsamen Mutter: stehend nur gebiert den Erwachsamen des Erwachsamen Mutter.› Daß aber, o Herr, den Erwachsamen des Erwachsamen Mutter nur stehend gebiert, eben das hab' ich mir, o Herr, als erstaunliche, außerordentliche Eigenschaft des Erhabenen gemerkt[436].

«Von Angesicht hab' ich es, o Herr, vom Erhabenen gehört, von Angesicht vernommen: ‹Wann da, Ānando, der Erwachsame aus dem Leibe der Mutter hervorkehrt, wird er zuerst von Göttern entgegengenommen, hernach von Menschen.› Daß aber, o Herr, der Erwachsame, wann er aus dem Leibe der Mutter hervorkehrt, zuerst von Göttern entgegengenommen wird, hernach von Menschen, eben das hab' ich mir, o Herr, als erstaunliche, außerordentliche Eigenschaft des Erhabenen gemerkt.

«Von Angesicht hab' ich es, o Herr, vom Erhabenen gehört, von Angesicht vernommen: ‹Wann da, Ānando, der Erwachsame aus dem Leibe der Mutter hervorkehrt, berührt der Erwachsame nicht den Boden, sondern von vier Göttersöhnen empfangen wird er der Mutter dargebracht: 'Beseligt sei, o Fürstin, ein hochbegabter Sohn ist dir geboren.'› Daß aber, o Herr, der Erwachsame, wann er aus dem Leibe der Mutter hervorkehrt, nicht den Boden berührt, sondern von vier Göttersöhnen empfangen der Mutter dargebracht wird, eben das hab' ich mir, o Herr, als erstaunliche, außerordentliche Eigenschaft des Erhabenen gemerkt[437].

«Von Angesicht hab' ich es, o Herr, vom Erhabenen gehört, von Angesicht
vernommen: ‹Wann da, Ānando, der Erwachsame aus dem Leibe der Mutter 236
hervorkehrt, kehrt er makellos hervor, unbefleckt von Nässe, unbefleckt von Schleim, unbefleckt von Blut, unbefleckt von irgendwelcher Unsauberkeit, rein und abgeklärt. Gleichwie etwa, Ānando, wenn eine kostbare Perle in ein seidenes Tuch eingehüllt ist, weder die kostbare Perle das seidene Tuch befleckt noch auch das seidene Tuch die kostbare Perle: und warum nicht? weil beide rein sind: ebenso nun auch, Ānando, kehrt der Erwachsame, wann er aus dem Leibe der Mutter hervorkehrt, makellos hervor, unbefleckt von Nässe, unbefleckt von Schleim, unbefleckt von Blut, unbefleckt von irgendwelcher Unsauberkeit, rein und abgeklärt.› Daß aber, o Herr, der Erwachsame also aus dem Leibe der Mutter hervorkehrt, eben das hab' ich mir, o Herr, als erstaunliche, außerordentliche Eigenschaft des Erhabenen gemerkt[438].

«Von Angesicht hab' ich es, o Herr, vom Erhabenen gehört, von Angesicht vernommen: ‹Wann da, Ānando, der Erwachsame aus dem Leibe der Mutter hervorkehrt, ergießen sich zwei Regenströme aus den Wolken herab, einer kühl, einer warm, woraus dem Erwachsamen der Wasserguß gemischt wird und der Mutter[439].› Daß aber, o Herr, wann da der Erwachsame aus dem Leibe der Mutter hervorkehrt, zwei Regenströme sich aus den Wolken herabergießen, eben das hab' ich mir, o Herr, als erstaunliche, außerordentliche Eigenschaft des Erhabenen gemerkt.

«Von Angesicht hab' ich es, o Herr, vom Erhabenen gehört, von Angesicht vernommen: ‹Alsbald nach der Geburt, Ānando, faßt der Erwachsame mit beiden Füßen zugleich Boden, wendet das Antlitz gegen Norden und schreitet mit sieben Schritten geradeaus, während ein weißer Schirm ober ihm schwebt[440]: und er blickt nach allen Seiten hin und spricht das gewaltige Wort:

Der Höchste bin ich in der Welt,
Der Hehrste bin ich in der Welt,
Der Erste bin ich in der Welt,
Das letzte Leben leb' ich,
Und nicht mehr gibt es Wiedersein.›

237 Daß aber, o Herr, der Erwachsame alsbald nach der Geburt also das gewaltige Wort spricht, eben das hab' ich mir, o Herr, als erstaunliche, außerordentliche Eigenschaft des Erhabenen gemerkt.

«Von Angesicht hab' ich es, o Herr, vom Erhabenen gehört, von Angesicht vernommen: ‹Wann da, Ānando, der Erwachsame aus dem Leibe der Mutter hervorkehrt, erhebt sich wiederum in der Welt, mit ihren Göttern, mit ihren bösen und heiligen Geistern, mit ihrer Schar von Priestern und Büßern, Göttern und Menschen, ein unermeßlich mächtiger Glanz, überstrahlend sogar der Götter göttliche Pracht[441]. Und auch die Zwischenwelten, die traurigen, trostlosen, finsteren, finster umnachteten, wo selbst dieser Mond und diese Sonne, die so mächtigen, so gewaltigen, mit ihrem Scheine nicht hindringen, auch dort erhebt sich ein unermeßlich mächtiger Glanz, überstrahlend sogar der Götter göttliche Pracht. Die aber dort als Wesen weilen, die erschauen in diesem Glanze sich selber und sagen: 'Andere sind es ja noch der Wesen, die hier weilen!' Diese zehntausendfache Welt aber wankt und erbebt und erzittert, und es erhebt sich aus ihr ein unermeßlich mächtiger Glanz, überstrahlend sogar der Götter göttliche Pracht.› Daß aber, o Herr, wann da der Erwachsame aus dem Leibe der Mutter hervorkehrt, ein solcher Glanz erscheint, eben das hab' ich mir, o Herr, als erstaunliche, außerordentliche Eigenschaft des Erhabenen gemerkt.»

«Wohlan denn, Ānando, so magst du auch diese Eigenschaft des Vollendeten als erstaunlich und außerordentlich dir merken: da steigen, Ānando, Gefühle dem Vollendeten bewußt auf, bewußt halten sie an, bewußt gehn sie unter; steigen Wahrnehmungen bewußt auf, bewußt halten sie an, bewußt gehn sie unter; steigen Gedanken bewußt auf, bewußt halten sie an, bewußt gehn sie unter. Eben das ist, Ānando, eine Eigenschaft des Vollendeten, die du als erstaunlich und außerordentlich dir merken magst.»

«Daß freilich, o Herr, Gefühle dem Erhabenen bewußt aufsteigen, bewußt 238
anhalten, bewußt untergehn; Wahrnehmungen bewußt aufsteigen, bewußt anhalten, bewußt untergehn; Gedanken bewußt aufsteigen, bewußt anhalten, bewußt untergehn; auch das hab' ich mir, o Herr, als erstaunliche, außerordentliche Eigenschaft des Erhabenen gemerkt.»

Also sprach der ehrwürdige Ānando. Zugestimmt hatte der Meister. Zufrieden freuten sich jene Mönche über das Wort des ehrwürdigen Ānando[442].

124

DREIZEHNTER TEIL · VIERTE REDE

BAKKULO

DAS HAB' ICH GEHÖRT. Zu einer Zeit weilte der ehrwürdige Bakkulo bei Rāja- 239
gaham, im Bambusparke, am Hügel der Eichhörnchen. Da nun begab sich der Nackte Büßer[443] Kassapo, ein ehemaliger Hausgenosse des ehrwürdigen Bakkulo, dorthin wo der ehrwürdige Bakkulo weilte, wechselte höflichen Gruß und freundliche, denkwürdige Worte mit ihm und setzte sich zur Seite nieder. Zur Seite sitzend sprach nun der Nackte Büßer Kassapo zum ehrwürdigen Bakkulo also:

«Wie lang ist es her, Bruder, Bakkulo, daß du Pilger bist?»

«Achtzig Jahre, Bruder bin ich Pilger.»

«Während dieser achtzig Jahre aber, Bruder Bakkulo, hast du wie oft der Paarung gepflegt?»

«Nicht wohl darfst du mich, Bruder Kassapo, also befragen, sondern die Frage kannst du mir stellen: ‹Während dieser achtzig Jahre aber, Bruder Bakkulo, ist dir wie oft eine begehrliche Wahrnehmung zuerst aufgestiegen?›

Die achtzig Jahre, Bruder Kassapo, wo ich Pilger bin, weiß ich von keiner begehrlichen Wahrnehmung, die mir zuerst aufgestiegen wäre.»

«Daß aber der ehrwürdige Bakkulo seit achtzig Jahren von einer begehrlichen Wahrnehmung, die zuerst aufgestiegen wäre, nichts mehr weiß, eben das wollen wir uns als erstaunliche, außerordentliche Eigenschaft des ehrwürdigen Bakkulo merken[444].»

«Die achtzig Jahre, Bruder Kassapo, wo ich Pilger bin, weiß ich von keiner gehässigen, keiner rachgierigen Wahrnehmung, die mir zuerst aufgestiegen wäre.»

«Daß aber der ehrwürdige Bakkulo seit achtzig Jahren von einer gehässigen, einer rachgierigen Wahrnehmung, die zuerst aufgestiegen wäre, nichts mehr weiß, eben das wollen wir uns als erstaunliche, außerordentliche Eigenschaft des ehrwürdigen Bakkulo merken.»

240 «Die achtzig Jahre, Bruder Kassapo, wo ich Pilger bin, weiß ich von keinem begehrlichen Gedanken, der mir zuerst aufgestiegen wäre.»

«Daß aber der ehrwürdige Bakkulo seit achtzig Jahren von einem begehrlichen Gedanken, der zuerst aufgestiegen wäre, nichts mehr weiß, eben das wollen wir uns als erstaunliche, außerordentliche Eigenschaft des ehrwürdigen Bakkulo merken.»

«Die achtzig Jahre, Bruder Kassapo, wo ich Pilger bin, weiß ich von keinem gehässigen, keinem rachgierigen Gedanken, der mir zuerst aufgestiegen wäre.»

«Daß aber der ehrwürdige Bakkulo seit achtzig Jahren von einem gehässigen, einem rachgierigen Gedanken, der zuerst aufgestiegen wäre, nichts mehr weiß, eben das wollen wir uns als erstaunliche, außerordentliche Eigenschaft des ehrwürdigen Bakkulo merken.»

«Die achtzig Jahre, Bruder Kassapo, wo ich Pilger bin, weiß ich von keinem bürgerlichen Kleide, das ich angenommen hätte.»

«Daß aber der ehrwürdige Bakkulo seit achtzig Jahren von keinem bürgerlichen Kleide weiß es angenommen zu haben, eben das wollen wir uns als erstaunliche, außerordentliche Eigenschaft des ehrwürdigen Bakkulo merken.»

«Die achtzig Jahre, Bruder Kassapo, wo ich Pilger bin, weiß ich von keiner Schere, mit der ich mir den Mantel zugeschnitten, von keiner Nadel, mit der ich mir den Mantel genäht, von keiner Farbe, mit der ich mir den Mantel gefärbt, von keinem Flecken, mit dem ich mir den Mantel geflickt hätte, weiß nicht, daß ich mit den Ordensbrüdern die Kleidung ausgebessert hätte[445]. Die achtzig Jahre, Bruder Kassapo, wo ich Pilger bin, weiß ich von keiner Einladung, der ich zugesagt hätte, von keinerlei Gedanken, der mir etwa gekommen wäre, ‹O daß mich doch jemand einlüde›, weiß nicht, daß ich in einem Hause gesessen, in einem Hause gegessen hätte. Die achtzig Jahre, Bruder Kassapo, wo ich Pilger bin, weiß ich nicht, daß ich ein Weib erblickend

es angesehn hätte, weiß nicht, daß ich einem Weibe die Lehre dargelegt, und wär' es auch nur ein Spruch von vier Silben gewesen. Die achtzig Jahre, Bruder Kassapo, wo ich Pilger bin, weiß ich von keiner Nonnenzelle, der ich genaht wäre, von keiner Nonne, keiner Jüngerin, keiner Schülerin, der ich die Lehre dargelegt hätte[446]. Die achtzig Jahre, Bruder Kassapo, wo ich Pilger 241
bin, weiß ich von keiner Aufnahme, keiner Ordensweihe, die von mir erteilt worden, weiß nicht, daß ich beigestanden wäre, daß von mir ein Schüler unterwiesen worden[447]. Die achtzig Jahre, Bruder Kassapo, wo ich Pilger bin, weiß ich nicht, daß ich im Badhause gebadet, ein Seifenpulver gebraucht, von den Ordensbrüdern mich abreiben hätte lassen. Die achtzig Jahre, Bruder Kassapo, wo ich Pilger bin, weiß ich von keinerlei Krankheit, die mich etwa befallen, und wär' es auch nur ein Hustenreiz in der Gurgel gewesen[448], weiß von keinem Heilkraute, das ich genommen, und wär' es auch nur ein Grashalm gewesen. Die achtzig Jahre, Bruder Kassapo, wo ich Pilger bin, weiß ich nicht auf der Seite gelegen zu sein, mich niedergelegt zu haben. Die achtzig Jahre, Bruder Kassapo, wo ich Pilger bin, weiß ich nicht, daß ich über die Regenzeit in der Nähe eines Dorfes Obdach aufgesucht hätte.»

«Daß freilich der ehrwürdige Bakkulo seit achtzig Jahren also gelebt hat, eben das wollen wir uns als erstaunliche, außerordentliche Eigenschaft des ehrwürdigen Bakkulo merken.»

«Sieben Tage erst hatt' ich da, Bruder Kassapo, als Asket Almosenbissen genossen, als am achten die Gewißheit aufging.»

«Daß eben da der ehrwürdige Bakkulo sieben Tage erst als Asket Almosenbissen genossen, als am achten die Gewißheit aufging, auch das wollen wir uns als erstaunliche, außerordentliche Eigenschaft des ehrwürdigen Bakkulo merken. Könnte ich doch, Bruder Bakkulo, in diese Lehre und Ordnung aufgenommen, mit der Weihe belehnt werden!»

Und der Nackte Büßer Kassapo wurde in diese Lehre und Ordnung aufgenommen, wurde mit der Weihe belehnt.

Nicht lange aber war der ehrwürdige Kassapo in den Orden aufgenommen, da hatte er, einsam, abgesondert, unermüdlich, in heißem, innigem Ernste gar bald was edle Söhne gänzlich vom Hause fort in die Hauslosigkeit lockt, 242
jenes höchste Ziel des Asketentums noch bei Lebzeiten sich offenbar gemacht, verwirklicht und errungen. ‹Versiegt ist die Geburt, vollendet das Asketentum, gewirkt das Werk, nicht mehr ist diese Welt› verstand er da. Auch einer war nun der ehrwürdige Kassapo der Heiligen geworden.

Und der ehrwürdige Bakkulo begab sich nach einiger Zeit, in seinen weiten Mantel gehüllt, von Klause zu Klause und sprach also: ‹Schreitet herbei, ihr

Brüder, schreitet herbei, ihr Brüder: heute werd' ich vom Wahne vollkommen erlöschen.› Daß aber der ehrwürdige Bakkulo, in seinen weiten Mantel gehüllt, von Klause zu Klause gegangen ist und gesagt hat: ‹Schreitet herbei, ihr Brüder, schreitet herbei, ihr Brüder: heute werd' ich vom Wahne vollkommen erlöschen›, auch das wollen wir uns als erstaunliche, außerordentliche Eigenschaft des ehrwürdigen Bakkulo merken.

Und der ehrwürdige Bakkulo ist, in der Mitte der Ordensbrüder sitzend, vom Wahne vollkommen erloschen. Daß aber der ehrwürdige Bakkulo, in der Mitte der Ordensbrüder sitzend, vom Wahne vollkommen erloschen ist, auch das wollen wir uns als erstaunliche, außerordentliche Eigenschaft des ehrwürdigen Bakkulo merken[449].

125

DREIZEHNTER TEIL · FÜNFTE REDE

RANG DER GEBÄNDIGTEN

243 DAS HAB' ICH GEHÖRT. Zu einer Zeit weilte der Erhabene bei Rājagaham, im Bambusparke, am Hügel der Eichhörnchen. Um diese Zeit aber lebte Aciravato, ein junger Asket, im Walde, in einer Hütte.

Da kam denn Jayaseno der Königsohn, auf einem Spaziergange sich ergehend, dorthin wo Aciravato der junge Asket weilte. Dorthin gekommen tauschte er höflichen Gruß und freundliche, denkwürdige Worte mit ihm und setzte sich seitwärts nieder. Seitwärts sitzend wandte sich nun Jayaseno der Königsohn also an Aciravato den jungen Asketen:

«Sagen lassen hab' ich mir, o Aggivessano, daß da ein Mönch, der ernsten Sinnes, eifrig, unermüdlich verweilt, Einigung des Herzens finden mag.»

«Also ist es, Königsohn, also ist es, Königsohn, daß da ein Mönch, der ernsten Sinnes, eifrig, unermüdlich verweilt, Einigung des Herzens finden mag.»

«Gut wär' es, wollte mir Herr Aggivessano die Lehre, wie sie von ihm gehört, von ihm aufgefaßt worden, darlegen.»

«Nicht kann ich dir, Königsohn, die Lehre, wie sie von mir gehört, von mir aufgefaßt worden, darlegen. Denn wollt' ich dir gleich, Königsohn, die Lehre, wie sie von mir gehört, von mir aufgefaßt worden, darlegen, und du den Sinn meiner Rede nicht verständest, hätt' ich nur Mühe, hätte nur Plage.»

«Möge mir Herr Aggivessano die Lehre, wie sie von ihm gehört, von ihm aufgefaßt worden, darlegen, auf daß ich doch etwa den Sinn seiner Rede verstehn könnte.»

«Mag ich dir nun, Königsohn, die Lehre, wie sie von mir gehört, von mir aufgefaßt worden, darlegen, und du kannst da den Sinn meiner Rede verstehn, so soll es recht sein; kannst du aber den Sinn meiner Rede nicht ver- 244
stehn, so magst du deinen Glauben behalten und mich darum nicht weiter befragen.»

«Möge mir Herr Aggivessano die Lehre, wie sie von ihm gehört, von ihm aufgefaßt worden, darlegen: und kann ich da den Sinn seiner Rede verstehn, so soll es recht sein; kann ich aber den Sinn seiner Rede nicht verstehn, so werd' ich meinen Glauben behalten und Herrn Aggivessano darum nicht weiter befragen.»

Da gab denn Aciravato der junge Asket dem Königsohne Jayaseno eine Darlegung der Lehre, wie er sie gehört, wie er sie aufgefaßt hatte. Also berichtet sagte nun Jayaseno der Königsohn zu Aciravato dem jungen Asketen:

«Unmöglich ist es, o Aggivessano, es kann nicht sein, daß da ein Mönch, der ernsten Sinnes, eifrig, unermüdlich verweilt, Einigung des Herzens finden mag.»

Als nun Jayaseno der Königsohn Aciravato dem jungen Asketen Unmöglichkeit vorgehalten, stand er von seinem Sitze auf und ging weiter. Aciravato aber, der junge Asket, begab sich, bald nachdem Jayaseno der Königsohn fortgegangen, dorthin wo der Erhabene weilte. Dort angelangt begrüßte er den Erhabenen ehrerbietig und setzte sich zur Seite nieder. Zur Seite sitzend erzählte da Aciravato der junge Asket dem Erhabenen Wort um Wort das ganze Gespräch, das er mit Jayaseno dem Königsohne geführt hatte. Nach diesem Berichte wandte sich nun der Erhabene also an Aciravato den jungen Asketen:

«Woher denn, Aggivessano, sollt' es möglich sein, daß was durch Entsagung erkennbar, durch Entsagung ersehbar, durch Entsagung erreichbar, durch Entsagung erwirkbar ist, etwa auch von Jayaseno dem Königsohne, 245
der mitten in Begehren lebt, Begehren genießt, von begehrlichen Gedanken verzehrt wird, von begehrlichem Fieber entzündet ist, eifrig dem Begehren nachgeht, erkannt oder ersehn oder erreicht oder verwirklicht werden könnte? Das ist unmöglich[450]. Gleichwie etwa, Aggivessano, wenn da zwei junge Elefanten oder junge Rosse oder junge Stiere wären, wohlgebändigt, wohlabgerichtet, und zwei junge Elefanten oder junge Rosse oder junge Stiere, ungebändigt, unabgerichtet; was meinst du nun, Aggivessano: jene beiden jungen Elefanten oder jungen Rosse oder jungen Stiere, die wohlgebändigten, wohlabgerichteten, würden die wohl als gebändigte tun was Gebändigten zukommt, als gebändigte den Rang der Gebändigten einnehmen?»

«Gewiß, o Herr!»

«Aber die beiden anderen jungen Elefanten oder jungen Rosse oder jungen Stiere, die ungebändigten, unabgerichteten, würden die wohl als ungebändigte tun was Gebändigten zukommt, als ungebändigte den Rang der Gebändigten einnehmen, gleichwie etwa jene ersteren?»

«Gewiß nicht, o Herr!»

«Ebenso nun auch, Aggivessano, daß was durch Entsagung erkennbar, durch Entsagung ersehbar, durch Entsagung erreichbar, durch Entsagung erwirkbar ist, etwa auch von Jayaseno dem Königsohne, der mitten in Begehren lebt, Begehren genießt, von begehrlichen Gedanken verzehrt wird, von begehrlichem Fieber entzündet ist, eifrig dem Begehren nachgeht, erkannt oder ersehn oder erreicht oder verwirklicht werden könnte: das ist unmöglich. – Gleichwie etwa, Aggivessano, wenn da in der Nähe eines Dorfes oder einer Burg ein hoher Felsen stände. Zu diesem gingen zwei Freunde, aus dem Dorfe oder der Burg Arm in Arm hinschreitend, heran, dem Felsen entgegen. Dort
246 angelangt bliebe der eine der Freunde unten, am Fuße des Felsens, stehn, während der andere auf den Scheitel des Felsens emporstiege. Und es riefe der Freund unten, am Fuße des Felsens, dem Freunde zu, der auf den Scheitel des Felsens gestiegen: ‹Was denn, Bester, siehst du oben vom Felsen aus?› Der aber sagte: ‹Ich sehe da, Bester, oben vom Felsen aus einen heiteren Garten, einen herrlichen Wald, eine blühende Landschaft, einen lichten Wasserspiegel.› Und jener spräche: ‹Unmöglich ist es, Bester, es kann nicht sein, daß du oben vom Felsen aus einen heiteren Garten, einen herrlichen Wald, eine blühende Landschaft, einen lichten Wasserspiegel sähest.› Da stiege der Freund oben vom Scheitel herab bis zum Fuße, ergriffe den Freund unterm Arme, führte ihn auf den Felsen empor, und nachdem er ihn eine Weile ausruhen lassen, fragte er ihn: ‹Was denn, Bester, siehst du oben vom Felsen aus?› Und jener spräche: ‹Ich sehe da, Bester, oben vom Felsen aus einen heiteren Garten, einen herrlichen Wald, eine blühende Landschaft, einen lichten Wasserspiegel.› Der aber sagte: ‹Eben erst haben wir, Bester, deine Rede also vernommen: ‘Unmöglich ist es, Bester, es kann nicht sein, daß du oben vom Felsen aus einen heiteren Garten, einen herrlichen Wald, eine blühende Landschaft, einen lichten Wasserspiegel sähest’; und jetzt eben wiederum, Bester, haben wir deine Rede also vernommen: ‘Ich sehe da, Bester, oben vom Felsen aus einen heiteren Garten, einen herrlichen Wald, eine blühende Landschaft,
247 einen lichten Wasserspiegel.’› Und jener spräche: ‹So lange ja mich eben, Bester, dieser hohe Felsen gehindert hat, hab' ich das Sichtbare nicht gesehn.› Ebenso nun auch, aber noch mächtiger, hat, Aggivessano, gewaltiges Unwissen Jayaseno den Königsohn gehindert, gehemmt, angehalten, eingeschlossen. Daß der etwa da was durch Entsagung erkennbar, durch Ent-

sagung ersehbar, durch Entsagung erreichbar, durch Entsagung erwirkbar
ist, auch mitten in Begehren lebend, Begehren genießend, von begehrlichen
Gedanken verzehrt, von begehrlichem Fieber entzündet, eifrig dem Begehren
nachgehend, erkennen oder ersehn oder erreichen oder verwirklichen könnte:
das ist unmöglich. Hättest du aber, Aggivessano, diese beiden Gleichnisse
Jayaseno dem Königsohne dargestellt, ohne Zweifel wäre dann Jayaseno der
Königsohn mit dir zufrieden geworden und hätte zufrieden dir zugestimmt.»

«Wie doch nur hätt' ich, o Herr, Jayaseno dem Königsohne diese beiden
Gleichnisse darzustellen vermocht, die unzweifelhaften, nie zuvor gehörten,
gleichwie etwa der Erhabene!»

«Gleichwie etwa, Aggivessano, wenn der König, der Herrscher, dessen
Scheitel gesalbt ist, den Elefantensteller zu sich beruft: ‹Wohlan denn, bester
Elefantensteller, besteige den Königselefanten, reite in den Elefantenwald,
erspähe einen wilden Elefanten und halt' ihn mit der Fessel am Halse des
Königselefanten fest.› ‹Wohl, o König!› sagt da, Aggivessano, der Elefanten-
steller, dem Herrscher gehorchend; und er besteigt den Königselefanten, rei-
tet in den Elefantenwald, erspäht einen wilden Elefanten und hält ihn mit der
Fessel am Halse des Königselefanten fest. So nun zieht ihn der Königselefant
in eine Lichtung heraus. Bis dahin aber ist, Aggivessano, der wilde Elefant in
die Lichtung gekommen. Da verlangen sich denn, Aggivessano, wilde Ele- 248
fanten nach ihrem Walde zurück. Und der Elefantensteller erstattet dem Herr-
scher Meldung über ihn: ‹In die Lichtung gebracht hab' ich dir, o König, den
wilden Elefanten.› Den übergibt nun der Herrscher dem Elefantenbändiger:
‹Geh' hin, bester Elefantenbändiger, und bändige den wilden Elefanten, um
ihm sein waldgewohntes Betragen eben auszutreiben, um ihm seine wald-
gewohnte Sehnsucht eben auszutreiben, um ihm seine waldgewohnte Wider-
spenstigkeit, Verstocktheit, Heftigkeit eben auszutreiben; laß' ihn in der
Umgebung des Dorfes heimisch werden, Sitten annehmen, wie sie bei Men-
schen beliebt sind.› ‹Wohl, o König!› sagt da, Aggivessano, der Elefanten-
bändiger, dem Herrscher gehorchend; und er gräbt einen großen Pfahl in die
Erde ein und fesselt den wilden Elefanten mit dem Halse daran, um ihm sein
waldgewohntes Betragen eben auszutreiben, um ihm seine waldgewohnte
Sehnsucht eben auszutreiben, um ihm seine waldgewohnte Widerspenstig-
keit, Verstocktheit, Heftigkeit eben auszutreiben; er läßt ihn in der Umge-
bung des Dorfes heimisch werden, Sitten annehmen, wie sie bei Menschen
beliebt sind. Nun gebraucht der Elefantenbändiger Worte, die sanft sind,
wohlklingend, liebevoll, herzlich, höflich, wie sie dem Volke zusagen, dem
Volke behagen: mit solchen Worten behandelte er ihn. Sobald nun, Aggives-

sano, der wilde Elefant bei solcher Behandlung aufhorcht, Gehör gibt, sein
Herz dem Verständnisse zukehrt, dann läßt ihm der Elefantenbändiger nun-
249 mehr Heu und Wasser vorsetzen. Und wenn nun, Aggivessano, der wilde Ele-
fant Heu und Wasser annimmt, so weiß der Elefantenbändiger: ‹Am Leben
bleiben wird jetzt der wilde Elefant.› Nun läßt ihn der Elefantenbändiger fer-
nerhin Übungen ausführen, als Aufladen und Abladen. Sobald nun, Aggives-
sano, der wilde Elefant dem Befehle aufzuladen und abzuladen nachkommt,
der Forderung Genüge leistet, dann läßt ihn der Elefantenbändiger fernerhin
Übungen ausführen, als Hinschreiten und Herschreiten. Sobald nun, Aggi-
vessano, der wilde Elefant dem Befehle hinzuschreiten und herzuschreiten
nachkommt, der Forderung Genüge leistet, dann läßt ihn der Elefantenbän-
diger weitere Übungen ausführen, als Niederknien und Aufstehn. Sobald nun,
Aggivessano, der wilde Elefant dem Befehle niederzuknien und aufzustehn
nachkommt, der Forderung Genüge leistet, dann läßt ihn der Elefantenbän-
diger weiterhin die 'Unverstörung' genannte Übung durchmachen. Ein gro-
ßer Schild wird ihm vor den Rüssel gebunden, ein Mann mit einer Lanze be-
waffnet nimmt oben auf dem Nacken Platz, allenthalben sind Männer mit
Lanzen in der Hand im Umkreise aufgestellt, und der Elefantenbändiger hat
einen langen Speer genommen und steht voran. Während ihm nun Unver-
störte Übung angewöhnt wird, darf er weder die Vorderfüße bewegen noch
die Hinterfüße, darf er weder den Vorderleib bewegen noch den Hinterleib,
darf er nicht das Haupt bewegen, nicht die Ohren bewegen, nicht die Hauer
bewegen, nicht Schwanz und nicht Rüssel bewegen. So wird er ein Königs-
250 elefant und erträgt geduldig stechende Spitzen, schneidende Schwerter, rei-
ßende Pfeile, feindlichen Ansturm, Trommelwirbel und Paukenschlag, Trom-
peten- und Fanfarenstöße, ist gänzlich von Tücke und Untugend entledigt,
entwöhnt worden von Unart: königswürdig, königstauglich wird er eben als
‹Königsgut› bezeichnet:

«Ebenso nun auch, Aggivessano, erscheint da der Vollendete in der Welt, der Heilige, vollkommen Erwachte, der Wissens- und Wandelsbewährte, der Willkommene, der Welt Kenner, der unvergleichliche Leiter der Männerherde, der Meister der Götter und Menschen, der Erwachte, der Erhabene. Er zeigt diese Welt mit ihren Göttern, ihren bösen und heiligen Geistern, mit ihrer Schar von Priestern und Büßern, Göttern und Menschen, nachdem er sie selbst verstanden und durchdrungen hat. Er verkündet die Lehre, deren Anfang begütigt, deren Mitte begütigt, deren Ende begütigt, die sinn- und wortgetreue, er legt das vollkommen geläuterte, geklärte Asketentum dar. Diese Lehre hört ein Hausvater, oder der Sohn eines Hausvaters, oder einer, der in anderem Stande neugeboren ward. Nachdem er diese Lehre gehört hat, faßt er Vertrauen zum Vollendeten. Von diesem Vertrauen erfüllt denkt und

überlegt er also: ‹Ein Gefängnis ist die Häuslichkeit, ein Schmutzwinkel; der freie Himmelsraum die Pilgerschaft. Nicht wohl geht es, wenn man im Hause bleibt, das völlig geläuterte, völlig geklärte Asketentum Punkt für Punkt zu erfüllen. Wie, wenn ich nun, mit geschorenem Haar und Barte, mit fahlem Gewande bekleidet, aus dem Hause in die Hauslosigkeit hinauszöge?› Und nach einiger Zeit verläßt er einen kleinen Besitz oder er verläßt einen großen Besitz, verläßt er einen kleinen Verwandtenkreis oder er verläßt einen großen Verwandtenkreis, schert sich Haar und Bart, legt die fahlen Gewänder an und
zieht aus dem Hause in die Hauslosigkeit hinaus. Bis dahin aber ist, Aggi- 251
vessano, der heilige Jünger in die Lichtung gekommen.

«Da verlangen sich denn, Aggivessano, eben Menschen nach den fünf Begehrungen zurück.

«Den weist nun der Vollendete weiter zurecht: ‹Willkommen, du Mönch, sei tugendhaft, in reiner Zucht richtig gezügelt bleibe lauter im Handel und Wandel: vor geringstem Fehl auf der Hut kämpfe beharrlich weiter, Schritt um Schritt.› Sobald nun, Aggivessano, der Mönch tugendhaft ist, in reiner Zucht richtig gezügelt lauter im Handel und Wandel bleibt, vor geringstem Fehl auf der Hut beharrlich weiterkämpft, Schritt um Schritt, dann weist ihn der Vollendete weiter zurecht: ‹Willkommen, du Mönch, die Tore der Sinne lasse dich hüten: hast du mit dem Gesichte eine Form erblickt, so magst du keine Neigung fassen, keine Absicht fassen; da Begierde und Mißmut, böse und schlechte Gedanken gar bald den überwältigen, der unbewachten Gesichtes verweilt, befleißige dich dieser Bewachung, hüte das Gesicht, wache eifrig über das Gesicht. Hast du mit dem Gehöre einen Ton gehört – hast du mit dem Geruche einen Duft gerochen – hast du mit dem Geschmacke einen Saft geschmeckt – hast du mit dem Getaste eine Tastung getastet – hast du mit dem Gedenken ein Ding erkannt, so magst du keine Neigung fassen, keine Absicht fassen; da Begierde und Mißmut, böse und schlechte Gedanken gar bald den überwältigen, der unbewachten Gedenkens verweilt, befleißige dich dieser Bewachung, hüte das Gedenken, wache eifrig über das Gedenken.› Sobald nun, Aggivessano, der Mönch die Tore der Sinne behütet hält, dann weist ihn der Vollendete weiter zurecht: ‹Willkommen, du Mönch, beim Essen wisse Maß zu halten, gründlich besonnen wolle die Nahrung einnehmen, nicht etwa zur Letzung und Ergetzung, nicht zur Schmuckheit und Zier, sondern nur um diesen Körper zu erhalten, zu fristen, um Schaden zu verhüten, um ein heiliges Leben führen zu können: 'So werd' ich das frühere Gefühl abtöten und ein neues Gefühl nicht aufkommen lassen, und ich werde ein Fortkommen haben, ohne Tadel bestehn, mich wohl befinden.'› Sobald nun, Aggivessano, der Mönch beim Essen Maß zu halten weiß, dann weist ihn der Vollendete weiter zurecht: ‹Willkommen, du Mönch, der Wachsamkeit weihe dich: bei Tage sollst du gehend und sitzend das Gemüt von trübenden Dingen läutern; in den ersten Stunden der Nacht gehend und sitzend das Gemüt von trübenden Dingen läutern; in den mittleren Stunden der Nacht magst du auf die rechte Seite wie der Löwe dich hinlegen, einen Fuß über dem anderen, gesammelten Sinnes, der Zeit des Aufstehns gedenkend; sollst in den letzten Stunden der Nacht, wieder aufgestanden, gehend und sitzend das Gemüt von trübenden Dingen läutern.› Sobald nun, Aggivessano, der Mönch sich der Wachsamkeit geweiht hat, dann weist ihn der Vollendete weiter zurecht: ‹Willkommen, du Mönch, mit klarem Bewußtsein wolle dich wappnen: klar bewußt beim Kommen und Gehn, klar bewußt beim Hinblicken und Wegblicken, klar bewußt beim Neigen und Erheben, klar bewußt beim Tragen des Gewandes und der Almosenschale des Ordens, klar bewußt beim Essen und Trinken, Kauen und Schmecken, klar bewußt beim Entleeren von Kot und Harn, klar bewußt beim Gehn und Stehn und Sitzen, beim Einschlafen und Erwachen, beim Sprechen und Schweigen.› Sobald nun, Aggivessano, der Mönch sich mit klarem Bewußtsein gewappnet hat, dann weist ihn der Vollendete weiter zurecht: ‹Willkommen, du Mönch, suche einen abgelegenen Ruheplatz auf, den Fuß eines Baumes, einen Hain, eine Felsengrotte, eine Bergesgruft, einen Friedhof, die Waldesmitte, ein Streulager in der offenen Ebene.› Und er sucht einen abgelegenen Ruheplatz auf, einen Hain, den Fuß eines Baumes, eine Felsengrotte, eine Bergesgruft, einen Friedhof, die Waldesmitte, ein Streulager in der offenen Ebene. Nach dem Mahle, wenn er vom Almosengange zurückgekehrt ist, setzt er sich mit verschränkten Beinen nieder, den Körper gerade aufgerichtet, und pflegt der Einsicht. Er hat weltliche Begierde verworfen und verweilt begierdelosen Gemütes, von Begierde läutert er sein Herz. Gehässigkeit hat er verworfen, haßlosen Gemütes verweilt er, voll Liebe und Mitleid zu allen lebenden Wesen läutert er sein Herz von Gehässigkeit. Matte Müde hat er verworfen, von matter Müde ist er frei; das Licht liebend, einsichtig, klar bewußt, läutert er sein Herz von matter Müde. Stolzen Unmut hat er verworfen, er ist frei von Stolz; innig beruhigten Gemütes läutert er sein Herz von stolzem Unmut. Das Schwanken hat er verworfen, der Ungewißheit ist er entronnen; er zweifelt nicht am Guten, vom Schwanken läutert er sein Herz. Er hat nun diese fünf Hemmungen aufgehoben, hat die Schlacken des Gemütes kennengelernt, die lähmenden: beim Körper wacht er über den Körper, unermüdlich, klaren Sinnes, einsichtig, nach Verwindung weltlichen Begehrens und Bekümmerns; bei den Gefühlen wacht er über die Gefühle, unermüdlich, klaren Sinnes, einsichtig, nach Verwindung weltlichen Begehrens und Bekümmerns; beim Gemüte wacht er über das Gemüt, unermüdlich, klaren Sinnes, einsichtig, nach Verwindung weltlichen Begehrens und Bekümmerns; bei den Erscheinungen wacht er über die Erscheinungen, unermüdlich, klaren Sinnes, einsichtig, nach Verwindung weltlichen Begehrens und Bekümmerns.

«Gleichwie nun, Aggivessano, der Elefantenbändiger einen großen Pfahl in die Erde eingräbt und den wilden Elefanten mit dem Halse daranfesselt, um ihm sein waldgewohntes Betragen eben auszutreiben, um ihm seine waldgewohnte Sehnsucht eben auszutreiben, um ihm seine waldgewohnte Widerspenstigkeit, Verstocktheit, Heftigkeit eben auszutreiben, und ihn in der Umgebung des Dorfes heimisch werden läßt, Sitten annehmen, wie sie bei Menschen beliebt sind: ebenso nun auch, Aggivessano, hat der heilige Jünger 252
seinen Geist an diese vier Pfeiler der Einsicht gleichsam festgebunden, um sich das hausgewohnte Betragen eben auszutreiben, um sich die hausgewohnte Sehnsucht eben auszutreiben, um sich die hausgewohnte Widerspenstigkeit, Verstocktheit, Heftigkeit eben auszutreiben, um das Echte zu gewinnen, die Wahnerlöschung zu verwirklichen.

«Den weist nun der Vollendete weiter zurecht: ‹Willkommen, du Mönch, beim Körper wache über den Körper, auf daß du keinen Gedanken, der den Körper angeht, in dir bergen magst; bei den Gefühlen wache über die Gefühle, auf daß du keinen Gedanken, der die Gefühle angeht, in dir bergen magst; beim Gemüte wache über das Gemüt, auf daß du keinen Gedanken, der das Gemüt angeht, in dir bergen magst; bei den Erscheinungen wache über die Erscheinungen, auf daß du keinen Gedanken, der die Erscheinungen angeht, in dir bergen magst.› So erwirkt er denn nach Vollendung des Sinnens und Gedenkens die innere Meeresstille, die Einheit des Gemütes, die von sinnen, von gedenken freie, in der Einigung geborene selige Heiterkeit, die Weihe der zweiten Schauung. In heiterer Ruhe verweilt er gleichmütig, einsichtig, klar bewußt, ein Glück empfindet er im Körper, von dem die Heiligen sagen: ‹Der gleichmütig Einsichtige lebt beglückt›; so erwirkt er die Weihe der dritten Schauung. Nach Verwerfung der Freuden und Leiden, nach Vernichtung des einstigen Frohsinns und Trübsinns erwirkt er die Weihe der leidlosen, freudlosen, gleichmütig einsichtigen vollkommenen Reine, die vierte Schauung.

«Solchen Gemütes, innig, geläutert, gesäubert, gediegen, schlackengeklärt, geschmeidig, biegsam, fest, unversehrbar, richtet er das Gemüt auf die erinnernde Erkenntnis früherer Daseinsformen. Er erinnert sich an manche verschiedene frühere Daseinsform, als wie an ein Leben, dann an zwei Leben, und so weiter, mit je den eigentümlichen Merkmalen, mit je den eigenartigen Beziehungen.

«Solchen Gemütes, innig, geläutert, gesäubert, gediegen, schlackengeklärt, geschmeidig, biegsam, fest, unversehrbar, richtet er das Gemüt auf die Erkenntnis des Verschwindens-Erscheinens der Wesen. Mit dem himmli-

schen Auge, dem geläuterten, über menschliche Grenzen hinausreichenden, kann er die Wesen dahinschwinden und wiedererscheinen sehn, gemeine und
253 edle, schöne und unschöne, glückliche und unglückliche, er kann erkennen wie die Wesen je nach den Taten wiederkehren.

«Solchen Gemütes, innig, geläutert, gesäubert, gediegen, schlackengeklärt, geschmeidig, biegsam, fest, unversehrbar, richtet er das Gemüt auf die Erkenntnis der Wahnversiegung. ‹Das ist das Leiden› erkennt er der Wahrheit gemäß. ‹Das ist die Leidensentwicklung› erkennt er der Wahrheit gemäß. ‹Das ist die Leidensauflösung› erkennt er der Wahrheit gemäß. ‹Das ist der zur Leidensauflösung führende Pfad› erkennt er der Wahrheit gemäß. ‹Das ist der Wahn› erkennt er der Wahrheit gemäß. ‹Das ist die Wahnentwicklung› erkennt er der Wahrheit gemäß. ‹Das ist die Wahnauflösung› erkennt er der Wahrheit gemäß. ‹Das ist der zur Wahnauflösung führende Pfad› erkennt er der Wahrheit gemäß. Also erkennend, also sehend wird da sein Gemüt erlöst vom Wunscheswahn, erlöst vom Daseinswahn, erlöst vom Nichtwissenswahn. ‹Im Erlösten ist die Erlösung›, diese Erkenntnis geht auf. ‹Versiegt ist die Geburt, vollendet das Asketentum, gewirkt das Werk, nicht mehr ist diese Welt› versteht er da.

«Das ist ein Mönch, der erträgt Kälte und Hitze, Hunger und Durst, Wind und Wetter, Mücken und Wespen und plagende Kriechtiere, boshafte, böswillige Redeweisen, körperliche Schmerzgefühle, die ihn treffen, heftige, schneidende, stechende, unangenehme, leidige, lebensgefährliche dauert er duldend aus, ist gänzlich von Gier, Haß und Irre entledigt, entwöhnt worden von Unart: Opfer und Spende, Gabe und Gruß verdient er als heiligste Stätte der Welt.

«Ist ein alter Königselefant, Aggivessano, ungebändigt, unabgerichtet gestorben: ungebändigten Tod erlitten hat der alte Königselefant, ist gestor-
254 ben, heißt es da; ist ein mittlerer, ist ein junger Königselefant, Aggivessano, ungebändigt, unabgerichtet gestorben: ungebändigten Tod erlitten hat der mittlere, hat der junge Königselefant, ist gestorben, heißt es da:

«Ebenso nun auch, Aggivessano, ist ein alter Mönch unversiegten Wahnes gestorben: ungebändigten Tod erlitten hat der alte Mönch, ist gestorben, heißt es da; ist ein mittlerer, ist ein neuer Mönch, Aggivessano, unversiegten Wahnes gestorben: ungebändigten Tod erlitten hat der mittlere, hat der neue Mönch, ist gestorben, heißt es da.

«Ist ein alter Königselefant, Aggivessano, wohlgebändigt, wohlabgerichtet gestorben: gebändigten Tod erlitten hat der alte Königselefant, ist gestorben, heißt es da; ist ein mittlerer, ist ein junger Königselefant, Aggivessano, wohlgebändigt, wohlabgerichtet, gestorben: gebändigten Tod erlitten hat der mittlere, hat der junge Königselefant, ist gestorben, heißt es da:

«Ebenso nun auch, Aggivessano, ist ein alter Mönch versiegten Wahnes gestorben: gebändigten Tod erlitten hat der alte Mönch, ist gestorben, heißt es da; ist ein mittlerer, ist ein neuer Mönch, Aggivessano, versiegten Wahnes gestorben: gebändigten Tod erlitten hat der mittlere, hat der neue Mönch, ist gestorben, heißt es da.»

Also sprach der Erhabene. Zufrieden freute sich Aciravato der junge Asket über das Wort des Erhabenen[451].

126

DREIZEHNTER TEIL · SECHSTE REDE

BHŪMIJO

DAS HAB' ICH GEHÖRT. Zu einer Zeit weilte der Erhabene bei Rājagaham, 255
im Bambusparke, am Hügel der Eichhörnchen.

Da nun begab sich der ehrwürdige Bhūmijo, zeitig gerüstet, mit Mantel und Schale versehn, nach dem Hause des Königsohns Jayaseno. Dort angelangt nahm er auf dem dargebotenen Sitze Platz. Und Jayaseno der Königsohn trat an den ehrwürdigen Bhūmijo heran, tauschte höflichen Gruß und freundliche, denkwürdige Worte mit ihm und setzte sich zur Seite hin. Zur Seite sitzend wandte sich nun Jayaseno der Königsohn also an den ehrwürdigen Bhūmijo:

«Es gibt, o Bhūmijo, manche Asketen und Priester, die sagen und lehren: ‹Wer etwa mit Hoffnung ein Asketenleben führt, kann das Ziel unmöglich gewinnen; wer etwa ohne Hoffnung ein Asketenleben führt, kann das Ziel unmöglich gewinnen; wer etwa mit Hoffnung und ohne Hoffnung ein Asketenleben führt, kann das Ziel unmöglich gewinnen; wer etwa weder mit Hoffnung noch ohne Hoffnung ein Asketenleben führt, kann das Ziel unmöglich gewinnen.› Des werten Bhūmijo Meister aber, was sagt der, was lehrt der, was verkündet der?»

«Ich selber, Königsohn, habe darüber vom Erhabenen nichts gehört, nichts vernommen; doch mag es wohl sein, daß der Erhabene also aussage: ‹Wer etwa mit Hoffnung ein Asketenleben nicht von Grund aus führt, kann das Ziel unmöglich gewinnen; wer etwa ohne Hoffnung ein Asketenleben nicht von

Grund aus führt, kann das Ziel unmöglich gewinnen; wer etwa mit Hoffnung
und ohne Hoffnung ein Asketenleben nicht von Grund aus führt, kann das
Ziel unmöglich gewinnen; wer etwa weder mit Hoffnung noch ohne Hoff-
nung ein Asketenleben nicht von Grund aus führt, kann das Ziel unmöglich
gewinnen. Wer etwa mit Hoffnung ein Asketenleben von Grund aus führt,
kann das Ziel doch wohl gewinnen; wer etwa ohne Hoffnung ein Asketen-
leben von Grund aus führt, kann das Ziel doch wohl gewinnen; wer etwa mit
Hoffnung und ohne Hoffnung ein Asketenleben von Grund aus führt, kann
256 das Ziel doch wohl gewinnen; wer etwa weder mit Hoffnung noch ohne Hoff-
nung ein Asketenleben von Grund aus führt, kann das Ziel doch wohl gewin-
nen.› Ich selber, Königsohn, habe darüber vom Erhabenen nichts gehört,
nichts vernommen; doch mag es wohl sein, daß der Erhabene also aussage.»

«Wenn des werten Bhūmijo Meister solches sagt, solches lehrt, solches verkündet, dann freilich hat des werten Bhūmijo Meister eben all den übrigen Asketen und Priestern gleichsam aufs Haupt geschlagen.»

Und Jayaseno der Königsohn bediente nun den ehrwürdigen Bhūmijo mit Speise von der eigenen Tafel.

Als nun der ehrwürdige Bhūmijo, nach dem Mahle, vom Almosengange
zurückgekehrt war, begab er sich dorthin wo der Erhabene weilte, begrüßte
den Erhabenen ehrerbietig und setzte sich zur Seite nieder. Zur Seite sitzend
257 erzählte nun der ehrwürdige Bhūmijo dem Erhabenen Wort um Wort das
ganze Gespräch, das er mit Jayaseno dem Königsohne geführt hatte. Nach
diesem Berichte wandte sich dann der ehrwürdige Bhūmijo also an den Er-
habenen:

«Hab' ich nun, o Herr, mit solcher Antwort auf solche Frage wirklich die Worte des Erhabenen gebraucht und den Erhabenen nicht mit Unrecht angeführt und der Lehre gemäß geredet, so daß sich da kein entsprechender Folgesatz als ungehörig erweisen kann?»

258 «In der Tat hast du, Bhūmijo, mit solcher Antwort auf solche Frage meine
eigenen Worte gebraucht und mich nicht mit Unrecht angeführt und der Lehre
gemäß geredet, so daß sich da kein entsprechender Folgesatz als ungehörig
erweisen kann. – Wer da auch immer, Bhūmijo, als Asket oder als Priester
falsch erkennt, falsch bedenkt, falsch redet, falsch handelt, falsch wandelt,
falsch bemüht ist, falsch besonnen, falsch vertieft, und also etwa mit Hoff-
nung ein Asketenleben führt, kann das Ziel unmöglich gewinnen; also etwa
ohne Hoffnung ein Asketenleben führt, kann das Ziel unmöglich gewinnen;
also etwa mit Hoffnung und ohne Hoffnung ein Asketenleben führt, kann das
Ziel unmöglich gewinnen; also etwa weder mit Hoffnung noch ohne Hoff-
nung ein Asketenleben führt, kann das Ziel unmöglich gewinnen: und warum
nicht? Weil er, Bhūmijo, das Ziel gewinnen nicht von Grund aus versteht.

«Gleichwie etwa, Bhūmijo, wenn ein Mann, der Sesamöl begehrt, Sesamöl
sucht, auf Sesamöl ausgeht, einen Trog mit Sand anfüllte und mit Wasser
verrührte, verquirlte, verriebe; mag der auch also mit Hoffnung bemüht sein,
Sesamöl kann er unmöglich gewinnen; mag der auch also ohne Hoffnung be- 259
müht sein, Sesamöl kann er unmöglich gewinnen; mag der auch also mit
Hoffnung und ohne Hoffnung bemüht sein, Sesamöl kann er unmöglich ge-
winnen; mag der auch also weder mit Hoffnung noch ohne Hoffnung bemüht
sein, Sesamöl kann er unmöglich gewinnen: und warum nicht? Weil er, Bhū-
mijo, Sesamöl gewinnen nicht von Grund aus versteht. Ebenso nun auch,
Bhūmijo, können dergleichen Asketen oder Priester das Ziel unmöglich ge-
winnen: und warum nicht? Weil sie, Bhūmijo, das Ziel gewinnen nicht von
Grund aus verstehn.

«Gleichwie etwa, Bhūmijo, wenn ein Mann, der Milch begehrt, Milch
sucht, auf Milch ausgeht, eine Kuh, die gekalbt hat, am Horne zu melken
begänne; mag der auch also mit Hoffnung bemüht sein, Milch kann er un-
möglich gewinnen; mag der auch also ohne Hoffnung bemüht sein, Milch
kann er unmöglich gewinnen; mag der auch also mit Hoffnung und ohne
Hoffnung bemüht sein, Milch kann er unmöglich gewinnen; mag der auch
also weder mit Hoffnung noch ohne Hoffnung bemüht sein, Milch kann er
unmöglich gewinnen: und warum nicht? Weil er, Bhūmijo, Milch gewinnen 260
nicht von Grund aus versteht. Ebenso nun auch, Bhūmijo, können derglei-
chen Asketen oder Priester das Ziel unmöglich gewinnen: und warum nicht?
Weil sie, Bhūmijo, das Ziel gewinnen nicht von Grund aus verstehn.

«Gleichwie etwa, Bhūmijo, wenn ein Mann, der Butter begehrt, Butter
sucht, auf Butter ausgeht, Wasser in das Faß eingösse und mit dem Stempel
zu kernen begänne; mag der auch also mit Hoffnung bemüht sein, Butter
kann er unmöglich gewinnen; mag der auch also ohne Hoffnung bemüht
sein, Butter kann er unmöglich gewinnen; mag der auch also mit Hoffnung
und ohne Hoffnung bemüht sein, Butter kann er unmöglich gewinnen; mag
der auch also weder mit Hoffnung noch ohne Hoffnung bemüht sein, Butter
kann er unmöglich gewinnen: und warum nicht? Weil er, Bhūmijo, Butter
gewinnen nicht von Grund aus versteht. Ebenso nun auch Bhūmijo, können
dergleichen Asketen oder Priester das Ziel unmöglich gewinnen: und warum
nicht? Weil sie, Bhūmijo, das Ziel gewinnen nicht von Grund aus verstehn.

«Gleichwie etwa, Bhūmijo, wenn ein Mann, der Feuer begehrt, Feuer
sucht, auf Feuer ausgeht, ein feuchtes, leimiges Holzscheit mit dem Reib-
holze anzureiben begänne; mag der auch also mit Hoffnung bemüht sein, 261
Feuer kann er unmöglich gewinnen; mag der auch also ohne Hoffnung be-
müht sein, Feuer kann er unmöglich gewinnen; mag der auch also mit Hoff-
nung und ohne Hoffnung bemüht sein, Feuer kann er unmöglich gewinnen;

mag der auch also weder mit Hoffnung noch ohne Hoffnung bemüht sein, Feuer kann er unmöglich gewinnen: und warum nicht? Weil er, Bhūmijo, Feuer gewinnen nicht von Grund aus versteht. Ebenso nun auch, Bhūmijo, können dergleichen Asketen oder Priester das Ziel unmöglich gewinnen: und warum nicht? Weil sie, Bhūmijo, das Ziel gewinnen nicht von Grund aus verstehn.

«Wer da auch immer, Bhūmijo, als Asket oder als Priester recht erkennt, recht bedenkt, recht redet, recht handelt, recht wandelt, recht bemüht ist, recht besonnen, recht vertieft, und also etwa mit Hoffnung ein Asketenleben führt, kann das Ziel doch wohl gewinnen; also etwa ohne Hoffnung ein Asketenleben führt, kann das Ziel doch wohl gewinnen; also etwa mit Hoffnung und ohne Hoffnung ein Asketenleben führt, kann das Ziel doch wohl gewinnen; also etwa weder mit Hoffnung noch ohne Hoffnung ein Asketenleben führt, kann das Ziel doch wohl gewinnen: und warum das? Weil er, Bhūmijo, das Ziel gewinnen von Grund aus versteht.

«Gleichwie etwa, Bhūmijo, wenn ein Mann, der Sesamöl begehrt, Sesamöl sucht, auf Sesamöl ausgeht, einen Trog mit Sesammehl anfüllte und mit
262 Wasser verrührte, verquirlte, verriebe; mag der auch also mit Hoffnung bemüht sein, Sesamöl kann er doch wohl gewinnen; mag der auch also ohne Hoffnung bemüht sein, Sesamöl kann er doch wohl gewinnen; mag der auch also mit Hoffnung und ohne Hoffnung bemüht sein, Sesamöl kann er doch wohl gewinnen; mag der auch also weder mit Hoffnung noch ohne Hoffnung bemüht sein, Sesamöl kann er doch wohl gewinnen: und warum das? Weil er, Bhūmijo, Sesamöl gewinnen von Grund aus versteht. Ebenso nun auch, Bhūmijo, können dergleichen Asketen oder Priester das Ziel doch wohl gewinnen: und warum das? Weil sie, Bhūmijo, das Ziel gewinnen von Grund aus verstehn.

«Gleichwie etwa, Bhūmijo, wenn ein Mann, der Milch begehrt, Milch sucht, auf Milch ausgeht, eine Kuh, die gekalbt hat, am Euter zu melken begänne; mag der auch also mit Hoffnung bemüht sein, Milch kann er doch wohl gewinnen; mag der auch also ohne Hoffnung bemüht sein, Milch kann er doch wohl gewinnen; mag der auch also mit Hoffnung und ohne Hoffnung bemüht sein, Milch kann er doch wohl gewinnen; mag der auch also weder mit Hoffnung noch ohne Hoffnung bemüht sein, Milch kann er doch wohl gewinnen: und warum das? Weil er, Bhūmijo, Milch gewinnen von Grund aus versteht. Ebenso nun auch, Bhūmijo, können dergleichen Asketen oder Priester das Ziel doch wohl gewinnen: und warum das? Weil sie, Bhūmijo, das Ziel gewinnen von Grund aus verstehn.

263 «Gleichwie etwa, Bhūmijo, wenn ein Mann, der Butter begehrt, Butter sucht, auf Butter ausgeht, Rahm in das Faß eingösse und mit dem Stempel

zu kernen begänne; mag der auch also mit Hoffnung bemüht sein, Butter kann er doch wohl gewinnen; mag der auch also ohne Hoffnung bemüht sein, Butter kann er doch wohl gewinnen; mag der auch also mit Hoffnung und ohne Hoffnung bemüht sein, Butter kann er doch wohl gewinnen; mag der auch also weder mit Hoffnung noch ohne Hoffnung bemüht sein, Butter kann er doch wohl gewinnen: und warum das? Weil er, Bhūmijo, Butter gewinnen von Grund aus versteht. Ebenso nun auch, Bhūmijo, können dergleichen Asketen oder Priester das Ziel doch wohl gewinnen: und warum das? Weil sie, Bhūmijo, das Ziel gewinnen von Grund aus verstehn.

«Gleichwie etwa, Bhūmijo, wenn ein Mann, der Feuer begehrt, Feuer sucht, auf Feuer ausgeht, ein trockenes, ausgedörrtes Holzscheit mit dem Reibholze anzureiben begänne; mag der auch also mit Hoffnung bemüht sein, Feuer kann er doch wohl gewinnen; mag der auch also ohne Hoffnung bemüht sein, Feuer kann er doch wohl gewinnen; mag der auch also mit Hoffnung und ohne Hoffnung bemüht sein, Feuer kann er doch wohl gewinnen; mag der auch also weder mit Hoffnung noch ohne Hoffnung bemüht sein, Feuer kann er doch wohl gewinnen: und warum das? Weil er, Bhūmijo, Feuer gewinnen von Grund aus versteht. Ebenso nun auch, Bhūmijo, können der- 264
gleichen Asketen oder Priester das Ziel doch wohl gewinnen: und warum das? Weil sie, Bhūmijo, das Ziel gewinnen von Grund aus verstehn. – Hättest du aber, Bhūmijo, diese vier Gleichnisse Jayaseno dem Königsohne dargestellt, ohne Zweifel wäre dann Jayaseno der Königsohn mit dir zufrieden geworden und hätte zufrieden dir zugestimmt.»

«Wie doch nur hätt' ich, o Herr, Jayaseno dem Königsohne diese vier Gleichnisse darzustellen vermocht, die unzweifelhaften, nie zuvor gehörten, gleichwie etwa der Erhabene!»

Also sprach der Erhabene. Zufrieden freute sich der ehrwürdige Bhūmijo über das Wort des Erhabenen[452].

DREIZEHNTER TEIL · SIEBENTE REDE

ANURUDDHO

265 DAS HAB' ICH GEHÖRT. Zu einer Zeit weilte der Erhabene bei Sāvatthī, im Siegerwalde, im Garten Anāthapiṇḍikos.

Da nun wandte sich Pañcakan̲go der Baumeister an einen seiner Leute:

«Komm', lieber Mann, und begib dich zum ehrwürdigen Anuruddho hin und bringe dem ehrwürdigen Anuruddho zu Füßen meinen Gruß dar: ‹Pañcakan̲go›, sage, ‹o Herr, der Baumeister, bringt dem ehrwürdigen Anuruddho zu Füßen Gruß dar›; und füge hinzu: ‹möge, o Herr›, läßt er sagen, ‹der ehrwürdige Anuruddho Pañcakan̲go dem Baumeister die Bitte gewähren, morgen selbviert bei ihm zu speisen. Und möchte sich doch, o Herr, der ehrwürdige Anuruddho etwas früher schon einfinden: Pañcakan̲go, o Herr, der Baumeister hat viel zu tun, viel auszuführen, im Auftrage des Königs.›»

«Wohl, o Herr!» entgegnete da gehorsam jener Mann Pañcakan̲go dem Baumeister. Und er begab sich dorthin wo der ehrwürdige Anuruddho weilte, bot ehrerbietigen Gruß dar und setzte sich seitwärts nieder. Seitwärts sitzend sprach er dann also zum ehrwürdigen Anuruddho:

«Pañcakan̲go, o Herr, der Baumeister, bringt dem ehrwürdigen Anuruddho zu Füßen Gruß dar; und er läßt sagen: möge, o Herr, der ehrwürdige Anuruddho Pañcakan̲go dem Baumeister die Bitte gewähren, morgen selbviert bei ihm zu speisen. Und möchte sich doch, o Herr, der ehrwürdige Anuruddho etwas früher schon einfinden: Pañcakan̲go, o Herr, der Baumeister, hat viel zu tun, viel auszuführen, im Auftrage des Königs.»

266 Schweigend gewährte der ehrwürdige Anuruddho die Bitte[453].

Und der ehrwürdige Anuruddho begab sich am nächsten Morgen, zeitig gerüstet, mit Mantel und Schale versehn, nach dem Hause Pañcakan̲go des Baumeisters. Dort angelangt nahm der ehrwürdige Anuruddho auf dem dargebotenen Sitze Platz. Und Pañcakan̲go der Baumeister bediente und versorgte eigenhändig den ehrwürdigen Anuruddho mit ausgewählter fester und flüssiger Speise.

Nachdem nun der ehrwürdige Anuruddho gespeist und das Mahl beendet hatte, nahm Pañcakan̲go der Baumeister einen von den niederen Stühlen zur Hand und setzte sich zur Seite hin. Zur Seite sitzend sprach nun Pañcakan̲go der Baumeister zum ehrwürdigen Anuruddho also:

«Da haben mich, o Herr, erfahrene Mönche besucht und haben mir gesagt: ‹Unbeschränkte Gemüterlösung, Hausvater, übe du›; einige ihrer haben wieder gesagt: ‹Großartige Gemüterlösung, Hausvater, übe du.› Was nun, o Herr, unbeschränkte Gemüterlösung ist, und dann wieder großartige Gemüterlösung: sind das voneinander verschiedene Begriffe, die auch eine verschiedene Bezeichnung haben, oder sind sie einander gleich und ist nur die Bezeichnung verschieden?»

«Wohlan denn, Hausvater, sage nur, was du hierüber denkst: so wirst du alsbald Gewißheit erlangen.»

«Mir will scheinen, o Herr, als ob die unbeschränkte Gemüterlösung und wiederum die großartige Gemüterlösung Begriffe seien, die einander gleich sind, und daß nur die Bezeichnung eine verschiedene ist.»

«Die unbeschränkte Gemüterlösung, Hausvater, und die großartige Gemüterlösung: das sind Begriffe, die voneinander verschieden sind und auch verschiedene Bezeichnung haben. Daher aber muß man es, Hausvater, je nach dem Umstand beurteilen, warum eben diese Begriffe verschieden sind und verschiedene Bezeichnung haben. Was ist also, Hausvater, unbeschränkte 267
Gemüterlösung? Da strahlt, Hausvater, ein Mönch liebevollen Gemütes weilend nach einer Richtung, dann nach einer zweiten, dann nach der dritten, dann nach der vierten, ebenso nach oben und nach unten: überall in allem sich wiedererkennend durchstrahlt er die ganze Welt mit liebevollem Gemüte, mit weitem, tiefem, unbeschränktem, von Grimm und Groll geklärtem. Erbarmenden Gemütes – freudevollen Gemütes – unbewegten Gemütes weilend strahlt er nach einer Richtung, dann nach einer zweiten, dann nach der dritten, dann nach der vierten, ebenso nach oben und nach unten: überall in allem sich wiedererkennend durchstrahlt er die ganze Welt mit erbarmendem Gemüte, mit freudevollem Gemüte, mit unbewegtem Gemüte, mit weitem, tiefem, unbeschränktem, von Grimm und Groll geklärtem. Das heißt man, Hausvater, unbeschränkte Gemüterlösung[454].

«Was ist aber, Hausvater, großartige Gemüterlösung? Da hat ein Mönch, Hausvater, einen einzelnen mächtigen Baum als ‹großartig› aufgefaßt und beruhigt sich dabei. Das heißt man, Hausvater, großartige Gemüterlösung. Da hat ferner, Hausvater, ein Mönch etwa noch zwei bis drei mächtige Bäume als ‹großartig› aufgefaßt und beruhigt sich dabei. Das heißt man, Hausvater, großartige Gemüterlösung. Da hat ein Mönch, Hausvater, ein einzelnes Wiesenfeld als ‹großartig› aufgefaßt und beruhigt sich dabei. Das heißt man, Hausvater, großartige Gemüterlösung. Da hat ferner, Hausvater, ein Mönch etwa noch zwei bis drei Wiesenfelder als ‹großartig› aufgefaßt und beruhigt sich dabei. Das heißt man, Hausvater, großartige Gemüterlösung. Da hat ein Mönch, Hausvater, ein einzelnes Königreich als ‹großartig› aufgefaßt und be- 268 ruhigt sich dabei. Das heißt man, Hausvater, großartige Gemüterlösung. Da hat ferner, Hausvater, ein Mönch etwa noch zwei bis drei Königreiche als ‹großartig› aufgefaßt und beruhigt sich dabei. Das heißt man, Hausvater, großartige Gemüterlösung. Da hat ferner, Hausvater, ein Mönch etwa noch die vom Ozean umschlossene Erde als ‹großartig› aufgefaßt und beruhigt sich dabei[455]. Das heißt man, Hausvater, großartige Gemüterlösung. – Auf solche Weise muß man es, Hausvater, je nach dem Umstand beurteilen, wie eben diese Begriffe verschieden sind und verschiedene Bezeichnung haben.

«Vier Arten gibt es da, Hausvater, wie man zu wesen wiederkehrt: und welche vier? Da hat einer, Hausvater, einen bestimmten Glanz aufgefaßt und beruhigt sich dabei; der mag, bei der Auflösung des Körpers, nach dem Tode, zur Gemeinschaft mit Göttern von einem bestimmten Glanze wiederkehren. Da hat ferner, Hausvater, einer unermeßlichen Glanz aufgefaßt und beruhigt sich dabei; der mag, bei der Auflösung des Körpers, nach dem Tode, zur Gemeinschaft mit Göttern von unermeßlichem Glanze wiederkehren. Da hat einer, Hausvater, unlauteren Glanz aufgefaßt und beruhigt sich dabei; der mag, bei der Auflösung des Körpers, nach dem Tode, zur Gemeinschaft mit Göttern von unlauterem Glanze wiederkehren. Da hat ferner, Hausvater, einer vollkommen reinen Glanz aufgefaßt und beruhigt sich dabei; der mag, bei der Auflösung des Körpers, nach dem Tode, zur Gemeinschaft mit Göttern von vollkommen reinem Glanze wiederkehren. Das sind, Hausvater, vier Arten, wie man zu wesen wiederkehrt.

«Es gibt, Hausvater, eine Zeit, wo da solche Gottheiten zusammenkom-
269 men; und sind sie zusammengekommen, so zeigt sich wohl bei ihnen verschiedene Farbe, doch kein verschiedener Glanz. Gleichwie etwa, Hausvater, wenn ein Mann gar mancherlei Öllampen in ein Haus hineintrüge; da würde sich wohl unter ihnen verschiedene Flamme zeigen, doch kein verschiedener Glanz: ebenso nun auch, Hausvater, gibt es eine Zeit wo da solche Gottheiten zusammenkommen; und sind sie zusammengekommen, so zeigt sich wohl bei ihnen verschiedene Farbe, doch kein verschiedener Glanz.

«Es gibt, Hausvater, eine Zeit wo da solche Gottheiten dann auseinandergehn; und sind sie dann auseinandergegangen, so zeigt sich eben bei ihnen verschiedene Farbe wie auch verschiedener Glanz. Gleichwie etwa, Hausvater, wenn ein Mann jene mancherlei Öllampen aus dem Hause hinwegtrüge; da würde sich eben unter ihnen verschiedene Flamme zeigen wie auch verschiedener Glanz: ebenso nun auch, Hausvater, gibt es eine Zeit wo da solche Gottheiten dann auseinandergehn; und sind sie dann auseinandergegangen, so zeigt sich eben bei ihnen verschiedene Farbe wie auch verschiedener Glanz.

«Nicht aber, Hausvater, haben die Gottheiten Gedanken wie: ‹So bleiben wir beständig, beharrend, ewig›, sondern sobald eben da die Gottheiten einander genaht sind, sind alsbald eben da die Gottheiten einander genehm. Gleichwie etwa, Hausvater, wenn Fliegen in einem Glase oder in einem Korbe zusammenschwärmen nicht Gedanken haben wie: ‹So bleiben wir beständig, beharrend, ewig›, sondern sobald eben da die Fliegen einander genaht sind,
sind alsbald eben da die Fliegen einander genehm[456]: ebenso nun auch, Haus- 270
vater, haben die Gottheiten nicht Gedanken wie: ‹So bleiben wir beständig, beharrend, ewig›, sondern sobald eben da die Gottheiten einander genaht sind, sind alsbald eben da die Gottheiten einander genehm.»

Nach diesen Worten wandte sich der ehrwürdige Abhayakaccāno[457] also an den ehrwürdigen Anuruddho:

«Sehr schön, werter Anuruddho. Ich möchte nun hier noch eine fernere Frage stellen. Die Gottheiten, o Herr, die da glänzen, haben die alle einen bestimmten Glanz, oder gibt es wirklich auch Gottheiten, deren Glanz unermeßlich ist?»

«Je nachdem, Bruder Kaccāno. Es gibt wohl manche Gottheiten von bestimmtem Glanze: es gibt aber auch manche Gottheiten, deren Glanz unermeßlich ist.»

«Was ist nun, werter Anuruddho, der Anlaß, was ist der Grund, daß unter Gottheiten, im selben Götterbereiche geboren, manche einen bestimmten Glanz aufweisen, und wiederum manche einen Glanz, der unermeßlich ist?»

«Da will ich dir denn, Bruder Kaccāno, eben hierüber eine Frage stellen: wie es dir gutdünkt magst du sie beantworten. Was meinst du wohl, Bruder Kaccāno: wenn da jener Mönch einen einzelnen mächtigen Baum als ‹großartig› aufgefaßt hat und dabei sich beruhigt; und ein anderer Mönch etwa noch zwei bis drei mächtige Bäume als ‹großartig› aufgefaßt hat und dabei sich beruhigt: so ist nun welche von diesen beiden geistigen Übungen die großartigere?»

«Wenn da, o Herr, ein Mönch etwa noch zwei bis drei mächtige Bäume als ‹großartig› aufgefaßt hat und dabei sich beruhigt, so ist diese von den beiden
geistigen Übungen die großartigere.» 271

«Was meinst du wohl, Bruder Kaccāno: wenn da jener Mönch etwa noch zwei bis drei mächtige Bäume als ‹großartig› aufgefaßt hat und dabei sich beruhigt; und ein anderer Mönch ein einzelnes Wiesenfeld als ‹großartig› aufgefaßt hat und dabei sich beruhigt: so ist nun welche von diesen beiden geistigen Übungen die großartigere?»

«Wenn da, o Herr, ein Mönch ein einzelnes Wiesenfeld als ‹großartig› aufgefaßt hat und dabei sich beruhigt, so ist diese von den beiden geistigen Übungen die großartigere.»

«Was meinst du wohl, Bruder Kaccāno, wenn da jener Mönch ein einzelnes Wiesenfeld als ‹großartig› aufgefaßt hat und dabei sich beruhigt; und ein anderer Mönch etwa noch zwei bis drei Wiesenfelder als ‹großartig› aufgefaßt hat und dabei sich beruhigt: so ist nun welche von diesen beiden geistigen Übungen die großartigere?»

«Wenn da, o Herr, ein Mönch etwa noch zwei bis drei Wiesenfelder als ‹großartig› aufgefaßt hat und dabei sich beruhigt, so ist diese von den beiden geistigen Übungen die großartigere.»

«Was meinst du wohl, Bruder Kaccāno: wenn da jener Mönch etwa noch zwei bis drei Wiesenfelder als ‹großartig› aufgefaßt hat und dabei sich beruhigt; und ein anderer Mönch ein einzelnes Königreich als ‹großartig› aufgefaßt hat und dabei sich beruhigt: so ist nun welche von diesen beiden geistigen Übungen die großartigere?»

«Wenn da, o Herr, ein Mönch ein einzelnes Königreich als ‹großartig› aufgefaßt hat und dabei sich beruhigt, so ist diese von den beiden geistigen Übungen die großartigere.»

«Was meinst du wohl, Bruder Kaccāno: wenn da jener Mönch ein einzelnes Königreich als ‹großartig› aufgefaßt hat und dabei sich beruhigt; und ein anderer Mönch etwa noch zwei bis drei Königreiche als ‹großartig› aufgefaßt hat und dabei sich beruhigt: so ist nun welche von diesen beiden geistigen Übungen die großartigere?»

«Wenn da, o Herr, ein Mönch etwa noch zwei bis drei Königreiche als ‹großartig› aufgefaßt hat und dabei sich beruhigt, so ist diese von den beiden geistigen Übungen die großartigere.»

272 «Was meinst du wohl, Bruder Kaccāno: wenn da jener Mönch etwa noch zwei bis drei Königreiche als ‹großartig› aufgefaßt hat und dabei sich beruhigt; und ein anderer Mönch etwa noch die vom Ozean umschlossene Erde als ‹großartig› aufgefaßt hat und dabei sich beruhigt: so ist nun welche von diesen beiden geistigen Übungen die großartigere?»

«Wenn da, o Herr, ein Mönch etwa noch die vom Ozean umschlossene Erde als ‹großartig› aufgefaßt hat und dabei sich beruhigt, so ist diese von den beiden geistigen Übungen die großartigere.»

«Das ist nun, Bruder Kaccāno, der Anlaß, das ist der Grund, daß unter Gottheiten, im selben Götterbereiche geboren, manche einen bestimmten Glanz aufweisen, und wiederum manche einen Glanz, der unermeßlich ist[458].»

«Sehr schön, werter Anuruddho. Ich möchte nun hier noch eine fernere Frage stellen. Die Gottheiten, o Herr, die da glänzen, haben die alle unlauteren Glanz, oder gibt es wirklich auch Gottheiten, deren Glanz vollkommen rein ist?»

«Je nachdem, Bruder Kaccāno. Es gibt wohl manche Gottheiten von unlauterem Glanze: es gibt aber auch manche Gottheiten, deren Glanz vollkommen rein ist.»

«Was ist nun, werter Anuruddho, der Anlaß, was ist der Grund, daß unter Gottheiten, im selben Götterbereiche geboren, manche unlauteren Glanz auf- 273
weisen, und wiederum manche einen Glanz, der vollkommen rein ist?»

«Da lasse mich denn, Bruder Kaccāno, ein Gleichnis dir geben: auch durch Gleichnisse wird da manchem verständigen Manne der Sinn einer Rede klar. – Gleichwie etwa, Bruder Kaccāno, wenn bei einer angezündeten Öllampe das Öl nicht vollkommen rein ist und der Docht nicht vollkommen rein ist, sie wegen der unvollkommenen Reinheit des Öls und der unvollkommenen Reinheit des Dochtes gar dunkel und düster schauen wird: ebenso nun auch, Bruder Kaccāno, hat da ein Mönch unlauteren Glanz aufgefaßt und beruhigt sich dabei. Der hat körperliche Schwerfälligkeit nicht vollkommen beschwichtigt, hat matte Müde nicht vollkommen ausgerodet, hat stolzen Unmut nicht vollkommen ausgetrieben. Weil er körperliche Schwerfälligkeit nicht vollkommen beschwichtigt hat, matte Müde nicht vollkommen ausgerodet hat, stolzen Unmut nicht vollkommen ausgetrieben hat, wird er gar dunkel und düster schauen. Der kehrt, bei der Auflösung des Körpers, nach dem Tode, zur Gemeinschaft mit Göttern von unlauterem Glanze wieder. Gleichwie aber, Bruder Kaccāno, wenn bei einer angezündeten Öllampe das Öl vollkommen rein ist und der Docht vollkommen rein ist, sie wegen der vollkommenen Reinheit des Öls[459] und der vollkommenen Reinheit des Dochtes gar nicht dunkel und düster schauen wird: ebenso nun auch, Bruder Kaccāno, hat da ein Mönch vollkommen reinen Glanz aufgefaßt und beruhigt sich dabei. Der hat körperliche Schwerfälligkeit vollkommen beschwichtigt, hat matte Müde vollkommen ausgerodet, hat stolzen Unmut vollkommen ausgetrieben. Weil er körperliche Schwerfälligkeit vollkommen beschwichtigt hat, matte Müde vollkommen ausgerodet hat, stolzen Unmut vollkommen ausgetrieben hat, wird er gar nicht dunkel und düster schauen. Der kehrt, bei der Auflösung 274
des Körpers, nach dem Tode, zur Gemeinschaft mit Göttern von vollkommen reinem Glanze wieder. – Das ist nun, Bruder Kaccāno, der Anlaß, das ist der Grund, daß unter Gottheiten, im selben Götterbereiche geboren, manche unlauteren Glanz aufweisen, und wiederum manche einen Glanz, der vollkommen rein ist.»

Derart berichtet wandte sich nun der ehrwürdige Abhayakaccāno also an den ehrwürdigen Anuruddho:

«Sehr schön, werter Anuruddho. – Nicht hat, o Herr, der ehrwürdige Anuruddho gesagt ‹Das hab' ich gehört› oder ‹So dürfte es sein›, sondern es hat eben, o Herr, der ehrwürdige Anuruddho ‹So ist es mit diesen Gottheiten, so ist es mit jenen Gottheiten› schlechthin gesprochen. Da ist mir, o Herr, der Gedanke gekommen: ‹Gewiß hat der ehrwürdige Anuruddho mit jenen Gottheiten ehemals Verkehr gehabt, ehemals Rede und Rat mit ihnen gepflogen.›»

«Gewiß hast du, Bruder Kaccāno, diese Frage versuchend gestellt, um weiter auszuholen: aber ich will dir Antwort geben. Lange Zeiten hab' ich, Bruder Kaccāno, mit jenen Gottheiten ehemals Verkehr gehabt, ehemals Rede und Rat mit ihnen gepflogen[460].»

Auf diese Worte wandte sich der ehrwürdige Abhayakaccāno an Pañcakaṉgo den Baumeister und sagte:

«Gesegnet bist du, Hausvater, hochgesegnet bist du, Hausvater, daß dir ein Zweifel da gelöst wurde, und wir dann diesen Gedankengang zu hören bekamen.»

128

DREIZEHNTER TEIL · ACHTE REDE

VERSCHLACKUNG

275 DAS HAB' ICH GEHÖRT. Zu einer Zeit weilte der Erhabene bei Kosambī, in der Gartenstiftung. Zu jener Zeit nun war unter den Mönchen von Kosambī Zank und Streit ausgebrochen, sie haderten miteinander und scharfe Wortgefechte fanden statt.

Da begab sich denn einer der Mönche dorthin wo der Erhabene weilte, begrüßte den Erhabenen ehrerbietig und stellte sich seitwärts hin. Seitwärts stehend sprach nun jener Mönch zum Erhabenen also:

«Es ist da, o Herr, zu Kosambī unter den Mönchen Zank und Streit ausgebrochen, sie hadern miteinander und scharfe Wortgefechte finden statt. Gut wär' es, o Herr, wenn sich der Erhabene zu jenen Mönchen hinbegeben wollte, von Mitleid bewogen.»

Schweigend gewährte der Erhabene die Bitte.

Und der Erhabene begab sich zu jenen Mönchen hin und sprach also zu ihnen:

«Genug, ihr Mönche: gemieden sei Zank und Streit, gemieden Zwist und Hader.»

Also ermahnt wandte sich ein anderer der Mönche an den Erhabenen und sagte:

«Möge, o Herr, der Erhabene, der Wahrheit Gebieter, hingehn: selbstgenugsam möge, o Herr, der Erhabene seliger Gegenwart genießen; wir werden uns in diesem Zank und Streite, Zwist und Hader verständigen.»

Und ein zweites Mal, und ein drittes Mal sprach der Erhabene also zu jenen 276
Mönchen:

«Genug, ihr Mönche: gemieden sei Zank und Streit, gemieden Zwist und Hader.»

Und ein zweites Mal, und ein drittes Mal sprach jener andere Mönch also zum Erhabenen:

«Möge, o Herr, der Erhabene, der Wahrheit Gebieter, hingehn: selbstgenugsam möge, o Herr, der Erhabene seliger Gegenwart genießen; wir werden uns in diesem Zank und Streite, Zwist und Hader verständigen.»

Und der Erhabene, zeitig gerüstet, mit Mantel und Schale versehn, machte sich auf den Gang nach Kosambī um Almosenspeise, trat in der Stadt von Haus zu Hause hin, nahm das Mahl ein, kehrte zurück, räumte sein Lager zurecht, behielt Mantel und Schale und ließ nun, schon aufgebrochen, folgende Weise verlauten:

«Woher jeder lärmend ein sich mengt,
Als Tor Vernunft erlangt man nie;
Den Brüderbund, zerbrecht ihr ihn,
Hört keiner auf den andern mehr.

«Vergessen ward ein weiser Spruch
Des Kenners, der erfahren sprach;
Die Zunge zügeln, das ist not,
Und lenken sie: man lernt es nicht.

«'Gescholten hat man mich, verletzt,
Hat mich besiegt, hat mich verlacht:
Wer solchen Sinn im Herzen hegt,
Von Feindschaft läßt er nimmer ab.

«'Gescholten hat man mich, verletzt,
Hat mich besiegt, hat mich verlacht:
Wer solchen Sinn zu bannen weiß,
Von Feindschaft läßt er eilig ab.

«'Es wird ja Feindschaft nimmermehr
Durch Feindschaft wieder ausgesöhnt:

Nichtfeindschaft gibt Versöhnung an;
Das ist Gesetz von Ewigkeit.'

277 «Die Menschen sehn es selten ein,
Daß Dulden uns geduldig macht:
Doch wer es einsieht, wer es weiß
Gibt alles Eifern willig auf[461].

«Der Henker, Scherge, Mörder, Dieb,
Wer Rinder, Rosse, Schätze rafft,
Landstreichersippe, Räubervolk,
Zusammen halten solche schon:
Warum nur solltet ihr es nicht?

«Hat man den abgeklärten Freund gefunden,
Der mitgeht, mutig mitbestrebt in Tugend,
Entgangen aller dräuenden Bedrängnis
Mit ihm zufrieden wandern mag der weise Mann.

«Muß man den abgeklärten Freund vermissen,
Der mitgeht, mutig mitbestrebt in Tugend,
Als König, der sein Königreich verloren,
Alleinig wandern mag man wie der wilde Ilph.

«Allein ist beßre Wanderschaft,
Mit Toren schließt man keinen Bund;
Alleinig wandre man und meide böse Tat,
Geworden selbstgenugsam wie der wilde Ilph.»

278 Als nun der Erhabene, schon aufgebrochen, diese Weise gesagt hatte, ging er hinweg, nach dem Dorfe Niedersoolenbrunn[462]. Damals aber weilte der ehrwürdige Bhagu bei dem Dorfe Niedersoolenbrunn. Und es sah der ehrwürdige Bhagu den Erhabenen von ferne herankommen, und als er ihn gesehn machte er einen Sitz bereit und Wasser für die Füße. Es setzte sich der Erhabene auf den dargebotenen Sitz, und als er saß spülte er sich die Füße ab. Und auch der ehrwürdige Bhagu setzte sich, nach des Erhabenen Begrüßung, zur Seite nieder. An den ehrwürdigen Bhagu, der zur Seite saß, wandte sich nun der Erhabene also:

«Geht es dir, Mönch, leidlich, kommst du wohl aus, ohne Mangel an Nahrung?»

«Leidlich, Erhabener, geht es mir, wohl, Erhabener, komme ich aus, ich ermangle, o Herr, nicht der Nahrung.»

Und der Erhabene ermunterte und ermutigte, erregte und erheiterte den ehrwürdigen Bhagu in lehrreichem Gespräche, erhob sich alsdann von seinem Sitze und begab sich nach dem östlichen Bambushaine.

Um diese Zeit aber weilte der ehrwürdige Anuruddho, der ehrwürdige Nandiyo und der ehrwürdige Kimbilo im östlichen Bambushaine. Da sah ein Waldhüter den Erhabenen von ferne herankommen, und als er den Erhabenen gesehn sprach er also zu ihm:

«Gehe nicht in diesen Forst, o Asket: drei edle Jünglinge weilen hier, die selbstzufrieden scheinen, störe sie nicht!»

Der ehrwürdige Anuruddho hörte aber des Waldhüters Gespräch mit dem Erhabenen, und als er es gehört sprach er also zum Waldhüter:

«Wehre nicht, Bruder Waldhüter, dem Erhabenen: unser Meister, der Erhabene ist gekommen.»

Und der ehrwürdige Anuruddho begab sich nun zum ehrwürdigen Nandiyo und zum ehrwürdigen Kimbilo und sprach also zu ihnen:

«Kommt herbei, ihr Brüder, kommt herbei, ihr Brüder: unser Meister, der Erhabene ist da.»

Und der ehrwürdige Anuruddho, der ehrwürdige Nandiyo und der ehrwürdige Kimbilo gingen nun dem Erhabenen entgegen. Einer nahm dem Erhabenen Mantel und Schale ab, einer machte einen Sitz zurecht, einer brachte Wasser zur Fußwaschung herbei. Es setzte sich der Erhabene auf den dargebotenen Sitz, und als er saß spülte er sich die Füße ab. Jene Ehrwürdigen aber setzten sich, nach des Erhabenen Begrüßung, zur Seite nieder. Und der Erhabene wandte sich nun an den ehrwürdigen Anuruddho, der zur Seite saß, und sprach also:

«Geht es euch, Anuruddher, leidlich, kommt ihr wohl aus, ohne Mangel an Nahrung?»

«Leidlich, Erhabener, geht es uns, wohl, Erhabener, kommen wir aus, wir 279
ermangeln, o Herr, nicht der Nahrung.»

«Vertragt ihr euch aber, Anuruddher, einig, ohne Zwist, mild geworden, und seht euch sanften Auges an?»

«Freilich, o Herr, vertragen wir uns, einig, ohne Zwist, mild geworden, und sehn uns sanften Auges an.»

«Inwiefern aber, Anuruddher, vertragt ihr euch, einig, ohne Zwist, mild geworden, und seht euch sanften Auges an?»

«Da gedenk' ich, o Herr, also: ‹Erreicht habe ich's, wohl getroffen, fürwahr, der ich mit solchen wahren Asketen vereint lebe.› Und ich Glücklicher, o Herr, diene diesen Ehrwürdigen mit liebevoller Tat, so offen als verborgen, mit liebevollem Wort, so offen als verborgen, mit liebevoller Gesinnung, so offen als verborgen. Und also verweilend, o Herr, denke ich: ‹Wenn ich nun meinen eigenen Willen aufgäbe und mich nur dem Willen dieser Ehrwürdigen unterwürfe?› Und ich habe, o Herr, meinen eigenen Willen aufgegeben und mich dem Willen dieser Ehrwürdigen unterworfen. Verschieden, o Herr, sind zwar unsere Körper, aber ich glaube wir haben nur einen Willen.»

Und der ehrwürdige Nandiyo, und der ehrwürdige Kimbilo sprach zum Erhabenen:

«Auch ich, o Herr, gedenke also: ‹Erreicht habe ich's, wohl getroffen, für-
wahr, der ich mit solchen wahren Asketen vereint lebe.› Und ich Glücklicher,
o Herr, diene diesen Ehrwürdigen mit liebevoller Tat, so offen als verborgen,
mit liebevollem Wort, so offen als verborgen, mit liebevoller Gesinnung, so
280 offen als verborgen. Und also verweilend, o Herr, denke ich: ‹Wenn ich nun
meinen eigenen Willen aufgäbe und mich nur dem Willen dieser Ehrwürdigen
unterwürfe?› Und ich habe, o Herr, meinen eigenen Willen aufgegeben und
mich dem Willen dieser Ehrwürdigen unterworfen. Verschieden, o Herr, sind
zwar unsere Körper, aber ich glaube wir haben nur einen Willen[463].

«Also, o Herr, verweilen wir verträglich, einig, ohne Zwist, mild geworden, und sehn uns sanften Auges an.»

«Recht so, recht so, Anuruddher. Und verweilt ihr auch ernsten Sinnes, Anuruddher, eifrig, unermüdlich?»

«Freilich, o Herr, verweilen wir ernsten Sinnes, eifrig, unermüdlich.»

«Inwiefern aber, Anuruddher, verweilt ihr ernsten Sinnes, eifrig, unermüdlich?»

«Wer da zuerst von uns, o Herr, vom Almosengang aus dem Dorfe zurück-
kehrt, der bereitet die Plätze und setzt Trinkwasser, Waschwasser und den
Spülnapf vor. Wer zuletzt vom Almosengang aus dem Dorfe zurückkehrt,
und es ist noch Speise übrig, und er verlangt danach, so nimmt er davon; wo
nicht, so wirft er sie fort, auf grasfreien Grund oder in fließendes Wasser.
Dann ordnet er die Sitze, räumt Trinkwasser, Waschwasser und Spülnapf
weg und fegt den Speiseplatz rein. Wer bemerkt, daß man den Trinknapf
oder den Waschkrug oder den Mistkübel nicht mehr braucht, der stellt ihn
gesäubert auf. Wenn er es allein nicht kann, so winkt er einen zweiten her-
bei, und wir kommen und helfen, ohne daß wir, o Herr, aus solchem Grunde
281 das Schweigen brächen[464]. Und jeden fünften Tag, o Herr, sitzen wir die
ganze Nacht hindurch in Gesprächen über die Lehre beisammen. Also, o
Herr, verweilen wir ernsten Sinnes, eifrig, unermüdlich.»

«Recht so, recht so, Anuruddher. Habt ihr aber, Anuruddher, die ihr also ernsten Sinnes, eifrig, unermüdlich verweilet, ein überirdisches, reiches Heiltum errungen, selige Ruhe?»

«Während wir da, o Herr, ernsten Sinnes, eifrig, unermüdlich verweilen, nehmen wir einen Abglanz wahr und den Anblick der Umrisse[465]. Aber dieser Abglanz entschwindet uns alsbald und der Anblick der Umrisse; und diese Erscheinung ergründen wir nicht.»

«Aber diese Erscheinung, Anuruddher, muß nun von euch ergründet werden. Auch ich hatte einst, Anuruddher, noch vor der vollen Erwachung, als unvollkommen Erwachter, Erwachung erst Erringender, einen Abglanz wahrgenommen und den Anblick der Umrisse. Aber dieser Abglanz war mir alsbald entschwunden und der Anblick der Umrisse. Da hab' ich, Anuruddher, bei mir gedacht: ‹Was ist wohl der Grund, was ist die Ursach, daß mir der Abglanz entschwindet und der Anblick der Umrisse?› Da hab' ich mir, Anuruddher, gesagt: ‹Schwankend war ich geworden; Schwanken aber ist der Anlaß gewesen, daß meine Sammlung zerfiel: und weil meine Sammlung zerfiel, ist der Abglanz entschwunden und der Anblick der Umrisse. So will ich darauf hinarbeiten, nicht mehr in Schwanken zu geraten.› Und während ich nun, Anuruddher, ernsten Sinnes, eifrig, unermüdlich verweilte, nahm ich den Abglanz wahr und den Anblick der Umrisse. Aber dieser Abglanz war 282
mir alsbald entschwunden und der Anblick der Umrisse. Da hab' ich, Anuruddher, bei mir gedacht: ‹Was ist wohl der Grund, was ist die Ursach, daß mir der Abglanz entschwindet und der Anblick der Umrisse?› Da hab' ich mir, Anuruddher, gesagt: ‹Unachtsam war ich geworden; Unachtsamkeit aber ist der Anlaß gewesen, daß meine Sammlung zerfiel: und weil meine Sammlung zerfiel, ist der Abglanz entschwunden und der Anblick der Umrisse. So will ich darauf hinarbeiten, nicht mehr in Schwanken zu geraten, noch in Unachtsamkeit.› Und während ich nun, Anuruddher, ernsten Sinnes, eifrig, unermüdlich verweilte, nahm ich den Abglanz wahr und den Anblick der Umrisse. Aber dieser Abglanz war mir alsbald entschwunden und der Anblick der Umrisse. Da hab' ich, Anuruddher, bei mir gedacht: ‹Was ist wohl der Grund, was ist die Ursach, daß mir der Abglanz entschwindet und der Anblick der Umrisse?› Da hab ich mir, Anuruddher, gesagt: ‹Matt und müde war ich geworden; matte Müde aber ist der Anlaß gewesen, daß meine Sammlung zerfiel: und weil meine Sammlung zerfiel, ist der Abglanz entschwunden und der Anblick der Umrisse. So will ich darauf hinarbeiten, nicht mehr in Schwanken zu geraten, noch in Unachtsamkeit, noch in matte Müde.› Und während ich nun, Anuruddher, ernsten Sinnes, eifrig, unermüdlich verweilte, nahm ich den Abglanz wahr und den Anblick der Umrisse. Aber dieser Abglanz war mir alsbald entschwunden und der Anblick der Umrisse. Da hab' ich, Anuruddher, bei mir gedacht: ‹Was ist wohl der Grund, was ist die Ursach, daß mir der Abglanz entschwindet und der Anblick der Umrisse?› Da hab' ich mir, Anuruddher, gesagt: ‹Entsetzt war ich geworden; Entsetzen aber ist der Anlaß gewesen, daß meine Sammlung zerfiel: und weil meine Sammlung zerfiel, ist der Abglanz entschwunden und der Anblick der Um-

risse.› Gleichwie etwa, Anuruddher, wenn ein Mann auf der Landstraße hinschritte, und es träten ihm von beiden Seiten Mörder entgegen; da würde er alsbald in Entsetzen geraten: ebenso nun auch, Anuruddher, war ich entsetzt geworden; Entsetzen aber ist der Anlaß gewesen, daß meine Sammlung zerfiel: und weil meine Sammlung zerfiel, ist der Abglanz entschwunden und der Anblick der Umrisse. ‹So will ich darauf hinarbeiten, nicht mehr in Schwanken zu geraten, noch in Unachtsamkeit, noch in matte Müde, noch in Entsetzen.› Und während ich nun, Anuruddher, ernsten Sinnes, eifrig, unermüdlich verweilte, nahm ich den Abglanz wahr und den Anblick der Umrisse. Aber dieser Abglanz war mir alsbald entschwunden und der Anblick der Umrisse. Da hab' ich, Anuruddher, bei mir gedacht: ‹Was ist wohl der Grund, was ist die Ursach, daß mir der Abglanz entschwindet und der An-
283 blick der Umrisse?› Da hab' ich mir, Anuruddher, gesagt: ‹Entzückt war ich geworden; Entzücken aber ist der Anlaß gewesen, daß meine Sammlung zerfiel: und weil meine Sammlung zerfiel, ist der Abglanz entschwunden und der Anblick der Umrisse.› Gleichwie etwa, Anuruddher, wenn ein Mann einer Schatzgrube nachspürte[466] und auf einmal fünf Schatzgruben entdeckte: da würde er alsbald in Entzücken geraten: ebenso nun auch, Anuruddher, war ich entzückt geworden; Entzücken aber ist der Anlaß gewesen, daß meine Sammlung zerfiel: und weil meine Sammlung zerfiel, ist der Abglanz entschwunden und der Anblick der Umrisse. ‹So will ich darauf hinarbeiten, nicht mehr in Schwanken zu geraten, noch in Unachtsamkeit, noch in matte Müde, noch in Entsetzen, noch in Entzücken.› Und während ich nun, Anuruddher, ernsten Sinnes, eifrig, unermüdlich verweilte, nahm ich den Abglanz wahr und den Anblick der Umrisse. Aber dieser Abglanz war mir alsbald entschwunden und der Anblick der Umrisse. Da hab' ich, Anuruddher, bei mir gedacht: ‹Was ist wohl der Grund, was ist die Ursach, daß mir der Abglanz entschwindet und der Anblick der Umrisse?› Da hab' ich mir, Anuruddher, gesagt: ‹Schwerfällig war ich geworden; Schwerfälligkeit aber ist der Anlaß gewesen, daß meine Sammlung zerfiel: und weil meine Sammlung zerfiel, ist der Abglanz entschwunden und der Anblick der Umrisse. So will ich darauf hinarbeiten, nicht mehr in Schwanken zu geraten, noch in Unachtsamkeit, noch in matte Müde, noch in Entsetzen, noch in Entzücken, noch in Schwerfälligkeit.› Und während ich nun, Anuruddher, ernsten Sinnes, eifrig, unermüdlich verweilte nahm ich den Abglanz wahr und den Anblick der Umrisse. Aber dieser Abglanz war mir alsbald entschwunden und der Anblick der Umrisse. Da hab' ich, Anuruddher, bei mir gedacht: ‹Was ist wohl der Grund, was ist die Ursach, daß mir der Abglanz entschwindet und der Anblick der Umrisse?› Da hab' ich mir, Anuruddher, gesagt: ‹Zu straff gespannt war ich geworden; zu straffe Spannung aber ist der Anlaß gewesen,

daß meine Sammlung zerfiel: und weil meine Sammlung zerfiel, ist der Ab-
glanz entschwunden und der Anblick der Umrisse.› Gleichwie etwa, Anu-
ruddher, wenn ein Mann eine Wachtel mit beiden Händen fest umklammert
hielte, sie alsbald verschmachten müßte: ebenso nun auch, Anuruddher, war
ich zu straff gespannt geworden; zu straffe Spannung aber ist der Anlaß ge-
wesen, daß meine Sammlung zerfiel: und weil meine Sammlung zerfiel, ist der
Abglanz entschwunden und der Anblick der Umrisse. ‹So will ich darauf hin- 284
arbeiten, nicht mehr in Schwanken zu geraten, noch in Unachtsamkeit, noch
in matte Müde, noch in Entsetzen, noch in Entzücken, noch in Schwerfällig-
keit, noch in zu straffe Spannung.› Und während ich nun, Anuruddher, ern-
sten Sinnes, eifrig, unermüdlich verweilte, nahm ich den Abglanz wahr und
den Anblick der Umrisse. Aber dieser Abglanz war mir alsbald entschwunden
und der Anblick der Umrisse. Da hab' ich, Anuruddher, bei mir gedacht:
‹Was ist wohl der Grund, was ist die Ursach, daß mir der Abglanz entschwin-
det und der Anblick der Umrisse?› Da hab' ich mir, Anuruddher, gesagt: ‹Zu
schlaff gespannt war ich geworden; zu schlaffe Spannung aber ist der Anlaß
gewesen, daß meine Sammlung zerfiel: und weil meine Sammlung zerfiel, ist
der Abglanz entschwunden und der Anblick der Umrisse.› Gleichwie etwa,
Anuruddher, wenn ein Mann eine Wachtel lose umklammert hielte, sie als-
bald seiner Hand entflatterte: ebenso nun auch, Anuruddher, war ich zu
schlaff gespannt geworden; zu schlaffe Spannung aber ist der Anlaß gewesen,
daß meine Sammlung zerfiel: und weil meine Sammlung zerfiel, ist der Ab-
glanz entschwunden und der Anblick der Umrisse. ‹So will ich darauf hin-
arbeiten, nicht mehr in Schwanken zu geraten, noch in Unachtsamkeit, noch
in matte Müde, noch in Entsetzen, noch in Entzücken, noch in Schwerfällig-
keit, noch in zu straffe Spannung, noch in zu schlaffe Spannung.› Und wäh-
rend ich nun, Anuruddher, ernsten Sinnes, eifrig, unermüdlich verweilte,
nahm ich den Abglanz wahr und den Anblick der Umrisse. Aber dieser Ab-
glanz war mir alsbald entschwunden und der Anblick der Umrisse. Da hab'
ich, Anuruddher, bei mir gedacht: ‹Was ist wohl der Grund, was ist die Ur-
sach, daß mir der Abglanz entschwindet und der Anblick der Umrisse?› Da
hab' ich mir, Anuruddher, gesagt: ‹Beifällig war ich geworden; Beifall aber
ist der Anlaß gewesen, daß meine Sammlung zerfiel: und weil meine Samm-
lung zerfiel, ist der Abglanz entschwunden und der Anblick der Umrisse. So
will ich darauf hinarbeiten, nicht mehr in Schwanken zu geraten, noch in Un-
achtsamkeit, noch in matte Müde, noch in Entsetzen, noch in Entzücken,
noch in Schwerfälligkeit, noch in zu straffe Spannung, noch in zu schlaffe
Spannung, noch in Beifall.› Und während ich nun, Anuruddher, ernsten Sin-
nes, eifrig, unermüdlich verweilte, nahm ich den Abglanz wahr und den An-
blick der Umrisse. Aber dieser Abglanz war mir alsbald entschwunden und

der Anblick der Umrisse. Da hab' ich, Anuruddher, bei mir gedacht: ‹Was
ist wohl der Grund, was ist die Ursach, daß mir der Abglanz entschwindet
und der Anblick der Umrisse?› Da hab' ich mir, Anuruddher, gesagt: ‹Viel-
heit hatte ich wahrgenommen; Vielheitwahrnehmen aber ist der Anlaß ge-
wesen, daß meine Sammlung zerfiel: und weil meine Sammlung zerfiel, ist
285 der Abglanz entschwunden und der Anblick der Umrisse. So will ich darauf
hinarbeiten, nicht mehr in Schwanken zu geraten, noch in Unachtsamkeit,
noch in matte Müde, noch in Entsetzen, noch in Entzücken, noch in Schwer-
fälligkeit, noch in zu straffe Spannung, noch in zu schlaffe Spannung, noch
in Beifall, noch in Vielheitwahrnehmen.› Und während ich nun, Anuruddher,
ernsten Sinnes, eifrig, unermüdlich verweilte, nahm ich den Abglanz wahr
und den Anblick der Umrisse. Aber dieser Abglanz war mir alsbald ent-
schwunden und der Anblick der Umrisse. Da hab' ich, Anuruddher, bei mir
gedacht: ‹Was ist wohl der Grund, was ist die Ursach, daß mir der Abglanz
entschwindet und der Anblick der Umrisse?› Da hab' ich mir, Anuruddher,
gesagt: ‹Zu scharf hatte ich die Umrisse betrachtet; zu scharfe Betrachtung
der Umrisse aber ist der Anlaß gewesen, daß meine Sammlung zerfiel: und
weil meine Sammlung zerfiel, ist der Abglanz entschwunden und der An-
blick der Umrisse. So will ich darauf hinarbeiten, nicht mehr in Schwanken
zu geraten, noch in Unachtsamkeit, noch in matte Müde, noch in Entsetzen,
noch in Entzücken, noch in Schwerfälligkeit, noch in zu straffe Spannung,
noch in zu schlaffe Spannung, noch in Beifall, noch in Vielheitwahrnehmen,
noch in zu scharfe Betrachtung der Umrisse.›

«So hatte ich denn, Anuruddher, Schwanken als Herzensverschlackung
richtig entdeckt und schaffte das Schwanken, die Herzensverschlackung, ab;
hatte Unachtsamkeit als Herzensverschlackung richtig entdeckt und schaffte
die Unachtsamkeit, die Herzensverschlackung, ab; hatte matte Müde als
Herzensverschlackung richtig entdeckt und schaffte die matte Müde, die
Herzensverschlackung, ab; hatte Entsetzen als Herzensverschlackung rich-
286 tig entdeckt und schaffte das Entsetzen, die Herzensverschlackung, ab; hatte
Entzücken als Herzensverschlackung richtig entdeckt und schaffte das Ent-
zücken, die Herzensverschlackung, ab; hatte Schwerfälligkeit als Herzens-
verschlackung richtig entdeckt und schaffte die Schwerfälligkeit, die Her-
zensverschlackung, ab; hatte zu straffe Spannung als Herzensverschlackung
richtig entdeckt und schaffte die zu straffe Spannung, die Herzensverschlak-
kung, ab; hatte zu schlaffe Spannung als Herzensverschlackung richtig ent-
deckt und schaffte die zu schlaffe Spannung, die Herzensverschlackung, ab;
hatte Beifall als Herzensverschlackung richtig entdeckt und schaffte den Bei-
fall, die Herzensverschlackung, ab; hatte Vielheitwahrnehmen als Herzens-
verschlackung richtig entdeckt und schaffte das Vielheitwahrnehmen, die

Herzensverschlackung, ab; hatte zu scharfe Betrachtung der Umrisse als Herzensverschlackung richtig entdeckt und schaffte die zu scharfe Betrachtung der Umrisse, die Herzensverschlackung, ab.

«So verweilte ich denn, Anuruddher, ernsten Sinnes, eifrig, unermüdlich, und nahm nun wohl den Abglanz wahr, aber nicht den Anblick der Umrisse; und nahm wohl den Anblick der Umrisse wahr, aber nicht den Abglanz: eine ganze Nacht hindurch, einen ganzen Tag hindurch, eine ganze Nacht, einen ganzen Tag hindurch. Da hab' ich, Anuruddher, bei mir gedacht: ‹Was ist wohl der Grund, was ist die Ursach, daß ich nun wohl den Abglanz wahrnehme, aber nicht den Anblick der Umrisse; und wohl den Anblick der Umrisse wahrnehme, aber nicht den Abglanz: eine ganze Nacht hindurch, einen ganzen Tag hindurch, eine ganze Nacht, einen ganzen Tag hindurch?› Da hab' ich mir, Anuruddher, gesagt: ‹Zu einer Zeit wo ich ohne auf die Erscheinung der Umrisse achtzuhaben auf die Erscheinung des Abglanzes achthabe, nehm' ich da wohl den Abglanz wahr, aber nicht den Anblick der Umrisse; und wieder zu einer Zeit, wo ich ohne auf die Erscheinung des 287
Abglanzes achtzuhaben auf die Erscheinung der Umrisse achthabe, nehm' ich da wohl den Anblick der Umrisse wahr, aber nicht den Abglanz: eine ganze Nacht hindurch, einen ganzen Tag hindurch, eine ganze Nacht, einen ganzen Tag hindurch.›

«So verweilte ich denn, Anuruddher, ernsten Sinnes, eifrig, unermüdlich, und nahm einen bestimmten Abglanz wahr und den Anblick bestimmter Umrisse; und nahm unermeßlichen Abglanz wahr und den Anblick unermeßlicher Umrisse: eine ganze Nacht hindurch, einen ganzen Tag hindurch, eine ganze Nacht, einen ganzen Tag hindurch. Da hab' ich, Anuruddher, bei mir gedacht: ‹Was ist wohl der Grund, was ist die Ursach, daß ich einen bestimmten Abglanz wahrnehme und den Anblick bestimmter Umrisse; und unermeßlichen Abglanz wahrnehme und den Anblick unermeßlicher Umrisse: eine ganze Nacht hindurch, einen ganzen Tag hindurch, eine ganze Nacht, einen ganzen Tag hindurch?› Da hab' ich mir, Anuruddher, gesagt: ‹Zu einer Zeit, wo meine Sammlung eine bestimmte ist, ist da mein Auge ein bestimmtes, und mit einem bestimmten Auge nehm' ich einen bestimmten Abglanz wahr und den Anblick bestimmter Umrisse; und wieder zu einer Zeit, wo meine Sammlung unermeßlich ist, ist da mein Auge unermeßlich, und mit dem unermeßlichen Auge nehm' ich unermeßlichen Abglanz wahr und den Anblick unermeßlicher Umrisse: eine ganze Nacht hindurch, einen ganzen Tag hindurch, eine ganze Nacht, einen ganzen Tag hindurch.›

«Sobald nun von mir, Anuruddher, Schwanken als Herzensverschlackung richtig entdeckt worden und das Schwanken, die Herzensverschlackung, abgeschafft war; Unachtsamkeit als Herzensverschlackung richtig entdeckt

288 worden und die Unachtsamkeit, die Herzensverschlackung, abgeschafft war; matte Müde als Herzensverschlackung richtig entdeckt worden und die matte Müde, die Herzensverschlackung, abgeschafft war; Entsetzen als Herzensverschlackung richtig entdeckt worden und das Entsetzen, die Herzensverschlackung, abgeschafft war; Entzücken als Herzensverschlackung richtig entdeckt worden und das Entzücken, die Herzensverschlackung, abgeschafft war; Schwerfälligkeit als Herzensverschlackung richtig entdeckt worden und die Schwerfälligkeit, die Herzensverschlackung, abgeschafft war; zu straffe Spannung als Herzensverschlackung richtig entdeckt worden und die zu straffe Spannung, die Herzensverschlackung, abgeschafft war; zu schlaffe Spannung als Herzensverschlackung richtig entdeckt worden und die zu schlaffe Spannung, die Herzensverschlackung, abgeschafft war; Beifall als Herzensverschlackung richtig entdeckt worden und der Beifall, die Herzensverschlackung, abgeschafft war; Vielheitwahrnehmen als Herzensverschlakkung richtig entdeckt worden und das Vielheitwahrnehmen, die Herzensverschlackung, abgeschafft war; zu scharfe Betrachtung der Umrisse als Herzensverschlackung richtig entdeckt worden und die zu scharfe Betrachtung der Umrisse, die Herzensverschlackung, abgeschafft war: da hab' ich mir, Anuruddher, gesagt: ‹Was bei mir Herzensverschlackung gewesen hab' ich abgeschafft. Wohl denn: jetzt will ich dreifach die Sammlung vollbringen.›

«So hab' ich denn, Anuruddher, mit Sinnen und Gedenken Sammlung vollbracht, habe ohne Sinnen, nur gedenkend Sammlung vollbracht, habe ohne Sinnen und Gedenken Sammlung vollbracht; und habe erheiternde Sammlung vollbracht, habe entheiternde Sammlung vollbracht, habe hellmütige
289 Sammlung vollbracht; und habe gleichmütige Sammlung vollbracht.

«Sobald nun von mir, Anuruddher, mit Sinnen und Gedenken Sammlung vollbracht war, ohne Sinnen, nur gedenkend, Sammlung vollbracht war, ohne Sinnen und Gedenken Sammlung vollbracht war; und erheiternde Sammlung vollbracht war, entheiternde Sammlung vollbracht war, hellmütige Sammlung vollbracht war; und gleichmütige Sammlung vollbracht war: da ist mir dann das Wissen und der Anblick aufgegangen:

Auf ewig bin erlöst ich,
Das ist das letzte Leben,
Und nicht mehr gibt es Wiedersein.»

Also sprach der Erhabene. Zufrieden freute sich der ehrwürdige Anuruddho über das Wort des Erhabenen[467].

129

DREIZEHNTER TEIL · NEUNTE REDE

DER TOR UND DER WEISE

DAS HAB' ICH GEHÖRT. Zu einer Zeit weilte der Erhabene bei Sāvatthī, im 290
Siegerwalde, im Garten Anāthapiṇḍikos. Dort nun wandte sich der Erhabene an die Mönche: «Ihr Mönche!» – «Erlauchter!» antworteten da jene Mönche dem Erhabenen aufmerksam. Der Erhabene sprach also:

«Drei gibt es, ihr Mönche, beim Toren der Kennzeichen des Toren, der Merkmale des Toren, der Offenbarungen des Toren: und welche drei? Da mag, ihr Mönche, der Tor Übelgedachtes denken und Übelgesprochenes sprechen und übelgetane Tat begehn. Wär' es nicht, ihr Mönche, des Toren Art Übelgedachtes zu denken und Übelgesprochenes zu sprechen und übelgetane Tat zu begehn, welcher Weise könnte ihn wohl erkennen: ‹Ein Tor ist es, ein schlechter Mensch›? Weil nun aber, ihr Mönche, der Tor Übelgedachtes denkt und Übelgesprochenes spricht und übelgetane Tat begeht, darum erkennen ihn Weise: ‹Ein Tor ist es, ein schlechter Mensch.›

«Ein solcher Tor nun, ihr Mönche, wird in dreifachem Maße schon bei Lebzeiten Trauer und Trübsinn erfahren. Wenn sich, ihr Mönche, der Tor in Gesellschaft befindet oder auf der Straße befindet oder auf dem Markte befindet, so führen die Leute von ihm veranlaßte, auf ihn bezügliche Gespräche. Wenn, ihr Mönche, der Tor Lebendiges umbringt, Nichtgegebenes nimmt, Ausschweifung begeht, Lüge spricht, berauschende und berückende Getränke, betäubende und betörende Mittel gebraucht, so wird ihm da also, ihr Mönche, zumute: ‹Haben die Leute davon Anlaß, darauf Beziehung im Gespräche genommen, so ist dergleichen bei mir anzutreffen: auch mich kann
das angehn.› Das wird, ihr Mönche, der Tor zuerst schon bei Lebzeiten als 291
Trauer und Trübsinn erfahren.

«Weiter sodann, ihr Mönche, sieht der Tor wie Könige einen Räuber, einen Verbrecher ergreifen lassen und mancherlei Strafen verhängen, als wie Peitschen-, Stock- oder Rutenhiebe; Handverstümmlung, Fußverstümmlung oder Verstümmlung der Hände und Füße; Ohrenverstümmlung, Nasenverstümmlung, Verstümmlung der Ohren und der Nase; den Breikessel, die Muschelrasur, das Drachenmaul; den Pechkranz, die Fackelhand; das Spießrutenlaufen, das Rindenliegen, den Marterbock; das Angelfleisch, den Münzengriff, die Laugenätze; den Schraubstock, das Bastgeflecht; die siedende Ölbeträufelung, das Zerreißen durch Hunde, die lebendige Pfählung, die Enthauptung. Da wird, ihr Mönche, dem Toren also zumute: ‹Um welcher Übeltaten willen Könige einen Räuber, einen Verbrecher ergreifen lassen und so mancherlei Strafen verhängen, dergleichen ist ja bei mir anzutreffen: auch mich kann das angehn. Wenn Könige auch mich kennten, sie ließen auch mich ergreifen und so mancherlei Strafen verhängen.› Das aber wird, ihr Mönche, der Tor zuzweit schon bei Lebzeiten als Trauer und Trübsinn erfahren.

292 «Weiter sodann, ihr Mönche: wenn der Tor auf einem Stuhle Platz genommen oder auf ein Lager sich hingelegt hat oder auf der Erde ausruht, so sind es die bösen Taten, die er früher getan, schlechte Handlungen in Werken, in Worten, in Gedanken, die um diese Zeit über ihn kommen, über ihn niedersinken, über ihn herabziehn. Gleichwie etwa, ihr Mönche, die Schatten der Gipfel hoher Gebirge um Sonnenuntergang über die Ebene kommen, über sie niedersinken, über sie herabziehn: ebenso nun auch, ihr Mönche, sind es, wenn der Tor auf einem Stuhle Platz genommen oder auf ein Lager sich hingelegt hat oder auf der Erde ausruht, die bösen Taten, die er früher getan, schlechte Handlungen in Werken, in Worten, in Gedanken, die um diese Zeit über ihn kommen, über ihn niedersinken, über ihn herabziehn. Da wird, ihr Mönche, dem Toren also zumute: ‹Nicht hab' ich doch günstig gewirkt, habe nicht heilsam gewirkt, habe keinerlei Scheu gekannt: Böses hab' ich getan, grausam bin ich gewesen, Frevel hab' ich verübt; wo da ungünstig wirken, unheilsam wirken, keinerlei Scheu kennen, Böses tun, grausam sein, Frevel verüben hingelangen läßt, dahin werd' ich nach dem Tode gelangen.› So wird er bekümmert, beklommen, er jammert, schlägt sich stöhnend die Brust, gerät in Verzweiflung. Das aber wird, ihr Mönche, der Tor zudritt schon bei Lebzeiten als Trauer und Trübsinn erfahren.

«Ein solcher Tor nun, ihr Mönche, der in Werken übel gewandelt, in Worten übel gewandelt, in Gedanken übel gewandelt ist, gelangt bei der Auflösung des Körpers, nach dem Tode, abwärts, auf schlechte Fährte, zur Tiefe hinab, in höllische Welt. Mag nun einer, ihr Mönche, mit rechter Rede sagen ‹Einzig unerwünscht, einzig unbegehrt, einzig unangenehm›, mag er es eben von höllischer Welt mit rechter Rede sagen: ‹Einzig unerwünscht, einzig un-
293 begehrt, einzig unangenehm›; da man es ja, ihr Mönche, auch im Gleichnisse nicht wohl dartun kann, wie tief die Leiden höllischer Welten reichen.»

Auf diese Worte wandte sich einer der Mönche an den Erhabenen und fragte:

«Kann man aber, o Herr, ein Gleichnis geben?»

«Man kann es, Mönch», sprach der Erhabene. «Gleichwie etwa, ihr Mönche, wenn man einen Räuber, einen Verbrecher ergriffe und vor den Herrscher brächte: ‹Hier, o König, ist ein Räuber, ein Verbrecher: was du ihm bestimmst, diese Strafe gebiete!› Und der König verkündete ihm: ‹Geht, ihr Leute, und gebt diesem Manne am Morgen hundert Klingenhiebe.› Und man gäbe ihm am Morgen hundert Klingenhiebe. Da fragte der König zu Mittag: ‹Sagt doch, was macht jener Mann?› – ‹Er ist noch, o König, am Leben.› Und der König verkündete ihm: ‹Geht, ihr Leute, und gebt dem Manne zu Mittag hundert Klingenhiebe.› Und man gäbe ihm zu Mittag hundert Klingenhiebe. Da fragte der König am Abend: ‹Sagt doch, was macht jener Mann?› – ‹Er ist noch, o König, am Leben.› Und der König verkündete ihm: ‹Geht, ihr Leute, und gebt dem Manne am Abend hundert Klingenhiebe.› Und man gäbe ihm am Abend hundert Klingenhiebe. Was meint ihr wohl, Mönche: würde da nicht dieser Mann, mit dreihundert Klingenhieben gezüchtigt, infolge davon Trauer und Trübsinn erfahren?»

«Auch nur, o Herr, mit einem Klingenhiebe gezüchtigt würde dieser Mann infolge davon Trauer und Trübsinn erfahren, geschweige denn mit dreihundert Klingenhieben.»

Da hob nun der Erhabene einen mäßigen, handgroßen Stein auf und wandte sich an die Mönche:

«Was meint ihr wohl, Mönche: was ist größer, dieser mäßige, handgroße Stein, den ich da habe, oder der Himālayo, der König der Berge?»

«Geringfügig ist, o Herr, dieser mäßige, handgroße Stein, den der Erha- 294
bene da hat: gegen den Himālayo, den König der Berge, kann er nicht gezählt, nicht gerechnet, nicht verglichen werden.»

«Ebenso nun auch, ihr Mönche, kann was ein Mensch, mit dreihundert Klingenhieben gezüchtigt, infolge davon an Trauer und Trübsinn erfährt gegen das Leiden höllischer Welt nicht gezählt, nicht gerechnet, nicht verglichen werden. Da lassen ihn denn, ihr Mönche, die höllischen Wächter Fünffache Schmiede geheißene Strafe durchmachen. Einen glühenden Eisenkeil bohren sie ihm in die eine Hand, einen glühenden Eisenkeil bohren sie ihm in die andere Hand, einen glühenden Eisenkeil bohren sie ihm in den einen Fuß, einen glühenden Eisenkeil bohren sie ihm in den anderen Fuß, einen glühenden Eisenkeil bohren sie ihm mitten in die Brust. So hat er da schmerzliche, brennende, stechende Gefühle zu empfinden, und nicht eher kann er sterben, bis nicht sein böses Werk erschöpft ist.

«Da lassen ihn denn, ihr Mönche, die höllischen Wächter überfallen und mit Äxten zerspalten; Fuß oben, Kopf unten anpacken und mit Messern zerschlitzen. So hat er da schmerzliche, brennende, stechende Gefühle zu empfinden, und nicht eher kann er sterben, bis nicht sein böses Werk erschöpft ist.

«Da lassen ihn denn, ihr Mönche, die höllischen Wächter an einen Wagen schirren und treiben ihn über eine feurige, flammende, flackernde Fläche hin-

über, herüber. Da lassen ihn denn, ihr Mönche, die höllischen Wächter einen hohen, glühenden, feurigen, flammenden, flackernden Felsen emporklimmen, herabklimmen. So hat er da schmerzliche, brennende, stechende Gefühle zu
295 empfinden, und nicht eher kann er sterben, bis nicht sein böses Werk erschöpft ist.

«Da lassen ihn denn, ihr Mönche, die höllischen Wächter Fuß oben, Kopf unten anpacken und in einen siedenden, feurigen, flammenden, flackernden Schmelzofen werfen, wo er bis zu schaumigem Gischte aufgekocht wird und also bald emporsteigt und bald herabsinkt und bald querdurchtreibt. So hat er da schmerzliche, brennende, stechende Gefühle zu empfinden, und nicht eher kann er sterben, bis nicht sein böses Werk erschöpft ist[468].

«Da lassen ihn denn, ihr Mönche, die höllischen Wächter in die Erzhölle werfen. Die Erzhölle aber, ihr Mönche, hat vier Winkel und vier Tore, genau nach den Seiten verteilt, ist mit eisernem Walle umschlossen, mit Eisen überwölbt. Ihr Boden, aus Eisen bestanden, von glühender Röte durchdrungen, erstreckt sich rings umher dreihundert Meilen weit überall hin. Wollte ich gleich, ihr Mönche, auf mancherlei Weise höllische Dinge euch deuten, so könnte man es doch, ihr Mönche, nicht wohl durch Worte erfassen, wie tief die Leiden höllischer Welten reichen. –

«Es gibt, ihr Mönche, tiergewordene Wesen, die Gras fressen; sie befeuchten das Gras mit Speichel und zerkauen es zwischen den Zähnen. Was sind das aber, ihr Mönche, für tiergewordene Wesen, die Gras fressen? Rosse, Rinder, Esel, Ziegen, Antilopen, und was es sonst noch irgend an tiergewordenen Wesen gibt, die Gras fressen. Ein solcher Tor nun, ihr Mönche, der da früher geschmäckig war, der da böse Taten getan, wird bei der Auflösung des Körpers, nach dem Tode, zur Gemeinschaft mit jenen Wesen wiederkehren, die als Grasfresser leben.

«Es gibt, ihr Mönche, tiergewordene Wesen, die Mist fressen; haben die von weitem schon Mistgeruch gewittert, so eilen sie herbei: ‹Daran wollen wir uns laben, daran wollen wir uns laben.› Gleichwie etwa, ihr Mönche,
296 Priester beim Opfergeruche herbeieilen: ‹Daran wollen wir uns laben, daran wollen wir uns laben›: ebenso nun auch, ihr Mönche, gibt es tiergewordene Wesen, die Mist fressen; haben die von weitem schon Mistgeruch gewittert, so eilen sie herbei: ‹Daran wollen wir uns laben, daran wollen wir uns laben.› Was sind das aber, ihr Mönche, für tiergewordene Wesen, die Mist fressen? Hühner, Schweine, Hunde, Schakale, und was es sonst noch irgend an tiergewordenen Wesen gibt, die Mist fressen. Ein solcher Tor nun, ihr Mönche, der da früher geschmäckig war, der da böse Taten getan, wird bei der Auflösung des Körpers, nach dem Tode, zur Gemeinschaft mit jenen Wesen wiederkehren, die als Mistfresser leben[469].

«Es gibt, ihr Mönche, tiergewordene Wesen, die im Dunkeln entstehn, im Dunkeln vergehn, im Dunkeln ersterben. Was sind das aber, ihr Mönche, für tiergewordene Wesen, die im Dunkeln entstehn, im Dunkeln vergehn, im Dunkeln ersterben? Käfer, Motten, Asseln, und was es sonst noch irgend an tiergewordenen Wesen gibt, die im Dunkeln entstehn, im Dunkeln vergehn, im Dunkeln ersterben. Ein solcher Tor nun, ihr Mönche, der da früher geschmäckig war, der da böse Taten getan, wird bei der Auflösung des Körpers, nach dem Tode, zur Gemeinschaft mit jenen Wesen wiederkehren, die im Dunkeln entstehn, im Dunkeln vergehn, im Dunkeln ersterben[470].

«Es gibt, ihr Mönche, tiergewordene Wesen, die im Wasser entstehn, im Wasser vergehn, im Wasser ersterben. Was sind das aber, ihr Mönche, für tiergewordene Wesen, die im Wasser entstehn, im Wasser vergehn, im Wasser ersterben? Fische, Schildkröten, Krokodile, und was es sonst noch irgend
an tiergewordenen Wesen gibt, die im Wasser entstehn, im Wasser vergehn, 297
im Wasser ersterben. Ein solcher Tor nun, ihr Mönche, der da früher geschmäckig war, der da böse Taten getan, wird bei der Auflösung des Körpers, nach dem Tode, zur Gemeinschaft mit jenen Wesen wiederkehren, die im Wasser entstehn, im Wasser vergehn, im Wasser ersterben.

«Es gibt, ihr Mönche, tiergewordene Wesen, die in Unrat entstehn, in Unrat vergehn, in Unrat ersterben. Was sind das aber, ihr Mönche, für tiergewordene Wesen, die in Unrat entstehn, in Unrat vergehn, in Unrat ersterben? Es sind, ihr Mönche, Wesen, die da in faulendem Fische entstehn, in faulendem Fische vergehn, in faulendem Fische ersterben, oder in faulendem Fleische, oder in faulender Speise, oder in Pfuhl oder Pfütze entstehn, in Pfuhl oder Pfütze vergehn, in Pfuhl oder Pfütze ersterben, und was es sonst noch irgend an tiergewordenen Wesen gibt, die in Unrat entstehn, in Unrat vergehn, in Unrat ersterben. Ein solcher Tor nun, ihr Mönche, der da früher geschmäckig war, der da böse Taten getan, wird bei der Auflösung des Körpers, nach dem Tode, zur Gemeinschaft mit jenen Wesen wiederkehren, die in Unrat entstehn, in Unrat vergehn, in Unrat ersterben[471]. Wollte ich gleich, ihr Mönche, auf mancherlei Weise Dinge der Tierheit euch deuten, so könnte man es doch, ihr Mönche, nicht wohl durch Worte erfassen, wie tief die Leiden der Tierheit reichen.

«Gleichwie etwa, ihr Mönche, wenn ein Mann eine einkehlige Reuse in den Ozean würfe; die würde da vom östlichen Winde nach Westen getrieben, vom westlichen Winde nach Osten getrieben, vom nördlichen Winde nach
Süden getrieben, vom südlichen Winde nach Norden getrieben; und es wäre 298
da eine einäugige Schildkröte, die alle hundert Jahre einmal emportauchte; was meint ihr nun, Mönche: sollte da etwa die einäugige Schildkröte mit ihrem Halse in jene einkehlige Reuse hineingeraten?»

«Wohl kaum, o Herr; oder doch nur, o Herr, irgendeinmal vielleicht, im Verlaufe langer Zeiten.»

«Eher noch mag, ihr Mönche, die einäugige Schildkröte mit ihrem Halse in jene einkehlige Reuse hineingeraten: aber schwieriger, sag' ich, ihr Mönche, ist Menschentum erreichbar, sobald der Tor einmal in die Tiefe hinabgesunken. Und warum das? Weil es dort, ihr Mönche, keinen gerechten Wandel, geraden Wandel, kein heilsames Wirken, hilfreiches Wirken gibt: einer den anderen auffressen ist dort, ihr Mönche, der Brauch, den Schwachen ermorden[472].

«Ein solcher Tor nun, ihr Mönche, wenn der irgendeinmal vielleicht, im Verlaufe langer Zeiten, Menschentum erwirbt, so ist es ein niederer Stand, wie der von Treibern oder von Jägern, von Korbflechtern oder von Radmachern oder von Gärtnern: in einem solchen Stande wird er neugeboren, in einem bedürftigen, an Speise und Trank darbenden, der sich kümmerlich fortbringt, wo man kümmerlich Kost und Gewand erhält. Und er ist häßlich, unschön, unansehnlich, mit Gebrechen behaftet, ist einäugig oder lahm, er hinkt oder ist halb vom Schlage gerührt, es mangelt ihm an Speise und Trank und Kleidung, an Wagen und Schmuck und duftenden Salben, an Lager und Obdach und Licht. Und er wandelt übel in Werken, wandelt übel in Worten, wandelt übel in Gedanken; und ist er in Werken übel gewandelt, in Worten übel gewandelt, in Gedanken übel gewandelt, so gelangt er bei der Auflösung des Körpers, nach dem Tode, abwärts, auf schlechte Fährte, zur Tiefe hinab, wieder in höllische Welt.

«Gleichwie etwa, ihr Mönche, wenn ein Würfelspieler eben auf den ersten
299 Mißwurf um sein Kind spielen, um sein Weib spielen, um sein ganzes Hab und Gut spielen und endlich sich selber in Knechtschaft dahingeben mag; geringfügig ist da, ihr Mönche, der Mißwurf, wann der Würfelspieler eben auf den ersten Mißwurf um sein Kind spielen, um sein Weib spielen, um sein ganzes Hab und Gut spielen und endlich sich selber in Knechtschaft dahingeben mag: sondern es ist eben das ein gewichtigerer Mißwurf als jener, wann der Tor in Werken übel gewandelt, in Worten übel gewandelt, in Gedanken übel gewandelt ist und bei der Auflösung des Körpers, nach dem Tode, abwärts, auf schlechte Fährte, zur Tiefe hinab, in höllische Welt wiederkehrt.

«Das ist, ihr Mönche, der vollkommen ausgefüllte Rang des Toren[473].

«Drei gibt es, ihr Mönche, beim Weisen der Kennzeichen des Weisen, der Merkmale des Weisen, der Offenbarungen des Weisen: und welche drei? Da mag, ihr Mönche, der Weise Wohlgedachtes denken und Wohlgesprochenes sprechen und wohlgetane Tat begehn. Wär' es nicht, ihr Mönche, des Weisen

Art Wohlgedachtes zu denken und Wohlgesprochenes zu sprechen und wohlgetane Tat zu begehn, welcher Weise könnte ihn wohl erkennen: ‹Ein Weiser ist es, ein guter Mensch›? Weil nun aber, ihr Mönche, der Weise Wohlgedachtes denkt und Wohlgesprochenes spricht und wohlgetane Tat begeht, darum erkennen ihn Weise: ‹Ein Weiser ist es, ein guter Mensch.›

«Ein solcher Weise nun, ihr Mönche, wird in dreifachem Maße schon bei Lebzeiten Freude und Frohsinn erfahren. Wenn sich, ihr Mönche, der Weise in Gesellschaft befindet oder auf der Straße befindet oder auf dem Markte befindet, so führen die Leute von ihm veranlaßte, auf ihn bezügliche Gespräche. Wenn, ihr Mönche, der Weise von Totschlag absteht, von Diebstahl sich zurückhält, keine Ausschweifung begeht, keine Lüge spricht, berauschende und berückende Getränke, betäubende und betörende Mittel meidet, so wird ihm da also, ihr Mönche, zumute: ‹Haben die Leute davon An- 300
laß, darauf Beziehung im Gespräche genommen, so ist dergleichen bei mir anzutreffen: auch mich kann das angehn.› Das wird, ihr Mönche, der Weise zuerst schon bei Lebzeiten als Freude und Frohsinn erfahren[474].

«Weiter sodann, ihr Mönche, sieht der Weise wie Könige einen Räuber, einen Verbrecher ergreifen lassen und mancherlei Strafen verhängen, als wie Peitschen-, Stock- oder Rutenhiebe; Handverstümmlung, Fußverstümmlung oder Verstümmlung der Hände und Füße; Ohrenverstümmlung, Nasenverstümmlung, Verstümmlung der Ohren und der Nase; den Breikessel, die Muschelrasur, das Drachenmaul; den Pechkranz, die Fackelhand; das Spießrutenlaufen, das Rindenliegen, den Marterbock; das Angelfleisch, den Münzengriff, die Laugenätze; den Schraubstock, das Bastgeflecht; die siedende Ölbeträufelung, das Zerreißen durch Hunde, die lebendige Pfählung, die Enthauptung. Da wird, ihr Mönche, dem Weisen also zumute: ‹Um welcher Übeltaten willen Könige einen Räuber, einen Verbrecher ergreifen lassen und so mancherlei Strafen verhängen, dergleichen ist ja bei mir nicht anzu- 301
treffen: und mich kann das nicht angehn.› Das aber wird, ihr Mönche, der Weise zuzweit schon bei Lebzeiten als Freude und Frohsinn erfahren.

«Weiter sodann, ihr Mönche: wenn der Weise auf einem Stuhle Platz genommen oder auf ein Lager sich hingelegt hat oder auf der Erde ausruht, so sind es die günstigen Taten, die er früher getan, gute Handlungen in Werken, in Worten, in Gedanken, die um diese Zeit über ihn kommen, über ihn niedersinken, über ihn herabziehn. Gleichwie etwa, ihr Mönche, die Schatten der Gipfel hoher Gebirge um Sonnenuntergang über die Ebene kommen, über sie niedersinken, über sie herabziehn: ebenso nun auch, ihr Mönche, sind es, wenn der Weise auf einem Stuhle Platz genommen oder auf ein Lager sich hingelegt hat oder auf der Erde ausruht, die günstigen Taten, die er früher getan, gute Handlungen in Werken, in Worten, in Gedanken, die um diese

Zeit über ihn kommen, über ihn niedersinken, über ihn herabziehn. Da wird, ihr Mönche, dem Weisen also zumute: ‹Nicht hab' ich doch Böses getan, bin nicht grausam gewesen, habe keinen Frevel verübt: günstig hab' ich gewirkt, heilsam hab' ich gewirkt, habe Scheu gekannt; wo da nicht Böses tun, nicht grausam sein, keinen Frevel verüben, günstig wirken, heilsam wirken, Scheu kennen hingelangen läßt, dahin werd' ich nach dem Tode gelangen.› So wird er nicht bekümmert, nicht beklommen, er jammert nicht, schlägt sich nicht
302 stöhnend die Brust, gerät nicht in Verzweiflung. Das aber wird, ihr Mönche, der Weise zudritt schon bei Lebzeiten als Freude und Frohsinn erfahren.

«Ein solcher Weise nun, ihr Mönche, der in Werken wohl gewandelt, in Worten wohl gewandelt, in Gedanken wohl gewandelt ist, gelangt bei der Auflösung des Körpers, nach dem Tode, auf gute Fährte, in himmlische Welt. Mag nun einer, ihr Mönche, mit rechter Rede sagen ‹Einzig erwünscht, einzig begehrt, einzig angenehm›, mag er es eben von himmlischer Welt mit rechter Rede sagen: ‹Einzig erwünscht, einzig begehrt, einzig angenehm›; da man es ja, ihr Mönche, auch im Gleichnisse nicht wohl dartun kann, wie hoch die Freuden himmlischer Welten reichen.»

Auf diese Worte wandte sich einer der Mönche an den Erhabenen und fragte:

«Kann man aber, o Herr, ein Gleichnis geben?»

«Man kann es, Mönch», sprach der Erhabene. «Gleichwie etwa, ihr Mönche, wenn ein König Kaiser geworden ist, mit den sieben Juwelen begabt und den vier Vermögen: da wird er infolge davon Freude und Frohsinn erfahren. Das aber sind seine sieben Juwelen, und zwar[475]: das beste Land, der beste Elefant, das beste Roß, die beste Perle, das beste Weib, der beste Bürger, und siebentens der beste Staatsmann. Ein König, ihr Mönche, als Kaiser ist
307 mit diesen sieben Juwelen begabt. Was aber sind die vier Vermögen? Da ist, ihr Mönche, der König als Kaiser schön, hold, liebenswürdig, mit höchster Anmut begabt, weit mehr als andere Menschen. Ein König, ihr Mönche, als Kaiser ist zuerst mit diesem Vermögen begabt[476]. Weiter sodann, ihr Mönche: ein König als Kaiser hat lange Lebensdauer, langen Bestand, weit mehr als andere Menschen. Ein König, ihr Mönche, als Kaiser ist zuzweit mit diesem Vermögen begabt. Weiter sodann, ihr Mönche: ein König als Kaiser ist gesund und munter, seine Kräfte sind gleichmäßig gemischt, weder zu kühl noch zu heiß, weit besser als bei anderen Menschen. Ein König, ihr Mönche, als Kaiser ist zudritt mit diesem Vermögen begabt[477]. Weiter sodann, ihr Mönche: ein König als Kaiser ist Priestern und Hausvätern lieb und wert. Gleichwie etwa, ihr Mönche, ein Vater den Kindern lieb ist und wert, ebenso nun auch, ihr Mönche, ist ein König als Kaiser Priestern und Hausvätern lieb und wert. Und einem Könige, ihr Mönche, als Kaiser sind Priester und Haus-

väter lieb und wert. Gleichwie etwa, ihr Mönche, einem Vater die Kinder lieb sind und wert, ebenso nun auch, ihr Mönche, sind einem Könige als Kai- 308
ser Priester und Hausväter lieb und wert. Vormals, ihr Mönche, geschah es, da ein König als Kaiser, gefolgt von dem viermächtigen Heerbanne[478], zur Frühjahrsfeier hinauszog, daß ihm Priester und Hausväter entgegengingen und also sprachen: ‹Verweile, Gebieter, auf deinem Zuge, auf daß wir länger deinen Anblick erschauen.› Und auch ein König, ihr Mönche, als Kaiser mahnte den Wagenlenker: ‹Ohne Eile, Wagenlenker, lasse weiter uns fahren, auf daß ich länger den Anblick der Priester und Hausväter vor mir habe.› Ein König, ihr Mönche, als Kaiser ist zuviert mit diesem Vermögen begabt. Ein König, ihr Mönche, als Kaiser ist mit diesen vier Vermögen begabt. Was meint ihr nun, Mönche: könnte da nicht ein König als Kaiser, mit den sieben Juwelen begabt und den vier Vermögen, daran Freude und Frohsinn erfahren?»

«Auch nur, o Herr, mit einem einzigen der Juwelen begabt könnte ein König als Kaiser daran Freude und Frohsinn erfahren, geschweige denn mit den sieben Juwelen, mit den vier Vermögen.»

Da hob nun der Erhabene einen mäßigen, handgroßen Stein auf und wandte sich an die Mönche:

«Was meint ihr wohl, Mönche: was ist größer, dieser mäßige, handgroße Stein, den ich da habe, oder der Himālayo, der König der Berge?»

«Geringfügig ist, o Herr, dieser mäßige, handgroße Stein, den der Erhabene da hat: gegen den Himālayo, den König der Berge, kann er nicht gezählt, nicht gerechnet, nicht verglichen werden.»

«Ebenso nun auch, ihr Mönche, kann was ein solcher König als Kaiser, mit den sieben Juwelen begabt und den vier Vermögen, dabei an Freude und Frohsinn erfährt gegen himmlische Freude nicht gezählt, nicht gerechnet, 309
nicht verglichen werden[479].

«Ein solcher Weise nun, ihr Mönche, wenn der irgendeinmal vielleicht, im Verlaufe langer Zeiten, Menschentum erwirbt, so ist es ein hoher Stand, wie der von mächtigen Fürsten oder von mächtigen Priestern oder von mächtigen Bürgern: in einem solchen Stande wird er neugeboren, in einem wohlhabenden, mächtig bemittelten, mächtig begüterten, der reichlich mit Gold und Silber, reichlich mit Besitz und Hausrat, reichlich mit Geld und Gut versehn ist. Und er ist schön, hold, liebenswürdig, mit höchster Anmut begabt, entbehrt nicht Speise und Trank und Kleidung, Wagen und Schmuck und duftende Salben, Lager und Obdach und Licht. Und er wandelt wohl in Werken, wandelt wohl in Worten, wandelt wohl in Gedanken; und ist er in Werken wohl gewandelt, in Worten wohl gewandelt, in Gedanken wohl gewandelt, so gelangt er bei der Auflösung des Körpers, nach dem Tode, auf gute Fährte, wieder in himmlische Welt.

«Gleichwie etwa, ihr Mönche, wenn ein Würfelspieler eben auf den ersten Hauptwurf mächtigen Reichtum gewinnen mag; geringfügig ist da, ihr Mönche, der Hauptwurf, wann der Würfelspieler eben auf den ersten Hauptwurf mächtigen Reichtum gewinnen mag: sondern es ist eben das ein gewichtigerer Hauptwurf als jener, wann der Weise in Werken wohl gewandelt, in Worten wohl gewandelt, in Gedanken wohl gewandelt ist und bei der Auflösung des Körpers, nach dem Tode, auf gute Fährte, in himmlische Welt wiederkehrt.

«Das ist, ihr Mönche, der vollkommen ausgefüllte Rang des Weisen.»

Also sprach der Erhabene. Zufrieden freuten sich jene Mönche über das Wort des Erhabenen[480].

130

DREIZEHNTER TEIL · ZEHNTE REDE

DIE GÖTTERBOTEN

310 DAS HAB' ICH GEHÖRT. Zu einer Zeit weilte der Erhabene bei Sāvatthī, im Siegerwalde, im Garten Anāthapiṇḍikos. Dort nun wandte sich der Erhabene an die Mönche: «Ihr Mönche!» – «Erlauchter!» antworteten da jene Mönche dem Erhabenen aufmerksam. Der Erhabene sprach also:

«Gleichwie etwa, ihr Mönche, wenn da zwei Häuser wären, mit Türen, und es betrachtete ein scharfsehender Mann, in der Mitte stehend, die Menschen, wie sie das Haus betreten und verlassen, kommen und gehn[481]: ebenso nun auch, ihr Mönche, seh' ich mit dem himmlischen Auge, dem geläuterten, über menschliche Grenzen hinausreichenden, die Wesen dahinschwinden und wiedererscheinen, gemeine und edle, schöne und unschöne, glückliche und unglückliche, erkenne wie die Wesen je nach den Taten wiederkehren. ‹Diese lieben Wesen sind freilich in Taten dem Guten zugetan, in Worten dem Guten zugetan, in Gedanken dem Guten zugetan, tadeln nicht Heiliges, achten Rechtes, tun Rechtes; bei der Auflösung des Körpers, nach dem Tode, kehren sie auf gute Fährte, in himmlische Welt wieder. Und auch diese lieben Wesen sind in Taten dem Guten zugetan, in Worten dem Guten zugetan, in Gedanken dem Guten zugetan, tadeln nicht Heiliges, achten

Rechtes, tun Rechtes; bei der Auflösung des Körpers, nach dem Tode, kehren sie unter die Menschen wieder. Jene lieben Wesen sind aber in Taten dem Schlechten zugetan, in Worten dem Schlechten zugetan, in Gedanken dem Schlechten zugetan, tadeln Heiliges, achten Verkehrtes, tun Verkehrtes; bei der Auflösung des Körpers, nach dem Tode, kehren sie in das Gespensterreich wieder. Und auch jene lieben Wesen sind in Taten dem Schlechten zu- 311
getan, in Worten dem Schlechten zugetan, in Gedanken dem Schlechten zugetan, tadeln Heiliges, achten Verkehrtes, tun Verkehrtes; bei der Auflösung des Körpers, nach dem Tode, kehren sie in die Tierheit wieder. Und auch jene lieben Wesen sind in Taten dem Schlechten zugetan, in Worten dem Schlechten zugetan, in Gedanken dem Schlechten zugetan, tadeln Heiliges, achten Verkehrtes, tun Verkehrtes; bei der Auflösung des Körpers, nach dem Tode, kehren sie abwärts, auf schlechte Fährte, zur Tiefe hinab, in höllische Welt wieder.

«Ein solcher, ihr Mönche, wird von den höllischen Wächtern unter den Armen ergriffen und vor den Richter der Schatten gebracht: ‹Da ist, o König, ein Mann, der unbarmherzig war, kein Entsagen kannte, keine Lauterkeit, vor keinem ehrwürdigen Haupte Achtung hatte[482]; ihm soll der König die Strafe erkennen.› Ein solcher, ihr Mönche, wird vom Richter der Schatten über den ersten Götterboten befragt, ausgeforscht, unterrichtet: ‹Lieber Mann, hast du nicht bei den Menschen den ersten Götterboten erscheinen sehn?› Er aber antwortet: ‹Ich hab' ihn nicht gesehn, o Herr.› Da sagt, ihr Mönche, der Richter der Schatten zu ihm: ‹Lieber Mann, hast du nicht bei den Menschen ein kleines Kind, einen unvernünftigen Säugling, mit Kot und Harn beschmutzt daliegen sehn?› Er aber antwortet: ‹Das hab' ich gesehn, o Herr.› Da sagt, ihr Mönche, der Richter der Schatten zu ihm: ‹Lieber Mann, da du verständig geworden, erwachsen warst[483], hast du bedacht: 'Auch ich bin der Geburt unterworfen, habe die Geburt nicht überstanden; wohl denn, günstig will ich wirken, in Werken, in Worten, in Gedanken'?› Er aber antwortet: ‹Ich konnt' es nicht, o Herr, war unachtsam, o Herr.› Da sagt, ihr Mönche, der Richter der Schatten zu ihm: ‹Lieber Mann, aus Unachtsamkeit 312
hast du nicht günstig gewirkt in Werken, in Worten, in Gedanken: da wird man dir, lieber Mann, eben nur also begegnen wie einem Unachtsamen. Das aber nun, was du dort Böses begangen, hat nicht die Mutter getan und nicht der Vater, hat nicht der Bruder getan und nicht die Schwester, hat kein Freund und Genosse getan, hat kein Verwandter und Gevatter getan, hat kein Asket und Priester getan, hat keine Gottheit getan: du selber hast dort böse Tat getan, du selber hast die Ernte davon einzutragen[484].›

«Ein solcher, ihr Mönche, vom Richter der Schatten also über den ersten Götterboten belehrt, wird über den zweiten Götterboten befragt, ausge-

forscht, unterrichtet: ‹Lieber Mann, hast du nicht bei den Menschen den zweiten Götterboten erscheinen sehn?› Er aber antwortet: ‹Ich hab' ihn nicht gesehn, o Herr.› Da sagt, ihr Mönche, der Richter der Schatten zu ihm: ‹Lieber Mann, hast du nicht bei den Menschen ein Weib oder einen Mann gesehn, im achtzigsten oder neunzigsten oder hundertsten Lebensjahre, gebrochen, giebelförmig geknickt, abgezehrt, auf Krücken gestützt schlotternd dahinschleichen, siech, welk, zahnlos, mit gebleichten Strähnen, kahlem, wackelndem Kopfe, verrunzelt, die Haut voller Flecken?› Er aber antwortet: ‹Das hab' ich gesehn, o Herr.› Da sagt, ihr Mönche, der Richter der Schatten zu ihm: ‹Lieber Mann, da du verständig geworden, erwachsen warst, hast du bedacht: 'Auch ich bin dem Alter unterworfen, habe das Alter nicht überstanden; wohl denn, günstig will ich wirken, in Werken, in Worten, in Gedanken'?› Er aber antwortet: ‹Ich konnt' es nicht, o Herr, war unachtsam, o Herr.› Da sagt, ihr Mönche, der Richter der Schatten zu ihm: ‹Lieber Mann, aus Unachtsamkeit hast du nicht günstig gewirkt in Werken, in Worten, in Gedanken: da wird man dir, lieber Mann, eben nur also begegnen wie einem Unachtsamen. Das aber nun, was du dort Böses begangen, hat nicht die Mut-
313 ter getan und nicht der Vater, hat nicht der Bruder getan und nicht die Schwester, hat kein Freund und Genosse getan, hat kein Verwandter und Gevatter getan, hat kein Asket und Priester getan, hat keine Gottheit getan: du selber hast dort böse Tat getan, du selber hast die Ernte davon einzutragen.›

«Ein solcher, ihr Mönche, vom Richter der Schatten also über den zweiten Götterboten belehrt, wird über den dritten Götterboten befragt, ausgeforscht, unterrichtet: ‹Lieber Mann, hast du nicht bei den Menschen den dritten Götterboten erscheinen sehn?› Er aber antwortet: ‹Ich hab' ihn nicht gesehn, o Herr.› Da sagt, ihr Mönche, der Richter der Schatten zu ihm: ‹Lieber Mann, hast du nicht bei den Menschen ein Weib oder einen Mann gesehn, unwohl, leidend, schwerkrank, mit Kot und Harn beschmutzt daliegend, von anderen gehoben, von anderen bedient?› Er aber antwortet: ‹Das hab' ich gesehn, o Herr.› Da sagt, ihr Mönche, der Richter der Schatten zu ihm: ‹Lieber Mann, da du verständig geworden, erwachsen warst, hast du bedacht: 'Auch ich bin der Krankheit unterworfen, habe die Krankheit nicht überstanden; wohl denn, günstig will ich wirken, in Werken, in Worten, in Gedanken'?› Er aber antwortet: ‹Ich konnt' es nicht, o Herr, war unachtsam, o Herr.› Da sagt, ihr Mönche, der Richter der Schatten zu ihm: ‹Lieber Mann, aus Unachtsamkeit hast du nicht günstig gewirkt in Werken, in Worten, in Gedanken: da wird man dir, lieber Mann, eben nur also begegnen wie einem Unachtsamen. Das aber nun, was du dort Böses begangen, hat nicht die Mutter getan und nicht der Vater, hat nicht der Bruder getan und nicht die

Schwester, hat kein Freund und Genosse getan, hat kein Verwandter und Gevatter getan, hat kein Asket und Priester getan, hat keine Gottheit getan: du 314
selber hast dort böse Tat getan, du selber hast die Ernte davon einzutragen.›

«Ein solcher, ihr Mönche, vom Richter der Schatten also über den dritten Götterboten belehrt, wird über den vierten Götterboten befragt, ausgeforscht, unterrichtet: ‹Lieber Mann, hast du nicht bei den Menschen den vierten Götterboten erscheinen sehn?› Er aber antwortet: ‹Ich hab' ihn nicht gesehn, o Herr.› Da sagt, ihr Mönche, der Richter der Schatten zu ihm: ‹Lieber Mann, hast du nicht bei den Menschen gesehn wie Könige einen Räuber, einen Verbrecher ergreifen lassen und mancherlei Strafen verhängen, als wie Peitschen-, Stock- oder Rutenhiebe; Handverstümmlung, Fußverstümmlung oder Verstümmlung der Hände und Füße; Ohrenverstümmlung, Nasenverstümmlung, Verstümmlung der Ohren und der Nase; den Breikessel, die Muschelrasur, das Drachenmaul; den Pechkranz, die Fackelhand; das Spießrutenlaufen, das Rindenliegen, den Marterbock; das Angelfleisch, den Münzengriff, die Laugenätze; den Schraubstock, das Bastgeflecht; die siedende Ölbeträufelung, das Zerreißen durch Hunde, die lebendige Pfählung, die Enthauptung?› Er aber antwortet: ‹Das hab' ich gesehn, o Herr.› Da sagt, ihr Mönche, der Richter der Schatten zu ihm: ‹Lieber Mann, da du verständig geworden, erwachsen warst, hast du bedacht: 'Wer da wahrlich Übeltaten verübt, wird schon bei Lebzeiten mit gar mancher Strafe gestraft: wie erst mag es dann drüben sein! Wohl denn, günstig will ich wirken, in Werken, 315
in Worten, in Gedanken'?› Er aber antwortet: ‹Ich konnt' es nicht, o Herr, war unachtsam, o Herr.› Da sagt, ihr Mönche, der Richter der Schatten zu ihm: ‹Lieber Mann, aus Unachtsamkeit hast du nicht günstig gewirkt in Werken, in Worten, in Gedanken: da wird man dir, lieber Mann, eben nur also begegnen wie einem Unachtsamen. Das aber nun, was du dort Böses begangen, hat nicht die Mutter getan und nicht der Vater, hat nicht der Bruder getan und nicht die Schwester, hat kein Freund und Genosse getan, hat kein Verwandter und Gevatter getan, hat kein Asket und Priester getan, hat keine Gottheit getan: du selber hast dort böse Tat getan, du selber hast die Ernte davon einzutragen.›

«Ein solcher, ihr Mönche, vom Richter der Schatten also über den vierten Götterboten belehrt, wird über den fünften Götterboten befragt, ausgeforscht, unterrichtet: ‹Lieber Mann, hast du nicht bei den Menschen den fünften Götterboten erscheinen sehn?› Er aber antwortet: ‹Ich hab' ihn nicht gesehn, o Herr.› Da sagt, ihr Mönche, der Richter der Schatten zu ihm: ‹Lieber Mann, hast du nicht bei den Menschen ein Weib oder einen Mann gesehn, einen Tag oder zwei Tage oder drei Tage nach dem Verscheiden, aufgedunsen, blauschwarz gefärbt, in Fäulnis übergegangen?› Er aber antwor-

tet: ‹Das hab' ich gesehn, o Herr.› Da sagt, ihr Mönche, der Richter der Schatten zu ihm: ‹Lieber Mann, da du verständig geworden, erwachsen warst, hast du bedacht: 'Auch ich bin dem Sterben unterworfen, habe das Sterben nicht überstanden; wohl denn, günstig will ich wirken, in Werken, in Worten, in Gedanken'?› Er aber antwortet: ‹Ich konnt' es nicht, o Herr, war unachtsam, o Herr.› Da sagt, ihr Mönche, der Richter der Schatten zu ihm: ‹Lieber Mann, aus Unachtsamkeit hast du nicht günstig gewirkt in Werken, in Worten, in Gedanken: da wird man dir, lieber Mann, eben nur also begegnen wie einem Unachtsamen. Das aber nun, was du dort Böses be-
316 gangen, hat nicht die Mutter getan und nicht der Vater, hat nicht der Bruder getan und nicht die Schwester, hat kein Freund und Genosse getan, hat kein Verwandter und Gevatter getan, hat kein Asket und Priester getan, hat keine Gottheit getan: du selber hast dort böse Tat getan, du selber hast die Ernte davon einzutragen.› Und hat einen solchen, ihr Mönche, der Richter der Schatten über den fünften Götterboten befragt, ausgeforscht, unterrichtet, so verstummt er[485].

«Da lassen ihn denn, ihr Mönche, die höllischen Wächter Fünffache Schmiede geheißene Strafe durchmachen. Einen glühenden Eisenkeil bohren sie ihm in die eine Hand, einen glühenden Eisenkeil bohren sie ihm in die andere Hand, einen glühenden Eisenkeil bohren sie ihm in den einen Fuß, einen glühenden Eisenkeil bohren sie ihm in den anderen Fuß, einen glühenden Eisenkeil bohren sie ihm mitten in die Brust. So hat er da schmerzliche, brennende, stechende Gefühle zu empfinden, und nicht eher kann er sterben, bis nicht sein böses Werk erschöpft ist.

«Da lassen ihn denn, ihr Mönche, die höllischen Wächter überfallen und mit Äxten zerspalten; Fuß oben, Kopf unten anpacken und mit Messern zerschlitzen; lassen ihn an einen Wagen schirren und treiben ihn über eine feurige, flammende, flackernde Fläche hinüber, herüber; lassen ihn einen hohen, glühenden, feurigen, flammenden, flackernden Felsen emporklimmen, herabklimmen; lassen ihn Fuß oben, Kopf unten anpacken und in einen siedenden, feurigen, flammenden, flackernden Schmelzofen werfen, wo er bis zu schaumigem Gischte aufgekocht wird und also bald emporsteigt und bald herabsinkt und bald querdurchtreibt. So hat er da schmerzliche, brennende, ste-
317 chende Gefühle zu empfinden, und nicht eher kann er sterben, bis nicht sein böses Werk erschöpft ist.

«Da lassen ihn denn, ihr Mönche, die höllischen Wächter in die Erzhölle werfen. Die Erzhölle aber, ihr Mönche, hat vier Winkel und vier Tore, genau nach den Seiten verteilt, ist mit eisernem Walle umschlossen, mit Eisen überwölbt. Ihr Boden, aus Eisen bestanden, von glühender Röte durchdrungen, erstreckt sich rings umher dreihundert Meilen weit überall hin. In dieser Erzhölle aber, ihr Mönche, steigt von der östlichen Wand eine Stichflamme auf und stößt bis an die westliche Wand, steigt von der westlichen Wand eine Stichflamme auf und stößt bis an die östliche Wand, steigt von der nördlichen Wand eine Stichflamme auf und stößt bis an die südliche Wand, steigt von der südlichen Wand eine Stichflamme auf und stößt bis an die nördliche Wand, steigt von unten eine Stichflamme auf und stößt bis oben empor, steigt von oben eine Stichflamme auf und stößt bis unten herab. So hat er da schmerzliche, brennende, stechende Gefühle zu empfinden, und nicht eher kann er sterben, bis nicht sein böses Werk erschöpft ist. 318

«Es kommt wohl, ihr Mönche, dann und wann einmal, im Verlaufe langer Zeiten vor, daß sich das östliche Tor der Erzhölle auftut. Da sucht er in eiliger Hast zu entfliehen: und wie er in eiliger Hast zu entfliehen sucht, wird ihm das Antlitz verzehrt und die Haut verzehrt und das Fleisch verzehrt und das Gerippe verzehrt und die Knochen gehn in Qualm auf, und emporgestiegen ist er wiederum derselbe geworden; und hat er es nun, ihr Mönche, oftmals erprobt, dann schließt sich das Tor wieder zu. So hat er da schmerzliche, brennende, stechende Gefühle zu empfinden, und nicht eher kann er sterben, bis nicht sein böses Werk erschöpft ist.

«Es kommt wohl, ihr Mönche, dann und wann einmal, im Verlaufe langer Zeiten vor, daß sich das westliche Tor, das nördliche Tor, das südliche Tor der Erzhölle auftut. Da sucht er in eiliger Hast zu entfliehen: und wie er in eiliger Hast zu entfliehen sucht, wird ihm das Antlitz verzehrt und die Haut verzehrt und das Fleisch verzehrt und das Gerippe verzehrt und die Knochen gehn in Qualm auf, und emporgestiegen ist er wiederum derselbe geworden; und hat er es nun, ihr Mönche, oftmals erprobt, dann schließt sich das Tor wieder zu. So hat er da schmerzliche, brennende, stechende Gefühle zu empfinden, und nicht eher kann er sterben, bis nicht sein böses Werk erschöpft ist[486].

«Es kommt wohl, ihr Mönche, dann und wann einmal, im Verlaufe langer Zeiten vor, daß sich das östliche Tor der Erzhölle auftut. Da sucht er in eiliger Hast zu entfliehen: und wie er in eiliger Hast zu entfliehen sucht, wird ihm das Antlitz verzehrt und die Haut verzehrt und das Fleisch verzehrt und das Gerippe verzehrt und die Knochen gehn in Qualm auf, und emporgestiegen ist er wiederum derselbe geworden, und er flüchtet sich durch das Tor hinaus. Dieser Erzhölle aber, ihr Mönche, ist rings herum sogleich die große Dreckhölle angeschlossen: da stürzt er hinein[487]. In der großen Dreckhölle nun, ihr Mönche, gibt es nadelmäulige Maden, die bohren sich in die Haut ein, und haben sie die Haut durchbohrt so bohren sie sich in das Fett ein, und haben sie das Fett durchbohrt so bohren sie sich in das Fleisch ein, und haben sie das Fleisch durchbohrt so bohren sie sich in die Sehnen ein, und haben sie

die Sehnen durchbohrt so bohren sie sich in die Knochen ein, und haben sie die Knochen durchbohrt so fressen sie das Knochenmark auf[488]. So hat er da
319 schmerzliche, brennende, stechende Gefühle zu empfinden, und nicht eher kann er sterben, bis nicht sein böses Werk erschöpft ist.

«Dieser Dreckhölle aber, ihr Mönche, ist rings herum sogleich die große Hundehölle[489] angeschlossen: da stürzt er hinein. So hat er da schmerzliche, brennende, stechende Gefühle zu empfinden, und nicht eher kann er sterben, bis nicht sein böses Werk erschöpft ist.

«Dieser Hundehölle aber, ihr Mönche, ist rings herum sogleich der große Dornenwald angeschlossen, drei Meilen hoch gewachsen, mit sechzehnzölligen Samenstacheln besät, feurig, flammend, flackernd: den muß er da bald emporklettern, bald herabklettern. So hat er da schmerzliche, brennende, stechende Gefühle zu empfinden, und nicht eher kann er sterben, bis nicht sein böses Werk erschöpft ist.

«Diesem Dornenwalde aber, ihr Mönche, ist rings herum sogleich der große Wald der Schwertblätter angeschlossen: da gerät er hinein. Da wird ihm von den sturmgeschwungenen Blättern die Hand abgehauen, der Fuß abgehauen, Hand und Fuß abgehauen, das Ohr abgehauen, die Nase abgehauen, Ohr und Nase abgehauen. So hat er da schmerzliche, brennende, stechende Gefühle zu empfinden, und nicht eher kann er sterben, bis nicht sein böses Werk erschöpft ist.

«Diesem Walde der Schwertblätter aber, ihr Mönche, ist rings herum sogleich das Gewässer der großen Laugenätze angeschlossen: da stürzt er hinein. Da wird er stromabwärts gerissen, stromaufwärts gerissen, stromabwärts, stromaufwärts gerissen[490]. So hat er da schmerzliche, brennende, stechende Gefühle zu empfinden, und nicht eher kann er sterben, bis nicht sein böses Werk erschöpft ist.

«Da lassen ihn denn, ihr Mönche, die höllischen Wächter mit einem Angel herausfischen und an das Ufer werfen und reden also zu ihm: ‹Lieber Mann, was willst du?› Er aber sagt: ‹Mich hungert, o Herr!› Da lassen ihm denn,
320 ihr Mönche, die höllischen Wächter mit eisernem Haken den Mund aufsperren, mit feurigem, flammendem, flackerndem, und eine glühende Eisenkugel durch den Mund hinabschlingen, eine feurige, flammende, flackernde[491]. Da werden ihm alsbald die Lippen verzehrt, der Rachen verzehrt, die Kehle verzehrt, der Magen verzehrt, und Gedärm und Eingeweide mitreißend kehrt sie aus dem After hervor. So hat er da schmerzliche, brennende, stechende Gefühle zu empfinden, und nicht eher kann er sterben, bis nicht sein böses Werk erschöpft ist.

«Da fragen ihn denn, ihr Mönche, die höllischen Wächter: ‹Lieber Mann, was willst du?› Er aber sagt: ‹Mich dürstet, o Herr!› Da lassen ihm denn, ihr

Mönche, die höllischen Wächter mit eisernem Haken den Mund aufsperren, mit feurigem, flammendem, flackerndem, und flüssiges Kupfer durch den Mund hinabgießen, feuriges, flammendes, flackerndes. Da werden ihm alsbald die Lippen verzehrt, der Rachen verzehrt, die Kehle verzehrt, der Magen verzehrt, und Gedärm und Eingeweide mitreißend kehrt es aus dem After hervor. So hat er da schmerzliche, brennende, stechende Gefühle zu empfinden, und nicht eher kann er sterben, bis nicht sein böses Werk erschöpft ist.

«Da lassen ihn denn, ihr Mönche, die höllischen Wächter wiederum in die Erzhölle hinabwerfen.

«Vor Zeiten einmal, ihr Mönche, hat der Richter der Schatten innig erwogen: ‹Wer da wahrlich Übeltaten in der Welt verübt, wird mit solchen mannigfachen Strafen gestraft. O daß ich doch Menschentum erreichte, und ein Vollendeter in der Welt erschiene, ein Heiliger, vollkommen Erwachter, und ich um Ihn, den Erhabenen, sein könnte: und daß Er, der Erhabene, mir die Satzung darlegte, und ich seine, des Erhabenen, Satzung verstände!› – Das aber sag' ich, ihr Mönche, und hab' es nicht etwa von irgendeinem Asketen
oder Priester reden hören: sondern was ich eben selbst erkannt, selbst gesehn, 321
selbst gefunden habe, das nur sage ich.»

Also sprach der Erhabene. Als der Willkommene das gesagt hatte, sprach fernerhin also der Meister:

«Wer Götterboten nicht vernimmt,
Als Mensch die Mahnung nicht gewahrt,
In langen Kummer kehrt er ein
Und leibt und lebt in arger Not.

«Doch wer die Götterboten hier
Beherzigt hat als guter Mensch,
Der Edle, der die Mahnung merkt,
Der echten Kunde nie vergißt,

«Anhangen hat als arg erkannt,
Geburten schaffend und den Tod:
Anhangen läßt er, ist erlöst,
Geburt erschöpfend und den Tod.

«Gewiß geworden, selig so,
Im Leben schon verglommen bald,
Entgangen gänzlich banger Furcht,
Entfahren ist er allem Weh[492].»

VIERZEHNTER TEIL

BUCH DER ABZEICHEN

131

VIERZEHNTER TEIL · ERSTE REDE

GLÜCKSELIGEINSAM

Das hab' ich gehört. Zu einer Zeit weilte der Erhabene bei Sāvatthī, 322
im Siegerwalde, im Garten Anāthapiṇḍikos. Dort nun wandte sich der Erhabene an die Mönche: «Ihr Mönche!» – «Erlauchter!» antworteten da jene Mönche dem Erhabenen aufmerksam. Der Erhabene sprach also:

«Vom Glückseligeinsamen will ich euch Mönchen Stempel und Abzeichen weisen: das höret und achtet wohl auf meine Rede.»

«Ja, o Herr!» antworteten da jene Mönche dem Erhabenen aufmerksam. Der Erhabene sprach also:

«Kein Sehnen nach vergangner Zeit,
Kein Hoffen auf die Zukunft hin;
Ist abgetan was vorher war
Und was noch künftig kommen wird,

«Und hat man immer Ding um Ding
Gewärtig in der Gegenwart:
Was keiner rauben, rütteln kann,
Durchbohrend finden mag man das[493].

«Noch heute gilt der heiße Kampf:
Ob morgen tot, wer weiß es wohl?
Es muß die Schlacht geschlagen sein,
Mit seiner Heerschar Er, der Mord.

«Wer also ausharrt unverzagt
Und unermüdlich Tag und Nacht,
Glückseligeinsam ist er da,
Der stille Denker, wie man sagt.

«Wie aber, ihr Mönche, sehnt man sich nach vergangener Zeit? ‹Also war einst meine Form gewesen›: daran findet man seine Befriedigung; ‹Also war einst mein Gefühl gewesen›: daran findet man seine Befriedigung; ‹Also war einst meine Wahrnehmung gewesen›: daran findet man seine Befriedigung; ‹Also war einst mein Unterscheiden gewesen›: daran findet man seine Be-

323 friedigung; ‹Also war einst mein Bewußtsein gewesen›: daran findet man seine Befriedigung. Also, ihr Mönche, sehnt man sich nach vergangener Zeit.

«Wie aber, ihr Mönche, sehnt man sich nicht nach vergangener Zeit? ‹Also war einst meine Form gewesen›: daran findet man keine Befriedigung; ‹Also war einst mein Gefühl gewesen›: daran findet man keine Befriedigung; ‹Also war einst meine Wahrnehmung gewesen›: daran findet man keine Befriedigung; ‹Also war einst mein Unterscheiden gewesen›: daran findet man keine Befriedigung; ‹Also war einst mein Bewußtsein gewesen›: daran findet man keine Befriedigung. Also, ihr Mönche, sehnt man sich nicht nach vergangener Zeit.

«Wie aber, ihr Mönche, hofft man auf die Zukunft hin? ‹Also will ich einst meine Form haben›: daran findet man seine Befriedigung; ‹Also will ich einst mein Gefühl haben›: daran findet man seine Befriedigung; ‹Also will ich einst meine Wahrnehmung haben›: daran findet man seine Befriedigung; ‹Also will ich einst mein Unterscheiden haben›: daran findet man seine Befriedigung; ‹Also will ich einst mein Bewußtsein haben›: daran findet man seine Befriedigung. Also, ihr Mönche, hofft man auf die Zukunft hin.

«Wie aber, ihr Mönche, hofft man nicht auf die Zukunft hin? ‹Also will ich einst meine Form haben›: daran findet man keine Befriedigung; ‹Also will ich einst mein Gefühl haben›: daran findet man keine Befriedigung; ‹Also will ich einst meine Wahrnehmung haben›: daran findet man keine Befriedigung; ‹Also will ich einst mein Unterscheiden haben›: daran findet man keine Befriedigung; ‹Also will ich einst mein Bewußtsein haben›: daran findet man keine Befriedigung. Also, ihr Mönche, hofft man nicht auf die Zukunft hin.

«Wie aber, ihr Mönche, wird man bei gegenwärtigen Dingen aus der Fassung gebracht? Da hat einer, ihr Mönche, nichts erfahren, ist ein gewöhnlicher Mensch, ohne Sinn für das Heilige, der heiligen Lehre unkundig, der heiligen Lehre unzugänglich, ohne Sinn für das Edle, der Lehre der Edlen un-
324 kundig, der Lehre der Edlen unzugänglich und betrachtet die Form als sich selbst, oder sich selbst als formähnlich, oder in sich selbst die Form, oder in der Form sich selbst; er betrachtet das Gefühl, die Wahrnehmung, die Unterscheidungen, das Bewußtsein als sich selbst, oder sich selbst als diesen ähnlich, oder in sich selbst diese, oder in diesen sich selbst. Also, ihr Mönche, wird man bei gegenwärtigen Dingen aus der Fassung gebracht.

«Wie aber, ihr Mönche, wird man bei gegenwärtigen Dingen nicht aus der Fassung gebracht? Da hat einer, ihr Mönche, als erfahrener heiliger Jünger das Heilige gemerkt, ist der heiligen Lehre kundig, der heiligen Lehre wohlzugänglich, hat das Edle gemerkt, ist der Lehre der Edlen kundig, der Lehre der Edlen wohlzugänglich und betrachtet die Form nicht als sich selbst, noch sich selbst als formähnlich, noch in sich selbst die Form, noch in der Form sich selbst; er betrachtet das Gefühl, die Wahrnehmung, die Unterscheidungen, das Bewußtsein nicht als sich selbst, noch sich selbst als diesen ähnlich, noch in sich selbst diese, noch in diesen sich selbst. Also, ihr Mönche, wird man bei gegenwärtigen Dingen nicht aus der Fassung gebracht.

«Kein Sehnen nach vergangner Zeit,
Kein Hoffen auf die Zukunft hin;
Ist abgetan was vorher war
Und was noch künftig kommen wird,

«Und hat man immer Ding um Ding
Gewärtig in der Gegenwart:
Was keiner rauben, rütteln kann,
Durchbohrend finden mag man das.

«Noch heute gilt der heiße Kampf:
Ob morgen tot, wer weiß es wohl?
Es muß die Schlacht geschlagen sein,
Mit seiner Heerschar Er, der Mord.

«Wer also ausharrt unverzagt
Und unermüdlich Tag und Nacht,
Glückseligeinsam ist er da, 325
Der stille Denker, wie man sagt.

«'Vom Glückseligeinsamen will ich euch Mönchen Stempel und Abzeichen weisen': wurde das gesagt, so war es darum gesagt.»

Also sprach der Erhabene. Zufrieden freuten sich jene Mönche über das Wort des Erhabenen.

132

VIERZEHNTER TEIL · ZWEITE REDE

GLÜCKSELIGEINSAM

ĀNANDO

DAS HAB' ICH GEHÖRT. Zu einer Zeit weilte der Erhabene bei Sāvatthī, im Siegerwalde, im Garten Anāthapiṇḍikos.

Um diese Zeit nun war der ehrwürdige Ānando in der Halle des Vorhauses mit den Mönchen in lehrreichem Gespräche beisammen, ermunterte und ermutigte, erregte und erheiterte sie, sprach von Stempel und Abzeichen des Glückseligeinsamen.

Da nun begab sich der Erhabene gegen Abend, nach Aufhebung der Gedenkensruhe, zur Halle heran des Vorhauses und nahm, dort angelangt, auf dem angebotenen Sitze Platz. Als nun der Erhabene da Platz genommen, wandte er sich also an die Mönche:

«Wer hat wohl, ihr Mönche, in der Halle des Vorhauses die Mönche in lehrreichem Gespräche ermuntert und ermutigt; erregt und erheitert, von des Glückseligeinsamen Stempel und Abzeichen gesprochen?»

«Der ehrwürdige Ānando, o Herr, hat in der Halle des Vorhauses die Mönche in lehrreichem Gespräche ermuntert und ermutigt, erregt und erheitert, von des Glückseligeinsamen Stempel und Abzeichen gesprochen.»

Und der Erhabene wandte sich an den ehrwürdigen Ānando:

«Auf welche Weise aber hast du, Ānando, die Mönche in lehrreichem Gespräche ermuntert und ermutigt, erregt und erheitert, von des Glückselig-
326 einsamen Stempel und Abzeichen gesprochen?»

«Also hab' ich, o Herr, die Mönche in lehrreichem Gespräche ermuntert und ermutigt, erregt und erheitert, von des Glückseligeinsamen Stempel und Abzeichen gesprochen:

«'Kein Sehnen nach vergangner Zeit,
Kein Hoffen auf die Zukunft hin;
Ist abgetan was vorher war
Und was noch künftig kommen wird,

«'Und hat man immer Ding um Ding
Gewärtig in der Gegenwart:

Was keiner rauben, rütteln kann,
Durchbohrend finden mag man das.

«‘Noch heute gilt der heiße Kampf:
Ob morgen tot, wer weiß es wohl?
Es muß die Schlacht geschlagen sein,
Mit seiner Heerschar Er, der Mord.

«‘Wer also ausharrt unverzagt
Und unermüdlich Tag und Nacht,
Glückseligeinsam ist er da,
Der stille Denker, wie man sagt.

«‘Wie aber, ihr Brüder, sehnt man sich nach vergangener Zeit? ‹Also war einst meine Form gewesen›: daran findet man seine Befriedigung; ‹Also war einst mein Gefühl gewesen›: daran findet man seine Befriedigung; ‹Also war einst meine Wahrnehmung gewesen›: daran findet man seine Befriedigung; ‹Also war einst mein Unterscheiden gewesen›: daran findet man seine Befriedigung; ‹Also war einst mein Bewußtsein gewesen›: daran findet man seine Befriedigung. Also, ihr Brüder, sehnt man sich nach vergangener Zeit.

«‘Wie aber, ihr Brüder, sehnt man sich nicht nach vergangener Zeit?› Also
war einst meine Form gewesen›: daran findet man keine Befriedigung; ‹Also
war einst mein Gefühl gewesen›: daran findet man keine Befriedigung; ‹Also
war einst meine Wahrnehmung gewesen›: daran findet man keine Befriedi-
gung; ‹Also war einst mein Unterscheiden gewesen›: daran findet man keine 327
Befriedigung; ‹Also war einst mein Bewußtsein gewesen›: daran findet man
keine Befriedigung. Also, ihr Brüder, sehnt man sich nicht nach vergangener
Zeit.

«‘Wie aber, ihr Brüder, hofft man auf die Zukunft hin? ‹Also will ich einst meine Form haben›: daran findet man seine Befriedigung; ‹Also will ich einst mein Gefühl haben›: daran findet man seine Befriedigung; ‹Also will ich einst meine Wahrnehmung haben›: daran findet man seine Befriedigung; ‹Also will ich einst mein Unterscheiden haben›: daran findet man seine Befriedigung; ‹Also will ich einst mein Bewußtsein haben›: daran findet man seine Befriedigung. Also, ihr Brüder, hofft man auf die Zukunft hin.

«‘Wie aber, ihr Brüder, hofft man nicht auf die Zukunft hin? ‹Also will ich einst meine Form haben›: daran findet man keine Befriedigung; ‹Also will ich einst mein Gefühl haben›: daran findet man keine Befriedigung; ‹Also will ich einst meine Wahrnehmung haben›: daran findet man keine Befriedigung; ‹Also will ich einst mein Unterscheiden haben›: daran findet man keine

Befriedigung; ‹Also will ich einst mein Bewußtsein haben›: daran findet man keine Befriedigung. Also, ihr Brüder, hofft man nicht auf die Zukunft hin.

«‘Wie aber, ihr Brüder, wird man bei gegenwärtigen Dingen aus der Fassung gebracht? Da hat einer, ihr Brüder, nichts erfahren, ist ein gewöhnlicher Mensch, ohne Sinn für das Heilige, der heiligen Lehre unkundig, der heiligen Lehre unzugänglich, ohne Sinn für das Edle, der Lehre der Edlen unkundig, der Lehre der Edlen unzugänglich und betrachtet die Form als sich selbst, oder sich selbst als formähnlich, oder in sich selbst die Form, oder in der Form sich selbst; er betrachtet das Gefühl, die Wahrnehmung, die Unterscheidungen, das Bewußtsein als sich selbst, oder sich selbst als diesen ähnlich, oder in sich selbst diese, oder in diesen sich selbst. Also, ihr Brüder, wird man bei gegenwärtigen Dingen aus der Fassung gebracht.

328 «‘Wie aber, ihr Brüder, wird man bei gegenwärtigen Dingen nicht aus der Fassung gebracht? Da hat einer, ihr Brüder, als erfahrener heiliger Jünger das Heilige gemerkt, ist der heiligen Lehre kundig, der heiligen Lehre wohlzugänglich, hat das Edle gemerkt, ist der Lehre der Edlen kundig, der Lehre der Edlen wohlzugänglich und betrachtet die Form nicht als sich selbst, noch sich selbst als formähnlich, noch in sich selbst die Form, noch in der Form sich selbst; er betrachtet das Gefühl, die Wahrnehmung, die Unterscheidungen, das Bewußtsein nicht als sich selbst, noch sich selbst als diesen ähnlich, noch in sich selbst diese, noch in diesen sich selbst. Also, ihr Brüder, wird man bei gegenwärtigen Dingen nicht aus der Fassung gebracht.

«‘Kein Sehnen nach vergangner Zeit,
Kein Hoffen auf die Zukunft hin;
Ist abgetan was vorher war
Und was noch künftig kommen wird,

«‘Und hat man immer Ding um Ding
Gewärtig in der Gegenwart:
Was keiner rauben, rütteln kann,
Durchbohrend finden mag man das.

«‘Noch heute gilt der heiße Kampf:
Ob morgen tot, wer weiß es wohl?
Es muß die Schlacht geschlagen sein,
Mit seiner Heerschar Er, der Mord.

«‘Wer also ausharrt unverzagt
Und unermüdlich Tag und Nacht,
Glückseligeinsam ist er da,
Der stille Denker, wie man sagt.’

«Also hab' ich, o Herr, die Mönche in lehrreichem Gespräche ermuntert und ermutigt, erregt und erheitert, von des Glückseligeinsamen Stempel und Abzeichen gesprochen.»

«Gut, gut, Ānando, gut hast du, Ānando, die Mönche in lehrreichem Gespräche ermuntert und ermutigt, erregt und erheitert, von des Glückselig- 329
einsamen Stempel und Abzeichen gesprochen.»

Also sprach der Erhabene. Zufrieden freute sich der ehrwürdige Ānando über das Wort des Erhabenen.

133

VIERZEHNTER TEIL · DRITTE REDE

GLÜCKSELIGEINSAM

KACCĀNO

Das hab' ich gehört. Zu einer Zeit weilte der Erhabene bei Rājagaham, in 330
der Aue am Tapodo.

Da verließ denn der ehrwürdige Samiddhi bei Nacht, vor Sonnenaufgang, sein Lager und schritt zum Tapodo hinab, ein Bad zu nehmen. Als er das Bad im Tapodo genommen und sich erfrischt hatte, hing er den Mantel um, nachdem er die Glieder getrocknet.

Wie nun die Dämmerung anbrach, ließ irgendeine Gottheit die ganze Fläche des Tapodo in immer hellerem Glanze erstrahlen und kam bis dorthin wo der ehrwürdige Samiddhi weilte. Dort angelangt stand sie beiseite, und beiseite stehend sprach sie den ehrwürdigen Samiddhi also an:

«Kennst du, o Mönch, des Glückseligeinsamen Stempel und Abzeichen?»

«Nein, o Bruder, ich kenne des Glückseligeinsamen Stempel und Abzeichen nicht: du aber, Bruder, kennst du des Glückseligeinsamen Stempel und Abzeichen?»

«Auch ich, o Mönch, kenne nicht des Glückseligeinsamen Stempel und Abzeichen: kennst du aber, o Mönch, den glückseligeinsamen Sang?»

«Nein, o Bruder, ich kenne den glückseligeinsamen Sang nicht: du aber, Bruder, kennst du den glückseligeinsamen Sang?»

«Auch ich, o Mönch, kenne nicht den glückseligeinsamen Sang; erforsche du, Mönch, des Glückseligeinsamen Stempel und Abzeichen, erfasse du, Mönch, des Glückseligeinsamen Stempel und Abzeichen, bewahre du, Mönch, des Glückseligeinsamen Stempel und Abzeichen: sinnreich ist, o Mönch, des Glückseligeinsamen Stempel und Abzeichen, urasketentümlich.»

331 Also sprach jene Gottheit. Als sie das gesagt, war sie alsbald verschwunden.

Wie es nun Tag geworden, begab sich der ehrwürdige Samiddhi dorthin wo der Erhabene weilte. Dort angelangt bot er dem Erhabenen ehrerbietigen Gruß dar und setzte sich seitwärts nieder. Seitwärts sitzend erzählte da der ehrwürdige Samiddhi dem Erhabenen Wort um Wort die ganze Begegnung, die er mit jener Gottheit gehabt hatte. Dann sprach er also:

332 «Gut wär' es, o Herr, wollte mir der Erhabene des Glückseligeinsamen Stempel und Abzeichen aufweisen.»

«Wohlan denn, Mönch, so höre und achte wohl auf meine Rede.»

«Gewiß, o Herr!» sagte da der ehrwürdige Samiddhi zum Erhabenen aufmerksam. Der Erhabene sprach also:

«Kein Sehnen nach vergangner Zeit,
Kein Hoffen auf die Zukunft hin;
Ist abgetan was vorher war
Und was noch künftig kommen wird,

«Und hat man immer Ding um Ding
Gewärtig in der Gegenwart:
Was keiner rauben, rütteln kann,
Durchbohrend finden mag man das.

«Noch heute gilt der heiße Kampf:
Ob morgen tot, wer weiß es wohl?
Es muß die Schlacht geschlagen sein,
Mit seiner Heerschar Er, der Mord.

«Wer also ausharrt unverzagt
Und unermüdlich Tag und Nacht,
Glückseligeinsam ist er da,
Der stille Denker, wie man sagt.»

Also sprach der Erhabene. Als der Willkommene das gesagt hatte, stand er auf und zog sich in das Wohnhaus zurück.

Da gedachten denn die Mönche, bald nachdem der Erhabene fortgegangen war, unter sich: ‹Diesen Stempel, ihr Brüder, hat uns der Erhabene im Um-

risse dargestellt, ohne die Abzeichen ausführlich zu erläutern, ist aufgestan-
den und hat sich in das Wohnhaus zurückgezogen. Wer könnte nun wohl die- 333
ser kurzen Andeutung Inhalt ausführlich begründen?› Da sagten sich nun
jene Mönche: ‹Der ehrwürdige Mahākaccāno wird selbst vom Meister ge-
priesen, von den verständigen Ordensbrüdern aber verehrt: wohl wäre der
ehrwürdige Mahākaccāno imstande, den Inhalt dieser kurzen Andeutung aus-
führlich zu begründen; wie, wenn wir uns nun zum ehrwürdigen Mahāka-
ccāno begeben und ihn bitten würden, uns den Inhalt darzulegen?› Und jene
Mönche begaben sich zum ehrwürdigen Mahākaccāno, wechselten höflichen
Gruß und freundliche, denkwürdige Worte mit ihm und setzten sich seit-
wärts nieder. Seitwärts sitzend sprachen nun jene Mönche zum ehrwürdigen
Mahākaccāno also:

«Diesen Stempel, Bruder Kaccāno, hat uns der Erhabene im Umrisse dar-
gestellt, ohne die Abzeichen ausführlich zu erläutern, ist aufgestanden und
hat sich in das Wohnhaus zurückgezogen. Da kam uns, Bruder Kaccāno, bald
nachdem der Erhabene fortgegangen war, der Gedanke: ‹Diesen Stempel, ihr 334
Brüder, hat uns der Erhabene im Umrisse dargestellt, ohne die Abzeichen
ausführlich zu erläutern, ist aufgestanden und hat sich in das Wohnhaus zu-
rückgezogen. Wer könnte nun wohl dieser kurzen Andeutung Inhalt aus-
führlich begründen?› Da sagten wir uns, Bruder Kaccāno: ‹Der ehrwürdige
Mahākaccāno wird selbst vom Meister gepriesen, von den verständigen Or-
densbrüdern aber verehrt: wohl wäre der ehrwürdige Mahākaccāno im-
stande, den Inhalt dieser kurzen Andeutung ausführlich zu begründen; wie,
wenn wir uns nun zum ehrwürdigen Mahākaccāno begeben und ihn bitten
würden, uns den Inhalt darzulegen?› Mög' es der ehrwürdige Mahākaccāno
tun!»

«Gleichwie etwa, Brüder, wenn ein Mann, der Kernholz begehrt, Kern-
holz sucht, auf Kernholz ausgeht, über Wurzel und Stamm eines großen ker-
nig dastehenden Baumes hinaufkletterte und im Laubgezweige Kernholz fin-
den wollte: so ergeht es nun hier euch Ehrwürdigen, die ihr vor dem Meister
gewesen seid, den Herrn übergangen habt und von mir die Lösung der Frage
erwartet. Doch der Erhabene, ihr Brüder, ist der kennende Kenner und der
sehende Seher, der Auggewordene, Erkenntnisgewordene, Wahrheitgewor-
dene, Heiligkeitgewordene, der Künder und Verkünder, der Eröffner des In-
halts, der Spender der Unsterblichkeit, der Herr der Wahrheit, der Voll-
endete. Und es war ja wohl noch an der Zeit gewesen, daß ihr den Erhabenen
selbst befragen und diesen Gegenstand der Erklärung des Erhabenen gemäß 335
bewahren konntet.»

«Freilich, Bruder Kaccāno, ist der Erhabene der kennende Kenner und der
sehende Seher, der Auggewordene, Erkenntnisgewordene, Wahrheitgewor-

dene, Heiligkeitgewordene, der Künder und Verkünder, der Eröffner des Inhalts, der Spender der Unsterblichkeit, der Herr der Wahrheit, der Vollendete. Und es war ja wohl noch an der Zeit gewesen, daß wir den Erhabenen selbst befragen und diesen Gegenstand der Erklärung des Erhabenen gemäß bewahren konnten. Aber der ehrwürdige Mahākaccāno wird ja selbst vom Meister gepriesen und von den verständigen Ordensbrüdern verehrt: wohl wäre der ehrwürdige Mahākaccāno imstande, den Inhalt jener vom Erhabenen kurz gegebenen Andeutung ausführlich darzulegen. Mög' es der ehrwürdige Mahākaccāno tun und es nicht übelnehmen!»

«Wohlan denn, ihr Brüder, so höret und achtet wohl auf meine Rede.»

«Gewiß, o Bruder!» antworteten da aufmerksam jene Mönche dem ehrwürdigen Mahākaccāno. Der ehrwürdige Mahākaccāno sprach also:

«Den Stempel, ihr Brüder, den uns der Erhabene im Umrisse dargestellt hat, ohne die Abzeichen ausführlich zu erläutern: diese kurze Andeutung, ihr Brüder, stelle ich ihrem Inhalt gemäß in folgender Weise ausführlich dar. – Wie also, ihr Brüder, sehnt man sich nach vergangener Zeit? ‹So war einst mein Gesicht gewesen, so die Formen›: so wird das Bewußtsein mit Willensbegier daran gefesselt; und weil das Bewußtsein mit Willensbegier gefesselt ist, hat man daran Befriedigung; und weil man daran Befriedigung hat, sehnt man sich nach vergangener Zeit. ‹So war einst mein Gehör gewesen, so die
336 Töne›, ‹So war einst mein Geruch gewesen, so die Düfte›, ‹So war einst mein Geschmack gewesen, so die Säfte›, ‹So war einst mein Getast gewesen, so die Tastungen›, ‹So war einst mein Gedenken gewesen, so die Dinge›: so wird das Bewußtsein mit Willensbegier daran gefesselt; und weil das Bewußtsein mit Willensbegier gefesselt ist, hat man daran Befriedigung; und weil man daran Befriedigung hat, sehnt man sich nach vergangener Zeit. Also, ihr Brüder, sehnt man sich nach vergangener Zeit.

«Wie aber, ihr Brüder, sehnt man sich nicht nach vergangener Zeit? ‹So war einst mein Gesicht gewesen, so die Formen›: so wird das Bewußtsein nicht mit Willensbegier daran gefesselt; und weil das Bewußtsein nicht mit Willensbegier gefesselt ist, hat man keine Befriedigung daran; und weil man keine Befriedigung daran hat, sehnt man sich nicht nach vergangener Zeit. ‹So war einst mein Gehör gewesen, so die Töne›, ‹So war einst mein Geruch gewesen, so die Düfte›, ‹So war einst mein Geschmack gewesen, so die Säfte›, ‹So war einst mein Getast gewesen, so die Tastungen›, ‹So war einst mein Gedenken gewesen, so die Dinge›: so wird das Bewußtsein nicht mit Willensbegier daran gefesselt; und weil das Bewußtsein nicht mit Willensbegier gefesselt ist, hat man keine Befriedigung daran; und weil man keine Befriedigung daran hat, sehnt man sich nicht nach vergangener Zeit. Also, ihr Brüder, sehnt man sich nicht nach vergangener Zeit.

«Wie aber, ihr Brüder, hofft man auf die Zukunft hin? ‹So will ich einst mein Gesicht haben, so die Formen›: so hat man das Herz auf die Erlangung des Unerlangten gerichtet; und weil das Herz darauf gerichtet ist, hat man daran Befriedigung; und weil man daran Befriedigung hat, hofft man auf die Zukunft hin. ‹So will ich einst mein Gehör haben, so die Töne›, ‹So will ich einst meinen Geruch haben, so die Düfte›, ‹So will ich einst meinen Geschmack haben, so die Säfte›, ‹So will ich einst mein Getast haben, so die Ta- 337
stungen›, ‹So will ich einst mein Gedenken haben, so die Dinge›: so hat man das Herz auf die Erlangung des Unerlangten gerichtet; und weil das Herz darauf gerichtet ist, hat man daran Befriedigung; und weil man daran Befriedigung hat, hofft man auf die Zukunft hin. Also, ihr Brüder, hofft man auf die Zukunft hin.

«Wie aber, ihr Brüder, hofft man nicht auf die Zukunft hin? ‹So will ich einst mein Gesicht haben, so die Formen›: so hat man das Herz nicht auf die Erlangung des Unerlangten gerichtet; und weil das Herz nicht darauf gerichtet ist, hat man keine Befriedigung daran; und weil man keine Befriedigung daran hat, hofft man nicht auf die Zukunft hin. ‹So will ich einst mein Gehör haben, so die Töne›, ‹So will ich einst meinen Geruch haben, so die Düfte›, ‹So will ich einst meinen Geschmack haben, so die Säfte›, ‹So will ich einst mein Getast haben, so die Tastungen›, ‹So will ich einst mein Gedenken haben, so die Dinge›: so hat man das Herz nicht auf die Erlangung des Unerlangten gerichtet; und weil das Herz nicht darauf gerichtet ist, hat man keine Befriedigung daran; und weil man keine Befriedigung daran hat, hofft man nicht auf die Zukunft hin. Also, ihr Brüder, hofft man nicht auf die Zukunft hin.

«Wie aber, ihr Brüder, wird man bei gegenwärtigen Dingen aus der Fassung gebracht? Gesicht, ihr Brüder, und Formen: beides ist gegenwärtig; weil es aber gegenwärtig ist, wird das Bewußtsein mit Willensbegier daran gefesselt; und weil das Bewußtsein mit Willensbegier gefesselt ist, hat man daran Befriedigung; und weil man daran Befriedigung hat, wird man bei gegenwärtigen Dingen aus der Fassung gebracht. Gehör, ihr Brüder, und Töne, Geruch, ihr Brüder, und Düfte, Geschmack, ihr Brüder, und Säfte, Getast, ihr Brüder, und Tastungen, Gedenken, ihr Brüder, und Dinge: beides 338
ist gegenwärtig; weil es aber gegenwärtig ist, wird das Bewußtsein mit Willensbegier daran gefesselt; und weil das Bewußtsein mit Willensbegier gefesselt ist, hat man daran Befriedigung; und weil man daran Befriedigung hat, wird man bei gegenwärtigen Dingen aus der Fassung gebracht, Also, ihr Brüder, wird man bei gegenwärtigen Dingen aus der Fassung gebracht.

«Wie aber, ihr Brüder, wird man bei gegenwärtigen Dingen nicht aus der Fassung gebracht? Gesicht, ihr Brüder, und Formen: beides ist gegenwärtig;

weil es aber gegenwärtig ist, wird das Bewußtsein nicht mit Willensbegier daran gefesselt; und weil das Bewußtsein nicht mit Willensbegier gefesselt ist, hat man keine Befriedigung daran; und weil man keine Befriedigung daran hat, wird man bei gegenwärtigen Dingen nicht aus der Fassung gebracht. Gehör, ihr Brüder, und Töne, Geruch, ihr Brüder, und Düfte, Geschmack, ihr Brüder, und Säfte, Getast, ihr Brüder, und Tastungen, Gedenken, ihr Brüder, und Dinge: beides ist gegenwärtig; weil es aber gegenwärtig ist, wird das Bewußtsein nicht mit Willensbegier daran gefesselt; und weil das Bewußtsein nicht mit Willensbegier gefesselt ist, hat man keine Befriedigung daran; und weil man keine Befriedigung daran hat, wird man bei gegenwärtigen Dingen nicht aus der Fassung gebracht. Also, ihr Brüder, wird man bei gegenwärtigen Dingen nicht aus der Fassung gebracht.

«Das, ihr Brüder, betrachte ich als den ausführlich dargelegten Inhalt jener Andeutung, die uns der Erhabene in kurzer Fassung gegeben hat. Wenn es
339 euch Ehrwürdigen nun recht ist, so gehet hin und befragt den Erhabenen selbst hierüber: wie es uns der Erhabene erklärt wollet es behalten.»

Da waren nun jene Mönche über des ehrwürdigen Mahākaccāno Rede erfreut, erhoben sich befriedigt von ihren Sitzen und begaben sich dorthin wo der Erhabene weilte, begrüßten den Erhabenen ehrerbietig und setzten sich seitwärts nieder. Seitwärts sitzend berichteten da jene Mönche dem Erhabe-
340 nen Wort um Wort die ganze Begegnung, die sie mit dem ehrwürdigen Mahākaccāno gehabt hatten: «Da hat uns, o Herr, der ehrwürdige Mahākaccāno auf solche Weise, in solcher Art, mit solchen Bestimmungen den Inhalt dargestellt.»

«Weise, ihr Mönche, ist Mahākaccāno, wissensmächtig, ihr Mönche, ist Mahākaccāno. Wolltet ihr mich, ihr Mönche, um Aufklärung angehn, ich würde den Gegenstand genau so erläutern, wie ihn Mahākaccāno erläutert hat: denn eben das ist der Inhalt, und den sollt ihr derart bewahren.»

Also sprach der Erhabene. Zufrieden freuten sich jene Mönche über das Wort des Erhabenen.

134

VIERZEHNTER TEIL · VIERTE REDE

LOMASAKAṈGIYO

DAS HAB' ICH GEHÖRT. Zu einer Zeit weilte der Erhabene bei Sāvatthī, im Siegerwalde, im Garten Anāthapiṇḍikos.

Um diese Zeit nun weilte der ehrwürdige Lomasakaṉgiyo im Lande der Sakker, bei Kapilavatthu, im Park der Feigenbäume.

Da ließ nun bei einbrechender Dämmerung Candano[494] der Göttersohn die 341
ganze Umgegend des Feigenparkes in immer hellerem Glanze erstrahlen und kam bis dorthin wo der ehrwürdige Lomasakaṉgiyo weilte. Dort angelangt stand er beiseite, und beiseite stehend sprach er den ehrwürdigen Lomasakaṉgiyo also an:

«Kennst du, o Mönch, des Glückseligeinsamen Stempel und Abzeichen?»

«Nein, o Bruder, ich kenne des Glückseligeinsamen Stempel und Abzeichen nicht: du aber, Bruder, kennst du des Glückseligeinsamen Stempel und Abzeichen?»

«Auch ich, o Mönch, kenne nicht des Glückseligeinsamen Stempel und Abzeichen: kennst du aber, o Mönch, den glückseligeinsamen Sang?»

«Nein, o Bruder, ich kenne den glückseligeinsamen Sang nicht: du aber, Bruder, kennst du den glückseligeinsamen Sang?»

«Ich kenne, o Mönch, den glückseligeinsamen Sang.»

«Woher denn aber, Bruder, kennst du den glückseligeinsamen Sang?»

«Es war einmal, o Mönch, da weilte der Erhabene bei den Dreiunddreißig Göttern, im Schatten des himmlischen Baumes, am weißen Flockenfels. Dort nun hat der Erhabene den Dreiunddreißig Göttern des Glückseligeinsamen
Stempel und Abzeichen aufgewiesen. Also kenne ich, o Mönch, den glück- 342
seligeinsamen Sang. Erforsche du, Mönch, des Glückseligeinsamen Stempel und Abzeichen, erfasse du, Mönch, des Glückseligeinsamen Stempel und Abzeichen, bewahre du, Mönch, des Glückseligeinsamen Stempel und Abzeichen: sinnreich ist, o Mönch, des Glückseligeinsamen Stempel und Abzeichen, urasketentümlich.»

Also sprach Candano der Göttersohn. Als er das gesagt, war er alsbald verschwunden.

Wie es nun Tag geworden, brach der ehrwürdige Lomasakaṉgiyo sein Lager ab, nahm Mantel und Almosenschale und begab sich auf die Wanderung nach Sāvatthī. Von Ort zu Ort weiterziehend näherte er sich der Stadt. Und er kam in den Siegerwald, in den Garten Anāthapiṇḍikos, dorthin wo der Erhabene weilte. Dort angelangt begrüßte er den Erhabenen ehrerbietig und setzte sich seitwärts nieder. Seitwärts sitzend erzählte nun der ehrwürdige Lomasakaṉgiyo dem Erhabenen Wort um Wort die ganze Begegnung, die er da vorher, im Lande der Sakker, bei Kapilavatthu, im Park der Feigenbäume, mit jenem Göttersohne gehabt hatte. Dann sprach er also:

343 «Gut wär' es, o Herr, wollte mir der Erhabene des Glückseligeinsamen Stempel und Abzeichen aufweisen.»

«Weißt du aber, Mönch, wer jener Göttersohn war?»

«Nein, o Herr, ich weiß nicht, wer jener Göttersohn war.»

«Candano geheißen, Mönch, ist jener Göttersohn. Candano, Mönch, der Göttersohn, hat achtsam, aufmerksam, mit ganzem Gemüte hingegeben, offenen Ohres der Lehre gelauscht. Wohlan denn, Mönch, so höre und achte wohl auf meine Rede.»

344 «Gewiß, o Herr!» sagte da aufmerksam jener Mönch zum Erhabenen. Der Erhabene sprach also:

«Kein Sehnen nach vergangner Zeit,
Kein Hoffen auf die Zukunft hin;
Ist abgetan was vorher war
Und was noch künftig kommen wird,

«Und hat man immer Ding um Ding
Gewärtig in der Gegenwart:
Was keiner rauben, rütteln kann,
Durchbohrend finden mag man das.

«Noch heute gilt der heiße Kampf:
Ob morgen tot, wer weiß es wohl?
Es muß die Schlacht geschlagen sein,
Mit seiner Heerschar Er, der Mord.

«Wer also ausharrt unverzagt
Und unermüdlich Tag und Nacht,
Glückseligeinsam ist er da,
Der stille Denker, wie man sagt.»

346 Also sprach der Erhabene. Zufrieden freute sich der ehrwürdige Lomasakaṉgiyo über das Wort des Erhabenen[495].

135

VIERZEHNTER TEIL · FÜNFTE REDE

KENNZEICHNUNG DER WERKE

I

Das hab' ich gehört. Zu einer Zeit weilte der Erhabene bei Sāvatthī, im Siegerwalde, im Garten Anāthapiṇḍikos.

Da begab sich denn Subho, ein junger Brāhmane, der Sohn Todeyyos, dorthin wo der Erhabene weilte, wechselte mit dem Erhabenen höflichen Gruß und freundliche, denkwürdige Worte und setzte sich seitwärts nieder. Seitwärts sitzend sprach nun Subho der junge Brāhmane, der Sohn Todeyyos, zum Erhabenen also:

«Was ist wohl, o Gotamo, der Anlaß, was ist der Grund, daß man auch unter menschlichen Wesen, die als Menschen geboren sind, Verkommenheit und Vorzüglichkeit findet? Man sieht, o Gotamo, kurzlebige Menschen und man sieht langlebige, man sieht bresthafte und man sieht rüstige, man sieht unschöne und man sieht schöne, man sieht wenig vermögende und man sieht viel vermögende, man sieht wenig besitzende und man sieht viel besitzende,
man sieht niedrig gestellte und man sieht hoch gestellte, man sieht stumpf- 347
sinnige und man sieht scharfsinnige: was ist da, o Gotamo, der Anlaß, was ist der Grund, daß man auch unter menschlichen Wesen, die als Menschen geboren sind, Verkommenheit und Vorzüglichkeit findet?»

«Eigner der Werke, Brāhmane, sind die Wesen, Erben der Werke, Kinder der Werke, Geschöpfe der Werke, Knechte der Werke: das Werk scheidet die Wesen ab, nach Verkommenheit und Vorzüglichkeit.»

«Nicht kann ich was da Herr Gotamo in Kürze gesagt, nicht ausführlich dargestellt hat, dem ganzen Sinne nach verstehn; gut wär' es, wenn mir Herr Gotamo die Satzung dergestalt zeigen wollte, daß ich den ganzen Sinn dieser kurzgefaßten Worte verstehn könnte.»

«Wohlan denn, Brāhmane, so höre und achte wohl auf meine Rede.»

«Ja, Herr!» sagte da Subho, der junge Brāhmane, der Sohn Todeyyos, aufmerksam zum Erhabenen. Der Erhabene sprach also:

«Da bringt, Brāhmane, irgendein Weib oder ein Mann Lebendiges um, ist grausam und blutgierig, an Mord und Totschlag gewohnt, ohne Mitleid gegen Mensch und Tier. Da läßt ihn solches Wirken, also vollzogen, also vollbracht, bei der Auflösung des Körpers, nach dem Tode, abwärts geraten, auf schlechte Fährte, zur Tiefe hinab, in höllische Welt; oder wenn er nicht dahin gelangt und Menschentum erreicht, wird er, wo er da neugeboren wird, kurzlebig sein. Das ist der Übergang, Brāhmane, der zu kurzem Leben führt, daß man da Lebendiges umbringt, grausam und blugierig ist, an Mord und Totschlag gewohnt, ohne Mitleid gegen Mensch und Tier.

«Da hat wieder, Brāhmane, irgendein Weib oder ein Mann das Töten verworfen, vom Töten hält er sich fern: ohne Stock, ohne Schwert, fühlsam, voll
348 Teilnahme, hegt er zu allen lebenden Wesen Liebe und Mitleid. Da läßt ihn solches Wirken, also vollzogen, also vollbracht, bei der Auflösung des Körpers, nach dem Tode, auf gute Fährte geraten, in himmlische Welt; oder wenn er nicht dahin gelangt und Menschentum erreicht, wird er, wo er da neugeboren wird, langlebig sein. Das ist der Übergang, Brāhmane, der zu langem Leben führt, daß man da das Töten verworfen hat, vom Töten sich fernhält, ohne Stock, ohne Schwert, fühlsam, voll Teilnahme zu allen lebenden Wesen Liebe und Mitleid hegt.

«Da behandelt, Brāhmane, irgendein Weib oder ein Mann die Wesen heftig und qualvoll, geht mit Fäusten, mit Steinen, mit Stöcken, mit Waffen gegen sie vor. Da läßt ihn solches Wirken, also vollzogen, also vollbracht, bei der Auflösung des Körpers, nach dem Tode, abwärts geraten, auf schlechte Fährte, zur Tiefe hinab, in höllische Welt; oder wenn er nicht dahin gelangt und Menschentum erreicht, wird er, wo er da neugeboren wird, bresthaft sein. Das ist der Übergang, Brāhmane, der zu Gebresten führt, daß man da die Wesen heftig und qualvoll behandelt, mit Fäusten, mit Steinen, mit Stökken, mit Waffen gegen sie vorgeht.

«Da behandelt wieder, Brāhmane, irgendein Weib oder ein Mann die Wesen nicht heftig und qualvoll, geht nicht mit Fäusten, mit Steinen, mit Stökken, mit Waffen gegen sie vor. Da läßt ihn solches Wirken, also vollzogen, also vollbracht, bei der Auflösung des Körpers, nach dem Tode, auf gute Fährte geraten, in himmlische Welt; oder wenn er nicht dahin gelangt und Menschentum erreicht, wird er, wo er da neugeboren wird, rüstig sein. Das ist der Übergang, Brāhmane, der zu Rüstigkeit führt, daß man da die Wesen
349 nicht heftig und qualvoll behandelt, nicht mit Fäusten, mit Steinen, mit Stöcken, mit Waffen gegen sie vorgeht.

«Da ist, Brāhmane, irgendein Weib oder ein Mann zornig gesinnt, macht viel Geschrei; wenn ihm auch wenig gesagt wird fährt er auf, erregt sich, ärgert sich, widersetzt sich, legt Verdrossenheit, Haß und Mißtrauen an den Tag. Da läßt ihn solches Wirken, also vollzogen, also vollbracht, bei der Auflösung des Körpers, nach dem Tode, abwärts geraten, auf schlechte Fährte, zur Tiefe hinab, in höllische Welt; oder wenn er nicht dahin gelangt und Menschentum erreicht, wird er, wo er da neugeboren wird, unschön sein.

Das ist der Übergang, Brāhmane, der zur Unschönheit führt, daß man da zor-
nig gesinnt ist, viel Geschrei macht, wenn einem auch wenig gesagt wird
auffährt, sich erregt, sich ärgert, sich widersetzt, Verdrossenheit, Haß und
Mißtrauen an den Tag legt.

«Da ist wieder, Brāhmane, irgendein Weib oder ein Mann nicht zornig ge-
sinnt, macht nicht viel Geschrei; wenn ihm auch viel gesagt wird fährt er
nicht auf, erregt sich nicht, ärgert sich nicht, widersetzt sich nicht, legt nicht
Verdrossenheit, Haß und Mißtrauen an den Tag. Da läßt ihn solches Wirken,
also vollzogen, also vollbracht, bei der Auflösung des Körpers, nach dem
Tode, auf gute Fährte geraten, in himmlische Welt; oder wenn er nicht da-
hin gelangt und Menschentum erreicht, wird er, wo er da neugeboren wird,
anmutig sein. Das ist der Übergang, Brāhmane, der zur Anmut führt, daß
man da nicht zornig gesinnt ist, nicht viel Geschrei macht, wenn einem auch
viel gesagt wird nicht auffährt, sich nicht erregt, sich nicht ärgert, sich nicht
widersetzt, nicht Verdrossenheit, Haß und Mißtrauen an den Tag legt. 350

«Da ist, Brāhmane, irgendein Weib oder ein Mann eifersüchtig: wenn an-
dere Verdienste haben, wertgehalten, hochgeschätzt, geachtet, geehrt, ge-
feiert werden, ist er neidig, mißgünstig, frönt der Eifersucht. Da läßt ihn
solches Wirken, also vollzogen, also vollbracht, bei der Auflösung des Kör-
pers, nach dem Tode, abwärts geraten, auf schlechte Fährte, zur Tiefe hinab,
in höllische Welt; oder wenn er nicht dahin gelangt und Menschentum er-
reicht, wird er, wo er da neugeboren wird, wenig vermögen. Das ist der Über-
gang, Brāhmane, der zu wenig vermögen führt, daß man da eifersüchtig ist,
wenn andere Verdienste haben, wertgehalten, hochgeschätzt, geachtet, ge-
ehrt, gefeiert werden, neidig, mißgünstig ist, der Eifersucht frönt.

«Da ist wieder, Brāhmane, irgendein Weib oder ein Mann nicht eifersüch-
tig: wenn andere Verdienste haben, wertgehalten, hochgeschätzt, geachtet,
geehrt, gefeiert werden, ist er nicht neidig, nicht mißgünstig, frönt keiner
Eifersucht. Da läßt ihn solches Wirken, also vollzogen, also vollbracht, bei
der Auflösung des Körpers, nach dem Tode, auf gute Fährte geraten, in
himmlische Welt; oder wenn er nicht dahin gelangt und Menschentum er-
reicht, wird er, wo er da neugeboren wird, viel vermögen. Das ist der Über-
gang, Brāhmane, der zu viel vermögen führt, daß man da nicht eifersüchtig
ist, wenn andere Verdienste haben, wertgehalten, hochgeschätzt, geachtet,
geehrt, gefeiert werden, nicht neidig, nicht mißgünstig ist, keiner Eifersucht
frönt.

«Da wendet, Brāhmane, irgendein Weib oder ein Mann Asketen oder Prie-
stern keine Gabe zu, Speise und Trank und Kleidung, Wagen und Schmuck
und duftende Salben, Lager und Obdach und Licht. Da läßt ihn solches Wir-
ken, also vollzogen, also vollbracht, bei der Auflösung des Körpers, nach dem 351

Tode, abwärts geraten, auf schlechte Fährte, zur Tiefe hinab, in höllische Welt; oder wenn er nicht dahin gelangt und Menschentum erreicht, wird er, wo er da neugeboren wird, wenig besitzen. Das ist der Übergang, Brāhmane, der zu wenig Besitz führt, daß man da Asketen oder Priestern keine Gabe zuwendet, Speise und Trank und Kleidung, Wagen und Schmuck und duftende Salben, Lager und Obdach und Licht.

«Da wendet wieder, Brāhmane, irgendein Weib oder ein Mann Asketen oder Priestern Gaben zu, Speise und Trank und Kleidung, Wagen und Schmuck und duftende Salben, Lager und Obdach und Licht. Da läßt ihn solches Wirken, also vollzogen, also vollbracht, bei der Auflösung des Körpers, nach dem Tode, auf gute Fährte geraten, in himmlische Welt; oder wenn er nicht dahin gelangt und Menschentum erreicht, wird er, wo er da neugeboren wird, viel besitzen. Das ist der Übergang, Brāhmane, der zu viel Besitz führt, daß man da Asketen oder Priestern Gaben zuwendet, Speise und Trank und Kleidung, Wagen und Schmuck und duftende Salben, Lager und Obdach und Licht.

«Da ist, Brāhmane, irgendein Weib oder ein Mann trotzig und hochmütig, grüßt keinen, der Gruß verdient, erhebt sich vor keinem, vor dem man sich erheben soll, bietet keinen Sitz an wem ein Sitz gebührt, weicht auf dem Wege nicht aus wem auszuweichen ist, hält einen Wertzuhaltenden nicht wert, schätzt einen Hochzuschätzenden nicht hoch, achtet keinen Achtbaren, ehrt keinen Ehrwürdigen. Da läßt ihn solches Wirken, also vollzogen, also vollbracht, bei der Auflösung des Körpers, nach dem Tode, abwärts geraten,
352 auf schlechte Fährte, zur Tiefe hinab, in höllische Welt; oder wenn er nicht dahin gelangt und Menschentum erreicht, wird er, wo er da neugeboren wird, niedrig gestellt sein. Das ist der Übergang, Brāhmane, der zu niedriger Stellung führt, daß man da trotzig und hochmütig ist, keinen grüßt, der Gruß verdient, sich vor keinem erhebt, vor dem man sich erheben soll, keinen Sitz anbietet wem ein Sitz gebührt, auf dem Wege nicht ausweicht wem auszuweichen ist, einen Wertzuhaltenden nicht werthält, einen Hochzuschätzenden nicht hochschätzt, keinen Achtbaren achtet, keinen Ehrwürdigen ehrt.

«Da ist wieder, Brāhmane, irgendein Weib oder ein Mann nicht trotzig, nicht hochmütig, grüßt, wenn einer Gruß verdient, erhebt sich, wenn man sich vor einem erheben soll, bietet Sitz an wem ein Sitz gebührt, weicht auf dem Wege aus wem auszuweichen ist, hält einen Wertzuhaltenden wert, schätzt einen Hochzuschätzenden hoch, achtet einen Achtbaren, ehrt einen Ehrwürdigen. Da läßt ihn solches Wirken, also vollzogen, also vollbracht, bei der Auflösung des Körpers, nach dem Tode, auf gute Fährte geraten, in himmlische Welt; oder wenn er nicht dahin gelangt und Menschentum erreicht, wird er, wo er da neugeboren wird, hoch gestellt sein. Das ist der

Übergang, Brāhmane, der zu hoher Stellung führt, daß man da nicht trotzig, nicht hochmütig ist, grüßt, wenn einer Gruß verdient, sich erhebt, wenn man sich vor einem erheben soll, Sitz anbietet wem ein Sitz gebührt, auf dem Wege ausweicht wem auszuweichen ist, einen Wertzuhaltenden werthält, einen Hochzuschätzenden hochschätzt, einen Achtbaren achtet, einen Ehrwürdigen ehrt.

«Da ist, Brāhmane, irgendein Weib oder ein Mann einem Asketen oder
einem Priester begegnet und erkundigt sich nicht: ‹Was ist heilsam, o Herr, 353
was ist unheilsam, was ist unrecht und was ist recht, was ist zu betreiben und was ist nicht zu betreiben? Was kann mir indem ich es tue lange zum Unheil und Leiden gereichen, und was kann mir wieder indem ich es tue lange zum Wohle, zum Heile gereichen?› Da läßt ihn solches Wirken, also vollzogen, also vollbracht, bei der Auflösung des Körpers, nach dem Tode, abwärts geraten, auf schlechte Fährte, zur Tiefe hinab, in höllische Welt; oder wenn er nicht dahin gelangt und Menschentum erreicht, wird er, wo er da neugeboren wird, unverständig sein. Das ist der Übergang, Brāhmane, der zur Unverständigkeit führt, daß man da einem Asketen oder einem Priester begegnet und sich nicht erkundigt: ‹Was ist heilsam, o Herr, was ist unheilsam, was ist unrecht und was ist recht, was ist zu betreiben und was ist nicht zu betreiben; was kann mir indem ich es tue lange zum Unheil und Leiden gereichen, und was kann mir wieder indem ich es tue lange zum Wohle, zum Heile gereichen.›

«Da ist wieder, Brāhmane, irgendein Weib oder ein Mann einem Asketen oder einem Priester begegnet und erkundigt sich: ‹Was ist heilsam, o Herr, was ist unheilsam, was ist unrecht und was ist recht, was ist zu betreiben und was ist nicht zu betreiben? Was kann mir indem ich es tue lange zum Unheil und Leiden gereichen, und was kann mir wieder indem ich es tue lange zum Wohle, zum Heile gereichen?› Da läßt ihn solches Wirken, also vollzogen, also vollbracht, bei der Auflösung des Körpers, nach dem Tode, auf gute Fährte geraten, in himmlische Welt; oder wenn er nicht dahin gelangt und
Menschentum erreicht, wird er, wo er da neugeboren wird, wissensmächtig 354
sein. Das ist der Übergang, Brāhmane, der zur Wissensmacht führt, daß man da einem Asketen oder einem Priester begegnet und sich erkundigt: ‹Was ist heilsam, o Herr, was ist unheilsam, was ist unrecht und was ist recht, was ist zu betreiben und was ist nicht zu betreiben; was kann mir indem ich es tue lange zum Unheil und Leiden gereichen, und was kann mir wieder indem ich es tue lange zum Wohle, zum Heile gereichen.›

«So läßt denn, Brāhmane, der Übergang, der zu kurzem Leben führt, kurzlebig werden; der Übergang, der zu langem Leben führt, langlebig werden; der Übergang, der zu Gebresten führt, bresthaft werden; der Übergang, der zu Rüstigkeit führt, rüstig werden; der Übergang, der zur Unschönheit führt, unschön werden; der Übergang, der zur Anmut führt, anmutig werden; der Übergang, der zu wenig vermögen führt, wenig vermögend werden; der Übergang, der zu viel vermögen führt, viel vermögend werden; der Übergang, der zu wenig Besitz führt, wenig besitzend werden; der Übergang, der zu viel Besitz führt, viel besitzend werden; der Übergang, der zu niedriger Stellung führt, niedrig gestellt werden; der Übergang, der zu hoher Stellung führt, hoch gestellt werden; der Übergang, der zur Unverständigkeit führt, unverständig werden; der Übergang, der zur Wissensmacht führt, wissensmächtig werden. Eigner der Werke, Brāhmane, sind die Wesen, Erben der Werke, Kinder der Werke, Geschöpfe der Werke, Knechte der Werke: das Werk scheidet die Wesen ab, nach Verkommenheit und Vorzüglichkeit.»

Nach dieser Rede sprach Subho der junge Brāhmane, der Sohn Todeyyos, zum Erhabenen also:

555 «Vortrefflich, o Gotamo, vortrefflich, o Gotamo! Gleichwie etwa, o Gotamo, als ob einer Umgekehrtes aufkehrte, oder Verborgenes enthüllte, oder Verirrten den Weg wiese, oder Licht in die Finsternis brächte: ‹Wer Augen hat wird die Dinge sehn›: ebenso auch ist von Herrn Gotamo die Lehre gar mannigfach dargelegt worden. Und so nehm' ich bei Herrn Gotamo Zuflucht, bei der Lehre und bei der Jüngerschaft: als Anhänger möge mich Herr Gotamo betrachten, von heute an zeitlebens getreu[496].»

136

VIERZEHNTER TEIL · SECHSTE REDE

KENNZEICHNUNG DER WERKE

II

Das hab' ich gehört. Zu einer Zeit weilte der Erhabene bei Rājagaham, im Bambusparke, am Hügel der Eichhörnchen. Um diese Zeit aber lebte der ehrwürdige Samiddhi im Walde, in einer Hütte.

Da kam denn ein Pilger, der junge Potali, auf einem Spaziergange sich ergehend, dorthin wo der ehrwürdige Samiddhi weilte. Dorthin gekommen tauschte er höflichen Gruß und freundliche, denkwürdige Worte mit ihm und setzte sich seitwärts nieder. Seitwärts sitzend wandte sich nun Potaliputto der Pilger also an den ehrwürdigen Samiddhi:

«Von Angesicht hab' ich es, Bruder Samiddhi, vom Asketen Gotamo gehört, von Angesicht vernommen: ‹Eitel ist Tat in Werken, eitel ist Tat in Worten, Tat in Gedanken ist einzig echt.› Gibt es nun eine Einkehr, wohin eingekehrt man nichts empfindet?»

«Nicht also, Bruder Potaliputto, wolle du reden und nicht den Erhabenen
bezichtigen, nicht gut ist ja eine Bezichtigung des Erhabenen; nicht kann ja 356
der Erhabene gesagt haben: ‹Eitel ist Tat in Werken, eitel ist Tat in Worten, Tat in Gedanken ist einzig echt.› Aber es gibt, Bruder, eine Einkehr, wohin eingekehrt man nichts empfindet.»

«Wie lang ist es her, Bruder Samiddhi, daß du Pilger bist?»

«Nicht lange, Bruder, drei Jahre[497].»

«Was werden wir da erst noch die älteren Mönche angehn, wenn ja schon so ein junger Mönch den Meister verteidigen zu müssen glaubt! – Wer mit Absicht, Bruder Samiddhi, eine Tat begangen hat, in Werken, in Worten, in Gedanken, was empfindet der?»

«Wer mit Absicht, Bruder Potaliputto, eine Tat begangen hat, in Werken, in Worten, in Gedanken, der empfindet Schmerz.»

Da mochte Potaliputto der Pilger des ehrwürdigen Samiddhi Worte weder billigen noch abweisen; ohne zu billigen, ohne abzuweisen erhob er sich von seinem Sitze und ging fort. Bald aber nachdem Potaliputto der Pilger gegangen war, begab sich der ehrwürdige Samiddhi zum ehrwürdigen Ānando hin. Dort angelangt tauschte er höflichen Gruß und freundliche, denkwürdige Worte mit ihm und setzte sich zur Seite nieder. Zur Seite sitzend teilte nun der ehrwürdige Samiddhi das ganze Gespräch, das er mit Potaliputto dem Pilger geführt hatte, Wort um Wort dem ehrwürdigen älteren Ānando mit. Auf diesen Bericht wandte sich der ehrwürdige Ānando also an den ehrwürdigen Samiddhi:

«Es ist, Bruder Samiddhi, dieser Mitteilung halber geraten, den Erhabenen aufzusuchen. Wir wollen, Bruder Samiddhi, zum Erhabenen hingehn und davon berichten: wie es uns der Erhabene erklären wird, so wollen wir es halten.»

«Gern, Bruder!» sagte da der ehrwürdige Samiddhi, dem ehrwürdigen 357
Ānando zustimmend.

Und der ehrwürdige Samiddhi begab sich nun mit dem ehrwürdigen Ānando zum Erhabenen hin. Dort angelangt begrüßten sie den Erhabenen ehrerbietig und setzten sich zur Seite nieder. Zur Seite sitzend teilte nun der ehrwürdige Ānando das ganze Gespräch, das der ehrwürdige Samiddhi mit Potaliputto dem Pilger geführt hatte, Wort um Wort dem Erhabenen mit. Auf diesen Bericht wandte sich der Erhabene also an den ehrwürdigen Ānando:

«Auch nur vom Sehn aus ist mir, Ānando, Potaliputto der Pilger nicht bekannt, geschweige denn daß ich ihm das gesagt hätte. Aber auch Samiddhi, Ānando, hat da als ein Unverständiger Potaliputto dem Pilger die mehrfach zu beantwortende Frage einseitig beantwortet.»

Auf diese Worte wandte sich der ehrwürdige Udāyī also an den Erhabenen:

«Wenn aber, o Herr, der ehrwürdige Samiddhi es in Beziehung darauf gesagt hat: 'Was irgend empfunden wird ist schmerzlich'?»

Also gefragt, wandte sich der Erhabene an den ehrwürdigen Ānando und sagte:

«Sieh' doch, Ānando, wie da Udāyī als ein Unverständiger irrt: gewußt hab' ich es, Ānando, daß da eben jetzt Udāyī als ein Unverständiger in Irrtum geraten, unachtsam sich irren wird. Gleich am Anfang, Ānando, hat Potaliputto der Pilger drei Arten von Gefühlen gemeint. Hätte da, Ānando, Samiddhi, der Unverständige, Potaliputto dem Pilger auf seine Frage also geantwortet: ‹Wer mit Absicht, Bruder Potaliputto, eine Tat begangen hat, in Werken, in Worten, in Gedanken, die freudig zu empfinden ist, der empfindet Freude; wer mit Absicht, Bruder Potaliputto, eine Tat begangen hat, in Werken, in Worten, in Gedanken, die leidig zu empfinden ist, der emp-
358 findet Schmerz; wer mit Absicht, Bruder Potaliputto, eine Tat begangen hat, in Werken, in Worten, in Gedanken, die weder leidig noch freudig zu empfinden ist, der empfindet weder Schmerz noch Freude›: so würde mit dieser Antwort, Ānando, Samiddhi, der Unverständige, Potaliputto dem Pilger recht geantwortet haben. Sind nun freilich, Ānando, jene anderen Büßer und Pilger töricht und unerfahren, wer soll dann des Vollendeten mächtige Kennzeichnung der Werke verstehn, es sei denn daß ihr, Ānando, zuhört, wann der Vollendete mächtige Kennzeichnung der Werke kennzeichnet.»

«Da ist es, Erhabener, Zeit, da ist es, Willkommener, Zeit, daß der Erhabene mächtige Kennzeichnung der Werke kennzeichne: des Erhabenen Wort werden die Mönche bewahren.»

«Wohlan denn, Ānando, so höre und achte wohl auf meine Rede.»

«Gewiß, o Herr!» sagte da aufmerksam der ehrwürdige Ānando zum Erhabenen. Der Erhabene sprach also:

«Vier Arten von Menschen, Ānando, finden sich hier in der Welt vor: welche vier? Da ist, Ānando, einer, der ist ein Mörder und Dieb, ein Wüstling, Lügner, Verleumder, ein Zänker und Schwätzer, voll Gier und Haß und Eitelkeit: der gelangt, bei der Auflösung des Körpers, nach dem Tode, abwärts, auf schlechte Fährte, zur Tiefe hinab, in höllische Welt; da ist wieder, Ānando, einer, der ist ein Mörder und Dieb, ein Wüstling, Lügner, Verleumder,

ein Zänker und Schwätzer, voll Gier und Haß und Eitelkeit: der gelangt, bei
der Auflösung des Körpers, nach dem Tode, auf gute Fährte, in himmlische
Welt; da ist, Ānando, einer, der ist kein Mörder und Dieb, kein Wüstling,
Lügner, Verleumder, kein Zänker und Schwätzer, nicht begehrlich, nicht ge-
hässig, recht gesinnt: der gelangt, bei der Auflösung des Körpers, nach dem
Tode, auf gute Fährte, in himmlische Welt; und da ist, Ānando, einer, der 359
ist kein Mörder und Dieb, kein Wüstling, Lügner, Verleumder, kein Zänker
und Schwätzer, nicht begehrlich, nicht gehässig, recht gesinnt: der gelangt,
bei der Auflösung des Körpers, nach dem Tode, abwärts, auf schlechte Fährte,
zur Tiefe hinab, in höllische Welt.

«Da hat, Ānando, irgendein Asket oder Priester in heißer Buße, in stetem
Kampfe, in ernster Übung, in unermüdlichem Eifer, in tiefer Bedachtsamkeit
eine geistige Einigung errungen, wo er innig im Herzen mit dem himmli-
schen Auge, dem geläuterten, über menschliche Grenzen hinausreichenden,
jenen Menschen erblickt, der da ein Mörder und Dieb gewesen, ein Wüst-
ling, Lügner, Verleumder, ein Zänker und Schwätzer, voll Gier und Haß und
Eitelkeit, wie er, bei der Auflösung des Körpers, nach dem Tode, abwärts
geraten ist, auf schlechte Fährte, zur Tiefe hinab, in höllische Welt. Der sagt
sich nun: ‹Es gibt ja wahrlich böse Taten, es gibt eine Ernte schlechter Hand-
lungen: hab' ich doch jenen Menschen erblickt, der da also übel gewandelt
war, wie er, bei der Auflösung des Körpers, nach dem Tode, abwärts geraten 360
ist, auf schlechte Fährte, zur Tiefe hinab, in höllische Welt.› Der sagt sich
nun: ‹Wer da wahrlich also übel gewandelt ist, ein jeder solche gelangt, bei
der Auflösung des Körpers, nach dem Tode, da hinab. Die das erkennen, er-
kennen recht: die anders erkennen, haben falsche Erkenntnis.› So wird er
was er eben selbst erkannt, selbst gesehn, selbst gefunden hat eben einzig
dabei beharrlich pflegen, sich aneignen, behaupten: ‹Dies nur ist Wahrheit,
Unsinn anderes.›

«Da hat wieder, Ānando, irgendein Asket oder Priester in heißer Buße, in stetem Kampfe, in ernster Übung, in unermüdlichem Eifer, in tiefer Bedachtsamkeit eine geistige Einigung errungen, wo er innig im Herzen mit dem himmlischen Auge, dem geläuterten, über menschliche Grenzen hinausreichenden, jenen Menschen erblickt, der da ein Mörder und Dieb gewesen, ein Wüstling, Lügner, Verleumder, ein Zänker und Schwätzer, voll Gier und Haß und Eitelkeit, wie er, bei der Auflösung des Körpers, nach dem Tode, auf gute Fährte geraten ist, in himmlische Welt. Der sagt sich nun: ‹Es gibt ja wahrlich keine bösen Taten, es gibt keine Ernte schlechter Handlungen: hab' ich doch jenen Menschen erblickt, der also übel gewandelt war, wie er, bei der Auflösung des Körpers, nach dem Tode, auf gute Fährte geraten ist, in himmlische Welt.› Der sagt sich nun: ‹Wer da wahrlich also übel gewandelt

ist, ein jeder solche gelangt, bei der Auflösung des Körpers, nach dem Tode,
361 da hinauf. Die das erkennen, erkennen recht: die anders erkennen, haben falsche Erkenntnis.› So wird er was er eben selbst erkannt, selbst gesehn, selbst gefunden hat eben einzig dabei beharrlich pflegen, sich aneignen, behaupten: ‹Dies nur ist Wahrheit, Unsinn anderes.›

«Da hat, Ānando, irgendein Asket oder Priester in heißer Buße, in stetem Kampfe, in ernster Übung, in unermüdlichem Eifer, in tiefer Bedachtsamkeit eine geistige Einigung errungen, wo er innig im Herzen mit dem himmlischen Auge, dem geläuterten, über menschliche Grenzen hinausreichenden, jenen Menschen erblickt, der da kein Mörder und Dieb gewesen, kein Wüstling, Lügner, Verleumder, kein Zänker und Schwätzer, nicht begehrlich, nicht gehässig, recht gesinnt, wie er, bei der Auflösung des Körpers, nach dem Tode, auf gute Fährte geraten ist, in himmlische Welt. Der sagt sich nun: ‹Es gibt ja wahrlich günstige Taten, es gibt eine Ernte guter Handlungen: hab' ich doch jenen Menschen erblickt, der also wohl gewandelt war, wie er, bei der Auflösung des Körpers, nach dem Tode, auf gute Fährte geraten ist, in himmlische Welt.› Der sagt sich nun: ‹Wer da wahrlich also wohl gewandelt ist, ein jeder solche gelangt, bei der Auflösung des Körpers, nach dem Tode, da hinauf. Die das erkennen, erkennen recht: die anders erkennen, haben falsche Erkenntnis.› So wird er was er eben selbst erkannt, selbst gesehn, selbst gefunden hat eben einzig dabei beharrlich pflegen, sich aneignen, behaupten: ‹Dies nur ist Wahrheit, Unsinn anderes.›

362 «Da hat wieder, Ānando, irgendein Asket oder Priester in heißer Buße, in stetem Kampfe, in ernster Übung, in unermüdlichem Eifer, in tiefer Bedachtsamkeit eine geistige Einigung errungen, wo er innig im Herzen mit dem himmlischen Auge, dem geläuterten, über menschliche Grenzen hinausreichenden, jenen Menschen erblickt, der da kein Mörder und Dieb gewesen, kein Wüstling, Lügner, Verleumder, kein Zänker und Schwätzer, nicht begehrlich, nicht gehässig, recht gesinnt, wie er, bei der Auflösung des Körpers, nach dem Tode, abwärts geraten ist, auf schlechte Fährte, zur Tiefe hinab, in höllische Welt. Der sagt sich nun: ‹Es gibt ja wahrlich keine günstigen Taten, es gibt keine Ernte guter Handlungen: hab' ich doch jenen Menschen erblickt, der also wohl gewandelt war, wie er, bei der Auflösung des Körpers, nach dem Tode, abwärts geraten ist, auf schlechte Fährte, zur Tiefe hinab, in höllische Welt.› Der sagt sich nun: ‹Wer da wahrlich also wohl gewandelt ist, ein jeder solche gelangt, bei der Auflösung des Körpers, nach dem Tode, da hinab. Die das erkennen, erkennen recht: die anders erkennen, haben falsche Erkenntnis.› So wird er was er eben selbst erkannt, selbst gesehn, selbst gefunden hat eben einzig dabei beharrlich pflegen, sich aneignen, behaupten: ‹Dies nur ist Wahrheit, Unsinn anderes.›

«Hat da nun, Ānando, ein Asket oder ein Priester gesagt: ‹Es gibt ja wahrlich böse Taten, es gibt eine Ernte schlechter Handlungen›, so gesteh' ich ihm das zu. Wenn er dann weiter sagt: ‹Hab' ich doch jenen Menschen erblickt, der da übel gewandelt war, wie er, bei der Auflösung des Körpers, nach dem Tode, abwärts geraten ist, auf schlechte Fährte, zur Tiefe hinab, in höllische Welt›, so gesteh' ich ihm auch das zu. Wenn er aber dann sagt: ‹Wer 363
da wahrlich also übel gewandelt ist, ein jeder solche gelangt, bei der Auflösung des Körpers, nach dem Tode, da hinab›, so gesteh' ich ihm das nicht zu. Wenn er dann weiter sagt: ‹Die das erkennen, erkennen recht: die anders erkennen, haben falsche Erkenntnis›, so gesteh' ich ihm auch das nicht zu. Wenn er dann was er eben selbst erkannt, selbst gesehn, selbst gefunden hat eben einzig dabei beharrlich pflegen, sich aneignen, behaupten mag: ‹Dies nur ist Wahrheit, Unsinn anderes›, so gesteh' ich ihm auch das nicht zu; und warum nicht? Weil die Erkenntnis, Ānando, bei des Vollendeten mächtiger Kennzeichnung der Werke eine andere ist.

«Hat da nun, Ānando, ein Asket oder ein Priester gesagt: ‹Es gibt ja wahrlich keine bösen Taten, es gibt keine Ernte schlechter Handlungen›, so gesteh' ich ihm das nicht zu. Wenn er aber dann sagt: ‹Hab' ich doch jenen Menschen erblickt, der also übel gewandelt war, wie er, bei der Auflösung des Körpers, nach dem Tode, auf gute Fährte geraten ist, in himmlische Welt›, so gesteh' ich ihm das zu. Wenn er aber dann sagt: ‹Wer da wahrlich also übel gewandelt ist, ein jeder solche gelangt, bei der Auflösung des Körpers, nach dem Tode, da hinauf›, so gesteh' ich ihm das nicht zu. Wenn er dann weiter sagt: ‹Die das erkennen, erkennen recht: die anders erkennen, haben falsche Erkenntnis›, so gesteh' ich ihm auch das nicht zu. Wenn er dann was er eben selbst erkannt, selbst gesehn, selbst gefunden hat eben einzig dabei beharrlich pflegen, sich aneignen, behaupten mag: ‹Dies nur ist Wahrheit, Unsinn anderes›, so gesteh' ich ihm auch das nicht zu; und warum nicht? Weil die Erkenntnis, Ānando, bei des Vollendeten mächtiger Kennzeichnung der Werke eine andere ist.

«Hat da nun, Ānando, ein Asket oder ein Priester gesagt: ‹Es gibt ja wahr- 364
lich günstige Taten, es gibt eine Ernte guter Handlungen›, so gesteh' ich ihm das zu. Wenn er dann weiter sagt: ‹Hab' ich doch jenen Menschen erblickt, der also wohl gewandelt war, wie er, bei der Auflösung des Körpers, nach dem Tode, auf gute Fährte geraten ist, in himmlische Welt›, so gesteh' ich ihm auch das zu. Wenn er aber dann sagt: ‹Wer da also wohl gewandelt ist, ein jeder solche gelangt, bei der Auflösung des Körpers, nach dem Tode, da hinauf›, so gesteh' ich ihm das nicht zu. Wenn er dann weiter sagt: ‹Die das erkennen, erkennen recht: die anders erkennen, haben falsche Erkenntnis›, so gesteh' ich ihm auch das nicht zu. Wenn er dann was er eben selbst er-

kannt, selbst gesehn, selbst gefunden hat eben einzig dabei beharrlich pflegen, sich aneignen, behaupten mag: ‹Dies nur ist Wahrheit, Unsinn anderes›, so gesteh' ich ihm auch das nicht zu; und warum nicht? Weil die Erkenntnis, Ānando, bei des Vollendeten mächtiger Kennzeichnung der Werke eine andere ist.

«Hat da nun, Ānando, ein Asket oder ein Priester gesagt: ‹Es gibt ja wahrlich keine günstigen Taten, es gibt keine Ernte guter Handlungen›, so gesteh' ich ihm das nicht zu. Wenn er aber dann sagt: ‹Hab' ich doch jenen Menschen erblickt, der also wohl gewandelt war, wie er, bei der Auflösung des Körpers, nach dem Tode, abwärts geraten ist, auf schlechte Fährte, zur Tiefe hinab, in höllische Welt›, so gesteh' ich ihm das zu. Wenn er aber dann sagt: ‹Wer da wahrlich also wohl gewandelt ist, ein jeder solche gelangt, bei der
365 Auflösung des Körpers, nach dem Tode, da hinab›, so gesteh' ich ihm das nicht zu. Wenn er dann weiter sagt: ‹Die das erkennen, erkennen recht: die anders erkennen, haben falsche Erkenntnis›, so gesteh' ich ihm auch das nicht zu. Wenn er dann was er eben selbst erkannt, selbst gesehn, selbst gefunden hat eben einzig dabei beharrlich pflegen, sich aneignen, behaupten mag: ‹Dies nur ist Wahrheit, Unsinn anderes›, so gesteh' ich ihm auch das nicht zu; und warum nicht? Weil die Erkenntnis, Ānando, bei des Vollendeten mächtiger Kennzeichnung der Werke eine andere ist.

«Ist da nun, Ānando, ein Mensch, der ein Mörder und Dieb, ein Wüstling, Lügner, Verleumder, ein Zänker und Schwätzer, voll Gier und Haß und Eitelkeit war, bei der Auflösung des Körpers, nach dem Tode, abwärts geraten, auf schlechte Fährte, zur Tiefe hinab, in höllische Welt, so hat er seine böse Tat, die leidig empfunden wird, eben früher begangen, oder später begangen, oder hat in seiner Sterbezeit eine falsche Erkenntnis vollzogen und vollbracht: darum ist er, bei der Auflösung des Körpers, nach dem Tode, da hinab geraten. Wenn er aber hier also übel gewandelt war, hat er sich die Folge davon schon bei Lebzeiten fühlbar gemacht, oder bei der Auferstehung, oder bei nachmaliger Wiederkehr.

«Ist da nun, Ānando, ein Mensch, der ein Mörder und Dieb, ein Wüstling, Lügner, Verleumder, ein Zänker und Schwätzer, voll Gier und Haß und Eitelkeit war, bei der Auflösung des Körpers, nach dem Tode, auf gute Fährte geraten, in himmlische Welt, so hat er seine günstige Tat, die freudig empfunden wird, eben früher begangen, oder später begangen, oder hat in seiner Sterbezeit eine rechte Erkenntnis vollzogen und vollbracht: darum ist er,
366 bei der Auflösung des Körpers, nach dem Tode, da hinauf geraten. Wenn er aber hier also übel gewandelt war, hat er sich die Folge davon schon bei Lebzeiten fühlbar gemacht, oder bei der Auferstehung, oder bei nachmaliger Wiederkehr.

«Ist da nun, Ānando, ein Mensch, der kein Mörder und Dieb, kein Wüstling, Lügner, Verleumder, kein Zänker und Schwätzer, nicht begehrlich, nicht gehässig, recht gesinnt war, bei der Auflösung des Körpers, nach dem Tode, auf gute Fährte geraten, in himmlische Welt, so hat er seine günstige Tat, die freudig empfunden wird, eben früher begangen, oder später begangen, oder hat in seiner Sterbezeit eine rechte Erkenntnis vollzogen und vollbracht: darum ist er, bei der Auflösung des Körpers, nach dem Tode, da hinauf geraten. Wenn er aber hier also wohl gewandelt war, hat er sich die Folge davon schon bei Lebzeiten fühlbar gemacht, oder bei der Auferstehung, oder bei nachmaliger Wiederkehr.

«Ist da nun, Ānando, ein Mensch, der kein Mörder und Dieb, kein Wüstling, Lügner, Verleumder, kein Zänker und Schwätzer, nicht begehrlich, nicht gehässig, recht gesinnt war, bei der Auflösung des Körpers, nach dem Tode, abwärts geraten, auf schlechte Fährte, zur Tiefe hinab, in höllische Welt, so hat er seine böse Tat, die leidig empfunden wird, eben früher begangen, oder später begangen, oder hat in seiner Sterbezeit eine falsche Erkenntnis vollzogen und vollbracht: darum ist er, bei der Auflösung des Körpers, nach dem Tode, da hinab geraten. Wenn er aber hier also wohl gewandelt war, hat er sich die Folge davon schon bei Lebzeiten fühlbar gemacht, oder bei der Auferstehung, oder bei nachmaliger Wiederkehr.

«So gibt es denn, Ānando, ein Wirken, das unmöglich ist und unmöglich
erscheint; gibt ein Wirken, das unmöglich ist und möglich erscheint; gibt 367
ein Wirken, das möglich ist und auch möglich erscheint; gibt ein Wirken, das
möglich ist und unmöglich erscheint[498].»

Also sprach der Erhabene. Zufrieden freute sich der ehrwürdige Ānando über das Wort des Erhabenen.

137

VIERZEHNTER TEIL · SIEBENTE REDE

SECHSFACHEN GEBIETES ABZEICHEN

DAS HAB' ICH GEHÖRT. Zu einer Zeit weilte der Erhabene bei Sāvatthī, im Siegerwalde, im Garten Anāthapiṇḍikos. Dort nun wandte sich der Erhabene an die Mönche: «Ihr Mönche!» – «Erlauchter!» antworteten da jene Mönche dem Erhabenen aufmerksam. Der Erhabene sprach also:

«Sechsfachen Gebietes Abzeichen will ich euch Mönchen weisen: das höret und achtet wohl auf meine Rede.»

«Ja, o Herr!» antworteten da jene Mönche dem Erhabenen aufmerksam. Der Erhabene sprach also:

«Sechs innere Gebiete sind zu merken und sechs äußere Gebiete, sechs bewußtsame Reiche sind zu merken und sechs berührsame Reiche, achtzehn geistige Angehungen sind zu merken und sechsunddreißig Fesselpfade; dann habt ihr auf eines gestützt ein anderes abzustoßen; drei Pfeiler der Einsicht dann heilig behütet, in heiliger Hut als Meister, und Jünger aufzuerziehn ist man würdig; ein solcher heißt der Fahrkundigen vorzüglichster, Leiter der Menschenherde. Das ist der Stempel von den Abzeichen sechsfachen Gebietes.

«'Sechs innere Gebiete sind zu merken': das ist gesagt worden; und warum ist das gesagt worden? Um das Gebiet des Gesichts, das Gebiet des Gehörs,
368 das Gebiet des Geruchs, das Gebiet des Geschmacks, das Gebiet des Getastes, das Gebiet des Gedenkens. 'Sechs innere Gebiete sind zu merken': wurde das gesagt, so war es darum gesagt.

«'Sechs äußere Gebiete sind zu merken': das ist gesagt worden; und warum ist das gesagt worden? Um das Gebiet der Formen, das Gebiet der Töne, das Gebiet der Düfte, das Gebiet der Säfte, das Gebiet der Tastungen, das Gebiet der Gedanken. 'Sechs äußere Gebiete sind zu merken': wurde das gesagt, so war es darum gesagt.

«'Sechs bewußtsame Reiche sind zu merken': das ist gesagt worden; und warum ist das gesagt worden? Um das Sehbewußtsein, das Hörbewußtsein, das Riechbewußtsein, das Schmeckbewußtsein, das Tastbewußtsein, das Denkbewußtsein. 'Sechs bewußtsame Reiche sind zu merken': wurde das gesagt, so war es darum gesagt.

«'Sechs berührsame Reiche sind zu merken': das ist gesagt worden; und warum ist das gesagt worden? Um Sehberührung, Hörberührung, Riechberührung, Schmeckberührung, Tastberührung, Denkberührung. 'Sechs berührsame Reiche sind zu merken': wurde das gesagt, so war es darum gesagt.

«'Achtzehn geistige Angehungen sind zu merken': das ist gesagt worden; und warum ist das gesagt worden? Hat man mit dem Gesichte eine Form erblickt, so geht man die erfreulich bestehende Form an, geht die unerfreulich bestehende Form an, geht die gleichgültig bestehende Form an. Hat man mit dem Gehöre einen Ton gehört, hat man mit dem Geruche einen Duft gerochen, hat man mit dem Geschmacke einen Saft geschmeckt, hat man mit dem Getaste eine Tastung getastet, hat man mit dem Gedenken ein Ding erkannt, so geht man das erfreulich bestehende Ding an, geht das unerfreulich bestehende Ding an, geht das gleichgültig bestehende Ding an. So gibt es sechs erfreuliche Angehungen, sechs unerfreuliche Angehungen, sechs gleichgültige Angehungen. 'Achtzehn geistige Angehungen sind zu merken': wurde 369
das gesagt, so war es darum gesagt.

«'Sechsunddreißig Fesselpfade sind zu merken': das ist gesagt worden; und warum ist das gesagt worden? Um sechs mit dem Hause verbundene Fröhlichkeiten, sechs mit der Entsagung verbundene Fröhlichkeiten, sechs mit dem Hause verbundene Traurigkeiten, sechs mit der Entsagung verbundene Traurigkeiten, sechs mit dem Hause verbundene Gleichheiten, sechs mit der Entsagung verbundene Gleichheiten.

«Was sind nun die sechs mit dem Hause verbundenen Fröhlichkeiten? Wer bei den durch das Gesicht ins Bewußtsein tretenden Formen, den ersehnten, geliebten, angenehmen, herzerfreuenden, süchtigem Genusse entsprechenden, die Erlangung erreicht, oder erhofft, oder an einst Erlangtes, das vergangen, entschwunden, verändert ist, zurückdenkt, wird fröhlich bewegt: eine solche Fröhlichkeit, die heißt mit dem Hause verbundene Fröhlichkeit. Wer bei den durch das Gehör ins Bewußtsein tretenden Tönen, durch den Geruch ins Bewußtsein tretenden Düften, durch den Geschmack ins Bewußtsein tretenden Säften, durch das Getast ins Bewußtsein tretenden Tastungen, durch das Gedenken ins Bewußtsein tretenden Dingen, den ersehnten, geliebten, angenehmen, herzerfreuenden, süchtigem Genusse entsprechenden, die Erlangung erreicht, oder erhofft, oder an einst Erlangtes, das vergangen, entschwunden, verändert ist, zurückdenkt, wird fröhlich bewegt: eine solche Fröhlichkeit, die heißt mit dem Hause verbundene Fröhlichkeit. Das sind die sechs mit dem Hause verbundenen Fröhlichkeiten.

«Was sind nun die sechs mit der Entsagung verbundenen Fröhlichkeiten? Wer ebenda bei den Formen Vergänglichkeit gemerkt hat, Veränderung, Unrat, Untergang, ‹Formen von einst wie von heute, alle die Formen sind ver-

gänglich, leidig, wandelbar›, also dies, der Wahrheit gemäß, mit vollkommener Weisheit betrachtet, wird fröhlich bewegt: eine solche Fröhlichkeit, die
370 heißt mit der Entsagung verbundene Fröhlichkeit. Wer ebenda bei den Tönen, den Düften, den Säften, den Tastungen, den Dingen Vergänglichkeit gemerkt hat, Veränderung, Unrat, Untergang, ‹Dinge von einst wie von heute, alle die Dinge sind vergänglich, leidig, wandelbar›, also dies, der Wahrheit gemäß, mit vollkommener Weisheit betrachtet, wird fröhlich bewegt: eine solche Fröhlichkeit, die heißt mit der Entsagung verbundene Fröhlichkeit. Das sind die sechs mit der Entsagung verbundenen Fröhlichkeiten.

«Was sind nun die sechs mit dem Hause verbundenen Traurigkeiten? Wer bei den durch das Gesicht ins Bewußtsein tretenden Formen, den ersehnten, geliebten, angenehmen, herzerfreuenden, süchtigem Genusse entsprechenden, die Erlangung nicht erreicht, nicht erhofft, oder an einst nicht Erlangtes, das vergangen, entschwunden, verändert ist, zurückdenkt, wird traurig bewegt: eine solche Traurigkeit, die heißt mit dem Hause verbundene Traurigkeit. Wer bei den durch das Gehör ins Bewußtsein tretenden Tönen, durch den Geruch ins Bewußtsein tretenden Düften, durch den Geschmack ins Bewußtsein tretenden Säften, durch das Getast ins Bewußtsein tretenden Tastungen, durch das Gedenken ins Bewußtsein tretenden Dingen, den ersehnten, geliebten, angenehmen, herzerfreuenden, süchtigem Genusse entsprechenden, die Erlangung nicht erreicht, nicht erhofft, oder an einst nicht Erlangtes, das vergangen, entschwunden, verändert ist, zurückdenkt, wird traurig bewegt: eine solche Traurigkeit, die heißt mit dem Hause verbundene Traurigkeit. Das sind die sechs mit dem Hause verbundenen Traurigkeiten.

«Was sind nun die sechs mit der Entsagung verbundenen Traurigkeiten? Wer ebenda bei den Formen Vergänglichkeit gemerkt hat, Veränderung, Unrat, Untergang, ‹Formen von einst wie von heute, alle die Formen sind vergänglich, leidig, wandelbar›, also dies, der Wahrheit gemäß, mit vollkommener Weisheit betrachtet und nun der höchsten Erlösungen in Sehnsucht
371 gedenkt, ‹Wann doch nur werde ich das Gebiet erobert haben, das die Heiligen schon besitzen?›, so der höchsten Erlösungen sehnsüchtig eingedenk ist, wird aus Sehnsucht traurig bewegt: eine solche Traurigkeit, die heißt mit der Entsagung verbundene Traurigkeit[499]. Wer ebenda bei den Tönen, den Düften, den Säften, den Tastungen, den Dingen Vergänglichkeit gemerkt hat, Veränderung, Unrat, Untergang, ‹Dinge von einst wie von heute, alle die Dinge sind vergänglich, leidig, wandelbar›, also dies, der Wahrheit gemäß, mit vollkommener Weisheit betrachtet und nun der höchsten Erlösungen in Sehnsucht gedenkt, ‹Wann doch nur werde ich das Gebiet erobert haben, das die Heiligen schon besitzen?›, so der höchsten Erlösungen sehn-

süchtig eingedenk ist, wird aus Sehnsucht traurig bewegt: eine solche Traurigkeit, die heißt mit der Entsagung verbundene Traurigkeit. Das sind die sechs mit der Entsagung verbundenen Traurigkeiten.

«Was sind nun die sechs mit dem Hause verbundenen Gleichheiten? Hat man mit dem Gesichte eine Form erblickt und bleibt gleichgültig, als Tor unbewußt, ein gewöhnlicher Mensch, der Einwirkung und Befruchtung nicht entfremdet, ohne das Elend zu sehn, ein unerfahrener gewöhnlicher Mensch, so kann ein solcher Gleichmut eine Form nicht überwinden: darum wird dieser Gleichmut mit dem Hause verbunden geheißen. Hat man mit dem Gehöre einen Ton gehört, hat man mit dem Geruche einen Duft gerochen, hat man mit dem Geschmacke einen Saft geschmeckt, hat man mit dem Getaste eine Tastung getastet, hat man mit dem Gedenken ein Ding erkannt und bleibt gleichgültig, als Tor unbewußt, ein gewöhnlicher Mensch, der Einwirkung und Befruchtung nicht entfremdet, ohne das Elend zu sehn, ein unerfahrener, gewöhnlicher Mensch, so kann ein solcher Gleichmut ein Ding nicht überwinden: darum wird dieser Gleichmut mit dem Hause verbunden geheißen. Das sind die sechs mit dem Hause verbundenen Gleichheiten.

«Was sind nun die sechs mit der Entsagung verbundenen Gleichheiten? 372
Hat man ebenda bei den Formen Vergänglichkeit gemerkt, Veränderung, Unrat, Untergang, ‹Formen von einst wie heute, alle die Formen sind vergänglich, leidig, wandelbar›, also dies, der Wahrheit gemäß, mit vollkommener Weisheit betrachtet und bleibt gleichgültig, so kann ein solcher Gleichmut eine Form überwinden: darum wird dieser Gleichmut mit der Entsagung verbunden geheißen. Hat man ebenda bei den Tönen, den Düften, den Säften, den Tastungen, den Dingen Vergänglichkeit gemerkt, Veränderung, Unrat, Untergang, ‹Dinge von einst wie von heute, alle die Dinge sind vergänglich, leidig, wandelbar›, also dies, der Wahrheit gemäß, mit vollkommener Weisheit betrachtet und bleibt gleichgültig, so kann ein solcher Gleichmut ein Ding überwinden: darum wird dieser Gleichmut mit der Entsagung verbunden geheißen. Das sind die sechs mit der Entsagung verbundenen Gleichheiten. – 'Sechsunddreißig Fesselpfade sind zu merken': wurde das gesagt, so war es darum gesagt.

«'Dann habt ihr auf eines gestützt ein anderes abzustoßen': das ist gesagt worden; und warum ist das gesagt worden? Da mögt ihr denn, Mönche, die sechs mit der Entsagung verbundenen Fröhlichkeiten als Stütze gebrauchen, als Staffel gebrauchen um die sechs mit dem Hause verbundenen Fröhlichkeiten abzustoßen, überzuschreiten: das ist die Art, wie man diese abstoßen kann, das ist die Art, wie man diese überschreiten kann. Dann mögt ihr, Mönche, die sechs mit der Entsagung verbundenen Traurigkeiten als Stütze gebrauchen, als Staffel gebrauchen um die sechs mit dem Hause verbundenen

Traurigkeiten abzustoßen, überzuschreiten: das ist die Art, wie man diese abstoßen kann, das ist die Art, wie man diese überschreiten kann. Dann mögt ihr, Mönche, die sechs mit der Entsagung verbundenen Gleichheiten als Stütze gebrauchen, als Staffel gebrauchen um die sechs mit dem Hause verbundenen Gleichheiten abzustoßen, überzuschreiten: das ist die Art, wie man
373 diese abstoßen kann, das ist die Art, wie man diese überschreiten kann. Dann mögt ihr, Mönche, die sechs mit der Entsagung verbundenen Fröhlichkeiten als Stütze gebrauchen, als Staffel gebrauchen um die sechs mit der Entsagung verbundenen Traurigkeiten abzustoßen, überzuschreiten: das ist die Art, wie man diese abstoßen kann, das ist die Art, wie man diese überschreiten kann. Dann mögt ihr, Mönche, die sechs mit der Entsagung verbundenen Gleichheiten als Stütze gebrauchen, als Staffel gebrauchen um die sechs mit der Entsagung verbundenen Fröhlichkeiten abzustoßen, überzuschreiten: das ist die Art, wie man diese abstoßen kann, das ist die Art, wie man diese überschreiten kann.

«Es gibt, ihr Mönche, einen Gleichmut, der vielfach, mit Vielheit verbunden ist, es gibt einen Gleichmut, der einfach, mit Einheit verbunden ist. Was ist das nun, ihr Mönche, für ein Gleichmut, der vielfach, mit Vielheit verbunden ist? Es gibt, ihr Mönche, einen Gleichmut bei Formen, gibt ihn bei Tönen, bei Düften, bei Säften, bei Tastungen: das ist, ihr Mönche, ein Gleichmut, der vielfach, mit Vielheit verbunden ist. Was aber ist das, ihr Mönche, für ein Gleichmut, der einfach, mit Einheit verbunden ist? Es gibt, ihr Mönche, einen Gleichmut, der an die unbegrenzte Raumsphäre gebunden ist, der an die unbegrenzte Bewußtseinsphäre gebunden ist, der an die Nichtdaseinsphäre gebunden ist, der an die Grenzscheide möglicher Wahrnehmung gebunden ist: das ist, ihr Mönche, ein Gleichmut, der einfach, mit Einheit verbunden ist. Da mögt ihr denn, Mönche, den Gleichmut, der einfach, mit Einheit verbunden ist, als Stütze gebrauchen, als Staffel gebrauchen um den Gleichmut, der vielfach, mit Vielheit verbunden ist, abzustoßen, überzuschreiten: das ist die Art, wie man diesen abstoßen kann, das ist die Art, wie man diesen überschreiten kann. Unmittelbarkeit mögt ihr, Mönche, als Stütze gebrauchen, Unmittelbarkeit als Staffel gebrauchen um den Gleichmut, der einfach, mit Einheit verbunden ist, abzustoßen, überzuschreiten: das ist die Art, wie man diesen abstoßen kann, das ist die Art, wie man diesen überschreiten kann. – ‘Dann habt ihr auf eines gestützt ein anderes abzustoßen’: wurde das gesagt, so war es darum gesagt.

374 «‘Drei Pfeiler der Einsicht dann heilig behüter, in heiliger Hut als Meister, und Jünger aufzuerziehn ist man würdig’: das ist gesagt worden; und warum ist das gesagt worden? Da legt, ihr Mönche, ein Meister den Jüngern die Lehre dar, mitleidig, wohlwollend, von Mitleid bewogen: ‹Das dient euch

zum Wohle, das dient euch zum Heile.› Und die Jünger horchen nicht auf ihn, leihen ihm kein Gehör, wenden das Herz nicht dem Verständnisse zu, und übertreten in ihrem Betragen die Satzung des Meisters. Da wird, ihr Mönche, der Vollendete nicht unzufrieden, empfindet keine Unzufriedenheit, unbetrübt verweilt er besonnen, klar bewußt. Das heißt man, ihr Mönche, ersten Pfeiler der Einsicht, dann heilig behütet, in heiliger Hut als Meister, und Jünger aufzuerziehn ist man würdig.

«Weiter sodann, ihr Mönche: da legt ein Meister den Jüngern die Lehre dar, mitleidig, wohlwollend, von Mitleid bewogen: ‹Das dient euch zum Wohle, das dient euch zum Heile.› Und manche der Jünger horchen nicht auf ihn, leihen ihm kein Gehör, wenden das Herz nicht dem Verständnisse zu, und übertreten in ihrem Betragen die Satzung des Meisters; und manche der Jünger horchen auf ihn, leihen ihm Gehör, wenden das Herz dem Verständnisse zu, und nicht übertreten sie in ihrem Betragen die Satzung des Meisters. Da wird, ihr Mönche, der Vollendete weder zufrieden, empfindet keine Zufriedenheit, noch unzufrieden, empfindet keine Unzufriedenheit: Zufriedenheit und Unzufriedenheit, beides hat er von sich gewiesen, gleichmütig verweilt er besonnen, klar bewußt. Das heißt man, ihr Mönche, zweiten Pfeiler der Einsicht, dann heilig behütet, in heiliger Hut als Meister, und Jünger aufzuerziehn ist man würdig.

«Weiter sodann, ihr Mönche: da legt ein Meister den Jüngern die Lehre dar,
mitleidig, wohlwollend, von Mitleid bewogen: ‹Das dient euch zum Wohle, 375
das dient euch zum Heile.› Und die Jünger horchen auf ihn, leihen ihm Gehör, wenden das Herz dem Verständnisse zu, und nicht übertreten sie in ihrem Betragen die Satzung des Meisters. Da wird, ihr Mönche, der Vollendete nicht zufrieden, empfindet keine Zufriedenheit, ungetrübt verweilt er besonnen, klar bewußt[500]. Das heißt man, ihr Mönche, dritten Pfeiler der Einsicht, dann heilig behütet, in heiliger Hut als Meister, und Jünger aufzuerziehn ist man würdig. – 'Drei Pfeiler der Einsicht, dann heilig behütet, in heiliger Hut als Meister, und Jünger aufzuerziehn ist man würdig': wurde das gesagt, so war es darum gesagt.

«'Ein solcher heißt der Fahrkundigen vorzüglichster, Leiter der Menschenherde': das ist gesagt worden; und warum ist das gesagt worden? Der Elefantenlenker, ihr Mönche, läßt den Reitelefanten eben nach einer Richtung laufen, nach Osten oder nach Westen, nach Norden oder nach Süden. Der Rosselenker, ihr Mönche, läßt das Wagenroß eben nach einer Richtung laufen, nach Osten oder nach Westen, nach Norden oder nach Süden. Der Stiertreiber, ihr Mönche, läßt den Zugstier eben nach einer Richtung laufen, nach Osten oder nach Westen, nach Norden oder nach Süden. Der Vollendete, ihr Mönche, der Heilige, vollkommen Erwachte, läßt das Menschentier[501] acht

Richtungen durchlaufen. Formhaft ist es und sieht die Formen: das ist die erste Richtung. Innen ohne Formwahrnehmung sieht es außen Formen: das ist die zweite Richtung. Schönheit nur hat es im Sinne[502]: das ist die dritte Richtung. Durch völlige Überwindung der Formwahrnehmungen, Vernichtung der Gegenwahrnehmungen, Verwerfung der Vielheitwahrnehmungen gewinnt es in dem Gedanken ‹Grenzenlos ist der Raum› das Reich des unbegrenzten Raumes: das ist die vierte Richtung. Nach völliger Überwindung
376 der unbegrenzten Raumsphäre gewinnt es in dem Gedanken ‹Grenzenlos ist das Bewußtsein› das Reich des unbegrenzten Bewußtseins: das ist die fünfte Richtung. Nach völliger Überwindung der unbegrenzten Bewußtseinsphäre gewinnt es in dem Gedanken ‹Nichts ist da› das Reich des Nichtdaseins: das ist die sechste Richtung. Nach völliger Überwindung der Nichtdaseinsphäre erreicht es die Grenzscheide möglicher Wahrnehmung: das ist die siebente Richtung. Nach völliger Überwindung der Grenzscheide möglicher Wahrnehmung erreicht es die Auflösung der Wahrnehmbarkeit: das ist die achte Richtung. Der Vollendete, ihr Mönche, der Heilige, vollkommen Erwachte, läßt das Menschentier diese acht Richtungen durchlaufen. – 'Ein solcher heißt der Fahrkundigen vorzüglichster, Leiter der Menschenherde': wurde das gesagt, so war es darum gesagt.»

Also sprach der Erhabene. Zufrieden freuten sich jene Mönche über das Wort des Erhabenen[503].

138

VIERZEHNTER TEIL · ACHTE REDE

DES STEMPELS ABZEICHEN

DAS HAB' ICH GEHÖRT. Zu einer Zeit weilte der Erhabene bei Sāvatthī, im Siegerwalde, im Garten Anāthapiṇḍikos. Dort nun wandte sich der Erhabene an die Mönche: «Ihr Mönche!» – «Erlauchter!» antworteten da jene Mönche dem Erhabenen aufmerksam. Der Erhabene sprach also:

«Des Stempels Abzeichen will ich euch Mönchen weisen: das höret und achtet wohl auf meine Rede.»

«Ja, o Herr!» antworteten da jene Mönche dem Erhabenen aufmerksam. Der Erhabene sprach also:

«Mehr und mehr, ihr Mönche, mag der Mönch Obacht üben, daß ihm da
wie er Obacht übt nach außen das Bewußtsein nicht zerstreut, nicht zerfahren
werde, innen nicht zuständig, ohne anzuhangen unerschütterlich sei; ist nach
außen, ihr Mönche, das Bewußtsein nicht zerstreut, nicht zerfahren, innen 377
nicht zuständig, wird man ohne anzuhangen unerschütterlich ein Entstehn
und Hervorgehn von Geburt und Alter, Tod und Leiden künftig nicht mehr
finden.»

Also sprach der Erhabene. Als der Willkommene das gesagt hatte, stand er auf und zog sich in das Wohnhaus zurück.

Da gedachten denn die Mönche, bald nachdem der Erhabene fortgegangen war, unter sich: ‹Diesen Stempel, ihr Brüder, hat uns der Erhabene im Umrisse dargestellt, ohne die Abzeichen ausführlich zu erläutern, ist aufgestanden und hat sich in das Wohnhaus zurückgezogen. Wer könnte nun wohl dieser kurzen Andeutung Inhalt ausführlich begründen?› Da sagten sich nun jene Mönche: ‹Der ehrwürdige Mahākaccāno wird selbst vom Meister gepriesen, von den verständigen Ordensbrüdern aber verehrt: wohl wäre der ehrwürdige Mahākaccāno imstande, den Inhalt dieser kurzen Andeutung ausführlich zu begründen; wie, wenn wir uns nun zum ehrwürdigen Mahākaccāno begeben und ihn bitten würden, uns den Inhalt darzulegen?› Und jene Mönche begaben sich zum ehrwürdigen Mahākaccāno, wechselten höflichen Gruß und freundliche, denkwürdige Worte mit ihm und setzten sich seitwärts nieder. Seitwärts sitzend sprachen nun jene Mönche zum ehrwürdigen Mahākaccāno also:

«Diesen Stempel, Bruder Kaccāno, hat uns der Erhabene im Umrisse dar- 378
gestellt, ohne die Abzeichen ausführlich zu erläutern, ist aufgestanden und
hat sich in das Wohnhaus zurückgezogen: ‹Mehr und mehr, ihr Mönche,
mag der Mönch Obacht üben, daß ihm da wie er Obacht übt nach außen das
Bewußtsein nicht zerstreut, nicht zerfahren werde, innen nicht zuständig,
ohne anzuhangen unerschütterlich sei; ist nach außen, ihr Mönche, das Bewußtsein nicht zerstreut, nicht zerfahren, innen nicht zuständig, wird man ohne anzuhangen unerschütterlich ein Entstehn und Hervorgehn von Geburt und Alter, Tod und Leiden künftig nicht mehr finden.› Da kam uns, Bruder Kaccāno, bald nachdem der Erhabene fortgegangen war, der Gedanke: ‹Diesen Stempel, ihr Brüder, hat uns der Erhabene im Umrisse dargestellt, ohne die Abzeichen ausführlich zu erläutern, ist aufgestanden und hat sich in das Wohnhaus zurückgezogen. Wer könnte nun wohl dieser kurzen Andeutung Inhalt ausführlich begründen?› Da sagten wir uns, Bruder Kaccāno: ‹Der ehrwürdige Mahākaccāno wird selbst vom Meister gepriesen, von

den verständigen Ordensbrüdern aber verehrt: wohl wäre der ehrwürdige Mahākaccāno imstande, den Inhalt dieser kurzen Andeutung ausführlich zu begründen: wie, wenn wir uns nun zum ehrwürdigen Mahākaccāno begeben
379 und ihn bitten würden, uns den Inhalt darzulegen?› Mög' es der ehrwürdige Mahākaccāno tun!»

«Gleichwie etwa, Brüder, wenn ein Mann, der Kernholz begehrt, Kernholz sucht, auf Kernholz ausgeht, über Wurzel und Stamm eines großen kernig dastehenden Baumes hinaufkletterte und im Laubgezweige Kernholz finden wollte: so ergeht es nun hier euch Ehrwürdigen, die ihr vor dem Meister gewesen seid, den Herrn übergangen habt und von mir die Lösung der Frage erwartet. Doch der Erhabene, ihr Brüder, ist der kennende Kenner und der sehende Seher, der Auggewordene, Erkenntnisgewordene, Wahrheitgewordene, Heiligkeitgewordene, der Künder und Verkünder, der Eröffner des Inhalts, der Spender der Unsterblichkeit, der Herr der Wahrheit, der Vollendete. Und es war ja wohl noch an der Zeit gewesen, daß ihr den Erhabenen selbst befragen und diesen Gegenstand der Erklärung des Erhabenen gemäß bewahren konntet.»

«Freilich, Bruder Kaccāno, ist der Erhabene der kennende Kenner und der sehende Seher, der Auggewordene, Erkenntnisgewordene, Wahrheitgewordene, Heiligkeitgewordene, der Künder und Verkünder, der Eröffner des Inhalts, der Spender der Unsterblichkeit, der Herr der Wahrheit, der Vollendete. Und es war ja wohl noch an der Zeit gewesen, daß wir den Erhabenen selbst befragen und diesen Gegenstand der Erklärung des Erhabenen gemäß bewahren konnten. Aber der ehrwürdige Mahākaccāno wird ja selbst vom Meister gepriesen und von den verständigen Ordensbrüdern verehrt: wohl wäre der ehrwürdige Mahākaccāno imstande, den Inhalt jener vom Erhabenen kurz gegebenen Andeutung ausführlich darzulegen. Mög' es der ehrwürdige Mahākaccāno tun und es nicht übel nehmen!»

«Wohlan denn, ihr Brüder, so höret und achtet wohl auf meine Rede.»

«Gewiß, o Bruder!» antworteten da aufmerksam jene Mönche dem ehrwürdigen Mahākaccāno. Der ehrwürdige Mahākaccāno sprach also:

380 «Den Stempel, ihr Brüder, den uns der Erhabene im Umrisse dargestellt hat, ohne die Abzeichen ausführlich zu erläutern: ‹Mehr und mehr, ihr Mönche, mag der Mönch Obacht üben, daß ihm da wie er Obacht übt nach außen das Bewußtsein nicht zerstreut, nicht zerfahren werde, innen nicht zuständig, ohne anzuhangen unerschütterlich sei; ist nach außen, ihr Mönche, das Bewußtsein nicht zerstreut, nicht zerfahren, innen nicht zuständig, wird man ohne anzuhangen unerschütterlich ein Entstehn und Hervorgehn von Geburt und Alter, Tod und Leiden künftig nicht mehr finden›: diese kurze Andeutung, ihr Brüder, stelle ich ihrem Inhalt gemäß in folgender Weise aus-

führlich dar. – Wie also wird, ihr Brüder, das Bewußtsein als nach außen zerstreut und zerfahren bezeichnet? Hat da, ihr Brüder, ein Mönch mit dem Gesichte eine Form erblickt, so folgt das Bewußtsein den Spuren der Form nach, wird von den anziehenden Spuren der Form verlockt, von den anziehenden Spuren der Form gefangen, von den anziehenden Spuren der Form fesselverstrickt: nach außen, sagt man, ist das Bewußtsein zerstreut und zerfahren. Hat er mit dem Gehöre einen Ton gehört, hat er mit dem Geruche einen Duft gerochen, hat er mit dem Geschmacke einen Saft geschmeckt, hat er mit dem Getaste eine Tastung getastet, hat er mit dem Gedenken ein Ding erkannt, so folgt das Bewußtsein den Spuren des Dinges nach, wird von den anziehenden Spuren des Dinges gefangen, von den anziehenden Spuren des Dinges fesselverstrickt: nach außen, sagt man, ist das Bewußtsein zerstreut und zerfahren. Also wird, ihr Brüder, das Bewußtsein als nach außen zerstreut und zerfahren bezeichnet.

«Wie aber wird, ihr Brüder, das Bewußtsein als nach außen nicht zerstreut, nicht zerfahren bezeichnet? Hat da, ihr Brüder, ein Mönch mit dem Gesichte eine Form erblickt, so folgt das Bewußtsein den Spuren der Form nicht nach, wird von den anziehenden Spuren der Form nicht verlockt, von den anziehenden Spuren der Form nicht gefangen, von den anziehenden Spuren der
Form nicht fesselverstrickt: nach außen, sagt man, ist das Bewußtsein nicht 381
zerstreut, nicht zerfahren. Hat er mit dem Gehöre einen Ton gehört, hat er mit dem Geruche einen Duft gerochen, hat er mit dem Geschmacke einen Saft geschmeckt, hat er mit dem Getaste eine Tastung getastet, hat er mit dem Gedenken ein Ding erkannt, so folgt das Bewußtsein den Spuren des Dinges nicht nach, wird von den anziehenden Spuren des Dinges nicht verlockt, von den anziehenden Spuren des Dinges nicht gefangen, von den anziehenden Spuren des Dinges nicht fesselverstrickt: nach außen, sagt man, ist das Bewußtsein nicht zerstreut, nicht zerfahren. Also wird, ihr Brüder, das Bewußtsein als nach außen nicht zerstreut, nicht zerfahren bezeichnet.

«Wie aber wird, ihr Brüder, das Herz als innen zuständig bezeichnet? Da hat, ihr Brüder, ein Mönch, gar fern von Begierden, fern von unheilsamen Dingen, in sinnend gedenkender ruhegeborener seliger Heiterkeit die Weihe der ersten Schauung erwirkt. Dessen Bewußtsein folgt ruhegeborener seliger Heiterkeit nach, wird von ruhegeborener seliger Heiterkeit verlockt, von ruhegeborener seliger Heiterkeit gefangen, von ruhegeborener seliger Heiterkeit fesselverstrickt: innen zuständig, sagt man, ist das Herz. Weiter sodann, ihr Brüder, hat der Mönch nach Vollendung des Sinnens und Gedenkens die innere Meeresstille erwirkt, die Einheit des Gemütes, die von sinnen, von gedenken freie, in der Einigung geborene selige Heiterkeit, die Weihe der zweiten Schauung. Dessen Bewußtsein folgt der in der Einigung

geborenen seligen Heiterkeit nach, wird von der in der Einigung geborenen seligen Heiterkeit verlockt, von der in der Einigung geborenen seligen Heiterkeit gefangen, von der in der Einigung geborenen seligen Heiterkeit fesselverstrickt: innen zuständig, sagt man, ist das Herz. Weiter sodann, ihr Brüder, verweilt der Mönch in heiterer Ruhe, gleichmütig, einsichtig, klar bewußt, ein Glück empfindet er im Körper, von dem die Heiligen sagen: ‹Der gleichmütig Einsichtige lebt beglückt›; so erwirkt er die Weihe der dritten Schauung. Dessen Bewußtsein folgt dem Gleichmute nach, wird von dem anziehenden Glücke des Gleichmutes verlockt, von dem anziehenden Glücke des Gleichmutes gefangen, von dem anziehenden Glücke des Gleichmutes fesselverstrickt: innen zuständig, sagt man, ist das Herz. Weiter sodann, ihr
382 Brüder, hat der Mönch nach Verwerfung der Freuden und Leiden, nach Vernichtung des einstigen Frohsinns und Trübsinns die Weihe der leidlosen, freudlosen, gleichmütig einsichtigen vollkommenen Reine, die vierte Schauung erwirkt. Dessen Bewußtsein folgt dem leidlos Freudlosen nach, wird von dem anziehenden leidlos Freudlosen verlockt, von dem anziehenden leidlos Freudlosen gefangen, von dem anziehenden leidlos Freudlosen fesselverstrickt: innen zuständig, sagt man, ist das Herz. Also wird, ihr Brüder, das Herz als innen zuständig bezeichnet.

«Wie aber wird, ihr Brüder, das Herz als innen unzuständig bezeichnet? Da hat, ihr Brüder, ein Mönch, gar fern von Begierden, fern von unheilsamen Dingen, in sinnend gedenkender ruhegeborener seliger Heiterkeit die Weihe der ersten Schauung erwirkt. Dessen Bewußtsein folgt ruhegeborener seliger Heiterkeit nicht nach, wird von ruhegeborener seliger Heiterkeit nicht verlockt, von ruhegeborener seliger Heiterkeit nicht gefangen, von ruhegeborener seliger Heiterkeit nicht fesselverstrickt: innen unzuständig, sagt man, ist das Herz. Weiter sodann, ihr Brüder, hat der Mönch nach Vollendung des Sinnens und Gedenkens die innere Meeresstille erwirkt, die Einheit des Gemütes, die von sinnen, von gedenken freie, in der Einigung geborene selige Heiterkeit, die Weihe der zweiten Schauung. Dessen Bewußtsein folgt der in der Einigung geborenen seligen Heiterkeit nicht nach, wird von der in der Einigung geborenen seligen Heiterkeit nicht verlockt, von der in der Einigung geborenen seligen Heiterkeit nicht gefangen, von der in der Einigung geborenen seligen Heiterkeit nicht fesselverstrickt: innen unzuständig, sagt man, ist das Herz. Weiter sodann, ihr Brüder, verweilt der Mönch in heiterer Ruhe, gleichmütig, einsichtig, klar bewußt, ein Glück empfindet er im Körper, von dem die Heiligen sagen: ‹Der gleichmütig Einsichtige lebt beglückt›; so erwirkt er die Weihe der dritten Schauung. Dessen Bewußtsein folgt dem Gleichmute nicht nach, wird von dem anziehenden Glücke des Gleichmutes nicht verlockt, von dem anziehenden Glücke des Gleichmutes nicht gefan-

gen, von dem anziehenden Glücke des Gleichmutes nicht fesselverstrickt: innen unzuständig, sagt man, ist das Herz. Weiter sodann, ihr Brüder, hat der Mönch nach Verwerfung der Freuden und Leiden, nach Vernichtung des einstigen Frohsinns und Trübsinns die Weihe der leidlosen, freudlosen, gleichmütig einsichtigen vollkommenen Reine, die vierte Schauung erwirkt. Dessen Bewußtsein folgt dem leidlos Freudlosen nicht nach, wird von dem anziehenden leidlos Freudlosen nicht verlockt, von dem anziehenden leidlos Freudlosen nicht gefangen, von dem anziehenden leidlos Freudlosen nicht fesselverstrickt: innen unzuständig, sagt man, ist das Herz. Also wird, ihr 383
Brüder, das Herz als innen unzuständig bezeichnet.

«Wie aber wird man, ihr Brüder, ohne anzuhangen erschüttert? Da hat einer, ihr Brüder, nichts erfahren, ist ein gewöhnlicher Mensch, ohne Sinn für das Heilige, der heiligen Lehre unkundig, der heiligen Lehre unzugänglich, ohne Sinn für das Edle, der Lehre der Edlen unkundig, der Lehre der Edlen unzugänglich und betrachtet die Form als sich selbst, oder sich selbst als formähnlich, oder in sich selbst die Form, oder in der Form sich selbst. Nun wandelt sich ihm seine Form um, verändert sich. Wie sich ihm die Form umwandelt und verändert, dreht sich ihm das Bewußtsein um den Wandel der Form herum. Aus dem Herumdrehn um den Wandel der Form gehn Erschütterungen, wie es die Dinge mit sich bringen, hervor, umspannen ihm rings das Herz. Weil ihm das Herz rings umspannt ist, kommt ihn Zittern und Qual und Verzagen an: und ohne anzuhangen wird er erschüttert. Das Gefühl, die Wahrnehmung, die Unterscheidungen, das Bewußtsein betrachtet er als sich selbst, oder sich selbst als bewußtseinähnlich, oder in sich selbst das Bewußtsein, oder im Bewußtsein sich selbst. Nun wandelt sich ihm sein Bewußtsein um, verändert sich. Wie sich ihm das Bewußtsein umwandelt und verändert, dreht sich ihm das Bewußtsein um den Wandel des Bewußtseins herum. Aus dem Herumdrehn um den Wandel des Bewußtseins gehn Erschütterungen, wie es die Dinge mit sich bringen, hervor, umspannen ihm rings das Herz. Weil ihm das Herz rings umspannt ist, kommt ihn Zittern und Qual und Verzagen an: und ohne anzuhangen wird er erschüttert. Also wird man, ihr Brüder, ohne anzuhangen erschüttert.

«Wie aber wird man, ihr Brüder, ohne anzuhangen nicht erschüttert? Da hat einer, ihr Brüder, als erfahrener heiliger Jünger das Heilige gemerkt, ist der heiligen Lehre kundig, der heiligen Lehre wohlzugänglich, hat das Edle gemerkt, ist der Lehre der Edlen kundig, der Lehre der Edlen wohlzugänglich und betrachtet die Form nicht als sich selbst, noch sich selbst als formähnlich, noch in sich selbst die Form, noch in der Form sich selbst. Nun 384
wandelt sich ihm seine Form um, verändert sich. Wie sich ihm die Form umwandelt und verändert, dreht sich ihm das Bewußtsein um den Wandel der

Form nicht herum. Ohne Herumdrehn um den Wandel der Form gehn Erschütterungen, wie es die Dinge mit sich bringen, nicht hervor, umspannen ihm nicht das Herz. Weil ihm das Herz nicht umspannt ist, kommt ihn kein Zittern, keine Qual, kein Verzagen an: und ohne anzuhangen wird er nicht erschüttert. Das Gefühl, die Wahrnehmung, die Unterscheidungen, das Bewußtsein betrachtet er nicht als sich selbst, noch sich selbst als bewußtseinähnlich, noch in sich selbst das Bewußtsein, noch im Bewußtsein sich selbst. Nun wandelt sich ihm sein Bewußtsein um, verändert sich. Wie sich ihm das Bewußtsein umwandelt und verändert, dreht sich ihm das Bewußtsein um den Wandel des Bewußtseins nicht herum. Ohne Herumdrehn um den Wandel des Bewußtseins gehn Erschütterungen, wie es die Dinge mit sich bringen, nicht hervor, umspannen ihm nicht das Herz. Weil ihm das Herz nicht umspannt ist, kommt ihn kein Zittern, keine Qual, kein Verzagen an: und ohne anzuhangen wird er nicht erschüttert. Also wird man, ihr Brüder, ohne anzuhangen unerschütterlich.

«Das, ihr Brüder, scheinen mir die ausgeführten Abzeichen jenes Stempels zu sein, den uns der Erhabene im Umrisse dargestellt hat: ‹Mehr und mehr, ihr Mönche, mag der Mönch Obacht üben, daß ihm da wie er Obacht übt nach außen das Bewußtsein nicht zerstreut, nicht zerfahren werde, innen nicht zuständig, ohne anzuhangen unerschütterlich sei; ist nach außen, ihr Mönche, das Bewußtsein nicht zerstreut, nicht zerfahren, innen nicht zuständig, wird man ohne anzuhangen unerschütterlich ein Entstehn und Her-
385 vorgehn von Geburt und Alter, Tod und Leiden künftig nicht mehr finden.› Wenn es euch Ehrwürdigen nun recht ist, so gehet hin und befragt den Erhabenen selbst hierüber: wie es uns der Erhabene erklärt wollet es behalten.»

Da waren denn jene Mönche über des ehrwürdigen Mahākaccāno Rede erfreut, erhoben sich befriedigt von ihren Sitzen und begaben sich dorthin wo der Erhabene weilte, begrüßten den Erhabenen ehrerbietig und setzten sich seitwärts nieder. Seitwärts sitzend berichteten nun jene Mönche dem Erha-
386 benen Wort um Wort die ganze Begegnung, die sie mit dem ehrwürdigen Mahākaccāno gehabt hatten. «Da hat uns, o Herr, der ehrwürdige Mahākaccāno auf solche Weise, in solcher Art, mit solchen Bestimmungen den Inhalt dargestellt.»

«Weise, ihr Mönche, ist Mahākaccāno, wissensmächtig, ihr Mönche, ist Mahākaccāno. Wolltet ihr mich, ihr Mönche, um Aufklärung angehn, ich würde den Gegenstand genau so erläutern, wie ihn Mahākaccāno erläutert hat: denn eben das ist der Inhalt, und den sollt ihr derart bewahren.»

Also sprach der Erhabene. Zufrieden freuten sich jene Mönche über das Wort des Erhabenen[504].

139

VIERZEHNTER TEIL · NEUNTE REDE

STREITLOSE ABZEICHEN

Das hab' ich gehört. Zu einer Zeit weilte der Erhabene bei Sāvatthī, im 387
Siegerwalde, im Garten Anāthapiṇḍikos. Dort nun wandte sich der Erhabene an die Mönche: «Ihr Mönche!» – «Erlauchter!» antworteten da jene Mönche dem Erhabenen aufmerksam. Der Erhabene sprach also:

«Streitlose Abzeichen will ich euch Mönchen weisen: das höret und achtet wohl auf meine Rede.»

«Ja, o Herr!» antworteten da jene Mönche dem Erhabenen aufmerksam. Der Erhabene sprach also:

«Keinem Begierdenwohle sich hingeben, dem gewöhnlichen, gemeinen, alltäglichen, unheiligen, unheilsamen, und auch keiner Selbstkasteiung sich hingeben, der leidigen, unheiligen, unheilsamen: eben diese beiden Enden hat der Vollendete beiseite gelassen und den mittleren Pfad aufgefunden, auf dessen Fährte man sehend und wissend wird, der zur Ebbung, Durchschauung, Erwachung, Erlöschung führt. Zurede kennen und Abrede kennen; weil man Zurede kennt und Abrede kennt, weder zureden noch abreden: die Satzung eben aufweisen. Wohl ergründen verstehn; weil man Wohl ergründen versteht, innigem Wohle sich hingeben. Heimlich keine Rede führen, öffentlich keine flüsternde Sprache; und ohne sich zu eilen reden und nicht eilfertig. Was die Leute zu sagen belieben keiner Beachtung würdigen, den Namen nicht überschätzen. Das ist der Stempel der streitlosen Abzeichen.

«'Keinem Begierdenwohle sich hingeben, dem gewöhnlichen, gemeinen, alltäglichen, unheiligen, unheilsamen, und auch keiner Selbstkasteiung sich hingeben, der leidigen, unheiligen, unheilsamen': das ist gesagt worden; und
warum ist das gesagt worden? Wann Begierden ergetzen vergnüglich sich 388
hingeben, gewöhnlich, gemein, alltäglich, unheilig, unheilsam, das ist ein leidiges Ding, ist qualvoll, ist jammervoll, reich an Schmerzen, verkehrtes Vorgehn. Wann Begierden ergetzen vergnüglicher Hingabe sich nicht ergeben, der gewöhnlichen, gemeinen, alltäglichen, unheiligen, unheilsamen, das ist ein Ding ohne Leid, ist ohne Qual, ohne Jammer, ohne Schmerz, rechtes Vorgehn. Der Selbstkasteiung sich hingeben, der leidigen, unheiligen, unheilsamen, das ist ein leidiges Ding, ist qualvoll, ist jammervoll, reich an Schmerzen, verkehrtes Vorgehn. Der selbstkasteienden Hingabe sich nicht ergeben,

der leidigen, unheiligen, unheilsamen, das ist ein Ding ohne Leid, ist ohne Qual, ohne Jammer, ohne Schmerz, rechtes Vorgehn. 'Keinem Begierdenwohle sich hingeben, dem gewöhnlichen, gemeinen, alltäglichen, unheiligen, unheilsamen, und auch keiner Selbstkasteiung sich hingeben, der leidigen, unheiligen, unheilsamen': wurde das gesagt, so war es darum gesagt.

«'Eben diese beiden Enden hat der Vollendete beiseite gelassen und den mittleren Pfad aufgefunden, auf dessen Fährte man sehend und wissend wird, der zur Ebbung, Durchschauung, Erwachung, Erlöschung führt': das ist gesagt worden; und warum ist das gesagt worden? Um ebendiesen heiligen achtfältigen Weg, der da ist rechte Erkenntnis, rechte Gesinnung, rechte Rede, rechtes Handeln, rechtes Wandeln, rechtes Mühn, rechte Einsicht, rechte Einigung. 'Eben diese beiden Enden hat der Vollendete beiseite gelassen und den mittleren Pfad aufgefunden, auf dessen Fährte man sehend und wissend
389 wird, der zur Ebbung, Durchschauung, Erwachung, Erlöschung führt': wurde das gesagt, so war es darum gesagt.

«'Zurede kennen und Abrede kennen; weil man Zurede kennt und Abrede kennt, weder zureden noch abreden: die Satzung eben aufweisen': das ist gesagt worden; und warum ist das gesagt worden? Wie redet man also, ihr Mönche, zu, und wie redet man ab, und wie weist man die Satzung nicht auf? 'Wann Begierden ergetzen vergnüglicher Hingabe sich ergeben, der gewöhnlichen, gemeinen, alltäglichen, unheiligen, unheilsamen, das ist für jeden leidig, ist qualvoll, ist jammervoll, reich an Schmerzen, verkehrt vorgegangen': also sprechend redet man so manchen ab. 'Wann Begierden ergetzen vergnüglicher Hingabe sich nicht ergeben, der gewöhnlichen, gemeinen, alltäglichen, unheiligen, unheilsamen, das ist für jeden ohne Leid, ist ohne Qual, ohne Jammer, ohne Schmerz, recht vorgegangen': also sprechend redet man so manchen zu. 'Der selbstkasteienden Hingabe sich ergeben, der leidigen, unheiligen, unheilsamen, das ist für jeden leidig, ist qualvoll, ist jammervoll, reich an Schmerzen, verkehrt vorgegangen': also sprechend redet man so manchen ab. 'Der selbstkasteienden Hingabe sich nicht ergeben, der leidigen, unheiligen, unheilsamen, das ist für jeden ohne Leid, ist ohne Qual, ohne Jammer, ohne Schmerz, recht vorgegangen': also sprechend redet man so manchen zu. 'Wer es auch sei, der die Fessel des Daseins nicht abgestreift hat, ein jeder solche hat Leid, hat Qual, hat Jammer, hat Schmerz, ist verkehrt vorgegangen': also sprechend redet man so manchen ab. 'Wer es auch sei, der die Fessel des Daseins abgestreift hat, ein jeder solche hat kein Leid, keine Qual, keinen Jammer, keinen Schmerz, ist recht vorgegangen'[505]: also sprechend redet man so manchen zu. Also, ihr Mönche, redet man zu,
390 und redet man ab, und weist man die Satzung nicht auf.

«Wie aber wird, ihr Mönche, weder zugeredet noch abgeredet, nur die Satzung aufgewiesen? 'Wann Begierden ergetzen vergnüglicher Hingabe sich ergeben, der gewöhnlichen, gemeinen, alltäglichen, unheiligen, unheilsamen, das ist für jeden leidig, ist qualvoll, ist jammervoll, reich an Schmerzen, verkehrt vorgegangen': das sagt man nicht. 'Die Hingabe freilich, das ist ein leidiges Ding, ist qualvoll, ist jammervoll, reich an Schmerzen, verkehrtes Vorgehn': also sprechend weist man eben die Satzung auf. 'Wann Begierden ergetzen vergnüglicher Hingabe sich nicht ergeben, der gewöhnlichen, gemeinen, alltäglichen, unheiligen, unheilsamen, das ist für jeden ohne Leid, ist ohne Qual, ohne Jammer, ohne Schmerz, recht vorgegangen': das sagt man nicht. 'Keine Hingabe freilich, das ist ein Ding ohne Leid, ist ohne Qual, ohne Jammer, ohne Schmerz, rechtes Vorgehn': also sprechend weist man eben die Satzung auf. 'Der selbstkasteienden Hingabe sich ergeben, der leidigen, unheiligen, unheilsamen, das ist für jeden leidig, ist qualvoll, ist jammervoll, reich an Schmerzen, verkehrt vorgegangen': das sagt man nicht. 'Die Hingabe freilich, das ist ein leidiges Ding, ist qualvoll, ist jammervoll, reich an Schmerzen, verkehrtes Vorgehn': also sprechend weist man eben die Satzung auf. 'Der selbstkasteienden Hingabe sich nicht ergeben, der leidigen, unheiligen, unheilsamen, das ist für jeden ohne Leid, ist ohne Qual, ohne Jammer, ohne Schmerz, recht vorgegangen': das sagt man nicht. 'Keine Hingabe freilich, das ist ein Ding ohne Leid, ist ohne Qual, ohne Jammer, ohne Schmerz, rechtes Vorgehn': also sprechend weist man eben die Satzung auf. 'Wer es auch sei, der die Fessel des Daseins nicht abgestreift hat, ein jeder solche hat Leid, hat Qual, hat Jammer, hat Schmerz, ist verkehrt vorgegangen': das sagt man nicht. 'Ist freilich die Fessel des Daseins nicht abgestreift, ist das Dasein nicht abgestreift worden': also sprechend weist man eben die Satzung auf. 'Wer es auch sei, der die Fessel des Daseins abgestreift hat, ein jeder solche hat kein Leid, keine Qual, keinen Jammer, keinen Schmerz, ist recht vorgegangen': das sagt man nicht. 'Ist freilich die Fessel des Daseins abgestreift,
ist das Dasein abgestreift worden': also sprechend weist man eben die Sat- 391
zung auf. Also wird, ihr Mönche, weder zugeredet noch abgeredet, nur die Satzung aufgewiesen. 'Zurede kennen und Abrede kennen; weil man Zurede kennt und Abrede kennt, weder zureden noch abreden: die Satzung eben aufweisen': wurde das gesagt, so war es darum gesagt.

«'Wohl ergründen verstehn; weil man Wohl ergründen versteht, innigem Wohle sich hingeben': das ist gesagt worden; und warum ist das gesagt worden? Fünf Begehrungen, ihr Mönche, gibt es: welche fünf? Die durch das Gesicht ins Bewußtsein tretenden Formen, die ersehnten, geliebten, entzükkenden, angenehmen, dem Begehren entsprechenden, reizenden; die durch das Gehör ins Bewußtsein tretenden Töne, die ersehnten, geliebten, entzük-

kenden, angenehmen, dem Begehren entsprechenden, reizenden; die durch den Geruch ins Bewußtsein tretenden Düfte, die ersehnten, geliebten, entzückenden, angenehmen, dem Begehren entsprechenden, reizenden; die durch den Geschmack ins Bewußtsein tretenden Säfte, die ersehnten, geliebten, entzückenden, angenehmen, dem Begehren entsprechenden, reizenden; die durch das Getast ins Bewußtsein tretenden Tastungen, die ersehnten, geliebten, entzückenden, angenehmen, dem Begehren entsprechenden, reizenden. Das sind, ihr Mönche, die fünf Begehrungen. Was da, ihr Mönche, Wohl und Erwünschtes diesen fünf Begehrungen gemäß geht, das nennt man Begierdenwohl, kotiges Wohl, gemeines Menschenwohl, unheiliges Wohl[506]. Nicht zu pflegen, nicht zu hegen, nicht zu mehren ist es: zu hüten hat man sich vor solchem Wohle, sag' ich. – Da weilt, ihr Mönche, ein Mönch, gar fern von Begierden, fern von unheilsamen Dingen, in sinnend gedenkender ruhegeborener seliger Heiterkeit, in der Weihe der ersten Schauung. Nach Vollendung des Sinnens und Gedenkens erwirkt er die innere Meeresstille, die Einheit des Gemütes, die von sinnen, von gedenken freie, in der Einigung geborene selige Heiterkeit, die Weihe der zweiten Schauung. In heiterer Ruhe verweilt er gleichmütig, einsichtig, klar bewußt, ein Glück empfindet er im Körper, von dem die Heiligen sagen: ‹Der gleichmütig Einsichtige lebt beglückt›; so erwirkt er die Weihe der dritten Schauung. Nach Verwerfung der Freuden und Leiden, nach Vernichtung des einstigen Frohsinns und Trübsinns erwirkt er die Weihe der leidlosen, freudlosen, gleichmütig einsichtigen voll-
392 kommenen Reine, die vierte Schauung. Das nennt man Wohl der Entsagung, Wohl der Einsamkeit, Wohl der Beruhigung, Wohl der Erwachung. Zu pflegen und zu hegen und zu mehren ist es: nicht zu hüten hat man sich vor solchem Wohle, sag' ich. 'Wohl ergründen verstehn; weil man Wohl ergründen versteht, innigem Wohle sich hingeben': wurde das gesagt, so war es darum gesagt.

«'Heimlich keine Rede führen, öffentlich keine flüsternde Sprache': das ist gesagt worden; und warum ist das gesagt worden? Wer da, ihr Mönche, von einer heimlichen Rede weiß, daß sie unwahr, unecht, unheilsam ist, soll diese heimliche Rede gewiß nicht sagen. Weiß man aber von einer heimlichen Rede, daß sie wahr und echt und unheilsam ist, soll man eben bestrebt sein, sie nicht zu sagen. Weiß man dagegen von einer heimlichen Rede, daß sie wahr und echt und heilsam ist, mag man da die Zeit ermessen, diese heimliche Rede zu sagen. Wer da, ihr Mönche, von öffentlichem Geflüster weiß, daß es unwahr, unecht, unheilsam ist, soll dieses öffentliche Geflüster gewiß nicht sagen. Weiß man aber von einem öffentlichen Geflüster, daß es wahr und echt und unheilsam ist, soll man eben bestrebt sein, es nicht zu sagen. Weiß man dagegen von einem öffentlichen Geflüster, daß es wahr und echt und heilsam ist, mag man da die Zeit ermessen, dieses öffentliche Geflüster zu sagen. 'Heimlich keine Rede führen, öffentlich keine flüsternde Sprache': wurde das gesagt, so war es darum gesagt[507].

«'Und ohne sich zu eilen reden und nicht eilfertig': das ist gesagt worden; und warum ist das gesagt worden? Wer da, ihr Mönche, in Eile redet, wird körperlich müde, geistig matt, die Stimme versagt, die Kehle wird heiser: undeutlich ist und unverständlich des Eilfertigen Rede. Wer da, ihr Mönche, ohne Eile redet, wird nicht körperlich müde, nicht geistig matt, die Stimme
versagt nicht, die Kehle wird nicht heiser: deutlich ist und verständlich die 393
Rede dessen, der nicht eilt. 'Und ohne sich zu eilen reden und nicht eilfertig': wurde das gesagt, so war es darum gesagt[508].

«'Was die Leute zu sagen belieben keiner Beachtung würdigen, den Namen nicht überschätzen': das ist gesagt worden; und warum ist das gesagt worden? Wie also wird, ihr Mönche, was die Leute zu sagen belieben der Beachtung gewürdigt und der Name überschätzt? Da wird man, ihr Mönche, wie es eben in mancherlei Gegenden üblich ist, 'Beschützer' genannt, 'Behüter' genannt, 'Behälter' genannt, 'Geschirr' genannt, 'Geschmeiß' genannt, 'Schmarotzer' genannt, 'Geziefer' genannt, 'Gesindel' genannt. Wie man bald so und bald so in diesen und jenen Gegenden genannt wird, gibt man da mehr und mehr genau und geflissentlich acht: 'Dies nur ist Wahrheit, Unsinn anderes.' Also wird, ihr Mönche, was die Leute zu sagen belieben der Beachtung gewürdigt und der Name überschätzt.

«Wie aber wird, ihr Mönche, was die Leute zu sagen belieben keiner Beachtung gewürdigt und der Name nicht überschätzt? Da wird man, ihr Mönche, wie es eben in mancherlei Gegenden üblich ist, 'Beschützer' genannt, 'Behüter' genannt, 'Behälter' genannt, 'Geschirr' genannt, 'Geschmeiß' genannt, 'Schmarotzer' genannt, 'Geziefer' genannt, 'Gesindel' genannt. Wie man bald so und bald so in diesen und jenen Gegenden genannt wird, gibt man in dem Gedanken ‹Das bringen wohl die Ehrwürdigen in Beziehung auf
mich vor› minder und minder geflissentlich acht. Also wird, ihr Mönche, was 394
die Leute zu sagen belieben keiner Beachtung gewürdigt und der Name nicht überschätzt. 'Was die Leute zu sagen belieben keiner Beachtung würdigen, den Namen nicht überschätzen': wurde das gesagt, so war es darum gesagt.

«Da ist nun, ihr Mönche, wann Begierden ergetzen vergnüglich sich hingeben, gewöhnlich, gemein, alltäglich, unheilig, unheilsam, ein leidiges Ding, ist qualvoll, ist jammervoll, reich an Schmerzen, verkehrtes Vorgehn, ist darum ein streithaftes Ding. Da ist nun, ihr Mönche, wann Begierden ergetzen vergnüglicher Hingabe sich nicht ergeben, der gewöhnlichen, gemeinen, alltäglichen, unheiligen, unheilsamen, ein Ding ohne Leid, ist ohne Qual, ohne

Jammer, ohne Schmerz, rechtes Vorgehn, ist darum ein streitloses Ding. Da ist nun, ihr Mönche, der Selbstkasteiung sich hingeben, der leidigen, unheiligen, unheilsamen, ein leidiges Ding, ist qualvoll, ist jammervoll, reich an Schmerzen, verkehrtes Vorgehn, ist darum ein streithaftes Ding. Da ist nun, ihr Mönche, der selbstkasteienden Hingabe sich nicht ergeben, der leidigen, unheiligen, unheilsamen, ein Ding ohne Leid, ist ohne Qual, ohne Jammer, ohne Schmerz, rechtes Vorgehn, ist darum ein streitloses Ding.

«Da ist nun, ihr Mönche, der mittlere Pfad, den der Vollendete aufgefunden, auf dessen Fährte man sehend und wissend wird, der zur Ebbung, Durchschauung, Erwachung, Erlöschung führt, ein Ding ohne Leid, ist ohne Qual, ohne Jammer, ohne Schmerz, rechtes Vorgehn, ist darum ein streitloses Ding.

«Da ist nun, ihr Mönche, zureden und abreden und nicht die Satzung aufweisen ein leidiges Ding, ist qualvoll, ist jammervoll, reich an Schmerzen,
395 verkehrtes Vorgehn, ist darum ein streithaftes Ding. Da ist nun, ihr Mönche, weder zureden noch abreden, nur die Satzung aufweisen ein Ding ohne Leid, ist ohne Qual, ohne Jammer, ohne Schmerz, rechtes Vorgehn, ist darum ein streitloses Ding.

«Da ist nun, ihr Mönche, Begierdenwohl, kotiges Wohl, gemeines Menschenwohl, unheiliges Wohl ein leidiges Ding, ist qualvoll, ist jammervoll, reich an Schmerzen, verkehrtes Vorgehn, ist darum ein streithaftes Ding. Da ist nun, ihr Mönche, Wohl der Entsagung, Wohl der Einsamkeit, Wohl der Beruhigung, Wohl der Erwachung ein Ding ohne Leid, ist ohne Qual, ohne Jammer, ohne Schmerz, rechtes Vorgehn, ist darum ein streitloses Ding.

«Da ist nun, ihr Mönche, heimliche Rede, die unwahr, unecht, unheilsam ist, ein leidiges Ding, ist qualvoll, ist jammervoll, reich an Schmerzen, verkehrtes Vorgehn, ist darum ein streithaftes Ding. Da ist nun, ihr Mönche, heimliche Rede, die wahr und echt und unheilsam ist, ein leidiges Ding, ist qualvoll, ist jammervoll, reich an Schmerzen, verkehrtes Vorgehn, ist darum ein streithaftes Ding. Da ist nun, ihr Mönche, heimliche Rede, die wahr und echt und heilsam ist, ein Ding ohne Leid, ist ohne Qual, ohne Jammer, ohne Schmerz, rechtes Vorgehn, ist darum ein streitloses Ding.

«Da ist nun, ihr Mönche, öffentliches Geflüster, das unwahr, unecht, unheilsam ist, ein leidiges Ding, ist qualvoll, ist jammervoll, reich an Schmerzen, verkehrtes Vorgehn, ist darum ein streithaftes Ding. Da ist nun, ihr Mönche, öffentliches Geflüster, das wahr und echt und unheilsam ist, ein leidiges Ding, ist qualvoll, ist jammervoll, reich an Schmerzen, verkehrtes Vorgehn, ist darum ein streithaftes Ding. Da ist nun, ihr Mönche, öffentliches
396 Geflüster, das wahr und echt und heilsam ist, ein Ding ohne Leid, ist ohne Qual, ohne Jammer, ohne Schmerz, rechtes Vorgehn, ist darum ein streitloses Ding.

«Da ist nun, ihr Mönche, in Eile reden ein leidiges Ding, ist qualvoll, ist jammervoll, reich an Schmerzen, verkehrtes Vorgehn, ist darum ein streithaftes Ding. Da ist nun, ihr Mönche, ohne Eile reden ein Ding, ohne Leid, ist ohne Qual, ohne Jammer, ohne Schmerz, rechtes Vorgehn, ist darum ein streitloses Ding.

«Da ist nun, ihr Mönche, was die Leute zu sagen belieben der Beachtung würdigen und den Namen überschätzen ein leidiges Ding, ist qualvoll, ist jammervoll, reich an Schmerzen, verkehrtes Vorgehn, ist darum ein streithaftes Ding. Da ist nun, ihr Mönche, was die Leute zu sagen belieben keiner Beachtung würdigen und den Namen nicht überschätzen ein Ding ohne Leid, ist ohne Qual, ohne Jammer, ohne Schmerz, rechtes Vorgehn, ist darum ein streitloses Ding.

«Darum aber, ihr Mönche: ‹Streithaftes Ding wollen wir verstehn und streitloses Ding; haben wir streithaftes Ding verstanden und streitloses Ding, werden wir auf streitlosem Pfade vorschreiten›: so habt ihr, Mönche, euch wohl zu üben.»

Also sprach der Erhabene. Zufrieden freuten sich jene Mönche über das Wort des Erhabenen[509].

140

VIERZEHNTER TEIL · ZEHNTE REDE

SECHSFACHER ARTUNG ABZEICHEN

DAS HAB' ICH GEHÖRT. Zu einer Zeit wanderte der Erhabene im Lande Magadhā von Ort zu Ort weiter und kam nach Rājagaham, begab sich zu Bhaggavo[510] dem Hafner, sprach Bhaggavo den Hafner also an: 397

«Wenn es dir, Bhaggaver, nicht ungelegen ist, bleiben wir über Nacht im Vorsaale.»

«Es ist mir, o Herr, nicht ungelegen; doch ist ein Pilger da, der schon sein Lager hier aufgeschlagen hat: wenn es dem recht ist, mögt ihr bleiben, o Herr, nach Belieben.»

Um diese Zeit nun war ein edler Sohn, Pukkusāti mit Namen, um des Erhabenen willen, von Zutrauen bewogen, aus dem Hause in die Hauslosigkeit gezogen. Der hatte im Vorsaale bei jenem Hafner sein Lager schon aufgeschlagen. Da schritt nun der Erhabene an den ehrwürdigen Pukkusāti heran und sprach also zu ihm:

«Wenn es dir, Mönch, nicht ungelegen ist, bleiben wir über Nacht im Vorsaale.»

«Geräumig, Bruder, ist der Vorsaal des Hafners: bleibe der Ehrwürdige nach Belieben.»

Da trat nun der Erhabene in den Vorsaal des Hafners ein, spreitete an der einen Wand die Strohmatte auf und setzte sich nieder, die Beine verschränkt, den Körper gerade aufgerichtet, der Pflege der Einsicht oblegen. Und der Erhabene brachte einen großen Teil der Nacht im Sitzen zu. Und auch der ehrwürdige Pukkusāti brachte einen großen Teil der Nacht im Sitzen zu. Da gedachte denn der Erhabene bei sich: ‹Ob wohl dieser edle Sohn fröhlich beflissen ist? Wie, wenn ich ihn nun fragte?› Und der Erhabene wandte sich also an den ehrwürdigen Pukkusāti:

398 «Um wessen willen, o Mönch, bist du hinausgezogen? Wer ist wohl dein Meister? Oder zu wessen Lehre bekennst du dich?»

«Es ist, o Bruder, der Asket Gotamo, der Sakyersohn, der dem Erbe der Sakyer entsagt hat! Diesen Herrn Gotamo aber begrüßt man allenthalben mit dem frohen Ruhmesrufe, so zwar: ‹Das ist der Erhabene, der Heilige, vollkommen Erwachte, der Wissens- und Wandelsbewährte, der Willkommene, der Welt Kenner, der unvergleichliche Leiter der Männerherde, der Meister der Götter und Menschen, der Erwachte, der Erhabene.› Um des Erhabenen willen bin ich hinausgezogen, Er, der Erhabene ist mein Meister, und zu seiner, zu des Erhabenen Lehre bekenne ich mich.»

«Wo aber, Mönch, weilt Er jetzt, der Erhabene, der Heilige, vollkommen Erwachte?»

«Es ist, o Bruder, oben im nördlichen Reiche eine Stadt gelegen, die Sāvatthī heißt: dort hat Er, der Erhabene gegenwärtig seinen Aufenthalt, der Heilige, vollkommen Erwachte.»

«Hast du aber, Mönch, Ihn, den Erhabenen schon einmal gesehn, und würdest du ihn, wenn du ihn sähest, erkennen?»

«Nein, Bruder, ich habe Ihn, den Erhabenen noch nicht gesehn, und sähe ich ihn, würd' ich ihn nicht erkennen.»

Da gedachte denn der Erhabene bei sich: ‹Um meinetwillen ist dieser edle Sohn hinausgezogen; wie, wenn ich ihm nun die Lehre darlegte?› Und der Erhabene wandte sich an den ehrwürdigen Pukkusāti und sprach:

«Die Lehre will ich dir, Mönch, darlegen: höre sie und achte wohl auf meine Rede.»

«Gern, Bruder!» sagte da zustimmend der ehrwürdige Pukkusāti dem Erhabenen. Der Erhabene sprach also:

«Sechsfache Artung, Mönch, hat der Mensch an sich, sechsfache Berührung, achtzehn geistige Angehungen, vier Belehnungen; Weisheit soll er nicht preisgeben, Wahrheit bewahren, Entsagung vollziehn, den Frieden eben zu finden suchen; auf daß ihn wo er steht kein dünkendes Wähnen ankommen kann: kann aber kein dünkendes Wähnen ankommen, wird er der ‹Stille Denker› genannt. Das ist der Stempel der Abzeichen sechsfacher Artung.

«'Sechsfache Artung, Mönch, hat der Mensch an sich': das ist gesagt worden; und warum ist das gesagt worden? Sechs gibt es, Mönch, der Artungen: 399
Art der Erde, Art des Wassers, Art des Feuers, Art der Luft, Art des Raumes, Art des Bewußtseins. 'Sechsfache Artung, Mönch, hat der Mensch an sich': wurde das gesagt, so war es darum gesagt.

«'Sechsfache Berührung, Mönch, hat der Mensch an sich': das ist gesagt worden; und warum ist das gesagt worden? Gesicht ist Berührung, Gehör ist Berührung, Geruch ist Berührung, Geschmack ist Berührung, Getast ist Berührung, Gedenken ist Berührung. 'Sechsfache Berührung, Mönch, hat der Mensch an sich': wurde das gesagt, so war es darum gesagt.

«'Achtzehn geistige Angehungen, Mönch, hat der Mensch an sich': das ist gesagt worden; und warum ist das gesagt worden? Hat man mit dem Gesichte eine Form erblickt, so geht man die erfreulich bestehende Form an, geht die unerfreulich bestehende Form an, geht die gleichgültig bestehende Form an. Hat man mit dem Gehöre einen Ton gehört, hat man mit dem Geruche einen Duft gerochen, hat man mit dem Geschmacke einen Saft geschmeckt, hat man mit dem Getaste eine Tastung getastet, hat man mit dem Gedenken ein Ding erkannt, so geht man das erfreulich bestehende Ding an, geht das unerfreulich bestehend Ding an, geht das gleichgültig bestehende Ding an. So gibt es sechs erfreuliche Angehungen, sechs unerfreuliche Angehungen, sechs gleichgültige Angehungen. 'Achtzehn geistige Angehungen, Mönch, hat der Mensch an sich': wurde das gesagt, so war es darum gesagt.

«'Vier Belehnungen, Mönch, hat der Mensch an sich': das ist gesagt worden; und warum ist das gesagt worden? Um die Belehnung mit Weisheit, die Belehnung mit Wahrheit, die Belehnung mit Entsagung, die Belehnung mit Beruhigung. 'Vier Belehnungen, Mönch, hat der Mensch an sich': wurde das gesagt, so war es darum gesagt.

«'Weisheit soll er nicht preisgeben, Wahrheit bewahren, Entsagung voll- 400
ziehn, den Frieden eben zu finden suchen': das ist gesagt worden; und warum ist das gesagt worden? Wie also, Mönch, gibt man die Weisheit nicht

preis? Sechs Artungen sind da, Mönch, vorhanden: Art der Erde, Art des Wassers, Art des Feuers, Art der Luft, Art des Raumes, Art des Bewußtseins. Was ist nun, Mönch, Art der Erde? Art der Erde mag innerlich sein oder äußerlich. Was ist aber, Mönch, innerliche Erdenart? Was sich innerlich einzeln fest und hart dargestellt hat, als wie Kopfhaare, Körperhaare, Nägel, Zähne, Haut, Fleisch, Sehnen, Knochen, Mark, Nieren, Herz, Leber, Zwerchfell, Milz, Lunge, Magen, Eingeweide, Weichteile, Kot, oder was sich irgend sonst noch innerlich einzeln fest und hart dargestellt hat: das nennt man, Mönch, innerliche Erdenart. Was es nun da an innerlicher Erdenart und was es an äußerlicher Erdenart gibt, ist eben Art der Erde. Und: ‹Das gehört mir nicht, das bin ich nicht, das ist nicht mein Selbst›: so ist das, der Wahrheit gemäß, mit vollkommener Weisheit anzusehn. Hat man das also, der Wahrheit gemäß, mit vollkommener Weisheit erkannt, wird man der Erdenart satt, löst den Sinn von der Erdenart ab.

«Was ist nun, Mönch, Art des Wassers? Art des Wassers mag innerlich sein oder äußerlich. Was ist aber, Mönch, innerliche Wasserart? Was sich innerlich einzeln flüssig und wässerig dargestellt hat, als wie Galle, Schleim, Eiter, Blut, Schweiß, Lymphe, Tränen, Serum, Speichel, Rotz, Gelenköl, Harn, oder was sich irgend sonst noch innerlich einzeln flüssig und wässerig dargestellt hat: das nennt man, Mönch, innerliche Wasserart. Was es nun da an
401 innerlicher Wasserart und was es an äußerlicher Wasserart gibt, ist eben Art des Wassers. Und: ‹Das gehört mir nicht, das bin ich nicht, das ist nicht mein Selbst›: so ist das, der Wahrheit gemäß, mit vollkommener Weisheit anzusehn. Hat man das also, der Wahrheit gemäß, mit vollkommener Weisheit erkannt, wird man der Wasserart satt, löst den Sinn von der Wasserart ab.

«Was ist nun, Mönch, Art des Feuers? Art des Feuers mag innerlich sein oder äußerlich. Was ist aber, Mönch, innerliche Feuerart? Was sich innerlich einzeln flammig und feurig dargestellt hat, als wie wodurch Wärme erzeugt wird, wodurch man verdaut, wodurch man sich erhitzt, wodurch gekaute Speise und geschlürfter Trank einer vollkommenen Umwandlung erliegen, oder was sich irgend sonst noch innerlich einzeln flammig und feurig dargestellt hat: das nennt man, Mönch, innerliche Feuerart. Was es nun da an innerlicher Feuerart und was es an äußerlicher Feuerart gibt, ist eben Art des Feuers. Und: ‹Das gehört mir nicht, das bin ich nicht, das ist nicht mein Selbst›: so ist das, der Wahrheit gemäß, mit vollkommener Weisheit anzusehn. Hat man das also, der Wahrheit gemäß, mit vollkommener Weisheit erkannt, wird man der Feuerart satt, löst den Sinn von der Feuerart ab.

«Was ist nun, Mönch, Art der Luft? Art der Luft mag innerlich sein oder äußerlich. Was ist aber, Mönch, innerliche Luftart? Was sich innerlich einzeln flüchtig und luftig dargestellt hat, als wie die aufsteigenden und die abstei-

genden Winde, die Winde des Bauches und Darmes, die Winde, die jedes Glied durchströmen, die Einatmung und die Ausatmung: dies, oder was sich irgend sonst noch innerlich einzeln flüchtig und luftig dargestellt hat, das nennt man, 402
Mönch, innerliche Luftart. Was es nun da an innerlicher Luftart und was es an äußerlicher Luftart gibt, ist eben Art der Luft. Und: ‹Das gehört mir nicht, das bin ich nicht, das ist nicht mein Selbst›: so ist das, der Wahrheit gemäß, mit vollkommener Weisheit anzusehn. Hat man das also, der Wahrheit gemäß, mit vollkommener Weisheit erkannt, wird man der Luftart satt, löst den Sinn von der Luftart ab.

«Was ist nun, Mönch, Art des Raumes? Art des Raumes mag innerlich sein oder äußerlich. Was ist aber, Mönch, innerliche Raumart? Was sich innerlich einzeln räumlich und örtlich dargestellt hat, als wie die Ohrhöhle, die Nasenhöhle, die Mundöffnung, wodurch man gekaute Speise und geschlürften Trank einnimmt, wo gekaute Speise und geschlürfter Trank sich aufhält, wodurch gekaute Speise und geschlürfter Trank unten abgeht, oder was sich irgend sonst noch innerlich einzeln räumlich und örtlich dargestellt hat, das nennt man, Mönch, innerliche Raumart. Was es nun da an innerlicher Raumart und was es an äußerlicher Raumart gibt, ist eben Art des Raumes. Und: ‹Das gehört mir nicht, das bin ich nicht, das ist nicht mein Selbst›: so ist das, der Wahrheit gemäß, mit vollkommener Weisheit anzusehn. Hat man das also, der Wahrheit gemäß, mit vollkommener Weisheit erkannt, wird man der Raumart satt, löst den Sinn von der Raumart ab.

«Es bleibt nunmehr noch das Bewußtsein übrig, das geläuterte, das geklärte. Mit diesem Bewußtsein wird man wessen bewußt?[411]. Wohles wird man da bewußt, Wehes wird man da bewußt, weder Wehes noch Wohles wird man da bewußt. Auf eine Berührung, Mönch, die wohlig zu empfinden ist, erfolgt ein wohliges Gefühl. Und ein wohliges Gefühl empfindend er- 403
kennt man: ‹Ein wohliges Gefühl empfind' ich.› Weil aber die wohlig zu empfindende Berührung aufhört, hört ein dadurch fühlbar gewordenes, auf wohlig empfundene Berührung erfolgtes wohliges Gefühl auf, und man erkennt: ‹Es löst sich auf.› Auf eine Berührung, Mönch, die wehe zu empfinden ist, erfolgt ein wehes Gefühl. Und ein wehes Gefühl empfindend erkennt man: ‹Ein wehes Gefühl empfind' ich.› Weil aber die wehe zu empfindende Berührung aufhört, hört ein dadurch fühlbar gewordenes, auf wehe empfundene Berührung erfolgtes wehes Gefühl auf, und man erkennt: ‹Es löst sich auf.› Auf eine Berührung, Mönch, die weder wehe noch wohl zu empfinden ist, erfolgt ein weder wehes noch wohliges Gefühl. Und ein weder wehes noch wohliges Gefühl empfindend erkennt man: ‹Ein weder wehes noch wohliges Gefühl empfind' ich.› Weil aber die weder wehe noch wohlig zu empfindende Berührung aufhört, hört ein dadurch fühlbar gewordenes, auf weder wehe noch

wohlig empfundene Berührung erfolgtes weder wehes noch wohliges Gefühl auf, und man erkennt: ‹Es löst sich auf.›

«Gleichwie etwa, Mönch, wann da zwei Scheite mit einander gerieben, mit einander geraspelt werden, Wärme entsteht, Feuer hervorbricht; und wann eben diese beiden Scheite auseinandergeraten, sich trennen, die erst entstandene Wärme wieder vergeht und sich auflöst[512]: ebenso nun auch, Mönch, erfolgt auf eine Berührung, die wohlig zu empfinden ist, ein wohliges Gefühl. Und ein wohliges Gefühl empfindend erkennt man: ‹Ein wohliges Gefühl empfind 'ich.› Weil aber die wohlig zu empfindende Berührung aufhört, hört ein dadurch fühlbar gewordenes, auf wohlig empfundene Berührung erfolgtes wohliges Gefühl auf, und man erkennt: ‹Es löst sich auf.› Auf eine Berührung,
404 Mönch, die wehe zu empfinden ist, erfolgt ein wehes Gefühl. Und ein wehes Gefühl empfindend erkennt man: ‹Ein wehes Gefühl empfind' ich.› Weil aber die wehe zu empfindende Berührung aufhört, hört ein dadurch fühlbar gewordenes, auf wehe empfundene Berührung erfolgtes wehes Gefühl auf, und man erkennt: ‹Es löst sich auf.› Auf eine Berührung, Mönch, die weder wehe noch wohlig zu empfinden ist, erfolgt ein weder wehes noch wohliges Gefühl. Und ein weder wehes noch wohliges Gefühl empfindend erkennt man: ‹Ein weder wehes noch wohliges Gefühl empfind' ich.› Weil aber die weder wehe noch wohlig zu empfindende Berührung aufhört, hört ein dadurch fühlbar gewordenes, auf weder wehe noch wohlig empfundene Berührung erfolgtes weder wehes noch wohliges Gefühl auf, und man erkennt: ‹Es löst sich auf.›

«Es bleibt nunmehr noch der Gleichmut übrig, der geläuterte, der geklärte, der geschmeidige, biegsame, durchleuchtige. Gleichwie etwa, Mönch, wenn ein geschickter Goldschmied oder Goldschmiedgeselle ein Schmelzfeuer anmachte, und hat er das Schmelzfeuer angemacht den Schmelztiegel zusetzte, und hat er den Schmelztiegel zugesetzt mit der Zange ein Stück Gold faßte und in den Schmelztiegel hineinlegte, und es nun von Zeit zu Zeit auftriebe, von Zeit zu Zeit mit Wasser beträufelte, von Zeit zu Zeit in Augenschein nähme: da wird dieses Stück Gold dann bald getrieben sein, gut getrieben, fein getrieben, fein gesäubert, gereinigt von Unrat, geschmeidig, biegsam, durchleuchtig geworden; und zu was für Schmucksachen auch immer er es verarbeiten will, sei es zu einem Armreifen oder einem Ohrringe, zu einem Halsbande oder einer güldenen Kette, es wird seinem Zwecke entsprechen: ebenso nun auch, Mönch, bleibt nunmehr noch der Gleichmut übrig, der geläuterte, der geklärte, der geschmeidige, biegsame, durchleuchtige.

405 «Also gewahrt man da: ‹Mag ich nun diesen Gleichmut, den also geläuterten, also geklärten, der unbegrenzten Raumsphäre zukehren und dement-

sprechend das Gemüt ausbilden, mag mir also dieser Gleichmut, daran gewohnt, daran gehangen, geraume lange Zeiten hindurch ausdauern. Mag ich nun diesen Gleichmut, den also geläuterten, also geklärten, der unbegrenzten Bewußtseinsphäre zukehren und dementsprechend das Gemüt ausbilden, mag mir also dieser Gleichmut, daran gewohnt, daran gehangen, geraume lange Zeiten hindurch ausdauern. Mag ich nun diesen Gleichmut, den also geläuterten, also geklärten, der Nichtdaseinsphäre zukehren und dementsprechend das Gemüt ausbilden, mag mir also dieser Gleichmut, daran gewohnt, daran gehangen, geraume lange Zeiten hindurch ausdauern. Mag ich nun diesen Gleichmut, den also geläuterten, also geklärten, der Grenzscheide möglicher Wahrnehmung zukehren und dementsprechend das Gemüt ausbilden, mag mir also dieser Gleichmut, daran gewohnt, daran gehangen, geraume lange Zeiten hindurch ausdauern.›

«Also gewahrt man da: ‹Mag ich nun diesen Gleichmut, den also geläuterten, also geklärten, der unbegrenzten Raumsphäre zukehren und dementsprechend das Gemüt ausbilden: es ist zusammengesetzt. Mag ich nun diesen Gleichmut, den also geläuterten, also geklärten, der unbegrenzten Bewußtseinsphäre zukehren und dementsprechend das Gemüt ausbilden: es ist zusammengesetzt. Mag ich nun diesen Gleichmut, den also geläuterten, also geklärten, der Nichtdaseinsphäre zukehren und dementsprechend das Gemüt ausbilden: es ist zusammengesetzt. Mag ich nun diesen Gleichmut, den also geläuterten, also geklärten, der Grenzscheide möglicher Wahrnehmung zukehren und dementsprechend das Gemüt ausbilden: es ist zusammengesetzt.›

«Man setzt aber nichts zusammen und sinnt nichts zusammen, weder an 406
Sein noch an Nichtsein. Weil man nichts zusammensetzt, nichts zusammensinnt, an Sein oder Nichtsein, ist man an nichts in der Welt gehangen. An nichts gehangen ist man unerschütterlich. Unerschütterlich erlangt man eben die eigene Wahnerlöschung: ‹Versiegt ist die Geburt, vollendet das Asketentum, gewirkt das Werk, nicht mehr ist diese Welt› versteht man da.

«Empfindet man nun ein wohliges Gefühl, so erkennt man ‹es ist vergänglich›, erkennt ‹ist unangelegen›, erkennt ‹ist unangenommen›. Empfindet man ein wehes Gefühl, so erkennt man ‹es ist vergänglich›, erkennt ‹ist unangelegen›, erkennt ‹ist unangenommen›. Empfindet man ein weder wehes noch wohliges Gefühl, so erkennt man ‹es ist vergänglich›, erkennt ‹ist unangelegen›, erkennt ‹ist unangenommen›.

«Empfindet man nun ein wohliges Gefühl, so empfindet man es als ein Losgelöster. Empfindet man ein wehes Gefühl, so empfindet man es als ein Losgelöster. Empfindet man ein weder wehes noch wohliges Gefühl, so empfindet man es als ein Losgelöster.

«Empfindet man nun ein körpergefährdendes Gefühl, so erkennt man: ‹Ein körpergefährdendes Gefühl empfind' ich.› Empfindet man ein lebengefährdendes Gefühl, so erkennt man: ‹Ein lebengefährdendes Gefühl empfind' ich.› Man erkennt: ‹Wann der Körper sich auflöst, bis das Leben verbraucht ist, wird noch hienieden alles was empfinden und annehmen heißt erloschen sein.›

«Gleichwie etwa, Mönch, das Öl und der Docht eine Öllampe leuchten lassen; wann aber Öl und Docht verbraucht sind und neue Nahrung nicht zugeführt wird, sie ohne Nahrung erlischt: ebenso nun auch, Mönch, erkennt man, ein körpergefährdendes Gefühl empfindend, ‹Ein körpergefährdendes Gefühl empfind' ich›: erkennt man, ein lebengefährdendes Gefühl empfindend, ‹Ein lebengefährdendes Gefühl empfind' ich›; erkennt man ‹Wann der
407 Körper sich auflöst, bis das Leben verbraucht ist, wird noch hienieden alles was empfinden und annehmen heißt erloschen sein.›

«So ist nun ein dahin gelangter Mönch mit dieser höchsten Weisheit belehnt. Das ist ja, Mönch, die höchste, heilige Weisheit, nämlich alles Leiden versiegt wissen. Der hat eine Freiheit gefunden, die wahrhaft besteht, unantastbar. Das ist ja, Mönch, falsch, was eitel ist: und das ist wahr, was echt ist, Wahnerlöschung.

«So ist nun ein dahin gelangter Mönch mit dieser höchsten Wahrheit belehnt. Das ist ja, Mönch, die höchste, heilige Wahrheit, nämlich was echt ist, die Wahnerlöschung.

«Was er aber da einst als Unwissender für Anhaftungen vollzogen und vollbracht hatte, die hat er überstanden, an der Wurzel abgeschnitten, einem Palmstumpf gleichgemacht, so daß sie nicht mehr keimen, nicht mehr sich entwickeln können.

«So ist nun ein dahin gelangter Mönch mit dieser höchsten Entsagung belehnt. Das ist ja, Mönch, die höchste, heilige Entsagung, nämlich aller Anhaftungen sich entäußern.

«Was er aber da einst als Unwissender für Begier hatte und Willen und Eigensucht, die hat er überstanden, an der Wurzel abgeschnitten, einem Palmstumpf gleichgemacht, so daß sie nicht mehr keimen, nicht mehr sich entwickeln können.

«Was er aber da einst als Unwissender für Ärger hatte und Haß und Verbitterung, die hat er überstanden, an der Wurzel abgeschnitten, einem Palmstumpf gleichgemacht, so daß sie nicht mehr keimen, nicht mehr sich entwikkeln können.

«Was er aber da einst als Unwissender für Unkenntnis hatte und Blödigkeit und Verblendung, die hat er überstanden, an der Wurzel abgeschnitten, einem Palmstumpf gleichgemacht, so daß sie nicht mehr keimen, nicht mehr sich entwickeln können.

«So ist nun ein dahin gelangter Mönch mit dieser höchsten Beruhigung belehnt. Das ist ja, Mönch, die höchste, heilige Beruhigung, nämlich Gier, Haß und Irre aufgelöst haben. – 'Weisheit soll er nicht preisgeben, Wahrheit 408
bewahren, Entsagung vollziehn, den Frieden eben zu finden suchen': wurde das gesagt, so war es darum gesagt.

«'Auf daß ihn wo er steht kein dünkendes Wähnen ankommen kann: kann aber kein dünkendes Wähnen ankommen, wird er der ‹Stille Denker› genannt': das ist gesagt worden; und warum ist das gesagt worden? ‹Ich bin› ist, Mönch, ein Dünken, ‹Ich bin nicht› ist ein Dünken, ‹Ich werde sein› ist ein Dünken, ‹Ich werde nicht sein› ist ein Dünken; ‹Formhaft werde ich sein› ist ein Dünken, ‹Formlos werde ich sein› ist ein Dünken; ‹Bewußt werde ich sein› ist ein Dünken, ‹Unbewußt werde ich sein› ist ein Dünken, ‹Weder bewußt noch unbewußt werde ich sein› ist ein Dünken. Dünken, Mönch, ist krank sein, Dünken ist wund sein, Dünken ist weh sein: ist aber alles Dünken, Mönch, überstanden, so wird man ‹Stiller Denker› genannt. Und der Denker nun, Mönch, der stille, entsteht nicht, vergeht nicht, erstirbt nicht, erbebt nicht, verlangt nicht. Das eben, Mönch, gibt's nicht bei ihm, daß er entstände; weil er nicht entsteht, wie sollt' er vergehn? weil er nicht vergeht, wie sollt' er ersterben? weil er nicht erstirbt, wie sollt' er erbeben? weil er nicht erbebt, wonach sollt' er verlangen? – 'Auf daß ihn wo er steht kein dünkendes Wähnen ankommen kann: kann aber kein dünkendes Wähnen ankommen, wird er der ‹Stille Denker› genannt': wurde das gesagt, so war es darum gesagt.

«Das magst du nun, Mönch, als kurz von mir umrissene Abzeichen sechsfacher Artung betrachten.»

Da wußte ja der ehrwürdige Pukkusāti: ‹Der Meister, wahrlich, hat mich besucht, der Willkommene, wahrlich, hat mich besucht, der vollkommen Erwachte, wahrlich, hat mich besucht›; und er stand auf, entblößte die eine Schulter, fiel dem Erhabenen zu Füßen und sprach also[513]:

«Möchte mir, o Herr, der Erhabene selbst die Ordensweihe erteilen!» 409

«Hast du denn, Mönch, Mantel und Almosenschale schon erhalten?»

«Noch nicht erhalten, o Herr, hab' ich Mantel und Almosenschale»

«Nicht mögen, o Mönch, Vollendete ohne Mantel und Almosenschale die Ordensweihe erteilen.»

Und der ehrwürdige Pukkusāti, durch des Erhabenen Rede erfreut und befriedigt, stand auf, begrüßte den Erhabenen ehrerbietig, ging rechts herum und zog von dannen, Mantel und Almosenschale sich zu verschaffen.

Wie nun der ehrwürdige Pukkusāti nach Mantel und Almosenschale umherzog, wurde er durch eine Kuh des Lebens beraubt[514].

Da begaben sich denn viele Mönche zum Erhabenen hin, begrüßten den Erhabenen ehrerbietig und setzten sich seitwärts nieder. Seitwärts sitzend sprachen nun die Mönche zum Erhabenen also:

«Der da, o Herr, Pukkusāti hieß, der edle Sohn, den der Erhabene in kurzer Aufklärung aufgeklärt hatte, der ist gestorben. Wo ist er jetzt, was ist aus ihm geworden?»

«Weise, ihr Mönche, ist Pukkusāti der edle Sohn gewesen, nachgefolgt ist er der Lehre gelehrig, und nicht hat er an meiner Belehrung Anstoß genommen. Pukkusāti, ihr Mönche, der edle Sohn, ist nach Vernichtung der fünf
410 niederzerrenden Fesseln emporgestiegen, um von dort aus zu erlöschen, nicht mehr zurückzukehren nach jener Welt.»

Also sprach der Erhabene. Zufrieden freuten sich jene Mönche über das Wort des Erhabenen[515].

141

VIERZEHNTER TEIL · ELFTE REDE

DER WAHRHEIT ABZEICHEN

DAS HAB' ICH GEHÖRT. Zu einer Zeit weilte der Erhabene bei Benāres, am Sehersteine, im Wildparke. Dort nun wandte sich der Erhabene an die Mönche: «Ihr Mönche!» – «Erlauchter!» antworteten da jene Mönche dem Erhabenen aufmerksam. Der Erhabene sprach also:

«Der Vollendete, ihr Mönche, der Heilige, vollkommen Erwachte hat zu Benāres, am Sehersteine, im Wildparke das höchste Reich der Wahrheit dargestellt: und darwiderstellen kann sich kein Asket und kein Priester, kein Gott, kein böser und kein heiliger Geist, noch irgendwer in der Welt; es ist das Anzeigen, Aufweisen, Darlegen, Darstellen, Enthüllen, Entwickeln, Offenbarmachen der vier heiligen Wahrheiten. Welcher vier? Der heiligen Wahrheit vom Leiden, der heiligen Wahrheit von der Leidensentwicklung, der heiligen Wahrheit von der Leidensauflösung, der heiligen Wahrheit von dem zur Leidensauflösung führenden Pfade. Der Vollendete, ihr Mönche, der Heilige,
411 vollkommen Erwachte hat zu Benāres, am Sehersteine, im Wildparke

das höchste Reich der Wahrheit dargestellt: und darwiderstellen kann sich kein Asket und kein Priester, kein Gott, kein böser und kein heiliger Geist, noch irgendwer in der Welt; es ist das Anzeigen, Aufweisen, Darlegen, Darstellen, Enthüllen, Entwickeln, Offenbarmachen dieser vier heiligen Wahrheiten.

«Wendet euch, Mönche, an Sāriputto und Moggallāno, haltet euch, Mönche, an Sāriputto und Moggallāno: weise Mönche sind Wohltäter ihrer Ordensgenossen. Wie ein Erzeuger, ihr Mönche, ist Sāriputto, wie des Erzeugten Ernährer Moggallāno zu gewahren. Sāriputto, ihr Mönche, führt euch dem Ziele der Hörerschaft zu, Moggallāno bestem Gewinne. Sāriputto, ihr Mönche, ist imstande die vier heiligen Wahrheiten je einzeln anzuzeigen, aufzuweisen, darzulegen, darzustellen, zu enthüllen, zu entwickeln, offenbar zu machen.»

Also sprach der Erhabene. Als der Willkommene das gesagt hatte, stand er auf und zog sich in das Wohnhaus zurück.

Da wandte sich denn der ehrwürdige Sāriputto, bald nachdem der Erhabene fortgegangen war, an die Mönche: «Brüder Mönche!» – «Bruder!» antworteten da jene Mönche dem ehrwürdigen Sāriputto aufmerksam. Der ehrwürdige Sāriputto sprach also:

«Der Vollendete, ihr Brüder, der Heilige, vollkommen Erwachte hat zu Benāres, am Sehersteine, im Wildparke das höchste Reich der Wahrheit dargestellt: und darwiderstellen kann sich kein Asket und kein Priester, kein Gott, kein böser und kein heiliger Geist, noch irgendwer in der Welt; es ist das Anzeigen, Aufweisen, Darlegen, Darstellen, Enthüllen, Entwickeln, Offenbarmachen der vier heiligen Wahrheiten. Welcher vier? Der heiligen Wahrheit vom Leiden, der heiligen Wahrheit von der Leidensentwicklung, der hei- 412
ligen Wahrheit von der Leidensauflösung, der heiligen Wahrheit von dem zur Leidensauflösung führenden Pfade.

«Was ist aber, Brüder, die heilige Wahrheit vom Leiden? Geburt ist Leiden, Alter ist Leiden, Sterben ist Leiden, Kummer, Jammer, Schmerz, Gram und Verzweiflung sind Leiden, was man begehrt nicht erlangen, das ist Leiden, kurz gesagt: die fünf Stücke des Anhangens sind Leiden. – Was ist nun, Brüder, die Geburt? Der jeweiligen Wesen in jeweilig wesender Gattung Geburt, Gebärung, Bildung, Keimung, Empfängnis, das Erscheinen der Teile, das Ergreifen der Gebiete: das nennt man, Brüder, Geburt. Was ist nun, Brüder, das Alter? Der jeweiligen Wesen in jeweilig wesender Gattung altern und abnutzen, gebrechlich, grau und runzelig werden, der Kräftezerfall, das Abreifen der Sinne: das nennt man, Brüder, Alter. Was ist nun, Brüder, das Sterben? Der jeweiligen Wesen in jeweilig wesender Gattung Hinschwund, Auflösung, Zersetzung, Untergang, Todessterben, Zeiterfüllung[516], das Zer-

fallen der Teile, das Verwesen der Leiche: das nennt man, Brüder, Sterben. Was ist nun, Brüder, der Kummer? Was da, Brüder, bei solchem und solchem Verluste, den man erfährt, bei solchem und solchem Unglücke, das einen betrifft, Kummer, Kümmernis, Bekümmerung, innerer Kummer, innere Verkümmerung ist: das nennt man, Brüder, Kummer. Was ist nun, Brüder, der Jammer? Was da, Brüder, bei solchem und solchem Verluste, den man er-
413 fährt, bei solchem und solchem Unglücke, das einen betrifft, Klage und Jammer, Beklagen und Bejammern, Wehklage, Wehjammer ist: das nennt man, Brüder, Jammer. Was ist nun, Brüder, der Schmerz? Was da, Brüder, körperlich schmerzhaft, körperlich unangenehm ist, durch körperhafte Berührung schmerzhaft, unangenehm empfunden wird: das nennt man, Brüder, Schmerz. Was ist nun, Brüder, der Gram? Was da, Brüder, geistig schmerzhaft, geistig unangenehm ist, durch gedankenhafte Berührung schmerzhaft, unangenehm empfunden wird: das nennt man, Brüder, Gram. Was ist nun, Brüder, die Verzweiflung? Was da, Brüder, bei solchem und solchem Verluste, den man erfährt, bei solchem und solchem Unglücke, das einen betrifft, Verzagen und Verzweifeln, Verzagtsein und Verzweifeltsein ist: das nennt man, Brüder, Verzweiflung. Was ist nun, Brüder, was man begehrt nicht erlangen für Leiden? Die Wesen, Brüder, der Geburt unterworfen, kommt das Begehren an: ‹O daß wir doch nicht der Geburt unterworfen wären, daß uns doch keine Geburt bevorstände!›; aber das kann man durch Begehren nicht erreichen: das nun eben nicht erlangen, was man begehrt, ist Leiden. Die Wesen, Brüder, dem Alter, dem Sterben, dem Kummer, Jammer, Schmerz, dem Gram, der Verzweiflung unterworfen, kommt das Begehren an: ‹O daß wir doch nicht dem Alter, dem Sterben, dem Kummer, Jammer, Schmerz, dem Gram, der Verzweiflung unterworfen wären, daß uns doch kein Altern und Sterben, kein Kummer und Jammer und Schmerz, kein Gram und keine Verzweiflung bevorstände!›; aber das kann man durch Begehren nicht erreichen: das nun eben nicht erlangen, was man begehrt, ist Leiden[517]. Was sind nun, Brüder, kurz gesagt, die fünf Stücke des Anhangens für Leiden? Es ist da ein Stück Anhangen an der Form, ein Stück Anhangen am Gefühl, ein Stück Anhangen
414 an der Wahrnehmung, ein Stück Anhangen an der Unterscheidung, ein Stück Anhangen am Bewußtsein: das nennt man, Brüder, kurz gesagt, die fünf Stücke des Anhangens als Leiden. – Das heißt man, Brüder, heilige Wahrheit vom Leiden.

«Was ist aber, Brüder, die heilige Wahrheit von der Leidensentwicklung? Es ist dieser Durst, der Wiederdasein säende, gnügensgierverbundene, bald da bald dort sich ergetzende, ist der Geschlechtsdurst, der Daseinsdurst, der Wohlseinsdurst. Das heißt man, Brüder, heilige Wahrheit von der Leidensentwicklung.

«Was ist aber, Brüder, die heilige Wahrheit von der Leidensauflösung? Es ist ebendieses Durstes vollkommen restlose Auflösung, ihn abstoßen, austreiben, fällen, vertilgen. Das heißt man, Brüder, heilige Wahrheit von der Leidensauflösung.

«Was ist aber, Brüder, die heilige Wahrheit von dem zur Leidensauflösung
führenden Pfade? Dieser heilige achtfältige Weg ist es, der zur Leidensauflö-
sung führende Pfad, nämlich: rechte Erkenntnis, rechte Gesinnung, rechte
Rede, rechtes Handeln, rechtes Wandeln, rechtes Mühn, rechte Einsicht,
rechte Einigung. – Was ist nun, Brüder, rechte Erkenntnis? Das Leiden ken-
nen, ihr Brüder, die Entwicklung des Leidens kennen, die Auflösung des Lei-
dens kennen, den zur Auflösung des Leidens führenden Pfad kennen: das
nennt man, Brüder, rechte Erkenntnis. Was ist nun, Brüder, rechte Gesin-
nung? Entsagung sinnen, keinen Groll hegen, keine Wut hegen: das nennt
man, Brüder, rechte Gesinnung. Was ist nun, Brüder, rechte Rede? Lüge ver-
meiden, Verleumdung vermeiden, barsche Worte vermeiden, Geschwätz ver-
meiden: das nennt man, Brüder, rechte Rede. Was ist nun, Brüder, rechtes
Handeln? Lebendiges umzubringen vermeiden, Nichtgegebenes zu nehmen
vermeiden, Ausschweifung zu begehn vermeiden: das nennt man, Brüder,
rechtes Handeln. Was ist nun, Brüder, rechtes Wandeln? Da hat, Brüder, der
heilige Jünger falschen Wandel verlassen und fristet sein Leben auf rechte
Weise: das nennt man, Brüder, rechtes Wandeln. Was ist nun, Brüder, rech- 415
tes Mühn? Da weckt, Brüder, der Mönch seinen Willen, daß er unaufgestie-
gene üble, unheilsame Dinge nicht aufsteigen lasse, er müht sich darum, mu-
tig bestrebt, rüstet das Herz, macht es kampfbereit; weckt seinen Willen,
daß er aufgestiegene üble, unheilsame Dinge vertreibe, er müht sich darum,
mutig bestrebt, rüstet das Herz, macht es kampfbereit; weckt seinen Willen,
daß er unaufgestiegene heilsame Dinge aufsteigen lasse, er müht sich darum,
mutig bestrebt, rüstet das Herz, macht es kampfbereit; weckt seinen Willen,
daß er aufgestiegene heilsame Dinge sich festigen, nicht lockern, weiterent-
wickeln, erschließen, entfalten, erfüllen lasse, er müht sich darum, mutig be-
strebt, rüstet das Herz, macht es kampfbereit: das nennt man, Brüder, rech-
tes Mühn. Was ist nun, Brüder, rechte Einsicht? Da wacht, Brüder, ein Mönch
beim Körper über den Körper, unermüdlich, klaren Sinnes, einsichtig, nach
Verwindung weltlichen Begehrens und Bekümmerns; wacht bei den Gefüh-
len über die Gefühle, unermüdlich, klaren Sinnes, einsichtig, nach Verwin-
dung weltlichen Begehrens und Bekümmerns; wacht beim Gemüte über das
Gemüt, unermüdlich, klaren Sinnes, einsichtig, nach Verwindung weltlichen
Begehrens und Bekümmerns; wacht bei den Erscheinungen über die Erschei-
nungen, unermüdlich, klaren Sinnes, einsichtig, nach Verwindung weltlichen
Begehrens und Bekümmerns: das nennt man, Brüder, rechte Einsicht. Was

ist nun, Brüder, rechte Einigung? Da weilt, Brüder, ein Mönch, gar fern von Begierden, fern von unheilsamen Dingen, in sinnend gedenkender ruhegeborener seliger Heiterkeit, in der Weihe der ersten Schauung. Nach Vollendung des Sinnens und Gedenkens erwirkt er die innere Meeresstille[518], die Einheit des Gemütes, die von sinnen, von gedenken freie, in der Einigung geborene selige Heiterkeit, die Weihe der zweiten Schauung. In heiterer Ruhe verweilt er gleichmütig, einsichtig, klar bewußt, ein Glück empfindet er im Körper, von dem die Heiligen sagen: ‹Der gleichmütig Einsichtige lebt beglückt›; so erwirkt er die Weihe der dritten Schauung. Nach Verwerfung der Freuden und Leiden, nach Vernichtung des einstigen Frohsinns und Trübsinns erwirkt er die Weihe der leidlosen, freudlosen, gleichmütig einsichtigen vollkommenen Reine, die vierte Schauung. Das nennt man, Brüder, rechte Einigung. – Das heißt man, Brüder, heilige Wahrheit von dem zur Leidensauflösung führenden Pfade.

«Der Vollendete, ihr Brüder, der Heilige, vollkommen Erwachte hat zu Benāres, am Sehersteine, im Wildparke das höchste Reich der Wahrheit dar-
416 gestellt: und darwiderstellen kann sich kein Asket und kein Priester, kein Gott, kein böser und kein heiliger Geist, noch irgendwer in der Welt; es ist das Anzeigen, Aufweisen, Darlegen, Darstellen, Enthüllen, Entwickeln, Offenbarmachen dieser vier heiligen Wahrheiten.»

Also sprach der ehrwürdige Sāriputto. Zufrieden freuten sich jene Mönche über das Wort des ehrwürdigen Sāriputto[519].

142

VIERZEHNTER TEIL · ZWÖLFTE REDE

LAUTERE SPENDE

Das hab' ich gehört. Zu einer Zeit weilte der Erhabene im Lande der Sakker, bei Kapilavatthu, im Park der Feigenbäume.

Da begab sich denn Mahāpajāpatī die Gotamidin mit einem neuen Stücke Tuches zum Erhabenen hin, bot ehrerbietigen Gruß dar und setzte sich seitwärts nieder. Seitwärts sitzend sprach nun Mahāpajāpatī die Gotamidin also zum Erhabenen:

«Dieses neue Stück Tuch, o Herr, hab' ich für den Erhabenen selbst gesponnen, selbst gewebt: das möge, o Herr, der Erhabene von mir annehmen, aus Mitleid zu mir.»

Auf diese Bitte sprach der Erhabene Mahāpajāpatī der Gotamidin also zu:

«Der Jüngerschaft gib es, Gotamī; gibst du's der Jüngerschaft, wirst du mich verehrt haben und die Jüngerschaft.»

Und ein zweites Mal, und ein drittes Mal bat Mahāpajāpatī die Gotamidin 417
den Erhabenen:

«Dieses neue Stück Tuch, o Herr, hab' ich für den Erhabenen selbst gesponnen, selbst gewebt: das möge, o Herr, der Erhabene von mir annehmen, aus Mitleid zu mir.»

Und ein zweites Mal, und ein drittes Mal sprach der Erhabene Mahāpajāpatī der Gotamidin also zu:

«Der Jüngerschaft gib es, Gotamī; gibst du's der Jüngerschaft, wirst du mich verehrt haben und die Jüngerschaft.»

Da wandte sich der ehrwürdige Ānando, auf diesen Bescheid hin, also an den Erhabenen:

«Annehmen möge, o Herr, der Erhabene Mahāpajāpatī der Gotamidin ihr neues Stück Tuch: viel getan, o Herr, hat Mahāpajāpatī die Gotamidin für den Erhabenen, hat als Muhme Nahrung, Speise, Milch dargeboten, den Erhabenen, da die Mutter gestorben war, an ihrer Brust aufgesäugt. Und auch der Erhabene, o Herr, hat viel getan für Mahāpajāpatī die Gotamidin: zum Erhabenen, o Herr, gekommen, hat Mahāpajāpatī die Gotamidin beim Erwachten Zuflucht gefunden, bei der Lehre Zuflucht gefunden, bei der Jüngerschaft Zuflucht gefunden; zum Erhabenen, o Herr, gekommen, hat Mahāpajāpatī die Gotamidin Lebendiges umbringen meiden gelernt, Nichtgegebenes nehmen meiden gelernt, Ausschweifung meiden gelernt, Lüge meiden gelernt, berauschende und berückende Getränke, betäubende und betörende Mittel meiden gelernt; zum Erhabenen, o Herr, gekommen, hat Mahāpajātī die Gotamidin ihre Liebe zum Erwachten erprobt, ihre Liebe zur Lehre erprobt, ihre Liebe zu den Jüngern erprobt, hat Eigenschaften erworben, wie sie Heiligen lieb sind; zum Erhabenen, o Herr, gekommen, hat Mahāpajāpatī die Gotamidin den Zweifel am Leiden verloren, den Zweifel an der Leidensentwicklung verloren, den Zweifel an der Leidensauflösung verloren, den Zweifel am Pfade verloren, der zur Leidensauflösung führt: auch der Erhabene, o Herr, hat viel getan für Mahāpajāpatī die Gotamidin.»

«So ist es, Ānando, so ist es, Ānando. Denn hat man, Ānando, einander be- 418
gegnet und beim Erwachten Zuflucht gefunden, bei der Lehre Zuflucht gefunden, bei der Jüngerschaft Zuflucht gefunden, so kann man, sag' ich, Ānando, einander schwerlich genugtun, indem man da höflichen Gruß entbietet,

geziemende Achtung erweist, Kleidung, Nahrung, Obdach und Arzenei für den Fall einer Krankheit darreicht. Denn hat man, Ānando, einander begegnet und Lebendiges umbringen meiden gelernt, Nichtgegebenes nehmen meiden gelernt, Ausschweifung meiden gelernt, Lüge meiden gelernt, berauschende und berückende Getränke, betäubende und betörende Mittel meiden gelernt, so kann man, sag' ich, Ānando, einander schwerlich genugtun, indem man da höflichen Gruß entbietet, geziemende Achtung erweist, Kleidung, Nahrung, Obdach und Arzenei für den Fall einer Krankheit darreicht. Denn hat man, Ānando, einander begegnet und seine Liebe zum Erwachten erprobt, seine Liebe zur Lehre erprobt, seine Liebe zu den Jüngern erprobt, Eigenschaften erworben, wie sie Heiligen lieb sind, so kann man, sag' ich, Ānando, einander schwerlich genugtun, indem man da höflichen Gruß entbietet, geziemende Achtung erweist, Kleidung, Nahrung, Obdach und Arzenei für den Fall einer Krankheit darreicht. Denn hat man, Ānando, einander begegnet und den Zweifel am Leiden verloren, den Zweifel an der Leidensentwicklung verloren, den Zweifel an der Leidensauflösung verloren, den Zweifel am Pfade verloren, der zur Leidensauflösung führt, so kann man, sag' ich, Ānando, einander schwerlich genugtun, indem man da höflichen Gruß entbietet, geziemende Achtung erweist, Kleidung, Nahrung, Obdach und
419 Arzenei für den Fall einer Krankheit darreicht[520].

421 «Vier Arten, Ānando, von Lauterkeit gibt es da bei Spenden: und welche vier? Es gibt, Ānando, eine Spende, wobei der Geber geläutert wird, nicht der Empfänger. Es gibt, Ānando, eine Spende, wobei der Empfänger geläutert wird, nicht der Geber. Es gibt, Ānando, eine Spende, wobei nicht der Geber geläutert wird und nicht der Empfänger. Es gibt, Ānando, eine Spende, wobei der Geber geläutert wird und der Empfänger.

«Wie aber wird, Ānando, bei einer Spende der Geber geläutert, nicht der Empfänger? Da ist, Ānando, der Geber sittenrein, edelgeartet, und die Empfänger sind sittenlos, übelgeartet: so wird, Ānando, bei einer Spende der Geber geläutert, nicht der Empfänger. Wie aber wird, Ānando, bei einer Spende der Empfänger geläutert, nicht der Geber? Da ist, Ānando, der Geber sittenlos, übelgeartet, und die Empfänger sind sittenrein, edelgeartet: so wird, Ānando, bei einer Spende der Empfänger geläutert, nicht der Geber. Wie aber wird, Ānando, bei einer Spende nicht der Geber geläutert und nicht der Empfänger? Da ist, Ānando, der Geber sittenlos, übelgeartet, und die Empfänger sind sittenlos, übelgeartet: so wird, Ānando, bei einer Spende nicht der Geber geläutert und nicht der Empfänger. Wie aber wird, Ānando, bei einer Spende der Geber geläutert und der Empfänger? Da ist, Ānando, der Geber sittenrein, edelgeartet, und die Empfänger sind sittenrein, edelgeartet: so wird, Ānando, bei einer Spende der Geber geläutert und der Empfänger. Das sind, Ānando, bei Spenden vier Arten von Lauterkeit.» 422

Also sprach der Erhabene. Als der Willkommene das gesagt hatte, sprach fernerhin also der Meister:

«Wer sittenrein an Sittenlose hingibt
Als Gabe recht erworben Gut, im Herzen heiter,
Wohl eingedenk hilfreicher Taten Reife:
Bei solcher Spende mag der Geber lauter sein.

«Wer sittenlos an Sittenreine hingibt
Unrecht erworben Gut als Gabe, herzverdrossen,
Uneingedenk hilfreicher Taten Reife:
Bei solcher Spende mag wer sie empfangen lauter sein.

«Wer sittenlos an Sittenlose hingibt
Unrecht erworben Gut als Gabe, herzverdrossen,
Uneingedenk hilfreicher Taten Reife:
Nicht solche Spende, sag' ich, heißt man reifereich.

«Wer sittenrein an Sittenreine hingibt
Als Gabe recht erworben Gut, im Herzen heiter,
Wohl eingedenk hilfreicher Taten Reife:
Ja, solche Spende, sag' ich, heißt man reifereich.

«Wer heil von Süchten Suchtgeheilten hingibt
Als Gabe recht erworben Gut, im Herzen heiter,
Wohl eingedenk hilfreicher Taten Reife: 423
Der Notdurftgaben ist es beste Gabe.»

FÜNFZEHNTER TEIL

BUCH DES SECHSFACHEN GEBIETES

143

FÜNFZEHNTER TEIL · ERSTE REDE

ANĀTHAPIṆḌIKO

DAS HAB' ICH GEHÖRT. Zu einer Zeit weilte der Erhabene bei Sāvatthī, im Siegerwalde, im Garten Anāthapiṇḍikos.

Um diese Zeit nun war Anāthapiṇḍiko der Hausvater unwohl geworden, leidend, schwerkrank. Und Anāthapiṇḍiko der Hausvater wandte sich an einen seiner Leute:

«Geh', lieber Mann, und begib dich zum Erhabenen hin und bring' dem Erhabenen zu Füßen meinen Gruß dar: ‹Anāthapiṇḍiko, o Herr, der Hausvater, ist unwohl, leidend, schwerkrank: er bringt dem Erhabenen zu Füßen Gruß dar›; dann geh' zum ehrwürdigen Sāriputto hin und bring' dem ehrwürdigen Sāriputto zu Füßen meinen Gruß dar: ‹Anāthapiṇḍiko, o Herr, der Hausvater, ist unwohl, leidend, schwerkrank: er bringt dem ehrwürdigen Sāriputto zu Füßen Gruß dar;› und füge hinzu: ‹gut wär' es›, sagt' er, o Herr, 424
‹wenn der ehrwürdige Sāriputto sich zur Wohnung Anāthapiṇḍiko des Hausvaters begeben wollte, von Mitleid bewogen.›»

«Wohl, o Herr!» entgegnete da gehorsam jener Mann Anāthapiṇḍiko dem Hausvater. Und er begab sich dorthin wo der Erhabene weilte, bot ehrerbietigen Gruß dar und setzte sich seitwärts nieder. Seitwärts sitzend sprach er also zum Erhabenen:

«Anāthapiṇḍiko, o Herr, der Hausvater, ist unwohl, leidend, schwerkrank: er bringt dem Erhabenen zu Füßen Gruß dar.»

Dann begab er sich zum ehrwürdigen Sāriputto hin, bot ehrerbietigen Gruß dar und setzte sich seitwärts nieder. Seitwärts sitzend sprach er also zum ehrwürdigen Sāriputto:

«Anāthapiṇḍiko, o Herr, der Hausvater, ist unwohl, leidend, schwerkrank: er bringt dem ehrwürdigen Sāriputto zu Füßen Gruß dar; und er läßt sagen, gut wär' es, o Herr, wenn der ehrwürdige Sāriputto sich zur Wohnung Anāthapiṇḍiko des Hausvaters begeben wollte, von Mitleid bewogen.»

Schweigend gewährte der ehrwürdige Sāriputto die Bitte.

Und der ehrwürdige Sāriputto rüstete sich, nahm Mantel und Schale und begab sich, gefolgt vom ehrwürdigen Ānando, zur Wohnung Anāthapiṇḍiko des Hausvaters. Dort angelangt nahm er auf dem dargebotenen Sitze Platz. Und er wandte sich also an Anāthapiṇḍiko den Hausvater:

«Fühlst du dich, Hausvater, schon wohler, geht es dir etwas besser, nehmen die Schmerzen wieder ab und nicht zu, merkt man, daß sie nachlassen und nicht zunehmen?»

425 «Nicht fühl' ich mich, werter Sāriputto, wohler, es geht mir nicht besser, heftig nehmen die Schmerzen zu und nicht ab, man merkt, daß sie zunehmen und nicht nachlassen. Gleichwie etwa, werter Sāriputto, wenn ein starker Mann mit scharfer Dolchspitze die Schädeldecke zerhämmerte, ebenso nun auch, werter Sāriputto, schlagen mir überheftige Strömungen auf die Schädeldecke auf: nicht fühl' ich mich, werter Sāriputto, wohler, es geht mir nicht besser, die heftigen Schmerzen nehmen zu und nicht ab, man merkt, daß sie zunehmen und nicht nachlassen. Gleichwie etwa, werter Sāriputto, wenn ein starker Mann feste Riemenstränge auf dem Kopfe peitschend tanzen ließe, ebenso nun auch, werter Sāriputto, hab' ich im Kopfe betäubende Kopfgefühle: nicht fühl' ich mich, werter Sāriputto, wohler, es geht mir nicht besser, die heftigen Schmerzen nehmen zu und nicht ab, man merkt, daß sie zunehmen und nicht nachlassen. Gleichwie etwa, werter Sāriputto, wenn ein geschickter Schlächter oder Schlächtergeselle mit scharfem Schlachtmesser den Bauch durchschlitzte, ebenso nun auch, werter Sāriputto, schneiden mir überheftige Strömungen durch den Bauch: nicht fühl' ich mich, werter Sāriputto, wohler, es geht mir nicht besser, die heftigen Schmerzen nehmen zu und nicht ab, man merkt, daß sie zunehmen und nicht nachlassen. Gleichwie etwa, werter Sāriputto, wenn zwei starke Männer einen schwächeren Mann an beiden Armen ergriffen und in eine Grube voll glühender Kohlen hineinquälten, hineinrollten, ebenso nun auch, werter Sāriputto, hab' ich im Körper überheftig glühende Qual: nicht fühl' ich mich, werter Sāriputto, wohler, es geht mir nicht besser, heftig nehmen die Schmerzen zu und nicht ab, man merkt, daß sie zunehmen und nicht nachlassen.»

426 «Da hast du denn, Hausvater, dich also zu üben: ‹Das Auge werd' ich nicht anhangen lassen, und nicht an das Auge gebunden sein wird mein Bewußtsein›: also hast du dich, Hausvater, wohl zu üben. Da hast du denn, Hausvater, dich also zu üben: ‹Das Ohr werd' ich nicht anhangen lassen, und nicht an das Ohr gebunden sein wird mein Bewußtsein›: also hast du dich, Hausvater, wohl zu üben. Da hast du denn, Hausvater, dich also zu üben: ‹Die Nase werd' ich nicht anhangen lassen, und nicht an die Nase gebunden sein wird mein Bewußtsein›: also hast du dich, Hausvater, wohl zu üben. Da hast du denn, Hausvater, dich also zu üben: ‹Die Zunge werd' ich nicht anhangen lassen, und nicht an die Zunge gebunden sein wird mein Bewußtsein›: also hast du dich, Hausvater, wohl zu üben. Da hast du denn, Hausvater, dich also zu üben: ‹Den Leib werd' ich nicht anhangen lassen, und nicht an den Leib gebunden sein wird mein Bewußtsein›: also hast du dich,

Hausvater, wohl zu üben. Da hast du denn, Hausvater, dich also zu üben: ‹Den Geist werd' ich nicht anhangen lassen, und nicht an den Geist gebunden sein wird mein Bewußtsein›: also hast du dich, Hausvater, wohl zu üben.

«Da hast du denn, Hausvater, dich also zu üben: ‹Keiner Form werd' ich anhangen, und keiner Form verbunden sein wird mein Bewußtsein›: also hast du dich, Hausvater, wohl zu üben. Da hast du denn, Hausvater, dich also zu üben: ‹Keinem Tone werd' ich anhangen, und keinem Tone verbunden sein wird mein Bewußtsein›: also hast du dich, Hausvater, wohl zu üben. Da hast du denn, Hausvater, dich also zu üben: ‹Keinem Dufte werd' ich anhangen, und keinem Dufte verbunden sein wird mein Bewußtsein›: also hast du dich, Hausvater, wohl zu üben. Da hast du denn, Hausvater, dich also zu üben: ‹Keinem Safte werd' ich anhangen, und keinem Safte verbunden sein wird mein Bewußtsein›: also hast du dich, Hausvater, wohl zu üben. Da hast du denn, Hausvater, dich also zu üben: ‹Keiner Tastung werd' ich anhangen, und keiner Tastung verbunden sein wird mein Bewußtsein›: also hast du dich, Hausvater, wohl zu üben. Da hast du denn, Hausvater, dich also zu üben: ‹Keinem Dinge werd' ich anhangen, und keinem Dinge verbunden sein wird mein Bewußtsein›: also hast du dich, Hausvater, wohl zu üben.

«Da hast du denn, Hausvater, dich also zu üben: ‹Keinem Sehbewußtsein werd' ich anhangen, und keinem Sehbewußtsein verbunden sein wird mein Bewußtsein›: also hast du dich, Hausvater, wohl zu üben. Da hast du denn,
Hausvater, dich also zu üben: ‹Keinem Hörbewußtsein werd' ich anhangen, 427
und keinem Hörbewußtsein verbunden sein wird mein Bewußtsein›: also hast du dich, Hausvater, wohl zu üben. Da hast du denn, Hausvater, dich also zu üben: ‹Keinem Riechbewußtsein werd' ich anhangen, und keinem Riechbewußtsein verbunden sein wird mein Bewußtsein›: also hast du dich, Hausvater, wohl zu üben. Da hast du denn, Hausvater, dich also zu üben: ‹Keinem Schmeckbewußtsein werd' ich anhangen, und keinem Schmeckbewußtsein verbunden sein wird mein Bewußtsein›: also hast du dich, Hausvater, wohl zu üben. Da hast du denn, Hausvater, dich also zu üben: ‹Keinem Tastbewußtsein werd' ich anhangen, und keinem Tastbewußtsein verbunden sein wird mein Bewußtsein›: also hast du dich, Hausvater, wohl zu üben. Da hast du denn, Hausvater, dich also zu üben: ‹Keinem Denkbewußtsein werd' ich anhangen, und keinem Denkbewußtsein verbunden sein wird mein Bewußtsein›: also hast du dich, Hausvater, wohl zu üben.

«Da hast du denn, Hausvater, dich also zu üben: ‹Keiner Sehberührung werd' ich anhangen, und keiner Sehberührung verbunden sein wird mein Bewußtsein›: also hast du dich, Hausvater, wohl zu üben. Da hast du denn, Hausvater, dich also zu üben: ‹Keiner Hörberührung werd' ich anhangen, und keiner Hörberührung verbunden sein wird mein Bewußtsein›: also hast du dich, Hausvater, wohl zu üben. Da hast du denn, Hausvater, dich also zu üben: ‹Keiner Riechberührung werd' ich anhangen, und keiner Riechberührung verbunden sein wird mein Bewußtsein›: also hast du dich, Hausvater, wohl zu üben. Da hast du denn, Hausvater, dich also zu üben: ‹Keiner Schmeckberührung werd' ich anhangen, und keiner Schmeckberührung verbunden sein wird mein Bewußtsein›: also hast du dich, Hausvater, wohl zu üben. Da hast du denn, Hausvater, dich also zu üben: ‹Keiner Tastberührung werd' ich anhangen, und keiner Tastberührung verbunden sein wird mein Bewußtsein›: also hast du dich, Hausvater, wohl zu üben. Da hast du denn, Hausvater, dich also zu üben: ‹Keiner Denkberührung werd' ich anhangen, und keiner Denkberührung verbunden sein wird mein Bewußtsein›: also hast du dich, Hausvater, wohl zu üben.

«Da hast du denn, Hausvater, dich also zu üben: ‹Keinem durch Sehberührung entstandenen Gefühle werd' ich anhangen, und keinem durch Sehberührung entstandenen Gefühle verbunden sein wird mein Bewußtsein›: also hast du dich, Hausvater, wohl zu üben. Da hast du denn, Hausvater, dich also zu üben: ‹Keinem durch Hörberührung entstandenen Gefühle werd' ich anhangen, und keinem durch Hörberührung entstandenen Gefühle verbunden sein wird mein Bewußtsein›: also hast du dich, Hausvater, wohl zu üben. Da hast du denn, Hausvater, dich also zu üben: ‹Keinem durch Riechberührung entstandenen Gefühle werd' ich anhangen, und keinem durch Riechberührung entstandenen Gefühle verbunden sein wird mein Bewußtsein›: also hast du dich, Hausvater, wohl zu üben. Da hast du denn, Hausvater, dich also zu üben: ‹Keinem durch Schmeckberührung entstandenen Gefühle werd' ich anhangen, und keinem durch Schmeckberührung entstandenen Gefühle verbunden sein wird mein Bewußtsein›: also hast du dich, Hausvater, wohl zu üben. Da hast du denn, Hausvater, dich also zu üben: ‹Keinem durch Tastberührung entstandenen Gefühle werd' ich anhangen, und keinem durch Tastberührung entstandenen Gefühle verbunden sein wird mein Bewußtsein›: also hast du dich, Hausvater, wohl zu üben. Da hast du denn, Hausvater, dich also zu üben: ‹Keinem durch Denkberührung entstandenen Gefühle werd' ich anhangen, und keinem durch Denkberührung entstandenen Gefühle verbunden sein wird mein Bewußtsein›: also hast du dich, Hausvater, wohl zu üben.

«Da hast du denn, Hausvater, dich also zu üben: ‹Der Erdenart werd' ich nicht anhangen, und nicht an Erdenart gebunden sein wird mein Bewußtsein›: also hast du dich, Hausvater, wohl zu üben. Da hast du denn, Haus-
428 vater, dich also zu üben: ‹Der Wasserart werd' ich nicht anhangen, und nicht
an Wasserart gebunden sein wird mein Bewußtsein›: also hast du dich, Hausvater, wohl zu üben. Da hast du denn, Hausvater, dich also zu üben: ‹Der

Feuerart werd' ich nicht anhangen, und nicht an Feuerart gebunden sein wird mein Bewußtsein›: also hast du dich, Hausvater, wohl zu üben. Da hast du denn, Hausvater, dich also zu üben: ‹Der Luftart werd' ich nicht anhangen, und nicht an Luftart gebunden sein wird mein Bewußtsein›: also hast du dich, Hausvater, wohl zu üben. Da hast du denn, Hausvater, dich also zu üben: ‹Der Raumart werd' ich nicht anhangen, und nicht an Raumart gebunden sein wird mein Bewußtsein›: also hast du dich, Hausvater, wohl zu üben. Da hast du denn, Hausvater, dich also zu üben: ‹Der Art des Bewußtseins werd' ich nicht anhangen, und nicht an Art des Bewußtseins gebunden sein wird mein Bewußtsein›: also hast du dich, Hausvater, wohl zu üben.

«Da hast du denn, Hausvater, dich also zu üben: ‹Der Form werd' ich nicht anhangen, und nicht an die Form gebunden sein wird mein Bewußtsein›: also hast du dich, Hausvater, wohl zu üben. Da hast du denn, Hausvater, dich also zu üben: ‹Dem Gefühle werd' ich nicht anhangen, und nicht an das Gefühl gebunden sein wird mein Bewußtsein›: also hast du dich, Hausvater, wohl zu üben. Da hast du denn, Hausvater, dich also zu üben: ‹Der Wahrnehmung werd' ich nicht anhangen, und nicht an die Wahrnehmung gebunden sein wird mein Bewußtsein›: also hast du dich, Hausvater, wohl zu üben. Da hast du denn, Hausvater, dich also zu üben: ‹Den Unterscheidungen werd' ich nicht anhangen, und nicht an die Unterscheidungen gebunden sein wird mein Bewußtsein›: also hast du dich, Hausvater, wohl zu üben. Da hast du denn, Hausvater, dich also zu üben: ‹Dem Bewußtsein werd' ich nicht anhangen, und nicht an das Bewußtsein gebunden sein wird mein Bewußtsein›: also hast du dich, Hausvater, wohl zu üben.

«Da hast du denn, Hausvater, dich also zu üben: ‹Der unbegrenzten Raumsphäre werd' ich nicht anhangen, und nicht an die unbegrenzte Raumsphäre gebunden sein wird mein Bewußtsein›: also hast du dich, Hausvater, wohl zu üben. Da hast du denn, Hausvater, dich also zu üben: ‹Der unbegrenzten Bewußtseinsphäre werd' ich nicht anhangen, und nicht an die unbegrenzte Bewußtseinsphäre gebunden sein wird mein Bewußtsein›: also hast du dich, Hausvater, wohl zu üben. Da hast du denn, Hausvater, dich also zu üben: ‹Der Nichtdaseinsphäre werd' ich nicht anhangen, und nicht an die Nichtdaseinsphäre gebunden sein wird mein Bewußtsein›: also hast du dich, Hausvater, wohl zu üben. Da hast du denn, Hausvater, dich also zu üben: ‹Der Grenzscheide möglicher Wahrnehmung werd' ich nicht anhangen, und nicht an die Grenzscheide möglicher Wahrnehmung gebunden sein wird mein Bewußtsein›: also hast du dich, Hausvater, wohl zu üben.

«Da hast du denn, Hausvater, dich also zu üben: ‹Nicht dieser Welt werd' ich anhangen, und nicht an diese Welt gebunden sein wird mein Bewußtsein›: also hast du dich, Hausvater, wohl zu üben. Da hast du denn, Hausvater, dich

also zu üben: ‹Nicht jener Welt werd' ich anhangen, und nicht an jene Welt gebunden sein wird mein Bewußtsein›: also hast du dich, Hausvater, wohl
429 zu üben. Da hast du denn, Hausvater, dich also zu üben: ‹Und was ich gesehn, gehört, gedacht, erkannt, untersucht, im Geiste erforscht habe, auch daran werd' ich nicht hangen, und nicht daran gebunden sein wird mein Bewußtsein›: also hast du dich, Hausvater, wohl zu üben.»

Auf diese Rede kam Anāthapiṇḍiko den Hausvater Seufzen an und Tränen traten ihm in die Augen. Da wandte sich denn der ehrwürdige Ānando also an Anāthapiṇḍiko den Hausvater:

«Beruhige dich, o Hausvater, beschwichtige dich, o Hausvater!»

«Ich kann mich, werter Ānando, nicht beruhigen, nicht beschwichtigen: hab' ich doch lange Zeiten hindurch dem Meister gedient und geistesmächtigen Mönchen, und habe nie zuvor eine so tief gedachte Rede vernommen.»

«Es ist, o Hausvater, weiß gekleideten Hausleuten so tief gedachte Rede nicht klar genug: Asketen, Hausvater, ist sie klar genug.»

«Doch mag eben, werter Sāriputto, auch weiß gekleideten Hausleuten so tief gedachte Rede klar genug sein. Es gibt ja, werter Sāriputto, edle Söhne, die nicht ganz verdorben sind: hören die solche Dinge nicht, verlieren sie sich; die werden es verstehn.»

Als da nun Anāthapiṇḍiko der Hausvater mit dieser Belehrung belehrt worden, standen Sāriputto und Ānando die Ehrwürdigen von ihren Sitzen auf und entfernten sich.

Bald aber, nachdem Sāriputto und Ānando die Ehrwürdigen fortgegangen, starb Anāthapiṇḍiko der Hausvater und kehrte in Selige Gestalt wieder[521].

144

FÜNFZEHNTER TEIL · ZWEITE REDE

CHANNO

431 DAS HAB' ICH GEHÖRT. Zu einer Zeit weilte der Erhabene bei Rājagaham, im Bambusparke, am Hügel der Eichhörnchen.

Um diese Zeit aber hielt sich der ehrwürdige Sāriputto und der ehrwürdige Mahācundo und der ehrwürdige Channo im Gebirge, am Geierkulm auf. Damals war nun der ehrwürdige Channo unwohl geworden, leidend, schwerkrank.

Da begab sich denn der ehrwürdige Sāriputto gegen Abend, nach Aufhebung der Gedenkensruhe, dorthin wo der ehrwürdige Mahācundo weilte, und er sprach also zu ihm:

«Komm', Bruder Cundo, wir wollen den ehrwürdigen Channo besuchen, 432
nach seinem Befinden uns erkundigen.»

«Gern, Bruder!» erwiderte da der ehrwürdige Mahācundo, dem ehrwürdigen Sāriputto gehorchend.

Und der ehrwürdige Sāriputto begab sich nun mit dem ehrwürdigen Mahācundo dorthin wo der ehrwürdige Channo weilte. Dort angelangt tauschten sie höflichen Gruß und freundliche, denkwürdige Worte miteinander und setzten sich seitwärts nieder. Seitwärts sitzend wandte sich nun der ehrwürdige Sāriputto also an den ehrwürdigen Channo:

«Fühlst du dich, Bruder Channo, schon wohler, geht es dir etwas besser, nehmen die Schmerzen wieder ab und nicht zu, merkt man, daß sie nachlassen und nicht zunehmen?»

«Nicht fühl' ich mich, Bruder Sāriputto, wohler, es geht mir nicht besser, heftig nehmen die Schmerzen zu und nicht ab, man merkt, daß sie zunehmen
und nicht nachlassen. – Zur Waffe, Bruder Sāriputto, werde ich greifen[522], 433
nicht länger begehr' ich das Leben.»

«Nicht möge der ehrwürdige Channo zur Waffe greifen, fristen möge sich der ehrwürdige Channo, wir bitten den ehrwürdigen Channo sich zu fristen. Wenn der ehrwürdige Channo geeigneter Nahrung ermangelt, so werde ich dem ehrwürdigen Channo geeignete Nahrung zu verschaffen suchen; wenn der ehrwürdige Channo geeigneter Arzenei ermangelt, so werde ich dem ehrwürdigen Channo geeignete Arzenei zu verschaffen suchen; wenn der ehrwürdige Channo entsprechender Aufwartung ermangelt, so werde ich dem ehrwürdigen Channo Aufwärter sein. Nicht möge der ehrwürdige Channo zur Waffe greifen, fristen möge sich der ehrwürdige Channo, wir bitten den ehrwürdigen Channo sich zu fristen.»

«Nein, Bruder Sāriputto, ich ermangle keiner geeigneten Nahrung, ermangle keiner geeigneten Arzenei, ermangle keiner entsprechenden Aufwar-
tung. Doch ist nun, Bruder Sāriputto, der Meister seit langem bedient, an- 434
mutig nur, nicht unmutig: das kommt ja, Bruder Sāriputto, einem Jünger zu, daß er den Meister nur anmutig bediene, nicht unmutig. ‹Untadelhaft wird Channo der Mönch zur Waffe greifen›: das magst du, Bruder Sāriputto, also dir merken.»

«Wir hätten noch einige Fragen an den ehrwürdigen Channo, wenn uns der ehrwürdige Channo darauf Antwort geben will.»

«Frage, Bruder Sāriputto: dann werden wir sehn.»

«Beim Auge, Bruder Channo, beim Sehbewußtsein, bei den durch das Sehbewußtsein bewußtbaren Dingen, gewahrst du da wohl: ‹Das gehört mir, das bin ich, das ist mein Selbst›? beim Ohre, Bruder Channo, bei der Nase, bei der Zunge, beim Leibe, beim Denken, bei den Dingen, beim Denkbewußtsein, bei den durch das Denkbewußtsein bewußtbaren Dingen, gewahrst du da wohl: ‹Das gehört mir, das bin ich, das ist mein Selbst›!»

«Beim Auge, Bruder Sāriputto, beim Sehbewußtsein, bei den durch das Sehbewußtsein bewußtbaren Dingen gewahr' ich da wohl: ‹Das gehört mir nicht, das bin ich nicht, das ist nicht mein Selbst›; beim Ohre, Bruder Sāriputto, bei der Nase, bei der Zunge, beim Leibe, beim Denken, bei den Dingen, beim Denkbewußtsein, bei den durch das Denkbewußtsein bewußtbaren Dingen gewahr' ich da wohl: ‹Das gehört mir nicht, das bin ich nicht, das ist nicht mein Selbst.›»

«Beim Auge, Bruder Channo, beim Sehbewußtsein, bei den durch das Sehbewußtsein bewußtbaren Dingen hast du was gesehn, was verstanden und
435 gewahrst da wohl: ‹Das gehört mir nicht, das bin ich nicht, das ist nicht mein
Selbst›? beim Ohre, Bruder Channo, bei der Nase, bei der Zunge, beim Leibe, beim Denken, bei den Dingen, beim Denkbewußtsein, bei den durch das Denkbewußtsein bewußtbaren Dingen hast du was gesehn, was verstanden und gewahrst da wohl: ‹Das gehört mir nicht, das bin ich nicht, das ist nicht mein Selbst›?»

«Beim Auge, Bruder Sāriputto, beim Sehbewußtsein, bei den durch das Sehbewußtsein bewußtbaren Dingen hab' ich die Auflösung gesehn, die Auflösung verstanden und gewahre da wohl: ‹Das gehört mir nicht, das bin ich nicht, das ist nicht mein Selbst›; beim Ohre, Bruder Sāriputto, bei der Nase, bei der Zunge, beim Leibe, beim Denken, bei den Dingen, beim Denkbewußtsein, bei den durch das Denkbewußtsein bewußtbaren Dingen hab' ich die Auflösung gesehn, die Auflösung verstanden und gewahre da wohl: ‹Das gehört mir nicht, das bin ich nicht, das ist nicht mein Selbst.›»

Nach diesen Worten wandte sich der ehrwürdige Mahācundo also an den ehrwürdigen Channo:

«So magst du denn, Bruder Channo, auch diese Weisung von Ihm, dem Erhabenen, unwandelbar im Geiste bewahren: ‹Eingepflanzt erzittert man: nicht eingepflanzt erzittert man nicht; erzittert man nicht, ist man still: still geworden neigt man sich nicht; neigt man sich nicht, kommt man und geht
436 man nicht: kommt man und geht man nicht, erscheint und verschwindet
man nicht; erscheint und verschwindet man nicht, gibt es kein hüben und kein drüben noch beider inmitten sein: es ist eben das Ende vom Leiden.›»

Als da nun der ehrwürdige Channo mit dieser Ansprache angesprochen worden, standen Sāriputto und Mahācundo die Ehrwürdigen von ihren Sitzen auf und schritten von dannen.

Bald aber, nachdem Sāriputto und Mahācundo die Ehrwürdigen fortgegangen, hat der ehrwürdige Channo zur Waffe gegriffen.

Da begab sich denn der ehrwürdige Sāriputto zum Erhabenen hin, begrüßte den Erhabenen ehrerbietig und setzte sich seitwärts nieder. Seitwärts sitzend sprach nun der ehrwürdige Sāriputto zum Erhabenen also:

«Der ehrwürdige Channo, o Herr, hat zur Waffe gegriffen. Wo ist er jetzt, was ist aus ihm geworden?»

«Hat dir denn nicht, Sāriputto, Channo der Mönch selber schon untadelig sein erklärt?»

«Es liegt, o Herr, ein Ort, Pubbajiram geheißen, im Vajji-Gebiete. Dort wohnen die Freunde, wohnen die Genossen des ehrwürdigen Channo: denen gilt es als Tadel.»

«Es gibt ja wohl dort, Sāriputto, solche Freunde, solche Genossen von Channo dem Mönche, denen es als Tadel gilt. Ich sage nicht, Sāriputto, daß man darum Tadel habe. Wer da, Sāriputto, den einen Körper ablegt und einen anderen Körper annimmt, der, sag' ich, ist tadelhaft. Das gilt von Channo dem Mönche nicht. Untadelhaft hat Channo der Mönch zur Waffe gegriffen.»

Also sprach der Erhabene. Zufrieden freute sich der ehrwürdige Sāriputto über das Wort des Erhabenen[523].

145

FÜNFZEHNTER TEIL · DRITTE REDE

PUṆṆO

DAS HAB' ICH GEHÖRT. Zu einer Zeit weilte der Erhabene bei Sāvatthī, im Siegerwalde, im Garten Anāthapiṇḍikos. 437

Da nun begab sich der ehrwürdige Puṇṇo gegen Abend, nach Aufhebung der Gedenkensruhe, dorthin wo der Erhabene weilte, begrüßte den Erhabenen ehrerbietig und setzte sich seitwärts nieder. Seitwärts sitzend sprach nun der ehrwürdige Puṇṇo zum Erhabenen also:

«Huldreich, o Herr, möge mir der Erhabene in der Kürze eine Anleitung geben, daß ich, vom Erhabenen recht gewiesen, einsam, abgesondert, unermüdlich, in heißem, innigem Ernste weilen kann.»

«Wohlan denn, Puṇṇo, so höre und achte wohl auf meine Rede.»

«Gewiß, o Herr!» sagte da der ehrwürdige Puṇṇo aufmerksam zum Erhabenen. Der Erhabene sprach also:

«Es gibt, Puṇṇo, durch das Gesicht ins Bewußtsein tretende Formen, ersehnte, geliebte, entzückende, angenehme, dem Begehren entsprechende, reizende; wenn der Mönch diesen in Liebe und Freude und Neigung zugekehrt ist, geht ihm, während er diesen in Liebe und Freude und Neigung sich zukehrt, Lust auf; ist Lust aufgegangen geht Leid auf: das, Puṇṇo, sage ich. Es gibt, Puṇṇo, durch das Gehör ins Bewußtsein tretende Töne, durch den Geruch ins Bewußtsein tretende Düfte, durch den Geschmack ins Bewußtsein tretende Säfte, durch das Getast ins Bewußtsein tretende Tastungen, durch das Gedenken ins Bewußtsein tretende Dinge, ersehnte, geliebte, entzückende, angenehme, dem Begehren entsprechende, reizende; wenn der Mönch diesen in Liebe und Freude und Neigung zugekehrt ist, geht ihm, während er diesen in Liebe und Freude und Neigung sich zukehrt, Lust auf;
438 ist Lust aufgegangen geht Leid auf: das, Puṇṇo, sage ich. – Es gibt, Puṇṇo, durch das Gesicht ins Bewußtsein tretende Formen, ersehnte, geliebte, entzückende, angenehme, dem Begehren entsprechende, reizende; wenn der Mönch diesen in keiner Liebe, keiner Freude, keiner Neigung zugekehrt ist, geht ihm, während er diesen in keiner Liebe, keiner Freude, keiner Neigung sich zukehrt, Lust unter; ist Lust untergegangen geht Leid unter: das, Puṇṇo, sage ich. Es gibt, Puṇṇo, durch das Gehör ins Bewußtsein tretende Töne, durch den Geruch ins Bewußtsein tretende Düfte, durch den Geschmack ins Bewußtsein tretende Säfte, durch das Getast ins Bewußtsein tretende Tastungen, durch das Gedenken ins Bewußtsein tretende Dinge, ersehnte, geliebte, entzückende, angenehme, dem Begehren entsprechende, reizende; wenn der Mönch diesen in keiner Liebe, keiner Freude, keiner Neigung zugekehrt ist, geht ihm, während er diesen in keiner Liebe, keiner Freude, keiner Neigung sich zukehrt, Lust unter; ist Lust untergegangen geht Leid unter: das, Puṇṇo, sage ich. – So hab' ich nun, Puṇṇo, dir in der Kürze eine Anleitung gegeben. In was für einem Lande wirst du weilen?»

«Da ich, o Herr, vom Erhabenen in der Kürze eine solche Anleitung erhalten, werde ich mich nach dem Lande der westlichen Suner, wie man sie nennt, begeben und dort weilen.»

«Ein wildes Volk, Puṇṇo, sind die westlichen Suner, ein rohes Volk, Puṇṇo, sind die westlichen Suner. Wenn dich, Puṇṇo, die westlichen Suner schelten und beschimpfen werden, wie wird dir dann, Puṇṇo, zumute sein?»

«Wenn mich, o Herr, die westlichen Suner schelten und beschimpfen werden, dann wird mir also zumute sein: ‹Wie gnädig sind doch diese westlichen Suner, wie so gnädig sind doch diese westlichen Suner, daß sie mich nicht mit Fäusten schlagen.› Also wird mir da, Erhabener, zumute sein, also wird mir da, Willkommener, zumute sein.»

«Wenn dich aber, Puṇṇo, die westlichen Suner mit Fäusten schlagen wer-
den, wie wird dir wohl dann, Puṇṇo, zumute sein?» 439

«Wenn mich, o Herr, die westlichen Suner mit Fäusten schlagen werden, dann wird mir also zumute sein: ‹Wie gnädig sind doch diese westlichen Suner, wie so gnädig sind doch diese westlichen Suner, daß sie mich nicht mit Steinen werfen.› Also wird mir da, Erhabener, zumute sein, also wird mir da, Willkommener, zumute sein.»

«Wenn dich aber, Puṇṇo, die westlichen Suner mit Steinen werfen werden, wie wird dir wohl dann, Puṇṇo, zumute sein?»

«Wenn mich, o Herr, die westlichen Suner mit Steinen werfen werden, dann wird mir also zumute sein: ‹Wie gnädig sind doch diese westlichen Suner, wie so gnädig sind doch diese westlichen Suner, daß sie mich nicht mit Stöcken prügeln.› Also wird mir da, Erhabener, zumute sein, also wird mir da, Willkommener, zumute sein.»

«Wenn dich aber, Puṇṇo, die westlichen Suner mit Stöcken prügeln werden, wie wird dir wohl dann, Puṇṇo, zumute sein?»

«Wenn mich, o Herr, die westlichen Suner mit Stöcken prügeln werden, dann wird mir also zumute sein: ‹Wie gnädig sind doch diese westlichen Suner, wie so gnädig sind doch diese westlichen Suner, daß sie mich nicht mit Säbeln treffen.› Also wird mir da, Erhabener, zumute sein, also wird mir da, Willkommener, zumute sein.»

«Wenn dich aber, Puṇṇo, die westlichen Suner mit Säbeln treffen werden, wie wird dir wohl dann, Puṇṇo, zumute sein?»

«Wenn mich, o Herr, die westlichen Suner mit Säbeln treffen werden, dann wird mir also zumute sein: ‹Wie gnädig sind doch diese westlichen Suner, wie
so gnädig sind doch diese westlichen Suner, daß sie mich nicht mit Säbelhie- 440
ben umbringen.› Also wird mir da, Erhabener, zumute sein, also wird mir da, Willkommener, zumute sein.»

«Wenn dich aber, Puṇṇo, die westlichen Suner mit Säbelhieben umbringen werden, wie wird dir wohl dann, Puṇṇo, zumute sein?»

«Wenn mich, o Herr, die westlichen Suner mit Säbelhieben umbringen werden, dann wird mir also zumute sein: ‹Es gibt Jünger des Erhabenen, die Leib und Leben verabscheuen und verachten, tödliche Waffe zu finden suchen: die hab' ich nun, diese tödliche Waffe, und ohne sie zu suchen, gefunden.› Also wird mir da, Erhabener, zumute sein, also wird mir da, Willkommener, zumute sein.»

«Recht so, recht so, Puṇṇo. Imstande sein wirst du, Puṇṇo, mit so milder Geduld begabt, im Lande der westlichen Suner zu weilen. Wie es dir nun, Puṇṇo, belieben mag.»

Und der ehrwürdige Puṇṇo, durch des Erhabenen Rede erfreut und befriedigt, stand von seinem Sitze auf, begrüßte den Erhabenen ehrerbietig, ging rechts herum, räumte sein Lager zusammen, nahm Mantel und Almosenschale und zog hinweg, dem Lande der westlichen Suner entgegen. Von Ort zu Ort weiter wandernd kam er allmählich hin.

Da war denn nun der ehrwürdige Puṇṇo im Lande der westlichen Suner gesiedelt. Und der ehrwürdige Puṇṇo hatte da schon während der Regenzeit gegen fünfhundert Anhänger zu gewinnen vermocht, hatte da schon während der Regenzeit gegen fünfhundert Anhängerinnen zu gewinnen vermocht, hatte da schon während der Regenzeit das dreifache Wissen sich offenbar gemacht[524]. Und der ehrwürdige Puṇṇo war nach einiger Zeit vom Wahne erloschen.

Aber gar manche Mönche begaben sich nun zum Erhabenen hin, begrüßten den Erhabenen ehrerbietig und setzten sich seitwärts nieder. Seitwärts sitzend sprachen sie zum Erhabenen also:

441 «Der da, o Herr, Puṇṇo genannt war, der edle Sohn, dem der Erhabene in der Kürze eine Anleitung gegeben hatte, der ist gestorben. Wo ist er jetzt, was ist aus ihm geworden?»

«Weise, ihr Mönche, ist Puṇṇo der edle Sohn gewesen, nachgefolgt ist er der Lehre gelehrig, und nicht hat er an meiner Belehrung Anstoß genommen. Vom Wahne erloschen, ihr Mönche, ist Puṇṇo der edle Sohn.»

Also sprach der Erhabene. Zufrieden freuten sich jene Mönche über das Wort des Erhabenen[525].

146

FÜNFZEHNTER TEIL · VIERTE REDE

NANDAKO

Das hab' ich gehört. Zu einer Zeit weilte der Erhabene bei Sāvatthī, im Siegerwalde, im Garten Anāthapiṇḍikos.

Da nun begab sich Mahāpajāpatī die Gotamidin, gefolgt von einer Schar von fünfhundert Nonnen, zum Erhabenen hin, bot ehrerbietigen Gruß dar und stellte sich seitwärts. Seitwärts stehend sprach nun Mahāpajāpatī die Gotamidin zum Erhabenen also:

«Belehren möge, o Herr, der Erhabene die Nonnen, unterrichten möge, o Herr, der Erhabene die Nonnen, spenden möge, o Herr, der Erhabene den Nonnen ein lehrreiches Gespräch!»

Damals nun lag es den Ordensälteren, der Reihe nach, ob, den Nonnen Vortrag zu halten. Als aber die Reihe an den ehrwürdigen Nandako gekommen war, mochte dieser den Nonnen keinen Vortrag halten.

Und der Erhabene wandte sich an den ehrwürdigen Ānando:

«An wem ist doch, Ānando, heute die Reihe, den Nonnen Vortrag zu halten?»

«Wir alle, o Herr, haben schon der Reihe nach den Nonnen Vortrag gehal- 442
ten. Der ehrwürdige Nandako hier, o Herr, der mag den Nonnen keinen Vortrag halten.»

Und der Erhabene wandte sich an den ehrwürdigen Nandako:

«Belehre, Nandako, die Nonnen, unterrichte, Nandako, die Nonnen, spende du, Heiliger, den Nonnen ein lehrreiches Gespräch.»

«Wohl, o Herr!» sagte da der ehrwürdige Nandako, dem Erhabenen gehorchend. Und er rüstete sich beizeiten, nahm Mantel und Schale und ging nach Sāvatthī um Almosenspeise. Als er dort, von Haus zu Hause tretend, Almosen erhalten, kehrte er zurück, nahm das Mahl ein und begab sich dann selbander nach dem Königsgarten.

Es sahn aber jene Nonnen den ehrwürdigen Nandako von ferne herankommen, und als sie ihn gesehn stellten sie einen Stuhl zurecht und Wasser für die Füße. Es setzte sich der ehrwürdige Nandako auf den angebotenen Sitz, und als er saß spülte er sich die Füße ab. Jene Nonnen boten nun dem ehrwürdigen Nandako ehrerbietigen Gruß dar und setzten sich seitwärts hin. Zu jenen Nonnen, die da seitwärts saßen, sprach der ehrwürdige Nandako also:

«Ein Gespräch, ihr Schwestern, mit Frage und Antwort mag stattfinden. Da habt ihr, versteht ihr es, ‹Wir verstehn es› zu sagen; versteht ihr es nicht, ‹Wir verstehn es nicht› zu sagen. Hat aber eine etwa einen Zweifel oder ein Bedenken, so bin ich eben da um gefragt zu werden: ‹Wie ist das, o Herr, was ist der Sinn davon?›»

«Wir wissen es, o Herr, dem ehrenreichen Nandako gar froh zu Danke, daß uns der ehrenreiche Nandako dies gestattet.»

«Was meint ihr wohl, Schwestern: ist das Auge unvergänglich oder vergänglich?»

«Vergänglich, o Herr!»

«Was aber vergänglich, ist das weh' oder wohl?»

«Weh', o Herr!»

«Was aber vergänglich, wehe, wandelbar ist, kann man etwa davon be-
443 haupten: ‹Das gehört mir, das bin ich, das ist mein Selbst›?»

«Gewiß nicht, o Herr!»

«Was meint ihr wohl, Schwestern: ist das Ohr, die Nase, die Zunge, der Leib, der Geist unvergänglich oder vergänglich?»

«Vergänglich, o Herr!»

«Was aber vergänglich, ist das weh' oder wohl?»

«Weh', o Herr!»

«Was aber vergänglich, wehe, wandelbar ist, kann man etwa davon behaupten: ‹Das gehört mir, das bin ich, das ist mein Selbst›?»

«Gewiß nicht, o Herr!»

«Und warum nicht?»

«Wir haben es ja schon vormals, o Herr, der Wahrheit gemäß, mit vollkommener Weisheit klar gesehn: ‹So und so sind bei mir die sechs inneren Gebiete vergänglich.›»

«Recht so, recht so, ihr Schwestern. Also, freilich, ihr Schwestern, sieht es der heilige Jünger der Wahrheit gemäß, mit vollkommener Weisheit an. Was meint ihr wohl, Schwestern: sind die Formen unvergänglich oder vergänglich?»

«Vergänglich, o Herr!»

«Was aber vergänglich, ist das weh' oder wohl?»

«Weh', o Herr!»

«Was aber vergänglich, wehe, wandelbar ist, kann man etwa davon behaupten: ‹Das gehört mir, das bin ich, das ist mein Selbst›?»

«Gewiß nicht, o Herr!»

«Was meint ihr wohl, Schwestern: sind die Töne, die Düfte, die Säfte, die Tastungen, die Gedanken unvergänglich oder vergänglich?»

«Vergänglich, o Herr!»

«Was aber vergänglich, ist das weh' oder wohl?»

«Weh', o Herr!»

«Was aber vergänglich, wehe, wandelbar ist, kann man etwa davon be- 444
haupten: ‹Das gehört mir, das bin ich, das ist mein Selbst›?»

«Gewiß nicht, o Herr!»

«Und warum nicht?»

«Wir haben es ja schon vormals, o Herr, der Wahrheit gemäß, mit vollkommener Weisheit klar gesehn: ‹So und so sind bei mir die sechs äußeren Gebiete vergänglich.›»

«Recht so, recht so, ihr Schwestern. Also, freilich, ihr Schwestern, sieht es der heilige Jünger der Wahrheit gemäß, mit vollkommener Weisheit an. Was meint ihr wohl, Schwestern: ist das Sehbewußtsein unvergänglich oder vergänglich?»

«Vergänglich, o Herr!»

«Was aber vergänglich, ist das weh' oder wohl?»

«Weh', o Herr!»

«Was aber vergänglich, wehe, wandelbar ist, kann man etwa davon behaupten: ‹Das gehört mir, das bin ich, das ist mein Selbst›?»

«Gewiß nicht, o Herr!»

«Was meint ihr wohl, Schwestern: ist das Hörbewußtsein, das Riechbewußtsein, das Schmeckbewußtsein, das Tastbewußtsein, das Denkbewußtsein unvergänglich oder vergänglich?»

«Vergänglich, o Herr!»

«Was aber vergänglich, ist das weh' oder wohl?»

«Weh', o Herr!»

«Was aber vergänglich, wehe, wandelbar ist, kann man etwa davon behaupten: ‹Das gehört mir, das bin ich, das ist mein Selbst›?»

«Gewiß nicht, o Herr!»

«Und warum nicht?»

«Wir haben es ja schon vormals, o Herr, der Wahrheit gemäß, mit vollkommener Weisheit klar gesehn: ‹So und so sind bei mir die sechs bewußtsamen Reiche vergänglich.›»

«Recht so, recht so, ihr Schwestern. Also, freilich, ihr Schwestern, sieht es der heilige Jünger der Wahrheit gemäß, mit vollkommener Weisheit an.
Gleichwie etwa, ihr Schwestern, bei einer brennenden Öllampe das Öl ver- 445
gänglich, wandelbar ist, der Docht vergänglich, wandelbar ist, die Flamme vergänglich, wandelbar ist, der Schein vergänglich, wandelbar ist; wer da nun, ihr Schwestern, etwa sagte: ‹Bei dieser brennenden Öllampe ist zwar Öl und Docht und Flamme vergänglich, wandelbar, aber ihr Schein, der ist unvergänglich, beharrend, ewig, unwandelbar›: würde der wohl, ihr Schwestern, solches mit Recht sagen?»

«Gewiß nicht, o Herr!»

«Und warum nicht?»

«Bei dieser brennenden Öllampe, o Herr, ist ja Öl und Docht und Flamme vergänglich, wandelbar: wie erst ihr Schein!»

«Ebenso nun auch, ihr Schwestern, wenn einer etwa sagte: ‹Die sechs inneren Gebiete sind bei mir vergänglich, wandelbar: was mich aber da auf Grund der inneren Gebiete Wohl und Weh oder weder Weh noch Wohl empfinden läßt, das ist unvergänglich, beharrend, ewig, unwandelbar›: würde der etwa, ihr Schwestern, solches mit Recht sagen?»

«Gewiß nicht, o Herr!»

«Und warum nicht?»

«Durch eine also und also bedingte Ursache, o Herr, kommt eine also und also bedingte Empfindung zustande: durch einer also und also bedingten Ursache Auflösung wird eine also und also bedingte Empfindung aufgelöst.»

«Recht so, recht so, ihr Schwestern. Also, freilich, ihr Schwestern, sieht es der heilige Jünger der Wahrheit gemäß, mit vollkommener Weisheit an. Gleichwie etwa, ihr Schwestern, bei einem großen, kernig dastehenden Baume die Wurzel vergänglich, wandelbar ist, der Stamm vergänglich, wan-
446 delbar ist, Ast- und Laubwerk vergänglich, wandelbar ist, der Schatten vergänglich, wandelbar ist; wer da nun, ihr Schwestern, etwa sagte: ‹Bei diesem großen, kernig dastehenden Baume ist zwar Wurzel und Stamm, Ast- und Laubwerk vergänglich, wandelbar, aber sein Schatten, der ist unvergänglich, beharrend, ewig, unwandelbar›: würde der wohl, ihr Schwestern, solches mit Recht sagen?[526]»

«Gewiß nicht, o Herr!»

«Und warum nicht?»

«Bei diesem großen, kernig dastehenden Baume, o Herr, ist ja Wurzel und Stamm, Ast- und Laubwerk vergänglich, wandelbar: wie erst sein Schatten!»

«Ebenso nun auch, ihr Schwestern, wenn einer etwa sagte: ‹Die sechs äußeren Gebiete sind bei mir vergänglich, wandelbar: was mich aber da auf Grund der äußeren Gebiete Wohl und Weh oder weder Weh noch Wohl empfinden läßt, das ist unvergänglich, beharrend, ewig, unwandelbar›: würde der etwa, ihr Schwestern, solches mit Recht sagen?»

«Gewiß nicht, o Herr!»

«Und warum nicht?»

«Durch eine also und also bedingte Ursache, o Herr, kommt eine also und also bedingte Empfindung zustande: durch einer also und also bedingten Ursache Auflösung wird eine also und also bedingte Empfindung aufgelöst.»

«Recht so, recht so, ihr Schwestern. Also, freilich, ihr Schwestern, sieht es der heilige Jünger der Wahrheit gemäß, mit vollkommener Weisheit an.

Gleichwie etwa, ihr Schwestern, wenn ein geschickter Schlächter oder Schlächtergeselle eine Kuh schlachtete und mit scharf geschliffenem Messer die Kuh zerlegte, ohne die inneren Fleischteile zu zerreißen, ohne das äußere Fell zu zerreißen; und was innen an Muskeln, innen an Flechsen, innen an Sehnen da 447
ist, eben das mit dem scharf geschliffenen Messer abtrennte, abschnitte, rings herabschnitte; und nachdem er es abgetrennt, abgeschnitten, rings herabgeschnitten, das äußere Fell losgelöst hätte, mit eben diesem Felle die Kuh wieder bedeckte und nun sagte: ‹Ganz wiederverbunden ist hier die Kuh mit ihrem Felle›: würde der wohl, ihr Schwestern, solches mit Recht sagen?»

«Gewiß nicht, o Herr!»

«Und warum nicht?»

«Mag auch, o Herr, ein geschickter Schlächter oder Schlächtergeselle eine Kuh schlachten und mit scharf geschliffenem Messer die Kuh zerlegen, ohne die inneren Fleischteile zu zerreißen, ohne das äußere Fell zu zerreißen: und was innen an Muskeln, innen an Flechsen, innen an Sehnen da ist, eben das mit dem scharf geschliffenen Messer abtrennen, abschneiden, rings herabschneiden; und nachdem er es abgetrennt, abgeschnitten, rings herabgeschnitten, das äußere Fell losgelöst hätte, mit eben diesem Felle die Kuh wieder bedecken, und mag er nun gleich sagen: ‹Ganz wiederverbunden ist hier die Kuh mit ihrem Felle›: so ist da die Kuh eben nicht mehr verbunden mit ihrem Felle.»

«Ein Gleichnis habe ich da, ihr Schwestern, gegeben, um den Sinn zu erklären. Das aber ist nun der Sinn. Die inneren Fleischteile: das ist, ihr Schwestern, eine Bezeichnung der sechs inneren Gebiete. Das äußere Fell: das ist, ihr Schwestern, eine Bezeichnung der sechs äußeren Gebiete. Innen die Muskeln, innen die Flechsen, innen die Sehnen: das ist, ihr Schwestern, eine Bezeichnung der Lustbegier. Das scharf geschliffene Messer: das ist, ihr Schwestern, eine Bezeichnung der heiligen Weisheit, jener heiligen Weisheit, die was innen an Klammern, innen an Fesseln, innen an Sehnen ist abtrennt, abschneidet, rings herabschneidet[527].

«Sieben Erweckungen sind es, ihr Schwestern, durch deren Übung und 448
Ausbildung ein Mönch den Wahn versiegen und die wahnlose Gemüterlösung, Weisheiterlösung noch bei Lebzeiten sich offenbar machen, verwirklichen und erringen kann: und welche sieben? Da übt, ihr Schwestern, ein Mönch der Einsicht Erweckung, die abgeschieden gezeugte, abgelöst gezeugte, ausgerodet gezeugte, die in Endsal übergeht; übt des Tiefsinns Erweckung, die abgeschieden gezeugte, abgelöst gezeugte, ausgerodet gezeugte, die in Endsal übergeht; übt der Kraft Erweckung, die abgeschieden gezeugte, abgelöst gezeugte, ausgerodet gezeugte, die in Endsal übergeht; übt der Heiterkeit Erweckung, die abgeschieden gezeugte, abgelöst gezeugte,

ausgerodet gezeugte, die in Endsal übergeht; übt der Lindheit Erweckung, die abgeschieden gezeugte, abgelöst gezeugte, ausgerodet gezeugte, die in Endsal übergeht; übt der Innigkeit Erweckung, die abgeschieden gezeugte, abgelöst gezeugte, ausgerodet gezeugte, die in Endsal übergeht; übt des Gleichmuts Erweckung, die abgeschieden gezeugte, abgelöst gezeugte, ausgerodet gezeugte, die in Endsal übergeht. Das sind, ihr Schwestern, die sieben Erweckungen, durch deren Übung und Ausbildung ein Mönch den Wahn versiegen und die wahnlose Gemüterlösung, Weisheiterlösung noch bei Lebzeiten sich offenbar machen, verwirklichen und erringen kann.»

Nachdem nun der ehrwürdige Nandako jene Nonnen also aufgeklärt hatte, ermahnte er sie:

«Geht nun, ihr Schwestern, es ist an der Zeit.»

Da waren denn jene Nonnen durch des ehrwürdigen Nandako Rede erfreut und befriedigt; und sie standen von ihren Sitzen auf, boten dem ehrwürdigen Nandako ehrerbietigen Gruß dar, schritten rechts herum und begaben sich dorthin wo der Erhabene weilte. Dort angelangt boten sie dem Erhabenen ehrerbietigen Gruß dar und stellten sich seitwärts hin. Zu jenen Nonnen, die da seitwärts standen, sprach der Erhabene also:

«Geht nun, ihr Nonnen, es ist an der Zeit.»

Und jene Nonnen boten dem Erhabenen ehrerbietigen Gruß dar, schritten rechts herum und entfernten sich.

Da wandte sich denn der Erhabene, bald nachdem jene Nonnen fortgegangen, an die Mönche:

449 «Gleichwie etwa, ihr Mönche, am Feiertage, in der Nacht vor dem Vollmonde, gar manche Leute in Zweifel und Bedenken geraten, ‹Nimmt der Mond noch zu, oder ist er schon voll geworden?›, aber es nimmt eben der Mond noch zu: ebenso nun auch, ihr Mönche, sind jene Nonnen durch Nandakos Darlegung der Lehre zwar erfreut worden, doch nicht vollkommen zufriedengestellt.» Und der Erhabene wandte sich an den ehrwürdigen Nandako: «Darum magst du nur auch morgen, Nandako, ebendieselbe Aufklärung den Nonnen angedeihen lassen.»

«Wohl, o Herr!» sagte da der ehrwürdige Nandako, dem Erhabenen gehorchend. Und der ehrwürdige Nandako rüstete sich am nächsten Tage beizeiten, nahm Mantel und Schale und ging nach Sāvatthī um Almosenspeise. Als er dort, von Haus zu Hause tretend, Almosen erhalten, kehrte er zurück, nahm das Mahl ein und begab sich dann selbander nach dem Königsgarten.

Es sahn aber jene Nonnen den ehrwürdigen Nandako von ferne herankommen, und als sie ihn gesehn stellten sie einen Stuhl zurecht und Wasser für die Füße. Es setzte sich der ehrwürdige Nandako auf den angebotenen Sitz, und als er saß spülte er sich die Füße ab. Jene Nonnen boten nun dem ehrwürdigen Nandako ehrerbietigen Gruß dar und setzten sich seitwärts hin. Und der ehrwürdige Nandako ließ jenen Nonnen, die da seitwärts saßen, Wort um Wort ebendieselbe Aufklärung angedeihen wie am Tage vorher. Nachdem nun der ehrwürdige Nandako jene Nonnen aufgeklärt hatte, ermahnte er sie:

«Geht nun, ihr Schwestern, es ist an der Zeit.»

Da waren denn jene Nonnen durch des ehrwürdigen Nandako Rede erfreut und befriedigt; und sie standen von ihren Sitzen auf, boten dem ehrwürdigen Nandako ehrerbietigen Gruß dar, schritten rechts herum und begaben sich dorthin wo der Erhabene weilte. Dort angelangt boten sie dem Erhabenen 456
ehrerbietigen Gruß dar und stellten sich seitwärts hin. Zu jenen Nonnen, die da seitwärts standen, sprach der Erhabene also:

«Geht nun, ihr Nonnen, es ist an der Zeit.»

Und jene Nonnen boten dem Erhabenen ehrerbietigen Gruß dar, schritten rechts herum und entfernten sich.

Da wandte sich denn der Erhabene, bald nachdem jene Nonnen fortgegangen, an die Mönche:

«Gleichwie etwa, ihr Mönche, am Feiertage, in der vollen Mondnacht, gar manche Leute nicht mehr in Zweifel und Bedenken geraten, ‹Nimmt der Mond noch zu, oder ist er schon voll geworden?›, sondern es ist eben der Mond schon voll geworden: ebenso nun auch, ihr Mönche, sind jene Nonnen durch Nandakos Darlegung der Lehre erfreut worden und vollkommen zufriedengestellt. Wer da, ihr Mönche, jener fünfhundert Nonnen geringste Nonne ist, ist zur Hörerschaft gelangt, dem Verderben entronnen, eilt zielbewußt der vollen Erwachung entgegen.»

Also sprach der Erhabene. Zufrieden freuten sich jene Mönche über das Wort des Erhabenen[528].

147

FÜNFZEHNTER TEIL · FÜNFTE REDE

RĀHULO

DAS HAB' ICH GEHÖRT. Zu einer Zeit weilte der Erhabene bei Sāvatthī, im Siegerwalde, im Garten Anāthapiṇḍikos.

Da kam dem Erhabenen in einsamer Abgeschiedenheit der Gedanke in den Sinn: ‹Reif geworden sind bei Rāhulo Dinge, die Erlösung reif werden lassen; wie, wenn ich nun Rāhulo mehr noch zur Wahnversiegung bereitmachte?›

Und der Erhabene, zeitig gerüstet, nahm Mantel und Schale und ging nach Sāvatthī um Almosenspeise, erhielt in der Stadt, von Haus zu Hause tretend, das Almosen, kehrte zurück, nahm das Mahl ein und wandte sich dann an den ehrwürdigen Rāhulo:

457 «Versieh' dich, Rāhulo, mit der Strohmatte: wir wollen nach dem Dunkeln Walde gehn, dort bis gegen Abend verweilen.»

«Wohl, o Herr!» sagte da der ehrwürdige Rāhulo, dem Erhabenen gehorchend; und er versah sich mit der Strohmatte und folgte dem Erhabenen Schritt um Schritt nach.

Um diese Zeit aber war der Erhabene von einer vieltausendfachen Geisterschar gefolgt: ‹Heute wird der Erhabene den ehrwürdigen Rāhulo mehr noch zur Wahnversiegung bereitmachen.›

Und der Erhabene zog sich ins Innere des Dunkeln Waldes zurück und setzte sich am Fuß eines Baumes, an geeignetem Orte nieder. Und auch der ehrwürdige Rāhulo nahm, nach des Erhabenen Begrüßung, an der Seite Platz. An den ehrwürdigen Rāhulo, der da zur Seite saß, wandte sich nun der Erhabene also:

«Was meinst du wohl, Rāhulo: ist das Auge unvergänglich oder vergänglich?»

«Vergänglich, o Herr!»

«Was aber vergänglich, ist das weh' oder wohl?»

«Weh', o Herr!»

«Was aber vergänglich, wehe, wandelbar ist, kann man etwa davon behaupten: ‹Das gehört mir, das bin ich, das ist mein Selbst›?»

«Gewiß nicht, o Herr!»

«Was meinst du wohl, Rāhulo: sind die Formen unvergänglich oder vergänglich?»

«Vergänglich, o Herr!»

«Was aber vergänglich, ist das weh' oder wohl?»

«Weh', o Herr!»

«Was aber vergänglich, wehe, wandelbar ist, kann man etwa davon behaupten: ‹Das gehört mir, das bin ich, das ist mein Selbst›?»

«Gewiß nicht, o Herr!»

«Was meinst du wohl, Rāhulo: ist das Sehbewußtsein unvergänglich oder vergänglich?»

«Vergänglich, o Herr!»

«Was aber vergänglich, ist das weh' oder wohl?»

«Weh', o Herr!»

«Was aber vergänglich, wehe, wandelbar ist, kann man etwa davon behaupten: ‹Das gehört mir, das bin ich, das ist mein Selbst›?»

«Gewiß nicht, o Herr!»

«Was meinst du wohl, Rāhulo: ist die Sehberührung unvergänglich oder 458
vergänglich?»

«Vergänglich, o Herr!»

«Was aber vergänglich, ist das weh' oder wohl?»

«Weh', o Herr!»

«Was aber vergänglich, wehe, wandelbar ist, kann man etwa davon behaupten: ‹Das gehört mir, das bin ich, das ist mein Selbst›?»

«Gewiß nicht, o Herr!»

«Was meinst du wohl, Rāhulo: was auch da durch Sehberührung bedingt an Gefühl hervorgeht, an Wahrnehmung hervorgeht, an Unterscheidung hervorgeht, an Bewußtsein hervorgeht, ist eben das unvergänglich oder vergänglich?»

«Vergänglich, o Herr!»

«Was aber vergänglich, ist das weh' oder wohl?»

«Weh', o Herr!»

«Was aber vergänglich, wehe, wandelbar ist, kann man etwa davon behaupten: ‹Das gehört mir, das bin ich, das ist mein Selbst›?»

«Gewiß nicht, o Herr!»

«Was meinst du wohl, Rāhulo: ist das Ohr, die Nase, die Zunge, der Leib, der Geist unvergänglich oder vergänglich? Sind die Töne, die Düfte, die Säfte, die Tastungen, die Gedanken unvergänglich oder vergänglich?»

«Vergänglich, o Herr!»

«Was aber vergänglich, ist das weh' oder wohl?»

«Weh', o Herr!»

«Was aber vergänglich, wehe, wandelbar ist, kann man etwa davon behaupten: ‹Das gehört mir, das bin ich, das ist mein Selbst›?»

«Gewiß nicht, o Herr!»

«Was meinst du wohl, Rāhulo: ist das Hörbewußtsein, das Riechbewußt-
459 sein, das Schmeckbewußtsein, das Tastbewußtsein, das Denkbewußtsein unvergänglich oder vergänglich? Ist die Hörberührung, die Riechberührung, die Schmeckberührung, die Tastberührung, die Denkberührung unvergänglich oder vergänglich? Was meinst du wohl, Rāhulo: was auch da durch Hörberührung, durch Riechberührung, durch Schmeckberührung, durch Tastberührung, durch Denkberührung bedingt an Gefühl hervorgeht, an Wahrnehmung hervorgeht, an Unterscheidung hervorgeht, an Bewußtsein hervorgeht, ist eben das unvergänglich oder vergänglich?»

«Vergänglich, o Herr!»,

«Was aber vergänglich, ist das weh' oder wohl?»

«Weh', o Herr!»

«Was aber vergänglich, wehe, wandelbar ist, kann man etwa davon behaupten: ‹Das gehört mir, das bin ich, das ist mein Selbst›?»

«Gewiß nicht, o Herr!»

«Bei solcher Betrachtung, Rāhulo, wird der erfahrene heilige Jünger des Auges überdrüssig, der Formen überdrüssig, des Sehbewußtseins überdrüssig, der Sehberührung überdrüssig: und was auch da durch Sehberührung bedingt an Gefühl hervorgeht, an Wahrnehmung hervorgeht, an Unterscheidung hervorgeht, an Bewußtsein hervorgeht, eben dessen wird er überdrüssig; er wird des Ohres, der Nase, der Zunge, des Leibes, des Geistes überdrüssig, der Töne, der Düfte, der Säfte, der Tastungen, der Gedanken überdrüssig, des Hörbewußtseins, des Riechbewußtseins, des Schmeckbewußtseins, des Tastbewußtseins, des Denkbewußtseins überdrüssig, der Hörberührung, der Riechberührung, der Schmeckberührung, der Tastberührung, der Denkberührung überdrüssig: und was auch da durch Hörberührung, durch Riechberührung, durch Schmeckberührung, durch Tastberührung,
460 durch Denkberührung bedingt an Gefühl hervorgeht, an Wahrnehmung hervorgeht, an Unterscheidung hervorgeht, an Bewußtsein hervorgeht, eben dessen wird er überdrüssig. Überdrüssig wendet er sich ab. Abgewandt löst er sich los. ‹Im Erlösten ist die Erlösung›, diese Erkenntnis geht auf. ‹Versiegt ist die Geburt, vollendet das Asketentum, gewirkt das Werk, nicht mehr ist diese Welt› versteht er da.»

Also sprach der Erhabene. Zufrieden freute sich der ehrwürdige Rāhulo über das Wort des Erhabenen.

Während da nun diese Darlegung stattgefunden, hatte sich beim ehrwürdigen Rāhulo das Herz ohne Hangen vom Wahne abgelöst.

Jener vieltausendfachen Geisterschar aber war das abgeklärte, abgespülte Auge der Wahrheit aufgegangen:

‹Was irgend auch entstanden ist
Muß alles wieder untergehn[529].›

148

FÜNFZEHNTER TEIL · SECHSTE REDE

SECHSFACHE SECHSHEIT

DAS HAB' ICH GEHÖRT. Zu einer Zeit weilte der Erhabene bei Sāvatthī, im Siegerwalde, im Garten Anāthapiṇḍikos. Dort nun wandte sich der Erhabene an die Mönche: «Ihr Mönche!» – «Erlauchter!» antworteten da jene Mönche dem Erhabenen aufmerksam. Der Erhabene sprach also:

«Die Lehre werd' ich euch Mönchen aufweisen, deren Anfang begütigt, deren Mitte begütigt, deren Ende begütigt, die sinn- und wortgetreue, das vollkommen geläuterte, geklärte Asketentum werde ich darlegen; und zwar die sechsfache Sechsheit: das höret und achtet wohl auf meine Rede.»

«Gewiß, o Herr!» sagten da aufmerksam jene Mönche zum Erhabenen. Der Erhabene sprach also:

«Sechs innere Gebiete sind zu merken und sechs äußere Gebiete, sechs be-
wußtsame Reiche sind zu merken und sechs berührsame Reiche, sechs fühl- 461
same Reiche sind zu merken und sechs durstsame Reiche.

«'Sechs innere Gebiete sind zu merken': das ist gesagt worden; und warum ist das gesagt worden? Um das Gebiet des Gesichts, das Gebiet des Gehörs, das Gebiet des Geruchs, das Gebiet des Geschmacks, das Gebiet des Getastes, das Gebiet des Gedenkens. 'Sechs innere Gebiete sind zu merken': wurde das gesagt, so war es darum gesagt. Das ist die erste Sechsheit.

«'Sechs äußere Gebiete sind zu merken': das ist gesagt worden; und warum ist das gesagt worden? Um das Gebiet der Formen, das Gebiet der Töne, das Gebiet der Düfte, das Gebiet der Säfte, das Gebiet der Tastungen, das Gebiet der Gedanken. 'Sechs äußere Gebiete sind zu merken': wurde das gesagt, so war es darum gesagt. Das ist die zweite Sechsheit.

«'Sechs bewußtsame Reiche sind zu merken': das ist gesagt worden; und warum ist das gesagt worden? Durch das Gesicht und die Formen entsteht das Sehbewußtsein, durch das Gehör und die Töne entsteht das Hörbewußtsein, durch den Geruch und die Düfte entsteht das Riechbewußtsein, durch den Geschmack und die Säfte entsteht das Schmeckbewußtsein, durch das Getast und die Tastungen entsteht das Tastbewußtsein, durch das Gedenken und die Dinge entsteht das Denkbewußtsein. 'Sechs bewußtsame Reiche sind zu merken'; wurde das gesagt, so war es darum gesagt. Das ist die dritte Sechsheit.

«'Sechs berührsame Reiche sind zu merken': das ist gesagt worden; und warum ist das gesagt worden? Durch das Gesicht und die Formen entsteht das Sehbewußtsein, der Einschlag der drei gibt Berührung; durch das Gehör und die Töne entsteht das Hörbewußtsein, der Einschlag der drei gibt Berührung; durch den Geruch und die Düfte entsteht das Riechbewußtsein,
462 der Einschlag der drei gibt Berührung; durch den Geschmack und die Säfte entsteht das Schmeckbewußtsein, der Einschlag der drei gibt Berührung; durch das Getast und die Tastungen entsteht das Tastbewußtsein, der Einschlag der drei gibt Berührung; durch das Gedenken und die Dinge entsteht das Denkbewußtsein, der Einschlag der drei gibt Berührung. 'Sechs berührsame Reiche sind zu merken': wurde das gesagt, so war es darum gesagt. Das ist die vierte Sechsheit.

«'Sechs fühlsame Reiche sind zu merken': das ist gesagt worden; und warum ist das gesagt worden? Durch das Gesicht und die Formen entsteht das Sehbewußtsein, der Einschlag der drei gibt Berührung, durch die Berührung ist das Gefühl bedingt; durch das Gehör und die Töne entsteht das Hörbewußtsein, der Einschlag der drei gibt Berührung, durch die Berührung ist das Gefühl bedingt; durch den Geruch und die Düfte entsteht das Riechbewußtsein, der Einschlag der drei gibt Berührung, durch die Berührung ist das Gefühl bedingt; durch den Geschmack und die Säfte entsteht das Schmeckbewußtsein, der Einschlag der drei gibt Berührung, durch die Berührung ist das Gefühl bedingt; durch das Getast und die Tastungen entsteht das Tastbewußtsein, der Einschlag der drei gibt Berührung, durch die Berührung ist das Gefühl bedingt; durch das Gedenken und die Dinge entsteht das Denkbewußtsein, der Einschlag der drei gibt Berührung, durch die Berührung ist das Gefühl bedingt. 'Sechs fühlsame Reiche sind zu merken': wurde das gesagt, so war es darum gesagt. Das ist die fünfte Sechsheit.

«'Sechs durstsame Reiche sind zu merken': das ist gesagt worden; und warum ist das gesagt worden? Durch das Gesicht und die Formen entsteht das Sehbewußtsein, der Einschlag der drei gibt Berührung, durch die Berührung ist das Gefühl bedingt, durch das Gefühl ist der Durst bedingt; durch

das Gehör und die Töne entsteht das Hörbewußtsein, der Einschlag der drei gibt Berührung, durch die Berührung ist das Gefühl bedingt, durch das Gefühl ist der Durst bedingt; durch den Geruch und die Düfte entsteht das Riechbewußtsein, der Einschlag der drei gibt Berührung, durch die Berührung ist das Gefühl bedingt, durch das Gefühl ist der Durst bedingt; durch den Geschmack und die Säfte entsteht das Schmeckbewußtsein, der Einschlag der drei gibt Berührung, durch die Berührung ist das Gefühl bedingt, durch das Gefühl ist der Durst bedingt; durch das Getast und die Tastungen entsteht das Tastbewußtsein, der Einschlag der drei gibt Berührung, durch die Berührung ist das Gefühl bedingt, durch das Gefühl ist der Durst bedingt;
durch das Gedenken und die Dinge entsteht das Denkbewußtsein, der Ein- 463
schlag der drei gibt Berührung, durch die Berührung ist das Gefühl bedingt, durch das Gefühl ist der Durst bedingt. 'Sechs durstsame Reiche sind zu merken': wurde das gesagt, so war es darum gesagt. Das ist die sechste Sechsheit. –

«'Das Auge ist das Selbst', eine solche Behauptung, die kann nicht angehn; beim Auge wird ein Entstehn und Vergehn wahrgenommen; wobei nun aber ein Entstehn und Vergehn wahrgenommen wird, muß einer 'Mein Selbst entsteht und vergeht' als Ergebnis gelten lassen; darum geht es nicht an 'Das Auge ist das Selbst' zu behaupten: somit ist das Auge nicht das Selbst. – 'Die Formen sind das Selbst', eine solche Behauptung, die kann nicht angehn; bei den Formen wird ein Entstehn und Vergehn wahrgenommen; wobei nun aber ein Entstehn und Vergehn wahrgenommen wird, muß einer 'Mein Selbst entsteht und vergeht' als Ergebnis gelten lassen; darum geht es nicht an 'Die Formen sind das Selbst' zu behaupten: somit ist das Auge nicht das Selbst, sind die Formen nicht das Selbst. – 'Das Sehbewußtsein ist das Selbst', eine solche Behauptung, die kann nicht angehn; beim Sehbewußtsein wird ein Entstehn und Vergehn wahrgenommen; wobei nun aber ein Entstehn und Vergehn wahrgenommen wird, muß einer 'Mein Selbst entsteht und vergeht' als Ergebnis gelten lassen; darum geht es nicht an 'Das Sehbewußtsein ist das Selbst' zu behaupten: somit ist das Auge nicht das Selbst, sind die Formen nicht das Selbst, ist das Sehbewußtsein nicht das Selbst. – 'Die Sehberührung ist das Selbst', eine solche Behauptung, die kann nicht angehn; bei der Sehberührung wird ein Entstehn und Vergehn wahrgenommen; wobei nun aber ein Entstehn und Vergehn wahrgenommen wird, muß einer 'Mein Selbst entsteht und vergeht' als Ergebnis gelten lassen; darum geht es
nicht an 'Die Sehberührung ist das Selbst' zu behaupten: somit ist das Auge 464
nicht das Selbst, sind die Formen nicht das Selbst, ist das Sehbewußtsein nicht das Selbst, ist die Sehberührung nicht das Selbst. – 'Das Gefühl ist das Selbst', eine solche Behauptung, die kann nicht angehn; beim Gefühle wird

ein Entstehn und Vergehn wahrgenommen; wobei nun aber ein Entstehn und Vergehn wahrgenommen wird, muß einer 'Mein Selbst entsteht und vergeht' als Ergebnis gelten lassen; darum geht es nicht an 'Das Gefühl ist das Selbst' zu behaupten: somit ist das Auge nicht das Selbst, sind die Formen nicht das Selbst, ist das Sehbewußtsein nicht das Selbst, ist die Sehberührung nicht das Selbst, ist das Gefühl nicht das Selbst. – 'Der Durst ist das Selbst', eine solche Behauptung, die kann nicht angehn; beim Durste wird ein Entstehn und Vergehn wahrgenommen; wobei nun aber ein Entstehn und Vergehn wahrgenommen wird, muß einer 'Mein Selbst entsteht und vergeht' als Ergebnis gelten lassen; darum geht es nicht an 'Der Durst ist das Selbst' zu behaupten: somit ist das Auge nicht das Selbst, sind die Formen nicht das Selbst, ist das Sehbewußtsein nicht das Selbst, ist die Sehberührung nicht das Selbst, ist das Gefühl nicht das Selbst, ist der Durst nicht das Selbst.

«'Das Ohr ist das Selbst' – 'Die Nase ist das Selbst[530]' – 'Die Zunge ist das Selbst' – 'Der Leib ist das Selbst' – 'Der Geist ist das Selbst', eine solche Behauptung, die kann nicht angehn; beim Geiste wird ein Entstehn und Vergehn wahrgenommen; wobei nun aber ein Entstehn und Vergehn wahrgenommen wird, muß einer 'Mein Selbst entsteht und vergeht' als Ergebnis gelten lassen; darum geht es nicht an 'Der Geist ist das Selbst' zu behaupten: somit ist der Geist nicht das Selbst. – 'Die Gedanken sind das Selbst', eine solche Behauptung, die kann nicht angehn; bei den Gedanken wird ein Entstehn und Vergehn wahrgenommen; wobei nun aber ein Entstehn und Vergehn wahrgenommen wird, muß einer 'Mein Selbst entsteht und vergeht'
465 als Ergebnis gelten lassen; darum geht es nicht an 'Die Gedanken sind das Selbst' zu behaupten: somit ist der Geist nicht das Selbst, sind die Gedanken nicht das Selbst. – 'Das Denkbewußtsein ist das Selbst', eine solche Behauptung, die kann nicht angehn; beim Denkbewußtsein wird ein Entstehn und Vergehn wahrgenommen: wobei nun aber ein Entstehn und Vergehn wahrgenommen wird, muß einer 'Mein Selbst entsteht und vergeht' als Ergebnis gelten lassen; darum geht es nicht an 'Das Denkbewußtsein ist das Selbst' zu behaupten: somit ist der Geist nicht das Selbst, sind die Gedanken nicht das Selbst, ist das Denkbewußtsein nicht das Selbst. – 'Die Denkberührung ist das Selbst', eine solche Behauptung, die kann nicht angehn; bei der Denkberührung wird ein Entstehn und Vergehn wahrgenommen; wobei nun aber ein Entstehn und Vergehn wahrgenommen wird, muß einer 'Mein Selbst entsteht und vergeht' als Ergebnis gelten lassen; darum geht es nicht an 'Die Denkberührung ist das Selbst' zu behaupten: somit ist der Geist nicht das Selbst, sind die Gedanken nicht das Selbst, ist das Denkbewußtsein nicht das Selbst, ist die Denkberührung nicht das Selbst. – 'Das Gefühl ist das Selbst', eine solche Behauptung, die kann nicht angehn; beim Gefühle wird ein Ent-

stehn und Vergehn wahrgenommen; wobei nun aber ein Entstehn und Vergehn wahrgenommen wird, muß einer 'Mein Selbst entsteht und vergeht' als Ergebnis gelten lassen; darum geht es nicht an 'Das Gefühl ist das Selbst' zu behaupten: somit ist der Geist nicht das Selbst, sind die Gedanken nicht das Selbst, ist das Denkbewußtsein nicht das Selbst, ist die Denkberührung nicht das Selbst, ist das Gefühl nicht das Selbst. – 'Der Durst ist das Selbst', eine solche Behauptung, die kann nicht angehn; beim Durste wird ein Entstehn und Vergehn wahrgenommen; wobei nun aber ein Entstehn und Vergehn wahrgenommen wird, muß einer 'Mein Selbst entsteht und vergeht' 466
als Ergebnis gelten lassen; darum geht es nicht an 'Der Durst ist das Selbst' zu behaupten: somit ist der Geist nicht das Selbst, sind die Gedanken nicht das Selbst, ist das Denkbewußtsein nicht das Selbst, ist die Denkberührung nicht das Selbst, ist das Gefühl nicht das Selbst, ist der Durst nicht das Selbst.

«Das aber ist, ihr Mönche, der Pfad, der zur Entstehung der Persönlichkeit hinführt: ‹Das Auge›, sagt man sich, ‹das gehört mir, das bin ich, das ist mein Selbst.› ‹Die Formen›, sagt man sich, ‹das Sehbewußtsein, die Sehberührung, das Gefühl, der Durst: das gehört mir, das bin ich, das ist mein Selbst.› ‹Das Ohr›, sagt man sich, ‹die Nase, die Zunge, der Leib, der Geist, die Gedanken, das Denkbewußtsein, die Denkberührung, das Gefühl, der Durst: das gehört mir, das bin ich, das ist mein Selbst.›

«Das aber ist, ihr Mönche, der Pfad, der zur Auflösung der Persönlichkeit hinführt: ‹Das Auge›, sagt man sich, ‹das gehört mir nicht, das bin ich nicht, das ist nicht mein Selbst.› ‹Die Formen›, sagt man sich, ‹das Sehbewußtsein, die Sehberührung, das Gefühl, der Durst: das gehört mir nicht, das bin ich 467
nicht, das ist nicht mein Selbst.› ‹Das Ohr›, sagt man sich, ‹die Nase, die Zunge, der Leib, der Geist, die Gedanken, das Denkbewußtsein, die Denkberührung, das Gefühl, der Durst: das gehört mir nicht, das bin ich nicht, das ist nicht mein Selbst.›

«Durch das Gesicht, ihr Mönche, und die Formen entsteht das Sehbewußtsein, der Einschlag der drei gibt Berührung, durch die Berührung entsteht eine Empfindung von Wohl, oder von Wehe, oder weder von Wehe noch von Wohl. Von einem wohligen Gefühle getroffen empfindet man Freude, Befriedigung, Ergetzen daran, und begehrliche Anwandlung kommt einen an. Von einem wehen Gefühle getroffen wird man bekümmert, beklommen, man jammert, schlägt sich stöhnend die Brust, gerät in Verzweiflung, und widerwillige Anwandlung kommt einen an. Von einem weder wehen noch wohligen Gefühle getroffen mag man dieser Empfindung Beginn und Vergehn, Labsal und Elend und Überwindung nicht der Wahrheit gemäß verstehn, und unwissende Anwandlung kommt einen an. Daß aber einer, ihr Mönche, der beim wohligen Gefühle begehrliche Anwandlung nicht verleugnet, beim

wehen Gefühle widerwillige Anwandlung nicht von sich gewiesen, beim weder wehen noch wohligen Gefühle unwissende Anwandlung nicht ausgetilgt,
468 Unwissen nicht verloren, Wissen nicht erworben hat, noch bei Lebzeiten dem Leiden ein Ende machen werde: das ist unmöglich.

«Durch das Gehör, ihr Mönche, und die Töne entsteht das Hörbewußtsein; durch den Geruch, ihr Mönche, und die Düfte entsteht das Riechbewußtsein; durch den Geschmack, ihr Mönche, und die Säfte entsteht das Schmeckbewußtsein; durch das Getast, ihr Mönche, und die Tastungen entsteht das Tastbewußtsein; durch das Gedenken, ihr Mönche, und die Dinge entsteht das Denkbewußtsein, der Einschlag der drei gibt Berührung, durch die Berührung entsteht eine Empfindung von Wohl, oder von Wehe, oder weder von Wehe noch von Wohl. Von einem wohligen Gefühle getroffen empfindet man Freude, Befriedigung, Ergetzen daran, und begehrliche Anwandlung kommt einen an. Von einem wehen Gefühle getroffen wird man bekümmert, beklommen, man jammert, schlägt sich stöhnend die Brust, gerät in Verzweiflung, und widerwillige Anwandlung kommt einen an. Von einem weder wehen noch wohligen Gefühle getroffen mag man dieser Empfindung Beginn und Vergehn, Labsal und Elend und Überwindung nicht der Wahrheit gemäß verstehn, und unwissende Anwandlung kommt einen an. Daß aber einer, ihr Mönche, der beim wohligen Gefühle begehrliche Anwandlung nicht verleugnet, beim wehen Gefühle widerwillige Anwandlung nicht von sich gewiesen, beim weder wehen noch wohligen Gefühle unwissende Anwandlung nicht ausgetilgt, Unwissen nicht verloren, Wissen nicht erworben hat, noch bei Lebzeiten dem Leiden ein Ende machen werde: das ist unmöglich.

«Durch das Gesicht, ihr Mönche, und die Formen entsteht das Sehbewußtsein, der Einschlag der drei gibt Berührung, durch die Berührung entsteht eine Empfindung von Wohl, oder von Wehe, oder weder von Wehe noch von
469 Wohl. Von einem wohligen Gefühle getroffen empfindet man da keine Freude, keine Befriedigung, kein Ergetzen, und begehrliche Anwandlung kommt einen nicht an. Von einem wehen Gefühle getroffen wird man da nicht bekümmert, nicht beklommen, man jammert nicht, schlägt sich nicht stöhnend die Brust, gerät nicht in Verzweiflung, und widerwillige Anwandlung kommt einen nicht an. Von einem weder wehen noch wohligen Gefühle getroffen mag man dieser Empfindung Beginn und Vergehn, Labsal und Elend und Überwindung der Wahrheit gemäß verstehn, und unwissende Anwandlung kommt einen nicht an. Daß aber einer, ihr Mönche, der beim wohligen Gefühle begehrliche Anwandlung verleugnet, beim wehen Gefühle widerwillige Anwandlung von sich gewiesen, beim weder wehen noch wohligen Gefühle unwissende Anwandlung ausgetilgt, Unwissen verloren, Wissen erworben hat, noch bei Lebzeiten dem Leiden ein Ende machen werde: das ist möglich.

«Durch das Gehör, ihr Mönche, und die Töne entsteht das Hörbewußtsein; durch den Geruch, ihr Mönche, und die Düfte entsteht das Riechbewußtsein; durch den Geschmack, ihr Mönche, und die Säfte entsteht das Schmeckbewußtsein; durch das Getast, ihr Mönche, und die Tastungen entsteht das Tastbewußtsein; durch das Gedenken, ihr Mönche, und die Dinge entsteht das Denkbewußtsein, der Einschlag der drei gibt Berührung, durch die Berührung entsteht eine Empfindung von Wohl, oder von Wehe, oder weder von Wehe noch von Wohl. Von einem wohligen Gefühle getroffen empfindet man da keine Freude, keine Befriedigung, kein Ergetzen, und begehrliche Anwandlung kommt einen nicht an. Von einem wehen Gefühle getroffen wird man da nicht bekümmert, nicht beklommen, man jammert nicht, schlägt sich nicht stöhnend die Brust, gerät nicht in Verzweiflung, und widerwillige Anwandlung kommt einen nicht an. Von einem weder wehen noch wohligen Gefühle getroffen mag man dieser Empfindung Beginn und Vergehn, Labsal und Elend und Überwindung der Wahrheit gemäß verstehn, 470
und unwissende Anwandlung kommt einen nicht an. Daß aber einer, ihr Mönche, der beim wohligen Gefühle begehrliche Anwandlung verleugnet, beim wehen Gefühle unwillige Anwandlung von sich gewiesen, beim weder wehen noch wohligen Gefühle unwissende Anwandlung ausgetilgt, Unwissen verloren, Wissen erworben hat, noch bei Lebzeiten dem Leiden ein Ende machen werde: das ist möglich.

«Bei solcher Betrachtung, ihr Mönche, wird der erfahrene heilige Jünger des Auges überdrüssig, der Formen überdrüssig, des Sehbewußtseins überdrüssig, der Sehberührung überdrüssig, des Gefühles überdrüssig, des Durstes überdrüssig; er wird des Ohres, der Nase, der Zunge, des Leibes, des Geistes überdrüssig, der Töne, der Düfte, der Säfte, der Tastungen, der Gedanken überdrüssig, des Hörbewußtseins, des Riechbewußtseins, des Schmeckbewußtseins, des Tastbewußtseins, des Denkbewußtseins überdrüssig, der Hörberührung, der Riechberührung, der Schmeckberührung, der Tastberührung, der Denkberührung überdrüssig, des Gefühles überdrüssig, des Durstes überdrüssig. Überdrüssig wendet er sich ab. Abgewandt löst er sich los. ‹Im Erlösten ist die Erlösung›, diese Erkenntnis geht auf. ‹Versiegt ist die Geburt, vollendet das Asketentum, gewirkt das Werk, nicht mehr ist diese Welt› versteht er da.»

Also sprach der Erhabene. Zufrieden freuten sich jene Mönche über das Wort des Erhabenen.

Während aber diese Darlegung stattgefunden, hatte sich bei etwa sechzig Mönchen das Herz ohne Hangen vom Wahne abgelöst[531].

149

FÜNFZEHNTER TEIL · SIEBENTE REDE

MÄCHTIGE ABZEICHEN

471 Das hab' ich gehört. Zu einer Zeit weilte der Erhabene bei Sāvatthī, im Siegerwalde, im Garten Anāthapiṇḍikos. Dort nun wandte sich der Erhabene an die Mönche: «Ihr Mönche!» – «Erlauchter!» antworteten da jene Mönche dem Erhabenen aufmerksam. Der Erhabene sprach also:

«Mächtige Abzeichen will ich euch Mönchen vom sechsfachen Gebiete angeben: das höret und achtet wohl auf meine Rede.»

«Gewiß, o Herr!» sagten da aufmerksam jene Mönche zum Erhabenen. Der Erhabene sprach also:

«Wer das Auge, ihr Mönche, nicht der Wahrheit gemäß erkennt und versteht, die Formen nicht der Wahrheit gemäß erkennt und versteht, das Sehbewußtsein nicht der Wahrheit gemäß erkennt und versteht, die Sehberührung nicht der Wahrheit gemäß erkennt und versteht, was da durch Sehberührung bedingt an Gefühl hervorgeht als Wohl, oder Wehe, oder weder Wehe noch Wohl, eben das nicht der Wahrheit gemäß erkennt und versteht, wird am Auge ergetzt, an den Formen ergetzt, am Sehbewußtsein ergetzt, an der Sehberührung ergetzt, was da durch Sehberührung bedingt an Gefühl hervorgeht als Wohl, oder Wehe, oder weder Wehe noch Wohl, eben daran ergetzt. Weil er ergetzt ist, sich anschließt, sich verlocken läßt, das Labsal beharrlich erspäht, schichten sich ihm die fünf Stücke des Anhangens weiterhin auf; und sein Durst, der Wiederdasein säende, gnügensgierverbundene, bald da bald dort sich ergetzende, der wächst ihm weiter. Dem wachsen körperliche Spaltungen weiter, wachsen geistige Spaltungen weiter, wachsen körperliche Qualen weiter, wachsen geistige Qualen weiter, wachsen körperliche Brünste weiter, wachsen geistige Brünste weiter; und körperlichen Schmerz und geistigen Schmerz erfährt er an sich.

«Wer das Ohr, ihr Mönche, nicht der Wahrheit gemäß erkennt und ver-
472 steht; wer die Nase, ihr Mönche, nicht der Wahrheit gemäß erkennt und versteht; wer die Zunge, ihr Mönche, nicht der Wahrheit gemäß erkennt und versteht; wer den Leib, ihr Mönche, nicht der Wahrheit gemäß erkennt und versteht; wer den Geist, ihr Mönche, nicht der Wahrheit gemäß erkennt und versteht, die Gedanken nicht der Wahrheit gemäß erkennt und versteht, das Denkbewußtsein nicht der Wahrheit gemäß erkennt und versteht, die Denk-

berührung nicht der Wahrheit gemäß erkennt und versteht, was da durch Denkberührung bedingt an Gefühl hervorgeht als Wohl, oder Wehe, oder weder Wehe noch Wohl, eben das nicht der Wahrheit gemäß erkennt und versteht, wird am Geiste ergetzt, an den Gedanken ergetzt, am Denkbewußtsein ergetzt, an der Denkberührung ergetzt, was da durch Denkberührung bedingt an Gefühl hervorgeht als Wohl, oder Wehe, oder weder Wehe noch Wohl, eben daran ergetzt. Weil er ergetzt ist, sich anschließt, sich verlocken läßt, das Labsal beharrlich erspäht, schichten sich ihm die fünf Stücke des Anhangens weiterhin auf; und sein Durst, der Wiederdasein säende, gnügensgierverbundene, bald da bald dort sich ergetzende, der wächst ihm weiter. Dem wachsen körperliche Spaltungen weiter, wachsen geistige Spaltungen weiter, wachsen körperliche Qualen weiter, wachsen geistige Qualen weiter, wachsen körperliche Brünste weiter, wachsen geistige Brünste weiter; und körperlichen Schmerz und geistigen Schmerz erfährt er an sich.

«Wer das Auge, ihr Mönche, der Wahrheit gemäß erkennt und versteht, die Formen der Wahrheit gemäß erkennt und versteht, das Sehbewußtsein der Wahrheit gemäß erkennt und versteht, die Sehberührung der Wahrheit gemäß erkennt und versteht, was da durch Sehberührung bedingt an Gefühl hervorgeht als Wohl, oder Wehe, oder weder Wehe noch Wohl, eben das der Wahrheit gemäß erkennt und versteht, wird am Auge nicht ergetzt, an den Formen nicht ergetzt, am Sehbewußtsein nicht ergetzt, an der Sehberührung nicht ergetzt, was da durch Sehberührung bedingt an Gefühl hervorgeht als
Wohl, oder Wehe, oder weder Wehe noch Wohl, eben daran nicht ergetzt. 473
Weil er nicht ergetzt ist, sich nicht anschließt, sich nicht verlocken läßt, das Elend beharrlich erspäht, schichten sich ihm die fünf Stücke des Anhangens weiterhin ab; und der Durst, der Wiederdasein säende, gnügensgierverbundene, bald da bald dort sich ergetzende, der schwindet ihm weg. Dem schwinden körperliche Spaltungen weg, schwinden geistige Spaltungen weg, schwinden körperliche Qualen weg, schwinden geistige Qualen weg, schwinden körperliche Brünste weg, schwinden geistige Brünste weg; und körperliches Wohl und geistiges Wohl erfährt er an sich.

«Was ein Dahingelangter erkennt, das gilt ihm als rechte Erkenntnis; was ein Dahingelangter ersinnt, das gilt ihm als rechte Gesinnung; was ein Dahingelangter sich müht, das gilt ihm als rechtes Mühn; was ein Dahingelangter einsieht, das gilt ihm als rechte Einsicht; was ein Dahingelangter ertieft, das gilt ihm als rechte Vertiefung; schon vorher aber war er in Werken, in Worten, im Wandel durchaus lauter geworden: und so wird dieser heilige achtfältige Weg von ihm zur Vollendung gebracht. Während er also diesen heiligen achtfältigen Weg vollendet, werden die vier Pfeiler der Einsicht von

ihm zur Vollendung gebracht; werden die vier gewaltigen Kämpfe von ihm zur Vollendung gebracht; werden die vier Machtgebiete von ihm zur Vollendung gebracht; werden fünf der Fähigkeiten von ihm zur Vollendung gebracht; werden fünf der Vermögen von ihm zur Vollendung gebracht; werden die sieben Erweckungen von ihm zur Vollendung gebracht. Da dienen ihm zwei Dinge als doppelte Rüstung: Ruhe und Klarsicht. Was für Dinge da weise zu durchschauen sind, diese Dinge durchschaut er weise; was für
474 Dinge da weise zu verleugnen sind, diese Dinge verleugnet er weise; was für Dinge da weise zu vollenden sind, diese Dinge vollendet er weise; was für Dinge da weise zu verwirklichen sind, diese Dinge verwirklicht er weise.

«Was für Dinge aber, ihr Mönche, sind da weise zu durchschauen? Die fünf Stücke des Anhangens, sei geantwortet; und zwar ein Stück Anhangen an der Form, ein Stück Anhangen am Gefühl, ein Stück Anhangen an der Wahrnehmung, ein Stück Anhangen an der Unterscheidung, ein Stück Anhangen am Bewußtsein: diese Dinge sind weise zu durchschauen. Was für Dinge aber, ihr Mönche, sind da weise zu verleugnen? Unwissen und Durst nach Dasein: diese Dinge sind weise zu verleugnen. Was für Dinge aber, ihr Mönche, sind weise zu vollenden? Ruhe und Klarsicht: diese Dinge sind weise zu vollenden. Was für Dinge aber, ihr Mönche, sind weise zu verwirklichen? Wissen und Erlösung: diese Dinge sind weise zu verwirklichen.

«Wer das Ohr, ihr Mönche, der Wahrheit gemäß erkennt und versteht; wer die Nase, ihr Mönche, der Wahrheit gemäß erkennt und versteht; wer die Zunge, ihr Mönche, der Wahrheit gemäß erkennt und versteht; wer den Leib, ihr Mönche, der Wahrheit gemäß erkennt und versteht; wer den Geist, ihr Mönche, der Wahrheit gemäß erkennt und versteht, die Gedanken der Wahrheit gemäß erkennt und versteht, das Denkbewußtsein der Wahrheit gemäß erkennt und versteht, die Denkberührung der Wahrheit gemäß erkennt und versteht, was da durch Denkberührung bedingt an Gefühl hervorgeht als Wohl, oder Wehe, oder weder Wehe noch Wohl, eben das der Wahrheit gemäß erkennt und versteht, wird am Geiste nicht ergetzt, an den Gedanken nicht ergetzt, am Denkbewußtsein nicht ergetzt, an der Denkberührung nicht ergetzt, was da durch Denkberührung bedingt an Gefühl hervorgeht als Wohl, oder Wehe, oder weder Wehe noch Wohl, eben daran nicht
475 ergetzt. Weil er nicht ergetzt ist, sich nicht anschließt, sich nicht verlocken läßt, das Elend beharrlich erspäht, schichten sich ihm die fünf Stücke des Anhangens weiterhin ab; und der Durst, der Wiederdasein säende, gnügensgierverbundene, bald da bald dort sich ergetzende, der schwindet ihm weg. Dem schwinden körperliche Spaltungen weg, schwinden geistige Spaltungen weg, schwinden körperliche Qualen weg, schwinden geistige Qualen weg, schwin-

den körperliche Brünste weg, schwinden geistige Brünste weg; und körperliches Wohl und geistiges Wohl erfährt er an sich.

«Was ein Dahingelangter erkennt, das gilt ihm als rechte Erkenntnis; was ein Dahingelangter ersinnt, das gilt ihm als rechte Gesinnung; was ein Dahingelangter sich müht, das gilt ihm als rechtes Mühn; was ein Dahingelangter einsieht, das gilt ihm als rechte Einsicht; was ein Dahingelangter ertieft, das gilt ihm als rechte Vertiefung; schon vorher aber war er in Werken, in Worten, im Wandel durchaus lauter geworden: und so wird dieser heilige achtfältige Weg von ihm zur Vollendung gebracht. Während er also diesen heiligen achtfältigen Weg vollendet, werden die vier Pfeiler der Einsicht von ihm zur Vollendung gebracht; werden die vier gewaltigen Kämpfe von ihm zur Vollendung gebracht; werden die vier Machtgebiete von ihm zur Vollendung gebracht; werden fünf der Fähigkeiten von ihm zur Vollendung gebracht; werden fünf der Vermögen von ihm zur Vollendung gebracht; werden die sieben Erweckungen von ihm zur Vollendung gebracht. Da dienen ihm zwei Dinge als doppelte Rüstung: Ruhe und Klarsicht. Was für Dinge da weise zu durchschauen sind, diese Dinge durchschaut er weise; was für Dinge da weise zu verleugnen sind, diese Dinge verleugnet er weise; was für
Dinge da weise zu vollenden sind, diese Dinge vollendet er weise; was für 476
Dinge da weise zu verwirklichen sind, diese Dinge verwirklicht er weise.

«Was für Dinge aber, ihr Mönche, sind da weise zu durchschauen? Die fünf Stücke des Anhangens, sei geantwortet; und zwar ein Stück Anhangen an der Form, ein Stück Anhangen am Gefühl, ein Stück Anhangen an der Wahrnehmung, ein Stück Anhangen an der Unterscheidung, ein Stück Anhangen am Bewußtsein: diese Dinge sind weise zu durchschauen. Was für Dinge aber, ihr Mönche, sind da weise zu verleugnen? Unwissen und Durst nach Dasein: diese Dinge sind weise zu verleugnen. Was für Dinge aber, ihr Mönche, sind da weise zu vollenden? Ruhe und Klarsicht: diese Dinge sind weise zu vollenden. Was für Dinge aber, ihr Mönche, sind da weise zu verwirklichen? Wissen und Erlösung: diese Dinge sind weise zu verwirklichen.»

Also sprach der Erhabene. Zufrieden freuten sich jene Mönche über das Wort des Erhabenen.

150

FÜNFZEHNTER TEIL · ACHTE REDE

DIE NAGARAVINDER

DAS HAB' ICH GEHÖRT. Zu einer Zeit wanderte der Erhabene im Lande Kosalo von Ort zu Ort und kam, von vielen Mönchen begleitet, in die Nähe eines kosalischen Brāhmanendorfes Namens Nagaravindam. Und es hörten die brāhmanischen Hausleute in Nagaravindam reden: ‹Der Asket, wahrlich, Herr Gotamo, der Sakyersohn, der dem Erbe der Sakyer entsagt hat, wandert in unserem Lande von Ort zu Ort und ist mit vielen Mönchen in Nagaravindam angekommen. Diesen Herrn Gotamo aber begrüßt man allenthalben mit dem frohen Ruhmesrufe, so zwar: 'Das ist der Erhabene, der Heilige, vollkommen Erwachte, der Wissens- und Wandelsbewährte, der Willkommene,
477 der Welt Kenner, der unvergleichliche Leiter der Männerherde, der Meister der Götter und Menschen, der Erwachte, der Erhabene. Er zeigt diese Welt mit ihren Göttern, ihren bösen und heiligen Geistern, mit ihrer Schar von Priestern und Büßern, Göttern und Menschen, nachdem er sie selbst verstanden und durchdrungen hat. Er verkündet die Lehre, deren Anfang begütigt, deren Mitte begütigt, deren Ende begütigt, die sinn- und wortgetreue, er legt das vollkommen geläuterte, geklärte Asketentum dar. Glücklich wer da nun solche Heilige sehn kann!'›

Und die brāhmanischen Hausleute von Nagaravindam begaben sich nun dorthin wo der Erhabene weilte. Dort angelangt verneigten sich einige vor dem Erhabenen ehrerbietig und setzten sich zur Seite nieder, andere wechselten höflichen Gruß und freundliche, denkwürdige Worte mit dem Erhabenen und setzten sich zur Seite nieder, einige wieder falteten die Hände gegen den Erhabenen und setzten sich zur Seite nieder, andere wieder gaben beim Erhabenen Namen und Stand zu erkennen und setzten sich zur Seite nieder, und andere setzten sich still zur Seite nieder[532]. Zu den brāhmanischen Hausleuten von Nagaravindam, die da zur Seite saßen, sprach nun der Erhabene also:

«Wenn euch, ihr Hausväter, andersfährtige Pilger die Frage stellen: ‹Was sind das, ihr Hausväter, für Asketen und Priester, die man nicht werthalten und hochschätzen, die man nicht achten und ehren kann?›, so mögt ihr auf diese Frage, Hausväter, den andersfährtigen Pilgern also Bescheid geben: ‹Wer da von Asketen und Priestern bei den durch das Gesicht ins

Bewußtsein tretenden Formen nicht ohne Gier, nicht ohne Haß, nicht ohne
Irre sich erwiesen, das eigene Herz nicht beschwichtigt hat, gerade und un-
gerade wandelt in Werken, in Worten, in Gedanken, einen solchen Asketen
oder Priester, den kann man nicht werthalten und hochschätzen, den kann
man nicht achten und ehren: und warum nicht? Wir selber haben uns ja bei
den durch das Gesicht ins Bewußtsein tretenden Formen nicht ohne Gier,
nicht ohne Haß, nicht ohne Irre erwiesen, das eigene Herz nicht beschwich-
tigt, wandeln gerade und ungerade in Werken, in Worten, in Gedanken: wer 478
nichts Besseres kennt als den geraden Wandel, den wir selber führen, solch
einen lieben Asketen oder Priester kann man eben darum nicht werthalten
und hochschätzen, kann ihn nicht achten und ehren. Wer da von Asketen
und Priestern bei den durch das Gehör ins Bewußtsein tretenden Tönen, bei
den durch den Geruch ins Bewußtsein tretenden Düften, bei den durch den
Geschmack ins Bewußtsein tretenden Säften, bei den durch das Getast ins
Bewußtsein tretenden Tastungen, bei den durch das Gedenken ins Bewußt-
sein tretenden Dingen nicht ohne Gier, nicht ohne Haß, nicht ohne Irre sich
erwiesen, das eigene Herz nicht beschwichtigt hat, gerade und ungerade
wandelt in Werken, in Worten, in Gedanken, einen solchen Asketen oder
Priester, den kann man nicht werthalten und hochschätzen, den kann man
nicht achten und ehren: und warum nicht? Wir selber haben uns ja bei die-
sen Dingen nicht ohne Gier, nicht ohne Haß, nicht ohne Irre erwiesen, das
eigene Herz nicht beschwichtigt, wandeln gerade und ungerade in Werken,
in Worten, in Gedanken: wer nichts Besseres kennt als den geraden Wandel,
den wir selber führen, solch einen lieben Asketen oder Priester kann man
eben darum nicht werthalten und hochschätzen, kann ihn nicht achten und
ehren.› Also mögt ihr, Hausväter, den andersfährtigen Pilgern auf eine sol-
che Frage Bescheid geben.

«Wenn euch aber, ihr Hausväter, andersfährtige Pilger die Frage stellen:
‹Was sind das, ihr Hausväter, für Asketen und Priester, die man wert-
halten und hochschätzen, die man achten und ehren kann?›, so mögt ihr auf
diese Frage, Hausväter, den andersfährtigen Pilgern also Bescheid geben:
‹Wer da von Asketen und Priestern bei den durch das Gesicht ins Bewußtsein
tretenden Formen ohne Gier, ohne Haß, ohne Irre sich erwiesen, das eigene
Herz beschwichtigt hat, den geraden Wandel bewahrt in Werken, in Worten,
in Gedanken, einen solchen Asketen oder Priester, den kann man werthalten
und hochschätzen, den kann man achten und ehren: und warum das? Wir sel- 479
ber haben uns ja bei den durch das Gesicht ins Bewußtsein tretenden Formen
nicht ohne Gier, nicht ohne Haß, nicht ohne Irre erwiesen, das eigene Herz
nicht beschwichtigt, wandeln gerade und ungerade in Werken, in Worten,
in Gedanken: wer da nun Besseres kennt als den geraden Wandel, den wir

selber führen, solch einen lieben Asketen oder Priester kann man eben darum
werthalten und hochschätzen, kann ihn achten und ehren. Wer da von Aske-
ten und Priestern bei den durch das Gehör ins Bewußtsein tretenden Tönen,
bei den durch den Geruch ins Bewußtsein tretenden Düften, bei den durch
den Geschmack ins Bewußtsein tretenden Säften, bei den durch das Getast
ins Bewußtsein tretenden Tastungen, bei den durch das Gedenken ins Be-
wußtsein tretenden Dingen ohne Gier, ohne Haß, ohne Irre sich erwiesen,
das eigene Herz beschwichtigt hat, den geraden Wandel bewahrt in Werken,
in Worten, in Gedanken, einen solchen Asketen oder Priester, den kann man
werthalten und hochschätzen, den kann man achten und ehren: und warum
das? Wir selber haben uns ja bei diesen Dingen nicht ohne Gier, nicht ohne
Haß, nicht ohne Irre erwiesen, das eigene Herz nicht beschwichtigt, wandeln
gerade und ungerade in Werken, in Worten, in Gedanken: wer da nun Bes-
seres kennt als den geraden Wandel, den wir selber führen, solch einen lieben
Asketen oder Priester kann man eben darum werthalten und hochschätzen,
kann ihn achten und ehren.› Also mögt ihr, Hausväter, den andersfährtigen
Pilgern auf eine solche Frage Bescheid geben.

«Wenn euch nun, ihr Hausväter, die andersfährtigen Pilger die Frage
stellen: ‹Was eignen doch den Ehrwürdigen für Merkmale, was für Kennzei-
chen, daß ihr von ihnen also redet: ‘Freilich haben jene Ehrwürdigen die Gier
verloren oder sind auf dem Wege die Gier zu verleugnen, haben den Haß ver-
loren oder sind auf dem Wege den Haß zu verleugnen, haben die Irre verloren
oder sind auf dem Wege die Irre zu verleugnen’?›, so mögt ihr auf diese Frage,
Hausväter, den andersfährtigen Pilgern also Bescheid geben: ‹Darum
480 eben suchen jene Ehrwürdigen tief im Walde abgelegene Orte auf: dort aber
gibt es keinerlei durch das Gesicht ins Bewußtsein tretende Formen, die man
sehn und sehn und begehren könnte; dort aber gibt es keinerlei durch das
Gehör ins Bewußtsein tretende Töne, die man hören und hören und begehren
könnte; dort aber gibt es keinerlei durch den Geruch ins Bewußtsein tre-
tende Düfte, die man riechen und riechen und begehren könnte; dort aber
gibt es keinerlei durch den Geschmack ins Bewußtsein tretende Säfte, die
man schmecken und schmecken und begehren könnte; dort aber gibt es kei-
nerlei durch das Getast ins Bewußtsein tretende Tastungen, die man tasten
und tasten und begehren könnte. Das sind, ihr Brüder, Merkmale, das sind
Kennzeichen, um deren willen wir von jenen Ehrwürdigen also reden: ‘Frei-
lich haben jene Ehrwürdigen die Gier verloren oder sind auf dem Wege die
Gier zu verleugnen, haben den Haß verloren oder sind auf dem Wege den
Haß zu verleugnen, haben die Irre verloren oder sind auf dem Wege die Irre
zu verleugnen.’› Also mögt ihr, Hausväter, den andersfährtigen Pilgern
auf eine solche Frage Bescheid geben.»

Nach dieser Rede sprachen die brāhmanischen Hausleute von Nagaravindam also zum Erhabenen:

«Vortrefflich, Herr Gotamo, vortrefflich, Herr Gotamo! Gleichwie etwa, Herr Gotamo, als ob man Umgestürztes aufstellte, oder Verdecktes enthüllte, oder Verirrten den Weg zeigte, oder ein Licht in die Finsternis hielte: ‹Wer Augen hat wird die Dinge sehn›: ebenso auch ist von Herrn Gotamo die Lehre gar vielfach gezeigt worden. Und so nehmen wir bei Herrn Gotamo unsere Zuflucht, bei der Lehre und bei der Jüngerschaft: als Anhänger möge uns Herr Gotamo betrachten, von heute an zeitlebens getreu[533].»

151

FÜNFZEHNTER TEIL · NEUNTE REDE

ALMOSENLÄUTERUNG

DAS HAB' ICH GEHÖRT. Zu einer Zeit weilte der Erhabene bei Rājagaham, 481
im Bambusparke, am Hügel der Eichhörnchen.

Da begab sich denn der ehrwürdige Sāriputto gegen Abend, nach Aufhebung der Gedenkensruhe, zum Erhabenen hin, begrüßte den Erhabenen ehrerbietig und setzte sich seitwärts nieder. Zum ehrwürdigen Sāriputto, der da seitwärts saß, sprach nun der Erhabene also:

«Heiter, Sāriputto, ist dein Angesicht, hell die Hautfarbe und rein; was hast du wohl, Sāriputto, in dieser Zeit am meisten erfahren mögen?»

«Armut erfahren hab' ich, o Herr, in dieser Zeit am meisten gemocht.»

«Recht so, recht so, Sāriputto. Großer Männer Erfahrung erfahren hast du wahrlich, Sāriputto, in dieser Zeit am meisten gemocht. Großer Männer Erfahrung heißt es ja, Sāriputto, ist die Armut. – Darum aber, Sāriputto, so ein Mönch sich wünscht ‹Armut erfahren möcht' ich am meisten›, hat ein solcher Mönch, Sāriputto, sich also zu erforschen: ‹Auf dem Wege wo ich nach dem Dorfe um Almosen hinging, an dem Orte wo ich um Almosen stand, auf dem Wege wo ich aus dem Dorfe vom Almosengange wiederkam, ist mir da etwa bei den durch das Gesicht ins Bewußtsein tretenden Formen Wille, oder Gier, oder Haß, oder Irre, oder Widerstreit im Geiste aufgestiegen?› Wenn da, Sāriputto, der Mönch bei seiner Betrachtung erkennt: ‹Auf dem Wege

wo ich nach dem Dorfe um Almosen hinging, an dem Orte wo ich um Almo-
482 sen stand, auf dem Wege, wo ich aus dem Dorfe vom Almosengange wiederkam, da ist mir bei den durch das Gesicht ins Bewußtsein tretenden Formen Wille, oder Gier, oder Haß, oder Irre, oder Widerstreit im Geiste aufgestiegen›, so hat ein solcher Mönch, Sāriputto, um Befreiung von ebendiesen bösen, schlechten Dingen zu kämpfen. Wenn aber, Sāriputto, der Mönch bei seiner Betrachtung erkennt: ‹Auf dem Wege wo ich nach dem Dorfe um Almosen hinging, an dem Orte wo ich um Almosen stand, auf dem Wege wo ich aus dem Dorfe vom Almosengange wiederkam, da ist mir bei den durch das Gesicht ins Bewußtsein tretenden Formen Wille, oder Gier, oder Haß, oder Irre, oder Widerstreit im Geiste nicht aufgestiegen›, so hat ein solcher Mönch, Sāriputto, ebendiese selig heitere Übung im Guten Tag und Nacht zu bewahren.

«Weiter sodann, Sāriputto, hat ein Mönch sich also zu erforschen: ‹Auf dem Wege wo ich nach dem Dorfe um Almosen hinging, an dem Orte wo ich um Almosen stand, auf dem Wege wo ich aus dem Dorfe vom Almosengange wiederkam, ist mir da etwa bei den durch das Gehör ins Bewußtsein tretenden Tönen, bei den durch den Geruch ins Bewußtsein tretenden Düften, bei den durch den Geschmack ins Bewußtsein tretenden Säften, bei den durch das Getast ins Bewußtsein tretenden Tastungen, bei den durch das Gedenken ins Bewußtsein tretenden Dingen Wille, oder Gier, oder Haß, oder Irre, oder Widerstreit im Geiste aufgestiegen?› Wenn da, Sāriputto, der Mönch bei seiner Betrachtung erkennt: ‹Auf dem Wege wo ich nach dem Dorfe um Almosen hinging, an dem Orte wo ich um Almosen stand, auf dem Wege wo ich aus dem Dorfe vom Almosengange wiederkam, da ist mir bei den durch das Gedenken ins Bewußtsein tretenden Dingen Wille, oder Gier, oder Haß, oder Irre, oder Widerstreit im Geiste aufgestiegen›, so hat ein sol-
483 cher Mönch, Sāriputto, um Befreiung von ebendiesen bösen, schlechten Dingen zu kämpfen. Wenn aber, Sāriputto, der Mönch bei seiner Betrachtung erkennt: ‹Auf dem Wege wo ich nach dem Dorfe um Almosen hinging, an dem Orte wo ich um Almosen stand, auf dem Wege wo ich aus dem Dorfe vom Almosengange wiederkam, da ist mir bei den durch das Gedenken ins Bewußtsein tretenden Dingen Wille, oder Gier, oder Haß, oder Irre, oder Widerstreit im Geiste nicht aufgestiegen›, so hat ein solcher Mönch, Sāriputto, ebendiese selig heitere Übung im Guten Tag und Nacht zu bewahren.

«Weiter sodann, Sāriputto, hat ein Mönch sich also zu erforschen: ‹Hab' ich sie aufgehoben, die fünf Begehrungen?› Wenn da, Sāriputto, der Mönch bei seiner Betrachtung erkennt: ‹Nicht aufgehoben hab' ich sie, die fünf Begehrungen›, so hat ein solcher Mönch, Sāriputto, um die Aufhebung der fünf Begehrungen zu kämpfen. Wenn aber, Sāriputto, der Mönch bei seiner Betrachtung erkennt: ‹Aufgehoben hab' ich sie, die fünf Begehrungen›, so hat ein solcher Mönch, Sāriputto, ebendiese selig heitere Übung im Guten Tag und Nacht zu bewahren.

«Weiter sodann, Sāriputto, hat ein Mönch sich also zu erforschen: ‹Hab' ich sie aufgehoben, die fünf Hemmungen?› Wenn da, Sāriputto, der Mönch bei seiner Betrachtung erkennt: ‹Nicht aufgehoben hab' ich sie, die fünf Hemmungen›, so hat ein solcher Mönch, Sāriputto, um die Aufhebung der fünf Hemmungen zu kämpfen. Wenn aber, Sāriputto, der Mönch bei seiner Betrachtung erkennt: ‹Aufgehoben hab' ich sie, die fünf Hemmungen›, so hat ein solcher Mönch, Sāriputto, ebendiese selig heitere Übung im Guten Tag 484
und Nacht zu bewahren.

«Weiter sodann, Sāriputto, hat ein Mönch sich also zu erforschen: ‹Hab' ich sie durchschaut, die fünf Stücke des Anhangens?› Wenn da, Sāriputto, der Mönch bei seiner Betrachtung erkennt: ‹Nicht durchschaut hab' ich sie, die fünf Stücke des Anhangens›, so hat ein solcher Mönch, Sāriputto, um die Durchschauung der fünf Stücke des Anhangens zu kämpfen. Wenn aber, Sāriputto, der Mönch bei seiner Betrachtung erkennt: ‹Durchschaut hab' ich sie, die fünf Stücke des Anhangens›, so hat ein solcher Mönch, Sāriputto, ebendiese selig heitere Übung im Guten Tag und Nacht zu bewahren.

«Weiter sodann, Sāriputto, hat ein Mönch sich also zu erforschen: ‹Hab' ich sie vollendet, die vier Pfeiler der Einsicht?› Wenn da, Sāriputto, der Mönch bei seiner Betrachtung erkennt: ‹Nicht vollendet hab' ich sie, die vier Pfeiler der Einsicht›, so hat ein solcher Mönch, Sāriputto, um die Vollendung der vier Pfeiler der Einsicht zu kämpfen. Wenn aber, Sāriputto, der Mönch bei seiner Betrachtung erkennt: ‹Vollendet hab' ich sie, die vier Pfeiler der Einsicht›, so hat ein solcher Mönch, Sāriputto, ebendiese selig heitere Übung im Guten Tag und Nacht zu bewahren.

«Weiter sodann, Sāriputto, hat ein Mönch sich also zu erforschen: ‹Hab ich sie vollendet, die vier gewaltigen Kämpfe?› Wenn da, Sāriputto, der Mönch bei seiner Betrachtung erkennt: ‹Nicht vollendet hab' ich sie, die vier gewaltigen Kämpfe›, so hat ein solcher Mönch, Sāriputto, um die Vollendung der vier gewaltigen Kämpfe zu kämpfen. Wenn aber, Sāriputto, der Mönch bei seiner Betrachtung erkennt: ‹Vollendet hab' ich sie, die vier gewaltigen 485
Kämpfe›, so hat ein solcher Mönch, Sāriputto, ebendiese selig heitere Übung im Guten Tag und Nacht zu bewahren.

«Weiter sodann, Sāriputto, hat ein Mönch sich also zu erforschen: ‹Hab' ich sie vollendet, die vier Machtgebiete?› Wenn da, Sāriputto, der Mönch bei seiner Betrachtung erkennt: ‹Nicht vollendet hab' ich sie, die vier Machtgebiete›, so hat ein solcher Mönch, Sāriputto, um die Vollendung der vier Machtgebiete zu kämpfen. Wenn aber, Sāriputto, der Mönch bei seiner Betrachtung erkennt: ‹Vollendet hab’ ich sie, die vier Machtgebiete›, so hat ein solcher Mönch, Sāriputto, ebendiese selig heitere Übung im Guten Tag und Nacht zu bewahren.

«Weiter sodann, Sāriputto, hat ein Mönch sich also zu erforschen: ‹Hab’ ich sie vollendet, die fünf Fähigkeiten?› Wenn da, Sāriputto, der Mönch bei seiner Betrachtung erkennt: ‹Nicht vollendet hab’ ich sie, die fünf Fähigkeiten›, so hat ein solcher Mönch, Sāriputto, um die Vollendung der fünf Fähigkeiten zu kämpfen. Wenn aber, Sāriputto, der Mönch bei seiner Betrachtung erkennt: ‹Vollendet hab’ ich sie, die fünf Fähigkeiten›, so hat ein solcher Mönch, Sāriputto, ebendiese selig heitere Übung im Guten Tag und Nacht zu bewahren.

«Weiter sodann, Sāriputto, hat ein Mönch sich also zu erforschen: ‹Hab’ ich sie vollendet, die fünf Vermögen?› Wenn da, Sāriputto, der Mönch bei seiner Betrachtung erkennt: ‹Nicht vollendet hab’ ich sie, die fünf Vermögen›, so hat ein solcher Mönch, Sāriputto, um die Vollendung der fünf Vermögen zu kämpfen. Wenn aber, Sāriputto, der Mönch bei seiner Betrachtung erkennt: ‹Vollendet hab’ ich sie, die fünf Vermögen›, so hat ein solcher
486 Mönch, Sāriputto, ebendiese selig heitere Übung im Guten Tag und Nacht zu bewahren.

«Weiter sodann, Sāriputto, hat ein Mönch sich also zu erforschen: ‹Hab’ ich sie vollendet, die sieben Erweckungen?› Wenn da, Sāriputto, der Mönch bei seiner Betrachtung erkennt: ‹Nicht vollendet hab’ ich sie, die sieben Erweckungen›, so hat ein solcher Mönch, Sāriputto, um die Vollendung der sieben Erweckungen zu kämpfen. Wenn aber, Sāriputto, der Mönch bei seiner Betrachtung erkennt: ‹Vollendet hab’ ich sie, die sieben Erweckungen›, so hat ein solcher Mönch, Sāriputto, ebendiese selig heitere Übung im Guten Tag und Nacht zu bewahren.

«Weiter sodann, Sāriputto, hat ein Mönch sich also zu erforschen: ‹Hab’ ich ihn vollendet, den heiligen achtfältigen Weg?› Wenn da, Sāriputto, der Mönch bei seiner Betrachtung erkennt: ‹Nicht vollendet hab’ ich ihn, den heiligen achtfältigen Weg›, so hat ein solcher Mönch, Sāriputto, um die Vollendung des heiligen achtfältigen Weges zu kämpfen. Wenn aber, Sāriputto, der Mönch bei seiner Betrachtung erkennt: ‹Vollendet hab’ ich ihn, den heiligen achtfältigen Weg›, so hat ein solcher Mönch, Sāriputto, ebendiese selig heitere Übung im Guten Tag und Nacht zu bewahren.

«Weiter sodann, Sāriputto, hat ein Mönch sich also zu erforschen: ‹Hab’ ich sie vollendet, Ruhe und Klarsicht?› Wenn da, Sāriputto, der Mönch bei seiner Betrachtung erkennt: ‹Nicht vollendet hab’ ich sie, Ruhe und Klarsicht›, so hat ein solcher Mönch, Sāriputto, um die Vollendung von Ruhe und Klarsicht zu kämpfen. Wenn aber, Sāriputto, der Mönch bei seiner Be-

trachtung erkennt: ‹Vollendet hab' ich sie, Ruhe und Klarsicht›, so hat ein solcher Mönch, Sāriputto, ebendiese selig heitere Übung im Guten Tag und 487
Nacht zu bewahren.

«Weiter sodann, Sāriputto, hat ein Mönch sich also zu erforschen: ‹Hab' ich es verwirklicht, Wissen und Erlösung?› Wenn da, Sāriputto, der Mönch bei seiner Betrachtung erkennt: ‹Nicht verwirklicht hab' ich es, Wissen und Erlösung›, so hat ein solcher Mönch, Sāriputto, um die Verwirklichung von Wissen und Erlösung zu kämpfen. Wenn aber, Sāriputto, der Mönch bei seiner Betrachtung erkennt: ‹Verwirklicht hab' ich es, Wissen und Erlösung›, so hat ein solcher Mönch, Sāriputto, ebendiese selig heitere Übung im Guten Tag und Nacht zu bewahren.

«Denn wer immer auch, Sāriputto, von den Asketen oder den Priestern in vergangenen Zeiten Almosen geläutert hat, ein jeder hat also und also betrachtend und betrachtend Almosen geläutert. Und wer immer auch, Sāriputto, von den Asketen oder den Priestern in künftigen Zeiten Almosen läutern wird, ein jeder wird also und also betrachtend und betrachtend Almosen läutern. Und wer immer auch, Sāriputto, von den Asketen oder den Priestern in der Gegenwart Almosen läutern mag, ein jeder mag also und also betrachtend und betrachtend Almosen läutern.

«Darum aber, Sāriputto: ‹Betrachtend und betrachtend wollen wir Almosen läutern›: so habt ihr, Sāriputto, euch wohl zu üben.»

Also sprach der Erhabene. Zufrieden freute sich der ehrwürdige Sāriputto über das Wort des Erhabenen[534].

152

FÜNFZEHNTER TEIL · ZEHNTE REDE

SINNESGEWALT

DAS HAB' ICH GEHÖRT. Zu einer Zeit weilte der Erhabene bei Kajaṉgalā[535], 488
im Hain der Glockenbäume.

Da begab sich denn Uttaro, ein junger Brāhmane, der Schüler Pārāsariyos, zum Erhabenen hin, wechselte höflichen Gruß und freundliche, denkwürdige Worte mit dem Erhabenen und setzte sich seitwärts nieder. An Uttaro den jungen Brāhmanen, den Schüler Pārāsariyos, der da zur Seite saß, wandte sich nun der Erhabene also:

«Lehrt, Uttaro, Pārāsariyo der Priester den Jüngern die Sinne in der Gewalt haben?»

«Es lehrt, o Gotamo, Pārāsariyo der Priester den Jüngern die Sinne in der Gewalt haben.»

«Auf welche Weise, Uttaro, lehrt wohl Pārāsariyo der Priester den Jüngern die Sinne in der Gewalt haben?»

«Da sieht man, o Gotamo, mit dem Auge keine Form und hört mit dem Ohre keinen Ton: also lehrt, o Gotamo, Pārāsariyo der Priester den Jüngern die Sinne in der Gewalt haben[536].»

«Ist es also, Uttaro, dann mag ein Blinder Gewalt über die Sinne haben, und mag ein Tauber Gewalt über die Sinne haben, dem Worte des Priesters Pārāsariyo gemäß: denn ein Blinder, Uttaro, sieht mit dem Auge keine Form, und ein Tauber hört mit dem Ohre keinen Ton.»

Also beschieden blieb Uttaro, der junge Brāhmane, der Schüler Pārāsariyos, verstummt und verstört, die Schultern gebeugt, den Kopf gesenkt, sprachlos vor sich hinstarrend sitzen. Und der Erhabene sah wie Uttaro also dasaß und wandte sich an den ehrwürdigen Ānando:

«Auf andere Weise, Ānando, lehrt eben Pārāsariyo der Priester den Jüngern
489 die Sinne in der Gewalt haben, und auf andere Weise wieder hat man im Orden des Heiligen die Sinne in höchster Gewalt.»

«Da ist es, Erhabener, Zeit, da ist es, Willkommener, Zeit, daß der Erhabene zeige, wie man im Orden des Heiligen die Sinne in höchster Gewalt hat: des Erhabenen Wort werden die Mönche bewahren.»

«Wohlan denn, Ānando, so höre und achte wohl auf meine Rede.»

«Gewiß, o Herr!» sagte da aufmerksam der ehrwürdige Ānando zum Erhabenen. Der Erhabene sprach also:

«Wie also hat man, Ānando, im Orden des Heiligen die Sinne in höchster Gewalt? Da hat, Ānando, ein Mönch mit dem Auge eine Form gesehn, und wird angenehm bewegt, wird unangenehm bewegt, wird angenehm und unangenehm bewegt. Und er erkennt: ‹Bewegt worden bin ich da angenehm, bewegt worden unangenehm, bewegt worden angenehm und unangenehm: das aber ist zusammengesetzt, ist grob geartet, bedingt entstanden; es gibt eine Ruhe, es gibt ein Ziel, und zwar den Gleichmut.› Und das angenehm bewegt sein, unangenehm bewegt sein, angenehm und unangenehm bewegt sein hört bei ihm auf, der Gleichmut hält an. Gleichwie etwa, Ānando, ein scharfsehender Mann blicks die Augen aufschlagen und schließen, blicks die Augen schließen und aufschlagen kann: ebenso nun auch, Ānando, kann wer da also rasch, also eilig, also mühelos das angenehm bewegt sein, unangenehm

bewegt sein, angenehm und unangenehm bewegt sein bei sich aufhören läßt
den Gleichmut anhalten lassen. Das heißt man, Ānando, im Orden des Heili-
gen die Sinne in höchster Gewalt haben, bei den durch das Gesicht ins Be-
wußtsein tretenden Formen.

«Weiter sodann, Ānando, hat ein Mönch mit dem Ohre einen Ton gehört
und wird angenehm bewegt, wird unangenehm bewegt, wird angenehm und
unangenehm bewegt. Und er erkennt: ‹Bewegt worden bin ich da angenehm, 490
bewegt worden unangenehm, bewegt worden angenehm und unangenehm:
das aber ist zusammengesetzt, ist grob geartet, bedingt entstanden; es gibt
eine Ruhe, es gibt ein Ziel, und zwar den Gleichmut.› Und das angenehm
bewegt sein, unangenehm bewegt sein, angenehm und unangenehm bewegt
sein hört bei ihm auf, der Gleichmut hält an. Gleichwie etwa, Ānando, ein
kräftiger Mann gar leicht einen Schnalzer schlagen kann: ebenso nun auch,
Ānando, kann wer da also rasch, also eilig, also mühelos das angenehm bewegt
sein, unangenehm bewegt sein, angenehm und unangenehm bewegt sein bei
sich aufhören läßt den Gleichmut anhalten lassen. Das heißt man, Ānando, im
Orden des Heiligen die Sinne in höchster Gewalt haben, bei den durch das
Gehör ins Bewußtsein tretenden Tönen.

«Weiter sodann, Ānando, hat ein Mönch mit der Nase einen Duft gerochen
und wird angenehm bewegt, wird unangenehm bewegt, wird angenehm und
unangenehm bewegt. Und er erkennt: ‹Bewegt worden bin ich da angenehm,
bewegt worden unangenehm, bewegt worden angenehm und unangenehm:
das aber ist zusammengesetzt, ist grob geartet, bedingt entstanden; es gibt
eine Ruhe, es gibt ein Ziel, und zwar den Gleichmut.› Und das angenehm
bewegt sein, unangenehm bewegt sein, angenehm und unangenehm bewegt
sein hört bei ihm auf, der Gleichmut hält an. Gleichwie etwa, Ānando, auf
einem leicht geneigten Lotusblatte Wassertropfen herabgleiten, keinen Halt
finden: ebenso nun auch, Ānando, kann wer da also rasch, also eilig, also
mühelos das angenehm bewegt sein, unangenehm bewegt sein, angenehm
und unangenehm bewegt sein bei sich aufhören läßt den Gleichmut anhalten
lassen. Das heißt man, Ānando, im Orden des Heiligen die Sinne in höchster
Gewalt haben, bei den durch den Geruch ins Bewußtsein tretenden Düften.

«Weiter sodann, Ānando, hat ein Mönch mit der Zunge einen Saft ge-
schmeckt und wird angenehm bewegt, wird unangenehm bewegt, wird an- 491
genehm und unangenehm bewegt. Und er erkennt: ‹Bewegt worden bin ich
da angenehm, bewegt worden unangenehm, bewegt worden angenehm und
unangenehm: das aber ist zusammengesetzt, ist grob geartet, bedingt ent-
standen; es gibt eine Ruhe, es gibt ein Ziel, und zwar den Gleichmut.› Und
das angenehm bewegt sein, unangenehm bewegt sein, angenehm und unan-
genehm bewegt sein hört bei ihm auf, der Gleichmut hält an. Gleichwie etwa,

Ānando, ein kräftiger Mann an der Spitze der Zunge einen Speichelball ansammeln und ohne Mühe ausspeien kann: ebenso nun auch, Ānando, kann wer da also rasch, also eilig, also mühelos das angenehm bewegt sein, unangenehm bewegt sein, angenehm und unangenehm bewegt sein bei sich aufhören läßt den Gleichmut anhalten lassen. Das heißt man, Ānando, im Orden des Heiligen die Sinne in höchster Gewalt haben, bei den durch den Geschmack ins Bewußtsein tretenden Säften.

«Weiter sodann, Ānando, hat ein Mönch mit dem Leibe eine Tastung getastet und wird angenehm bewegt, wird unangenehm bewegt, wird angenehm und unangenehm bewegt. Und er erkennt: ‹Bewegt worden bin ich da angenehm, bewegt worden unangenehm, bewegt worden angenehm und unangenehm: das aber ist zusammengesetzt, ist grob geartet, bedingt entstanden; es gibt eine Ruhe, es gibt ein Ziel, und zwar den Gleichmut.› Und das angenehm bewegt sein, unangenehm bewegt sein, angenehm und unangenehm bewegt sein hört bei ihm auf, der Gleichmut hält an. Gleichwie etwa, Ānando, ein kräftiger Mann seinen eingezogenen Arm ausstrecken oder seinen ausgestreckten Arm einziehn kann: ebenso nun auch, Ānando, kann wer da also rasch, also eilig, also mühelos das angenehm bewegt sein, unangenehm bewegt sein, angenehm und unangenehm bewegt sein bei sich aufhören läßt den Gleichmut anhalten lassen. Das heißt man, Ānando, im Orden des Heiligen die Sinne in höchster Gewalt haben, bei den durch das Getast ins Bewußtsein tretenden Tastungen.

«Weiter sodann, Ānando, hat ein Mönch mit dem Geiste ein Ding gedacht
492 und wird angenehm bewegt, wird unangenehm bewegt, wird angenehm und unangenehm bewegt. Und er erkennt: ‹Bewegt worden bin ich da angenehm, bewegt worden unangenehm, bewegt worden angenehm und unangenehm: das aber ist zusammengesetzt, ist grob geartet, bedingt entstanden; es gibt eine Ruhe, es gibt ein Ziel, und zwar den Gleichmut.› Und das angenehm bewegt sein, unangenehm bewegt sein, angenehm und unangenehm bewegt sein hört bei ihm auf, der Gleichmut hält an. Gleichwie etwa, Ānando, wenn ein Mann auf eine tagüber am Feuer glühende eiserne Pfanne zwei oder drei Wassertropfen herabträufeln ließe – langsam, Ānando, wäre der Fall der Tropfen, aber gar eilig würden sie aufgelöst und verschwunden sein –: ebenso nun auch, Ānando, kann wer da also rasch, also eilig, also mühelos das angenehm bewegt sein, unangenehm bewegt sein, angenehm und unangenehm bewegt sein bei sich aufhören läßt den Gleichmut anhalten lassen. Das heißt man, Ānando, im Orden des Heiligen die Sinne in höchster Gewalt haben, bei den durch das Gedenken ins Bewußtsein tretenden Dingen. – So aber hat man, Ānando, im Orden des Heiligen die Sinne in höchster Gewalt.

«Wie aber ist man, Ānando, als Kämpfer vorgeschritten? Da hat, Ānando, ein Mönch mit dem Auge eine Form gesehn und wird angenehm bewegt, wird unangenehm bewegt, wird angenehm und unangenehm bewegt. Und vor diesem angenehm bewegt sein, unangenehm bewegt sein, angenehm und unangenehm bewegt sein kommt ihn ein Grauen an, Entsetzen an, Abscheu an. Er hat mit dem Ohre einen Ton gehört, mit der Nase einen Duft gerochen, mit der Zunge einen Saft geschmeckt, mit dem Leibe eine Tastung getastet, mit dem Geiste ein Ding gedacht und wird angenehm bewegt, wird unangenehm bewegt, wird angenehm und unangenehm bewegt. Und vor diesem angenehm bewegt sein, unangenehm bewegt sein, angenehm und unangenehm bewegt sein kommt ihn ein Grauen an, Entsetzen an, Abscheu an. So aber ist man, Ānando, als Kämpfer vorgeschritten. 493

«Wie aber ist man, Ānando, als Heiliger sinnesgewaltig? Da hat, Ānando, ein Mönch mit dem Auge eine Form gesehn und wird angenehm bewegt, wird unangenehm bewegt, wird angenehm und unangenehm bewegt. Und wenn er sich wünscht: ‹Bei Widerwärtigen will ich unwiderwärtig gewahrbleiben›, so bleibt er dabei unwiderwärtig gewahr; wenn er sich wünscht: ‹Bei Unwiderwärtigem will ich widerwärtig gewahrbleiben›, so bleibt er dabei widerwärtig gewahr; wenn er sich wünscht: ‹Bei Widerwärtigem und Unwiderwärtigem will ich unwiderwärtig gewahrbleiben›, so bleibt er dabei unwiderwärtig gewahr; wenn er sich wünscht: ‹Bei Unwiderwärtigem und Widerwärtigem will ich widerwärtig gewahrbleiben›, so bleibt er dabei widerwärtig gewahr; wenn er sich wünscht: ‹Widerwärtiges und Unwiderwärtiges, beides will ich von mir weisen und gleichmütig bleiben, besonnen, klar bewußt›, so bleibt er dabei gleichmütig, besonnen, klar bewußt. Weiter sodann, Ānando, hat ein Mönch mit dem Ohre einen Ton gehört, mit der Nase einen Duft gerochen, mit der Zunge einen Saft geschmeckt, mit dem Leibe eine Tastung getastet, mit dem Geiste ein Ding gedacht und wird angenehm bewegt, wird unangenehm bewegt, wird angenehm und unangenehm bewegt. Und wenn er sich wünscht: ‹Bei Widerwärtigem will ich unwiderwärtig gewahrbleiben›, so bleibt er dabei unwiderwärtig gewahr; wenn er sich wünscht: ‹Bei Unwiderwärtigem will ich widerwärtig gewahrbleiben›, so bleibt er dabei widerwärtig gewahr; wenn er sich wünscht: ‹Bei Widerwärtigem und Unwiderwärtigem will ich unwiderwärtig gewahrbleiben›, so bleibt er dabei unwiderwärtig gewahr; wenn er sich wünscht: ‹Bei Unwiderwärtigem und Widerwärtigem will ich widerwärtig gewahrbleiben›, so
bleibt er dabei widerwärtig gewahr; wenn er sich wünscht: ‹Widerwärtiges 494
und Unwiderwärtiges, beides will ich von mir weisen und gleichmütig bleiben, besonnen, klar bewußt›, so bleibt er dabei gleichmütig, besonnen, klar bewußt. So aber ist man, Ānando, als Heiliger sinnesgewaltig.

«Und so hab' ich, Ānando, gezeigt wie man im Orden des Heiligen die Sinne in höchster Gewalt hat, gezeigt wie man als Kämpfer vorgeschritten ist, gezeigt wie man als Heiliger sinnesgewaltig ist. Was ein Meister, Ānando, den Jüngern aus Liebe und Teilnahme, von Mitleid bewogen, schuldet, das habt ihr von mir empfangen. Da laden, Ānando, Bäume ein, und dort leere Klausen. Wirket Schauung, Ānando, auf daß ihr nicht lässig werdet, später nicht Reue empfindet: das haltet als unser Gebot.»

Also sprach der Erhabene. Zufrieden freute sich der ehrwürdige Ānando über das Wort des Erhabenen.

ENDE DES OBEREN HALBHUNDERTS

ANMERKUNGEN

1. *abhibhū*, der Übermächtige, der Überwältiger, ist nicht etwa eine Hypostase Brahmās (die ja samt und sonders ad absurdum geführt werden, e.g. *DN* vol. I., p. 17 f., 221 f.), sondern es ist der Weltüberwinder, der *Jino*. Cf. *MN* vol. I., p. 171.

2. *nibbānam:* von √*vān* wollen, wünschen, wähnen; siehe meinen «Wahrheitpfad», Anm. 283. Zur Etymologie vergl. noch *Theragāthā* v. 689 ff. *Manussabhūto sambuddho vanā nibbānam āgato;* zur Semasiologie *SN* vol. II., p. 118, *Bhavanirodho nibbānan ti.*

3. *buddho* erwacht; vergl. *paṭibuddho* wiedererwacht, *MN* vol. I., p. 365.

4. die Reihe *appicchatā, santuṭṭhī, sallekhā, subharatā, viriyārambhā* weist auf die wahre Abstammung von *sallekhā, sallekho* hin: nicht aus *likh°*, sondern aus *lagh°* hat sich entwickelt *saṃlaghuka, sallahuka, sallaukha, sallœkha, sallekho.* – In *sallikhitagatto, SN* vol. I., p. 82, ist das *i* dialektische Differenzierung, wie bei *nisinno* für *niṣaṇṇas.*

5. *pubbe 'va sambodhā anabhisambuddhassa bodhisattass' eva sato: bodhisatto = bodhi + sakta,* √*sañj;* cf. *āsatto, MN* I., 120, 1; *AN* I., 138, *SN* I., 212 (*CV* II, 156, *asatto, Suttanipāto* v. 176 f. etc., *ādānasattam maccudheyyam* v. 1104, auch *MN* I, 376 *manosatto = manopaṭibaddho, Suttanip.* v. 473 *mānasatto, SN* IV., 23, 66 *bhavasatto.* Diese Ableitung war dem ursprünglichen Buddhismus so geläufig, daß er sie, metaphorisch, sogar auf *sattva* bezogen hat, siehe *SN* III., 190.

6. *anussaranti*, praesens praeteriti soliti: cf. *Ekaṃ samayaṃ ... viharati* u. a. m. – WHITNEY, Ind. Gramm. § 777.

7. Die richtige Auslegung dieser Stelle verdanke ich GEORG BÜHLER; vgl. auch R. OTTO FRANKE in der Wiener Zeitschrift für die Kunde des Morgenlandes, vol. VII., p. 353. Zum Begriffe *anuggaho* cf. übrigens *Ṛgvedaprātiśākhyam* XI, 10, samt Kommentar, mit WILSONS *Viṣṇupurāṇam* vol. I., p. 76 n. 1, und BURNOUFS *Bhāgavatapurāṇam* VII, 9, 48.

8. Magen für *antam* (von *antaram*) ergibt sich aus *SN* vol. II. p. 270, lin. ult.

9. Freie Brüder = *Nigaṇṭhā*, wörtlich Knotenlose, einer der Zweige der großen Sekte der *Jainās*, die noch heute in Indien besteht, gegründet von *Nāthaputto*, einem Zeitgenossen Gotamos. Vergl. Anm. 24.

10. Die tief im Wesen des Ordens begründete Geringschätzung aller Riten (vgl. die keineswegs seltene *Ehi-bhikkhu-upasampadā*) gibt sich auch hier, fast überraschend, zu erkennen: selbst die, *Vin.* vol. I. p. 159, klar normierte *Pavāraṇā*-Feier mag der Mönch, ganz nach Belieben, mitmachen oder nicht mitmachen, es gilt gleich; wie eben schon ein alter, dem *Śaṅkhas* (*Saṅh.* VII, 16, 4) zugeschriebener Spruch sagt: *Hṛdi sarvam pratiṣṭhitam.*

11. Hohe schlanke Bäume voller wohlriechender Blüten; die köstliche Frucht, von außen wie eine große grüne Orange anzusehn, heißt Bilva.

Die Längere Sammlung ist nach Band II der vorliegenden Gesamtausgabe zitiert.

12. *bhavābhavo* ist hier zu erklären wie *kusalākusalam*, *sāvajjānavajjam*, *karaṇīyākaraṇīyam*, *maggāmaggo* u. a., *AN* vol. I. p. 129, 174, II. 37; vgl. insbes. das 49. *Itivuttakam*, *Suttanipāto* v. 6 und 514, *DN* vol. I p. 179.

13. Vergl. Anm. 29.

14. Die ersten sieben Gleichnisse werden in der 54. Rede näher erklärt: Ein kahler Knochen, ohne Fleisch, abgeschabt, blutbefleckt, vom Schlächter einem halbverhungerten Hunde zugeworfen; ein Fleischfetzen, von einem Geier gepackt, doch von anderen herniederstürzenden Geiern im Kampf auf Leben und Tod entrissen; eine Strohfackel, die gegen den Wind getragen gar bald Hand, Arm und Leib ergreift; eine Grube voll glühender Kohlen, die dem Hineingestoßenen jämmerliches Unheil bereitet; Gärten, Haine, Gewässer, die man im Traum gesehn hat, aber wiedererwacht (*paṭibuddho*) vergebens suchen würde; ein zusammengeborgter Schatz, mit dem man am Markte großtut: aber die Eigner kommen und nehmen ihn weg; Nüsse, die einer, der klettern kann, auf hoher Palme oben sitzend pflückt: aber ein anderer, der nicht klettern kann, kommt mit scharfem Beile versehn heran und hackt auf den Stamm los, die Nüsse zu kriegen. – Die weiteren drei Gleichnisse kommen a. a. O. nicht vor, sind übrigens allgemein verständlich.

15. Der Text fügt hier als Kommentar, gleichsam in Klammern, hinzu: *suttaṃ geyyaṃ veyyākaraṇaṃ gātham udānam itivuttakaṃ jātakam abbhutadhammaṃ vedallaṃ* – eine augenfällige Interpolation.

16. *sabbasaṅkhārasamathāya*; cf. meine «Buddhistische Anthologie», Leiden 1892, p. XXV.

17. *mārassa pāpimato*; cf. die 29. Anmerkung. *Māro*, personifiziert, ist der indische Große Pan.

18. Dieses Bewußtsein ist gleich dem inneren Sinn, d. h. dem Bewußtsein von der Unendlichkeit der Zeit.

19. *pubbāpayamāno: pubbe apayamāno*, von *payate*.

20. *Sahampati* ist Eigenname dieses Brahmā, wie *Bako*, der Blitzstrahl, in der 49. Rede, oder *Sanaṅkumāro*, Der ewige Jüngling, in der 53. Rede (auch *DN* Nr. 18, 19, 27 und *SN*, vol. I. p. 153), Eigennamen anderer gleichzeitiger und gleichmächtiger Brahmās sind. *Sahampati* ist nur par parum.

21. Die Umgebung von Benāres, wald- und wasserreich, ist flach: doch sieht man hier und da anmutige kleine Erd- und Steintumuli, von mächtigen Bäumen und Baumgruppen umstanden. Ein solcher dürfte auch der Seherstein, *Isipatanam*, gewesen sein. Eine Tagereise Bahnfahrt ostsüdöstlich liegt die uralte Gayāstadt an der freundlichen, hellen Gayā, die heute Phalgu genannt wird; ein schöner Spaziergang den Fluß entlang führt zum berühmten Tempel des Dorfes Buddh' Gayā. Ureli, einst Uruvelā, ist einen Tagemarsch weiter nach Süden gelegen, drüben, am rechten Ufer, an einem Knie der hier Lilañjā, früher Nerañjarā genannten mittleren Gayā. Die Landschaft mit ihren schattigen Auen und weiten Wiesen und sanften bewaldeten Hügeln und Felsen im Hintergrund erinnert, bei auffallend zurücktretender Tropenvegetation, an die untere Maingegend.

22. *sāvakā:* hier gleich *upāsakā*, gegenüber den späteren *samaṇā*; cf. Asokos Felsen edikt von *Rūpnāth*, l. 1, mit der entsprechenden Stelle von *Sahasarām*.

23. *tathāgatapadam*.

24. Siṇh. Mss haben uns diese offenbar ältere und bessere Variante zu *nāta°* und *ñāta°* erhalten; vgl. FEER im Journal asiatique, April-Juni 1887, p. 314 Anm. 2; *SN*, vol. I, p. 68 Anm. 7, *AN* I, 220 (B = SS?), *DN* I, 49, 57f., auch *Vinayapiṭakam* I, 385.

Nāthaputto ist «der Sohn aus fürstlichem Hause», wörtlich «der junge Herr», analog dem späteren Nāthakumāras; cf. auch die beliebten Namen *Viśvanāthas*, *Bhoganāthas*, *Rāmanāthas*, *Jagannāthas*, *Lokanāthas*, *Dharmanāthas*, *Yoganāthas*, *Bhāvanāthas*, *Vīranāthas* und noch ein Dutzend ähnlicher. Die *Nāthakṣatriyās* nun aus einem imaginierten **Jñātavaṃśas* abzuleiten ist ein würdiges Kommentatorenstücklein, das denn auch unsere Jainologen gläubig hingenommen haben, ohne Kritik. Der allerdings befremdliche Übergang des *ha* in *ya* ist nämlich, wenn nicht etwa bloß ein alter Irrtum vorliegt, zu erklären nach *Hemacandras* I. 214 (vgl. 249, 250), *ta : ha = ta : ya*. Es wurde also *nātha°* zunächst regelrecht *nāha°*: dieses aber, nach *Hem.* l. c., hier fälschlich auf *nāta°* bezogen, mußte *nāya°* ergeben. Eine volle Bestätigung von seiten der Inschriften wird sich vielleicht im Laufe der Zeiten finden. Einstweilen genüge BÜHLERS Nachweisung verballhornter Namen, Ep. Ind. I. 378, ferner die Statue des 3. *Jinas Sambhavanāthas*, ib. 153, und endlich der alles eher als zufällig gewählte Name *Pārśvanāthas* für *Nāthaputras*' quasi Vorgänger. – Der Dialektiker Saccako ist möglicherweise des Nigaṇṭhers bekannter Tochtermann (*jāmātā*), der das erste Schisma unter den *Jainās* verursacht haben soll. Die Charakteristik in unserer 35. und 36. Rede trifft genau zu. *Jāmātā* ∼ *jāmas*, *jāmis*, mit dem prākṛtischen Personalsuffixe *li* verziert, mag später Nom. propr. geworden sein; cf. *Jābāli*. Die irrige Übertragung von Saccakos *gotram* auf das seines Schwiegervaters und mütterlichen Oheims, *DN* vol. I. p. 57, scheint darauf zu beruhen, daß man den Nigaṇṭhaputto für den leiblichen Sohn gehalten hat, ein verzeihliches Versehn, «als dan noch bey uns heutigen tag der brauch ist, dasz der schweher sein tochterman sein sun heist»: Aventin vol. IV. p. 728. – Buddhaghosos Variante *Nigaṇṭhiputto* weist übrigens direkt auf die Mutter hin; ob auf Grund geschichtlicher Überlieferung oder geschwätziger Allwissenheit, wage ich nicht zu entscheiden.

25. Diese wohlbekannten neun *phāsuvihārā* hat wohl Asoko gemeint, wenn er, auf dem Bairāter Edikt l. 5, von den *aliyavasāni* spricht: denn sie heißen auch *ariyavisesā*, z. B. in der folgenden Rede. – Freilich ließe sich noch an den *ariyūposatho*, *AN* III. Nr. 70, und an die Dekade im *Saṅgītisuttam* denken. Für Asokos *aliyavasāni* = *phāsuvihārā* spricht noch *Khuddakapāṭho* IV, 9 *santāvāsā* (so ist zu lesen) = *MN* vol. I. p. 42 *santā vihārā*. Als 6. Fassung derselben Begriffe sei hier noch *anupubbavihārā* gegeben: *Paṭisambhidāmaggo*, Pāli-Mss NEUMANN Nr. 5 fol. *ki*. – Der von Asoko im selben Edikt als *moneyasūte* belobte Text ist weder im *Sāmaññaphalasuttam* noch im *AN* III. Nr. 120, wie OLDENBERG *Vin.* I. XL[1] vermutet hat, wohl aber im 2. Teil des *Nālakasuttam* des *Suttanipāto*, vv. 699–723, mit voller Sicherheit wiederzuerkennen. Der selben, dem götterbegnadeten Gnadenreich so sympathischen Sammlung könnte auch der *Upatisapasine* entnommen sein: der unermüdliche Prediger der *ahiṃsā* hätte damit nämlich das *Sāriputtapañhasuttam* (vv. 955–975) empfehlen wollen, keineswegs die erst später zu hohem Ansehn gelangte dunkle metaphysische Formel *ye dhammā hetuppabhavādi*. Die Verse 964/5 stellten die *Anāgatabhayāni* im Auszuge dar. Wahrscheinlich aber wird unsere 24. Rede gemeint sein, welcher der Titel *Upatissapañho* ganz eigentlich zukommt und die überdies noch durch *e–cā* unserer 61. Rede, dem *Rāhulovādo*, verbunden ist: Asokos allgemeine Angabe *bhagavatā bhāsite* widerspricht, im Grunde genommen, nicht.

26. *rittam*, $\sqrt{ric}$, in urspr. Bed.: Wer bemerkt, daß man nicht mehr braucht. Cf. *rittāsanam* eine verlassene Stätte, *rittapesuṇo* einer der das Ausrichten aufgegeben hat, *muni ritto caranto* der entrückt wandernde Einsiedler, *Suttanip.* v. 963, 941. 823, *Theragāthā* vv. 502 ff.; *rittassādo* müßiges Behagen, *AN* vol. I. p. 280. – Zur «inneren Meeresstille», S. 235, passim, vergl. *Theragāthā* v. 372, *Suttanipāto* vv. 920, 723 und 720:

Das lernet von der Flüsse Flut,
Vom Bergesbach, vom Stufensturz:
Geschwätzig wellt ihr Wasserschwall –
Verschwiegen wellt der Ozean.

27. Mönchen und Nonnen, Anhängern und Anhängerinnen.

28. Unterkleid, Oberkleid und doppelte Toga; vgl. *Mahāvaggo* p. 287 ff.

29. *māradheyyam*, *amāradheyyam*, *maccudheyyam*, *amaccudheyyam*. – *māradheyyam* wörtlich: das Reich der Mortur, genau wie SCHOPENHAUER den Ausdruck anwendet, Nachlaß Bd. IV., § 551.

30. lies: *rūpattāyam*, *vedanattāyam* etc.

31. Das waren die Häupter jener ante- und conbuddhistischen Wunderbaren Heiligen, der Unbekleideten (*Acelakos*), der Ungebundenen (*Muttācāros* ♎ *Ājīvikos*), der Handverköster (*Hatthāpalekhanos*). Die Geißelung aber war diese, daß der völlig Nackte, der nicht einmal einen Napf besaß, das Almosen nicht zum Munde führen, sondern nur aus seiner Hand aufschlürfen durfte. Vgl. hierzu das *Kukkuravatikasuttantam*, *MN* Nr. 57, wo noch inbrünstigere Geißelbrüder die Sache cagnescamente, bzw. vacchescamente betreiben, u. a. m. *Acelakā*, *vivasanā*, *muttavasanā*, *muttācārā*, *naggacariyā* (cf. *Dhp.* v. 141), *digambarā*, *nigaṇṭhā* (cf. *Suttanip.* v. 381) sind übrigens Synonyme und gehören unter den Begriff des *kṣapaṇājīvas*, als dessen bekannteste Vertreter sich bis auf den heutigen Tag die *Jainās* erhalten haben.

32. Zu unseren fünf Sinnen zählen die Inder als sechsten die Funktion des Denkens hinzu: Gesicht, Gehör, Geruch, Geschmack, Getast, Gedenken. Vergl. die 9., 10. und 11. Rede.

33. Die Antithesen *samaṇo : samitā*, *brāhmaṇo : bāhitā*, *nahātako : nahātā*, *vedagū : viditā*, *sottiyo : nissutā*, *ariyo : ārakā*, *araham : ārakā* sind metaphorisch angewandt, nicht etymologisch: denn daß der Buddho die wahren Etymologien nicht gekannt habe, ist bei seiner gründlichen Vertrautheit mit dem Brāhmanentume (*DN*) kaum anzunehmen. – Vergl. die tiefsinnige Ableitung des *rūpam* von $\sqrt{rup} = \sqrt{lup}$, *SN* vol. III. p. 86; auch *Suttanip.* v. 1121. Ebenso *loko* von $\sqrt{luj}$, *SN* vol. IV. p. 52.

34. Einen trefflichen Auszug dieser Reden, die auch heute noch im Volke recht beliebt sind, gibt Asoko auf seinem XI. Felsenedikt.

35. *vibhavataṇhā*; *vibhavo* = *vibhu*, *vibhūti*, ist hier positiv. Der Gebrauch κατ' ἐναντιοτην findet sich ebenso oft, z. B. *MN* vol. I. p. 65: da ist *vibhavo* in den negativen Pol umgeschlagen und ist gleich *abhavo*, nämlich jenem Begriffe, der scharf hervortritt in dem reinen Dvandvam *bhavābhavo*, Sein und Nichtsein – wohl zu unterscheiden von dem gleichlautenden Āmreḍitam. Cf. die Anm. 12 und die schönen Belegstellen im P. W.

36. Siehe die 31. Anm. Zur Fastenübung: *Manus* XI., 216/18, VI, 19/20. Der *addhamāsiko pariyāyabhattabhojanānuyogo* ist ohne Zweifel eine Gattung des *candrāyaṇam*, der Mondesrunde: von Vollmond bis Neumond von 15 auf 0 Bissen täglicher Nahrung fallend und dann wieder bis 15 Bissen steigend; eine Hungerkasteiung von je ½ Monat, die bei den Brāhmanen in höchstem Ansehn steht. *Kṛcchrātikṛcchrau cāndrāyaṇam iti sarvaprāyaścittaṃ sarvaprāyaścittaṃ*, und *etam āptvā vipāpo vipāpmā sarvam eno hanti* sagt *Gautamas* XIX. 20, XXVII. 16. – Teile der folgenden *dukkarakārikā* lassen sich, parallel oder gar wörtlich, wiedererkennen. *Man.* VI, 5, 6, 13, 21, 22, XI, 223, 224. Ebenso schon in den Sūtren *Gautamas'*, *Baudhāyanas'*, *Āpastambas'*. Recht ergiebig ist, als Nachprobe, eine Vergleichung der Fragmente des MEGASTHENES, siehe besonders p. 135

bis 141 und 155–160 ed. SCHWANBECK. So heißt es, wie auf unseren Text bezogen, p. 139,22: 'Ασκειν δε και τουτους κἀκεινους καρτεριαν, την δε ἐν πονοις και την ἐν ταις ὑπομοναις, ὡστ' ἐφ' ἑνος σχηματος ἀκινητον διατελεσαι την ἡμεραν ὁλην. Mit letzterem Beispiele sind ganz gewiß die Stetigsteher gemeint (möglicherweise zugleich auch die *Jainās*, vgl. unseren Text S. 105), während die im selben Fragmente sub 19 genannten ἐσθητες ἀπο φλοιων δενδρειων Rinden- und Laubflechten sein sollen. Der *Acelako*, den der Begleiter ALEXANDERS, ARISTOBULOS, schildert als ὑπτιον πεσοντα ἀνεχεσθαι των ἡλιων και των ὀμβρων (bei STRABO, ed. MEINEKE p. 995,6) hat sein Vorbild in dem sehr alten Spruche unserer 12. Rede, p. 183. Die zwar allgemein gehaltene Mitteilung STRABOS, ὡς δ' εἰπειν, 'Ινδους... ἀναπλεκομενους δε μιτρουσθαι τας κομας (l. c. 1002,5), dürfen wir doch wohl insbesondere von den *Jaṭilos* gelten lassen. Die *Hatthāpalekhanos* sind uns als ταις χερσι ὑδωρ πινοντες überliefert von CLEMENS ALEXANDR. (nach Historiographen? nach Pantänus?) Strom. I., ed. SYLBURG p. 305 B.

37. *sotāpatti*, die Hörerschaft, nicht von $\sqrt{\textit{sru}}$, sondern von $\sqrt{\textit{śru}}$, daher *sotāpanno* und *ohitasoto:* Der gehört hat und Der offene Ohren hat. – Vgl. *MN* vol. I. p. 169, 172, 445, 480, 512. *SN* vol. II. p. 68–70, vol. IV. p. 138, Nr. 152 *aññatra anussavā*), *AN* vol. I. p. 198 Nr. 6, vol. II. p. 116f. und ib. 185 *sotānugato*, *DN* vol. I. p. 230f., *Mahāparin.* p. 39. Ein *sotāpanno* ist schon der *sāvako*: nämlich der *sutavā ariyasāvako ariyānaṃ dassāvī*; im *SN* vol. II. p. 43 noch deutlicher genannt *dhammasotaṃ samāpanno.*

Bei dem hohen Werte des gesprochenen Wortes, der selbst vor der kleinsten Rede durch die Versicherung *Evam me sutam* bekräftigt wird, könnte das *Buddhavacanam* wohl auch als *Sutapiṭakam* gelten. Vom *sutantiko* zum *suttantiko* = *śrutvāntikas* wäre der Schritt jedenfalls näher als zum *sottaniko* = *sautrāntikas*, zumal für unseren Kanon nicht leicht etwas unzutreffender sein kann als der Begriff des *sūtram*, und nichts zutreffender als der des *sutam.* Es spielt keine Rolle, wenn gelegentlich einmal, wie *Vinayapiṭ.* vol. III. p. 8f. (cf. *Dhp.* vv. 44, 45), von der Lehrmethode als von dem die Blumen zusammenhaltenden Baste, *suttam*, gesprochen wird, was nicht mehr und nicht weniger als ein Gleichnis wie hundert andere sein will. Ein dunkles Gefühl der Sache, sprachlich bedingt und rückgedeutet, läßt sich bei Asoko und Späteren mehr vermuten als nachweisen: cf. Epigraphia Indica vol. II. p. 105 Nr. 79, p. 106 Nr. 80, p. 400 Nr. 59. – Die Sprache aber war die Magadhās, und zwar die gewählte Rede, nicht der schwankende Kanzleipatois der Edikte. Und daß dieses unser Pāli wirklich von Magadhā bis nach Zeilon herab r e i n überliefert wurde, dafür gewährt uns die Stelle *Cullavaggo* p. 139 starken Anhalt. Zwei Jünger, früher brāhmanische Gelehrte, wird da erzählt, wollen das *Buddhavacanam* in gebundenes Saṃskṛt übertragen. «Denn es gibt jetzt viele Jünger, aus den verschiedensten Kasten und Ständen: die verderben das Meisterwort in seiner Sprache» – trüben seine Reinheit, meinen sie; in vedischem Saṃskṛt bliebe es Unberufenen unzugänglich. Der Meister aber weist den Vorschlag ab und sagt: *Anujānāmi bhikkhave sakāya niruttiyā buddhavacanam pariyāpuṇitum*, 'Das Meisterwort, ihr Mönche, soll in seiner Sprache gelernt werden'. Das ist die richtige Übersetzung, und nicht wie OLDENBERG meint, jeder solle in seinem eigenen Dialekt die Lehre lernen (Vinayapiṭ. vol. I. p. XLVIII, Sacred Books East vol. XX. p. 151, Buddha ²p. 192). Wäre dies gemeint, dann müßte die Klage der brāhmanischen Jünger lauten: *te sakāya sakāya niruttiyā buddhavacanam dūsenti* oder *te puthu sakāya n⁰* oder *te sakāhi niruttīhi⁰* oder *te nānāniruttīhi⁰* oder ähnlich. Der klare Wortlaut aber ist *te sakāya n⁰*, und der ist frei von jeder Zweideutigkeit, kann sich lediglich auf *buddhavacanam* beziehn, wie es übrigens die Tradition, grammatisch freilich ungenügend, stets getan hat.

Durch das gehörte, verstandene Wort wurde also der Kanon, bis zur Fixierung, mündlich bewahrt. Der schon längst vorher in Indien gepflegten Schrift haben sich weder der Meister noch die eigentlichen Jünger bedient, wie dies eben in der Art ihres Ordens begründet war. Mag dieser immerhin *brahmacariyaṃ saṇkhalikhitam* (*MN* I, 179, 267, *DN* I, 63, passim) genannt worden sein: der Ausdruck ist älter als der Buddhismus und von den Brāhmanen überkommen, vergl. Vorrede p. XXIV. – Zur Erklärung des letzteren Begriffes sei hier noch erwähnt, daß *saṇkhalikhitam*, Punkt für Punkt, wörtlich heißt: der Reihe nach geschrieben; cf. *MN* I, 105 ff. *saṇkhā pi*, erst nach einer Reihe (von Tagen, Gegensatz: *yāvajīvam* 106, 108), auch 109 l. 3 v. u. ff., und P. W. ¹s. v. *śaṇkha* Nr. 5 (*mahāśaṇkha* Nr. 3), das, prākṛtisch wie es ist, eher zu *saṇkhya* als zu κογχη etc. gehört. Zwar liefert nun die Tradition auch hier, wie oft, eine richtige interpretatio finalis, aber das etymologische Verständnis ist ihr, schon seit dem 12. Buche des *Mahābhāratam*, total abhanden gekommen: die Geschichte von den altehrwürdigen Gesetzgebern *Śaṇkhas* und *Likhitas* verdient, trotz der je unter einem der beiden soi-disants Namen zusammengestellten, hier und da recht altertümlichen längeren, bzw. kurzen *Vaiṣṇavasaṃhitā*, gewiß nur ebenso viel Glauben wie die vom Reliquienschäffler *Doṇo*, *Mahāparin.* p. 69. Jene uralten, wahrscheinlich prähistorischen Symboloiden aber, das *cakram*, die *caityās*, der *svastikas*, *padmas*, *śeṣas*, *śaṇkhas* (vgl. bes. BÜHLER, Ep. Ind. vol. II., p. 323, 1. 8–12), kommen hier, als dem Geist und der Form durchaus widersprechend, nicht in Betracht. Mysteriolemmata und Mahāmudrās haben im Theravādo keinen Platz gefunden.

38. *bako* von $\sqrt{vak}$, *vaṇk* = *kauṭilye* im ursprünglichen Sinne: zickzacksein; entspricht volvi, volo [«fulmina volant»], τραπω, ἀστραπη. Daher wird auch Yāskas' und seiner Vorgänger Erklärung zu *bakuras*, *Ṛgv.* I, 117, ₂₁, wohl richtig sein. Die allerdings verlockende tropische Potenzierung, nach dem Muster der Purāṇen, scheint mir hier kaum mehr als in tautophoner Prosonymie zulässig. Siehe die 20. Anmerkung.

39. lies: *mā h'eva te rittakam eva ahosi tucchakam eva ahosi viññāṇam anidassanam anantaṃ sabbato paham.* Siehe die Schlußverse des *Kevaṭṭasuttantam*, *Dīghanikāyo* vol. I. p. 223. Die Variante *pabhaṃ* wäre von $\sqrt{bhañj}$ abzuleiten; cf. *bhaṃgo*, *pabhaṃgu*, *pabhaṃguṇo*: *Jātakam* vol. I. p. 392 lin. ult., p. 393 lin. 3., *Dhammapadam* v. 148, *Therīgāthā* v. 140, *Itivuttakam* p. 37, *Saṃyuttakanikāyo* vol. III. p. 32. Doch ist in sinhalesischer wie barmanischer Schrift das *bha* dem *ha* sehr ähnlich, und eine Verwechslung mag schon früh aufgekommen sein. – Zum Folgenden vgl. die vier Verse am Ende des *Dhammahadayavibhaṇgasuttam* (im *Suttasaṇgaho* Nr. 13), deren zweiter lautet:

Tāva dīghāyukā devā
Sattā cavanti saṇkhayā:
N'atthi koci bhavo nicco –
Iti vuttam mahesinā.

Bis durch die höchste Götterwelt
Reibt alle Wesenheit sich auf:
«Kein Dasein hat Beharrlichkeit» –
Das ist das Wort des Meisterherrn.

Aller tieferen Ursprünglichkeit solcher Stellen eingedenk, wollen wir uns inzwischen erinnern, daß es auch bei uns, selbst in den ödesten Zeiten, nie gänzlich an Männern gefehlt hat, von denen das stolze Wort BRUNOS gilt: «Vidimus quantum satis est.» Man sehe nur z. B. den höchst merkwürdigen Brief PETRARCAS, de reb.

fam. VIII., 8. Auf die Frage, was er vom Leben halte, antwortet der Vielerfahrene einem vertrauten Freunde u. a.: «Videtur mihi vita haec labyrinthus errorum, desertum horribile, limosa palus, habitatio ferarum, terra infelix, fons curarum, mare miseriarum, grata phrenesis, pondus infaustum, ficta fabula, falsa laetitia, verus dolor, cupiditas infinita, sitis insatiabilis, famelica nausea, fugax forma, latens praecipitium, abdita retia, officina scelerum, catena consuetudinum, rerum unci, prolixa brevitas, latae angustiae, calles inexplicabiles, passus impliciti, circulorum motus, statio instabilis, rota volubilis, manens cursus, concors discordia, bellum inexorabile, obliviosa peregrinatio, spirans mors, viventium infernus, longum funus, pomposa vanitas, superba miseria, miseranda felicitas. En, amice, qualis mihi haec videtur, quae tam multis exoptatissima ac gratissima vita est; necdum tamen conceptum omnem meae mentis expressi: peior enim est multo miseria, quam a me, seu quocumque hominum, dici possit. Sed quo es ingenio, ex his paucis totum, reor, animum loquentis introspicis. Unum tot in malis habe bonum, quod ad bonam et aeternam vitam, nisi dexter trames deseratur, via est.» Und gewiß ließe sich eine *ariyapaveṇi* durch Länder und Jahrhunderte hindurch ohne Mühe herstellen.

40. s. g. weil jedem der sechs Sinne (vergl. die Anm. 32) nur Qual zuteil wird: *SN* vol. IV. p. 126.

41. zu *kasaṭam* cf. *karṣū*.

42. Eine gute Übersicht des unglaublich peinlichen Opferwesens hat HILLEBRANDT in seiner «Ritualliteratur» gegeben, BÜHLERS Grundriß III. 2. Vgl. daselbst p. 126 zum obigen *magavisāṇena piṭṭhiṃ kaṇḍūvamāno*, p. 110 zur Melksymbolik; zur *gāvī sarūpavacchā* die *Gṛhyasūtren*, e. g. *Śāṃkhāyanas* 5. 5. 7.

43. *saṅkhalikhitam*, das ich von *saṅkhya*⁰ abgeleitet habe, kann möglicherweise doch auf *śaṅkha*⁰ zurückgehn: also «angereihte *Gaurī*-Schnecken (Cypraea moneta)», statt «der Reihe nach geschrieben». Die Bedeutung ist in diesem wie jenem Falle die selbe: Punkt für Punkt.

44. *ajjhattaṃ sampasādanam*; cf. *Chāndogyopaniṣat* VIII, 3. 4: *Atha ya eṣa saṃprasādo ... eṣa ātmā*. Entspricht der γαληνῃ ἡσυχιᾳ τε εν τῃ ψυχῃ PLATONS, De legibus 791 a.

Vgl. Anm. 26.

45. Cf. Asoko, VI. Säulenedikt i. f.: *E cu iyaṃ atunā pacūpagamane, se me mokhyamate.*

46. Vergl. *Manus* II, 245 f.

47. Die Stadt Aṭṭhakam ist auf der Sāñci-Stele Nr. 204 aus dem dritten vorchristlichen Jahrhundert, als Heimat eines Mönches Gaṅgadatto, bezeugt: Epigraphia Indica vol. II. p. 378.

48. Zu dieser Weihe des Hauses cf. den Spruch *Ṛgvedas* VIII. 17. 14.

49. Lies mit dem siam. Texte *santharāpetvā*.

50. Obiger Spruch findet sich, wie TRENCKNER bemerkt hat, auch in den anderen drei Sammlungen, und zwar im *Dīghanikāyo* Mitte der dritten Rede und besonders Ende der 27., im *Aṅguttaranikāyo* XI., 1., Ende, im *Saṃyuttakanikāyo* XXI., 11., v. 1., und VI., 2., 1. Ja BÜHLER ist einem analogen Worte *Sanaṅkumāros* sogar im *Mahābhāratam* begegnet: worauf RHYS DAVIDS in seiner Übersetzung des *Dīghanikāyo*, vol. I. p. 121, hingewiesen hat. Eine wichtige, wörtliche Parallele bietet die *Bṛhadāraṇyakopaniṣat* I., 4., 23.: *kṣatrāt paraṃ nāsti.*

Vergl. auch die 37. Rede.

Die bekannte Gegenbehauptung der Priester wird in der 84., 93. und 98. Rede erörtert.

51. Lies mit den barm. und siam. Texten *oropeyya*, von $\sqrt{ruh}$ + *ava*.

52. Potaliyo ist Halbasket gewesen, wie etwa Keṇiyo in der 92. Rede: nach der *Smṛti* zu den *kuṭīcakās* gehörig, die sich noch einen gewissen Besitz, und sei es auch nur eine Hütte, erlauben.

53. *komārabhacco, kaumārabhṛtyas*, ist wohl insbesondere der Titel des Arztes im *rājorodho*. Der Kommentar, d. i. *Vinayapiṭakam* vol. I. p. 269, trägt, wie gewöhnlich, Legenden vor.

54. Die Schlußfolgerung dieser Rede ist bei *Manus* V, 51 in den Spruch zusammengefaßt:

Anumantā viśasitā
nihantā krayavikrayī
saṃskartā copahartā ca
khādakaśceti ghātakāḥ.

Die Lehre vom *brahmavihāro*, von der Jīvako hat reden hören und hier Bürgschaft gesehn, wird nahezu gleichlautend von *Āpastambas* gepriesen, *Dharmasūtram*, 1, 8, 23, 1:

Ātmanpaśyansarvabhūtāni
na muhyeccintayankaviḥ:
ātmānaṃ caiva sarvatra yaḥ paśyet
sa vai Brahmā nākapṛṣṭhe virājati.

55. Nāthaputto ist bekanntlich der Meister der *Jainās* gewesen. Vgl. Anm. 9 und 24.

56. Das Dogma der *Jainās* vom dreifachen *(kamma-)daṇḍo* findet sich in der großen *Sannyāsopaniṣat*, II. Teil v. 97, bestätigt:

Vāgdaṇḍe maunamātiṣṭhet,
kāyadaṇḍe tvabhojanam,
mānase tu kṛte daṇḍe
prāṇāyāmo vidhīyate.

Dementsprechend ist *Manus* XII, 10 zu erklären.*

57. Der jinistische Büßer darf allenfalls Flußwasser, aber kein Brunnenwasser trinken, um angeblich das Einschlürfen kleiner Lebewesen möglichst zu vermeiden. Vergl. die peinlichen Wasserregeln im *Aupapātikasūtram* § 80.

58. In genealoger Beziehung zu den *Manosattā devā* scheint der *vidyādharas Manovegas* zu stehn, die Hauptperson in *Amitagatis'* überschattender *Dharmaparīkṣā*, BHANDARKARS Report on the Search for *Saṃskṛt* Mss, Bombay 1894, p. 13–19 etc.

59. Zur magischen Zornesmacht cf. die Legende von Asito Devalo und den Sieben Sehern, gegen Ende der 93. Rede.

Nach den kommentariellen Sagen des *Milindapañho* und *Mahāvastu* wäre *Daṇḍakāraññam* usw., der *Daṇḍaker* Wald, im weiteren Sinne als der *Daṇḍaker* Reich aufzufassen. Aber *raññam* in der Bedeutung *rajjam* ist mir nicht bekannt; auch würde da wohl der Text *Daṇḍakaraññam* usw. erfordern. Die siamesische lectio hat allerdings das zweifelhafte *Daṇḍakīraññam*, dagegen aber wieder ganz klar *Kāliṅgā°*, *Mejjhā°*, *Mātaṅgāraññam*. Richtig erscheint demnach unser *Daṇḍakāraṇṇam* im *Saṃskṛt* als *Daṇḍakāraṇyam* und wird nur als undurchdringlicher Urwald erklärt, z. B. in einer ungemein interessanten und geistvollen südindischen Legende, mitgeteilt vom Paṇḍit NATEŚA-ŚASTRĪ im Indian Antiquary vol. XVII. p. 259–264.

* Auf *Manus* XII, 10 hat, nach BÖHTLING-ROTH, bereits FEER im Journal asiatique 1888 II. p. 237f. hingewiesen.

60. Vergl. den schönen Brauch der *dhammaparipucchā* bei Asoko, VIII. Felsenedikt.

61. *anuvicca*, $\sqrt{i}$ + *anu* + *vi*; cf. *anuvicarati*.

62. Lies mit dem siam. Texte *bhagavato sāvakānam bh°*.

63. *nisabho*, *yassa paṭibalo sabhāyaṃ n'atthi* = *appaṭipuggalo*.

64. Lies mit dem siam. Texte *appabhītassa*, *a* + *pra°*.

65. Wie allgemein bekannt diese Rede noch im dritten Jahrhundert nach Gotamo war beweist ein Relief zu Barāhat mit der Unterschrift *Dighatapasi sise anusāsati:* offenbar eine Darstellung jener Szene oben Seite 408. Denn ein anderer Dīghatapassī kommt im Kanon nicht vor.

66. Vergl. die zum Teil analoge Stelle der 12. Rede, p. 73 l. 13, 14, der obigen entsprechend; eine Berichtigung, welche ich dem Freunde ROBERT L'ORANGE verdanke.

67. Ähnlich der *tadvrataś catvāri varṣāṇi prayuñjāno muniḥ* im *Sāmavidhānabrāhmaṇam* II, 4, 9; III, 9, 5.

68. Von einem anderen Hundelehrling, der ein schmähliches Ende nimmt, berichtet die 24. Rede der Längeren Sammlung. – Auf das Hundegelübde bezieht sich vielleicht der *śvaliḍ*, cf. BÖHTLINGK-ROTH [1]s. v.; das Kuhgelübde wird im *Mahābhāratam* dahin erklärt, daß dem Befolger da jederzeit jegliches Lager, jegliche Atzung, jegliche Kleidung recht sei, cf. das Zitat ib. s. v. *govratas*. Das ist aber spätere Auslegung. Denn wir haben eine ganz eigentliche *govṛtti*, Kuhgehabung, jenes höchsten Asketen der *Turīyātītāvadhūtopaniṣat* und *Paramahaṃsaparivrājakopaniṣat*, in med.; ebenso eine *gomukha-* und *ajagaravṛtti*, eine Krokodil- und Schlangengehabung, jener äußersten Büßer der großen *Sannyāsopaniṣat*, II i. m., und der *Nāradaparivrājakopaniṣat*, V i. m., VII i. f. – Eine allgemeine Behandlung der obigen Sätze findet man im 9. Kapitel der *Subālopaniṣat*. Lapidar ausgesprochen schon in der *Bṛhadāraṇyakopaniṣat* III, 2, 14, IV, 4, 6 ff.

Zu den metaphysischen Folgerungen dieser und der 19. Rede hat GIORDANO BRUNO, wie mir DE LORENZO einmal im Gespräche mitteilte, einen bewunderungswürdigen Kommentar geschrieben, auf Grund der wirklichen, täglichen Anschauung und Erfahrung, Mitte der Epistola esplicatoria zum Spaccio de la bestia trionfante, ed. WAGNER p. 113.

69. *nivāpo*, Futterplatz, dann der bez. Ort selbst; vergl. die 77. Rede, Anm. 137.

70. Zu *kappaṭṭho* cf. das entgegengesetzte *kappātīto*, *Suttanipāto* v. 373, 521, 517, 860; auch *akāliko*. Die kommentarielle etc. Erklärung ist natürlich irrelevant.

71. Die eingangs aufgestellte doppeldeutige Frage Nāthaputtos bezieht sich auf ein altes Wort der *Dharmaśāstren*, e. g. bei *Manus* IV, 138:

> Satyaṃ brūyāt priyaṃ brūyān
> na brūyāt satyam apriyam,
> priyañ ca nānṛtaṃ brūyād:
> eṣa dharmaḥ sanātanaḥ.

Gotamos Beantwortung ist in einem späteren *Smṛti*-Vers, als *Viṣṇupurāṇe* III, 12, paenult., leicht zu erkennen:

> Priyaṃ yuktaṃ hitaṃ naitad
> iti matvā na tad vadet:
> ṣreyas tatra hitaṃ vācyaṃ,
> yadyapyatyantamapriyam.

72. Lies mit dem siam. Texte *aṭṭhasatam pi vedanā vuttā*. – Vergl. meine Anmerkung zu Vers 339 des Wahrheitpfades.

73. Es mag hier auf die vollkommene Ähnlichkeit der formalen Gedankenfolge dieser und zahlreicher paralleler Reden mit einer Rede SAN FRANCESCOS VON ASSISI, im 8. Fioretto, hingewiesen sein.

74. *vambheti* wird, ohne Zweifel richtig, von ROBERT L'ORANGE als *vaṃghate* erklärt; cf. WESTERGAARDS Radices. Vgl. TRENCKNERS Bemerkungen, Pāli Miscellany p. 59.

75. Eine Verherrlichung dieser Lehre, *atthi kiriyā*, hat Asoko auf allen seinen Edikten, oft mit den selben Worten, in schlichter und machtvoller Rede gegeben. Vgl. besonders IX. Felsenedikt, Ṣāhbāzgarhī i. f.

76. *Ambalaṭṭhikā*, nahe bei *Rājagaham*, von DE LORENZO richtig erklärt.

77. Diese Rede, sowie die vierundzwanzigste der selben Sammlung, hat Asoko auf dem Bairāter Edikte den Mönchen und Nonnen, Anhängern und Anhängerinnen, namentlich und mit genauer Kennzeichnung, empfohlen, als «Rāhulos Ermahnung: Abscheu vor Lüge», bzw. als «Upatissos Fragen»; cf. meine Anm. 25, und in der Wiener Zeitschrift f. d. Kunde des Morgenlandes vol. XI. p. 159.

Vgl. den Archäotropus im 537. *Jātakam* v. 35:

Sace pi vāto girim āvaheyya,
cando ca suriyo ca çhamā pateyyuṃ,
sabbā va najjo paṭisotaṃ vajeyyuṃ:
na tveva 'haṃ rāja musā bhaṇeyyam.

78. Vergl. die zehnte Rede; später auch die einundzwanzigste.

79. Die *tathāgatappaveditā bhāvanā* dieser Rede, die *paṭhavīsamā*, *āposamā*, *tejosamā*, *vāyosamā* und *ākāsasamā*, sind späterhin von den *Jainās* offenbar als *pārthivī*, *vāruṇī*, *āgneyī*, *mārutī* und *rūpavatī* (bzw. *tatrabhū*) *dhāraṇā* übernommen worden. Cf. BÜHLERS Grundriß III. 4. p. 39 § 7 i. f. – Zur *ānāpānasati*, der Bedachtsamen Ein- und Ausatmung, cf. Lieder der Mönche v. 548 Anm. und Längere Sammlung Anm. 691 u. 1034.

Den letzten Satz der Rede gibt MEGASTHENES, bei STRABO p. 713, sehr deutlich wieder: διο τῃ ασκησει πλειστῃ χρησϑαι προς το ἑτοιμοϑανατον. Es ist wohl möglich, daß er zu Pāṭaliputtam wirklich den Satz gehört habe.

80. Vergl. *Sarvasāropaniṣat* i. f.: *anādirantavatī*, *pramāṇāpramāṇasādhāraṇā*, *na satī*, *nāsatī*, *na sadasatī māyā*.

81. Vergl. die 12. Rede, S. 93.

82. Lies mit dem siam. Texte *vekaṇṇaṃ*. Cf. *vikarṇas*.

83. Das Gleichnis findet sich im Anfang der *Brahmopaniṣat: yathā kumāro niṣkāma ānandam upayāti*, «wie ein Knabe, ohne Begier, in Wonne verharrt» etc.

84. Lies mit den barm. und siam. Texten *gacchissāmi*. Die lectio *samatitthikā* verdient den Vorzug.

85. Ein bemerkenswertes Analogon zu *sabbasaṅkhārasamatho*, dem Aufgehen aller Unterscheidung, findet sich bei JAKOB BÖHME als Einheit im Gegensatz zur Schiedlichkeit, Tafeln von den drei Prinzipien etc. § 68. Im folgenden Schlüssel etc. stellt er einige Glieder des *paṭiccasamuppādo* dar, namentlich in den §§ 29–31, 34–37, 41, 42, 43, 44 und 80: freilich alles in apokalyptischen Träumen gesehn.

86. *ekāsanabhojanam* = *ekāsanabh°*; cf. den *ekabhattiko* des *Cūḷasīlam*, e. g. vol. I. p. 180 l. 5, passim, und die 70. Rede. Ebenso in der 21. Rede; auch *Dhp* v. 305.

87. Cf. die 70. Rede, in med.

88. *adhicca* = *a* + *dhitya*, von *dhi dhārane*.

89. Cf. die 47. Rede, p. 318 i. f. – Vergl. *Tao-te-king* Kap. 18 und 38.

90. Lies *khurakāse*, von *kṛṣ*, und *davatthe*.

91. Das ausführliche Gleichnis vom Pferde, womit diese Rede schließt, läßt es fraglich erscheinen, ob in den *Theragāthā* v. 45, 173, 659 mit *bhaddo ājānīyo* auch das edle Rassenroß gemeint sei, nicht der Büffelstier, wenn schon *bhaddo* im *Saṃskṛt* allerdings gern letztere Bedeutung hat. Vgl. noch *Dhp* v. 208 *dhorayhasīlo*.

92. Lies *bhikkhu 'ssa ātumāri*, *bhikkhu 'ssa mātumāri*; *ātu* = *ātumā*. Es ist Volksdialekt.

93. Zu *adhisallikhato* cf. die 8. Rede und meine Anm. 4.

94. *khaṭopikā*, von *khaṭvādi*.

95. «Fugere nos oportet omnem cognitionem multifariam distrahentem atque fallentem, ut ueritatem simplicissimam consequamur»: AGRIPPA, De occ. phil. p. 530, ex PROCLO.

96. Eine Autobiographie Udāyīs, mit wenigen Zügen in antiker Größe gezeichnet, enthält der *Saṃyuttakanikāyo* vol. V. p. 89–90. (*Übersetzt in Anmerkung 860 der Längeren Sammlung.*)

97. *Āmalakī*, hochgewachsen, mit gelblichen Blüten, ist die Myrobalane.

98. Cf. hierzu die 48. Rede p. 324 i. f. – Vergl. *Ṛgv.* III, 33, 3, *Atharvavedas* III, 30, 1; sowie das *vātsalyam* in der *Muktikopaniṣat* I i. f., im *Rāmāyaṇam* II, 96, 33, aliubi. Ähnlich ist auch das Gleichnis vom Säugling und der Amme, *Aṅguttaranikāyo* vol. III. p. 6, welches um seiner Anschaulichkeit willen dem großen Asoko so gefallen hat, daß er es in sein IV. Säulenedikt aufgenommen. – Brahmās Echo ist mahāyānische Improvisation; vgl. die analoge Stelle in der 85. Rede nebst Anm. 215.

99. Vergl. Lieder der Mönche, Anm. zu v. 84; *Akṣyupaniṣat* v. 47; *Māṇḍūkyakārikā* III, 40: *duḥkhakṣayaḥ prabodhaśca*. – Die richtige Wiedergabe der obigen Stelle, die mit der entsprechenden der 29. und 30. Rede gleichlautet, verdanke ich meinem Freunde ROBERT L'ORANGE. Zu dem «Versunken in Geburt usw.» cf. den Topus vom Ewigen Ufer, e. g. in der 98. Rede v. 42. Dann i. a. *Rāmottaratāpanīyopaniṣadi* 2: *garbhajanmajarāmaraṇasaṃsāramahadbhayam*. Ganz ähnlich spricht JAKOB BÖHME von dem «gefährlichen Jammermeere», Aurora Kap. 25, und SHAKESPEARE von der «sea of troubles», Hamlet III. 1. 59; vgl. auch den φοινιον σαλον des SOPHOKLES, Oed. r. 24.

100. Der Laubwald schlechthin = *palāsavanam*; der *palāso*, butea frondosa, ist ein hoher, mächtiger Baum mit sehr großen, prachtvollen Blättern, mit vielen roten, silbern schimmernden Blumendolden behangen.

101. Vergl. den *śraddhāvantaṃ satkulabhavaṃ śrotriyam* und *satkulabhavopanītam* der *Muktikopaniṣat* und *Nāradaparivrājakopaniṣat* I i. f.

102. In der 33. Rede der Längeren Sammlung als «Viererlei Stützpunkte» aufgezählt. Vergl. zu dieser subtilen Stelle die 2. Rede und auch *Saṃyuttakanikāyo* vol. V. p. 272–273; «Zur Willensüberwindung, *chandapahānattham*, wird beim Erhabenen das Asketenleben geführt; *chanden' eva chandam pajahati*, eben durch den Willen wird der Wille überwunden: denn ist durch den Willen die Heiligkeit erreicht, so ist der Wille danach gestillt.»

Als vorbuddhistische Gleichnisparallele cf. die Verse *Bṛhadāraṇyakopaniṣat* III, 9 in fine.

103. Lies *na iti: mam* etc.

104. Eine vedāntische Hypostase des *kāyasakkhī* als *jagatassākṣī prajñānaghanalakṣaṇaḥ* findet sich in der *Kaṭharudropaniṣat* v. 8, und v. 23 als *sākṣāddehī sukhī sarvatra*.

105. TRENCKNERS Konjektur *uddisissāmi* ist durch den siam. Text bestätigt. Lies mit dem siam. Texte *āmisagaruko* und *na ca no evam assa*, sowie *avasissatu me sarīre*, *upa-*

sussatu; *pariyogāya* instr. von *pariyogo*. Cf. die 32. Rede in fine, *Theragāthā* v. 312. Auch Asokos I. Säulenedikt, in initio; Anm. 75.

Altrömisch ist unser Heroenwort von C. LUCILIUS geprägt, fragm. virtutis definitionem sequ.:

Vis est vita, vides; vis nos facere omnia *facit*.

106. Ist ein Dogma der *Jainās*: cf. die 14. Rede; auch die 79ste. So heißt es z.B. im *Aupapātikasūtram* § 16 vom *Jina*-Meister: *appaḍihayavaranāṇadaṃsaṇadhare savvaṇṇū savvadarisī* – ganz wie oben.

107. Von den drei Meistern der Nackten Büßer handelt das Ende der 76. Rede; vgl. auch die 36., im Anfang. Vacchagotto der Pilger scheint vorher Jünger des Nando Vaccho, des ersten jener drei Meister, gewesen zu sein. – Nackte Büßer (*Ājīvikā*, *Acelakā*), Freie Brüder (*Nigaṇṭhā*, *Jainās*) und voran der buddhistische Orden (*Saṅgho*): das sind die großen gleichzeitigen Asketengilden, welche Asoko je namentlich nennt und mit 'all den anderen und irgend sonstigen Genossenschaften' königlich beschirmt. Cf. Säulenedikt VII, 2, l. 4–5.

108. Es ist mit den barmanischen und siamesischen Texten *sabba-m-atthitānaṃ* zu lesen.

109. Vergl. die formal ähnliche Stelle in der *Bṛhadāraṇyakopaniṣat* II, 4, 13, 14: *Atraiva mā bhagavān amūmuhat ... Na vā are 'haṃ mohaṃ bravīmi, alaṃ vā ara idaṃ vijñānāya.*

110. Vergl. *Chāndogyopaniṣat* VII, 26: *Tasya ha vā etasyaivaṃ paśyata evaṃ manvānasyaivaṃ vijānata ... ātmata āvirbhāvatirobhāvau ... sa ekadhā bhavati, tridhā bhavati, pañcadhā saptadhā navadhā caivādi.*

111. Cf. die analoge *prāpti* des *Yogas*, BÜHLERS Grundriß III. 4. p. 46. – Ob hier, wie ROBERT L'ORANGE vermutet, etwa an den wohlbekannten somnambulen Sonnenkreis, e.g. Seherin von Prevorst 1, 231, zu denken sei, bleibe dahingestellt. Die Art und Weise, wie z.B. der Mönch im *Kevaṭṭasuttantam*, *Dīghanikāyo* vol. I. p. 215 und 220, die Pfade zu den Göttern und zu Brahmā in seinem eigenen Inneren findet, scheint allerdings jene Vermutung zu bestätigen.

Vgl. noch *Nāradaparivrājakopaniṣat* i. f. *sūryo na tatra bhāti na śaśāṅko'pi*; *Harivaṃśam* I, 50, 6:

Na tatra viṣayo vāyor
nendor na ca vivasvataḥ:
vapuṣaḥ padmanābhasya
sa deṣas tejasāvṛtaḥ.

Auch Faust, gegen Ende, wo der Pater seraphicus die Seligen Knaben «in sich nimmt».

112. Vergl. *Māṇḍūkyakārikā* IV, 42:

jātis tu deśitā buddhair
ajātes trasatāṃ sadā.

Näher noch steht die wörtliche Parallele im *Sāmavidhānabrāhmaṇam* III, 7, 1: *Atha yaḥ kāmayetāmuhyantsarvāṇyājanitrāṇi parikrāmeyam iti*; sowie III, 8, 4 der vedische Wunsch: *Nāhaṃ yoniṃ praveksyāmi bhūtottamāyā brahmaṇo duhituḥ saṃrāgavastrāyā – jāyate mriyate sandhīyate ca.* Cf. auch das wichtige *Smṛti*-Wort von der *paurvikī jāti*, bei *Manus* IV, 148f., wozu *Kullūkas* bemerkt: *bahūni janmāni smaraṃs teṣu ca garbhajanmajarāmaraṇaduḥkhānyapi smaran, saṃsāre virajya ... śravaṇamananadhyānaiḥ ... mokṣasukhaṃ prāpnoti.*

113. Vergl. der 98. Rede 50. Vers; *Theragāthā* 917 ♎ *Viṣṇupurāṇe aṃ. 6 a.* 5 (cit. in *Rāmatīrthas'* Komm. zu *Maitryup.* I, 2):

Utpattiṃ pralayaṃ caiva
bhūtānām āgatiṃ gatim,
vetti vidyām avidyāṃ ca,
sa vācyo bhagavān iti.

114. Patronymische Anrede, gleichwie *Gotamo* nomen gentile eines jeden Sakyers ist; Dīghanakho ist offenbar ein *Nāthaputtiyo*. Cf. meine Anmerkung 24.

115. Vgl. *Theragāthā* 567–571 ♎ *Manus* VI, 76–77. Cf. auch *Saṃyuttakanikāyo* Bd. III, Th. XXII, Nr. 95 ♎ *Maitryupaniṣat* IV, 2; *Subālopaniṣat* 8: *Medomāṃsakledāvakīrṇe śarīramadhye 'tyantopahate citrabhittipratīkāśe gandharvanagaropame kadalīgarbhavanniḥsāre ialabudbudavaccañcale niḥsṛtam ātmānaṃ ... paśyanti vidvāṃsas.*

116. Zu den drei Arten von Gefühlen und ihrer Wandelbarkeit, wovon gegen Ende dieser Rede gesprochen wird, vergl. die klassischen Untersuchungen BICHATS über den Zusammenhang und die Auflösung der Wehgefühle, Wohlgefühle und indifferenten Gefühle, Recherches etc. 1e partie, article V, § 2.

Nicht ohne Wert für die hochindische Überlieferung ist das Ansehn, in welchem unsere Rede noch im nepālischen Buddhismus gestanden: cf. *Mahāvastu*, ed. SENART vol. III. p. 67 und 474, und OLDENBERG in der Zeitschr. d. deutsch. morgenl. Ges. Bd. 52, S. 661.

117. Diese lectio, und nicht *Kammāssadammam*, wird die richtige sein; vgl. *Jātakam* vol. V. p. 511.

118. Das indische Jahr wird in diese drei Hauptzeiten zu je vier Monaten eingeteilt. Der Herbst ist die Regenzeit. Vgl. *Mantrabrāhmaṇam* II, v. 11:

Grīṣmo, hemanta uta no vasantaḥ
śaradvarṣāḥ suvitanno astu:
teṣām ṛtūnāṃ śataśāradānāṃ
nivāta eṣām abhaye syāma.

In ebendiese Hauptzeiten ist das Jahr auch bei Asoko eingeteilt, Jaugoḍo-Edikt II, l. 15: *Iyaṃ ca lipī a[nu]cātuṃmāsaṃ sotaviyā tisena.* Die alte Einteilung ist bis heute die volkstümliche geblieben. Siehe BÜHLERS lehrreiche Ausführungen in der Epigraphia Indica vol. II. p. 261–265; Zeitschr. d. deutsch. morgenländ. Ges. Bd. 41, S. 28. Auch Journal Royal As. Soc. [N.S.] vol. V. p. 182–184, Inschrift 1, 2, 4–7. – *Dīghanikāyo*, ed. Siam, vol. II. p. 286.

119. Zu *sāhulo* cf. *sopāko*; *Manus* X, 37, 38; *hu* von $\sqrt{\textit{han}}$, *lo* Suffix (*Rāghulo*). *Suttanipāto* 137.

120. Lies mit den barm. und siam. Texten *puthujjanagāthā*; cf. *munigāthā*, *theragāthā*. Ähnlich die gleichzeitige Parömie:

῾Υγιαινειν μεν αριστον ανδρι θνατῳ.

Bei GOETHE: Ist nicht Gesundheit Allen uns das höchste Gut, Prolog, Halle den 6. August 1811.

121. Noch von PTOLEMÄUS, Geogr. lib. VII. cap. I. § XVII., genannt Κωσαμβα, εν Γαγγητικῳ κολπῳ; wodurch die von V. A. SMITH, Journ. Roy. As. Soc. 1898 p. 503 bis 519, vorgebrachte Hypothese, das alte Kosambī sei in Barāhat zu suchen, widerlegt ist. Übrigens war die Kosambī-Halle auf einem Relief in Barāhat dargestellt, mit der

Inschrift *Kosabakuṭi*: natürlich als nicht einheimische Sehenswürdigkeit. Die Ruinen des alten Kosambī liegen ohne Zweifel im Gebiete von Mañjhānpur, wo heute die Dörfer Kosām und Pālī stehn, sechs bis acht Meter unter zweitausendjährigem Humus. Vgl. Epigraphia Indica vol. II. p. 240.

122. Zu *Devakaṭasobbho* vgl. *Devakhātabilam*; auch TRENCKNERS Bemerkung, Pāli Miscellany p. 61.

123. Ist die Lehre der *Cārvākās*, i. e. Wohlredner, der indischen Sensualisten; cf. die zum Teil wörtliche Parallele im zweiten Akte des *Prabodhacandrodayam*, wo es heißt: *nāsti paralokaḥ, mṛtyur evāpavarga iti*. Ebenso das erste Kapitel des *Sarvadarśanasaṃgrahas*. – Für diese extrem einseitige, also auch nur extrem gültige Auffassung hat bei uns CABANIS ein hübsches Merkwort gefunden: «vivre, c'est sentir», Rapports etc. tome 1, mém. 2, § 2. Vgl. noch LUKREZ II, 999–1001, wo einer der obigen Sätze fast im Echo ertönt:

Cedit item retro, de terra quod fuit ante,
in terras; et quod missum est ex aetheris oris,
id rursum coeli fulgentia templa receptant.

124. Ehebrecher werden in einem alten Spruche, *Jātakam* vol. VI. v. 487, *uttamabhaṇḍathenā* genannt, was wörtlich dem Satze SCHOPENHAUERS entspricht, Ehebruch sei der ärgste Diebstahl, Nachlaß 4. Band § 355 i. f.

125. Lehre der *Bārhaspatyās*, der indischen «Übermenschen»: cf. *Sāyaṇas*' Exzerpt im *Sarvadarśanasaṃgrahas*, Ende des ersten Kapitels.

126. Lehre der Fatalisten, der *Daivaparās*; cf. deren Placitum im P. W. [1]s. v. – Die *niyati* entspricht genau der εἱμαρμενη, e. g. bei PLUTARCH, De plac. philos. I, 27: 'Ηρακλειτος, παντα καθ' εἱμαρμενην, την δ'αυτην ὑπαρχειν και αναγκην.

127. Zu *kūṭaṭṭhā* cf. *Sarvasāropaniṣat* i. m.: *sarvaprāṇibuddhistho yadā tadā kūṭastha ityucyate*.

128. Cf. *Bhagavadgītā* II. 19., 30. Auch mit den *Sāṃkhyās*, zumal ihrem *satkāryavādas*, finden sich hier manche Berührungspunkte; vergl. GARBE, s. v. in seiner *Sāṃkhya*-Philosophie.

129. Der letzte Absatz erinnert an unsere naturhistorischen Weltprozeßrealisten. – Zu *suttaguḷo* cf. *goṭaviyo*, auch von *guḍas*, 544. *Jāt*. v. 37.

130. Dogma Nāthaputtos: siehe bes. die 79. Rede. – So gibt auch IARCHAS, in PHILOSTRATS Vita APOLLONII lib. III, ca. VI, sich und die Seinen mit παντα ειδοτας = *sabbadassāvino* alsbald für *Jaināś* zu erkennen. Cf. Anm. 278.

131. Die Orthodoxie der *Śrautasmārtās*. Vgl. *Manus* I, 108:

Ācāraḥ paramo dharmaḥ
śrutyuktaḥ smārta eva ca.

132. Der *takkī vīmaṃsī* wird wohl *naiyāyiko vaiśeṣikas*, Logiker-Physiker, sein. Von ihnen, den *prāmāṇās*, dürfte STRABO p. 719 reden: als Πραμνας, εριστικους τινας και ελεγκτικους trefflich bezeichnend; und zwar allgemein, nicht als besondere Schule, wie LASSEN, Indische Altertumskunde [2]II, 731, angenommen. Vergl. den *pramāṇapravīṇas* im Vorspiel zum *Prasannarāghavam*.

133. Lehre der *Syādvādinas*, der Skeptiker.

134. Vergl. die vorwiegend buddhistische *Nāradaparivrājakopaniṣat* III, v. 38 (≌ *Manus* II, 98):

Śrutvā spṛṣṭvā ca bhuktvā ca
dṛṣṭvā ghrātvā ca yo naraḥ

na hṛṣyati glāyati vā,
sa vijñeyo jitendriyaḥ.

135. Einen Auszug dieser Stelle gibt i. a. *Jābālopaniṣat* in fine, im Stil der Dharmasūtren.

136. *puttamatāya puttā*; drastisches Sideroxylon. Entspricht dem *bandhyāputrādivat* der *Vedāntācāryās* etc. – Zur *sadhammokkaṃsanā* und *paradhammavambhanā* cf. Asokos XII. Felsenedikt.

137. *Moranivāpo; Moragiryādi*, Pfauenberg usw., häufig in den Inschriften von Sāñci und Barāhat.

138. Der siamesische Text hat *Annabhāro.*

139. Wie der siam. Text wohl auch die anderen richtig *kañ ca*; vorher *garu*°.
Die Auskunft über die sechs anderen Meister, welche die Kommentatoren zu geben wissen, hat gewiß keinen höheren Wert als ihre sonstige Stegreif-Exegese. So wird z. B. vom ersten, *Pūraṇo Kassapo*, erzählt, er sei von gemeiner Geburt und ehedem eines großen Herrn Diener gewesen, und zwar der hundertste mit neunundneunzig anderen zusammen, habe also die Zahl gerade vollgemacht, *pūretvā*: daher der Name *Pūraṇo*, usw., usw. Solche Gassenetymologien sind ja allgemein recht beliebt, nicht nur in Indien. Eine vogtländische Sage weiß nicht minder verbürgt von einem «heiligen Loff» zu berichten, der als Klausner im Walde zwischen Roda und Gera lebte, und zu welchem die Leute von weither gewallfahrtet kamen: allmählich sei dann später ein Ort entstanden, von diesem «Gange zum heiligen Loff» St. Gangloff geheißen – der ursprüngliche GANGOLF war den biederen Nachfahren natürlich längst entschwunden. Indogermanische Volksverwandtschaft zeigt auch hier typische Züge.

140. Lies mit dem siam. Texte *adhiciṇṇaṃ.*

141. Ebenso heißt es noch auf einer Inschrift aus dem 1. Jahrhundert n. Chr. von einem berühmten *Jaina*meister in Mathurā *bahavovacaka-ca-gaṇino-ca:* Epigraphia Indica vol. II, p. 209, Nr. 36.

142. So berichtet auch STRABO p. 712, nach MEGASTHENES: Τον δ'ακροωμενον ουτε λαλησαι θεμις ουτε χρεμψασθαι αλλ' ουδε πτυσαι. – Zum Gleichnisse cf. des ARISTONYMOS Wort, STOB. Flor. XIII, 23: ʽΩσπερ το μελι τα ἡλκωμενα δακνει, τοις δε κατα φυσιν ἡδυ εστιν, οὑτω και οἱ εκ φιλοσοφιας λογοι.

143. Nicht töten, nicht stehlen, nicht ausschweifen, nicht lügen, nicht sich berauschen. – Die obige Klage vernimmt man wörtlich in einem Ausspruche *Bhartṛharis'* wieder, den uns I-TSING aufbewahrt hat, bei MAX MÜLLER «India usw.» Exkurs F.

144. In der editio P. T. S. ist der Satz *yam pi* bis *vaṇṇavādī*, ferner *dhammaṃ* vergessen, usw.

145. Eine Bilva faßt ungefähr einen Drittelliter. – Mit der hier und im folgenden dargelegten strengen Zucht vergleiche man namentlich den zweiten Teil der großen *Sannyāsopaniṣat*, v. 59–103, sowie der *Nāradaparivrājakopaniṣat* fünften Teil, dessen v. 12 e. g. lautet:

Pāṃsunā ca praticchannaś
śūnyāgārapratiśrayaḥ
vṛkṣamūlaniketo vā
tyaktasarvapriyāpriyaḥ.

146. *nantakāni*; von $\sqrt{\textit{nam}}$ *na(ṃ)tas.* Cf. *naṃtum*, *naṃtva*; zur Bed.: *pariṇatādi.* Das nördliche *namatam* hat natürlich nichts damit zu schaffen.

147. Lies mit dem siam. Texte *dalhāni suttalūkhāni.*

148. Es ist, wie der siam. Text andeutet, *ucchepake va te ratā* zu lesen. – Cf. die, dem Sinne nach identische, Variante *Theragāthā* v. 843, 1146: *uñchā[ya] pattāgate ratā.* Damit urverwandt ist unsere Unze, von unica, uncus, ογκος, *aṅkas*, √*añc*, √*vañc*, √*uñch*; eine Unze ist demnach eigentlich gleich einer Krume (panis, aeris, etc.).

149. nur für die Regenzeit eine Hütte sich selber errichten. Cf. *Theragāthā* v. 127f.

150. Zu dieser ursprünglichen Bedeutung von *pāṭihāriyam*, das *patiggaho* analog ist, cf. *Chāndogyopaniṣat* I, 11 i. f.: ... *sarvāṇi ha vā imāni bhūtānyannam eva pratiharamāṇāni jīvanti.*

151. Der siam. Text hat °*vimatthaṃ*; es ist, wie vol. I, p. 385, °*vimaṭṭhaṃ* zu lesen.

152. Vergl. hiermit *Maitryupaniṣat* IV, 2: *Citrabhittir iva mithyāmanoramam ityathoktam* = *Therīgāthā* 393.

Eine eigentümliche Gegenseitigkeit der obigen Ausführungen und der schönen Farbenversuche SCHOPENHAUERS ist in der Form sowohl als in der tieferen Bedeutung bis auf den einzelnen Fall nachweisbar.

153. Ein verwandtes Gleichnis, *palalapiṇḍaḥ snehena vyāptaḥ*, findet sich *Harivaṃśe* II, 71, 27; *Atharvaśiraupaniṣadi* 4.

154. Es darf hier wohl an den bekannten *adhyāropas* erinnert werden, *rajjusarpavat: Nirvāṇopaniṣat* i. m., im *Vedāntasāras* Nr. 34 und Nr. 70; wiederum, auch zweimal, von SEXTUS EMPIRICUS vorgetragen, I. Pyrrhon. 227 und I. Logic 187.

155. Einem der obigen Gleichnisse nahezu wörtlich entsprechend wird magische Schöpfung vom gewaltigen Hylourgen PARACELSUS beschrieben: «... wie ein Erd in deß Hafners Hand, der macht vnd formirt darauß was er will vnd was jhn gelust»: Straßburger Ausgabe 1603 vol. I. fol. 882.

156. Zum Gleichnisse cf. *Chāndogyopaniṣat* VI, 14, 2; *Rāmāyaṇam* II, 108, 5–6.

157. Ähnlich *Chāndogyopaniṣat* VIII, 6, 2: *Tadyathā mahāpatha ātata ubhau grāmau gacchatīmaṃ cāmuṃ ca, evamevādi.*

158. Mallikā war die ebenso milde als geistvolle jüngste Gemahlin Pasenadis von Kosalo; vgl. die 87. Rede. Sie hatte, wie andere edle Gönner, Garten und Halle gestiftet. – Zur *Samaṇamuṇḍikā* cf. *Smṛti*-Stellen wie die von der *śramaṇā dharmanipuṇā* im *Rāmāyaṇam* I, 1, 55, *Mhbh.* XII, 320. Eine Matrone, die später in einen der geistlichen Schwesterorden eingetreten. So stehn z.B. die jinistischen Nonnen auch in der Gegenwart noch auf ziemlich hoher Stufe, wie die ausführlichen Belege im Indian Antiquary vom Oktober 1884 dartun.

159. Lies *kujjhitamattā.* – Zum Gleichnisse cf. die 64. Rede, im Anfang.

160. Vergl. *Subālopaniṣat* 1 i. f.: *hṛdayāt sarvam idaṃ jāyate.*

161. Der Text hat *yaṃ cittaṃ sarāgaṃ sadosaṃ samohaṃ.*

162. Zu dieser typischen Bemerkung cf. das Wort vom lehrreichen Gespräche und dem heiligen Schweigen, in der Einleitung zur 26. Rede p. 161, welche Stelle noch von *Parākramabāhus* I. auf seiner schönen großen Galvihāre-Felseninschrift (b) l. 35, 36 wörtlich zitiert ist, Nr. 137 von ED. MÜLLERS Ancient Inscriptions in Ceylon. – Aus gleichen Vorbedingungen zu feiernder, lautloser Versammlung, die des rechten Redners gewärtig ist, ist die *Upaniṣat* hervorgegangen, ja schon das *Sattram*, beide von √*sad* sitzen.

165. Der Text hat natürlich *yo.*

164. Siehe die 38. Rede, Seite 292–295.

165. Zu *appāṭihīrakatam bhāsitam* cf. Anm. 150.

166. Dogma der *Sāṃkhyās*: cf. Lieder der Mönche, Anm. zu v. 107. – Vergl. hiermit den verwandten Spruch im Cherubinischen Wandersmann I, 60:

Die Seel ist ein Kristall, die Gottheit ist ihr Schein,

ein Bild, das auf eine im Mittelalter wohlbekannte Vorlage zurückweist, e. g. bei WALTHER VON DER VOGELWEIDE, im Leich v. 35.

167. Zu *kimi khajjopanako* cf. *Chāndogyopaniṣat*, VI, 7, 5 ♎ *Jātakam* vol. VI. p. 371; Ancient Inscriptions in Ceylon, Obelisk Nr. 149b, l. 14; TRENCKNER, Pāli Miscellany p. 59. Cf. SHAKESPEARE, Pericles II, 3:

a glow-worm in the night,
The which has fire in darkness, none in light.

168. Lies *panassāma*, cf. vol. I, p. 177 l. 20; von *naśate* + *pra*.

169. Die *sīlāni* und *jhānāni* von *idha* bis *so* sind interpolierte Iteration.

170. Lies **udekamaṇiko assa*. – Cf. das Gleichnis am Ende der 5. Rede; dann ebenso der 15., welches auch in der *Chāndogyopaniṣat* VIII, 8 gegeben ist.

171. Die allerhand gemeinen Dinge, wie Könige usw., zu Beginn der letzteren Reden öfters erwähnt (S. 548, 562, 579, 585), haben, nebenbei gesagt, ganz die nämliche großartig heitere Abweisung von POPE erfahren, zu Beginn seines Meisterwerkes:

Awake, my St. John! leave all meaner things
To low ambition, and the pride of kings.

172. nomen gentile Vekhanasos. – *Vekhanaso*, von *vikhanas*, ist offenbar eine ältere Variante zu *Vekhānaso*.

173. Eine klare Bestätigung der *aññadiṭṭhikenādi* als *karmadhārayās*, p. 369 bzw. 487 in Nr. 72, bietet Asokos X. Felsenedikt i. f.: *Dukaraṃ tu kho etaṃ chudakena va janena usaṭena va añatra agena parākamena*; desgleichen das VI. i. f. sowie das I. Säulenedikt, Delhi-Sivalik l. 3f. Vergl. ferner das von RHYS DAVIDS kürzlich entdeckte und von SENART besprochene Girnār-Fragment des XIII. Felsenedikts, im Journ. Roy. As. Soc. 1900 p. 335, wo in l. 5 *añatra-yo-nesa[ṃ]* zu lesen ist, das heißt, wie BÜHLERS Kālsī-Version lehrt, *añatra-yo* (janapado) *nesa[ṃ]* (nikāyānaṃ yadidaṃ) *baṃhmane cā samane cā*. – Zur Sache cf. die 70. Rede S. 514, die 95. gegen Ende.

174. Lies mit dem siam. Texte *nisinno*.

175. Eine ähnliche Sage von einer solchen Stelle in der Nähe der uralten Stadt *Sāṃkāśyā* weist CUNNINGHAM im Archaeological Survey of India vol. I. p. 273 nach.

176. *sotthisinānī* ist richtig, wie in der 93. Rede; zu *sotthi* cf. *śothas* usw., nicht etwa *śāti*.

177. Auch Ghaṭīkāro gehört einem, zwar geringeren, Brāhmanengeschlechte an. Cf. infra Anm. 183.

178. Lies *yāv' etado hi pi*.

179. König Kikī, der *Kṛtī rājā* der *Purāṇen*, wird ständig in Legenden, wie *Vessantarajātakam* i. in., als Zeitgenosse Kassapos angeführt. – *Kikī-*, *Kṛtī-rājā* entspricht unserem 'König Karl', von der selben Wurzel *kṛ karoti*.

180. Lies mit dem siam. Texte *paṇḍumudikassa*; vorher, mit den anderen Mss und TRENCKNER, *khādaniyam bhojaniyam*. – Reis lieben die Inder bekanntlich als vorzüglichste Nahrung: «Den reinen Reis, der Kraft verleiht», wie es in den Liedern der Mönche v. 842 heißt. So nennt auch HOMER αλφιτα μυελον ανδρων, Mehl das Mark der Männer, Od. II, 290.

181. Um kein lebendes Wesen zu verletzen. – Lies *na musalena, sahatthā paṭhaviñ ca khanati*.

182. Lies *paṭivibhattāni.*

183. Ghaṭīkāros nomen gentile: Der vom Seher *Bhagu* abstammt. Vergl. *Dīghanikāyo* Nr. 24.

Im 408. *Jātakam* wird gleichfalls ein Hafner mit 'Bhaggaver' angesprochen, wie auch in der 140. Rede unserer Sammlung.

184. Vergl. die Legende vom magischen Obdach des *Mucalindo*, im *Mahāvaggo* I, 3, und *Mahāvastu* vol. III. p. 301. Auch die Olympier sind vor Niederschlägen immer geborgen, da ihr Saal ὡς ὑπερνεφη ουτε νιφεται ουτε κατομβρειται, nach EUSTATHIUS, Comm. ad Il. I, v. 420.

185. *Siyā* bis *ahosiṃ* ist kommentarielle *Jātakam*-Interpolation; die ganze Rede apokryphe Sage. Schon im ersten Jahrhundert vor Chr. in das nordbuddhistische *Saṃskṛt* des *Mahāvastu* übersetzt, vol. I, p. 317–335: teils wörtlich genau, teils freilich recht mißverständlich – e. g. p. 321 wo *ovaṭṭikāya* (von *varti*) *parāmasitvā* halsbrecherisch in *kṛkāṭikāyāṃ gṛhya* verzerrt wurde – teils auch mahāyānisch multipliziert, verfälscht und ausgeschmückt.

186. Vergl. den alten Spruch, im *Aitareyabrāhmaṇam* II, 32, 3: *Cakṣur vā etad yajñasya yat tūṣṇīṃśaṃsaḥ*, «Denn das Auge ist es der Andacht: die stille Verehrung».

187. der Adeligen, Priester und Bürger.

188. Vergl. HERODOT II, 78.

189. So der barm. und siam. Text.

190. Koravyo, *Kauravyas*, Der von den *Kurū* stammt, d. i. der Kurūner.

191. Ganz ähnlich der pythagoräische Arzt ALKMAEON: Της μεν ὑγειας ειναι συνεκτικην ισονομιαν των δυναμεων, ὑγρου, θερμου, ξηρου, ψυχρου, πικρου, γλυκεος, κτλ. την δ'εν αυτοις μοναρχιαν, νοσου ποιητικην· φθοροποιον γαρ ἑκατερου μοναρχια... την δε ὑγειαν συμμετρον των ποιων την κρασιν., bei PLUTARCH, De plac. philos. V, 30.

192. Cf. *Maitryupaniṣat* I, 4.

193. Der Topus vom Greisenalter, S. 619 hat seinen Gegenplatz im HOMER, z. B. Ilias letzter Gesang, Mitte, wo Priamos ergreifend anhebt: Μνησαι πατρος σειο... τηλικου, ὡσπερ εγων ολοφ επι γηραος ουδφ. Zum Überfluß und der Eroberung, S. 513f., cf. Pyrrhus' Gespräch mit Kineas, bei PLUTARCH cap. 14, auch des BAKCHYLIDES verwandte Strophe, 1, 36–39:

το δε παν-
των ευμαρειν ουδεν γλυκυ
θνατοισιν· αλλ' αιει τα φευ-
γοντα διζηνται κιχειν.

Der vorletzte Lehrsatz, S. 620, ist von HORAZ ungemein schön und innig erkannt worden, carm. II, 14, 6:

Linquenda tellus et domus et placens
Uxor, neque harum quas colis arborum
Te praeter invisas cupressos
Ulla brevem dominum sequetur.

194. Uralte Mangohaine, mit Steinaltaren, moosbewachsen, von hohen Akazien umstanden, sind auch heute noch vielfach anzutreffen, so in der weiten, stillen, fruchtbaren Ebene um Benāres, in Sārnāth, etc. Zum Namen *Makhadevo* cf. *Śatapathabrāhmaṇam* XIV, 1, 1, 13, und die *Makhadevatās* im *Harivaṃśam* III, 53, 38.

195. Diesem Ideal eines indischen Königs ist Asoko in der Tat sehr nahe gekom-

men. Sagt er doch u. a. auch: *hemevā savanikāyesu paṭivekhāmi*, «Und so überwache ich alle Stände», Säulenedikt VI l. 7; vgl. noch insbesondere VII 2 l. 4: *dhaṃmamahāmātā pi me te bahuvidhesu aṭhesu ānugahikesu viyāpaṭā, se pavajītanaṃ ceva gihithānaṃ cādi*; und Felsenedikt IV und V. Cf. BÜHLER, Zeitschrift d. deutschen morgenl. Ges. Bd. 48, Seite 53–54.

196. Zu *palitas paliknī* cf. urverwandtes pallidus blank ~ bleich. Weitere Belege bei PRELLWITZ, Etym. Wörterbuch d. griech. Spr. s. v. πελιδνος.

197. Vergl. das letzte Kapitel des *Vāsiṣṭhadharmaśāstram; Mahābhāratam* XIII, 7, 24:

Jīryanti jīryataḥ keśā,
dantā jīryanti jīryataḥ,
cakṣuḥśrotre ca jīryete:
tṛṣṇaikā na tu jīryate.

Auch *Bhartṛharis*, *Vairāgyaśatake* 12, 14. – Ganz in diesem Sinne fragt VERGIL, Aen. VI, 721:

Quae lucis miseris tam dira cupido?

198. Vergl. *Manus* VI, 2.

199. Vergl. *Ṛgvedas* VI, 47, 18.

200. *Siyā* bis *anuppavattesi* ist kommentarielle *Jātakam*-Interpolation. – Makhadevo und seine Nachfolger sind Heroen aus jenen unermeßlichen, zyklisch ab- und wieder aufsteigenden Äonen, die zumal in den Sagen der 26. Rede der Längeren Sammlung bedeutsam und tiefsinnig zur Sprache gelangen. Der weit verbreitete ethnische Glaube, des Menschen Lebenskraft usw. sei einst unvergleichlich größer gewesen, wurde bei uns von SWIFT vorgetragen, der seinen Riesenphilosophen, recht im purāṇischen Stile, behaupten läßt, «that nature was degenerated in these latter declining ages of the world, and could now produce only small abortive births, in comparison of those in ancient times».

201. Andere Bearbeitungen dieser volkstümlichen, gewiß vor- und nachbuddhistischen Legende finden sich als richtige *jātakāni*, Nr. 9 und Nr. 541, vor; auch zu Barāhat auf einem Relief aus dem dritten vorchristlichen Jahrhundert als *Maghādeviyajātakam* dargestellt, im Indian Antiquary vol. X. p. 119f. hübsch beschrieben. Cf. auch *Śakuntalā*, letzter Akt initio. – Verwandte Züge mit unserem *Mātali*, dem einstigen *Mātariśvā*, weist *Savitā* im *Ṛgvedas* auf, namentlich I, 35, 3. Cf. BÜHLERS Grundriß III. 1 A p. 32. Vergl. ib. p. 65 *Indras-Śakras* Stellung im letzten Buche des *Ṛgvedas*, 167, 1, mit dem genau entsprechenden Range unseres *Sakko-Maghavā* im *Dhammapadam* v. 30. – Die beiden Bahnen, von denen S. 628 die Rede ist, werden schon in einem alten Spruche, *Jātakam* 537 v. 43, sehr schön vergeistigt:

Weit sind die Wolken, weit die Erdentale,
Weit überm Ozean das andre Ufer:
Doch weiter noch als diese, wahrlich, sagt man,
Daß gute Art und schlechte sei, o König!

202. Vergl. Sprüche wie *sarve vipraparā narāḥ, brāhmaṇo dvipadāṃ śreṣṭhaḥ, janmanā brāhmaṇo jñeyaḥ* (cf. 98. Rede v. 3: *jātiyā brāhmaṇo hoti*); Anm. 336 zu den Liedern der Nonnen. Auch das recht bezeichnende Wort des *Ūrvas* im *Harivaṃśam* I, 45, 33:

Brahmayonau prasūtasya
brāhmaṇasyānuvartinaḥ

brahmacaryaṃ sucaritaṃ
Brahmāṇam api cālayet.

Mit *brāhmaṇā va sukko vaṇṇo, kaṇho añño vaṇṇo* vgl. *brāhmaṇaḥ śvetavarṇaḥ* ... *śūdraḥ kṛṣṇavarṇaḥ*, in der Eingangsupanischad zur *Vajrasūcī*, WEBERS Ausgabe (Abhandlungen der königl. Ak. d. Wiss. Berlin von 1859) p. 212, l. 10, 11; in der Bombayer Hundertacht Upanischaden Ausgabe von 1895 p. 336a, l. 7, 8.

203. Vgl. Lieder der Mönche v. 162. – Ähnlich der treffliche HANS SACHS, Fastnachtspiel ed. GOETZE 15, 89–90:

... ich hab ... vernumen,
Von tugent sey der adel kumen.

204. Ebenso bekennen auch die altsiṇhalesischen Könige auf ihren Inschriften, den Mönchen zum Heile diese vier Erfordernisse, *catari paceni*, darzubieten: so *Gayabahugamini* von Anurādhapura, auf ED. MÜLLERS Ancient Inscriptions in Ceylon Nr. 5, l. 6.

205. Sehr schön, und ganz übereinstimmend, berichtet MEGASTHENES, Indica ed. SCHWANBECK p. 125: Μουνον σφισιν ανειται σοφιστην εκ παντος γενεος γενεσθαι, ὅτι ου μαλθακα τοισι σοφιστησιν εισι τα πρηγματα, αλλα παντων ταλαιπωροτατα.

206. König Madhuro von Avanti war Gebieter über Mālavā, eines der blühendsten Reiche Mittelindiens, dessen Hauptstadt Ujjenī viele Jahrhunderte hindurch ein Hort des Buddhismus gewesen. Ebenda hat später *Kālidāsas* und noch mancher minorum gentium, bei Hofe willkommen, gelebt und gedichtet. Noch heute ragt hier im Lande, einen sanften Hügel krönend und rings bis zum fernen Horizont die schimmernden Auen und Wälder beherrschend, edelgewölbt wie die Peterskuppel, der sonnenhelle Sāñci-Dom auf, ein Denkmal großer Vergangenheit. Vergl. die epigraphischen Merktafeln, Anm. 405 zu den Liedern der Nonnen.

Den klassischen neun Dichterfürsten mit *Kālidāsas* als vornehmstem am Hofe der Könige von Mālavā steht die berühmte Neunzahl der griechischen Lyriker gegenüber, gleichwie den Sieben vedischen Sehern die Sieben griechischen Weisen usw., ohne daß man hier an geschichtliche Begriffe zu denken brauchte, wie etwa bei der sonderbaren indo-iranischen, gnostisch-christlich-latomischen Dreiunddreißig, Anmerkung 296.

207. Zu dieser festlichen Ausschmückung cf. die entsprechenden Edikte von Kosambī und Sāñci, i. f.: *[o]dā[tā]ni [d]usāni naṃ dhāpayitu* usw., und BÜHLERS Anmerkung hierzu, Indian Antiquary 1890, p. 126, Epigraphia Indica vol. II, p. 367. Weiß ist die festlich feierliche Farbe der Inder: daher auch, wie S. 376, 528 passim, die weiß gekleideten Hausleute, *odātavasanā*; cf. die *Śvetāmbarās*, auch *Śuklāmbarās Man.* IV, 35.

208. Ist Lehrsatz der *Jaināś*; cf. die 14. Rede, S. 106. – Zum Folgenden die 36. Rede; später auch die 26ste. – Vgl. MATTH. XI. 29; GIORDANO BRUNO, De umbr. idear., Dedic. v. 2:

Et littera Pythagorae,
Bicorni acta discrimine,
Quaeis trucem ostendit vultum dextri tramitis,
Finem largitur optimum.

209. εν ἡβῃ τουμον ευσθενει δεμας, genau so von EURIPIDES formuliert, Cycl., Anf.

210. *ākiñcaññāyatanam.* Vergl. *Yājñavalkyas'* These *sa eṣa neti netyātmā*, in der *Bṛhadāraṇyakopaniṣat* III, 9, 28, passim; und *Tripurātāpinyupaniṣat* 5, v. 4:

Nirastaviṣayāsaṅgaṃ
sannirudhya mano hṛdi
yadāyātyamanī bhāvas,
tadā tat paramaṃ padam.

211. *nevasaññānāsaññāyatanam.* Cf. den berühmten *Nāsadāsīnno*-Hymnus, *Ṛgvedas* X, 129; und *Tripurātāpinyupaniṣat* 5, v. 6:

Naiva cintyaṃ na cācintyaṃ
na cintyaṃ cintyam eva ca:
pakṣapātavinirmuktam
brahma sampadyate dhruvam.

212. Vergl. das urverwandte schöne Mythologem vom belebenden Morgentau, im Vafthrúdhnismál v. 45.

213. Vergl. Anm. 395 zu den Liedern der Nonnen.

214. Zu *ayaṃ dhammo ... atakkāvacaro* cf. *idam ... apratarkyam aprakāśyam: Subālopaniṣadi* 3.

215. Der Name *Sahampati* läßt verschiedene Deutung zu. Vergl. das Intermezzo im *Kevaṭṭasuttantam*, Längere Sammlung S. 156; und auf der anderen Seite die recht ansprechende Etymegorie von $\sqrt{sah}$, *sahas* in einem *jātakam* des *Saṃyuttakanikāyo*, vol. V. p. 233. In vergangenen Äonen, als Kassapo der Meister war, erzählt da Brahmā von sich, sei er ein machtvoller Jünger, *sahako bhikkhu*, gewesen: darum sei er jetzt ein mächtiger Herr, *saham pati*, geworden. – Die Art eines Brahmā wird, je nach Umständen, als verschieden angegeben: siehe die 90. Rede, gegen Ende. – Gotamos Zaudern und Sahampatis Angst und Anliegen und die verwandten wunderbaren Vorgänge überhaupt sind von ROBERT L'ORANGE als apokryph erkannt worden, gehören spezifisch der *Mahāvaggo-Mahāvastu*-Legende an. Wie ratlos willkürlich diese letztere den zwar sekundären, verhältnismäßig aber weit älteren, ihr daher stellenweise unverständlichen Pāli-Text oft behandelt hat, und dies bei sonst oft sehr schöner, vollkommen getreuer Übersetzung, zeige als typisches Beispiel der im *Mahāvastu* vol. III. p. 319 aus der obigen Rede versaṃskṛtisierte Spruch. Cf. Anm. 185.

216. Vgl. *Chāndogyopaniṣat* IV, 14, 3: *Yathā puṣkarapalāśa āpo na śliṣyante, evam evaṃvidi pāpaṃ karma na śliṣyata iti.*

In der Stelle *app' ekacce paralokavajjabhayadassāvine viharante* wird *vajja°* nicht von $\sqrt{varj}$, sondern von $\sqrt{vad}$ abzuleiten sein, wie Lieder der Mönche Anm. 993 anderweitig belegt, und die richtige Übersetzung demnach heißen: «und manche, die das Anpreisen einer anderen Welt für arg erachten». Die Möglichkeit der Ableitung von $\sqrt{varj}$ ist zwar nicht ausgeschlossen, scheint aber doch, *nipuṇaṃ nirūpya*, dem Geiste der Stelle kaum zu entsprechen. Die Lotusrosen des Gleichnisses, die emporragen, unbenetzt von Wasser, deuten eben auf solche, die noch in dieser Welt, *diṭṭhe va dhamme*, Vollendung erreichen. Vergl. hierzu Lieder der Mönche v. 700 nebst Anm.

217. Cf. Anm. 21. – Zu *Isipatanam* vgl. *Bhṛgupatanam*, im Anfang von Kap. 4 des *Daśakumāracaritam* I, p. 22, das also doch wohl auf *Bhṛgus* den Seher deutet.

218. Cf. Lieder der Mönche v. 299 Anm.

219. Den ersten, im wesentlichen schon ganz übereinstimmenden Bericht vom Leben Gotamos verdanken wir, wie mir DE LORENZO mitteilt, dem kühnen MARCO POLO, der es auf "Seilla" voll Teilnahme gehört und dann – im Zeitalter DANTES – mit erstaunlicher Schlichtheit beschrieben hatte. Insbesondere erzählt er, im Texte

BONIS vol. I. p. 185, von jenem Palaste mit den singenden und spielenden Mädchen, oben S. 540, und daß der Prinz keine Freude daran finden mochte; wie er einst auf der Straße einen Toten gesehn, und wieder einen schlotternden, zahnlosen Greis; wie er tiefsinnig zum Palaste zurückgekehrt, voll Ekel an einer Welt wo man altern und sterben müsse, und gesagt habe, «che voleva cercare quello che mai non moriva, nè non invecchiava», genau wie es in der 26. Rede, S. 185, und oben S. 653 vorgetragen ist; wie er dann endlich, nach dem ergänzenden Texte PAUTHIERS p. 592f., heimlich bei Nacht den Palast verlassen habe, «et s'en ala aux grans montaignes et moult desvoiables», wie S. 90. «Et illec demoura moult honnestement, et moult menoit aspre vie; et fist moult grans abstinences», oben S. 643–646. Selbst durch das Medium fremder und trüber Idiome hatte sich die zeilonesische Tradition dem feinfühlenden Zuhörer verständlich gemacht, so daß er den Inhalt der – wenn man will trivialen – Legende rein wiederzugeben vermochte. Den Bericht nach dem Texte PAUTHIERS findet man in GRÜNWEDELS Mythologie des Buddhismus in Tibet und der Mongolei S. 2–4 vollständig abgedruckt.

Die sitzende Gestalt Gotamos als yogischer Büßer, in atemlose Selbstverlierung verloren, mit den einzelnen Merkmalen wie S. 645f. dargestellt, ein seltsames Meisterstück der Skulptur des 1. Jahrh. vor Chr., befindet sich im Museum zu Lahore. Eine Phototypie davon hat SENART veröffentlicht, im Journal asiatique von 1890 zu p. 144.

Eine plastische Gruppe der jugendlich blühenden Mutter mit einem Kinde an der rechten Hüfte, als Göttin *Ṣaṣṭhī śiśurakṣinī*, eine wirkliche Αφροδιτη κουροτροφος von idealer Schönheit und Anmut, ist uns im Museum zu Lahore, unter den Trümmern von Jamalgarhi aus dem 1. Jahrh. vor Chr., erhalten. Auch hiervon hat SENART eine Phototypie leicht zugänglich gemacht, im Journal asiatique von 1890 zu p. 154.

220. Die Ringe der Erschlagenen. Siehe Längere Sammlung Anm. 931.

221. Vgl. *Āpastambīyadharmasūtre* I, 8, 23, 6; *Theragāthā* 33; Asoko, Edikt von Dhauli II, l. 7, Jaugoḍo II, l. 10.

222. *Ahiṃsako.*

223. Vergl. *Mahopaniṣadi* III v. 49:

Striyaṃ tyaktvā jagattyktaṃ,
jagattyaktvā sukhī bhavet.

224. Aṅgulimālos Wahrspruch, *satyavacanam*, S. 662, ist *kāryārthe śapathaḥ, svapariśuddhau*; in der *Smṛti* e.g. bei *Manus* VIII, 110. Deutlicher zu reden: *satyakriyā* als angewandte *samayakriyā*. Es ist der uralte Glaube an die magische Macht der Wahrheit, wie *Ṛgvedas* VII, 104, 15. Später sind Ordalien daraus geworden. Vgl. BÜHLERS Grundriß II, 8, § 51–52. – Ein ziemlich nahe gegründetes, kleineres Wahrzeichen kennt die deutsche Sage vom dürren Stabe, der sich dann frisch begrünt, wie beim Tannhäuser.

Antithetisch, und zwar rein philosophisch, ist dieser tiefe, echt ārische Gedanke zu Beginn der 61. Rede behandelt, welche Asoko bekanntlich ganz besonders empfohlen hat; und ist, vollkommen gleich von AESCHYLUS ausgesprochen, Prom. 685f.:

νοσημα γαρ
αισχιστον ειναι φημι συνθετους λογους.

225. Lies, wie der siam. Text hat, *piyappabhūtikā*.

226. *Nālījaṅghas*, 'Rabe', ähnlich als nomen ioculare eines Vertrauten im 8. Kap. von *Daśakumāracaritam* II, p. 60.

227. Der siamesische Text hat *ācamehi*. – Zu *ācāmayati* (*stutyarthe*) cf. e. g. *Hiraṇyakeśigṛhye* I, 16, 1: *ācamyopatiṣṭhate*, 24, 8: *ācamyopahvayate*.

228. Ānando wird in der Skulptur, z. B. der von Sārnāth, nicht selten dargestellt, mit Vorliebe in sanfter, trauernder Haltung an der Bahre des entschlafenen Meisters. Das jugendlich schöne, in tiefem Schmerz etwas geneigte Haupt erinnert sogleich an jenen berühmten bartlosen Christuskopf DA VINCIS in der Brera zu Mailand. – Es wäre ein verdienstvolles Unternehmen, die besten älteren Skulpturen von rein indischem Typus und Stil, fast sämtlich noch in Indien teils in situ, teils in Museen, zumal dem von Kalkutta, befindlich, auch dem westlichen Kunstfreunde in sorgfältiger Reproduktion allgemeiner zugänglich zu machen, da bisher auf diesem Gebiete kaum irgend etwas Ernstes geleistet wurde*. So ist z. B. das Handbuch zur Berliner buddhistischen Kuriositätensammlung – vom Verfasser Prof. GRÜNWEDEL "Buddhistische Kunst in Indien" betitelt – trotz aller fleißigen Arbeit, für die Erkenntnis der wahren, strengen, ursprünglichen indischen, bzw. buddhistischen Kunst nahezu wertlos: denn es gibt, mit Ausnahmen eines einzigen echten Kunstwerkes (Nr. 75 der 2. Aufl., p. 144), eben nur Proben aus barbarisch entarteten und nur wenig nationalen Kulturepochen oder beschäftigt sich mit tibetisch-mongolischer Miniatur, die allerdings in recht guten Exemplaren vorhanden ist, aber selbstverständlich nicht für buddhistische Kunst in Indien ausgegeben werden darf. Das gilt leider, wie gesagt, auch von anderen, sonst sehr schätzenswerten archäologischen Arbeiten.

229. Ähnlich berichtet Asoko auf dem VI. Felsenedikt über seinen Aufenthalt im Palaste oder im abgelegenen Parke oder in den Gärten, wo ihm seine Minister, da wie dort, jederzeit und überall darzulegen haben, wie seine Anordnungen zum Wohle der Wesen ausgeführt werden, da er jederzeit und überall auf das Wohl der Wesen bedacht sei: denn es gebe kein vornehmeres Werk als der ganzen Welt zum Heile zu sorgen. – Wie Pasenadi gern unter den *rukkhamūlāni vijanavātāni* weilt, so Asoko im entsprechenden *vacamhi vinītamhi*, «im abgelegenen Parke»: *vacam* ist natürlich nicht von *varcas* stercus, sondern von *vārkṣam* Wald abzuleiten; vgl. das im 12. Edikt [Mansehra] genannte Amt der *vracabhumika*, *vārkṣabhūmikās*, d. i. Parkverwalter. Zur palatalen Surde für die Aspirate cf. die analogen *ikkokkākādi*.

230. Lies *ayaṃ kho me*; später, wie der siam. Text hat, *ayam pi kho me*. Cf. die 12. Rede, p. 69.

231. Genau bei STRABO p. 712 wiederzufinden: Ετη δ' ἑπτα και τριακοντα οὑτως (ασκησει) ζησαντα αναχωρειν εις την ἑαυτου κτησιν ἑκαστον, και ζην αδεως και ανειμενως μαλλον.

232. Cf. die Anm. 168.

233. Lies, wie der Text hat, *puna ca param bhante ime Isidattapurāṇā thapatayo* etc. Vergl. das überaus schöne Gespräch des Meisters mit den beiden Kammerherren, *Saṃyuttakanikāyo* vol. V. p. 348–352.

234. Der siam. Text hat richtig *yam pi kho bhante* etc.

235. Wahrscheinlich *patite kutsanāyām*; vergl. *Manus* IV, 184: *Ākāśeśās tu vijñeyā bālavṛddhakṛśāturāh.*

---

* *Dieser Anregung Karl Eugen Neumanns, aus dem Jahre 1899, ist seitdem mehrfach entsprochen worden. Besonders erwähnenswert die Bände des Phaidon Verlags: Indische Kunst, Köln 1955 u. Das Leben des Buddha, Köln 1956. Das letztere Werk bringt auf Tafel 54 eine gute Abbildung der in Anm. 219 erwähnten sitzenden Gestalt Gotamos als yogischer Büßer und datiert die Statue in das 2.–4. Jahrh. nach Chr.*

236. Es ist mit dem barmanischen Texte, und wie vol. I. p. 390, passim, *savyābajjhā* und *avyābajjhā* zu lesen.

Viḍūḍabhos subreptive Frage, ob es also die weltlichen Götter vermöchten die überweltlichen in die Flucht zu schlagen und deren Ort zu erobern, mahnt an bekannte *Itihāsās* von Kämpfen zwischen *Asurās* und *Devās*, wie *Śatapathabrāhm.* I. 2, 4, $_{8-12}$, und schon *Ṛgved.* X, 124, $_{8}$: *Tā asya jyeṣṭham iṃdriyaṃ sacaṃte ... bībhatsuvo apa vṛtrād atiṣṭhan.* Vergl. OLDENBERG, Die Religion des Veda S. 166.

237. *Ānando* = Wohlmut.

238. Die zweite Hälfte dieses Buches der Könige, worin Pasenadi auftritt, nimmt, wie unser Text überhaupt, wenig Rücksicht auf die Zeitfolge der Reden. So sieht z. B. Pasenadi in der 90. Rede Ānando zum erstenmal, der ihm zu Beginn der 88. wohlbekannt ist. Dagegen wird allerdings erst in letzterer Ajātasattu als König von Magadhā genannt, während in der 86. Rede noch dessen Vater, Seniyo Bimbisāro, den Thron innehat.

239. Vergl. *Saṃyuttakanikāyo* vol. I. p. 108: Kurz ist das Leben der Menschen: ... wer lange lebt, lebt hundert Jahre, oder etwas darüber. – *Śatapathabrāhmaṇam* I, 9, $_{3}$, $_{19}$; *Chāndogyopaniṣat* III, 16, $_{7}$; praesertim i. a. *Jaiminigṛhyasūtram* 8, $_{1}$, $_{2}$ (p. 10 des Wiener Grantha-Ms): *jīvāhi śaradaśśataṃ, paśyāhi śaradaśśatam* ($_{sic}$).

PLINIUS VII, 28: CRATES PERGAMENUS Indos qui centenos annos excedant Gymnetas appellat, non pauci Macrobios. – Auch in den koptischen Biblia sacra wird das Leben des Menschen auf hundertzwanzig Jahre bemessen: siehe AMÉLINEAU, Vie de *Schnoudi*, in 12; p. 238 und 359. – Cf. MOLIÈRE, L'avare II, 6: vous passerez les sixvingts. LEOPARDI, Dialogo di un fisico e di un metafisico, nota 2, citiert ein Buch des TOMMASO GIANNOTTI, medico da Ravenna, 1550, De vita hominis ultra CXX protrahenda, dedicato al papa GIULIO III.

240. Cf. die 83. Rede, in init., und Asokos I. Säulenedikt, fin.

241. Lies *ekamantaṃ nisinnassa kho Uttarassa māṇavassa etad ahosi.* Das Interpositum ist tertiär interpoliert.

242. Das «tausendspeichige Rad» ist der Abdruck, den der Fersenball bei jedem Schritte auf staubigem oder feuchtem Boden zurückläßt: als *śrīpādas* schon im 1. Jahrh. vor Chr. schematisch dargestellt; cf. BÜHLER im Anzeiger phil.-hist. Cl. Wiener Akad. der Wiss. vom 3. Februar 1898.

243. Den Typus dieser schlanken und doch kräftigen Asketenbeine mit hohem Unterschenkel zeigen außerordentlich schöne Buddho-Statuen aus Sārnāth im Museum zu Kalkutta, alte, echt indische Kunstwerke. Wunderbar ähnlich hat bei uns DONATELLO seinen Johannes gebildet, in der Chiesa dei frari zu Venedig, erst von DE LORENZO erkannt. – Vergl. *Eṇajaṅgho jaṅghākarikas*, *Daśakumāracarite* II, $_{1}$: 1. fasc. p. 43; auch *Valgujaṅghas*, *Mahābhārate* XIII, 4, $_{152}$.

244. Merkmal eines Helden. So wird auch *Rāmas* bekanntlich *ājānubāhus* genannt, *Rāmāyaṇe* I, $_{1}$, $_{12}$; wozu A. W. VON SCHLEGEL in seiner Übersetzung treffend angibt: «Brachia brevia apud Indos deformia et ignobilia habita sunt; longa contra heroïci vigoris argumentum. Non mirarer, si Persae, idem statuentes, cognomine Artaxerxis prioris, μακροχειρ, male a Graecis intellecto, simile quid significassent.»

245. Gilt beim Volke, als lucus a non lucendo, für ein Anzeichen ungewöhnlicher, geistiger oder leiblicher Schaffenskraft: auch der welterobernde *Cakkavatti*, der über tausend Helden zeugt, stellt sich also dar, *Dighanikāyo* ed. Siam. vol. III p. 173. Vergl. Längere Sammlung Anm. 302.

246. *sattussado*, d. i. *sat-tuṣya-das.* Cf. Nr. 95 in initio: *Opāsādaṃ sattussadam.* – *Dīghanikāyo* vol. III. p. 166 ist kommentarielles Quidinloco.

247. *rasaggasaggī* von $\sqrt{\textit{ras}}$, *rasati śabde* + *gras* (= *grah*, cf. *Manus* VIII, 43) + *agrī*.

248. *cattārīsadanto so bhavaṃ Gotamo*, wörtlich 'vierzigzähnig ist Herr Gotamo', womit natürlich, wie auch sonst bei Zahlenreihen, nur die begonnene vierte Dekade, das heißt über dreißig, gemeint ist. *Caturo dasassa* heißt es im *Dīghanikāyo* l. c. p. 182.

249. Vergl. das *avimuktam* (*bhruvor ghrāṇasya ca saṃdhiśṭhānam*), e. g. *Jābālopaniṣat* 2. Bei *avimuktam* darf auch an die seltenere Bezeichnung *dhruvas* als polaren Punkt zwischen den Augenbrauen, das ist die Nasenwurzel, gedacht werden. Vgl. *Suśrutasaṃhitā* I, 5, 24. Deutlich und ohne jede symbolische Absicht, offenbar treu anatomisch nachgebildet, ist dieses Merkmal an der Herme des APOLLONIOS VON TYANA in Neapel zu sehen. – Hier sei noch die Vermutung gewagt, die im P. W.[1] s.v. *dhruvas* 2i) genannten *Viṣṇoḥ padāni bhrūmadhye* möchten die oft vorkommenden drei vertikalen Stirnfalten sein, die von der Nasenwurzel entspringen, das *mātṛmaṇḍalam* aber die Pupille.

250. Gegenüber diesen im Volksmunde beliebten sagenhaften Merkmalen eines großen Mannes vergl. das Gespräch des Meisters mit Sāriputto, im *Saṃyuttakanikāyo* vol. V. p. 158:

«Ein großer Mann, ein großer Mann», sagt man, o Herr: inwiefern aber ist man, o Herr, ein großer Mann?

Hat man das Herz erlöst, Sāriputto, so ist man, sag' ich, ein großer Mann: hat man das Herz nicht erlöst, so ist man es nicht.

Cf. ib., p. 216, wie der greise Meister sich in der Abendsonne wärmt, Ānandos Verwunderung, daß der Erhabene nun nicht mehr so stattlich erscheine wie früher, und die Antwort des Herrn:

So ist es, Ānando, daß der Jugend Altern, der Gesundheit Siechtum, dem Leben Sterben eignet, und daß nun die Hautfarbe nicht mehr so hell und rein ist, schwächlich die Glieder geworden, mit Falten überzogen sind, vornüber der Körper sich neigt, daß die Sinneswerkzeuge sich abgenutzt haben.

251. Lies *aḍḍhavam*, von $\sqrt{\textit{ṛdh}}$.

252. Lies mit dem siam. Texte *āraddhakāyo va na iñjati*.

253. Vergl. *Nāradaparivrājakopaniṣat* III, v. 66: *yasya cakṣur na dūragaṃ, caturyugāṃ bhuvaṃ muktvā, parivrāṭ saḥ*.

254. Lies mit dem siam. Texte *so bhuttāvī na pattam bhūmiyaṃ nikkhipati*.

255. Lies mit dem siam. Texte *avijahantābhāvena*.

256. Der siam. Text hat richtig *addasāma antaragharam pavisantam*.

257. Lies *ekamantaṃ nisinnassa kho Brahmāyussa brāhmaṇassa etad ahosi*. Das Interpositum ist tertiär interpoliert.

258. Der berühmte Denkspruch vom Entstehn und Untergehn, S. 699, 537, 413, ist später *puthujjanagatam*, der allerbekannteste Gemeinplatz der indischen Literatur: überall von Philosophen, Rhapsoden und Dichtern rezipiert, variiert und ausgestaltet; vergl. e.g. *Cūlikopaniṣat* v. 17, 18, *Māṇḍūkyakārikā* II, v. 32; *Daśakumāracaritam* I, 1. Kap., p. 6: *Jalabudbudasamānā virājamānā sampattaḍillateva sahasaivodeti naśyati ca*.

259. Die größte Begleitung, die in alten Texten je angegeben: in der Regel eine erheblich geringere. Gotamo weilt von Zeit zu Zeit allein zurückgezogen, z.B. zwei Wochen, auch drei Monate lang wie *Saṃyuttakanikāyo* vol. V p. 320, ib. 325*, oder ist von einer Anzahl ‹edler Söhne› umgeben wie oben in der 68. Rede, oder wandert ‹mit einer großen Schar›, ‹mit vielen Mönchen›, selten ‹mit fünfhundert Mönchen›,

---

* *Vergl. Längere Sammlung Anm. 1034 S. 977.*

von Ort zu Ort weiter wie in der 51., 70., 91. Rede, passim. Im *Dīghanikāyo*, vol. III. p. 85 der siam. Ausg., heißt es in einer Sage, Metteyyo der künftige Buddho werde einst einige tausend Jünger, *anekasahassam bhikkhusangham*, lenken, gleichwie Gotamo jetzt einige hundert, *anekasatam*, lenke.

260. Brāhmanischer Halbasket, der das Haar in Flechten aufgewunden trägt. – Vergl. *Nāradas'* Worte, im *Aitareyabrāhmaṇam* VII, 13, 8, auf welche später Selo, zu Beginn des Gespräches mit Keṇiyo, anspielt.

261. Buddho. – Im Inneren von Zeilon, so in Anurādhapura und weiter, hat sich bis heute die Sitte erhalten, daß der Mann aus dem Volke, wenn er einen Hochstehenden mit einer Bitte angeht, als captatio benevolentiae also anhebt: «O Herr, der du einst einen Buddho schauen wirst, sei gegrüßt!»

262. Lies mit dem siam. Texte *bhavanto*; später *bhotā samaṇena Gotamena* und *kathāpariyosānaṃ ca me.*

263. Lies *ekamantaṃ nisinnassa kho Selassa brāhmaṇassa etad ahosi.* Das Interpositum ist tertiär interpoliert.

264. Die beiden ersten *sapariso* sind Glosse.

265. Mit dem 3. Verse, S. 704, vergl. *Theragāthā* 1252. *Mālavikāgnimitre* II, v. 13d: *sarvair usraiḥ samagrais tvam iva nṛpaguṇair dīpyate saptasaptiḥ*. Zum Gleichnis vom Golde im 4. Vers cf. die 7. Rede in med.; auch das ähnliche Bild *Therīgāthā* 278. Die beiden letzteren Metaphern hat der tiefe CRISTÓBAL DE CASTILLEJO treu indisch angewandt, indem die *Verdad* bei ihm sagt (RIV. XXXII, 237b):

Soy como el oro enterrado
So la tierra, como muerto,
Que al fin siendo descubierto,
Se halla limpio apurado;
Como la perla preciada
Entre el cieno sepultada
Y perdida,
Que sale clara y pulida
Cuando viene á ser hallada.

266. Der siam. Text hat richtig *bhavataṃ*.

267. Zur Kenntnis fern entlegener Reiche und den weiten Land- und Seereisen indischer Kaufleute schon um etwa 800 vor Chr. cf. BÜHLERS Grundriß I. 11. § 5. – Es verdient Beachtung, daß auch Asoko, auf dem V. Felsenedikte, die Kābuler gleich nach den Ioniern anführt, und dann, weiter herabsteigend, die Kandahārer nennt. Kābul war den Indern zumal wegen seiner vorzüglichen Pferde- und Maultierzucht wohlbekannt. Cf. die *Kambojake assatare sudante* im 506. *Jātakam* v. 23, und im 254. *Jātakam* die *uttarāpathajānapade assavāṇije*. – Siehe auch die beiden Votivtafeln zu Sāñci, Epigraphia Indica vol. II. p. 97 Nr. 7, p. 387 Nr. 287; und noch die beiden Inschriften ib. vol. I. p. 184ff., p. 242ff.

268. An die *sāpāna-sūkaradoṇī* erinnert die *śva-sūkarayoni* der *Chāndogyopaniṣat* V, 10, 7.

269. Lies **vekuranvāya* = *vaikriyanvayāya*.

270. Lies *pāṭaliyo*; wie Asito wird *Kṛṣṇas* als königlicher Gebieter *Kanakadaṇḍas*, Der Goldstabene, genannt: *Harivaṃśe* II, 155, 46.

271. Lies mit dem siam. Texte *gantā*.

272. Vergl. JESU Verfluchung des Feigenbaums: und εξηρανθη παραχρημα ἡ συκη, MATTH. XXI. 19.

273. Vergl. *Aśvaghoṣas*, *Vajrasūcī* § 7.

274. Die Macht des Zornes, die hier, und in größerem Umfange in der 56. Rede, S. 471, gleichnisweise, bzw. legendär erwähnt ist, gehört ohne Zweifel mit anderen solchen mehr oder weniger fabelhaften Phaenomenen in das Gebiet der praktischen Magie. Nun ist es bezeichnend, wie die schwarze Kunst der Sieben Seher in der obigen Legende von Asito Devalo kraft seiner moralischen Übermacht zuschanden gemacht wird; der Geringschätzung entsprechend, die der Meister oft und oft allem Wundertume bezeugt. Es kommt ja im yogischen Sinne gelegentlich auch die magische Macht als weiße Kunst zum Vortrage, z.B. in der 73., zumal 77. Rede: immer aber spielt die ganze Thaumatopœie – man kann dies kaum genug wiederholen – eine völlig untergeordnete Rolle, und Gotamo nennt sie «nicht heilig», vergl. die wichtige Stelle der Längeren Sammlung, 28. Rede, S. 496f., wo Sāriputto des Meisters Worte anführt. Zum ersten Male gründlich geprüft und besprochen wurde die ganze Frage in der Flegrea II, 2, 4, Neapel 1900, von meinem lieben und berühmten Freunde G. DE LORENZO.

Auch heute noch legt die südliche, d. i. zeilonesische usw. Überlieferung, der nördlichen, das ist tibetischen usw. entgegen, für myktyrische Phaenomene und was damit zusammenhängt kühl ablehnende Geringschätzung an den Tag, was um so höheres Lob verdient, als man neuerdings von jener Seite, die «ins Reden keinen Vorzug setzt», heimlich bemüht ist theosophischen Zauber einzuschmuggeln und sogar Männer wie HIKKAḌUWE SUMAṄGALA und HEVAVITARANA DHARMAPĀLA, unsere ehrwürdigen Freunde, in den unlauteren esoterischen und asoterischen Handel zu verwickeln gesucht hat, indem man gar zu gern kolchisches παινεται für kalchisches φαινεται ausgeben will: freilich nur skythischen und verwandten Geistern zudanke.

275. Vergl. die 45. Rede, S. 340 der Übersetzung. – Ähnlich *Sannyāsopaniṣat* 2 i. f., v. 77: *pātram asya bhavet pāṇiḥ* «er habe zum Gefäß die Hand»; auch 1 i. m.: *pāṇipātreṇāśanaṃ kuryāt*, «mit dem Handgefäße mag er Atzung einnehmen», wo aber *pāṇipātram* ein handgroßes Gefäß, gleichwie *udarapātram* ein magengroßes Gefäß, bedeuten wird; vgl. die 77. Rede, Anm. 145. Ebenso in den anderen *Bhaikṣa*-Upanischaden, e. g. der *Kaṭhaśrutyādi*. (Die von DEUSSEN, «Sechzig Upanishad's» p. 696 f., gewählte Lesung *Kaṇṭhaśruti* mag wohl berechtigt sein, auch wäre an eine *Kanthaṣruti* zu denken; die drei Titel schließen übrigens einander nicht aus, können vielmehr, nach gewohnter indischer Darstellung, friedlich nebeneinander gelten). Der *hatthāpalekhano*, Handverköster, hat, nebenbei gesagt, ein ziemlich genaues Gegenbild im 'Rasenden SOKRATES', wie PLATON bekanntlich den DIOGENES genannt.

276. Den vier Schauungen dürfen vielleicht in gewisser Weise die sechs Staffeln Meister ECKHARTS verglichen werden, von deren letztem er sagt: «Der sehzt staffel ist dez hertzen růwe und fride, daz chein liep noch leyde mag ez bewegen noch betrůben.» Cf. Meister ECKHART, ungedruckte Texte etc. ed. JOSTES, Freiburg 1895, p. 105.

277. 1 *kahāpaṇo*, Gulden, wiegt etwa 11¹/₃ Gramm; es kann nur die Silbermünze, bzw. deren Werteinheit, gemeint sein, die unserem Zweimarkstück ungefähr entspricht.

278. Eine ähnliche Schenkung ist Ende der 52. Rede vorgekommen. Der altüberlieferten Sitte ist denn auch Asoko nachgefolgt, der auf dem Paḍeria-Edikt l. 3 u. a. berichtet, er habe nächst dem Dorfe *Lummiṇī* (im nepālischen Grenzgebiete, heute Rummin-deī bei Bhagvānpur), an der Geburtstätte des Meisters, ein steinernes

Schutzhaus errichten lassen, *silā vigaḍabhī kālāpita; silā vigaḍabhī*, d. i. *silā vigaḍā* (von *gaḍayati gahane*) *abhī*. Schon hatte er acht Jahre vorher Felsengrotten zu Barābar, nahe Belā bei Gayā, mit einer entsprechenden Inschrift den *Ājīvikās* gewidmet: *lājinā Piyadasinā ... iyaṃ kubhā ... dinā ājī[vi]kehi*. Epigraphia Indica vol. V. p. 4; Indian Antiquary Oktober 1891 p. 364.

Der oben und oft dargestellten Enkratie hat APOLLONIOS eine schöne Bestätigung erteilt, wenn er, bei PHILOSTRAT lib. III. cap. IV., also berichtet: Ειδον Ινδους Βραχμανας οικουντας επι της γης, και ουκ' επ' αυτης, και ατειχιστως τετειχισμενους, και ουδεν κεκτημενους, η τα παντων. Solche autoptisch gewonnene Einsicht, insbesondere noch einige Stellen der, freilich sehr verderbt überlieferten, Gespräche mit dem jinistischen *arhan* IARCHAS (i. e. *yo'rhas*) zeigen, wie genau der große TYANEER indische Dinge erforscht hatte.

279. Lies mit dem siam. Texte *mukhā*.

280. *Pauṣkarasādī*; der *ghoṣas* ist, nach den besten Mss, zu einem *aghoṣī* geworden, was auch sonst gelegentlich vorkommt.

281. Lies mit dem siam. Texte *yathā yathā*.

282. Vergl. S. 620.

283. Lies mit dem siam. Texte *asambhinnā khattiyakulā*.

284. Der siam. Text hat richtig *pāṇena*.

285. Wie oben *pāṇena* zu lesen; cf. den Schluß der 85. Rede.

286. Vergl. *Kaṭhopaniṣat* 1, 9: *atithir namasyaḥ, namas te 'stu*.

287. nomen gentile *Kāpaṭhikos*. – Zur hohen Auszeichnung, die hier, wie sonst, einem jungen hervorragenden Manne bezeugt wird, cf. Lieder der Mönche v. 489 Anm., *Dhp* v. 260 etc.; gleicherweise von MEGASTHENES, bei STRABO p. 709, angeführt: ... ουδε τῃ ἡλικιᾳ των γεροντων προνομιαν διδοασιν αν μη και τῳ φρονειν πλεονεκτωσι.

288. Dichter der Ṛglieder, bekannt als *Aṣṭakas*, *Vamrakas*, *Vāmadevas*, *Viśvāmitras*, *Jamadagnis*, *Āṅgirasas*, *Bharadvājas*, *Vasiṣṭhas*, *Kaśyapas*, *Bhṛgus*. Cf. OLDENBERG, Sacred Books of the East vol. XVII. p. 130, PISCHEL, Vedische Studien, 1. Bd. p. 238f. – Dem *bhāsitam anubhāsanti*, *vācitam anuvācenti* ist Ṛgvedas VII, 103, 5 ab homolog:

Yad eṣām anyo anyasya vācaṃ
śāktasyeva vadati śikṣamāṇaḥ.

289. Dieses Gleichnis, in der *Kaṭhopaniṣat* (2, 5) und sonst kurz angedeutet, haben die *Sāṃkhyās*, wie so viel anderes, wörtlich übernommen, *Sūtram* III, 81. Es ist, nebenbei bemerkt, durch Vermittelung von MATTH. XV. 14., vom älteren BRUEGHEL auf seinem Gemälde zu Neapel meisterhaft veranschaulicht.

290. Es ist, wie der Text hat, *taccham* zu lesen.

291. Der Text hat richtig *dhammā nijjhānaṃ khameyyuṃ* etc.

292. Der letzte Teil dieses Zwiegesprächs, S. 735–737, erinnert formal, in der großartigen Monotonie, an die eddischen Fragen und Antworten, besonders im Alvíssmál.

293. Der Name *Esukārī* von *Pāṇinis* erwähnt IV, 2, 54.

294. Lies *pāpiyaṃso* und *seyyaṃso* (= *śreyas*, n.); dies haben auch die siṇh. Ausgaben des *Dhp* in v. 43.

295. Von dem Inhalte dieser und ähnlicher Reden gibt Asoko einen meisterhaften Auszug, auf dem 1. Śiddāpurer Edikte, l. 4–5: *Pakamasa hi iyaṃ phale: no hīyaṃ sakye mahātpen'eva pāpotave, kāmaṃ tu kho khudakena pi pakamamiṇena vipule svage sakye ārādhetave*,

entsprechend unserem Texte: *Suddakulā ce pi ... pabbajito hoti, so cādi ārādhako hoti ñāyaṃ, dhammaṃ kusalam.*

296. Es sei hier bemerkt, daß die «Dreiunddreißig Götter» bereits im ältesten *Ṛgvedas*, als Summe der schlechthin weltlichen Götter, genannt werden, nämlich im neunten Buche, 92, 4: *viśve devās: traya ekādaśāsaḥ*. Desgleichen in der *Bṛhadāraṇyakopaniṣat* III, 9, 1, 3: *trayastriṃśattveva devā iti*. Cf. noch MACDONELLS Vedic Mythology p. 19 (BÜHLERS Grundriß III. 1 A), und BÖHTLINGK in den Berichten der königl. sächs. Ges. d. Wissensch. vol. 51 p. 33.

Ein Kuriosum ist es, daß JAKOB BÖHME in der «Philosophischen Kugel» seinem Gotte κατ' εξοχην die Zahl 33 gegeben hat; vielleicht auf PLATONS τριτον περι τα τριτα zurückzuführen, von dem CLEMENS ALEXANDRINUS im V. Buche der Stromata spricht, vielleicht auch auf die avestischen 33 *Amṣaspands*, *Yaśna* I, 33: zunächst aber wohl auf den gnostischen Christus als [dreiund]dreißigfachen Erlöser, dessen Erdenjahre je eine himmlische Geisteräon doketisch symbolisieren.

297. Cf. Anm. 54. – PINDAR, fragm. 104: Τι θεος; ὁ τι το παν.

298. Lies mit dem siam. Texte *kālakato va brahmaloke upapanno*. Vgl. die Meisterrede im *Saṃyuttakanikāyo* vol. V. p. 408–410.

Der kurzen Begrüßung der Jünger unter sich, S. 744, steht nach außen der solenne Empfangsgruß gegenüber, so zu sagen der feierliche Königsgruß, wie er z. B. in der letzten Rede des vorhergehenden Buches ausgesprochen, *rājā ... vandati, appābādham ... phāsuvihāram pucchati*, und der zu Beginn der Bairāter Inschrift wörtlich wiederkehrt, wo Asoko als König von Magadhā, ganz wie vor ihm Bimbisāro und Pasenadi von Kosalo, den Mönchen zunächst ehrerbietigen Gruß darbringt, *lājā ... abhivādemānaṃ āhā*, und Gesundheit und Wohlsein wünscht, *apābādhataṃ ca phāsuvihālataṃ ca*, um erst dann auf Wichtiges überzugehn.

299. Diese und noch andere hochberühmte Brāhmanen treten namentlich im letzten Buch der Bruchstücke der Reden recht anschaulich hervor.

300. Lies mit dem siam. Texte *vattasampanno*.

301. Vergl. *Manus* IX, 309.

302. Lies *aññamaññāhi*.

303. Lies:

Paccattaṃ sasarīresu
manussesvetaṃ vijjati.

304. *bhovādi* kommt auch in der *Smṛti* vor, e. g. *Harivaṃśe* III, 3, 13: *śūdrā bhovādinaścaiva bhaviṣyanti yugakṣaye*; cf. ib. 36 f.:

brāhmaṇā dhanatṛṣṇārtā
yugānte samupasthite
bhośabdam abhidhāsyanti,
na ca kaścit paṭhiṣyati.

305. Lies mit dem siam. Texte *dhutavantaṃ*, i. e. *dhṛtavantaṃ*.

306. Cf. *Suttanipāto* 520; 431:

Aṇumatto pi puññena
attho mayhaṃ na vijjati.

307. Vergl. die 55. Rede, S. 403, und die 100. Rede, letzte Seite. – An den Ausspruch, daß Brahmā usw. den Verständigen im Heiligen dargestellt erscheine, also nur in ihm

zur Wesenheit gelange, hat wohl Asoko gedacht, wann er in Sahasarām sagt: "Den Menschen in Indien, die bisher keine falschen Götter zu haben meinten, wurde gezeigt, daß sie falsche Götter hatten": *Etena ca aṃtalena Jaṃbudīpasi aṃmisaṃdevā saṃtā munisā, misaṃdevakaṭā.*

Vers 8ff. ist von *Aśvaghoṣas* in der *Vajrasūcī* frei behandelt worden, namentlich in § 22, sowie in den §§ 16 und 25. – Zu Vers 18 cf. KANTS Wort, Von den verschiedenen Rassen, 1775, p. 1: ... alle Menschen auf der weiten Erde gehören zu einer und derselben Naturgattung ... so große Verschiedenheiten auch sonst in ihrer Gestalt mögen angetroffen werden. Cf. auch KRV II, 2, 2, 3, 7, ed. R. p. 517/18.

Zu Vers 52 cf. *Suttanipāto* 373 ≌ *Nāradaparivrājakopaniṣat* III, v. 25:

Atītān na smared bhogān
na tathānāgatān api
prāptāṃśca nābhinanded yaḥ,
sa kaivalyāśrame vaset.

308. Vergl. *Manus* III, 77f., VI, 89f: *gṛhastha ucyate śreṣṭhaḥ.* – In diesem Sinne auch der Spruch οικος φιλος, οικος αριστος, und GOETHE, Vier Jahreszeiten 78. – Dagegen heißt es im *Harivaṃśam* III, 108, 14: *teṣām agraś caturtho 'yam āśramo bhikṣukaḥ smṛtas*, in Übereinstimmung also mit dem Topus vom Mönche als der heiligsten Stätte der Welt, wie Ende der 65. Rede.

309. Lies mit den siam. und siṇh. Texten *samaṇo ca Gotamo pāpito bhavissatīti*, wie auch in der 80. Rede, S. 596.

310. Lies mit dem siam. Texte *seyyā* und *sammucchā.*

311. Es ist mit dem siṇh. Texte erst *nissaṭṭhatiṇakaṭṭhupādāno* zu lesen; dann *tiṇakaṭṭhupādāno.* Cf. die drei Gleichnisse von den Holzscheiten, in der 36. und 85. Rede, S. 270–272, 641–643.

312. Eine Erläuterung zur Metonymie von der Posaune, deren Ton ohne Beschränkung überall hinreicht, hat ein Zeitgenosse Gotamos, der tieferfahrene geistige Vetter PYTHAGORAS in seinem Hymnus an die Musik, bei IAMBLICHOS 110, mit feinster Präzision gegeben: ειναι τινα μελη ... προς πασαν παραλλαγην της ψυχης. Der *saṅkhadhamo śaṅkhadhamas*, bzw. βυκανητης bucinator, läßt nämlich ein αχορδον και αλυρον μελος verlauten, so mächtig, daß die tosend emporwogenden inneren und äußeren Meere sich allmählich verglätten, ausgleichen, beschwichtigen müssen, und der Bläser, immer conchā canens, endlich eine neue Welt hervorgerufen, wie es der Dichter der Metamorphosen I, 333–347 des weiteren ausführt.

313. nomen gentile *Subhos.*

314. *divā divassa* = mero meridie, mitten am Tage.

315. Den fünf Bedingungen, S. 762, ist *Bhagavadgītā* XII, 12 analog. – Zum Leben im Hause als einer viel mühsamen Tätigkeit, ibid., cf. *Theragāthā* 111, *Dhp* v. 302. Den gleichen Ausdruck hat SOPHOKLES gebraucht, Trach. 116: το βιοτου πολυπονον, und ebenso POSEIDIPPOS die χαλεπας πρηξιες verstanden, in seiner berühmten Frage STOB. Flor. περι του βιου Nr. 57.

316. Es wird, wie der siam. Text richtig hat, *Paccalakappam* zu lesen sein, *pratīci*; etwa «Westernhof».

317. Lies mit dem siam. Texte *vijjamānānaṃ tevijjānam brāhmaṇānam* und *tassa muṇḍakassa samaṇassa.*

318. nomen gentile *Saṅgāravos.*

319. Cf. Anm. 132.

320. Im Text ist hier das Hauptstück aus der 85. Rede (S. 639–649) eingeschaltet. – Mit folg. *uccena sammatam* vergl. *Ṛgvedas* Ende:

samānam astu vo mano
yathā vaḥ susahāsati.

320* Vergl. die schöne Parallele bei LICHTENBERG, Verm. Schriften, Göttingen 1845, 6. Bd., S. 277, No. 3: Lord SHAFTESBURY sprach einmal mit einem Freunde über Religion. Verschiedenheit der Meinungen, sagte er u. a. fände sich nur unter Menschen von mittelmäßigen Fähigkeiten und Kenntnissen; Leute von Geist hätten durchaus nur Eine Religion. – Und was ist das für eine, Mylord? fragte jemand. – Das sagen Leute von Geist nicht, war die Antwort. – GOETHE sagt:

Heil den unbekannten
Höhern Wesen,
Die wir ahnen.
Ihnen gleiche der Mensch;
Sein Beispiel lehr' uns
Jene glauben.

321. *Devadaham*, i. e. Deorum lacuna. Der Ort ist auch im *Mahāvaṃso* II, v. 16 als *Devadaho*, im *Mahāvastu* I, p. 355 f. als *Devaḍaho*, und *Jātakam* I, p. 52 als *Devadahanagaram* gut überliefert. Noch heute führt die Straße über die Ruinen von *Kapilavatthu* nach Rummin-deī, dem einstigen *Luṃminī*, und von da ein paar weitere Tagereisen hinauf ins Gebirge bis zur sakkischen Grenzfeste, der stolz emporragenden Burgstadt Deonyagarh, wie sie gegenwärtig heißt. Die Angabe eines chinesischen Pilgers, der Weg von *Kapilavatthu* nach *Devadaham* betrage 800 *li* (etwa 350 Kilometer), von WATTERS im Journal Roy. As. Soc. 1898 p. 547 mitgeteilt, wird daher der Wahrheit ziemlich nahegekommen sein. – Vergl. unser Göttweig, von vicus, wîch: der Götter Hof, hoch auf steilem Felsen, gegenüber Stein an der Donau gelegen; (schott.) Lochnagar, Interlaken, Laach usw., von lacus. Die Ruinen von *Devadaham* mögen dermaleinst unter dem heutigen Deonyagarh aufgefunden werden, sobald nur erst Männer wie PRINSEP oder CUNNINGHAM wieder am Werke sind. Wenn Babu MUKHERJI noch jüngst nahe bei Rummin-deī danach gesucht, Report on etc. Antiquities in the Tarai etc. (Archaeological Survey of India XXVI 1 Imp. Ser.), Kalkutta 1901, S. 58, so hat er eben den gänzlich unwissenschaftlichen, bloß willkürlichen Behauptungen von Leuten wie Major WADDELL und VINCENT A. SMITH mutlos gehorcht, ohne auch nur den Versuch eigener Quellenuntersuchung zu wagen: weil ja historisches Forschen und Verstehnlernen mehr noch als dem alten dem modernen Inder versagt ist. Die neu von ihm gelieferten, leider nur spärlichen photographischen Aufnahmen in situ der zumeist schon von dem ehemaligen Jesuiten und trotz der argen Anschuldigungen immerhin verdienstvollen A. FÜHRER entdeckten Reste und Altertümer aus der sakkischen, künstlerisch ungemein hoch stehenden Periode sollen dagegen mit lebhaftem Danke begrüßt werden. – Auf Tafel XXVIII findet man die in der 429. Anmerkung erwähnte kristallene Phiole sowie die Urne mit der Inschrift nebst den anderen drei im selben Sarkophage (*salilanidhanam* Leichenschrein) verwahrt gewesenen Reliquiengefäßen photograviert. Die von mir a. a. O. vorgebrachte Hypothese einer geographischen Differenzierung von *Sakko* und *Sakyo* läßt sich durch unsere Manuskripte und Inschriften doch wohl nicht genügend stützen.

322. «ez ist allez ein vorgewürket dinc», sagt Meister ECKHART, ed. PFEIFFER

p. 487, in Übereinstimmung mit dieser alten, auch nach *Aupapātikasūtram* § 129 bis 155 und *Sarvadarśanasaṃgrahas* 3. Kap. gegen Ende, von den *Jainās* angenommenen Upanischadenlehre, die, im *Bṛhadāraṇyakam* noch als Geheimnis behandelt, später Gemeinplatz wurde, wie e. g. im *Kathāsaritsāgaras* 40, $_{113}$ *prākkarmopārjitaṃ sarvam eva śubhāśubham*, fast wörtlich wie oben ib. $_{41}$ *sarvaṃ tiṣṭhati pūrvakarmavaśād eva*.

323. Zu *sallena savisena gāḷhapalepanena* cf. *Ṛgvedas* X, 87, $_{23}$ *viṣeṇa tigmena śociṣā*. – In Griechenland die philoktetischen Pfeile; im HORAZ die venenatis gravida sagittis pharetra, Carm. I, 22. Auch parabolisch: «glühend bittre Pfeile», wie Faust II im Anf.

324. *Puna ca param* bis *parisodheti* ist hier, wo bereits der Mönch dargestellt, übernommene Einschaltung: lies *Puna ca param bhikkhave bhikkhu vivicc' eva kāmehi viviccādi*. – Zum vorhergehenden Gleichnisse cf. die 519. Anmerkung.

325. Diese Rede ist eine gründliche, wenn auch nicht allzu leicht verständliche Exposition ideal immanenter Betrachtung gegenüber der real transzendenten der Freien Brüder. Laetus in praesens animus quod ultra est oderit curare. Vergl. auch den 14., 56. und andere verwandte Dialoge.

Die Schmerzensaskese der Freien Brüder, Stetigsteher und anderer Büßer findet man insbesondere in der 45. und 57. Rede ausführlich geschildert: Gebräuche, die noch heute in Indien und gelegentlich, en miniature, sogar bei uns üblich sind; wie z.B. die alljährliche Springprozession zu Echternach zeigt. Και ταυτη απο Ινδων επανεληλυθυια, nach SUIDAS über THEOPHILOS.

Zur Lehre *āyatim anavassavo* «Ferner kein Zufluß» cf. die 67. Rede S. 494 u. die Anm. 99,auch *Annapūrṇopaniṣat* V, v. 71 *duḥkhasyāvasaras* und des apokritischen MAKARIOS θαλαττα του βιου und πελαγος της θνητης ζωης, ed. BLONDEL p. 72, des MAKARIOS Aigyptios διελθειν και ὑπερβηναι και διαπερασαι την πικραν θαλασσαν της ἁμαρτιας, Homil. XLIV § 6, ed. PRITIUS p. 508.

Gute, unseren und den jinistischen Texten entsprechende Darstellungen büßend beharrender Stetigsteher, d. i. Freier Brüder, bieten die zahlreichen Kolossalstatuen in den Felsenwänden und -grotten auf dem Wege zur Gwaliorburg, einer der großartigsten natürlichen Festungen, die ich gesehn. Zumal die Gruppen am östlichen und am südlichen Abhange, ungefähr je zwanzig gewaltige, meist zehn, aber auch bis zwanzig Meter hohe Gestalten, zeichnen sich durch erhabene Schönheit aus; daher denn auch ein Missionar des 16. Jahrhunderts eine dieser Gruppen, freudig überrascht und nicht blöde, als Christus und seine Jünger beanspruchen wollte –

Virtutis verae custos rigidusque satelles.

326. Dieses Gleichnis, das man fast als eine gewisse Humoreske nicht unschicklich ansehn könnte, hat SOKRATES ganz ebenso naiv, zu Ende des Gesprächs im Euthyphron, gebraucht: Εμπορικη αρα τις αν ειη τεχνη ἡ ὁσιοτης θεοις και ανθρωποις παρ' αλληλων. Ja auch ECKHART, p. 34: Diz sint allez koufliute ... wan sie wellent daz eine umbe daz ander geben unde wellent alsô koufen mit unserm herren.

327. *sā gaddulabandho*, «ein Hund mit einem Kehlbande». Vergl. *Saṃyuttakanikāyo* vol. III. p. 150, *taṇhāgaddulam*, *Niddeso* II. p. 11.

328. Der Text hat richtig *nibbānasappāyam*.

329. Cf. die 1. Rede. – *Tao-te-king*, ed. JULIEN, 1. Buches letztes Kap. i. f.

Das Erforschen der Vergangenheit und der Zukunft aufgeben ist öfters eingehend behandelt, wie *Saṃyuttakanikāyo* vol. V. p. 263/4, oder *Theragāthā* 397: *yathā pure tathā pacchā* | *yathā pacchā tathā pure* | . Vgl. die vedische *Gāthā*: *yad asya pūrvam aparaṃ tad asya* | *yadvasyāparaṃ tadvasya pūrvam* | : *Aitareyabrāhmaṇam* III, 43. Zu den Antinomien,

S. 791 passim, finden sich mancherlei scholastische Beispiele im 3. Kap. des *Sarvadar-śanasaṃgrahas*. Näher steht das schöne Wort des DEMONAX: Εξεταζοντων τινων, ει ὁ κοσμος εμψυχος, και αυθισ, ει σφαιροειδης' ʽΥμεις, εφη, περι μεν του κοσμου πολυπραγμονειτε, περι δε της ἑαυτων ακοσμιας ου φροντιζετε. Ähnlich SOKRATES in der Einleitung zum Phaidros.

330. lies *abhiṇham*. – Zur Sache cf. die 77. Rede.

331. *diṭṭhipaḷāso, paḷāso* = *parāśas*, von √*śaṃs* (L'ORANGE).

332. Der Stelle S. 796 f., «dem Sinne nach und dem Worte nach», *atthato ca vyañjanato ca*, entspricht das Ende des dritten Felsenediktes, wo Asoko, an unseren Texten herangebildet, in schlichter Würde und ihm so eigentümlich gewordener Umsicht bestimmt: *Parisā pi yute āñapayisati gaṇanāyaṃ hetuto ca vyaṃjanato ca*, «Die Behörden aber werden das Gebührende veranlassen unter den Leuten, der Wirklichkeit nach und dem Worte nach.» – Vergl. den alten Spruch *Yathāvādī tathākārī*, wie *Theragāthā* 1277; oder bei uns im Speculum monachorum BERNARDI CASINENSIS, II i. f.:

Voci vita non discordet:
Cum vox vitam non remordet
Dulcis est symphonia.

333. Unter sumpfiger Ablagerung heute begraben, darüber wahrscheinlich der Weiler Sāma-devī, wie FÜHRER vermutet, vier bis fünf Stunden südwestlich vor Niglīvā gelegen; cf. Tafel II in dessen Monograph on Buddha Sakyamuni's Birth Place in the Nepalese Tarai, Allahabad 1897, und ib. p. 37.

334. Das Gleichnis von der Lehre als Kuppelbau, als geistiges Obdach, ein wahres Denkmal, wohl zu hüten, wie es die 89. Rede weiter ausführt, hat uns ARRIAN vortrefflich überliefert: Λεγεται δε και ταδε, μνημηια ὁτι Ινδοι τοισι τελευτησασιν ου ποιεουσιν, αλλα τας αρετας γαρ των ανδρων ἱκανας ες μνημην τιθενται τοισιν αποθανουσι, και τας ῳδας αἱ αυτοισιν επᾳδονται: Indica § 10.

335. Der Text hat richtig *patissayamānarūpā*. – Vergl. *Maitryupaniṣat* VII, 9 die *mūḍhāḥ paṇḍitaṃmanyamānāḥ*, i. e. *ātmānaṃ* p°.

336. Zu *gihipaṭisaṃyuttam* cf. *tyaktaṃ sannyāsayogena gṛhadharmādikaṃ vratam*, *Sannyāsopaniṣat* v. 89; vergl. auch die Anm. 365 und 506.

337. Der Ausdruck *dhammanetti*, Richtschnur der Lehre, S. 802 f., ist noch im *Mahāvastu* gut erhalten, vol. III. p. 234 als *dharmanetrī* und *saddharmanetrī*, vol. II. p. 373: *pralujyamāne jinavaraśāsanasmiṃ* | *dhāreti śāstu varadharmanetrī*. Zu *netti* in anderer Komposition und allgemein cf. HARDY, *Nettipakaraṇam* p. VII f. und Lieder der Mönche Anm. zu v. 135.

Der *sāmukkaṃsiko vinayo* der beiden letzten Reden erinnert einigermaßen an die correptio fraterna, wie sie S. ANTONIO DA PADOVA geübt wissen wollte. Ist auch natürlich bei ihm jene Klarheit nicht zu finden, so zeigt sich doch eine ähnlich eindringende, sorgfältig abwägende, liebevoll prüfende, mannhaft nüchterne Behandlung von Fall zu Fall wie bei uns, und immer eingedenk des hohen Zieles. Als ein Gegenstück z.B. der Geständnisannahme, oben S. 803, folge hier die korrelate kurze Stelle aus dem Sermo der feria tertia hebdom. tert. in Quadrag., ed. DE LA HAYE 1739 fol. 87: «Debet haec correctio esse de praeterito, admonitio pro futuro, ut scilicet dicatur his verbis, Tale quid commisisti? sed super praeteritum admonitio non cadit: igitur caveas de futuro.»

Zum gesamten ursprünglichen *vinayo*, der radikal einfach gegründet, erst später aus dem *śrautamūlam* zu einem *ārbudaghoṣadharmaśāstraśākhāntarajāṅgalam* entwickelt wurde, cf. die wichtige 65. Rede S. 480 der Übersetzung, 'je schlechter der Orden, desto mehr der Regeln': ein Motto, das genau einem solchen des TACITUS entspricht, «corruptissima re publica plurimae leges». Vorher nämlich hatte der große Beobachter der Menschen und Dinge dieses Verhältnis schon ganz in unserem Sinne, eben der indischen und der antiken Anschauung überall gemäß, erklärt: «Vetustissimi mortalium, nulla adhuc mala libidine, sine probro, scelere, eoque sine poena aut coercitionibus agebant, neque praemiis opus erat, cum honesta suopte ingenio peterentur; et ubi nihil contra morem cuperent, nihil per metum vetabantur.» Ab exc. Aug. III, 26, 27. – Cf. dazu die Anm. 382.

338. Zum Reich des Nichtdaseins cf. die *Śruti*-Stellen, die in der Anm. 210 angegeben sind. Ein «demgemäßes Gespräch» hat PLATON, als ein Gleicher Gleiches darstellend, im Parmenides vollendet ausgeführt. Die Hauptstelle darin, p. 160, Ουδεν γαρ ἡττον γιγνωσκεται τι το λεγομενον μη ειναι, και ὁτι διαφορον των αλλων, begründet nicht nur die logische Berechtigung, sondern quasi die geistige Vorstellbarkeit einer solchen Sphäre: mit höchster poetischer Kraft schon im *Ṛgvedas* X, 90, 3–4 vom Seher gezeigt. Erstaunlich tief erschlossen von ECKHART in der 99. Rede; vgl. auch den vorhergehenden drittletzten Absatz i. f.: «Ein meister sprichet: der himel hât kein lieht, er ist ze hôch dar zuo.»

339. Der siam. Text hat richtig *jānamāno*; für *anupādiseso* ist *saupādiseso* zu setzen. – Der Schluß der ärztlichen Ratschläge findet sich ebenso fein in einem Gleichnisse des ARISTOTELES beobachtet: Ουτε γαρ ιατρος σκοπει ει δει ὑγιαινειν η μη, αλλ' ει περιπατειν η μη: Ethic, Eudem. lib. II. cap. XI. Zur ärztlichen Kunst, von welcher hier eine hübsche Probe gegeben, cf. auch die 75. Rede und Nr. 129 Anm. 477. – Einer der berühmtesten Ärzte ist bekanntlich unser *Jīvako* gewesen, zugleich ein feinsinnig gebildeter Geist, als den ihn die 55. Rede kundgibt. Sein offizieller Rang als *kaumārabhṛtyas*, *komārabhacco* ist von *kumāras* Prinz abzuleiten: also der Prinzenarzt, das ist der Hofarzt. Kaum nötig zu betonen, daß *kumāras* der Titel für Prinz ist; wie denn auch Asoko das Wort nur in diesem Sinne anwendet: cf. Dhauli Nr. I, 23, II, 1, Säulenedikt VII, 2, 6 und BÜHLERS Anmerkung *l* hierzu, Epigraphia Indica II, 274. *Kumāras* heißt wohl auch «Kind», aber in demselben höfischen Sinne wie unser kint Ortlieb, Gîselher daz kint, wo erwachsene Prinzen gemeint sind, Nib. 1961, 1098 oder wie altenglisch Childe (cf. Harold). *Kaumārabhṛtyas* etwa streng fachsimpelhaft als «Kinderarzt» ausweisen, wie noch JOLLY, Medizin p. 68, ist daher nicht anders als ob man D. CARLOS, Infant von Spanien, als «Kind von Spanien» übersetzen wollte. Barbarische Machwerke vom Schlage der BOWER-MSS. usw., die nicht nur den Begriff des *kumāras* verkannt haben, sind überhaupt für die Kunde der echten wissenschaftlichen Medizin der Inder recht unfruchtbar, dienen vielmehr als Materialien zu einem Kodex der Quacksalberei, auch der Zaubermittel und Horoskopien, sowie einer indianisch germanistischen Kritiklosigkeit, die alles, altes und neues, meisterhafte Diagnosen wie scharlatanische Alfanzereien kunterbunt durcheinanderstreicht. Die Geschichte der indischen Medizin kann von keinem Philologen und von keinem Arzte, nur von einem, der beides ist und dazu noch ein halbes Gran vom Geiste BICHATS mitbringt, vielleicht einmal geschrieben werden: so nämlich wie COLEBROOKE jetzt vor hundert Jahren mit der indischen Jurisprudenz den Anfang gemacht.

340. Vergl. die 67. Rede S. 496, die 22ste S. 157 der Übersetzung. Dazu das patristische und dann das klassische Zitat im Speculum monachorum BERNARDI CASINENSIS, III, 1 B4e: Lubricus est antiquus serpens et, nisi capite teneatur, statim totus illabitur. Et ideo dicit poeta [OVIDIUS]:

Principiis obsta; sero medicina paratur,
Cum mala per longas convaluere moras.

341. Lies mit dem siam. Texte *alañ ca me.*

342. Gesicht, Gehör, Geruch, Geschmack, Getast, Gedenken.

343. Eine Parataxis wie sie der zweite Teil der Rede gibt, *taṇhā sallam, avijjā visadoso, chandarāgavyāpādena ruppati,* erscheint gleichartig in der *Maitryupaniṣat* VI i. m., *dhanuḥ śarīram, om ityetacccharaḥ, śikhā'sya manas, tamo lakṣaṇam.* Vergl. auch Anm. 493. – Das *nibbānam,* die Wahnerlöschung, Wunschlosigkeit, von $\sqrt{van}$, *vana, vani* = *vāna, vāni,* ist, wie ROBERT L'ORANGE erkannt hat, zwar in die *Smṛti* als *nirvāṇam* übergegangen, wurde aber bald unverständlich, wie z. B. unsere 75. Rede zeigt, und daher später durch *brahmanirvāṇam,* i. e. *paramanirvāṇam.* nach dem Muster *brahmaṃ yānam* = *paramaṃ yānam,* oder auch durch *bhoganirvāṇam,* wie *Harakelināṭake* Taf. II Z. 36, glossiert. ECKHART, p. 578, hat dasselbe, aber positiv, gesagt: «Der allen sînen willen hât unde sînen wunsch, der hât fride.» Das Gleichnis von der Gesundheit findet sich bei ihm wieder, wenn er von uns kranken Leuten, von der kranken Natur und von dieser kranken Welt redet; ausführlich und merkwürdig genau unserem Texte entsprechend schon bei MAKARIOS, dem Jünger des ANTONIOS und ersten christlichen Mönche, unter dessen Namen – bereits ECKHART, p. 366, sagt «die heiligen veter Macharius unde die andern» – uns Aufzeichnungen erhalten sind, De patientia et discretione cap. IX. Auch SOKRATES hat ganz ähnlich im Gorgias gesprochen.

344. Cf. Anm. 117. Auch im 36. *Divyāvadānam* als *Kalmāṣadamyam* erhalten. Vielleicht auf dem Humus das heutige Kamasin, im *Kurukṣetram* der Jamna-Ebene, eine Tagesfahrt westlich von Allahabad. Schon bei PTOLEMÄUS ist der Ort schlechthin als Καρμαρα, ungenau aber deutlicher als andere, überliefert, Geogr. lib. VII. cap. I. § 91 Nr. 7.

345. Lies ... *upādāya, sabbaṃ rūpam.* – Die vier Hauptstoffe sind Erde, Wasser, Feuer, Luft. Vergl. die 28. Rede; besonders die Übungen der 62sten.

346. Lies *nāhaṃ kvacani kassaci kiñcanatasmiṃ, na ca mama kvacani kismiñci: kiñcanaṃ nātthi.* – «Er mir niht und ich ime niht» und «unbewegelîcher werden denne niht» sagt ECKHART, p. 508 und 510.

347. Eine ähnlich wichtige und meisterhafte Darstellung der Gedanken dieser Rede ist im *Aṅguttaranikāyo* X Nr. 29 teilweise weiter ausgeführt. Vergl. auch Bruchstücke der Reden v. 759–761.

Die abschließende Mahnung *mā pamādattha,* wie noch in Nr. 8, 19 und 152, entspricht den letzten Worten Gotamos, als *appamādena sampādetha* im *Dīghanikāyo* Nr. 16 überliefert. Achthundert Jahre später vom großen ANTONIOS dem Eremiten wiederholt als μη εκκακειν εν τῃ ασκησει, nach des ATHANASIOS autoptischer Biographie, p. 56 der Ausgabe von 1611: und noch einmal als frohen Scheidegruß vor seinem Ende, den Jüngern zum Vermächtnisse, treu bewahrt von den andächtigen Freunden, χαιρων διελεγετο και παρηγγειλεν αυτοις· μη ολιγωρειν εν τοις πονοις, μη δε εκκακειν τῃ ασκησει, αλλ' ὡς καθ' ἡμεραν αποθνησκοντας ζῃν, ib. p. 116. – Die vielmehr hindustanische als palästinensische Natur dieses echten ANTONIOS der Augenzeugen, der allerdings dem Zerrbilde frommer Lügner, Zeloten und Legendenjäger recht unähnlich sieht, kommt in der Sterbestunde ganz unverkümmert zum Vorschein, wo er allein mit den beiden Hauptjüngern, *aggasāvakā* möchte man sagen, MAKARIOS und AMMATAS, wieder auf seine entlegene Bergfeste zurückgezogen, die Abmachung trifft, ihn verborgen zu begraben (vgl. Lieder der Mönche v. 919), und ihnen endlich den ebenso unchristlichen als rein buddhistischen Rat erteilt ζησατε προσεχοντες ἑαυτοις, και μνημονευοντες ὧν ηκουσατε παρ' εμου παραινεσεων, l. c. p. 117 das ist *attadīpā viharatha attasaraṇā anaññasaraṇā, dhammadīpā dhammasaraṇā anaññasaraṇā*: also die wörtliche Paraphrase eines der letzten Ratschläge Gotamos an Ānando, wiederum *Dīghanikāyo* Nr. 16, 2. Abschnitt i. f.

348. «Willst du beschieden sein rechter Notdurft.» – «Ja.» – «Das ist Brunnen und Brot und ein Rock: das ist rechte leibliche Notdurft.» ECKHART, p. 461. – Vgl. noch *Mahābhāratam* XIV, 46, 23 und 32.

349. ανθρωποι κενεης οιησιος εμπλεοι ασκοι: TIMONIS PHILIASII Sillus 14.

350. Die Pforten der Sinne verschlossen haben, sagt ECKHART, p. 624; auch hat er nach den fünf Sinnen das Denken als sechsten Sinn richtig erkannt, p. 109, 590.

351. Cf. Anm. 148 zu den Liedern der Nonnen. – *Śukasaptati* 52:

Prajñāvisphāritākṣāṇāṃ
vidravanti vipattayaḥ
hastodyatapradīpānām
andhakāra ivāgrataḥ.

352. Ein ganz erstaunliches, bis in die feineren Einzelheiten deutlich erkennbares Spiegelbild dieser Rede stellt PLATONS Menon dar; sogar findet man da, auch gegen Ende des Dialogs, unseren Weg nach *Rājagaham* als Weg nach Larisa, und unseren Wegweiser, *maggakkhāyī*, als ἡγεμων επι το ορθον wieder.

Zum liebevollen Herzen, S. 820 passim, cf. zumal die 62. Rede S. 460–461 und die vier Allegorien der 21. Rede. Dieselben wurden, z. T. wörtlich, in die *Śruti* aufgenommen; so die zweite, vom weiten, tiefen, unbeschränkten, himmelsraumgleichen Gemüte, als *vyomavannirupādhikaḥ* in die *Varāhopaniṣat* II, 53. Letzteres Bild auch bei ECKHART, p. 222: «Der himel enmac keinen fremden îndruk enpfangen, ime mac kein pînlîchiu nôt în gedrücket werden daz in entsetze: alsô muoz diu sêle gevestet unde bestêtet sîn» usw. Vergl. noch die 127. Rede, Anm. 454.

353. Lies mit dem siam. Texte *dhammasāmaggiyā*.

354. Im Text ist hier eine Wiederholung von Frage und Antwort interpoliert.

355. Ebenso ECKHART 'hören und behalten'; fünfmal auf einer Seite, 290.

356. Ein Gleiches berichtet der Doctor seraphicus vom Professor paupertatis, Vita, cap. V. vorletzter Absatz.

357. Και γαρ και τουτο ην μεγα της ασκησεως του Αντωνιου, ότι χαρισμα διακρισεως πνευματων εχων, επεγινωσκεν αυτων τα κινηματα· και προς ὁ τις αυτων ειχε την σπουδην και την ὁρμην, τουτο ουκ ηγνοει: ATHANASIOS p. 113.

358. Vergl. MAKARIOS, Homil. XXXIII fin. und XIV § 6 i. f.: ουτε ... ὁραται τοις σαρκικοις οφθαλμοις, τοις δε πνευματικοις φαινεται, τῳ οφθαλμῳ της καρδιας, και ἡ σατανικη του σκοτους και ἡ φωτεινη της θεοτητος.

359. Νυν δ'εμοι μεν ὡρα ποι ιεναι: von PLATON ebenso gern wie bei uns, am Ende gewisser Dialoge idiomatisch gebraucht, bei Menon, Theaitetos, Protagoras, Laches etc.

360. Der Topus vom himmlischen Gehör, S. 826, ist auf *Chāndogyopaniṣat* V, 1, 4 gegründet: *Yo ha vai sampadaṃ veda, saṃ hāsmai kāmāḥ padyante daivāśca mānuṣāśca: śrotraṃ vā va sampat*. Ja, er reicht in eine weit fernere Vergangenheit hinauf, da wir schon im *Sāmavidhānabrāhmaṇam* (I, 8) beide Arten der Töne, die himmlischen und die irdischen, die der Götter und die der Menschen, zugleich mit den fünf übrigen der diatonischen Skala, der Reihe nach absteigend bis zu den Geistern, Tieren, Dämonen,

Bäumen und Kräutern, als Substrat der ganzen Welt – wie später den *praṇavas* (*om*) oder den pythagorischen αριϑμος – genannt hören.

Dem einsam nachdenkenden Hüter und Hirten, S. 828, steht der tätig erfahrene Hüter und Hirt der 33. und 34. Rede gegenüber: ὁ ποιμην ὁ καλος des Ev. Joh. X, 12 bis 18 (Luk. XV, 4–6), der ebenso beliebte als problematische «gute Hirt», schon auf einem Fresko der Lucina-Krypte zu Rom aus dem Anfang des 2. Jahrhunderts pompejanisch anmutig nachgebildet; während auf den etwa 300–350 Jahre älteren asokischen Skulpturen zu Sāñci, Barāhat etc. an Stelle der Herdenbehütung das strengere Motiv der Einsamkeit im Wildparke prototypisch behandelt ist.

361. Das Axiom *eso 'ham asmi* ‹Das bin ich› kann auf *Bṛhadāranyakopaniṣat* I, 4, 1 *so 'ham asmi* etc. Bezug haben; *n'etam mama* ‹Das gehört mir nicht› = ιδιον τε μηδεν ἡγεισϑαι, PYTHAGORAS bei DIOG. LAERT. VIII, 23. Ebenso «Thou art not thyself», Measure for Measure III, 1, 19. – Die topische Frage und Antwort am Schlusse dieser und ähnlicher Reden (vgl. namentlich die 146ste) ist der Strophe und Gegenstrophe im chorischen Dialog am Schlusse der Perser des AISCHYLOS vollkommen koordinat.

362. Cf. *Manus* II, 147f.; *opapātiko: utpādayati yasmiṃ saḥ*. Vgl. bes. noch *Vasiṣṭhas* II, 5.

363. Zum *ādiśrautam* von der Saat und Ernte cf. die 135. Rede nebst Anm. 496. Bekanntlich in die synoptischen Evangelien aufgenommen; bei uns am schönsten von GOTTFRIED im Tristan ausgesprochen, ed. pr. v. 12239f.:

Wir muezen snîden unde mæjen
Daz selbe, daz wir dar gesæjen.

Die Bemerkung, daß Gute gleich und ungleich, Schlechte auch nicht gleich und gleich zu erkennen vermögen – ähnlich wie Korinth. I, 2, 14, 15 eine Vertiefung des antiken Axioms vom Gleichen für Gleiches, das z.B. bei uns im ersten Teile der 105. Rede, S. 808–809, ausgeführt ist – wird von den beiden Asketen gegen Ende des vierten Aktes der *Śakuntalā* bestätigt, *vanaukaso 'pi santo laukikajñā vayam*, und *na khalu dhīmatāṃ kaścid aviṣayo nāma*; bei uns vom ehrwürdigen Illuministen MERSWIN, im Buche von den Neun Felsen p. 115: «dis sint menschen, die der wélte unbekant sint, abber die welt ist diesen menschen gar wol bekant.»

Das Hauptergebnis, 'Den Guten gesellt sein', eine Erinnerung, die in unseren Texten immer wiederkehrt, ist am Ende der 75. Rede mit lakonischer Meisterschaft entwickelt. Es ist der selbe Satz, den ARISTOPHANES in den Sphekes 1238 zitiert, τους αγαϑους φιλει, und den der Chor 1457/61 ausführt:

το γαρ αποστηναι χαλεπον
φυσεος, ὁν εχοι τις αει.
Καιτοι πολλοι ταυτ' επαϑον·
ξυνοντες γνωμαις ἑτερων
μετεβαλλοντο τους τροπους.

364. Analog von DIOGENES deutlich erkannt, ὁς ελεγε, μητε εν πολει πλουσιᾳ μητε εν οικιᾳ αρετην οικειν δυνασϑαι, STOB. Flor. XCIII, 35.

365. *gāmadhammo* gemein, im *Rāmāyaṇam* und *Bhāratam* ebenso *grāmyadharmas*, ein recht zutreffender Ausdruck, wörtlich: dorfartig, d. i. (mhd.) dœrperlich; nämlich αγροικος, rusticus, villanus, villano, vilain: country matters, wie Hamlet (III, 2) dieselbe Sache ebenso bezeichnend sagt. Dagegen *agrāmyatā* «Ungemeinheit», das ist edle Sitte, hovischeit, kurtoisîe.

366. *porī* wörtlich: städtisch, πολιτικος; nämlich αστειος, urbanus, also nach heutigem Sprachgebrauche höflich, poli: auch dem bäuerisch usw. widergesetzt, aber nur formal, *kṛtrimam*, gegenüber dem realen Begriffe, *svābhāvikam*, der vorangehenden Erklärung.

367. Cf. MAKARIOS, Homil. XXX § 6 i. f.: Η ὥσπερ πετεινον, επαν εν ὕψει πετασθῃ, αμεριμνον εστιν, κτλ. Ein ähnliches Gleichnis von der Seele als einer unbeschwerten Flaumfeder bei ECKHART p. 360. Vergl. noch Relations etc. de la Trappe, Paris 1702, I. p. 11: «Je suis comme une feuille, que le vent enleve de dessus la terre»; Lieder der Mönche v. 104.

368. Vergl. ATHANASIOS über ANTONIOS, Vita p. 92: Ουδεποτε γαρ εταραττετο, γαληνιωσης αυτου της ψυχης· ουδεποτε σκυθρωπος εγινετο, χαιρουσης αυτου της διανοιας. Dann CELANO (Vita II, cap. 65 und 68) über S. FRANCESCO: Tutissimum remedium contra mille inimici astutias laetitiam spiritualem sanctus iste firmabat. – Studebat proinde sanctus in iubilo cordis semper existere, servare unctionem spiritus oleumque laetitiae. Morbum accidiae pessimum summa cura vitabat. – Pro generali commonitione in quodam capitulo scribi fecit haec verba: Caveant fratres, ne se ostendant extrinsecus nubilosos et hypocritas tristes, sed ostendant se gaudentes in Domino, hilares et iucundos, et convenienter gratiosos. – Wie sein «lieber herre sant Franciscô» hat in diesem Sinne auch Meister ECKHART (p. 467) gesagt, «daz der mensche nimmer cleglich wort gesprichet . . . daz er nimmer mê ervrewet wird: er ist selber diu vreude.»

369. τον εσωτεραν ερημον Αντωνιου, p. 68.

370. Der siam. Text hat richtig *samanupassāma*. – Zum Topus *kataṃ karaṇīyam*, «Gewirkt das Werk», cf. Lieder der Mönche v. 541 Anm.; und die selben Worte S. FRANCESCOS in seinen letzten Tagen: «Ego quod meum est feci.» – Die Unterscheidung, bzw. Unterscheidungen, S. 846 passim, entsprechen ganz prachtvoll der ειδοποιος διαφορα, bzw. den διαφοραι des ARISTOTELES; auch der platonischen επιστημη διαφοροτητος. Vgl. noch p. XXIII bis XXV meiner Buddhistischen Anthologie; und die Anmerkung 85 zur 64. Rede. Gegensatz: «Ein ding ân' underscheide», wie es bei uns schon GOTTFRIED als höchsten Begriff der Einheit gibt, Tristan v. 18358. Über das Anhangen, bzw. die fünf Stücke des Anhangens, ibid., sagte mir einmal ROBERT L'ORANGE: «Die 'Theologia deutsch' enthält das häufig wiederkehrende Wort 'Annehmen', 'Sich-einer-Sache-annehmen', und unter diesem Wort beschreibt der Frankfurter das buddhistische *upādānam*.» Ebenso spricht der Hochheimer, der große ECKEHART: «Dir ist nôt vor allen dingen, daz dû dich nihtesniht annemest», p. 22; p. 634 mit dem Gleichnisse vom Hagedorn, der nur glatt geschlichtet durch das Heu dieser kranken Welt ohne anzuhaften hindurchgezogen wird; p. 561: «waz an dir und in dir ist, ez ist allez gar siech unde verdorben.» Etc. Endlich sei noch auf MERSWINS Buch von den Neun Felsen verwiesen, wo p. 105 das ledig und unangenommen stehn erörtert ist.

371. Es ist gleich *uḷārabhogakulā* zu lesen; vergl. die 96. Rede, ed. Siam. p. 592. – Cf. das *kulagṛham*, *Ṛtusaṃhāre* VI, 21, zumal die *kulīnatā*, *Harṣacarite* [2] p. 168. Die Liste seltener Wörter aus dem zweitgenannten Werke, die THOMAS im Journal Roy. As. Soc. 1899 p. 485–517 zusammengestellt hat, weist denn auch manche lehrreiche Pālizismen auf, wie *piṇḍapātī* u. a. Letzteres Wort ist mir noch *Yogaśikhopaniṣadi* I, v. 124 begegnet, ed. Bomb.

372. Das *bāhusaccam*, bzw. *diṭṭhupādānam* im allgemeinen, den Hang zur Vielwisserei, hat ROBERT L'ORANGE treffend erklärt als «die Gelehrtenkünstlerdichterphilo-

sophenweiseneitelkeit, das sich zueignen jeder intellektuellen Eigenschaft, von der falschen, aber blendenden und vor der Welt glänzenden Philosophie des *puthujjano* bis zur Weisheit des *dhammānusārī*».

373. *piṇḍapātiko*, der von Haus zu Hause schweigend hintritt, einen Brocken, einen Bissen abzuwarten, einzusammeln; cf. *Theragāthā* 849 f. – Vgl. CELANO (Vita II, cap. 17) über S. FRANCESCO: Pater Sanctus utebatur eleemosynis ostiatim quaesitis multo libentius quam oblatis; verecundiam mendicandi inimicam saluti dicebat, verecundiam in mendicando eam, quae pedem non retrahit, sanctam esse confirmans.

374. Cf. die 65. Rede, Anfang. – Ησθιεν τε ἁπαξ της ἡμερας: ANTONII Eremitae Vita p. 13.

375. «Sit vobis, fratres, non cibus sed caritas in exemplum», hat S. FRANCESCO gesagt und es, wie oben, den Brüdern oft wiederholt: «De omni eo quod peccator potest, nemo sibi debet iniquo applausu blandiri. Peccator ieiunare potest, orare, plangere, carnemque propriam macerare; hoc solum non potest, Domino scilicet suo esse fidelis.» BONAVENTURA cap. 5–6; CELANO II, 75. Gleichwohl aber hat auch S. FRANCESCO als guter Mensch die strenge Observanz geübt: cum quandoque corpusculum suum somni beneficio recrearet, sedens saepius nec aliter se deponens dormiebat, pro cervicali ligno vel lapide utens. CELANO I, 19.

376. Zum Unbestand cf. das Unzulänglich der 66. Rede, in fine; dann auch die 28., die, nebenbei gesagt, in der recht buddhistischen Einleitung zum 3. Buche der *Yājñavalkyasmṛti* gut monographiert ist: *gantrī vasumatī nāśam udadhir daivatāni cādi.* – Es ist mit dem siam. Texte *agammayatā* zu lesen; die Variante *atammayatā* 'Unmittelbarkeit' (vgl. die 137. Rede gegen Ende) paßt hier nicht, wäre *sīlasmiṃ*, wie *tammayo* in der 47., *sīlamayo* in der 78. Rede. Ähnlich *Tejabindūpaniṣat* v. 4: *agamyagamyakartā: a°, yadanyair agamyaṃ sthalaṃ tad api prayatnena gamyaṃ karoti yaḥ saḥ.* Desgleichen MERSWIN, bei den Neun Felsen. – Der Spruch = *Suttanipāto* 588, 757 *a b*. Die *ariyāvāsāgammayatā* mag nach dem Ende der 53. Rede, p. 358, *vijjāsampanne* gelten: die vorangehende *paṭipadā* aber *caraṇasampanne*, beide zusammen also *vijjācaraṇasampanne*.

377. Cf. das Gleichnis von den reflektierten Sonnenstrahlen, *Saṃyuttakanikāyo* vol. V. p. 218.

378. Der letzte Absatz ♌ *Bṛhadāraṇyakopaniṣat* II, 4, letzter Absatz.

Das Gesetz der Wandelbarkeit, von dem diese Rede handelt, arbeitet eigentlich schon mit den variablen Infinitesimalen, wie sie den Indern von alters her geläufig waren (cf. *kuṭṭakādi*); das selbe Gesetz wird in der 137sten, bei Darstellung der sechsunddreißig Fesselpfade, seinem Inhalte nach genau gekennzeichnet. Es ist, beiläufig bemerkt, auch von EPICHARMOS richtig erkannt worden, Fragm. philos. Graec. ed. MULLACH vol. I. p. 142:

> εν μεταλλαγᾳ δε παντες εντι παντα τον χρονον·
> ὁ δε μεταλλασσει κατα φυσιν κωυποκ' εν τωυτῳ μενει.

Desgleichen von SENECA in seinem durchaus indischen 36. Briefe: omnia quae videntur perire mutari.

379. Mit *antamaso mālāguṇaparikkhittā pi*, bis herab zu der blumengeschmückten Tänzerin, vgl. man die Parallele *antamaso tiracchānagatāya pi*, bis herab zur tierischen Liebe, nämlich mit einer Dirne – nicht etwa "mit einem Tier", wie noch OLDENBERG hat, Buddha, 3. Aufl. S. 401, nach SPIEGEL, *Kammavākyam* p. 9, usw. Diese Berichtigung stammt von ROBERT L'ORANGE. – Cf. Längere Sammlung Anm. 772.

380. Vergl. *Yājñavalkyadharmaśāstre* II, 77: *na dadāti ca yaḥ sākṣyaṃ jānannapi* usw.

381. Κρατης λεγεται ὁ Θηβαιος τοις στασιαζουσιν οικοις επιφοιτων λογοις ειρηνης διακρινειν τας εριδας.

382. Ein solches Betragen wie hier dargestellt, und wie es Asoko vom ersten bis zum letzten seiner Edikte praktisch verherrlicht, hat PLATON als Orphisches Leben beschrieben; wozu ERASMUS in den Adagia s. v. sehr schön bemerkt: «Orphicam vitam PLATO libro de legibus sexto *[pag. 782]* dixit vitam innoxiam, et a luxu sanguinolentisque dapibus puram. – Videtur ORPHEUS hoc connatus apud Thraces, quod PYTHAGORAS tentavit apud Ionios, NUMA apud Romanos.» Unter den Thrakern sind vornehmlich die asketischen Κτισται zu verstehn, von denen POSEIDONIOS bei STRABO p. 296, ausführlich berichtet und sie δικαιοτατους ανθρωπους nennt*. In diesem Zusammenhange darf hier noch an die trefflichen beiden Reden PLUTARCHS über die Sarkophagie erinnert und endlich auch der drei Merkmale gedacht werden, die MANES, der Brāhmane und Jünger des *Buddas*, als welchen ihn SUIDAS bezeichnet, dem Christentum viel zu edel und unkirchlich zugrunde legen mochte.

383. *atthi yiṭṭham = yaṣṭavyam iti nirṇayas*, 60. Kap. *Śāntiparvaṇi*.

384. Es ist richtig, wie vol. I. p. 390, passim, *°bajjham* zu lesen. Zum Begriffe des *pariniṭṭhitabhāvo* cf. den *pariniṣṭhitakāryas* im *Śāntiparva*, loc. cit. v. 20. – Das heilsame Bemühn ähnlich bei PINDAR, letzte Pythionike i. f.: ει δε τις ολβος εν ανθρωποισιν, ανευ καματου | ου φαινεται.

385. Ausführung und Wiederholung gehört in die Sphäre des späteren *Vaipulyam*.

386. Mit dem Inhalte dieser Rede ist die siebzehnte des ersten Bandes zu vergleichen; auch Bruchstücke der Reden Nr. 38, Beider Seiten Anblick.

Der Topus von der kurzen und von der ausgeführten Darstellung, *saṅkhittena* und *vitthārena*, wie oben und oft gebraucht, ist auch bei Asoko auf seinem letzten Felsenedikte als *saṃkhitena* und *vistat[e]na* wiederzufinden.

387. Ähnlich bei SENECA, epist. LXXV. i. f., des Weisen tranquillitas animi et, expulsis erroribus, absoluta libertas; non homines timere, non deos; in se ipsum habere maximam potestatem: inaestimabile bonum est suum fieri. Kürzer und noch genauer von DEMOKRITOS als σοφιη αθαμβος αξιη παντων gekennzeichnet, τιμιωτατη εουσα. – Vergl. Anm. 452; Lieder der Mönche v. 187.

388. Vergl. die 9. Rede, S. 54 der Übersetzung.

389. Der Text der P. T. S. ist hier, wie passim, unbrauchbar.

390. *nāmarūpam*, ein *dvaṃdvasamāsas*, dessen letztes, nach indischem Usus wichtigere Glied voran zu übersetzen ist. – Die Erläuterungen der Kommentatoren, wie *Buddhaghoso* im *Visuddhimaggo*, haben natürlich wenig Wert; vielmehr die schönen *nāmarūpam*-Parallelen und -Gleichnisse der alten Upanischaden, die man nach JACOBS *Upaniṣadvākyakośas* aufsuchen mag: wo eben wie bei uns «Bild und Begriff» überall zutrifft. Cf. auch Anm. 408 und Längere Sammlung Anm. 349.

391. Vergl. *Mahābhāratam* XIV, 44, 20: *sarvaṃ kṛtaṃ vināśāntam*, und *Yogasūtram* II, 15: *pariṇāmatāpasaṃskāraduḥkhair, guṇavṛttivirodhācca, sarvaṃ duḥkham eva vivekinaḥ*.

392. «alle crêatûre tragent inne bitterkeit»: ECKHART p. 300.

393. «each thing's a thief» heißt es, positiv, im Timon IV, 3, gegen Ende.

394. Der Erderoberer, *cakkavattī*, schon *Maitryupaniṣat* I, 4 genannt und als *sārvabhaumas* erklärt; in späteren Zeiten dafür *pṛthivīvallabhas* allgemeines *virudam*. Cf. FLEET in der Epigraphia Indica vol. VI, p. 168, Anm. 6, zu welcher man noch *Vikramorvaśīyam* IV, v. 19 beifügen mag, wo sich der König zu erkennen gibt, als

* Das Lob jener rechtschaffensten Menschen ist schon in der Ilias XIII Anf. gepriesen, bei STRABO nur wiederholt: von DE LORENZO freundlich berichtigt.

svayaṃ vṛtaḥ patir dvābhyām,
Urvaśyā ca bhuvā ca yaḥ.

395. *sakkattaṃ, mārattam, brahmattaṃ kareyya.* – «Ich weiz wol, kein vrouwe mac zuo dem himel komen, si enwerde ê ein man. Daz sult ir alsô verstan: sie müezen menlîchiu werc wirken unde müezen menlîchiu herzen hân mit voller kraft, daz sie in selber mügen widerstân und allen gebresthaften dingen»: Schwester KATREI zu ECKHART, p. 456. Das ewig Weibliche, das Jungfrauengemüt ist denn auch bei ECKHART nur Vorstufe zur höheren Entwickelung, eine Phase des zunehmenden Menschen, p. 346.

396. Ein gleicher Titelreichtum Längere Sammlung, I, Ende; vergl. die Wiener Zeitschr. f. d. Kunde d. Morgenl. XI, 159f.

Ein quasi signaculum des *paṭiccasamuppādo* (S. 872) findet sich, recht auffällig, in den auch sonst so merkwürdigen, schönen Episteln JACOBI, und zwar I, 14, 15, worauf mich DE LORENZO hingewiesen. Gerade diese Stelle aber hat der ägyptische ANTONIOS inniger Betrachtung empfohlen, bei ATHANASIOS, p. 32. Besser noch freilich hat der Pythagoriker BRYSON mit indischer, oder sagen wir kantischer Konzinnität die kausale Verkettung gelehrt: Οὕτως εχει ποτ' αλλαλα τ' ανθρωπινα πραγματα καθαπερ και τας ἁλυσιος τοι κρικοι. τηνοι τε γαρ εξ αλλαλων αρτηνται, αλλαλοις τ' ακολουθιοντι, και ἑνος εξ αυτων ἑλκυσθεντος ὁποιου δη ποκα το τε ὁλον και τα εξ αρχας ακολουθει· και των τω βιω δε πραγματων ὁποια αν βουλη ἑλεσθαι, εὑρησεις και τα λοιπα εξ αναγκας κατα το ἑξης αλλαλοις ἑπομενα. — Και τ' αλλα δε παντα, μαστευομενος και ανερευνων, οὑτως εὑρησεις εχοντα ποτ' αλλαλα. STOB. Flor. LXXXV, 15. – Die *ṭhānāṭṭhānakusalatā*, Kunde des Möglichen und Unmöglichen, in dieser Rede teils ungemischt, teils mythisch versetzt überliefert, erscheint im Christentum als Kenntnis der futuribilia scholastisch dogmatisiert.

397. Der siam. Text hat richtig *imassa kho pana bhikkhave Isigilissa pabbatassa.*

398. *paccekabuddhā.*

399. Es wird *Nīpo* zu lesen sein; cf. *Theragāthā* 84. Der Name kommt schon in der *Ṛksaṃhitā* und dann öfters im *Bhāratam* und in den *Purāṇen* vor.

400. Die außerhalb des Textes angefügte Liste ist tertiäre Zutat; das Intermezzo an sich apokryphe Improvisation. Doch braucht man darum den Begriff des *paccekabuddho* nicht etwa schlechthin als mythisch zu betrachten, darf ihn vielmehr im echt antiken Sinne mit SOKRATES dahin auslegen, ὁτι τον σοφον αυτον αὑτῳ μαλιστα δει σοφον ειναι, wie er es im größeren Hippias als uralte Maxime gibt. Vergl. auch Lieder der Mönche Anm. 1149; und als Parallele hierzu die S. ROSALIA, Breviar. Rom. 4. Sept.

401. Die Redner der Regenzeit sind irreguläre Asketen, die nur während dieser drei Monate Genossenschaften bilden. – Vergl. die 77. Rede, S. 563 der Übersetzung.

Mit dem *dvayaṃ, sāsavañcānāsavañca*, S. 877–880, vergl. das *mano dvividhaṃ, śuddhañcāśuddhañca*, und *dhyānaṃ saguṇaṃ nirguṇaṃ, Maitriśāṇḍilyādyup.* Zum *āriyamaggo*, dem heiligen Wege, cf. den *paramahaṃsamārgas* der Upanischaden; auch PINDARS verwandten Ausdruck ει δε νοῳ τις εχει θνατων αλαθειας ὁδον, v. 103 der 3. Pythionike, sowie ECKHARTS «ûf dem wege stên zur êwigen sêlikeit», p. 128.

Der Titel der Rede ist von ungefähr dem *Cātvāriṃśam brāhmaṇam*, das *Pāṇinis* kannte, beigeordnet. – Nach Form und Gehalt verschieden, aber quasi quossum analog ist des IACOBUS SARUGENSIS dritte Homilie mit der Auflösung der Zahl Vierzig in vier Elemente u. a. m., alter Überlieferung folgend, beschäftigt, bei ZINGERLE S. 29–36.

«Quadragenarium numerum ueteres magna obseruatione colebant», hat AGRIPPA richtig bemerkt.

402. Zur Offenbarung: nämlich der Ordensregel; und zwar im Herbste, am Ende der Regenzeit, zum letztenmal vor Beginn der Wanderschaft. Vergl. die 108. Rede, S. 825, und die 65., S. 474 der Übersetzung. – Eine gleiche Einrichtung hatte S. FRANCESCO alljährlich für Pfingsten getroffen.

Im allgemeinen zur Mondnacht cf. die 32. und 146. Rede, Längere Sammlung Nr. 2, Lieder der Mönche v. 1234. Der ganze Zauber der herbstlichen Lunarien, wie er da und sonst mit ein paar Strichen angedeutet, ist in eine Gemme *Kālidāsas'* meisterhaft eingeschnitten, *Ṛtusaṃhāram* III, 22:

Ṡaradi kumudasaṉgād vāyavo vānti ṡītā,
vigatajaladavṛndā digvibhāgā manojñāḥ,
vigatakaluṣam ambhaḥ ṡyānapaṉkā dharitrī,
vimalakiraṇacandraṃ vyoma tārāvicitram.

403. Cf. Anmerkung 19 zu den Liedern der Nonnen.

404. Cf. BERNARDI CASINENSIS Speculum monachorum I, 1, 1, 2: «Omnium bonorum operum officina cella est et stabilis perseverantia.» – «Impossibile est hominem fideliter figere in uno animum suum, qui non prius in aliquo loco perseveranter affixerit corpus suum.» Vergl. noch PASCAL, Pensées I, 7, 1: «C'est pourquoi ... j'ai souvent dit que tout le malheur des hommes vient de ne savoir pas se tenir en repos dans une chambre.»

405. Est dies, in quo color in alium colorem mutatur, et pro colore vitae color mortuorum induitur: EPHRAEMI Carmen Nisibenum ultimum, ed. BICKELL 77, 11.

406. Αποβλεψατε γαρ προς το τελος ἑκαστου των γενομενων βασιλεων, ὁτι τον κοινον πασι θανατον απεθανον: IUSTINUS Martyr, Apol. I, 18.

407. Das selbe Gleichnis behandelt MAKARIOS im 1. T. der 20. Homilie.

408. Cf. das vedische Gleichnis, e. g. *Bṛhadāraṇyakam* II, 4, 11., *Sayathā sarvāsām apāṃ samudra ekāyanam evamādi; Praṡnopaniṣat* VI, 5, *Sayathemā nadyaḥ syandamānāḥ samudrāyaṇāḥ samudraṃ prāpyās taṃ gacchanti, bhidyete tāsāṃ nāmarūpe, samudra ityevaṃ procyate*, usw.; und ebenso *Tao-te-king* Kap. 32 i. f., MERSWIN, Neun Felsen p. 138. – Vergl. Ilias XXI, 195–197: βαθυρρειταο μεγα σθενος Ωκεανοιο, εξ οὗ περ παντες ποταμοι και πασα θαλασσα και πασαι κρηναι και φρειατα μακρα ναουσιν.

409. Holzscheit und Reibholz stellen das vedische und ebenso altgriechische Feuerzeug dar, wie es z. B. des SOPHOKLES Philoktet bei sich in der Höhle verwahrt, v. 36. Der erste Feuerreiber ist bekanntlich Prometheus, *pramanthayas*, gewesen, dessen Tätigkeit von DIOGENES, im Widerspruch zur dichterischen Darstellung aber im Einklang mit unserem obigen Gleichnisse, als eine unheilsame bezeichnet wurde, δια την εὑρεσιν και μεταδοσιν του πυρος, ὡς αρχην τουτ' ον και αφορμην τοις ανθρωποις μαλακιας και τρυφης, bei MULLACH, Fragm. philos. Graec. vol. II. p. 327.

410. Και ὡσπερ τι παιδιον μικρα ψηφιδι τειχος βεβληκος οὐδεν ηνησεν, κτλ.: MAKARIOS, De elevatione mentis cap. XVI.

411. Diese hier dargebotenen drei Doppelgleichnisse können als meisterliche Ausführung von *Bṛhadāraṇyakam* I, 5, Ende gelten, sozusagen als Auflösung des dort gegebenen Siegels: *Tasmād ekam eva vrataṃ caret, prāṇyāccaivāpānyācca, nenmā pāpmā mṛtyur āpnuvad: iti yadyucaret samāpipayiṣet.* – Cf. noch S. FRANCESCO, bei CELANO I, 16: Docebat eos non solum mortificare vitia et carnis incentiva reprimere, verum etiam et ipsos exteriores sensus, per quos mors intrat ad animam.

412. So auch das sokratische Gleichnis von den vollen Fässern, im Gorgias p. 493/4.

413. Vergl. *Kaṭhādyup.* III, 3: *Ātmānaṃ rathinaṃ viddhi* | *śarīraṃ ratham eva tu* | *buddhin tu sārathiṃ viddhi* | *manaḥ pragraham eva ca* |. – S. BERNARDUS, Serm. 49 i. m.: «Est ergo discretio non tam virtus quam quaedam moderatrix et auriga virtutum ordinatrixque affectuum et morum doctrix.» Dasselbe ritterliche Gleichnis «discretio auriga virtutum» von S. FRANCESCO gebraucht, bei BONAVENTURA cap. 5 in med. Vor ihnen schon vom seligen MAKARIOS, ed. PRITIUS, Homil. 15 § 34 und 40 § 5 i. f., και γαρ ὁ νους ἡνιοχος εστι κτλ. Und wiederum auch bei PLATON, e. g. im Phaidros p. 247.

414. Lies hier *arati-r-atisaho.*

415. Die klassische Leichenbetrachtung, wie oben S. 892, mit dem Ende «Gebeine, verwest, in Staub zerfallen», erinnert an die grandiose Szene in SENECAS Hercules Oetaeus i. f., wo Alcmena mit der Aschenurne ihres Sohnes im Arme auftritt:

> Timete, Superi, fata: tam parvus cinis
> Herculeus est: huc ille decrevit gigas.
> O quanta, Titan, in nihil moles abit:
> Anilis, heu me, recipit Alciden sinus.
> Hic tumulus illi est. Ecce, vix totam Hercules
> Complevit urnam; quam leve est pondus mihi,
> Cui totus aether pondus incubuit leve.

Kürzer gefaßt im Hamlet, Totengräberszene, Schlußverse:

> Imperious Caesar, dead and turn'd to clay,
> Might stop a hole to keep the wind away:
> O, that that earth which kept the world in awe
> Should patch a wall t' expel the winter's flaw!

Auch GOETHES Geistesgruß klingt hier an.

416. Wie hier und oft *devā dīghāyukā* hat EMPEDOKLES ϑεοι δολιχαιωνες, den αϑανατοισιν HOMERS und der anderen entgegen, gesagt: ist also identische Übersetzung. – Wenn man die vornehmlich indischen Bilder und Gleichnisse, in die EMPEDOKLES seine Lehre gekleidet hat, und nun noch das obige, an sich zwar belanglose, eben darum aber so vielsagende Paralipomenon betrachtet, läßt sich die Vermutung eines auch historischen Zusammenhanges, bzw. frühen Verkehrs zwischen Hindustan und Magna Graecia – durch Ariana-Media, Syrien-Ägypten – nicht mehr verschweigen.

417. *paranimmitavasavattino devā* ♎ *sa brahmaṇaḥ para etā bhavati* ... *akṣayyam aparimitam anāmayaṃ sukham aśnute: Maitryupaniṣat* IV, i. 4.

418. Lies *vā.* – Nb. die Übereinstimmung mit dem wunderbaren *Puruṣasūktam, Ṛgvedas* X, 90, 1: *Sahasraśīrṣā puruṣaḥ ... bhūmiṃ viśvato vṛtvā atyatiṣṭhad daśāṅgulaṃ.* Die wahre Bedeutung von *vṛtvā* hier ergibt sich aus unserem entsprechenden *pharitvā.* Vgl. WESTERGAARDS Radices s. v. *vṛ* Nr. 4 ferre. – *Bhagavadgītā* X, 42.

419. Es ist das ursprüngliche *subho jotimā* wiederherzustellen, wie die ed. Siam, e. g. vol. II. p. 333, richtig hat. – Vergl. *dosinā-jyotsnā.*

420. Ebenso hat PINDAR in der vierten Nemeonike i. f. ὁ χρυσος ἑψομενος αυγας εδειξεν ἁπασας, und die erste Olympionike begonnen: ὁ δε χρυσος αιϑομενον πυρ ἁτε διαπρεπει νυκτι μεγανορος εξοχα πλουτου. Ein gleiches Bild dann bei unserem GOTTFRIED, Tristan, v. 12 944 f.:

in dem tigele gebrant
Und geliutert, als ein golt.

421. Das Leitmotiv dieser Rede, das Thema von der Allmacht der Übung, wird auch am Ende von *Gautamas' Dharmaśāstram* intoniert, bei *Manus* VI, 80 phrasiert. Es ist im Abendlande vielleicht von keinem so innig erkannt und bekräftigt worden wie vom großen DIOGENES: ουδεν γε μην ελεγε το παραπαν εν τῳ βιῳ χωρις ασκησεως κατορθουσθαι, δυνατην δε ταυτην παν εκνικησαι, DIOG. LAERT. VI, 71. Vor ihm hatte schon PERIANDROS gesagt: Μελετη το παν.

Dem Verständnisse der Phaenomena vom tausendfachen Brahmā durch immer höhere und höhere Kreise bis zu den letzten Noumena möglicher Wahrnehmung kann, wie DE LORENZO bemerkt hat, unsere kantische Naturgeschichte und Theorie des Himmels als würdiger Eingang dienen.

422. Es ist, wie der siam. Text richtig hat, *vigatavalikam* und *khāṇukaṇṭakaddhānam* zu lesen. Desgleichen *adhimuccati* etc. etc. etc. – Vergl. die 127. Rede.

423. Die *parisuddhā paramānuttarā suññatā* findet sich in einigen Upanischaden, wie *Tejabindūp.* v. 11 als *sarvaṃ tat paramaṃ śūnyam*, *Ātmaprabodhop.* ed. Bomb. p. 397 a *ādiśūnyas* «Der Urarme», *Maitryup.* II, 4 *sa vā eṣa śuddaḥ pūtaḥ śūnyādi.*

Vgl. ECKHART, p. 418: «Daz ist diu allernêhste armuot des geistes, wan ez ist nieman rehte arm, wan der niht enwil unde niht enweiz unde niht enhât, weder ûzwendic noch inwendic.» Ib. 283: Diu hœhste, diu klâreste unde diu nêhste armuot; 22: Sîns selbes und aller dinge wüeste sîn; 27: «Aller stillest stân und aller lêrest ist dâ dîn allerbestez.» Usw. – Cf. noch zur Antwort auf Ānandos Frage, S. 905, das bündige Wort des MAKARIOS, bei FLOSS p. 163: «melior omnibus est paupertas»; sowie die Anm. 534.

424. Mit dem siam. Texte *tattha tathāgatena* zu lesen. – Aller Vorstellungen sich begeben: πτωχευσαι απο παντων των φαινομενων, MAKARIOS, Homil. XI § 6 i. f.; paupertatem colere, quasi coelestem vitam agere in terris, ab omni caducarum rerum cura et cupiditate alienam, nach BERNARDUS. Die *ajjhattaṃ suññatā* = der inwendigen Armut, der Armut des inneren Menschen, ECKHART p. 280, 626.

425. Zur Armut innen und außen cf. den Gedanken PASCALS II, 17, 82: «Si j'avais le cœur aussi pauvre que l'esprit, je serais bienheureux; car je suis merveilleusement persuadé que la pauvreté est un grand moyen pour faire son salut.» Die scheinbare Antinomie vom Aufnehmen der Armut ist in den Versen eines großen, unendlich reichen asketischen, das ist wohl eingeübten Geistes angemessen gelöst:

La lieta povertà, fugiendo, acquista
Ogni tesor, nè pensa come o quando;
Secur nei boschi, in panni rozzi e bigi,
Fuor d'obrigi, di cure e di letigi.

Letzterem Hinweise, den ich DE LORENZO, dem genauen Kenner MICHELANGELOS, verdanke, mag noch in diesem Zusammenhange die so anschauliche Illustration Meister ECKHARTS, p. 576, beigefügt sein: «Dar umbe sprach der, der in der kuofen blôz saz, zuo dem grôzen Alexander, der alle welt under ime hete: 'ich bin', sprach er, 'vil ein grœzer herre denne dû bist; wan ich hân mêr versmêhet denne dû besezzen hâst. Daz dû grôz ahtest ze besitzenne, daz ist mir ze kleine ze versmêhenne.'» Das Helldunkel einer solchen einmütig erfahrenen indo-ārischen Armut, die heiter über Kaiser und Könige wegblickt, findet man denn auch im Bildnisse eines kynischen Pilgers und kosmopolitischen Palitanten auf einem jüngst entdeckten pompejanischen Fresko zu Boscoreale und zwar voce melius beglaubigt, «daz ist wortelôs».

426. Der siam. Text hat richtig *yo kho imesu pañcasu kāmaguṇesu chandarāgo so me appahīno.* Etc. – Zur Selbsterforschung cf. die 15. und 151. Rede ♋ Aureum Pythagorerum carmen v. 40–44.

427. Der Text hat richtig *sotum.*

428. Lies *mucchā nikāmayati.*

429. Der Schluß der Rede, *yo sāro so ṭhassati,* ist mit v. 204 der Lieder der Mönche, *sāram buddhāna sāsanam,* nebst Anmerkung zu vergleichen. – Ein ähnliches Bild *Śāṭyāyanīyopaniṣadante: Ekākṣarapradātāram* I *yo gurum nābhinandati* I *tasya śrutam tathā jñānam* I *sravatyāmaghaṭāmbuvat* I; ferner *Vāsiṣṭhadharmaśāstre* VI, 31 f.:

Āmapātre yathā nyastaṃ
kṣīraṃ dadhi ghṛtaṃ madhu
vinaśyet pātradaurlabhyāt,
kṣatapātraṃ rasāśca te:
evaṃ gā vā hiraṇyaṃ vā
vastram aśvaṃ mahīṃ tilān
avidvān pratigṛhṇāno
bhasmībhavati kāṣṭhavat.

DE LORENZO weist mit Recht darauf hin, daß HORAZ dasselbe, so anschaulich lehrreiche Gleichnis gewählt hat, im berühmten 2. Briefe des 1. Buches. Er schreibt mir: "Il verso

Sincerum est nisi vas, quodcumque infundis acescit

allude proprio a vasi di creta; prima di tutto perchè i romani e i greci non adoperavano che tali vasi, e non di metallo, e poi perchè ORAZIO stesso alla fine della medesima epistola spiega ancor meglio il paragone con i versi:

Nunc adbibe puro
Pectore verba, puer, nunc te melioribus offer.
Quo semel est imbuta recens servabit odorem
Testa diu.

I quali versi corrispondono esattamente alla chiusa del discorso 122: «Darum aber mögt ihr mit Liebe mir begegnen und nicht mit Feindschaft; das wird euch lange zum Wohle, zum Heile gereichen.»"

Mit Liebe und nicht mit Feindschaft dem Meister begegnen, Gehör leihen usw. hat MAKARIOS getreu nachempfunden, bei FLOSS p. 305: Ου γαρ πιστευειν μονον δει Χριστω, αλλα και συμπασχειν αυτω: und AGATHON hat auch zugleich Vertrauen schlechthin wie S. 914–916 sehr besonnen als Ohnmacht und Unbill erkannt ib. p. 151: Non est peior altera passio quam fiducia: genetrix est enim omnium passionum; convenit ergo operatio monacho non sumere fiduciam, vel si solus sit in cella.

Die ewige Stille, S. 910 (*asāmāyikam akuppam* ♋ *asamayavimokho* Nr. 29 i. f.), ist wohl zumeist von ECKHART beschrieben worden, teils in Paradoxen wie 'Alle Beweglichkeit ist sterben', p. 536, oder 'Ganze Ruhe ist Freiheit aller Bewegungen', 605, teils gegenüber der 'Unstetigkeit und dem Sturme des Weltenflusses', 247, als 'das Wesen in einer stillen Stillheit', 389; ferner als wesentliche Stillheit 668, heimliche Stillheit der Einigkeit 520, Tiefe der Stillheit 517, lautere Stillnis 120, unbewegliche Stilleheit 583, stete Stillheit 600, stille Ewigkeit 375, etc. Vergl. Anm. 515.

Zur Bezeichnung *Sakker* in dieser Rede und *Sakyer* in der vorhergehenden sei bemerkt, daß die Namen, obwohl an sich identische Denominativa von $\sqrt{\textit{śak}}$ «vermögen», insofern leicht differenziert erscheinen als einige nördlichere Städte und Burgen wie etwa Kapilavatthu oder Devadaham stetig den *Sakkern*, und wieder andere südlichere wie z. B. Nagarakam oder Metālumpam stetig den *Sakyern* zugesprochen sind.* Gotamo nennt seinen Vater *Sakko*, in der 36. und 85. Rede: er selbst aber wird allgemein *Sakyaputto*, Sohn der *Sakyer*, geheißen, so in der 41. Rede usw. Der engere Kreis *Sakkos*, des stolzen *Śakras*', als der er gegolten, und seiner *Sakker*, *Sākrer*, mag sich immerhin dem umfassenderen der *Sakyer*, *Śakyer*, eingeordnet haben, die Linie der Dynastie, der Zweig dem Stamme. Darum also haben auch die nächsten Verwandten Gotamos auf der Urneninschrift um die kristallene Phiole, die sie den Aschenresten ihres erlauchten Bruders gewidmet, sich selber als *Sakyer* bekannt:

Das ist ein Leichenschrein des Erwachten, Erhabenen:
Der Sakyer Stiftung, der Brüder mit Schwestern, mit
Kindern und Frauen.

Diesem nüchternen und doch beredten Epitaph ist wohl ferner noch zu entnehmen, daß die Brüder, bzw. Halbbrüder Gotamos das Erbe *Sakkos* gemeinsam angetreten hatten. Zerstörender Habsucht an 2400 Jahre verborgen wurde Urne und Phiole im Januar 1898 aus einem kostbar schützenden Topenhügel bei Piprāvā an der nepālischen Grenze ausgegraben und noch von BÜHLER als das erste historische *Sakyer*-Dokument erkannt, Journ. Roy. As. Soc. 1898 p. 389, die Inschrift aber erst von PISCHEL im 56. Bande d. Zeitschr. deutsch. morgenländ. Ges. S. 157f. richtig erklärt. – Der Unfug mit dem *Śakaśākagargādibhyo yañ* ist späterer Mißverstand, wie die gute alte *Theragāthā* 533 und 536 zeigt.

430. Selige Gestalt, *tusito kāyo*, im Reiche der Seligen Götter, vor der Herabkunft zur Erde. – Zu *bodhisatto*, erwachsam, d. h. der Erwachung angeschlossen sein, ihr nachhängen, sie erringen, cf. Anm. 5. Asokos Eigenbericht auf dem VIII. Felsenedikte, *Piyadasi rājā dasavasābhisito saṃto ayāya saṃbodhiṃ*, entspricht sehr schön unserem Topus, e. g. Anm. 5, *pubbe'va sambodhā bodhisatto 'va santo*: man hat also damals die wahre Etymologie von *bodhisatto* noch recht wohl verstanden. Später haben dann die nordbuddhistischen Übersetzer und Bearbeiter das so natürliche, mit dem Sprachgebrauche vollkommen übereinstimmende *tatpuruṣam* (*bodhisaktas*) aus Unkenntnis in ein gekünsteltes, barbarisches, ja unmögliches *bahuvrīhi* (*bodhisattvas*) verballhornt und der wüsten tibetischen Spekulation vorgearbeitet.

431. *asuryā nāma te lokāḥ, andhena tamasāvṛtāḥ*: *Bṛhadāraṇyake* IV, 4, 14; weiterhin bloß *alokas* genannt, sc. *cakravālas*, e. g. *Raghuvaṃśe* I, 68. – Vergl. die syntopischen Parallelen *Mahāvastu* I, 230, *Divyāvadānam* p. 204, *Lalitavistaras* V, v. 77. Irgendwie vermittelt ist diese Vorstellung bei den Scholastikern als Lehre vom Limbus rezipiert: «Juxta s. THOMAM limbus Patrum et infernus qualitate quidem locorum differunt, at situ probabiliter sunt quasi idem tractus continuus, sic tamen, ut magno spatio una commoratio ab altera distet»; rursus: «Multi cum s. THOMA in spatio intermedio purgatorium situm esse censent»: VIDMAR, Comp. rep. theol. dogm. p. 599. – Eine gleiche Phraseologie vom Lichtglanze durch die ganze Welt usw. im langen Hymnus des syrischen Propheten EPHRAEM auf die Geburt des göttlichen Knaben. Vergl. auch das Mittelreich der Seherin von Prevorst.

* Cf. Anmerk. 321 i. f.

432. Die spezielle Parallele hierzu im MAKARIOS, Apophthegm. ed. PRITIUS p. 266, bei εκ μερους τις θεωρει το προσωπον του ἑτερου, κτλ. – Die zehntausendfache Welt, wie die zehntausend Wesen im *Tao-te-king* Kap. 16, passim, oder die homerischen δμωες μαλα μυριοι, Od. XVII, 422, s. v. a. unzählig mannigfach, unendlich reich.

433. Vgl. *Mantrabrāhmaṇam* I, 4, 6 (= *Ṛgvedas* X, 184, 1):

Viṣṇur yoniṃ kalpayatu,
Tvaṣṭā rūpāṇi piṃśatu,
āsiñcatu Prajāpatir,
Dhātā garbhaṃ dadhātu te.

Komm.: *Prajāpatiḥ: prajānāṃ pālako devaḥ.* Etc. Es wird also hier, der *Śruti* gemäß, der *Cattāro mahābrahmāṇo* gedacht sein: die *Lokapālā* kommen erst später.

434. *pakatiyā sīlavatī*; von *sīlam* = ηθος, suetum, Sitte: es ist das συγγενες ηθος PINDARS (Ol. XIII, 13), die angeborene Art.

435. Vgl. *Bhāgavatapurāṇam* X, 2, 20, passim. – Eine schwangere Maria, in deren durchsichtigem Schoße man das strahlende Knäblein erblickt, ist kunstvoll geschnitzt auf dem linken Flügel des inneren 500 Jahre alten Kirchenportals zu Irrsdorf (einem kleinen Weiler neben Straßwalchen, auf bedeutsamen römischen Überresten errichtet), neuerdings kopiert auf dem Kapellentore der Burg Kreuzenstein bei Stockerau dargestellt; vom Volke um Kindersegen angegangen. Ein Freskobild dieser Art hat RHYS DAVIDS erwähnt gefunden, Buddhist Birth Stories S. 65 Anm. Dergleichen Kunstwerke mögen zunächst auf eine im Mittelalter beliebte, sinnige Vorstellung zurückweisen: cf. Anm. 166; und von da wohl auf AUGUSTINUS, wie Meister ECKHART bemerkt hat, S. 411 i. f., eigentlich schon auf MAKARIOS MG., ed. BLONDEL p. 216: Ὡς γαρ εις ὑγροτητα καταβαινων ἡλιος ουχ ὑγροτητα δεχεται ουδε πηλωδης εὑρισκεται, την δ'ὑγροτητα του πηλου ξηραινων στεγανοι αυτος ὁλως την αυγην ουκ αποθολουμενος· οὑτως ὁ Θεος Λογος, ων ἡλιος νοητος, εις σαρκα κατελθων κτλ. – Nb. noch das «Marienglas», lapis specularis.

Vielleicht lassen sich solche spezifisch ārische Begriffe, um nicht Dogmen zu sagen, zuletzt in den ṛgvedischen *Hiraṇyagarbhas* ohne Mühe und heiter auflösen, von dem der Seher X, 121, 1 singt:

Hiraṇyagarbhaḥ samavartatāgre,
bhūtasya jātaḥ patir eka āsīt.

Als jüngsten Sproß der langen Ahnenreihe hätten wir da in unseren Tagen RICHARD WAGNERS Rheingold zu begrüßen.

436. An dem Orte, wo die Legende das Ereignis stattfinden läßt, in einem Haine nahe dem Dorfe *Lummini* (cf. Anm. 278), hat Asoko unter anderem eine Denksäule errichten lassen, mit der Inschrift: «Hier ist der Erhabene geboren.» Vergl. auch die plastischen Darstellungen der Szene, auf Ruinen, aus Sārnāth etc. – Ähnlich im homerischen Hymnus auf die Geburt des Apollo, wo es, in der Übersetzung GOETHES, v. 106–109 heißt:

.... es nahte Letos Entbindung.
Mit den Armen umschloß die Göttin den Palmbaum; die Füße
Stemmte sie gegen das Gras, die Erde lächelte. Mächtig
Sprang ans Licht der göttliche Sohn.

437. Diese vier Göttersöhne, die Hüter der Weltgegenden *Lokapālā*, auch die «Vier großen Könige» *Cattāro mahārājāno* genannt, sind im Christentum zu den heiligen Drei

Königen aus dem Morgenlande geworden. Noch andere, spätere Beziehungen bei SEYDEL, Buddha-Legende, 2. Aufl. S. 35. Aber die älteste christliche Darstellung zeigt richtig Vier huldigende Könige, und zwar auf einem Fresko eingangs der Domitilla-Katakombe. Als dann in der Kirche einer der Könige, etwa der Dreifaltigkeit zuliebe, allmählich verschwunden war, sehn wir doch wieder Vier schützende Erzengel an den Seiten die Tradition unserer Vier großen Könige weiter erhalten: so eben noch in Rom auf einem musivischen Bilde links am Triumphbogen der Santa Maria Maggiore, auch im Sant'Apollinare Nuovo zu Ravenna. Sogar die unbiblische Bartlosigkeit anderer sehr alter, antiker Magiertypen verdient einige Beachtung. Cf. DUCHESNE et BAYET, Mémoire sur une mission au Mont Athos, Paris 1876, p. 284–296, wo die Abbildungen nachgewiesen.

Noch bei der Königskrönung in der karolingischen Sage von Reinolt etc., ed. PFAFF v. 1201/03,

kamen vier engel von her oben
iglich in einer tuben wyß geflogen
und brachten, das man han solt.

438. Im gleichen Sinne ist die Beata Maria Virgo in der Lauretanischen Litanei als «Mater purissima, Mater intemerata, Mater admirabilis, Vas spirituale, Domus aurea» gepriesen. Letzteres Bild wird zwar auf Lib. Reg. I [III], 6, 22 gedeutet, gehört aber dem *Māhāmāyāsupinam* des *Avidūrenidānam* zu, wo es dem *kanakavimānam* entspricht, *yam pavisitvā ... kucchim paviṭṭhasadiso ahosi bodhisatto*: *Jātakam* vol. I, p. 50. – Die Vermittelung scheint über Mesopotamien erfolgt zu sein. «Omnino nulla fere ecclesia tam constanter et unanimiter anhamartesiam S. Mariae semper docuit, quam syriaca», sagt BICKELL in seiner Ausgabe der Nisibena p. 29 und fügt p. 30 den zahlreichen ephrämitischen und anderen Sentenzen noch die Stimme eines folgenden Patriarchen hinzu, die gar deutlich dem *Lalitavistaras* nachklingt: «Si fuisset in anima Mariae ulla macula aut defectus, aliam utique, eamque immaculatam matrem elegisset sibi Dominus.»

439. Diese mehr oder minder symbolische Taufe kommt bekanntlich schon in den Gṛhyasūtren vor, e.g. *Gobhilas* II, 8, 1, *saśiraskaṃ kumāram āplāvya*; sie reicht übrigens in prähistorische Zeiten hinauf. – Vergl. IACOBI SARUGENSIS, bei ZINGERLE S. 22f., JESU Jordantaufe, «auch die Abgründe erbebten bei deinem Herabkommen, und die Wolken ergossen Wasser». (JESU Epiphanie hat neuerdings JACOBY ausführlich besprochen, Ein bisher unbeachteter apokrypher Bericht über die Taufe Jesu, Straßburg 1902, namentlich S. 43f.)

Ein ungemein schönes indo-baktrisches Hochrelief dieser Szene, echt künstlerisch komponiert und ausgeführt, im Swāt-Gebiete gefunden, ist bei GRÜNWEDEL-BURGESS, Buddhist Art in India, London 1901, als Nr. 92 wiedergegeben. Noch andere bedeutende Momente, ähnlich ausgezeichnet behandelt, ib. Nr. 40, 65, 7. – Zur Sache: Anm. 239 zu den Liedern der Nonnen.

440. Symbol der Königsmacht: *lokajit*, *yasya chattraṃ* *:itam*, wie es z.B. *Ṛtusaṃhāram* v. ult. heißt. Im *Bhāgavatapurāṇam* hält *Hanuman* diesen Schirm zu Häupten des siegreichen *Rāmas* IX. 10. 42, usw., namentlich auf Inschriften alter wie neuer Zeit stereotyp. – Lies mit dem siam. Texte *anuhīramāne*, von *harati*; vorher *sattapadavītihārena*. Das *sāptapadam* weist vielleicht schon auf eine symbolische Darstellung der *saptarṣayas* (Sieben Weisen, Siebengestirn, Septemtrio maior) zurück; vgl. auch das *traivikramam*. – Der weiße Schirm, dem athenischen σκιρον parallel, ist im Christentum

zur weißen Taube geworden; wohl mißverständlich, weil man das ursprüngliche Symbol nicht mehr zu deuten vermochte, *śvetacchattram*, den weißen Schirm, mit *śvetacchadas*, dem weißen Fittich, verwechselte.

441. Quasi eine Illustration dieser Art ist es wohl, wenn man noch heute auf Zeilon, z. B. im Vidyodayapariveṇa, auf dem blumenbekränzten Altar eine kristallene Buddho-Statuette mit einem Lämpchen dahinter ein mildes und zugleich strahlendes Licht ringsumher verbreiten sieht.

442. Der urasketentümliche Abschluß dieser Rede, so außerordentlich in seinem tiefen Humor, möchte erstaunen lassen, wären wir eben nicht schon längst gewohnt der wunderbarsten Dinge, da gerade an unseren Texten des AUGUSTINUS feine Bemerkung, Civ. XXI. 4., sich oft bestätigt: «Quarum vero rerum ante nostros oculos cotidiana documenta versantur, non genere minus mirabili, sed ipsa assiduitate vilescunt, ita ut ex ipsa India, quae remota est pars orbis a nobis, desierimus nonnulla mirari, quae ad nos potuerunt miranda perduci.»

443. Zu den nackten Büßern cf. Anm. 107. Schon AUGUSTINUS hat diese Asketen – *Ājīvikās*, keine *Digambarajainās* – richtig beschrieben, Civ. XIV. 17. i. f.: «Per opacas quoque Indiae solitudines, cum quidam nudi philosophentur, unde gymnosophistae nominantur, adhibent tamen genitalibus tegmina, quibus per cetera membrorum carent.»

444. Ebenso vom hundertjährigen APOLLONIOS VON TYANA berichtet, bei PHILOSTRAT lib. I. cap. X. i. f., De mira eius castitate. Auch MAKARIOS, Homil. XV § 51, hat erklärt: Εισι δε τινες κρατουμενοι ὑπο θειας δυναμεως, ὁτι εαν ιδωσι τινα μετα γυναικος νεον, οὑτοι ει και διαλογιζονται τινὰ, ὁμως ου μιαινεται ὁ νους αυτων, ουτε επιτελει ενδον ἁμαρτιαν, während DOSITHEOS der Kilikier, das Haupt der Enkratiten, Apotaktiten und Eremiten, in einem lapidaren Satze, von MAKARIOS MG. ed. BLONDEL p. 151 überliefert, eigentlich und ehrlich Zweck und Ziel schon angegeben hatte: Δια μεν κοινωνιας ὁ κοσμος την αρχην εσχε· δια δε της εγκρατειας το τελος θελει λαβειν. – Vergl. noch ECKHART, p. 460: «Ez ist ein vrâge under den meistern, ob der mensche dâ zuo müge komen, daz er niht sünden müge in disem lîbe? Die besten meister sprechent: jâ. Daz sult ir alsô verstân. Die liute hânt sich alsô durchüebet innen und ûzen, daz sie sich zuo keime gebresten geneigen mügent.»

445. Nec vero saccum HILARION, quo semel amictus est, umquam aut lavit aut mutavit, cum supervacaneum esse diceret, munditias in cilicio quaerere: Breviar. Rom. d. XXI Oct. Pariter iam eiusdem magister, Actis Sanctorum Ian. t. II, 116, 48 ac 119, 66.

446. Vgl. *Nāradaparivrājakopaniṣat* IV, 3: *Na sambhāṣet striyaṃ kāṃcit* ı *pūrvadṛṣṭāṃ ca na smaret* ı *kathāṃ ca varjayet tāsāṃ* ı *na paśyellikhitām api.* – BONAVENTURA, Vita S. Francisci cap. V.: Mulierum familiaritates, colloquia et aspectus, quae multis occasio sunt ruinae, sollicitius evitari iubebat, asserens, per huiusmodi debilem frangi et fortem saepe spiritum infirmari.

447. Cf. SOZOMENI lib. I cap. 13, De S. ANTONIO in AASS l. c. 119, 64 i. f.: Litteras neque novit neque magni aestimavit; sed puram mentem, utpote litteris antiquiorem et earum in inventricem, laudavit plurimum. – Vergl. noch die Ablehnung und endlich nur durch das stille Beispiel gewährte Aufnahme, die PAULUS SIMPLICISSIMUS als beharrlicher Antonianer schweigsam nachfolgend gefunden, l. c. 147–148.

448. Zu *gaddu* Gurgel, Kehle cf. Anm. 327; von $\sqrt{gard}$ = γαργαρειν. *Gaddūhanamattam pi* dann gelegentlich schlechthin ein Ausdruck für «auch noch so gering». An *dadrughnādi*, TRENCKNER, Pāli Miscellany p. 59, ist nicht zu denken.

449. Ein Leben wie Bakkulo hat der ägyptische PAULOS, «Eremitarum auctor et magister», wie ihn die christliche Kirche zu rühmen beliebt, bis zu seinem Tode, im Alter von hundertdreizehn Jahren, geführt: und gleichwie Bakkulo dem Kassapo hat er es, am letzten Tage vom neunzigjährigen ANTONIOS aufgesucht, diesem noch berichtet. Der heitere Abschied unseres Bakkulo hat gleichsam eine Gegenstrophe im seligen Scheidegruß der ägyptischen MARIA, nach vierzigjähriger Buße, der sie treu in Wüsten blieb, von ihr im Sande niedergeschrieben, wie GOETHE sie nach den Acta Sanctorum (Apr. I, 82, 38) gegen Ende des Faust bekennen läßt; während ein anderer achtzigjähriger Meister, MICHELANGELO in einem Briefe an VASARI, den mir DE LORENZO mitgeteilt, uns das alte, echt solonische Motiv dazu insofern leichter verstehn lehrt, wenn er die festliche Feier einer Geburt nicht eher und nicht anders begangen haben will als «con quella allegrezza che s'à a serbare alla morte di chi è ben vissuto.»

Die unbeugsame Stärke bakkulischer und verwandter Geister mahnt allenthalben an die Gestalten der älteren Thebais: so deutlich, daß der letzteren historische Ahnen weiter als in Jerusalem aufgesucht werden möchten. Eine in den Acta Sanctorum vom 17. Jan. De S. ANTONIO Magno fol. 113 § 7 i. f. beigebrachte Bemerkung des IOANNES DAMASCENUS, der Ruhm der ägyptischen Eremiten sei bis an die Grenzen der Erde gedrungen, «ipsisque didita Indis esset, eos quoque ad eiusdem (sc. monasticae) vitae studium excitavit», erheitert zunächst durch die ungeahnte Heuristik des biederen Kirchenvaters, dient aber sodann uns drüben stehenden als fein richtig weisender chrysorrhoischer Index. Namentlich nun sind es die mancherlei makarischen Denkmale, die immer wieder ihre indische Abstammung anzeigen. Die Ausgabe von PRITIUS bietet eine Hülle und Fülle der schönsten Beispiele. Hier folge als kürzeres Musterstück ein parabolischer Dialog, den man bei FLOSS p. 63 findet. «Frater convenit abbatem Macarium Aegyptium, cui: Abba, inquit, effare mihi verbum, quonam modo salvus ero? Ait senex: Vade in sepulchrum et maledictis mortuos impete. Abiens igitur frater eos conviciis et lapidibus appetiit, reversusque annuntiavit seni. Qui ab eo quaerit: Nihilne tibi responderunt? Frater: Nihil. Tum senex: Iterum, inquit, proficiscere cras, laudibus eos effer. Pergens itaque frater collaudavit eos vocans: Apostoli, sancti, iusti. Tum adiit senem dixtique: Laudavi. Qui: Nihilne, inquit, tibi responderunt? Frater: Nihil. Tunc senex infit: Nosti, quantis eos contumeliis affeceris, nec quidquam responderunt tibi, et quantis eosdem laudibus ornaveris, nihilque ad te prolocuti sunt: ita etiam tu, si salutem consequi desideras, mortuus fias, nec iniurias hominum nec laudes eorum cogites instar mortuorum; sic enim poteris salvus fieri.» Diese Thebais konnte nun freilich keine längere Blüte erleben, und es folgte, wie eben überall, rascher Verfall, Auflösung, Umwandlung, abusus optimi als pessimus, auf den Helden und Heros der Zelot und Hesychiast, der Monk of Misrule, Abbot of Unreason und eine «affenheit» an Stelle der «wîsheit»; oder um zur makarischen Parabel den speziellen Beleg zu liefern, die jesuitische Lehre vom Gehorsam perinde ac si cadaver. – Hier hinken manche Pfaffen an, sagt Meister ECKHART.

Die erstaunliche Rüstigkeit unseres Bakkulo, der von keinerlei Krankheit wußte, wie oben S. 925 gesagt, ist später sprichwörtlich geworden, im *Aṅguttaranikāyo* I, 14, 4, 5 bestätigt, wo er der gesündeste aller Jünger geheißen wird. Sein Andenken, zwar nur mehr der Name, ist noch im *Lalitavistaras* I im Anf. erhalten.

450. Derselbe Gedanke oft im MAKARIOS, e. g. Homil. XVII § 3 und XV § 41–42, XXVII § 20.

451. *Aggivessano* ist Aciravatos nomen patronymicum, der Zuname.

Der auf Seite 928 und sonst, wie z. B. Seite 87, 188 und 676 etc., mit unübertrefflicher Prägnanz geschilderten indischen Landschaft darf die ebenso rein anschaulich stilisierte Landschaft RUISDAELS als nahe verwandtes Kunstwerk verglichen werden.

Eine Art Auszug der großen Elefantenperipetie, S. 927–933, gibt Vers 320–324 des *Dhammapadam*. Cf. auch die anderen Elefantenparabeln, wie z. B. in der 61. und 66., 27. und 28. Rede. Das Muster der letzteren ist, nebenbei bemerkt, wörtlich in das *Mahābhāratam* aufgenommen worden, XII, 63, 25: *Tathā hastipade padāni saṃlīyante sarvasattvodbhavāni, evaṃ dharmān rājadharmeṣu sarvān* etc.

Zum Gleichnisse von den gebändigten und den ungebändigten Rossen, S. 927 f., cf. DIOG. LAERT. II, 69: Ερωτηθεις (Αριστιππος), τινι διαφερουσιν οἱ πεπαιδευμενοι των απαιδευτων, εφη· Ὡσπερ οἱ δεδαμασμενοι ἱπποι των αδαμαστων. Schon SOKRATES, im Gorgias p. 516: Ουκουν οἱ γε δικαιοι ἡμεροι, ὡς εφη Ὁμηρος. Aber geradezu emblematisch genau, bis in die Einzelheiten entsprechend, ist es im unerschöpflichen MAKARIOS wiederzufinden, als Thema seiner 23. Homilie, § 2–3.

Über die Bedeutung von *saṅkhalikhitam* «Punkt für Punkt», S. 931, hat neuerdings LUDWIG in der Wiener Zeitschr. f. d. Kunde des Morgenl. Bd. 15 S. 307–310 geschrieben. Seine durch eine Glosse des *Viśvalocanas* angeregte, recht moderne Ableitung von *śaṅkhas*, dem Schläfenschwibbogen, ist nicht ohne Geist, doch bei dem hohen Alter des überlieferten *brahmacariyaṃ saṅkhalikhitam* unhaltbar. Eine mögliche Etymologie findet man Ende der 48. Rede Anm. 37, Lieder der Mönche Anm. 278 zu Lieder der Nonnen: wahrscheinlich wird aber die in der 43. Anmerkung gegebene besser begründet sein. – Als letzten Ausläufer des *saṅkhalikhitam* kann man das Muschelabzeichen auch noch unserer heutigen Wallfahrer betrachten: ein längst vergessenes Symbol strenger Asketenschaft, das auf die jakobitischen Mönche des 6. Jahrhunderts und daher wohl auf ihren Stifter IAKOBOS ZANZALOS zurückreicht, der als Eremit in der Fetzenkutte Syrien durchzogen und viele Jünger hinterlassen hatte, Nachfolger in Ägypten, Arabien, Persien bis in die Zeiten der Kreuzzüge; woher dann endlich jenes ursprünglich indische, auf den ältesten Skulpturen schon dargestellte Büßerwappen, freilich arg verkannt, uns überkommen ist. Noch im 17. Jahrhundert sind übrigens unter den «Muschelträgern» an sich die «Jakobsbrüder» verstanden worden, so im Simplicissimus; während es im Tasso, vorletzter Auftritt, mehr allgemein anschaulich heißt:

> Die Pilgermuschel und den schwarzen Kittel,
> Den langen Stab erwählst du dir und gehst
> Freiwillig arm dahin.

Cf. auch Hamlet IV. 5, 25 f.

> By his cockle hat and staff
> And his sandal shoon.

452. Von der Hoffnung im weiteren Sinne handelt die 131.–134. Rede. Gegensatz: *Chāndogyopaniṣat* VII, 14, 2: *āśayāsya sarve kāmāḥ samṛdhyanti, amoghā hāsyāśiṣo bhavanti.* – THALES: Τι κοινοτατον; ελπις· και γαρ οἱς αλλο μηθεν, αὑτη παρεστι. LUCANUS II, 15: Liceat sperare timenti. SHAKESPEARE: The miserable have no other medicine, | But only hope: Measure for Measure III, 1.

Anacchariyam «unzweifelhaft», «unerstaunlich», hat mir HIKKAḌUWE SUMAṄGALA recht hübsch als *thokam abbhutam* erklärt, SUBHŪTI dagegen künstlich gezwungen als *an-uccāriyam.* – Das nur im Pāli, und auch da nur in einigen Reden erhaltene Wort *assutapubbam* «nie zuvor gehört» hat dem Dichter *Bāṇas* gar sehr gefallen, so daß er es in sein *Harṣacaritam* als *aśrutapūrvatvam* aufgenommen. Cf. Anm. 371.

453. Die selbe Gepflogenheit im Umgang mit Menschen von griechischen Weisen oft empfohlen; so von SOLON: Σφραγιζε τους μεν λογους σιγῃ. Desgl. sehr schön von MAKARIOS: Ὁ μεν γαρ σιγων ωφελει, Apophthegm. ed. PRITIUS p. 235. Auch von S. FRANCESCO als Evangelicum silentium der Brüder, «ut videlicet ab omni otioso verbo omni tempore abstinerent sollicite», wie BONAVENTURA im 5. Kapitel der Vita berichtet. – Cf. Anm. 532.

454. Cf. Anm. 54; *Maṇḍalabrāhmaṇopaniṣat* II, 4 i. f.: *sarvaṃ jagad ātmatvena paśyaṃs tyaktāhaṅkāro brahmāham asmīti cintayann, idaṃ sarvaṃ yad ayam ātmeti bhāvayan, kṛtakṛtyo bhavati.* Kurz als Monogramm: *sarvatrātmaiveti paśyanti*, *Bhikṣukop* i. f. – Unter den heiligen Anachoreten der Bergschluchten, in Wald, Fels, Einöde gebirgauf verteilt, gelagert zwischen Klüften, ertönt aus der tiefen Region des Pater profundus durch seine innig umfassende Naturerschauung zu Beginn der letzten Szene des Faust ein gleicher Vorklang empor:

So ist es die allmächtige Liebe,
Die alles bildet, alles hegt.

455. Cf. *Chāndogyopaniṣat* III, 11, 6: *imām adbhiḥ parigṛhītāṃ dhanasya pūrṇām.* Eine gleiche Zonognosie bekanntlich in der Ilias und in der Edda.

456. Altvedisches Gleichnis, e. g. im *Ṛk* IV, 45, 4; cf. GELDNER in PISCHELS Vedischen Studien 2. Band S. 180.

457. Einer der drei begleitenden Mönche, mit welchen Anuruddho, wie eingangs erwähnt, selbviert geladen war.

458. Hiermit vergleiche man die ähnlich gesteigerten, immer sublimierter, immer reinlicher befriedigenden Begriffe des sokratischen Eros, im Symposion des PLATON p. 210–212.

459. Vergl. *Theragāthā* 927, *Yogacūḍāmaṇyupaniṣat* v. 80 ⩯ Theaitetos p. 144.

460. Vergl. Anm. 111 über das *Kevaṭṭasuttantam.* Auch die verwandte *Tripādvibhūtimahānārāyaṇopaniṣat* VI i. f., wo der *upāsakas* immer höhere Gegenden ersteigend, immer höhere Kreise und Himmel erkundend endlich den *Ādinārāyaṇas* antrifft, von ihm begrüßt wird «Du bist Brahmā: ich bin Brahmā» – worauf dieser verschwindet und er selbst sich seiner bewußt ist. Ebenso ECKHARTS Darstellung des "Klimmenden Geistes", p. 275 und den Gang in den eigenen Grund, wo der Mensch einig geworden als vor tausend Jahren und als nach tausend Jahren und als im Nu verkehren und mitwirken mag: «unt daz ist wîsen liuten ze wizzene unde groben ze gloubenne», p. 189 bis 190. – Vergl. schon das altvedische Aufsteigen zum Sonnenrade, e. g. *Śatapathabrāhm.* I, 9, 3, 15; und wiederum ECKHARTS Fliegen an das Rad der «gewâren sunnen», p. 303.

Zum Gleichnis von der hell brennenden Öllampe cf. *Triśikhibrāhmaṇopaniṣat* v. 157: *nivātadīpasadṛśaḥ* und ein Scholion zu *Maitryupaniṣat* VI i. m.: *nirvātadeśasthapradīpaśikhāvadacalatayā'vasthānaṃ samādhiḥ.* Ähnlich noch *Maṇḍalabrāhmaṇopaniṣat* II, 3 im Anf. (cf. Anm. 518), *Yogatattvop.* II, 4, *Bhagavadgītā* VI, 19, etc. Auch MAKARIOS, bei FLOSS p. 197: «Sicut lampas splendida in loco tenebroso ... sic monachus perfectus in sobrietate et castitate» etc. – Form und Technik der indischen Lampe entspricht genau der griechischen. Von der antiken bis zur modernen Welt hat man die Metapher der Lampe immer gern gebraucht; auch in anderer Gestalt, z. B. in der 43., bzw. 146. Rede unserer Sammlung, ferner in den Liedern der Mönche v. 906, der Nonnen v. 116, woselbst weitere Belege angemerkt sind. Wie beliebt solche Gleichnisse in Rom gewesen sein müssen erhellt aus dem 30. Briefe SENECAS, wo er haec non tamquam nova, sed tamquam in rem praesentem perductus mit Wohlgefallen anführt, indem er, ganz wie Lieder der Mönche v. 702, das schöne Bild entwickelt: «Ignis qui valentem materiam occupavit aqua et interdum ruina extinguendus est; ille qui alimentis deficitur sua sponte subsidit.» Vgl. auch das Testament EPHRAEMS im Anf. Aus neueren Zeiten seien hier noch zwei Stellen aus den Relations de la mort de quelques réligieux de l'abbaye de la Trappe, Paris 1702, I. p. 171 und II. p. 227 gegeben, wo es vom abbé DE CHASTILLON heißt «il cessa de vivre comme une lampe qui s'éteint et qui cesse d'éclairer», und vom frère ACHILLES «on le voioit diminuer de jour en jour et s'éteindre, pour ainsi dire, comme une lampe qui manque d'huile.»

461. «Krieget man mit mir und ich gibe ime als vil worte wider, daz er geswîgen muoz, sô hân ich niht überwunden, sô bin ich überwunden. Aber geswîgen ich von rehter diemüetikeit, sô hân ich überwunden. Mit überwindenne ist man überwunden, überwunden bliben hêt man überwunden.» ECKHART, p. 639. – Zum ersten Verse cf. PERSIUS V, 52–53:

Mille hominum species et rerum discolor usus:
Velle suum cuique est, nec voto vivitur uno.

462. *Bālakaloṇakāragāmo.*

463. Ähnlich hat das altlombardische Rittergeschlecht der TRIVULZIO drei Gesichter, tre volti, im Wappen mit der Legende *mens unica*. Bemerkenswert noch, wenn auch vielleicht hyperbolisch, ist was CELANO in seiner Vita S. Francisci, I, 8, genau so von den ursprünglichen Clarissinen berichtet: Praecipue namque ante omnia in eis viget virtus mutuae ac continuae charitatis, quae ita ipsarum in unum copulat voluntates, ut cum quadraginta vel quinquaginta pariter alicubi morentur, idem velle ac idem nolle unum in eis spiritum faciat de diversis. Der eigenen Einsicht aber sei endlich der ausführlichere, wundervolle Bericht über unsere Fünf Gottesfreunde vom Oberlande, um 1370, empfohlen, der wohl das innigste, zarteste, feinste Gegenstück zu den Anuruddhern darbietet und in solcher Vollkommenheit ohnegleichen dasteht: bei PREGER, Gesch. der deutsch. Mystik Bd. III, S. 364–367.

464. Cf. CELANO, l. c. 17: Dicebat enim (fratribus) eis ipse beatus pater, veram obedientiam fore non solum prolatam sed excogitatam, non solum imperatam sed desideratam; hoc est, si frater fratris praelati subditus non solum audiat vocem, sed comprehendat voluntatem, statim ad obedientiam totum se debet colligere ac facere quod eum velle signo aliquo comprehendet. Bald darauf berichtet er weiter: Sic enim eos repleverat sancta simplicitas, sic eos cordis puritas possidebat, ut duplicitatem animi penitus ignorarent; quia sicut una fides, ita unus spiritus erat in eis, una voluntas, una charitas, animorum cohaerentia, semper morum concordia, virtutum cultus, conformitas mentis, et pacis actionum. Ebenso auch schon MAKARIOS, in der III. Homilie: Οφειλουσιν ουν οἱ αδελφοι, ει τι ποιουσι, εν αγαππη και χαρᾳ ειναι μετ' αλληλων, κτλ.

465. *dassanañ ca rūpānam: rūpam* = ειδος, Bild, Form, Umriß; cf. BÖHTLINGK-ROTH [1]s. v. 1 *e*. Es ist eine geistige Wahrnehmung der Grundbegriffe, d. i. der Urbilder der Dinge.

466. Wie einst ist auch heute noch schatzgraben in manchen Gegenden, z. B. an den alten, längst unter Wüstensand verschütteten, ehedem so blühenden gräko-buddhistischen Kulturstätten im Taklamakan des östlichen Turkestan gebräuchlich und zuweilen recht ergiebig. Cf. HOERNLES interessante Belege in seinen Antiquities from Central Asia, Journ. As. Soc. Bengal Extra Nr. 1, 1899, p. XXVII.

467. Zum Anblick der Umrisse, der geistigen Wahrnehmung der Urbilder der Dinge, S. 950–955, cf. PLATONS Ideenlehre; sowie Fausts Abstieg in den allertiefsten Grund, zur Gestaltung und Umgestaltung bei den Müttern (*Mahāmātaras*, *Lokamātaras*, Μεγαλαι θεαι, Matres materiae; Magna Mater, Mater deum Aestiorum, Nerthus, Nornen); dann *Tao-te-king* Kap. 21. – Vergl. auch die spätere Darstellung der Mütter in den Felsenhöhlen der Tempel, Ruinen und Torsi, so zu Elurā.

Es mag nebenher angemerkt sein, daß recht eigentlich hier das nachspürende, aufschürfende, sehr allmählich vordringende Verständnis jüngerer Epochen indischer Architektur und Skulptur, der autochthonen Meisterwerke – der Dutzenddurchschnitt und die barbarisch, d. i. fremdartig, persisch oder griechisch oder chinesisch behandelte Schablone verdient nur kulturhistorische Betrachtung – einfahren und anbohren muß: weil eben zumal der indische Künstler geheimnisvoll wie die Natur einzig von innen nach außen geschaffen, gebildet, gestaltet hat und so bei all dem Überflusse und der unendlichen Fülle noch immer großartig, ja erhaben zu wirken vermag; und nun trotz der scheinbaren Regellosigkeit, die den erstaunten Gast oft wie bei REMBRANDT befremden wird, wirklich doch eine höhere Einheit und Ordnung erreicht ist. Aber wenn man große Maler ohne Anschauung der Originale kaum verstehn lernen, wenn man sich Pyramiden und Amenophien durch Bilder oder Modelle schwerlich gut vorstellen kann, viel weniger erst die Art und Wirkung jener hindustanischen Denkmale, die gar tief gegründet in der heimischen Erde wurzeln, aus dem Schoße ihrer Felsenklüfte und -grüfte emporgewachsen, hinangewölbt, so zu sagen aus dem Reiche der indischen Mütter an den Tag hervorgestiegen scheinen. Immerhin einen mächtigen Kontrast zur Wirkung dieser Architektur bieten unsere gotischen Dome, in Straßburg, Reims, in Mailand, Toledo etc., deren felsige Gestalt bekanntlich als freie Weiterentwicklung des hindustanischen Grottenstils anzusehn, uns in Europa von den Arabern und Mauren maskiert übermittelt worden ist. Denn wo der Islam dabei irgend selbständig zu Werke gehn wollte, hat er lediglich zierlich nette Kleinschmiedearbeit zustande gebracht, nicht mehr und nicht weniger, selbst in den ungeheueren Dimensionen der mogulischen Moscheen und Mausoleen zu Delhi und Agra: während schon der erste beste gewöhnliche indische oder gothische Turm unser Gemüt bedeutsam wie die Natur anspricht, als ein Monolith vor dem Altar der Gabenmutter Demeter oder der unerschöpflich reichen Diana der Epheser. Wenn also SCHOPENHAUER die, freilich zu seiner Zeit ganz unzulänglich gekannte, hindustanische Skulptur als bloß symbolisch bezeichnet hat, so wäre hier eben bei «des Lebens Bildern, regsam, ohne Leben», wo «alles Melodie wird» und Säulenschaft und Triglyphe klingen, vielleicht noch eine höhere, fast unbeschreibliche Aussicht und Einsicht erreichbar und etwa der Erinnerung zu gedenken:

Alles Vergängliche
Ist nur ein Gleichnis.

468. Vgl. BAKCHYLIDES, Theseus v. 42–45; δικας αδικοισιν οφρα μησεται – παντ' εν τῳ δολιχῳ χρονῳ τελειται. Auch Hamlet I, 5, 10–22; namentlich die der Schlußfolge obiger Absätze merkwürdig entsprechende Stelle:

. . . . . . confined to fast in fires,
Till the foul crimes done in my days of nature
Are burnt and purg'd away.

469. Die Opferpriester gefräßigen Hunden vergleichen ist nicht etwa ironische Erfindung unserer Texte, vielmehr schon im 12. Kapitel des 1. Buches der *Chāndogyopaniṣat* mit dramatischem Humor dargestellt; ganz analog der kostbaren Szene in des ARISTOPHANES Eirene v. 1043 ff., wann der Mantis Hierokles κατα την κνισαν εισεληλυθεν.

470. Vergl. *Chāndogyopaniṣat* V, 10, 8 die *kṣudrāṇi bhūtāni* und ihr *jāyasva mriyasvetyetat-tṛtīyaṃ sthānam.*

471. Vergl. die *kuṇimāhāraneraiyā* der *Jainās*, wie *Aupapātikasūtre* § 56; wo auch, beiläufig gesagt, unser *Cūḷasīlam* neben anderem sorgsam rezipiert erscheint.

472. Dieser Kampf ums Dasein ist, wie mir DE LORENZO mitteilt, schon im *Vedas* erkannt worden, *Śatapathabrāhmaṇam* I, 8, 1, 3. – Das Gleichnis von der Schildkröte und der Reuse scheint das Original zu jener mühseligen, kaum verständlichen Parabel vom Kamel und dem Nadelöhr abzugeben, wie DE LORENZO in der Flegrea vom 5. Juni 1901 S. 410f. des näheren ausführt. Doch was nach indischer Anschauung unschwer begreiflich, ist, durch diverse Medien und Metamorphosen mehr und mehr verdunkelt, im N. T. endlich zu einer Art Hieroglyphe geworden, mit der die Exegese, die sogar einen vikarierenden Elefanten aufgefunden, nicht fertig werden konnte, da ihr eben die ursprüngliche, in der Natur begründete, wenn auch hyperbolische Eikasie unseres Gleichnisses nicht zugänglich war; daher denn auch der sinnige MAKARIOS MG. es vorgezogen hat, καμηλος von καμειν abzuleiten und auf die πενια zu beziehen, ed. BLONDEL p. 58/59. Aber in einem der ältesten christlichen Briefe und zwar des BARNABAS, den freilich die Kirchentyrannis gerade seiner unzweideutig überirdischen Gesinnung wegen infam wie PETRUS verleugnet, findet man unsere obige Anschauung unvertrübt wieder, ohne Möglichkeit zu opportunem Mißverstehn und theokratischer Umwertung, in der Mitte des X. Kapitels, wo BARNABAS die Schlechten und Frevler den Polypen und anderen Tieren der Seetiefe vergleicht, ὡς και ταυτα τα ιχθυδια μονα επικαταρατα εν τῳ βυθῳ νηχεται, μη κολυμβωντα ὡς τα λοιπα, αλλ' εν τῃ γῃ κατω του βυθου κατοικει. – Noch mag hier bemerkt sein, daß bei VERGIL, wann er den ατερπεα χωρον des EMPEDOKLES abbildet, die Stelle von der Schwierigkeit zum Menschentum zu gelangen wiederkehrt, Aen. VI, 703–751. Bis in die Gegenwart hat sich im Volke ein solches, man möchte sagen metaphysisches Gefühl hie und da erhalten. «Ziemlich verbreitet», erzählt uns z.B. VERNALEKEN in seinen Mythen und Bräuchen des Volkes in Österreich S. 119f., «ist in Steiermark die Meinung, daß die Soldaten nicht in den Himmel kämen, sondern die 'grüne Wiese' zu ihrem Sammelplatz hätten. Dort auf der 'grünen Wiese' harren sie, bis der Tag kommt, an welchem sie in der Welt wieder erscheinen werden». Diese grüne Wiese nun gleicht aber mehr noch als den *prata* der Aeneis dem ασφοδελος λειμων der Odyssee, und dieser wiederum mehr dem heillos tiefen Sacer Oceanus, aus dem die uralte Schildkröte aufsteigt. Eine wunderbare Ahnung darum hat unseren WOLFRAM, im Titurel Str. 166, von «jâmersôten» reden lassen, nachdem er, Str. 120, das Gleichnis gegeben:

> Ez 'n wart ûf mer geworfen   ûz kocken noch ûz kiele
> nie anker alsô swære   der ze tal durch wâc sô tiefe geviele,
> als mîn herze in jâmer ist versenket.

473. Genau entsprechend sagt SOKRATES, im Gorgias p. 522: Πολλων γαρ αδικηματων γεμοντα την ψυχην εις 'Αιδου αφικεσθαι παντων εσχατον κακων εστιν.

474. Ist das ευ ακουειν PINDARS, 1. Pythionike i. f., 4. Isthmionike v. 13: das bene audire, der gute Ruf; oder wie unser HARTMANN den Iwein gar schön eröffnet:

Swer an rehte güete
Wendet sîn gemüete,
Dem volget sælde unde êre.

Vergl. die 60. und 76. Rede und *Dhammapadam* v. 1–2.

475. Es ist, wie im *Brahmāyusuttam* p. 514, zu lesen. *tass' imāni satta ratanāni bhavanti, seyyathīdamādi.* Die spectamina munditiae gehören in den Kommentar, der, wie gewöhnlich, manches mißverstanden, manches recht volkstümlich weiter ausgeführt hat. Diesem entspricht denn auch ihre Darstellung im Relief, so zu Amarāvati vorbuddhaghosisch.

476. Vergl. der *smṛti* Urbild: *abhibhavati nṛpaḥ sarvabhūtāni tejasā*, wie *Manus* VII, 5 etc. Auch das homerische Seitenstück, Od. II, 230/31: προφρων αγανος και ηπιος εστω σκηπτουχος βασιλευς, φρεσιν αισιμα ειδως. Dann des PLINIUS Glückwunsch an TRAIAN zur Thronbesteigung: Fortem te et hilarem, imperator optime, et privatim et publice opto; sowie das Ideal im Rolandslied, v. 531/33:

l'emperere est ber:
tant nel vus sai ne preisier ne loer,
que plus n'i ait d'onur e de bontet.

477. Vergl. S. 617, 624, 683. Zur antiken Auffassung der Gesundheit als einer gleichmäßigen Kräfte- und Säftemischung ist bekanntlich die neueste Medizin wieder zurückgekehrt. – Ähnlich hat SHAKESPEARE, Julius Cäsar i. f., Brutus preisen lassen:

His life was gentle, and the elements
So mix'd in him that Nature might stand up
And say to all the world: This was a man.

Im gleichen hat er, als höchstes Lob Horatios, blood and judgment well commingled, Hamlet III, 2, 74; während SIMONIDES den ganzen Begriff anmutig epigraphiert, fragm. 116:

ουδε καλας σοφιας εστιν χαρις,
ει μη τις εχει σεμναν ὑγιειαν.

478. Der viermächtige Heerbann, *caturaṅginī senā*, das *caturaṅgam balam* der *Smṛti*, stellt die gesamte Kriegsmacht, und zwar Wagen-, Elefanten-, Reiter- und Fußtruppen dar: ist in der Skulptur mit Vorliebe, besonders gelungen und oft prachtvoll zu Amarāvati, behandelt; und wie bei unserem ALEXANDER, ATTILA, NAPOLEON auch in Indien selbstverständliches Attribut des Erderoberers, von der mythischen Larve des *Naciketās* bis zur historischen Person Asokos. Purāṇischer Überlieferung entstammt es, daß der Titel *cakkavattī* populär geworden und noch heute nicht selten als cognomen erscheint, eben wie bei uns der Name «Kaiser». – Hier sei noch eine andere Eigenheit eines *cakkavattī* besser untersucht, zur 91. Rede (MS II 1. Aufl. S. 520). Bei der Wiedergabe von *jālahatthapādo* war ich unvorsichtig genug einmal einer kommentariellen Tradition gefolgt, die von den fein verschlungenen Linien der Hand- und Fußflächen redet und sie einem Filigrangeflechte ähnlich beschreibt. In Wahrheit aber müssen auch hier die scholastischen Interpreten abgewiesen und die klassischen Texte zur Erklärung herangezogen werden. In der ersten Hälfte des letzten Aktes der *Śakuntalā* wird nämlich unser obiges Merkmal eines *dhammarājā* oder *cakkavattī* richtig und naturgemäß der aufblühenden Lotusknospe verglichen, wo die aufstrebenden schlanken Blätter den Fingern und die unten zusammenhaltenden Blatthäutchen der Binde-

haut am Ursprung der Finger entsprechen. Bei wem sich ein solches Merkmal vollkommen schön entwickelt zeigt, der mag, nach indischer Idealphysiognomik, die Laufbahn eines Welteroberers oder aber eines Weltüberwinders vollenden. So ruft denn der König, als er seines noch unerkannten, löwenwürgenden Heldenknaben emporgestreckte Hand mit der rosig durchsichtigen Bindehaut zwischen den Fingern wahrgenommen, freudig erregt aus: *kathaṃ, cakravartilakṣaṇam apy anena dhāryate, tathā hy asya*

pralobhyavastupraṇayaprasārito
vibhāti jālagrathitāṅguliḥ karaḥ,
alakṣyapatrāntaram iddharāgayā
navoṣasā bhinnam ivaikapaṅkajam.

Jālahatthapādo kho pana so bhavaṃ Gotamo heißt daher: «Eine Bindehaut aber an Händen und Füßen hat er, der Herr Gotamo.» Vergl. noch die als Ausnahme einmal gute Parallele im VII. Kapitel des *Lalitavistaras: jālāṅgulihastapādaḥ.*

Die zweiunddreißig Merkmale eines großen Mannes, die unsere Texte angeben, teilen übrigens eine Reihe mehr oder minder gleichartiger und auch gegensätzlicher Kennzeichen mit dreißig Merkmalen SAN FRANCESCOS, die CELANO in seiner Vita I cap. 29 i. f. autoptisch überliefert: Facundissimus homo (1), facie hilaris (2), vultu benignus (3), immunis ignaviae (4), insolentiae expers (5), statura mediocris parvitati vicinior (6), caput mediocre ac rotundum (7), facies utcumque oblonga et protensa (8), frons plana et parva (9), mediocres oculi nigri et simplices (10), fusci capilli (11), supercilia recta (12), nasus aequalis subtilis et rectus (13), aures erectae sed parvae (14), tempora plana (15), lingua placabilis ignea et acuta (16), vox vehemens dulcis clara atque sonora (17), dentes coniuncti aequales et albi (18), modica labia atque subtilia (19), barba nigra pilis non plene respersa (20), collum subtile (21), humeri recti (22), brevia brachia (23), tenues manus (24), digiti longi (25), ungues producti (26), crura subtilia (27), parvuli pedes (28), tenuis cutis (29), caro paucissima (30).

479. Cf. die Parallele in der *Bṛhadāraṇyakopaniṣat* IV, 3, 32–39: *Sa yo manuṣyānāṃ rāddhaḥ samṛddho bhavatyanyeṣām adhipatiḥ, sarvair mānuṣyakair bhogaiḥ sampannatamaḥ, sādi.* – MERSWIN, Neun Felsen, p. 120.

Zu der, wie oben ausgeführt, kaum gleichnisweise andeutbaren Art der Extreme des Daseins mögen hier einige Worte von ROBERT L'ORANGE mitgeteilt sein: «Was würde dieser (Philosoph) sagen, wenn man ihn an einen Ort versetzte, wo allen Sinnen dauernd nur Abscheuliches und obendrein dem Geiste lauter Widersprüche, Undinge, Wahnsinnsvorstellungen dargeboten würden? Und was würde er anderseits sagen, wenn man ihn an einen Ort versetzte, wo allen Sinnen dauernd nur Erfreuliches dargeboten würde und obendrein dem Geiste das, was er sieht, harmonisch, verständlich erschiene? Daß beide Orte existieren, daran dürfen wir nicht zweifeln, nach so vielen, zum Teil wörtlich übereinstimmenden, unabhängigen Zeugnissen glaubwürdiger Menschen – zumal kein Grund a priori dagegen spricht.» Er fügte dann noch hinzu: «Vergleiche übrigens die Worte JAKOB BÖHMES: Wenn alle Berge Bücher wären und alle Seen Tinte und alle Bäume Schreibfedern: noch wäre es nicht genug, um all den Schmerz zu beschreiben.» Indischer Prägnanz in gräßlicher Nāsa-Nekadologie zunächstgekommen ist freilich AISCHYLOS mit seinem απεραντος ταρταρος und απεραντον δικτυον ατης, Prom. 153, 1078. Beide Orte werden von MAKARIOS wundervoll tief dahin ausgelegt, ει ουν ἡ καρδια βαθος τι εχει απεραντον, εκει εισι τρικλινοι και κοιτωνες, θυραι και προθυρα, και διακονιαι πολλαι και διεξοδοι· εκει εστι το εργαστηριον της δικαιοσυνης και αδικιας· εκει εστιν ὁ θανατος εκει εστιν ἡ ζωη· εκει εστιν ἡ αγαθη εμπορια και ἡ εναντια Homil. XV § 32 fine, XLIII § 8; ein vollkommen indischer Kommentar zu dem Spruche *cittaṃ kāraṇam arthānāṃ* ǀ *tasmintsati jagattrayaṃ* ǀ *tasmin kṣīṇe jagatkṣīṇaṃ* ǀ *taccikitsyaṃ prayatnataḥ* ǀ: *Yogaśikhopaniṣat* VI, 59.

480. Der Weise, *paṇḍito*, ist hier als der Kluge nach der Seite möglicher Zuträglichkeit, wie vorher *bālo*, der Tor, *pariyāyena* entwickelt. – Zum Gleichnis vom Würfelspiele cf. die 60. Rede S. 435–441, Lieder der Mönche v. 462; *Chāndogyopaniṣat* IV, 1. u. 3. Kapitel. Dieses drastische Bild hat denn auch Asoko wiederholt dargestellt, namentlich auf dem IX. Felsenedikt i. f.: *Tato ubhayasa ladhaṃ bhoti, iha ca so aṭho paratra ca anaṃtaṃ puñaṃ prasavati tena dharma[ma]ṃgalena.* Item: XI., XIII. Felsened., III. Säulenedikt. – In der gräko-italischen Kultur ist das Gleichnis nicht minder beliebt gewesen, von EPICHARMOS, fragm. v. 280 κυβους απο τυχας βαλειν, bis auf CÄSARS «Iacta alea est» herab. Weitere interessante Nachweise findet man in den Adagia des ERASMUS s. v. alea, und in SCHRADERS Reallexikon der indogermanischen Altertumskunde s. v. Spiele. Dieselbe, bei uns weniger gebrauchte Metapher vom großen Wurfe hat SCHILLER angewandt, in der Ode an die Freude. In neuerer Zeit ist dafür das große Los und der Haupttreffer, schon bei JEAN PAUL zu begegnen, volkstümlich geworden. Vergl. auch PASCALS «Il faut parier», Pensées II, 3, 5.

Es verdient Beachtung, daß die Todesstrafe, von der S. 958 und besonders wichtig S. 634 die Rede ist, auch in Indien für schwere Vergehn stets allgemein üblich gewesen. Nicht als ob man sich etwa zu wundern hätte, den milden Hindu, wie man gern spöttisch sagt, doch nicht so ganz modern nachsichtig, sogar zu Zeiten, von antiker Grausamkeit erkennen zu müssen; vielmehr die indischen Juristen, die zumeist von der ehrlichen Anschauung ausgehn, hier eine Ausnahme, gleichsam einen salto mortale machen zu sehn. Denn ein solcher wäre es für den unbiblischen Rechtsverstand, auf Menschenmord Todesstrafe zu setzen, solange der Tiermord, z. B. Metzgerei, Jagd, völlig straflos, ja in gewisser Sanktion bleibt. Oder mit anderen Worten: da der Inder, entgegen dem Christen, das Leben des Menschen im Durchschnitte keineswegs als unendliche Wertgröße betrachtet, sondern nur als das was es ist, nämlich eine dem Grade nach höhere Wesenstufe, dürfte man konsequent erwarten, bei geduldetem Tiermord auch den Menschenmord eben nur geduldet (Krieg, Duell), bzw. graduell bestraft zu finden (impetus, dolus). Das ist nun in Indien wirklich, und zwar von den frühesten Rechtslehrern bis zu den spätesten Kasuisten, wenigstens teilweise, zu normieren versucht worden. So sehn wir also hier das ius talionis durchaus nicht unantastbar bestehn; und nach Asoko, der kein stammelnder Moralprediger, wofür ihn der Unverstand hält, sondern selbstbewußt wie ALEXANDER jeder Zoll ein König war, dieser in Krieg und Frieden gleich große, man muß wirklich sagen ideale Monarch berichtet auf seinem V. Säulenedikt i. f., er habe fünfundzwanzigmal seit seiner Thronbesteigung (das ist jedes Jahr) eine Anzahl Verbrecher begnadigt. Aber eben nur eine Anzahl: wie die Stelle im IV. Säulenedikt besagt, wo *nāsaṃtaṃ* als acc. sing. part. praes. act. von $\sqrt{}$*naś* zu erklären ist, und *jīvitāye tānaṃ nāsaṃtaṃ va nijhapayitave* wörtlich heißt, man läßt (die Hinzurichtenden, *patavadhā*) an das eilige Schwinden ihrer Lebensfrist denken, d. h., wie Asoko des näheren ausführt, drei Tage lang in Gesellschaft ihrer Angehörigen auf den Tod sich vorbereiten, durch Einkehr in sich, Hingabe des letzten Besitzes und Fasten im Anblick des nahen Endes. «Denn mein Wunsch ist es», so schließt der König dieses Edikt, «daß man also selbst bei der Hinrichtung sich mit dem Jenseits versöhnen kann. Das Volk aber gedeihe vielfach im rechten Wandel, beherrsche sich, reiche Almosen dar.»

481. Dasselbe Gleichnis «ex domo in domum videri migrare» bei CORNELIUS NEPOS, Atticus i. f.

482. *na kulejeṭṭhāpaccāyī*, i. e. *na kule jeṭṭhā]ya] paccāyī*. – Vgl. das sinngemäße *gurūnaṃ apaciti*, *vuḍh[ā]naṃ susrus[ā]* etc. bei Asoko, Felsenedikt IX, IV, Säulenedikt VII, 2, 8.

483. *mahallako*, wörtlich: groß geworden, das ist in das Alter der Reife eingetreten sein; nicht etwa in das Greisenalter, wie die nordbuddhistischen Lexikographen vermeint haben. Vergl. *mahilā* = adulta; *āyuṣmān*, in aetatem esse, etc. – Ähnlich heißt bei uns «zu seinen Jahren gekommen sein» zunächst nur, das Alter der Pubertät erreicht haben: wie z.B. der Sachsenspiegel, 1, 42 ausdrücklich erklärt.

484. Genau so der platonische Mythos, den SOKRATES, im Gorgias p. 523/4, vorträgt, wo RHADAMANTHYS, «der Richter aus Asien», den nackten Geist des Verstorbenen, ερημον παντων των συγγενων και καταλιποντα επι της γης παντα εκεινον τον κοσμον, der gerechten Krisis überantwortet. Noch schöner, ohne Mythos, nur klar *Manus* IV, 239–241; Raṭṭhapālo in der 82. Rede.

Jene häufige Übereinstimmung mit den Griechen ist schon dem feinsinnigen Forscher und Beobachter MEGASTHENES aufgefallen, der da, bei STRABO, p. 713, von den Indern sagt: περι πολλων δε τοις 'Ελλησιν ὁμοδοξειν, und bald darauf, gerade als ob er unsere obige Stelle im Sinne hätte, fortfährt: παραπλεκουσι δε και μυθους, ὡσπερ και Πλατων περι τε αφθαρσιας ψυχης και των καθ' ᾅδου κρισεων, και αλλα τοιαυτα. – Vergl. übrigens das altägyptische Totengericht.

Geistesverwandt sind bei SHAKESPEARE the visible spirits of the heavens, the justicers, Lear IV, 2.

485. Zum letzten Götterboten, dem Lehrer Tod, dem Musageten der Philosophie, wie er von SCHOPENHAUER nach der berühmten sokratischen Definition genannt wird, cf. Anm. 51 zu den Liedern der Nonnen. – Wie oben der Richter der Schatten im Dialoge die reflektierende Frage stellt, genau entsprechend läßt PETRARCA im ersten Dialoge De contemptu mundi seinen Augustinus, als ob er eben jene Frage vernommen, antworten: «dum aequaevum quisque comitatur ad sepulchrum, necesse est, ipse etiam ad alieni casus praecipitium contremiscat, et de se incipiat esse sollicitus. – Eo autem vehementius movebitur qui iuniorem, qui validiorem formosioremque videat repentina morte subtractum, sese ante circumspiciet et dicet: securius hic habitare videbatur, et tamen eiectus est, nec aetas profuit nec forma nec robur: mihi securitatem quis spopondit deusve magusve? Mortalis sum profecto.» – Und merkwürdig: dieselbe Anschauung findet sich, etwa ein viertel Jahrtausend später, beim gewaltigen Demiourgen des Rinascimento, dem Künstler, von dem VASARI, wie mir DE LORENZO erzählt, gesagt hat, «non nasceva pensiero in lui, che non vi fusse scolpita la morte», also bei MICHELANGELO wieder, der, gleichfalls in einem seiner Dialoge, nachdem er in bekannter Weise tiefernst gelächelt, «Io vi dico che in questo mondo è da piangere», dann fortfährt: «bisogna pensare alla morte. Questo pensiero è solo quello che ci fa riconoscere noi medesimi, che ci mantiene in noi uniti, senza lasciarci rubare dai parenti, dagli amici, dai gran maestri, dall'ambizione, dall'avarizia, e dagli altri vizii e peccati, che l'uomo all'uomo rubano, e lo tengono disperso e dissipato, senza mai lasciarlo ritrovarsi e riunirsi. Ed è meraviglioso l'effetto di questo pensiero della morte; il quale, distruggendo ella per natura sua tutte le cose, conserva e mantiene coloro che a lei pensano, e da tutte le umane passioni li difende.» Und noch einmal merkwürdig: wiederum etwa ein viertel Jahrtausend später hat der herrlichste aller Melodiker, also MOZART, dessen Werk allmählich von KÖCHEL und JAHN er-

schlossen zwar heute noch recht ungekannt ist, in der Blüte seines 31. Jahres genau dasselbe ausgesprochen, hat den Tod als «Schlüssel zu unserer wahren Glückseligkeit» bezeichnet, und gesagt: «Da der Tod, genau zu nehmen, der wahre Endzweck unseres Lebens ist, so habe ich mich seit ein paar Jahren mit diesem wahren, besten Freunde des Menschen so bekannt gemacht, daß sein Bild nicht allein nichts Schrekkendes mehr für mich hat, sondern recht viel Beruhigendes und Tröstendes.»

Den schlichtesten Auszug der letzten Götterbotschaft geben vielleicht die Lieder der Mönche v. 780, wo es heißt «Ein einzig Tüchlein deckt ihn, das ist alles, Am Hingeschiednen haftet keine Habe» etc.; sowie der alte Spruch:

Povre et riche, par tout le mont,
De tout l'avoir qu'assamblé ont,
Qu'enportent ils quant ils s'en vont?
Un drapelet tant seulement.

486. Vergl. PLATON, Rep. X. Nr. 14; die Höllenschilderung und den Feuerwirbelsturm im *Faust*, 2. Teil, bei der Grablegung,

Die rote Brandung schlägt hervor etc.

487. Ειτα βορβορον πολυν και σκωρ αεινων· εν δε τουτω κειμενους κτλ. ARISTOPHANES, Batr. 145/6. Von PLATON als alte Überlieferung bezeichnet Phaid. p. 69.

488. Ir vleisch die maden âzen | unz ûf daz gebeine. KONRAD, Der werlte lôn 222/3.

489. *kukkulanirayo*, *kukkuranirayo* = *sārameyadādanam*, der Hundehölle des *Bhāgavatapurāṇam* V, 26, 7; cf. die uralten Höllenhunde des *Ṛg*- und *Atharvavedas*, auch den hesiodischen Κερβερον ωμηστην Αϊδεω κυνα πεντηκοντακεφαλον. Dann: Aen. VI, 417 ff.; Inferno VI, 13 ff.: «Cerbero, fiera crudele e diversa ... graffia gli spirti, gli scuoia, ed isquatra.» Ebenso hat DANTE die anderen mehr oder minder traumhaften Höllen, die gleichfalls im *Bhāgavatapurāṇam* l. c., bei *Manus* usw. usw. kurz angedeutet sind, wahrscheinlich vermittelst der sogenannten Paulusapokalypse überkommen und seiner katholischen Komödie kunstvoll eingefügt. – Auch die höllischen «dogs of war» im Julius Cäsar, III, 1, 273, gehören hierher.

490. Vergl. die Stygia unda, Aen. VI, 385, bis hinauf zur δεινη Στυξ des HESIOD, Theog. 776 ≌ dem *vāḍavam* der *Smṛti*.

491. Vergl. *Manus* VIII, 271: *niḥkṣepyo 'yomayaḥ śaṉkur jvalann āsye daśāṉgulaḥ*, mit dem Kommentar *lohakīlo 'gninā pradīpto daśāṉgulo mukheṣu kṣeptavyaḥ*. – Analog bei uns der nicht etwa nur dantesk visionäre sondern realchristliche «Schwedentrunk», im Dreißigjährigen Kriege vom rechtgläubigen Soldaten dem geplünderten Bauer mit Vorliebe verabfolgt, indem er ihn fesselte, zu Boden warf, ihm ein Sperrholz in den Mund steckte, einen Melkkübel Mistjauche in den Magen goß und ihm dann auf den Bauch trat, daß es wieder herausspritzte: cf. GRIMMS Wörterbuch s. v. Schwedentrunk, Simplicissimus I, 4, und zumal des Dr. LAMMERT Geschichte der Seuchen, Hungers- und Kriegsnot etc., Wiesbaden 1890, S. 132, wo aus einer handschriftlichen Chronik noch viel andere, jeder Phantasie spottende Greuel enthüllt werden, «unerhörte Martter, davon auch der teuffel in der höll mit Wissenschaft haben mochte, so sie den Menschen angethan.» Auch aus neuerer Zeit erzählen Augenzeugen wie treu noch unsere vereinigten apostolischen Streiter in China höllische Art bewährt haben.

Man hat gelegentlich gesagt, die Inder gefielen sich in überschwänglicher Höllenphantasie. Aber leider ist nicht nur unser 'Schwedentrunk' einer teuflischen Wirklichkeit bedenklich nahegekommen. Zahllose Beispiele erscheinen als leibhaftige Zeugen, beweisen wie genau jene Alten ja nicht den satanischen, sondern eben den menschlichen Geist auch auf diesem Gebiete beobachtet und geschildert haben. Wir Deutsche stehen da gar nicht so fern ab, wie man meinen möchte, und können uns schon etliche der Akten verraten lassen, die Dr. LAMMERT ein langes Leben hindurch aus Archiven und Urkunden unermüdlich zusammengetragen hat: und manche Zweifel an höllischer Objektität werden da schwinden. Man vergegenwärtige sich etwa folgende typische Fälle, aus Tausenden gleicher herausgegriffen, und sei dabei der kantischen Lehre von der Idealität des Raumes und der Zeit wohl eingedenk. Der Kgl. Bezirksarzt Dr. LAMMERT also berichtet l. c. S. 174f.: „So meldet die Augsburger Chronik am 17. Mai 1634: «Die speerreiterische Soldaten haußen in schwaben sehr tyrannisch, tractieren die bauren mit köpff Reitlen, wasser eingießen, die Mäuler bis auf die Ohren aufschneiden u. dergl.» S. 193ff.: In Landau und Umgegend steigerte sich der Hunger so, daß die Leichen aus den Gräbern gestohlen und verzehrt wurden. «Auch Lebende wurden hin und her erschlagen und verzehrt; so schlachtete eine Frau ihr eigenes Kind, salzte es ein, verzehrte es; sie starb darüber im Gefängnis.» Nahe bei Zweibrücken stritten zwei Weiber um den Besitz eines von Würmern bedeckten Stückes Aas, wobei eine die andere erwürgte. Rudelweise durchzogen die Wölfe Elsaß und Kurpfalz und die sonst blühenden Landstriche hatten das Aussehen verödeter Kirchhöfe. Der Rektor GOTTFRIED ANDREÄ (von Worms) erzählt in seiner Lebensbeschreibung, daß sich die Leute vor den Bäckerläden einander totgedrückt haben und daß der Magistrat auch hier den Kirchhof mit einer Wache hat versehen müssen; zur selben Zeit sah genannter Rektor vor dem Tore ein totes Pferd liegen, «dabei sich eine Weibsperson befand, welche das Fleisch abschnitt, in ihr Fürtuch nahm und zugleich roh davon aß, dabei etliche Hunde, welche an der Mitte des Pferdes fraßen und auf dem Kopfe desselben unterschiedliche Raben.» Graf JOHANN VON NASSAU-SAARBRÜCKEN sagt in seinem Schreiben an Kaiser FERDINAND aus eigener Erfahrung, daß er in Städte, Flecken und Dörfer gekommen sei, da nicht ein Haus gefunden worden, darin nicht ein vor Hunger verschmachteter Körper gelegen wäre. «Ja, ich habe gesehn, daß die Leut vor Hunger nicht allein allerhand unnatürliche Speisen und sich untereinander selbst aufgefressen, sondern rasend worden, wie die unvernünftigen Thiere, die Sprach verloren, dagegen als Hund und Wölf geheult, nicht mehr aufrecht, sondern auf allen Vieren gelaufen.» CALMET in seiner Geschichte von Lothringen berichtet aus dieser Zeit zum Jahre 1638: Der Hunger war so groß, daß die Menschen Aas, und zuletzt sich selbst aufzehrten. Der Sohn vergriff sich an der Leiche des Vaters, der Vater an jener des Kindes, die Mutter an der Leiche der Tochter, der Reisende schlief nicht sicher neben seinem Reisegefährten, aus Furcht, daß er ihn totschlage, um an ihm den Hunger zu stillen. Auch in der Mainzer Gegend haben sie (nach KHEVENHILLER) «die Gottesäcker durchsucht, die Gräber aufgebrochen, die Hochgerichte erstiegen und die Todten zur Speise genommen.» S. 219: In Ruppertshofen und Castorf waren alle Männer gestorben. Die Kuhhirtin in Ruppertshofen «hat von ihrem todten Manne gerissen und geschnitten, solches gekocht und mit ihren Kindern gegessen: auch ihrem Vater die Schenkel abgehauen, gewaschen, gekocht, dergleichen den Kopf aufgethan, gesotten und gefressen. Als sie gefragt worden, wie es geschmeckt, hat sie geantwortet, wenn sie nur ein wenig Salz dazu gehabt hätte, hätt' es gut geschmeckt.» Der Kommandant von Rheinfels, Junker GEORG PHIL. VON BUSECK, hat dies nach genauem Erforschen wahr befunden. Dergleichen Jammerszenen sollen auch in anderen Gegenden, am Rhein, Main, an der Lahn, Dill und Sieg vorgekommen sein. S. 228f.: Im Fuldaischen und Koburgischen bildeten sich «sogar förmliche Mordbanden, welche in Höhlen oder leerstehenden Häusern wohnten und von diesen aus auf Menschenraub ausgingen.» «Wie im vergangenen, so schlachteten auch in diesem Jahre Mütter ihre Kinder und verzehrten sie, während sich andere erträkten.» – «Haufen Bettler lauerten auf die Vorübergehenden und tödteten sie, wie denn bei Worms eine solche Bande von ihrem Feuer verjagt und in den Töpfen die schaurigen Überbleibsel von Händen und Füßen gefunden wurden.» S. 239: Gefangene, im Stockhause verwahrte weimarische Soldaten, litten so große Not, daß sie die vor Hunger gestorbenen Kameraden roh auffraßen. S. 132: Vernehmen wir, zu weiterer Beleuchtung des Zeitbildes, noch eine Stimme jener Leidensgenossen über die bestialische Raffiniertheit, mit welcher die schutzlosen Leute von den Mordgesellen gequält, geschunden und zum Tode gebracht wurden. «Zu dieser Zeit», berichtet eine handschriftliche Chronik von Redwitz, «gieng jammer und Noth an in Unsrem Lande, vnd hat gewehret bis vff das 1637. Jahr, do man den baldt nichts anderst hörte, als Rauben, stelen, Morden, brennen vnd sengen, die armen Leuth wurden niedergehauen, gestochen, geschossen, auch geraitelt, vielen die Augen ausgestochen, Arm vnd Beine entzwey geschlagen, Ohren vnd Nasen, auch Männliche Glieder vnd Säugende Brüst wurden ab- vnd ausgeschnitten, ettliche von Ferne beim Feuer gebratten, theils im Rauchschloth vffgehenket vnd Fever vnter sie geschieret, ettliche in die Backöffen gestoßen, stroh fürgemacht vnd angezündet, Khün vnd schweffel vnter die Nägel gestecket vnd angezündet, die Daumen geschraubet, spitzige Knöbel ins Maul gestecket, daß das Bluth hauffenweiß herauß geloffen, hernacher den gantzen leib, durch den Mundt, mit Urin vnd Mistwasser gefüllet, die Fueßsohlen aufgeschnitten, hernach Salz hineingestreuet, Riemen auß den leibern geschnitten, vnd vielen die Rippen in den leib entzwey geschlagen, Jn Summa die große pein vnd vorhin unerhörte Martter (davon auch der teuffel in der höll mit Wisseschaft haben mochte) so sie den Menschen angethan, biß sie gestorben vnd verschmachtet oder preßhaft worden, ist nicht zu schreiben.»"

Das wären denn einige flüchtige Streiflichter in unsere eigene Hölle einer verwichenen Zeit, greulich genug, um uns die kokytischen Welten der Heiden nicht mehr so fremdartig wie dem Mephistopheles dämmern zu lassen. Andeutungen höllischer Phänomene aus der Gegenwart aber sind ebensowenig da wie dort verschieden: vergl. das unverblümte Wort im Wahrheitpfade [1]S. 155.

492. Vergl. des DIONYSIUS Überfahrt in das ungeschaffene Leben, bei ECKHART p. 530.

Das schmerzlich bewegte Aufseufzen des Richters der Schatten, am Ende obiger Symphonia horrifica, erinnert im letzten fernen Grunde an das berühmte, von SCHOPENHAUER, I § 57 i. m., interpretierte ῳμωξεν ιδων εις ουρανον ευρυν des unerbittlich vergeltenden Peliden, Mitte der XXI. Ilias. – Cf. noch Lieder der Mönche v. 217/218.

493. Mit dem siam. Texte *taṃ viddhā* zu lesen; cf. *Muṇḍakopan*. II, 2, $_2$: *tad veddhavyaṃ* (*cetasā bhāvanīyam*), ib. 4: *apramattena veddhavyaṃ śaravat*.

494. Von *cando* Mond; vergl. *Haimadhātupārāyaṇam* I, 313 *candati dīpyate āhlādayati ca*, und die beliebten nom. person. deriv. *Candrasomaharidattādi*, e.g. auch *Theragāthā* 299 *Candano* und den *Candranavihāras*, bei FOUCHER, Iconographie bouddhique, Paris 1900, p. 62.

495. Von dem hier so oft genannten Kampfe εξοχα παντων gilt Asokos Wort vom *dhammavijayo*, dem wahren Siege, welchem gegenüber jeder andere, und noch so ungeheuere – der König spricht als Eroberer ganz Hindustans, von Baktrien bis Zeilon,

vom Ganges bis zum Indus – nur von recht geringem Geschmacke ist; der *dhammavijayo* allein, sagt Asoko als erfahrener Held auf dem XIII. Felsenedikt, Girnār l. 11, ist *sa-rasako*, mit echtem Geschmacke begabt: und nur ihn kann man für sättigend und beschwichtigend halten, den wahren Sieg.

Das *maraṇaṃ suve* = dem *śvomaraṇaṃ* der *Smṛti*, e.g. *Mahābhāratam* XII, 152, $_{12}$, «morgen todt». – Vergl. JAKOBS Epist. 4, $_{14}$, Korinther I, 15, $_{30}$ & $_{55}$, und den Scheidegruß des Eremiten ANTONIOS, Anm. 347, ferner das Adagium στιγμη χρονου, von DEMETRIOS PHALEREUS überliefert, und GOETHE, Aus meinem Leben I, 3 i. m. Auch den schönen Spruch «Chi tempo aspetta, tempo perde», bei RINALDO D'AQUINO, um 1250; sowie das Wort des Königs D. Rodrigo, im D. Quijote II, 26 i. m.:

Ayer fuí señor de España,
Y hoy no tengo una almena
Que pueda decir que es mia.

496. Hier vergl. man die 57. Rede; sowie auch der 98sten drittletzten Vers, *kammunā vattatī loko*: vielleicht zeigt dieser Ausspruch, nächst den zur 57. Rede beigebrachten orakelartigen Stellen der *Bṛhadāraṇyakopaniṣat*, die früheste und ergo schärfste Prägung des faustischen Wortes: «Im Anfang war die That.» – Genau entsprechend hat der Pythagoriker TIMAIOS gelehrt: ταν ψυχαν των μεν δειλων ες γυναικεια σκανεα ποθ' ὕβριν εκδιδομενα, των δε μιαιφονων ες θηριων σωματα ποτι κολασιν, λαγνων δ' ες συων η καπρων μορφας, κουφων δε και μετεωρων ες πτηνων αεροπορων, αργων δε και απρακτων αμαθων τε και ανοητων ες ταν των ενυδρων ιδεαν, De anima mundi i. f. Eine solche Palingenesie hat auch LAO-TSE, Kap. 23, dargestellt; ja sogar unser MEISTER ECKHART, p. 333, 334, 589, der mit siegreicher Geisteskraft ausführt, wie die Natur aus einem Kraut, das im Garten wächst, allmählich den Menschen zu entwickeln vermag: den Menschen, der "aller Kreatur Wesen hat, mit den Steinen, mit den Bäumen, und fürbaß mit allen anderen Kreaturen." In diesem Sinne will er auch seine 56., so geheimnisvolle, aus verborgenster Tiefe schöpfende Rede verstanden wissen, mit dem indo-ägypto-empedokleischen Thema: «Daz edelste, daz an dem menschen ist, daz ist bluot, sô ez wol wil; aber daz ergeste, daz an dem menschen ist, daz ist bluot, sô ez übel wil.» – Vergl. noch die schöne Stelle in JAKOBS Ep. 3, $_{13}$: Τις σοφος και επιστημων εν ὑμιν, δειξατω εκ της καλης αναστροφης τα εργα αυτου εν πραΰτητι σοφιας, und insbesondere ib. 17 mit S. 993 dem Übergange, der zur Anmut führt.

497. Vergl. der 124. Rede Anfang, S. 923: und wiederum der 85. Rede Ende, S. 656 – Beide modi sind *pariyāyena* anwendbar, nach *Dhammapadam* v. 64 und 65; oder weil, nach HIPPOKRATES, ὁ βιος βραχυς, ἡ δε τεχνη μακρη, ὁ δε καιρος οξυς, ἡ δε πειρα σφαλερη, ἡ δε κρισις χαλεπη, Aphor. I, 1.

498. Diese knappe, so kühn wie besonnen dargestellte Logik aller Möglichkeit ist zwar oft versucht worden, hat aber in der wichtigsten Frage, aus Mangel deutlicher Begriffe, nur paradoxe Thesen ergeben; so z.B. bei MAKARIOS, nach FLOSS p. 148, «qui se ipsum cogit ad omnia, is est monachus», bei ECKHART p. 358 und 447, wo er sagt: «Socrates sprichet, daz tugende machent unmüglîchiu dinc müglich.» Cf. noch Lieder der Mönche v. 536 Anmerkung. Negativ aber doch identisch ist auch der, freilich trivial gewordene, Satz LESSINGS «Kein Mensch muß müssen.» Erst in der Lehre von der Vereinigung der Natur und Freiheit, der größten aller Leistungen des menschlichen Tiefsinns, wie SCHOPENHAUER sie nennt, hat KANT die vollkommene Auflösung und Ausführung des Problems gegeben.

Zur heißen Buße, *āttappam* etc. S. 999–1000, cf. das vedische *tapas*, bzw. die ebenso übermächtigende *dīkṣā*, von √*dakṣ* tüchtig sein: entspricht der ασκησις bzw. μελετη in der Anmerkung 101; auch dem αναμιμνησκεσθαι, σοφιαν τε και αρετην ασκειν PLATONS, und nicht minder GOETHES

Allen Gewalten
Zum Trutz sich erhalten,
Nimmer sich beugen,
Kräftig sich zeigen,
Rufet die Arme
Der Götter herbei.

Die geistige Einigung, der *cetosamādhi*, ibid., hat ein schönes Analogon in der pythagorischen συναρμογα und im gleichen ἐν γενεσθαι και τον ανθρωπον δει: und ist dann von unserem großen BRUNO, wie mir DE LORENZO mitteilt, sehr innig erkannt worden, da er im Spaccio, ziemlich gegen Ende, jene libertà di spirito preist, «a cui tal volta amministra il monachismo (non dico quello de' cocchiaroni), l'eremo, la solitudine: che sogliono parturir quel divino sigillo, ch'è la buona contrazione.» Es ist, im Grunde genommen, ECKHARTS und LAOS Rückkehr zur Einfalt.

499. Ὁ τοιουτος παντα τα του κοσμου πραγματα ενδοξα, πλουτον και τρυφην, και πασαν απολαυσιν, αυτην τε την γνωσιν, και παντα τα του αιωνος τουτου βδελυκτα ἡγειται και μισητα, MAKARIOS, Homil. IX § 8 i. f.

500. Cf. die 22. Rede, p. 140.

501. *purisadammo;* analog *puruṣapaśus* in der *Chāndogyopaniṣat* II, 6, und το θρεμμα ανθρωπος im PLATON, De legibus p. 777.

502. Vergl. den «desiderio della bellezza», nach PLATON, bei MICHELANGELO, wie e.g. in den Rime e prose, Chieti 1847, p. 174.

503. Die *aṭṭha disā* acht Richtungen bezeichnen s. v. a. die acht Freiungen *aṭṭha vimokhā* der 77. Rede, passim; vgl. auch Lieder der Mönche, Anmerkung zu v. 1172. – Die Makarismen MATTH. V, 3–10, im Mittelalter *die aht sælekeiten* genannt, bieten ein christliches Gegenstück dar; desgleichen die, wiederum andersartigen, octo beatitudines der Scholastiker, vielleicht auch schon des IRENÄUS Abhandlung περι ογδοαδος; mehr noch das Durchwandeln der sechserlei Bilder, in FRITZLARS Blume der Schauung. Über die Unmittelbarkeit. S. 1008, sagt ECKHART, S. 5: Als nû ie ein meister wîser unde mehtiger ist, alsô ouch sîn werc unmitelîcher geschiht und einveldiger ist.

Zur ganzen Stelle S. 1007–1008 'Dann habt ihr auf eines gestützt ein anderes abzustoßen', sei der geübteren Beobachtung ein gewiß analoger Spruch GOETHES empfohlen, aus der Seligen Sehnsucht, im West-östlichen Divan, 1. Buch, vorletzter Vers:

Und so lang du Das nicht hast,
Dieses: Stirb und werde!
Bist du nur ein trüber Gast
Auf der dunkeln Erde.

Derselbe Gedanke, «Dies um das», ist im *Tao-te-king* wiederholt vorgetragen.

Die Reihenfolge der Tiere auf S. 1009, wie im Gleichnisse der 125. Rede S. 927, ist auch auf den schönen Friesen und Reliefgruppen rein indischer Meisterskulptur noch ebenso erhalten: es geht der Elefant voran, dann folgt das Roß, der Stier etc. Cf. e. g. REA, South Indian Buddhist Antiquities, Madras 1894, S. 36 und Tafel XXII. – Vorzüglich ausgeführte Elefanten und Rosse bietet später die hochentwickelte Bildhauerkunst von Amarāvati, nahe der Krischna-Mündung, etwa 600 Jahre nach Gotamo. Kräftig, anmutig, edel, zugleich individuell sehr verschieden, je nach dem gewählten Moment, und immer ungemein anschaulich, lebendig, durchgeistigt, im ganzen und im einzelnen wie bei den besten Antiken feinsinnig beobachtet und fixiert: sei es nun in einem sanft blickenden oder aber wild anstürmenden Elefantenauge oder in der seiden glänzenden muskelgeschwellten Haut oder in der wogenden Macht der zermalmenden Vorderfüße; sei es wieder an den ausdrucksvoll erregten Ohren der Rosse, ihrem stolz geschwungenen Nacken, den beweglichen Nüstern, dem rhythmischen Tritt ihrer leichten zierlichen Hufe usw., usw. Photographien der Reste und Fragmente – die Mohammedaner haben natürlich auch hier was sie konnten dem Erdboden gleichgemacht und kein einziges Stück unversehrt lassen, und die moderne Sammelwut hat die Zerstörung so ziemlich vollendet – findet man, freilich dazu noch in einem gar dürftig verkleinerten Maßstabe, in FERGUSSONS Tree und Serpent Worship, London 1868: als Beispiel der Rosse namentlich auf Tafel 59, $_1$, 82, $_1$, 96, $_1$; der Elefanten auf Tafel 61, $_1$, 64, $_1$, 91, $_3$. Vergl. auch die zum Teil ergänzenden Blätter in BURGESS' Archæological Survey of Southern India (Amarāvati and Jaggayyapeta), London 1887, e.g. Nr. 27, $_1$, $_2$, $_5$, etc.

504. Die letzten Ausführungen Mahākaccānos entsprechen dem *Bṛhadāraṇyakam* IV, 3, $_{17}$: *Sa yad ātra kiṃcit paśyaty, ananvāgatas tena bhavaty: asaṅgo hyayaṃ puruṣa ity. Evam evaitad Yājñavalkyādi.* Ebenso ECKHART p. 144 l. 1–2. Cf. noch Faust v. 11954/57: Ohne Erdenrest, «Und wär' er von Asbest, Er ist nicht reinlich.» Die Darstellung des innen zuständigen Herzens, S. 1013 f., hat ein mythisch gegründetes Gegenstück in der Schilderung der Menschen auf dem siebenten der Neun Felsen im Buche MERSWINS, p. 103. – Wie auch nur Gedanken nachspüren unförderlich sei wo Einigung not, S. 1013 ♎ *sarvacintāvivarjitas*, e.g. *Nādabindūp.* ed. Bomb. v. 51, hat unser WALTHER schon tief und klar erkannt, 56, $_{23}$, $_{24}$:

> Liezen mich gedanke frî,
> So 'nwiste ich niht umb' ungemach.

505. Vergl. *Maitryup.* VI, 25: *sarvabhāvaparityāgo yoga ityabhidhīyate.*

506. Zu *kāmasukham*, *mīlhasukham* etc. cf. der *Śruti* und *Smṛti grāmyakāmān*, *grāmyasukham* wie *Kuṇḍikop.* v. 3 etc. mit Anm. 365. Gegensatz *vīrasukham*, heroisches Wohl; dann das *asaṅkiliṭṭhaṃ yogakkhemam* der 26. Rede: το αθολωτον καλλος des MAKARIOS MG., p. 85. Vergl. auch das klassische luto ludere, wie PLAUTUS, Mil. glor. II, 3 gegen Ende; und BRUNO, Spaccio II, 3 eb.: «Meditantur sua stercora scarabaei.» Die ganze Antinomie hat unser Divus BERNARDUS CLARAEVALLENSIS in einen, dem Gehalte wie der Form nach eigentümlich indisch anmutenden, Denkspruch gefaßt: Modi diligendi sunt quatuor. Carnem amare carnaliter, spiritum carnaliter, carnem spiritualiter, spiritum spiritualiter: Sententiae et Soliloquia fol. 506 ed. Par. 1621. Sie ist schon in dem alten, von PRODIKOS überlieferten, von LEOPARDI übersetzten Gleichnisse «Herakles am Scheideweg» meisterhaft veranschaulicht.

507. Vergl. Anm. 71. – Noch spät allgemein indisch, e.g. *Śukasaptati* 50: *na vaktavyaṃ pāpaṃ dṛṣṭaṃ śrutaṃ ... kathāpi khalu pāpānām alam aśreyase yataḥ.* – Ähnlich die pythagorische, der THEANO zugeschriebene Maxime: Περι ὡν λεγειν καλον, περι τουτων σιωπαν αισχρον· και περι ὡν αισχρον λεγειν, περι τουτων σιωπαν αμεινον; sowie die andere, von ARISTOXENOS überlieferte: Μη ειναι προς παντας παντα ῥητα. Auch von S. FRANCESCO heißt es, bei CELANO I², 3: Expertus namque fuerat, magnum fore

malum, cuncta communicare cunctis. Besonders genau aber entspricht das sechste der Octo punctorum, meditantibus quibus pervenitur ad perfectionem usw., S. BERNARDI l. c. fol. 1755–1756, und ib. die zu Ende des vierten dargelegte salutis via und ihre principia: Fuge, tace, quiesce.

508. Βιας εφη· Μισει το ταχυ λαλειν, μη ἁμαρτης· μετανοια γαρ ακολουθει.

509. *Subhūti* ist Glosse, nach *Aṅguttaranikāyo* I, 14, 2, 4. – Einen allgemeinen, κατ' αθαμβιαν entsprechenden Kommentar zu dieser Rede mit der abschließenden Maxime «Keiner Beachtung würdigen» findet man vielleicht am schönsten im dritten Kapitel des vierten Buches der nikomacheischen Ethik des ARISTOTELES bei Ausführung der Grundsätze 'Ο δε μεγαλοψυχος δικαιως καταφρονει, οἱ δε πολλοι τυχοντως, und Ουδεν γαρ μεγα αυτῳ εστιν, und Ου γαρ μεγαλοψυχου το απομνημονευειν, αλλως δε και κακα, αλλα μαλλον παροραν; und wieder anders und doch sehr ähnlich bei dem großartig versöhnenden Urteile des ägyptischen ANTONIOS και πασι παντα συγχωρησομεν, Vita p. 29, dem wirklich vorgeprägten Stempel zur berühmten, von SCHOPENHAUER gepriesenen Botschaft in der letzten Szene der Cymbeline «Pardon 's the word to all», sowie auch in CASTILLEJOS Diálogo entre Memoria y Olvido mit dem Fazit:

Olvidar es lo mejor.

510. Vergl. Anm. 183. – Der Aufenthalt bei Hafnern, deren Handwerk ja frei von Tadel ist, wird von Asketen bevorzugt: cf. die *kulālaśālā* in der *Jābālopaniṣat* fine.

511. Lies *tena viññāṇena kiṃ vijānāti*.

512. Dasselbe Gleichnis hat PLATON, De Rep. IV, p. 435: Και ταχα αν παρ' αλληλα σκοπουντες και τριβοντες, ὥσπερ εκ πυρειων εκλαμψαι ποιησαιμεν την δικαιοσυνην. Cf. Anm. 89.

513. Der *āvusovādaccayo* ist commentatio protreptica.

514. Wer in den langen schmalen indischen Gassen und Höfen nicht sehr auf der Hut ist kann im Gedränge von einer der zahlreichen Kühe leicht unversehns niedergestoßen oder tödlich verletzt werden. – Wie ein spezieller Kommentar dazu liest sich ein kürzlich vorgekommener Fall, den mir DE LORENZO aus Neapel, nach dem *Pungolo* vom 2. Januar 1902, berichtet: «Ieri sera fu trasportato all'ospedale dei Pellegrini, con grave commozione generale, un giovanotto diciottenne, ARNALDO MUROLO, ferito con un colpo di corna al petto da una delle vacche, che girano per la città, continuando una usanza barbara per quanto indecente.»

515. Der Schluß der Rede, S. 1031, gibt das echte Που στω an. – Cf. vorher *Bṛhadāraṇyakam* III, 4; IV, 3, 17; 4, 16:

kim icchan kasya kāmāya.

Vergl. noch ECKHART, p. 242: Ohne Dünken und Wähnen und Glauben, p. 284: «Und hier umbe sô bin ich geborn unde nâch mîner gebürtewîse, diu êwic ist, sô enmac ich niemer ersterben. Nâch mîner êwigen gebürtewîse sô bin ich êweclich gewesen unde bin nû unde sol êweclîche belîben. – Dâ bin ich daz ich was, unde dâ nime ich weder abe noch zuo. – Wer dise rede niht verstêt, der bekümber sîn herze niht damite. Wan als lange der mensche niht gelîch ist dirre wârheit, alsô lange wirt er dise rede niht verstên.» Vgl. KANT KRV II, 2, 2, 2, 9 (R. 432): «Die Kausalität der Vernunft im intelligibelen Charakter entsteht nicht, usw.»

Der berühmte, von PAPPOS Lib. VIII propos. 11 prooem. überlieferte Ausruf Δος μοι που στω και κινω την γην ist von HEATH in seinem schönen Werke über ARCHI-

MEDES, Cambridge 1897, S. XIX, trefflich erörtert. – Noch einige Sigla ähnlicher Gattung werden durch eine Reihe entsprechender Bilder hie und da veranschaulicht: wie etwa *Aṅguttaranikāyo, Sattakanipāto* p. 13 ed. Siam. *thale tiṭṭhati brāhmaṇo, Majjhimanikāyo* Nr. 98 v. 42 *amatogadham anuppatto, Suttanipāto* 359 *pāraṅgato ṭhitatto.*

516. *kālakiriyā*, von *kālaṃ karoti* die Zeit erfüllen, wörtlich «die Zeit machen», d. i. sterben [Augenblick des Todes]; vergl. das gegenüberstehende *kālaṃ gacchati* die Zeit erlangen, wörtl. «in die Zeit gehn», d. i. keimen [Augenblick der Empfängnis]: *Chāndogyopaniṣat* II, 13, 1.

517. Vergl. Raṭṭhapālo vor König Koravyo, in der 82. Rede; = THEOGNIS v. 727/8:

ουδ' αν αποινα διδους θανατον φυγοι ουδε βαρειας
νουσους ουδε κακον γηρας επερχομενον.

518. *ajjhattaṃ sampasādanam* = *nistaraṅgasamudravan (nirvatāsthitadīpavad acalasampūrṇabhāvābhāvavihīnakaivalyajyotir bhavati): Maṇḍalabrāhmaṇopaniṣat* II, 3 im Anf.; cf. auch Anm. 44.

519. Das Exordium der buddhistischen Lehre, die heilige Wahrheit vom Leiden, S. 1033–1035 und sonst ausführlich begründet, ist mit anderen Worten als «Heiligthum des Schmerzes» von GOETHE das Würdigste genannt worden, als «jene letzte Religion, die aus der Ehrfurcht vor dem, was unter uns ist, entspringt», Wilhelm Meisters Wanderjahre, 2. Buch, 2. Kap. gegen Ende. Bei uns ist diese erste der heiligen Wahrheiten allerdings nur als Basis rechter Erkenntnis dargestellt, während die vierte ein Zenit erreicht, wo Leiden nicht mehr bestehn kann: «dâ kein leit stat enhât», wie ECKHART, p. 42, erkannt. – Cf. das Gleichnis vom Pfeilschmied, in der 101. Rede, S. 786.

520. Vergl. *Dhammapadam* 354 a, *Sabbadānaṃ dhamma dānaṃ jināti* und ähnliche Stellen. Von Asoko auf dem IX. (Girnār-) und XI. Felsenedikt frei wiedergegeben: siehe BÜHLERS Ausführungen in der Zeitschr. d. deutsch. morgenländ. Gesellsch. Bd. 48 S. 57f. In diesem Sinne aber faßt der König seine Gedanken über den Wert des Gebens im allgemeinen zu Ende des kurzen VII. Felsenediktes in die Maxime zusammen: «Denn wer auch eine reiche Gabe nicht geben kann: sich selbst beherrschen, das Herz läutern, erkenntlich und rechtschaffen sein bleibt immer gültig.» –

Cuddasa bis *mahapphalataraṃ vadāmi* ist *micchāvādo, kenacideva pariyāyena* infarciert.

521. Vergl. Anm. 430. – *Upapajjīti* zeigt den Schluß des Berichtes an. Der Kommentar fügt noch ein paar Verse hinzu. – *Anāthapiṇḍiko*, der Almosenspender, war allmählich der Beiname des gabenreichen und ungewöhnlichen Mannes geworden: von Hause aus hieß er *Sudatto*, das ist OTTO. Cf. *Aṅguttaranikāyo* I, 14, 6, 2.

Das Thema dieser meisterlichen Fugenrede findet man bei ECKHART, p. 14, also wieder: «Wil dîn ouge alliu dinc sehen unde dîn ôre alliu dinc hœren unde dîn herze alliu dinc gedenken, in der wârheit, in allen disen dingen muoz dîn sêle zerströuwet werden. Dar umbe sprichet ein Meister: swenne der mensche ein indewendic werc sol wirken, sô muoz er alle sîne krefte în ziehen, rehte als in einen winkel sîner sêle, unde sich verbergen vor allen bilden unde formen, und aldâ mag er wirken.»

Der Garten Anāthapiṇḍikos war, nebenher bemerkt, bei uns, vierzig Jahre nach ECKHARTS Tode, von MERSWIN durch die Stiftung des Grünen Werder, auf einer Insel der Ill bei Straßburg, in seiner ganzen Eigenart erstaunlich getreu wiedergeschaffen worden; worüber das Nähere PREGERS Geschichte der deutschen Mystik 3. Band S. 373 einzusehn ist.

522. Nämlich die Ader öffnen.

523. Zu Mahācundos Hypomnem cf. die 140. Rede i. f.; auch *Kaivalyopaniṣat* 24: *sadasadvihīnas*, *Mahopaniṣat* V, v. 69: *sadasator madhye paśyati*, ja schon *Chāndogyopaniṣat* III, 11, 1: *Atha tata ūrdhva uditya naivodetā nāstametā, ekala eva madhye sthātā.* Ebenso *Tao-te-king* Kap. 33 i. f., ECKHART p. 535: «ûf der mite stên.»

Das letzte Gespräch Channos und das letzte des ATTICUS mit den Freunden vor seinem freiwilligen Tode zeigt nach Inhalt und Form paarweise Gleichheit, bei CORNELIUS NEPOS XXV, 21. Mythisches Vorbild ist die bhṛguide Wanderung durch den Tod zum Leben (vergl. auch das *Bhṛgupatanam* Anm. 217); das herakleische Ende; und der Vogel Phönix. «Mortalis immortalis flere si foret fas, Flerent divae Camoenae Naevium poetam» deutet uns heiter gelassen das altrömische Epitaph an.

524. Zum dreifachen Wissen cf. e. g. S. 648.

525. Die westlichen Suner sind in der Legende des zweiten *Divyāvadānam*, bei Wiedergabe unseres obigen Berichtes, zu *Śroṇāparāntakās* geworden: in Wirklichkeit aber wird an die *Hūnā°*, *Hūṇā°*, die *Hunu* des Avesta und des PTOLEMÄUS Χουνοι, zu denken sein, zu welchen die Lage von Sāvatthī als Ausgang wohl paßt.

Es ist bei diesem Dialoge kaum nötig wiederum auf das berühmte Gespräch des S. FRANCESCO im 8. Fioretto hinzuweisen, wiewohl auf *Tao-te-king* Kap. 13. – Zur kurzen Anleitung S. 1052, ib. Kap. 58. Vgl. LOTHARS Wahlspruch «Ubi mel, ibi fel», den der vielerfahrene Kaiser vielleicht einst von S. BERNARD vernommen; dann später von HARTMANN im Gregorius v. 284, 286 als «nach liebe leit – daz honec mit der gallen» vorgetragen; zumal aber cf. ECKHART, p. 424: «Allez leit kumet von liebi unt minne; wan minne unt liebi ist leides anevanc unt ûzganc.»

526. Vergl. *Dhyānabindūpaniṣat* v. 8: *vṛkṣaṃ tu sakalaṃ vidyācchāyā tasyaiva niṣkalā.* – Denselben Gedankengang, oder vielmehr dieselbe Anschauung haben alle die großen Griechen mit den Indern gemein: und der welterfahrene, reiflich gewitzigte ARISTOPHANES hat ihr sogar, wie mir scheint, den beredtesten Ausdruck verliehen, Orn. 685/87:

φυσιν ανδρες αμαυροβιοι, φυλλων γενεᾳ προσομοιοι,
ολιγοδρανεες, πλασματα πηλου, σκιοειδεα φυλ᾽ αμενηνα,
απτηνες εφημεριοι, ταλαοι βροτοι, ανερες εικελονειροι.

527. Das öfter gegebene Gleichnis von der geschlachteten Kuh ist insbesondere in der *Atharvasaṃhitā* nicht selten anzutreffen. Es spricht für das hohe Alter und die gute Überlieferung unserer Texte. Denn spätere Generationen, etwa seit Asokos ersten Felsen-, bzw. fünften Säulenedikten vom praktischen Buddhismus bereits mächtig beeinflußt, hätten es, als anachronistisch, nicht mehr anwenden können. Daher galten denn auch der *Smṛti* die *gavāśanās* als *antyajās*, e. g. *Vyāsīyadharmaśāstre* I, 12. – Vergl. noch Anm. 382; und die unpatriarchalische, tief asketentümliche Art wie der greise, naive HILARION in seiner Unterredung mit dem Judenchristen und kyprischen Bischofe EPIPHANIOS, der ihm zu Ehren ein Fleischgericht hatte vorsetzen lassen, der Speiseregel der Mönche unserer 55. Rede wohl entsprechend geantwortet hat: «Ignosce mihi, pater, quia ex quo accepi habitum istum, non manducavi quidquam occisum», nach den AASS Oct. tom. IX fol. 29 Nr. 57 i. f.

528. Der Anschauung gemäß betrachtet der Inder die noch zunehmende, bzw. eben erst voll gewordene Mondnacht als Kulmination: während wir, ohne Rücksicht auf die Anschauung, die astronomische Tageszeit berechnen; daher fällt in Indien die Feier des Vollmondes in der Regel auf den Vorabend. – Ein anderes Mondgleichnis im S. 757, Lieder der Mönche v. 1115 Anmerkung: ebenso doppelartig bedeutsam in

dem Bilde eines Fra MARIANO da Volterra «SAN FRANCESCO è simile alla luna piena per la activa et contemplativa vita», bei SABATIER, BARTHOLI Tractatus etc. p. 149.

Ein schönes, ob auch tiefer stehendes Gegenstück zum obigen Berichte von Nandako und den Nonnen darf man bei uns wohl in Meister ECKHARTS Gesprächen mit Schwester KATREI erkennen: so wenn diese Heilige, nicht unähnlich wie es oben von der geringsten der Nonnen ausgesagt ist, von sich den Bescheid gibt, «daz ich nie hinder mich gesach, sît ich ûf den wec gewîset wart zuo mîner êwigen sêlicheit, unde daz ich keiner crêatûre rât nie gevolgete, wan daz ich allez für mich gienc in eime rehten ernste», p. 468; oder p. 474 das Wort von der Übung bis an den Tod; u. a. m.

529. Vergl. S. 413, 537, 699. – Zu *nibbindam*, überdrüssig, cf. die 74. Rede i. f. und Lieder der Nonnen Anm. 26; sowie den *nirvedas* der *Śruti*, namentlich im *Bṛhadāraṇyakam* III, 4. Dann auch den *nivveo* der *Janiās* etc. Bei uns hat Meister ECKHART, p. 374, gesagt: «Ez enist dehein krêatûre sô gelustlich, der mensche möhte sî sô lange anesehen, ez enverdrüzze in.» In einem ähnlichen aber allgemeineren Sinne, mehr objektiv nach außen gewendet, haben wieder andere grübelnde Geister «Cui bonum» gefragt und «Quien querrà la vida si sabe lo que es?», GRACIAN, Criticon III, 1, «Wer erfreute sich des Lebens, | Der in seine Tiefen blickt!», SCHILLER, Kassandra 87/88, etc.

Den Ausdruck einer solchen Gesinnung hat vielleicht erhaben wie keine andere die buddhistische Kunst getroffen, zumal auf einer der so fein gearbeiteten Meisterstatuetten aus getriebenem Golde, in Anurādhapura gefunden, jetzt im Museum zu Kolombo, mit dem herrlichen nach rechts geneigten Antlitze, von rein indo-ārischem Typus. Auch die Züge des lysippischen Apoxyomenos gleichwie die verklärteren des glykonischen Herakles und etwa die des lateranensischen St. Hippolytus sind von einem verwandten Geiste belebt; obwohl der letztgenannte kirchlich, also κακιστῳ κομματι.

Der *pacchāsamaṇo*, *upaṭṭhāko*, *antevāsī*, der eine, jeweilig andere begleitende Jünger, der dem Meister nachfolgt, ihm aufwartet, wie S. 93, passim, reicht bis in die alten Upanischaden hinauf, e. g. *Bṛhadāraṇyake* VI, 3, Ende: *Taṃ haitam Uddālaka Āruṇir Vājasaneyāya Yājñavalkyāyāntevāsina uktvā* ... *etam u haiva Vājasaneyo Yājñavalkyo Madhukāya Paiṅgyāyāntevāsina uktvā* ... *Madhukaḥ Paiṅgyaś Cūḍāya Bhāgavittaye 'ntevāsina uktvādi.* So schließt auch bei uns das vorletzte Fioretto nach SAN FRANCESCO ab, ed. SABATIER Nr. 54: «Hanc historiam habuit frater Iacobus de Massa ab ore fratris Leonis, et frater Hugolinus de Monte Sanctae Mariae ab ore dicti fratris Iacobi, et ego qui scripsi ab ore fratris Hugolini viri per omnia fide digni.»

Die Gestalt eines so getreuen Jüngers ist in der Skulptur, z. B. der von Sārnāth, und in der Malerei, wie auf den Fresken zu Ajaṇṭā – die Skizze eines derartigen Bildes findet man in FERGUSSONS und BURGESS' Cave Temples of India, London 1880, p. 311 Nr. 59 – anmutig dargestellt: und hat wiederum ein überraschend entsprechendes Gegenstück auf elf der ausgezeichneten sechsundzwanzig theodericischen Mosaiken vom Leben Jesu im Sant'Apollinare Nuovo zu Ravenna. Mag nun dergleichen durch zufällige oder notwendige Anlässe oder etwa durch byzantinische Tradition a la bricole begegnet sein: der Künstler hat da wie dort eine große Anschauung bewundernswürdig groß und gleichartig nachgebildet. *Athavā bhavitavyānāṃ dvārāṇi bhavanti sarvatra.*

Vergl. noch das wohlbekannte *sāvakayugam*, das ist *Sāriputto* und *Moggallāno*, das *aggam bhaddayugam*: ein gleiches auch in der 50. Rede, p. 333; und die *cattāri purisayugāni*, viermal je zwei erlauchte Jünger, 7. Rede p. 37, passim.

Die sinnige Vorstellung, daß in heiliger Nähe auch einer Geisterschar das abgeklärte Auge aufgehn mag, wie oben Ende des Berichtes S. 1065, hat bei uns GOETHE veranschaulicht, wenn der Pater seraphicus den Seligen Knaben seine Augen verleiht und als die eigenen brauchen läßt, «diese Gegend» anzuschauen, und die Seligen nun «in sich nimmt», ihnen Bäume, Felsen, Wasserstrom liebreich offenbart und sie zu höherem Kreise hinansteigen, durch Geisternahrung immer unvermerkt wachsen lehrt, in den freiesten Äther entfaltet: die «junge Geisterschar», die – gleich jener anderen oben S. 1062 – erst wie ein Morgenwölkchen durch den Dunkeln Wald herangeschwebt war, mit der Frage:

Sag' uns, Vater, wo wir wallen,
Sag' uns, Guter, wer wir sind?
Glücklich sind wir, allen, allen
Ist das Dasein so gelind.

530. *Chāndogyopaniṣat* I, 2, 2: *te ha nāsikyaṃ prāṇam udgītham upāsāṃ cakrire*. Etc. – Και καλως 'Ηρακλειτος ειπεν, ὁτι αἱ ψυχαι οσμωνται καθ' ᾁδην, PLUTARCHI De facie etc. cap. 28 i. f. – Faust v. 6473/78 (Der Hauch des Paris); ib. v. 8265 f. (Das Gruneln des Homunculus), und ebenso W. Ö. Divan I, 16, VIII, 28. In diesem Sinne möchte sich wohl auch der *gandharvas*, *gandhabbo*, der Δαιμων, Genius, Keimling – vergl. die 93. Rede gegen Ende – als Duftes lebendige Fühlung, ohne Ferne geflogen und gebannt, wirkend offenbaren: colla parte keine ganz ungehörige, recht artige Probe höherer indoärischer Physiologie. Bei uns von GUSTAV JÄGER umfassend erneut.

Eine solche Anschauung, die bis zu einem gewissen Grade gültig ist, wird von ECKHART mit großer Besonnenheit mehrfach beleuchtet, z. B. p. 81 «diu sêle ist in eime ieklîchen gelide alzemâle», p. 268 «diu sêle ist ganz und ungeteilt alzemâle in dem fuoze und in den ougen», p. 397 «ist ganz in eime ieglîchen gelide, in den vingern, in den ougen, in dem herzen und in eime ieglîchem teil aller gelide grôzer und kleiner», p. 537 «diu sêle ist an ir nâtûre alsô gestalt, wâ si iht ist, dâ ist si alzemâle, an ieglîchem lide ist si alzemâle, unt daz ist des schult, swâ der nâtûre iht ist, dâ ist si alzemâle». KANT: «Ich bin ebenso unmittelbar in der Fingerspitze wie in dem Kopfe. Meine Seele ist ganz im ganzen Körper und ganz in jedem seiner Theile.» ed. ROSENKR. VII, 42.

531. Wenn bei der 120. Rede in anderem Zusammenhange eine kantische Einführung empfohlen sein durfte, so wird hier als Vorschule das 1.–2. Hauptstück des 2. Buches der transzendentalen Dialektik das Verständnis zum Teil erleichtern. Da kommt unser Ergebnis vom «Entstehn und Vergehn des Selbstes» bei der Kritik des 1. Paralogismus zustande: «Denn das Ich ist zwar in allen Gedanken; es ist aber mit dieser Vorstellung nicht die mindeste Anschauung verbunden, die es von anderen Gegenständen der Anschauung unterschiede. Man kan also zwar wahrnehmen, daß diese Vorstellung bey allem Denken immer wiederum vorkömt, nicht aber, daß es eine stehende und bleibende Anschauung sey, worin die Gedanken (als wandelbar) wechselten. Hieraus folgt: daß der erste Vernunftschluß der transscendentalen Psychologie uns nur eine vermeintliche neue Einsicht aufhefte, indem er das beständige logische Subiect des Denkens vor die Erkentniß des realen Subiects der Inhärenz ausgiebt, von welchem wir nicht die mindeste Kentniß haben, noch haben können, weil das Bewustseyn das einzige ist, was alle Vorstellungen zu Gedanken macht, und worin mithin alle unsere Wahrnehmungen, als dem transscendentalen Subiecte, müssen angetroffen werden, und wir, außer dieser logischen Bedeutung des Ich, keine Kentniß

von dem Subiecte an sich selbst haben, was diesem, so wie allen Gedanken, als Substratum zum Grunde liegt.» K. R. V., [1]S. 350.

532. Zum stillen Niedersitzen, der lautlosen Versammlung, dem heiligen Schweigen cf. S. 585 u. 609, und die 118. Rede. S. 883. So hat denn auch S. IOANNES SINAITICUS, der unverzagte asketische Felsenklimmer, auf seiner 3. Klimax den σιωπης βυθον wahrgenommen und auf der 27. Staffel dann wundersam entsprechend erklärt: προερχομενος, ὁ λογῳ ου προερχομενος, ηπιος, αγαπης ὁλος οικος, p. 28 und 403 der Ausgabe von 1633. – In diesen Sinne hat bei uns CARLYLE gesagt: «Speech is of Time, Silence is of Eternity», Sartor resartus III, 3.

533. Wie das Vorspiel dieser und ähnlicher Reden lautet der Bericht in CELANOS Vita S. FRANCISCI, I, 22: Ingrediente ipso aliquam civitatem, laetabatur clerus, pulsabantur campanae, exultabant viri, congaudebant foeminae, applaudebant pueri, et saepe ramis arborum sumptis psallentes ei obviam procedebant.

Diese, zumal im Mittleren Halbhundert, oft dargestellte *cārikā kalyāṇena kittisaddena abbhuggatā* ist gewissermaßen eine *vihārayātrā* höherer Art, oder recht eigentlich eine *dhammayātrā*; und man erinnert sich da gern, daß Asoko gerade den letzteren Ausdruck auf dem VIII. Felsenedikt gebraucht, auch wohl im Gegensatze zur gewöhnlichen *devayātrā*, um alsdann, ein seltener Herrscher, zufrieden den Schluß zu ziehen, er habe, auf der anderen Seite, dabei, nämlich bei der *dhammayātrā*, mehr Genuß erfahren als die vorangegangenen Könige bei ihren *vihārayātrās*, Prozessionen, Jagdfahrten und sonstigen dergleichen Vergnügungen. – Nb.: *bhāge aṃñe*, bzw. *bhagi aṃñi*, ist loc.: parte alteri; wodurch mit echt indischem feinsten Humor implizite das 'bessere Teil' bedeutet ist. Ähnlich Säulenedikt VII, 2, 9, wo Asoko völlig bewußt des Unzulänglichen selbst seines großartigen Wirkens, das umfassend und allgemein wie es ist zugleich auch die mindesten Einzelheiten zum Schutze der Menschen sowie der zahmen und der wilden Tiere sorgsam vorgesehn hat, endlich – ubique princeps – mit innig melancholischem Lächeln sagt: *Tata cu lahu se dhaṃmaniyame, nijhatiyā va bhuye:* "Dennoch aber ist wenig getan mit gerechtem Betragen, Einsicht üben ist wohl mehr." Eine solche Mahnung ist übrigens auch bei uns, zwar von keinem Kaiser und König, doch von einem Meister verkündet worden: "Ihr sollt wissen, daß die Leute die nützesten Übungen üben. – Wisset, daß das Königreich selig ist, wo der Mensch eins ist innen. Sie schaffen mehr ewigen Nutzen in einem Augenblicke, als alle äußeren Werke, die je auswendig gewirkt wurden": ECKHART, p. 129; vielleicht also wie kein anderer kühn bekräftigend was der Panagios GREGORIOS Phoster ein Jahrtausend vorher schon an den Abhängen des Ararat gelebt und gelehrt: Ωφελιμωτατον γαρ ὑπαρχει απο παντων των κοσμικων περισπασμων ἡσυχιαν αγειν, και ιδιαζειν, Act. Sanct. Sept. tom. VIII fol. 393 C.

Der Bescheid über jene Ehrwürdigen, am Schlusse der obigen Rede, ist eine schlichte Auflösung der bedenklichen Frage JAKOBS, Ep. 4, 4, ουκ οιδατε ὁτι ἡ φιλια του κοσμου εχθρα του θεου εστιν; und des paradoxen Spruches, den ECKHART p. 483 aus einem gleichen Sanctus EXPERGITUS Illuminator beibringt: "Weltliche Ehre und weltliche Freude ist nichts anderes als eine ungerechte Bosheit"; wie denn sogar unser frohgemute und doch tiefsinnige Ritter WIRNT ebenso gesagt hatte, «daz diu werlt niht fröuden hât, | ir hœhstez leben mit grimme stât |»: Wîgâlois v. 11677/78.

534. Cf. zum Eingange dieser Rede einen Ausspruch des DIOGENES, in STOB. Flor. XCV, 19: την πενιαν αυτοδιδακτον ειναι αρετην und, ib. 11, επικουρημα προς φιλοσοφιαν. Ebenso der Pythagoriker HIPPODAMOS, ib. XCVIII, 71 i. f.; und noch mancher Große, der uns von SENECA in seinem encomium paupertatis, epist. LXXXVII

bei Erklärung des *deesse*, vorgeführt wird: eine Reihe, die man beliebig von ARISTOPHANES, Plut. 593: παντ' εστ' αγαθ' ὑμιν δια την πενιαν, bis zu PLOTIN, Enn. III. 2. 5: πενιαι συμφορα, und weiter ergänzen und erkunden mag. Ist nun zwar der griechische Begriff der πενια, bzw. ανυπαρξια viel kleiner als der indische der *śūnyatā*, so stellt er doch wohl einen Bruchteil des letzteren dar; gleichwie auch die povertà des S. FRANCESCO und die armuot MEISTER ECKHARTS, zumeist aber die himmlische Öde LAO-TSES. Bei ihnen allen gilt eben BRUNOS tiefbedachte Definition: «nessuno può gustar che cosa sia tranquillita di spirito, se non è povero o simile al povero»; und nicht minder was ein alter Barde an DON GOZIMAS dem Eremiten naiv gerühmt hat:

Mas preçiava el su pobredat
Que algun conde su riqueat.

535. An der südöstlichen Grenze von Nepāl, vielleicht im Gebiete von Khajauli, unfern Janakapur, dem alten *Mithilā*. – Cf. *Jātakam* 488 v. 11.

536. Nach dem *Bṛhadāraṇyakam* I, 5, 8: *manasā hyeva paśyati, manasā śṛṇoti;* wo auch II und IV i. f. *Pārāśaryas* als Altmeister überliefert ist.

Zu S. 1065, Z. 4 v. o.: Auch Geister und Götter sind bekanntlich dem Entstehn und Vergehn unterworfen. Vergl. Anm. 416 und S. 943. Dieser Begriff der nur lange, nicht ewig bestehenden Götter, wie er in Indien gang und gäbe und unvermutet wieder bei EMPEDOKLES erscheint, ist mir recht merkwürdig einmal auch bei uns begegnet. Eine muntere Schrättin sagte einst im Gespräch, es war an einem Karfreitage, sehr klug zu mir: «Wie kann eins denn immer noch an Christus glauben? In so langer Zeit muß er ja längst anders worden sein und aufgelöst.» – «Freilich doch nur was den Leib angeht», warf ich ein, «aber sein Geist?» – «Auch der, mein' ich», sagte sie, «mag nimmer derselbe geblieben und verschwunden sein.» Einem solchen Zeugnisse wohlgesättigten Mutterwitzes ließen sich gelegentlich mancherlei tiefere Stimmen gesellen, wie etwa Anm. 472 von anderen Ripien berichtet ist, deren finale Gestalt uns VERNALEKEN aufbewahrt hat. Es sind gewissermaßen chladnische Klangfiguren; oder historisch betrachtet, versprengte Reste ārischen Glimmers im semitischen Kalke, die heute nur mehr in labyrinthisch verborgen rieselnden Quellen altüberkommener Weissagung, allmählich fast ununterscheidbar zerschliffen, immer weiter zersetzt, hinweggetragen und verschwemmt, kaum reinlich wiedergewinnbar sein werden: und ihnen glücklich nachspüren kann selten gelingen. Noch seltener freilich durch Schlamm und Gerölle, Mergel, Kies und Quarz bis zum Urgebirge vordringen und Edelkristalle finden und schätzen lernen: «denn die wahren Heiligen sind», nach des MATTHIAS CLAUDIUS einsichtiger Kleinodienkunde, «die Diamanten gegen die ungeheure Menge Feldsteine.» Am seltensten aber erst KANT ergründen und Kopf und Herz buddhistischer Mönche abwägen, dann Gleichmut in entlegenen Wäldern vollbringen und endlich wortlos in ägyptischer Einöde sich verlieren: wie es ROBERT L'ORANGE getan.

REGISTER

REGISTER ZUM TEXT*

I. STELLENLESE

* *Ist eine Zusammenziehung der Register der drei Bände der Erstausgabe der Mittleren Sammlung, mit Ausnahme der Abschnitte, die sich auf Anmerkungen bezogen hatten. Für diese ist nun ein eigenes vervollständigtes Register angefertigt worden.*

II. GLEICHNISSE

III. ORDENSZUCHT

IV. ANHÄNGER

V. GOTAMO

HERVORRAGENDE JÜNGER

VI. BÜSSERWESEN

VII. LAND UND LEUTE

SAGE

VIII. EIGENNAMEN

I. PERSONEN

II. VÖLKER

III. ÖRTER

IX. SUTTAMĀTIKĀ

MŪLAPAṆṆĀSAM

VAGGO PAṬHAMO

MULAPARIYĀYAVAGGO

VAGGO DUTIYO

SĪHANĀDAVAGGO

VAGGO TATIYO

OPAMADHAMMAVAGGO

VAGGO CATUTTHO

MAHĀYAMAKAVAGGO

VAGGO PAÑCAMO

CŪḶAYAMAKAVAGGO

MŪLAPAṆṆĀSAM NIṬṬHITAM

MAJJHIMAPAṆṆĀSAM

VAGGO CHAṬṬHO

GAHAPATIVAGGO

VAGGO SATTAMO

BHIKKHUVAGGO

VAGGO AṬṬHAMO

PARIBBĀJAKAVAGGO

VAGGO NAVAMO

RĀJAVAGGO

VAGGO DASAMO

BRĀHMAṆAVAGGO

MAJJHIMAPAṆṆĀSAṂ SAMATTAM

UPARIPAṆṆĀSAM

VAGGO EKĀDASAMO

DEVADAHAVAGGO

VAGGO DVĀDASAMO

ANUPADAVAGGO

VAGGO TERASAMO

SUÑÑATAVAGGO

VAGGO CATUDDASAMO

VIBHAṄGAVAGGO

VAGGO PAÑCADASAMO

SAḶĀYATANAVAGGO

UPARIPAṆṆĀSAṀ SAMATTAM

REGISTER ZU DEN ANMERKUNGEN

Ziffer = Anmerkung*

* Kursiv-Ziffer bedeutet, daß die betreffende Anmerkung eine Übersetzung Karl Eugen Neumanns enthält.

ERRATA

S. 683 Zeile 13 v. u. *richtig:* wahrlich, wie Ānando

S. 1033 Zeile 4 v. u. *richtig:* Kräfteverfall